日本証券史資料

昭和続編　第二巻

証券関係国会審議録（二）

編集　発行　公益財団法人　日本証券経済研究所

昭和続編第二巻の刊行に当たって

わが国の証券市場は、明治十一年に初めて東京及び大阪に株式取引所が設けられたときから数えて既に百四十年弱を経過し、戦後の昭和二十四年証券取引所再開からも六十九年を経過した。ほとんど国際的な関連を持たなかった明治初期の小規模な証券市場から、二十一世紀にかけて世界トップクラスの証券市場となった今日までには、幾多の試練と波瀾に満ちた歴史がある。その紆余曲折の年月の中で積み重ねられてきた先人の努力と研鑽があってこそ、現在の証券市場の発展がもたらされたのである。

証券市場は、戦後の証券取引法体制の下で国民経済全体との明確な関連を位置づけられ、証券の発行者、法人及び個人の投資家、証券業者並びに行政当局等の関係者すべてが注目する重要な経済分野となった。また、学者や研究者にとってもきわめて興味深い研究対象となっている。とりわけ近年来急激に進行した金融・証券市場の制度改革の過程で、直接金融市場である証券市場は国民経済の順調な展開の上に非常に重要な役割を担わされるようになった。この証券市場について政策運営を考え又は市場活動における重要な機能に参画し、あるいはこれを対象として研究活動を行うに当たって、今日の証券市場を正しく理解すべきは言うまでもないが、過去の歴史的発展に係わる史実を十分に知っておくことが必要であると思われる。

証券界では昭和五十三年秋に証券百年記念行事が行われ、これを契機としてわが国証券市場に対する歴史的回顧と、それを通じて将来を展望しようという気運が盛り上がった。この過程で歴史資料集の編纂が取り上げられ、証券界全体の基礎的研究機関である日本証券経済研究所において『日本証券史資料』の刊行に取り組むことが決定され、その事業について資本市場振興財団の助成を頂いて編纂作業が開始された。たまたま当研究所が創立二十周年を迎えた昭和五十六年に記念事業の一つとして『日本証券史資料』戦後編第一巻が刊行され、平成八年第十巻の刊行をもって、戦後編全十巻と別巻二巻（『証券年表（明治・大正・昭和）』『証券関係文献目録（明治・大正・昭和）』）の刊行事業は終了した。

引き続き、明治初年から昭和二十年に至る戦前編の編集準備過程に入り、平成十二年二月ようやく第一巻の刊行をみることができた。財政史、金融史等に係わる資料集は、戦前の分から始めるのが通例であるが、『日本証券史資料』は戦後編を第一期事業とし、戦前編を第二期事業としている。これはわが国証券市場の基礎が戦前と戦後とで大きく異なっているところから、戦後の二十年間をまず取り上げることが、現在の証券市場の直接的基盤を見直すのに有効であろうと考えたためである。戦後編が収集した資料に加えて、戦前編に採録される資料を整理することは、明治以来の証券市場の歴史を概観し、二十一世紀の日本の証券市場の方向性を見通す上で、重要な意義を持つと思われる。戦前編は平成十二年に第一巻が刊行され、平成二十六年第十巻の刊行をもって、戦前編全十巻の刊行事業が終了した。

昭和続編の構成は、戦前編、戦後編と同じく議会審議録から始めたため、第一巻は「証券関係国会審議録（一）」である。第一巻では昭和四十年から昭和四十一年を収録期間とし、国債発行再開を巡る審議、証券恐慌対策へのフォローアップ（公認会計士法改正、金融・証券に関する件など）、そして商法改正を取り上げた。これらの審議経過、法律改正の場合は改正条文を掲載した。収録期間が短くなった理由は、国債発行再開を巡る慎重な審議が繰り返されたことに起因するわけだが、財政政策と金融政策の協調や日銀信用への依存、市中消化の方法、他方で公債発行の抑止策や償還計画の内容など、国債発行に伴って予想される課題について行われたさまざまな議論は、半世紀を過ぎた現在から顧みると、当時懸念されていたことが現実化している点は見過ごすことはできないだろう。第二巻は「証券関係国会審議録（二）」であり、収録期間は昭和四二年から昭和四九年までである。ここには証券取引法一部改正、外国証券業者に関する法律、商法一部改正、投資信託法一部改正などが含まれる。この時期は日本の資本市場への対外開放が始まり、外国金融機関による対日アクセスの改善が求められ、その後の自由化への第一歩を踏み出すタイミングとなる。それゆえ、その後の資本市場の自由化に向けた重要な論点が含まれている。また、商法一部改正では、監査制度の改善による会社の不正経理、違法な業務行為に対する監視強化を通じた会社運営の適正化が含まれ、現在にも通じる課題が審議されている。本資料集の作成に当たり、監修と解題は二上季代司（当研究所主任研究員）が、資料の収集と編纂は深見泰孝（当研究所特任研究員／駒澤大学経済学部准教授）が担当した。

本資料集の編纂刊行がここまで遂行できたことについては、広く関係者および関係諸機関の御協力、御支援の賜物である。御協力、御支援に対し深甚なる謝意を表すとともに、刊行された本巻が関係者によって広く利用され、お役に立つことを念じる次第である。

平成三十一年三月

公益財団法人　日本証券経済研究所

評議員会議長　古賀信行

理　事　長　増井喜一郎

証券関係国会審議録（二）解題

二上季代司

はじめに

本巻は第一巻に引続き証券関係の国会審議録を収録している。収録の対象は、第五五回特別国会から第七二回通常国会まで、期間は昭和四二年二月〜四九年六月の約七年間である。第一巻と併せ、昭和四〇年代の国会審議録をほぼカバーする。

本巻では、（一）財政、金融、証券の基本施策をめぐるものと、（二）証券市場にかかわる種々の立法（および法改正）をめぐる論戦の記録を収録している。この間に成立した法案につき、本巻で収録したものを列挙すると、以下のとおりである。

① 証券税制に関するもので、「租税特別措置法」の数次にわたる改正（①四二年五月―成立年月、以下同じ―、②四三年四月、③四五年四月、④四六年三月、⑤四八年四月）と「有価証券取引税法」の改正（（四八年三月）である。

② 国債管理政策に関するもので、「国債整理基金特別会計法」の改正（四三年五月）である。なお、「貸付信託法」の改正（四六年三月）も国債の消化促進・安定保有という効果を期待した立法といえる。

③ 「資産再評価法」の改正（四二年六月）である。昭和二五年成立の同法は、四三年に適用期限の終了を迎えていたが、同法改正により五年延長となった。同法によって企業資本充実の手段とされた「有償・無償の抱き合わせ増資」は、昭和四九年成立の改正商法（後掲⑥）に受け継がれていく。

④ 証券投資信託法の改正（四二年七月）である。同法は昭和二六年に成立したが、同改正法案は、戦後の投信制度が発足して以来、最も大幅なものとされる。

⑤ 開示規制の強化と公開買付け制度（いわゆるＴＯＢ）を導入した「証券取引法」改正ならびに外国証券業者の対日進出に道を開いた「外国証券業者法」の立法である。この二つは第六五回通常国会において一括して審議された（四六年二月）。

⑥ 監査役制度の大幅な改正および商法監査と証取法監査の調整などを盛り込んだ「商法（会社法）」改正等三法案の立法化（四

九年三月）である。これら三法案は、⑤でみた証取法改正と並んで開示規制強化策の二本柱であったが、政治的事情とりわけ公認会計士と税理士との職域争いが絡み、法案提出自体が大幅に遅れた。

証券関係の国会審議録は、証券市場における諸問題を立法関係者がどのように認識し、どう対処したかを理解するうえでの貴重な材料である。以下では、これら審議の背景となった昭和四〇年代の証券市場における事実経過を踏まえながら、本資料に収集した国会審議録について、若干の解題を試みる。もっとも、財政・金融・証券に関する基本政策の審議では、その時々に進行中の諸問題をどう認識しているのかがうかがえるが、種々の立法や法改正はすでに起こった問題解決への「後追い」となるものも多い。したがって、以下では、これに先立つ昭和三〇年代の証券市場についても言及する必要があろう。

一、昭和四〇年代の証券市場と国会審議

昭和四〇年代の証券市場は、証券恐慌（昭和四〇年）に始まって、石油ショック（四八年）後のスタグフレーションで終わる。昭和三〇年代の高度成長末期に所得倍増計画にあおられて産業界は設備投資を強行し、四〇年に入ると山陽特殊鋼倒産など「四〇年不況」に突入する。

こうした成長末期の設備投資を資金面から支えたのは、「限界資金源」とされた証券市場であった。①当時の増資は株主割当額面発行のため、企業収益の低下とともに株価が下落しても額面を上回る限り株主は払い込もうとする。②また低金利政策のもとで流通市場がマヒしたまま過大な社債発行がなされたことも寄与した。③さらに証券会社の推奨販売や運用預かり等の営業政策、傘下投信委託会社の「本業」（親会社）に従属的な運用が、こうした過大な証券発行に輪をかけた。[一]

こうして「四〇年不況」は金融面において、株価の下落と証券会社の経営破たんという「証券恐慌」の現象をとったのである。したがって、証券市場における今後の課題としては、①株価下落が過大増資を抑止できるような増資形態へ転換させること（公募時価発行への転換）、②金利機能の発揮しうる公社債市場へ整備を図ること、つまり、価格メカニズムが十分働く自律調整的な証券市場へと脱皮することである。それには証券市場が十分に流動性を保ち、公正・妥当な価格が形成されることが大前提である。

さらにそのためには、投資家に対する十分な情報開示（ディスクロージャー）とそれを裏付ける監査制度が強固であることが求められる。それに関連する立法あるいは法改正としては、「公認会計士法改正」（五一回通常国会）、「証券取引法改正」（六五回通常国会）、「商法改正等三法」（七一回特別国会、七二回通常国会）があげられる。なお、「公認会計士法改正」（四一年五月成立）の国会審議録は

第一巻に収録されており[二]、本巻では後二者の「証取法改正」と「商法改正等三法」の審議録を収録している。

他方、金利規制をはじめ公社債市場の価格メカニズムを阻む種々の規制の撤廃（金融の自由化）については、国債の大量発行が始まる五〇年代まで待たねばならなかった。戦後初とされる国債発行は四〇年度予算から始まっていたが、四〇年代は金融機関の引受け保有国債につき売却自粛措置がとられる一方、発行一年経過後には日本銀行が理論価格で買い取ったため、九割近くの国債は流通市場から「隔離」されていたからである[三]。四〇年代は、国債の安定的な消化・保有（国債の別枠少額貯蓄非課税制度の創設や貸付信託法の改正）や国債償還財源の確保（国債整理基金特別会計法改正）などにとどまった。

これに対し、③証券会社の営業姿勢に対する改善策は早かった。三〇年代後半から、行政当局は証券会社の営業姿勢の問題点について認識しており、証券業の「登録制」から「免許制」への移行を盛り込んだ「証券取引法改正」が四〇年五月に成立した。この審議録については本資料集の戦後編に収録されている[四]。本巻では、親会社である証券会社に従属した運用に傾き勝ちだった投資信託委託会社のあり方にメスを入れた「投資信託法改正」を収録している。

次に、個々の立法（あるいは法改正）につき、立法関係者がどのような問題意識をもち、どのように対処しようとしたのか、やや詳しくみよう。

二、証券税制

個人所得税に対する租税特別措置は、①負担の均衡を阻害する（富裕層に適用されるべき累進税率が非適用となる）一方、②種々の政策目的（貯蓄奨励、証券投資育成など）を達成する効果を持つ、という両面がある。それゆえ、適用期限を定めて政策目的の達成状況をみきわめる時限立法の形をとることが多い。

四二年改正案は、期限がきた四〇年改正をさらに二年延長するとともに、税率を引き上げたものである。この四〇年改正では、配当所得につき①少額配当の申告不要、②源泉分離選択課税を新設した。これまで少額貯蓄申告不要、源泉分離課税は預貯金にしか認めてこなかったが、これを株式配当にも適用したのである。これが、四二年、四五年、四八年の改正では、源泉分離徴収税率の引上げを伴いながら期限を延長し、四〇年代を通じて維持された。四〇年改正は株式投資の促進という政策目的を持つが、その根底には開放体制を迎えて証券税制の面から自己資本比率低下を食い止めたいという意図があった。

翌四三年改正では、五〇万円までの国債の別枠貯蓄非課税制度が新設された。この政策目的は、長期国債の個人消化を促進するため、先例としてある少額貯蓄制度を活用したものであるが[五]、すでに預貯金や社債で非課税口座を使っているので、新しく別枠を認めたのである。同様に民間外債利子非課税制度の新設も民間企業の外資導入を促進するもので、海外向け延払輸出が増えて長期資本収支が悪化する傾向への対策といえた。

他方、株式譲渡益については昭和二八年に非課税となり、代わって有価証券取引税が導入されていた。四八年改正では引続き株式譲渡益を非課税にするとともに、有取税の税率を二倍に引き上げている。この時期、赤井電機（四三年）やダイエー（四六年）の株式公開において創業者が多額の株式譲渡益を取得しているにもかかわらず非課税であることが問題視された（六五回通常国会、衆議院大蔵委員会会議録一八号）。

株式の譲渡益については原則非課税ではあるが、①「営利事業としての株式売買」、②「事業の譲渡」の場合には一定条件のもとで課税することになっていた。株式公開は、②「事業の譲渡」に相当するが、多くの創業者は課税条件である二五％以上（三年通算）の売却に触れないように売却株数を抑えていたために課税を免れていた。また①「営利事業としての株式売買」の定義は、「年間五〇回以上かつ二〇万株以上の株式売買」を慣行としており、税務執行上、これを捕捉することは困難であり、損失は申告するが利益は未申告という事例も多く、かえって不公平である、との理由から、株式の譲渡益は非課税となっていた。

戦後のシャウプ税制は、法人擬制説の立場に立って法人税を配当所得税の前取りとみなし、個人株主段階で「配当控除」を認め二重課税の調整を図った。内部留保に係る部分については、配当されるまでの利子相当分を課税すべきと考え、内部留保が増えれば株価の値上がりに反映されることから、譲渡益に課税すべしとした。

しかし昭和二八年に税務執行上の困難から株式譲渡益は非課税となり、三六年には法人税の段階で「配当軽課」を認めて法人擬制説の立場も否定されることになった。さらに四〇年の配当所得の源泉分離選択制度は、総合所得累進税制をも否定することになり、シャウプ税制は、完全に形骸化したといってよい。

ところで、法人擬制説の「配当控除」と法人実在説の「配当軽課」は正反対のようにみえながら、ともに増資を促進する点では同じ効果を持っている。配当所得の少額申告不要や源泉分離選択さらには譲渡益非課税制度も、株式投資を促進して増資環境を整えることにつながる。

四八年の租税特別措置法改正にあたり、高木文雄（当時—以下同じ—、主税局長）は配当の源泉分離選択制度への批判に概略、次のように答えている（衆議院大蔵委員会議録一九号）。①配当所得にどのような税制を取るかは、間接金融と直接金融のどちらが有利になるか、自己資本比率が低下する中で日本の金融の在り方として論じる必要がある。②法人税の在り方としては擬制説、実在説の理論上の問題があるが、そうした理論上の問題よりも③税務執行上の問題との関連もみる必要がある。実際の税制はこの三つの積み重ねの結果としてである。

しかしながら、四〇年代を通じて公募時価発行が定着し、一見、盛んに増資が行われたようにみられるが、自己資本比率は低下の一途を辿ったのである。増資のテンポを上回る投資が行われたともいえるが、公募増資そのものも問題を抱えていたのである（後述）。

三、国債整理基金特別会計法改正等

財政制度審議会は戦後初の国債発行を受けて、四一年一二月、公債政策に関する政府の節度ある姿勢を示すためには充実した減債制度の確立が必要とし、①残高に対する定率繰り入れを基本としつつ、②一般会計剰余金の一／二以上の繰り入れをもって補完とし、③必要に応じて予算措置を執るのが適当とする答申を公表した。国債整理基金特別会計法改正は、これを受けたものである。

同特別会計法の成立は古く、明治三九年（一九〇六年）、日露戦争関係国債の元利償還資金として設けられたのが始まりである。大正四年には定率（国債総額の一・一六％以上）による元金償還財源繰入れ制度に改められ、戦後の昭和二二年には、財政法六条により、定率繰り入れに加えて一般会計決算上の剰余金の一／二以上を充てることとなった。その後、国債償還が進み剰余金の一／二以上の繰り入れで充分となり、二六年には定率繰り入れを停止した。

そこで今回の改正案は、残高の一定率（一・六％）の繰り入れを復活させ、必要に応じて予算をもって定める金額を繰入れる条項を新設することとなった。しかし、五五回特別国会に上程されたこの改正案は、衆議院では可決したものの参議院では継続審査となった。

翌四三年、同改正案は五八回通常国会に上程され可決・成立している。なお、この時に、残高の一定率が一・六％である理由として、国債の見合い資産が平均六〇年の「効用発揮」（耐用）期間を持っていることから逆算した数字であって、その間に一般財源で返せばよいこと、国債満期期間が七年であるのはその時々の市中の金融状況によって決まること、この両者の年限の乖離は借換債によって橋渡しすることが答弁されている（相沢英之主計局次長）。

四、貸付信託法改正

同改正法は、六五回通常国会に上程され、四六年二月に成立している。

貸付信託の運用は、その当時、国債に関して「余裕金の運用」に限定されていた。金融が引締まると、本来の運用に余裕金を回すために持続保有が有利であっても売却を余儀なくされる。そこで、この改正では信託財産の運用はもっぱら貸付及び手形の割引に限られているが、「支払準備その他の必要があると認められる場合には」証券の取得に用いてもよい、と改めた。

四四年九月から翌年九月まで、日本銀行は景気過熱を懸念して金融引締め策をとった。それまでの金融引締め政策は、国際収支の悪化をトリガーにしていたため（「国際収支の天井」）、貿易黒字下での引締め策は異例なものと受け止められた。そうした金融引締めの環境も、法改正の背景にあったものと思われる。

五、資産再評価法改正

同改正法は、五五回特別国会に上程され、四二年六月に成立している。

資産再評価法は、戦後のハイパーインフレの時代に固定資産の償却不足を回避し、あわせて自己資本の増強を狙った法律（昭和二五年）であり、適用期限は昭和四三年三月三一日を含む事業年度の翌日となっていた。

同法では再評価積立金の八割以上を資本に組入れることを強制し、未達の場合は配当制限が課せられた。また資本組入れを促進するため、「有償・無償抱き合わせ増資」（たとえば、額面五〇円の増資で三〇円を現金＝有償、二〇円を積立金の資本組入れ＝無償）を認めた。四二年当時までに四回にわたって強制的に再評価を行っており、再評価を強制された企業約千八百社の大半は評価益の資本組入れを終了した。同改正案の目的は、なお残存する再評価積立金の最終処理を行って経理の簡素化を図ることにあった。

ちなみに積立金が残存する会社は二六〇社程度、残存額は五四百億円だったが、その六割が電力会社と私鉄によって占められた。料金が公定され、配当余力が小さい公益業種は増資が困難だったからである。そこで、この改正法では五年間、期限を延長し、なお残る再評価積立金は任意に資本準備金に組入れることを可能とし、この間も「有償・無償の抱き合わせ増資」による資本組入れを認めた。

有償・無償の抱き合わせ増資は、事実上、額面割れ発行を可能にするものであるが、産業界からの要請により、昭和四九年成立の商法改正に盛り込まれていく。

六、投資信託法改正

四〇年証券不況が金融面では「証券恐慌」の形をとったのは、証券会社の営業姿勢にも原因があったが、更にそれを過重にしたのは投資信託が本業に従属して幹事会社の株式を大量に組み入れていたからである。

四二年五月末現在、ユニット型株式投信五、四八〇億円のうち基準価格五千円を下回るいわゆる「元本割れ」は一／三強の一、八八〇億円に上り、償還延長も二〇三本（一、〇二二億円）に上った（加治木俊道証券局長答弁、衆議院大蔵委員会会議録二九号）。こうした「元本割れ」や「償還延長」の背後にある法律上の問題として、①委託者と受益者の間に信託関係がないこと、②投信の運用と親会社の「本業」（ブローカー・ディーラー、引受業務）との間の利益相反が指摘された。とりわけ、同一委託会社によるファンド相互間の証券売買（いわゆる「コロガシ」）は、親会社への委託発注と結びつき、幹事会社株の買支えや委託手数料支払いといった形で、本業との利益相反の象徴のようにみられた（間島達夫投信協会会長、参議院大蔵委員会会議録二七号）。ただ、「コロガシ」は管理ファンドが多すぎることに由来するケースもあった。

投信協会は本業依存からの脱却を目指して公開販売の推進や役員人事の中立化などを含む「投資信託制度改善に関する要綱」をまとめた（四一年一一月）が、行政当局は協会の自発的な改革では不十分であり、より抜本的な法改正が必要と考えた[七]。そこで、①委託会社の忠実義務（受益者に対する責任）、②禁止行為の規定（コロガシの原則禁止など）、③議決権等の株主権の指図行使義務、④ファミリーファンド方式の導入、⑤投信協会の自主規制機能強化などを含む改正投信法が五五回特別国会に上程され、四二年七月成立した。

なお、③は昭和四一年商法改正[八]により受託会社による議決権の「不統一行使」が可能となったことを受けてのものである。またファミリーファンド方式は「設定」と「運用」を分離し、毎月設定のユニット型を存続させつつ管理ファンド数削減を両立させて無駄なコロガシを不要にする方策として登場した。運用は「マザーファンド」が担当し、毎月設定される「ベビーファンド」は「マザーファンド」を組み入れる。マザーファンドの受益者はベビーファンドの受託者である信託銀行に限定され、「不特定多数の受益者」向けではないことから従来の「投資信託」の概念には該当しない。そこで改正投信法では、マザーファンドを「投資信託とみなす」規定を置いたのである。

ところで四三年に入ると国際通貨不安から逃れるように外資が金への逃避（ゴールドラッシュ）や対日株式投資に殺到して株式相場はにわかに好転する。日本証券保有組合と日本共同証券の保有する

凍結株は夏までにはあらかた売却され、日本証券保有組合は四四年一月、日本共同証券は四六年一月に、多額の利益金を残して解散した。そして投資信託も四四年一〇月ごろから資金純増に転換し、ここに四〇年証券不況の後遺症は完全に終息した[九]。

七、証取法改正等

ところで、四〇年不況ではサンウェーブ工業や山陽特殊鋼等、倒産企業の粉飾決算が明るみに出た。開示制度に関する証取法の規定は昭和二八年以来、改正されていなかったので、証券業免許制を盛込んだ四〇年証取法改正では、開示制度をはじめ証券発行、流通の両面で制度改正が必要という付帯決議がつけられた[一〇]（四八回通常国会、衆参両大蔵委員会）。これを受け、証券取引審議会は四四年五月、専門委員会を設置して証取法全般にわたる検討を加えた。

四五年末、証取審専門委員会は報告書「企業内容開示制度等の整備改善について」を公表した。これを受けて証取法改正および外国証券業者に関する法律案が六五回通常国会に提出、両案は四六年三月に成立した。

開示制度では、①届出書の提出基準を発行価額に変更し、効力発生前の仮目論見書での勧誘を認める（時価発行を反映）、②有価証券報告書の提出基準を、届出書提出会社ではなく上場会社・店頭登録会社など流通性に富む証券の発行会社すべてに拡大、③虚偽記載の賠償責任を役員、引受証券会社、公認会計士に拡大し罰則を強化

した。ちなみに大蔵省が四〇年八月～四五年一一月まで約千社を重点審査したところ一六〇件の粉飾を摘発したという（志場喜徳郎証券局長、衆議院大蔵委員会会議録三号）。また、上場会社や店頭登録会社で報告書を提出していない会社は八五社（四五年九月末）もあった[一一]。

また、資本自由化時代を迎えて企業買収が増えることを予想し、証取法に公開買付け制度（TOB）を追加した（二章の二）。同様に、証券市場の国際化を背景に外国証券業者法が立法化された。当時、第三次資本自由化の段階で証券業は五〇％：五〇％の合弁会社設立が自由となったが、合弁会社は証券業には適さず、合弁での進出の動きも無かった。証券業への外国からの参入は、支店形式以外に考えられなかった。そこで、支店形式での進出に道を開くために外国証券業者法が立法化された。このようにTOB制度の導入や外国証券業者法は資本自由化の動きを背景にしているのであった。

なお、先述の証取審報告では「安定操作」にも言及されていたが、これは政令で処理できる問題であったので[一二]法改正を要しなかった。

先にも見たように開示制度の改善は四〇年不況前後の粉飾事件多発を受けてのものであったが、これは証取法の不備だけではなく商法（会社法）の監査制度の問題でもあった。事実、商法改正は証取法改正と平行して進められたのだが、政治的事情その他の理由で、国会提出、成立はきわめて遅かった。

八、商法改正等三法案

商法改正、商法特例法その他三法案は、七一回特別国会（四八年）に上程されるが、参議院で継続審議となり、七二回通常国会（四九年）でようやく成立を見た。

四〇年不況時の粉飾決算多発を受けて、四一年一月、企業会計審議会は、公認会計士監査（証取法）と監査役監査（商法）との調整問題を取り上げた。その報告書では、監査役が株主総会で「適法」と報告した決算書類が、一ヵ月後に公認会計士によって「不適正」の限定意見をつけられることは避けるべきであり、そのためには公認会計士の監査意見が株主総会に反映する事前監査にするための商法改正が必要と指摘した[一三]。

これを受け翌四二年、法制審議会商法部会が「監査制度に関する問題点」を公表。その中で①取締役会の監査機能を強化するアメリカ方式（A案）と監査役にも業務監査の権限をもたせ、大会社には公認会計士を会計監査人という形で商法に組み入れる（B案）の両論を併記した。そして日本の実情からB案が適切とされ、これに沿って審議を進めることが決定された。この方針に沿って、四四年七月、商法部会は「監査制度改正要綱案」をまとめた。

ところが、経済界からの修正要求や追加要望、税理士と会計士との職域争いが絡み、法案は、六三回特別国会（四五年）に提出されなかった。そこでいくつかの追加修正を加えたが、六五回通常国会

（四八年）にも提出されず、並行して進められてきた「開示制度改善」のための証取法改正が先に成立した。

こうしているうちに、四七年から四八年にかけて、協同飼料の株価操縦事件、三共の届出書「逆粉飾」、殖産住宅の脱税・贈収賄事件など、いずれも公募時価発行に絡む不祥事が相次いで明るみに出て、監査制度改正は急務となった。かくてようやく、四八年三月、商法改正等三法が七一回特別国会に提出された。

商法改正の柱は、監査役の機能と権限の強化であって、会計監査のほか業務監査も行い、そのための取締役会への出席や取締役の違法行為の差止請求権などを認めている。

また商法特例法では、株式会社を大中小に区分し、①大規模（資本金五億円以上）会社は、監査役が業務監査を行うほか、定時総会前に公認会計士の監査も受ける（商法特例監査）こと、②小規模（一億円以下）会社は、監査役は業務監査の義務を免除し、会計監査のみ行うこととした。

そこで、公認会計士が同じ上場会社に対して証取法監査の前に商法特例監査も行うことから、ダブルスタンダードを回避するため、会計処理と会計表示の統一を図る必要があり、商法改正とともに企業会計原則の修正が行われた[一四]。この時に大きな論議を呼んだのが、企業会計原則における「継続性の原則」の修正と、「特定引当金」の取扱いであった。「特定引当金」の多くは利益留保性の強いもので、四六年三月末現在、公認会計士の有価証券報告書に対する限定意見の八割以上が、利益剰余金性の引当金に関するものであった、とされる（春日正一議員、参議院法務委員会会議録五号）。

ところで、商法部会要綱案（四四年）と法案（四八年）との間には、重要な点で相違があった。それは監査役の権限と任期、商法特例監査の対象企業の範囲であった。要綱案段階の、取締役解任を目的とする監査役の株主総会招集請求権等が法案段階では削除され、任期も三年から二年に短縮された。また商法特例監査の対象企業の範囲が要綱案の「一億円以上」から法案段階では「五億円以上」に狭められた。こうした修正の背景には様々な事情が働いた。

経済界は、監査役の権限が強すぎると懸念したのであった。また税理士協会は、そもそも公認会計士による商法特例監査に反対した（木村清孝税理士協会会長、法務委員会会議録三三号）。公認会計士による税理士業務の対象企業が広がり、職域が侵されると懸念したからである[一五]。そこで法案段階では商法特例監査の範囲は縮小し、かつ公認会計士は税理士業務を行っている企業の監査ができないこととなった。しかし、商法改正等三法案は七一回特別国会では継続審査となり、翌四九年、七二回通常国会においてようやく成立した。

九、財政・金融・証券の基本政策

四〇年代の証券市場を特徴づける事象は、①公募時価発行の定着、②国債発行の開始、③国際化の進展である。これまで概観してきた四〇年代の証券関係の立法や法改正は、こうした証券市場の構造的な変化を反映している。その構造的な変化を背景に、当時の市場関係者にとっての証券市場の課題とは、「価格メカニズムが発揮できる市場への脱皮」であったように思われる。

証券局総務課長の要職を経験した安川七郎（東京国税局長）は、昭和四六年、「証券政策の当面の問題」と題して、概略次のように言う。

> 発行市場の整備は資金配分原理としてのプライス・メカニズムを一層活用することが中心課題である。これまでの株式市場では、額面発行・株主割当方式が、社債市場においては発行条件の固定の貼り付けが定着し、資金の需給接合を本質とする資本市場に価格機能の働く余地が極めて少なかった。この結果を是正するには、株式の時価発行・公募方式あるいは時価転換社債の採用等の比重を増し、その定着を図る必要がある。[一六]

ところで、価格メカニズムが働くためには、公募時価発行が株式発行形態の主流となるだけでは十分ではないだろう。その前提となる公正・妥当な株価形成が担保できていなければならず、そのためには開示制度や監査制度を改善しなければならない。本巻で収められた四六年証取法改正、四九年商法改正等三法は、まさにそうした努力の表れといえる。

ちなみに、この時期の財政・金融・証券に関する基本政策の審議においても、公募時価発行をめぐる論点がしばしば散見された。そこで、次にこの時期の公募時価発行の定着を関係者はどのようにとらえていたか、最後にそれをみておこう。

【公募時価発行の定着】

公募時価発行は高度成長下の昭和三五、三六年の株式ブーム期にも増加したことがあったが、定着はしなかった。当時の株価は、株主割当額面増資の慣行を前提に、増資時の「プレミアム」（時価と額面との差額）入手期待を前提に形成されていたからである。公募は株主の期待するプレミアム入手の権利・利益を奪うもので、当時、その発表は株価の大幅下落の形で市場は拒絶反応をみせたのである。

三六年夏以降、株式市場は低迷し、公募時価発行の動きは鎮静化したが、四〇年証券恐慌を経て、市場関係者の間から株価による自律調整機能を発揮できない「株主割当額面増資」から「公募時価発行」への移行が模索されるようになる。

昭和四二年、証券界は公募時価発行の際には増配（または配当据え置きの無償交付）および株主優先募入の条件をつけ、発行企業の取得したプレミアムはなるべく早く株主に還元すること等の公募時価発行に関する統一見解[一七]を発表した。この統一見解は経団連など産業界の賛同も得た。[一八] 四三年の「証券取引に関する件」（五九回臨時国会衆議院大蔵委員会金融および証券に関する小委員会議録一号）では瀬川美能留（日本証券業協会連合会会長）が、時価発行は増資に自動調整が働く点で望ましいが、問題は投資家の期待を損なうことからくる株価への圧迫であって、そのために利益還元策や株主優先募入といった日本的な対策が必要である、と意見陳述している。

かくして日本楽器は四四年一月、この統一見解に沿って一対〇・二の無償公布、一対〇・一を限度とする株主優先募入の条件をつけた公募増資（六〇〇万株）を実施した。この成功によって「日本楽器」は公募時価発行定着の第一号と称されるようになる。

【公募時価発行の問題点】

しかし、公募時価発行の増加と平行してその問題点も指摘されるようになる。

四六年八月のアメリカによる金・ドル交換停止（ニクソン・ショック）以降、円切上げ必死と見た外貨流入によって四六年秋から株価は上昇し、金融緩和策への転換と財政政策の発動、(一九) さらに四七年には日本列島改造論を唱えて田中内閣が発足する。株価はニクソンショック後に付けた安値（二、一六二円八二銭、八月二一日）から上昇し、四七年に入ると「過剰流動性」相場が現出して株価は高騰を続け、四八年一月二四日、ダウ平均は五、三五九円のピークをつける。

こうした株価高騰に支えられて株式の公募時価発行の額は四七年六、六五一億円に達し、株主割当額面発行をついに上回った。増資形態の中軸は公募時価発行へと転換したのである。しかし、昭和四五年以降、利払い前総資本利益率は低下しており、(二〇) 企業の投資意欲は低下していたはずで、増資手取り金の多くは設備投資よりも土地や株式に投じられていき、資本が「効率的に配分」されているとはいいがたいのであった。

また、この間、法人間の株式持ち合いが進展、個人株主比率は低下していき「資本の空洞化」が進展しているのではないか、と危惧されるようになった。事業法人及び金融機関（投信を除く）の株式保有比率は四三年～四七年に大きく上昇している。四三年は日本共同証券と日本証券保有組合の保有する凍結株が大量に売却された年であるが、そのほとんどは発行会社の関係先企業や金融機関に売却された。四二年七月からの「資本自由化」対策として外資からの経営権防衛のため株主安定化対策が取られたのである。これに加え四四年から増加する公募時価発行では、「親引け」（発行会社が募集先を指定）が増え始める。こうして発行・流通両面において法人の株式所有比率が上昇していった。

四七年の「金融・証券に関する件」（六九回臨時国会衆議院大蔵委員会議録三号）では、個人株主比率が昭和三六年の四七％から四七年には二六％にまで低下した原因について、政府は「個人持ち株の絶対数は増えているが、それ以上に系列化や安定株主対策で法人持株が増えているのが原因である」と答弁している（大谷邦夫官房審議官）

また四八年の「金融・証券に関する件」（七一回特別国会衆議院法務委員会議録三七号）では、「殖産住宅」事件が取上げられている。同社は四七年一〇月に東証へ新規上場したが、創業者が仮名口座を用いて同社株を売買し、多額の売買益を得たにもかかわらず未申告のため一二億円余の脱税事件として、四八年六月に摘発されたものである（安原美穂法務省刑事局長）。

この事件では、同社が上場に際して行った公募発行新株九四〇万株の内、親引株がじつに六九〇万株（七三％）に上ることが明らかにされた（衆議院大蔵委員会議録四五号）。「親引け」は、流動性・価格形成の面できわめて問題であり、大蔵省は四七年末から引受証券会社に対し「親引け」比率を五〇％以下（四八年四月以降は四〇％以下）に抑えるように指導していたのであった。

さらに参議院大蔵委員会会議録五号では協同飼料事件等も取り上げられている。同社は昭和四七年、公募増資に際して同社役員が自社株約七一〇万株を買い付けて株価をつりあげ、株価の高値維持のため公募直前まで買い支えたもので、翌四八年に株価操縦で摘発された（坂野常和証券局長答弁）。

時価発行に期待されているのは「資本の効率的配分」機能であるが、その前提は公正・妥当な価格形成である。それが、親引けや株価操縦によってないがしろにされていたのである。その阻害要因としては新規公開制度や引受証券会社の営業姿勢にもあるが、開示制度や監査制度にも問題があることが認識されていったのである。

おわりに

株価がピークを打った四八年一月直後、ドル切下げ、円、マルクの切り上げが起こって固定レート制が崩壊、変動相場制に移行して、貨幣価値が大きく動揺する。それと軌を一にするように土地と株式の価格は下落して、遊休資金は「換物運動」へと向かい、大豆、パルプなどの商品価格が高騰、一〇月には原油価格が急騰して一次産品の高騰はピークに達する。一次産品の高騰は先進諸国の工業製品のコストを急速に押し上げ、他方では、金融引締め政策への転換と相まって、世界経済はインフレ下の不況（「スタグフレーション」）に陥って、四〇年代を終えるのである。

次の昭和五〇年代は、大規模な財政出動のための大量国債発行によって引き起こされた証券市場の構造的な変化とこれに伴う新たな課題に直面することになるが、それは次の三巻において取り上げることとする。

（注）

（一）川合一郎「金融と証券」（有沢広巳監修『証券百年史』日本経済新聞社、昭和五三年、所収）、三〇八ページ。

（二）日本証券経済研究所『日本証券史資料』戦後続編第一巻、平成二八年、五六四―六三五ページ。

（三）中島将隆『日本の国債管理政策』東洋経済新報社、昭和五二年。

（四）日本証券経済研究所『日本証券史資料』戦後編第三巻、昭和五八年、六三〇～八〇六ページ。

（五）当時、個人消化向けの証券会社引受分は四二年八月～翌年一月までの累計で約二七億円の売れ残りがあり、「市中消化が行き詰っていた」とされる（戸田菊雄議員、五八回通常国会、参議院会議録六号）。

（六）「一・一六％」という数字は、拠出できる償還額から逆算して決めたものとされる（衆議院大蔵委員会会議録三三号）

（七）大蔵省証券局『大蔵省証券局年報』昭和四三年版、六四ページ。

（八）四一年商法改正の審議録（五一回通常国会）は前掲『日本証券史資料』戦後続編第一巻、六五五―八八一ページ。

（九）山一証券も、四四年九月に日銀特融を完済している。

（一〇）日本証券経済研究所『日本証券史資料』戦後編第三巻、昭和五八年、七一五ページ。

（一一）大蔵省証券局『大蔵省証券局年報』昭和四六年版、一九七一年、七三ページ。

（一二）証券取引法の「不公正取引禁止」の条文は、安定操作につき「政令で定めるところ」に違反して行う安定操作は違法、としていた。

（一三）矢沢淳「商法の改正」（有沢広巳監修、前掲書）、三二九ページ。

（一四）実は、公認会計士による証取法監査が全面実施された昭和三二年当時から、商法と企業会計原則が矛盾していては会計士が監査意見を書くことはできないため、調整の必要性は早くから認識されていた（矢沢、前掲論文）。昭和三七年の商法改正は資産評価規定を財産法から損益法へ移行させるなど企業会計原則へ歩み寄る形で計算規則を大幅に改正したが、なお十分ではなかったのである。というのも、商法は強行法であり、修正の余地が少なかったためである。したがって、調整の多くは、企業会計原則の修正によらざるを得なかった。

（一五）もっとも、公認会計士のキャパシティの問題もあった。一億円以上の株式会社は一万社以上に上るが、公認会計士は四八年四月末現在、四、五六〇人に過ぎなかった。五億円以上となれば二、七七〇社に減少するのである。

（一六）安川七郎「証券政策の当面の諸問題」（日本証券経済研究所編『体系証券辞典』東洋経済新報社、昭和四六年、六八九ページ）。

（一七）証券団体協議会「株式の時価発行に関する見解」昭和四二年四月。

（一八）他方、金融界は消極的、生命保険業界は額面と時価との間の「中間発行論」を主張した。これは両業界が、増資新株の最終的な受け皿となっていたからであろう。

（一九）補正予算で国債を追加発行し、四六年度の国債発行額は合計で前年度比三倍強の既往最高の一兆二千億円を記録する。

（二〇）大蔵省『法人企業統計年報』各年版。

凡　例

一、この国会審議録に関わる資料は、昭和四十年から平成元年までの国会（第四十九回から百十七回国会まで）における法律案を中心とした審議の会議録の中から、証券関係の重要案件を選び、これを回次順に編集したものである。

二、法案等の審議の会議録原本は国会図書館所蔵のものによった。

三、各巻の収録要領は次のとおりである。

㈠　案件の配列は、各議会頃に証券関係重要法案、関連法案、法案審議以外の関連審議案件とした。

㈡　一つの案件審議は、委員会、本会議を通じて、日付順に会議の順を追って配列した。

㈢　採録は委員会における提案理由説明、質疑、討論、採決、本会議における委員長報告、質疑、討論、採決である。

㈣　国会の会議録は紙幅の関係上、原本をそのまま採録したわけではなく、一部省略している。原本にあるものを編集側で省略した箇所については（中略）、（後略）、（以下略）、（ほか略）などとした。なお、読みやすさを考慮し、これらの注記を入れたのは、大幅に省略した部分のみに限られている。また、内容が不明な箇所や明らかな誤りには、〔　〕内に編注（訂正）を入れ、判然としないものには〔原文のとおり〕とした。

㈤　活字は個人名を除き、原則として新字体とした。

㈥　出席者名は委員会に限って採録した。原則として当該委員会委員名は全部、政府委員名その他の氏名は、発言者のみに限った。

㈦　法律の条文は、基本的に本会議で採決が行われたときのものを採録している。また、関連法案は一部採録または省略した。

目次

一　証券関係国会審議録（二）

第五十五回（特別）国会（昭和四十二年二月十五日〜昭和四十二年七月二十一日）

租税特別措置法一部改正

資産再評価法一部改正案

国債整理基金特別会計法一部改正

投資信託法の一部改正

財政・金融に関する件

第五十八回国会

（昭和四十二年十二月二十七日～昭和四十三年六月三日）

租税特別措置法一部改正

国債整理基金特別会計法一部改正

証券取引に関する件

第五十九回（臨時）国会　（昭和四十三年八月一日～昭和四十三年八月十日）

証券取引に関する件

第六十一回国会　（昭和四十三年十二月二十七日～昭和四十四年八月五日）

金融・証券に関する件

第六十三回（特別）国会

（昭和四十五年一月十四日～昭和四十五年五月十三日）

租税特別措置法一部改正

金融・証券に関する件

第六十五回国会 （昭和四十五年十二月二十六日～昭和四十六年五月二十四日）

証券取引法一部改正・外国証券業者に関する法律案

貸付信託法一部改正

租税特別措置法一部改正

金融・証券に関する件

第六十六回（臨時）国会　（昭和四十六年七月十四日～昭和四十六年七月二十四日）

金融・証券に関する件

第六十七回（臨時）国会　（昭和四十六年十月十六日～昭和四十六年十二月二十七日）

金融・証券に関する件

第六十八回国会　（昭和四十六年十二月二十九日～昭和四十七年六月十六日）

金融・証券に関する件

第六十九回（臨時）国会

（昭和四十七年七月六日〜昭和四十七年七月十二日）

金融・証券に関する件

第七十一回（特別）国会

（昭和四十七年十二月二十二日〜昭和四十八年九月二十七日まで）

商法一部改正

有価証券取引税法一部改正

金融・証券に関する件

租税特別措置法一部改正

第七十二回国会

（昭和四十八年十二月一日～昭和四十九年六月三日まで）

商法一部改正

第五十五回（特別）国会

昭和四十二年二月十五日から
昭和四十二年七月二十一日まで

租税特別措置法一部改正

衆議院会議録第十二号

昭和四十二年五月十二日（金曜日）

昭和四十二年五月十二日
午後二時　本会議

○本日の会議に付した案件

租税特別措置法の一部を改正する法律案（内閣提出）の趣旨説明及び質疑

午後二時十一分開議

○副議長（園田直君）　これより会議を開きます。

租税特別措置法の一部を改正する法律案（内閣提出）の趣旨説明

○副議長（園田直君）　内閣提出、租税特別措置法の一部を改正する法律案について、趣旨の説明を求めます。大蔵大臣水田三喜男君。

○国務大臣（水田三喜男君）　租税特別措置法の一部を改正する法律案について、その趣旨を御説明申し上げます。

今回ここに提出いたします租税特別措置法の一部を改正する法律案は、その一環として、最近の経済情勢と当面の政策上の要請にこたえて、税制上の特別措置について新設あるいは整理合理化、適用期限の延長等を行なうものであります。

次に、特別措置の整理合理化、適用期限の延長等について申し上げます。

まず、利子所得及び配当所得に対する課税の特例につきましては、貯蓄へ及ぼす影響等を考慮しつつ漸進的な措置を講ずることとし、特例税率をそれぞれ五%引き上げて、その適用期限を三年間延長することとし、また、この改正と関連して、新たに割引債券の償還差益について発行時に五%の税率による所得税の源泉徴収を行なうこととしております。

○副議長（園田直君）　ただいまの趣旨の説明に対して質疑の通告があります。これを許します。村山喜一君。

○村山喜一君　私は、日本社会党を代表いたしまして、租税特別措置法の一部を改正する法律案について、佐藤総理及び関係閣僚に質疑を行ないたいと思います。

（中略）

今日、流動的改廃を直ちに行なうべきものに、利子所得・配当所得の分離課税、軽減措置や非課税があります。個人の貯蓄は、可処分所得が伸びるにつれて増加するのであって、税制上の特別の助成措置との関連はほとんど認められないというのが経済学の常識でもあり、かつて税制調査会が出した結論でもあります。

大蔵大臣、利子・配当所得分離課税の問題で、金融機関や証券会社の陳情は聞きますが、預金者、株主から要請があった事実がありますか。

第二に、分離課税の方式をとってから逆に個人株主は減少しているではありませんか。

さらに、配当所得・利子所得の大きい人は高額の資産所得者に限られているのであります。これらの人たちには二百二十六万円までは課税せず、給与所得者からは七十四万円以上は税金を取るというのは、幾ら大蔵大臣が法人擬制説をとって、株主の配当控除や法人の益金不算入の制度を力説されても、現実離れをした意見ですから、一般国民はもちろん、企業にも投資家たちにも税法上の恩典として受け取られているのであります。

この際、根本になっている現行の法人税制の基本的な仕組みを改めるべきであると思いますが、政府の見解をただしたいのであります。

（中略）

○国務大臣（水田三喜男君）　御質問が非常にたくさんの項目にわたっておりますので、順次お答えいたします。

（中略）

配当分離課税をとってから個人株主の数が減ったのじゃないか、したがって、この効果はなかったのじゃないかというお話でございましたが、三十九年、四十年度は、個人株主の数が確かに減っておりますが、昨年の四十一年からまた株主数はふえております。いずれにしましても、この措置がすぐに個人株主の数の問題と結びつくかどうかは問題でございまして、いま発足したばかりでございますから、簡単に結論をつけるのは適当ではないと考えております。

それから、株式配当の問題でございましたが、これは法人税の性格をどう見るかということと関連していることは御承知のとおりでございます。これは法人擬制説に基づくというよりも、法人の実在説をとるべきが常識だという御意見でございましたが、やはり法人の実態に着目して解決するのが一番正しい方向であろう、私どももそういう方向で今後これは慎重に検討したいと考えております。

（以下略）

衆議院　大蔵委員会議録第十二号（その一）

昭和四十二年五月十六日（火曜日）

出席委員

委員長　内田　常雄君

理事　原田　憲君　理事　藤井　勝志君

理事　三池　信君　理事　毛利　松平君

理事　吉田　重延君　理事　平林　剛君

理事　武藤　山治君　理事　竹本　孫一君

足立　篤郎君　大村　襄治君

奥野　誠亮君　小峯　柳多君

小宮山重四郎君　河野　洋平君

砂田　重民君　西岡　武夫君

村山　達雄君　山下　元利君

渡辺美智雄君　阿部　助哉君

只松　祐治君　野口　忠夫君

広沢　賢一君　堀　昌雄君

村山　喜一君　柳田　秀一君

山田　耻目君　横山　利秋君

永末　英一君　田中　昭二君

（ほか略）

本日の会議に付した案件

租税特別措置法の一部を改正する法律案（内閣提出第八四号）

印紙税法案（内閣提出第三四号）

国家公務員等の旅費に関する法律の一部を改正する法律案（内閣提出第九一号）

税制簡素化のための国税通則法、酒税法等の一部を改正する法律案（内閣提出第四六号）

石炭対策特別会計法案（内閣提出第四五号）

○内田委員長　これより会議を開きます。

租税特別措置法の一部を改正する法律案、印紙税法案、国家公務員等の旅費に関する法律の一部を改正する法律案を議題といたします。

政府より提案理由の説明を聴取いたします。小沢政務次官。

○小沢政府委員　初めに、租税特別措置法の一部を改正する法律案について申し上げます。

次に、特別措置の整理合理化、適用期限の延長等の関係について申し上げます。

第一に、利子所得及び配当所得に対する課税の特例につきましては、貯蓄に及ぼす影響等を考慮しつつ漸進的な措置を講ずることとし、それぞれ特例税率を五%引き上げて、その適用期限を昭和四十五年三月末日まで延長することとし、また、この改正と関連して新たに割引債券の償還差益についてもその発行時に五%の税率による所得税の源泉徴収を行なうこととしております。

（中略）

○内田委員長　これにて提案理由の説明は終わりました。

各案に対する質疑は、後日に譲ります。

（以下略）

衆議院　大蔵委員会議録第十六号

昭和四十二年五月二十三日（火曜日）

出席委員

委員長　内田　常雄君

理事　原田　憲君　理事　藤井　勝志君

理事　三池　信君　理事　毛利　松平君

理事　吉田　重延君　理事　平林　剛君

理事　武藤　山治君　理事　竹本　孫一君

足立　篤郎君　大村　襄治君

奥野　誠亮君　菅　太郎君

鯨岡　兵輔君　小峯　柳多君

小宮山重四郎君　河野　洋平君

笹山茂太郎君　砂田　重民君
永田　亮一君　西岡　武夫君
村上信二郎君　村山　達雄君
山中　貞則君　渡辺美智雄君
阿部　助哉君　西宮　　弘君
広沢　賢一君　広瀬　秀吉君
堀　　昌雄君　村山　喜一君
柳田　秀一君　山田　耻目君
横山　利秋君　春日　一幸君
永末　英一君　田中　昭二君

委員外の出席者

参考人（税制調査会会長代理）　松隈　秀雄君

（ほか略）

本日の会議に付した案件

租税特別措置法の一部を改正する法律案（内閣提出第八四号）

○内田委員長　これより会議を開きます。

所得税法の一部を改正する法律案、法人税法の一部を改正する法律案、相続税法の一部を改正する法律案及び租税特別措置法の一部を改正する法律案を議題といたします。

本日は、参考人として税制調査会会長代理の松隈秀雄君、日本大学助教授の北野弘久君、全国青色申告会総連合税制委員長の茂木誠陸君がそれぞれ御出席になっておられます。

参考人各位には御多用中のところ御出席をいただき、まことにありがとうございました。

本委員会におきましては、税制改正各案につきまして審査を行なっておるのでありますが、参考人各位におかれましても、何とぞ本日は忌憚のない御意見をお述べいただきますようお願いを申し上げます。

○松隈参考人　目下御審議いただいておりまする以上の四法案は、さきに税制調査会が答申いたしましたものを骨子といたしております。私、税制調査会の会長代理をいたしておりまする関係上、税制調査会の動きを御参考に申し上げてみたいと思うのであります。

租税特別措置法の改正といたしましては、科学技術の振興、輸出振興、社会開発等の点に重点を置いております。なお、交際費の課税については、その期限を延長するとともに、内容を経済情勢にできるだけ合うようなふうに改正いたしております。利子、配当の特別措置につきましては、三月末をもって期限切れとなるのでありますが、これにつきましては、税制調査会でも議論がなかなか多かった次第でございます。十二月の答申においては漸進的にこれを改正するという抽象的な書き方をいたしましたが、二月十八日の答申といたしましては、利子、配当の課税率、利子の一〇％は一五％に、配当の源泉選択をした場合の一五％の税率は二〇％に、それぞれ五％引き上げ、そして二年間その措置を据え置く、こういう答申をいたしております。

（中略）

○内田委員長　続いて、参考人に対する質疑に入ります。

○広沢（賢）委員　時間が少ないので端的にお伺いします。

この租税特別措置法の政策目的一つ一つ検討してみると、みんな政策目的に合致しない。第一番目に、たとえばここでは自己資本の充実、自己資本の充実と強調しておる。ところが、これは租税特別措置でよく議論になるのですが、たとえば物価が上がっていく、上がれば、銀行から金を借りて設備拡張をどんどん過熱的にやる、そのほうが企業にとっては得だというので。そうすれば自己資本率はどんどん下がる。こういう大きな問題が、ひいては租税体系を乱す。自己資本の充実、自己資本の充実という名目で、または、ここには書いてありませんが、政府側の答弁では、最近資本の自由化という名前のもとに、何でもインチキきわまることを通そうとしておる。租税特別措置法を政策目的に合致しないのをはずせば、たとえば百万円までの非課税限度の引き上げ、住民税の引き下げ等がどんどんできるのです。ところが、それがもたついておるからなかなかできない。

以上の点、税制調査会の長期税制のあり方についての中間答申を議論されたときに、はっきりどっちに重点があったか。それから利子非課税の問題、その他私がお聞きしました点について御答弁いただきたい、こういうふうに思います。

○松隈参考人　租税特別措置の基本的な考え方を、税制調査会の長期税制のあり方についての中間答申に述べておるのでありますが、租税特別措置が負担の均衡を害するということは明らかでありまして、その負担の均衡を害する点をさらに上回る経済政策達成の目的があるかどうかということが、各種租税特別措置を存続せしめるか、廃止せしめるかの分岐点になるものであります。

利子、配当課税の特別措置については、冒頭に申し上げたとおりでありまして、税制調査会としても、大勢は利子、配当に対する特別措置はその経済的効果が非常に疑わしい、したがって、廃止すべきであるという意見が強いのでありましたが、中には、やはり今日の経済情勢、特に公債発行下における金融情勢等を顧みれば、いま一挙に廃止することは、いたずらに経済界に混乱を起こすのみであって、これは避けるべきである、こういう意見がございました。

そこで、税制調査会といたしましては、できるだけ、従来もその方針でありますが、答申は多数決できめるということをしない、それから、少数意見をつけ始めると切りがないので、まあ全会一致の答申ということに取りまとめるように努力いたしておりますす関係上、あるいは、御意見によれば、五%の引き上げは手ぬるいとか、あるいは二年――政府案はさらにそれを三年にしたというのは手ぬるいという御批判はあるかもしれませんが、答申を取りまとめるという段になれば、そういうことで取りまとめた、こういう次第でございます。

○広沢(賢)委員　ありがとうございました。

利子、配当の非課税の問題についても、やはりこれは政策上はよくないのだ、これもなるべく打ち切らなければならぬ。その打ち切るについて、経済界に混乱を起こすとか、急激にやったら困るから経過措置をやるということになりますと、やめるという基本的方向はある。したがって、今後の大蔵委員会の審議では、どの程度に経済界に混乱を起こすか、株が下がるのか、何かあるか、実証的に一つ一つ積み上げていけば、この問題は今国会中に結論を得ると私は思います。ありがとうございました。

(以下略)

衆議院　大蔵委員会議録第十七号

昭和四十二年五月二十四日(水曜日)

出席委員

委員長　内田　常雄君

理事　原田　憲君　理事　藤井　勝志君
理事　三池　信君　理事　毛利　松平君
理事　吉田　重延君　理事　平林　剛君
理事　武藤　山治君　理事　竹本　孫一君

足立　篤郎君　大村　襄治君
奥野　誠亮君　菅　太郎君
鯨岡　兵輔君　小峯　柳多君
小宮山重四郎君　河野　洋平君
笹山茂太郎君　菅波　茂君
砂田　重民君　永田　亮一君
西岡　武夫君　村山　達雄君
山下　元利君　山中　貞則君
渡辺美智雄君　阿部　助哉君
只松　祐治君　野口　忠夫君
広沢　賢一君　堀　昌雄君
村山　喜一君　柳田　秀一君
横山　利秋君　永末　英一君
田中　昭二君

出席国務大臣

内閣総理大臣　佐藤　栄作君

(ほか略)

本日の会議に付した案件

租税特別措置法の一部を改正する法律案(内閣提出第八四号)

○内田委員長　これより会議を開きます。

租税特別措置法の一部を改正する法律案を議題といたします。

(中略)

○武藤(山)委員　まず第一にお尋ねをしておきたいことは、総理もすでに御承知のように、いま日本の税制というものが非常にねじ曲げられている。総合累進税制という、所得税の生命ともいうべき累進税率というものが、配当、利子の取り扱いによってねじ曲げられている。このことは、所得税の体系というものをほんとうに紊乱をして、好ましからざる税体系になっている。佐藤さんが総理になりましたら、配当の分離課税を認めるという制度が生まれてきた。このことを、私どもは大蔵委員として非常に残念に思っているわけであります。

そこで、これらの利子、配当の特別優遇措置というものを一日も早くやめる方向に総理としては指導なさるべきではなかろうか、こう考えるのでありますが、総理大臣のお考えはいかがでありますか。

○佐藤内閣総理大臣　それはもう武藤君も御承知のように、税の特別措置でございます。これは名前が示すように、こういう制度がいつまでも恒久化されるという筋のものじゃございません。だから、これは政策的減税だといわれておりますが、その目的を達した、あるいは十分効果を発揮しないとか、そういうようなことを十分考えまして流動的に処置する、さようなものでございます。

○武藤(山)委員　流動的に処置するということは、やがては、特別措置であるから、効果が消えうせたときには廃止するという意味に理解をいたします。

しかし、今回の措置は、あれほど非難があり、あれほど廃止すべきだという国民の批判というものに、今回、とうとうまた耳を傾けずに三年間延長なさる。八月には税制調査会の答申の基本的なものが出て、これらはもう廃止をするのが正しいという方向は、税調でも再三論述をいたしておるわけでありますから、私は、三年間延期するというのは少々長過ぎると思うのであります。総理の御見解いかがですか。

○佐藤内閣総理大臣　これは税調の答申を十分尊重して実はきめたのであります。こういう問題を、思い切って短期間の間に解決するというのは少し無理がかかる、だから、漸進的にひとつ解決しよう、こういうのでございます。中身はよく御承知だと思いますから重ねては申しません。

それじゃ、この期間が経過したら一体どうなるのか、そういう問題がございますが、それについては、まだ申し上げる段階ではございません。

○武藤(山)委員　総理、利子、配当の特別な優遇措置について一般国民から、佐藤さん、ひとつこういう利子は税金を安くしてくれ、配当の分離課税を認めてくれ、そうしなければ貯金もしないぞ、あるいは株も買わないぞというような陳情は、おそらく総理は一度も受けてないと思うのであります。大蔵省のまとめた陳情、請願書を見ましても、この優遇措置を強く要望しているのは銀行協会と証券業界だけでございます。したがって、私は、そういう業界の強い要望にこたえてこういうねじ曲げられた税体系が押し通されるということは、政治の姿勢として正しい姿勢ではないと思うのであります。風格ある社会をつくるためにも、こういうでこぼこな税制というものはよろしくないから、やはりただいま申された流動的に解消するという言明が、単にことばで終わらないように、ひとつ総理に一そうの決意を私は促したいのであります。

○佐藤内閣総理大臣　いま利子所得あるいは貯蓄減税、そういうもので一体だれが利益をしておるか、これは銀行だけではないかというお話です。そういうような言い方に実は開けたのです。私は、そうではなくして、やはりみなが喜んで、安心して貯金ができるような制度が望ましいことだと思うのですね。しかし、税負担という観点からそういうものが特別に考えられるときは、やはり経済情勢等から判断すべきだ、かように私は思っております。

したがいまして、過去の問題についての取り扱い方についてはとやかくいろいろな批判はありましょうけれども、とにかく、その点は私どもと皆さん方と意見が違っております。しかし、今回それを、少しではありますがもとに返そうとしておる、その努力、これをひとつお認め願って、方向は賛成だということにぜひとも願いたい。

(以下略)

衆議院　大蔵委員会議録第十八号

昭和四十二年五月二十五日(木曜日)

出席委員

委員長　内田　常雄君

理事　原田　憲君　理事　藤井　勝志君
理事　三池　信君　理事　毛利　松平君
理事　吉田　重延君　理事　平林　剛君
理事　武藤　山治君　理事　竹本　孫一君
足立　篤郎君　大村　襄治君
奥野　誠亮君　菅　太郎君
鯨岡　兵輔君　小峯　柳多君
小宮山重四郎君　河野　洋平君
笹山茂太郎君　砂田　重民君
永田　亮一君　西岡　武夫君
村上信二郎君　村山　達雄君
山下　元利君　山中　貞則君
渡辺美智雄君　阿部　助哉君
只松　祐治君　野口　忠夫君
広沢　賢一君　広瀬　秀吉君
堀　昌雄君　村山　喜一君
山田　耻目君　横山　利秋君
春日　一幸君　永末　英一君
田中　昭二君

出席国務大臣

大蔵大臣　水田三喜男君

出席政府委員

大蔵政務次官　小沢　辰男君
大蔵省主税局長　塩崎　潤君
大蔵省証券局長　加治木俊道君
国税庁長官　泉　美之松君
(ほか略)

本日の会議に付した案件

租税特別措置法の一部を改正する法律案(内閣提出第八四号)

○内田委員長　これより会議を開きます。

租税特別措置法の一部を改正する法律案を議題といたします。

質疑の通告がありますので、これを許します。

(中略)

○平林委員　私どもが今回租税特別措置法の改正の中でも特に重視しておりますのは、利子所得及び配当所得に対する課税の特例の問題でございますが、今回の法律改正によると、これは三年になっておるわけですね。若干国民の批判にこたえて、また私どもの追及をあらかじめ予期いたしまして少しばかり進歩のあとは見られますけれども、これが三年になっておる。たしか、税制調査会は二年になっておったように思いますが、これを三年にした理由は何ですか。

○**塩崎政府委員**　この利子及び配当所得の特例は、租税特別措置中の一番むずかしい部面でございます。

三年といたしました理由は、第一には、ことに利子所得が中心でございますが、一五%という税率は昭和二十八年以来初めての税率でございます。昭和二十八年に源泉分離一〇%が行なわれまして以来、ゼロになり、あるいは一〇になり、あるいはまた五になり、種々の曲折を経てきておりますけれども、一〇%を上回った時期はございません。それだけにこの五%の引き上げの影響は大きいと見ざるを得ない。税制調査会の答申では、やはり租税の立場を重視し、さらに他の特別措置とのバランスを考えて二年間ということにいたしておりますが、やはり経済全般の角度を考えますと、このような大きな引き上げのときでございますので三年程度、そして様子を見ようというのが第一の理由でございます。

第二の理由といたしまして、源泉分離の制度というものは、納税者が非常に税引き利回りがわかりやすいわけでございます。今度一五%という率でその税引き利回りが新しくできるわけでございますが、この税引き利回りの率は少し納税者にも習熟してもらう、そして種々の答申に対する判断をしていただく、そういう意味で三年程度の期間をお願いしておる次第でございます。

○**平林委員**　私は、これを二年から三年に延ばしてしまったということが、長い間の習慣としてなじんでしまうというようなことになりはせぬか。税制調査会は過去何回も答申を出しておりますが、いずれも利子、配当についてはやめろと言っておるのですが、どういう風の吹き回しか、昨年あたりからちょっとゆるんだようなかっこうになっておるわけでございまして、私は批判を持っておるわけでございます。それを、政府のほうがさらに二年から三年に延ばすということになりますと、国民は、それに対する批判というものから、それだけやはり政府に一つの不信感を抱いてくるというようなことに相なろうかと思います。新しい法人税のあり方が、少なくともせっかく努力をして来年の八月に出るときに、このほうは三年も置いてあるということになりますと、新しい法人税の移行というものが、法人擬制説から実在説に移るという方向が示唆されているだけに、その移り方のテンポがおそくなるのではないかということを私は心配するのです。塩崎さんの御所見を承りたい。

○**塩崎政府委員**　私も利子、配当の課税方式がもう法人税の性格とも基本的に結びついていることは否定できないと思いますし、そういった意味で、根本的に解決していただくことは非常にけっこうなことだと思います。そういった意味では、法人税の性格とあわせて検討するには適当な時期ではないかという気がいたすのでございます。

しかし、いずれにいたしましても、法人税の性格の問題は非常に根深い問題でございますので、これから徐々にPRしながら、私がいつも申し上げておりますように企業、それから企業の経営者、投資家、これらに十分理解できるようなことをいまからやっていって、そして何年かゆとりを置いて、もうこういうものだという認識を持って施行するということでないと、またシャウプ勧告のような失敗をおかすと思います。そういう意味で、もう少し時間をかけて利子、配当を研究することも私は十分考えられることだと思うのでございます。

○**平林委員**　今回二年を三年に延ばしたということは、新しい方向に移るにいたしましても、私は少し時間を置き過ぎるのではないだろうか。そういうことを考えますと、かりにその期間内でありましても、税制調査会の答申が出れば、そこで改正をしていくというような心がまえを持っておかなければならぬじゃないかという感じがするのです。

そこで、これは大蔵大臣にも少し言っておかなければならぬ点だと思いますけれども、あなた方にもやはりそうしたことに支障のないような、国民の期待にこたえる新しい方向を打ち出してもらいたいということを注文しておきたいのです。

（中略）

○**田中(昭)委員**　まず初めに次官にお尋ねいたします。

利子配当の特別措置についてでございますが、今回の改正で、ほぼ税制調査会の答申どおり利子配当所得に対する特例税率の引き上げが実現いたそうとしております。しかしながら、この利子配当に対する特別措置の不公平に対する不満は最近とみに強く、国民の大きな世論となっておりますが、この事実をどのようにお考えになっておるのか、その所信を伺いたいのでございます。

○**小沢政府委員**　いろいろ御批判があろうかと思いますが、私どもは、これは貯蓄奨励政策からしてどうしても必要だと考えておるわけでございます。ただし、いろいろな御批判もまたありましたり、あるいは税制調査会におきまして議論もございまして、今日のような三年間暫定的に税率を五％上げるということで御納得をいただきたい、こう思って改正案を出しているわけでございます。

○田中（昭）委員　利子、配当所得の特別措置で約千億の減税、この中にはもちろん少額貯蓄の非課税による減免も含んでおりますが、この減税を行なっていることはほんとうに驚くべきことであります。金持ちに千億の補助金を出して、そのためにどうして高校を出たばかりの初任給に税金をかけなければならないか。これは再度例をあげて申し上げますれば、配当所得の場合には標準世帯で二百二十六万円までは税金がかからない。また、これを給与所得に例をとれば、三十万円ぐらいの所得税と住民税まで加えますと四十万円ぐらいの税金になる。そうするならば、むしろこの利子配当の特別措置を廃止して、その分だけ給与所得の減税に回すべきではないか、このように思いますが、まず、この点についてお答えをお願いしたい。

○塩崎政府委員　給与所得税の減税の必要なことは言うまでもないことだと思うのでございます。しかしながら、利子所得につきましての特例あるいは配当控除の問題、これは源泉分離という意味ではございませんが、非常に長らく沿革を持ちました制度でございまして、これに急激な変革を加えますことは貯蓄者の心理に非常な影響がある、やはりこれは漸進的な方法を講ずることによって、減税財源といたしまして給与所得税のほうの減税に回す、こういったことが現実的な政策としては適当ではないか、こんなようなことで、今回も利子、配当の軽減措置の特例を少し制限いたしまして、三百億円ばかりの財源を生み出して給与所得税の減税に充てた、こういう次第でございます。

○田中（昭）委員　次官にお願いしますが、そのことで租税負担の公平の原則からはどのようにお考えになっておるか、一言だけお願いします。

○小沢政府委員　配当、利子所得者が一般の給与所得者に比べまして、いわゆる課税最低限の問題が議論されまして、その点から見て不公平じゃないかという御意見については、私どももわからぬことはございませんけれども、ただ、この利子、配当の特例という点は、貯蓄奨励なりあるいは投資市場の育成等いろいろ考えまして、他の高度の政策目的といいますか、そういうものから見てどうしても必要じゃないか、そういう意味で、私どもは先ほど来申し上げておりますように、そうした経済政策全般の面から、特にこの特例を実施しているわけでございまして、なお、今回の改正によりまして、これがいま申し上げました経済政策目的というものにどういうような影響を与えていくかということについて、慎重にその推移を見まして再度また三年後には再検討をいたしたい、かように考えておるわけでございます。

○田中（昭）委員　次に、このたびの改正で、償還差益に対する源泉課税についてお尋ねいたしますが、従来割引債の償還差益は法律上利子にあらずということで、雑所得とされております。利子所得と同様の源泉徴収が行なわれなかったのでありますが、今回の改正でその償還差益に発行時に五％の税率による所得税の源泉徴収を行なうことになったが、この改正案の出ました経過並びに理由についてお伺いしたい。

○塩崎政府委員　もう田中先生御案内のとおりで、私どもは税負担の公平の見地から、同じく源泉分離課税といいましても、税引き利回りがひとしくなるような課税でなければならぬ、そういう意味で預金利子の源泉分離課税、これは税の筋から少し離れた制度でございますが、課税を受ける、しかし、償還差益は雑所得であるからということで申告納税だということでありましたが、申告納税であるといいましても、結局、わが国の納税水準では、御案内のように申告が出たためしが一件もございません。したがいまして、実質的には償還差益は非課税ということで投資家の間に歓迎されておったわけでございますが、これはやはり一〇％の源泉分離課税を一五％に上げるようなときでございます。利回りからいいましても、割引金融債は六分二毛二糸の利回りでございますが、銀行定期預金あるいは国債は六分七厘九毛、国債で一割五分の源泉課税を受けますと五分八厘であります。割引金融債は一年で国債は七年でございますが、どうも課税をしないと非常に税引き後のアンバランスがはなはだしくなる、そういったことで、多年の問題でございましたが、一〇％を上回るような非常に高い税率を引き上げるこの際でございますので、割引債も理論にとらわれないで負担公平の見地から税引き利回りを同じくするような姿で、バランスのとれるような見地から償還差益についても源泉課税の適用をするようにお願いしておる次第でございます。

○田中（昭）委員　割引債の償還差益が経済的には実質利子であるということは何人も認めております。この利子所得としての課税は当然であるし、またこの課税がおそ過ぎたのではないか。今回の五％だけの税率で済ませて、しかも分離課税が行なわれるこのような中途はんぱな改正になっておると思いますが、今後この問題はどのように考えられまして処置をされていくものかお伺いしたいと思う。

○**塩崎政府委員**　おっしゃいましたように、いままでこの問題が意識されながらここまで来たったわけでございます。私どももここに提案いたしまして、ある程度のところまでいったこともございます。何といっても、割引債は、銀行あるいは金融機関が所持している間は、法人税の問題といたしまして、企業でございますし、ことに金融機関でございますので、比較的帳簿で載っておりますし、その割引償還差益は法人税の課税を受けておったわけでございますが、だんだん個人消化が進んでまいりますと、これは放置することができなくなった、これが私は大きな原因だと思うのであります。

さらに、これまでは商工中央金庫あるいは農林中央金庫、これは政府機関まではいっておりませんけれども、特殊な目的を持つような機関が割引債を発行しておったような経緯もあったということで、これはもう大正年代から非課税であったことが多分に惰性といたしまして残っておったのが私は原因だと思います。

御指摘のような点、非常に私ども反省させられる点でございますが、今回は一五%の大幅な引き上げを契機に、ぜひひとつ実現したいと思いまして御提案申し上げている次第でございます。

将来の問題でございますが、これは期限は三年ついておりますが、三年期限が経過いたしますと雑所得に戻り、また申告納税だということになります。申告納税が完全でいくという自信がございますれば、そのほうがむしろ総合課税という見地からすぐれるわけでございますが、おそらくそれもなかなか問題でございましょう。三年間の経過を見、そのときの状況で判断してみたい、かように思います。

（中略）

○**田中(昭)委員**　最後に、この措置法で一番問題のある、またいままで委員の発言の多かった利子、配当に対することにつきまして、もう一回最後につけ加えまして終わりたいと思うわけでございますが、たとえば配当所得に対します世界の各国の状況を見ましても――配当所得に対してはもちろん法人税の問題もございます。だけれども、この配当所得に対する特別控除は即刻やめていただきたい。大体、配当そのものが、個人的に見た場合には、その配当をもらったときに収入という感じしかないわけです。そこでは源泉徴収もされておりますし、当然ほかの勤労所得と比べては資産的な所得としてそういう性格を持っておることは、私ここで述べる必要もないと思います。アメリカにおきましても総合課税で、源泉徴収はしなくて百ドルまでの所得控除を行なう。イギリスにおいてもしかり、配当控除もありません。四一・二五%の源泉徴収、そういうことを行なって総合課税であり、西ドイツにしろ総合課税である。フランスも総合課税であります。イタリアもそうであります。このような各国の状況から見ましても、ここであえてわが国がこの優遇措置を続けていかなければならないということに対しましては、いま私の述べた程度では迫力もないようでございますけれども、何といいましても、この点につきましては、ひとつ、政府のほうでも十分お考えになっての末とは思いますけれども、私どもとしましては、この措置はあくまでも国民の納税意識、また政府に対する信頼感も失うのではないか、その点を心配するものでございます。最後に、次官からその点につきまして一言お願いしたいと思います。

○**小沢政府委員**　田中先生が税制の長年の専門家としての御意見でございますし、また、先ほど来諸先生からもこの問題については御意見がございました。本会議でもいろいろと御所見を承りました。やはり一つの考え方だと思います。しかしながら、今回若干の前進といいますか、それを示した考え方を私どもはお出しいたしておるわけでありますが、三年間といわずに、午前中も申し上げましたように、税制調査会におきまして法人税の税制のあり方、すなわち、擬制説から実在説に移るというようないろいろな基本的な問題の見解が、おそらく来年の秋までくらいにはまとまってくるのではないか、そういう際には当然この問題をもう一ぺん振り返りまして十分検討していきたいと思っておりますので、今回のこの改正案につきましては御了承をぜひいただきたいと思うわけでございます。

（中略）

○**堀委員**　配当所得に関する税の減収の問題でありますけれども、三十九年のところですか、そこらのほうがいいんじゃないかと思うのですけれども、四十年でも大体けっこうです。支払い配当がたしか六千七百九十一億円ですね。そこで、これから法人分を差し引いてもらって、個人の配当所得というのは一体幾らだったのか、ちょっとそれを最初に答えてもらいたい。

○**塩崎政府委員**　いろいろの推定法がございますが、六千七百九十一億円の五二%、つまり三千五百三十一億円が個人に支払われた配当と推定されます。

○**堀委員**　そこで、皆さんのほうの資料で、四十年には源泉選択によるものが二百九億円、申告不要が二百九十億だというのをこの前資料でちょうだいしているわけですね。これを足して、それからもう一つ申告分として千二百六十九億円申告されたというのを、あなたのほうの資料でもらっているわけです。この合計が千七百六十八億円です。あなたのいまお話の三千五百三十一億円からこの源泉選択による分、申告不要分、申告分あわせて千七百六十八億円引きますと千七百六十三億円というのが残る。これは一体何ですか。

○塩崎政府委員　無申告分と、それから還付されたものでございます。

○堀委員　還付は一応申告をして申告分の中に出ているんじゃないですか。所得としては出ているけれども、還付は税で返しているんだろうから、所得のところでは申告分の中に還付は入っていなければおかしいでしょう。

○塩崎政府委員　前からの慣習で、配当所得の申告したものは配当控除後税額が残るものを配当所得者として、ここに提出してあります階級別表はそれをあらわしてございます。

○堀委員　それでは還付は幾らですか。

○塩崎政府委員　一応、私どもの推定は五百三十億円あると見ております。

○堀委員　そうすると、五百三十億円が還付とすれば、あと千二百三十三億円というのは無申告だ。

　国税庁長官にお伺いをいたしますが、一体一年間に配当所得のうちで千二百億円もの配当所得が無申告でそのままになっているんですね。現在五万円までの配当支払い調書の関係の者はここへちゃんと二百九十億円と出ているから、国の税金の中で配当所得が千二百億円もみな無申告でそのままに放置されておる。配当した者はちゃんとわかっておるわけですから、これは五万円以上のところなんだから、これを一体どうしてこれまで放置しておるのですか。

○塩崎政府委員　この全部の仕組みでございますが、ちょっとお話し申し上げたいと思いますが、無申告の中にも、さらにまた申告不要分の中にも多分に含まれておりますが、これもここで批判になりました配当控除一五％、この一五％の実効税率のかかる人は申告が要らないということになります。したがって、いろいろな脱税の分もございましょうし、ほんとうに意識的な無申告分もございましょう。申告しても税額が残らない、家族に分散した、そのまま税務署に行って還付の申請をする、またいろいろな意味合いにおいて贈与税の追及とかいうようなこともあるかもしれない、こういったことで、また調べてみましても、配当控除の結果、追徴さるべき所得税がないというものが相当あろうかと思います。それともう一つは、配当の資料の提出限度の問題、御案内のように、支払い調書の提出は、先般の改正で年五万円までは提出が要らなくなったわけでございます。そういたしますと、三十八年には九百二十五万枚の提出資料が出ておりましたが、四十年度では百六十五万枚しか提出がされておりません。つまり六分の一程度に減ったわけでございます。株主数はむしろふえぎみでございますが、大体横ばいでございまして、千九百万ばかり個人分は推定されておりますけれども、こういったところから、支払い調書が出ない、なかなか申告が出ないという現在の税務環境、さらにまた、支払い調書がないと税務署もまた追及ができないという現在ですね。さらにもう一つは、いま申しました配当控除ということで追及しても、取るべき税額が出ない、相当少額なものである、こういったことをひとつ考えていかなければならぬ、もちろん国税庁をおとがめでございましょうけれども、そういったメカニズムをぜひ御理解願いたいと思うのでございます。

○堀委員　それは、理屈としてはそういうものが考えられるということは私もわかりますよ。しかし、それは確かめたわけじゃないでしょう。実際そうなっておったかどうか、これは実施当局である国税庁側が調べた結果わかることで、百億や二百億というなら別ですけれども、年間にともかく千二百三十三億円というものが、要するにあなたのほうの計算から出た残りとして、ともかく何だかわからないものがある。あなたのほうでは、ちゃんと源泉選択というのは二百九億円だ、五万円までの支払い調書を出さないということによるところの申告不要分が二百九十億円だ、それから申告をしたのが千二百六十九億円、ちょうど申告をしたのと、ともかく申告を全然しないで脱税の疑いのあるものが同額であるというばかなことが一体許されますか。だから、これは国税庁、ともかく五万円までの支払い調書以外に調書の出されているものについては、全部一ぺん洗ってもらって、それでいまのような結果になったことを当委員会に報告をしてもらいたいと思うんですよ。一体どれが配当控除によってプラス・マイナスであったから、実際上申告をしていなかったけれども課税上としては国が損害を受けていないもの、あるいは、やはりいろいろな形で脱税の意図を持って無申告であったもの、これはいろいろなものがあると私は思うんですよ。金額が百億とか五十億ならともかく、千二百三十三億円というのは巨額な金額ですからね。この点については、今後の税務調査の中で一つの大きな柱としてこれをひとつ措置してもらいたい。国税庁長官、どうです。

○泉政府委員　配当のうち千二百三十三億円というものが無申告の状態になっておる。これは昭和四十年の税制改正当時から、一体その千二百三十三億という数字がどういうものか、まあ考えられることは、先ほど主税局長が申し上げたようなことでありまして、源泉徴収で一〇%徴収いたしておりますものですから、あとでそれを調べてみましても、結局配当控除一五%であって追加納税する必要はなくなってくるという人が相当おるわけです。そのために税務署のほうでも、いろいろ調べていっても、結局は配当控除で追加納税の必要がなくなってくるというので調べないというようなことも重なってきておるかと思うのです。

ただ、先ほどもお話がありましたように、最近は支払い調書の提出限度というのが五万円に上がりましたから、その分については調査はできると思います。しかし、おそらく千二百三十三億円のうちで相当部分は支払い調書の出ないものではなかろうかと思います。しかし、いずれにしてもそういう点についてはもっと実態を解明する必要があることは確かです。

○堀委員　大蔵大臣、お聞きのとおりでありますから、ともかく私どもはこのままでは済まされないと思うのです。やはりこれはどういうことであったか。いま私が申し上げたように、調べてみたけれども、これはやはり税としては控除でパアになるものもあるでしょうし、脱税もあるでしょう。いろいろあるでしょうけれども、これは一ぺん十分調査してもらって、そうして、それは一体どういうことであったかということは当然当委員会に報告してもらわなければ、これは困る問題だと私は思いますから、この点はひとつ十分申し上げておきたいと思います。

そこで、その次の問題は、大蔵大臣は現在証券市場不振——どっちかというと、あまりぱっとしませんが、あなたは、投資態度としては、投機的なやり方がいいのか、投資を本則とするのがいいのか、その点ひとつお答えいただきたい。

○加治木政府委員　現実の市場における取引のうち、一体どの部分のものが投機的取引であるか、また、どういった内容のものが投資的取引であるかということは、実際問題として区分することはなかなか困難でございます。しかし、いわば信用取引は投機的取引と一応考えられております。しかし、実物取引の中にも当然投機的な取引があり得ると思うのでございますが、信用取引には日銀資金をバックにして特別な政策的な制度金融としての配慮も加えられておるということは、これはやはり流通市場としての機能を果たすためには、正しい意味の投機的な取引は当然歓迎されざるを得ない、こういう面があるわけでございます。したがって、いずれが好ましいかということは、個々の家庭の事情において、非常に投機に走って家庭の幸福を破壊するということがあれば、これは当然一種の社会問題として問題になりますけれども、市場の機能を期待するという面からいいますと、投機取引はあながち好ましくない取引であるというふうに一がいに否定することはできないと思うのでございます。

○堀委員　証券局長にお伺いをいたしますが、ニューヨーク取引所における株式の年間回転率と日本の取引所の年間回転率は幾らですか。

○加治木政府委員　かつて一〇〇%といわれたことがあるのでございますが、大体ニューヨークでもフランスでもそうですが、一五%から大体二〇%、一五%よりニューヨークは少し上がってきたようでありますが、おそらく日本は、全国取引所全部を集計してみなければわかりませんが、六〇%から七〇%が現状ではないかと思うのでございます。

ただ、この数字を比べます場合に気をつけなければなりませんのは、ここに一つ別な問題があるのでございます。ブローカーである証券会社自身の自己売買がそこに含まれておる。大体これが半分を占めております。したがって、これはかりに通り抜けと見ますと、半分、要するに、顧客の注文に基づく取引だけの回転率でいきますと、三〇%から四〇%。それにしても外国の、特にニューヨークの例に比べますれば約倍くらいの回転率になっておる、こういう状況でございます。

○堀委員　大臣、私がいま回転率を言っていますのは、要するに、資本主義のいろんな条件では、アメリカというのはやはり先進国だと思います。ですから、アメリカの証券取引所における回転率が一五から、実際は一六から一七くらいのときが多いのですが、そういう形になっておるのに、日本では高いときは一〇〇くらいになる。要するに、一つの株が一年間に必ず一回売買される、こういうことですね。

この回転率が非常に高いということは何を示しておるかというと、株式保有の期間が大体は短いということです。私どもは健全な資本市場ということを考えていくためには、短期的な目先によって株を買ったり売ったりするということは、それは資産のある人はいいかもしれない。資産の非常にある人は五年くらいだったら置いておけということはできるでしょうが、日本の場合は、さっき申し上げたように、所得階層別で見れば、ともかく二百万以上の所得者がわずかに三十五万九千世帯しかないという非常に低所得の多い状態、しかし株主数はいま相当広範に広がっておるわけでありますから、われわれとしては安定した投資というものがどうしても必要なは一万分の十五課せられておるようになっております。税執行面でのキャピタルゲイン、キャピタルロスを確実に把握する前提で、完全にこれを課税の対象にした場合と現行の制度と比べますと、はたして国の得るところ、どちらが一体得であるかということを考えますと、これは一がいに何とも言えないと思うのでございます。

そういうことで、一応有価証券取引税ということでごめんこうむっているということで現在の税制はでき上がっておるわけでございますが、この短期の投機取引というものを証券市場あるいは証券行政の立場からどう評価するかということになりますと、一がいにこれは何とも言えないのでございますが、現在信用取引制度全般について、信用取引だけが必ずしも投機取引ではございませんけれども、信用取引の残高ということが内部要因化して短期的に非常に激しく動く可能性があるということをわれわれは注視いたしまして、取引所側とよく相談しておるのでありますが、できるだけいまのいろいろの仕法を改めて、短期的な取引から長期化しやすい方向へ改善しようというふうに考えております。しかし、だからといって、短期的な取引自体を、これはいけないというふうに排除していいものかどうかという点については若干考えなくてはならない。日本の市場の持っている環境、特殊性があるわけでございますが、大体一銘柄の単位、スケールからいいましても、日本の場合は、ニューヨークに比べれば、大体一銘柄の単位が上場株では二十分の一くらいの非常に小さい単位でございます。したがって、全く実物的な売りと買いが投合だけで市場を形成するということは非常に困難なわけでございます。一体そんなものから上場を認めていいかどうかという問題も今日あるのではないか。考え方としては、できるだけ短期に目先で売ったり買ったりすることは避けたほうがいい。ところが、証券会社の側からいいますと、手数料収入というのは、売ったり買ったりしてもらわないと収入にならないというわけですね。そこで、ともかく顧客のところへ行って、上がりそうですからといっては買わせ、下がってきたら、ああ下がりました、早く売りましょうといっては売らせ、売ったり買ったり売ったり買ったりさせて、そうして投資家は損をして証券会社は一応もうけたけれども、やはり投資家の利益を守らなければ、それは必ず証券会社に戻ってくるわけでありますから、現在たいへん証券界はまずいことになっているわけですね。

それを助長しておる問題の中に、現在の証券の譲渡所得非課税の問題というのが一つの問題としてあるのではないかと思います。現在の法律は、証券の譲渡については、一年間に五十回以上の売買をして、さらにその売買の数が二十万株以上であるものについては税金を取る、こうなっているわけです。そこで、一体この税金をどのくらい取られておるのか、ひとつ国税庁のほうからお答えいただきたい。

○泉政府委員 堀先生から御紹介がありましたが、過去におきまして三十五年、六年当時課税したことは私も覚えておるのでありますが、最近の統計はまだ手にいたしておりません。

株の譲渡の場合、御承知のように三種類の課税があるわけでございます。事業譲渡類似の場合と、それから買い占めの場合、それからいまおっしゃった五十回以上、二十万株以上ということですが、そのうちの五十回以上、二十万株以上に該当するということになりますと、課税の実績はわりあい少ないと思います。

○堀委員 やはり今後の国の政策として重要な問題の一つとして、いま盛んに安定株主操作ということが資本自由化対策ということでいろいろ行なわれておる。そういう株主安定操作ということで、実はどんどん法人に株をはめ込んでおるわけですね。私は、ほんとうに安定株主操作になればいいと思うが、一たん不況になってきますと、法人というのが一番最初に法人売りということを出してくるという苦い経験を日本の証券界というものは十分知っておるはずだと思うのです。だからその点では、そういういろんなメリットの中で安定投資をしておる人にメリットを与えることについては、いまの資本市場のいろんな状態から見て、私はある程度やむを得ないと思うけれども、片方で、税制上短期のそういう取引を含めて、ともかく非課税などということは、やはり方向としては少し検討を要する問題ではないか。だから、そういう意味で、あまり短期の取引をすると税金を取られるということになったほうが、株のあり方としては安定投資の方向に進むのではないか、私はこう考えるのですが、ひとつ証券譲渡所得の問題について、大臣の政治的見解を承りたい。――大臣に聞いておる。事務当局ではだめですよ。

○加治木政府委員 一応証券局の考えておるところを申し上げます。

これは主税局の考え方を聞かなければわかりませんが、現在譲渡所得については、各国いろいろありますけれども、問題になっておるところは日本ばかりではございませんけれども、日本は、特別に多いものは別といたしまして非課税になっております。これは、一方でキャピタルゲインが発生すると同時に、キャピタルロスも発生してくるということ、それから、有価証券の取引税というものが個人の場合るわけでございます。それから、一株当たりが大体向こうは五十ドルいたしておりますのに対して、こちらは額面では五十円ですけれども、いま百二十円くらい、そういう意味で、市場が非常に浅く狭いという点を考えますと、仮需給というものを相当入れなければ市場の機能が果し得ない、一方で非常に金利が高い、配当利回りが低いということを考えますと、投資家としては、かりに投機取引をする場合にも、短期に手じまいをして金利負担を免れたいという、そういう仕法が働くということも考えなければならないと思いますが、いずれにしましても、与えられた状況の中でできるだけ信用取引自体も長期的な取引が可能になるような方向で改善を加えていきたいということで、業界といま相談をして改善を考えている最中であります。

○**堀委員**　信用取引の改善の問題については、業界はいま三カ月を六カ月にする、継続手数料を取らないようにしようということ、それはいいことだと思うのですよ。いいことだと思うのですけれども、その発想のもとは、できるだけ短期のスペキュレーションではなくて、経済の見通しその他の上に立った処置をしようということなんでしょう。方向としては私の言っている方向ではないかと思うのです。私は、かねてから、信用取引というものは、しろうとがそこへ入ってきてけがをする人が多いですから、これについてはやはり証拠金を引き上げて、十分資力のある者がやってきて、もし下がった場合には現物が引けるだけの能力があれば大きな被害を受けなくて済むということで、そういう主張をずっとしてきておった。そのことの限りにおいてはいいけれども、私がいま言う短期のものはできるだけ避けるほうがいいということは、やはり証券投資としては被害を少なくするということになるのではないか。だから、私が言っていることは、やはり健全な投資家を守る方向で税制も考えられていいのではないかということです。

主税局長にお伺いをいたしますが、アメリカでは証券の譲渡の所得はどうなっておりますか。イギリスではどうなっておりますか。

○**塩崎政府委員**　アメリカはキャピタルゲイン課税のあることは御存じのとおりでございます。特殊な課税方式でございますけれども、六カ月保有を基準といたしまして、六カ月をこえるものはキャピタルゲイン、六カ月以下のものは、これはもう普通所得といたして、株式についてのキャピタルゲインについては課税しておらぬことは、御存じのとおりであります。イギリスも長らく課税しておりませんでしたが、保有期間を一年を基準といたしまして、一年以下は普通所得として課税する、一年をこえますものは長期キャピタルゲインといたしまして、たしかフラットの税率を三〇%であると思いましたが、分離課税をしております。

○**堀委員**　大蔵大臣、お聞きのとおりですね。アメリカでもイギリスでも短期なものからは税金を取るというたてまえになっておることは、短期の六カ月以内で売買が行なわれるものはキャピタルゲインじゃないのですよ。これはスペキュレーションなんです。だからそういう点でそういう税が取られておるわけです。だから、私がいま申し上げておるように、私は譲渡所得を全部取れということを言っておるのではないのです。せめてアメリカがやっておるように、短期のものからは取るようにして、六カ月から先、あるいは一年先というように、そういう処置をすることが、私は日本の証券〔市場〕を正しい方向に持っていくことであると思うのです。アメリカもやっている、イギリスでもやっている。これはあなたも十分ひとつ参考にして考えてもらいたいと思います。

だから、いま私が証券問題について感じることは、まず何よりも大事なことは投資家をいかにして守っていくかということでないと、これはもういまの証券の低迷はなかなか解決はつきません。残念ながら、証券界は方向としてはいま努力をしておると思いますけれど、なお不十分だと思っておるわけです。そういう際には、私は短期の譲渡所得の問題は今後の懸案としてひとつ検討してもらいたいと思うのですが、大蔵大臣、いかがですか。

○**水田国務大臣**　それは懸案としては検討いたしますし、方向としては、堀さんの言われている方向はいいのですが、投資家保護のために、いままだ日本の証券業界には改革すべき問題がたくさんあって、私どもは来年度の免許制をきっかけにして今後いろんな証券市場のあり方についての改造をやろうとしておるときでございますので、そういうものが一応軌道に乗ってからならよろしゅうございますが、いまの現状において株式の譲渡所得の問題にすぐに手をつけることは、まだ少し時期が早過ぎやせぬか、私個人はそういう感じがしております。十分研究します。

（中略）

○**内田委員長**　次に、本案並びに修正案を一括して討論に付します。

討論の通告がありますので、順次これを許します。武藤山治君。

○**武藤(山)委員**　私は、日本社会党を代表して、ただいま議題となりました租税特別措置法の改正に対し、見解を述べ、政府の反省を促し、反対の討論をいたすものであります。

今回の法案の中でわれわれが最も強く反対するものは、政策効果を疑う高額預金者の利子分離課税、株式の配当所得の優遇措置を三カ年間延長するという点であります。

不労所得がべらぼうに優遇されている株式を売買して、たらふく利益を得ても所得税は取られない実情にある。株の売買利益は年間五十回以上売買をしない限り一銭も所得税がかからないのであります。年間五回、十回の株の売買で相当な利益をあげても税金がかからない現行制度は、べらぼうな不労所得者優遇であって、まさに金持ち天国と言わざるを得ない。しかも、そのように株式の譲渡所得の非課税で優遇をしておきながら、さらに源泉徴収税率本則二〇%を一五%に軽減し、さらにおまけをつけ加えて、源泉分離課税確定申告免除による軽減と、まことに至れり尽くせりの優遇をしているのであります。

この優遇措置に賛成するということは、正義感が強い政治家にはできないのではないかと思うのであります。われわれが強く不満を持ち、反対する理由は、この不労所得優遇にあるのであります。

第二に、所得税の体系を乱し、総合累進税制をねじ曲げ、公平、応能の原則を破壊している点であります。

所得税は国民の所得格差を調整し、富を再分配する機能を発揮すべき税であり、所得の多い者からは多くの税金を取る性格の税であります。個人に帰属する所得を指標としてその担税力を把握するもので、累進税率を適用する基準となる課税標準にはすべての所得を総合することが本則であり、原理であります。しかるに、利子、配当所得を総合し税率を累進にすることを見のがし、租税特別措置で保護まで行なう現政府の姿勢は、近代国家の重大な原理を踏みにじるものと断ぜざるを得ません。

生活水準の低い、所得の少ない者には過酷な課税を行ない、能力のある資産所得者に軽い、不均衡、不公平な利子、配当の優遇は国民大衆の不満を増大し、納税道義を低下させ、風格ある社会とは逆の方向に国民を誘導することになるのであります。いつの日か、この制度を続ける勢力は、国民の鋭い指弾を受け、没落するであろうことを予言をしてはばからないのであります。いまこそ公平で能力に応ずる税金を実現する税制実現のため、水田蔵相は特にひとしからざるを憂うると、為政者としての気持ちを委員会で発言したからには、すみやかに公平なる税制実現をはかる責任があると思います。

第三に、政策効果のない財界とのなれ合いの税制であるからであります。

政府は貯蓄の奨励に必要だと主張してまいりましたが、はたして貯蓄増強にどう因果関係があるか、利子所得課税の過去の優遇をわれわれはあらゆる点から検討いたしました結果、預金と貯蓄との因果関係はほとんどないということが立証されているのであります。しかるに、かかる特別措置を何ゆえに強行するか。それは金融界あるいは証券界と政府が密着をいたし、癒着をしてかかる恩典を与えることによって、彼らの業界の利益を促そうとする以外の何ものでもありません。私は寡聞にして利子、配当課税の減免措置について一般国民大衆からの陳情書を見た覚えがありません。これらの業界が常に政府に働きかけ、政府はこれらの無理な施策を推進していると言わざるを得ません。

したがって、わが党が反対をする第三の理由は、かかる財界との癒着による政府・自民党の党略によるかかる措置に対しては、すみやかなる撤廃を強く要求をするものであります。

最後に、しからば、今回の改正にあたって、われわれはかく改革を提案をいたしたいという一、二の点について申し述べたいと思います。

一つは、利子分離課税の延長及び少額貯蓄免税の適用範囲の拡大に伴い乱用さるるような点が起こる心配があるので、この際、税法の適正な執行のためにも、預金における架空名義の取り扱いを廃止するよう、政府はすみやかなる検討をすべきであります。

第二に、配当に伴う措置の延長に伴い、健全な投資の促進に資するため、短期の有価証券譲渡所得につき課税を行なうものとすべきであります。

第四に、課税の公平の原則にかんがみ、特別措置の効果を具体的に判定し得る方策をすみやかに検討するとともに、利子、配当等の、国民感情によりその廃止を強く要求されているものについては、すみやかに廃止するよう格段の努力をすべきであると強く要求をいたし、日本社会党を代表して、ただいま議題となりました租税特別措置法に反対の意見を述べるものであります。

○河野(洋)委員 私は、自由民主党を代表して、ただいま議題となりました租税特別措置法の一部を改正する法律案につきまして、政府提出の原案並びに修正案の双方に対し賛成の意見を表明するものであります。

既存の特別措置については、政府原案によれば、第一に、利子、配当の特例税率を五%引き上げて漸進的な措置を講じ、第二に、交際費課税を合理化し、その増減に応じて、課税の強化、軽減をはかり、第三に、航空機の乗客に対する通行税の軽減措置を廃止するなど、実情に即した整理合理化をはかっております。

言うまでもなく、租税特別措置は、本委員会における総理の答弁にもあるように、税制は、租税負担公平の原則と現実の財政経済政策との調和が常に保たれることが必要であることから考え、その時点において最善の経済効果が発揮されるよう不断の検討を加え、制度の流動的な改廃を行なっていくことが当然でございます。この意味において、利子、配当課税の特例は、資本不足のわが国の現状からすれば、資本市場の育成、貯蓄奨励等に及ぼす効果がきわめて大きいのであります。

○**田中(昭)委員**　私は、公明党を代表いたしまして、ただいま議題となっております租税特別措置法の一部を改正する法律案に対しまして、反対を表明し、討論をいたすものであります。

いまさら述べる必要もないとは思いますが、特に利子、配当所得に対する特別措置は、国民の多くの不満を買い、その声は最近とみに強く、いわば国民の世論となりつつあります。

一例をあげるならば、配当所得者の場合、夫婦子供三人の標準世帯で二百二十六万円まで無税であります。これを給与所得者に例をとるならば、二百二十六万円の所得があると約三十万円の所得税が、かかるのであります。何ゆえにかかる不公平が存在し、許されるのでありましょうか。

公明党は、この税負担不公平の象徴ともいうべき利子、配当の特別措置には反対し、即刻廃止し、総合累進課税制度をとるべきであることを主張いたします。

○**内田委員長**　これにて討論は終局いたしました。

続いて、採決に入ります。

まず、村上信二郎君外二十一名提出の修正案について採決いたします。

本修正案に賛成の諸君の起立を求めます。

〔賛成者起立〕

○**内田委員長**　起立総員。よって、本修正案は可決いたしました。

次に、ただいま可決いたしました修正部分を除いて、原案について採決いたします。

これに賛成の諸君の起立を求めます。

〔賛成者起立〕

○**内田委員長**　起立多数。よって、修正部分を除く原案は可決し、本案は修正議決いたしました。

この際、一言申し上げます。

本案につきましては、本案の審査中、各委員から取り上げられましたいろいろの御意見、なかんずく、

一、利子及び配当についての特別措置の延長及び少額貯蓄免税制度の適用拡大に関連して、金融機関等に対する反則防止の指導、健全投資の促進に資すべき政府の対策

二、交際費の損金是認の範囲について、国民経済的見地及び国民感情を十分考慮した適切なる措置、また、法人企業と個人企業における交際費是認範囲の均衡ある措置

三、租税特別措置全般についての課税公平の原則と特定の政策目的の効果を考量した再検討

以上の諸点につきまして、今後、政府においても十分検討を続け、適切なる措置を講ぜられんことを望みます。

衆議院会議録第十七号

昭和四十二年五月二十六日(金曜日)

議事日程　第十四号

第三　租税特別措置法の一部を改正する法律案（内閣提出）

○**議長(石井光次郎君)**　これより会議を開きます。

（中略）

日程第三　租税特別措置法の一部を改正する法律案（内閣提出）

○**議長(石井光次郎君)**　日程第三、租税特別措置法の一部を改正する法律案を議題といたします。

（中略）

○**議長(石井光次郎君)**　委員長の報告を求めます。大蔵委員長内田常雄君。

○**内田常雄君**　ただいま議題となりました租税特別措置法の一部を改正する法律案につきまして、大蔵委員会における審査の経過並びに結果を御報告申し上げます。

次に、特別措置の整理合理化、期限の延長等を行なうものについて申し上げますと、

第一に、利子・配当所得に対する特例につきましては、今回、税率をそれぞれ五%引き上げて適用期限を三年間延長するとともに、割引債券の償還差益

について新たに五%の源泉分離課税を行なうことにしております。

本案に関しましては、参考人の意見を聴取する等、慎重審査が行なわれ、特に、利子・配当についての特別措置の問題、交際費の損金是認の範囲に関する問題、租税特別措置全般についての課税公平の原則と特定の政策目的の具体的効果との関連などの諸点については熱心なる論議が行なわれましたが、その詳細は会議録に譲ることにいたします。

次いで、本案に対しましては、自由民主党提案にかかる修正案が提出されました。

修正の趣旨は、政令で定める中小規模の消費生活協同組合が所得を留保したときは、留保金額が出資金総額の四分の一に達するまでは、各事業年度における留保所得の二分の一については法人税を課さないことにしようとするものであります。

かくて、昨二十五日、質疑を終了し、討論に入りましたところ、日本社会党を代表して武藤山治君、民主社会党を代表して竹本孫一君、公明党を代表して田中昭二君は、それぞれ修正案に賛成、修正部分を除く原案に反対の旨を、自由民主党を代表して河野洋平君は、修正案並びに修正部分を除く原案に賛成の旨を述べられました。

次いで、採決いたしましたところ、修正案は総員をもって、修正部分を除く原案は多数をもって可決され、よって、本案は修正議決となりました。

以上御報告申し上げます。

〔参照〕

租税特別措置法の一部を改正する法律案に対する修正案（委員会修正）

租税特別措置法の一部を改正する法律案の一部を次のように修正する。

第五十九条の改正に関する部分の次に次のように加える。

第六十一条第一項中「協同組合連合会を除く。)」の下に「並びに消費生活協同組合及び消費生活協同組合連合会で政令で定めるもの」を加える。

附則第十条第一項中「第十七条」を「第十八条」に改める。

附則第二十四条を附則第二十五条とし、附則第十七条から附則第二十三条までを一条ずつ繰り下げ、附則第十六条の次に次の一条を加える。

（協同組合等の留保所得の特別控除に関する経過規定）

第十七条　新法第六十一条の規定は、法人の施行日以後に終了する事業年度分の法人税について適用し、法人の同日前に終了した事業年度分の法人税については、なお従前の例による。

○議長（石井光次郎君）　討論の通告があります。順次これを許します。武藤山治君。

○武藤山治君　私は、日本社会党を代表し、ただいま議題となりました租税特別措置法の一部を改正する法律案に対し、政府の反省を求め、反対の討論をいたします。

租税特別措置は、多岐にわたり政策効果を失ったと思われるものもあり、われわれは強く改廃を主張してまいりました。今回の改正案の中でわれわれが強く反対しているのは、利子・配当所得の優遇措置が三カ年延長される点であります。

第一の反対の理由は、不労所得、資産所得があまりにも優遇され、勤労の所得と不均衡になるからであります。個人の所得はすべて総合し課税標準とするのが所得税のたてまえであります。しかるに、株の配当に対しては特別措置により源泉税率を軽くし、分離課税を許し、確定申告不要の取り扱いで税負担を軽減し、年間三百六十億円の恩恵を与えてきたのであります。このような措置がなくとも、株式所有者には配当控除制度があり、株の売買利益には税金がかかっていないのであります。大蔵委員会で論議され、明らかにされたことに、個人の受け取り配当年間三千五百三十一億円のうち、税務署に申告された額は千七百六十八億円にすぎず、無申告が一千二百三十三億円に達することがわかり、かなり優遇されている配当所得がさらに脱税されているのであります。株式の売買が年間五十回以上行なわれると、株の譲渡所得税がかかることを法は定めております。ところが、国税庁の答弁では、譲渡所得課税はゼロとなっており、全く税金を納めていないのであります。アメリカ、イギリスでは、短期の証券の売買についてキャピタルゲインに課税しているのであります。いかに日本の税制が資産所得、不労所得に有利になっており、至れり尽くせりの優遇であるかは、以上のごとく明らかであります。われわれが政府に反省を求め、本制度に反対するゆえんはここにあるのであります。

（中略）

今回の利子・配当所得優遇措置は、いまこの本会議場において多数決により成立をせんとしております。しかし、この措置は、課税公平の原則を乱するものであり、国民の批判の的であります。三年の期間を待たず、すみやかに廃止することが、国民感情に照らしてみてもしかるべき処置であると思います。政府の猛省を促して、討論を終わります。

○議長（石井光次郎君）　小峯柳多君。

○小峯柳多君　ただいま議題となりました租税特別措置法の一部を改正する法律案に対し、私は、自由民主党を代表して、政府原案並びに修正案に賛成の意見を申し述べたいと存じます。

御承知のとおり、租税特別措置は、特定の政策目的を達成するための手段として、租税の誘引効果を期待するものでありまして、近代的経済財政政策の一環をなすものと見ることができるのであります。

誘引効果を期待するための傾斜的減税であります以上、租税負担の公平あるいは租税の中立性等が一時的にたな上げされますことはきわめて当然でありまして、租税特別措置を論議する場合、公平論や中立論にこだわることは本末を取り違えたもので、無意味な論戦と申さなければなりません。したがって、租税特別措置の一面の、しかも形式的な欠点を非難するに急で、その重要な政策的な意義、役割りを見落とした議論にはとうていくみし得ないものでありまして、かかる論者とは、ともに近代経済を論ずる必要なしとさえ言いたいのであります。

私たちは、経済政策における租税の誘引効果を高く評価し、これを政策手段として有効に活用することの意義を強く認識するものであります。したがって、本案に盛られたような一連の特別措置こそ、資本の自由化に対処しつつ、わが国の経済を手がたく安定的成長を続けさせるために、当面特に重要視されなければならないと確信をいたすものでございます。

しかし、私たちは、特別措置万能を主張するものではありません。特別措置はあくまでも特別措置でありますから、特別措置の乱用が税制の大本を乱すことにならないよう、不断に厳戒すべきものであると思いますし、また、その整理合理化も、環境と条件の変化に応じて遅滞なく実行する心がまえを堅持しなければならないと思うのであります。もっとも、特別措置の整理合理化を検討実行する場合には、現行の措置が産業の助成、輸出の振興、設備の近代化、貯蓄の奨励等の重要な施策の一環を形成しつつ、企業の行動と、国民の生活心理にまで深く食い入り、経済の現実に広く定着している現実を軽視してはならないと思うのであります。

さきの暫定措置で、利子と配当の源泉税率の引き上げがきまると、郵便貯金の利下げが問題になるなど、経済界は生きたつながりで結ばれており、一波万波を呼ぶ関係にあることを強く記憶しなければならないと思います。したがって、特別措置の整理合理化には積極的な意欲を持ちながらも、これが実行にあたっては、細心の注意と、慎重な段取りとを考慮する必要があると思うのでございます。

方向としましては、当然に整理合理化を進めなければならぬ利子と配当の特別措置、また、交際費の規制などに対しましても、本案が漸進的な段取りで進めておりますことは、利子と配当に対する特例や、交際費の慣習、惰性がすでに個人生活と企業経営の中に定着しているという事実を重視しているからでございます。

ところで、この改正案の内容は、当面の政策要請にこたえて新たに特別措置を講ずる必要のあるものと、既存の特別措置につき実情に即して整理合理化の措置を講ずる必要のあるものと、二つに大別されるのであります。

後者に属するものとしましては、利子・配当の所得課税についての特別税率の引き上げと、これに関連する割引債の償還差益課税の特例新設、交際費の損金不算入制度の改正等、いわば整理の方向に向かっての合理化を進めている各種の措置があります。適用期限の到来する特別措置についても、必要に応じ、整理ないしは合理化を加えつつ、適用期限を延長することにいたしております。

なお、この際特に申し加えたいことは、この案に反対する諸君が目のかたきにする利子と配当に対する特別措置についてであります。

働く低額所得者と、利子と配当の加算される高額所得者との不均衡論が、反対論者の重要な論点でありますが、私たちからすれば、かかる論者は、あまりにも近視眼的であり、かつ、租税特別措置なるものの本質をあまりにも知らな過ぎると思うのであります。

租税特別措置は、個人所得上の不均衡は初めから承知の上で、特別の対策目的達成のため、租税の誘引効果をねらったものであります。だからこそ特別措置と呼ぶのであって、このたてまえを正当に理解されれば、個人所得上の不均衡を論議の中心とすることはどうしても解せないのであります。

ところで、利子・配当に対する特別措置で誘引しようとする政策目的は何かと言いますと、国民経済、特に安定成長下の国民経済にとって重要な役割りを持つ金融市場と証券市場に、利子・配当所得者の資金を誘引することがこの目的であると申さなければなりません。経理と計数に敏感な利子・配当所得者の資金を、正常な金融市場や証券市場に誘引しようとすれば、利回り計算をもって誘引する以外に方法はありません。そして、その利回り計算を確立させるために、利子と配当に対する特別措置が必要なのです。もしこの特別措置がなく、他の所得と総合されて累進所得税率が適用されるようになりますれば、大方の利子・配当所得者はその手持ちの資金を、国民経済的には好ましくない方向、たとえば不健全手形の買い取りだとか、高利の運用だとか、土地の思惑などに動員して、金融市場と証券市場における現実の穴の大きさには、けだし予想外のものがあるだろうと思われるからであります。

しかし、実際問題として、特別措置がありますがゆえに、これらの利子・配当所得者の資金は、あるいは預金に預け入れられて金融市場をつちかい、あるいは証券に投資されて、民間の産業資金と政府の財政投融資資金の相当額をまかなっているのであります。

私たちは、利子と配当に対する特別措置が存在することによって、利子・配当所得者の資金が、国民経済的に有効な機能を発揮し、一国経済の安定成長を助け、国民所得水準を引き上げ、本案の反対論者が声を大にして庇護する低所得者の所得引き上げにもやがてはものを言う筋合いにあることを……

この際、感情論でなしに、冷静に事実認識をする必要があると思うのであります。

○議長（石井光次郎君）　竹本孫一君。

○竹本孫一君　私は、民主社会党を代表しまして、ただいま議題となりました租税特別措置法の一部を改正する法律案につきまして、反対の討論をいたさんとするものであります。

本件に関する基本的問題は、利子所得・配当所得に対する課税の特例がその適用期限を昭和四十五年三月末まで延長された点であります。この問題は、御承知のごとく多年国会においても深刻なる論議を呼んだ問題であります。国会の中でも、野党のみならず、広く国民世論の中においても、最も悪評のはなはだしきものであります。政府・自民党を支持しておられる方々の中でも、そのあり方に疑問を持ち、また憤りを感じている人の決して少なくないことを私どもは知っておるのであります。

配当所得につきましては、その九〇%以上が百万円をこえる高額所得者でありまして、この配当所得の措置によって利益を受ける人は一部高額所得者だけであることは、あまりにも明々白々であります。貯蓄に対する影響を考慮し、資本蓄積を強化するという美名のもとに特別措置を講じようとしておるのであります。この措置によって、しからば資本蓄積の政策効果があがるでありましょうか。これはほとんどあがってはいないのみならず、逆に脱税や、先ほども御指摘のありました無申告による脱税が激増しただけであります。すなわち、この特別措置は、一方において政治の根本倫理を破壊したのみならず、国民一般の道義心の低下を招き寄せたのであります。

われわれは、ただに国民の声としてその廃止を要求するのみならず、まじめな国民の怒りと正義心を代弁して、本法に強く反対するものであります。

要するに、政府の利子・配当による特別措置は、経済政策の根本をたな上げして、一握りの高額所得者のために不当の優遇措置をはかるものでありまして、これがために、租税の大原則である公平の原則が破壊せられ、政治の正義感がねじ曲げられようとしておるのでありまして、われわれの断固として反対するところであります。

○議長（石井光次郎君）　これにて討論は終局いたします。

採決いたします。

本案の委員長の報告は修正であります。本案を委員長報告のとおり決するに賛成の諸君の起立を求めます。

〔賛成者起立〕

○議長（石井光次郎君）　起立多数。よって、本案は委員長報告のとおり決しました。

（以下略）

参議院会議録第十号

昭和四十二年五月二十二日（月曜日）

○議事日程　第十号

第一　所得税法の一部を改正する法律案、法人税法の一部を改正する法律案、相続税法の一部を改正する法律案及び租税特別措置法の一部を改正する法律案（趣旨説明）

（中略）

○議長（重宗雄三君）　これより本日の会議を開きます。

日程第一、所得税法の一部を改正する法律案、法人税法の一部を改正する法律案、相続税法の一部を改正する法律案及び租税特別措置法の一部を改正する法律案（趣旨説明）。

四案について、国会法第五十六条の二の規定により、提出者からその趣旨説明を求めます。水田大蔵大臣。

○国務大臣（水田三喜男君）　（中略）租税特別措置法の一部を改正する法律案につきまして、その大要を御説明申し上げます。

この改正案は、最近の経済情勢と当面の政策上の要請にこたえて、税制上の特別措置について、新設あるいは整理合理化、適用期限の延長等を行なうものであります。

次に、特別措置の整理合理化、適用期限の延長等について申し上げます。

まず、利子所得及び配当所得に対する課税の特例につきましては、貯蓄へ及ぼす影響等を考慮しつつ漸進的な措置を講ずることとし、特例税率をそれぞれ五％引き上げて、その適用期限を三年間延長することとし、また、この改正と関連して、新たに割引債券の償還差益について発行時に五％の税率による所得税の源泉徴収を行なうこととしております。

○議長(重宗雄三君)　ただいまの趣旨説明に対し、質疑の通告がございます。順次発言を許します。戸田菊雄君。

○戸田菊雄君　(中略) 租税特別措置による平年度減税見込み額は、昭和四十一年度に国税二千二百億、地方税に及ぶ減収額が六百四十億になっており、このほかに、貸し倒れ引き当て金等のように、本法に組み込まれ、一般減税に振りかえられたものさらに七億という実情であります。

ことに、利子配当優遇措置は直ちに廃止すべきであると考えます。わが国の所得税構造は総合累進税率を原則としながら、これが、租税特別措置によって次々と破壊されてきているのであるが、その元凶の一つは利子配当優遇措置にあることは、言うを待たないところであります。利子所得については、昭和二十八年以降、貯蓄奨励の名目で現行のような分離課税となり、昭和三十年、三十一年は非課税、三十九年五％の分離を経て、現行一〇％分離課税となっていることは、すでに御承知のとおりでありますが、さらに、配当所得についても四十年度から一五％源泉選択制がとられたわけであります。利子配当優遇措置に対する批判は各方面からきびしく、税制調査会の答申でも、「利子配当課税の特例等資産所得に対するものは、一部の高額所得者を不当に優遇するものであり、弊害を償うに足るほどの政策効果を実証し得ないので、廃止すべきである」と、具体的に指摘しておるところであります。税負担の不公平を拡大し、徴税の民主制を破壊する利子配当優遇措置をはじめ、各種特別措置の縮小、廃止の方向に踏み切ることは、いまこそ絶好の機会であると考えるのでありますが、答申尊重の立場から大蔵大臣の御所見を承りたいと存じます。

(中略)

○国務大臣(水田三喜男君)　租税特別措置について、税制調査会の答申の尊重をやっているかということでございますが、新設にあたっては、緊急を要するものに限るということにいたしますし、既存の措置については、政策上の効果を検討して流動的に改廃を行なうということをやっておりまして、本年度の改正におきましても、先ほど御説明いたしましたように、新設において約二百億円、既設の改廃によって三百億円の整理をいたしたという次第でございます。で、御指摘になりました配当課税の問題も、この答申の線に沿って漸進的な改善を加えたというものでございます。

(中略)

○中尾辰義君　(中略) 租税特別措置について、お伺いをいたします。

毎年毎年、租税に対する特別措置が新設され、現在四十数項目に及び、税体系をますます混乱さしております。これらの特別措置は、年々二千三百億円の租税の減収を生んでおり、何のために特例を設けたのか、その効果がどうなっているのか、はなはだ疑わしいのであります。特に、毎年議論を呼んでおります利子配当の特別措置は、本年は期限到来とともに当然廃止をすべきであったはずでありまするが、金融資本や金持ちに奉仕するため、税率を少々手直しして利子配当所得の分離課税をそれぞれ一〇％から一五％に引き上げ、しかも期限を三年も延長しているのであります。今日、国民の貯蓄が増加したといいましても、それは経済の成長に従い、国民所得の増大によるもので、特例措置のためとは思われないのでありますが、いつになったら廃止するのか。

○国務大臣(佐藤榮作君)　(中略) 租税特別措置あるいは利子配当等についての御意見も、ただいま詳細にお話がありました。これらの問題は、絶えず流動的に、その効果のほどを十分見きわめまして、そして、これに対処する、しかも、これは漸進的であるべきである、税制調査会などの答申もさように申しております。さような立場でこの問題に取り組んでまいるつもりであります。

(以下略)

参議院　大蔵委員会会議録第十二号

昭和四十二年五月二十六日(金曜日)

出席者は左のとおり。

委員長　竹中恒夫君

理　事　青柳秀夫君

植木光教君

藤田　正明君
柴谷　要君
中尾　辰義君

委員
青木　一男君
伊藤　五郎君
大竹平八郎君
大谷　贇雄君
小林　章君
西郷吉之助君
塩見　俊二君
徳永　正利君
西田　信一君
日高　広為君
田中寿美子君
戸田　菊雄君
山本伊三郎君
二宮　文造君
瓜生　清君
須藤　五郎君

政府委員
大蔵政務次官　米田　正文君

説明員
大蔵大臣官房財務調査官　結城　義人君

（ほか略）

本日の会議に付した案件

○所得税法の一部を改正する法律案（内閣提出、衆議院送付）
○法人税法の一部を改正する法律案（内閣提出、衆議院送付）
○相続税法の一部を改正する法律案（内閣提出、衆議院送付）
○租税特別措置法の一部を改正する法律案（内閣提出、衆議院送付）

○委員長（竹中恒夫君） ただいまから大蔵委員会を開会いたします。

（中略）

租税特別措置法の一部を改正する法律案を議題といたします。

まず、政府から提案理由の説明を聴取いたします。米田大蔵政務次官。

○政府委員（米田正文君） ただいま議題となりました租税特別措置法の一部を改正する法律案につきまして、提案の理由及びその内容を御説明申し上げます。

この法律案について、その大要を御説明申し上げます。

この法律案の内容は、当面の政策上の要請にこたえて新たに税制上の特別措置を講ずるものと、既存の特別措置につき実情に応じて整理、合理化あるいは期限の延長等の措置を講ずるものとの二つに大別されますが、……（中略）……特別措置の整理合理化、適用期限の延長等の関係について申し上げます。

第一に、利子所得及び配当所得に対する課税の特例につきましては、貯蓄に及ぼす影響等を考慮しつつ漸進的な措置を講ずることとし、それぞれ特例税率を五％引き上げて、その適用期限を昭和四十五年三月末日まで延長することとし、また、この改正と関連して、新たに割引債券の償還差益についてもその発行時に五％の税率による所得税の源泉徴収を行なうこととしております。

○委員長（竹中恒夫君） 引き続いて補足説明を聴取いたします。結城財務調査官。

○説明員（結城義人君） 租税特別措置法の一部を改正する法律案につきまして、補足説明をいたします。

この法律案は、当面の政策上の要請にこたえて、企業の体質改善の促進、輸出の振興、社会開発の促進、住宅対策等のため、新たに税制上の特別措置を講ずることとしているものでありますが、そのほか既存の特別措置についても実情に応じた整理合理化あるいは期限の延長等を行なうこととしております。

利子所得及び配当所得の特例については、税制調査会の答申の趣旨に沿って漸進的措置を講ずることとし、その特例税率を昭和四十二年七月一日から五％引き上げて、適用期限を延長するほか、この改正と関連し、昭和四十二年七月一日から昭和四十五年三月三十一日までの間に発行される割引債券の償還差益について所得税の源泉徴収を行なうとともに、個人については、これを分離課税とすることとしております。

（中略）

○委員長（竹中恒夫君） 次に、法人税法の一部を改正する法律案、相続税法の一部を改正する法律案、所得税法の一部を改正する法律案、租税特別措置法の一部を改正する法律案、以上四案を一括して議題として、質疑に入ります。

○柴谷要君 利子所得の源泉徴収税率あるいは配当所得の源泉徴収税率、これが改正になるわけでありますが、改正点はさておいて、適用期間を昭和四十五年、いわゆる三年間に規定してありますね。その三年間の規定をどういう考えに立って規定をしてきたのか。その期限決定にあたってのいきさつをひとつ御説明いただきたい。

○説明員(結城義人君)　配当、利子につきまして、源泉徴収税率は戦後実は一〇%をこえたことはないわけでございます。はなはだしいときには、実は源泉徴収税率ゼロという時代もございました。それから、五%という時代もございました。その税率を今回一〇%より一五%に上げる。御意見によってはまだ不十分だという御意見も十分あろうかと存じますが、一応一〇%を一五%に上げる、五割増しの実は増税措置でございます。したがいまして、資本、貯蓄あるいは国民の貯蓄心に対する影響といったものを今後十分に見きわめる必要があるのではないか。そのためには三年程度の経験を経た上で再び検討するのが適当ではないか、かように考えて三年間といたした次第であります。

○柴谷要君　三年もという期間は、私どもとしてはどうも納得がいかないので、もっとこの際短縮して二年ぐらいを考えるべきじゃなかったかということなんだが、これはまあ政府がこういう提案をしてきたのでお尋ねしたのですが……。

〔その後の答弁でこれについての回答はなかった〕

参議院　大蔵委員会会議録第十三号

昭和四十二年五月二十九日(月曜日)

出席者は左のとおり。

委員長　竹中　恒夫君

理　事　青柳　秀夫君

委　員

植木　光教君
藤田　正明君
柴谷　要君
中尾　辰義君
青木　一男君
伊藤　五郎君
大竹平八郎君
大谷　贇雄君
小林　章君
西郷吉之助君
西田　信一君
木村禧八郎君
田中寿美子君
戸田　菊雄君
野上　元君
野溝　勝君
須藤　五郎君

政府委員

大蔵省主税局長　塩崎　潤君

本日の会議に付した案件

○所得税法の一部を改正する法律案(内閣提出、衆議院送付)
○法人税法の一部を改正する法律案(内閣提出、衆議院送付)
○相続税法の一部を改正する法律案(内閣提出、衆議院送付)
○租税特別措置法の一部を改正する法律案(内閣提出、衆議院送付)

○理事(青柳秀夫君)　ただいまから大蔵委員会を開会いたします。

○理事(青柳秀夫君)　所得税法の一部を改正する法律案、法人税法の一部を改正する法律案、相続税法の一部を改正する法律案、租税特別措置法の一部を改正する法律案、以上四案を一括して議題とし、質疑に入ります。

(中略)

○中尾辰義君　今度の利子、配当の租税特別措置法の問題ですけれども、これも再三もう論議をされておるのですが、私は今度は撤廃になるのかと思っておったんですけれども。それで、五%ずつ利子、配当ともに上げて、そうして三年間期限を延ばしたということになっておりますが、それに関連をいたしまして、いまの法人税というものは、もう再三局長から私聞いているんですが、法人を株主の集合体と見て、法人税を個人株主の所得税の前払いと見ている、こういうことになっているので、いまの制度ができておるわけですけれども、つまり一ぺん法人税払って、それから個人のところにも、配当が行くと、その場合に配当控除というものがあるんだ。そこで、いまの利子、配当の分離課税に対する特別法の問題もからんで出てくるわけですが、これを、法人税を企業独自の負担と考える、そして配当控除や配当益金の不算入をやらない、こういうことはどういうふうにして考えていらっしゃるのかお伺いしたいんですが。

○政府委員(塩崎潤君)　この点につきましても、大蔵大臣からもしばしば御答弁ございましたように、まあ現在の法人企業に対する社会感覚と申しますか、社会の評価が、どうも現在の単純なる擬制説だけでは済まないような一般的な皆さんのお考えのようでございます。しかしながら、この制度、昭和二十五年からでき上がりまして、株価その他にも非常に大きく影響する問題でございますので、これをどういうふうに改変するか、これは慎重に検討すべき問題であり、さらにまたこういった改正の方向は企業あるいは投資家、あるいはもう世間一般大衆が十分その仕組みを納得してからスタートすべきである。私の個人的な印象では、昭和二十五年のシャウプ改正というものは、大きな改革ではございましたけれども、どうもわが国の中でも十分の論議が足らなかった。したがいまして、法人擬制説というたてまえが取り入れられたんですけれども、そのたてまえが配当率の中に織り込まれていないというようなことがありました。さらに株主側から見ても、なぜ配当控除があるんであろうかという疑問を持ったり、どうも仕組みについての理解が足らないままにスタートした。ここに大きな欠陥があると思うのであります。そういうような意味で、今回基本的な仕組みを検討するにあたりましては、過去の経験から見まして、十分大方の理解を得るような方向で検討すべきではないか、こういうふうに考えております。

○中尾辰義君 ですから、趣旨は私どもはわからぬではないんですが、結局一般的に、いまもおっしゃったんですけれども、配当控除なんかはこれは税制上の株主優遇の恩典であると。ですから、金持ちのために、資産者のためにあるんだから、けしからぬじゃないかと、こういうことになっているわけですからね。ですから、いまの質問をして聞いているんですけれども、同時に、税制の体系を乱さずむしろ別の方向で何とかならないのか、こういう考え方ですね、いかがですか。

○政府委員（塩崎潤君） 私は、法人擬制説が正しく評価されまして、企業の経営者も、法人税は株主所得税の前払いである、したがいまして、配当率の中にそれが織り込まれて、結局配当の中に法人税が転嫁される仕組みがとれれば、配当控除は決しておかしくはないものだと思うのでございます。しかしながら、法人税というものをそういうふうに評価されていないところに、まあ先生の御指摘のような非常な問題点、矛盾があるわけでございます。

そういった意味で、先生の御指摘のような、法人というものは独立の社会的な実在である、それに対する課税は法人企業独自の負担であるというのも、これは一つの大きな流れでございますので、そういったことは今後の検討問題として大きく私ども取り上げてみたいと思いますが、その実施につきましては、何ぶん大きな改正でございますので、先ほど来申し上げておりますように、ひとつ企業、投資家、国民大衆、これに十分理解を得るような方途を講じながら進むべきではないかと、このように考えております。

（以下略）

参議院　大蔵委員会会議録第十四号

昭和四十二年五月三十日（火曜日）

出席者は左のとおり。

委員長　竹中恒夫君

理事　青柳秀夫君　植木光教君　藤田正明君　柴谷要君　中尾辰義君

委員　青木一男君　伊藤五郎君　大竹平八郎君　大谷贇雄君　小林章君　西郷吉之助君　塩見俊二君　徳永正利君　林屋亀次郎君　田中寿美子君　戸田菊雄君　野上元君　野溝勝君　瓜生清君　須藤五郎君

国務大臣　大蔵大臣　水田三喜男君

政府委員　大蔵省主税局長　塩崎潤君

（ほか略）

本日の会議に付した案件

○所得税法の一部を改正する法律案（内閣提出、衆議院送付）

○法人税法の一部を改正する法律案（内閣提出、衆議院送付）

○相続税法の一部を改正する法律案（内閣提出、衆議院送付）

○租税特別措置法の一部を改正する法律案（内閣提出、衆議院送付）

○委員長（竹中恒夫君）　ただいまから大蔵委員会を開会いたします。

（中略）

所得税法の一部を改正する法律案、法人税法の一部を改正する法律案、相続税法の一部を改正する法律案、租税特別措置法の一部を改正する法律案、印紙税法案、以上五案を一括して議題といたします。

○瓜生清君　まず、大臣に二、三お尋ねをしたいと思います。

第一は、最近といいますか、現在資本自由化という問題が非常に日本経済にとって重要な課題となっておるわけですけれども、外資審議会というのがございますが、そこでその問題についていろいろ論議をされておるようでありますけれども、大臣として、この資本自由化という問題について、どういうようなお考え方でいわゆる日本の企業を守るのか、基本的な考え方をひとつお聞かせ願いたいと思います。

○国務大臣（水田三喜男君）　日本の国際的地位から見ましても、もう先進国型の経済を営んでおる国になっておるときでございますので、この際、資本の自由化が日本経済にとってプラスかマイナスかということを考えました場合に、プラスの面のほうが非常に多いということは、十分認識されていることでございますし、これによって生ずるマイナスの部面に対する対策を十分行なうことによって、日本経済をさらに将来発展せしめるやはり基礎的な問題である、この際前向きの姿勢をもって取り組むべきであるというのが、大体私の基本的な態度でございます。

○瓜生清君　どうもちょっと抽象的で、あんまりよくわからないのですが、現実に資本自由化によって起こるマイナス面というのはどういうものか。大臣はどういうふうにお考えになっておりますか。

○国務大臣（水田三喜男君）　やはり資本力の弱さ、そういうようなものから、日本の企業が外資によって左右される、俗語でいいますと、取られるというような危険性というものは、まだ日本の各業種において多く現実には存在しておるということだろうと思います。

○瓜生清君　私はこういうふうに思うんです。日本の場合は、先進国の仲間入りをしておりますけれども、国内体制の整備というものが十分なされないうちに、何かそういう進んでおる国のグループの中に入っていくという勇み足のような感じがしてならないんです。

で、たとえば昭和三十九年の四月以降、九四％程度の貿易の自由化が達成されましたけれども、それはまだ日本の国の中においていろんな産業がそれに耐え得るような状態になっていないけれども、そういう中へ入っていかなければならないという流れはわかりますが、準備不足のままそういうようなことを決定しておるというような感じがするんですけれども、資本自由化についても私は同様の考え方を持っておるんです。ということはですね、資本が自由化されて、いつでも来いと、こういうような状況にないから、外資審議会その他で、たとえば持ち株の比率でもフィフティー・フィフティという案が出てくる。しかし、そういう大きな欠陥というものが日本経済の中にあるけれども、先進国のいろんな勧告、特にアメリカあたりの強い要請によって、まだそこまで機が熟していないにもかかわらずそういうところへ入っていくと、こういう印象を受けるんですが、大臣はどうお考えになりますか。

○国務大臣（水田三喜男君）　たとえば貿易の自由化をやるときでもたいへんないろいろ議論がございましたが、準備ができなければやれないというのか、やる踏み切りをすることによって自然に日本の経済は準備を自分の力で完了するか、どちらが先かというようなことを言いますというと、完全に準備態勢ができない間はこの世界の自由化の中へはいれないという態度をとったら、これは永久にはいれないということになりますので、貿易の自由化が必要である、これがやはり日本の貿易を将来において伸ばす道であると考えたら、これはやはり踏み切って、一つのプログラムをつくって、それによって急変を避けながら、徐々にその方向へ向かってやっていくということが必要だ。昭和三十五年に日本は貿易の自由化を踏み切りましたが、現在、当時の予想よりも多い九三％の自由化をやっても、日本経済はそういう当初心配されていたようなことはほとんど何もなく、克服して今日まで来たということを考えますと、一番最後の資本の自由化に対しても、やはり私どもは準備ができなければやれないというのじゃなくて、世界の先進国型の経済に日本がはいり込んでこれからの日本の国際的地位を上げようとするからには、やはり踏み切ることによって、同時におくれた準備をしていくということが、やはり私は必要じゃないかと考えまして、いますぐに全部を一〇〇％自動承認制というような体制には入れませんので、業種別にこれを分けて、そうしてそれぞれの対策を立てて資本自由化への前進をやっていくという方向で、いま審議会でいろいろ作業をしている最中でございます。

○瓜生清君　大臣、具体的にお伺いしますが、資本自由化体制になってまっ先に外国資本、特にアメリカの資本が日本に入ってくるというような産業はどういうものがあるか、教えてもらいたいと思います。

○国務大臣（水田三喜男君）　これはそう簡単にはいま予測できません。たとえばこの業種は外国資本が入ってくる、そしてもしこれを一〇〇％の自由化にしたらどうなるかという吟味をしますということ、また日本のいまのその業種の力においては、たとえ自由化しても、新たに日本へ来て外国資本が同じ仕事をするということは考えられないというような面もございまして、一つ一つ検討はしておりますが、一がいにこれは必ずこうだというようなことは簡単にいま結論はできないと思います。

○瓜生清君　テレビで、造船業界に対する資本自由化の問題で、いわゆる中小の造船会社については一〇〇％資本自由化に踏み切ると、こういう報道がなされておるのですが、私は日本の企業の中で中小企業ほど弱いものはないと思うのですけれども、こういう問題について大臣はどういうふうな御見解をお持ちですか、お尋ねしたいと思います。大きな造船会社というものにはある程度の制限というものを加えて、中小の造船会社については一〇〇％の資本自由化を認めるという、こういう考えは逆じゃないかというふうに私は思うのですけれども、この一つの事例について大臣のお考えを聞きたいと思います。

○国務大臣（水田三喜男君）　これはいま造船問題もそうでございますが、各業種について検討中でございまして、その中にはいろいろの種類がございまして、中小企業といえども政府の許可事業になっておるというような問題については、また運営のしかたにいろいろな問題が出てきますし、そういうあらゆる条件をいま検討して、これから業種を振りかえをしようというときでございますので、もう少し、何はどうするということだけは差し控えたいと思います。

○瓜生清君　そうしますと、大臣、業種の振り分けですね、外資審議会の結論、答申というものをにらみ合わしておきめになるのですけれども、大体いつごろ、この資本自由化に対してこういう業種はどうだ、ああいう業種はどうだというのがきまるのは、いまからどのくらいかかりますか。

○国務大臣（水田三喜男君）　予定は、審議会の答申は、業種を入れた答申が大体六月二日になされるのじゃないかといま期待しております。それを受けまして政府としての方針を決定するのは、それから四、五日おくれる、六月六日ごろまでに政府部内の意見を統一して方針をきめたいと、いまそういう考えでおります。

○瓜生清君　よくわかりました。

（中略）

利子所得だとか配当所得に対する優遇措置などは、これはすみやかに打ち切るべきだと思うのですけれども、そういうふうな特別の措置をですね、利子配当所得に対して一体今後何年間ぐらい続けていかれるのか、お伺いしたいと思います。

○国務大臣（水田三喜男君）　何しろ昭和二十八年ですか、十何年間ともう実施されている制度でございますので、今回のようにまあ一〇％を一五％に、税率を五割上げるという一応措置をとったのでございますが、急激な変化を与えるということは、もう十二年間実施しておった制度であるだけに考えなければならぬところがございますし、この実施したあとの結果を見る期間を置いてその次の措置に移りたいというふうに考えて、三年間今後の改正で余裕を置いて次の改正に移るということがいいんじゃないかというふうにいま考えて、三年間の期間を付しているということでございます。

○瓜生清君　そうしますと、大臣、三年たったあとこの問題については何らかの改善を加えるというお考え方でございますか、伺いたいと思います。ということは、われわれが抵抗を感じますのは、この委員会でも何回か他の委員の方々から御質問なさったと思うのですけれども、五人標準世帯で七十何万円までは税金がかからない、利子配当の場合は二百何十万円までは非課税だ、あの特別措置を講ずると。そういう大きな格差はどうもおかしいじゃないか。そうでしょう。銀行利子とか株の配当で生活しておる連中には、そういった、まあ何といいますか、大きな優遇措置がとられておる。で、汗水出して働いておる連中は年間七十数万円をこえると税金が賦課される。そんなばかなことないじゃないかというのが私は国民のいわゆる感情論だと思うのです。いま大臣は五割増しとおっしゃいましたが、ことばを聞くと非常に大きなように聞こえますけれども、一〇％が一五％になっただけであって、そうたいした私はあれじゃないと思うのです。その点、どうなんですか。

○国務大臣（水田三喜男君）　これは税率の改変ということから見たら、漸進的とは言うのですが、五割の税率を上げるということは相当大きい措置であるというふうに考えます。で、私どもいい対策というものがすぐにあるのでしたら、考え方もありますが、税制調査会からも、まずこの問題は漸進的解決をはかるというのが答申でございますし、その線に沿って今回のような措置が漸進的解決をはかった一つの措置であるというふうに考えて、そしてこれを実施し、これからの影響を見てから次の措置を考えるということが一番いいことじゃないかと考えております。三年間の間には、当分、物価を見ながら私どもは次の措置を検討したい。

○瓜生清君　そこで、もう一つ大臣にお伺いしたいのは、この間証券局長の加治木さんに質問したんですけれども、答弁が事の重大性もあってなかなか私が聞きたいと思うずばりとしたお答えがなかったのですけれども、いわゆる日本共同証券、それから証券保有組合、そういうところでいまかかえておる株が相当額あるわけですけれども、ここ一、二カ月間の株の動向を見ておりますと、ほぼあの下がった時期以前の状態に立ち返ったんじゃないかと私は見ているわけです。しかも、これからの動向というものを予測しますと、おそらく景気回復に伴って株式市場もいまの状態以上に活況を呈してくるのじゃないかというふうに考えるわけですが、この共同証券なり保有組合の株の放出について大蔵大臣としてどういうような構想をお持ちになっておるのか、お聞かせ願いたいと思います。

○国務大臣(水田三喜男君)　これはまた証券局長と同じ程度の答弁になると思いますが、この放出はやはり市場に悪影響を与えないように、慎重にこの放出は考えていきたいというふうに思います。

○瓜生清君　私はこの間も聞いたのですけれども、影響を与えないようにということ、これはもちろんそのとおりでしょう。だけれども、共同証券なり保有組合の所持しておる株式というものは、これは政府の資金が相当出ているわけですから、いつまでも持っておるというわけにはいかないと思うのです。むしろいまのように相場が上昇機運にあるときには、私はそう悪い影響は出てこないと思うのです。特にこれは大蔵大臣と私とは見解が違いますけれども、多少インフレ的な要因というものが市場の中でもあるというふうに私は見ておるんですが、そういうものを抑える役目を果たす上においても、やっぱり私はこれから、貴重な政府資金を出しておるそういう株式というものを大体こういうような段取りで市場に流していくのだ、そういうふうな計画があってもいいんじゃないか。逆に、そういうものが明確でないから、市場ではいつ大蔵省がどういう方針を打ち出すのかという一種のおびえのようなものがあるのじゃないかというふうに私は思うのです。ですから、全部一ぺんに出してしまうということになれば、これは相当大きな問題を惹起するでしょうけれども、まあ三千億円か四千億円の株式ですから、大体こういうふうな計画で、それが短期であろうが長期であろうがかまわないけれども、ほぼ大蔵省の考え方というものを明確にしたほうが、かえって株式市場の安定というものが維持できるのじゃないかというふうに私はしろうとなりに判断するのですけれども、ただ慎重に検討したいという大臣の御答弁では、どうも納得しかねるのですが、われわれがなるほどそうかというようなあれがあるはずだと思うのです。ございませんか。あったら、お聞かせ願いたいと思います。

○国務大臣(水田三喜男君)　やはり、要するに民間の金融事情とのにらみ合わせが一番必要でございまして、こういうふうに市場が平常に復したから、これを放出するには可能な時期というふうに考えられることも考えられますが、そうじゃなくて、株価の非常に低いときに、しかも金融事情によってはそのときに放出して引き受けてもらえるならそのほうがいいといって放出しても、すぐそれが影響なしに消化できるということが一つの時期になることもあり得ますし、そういう時期が幾つかあったと思いますが、しかし、いずれにしましても、これはやはり慎重に扱うべきものであって、政府が事前にこうするああするということをはっきりしないで、情勢によって善処するということが一番私はいいやり方ではないかと思っております。

○瓜生清君　大蔵大臣の立場としちゃ、そういうふうな何といいますか、証券業界なり市場に波を起こさないようなお答えしかできないと思いますけれども、いま株式市場というものは活況を呈しているわけです。いわゆる買い上げた当時の、以前の株価に復しているんです。しかもまた、これからいわゆる民間の設備投資というものが非常に積極化しようとしておる。そういうときに、いまの政府出資による相当の金を使っておる株式をこういうような計画で流していくのだ、そういうことをやっぱり大蔵省の証券行政としてははっきりしたほうがいいというふうに私は考えているのです。この間も、証券局長の加治木さんに聞いたのだけれども、肝心のところにいくと逃げられちゃうわけですね。だけれど、私はこれは自分の自説を固持するようですけれども、株式市場というものは常に流動的なんですから、いまのようないわば調子のいいときに多少のものを放出しても、株式市場というものを圧迫することにならないと思うんです。それをただ、大臣のおっしゃるように、時期を見て慎重に――そのことがかえって証券業者も不安であり、かつ市場の安定というものが長期固定化しないという要因になっておると思うんですが、この点についてはどうお考えですか。

○国務大臣(水田三喜男君)　逆に、いま言ったような態度を持っていることが安定させる一つの要素になっていないとも限りませんし、私は市場が平常に復したというときが実際放出の条件を備えているというふうには、単純にこの問題は見られないと考えております。

（中略）

○戸田菊雄君　特別措置法の問題を一点にしぼってお伺いしてまいりたいと思いますが、その第一点は、利子配当の優遇措置についてでありますけれども、日本の所得税構造というものは総合累進税、これが原則だということを言われておるわけですが、その総合累進税制というものを最近こわしつつある。そのおもなるものは一体何かといえば、これは明らかに特別措置法である。そのことによって、いわば大臣等がかねがね主張してまいっております税負担の公平であるとか、あるいは徴税の民主化であるとか、こういう問題が逐次疎外もしくは破壊されようという、そういう状況になってきている。ことに私はその中心は、利子配当優遇措置がその元凶じゃないか、こういうふうに考えているのでありますけれども、この点について一体大臣はどうお考えになっているか。

○国務大臣（水田三喜男君）　たびたび申しますように、利子所得及び配当所得の優遇課税制というものについては、一応貯蓄の奨励とか資本市場の育成とかいうような政策的要請によって生まれたものであるとは申しましても、これについて検討すべき問題はたくさんございますので、私どもはこれを順を追って解決するということで、今度そのとりあえずの措置をとるということでございますが、前から申しておりますように、これは今度の改正の結果を見て、三年ぐらいの間に次の措置を考える、こういう立場で現在はおりますが、利子のほうが分離課税になって、総合賦課税から離れたということの均衡問題が配当のほうから出てまいりまして、やはり配当の分離課税という要望も出てまいりましたが、これは利子所得においてこういう措置がとられておりますので、この均衡でやはり配当所得においてもそういう分離税として離れるという措置をとったということでございまして、これがぐあいが悪いということになりますと、利子所得のときの措置が悪いのだということになろうと思います。これはやはり両方ある程度措置としては均衡をとる必要があるということで、おくれてこういう措置を配当所得のほうはとったわけでございますが、こういうものを一括して検討するという期間を、私どもは三年間といま予定しているということでございます。

○戸田菊雄君　私はずばり表現をするなら、分離課税制度というのは、税務署の調査範囲外に置いて、いわば一種の脱税行為じゃないかと考えるのですがね、脱税行為。制度上から見て、一体どういうふうにお考えになりますか。

○国務大臣（水田三喜男君）　政策目的によって、法律によってきめられている制度でございますから、脱税制度ではないと思います。

○戸田菊雄君　本来、シャウプ税制勧告以来、いろいろと税体制というものは変革をされまして、今日の総合累進税制度というものが打ち立てられた。そういういわば税態様というものがあるということは、大蔵大臣百も承知である。そういう中で利子配当、こういうものの分離課税、そういう制度を設けて、いわば徴税の、そういう対象外に置いている、こういうことになるのだと思うのだが、これは明らかに税態様というものをそこからこわすことになる。これは明らかに私は制度上からいえば全く脱税行為じゃないかというふうに考える。

たとえば、私は三十年、三十一年、利子所得についてはこれは非課税だ、税金をかけておらない。三十九年に五%、分離をして、四十年に初めて一〇%、今回の改正で五%入って一五%、これは一体なぜかというと、そういう脱税行為を政府が認めても国民が了承しませんから、おかしいぞ、いわばそういう国民世論なり、筋からいってもおかしいという結果から、そういうように歴史的に歩んでいる。こういうことがいま問題になっておりますように、利子配当優遇措置等についてはどうしても理解ができないのであります。

そこで、やはり私はいまの一つの土台として、そういう改革のためのよりどころは一体何かといえば、やはり税制調査会で、これは最も公平な審議機関としてそういう意見を政府に持ち込み、大臣もしばしばいままでそういった答申については尊重いたします、こういうことを言っているのでありますが、これに対する税制調査会の一つの答申というものは次のようなことを言っているのです。利子配当課税の特例等資産所得に対するものは、一部高額資産所得者を不当に優遇するものである、と明らかに指摘をしている。したがって、弊害を償うほどの政策効果も立証しがたいのでこれは廃止すべきだ、具体的にそう指摘している。こういういわば答申に基づいての大臣のこの対処方といいますか、こういう見通しは、この問題に対する答申の内容については、尊重、こういう態度は一体どういうお考えなのか、その点をひとつお聞かせ願いたい。

○国務大臣（水田三喜男君）　いま言いましたように、一挙に利子所得に対する特例措置がやめられるということでございましたら、配当課税に対する特例措置もこれは廃止できると思いますが、さっき申しましたように、一方にこういう制度がありますために、その均衡からきている措置でございますので、これをやめるというためにはやはり利子所得に対する措置について何らかの改革をする、改正をするというときでないと、これは一緒に解決できないのじゃないかと私は考えますので、一括してこれを将来の検討材料にしたいということでございます。

（以下略）

参議院　大蔵委員会会議録第十五号

昭和四十二年五月三十一日（水曜日）

出席者は左のとおり。

委員長　竹中　恒夫君

理　事　青柳　秀夫君　植木　光教君　藤田　正明君　柴谷　要君　中尾　辰義君

委　員　青木　一男君　伊藤　五郎君　大竹平八郎君　大谷　贇雄君　小林　章君　西郷吉之助君　塩見　俊二君　任田　新治君　徳永　正利君　西田　信一君　日高　広為君　木村禧八郎君　田中寿美子君　戸田　菊雄君　野溝　勝君　二宮　文造君　瓜生　清君　須藤　五郎君

国務大臣

大　蔵　大　臣　水田三喜男君

国　務　大　臣　宮澤　喜一君

政府委員

大蔵省銀行局長　澄田　智君

（ほか略）

本日の会議に付した案件

○所得税法の一部を改正する法律案（内閣提出、衆議院送付）

○法人税法の一部を改正する法律案（内閣提出、衆議院送付）

○相続税法の一部を改正する法律案（内閣提出、衆議院送付）

○租税特別措置法の一部を改正する法律案（内閣提出、衆議院送付）

○印紙税法案（内閣提出、衆議院送付）

○**委員長（竹中恒夫君）**　ただいまから大蔵委員会を開会いたします。

所得税法の一部を改正する法律案、法人税法の一部を改正する法律案、相続税法の一部を改正する法律案、租税特別措置法の一部を改正する法律案、印紙税法案、以上五案を一括して議題といたします。

（中略）

○**木村禧八郎君**　租税特別措置につきましてわれわれいろいろ反対してまいり、同僚の委員からもいろいろ質問してきたのですが、この改正案が通ると、三年間これがまた臨時的措置として存続されるわけです。ところが、基本的には政府のほうもこの租税特別措置、特に利子配当等については、これはいいとは考えていないようですね。税制調査会の答申も、これは一部の人にこういう特別の減免をすることは納税思想にも悪い影響を及ぼすということであります。政府は、まず一段階として一〇％を一五％に上げたわけですね。税率を五％上げたということになっているわけですね。じゃ、三カ年過ぎて、これは私は賛成しているわけじゃないですけれども、じゃ三カ年過ぎたらどうするのか、廃止するのか。今後長期的に見てどうするのか、伺っておきたいと思うのです。

○**国務大臣（水田三喜男君）**　ただいまの配当控除の問題からも、やはり法人税そのものの性格について検討を要するという問題も出ておりますが、なかなかむずかしい問題でございまして、一年、二年ということで急にこの解決というものはむずかしいと私どもは思っております。したがって、今回のような暫定の措置をとって、その効果を見ながら、またこういう問題について、根本的な解決策の検討というような期間を三年くらい置いて解決するのが適当であろうということでけりをつけたのですが、単にこのままの形でいって、この次は全部なくするというようなことでは、やはり配当控除の問題というようなものも解決しないと思いますので、やはり法人税そのものについての根本的検討を必要とするわけです。税制調査会もすでに取り上げている問題でございますから、向こう三年間にこういう問題の検討を私どもは十分して、結論を出したいと思っております。

○木村禧八郎君　結論を出したいということは、税制調査会の答申のように廃止するということですか。ただ、いますぐ廃止するというのでは混乱を生ずるから、経過的措置を講じながら廃止しろというのですよ。三年間の経過措置を講ずれば十分じゃないですか。ですから、この三年間の間に廃止するというそういう目途で、たとえば法人税についても、それは法人擬制説にいまなっておりますが、法人実在説のほうに改正するのか、根本的な点もあろうと思うのです。要は、三年過ぎたら廃止するというそういう目途で取り組まなければ、税制調査会の答申の趣旨にも沿わないわけです。三年は経過措置ですよ。

○国務大臣（水田三喜男君）　これは三年というのは、なかなか先のことはわかりません。たとえばこの間の統計で見ましたように、百万円以下の貯蓄者が日本は二千六百万人というようなことでございますが、日本経済が伸びて国民生活がよくなるということになりましたら、国民大衆のほうから二百万までの利子所得の課税はどうこうしてくれという要望が来ないとも限らないこともございますので、一がいに全部廃止とかなんとかいうふうに方針をここで私はきめられないんではないかと思っております。

日本はまだ貯蓄奨励、大衆の貯蓄を擁護してやるというような特別措置というようなものは、何らかの形でこれは必要にならぬとも限りませんので、これはやはり三年間の検討期間を置いて合理的な線を引いて善処をするのがいいのではないかというふうに考えます。

○木村禧八郎君　それは大蔵大臣、貯蓄の重要なことを否定するわけではないんですよ。大蔵省でもそういうことは十分検討しているのです。この特別措置によって資本の蓄積に役立っているかどうかということが問題になっているということなんですよ。単なる資金の移動にすぎないのではないか。これによって、たとえば証券のほうに行くのが銀行に行くとか、銀行に行くのがどこへ行くとか、あるいはたんす預金がそっちのほうに行くとかということであって、やはり資本の蓄積というものは可処分所得をふやすことにあるのですよ。それはもう大蔵省の結論なんです。だから、そこで資本の蓄積という面からいっても、これはプラスになっているのかマイナスになっているのか、それは個人の証券を持っている人や銀行預金をやっている人は、そういうような利害には大きな影響があるでしょう。国全体としてほんとうに資本蓄積に役立っているかどうかは、大蔵省の調査によって、たとえば租税特別措置で利子の税金をふやしたときに貯蓄がふえてしまったり、減らしたときに、やめたときに貯蓄が減ったり、必ずしもこれは一致していないですよ、過去の調査を見ると。だから、そういう点からも、やはり必ずしもこれは生産的な税制じゃない。そういう点からも、一応名目は資本蓄積ということになっておりますけれども、しかし、税制調査会の重要なるこういう答申を重要な点で政府は無視することになる。

いま、いつやめるか、そういうことはわからぬでしょう。ところが、税制調査会は、はっきりやめるべきだ、ただ、いますぐやめたのでは混乱が起こるから経過的措置を置いてやめろというのでしょう。大蔵大臣はやめるかやめないかはっきり言えないというのですね。われわれは大衆政党だから、むしろ大衆の味方ですから、そういう税はやめるべきだと思うのです。しかし、われわれは何も党派性だけで言っているわけではありません。税制調査会の答申もはっきり言っているでしょう。そうした点ですね、そうしたエリートの学者ですらもはっきりとそういう結論を出しているのですからね。どうもこのごろ自民党はこういう点については非常にうしろ向きになりましたね。田中角栄さんのときには、廃止すべきだという答申を、分離課税をやってしまったでしょう。廃止どころか、もっと極端な優遇措置を講じてしまったのですよ。全くうしろ向きですよ。

この点について、では、もう廃止はする意思はないのですね。

○国務大臣（水田三喜男君）　廃止の意思はないというふうに言っているわけではございません。

○木村禧八郎君　では、いつごろ廃止するのですか。何年を目途として廃止するのですか。

○国務大臣（水田三喜男君）　そのために三年という期間で今回の措置の影響を見て、合理的な措置を検討するということでございます。

（中略）

○木村禧八郎君　最後に質問いたしたいのは、資本取引の自由化の問題です。これはもう非常に切迫した問題になっているようですが、六月の二日に正式に答申が行なわれて、そうしますといよいよ実施段階になります。ＯＥＣＤも六月下旬ですかに勧告する段階になりまして、どういう段取りでこれを実施していくのか。そして段取りと同時に、対策もあわせて発表になっているわけですね。あれには抽象的な対策しか発表されておりませんが、どういう段取りでやるか、すぐ緊急にやるべき対策はどういうものであるか。それから、最終的に昭和四十六年までにやる対策はどうか、その中間の対策はどうか。なるべく具体的に、段取りと対策を伺いたい。

それから、あわせて大蔵省関係では、かなり財政・金融・税制上自由化と関連して具体的に措置すべしと勧告されている点がたくさんあるわけです。まず、その段取りと、それから対策、それから影響というものをどういうふうに具体的に考えているか。

○国務大臣(水田三喜男君)　いまの予定を言いますと、六月二日に外資審議会の答申が出される。これを受けて、政府部内において十分検討をし、政府の方針を決定するのが六月六日、こういうふうな日程をいま予定しております。

そこで、まだ審議会の答申が参っておりませんが、いま審議会で論議されている大体の考え方を申しますというと、資本自由化の進め方についてでございますが、当面は、わが国経済の現状を前提として、可能な範囲で自動認可制による自由化を実施することにする。そうしてさらにそのあとは経済社会発展計画で期待されておる方向に沿って、特に急激な情勢の変化がない限り、昭和四十六年度末までにかなりの分野において自由化を実施すること、昭和四十六年を一つのめどにして、かなりの分野において自由化を実施することを目標とすべきであるとしまして、そのために経済界の真剣な自主的な努力と、これを誘導し補完する政府の適切な施策とによって、わが国企業が外資と対等な条件で競争できるような基盤をそのためにつくり出す。そうして一、二年程度の適当な期間を置いて、自由化措置の見直しをやる。そうしていままでの国民の努力、民間の努力の結果と、政府の対策の進展の程度を考慮して、その次の自由化の範囲拡大に持っていく。その対策を見て、それを勘案して、次の自由化の範囲を拡大する。こういう進め方をしようということで、これを中心に、いまいろいろな各業種の検討をやっておりますことと、同時に、その審議会は、民間の努力すべきことと、政府の努力すべき対策というものを、この答申の中ではっきり書くというような方針のようでございますので、その中で、民間がすべきこと、政府が自由化に対処するためにはこういう施策をすべきであるというものが出てくると思いますので、その線に沿った対策をやるのが、今度は政府側の一つの仕事になるのじゃないかというふうに考えております。

○木村禧八郎君　非常に抽象的な段取りについてはお話がありましたが、いままでもずいぶんこの問題は各方面で取り上げられておりまして、そこで大蔵省関係について、具体的に二、三その対策について伺いたいのです。

まず第一は、日本の金利水準を国際水準並みに下げると、こういう意見が一つある。対策として、この金利についてどういうふうに考えているか。

それから、いまの銀行を整理し、都市銀行十三行を数行ぐらいに整理すべきだ、そういう意見も出てきております。

それから、ことに金融の体制の整備、これについて、ことに木川田さんあたりからもそういう意見が出されております。その体制金融の整備、これについては、いままで開銀中心の体制金融であったものを、それをいわゆる民間ベースに乗る金融構造に変えていくべきだと、こういう意見もあるわけです。

それから、外資による会社乗っ取りを防ぐための措置をいろいろとるべきだ、こういうかなり具体的な商法の改正の問題とか、そういう問題も提出されています。

それから、預金の保護についても、これは預金の保険制度といいますかについても提案があります。

それから、最後に、日米通商航海条約について政府はどう考えているか。そのいわゆる資本取引の自由化については、外圧ということをよくいわれますが、自由化を要求するほうは、日米通商航海条約を一つの要求の理由としてあげているわけです。それを一つのたてにとって要求をすると、これについて一体どういう考えでいるか。これについて、きのうですか、朝日の論説でも触れておりましたが、政府は何ら触れていない、黙っているのはおかしいじゃないかという意見がありましたが、これは前の貿易自由化のときにも問題にしたのですが、改正する意思はないか、政府は。

それから、アメリカと西ドイツの場合は、国内産業保護の見地から自由化を制限できるような、そういう独米——米独ですか、通商航海条約になっているそうです。だから、日本はそういうふうに、国内産業を保護し得るような形に、日米通商航海条約そのものについてこれを改正する、そういう意図があるのかどうか。これは絶えず問題になってくると思うんですよ。いま政府が出されたあのスケジュール、これがはたしてOECDでこれで満足するかどうかも非常に問題ですし、今後さらにもっと強い要求が出てくるんではないかと思うんです。そういうときに日米通商航海条約というものは絶えず問題になると思うんですよ。ですから、これについて政府ははっきりした見解をここで立てて明らかにしておく必要がありますし、必要があればこれはアメリカに改定を要求する、そういうことも必要になってくると思うんです。この点について——かなりまた多岐にわたりましたが、これはひとつ……。

○国務大臣（水田三喜男君）　民間の努力に期待するところと、民間の努力ではできない一つの環境づくりという点で政府がしなければできない問題もございます。で、特にいまあげられた問題は、政府側の努力すべき問題だと思います。

金融問題は銀行局長のほうから……。

○政府委員（澄田智君）　ただいま御指摘がありましたような点につきまして、金融問題について私のほうからお答え申し上げます。

御指摘のありましたように、現在資本取引の自由化等の対策として金融面に要請されております点は多々あると思うんでございますが、まあ一番大きいのがやはり、企業が国際競争力、外国の資本に対抗できる力を高めるという意味において、金利を国際的水準に下げる、こういう方向に金融を誘導すべきではないかと、こういう点でございます。この点につきましては、短期金利の面におきましては、かなりその内外金利の差というものが縮まってきております。ただ、最近は金融情勢によって若干逆転しているという面もございますが、短期金利の面におきましては、かなり接近している。しかし、長期金利あるいは社債などの発行条件というような長期面については、まだある程度差があるというような状態でございます。そういう点で、これからの基本的な金融政策の方向といたしましては、やはりわが国の金融の体制を整備して、そうして金利水準を全体として下げる、そういう方向への努力をあらゆる面で払っていくべきではないか。まあそのためには、現在の金融体制が現在の形に逐次整備されましてからすでに十数年、この間経済が非常に変わってきておりますし、いろんな面で金融機関のあり方、体制の整備、業務の調整というような面でいろいろやっていかなければならない問題が多い。資本取引の自由化に即応して一そうこの点が痛感されると、こういうことでございます。金融制度調査会で現在中小金融制度について特別委員会を設けて検討しておりますが、そのほかの面の金融体制というものについても、逐次金融制度調査会でこれを検討をしていくと、そうして体制の整備をはかる。それに並行いたしまして、金融機関の経営の合理化、経営の効率化ということにつきまして、金融行政その他を通じてこれを促進すると、こういうようなことによって金融全体の効率化というものをはかり、そうしてそれによって長期金利の国際水準への接近ということを逐次実現していく、こういうことであろうかと考えておる次第でございます。

まあその過程におきまして、もちろん産業の再編成というのに即応して、金融機関相互の間のいわゆる再編成と申しますか、金融機関相互の業務の提携とか、あるいは必要によっては合併とか、先ほど都市銀行のほうに合併して数を減らすという御意見が一部にあるというようなお話ございましたが、確かにそういうふうな意見もあるわけでございますが、もちろん金融機関の自主性を尊重しつつ再編成というようなものも、必要に応じてはこれを側面的に推進するというようなことも考えられることではないかと思うわけでございます。

それから、開発銀行を中心の構造金融でなくて、もっと民間の金融機関も活用しての構造的な面の金融というようなお話がございましたが、まあこういうような御意見もあるわけでございます。まあ現在開銀もこの点、本年度も体制整備のための貸し付けのワクを百億にふやして、開銀としてもそういう事態に即応していく措置をとっておりますが、なおいろいろ提案がありますように、長期信用銀行等のあり方等についても、先ほど申し上げました金融制度調査会の検討の一環として、将来検討されるべき問題である、こういうふうに考えております。

それから、預金者保険の問題がございましたが、金融行政のあり方として、それが金融全体を合理化する、効率化する、そういう面からの金融行政をやっていくというような場合に、預金者保護ということと金融機関の保護ということを分けて考える必要があるというような考え方は、当然そういうふうなことを考えなければならないところでございまして、預金者保護という見地からは、預金者保険というものも一つの検討に値することではないか。かつて三十二年から三十四年に検討されて、一度は国会に提案して、御審議をしていただくという段階までいって、そのままになった問題でございます。情勢が変わりまして、持っている意義も変わってまいると思いますが、やはり検討に値することではないかというふうに考える次第でございます。

○国務大臣（宮澤喜一君）　日米通商航海条約との関係でございますが、外務大臣がおられませんので、便宜私の存じておりますことを申し上げます。

木村委員の御指摘の問題は、要するに内国民待遇との関連の問題でありまして、米側がしばしば指摘いたしますのは、この内国民待遇の規定が十分に適用されていないという、そういう主張であります。ただ、この条約には、わが国が為替管理をやっております関係から、いわゆる国際収支上の理由、俗に御承知のようにBPリーズンと申しておりますけれども、そのバランス・オブ・ペイメントの理由によって、わが国が必要とするときには十分な内国民待遇を与えることができるというのが私どもの解釈でございます。さて、このたび一部の自由化をいたしましたけれども、それはわが国にBPリーズンがないのだということを意味するものではございません。現在の外貨準備にいたしましても、また為替管理を現実にやっておりますから、BPリーズンはなお存在しておる。したがって、再度日米間にかりに問題が起こりましたときには、私どもはやはりそういう立場で主張すべきであって、せっかく内国民待遇を認め合うという国際的にはいい考え方をしておるわけでございますから、条約を変えて内国民待遇をやめるというふうにすべきではなくて、バランス・オブ・ペイメントの理由があるということで主張していくべきものと、私はそう思っておるわけでございます。

（中略）

○**委員長（竹中恒夫君）**　他に御発言もなければ、質疑は尽きたものと認めて御異議ございませんか。

〔「異議なし」と呼ぶ者あり〕

○**委員長（竹中恒夫君）**　御異議ないと認めます。

それでは、まず所得税法の一部を改正する法律案、法人税法の一部を改正する法律案、租税特別措置法の一部を改正する法律案、以上三案について討論に入ります。御意見のある方は賛否を明らかにしてお述べを願います。

（中略）

○**中尾辰義君**　ただいま議題になりました所得税法の一部を改正する法律案外二法案に対して、私は公明党を代表して反対をいたします。

法人税並びに租税特別措置の改正につきましては、毎年毎年議論を呼び、問題になっている利子配当の特別措置を、本年は期限到来とともに当然廃止すべきであったはずでありますが、金融資本や金持ち優遇のため利子配当分離課税をそれぞれ一〇%から一五%に引き上げ、期間を三年も延長しておるのであります。これは現行のわが国の法人税制が、法人税は個人所得税の前払いと観念する立場で構成されており、現在は法人の株式資本の調達を容易にし、自己資本構成を是正する見地から、配当軽課措置を採用し、同時に、個人段階においても配当控除するという複雑な制度になっているからであります。しかし、法人税相当額を個人段階で調整するという考え方は、企業にも投資家にも正しく理解されず、税制上の恩典としか見られていないのが現況であり、やはり法人は法人、個人は個人と、それぞれ独立の納税主体と見て課税することが現実に即応したものと考えられます。しかも、こうした税制上の特例措置は四十項目に及び、それによる減収額は二千三百億円に達し、著しく税種目のバランスを乱しております。したがって、現行の利子配当分離課税や配当控除制度はむしろ廃止し、それによる増収税額は所得税の減税に充てるべきものと考えます。

○**瓜生清君**　私は、民主社会党を代表して、所得税並びに租税特別措置法の一部を改正する法律案に対し、反対の意を表明するものであります。

租税特別措置については、まだ税の負担公平の原則及び税の中立性が阻害されている面があります。たとえば利子や配当所得の取り扱いなどはそのよい例です。特別措置のあり方としては、もっと新しい地域開発や社会開発に効果を与えるような方向に重点を置くことが必要だと思います。この観点から再検討をされることを要望してやみません。

○**須藤五郎君**　私は、日本共産党を代表して、ただいま議題となった所得税法の一部改正法案、法人税法の一部改正法案、租税特別措置法の一部改正法案の三案に対して反対するものであります。

まず、租税特別措置法案でありますが、配当利子分離課税の三カ年間延長、準備金方式による特別償却、合理化機械等の特別償却、試験研究費に対する特別償却など、独占資本に対する二重、三重の減税措置を一そう拡大しようとしております。さらに、租税特別措置法に新しく景気調整のための租税措置が取り入れられていますが、今後かかる税の景気調整措置が追加拡大され、西欧に見られるように間接税の税率や賃金等を決定する権限を政府が手にし、国民生活と国民の諸権利を圧迫する危険性があることを、私は今後の問題として指摘しないわけにはいきません。

○**委員長（竹中恒夫君）**　他に御意見もないようですから、討論は尽きたものと認めて御異議ございませんか。

〔「異議なし」と呼ぶ者あり〕

○**委員長（竹中恒夫君）**　御異議ないと認めます。

それでは、これより採決に入ります。

租税特別措置法の一部を改正する法律案を問題に供します。本案に賛成の方の挙手を願います。

〔賛成者挙手〕

○**委員長（竹中恒夫君）**　多数と認めます。よって、本案は多数をもって原案どおり可決すべきものと決定いたしました。

参議院会議録第十三号（その一）

昭和四十二年五月三十一日（水曜日）

本日の会議に付した案件

一、所得税法の一部を改正する法律案（内閣提出、衆議院送付）

一、法人税法の一部を改正する法律案（内閣提出、衆議院送付）

一、相続税法の一部を改正する法律案（内閣提出、衆議院送付）

一、租税特別措置法の一部を改正する法律案（内閣提出、衆議院送付）

一、印紙税法案（内閣提出、衆議院送付）

一、臨時石炭鉱害復旧法の一部を改正する法律案（内閣提出、衆議院送付）

○副議長（河野謙三君）　これより会議を開きます。

参事に報告させます。

〔参事朗読〕

本日委員長から左の報告書が提出された。

所得税法の一部を改正する法律案可決報告書

法人税法の一部を改正する法律案可決報告書

相続税法の一部を改正する法律案可決報告書

租税特別措置法の一部を改正する法律案可決報告書

印紙税法案可決報告書

臨時石炭鉱害復旧法の一部を改正する法律案可決報告書

○副議長（河野謙三君）　この際、日程に追加して、

所得税法の一部を改正する法律案。

法人税法の一部を改正する法律案。

相続税法の一部を改正する法律案。

租税特別措置法の一部を改正する法律案。

印紙税法案。

（いずれも内閣提出、衆議院送付）

以上五案を一括して議題とすることに御異議ございませんか。

〔「異議なし」と呼ぶ者あり〕

○副議長（河野謙三君）　御異議ないと認めます。

まず、委員長の報告を求めます。大蔵委員長竹中恒夫君。

（中略）

○竹中恒夫君　ただいま議題となりました五法律案につきまして、委員会における審査の経過及び結果を御報告申し上げます。

租税特別措置法の一部を改正する法律案のおもなる内容について申し上げます。

既存の特別措置の関係では、適用期限の到来する利子・配当所得について特例税率をそれぞれ五％引き上げて、その適用期限を昭和四十五年三月末日まで延長し、交際費の損金不算入制度について、交際費の支出額の増減に応じて、否認対象額を増減し得るよう合理化するほか、適用期限の到来するその他の特別措置について、一部廃止するものを除いて、その適用期限を延長することとしております。

以上四案の委員会の審議におきましては、自然増収と減税額の割合、租税負担率と納税人員の増加、直接税と間接税との比率のあり方、売り上げ税創設の是非、課税最低限百万円の実施時期、基準生計費、課税最低限と物価との関係、政治献金に対する優遇及び政治家の必要経費、法人課税の基本的仕組み、租税特別措置の減収額とその基本的あり方、利子・配当の優遇措置の存続理由、税務行政に関する諸問題等について質疑がありましたが、詳細は会議録によって御承知願いたいと存じます。

質疑を終了し、所得税法の一部を改正する法律案、法人税法の一部を改正する法律案、租税特別措置法の一部を改正する法律案の三案を一括して討論に入りましたところ、日本社会党を代表し柴谷委員より反対意見が、自由民主党を代表し植木委員より賛成意見が、公明党を代表し中尾委員より反対意見が、民主社会党を代表し瓜生委員より、所得税法・租税特別措置法改正案に対して反対意見が、日本共産党を代表して須藤委員より反対意見が、それぞれ述べられました。

討論を終了し、四案についてそれぞれ採決の結果、いずれも多数をもって原案どおり可決すべきものと決定いたしました。

○副議長（河野謙三君）　所得税法の一部を改正する法律案、法人税法の一部を改正する法律案及び租税特別措置法の一部を改正する法律案に対し、討論の通告がございます。順次発言を許します。

○田中寿美子君　（中略）租税特別措置法について、今回の改正について、二、三反対の意見を述べたいと思います。

この法律は、あくまで臨時の特例法でありまして、日本社会党は、租税特別措置法の縮少整理、そして、できるだけ早くこれを廃止することを、これまで主張してきました。この法律は、資本蓄積の名のもとに、何よりも大資本擁護、資産所得者擁護を行なってきましたもので、昭和二十五年から四十一年までの間に、大企業中心に一兆七千億の多額にのぼる免税をしてきているものであります。税制調査会の中山会長みずから、この法律は「税不公平の最大のものであり、最も評判の悪いものである」と述べてお

ります。税制調査会も、絶えずその縮小整理を答申してきましたが、政府は、かえって利子所得及び配当所得に対する特別措置の期限を三年延長させ、交際費課税を二年延長するなど、うしろ向きの姿勢をとっております。

特に私は、利子配当の優遇措置を三年間延長したことについて、強く反対いたします。昭和二十八年以降、貯蓄奨励、資本蓄積の名目で、利子配当所得は分離課税となっております。これらは全く高額所得者を優遇するもので、政府はすみやかに廃止の方向に努力する旨、これまで答弁してこられたものですが、今回三年の延長でさらに逆行させようとしております。およそ、これほど不公平な課税はありません。株の配当所得、五人家族で二百二十六万円まで無税、また、預貯金の分散では、世帯主百万円、妻子四人を四十万円ずつ百六十万円、合計二百六十万円まで非課税の扱いを受けます。これを給与所得者で見れば、年収二百二十六万円に対して所得税二十八万三千円、事業所得者の場合の所得税は二十八万九千円、これは専従者控除二十四万円としての計算ですが、かかることになります。その上、地方税を加えますと、税負担は非常に大きくなります。このように租税負担の不公平は最も不当なものであって、勤労大衆の納税意欲をそぐものであり、これが納税のモラルを低下させるものであると、税制調査会の答申でも指摘しております。租税特別措置法は、あくまで臨時の措置であり、時限立法であるはずであります。すみやかにこれを廃止し、その中で恒久性を必要とするものは、税の本法に組み入れることによって、税体系を簡素化、合理化し、大衆の負担軽減の方向をとるべきであると考えます。

○副議長(河野謙三君)　青柳秀夫君。

○青柳秀夫君　租税特別措置法についてでございますが、野党各派は、特別措置に対し、強い批判を加えておられるのでございますが、わが党の特別措置に対する基本的な考え方は、経済政策と税制とをいかに調和させるかにあるのでありまして、わが国経済の実情と対応して適切な措置をとりますことは、必要かつ妥当なことと思うのであります。特に、現在のごとく、資本の自由化に関連して、国際競争が一そう激化の趨勢にありますとき、税制面より、これに対応して適切なる方途を講じまするこ とは、国策上当然のことと言わなければなりません。かような見地からいたしまして、改正案の内容を見まする と、当面の政策上の要請にこたえまして、新たに特別措置を講ずるとともに、既存の特別措置に対し、実情に即した整理合理化を行なわんとしておるのでありますが、一々これについて述べることは省略いたしまするが、いずれも時宜に適した、適切なる措置でございます。要するに、今回の改正は、直面せる内外の情勢に対応してとられた、きわめて適切なる措置として、高く評価せらるべきものと思うのであります。

○副議長(河野謙三君)　これにて討論の通告者の発言は全部終了いたしました。討論は終局したものと認めます。

これより採決をいたします。

まず、所得税法の一部を改正する法律案、租税特別措置法の一部を改正する法律案、及び印紙税法案全部を問題に供します。三案に賛成の諸君の起立を求めます。

〔賛成者起立〕

○副議長(河野謙三君)　過半数と認めます。よって、三案は可決せられました。

(中略)

租税特別措置法の一部を改正する法律案

租税特別措置法の一部を改正する法律

租税特別措置法(昭和三十二年法律第二十六号)の一部を次のように改正する。

第三条第一項中「昭和四十年四月一日」を「昭和四十二年七月一日」に、「昭和四十二年五月三十一日」を「昭和四十五年三月三十一日」に、「第八十三条及び第八十五条」を「第八十九条及び第九十一条」に、「百分の十」を「百分の十五」に改め、同条第二項及び第三項中「昭和四十年四月一日から昭和四十二年五月三十一日まで」を「昭和四十二年七月一日から昭和四十五年三月三十一日まで」に、「百分の十」を「百分の十五」に改め、同条第四項中「昭和四十年四月一日から昭和四十二年五月三十一日まで」を「昭和四十二年七月一日から昭和四十五年三月三十一日まで」に改める。

第七条の二中「昭和四十二年五月三十一日」を「昭和四十四年三月三十一日」に改める。

第八条の二第一項中「昭和四十年四月一日」を「昭和四十二年七月一日」に、「昭和四十二年五月三十一日」を「昭和四十五年三月三十一日」に、「第八十三条及び第八十五条」を「第八十九条及び第九十一条」に、「百分の十」を「百分の十五」に改め、同条第二項及び第三項中「昭和四十年四月一日から昭和四十二年五月三十一日まで」を「昭和四十二年七月一日から昭和四十五年三月三十一日まで」に、「百分の十」を「百分の十五」に改め、同条第四項中「昭和四十年四月一日から昭和四十二年五月三十一日まで」を「昭和四十二年七月一日から昭和四十五年三月三十一日まで」に改める。

第八条の三第一項中「昭和四十年五月一日から昭和四十二年五月三十一日まで」を「昭和四十二年七月一日から昭和四十五年三月三十一日まで」に、「第八十三条及び第八十五条」を「第八十九条及び第九十一条」に、「百分の十五」を「百分の二十」に改め、同条第二項を削り、同条第三項中「第一項」を「前項」に改め、同項を同条第二項とし、同条第四項を同条第三項とし、同条第五項中「及び第二項」を削り、同項を同条第四項とし、同条第六項を同条第五項とする。

第八条の四第一項中「昭和四十二年五月三十一日」を「昭和四十四年十二月三十一日」に、「昭和四十二年分」を「昭和四十四年分」に改め、同条第三項中「昭和四十二年分」を「昭和四十四年分」に改める。

第九条第一項中「昭和四十年四月一日から昭和四十二年五月三十一日まで」を「昭和四十二年七月一日から昭和四十五年三月三十一日まで」に、「百分の十」を「百分の十五」に改め、第二章第一節の二中同条の次に次の一条を加える。

（中略）

第五十七条の見出しを「（証券取引責任準備金又は商品取引責任準備金）」に改め、同条第一項中「損金経理により証券取引責任準備金勘定に繰り入れたときは、当該繰入金額」を「損金経理の方法（確定した決算において利益の処分により積立金として積み立てる方法を含む。）により証券取引責任準備金として積み立てたときは、当該積み立てた金額」に、「勘定の金額」を「の金額」に改め、同条第二項中「損金経理により商品取引責任準備金勘定に繰り入れたときは、当該繰入金額」を「損金経理の方法（確定した決算において利益又は剰余金の処分により積立金として積み立てる方法を含む。）により商品取引責任準備金として積み立てたときは、当該積み立てた金額」に、「勘定の金額」を「の金額」に改め、同条第三項から第六項までの規定中「勘定又は」を「又は」に、「勘定を設けている」を「を積み立てている」に、「勘定の金額」を「の金額」に改め、同条第八項中「勘定又は」を「又は」に、「勘定を設けている」を「を積み立てている」に改め、同条第九項中「第八項」を「第七項」に改め、同条第十項中「第十項、第十一項」を「第八項、第九項」に、「第十二項」を「第十項」に、「勘定又は」を「又は」に、「勘定を設けている」を「を積み立てている」に改める。

第五十七条の二の見出しを「（渇水準備金）」に改め、同条第一項中「損金経理により渇水準備金勘定に繰り入れたときは、当該繰入金額」を「損金経理の方法（確定した決算において利益の処分により積立金として積み立てる方法を含む。）により渇水準備金として積み立てたときは、当該積み立てた金額」に、「勘定の金額」を「の金額」に改め、同条第二項から第四項までの規定中「勘定を設けている」を「を積み立てている」に、「勘定の金額」を「の金額」に改め、同条第五項中「勘定を設けている」を「を積み立てている」に、「勘定に繰り入れた」を「として積み立てた」に、「繰入れ」を「積立て」に、「勘定の金額」を「の金額」に改め、同条第六項中「勘定の金額」を「の金額」に改め、同条第七項中「第八項」を「第七項」に改め、同条第八項中「第十項、第十一項」を「第八項、第九項」に、「第十二項」を「第十項」に、「勘定を設けている」を「を積み立てている」に改める。

第五十七条の三の見出しを「（違約損失補償準備金等）」に改め、同条第一項中「損金経理により違約損失補償準備金勘定に繰り入れたときは、当該繰入金額」を「損金経理の方法（確定した決算において剰余金の処分により積立金として積み立てる方法を含む。）により違約損失補償準備金として積み立てたときは、当該積み立てた金額」に、「勘定の金額」を「の金額」に改め、同条第二項中「勘定を設けている」を「を積み立てている」に、「勘定の金額」を「の金額」に改め、同条第三項中「勘定を設けている」を「を積み立てている」に、「勘定に係る」を「に係る」に、「勘定の金額」を「の金額」に改め、同条第四項中「勘定を設けている」を「を積み立てている」に、「勘定の金額」を「の金額」に改め、同条第五項中「勘定を設けている」を「を積み立てている」に、「勘定に繰り入れた」を「として積み立てた」に、「繰入れ」を「積立て」に改め、同条第六項中「第八項」を「第七項」に改め、同条第七項中「第十項、第十一項」を「第八項、第九項」に、「第十二項」を「第十項」に、「勘定を設けている」を「を積み立てている」に改める。

（以下略）

資産再評価法一部改正案

参議院・大蔵委員会会議録第八号

昭和四十二年五月十六日(火曜日)

出席者は左のとおり。

委員長　竹中恒夫君
理　事　青柳秀夫君　植木光教君　藤田正明君　柴谷要君　中尾辰義君
委　員　伊藤五郎君　大竹平八郎君　大谷贇雄君　小林章君　徳永正利君　日高広為君　木村禧八郎君　田中寿美子君　戸田菊雄君　野溝勝君　山本伊三郎君　二宮文造君　須藤五郎君
政府委員
大蔵政務次官　米田正文君
大蔵省証券局長　加治木俊道君
(ほか略)

本日の会議に付した案件

○資産再評価法の一部を改正する法律案(内閣提出)

○委員長(竹中恒夫君)　ただいまから大蔵委員会を開会いたします。

(中略)

資産再評価法の一部を改正する法律案、通関業法案、以上両案を一括して議題といたします。

まず、資産再評価法の一部を改正する法律案について、政府から提案理由の説明を聴取いたします。米田大蔵政務次官。

○政府委員(米田正文君)　ただいま議題となりました資産再評価法の一部を改正する法律案につきまして、提案の理由及びその概要を御説明申し上げます。

企業資本充実のための資産再評価等の特別措置法により再評価が強制されております一定規模以上の会社の再評価積み立て金の処理につきましては、その資本組み入れ措置は、昭和四十三年三月三十一日を含む事業年度の直前事業年度まで適用されることになっており、昭和四十三年三月三十一日を含む事業年度以降につきましては、別に法律で定めることとされております。一方、最近におきましては、強制再評価会社の再評価積み立て金の資本組み入れも、特定の業種を除き一般的に相当程度進捗しており、今後、配当制限などのような資本組み入れ促進措置を継続する必要はないものと認められるに至りましたので、この際、強制再評価会社のほか、その他の株式会社及び有限会社を含めて、再評価積み立て金の最終的な処理を行ない、再評価積み立て金の経理の簡素化をはかるため、ここにこの法律案を提出した次第であります。

以下、この法律案について、その概要を御説明申し上げます。

第一に、株式会社または有限会社が、昭和四十八年三月三十一日を含む事業年度の直前事業年度の終了の日において、なお再評価積み立て金を有している場合には、当該再評価積み立て金を当該終了の日の翌日において資本準備金に組み入れたものとみなすこととして、再評価積み立て金の最終的な処理をはかることとしております。

第二に、昭和四十三年三月三十一日を含む事業年度から昭和四十八年三月三十一日を含む事業年度の直前事業年度までの五年間においては、再評価積み立て金を任意に資本準備金に組み入れることができることとしております。なお、この期間においては、現行どおり抱き合わせ増資による再評価積み立て金の資本組み入れも行ない得ることとしております。

このほか、以上の措置に関連し、株式会社の再評価積み立て金の資本組入に関する法律を昭和四十八年三月三十一日に失効させるとともに、企業資本充実のための資産再評価等の特別措置法及び中小企業の資産再評価の特例に関する法律を廃止する等、所要の規定の整備を行なうことといたしました。

以上が、この法律案の提案理由及びその概要であります。何とぞ御審議の上、すみやかに御賛成くださいますようお願い申し上げます。

○委員長（竹中恒夫君） 引き続いて、補足説明を聴取いたします。加治木証券局長。

○政府委員（加治木俊道君） これは一言で言いますならば、戦後のインフレに伴う企業経理の措置のための一連の諸法律でございます。簡単に申し上げますと、まあドッジ安定があったわけでございますが、その後また朝鮮動乱があって、二度の大きなインフレーションがあったわけでございます。したがって、このインフレ前の企業の資産の帳簿価額が、買い入れ価額、それを若干償却しているわけですが、全くノミナルな価額になっちゃったわけです。帳簿価額と時価とが非常に開いておりますので、企業の資本の実質というものを維持するためには、どうしてもこれを時価に引き直して、その時価を基準としてたとえば償却する。それから、それを償却したものの残で利益があがった場合に、初めてそれを真実の利益として配当等の社会流出を認める、こういうふうにしませんと、帳簿価額を基準にして利益が出ただけ配当するということにいたしますと、資本の実質的な食いつぶしになるわけでございます。

まあこういう措置は、当然企業あるいは企業の経営者自身がそれだけの措置をとるべき筋合いのものでございます。しいて国家がこれに関与しなくちゃならないということは、通常の場合ならないのでございますけれども、まあ日本の経済の再建の途中でございますので、恣意的な会社の措置だけにまかせるというわけにもいかない。日本の経済の再建あるいは拡張再生産を進めるためには、どうしてもそれだけの措置を各企業がとってもらわなくちゃならない。まあこういうことでございます。

ところが、非常に安易な経営者は、従来の帳簿価額を基準にしてやりたい。こうすれば幾らでももうけが出るわけですから。それから、たとえば再評価したけれども、資本に組み入れますと資本金が大きくなりますから、配当する場合にどうしても配当率を下げなければ従来の配当額が維持できない。そういう意味では、イージーゴーイングをやりたい企業は若干抵抗を感ずるわけでございます。

この抵抗を排除して、何度かにわたって再評価、大体四回にわたって再評価の機会を与えたわけですけれども、資本金五千万円以上の会社に対しましては評価を強制さしたわけでございます。少なくとも限度額の八〇％以上は再評価しなくちゃならない。その上その再評価に基づいた償却をやらなくちゃならない。あるいはこの資本を、これを再評価積み立て金という勘定で一時処理したのでありますが、だんだん資本に組み入れさせていったわけでございます。その組み入れ限度のいかんに応じて配当を抑える。たとえば当初は再評価額の三割以上組み入れてなければ少なくとも一割五分以上の配当は認めぬというような措置をとって、だんだん強化しまして、現在は六〇％以上組み入れてなければ一割をこえる配当を認めない、まあこういうところまで強化してまいったのであります。

ところが、もう終戦処理、インフレ処理といいましても、十数年を経過いたしております。その強制再評価の対象となりました会社は約千八百社でございますけれども、実質的に残っておりますのは二百六十数社という状況になって、大部分の会社は所期の目的を達してまいっておる、こういうことと、まあ本来経営者あるいは企業のみずからの自覚に基づいて措置すべき事項であるので、まあ政府として強制措置をこのまま続けるということはもうやめようではないかというのが、今回の法律の御提案申し上げました趣旨でございます。

ただし、従来この再評価積み立て金は現金増資の場合に、たとえば一株五十円の場合に、三十円払い込んで二十円は再評価積み立て金から組み入れるという、抱き合わせ増資といっておりますけれども、そういう便宜な措置を認めておったのでございます。したがって、株主としては三十円払い込むだけで五十円の株がもらえた。本来はこの再評価積み立て金の資本への組み入れと、それから増資は増資と、別個の手続でなければならないのを、一本の手続で便宜そういう増資の措置が認められておったわけでございます。これを急にやめますと、まあ株主の期待権の侵害にもなりますし、まあ会社としてはなおしばらくそういう措置を認めてもらって資本の充実を期したいと、こういう要望もありますので、その抱き合わせ増資の規定だけは五年間猶予期間を設けて、その期間はいままでのような強制はしないと。それから、資本組み入れ、あるいは資本準備金への組み入れもやりたければやってもよい。しかし、最終的には、五年後に残りましたものは全部商法上の資本準備金として措置する。一般原則に返すのでございます。法律体系から全く通常の商法上の体系に返して、それぞれの経営あるいは企業にゆだねる、こういうことでございます。

簡単でございますが、補足いたして説明いたします。

○委員長（竹中恒夫君） 質疑のある方は順次御発言を願います。

○藤田正明君 証券局長にお伺いしたいのですが、特に今回五年間の猶予期間を設けた理由ですね。三年であってもいいんじゃないか。その辺に何か理由があるのでしょうか。具体的にもう一度御説明願いたい。

○政府委員（加治木俊道君）　数学的に理由づけることは非常に困難でございますが、再評価積み立て金から、一種の無償交付によって、増資の際に、株主が充当しただけより少ない金額を払い込むことによってまあ増資に応じられると。御承知のとおり、大体増資が発表になりますと株価が上がるというような状況でございますので、こういう措置が株主にとってもまあ一種の期待権とされておった。この期待権というのは何年間見込んだらいいかということでございますが、いろいろな見方はございましょうが、まあ五年間見ておけば、それで今後は打ちどめになるわけです。通常の資本準備金からの組み入れはできるわけです。ただし、その場合は、無償分については五十円全額を資本準備金から組み入れることになります。有償増資は別個の増資としてちゃんと五十円払ってやることになるわけです。ですから、いままでよりは若干形態は変わってきますけれども、その意味で期待権はどの程度見込んだらいいかということで、五年間見ておけば株主の期待にも十分こたえることにもなるのじゃないかというようなことでございます。

○藤田正明君　先ほども補足説明で、戦後の二度のインフレで、帳簿価額と時価の開きが非常に大きくなった、資本の実質的な食いつぶしがそこに行なわれる、これは従来ならば会社が自主的に才覚をしてやるべきものであるけれども、という話がございましたが、今後の縦貫道あるいはいろいろな都市再開発、宅地造成、これらによりまして都市周辺の土地が非常な暴騰を来たすのではないか。会社が非常に低い帳簿価額で持っておった、そういう土地が急激に値上がりするということは今後ともあり得ると思います。そういう場合はどのような考え方、また指導をされるのか、お伺いしたい。

○政府委員（加治木俊道君）　土地の問題は、この法律が所期しましたインフレ処理というようなそういう問題とは若干違った問題になるかと思います。

○藤田正明君　電力、私鉄が特に資本の組み入れが低い、そこらに問題があるのだというような話でございましたが、その理由をもう一度伺いたい。

○政府委員（加治木俊道君）　現在、約五千四百億くらい強制再評価会社の再評価積み立て金が残っておりますが、その六割方が電力と私鉄でございます。電力は三千億以上、私鉄で四、五百億残っておると思います。電力会社は当時再評価しましたときには、資本金が当時の資本金で四百億くらいだったのですが、おそらく再評価積み立て金総額が四千億をこえるようなそういう状況だったと思います。非常に大きな再評価積み立て金ができたわけです。これを資本に組み入れてもらいたいわけでございますが、一方で、必ずしも企業の経営努力だけで、資本を実質的に拡大するわけですけれども、それに耐えられる、またそれを維持するに足るような体質をみずからつくるということは、必ずしも自由がきかない公益事業でございますから、そのためやむを得ず残っておるわけです。ただし、それを食いつぶしているわけではございません。大事にとっております。欠損金が出れば欠損の補てんに充てられるわけでございますけれども、強制するのはいかがかと、こういうことで、強制措置からはずす、こういうことでございます。

○藤田正明君　業種別の資本組み入れの割合がどうなっているか、わかるならばひとつお教え願いたい。

○政府委員（加治木俊道君）　資本組み入れの割合と、それからいまの資本金に対して残っている再評価の積み立て金の割合、これは対資本残存割合といい、前者を資本組み入れ割合といっているわけです。現在の法律では、再評価差額の八〇%以上を資本組み入れしたらもう強制しない。それから、八〇%以上入れてなくても、その後どんどん資本金が大きくなりまして、再評価積み立て金が新資本金に対して一〇%以下になっている、これも強制の対象にしないようになっています。そういう意味で、対資本残存割合と資本組み入れの割合というのがあるのでございますが、たとえば建設業が、資本組み入れ割合が七五・九%で、対資本残存割合は一・七%、繊維は、資本組み入れ割合は六三%組み入れまして、対資本残存割合は一一%、それから化学は、五五%組み入れて、対資本割合は九・七%、それから石油は、資本組み入れは三八%組み入れておりますが、対資本、新しい資本に対する割合は二・八%になっております。それから鉄鋼が、もうすでに組み入れは七一%になっておりまして、対資本残存割合は全体として六・二%、陸運が、再評価積み立て金のうち資本に組み入れたのは二一%、非常に少ないわけですね。資本に対する残存割合はなお三二%残っている、電力は組み入れた割合が二三・六%で、資本に対して残っている割合はまだ六五・四%残っておる、こういう状況でございます。これは強制再評価会社だけの数字でございます。

（以下略）

参議院　大蔵委員会会議録第九号

昭和四十二年五月十八日(木曜日)

出席者は左のとおり。

委員長	竹中　恒夫君
理　事	青柳　秀夫君
	植木　光教君
	藤田　正明君
	柴谷　　要君
	中尾　辰義君
委　員	伊藤　五郎君
	大竹平八郎君
	大谷　贇雄君
	徳永　正利君
	木村禧八郎君
	戸田　菊雄君
	山本伊三郎君
	瓜生　　清君
	須藤　五郎君
政府委員	
大蔵省証券局長	加治木俊道君

（ほか略）

本日の会議に付した案件

○資産再評価法の一部を改正する法律案(内閣提出)

○委員長(竹中恒夫君)　ただいまから大蔵委員会を開会いたします。

資産再評価法の一部を改正する法律案、通関業法案、以上両案を一括して議題といたします。

質疑のある方は順次御発言を願います。

(中略)

○瓜生清君　次に、再評価の問題について一、二伺いたいと思うのです。

いま再評価積み立て金の資本組み入れに伴う配当制限をやっているような企業は全体のどのぐらいあるのでしょう。大まかな数字でいいです。

○政府委員(加治木俊道君)　現在再評価を強制されております強制再評価会社の配当状況を調べたものはございます。しかし、法律のたてまえは、最近強化されまして、当初は資本組み入れを促進するために三〇％未満の組み入れ比率の場合には配当は一五％まで、ここから出発したわけですが、だんだん強化されまして、六〇％以上組み入れなければ配当は一〇％までと、こういうふうに強化してきたわけであります。しかし、現在、たとえば一〇％やっている会社が百数十社ございます。これははたしてこの法律の規制を受けてやむを得ず、組み入れ比率が低いために一〇％であるのか、そうでなくてそもそも一〇％なのか、一々当たって聞いてみなくちゃわからないのですね。そういう意味の的確な、直接それにお答えできるような資料は、残念ながら持ち合わせておりません。

○瓜生清君　いまやかましく言われております資本自由化の問題とこれから真剣に取り組んでいかなければならぬのですが、御承知のように、日本の企業の資本構造というものは借り入れ金が多くて自己資本が少ない、これがまあ諸外国に比べると非常に特徴的な点だと思うのです。そこで、借り入れ依存から自己資本充実へ、すなわち株式とか社債を中心に資本調達するという方向が望ましいと思うのです。

そこで、私が聞きたいのは、先年の株式不況のときに共同証券なりあるいは証券保有組合が相当数の株式を市中から買って、いま凍結していると思うのです。その額が一体いまどの程度あるのか、大まかな数字でいいから、両者の銘柄数、それから何といいますか、簿価ですね、それがわかっておれば、最近の資料でいいですから、答えてもらいたいと思います。

○政府委員(加治木俊道君)　凍結株の問題は、非常に市場に微妙な影響を与えますので、概括的なところでひとつ御容謝願いたいと思いますが、まず共同証券でございますが、共同証券は現在の残高とそれから帳簿価額ですね、十六億二千万株、金額にしまして千七百八十億強です。こまかくいいますと、千七百八十五億でございます。それから保有組合のほう、大体似たような数字でございますが、十五億六千万株、それで帳簿価額にしまして、千六百八十三億、こういうふうになっております。したがって、一株当たり百円をちょっと上回るような単価に帳簿価額はなっております。合計しまして三千四、五百億になっております。

○瓜生清君　それで、この凍結株の放出につきましては、証券局長がいま言われたように、非常に株式市場に対する影響が大きいと思う。だから、軽々に証券行政の指導のあり方を言うということは立場上非常につらいと思いますけれども、逆に大蔵省がこの凍結株に対してこれから大まかにこういうような考え方で放出していくんだということが暗中模索であるがために、かえって証券市場の不安というものを助長しているという面もあるのです。そこで、大蔵省自体としては、外部に発表できないけれども、ほぼ骨組みというものはあると思うのですよ。それをどういうような株式市場の事態というものが来れば明確にされようとされるのか、もし答えられたら答えてもらいたいですね。

○政府委員（加治木俊道君）　おっしゃるとおり、見方によっては黙っていることがかえって不安の材料になるのじゃないかという点は確かにあると思うのでございますが、それでは三千五、六百億に達するものを、確信をもってスケジュール的に方針をきめることができるかというと、これも一日で処分できる程度のものならば問題はありませんけれども、長く市場に大きな影響を与える。その結果が客観情勢の変化によってどういうふうになるかわからぬということになりますと、一挙に解決するような大きなスケジュールというものをきめること自体も、事柄の性質上非常に困難だと思うのでございますね。それでは、わかった範囲で、大体見当のついた範囲で発表したらどうかということにもなるのですが、これはどうも公開の席上でどういうふうにするとかしないとか言うことは、そのこと自体が直ちに材料になる。そういう意味で、極秘で状況を判断しながら通常の顧客の売り買いにまじってこれを処理していくということがやはり一番賢明なやり方じゃないか、こういう感じがするのでございます。

たいへん的確なお答えになりませんが、これ以上のことを申し上げるのはなかなかむずかしいと思うのでございます。

○瓜生清君　いま私の聞いている範囲内では、共同証券の持っておるものは半永久的にたな上げをする、それから保有組合の持っておる分はいわゆる証券業者を中心にして金融なり産業界なりの協力を得て処理するのがいいではないかと、こういう考え方があるやに承っておるんですけれども、これは大蔵省としての行政指導上の考え方なんですか、それとも業者がそういうふうにしてもらえばいいというようなことなんですか、その点ちょっとお伺いしたいと思います。

○政府委員（加治木俊道君）　半永久的というほどのことじゃないかと思いますが、先に保有組合の分を片づける、共同証券はそうあわてなくてもいいじゃないかという意見が一部にあることは事実です。それは一つには性格にもよるのでございます。

保有組合はわりあいにいい組合でございまして、匿名組合でございまして、期限が三年間ですから、来年の一月でしたか二月でしたか、そのときまでということなんです。しかし、一年間は延ばせるということになっているわけです。したがって、そういう意味で、期限が切られておるということで、同じ凍結を解いていく場合にでも、そういう関係で性格上も保有組合を先にしなければならないという面があるわけでございます。その意味では、大蔵省としても、できるだけ保有組合のほうを先に片づけたほうがいいのではないかというふうに考えておりますが、しかし、市場の状況が許せば、何も順序にこだわらずにやることも一向差しつかえないわけでございますが、日本の市場は、だんだんいろんな意味で正常化されつつありますけれども、まだ十分な市場じゃございません。

これはたいへん講釈めいたことを申し上げて恐縮なんですけれども、ほんとうは売りに出せば株は下がるわけですね、需給関係で。下がれば買いが出るはずなんです。ところが、どうも残念ながらいまの実際の投資家は、また投機筋も、下がれば売りに出るわけですね。上がり始めると買いが出るということで、かえって市場を激化させる。こういう市場の性格がありますために、実際問題の見込みとしては、一挙にこれを両方くつわを並べて、大体保有組合の期間に合わせて処理するというふうにはまいらぬのじゃないかと。そうすると、序列はやはり保有組合が先、共同証券があと。

ただ、共同証券をどういう形で残すか、これはいま一応証券会社になっておりますから、この九月末に免許申請を出さなければならないわけです。われわれのほうとしても、どういう免許を与えるかということを考えなければならないことになるわけです。たとえば、これをいわば会社型の投資信託にしたらどうかという意見も言われておりますが、できるだけ早く、先生のおっしゃるとおり、共同証券はいつどうするということをきめないにしても、共同証券は大体こういうものにするのだという、それでできるだけ早く保有組合のほうだけを先に処分するのだということがきめられれば、その程度のことであれば、私は市場に対して決してそうマイナスになることはないと思うのですが、残念ながらそこまでまだ情勢が熟してきておりません。

○瓜生清君　これは私の考えなんですがね、金融機関にはめ込むとか、あるいは証券会社が財務比率上の最高限度までそれを吸収するとか、そういうふうないわゆる方法で、そういう形で処分することがいいというめどがつけば、たとえば日証金が融資するとかなんとか、そういった形でやっていけば、そう私は市場に大きな混乱を起こすことがないというふうに考えているのです。局長、いかがですか。

○政府委員（加治木俊道君）　一つの考え方だと思うのでございますが、大体いままで証券会社の失敗の大部分は持ち株のリスクによっていためたという例が多いわけでございます。それから、それが自己の体質を弱めるばかりでなく、一たん持たせますと、どうしても証券会社の利益を先に考えるようになる。その株の処分について。したがって、対客勧誘態度が必ずしも適正を期せられない。そういう危険がありますために、できるだけ証券会社に持たせない形で早く処分する。したがって、まずお客を見つけてこい、注文を取ってこいと。注文に合わして処分するというやり方が一番いいんじゃないかというふうに考えておりますが、ある限度内では持たして自由に処分さしたらどうかという意見も確かにございます。ただ、あれは日銀から国家資金が出ているわけでございます。また、この国家資金を使ってまで凍結した株を業者に分けてやって、業者がそれを材料にまたもうけたらもうけたで、これは一体何だ、国家資金でもうけてと、政策的な意図で出した株の処分についてまたこれを業者がいじくって何しているというような意見、批判があるいは出る可能性もあるわけでございます。絶対に損するように売れということもできないことでございますので、やはりできればストレートに市場で保有組合がさばくというような方式のほうが妙味があるかしれぬという点は私もよくわかるのでございますけれども、妙味のあるところがいわく言いがたいところに実は問題があるというので、非常にむずかしいので、いまのところはどうもそういう考え方については私は消極的でございます。

○瓜生清君　いま保有組合の問題が出ましたが、今度は共同証券ですね。これのいわゆる分につきましては、いまたしか日興証券の湊社長ですかが提案しているＩＲＩ構想というのがありますね。それからまた、資本自由化対策に備えて、共同証券の保有株式そのものをいわゆる持ち株会社の形にしてはどうかという構想が出ておるのですね。これは私、従来の産業金融のあり方を越えた一つの構想だと思うのですよ。これに対しまして局長は一体どういうふうなお考え方ですか。

○政府委員（加治木俊道君）　もちろん、その問題について大蔵省としても証券局としても結論持っておりませんが、個人の立場から申し上げますけれども、どうもあの共同証券のできました経緯、趣旨と、ＩＲＩ的な構想というものは、はたしてうまくなじむものかどうか、ちょっとその辺に問題があるわけでございます。

ＩＲＩということになりますと、国家資金を主体として会社の資本構成あるいは財務体質の改善をはかっておるわけでございますけれども、開銀が融資という形でそういうことをやっておりますが、はたしてそこまで国家資金を資本として投入するという形の構想というものが、この問題を離れて、はたして受け入れられるものか、あるいはまた各方面から見ても十分な評価をし得るものかどうか、これが問題でございます。これはもちろんＩＲＩ構想そのものの問題を申し上げているわけでございますが。

それから、持ち株会社の問題は独占禁止法の関係もございます。したがって、その持ち株というものはどういう持ち株であるか、いわば全くの大衆資本をバックにした持ち株ということであれば、これはまた考えようもございましょうけれども、かりにもしそれが財閥化するというような形になりますと、そこにまた問題が出てくる可能性があるわけですね。

したがって、これは持ち株会社構想そのもの、ＩＲＩ構想そのものがまだ十分熟しておりません。それと、この共同証券のいきさつ及び趣旨からいって、かりにＩＲＩ構想なり持ち株会社構想というものが十分受け入れられるようなものができたとしましても、こちらとはたして十分結びつき得るかどうかという点にもう一つ問題がございますので、ちょっと結論が出しにくい問題だと思います。

（以下略）

参議院　大蔵委員会会議録第十九号

昭和四十二年六月十五日（木曜日）

出席者は左のとおり。

委員長　竹中　恒夫君

理　事
青柳　秀夫君
植木　光教君
藤田　正明君
柴谷　要君
中尾　辰義君

委　員
青木　一男君
伊藤　五郎君
大竹平八郎君
大谷　贇雄君
小林　章君
西郷吉之助君
徳永　正利君
西田　信一君
戸田　菊雄君
野上　元君
瓜生　清君

須藤　五郎君

政府委員

大蔵省証券局長　加治木俊道君

（ほか略）

本日の会議に付した案件

○資産再評価法の一部を改正する法律案(内閣提出)

○所得に対する租税に関する二重課税の回避のための日本国とノールウェー王国との間の条約の実施に伴う所得税法、法人税法及び地方税法の特例等に関する法律案（内閣提出）

○**委員長(竹中恒夫君)**　ただいまから大蔵委員会を開会いたします。

資産再評価法の一部を改正する法律案、所得に対する租税に関する二重課税の回避のための日本国とノールウェー王国との間の条約の実施に伴う所得税法、法人税法及び地方税法の特例等に関する法律案、以上両案を一括議題として、質疑を行ないます。

質疑のある方は順次御発言を願います。

（中略）

○**柴谷要君**　いままで再評価積み立て金を資本に組み入れることを強制してきたんですね。そのために企業側の影響は一体どうなっているのですか。これがわかったらひとつ説明願いたい。

○**政府委員(加治木俊道君)**　再評価会社が強制されたわけでございますが、これは政策自身が資本の組み入れを促進するということでやってまいりましたので、電力、私鉄のように料金認可業種というのは特殊な問題がありまするけれども、一般的には適正な配当率を維持しながら、会社の資本金が再評価積み立て金からの繰り入れによって強化されてまいった、こういうことでございまして、これは政策のねらいとしているそのものでございます。

○**柴谷要君**　どうも再評価積み立て金と資本準備金との関係がよくわからないのですが、これをひとつ明確にわかるように説明してくれませんか。

○**政府委員(加治木俊道君)**　基本的に違っております点は、再評価積み立て金の場合には抱き合わせ増資が可能である。資本準備金の場合には、資本準備金をやはり株式一単位、かりに五十円とすれば、五十円というものを一単位にして増資を行なわなければなりませんし、現金払い込みの増資は現金払い込みの増資として別個に行なわなければならない。発生的に見ますと、再評価積み立て金は再評価法に基づく特別の積み立て金でございますが、資本準備金は、たとえば五十円の株式が百円してもそれを時価で発行いたしますので、そのプレミアム分は会社に入ります。これが通常の場合の資本準備金の発生の形態でございます。その他、たとえば減資差益、合併差益、こういった場合も資本準備金ということにいたしております。欠損の補てんとか資本の組み入れ以外に使えない点は非常によく似ております。ただ、決議の方法が再評価積み立て金と資本準備金と違っております。資本準備金の場合には普通の決議によって欠損の補てんに使われますが、再評価積み立て金を充てる場合には特別決議でなければならぬということにいたしております。この辺が違っております。あと、登録税等が、再評価積み立て金から資本に繰り入れた場合、資本の金額が変更になります。その登録について登録税が軽減されております。再評価積み立て金の場合は、こまかくいえばそういう点であります。

○**柴谷要君**　電力とか倉庫、陸運等の業種が特に資本組み入れ割合が低いという今日の事情ですね、これは一体どういうわけなんですか。

○**政府委員(加治木俊道君)**　現実にどのくらい発生して、現在どういうふうに残っておって、どれだけ組み入れてという対資本残存割合、対再評価積み立て金総額に対する割合等は、後ほど資料で御説明申し上げますが、ああいう非常に固定資産の多いところでございますので、再評価資産が非常に多かった。したがって、再評価積み立て金の発生額が、当時の資本金に対する割合から見て非常に大きい。たとえば電力の場合は、当時三百億をちょっとこえる程度の資本金でございますが、再評価積み立て金の発生総額がたしか四千億をこえるような状況でございますから、十数倍の再評価積み立て金が発生いたしております。したがいまして、かりにこれを全額資本に繰り入れますと、配当負担は十倍以上にはね上がらざるを得ないということになります。そうしますと、予想される収益に応じた程度、その負担にたえられる程度の資本組み入れしかできないという、こういう事情が両業種にはあるわけでございます。

（中略）

○**柴谷要君**　だいぶ実績をあげたということなんだが、それならば五年間の猶予期間を設けるということはちょっと長過ぎるような気がするのだが、どういうことですか。

○**政府委員(加治木俊道君)**　業種としてみますと、大体一〇%以下にみんな、電力、私鉄を除きましてはなっておる。だが、個々の会社を見ますと、一〇%以上のところもあり、それはやっぱり業種全体としてそこまで来ておるのに、なおそれだけ残っておるというのは、若干経理状況が苦しいところでございます。そのほかは、いま申し上げましたように、電力、私鉄は残っておりますが、資本の組み入れはできるだけ可能な限りは促進したい、促進するについては、再評価積み立て金のままで五年間の猶予期間を認められますので、五年間の間だけは抱き合わせ増資で払い込みの取りやすい措置が可能である。それから、片や株主のほうからいいますと、たとえば五十円の株を、現金としては三十円払い込んで五十円の株がもらえることになりますから、株主も一種のプレミアム期待権みたいなものがございます。そういう意味で、あるいは株式市場に及ぼす影響等を考えますと、電力、私鉄、及び特殊な会社についても、なおそういった会社側にとても便宜措置を残しておいてもらいたいという要望がございますし、それから株主側の期待ということもございますので、やはり五年程度は猶予期間を置いたほうが適当ではないか。五年がいいか四年がいいかという問題がございますが、一応五年ということで、これは再評価審議会にもかけまして、一応その程度ならば適当だろうということで結論が出ましたので、そのままわれわれのほうも原案を五年といたしたわけでございます。

（中略）

○委員長（竹中恒夫君）　他に御発言もなければ、質疑は尽きたものと認めて御異議ございませんか。

〔「異議なし」と呼ぶ者あり〕

○委員長（竹中恒夫君）　御異議ないと認めます。

それでは、これより両案を一括して討論に入ります。御意見のある方は賛否を明らかにしてお述べを願います。――別に御発言もないようでございますが、討論はないものと認めて御異議ございませんか。

〔「異議なし」と呼ぶ者あり〕

○委員長（竹中恒夫君）　御異議ないと認めます。

それでは、これより採決に入ります。

まず、資産再評価法の一部を改正する法律案を問題に供します。本案に賛成の方の挙手を願います。

〔賛成者挙手〕

○委員長（竹中恒夫君）　多数と認めます。よって、本案は多数をもって原案どおり可決すべきものと決定いたしました。

参議院会議録第十七号

昭和四十二年六月十六日（金曜日）

○議事日程　第十七号

第三　資産再評価法の一部を改正する法律案（内閣提出）

（中略）

○副議長（河野謙三君）　これより本日の会議を開きます。

（中略）

日程第三、資産再評価法の一部を改正する法律案。

日程第四、所得に対する租税に関する二重課税の回避のための日本国とノールウェー王国との間の条約の実施に伴う所得税法、法人税法及び地方税法の特例等に関する法律案。

（いずれも内閣提出）

以上両案を一括して議題とすることに御異議ございませんか。

〔「異議なし」と呼ぶ者あり〕

○副議長（河野謙三君）　御異議ないと認めます。

まず、委員長の報告を求めます。大蔵委員長竹中恒夫君。

（中略）

○竹中恒夫君　ただいま議題となりました二法律案につきまして、委員会における審査の経過及び結果を御報告申し上げます。

まず、資産再評価法の一部を改正する法律案について申し上げます。

本案は、株式会社または有限会社の再評価積み立て金にかかわる経理の簡素化をはかる見地から、株式会社または有限会社が、昭和四十八年三月三十一日を含む事業年度の直前事業年度の終了の日において、なお再評価積み立て金を有している場合は、これを資本準備金に組み入れることによりその最終処理を行なうとともに、この間、再評価積み立て金を任意に資本準備金に組み入れ、また抱き合わせ増資による資本組み入れも行ない得ることとし、その他、所要の規定の整備を行なおうとするものであります。

委員会の審議におきましては、再評価積み立て金の処理の現状、電力、私鉄が特に資本組み入れ割合が低い理由等について、熱心な質疑が行なわれましたが、その詳細は会議録によって御承知願いたいと存じます。

質疑を終了し、採決の結果、本案は多数をもって原案どおり可決すべきものと決定いたしました。

○副議長（河野謙三君）　別に御発言もなければ、これより採決をいたします。

両案全部を問題に供します。両案に賛成の諸君の起立を求めます。

〔賛成者起立〕

○副議長（河野謙三君）　過半数と認めます。よって、両案は可決せられました。

（以下略）

衆議院　大蔵委員会議録第二十八号

昭和四十三年七月四日（火曜日）

出席委員

委員長代理理事　吉田　重延君

理事　藤井　勝志君　理事　三池　信君

理事　毛利　松平君　理事　平林　剛君

理事　武藤　山治君　理事　竹本　孫一君

足立　篤郎君　大村　襄治君

菅　太郎君　小宮山重四郎君

河野　洋平君　笹山茂太郎君

永田　亮一君　西岡　武夫君

村上信二郎君　村山　達雄君

山下　元利君　渡辺美智雄君

只松　祐治君　野口　忠夫君

広沢　賢一君　広瀬　秀吉君

堀　昌雄君　村山　喜一君

山田　耻目君　永末　英一君

田中　昭二君　広沢　直樹君

出席政府委員

大蔵政務次官　小沢　辰男君

（ほか略）

本日の会議に付した案件

通関業法案（内閣提出第一一三号）（参議院送付）

資産再評価法の一部を改正する法律案（内閣提出第一一四号）（参議院送付）

○吉田（重）委員長代理　これより会議を開きます。

委員長が所用のため、私が委員長の職務を行ないます。

通関業法案及び資産再評価法の一部を改正する法律案を議題といたします。

（中略）

政府より提案理由の説明を聴取いたします。小沢大蔵政務次官。

○小沢政府委員　ただいま議題となりました通関業法案外一法律案について、提案の理由及びその概要を御説明申し上げます。

（中略）

次に、資産再評価法の一部を改正する法律案について申し上げます。

企業資本充実のための資産再評価等の特別措置法により再評価が強制されております一定規模以上の会社の再評価積み立て金の処理につきましては、その資本組み入れ措置は、昭和四十三年三月三十一日を含む事業年度の直前事業年度まで適用されることになっており、昭和四十三年三月三十一日を含む事業年度以降につきましては、別に法律で定めることとされております。一方、最近におきましては、強制再評価会社の再評価積み立て金の資本組み入れも、特定の業種を除き一般的に相当程度進捗しており、今後、配当制限などのような資本組み入れ促進措置を継続する必要はないものと認められるに至りましたので、この際、強制再評価会社のほか、その他の株式会社及び有限会社を含めて、再評価積み立て金の最終的な処理を行ない、再評価積み立て金の経理の簡素化をはかるため、ここにこの法律案を提出した次第であります。

以下、この法律案について、その概要を御説明申し上げます。

第一に、株式会社または有限会社が、昭和四十八年三月三十一日を含む事業年度の直前事業年度の終了の日において、なお再評価積み立て金を有している場合には、当該再評価積み立て金を当該終了の日の翌日において、資本準備金に組み入れたものとみなすこととして、再評価積み立て金の最終的な処理をはかることとしております。

第二に、昭和四十三年三月三十一日を含む事業年度から昭和四十八年三月三十一日を含む事業年度の直前事業年度までの五年間においては、再評価積み立て金を任意に資本準備金に組み入れることができることとしております。なお、この期間においては、現行どおり抱き合わせ増資による再評価積み立て金の資本組み入れも行ない得ることとしております。

このほか、以上の措置に関連し、株式会社の再評価積み立て金の資本組入に関する法律を昭和四十八年三月三十一日に失効させるとともに、企業資本充実のための資産再評価等の特別措置法及び中小企業の資産再評価の特例に関する法律を廃止する等、所要の規定の整備を行なうことといたしました。

以上が、通関業法案外一法律案の提案の理由及びその概要であります。

何とぞ御審議の上、すみやかに御賛成くださいますようお願い申し上げます。

○吉田（重）委員長代理　これにて提案理由の説明は終わりました。

両案に対する質疑は、後日に譲ります。

（以下略）

衆議院　大蔵委員会議録第三十一号

昭和四十二年七月十二日(水曜日)

出席委員

委員長	内田	常雄君			
理事	藤井	勝志君	理事	毛利	松平君
理事	吉田	重延君	理事	武藤	山治君
理事	竹本	孫一君			
	足立	篤郎君		大村	襄治君
	菅	太郎君		小峯	柳多君
	小宮山重四郎君			河野	洋平君
	笹山茂太郎君			砂田	重民君
	西岡	武夫君		村上信二郎君	
	村山	達雄君		山下	元利君
	山中	貞則君		渡辺美智雄君	
	只松	祐治君		野口	忠夫君
	広沢	賢一君		広瀬	秀吉君
	堀	昌雄君		村山	喜一君
	柳田	秀一君		山田	耻目君
	横山	利秋君		永末	英一君
	田中	昭二君		広沢	直樹君

出席政府委員

大蔵省証券局長　加治木俊道君

委員外の出席者

大蔵省証券局企業財務課長　安井　誠君

(ほか略)

本日の会議に付した案件

資産再評価法の一部を改正する法律案（内閣提出第一一四号）（参議院送付）

○内田委員長　これより会議を開きます。

(中略)

国債整理基金特別会計法の一部を改正する法律案、通関業法案、資産再評価法の一部を改正する法律案の各案を議題といたします。

これより質疑に入ります。

通告がありますので、これを許します。広沢賢一君。

○広沢(賢)委員　資産再評価の法案についてお尋ねします。

「再評価積立金の残高調」というのがここにございますが、それによると、大体資本金が六兆七千五百六十億円と書いてあります。それで資本剰余金が九千七百八十七億円、うち再評価積み立て金が六千三百四十九億円、これは間違いないですね。

○加治木政府委員　御指摘のとおりでございます。

○広沢(賢)委員　これが年次別にどうなっているかお伺いしたいと思うのですが、たとえば、総資本に対する内部留保の内訳などわかりますか。

○加治木政府委員　現在、御承知のとおり自己資本が四十一年三月末で一九%になっております。このうち資本金が一一・二%、社内留保が四・六%になっております。

○広沢(賢)委員　ちょっと、内部留保の内訳というのを、資本剰余金と利益剰余金に分けてでもけっこうですから……。

○加治木政府委員　資本剰余金と利益剰余金――この中に再評価積み立て金が入っておるわけでございますから、資本剰余金と利益剰余金でいいますと、資本剰余金が一一・六%、それから利益剰余金が六・一%、かようになっております。三十一年度からとなっておりますが……。

○広沢(賢)委員　三十一年度でけっこうです。

○加治木政府委員　三十一年度は、全体でまず自己資本比率でいいますと二七・三%でございますが、そのうち払い込み資本金が一〇・五%、資本剰余金が九・七%、利益剰余金が七・一%、内部留保のほうが、当時は一六・八%、資本金が一〇・五%、したがって、内部留保のほうが高かったわけでございます。

○広沢(賢)委員　そうすると、大体いまおっしゃったとおり、この約十年間に著しく減ったというのは、資本剰余金でございますね。その割合が非常に減った……。

○加治木政府委員　そのとおりでございます。

○広沢(賢)委員　それで、この資本剰余金が減ったということは、どんな理由ですか。

○加治木政府委員　絶対額でいいますと、三十一年が一兆一千七百五十五億円、それから四十年が九千七百八十七億円でございますから、減ってはおりますけれども、絶対額では、比率ほど大きく開いておりません。比率は九・七%から一一・六%まで落ちております。

この減ったおもな原因は、再評価積み立て金が資本金に組み入れられた、その組み入れられた金額ほど資本剰余金が減っておりませんのは、資本剰余金としての内部留保、その他の資本剰余金と再評価積み立て金とが振りかわった、しかし、それでも絶対額でも少し減っておりますから完全には振りかわっておりませんが、大体そういった形になっております。

○広沢(賢)委員　いま比率が減った理由を言われましたけれども、そのほかに一番重要なことは、今度は、自己資本と他人資本との関係から見ますと、これは他人資本が非常に多く増加した。そのため、自己資本が絶対額ではふえておるにもかかわらず、他人資本がふえておる率に及ばなくてそういう率になっておる、こういうふうに理解してよろしゅうございますね。

○加治木政府委員　そのとおりでございます。使用総資本が、全体として高度成長期でございましたので大きくふくらんでまいりましたが、自己資本がそれに追いつかなかった、絶対額としては、自己資本がトータルとしてはふえておりますが、比率としては下がっておる、したがって、それだけ他人資本の伸びが非常に大きかったわけでございます。

○広沢(賢)委員　そうすると、資本内容の資産構成の改善という問題がよくいわれておりますが、結局、他人資本が増加しておるというのは、つまり日銀から市銀に、市銀から大企業にオーバーローンが相当高度成長期に行なわれたということが理由だと思いますが、どうでしょうか。

○加治木政府委員　オーバーローンの問題は、別の角度の問題が含まれておりますので、経済の成長に見合った通貨の供給、それがたまたま市中銀行に対する貸し出しという形でもって通貨が供給されましたがために、形としてはオーバーローンという形になっておるわけでございますが、この十年間卸売り物価指数がそう上がっていないということを考えますと、インフレによる膨張とは考えられないわけでございます。したがって、大体、企業に提供された資本に見合う国民としての全体の蓄積が行なわれておった。ただ、その配分が、自己資本という形による企業への提供でなく、他人資本という形での企業への資金の提供、これが非常に大きなスピードで伸びてきたがために比率としてこういうことになります。それから、他人資本の中には企業間信用も含まれております。企業間信用もかなり急速に伸びてまいっております。

○広沢(賢)委員　結論を先に言ってしまったわけですが、間接金融のやり方と、それから、言われたとおり企業間の信用膨張、その二つの中で、そこから相当信用が膨張して他人資本がふえた。したがって、その中の多くの部分でやはりオーバーローンも含まれている、そう解釈していいですね。

○加治木政府委員　三十一年当時の市中銀行のポジションと四十年度のポジションの数字をいまちょっと持ち合わせておりませんが、ポジションとしてオーバーローンの状況が悪化したかどうか、ちょっとよくわかりかねますけれども、金額として通貨の供給総額がふえておりますから、それで、大部分が市中貸し出しでもって提供されておりますから、絶対額としては、おっしゃる意味では確かにそういうことになっておると思います。

○広沢(賢)委員　ですが、高度成長期に自己資本が絶対額で約四倍になっている、他人資本が七倍になっている。それはお認めになりますね。

○加治木政府委員　金額で申し上げますと、大体それに近い倍率でございますが、自己資本が三兆三千億円が十一兆四千億円、四倍弱、それから負債が三十一年度末の八兆八千億円が四十年度末四十八兆七千億円、ですから、六倍でございますね。

○広沢(賢)委員　そうすると、自己資本充実のためにいろいろの措置がとられています。とられているけれども、今度の法案は、再評価はインフレの終息で役目が済んだというのですが、今後物価がまた高くなるような状況では、この問題はどうされますか。

○加治木政府委員　これは、戦争をはさんだ異常なインフレに対する企業資本の実質維持ということを、単にそれぞれの企業の立場でももちろん考えなくちゃならないのですが、国の政策としても取り上げざるを得なかった、税法でも特例を設けて軽度の再評価税を課して、そういう政策として取り上げたわけであります。しかし、そのような状況が再びあらわれるというふうには私たち現在考えておりません。物価上昇というものが続いている実態は、これは認めざるを得ませんけれども、この程度のことはそれぞれ個別企業の経営努力によって対処すべき問題だ、かように考えております。

○広沢(賢)委員　私は公債発行前の毎年六分から五分、目に余る物価高の原因は、やはり通貨の増発、いま言われました高度成長のときの他人資本の巨額な累積、これが企業内容を不健全にし、それから物価を高くする原因だったと思うのです。ところが一方、自己資本もまた、実をいうと、絶対額はたいへんな増加だと思いますが、これについて、念のためお聞きしておきます。

株式の自己資本は、戦前、九—十一年に比べて、五・九五%が三十六年に五・一四%まで、いわゆる戦前に復帰したと思いますが、どうですか。

○加治木政府委員　いまの倍率は、戦前と比較しますと、おそらく絶対額の倍率でなくて物価指数で換算しているんだと思いますが、いまその資料がちょっと見当たりませんが、払い込み資本の割合が四十年度末で一一・二%、この割合は戦前に比べて——戦前は自己資本が全体で約六〇%でございますが、おそらく戦前の払い込み資本の割合は二四・五%

だったと思います。三四、五%が内部留保、こういうことだったと思いますが、それではちょっと調べまして……。

○広沢(賢)委員　それでは、それはお調べになってください。

それから、その次にお聞きしますが、社内留保も大体戦前の構成をさらに突破していると思いますが、どうですか。

○加治木政府委員　社内留保は著しく減ってまいっておるわけでございます。この資料でいきますと、社内留保の割合は、資本剰余金と合わせまして、三十一年度末が一六・八%でありましたものが、四十年度末は七・七%というふうに減ってきておりますが、戦前に比べますと、この落差はもっと大きくなっておる、かように考えます。

○広沢(賢)委員　私の見たいろいろな学者の数字によると、戦前が三・四%、それから三十六年が四・五七%になっていますが……。

○安井説明員　数字の問題でございますので、私からお答え申し上げます。

手元にございます資料は全法人平均でございませんで、資本金一億円以上の法人の戦前と戦後の比較でございますが、それをちょっと申し上げてみますと、昭和九年の数字で資本金が四七・四%でございます。これに対しまして、利益剰余金が一三・二%、合わせまして、自己資本が六〇・六%でございました。これが戦後、最近の数字では資本金一億円以上に限りますと二一・六%になります。それで、いまの資本金の四七・四%に対応をいたしますのが一三・八%、利益剰余金の一三・二%が五・七%というふうに下がっているわけであります。

○広沢(賢)委員　私のほうでも、自己資本が伸びている率については、GNP比率を言うのを忘れましたが、GNP比率でいうと、大体私が言ったとおりだと思いますがね。

それで、今度は国際的に比較します。国際的に比較した対GNP比率は、アメリカ、西独よりも高いですか、低いですか。

○加治木政府委員　残念ながら、ただいまそういう的確な資料を持ち合わせておりませんが、いずれにしましても、GNPに対する資本蓄積の割合は、現在は、日本は先進諸国に比べれば圧倒的に高いわけであります。その中で、自己資本という形で提供された比率だけを外国と比べなくちゃなりませんが、特にアメリカの場合は、自己資本中自己調達、内部留保による自己調達が非常に大きいわけでございます。したがって、払い込み資本という形で比べますと、おそらく日本のほうが対GNP比率でも高いんじゃないかと思いますが、的確な資料がちょっと手元にございませんので、推定でたいへん失礼でございますが、そういうふうに考えております。

○広沢(賢)委員　さっきは対GNP比率ということを言い忘れまして、ちょっと答弁相済みませんでしたが、私の言おうと思っているのは、自己資本の比率が低いと言われながら、絶対額それから国民所得に対する伸びの率はきわめて高い。戦前を上回り、それから国際的にも高い。つまり、資本の蓄積というのはたいへん進んでいるということだと思うのです。そうすると、実際的には自己資本の比率が低くて、それで企業の体質改善とかいろいろ言われますが、実際からいうと、それはむしろ他人資本によっている、そういうことだと思うのです。そうすると、この資本構成の是正という大きな目標は今後も続くわけですが、資本自由化に伴って非常に大きな問題とされていますが、これは他人資本、つまり間接金融方式、そういう問題を解決しなければ究極的には解決しないと思うのですが、どうでしょう。

○加治木政府委員　全く同意見でございます。

○広沢(賢)委員　そうすると、重要なことは、現在の政策の方向を、間接金融方式から、株式や公社債市場の育成とか、それから株式の時価発行とか、その他一ぱいありますが、直接金融方式に移らなければならない。大体これが大勢だと思いますが、どうでしょう。

○加治木政府委員　直接金融へ比重をかけていく、これをひっくり返すということはなかなかできないと思うのでございますけれども、間接金融から直接金融へということで、いろんな努力を積み重ねておるわけでございます。たとえば、株式、公社債ということになりますれば、直接国民に関心を持たれるのは流通市場で、その資本市場のあり方、この辺が当然問題になるわけでございまして、この辺もこの三、四年の間にかなり面目を一新してまいったと思いますが、鋭意関係者を含めて流通市場の体質改善につとめてまいっております。それから、発行市場のあり方にも必ずしも健全だと思われるものがなかったわけでございます。所有と経営が分離されているにかかわらず、たとえば、企業の内容を株主に知らせない、知らせないだけならいいけれども、粉飾する、こういうことで、貴重な資本を企業に提供してもらうことを期待すること自体、無理だと思います。それから、株主に対してはそれ相応のリスクキャピタルとして提供してもらうわけでございますから、当然借り入れ資本よりもある程度厚い報酬を与えるべきだと思うのでありますが、そういう収益力を無視した増資を強行して、結果的には増資減配をやる、こういうこともかつては行なわれておったわけでございます。この辺は、増資調整あるいは企業経理の公開、この辺の原則を徹底させまして、この辺の条件も整備していく、あとは、基本は結局経営者の心がまえにかかってくると思うのであります。できるだけ合理化し、収益力を高め、それに応じて内部留保もする、また、それに応じて払い込み資本もとる、こういうことでなければ、いろいろな政策も不備でございます。税制の問題を取り上げましても、直接金融と間接金融が完全にバランスがとれているというふうには、少なくとも私は考えておりません。この辺の問題も、ぜひこれからも検討してみたいと思いますが、いずれにしましても、経営者自身がそういう努力をするということを先行させなければ、政策も必ずしも実効をあげ得ないと思うのであります。こういったことを現在考えております。

○広沢(賢)委員　そうすると、いま言われたとおりだと思いますが、やはり政策として政府が指導していかなければならない。

そこで、株式の時価発行の問題ですが、これは言われてはいるけれども、過剰株式が四千億円もあるでしょう。大体そのくらい凍結している。そういうものがあって、これはすぐやるということは無理じゃないかと思うのですが、どうでしょう。

○加治木政府委員　たな上げ株は、御承知のような異常時の過程で発生したわけでございます。日本の流通市場は、残念ながらまだ未熟でございまして、どうしても需給関係に支配される。株というものの実態価値を中心に評価し、売買が行なわれる、当然そうあるべきでありますが、株価の居どころによって需給が出る。安過ぎると買いが出る、高過ぎると売りが出る、そういうのが正常な市場でございますが、むしろ需給関係によって株価が支配される。異常な時期ほどそういうことが強かったわけでございます。異常な時期で一つの問題でありましたのは、投資信託の売り越しでございますが、需給関係をスクェアするためにああいう措置をとったわけでございます。特別な需要を市場に出させて投資信託の売り越しに対応させる、それで需給関係の一方的な支配から市場を救おうという措置でやったわけでございますが、結果的には、それがたな上げ株として残ったわけでございまして、いまだに投資信託の売り越しの状況は実は続いております。ただし、これは、現在投資信託の売り越し部分は、生保筋あるいは金融機関筋の機関投資家の買いによって大体平衡が保たれておるのでありますが、その上にいまの凍結株を放出するということになりますと、オーバーラップするわけでございます。供給過剰、したがいまして、ちょっといまの時期では、市場にとっては異常な、不正常要因でございますからできるだけ早く解消すべきだと思いますが、具体的なタイミングとしては必ずしも十分熟していない。来年になりますと投資信託も自前になってくると思いますが、そういったところが一つの目安だと思います。現在でも、逐次状況を見ながら少しずつ放出はいたしておりますけれども、これを解消するというほどの放出のしかたは、まだちょっと無理じゃないか、かように考えます。おっしゃるとおりであります。

（中略）

○広沢(賢)委員　資本構成是正の問題についての話に戻りますけれども、そうすると、いままでお聞きしたのでは、大体、直接金融方式というものは望ましいけれども、なかなかいろいろな障害がある。そうすると、間接金融方式と直接金融方式とよりまぜて、均衡ある発展をしなければならぬというのですが、このオーバーローンが今後ずっと慢性化していく状態で、漸次直接金融方式に切りかえるとしても、景気が過熱すればまた資金需要がふえ安易に他人資本にどんどん依存する。これを断ち切っていくということの保証がないと、やはりいろいろ資産再評価でこういうふうに努力をした、それから体質改善強化という名目で、たとえば自己資本の充実ということで資本構成是正の優遇措置、税の優遇措置、それから利子、配当の優遇措置、こういう問題をやって、国民大衆のほうに犠牲をしわ寄せしていながら、どうしても解決しないということになるのですが、そういういろいろの対策なり意見が基本的にびしっとまとまっているのかどうか、証券局長にお聞きしたいと思います。

○加治木政府委員　景気の過熱を来たす、しかもそれが、企業の設備投資意欲が旺盛になった結果景気の過熱がくるというようなことになりますと、おっしゃるとおりのことにたぶんなると思うのであります。ただしかし、これはやはり政策運営としてもそういった過熱状況は防がなくちゃならないということは、政策運営の態度としては基本的に一つあるということと、それから企業も、高度成長期からその後の苦難期を切り抜けて今日までまいって、貴重な体験を得たわけであります。最近、今後の景気の見通しについていろいろな見方が行なわれておりますが、一部に、企業は非常に慎重だということが言われており、また、出てくる実績から見ても、過去の実績に比べますと、かなり慎重な態度がうかがえるのでありますが、それは一つは、非常に償却が進んでできておりまして、償却も一種の企業の資金の自己調達でございます、償却資金による新規設備の獲得ということでございますから。それと新規の内部留保、償却と内部留保を含めますと、最近の設備投資需要額を一応前提にしましても、おそらく八割方は償却及び内部留保によって自己調達でまかなっていると思うのであります。そのほかに払い込み資本を別にまたとるということになりますと、いわゆる自己資本による調達力というものはかなり高まってきつつある、この意味で、われわれは一九％という非常に低い自己資本比率がそろそろ下げどまりになるということを実は期待いたしておるわけであります。企業が慎重だというのは、やはりその辺のことも頭の中に置きながら、設備投資をする場合にも、単純なシェア競争ということでなく、自分の体質というものを考えながら、償却、内部留保に見合って設備投資をする場合には大部分をその資金に依存して設備投資を行なう、こういう態度がかなり浸透し始めているのじゃないかということを期待いたしておるわけであります。その期待が現実となりますならば、いままでのような急スピードで悪化していきました自己資本比率の悪化状況というものはかなり改善されるのではないか、また、当然そうあるべきであって、いかなる政策環境を整えてやっても、経営者自身があくまで従来の態度を改善しないということであっては、日本のような、これからも成長率の高いことを期待しなければならない経済の場合には、どうしても従来のような自己資本比率悪化の傾向は改まらぬと思うのであります。やはり企業の経営者の心がまえに大きな基本がある。今度の資本自由化対策でもその点に最重点が置かれておるわけでございます。

しかし、政策として、そういう企業の態度を前提にしながらも、やはり直接金融と間接金融の間にアンバランスがあるということは、決して私はいいことじゃないと思うのであります。この辺は何らかの意味でバランスをとった措置をとっていくべきだ、かように考えております。

（以下略）

衆議院　大蔵委員会議録第三十五号

昭和四十二年七月二十日(木曜日)

出席委員

委員長　内田　常雄君

理事　原田　憲君　理事　藤井　勝志君

理事　三池　信君　理事　毛利　松平君

理事　吉田　重延君　理事　平林　剛君

理事　武藤　山治君　理事　竹本　孫一君

足立　篤郎君　大村　襄治君

奥野　誠亮君　菅　太郎君

小峯　柳多君　小宮山重四郎君

河野　洋平君　笹山茂太郎君

砂田　重民君　永田　亮一君

西岡　武夫君　村上信二郎君

村山　達雄君　山下　元利君

渡辺美智雄君　阿部　助哉君

野口　忠夫君　広沢　賢一君

広瀬　秀吉君　堀　昌雄君

村山　喜一君　山田　耻目君

永末　英一君　田中　昭二君

広沢　直樹君

（ほか略）

本日の会議に付した案件

資産再評価法の一部を改正する法律案（内閣提出第一一四号）（参議院送付）

○内田委員長　これより会議を開きます。

通関業法案及び資産再評価法の一部を改正する法律案を議題といたします。

両案に対する質疑を終了するに御異議ありませんか。

〔「異議なし」と呼ぶ者あり〕

○内田委員長　御異議なしと認めます。よって、両案に対する質疑は終了いたしました。

（中略）

次に、資産再評価法の一部を改正する法律案については、討論の申し出もありませんので、直ちに採決いたします。

本案を原案のとおり可決するに御異議ありませんか。

〔「異議なし」と呼ぶ者あり〕

○内田委員長　御異議なしと認めます。よって、本案は原案のとおり可決いたしました。

（以下略）

衆議院会議録第四十四号(一)

昭和四十二年七月二十一日(金曜日)

議事日程　第三十六号

第六　資産再評価法の一部を改正する法律案（内

閣提出、参議院送付)

(中略)

○議長(石井光次郎君)　これより会議を開きます。

日程第五　通関業法案(内閣提出、参議院送付)

日程第六　資産再評価法の一部を改正する法律案

(内閣提出、参議院送付)

所得に対する租税に関する二重課税の回避のための日本国とブラジル合衆国との間の条約の実施に伴う所得税法及び法人税法の特例等に関する法律案(内閣提出、参議院送付)

所得に対する租税に関する二重課税の回避のための日本国とノールウェー王国との間の条約の実施に伴う所得税法、法人税法及び地方税法の特例等に関する法律案(内閣提出、参議院送付)

○議長(石井光次郎君)　日程第五、通関業法案、日程第六、資産再評価法の一部を改正する法律案、所得に対する租税に関する二重課税の回避のための日本国とブラジル合衆国との間の条約の実施に伴う所得税法及び法人税法の特例等に関する法律案、所得に対する租税に関する二重課税の回避のための日本国とノールウェー王国との間の条約の実施に伴う所得税法、法人税法及び地方税法の特例等に関する法律案、右四案を一括して議題といたします。

(中略)

委員長の報告を求めます。大蔵委員長内田常雄君。

○内田常雄君　ただいま議題となりました法律案四件につきまして、大蔵委員会における審査の大要を御報告申し上げます。

四案は、いずれもさきに参議院で可決され、本院に送付されたものであります。

次は、資産再評価法の一部を改正する法律案でありますが、この法律案は、株式会社または有限会社の再評価積み立て金につきまして、その最終的な処理を行なうためのものでありまして、昨二十日採決の結果、全会一致をもって原案のとおり可決となりました。

○議長(石井光次郎君)　これより採決に入ります。

次に、日程第六並びに所得に対する租税に関する二重課税の回避のための日本国とブラジル合衆国との間の条約の実施に伴う所得税法及び法人税法の特例等に関する法律案、及び所得に対する租税に関する二重課税の回避のための日本国とノールウェー王国との間の条約の実施に伴う所得税法、法人税法及び地方税法の特例等に関する法律案の三案を一括して採決いたします。

三案の委員長の報告はいずれも可決であります。三案を委員長報告のとおり決するに賛成の諸君の起立を求めます。

〔賛成者起立〕

○議長(石井光次郎君)　起立多数。よって、三案とも委員長報告のとおり可決いたしました。

〔資産再評価法は日程第六である〕

(中略)

資産再評価法の一部を改正する法律

資産再評価法(昭和二十五年法律第百十号)の一部を次のように改正する。

第百七条第一項第二号の二を次のように改める。

二の二　第百九条の二の規定により資本準備金として積み立て、又はこれに組み入れる場合

第百七条第三項を同条第五項とし、同条第二項中「前項第三号」を「第一項第三号」に改め、同項を同条第四項とし、同項の前に次の二項を加える。

2　株式会社は、前項第三号の場合において、再評価積立金を取りくずすときは、商法第三百四十三条に定める決議によらなければならない。

3　商法第百条の規定は、前項に規定する場合における再評価積立金の取りくずしについて準用する。

第百八条中「金額を除く」の下に「。第百九条の五において同じ」を加える。

第百九条の次に次の四条を加える。

(再評価積立金の資本準備金への組入れ)

第百九条の二　株式会社又は有限会社は、昭和四十三年三月三十一日を含む事業年度から昭和四十八年三月三十一日を含む事業年度の直前事業年度までの各事業年度において、それぞれ取締役会の決議又は取締役の過半数の決するところにより、再評価積立金の額の全部又は一部を商法第二百八十八条ノ二第一項(有限会社法(昭和十三年法律第七十四号)第四十六条第一項において準用する場合を含む。)に規定する資本準備金(以下「資本準備金」という。)として積み立て、又はこれに組み入れることができる。

第百九条の三　株式会社又は有限会社が、昭和四十八年三月三十一日を含む事業年度の直前事業年度の終了の日において、その貸借対照表の負債の部に再評価積立金を計上している場合には、当該再評価積立金の金額(再評価税として納付すべき金額がある場合には、これを控除した額)は、当該終了の日の翌日において資本準備金として積み立て、又はこれに組み入れたものとみなす。

第百九条の四　株式会社又は有限会社は、昭和

四十八年三月三十一日を含む事業年度以後の各事業年度において第三条各号に掲げる資産について再評価を行なつた場合には、第百二条の規定にかかわらず、同条の規定により再評価積立金として積み立てなければならない金額から再評価税として納付すべき金額を控除した額を資本準備金として積み立て、又はこれに組み入れなければならない。

第百九条の五　株式会社は、昭和四十八年三月三十一日を含む事業年度以後の各事業年度において第百八条の規定により被合併法人の再評価積立金の額に相当する金額を再評価積立金として積み立て、又はこれに組み入れなければならない場合には、同条の規定にかかわらず、当該金額（再評価税として納付すべき金額がある場合には、これを控除した額）を資本準備金として積み立て、又はこれに組み入れなければならない。

第百二十六条第一号中「第百二条」の下に「又は第百九条の四」を加え、同条第三号中「第百七条」の下に「第一項」を加え、同条第四号中「第百八条」の下に「又は第百九条の五」を加える。

附　則

（施行期日）

1　この法律は、公布の日から施行する。ただし、第百七条の改正規定（同条第一項の改正規定を除く。）並びに次項第一号及び附則第六項の規定は、昭和四十三年七月一日から施行する。

（関係法律の廃止）

2　次に掲げる法律は、廃止する。

一　企業資本充実のための資産再評価等の特別措置法（昭和二十九年法律第百四十二号）

二　中小企業の資産再評価の特例に関する法律（昭和三十二年法律第百三十八号）

（再評価積立金の資本準備金への組入れに関する経過措置）

3　企業資本充実のための資産再評価等の特別措置法第十八条の八の規定による株式会社の再評価積立金の額の資本準備金としての積立て又は資本準備金への組入れは、昭和四十三年三月三十一日を含む事業年度の直前事業年度までの各事業年度において行なうことができるものとする。この場合において、当該積立て又は組入れのための当該事業年度における再評価積立金の取りくずしについては、改正前の資産再評価法第百七条第一項第二号の二の規定は、なおその効力を有する。

（関係法律の廃止等に伴う経過措置）

4　附則第二項各号に掲げる法律の廃止後において、法人が資産再評価法第三条各号に規定する資産について同法の規定により行なう再評価については、別段の定めがあるものを除き、なお従前の例による。

5　この法律の施行前に課した、又は課すべきであつた再評価税に関しては、なお従前の例による。

6　株式会社の昭和四十三年三月三十一日を含む事業年度の直前事業年度までの各事業年度に係る同年七月一日以後における旧企業資本充実のための資産再評価等の特別措置法第十八条の六に規定する利益の配当及び同法第三十六条第一項に規定する損益計算書への附記については、なお従前の例による。

7　この法律の施行前又は附則第一項ただし書に係る改正規定の施行前にした行為及び附則第四項又は前項の規定によりなお従前の例によることとされる事項に係る当該改正規定の施行後にした行為に対する罰則の適用については、それぞれなお従前の例による。

8　附則第三項から前項までに定めるもののほか、この法律の施行に関し必要な経過措置は、政令で定める。

（関係法律の改正）

9　株式会社の再評価積立金の資本組入に関する法律（昭和二十六年法律第百四十三号）の一部を次のように改正する。

附則を附則第一項とし、附則に次の三項を加える。

2　この法律は、昭和四十八年三月三十一日にその効力を失う。ただし、同日前にした第三条第一項に規定する決議（第四条第一項の規定により新株の払込金額を定める場合には、同項に規定する払込期日の翌日が同月三十一日前となるものに限るものとし、新株の払込金額を定めない場合には、第五条第一項の規定により同日前に株主が当該決議に係る新株の株主となるものに限る。）に係る新株の発行に関しては、なお従前の例による。

3　第二条の規定により資本に組み入れた再評価積立金で昭和四十八年三月三十一日前に当該資本組入れについて第三条第一項に規定する決議が行なわれなかつたものがあるときは、同日以後においては、これを商法第二百九十三条ノ三第一項の規定に基づき資本に組み入れた資本準備金とみなして、同条第二項及び第三項の規定を適用する。

4　昭和四十八年三月三十一日前にした行為及び附則第二項の規定によりなお従来の例によることとされる新株の発行に伴う通知又は公告に係

る同日以後にした行為に対する罰則の適用については、なお従前の例による。

10 租税特別措置法(昭和三十二年法律第二十六号)の一部を次のように改正する。

第八十条第二項中「企業資本充実のための資産再評価等の特別措置法」を「資産再評価法第百九条の二又は企業資本充実のための資産再評価等の特別措置法」に改める。

11 法人税法(昭和四十年法律第三十四号)の一部を次のように改正する。

第二条第一項第十七号ホを次のように改める。

ホ　資産再評価法(昭和二十五年法律第百十号)又は企業資本充実のための資産再評価等の特別措置法(昭和二十九年法律第百四十二号)の規定により再評価積立金又は商法(明治三十二年法律第四十八号)第二百八十八条ノ二(資本準備金)(有限会社法(昭和十三年法律第七十四号)第四十六条(計算に関する商法の規定の準用)において準用する場合を含む。)の資本準備金として積み立て、又はこれに組み入れた金額

(以下略)

国債整理基金特別会計法一部改正

衆議院会議録第二十六号

昭和四十二年六月十五日(木曜日)

○本日の会議に付した案件

国債整理基金特別会計法の一部を改正する法律案(内閣提出)の趣旨説明及び質疑

午後二時七分開議

○**議長(石井光次郎君)**　これより会議を開きます。

国債整理基金特別会計法の一部を改正する法律案(内閣提出)の趣旨説明

○**議長(石井光次郎君)**　内閣提出、国債整理基金特別会計法の一部を改正する法律案について、趣旨の説明を求めます。

○**国務大臣(水田三喜男君)**　国債整理基金特別会計法の一部を改正する法律案の趣旨を御説明申し上げます。

公債償還の基本的考え方及び減債制度のあり方につきましては、昨年の財政制度審議会において慎重な審議を願い、昨年十二月に報告をいただいたのでありますが、これによりますと、公債政策に関する政府の節度ある姿勢を示すためには、より充実した減債制度を確立すべきであるとされ、さらに、今後の償還財源繰り入れ方式としては、国債残高に対する定率繰り入れを基本とし、財政法第六条による一般会計剰余金の二分の一以上の繰り入れをもってこれを補完し、さらに、必要に応じて予算措置による繰り入れを行なうこととするのが適当であると述べられているのでありまして、政府は、この報告の趣旨に沿って減債制度の整備改善をはかることといたしたのであります。

その内容について申し上げます。

まず第一に、国債の元金償還に充てるべき資金の定率による繰り入れの制度を復活し、前年度首における国債総額の百分の一・六に相当する金額を毎年度一般会計または特別会計から国債整理基金特別会計に繰り入れることとしております。

なお、定率による繰り入れについては、従来から短期証券及び借り入れ金は対象から除外されていたのでありますが、今後は、遺族国庫債券、農地被買収者国庫債券等の割賦償還方式の交付国債も定率繰り入れの対象から除外することとしております。

第二は、予算繰り入れに関する規定の新設であります。これは、定率による繰り入れ及び財政法第六条による一般会計剰余金の二分の一以上の繰り入れのほかに、国債の元金償還に支障を生じないようにするため、必要に応じ、予算をもって定める金額を一般会計または特別会計から国債整理基金特別会計に繰り入れるべきこととするものであります。

○**議長(石井光次郎君)**　ただいまの趣旨の説明に対して質疑の通告があります。これを許します。

○**只松祐治君**　ただいま趣旨説明がありました国債整理基金特別会計法の一部を改正する法律案につい

て、日本社会党を代表して、総理並びに関係大臣に若干の質問をいたします。

およそ、その国の健全な経済の成長発展は、まず国民の所得がその経済の成長に見合って増大すること、すなわち、国内需要の開拓と健全な輸出の伸展にあることは申すまでもありません。

設備投資が一巡した三十八年以降、わが国経済は、一大不況におちいりました。その結果、国家財政にまで重大な影響を及ぼし、政府が四十年度財政処理の特別措置法の提案理由におくめんもなくみずから述べたように、租税収入の異常な減少等をもたらし、赤字公債を発行しなければ、国家財政を維持することすら不可能な、文字どおり異常な事態に立ち至りました。自来、四十一、四十二年とすでに三年間連続して赤字公債を発行し、三十九年、四千三百四十億円にすぎなかった公債は、四十二年末推計、一兆三千三百五十億円の膨大なものとなりました。

かかる重大な財政経済政策の失敗を招来しながら、政府・自民党は、何ら恥じることなく、その責任をだれも負おうとしないが、総理、一体この責任はだれが負うものと思われるのか。その責任と、その責任に伴う的確な処置を国民の前に明らかにされたいと存じます。

次に、昭和四十二年六月現在、すなわち、今日の経済状態よりして、今後何年間公債の発行を続けていかなければならないと思われるのか。国民の前に発行年数を明示し、わが国経済に対する内外の不安を除去されたいと存じます。

第三に、政府・自民党首脳は、去る総選挙や地方統一選挙などで、経済はすでに立ち直った、一部には過熱論さえ出ていると公言しております。ほんとうにわが国経済は過熱を心配されるほどに立ち直っているのか。もしそうだとするならば、公債政策以外に日本経済再建の方途はないと強弁した政府の公債発行当時の意義は全くなくなっているわけであり、公債政策も当然に変更されなければならない。総理は、公債発行を中止したり、また変更する意思があるのか。一昨年余裕資金をかかえて困り、公債発行を強く要望した金融界は、今度は全く逆に大蔵省に資金運用部資金による買い上げを迫ったり、また、上期国債発行を一部下期に回し、事実上の減額を要望するなど、公債政策の転換を政府に求めてきておるが、政府はこれらの要求にどう対処するつもりであるか。具体的にお答えをいただきたいと存じます。

第四に、このように四十二年度より市中消化が困難になるであろうことは、また、市中消化が苦しくなれば、勢い日銀引き受けが増大し、危険なインフレ要因を生ずるであろうことは、わが党がすでに公債発行のときに強く指摘し、いかなる事態が訪れようとも、直接日銀引き受けはもちろん、一年以上たっても大幅な日銀買い入れを行なわないよう強く要望してきたところである。この点に関しては、今日も政府の考えに変わりはないか、あらためてお尋ねをしておきたいと存じます。

四十年度の公債発行のときは、赤字公債であると率直に自他ともに認めたが、四十一、四十二年度の一兆三千億円に及ぶ公債は、建設公債であるとして財特法など一切提出せず、財政法四条の違反を行なっております。赤字と言い、建設と言うは、一体何を根拠に言っているのか。その理論的、実際的根拠をお示しいただきたい。

現在発行している公債はすべて七年償還であるが、年百分の一・六では全額償還に約六十一年を要し、財政法第六条をもってしてもその償還は五十七、八年を要する。このことは、孫の時代まで借金を残すことであるばかりでなく、明らかに法律上の詐欺行為ではないでしょうか。内国債においても、当然に四条二項に基づいて、銘柄別に、少なくとも年次別には償還金額を明示し、国会に報告し、承認を求むべきだと存じます。

なおこの際、先ほどから申しております六十一年にした根拠をもあわせて明らかにしていただきたいと存じます。

また、市中消化が困難になってきたときに、市中公募の原則に立ち返り、健全な市場の育成をはかり、市場原理を貫くべきだと思うが、蔵相はこの点についてどう考えられるか、率直なお答えを聞きたい。

さらにまた、このまま国債発行が続けられるならば、当然に為替レートの維持が容易ではなくなってくると思うが、その点についても明確な見通しを聞きたいと存じます。

○内閣総理大臣（佐藤栄作君）　いわゆる高度経済成長、これは、それなりにちゃんと目的を達したと私は確信しております。私が政局を担当するようになりまして、最も大きな課題は、不況克服と同時に物価の安定で、不況克服は、私どもの財政政策、金融政策よろしきを得まして、これが克服できました。

私は、その中心をなすものがいわゆる公債発行政策であった、かように思っております。公債を発行することによりまして、刺激的な効果をもたらし、そして今日のこの好景気を招来したのでございます。お話しのように、この好景気は過熱のおそれすらあると、私どももさように思っておる。その点について、今日は十分注意しなければならないのであります。

ただ、そこで、この公債を絶えず続けていくかどうか、不況が克服された今日、公債を引き続いて発行しておりますが、その理由は一体何か。これは私が申すまでもなく、今日の国内の状況では、公共投資をどんどん進めていかなければなりません。これを全部租税収入にたよるというわけにはまいりません。国民も税負担に限度がございますから、そういうわけにはいかない。こういうような現状において、公債がりっぱにその役割りを果たしておる、かように私は思うのであります。

しかし、過熱のおそれのある際でございますから、公債発行はできるだけ抑える、これはお説のとおりであります。

○国務大臣(水田三喜男君)　昭和四十年度発行の公債と、四十一年度以後の公債とはどう違うかということでございましたが、昭和四十一年度以降の公債は、財政法第四条に基づく公債でございまして、公共事業費、出資金、貸付金、この財源に充てるために発行されたものでございます。いわゆる建設公債といわれるものでございますが、使途を特定されておるところに公債の特徴がございます。四十年度に発行された公債のほうは全く性格を異にいたしまして、租税とかあるいは印紙収入の減少を補うというために発行されたものでございまして、使途は特定されておりません。したがって、いわば歳入の補てん公債ともいうべきものでございまして、建設公債とは全く性格を異にするものでございます。

その次は、財政法違反についての御質問でございましたが、財政法第四条二項による償還の計画というものとして、政府はすでにこの国会に償還計画表を予算に添付して提出いたしました。そうして、御審議をいただき、すでに予算の議決を経ました次第でございまして、財政法の違反はいたしておりません。御質問の趣旨は、いま言われるように、財政法のいう償還の計画というものは、政府の出した償還計画表とは違うということでありましょうが、このことは、すでに財政制度審議会でも確認されておりますとおり、政府従来の解釈は、年度別の償還予定額を明示する、そうして、この償還方法は、満期償還であるか、年賦償還であるか、また、償還の期日はいつであるかということを明示すれば足りるのであって、償還財源を数字的に明示することを求めてはいないというのがいままでの解釈でございまして、すでに確認された解釈でございますので、財政法違反とは考えておりません。

それから、国債の償還期限の問題についての御質問でございましたが、国債の償還期限というものと、減債制度によって国債を租税等の一般財源で償還すべき期間というものとは、全然別個のものでございまして、両者が異なるからといって、何ら矛盾するものではございません。ですから、現在の国債は、七年という期限が参りましたら、個々の所有者に対して全額現金償還するということは申すまでもございませんが、その財源は必ずしも租税及び一般財源でまかなわれる必要はございませんで、借りかえによってまかなうことも少しも差しつかえないことでございます。したがって、減債制度における償還の期限が六十年であるということによって、個々の国債の償還期限もまた六十年でなければならぬということは全然ございません。

その次は、公債発行についてのお尋ねでございましたが、公債の市中消化がただいま特に困難であるという事情はございませんが、しかし、国債発行にあたって、金融市場の状態を見て、これに応じて弾力的に発行量の調整をしようということをただいまやっておりますが、こういう弾力的な運営は今後も続けていくつもりでございます。

衆議院　大蔵委員会議録第二十五号

昭和四十二年六月二十七日(火曜日)

出席委員

委員長 内田 常雄君

理事 原田 憲君　理事 藤井 勝志君

理事 毛利 松平君　理事 吉田 重延君

理事 平林 剛君　理事 武藤 山治君

理事 竹本 孫一君

足立 篤郎君　大村 襄治君

奥野 誠亮君　鯨岡 兵輔君

小峯 柳多君　小宮山重四郎君

笹山茂太郎君　砂田 重民君

永田 亮一君　西岡 武夫君

村上信二郎君　村山 達雄君

山下 元利君　山中 貞則君

渡辺美智雄君　阿部 助哉君

只松 祐治君　野口 忠夫君

広沢 賢一君　広瀬 秀吉君

堀 昌雄君　村山 喜一君

山田 耻目君　永末 英一君

田中 昭二君　広沢 直樹君

出席政府委員

大蔵政務次官 小沢 辰男君

(ほか略)

衆議院　大蔵委員会議録第三十一号

昭和四十二年七月十二日（水曜日）

出席委員

委員長　内田常雄君

理事　藤井勝志君　理事　毛利松平君

理事　吉田重延君　理事　武藤山治君

理事　竹本孫一君

足立篤郎君　大村襄治君

菅太郎君　小峯柳多君

小宮山重四郎君　河野洋平君

笹山茂太郎君　砂田重民君

西岡武夫君　村上信二郎君

村山達雄君　山下元利君

山中貞則君　渡辺美智雄君

只松祐治君　野口忠夫君

広沢賢一君　広瀬秀吉君

堀昌雄君　村山喜一君

柳田秀一君　山田耻目君

横山利秋君　永末英一君

田中昭二君　広沢直樹君

（ほか略）

本日の会議に付した案件

国債整理基金特別会計法の一部を改正する法律案（内閣提出第三六号）

○内田委員長　これより会議を開きます。

（中略）

本日の会議に付した案件

国債整理基金特別会計法の一部を改正する法律案（内閣提出第三六号）

○内田委員長　これより会議を開きます。

国債整理基金特別会計法の一部を改正する法律案を議題といたします。

まず、政府より提案理由の説明を聴取いたします。

○小沢政府委員　ただいま議題となりました国債整理基金特別会計法の一部を改正する法律案につきまして、その提案の理由を御説明申し上げます。

公債償還の基本的考え方及び減債制度のあり方につきましては、昨年の財政制度審議会において慎重な審議を願い、昨年十二月に報告をいただいたのでありますが、これによりますと、公債政策に関する政府の節度ある姿勢を示すためには、より充実した減債制度を確立すべきであるとされ、さらに、今後の償還財源繰り入れ方式としては、(1)国債残高に対する定率繰り入れを基本とし、(2)財政法第六条による一般会計剰余金の二分の一以上の繰り入れをもってこれを補完し、(3)さらに、必要に応じて予算措置による繰り入れを行なうこととするのが適当であると述べられているのでありまして、政府は、この報告の趣旨に沿って減債制度の整備改善をはかることといたしたのであります。

このため、政府は、国債整理基金特別会計法の一部を改正する法律を今国会に提案することといたした次第であります。

次に、その内容について申し上げます。

まず第一に、国債の元金償還に充てるべき資金の定率による繰り入れの制度を復活し、前年度首における国債総額の百分の一・六に相当する金額を毎年度一般会計または特別会計から国債整理基金特別会計に繰り入れることとしております。

この率は、公債の発行によってつくり出される資産が国民経済の発展向上に役立つものであるところから、公債の見合い資産が平均的に効用を発揮し得る期間をめどとして、一般財源による償還が可能となるようにこれを定めることとし、その期間を約六十年と見て、百分の一・六としたものであります。

なお、定率による繰り入れについては、従来から短期証券及び借入金は対象から除外されていたのでありますが、今後は、遺族国債債券、農地被買収者国庫債券等の割賦償還方式の交付国債も定率繰り入れの対象から除外することとしております。

第二は、予算繰り入れに関する規定の新設であります。これは、定率による繰り入れ及び財政法第六条による一般会計剰余金の二分の一以上の繰り入れのほかに、国債の元金償還に支障を生じないようにするため、必要に応じ、予算をもって定める金額を一般会計または特別会計から国債整理基金特別会計に繰り入れるべきこととするものです。

以上のほか、他の特別会計法の例にならい、この会計の収入支出に関する規程は政令をもって定めることを明らかにする等、規定の整備をはかるとともに、従来定率を万分の百十六の三分の一とする特例を定めていた昭和七年度以降国債償還資金の繰入一部停止に関する法律及び一般会計について定率による繰り入れを停止していた国債整理基金に充てるべき資金の繰入れの特例に関する法律を廃止することとしております。

（以下略）

国債整理基金特別会計法の一部を改正する法律案、通関業法案、資産再評価法の一部を改正する法律案の各案を議題といたします。

これより質疑に入ります。

〔国債整理基金特別会計法の審議はされなかったため、審議内容は省略〕

衆議院　大蔵委員会議録第三十三号

昭和四十二年七月十八日（火曜日）

出席委員

委員長 内田常雄君

理事 原田憲君　理事 藤井勝志君
理事 三池信君　理事 毛利松平君
理事 吉田重延君　理事 平林剛君
理事 武藤山治君　理事 竹本孫一君
足立篤郎君　大村襄治君
奥野誠亮君　菅太郎君
鯨岡兵輔君　小峯柳多君
小宮山重四郎君　河野洋平君
笹山茂太郎君　砂田重民君
永田亮一君　西岡武夫君
村上信二郎君　村山達雄君
山下元利君　山中貞則君
渡辺美智雄君　阿部助哉君
只松祐治君　広沢賢一君
広瀬秀吉君　堀昌雄君
村山喜一君　柳田秀一君
山田耻目君　横山利秋君
永末英一君　田中昭二君
広沢直樹君

出席国務大臣
大蔵大臣　水田三喜男君

出席政府委員
経済企画庁調整局長　宮沢鉄蔵君
大蔵政務次官　小沢辰男君
大蔵省主計局次長　岩尾一君
大蔵省主税局長　塩崎潤君
大蔵省理財局長　中尾博之君
大蔵省銀行局長　澄田智君

委員外の出席者
大蔵省主計局法規課長　小田村四郎君
大蔵省理財局次長　広瀬駿二君
大蔵省理財局国債課長　大谷邦夫君
専門員　抜井光三君

本日の会議に付した案件

国債整理基金特別会計法の一部を改正する法律案（内閣提出第三六号）

○内田委員長　これより会議を開きます。

国債整理基金特別会計法の一部を改正する法律案を議題といたします。

これより質疑に入ります。

○阿部（助）委員　憲法や財政法では、国債の不発行主義だ、そして新憲法下で二十年間とにもかくにも最近までは国債を発行してこなかったわけであります。したがって、整理基金法というのは、ほんとうは過去の遺物のような存在であった。そしてこの前の二千億の国債を出すときには特別立法をつくっておやりになった。それが今度は、整理基金法を活用して今度の国債の処理をしようということ自体、何か国民としては割り切れない問題があるので、もしどうしても国債をこういう形で継続して発行していくならば、それに見合うような特別立法をするというようなことで、国民の前に明快にして、処理をしていくことが正しい国民の負託にこたえる道だと思うが、その点は大臣いかがでしょうか。

○岩尾政府委員　国債整理基金特別会計といいますのは、新しく国債を発行する場合だけに適用される法律ではございませんで、旧債についてのいろいろな借りかえ、その他国債全般の管理に関する規定をしたものでございますから、したがって、戦後ある時期から建設公債以外の公債は出さないということでやってきておりますけれども、だからといって、国債整理基金特別会計が要らないということではないので、やはり国債の管理自体としては必要であったわけでございます。

その場合に、国債は反対ではあるけれども、国債の発行について歯どめが必要だという御意見が非常にございました。そういう意味で、その歯どめをしっかりさすために、償還についての減債の規定を新しく入れてこれで運用していこう、こういうふうに考えて本特別会計の改定ということをお願いしておるわけでございます。

○阿部（助）委員　次に、政府は、本法、整理基金の改正をして国債の信用を維持したいというようなことをいっておりますが、償還計画というものは、皆さんが予算書につけてあるぺらぺらのあんな紙では国民はさっぱりわからない。七年間の国債が七年になったらぴしゃりと返せるということならば、返せるような国民にわかるような形で出させるべきだと思いますが、大臣、その点どうですか。

○水田国務大臣　この問題は、もう御承知のとおり三年越しの問題でございまして、結局、この財政法の求めておる償還の計画というのは何であるかということでいろいろ御議論がございましたが、昨年、財政制度審議会にかけて、一応従来の政府の解釈と同じように、この償還の計画というものは、償還の財源調達に関する具体的な計画を意味するものではない。年度別の償還予定額を示すので足りるという解釈を確定したような次第でございまして、実際問題としまして、この償還財源の調達計画を示すということは不可能でございますので、結局、政府が従来の解釈しておった償還の計画ということよりほかに方法がないと考えております。

いまは銘柄が単純でございますから、政府の示す計画も一片の紙ということになっておりますが、今後多種多様の国債というものが出る、年賦償還の国債も出るということになりますと、この年度別の償還予定額を示すということは、満期償還の公債にあっては、その満期時の償還予定額、年賦償還でありましたら年々の償還予定額ということになりますので、償還計画も非常に複雑になってきますし、国会の審議には十分の参考資料になる、やはりこれはあったほうがいいというのが結論でお示しするということになったようないきさつから見まして、これ以上のものを財政法が要求しておるのではないということははっきりしている問題でございますし、私どもはもうこれは御了解を得ておることであるというまでは考えております。

（中略）

○阿部(助)委員　大臣はこれからどれくらいの期間——もう期間というものはなくなって、いつでも国債を発行していくのだ、こういうことになるのですか。それとも、何年くらいこの国債を発行して、何年くらいでこれを打ち切る、打ち切るなんていうのは全然考えない、こういうことですか。

○水田国務大臣　必要が出てくる場合もありましょうし、もう公債を打ち切ってもいいというような財政事情になる場合もあろうと思いますので、将来の予測は非常にむずかしい問題でございますが、この公債も一つの政策でございますので、一つの政策を踏み切るというと、やはり四、五年の公債発行というものは考えられると思いますが、それから先はどうなるかというようなことは、そう簡単に予測できないことだと考えております。

○阿部(助)委員　いま四、五年が周期で、四、五年たてば、その時点で考えると言っておりますが、いままでの歴史からいって、もう国債を打ち切るというようなことはおそらくはできないのじゃないか、こう考えるわけですが、五年間いまの調子で国債を発行していくと、大体集計でどれくらいの国債を出すことになるか、見通しはどうでございますか。

○水田国務大臣　来年どうするか、という見通しすら、いろいろ経済情勢、税制のあり方、そのほかとからんで、私どももこれから相当の真剣な検討を要しなければならぬというような状態でございますので、これから先のことはわかりません。

○阿部(助)委員　いまの大臣のような答弁だと、国債を信用しろなんていったところで、これは信用できないのですね。

○水田国務大臣　私どもも、本心は公債をそうやたらに出したくないという意向でございますので、財政需要、できるだけこれを減らそうという考えを持っておりますので、当初から、市中消化を原則とするということ、それから公債依存度は年々減らしていくという、この二つによって、公債政策は相当の歯どめをかけられておるということになろうと思いますが、さらに、いま御審議を願っております減債制度をつくることによって年々相当の金額を減債基金の中に積み立てなければなりませんので、公債が無制限に出されると、一般会計が圧迫されて予算の編成難ということまで起こしかねない、そうすれば、国債を出さぬほうがいいという事態にもなりますので、減債制度は国債の歯どめの作用をなすものでございますので、私どもはこの制度を置きたい、三つ、四つの歯どめを準備してかかれば、心配されるような国債の弊害というものは避けられるのじゃないか、その範囲内において、できるだけ出さぬようにするというふうに運営をしていきたいと思っております。

公債によって得た金で何ができるかといいますと、道路にしろ何にしろ、国民のためになる資産がこれによってできるということでございます。この資産の効用はどのくらい続くかと申しますと、七年間で終わるというようなものじゃございませんで、平均的に見ても、六十年はその効用を発揮するということでございますから、六十年の効用を持つ資産をつくる借金であると、六十年間にこれの支払いができるようにという財政上のくふうがあることがあたりまえであって、このくふうからできたものがいわゆる減債制度ということになります。

○阿部(助)委員　そうなってくると、先ほどの四、五年で終わるみたいな話が私にはわからなくなってくるわけです。これは六十年間効用を持つのだから、六十年間で支払えばいいのだということになってくると、借りかえやその他を入れてくると、まあ永久に国債発行が続くというふうに国民が心配をするのは、これは当然のことなんじゃないか。大臣には、借金をなくするという考えは初めからお持ちでないように私には聞き取れるのですが、どうでございますか。

○水田国務大臣　国が借金してはならぬというドッジラインを今日まで私どもは堅持してまいりましたが、これによる社会資本の立ちおくれを解決するためにも、私どもはここで公債を発行することは必要だという政策に踏み切ったわけでございますが、これによって、立ちおくれた社会資本がある程度取り返しがつくと、それに従って公債はだんだんに発行額を減らせる、同時に、過去の公債によって得た国民資産から税収もあがってまいりますので、それによって過去の負債を返済する能力もたくさん出てくることと相まって、公債というものは将来無制限に出さなければならぬというふうには私どもは考えておりません。

(中略)

○広瀬(秀)委員　この前年度首の公債累積残高の百分の一・六をこれから積んでいく、こういうわけでありますが、まず前年度首の残高が幾らか、そしてそれに百分の一・六をかけた数字も同時にひとつ示していただきたいと思います。

○岩尾政府委員　四十年度末実績といたしまして一兆七千六百六十五億円という数字がございます。これは四十年度末でございますから、今度は四十一年度首と同じことになりまして、これがまず基礎になるわけでございます。

長期の国債について返済の対象にしていいものがどのくらいになるかということでございますが、まず一兆七千六百六十五億円から短期証券七千百八十六億円、借り入れ金三千二十三億円を引いていただきまして、国債としては七千四百五十七億円がまず全体の額というふうにお考えいただきたいと思います。それから、割賦償還の交付公債というものは繰り入れ対象からはずすということにいたしておりますので、それをとります。それから出資国債も除きまして、五千十二億円でございます。この五千十二億円を各会計ごとに分類いたしますと、一般会計が四千六百二十五億円、産業投資特別会計三百五十五億円、開拓者資金融通が三十一億円という中身になっております。

○広瀬(秀)委員　そうしますと、今回の国債整理基金特別会計法の一部改正で百分の一・六の繰り入れをやるということを今年度から実施されるわけですね。百分の一・六を掛ける対象というものは五千十二億円である、こういうことですか。

○岩尾政府委員　ただいま申しました五千十二億円でございますと、その百分の一・六ということで八十億二千万円ということに相なるわけでございます。

○広瀬(秀)委員　定率繰り入れというものが八十億円ということになるわけであります。

それで、四十年度に出した公債の償還期限である四十六年、八十億円ずつ七年間積んだところで、五百六十億円ぐらいしか積まれないはずでございますね。特に昭和四十年度の分については、これは借りかえなんかはやらないんだと前の大蔵大臣の福田さんが言っているはずでございます。これはそのとおりこの二千億円はそのまま返す、借りかえはやりません、こういうことは、前大蔵大臣同様にお答えできますか。

○水田国務大臣　前大蔵大臣が、この分だけは借りかえをやらぬと申したといたしますと、それは大臣の約束でございますから、そのとおり私のほうもしたいと思っております。

○広瀬(秀)委員　そういった場合に、この二千億円に対応する分としてはいわゆる定率繰り入れというのはかなり足りないだろうと思うのですね。あとは予算を当年度において措置をするということになるわけでありますが、そうなりますと、四十六年度でございますか、定率繰り入れをしていった分の累積額に対して、不足分は全部これは大体において当年度の予算で措置をする、こういうことにならざるを得ないわけですね。

○水田国務大臣　この減債基金の中には、いま言った定額な積み立て、剰余金の二分の一と、もう一つ、必要と認める額を一般会計から積むことができるという規定がございますので、これを一年でやるか二年でやるか、前もって必要と認めて一般会計の中から特別に基金の中へ移しておくということはできますので、前年度とは限りません、償還期限はわかっておりますから、それに対して不足分を用意しておくということはできようと思います。

(中略)

○永末委員　大蔵大臣にお伺いいたしますが、今度国債整理基金特別会計法の一部を改正するにあたって、久しぶりに百分の一・六という定率積み立てをやるということをきめられました。いままでの御説明を伺っておりますと、何か六十年という期間を目ざしておるというのでありますが、いまこの基金が対象にしておる国債、すなわち一兆一千億円程度のものは六十年間は政府はくずさない、こういうことを国会に承認をしてほしい、こういうお気持ちですか。

○中尾政府委員 六十年間そのままにしておくということではございませんので、発行いたしました国債、これを償還いたすのでございます。この償還の財源を一般会計からどういうふうに繰り入れてその財源として積み立てるか、その計画が六十年、こういうことでございます。毎年毎年入ってきますから、それを右から左へ返してまいりますれば、どんどん債額は減ってまいります。しかし、実際問題としては、財政経済の総合的な運用の見地から、経済状態あるいは金融情勢、それらのものを勘案いたしまして、さらに国債を管理するたてまえから、金利の先行き、あるいは国債の値段とか条件とか、いろいろな関係がございましょう。それらを見て、実際には繰り上げ償還をしたりすることもございます。それから借りかえてつなぐこともございましょう。しかし、六十年間にわたりまして財源はこれに繰り入れていくわけです。したがって、事情が許せば、繰り入れた金額を右から左へ償還をしていく、それによって債額を減らしていき、利子の負担を軽くしていく、こういうことでございます。

○永末委員 私の伺っておるのは、そういう借りかえとか、いろいろなことがあるでしょうが、いまある、この基金の対象部分になっておる一兆一千億円程度は、最長六十年間にはちゃんと政府は借金として残らないようにいたしますということを、国会に言われておるのかと聞いているのです。来年もし一兆円公債を出したら、それは来年から始まってまた六十年程度にくずします、こういうような方針をこの一部改正でいわれておるのかということを伺いたい。

○中尾政府委員 お話のとおりでございまして、今後かりにまた何ほどかの国債を出す年度があれば、それによって債額がまたきまりますから、それの百分の一・六というものをずっと六十年間積み立ててまいる、積み立てるというのは、一般会計からこの特別会計に繰り入れるわけでございます。全体として六十年にはこれをなくしていくという考え方がこの基礎になっておるわけでございます。

○永末委員 普通、減債基金ということばを聞きますと、何か償還計画みたいな気がするわけですね。しかしこれは、いままでの御説明を承っておりますと、大体六十年ぐらいで政府の借金としては残しません、これは歯どめになるという説があるんですが、私はどうもその辺が納得できない。たとえば一兆一千億円程度の対象に対して百分の一・六なら百六十億円程度でしょう。利子は払わなければならぬので、その利子を計算する。ことしの四十二年度予算でいきますと、政府は、国債費は約一千百五十二億円、そして見合っておる国債部分が一兆一千七百億円程度ではないかと思うのですが、そうしますと、政府が支払わなくちゃならぬと考える国債に対して、本年度の財政がになう痛さはその約十分の一である。したがって、歯どめになるというのは、その年の財政で政府が国債の償還に充てようと決意したその額が歯どめになるのであって、ここで百分の一・六積み立てると言いますけれども、積み立てたものはすぐにそれは償還に回るべきものであると私は思いますけれども、この百分の一・六にそんな大きな意味はないとわれわれ思いますが、その辺の見解をひとつ伺いたい。

○水田国務大臣 私はりっぱに歯どめになると思います。と申しますのは、御承知のように、日本でもいままで一時、一万分の百十六という定率積み立てを繰り入れをしておりました。一万分の百十六のときでも、公債額が膨大になってきますというと、この繰り入れが一般会計を非常に圧迫することになりまして、その積み立てはやめたというのが過去の歴史でございますので、私は今年、来年というふうにだんだん公債が発行されていきましたら、この全体に対する百分の一・六というものは一般会計への大きい圧迫になるというふうに思われますので、そうなってきたら、公債を出すのが、逆に公債を出さないで削減するほうが予算の編成には楽であるというような問題にも必ずすぐぶつかる問題だというふうに考えております。

○永末委員 一万分の百十六ということを当初きめました明治三十九年というのは、日露戦争の軍事公債、この額は当時の財政からするときわめて巨大であった。したがって、これをどうするかということをはっきりしなくちゃならぬので、その当時出し得る償還額を逆算をして出した数字である、しかし、これはあくまでも軍事公債で臨時的なものです。ところが、いまの百分の一・六というのは、これから幾ら公債が出るかわからぬという現象を前にしての百分の一・六だから、しかも百分の一・六というのはきわめて少ない数字である。しかもこれをころがしていくとすれば、ことしも六十年を見込む、来年も六十年を見込む、再来年も六十年後、あとのことはおぼろで、だれが責任持つかわからぬ、こういうことになりますと、その歯どめの力というものはきわめて少ないのではないか。

○中尾政府委員 公債を出そうと思ったら、この整理基金のほうを見たところ、これはたいへんだというのでやめるということには実はまいらぬのであって、その前の段階で常に減債制度というものがございますと、その債務の残高が財政運営上意識されておるわけです。それで百分の一・六は、本来義務費として計上しなければならないという姿になってまいるわけであります。これらの事柄を通じまして、将来の財政運営上何か壁に当たって、国債はもうここでやめるという意味の歯どめではなくて、常に財政を運営してまいります場合の配慮すべき一つの象徴としてかっこうのものがここに備わってくるということであろうかと存じます。そういう意味で、やはりこれは歯どめと申しますか、財政運営上のコントロールの指標になるべきデータをつくり出していく制度になっていることを申し上げておる次第でございます。

○**永末委員**　百分の一・六そのもの自体が、公債発行がこれから続発する場合に歯どめになるのではなくて、むしろその年々に公債発行をしようとするならば、それに対してともかく手当てをしなくてはならぬというふうに制度をしいた。したがって、その額がその年度の収入に対してどのような一体痛手であるかというところが私は問題になると思います。しかし、その場合に百分の一・六というのはどれくらいきくだろうかというと、あまりきかぬのではないかという気がするのです。

○**中尾政府委員**　百分の一・六と申しましても、予算の中でこれを義務的に取り扱うということになりますと、やはり相当な荷物です。ことに、国債には利子もあるわけですから、これを両方合わしてみますれば、相当ないましめになるという点はあると思うのであります。

（中略）

○**平林委員**　初めに、最近二、三年間における償還期限が到来した国債の銘柄別の償還実績をちょっと政府のほうから御説明をいただきたいと思うのです。

○**大谷説明員**　三十九年度、これは三分半利国庫債券でございますが、これが二百七十三億円ございます。それから同じ三十九年度、五分半利国庫債券、これが三百三十二億円ございます。端数整理しまして合計で六百六億円でございます。それから四十年度、これは五分半利国庫債券二百十九億円ございます。それから四十一年度、五分半利国庫債券が百二億円ございます。それから特別国庫債券、これはちょっと別のものでございますが十七億円、四十一年度は合計で百十九億円ございます。そういう状況になっております。

○**平林委員**　そのうち現金で償還したのは幾らで、いわゆる借りかえで償還したという形になるのは幾らかということを一緒に……。

○**大谷説明員**　三十九年度でございますが、六百六億円のうち現金償還が百十一億円でございます。借りかえによって償還したもの四百九十四億円ということになっております。四十年度は、二百十九億円のうち、現金償還が十一億円、借りかえによる償還二百八億円ということでございます。四十一年度は、百十九億円のうち現金償還三十四億円、借りかえによるもの八十四億円、こういうことでございます。

○**平林委員**　三十九年度は、国債の満期の到来をした金額六百六億円のうちおよそ八〇％、これは借りかえで措置をしておる。四十年度は九四％は借りかえに終わっている。四十一年度はおよそ七〇％、こういう実情になっておるわけですね。

今後、四十二年度、大体どのくらい満期の到来額があるかということを調べてもらいましたら、昭和四十二年度は六百四十五億円、昭和四十三年度は三百三十三億円、四十四年度が二百四十四億円、四十五年度は三百四十九億円、四十六年度は五百十八億円、借りかえ借りかえということになりますと、その分だけ日銀が引き受けて、国債はそこにまたたまっていく、昭和四十七年になりますと、今度は最近問題になった新たに発行した国債が期限が到来しますから、二千二百十三億円とふえてくる。

こういうように借りかえ借りかえという措置をおやりになっておったのでは、国会に、ことしは八千億円の国債を発行します、七年後にはお返しします、簡単な償還計画ではない償還計画が出されるけれども、借りかえということになったならば、私は、国会に対する一つの欺瞞をしたことになる、同時にこれは財政法に違反することになる、こう思うのですけれども、これは妥当なものと思っておられますか。大蔵大臣にお答えいただきたい。

○**水田国務大臣**　財政法の上でも、借りかえの財源によって公債を償還するということは違法ではないということになっております。

○**平林委員**　借りかえを前提としておるのですか。

○**水田国務大臣**　前提としておるというわけではございませんで、そのために返済制度を置いて、ここに定額の繰り入れをしたり、新たな資金を一般会計から繰り入れるというようなことをいたしますし、なおそれで不足する場合には借りかえの資金によるということも考えてはおりますが、最初から借りかえということを前提としたというわけではございません。

○**平林委員**　借りかえということは、日本銀行に一たん償還した形をして新たに借りかえるわけですから、こういうものは新たなる国債の発行というふうにみなすべきかどうか、ちょっとその概念をお聞かせ願いたい。
○中尾政府委員　これは現在の国債整理基金特別会計法第五条に規定がございまして「政府ハ国債ノ整理又ハ償還ノ為必要ナル額ヲ限度トシ起債スルコトヲ得」こういうふうにありますが、これによりまして発行いたしますので、これは借りかえと言っておりますが、この概念は法律上必ずしもはっきりしません。ただ一つ明瞭なことは、新しく発行いたす国債は別の国債を出す、これだけは間違いございません。間違いなく新規の国債の発行でございます。
○平林委員　財政法の第五条には「すべて、公債の発行については、日本銀行にこれを引き受けさせ、又、借入金の借入については、日本銀行からこれを借り入れてはならない。」こう書いてあるわけですが、借りかえによる新規の国債の発行というものについては、財政法との関係はどういうふうに解釈をなさっておるのですか。
○小田村説明員　財政法第五条におきまして「すべて、公債の発行については、日本銀行にこれを引き受けさせ、又、借入金の借入については、日本銀行からこれを借り入れてはならない。」という本則がございまして「但し、特別の事由がある場合において、国会の議決を経た金額の範囲内では、この限りでない。」ということになっております。
　そこで、昭和四十二年度の予算について申し上げますと、四十二年度の特別会計予算総則の第五条におきましてこういう規定が置かれております。「国債整理基金特別会計において、「財政法」第五条ただし書の規定により、政府が昭和四十二年度において発行する公債を日本銀行に引受けさせることができる金額は、同行の保有する公債の借換えのために必要な金額とする。」という規定があります。こういうことで、決して財政法に違反しておるわけではないのであります。
○平林委員　財政法の第五条に「すべて、公債の発行については、日本銀行にこれを引き受けさせ、又、借入金の借入については、日本銀行からこれを借り入れてはならない。」こういうふうになっておるものですから、借りかえといえども、新規の国債発行ということになれば都合が悪いものだから、予算総則の中にそれを入れただけであって、財政法に違反するものだと考えるわけです。
　この法律も歯どめだ、こういうふうにおっしゃって、歯どめについて熱心な大蔵大臣であるから、こうした借りかえ発行についても一つの制約をすべきではないかと私は思うのです。大蔵大臣の御見解を承りたい。
○水田国務大臣　公債を発行して公共事業を行なうということは、その年の税をもってやるというのではなくて、公債を発行して、長期にわたって効力を発揮する国民資産をつくろうということでございますから、短期の公債を出す場合には、経済事情、財政事情によって、定率積み立て以外に一般会計から繰り入れができる余裕が十分できないときには、借りかえというものが二、三回起こり得るということは少しも差しつかえのないことであって、そうすることができるからこそ、公債というものによって社会資本を充実するということの意味があるのだとすら考えております。
○堀委員　財政法第五条に書いておるのでは、ただし、特別の事由がある場合に限りなんですね。いまのように七年ものを毎年出しておいて、それが毎年毎年どんどん償還期限が来たときに、毎年出てくるやつは特別の事由ですか。
○岩尾政府委員　財政法第五条でいっております特別の事由と申しますのは、発券銀行としての日銀が直接引き受けることを忌避しておるのでございまして、したがって、発券銀行たる日銀が引き受けることによって新規の購買力を注入するというような性格のものはいけない、しかし、それ以外で、たとえば市中消化の範囲内であるとか、あるいは国民貯蓄の範囲内であるとか、そういう特別な事由についてはこれはかまわないというふうに解することが、財政法の正しい解釈ではないかと考えるのでございます。
○平林委員　借りかえというのは、返済じゃないのですよ。新たなる国債発行という法律的概念なんですよ。
　それで、いまの場合には、金額はそんなにたくさんでないけれども、いまのやり方でいけば、野方図もない国債発行ということになってくるんじゃないですか。そこで私は、借りかえについても、ある程度の制約を受けるべきだ、こう言っているのです。これをおやりになる御意思がございますか。
○水田国務大臣　一年で返済する国債で公共事業をやるということでしたら、ほとんど無意味だと思います。同様に、これが少なくとも二十年というような長期の公債によって公共事業が行なわれ、社会資本の蓄積が行なわれるということでしたら、これも非常に楽な公債の出し方だと思います。しかし、いまの日本の金融事情から申しまして、公債を出そうとしたら、やはり七年くらいの公債でなければ発行できない、七年で償還するということでしたら、五十年、百年の効力を発揮する資産をつくる資金としては非常に短か過ぎるということになりますので、一般会計から全部償還するということは、これは年限から見ても最初から相当無理だということが言えます。

そういう意味から公債発行の意義というものを私どもは認めて発行しているという以上は、借りかえによって返済するということも、少しも悪いことじゃないというふうに考えております。先ほど、借りかえによる返済ということでしたが、これはまさにそのとおりであって、借りかえということは、理財局長も言うように、新規に発行したその財源をもって一方の期限の来た公債を償還するということでございますので、借りかえによる償還であって、公債の金額がふえるということではございません。

○**平林委員**　そういうことは、国債の償還計画ということで麗々しく国会に提出したものが、ほんとうの意味の償還計画とは言えない。そしてそれは、国会に対して、作為、不作為を問わず、うそをついたことになると私は思う。

国債の発行によって経済に悪影響を与えないために、何らかの歯どめを考えるべきだ、こういうことを言っているのですよ。それをひとつはっきり考えてもらいたい。

○**中尾政府委員**　七年ものしか現在のいわゆる公社債の起債市場というものは許されないという事態は、私はそれ自体、相当特殊な状態でございまして、しかも、効用を発揮する期間というものにこれを分散して税の負担に持っていくということでございますから、どうしても借りかえはやらざるを得ない、それをやらなければ意味をなさないという筋道に実はなっておるわけです。

ただ御心配は、いつまでも借りかえをやっておるのか、それじゃきまりがつかぬじゃないか、これはまことにごもっともな御質問なんです。それは、そういうことではございませんで、この六十年にわたり毎年法律でもって定率を国債整理基金に入れるわけですね。これを遊ばしておいて、償還しなければ損になります。私どもは借りかえもいたしますし、繰り上げ償還もいたしますし、そのときそのときの財政の状況あるいは金融情勢、経済運営とあわせまして、そこをきめこまかくそのときそのときの情勢によって回転、運転をしていかなければならない、こういうことでございます。そういうことによりまして、一番必要なのは財源なわけであります。その財源を義務費としてここに繰り入れる、イアマークとして入れてしまう、こういうことでございます。そこをひとつ御理解いただきたいのでございます。

（中略）

○**広沢(直)委員**　四十二年度末にはこれは累積されると二兆二千数百億円になる。新しい経済計画の目標年次である四十六年末には大体六兆円ぐらいになるのじゃないか。もうすでに発行されている分を加えてまいりますと、約十兆円近くの累積額となってくるのですが、このように累積されていく公債を具体的にどのように償還していこうとお考えになっていらっしゃるか、その点お聞きしたい。

○**中尾政府委員**　いわゆる建設公債を中心といたしました分につきましては、今後万分の百六十、百分の一・六という率によって財源を繰り入れてまいりますから、それと、剰余金の二分の一でありますとか、そういうような財源、それから借りかえ、これをからみ合わせまして、そのときそのときの状況によって、あるいは借りかえてみたり、あるいは繰り上げ償還をしてみたりというようなことをしてまいるわけであります。ただ、全体として六十年たちますればこれを償還するに足る財源がみんな入ってくるわけでありますから、それ以内にこれを償還する、もう借りかえませんで償還するという形になると思います。ただし、具体的にその六十年間にどういうふうに返すかという問題になりますと、それはそのときの財政金融状況を見まして、最も適当な方法をとるわけです。

○**広沢(直)委員**　いまその償還についてのお話の中に、具体的な計画として六十年という、今度の法律の改正のところでも出ておりますけれども、その償還が先ほどから問題になっている点でありまして、やはり返済の期日、あるいは一体何年先に幾らの償還をしていくのか、また幾ら借りかえをやっていくのか、そういう基本的な計画というものはすでにつくられているのですか。

○**中尾政府委員**　これはあらかじめ計画をつくって実施していくというような仕事に実はなじまないものでございます。それで、実際問題といたしましては、一般会計から資金を入れますと、これはいつでも使えるように予算の措置をとるわけです。これはその年度に使わなければ逓次繰り越しまして、その金は、まとまっているだけは何年たってもいつでも使えるという流動性を持たせておきまして、そしてあとは市中の金融状況あるいは経済情勢、それらのものに合わせまして、あるいは金利の見通しとかいうようなものに合わせて、国民経済運営上一番いい方法で、同時に財務管理上一番有利な方法をそのつど選ぶわけでございます。したがって、あらかじめ何年何月にこういうことをやるというわけにはちょっといかないわけでありまして、そのときそのときの情勢に合わせましてそこをやっていくということになります。

○広沢(直)委員　しかし、大体七年七年で返還するということになっているわけでしょう。ですから、これから国債を発行してやっていくと考えていくならば、何年先に幾ら償還していく、あるいは借りかえをどういうふうにやっていくかというその基本計画というものは、当然これは考えていかなきゃならない問題だと思うのです。そのときそのときでやっていくということは、長期にわたる公債の発行あるいは償還の見通しが非常に困難である、そういったことを意味しているんじゃないかと思われるわけですが、その点についてお願いしたいと思います。

○中尾政府委員　そういうことではないのでございまして、これはどんな事態が起っても非常にリジッドな計画のもとにやるということが許されるものでは実はないわけなんであります。先行きを見まして、買い入れ消却を有利とする場合にはそれに遅滞なく飛びついていかなきゃならない、それから繰り上げ償還によって国庫の利益が得られるという場合には、繰り上げ償還あるいは買い入れ消却という手もございます。それからまた、資金の需給関係ですね。それが経済運営に非常に影響があるわけですから、そのタイミングも考えなければいけないというようなことからいろいろ制約されて、運営をしていくわけで、そのために国債整理基金という基金制度というものができているわけです。あらかじめこれが予算でやるとか、ある年度でやるとかいうなら基金は要らないわけで、基金をつくっておきまして、適時機を逸せず出ていくということが一番大事なことでございます。決して見通しが立たないとかいうことではありません。

○広沢(直)委員　政府のいう百分の一・六というのは非常に少ないじゃないか。結局は借りかえによる国債期限が長期にわたってまいりますし、国債の累増的増加をもたらすことになってくる。またそういうことになってまいりますと、国債の増発をチェックしていくという財政面からの歯どめ、そういったものが行なわれなくなってくるのじゃないか、こういうことが考えられるわけですが、その点について……。

○岩尾政府委員　先ほど大臣からお話しございましたように、戦前にやっておりました定率繰り入れは万分の百十六でございます。それから、外国では現在では大体有名無実ということで減債制度というのはやっておりませんが、残っておるもの、あるいはいままでやったものについての年限は大体五十年あるいは百年ということで、二%とか一%というものを入れるというのがおもなところでございます。

　なお、基本的な考え方といたしましては、従来から御説明をいたしておりますように、建設公債によってつくられていく国民財産というものが効用を発揮する期間、その見合い期間は大体六十年くらいであるということになりましたので、六十分の一というので百分の一・六という計算をしたわけです。したがって、百分の一・六は低いわけではなく、私らとしてはむしろ外国その他の例からいいまして、相当高いものであると思っております。

（中略）

○内田委員長　本案に対する質疑は、これにて終了いたしました。

○内田委員長　これより討論に入ります。

　通告がありますので、これを許します。広瀬秀吉君。

○広瀬(秀)委員　私は、ただいま議題となりました国債整理基金特別会計法の一部を改正する法律案に対しまして、日本社会党を代表して、反対の討論をいたしたいと存じます。

　第一に、私どもは、政府が今日行なっております公債発行政策そのものについて反対であります。財政法第四条の趣旨は、社会資本の充実、公共投資の立ちおくれを理由にいたしまして、使い道が特定されないような形で、一般会計の中で無責任な放漫無計画で公債が発行されることを許す趣旨ではないはずであります。そういう財源の調達を、建設公債の名において合理化し、将来の国民大衆の負担を無制限に増大をすることは、負担公平あるいは応益負担の原則に照らしても納得ができないところであります。

　第二に、政府がいかに答弁されようとも、公債発行はインフレを助長する結果となります。

　第三には、このようにして公共事業に投資する公債は資本支出だから、公債にその財源を求めることとしますと、年々限りなく増加の傾向をたどりますと財政の中に公債が完全に組み込まれてしまって、公債の元利の償還というようなことを通じて財政の硬直化をもたらす大きな要因にもなるわけであります。今回、国債整理基金特別会計法の一部を改正して、前年度首の国債残高に対して百分の一・六の定率繰り入れをやろうというのが今回の改正点であります。しかし、これは減債制度の名に値しないものであるというように考えられるわけであります。すでに定率繰り入れの対象となっている公債は、今年度末には二兆円になんなんとしております。しかも、財政制度審議会の答申にもありましたように、政府の公債発行に対するいわゆる節度ある発行が可能なために減債制度の充実というものが要求されたはずでありますが、このような低率な繰入れによっては、いわゆる公債発行の歯どめというようなものにも全く寄与しないものであろうと思うわけであります。決してこれが財政の健全化、国債の信用維持、そういう面に役立つものとは思われないのでありまして、また、財政法の精神に沿った国債整理基金のあり方についても、いまこそ、より真剣な立場で検討が行なわれなければならないと思われるにもかかわらず、そういう面で根本的な検討を怠ったものと言わなければならないのであります。

次に、財政法第四条二項の、公債を発行する場合はその償還計画を国会に提出しなければならない。また、同法の二十八条で、償還年次表を国会に提出すべきことが命ぜられておるわけであります。政府は、国債償還計画を少なくとも銘柄別にその財源を示し、償還年次計画の額、あるいは方法等を示したものを出さなければ償還計画というものに値しないと考えるわけであります。財政法二十八条による予算参考書類として国会に償還年次表が出ておりますが、七年満期のものの国債の支払いの時期は、発行年から七年経過したら支払います、これだけの額でございますというだけでございまして、これはいわゆる償還計画を出したのだというようなことには全くならない。財政法四条二項で求めている償還計画としては、全く国会に提出をされていない。このようなことが許され、今後も財政違反が続けられて、正確な償還計画が示されないままに長期にわたる巨額の国債が発行されるならば、そして百分の一・六の非常に低い定率繰り入れを主とした減債制度で運営をされていくことになりまするならば、日本の国家財政はいよいよ不健全な姿となって、インフレを推し進める結果となり、国民経済、国民の生活に重大な結果をもたらすでありましょう。私どもは特にこのことをおそれるわけであります。

このような政府の公債発行に対する態度、公債発行に節度を求める一つの有力な方法であるべき減債制度をこのようなことでお茶を濁すやり方、こういうものを考えます場合に、政府の公債発行が、いつの間にか社会資本の充実だ、あるいは公共投資の場、こういう名によって、やがては第三次防衛計画、あるいはそれに引き続く軍事予算の増大のための軍事公債にいつ何時転化をしていくかもわからない、国民を戦争のどろ沼に追い込むような状況がこれらの面から出てこないとは何人も保障し得ないのではないかと思うわけであります。すでに軍事公債の犠牲を身をもって味わった国民の大多数を代弁しながら、法案に反対するものでございます。

○内田委員長　これにて討論は終局いたしました。

これより採決いたします。

本案を原案のとおり可決するに賛成の諸君の起立を求めます。

〔賛成者起立〕

○内田委員長　起立多数。よって、本案は原案のとおり可決いたしました。

衆議院会議録第四十二号

昭和四十二年七月十九日(水曜日)

議事日程　第三十四号

第二　国債整理基金特別会計法の一部を改正する法律案（内閣提出）

○**議長(石井光次郎君)**　これより会議を開きます。

（中略）

日程第二　国債整理基金特別会計法の一部を改正する法律案（内閣提出）

○**議長(石井光次郎君)**　日程第二、国債整理基金特別会計法の一部を改正する法律案を議題といたします。

○**議長(石井光次郎君)**　委員長の報告を求めます。

○**内田常雄君**　ただいま議題となりました国債整理基金特別会計法の一部を改正する法律案につきまして、大蔵委員会における審査の経過並びに結果を御報告申し上げます。

この法律案は、昨年十二月の財政制度審議会の報告の趣旨に沿って、国債発行に伴う減債制度の整備改善をはかるためのものでありまして、その内容の大要は、

第一に、国債の元金償還に充てるべき資金の定率による繰り入れの制度を復活し、前年度初めにおける国債総額の百分の一・六に相当する金額を、毎年度一般会計または特別会計から国債整理基金特別会計に繰り入れること

第二には、この定率による繰り入れと別に、財政法第六条の規定による一般会計剰余金の二分の一以上の繰り入れのほかに、国債の元金償還に支障を生じないため、必要に応じ予算をもって定める金額を、一般会計または特別会計から国債整理基金特別会計に繰り入れることとする規定を新たに設けることであります。

右の措置に伴って、「昭和七年度以降国債償還資金の繰入一部停止に関する法律」及び一般会計について定率による繰り入れを暫定的に停止していた「国債整理基金に充てるべき資金の繰入れの特例に関する法律」は、当然これを廃止することとしております。

本案につきましては、財政と公債政策の基本に関する問題、税収の見通しと国債の減額問題、国債消化と金融政策との関連、国債の借りかえの問題等をめぐって、熱心な論議がかわされましたが、詳細は会議録によって御承知願います。

かくて、昨十八日、質疑を終了し、日本社会党を代表して広瀬秀吉君より反対の討論が行なわれ、次いで採決の結果、本案は多数をもって原案のとおり可決すべきものと決しました。

○議長（石井光次郎君） 討論の通告があります。これを許します。

○広瀬秀吉君 まず、最近の国債発行状況を見ますと、政府が昭和四十年度において、無計画、放漫な高度経済成長政策の失敗によって招来された経済不況、税収不足に見舞われて、健全財政を維持することができなくなった結果、いわゆる赤字公債二千億円を発行いたしまして、画期的な公債に依存する財政への道を開きまして、続いて昭和四十一年度には、建設公債の名のもとに七千三百億を予定し、六千七百五十億の発行実績を数えまして、今年度はさらに好況局面を迎えて、公債は大幅に削減するか、とりやめるべき段階にもかかわらず、八千億の巨額にのぼる公債発行を予定し、現にその消化を進めつつあるわけであります。したがいまして、昭和四十二年度末には、既発国債を含めましてその総額は一兆四千億円をこえるというような状況になっておるのであります。しかも、今日以降、経済高度成長の中で取り残され、またアンバランスにおちいった社会資本を充実させること、あるいは公共事業拡充の名のもとに、相当長期にわたって国債発行が続けられ、公債は急速に累積する情勢にございます。

このような情勢の中で、政府の義務として、今年度から前年度首国債残高の一・六%、約八十億円の繰り入れをすることになったわけでありますが、これではたして国民は、公債を抱いた国の財政政策がみだりに流れず、節度をもった運営が行なわれていると信頼するでありましょうか。政府の公債政策に対する国民の信頼と理解が得られるでありましょうか。最近における国債の市中価格の値下がりは、このような政府の無責任な公債発行と、不誠意な、減債制度に対する熱意のない態度に対する庶民の反撃とも見られるわけであります。

政府は、財政法第四条によって、公共事業費、出資金、貸付金の財源として国会の議決を経て発行された公債はいわゆる建設公債であり、これによってつくり出された資産は、国民経済における企業活動や個人生活に多くの便益を与え、長期にわたる経済発展、向上をもたらし、これが将来における税収の増加にもつながると説明をいたし、百分の一・六ずつの繰り入れを行ないながら借りかえ操作を繰り返して、約六十一年間で完全償還を行なおうとするかまえでおるわけであります。

財政制度審議会の報告にもございますように、減債制度の拡充、政府の義務として定率繰り入れを行なわせる重要な意義の一つは、公債発行の放漫化を戒め、節度ある発行を担保する、いわゆる公債歯どめの効果をもねらったものであることにかんがみまするならば、あまりに僅少なこのような繰り入れでは歯どめにならないばかりか、わずかばかりの繰り入れを隠れみのにして、公債増発の口実にすらなりかねない危険が予想されるのであります。

さらに、一般会計を通じて発行される公債は、建設公債、生産公債などの名前を冠しましたものの、しょせんは一般財政需要の増大に対する財源を不足の補てんとして発行される、いわば赤字公債であります。毎年、公共事業費、出資金、貸付金等に対する財政需要は一そう強まる傾向にある今日、そのための建設公債は限りなく出されていくことになります。公債発行を打ち切るチャンスは、いつになってもつかめないことになるでありましょう。そうして、公債を償還するために、また公債を発行するという悪循環が行なわれ、その面からする悪質インフレは、想像するにかたくないのであります。このような情勢に至らしめないための措置であるべき今回の法改正が、そのために全く無力であるといわなければなりません。

さらに、財政法の原則は、あくまで公債不発行、健全財政を通じて、財政における民主主義を守ることにあります。国債整理基金特別会計法第五条において、いわゆる借りかえ規定でありますが、今日まで政府はこの規定を悪用し、借りかえ債は日銀保有分を日銀引き受けで発行できる、こういうようにいたしております。慣例的に毎年行なう借りかえ新規債発行が、このまま続けられるならば、公債償還のための借りかえ新規日銀引き受けは逐次増大いたしまして、金融逼迫時における買いオペによる日銀手持ち分と合わせまして膨大な額に上り、通貨増発、信用インフレを大きく助長するおそるべき要因になることは必至であります。

このような危険きわまるごまかしと抜け穴を抱いている国債整理基金法は、今回の措置によるスズメの涙ばかりの定率繰り入れによって解決するような問題ではなく、より根本的、より総合的見地に立ち、財政法の真精神を土台にした減債制度のあり方をいまこそ抜本的に打ち立てる必要があると確信いたすものであります。

○議長(石井光次郎君)　これにて討論は終局いたしました。

採決いたします。

本案の委員長の報告は可決であります。本案を委員長報告のとおり決するに賛成の諸君の起立を求めます。

〔賛成者起立〕

○議長(石井光次郎君)　起立多数。よって、本案は委員長報告のとおり可決いたしました。

(以下略)

参議院　大蔵委員会会議録第三十号

昭和四十二年七月二十日(木曜日)

出席者は左のとおり。

委員長　竹中　恒夫君

理事　青柳　秀夫君　藤田　正明君　柴谷　要君　中尾　辰義君

委員　青木　一男君　伊藤　五郎君　大竹平八郎君　大谷　贇雄君　小林　章君　西郷吉之助君　西田　信一君　山下　春江君　木村禧八郎君　田中寿美子君　戸田　菊雄君　野上　元君　瓜生　清君　須藤　五郎君

政府委員

大蔵政務次官　米田　正文君

大蔵省主計局次長　岩尾　一君

(ほか略)

本日の会議に付した案件

○国債整理基金特別会計法の一部を改正する法律案(内閣提出、衆議院送付)

○委員長(竹中恒夫君)　ただいまから大蔵委員会を開会いたします。

○委員長(竹中恒夫君)　国債整理基金特別会計法の一部を改正する法律案を議題といたします。

まず、政府から提案理由、同補足説明を順次聴取いたします。

○政府委員(米田正文君)　ただいま議題となりました国債整理基金特別会計法の一部を改正する法律案につきまして、その提案の理由を御説明申し上げます。

(一)公債償還の基本的考え方及び減債制度のあり方につきましては、昨年の財政制度審議会において慎重な審議を願い、昨年十二月に報告をいただいたのでありますが、これによりますと、公債政策に関する政府の節度ある姿勢を示すためには、より充実した減債制度を確立すべきであるとされ、さらに、今後の償還財源繰り入れ方式としては、(1)国債残高に対する定率繰り入れを基本とし、(2)財政法第六条による一般会計剰余金の二分の一以上の繰り入れをもってこれを補完し、(3)さらに、必要に応じて予算措置による繰り入れを行なう、こととするのが適当であると述べられているのでありまして、政府は、この報告の趣旨に沿って減債制度の整備改善をはかることといたしたのであります。

まず第一に、国債の元金償還に充てるべき資金の定率による繰り入れの制度を復活し、前年度首における国債総額の百分の一・六に相当する金額を毎年度一般会計または特別会計から国債整理基金特別会計に繰り入れることとしております。

この率は、公債の発行によってつくり出される資産が国民経済の発展向上に役立つものであるところから、公債の見合い資産が平均的に効用を発揮し得る期間をめどとして一般財源による償還が可能となるようにこれを定めることとし、その期間を約六十年と見て、百分の一・六としたものであります。

なお、定率による繰り入れについては、従来から短期証券及び借り入れ金は対象から除外されていたのでありますが、今後は、遺族国庫債券、農地被買収者国庫債券等の割賦償還方式の交付国債も定率繰り入れの対象から除外することとしております。

　第二は、予算繰り入れに関する規定の新設であります。これは、定率による繰り入れ及び財政法第六条による一般会計剰余金の二分の一以上の繰り入れのほかに、国債の元金償還に支障を生じないようにするため、必要に応じ、予算をもって定める金額を一般会計または特別会計から国債整理基金特別会計に繰り入れるべきこととするものであります。

〇委員長（竹中恒夫君）　続いて補足説明を願います。

〇政府委員（岩尾一君）　国債整理基金特別会計法の一部を改正する法律案につきまして、その提案の理由を補足して御説明申し上げます。

　国債整理基金特別会計法は明治三十九年に制定されたものでありまして、減債制度としては、当初は、日露戦争関係国債の元利償還資金として毎年度一億一千万円以上を国債整理基金特別会計へ繰り入れるべきことを定めていたのでありますが、大正四年に至り、この元利償還資金の繰り入れは廃止されて定率による元金償還財源繰り入れ制度に改められ、前年度首国債総額の万分の百十六以上で三千万円を下らない金額を、毎年度国債整理基金特別会計に繰り入れるべきこととされたのであります。

　しかしながら、その後昭和七年に至り、毎年多額の歳入補てん公債の発行を行なうよりも減債資金繰り入れ額を減額するほうが適当であると考えられたため、昭和七年度以降国債償還資金ノ繰入ノ一部停止ニ関スル法律により、当分の間、定率を前年度首国債総額の万分の百十六の三分の一とする特例が定められ、以後この率によって償還財源繰り入れが行なわれたのであります。

　次いで、戦後昭和二十二年に新しく制定された財政法第六条の規定により、戦時中に急増した国債の償還を促進するため、定率による繰り入れ額のほか、一般会計の決算上の剰余金の二分の一を下らない金額を国債償還財源に充てる制度が設けられたのであります。

　このような積極的な国債償還が実施されました結果、国債総額が減少した反面、財政規模が増大したことにより、国債の償還財源は財政法第六条による繰り入れ額だけで十分となりましたので、昭和二十八年度以降は、毎年特別立法により一般会計の定率繰り入れを停止することとしていたのでありますが、さらに、昭和三十六年に国債整理基金に充てるべき資金の繰入れの特例に関する法律を制定し、一般会計については、当分の間定率繰り入れを停止し、国債の償還財源に充てるべき金額は、財政法第六条その他の法律の規定により繰り入れるべき金額と合わして毎年度の予算で定めるところによることとしたのであります。

　以上のような改正が行なわれた結果、現在の減債制度は、一般会計につきましては定率繰り入れは行なわれず、剰余金の二分の一を下らない金額の繰り入れが行なわれ、また、特別会計につきましては前年度首国債総額の万分の百十六の三分の一の繰り入れが行なわれるという姿になっているわけであります。

　ところで、わが国の財政は、御承知のとおり昭和四十年度から公債政策を導入するに至ったのでありますが、昭和四十年度の税収不足補てん公債の発行及び四十一年度の財政法第四条に基づく公債の発行に際しまして、国会審議の過程におきまして、今後の国債償還の基本的考え方及び減債制度のあり方につきまして種々御論議があったのであります。このような経緯にかんがみまして、政府は、この問題について、財政制度審議会において約一年間にわたり慎重に検討していただいた結果、昨年十二月に報告をいただいたのでありますが、この報告によりますと、公債政策に関する政府の節度ある姿勢を示すためには、より充実した減債制度を確立すべきであるとされ、さらに、今後の償還財源繰り入れ方式としては、国債残高に対する定率繰り入れを基本とし、財政法第六条による一般会計剰余金の二分の一以上の繰り入れをもってこれを補完し、さらに、必要に応じて予算措置による繰り入れを行なうこととするのが適当であると述べられているのでありまして、政府は、この報告の趣旨に沿って減債制度の整備改善をはかることといたしたのであります。

　以上、国債整理基金特別会計法の一部を改正する法律案について、提案の理由を補足して御説明申し上げた次第であります。何とぞ御審議の上、すみやかに御賛成くださいますようお願い申し上げます。

〇委員長（竹中恒夫君）　以上で説明を終わりました。

〔なお本法律改正案は参議院大蔵委員会（昭和四十二年七月二十一日開催）にて、継続審査とされた〕

投資信託法の一部改正

衆議院　大蔵委員会議録第二十四号

昭和四十二年六月二十二日(木曜日)

出席委員

委員長　内田　常雄君
理事　原田　憲君　理事　藤井　勝志君
理事　三池　信君　理事　毛利　松平君
理事　吉田　重延君　理事　平林　剛君
理事　武藤　山治君　理事　竹本　孫一君
足立　篤郎君　大村　襄治君
奥野　誠亮君　菅　太郎君
小峯　柳多君　小宮山重四郎君
河野　洋平君　笹山茂太郎君
砂田　重民君　永田　亮一君
西岡　武夫君　村上信二郎君
村山　達雄君　山中　貞則君
阿部　助哉君　平岡忠次郎君
広沢　賢一君　広瀬　秀吉君
堀　昌雄君　村山　喜一君
柳田　秀一君　永末　英一君
田中　昭二君　広沢　直樹君

出席政府委員

大蔵政務次官　小沢　辰男君
（ほか略）

本日の会議に付した案件

証券投資信託法の一部を改正する法律案（内閣提出第一一八号）

○内田委員長　これより会議を開きます。

証券投資信託法の一部を改正する法律案を議題といたします。

（中略）

理　由

最近における証券投資信託の実情にかんがみ、投資者保護の徹底を図るため、証券投資信託の委託会社の行為の準則を明らかにし、監督に関する規定の整備を図るとともに、証券投資信託の健全な発展に資するため、証券投資信託協会について特別の規制を加える等の必要がある。これが、この法律案を提出する理由である。

○内田委員長　政府より提案理由の説明を聴取いたします。小沢大蔵政務次官。

○小沢政府委員　ただいま議題となりました証券投資信託法の一部を改正する法律案につきまして、提案の理由及びその概要を御説明申し上げます。

現在、証券投資信託は、広く一般大衆の間に普及し、その信託財産の証券市場全体に占める割合も相当大きなものとなっておりまして、その健全な運営は、社会的にも、また、国民経済的にもきわめて重要な課題であります。

このような状況にかんがみまして、証券投資信託における受益者の保護を一そう徹底するとともに、証券市場の健全な発展に資するため、ここに、証券投資信託法の一部を改正する法律案を提出した次第であります。

以下、この法律案につきまして、その概要を御説明申し上げます。

第一に、証券投資信託の委託会社は、受益者に対して忠実義務を負う旨を明らかにするとともに、信託財産の適正な運用を確保するための措置を講じ、受益者の保護に資することをはかっております。すなわち、委託会社がその運用の指図を行なう信託財産相互間において、一定の有価証券の取引を行なうこと、及び同一法人の発行にかかる同一種類の有価証券を一定の割合をこえて取得することを指図することなど、受益者の保護に欠け、または信託財産の運用の適正を害する行為を行なうことを禁止することとしております。また、信託財産として有する有価証券にかかる議決権、その他株主の権利のうち必要と認められる権利の行使については、委託会社にその指図を行なわせることとしております。

第二に、投資信託業界の自主規制を強化し、その健全な発展に資するために、証券投資信託協会の目的、業務及び監督等に関する規定を設けることといたしております。

第三に、現在、各委託会社は、多数の単位型証券投資信託について運用の指図を行なっておりますが、これらの運用を効率化するために、株式等に対する投資を特定の信託において集中して行ない、その信託の受益証券を単位型の証券投資信託に組み入れることとするいわゆるファミリーファンド方式を認めることとし、このような信託についても、証券投資信託とみなしてこの法律の規定を適用することとしております。

　このほか、委託会社の免許基準、監督に関する規定の整備、その他投資者保護のため必要な規定の整備をはかることといたしました。

　以上が、この法律案の提案理由及びその概要であります。

　何とぞ御審議の上、すみやかに御賛成くださるようお願い申し上げます。
○内田委員長　これにて提案理由の説明は終わりました。
（以下略）

衆議院　大蔵委員会議録第二十九号

昭和四十二年七月五日（水曜日）

出席委員

委員長　内田常雄君

理事　原田憲君　理事　藤井勝志君
理事　三池信君　理事　毛利松平君
理事　吉田重延君　理事　平林剛君
理事　武藤山治君　理事　竹本孫一君
足立篤郎君　大村襄治君
小峯柳多君　小宮山重四郎君
河野洋平君　笹山茂太郎君
永田亮一君　西岡武夫君
村上信二郎君　山下元利君
只松祐治君　広沢賢一君
広瀬秀吉君　堀昌雄君
村山喜一君　横山利秋君
田中昭二君　広沢直樹君

出席国務大臣
　大蔵大臣　水田三喜男君
出席政府委員
　大蔵省証券局長　加治木俊道君
（ほか略）

本日の会議に付した案件
　証券投資信託法の一部を改正する法律案（内閣提出第一一八号）

○内田委員長　これより会議を開きます。
　証券投資信託法の一部を改正する法律案を議題といたします。

　質疑に入ります。
○只松委員　投資信託の問題について若干御質問をいたします。
　まず最初に、数字的な面を聞きますと、現在投資信託を設定しておる数、法人は大、中、小いろいろありますからなかなかわからぬでしょうが、現在の設定者数は幾らか、お教え願いたい。
○加治木政府委員　御承知のように、投資信託の受益証券は全部無記名になっておりまして、確実な数字は、これを実名をもって名寄せしないとわからないわけでございまして、資料としても、確実な資料は実は手元にございません。協会その他から聞いたところを推測しますと、個人としまして約四百万人くらいではないかというふうに推定されております。
○只松委員　一番多いときは幾らですか。
○加治木政府委員　最近は減っておりまして、大体その程度といわれておりますので、三十五、六年当時株主数が五百万人といわれた。おそらく三十五、六年の最盛期には、投資信託も大体その程度いたのではないかというふうに一応推定されますけれども、御要求にぴったり合うような確実な資料が実はございませんので、その程度でひとつ御了承願いたいと思います。
○只松委員　大蔵省でその数さえもわからぬというようでは、これはなかなか困ったことで、対策が打てないのは当然だと思うのです。私が聞いたところでは、一番多かったのは昭和三十七年度で五百三十五万人、それは個人ですが、全体の中で個人の率が九三・三%というのが最大だった。こう聞いておる。現在は解約が非常に進んでおって、きわめて激減した人員になっておる、こういうふうに聞いております。私も確かな数字をつかんだわけじゃないからあれですが、これは調べて、資料か何かでその推移というようなものをお出しいただくことはできませんか。
○加治木政府委員　実は、これは無記名制度になっておりますし、ことに国民の受益証券は転々売買もされるわけでございます。したがって、この実名をもって名寄せして的確な数字を出すということは、おそらく技術的にもなかなかむずかしいのじゃないかと思われます。
○只松委員　実名でなくても、国民が何百万人この投資信託の設定に関与しておるかということくらいおわかりにならないですか。
○加治木政府委員　各ファンドを設定しましたときの人員数は、これは調べることは可能でございます。そこからどういうふうにしてこれを実質的な人員というふうに推定できるか、これはおそらく証券会社でも確実な把握はなかなかできないのではないかと思うのでございます。

○只松委員　確実なものは出なくても、大体の数字というものぐらい出さないと、その投資信託に投資している人が一人十万円ずつ設定しているのか、百万円ずつ設定しているのか、そういう金額なり何なりわからないで対策ということは、国民のことはあまり考えなくて、業界だけのことを考える、こういうことに終わるのではないですか。

○加治木政府委員　今度の改正は受益者の保護に重点を置いておるわけであります。はたしてこれで御満足いただけるかどうかわかりませんが、年間のファンド設定時における延べ人員の数はわかっております。たとえば、三十七年は五百三十五万八千三百一名、個人は九九・九%になっております。それが三十八年が四百八十万七千八百九十六名、三十九年が二百八十七万二千九百三十九名、四十年が百六十四万五千三百一名、こういうふうになっておりますので、その後新規に加入した人員は延べ人員としてはこのように減ってきておりますが、それでは現に残っている人の実在人員を調べるという方法は実はないのでございます。しかし、相当数の国民が受益証券を買っていることは、この数字からは当然推測できると思いますけれども、的確な、御質問の趣旨にぴったり合った数字は、技術的にも統計的にも不備でございますので、たいへん残念でございますが、その程度で御了承願いたいと思います。

○只松委員　月々はけっこうですが、現在のおよその解約状況というものはどういうふうになっておるか、お知らせ願いたいと思います。

○加治木政府委員　御承知のように、ユニットとオープンとがございますが、解約額だけでよろしければ、解約と償還も含めて一応別々に数字を申し上げます。

昭和三十六年は、解約が千三百億、償還が九十八億、三十七年が、解約が千三百五十一億、償還が百四十一億、三十八年は、解約が千三百七十一億、償還が百七十八億。ちょっと設定額のほうを申し上げませんでしたけれども、この年までは、解約、償還額と設定額を比べますと、設定額が実は上回っておったのでございますが、三十九年になりますと、解約額は千六百八十二億、償還が四百五十四億、これに対しまして、設定額は千七百四十五億でございまして、差し引き三百九十億の元本としての純減になっております。これからずっと純減が続いておるわけです。四十年は、解約が二千三百五十六億、四十年に急に上がってまいりまして、償還が四百二十五億、それから四十一年は、二千三百十二億の解約、償還が七百五十九億、設定額が千七、八百億台でございますので、三十九年の純減は、先ほど申し上げたかと思いますが、三百九十億、四十年は九百四十四億の純減、四十一年は千三百九十二億の純減でございます。以上、ユニットだけでございます。

それから追加型のほうは、御承知のように償還ということはございませんで、解約だけでございますが、三十七年は九百四十億の解約、三十八年が千三百七十億の解約、三十九年が千二百五十三億の解約、四十年が千百三十八億の解約、四十一年が六百二十三億の解約。設定額との差額を申し上げますと、三十八年に純減が始まりまして、三十八年は九百二十七億の純減、三十九年は三百二億の純増でございますが、四十年は一千億の純減、四十一年は二百六十三億の純減、こういうふうになっております。

○只松委員　全体としていま設定額は幾らになっておりますか。

○加治木政府委員　オープンとユニットを合計しますと、六月末で残存元本額が七千四百七十三億八千四百万円、こういうことになっております。

○只松委員　公社債のほうと合わせて、総計幾らになりますか。

○加治木政府委員　一応公社債は六月末に二千四百六十六億八千二百万円でございますので、これを合計いたしますと、九千九百四十億六千六百万円、約一兆円ということでございます。

○只松委員　いままでの最高のときは幾らですか。

○加治木政府委員　一応単位型ユニットでいきますと、最高のときが、三十九年一月が九千三十九億九千三百万円、それから追加型では三十九年七月がピークになっておりますが、三千五百八十億二千万円、それから公社債は現在がピークでございまして、二千四百六十六億八千二百万円でございます。

○只松委員　いまお話のように、最高のときは三十九年で一兆一千億をこしておる。公社債と総計いたしますと、三十九年で一兆三千億をこす、こういうことだったんです。現在はどちらを合わせても一兆を割っておる、こういう状況です。

この中で、元本割れはどのくらいあると見られますか。

○加治木政府委員　ことしの五月末で、ユニットで申し上げますと、五千円が基準価格になっておりますが、四千円台が、ユニットの本数として三百四十八本で、金額で千七百三十四億円、それから三千円台が五十八本ございまして、これは若干でございますが、百四十七億円でございます。したがいまして、合わせますと千八百八十億円ばかりのものが五千円以下になっておる。本数では約四百本、こういうことでございます。

念のために、元本をこえるものを申し上げますと、五千円以上のものが四百七十四本で、三千六百億円、こういう状況でございます。

○只松委員　それに対して、延長中のものはどういう状況でございますか。

○加治木政府委員　五月末ですと、ユニットで延長されたのが二百三本で、その元本が千二十二億円でございます。延長中のものであります。これは延長と再延長と両方含んでおります。

○只松委員　延長と本年中の再延長はどうなっておりますか。

○加治木政府委員　元本がわかっておりませんが、一応本数は六月末で調べておりますが、総延長数が五月末で二百三本が六月末で二百十三本になっております。単純延長、一年延長が百四十本、二年延長が七十三本、合わせて二百十三本でございます。五月末も大体その割合だと思います。

○只松委員　このように相当の元本割れ、したがってそれからくる延長、再延長というような形になってきておりますけれども、この償還というものはどういうふうにお考えになっておりますか。

○加治木政府委員　これは延長措置をとるときにどういうふうに考えるか問題であったのでありますが、約款上は一年は延長し得るようになっておりますので、いわゆる単純延長は約款上の延長でございます。それを再延長いたしましたのは、五年が原則になっておりますから、再延長しますと七年ということになるわけでございますが、これは今後設定するものは七年を原則としよう、当座は五年原則で二年間延長という幅を持たせるようにしようじゃないかという措置が去年きまりまして、それに合わせまして、既存のものもやはり二年間延長し得るような措置に約款を改めたわけでございます。しかし、ある意味で延長中のものはすべて元本割れでございますから、たいへん受益者に御迷惑をかけているわけでございますけれども、投資信託というものはあくまで内容は株式である、したがって、投資信託を買う受益者の実質的な保護をはかるためにも、これは株式にかかわるものであるという認識を十分徹底させる必要がある、そのためには元本観念というものを当然払拭すべきである、そういう観点からいいますと、期限が来たならば、元本割れであっても当然そのまま解約をさせるべきではないか、こういう考え方を原則といたしておるのでございます。したがいまして、二年再延長の分は二年の再延長ということでございますが、再々延長はいまのところ考えておりません。再延長期間が切れましたならば、たとえ四千円台のものであってもこのままこの際としては当然償還させるべきではないか、かように考えております。

○只松委員　いま再々延長はしないというお話ですが、やはり何らかのこういう方針を示さないと、設定している国民側としては、一体どうなるのだろうか、買えるのだろうか、買えないのだろうか、どうしたらいいのだろうか、こういうことで、いわゆるもともとが証券に対してしろうとであるという人の金を集めるというか、預かっておるわけですから、いわばしろうとの人たちがたいへんに迷っていると思うのです。だから、この額面割れ、また再延長、こういうものに対しては、相当明確な方針というものを出していかないと困っておると思うのです。

　通貨が膨張し、いわばインフレが進んでおるにかかわらず、投資信託の全体の額というものは非常に減少してきて、一兆円を割る——こういう状態になってきています。

　その要因は証券界の不振ということにあることは申すまでもありませんけれども、それだけではないと私は思うのです。皆さん方のほうで、それ以外にどういう大きな要因があったかということをひとつ御指摘をいただきたいと思います。

○加治木政府委員　これは一つは、いまの投資信託の仕組み、これは去年業界で改善案が出まして、仕組みも変わってまいったのでありますが、それまでの仕組みからいいますと、解約のほうは自由になっておりますので、きわめて短期の資金で投資信託ファンドというものを設定し得るような、そういう仕組みになっております。したがいまして、非常に株式市況がよろしいときには投資信託に資金が集まりまして、それで株を買いますから、基準価格が上がる、基準価格が上がると、一般大衆は投資信託は非常にいいものだということで、ますます募集がふえる、募集がふえればふえるだけまた株を買うということで、こういう投資信託自体の仕組みの中に何か株式市況を激化せしめる、そういうファクターがある。市況が悪くなりますと、募集が減ってくる、解約もふえる、そうしますと、資金が減るから、減りますと、返すのは金で返さなければなりませんから、組み入れている株式を市場に売らなければならない、売りますと、当然需給関係で市況が下がってまいります。下がってまいりますと、さらに一般投資家のイメージが悪くなる、募集額が減る、減るから、しかも解約なり償還がふえるということですと、やはり資金が減少する、そうすると、それをまた売らなければならない。こういう上がるほうにも下がるほうにもアクセラレートするような、そういう可能性を含んでいる。これは運用にあたって、かりに募集が好調であっても、市況の状況を見て、いま買いどきでないというならば、コールに出しておくなり社債に出しておく、そういう慎重な態度をとるならばこれは防ぎ得るわけでございますけれども、業界の競争というような要素もそこへ入ってくると、なかなかそういうふうにまいらない、どうしても資金自身がきわめて不安定で、資金の不安定なために、株価が株式投信自体の存在によってある程度上げ下げが激化される、こういう面、これが一つは受益者に対して、株式投信というものが現在減りつつある状況でありますが、非常にイメージを悪くした、こういうことだと思います。

それから、あとは募集または運用の問題でございますが、募集の際に何となく預貯金に類似したような感じを与えておる、したがって、元本という観念がどうしても払拭しない。そのために、ともすれば募集の際に、これはいけないことでございますが、元本保証をするというような事態も、最近はありませんけれども、いままではあったわけでございます。

それから運用の面でございますが、これは今度の法律をもって改正されますけれども、受益者とこの運用の実権を持っている委託会社との間には、実は信託関係はないのでございます。信託関係は、委託会社と現物を保管する信託銀行、この間の信託約款になっているわけでございます。したがって、受益者は、ただ金の運用の全権を委託会社である投資信託会社に委任する、そういう形になっております。もちろん、経済的な実質は、その運用を一任された以上は、受益者の利益のために最善の努力を当然尽くすべきでございますけれども、これは日本の市場が未熟であったせいもありましょうが、歴史的に投資信託委託会社が本業である証券会社の兼営から発足してきておる、したがって、証券会社としては、投資信託、ブローカー業務あるいはディーラー業務、アンダーライター業務というものを総合的に運営する、それぞれ違った利害関係があるべき筋合いのものが、その辺、必ずしも十分それぞれの本来の目的に従った、本来の役割りに従った運用というものをいままで十分にやっていない、あるいは本業のブローカーサイドあるいはディーラーサイドの利益を考慮して、株式の組み入れあるいはその売却をやるというようなことも間々あったわけであります。

それからまた、本業のアンダーライター業務、あるいは法人関係業務のために発行会社との間に特定の関係がございます。そうすると、発行会社の要請を受けて、受益者の立場から見るならば、必ずしも有利と判断し得ないものでも、場合によれば組み入れるということが、いままでは残念ながらあったわけでございます。まあ、この辺はこの二、三年の間にすっかり改善されてまいりましたけれども、この際、そういったことを法律的にも明らかにしようというのが、今回の法律改正の第一の主眼でございます。

○**只松委員**　今度の改正の趣旨というのは、そういう欠陥を幾らか埋める、こういう方向に向いているわけですから、それはまあまあですけれども、しかし、いま言ったように、証券界の不振ということが直接原因でありますけれども、不振におちいるときに多くの証券会社が、証券会社の持っておる不良の株券を肩がわりした。これは私も証券会社の人から聞いたわけです。これが単に証券界の不振だけではなくて、不振の悪い面を投資信託にさらにしわ寄せした、これが投資信託が非常に落ち込んだ、あるいは今日の不信を買った大きな原因をなしておる。

今回の法律も微温的でありますし、あるいは証券界自体がいろいろ研究して発表しておりますけれども、これも非常に微温的で、自分たちにあまり差しさわりのない程度の改革をしていく、こういうことになっておる。だから、そういうことが今後再び起こらないような相当強い姿勢というもの、あるいはこれは法律だけではなく、あなた方の行政指導としてもこういうことが必要だと思う。そうでないと、一時的に国民が迷惑するだけでなく、投資信託全体の不信を招く、日本では発達していかない、こういうことになりますので、ぜひひとつそういう点に対して強い態度でもって臨んでいただきたい。

(中略)

それといま一つの原因は、こういうふうに総ワクとして一兆円を割るという状態になってまいりますと、景気がいいときはいいときで競争はありますけれども、これは別な意味の競争ですが、悪化いたしますと、業者間の不当な競争というようなものが起こってまいります。そのために、いろいろな無理な金や何かも使うというようなことになって、諸費用もかさんできて、景気を生じない、こういうことも出てきておるのではないかと思います。最後に、こういういろいろな要因を踏まえて、今度改正法律案をお出しになりますけれども、この程度の改正案なり何なりで、特に資本の自由化というものを控えまして、今後の見通しというと大ざっぱになりますけれども、対処する方針を最後にお聞きしておきたいと思います。

○**加治木政府委員**　いずれにいたしましても、投資信託という形でもって、国民の財産であったものが大部分がいま保有組合あるいは共同証券にたな上げという形で入っておるわけです。投資信託自身が自立できる時期にくるまでは、いわゆるたな上げ株の解消らしい解消ということはなかなかむずかしいと思うのでありますが、そういう時期にまいりますならば、できるだけやはり国民の財産であったものは国民のもとに返すというのは本則であると思うのであります。

しかし、自由化等の対策のためそのほうがいいということであれば、また、市場の関係者がそういう判断をするならば、健全な機関投資家筋にこれを肩がわりさせるということも一つの考え方だと思います。

○**堀委員**　今度の法律改正の中で、新しい一つの信託の運営の問題として、信託とみなす信託という問題が提起をされておるわけです。このファミリーファンドの問題の中で、一体ベビーファンドの投資物件というのは、マザーファンドの受益証券だけになるのか。

○**加治木政府委員**　マザーファンドの主体は、株式運用を各ファンドでいまやっているものをマザーファンドという形でもって統一運用をやろう、これが主体でございます。それからコール等であれば、当然これは解約は直接ベビーファンドにくるわけでございますから、そういう準備の意味を含めて、現預金あるいはコールのようなものはベビーファンドと、かように考えております。

○**堀委員**　ベビーファンドが幾つでマザーファンドになるのか。マザーファンドというものは期間があるのか。マザーファンドというものの長さは一体どういうことになるのか、ベビーファンドにある程度見合う長さになるのか。マザーファンドというものはそのままずっとこういく、そうして、それの受益証券だけをベビーファンドは持っているということになると、マザーファンドの性格というものは、かなりこれまでの投資信託と違う性格になると思うのです。だから、ベビーファンドのほうはこれまでの単位型投信そのままだと理解できるわけですが、このマザーファンドの状態はどういうことになるのか。

○**加治木政府委員**　一応、マザーファンドはベビーファンドを対象にしたオープンというふうにお考えいただいてけっこうだと思います。しかし、実際の終期は、最後に入れたベビーファンドの六月組み入れが一番最後だとしますと、七年先の六月というのが実際の終期になります。

○**堀委員**　そうしますと、ベビーファンドが幾つでやるということは、これは何も書いてないわけですからね。要するに、やはりある程度どこかでくくらないと、だらだらやるとなれば、これはマザーファンドがずっと長いファンドになるから、ここらはやはりある程度のめどを考えているのじゃないか。大体どこらを頭に描いてこれは考えられておりますか。

○**加治木政府委員**　まだ具体的に何本あるいは何カ月分を一つのマザーファンドに取り入れたらよいかということは、業界とも詰めた検討はいたしておりません。あのねらいの一つは、管理ファンド数を減らすという観点からいうと、できるだけ多くのベビーファンドを入れたほうがいいということと、たとえば、今度の法律でコロガシが原則的に禁止になるわけですけれども、マザーファンドが大きくなれば大きくなるほど、実際上のコロガシはなくなるわけですね。それからユニットであるベビーファンドの一つの欠点は、これはセミオープンでありまして、追加設定がない。したがって、解約一方のオープンでございますから、それぞれのファンドはもう設定が終わったとたんに必ず減少する。これをマザーファンドにつなげますと、マザーファンドという中では、いわゆる追加設定が行なわれるということになりまして、一団としては、ある程度それだけ安定効果を期待することができるわけであります。そういう意味からいいますと、大きくなれば大きくなるほどよろしいということになるわけですが、ベビーファンドはそれぞれ独立のファンドでございます。したがって、非常に市況の違った時期にまたがるような一本のマザーファンドというようなやり方がいいかどうか、業界で考えているのは、大体三カ月から六カ月という程度のようでございますが、一応はその辺からスタートしてみるか、あるいは、一年に一本という考え方もあり得ると思うのですけれども、せいぜい、さしあたりそんなところからスタートすることになるのじゃないかと思いますが、理論的にどうでなければならぬというところまでは詰めておりません。

○**堀委員**　ベビーファンドの決算は何カ月でやるのですか。

○**加治木政府委員**　計算期間は、今度ベビーファンドの約款で明らかにすることになっておりまして、毎年一回と大体約款できめるようになっております。

○**堀委員**　そうすると、最初の分、まあ一年間のファンドが入ってくるとしますね。要するに、一カ月ごとにベビーファンドの決算がきますね。そうすると、ディスクロージャーすることを今度規約上義務づけられているわけですから、今度はベビーファンドはディスクロージャーしても意味がないので、マザーファンドをディスクロージャーしなければならぬ。そうすると、これはもう毎月マザーファンドのディスクロージャーをやる、こうなりますね。そうやりますね。

○加治木政府委員　従来のやり方をそのままにしてマザーファンドに組み入れますと、おっしゃるとおりになります。もしそうであれば、相殺手続もとらなければならない。しかし、技術的に決算期間を、ちょうど国債の利払い期を三カ月ごとにまとめるように、一年目あたりから実質的な利払いと同じような計算期間の定め方をすることは可能でございますので、そういうやり方をすれば、それほど煩雑にならないで済むのじゃないかと思いますが、その辺、まだ技術的に詰めておりませんが、原則として、当然ベビーファンドのディスクロージャーはマザーファンドのディスクロージャーを伴わなければなりません。基準価格は両方とも発表いたします。

○堀委員　そこで、その次は、株価変動準備金は、そうするとマザーファンドだけで積むことになるのですか。しかし、マザーファンドだけ積んでいるということになると、これはベビーファンドの問題との関連で非常に複雑な問題が起きてくるのじゃないかと思いますが、一体、この変動準備金の引き当てはどっちに積むのですか。

○加治木政府委員　これはまだ検討中でございます。考え方としては両方あるわけでございますが、たとえば、ベビーファンドはベビーファンドに組み入れている受益証券の基準価格の値上がり分の何割をリザーブする、それからマザーファンドはマザーファンドとして、マザーファンド全体としての基準価格が上がる、そうすると、その基準価格がいま六割、価格変動準備金は六割程度積むことになっておりますが、どっちに六割積ませるか、その辺、実質的に六割の内部留保が可能なようにするためには、技術的にどういうふうに組み合わせたらいいか、ちょっともう少し検討させていただきたいと思いますが、価格変動準備金が何らかの形で実質的に留保されるようにはいたすつもりでおります。

○堀委員　あとは信託報酬の取り方の問題が残っておりますね。ベビーファンド、マザーファンドの問題と、それから委託会社、受託会社の関係の問題と、この信託報酬を一体どういうかっこうで分けるのか。

○加治木政府委員　信託銀行に対する報酬の点が問題になるわけでございますが、受益者から取るべき信託報酬は、このマザーファンド設定の理由をもって上げるということは考えておりません。したがって、その辺の信託報酬の配分のしかたをどういうふうにしますか、委託会社は一本でございますからいままでと同じでいいわけでありますが、受託銀行がマザーファンドを持っている、ベビーファンドを持っているときに、従来ベビーファンドだけからもらった信託報酬で合計していいようにするか、あるいは、片一方だけでいいようにするか、その辺、ちょっと関係者と話し合ってみなければなりませんが、受益者には特別な負担をかけるつもりはございません。

○堀委員　今度のこの投資信託法の改正は、私どもがかねがね当委員会で論議をしてまいりましたことが集約的に法制化をされておるわけでありますから、これらの問題は当然これまでに行なわれていなければならなかった問題で、それが今日ややおくれて行なわれることになったわけです。この問題がもし昭和三十年代に行なわれていたならば、私は今日のような証券市場の不況はなかったと思っております。

そこで、大臣にお伺いしたいのですけれども、今度のこの投資信託法の改正は、私は投資家の不信感を取り除くためには確かに役に立つと思います。しかし、それはどちらかというと、要するに、現在の時点に立っての問題になっていまして、これから前に向かっての問題というものは、実はこの中にあまりないのです。当然やるべきことについては、今度たくさんここに書かれております。私も賛成の点が多いわけですが、これから先、一体ほんとうに大衆の投資が安全に、投資家のために運用されて、さらに、もう少し積極性を持ってものを考えようという姿勢は、この中にはないのですね、今度の法律に。そこで、政府としては、投資信託というものの今後の役割りなり、それをどういうふうにやって、日本の資本市場に役立てようとするか、そこをひとつ大蔵大臣にお伺いしたいと思います。

○水田国務大臣　まあ、直接株になじまない大衆の資金を産業に役立てるということが、この投資信託の目的でございます以上、その線に沿った運営を今後やってまいりたいということでございますが、それにしましても、当時はいわゆる主体の完全分離というような仕事に追われておって、受益者の保護、そうして大衆の信頼を得るという仕事をようやく今度の改正でできるというところまで来ましたので、今後はこれに基づいて、やはり投資信託の最初の目的のとおりの運営を考えていくということをするよりしかたがないんじゃないかと思っております。

○堀委員　日本の株を投資信託としてアメリカで運営しているジャパンファンドというのがありますね。アメリカ人がジャパンファンドとして運営しておるもののほうが、日本の各投資信託がやっておるよりははるかに合理的に運営がされている。これは多少、向こうがいまの日本のユニット型というようなかっこうになっていない点がありますけれども、投資信託の運営についてこれまでほんとうに投資家のためにやっておるとするならば、アメリカのようでなければならぬ。そこにならなかったところに、私はやはり非常に大きな問題があると思うのでありますが、ちょっとこれを読んでみますと「一九六二年一二月、ジャパン・ファンドの売り出し当時の値段は一一ドル五五セント、それが四年後の昨年末には一五ドル一五セントと、三一%値上がりしています。この間、配当金の合計は一ドル五七セントであまり高くありませんが、東証ダウは一四三三円から一四五二円へ、わずか一・三%しか水準をあげていないのですから、立派な成績といえましょう。これに対し、わが国の投資信託はどうであったか。ジャパン・ファンドと同じ時点の昭和三七年一二月に設定されたユニットについてみますと、昨年末、一番いいところでも四九九八円、最低では三七八三円、全社平均四四三五円で全部額面を割り込んでいます。」こういうことになっているわけですね。片方は三〇%以上のプレミアムがつく、片方は全部額面を割っておる。これは、日本の投資信託の関係者は真剣に考えてみなければならぬ問題だと思いますね、ちょっと形態が違う点がありますけれども。

そこで、私はかねてから投資信託の協会にも言ってきたのは、いま非常に問題になっている問題の一つは何かというと、投資信託の解約なんです。投資信託の解約の総額は、幾らでしたか。六月のものを言ってください。

○加治木政府委員　株式投信全体では、六月の解約額が二百八十八億三千六百万円でございます。それに対しまして、設定額が百三十九億円でございます。

○堀委員　いまお聞きのように、これは最近は設定をしても解約がずっと多いというのが続いておるわけです。

いまの設定と解約の状態は、新規設定のために、こっちを解約をして新規設定をする、乗りかえを進めておる条件がかなり多いのではないか。これをやっておる限りは、ともかくいつまでたったって解約は続くわけですね。中身としてのネットではちっともふえてないわけです。

そこで、いま解約がこんなふうに起こっておる原因、これは二通りあると思うのです。募集に関連する問題もあるでしょう。しかし、多少基準価格が上がってきたからという問題もあるでしょうが、あなた方はどう考えておられますか。

○加治木政府委員　解約がふえておりますのは、投資信託設定と両面で考えなければならないわけでありますけれども、やはり基本的には、投資信託に対する信用がまだ十分回復していない、そうしますと、基準価格が上がってまいりますと、できるだけ早く解約しておこう、こういうことで解約される。しかも、その解約資金が必ずしも新たに投資信託に入ってこない、そのために総体として漸減になっておる、こういう状況にあるのじゃないか。ただ最近、御承知のように、去年の暮れから資金の安定化ということで、早期解約防止のためのいろいろな措置を新たに仕組んだわけであります。したがって、新規設定分の解約率は非常に減っております。

（中略）

○堀委員　実は私、いまこういう問題を出しておりますのは、いまのユニット型投資信託というものは商品が単一なんです。

要するに、お客さんが買うような条件をつくって、お客さんのほうがほっといても買いたいという商品なら買えるのですけれども、いまはそうじゃなくて、言うなれば、投資信託の押し売りをやっておる。押し売りをやっておるから解約がふえる。

（中略）

いま私がこういう問題を提起しておりますのは、なぜ投資信託がこう解約ばかりになっているか、その一つの点には、将来に対する市況の展望が全然ないからです。いま只松君も触れましたように、例のたな上げ株問題ですね。この解決がつかない限り、投資信託であれ、何であれ、日本はだめです。管理市場になっていて、フリーマーケットじゃないのだから、せっかく上がったって、だめだと思ってあきらめているから、千五百円へくれば自動的に必ず下がるのです。たな上げ株を徐々に売れといったって、勇気がないからよう売らない。片や、投資信託が解約解約で、毎月二百億くらい売り越しがずっと続いているという状態では、これはやはり問題がある。長期的に日本の資本市場の問題を考えれば、幾ら証券取引法を改正して免許制にしてみたところで、投資信託を非常に制限してみたって、前に行く展望がないのでは、問題は少しも発展しないのですよ。

この投資信託のいろいろな改善については、実は法律だけではわからないので、「投資信託制度の改善に関する要綱」というのを投資信託協会の理事会がまとめているわけです。これがおそらく今後の投資信託のいろいろなルールになっていくだろうと思うのですが、「受益証券の販売公開と組入株式の委託発注の分散」という問題があるのですね。要するに、本業証券会社以外のところにも売らせるというのだけれども、そういったって、実際にはその他はそう売れるとは思わない。いきなり五〇%にしろなんといったって実現できないことだから、一応、最初の二年間は八〇%以上本業で売ってはならぬ、二年たったら、今度はそれを六〇%にする。こういうふうに、少し段階的にシェアを明らかにして、全体をそっちの方向にだんだんと追い込むという、表現は必ずしも適切ではないけれども、この方向に沿うように具体化をさせる何らかの方法が講じられておらなければ、ただ漫然と、公開の販売というふうなことを言ってみたって、これまでの習慣なり、いろいろなでき上がっておる体制の中では、私は非常にむずかしいと思う。そこらについての指導の方針をちょっと聞きたい。

○**加治木政府委員**　これは当初、業界でも、一定の目標をあらかじめ設定しようじゃないか、三年計画にするか五年計画にするかは別として、何%ということを出そうといろいろ努力してみたのですけれども、年次計画を出しても、はたしてうまくいくかどうかわからない、できるだけ努力して、年々再検討しながら、一定のパーセントが打ち出せるときになったならば、一定のパーセントというものをある程度打ち出していきたい、こういうことで、パーセントと年次計画が出ておりません。しかし、それは決して前向きにいかないということではなくて、ぜひ前向きでこの問題をプッシュしたいということで、その実績を見た上で具体的な計画はきめていきたい、こういうことでございます。しかし、それじゃ五%か一〇%でも満足するかというと、そういうことじゃございません。委託発注の分散は、パーセントを高めたいという前提でこの問題を考えております。

○**堀委員**　そのシェアの最高限度は最終的には、それじゃあるべき状態としてはどのくらいを期待しておるのですか。

○**加治木政府委員**　まだわれわれとして一定のパーセントをこの段階で申し上げるだけの準備はできておりませんが、少なくとも三割以上の部分は分散すべきじゃないかというふうに考えておりますが、それじゃ、それを一年でやるか、二年でやるか、三年でやるかというようなことになりますと、ちょっといまこの段階ではっきり申し上げるわけにはいかないと思います。

○**堀委員**　そこで、ちょっと伺いたいのは、現在投資信託を設定するときに大蔵省に届け出て、ワクを何かあなた方のほうで認めているわけですが、そういうワク組みをきめてセールスをやらせるから問題が起こるんだから、ワクを大蔵省で初めからきめる必要はないのじゃないかと思うんですがね。だから、そういう点が自由になれば、いまのパーセントの問題なんかももっと自由になってくる。ワクがある以上は、ある程度どうしても本業でそこまで売らなければならぬということになるから、そうなれば、勢い、いまのその他に対するシェアというものはどうしても十分にならなくなる。だから、言うなれば、私がさっきから言っているような突っ込み販売というものをいかにしてやめさせるかということが、私はいま当面非常に重要な問題だと思っておるので、その点はいまどうなっておるのか、今後どういうようにするのかを伺いたい。

○**加治木政府委員**　一定のワクをはめるというようなことでやっているわけではございません。協会を中心にして、今月の設定額をどのくらい各社別にするかということを相談を受けることで、その場合に、全然自由にやらせるというたてまえにいたしますと、本来自由にやるべきことでございますけれども、乗りかえ勧奨等を行なってでも、競争的な意識が先行して、無理な設定、しかも、これが単に当該投資信託だけの問題で済まない問題、無理な設定の結果解約がさらにふえるということであれば、市場に対して投資信託の資金が非常に不安定になる結果無用の変動要因を与える。そういう弊害も伴うわけでございます。したがって、おっしゃるとおり、そういう正常な販売設定をやるというところがねらいでございますけれども、それを実現させるためにやむを得ずそういうような相談を受けながらやっておる、こういうことでございます。

○**堀委員**　その次に、どうも得心のいかないことが、ここに書かれておるのは、「本業証券会社の役職員から委託会社の役員に就任し得る数は、委託会社の役員の総数の三分の一にとどめるものとする。」まだこの中では、要するに、本業から行く者は、三分の一までは本業から幾らでも行ける、こういうふうになっているんですね。「委託会社の役員は、その職を辞任後相当期間は本業証券会社の役員となることができないものとする。ただし、この制限の実施については、一定の猶予期間をおくものとする。」ということが書かれているわけですね。その投信の実質分離の問題というのは、さっきの販売委託の関係できちんとしなければならぬ問題が一つあるし、同時に、本業から委託へ来た者は、もう委託でおしまい、投信委託へ来たら、ここが自分の最後の死に場所ということになれば、やっぱりそこで責任を果たす以外に自分の生きる道はないのですから、だから、相互交流は私はやめてもらいたいと思う。その点はひとつきちんとすべきだと思うが、どうですか。

○**加治木政府委員**　私も全く同感でございますが、ただ、この投資信託というものが、本来あるべき姿に立ち返って——立ち返るというか、これから進化していくわけでございます。会社の役員というものは、一つの会社から他の会社へおよそ移っちゃならないという決定を押しつけるということも、行政としてはいかがかという感じがするわけであります。要は、投資信託がほんとうに善良な機関投資家としての本来の機能を果たす、そこで役員経験を持った者が、また他の会社から望まれてそちらへ行って、そちらの役員をするということはあり得てもおかしくはないと思うのです。しかし、現実にいままでの経過を見ますと、おっしゃるとおりのような弊害がございましたので、これは全面的なというと、ちょっと事柄の性質上不穏当な点もありますので、一定の期間を置くということによって、その辺は実質的にその目的を達したい、こういうことでございます。

○堀委員　一定の期間というのは、何年ですか。五年ぐらいでありますか。

○加治木政府委員　一定の期間を二年とするか三年にするかということをはっきり書こうということでありましたけれども、これははっきりした形ではきまっておりません。しかし、これは二カ月とか三カ月とか、あるいは一年とか、そういう短いものではございません。

○堀委員　大臣、これはきわめて重要なところなんですよ、この分離の問題については。だから私は、いつまでもやめろとは言いませんが、向こう十年間に限って、要するに、こっちから来たものはもう一ぺん帰れません、十年たったら、その時点でまた考える。いいですか、大臣、そのぐらいきちんとしなければ、国民が投資信託から受けた被害について信用回復なんかしないですよ。私は、この法律のほうはいろいろけっこうなことが書いてあるし、これでいいですけれども、肝心なところがずいぶん抜けているわけですよ、この法律では。それをある程度「投資信託制度の改善に関する要綱」という自主的なものにゆだねているわけですね。自主的なら、自分らはもっときびしくやるべきですよ。

そういう根本にかかわりのあるところについて、政府としてはもっとき然とした態度をとるべきである。それなくしては、投資信託協会は無意味だと思うのですよ。大蔵大臣、どうですか。いまの私の提案について、きちんとした答弁をしてください。

○水田国務大臣　おっしゃることは、そのとおりだろうと思います。さっき局長が言いましたように、法律で明確にそういうふうにきめなくても、この問題は重要な問題でございますから、私どもとしましては、一ぺん重役になってまた戻るということについては、行政指導の面で十分対処し得るだろうというふうに考えております。

○堀委員　要するに、帰るという期待感を持たせるような措置はやめてもらいたいんです。ちょっと出向していって、当座しばらくやっておればいい、そうなった以上、本業の利益を無視して投資信託のために奉仕するわけにいかぬですよ。

その次に、この要綱で見ますと、協会に証券会社の理事が入るようになっておりますね。投資信託協会の理事の人的構成は、「その三分の一を中立理事とし、会員理事については、委託会社理事を証券会社理事の数より多くする。」と書いてあります。投資信託協会というものは、一体本業のためにあるのですか。そうじゃないでしょう。販売の問題というものは、これは投資信託の問題じゃないですよ。だから、証券会社の理事が委託会社の理事より少なかったらいいんだなんて、とんでもない話ですよ。

ここらはもう少しきちんとすべきだと思うのですが、これについての御意見はどうですか。

○加治木政府委員　業界内部だけのことで考えますと、委託会社の問題、もちろん責任は持たなければならないわけですが、これは設定された資金の運用だけが問題であったかといいますと、やはり販売面の問題もかなりミックスして責任を持たざるを得ないような、そういう経過をたどってきておると思うのです。したがいまして、販売面の公正さ、正常さを維持させるためにも、当然理事も、販売会社である本業にも構成メンバーとして入ってもらう、しかし、投資信託協会の主要任務は、投資信託それ自体の問題でありますから、メンバーの構成としては投資信託の委託会社のメンバーを入れる、それから中立理事を入れる、ただし、総会の議決事項で、もっぱら投資信託の運用そのものに関する問題については、販売会社である本業の議決権は制限すべきではないか、かように考えております。

○堀委員　そうすると、投資信託協会に入ってくるのは、各証券会社がみな協会員になるのですか。販売しておるものはみんな協会員になるのですか。

○加治木政府委員　常時販売をする証券会社は全部入れるつもりでおります。

○堀委員　そうなったら、投信の委託会社なんというのは、今度で十くらいになるでしょう。証券業者の数は、いま全国で六百ぐらいあるでしょう。ですから、そんな十ぐらいのものがあったって、これは問題にならないかっこうになるのじゃないですか。だから私は、この投資信託の問題というのは、販売をする問題というのは、商品を売るだけで、実際は別個の問題だろうと思うのですよ。投資信託協会というものは、運用だとかその他が中心になるのであって、それがみな投資信託の中に入って、ものを言う必要はない。構成上から見たって、数の上から見たって、実際的にいって、投信のほうが弱いんだから、できるだけ外側の圧力から守ってやって、圧力を防いで投信の自立性を持たせようというのが、今度の法律の根本だろうと思うのです。それならそのように投資信託協会を考えなければ、発想自体がおかしいんじゃないですか。

○加治木政府委員　その辺をどうするかは大きな問題であったわけでございますが、現実に、販売面と投信の運用面と切り離して考えることができない実態があるわけでございます。もちろん、販売面は証券業協会で規制さしてもいいけれども、それは一般の証券業協会のファンクションとやや異なった、投資信託運用全般の見地から考えなければならない問題が非常に多いわけでございます。たとえば、乗りかえを勧奨するとか、元本を保証するとか、販売面での過当競争をするとか、こういう面は、投信全体の運用面の一環として答えを出すべき場合が非常に多いと思うのであります。そういう意味で、規制機関がダブるわけでございますけれども、規制はダブってもよろしい、よろしいが、販売面については投信協会も十分やはり投資信託全体の健全化の見地から規制権を持たせる、こういうことにすべきじゃないか、ただし、投信の運営プロパーに関する限りは、会員のうち、投資信託委託会社以外のものは議決権を持たせない、こういう方向でこの辺の調整をはかることは可能ではないか、かように考えておるわけであります。

○堀委員　私はそうは実は思わないのです。証券業協会として当然元本保証するということは、これは投資信託の性格と違うのだから、それは受益証券を販売する資格はないわけですよ。それなら、元本保証すれば処分するということを、そのこと自体はっきりどこかに書けばいい。省令その他に書いて、あなた方がここに書いているように、省令に違反したときは云々というもの、監督処置をとれるようにそんなことを中に書き込んでおけば、あとは証券業協会の処置で私はいいと思うのです。できるだけ投資信託というものは外側からの影響を隔絶をして、投資信託が中心になってものを考え、同時に、しかし、それについてのいろいろな問題点は中立委員が指摘をして、あるべき方向へ持っていかせるということになる方向でむしろ指導すべきじゃないか、私はこう思う。

この点は、あんなあいまいな表現ではなくて、もう少しきちんとした指導をしてもらわぬことには、これのいま流れている流れに逆行するようなことになるから、そういうことは少なくとも取り除いていかなければならぬと思うのですよ。そういう点では、もう少しここをきちんとしてもらいたいのですが、どうでしょうか。

○加治木政府委員　私もおっしゃるとおり考えております。

○堀委員　大体以上で要綱の中での問題点には触れたわけですけれども、法律のほうについて、二、三お伺いをいたしておきます。

第十七条の二項の二で「その運用の指図を行なう信託財産相互間において大蔵省令で定める有価証券の取引を行なうことを受託会社に指図すること。」これを禁止しておるわけですね。だから、これがコロガシその他を含む問題になってくるわけですが、この二項の「大蔵省令で定める」というものの考え方は一体どういうことになっているのか。

○加治木政府委員　いわゆるファンド間のコロガシの禁止の趣旨は、おっしゃるとおりであります。利害が当然対立するわけでございます。利害の対立は、株価判断の問題でございます。当然売り買いは、高いと思えば売り、安いと思えば買う、こういうことでございますから、片一方から片一方へ、同じ銘柄について一方が売り一方が買うということにすれば、当然利害の対立が起こるわけであります。しかし、投信の運営上、そういう利害判断でなくて、資金事情からやむを得ず売るという場合があり得るわけでございます。おっしゃるとおり、そういった資金事情に置くこと自体が経営として拙劣ではないかという点、わからぬわけではございませんけれども、しかし、必ずしもそういうように資金ポジションを十分自前でできるようにし、しかも、タイミング的にも受益者の利益になるように、それが可能であるという状況を常に予想するということも、私は困難だと思うのであります。

したがいまして、そういう利害の対立関係にない資金ポジションその他によってやむを得ずこの一方の売りが出るときに、片一方では、株価判断によって、値ごろだから買いたい、こういうものであれば、これははずしてもいいのじゃないか、かように考えております。

○堀委員　資金需要によってやむを得ないなんていうことは、これは私は運営の責任上の問題だと思うのです。これだけの制度上の、要するにバッファーが二段階に置けるようになっておるのですね。だから、そこらは、逆にそういうことを禁止することの中で運営の責任を明らかにし、姿勢を正して真剣にやれるので、むしろ、うしろが抜けておるのなら、いよいよ詰まったときにはころがせばいい、そういうことになることを私はおそれるわけです。だから私は、あくまで利害対立であって、資金需要上やむを得ないということは、運用の拙劣さをあらわすものだ、こう考えざるを得ないのです。だから、そこらのところは少し姿勢を高くしてもらいたい。

○加治木政府委員　マザーファンド方式を取り入れるようになると思いますが、そうなりますと、おっしゃるとおりクッションが二重になりますから、従来よりは資金事情がかなり安定するということは事実でございますが、それでも、マザーファンドは三カ月分か六カ月分かという程度を一応いま考えておりますから、無期限のものを常にこれに入れるということになりますと、この問題は、ある意味では資金全体が安定すれば完全に解消するわけでございますけれども、それもできないということでございますと、やはり三カ月分なり六カ月分なりということで一かたまりになりますと、どうしてもやはり資金事情は安定しない可能性があるわけでございます。それも、おっしゃるとおり、全く自前でもって、そのファンドはそのファンド限りでもって資金手当をする、それから新規に設定をされるマザーファンドなりベビーファンドのほうは全く市場からそれを買わせるということにしますと、現在のようなこういう市場環境の中ですべて自前にさせるということは、投信の売り買いというものを市場で行なわなければならなくなります。

その辺のことを考えますと、完全自前にすべきではないか、だから、もう完全に禁止してしまうべきじゃないかというところまでは踏み切れない、しかし、考え方としてはよくわかる話でございます。したがって、ルーズにコロガシを認めるようなつもりは毛頭ございませんけれども、一切禁じてしまって、もっぱら経営の責任にこれをゆだねるということも、いまの段階ではまだ残念ながら踏み切れないのではないか、かように考えます。

○堀委員　そうしたら、これはコロガシをやった場合には、あとでトレースをして、要するに、それはやむを得ざるものであるという判断を大蔵省がした場合に限ってもらいたい。

○加治木政府委員　省令の規定も、できるだけ具体的に、あとからトレースする場合にも具体的な判断ができる程度に書きたいと思いますけれども、なかなか具体的に完全に書き切れるものかどうか、その辺問題がありますので、補充する部分を協会の自主規制で、きわめて具体的にできるだけはっきり補充して、あとからトレースした場合に容易に判断がつく、ほんとうにこれはやむを得ない事情があったかどうかということを、主観的な、恣意的な要素を入れて判断が左右されることのないようにしたいと思います。

○堀委員　もちろん、省令で全部書くというのじゃないんですけれども、私の言っているのは、要するに、資金的にやむを得ざるものというのは、客観的に判断のできる範囲のものに限るという点を省令で明らかにしていく。客観的という問題は、大蔵省が客観的に見るという部分が一項入る必要があると思うのです。そこらは、自主規制というけれども、私が言っているように、いまの投資信託協会というものが、本業との関係がいろいろなことでふっ切れていない現状では、どこかで考えてやらないと、やはりコロガシそのものが、本業の手数料かせぎになる場合だってないとはいえないわけです。あらゆる面から私どもが考えられるものは排除しようということが受益者のためだと思いますから、そこらを含めてお考えいただきたい。

（中略）

○竹本委員　法案自体について一、二伺ってみたいと思いますが、まず例のコロガシの問題は、一体全体の中でどの程度のウエートがあったのか、その辺をちょっと伺いたいと思います。

○加治木政府委員　投資信託の総売買高の中に占めるファンド間の取引、俗称コロガシ、この割合を一応暦年で申し上げます。

三十五年中が三四・二%、三十六年が四〇・六%、三十七年が三七・四%、三十八年が四二・四%、三十九年が五〇・二%、この辺までが非常に高かったわけであります。そのころから業界でも自主的に規制をだんだん加えてまいりまして、コロガシの原則的な禁止、資金手当て以外にはやらないという原則を打ち立てて今日にまいっておりまして、それから四十年は二七・四%、四十一年は一九・四%、四十二年は一—六月では二五・五%、ここはちょっと上がっておるようでありますけれども、これは実は株価が回復してまいりまして、解約償還がふえてまいりますので、その資金手当てのために、早めに市況によって売っておるというようなことが影響をいたしておると思いますが、全体としては二〇%前後にまで低下している、かつての大体半分以下にまでなっておる、こういう状況でございます。

○竹本委員　予想外に多いのに驚きますが、三十九年ですか、五〇%をこえたといったようなときに、どういう手を大蔵省は打たれたか。また、この証券投資信託法の改正で受益者保護と、たいへんもっともな御説明がついておるんだけれども、これをいまごろになって考えるのは少しおそ過ぎやしないか。この二つの点についてお伺いいたします。

○加治木政府委員　業界の自主規制をだんだん強化して今日までまいったわけでありますが、そんなことは投資信託の始まるころからやっておくべきじゃなかったかということ、御疑問に思われるのはごもっともだと思うのでありますけれども、この辺は、われわれの監督が必ずしも十分じゃなかった点は認めざるを得ないと思いますが、業界の自主規制という形でもって、われわれも参画してこの投資信託の改善に取り組んだのは、実は四年前からでございます。われわれ自身の経験も十分でなかった点もありますし、証券市場に直接影響のある問題でもありますので、なかなか急カーブも切れないというので、逐次積み上げ式にいろんな措置を積み重ねて今日までまいって最終の自主的な形での改善案が去年の暮れ出まして、そのうちのやらなければならない事項を立法化した、こういうことでございます。

○竹本委員　行政のあり方を見ておりますと、何でも三年か四年おくれているんですね。今後はひとつ気をつけて、重大な問題に手を打つことがおくれないように願いたいと思います。

　第二の問題は、同一法人の発行にかかる同じ種類の有価証券というものは、一定の割合をこえて取得することは禁止する――危険分散の問題もありましょうし、企業支配の問題を考えてのことかと思いますけれども、一定の割合というものは幾らくらいであるかということを伺いたい。

○加治木政府委員　一応株式投資信託については、現在考えておりますのは十分の一、現実に十分の一で現在の株式投資信託を指導いたしております。

○竹本委員　大体こういう場合に、みな日本では一割というふうに考えるのでございますけれども、何か科学的な根拠がありますか。それとも、経験論ですか。

○加治木政府委員　科学的な根拠というほどのものはないのでございますが、外国の立法例も大体五％から一〇％というのが多いようでございます。その経験率というふうにお受け取り願ってけっこうだと思います。

○竹本委員　次の問題にまいりまして、信託財産として有する有価証券の議決権の問題でございますけれども、いままでは議決権は、だれが、どういう形で行使したかということについてお聞きしたい。

○加治木政府委員　実はいままでは、議決権はだれも行使していなかったのであります。御承知のように、法律上の信託関係というのは、委託会社と受託会社である信託銀行との関係が信託関係になっておりますので、株券は信託譲渡によって信託銀行名義になっておるわけでございます。信託銀行は金融機関でございますので、一割をこえて持つ場合には議決権を行使してはならないというふうに、独禁法との調整をはかって、そういうふうになっております。ただ、受託銀行は、一つの委託会社として見れば、発行会社の総発行額の十分の一以上は持てませんが、受託銀行はいろいろな委託会社から信託を受けますから、当然十分の一をこえた割合の名義人としての株主になっておる場合があるわけであります。これは、そういう規定の関係で議決権が行使できない。しからば、それぞれの委託会社に議決権を行使さしたらどうか。名義は信託銀行であっても、その代理人となって、あるいは委託会社の指図に基づいて信託銀行に議決権を行使さしたらいいじゃないかという点も考えたのでありますけれども、実は、そうしますと、一つの信託銀行がたとえば三つの投資信託会社から信託を受けている場合には、名義は同一名義でありますけれども、三人の実質株主がいるわけでございます。そうすると、議案に対して三人が同じ態度をとるとは限らないわけです。ある者は賛成、ある者は不賛成、ある者は留保ということがあると思います。そうしますと、株主名簿上は同一名義人でありながら、持ち株の半分は反対、半分は賛成、こういうことをやらなくちゃならなくなるわけでございまして、従来、商法の解釈上、株主権、議決権の不統一行使、分割行使はできないという解釈がありまして、それに従わざるを得ないということで、委託会社の指図もできなければ、議決権の行使もできなかった、こういう状況でございます。これをこの際今度の法律で改めまして、委託会社に指図権を与える。これは去年商法が改正になりまして、こういった場合には不統一行使ができるということが法律上明らかになりましたので、それに対応するものでございます。

○竹本委員　いまの場合は、技術的に困難であったから、行使をしようと思っても議決権の行使ができなかったというのか、あるいは、行政指導でさせないでおったのか、どちらですか。

○加治木政府委員　投資信託というものは、当然株式への投資ということでございます。株式への投資ということは、株主権を当然伴うわけであります。したがって、議決権の行使も、できれば委託会社に行使させたかったのでありますけれども、いま言ったように、法律解釈上、不統一行使ができないという解釈に従って指図を差し控えざるを得なかった、そういうことでございます。それが好ましい姿だということで指導したということではございません。

○竹本委員　次には、先ほど御議論がありましたが、社団法人の今度の投資信託協会の問題でございますが、今度の内容は、だいぶ具体的にその使命と任務を規定されておるようでございますけれども、社団法人としての性格にはやはり変わりはないということでございますか。

○**加治木政府委員**　特殊法人の性格を明確にするためには、組織そのものも法律で規定するということが通常の方法でございます。しかし、現実にいま社団法人である投資信託協会があり、自主規制的な機能を果たしてきております。したがいまして、この際、組織としては従来どおりのものを借用して、ただ、その法目的あるいは規制権限、大蔵省の監督権限、この辺は特殊法人らしい姿に切りかえた。ただし、組織としては社団法人である民法法人としての性格をそのまま引き継ぐことができるように法律上措置いたしたのであります。

○**竹本委員**　その点はむしろ、社団法人という民法法人の性格からいって、いま期待されておるような重要な使命、任務を果たすのには、やはりぼくは不十分ではないかと思うが、その点の検討はどの程度されたものであるか。もう一つ、社団法人である以上、メンバーの問題が出てまいりますけれども、それの内容、構成はどういう形でありますか。

○**加治木政府委員**　法人の組織の問題でございますので、むしろ、この協会に期待いたしておりますのは、協会の業務及びその目的でございます。その目的及び業務は、法律上、投信法上明らかに公益目的のためであるということを明定すれば、組織は同じであっても、期待さるべき役割りは十分果たされるのじゃないか、こういうことで組織は従来のものをそのまま借用したわけでございます。

　それから、これは強制加入になっておりませんが、少なくとも委託会社は全員、それから、当時受益証券を販売する証券会社は、実際上全部入るように行政指導してまいりたいと思いますが、法律上は強制加入にはなっておりません。

○**竹本委員**　これをちょっと拝見してみますと、もっともなことが書いてあるのですけれども、これはいままで行政指導なり、その他法律によらない方法でやってこられたことではないか。それをもっともっと重からしめる意味において、せっかく法の改正をやるということであれば、その問題の多い流通市場等の問題についても思い切って抜本的に取り組んでいくのだという決意の表明としては、やはり特殊法人でもつくるということのほうが、ぴったりするのではないか。社団法人ではあるけれども少し監督権を強化するといった程度では、なおもの足りない感じがいたします。

　次に、私が販売会社から受益証券を買うといった場合のことでありますけれども、二つの点を伺いたいのです。

　今度は私と委託会社との関係は一体どういう法律関係になるのかということが一つであります。

○**加治木政府委員**　いままでですと、受益証券を買ったお客さんと委託会社との関係は、投資信託を設定してくれという一種の委任関係にすぎなかったわけです。その財産をどういうふうに運用するかということは、信託約款に一任されているわけでございます。信託約款というのは、受託銀行と委託会社との間の約款で、受益者との関係じゃないわけでございます。経済的な実態からいうと、むしろ受益者と運用の全権を握っている委託会社との間に信託関係を発生させるべきではないか、あるいは、三者構成の信託関係というものを設定すべきではないかというふうに考えられたわけでございます。したがって、できればそういう構成をとりたかったのでございますけれども、信託法というのはなかなかむずかしい法律でございまして、どうも外国の立法例、これは英米系統の法律でございますけれども、三者構成ということもなかなかできない。どうしても信託法上は他益信託としての従来の形を踏襲せざるを得ないだろう。したがって、これを投資信託法上、受益者と委託会社との関係に信託類似の関係を発生せしめる、これが受益者に対して委託会社は忠実の義務を負う、こういうことにしたわけでございます。

　したがいまして、この忠実義務の内容は、信託財産を運用する、あるいは議決権を行使するにあたって、もっぱら受益者の利益のみを考慮しなければならない、こういうことになったわけでございます。

○**竹本委員**　実質的には違うとおっしゃるけれども、法律的には同じですか。

○**加治木政府委員**　これは解釈でございますけれども、従来の形はただ、投資信託というものを設定してくれ、あなたのほうでこしらえた投資信託というものに私を一枚入れてくれというだけの委任関係ではないかというふうに解釈されておったのですが、今度は、実質的に投資信託の財産を運用するにあたって、委託会社は、受益者の利益を考慮して、受益者に対して忠実の義務を負う、こういう実質的な面を信託類似の関係に置いたわけでございます。

○**竹本委員**　もう一度伺いますが、その忠実義務は、だれがだれに対して負うのか、もう一度そこをはっきりしていただきたい。

○**加治木政府委員**　それは委託会社が受益者に対して負うわけでございます。

○**竹本委員**　負うのだけれども、それは特に法的根拠というのはないのじゃないですか。

○加治木政府委員　信託法にはございません。したがって、投資信託法上、新たにこれを発生せしめたのであります。

○竹本委員　もう一つ、同じような関係でございますが、今度は私が受益証券の申し込みをした。申し込みをして、それから締め切られて、いよいよ設定されるという途中の事故に対しては、だれが、どういう責任を負うか、あるいはまた、預けた金を、投信が設定されるまでの間にかってに運用して、もうけたり損をしたりした場合、それはどういう法律関係になるかということであります。

○加治木政府委員　募集行為をやっているのは、委託会社ではございませんで、販売をやっておりますのは通常の証券会社でございます。したがって、証券会社が、設定されるまでの間、預かっておって、期日が来たら投資信託を設定する、そういう債務を負っている、そういう関係でございます。

○竹本委員　そうしますと、その場合には、一時預かりに関する普通の民法的な関係ぐらいのものしか出ない。投信についての、しかも金額が多い、利用者も多いといった場合、特別な場合に対する法的な規制はない、こういうことですか。

○加治木政府委員　そういうことでございます。ただし、この辺は、今度の協会の自主規制で販売面も規制することになりますから、きちんとした規定をさせるつもりであります。

○竹本委員　これもやはり何だか不十分なような感じがいたしますが、普通のちょっとしたものの一時預かりとは違って、これはたいへんな金額を、たいへんな人々が投信を買うために預けるわけですから、それに対して何らかの用意というものがないと問題が起こりはしないか。

なお、念のために伺いますが、従来その過程において問題が起こったことはありませんか。

○加治木政府委員　従来その過程で問題が発生したということは、私は聞いておりません。ただ、この関係は通常の株式、社債募集の場合にも当然そういった期間があるわけでございます。その一般の例にならっているわけでございますが、ただ、今度はこちらには投資信託協会というのがございますから、販売関係に伴う規制の一環としては、当然厳重な規制が行なわれることになると思います。

衆議院　大蔵委員会議録第三十号

昭和四十二年七月十一日(火曜日)

出席委員

委員長 内田常雄君
理事 原田憲君　理事 藤井勝志君
理事 三池信君　理事 毛利松平君
理事 吉田重延君　理事 平林剛君
理事 武藤山治君　理事 竹本孫一君
足立篤郎君　大村襄治君
鯨岡兵輔君　小峯柳多君
河野洋平君　笹山茂太郎君
永田亮一君　西岡武夫君
村山達雄君　山下元利君
山中貞則君　渡辺美智雄君
阿部助哉君　広沢賢一君
広瀬秀吉君　堀昌雄君
村山喜一君　山田耻目君
永末英一君　田中昭二君

委員外の出席者

参考人(証券投資信託協会会長・山一証券投資信託委託株式会社社長)　間島達夫君
参考人(野村証券投資信託委託株式会社社長)　神原藤佐尾君
参考人(日興証券投資信託委託株式会社社長)　犬飼重幸君
参考人(大和証券投資信託委託株式会社社長)　西村正己君

(ほか略)

本日の会議に付した案件

証券投資信託法の一部を改正する法律案(内閣提出第一一八号)

○内田委員長　これより会議を開きます。

(中略)

証券投資信託法の一部を改正する法律案を議題といたします。

本日は、参考人として、お手元に配付いたしておりますとおり、証券投資信託協会会長、山一証券投資信託委託株式会社社長の間島達夫君、野村証券投資信託委託株式会社社長の神原藤佐尾君、日興証券投資信託委託株式会社社長の犬飼重幸君並びに大和証券投資信託委託株式会社社長の西村正己君がそれぞれ御出席になっております。

まず、間島参考人から証券投資信託協会会長としての御意見をお述べいただき、そのあとに各参考人に対する質疑を行なうことといたします。間島参考人、お願いいたします。

○間島参考人　最初に申し上げたいことは、今度政府で御提案になりました投資信託法の一部を改正する法律案は、業界といたしましても、その内容については納得いたしておりますので、ぜひ成立することを希望しておるということを述べさせていただきたいと思います。続きまして、協会会長といたしまして、最近の投信の概況を申し述べ、われわれの心がまえと申しますか、そういうものを申し上げて御参考に供したい、こう思うわけでございます。

数字がお手元にあるかと思いますけれども、御参考に申し上げますと、昭和三十九年の十二月の末でございますが、株式投信は一兆一千六百十五億五千八百万円の元本を持っておったわけでございますが、ことしの六月の末には、それが非常に減りまして七千四百七十三億八千三百万円、非常な激減ぶりでございます。公社債投信は、これはふえておりまして、これが幾らかなぐさめでございます。

実は、この元本の減ると申しますのは、運用からいたしますというと、ほとんど売り一方の運用になるわけでありまして、非常に運用がやりにくいということでございまして、われわれはここ二年半の間非常に胸を痛めておるのが実情であります。

皆さんは先刻御承知と思いますが、新聞紙で言われておりますように、なぜこんなに投信が減ってきたのか、悪くなってきたのか、こういう点を申し上げますと、過去、高度成長時代にこれは躍進に躍進を続けまして、非常に膨張いたしました。かつて加えまして、非常に高率な分配をいたしました。それから償還いたしますときには、おそらく二倍以上の償還、五千円のものが一万二千円とか一万三千円で返す、そういうものだということをお客さまに非常に深く植えつけてしまった。ところが、高度成長の時代が終わって、株式市況が沈滞した、こういう時代になりますと、その裏目が出まして、分配は非常に低くなる、それから元本は割れる、こういう状態を現出したわけであります。

そこで、私どもといたしましては、一日も早く投資家の信頼を回復しまして、何とかこれを盛り返したいという気持ちに燃えておるわけでございますけれども、それにはわれわれはどういうことをしたらいいか、その根源を探りますと同時に、われわれは非常に反省に反省を重ねまして、われわれといたしましては、本業、証券会社との分離独立ということが根幹であるということに気がつきまして、これをまず第一にやろうじゃないか、それから派生いたしまして、株式の組み入れ限度の検討をいたしました。それからもう一つは、いわゆるコロガシも過去は、やり過ぎたということを反省しなければならない。それから、基準価格の下がるのをとめる一つの歯どめといたしまして、株価変動準備金というようなものの積み上げの率を上げまして、だんだん歯どめを大きくした、防波堤を高くした、こういうことをやりました。その中で、昨年の十一月に協会できめました投信制度の改善要綱というのがございますけれども、いままでやりました改善の中でこれが一番大きなものでございます。

御参考に申し上げますと、大体三つの柱があるのでございますが、一つは、委託会社の自主的運用体制の確立、これは本業との分離独立をどういうふうにしたら完全にできるかというようなことがその内容でございまして、その一つといたしまして、本業の販売にあまり依存するからいけないのであって、それでは、販売を一般の証券会社に公開してはどうか、それからもう一つは、信託財産の株式の売買を本業の証券会社だけに出すのではよくないから、これは販売してくれた中小の証券会社にも株式の売買の注文を出すというようなことをやろう。それからあとは、本業との間の役員人事の交流を避けるというようなことが内容でございます。要は、本業の証券会社からいかに分離独立するかということが内容になっております。

その二は、証券投資信託協会による自主規制の強化ということでございます。強化と具体的に申しますと、理事会に会員外の理事をお入れし、もう一つは、協会の審議会的な機構、評議員会というのを設けまして、この中にまた業界外から半分をお迎えしていろいろ御意見を聞く。

その他は、株式の組み入れ限度、それから早期解約の防止、価格変動準備金の率を上げるとか、信託報酬の取り方を合理的なものにするとかというようなことをきめたわけでございます。

これで、大体私どもとしてやれることはやったつもりでございますが、今度の改正法案はわれわれの制度改正の総仕上げという形であらわれた、こういうふうにわれわれは理解しておるわけでございます。

そこで、改正法案がここで通りまして、一応投信制度の改善改正はこれで終わったのだということになりますと、それを出発点といたしまして、これからの発展のために前向きな努力を続けていきたい、これから投資家の信頼を回復した上に、投資家が非常に魅力のあるものだと思うような商品をつくっていかなければならない。これから大いに勉強して、そういうものをつくって投信の販売を伸ばしていきたい、こういうふうに念願しておるわけでございます。

○内田委員長　これより質疑に入ります。

○堀委員　法案の内容が投資家保護に徹しておるという点において、私たちは望ましい改正だと思っておるのであります。

この法律の最も重要視しております問題点、そして、私どもこれまで重要視しております問題点は、いかにして証券会社、投信委託会社とが実質的に分離をして、委託会社が自主的に投資家のために運用をしてくれるかどうかだと考えておるわけであります。

次には、投資家保護という観点から見まして、投資信託の内部におけるいろいろな問題点によって、ある部分の投資家は有利になるかもしれないけれども、かえってそのためにある部分の者が不利になるというような問題も今度法律によって定めを置くことにいたしました。

そこで、実質分離の問題でありますけれども、私ども、協会でおきめになった改善要綱というのを拝見いたしておりますと、証券会社からおいでになった方が今度証券会社へ帰るときには、一定の期間を置いてからでなければならぬということにしたい、大体の目安はどのくらいの期間を置かなければならぬというふうに考えていらっしゃるのか。

○間島参考人　それでは、お答え申し上げます。

本業との役員の交流の問題でございますけれども、私は、本業からもらうことはある、これは人がない場合に、ことに運用部長などは、急にはかから持ってきましてもうまくいかないという点で、将来はわかりませんけれども、とりあえず、やっぱり本業からもらわなければならない。そのかわり、全部骨まで見るから、委託に骨を埋めるつもりでやってもらいたいというふうに話してございます。

○堀委員　ただいまの御意見は、これは協会長としてでしょうか、山一投信委託の社長としてですか。

○間島参考人　私のいまの最後の答えは、山一投信の社長としての意見でございます。

○堀委員　それでは、各社長からいまの問題についての御意見を承りたいと思います。

○神原参考人　私、野村証券投資信託委託株式会社の神原でございます。

御指摘の点は、この特定証券会社、私のほうで申しますと野村証券でございますが、少なくとも、受益者の利益にそぐわないもの、利益にならないもの、そういうものに対しましては、あるいはまた、そういう面の介入なりあるいは干渉という面につきましては、どういうところであろうと、われわれの立場に徹して運用に従っていくというふうに考えております。

人事の問題につきましては、いま間島さんからおっしゃったような気持ちと全く同じでございまして、私も、証券から参りました者に対しましては、きつくそういうつもりでやっておりますし、また、本人も委託会社で骨を埋めるという気持ちで仕事をしておるものだと思います。

しかし、いま委託会社としては、まだ人材の育成が十分ではございませんので、その点、証券関係の非常に知識、経験の深い者をやはり相当今後も得ていかなければならないんじゃないか、と思っております。一番それを供給し得る立場は本業の証券会社じゃないかというようなわけで、その場合でも、委託に来たというただそれだけで、若い重役は、より高い舞台の、より広範な立場で証券のための仕事に従事できる、そういう立場がなくなるということは、ちょっとこれは考えなければならぬのじゃないかと思うわけです。

○堀委員　私、最後のところに引っかかるのです。

若い人が本業から投信委託に来た。そしてこの人が、いまのあなたのおことばでは、より高い立場で証券界として働く場合を考えておく必要があるんだ、こういうふうにおっしゃったわけですが、本業に帰ったほうが、あなたはやはり投信委託よりはより高いと考えていらっしゃるわけですね。そういう思想が、私は一番根本的に問題だと思うのです。証券会社のほうが上にあって投信委託が下にあるという発想を改めてもらわない限り、この投資信託法の問題は解決しない。だから、同じ高さになるという、ここの発想の土台がきちんとしなければならぬ。その点をもう一ぺんお聞きしたい。

○神原参考人　私がいま高いと申しましたのは、ちょっとこれはことばの不行き届きでございまして、いまおっしゃったような意味で私が申し上げたわけではございません。本業とわれわれと、高さをどうこうと言っておるわけじゃございませんで、私が申しましたのは、投資信託だけじゃなしに、もっと広い証券界で仕事をする、そういうように申し上げたわけでございまして、高いということばを使いましたのは、そういうような意味じゃございませんで、その点は、ひとつ私、十分なにさしていただきたいと思います。

○犬飼参考人　私は日興投資信託委託株式会社の犬飼でございます。

私個人で、これから人の運命を左右することを言うわけにはまいりませんが、おそらく、じかに証券会社へ復帰するというような人はいないと思っております。

○西村参考人　大和証券投資信託株式会社の西村でございます。

現在六人取締役がございますが、そのうち二人は大和証券以外のところから来た者でございます。あとの私を入れて四人は大和証券から来た者でございますが、この四人とも、いずれまた大和証券へ帰るというような考えを持った者は一人もございません。

○堀委員　ちょっと神原さんの御答弁にこだわるわけではありませんが、私は証券界、確かに広いと思いますが、この前の証取法改正を私どもが国会で審議をいたしまして成立をいたしました趣旨は、やはりここには職能分化を明らかにしていきたいという問題が一つあるわけです。ですから、どうしてもそこでは、投信の運用をする方たちも、おのおのその道に専心をしていただくことによって、投資家の利益を守った結果が、証券会社なり投資委託会社なりにプラスにはね返るというのが、私は、ものごとの順序、筋道ではないのかと思うのであります。

（中略）

要するに、私がここで言いたいことは、投資信託の社長としての権威を明らかにしてもらって、本業と対等なのだという、ここをやはり心がまえの中で明らかにしていただきたいということが主たる眼目でございまして、一定期間なんていうことは、たいした問題じゃないわけですから、どうかひとつ、その点、意のあるところを御了承いただきたいと思います。

その次に、私はこの間もジャパンファンドの例をとって当委員会で少し話をいたしました。ジャパンファンドのミスター・セガマン氏が五月八日にニューヨークの証券アナリスト協会で「日本の株式市場とジャパンファンド」という話をしておられる。その中で「東証の二二五種平均株価は一九六二年四月以降、現在までに五・七％しか上がっていない。これに対してわが社の一株当りの純資産は五七・一％、純資産総額は五一・二％の値上がりとなっている」こういうふうに言っておられるということが伝えられておるわけですね。一体、このジャパンファンドができてから今日までのユニットの値上がり率というのはどのくらいでございましょうか。

○神原参考人　ジャパンファンドとの御比較をいただいたわけでございますが、三十七年の十二月から昨年の十二月までの四年間をとって数字を見てみました。そうしましたら、ジャパンファンドは、大体分配金を込めた修正の上がり方としては四割四分八厘上がっておる。ところが、当社のユニットの加重平均では、分配金を入れまして一割九分二厘の上がりである。反面、私どもの大型ファンドあたりを例にとってみますと、これは六割一分六厘ほど上がっておりまして、ジャパンファンドよりもいい上がり方をしておるなというふうに考えておるわけでございます。反面、去年の六月からこの六月の一年間をとってみますと、ジャパンファンドの上がり方は七分六厘、私のところのユニットは六分七厘の値上がりである、前よりもだいぶん数字が接近してきたような形でございます。いま申しましたのは一株当たりの純資産についての数字を申し上げましたが、市価について申しますと、それまでにだいぶん下がっておった関係で、この一年間はジャパンファンドの市価は一割二分九厘上がっております。ところが、最初からいままでの動きを見てみますと、ディスカウントの関係を入れましたら、お客さんのほうの関係は、純資産価格が上がっておるほどプラスになっておらないというような数字が出ております。一株当たり純資産は、配当込みの上がりは六割三分七厘である、市場価格を中心にしてのものは九分九厘の上がりであるというような数字も載っております。

○堀委員　ここで問題なのは、純資産総額で対比をされた場合にこういうことが起こる中で、「日刊株式経済」というのをちょっと見ておりますと、ある大きな投信委託の運用重役に会ってこの話を聞いてみた。そうしたところが、ジャパンファンドはスケールが小さいから、われわれのほうよりは非常に小回りもきいて有利だ。第二には、何を買おうと何を売ろうとジャパンファンドは自由であるが、われわれのほうはがんじがらめに縛られているということだ、こういう問題が出ております。これは私は、まことに言い得て妙あり、こう感じておるわけです。ということは、私が少なくともこれまでに承知しておる限りでは、ある投信委託会社がそこへ組み入れられておる株は、比重としては、本業証券会社が幹事であるものの比重が非常に高い、これは間違いのない事実だと思います。

私はこれが分離をされてない一つの姿として非常にわれわれの目には映るわけです。

第二点の問題は、運用上の問題として、日本の投資信託の運用は、回転率は一体どういうことになっているのだろうかということなんです。やはり最も理想的にいうならば、一番高いなと思ったところでその銘柄を売って、そうして今度下がったなと思うところで買って、また高くなったら売るということが行なわれておれば、実はジャパンファンドのような四四・八%の純資産の増額ということになってくるのじゃないのか。ところが、さっきお話しになった野村の場合が一九%、全体としては一二、三%からこの間ぐらいに入るのじゃないかという感じが私はするわけですが、その運用上の問題というのがいまの株式の銘柄その他にも影響されておる点がないとはいえないのではないかという気が私はするわけです。

第三点は、ジャパンファンドの組み入れの中にはかなり値がさ株も入っておる。受益者のために最も有利にしようと思えば、たとえば、大型の株というものは、インカムゲインをある程度確保していくためには、そういうもののほうがいいという問題もありましょう。しかし、キャピタルゲインをある程度この中へ持ってこようというのならば、やはり値がさ株というものがある程度入っていて、それが小回りのきくかっこうで目が届く範囲の中の銘柄に限られておったときに、運用の妙というものが具体的に実現できるのではないか。そういうような値がさ株というものの問題も、私はここらにジャパンファンドは適切に運用しておるのではないかというふうに感じておるわけです。売りも買いもがんじがらめなんというようなことではなくて、客観的に投資家の利益になる形で運用をしていただくということを、ここで私は四社の社長からひとつ御答弁をいただきたいのです。

○間島参考人　最初の御質問の中でスケールの点をおっしゃいましたけれども、マンハッタンファンドのゼネラル・サイ・ジュニアは、それに対しまして、そういうことはないのだ、大きければ大きいほどまたやりいい面もあるというような答えをしておったかと思うのでありますが、スケールが小さい、大きいということは、私どもは問題にしてはいけないかと思います。

それから銘柄の点でございますけれども、幹事会社の点をおっしゃいましたが、これは、この点は、私が投信に参りましてから五年ぐらいになるのでございますが、一番最初に気がついた問題でございまして、ちょうど山一証券社長が交代をいたしましたのは三十九年暮れかと思いましたが、新社長が就任された早々、私どもは幹事会社のゆえに投信にそれを組み入れなければならない、組み入れたら最後、それは売ってはならぬ、それから、もっと買えというようなことは非常に困るのだから、それはひとつ含んでもらいたい、われわれは安いときに入れて高いときに売るのだから、それは幹事会社というようなことを考慮いたしませんということを宣明いたしたわけでございますが、新社長は、そのとおりだ、それはそういうふうにひとつ私も幹事会社に言って歩こうということを言ってくださったので、私は非常に意を強うしておりますので、私どもは、現在のところはそういうことは考慮しないで売り買いをやっております。

○神原参考人　幹事会社関係のお話がございましたけれども、私のところは、少なくとも私らは、野村証券の幹事会社がどうこうという、そういう観点から組み入れしておるものは全然ございません。すべてこれは、その会社がいいから、あるいは、その会社が将来なお成長していくから、そのことは信託財産のプラスになるからという、あくまでもそういう立場から組み入れをやっておるわけでございます。

○犬飼参考人　バランスのとれた銘柄を入れまして、安定運営、基準価額を割らない、これを原則といたしまして、いろいろ成長株とかございますが、無理をしないという方針でございまして、今後もその方針をとっていくつもりでございます。

○西村参考人　幹事会社の銘柄が多いじゃないかというお話、これは、確かに成立当時から見ますと、当時は幹事会社がたくさんあったということは否定できないと思います。しかし、これはある意味におきましては、幹事会社というのは非常に情報が入るという点がありまして、そういう利点があるのです。しかし、幹事会社だからといって、われわれは入れるというわけではない、いいものは入れるし、悪いものは入れない、これは方針でございます。

○堀委員　いろいろと利回りその他の問題を考えられる場合に、売買の関係ですね。

今度のファミリーファンドの構想は、マザーファンドとベビーファンドがありますから、コロガシという問題は、今度はマザーファンド間のコロガシになりますから、そういうことは非常に少ないと思いますけれども、大蔵省側としては、資金上やむを得ざる場合には投信間の売買を認めよう、こういう考えのようであります。

私が言いたいのは、運用の適切でない点を資金上の問題にすりかえてコロガシをやられることはお断わりをしたい、端的に申し上げますと、こういうことなのです。これについて、ひとつ皆さんの御見解を伺いたいと思うのです。

この間ある雑誌で見ると、コロガシにはいいのと悪いのがあるんだ。そこで、大体コロガシがいけないなんというのは、事情を知らない者の言うことだというようなことが出ておりました。専門家がいらっしゃるから、コロガシというものには、いいのと悪いのがあるとか、コロガシがいかぬというのは、どうもそういう運用のいろいろなことを知らないからそういうことになるんだという点があれば、ひとつそれを教えていただきたいと思いますので、それとあわせて二つ、お願いいたします。

○間島参考人　最初マザーファンドのお話をなさいましたけれども、この点は、いま各社ではいろいろ研究しておりまして、いろいろなタイプができておるわけでございます。

なお、参考に申し上げますと、実は、マザーファンドの話は管理本数を減らすというような発想でありまして、管理本数を減らす方法にはいろいろあるわけで、いま申し上げましたマザーファンドもその一つでありますが、もう一つは、ユニットでありますが、それも管理本数を減らす一つの方法であります。それからもう一つは、信託財産同士の合体、このどれをとるかは各委託会社の自由になっておりますのですが、いま申しましたように、やりたいというところができましたときにすぐやれるように、十月一日までには一つのあれをまとめたい、こう思っております。

コロガシの点でありますが、これは世間に非常に悪名を流しましたものですから、私といたしましては、きわめて局限された範囲内において、やむを得ない場合にこれを正当にやっていく、その場合に、いつもわれわれが考えなくてはいけないことは、それが一体受益者のためになるかどうか、こっちの信託財産にはいいけれども、こっちの信託財産には困るというものはやりたくないという考えでございます。

○神原参考人　信託財産相互間の売買についての御質問でございますが、私たちとしましても、これはごく限られた範囲でしかやるべきものじゃないというふうな気持ちでこれを考えておるわけでございまして、先ほどお話がございましたように、マザーファンドのような形のものができますと、御承知のとおり、いままでのようなコロガシの必要というのは相当減少するのではないかというふうに考えております。しかし、現在のところでは、まだ前の制度のユニットがたくさんございます。これはやはり償還の準備のためとか、あるいは信託報酬あるいは分配金あるいは株価変動準備金の積み立て、そういうような場合のための売り、あるいは、そのためのあとの資金補充、そういうために売り買いが起こることがあり得ると思います。しかし、基本的には、それぞれの財産にマイナスにならぬようにやっていかなければならぬと同時に、また両方の財産にプラスになるように、両方の財産にそれぞれ意義があるような財産相互間の売買というものに限ってやりたい、最小限度に限ってやるというふうに考えております。

○大飼参考人　コロガシにつきまして申し上げます。

私のほうにおきましても、コロガシにつきましては、極力自粛いたしておりまして、最近は二〇%を割っているような低率になっておりまして、この根本的考えは、受益者に損害を与えないようにというのが根本的な考え方でありまして、御指摘のように、資金繰りで売ることにつきましては、今後厳に慎みたいと思っておるのであります。

○西村参考人　信託相互間の売買というものは、厳に制限すべきものだと思います。これをやる場合は、両方のユニットにともに利益になると考えられる場合に限るべきものである、口でそう申しますが、実際にこれを実績で示さなければなりませんので、私のほうでどういう実績であるかということをちょっと申し上げますと、昭和三十九年には全売買高に対するコロガシの割合が五三・三%、非常に多かったのでございますが、四十年には一〇・六%、四十一年には一六・二%、ことしの一月から六月までの集計は一一・四%、数年前に比べまして非常に減っております。今後ともこの程度でやっていくつもりでございます。

○堀委員　いまお話しになった中で、皆さん努力していただいて改善をしておられることと思いますが、論理上の問題としてちょっとひっかかりますのは、二つの投資信託があって、どっちにもマイナスにならないで、どっちにもプラスになるという売買は、私は論理的にはあり得ないと思うのです。さっきの資金上のお話、神原さんが、償還とか信託報酬を払う関係があって、こうおっしゃったのですが、償還なんてわかっておるのですよ。あといつになったら償還、信託報酬をいつ払うかきまっておるのです。きまっている資金需要に対してコロガシは私は困ると思うのですよ。きまっているなら、もっと事前にやっておいてもらいたいわけです。ただ問題は、不可避的な問題、解約が殺到してきて、資金上、売らなければどうにもならぬという不可避的な条件にひとつできるだけしぼってもらいたい。それでなければ、当然償還なんというのはわかっておるのだから、そういう時期、もし場合によったら一年先に売っちゃって、そうして、それがプールになっていてもいいんじゃないか、それを、もうちょっと持っていたら上がるだろうと思って持っているうちに、なかなか上がりもしないで売れない、売れないからと思って、持っているうちに償還が来たから、これは乗りかえだ、こうなれば、これは私は投資家のために必ずしも適切な運用ではないような気がしますので、その点ひとつ、私の意のあるところをお考えを願いたいと思いますので、ひとつよろしくお願いしたいと思います。

それから、あと二つばかり申し上げたいのは、私は、投資信託は非常に改善をされたと思うけれども、どうも解約が非常に大きいわけです。私は、押し込み販売が行なわれているのではないかという気がしてしかたがないわけです。

ひとつ協会長から、一体押し込み販売というのは、よその会社のことはわからないかもしれませんが、どうなんだろうか、感触だけちょっとお伺いしたい。

○間島参考人　このごろは各業界に押し込み販売ということがありますが、最近、さっきおっしゃいましたように、解約率が非常にふえておるわけであります。私のほうといたしましては、しょっちゅう販売サイドと相談いたしまして、ひとつ無理なことはしないでくれ、私のほうは設定は少なくとも、解約の少ないほうがいいのだから、ぜひそれはやめてもらいたいということを常々申しておるのでございます。

そういうことでなしに、できるだけ新規にお客さんを開拓してもらいたい、そのようにわれわれは督励しておるつもりでございまして、私どもは無理な押し込み販売というものは決して勧奨しておるわけではございません。

○堀委員　実は、私この解約の問題を少し調べておりまして、最近でもそういうことが行なわれておるという感じがする問題があるわけです。

それは何かと申しますと、皆さん方が、大型のオープンを各社、ある月に一つ集中してどんと何百億と売っておられるわけですね。これを売っておる前の月くらいから解約率がぽんと上がるわけです。そして売った月も上がって、その次くらいまでその余波が残る。これは大型のオープンを売るときには押し込み販売をやっておるという明らかな事実だと思うのです。

どうかひとつ、この点については、皆さんはもう御承知のことだと思いますけれども、お考えいただきたいのと、それから、大蔵省に一つ要望しておきたいのは、こういう事実が起きる限り、大型ファンドの設定は、私はちょっと考えてもらいたいと思う。この法律の趣旨に照らしても、そういうことのないように、ひとつ厳重にこの取り扱いについては考えていただきたい、こう思います。

最後に、今後のマザーファンドについて皆さんいろいろ御研究いただくことだと思うのですが、私は、さっき山一の社長もおっしゃったように、アメリカの投資信託というのは、いずれも運用者が非常にはっきりしているわけですよ。ゼネラル・サイ・ジュニアがマンハッタンファンドをやる、こう言えば、それにきゅう然として資金が集まる。要するに、これは運用責任者に対する信頼の問題なんですね。日本の投資信託というのは、一体だれが運用しているのかさっぱりわからないわけですよ。そこで、少なくとも今度マザーファンドをつくる以上は、マザーファンドの運営者はだれですということをひとつ販売の際に明らかにしてもらいたい。そうして、やっているうちに、あの運用者は非常に運用率がいい、ちょうどいまのジャパンファンドと日本のユニットみたいな差が一つの会社であったって出ていいと私は思うのですよ。運用責任者が投資家のほうを向いてやるならば、今度は運用責任者と社長との間で、もしかりに社長が、おい、本業のあれに関係があるからこうしてくれなんて言ったって、運用責任者は、冗談じゃありません。これは私の責任で、運用に関しますからお断わりするというようなことも起こるかもしれぬ。そのくらいにひとつ責任を明確化して、投資家の利益を守るというその姿を確立していただくならば、今度の投資信託の改正というのは生きてくるのじゃないかと思います。大型ファンド解約の問題に対する問題と、いまの運用責任者を明確にする問題について協会長から御答弁をいただいて、私の質問を終わります。

○間島参考人　マンハッタンファンドのゼネラル・サイ氏の問題でございますけれども、ゼネラル・サイ氏はフィデリティーというファンドのディレクターをしておりまして、運用をして非常に成績がよかった。それが独立してマンハッタンファンドを昨年の二月にやりまして、最初二千五百万ドル募集するつもりが、何と、十倍以上の二億七千万ドル集まって、その後株式市況の不振につれて下がったので純資産も下がったのでございますが、なお信頼を得まして、現在四億五千万ドルくらいの財産を持つようになったわけでございます。これは会社でなくて、ゼネラル・サイ氏の運用責任を買ったわけです。

先ほどおっしゃいましたように、いろいろ運用の際に、運用責任者はだれであるかということを明確にして、あれがやるなら安心だというものに仕立て上げたいものだ、こういう気持ちでおるのでございます。

○堀委員　終わります。

○内田委員長　参考人に対する質疑はこれにて終了いたしました。

本案に対する質疑はこれにて終了いたしました。

本案については、討論の申し出がありませんので、直ちに採決いたします。

本案を原案のとおり可決するに御異議ありません

か。

〔「異議なし」と呼ぶ者あり〕

○内田委員長　御異議なしと認めます。よって、本案は原案のとおり可決いたしました。

（以下略）

衆議院会議録第三十七号

昭和四十二年七月十一日（火曜日）

○本日の会議に付した案件

証券投資信託法の一部を改正する法律案（内閣提出）

計理士の名称の使用に関する法律案（大蔵委員長提出）

午後二時十五分開議

○議長（石井光次郎君）　これより会議を開きます。

（中略）

委員長の報告及び趣旨弁明を求めます。大蔵委員長内田常雄君。

○内田常雄君　ただいま議題となりました法律案二件のうち、まず、証券投資信託法の一部を改正する法律案につきまして、大蔵委員会における審査の経過並びに結果を御報告申し上げます。

この法律案は、最近における証券投資信託の実情にかんがみまして、受益者の保護を徹底するとともに、証券市場の健全な発展に資するため、次の諸点について改正を行なおうとするものであります。

すなわち、まず、委託会社の受益者に対する責任を明らかにするとともに、委託会社がその運用の指図を行なう信託財産相互間において一定の有価証券の取引を行なうこと、及び同一法人の発行にかかる同一種類の有価証券を一定の割合を越えて取得すること等、受益者の保護に欠け、または信託財産の運用の適正を害する行為を行なうことを禁止することとしております。

また、信託財産として有する有価証券にかかる議決権、その他株主の権利のうち必要と認められる権利の行使については、委託会社にその指図を行なわせることとしております。

第二に、投資信託業界の自主規制を強化し、その健全な発展に資するために、証券投資信託協会の目的、業務及び監督等に関する規定を設けることとしております。

第三に、単位型証券投資信託の運用を効率化するために、株式等に対する投資を特定の信託において集中して行ない、その信託の受益証券を単位型の証券投資信託に組み入れることとするいわゆるファミリーファンド方式を認めることとし、このような信託についても、証券投資信託とみなして、この法律の規定を適用することとしております。

この法律案は、参考人の意見を聴取する等、慎重審査の結果、本日全会一致をもって原案のとおり可決となりました。

（中略）

○議長（石井光次郎君）　これより採決に入ります。

まず、証券投資信託法の一部を改正する法律案につき採決いたします。

本案の委員長の報告は可決であります。本案を委員長報告のとおり決するに賛成の諸君の起立を求めます。

〔賛成者起立〕

○議長（石井光次郎君）　起立多数。よって、本案は委員長報告のとおり可決いたしました。

（以下略）

〔議事日程が原本にないため、本日の会議に付した案件を収録した。〕

参議院　大蔵委員会会議録第二十七号

昭和四十二年七月十三日（木曜日）

出席者は左のとおり。

理事
青柳　秀夫君
藤田　正明君
柴谷　要君
中尾　辰義君

委員
青木　一男君
伊藤　五郎君
大谷　贇雄君
小林　章君
西郷吉之助君
塩見　俊二君
徳永　正利君
西田　信一君
野上　元君
野溝　勝君
二宮　文造君
瓜生　清君

政府委員

大蔵政務次官　小沢　辰男君
大蔵省証券局長　加治木俊道君

参考人
証券投資信託協会会長　間島　達夫君

（ほか略）

本日の会議に付した案件

○証券投資信託法の一部を改正する法律案（内閣提出、衆議院送付）

○理事（青柳秀夫君）　ただいまから大蔵委員会を開会いたします。

証券投資信託法の一部を改正する法律案を議題といたします。

まず、政府から提案理由及び補足説明を順次聴取いたします。

○政府委員（小沢辰男君）　ただいま議題となりました証券投資信託法の一部を改正する法律案につきまして、提案の理由及びその概要を御説明申し上げます。

現在、証券投資信託は、広く一般大衆の間に普及し、その信託財産の証券市場全体に占める割合も相当大きなものとなっておりまして、その健全な運営は、社会的にも、また国民経済的にも、きわめて重要な課題であります。

このような状況にかんがみまして、証券投資信託における受益者の保護を一そう徹底するとともに、証券市場の健全な発展に資するため、ここに証券投資信託法の一部を改正する法律案を提出した次第であります。

以下、この法律案につきまして、その概要を御説明申し上げます。

第一に、証券投資信託の委託会社は、受益者に対して忠実義務を負う旨を明らかにするとともに、信託財産の適正な運用を確保するための措置を講じ、受益者の保護に資することをはかっております。すなわち、委託会社がその運用の指図を行なう信託財産相互間において一定の有価証券の取引を行なうこと、及び同一法人の発行にかかる同一種類の有価証券を一定の割合をこえて取得することを指図すること等、受益者の保護に欠けまたは信託財産の運用の適正を害する行為を行なうことを禁止することとしております。また、信託財産として有する有価証券にかかる議決権、その他株主の権利のうち必要と認められる権利の行使については、委託会社にその指図を行なわせることとしております。

第二に、投資信託業界の自主規制を強化し、その健全な発展に資するために、証券投資信託協会の目的、業務及び監督等に関する規定を設けることとしております。

第三に、現在、各委託会社は、多数の単位型証券投資信託について運用の指図を行なっておりますが、これらの運用を効率化するために、株式等に対する投資を特定の信託において集中して行ない、その信託の受益証券を単位型の証券投資信託に組み入れることとするいわゆるファミリー・ファンド方式を認めることとし、このような信託についても、証券投資信託とみなしてこの法律の規定を適用することとしております。

このほか、委託会社の免許基準、監督に関する規定の整備、その他投資者保護のため必要な規定の整備をはかることといたしました。

以上がこの法律案の提案理由及びその概要であります。何とぞ御審議の上、すみやかに御賛成くださいますようお願い申し上げます。

○政府委員（加治木俊道君）　ただいま政務次官から提案の理由、その概要について説明がありましたが、証券投資信託法の一部を改正する法律案につきまして、補足して御説明申し上げます。

今回の証券投資信託法の改正は、証券投資信託の受益者の保護の徹底をはかり、あわせて証券市場の健全な発展をはかるための施策の一環として提案するものであります。

まず、委託会社の受益者に対する責任を明らかにし、信託財産の運用の適正を確保するための所要の規定について御説明申し上げます。

本来、証券投資信託におきましては、信託財産の運用指図権を有する委託会社は、その管理保管の責めに任ずる信託銀行とともに、受益者に対し実質的には共同受託者たる地位にはあるのでありますが、法律上は委託会社の受益者に対する責任関係は必ずしも明らかではありません。そこで今回、信託財産の運用にかかる指図を行なうにあたって、委託会社に受益者に対する忠実義務を課することとし、その責任を明確にすることといたしたのであります。また、委託会社の指図行為等の中で、信託財産ないしは受益者保護の見地から、行なってはならない行為としまして、第一に、いわゆるコロガシを行なうこと、第二に、信託財産の危険分散のため、同一法人の発行にかかる同一銘柄の有価証券を一定割合をこえて取得すること、第三に、その他受益者の保護に欠けまたは信託財産の運用の適正を害するものとして大蔵省令で定める行為を禁ずることといたしております。

また、信託財産の運用を一そう効果的に行なわしめるためには、信託財産として有する有価証券にかかる議決権並びに株式の転換請求権、営業譲渡等を理由とする株式の買い取り請求権、新株引き受け権、その他これらに準ずるような株主の権利の行使について、委託会社自身の意思が反映されることが必要でありますので、これらの権利の行使については委託会社が指図することといたしております。

次に、証券投資信託協会に関する規定について御説明を申し上げます。

証券投資信託について、投資者の保護をはかり、投資信託制度の健全な運営を確保するためには、まず、業界自身によって必要な規制を行なう等、所要の措置をとり得る体制が確立されることが望ましいのであります。このため、証券投資信託協会の目的、業務等について規定するとともに、協会に対する監督権限を明らかにし、協会が公益的な立場から高度の自治機能を発揮することを期待いたしております。

次に、証券投資信託とみなす信託について御説明申し上げます。現在、各委託会社は、多数のユニット型投資信託の運用の指図を行なっておりますが、これらのファンドについて徹底した分別管理を行なうことは、実際問題としてなかなか困難な面がございますので、その改善策の一つとして、ファミリー・ファンド方式が考えられております。この方式は、数個のユニット型投資信託、いわゆるベビー・ファンドにつきまして、これを設定するごとに、ベビー・ファンドに株式等を組み入れるかわりに、同一のマザー・ファンドの受益証券を組み入れることとし、これらベビー・ファンドの資金をマザー・ファンドに集めて、ここでまとめて株式等への投資を行なおうとするものであります。このマザー・ファンドの受益者は、ベビー・ファンドを受託している信託銀行に限られることとなるため、従来の証券投資信託の概念には入りませんので、証券投資信託とみなして、この法律の規定の適用を受けることといたしております。

○理事（青柳秀夫君）　証券投資信託法の一部を改正する法律案を議題といたします。

ただいまから、本案について参考人より意見を聴取いたします。御出席をいただきました参考人は、証券投資信託協会会長間島達夫君でございます。

○参考人（間島達夫君）　冒頭に申し上げたいことは、今度政府で御提案になりました証券投資信託法の一部を改正する法律案につきましては、業界も納得しておりまする法律なのでございますが、ぜひ今度の国会で成立することを希望しておるということを申し上げておきたいと思います。

投資信託は、ここ二年半ほど、元本が非常に減り続けておるというのが現状でございまして、投信がどうしてこんなに減ったのかと申しますと、過去の高度成長時代に投信は非常に躍進に躍進を重ねたのでございますが、少し調子に乗りまして、高度成長時代におきましては非常に高い分配を行なった。それから、お客さんに、元本に対して倍以上の償還をいたしました。これは利用になりましたお客さんには喜んでいただいたのですけれども、三十六年以降だんだんに市況が悪くなってきたその当時におきまして、だんだんにこの分配率が低下してまいった。そういうことと、元本が割れてまいったわけでございます。運用に慎重な態度が欠けておったという点で、受益者の方にはまことに申しわけないと心からおわびしておるわけでございます。

業界としては、まず第一に、どういうことが欠陥であるかということを深く考えたわけでございます。これは本業との関係がなかなか断ち切れないという面が、これが悪くなったことに対する理由の一つになっておるわけでございまして、証券会社との関係をここで断ち切り、分離独立する。完全に分離独立して、自主的に運営できるような方向に持っていくことが、これが一番大事なことである。それに付随をいたしまして、調子のいいときでも株式をむやみやたらに入れるということはやめようじゃないか、それからもう一つは、いわゆるコロガシも、自粛しようじゃないか。

それからもう一つは、株が下がった場合の歯どめをひとつこしらえようということで、いわゆる価格変動準備金というものの制度を強化いたしまして、こういうようなことを考えたわけでございます。

（中略）

従来いろいろわれわれは制度改正なり改善をやってまいったわけですけれども、こういうことがしょっちゅう新聞に出ますというと、要するに問題になっておる業界の商品というものはなかなか売りにくいということをわれわれは痛感したわけなんでございます。私どもといたしましては、早くこの法律も通って一応われわれのやれる改正なり改善は終わったという体制を示したいわけでございまして、今後はこの法律の成立、これを新しい出発点といたしまして、前向きに前進し、そうして真剣にこの投信業界の健全な発展をはかっていきたいというのが、私の現在の心境でございます。

○理事（青柳秀夫君）　ありがとうございました。

以上で参考人の御意見の開陳は終わりましたので、ただいまの御意見に対し質疑のあるお方は、順次御発言を願います。

(中略)

○野上元君　価格変動準備金というものをつくられているわけですね。この価格変動準備金というものの運用はどういうふうにやられるのですか。たとえば現在元本割れの際には、元本割れはもちろん補てんをするし、あるいはまた最高年一割の利回りは価格変動準備金で確保してやる、こういうことを考えておられるのですか、その辺の運用の方法をちょっとお聞かせ願いたいと思います。

○参考人(間島達夫君)　価格変動準備金でございますけれども、これはいま一万円で募集しておりますユニットは、ことしの初めから半年目にそれが一万五百円になったといたしますと、五百円の六〇%はもう株に運用しない、コールなり公社債にそれをためておく。そういたしますと、そういうのがだんだんたまってまいりますと、株式が下がった場合につきましても、それが多少歯どめになって、昔のようなひどい下がり方はしないのじゃないかということで、そういうシステムを考えたわけでございます。去年の制度改善要綱で従来これは四〇%でやっておったのですが、六〇%に上げたわけでございまして、いままでに実行しておるわけでございますが、将来これがどういう効力を発揮いたしますか、私どもはこれはかなり歯どめになるのじゃないかと考えております。

○野上元君　価格変動準備金のやつは、何といいますか、株価の変動を食いとめる一つの歯どめにしようということが主であって、元本割れのないように保証するというようなことは全然考えておられないというふうに理解してよろしゅうございますか。

○参考人(間島達夫君)　この点、非常に誤解が起きますといけませんので、お答えさせていただきたいと思います。大体株式の組み入れ限度と申しますのは、去年の十一月にきまりましたのは、従来七五まで入れてもいいということを七〇にしたわけでございます。われわれ実際に運用いたします場合には、七〇きっかり入れますと、株がちょっと上がりますとそれを越してしまいますものですから、それよりちょっと内輪に入れておくわけでございます。ともかく六割以上を株に運用しておるという場合に、株が下がった場合には、これはもう絶対に元本割れしないという保証は私はできないと思うのですけれども、ただ割れ方を過去のようにひどくしないようにするためにいろいろとやっておるわけでございます。比率を下げたのも一つの防止法でございますけれども、だんだん元本を越した場合に、先ほど申したように、元本を越した分は六〇%を株に運用しないということで、だんだんそれがふえてまいりますと、全体の中の株式の組み入れ限度は七〇%よりだんだん下がっていくわけでありますから、元本割れを防ごうということにいまかなり重点を置いておるわけであります。

(中略)

○中尾辰義君　先ほど、証券投資信託は、今日非常に不況を招いて、過去の反省録みたいなことをお伺いしたわけですが、その中でいろいろおっしゃったんですがね。運用に慎重を欠いて調子に乗り過ぎたとか、あるいは証券会社との関係が断ち切れなかったとか、まあいろいろおっしゃったのですけれども、そういうことをひとつ具体的にどういう点がまずかったとか、証券界の裏話とかを具体的にちょっと参考に聞かせていただきたい。

○参考人(間島達夫君)　新聞、雑誌に書かれまして、周知の事実になっておりますから、申し上げたいと思うのですけれども、日本の投資信託と申しますのは、ドッジラインがしかれましたあと、財閥の持っていた株式を民衆、一般の人に分ける、一つの手段といたしまして、多少政策的にこの投信というものが創設されたのではないか。そういう発生のいきさつから見まして、当時できるだけ早く投資信託というものを発達させて株をそこに吸収したいという業界のほうのあれがあったものですから、それじゃ売買になれた証券会社を使おうじゃないかということで、これが兼業で始まったわけでございますが、根幹はそこにあったわけでございまして、初めは非常に調子よくいったわけでございますけれども、まあ証券会社になりますと、事業会社との間に幹事関係とかいろいろとございます。そういった関係で、多少幹事のところはよけい株を入れるとか、あるいは売るのを遠慮するとか、そういうことが起きたのでございますけれども、これが何と申しましても運用上一番の支障になったかと思うのでありますが、いま申し上げたようなことが反動期に景気を悪くしたわけでございます。現在は、そういうことなしに自主独立的に売りたいものは売る、買いたいものは買うというようなことでやっておりますので、その弊害はなくなったかと思いますけれども、過去のことを申し上げますと、そういうことでございます。

それから、もう一つ申し上げますと、本業の収入をあげるために多少よけいに信託財産の中の株式の売買をやったということが過去にはあったようでございますが、そういうことが一つの大きな原因になっておるかと思いますが、よろしゅうございましょうか。

○中尾辰義君　それで、今度の改正法律案にも出ておりますけれども、例のコロガシ行為の禁止ということでございますが、これも一つの原因をなしたと思いますが、こういうふうにコロガシをやって、こういうことがまずかったと、ひとつ説明してください。

○参考人(間島達夫君)　コロガシというのは、先ほど本業の証券会社が収入がほしいというときには信託財産の売買をよけいにやったということを申し上げましたけれども、その中にコロガシというのがあったわけでございます。市場に売りたいと思うときに、市場で売れればいいのですが、売れないような場合に、それでは一つのファンドから、ほかのファンドにそいつを流す。信託相互間で株式のやりとりをするわけでございます。これはもちろん手数料は普通の料率より安いわけでございます。大体A率の四〇%ということになっておりますが、これは取引所の受託契約の準則の中でそういうことになっております。しかし、それをひんぱんにいたしますと、やはり証券会社の収入がふえるということになったわけでございます。コロガシの一つの悪い点は、一つのファンドの利益のためにやる場合もあるわけでありまして、他に流しますというと片方のファンドがいたむというような事例があったわけでございます。

そういうふうなコロガシでございますが、二、三年前からもうこういうコロガシをやっておったのでは信託財産はよくならないということで、われわれみずから反省いたしたのでございます。現在もコロガシというのはございます。ございますけれども、たとえば一つのユニットは償還期が近づいてきたというようなときに、われわれは償還期が近づいてきますと、だんだん株を減らしてまいりまして、そうしてコールと公社債をふやしてまいりますが、最後にどうしても株が一割とか二割とか残る場合がございます。その中で、たとえば電力株とかあるいは自動車株とか、優良な銘柄があるわけでございます。そういうものをほしい新しいファンドがあるわけで、そういう場合には、古いものは償還するのだから、新しいものがほしい優良銘柄を回してもらう。場に出てしまいますと、優良株が手に入らないわけでございます。電力の株なんかなかなか手に入らないわけでございます。そういう場合にころがそうということでやっているということでございます。

それから、もう一つは、解約が非常に殺到する。この場合、場に出しますと非常に相場が下がってしまうということになり、そのためにほかのファンドの株が下がって傷ができるというようなことから、その中の優良銘柄をほかの信託財産に流して解約の資金をつくるというようなことをやってまいったわけでございます。

○中尾辰義君　結局、何ですか、銘柄のいい、これから値上がりのしそうなものは証券会社がかかえて、値上がりの少ないようなもの、配当の悪いようなものを償還期のまだ来ないファンドに組み入れて、そしてころがしておった、こういうことですか。

○参考人(間島達夫君)　先ほど、償還期が近づくにつれて株をどんどん減らしていくという場合に、私どもは一応その中の売り目標というのを立てておるわけです。たとえばいまおっしゃいました市場性のないもの、そういうものを優先的に売っておるわけでありますが、償還期になりまして、すぐ売ろうにも売れないものは、あらかじめ優先的に売っておくということを現在やっております。そういうものは、たとえば市場で千株しか売れない、しかし時間があるから、じゃ千株ずつだけ売ろう。値が下がらないように売らなくちゃならない。そういうものを先に処分して、最後にはおおむね優良株だけが残る。ですから、償還のまぎわになりますと、そういうもので一〇%とか一五%、非常に率の低いもので、そういうものを流し込むというふうになっておるわけでございます。

○中尾辰義君　それで、いま解約の問題が出たんですが、アメリカなんかでは解約できないのがありますね、会社型投信とかいうのが。ああいうのに対しては、業界の方はどうお考えですか。

○参考人(間島達夫君)　アメリカで最初に発達いたしましたのは、クローズドエンド型という会社型の投信でございます。そのほかアメリカで非常に投信が伸びたというのは、オープンエンド、いわゆるミューチュアル・ファンドというものができましてから、非常に躍進したわけでございます。それが残存元本が非常に増加した一つの原因でございます。

何と申しましても、根本は、アメリカの個人層の金融資産が豊富でございますので、募集額よりも解約が多いということはほとんどないのでございます。ですから、毎年毎年残存元本がふえ続けていくというような状態でございます。アメリカの投資家は一度〔ファンドマネージャー〕の才能を信用してあれした以上、一時下がっても買い取ってくれということをしないで、持ち続ける、逆にまた買い増ししていくというようなことが起きた。

日本はまだそこまで全体の金融資産がいっておりませんので、やはり子供が学校へ行くとかなんとかということになりますと、投信を買い取ってもらって資金を捻出するというようなことがあるので、解約が多いのではないかと思っております。

○中尾辰義君　もう一つ聞きますが、いま毎月毎月設定をなさるわけですが、こういう市況が悪いときには、毎月毎月の設定を制限したらどうかなということを考えるわけですが、それはどういう御意見をお持ちですか。

○参考人（間島達夫君）　これは私どもは昨年制度の改善を検討しておりました際に、ファンドは少ないほうが管理しやすいのではないかというような議論がありましたわけです。非常に本数の多いところは、毎月やらないで、三カ月に一ぺんとか、四カ月に一ぺんとかということを実行いたしてやっておりまして、それによって管理本数を減らす。

それからさらに、減らす方法といたしまして、信託財産の合併ができたらいいじゃないかということで、これも去年から大蔵省にお願いいたしまして、両方で研究してまいっております。合体という形なら、できるという結論になりまして、二本の相似たような信託財産を合併いたしまして、それで管理本数を減らす。

それから、もう一つは、いわゆるファミリー・ファンドと申しまして、ユニットを毎月設定するが、株式に運用するのは、まあそのうちの三本を一まとめにして、一つのマザー・ファンドをつくって、それで三本のユニットはそのマザー・ファンドの受益証券を組み入れていくという、こういうことを考えて、改正法律案に盛っていただいたわけでございます。

（中略）

○藤田正明君　それから、本業との関係なんですが、完全に独立されるといってもですね、なかなかむずかしいのじゃないかと思うのです。たとえば山一証券さんと山一信託さんの売買がどうしたって主になってくる。野村さんが山一さんのものを売るということはちょっとむずかしい。それとともに、本業と離れて経営危機になるような会社はございませんか。完全独立したがために経営不振になっちゃったと。

○参考人（間島達夫君）　本業とのいわゆる分離独立ということの内容でございますけれども、販売についてはどうしてもいまのところ本業にたよらざるを得ないということでございますが、その販売を依存しておるということで、それが運用面にまで介入を招く原因にならないようにするというのがわれわれのこれまでやっていることなんです。それで、先ほど申し上げました販売公開と申しますのは、要するにオール本業の証券会社に販売を依存しておるから、そのオールをやめて、少しでもほかの証券会社にこの投信を売ってもらったら、多少そういった影響力はなくなるのじゃないかというようなことで始めたわけでございまして、ことしの一月から販売を公開しております。まだ額は少ないですけれども、これがふえていくと、本業の販売しているシェアが少なくなれば、本業は昔のようなことの繰り返しということはないと思います。

○藤田正明君　話は変わるのですが、十七条だったかと思いますが、非常に大蔵省の自由裁量が大きくなってきていると思うのですよ。今度の改正案を見ると。業界の自主的な判断を拘束し過ぎるのではないか。

2の四の規定に、一括して縛るようなことばが入っていますね、大蔵省令で。法案を見なければわかりませんがね。

○政府委員（加治木俊道君）　コロガシの禁止も、一部大蔵省令で、全面的禁止ではございませんので、差しつかえないコロガシは認める。そういう余地はございますので、この辺も大蔵省はいま考えておりますます。

それから、組み入れ比率。一銘柄の組み入れ比率を大蔵省令で定める。大体いまのところ十分の一を予定しておりますが、この辺が大蔵省令で定められております。おそらくおっしゃっている点はこの十七条の第一項第四号の「前三号に掲げるもののほか、受益者の保護に欠け、又は信託財産の運用の適正を害するものとして大蔵省令で定める行為」したがって、いま言ったようなことのほかに、なおどうもこれはぐあい悪いことがあれば大蔵省令で定められる、こういう規定がございます。

○理事（青柳秀夫君）　他に御質疑がなければ、参考人の意見聴取はこれをもって終了いたします。

参議院　大蔵委員会会議録第二十九号

昭和四十二年七月十八日（火曜日）

出席者は左のとおり。

委員長		竹中　恒夫君
理　事		青柳　秀夫君
		藤田　正明君
		柴谷　　要君
		中尾　辰義君
委　員		青木　一男君
		大谷　贇雄君
		小林　　章君
		西郷吉之助君

徳永　正利君
西田　信一君
林屋亀次郎君
日高　広為君
木村禧八郎君
田中寿美子君
戸田　菊雄君
野上　元君
野溝　勝君
二宮　文造君
瓜生　清君
須藤　五郎君

政府委員
　大蔵省証券局長　加治木俊道君
（ほか略）

本日の会議に付した案件

○証券投資信託法の一部を改正する法律案（内閣提出、衆議院送付）

（中略）

○委員長（竹中恒夫君）　証券投資信託法の一部を改正する法律案を議題とし、質疑を行ないます。

質疑のある方は順次御発言を願います。

○中尾辰義君　まず、この証券投資信託が二十六年ごろ発足当時非常に順調に伸びておりましたけれども、その後経済界の変動がありまして、多少上下はありましたけれども、最近は非常に基準価格が下がって元本割れもしておる、なぜこのようになったのか、その間の運用の面においてどういう点がまずかったか、またその間大蔵省はどのように監督官庁として指導監督してきたか、その辺のところをまず最初にお伺いします。

○政府委員（加治木俊道君）　原因はいろいろ考えられます。まず一つは、株式市況及びその背景となる経済情勢の変化、まあ経済情勢の変化以上に株式市況に大きな波が打ったわけでございますが、いずれにしましても、そういう背景と分離して問題を考えることはできないと思うのでありますが、しかし、投資信託の歴史の上で当初一時つまずいたことがありますが、三十三年、四年ごろからかなり急速に伸び、これは元本が伸びるだけでなく、基準価格も非常に大きく躍進したのであります。その過程で投資家に対して、投資信託というものは何か特別に大きな利益の得られるものだというような感じで受け取られるような、そういう情勢を生んだ。したがって、いかなる時期においてもそれが期待できるものだという、そういうイメージを抱かしたわけであります。しかし、中身が株式である以上は、ときには元本割れというような状況もあり得るものでありますけれども、歴史的にそういう過程を経ましたがために、投資家には非常に大きな期待を抱かしたという、それが反動が来たときに裏目が出て、大きく投資信託に対する信用を害したということになるわけであります。

しかし、そういう客観的な経済界の不況、あるいは投資信託そのものがかつて投資家に与えたイメージというものは必ずしも正しいイメージじゃなかったという、そういう歴史的な事情だけが今日の投資信託の現状を説明し得るものかというと、必ずしもそうでない。これは専門家として、機関投資家として全知全能を傾けて、良心の示すままにほんとうに投資家のために運用しておったとしても、なおかつ避けがたかった今日の結果であるならば、これは制度そのものがそういう性格のものでありますからやむを得ないとせざるを得ないのですけれども、必ずしもそう言い切れないところに問題があると思うのであります。

先般、参考人の投信協会長も触れましたように、これはまず委託会社が本業と兼営の形で分離せられないままで歴史的に発足してきた。そういう観点から、証券会社が必ずしも利害の一致しない業務を、一つの主体のもとに運営した。それがときに利害混淆されて、必ずしも投資信託の利益とならないような結果を生むような運用があったということも、これは事実であります。

はなはだしいときには、証券会社が自分で持っておる株について、客観的に判断した場合には投資家のために必ずしも有利でないと思う場合でも、証券会社のディーラーサイドの利害のためにその株を組み入れる、あるいは逆の場合に、非常に有利だと思われるもの、もう少し投資信託で持っておったほうが有利だと思うものでも、証券会社のブローカーサイドの利益のためにそれを証券会社に売らして、そいつをブローカーサイドではねる、こういったこともあり得たわけですし、絶無であったとは実は言えない。

そのほかに、この間も問題になりましたコロガシ。コロガシというのは、投資信託のファンド間の売買でございますが、これは売買する証券会社に注文を発注して、手数料を払って行なうわけです。コロガシをひんぱんに行なえば、証券会社のブローカーサイドの手数料をそれによって上げることができる、こういうような面があるわけであります。

その意味で、客観的な事情、歴史的な事情のほかに、運用面において必ずしも十分でない点があった。

これが今回改正案を出しました非常に重要な点でございますが、投資信託委託会社は受益者の利益のみを考えて運用しなければならないのだということを法律で明示したのであります。

（中略）

○中尾辰義君　第十七条に委託会社のやってはならない禁止行為として何項目かあげてありますが、これについて説明をするとともに、なぜこういうような規定をしなければならなかったのか、その点についてあわせて伺いたい。

○政府委員（加治木俊道君）　まず、十七条の一項で原則を打ち出しておるわけでありまして、受益者のために忠実に信託財産の運用を行なわなければならない。中には必ずしも第一項の原則だけからは導き出せない、その他の理由から投資家の利益を守るために法律でもって思わしくない行為を明らかに禁止しよう、こういう趣旨で第二項ができております。

第一号は、委託会社自身の特定の関係者、主要株主とか役員、そういった者と信託財産との間の取引を禁止いたしておるわけであります。

第二号は、これがいわゆるコロガシでございますが、信託財産相互間の売買というものを原則として禁止したのであります。

それから、第三号は、これは同一法人の発行する同一銘柄の有価証券、たとえば株式なら株式について、総信託財産でもって取得し得る総量というものを一定の割合以上に出ないようにしよう。これは危険分散の規定でございます。

それから、第四号は、大体そういうふうにして一応明らかに投資家の利益を守るために必要だと思われることについて、それに反するような行為を法律でもって禁止いたしておりますけれども、なお、将来の状況によっては、いろいろな状況が予定されるわけであります。それに応じて大蔵省令で必要なものはこれを規制できるような権限を大蔵大臣に与えてもらっておる。一応どういうことを予定しているかというと、不公正な値段による信託財産による株式の取得、あるいは明らかに運用について発行会社なり証券会社から拘束を受けるようなそういった行為、第三者の利益をはかるための取引、まあこういったことを禁止する予定でございますけれども、これはせっかく今度の法律でもって信託協会を自主的な規制機関として強化することにいたしておりますので、できる限り協会の自主規制にゆだねたいというつもりでおります。その自主規制の状況を見ながら必要に応じて大蔵省令でもって定めていきたい、かように考えております。

（中略）

○中尾辰義君　次にユニットの設定回数の問題ですがね、毎月毎月投信のユニットの設定をやっているわけですが、非常に最近は数も多くなったし、ですから、毎月毎月こういったような不調のときにやらなくてもどうなんだろうか、三カ月に一ぺんとかまとめてやったらどうだろう、こういう意見もあるんですけれども、これに対してはどうお考えですか。

○政府委員（加治木俊道君）　これは全くおっしゃるとおりでございます。日本だけでございます、毎月投資信託を設定するのは。外国の投資信託の関係者が来ますと、毎月やってそれが当たるもんなら、だれが株を買っても損するはずがないじゃないか、どうして日本だけ毎月やっているんだという質問をよく受けるんでありますが、もちろん毎月やっても銘柄の選択によってはもうかるものももちろんあるわけでございますが、市況が大きく下がっていく過程では、当然設定時期としては必ずしも適当でない時期があるわけであります。

したがって、これははたしていまのユニットというシステムがいいかどうかというのは、投信の体質改善の際にも十分議論したわけでありますけれども、投資信託は、直接株を買う、そういう投資家に比べますと、預貯金をする層にかなり近い層だと思われるのであります。どうも日本的な貯蓄のしかたというのは、月々何らかの形で金融資産を、預金にするなりなんなり、こういう形でもって蓄積を行なっていく。毎月やるよりは六カ月に一ぺんやったほうが手数も省けていいわけでありますけれども、なかなかそうはまいらぬ。六カ月目に一ぺん行くと、結局一カ月分の資金しか募集できない。そういうことで設定が月々になっておりますけれども、募集サイドから来る日本的な特殊性だと思うのであります。

それじゃ募集は月々でもいいけれども、毎月どうして設定しなければならないのかという問題があるわけでありますけれども、これは月々募集したものを、その月市況が悪いと思えば、全額現金なりコールローンにしておいたままで、市況を見て、買い得と思えば買うというような運用のやり方によって十分対処し得るはずだ、こういうことで、月々募集のメリットがございますので、一応ユニットというシステムを認めざるを得ないのじゃないかということで、現在のところこの制度をやめるということは考えておりませんが、しかし、ファンドの数が非常に多いという点については別個に対策を講じたい、かように考えております。

○中尾辰義君　それで、まあ今度の改正案にもありますが、いわゆるファミリー・ファンドができて、ファミリー・ファンドでこれから運営をすると、こういうことですが、これをもう少し具体的に説明してください。どういうような運営になるのか。

○政府委員（加治木俊道君）　現在のままですと、毎月集めたもので毎月ファンドを設定いたしまして、そのファンドをそれぞれ株式その他に運用するわけでございます。このファミリー・ファンドという方式は、株式の運用に関する限りそれぞれのユニット、これをまあベビーと言っておるわけですけれども、ベビー・ファンドで運用することをやめて、統一的にマザー・ファンドで運用すると。現金はそれぞれユニットで持っていてもけっこうである、コールローンその他は。しかし、株式に関する限りは三本なりあるいは六本なり、場合によれば十二本でもいいのですけれども、まとめて運用する。こういうシステムがファミリー・ファンドでございます。したがいまして、このマザー・ファンドは受益証券を発行するわけであります。ベビー・ファンドは、マザー・ファンドの発行する受益証券を組み入れる。それで株式の運用はマザー・ファンドで一括して、状況に応じて運用する、こういう仕組みでございます。

○中尾辰義君　それでは、アメリカなんかに会社型の投資信託というのがありますね。これとはどういうふうに違うのか、それが一つと、それといままでの契約型の投信というのですか、それとの違い。その点について……。

○政府委員（加治木俊道君）　毎月設定するという点に必ずしも合理的でない面もありますし、またファンドの数がむやみにふくらむためにファンドの管理が徹底しないという面もございます。この点を改善する方法として、月々募集はやむを得ないとして、ファンド数を減らすやり方としての一つの方法がファミリー・ファンドでありますが、これは必ずしもファミリー・ファンド方式をとらなくてはならないということを強制するつもりはございません。場合によれば合併させるというようなことを考えてもよろしいわけであります。一つの方法としてはファミリー・ファンドという方式が考えられるので、これは法律上手当てしないと、投資信託の扱いを受けなくなることになりますので、手当ていたしたいのであります。

会社型投信の場合は一つの会社になるわけでありますから、ファンドの数はその会社一つになるわけです。いまはオープン型のほうが多いわけでありますが、オープン型というのは日本のオープンと同じでございまして、追加というのは、会社ですから一種の増資、クローズのほうは、一ぺん設定しますと、もう解約に応じないわけです。その会社型投信の株式をただ市場で売買するわけです。

日本の場合は契約型ですから、運用する主体は委託会社として、毎月設定するユニットは全く別個の信託財産としてファンドが独立してくる。したがって、五年ですと六十本、七年ですと八十四本設定される可能性があるわけであります。そのファンド数を減らして管理にできるだけ目を行き届かせよう。管理はそれぞれのファンドの利害の立場だけを考慮して運用しなくちゃならないわけですね。こんなもの、こっちとこっちと一緒に運用することはできないわけです。

そういう意味で、少なくとも株式の運用に関する限りは、ある程度集約してファンドの管理を徹底させよう、こういう趣旨で、まあファミリー・ファンド方式というものが考えられまして、これを法律上手当てしましたのが今度の規定でございます。

（中略）

○柴谷要君　投信協会による自主規制の強化をはかるために、協会の組織、それから機構を改善することが予定されているようであるけれども、理事会の構成、評議員の選出について、一体どんな構想を持っているのか。それから、投信の適正な運営の実効をあげるためには、公益代表の役員を多くしなければこの法律の精神が生かされないのではないか、こう思うのですが、これらの点について明確にしていただきたい。

○政府委員（加治木俊道君）　おっしゃる点よくわかるのでございますけれども、自主規制機関でございますので、公益委員を入れるとしても、全然会員を排除するというわけにもまいらないということで、中立理事が四名、委託会社の理事が五名、証券会社の理事が三名、こういうふうになっております。

それから、業務運営の重要事項について、理事会でなく、新たに評議員会という制度を設けまして、このメンバーは主として学識経験者ということになるわけでありますが、ただし、学識経験者という資格で証券界から入る人もいると思うのでありますが、証券会社以外の学識経験者にウエートを置いた評議員会というものを設けることにいたしております。これも定款改正済みであります。

○柴谷要君　公益委員が十二名中四名というと、三分の一だ。この人数を増すことのほうがぼくはやはり利益代表者としていいんじゃないかと思うのだけれども、その役員の割り振りをきめられた根拠、これを少し詳しく言ってもらいたい。

○政府委員（加治木俊道君）　おっしゃるとおりのことは十分考えられたわけでありますけれども、投資信託の仕組みというものがかなり技術的な体系をなしておるということと、したがって、投資信託そのものについて実際に業務をやっている人の知識を注入しなければ、有効な自主規制もできない面があるということ、それから自主規制機関でありますから、できるだけ業界自身が納得して、しかもその規制が徹底できるようにするためには、会員理事に重点を置いたほうがいいんではないか。それやこれや考えまして、せめて半分くらいに公益委員をしようかと思ったのでありますが、業界といろいろ話し合った結果、この程度になったわけであります。おそらくこの程度でもって十分目的は達成できると思います。これは状況を見て、公益理事が少ないがために自主規制機関としての十分な役割りを果たせないというようなことがあれば、これは将来の問題として考えてみたい。

○**柴谷要君**　いまの局長の説明でわからぬでもないわけだ。自主規制をやらせるために会員代表の数をふやした。ところが、自主規制をすればするほど、公益的代表の意見を十分聞いてやるのが自主規制だと思う。自分が意見を述べて自分が実施するのは、自主規制ではないと思う。だから、やっぱり公益代表者というものの数が多いほうがより有効的ではないか、こう思うのだが、意見は別だ。

次のことを聞くけれども、協会の業務規程に違反したような場合には、一体どのような罰則が適用されるのか、その点をお聞きしておきたい。

○**政府委員(加治木俊道君)**　これは自主規制でございますので、法律上の罰則はございません。業務規程上の罰則になるわけでございますが、協会員が自主規制に服さない場合には、過怠金を取る。あるいは募集停止の勧告をする。今月はやめて、あるいは二カ月間は募集停止を命ずる――命ずることはできませんが、勧告以上のことは自主規制としてはできないと思うのでございますけれども、そういったことを考えております。あるいは責任者の処分を勧告する。

（中略）

○**委員長(竹中恒夫君)**　他に御発言もなければ、質疑は尽きたものと認めて御異議ございませんか。

〔「異議なし」と呼ぶ者あり〕

○**委員長(竹中恒夫君)**　御異議ないと認めます。

それでは、これより討論に入ります。御意見のある方は賛否を明らかにしてお述べを願います。――別に御意見もないようですから、討論はないものと認めて御異議ございませんか。

〔「異議なし」と呼ぶ者あり〕

○**委員長(竹中恒夫君)**　御異議ないと認めます。

それでは、これより採決に入ります。証券投資信託法の一部を改正する法律案を問題に供します。本案に賛成の方の挙手を願います。

〔賛成者挙手〕

○**委員長(竹中恒夫君)**　多数と認めます。よって、本案は多数をもって原案どおり可決すべきものと決定いたしました。

（以下略）

参議院会議録第二十六号

昭和四十二年七月十九日(水曜日)

○**議事日程**　第二十七号

第六　証券投資信託法の一部を改正する法律案（内閣提出、衆議院送付）

（中略）

○**議長(重宗雄三君)**　これより本日の会議を開きます。

（中略）

日程第六、証券投資信託法の一部を改正する法律案(内閣提出、衆議院送付)を議題といたします。

まず、委員長の報告を求めます。大蔵委員長竹中恒夫君。

○**竹中恒夫君**　ただいま議題となりました証券投資信託法の一部を改正する法律案につきまして、委員会における審査及び結果を御報告申し上げます。

本案は、証券投資信託における受益者の保護を一そう徹底するとともに、証券市場の健全な発展に資するため、所要の改正措置を講じようとするものであります。そのおもなる内容について申し上げますると、

第一に、委託会社は受益者に対して忠実義務を負う旨を明らかにし、信託財産の適正な運用を確保するための措置として、委託会社がその運用の指図を行なう信託財産相互間において一定の有価証券の取引を行なうこと、及び同一法人の発行にかかる同一種類の有価証券を一定の割合をこえて取得することを指図すること等、受益者の保護に欠け、または信託財産の運用の適正を害する行為を禁止することとしております。

第二に、投資信託業界の自主規制を強化し、その健全な発展に資するため、証券投資信託協会の目的、業務及び監督等に関する規定を設けることとしております。

第三に、単位型投資信託の運用を効率化するため

に、いわゆるファミリー・ファンド方式を認めることとし、これを証券投資信託とみなして、この法律の規定を適用することにしております。

委員会におきましては、参考人より意見を聴取する等、慎重に審議が行なわれたのでありますが、その詳細は会議録によって御承知を願いたいと存じます。

質疑を終了し、採決の結果、本案は多数をもって原案どおり可決すべきものと決定いたしました。

以上御報告申し上げます。

○議長（重宗雄三君） 別に御発言もなければ、これより採決をいたします。

本案全部を問題に供します。本案に賛成の諸君の起立を求めます。

〔賛成者起立〕

○議長（重宗雄三君） 過半数と認めます。よって、本案は可決せられました。

証券投資信託法の一部を改正する法律案

証券投資信託法の一部を改正する法律

証券投資信託法（昭和二十六年法律第百九十八号）の一部を次のように改正する。

目次中「第二十条」を「第二十条の二」に、「第四章　監督（第二十条の二―第二十四条）」を「第四章　監督（第二十条の三―第二十四条）
第四章の二　証券投資信託協会（第二十四条の二―第二十四条の八）」に改める。

第二条第一項中「、且つ」を削り、同条の次に次の一条を加える。

（証券投資信託とみなす信託）

第二条の二　信託財産を委託者の指図に基づいて特定の有価証券に対する投資として運用することを目的とする信託であつて、その受益権を証券投資信託の受託者に取得させることを目的とするものは、証券投資信託とみなして、この法律の規定を適用する。

第五条第六項に次の二号を加え、同条第七項を削る。

六　元本の追加信託をすることができる証券投資信託の受益証券については、前各号に掲げるもののほか、追加信託をすることができる元本の限度額

七　その他大蔵大臣が公益又は投資者保護のため必要かつ適当であると認めて大蔵省令で定める事項

第六条第三項中「会社登記簿の謄本」の下に「、業務の方法を記載した書類」を加える。

第七条第一項中「第一号及び第二号」を「次に掲げる基準」に改め、「経験及び」及び「並びに証券市場の状況」を削り、同項に次の一号を加える。

三　免許申請者の営もうとする業務が、証券投資信託及び証券市場の状況に照らし、必要かつ適当なものであること。

第九条から第十一条までを次のように改める。

（基本事項の変更の認可）

第九条　委託会社は、次の場合においては、大蔵大臣の認可を受けなければならない。

一　商号を変更しようとするとき。

二　資本の額を変更しようとするとき。

三　業務の方法を変更しようとするとき。

（変更届出）

第十条　委託会社は、次に掲げる場合に該当することとなつたときは、遅滞なく、その旨を大蔵大臣に届け出なければならない。

一　第六条第二項第二号又は第三号に掲げる事項に変更があつたとき。

二　第十八条第一項の承認に係る業務を廃止したとき。

第十一条　削除

第十二条第二項中第十号を第十二号とし、第九号を第十一号とし、第八号を第十号とし、同号の前に次の一号を加える。

九　信託の計算期間に関する事項

第十二条第二項中第七号を第八号とし、第二号から第六号までを一号ずつ繰り下げ、第一号の次に次の一号を加える。

二　受益者に関する事項

第十七条を次のように改める。

（委託会社の行為準則）

第十七条　委託会社は、証券投資信託の受益者のため忠実に信託財産の運用に係る指図を行なわなければならない。

2　委託会社は、次に掲げる行為をしてはならない。

一　自己又はその取締役若しくは主要株主（自己又は他人（仮設人を含む。）の名義をもつて発行済株式の総数の百分の十をこえる株式を有する株主をいう。）が有する有価証券を信託財産をもつて取得し、又は信託財産として有する有価証券をこれらの者に対して売却し若しくは貸し付けることを受託会社に指図すること。

二　その運用の指図を行なう信託財産相互間において大蔵省令で定める有価証券の取引を行なうことを受託会社に指図すること。

三　同一法人の発行に係る種類を同じくする有価証券を、イに掲げる額がロに掲げる額をこえる

ことと なる場合に、信託財産をもつて取得することを受託会社に指図すること。

イ　その運用の指図を行なうすべての証券投資信託につき、信託財産として有する当該有価証券の総額

ロ　当該有価証券の発行済総額に大蔵大臣が公益又は投資者保護のため必要かつ適当と認めて大蔵省令で定める率を乗じて得た額

四　前三号に掲げるもののほか、受益者の保護に欠け、又は信託財産の運用の適正を害するものとして大蔵省令で定める行為

3　前項第三号に規定する有価証券の総額及び発行済総額は、大蔵省令で定めるところにより計算しなければならない。

第十七条の次に次の一条を加える。

(議決権等の指図行使)

第十七条の二　信託財産として有する有価証券に係る議決権並びに商法(明治三十二年法律第四十八号)第二百二十二条ノ二第一項、第二百四十五条ノ二及び第二百八十条ノ四第一項の規定に基づく株主の権利その他これらに準ずる株主の権利で大蔵省令で定めるものの行使については、委託会社がその指図を行なうものとする。

2　信託財産として有する株式に係る議決権の行使については、商法第二百三十九条第六項の規定は、適用しない。

第十八条の次に次の二条を加える。

(営業年度)

第十八条の二　委託会社の営業年度は、毎年十月一日に始まり、翌年九月三十日に終わるものとする。

(営業報告書の提出)

第十八条の三　委託会社は、営業年度ごとに、大蔵省令で定める様式により営業報告書を作成し、毎営業年度経過後三月以内にこれを大蔵大臣に提出しなければならない。

第十九条第一項中「信託契約を締結した日から六月」を「信託の計算期間」に、「期間内の当該信託契約に係る」を「計算期間中の当該」に、「期間が経過した日」を「計算期間の末日」に改める。

第二十条の三を第二十条の四とし、第二十条の二を第二十条の三とし、第三章中第二十条の次に次の一条を加える。

(説明書等の作成)

第二十条の二　委託会社は、証券投資信託の受益証券について、大蔵省令で定めるところにより、説明書を作成し、当該受益証券を取得しようとする者の利用に供しなければならない。

2　委託会社は、信託財産について、当該信託財産の計算期間の末日ごとに、大蔵省令で定めるところにより、運用報告書を作成し、当該信託財産に係る受益者の利用に供しなければならない。

第二十一条第一項中「報告書」の下に「(委託会社については、第十八条第一項の承認に係る業務又はその財産に係るものを含む。)」を加え、「若しくは委託会社、受託会社若しくはこれらの会社」を「、委託会社の第二十条第一項の帳簿書類その他の物件若しくは委託会社であつた者、受託会社若しくは受託会社」に改め、同条第二項中「規定により帳簿書類の」を削り、同条第三項中「資料又は報告書の徴取及び」を削る。

第二十三条第一項第一号ロ中「当該信託約款」の下に「若しくは業務の方法」を加える。

第二十四条第二号中「信託財産に関する報告書」の下に「又は同条第二項の規定による信託財産に関する総計算書」を、「当該報告書」の下に「又は総計算書」を加える。

第四章の次に次の一章を加える。

第四章の二　証券投資信託協会

(目的等)

第二十四条の二　委託会社及び受益証券の売買その他の取引を常時行なう証券会社(証券取引法第二条第九項に規定する証券会社をいう。)は、投資者の保護を図るとともに、証券投資信託の健全な発展に資することを目的として、全国を通じて一個の証券投資信託協会(以下「協会」という。)を設立することができる。

2　協会は、民法(明治二十九年法律第八十九号)第三十四条の規定により設立される法人とする。

(名称の使用制限)

第二十四条の三　協会でない者は、証券投資信託協会という名称を用いてはならない。

(業務)

第二十四条の四　協会は、その目的を達成するため、次に掲げる業務を行なう。

一　信託契約の締結及び解約、信託財産の運用並びに信託の元本の追加信託及び償還に関し、受益者の利益に反する行為を防止し、かつ、信託財産の安定及び運用の適正を図るため必要な調査、指導、勧告その他の業務

二　受益証券の売買その他の取引を公正ならしめ、投資者の保護を図るため必要な調査、指導、勧告その他の業務

三　前二号に掲げるもののほか、第二十四条の二第一項の目的を達成するため必要な業務

(業務規程)

第二十四条の五　協会は、その業務に関する規程(以

下「業務規程」という。）を定め、大蔵大臣の認可を受けなければならない。これを変更しようとするときも、同様とする。

（報告の徴取）

第二十四条の六　大蔵大臣は、公益又は投資者保護のため必要かつ適当であると認めるときは、協会からその業務又は財産に関する資料又は報告書を徴することができる。

（監督命令）

第二十四条の七　大蔵大臣は、公益又は投資者保護のため必要かつ適当であると認めるときは、協会に通知して当該職員をして審問を行なわせた後、協会に対し理由を示して定款又は業務規程の変更その他その業務に関し監督上必要な命令をすることができる。

（法令違反等による処分）

第二十四条の八　大蔵大臣は、協会の役員がこの法律等、この法律等に基づいてする行政官庁の処分又は職務上の義務に違反した場合において、公益又は投資者保護のため必要かつ適当であると認めるときは、協会に通知して当該職員をして審問を行なわせた後、協会に対し理由を示して当該役員を解任すべき旨を命ずることができる。

第二十五条ただし書を削る。

第三十条中「第十七条」の下に「第二項第一号」を加える。

第三十二条中第八号を第九号とし、第五号から第七号までを一号ずつ繰り下げ、同条第四号中「第二十条の二」を「第二十条の三」に改め、同号を同条第五号とし、同条中第三号を第四号とし、第二号を第三号とし、第一号を第二号とし、同条に第一号として次の一号を加える。

一　第九条の規定に違反して、認可を受けないで商号、資本の額又は業務の方法を変更したとき。

第三十四条第一号を次のように改める。

一　第十条の規定による届出をせず、又は虚偽の届出をしたとき。

第三十五条中第五号を第八号とし、第四号を第七号とし、同号の前に次の二号を加える。

五　第二十条の二第一項の規定による説明書を作成せず、又は虚偽の記載をした説明書を作成したとき。

六　第二十条の二第二項の規定による運用報告書を作成せず、又は虚偽の記載をした運用報告書を作成したとき。

第三十五条中第三号を第四号とし、第二号を第三号とし、第一号を第二号とし、同条に第一号として次の一号を加える。

一　第十八条の三の規定による営業報告書を提出せず、又は営業報告書に虚偽の記載をして提出したとき。

第三十六条中「又は受託会社」を「、受託会社又は協会」に改め、同条に次の一号を加える。

三　第二十四条の六の規定による資料若しくは報告書を提出せず、又は資料若しくは報告書に虚偽の記載をして提出したとき。

第三十六条の次に次の一条を加える。

第三十六条の二　第二十四条の三の規定に違反した者は、三万円以下の罰金に処する。

第三十七条中「前八条」を「第二十九条から前条まで」に改める。

附　則

1　この法律は、昭和四十二年十月一日から施行する。ただし、証券投資信託法第十七条の次に一条を加える改正規定及び同法第二十五条の改正規定並びに附則第五項及び第六項の規定は、公布の日から施行する。

2　改正後の証券投資信託法（以下「新法」という。）第五条第六項第七号の規定は、この法律の施行前に発行された受益証券については、適用しない。

3　この法律の施行の際現に改正前の証券投資信託法第六条第一項の規定による免許を受けている会社は、この法律の施行後二月以内に新法第六条第三項に規定する業務の方法を記載した書類を大蔵大臣に提出しなければならない。

4　この法律の施行の際現に証券取引法の一部を改正する法律（昭和四十年法律第九十号）附則第二項に規定する証券業者である会社は、昭和四十三年三月三十一日までは、新法第二十四条の二第一項の規定の適用については、証券会社とみなす。

5　この法律の施行の際現に存する社団法人証券投資信託協会は、新法の規定による証券投資信託協会となるものとする。

6　前項の社団法人証券投資信託協会は、新法第四章の二に係る規定の施行前に、同章の規定に適合するようにその定款を変更し、民法第三十八条第二項の認可を受けるものとする。この場合においては、新法第二十四条の五の規定の例により業務規程を定め、大蔵大臣の認可を受けることができる。

7　この法律の施行前にした行為に対する罰則の適用については、なお従前の例による。

8　相続税法（昭和二十五年法律第七十三号）の一部を次のように改正する。

第五十九条第一項第三号中「証券投資信託」の下に「及び証券投資信託法第二条の二に規定する

大蔵省主計局次長　岩尾　一君
大蔵省証券局長　加治木俊道君
（ほか略）

本日の会議に付した案件
財政金融の基本施策
（中略）

○内田委員長　前会に引き続き、財政金融の基本施策についての質疑を続行いたします。
（中略）

○只松委員　株の共同証券、保有組合というものがあります。共同証券でいまなお依然として十六億株の保有株、一千八百億円、保有組合で約十六億株、一千七百億円の株がたな上げされております。これは簿価でございますから、あとでできれば現在の価格も聞きたいけれども、景気が宮澤さんの説によれば、過熱さえも心配されるというような状態のときに、依然としてこういうものをたな上げしておかなければならない原因はどこにあるとお思いになりますか。

○水田国務大臣　あとからまた証券局長に説明してもらいますが、ああいう事情でたな上げした株式であり、経済がこういうふうになったからといってこれを急速に放出するということは影響が大きいものでございますから、市況を見ながらいままで放出はしてきましたが、今後もやはり、株式市場に少なくとも悪影響を与えないような形で、状況を見て私たちは徐々に善処しようという考えでおりまして、いま慎重にこの様子を見ておるという段階でございます。

財政・金融に関する件

衆議院　大蔵委員会議録第三号

昭和四十二年三月二十日(月曜日)

出席委員
委員長　内田常雄君
理事　藤井勝志君　理事　三池　信君
理事　毛利松平君　理事　吉田重延君
理事　平林　剛君　理事　武藤山治君
大村襄治君　鯨岡兵輔君
小峯柳多君　河野洋平君
永田亮一君　西岡武夫君
村上信二郎君　山中貞則君
渡辺美智雄君　阿部助哉君
只松祐治君　広沢賢一君
広瀬秀吉君　堀　昌雄君
村山喜一君　柳田秀一君
竹本孫一君　田中昭二君
広沢直樹君

出席国務大臣
大蔵大臣　水田三喜男君

出席政府委員

信託」を加える。

9　地方税法（昭和二十五年法律第二百二十六号）の一部を次のように改正する。

第二十四条の三第一項、第七十二条の三第一項及び第二百九十四条の三第一項中「規定する証券投資信託」の下に「（同法第二条の二に規定する信託を含む。）」を加える。

10　所得税法（昭和四十年法律第三十三号）の一部を次のように改正する。

第二条第一項第十三号中「規定する証券投資信託」の下に「（同法第二条の二（証券投資信託とみなす信託）に規定する信託を含む。）」を加える。

11　法人税法（昭和四十年法律第三十四号）の一部を次のように改正する。

第二条第二十八号中「規定する証券投資信託」の下に「（同法第二条の二（証券投資信託とみなす信託）に規定する信託を含む。）」を加える。

12　印紙税法（昭和四十二年法律第　号）の一部を次のように改正する。

別表第一第五号の非課税物件の欄に次のように加える。

2　証券投資信託法（昭和二十六年法律第百九十八号）第二条の二（証券投資信託とみなす信託）に規定する信託の受益証券で政令で定めるもの

（中略）

〇只松委員　慎重を期さなければならないということはわかりますけれども、それだけ強気の見通しになったら、自由主義経済、その一番メッカとしての証券市場を完全に自由化するということは当然じゃないですか。保有組合は本年末で大体終わりですか、そういうことになると、やはりいまからどうするかということも方針を出しておかなければならない。具体的にお答えをいただきたい。

〇水田国務大臣　明確な方針でいつどうするというような方針は実際に立っておりませんし、実情によって、いままでのようにやはり徐々に解決をはかっていくというよりほかにはしようがないんじゃないかと私自身は思っております。

〇只松委員　当面のことはわかります。それでは原則としてお聞きいたしますが、こういうふうに経済が上向いて、ことしも来年もよくなっていくということになれば、合わせて三千五、六百億円くらいのものを、永久にたな上げするということは私は必要ないと思う。その方向だけは原則的には新大臣として当然にその抱負を語るべきである。

〇水田国務大臣　原則はやはりそうだと思っております。

〇加治木政府委員　原則については何ら異論がないところでございます。できるだけ早く異常事態に生じた残滓というものは正常時に入れば解消するのが、またそれ自身が市場を正常化するということになるのでございますけれども、御承知のように、資本市場の内部ではいまだに投資信託の資金需要が安定していないということ、それから、将来経済が伸びていくということは、同時に金融上にも従来のような緩和状況が必ずしも継続されないで引き締まりぎみに推移する、こういう点は資本市場プロパーにとっては金融的には需給関係はマイナスに働く可能性もあるわけで、それやこれやで、具体的にタイミングをどういうふうにするか、われわれとしては関係者の良識に従った善処を期待しておる、こういうことでございます。

〇只松委員　原則的には放出する、これは資本主義経済の当然の結果です。

逆にお聞きしておきますが、イタリアあたりでもちょっとやったことがありますが、恒久的にたな上げ機関をつくる、こういう考え方はいまのところない、こういうふうにお考えですか。

〇加治木政府委員　当初の保有組合なり共同証券をつくりました政策的なねらいは、暫定的な異常時における特別施策ということ、投資信託が異常な時期を脱するまでということでございますので、そういう機構に組みかえるということはいまのところは考えておりません。ただ、去年放出し始めましたときにいろいろな問題が発生したわけでございます。その一つに、特に最近資本の自由化を控えて発行会社側に、株主安定化工作のためには何らかの形でこれを活用すべきじゃないかという意見が出たことは事実でございますが、本来の政策的な目的から言えば新たな問題でございます。したがって、資本市場にとってそれがはたして望ましいかどうか、この辺は十分慎重に検討してみないと、軽々に結論を出すべき問題ではない、かように考えております。

〇只松委員　大体のお考えはわかりましたが、景気がよくなったとおっしゃるなら、わずか三千億、四千億円の株を出してもどうということはないのですから、すべきだと思うのです。資本市場の健全な発展を望まれるならば、当然にこの問題にも一定の方向づけをして、あまり公表しないで、すっとさばく方法もいろいろあるわけであります。いやしくもこれが株の操作に利用されるということが絶対あってはならないと私は思います。

次に、同じようなことですが、そういうふうに景気が上向いてきておるのに、ことしは依然として八千億円の公債をお出しになっておる。私たちは、当初から、一ぺん公債政策に踏み切ったならば、決してとどまるところを知らないで、少なくとも最小限五、六年間は公債発行という事態を続けていかなければならないだろう、こういうふうに注意をし、反対をいたしました。事実上そういうことになってきておりますが、大臣は、やはりここ当分公債は発行しなければならないというふうにお思いになっているか、それとも、もうことし限りで、りっぱに景気が立ち直ったのだからやめる、こういうふうに断言をなされますか。

〇水田国務大臣　経済が均衡をとって発展するというためには、国内施策がやはり均衡を保たなければいかぬ。そういう意味から言いますと、民間投資がどんどん進んでいるというときに、御承知のように政府投資が非常におくれている、社会資本のおくれというものが経済の成長を非常にアンバランスにしている面が目立っておりますし、またそれが物価問題の一つの原因にもなっておるということでございますから、どうしてもここで、今度の計画にもありますような線に沿った社会資本の充実ということは、必要な仕事として政府が今後やらなければならぬということになりますと、この必要な需要というものは、計算するといま相当なものになっております。これを全部税によってやるか、そうじゃなくて民間の蓄積を公債という形で活用してやるかということになりますと、やはり、不況とかなんとかの対策でなくても、公債の必要論とかいうものは別個な問題としても当然出てくる問題でございますが、そういう点を考えますと同時に、すでにその問題を割り切って、去年公債を出した。しかもそのために減税を相当大幅にやったというようなことから考えてみまして、私どもはできるだけ今度は公債を縮めようという苦心はしましたが、一ぺん公債を出すと、これを急激に打ち切るというようなことをやったら、これは経済成長をもっともっと阻害する形になってきますので、そういう点を勘案して私どもは最低限にとどめた八千億円ということをきめたわけでございますが、少なくとも四、五年間くらいはどうしても続けなければ公債を打ち切れないということに事実上はなるのじゃないかと考えておりますので、そうだとしますと、何年続くか、そこはわかりませんが、とにかく毎年依存度をできるだけ下げていくという努力をもってこれに対処するよりほかにはしかたがないだろうと考えております。

○**只松委員**　そうすると、あと四、五年くらいは少なくとも公債は発行していかなければならない経済状態である。また、景気がよくなっても悪くなっても、そのこととは別に続けなければならない、こういうことでございますか。

○**水田国務大臣**　いま申しましたように、もういろいろなことにかかわらず公債というものは出していいのだというような点から言いますと、これはもっともっと続いてもいいことになるでしょうし、私は、この公債をどういうふうに続け、どういう償還計画を立てるかという、一ぺん出した以上、公債に対する長期の財政計画をここでどうしても持たなければいかぬ、そう考えているのも、いま言ったようなことからでございまして、これは何年ということはいまのところまだ全然見当はつきません。

○**只松委員**　そうすると、当分自民党は公債政策を続けていく、こういう話になると思います。

そういうことになりますと、たとえばここで試算をいたしまして、去年七千億円、本年八千億円というような形の程度の伸び率に試算をしてまいりますと、あと四、五年たちますと利子だけでとにかく五千億円近い利息を払っていかなければならない、そういうことになりますね。いまの状態の伸び率で。それに、あと五年たちますと元本の支払いが始まってまいります。こういうことになりますと、ことしでも予算の中に占める国債の費用は一千百五十二億円、七年先になりまして元本の支払いが始まってまいりますと、予算の中に占める公債の比重は非常に多くなってくる。したがって、それを支払うための公債というものをまた出していかなければならない。いわゆる公債の書きかえというものが当然にそこで起こってきますね。元本の書きかえということを皆さん方自民党としては本来お考えになっておるか、それとも、根本的には、そこで支払っていく、こういう立場でこの公債計画をお立てになるのか、お聞かせをいただきたい。

○**水田国務大臣**　やはりしっかりした減債制度を確立するということが必要であって、これができれば、期限が来れば全部繰り延べるというような安易な方針をとる必要はございませんで、国債の今後の趨勢によってはこの制度をまた強化するというようなことをやって対処するよりほかは当分しかたがないのじゃないかと思います。

○**只松委員**　ここで問題になるのは、景気が立ち直ってきて、資金需要や何か活発になってまいりますと、なかなか市中公募というのが容易ではなくなってくる。こういうふうにだんだん一金融機関でも公債が累積されて毎年買わされるということになると容易ではなくなってくるわけでございますけれども、市中金融機関が無制限にその公債に応ずる、こういうふうに大臣はお考えですか。

○**水田国務大臣**　御承知のように、公債を発行するようになりましてから、一応発行の懇談会というようなものができまして、そこで政府は消化についての相談をすることになっておりまして、去年からやっておりますが、今年度の公債の発行問題についても、この懇談会を開きまして、私どもからいろいろ御相談をいたしたのでございますが、そのとき、八千二百億円という案を出して、みなけっこうだとは言いませんが、その程度ならこれは民間で消化できるというような大体の空気によって八千二百億円ということをきめたわけでございましたが、その後の情勢によって、新しい今度の内閣によって当時の編成方針を少し変えまして、八千二百億円という公債の発行額を八千億円にきめた。こういういきさつもございますので、大体私はこの市中消化はいまのところ可能であると思っております。

○**武藤(山)委員**　国債の残額に対して本年度から償還できる財源として積み立てようとするパーセント、大体いま予定しているのはどういう積算で積み立てをしようとしているのか。

○**中尾政府委員**　新しい減債制度の繰り入れ定率は目下最終的には考え方を固めております。もうしばらくお待ち願いたいと思います。

○**武藤(山)委員**　理財局長、けさほどの大蔵委員会理事会で大蔵省の担当官は、大体公債残高の一・六%を定率で積み立てをする、こういう法案ですと

参議院　大蔵委員会会議録第八号

昭和四十二年五月十六日(火曜日)

出席者は左のとおり。

委員長　竹中　恒夫君

理　事

青柳　秀夫君
植木　光教君
藤田　正明君
柴谷　　要君
中尾　辰義君

委　員

伊藤　五郎君
大竹平八郎君
大谷　贇雄君
小林　　章君
徳永　正利君
日高　広為君
木村禧八郎君
田中寿美子君
戸田　菊雄君
野溝　　勝君
山本伊三郎君
二宮　文造君
須藤　五郎君

国務大臣

大　蔵　大　臣　水田三喜男君

政府委員

大蔵省主計局次長　岩尾　一君

(ほか略)

本日の会議に付した案件

○租税及び金融等に関する調査(当面の租税及び財政金融に関する件)

○委員長(竹中恒夫君)　租税及び金融等に関する調査中、当面の租税及び財政金融に関する件を議題といたします。

○木村禧八郎君　大蔵大臣に、まず国債の償還計画についてお伺いしたいのです。

御承知のように、社会党は、四十年度の赤字公債、それから四十一年、四十二年の政府の言ういわゆる建設公債についても反対してまいりました。四十一年、四十二年は、政府は建設公債と言っておりますけれども、われわれの主張する建設公債というのは、いわばいま発行されている政府保証債みたいな償還性のあり、それから収益性のある、そういうものを財源としての公債発行、これをわれわれは建設公債と呼んでいるわけです。いまの政府の四十一年、四十二年発行しております公債は、われわれは赤字公債と呼んでいるわけです。したがって、これは財政法の四条に違反している。そればかりでなく、財政法四条二項で当然銘柄別の償還計画を国会に提出しなければならないと、こう規定していると同時に、財政法二十八条で国会に提出しなければならない義務を課しているところの国債償還計画表、こういうものも出していないんです。したがって、明らかに政府は財政法に違反しているんです。

しかし、政府はあくまでも、財政法に違反してい

いう説明をやっておるんですよ。公債残高の一・六%、を年々積み立てするという方針はまだ固まっていないのですか。

どういう根拠で一・六という数字をはじいたのか。

○岩尾政府委員　一・六%の繰り入れというのは、いろいろな要素がございまして、建設公債でございますから、国民の資産になるものをつくって、そうしてそれが経済的効果を生んでいく期間というものを考えまして、土地や何かは百年ぐらいと考えまして、税法によりまする償却の年数等を考慮に入れると大体六十年ぐらい見ていいのではないかと見たわけでございます。

いま申しましたような繰り入れ以外に、財政法によりまする六条の剰余金の二分の一という法律もございますし、必要に応じて予算上の繰り入れ等も行なうということで十分対処し得ると思っております。

○武藤(山)委員　六十年から六十七年間という長い将来でなければ、とにかくいま発行している国債のきれいな償還ができない。七年後からの償還期間を考えたときには、寒けのするような感じを私どもは持つのであります。

○只松委員　途中において市中公募ができなくなって、日銀がやはり引き受けなければならない、あるいは市中金融機関が持っていたのを日銀に持ち込んでしまう、こういう形にだんだんならざるを得ないだろう、こういうことを金融機関の人も言っております。六十年、七十年の償還を待たずして、公債政策がくずれてくると日本経済というものがたいへんに破壊されてくるわけですから、ひとつお考えをいただきたい。

(以下略)

ない、銘柄別償還計画とは昭和四十二年度一般会計予算書、この中に政府はこれを明らかにしているんだと。それで、この一枚の計画表というものを出している。これをもって財政法四条二項に言うところの償還計画であると説明しているわけなんです。したがって、財政法に違反していないと、こう言っているわけです。

政府は、この一枚を四十二年度に発行を予定する公債の償還計画表と称しているが、これは期限が来れば償還するというそういう表にすぎないんです。これは七カ年の期限なら、八千億の公債発行をして七年後に八千億償還するというにすぎないわけです。こんなものは償還計画じゃないですよ。これからかなり長期にわたって公債発行をされる場合、財政法四条二項に言う償還計画というものを実際は政府が出さないで、財政法違反ではないと、こう政府が押し通してしまいますと、これは今後の私は日本の財政にとって重大な悪影響を及ぼすと思うんです。政府は期限が来たら公債を償還すると言うが、この財源の措置の何の裏づけもない表が償還計画と言えますか。

まず最初に伺いたいことは、銘柄別の償還計画を政府はお出しになる御意思があるかないか、この点から聞いてまいります。

○国務大臣（水田三喜男君）　財政法の違反だというんですが、財政法の違反だという以上は、財政法の求める償還計画とは何を意味するか、この意味を確定していくよりほかに解決の方法はないということで、財政制度調査会にはかって、この財政法の求める償還計画とは何かということを検討してもらおうということでございました。

結論としては、「償還の計画」とは年度別の償還の予定額を明記すれば足りると、償還の財源計画を求めているものではない、これを求めるものとすれば、これは非常に困難だ、というのが財政制度調査会の意見でございまして、過去政府の公社法の中における償還計画というもの、特別会計法における償還計画というのも解釈は同じで、償還財源の計画表ではないのだということで今日までずっとやってきたのが実情でございまして、私どもは従来の解釈によるし、また財政制度調査会で検討してもらったこの解釈をもって財政法四条の償還計画、こうするより事実上はもうしかたがないものであって、またそれで足りるんじゃないかというふうに私は考えております。

○木村禧八郎君　銘柄別の償還計画を出さないことが財政法の違反であるかないか、それを判定する場合には、一体償還計画というものの内容は何であるかということを明らかにする必要があると同時に、一体何のために償還計画というものを国会に出さなきゃならないと財政法で規定しているのか。そのことからまず明らかにしなきゃならないと思うんですよ。何のためにこういう償還計画についてきびしい規定をしているか、その理由はどういうところにあるかということを、これを私は明らかにしていただきたい。

○国務大臣（水田三喜男君）　年度別の償還予定額を明示するということは、予算審議の重要な参考になるということでございまして、先ほどの調査会でも、この項目をそれなら削除するかどうかという議論も出ましたが、やはりこれが予算審議の重要な参考になるものである以上、これは置くべきであるという結論になったのですが、予算審議の参考には十分私はなるものだと考えております。

○木村禧八郎君　そんなあいまいなものではないと思うんです。会社が普通借金をする場合、借りかえるのか、あるいは現金で償還するのか、半分借りかえ半分現金で償還するのか、期限が来たときに、この借金を返すときの会社の資金状況がどうなるか、こういうことを明らかにすることによって、その会社の経理が健全であるかどうかということがわかるんですよ。今後はかなり長期にわたってこの公債発行をするんですから、期限が来たときに、借りかえるのか、あるいは現金で全部償還するのか、あるいは半分借りかえて半分現金で償還するのか、そういう計画を示すことによって、初めて期限が来たときの政府の財政のポジションが明らかになるんでしょう。そのために、いわゆる償還財源の裏づけのある計画を銘柄別に出すということですよ。それは不可能なわけはないですよ。われわれこれをつくってみましたけれども、こういうようにつくればできるのです。それがなぜできないのですか。

たとえば七カ年計画で赤字公債を発行し、期限が来たときに、政府はこれは借りかえはしないということを前に言いましたね。そうしますと、期限が来て償還するといたしますね。今度は減債基金を設けましたが、それを引いた残りを借りかえるのか、あるいは全部現金で償還するのか、これによって財政上に大きな影響が来るわけです。これを明らかにすることによって初めて、今後さらに公債を発行していいのか、あるいは公債発行を減らさなきゃいけないのか、そういう判定がつくわけです。

償還計画の目的は、償還の時点において政府の財政事情がどうなるかということを明らかにするために償還計画を出すんでしょう。計画を出せということを財政法で書いてあるのに、なぜ出さないんですか。明らかに財政法違反じゃありませんか。

大蔵大臣、財政法四条二項と二十八条で、公債償還計画、年度別の銘柄別の計画を出さなきゃならないと、こう規定した理由を、もう一度明らかにしてください。

○国務大臣（水田三喜男君）　もしこれが木村さんのおっしゃるような償還の財源計画を求めるものだということでありましたら、これは事実上不可能だと。意味がないということを調査会も認めたからのことでございまして、つくろうと思えばこの償還計画はいろいろできるかもしれませんが、経済がどんどん変わっていくのを、何年先を予想して、その間における税収がどうなるのか、推定すればできるいろんな要素の組み合わせで計画を立てるとしましたら、現実にはおそらくもう全然予定したものと、違うと。これを毎年発行する銘柄別にそんなものを立ててみたって、そのとおりにいくものじゃございませんし、期限の来たものについては必ず償還する。これは期限については全部償還するのでございまして、借りかえをやるといっても、新しい国債を出すだけであって、古い国債はそれによって一応全部決済されるという形でございますので、合理的な減債制度の中で運営ができれば、それでいい。しかも、国は税金をかけるという権限を持っているんですから、公債の返還についても、そのときの情勢で、減税しようと増税しようと、いろんなことができる。これを全部銘柄別に予定してこの財源計画を示せなんてことは、財政法が事実問題として求めていないものだというのが一応の結論でございますので、私は財政法の求めるものはやはり償還の予定額でいいんだと、財源計画を求めるものじゃないという解釈にならざるを得ないと思っております。

○木村禧八郎君　これは重大ですよ。財政法の精神を政府の都合のいいように解釈してるんです。

この財政法は非常に窮屈な規定なんです。ですから、政府はこの財政法がじゃまでしようがないんです。たとえば公債を発行する場合、償還財源計画なくして発行して、期限が来たら返すと規定しておいて、これが計画でございますよと、国会をごまかして説明しておいて、そうして期限が来たら借りかえ、借りかえでやっていく、こんな楽なことはないでしょう。しかし、金を貸すほうはどうでしょうか。だれだって期限が来たら返します、借りかえしますというだけで承知できますか。これは政府を縛る規定なんです。それを縛られたくないから、期限が来たら返します、こんな表で、償還計画なんということで国会をごまかそうとしたって、できません。

大体政府は四十年度の赤字公債については借りかえしないというのでしょう。まずこの点をもう一度私はこの際確認しておきたいです。

○国務大臣（水田三喜男君）　これは赤字公債であって、ごく金額も少ないのですから、借りかえしなくても、これは全部現金払いしてよろしい、そのときになればそういう償還の方法をとりたいと思っております。

○木村禧八郎君　そうすると、赤字公債は、これは借りかえしないと。あれは期限が来た場合、そうすると公債費というのは非常に多くなりますね。一般会計からそんなに繰り入れできますか。赤字公債に対して減債基金の適用をかりにしてみると、〇・一四四で償還をしていくと、こういう計算をしてみたものがここにあるわけです。

四十年度発行債の場合、この償還計画を試算してつくってみたわけです。そうすると、これは予算計上額は二千五百九十億ですが、発行額は二千億ですね。償還期限は昭和四十七年。この償還計画というものをつくる場合は、二千億の〇・一四四、これは二百八十八億円、これは減債基金ですね。これを六カ年としまして、千七百五十八億、これがまあ運用されるとしまして、五分五厘の複利で計算するとした場合、そうすると運用利益が二百五十四億になるわけです。これを入れますと、二千十二億ということになります。こういう減債基金の積み立てをやれば、四十年のものの期限が来たときに、二千十二億積み立てされますから、これを現金で償還できますね、こういうのが償還計画というのじゃないんですか。政府がもし借りかえしないというならば、減債基金は、〇・一四四で積み立てていくと、そうするとちょうど四十七年に二千億返済できるだけの金が蓄積されるわけです。減債基金の運用利益を入れてそうなるのですよ。こういうものをつくるべきですよ。

こういうようにした場合に、じゃ財政上どういう影響があるか、これを勘案しなければなりませんね。その場合、一カ年、これによれば二百八十八億積み立てなければならないと。そうすると、財政上国庫の支出はこれだけ削らなければならないとか、そこで財政上のほかとの関連が出てくるわけなんです。こういうふうにすれば窮屈でしょう。そうでなければ公債発行が乱発されるので、こういう窮屈な規定を設けているのです。ですから、もし大蔵大臣が四十年の赤字公債はこれは借りかえないと言いましたら、こういう償還計画が立たなければ、借りかえ以外の方法による償還はできないと思うのですよ。

そうでなければ、四十七年の公債費というものは相当多くなると思うのです。これはどのくらいになるか、計算できるでしょう。これは事務当局で答えてもらいたい。

○政府委員（岩尾一君）　償還の計画につきましては、先生もよく御承知のとおり、当時の立法をした方の意見もまちまちでございます。それから、学者の意見もいろいろありまして、どういうつもりでこの規定を入れたかというのは、はっきりしていないわけでございます。公債をある限定した場合に出すことができると。その場合には、しかし国会に償還の計画を出しなさい、こう書いておることだけで、先生のおっしゃいますような、いわゆる将来にわたっての財源をはっきり明示して書けという意味でこの「償還の計画」はあるのだというふうに考える考え方もあるかと思いますが、しかしまた、このとおり読んでいけば、先ほど大臣のおっしゃいましたように、償還の計画、償還の年次表を出せばいいんだということにも読めると思うのです。

それから、国債の償還年次表と申しますものは、これはずっと、財政法ができましたときから国会に二十八条の資料として出しておりますが、これは銘柄別ではございませんで、国債全体の償還年次を、それぞれその償還期限に応じまして計算をしたものを提示いたしております。

しかし、先ほど先生の申されましたように、たとえば今度二千億についてのお話がございましたが、いま先生の申されましたこの案の算式をそのまま文章にいたしたものが私らの考え方でございまして、もちろん〇・一四ですか、こういうことは言っておりません。これは減債計画全体は、先生も御承知のように、前年度国債総額に対しまして一定比率を入れようという考え方でおりますので、私どもといたしましては、百分の一・六という率で戻していきたい。さらには剰余金の二分の一の繰り入れもございますし、先ほど申しましたように、予算上その際に必要であれば一般会計から入れるというような考え方、この三本立てによって将来の公債を返していこうという考え方はお示ししておるつもりでございます。数字ではございませんが、そういう考え方についてはお示しをいたしておるつもりでございます。

○木村禧八郎君　償還計画というのはそういうときの財政のポジションというんですか、事情を明らかにするための償還計画なんですから、ただ三本立てでございますと、一つは減債基金があります、もう一つは一般会計から剰余金二分の一繰り入れがあります。そういう方法がありますけれども、その方法をどういうふうに具体的に適用するかというものが償還計画なんです。

政府はいかにも三つの方法によって償還できるのだから、信用してくれということなんでしょう。しかし、剰余金は、規定はありますけれども、これから公債発行しなければならぬような財政状況でその剰余金なんか期待できない。それから、一般会計から入れるというのは、公債発行しなければならないような状況で一般会計からそうたくさん償還財源が出せますか。そういう危惧があるからこそ、償還方法というなら償還の財源の裏づけのある償還計画を出せということなんですよ。償還計画を出される意思があるのか、ないのか。なければ、これは財政法違反ですよ、どうしたって。

○国務大臣（水田三喜男君）　公債はただ漫然とやたらに出すわけじゃございませんで、建設公債に限る、公共事業への投資に限るというふうに限定されておりますので、したがって、公債によって得られた資金は長い間国民経済に寄与する資産になるんですから、長い間かかって国民の負担で返済すればいいということになりますので、百分の一・六の積み立てをするということは、きわめて妥当であろうと考えています。いま木村さんのおっしゃられるように、特殊な事情で国の財政資金が不足したから、それに対処するために借金をするのだということは、これは前の大臣が答えたように、国民の資産になっていないものですから、七年の期限なら七年目に全部払うことを考えておかなければならぬということから見たら、単純にいったら七分の一ずつ毎年積んでおけばいいということでございまして、こういう特殊な公債について、いま言ったような償還計画、償還のめどを立てておくということは、これは可能であろうかと思います。

しかし、それといえども、じゃそのとおりにいくかといいましたら、そうじゃなくて、七年目の期限が来たら、政府責任においてみんな返すという処置をとればいいんでございまして、一割四分も一年に積むのだというのでは、これはもう公債発行する意味もないし、財政を拘束することで、こういうことはできない。

結局財政法でいう償還計画というのは何かというと、そういうものを求めたのではないといってこの償還計画を解釈するよりほかしかたがないだろうと思います。

そういう解釈は間違いだと、財源計画だとおっしゃられるのでしたら、財源計画というものができるのかといったら、私はできないと思います。かっこうをつくって推定でこしらえることは簡単ですが、こしらえるだけであって、全部毎年そのとおりいくものは一つもないことだったら、無意味である。それで、この事情を十分にいろいろ検討して財政調査会の専門家の人たちが、一応こういう解釈を答申してきたのですから、やはり現実問題としては、この答申に従って処理するよりほかしかたがないと私は考えております。

○**木村禧八郎君**　財政調査会の答申だって、政府が裏で指導して、こういう答申をしてくれというので答申していると私は思うのですよ。権威は認めませんよ。合理的でありませんし、第一。

それから、昭和四十七年度の公債費がどのくらいになる予定ですか。

○**国務大臣（水田三喜男君）**　これはまだ推定しておりません。

○**木村禧八郎君**　いまの調子でどのくらいになるか、大体推定つくでしょう。四、五千億になりますか。

○**国務大臣（水田三喜男君）**　御承知のように、初年度の公債も発行減額をやりましたし、本年度においてもこの財政の運営のやり方によって額はどうなるかわかりませんし、来年度の公債発行となりますというと、このいわゆる依存度の問題からも相当私どもは考えなけりゃならぬと思いますので、正直な話、来年度の国債の予定額もいまのところわからないという状態でございますので、とても昭和四十七年度現在の公債発行額はどのくらいになるか、累積はどれくらいになるかということも、これはいまのところわかりません。

○**木村禧八郎君**　四、五千億になる。かりに三、四千億になるとしても、そのときに、四十年度の赤字公債を現金償還するというのでしょう。そんな財源がありますか。加えたら、六千億、七千億ぐらいになっちゃうでしょう。だから、どうしたっていまから積み立てておくか、そのとき借りかえでもしなきゃならぬ。借りかえすれば赤字公債で、これは特例法を設けなければ借りかえできないですよ。

四十一年度発行債の場合、予算計上額が七千三百億、それで発行額は六千七百五十億ですね。償還期は四十八年。政府の減債基金、これは一・六%の率で積み立てるとします。結局償還期までの減債基金の資金の積み立て累積額、これは運用利益を入れまして七百八十五億、こういうことになるのですがね。この減債基金をもとにして、どういう償還計画を立てるかということが償還計画でしょう。

その場合に、二つの方法があるわけですね。第一の方式は、償還資金を全部使って、残りを借りかえした場合という仮定をしてある。そうすると、六千七百五十億円から運用利益も入れた減債基金七百八十五億を引きますと、五千九百六十五億が四十八年度に借りかえが必要になるわけです。そうすると、借りかえ債が六千五十億必要になります。六十三年後に二千五十二億残るわけです。こういう償還計画が一つあるのですね。第二の方式では、償還資金を全額運用して、償還は借りかえで行なう。そうすると、三十年後に償還資金の積み立て額は公債額をこえることになるわけですね。そういう方法をとるのか、あるいはこの償還期に一部償還して一部借りかえの方法をとるかですね。折衷方式があるわけですから、三つあるわけですが、折衷方式をとる場合、六十三年間に返済するとすれば、ここに書いてあるような計画表が出てくるわけです。これが償還計画というものなんですよ。

こういうものが償還計画であって、単に期限が来たらそれを償還するというのが償還計画じゃありません。こういうものを出せというんです。出せないなら財政法改正しなさいよ。財政法改正しないで、そうしてこれでごまかそうとすることは、これは許されないです。財政法違反です。不可能じゃありません、できるんですから。

○**政府委員（岩尾一君）**　財政法に言っております償還の計画というものが、先生の申されますように具体的な財源計画までを要求しておる規定であるかは、条文としてはそこは要求していないというようにわれわれは解しております。

それから、大臣のおっしゃいますできないというのは、いつでもつくれることはつくれますが、しかし、これがはっきり政府の計画であるというふうに言うことはできない。これはまあ長期の財政計画、財政収支について、世界各国ともいろいろそういうものをつくれという要望がありますが、どこも政府がそういった財政収支についての長期計画というものをつくることは、これはかえって誤解を招くし、できないということを言っておるので、つくること自体は可能でございますが、そのことのほうが弊害があるのではないかということでつくらない、こういうことをおっしゃっておるわけであります。

○**木村禧八郎君**　政府は財政法を改正しない以上、またこういう償還方法なり財源の裏づけのないものしか出してきていない以上は、これはいつまでも問題になります。要は公債発行によって国の財政状況がどうなるかということを判断する資料として出すのですね。ところが、こういう予定表だけでは、それがどういう状況になるか、判断ができないのですよ。だから、償還計画を出したら、そのとおり何でもやらなければならぬということは私は言っていないのですよ。そのときの状況によっていろいろ変化することは認めています。だけれども、この時点においてこれを出せば、なるほどこういう財政状況になるのだ、借りかえるか、あるいは現金償還するか、あるいは折衷でいくか。そうでなければこの財政状況を判断する資料にならぬ。それを私は言っているのですよ。だから、財政法の求めるところはそこなんです。

○国務大臣(水田三喜男君)　委員長、ちょっとこっちから御質問しちゃいかぬですか。

いまの木村さんのお考えは、十分わかるのですが、この償還表ですね、結局これを見て、いまから二年目に行ったら一体減税政策はどうなっておるのか、景気・不景気の関係はどうなっておるのか、途中で繰り上げ償還をやるのかどうか、これを想像することはできませんね。そうすると結局、一億発行するんだといったら、十年としたら、毎年千万ずつ返す予定ですという、割って機械的に出すよりほかしようがないということでしたら、これは、これこそ意味のない償還計画であって、その辺をどういう推定でやろうとするのか、ちょっと御参考までにお聞きしたい。

○木村禧八郎君　それは、政府が社会経済計画、長期計画をおつくりになっております。したがって、これに照応した長期財政計画というものをつくらなければならないわけであります。それに応じて、民間資金需要、政府の資金需要も含めて、長期資金計画、総合的資金計画がなければならないはずであります。それをやっていないじゃありませんか。それをおつくりになれば、その一環として、何年度は借りかえにするか、どれだけ償還したらいいか、全額償還したらいいか、回答が出るわけであります。その全体の長期財政計画、あるいは長期資金計画というものがないから、これはできないのです。大蔵大臣は、これはできないできないと言っているのは、実はこれができないのじゃなくて、全体の総合的な資金計画が非常にむずかしいのです。それはわかりますよ。いままで一番政府で不足しているのは、民間資金需要も含めた総合的資金計画がないのですよ。単に、あの社会経済計画というものを、ああいうものを出しっぱなしでは何にもならない。あの資金計画なり財政計画の裏づけがなければならないですよ。この点は、大蔵大臣、いかがですか。

○国務大臣(水田三喜男君)　政府の、企画庁のあの計画によりましても、年次別の財政規模の計画というものは、事実上立てられないということで、こういう問題では私どもずいぶん苦労をしておりますが、それができなければこの償還計画が立てられぬという御意見のようでございますので、これは参考として承っておきます。

(以下略)

衆議院　大蔵委員会金融及び証券に関する小委員会議録第三号(閉会中審査)

昭和四十二年七月二十四日(月曜日)

出席小委員

小委員長　小峯　柳多君

笹山茂太郎君　　西岡　武夫君

村上信二郎君　　村山　達雄君

堀　昌雄君　　武藤　山治君

村山　喜一君

小委員外の出席者

参考人(全国銀行協会連合会副会長住友銀行頭取)　堀田　庄三君

参考人(日本興業銀行頭取)　中山　素平君

(ほか略)

本日の会議に付した案件

金融に関する件

○小峯小委員長　これより会議を開きます。

金融に関する件について調査を進めます。

本日は、参考人として、お手元に配付しております名簿のとおり、堀田庄三君及び中山素平君の御出席をお願いしております。

○堀田参考人　ただいま御指名をいただきました堀田でございます。

本日は「今後の金融制度と金融機関のあり方」というテーマで所見を述べるようにということで参上した次第でございます。

(中略)

現在われわれにとって関心事となりつつあるのは国債発行に関連した問題であります。

わが国で戦後国債が本格的に発行されたのは昭和四十年度からでありまするが、当時は緊急不況対策としてその発行がきめられたため、この引き受けについては市中消化の原則がうたわれたものの、本格的な検討がなされないまま今日に至ったのであります。

しかしながら、現実には国債発行は資金偏在を拡大する動きをいたしております。これは、都市銀行の国債引き受け比率は、長期信用銀行を含めると五割強と高いのでありますが、それが財政資金として支払われた場合の預金としての還流度合いはかなり小さいのであります。これに反して、その他の金融機関は、国債引き受け額より預金還流額のほうが大きいため、必ず資金余裕が生じてまいるのであります。しかし、資金余裕の生ずる金融機関は資金コストが高いため、低利の国債を多く買うことはできません。そこで、結果的にはこの余裕金を都銀はコールで取り入れて国債を引き受ける形になっておるのであります。国債の保有状況を海外と比較いたしますと、日本の場合、全国銀行が四九％、その他金融機関が九％、個人その他が九％で、政府、日銀が三三％となっておるのであります。これに対し、米国では市中銀行が一七％、その他金融機関が一六％、個人が二三％、英国では市中銀行が一二％、その他金融機関が一〇％、個人が二二％といった形で、日本の全国銀行の保有がいかに多いかがおわかりいただけると思います。さらに、その他政保債、地方債に加え、事業債、金融債、株式保有も増加傾向にあるため、都銀の有価証券投資は非常な額に達し、資金ぐりの圧迫は、現在融資の面よりはむしろ有価証券の面からの圧迫がきわめて大きくなっておる実情であります。

このような状態で、国債発行が一時的なものであるならばともかく、発行額は今後急増しないまでも、発行が長期化するということは必定と思われますので、今後国債発行に伴う資金偏在の拡大を是正することを制度的に検討してもらいたいと思うのであります。

その際まず第一に考えるべきは、国債の市中消化の本来的な意味は、国民の貯蓄で引き受けることでございます。われわれの銀行預金ももちろんこの中に入るのでありますが、その典型的なものは郵便貯金だということであります。郵便貯金等の運用部資金は、政府の手に握られておって、財政投融資の原資となるために、財政資金のように考えられがちでございますが、これは民間の貯蓄にほかなりません。したがって、運用部資金は、国債引き受けに優先的に充てられてしかるべき性格のものではないかと思います。現在のごとく、市中金融機関引き受けを第一義的に考え、運用部引き受けを第二義的に扱うのは、当局にいろいろな事情があるとは存じますが、いささか疑問なきあたわずと存じます。

第二に国債引き受けかわり金の市中預託制度の導入を希望いたします。これは、国債の引き受けがだんだん困難になるにつれて、その一部緩和をするためにもこの措置が必要であると思います。現に米国では、国債、州債はもちろん、税の取り扱いに対してもこの方法をかなり大胆に活用いたしておるのであります。

第三に申し上げたいことは、公社債市場の育成強化であります。公社債市場は、各種資金を直接債券に動員する機能のほか、価格変動という一種の金利作用で債券需給の調節機能を持っており、国債発行もその市場の価格変動を基準に調整さるべきものであります。その意味で昨年再開されましたが、なお現状はきわめて不十分でありまして、これを強化する必要があると存じます。

第四に、資金余裕のある金融機関の資金を直接債券投資に向かわせるような方法を検討してみてはどうかと思います。もちろん、中小金融機関の資金コストは高いので、直ちに国債引き受け専門の機関を考えても成り立たないと思いますが、政府保証債、金融債あるいは事業債中心の引き受けでも意義があると思うのであります。

以上、国債を引き受ける立場から見て、企業努力だけでは金融のひずみが解決せず、かえって国債発行によってその偏在が拡大している現状にかんがみ、当局に善処方をお願いするものであります。

次に、再編成問題について申し上げます。

日本の産業は、明治以来、先進諸国に追いつくために、おおむね保護的な政策のもとに成長し、戦後も封鎖経済の中で温室経営になれてまいりました。金融機関もその例外ではありません。そのため、日本的な後進性が各方面に残っており、金融面はことに後進性の強いおくれた部面に属するかと思います。ところが今回、自由化に際会し、産業界はもとより、金融界にも国際的経営への転換を強く要請されるようになったのであります。

その際考えねばならない基本的な問題として、本来の専門金融機関も含めてこれを考えるべきか、専門金融機関はこれを残して、その範囲で別に考えるべきかという問題があると思います。銀行業務の完全同質化を指向するとすれば、職能分離を原則とした金融制度は改められねばならないからであります。しかし現実問題としては、それぞれの専門金融機関が今日果たしている役割りは一時に比し軽くなったとはいえ、まだまだ相当大きなものがあります。今後も当分はその活動分野があるはずでありますから、これを短期間に完全同質化することは、実行面から見て困難ではないかと考えます。また、そのような社会的な職能を持っている金融機関は、制度がかりに完全同質化の方向を指向したといたしましても、歴史的な因縁や地域的密着などの特徴を生かしたそれぞれの分野で専門性の強い金融機関となると思います。けだし、数多くの同質金融機関ができたとき、特徴のないものは存立理由を失うことになるからであります。

このように考えますと、金融制度面では、これを性急に無理に同質化するような改変を行なう必要ははたしてあるであろうかと考えますが、両者の間のかきねを低くし、場合によってはそのかきねを取り除くこともできるような弾力的なものにする程度で出発するのが実際的かと思うのであります。

このような基本方針のもとで、集約ないし再編成の類型を考えてみますと、次のようないろいろな型があります。

第一は、都市銀行同士の合併であります。第二は、ユニットの小さい同種金融機関の統合であります。この二つは、いわゆる横の集約であります。第三は、異種金融機関が、業務面の補完関係や地域的な関連性によって集まり、ある程度スケールの拡大を実現するいわゆる縦の集約であります。第四は、労働不足の進行と経費節減の要請から、事務の提携または機械化が必至となってまいりました今日、その必要から、たとえば二重投資を避けるために、一つの電子計算機のもとで共同の計算センターを設けて協力し合う集約であります。これは縦も横も考えられるわけであります。

さて、このように集約の型はいろいろ考えられますが、いずれにしても、その実行となると、金融機関の自主的判断によって行なわれることが理想であります。当局としては、まずこのような集約、合併を妨げている法律を早急に改正し、それぞれの金融機関にいずれのパターンの集約を志すかは自由に選択させる余地をつくるべきだと思います。

といっても、現実にはこれだけではなかなか集約は進まないと思います。その意味では促進剤が必要であります。古典的な自由競争をさせ、弱いところが行き詰まらざるを得ないような政策をとることも一つの方法であると思いますが、実際には、金融機関の破綻は社会問題を惹起しますだけに、そういった政策はとりにくいものであると存じます。したがいまして、行き詰まる以前に手を打つ必要があります。そう考えますと、行政当局の行政指導なり誘導政策が最も現実的なように思うのであります。つまり、行政当局は、個々の金融機関について量質両面にわたって内容をよく御承知のはずでありますから、あるべき金融機関の姿から離れるおそれのあるところについては、集約等によって、スケール、内容ともに望ましい姿なりユニットなりに向けさせるような誘導をしていくことができるはずであります。この場合でも、統制ではなく、望ましい姿に集約したものにメリットを与えるといった誘導にとどめるべきであると思います。

○小峯小委員長　これより質疑に入ります。

○堀小委員　いまお述べになりましたことの中で、国債発行のために資金が偏在をしてくる。そこで、同質化をしたら、いまの国債発行下における資金の偏在というものが、はたしてある程度正されるようになるのかどうか、その点をちょっと最初にお伺いしたいと思います。

○堀田参考人　私は国債の問題を取り上げたのでありますが、実は、国債は相当な重点をなしておると思います。けれども、資金偏在は、さっきも申しましたように、所得革命というような問題に基因するところが非常に大きい。従来よりも財政のウエートが国債発行によって相当高くなっておるということは言えると思います。したがいまして、いままで金融操作ですべてうまくやれたものが、いまや国債発行を含めた財政全体の操作に基因するところが多いとともに、所得水準が上がってくるということは、どうしても下部金融機関との密着度が高くなるということになると思います。そういう点から申しますと、さしずめ私どもがいま一番困っておるのは、先ほど申しましたように、昔のようなオーバーローンの姿で困っておるのではない。債券の累増で困っておる。したがって、債券なかりせば、オーバーローンは解消し、金融機関の借金、私どもの借金は相当減っておるはずである。にもかかわらず、金融が緩慢な状況においてなおかつ借金がふえておる。そういうのは、やはり国債等の有価証券が多い。今後何年間かに国債発行が終わるというなら問題はない。今後もなお相当大量に長く続くことになりますと、どうしてもコールをとって消化する。これは逆ざやになるわけでありまして、いつまでもこの方式ではいけない。資金偏在も、財政資金は一応直接には政府と契約者の間に落ちますけれども、それは漸次下へ流れていって、たとえば大工さんが三千円の日給を取るというようなことになりますとか、所得水準が変わってきたことからくるものが非常に多い。私の申し上げるのは、国債は、端的にいって、われわれが直接受ける問題として大きくクローズアップするが、財政全体の需要が多くなったということに相当な問題がある。特に国債を取り上げたのは、われわれの手元の関係を中心に申し上げたのであります。

○堀小委員　財政が大きくなり、政府保証債なり国債なりをどんどん出していくということは片面にありますが、同時に、今度はそれを都市銀行がかなり割り当てられておる。今度はその金のもとになるほうは、いまのお話の所得構造の変化で、下のほうにシフトをして都市銀行のほうに集まらなくなる。両面からいま都市銀行は間口が狭くなりつつある、こういうふうに理解をいたします。

銀行のバランスがそういう形になっておるのならば、そういう政府関係の債券が減らない限り問題が起こる。そうすると、資金の関係から、おそらく場合によっては、コールがかなり上がってくるとなると逆ざやになる。皆さんのほうは国債を買うために逆ざやのコールを取って国債を買うのだというのは、これはかなり強制的に割り当てられるから買わざるを得ないということになるので、コマーシャルベースで買えないものを押しつけられるという問題が起きてくる。ですから、この面のほうは、コールが国債の利回りを上回ってきたら、自動的に金融機関としては、これ以上はわれわれは経営上の問題からしてお断わりをしたい、こういう意思表示が少しはっきり政府の側にされる必要があるのじゃないか。そういう点の意思を明らかにされない限りは、いまの問題は解決をしないのじゃないだろうか。

○堀田参考人　公債が逆ざやになったから、ここで断わったらどうかというお話、これは文字どおり言えばそうなんですが、何せ公共性の強い金融機関が、逆ざやだからといって断わるということはおだやかでない。でありますから、それは相当しんぼうしてでもやらなければいかぬ。私に言わせると、ほんとうの公社債市場というものが育成されて、そこで妥当な公債の値段がつけられて、公債の発行条件なりが変わってきて、さらにそれでも発行できないなら発行量が縮まっていくというのが、自由主義経済の根本だと思う。したがって、そういう点から公社債市場の完全な育成が必要だと思う。金利機能をそこで発揮させることが必要だ、こういうふうに考えておるわけであります。しかし、現状ではそれもなかなかできそうもない。

そこで、私がさっき述べたように、アメリカでやっておる市中預託制度を導入したらどうか。つまり、公債発行に弾力性を持たせる、税金を金融機関に代行業務として集めさせる、公社債を消化させる、その翌日すぐ資金を取り上げるのでは、これは早い話、利回りからいっても、文字どおり何のうまみもない。あるいは、量的に大きな金の移動が生ずるわけですね。集まったものが翌日すぐになくなる、そのためにあわててコールに走らなければならぬという事態も起きる。だから、そこに一週間なり十日なりの余裕を置いて引き上げるということになれば、弾力的な運用ということになって、実質上利回りが修正され、表面は引き合わなくとも、そういう面で修正ができるのではないか。もちろん、そのためには全額担保でよろしい。アメリカも全額担保をやっております。公社債の場合あるいは州債の場合、国債の場合、全額担保であります。そういう方法を導入すればなお消化の道はある、こういうふうに考えております。もちろん国債の一部は日銀のオペレーションで買い上げられますからまるまる手元にあるわけではありません。それも申し添えておきます。

○堀小委員　いまお話のように、確かに、公社債市場ができて、プライスメカニズムが働くようになって、抑制が起こることが一番望ましいが、実はできないんです。このできない原因は一体どこにあるんでしょうか。私は、これまでの感じでは、銀行筋が関係をなさらないのでどうもできないのじゃないかというふうに感じてきておったわけです。もしいまの市中預託の制度ができますと、これは金融機関側として、市中預託の期間がもう少しでも延びてくればは何とかペイするから、ひとつ公債を引き受けようじゃないかということになりますと、ますます公社債市場ができないほうになるのじゃないだろうか。市中預託はいたしませんということになり、なおかつ国債がどんどん来れば、どうしても公社債市場をつくるのか、断わるのか、この二つしか道はなくなる。私は、かえってそのほうが行きやすいのではないか、こういうふうに思いますが、その点はいかがですか。

○堀田参考人　公社債市場の育成をはばんでいるのは銀行じゃないかというお話でございますが、これは私はちょっとうなずけないのであります。もっとも、公社債市場が完全に発達してアメリカのようになりますと、定期預金が食われるという問題があります。これは定期預金より利回りがいい場合です。そういう点からいうと、銀行がかえってじゃましているのではないか、あるいは利回りがよくなるように預託制度をやれば、むしろ自分で国債を持ってしまうのではないか、こういうお話でありますが、現にアメリカは、預託制度をやりながら、定期預金は相当減りながら、公社債市場はりっぱに成立しておるのです。でありますから、日本はいま過渡期でございますので、一挙に公社債市場が開けるとは私は思わないが、漸次これを強化しなければならないということは、金融界でもそうであると申し上げておりますが、先進国の例は両立し得るということであります。

（中略）

○武藤(山)小委員　雑金融機関はかなり預金が集まって資金がだぶついている。都市銀行は、需要はないのだけれども債券の消化のために資金が枯渇している。特銀筋は資金ポジションが非常に悪くなったためにコールがずっと上がってきた反面、金利のほうは下がった。雑金融機関が資金がだぶついているから金利を下げて貸し出しをしている。そこで競争上普通銀行も金利を下げざるを得ない。競争上そういう金利の下げ競争みたいな形が起こってきた。そういう原因から今日の二つの現象があらわれてきておるのじゃなかろうか、こんな気がするのでありますが、そこらの見当を、もう少し調査が進まぬとはっきりわからぬということですが、いまのは二つの論点からどういうことが真相だろうかという推測の域ですが、どうお考えになりますか。

○堀田参考人　いまの御質問でございますが、都市銀行は債券消化のためにコールを取るからコールが上がってきた、こういうお話でありますが、いままでのところ債券消化が主体であるということは御承知のとおりであります。けれども、資金需要がこういうふうに台頭をしますと、あながち債券だけのためではなく、ほんとうにわれわれの手元が苦しくなる。だから、われわれのほうは下げどまりはもちろん、少しは上がりぎみになるということを申し上げたいと思います。

それから、下部金融機関の資金がだぶついておるから、金利を下げてそれに引きずられてわれわれのほうが下げるというお話ですが、こうなってくると、下部金融機関もだぶつく金をコールに出したほうがいいという問題もあります。それから、やたらに一般の情勢を反映して金利を下部金融機関が下げるということもやはり同じような傾向で、そういつまでも続かないというふうに考えます。

○武藤(山)小委員　そこで日本銀行としてはなかなか金融操作、金融政策がむずかしい段階に入ってきたような気がするわけでありますが、コールがどの程度まで上がるか、日本銀行もそのうち手を打つだろうと思いますが、大体どの程度までコールが上がった場合には国債政策は破綻だ、そういう目安というのを、一体頭取はどの程度に置いておりますか。

○堀田参考人　これはむずかしい問題でして、これは日銀総裁のディスクレションにまかせる、あるいは大蔵大臣と御相談なさることで、私がとやかく申し上げる性質のものではないと思うのですが、問題は、何といっても国際収支がかりにどれだけ赤になる、一年だけで済む問題ならこれは何とも申し上げません。使える外貨がどれだけあって、何年もつか、この見通しが、輸出入のバランスが多く望めないというならば、すみやかに手を打つ段階がくる、これ以上、どうも数字をつかんでおりませんから何とも……。

○武藤(山)小委員　この三、四月ごろには、都市銀行は盛んに、一兆円からの資金不足を来たすということで、国債減額論を大いに高く旗上げをしたわけですが、最近景気過熱論も消え失せて、一体景気の動向はどうなるのだろうか、資金需要は一体秋口からもっともっとふえるのだろうか、その場合、いまの都市銀行の資金量からいって信用膨張をもたらさずにうまく乗り切れるのだろうか、一体、資金需要というのはこの秋口にかなりふえるという見込みであるかどうか、同時に、景気過熱という表現を使われた四月ごろまでの見方というものは完全にいまはくずれて、全く別の経済情勢に変化してきたのか、その辺の経済の動向についての御意見をひとつ……。

○堀田参考人　これもなかなかむずかしい御質問で、私は三、四月ごろに資金が非常に不足で景気が過熱すると、私自身は必ずしもそう言っておらないのです。というのは、企業のビヘイビアというものが、強気をいいながらも、わりあいに慎重なんだということであります。したがって、いまは過熱がくずれるかというお話も、私は初めから一挙に過熱すると考えておりませんでしたから、まさにそのとおりじゃないかと思います。

それから、いまふえつつある資金需要が本格的に続くかどうかという問題は、少し時間がほしいということであります。それから政府の需要が、依然として財政が大きくなり、国債も発行しておりますから、それに向かって国内需要が非常に大きく続くかどうか、これはまあ財政は手かげんができることである、こう思いますから、いよいよとなれば政府もそのことを考えられるのではないか。あるいは国債とか政府保証債をどうするかという問題を含めて考えられるのではないかと思いますから、非常に危殆に瀕するというところまでは心配いたしてはおりません。

(中略)

○村山(喜)小委員　最近都市銀行筋のほうから、資金運用部資金でもう少し国債を持つようにしたらばいいじゃないか、あるいは国の歳計現金の税金等の預託、そういうような問題も考えるべきじゃないかという意見等があるということは承っております。

そこで一体、資金運用部資金がそのような方向で国債を多くかかえるようになったときに、はたして国債発行の歯どめがうまくできるようになるだろうかと、この点について非常に懸念を持つわけなのです。今日市中銀行が一応割り当てのようなかっこうで持たされておりますが、金融の資金ポジションが悪くなった段階の中においては、国債の発行については弾力のある措置をとるべきである、あるいはその削減をすべきであるというようなことを強く言われるのは、国債であるとか、あるいは政府保証債その他をたくさん持たされている立場から、これでは困るんだということであなた方が結束をしてそういうような声が出ているのだと思うのです。それが資金運用部のほうで国債をたくさん抱くようになってまいりましたら、市中銀行等々といたしましたら、そう直接影響を受けないというかっこうになりますから、その面においては、一致した声が上がってこないようになるのではないか。私はそういうように考えますと、お気持ちはよくわかるのでございますが、政府の資金運用部資金でかかえるべきであるという考え方は、これは国債の歯どめ政策にならないのではないかと思うのです。その点についてどういうふうにお考えになりますか、お聞かせ願いたい。

○堀田参考人　国債の歯どめの問題は、私、実は財政制度審議会で国債を発行するときの委員長をしておりました。歯どめの問題は非常にむずかしく論ぜられております。

そこで、あのときは二つの柱を置いた。一つは建設的なものに限るということ、もう一つは市中消化ができる、市中消化といわなくても、完全に消化ができる、この二つの歯どめを置いたわけであります。

そこで、消化の問題がいま問題になっております。これは私どもが曲がりなりにも引き受けて、そのうちの一部が日銀のオペレーションによって日銀へ持って行かれておるというこの事実は、やはり日銀引き受けの発行につながるものである。これはほんとうは感心しないのです。だから、われわれがあくまでも消化することがいい。そこで申し上げたのは、貯蓄で消化するとなれば、われわれの金も貯蓄でありますが、郵便貯金こそ典型的な国民の貯蓄である。だから資金運用部の金を使われるのが妥当ではないかと申し上げたのでありますが、資金運用部が際限なく公債をかぶっていくということはとうてい考えられない。これだけ申しても、おそらく実際はわずかだろうと思うのです。というのは、資金運用部はすでに運用しておられる、しかもかなりいろいろな方面に金を使っておられて余裕がないという御返事が出るんじゃないかと思うのです。けれども、実際は歯どめの一環として考えられるものはやはり郵便貯金の増加を相当これに振り向けられたらどうか、こういうことを申しておるわけでありまして、そういうことをすると、銀行が楽になるから歯どめのことをやかましく言わなくなって、あるいは預託制度も要らなくなるんじゃないかというようなお話は、そこまでくればこれは上等でしょうが、そんなにこないと思う、私はそう信じております。

○村山（喜）小委員　私は、資金運用部資金というのは大蔵省証券と短期資金のそういうようなものに充てるべきであるという考え方を持っているのですが、国債を資金運用部で持つ余裕があれば、全体の財政資金の資金ワクが五千億足らないわけで、政府保証債というのを出しているたてまえからいたしますと、それだけ国債を持つ余裕というものを考えるならば、政府保証債を減額するというのがたてまえではなかろうかと思うのですが、その点いかがでございましょう。

○堀田参考人　おそらく政府保証債は持っておられると思うのです。中身は知りませんが。そして国債を持つかわりに政府保証債を減額したらいいじゃないか、これは同感です。

○小峯小委員長　次に、参考人として日本興業銀行頭取中山素平君が御出席になっておりますので、長期金融及び長期金融機関のあり方について、忌憚のない御意見をお述べいただくことにいたします。

○中山参考人　私、中山でございます。

今後長期の産業資金の供給につきましては、従来以上に効率的な供給体制を確立していくということが要請されるわけでございますが、ことに、今後は、単に長期資金の量的な確保ということにとどまりませんで、長期資金の質をより重視する、つまり、期間で申し上げますれば、より長期に、それから金利の点では、より低利に、一そう質を重視していくことが必要であろうと思います。

そこで、長期資金と申します場合に、企業の立場からいたしますれば、御承知のように、株式とかあるいは社債の発行とか、長期借り入れ金といった調達手段があるわけでございます。

そこで、株式、社債に関して、証券市場につきましては、今後とも市場の正常化というものに引き続き努力することも必要であることは申し上げるまでもございませんが、公社債市場では、たとえば起債の大型化でありますとか、期限の長期化というようなものが一そう促進され得るような環境の整備と同時に、流通市場の育成というものについても特段の配慮を払っていくことが必要だと思います。これに関連いたしまして、当然のことでございますが、証券金融の強化というような問題も出てくると思います。

こうした過程の中で、今後国際的な規模を目ざします日本の大企業といたしましては、漸次社債発行によりまして長期資金を調達していくということにウェートが加わっていくことも当然と思います。ただ、この社債発行につきましては、先ほど申し上げましたように、当然今後企業の経営者が、株式とか社債とか長期借り入れ金とかあるいは外資といったようないろいろの調達手段を選択していくわけでございまして、ただ社債が万能であるということでは当然にございません。また、この消化構造につきましても、個人消化について努力していくべきでございますが、これはアメリカ等の例に見ましても、やはり私はそこに限界があると思います。

そこで、長期金融機関といたしましては、今後こういった公社債市場の育成というものにも当然協力していくことも必要であると思います。

また、株式市場につきましては、かつてありましたような投信の急膨張を背景といたしました大量な増資はもちろん許されません。たとえば、時価発行への移行、あるいは株主の額面割り当てというような場合でありましても、市場原理を尊重した形がとられることが必要になると思います。

そこで、こういった各種の金融の調達手段が整備されるに伴いまして、先ほど申しましたように、企業側といたしましては、企業の収益力でありますとか、あるいは金融情勢といった、そのときどきの環境とか、条件、資金需要の性格などを勘案しながら最も効率のいい資金調達を選択することになりましょうし、また、このような要請にこたえるために、金融界でありますとか、証券界の体制を整備していかなければならぬと思います。

そこで、長期金融の問題に入るわけでありますが、わが国では、御承知のように、長短分離の制度がとられていることは皆さまよく御承知と思います。このことは、金融政策の合理的な運営、また、金融機関の健全性維持など、広く申しますならば、金融の効率化という観点から金融制度の基本的な理念とされているわけでございまして、その上に長期信用銀行、信託銀行といった長期金融制度が成り立っているわけでございますが、もちろん、こういう制度はありましても、この制度は、わが国の経済の実情とか、あるいは諸外国の金融制度のあり方を勘案いたしましてつくられたわけでございまして、合理的なものでありますし、私も、今後の金融制度も、やはり基本はこの方向は変わらないと思います。しかし、これを固定的に考えていく必要はないわけでございまして、経済発展の実情にあわせまして、弾力的に運営されていくことは当然でございます。

この点は、過去におきます昭和三十一年度から四十一年度の間の設備資金の供給状況を見ましても、民間金融機関全体では八兆三千億円見当の供給をしているわけでございますが、このうちで、専門の長期金融機関であります長期信用銀行と、また信託銀行の中の信託勘定、生保などが供給いたしましたのはその六割見当でございまして、残りの四割見当は都銀、地銀といったその他の金融機関から供給されておるわけでございます。すなわち、ここでも長短分離の原則は、そのときの金融環境に応じて弾力的に運営されてきているという一つの面があるわけでございます。

（中略）

○武藤（山）小委員　私はいまの国債発行下における都銀の資金ポジションなどをいろいろ考えてみますと、どこへもなかなかしわ寄せが持っていけない。国債を減額してくれということも一つの議論、あるいは、そう景気は過熱しそうもないから金融債のほうを少し減らすべきではないかという議論、いろいろあります。

そこで中山さん、国債に対する見解ですね。本年みたいな経済情勢の場合には国債に対してどういう注文をお考えになっているか、その辺をちょっと明らかにしていただきたい。

○中山参考人　これはおそらく堀田さんもお話しになったと思うのでございますが、やはりこの国債発行の当初から民間資金需要が出てくる、あるいは反面において税収がふえてくるというような場合には、当然に国債の発行を弾力的に考えるという前提のもとに国債の発行制度が戦後初めて導入されたわけでございます。したがいまして、現状において私まだ税の自然増収がどのくらいになるかというようなはっきりした数字を持っておりませんので、抽象論でお答えいたしますと、経済の状況が非常に活発である、あるいは企業の収益が高いというようなことからある程度の自然増収が出ることは当然予想されます。そうなってまいりますと、均衡財政のもとでは、たとえば税収が多くなるということによっておのずから経済のあるいは景気の調節をするということも考えられたわけでございますが、こういった国債発行になってまいりますと、またいわゆる国債の金利を負担してそのままやっていくというようなことが、財政上の面から見ても非合理でございますので、当然ある程度国債の発行の減額というものが必要ではなかろうか、そういうふうに考えております。

（中略）

○堀小委員　中山さんの場合には、証券問題なり、いろいろこういう幅の広い関係でこれまでおやりになっておるので、私は、今後の日本の証券業が安定的な経営をやっていくためには、いまのような株式だけに依存をしておる形は望ましくない、こう思っているわけでして、やはり公社債の取り扱いというものはかなりな比重を占めるようになることが、安定的な証券業の発展の役に立つのではないか。そのためにはどうしてもオープンマーケットというものを各界が力を合わせてやっていくことにならなければ、私は、証券を幾ら免許制にしましても、そういう客観情勢の整わざるところで問題は解決をしないだろうと思います。私は当委員会でもう数年来、この問題は強く主張しておりますけれども、今日ちっともできていない。国債も市場がありますけれども、実際には、ほんとうの市場の役割りを果たしていないと思います。さっき、証券金融その他の問題にお触れになっておりますけれども、どうも私は、ここで御意見を伺うと、公社債市場をつくることは非常に必要だという御意見は皆さんおっしゃる。しかし、必要だとは言うけれども、みんなで力を合わしてつくろうというかっこうにはならない。そのことは、機関投資家に十分の力がないということも多少あると思います。しかし私は、いま日本の国民の金利機能に対する先行性というものは非常に高くなっていると思うのです。六月には確かにボーナスが入りますから割引債に行く傾向があります。税金が七月からつくとなれば六月に買っておこうというぐらいに、実はもう先行性が非常にはっきりしてきておるわけですから、ただ問題は、買ったあとで、結局売るときの問題が残っているわけです。いまの場合には証券会社へ売り戻す、こういうことに現実になってくる。私どもは、最近金融債についても国債についても、かなり逆流をしておる現象を承知しておるわけです。ですから、そういうときにやはりそれは受けられるような市場を皆さんでつくっていただくのでないと、たとえば、生命保険にしても、いまは社債よりも、株の比重が高くなっているわけですね。もちろん株を買っていただくのもいいのですが、やはりその何割かで、そういう場合において、ひとつ売ってきたものはそこで買いましょう。というような、長期関係の皆さんがかなり足並みをそろえてそういうことを実際に踏み切っていただくべきときが来ていると思うのですが、この点についていかがでございましょうか。

○中山参考人　いまの堀さんの御意見はもちろん同感でございますが、この進め方がやはり問題ではないか。もちろん公社債市場はつくるべきであるかもしれませんが、やはりつくると同時に、いろいろな条件とか力がついてこなければできないということも言えるのじゃないか。私どもといたしましても、社債の保有というものを、本来ならば、投資利回りからすればそう高くないわけですからふやしたくないのでございますが、幹事銀行として買わざるを得ない、そういうのが現状でございますし、それから、もしこれがりっぱに機能すれば、先ほどから申し上げておるように、こういう情勢下でも、国債とか既発債とかいうものが、自己金融力とかあるいは外部からの証券金融によってある程度いま出ているような現象にならないで済むということも言えるわけですが、その辺に付随するものが欠如しておるということも一つの現象であると思います。しかし、先年からの証券の問題等を見ましても、やはりつくるというほうに急で、いろいろな力が伴わなかったということから出てきている事態を思い起こしますと、公社債市場をつくるという場合にも、経済全体の運営を、設備投資の非常に乱高下にならぬようにうまく成長さしていって力をつけるということが大事でありまして、そうすれば協力的な投資ということよりも積極的に力が出てまいりますが、長期資金蓄積ができればおのずからそこに市場ができてくる。しかしそれをただ待っていたのでは、なかなか百年河清でございますので、そこで、ある程度のつくる努力あるいは協力というものが必要ではないか、さように私考えます。

○堀小委員　いまから十年か十五年たちますと、おそらくはっといてもかなり情勢は変わってくるだろうと思います。いまアメリカでもペンションファンドというものが非常に大きくなりましたが、おそらく日本でも調整年金を含めてペンションファンドというものが相当大きな機関投資家になるでしょうし、長期的に見ますと、なるほどおっしゃるとおりだと思うのです。しかし、短期的にもかなり必要な条件というのが実に多くあるわけですね。私どもが声を大にしておる国債の調整の問題も、オープンマーケットでプライスメカニズムが働きさえすれば、私どもは何ら心配がないと思うのですが、そういう制度がないために、非常に危険な状態に国債発行は依然として置かれている。口ではみな必要であると言いながら、だれもイニシアチブをとろうとしないならば、ちっとも問題は発展しない。いまの国債の市場だとか、実際に公社債市場なんて、市場はあってなきがごときもので、ほんとうに市場があるのは電電債ぐらいで、多少オープンマーケットのような感じのもののように思いますが、これは皆さんでも少し御研究いただいて、どういうところにネックがあって、どの程度にすればどのくらいの市場になるのだ、それに必要な証券金融というのはどういうかっこうでつければこの問題はもう少し前進するのだというような、少し具体論をひとつ御研究をいただきたい、こういうふうに思いますね。

（中略）

終わりに、たな上げ株、共同証券の問題でございますね。私は、昨年、この問題を取り上げて、できるだけ早く処分してもらいたい、こういうことでございましたが、残念ながら市況必ずしもよくないということで今日に至っております。しかし、ずっと見ておりますと、どうもダウ千五百円にかんぬきがかかってしまいまして、証券市場はどうにもやはりすっきりしない不正常な状態がずっと続いておるわけです。実は、共同証券にしても保有組合にしてもそうでありますけれども、何も全部放出しなければならぬのではなくて、私が議論しておりますのは、日本銀行からの特別な融資による部分だけはとりあえず返してもらう、まずその分だけでも適当な処置をしませんと、これはいつまでたっても日本の証券市場というものは立ち直れないのじゃないか。できるだけ早くいまの証券市場を正常化するということは非常に大事な問題だろうと思っておりますが、この点についての中山さんの御意見をひとつ承りたい。

○中山参考人　方向は、設立のときからああいう臨時、異常な機関でございますから、証券市場の状況、その他経済、金融情勢等をにらみ合わせてなるべく早く解消することが適当ではないかということ、それからまた、それに伴いまして、われわれ金融機関が大株主になっておりますけれども、そこの利益を壟断するというようなこともすべきでないということを申し上げておるわけでございます。

それからいまのあそこのたな上げ株の放出についても、現在の証券市場の取引、あるいは特に個人投資家の動向、株価等にもこのたな上げ株というものが大きく雲としてかかっておるということも、御指摘のとおりだと思います。したがいまして、いろいろな意味において、この放出を部分的にも促進すべきではないかということは言えるのでございますけれども、ただ、実際問題といたしまして、非常に隠密に巧妙に放出されればいいのですけれども、むしろはめ込み競争というような事態が起きてまいりまして、これが銀行にも株が多くなるんじゃないか、特に資本取引自由化で安定株式工作が始まっておりますので、市場の消化力と適応させて、また適当な消化層に適応させてそれを放出していくということはなかなかむずかしいのではないか。ですから、いまのような条件が満たされれば、部分的にでもこれを巧妙に処分すべきだというような感じは同じでございますけれども、ただ、実態がいま申し上げたような、それにふさわしくないような条件があるというところに問題があると思う。これは先ほどからの公社債市場の育成の問題と同じように、何もしないではいつまでたってもできないじゃないかということにもつながるわけでございますから、われわれといたしましても、条件はそういう条件でございますが、その中で時間的にもなるべくこれを縮めるという努力をやっていかなければいけないんじゃないかということは、共同証券の処理の問題とかあるいは証券市場の今後の育成というような問題に関連して当然出てくる問題だと思います。

○堀小委員　いまの問題で、現在投資信託が依然として解約が多くて、売り越しにずっとなっておるわけです。それでは、いまの投資信託の売り越しがどこかでとまるのかというと、私はとまらないと思うのです。株主の先行きの見通しがはっきりしない限りは、いつまでもああいう状態が続く、ぬるま湯に入って、上がるに上がられず、あまりじっとしているうちにかぜを引いてしまうのじゃないか、私はどうもこういうふうになりそうな気がしてしかたがないのであります。ですから私は、共同証券にしても会社型投信にしたらどうか、あるいは持ち株会社にしたらどうかとか、いろいろな御意見があると思うけれども、これはやはり中山さんが前からおっしゃっているように、つくったときの沿革理由がありますから、それはそれとして一応整理することが正しい、私もそういう考えでおります。

ただ、どうも株式の持ち合いの問題なんかも、私がどうも非常にふしぎでならないのは、事業会社同士で株式を持ち合っていることは擬制資本になっているにすぎないことでありますし、金融機関の中でも金融機関預け合いというようなことで仮装の預金残高が出たり、日本というのは非常にふかしぎなことをやる国だと思うのですけれども、そういう問題は、はたしてそういうことでいいのかどうか。それは何も証券問題の側からだけでなくとも、私は、はたしてほんとうの株主安定化工作なのかどうかという点に実は多少疑問もありますし、特に金融機関が株式を買っておられるというのは、何か両建てみたいな感じがしまして、これもどうも筋としては理解しがたい部分があるわけですけれども、そういうことが片方では行なわれていて、たな上げ株の部分は置いておくのだ、ここらがちょっと得心がいかないのです。相当なものが安定株主工作としていって、そのために、ものによっては株がすれが起きて、そのことが株式の値上がりを促進しておるようなものもあるという状態があるわけですから、最近非常に上がるようなものについてはある程度出したっていいのじゃないかと思うのですが、出さないとなったら一切出さないんだというようなことで、まことに流動性を欠いておるように思う。そういう点については、私はもう少し流動的であってしかるべきじゃないかと思います。

それから、時価発行ですね。いまの不正常の状態ではもちろん問題になりませんけれども、資金調達の面からすれば、今後の増資の問題としては企業サイドの問題も考慮していくとなると、時価発行の問題は必然的にプログラムにのぼらなければならない問題だろうと思うのです。これについての中山さんの御意見を承わって終わりにします。

○中山参考人　方向は堀さんの御指摘のとおりと思いますから、問題はこれを具体的にどう進めるかということでございまして、現在の株価の形勢とかそういうことから考えまして、私は漸進的に進めるしかないのじゃないかということで、ドイツでやりました方式とか、いろいろなことが今後の日本の時価発行を進めるについての参考になると思う。あるいは、かつてございましたような非常に増資のしにくいところが、政策的な転換社債でなくて本来的な転換社債をもう少し導入するとか、時価発行を本来的に進め得るようないろいろの手段を漸進的に進めていくという方向じゃなかろうかと私は思います。

衆議院　大蔵委員会金融及び証券に関する小委員会議録第四号（閉会中審査）

昭和四十二年七月二十五日（火曜日）

出席小委員

小委員長　小峯柳多君

奥野誠亮君　砂田重民君

西岡武夫君　広沢賢一君

堀　昌雄君　武藤山治君

村山喜一君　竹本孫一君

広沢直樹君

小委員外の出席者

大蔵省銀行局長　澄田　智君

参考人（日本銀行総裁）　宇佐美　洵君

専門員　抜井光三君

本日の会議に付した案件

金融に関する件

○小峯小委員長　これより会議を開きます。

金融に関する件について調査を進めます。

本日は、参考人として日本銀行総裁の宇佐美洵君が御出席になっておりますので、今後の金融制度及び金融機関のあり方等について、忌憚のない御意見をお述べいただくことにいたします。宇佐美参考人。

○宇佐美参考人　個々の具体的な問題に関し、結論めいた意見を申し上げることは立場上差し控えたいと思うのでありますが、本日は金融制度の問題を取り上げるにあたって、その基本的な考え方なり問題点について大筋を申し述べ、御参考に供したいと存じます。

公社債市場の発展であります。公共部門の資金調達が国債、政保債等の大量発行という形態で行なわれる一方、債券消化層の多様化などが進み、金融機関の債券売買も活発になりましたため、公社債市場は発行、流通両面ともかなりの規模に拡大し、ようやく発展の緒についたところでありまして、これをどう育成していくかが大きな課題であります。

（中略）

金融政策との関連で見た金融制度の問題並びに今後の金融政策のあり方について、若干つけ加えたいと存じます。

金融制度の発展と安定のためには金融政策の適切な運営が不可欠でありますが、同時に金融制度の改善は、金融政策の有効性をより強化することに役立つものでなければならないと思うのであります。そういう点から考えますと、最も大切なことは、長短の金融市場が十分に発達することであります。御承知のように、わが国では戦後の成長過程でバランスのとれた金融市場の発展を見ることができなかったのでありますが、今後十分の規模を持ち、弾力性に富んだ市場を育成していくことは、金融政策のより機動的、予防的な運営を期する上にも、また金融機関の効率的な競争を実効あらしめるためにも肝要であります。特に従来立ちおくれていました公社債市場の発展は、企業の安定成長のためのみならず、国債発行下における金融と財政の調和ある運営の基盤ともなるものであり、当面の重要な課題であります。

市場の発展のためには、それにふさわしい金融環境の形成と政策努力の双方が必要でありますが、最も基本的な要件は、金利の弾力化、自由化ということであります。これを公社債市場について見ますと、市場における資金需給の実勢に応じて債券価格が自由に変動し、これに応じて発行条件も弾力的に決定され、また発行量そのものも調節されるという慣行が確立されることが必要であります。このような市場のルールにはすべての債券が従うべきであり、国債といえどもそれにならうのが当然であります。世上一部には、国債発行後は金融調節がやりにくくなったのではないかとの見方もありますが、以上のような市場原理に基づき財政との協調をはかっていけば、金融政策は所期の目的を十分に達成し得るものと確信いたしております。

○**小峯小委員長**　これより質疑に入ります。
質疑の通告がありますので、順次これを許します。
(中略)

○**堀小委員**　さっきお話のありました金利の問題も、弾力的にひとつ自由化をしていきたい、こういうお話でありますが、どうも私、昨日来ずっと公社債市場の問題をここでも取り上げて、いまも総裁は公社債市場のできることは銀行にとって決してマイナスではないのだから、ひとつその点は大いに考えるべきだという趣旨の御発言もありました。こういういまの情勢は、何にしても公社債市場をできるだけ早くつくるような配慮が必要だと思いますし、最近の情勢は、国債を含めて実はどんどん下落をいたしておりますが、このことは、やはり全体としては少し金融がタイトになりつつある一つの姿だと思うのであります。公社債市場についていまお話は承りましたけれども、この前、たしかマーケットオペレーションをなさる時分でも、私はもっとあそこに価格の幅があってもいいのではないかという議論を当委員会で山際さんのところにしたことがあるのです。その後見ておりますと、あんまりあそこには幅がないようでありますが、何か全体としてそういう方向に動けるようないき方をとる必要はないのかどうか、それについてちょっとお伺いいたします。

○**宇佐美参考人**　公社債市場は、先ほども申し上げましたとおり、扱い量はだんだんふえてきております。これは当然でございます。
それで、今後の金融機関としましても、やはり公社債というものを片っ方に持ちながら自分で資金調節をする、資金調節をするには市場がなくては困る、そういう意味において、これが安定した、かなりの規模を持ったものにならなくてはいけない。この前も銀行大会で申し上げましたが、この発展は決して銀行の仕事を奪うものではないのだ、むしろ運営を弾力的にし、安定さすために銀行が利用すべきものだというふうに考えておりますので、今後もそういうことで進めてまいりたいと思っておるわけであります。
(中略)

○**奥野小委員**　総裁は公社債市場についての金利の弾力的自由化のことをおっしゃいました。公社債を発行する段階の問題もあれば、流通する段階の問題もあろうか、かように考えるわけでございます。発行する場合にも、できる限りコストダウンしていかなければならない。表面金利の問題もあれば、あるいは幹事会社の手数料等の問題もあろうかと思うのであります。こういう発行段階における自由化というものが、特定の数社に債券発行が独占されているきらいがある。その結果自由な競争がはばまれているきらいがあるというふうなことをわれわれはよく耳にするわけでございます。それを発行段階の問題として受け取る場合には、何をお考えになっているか、もう少し具体的におっしゃっていただきたい。また、そうすることが自由化につながっていくのだという点を御指摘願いたいと思うのでございます。

○**宇佐美参考人**　私もむろん発行段階について考えなければならぬと思っておりますが、当初に申し上げましたとおり、こういう研究問題を、具体的に私の立場からいまどうしたらいいかということは、もうしばらく研究が進みました後に申し上げることにいたしたいと思います。ただ、おっしゃることは私もよくわかるわけなんです。それで御容赦を願いたいと思います。

○**奥野小委員**　そうすると、御指摘になりました金利の弾力的自由化の問題は、もっぱら流通段階のことをさしておっしゃっておったわけでございましょうか。

○**宇佐美参考人**　むろん公社債の金利ですから、流通段階が自由に動く、需要供給によって動くということが必要でございますが、同時に、発行段階におきましても、そういういろいろの画一的でなくそれぞれのものが、自分の実態に照らして考慮すべきものであろう、かように思っております。たとえば、従来はこの大きさのものはこれというふうに、非常に窮屈に考えておりましたが、そこいらをいかに考えるかということは大いに研究すべき問題だと思っております。
(以下略)

第五十八回国会

昭和四十二年十二月二十七日から
昭和四十三年　六月　三　日まで

租税特別措置法一部改正

衆議院会議録第八号

昭和四十三年三月五日（火曜日）

○本日の会議に付した案件

製造たばこ定価法の一部を改正する法律案（内閣提出）、酒税法の一部を改正する法律案（内閣提出）、物品税法等の一部を改正する法律案（内閣提出）及び租税特別措置法の一部を改正する法律案（内閣提出）の趣旨説明及び質疑

昭和四十一年度衆議院予備金支出の件（承諾を求めるの件）
昭和四十二年度衆議院予備金支出の件（承諾を求めるの件）

○副議長（小平久雄君）　これより会議を開きます。

製造たばこ定価法の一部を改正する法律案（内閣提出）、酒税法の一部を改正する法律案（内閣提出）、物品税法等の一部を改正する法律案（内閣提出）及び租税特別措置法の一部を改正する法律案（内閣提出）の趣旨説明

○副議長（小平久雄君）　内閣提出、製造たばこ定価法の一部を改正する法律案、酒税法の一部を改正する法律案、物品税法等の一部を改正する法律案、及び租税特別措置法の一部を改正する法律案について、趣旨の説明を求めます。

○国務大臣（水田三喜男君）　製造たばこ定価法の一部を改正する法律案、酒税法の一部を改正する法律案、物品税法等の一部を改正する法律案、及び租税特別措置法の一部を改正する法律案について、その趣旨を御説明申し上げます。

（中略）

最後に、租税特別措置法の一部を改正する法律案について、その大要を御説明申し上げます。

この改正案におきましては、最近の経済情勢と当面の政策上の要請にこたえ、税制上の特別措置について、新設あるいは整理合理化、適用期限の延長等を行なうこととといたしております。

国債についての別ワク少額貯蓄非課税制度、原油備蓄増強のための石油貯蔵施設、及び大都市の地中送配電設備についての特別償却制度を創設し、また期限の到来するその他の特別措置については、実情に応じて期限の延長を行なうこととといたしております。

○副議長（小平久雄君）　ただいまの趣旨の説明に対して質疑の通告があります。順次これを許します。

（中略）

○阿部助哉君　課税は公平に行なわれなければならない。生計費に食い込むような課税を行なってはならないことは税制の原則であります。ところが、わが国の税制が大資本の保護助成と経済成長優先を基本としておりますことは、だれの目にも明らかなところであります。たとえば、所得税の納税者は約二千万人、人間らしい生活もできない人々にまで収奪の手を伸ばしておりながら、一方、資産家にはかの悪名高い利子配当の特別減免を実施いたしております。法人税のごときは、特別の減免措置項目があまりにも多く、税法の本体と特別措置のいずれが基本かと怪しむほどに大資本の保護助成がなされておるのであります。

われわれは、税金だからといって、そのすべてに反対するものではありません。しかし、それには、原則に従い、公平な税制を国民大衆とともに切望するものであります。この際政府は、貧乏人泣かせの酒やたばこの値上げをする前に、利子配当の特別措置の撤廃、六千億にも達するばく大な交際費への全面課税に踏み切るべきであると思うが、大蔵大臣の御所見をお伺いしたいのであります。

（中略）

○国務大臣（水田三喜男君）　租税特別措置でございますが、これは御承知のとおり、配当利子課税の合

理化を昨年はかったばかりでございます。したがって、あと二年の暫定期間がございますので、この期間の間に、いままで実施した実績をよく調べながら、次の機会においてこの改定はしたい、昨年実施したばかりでございますので、今年はこれを変更しないことにいたしました。

○河村勝君　（中略）第四に、財源を大衆課税に求めるのは、いかなる場合でも最後の手段であります。昨年の暮れ、政府は財政審議会の応援を求めて、政府の予算編成方針の正当性を裏づけをしてもらいました。しかし、政府はこの片棒をかついでくれた財政審議会の答申ですら、都合のいいところだけつまみ食いをして、骨の折れるところはおかぶりをしております。この報告は、財政硬直化の元凶ともいうべき行政機構の簡素化と補助金の整理、合理化について勇断をもって臨むことを政府に要望しております。あなたはそれに対して、総理大臣としてどれだけの検討をし、どのような決断を下されたのか、具体的にお伺いをしたい。

また、それ以前になすべきことはまだあるはずであります。これは先ほど阿部君が触れた問題であって、悪名高い利子配当分離課税の期限を繰り上げること、あるいは交際費課税を強化すること、こういう問題について、先ほども大蔵大臣の答弁がございましたが、まずこういうものに手をつけるのが至当ではないかと考えるが、総理大臣に重ねて御答弁を要求いたします。

○内閣総理大臣（佐藤栄作君）　（中略）また、利子配当税並びに交際費の問題についてお尋ねがございました。先ほど大蔵大臣がお答えをいたしたとおり、これらのものはすでに四十二年度に改正をいたしまして、ただいままだ期限が到来いたしておりません。あと三年で期限が到来する、かように私理解しておりますが、この期限が到来すれば、また、それまでもなく、こういう問題が固定化しないように、流動的にこれらの問題にも真剣に検討を加えて取り組んでまいるつもりでございます。

（中略）

○広瀬秀吉君　（中略）次に、各論的に聞いてまいります。

その一つは、貯蓄奨励の名のもとに行なわれる配当所得課税特例、利子所得の免税、分離課税及び税率軽減等の措置についてです。配当所得課税は至れり尽くせりの優遇によって、標準世帯二百三十六万三千八百六十六円までは所得税がゼロです。わずかに住民税が四万八千五百八十四円かかるだけ。一方、これと同額の給与所得者は、所得税で二十七万九千二百二円、住民税で十二万七千七百四十七円、合わせて四十万六千九百四十九円負担します。事業所得者は、所得税で三十五万四千五百七十九円、住民税で十三万五千六百四円、個人事業税九万六千円で、合計五十八万六千百八十三円の税金を納めなければならないわけです。配当所得だけで食っている人は、二百三十六万円まで所得税が無税だ。これと比較してどうでしょうか。配当所得者は、不労の資産所得である、担税力が大きい、相続可能な、安定した資産の上に立っているのです。給与所得者は一体何ですか。相続のきかない不安定な労働力だけにたよる担税力の少ない階層であります。この不公平、この矛盾、これについて総理はいかが説明されますか。

標準世帯の課税最低限が、ようやくことしみみっちく八十万八千六十三円ということになりましたが、これとの見合いにおいても、この矛盾をどうされますか、お聞きいたしたいのであります。証券貯蓄を増強する、こういう政策目的があるのだと強弁されるかもしれません。しかし、今日個人投資家は、このような不当きわまる税制上の優遇にもかかわらず、完全に証券貯蓄からそっぽを向いているじゃないですか。こういう現状に対して、政策効果があったと、大蔵大臣、お認めになりますか。

（中略）

○内閣総理大臣（佐藤栄作君）　（中略）御指摘になりました配当所得、給与所得、事業所得、これらの三者の間で、公平でなくて不公平な取り扱いを受けておる、こういう御批判であります。先ほどの租税特別措置等におきましても、これらのものができるだけ公平に扱われるように、こういう立場からものを考えるが、同時に、政策的な目標からも税制を考えたのでありますから、ある程度の差別のあることはやむを得ないと思います。しかし、これが非常に大きいことになっては、これはたいへんでございます。そういうことがあってはならない。税制調査会等におきましても、長期的な税制はいかにあるべきか、こういうことで、これらの三つの所得について、その税制のあり方等を検討しておる、このことはすでに御承知のことだと思います。さらにこういうことについて政府を鞭撻していただきたいと思います。

（以下略）

〔議事日程が原本にないため、本日の会議に付した案件を収録した。〕

衆議院　大蔵委員会議録第十五号

昭和四十三年三月二十六日（火曜日）

出席委員

委員長 田村　元君

理事 金子　一平君　理事 原田　憲君

理事 毛利　松平君　理事 山中　貞則君

理事 渡辺美智雄君　理事 只松　祐治君

理事 村山　喜一君　理事 竹本　孫一君

大久保武雄君　奥野　誠亮君

河野　洋平君　小山　省二君

笹山茂太郎君　四宮　久吉君

砂田　重民君　地崎宇三郎君

西岡　武夫君　古屋　亨君

坊　秀男君　村上信二郎君

村山　達雄君　吉田　重延君

阿部　助哉君　井手　以誠君

佐藤観次郎君　中嶋　英夫君

平林　剛君　広沢　賢一君

広瀬　秀吉君　武藤　山治君

岡澤　完治君　河村　勝君

有島　重武君　田中　昭二君

出席国務大臣

大蔵大臣　水田三喜男君

出席政府委員

大蔵政務次官　倉成　正君

大蔵省主税局長　吉國　二郎君

大蔵省理財局長　鳩山威一郎君

（ほか略）

本日の会議に付した案件

物品税法等の一部を改正する法律案（内閣提出第五号）

租税特別措置法の一部を改正する法律案（内閣提出第三四号）

○**田村委員長**　これより会議を開きます。

物品税法等の一部を改正する法律案、租税特別措置法の一部を改正する法律案を議題といたします。

（中略）

○**阿部(助)委員**　私は、国債の別ワクの非課税の点でお伺いをしたいのでありますが、また新しくこうやって特別措置をつくられるというこの目的をまずお伺いしたいと思います。

○**吉國(二)政府委員**　わが国で本格的な国債を出しましたのは、戦後二十年で初めてでございます。国債の消化が国民の間に健全に行き渡ることが望ましいわけでございますが、何ぶんにも長い間国債が出ておりませんのでなじみが薄いということで、個人消化というものがやや停滞ぎみでございますが、ことに最近の金融情勢で停滞をいたしております。したがいまして、この際、ごく短期間を限って国債について個人消化をはかれば、個人の間に国債に対するなじみもふえるであろうということから、たまたま現行の少額貯蓄の制度が従前からございますために、ほかの預貯金あるいは社債等でいわばその口座を使っておりますので、新しく別ワクを認めまして二年間だけ特別の措置をとって、国債の円滑な個人消化をはかることは適当だということでこの措置ができ上がったわけでございます。

○**阿部(助)委員**　そうしますと、いま国債がなかなか消化されないからやる、こう言っておるのですが、この発行条件を変えられた。その上で今度のような措置をとりますと、新聞等で報道されるのは、実質利回りが六・九〇二％、こうなっておるわけですが、政府保証債あるいは利付債、貸付信託あるいは一流の事業債というようなものの利回りを出してもらって、それと検討してみたいと思うのですが、それをまず出してもらいたいと思います。

○**吉國(二)政府委員**　国債の利回りは、改定をいたしまして後表面で六分九厘二糸でございます。利付金融債五年ものが七分三厘、貸付信託五年ものが七分二厘七毛ということになっております。現在の通常の少額貯蓄を利用いたしますれば、これは全部非課税でございますから、表面利回りどおり六分九厘になるわけでございまして、これは非常に高い利回りになりますが、今度の制度は御承知のとおり二年間の利子だけを免税にいたすわけでございますから、それで計算をいたしますと、税引き後で六分一厘九毛二糸というところになります。これは利付金融債五年もので申しますと、先ほどの七分三厘が税引き後で六分二厘五糸でございます。それよりも低いという程度になるわけでございます。

○**阿部(助)委員**　二年間の期限つきだ。いままでの特別措置を見ておりますとみんな暫定だ暫定だといって、それで消えたためしがない。国債という一番信用度の高い、また担保力を持っておる、こういうものが一番実質の利回りがよくなって、それではかのものが低いということになると、どうもその辺で長期金融というものの体系がくずれるように思うのですが、そういう点では矛盾をしておるようには思いませんか。

○**吉國(二)政府委員**　この別ワク非課税措置は、御承知のとおり、新規に取得をして持ち続けることが前提でございます。したがいまして、これを売る場合には、買った人は普通の利回りに変わってしまうわけでございます。したがって、ここに入る国債の利率がよくなるというわけではなくて、そこに入れた人が持っている間だけの話でございますから、流通機構といたしましては、改定後の利回りというものは一般利回りが働くわけでございます。この点は、一般の少額貯蓄に入っております国債にいたしましても、政保債にいたしましても、入っている間は利回りはよろしいのでございますが、流通に回ったときには普通の証券の利回りになりますから、そういう意味では長期利回りということとは直接の関連はないということで踏み切ったわけでございます。

○阿部(助)委員　直接の関係がないなんということはいえないのじゃないですか。そこに国債を買う金がだぶついておれば、ほかのものを買うほうの金の流れで、これはそうやったから特別関連がないなんというのは少しおかしいのじゃないですか。ちょっと納得できないですね。

○吉國(二)政府委員　利回りといたしましては、一つのあらわれ方としては、保有者の利回りと、それからその利回りを前提とした売買ということがあるわけでございます。売買のときの価格形成でございます。その保有者の利回りとしては、個人消化分は全体の一割でございまして、九割は一般の利回りでございますから、今度その譲渡する場合の利回りになりますと、これは買った人は新しく少額貯蓄に入れられませんから、その分は普通利回りになるわけで、したがって流通過程においては全く通常の利回りであるという意味で影響がないということを私は申し上げたわけです。

○阿部(助)委員　やはり金はできるだけ利回りのいいほうに回るのが当然なんであって、それが関係がないということはどうも私は承知できない。

国債の大半がシンジケート団で買われる、こうおっしゃったわけですが、私も前から聞いておりますし、資料を見てもそのとおりなんだが、それだと一年たって買いオペを大体やられるわけですが、その比率はどれくらいか、特に銀行筋の数字を出してもらいたいと思います。

○吉國(二)政府委員　大体において実績から申しますと七割か八割程度をやっておると思います。

○倉成政府委員　国債は日銀で引き受けちゃならないというけれども、実際は一年たったらこれを引き受けるのだから、それだけ日銀券が増発して、いわばインフレになるんじゃないか、こういう御趣旨の御質問だと思いますが、一見そういうふうにお考えになるかもしれませんけれども、日銀の買いオペは、あくまで財政の揚げ超と散超との資金の量を計算いたしまして、いわば成長通貨を発行するために債券として保有しておる国債を買い上げるわけでありますから、これはやはり本質的に違うというふうに御理解いただきたいと思います。

○阿部(助)委員　そうすると、これは日銀のほうが一番の判断をされるのでしょうが、それを監督しておる大蔵省としては、その判断で買いオペをやっておるというが、必ずしもそう判断してやっておるのじゃなしに、銀行のほうが頼んでくれば買いオペをするような感じを受けるわけです。そうじゃないとおっしゃるならば、成長通貨はどれくらいが一番適当だというのが何らかの形で算定されて示されなければ、そういうことは言えないんじゃないか。

○倉成政府委員　これは銀行局が参りましてお答えすると思いますけれども、成長通貨の量はどのくらいが適当であるかということをあらかじめきめることは、適当でないんじゃなかろうかと私は思うわけであります。日銀券の発行量というものは結果として出てくるわけでありますから、その辺は私は多少御議論がちょっと飛躍しているんじゃなかろうかと思います。ただ日銀としては、貸し出しの量などについて、一定のワクを内部の基準として考えておるということはあろうかと思います。

○阿部(助)委員　物価が上がっておるという結果から見れば、やはり紙幣を増発し過ぎておるのだ、こういう判断をせざるを得ない。私の意見が飛躍しておるとあなたはおっしゃる。実績でいまの物価の値上がり等を見ていけば、やはり紙幣の増発がひど過ぎるのじゃないか、こういうふうに私は判断せざるを得ないのですが、どうですか。

○倉成政府委員　銀行券の増発によってインフレが起こるじゃないかという御議論に通ずると思うのですけれども、これは、生産の裏づけのない通貨が、国債を直接日銀が引き受けいたしまして出てくる、そういう場合には、御指摘のような問題が起こると思います。しかし、生産の裏づけのあるものが通貨として必要とされてくるならば、これは決して通貨量が大きくなったことによってインフレが起こるというふうには考えません。

○阿部(助)委員　国債というのは一番信用度も高いので、常識からいけば、国債が一番利回りが低くて、その上にいろいろと長期金融があるのが普通であるのに、今度の場合、この措置で逆になるじゃないか、また、そうすれば長期の金利体系というのも何ほか変更の必要があるんじゃないか。

○鳩山政府委員　国債の利回りが各種債券類で一番低くあるべきだということは御説のとおりと思います。ただ、このたび少額非課税制度の国債だけの別のものをつくりましたのは、従来から少額非課税制度というものはありましたのにもかかわりませず、この国債についてそういうことが少しも利用されていないということから、国債でも少額非課税の免税措置が受けられるのだということを一般の預金者あるいは国債を持とうという人にも知ってもらいたいということが一つと、ＰＲだけよりも別な制度としてつくってやったほうがより効果的であろうということから、できたわけであります。

それで、ただ今回の制度によりましても、非課税になります部分は二年間あるいは二十四カ月分の金利だけでありますから、その分が非課税となりますと、手取りとしては六分一厘九毛程度でありますから、国債が一番低いということは変わらないというふうに考えます。

○阿部(助)委員　私はいろんなほかの金利の体系というものがあると思うのですよ。ところが今度の場合、それを破ってまで、特別措置というのは、われわれは十分な納得がいかない。

○鳩山政府委員　これは国債の債券としての利回りが非常に違ったものになっておるというわけでは決してないので、少額非課税を受けられる状態にあったときだけ、それだけその金利の特典が得られる。そういう意味で、全体の国債発行量のごくわずかの部分が適用されるものであって、全体の国債の利回りがそれだけ高くなっているということではないと申し上げます。

○阿部(助)委員　ごくわずかな人たちというものは一体どういう人たちなんですか。

○鳩山政府委員　ただいまごくわずかと申し上げましたのは、総体の発行額の九割はシ団が引き受けるのでありますから、残りの一割について一般の個人に証券会社を通じて個人消化をはかっておる意味で、全体の一割にすぎないという意味でわずかと申し上げたわけであります。従来からこの国債を証券会社を通じて販売をいたしている実績は、おおむね一回に一口当たり大体三十万円程度という数字が出ております。そういうような階層というのは、相当所得も高い層であろうと私ども考えるのでありますけれども、今回こういった制度をつくりまして、もっと国民大衆に国債も持っていただきたい、親しんで〔いただきたい〕という趣旨でこの制度に非常に期待をいたしている次第でございます。

○水田国務大臣　調節をすることをやることで、いま理財局長が言いましたように、戦前あたり見ましたら、国債の個人消化というものは相当比重が多くなっておるのに、最近は国債を出すことがありませんでしたから国民になじんでいない。今後いままでのような消化層じゃなくて、国民の個人消化というものをここでふやすほうがいいというようなことからこういう措置を考えたわけで、こういう措置によって、相当そういうふうな個人消化が進んでいくだろうと私は思っています。

(以下略)

衆議院　大蔵委員会議録第十六号

昭和四十三年三月二十七日(水曜日)

出席委員

委員長　田村　　元君

理事　金子　一平君　理事　原田　　憲君

理事　毛利　松平君　理事　山中　貞則君

理事　渡辺美智雄君　理事　只松　祐治君

理事　村山　喜一君　理事　竹本　孫一君

大久保武雄君　奥野　誠亮君

河野　洋平君　小山　省二君

四宮　久吉君　砂田　重民君

地崎宇三郎君　西岡　武夫君

古屋　　亨君　坊　　秀男君

村上信二郎君　村山　達雄君

山下　元利君　吉田　重延君

阿部　助哉君　井手　以誠君

佐藤観次郎君　中嶋　英夫君

広沢　賢一君　広瀬　秀吉君

武藤　山治君　岡澤　完治君

河村　　勝君　田中　昭二君

出席政府委員

大蔵政務次官　倉成　　正君

大蔵省主税局長　吉國　二郎君

大蔵省理財局長　鳩山威一郎君

大蔵省証券局長　広瀬　駿二君

国税庁長官　泉　美之松君

建設省計画局長　川島　　博君

委員外の出席者

大蔵省関税局国際課長　岩田　善雄君

大蔵省国際金融局次長　奥村　輝之君

通商産業省貿易振興局貿易振興課長　山口　衛一君

工業技術院技術振興課長　木寺　　淳君

(ほか略)

本日の会議に付した案件

物品税法等の一部を改正する法律案（内閣提出第五号）
租税特別措置法の一部を改正する法律案（内閣提出第三四号）

○毛利委員長代理　これより会議を開きます。

物品税法等の一部を改正する法律案、租税特別措置法の一部を改正する法律案を議題といたします。

○河村委員　発行条件の改定に関連してですけれども、きのうあたりの新聞に、一般の社債について発行価格を五十銭引きで四月から発売されるというような記事が出ておりましたけれども、公債の条件改定をおやりになった主たる理由は一体何ですか。

○鳩山政府委員　国債の市中価格の動いたままに発行条件を常に動かすというわけにはいかないのでありますが、一般に金利水準が相当長期的に上がったままになりそうである、こういう情勢になりましたので、そういった市中の状況等も勘案いたしまして、弾力的な発行体制をとろうという趣旨で、そういう姿勢を示したということであります。

○河村委員　言いかえれば、不完全ではあっても公社債市場というものがあるわけですから、そこのプライスメカニズムを生かしていこうということなんだろうと思うのです。今度国債が条件改定になって、しかも別ワク非課税になった分まで織り込まれて、それで公社債市場の価格がきまってくることになりますね。そうしますと、ほかの公社債が相対的に不利になるのですから、そっちのほうがだんだん値下がりして、結局別ワク非課税にしても同じことになってしまって、非課税にするだけの意味がなくなってしまうような結果になりはしまいかということをちょっと考えるのですが、その点はいかがですか。

○鳩山政府委員　別ワク非課税の制度が市場価格にどれだけ反映されるかということは、まだ実績的にあらわれておりませんけれども、この制度自体は特定の個人が所有している状態だけにおいて適用されるものでありますから、これが売りに出される場合には、もうすでにその条件を変えてしまいますので、これは市場価格というものにはあまり関係がないのではなかろうか。新発債に限るということでありますし、これがまた発行後既発債になってある程度期間がたってしまいますと、そういったことは行なわれない。それから国債が売買されますときに、常に間に法人等が介在いたすものでありますから、そういった法人が買った場合には全然そういった特典がないわけでありますから、そういったものが価格に反映されるということはなかなかむずかしいんではないかというふうに考えております。

○河村委員　別ワク非課税がたいして効果がなければそうだろうと思いますが、もしあなた方がほんとうに効果を期待しておられるのだとすれば、新発債として売れ行きがよければ、どんどん市場に売りに出されるわけでしょう。そうすれば新発債と既発債とは同じ競争条件にあるわけですから、当然他の公社債にも影響があるということになるんじゃありませんか。

○鳩山政府委員　国債の発行額は国の方針としてきめられておるものの限度においてやるものでございますから、量的にもそれだけの大きなほかの債券が、そのためにどんどん売りに出るというようなことは万々ないのではなかろうか、こう考えるのであります。

○河村委員　公社債市場に流通している額というのはそう大きいものではありませんから、実際これが効果をあげて、相当発売されるようになれば、影響は当然あるし、特にこれから四月―六月にさらに金融引き締めをやろうとしているわけですね。そうなればまた一般公社債の売りというものが多くなって、そうでなくとも値段が下がるわけですね。そうなるとやはり自然と新しい金利の構成ができてしまって、別ワク非課税というものは意味がなくなってしまうということになりはしないか、そういう意味なんですけれども、いかがですか。

○鳩山政府委員　各種の債券の利回りからいいまして、現在市況は一般的に相当悪うございますから、現在の価格で売りましてこの国債を買うということでは、やはり逆ざやになると思いますので、そういった現象は起こらないと思います。

○河村委員　この制度が国会審議中にもかかわらず織り込み済みで売られているようですけれども、売れ行きは一体どうなんですか。効果はあがっていますか。

○広瀬政府委員　三月の数字はまだよく存じておりませんが、二月はかなりの効果をあげておりまして、別ワクが利用できますということを一つの売りものにいたしまして、かなりの効果をあげた会社があるように私ども承っております。

証券会社が引き受ける分は二十九億でございまして、売れ残りましたのは一億一千万でございます。一月が、条件改定前でもございましたし、この制度の見通しもつかなかったので、非常に悪かったのに比べまして、二月は非常によくなっている。三月は初め三十億ぐらいかというのを、まだ一週間ぐらいの余裕があるかと思いますが三十八億、つまり一割一ぱいまで引き受けるというように証券会社が決意を示しておりますので、悪いことはないのじゃないかと思います。

○河村委員　いまオペレーションで日銀にいっている数量というのは七〇%、八〇%というところまでいっているという話がきのうも出ましたけれども、金融機関の引き受けた国債で、一年経過後のものが金融機関の手元に残っておるものは多少でもあるのですか。

○鳩山政府委員　現在金融機関の手元で保有されておりますのは、一回債から五回債まで一年たったものにつきましてはほぼ一割程度が残っておる。

○河村委員　九割以上のものがみんな日銀にいってしまうわけですね。そうなりますと、ほんとうの意味の通貨調節によって供給量がきまるのでなしに、国債発行量によって通貨がきまるということになってしまうわけでしょう。そうなりますと、インフレの危険がないというようなことはいえないだろうと思うのですが、一体その点は政務次官どうお考えになっていますか。

○鳩山政府委員　経済界が成長してまいりますと、経済活動が通貨を必要とするので、おのずから通貨の発行量がふえるわけです。したがって、その範囲内での買いオペによる通貨の供給ということはインフレにならないと思うのです。いまの河村委員の御質疑は、国債の発行が非常に大きくなって、そうしてどんどん買いオペをやっていって、その結果として通貨がふえるんじゃないかという御議論と思いますけれども、日銀のいまとっております政策は、少なくとも成長通貨の供給として買いオペをやっている、私どもはかように判断いたしております。

○河村委員　私は一般論を言っているんじゃないですよ。とにかく金融機関で引き受けたものは九〇%以上が日銀にいってしまっているわけですね。去年の暮れやことしの二月に証券会社からまで買いオペをやっていますね。あれなどは成長通貨の供給とどういう関係があるのですか。何にも理由がないように思うのですがいかがですか。

○鳩山政府委員　証券会社に対しまして、なぜオペレーションが行なわれるかということにつきまして、これは、資本市場を通じて成長通貨を供給するというような方式をとっている国もあるわけでありまして、日本では金融機関がそういったファンクションをもっぱらやっておりますけれども、証券市場というものを今後育成するという見地から考えますれば、そういったものはやはり必要であると考えております。

（以下略）

衆議院　大蔵委員会議録第十七号

昭和四十三年三月二十九日(金曜日)

出席委員

委員長	田村　　元君			
理事	金子　一平君	理事	原田　　憲君
理事	毛利　松平君	理事	山中　貞則君
理事	渡辺美智雄君	理事	只松　祐治君
理事	村山　喜一君	理事	竹本　孫一君
	大久保武雄君		奥野　誠亮君
	鯨岡　兵輔君		河野　洋平君
	小山　省二君		笹山茂太郎君
	砂田　重民君		地崎宇三郎君
	西岡　武夫君		古屋　　亨君
	坊　　秀男君		村上信二郎君
	村山　達雄君		山下　元利君
	吉田　重延君		阿部　助哉君
	井手　以誠君		佐藤観次郎君
	中嶋　英夫君		平林　　剛君
	広沢　賢一君		広瀬　秀吉君
	武藤　山治君		岡澤　完治君
	河村　　勝君		田中　昭二君
	樋上　新一君			

出席政府委員

大蔵省主税局長　吉國　二郎君

（ほか略）

本日の会議に付した案件

租税特別措置法の一部を改正する法律案（内閣提出第三四号）

（中略）

○田村委員長　次に、物品税法等の一部を改正する法律案、租税特別措置法の一部を改正する法律案を議題といたします。

（中略）

○広瀬(秀)委員　利子所得とともに配当所得に対する特例は単に所得税だけの問題じゃなしに、地方税をも含めて、税の公平という面から見てどうにも納得がいかない。ようやく五人世帯の課税最低限が八十万八千六十三円に引き上げられて、肉体に汗して働いている人たちはようやくそこまで来た。二百三十六万三千何ぼまでは所得税がびた一文かからない。証券業界の圧力が相当強くても、ほんとうに証券業界の健全な発展をするということは、こんな税制なんかで何ぼしりぬぐいをしてみたところで、これはどうにもなるものじゃないと思うのですよ。こういうことをやっているから安易に流れて、そういうものだけにたよって、本来打つべき手を打っていないというようなことだろうと思うのです。そういう点についてはいろいろ公社債市場の問題とか、あるいは国民の中にいわゆる証券貯蓄の風習がないとか、そういうものをどうやって高めていくかとか、長期金利体系の問題もあり、いろいろな問題が全部からまっている。それを税制が一手に引き受けている。これほど端的に税の体系を不公平の見本のような形で見せているものはないと思うのです。この問題についても期限が切られておりますけれども、これぐらいはせめて廃止をする。この問題についてめどをつけた答弁をお願いしたいと思うのです。

○吉國（二）政府委員　ただいま御指摘になりました点、二つ問題があると思います。一つは、期限が二年後に到来をいたします配当の源泉選択の問題、これが一つだと思います。もう一つは、これは期限がついておりませんが、配当控除の問題。

第一の問題につきましては、これは御承知のとおり、利子所得の分離課税との関係から、資本市場の育成という意味で新しく最近に設けられた制度であります。これはむしろ創設された当時はできるだけ早く廃止するということをよくいわれた制度でございます。そういう意味で、利子所得との権衡上設けられただけに、利子所得と一緒に検討するということで、同じ年に終了するようにしてございます。源泉選択という制度も、源泉課税のほうが税率が低ければ、やはり得で、だれでも選択いたしますから、確かに問題の制度でございます。利子所得と同じような期限が来たときに、それに対する解決をはかるべき問題だと思っております。

配当控除の問題は、これは御承知のようにシャウプ税制で初めて日本に導入された制度でございますけれども、これは大正九年までは日本も同じ制度をとっていたわけであります。法人税を源泉課税と考えているわけで、二百三十六万の人は、なるほど所得税としては税金を払っておりませんが、法人税では百三万ばかり税金を払っております。これをもしも二重課税にしてよければ、この法人を通した所得には何十％という非常に高い税率がかかる。それがはたして企業というものを通した所得として妥当なのかどうかということをシャウプは問題にしているわけです。たとえば組合をつくって一緒に仕事をして分配を全部しちゃったというときに、組合に課税をして、また分配金に課税をするかという点、そういう考え方から申しますと、利潤として分配した分は、法人の所得から見れば、相手方に利子を払ったのと同じではないか。配当も利子と同じに損金算入して、残ったネットを課税すればいいじゃないかという考え方も出てくるわけであります。ドイツの税制はそういう考え方であります。そういう考え方をとりますと、法人税がその分配にかかっているということは、所得税に対する源泉徴収が行なわれていると同じだ、理論構成はそうなるわけでございますが、見たところがかっこうが非常によくない。たとえば私どもは給料もらって源泉徴収されておりますから、ほかに所得がないと、申告所得税は要らないということになるわけであります。それと同じ意味だということも考えられるわけでございます。ただ、いまの法律構成が配当控除というわかりにくい制度をとっているために、非常におかしなことだというふうに一般に見られておりますけれども、法人個人を通じた企業に対する負担として考えた場合に、はたして二重課税が妥当であるかどうかという点は非常にむずかしい問題であると思います。私は、両方考え方が成り立つと思うのです。現に世界じゅうの税制がこの両方でうろうろしているというのが実情でございます。最初二重課税を排除しておったイギリスが、利潤税という形で、ちょうど昭和二十五年の前の日本の税制と同じ形に変わりました。ところが、二重課税をしていなかったフランス、ベルギー、ドイツというものが一斉に二重課税に変わっておる。そういうことでなかなかこの問題はむずかしい問題でございます。これはいま税制調査会の中心課題になっておりますので、それこそ税制調査会の知恵をしぼっていただいた結果によって決定をいたしていくよりしかたがない、かように思っております。

（以下略）

衆議院　大蔵委員会議録第十九号

昭和四十三年四月三日（水曜日）

出席委員

委員長　田村　元君

理事　金子一平君　理事　毛利松平君
理事　山中貞則君　理事　渡辺美智雄君
理事　只松祐治君　理事　村山喜一君
理事　竹本孫一君

大久保武雄君　大村襄治君
奥野誠亮君　河野洋平君
小山省二君　笹山茂太郎君

四宮　久吉君　　砂田　重民君
地崎宇三郎君　　西岡　武夫君
古屋　　亨君　　坊　　秀男君
村上信二郎君　　村山　達雄君
山下　元利君　　吉田　重延君
阿部　助哉君　　井手　以誠君
加藤　清二君　　中嶋　英夫君
平林　　剛君　　広沢　賢一君
広瀬　秀吉君　　武藤　山治君
岡澤　完治君　　河村　　勝君
田中　昭二君　　広沢　直樹君

出席政府委員

大蔵省主税局長　吉國　二郎君
大蔵省国際金融局長　柏木　雄介君

（ほか略）

本日の会議に付した案件

租税特別措置法の一部を改正する法律案（内閣提出第三四号）

○田村委員長　これより会議を開きます。

物品税法等の一部を改正する法律案及び租税特別措置法の一部を改正する法律案を議題といたします。

○武藤（山）委員　今度の租税特別措置法の改正の中で、新たに民間外貨債の利子について所得税を免除する、こういう特別措置を行なわんとしておりますが、この政策的ねらいは何か、これをまず最初にお尋ねをいたしたい。

○吉國（二）政府委員　御承知のとおり、本年度の予算の編成にあたりまして最も大きな問題として提起されました事柄は、わが国の国際収支が悪化しているということでございます。この国際収支の改善としては、もちろん基礎的な貿易収支の改善ということが必要なことは言うまでもございませんが、安定した外資の導入ということもまた考えなければならぬということになるわけでございます。そこで、国際収支の非常に悪化する見込みのある期間に限り、民間外貨債の発行を容易にするということによって健全な外資を導入したいという趣旨でございます。御承知のとおり、欧州市場では各国とも免税の外貨債を出しております。わが国は、国債、政保債につきましては免税の措置をとっておりますが、民間債につきましては、いままで、軽減はいたしておりますけれども、免税をいたしておりません。したがって、契約をいたします際に、税金をこちらが持つというような契約をしたり、あるいはそうしないと非常に不利な条件になるという結果にもなりますので、この二年間の時限法といたしまして利子免税をいたしまして、外国の外貨債の発行と対抗し得るような措置をとったわけでございます。

○武藤（山）委員　国際収支の赤字を改善するためにこういう政策的な租税特別措置をやるのだ、こうおっしゃいますなら、国際収支の赤字基調というのを大体二年間と一応見越した理由は何ですか。日銀総裁などの判断は、来年の年度末には収支は均衡するだろうと言っておる。国際収支が均衡基調になり改善をされればこういうものはほんとうに完全にやめるかどうか、そういう点を私もう一回確認をしておきたいのであります。

○吉國（二）政府委員　先生御案内のとおり、外貨債を出しますまでには、いろいろな事前の折衝その他がございまして、話がまとまるまでかなりかかるわけでございます。そういう点から、現実に国際収支の非常に悪化する期間というものを対象に考えましても、やや余裕を持って考えなければいけないという点で二年間といたしたわけでございます。私どもとしては、これが所期の目的を達すればできるだけ早くやめるというつもりでやっておるわけでございます。

○武藤（山）委員　この制度を創設してほしいという陳情のあった団体は、どういう団体ですか。

○吉國（二）政府委員　これは陳情は全然ございませんでした。やはり国際収支対策という点から総合的に政府として考えたところでございます。

○武藤（山）委員　しからば、国際収支対策に議論を進めなければこの特別措置の是非について論ずることができない、こういうことになると思います。

そこで、少々国際金融局長にお尋ねをいたしますが、わが国の外貨債発行額の現在残は何億何千万でございますか。

○柏木（雄）政府委員　昭和三十三年度、新規に戦後初めて外貨債を出すようになりましてから発行いたしましたものは、これは昨年末の数字でありますが、国債で一億三千三百万ドル、政保債で三億二千三百万ドル、民間債で二億五千六百万ドルでございますが、本年の二月に、武藤委員御承知のように、マルク国債が二千五百万ドル出ております。それから民間債では、ヨーロッパで一千万ドル二月に発行がございました。したがいまして、ただいままでに発行いたしました分は七億四千八百万ドルになりました。

○武藤（山）委員　そういたしますと、大体三月末現在の外貨債の発行額は合計現在七億四千万ドルぐらいですね。そうすると、それの金利というのは大体年間どのくらいになりますか。

○柏木(雄)政府委員　外貨債の条件、各国いろいろ違っておりますので、ちょっとはっきり覚えていませんが、五%ないし六分台のものが多いかと思いますが、かりに五分とすれば、三千万ドル強、六分平均とすれば四千万ドル強の利息が毎年払われておるということになります。

○武藤(山)委員　ヨーロッパで民間債を発行させる場合に、国際収支を改善するための金融引き締めをいま国内では行なっているが、民間債の発行がかなり多額になれば、引き締め政策というものはしり抜けになる、そういう心配もあるわけですね。そういう心配は全くありませんか。

○柏木(雄)政府委員　お説のとおり、外資の導入を無制限に認めれば、それが国内引き締めのしり抜けになるという危険もございます。したがいまして、国内の引き締めを考える場合には、やはりどの程度の外資が入ってくるかを勘案をしながら締めぐあいをきめていく。でありますので、日本銀行の窓口規制を行なう場合にも、その辺の事情も十分勘案してやっておられるものと考えております。

○武藤(山)委員　そういたしますと、四十三年度の民間債発行額は、大体どの程度に抑えることが国内の金融引き締めにマッチした政策であるか。

○柏木(雄)政府委員　四十三年度中にどの程度の民間外債が出るか、これは実は私どもも検討いたしておりますが、正直のところ、年間幾らかという数字はなかなかむずかしいと思います。私どもとしては、大きな目安として、いままで民間債が一番多く出た年、これは三十八年度でありますが、一年間に九千五百万ドルぐらいの民間債が出た実績がございます。それより上回るか、あるいはそれほどいかなくなるのか、その辺は、一つには海外市場がどういうふうになるかということできまるかと思います。三十八年度ごろに比べると、一方では海外の市場は拡大し、金利も高いという面もございます。しかし反面、海外のユーロダラー市場というものは、この四、五年来非常に発達しまして、昨年のいわゆるユーロダラー市場における外債発行というのは実に十七億ドルも出ておるわけであります。三十八年ごろはたしか五、六億ドルの市場でありました。四、五年間に三倍以上にも拡大しております。したがって、私どもとしては、三十八年度当時のものよりは多く出るのではなかろうかと期待いたしておりますけれども、いまのところ、政府として幾らの数字を持っておるかと聞かれましても、正直のところ申し上げられる数字はございません。

○武藤(山)委員　しかし局長、それは幾ら国内で金融引き締めをやっても、外貨債のある程度の目安を持たなかったら、引き締め効果はしり抜けじゃありませんか。そういう目安がないなんというずさんな行政指導はあり得ないと思うのですよ。具体的には新聞の報ずるところでは、大体民間では四億ドルぐらいの希望額がある。あの新聞記事は全く当てにならぬ数字ですか、どうですか。

○柏木(雄)政府委員　四億ドルという数字は私存じません。そういう数字じゃないと思います。そんなに大きな金をかりに期待しても、とても現在の海外市場のもとにおいては発行は不可能だと思います。先ほど申し上げました、三十八年度には九千五百万ドル出ております。それを少しふやすとすれば月に一千万ドルという、その辺のところが一つの目安かと思います。あるいはそれよりふえるかもしれません。あるいはそれほどいかなくなるかもしれない。いずれにしても四億ドルというような数字はとても出ないと思います。

○武藤(山)委員　民間債、一応四十二年度中のものは合わせて五千万ドルですね。そうすると、今度は租税特別措置で利子を課税しないという制度を設ける場合に、四十三年度はこれが大体幾らくらいになるだろうか。大体目安というものはあるでしょう。四億ドルは民間からの希望が多過ぎる。新聞では小松製作所は幾ら、どこが幾らという会社別まで全部希望額が出ておるわけですよ。あなたがそれを見てないだけで、新聞もそうでたらめな報道をしているわけじゃないと思う。しかし、四億ドルはとにかく多過ぎる。しからば、去年の五千万ドルは一体少ないのか、妥当なのか。それとも、ことしの国際収支の状況やあるいはアメリカの金利の動向から見て、この程度は妥当なんだという数字くらいは、大蔵省としては当然頭の中に浮かべておかなければうまい行政指導はできないと思うのです。それは日銀にまかせて日銀が弾力的にやっておるのだでは、大蔵省としてちょっと無責任過ぎるのではないか、こういう感じがするわけです。大体どの程度をめどにしておりますか。

○柏木(雄)政府委員　先ほど御説明いたしましたように、三十八年度、一番多く出た年に一億九千四百万ドル出ております。そのうち半分が民間債、半分が国債ないし政保債で、民間債につきましては、達観して九千五百万ドルですから、約一億ドルを上回るか下回るか、その程度のものは期待できるのではないか、さように考えております。

○武藤(山)委員　それでは、まず国際金融局長の答弁の一億ドルを大体めどにして論議をしてみた場合、ヨーロッパはことし金利が上がって発行条件もかなりきびしい、大体七分をこすのではないか、大体こういう新聞報道ですね。そうすると、三月一日入金した産投国債の二千五百万ドルのマルク債は金利はどのくらいですか。

○柏木(雄)政府委員　マルク債発行の条件は、七分で九十八円売り出しにいたしたと思います。そうすると、十五年の期間のものですから、利回りとすれば七・三近いものかと存じます。

○武藤(山)委員　七分三厘あるいは七分と計算をして、一億ドルの民間債発行に対する利子を免税にすると、主税局長、大体大ざっぱにお幾らぐらいになりますか。

○吉國(二)政府委員　一億ドルで七分ちょっといたしますと、大体三百六十億円の七分、約二十五億円になる計算になります。それの一〇％でございますから、二億五千万円というのが平年度の年間ということになると思います。

○武藤(山)委員　平年度にして二億五千万円の税金をまけてやるということは、あなたの頭の中の感じではごく微少ですか、どうですか。

○吉國(二)政府委員　いま御議論ございましたように、この制度をとって外貨債の導入をはかるといたしましても、欧州市場その他が現在見通しがつきませんものですから、私どもとしては、二億五千万円というのは決して微少ではないと思いますけれども、まず初年度といたしましては、全然減収はないという前提でございます。なぜかと申しますと、発行ベースでございますから、利払い期がまず到来しないであろうと見られますので、そういう意味でことしは減収額を見ないで済むというつもりでございます。決して二億五千万円が少ないという感じではおりません。

○武藤(山)委員　いまの問題については国際金融局長、国内の国際収支改善の政策がしり抜けにならないように、大蔵省としては、十分日銀とも、あるいは民間債を希望する企業者側とも調整をはかって、これだけいま真剣に取り組んでいる国内の政策がしり抜けにならぬという方向でひとつ行政指導をすべきだと思いますが、その見解に対してはどう考えますか。

○柏木(雄)政府委員　先ほど私は、金融政策全般につきまして、日本銀行としてもしり抜けにならないように配慮すると申し上げましたが、そのほかに、やはり外債の発行は個々に為替の許可が要るわけでございます。したがいまして、私どものほうでも外債発行につきましては、許可をするときに、しり抜けにならないというか、全般の体制をくずさないように配慮してまいりたいということになります。

（中略）

○田村委員長　これにて両案に対する質疑は終了いたしました。

所得税法の一部を改正する法律案、法人税法の一部を改正する法律案、物品税法等の一部を改正する法律案及び租税特別措置法の一部を改正する法律案を議題といたします。

四法律案につきましては、質疑は終了いたしております。

この際、以上の四法律案に対しましてそれぞれ山中貞則君外二十一名より修正案が提出されておりますので、提出者の趣旨説明を求めます。

（中略）

○山中(貞)委員　私は、自由民主党を代表いたしまして、ただいま提案されております所得税法の一部を改正する法律案及び法人税法の一部を改正する法律案、物品税法等の一部を改正する法律案並びに租税特別措置法の一部を改正する法律案、それぞれの修正案の大要を申し上げます。

これらの法律案は、それぞれ昭和四十三年三月三十一日までに成立することを目途にいたしまして御審議を願っておったような次第でありますが、御承知のような事情によりましていまだに成立を見ておりませんので、とりあえず成立までの間のそれぞれの法案に対して経過措置を講じようとするものであります。

次に、租税特別措置法の一部を改正する法律案の修正案につきましては、少額国債の別ワク非課税措置におきましても、昭和四十三年一月一日より三月三十一日までに発行された国債で同日前に購入したものについても適用を認めている原案につきまして、この改正法の施行期日のおくれに伴う所要の修正をはかっております。

以上が、改正案によって納税者が受けることを期待していた税法上の特典について、法案成立の予期しなかった遅延によって思わざる不利益をこうむることをできる限り救済することを目的とした本修正案の大要であります。

（中略）

○田村委員長　これより順次採決いたします。

租税特別措置法の一部を改正する法律案及び同案に対する修正案について採決いたします。

まず、山中貞則君外二十一名提出の修正案について採決いたします。

本修正案を可決するに賛成の諸君の起立を求めます。

〔賛成者起立〕

○田村委員長　起立多数。よって、本修正案は可決いたしました。

次いで、ただいま可決いたしました修正部分を除いて、原案について採決いたします。

これを可決するに賛成の諸君の起立を求めます。

〔賛成者起立〕

○田村委員長　起立多数。よって、修正部分を除いて原案は可決し、本案は修正議決いたしました。

衆議院会議録第二十号(一)

昭和四十三年四月四日(木曜日)

議事日程　第十四号

第一　所得税法の一部を改正する法律案（内閣提出）

第二　法人税法の一部を改正する法律案（内閣提出）

第三　物品税法等の一部を改正する法律案（内閣提出）

第四　租税特別措置法の一部を改正する法律案（内閣提出）

○議長(石井光次郎君)　これより会議を開きます。

（中略）

日程第一　所得税法の一部を改正する法律案（内閣提出）

日程第二　法人税法の一部を改正する法律案（内閣提出）

日程第三　物品税法等の一部を改正する法律案（内閣提出）

日程第四　租税特別措置法の一部を改正する法律案（内閣提出）

○副議長(小平久雄君)　日程第一、所得税法の一部を改正する法律案、日程第二、法人税法の一部を改正する法律案、日程第三、物品税法等の一部を改正する法律案、日程第四、租税特別措置法の一部を改正する法律案、右四案を一括して議題といたします。

○渡辺美智雄君　ただいま議題となりました所得税法の一部を改正する法律案外三法律案につきまして、大蔵委員会における審査の経過の概要並びに結果を御報告申し上げます。

最後に、租税特別措置法の一部を改正する法律案について申し上げます。……（省略）……第四に、既存の特別措置の整備合理化等を行なうこととい たしております。国債については、別ワク五十万円の少額貯蓄非課税制度を設けることといたしております。

この法案の審議の過程を通じて、質問者の中から最も多く出された意見は、特別措置法の減免税について、政府は一そう厳格な姿勢で再検討、洗い直しをし、その目的を果たしたもの、期限の到来したものなどは、勇断をもって改廃すべしということであったことを御報告申し上げます。

以上の各案につきましては、参考人を招いて意見を聴取するなど、慎重審査を行なった結果、所得税法の一部を改正する法律案、及び法人税法の一部を改正する法律案につきましては去る三月二十五日、他の二法律案につきましては、四月三日質疑を終了いたしました。質疑応答の詳細は会議録に譲ることといたします。

次いで、これら各案に対して、山中貞則君外二十一名より修正案が提出されました。

修正の内容を概略申し上げますると、物品税法の改正案を除く三案の施行期日を公布の日に改めるほか、法人税法の改正案につきましては、欠損金の繰り越し控除等の改正規定を四月一日に遡及適用することとし、租税特別措置法の改正案につきましては、減価償却の特例等に関する改正規定を四月一日に遡及適用する等の措置を講ずることといたしたのであります。

（中略）

○副議長(小平久雄君)　四案を一括して採決いたします。

四案の委員長の報告はいずれも修正であります。四案を委員長報告のとおり決するに賛成の諸君の起立を求めます。

〔賛成者起立〕

○副議長(小平久雄君)　起立多数。よって、四案とも委員長報告のとおり決しました。

（以下略）

参議院会議録第六号

昭和四十三年三月六日(水曜日)

○議事日程　第六号

第二　製造たばこ定価法の一部を改正する法律案、酒税法の一部を改正する法律案、物品税法等の一部を改正する法律案及び租税特別措置法

の一部を改正する法律案（趣旨説明）

（中略）

○副議長（河野謙三君） **日程第二、製造たばこ定価法の一部を改正する法律案、酒税法の一部を改正する法律案、物品税法等の一部を改正する法律案及び租税特別措置法の一部を改正する法律案（趣旨説明）**

四案について、国会法第五十六条の二の規定により、提出者からその趣旨説明を求めます。

○国務大臣（水田三喜男君） 製造たばこ定価法の一部を改正する法律案、酒税法の一部を改正する法律案、物品税法等の一部を改正する法律案及び租税特別措置法の一部を改正する法律案について、その趣旨を御説明申し上げます。

政府は、さきに経済の安定的成長に即応する税制のあり方とその具体化の方策につきまして、税制調査会に諮問したところでありますが、昨年十二月に同調査会から、当面改正を必要とする事項について、昭和四十三年度の税制改正に関する答申が提出されました。政府といたしましては、当面の経済情勢とこれに対応する昭和四十三年度財政金融政策の基本的なあり方と関連し、この答申を中心として昭和四十三年度の税制改正等につきまして鋭意検討を行なってまいったのであります。

（中略）

最後に、租税特別措置法の一部を改正する法律案について、その大要を御説明申し上げます。

この改正におきましては、最近の経済情勢と当面の政策上の要請にこたえ、税制上の特別措置について、新設あるいは整理合理化、適用期限の延長等を行なうこととしております。

第五に、国債についての別ワクの少額貯蓄非課税制度、原油備蓄増強のための石油貯蔵施設及び大都市の地中配電設備について特別償却制度を創設し、また、期限の到来するその他の特別措置については、実情に応じて期限の延長を行なうこととしております。

○副議長（河野謙三君） ただいまの趣旨説明に対し、質疑の通告がございます。順次発言を許します。

（中略）

○戸田菊雄君 私は、日本社会党を代表して、租税特別措置法の一部を改正する法律案の政府の趣旨説明に対し、質問を行なうものであります。

現在の租税構造の特徴は、所得税構造では勤労所得重課税、資産所得優遇のシステムを強め、法人課税においては中小企業軽視、大企業優遇のシステムが年々強化されていると言わなくてはなりません。しかも、税制改正のたびごとに大衆重課税の様相が顕著になってまいっております。したがって、税制の改正の重点は、当然、物価高の中で生活難に悩む勤労大衆の税負担をいかに軽減するか、資産及び所得の格差が拡大している中で税負担の不公平をいかに解消するかに最重点を置かなければいけないと思うのでありますが、佐藤総理の税制の基本的改善策についての御所見をお聞かせ願いたいと思うのであります。

また、自然増収の名による増収分の使用については、当然減税と国債削減、歳出増等に向けられるべきだと考えますが、大蔵大臣いかがでありますか。ことに国債削減につきましては、昭和四十二年十二月二十五日の財政制度審議会報告に基づき、四十二年九月以降の財政のあり方についての報告の中で、一、四十三年度公債発行額は六千億を目途とすること。二、現在の公債依存度の極力引き下げ、ここ数年間で五％以下に引き下げ、四十三年度は一〇％程度とするよう指摘されておるのでありますが、この見通しについて大蔵大臣の御所見を伺いたいと思うのであります。

そこで、具体的に大蔵大臣にお伺いしたいのでありますが、昭和四十二年当初国債発行額は八千億円でございますが、七百億削減され、現在七千三百億となっております。ところが、最近新聞、雑誌等によりますと、さらに一千億削減するということを耳にするのでありますが、この点はどうでありますか。もし伝えられることが実現したといたしますと六千三百億となり、四十三年の六千四百億円は百億円の増ということになるのであります。このことは財政制度審議会報告に逆行するばかりではなく、政府や大蔵官僚の言う硬直化是正の一役をになったということにはならないと思うのでありますが、いかがでありましょうか。また、削減しないということであるとするならば、四十二年四月の国債売り上げ高一千四百億と四十三年の一千億を加え、二千四百億円の売り上げを消化しなければなりませんが、その場合の見通しはいかがでありましょうか。具体的にお願いいたしたいのであります。

また、昭和四十二年度における証券界引き受け額市中消化分のうち、八月は一億六千四百万円（三％）、九月は四億六千七百万円（八・六五％）、十月は四億三千万円（九・七一％）、十一月は四億（一〇％）、十二月は四億二千万円（一〇・二八％）、一月は七億五千万円（一三％）等々の売れ残りが生じておる現状であります。この実例は明らかに市中消化の行き詰まりを立証しておるものであると考えますが、大蔵大臣はどう考えられておりますか。

さらに、今回新しく新設されました国債の非課税措置の拡大は、明らかにこれらの打開策と思われるがどうですか。また、国債の非課税によって利回りは高くなると思いますが、どのくらいでありますか、具体的にお答えを願いたいと思うのであります。

さて、以下、租税特別措置法の改正案についての具体的な内容についてお尋ねしてまいりたいと思うのであります。

第一は、利子配当軽課措置についてであります。利子配当優遇措置は直ちに廃止すべきだと考えます。租税特別措置による平年度減収見込み額は、昭和四十二年、国税で二千四百十九億円、地方税に及ぶ減収額が七百八十七億円となっており、合計四千三十五億円となっておるのであります。このほかに、貸し倒れ引き当て金等のように本法に組み込まれ、一般減税に振りかえられたもの、地方条例による減免措置を加えると、さらに七百億円以上という実情であります。また、租税特別措置の利用は、大企業、高額資産所得に偏重し、事実上、大企業のみの合法脱税装置となっておるのであります。ことに、利子配当優遇措置は、高額資産家の減税はきわめて高く、逆に少額貯蓄者は少額非課税を受けない場合は、事実上、一五%の源泉分が取られっぱなしとなっておるのであります。また、架空名義預金、無記名預金の利用により脱税が見のがされておるのであります。これは租税特別措置でありませんが、株式所有分布を見ますると、法人株主が五三%にのぼり、その受け取り配当は益金不算入となっているので、巨額の非課税収益を受け取る仕組みになっておるのであります。これらの減免措置により大企業の実効税率は、普通税率三五%、これに対しましてきわめて低く、一〇%から二〇%をはるかに下回っておる現状であります。このようにその減税額が一部に偏重し、税収の硬直化に拍車をかけておるにもかかわらず、歳入面の硬直化には一切触れずに、財政硬直化の打開策をはかるといっても、それは空論にひとしいと言わなければなりません。佐藤総理の所見はいかがでございますか。

また、政府は、いまこそ税制調査会の答申どおり租税特別措置の縮小もしくは廃止を断行すべきときであると考えます。ことに、利子配当優遇措置は直ちに廃止すべきだと考えます。また、四十三年度の減収額は幾らになるのでありましょうか、お答えを願いたいのであります。

（中略）

○国務大臣（佐藤栄作君）　お答えいたします。

税制の基本的なあり方、しかも長期的な税制はいかにあるべきかという最初のお尋ねであります。申すまでもなく、今後社会経済はどんどん変わってまいる、発展していくだろうと思います。絶えずそういうものに即した、その適正なる税制がなければならないと思います。しかも、それは直接税ばかりではありません。間接税もともに、どうしたら社会経済の発展に即するか、こういう観点に立って、いわゆる税制調査会はいろいろ取り組んでおるのであります。もうすでに数年取り組んでおりますが、おそらくそのうちに結論が出てくるのではないか、かように考えております。早ければ七月にも結論が出るんじゃないだろうか。そうすると、政府がその答申を得た上で、これと真剣に取り組んで、実情に即したものをつくる、わが国にふさわしい税制をつくりたい、かように考えております。

次に、利子配当分離課税、特別措置の問題が先ほど来議論になっております。昨日は衆議院で、四十二年度分についての数字を説明いたしました。きょうは四十三年度分が出てまいりましたから、それをお答えいたしたいと思います。

事項別の内訳で見ますると、総額が二千六百四十八億円。その第一のものは貯蓄の奨励でございます。これは利子あるいは配当、あるいはさらに生命保険等のものでありますが、千六百十六億、一番大きい金額であります。輸出の振興等は四百七億。次に技術の振興、これが三百十七億。次に内部留保の充実等、これが二百三十一億。次に社会開発の促進、これが三百九十九億。以上が減税額の分であります。その他といたしまして、四十三年度は三百二十二億――特別措置で増税もございます。総体として二千六百四十八億、かようになっております。しばしば大企業にこれが楽で、中小企業が痛めつけられておるという批判がございますから、規模別内訳でもう一度説明を加えますと、大企業の分が三百六十七億円、中小企業分が四百四十八億円、合計いたしまして八百十五億ということであります。むしろ租税特別措置は中小企業の利益に役立っておる、こういう数字が出ております。これが今年の四十三年度分でございますから、以上御報告しておきます。

○国務大臣（水田三喜男君）　自然増収と減税との関係について御質問がございましたが、昭和四十年を境にとってみますと、四十年の過去三年間の自然増収に対する減税率が一四%ということになっております。四十年以後は、七千億の建設公債を出したという四十一年、これは自然増収がないのに三千億円の大幅な減税をやっているということから、いろいろのしわ寄せもまいっておりますが、四十年を境としたあと三年、今年度を入れた減税率は一六%ということでして、四十年度以前の三か年平均よりもまだ依然として高いということでございますので、今年度十分な減税ができなかったことは非常に遺憾でございますが、これの減税の効果というのは何年にも及んでおることでございますので、かりに三年一期という形で見ますと、そう過去の減税率に劣っていないということが言えようと思います。

　それから、国債についてのお尋ねでございましたが、昨年の四月から本年の三月までのシンジケート団引き受け額は五千九百億円でございます。したがって、昨年七百億円の国債発行削減をやりましたので、あと一千億円がまだ未発行として残っております。この一千億円をどう処理するかということでございますが、もし年末になりましてどれだけの不用額が立つか、また、増収があるのでしたら、これだけの分を差し引いて、あとは国債を発行する。出納整理期間中の払い込みによって今年度中に契約をいたしますが、金は四月に入ってくることもございますし、それから、そのほかは資金運用部の引き受けによってこれを消化するつもりでございます。一千億削減するというようなことはございません。したがって、今年度の国債発行よりも四十三年度の国債発行のほうが多額であったというような事態は起こりません。そうしますと、整理期間中の発行をしますと、四月の新年度と重なるのではないかということでございましたが、これは重なってきますので、金融市場の状況を見て市中消化の可能な額にこれはとどめたい。四月に特に無理して公債発行をしようというようなことを、いま別に考えておるわけではございません。この間の調整は十分いたしますので、この消化についてはいま確信を持っておるところでございます。

　それから、特別非課税制度をもし国債の発行にとるとしたらどういうふうに応募者の利回りが変わってくるかという御質問でございましたが、六・一九二%―六分一厘九毛二糸ということに利回りはなる。そうしますと、もし支払い利子が全部課税されるというときの利回りは五・九〇八%でございましたので、この措置によって〇・二八四%だけ利回りが上がるということになろうと思います。

（以下略）

参議院　大蔵委員会会議録第五号

昭和四十三年三月十二日(火曜日)

出席者は左のとおり。

委員長　青柳　秀夫君

理　事　植木　光教君　小林　章君　竹中　恒夫君　柴谷　要君　中尾　辰義君

委　員　青木　一男君　伊藤　五郎君　大谷　贇雄君　西郷吉之助君　田中　茂穂君　徳永　正利君　林屋亀次郎君　藤田　正明君　木村禧八郎君　戸田　菊雄君　野上　元君　須藤　五郎君

政府委員

大蔵政務次官　二木　謙吾君

（ほか略）

本日の会議に付した案件

○製造たばこ定価法の一部を改正する法律案（内閣送付、予備審査）
○酒税法の一部を改正する法律案（内閣送付、予備審査）
○物品税法等の一部を改正する法律案（内閣送付、予備審査）
○租税特別措置法の一部を改正する法律案（内閣送付、予備審査）

○委員長（青柳秀夫君）　ただいまから大蔵委員会を開会いたします。

　製造たばこ定価法の一部を改正する法律案、酒税法の一部を改正する法律案、物品税法等の一部を改正する法律案、租税特別措置法の一部を改正する法律案を便宜一括して議題とし、提案理由の説明を聴取いたします。

○政府委員（二木謙吾君）　（中略）次に、租税特別措置法の一部を改正する法律案につきまして、その大要を御説明申し上げます。

　この法律案におきましては、最近の経済情勢と当面の政策上の要請にこたえ、税制上の特別措置について、新設あるいは整理合理化、適用期限の延長等を行なうこととしております。

このほか、今後二年以内に発行される国債について、別ワク五十万円の少額貯蓄非課税制度を設け、また、原油備蓄の増強のために緊急に必要とされる貯蔵施設及び大都市における送配電設備の整備のために必要な地中送配電設備について特別償却を認めることとしております。

（以下略）

参議院　大蔵委員会会議録第十五号

昭和四十三年四月十六日（火曜日）

出席者は左のとおり。

委員長　青柳　秀夫君

理　事　植木　光教君　小林　章君　西田　信一君　柴谷　要君

委　員　青木　一男君　伊藤　五郎君　大竹平八郎君　大谷　贇雄君　竹中　恒夫君　徳永　正利君　田中寿美子君　戸田　菊雄君　野上　元君　野溝　勝君　瓜生　清君

政府委員

大蔵省国際金融局長　須藤　五郎君　柏木　雄介君

（ほか略）

本日の会議に付した案件

○所得税法の一部を改正する法律案（内閣提出、衆議院送付）

○法人税法の一部を改正する法律案（内閣提出、衆議院送付）

○租税特別措置法の一部を改正する法律案（内閣提出、衆議院送付）

○製造たばこ定価法の一部を改正する法律案（内閣提出、衆議院送付）

○酒税法の一部を改正する法律案（内閣提出、衆議院送付）

○委員長（青柳秀夫君）　ただいまから大蔵委員会を開会いたします。

所得税法の一部を改正する法律案、法人税法の一部を改正する法律案、租税特別措置法の一部を改正する法律案、製造たばこ定価法の一部を改正する法律案、酒税法の一部を改正する法律案を便宜一括して議題といたします。

（中略）

○柴谷要君　今回の租税特別措置の改正で、これは画期的なものだと思いますが、民間外債を取り入れやすくするために源泉利子課税を免税とする措置をとっているが、外資取り入れについて基本的にどのように考えているのか、これが一点。

それから、ドル、ポンド体制の動揺している中で、借金による成長政策は資金繰りが安定しない心配はないのか、この二点について御説明をいただきたいと思います。

○政府委員（柏木雄介君）　日本の国際収支のパターンは昭和四十年度以降からだいぶん変わってまいりました。昭和四十年度から長期資本収支の赤字というものが大きくなってまいりました。これはいろいろ原因がございますが、主として海外向けの延べ払いがふえる、あるいは海外向けの経済協力というものがございます。貿易外の資本収支の赤字がありますので、それを貿易収支の黒字で埋めてまいったわけでございます。そういうふうに貿易のパターンが変わってまいっておりますのですが、長い目で見れば、やはり何といっても貿易収支を伸ばしていくことが必要だということはもちろんでございますが、しかし、同時に、この長期資本の収支の赤字をなるべく少なくしてまいりたい。昨年の四十二年の国際収支はかなり大きな赤字になりましたが、この大きな原因の一つは長期資本収支の赤字でございます。そういうようなことから、私どもといたしましては、今後もやはり長期の優良安定外資というものは積極的に取り入れることがぜひ必要だと思います。その場合に、長期安定外資というときに、外債の形の外資というものはやはり非常に望ましい形の外資でございますが、今度の特にヨーロッパにおける外債の発行を考えます場合には、この税の問題がやはり大きな問題でございます。と申しますのは、欧米における外債の発行というものは、大体通常免税の外債でございます。日本の国債、あるいは政府保証債というものは従来でも免税でございましたが、民間債の外債は免税でなかったわけでございます。しかし、今後積極的に欧米市場、特にヨーロッパ市場における外債を考えるという場合には、やはり免税でないとうまくいかない。先ほども申し上げましたように、長期資本収支をよくしようという考えとあわせまして、国際収支が非常にむずかしいこの時期におきましては、やはりできましたら一〇%の所得税の源泉徴収をしないことといたしたい、それが今回の法案をお願いした次第でございます。

それから、いま柴谷委員から御指摘がありました、借金によって成長をやるというのはいかがかという点でございますが、不安定外資によってやるということは問題かと思います。しかし、長期の安定外資によってできるだけ成長を伸ばしていくということは、やはりこれは国民経済の今後の発展、安定を考えた場合に、政府としては十分考えていく必要があると思います。安易に借金に依存するんじゃなくて、長期の安定した外資を入れる、それによって国民経済全体の成長発展を期待するということがぜひ必要かと思います。

(以下略)

参議院　大蔵委員会会議録第十六号

昭和四十三年四月十八日(木曜日)

出席者は左のとおり。

委員長　青柳　秀夫君

理　事　植木　光教君
小林　章君
西田　信一君
柴谷　要君
中尾　辰義君

委　員　青木　一男君
伊藤　五郎君
大竹平八郎君
大谷　贇雄君
西郷吉之助君
田中　茂穂君
徳永　正利君
林屋亀次郎君
藤田　正明君
木村禧八郎君
田中寿美子君
戸田　菊雄君
野上　元君
瓜生　清君
須藤　五郎君

政府委員
大蔵省主税局長　吉國　二郎君

(ほか略)

本日の会議に付した案件

○所得税法の一部を改正する法律案(内閣提出、衆議院送付)
○法人税法の一部を改正する法律案(内閣提出、衆議院送付)
○租税特別措置法の一部を改正する法律案(内閣提出、衆議院送付)
○製造たばこ定価法の一部を改正する法律案(内閣提出、衆議院送付)
○酒税法の一部を改正する法律案(内閣提出、衆議院送付)

○委員長(青柳秀夫君)　ただいまから大蔵委員会を開会いたします。

所得税法の一部を改正する法律案、法人税法の一部を改正する法律案、租税特別措置法の一部を改正する法律案、製造たばこ定価法の一部を改正する法律案、酒税法の一部を改正する法律案を便宜一括して議題とし、質疑を行ないます。

(中略)

○戸田菊雄君　今回の特別措置等に基づいての減収総額は幾らくらいになっておりますか。

○政府委員(吉國二郎君)　二千六百四十八億でございます。

○戸田菊雄君　おもなるものの免税は何と何ですか。

○政府委員(吉國二郎君)　この二千六百四十八億のうち、約千六百億というものが貯蓄奨励等のものでございます。で、生命保険料控除が五百億程度、それから百万円以下の少額貯蓄免税が約五百億、その他配当、利子の分離課税分が合わせまして約六百億。あと千億円程度のうち、百億以上の減収額というものになりますと、輸出割り増し償却が約二百五十億、それから試験研究費の税額控除、これが約百三億、合理化機械等の特別償却、これは中小企業を含めまして約百三十億、それから収用の場合の課税の特例及び事業資産の買いかえ、居住用の財産の買いかえ等、いわゆる買いかえに関します特別措置関係が合計で約二百八十億、さらに社会診療報酬の所得計算の特例、医師の特別課税の分が百四十五億、これが大体百億以上の大きなものの総計でございまして、あとはほとんど額としては問題にならないような小さなものでございます。

○戸田菊雄君　配当所得の課税最低限が二百三十六万三千八百六十六円、これに対して全く無税であるにもかかわらず、市町村の給与所得の場合を見ますと、所得税は二十七万九千二百円、住民税が十二万六千七百六十八円、合計四十万五千九百六十八円、事業所得の場合は、所得税が三十三万五百七十八円、事業税が八万五百十三円、住民税が十三万一千百七十二円、合計五十四万二千二百六十三円、こういうことになっているわけですね。この開きはきわめて不当で、一方はいわゆる免税措置が与えられている。こういうものは私は早期に改正されてしかるべきじゃないかと思うのですが、その点はいかがですか。

○政府委員（吉國二郎君）　ただいま御指摘になりました点は配当控除の問題であろうと思いますが、これは私も問題のある点だと思います。と申しますのは、御承知のとおり、法人課税に対する学説と申しますか、また、実際の課税の面におきましても非常に各国まちまちでございます。大きな考え方としては、法人に対する課税は、それを通じて株主に対して課税するものだという考え方と、法人と個人は別々で、法人に対しては課税し、また、受け取った個人に対しては一般所得と同じ課税をするという考え方が二つ対立していると思います。現在の日本の税制は、シャウプ税制以来、一応法人を通じて所得を獲得する場合も、直接自分が事業をやって所得を獲得する場合も、税負担は同じでなければならぬという前提で、株式に対する配当に対しましては所得税をフルに課税するかわりに、法人段階で課税になっていた分を全額控除のかっこうで返すというたてまえをとっております。こういうたてまえをとっておりますのは、従前のイギリス、それから、最近のドイツもそれに似た形、フランス等がございます。で、この考え方からまいりますと、いま仰せられた二百三十六万という配当に対しては、すでに法人段階で、住民税を含めて、百十七万円の税金がかかっておるわけです。それを配当控除をいたしますから税金が所得の段階ではかからぬ。これは、私どもが給料をもらいまして、五百万以下であれば、ほかに所得がない限りは、源泉徴収されているので、再び申告所得税では課税にならないのと観念的には同じだという考え方が一つあるわけでございます。それに対して配当と株主と法人とはまるきり違うのだという点から申しますと、法人は法人で課税し、個人は個人で配当に課税したらいいじゃないかという考え方から申しますと、先生のおっしゃいますように、配当に対して二百三十六万に達するまで課税されないのはおかしいという考え方も出てくるわけでございます。そういう点から、御承知のように、税制調査会は中間答申におきまして、この問題を、いわゆる法人二重課税問題としてとらえて研究対象とすることにいたしておりますが、この間も申し上げましたように、そういう考え方をとった場合に、なぜ全然別個の人格を考えている株主に対して支払う配当を法人の所得の中に入れて課税するのかという大きな疑問が出てまいります。それは借り入れ金に対する利子と同様に、損金に算入すべきではないか、損金に算入しておいて、受け取った人に全額課税するのは当然だ、しかし、なぜ法人で支払うにかかわらず、それを総額として法人税を課し、しかも、所得に対して二重課税するのかという問題がまた出てまいります。そういう点がございますので、実はこれから長期答申の場になりまして、税調で十分にその点を検討するということになっておりますす。その結論を待って私どもも考えたいと、さように考えます。

（中略）

○委員長（青柳秀夫君）　所得税法の一部を改正する法律案、法人税法の一部を改正する法律案、租税特別措置法の一部を改正する法律案の質疑は尽きたものと認めて御異議ございませんか。

〔「異議なし」と呼ぶ者あり〕

○委員長（青柳秀夫君）　御異議ないと認めます。

これより採決に入ります。

租税特別措置法の一部を改正する法律案を問題に供します。本案に賛成の方の挙手を願います。

〔賛成者挙手〕

○委員長（青柳秀夫君）　多数と認めます。

よって、以上三案は、いずれも多数をもって可決すべきものと決定いたしました。

（以下略）

参議院会議録第十四号

昭和四十三年四月十九日（金曜日）

○議事日程

第九　所得税法の一部を改正する法律案（内閣提出、衆議院送付）

第一〇　法人税法の一部を改正する法律案（内閣提出、衆議院送付）

第一一　租税特別措置法の一部を改正する法律案

（内閣提出、衆議院送付）

（中略）

○議長（重宗雄三君）　日程第九、所得税法の一部を改正する法律案。

日程第十、法人税法の一部を改正する法律案。

日程第十一、租税特別措置法の一部を改正する法律案。

（いずれも内閣提出、衆議院送付）

以上三案を一括して議題とすることに御異議ございませんか。

〔「異議なし」と呼ぶ者あり〕

○議長（重宗雄三君）　御異議ないと認めます。

まず、委員長の報告を求めます。

（中略）

○青柳秀夫君　ただいま議題となりました三法律案につきまして、委員会における審査の経過及び結果を御報告申し上げます。

租税特別措置法におきましては、第一に、輸出の振興等に資するため、輸出割り増し償却制度、海外市場開拓準備金制度及び技術等海外取引の特別控除制度等の拡充合理化を行ない、第二に、技術開発の促進に資するため、試験研究費の税額控除制度の拡充を行ない、第三に、中小企業の構造改善に資するため、構造改善促進計画にかかる中小企業者の機械等の割り増し償却制度等の創設、その他、国債の少額貯蓄非課税制度の創設等を行なっております。一方、整理合理化の面においては、価格変動準備金の積み立て率の引き下げ等の措置がはかられております。

なお、三法律案につきましては、衆議院において、施行期日を「公布の日」とする等の修正が行なわれております。

委員会における審議の詳細は会議録に譲ります。

質疑を終了し、三法律案について、それぞれ採決の結果、いずれも多数をもって原案どおり可決すべきものと決定いたしました。

以上御報告申し上げます。

○議長（重宗雄三君）　別に御発言もなければ、これより採決をいたします。

三案全部を問題に供します。三案に賛成の諸君の起立を求めます。

〔賛成者起立〕

○議長（重宗雄三君）　過半数と認めます。よって、三案は可決せられました。

（小字及び——は衆議院修正）

租税特別措置法の一部を改正する法律案

租税特別措置法の一部を改正する法律

租税特別措置法（昭和三十二年法律第二十六号）の一部を次のように改正する。

第四条を次のように改める。

（少額国債の利子の非課税）

第四条　所得税法の施行地に住所を有する個人が、証券業者又は金融機関で政令で定めるものの営業所又は事務所（以下この条において「販売機関の営業所等」という。）において、昭和四十三年一月一日から昭和四十五年三月三十一日までの間に発行される国債（財政法（昭和二十二年法律第三十四号）第四条第一項ただし書の規定により発行されるものに限る。以下この条において同じ。）をその発行の日から一年を経過する日（その日が昭和四十五年三月三十一日後である場合には、同日）までに購入する場合において、政令で定めるところにより、その購入の際その国債につきこの項の規定の適用を受けようとする旨その他必要な事項を記載した書類（以下この条において「特別非課税貯蓄申込書」という。）を提出したときは、その国債の発行の日から第四期の利子の支払期までの期間（以下この条において「適用期間」という。）に属する利子の各計算期間ごとにその計算期間を通じて（その国債が当該計算期間の中途において購入したものである場合には、その購入の日の属する計算期間については、同日から当該計算期間の終了の日までの期間を通じて）次の各号に掲げる要件を満たす場合に限り、当該計算期間に対応する利子については、所得税を課さない。

一　その国債につき政令で定めるところにより保管の委託をし又は登録を受けていること。

二　その国債の額面金額と当該販売機関の営業所等において特別非課税貯蓄申込書を提出して購入した他の国債の額面金額との合計額が、その個人が当該販売機関の営業所等を経由して提出した次項において準用する所得税法第十条第三項の特別非課税貯蓄申告書に記載された同項第四号に掲げる最高限度額（同条第四項の申告書の提出があつた場合には、その提出の日以後においては、変更後の最高限度額）をこえないこと。

2　所得税法第十条第二項から第七項までの規定は、前項の規定を適用する場合について準用する。この場合において、これらの規定中「非課税貯蓄申告書」とあるのは「特別非課税貯蓄申告書」と、同条第三項及び第七項中「第一項」とあるのは「租税特別措置法第四条第一項」と、同条第六

項中「百万円」とあるのは「五十万円」と読み替
えるものとする。
3　第一項に規定する個人が、昭和四十三年四月一
以後
日において、同年一月一日から同年三月三十一日
租税特別措置法の一部を改正す
までの間に発行された国債で同日以前に購入した
る法律（昭和四十三年法律第　号。第五条において「昭和四十三年改正法」とい
○同日において　　　　同日から一月以内
ものを○有する場合において、同年四月三十日ま
う。）の施行の日前
でに当該国債に係る証券又はこれに代わるべきも
ので政令で定めるものを販売機関の営業所等に提
示したときは、当該国債は、その提示の際当該販
売機関の営業所等において購入したものとみなし
て、同項の規定を適用する。
4　第一項に規定する個人が、同項の規定の適用に
係る国債でその適用期間の末日において同項に規
定する要件を満たすものを有する場合において、
同日から一月以内に当該国債に係る前項に規定す
る政令で定めるものを当該国債の購入先である販
売機関の営業所等に提示したときは、当該国債
は、その提示の際当該販売機関の営業所等におい
て購入した所得税法第十条第一項に規定する有価
証券とみなして、同項の規定を適用する。

第七条の二の見出し中「外貨借入金等」を「外貨借入金」に改め、同条中「次の各号に掲げる利子に対する所得税法」を「居住者又は内国法人が非居住者又は外国法人である政令で定める金融機関から借り入れる外国通貨による借入金につき昭和三十七年四月一日から昭和四十四年三月三十一日までの間に支払う利子で所得税法の施行地に源泉があるものに対する同法」に改め、同条ただし書を削り、同条に後段として次のように加える。

この場合においては、前条ただし書の規定を準用する。

第七条の二各号を削り、同条を第七条の三とし、第七条の次に次の一条を加える。

（民間外貨債の利子の非課税）

第七条の二　内国法人が昭和四十三年四月一日から昭和四十五年三月三十一日までの間に発行した外貨債（外国通貨で表示される債券及び本邦通貨で表示され、確定換算率により外国通貨で支払を行なうべき旨の特約がある債券をいう。）でその発行日から最終償還日までの期間が三年以上であるものにつき非居住者又は外国法人に対して支払う利子については、所得税を課さない。ただし、当該利子のうち、国内に恒久的施設を有する非居住者又は国内に恒久的施設を有する外国法人に対して支払うものでこれらの者の所得税法の施行地において行なう事業に帰せられるものその他の政令で定めるものについては、この限りでない。

（中略）

附　則

（施行期日）

公布の日
第一条　この法律は、昭和四十三年四月一日から施行する。

（民間外貨債の利子に関する経過規定）

第三条　内国法人が昭和四十三年三月三十一日までに発行した改正前の租税特別措置法（以下「旧法」という。）第七条の二第二号に規定する外貨債につき非居住者又は外国法人に対して支払う利子については、なお従前の例による。

（中略）

第四十一条の十三中「第二号」を削り、「五年」を「三年」に改める。

（中略）

（個人の利付外貨債の発行差金の非課税に関する経過規定）

昭和四十三年
第九条　新法第四十一条の十三の規定は、施行日以
四月一日
後に発行された同条に規定する利付外貨債の発行差金について適用し、同日前に発行された当該利付外貨債の発行差金については、なお従前の例による。

（以下略）

国債整理基金特別会計法一部改正

参議院　大蔵委員会会議録第十号

昭和四十三年四月二日(火曜日)

出席者は左のとおり。

委員長　青柳秀夫君

理事
植木光教君
小林章君
柴谷要君

委員
青木一男君
伊藤五郎君
大竹平八郎君
大谷贇雄君
藤田正明君
木村禧八郎君
田中寿美子君
戸田菊雄君
野上元君
野溝勝君
二宮文造君
瓜生清君
須藤五郎君

政府委員
大蔵省主計局次長　相沢英之君

(ほか略)

本日の会議に付した案件

○国債整理基金特別会計法の一部を改正する法律案(第五十五回国会内閣提出、衆議院送付)(継続案件)

○委員長(青柳秀夫君)　ただいまから大蔵委員会を開会いたします。

(中略)

国債整理基金特別会計法の一部を改正する法律案を議題とし、質疑を行ないます。

○柴谷要君　国債整理基金特別会計法を早急に改正しなければならないという理由は一体何か。

○政府委員(相沢英之君)　四十一年度から本格的な公債の発行へ進むという事態を迎えたわけでございますが、公債政策に対する国民の理解と信頼を得、かつ、公債政策の健全性を確保するためには、政府として、単に公債発行についての節度を守るだけではなく、公債償還についても、その節度ある運営をはかり、公債を租税等の一般財源で償還していくことのきちんとした考え方なり仕組みなりを確立しておくことが必要だと考えられたのでございます。しかし、現在におきましては、国債整理基金特別会計に対する財源繰り入れの制度につきましては、かつての公債残高に対する一定割合の繰り入れ制度は昭和二十八年に停止されて以来、一般会計は、財政法六条の規定に基づきまして、決算上の剰余金の二分の一を下らない額を翌々年度までに公債償還財源に充当するということが義務づけられているにとどまっておったわけでございます。しかし、剰余金が相当に出ておりました従来の時代ですとこれでも差しつかえないということでございましたが、公債発行下におきましては、もはや従来ほどの多額の剰余金は期待できません。それで、この制度のままにしておいては、節度ある公債政策の一環としての減債制度というにはきわめて不十分な面があると考えられたわけでございます。公債に対します償還財源をある程度平準的に国債整理基金特別会計に繰り入れるということも一つのねらいでございます。

以上のような理由から、今回減債制度を改正いたしまして、その充実強化をはかることとした次第でございます。

(以下略)

参議院　大蔵委員会会議録第十一号

昭和四十三年四月四日(木曜日)

出席者は左のとおり。

委員長　青柳秀夫君

理事
植木光教君
小林章君
西田信一君
柴谷要君
中尾辰義君

委員
青木　一男君
伊藤　五郎君
大竹平八郎君
大谷　贇雄君
藤田　正明君
野上　元君
野溝　勝君
須藤　五郎君

政府委員
大蔵省主計局次長　相沢　英之君
大蔵省理財局長　広瀬　駿二君
（ほか略）

本日の会議に付した案件

○国債整理基金特別会計法の一部を改正する法律案（第五十五回国会内閣提出、衆議院送付）（継続案件）

（中略）

○**委員長（青柳秀夫君）**　国債整理基金特別会計法の一部を改正する法律案を議題とし、質疑を行ないます。

○**柴谷要君**　政府は四十三年度の国債発行額を六千四百億円として、歳入予算の国債依存度を四十二年度当初の一六・二%から一〇・九九%に引き下げたこととし、これをもって四十三年度の予算を景気抑制型であるとする有力な根拠としております。しかしながら、四十二年度の国債発行額は、当初予定の八千百億から、まず七月に決定した七百億円が削減をされ、さらに最終的には二百億前後が再減額される見通しとなっております。また、四十二年度の出納整理期間中に発行されるという三百億程度は、実質的には四十三年度に入ってからの四月に発行されるのでありますから、発行額の上では四十三年度は減額されたと認めるわけにいかないものだと思うのです。四十三年度は史上最高といわれる九千五百億円もの税の自然増収を見込みながら、実質減税に一切振り向けず、歳出増のみに充てたことになると、はたして財政硬直化是正と景気抑制を旗じるしとするに足るものであるかどうか、お尋ねをしておきたいと思うのであります。

○**政府委員（相沢英之君）**　公債の発行につきましては、この依存度を逐次引き下げるべきであるということは、これは過般の財政制度審議会の答申にもうたわれているところでございまして、数年後における目標といたしましては、財政規模の五%程度にまでできるだけすみやかに近づけるようにすべきであるという意見も述べられているわけでございます。大蔵省といたしましても、この方針に従って、一〇%台に落ちつけることに努力したわけでございます。公共事業におきましても、思い切って圧縮いたしまして、公債発行額を極力押える努力を四十三年度の予算編成に関して行なったという点は御理解をいただきたいと思います。

○**柴谷要君**　（中略）昨年来、国債の市場価格が低落をして、ついに発行条件の改定をせざるを得なくなった情勢に関連して質問をしておきたいのですが、公定歩合再引き上げ等による金融逼迫により債券投資に回り、資金のゆとりがなくなると、当然上場された国債の価格は低落をする。去る一月分の一般個人向けのものは三分の一が売れ残り、これにつれて政保債等の公社債がすべて売れ残る等、大幅値下がりを演じてきて、国債の量的調整ではついに事態を収拾し得られなくなり、発行条件改定という質的調整、いわば国債管理政策の転換のやむなきに至ったわけです。このような事態が発生したことについて、わが国では公社債市場が未整備の状態であるからやむを得ないという考え方が一つにあります。未整備の状態においての国債の発行額がまず第一に問題にされねばならないのでありますが、原因を公社債市場の未整備に求めるならば、公社債市場の育成が早急に達成をされなければならない。公社債市場育成に対する政府の具体的な考え方を御説明をいただきたいと思います。

○**政府委員（広瀬駿二君）**　公社債市場の問題はきわめて重要でございまして、最近におきます国債、政保債、事業債等、各種債券類の発行量は非常に大きくなっております。また、金融機関、個人、法人間の売買量の増加等も相当な数字にのぼっております現状にかんがみまして、公社債市場は、発行、流通、両面にわたりましてその整備が行なわれなければならないわけでございます。で、昨年来の金融引き締めに伴いまして発行価額と流通価額との間にかなりの乖離が生じまして、国債、政保債につきましては、発行量の調整、そして、また、発行条件の改定が行なわれたことは御指摘のとおりでございます。また、事業債につきましても、最近、三月の下旬に至りまして、発行会社、引き受け証券側、また、受託銀行側との間に話が大体つきまして、近く発行条件の改定が行なわれる予定でございます。今後とも、発行面につきましては、そのときどきの経済、金融情勢に応じまして発行量、発行条件等を調整する等の措置が必要であり、流通面では短期の金融調整の影響によって極端に市場が撹乱されることのないよう努力するとともに、証券会社のディーラー機能の強化並びにその裏づけとなります流通、金融の検討も必要かと存じております。

（中略）

○柴谷要君　国債残高の一・六%の定率の根拠を示してもらいたい。

○政府委員（相沢英之君）　前年度首の国債残高の一・六%という定率は、これは国債見合い資産の平均的な効用発揮期間というものを大体六十年と見まして、その一年間の償還所要額として六十分の一、約一・六%ということで算定したわけでございます。しからば、公債見合い資産の平均的な効用発揮期間の六十年というのが妥当かどうかということになるわけでございますが、これは公債見合い資産のうち、たとえば岸壁、堤防、防波堤等というようなものは、現在税法上の耐用年数で見ますと約五十年であり、また、鉄筋コンクリート造の住宅用、学校用、病院用の建物は六十年となっております。また、ダムに至っては八十年というふうになっております。それから国富統計や長期計画の基礎となる原単位計算のその基礎となる耐用年数といたしましては、従来から道路、港湾等は五十年を使用する例が多かったのでございます。したがいまして、こういう償却資産につきましては、大体常識的に見まして五十年ないし六十年と見ておけばよいのではないかと思います。それから、土地でございますが、これは永久資産でございますので、償却を考える必要はないのでありますが、まあかりにこれを百年というふうに見るとしますと、この公債見合い資産の中において、土地とか出資金も同様でございますが、こういう永久資産と見るべき資産が、過去の数値で見ますと、大体二割程度含まれております。四十一年度の予算でいいますと一八%になっております。したがいまして、これらを総合いたしますと、大体六十年というのがこの公債見合い資産の平均的な効用発揮期間になるのではないかと思われるわけであります。そこで、この平均的な効用発揮期間に見合って公債の継続的な償還を考えていけばよいということで、六十分の一イコール約一・六%というところの繰り入れの定率を算定したわけでございます。

○柴谷要君　政府は国債の償還期間を七年にしているにかかわらず、減債制度の立案にあたっては、国債を最終的に一般財源で償還すべき期間をそれよりもはるかに長い六十年というような期間を考えている。これは両者の間に矛盾はないのか。それとも、現在の七年という償還期限をもっと延長するという考え方はないのか。この点をひとつ伺いたいと思います。

○政府委員（相沢英之君）　国債の償還期限は、国が国債の保有者に対して償還を行なう期限ですし、六十年というのは、期間内にどういう財源によって償還していくかという財源措置の観点からきめられている期間でございますので、違う観点からきめられておるわけでございます。で、国債の償還期限は、主として発行時における市中の状況、これは一般の事業債、国の金融債その他のものの条件とか、その他市中の状況によってきめられるものですので、現在のところは市中の慣行等考慮して、七年が適当であるということできめられているわけでございます。それから、六十年という点は、先ほども申し上げましたが、これは見合い資産のおおむねの耐用年数が六十年であるから、その六十年間に一般財源で償還すればよろしい、そういうことからその財源手当を年一・六%で入れればいいというふうに算定しておるわけでございます。

　そこで、この両者の年限の違いをどういうふうに橋渡しするかということになりますと、これは国債整理基金特別会計法の第五条に規定されているところの借りかえの制度によっているわけでございます。つまり国債の保有者に対しましては七年間の満期で償還をしなければなりません。といって、その財源的な措置としては六十年間を予定している。したがいまして、その六十年に到達するまでは、毎七年ごとに借りかえ措置によってそれをつないでいく考え方になっているわけであります。で、七年間を延ばすかどうかは、現在の市中の慣行等を勘案しますとこの程度が適当であるというふうに考えているわけでありますので、その前提となる条件が変わってきますれば、さらに検討すべきものとなるかと存じます。

○柴谷要君　定率繰り入れの対象とする国債と、対象から除外する国債とがあるという話ですが、その区別の基準は一体どういうものか。

　二つ目は、四十年度債については、政府が昭和四十七年度に全額現金償還をするという約束をしている。四十年度債の償還財源については特別な繰り入れが必要になるのではないかと考えられますけれども、この点はどうなのか。

　それから、三つ目は、新設される予算繰り入れに関する規定というものがあるそうだが、いかなる趣旨の規定なのか、この説明を伺いたい。

○政府委員（相沢英之君）　定率繰り入れの対象となっていないのは特殊な性格を持っている国債でして、短期の資金繰りを目的とする大蔵省証券等の短期証券、それから、特定の相手方との間で具体的な条件を定めて借り入れる借り入れ金、それから、無期限要求払いという特殊な償還方式をとっておりますＩＭＦ等の国際機関に対する出資国債、それから、実質的には年金証書の性格を持っております引き揚げ者交付金、あるいは農地報償の交付金、遺族国債、そういったような割賦償還方式の交付国債、これらはいずれも定率繰り入れの対象にするのにふさわしくないということで除外をしております。その他の一般の内国債及び外国債は、定率繰り入れの対象としているわけです。

それから、四十年度債の償還につきましては、四十七年に全額現金で償還するということにしております。その財源措置につきましては、これは特にこの定率繰り入れと別個の制度を考えてはおりません。今度の一・六％の定率繰り入れによりまして、もしその定率繰り入れで不足するようなことになりますれば、当然予算繰り入れによって対処するつもりでございます。

それから、新設されました予算繰り入れに関する規定について新しい減債制度は、前年度首の国債総額の百分の一・六の定率繰り入れを基本といたしまして、一般会計の決算上の剰余金の二分の一を下らない額の繰り入れをもってこれを補完し、さらに必要に応じて予算措置による繰り入れを行なうという三つの柱から成り立っているわけです。これは前年度首の国債総額の百分の一・六と、決算上の剰余金の二分の一の繰り入れをもって、長期的に見れば国債の償還財源には事欠かないという推定をしているわけですが、各年度ごとの国債の償還高と、そのときまでの国債整理基金特別会計における償還財源とは、必ずしもマッチしないことがございます。そういったギャップを埋める制度としてこの予算繰り入れの制度が考えられているわけでございます。

参議院　大蔵委員会会議録第二十六号

昭和四十三年五月十七日（金曜日）

出席者は左のとおり。

委員長		青柳　秀夫君
理　事		
		植木　光教君
		小林　章君
		柴谷　要君
委　員		
		青木　一男君
		伊藤　五郎君
		大竹平八郎君
		大谷　贇雄君
		田中　茂穂君
		土屋　義彦君
		徳永　正利君
		藤田　正明君
		二宮　文造君
		須藤　五郎君
政府委員		
	大蔵政務次官	二木　謙吾君
	大蔵省主計局次長	相沢　英之君
	大蔵省理財局長	鳩山威一郎君
		（ほか略）

本日の会議に付した案件

○国債整理基金特別会計法の一部を改正する法律案（第五十五回国会内閣提出、衆議院送付）（継続案件）

○**委員長（青柳秀夫君）**　国債整理基金特別会計法の一部を改正する法律案を議題とし、質疑を行ないます。

○**須藤五郎君**　財政制度審議会の減債制度に関する報告を読みました。この報告でさえ、公債発行につきましては、節度が守られてさえいれば、その償還についてあえて制度を設ける必要はないという考え方も成り立つ、こういうように答申の中にあるわけですね。それなのに何でこの制度的な改正を必要とするのか、その理由をひとつ承っておきたいと思うのです。

○**政府委員（二木謙吾君）**　近時、公債の発行が非常にふえてまいったので、国債を消化するについても、その運営を適正にやらなければならない。同時に、国債についての国民の理解、また、信用性を高める上においては、やはりこの償還の計画をはっきりしておかなければならない。国債に対するところの国民の理解、また、信用度を増す上に必要なことである、かような観点に立ってこの法律案を提出した次第でございます。

○**政府委員（相沢英之君）**　答申には、公債の発行について「節度が守られてさえいれば」その償還についてはあえて制度を設ける必要はなく、その時時の運営に委ねても差し支えないという考え方もなりたつ。にもかかわらず、当審議会が減債制度の問題をとりあげることとしたのは、新しい公債政策を導入するに当たり、発行された公債を如何にして租税等の一般財源によって償還していくかという考え方なり仕組みなりを確立しておくことが、公債政策の将来に多少とも不安の念を抱いている国民に応える途であると考えるからである。」ということを記してございます。したがいまして、確かに公債の発行について節度が守られておればかような制度の改正をする必要はなく、そのときどきの財源の範囲内において整理基金特別会計への財源繰り入れを考えればよいかと存じますが、やはり政府の財政運営に対する羈絆を設けて、公債の残高に対しまして、一定の金は、そのときどきの財政事情のいかんにかかわらず、これは公債の償還のために準備しておくというような仕組みを設けることが間接的に公債発行の増大に対するブレーキともなり、財政の健全な運営を確保するゆえんではないかというふうに考えられまするものですから、政府の財政運営にとっては、相当強い拘束となるところのこういう制度の改正を考えているわけでございます。

（中略）

○須藤五郎君　歯どめ論について質問しますが、減債制度に公債発行の歯どめを求めることも、また、歯どめがあるように言うことにも私は疑問を実は持っておるわけです。財政制度審議会の報告でも、「償還財源を毎年繰り入れる仕組みを法定すれば一般財源から一定の額が先取りされることになり、それだけ他の支出にあてうる財源が制約されることとなるので、財政運営もいきおい慎重にならざるをえず、財政の膨張ひいては公債残高の累増に対する間接的な歯どめとして働く面があることも見逃し得ない。」きわめて消極的に効果を認めておるわけですね。しかし、財政硬直化という名目で他の経費を削ることもできるし、また、全体の財源の制約を公債の増発で切り抜ける道が残されているのですから、私は決して歯どめにはなり得ないと、こういうふうに考えるわけですが、どうですか。

○政府委員（相沢英之君）　こういう減債制度をつくるということだけでは、万全な意味におきまして公債発行の歯どめになるとは私どもも考えておりません。しかしながら、こういうような減債制度を設けまして、一般会計の財源の中から一定の額を法律の規定によりまして先取りをするという仕組みにいたしておけば、他の支出に充てる財源が制約されるということになることは事実でございます。そういう点からして、財政運営もより慎重になるであろうし、また、財政の膨張、ひいては公債残高の累増に対する間接的なブレーキとなるであろうということをこの答申は申しているわけでございます。したがいまして、そういう制度を設けない場合に比して、設けた場合のほうがそれは公債発行に対するブレーキとなるであろうということを申しているわけでございます。私どもといたしましても、そういう点において効果はあるだろうというふうに思っております。

○須藤五郎君　売れ行きも思わしくない、剰余金も少ない、そういう事態になれば、この特別会計で国債を発行することもできる、そういう抜け穴があるわけでしょう。そういう法案をつくっておいて、これがおそらく歯どめになるというふうには思えない。

○政府委員（相沢英之君）　国債整理基金特別会計法の第五条の、「政府ハ国債ノ整理又ハ償還ノ為必要ナル額ヲ限度トシ起債スルコトヲ得」という規定によりまして、この特別会計は整理または償還のためという限度がございますけれども、起債することができることになっております。それではしり抜けではないかという御意見でございますが、この規定は、いわゆる借りかえ債の発行を認めているところの規定でして、現在政府が毎年度発行している国債を、償還財源が足らない場合に借りかえによって当面糊塗していくというような考え方からこの規定を運用するつもりではないのであります。それで、この減債制度を設けることによりまして毎年度一定額の償還財源が特別会計に組み入れられて、それからまた償還に充てられる残額が積み立てられていくことになりますが、現在も、一般の個人の持っております国債は、すべて償還をいたしております。借りかえをいたしておりますのは、大体金融機関の持っている国債でございまして、これらの金融機関の持っています国債の借りかえがこの特別会計法の第五条の規定によって行なわれているわけでございます。それでは、そういった機関の持っている国債も、すべて期限がくればこれを償還したらいいじゃないかという御意見もあろうかと思いますが、現在公債発行の対象となっておりますところの資産の平均のいわゆる耐用年数は六十年ということになっておりますので、その六十年という期間に公債の償還が終わればいい、そこで、それぞれ発行いたしました国債は、現在七年という期間になっておりますが、償還期間に達した場合においては、その一部を償還して、あとは借りかえていく、そういうことでころがしてまいりまして、六十年間にすべての償還を終わればよろしいという考え方になっておりますので、当然途中の年次におきましては国債の借りかえということが必要になってくるわけであり、その限度におきましてこの特別会計法の第五条の規定が働く、かように理解をいたしております。

（中略）

○須藤五郎君　財政制度審議会の報告では、国債の市場価格維持のため、この特別会計が国債を買う場合がある、こう述べておるのですが、その場合というのは一体どういう場合か、国債の市場価格がどの程度下落した場合にこの特別会計でそれを買い入れるのか、その辺をちょっと御説明願いたい。

○政府委員（鳩山威一郎君）　国債整理基金におきまして国債の全般的な価格の支持をはかるというようなことは私ども直接考えているわけではございません。ただ、市場の状況によりまして、現在買ったほうが、将来国債の減債をしていくという上からいって非常に有利であるというような場合に買い出動することが考えられるという程度でありまして、これによって国債価格が非常につり上がるというようなことを考えているわけではなくて、満期日に償還するよりは現在買ったほうが有利であるというような場合に、その減債の目的のために買い入れるというので、その価格がどの程度であるかということは、それは一がいには申し上げにくいかと思います。しかし、当面私どもが考えておりますのは、特に第一回の発行の国債、特に四十年度に発行いたしました二千億の国債につきましては、七年後には償還するわけですから、当面、これらは価格の状況を見ながら買い入れ償還を進めていくべきではないかというような考え方を持っております。価格との関連はある程度ございますけれども、むしろ全体の償還財源の調整的な有効な活用というような観点から運用してまいりたいと思います。

（以下略）

参議院　大蔵委員会会議録第二十七号

昭和四十三年五月二十一日（火曜日）

出席者は左のとおり。

委員長		青柳　秀夫君
理　事		植木　光教君
		柴谷　　要君
		中尾　辰義君
委　員		伊藤　五郎君
		大谷　贇雄君
		西郷吉之助君
		塩見　俊二君
		田中　茂穂君
		徳永　正利君
		林屋亀次郎君
		藤田　正明君
		山崎　　斉君
		野溝　　勝君
		瓜生　　清君
国務大臣	大蔵大臣	水田三喜男君
政府委員	大蔵政務次官	二木　謙吾君
	大蔵省主計局次長	相沢　英之君
	大蔵省理財局長	鳩山威一郎君
事務局側	常任委員会専門員	坂入長太郎君
説明員	大蔵大臣官房財務調査官	田代　一正君

本日の会議に付した案件

○国債整理基金特別会計法の一部を改正する法律案（第五十五回国会内閣提出、衆議院送付）（継続案件）

（中略）

○委員長（青柳秀夫君）　ただいまから大蔵委員会を開会いたします。

国債整理基金特別会計法の一部を改正する法律案を議題とし、質疑を行ないます。

○柴谷要君　本改正案によりますと、国債元本償還予算額は四十二年度で二百十七億円、四十三年度で六百九十三億円でありますが、これに対して長期国債の利子負担は四十二年度が七百九十四億円、四十三年度が千二百三十三億円で、いずれも利子のほうが元本償還を大きく上回っております。今後、元本償還費を上回って逓増していく利子負担についてどの程度まで容認しようとしておられますのか、お答えをいただきたいと思うのです。

○政府委員（相沢英之君）　確かに国債費の中で国債の利子が毎年度相当急なテンポでふえております。財政制度審議会の答申におきましても、公債の依存度につきましては、ここ数年の間に五％以下に引き下げることを目標とすべきであるというふうにうたわれております。今後こういう財政制度審議会の答申の線に従いまして、公債の依存度の圧縮につとめれば、利子の支払い額も、ある程度の額に落ちついてくるだろうと考えております。ただ、的確に今後どの程度の額まで許容し得るかという点につきましては、今後における財政規模との関連もございますので、はっきりした数字では申し上げにくいのではないかと思っております。

○**柴谷要君**　現在政府が建設国債と称して発行している六分半利国債は、発行して後一年を経過すると日銀のオペの対象になっているけれども、現在の日銀の買いオペによる六分半利国債の保有額と、一年経過後、つまり買いオペ適格国債の日銀保有割合と市中保有割合をひとつ教えていただきたい。

○**政府委員(鳩山威一郎君)**　四十一年の一月から発行されました国債につきまして、歳入補てんの国債も含めた数字で申し上げたいと思います。

現在、発行後一年たちましたいわゆる六分半利国債につきましては、発行額が一兆五十億円でございます。これに対しまして日銀が買いオペをいたしました累計は六千二百九十三億円、買いオペの率は六二・三%になっております。本年の四月までの各市中機関が引き受けました国債は、額面で一兆五千百五十億円でございます。これに対しまして買いオペをいたしました六千二百九十三億円の比率をとりますと四一・五%になっております。そのうちで、金融機関とその他とを分けますと、この一回債から六回債までの発行に対する買いオペの割合は七〇・二%ということになっております。

○**柴谷要君**　国債を対象とする日銀のオペレーションの具体的な方法について説明をいただきたいと思います。

○**説明員(田代一正君)**　たとえば五月なら五月の資金収支の模様を考えまして、幾らのオペレーションをやるという金額をきめる。その金額をもとにいたしまして対象金融機関別に買い入れ予定額を通知する、その通知に従いまして、各金融機関から、一週間後くらいに幾らの金額なら応ずるというような返事がきて、それによって買い入れ数量を具体的にきめていくということに相なるかと思います。

○**中尾辰義君**　公社債市場は全然通らないで、日銀と金融機関の間において相場をきめるわけですね、売買の価格を。

○**説明員(田代一正君)**　現在の日本には公社債市場というものがまだ熟していないということもございまして、こういう形に現在なっているわけでございます。しかし、値段は適当にきめられるとおっしゃいますが、そこは、さっき申しましたように、日本銀行から金融機関に通知をする直前の市場価格によってそのやりとりが行なわれるということになっているわけでございます。

○**瓜生清君**　その買いオペレーションですが、百億なら百億という金額を設定する際のいろいろな要件というものがあるでしょう。それはどういうものから成り立っているのでしょうか、その点をひとつ御説明願いたいと思います。

○**説明員(田代一正君)**　具体的に申しますというと、たとえば五月という月をとりますと、大体この月は銀行券がどれくらいふえてくるか。銀行券がふえますというと、その分だけ日本銀行が何らかの形で供与をやらなければならない。それから、もう一つの要因は、財政収支でどれだけ政府が揚げになるか、また、散超という形になるかを見るわけです。そういう形を全部通計いたしますと、日本銀行がこの期間に幾ら現金通貨を供与しなければいかぬかという計算ができるわけでございます。その結果をにらみながらこのオペの金額をきめるということでございます。

それから、ついでに申し上げますというと、従来、信用を供与するという形は、オーバーローンという話がずいぶん前からございました。高度成長の時期に、日本銀行はオーバーローン、都市銀行もオーバーローンになっている。しかし、それを全部市場において借り入れ金に仰ぐという形は好ましくないという意見が非常に出まして、昭和三十七年の十一月から、日銀の貸し出しを中心にしないで、オペレーションを中心にして、成長通貨、現金通貨をまかなっているのが現状であります。

○**柴谷要君**　国債のオペレーションが市場を通さずに直取引が行なわれている理由は何か。それから、国債の買いオペは金融政策の非常手段の一つであると思うのです。これは公社債市場を通じての公開市場操作が行なわれるのが本筋だと思いますけれども、政府の見解をお尋ねしたいと思います。

○**説明員(田代一正君)**　確かにイギリスを見ましてもアメリカを見ましても、大体中央銀行の金融操作がオープン・マーケット・オペレーションでやっておることは事実でございます。ただ、わが国におきましては、四十一年の二月、公社債市場というのが再開になって今日に至っておるわけでありますが、なおその成長の足取りがなかなか遅々とした関係もございまして、変則ではございますが、こういう形をとらざるを得ないというのが現状じゃないかと思います。日本の場合におきましても、公開市場を相手にして操作をするという形が私は望ましいかっこうだと思っております。

○**柴谷要君**　公社債市場が未発達の状態であるというのが直接の直取引の理由だとすれば、直取引を行なうこと自体が、むしろその発達を阻害するようになると考えられるのですが、この点はいかがでしょうか。

○政府委員（鳩山威一郎君）　現在の市場におきます公社債の取引というもの、それに対しまして日銀のオペレーションの金額が、圧倒的にオペレーションが大きいわけであります。で、非常に金融を引き締めるというようなことになりました場合に、非常に証券の価格が落ちるということが去年の夏以来起こっておりますが、こういった状況のもとにおきまして、現在直ちに大量の取引を市場を通すということは非常に危険であるというような観点から、金融政策を適正に行なうという目的のほうが現在強いために直取引という方法をとる。ただ、その価格形成は、市場の価格をとりまして、それで取引をする、こういうような形になっておると私なりに理解をいたしております。

○柴谷要君　発行後一年を経過した国債がオペ対象としての適格国債だとすれば、実質的には一年度分の国債発行額を民間が保有するだけで、他のすべての部分を日銀が保有する道が開かれておることになる。このことは、実質上の国債の市中消化の原則が崩壊しているといわれているのですけれども、この点はいかがでございましょうか。

○説明員（田代一正君）　これにつきましては、それは結果でございまして、日本銀行が信用調節の手段をオペレーションに求めると当然最も信頼性のある証券である国債がオペレーションの中心になるということは、洋の東西を問わず、真理でございます。したがいまして、そういうものが対象になるということはやむを得ないかと思います。

それから、たった一年くらいじゃないかという御議論だと思いますが、それにいたしましても、これは一たん市中で消化する、市中で一回持つということになりますから、当然そこで条件の問題なり量の問題なりということは、市中との関係において、あまりむちゃくちゃな条件、あまりむちゃくちゃな量の国債の発行ができないということで、そういった歯どめが客観的にできておると考えております。

○柴谷要君　発行額を公共事業費のワク内に抑えている現状ですら、国債の市場価格が大幅に下がっておるということは、発行額を公共事業費のワク内におさめることが健全な国債発行の歯どめとなる、こういう根拠がくずれ去っているのではないか、このように指摘したことがあるのですが、市中消化の原則が実質上崩壊し、さらに発行額の歯どめが意味をなくしているとするならば、政府は、今後公債の発行を続けていく場合、何をもって健全な国債であり、また、インフレの懸念なしと国民に確約しようとするのか、見解を承っておきたいと思います。

○政府委員（鳩山威一郎君）　昨年の夏以来、金融の引き締め政策をとる、公定歩合を引き上げるというようなことから、一般的にこの各種債券類が弱含みになったことは御承知のとおりでございます。その根源は、国際収支上の不安が起こってきて、広い意味で、国債発行の歯どめになっておると思います。そういうようなことから、国際収支、あるいは物価が歯どめだと私どもは理解しております。そういった状況のもとにおいて国債発行額を極力圧縮をはかっていくべきであろうということが本年度の予算編成の根本方針とされてまいったことは御承知のとおりであります。また、昭和四十年のような非常な需要が不足するというような経済環境のもとにおきましては、そういった公債政策を積極化してまいるというような情勢でありますから、そういった経済情勢に適合した政策をとってまいるというのが私どもの考え方でございます。

○委員長（青柳秀夫君）　これより採決に入ります。

国債整理基金特別会計法の一部を改正する法律案を問題に供します。本案に賛成の方は挙手を願います。

〔賛成者挙手〕

○委員長（青柳秀夫君）　多数と認めます。よって本案は、多数をもって可決すべきものと決定いたしました。

○植木光教君　私は、自由民主党、日本社会党、公明党、民主社会党、以上四党の共同提案として、ただいま可決せられました国債整理基金特別会計法の一部を改正する法律案に対し、次の附帯決議案を提出いたします。

附帯決議案を朗読いたします。

国債整理基金特別会計法の一部を改正する法律案に対する附帯決議（案）

一、国債の計画的、安定的な償還を確保するため、国債償還制度のあり方について、なお検討を行なうこと。

二、国債の借換え、資金の繰越し等をみだりに行なうことのないように措置するとともに、国債整理基金特別会計の適正な運用を期すること。

三、国債の発行限度額を圧縮し、国債の発行による財政硬直化現象を解消し、財政運営の健全化を図ること。

右決議する。

以上でございます。何とぞ御賛成くださいますようお願いいたします。

○委員長（青柳秀夫君）　ただいまの植木君提出の附帯決議案の採決を行ないます。本附帯決議案に賛成の方の挙手を願います。

〔賛成者挙手〕

○委員長（青柳秀夫君）　全会一致と認めます。よって、植木君提出の附帯決議案は、全会一致をもって本委員会の決議とすることに決定いたしました。

　ただいまの決議に対し、大蔵大臣から発言を求められておりますので、これを許可いたします。水田大蔵大臣。

○国務大臣（水田三喜男君）　ただいまの附帯決議の御趣旨の点につきましては、今後慎重に検討いたしたいと存じます。

（以下略）

参議院会議録第二十二号

昭和四十三年五月二十二日（水曜日）

○議事日程

　第七　国債整理基金特別会計法の一部を改正する法律案（第五十五回国会内閣提出衆議院送付）

（中略）

○議長（重宗雄三君）　日程第七、国債整理基金特別会計法の一部を改正する法律案（第五十五回国会内閣提出衆議院送付）を議題といたします。

　まず、委員長の報告を求めます。

○青柳秀夫君　ただいま議題となりました国債整理基金特別会計法の一部を改正する法律案は、公債政策の健全な運用をはかるため、従来停止しておりました国債の元金償還に充てるべき資金の定率による繰り入れ制度を復活し、前年度首における国債総額の百分の一・六に相当する金額を、毎年度一般会計または特別会計から国債整理基金特別会計に繰り入れるとともに、必要に応じて予算をもって定める金額を同会計に繰り入れることとし、あわせて規定の整備を行なおうとするものであります。

　本案は第五十五回国会以来、本院において継続審査となっておったものでございまして、委員会におきましては、国債管理政策の基本に関する問題、公社債市場育成の方向等について質疑が行なわれましたが、詳細は会議録によって御承知を願います。

　採決の結果、本案は多数をもって原案どおり可決すべきものと決定いたしました。

　さらに、植木委員より、四派共同提案にかかる附帯決議案が提出され、全会一致をもって本委員会の附帯決議とすることに決定いたしました。

　以上御報告申し上げます。

○議長（重宗雄三君）　別に御発言もなければ、これより採決をいたします。

　本案全部を問題に供します。本案に賛成の諸君の起立を求めます。

　〔賛成者起立〕

○議長（重宗雄三君）　過半数と認めます。よって、本案は可決せられました。

衆議院　大蔵委員会議録第二十五号

昭和四十三年五月二十二日（水曜日）

出席委員

　委員長　田村　元君

　理事　金子一平君　理事　原田　憲君

　理事　毛利松平君　理事　山中貞則君

　理事　渡辺美智雄君　理事　村山喜一君

　理事　竹本孫一君

　河野洋平君　小山省二君

　笹山茂太郎君　四宮久吉君

　砂田重民君　地崎宇三郎君

　西岡武夫君　古屋　亨君

　村上信二郎君　村山達雄君

　山下元利君　吉田重延君

　井手以誠君　佐藤観次郎君

　平林　剛君　広沢賢一君

　堀　昌雄君　広沢直樹君

出席国務大臣

　大蔵大臣　水田三喜男君

出席政府委員

　大蔵政務次官　倉成　正君

　大蔵省主計局次長　相沢英之君

　大蔵省主税局長　吉國二郎君

　大蔵省理財局長　鳩山威一郎君

　大蔵省証券局長　広瀬駿二君

　大蔵省銀行局長　澄田　智君

　大蔵省国際金融局長　柏木雄介君

委員外の出席者

　大蔵省国際金融局次長　奥村輝之君

　国税庁長官　泉　美之松君

　専門員　抜井光三君

（中略）

本日の会議に付した案件

　国債整理基金特別会計法の一部を改正する法律案

（第五十五回国会閣法第三六号）（参議院送付）

（中略）

○田村委員長　本日付託になりました国債整理基金特別会計法の一部を改正する法律案を議題といたします。

政府より提案理由の説明を聴取いたします。

○倉成政府委員　ただいま議題となりました国債整理基金特別会計法の一部を改正する法律案につきまして、その提案の理由を御説明申し上げます。

公債償還の基本的考え方及び減債制度のあり方につきましては、一昨年の財政制度審議会において慎重な審議を願い、昭和四十一年十二月に報告をいただいたのでありますが、これによりますと、公債政策に関する政府の節度ある姿勢を示すためには、より充実した減債制度を確立すべきであるとされ、さらに、今後の償還財源繰り入れ方式としては、一、国債残高に対する定率繰り入れを基本とし、二、財政法第六条による一般会計剰余金の二分の一以上の繰り入れをもってこれを補完し、三、さらに、必要に応じて予算措置による繰り入れを行なうこととするのが適当であると述べられているのでありまして、政府は、この報告の趣旨に沿って減債制度の整備改善をはかることといたしたのであります。

このため、政府は、国債整理基金特別会計法の一部を改正する法律を提案した次第であります。

次に、その内容について申し上げます。

まず第一に、国債の元金償還に充てるべき資金の定率による繰り入れの制度を復活し、前年度首における国債総額の百分の一・六に相当する金額を毎年度一般会計または特別会計から国債整理基金特別会計に繰り入れることとしております。

この率は、公債の発行によってつくり出される資産が国民経済の発展向上に役立つものであるところから、公債の見合い資産が平均的に効用を発揮し得る期間をめどとして一般財源による償還が可能となるようにこれを定めることとし、その期間を約六十年と見て、百分の一・六としたものであります。

なお、定率による繰り入れについては、従来から短期証券及び借入金は対象から除外されていたのでありますが、今後は、遺族国庫債券、農地被買収者国庫債券等の割賦償還方式の交付国債も定率繰り入れの対象から除外することとしております。

第二は、予算繰り入れに関する規定の新設であります。これは、定率による繰り入れ及び財政法第六条による一般会計剰余金の二分の一以上の繰り入れのほかに、国債の元金償還に支障を生じないようにするため、必要に応じ、予算をもって定める金額を一般会計または特別会計から国債整理基金特別会計に繰り入れるべきこととするものであります。

以上のほか、他の特別会計法の例にならい、この会計の収入支出に関する規程は政令をもって定めることを明らかにする等規定の整備をはかるとともに、従来定率を万分の百十六の三分の一とする特例を定めていた昭和七年度以降国債償還資金の繰入一部停止に関する法律及び一般会計について定率による繰り入れを停止していた国債整理基金に充てるべき資金の繰り入れの特例に関する法律を廃止することとしております。

以上が、この法律案の提案の理由であります。

なお、この法律案は、第五十五国会に提案いたし、衆議院において可決の上参議院に送付されましたが、継続審査となり、今回可決されたものであります。

何とぞ御審議の上、すみやかに御賛同くださいますようお願い申し上げます。

○田村委員長　これにて提案理由の説明は終わりました。これより質疑に入ります。

（中略）

○佐藤（觀）委員　私たちはまだ国債償還の問題についてはいろいろ議論がありますが、昭和四十八年度から本格的な国債償還が始まるのでありますが、国債の高利借りかえは財政法の精神に違反するということがいわれております。

そこで、借りかえ発行に関する制約がなされていないのは非常に不当ではないかと思うのです。財政法四条の制約と同様の制約を受けるべきでないかと思いますが、この関係いかんということと、もう一つは、国債償還については、今後その根本的なあり方をめぐっていろいろ再検討すべきときであると思いますが、どのようにそのことをあなた方が進めていかれるのか、その点をお伺いして私の質疑を終わります。

○相沢政府委員　建設公債の借りかえにつきましては、財政法ではなく、国債整理基金特別会計法の第五条に、「政府ハ国債ノ整理又ハ償還ノ為必要ナル額ヲ限度トシ起債スルコトヲ得」という規定がございまして、この規定によって建設公債の借りかえを行なうことが認められておるわけでございます。この借りかえの規定は、建設公債の実質的な償還予定期間というのは、その対象となるところの資産の耐用年数等を考えまして、大体六十年というふうに想定してございますので、その期間内にその総体が償還されれば、償還の制度としてはほぼ十分ではないかという考え方に立っているわけでありますが、その六十年という実質的な償還期間と、それから現在発行しておりますところの建設公債の形式的な償還期間の七年間というものと結び合わせる制度として、かような借りかえの規定が働くわけでございまして、形式的には新しい公債の発行ではございますけれども、当初発行いたしました建設公債のワクにおいての借りかえであるという点について決してみだりになるようなことはないと考えております。

○村山(喜)委員　私は、大蔵大臣に一言だけお答えをいただきたいと思いますのは、財政法六条による剰余金の二分の一を繰り入れていくというものも、年度内の国債発行を減らしていくという措置をとってまいりますから、今後においては多くは期待できない。一般会計からの繰り入れの問題を考えてみましても、現在、四十二年度の予算の中において四十一億四千八百万円というものがこの法律を通すことによりまして特別会計の中に繰り入れられていく。それから、四十三年度分については百四十八億六千九百万円が予算に計上されておる分でございますが、こういうような措置をとりまして、非常に不十分な措置でありますけれども、国債の償還に充てていく財源を特別に用意をするということは私は必要なことだと思うのであります。

　四十五年度までにはこの国債の依存率というものを一一%から五%程度まで繰り下げていくのだという方針を確かにお示しになっておると思うのであります。今後もそういうふうな達成の見込みを考えてみますと、内外の経済情勢の変化と相まって非常にむずかしい部門が相当あるのではないかと思うのであります。それが五%程度に依存率が下がったといたしましても、そのあとにおいてはどうやっていくのかを考えてまいりますると、残念ながらまだないようであります。きちんとした国債の償還計画をつくって、長期財政計画の中で計画的に削減をして、将来は全廃の方向に持っていくべきであると私たちは考えておるわけでありますが、それに対する大蔵大臣の決意をお伺いをいたしまして、私の質問を終わりたいと思います。

○水田国務大臣　公債論はなかなかむずかしい問題でございますが、もともと税負担との関係において、公共事業をその年の税において全部行なうのがいいか、何十年にわたって効果を発揮する見合い資産がある以上は、それに対する国債で処理されることがいいかというような問題は若干あろうと思います。しかし、公債の依存度というものを引き下げることが財政の健全性を保つ上で一番必要なことでございますので、ただいまのような世界で一番高い依存度というものは当然引き下げなければなりませんが、国民負担との関係も出てまいりますので、なかなか一挙にこれがやれない。したがって、経済社会発展計画でいっておりますとおり、ここ数年の間に少なくとも五%程度の依存率になるように努力することがいいという答申も出ておりますので、その線に沿ってできるだけ早く五%程度の依存率へは行きたい、そういう努力はしたいと考えております。

○田村委員長　これにて本案に対する質疑は終了いたしました。

○田村委員長　次に、討論に入るのでありますが、通告もありませんので、直ちに採決いたします。

　本案を原案のとおり可決するに賛成の諸君の起立を求めます。

　〔賛成者起立〕

○田村委員長　起立多数。よって、本案は原案のとおり可決いたしました。

衆議院会議録第三十九号

昭和四十三年五月二十三日(木曜日)

議事日程　第二十九号

第一　国債整理基金特別会計法の一部を改正する法律案（第五十五回国会、内閣提出）（参議院送付）

（中略）

日程第一　国債整理基金特別会計法の一部を改正する法律案（第五十五回国会、内閣提出）（参議院送付）

○副議長(小平久雄君)　日程第一、国債整理基金特別会計法の一部を改正する法律案を議題といたします。

○副議長(小平久雄君)　委員長の報告を求めます。

○金子一平君　ただいま議題となりました国債整理基金特別会計法の一部を改正する法律案につきまして、大蔵委員会における審査の経過並びに結果を御報告申し上げます。

　この法律案は、昭和四十一年十二月の財政制度審議会の報告の趣旨に沿って、減債制度の整備改善をはかろうとするものであります。

　そのおもな内容を申し上げますと、

　まず第一に、国債の元金償還に充てるべき資金について、定率による繰り入れの制度を復活し、前年度初めにおける国債総額の百分の一・六に相当する金額を、毎年度、一般会計または特別会計から国債整理基金特別会計に繰り入れることとしております。

第二に、国債償還財源としては、この定率による繰り入れと並んで、財政法第六条の規定による一般会計剰余金の二分の一以上の繰り入れがありますが、さらに、必要に応じて、予算をもって定める金額を一般会計または特別会計から国債整理基金特別会計に繰り入れることとする規定を新たに設けることとしております。

以上のほか、他の特別会計法の例にならい、この会計の収入支出に関する規定を整備する等、必要な措置を講ずることとしております。

なお、本案は、去る第五十五回国会におきまして原案のとおり本院を通過し、参議院に送付されましたが、自来同院において継続審査に付され、今回、同院で議決の後、本院に送付されたものであります。

以上がこの法律案の概要でありますが、本案につきましては、審査の結果、昨二十二日、質疑を終了し、直ちに採決いたしましたところ、多数をもって原案のとおり可決となりました。

以上、御報告申し上げます。

○**副議長（小平久雄君）**　採決いたします。

本案の委員長の報告は可決であります。本案を委員長報告のとおり決するに賛成の諸君の起立を求めます。

〔賛成者起立〕

○**副議長（小平久雄君）**　起立多数。よって、本案は委員長報告のとおり可決いたしました。

国債整理基金特別会計法の一部を改正する法律

国債整理基金特別会計法（明治三十九年法律第六号）の一部を次のように改正する。

第二条第二項中「万分ノ百十六以上トシ三千万円ヲ下ルコトヲ得ザルモノトス」を「百分ノ一・六ニ相当スル金額トス」に改め、同条第四項中「大蔵省証券、借入金、臨時国庫証券、食糧証券及朝鮮食糧証券」を「大蔵省証券其ノ他ノ融通証券、借入金及一時借入金並ニ割賦ノ方法ヲ以テ償還スル交付国債」に改める。

第二条ノ三第二項中「第二条第四項」を「前条第四項」に改め、同条を第二条ノ二とし、同条の次に次の一条を加える。

第二条ノ三　国債ノ元金償還ニ支障ナカラシムル為前二条又ハ他ノ法律ニ依ル繰入額ノ外必要ニ応ジ予算ヲ以テ定ムル金額ヲ一般会計又ハ特別会計ヨリ国債整理基金特別会計ニ繰入ルベシ

第九条中「政府」を「内閣」に、「歳入歳出予算」を「予算」に、「歳入歳出ノ総予算」を「一般会計ノ予算」に、「帝国議会」を「国会」に改め、本則中同条の次に次の一条を加える。

第九条ノ二　本会計ノ収入支出ニ関スル規程ハ政令ヲ以テ之ヲ定ム

附　則

1　この法律は、公布の日から施行する。

2　改正後の国債整理基金特別会計法の規定は、昭和四十二年度の予算から適用する。

3　次に掲げる法律は、廃止する。

一　昭和七年度以降国債償還資金の繰入一部停止に関する法律（昭和七年法律第八号）

二　国債整理基金に充てるべき資金の繰入れの特例に関する法律（昭和三十六年法律第五十六号）

（以下略）

証券取引に関する件

衆議院　大蔵委員会議録第三十六号（閉会中審査）

昭和四十三年七月三十日（火曜日）

出席委員

委員長　田村　元君

理事　毛利　松平君　理事　渡辺美智雄君

理事　只松　祐治君　理事　村山　喜一君

理事　竹本　孫一君

鯨岡　兵輔君　河野　洋平君

笹山茂太郎君　四宮　久吉君

砂田　重民君　西岡　武夫君

坊　秀男君　山下　元利君

中嶋　英夫君　平林　剛君

広沢　賢一君　広瀬　秀吉君

堀　昌雄君　武藤　山治君

河村　勝君　田中　昭二君

委員外の出席者

大蔵政務次官　倉成　正君

大蔵省証券局長　広瀬　駿二君

（ほか略）

本日の会議に付した案件

証券取引に関する件

○田村委員長　これより会議を開きます。

（中略）

○只松委員　証券行政の問題につきましてお伺いいたします。

今朝来の新聞を見ましてもおわかりのように、東証の株価は五年ぶりの高値をつけて、千五百九十二円十一銭、こういう異常な高値をつけてきている。一体この原因がどこにあるのか、率直に大蔵省当局のほうからその原因をお話しをいただきたい。少なくともかつての高値のときのように、民間投資家なり一般投資家がこれに参加をしておる、こういう形跡はまだきわめて少ないわけですね。

○広瀬説明員　最近、特に今年三月以降の市況は、御指摘のように活況を呈しております。これは、証券投資に経験のある資産家層の委託取引が中心となっているというふうにわれわれは見ておりまして、証券会社の自己売買が相場をリードするというような、かつてありましたような状況は見られないというふうに見ております。

○只松委員　私は三十分くらい前にもあるところへ電話して聞いた。その場合にもいわゆる日ばかり商い、朝買って、昼売って、夕方買う、こうやって日に三回くらいしておる形跡はきわめて顕著ですね。これだけではありませんけれども、金融の緩和あるいは外人投資家の買いあおり、いろんな要素もあるけれども、主として大証券等がそういう擬制商いを行なっておるということは明らかでしょう。そういうことが全然なくて、あなたがいまおっしゃったようなことだとお答えになるのですか。そういうことは全然ないとおっしゃるのですか。

○広瀬説明員　御指摘の日ばかり商いというようなことが全然ないわけではございません。多少あるわけでございますが、これは受け渡し比率という係数であらわれてまいりますが、先週で見ますと、先週の二十二日が三六・八、二十三日が三三・五、二十四日が三五・二というように多少低くなっておりますけれども、また二十五日には四四％というふうになっておりまして、そう顕著ではないんじゃないかと思います。

○只松委員　それから一ぺん証券会社が買っておいて、いわゆる推奨販売もまだ公然と行なわれているでしょう。こういうのだって全然ないですか。

○広瀬説明員　かつてやりました推奨販売というような形式のものは非常に減っております。手持ちの有価証券の制限、ことに大証券につきましてはきびしくこれをやっておりますので、非常に少なくなっております。

○只松委員　あなたはたいしてないとおっしゃるけれども、これが相当広範囲に大きく行なわれておる。これが一つの今日の大きな商いが行なわれている原因だ、こういうふうにいわれておるわけです。たとえば大和ハウスですが百円くらいだったのが五百円を割ったかどうかくらいでしょう。これに対してあなたのほうで調査がありましたね。その結果どういうふうに出てきておりますか。

○広瀬説明員　御指摘の大和ハウスの株価でございますが、ことしの三月下旬以降急激な上昇を示しておりまして、これに伴いまして、売買高も急増しておりました。この理由は、大和ハウスの業績がかなり好調であるのに加えまして、来年三月期以降の増配、増資説が流れまして、これが好材料となっているというふうに見られます。

そこで、四月十七日以降、証券取引所に対する各会員の信用取引残高報告をとるようにいたしました。それから六月一日以降、大和ハウスの株式の信用取引委託保証金率の三〇％から五〇％への引き上げの措置をとりました。この株式の信用取引の取組みは、四月中旬の最盛時に比較しまして現在では半減しております。また、現在まで取引所で、株価操作が行なわれているかどうかにつきまして調査をしたのでございますが、現在までのところはそのような事実はないというふうに考えられますが、なお、おっしゃったような、かなり変動幅が大きいということで十分注意しているという段階でございます。

○只松委員　共同証券なり保有組合にまだ幾ら残っておるか、なぜ放出しないか、そういうことを簡単に言ってください。

○広瀬説明員　証券保有組合の放出の状況でございますが、証券投資信託の部分が一千八百二十七億円買い入れてあったわけでございます。それから証券会社の分が五百一億、合計二千三百二十八億であったわけですが、それを今日まで売却しましたものは、証券投資信託分が一千四百六十三億円、証券会社分は全額五百一億円そのままでございます。合計一千九百六十四億放出しております。そこで、現在保有しておりますのは簿価で七百七十四億円でございます。この四月、五月、六月、非常に大量に放出しております。

共同証券のほうは、買い入れた株式金額は一千八百九十七億円であったわけでございますが、七月二十九日、昨日までの売却額は七百六十四億円、現在保有しております残高は、簿価で一千四百五十七億円になっております。

○只松委員　そんなに実商いがあって、ほんとうに景気がいい、こんなに高くなってきているのだったら、なぜいつまでもこんなところに持っているのですか。そのことを私は聞いているのですよ。なぜ放出させないか。

それから、この放出した中で信用取引の分が相当あるのじゃないですか。そういうふうなものは一つもないですか。放出は全部実売買ですか。

○広瀬説明員　放出は信用取引のものじゃございません。全部実売買でございます。

それから、なぜもっと出さないかということでございますが、これはかねてから御指摘のあったところでございますが、四月以降非常に大幅に、いままでよりはるかに大幅に放出しております。従来は保有組合が二十億、共同証券が十億くらいのベースだったと思いますが、四月以降は四、五、六、七で一千億をこえる放出が行なわれております。保有組合のほうが、大体、三カ年という期限もございましたので、先行しております。共同証券のほうは多少おくれておるということであります。

○只松委員　これは日銀から特別融資をしたりなんかして、事実上国がめんどうを見たわけでしょう。それに前後した山一証券の問題にしたところで、無利子、無催促で貸したり、その株の落ち込んだときはたいへんな騒ぎをしたわけですよ。よくなってくれば、こうやってまだ二千億から持ちながら放出もしないでいる。共同証券と保有組合は、いつまでに完全放出させますか。ここで明言をしなさい。

○広瀬説明員　放出については、この四月以来、かなり大幅に努力をしておりまして、日本銀行の借り入れ金も、証券保有組合のほうは、ピーク時には二千百五十六億円があったわけですけれども、現在は四百五十億円、五百億を割るところまできております。それから日本共同証券のほうは、日本銀行の資金を日証金を通じまして借り入れましたものが六百七十六億円というのがピーク時の金額でございますが、現在は八十二億円になっております。今後につきましては、なお市場の情勢を見ながら放出をしております。証券保有組合のほうは来年の一月が期限になっております。それまでに整理がつくかどうか、たぶんつくのじゃないかというふうに思います。共同証券のほうはそういう期限はございません。

○只松委員　そういうふうに、いままだいぶ下がってきて約六百億、日銀から貸し出しているわけでしょう。中小企業にそんなに大きな金を貸し出しますか。ピーク時は、どっちも合わせて日銀だけで三千億から貸し出しているわけでしょう。そうやってめんどうを見てきたわけですよ。五年来の最高になっていてもなおかつ日銀から貸し出したり、あるいは大蔵省なんか口をきいて銀行等からの借り入れによってこれがまかなわれておる。これが正しい姿でしょうか。たびたび私たちが共同証券や保有組合の問題と株式市場の問題について質問してきているわけですから、明確な答弁を……。

○倉成説明員　共同証券等の日銀借り入れについては、なるべく早く解消していくようにわれわれも努力してまいりたいと思います。ただ、これをいつまでにやるとかどうするとかというようなことは、これは株式市場に大きな影響を及ぼすことでもございますから、申し上げることは差し控えたいと思います。

同時に、われわれはやはり健全な株式市場の発達ということを考えておるわけでありますから、やはり機関投資家、また、善良な投資者が安心してやっていけるということを念願して、株式市場が健全に発達していくということがわが国の経済の発展に役立つと思っておりますので、証券界を取り巻くいろいろな問題について前向きで検討してまいりたいと思っております。

○只松委員　当時の議事録を読んでごらんなさいよ。田中大蔵大臣は、たな上げだ、塩づけだ、一年間しておけばそれで大体いい、どんなにしても二年だ、そういうことをぱきぱきと答弁した。それがこうやって五年来の最高の高値をつけても、まだ市場の状況を見ながらとかなんとか、もうたな上げをしたときの原因は完全になくなっている。もう本年一ぱいなら本年一ぱいをめどに努力するとか、原則としてこれは全部解除するというくらいのことは答弁すべきじゃないですか。

○倉成説明員　非常に株式市場というのはセンシチブで、敏感でございますから、時間を限ってこうする、ああするというような議論は、われわれ政策当局としては慎むべきじゃないか。こういう席でそういうことを申し上げるのはいかがと思っております。

○只松委員　だから、何月にするとか、あしたにするということは言えないけれども、しかし、原則としてやはりこれは早期に放出することはやはり言うべきでしょう。

○倉成説明員　私が申し上げたのは、やはり株式市場というのは非常に感受性が強いわけでありますから、いろいろそういう具体的なことを公の席で政策当局として申し上げるのは適切でないということを申し上げたわけでありまして、なるべく早くこういうものがなくなるということは、当然私どもとして望んでおる次第でございます。

（以下略）

第五十九回（臨時）国会

昭和四十三年八月一日から
昭和四十三年八月十日まで

証券取引に関する件

衆議院　大蔵委員会議録第三号
（閉会中審査）

昭和四十三年九月四日（水曜日）

出席委員
委員長代理理事　渡辺美智雄君
理事　金子　一平君　理事　毛利　松平君
理事　山中　貞則君　理事　只松　祐治君
理事　村山　喜一君　理事　竹本　孫一君
大久保武雄君　鯨岡　兵輔君
河野　洋平君　四宮　久吉君
古屋　亨君　村上信二郎君
村山　達雄君　山下　元利君
吉田　重延君　阿部　助哉君
井手　以誠君　佐藤観次郎君
広沢　賢一君　広瀬　秀吉君
武藤　山治君　岡澤　完治君
河村　勝君　広沢　直樹君

出席国務大臣
大　蔵　大　臣　水田三喜男君

委員外の出席者
大蔵省理財局長　青山　俊君
大蔵省証券局長　広瀬　駿二君
大蔵省銀行局長　澄田　智君
（ほか略）

本日の会議に付した案件
国の会計に関する件
税制に関する件
金融に関する件
証券取引に関する件

○**渡辺（美）委員長代理**　これより会議を開きます。
国の会計、税制、金融及び証券取引に関する件について調査を進めます。
（中略）

○**佐藤（観）委員**　山一証券、大井証券で問題になった保有組合、共同証券の問題も全部片づいたようでありますが、保有組合は四百億円の金が利益金として処分されると思うのです。どういうように処分されますか。

○**水田国務大臣**　利益が出た場合に二分の一はどうし、二分の一はどうするというような最初の規約はございますが、結局この利益をやはり公共の目的のために使用する必要があるというふうに私どもは考えておりますので、業界とも話し合っておりますが、今後どうするかのいろいろな案を業界にまかせてあるということでございます。

○**佐藤（観）委員**　もう一つ現在問題になっておりますのは、証券金融の問題について証券の銀行をつくらしたらどうかという意見があるわけであります。この点については大蔵大臣はどういうようにお考えになっておりますか。

○**水田国務大臣**　そういう案もございますし、また、証券金融について、いままで引き締め政策が行なわれているときでございましたので、日銀方面においても検討の進んでなかった問題がございますが、情勢の変化によって今後の証券金融についての検討を大蔵省、日銀、金融当局においてもするというようなことになっておりますので、銀行をつくるという案もございますが、そういうものを全部ひっくるめて今後のあり方をどうするかはこれから検討をすることになっておる議題の一つでございますので、もう少しこれは時間をかしていただきたいと思います。

○**佐藤（観）委員**　もう一つ大きな問題になっておりますのは、増資の場合に株券を時価で発行したらどうかという意見が非常にあるのですが、この点は大臣どういうふうにお考えになっておるのですか。

○**広瀬説明員**　時価発行の問題につきましては古くからいろいろ議論されておりますが、また、最近いろいろ議論されております。時価発行につきまして種々のメリットが考えられておりますが、一方また、これは時価発行への移行を非常に急ぐというような場合は、短期的には株価に大きなショックを与えて株主の利益をそこなうという心配もございますので、これにつきましては相当慎重でなければならない。時価発行への移行の前提としましては、安定配当の維持、無償交付等による増資プレミアムの還元というようなことで、株主の利益を十分尊重するような慣行がまず醸成される必要があるわけでございますので、十分慎重に検討を進めなければならぬというふうに考えております。

○**佐藤(観)委員**　初めの国債発行の年度計画については、四十年度は六百億、四十一年度が六百五十億、四十二年度が一千二百億というようにいろいろ減額されておりますが、四十三年度の発行計画は、四十二年度、ことしの三百億を含むと六千八百億円でございますが、やはり減額する見込みであるのかどうか、これは財政法の問題がございますので、この問題についてどういうようにお考えになっておりますか。

○**水田国務大臣**　御承知のように、まだことしの自然増収が、四カ月たったばかりでございますので十分に見通せておりませんので、上半期は国債を予定どおり発行して減額しませんでした。下半期になりましてこの自然増収の状態を見て、それから考えたいと思っております。いずれにしましても、公債の依存度はできるだけ低くしたいという考えに変わりございません。

○**佐藤(観)委員**　御承知のように、今年度の経済見通しでは自然増収が一兆円といわれておりますが、その中で米価値上げの問題、補正、公務員の問題などがございますから、国債を減らすほうに向けられるものは少ないかと思いますけれども、何らかの変更がありませんか。

○**水田国務大臣**　経済の見通しは、国際収支の点から見ましても、当初の政府の見通しよりは非常に好転しております。したがって、全般の経済の見方につきましても、当初の見通しとはだいぶ変化が見られることと思っております。企画庁においても、完全な見通しはまだいまの段階ではできないと言っております。いずれにしろ、政府の当初見通しと経済の動向は、ことしはだいぶ変わってくるというふうに思っております。

○**佐藤(観)委員**　きょうの新聞で全銀協の会長の長谷川君が言っておりましたが、民間の引き受けを制限してくれという注文、そういうことがあれば結局日銀の引き受けになってしまうのですが、その点の見通しはどう考えておられますか。

○**青山説明員**　けさ全銀協会長の記事が出ておりましたけれども、いま大臣からお答えいたしましたように、まだことしの減額については未確定の状態でございます。あれは全銀協会長として一つの要望だろうというふうに私たちは新聞を拝見いたしております。いま申しましたように、なかなか自然増の見込みが立ちませんので、その辺の状態を見て下期の分をどうするかということを考えてまいりたいということでございます。

なお、御質問で、日本銀行引き受けになるんじゃないかというお話でございますが、これは御承知のとおり、従来は日本銀行は経済の成長に必要な通貨は貸し出しでやっておりましたけれども、それをオペ政策に切りかえましてもう数年たっております。その間、政保債その他国債のないときはそれをオペ種にいたしたわけでございますが、国債が現在オペの対象になっておりますが、これは御承知のとおり、一年以上経過いたしたものをどの程度資金を供給すべきか、あるいはどの程度資金を吸収すべきかというう日本銀行自体の判断によりまして行なっておるわけでございまして、したがいまして、日本銀行が国債を直接引き受けるというものとは本質的に性格が違う。同時に、市中の金融情勢等十分に考えながら市中消化というたてまえで国債の発行というものを考えていくということもやはり当然のことでございまして、下期は十分そういう点を考慮いたしまして、国債依存度というものを低めるような方向で運営してまいるということが基本だというふうに考えております。

○**佐藤(観)委員**　最後に、金利の自由化という問題もありますが、公社債の市場を確立する絶好のチャンスじゃないかといわれておりますが、大臣はどういうふうにお考えになっておりますか。

○**水田国務大臣**　私もいい機会であると思っております。やはり公社債市場を育成するためにいろんな制度的なことも考える必要があると思いますが、たとえば国債が今月は消化されたというようなとき、金融の引き締めが緩和されたというようなときに、制度的な準備をするというようなことはわりあいにやりいいことでございますので、私もこの育成のいろいろな措置を考えるのにいい時期だというふうに考えています。

（中略）

○**武藤(山)委員**　特に注目すべき問題は二つあると思うのです。一つは金利の自由化の議論、もう一つはCDの発行による都市銀行のシェアを拡大をしようというねらい、この二つについて、どうも最近の新聞の論調や、あるいは各銀行の態度から見て、大きい銀行が勝利を占めて小さい銀行が押しやられて、弱肉強食の競争が激化している。そういうねらいが今度の金利自由化の根底にある、私はそういうような感じがするわけであります。

そこで、金利自由化の問題についてちょっとお聞きしたいのでありますが、いまの法律は、金利の問題は弾力的にいじることは法的には可能でしょう。それはどうですか。臨時金利調整法は、最高限度額というものを日銀政策委員会が決定してもいいということになっているわけですね。しかもその最高限度額は地域によって、あるいは時期によって一般経済状況というものを十分勘案して変動はできるという法律になっているわけでしょう。それがなぜ金利自由化にこの法律が障害になっておるのか、私には理解できないのですが、それは銀行局長はどう考えますか。

○**澄田説明員**　金利の自由化と申しますか、あるいは金利規制をより弾力化するという問題の現在の法律制度との関係でございますが、御指摘のように、臨時金利調整法で金利の最高限度をきめることになっておりますが、実際の運用においては、預金金利の場合と貸し出し金利の場合とこれは違っております。預金金利の場合については、この最高限度を政策委員会が金利調整審議会に諮問して、決定されておるわけであります。それから貸し出し金利のほうは、これは最高限度の範囲内で自主規制で公定歩合等にスライドして標準貸し出し金利がきめられておる。それからさらに各種貸し出しは、それぞれ相手方との契約によってきめられている、こういう形で相当弾力化されておる面があるわけであります。これも短期と長期によって若干違いがある、こういうような状態でございます。

そこで、今後の金融機関あるいは金融のあり方として、金融のプライスメカニズムをどういうふうにして働かしていくか、これも問題でありまして、決して野方図な弱肉強食になるようなものであってはならず、また、競争のためにどんどん競争して金利を高くしていくということでは、何のための金融制度の再検討かわからないというような問題もあるわけでございますので、十分競争原理と金利の弾力化とどういうふうに結び合わせていくかが、今後の金融制度調査会でビジョンを描いていく上の一つの問題になるのじゃないか、かように考えております。

○**武藤(山)委員**　そうすると、局長の率直な見解は、CDの発行については、長期金利の問題、長短金融分離の指導の従来の方針、あるいは公社債利回りの問題、政府関係機関の金利の問題、そういうような問題の全体を十分見渡して、そう軽々しく認めるべきではない、こういう見解であるか、それともこれは早急に二、三年の間に認めていいのではないかというような御意見なのか、あなたの個人的な見解はどうですか。

○**澄田説明員**　CDの問題につきましては、その影響等を十分検討しなければならない。ただいまおっしゃいましたような各般の問題との関連というものを十分検討をして、どういうような効果があり、どういう作用を持つかを十分見きわめた上で考えなければならぬ問題で、金融制度調査会においても十分そういう意味で論議を尽くしたい、かように思っております。

○**武藤(山)委員**　そうすると、これは十分論議を尽くして、そう早急に軽々にやるべきではない、こういうまだ御意思ですね。

○**澄田説明員**　御承知のように、アメリカでこれが相当発達しておりますが、日本の金融情勢とアメリカの金融情勢とはもちろん違いますし、長短金融の関係あるいは資本市場との関係等、これもアメリカとは非常に違っております。そういう状態において、日本におけるCDというものがどういうふうな意味を持ちどういう作用を持つかということは、これは十分各方面から検討していかなければならない。かように考えて、早急に実施するというようなために検討するのではなくて、今後の金融制度の中でこれがどういう問題であるかということを検討する、そういうふうな考えでおります。

○**武藤(山)委員**　それから第二に、預金保険制度の検討ということも報道されておりますが、どういう危惧があるので預金保険の制度を検討するのですか。

というのは、昭和三十二年の二十六通常国会で預金保障基金法案というものが流れておりますね、継続審査になってついに廃案になっております。なぜいま急にここで大蔵省が諮問をして検討するのか、ちょっと理解に苦しむのです。

というのは、相互銀行はちゃんと内部で自主的に保障協定を、信用金庫も全信連に拠出してやっておるわけです。やってないのは、地方銀行と都市銀行なんですよ。これは強力な銀行だから預金保障がなくても心配はないという従来の考え方からおそらくなかったのだろうと思う。だから、現在全く自主的なそういうもののないところをどうするか、そういう具体的な問題を先に行政指導することが先決ではないかと思うのですが、どうですか。

○**澄田説明員**　ただいま御指摘のように、従来保障基金という考え方があったわけでございます。これから将来の金融制度を考え、適正な競争原理を導入していく。従来ともすれば預金者保護というために金融機関に対する保護が非常に厚くなる。これは金融機関を保護するということではなくて、預金者を保護することである。それが結果的に金融機関の保護になっている。こういう面が否定できなかったと思います。

そこで、これから開放体制が一そう進んでいく状態のもとにおける日本の金融のあり方として、金融機関の保護と預金者保護を分けて考える必要もあるのではないか、こういうような意味の問題の提起でございます。

御承知のように、アメリカには、これは金融恐慌の経験等から一九三三年からあるわけでございますが、最近においては、カナダが昨年から預金保険の制度を導入しておる。さらに現在西独でも検討中であるというような問題もございまして、いろいろな角度からまた新しくこの問題が検討されているというような外国の情勢もございます。これを直ちに日本に引き直してどうこうと申すわけではございませんが、これからのあり方として一つの検討すべき課題である、かように考えまして、これは金融機関に対する行政なりあるいは政府の施策というようなものとの関連において、もう一度この問題を見直そう、こういうことでございます。

○**武藤(山)委員**　アメリカの場合は現在でも倒産する金融機関が年々、わずかではあるけれども、あるのですね。そういう実情と、国の保護を厚くされて金融機関が健全な日本とは、おのずからその基盤が違うのだ。そういう中で、預金保険制度を鳴りもの入りで検討を始めて、かえって銀行に対する信頼感を希薄にしたり、あるいは全部の銀行を一つのそういう制度にすれば負担がまたまちまちで、いろいろな弊害が出てきたり、これは私は大蔵省としては相当慎重に、制度調査会の中で指導していかなければいかぬと思うのであります。そうでないと、大きい強い力のところの発言が調査会の中で強くなって、少数意見は付記したというような形で報告がなされるわけでしょう。こういう問題は、多数意見、少数意見で議論をし、きめるべき問題ではないと思うのであります。そういう点も今後十分考えなければいかぬし、いま当面一番やらなければならぬ金融の問題は、やはり正常化の問題だと思うのですよ。銀行局長、いま日銀が都市銀行に貸している貸し出し残ですね、幾らありますか。

○**澄田説明員**　現在日銀貸し出しの総残高は一兆七千億程度でございます。この中には、当然に、輸出関係の輸出手形、貿易手形の割引のものとか、あるいは証券金融のための貸し出しもございまして、全体としては、御承知のように、金融調節方式をオペレーションに切りかえてからあとは、日銀貸し出しの一般的な貸し出しは、若干ずつ減少する傾向になっております。

○**武藤(山)委員**　金融制度調査会が、オーバーローンの解消が金融正常化の最大の課題であるとして、昭和三十八年にかなり詳細にその解消策について答申をいたしているわけですね。当時のオーバーローンの金額は一兆一千五百五十六億円ですね。それが現在は一兆七千億円になっている。もちろん新金融調節方式によって、買いオペ、売りオペによって調整をするから、インフレの要因になる点は従来とはかなり性格が変わってきている。しかし、さっぱり解消してないというところに問題があるのですよ。

私が言いたいのは、自由競争の原理を導入して銀行も企業としての競争をするのだ。そういう場合に、都市銀行と地方銀行、相互銀行、信用金庫とは、まるで条件が違う。その一番違う条件がオーバーローンにある。したがって、都市銀行のオーバーローンをまずどう解消するかという具体的な手だてを行政としてもきちっとして、同じ土台、同じ条件になったなら私は適正原理による競争だということも納得いくのですよ。しかし、条件が全然違う。最も保護され、最も恩恵を受けている都市銀行が、最も自分たちの有利なCDを主張したり、預金金利の自由化を主張するに至っては、言語道断だと思うのです。その見解について、局長、どう考えますか。

○**澄田説明員**　先ほど申し上げましたように、日銀貸し出しの現状というものは、貿易関係とか証券金融関係のものが、三十八年との比較において御指摘になりましたが、そういうことになると思います。したがいまして、過去の日銀貸し出しの残高は今後さらに減らしていくというような方向ではあると思いますが、その残高を急激にどうこうするということとは、金融市場の状況等から見てもむずかしい問題ではないか。これから日銀貸し出しが非常にふえていくというような問題とは違う問題であるわけでございます。いろいろ金融機関のあり方、競争原理を考える場合にも、日銀貸し出しも含めて全体の問題としての検討であろうと思います。

○**武藤(山)委員**　しかし、たとえば預金保険制度を考えるにしても、しからばいまの地方銀行や相互銀行、都市銀行の正味準備資産はどういう状況になっていますか。

三十八年の金融制度調査会の資料によると、昭和三十五年九月期の都市銀行の正味準備金はマイナス六千二十七億、三十六年九月期がマイナス一兆三百十億、三十七年九月がマイナス一兆五千五百七十九億円。地方銀行、相互銀行は全部プラスです。この一事を見ても、最も預金保険をかけなければならぬのは都市銀行だ、こういう問題が一つある。それから、もう一つは預貸率の関係もそうでしょう。

都市銀行の預貸率と他の銀行の預貸率を見ても、都市銀行は三十六年に一〇一、三十七年三月が一〇五・三、九月が一〇七・二、預貸率が全部一〇〇をこえているのですよ。ところが、相互銀行は大体平均で八〇%ですよ。地方銀行は特に貸し出しの多いときでも九〇、一〇〇以上ということはありませんよ。そうすると、都市銀行だけ一〇〇をこえるような預貸率であって、そういう中で金融正常化、効率化、適正競争、自由競争原理の導入だと騒ぐのは、都市銀行のメリットが多いからですよ。だから、私は、大銀行、財閥銀行に引きずられるような行政指導になってはいかぬという心配から質問をしているわけです。

(中略)

○**佐藤(観)委員**　保有組合が解散にきまったのですが、山一や大井証券の今後の返済の予定及び残額は、現在どれくらい残っておりますか。

○**広瀬説明員**　山一及び大井の日銀特融の返済の状況でございますが、最近の株式市場の活況を反映いたしまして、山一それから和光の収益状況は非常に改善されておりまして、日銀特融の返済も順調に進んでおります。

山一の特融は、御承知のとおり、当初金額二百八十二億でございますが、現在までの元本の返済額六十二億でございまして、残存額は二百十九億になっております。この六十二億の元本の返済のほかに、利息として五十六億の返済を行なっておりますので、合計額百十九億というふうになっております。

それから、大井証券でございますが、これは当初の特融額が五十三億、元本の返済額は六億八千万、残存額は四十六億二千万となっております。なお、このほかに利息分として十億余りがございますので、返済額合計十七億というふうになっております。

○**佐藤(観)委員**　もう一点。投資家の保護ですが、証券局、大蔵省としては、大衆投資家があまり犠牲にならぬように、何らか具体的にいい方法でも考えておられるのかどうか、この点をもう一点伺いたい。

○**広瀬説明員**　これは一番大蔵省として心を砕いているところでございまして、すでに、最近の株価の状況にかんがみまして、七月十九日に証券業協会連合会会長から会員にあてまして、投資勧誘態度について自粛の要望をしております。われわれのほうと連絡の上、そういう措置をとっておりますが、なお依然として市況はかなり上向いておりますので、十分注意をしております。その後の措置としましても、八月二十日と三十一日両日にわたりまして、投機色の強い銘柄、合計六十七銘柄につきまして、自主規制をいたしまして、証拠金率を三割から五割に引き上げまして、同時に、現物銘柄の取引につきましても自粛をするように、取引所の理事長から要望しております。

なお、今後につきましても、市況の推移を十分注意いたしまして、個別に証券業者を指導する、あるいはそのほか投資家保護につきまして、できるだけ適切な措置を打てるように検討いたしております。

○**佐藤(観)委員**　もう一点最後に。共同証券は解散をするのか存続させるのか、その方針はきまりましたか。

○**広瀬説明員**　共同証券は、この八月の二十三日に日本銀行からの融資を全部返済し終わりましたが、なお、一般の市中からの協調融資分の約千億という借り入れ金が残っておりますし、それから保有株式も、簿価でたしか一千四百億くらい残っております。したがいまして、これらを今後逐次処分していくわけでございますが、その全部の放出を終わりますれば、証券会社としての免許を受けたディーラー業者としての任務は終わるので、その時点で解散するのが妥当であると考えておりますけれども、なお売却のめどがついたところで、よく検討したいというふうに考えております。

(以下略)

衆議院　大蔵委員会金融及び証券に関する小委員会議録第一号(閉会中審査)

昭和四十三年九月二十日(金曜日)

出席小委員
　小委員長　村山　達雄君
　大久保武雄君　古屋　亨君
　村上信二郎君　吉田　重延君
　佐藤観次郎君　只松　祐治君
　平岡忠次郎君　広沢　賢一君
　竹本　孫一君

小委員外の出席者
　大蔵省証券局長　広瀬　駿二君
　大蔵省銀行局長　澄田　智君

参考人（東京銀行協会副会長） 武田満作君
参考人（金融制度調査会民間金融機関に関する特別委員長） 堀越禎三君
参考人（日本証券業協会連合会会長） 瀬川美能留君
参考人（東京証券取引所理事長） 森永貞一郎君
（ほか略）

本日の会議に付した案件

金融及び証券取引に関する件

○村山小委員長 これより会議を開きます。

金融に関する件について調査を進めます。

まず、武田参考人より、当面の金融情勢と金融機関の問題点について御意見を述べていただきました後、質疑に入りたいと存じます。

○武田参考人 （中略）金融機関をめぐる問題点について申し上げたいと思いますが、この点で、われわれの最も大きな関心事は、何と申しましても金融再編成の問題であります。

金融制度調査会は、「金利及び金融機関の規模について」の検討を終えられ、現在、商業銀行業務、長期金融業務、信託業務、外国為替業務、それに預金保険制度などの検討に取りかかっておられるように承っております。

戦後におけるわが国の金融制度は、長短金融分離を基本方針として、普通銀行、長期金融機関、中小企業金融機関、証券会社と大きな区分けをしまして、それぞれの金融機関の発展育成がはかられてまいったのであります。わが国戦後の状況を顧みますと、一日も早く生産力を回復して復興をなし遂げ、欧米先進諸国の仲間入りをすることが先決問題であり、そのためには、設備資金の供給が非常に重要な問題であったのであります。このため、長短金融分離のもとに長期金融機関の育成強化がはかられましたのも、時代のしからしむるところと存ずるものであります。しかし、わが国経済は戦後著しい成長をなし遂げ、いまや国民総生産は、共産圏諸国を除きますと世界第三位となり、貿易自由化からさらに一歩を進め、資本自由化の本格化段階を迎えるに至ったのです。したがいまして、今後わが国の経済界としては、商品だけでなく資本の面においても、国際競争にうちかっていく必要があるのであります。また、国際的な協力も重要な課題となってまいると思います。そうした意味から、国際化時代に即応し得るような金融の体制をつくっていくことがきわめて緊要な課題であると思うのです。

一方、国内の経済や金融の面でも大きな変化が起こっております。すなわち、四十年度には国債が発行されましたし、企業の自己金融力が大企業を中心に高まってまいったのであります。一方、労働力過剰から逆に労働力不足経済に移行しまして、中小企業や流通部門の近代化、合理化投資の必要性が非常に高まってまいったのであります。

したがいまして、現在の金融制度が戦後の経済成長に果たした役割りは高く評価しなければなりませんが、このような環境の変化に対応して、金融制度はいかにあるべきか、改善すべき点はないのかを再検討すべき時期に来ておると思うのであります。

それでは、金融制度を再検討する場合の視点は何かということでございますが、この点につきましては、昨年来の金融制度調査会で大蔵大臣が、「安定成長への移行、経済の国際化といった新しい情勢に対応して、産業界ではその再編が急務となっているが、金融界もこれに即応して、いかに効率的に、また円滑に資金を供給していくか、すなわち、金融をいかに効率化していくかが課題である。」このように述べておられますが、まことにごもっともな御指摘だと存ずるわけであります。これからは経済全般に、単なる量だけではなく、質の問題が非常に重要になってまいりますから、金融界といたしましても、国民経済的に必要な部門に資金を供給するというだけでなく、良質にして低利の資金を供給するということが責務であると考えるのであります。

そのために、われわれとしては、貯蓄の一そうの増強やコンピューターの活用などによる資金コストの引き下げに努力しておるのであります。しかしながら、国民経済全体として金融の効率化をはかっていくためには、どうしても金利を通ずる競争原理の導入が必要となってまいります。金利機能の活用は、経済の安定成長実現のためにもまた資源の最適配分のためにも必要なことは、いまさら申し上げるまでもないのであります。ただ、金利を通ずる競争原理の導入という場合に、競争の場である金融市場があまりかた苦しく区切られ、相互の交流が円滑でなかったりいたしますと、十分にその効果をあげることができません。すなわち、金融の効率化という観点からも、金融制度そのものを再検討し、必要があれば、これを再編成していくことが重要な課題であると考える次第であります。

しかしながら、現在の金融制度は、全く実情にそぐわなくなっていると考えているわけではありません。今後ともかなり高い経済の成長が続くと思われますので、長期金融機関の重要性は、かなり大きいものと思われるのであります。ただ、金融の効率化、円滑化のためには、たとえば長短金融の問題といった場合に、長短金融はおのずから性格の異なるもので、同一視すべきものではございませんから、長短金融分離といった大筋は変えないにいたしましても、その接点においては、若干これを弾力化し、相互交流の考え方を認めていただいたほうがよくはないかと思うのであります。

企業の自己金融力の拡充や各種共済制度の発達などを背景に、近年大企業や共済組合などの手元余裕金が増大してきておりますし、家計部門におきましても、所得水準の上昇に伴って金融資産の保有形態は多様化してきております。一方、金融機関に対する資金需要としては、中小企業の近代化、合理化、あるいは公社債の消化や消費者金融など根強いものがあるのであります。こうした資金の需要と供給を円滑に適合させていくことは、金融機関の責務でありまして、こうした分野に競争原理を導入し、金融手段を多様化することは、資金の需要者、供給者双方にとってプラスになり、結局は金融の効率化、円滑化につながるものと存ずるのであります。

最後に、一言、こうした金融制度の再検討は、民間金融機関だけの問題ではないということです。民間金融機関や企業が成長する一方、地域開発とか、あるいは社会開発とか、政府金融機関のなすべき分野は大きくなりつつあります。したがいまして、政府金融機関は、本来民間金融機関では取り上げにくい分野への融資や民間金融機関に対する質的補完というところに力を入れ、民間金融機関との協調補完関係の確立に一そうの配慮を加えることが望まれる次第であります。

○**村山小委員長**　これより質疑に入ります。

○**只松小委員**　当面の経済情勢、「今後の金融をめぐる環境」ということを見ましても、四十年代の前期は、いまの高度経済成長が続いて、後期になれば若干それはゆるんでくるだろう。そういうところから、ただいまひとつの金融のデパート化ということが出てきているのですね。

（中略）

金融再編成の場合は、少なくとも五年なり十年あるいは二十年の今後を展望した対策だと思います。いまたいへん資本主義の繁栄を謳歌されましたけれども、今後の金融をめぐる諸情勢においても、十年間くらい、大体そういうことでやはり一応御報告が出ておりますが、どうですか。

○**武田参考人**　五年先、十年先というものを展望して考えてみますと、金融の環境というものは非常にきびしいものがあるんじゃなかろうかというようにわれわれは考えております。

と申しますのは、銀行をめぐる環境が今後はかなり変わってくる。その第一は、四十年代の後期には、経済成長も、いまのように高度成長を望むことはできなくなるんじゃないだろうか。第二番目は、国際化が今後一そう進んでまいります。したがって、単に国内だけの競争じゃなくて、先進諸国の企業、いわゆる世界企業と競争しなければならぬような状態になってくると思うわけです。また、国内的には、労働力需給が年々逼迫の度を加えてまいります。したがいまして、こういうきびしい環境のもとにおいて、今後の銀行経営はいままでよりもずっときびしい合理化なりあるいは効率化を進めていかなければならないんじゃないか。その際に、金融だけの見地でものを考えないで、常に預金者なりあるいは融資先なりというものの立場も考えながら金融の再編成というものも進めていくべきじゃないかというように考えております。

（中略）

○**広沢(賢)小委員**　金融環境が変わってまいりますね。長短分離の問題について御説明なさいましたが、基本的にこれはずっと推進するのか、それとも大筋は変えないけれどもちょっと変えるんだという、そのもうちょっと具体的な構想についてお伺いしたい。

○**武田参考人**　長短金融の問題でございますが、おっしゃるように、今後は企業が自己金融と申しますか、直接金融という分野がだんだん広まっていくであろうと考えておりますが、すぐにそれが急激に発達して、もう間接金融の必要がなくなるということはまだ相当先のことじゃないだろうか。その間は長期信用銀行の必要性は、国民経済的にあるんじゃないかと考えておりますが、現在あまりにそのかきねが高過ぎると申しますか、もう少しかきねを低くするということはしてもいいんじゃないか。これは私の個人的な見解でありまして、金融制度調査会のほうで今後その問題をいろいろ御検討いただくことになるのではないかと思います。私個人はそのように考えております。

（中略）

○**広沢(賢)小委員**　長短分離の問題で、たとえば総合政策研究会の中に書いてあるのは、「長期信用銀行、信託銀行などわが国独自の長期金融機関が存在するとき、それに対抗して商業銀行が新たに長期の預金」――いまCDとかいろいろいわれておりますが、「を集めるように制度を改めれば、いよいよ各種銀行間の預金の獲得競争は激化し、資金コストも益々高まるばかりでなく、そのシワは資本市場に寄って、その発達を阻むことになろう。」ということです。それで、CDその他についていまいろいろ議論されておりますが、それについての御見解を承りたいと思うのです。

○武田参考人　CDなりあるいは中長期の預金については、今後金融制度調査会でいろいろ御検討願うことになっております。これは最近企業が相当自己資金を持つようになりまして、従来ですとこれを預金しておったわけですが、預金ではあまり利回りもよくない。それかといって長期の公社債に投資するには少し長過ぎるということで、アメリカでもCDによって企業の余裕金を吸収することをやっております。また、個人の金融資産の保有形態から申しましても、だんだん所得水準が上がりますと、むしろ期間は少し長くても高利回りのものを選好する傾向が出てきておりますので、銀行の立場でなくて、銀行を御利用願う立場からも、そういう必要性が出てきておるのではないかと思うわけでありますが、これにつきましては、いろいろデメリットも考えられますので、今後十分金融制度調査会で御検討を願う必要があるかと思います。ただ、あくまで利用者に便利になるかどうかという観点から考えていくべきじゃないかと考えております。

（中略）

○只松小委員　皆さん方にも一番重要問題として見られる金利の問題は、結局銀行に自由競争原理をもう少し導入すべきではないか。あまりにも規制され過ぎている面が金融機関には多過ぎやしないか。そういうものの一番表裏をなすものは金利の自由化だろうと思います。したがって、金利に自由幅を与えていくべきではないか。そのためには、臨時金利調整法というものが一つの手かせになっておりますから、当然にこれを手直しをしていく必要もあるのではないか。こういうことも考えられてきます。あるいはいま日歩建てになっているのを年利建てにしていく、こういうことも当然に問題になろうかと思います。そういう問題について具体的なお考えを伺わせていただきたいと思います。

○堀越参考人　具体的とおっしゃられると非常に困るのでありますけれども、「金利および金融機関の規模」につきまして、この間一応中間報告をまとめました。そこでは、金利規制のあり方については適正な競争原理を導入するという観点から、何らかの形で金利の規制を緩和していくべきであるという御意見が非常に多数でございました。私個人としては、一度に金利の自由化をいたしますと、いまわれわれが銀行を見ておりまして一番目に余るものが預金獲得競争でございます。この現状を見ながら、金利を自由化するということはかなり危険がある。われわれ産業界の立場といたしますと、今後の国際競争場裏に出まして、できるだけ安いコストで製品をつくっていかなければならぬときにあたりまして、銀行のコストが高くなることは、困った問題になりますので、たいへんむずかしい問題だろうと思いますが、大体の御意見は、何らか競争原理を導入するという観点から金利の規制は緩和していくべきであるという一応の線が出ておりますので、第一分科会でこれを検討いたします場合にも、やはりこの線で議論が戦わされるのではないかと思っております。

ただいまの年利建てにつきましては、ほとんど全委員御賛成です。伺いますと、金融機関のほうでもすでに検討が進められておるそうでして、これは問題がないと思います。

ここに一つ問題がございますのは、公定歩合の上下に連動する問題があります。これについてはかなり意見が分かれております。連動するのがいいという方と、連動する必要がない、また、通知預金と普通預金といったようなものだけ連動したらどうかという御意見もあったように記憶しております。

○只松小委員　いま競争すればコストが高くなるというお話なんですが、競争すれば安上がりになりはしないかと思うのです。それが一つ。

それから公定歩合が引き上がった場合に預金金利はそのままになっておりますから、これは銀行が一方的にもうけ放題といいますか、いま学者の間でもだいぶん指摘されるようになってきておるわけです。当然にこれは預金者に返すべきだ。そういう点についてひとつ……。

○堀越参考人　いまのコストの点でございますが、預金獲得競争が一そう激しくなる、つまり金利を上げて預金をとろうとする面からどうもコストが上がってくるんじゃないかという心配があるということでございまして、これは、そうでなければたいへんけっこうです。

連動の問題はいろいろ御意見がございましたが、反対の御意見の根拠は、私にもはっきりいたしません。通知預金、普通預金に連動させることはいい。定期預金に預けておるものは、金利に目安がございますから、それが上がったり下がったりするということはあまりよくないのではないか。ですから、通知預金とか普通預金とかに連動させて、これは主として企業が預けているものだから、企業の貸し出し金利の一部として返すといったことがいいんじゃないかということだと思います。

（中略）

○只松小委員　普通銀行あるいは中小銀行でさえも十年、十五年の住宅ローン等を手がけてきておりまして、なかなか実際上分類は容易でない。それに加えて定期の二年もの、三年ものが出てくると、分類がむずかしくなると思うのですが、二年もの、三年ものの定期はつくったほうがいいとお思いになっておられますか、伺いたいと思います。

○堀越参考人　これは第一分科会でこれから議論する問題ですので、ちょっと私としてははっきりしたことは申し上げかねると思います。これが一番やっかいな問題でございます。

○澄田説明員　金融制度調査会でこれからまさに検討をお願いしているところであります。ただ、いろんな点からこの問題はもちろん考えなければならない問題が非常に多い。そういう意味で慎重に検討をお願いしているわけでございますが、中堅企業あるいは中小企業、さらに消費者金融とかいろんな面で長期資金の需要は、いままでと違った形で今後強いものが非常にある。これは過般の金融制度調査会で、アンケートを広く企業にいたしました中にも、長期安定した資金という需要が非常に強かったわけであります。そういう資金の供給源としてどういう預金のあり方を考えるかというような見地からもう一度この問題は十分検討する問題ではないか、かように存じます。

○只松小委員　次にCDについてはどうですか。これも検討の段階ですか。

○堀越参考人　検討中でございます。

私は経団連の事務局長をやっておりますので、CDは経団連としてはやや心配をしている。つまり、預金残高競争をいま大銀行は非常に熱を入れるわけです。残高をふやすということが非常に強い関心事になっております。そうしてやはり企業が借り入れをしておりますと、CDをとってくれということになりかねないので、その点がやや心配であります。

○広沢(賢)小委員　直接金融と間接金融の問題です。だんだんと直接金融を確立していく条件が出てきている。いろいろ金融関係の討論の中でその問題についても十分触れていると思うのです。直接金融がいいとしても、どのくらいの程度即座にいくのか。いやそう急にはいけないのだ、もしくはいまそんな必要はないのだというような気分もあるし、一方、総合政策研究会とかいろいろのところから、直接金融についての積極的な意見がいろいろ出ております。

そこで一番初めにお伺いしたいのは、金融制度調査会の議論がずっと進んでいく中で、直接金融というのは即座に確立するべき条件があるのか、それともないのか、漸次やっていくのか、それともいやそれはもうあまり必要ないのだ、現状ではむしろ金利より量的規制で景気調整をはかるべきだ、という意見がありますが、そういう意見が多いのか、その基本的観念をちょっとお伺いしたいと思います。

○堀越参考人　中間報告でまとめました御意見では、証券市場の現状にかんがみて期待は持てないという感が先に立つが、現実にあまりとらわれ過ぎるのは妥当でない。七、八年先を考えるならば、企業の株式、社債による調達の比率は案外大きく高まることが実現されるのではないか。そのような理念で政策的に努力すべきだ、という意見が述べられているわけであります。

私、この御質問が必ず出ると思いましてちょっと準備してきたのですが、三十四年末に間接金融が七六・八%、直接金融が二三・二%、それが三十八年に間接金融が少し減りまして七五・九%になり、直接金融が二四・一%、三十八年には直接金融がややふえたわけですが、去年末を見ますと、間接金融は八〇にふえております。直接金融は二〇に下がっております。これは株式市況の非常な不況からきたのだと思うのでありますが、四十年代の前半と後半の金融情勢ということが中間報告で述べられておりますのも、前半は間接金融でそのまま推移する。四十年の後半になって直接金融が少し問題になってくる。簡単に直接金融という話をしていらっしゃいますが、私が疑問を持っておりますのは社債です。社債は金融機関がみな消化しているわけです。これは直接金融なのか間接金融なのか、そういうこともございまして、一体どの程度の直接金融が適当なのかは非常にむずかしい問題だと思うのですが、きのうも証券取引審議会を開きまして、社債市場をもう少し育成すべきだと打ち出したのです。公社債市場がもう少し円滑になり、発行価格と一般の流通価格とが乖離しない方向へ何とか持っていってもらいたいということは、これは金利の自由化にもからんでくると思います。やはり公社債市場の流通状態が、いまのように七分五厘で出しておるものが八分五厘もしている状態では困ります。金利の自由化にもからんでくるわけであります。公社債市場の正常化というのは非常に急がるべき問題であろうかと思います。

○広沢(賢)小委員　そうすると、公社債市場を育成するための努力をしていかなければならぬ、こういう御意見だと思うのでございますが、そうしますと二つの問題をお聞きしたいのです。

一つは、CDの問題があります。都市銀行が、長期信用銀行や信託銀行などという長期銀行があるにもかかわらず、それと競争して盛んに長期預金を集めるということに努力する、非常に競合してそこで混乱を招く、資金コストも高くなる、いわゆる過当競争ですね、こういうことがあるのではないかということを総合政策研究会で出している。国民経済全体の立場から見ると、直接金融方式を確立するという方向とは逆行するものではないか、このように思うのですが、どうでしょうか。

○**堀越参考人**　これはまだこれから論議される問題で、私から何とも申し上げかねるのでございますが、率直な私の感じを申し上げますと、いまのCDにいたしましても二年定期、そういうものがすべてあのデパート論から出たんだと思います。都市銀行デパート論でございますね。そういうことであれば、私は、都市銀行がデパート化するならばすべてがデパート化しなければならない、そこに一つ問題があると思います。それはこれから議論されますので、あまり先ばしって言うのもどうかと思いますが……。

○**広沢（賢）小委員**　そうすると、今後の方向としてみますと、どうしても大企業は自己金融力を持つと思います。それから増資その他ずっと可能になりますから、長期的に見ると、後半のほうではそうなっていくことになりますと、中小企業はそれができないわけでございます。直接金融は大体大企業のほう、それでどんどんやっていけるように、それから間接金融の役目は中小企業やその他都市開発に対してやっていく。こういうように簡単に分けられませんが、頭に描いていくとすっきりいろいろ議論できると思うのですが、どうでしょうか。

○**堀越参考人**　ちょっといまの御質問の点、長期信用銀行に中小企業をやらせる、こういう意味ですか。

○**広沢（賢）小委員**　はい、そうです。長期信用銀行ばかりでなくて間接金融のいろいろ担当……。

○**堀越参考人**　そう割り切れるものじゃないと思うのですが……。

○**広沢（賢）小委員**　それでは、理想像としてはそういう形にいくべきではないか、こういう点はどうでしょう。

○**堀越参考人**　つまり、中小企業が直接金融、増資なり社債なりを発行することが非常にむずかしいから、間接金融で充実さしていくべきだ、この御議論は私はよくわかります。

○**広沢（賢）小委員**　そのとおりです。大体そういう方向で、もう少し今度は具体的に何か討論がされていますか。

○**堀越参考人**　まだ開いておりませんので、これから開くのですから……。

○**村山小委員長**　証券取引に関する件について調査を進めます。

まず、当面する証券業の諸問題と実情について御意見をお述べいただき、後質疑に入りたいと存じます。

○**瀬川参考人**　最近の証券市場は、国際収支の記録的な好調、金融の緩和、企業業績の好調あるいは外人投資の活発化などにより、市況は著しく活況を呈しております。最近の売買取引の状況にかんがみ、売買取引が過当に投機化しないように、予防的措置として、再三にわたりまして信用取引の規制が行なわれましたし、また、投資家に冷静かつ慎重な投資態度をとられるよう期待しておるところであります。当連合会といたしましても、投資者保護と健全な証券市場の発展をはかるために、各証券会社においては投資勧誘態度に特に慎重を期し、第一線セールスマンにもその趣旨を十分に徹底するよう全国の証券会社に要請した次第でございます。

さて、次に証券業界の目下当面しておる幾つかの問題につきまして御説明申し上げたいと思います。

初めに凍結株に関する問題についてですが、御承知のような市場の動向からいたしまして、凍結株の放出はかなりなテンポで進められまして、保有組合分につきましては、去る八月二十七日をもちまして日本銀行からの借り入れ金は全額その返済を終えた次第でございます。

なお、保有組合は、最終的にはかなりの額の利益が見込まれておりますが、この利益の処分につきましては、同組合の規約にのっとりまして、資本市場育成という公共目的のために役立たせてまいりたいと考えておるのでございます。その具体的な使途につきましては、目下鋭意検討いたしておるところでございます。

共同証券につきましては、保有組合と同様に、株式市場の安定に多大の貢献をされたことは申すまでもないところでございまして、これまた深く感謝いたしておるところでございます。同社の今後のあり方につきましては、日銀からの借り入れ金を返済したとはいえ、なお、簿価にいたしまして約千三百億の凍結株を保有しておる状況でございますので、当面その保有株式の円滑な放出を通じまして、市場の安定要因として機能を果たされることが望ましいのではないかと考えておるのでございます。

もともと同社は、証券市場の異常事態に対処するために特に設けられた機関でございますので、その目的を果たした暁には解散するのが筋であろうかと存ずるのでございますが、最終的には、同社が、いろいろと意見を参考とされまして、自主的に決定さるべき問題であろうと考えておるのでございまして、今日この時点において議論をすることは、いささか時期尚早ではないかと考えておるのでございます。

次に、証券投資信託についてですが、株式投資信託は、過去数年にわたり額面割れあるいは償還延長等を余儀なくされるなど不振を続けてまいったのでございますが、この間、業界といたしましては、投資信託の諸制度及び運用の改善をはかるなど、投資家の信用回復につとめてまいったのでございます。最近におきましては、基準価額もかなり上昇いたしましたし、期中分配率も漸次向上いたしまして、ユニット投資信託も額面以上で定時償還されることとなったわけです。さらに、設定額が増加し、解約額が減ってまいりますので、ようやく回復過程に入ってきたところです。

一方、公社債投資信託は、目下の金融情勢を反映しまして、近年ますます順調に推移いたしておるのでございます。

申すまでもなく、証券投資信託は、少額の資金を有価証券投資に結びつける重要な機能を果たすものです。業界といたしましても、証券投資信託をさらに一そう健全に発展させるためには、投資家本位の運営に徹しまして、新規投資層の拡大、商品の多様化などに鋭意努力を重ねてまいりたい所存でございます。

次に、証券金融の問題について申し上げたいと思います。

資本市場の強化拡大のためには、証券金融の拡充がぜひとも必要であろうと考えます。もとより正常な金融環境になってまいりますと、証券金融のあるべき姿といたしましては、証券会社の個々の信用に基づき、市中金融のベースでまかなわれるべきであると存じておるのでございますが、現状のような金融事情のもとにございましては、証券会社の自力において調達できる資金にはおのずから限界がございますし、このような状況は今後もなお相当期間続くと見込まれるのでございます。したがいまして、証券市場の正常化と機能強化のためには、制度的な金融についての格別の御配慮が望まれる次第でございます。特に公社債金融につきましては、発行条件の弾力化、店頭市場の整備など公社債市場の正常化のための措置の一環として、公社債金融の制度的拡充が必要ではないかと存じ上げるのでございます。

なお、証券金融につきまして専門機関を設置すべきであるとの提言も行なわれておるのですが、何ぶんにも影響するところが大きい問題でして、現在、金融機関の再編成についての検討が進められているところでもございますので、各界の御意見を十分しんしゃくしつつ検討を進めていきたい、かように考えておる次第でございます。

次に、公社債市場の整備拡充について申し上げたいと存じますが、最近における公社債市場は、発行量、流通量ともに著しく増加いたしまして、その規模は急速に拡大いたしております。特に四十一年以降、公社債市場は国債発行をその中に含めまして、企業の長期安定資金調達の場であるとともに、財政及び金融政策との関連をますます強めてまいったのでございます。

かように国民経済的に重要な地位を占めておりますところの公社債市場の整備拡充を一そう推進いたすためには、消化層の多様化についてなお一そうの努力を傾倒することはもちろんでございます。一方におきまして、価格機能の導入をはかることにより、発行市場と流通市場との連係を高めることが肝要であろうかと考えるのでございます。このためには、たとえば社債発行条件に一定の幅を設けまして、金融情勢、市場環境等に応じて、応募者利回りを機動的に動かし得るような体制を導入いたしますとともに、発行価格のよりどころとなりますより権威ある、より練れたところの流通価格の形成のために店頭市場の整備を行なうなどの措置が必要と考えます。おかげをもちまして、最近の市場環境はかなり改善されてまいりました。これらの措置を進める条件は徐々に熟してまいったと考えられます。今後さらに市況が好転いたしまして、発行条件と市場価格との乖離がほぼ解消するような時期をとらえまして、産業界、金融界、その他関係各方面の御意見を十分伺いながら漸次これらの措置を具体的実施に移していきたいと考えておるのでございます。

次に、株式の発行市場につきまして申し上げますと、公社債市場と同様、流通市場との連係を高めてまいりますためには、時価発行への移行の体制を整えていくことが望ましいのではないかと考えております。しかし、何ぶんにも株式の価格形成の基本となっておりますところの額面割り当てという長い間の慣行を一気に変えることは、投資家保護の立場からいいましても、いろいろ問題があろうかと存じますので、産業界並びに金融界その他関係各位とも十分意見の交換をはかりまして、慎重に取り運ぶ必要があろうかと存ずるのでございます。

世界経済におけるわが国経済の地位は年々著しい向上を見まして、特に昨年来の国際通貨不安を契機といたしまして、日本経済に対する海外の評価はとみに高まるとともに、技術、資本の交流はますます活発化の傾向を見せ、わが国経済はいまや国際化の時代を迎えつつあるところです。

このような国際化の趨勢に応じまして、わが国企業の国際競争力を高め、経済の安定的な成長を確保するために、長期資金調達の場であるところの証券市場の責任はますます重要性を加えつつあるのでございます。

また、証券市場の国際化に伴いまして、海外からのわが国証券に対する需給を円滑に消化するためにも、証券市場を拡大強化する必要がますます高まってまいるのでございます。

これがために、以上申し上げました諸問題の解決をはかるとともに、これまでの間接金融中心から直接金融へ重点を移行さすことがぜひとも必要であります。証券界が多年にわたって利子と配当との税制上の不均衡の是正を要望してまいりましたゆえんもまたここにあるのでございまして、この点、委員の皆さま方には格別の御理解と御支援を賜わりますようお願い申し上げる次第でございます。

○**森永参考人**　株式市場は、本年三月中旬のゴールドラッシュと申しますか、国際通貨不安の問題を契機といたしまして、とみに活況を呈してまいりました。以来現在まで株価は上昇の一途でございまして、また、売買高も大幅に増加をいたしてまいっております。

このような株式市場の活況の背景には、まず第一に、昨秋以来、極端な悲観人気によりまして株価が異常に低迷しておったことの反動としての回復があげられると存じますが、さらに今回の金融調整が思ったよりも早く効を奏しまして、国際収支の立ち直りも早かったということ、その間、企業業績は終始好調を持続いたしましたということ、国際収支の立ち直りが早かったために金融緩和の時期も案外早かったといったような経済環境の好転があると存じます。さらに、こういう市況に際しまして、先ほど御説明もございましたように、保有組合あるいは共同証券等のいわゆる凍結株の放出もだいぶ進みました。また、外人筋の投資が急激に増加をいたしました。要するに一般経済環境並びに株式需給の改善という背景があるわけでございまして、株式市場の活況は基本的にはこういった情勢を反映しておるものと考える次第でございます。

ただ、最近の市況の動き、株価水準の上昇のテンポ、回転日数、そういった市況の動きを見てみますと、今後の成り行きいかんによっては過熱におちいる心配もないではないところに来ておるかとも存ずる次第でございまして、今後過熱におちいらないように大いに警戒をしなければならない局面に達しておると考えておる次第でございます。

取引所の任務は、申すまでもなく公正な価格形成と円滑な流通でございますが、そのためには売買取引が過度の投機におちいらないように、株価の動き及び取引の内容を注意深く見守りまして、適宜適切な措置をとることが取引所の大きな役割りであると考えておる次第でございます。このためには、株価の動きあるいは信用取引の利用状況などを勘案いたしまして、取引が過度の投機に偏しないように、場合場合に応じて、あるいは個別的に、あるいは全体的に信用取引委託保証金率の引き上げなどの措置を実施してまいった次第でございます。

株式市場はもとより自由市場でございまして、好きこのんで規制を加えるべきものとは考えません。できるだけそういうことのない市場の姿が望ましいのでございますが、それにもかかわりませず、これまで取引所がいろいろな規制的措置を実施してまいりましたその趣旨は、ただいまも申し上げましたように、過度の投機におちいらないようにという趣旨にほかならないのでございまして、もとより株価水準そのものを問題としているわけではございません。投資家に対し過度の投機に走ることのないように、冷静にかつ慎重な投資態度で投資を進められるよう、予防的な、警戒的な措置を講じたもの、さように御了承をいただきたいのでございます。

その意味で、取引所としましては、直接投資家に接しまする証券会社に対しましても、顧客に対しまして適正な勧誘態度を保持せられるよう常に要請をいたしておる次第です。

最近の市場取引の状況を見てみますと、やや取引が小口化した傾向が見られないでもございません。個人投資家のウエートが今後少しずつ高まっていくように見受けられるのですが、こういう局面になりますと、投機による株価変動の激化は、投機者本人だけでなく、善意の投資家全般にもいろいろな影響を及ぼすことにもなるわけですので、その点に配慮しまして、今後ますます投資家に冷静、慎重な態度をお願いいたしますとともに、会員にも接客態度に一そうの慎重さをお願いし、取引所、市場管理者として今後も市況の推移に細心の注意を怠らないで万全を期してまいらなければならない、さように感じておる次第でございます。

証券界全体の問題につきましては、瀬川さんから詳細お話がございましたので私からは触れませんが、ただ一言だけ結びとして感想を言わせていただきますと、私は、いまの流通市場の繁栄を、単に流通市場の繁栄にとどめず、発行市場的な役割の強化に導きまして、ほんとうに産業資金調達の場としての証券市場の機能を発揮する必要がいまこそ大いに強調されなければならないと考える次第です。流通市場としては活況を呈しておるのでございますが、産業資金調達の場としての機能の面はまだ必ずしも十分でないのでして、この際、株式に対して高まってまいりました国民の関心、一般の投資家の投資意欲を一そう健全な投資に結びつけまして、実需本位の株式投資が盛んに行なわれるようリードいたしまして、産業資金調達の場としての証券市場の機能を確立する必要があると存ずるのでございます。これは株式だけではございません。公社債もより一そうその必要を痛感する次第でございます。そういった産業資本調達の場としての証券市場の機能の確立のためには、証券界自身の努力ももちろん必要でございまして、先ほどその点は瀬川会長も触れられたのでございますが、同時に、証券界以外の関係各方面の御協力と御支援にまつところが非常に多いと考えるのです。たとえば税制の問題、あるいは証券金融の問題等、制度の問題、環境の整備等いろいろ問題がございまして、これらの点につきましては特に本委員会委員各位の御理解と御協力をぜひともお願い申し上げたい気持ちでございます。

○只松小委員　一般の質問に入る前に証券局長のほうにちょっと……。

四十年、証券界が落ち込んで、保有組合あるいは共同証券等をつくりました。現在その状況がどういうふうに、簿価だけでなくて時価で換算して公表できるならばそれをしていただきたいということが一つ。それから同時に、当時山一証券その他の問題が起こりまして、日銀の特融二百八十二億円をはじめとして、救済に当たった。私たちが、そんなに景気がいいなら共同証券や保有組合の株を全部放出しなさいと言ってもしなくて、やっとこの前から日銀特融だけは完済になりました。しかし、まだ共同証券、保有組合も、さらに山一証券のその後を報告になりませんが、どういう結果になっているかをお聞かせ願いたいと思います。

○広瀬説明員　証券保有組合の状況でございますが、これは瀬川さんからもお話がありましたように、日本銀行に対する債務を完済いたしまして、株式の買い入れは総額二千三百億に及んだわけでございましたが、これを全部完済をしたわけでございます。現在残っておりますものは簿価で九月十九日現在で三百億。

共同証券のほうは、日本銀行の借り入れはピークで六百七十億くらいだったと思いますが、これを完済いたしました。その後は、借り入れ金としましては市中銀行等からの協調融資分一千億の債務が残っております。保有しております株式の残存高は約一千三百億であります。時価はちょっとわかりかねます。

それから、山一証券及び大井証券の整理ですが、債務の返済は順調に進んでおりまして、山一の特融は当初額二百八十二億でございましたけれども、返済されました元本六十二億、このほかに利息として五十六億の返済を行なっておりますので、その返済額の元利合計は百十九億、大井証券のほうは当初の借り入れが五十三億、返済額元本六億八千万円、利息分が十億七千万ほかにありますので、返済額元利合計が十七億になっております。

○佐藤(観)小委員　森永さんにお尋ねするのですが、いま免許制がしかれまして、まだ半年になりませんが、免許制についてどういういい結果が出てどういう悪いところがあるかということをまずお伺いしたいと思います。

○森永参考人　証券業界の免許制は、この四月一日に最後の仕上げを終えましていよいよ実施されまして、いわば新体制に入っておるわけでございますが、当初取引所の会員ないしは有価証券業者を登録制で始めたことが、私はむしろ日本の実情に即さなかったのではないかという感じがいたします。証券取引法が制定されましたとき、私も大蔵省におりまして、関係はございませんでしたが、ひそかに、アメリカの制度をそのまま日本に導入することは一体どういうものだろうかという感じでながめておりました。その後の登録制の実施の実情を見ますと、私が心配いたしました点が事実となってあらわれた感じがしたわけでして、お客様に迷惑をかけたこともございましたでしょうし、また、業者の自然淘汰も行なわれまして、結局本来あるべき免許制にたどりついたんだと考えております。大事なお客様の貴重な財産に関連した取引に従事するわけですので、信用が第一でございます。その信用の基礎を免許制によりまして洗い直しまして、たいへん充実した内容のもとに証券業が再発足したことは、まさにさもあるべきことであったと考えておる次第でございます。

免許制実施後の状況は、まだ日にちがそうたっておりませんですが、今度のような活況に業界が酔いしれることなく、この天の与えました活況を機として、一そう体質の改善、健全経営の確立に十分努力していかなければならぬと考えておる次第でございまして、免許制そのものにつきましては、先ほども申し上げましたように、当然さもあるべきことがようやく実現したんだというふうに考えております。

○**佐藤（観）小委員**　証券の分離課税の問題について、これはわれわれ反対してもこのような分離課税が現在認められておるわけですが、この問題についてはどういうふうに考えておられますか。

○**森永参考人**　分離課税がいいのか総合課税がいいのか、税制の理論としてはいろいろな立場からの議論ができると思いますが、一番重視しなければならないことは、株式配当と預金利子の公平な取り扱いということに帰着いたします。そして現状に即して申し上げますと、せっかく資本市場育成をしなければならぬ大事な機会に当面いたしておるわけでございまして、このまま放置いたしますと、ほんとうに自己資本比率は低下の一途をたどり、株式の面目いずこにありやということにもなりかねない今日の状態におきましては、株式配当は、少なくとも現行の源泉選択制度が維持されることが望ましいと存じます。さらに進んでは、銀行預金との間に公平な取り扱いが実現せられることが望ましいというふうに考えております。

○**佐藤（観）小委員**　今度瀬川さんに少しお尋ねしたいと思うのです。

景気が非常にいい証券界は全く花が咲いたような状態ですが、私は、あのときのことについては山一証券をああいうようにさせた原因は当時の大蔵大臣にあると思うのです。そしていまダウ千八百円になるように景気がいい。瀬川さんのところを大将にして、四大証券みんなよくなってしまって、あと小さいやつはあまりもうからぬ。こういうことになると、その格差がますますひどくなるという状態になるのですが、その点は四大証券の中でも一番強い野村証券の瀬川社長はどういうふうにお考えになっておりますか、率直に御意見を伺いたい。

○**瀬川参考人**　いまの御質問に対して、劈頭に田中大蔵大臣が証券市場を悪化さした元凶だというようなお話がございましたが、田中さんが大蔵大臣に御就任早々にお目にかかったときにお願いしたことは、実は三十六年の暮れの株価対策だったのです。すでにそのときはたしか千二百五十八円まで千八百円から下がったわけであります。御在任中、共同証券、保有組合ができるまでは、不況下においていかにして回復するか、そういう御相談ばかりで、実はこの間久しぶりにお目にかかって、株がよくなってからお目にかかったのは初めてです。ところが、いまも変わっておいでにならないで非常に敬服した次第ですが、実は三十六年の高度成長までの証券界の内部の体質が、御承知のような過度の増資とか証券業者自身の至らぬところがありますが、いろいろな面でも悪化しておったのです。実はそのあと始末だったわけで、それまでは証券界を直接御担当になっておらなかったので、非常に御苦労なところにおいでになったと私は感じておりました。

それから、いまおっしゃいました中小と大証券との格差の問題は、全部がいまよくなっているわけでありますけれども、非常に差が開いてきているということは現実の問題でありまして、これから取り上げていかなければならない大きな問題じゃないかと思うのです。ただ、いままでの経過におきましても、証券市場のいろいろなやり方は、実はちょっとほかの業界に見られないような、大中小がこん然一体をなした仕組みになっておりまして、いろいろな面でいままではそういう配慮が行なわれてきたのでありますけれども、これから一そうその差が激しくなってくるだろうと思うのです。

そこで、私も実はその点について腐心をいたしておりまして、ざっくばらんに話し合うような機会をつくろうじゃないかということを最近提案しておるのでありますが、やはり大証券と中小証券との格差が出る原因には、いろいろな点がありましょうけれども、やはり同じような市場で同じものを扱って、しかも同じ方向に一緒に進んでいる。そこに資本力の差とかあるいは信用の差とか、金融力の差とか、あるいは同じ商品を扱っておりますので、そこに組織上、仕組み上の差がついてくるだろうと思うのです。

そこで、とりあえず自分の頭にばくとして考えられますことは、何としても中小証券の金融の道は、先ほど申し上げた証券金融の道が単に大きな会社だけではなしに全体に潤っていくような、そういう制度をとらなければならない、こういうことも考えなければならない。現在、信用取引は中小が非常に仕事の分量が多いのです。われわれの融資のワクを少し減らしまして、その金を中小証券へ回していくということも考えられますが、金融の問題についてやはり考慮していかなければならぬだろうということと、もう一つ、商品の扱う対象が同じ方向に向いている。しかしながら、いまから何年前でございましたか、特に社会党の皆さんのお骨折りのおかげで第二市場というものが発足いたしました。これの功罪は別といたしまして、長期の考え方でいきますれば、これは大きく発達させていかなければならない要請がございます。また、そういう情勢に向きつつあります。そこで、その辺にひとつお互いに仕事の分化がはかれるのだろうかというふうなことやら、実は暗中模索いたしております程度でございまして、その程度にお答え申し上げます。

○佐藤(観)小委員　山一証券などに政府があいうことをやったということについては、当時、池田さんがなくなったからどう言われるかしりませんが、池田総理と田中大蔵大臣が、あまり景気の悪いことを言ってもらっては困る。山一証券のほうからもいろいろな問題があって、政府はできるだけ下から不況と言わぬでおいてくれというような内輪話があったということも聞いておりますので、ある程度まで政府の責任がある。

そこで、きょう銀行協会の武田さんから言われたのですが、いわゆる預金者保護のために、投資家保護という問題がおそらく問題になると思う。あなた方のほうではどんどん上がるときには左うちわだけれども、下がると、大蔵省何をやっている、証券協会何をやっておると言う。そういう言い方はけしからぬと思うのですよ。とにかくもうかるときは黙っておって、損がいくと大蔵省に文句を言う。こういうやり方はかってじゃないかと思うのです。

もう一点は、共同証券の一千三百億をなぜいま景気のいいときに放出しないのか。何か理由があるのかどうか。その二つの点をちょっと御説明を願いたい。

○瀬川参考人　一つの問題は、共同証券がなぜ千三百億持っておって放出しないか。保有組合のほうはもう御承知のように済ませました。しかもこの四月ぐらいからピッチを加えてまいっておりましたから、かなり安いところで売りまして、市場の激化要因を是正するという役割りを大きく果たしたと思うのです。もともと安定要因としてつくられた機関でございますけれども、幸いにしてこういう状態になりましたために、市場の激化要因を防止し得たということは、両方の職能を果たしたことだと思ってひそかに喜んでおります。

共同証券のほうは、御承知のように株式会社でございまして、百三十九社からなる独立の機関でございます。これも、いままで保有組合と一緒になって売りますと、市場を抑え過ぎる、あるいは混乱さすという配慮もあったのだと思いますが、ぼつぼつおやりになっておるように聞いております。先ほど申し上げましたように、私どもの希望としては、なお千億の借り入れ金が残っておるということですから、資本金と利益に相当する程度に達するまでは、安定要因として売却を続けていただければいいという希望を持っておるわけでございます。

○佐藤(観)小委員　投資家保護のほうは。

○瀬川参考人　投資家保護の点につきましては、証券業協会といたしましては、今度寄託証券補償基金制度を創設いたしまして、まず第一歩を踏み出したわけでございます。

それから投資家に対する勧誘態度につきましては、私どもといたしましては、前の経験にこりて、きわめて冷静な、審判官としての立場で投資家に接してもらいたいということを、口をすっぱくして言っております。何ぶん大ぜいの人間でございますから、末端において行き過ぎがあるかもしれませんけれども、大きな方針といたしましては、各社ともそれぞれ通達を出しまして、また、それぞれ重役を派遣しまして、冷静な態度でこの状態に対処してもらいたいということを申し上げております。

ただ、いままでの株価の水準は、これは冷え切ったものがどうにか常態に戻ってきたということであろうと、私はおおむね思うのでありますが、ことに先ほど申し上げましたように、現実に大きな株式があの間に売られたということは、これは森永さんのところのおやりになった規制以上の効果が市場にあったわけで、もしあれが売られなかったならば、もっと大規制をやらなければならない状態がおそらくきておったのじゃないかと思う。

そこで、これからの株価は非常にむずかしいところにだんだん差しかかってくるだろうと思うのですが、きのうも実はそういう問題で、いろいろ規制し、お客の相談に乗るんなら、株価はどの辺が妥当かという一つの考え方を、中立的な責任のあるところで出したらどうかと高橋亀吉先生の御意見があったわけですが、これは実はなかなかむずかしい問題で、さりとてこれは非常にいい御意見で、そのままほっておくべきことじゃなしに、いろいろと検討しなくてはならない問題だと思うのです。

御参考に一つの事例を申し上げますと、皆さん御承知でございましょうが、アメリカのシカゴ大学に株価リサーチセンターという機関がございます。ここへアメリカの一番大きい証券会社のメリルリンチという会社が第一回目だけでも十五万ドルの資金を投じまして、二回にわたる株価調査をやったわけでございます。それは総合的な投資効率を過去にさかのぼって、一九二六年から一九六五年まで、二回にわたって調査をやったわけですが、第一回の調査が一九二六年から始まりまして一九六〇年までの調査をいたしまして、それから第二回の調査を一九二六年から一九六五年までの調査をいたしましたところ、ニューヨーク・ストック・エクスチェンジの上場銘柄の総合利回りの平均が九分に回ったという結論が出ているわけです。むろんこれからのそういう株価の一つの目安を出すためには、現在のいろいろな指標の上に、将来の値上がりとか、あるいは将来の収益率を織り込んでいかなければならない。そのためには経済の発展がどうなるかを織り込んでいかなければならない。なかなかこれはややこしいむずかしい問題で、アメリカでも電子計算機を使ってやっている。これはそこまで出来ているわけなんです。東京証券取引所では、傘下の経済研究所に昭和二十七年から四十二年までの銘柄別に、銘柄個々の総合利回り調査をやってもらっておるわけですが、昭和二十七年から昭和四十二年の間に六分利回り以上に回ったものが八〇%、それから二割以上に回ったのが二〇%というふうな資料が出ているわけです。私のほうの総合研究所でも、東京証券取引所第一部の上場銘柄全部にわたりまして、十一年間のデータファイルを昨年完了いたしまして、そしてデータがいつでも出るような準備ができておるのであります。しかし、そういうことを一つ一つ積み重ねながら、個々にいろいろの条件を入れて何かそこにひとつ目安が生まれぬものだろうか、その目安が生まれれば、どこの研究所あるいはどこの調査ではこういう条件でこういう目安が出ている、ここではこういう条件でこういう目安を出しているといういろいろの数字が出ますから、投資家はそれを一つの基準にして、これ以上あぶないんじゃないかという判断がおのずから下せるということで、そういうことでも開発しながら、株価の激化をなるべくとめていくことができぬものだろうかということを手探りでいま考えておりまして、決して私どもは過去の間違いを再び繰り返してはならないと考えながらいろいろと検討しておる状態でございます。

○**只松小委員**　これだけ証券界が上向いてきても、山一は二百二十億からの日銀特融と、まだ市中銀行のものは残っておるんでしょう。しかし、一般証券界にはこういうことはある意味では忘れられた形といいますか、ほとんど問題にされないできておるわけです。たとえばいま瀬川さんの口から出ますように、保有組合云々、あるいは共同証券は株式会社だからという話がたびたび出るわけです。しかし、あの当時、大蔵省なり日銀なり、とにかく泣きついて保有組合、共同証券をつくられたわけであって、何も大株主がぽんとできたり、民間銀行が喜び勇んでつくったものではないと思うのです。そういうことなら次また落ち込んだときは何も国会や政府の世話にならない、こういうことになれば私はいいと思うのです。しかし、そうではないだろう。上がるときはかってにやって、私たちは株式会社だからもうけは適当に処分する、しかし落ち込んでくると、国会、日銀何とかしてくれ、大蔵省何とかしてくれ、しなければパニック状態に入ってしまうといってくる。したがって、これだけ上向いてきたときは当然処理事項は処理事項として処理したほうがいいと思うのです。いまの株価がこれだけ動いておる、これはほとんど機関投資家であって、まだ昔のような個人の投資家はそんなに出てきているわけじゃない。そこで、あなたが言われておる大証券と中小証券の格差の問題が出てきていると思うのです。

だから、まず一つの問題点は、大蔵省側はもっと大胆に山一なら山一に返却させていく。あるいはこれだけよくなったならば、市中銀行から借りてでも、日銀分は大幅に返済さしていくか、いろいろな方法があると思うのです。しかし、片一方ではいい、いいといって、イザナギ景気だと謳歌しておいて、片一方では無利子、無催促で日銀の金を借りておいてそれがほとんど残っておる、そんなばかなことがありますか。こういう問題はもう少し、大蔵省側もそうだが、証券界の皆さんも謙虚にお考えになって問題を処理したほうがいいのじゃないか、こういうふうに思います。今後の対策について……。

○**広瀬説明員**　保有組合のほうは、最後の整理の段階に入っておるわけでして、来年の一月が期限でございます。それまでにすっかりきれいになるという予定になっております。

それから共同証券は、簿価で千三百億が残っておりますが、これは保有組合のほうを先行させるということでやってまいりました関係上、保有組合のほうが先に済み、共同証券のほうが残ったわけでございますが、今後は共同証券の株だけが残っておるわけですので、これの放出が中心になっていく。したがいまして、いままでは月々のベースも共同証券のほうはそう高くなかった。たとえば七月には保有組合のほうは三百億余りを放出したのに対しまして、共同証券は百億、八月は保有組合が四百八十億に対して六十七億というベースであったのですが、九月以降は、時によって違いますが、共同証券もかなりのベースで十億以上を放出するという日も続いておるというふうに思います。したがいまして、できるだけ早くこういうものは片づけたほうがいいという考えで進んでおります。

それから山一証券、旧大井証券の問題につきましては、先ほど申し上げました数字は当初のベースからすればかなり進んだベースでございますが、これは当初日銀と山一証券の契約で月々のベースが二億何がしかのベースであったのですが、それに対しまして臨時の不動産の売却等による臨時返済分がかなりありました関係上、進んでおりますが、今期、この九月期はかなりの収益が上がります。したがいまして、それに基づいてまた臨時返済が行なわれると予定されております。先生のおっしゃるような方向に向いていくと思われます。

○只松小委員　それから、いま株価が非常に上がっておるといわれているが、その上がっておる原因は一体何だ。さっきからいろいろ一般的な問題としてお話しになっておるが、そんなに会社の業績がよくなったか、そんなに利回りがよくなったか、なかなかそういうものは見当たらないですね。その一番大きな要因は、結局四大証券を中心として買い上げておる。その中心は結局機関投資家である。特に個人投資家あたりには低位株をどんどん売らせて値上がり株を買わせておる。こういう形のものが非常に見受けられる。さっき顧客態度は慎重にと非常におっしゃっておりましたけれども、末端に行くとなかなかそうではなくて、この株は上がる株ということでどんどんそういう株が押しつけられ推奨されて、そして手持ちの低位株は、早く売ったら、たいして上がらないからといって買い上げられておる。こういう現象が相当強いやに聞いておるわけです。こういうことが、部分的ならいいけれども、全般的に行なわれておるとするならば、そして上がるところまで上がって高い株がすぽんと落ちることになると、二度と証券界に大衆が寄りつかない。直接資金吸収の手段というものがほとんどとだえてくる。いろいろ重大な問題がここに起こってくるだろう。それだけに私は、今度の株価の上昇は証券界なり産業界にとって慎重であらねばならない、こういうふうに思うわけです。別に杞憂であればいいけれども、必ずしも、証券界の方が言っておるように、株価の上昇は強気の見方だけではないわけですね。だから、そういう面について、単に当面の証券界の景気がいい、悪いという問題だけではなくて、日本経済全般の問題からもう少し私は慎重にやるべきだ、そういう立場から、特に大蔵省や監督官庁はもっと勇気を持った配慮をする必要がある、こういうふうに思うわけなんです。外資からの買い入れというものが相当大幅に進んできておりますが、これなんかも相当大きな要因だろうと思いますが、そういう外的な要因だけでなくて、内的に何かこんなに株が上がる原因がありますか。

○広瀬説明員　現在の株価の状況につきましては、大きな筋としましては、企業業績の好調、それからことに金融引き締めの緩和がてこになっておりまして、株価操作的なものは絶無ではないかと思いますけれども、しかし、証券業界の中で今度間違ったことがあれば証券業界そのものが全く見放されかねないわけでありまして、非常に慎重な態度をとっておられますので、大きな筋としての経済情勢からきているというふうに私どもは判断しております。

○瀬川参考人　いまのお話の中に、四大証券が中心になって株価をあおっている、そしてそれを大いにはめ込んでいるというお話がございましたが、これは非常に不本意なお話でございまして、今度の株価が上がった最初にあげられる理由は、やはり日本経済がいままでにない型の発展をしてきたということだと思います。経済が実質一〇％も成長をして、なおかつ外貨がどんどんたまっていくというような経済の発展のしかたというものはいままでに日本には一回もなかった。世界で見ましても、ドイツだけがその型を続けているのでありまして、うれしい期待はずれといいますか、大きな経済の発展が背後にあって、そして事業会社の収益が連続増収、増益を続けていることだと思います。

今日の一株当たりの利益は十円五十銭になっております。昭和三十六年のあの神武景気のときには一株十円三十銭でございましたから、それをはるかに抜いておるのであります。なお来年の三月、九月は、私は専門家ではないからわかりませんけれども、いろいろなアイテムから見て、増収増益を続けていくだろうという見通しが濃いようであります。

そういう見通しの背景のほかに、世界的な株高が外から起こってきておる。先ほど機関投資家と証券会社が結託して相場をあおっているというお話がありましたが、機関投資家よりも、むしろ個人の投資家が非常に多く動いてきたことは事実でございます。これは個人の金融資産からいえるのでございますが、日本の個人の金融資産はいままでの蓄積が四十兆円を超えております。それから一年に大体六兆円くらい毎年ふえております。ところが、その四十兆円のうち株式投資は一割を切っている程度であります。つまりこの五年間は、個人の投資家が非常にストックマインドを失って、そうして証券市場から遠ざかっていたということでございます。ところが、諸外国の例によりますと、その人の貯蓄が年間の所得に匹敵してきたら、その金は株式市場、有価証券にいくということになっております。それが共通の傾向でございます。日本の所得水準も御承知のようにどんどんふえてまいります。ふえてまいりますと、どうしても株式の量が多くなってくる。ところが、いままでの投資家は、自分の手元を見まして、金がたまっても、非常に有価証券にいっている率が少ない。しかも世界的に景気が変わってきたということで、ストックマインドの回復が、一番大きな原因だと思います。これが年間六兆円のうち、かりに証券市場に一割くるとしますと、六千億円まいるのであります。四十兆円だと、その一割は四兆円ということになるわけでございますが、そういうきざしが見えてきたわけであります。

　私は、機関投資家、法人全部除いて、個人の売買が受け取り超過になるか支払い超過になるかという調査を毎月会社でやらせております。ところが、昨年の九月から差し引きしてみるとふえてきている状態であります。それが年が変わって、イギリスの平価切り下げを契機といたしまして、ずっと外からも出てくるし、内側からも出てくるということになりまして、ことしの一月と六月を比較いたしましても、個人の投資家の三万株以上の投資が四倍にふえているというような数字が出ておりますが、保有組合の株式の解除も、個人向けをことしの四月からやりまして、四月から売りましたのが七、八百億になっております。法人向けよりもむしろ個人にその株が売れていった事実は、見のがすことができないと思うのでありまして、いまの証券市場は一部の業者が相場をあおったりすることのできるほど小さな市場ではございませんし、われわれも免許制によりまして、手持ちの有価証券を昭和三十六年のときには、おそらく証券業全体で二千億円以上所有していた。これは証券勘定、投資勘定を含めましてでございましたが、今日ではせいぜい千五百億円程度のものではないかと思います。それから昭和三十六年の激化要因であった投資信託を見ますと、この間はみんな売っておったというような状態で、これも安定要因になっているということでありまして、今度の株の値上がりというのは上がるべくして上がったので、きわめて自然な状態であった、こう考えざるを得ないのであります。

　これは株価のことでございますから、御見解の相違はございませんけれども、われわれは断じて行儀の悪いことをしたのではないということを申し上げておきます。
○只松小委員　いわゆる人気株といいますか、それほど実績がないにかかわらず、あおられた株は上がっているわけですね。あなたのおっしゃることも一部うなずけますけれども、あおられた株が上がっているというのも事実であるわけです。だから、ひとつお願いしますが、がんばって落ち込んでこないようにしておいてください。そういうことを言っておるわけであります。
○瀬川参考人　よくわかりました。
○只松小委員　これはあなたたちをいじめるのではなく、産業界、証券界全体の今後の非常に重大な問題だと思うのでありまして、取り返しのつかない事態を招きはしないかということをおそれるから、そういうことを言っておるわけであります。
　それから、もう一つ、この前の岩戸景気といわれたときには、証券界の労働者が十万人おりましたね。いまは六万人しかいないでしょう。したがって、夜の十時、十一時まで働いているというのが事実ですね。それもあなた方にお考え願わなければならない問題です。しかし、個人投資家はそれほど動いてきていない。ほんとうに前のように動いてくれば、この六万人では仕事ができないはずです。コンピューターとか電子計算機が大幅に導入されたわけじゃない。

　あまり証券労働者を酷使しないように、機械化をはかるなり、あるいは場立ちをやめる。アメリカあたりでは、労働者のオーバーワークだけでなく、あまり酷使する場合には一日休んだりなんかしますね。そういうことも私は考うべきことだと思います。
○瀬川参考人　御承知のように、人口十一万人から六万人に減ったということは事実であります。しかも取引高が相当ふえたということも事実でありますが、大まかにいいまして、これは御意向に反するかもしれませんが、減った人口は女子が多かった。コンピューターの利用がまだ緒についておらぬとおっしゃいますが、コンピューターの利用は、ほかの業界よりも非常に進んでおります。昭和二十八年くらいからコンピューターにかかっておりますが、その間に数千人の人手を節約するような実績があがっております。ただ、業界全体として見ましたときに、上位の会社はそうなっておりますが、コンピューターの利用は完全ではないけれども、証券取引所に証券計算センターというものを早くからつくって、そこで中小証券の仕事を今日代行しておるのであります。
　それから同時に、労働強化だということですが、決してこき使ったり、仕事があるだけ仕事をさせようという気持ちは持っておりません。それから小口よりも大口の取引の量が多くなっておりまして、件数は総体的に減っていることから、いまの御指摘のようなことはないと思いますけれども、今後激化していくような情勢もないではありませんので、そのときには適当な措置をいまから考えて講じておかなければならぬと考えております。
○広沢(賢)小委員　さらに前進しよう、健全化しようという意味で、いま証券金融の問題を言われましたが、証券金融というのは今後非常に必要だと思います。
　そこで、いま申されました証券保有組合の利益金を充てていくことも考えられますが、その他の出資をずっと集めまして、これは総合政策研究会で出しているのでは、証券専門銀行を設立しよう、その中には、新銀行に割引債の発行を認めるとか、それを金融機関及び一般に消化させるとか、それから証券関係の預金の受け入れを行なうとか、それから証券業者及び一般の保有の証券運用預かりを実施して、これを担保にコール資金を借り入れるとかいろいろありますけれども、こういう案があるのですが、そちらのほうの証券金融について制度金融が望まれるということだけはおっしゃいましたが、それ以上は具体的な問題が出ていないのですが、この際、瀬川さんと、それから証券局長はどういうふうにこれを考えるか、お聞きしたいと思います。

○**広瀬説明員**　証券専門銀行の問題につきましては、いまおっしゃいました八月二十三日の総合政策研究会の提言の中に出ておりました。かなり具体的なかっこうとして出たのはこれが初めてじゃないかと思いますが、この問題は、専門銀行という形になりますと、各方面に与える影響も非常に大きいものでございまして、大蔵省としましても証券局だけの問題ではございませんで、銀行局も理財局もそれぞれ関係してくるところが非常に大きくございますし、また、役所だけではなくて金融界、産業界、証券界、いずれにも大きな響きのある問題でございますので、きわめて慎重に検討していかなければならぬというふうに考えております。

○**広沢（賢）小委員**　もう一つは、いま株がずっと上がっておりますね。未曽有だというふうに非常に自慢されましたけれども、問題はそれを正しい道、たとえば増資の方向へどういうふうに導いていくか、その段取りについて森永さんにお聞きしたいと思います。

○**森永参考人**　いまの証券界の活況を、単なる流通市場の活況にとどめず、増資がもっとできやすいような環境をつくり、ほんとうに産業資金の調達の場としての証券市場の機能を確立しなければならぬ、そういうふうに考えているわけですが、具体的にどうしたらいいか、いろいろな問題があると思いますが、まず証券流通市場そのものが健全であり、公正な価格決定が行なわれるということが必要であることはもちろんでございますが、それに加うるに、株式もまた商品でございますので、その商品としての魅力が増すようなことを考えなければいかぬ。結局、経営者が株主に対してどういうふうに報いていくかといったような問題、日本でもりっぱな経営者がおられまして、株主尊重の経営がたくさん見受けられるのでございますが、そういうことがもっと一般化しまして、株主の立場の尊重という意味での企業経営にもっと徹していかなければならぬのじゃないかと思います。

それから税の問題がやはりそこに非常に大きくからんでくると思います。同じ量の産業資本を借り入れ金で調達する場合には、その利子は損金になりますが、配当でございますと、利益金として課税された残りしか配当できない。そうしますと、借り入れ金の場合よりも何割増しかの利益を上げないと同率の配当ができないという税制になっております。いま税制調査会でも企業税制の問題を根本的に取り上げようとなっておるようですが、その場合には、企業側における配当課税の問題がどうあるべきか真剣に御討議を願わなければならぬのじゃないかというふうに考えます。

それから、市場での増資の慣行がいまのままでいいのかどうか。いままでは額面割り当てということによって今日の産業の発展を見てきました。その効果は大きいと思いますけれども、究極のあるべき姿としては、時価発行ではあるまいか。もちろん、額面割り当てを基礎にした株価形成の現状を急激に変更することは、いろいろな問題が起こりますが、徐々に新しい増資の形態になれていく検討、努力も必要じゃないか。時価発行は何年後にできるか知りませんが、そういうことになってまいりますと、流通市場そのものもはるかに穏やかな動きになるというようなメリットもあるわけでございまして、そういう増資の方法もそろそろ検討をしていかなければならぬのじゃないか。急激に移行することはいろいろ弊害がございますが、だんだんにそういう方向に向かってもいいようなムードをつくっていくべき時期じゃないか。

そのほか、いろいろな問題があると思いますが、ぜひ流通市場の繁栄を単にそれだけで終わらせずに、産業資本の調達がこの場を通じて盛んに行なわれ、その結果、企業体質も強化せられる、また、経済の安定的成長も期せられる、そういう状態を一日も早く達成するように、関係者一同、ほんとうにこれからの努力がたいへんだというふうに考えております。

○**佐藤（観）小委員**　今度は外人の投資が特にふえたという現象ですね、これはどういう原因でしょうか。

○**瀬川参考人**　外人投資は昭和三十七年が最近における最高でして、年間九千万ドルをこえたわけです。それが利子平衡税と、日本の経済が非常に反動におちいって一挙に三千万ドルまで減少いたしました。その後だんだんとふえてまいりまして、昨年はたしか年間一億二千六百万ドル、今年度は三億ドルくらいに達するのじゃないかといわれておるのであります。三億ドルと申しましても千億円ですからして、そんなに大きい数字ではないと思うのでありますが、とにかくそこまでいっておるのであります。

今度の外人投資のきっかけは、やはり世界的な株高と日本の景気の異常な回復に原因しておるだろうと思います。昭和三十六年のころは外国人から相当注文がまいりましたけれども、あのころは、日本の経済成長はなるほど目ざましいが、しかし、日本の会社の企業内容は世界的なワールドカンパニーから比較するとまだうんと劣っている。成長はするが内容は悪いなという判断があったと思うのです。ところが今度は、日本の企業の中に世界的な優良会社ができてまいりましたところから、これだけ発展してきた。そこへ貿易の好調、外貨の蓄積の増大から、円に対する信用力が根本的に上がってきたということが一つの大きなきっかけになったと思います。

ただいまのところ、九〇％くらいのところが個人投資家で、件数でいきますと一〇％が機関投資家、それから金額にいたしまして六〇％が個人投資家で、四〇％が機関投資家。向こうの投資信託になっておると思います。向こうの投資信託が盛んに買っておりますけれども、その規模たるやわずかなものでありまして、アメリカのジャパンファンドでも全体で百億ぐらい。それからイギリス、オランダ、スイスの投資信託も、せいぜい二％か三％であったのが今度五％ぐらいにふやそうかという程度のことでありまして、これからむしろ外国人の株は多少ふえてくるのではないかという予想をいたしております。私は日本の経済が円が切り上げになるほどよくならぬと思いますけれども、しかし、いまとにかく為替の強調な国では必ず外国の投資が集まってくる。為替の強調はやはり一国の経済の発展を表徴いたしております。かりに投資して、株を売った代金の回収においても為替のリスクはないわけですから、外人投資はこれからまだ続くのじゃないかと思います。

ただ、最近の外人投資を見て、これはホットマネーじゃないか、これはまた将来日本の株式市場、日本の経済にマイナスを及ぼすのではないかというような心配をする議論をちらほら聞きますけれども、まあこれは根本的に日本の経済が今後どうなっていくかということできまりましょうけれども、この程度の投資でありましたならば、そこまで取り越し苦労をする必要はないのじゃないか、もっと自信を持っていいのじゃないか。個人投資の場合には、外国の場合にはやはり長期投資、成長を買うという投資が多いわけでありますから、そういまから取り越し苦労の必要はないのじゃないかというぐあいに考えております。

○只松小委員　外資は一月から七月までで一・七億ドル入っています。それから八月だけで八千万ドル、いまのままでいくと三億ドルをこすだろうということのようですね。たいした心配はないというお話ですが、これは幾ら入ってきても心配ないということですか。一定限度にくれば多少警戒しなければならぬということなんですか。それとも、これはただ単に株価の問題だけで入ってきておるのか、いま乗っ取りまで考えていないだろうけれども、自由化とあわせてそういう傾向は全然ないのか。そういうような点、いかがでしょうか。

○瀬川参考人　乗っ取りは、ちょっとわれわれにはよくわかりませんが、まだ日本は完全な資本の自由化をいたしておりませんけれども、制限業種が一五％、その他が二〇％になっておりますので、そうむちゃくちゃに買われるという心配もないだろうと思います。しかし、最近ニューヨーク市場の日本株の店頭取引で二〇％に達した株で、もはや日本から買えない、許可がおりないという株は、アメリカ人同士で盛んに向こうで店頭売買で売り買いされております。そのうち、六銘柄ぐらいのものが日本より五〇％から八〇％高で売り買いされておりました。一番高いのが富士フイルムでありますが、これは日本で二百円台でいるのが、向こうで四百円台で商いされておったということもあります。これなんか、どういう考えで買っておるか、日本人が考えている以上にアメリカ人は日本の株式に対しての買い気が強いのじゃないか。六つか七つぐらいの銘柄が、もはや日本から輸入できないで、向こうで高値で売り買いされておるという事実を知っております。

○只松小委員　時価発行について森永さんは賛成のようなお話であったのですが、瀬川さんはいかがですか。

○瀬川参考人　私は、いま時価発行の問題は、株式市場の安定化に非常に役立つ方法じゃないか。私は、何千億という株がどんどん大衆に売れて、個人投資家に入っていった状態は、はなはだ荒っぽい議論ですが、時価で株を買うという慣習が一つの傾向として生まれてきたのじゃないかということを考えるのであります。

時価発行が証券市場にどういう影響があるかと申しますと、まず増資が自動的に調節される。従来の例でございますと、一番悪いときに増資がどっと出てきて、いいときには増資が出ないという傾向がありますが、時価発行になりますと、株式市場の好調なときには時価発行が出てくる、低いときには引っ込んでしまうということで、おのずから調節される作用を一つ持っておると私は思うのです。それから、額面発行の場合と違いまして、市場が長期的に安定化する傾向があると思います。さらに証券会社の引き受け責任がはっきりしてきまして、発行会社に対しても、投資家に対しましても、はっきりした責任が確立して、そしてわれわれの引き受け機能が確立してくる。こういう影響があろうかと思うのであります。

しかし、先ほど森永さんからもお話がございましたように、長年にわたって額面割り当ての慣習がございますので、いろいろな配慮をしなければ市場の秩序をこわすことになりかねないと思います。したがいまして、投資家の利益をそこなわないように産業界、金融界、あるいは関係方面と十分意見の交換をはかりまして、慎重な配慮のもとに順序を踏んで時価発行に移っていく必要があろうということは、先ほどもお話があったとおりであります。

証券界といたしましては、時価発行に移行するにあたりまして、株価への圧迫を非常に危惧いたしますために、発行会社が時価発行する場合には、あらかじめ事前に株主に通知せしめるということがまず大事だろうと思います。時価発行に移行する場合には、現実の問題として無償交付するかあるいは配当をふやすか、とにかくいままでの株主に対する期待権というものに報いて、それから時価発行に移っていく。五十円払い込みの期待権を補って、その上で時価発行に移っていく必要があろうかと思うのであります。それから当分の間、株主に優先保有の機会を与える。それから各企業が時価発行によって取得したプレミアムはできるだけ早い機会に株主に還元すると経営者が約束する。そういう措置をとるべきだということで、統一見解を出しておるのであります。ただ、この点につきましては、産業界、金融界、銀行界、保険界というような、非常に関係の深いところの意見がそれぞれ提出されておりまして、その点において多少のニュアンスの違いがございますので、経団連の場でも調整をしていただいて、徐々に一つ一つ積み重ねをやって、そうしてなるほど時価発行はいいもんだということを示さなければ、この制度というものはふえんしていかない、そういうふうに考えておるのであります。

○**広沢(賢)小委員**　増資の問題で時価発行のことはわかったんですが、税金の問題で、利子の関係と公平にと言うのですが、この間も税制小委員会で問題になったんだけれども、公平に主眼があるとすれば、両方とも取ってしまえば公平になるのではないか、こういう荒っぽい議論があったんですが、一番主眼点はやはり銀行との関係で公平にというところに主眼があるのですね。これは森永さんにお聞きしたいと思います。

○**森永参考人**　株式配当も預金利子もいずれも資本の報酬でして、確定利付か不確定利付か、あるいはキャピタルゲインが伴うか伴わないか、いろいろの性格上の違いはございますが、実現した配当なり利子の課税は、現行は預金利子と配当とでそんなに違えるべきものではないのではないかというのが私の考えでございます。もちろん、これには沿革とかいろいろな問題もございまして、なかなか理想どおりにはいきかねるということは承知いたしておりますが、理念の問題としては、現状のような不公平はできるだけ早く是正していただきたいというのが、私の偽らざる心境でございます。

第六十一回国会

昭和四十三年十二月二十七日から
昭和四十四年八月五日まで

金融・証券に関する件

衆議院　大蔵委員会議録第二十六号

昭和四十四年五月七日(水曜日)

出席委員

委員長　田中　正巳君

理事　金子　一平君　理事　倉成　　正君
理事　毛利　松平君　理事　山下　元利君
理事　渡辺美智雄君　理事　只松　祐治君
理事　村山　喜一君　理事　竹本　孫一君
伊藤宗一郎君　大村　襄治君
奥野　誠亮君　木野　晴夫君
河野　洋平君　笹山茂太郎君
正示啓次郎君　地崎宇三郎君
辻　　寛一君　中村　寅太君
西岡　武夫君　坊　　秀男君
本名　　武君　山中　貞則君
吉田　重延君　井手　以誠君
久保田鶴松君　佐藤観次郎君
多賀谷真稔君　中嶋　英夫君
広沢　賢一君　広瀬　秀吉君
河村　　勝君　田中　昭二君

出席国務大臣

大蔵大臣　福田　赳夫君

出席政府委員

大蔵省主税局長　吉國　二郎君

(ほか略)

本日の会議に付した案件

国の会計に関する件
税制に関する件
金融に関する件

○**田中委員長**　これより会議を開きます。

(中略)

国の会計、税制及び金融に関する件について調査を進めます。

質疑の通告がありますので、順次これを許します。

○**広沢(賢)委員**　いま問題になっている利子配当の優遇措置の廃止、その他税制調査会における問題点について御質問いたしたいと思います。

まず、利子配当の優遇措置の廃止について、国会の強い決意、総理大臣、大蔵大臣の御答弁を受けて、大体新聞紙上で拝見しますところでは、大蔵省事務当局は終始敢闘しております。これについては敬意を表します。しかし、最近の新聞紙上を見ますと、証券界、銀行協会等の巻き返しが非常に強くなっております。

利子配当については、今年度では総額八百五十億円ですか、優遇措置廃止について財界側の意見に同意したというように新聞では報道されております。四年前のことを思い出して、最後には財界側と取引してしまうのではないかということで、私にいろいろ国民の中から質問が参ります。やはり大蔵省としては初めから弱腰ではなかろうか、このように思うのですが、これについて基本的な態度を承りたい。

○**福田国務大臣**　利子配当課税に関する問題について、私ども大蔵省として見解を申し述べておりますのは本委員会だけであります。公式見解は、来年の三月三十一日には特例措置の期限が到来する、この機会にあらゆる方面の意見も聞き、慎重に利害得失を検討して結論を出す、こういうことであります。その結論を出す作業につきましてはまだ始めておりません。

○**広沢(賢)委員**　第一番目に、利子の税金の優遇措置と貯蓄との関係について、大蔵大臣はどう思われますか。

○**福田国務大臣**　貯蓄がわが国の経済運営の上においてきわめて重要な問題であるということは、これは論をまたない、広沢さんも御同見かと思うのであります。この貯蓄がむずかしいわけなんでありまして、最近は昭和元禄といわれるように消費しがちである。そういう中において貯蓄を推進するということは、政府としてもあらゆる努力をしなければならぬ。税の関係について数字的に見てどういう貢献があるかは、なかなか申し上げることがむずかしい。しかし、もしこれがはずされた場合に一体どうなるかも数字的に申し上げることは困難でありますけれども、これがかなり重要な問題であるという認識を持っております。

○広沢（賢）委員　昭和三十九年十二月の税制調査会の長期答申では、税制の変更とはほとんど関係ない、個人貯蓄は個人可処分所得の伸びと相関している。これは、この間大蔵省の方とそれから銀行、それから学者の人たちの討論の中にいろいろ出ておりますね。可処分所得をふやしたほうがかえって貯蓄のほうにいいのじゃないか。

○吉國（二）政府委員　三十九年の答申につきまして、技術的な点があり、この期間はすべて分離課税というもので共通した現象があるということがございます。分離課税を実施した時代においては、貯蓄の増減に対する相関関係は、可処分所得が一番相関度が高いということでいるわけであります。

○広沢（賢）委員　たとえば年間収入階級別一世帯当たり平均貯蓄保有高というのがあるのですが、これは四十年からの資料しかないのだけれども、主税局長にちょっとお聞きしますが、たとえば月収六万円くらいのところをとりますと、貯蓄は二十九万円くらいですね。そうするとこれは合算課税にしたって分離課税にしたって、金額からいったらほんの少々ですね。それよりも八百五十億浮いた財源ができれば、それをサラリーマン減税に回して可処分所得をふやして、それで貯蓄を増強したほうが、ほんとうの税の公平はできるし貯蓄は増強になると思いますが、どうですか。

○吉國（二）政府委員　確かにそういう面があると思いますけれども、国民経済全体の成長が可処分所得の基礎にあると思います。私どもは、もちろん税制の直接の効果等につきましても検討いたしておりますけれども、税制全体の効果が国民経済全体に及ぶという点を考慮する必要があるかと思っておる次第でございます。

○広沢（賢）委員　次に、配当の優遇措置をやめると株が下落すると言うのですけれども、よく調べたら株の下落の原因は、むしろ株をあまり増資し過ぎた。それから株の投資信託制度に対する国民の不信感ですね。これはこの間共同証券その他起きました。その他経済的または経済外与件によるものである。そういう点については大蔵大臣はいかがですか。

○福田国務大臣　それはそのとおりかと思いますね。

○広沢（賢）委員　その次、自己資本の充実ということがいわれていますが、いままで自己資本の充実はいわれながら比率は下がっているのは、日本では間接金融が非常に重要な地位を占めておる。したがって、こういう問題を直さなければ、自己資本の充実とそれから税制の関係というのはそう関係はない。むしろほかの措置が必要だと思いますが、どうでしょう。

○福田国務大臣　いま自己資本比率がだんだん悪くなってきておる。これは私は、日本経済が非常な勢いで成長発展する大きな要因は設備投資にあると思う。その設備投資資金をどうやって調達するか、こういうことになりますと、間接金融というほうがきわめて手軽で有利である。それは税制の関係もかなりあると思うのです。そういうことから自己資本比率が悪くなる。こういうふうに私は見ております。是正方法いかんは、経済の成長発展という大きな波の中でなかなかむずかしい問題でありますけれども、努力をしなければならぬ。そういう問題をこれから真剣に検討してみたいと考えておるわけであります。

○広沢（賢）委員　全体で自己資本の比率を高める問題については、たとえば証券市場の育成とか、その他の金融再編成にからむ問題の手当てとか、その他大きな問題から手を打たなければ、税制についていろいろいじくり回してもだめだ。この点についていかがですか。

○福田国務大臣　それはそのとおりと思います。私は、安定成長ということを言っておるわけで、継続的な発展ができるよう成長の速度を極端に抑える、よって間接金融、直接金融のアンバランスを解消するという考え方は徹底した措置はとりにくい、こういうふうに考えます。その間におきまして、直接金融をどういうふうに助長していくかが問題であり、その間にありまして、税制がかなりの働きをしておる、こういうふうに見ておるのであります。

（以下略）

衆議院　大蔵委員会議録第四十八号

昭和四十四年七月二十三日（水曜日）

出席委員

委員長　田中　正巳君

理事　金子　一平君　理事　倉成　正君

理事　毛利　松平君　理事　山下　元利君

理事 渡辺美智雄君　理事 只松祐治君
理事 竹本孫一君
伊藤宗一郎君　大村襄治君
木野晴夫君　正示啓次郎君
坊秀男君　本名武君
山中貞則君　吉田重延君
阿部助哉君　佐藤観次郎君
平林剛君　広沢賢一君
広瀬秀吉君　春日一幸君
田中昭二君

出席国務大臣
大蔵大臣　福田赳夫君

出席政府委員
大蔵省証券局長心得　坂野常和君

委員外の出席者
国税庁調査査察部長　大島隆夫君
（ほか略）

本日の会議に付した案件
国の会計に関する件
税制に関する件
金融に関する件
証券取引に関する件
専売事業に関する件

○田中委員長　これより会議を開きます。
国の会計、税制、金融、証券取引及び専売事業に関する件について調査を進めます。
質疑の通告がありますので、順次これを許します。
（中略）

○只松委員　現在の証券市場関係を見渡しますと、私はいろいろな問題があるような気がいたします。大臣は、現在の証券行政が四年前に山一が倒れ、これが回復してきたところを見て、証券行政がうまくいっておるのだ、こういうふうにお考えでございますか。私は必ずしもそういうふうに思わない。特に、外国資本の導入、外人の日本証券市場の買いあさりと関連しまして、一般日本国民が、若干の機関投資家を含めて、資金調達市場としての証券市場から逃げ去っておる、あるいは敬遠しておる、こういう傾向さえも見受けられるわけでございます。大臣は、こういう状況に関してどういうお考えをお持ちでありますか。

○福田国務大臣　証券市場は近年は画期的な改善を見つつある。つまり免許制への移行、取引所機能の強化、そういうようなことから改善を見ておる、こういうふうに思われるわけです。その間、株価のほうが比較的堅調に動いておる。その要因の一つとして、御指摘の外人投資という問題もありますが、高い見地から見ると、証券を買うというよりは日本経済に対する認識が高まってきたという評価をいたしておるわけでございますが、この外人投資家の動きが日本の株価に対しましていろんな影響を与えておる。これは、あれだけ大量の売買がありますと当然のことかと思いますが、それらの点が行き過ぎがないように私ども政府でも注意をいたします。また証券界自体におきましても、そういう行き過ぎにならないようにという配慮をいたしておる。こういう現状でございます。

○只松委員　証券局にお尋ねしますが、現在の証券市場における外人投資家の保有株数、投資額がわかりましたらお聞かせ願いたいと思います。

○坂野(常)政府委員　昭和四十三年度の外人投資家の株式取得の状況ですが、認可されました金額が全体で六億一千九百万ドル、差し引き買い越しになっておりますのが二億一千九百万ドルでございます。この四月以降、本年度に入りまして四月、五月、六月と従来のペースよりもやや高目の取得額になっております。これは市場のウエートから申し上げますと、四十三年度全体で取得が東証の出来高のウエートの二%、売却が〇・八五%というふうになっております。四―六月の平均では、取得が四・一九%、売却が二・二八%のウエートになっております。

○只松委員　この外人投資家のいまの数字的な面から動向を見ると、それほどでもないように思われるわけです。しかし、この外人投資家の株が一部の株に集まりまして、それが千円、二千円、三千円、こういうふうに非常に株価をつり上げておる。こういう点に対して大臣はどうお考えになりますか。

○福田国務大臣　確かに外人投資家は、二十銘柄に集中的な売買を行なっておる。ですから、私、株価の動きというものを見る場合に、二十社抜きではどうなんだ、こういうことでそういう方面もにらんでおるわけでございますが、まあ私は、これから二十社に限らずだんだん外人投資家の関心を持つ銘柄というものが拡大されていくんじゃないかという感触を持っております。
いま、ロンドン、ニューヨーク市場において、特にヨーロッパのほうが多いわけでございますが、一つ一つの日本の企業の研究がかなり高まってきておる。それが一つはわが国の証券投資になってあらわれてきておると思いますが、もう一つは、何といってもいま国際化という世界的傾向です。どこか有利なところがあれば、あるいは安定に着目して、その国に投資をしてみよう、こういうような動きがあると思うんです。

私はこれが急激にやってきて、好ましからざる影響を及ぼすことがあっては相ならぬというので、その方面については注意を払っていきたい、かように考えておるのであります。

○只松委員　そういう面もあるので、そういう面を強調されることはわからぬことはありません。私は逆に、資本主義市場の一翼としての国民参加の場をなくしつつあるではないか。山一問題等から若干立ち直ってくるかのように見られた一般の投資家の参加がない。これでは健全な国内市場の育成にはなっていないんじゃないか、これは憂慮すべき問題になってきつつあるんじゃないかと言っておるわけです。

そうでないと、まさか日本の会社を外資にどんどん取られたり外国資本に売り渡すということじゃなくて、やはり日本の国民の会社として、日本の国内の会社として育てるということが基本だと思うんですよ。幾ら外人には人気がありましても、日本国内で国民がそういう会社を信頼しない、こういうことであってはならないと思うんです。もう少し国民に信頼される証券市場にしていくべきではないか、資金調達の場にしていくべきではないか、そういう観点からお尋ねしておるわけです。

○福田国務大臣　特にことしになってからかなり外人投資が盛んになってきておりますが、大体株式全体に対しまして四%ぐらいになりますが、これらの株式投資には、日本企業の支配権をというようなねらいはないんです。単に日本経済の安定性と収益性に着目して投資をするというものです。ですから、企業支配という面で心配する点は、毛頭感じておりません。

○只松委員　日本国民があまり寄りつかない市場は、何らかの方策を講じて、国民が信頼する、寄りつくふうにしていかなければならぬ。投資信託にも、また売りがふえた、解約が出てきた。だから、証券市場が国民の信頼を取り戻すことについて、ひとつお聞かせをいただきたいと思います。

そういうものの一つの具体的な方策として、共同証券を、年内に解散をしたい。山一の日銀返済は、国民に対する信頼回復の一つであろうと思う。幾つかの問題があるだろうと思うが、大臣なり証券局長代理から、具体策について、お聞かせをいただきたいと思います。

○福田国務大臣　共同証券を年内に解散を業界でも考え、そういうことがいいかなとも考えておったのです。ところが、共同証券の保有株の放出がスムーズに行なわれていないわけなんです。それは共同証券にいま保有されておる株式が、非常にさばくのが困難なものばかりが残っておる。そういう際に市況が一高一低というような状態である。そういうような理由によるものと思われますが、とにかく保有株が思うとおりに放出されていない。そういうことで、年内にこれを解散するということがむずかしいのではあるまいかというような見通しも出てきておるわけです。

○只松委員　共同証券だけの問題を見ましても、年内に大体解散する予定のところができそうもないというのは、結局証券市場全体として健全でないことがあるかもしれませんが、外人が寄りつかないものはほとんど変動しない、あるいは下がりっぱなしで放出がなかなか困難だと思います。だから、共同証券の解散が延びるということも含んで、日本の国民が参加していく証券市場にすべきでないかと私は言っておるわけです。

○坂野(常)政府委員　共同証券の放出と申しますか、株式の流動化がややスローダウンしております。理由は、残っている株が比較的低い株式である、したがって、それが放出できないということではなくて、従来も機関投資家に対する安定株主的な放出もかなりやってきたわけです。それが最近の金融情勢等から、安定株主となるような機関投資家筋で、資金繰り関係その他からやや放出を歓迎しないというような向きもあり、そういうようなことも大きな理由になっておるのでございます。

○只松委員　四大証券が日本の株式市場を事実上支配をいたしております。私から順次指摘をいたしますが、まず最初に山一証券についての現状、要領よくかいつまんで……。

○坂野(常)政府委員　御承知のとおり、十月一日から、いままでの債務を全部返却いたしまして、市中ベースで新しい会社が発足する予定になっております。新会社免許後は順調な歩みを続けておりまして、毎期毎期の利益は上がっておりませんが、証券会社の経営そのものはきわめて順調な推移をたどって今日に至っておるわけであります。

○只松委員　次いで、四大証券の昨年度ベースの営業収入、営業利益、純利益、率が出るなら利益率まで、お答えをいただきたいと思います。

○坂野(常)政府委員　昨年の九月決算、野村証券の経常収支は百六億円の黒字でございます。同じく日興証券百七億円、山一証券五十四億円、大和証券八十三億になっております。荒利益、税引前損益ですが、野村証券が百五十四億、日興証券が百三億、山一証券が一億九千万、大和証券が六十四億になっております。純利益でございますが、野村証券が七十三億、日興証券五十三億、山一証券一億四千万、大和証券が三十億、いずれも端数を切りすてておりますが、そういう数字になっております。

四十二年九月期は、それよりもかなり低い数字になっておりまして、純利益だけ申し上げますと、野村証券が三十億、日興証券が十四億、山一証券が三千万、大和証券が十二億の純利益になっております。

○**只松委員**　たとえば野村証券の昨年度の営業収益は三百三十八億二千九百万円です。それから次に大きい日興証券が二百五十八億円、それに対して申告所得金額は、野村が百九十八億円、日興証券が百二十六億円、営業収益は野村のほうが約八十億くらい大きいですね。ところがここの中には、日本証券の解散による利益が含まれておるが、したがって営業収益には八十億の差がありながら、実際上の差し引き平年度に直した場合の利益は、野村証券で五十三億五千万円、日興証券で五十三億円でほとんどとんとんですね。

結局大会社、これは保険会社でも金融会社でも似たり寄ったりだと思いますが、証券会社の大蔵省に報告している内容、国税庁に報告している内容はこのくらいずさんである。御所見だけを聞いておきたい。

○**福田国務大臣**　四大証券にいたしましても、生命保険会社にいたしましても、大蔵省が監督をいたし、その経理は適正にいたしておるはずでございます。間違いがあればこれを訂正するにやぶさかではございませんけれども、万々間違いこれあるまい、こういうふうに私は確信をいたしております。

○**只松委員**　さっき私が指摘しました四十二年十月から四十三年九月期における野村の営業収益が三百三十八億、日興が二百五十八億、これはあなたたちの手元に来ている報告書ですね。それに対して国税庁に出てきておる申告所得、所得額が野村は百九十八億円、日興証券は百二十六億円、その中に保有組合の配当金、利益処分金は野村百四十四億、日興は七十三億、これを差し引くとどちらもほとんど同じく五十三億になるわけですね。違いますか。

○**大島説明員**　申告所得、最終的の数字は御質問のとおりで間違いございません。ただ保有組合の関係は、いまちょっと手元に数字を持ち合わせておりませんので、お答えいたしかねます。

○**坂野(常)政府委員**　申告所得は、私どももまだ点検しておりませんので、さっそく点検いたしたいと思いますけれども、御承知のとおり、普通の決算と税務署への申告所得額との間には、税務計算上の差し引きがございますので、若干食い違いがあるというのが通常の例でございます。

(以下略)

衆議院　大蔵委員会金融及び証券に関する小委員会議録第一号

昭和四十四年八月一日(金曜日)

出席小委員

小委員長　倉成　正君

木野　晴夫君　佐藤観次郎君
只松　祐治君　広沢　賢一君
堀　昌雄君　竹本　孫一君
中野　明君

出席政府委員

大蔵省証券局長心得　坂野　常和君

小委員外の出席者

大蔵委員長　田中　正巳君
大蔵委員　渡辺美智雄君
大蔵委員　田中　昭二君
参考人(東京証券取引所副理事長)　田口　真二君
参考人(日本共同証券株式会社取締役社長)　三森良二郎君
専門員　抜井　光三君

(ほか略)

本日の会議に付した案件

証券取引に関する件

○**倉成小委員長**　これより会議を開きます。

証券取引に関する件について調査を進めます。

本日は、参考人として東京証券取引所副理事長田口真二君、日本共同証券株式会社社長三森良二郎君が御出席になっております。

質疑の通告がありますので、順次これを許します。

○**只松小委員**　まず現在の証券市場について、東証の方から、現況についてひとつ御説明をいただきたいと思います。

○**田口参考人**　株価動向でございますが、東証の株価指数は一三〇・六二で本年はスタートしたのでございますが、六月上旬まで上昇いたしまして、それ以後、下降に転じております。昨日の株価は一四五・二五、これを年初に比べますと、比率におきまして九・五二%上昇いたしておりまして、本年のピークは六月九日の一五九・三九という指数になっておりまして、年初に比べまして比率として二〇・二%上昇しております。

売買高の動きを申し上げますと、一部、二部合計いたしますと、月別一日平均売買高にいたしまして、一月に一億七千八百万株、二月が一億二千七百万株、五月、二億三千百万株、七月は一億株、こういったような推移をたどっております。

このような市況がどういった背景でなったかと申しますと、御承知のとおり、国際収支の好調と各企業の収益の増加見込みとか、あるいは外国人投資の増加、あるいは国際通貨不安、あるいは海外の高金利、それから政策当局の警戒的な景気判断、いろいろな材料で、強弱おのおのの材料が流動的に交錯いたしまして、市況も基本的にはこれら諸要因を反映いたしまして、先ほど申し上げたような株価にも売買高にもあらわれておるようなわけでございます。

特に株式市場の動きにおいて目立ちますところを申し上げますと、その一つに小型株の値動きが相当ございました。

第二といたしましては、外人投資の増加でございます。

証券取引所の任務は、公正な価格形成と円滑な流通をはかることでございますが、これらの株価の動きにつきまして、そのときどき、適宜適切な措置をとるようにつとめておりますが、この点年初から現在までにとりました二、三の措置について申し上げたいと思います。

取引所におきましては、四月七日から四月二十六日までに会員の証券会社に対しまして、大和ハウス、資生堂といったような株式十二銘柄につきまして、売買内容の報告を求めております。

五月には市況の動きにちょっと過熱化の動きがあると思われましたので、信用取引の委託保証金を六〇%に引き上げまして規制措置を実施いたしたわけでございます。これは六月十九日に、解除いたしました。

最後に、証券市場の課題と申しまして、これからも円滑な流通市場を育成することになお努力するとともに、発行市場の面においてもこれを極力育成してまいらなければならないわけでございます。証券市場の健全な発展のためには、まだなすべきことも非常に多いと思うのでございますけれども、国会の皆さま方にも御理解願いまして、いろいろ御協力願いたいと思うわけでございます。

○**只松小委員**　いま概要をお話しいただきましたが、近ごろ、産業の資金調達の場ではなくて、むしろ投機市場化していく傾向が非常に強いのではないか。別な面でいうならば、国民がほとんど株式市場に寄りついてきておらない。このことは健全な意味の国民からの資金調達の場になっておらない。一部の投資家たちの投機の場になっている。こういう傾向を私たちが非常に強く印象を受けるわけです。そういうことじゃない、いやきわめて健全な市場である、こういうふうにお考えでございますか、そういう点についていかがですか。

○**田口参考人**　ある意味においては投機的な面が私はかなり入っておるんじゃないかということも考えられると思うのです。株式は、株価が変動いたしますと、そこに需給があらわれるものでございまして、株価がある程度上昇すべきものがそれ以上に上がる、あるいは下がるときにそれ以上下がるというようなことも、今回の相場にあらわれたといわざるを得ないと思うのでございます。

それで、実物の売買につきまして、投資態度に対して慎重にやってくれということをしばしば理事長からも投資家の皆さんにお話しておるわけでございます。また投機取引の面、信用取引においては報告銘柄をとりまして銘柄の実態を把握した結果、証拠金率の引き上げあるいは証拠金に関する担保率の引き上げも銘柄別に行ないます。

それから全体の状態が過熱の状態ということになりますと、これは全部の信用取引先に、証拠金率を上げるというような処置もとっております。

○**只松小委員**　もうかっておるときは、かってにする。しかし、市場が落ち込んでしまった、こういうことになってまいりますと、国会は何しているんだ、ひとつ助けなければいかぬと泣き込んできて日銀の特融を受ける。そのときはそれで助かって、それでもうけ出したら、おれらも幾らか出資しておったのだから、おれらがかってにどう使おうとかってほうだいじゃないか、国会やら大蔵省が何がたがた言うか、こういう態度であってはいかぬかと思うのですね。しかし、現状の、保有組合や共同証券のこの処理状況やなんか見ると、私はそれにほぼ近い傾向が出てきているのではないかと思う。

こういうことを考えますと、証券業界というものは、外人の買いが少し出てきたからぐらいであまりちょうちんつけたり振り上げないで、もう少し堅実なほんとうの意味の国民の証券投資市場として育成をしていくことが私は一番肝心ではないかと思う。どうも近ごろの証券市場は、賭博場みたいな形になってしまっているのではないか。

○田口参考人　いまの株価が投機的かどうかは、私も先ほど多少投機的だということを申し上げました。

なお、証券会社につきましては、きょうは大蔵省の方もお見えでございますけれども、私も三十九年、四十年の経験をいたしましたが、いま先生おっしゃるようなことがもう二度とあってはいけないということでございまして、証券会社もいま免許制にもなりましたし、それから、商品有価証券の手持ちを減らす方針で大蔵省でも御指導願っているように承っておりますが、そういったことでショックを受けぬような体制に早く証券会社がなるということを取引所としてもむろん希望いたしておりますし、会員業者に対しても常にそういったことについての注意をいたしております。

○只松小委員　せっかく共同証券の方もおいでいただいておりますので、お尋ねをしたいと思います。

この前、福田大蔵大臣とこれも話したら、いままで大蔵省は年内にとにかく共同証券を解散したいとたびたび言明されてきたわけですが、この前の委員会で突然、どうもいろいろなことで年内の解散はむずかしいようだ、こういうお話があったわけでございます。私はまことにけしからぬと思う。大臣なり証券局も、できるだけ早期解散をたびたび国会で言明をしながら、金融筋や何かの都合で今度は年内解散はしない、それもまだ赤字が出ておったり、いまから大幅な損失が見込まれるというなら別ですけれども、保有組合でもばく大な利潤を生んでおる、共同証券で現状のまま解散しても百五十億前後の利益が出る前提にありながら、解散をしない。

共同証券はいかなる理由があるにしろ、株式市場が回復すればすぐにでもこれは凍結を解除するんだ、こういうことを繰り返し述べておきながら、今日現在放出してもなおかつ百五十億の利益が見積もられながらしない。私はたいへんけしからぬと思っておる。こういう点についていかがお考えですか。

○三森参考人　私どもの数字を若干申し上げますると、市場が盛況を呈するようになりましてから極力売却も促進してまいりました。現在残っておりますものは、簿価にいたしまして四百八十四億、買い入れ額の四分の一弱、こういうふうな数字に相なっておるような次第でございます。

私のほうが処理をいたします場合に、市場で売れるものは市場で売る、なおまた機関投資家等に無理なくはめ得るものははめ込んでまいったのでございますが、昨年あたりの金融機関その他の機関投資家の状況を見ますると、保有組合並びにうちの放出に基づく保有がきわめて大きく増加いたしておりまず。金融機関と保険会社との株式保有額の数字を見ましても、ことしの三月には二兆三千億、これは四十年三月と比べますと倍以上になっております。かなり金融機関としては腹一ぱいな保有高になったとも言い得るんじゃなかろうかと思います。加えまして、ことしになりましてから、最近の金融情勢は御承知のとおりのような情勢に相なってまいりました。機関投資家に対するはめ込みは、最近非常に困難になってきた。

したがいまして、当面、私どもの処理は、市場取引に依存せざるを得ないのですが、最近の市況を見ますると、必ずしも一律に非常に状況がよくなっておるわけではございません。現在いわゆる市場人気のあるというふうな銘柄は、私のほうの保有から見まするとおそらく二割、多くて三割までに達しない状況です。もちろん、人気のない銘柄も、私どもとしては決して処理を怠っているわけではないのです。ただ、大きくこれを売ることはなかなかむずかしい状況です。

私どもとしましては、今後も引き続き、市場の実勢に応じ、売れるものは売るということで売却に極力つとめてまいりたいと思うのでございますが、いま申しましたように、なかなかむずかしい状況もあるのでございます。その辺のところを十分考えながら、ひとつ漸次処理の方向に進んでいきたい、かように考えておる次第でございます。

○只松小委員　そうすると、具体的には一つのめどは年内か年明けかということにあるわけですが、年内に解散することはむずかしい、こうおっしゃるわけですか。それとも、努力次第によっては年内にできる、こういうふうにお考えですか。

○三森参考人　私どもとしては、株の無理のない処理につとめてまいりたいと存ずるのでございますが、ただ、いま申しましたように、市況が非常に激変しますし、また、機関投資家の状況もございまして、はっきり、いつまでということはなかなか申し上げにくいのでございますが、場合によっては、どうも年を越すということもあり得る。しかし、いま予定をきめている次第ではございません。

○只松小委員　そういうことと関連しまして、保有組合の利潤にいたしましても、まあ多少はいろいろな財団をつくったり何かしておいでになりますけれども、持ち分に応じて各証券会社に配分をしていくことであってはならない。ずばり言うならば、日銀特融の分でもうけた分ぐらいは、育英事業団に寄付するなり、国民に返すべきが当然ですよ。

（中略）

○広沢(賢)小委員　たとえば時価発行の問題がいま

考えられておりますわね。ところが、これからこれをどういうふうに発展していくのか、ちょっとまだためらいぎみが各方面にあると思うのですがね。この時価発行をやっていくとか、それから転換社債というものがありますが、ああいう問題について、どれだけ現実的に取り組めるのか。

○田口参考人　日本では従来額面発行という長い歴史をたどっておりますので、株価を決定するんでも、いままでは額面発行という、今後の増資はどのくらいかということを織り込んで株価の算定をしてきたわけでございますけれども、時価発行につきまして、いままでの長い額面発行の慣例から、これを一ぺんに切りかえるというわけにはまいりませんで、やはりこれは徐々にそういった実績を積んでいくということがいいんじゃないか、順次こういったものを投資家になれていただくということが必要じゃないか。

ただ、時価発行につきましては、御承知のように、時価の算定が非常にむずかしいわけでございまして、これは非常に私は慎重にやらなければならないものだと思います。これがもし投資家に対して迷惑をかけるような結果になりますと、せっかく時価発行というい慣行をつくろうと思っても、これはなかなかむずかしい。時価発行の価格については、やはり慎重にやらなければならない。そういったことで順次育成していくのがいいじゃないか、こう思う次第でございます。

○堀小委員　ちょっといまのお話に関連をしたことだけ伺っておきたいのですが、共同証券は四百八十四億現在残っておる。最近月間五、六十億ぐらいのペースで売っていらっしゃる。だんだんと売りにくいものがうしろにたまってきているのではないのか。ですから初めのほうの五、六十億、おしまいのほうの五、六十億、これは金額は同じだと思いますが、ずっと二千何百億売ってきた過程では、いまの残っておるのは非常に売りにくい。裏返していうと、少しディスカウントしてでもしなければ処理がしにくいようなものがたまってきているとすると、時期の問題は非常に不確定になりますね。いま六十億ペースでいくとすると八ヵ月だ。そうすると、来年の三月の終わりには、終わりになる。そういう何らかの時期を策定をしないと、売れにくいものばかり残ってくると、六十億ベースが、三十億ベースになり、二十億ベースになりかねないんじゃないかという感じがするんですが、共同証券としては、売りにくいものも売りやすいものも含めて、そういう平均ベースで今後も売っていかれるのか、売れるものから売っていって、最後に売れないものが残るのか、そこらの取り扱いはどうなのか、ちょっと伺いたいのです。

○三森参考人　だんだん人気のない銘柄が多くなっていくことは事実です。ただ、申し上げますことは、利益が出ないものを売り控えていることはございません。相当売却損も出しております。ですから、そういうものにつきましては、利益が出ないから売らぬことは絶対にございません。ただ、あまり無理をして売りますと、かえって変なところに悪影響が出ますから、その点は差し控えなければなりません。ただ、ここに利益があるかないかということは、実は全く無関心で出しておる次第でございます。

いつまでに売ることをきめよう、そういうふうにしたほうがいいじゃないかというお話でございますが、どうも、それは御意見としては確かにあると思いますけれども、いつまでにということをちょっと私としていま申し上げかねる、かように御了解願いたいと思います。

○堀小委員　さっき伺っておりまして、これまで機関投資家にかなり入った。金融機関も御承知のように、ポジション指導もだいぶ強化をされておりますし、機関投資家が今後皆さんのほうからあまり買わないんじゃないか。そうすると、今度は、市場売りになってくるわけですね。非常にむずかしいものが残っている市場売り。無理をして市場の軟化を促進することも必ずしもいいと思いませんから、私は無理をしなさいということではないのですが、なるべくすみやかに解散に持っていけるかどうかお考えをひとつちょっと承っておきたい。

○三森参考人　ただいま、たいへん私どもの処理のむずかしさについて御理解のあるお話がございましたが、私どもとしては、決して消極的になっておる意味じゃございません。それははっきり申し上げておきます。

それからまた、今後人気の変動もあり得る、これも期待しております。

○堀小委員　田口さんにお伺いしますけれども、東証の新指数が出まして、私は実はこの考え方に賛成なんです。賛成なんですけれども、御承知のように、東証新指数に必ずしも賛成でない諸君もいろいろと散見をしておる。私が非常に心配しますのは、ある時期を限って旧ダウはもうお出しにならないというふうに聞いておるわけですが、大体正確にはいつまで旧ダウが発表されるのでしょうか。

○田口参考人　新指数でございますが、新指数を皆さんがのみ込むにはなかなか時間もかかるわけでございまして、ダウとのかけ橋と申しますか、やはり相当期間にわたって両方を発表いたしませんと、二十四年からやっておりますので、移りにくいんじゃないかということで、一年間ぐらい発表いたしまして、そのときの様子を見てきめようじゃないかということにいまなっております。いまおっしゃるとおり、ダウのほうでは一日に三十ポイント、四十ポイントというような上げ下げを発表になりますと、何かこれがより以上投機的な観念が入りまして、そういう意味からでも新指数を早く皆さんに利用していただきたい、こういうふうに希望いたしております。

○堀小委員　これは大蔵省にも聞いておいてもらいたいのですが、いまのは旧ダウですが、新ダウというのはいつから発表になったのですか。

○田口参考人　新ダウは昭和三十二、三年――あれは旧ダウとほとんど同じことなんでして、動きは同じ動きをしておるわけで、いまから考えますと、旧ダウ一本でもよかったんじゃないか、むしろいまの指数を早く実施したほうがよかったんじゃないか、いまはそう思っておる次第でございます。

○堀小委員　実は旧ダウと新ダウの関係なんですが、結局新ダウを発表しても旧ダウは出ておると思うのですが、どこかで旧ダウは必ず発表しないという時期が来ないと、私だめだと思うのですよ。

　できれば一年間をもって旧ダウを廃止するという方向で処理をしてもらいたい、こう思うのですが、大蔵省の考え方もちょっと承っておきたいと思います。

○坂野(常)政府委員　指数問題は、実は取引所でももう一年越しに検討してきた問題でございます。その検討の一番根っこになります考え方は、あまりにも投機的な証券市場がある、そしてそれをあらわすような指数に問題があるのではないかという基本的意識を持っております。したがいまして、この指数採用につきまして、大蔵省は全面的に賛成でございます。同時に、旧指数は、少なくとも取引所の発表としてはできるだけ早い機会にやめるという体制をとりたいというふうに考えております。

○堀小委員　証券局長にもう一つ、さっき広沢君から伺った時価発行の問題ですけれども、時価発行の価格決定のルールが何かあるようですが、それを最初にちょっと説明してもらいたいと思います。

○坂野(常)政府委員　まだルールというほどきちっとしたものができ上がっているわけではございませんけれども、いままでの幾つかの事例から見ますと、大体発行日前一週間程度の時価をとりまして、その平均価格より若干下回った価格――下回る金額というものは大体一〇%ないし一五%程度というようなところで決定されておる事例が多いようでございます。

○堀小委員　取引所のほうに伺いたいのですけれども、私も大体さように心得ておるのですが、一〇%か一五%、発行日よりディスカウントする、ここに私実は問題があると思うのです。本来の正確な価格が動いているならば、何も一〇%、一五%ディスカウントすることはなくて、発行日の価格で発行すればいいわけですから。それを一〇%か一五%ディスカウントしておかないと、不測の不利益を株主に与えてはならないという配慮だと思うのですが、この点、最近のようにわりにフラクチュエーションが多いときに、そうしてまた、きわめて資本金の小さい会社が時価発行しておるという状態、それから証券会社がやや幹事争いといいますか、少し過当競争的な様相があらわれておるような感じがするというような点から、どうも私は、時価発行をやるのに必ずしも適切な時期でないという判断を実はしておるわけです。たまたま日本楽器の場合には、時価発行をしましたあと、少し全体としての上昇がありましたから、今日振り返ってみて、日本楽器の問題は、当時はいろいろ問題がありましたけれども、やや少ないと思うのですが、その後にあるアルプスをはじめ各種の銘柄については、どうもちょっと値動きが大き過ぎる時期でそういうことをやるということは、時価発行という制度をこれから一つの軌道に乗せるというためにはマイナス要因のほうが少し多過ぎるのじゃないだろうか、少し慎重な取り扱いが必要なのではないかという気持ちがしておるのですが、取引所としてはどういうふうに見ておいでになりますか。

○田口参考人　時価発行の制度を育成するということは、私はいいことだと思っております。ただ、いま堀先生のおっしゃったとおり、価格の決定は、非常にむずかしいのじゃないか。これには将来投資家に対して悔いを残さないというような方式でやってほしい。これは私個人の希望でもございます。やはりいま投機的な要素もあるいは入った相場であると私は認めざるを得ないと思います。そういったことはやむを得ないといたしましても、そういった時期において、わずかの期間の平均でその時価に近いところで発行するということに将来悔いを残さないようにしてほしい、価格変動期には慎重にやっていただきたい。こういう機会には、むしろ転換社債のほうにでも努力をしたほうがいいのじゃないか。特に証券会社につきましては、こういったことについての幹事争いなんということは、これはもうないようにしていただきたいというのが、取引所としても希望いたしております。

○堀小委員　証券局としてどうかひとつ、将来私は時価発行というものが相当大きなウエートを占める時期が来ると思います。思いますけれども、何といってもこれまでは少なくとも増資部分を含めて株価が形成されてきておるという流れの中で、特に最近のようなスペキュレーションが盛んに行なわれておるというふうにわれわれ判断しておるような時期に、そういう処置が行なわれて、結局その人たちがまずい目にあったために、時価発行は危険だという印象を大衆に与えることは、私は制度の問題としては非常にまずいのじゃないかと思いますので、特にひとつ関係幹事会社になるところに慎重にやってもらいたい。

○**佐藤(観)小委員**　最近外人の投資家が非常に多いということが言われておるわけです。そこでこれが株価をつり上げているという話があるのですが、実際外国人の投資の状況、それからこれからの傾向はどうなるかということを、簡単でけっこうですから、大体常識の中でけっこうですからひとつ……。

○**田口参考人**　昨年から外人投資が順次ふえてまいりまして、本年に入って非常に多くなったわけでございますけれども、外人投資の買い方が、いわゆるいままでの利回り観念からでなく、株価収益率という面からも買っておる。そういう新しい角度から買っておるという点もございます。

それからもう一つは、外人が買ったからということで、それを人気にして買うという面があれば、それは非常に好ましくないことでございますけれども、やはり投資家の心理といたしましては、外国からの買いがあったとなると、これに対して、多少それに追随して買ってくるという面は、これはある程度は避けられないかと思うのでございまして、そういうものもあるのじゃないかと思います。そういう投資の態度は非常に好ましくない態度でございまして、日本の投資家は日本の投資家としての態度で、自己の責任で自己の判断で買っていただきたい、われわれは常にそれを希望しておるわけでございます。

（以下略）

第六十三回（特別）国会

昭和四十五年一月十四日から
昭和四十五年五月十三日まで

租税特別措置法一部改正

衆議院会議録第九号

昭和四十五年三月十二日（木曜日）

○議事日程

第一　新東京国際空港公団法の一部を改正する法律案（内閣提出）

○本日の会議に付した案件

租税特別措置法の一部を改正する法律案（内閣提出）、所得税法の一部を改正する法律案（内閣提出）及び法人税法の一部を改正する法律案（内閣提出）の趣旨説明及び質疑

○議長（船田中君）　これより会議を開きます。

租税特別措置法の一部を改正する法律案（内閣提出）、所得税法の一部を改正する法律案（内閣提出）及び法人税法の一部を改正する法律案（内閣提出）の趣旨説明

○議長（船田中君）　内閣提出、租税特別措置法の一部を改正する法律案、所得税法の一部を改正する法律案、及び法人税法の一部を改正する法律案について、趣旨の説明を求めます。大蔵大臣福田赳夫君。

○国務大臣（福田赳夫君）　租税特別措置法の一部を改正する法律案、所得税法の一部を改正する法律案、及び法人税法の一部を改正する法律案につきまして、その趣旨を御説明申し上げます。

政府は、本年一月税制調査会から提出された「昭和四十五年度の税制改正に関する答申」に基づき検討を重ねた結果、昭和四十五年度の税制改正におきましては、最近における国民の税負担の状況にかんがみ、給与所得者を中心とする中小所得者の負担軽減を主眼として、平年度約三千五十億円にのぼる大幅な所得税の減税を行なう一方、当面の経済社会情勢に即応して、法人税の負担を引き上げるとともに、利子・配当課税の特例について漸進的な改善合理化措置を講ずるほか、企業体質の強化、中小企業対策、公害防止、過密過疎対策等に資するため所要の措置を講じ、あわせて既存の租税特別措置について整理合理化をはかることといたしておるのであります。

初めに、租税特別措置法の一部を改正する法律案につきまして、その趣旨を御説明申し上げます。

第一は、利子・配当課税の特例について、国民の貯蓄態度に与える心理的影響をも考慮して、漸進的な改善合理化の措置を講ずることといたしておるのであります。

まず、利子課税につきましては、定期預金その他資産性の強い預金等の利子について源泉分離選択課税制度を創設し、他方、普通預金等要求払い預金の利子については、新たに申告不要制度を創設することといたしておるのであります。

次に、配当課税につきましては、利子課税の改正に見合った措置を講ずるほか、配当控除率につき、所得税法の改正に関連して、所要の経過的調整措置を定めておるのであります。

そのほか、住宅貯蓄控除制度等の住宅対策のための措置、株式売買損失準備金制度、試験研究費の特別税額控除制度及び民間外貨債の利子の非課税措置等について適用期限を延長することといたしておるのであります。

なお、配当控除につきましては、課税総所得金額一千万円以下の部分の控除率を一〇%、同じく一千万円をこえる部分については五%に引き下げることといたしておりますが、これに関する経過措置は、さきに述べました租税特別措置法の改正案に織り込んでおるのであります。

○議長（船田中君）　ただいまの趣旨の説明に対して質疑の通告があります。

○阿部助哉君　税金がいかに不公平に取り立てられ

ているか、だれの目にもはっきりわかるのが利子・配当優遇措置であります。政府は、勤労大衆の期待に反して、またぞろ悪名高い利子・配当に対する特別措置の延長を提案してきました。

まず、配当控除制度について見ると、給与所得者の場合の課税最低限は、五人世帯で約百万円、事業所得者では七十五万円にすぎず、中でも事業所得の課税最低限は、生活保護世帯が受ける給付額すれすれであります。このような、きわめて低い課税最低限を勤労者に押しつけ、生計費に食い込む課税を強行しておりながら、配当所得のみによって生活する者には、四十四年度の約二百八十万円からさらに大きく引き上げられまして、三百五万円までびた一文所得税がかからないのであります。

さらに、利子・配当の分離課税制度についても、五年間にわたる長期延長を提案しました。いかに膨大な利子・配当所得があろうとも、税率二〇%ですべて終わりということであります。

一例をあげると、元大臣をやられたある著名な実業家の持ち株は、四千五百八十三万五千株、この会社の配当率は四十四年三月期は四〇%であります。したがって、配当所得約十三億円と推計されるのであります。もし、総合課税ならば、九億円以上の所得税を課税されます。ところが、この制度のおかげで二億六千万円、わずかに三分の一であり、減税額は実に六億数千万にのぼるのであります。このように、世界の近代民主国家に例を見ない野蛮な制度が十七年間も、延長に延長を重ねて生き続けておるのであります。

一方、現行所得税法の最低税率は一〇%であり、新制中学や高校を終えたばかりの、選挙権さえもまだ持たぬ多くの若い労働者が、この税率で課税されておるのであります。所得税の累進制は完全に破壊されておるではありませんか。しかも、これは単に量的な計算上の不公平だけではなく、不労所得者には重く、勤労所得には軽くという、今日常識となっておる公平の原則をさか立ちさせ、一握りの金持ちのためにのみ存在する政府自体の姿を天下にさらすものといわねばなりません。

総理は、提案を撤回し、進んで、一、利子・配当特別措置をやめる。二、勤労所得には軽く、不労所得には重い税法につくりかえる。三、高度な累進所得税法を打ち立て租税民主主義の回復につとめる御意思があるかどうか、お伺いしたいのであります。

なお、この特別措置の存在理由に関して、大蔵省主税局では、貯蓄増進の目的を果たしていないと否定的見解を持っておると聞いております。従来、大蔵委員会における論議などによって、貯蓄とは無関係だという点で一致した見解に達していると思うが、総理は御存じないのか。参議院予算委員会で、「税の公平という原則に反するが、貯蓄をふやすためだ」などと、かびのはえた論法で弁解しておるではありませんか。貯蓄というものは、可処分所得がふえる場合に、これまたふえる。ところが、わが国のように可処分所得の貧弱な国柄で貯蓄がふえているのは、一口で言えば、皮肉にも、政府に対する勤労大衆の不信にほかなりません。すなわち、病気、老後の生活、子供の教育などに関しまして、政府の保障が劣悪であるから、生計費に食い込む貯蓄を行なっているのが現実であります。総理はこの実情を認識しているかどうか、承りたいのであります。

従来、税制改正にあたって、大蔵当局の投げかけた原案を、税調が政府に打ち返しまして政府案になるといったルールであったものが、今回は、税調の審議に先がけ、自民党案なるものが出た。そうしてこれが政府案にまとめられた。つまり金融、証券業界の圧力が、かねて四〇%の分離課税を考えておった大蔵省案をやみに葬ってしまったという、この不明朗きわまるいきさつを総理はどのようにお考えになり、責任を感じておるかを承りたいのであります。

(中略)

○内閣総理大臣(佐藤栄作君)　まず、租税特別措置を全廃せよとの御提言でございましたが、そう一挙に極端な措置をとるわけにはまいりません。課税の公平の原則と特別措置のねらいとしている政策目標との調和をはかりつつ、実情に即した改善を行なっていくべきであり、今回の改正におきましても、適切な、ただいま申し上げるような態度で、改善をはかったものでございます。

利子・配当の課税についても、ただいま申し上げたような趣旨におきまして、所要の改正を行なったものであります。

今後におきましても、総合課税の原則に帰することを基本的方向としながら、国民の貯蓄の動向や、税制に対する国民の気持ちを十分くみ取りながら、実情に即した改定を考えてまいりたい、かように考えております。

(以下略)

衆議院　大蔵委員会議録第十九号(その一)

昭和四十五年四月一日(水曜日)

出席委員

委員長 毛利　松平君

理事 上村千一郎君　理事 金子　一平君
理事 藤井　勝志君　理事 村上信二郎君
理事 山下　元利君　理事 広瀬　秀吉君
理事 松尾　正吉君　理事 竹本　孫一君
奥田　敬和君　木野　晴夫君
木村武千代君　佐伯　宗義君
坂元　親男君　田村　元君
高橋清一郎君　登坂重次郎君
原田　憲君　福田　繁芳君
坊　秀男君　松本　十郎君
森　美秀君　吉田　重延君
平林　剛君　堀　昌雄君
美濃　政市君　貝沼　次郎君
伏木　和雄君　二見　伸明君
春日　一幸君　小林　政子君

出席政府委員

大蔵政務次官　中川　一郎君
大蔵省主税局長　細見　卓君

(ほか略)

本日の会議に付した案件

所得税法の一部を改正する法律案(内閣提出第二一号)
法人税法の一部を改正する法律案(内閣提出第三四号)
租税特別措置法の一部を改正する法律案(内閣提出第五七号)
物品税法の一部を改正する法律等の一部を改正する法律案(内閣提出第三五号)
関税定率法等の一部を改正する法律案(内閣提出第四八号)

○毛利委員長　これより会議を開きます。

所得税法の一部を改正する法律案、法人税法の一部を改正する法律案、租税特別措置法の一部を改正する法律案、物品税法の一部を改正する法律等の一部を改正する法律案、関税定率法等の一部を改正する法律案の各案を議題といたします。

○毛利委員長　政府より順次提案理由の説明を聴取いたします。

○中川政府委員　ただいま議題となりました所得税法の一部を改正する法律案外四法律案について、提案の理由及びその内容を御説明申し上げます。

(中略)

次に、租税特別措置法の一部を改正する法律案について申し上げます。

政府は、昭和四十五年度の税制改正の一環として、法人税負担を引き上げ、利子・配当課税の特例について漸進的な改善合理化措置を講ずるとともに、企業体質の強化、中小企業対策等に資する特別の措置を講じ、あわせて既存の特別措置について整理合理化をはかるため、ここに、この法律案を提出した次第であります。

以下、この法律案につきまして、その大要を申し上げます。

第一は、利子・配当課税の特例について、国民の貯蓄態度に与える心理的影響をも考慮して、漸進的な改善合理化の措置を講ずることであります。

まず、利子課税につきましては、現行の源泉徴収税率の軽減の特例を昭和五十年十二月三十一日まで延長するとともに、昭和四十六年から昭和五十年までの間に支払われる利子のうち、定期預金その他資産性の強い預金等の利子について、総合課税と源泉分離課税との選択を認める源泉分離選択課税制度を創設し、他方、普通預金等要求払い預金の利子については、新たに申告不要制度を創設することとしております。なお、源泉分離課税を選択した場合の税率は、昭和四十六年分及び昭和四十七年分は二〇%、昭和四十八年以後三年分は二五%といたしております。さらに、少額国債の利子の非課税制度につきましても、その適用期限を昭和五十年十二月三十一日まで延長することとしております。

次に、配当課税につきましては、利子課税の改正に見合って、現行の源泉徴収税率の軽減の特例及び源泉分離選択課税制度並びに少額配当の申告不要制度の適用期限をそれぞれ昭和五十年十二月三十一日まで延長するとともに、源泉分離課税を選択した場合の税率を昭和四十八年以後三年分は二五%とすることとしております。

なお、昭和四十六年分及び昭和四十七年分の配当控除率については、課税総所得金額一千万円以下の部分を一二・五%、同じく一千万円をこえる部分を六・二五%とすることとしております。

また、証券投資信託の収益の分配金の課税につきましては、利子課税の特例と同様の措置を講ずるとともに、割引債の償還差益に対する課税の特例につきましても、その適用期限を昭和五十年十二月三十一日まで延長し、発行時における源泉徴収の税率を昭和四十六年分及び昭和四十七年分については一八%、昭和四十八年以後三年分については一〇%に引き上げることとしております。

そのほか、住宅貯蓄控除制度、耐火建築物の割り増し償却制度等の住宅対策のための措置、株式売買損失準備金制度、試験研究費の特別税額控除制度及び民間外貨債の利子の非課税措置等についても、それぞれその適用期限を二年間延長することとしております。

第四は、既存の特別措置について、実情に応じた整理合理化を行なうことであります。

すなわち、適用期限の到来する特別措置のうち、海運業の再建整備にかかる課税の特例等、すでにその政策目的を果たしたと認められるもの、または資本構成を改善した場合の特別税額控除制度等のように、政策手段として期待された効果をあげていないと認められるものについては、その適用期限の到来とともに廃止することとしております。

（中略）

○松尾（正）委員　本日税法の趣旨、提案説明を受けたわけでありますが、一貫して第一に考えておったことは、公平な課税である、さらに応能負担でなければならない、そういう立場に立って、特に所得税の減免措置を大幅にやり、さらに利子・配当課税等は思い切ってやった、こういうふうに聞いております。

ところが今回の税の改正、それから今日までの論議をずっと通して見ましたときに、捕捉率、あるいは法人税率の引き上げ、さらには利子並びに配当課税に対する措置のあり方について、この論議された点は、趣旨説明にあるように考えられない面があるわけです。すなわち現状では、低所得者層の減税ということよりも、むしろ大企業、中所得者以上に減税の方向が向いている、こういうふうに思われるのでありまして、この点についてまず総体的にお答えをいただきたい。

○細見政府委員　（中略）また利子・配当の問題にいたしましても、負担の公平という点から考えますと、完全な総合課税に移すべきだという御意見も御意見としてもっともなことでありますが、しかし物価騰貴のこの現状におきまして、預貯金をする方が額に汗して預金をされている方であるとすれば、消費もせずに貯蓄された方々についてそれなりの優遇をするというのは、一つの大きな経済政策としての意味もあろうかと思います。しかし同時に、ある程度以上の資産所得についてはそれなりの税負担を求めなければならない。しかも全体として物価騰貴あるいは貯蓄意欲の減退がいわれているときに、税制の姿勢を直しつつ、国民の貯蓄意欲をそこなわないようにするという点を配慮すれば、やはり漸進的な措置をとるのが至当ではなかろうか、責任ある態度ではなかろうか、かように考えまして、私どもといたしましては、全体としては、いささかてまえみそでしかられるかもわかりませんが、一応税制調査会の答申をそれなりに実現いたしたものである、かように考えております。

（中略）

○松尾（正）委員　今度は標準家族、いわゆる夫婦と子供三人の標準家族の場合の課税最低限の四十四年度と四十五年度の場合を、利子所得、それから配当所得、給与所得、事業所得、これらに区分して数字をお聞かせ願いたい。

○細見政府委員　四十四年度分は後ほど申し上げるといたしまして、四十五年、つまりいまの改正が完全に平年度化と申しますか完全に実施された段階で申し上げますと、給与所得者の場合は百二万八千円であります。それから事業所得者の場合は、事業専従者がいないものとして計算いたしておりますが、七十三万九千円であります。配当所得の場合は三百四万九千円、こういうふうになるわけであります。利子につきましては、御承知のように四十五年におきましても源泉分離あるいは源泉選択ということになりますので、課税最低限という概念にはなじまない。配当所得におきましても配当の源泉選択をされた方については課税最低限というのはないわけでありまして、配当について申告をされた方だけがこういう計表になるわけであります。

四十四年について申し上げますと、給与が九十三万五千円、事業は六十五万七千円、配当は二百八十二万七千円ということになります。

○松尾（正）委員　まずこの各課税最低限を比較して非常に不均衡が目立つわけですが、さらに一つふしぎな点が配当所得に見られるわけです。四十四年度二百八十二万七千円が四十五年度では逆にふえて三百四万九千円、これが無税になるということでありますが、この点はどういうことですか。

○細見政府委員　御承知のように、配当所得者について免税点が高いのは、夫婦子三人の場合でありますと、配当所得から本人の基礎控除、妻の配偶者控除、それから扶養親族の扶養控除を差し引きまして、そのほか若干の社会保険料のようなものを控除いたしましたものに税率を適用いたすわけであります。それと、配当所得につきまして、現行ですと配当控除一五%をかけたものを見ましても、そのひとしいところがいわゆる課税最低限となるわけでありますので、したがいまして税率が引き下げられまして、同じ一五%の税率が適用される階層が上に上がっていくわけであります。従来とすれば二百万であった人が三百万になるというようなことになりまして、それが結果的に免税点の引き上げになっていく。これは税率を改正した結果から出てくることであります。そういう点をも考えまして、今回御提案申し上げております特別措置におきましては、四十五、四十六は一二・五、それから四十七年以降は一〇%に配当控除を引き下げるのが、やはり所得税の負担という点から考えて適当ではなかろうかということで提案いたしておるわけであります。

ただこれにつきましては、沿革的にはシャウプ税制以来、法人税は所得税の前払いとして観念すればいいのではないかというような考え方が長い間支配的であり、そういう観点からこういう税制になっておるわけでありますが、しかし今日のような大会社となりますと、個人の株主が会社の所有者であるという考え方がなかなか世人になじまないというようなことを考えまして、配当控除の引き下げ、しかしここに激変を与えて、わが国の金融市場、資本市場に大きな打撃を与えるというのは大きな意味で望ましいことではないわけでありますので、漸進的な措置をとるのが至当と考えたわけであります。

○松尾(正)委員　まあ確かに理論的には合理化されたというのですけれども、こういうふうにものによっては非常に合理化と矛盾した場合が生まれてくるわけです。さらにこれを給与所得者と比較してみました場合に、四十四年度では給与所得者の課税最低限九十三万、配当所得者は二百八十二万と、この間に百八十九万の開きがある。ところが四十五年度のこれを対照してみますと、給与所得者が約百三万、これに対して配当所得が三百四万。合理化されたはずのものがむしろ逆に百八十九万よりもふえて二百万の格差が生まれた。これを両方相対した立場で、こういう意味で公平だ、こういうふうに納得のいくような説明をいただきたいと思う。

○細見政府委員　そういう御批判もあろうと思いまして、ただいま御提案いたしておりますのは、四十八年から五十年になりますと、おっしゃるように三・六倍というような形に開いております格差を二・三六倍程度、つまり二百四十三万まで、現在よりもむしろ低いところまで考え、しかもその間に中堅所得層の税率は大幅に緩和しながら、配当所得者により多く恩恵が及ぶことは避けるべきだという配慮によって、配当控除の引き下げ一〇%を、今回御提案した案の中に入れておるわけであります。

○松尾(正)委員　利子・配当所得等の特別措置については貯蓄奨励の意味があるんだ、こういう点を考えての措置だ、こういう説明がありましたけれども、私は、日本銀行の調査による昭和二十七年以降の利子課税制度沿革と、それから個人貯蓄の動き、この一覧を見てみますと、利子課税制度と貯蓄とは大きく影響しないんではないかというふうに見られるわけですけれども、この点についてはどうでしょうか。

○細見政府委員　その表をしさいにごらん願いますと、利子課税がゆるめられたときに銀行貯蓄がふえておるというような事例もございます。したがいまして、全体としての貯蓄の増加は可処分所得の増加と比例するものであって、そうした税制の措置は貯蓄の形態に影響を与えるだけだというのが学者の意見であります。しかし、その表でごらん願いますように、若干はリンクしておるところもございますし、また金融機関等におきましては、この利子課税のあり方が非常に大きく貯蓄に響くのだという議論もございます。ところがこうした制度を改正いたしましても、その年に即効的に効果が出てくるものかどうか、なかなかわからないわけでありまして、そういう意味で、こうした事柄に対する議論は水かけ論になりやすくて、あると言えばある、ないと言えばないということで、あとは純粋に学問的に学者の意見を聞くというようなことになりまして、私どもとしてはなかなか決断は下しにくい問題でございます。ただ、私どもとしては、やはり可処分所得の増大と安定した物価というのが基本的に貯蓄の増大に向かう最大の要素であると考えております。

(以下略)

衆議院　大蔵委員会議録第二十二号

昭和四十五年四月八日(水曜日)

出席委員

委員長　毛利　松平君

理事　金子　一平君　　理事　藤井　勝志君
理事　村上信二郎君　　理事　山下　元利君
理事　広瀬　秀吉君　　理事　松尾　正吉君
奥田　敬和君　　木野　晴夫君
佐伯　宗義君　　坂元　親男君
高橋清一郎君　　地崎宇三郎君
登坂重次郎君　　中島源太郎君
原田　憲君　　福田　繁芳君
坊　秀男君　　松本　十郎君
森　美秀君　　吉田　重延君
吉田　実君　　平林　剛君
堀　昌雄君　　貝沼　次郎君
伏木　和雄君　　二見　伸明君
小林　政子君

出席政府委員
　　大蔵省主税局長　細見　卓君
（ほか略）

本日の会議に付した案件

所得税法の一部を改正する法律案（内閣提出第二一号）
法人税法の一部を改正する法律案（内閣提出第三四号）
租税特別措置法の一部を改正する法律案（内閣提出第五七号）

（中略）

○毛利委員長　所得税法の一部を改正する法律案、法人税法の一部を改正する法律案、租税特別措置法の一部を改正する法律案を議題といたします。

（中略）

○松尾(正)委員　格差という問題で問題になりますのは、配当を受ける側の論議ですが、サラリーマンの場合には、今度最低限が引き上げられて百三万円となりましたけれども、配当所得に対する最低限は三百五万円、従来よりもずっと格差が大きく開いたわけです。これに対してはどうしてもみんな納得できないと思うのです。したがって、この二点についてひとつ御説明をお願いしたいと思います。

○細見政府委員　法人税と所得税との関係をどういうふうに構成するかという問題は、なかなか統一した結論にまで到達するのがむずかしい状態であることは御案内のとおりであります。そういう意味におきまして、法人税と配当、それから配当を受ける人の課税を根本に立って改正するのは各方面の検討の結果を待たなければならないわけでありますが、いま松尾委員のおっしゃるように、所得税の大幅な税率の軽減が行なわれます結果、結果的に配当控除が相対的に有利になっていくという点をも考えまして、配当控除率を税率の引き下げとある程度見合った形に引き下げを提案しておることは御承知のとおりであります。そういう意味におきまして、今回の配当控除率の引き下げが行なわれましたときには、金額は確かにふえておりますが、給与所得者と配当所得者との間の非課税限度額の差を割合で見ますと、四十四年が三・〇二でありますが、それが四十六年以降は二・九六あるいは四十八年以降は二・三六ということになります。ただ四十五年だけは経過措置の関係がございまして、税率引き下げからくる給与所得者、配当所得者の免税点が大幅に引き上げられて、一度三・六四というふうに倍率が大きくなりますが、以後は小さくなって、この意味でこの格差も縮まっておるということだと思います。

（以下略）

衆議院　大蔵委員会議録第二十四号

昭和四十五年四月十日（金曜日）

出席委員
　委員長　毛利　松平君
　理事　上村千一郎君　理事　藤井　勝志君
　理事　村上信二郎君　理事　山下　元利君
　理事　広瀬　秀吉君　理事　竹本　孫一君
　　　　木部　佳昭君　　　　木村武千代君
　　　　坂元　親男君　　　　高橋清一郎君
　　　　地崎宇三郎君　　　　登坂重次郎君
　　　　中島源太郎君　　　　丹羽　久章君
　　　　原田　　憲君　　　　福田　繁芳君
　　　　坊　　秀男君　　　　松本　十郎君
　　　　森　　美秀君　　　　吉田　重延君
　　　　吉田　　実君　　　　岡部　助哉君
　　　　平林　　剛君　　　　堀　　昌雄君
　　　　美濃　政市君　　　　貝沼　次郎君
　　　　伏木　和雄君　　　　二見　伸明君
　　　　春日　一幸君　　　　小林　政子君

出席政府委員
　　大蔵省主税局長　細見　卓君

委員外の出席者
　　参考人（全国銀行協会連合会会長）　横田　郁君
　　参考人（日本証券業協会連合会会長）　瀬川美能留君
　　参考人（国学院大学経済学部教授）　正木　千冬君
（ほか略）

本日の会議に付した案件

所得税法の一部を改正する法律案（内閣提出第二一号）
法人税法の一部を改正する法律案（内閣提出第三四号）
租税特別措置法の一部を改正する法律案（内閣提出第五七号）

○毛利委員長　これより会議を開きます。
所得税法の一部を改正する法律案、法人税法の一

部を改正する法律案及び租税特別措置法の一部を改正する法律案の各案を議題といたします。

（中略）

次に、租税特別措置法の一部を改正する法律案について、お手元に配付いたしました名簿のとおり参考人の方々が御出席になっております。

（中略）

○瀬川参考人　本日は、当大蔵委員会から租税特別措置法の改正案について申し述べろということでございますので、証券業に携わる者といたしまして、企業課税並びに配当課税の問題を中心といたしまして所見を申し述べたいと存じ、まかり出た次第でございます。

御承知のように、近年わが国の経済が世界に類例のない高度成長を遂げながら、国際収支の黒字が定着化するということはまことに御同慶の至りでございます。いまやわが国の経済は自由主義国家の第二位の総生産を達成いたしまして、先進諸国の有力なメンバーとして国際経済に対処する大きな責任をになっておるわけですが、今後は貿易並びに資本の自由化が急テンポで進展していくということは御承知のとおりですが、こういう日本経済の置かれた特異な立場、国際化の進展にあたりまして最も必要なことは、わが国企業の国際競争力を強化するということでございます。

しかしながら、皆さんすでに御承知のように、日本の企業の自己資本比率は年を追いまして低下の一路をたどっております。いまや一七％を割るという状態。株式資本はわずかに八・七％という、まことに憂慮すべき状態でございます。これまでの高度成長の過程におきまして、日本の企業の借り入れ資本に依存せざるを得なかったということ、その事情につきましてはわれわれも十分に承知をいたしておりますし、また借り入れ資本の果たした役割りにつきましては、私どもも十分に評価いたしておるのでございますが、今後国際化に伴いまして、このままの状態でいいか深く憂慮すべき問題であろうと思うのです。ことにこれからの日本の経済は、自主技術の開発あるいは原料の確保あるいは未来産業への挑戦、いろいろの重大な問題をかかえております。そのためには巨額の資本と、そうして大きなリスクをみずから負担するところのベンチャーキャピタルの必要性はますます強まってまいりますし、ますます大きくなってくると思うのでございます。

これをささえるものは最終的に何であるかといいますと、これは国民の貯蓄であります。委員の皆さま方におかせられましても、物価上昇の抑制に最善の施策を講ぜられますとともに、いやしくも国民の貯蓄意欲を阻害することのないように、税制その他各施策にわたりまして十分な御配慮を切にお願いするものでございます。同時に国民資産、特に金融資産の資産選好にあたりまして、税制が中立性を保つべきものであるということにつきましては、私どもかねがね主張し、またお願いしたのでございますが、今回の税制改正にあたりましてはその配慮のあとがうかがえることは、われわれは率直に評価するものでございます。

さて、今回の税制改正案につきまして、配当税制が原則的に五カ年間延長されましたことは、まことに妥当な措置であると存じます。

次に、二、三の点につきまして若干の意見を申し述べたいと思います。

まず配当控除率の引き下げについてでございますが、法人税のあり方は、実在説あるいは擬制説などいろいろといわれておりますが、世界各国を通じまして、いまだ定説はございません。各国は、それぞれのそのときの経済情勢に応じて変遷を見ておることは御承知のとおりでございます。わが国の税制は、昭和二十五年のシャウプ税制以来二十年間にわたって、会社は株主の集合体であるという擬制説が基本的な構造のもとに定着してまいったのでございまして、現行税制の基本的仕組みに従いますと、法人税率を引き上げる、あるいは所得税の軽減が行なわれましたならば、配当控除率は引き上げられなければならない筋合いのものでございます。したがいまして、配当控除に手をつけることは、少なくとも法人税の基本的なあり方について、企業、株主に与える影響など各般の角度から慎重に検討を加えまして、その結論を得た上行なわれるべきものでなかったかと痛感いたしておる次第でございます。二重課税の調整割合が低所得者ほど低いという事実につきましても、十分御認識を賜わりたいと存ずるのでございます。

次に、分離課税を選択いたしました配当所得に対しますところの源泉徴収率の引き上げにつきましては、個人の税負担の現状にかんがみましてやむを得ざる措置であったかと存じます。しかしながら、配当所得につきましては、分離課税を選択いたしましたならば配当控除を放棄することになりますので、実質的な所得税の負担率は源泉徴収率にこの配当控除率を加算いたしました税率、昭和四十六年から四十七年分につきましては三三・五％となるということも皆さん御承知のとおりでございまして、十分にお含みおきいただきたいと思うのでございます。

また、現在、源泉分離課税を選択しました配当所得につきましても地方税は総合課税されますが、かねてから私どもが要望してまいりましたように、国、地方を通じまして筋を通した一貫した、源泉選択課税を選択しました配当所得には地方税にも同様な扱いをするという、一貫した方針がとられるように、引き続いて御検討をお願いいたしますことを切に要望をするのでございます。

次に公社債の率でございますが、預貯金の率と同様に総合課税のたてまえが採用されまして、源泉選択課税が導入されることになるのでございますが、公社債は本来無記名証券といたしましてその流通性が確保されておるものでございますので、この特性を減殺しあるいは公社債に対する産業資金調達を阻害することがあってはならないと思いますので、税制上も今後何らかのくふうが必要でないかと痛感いたしておりまする次第でございます。

また、少額国債利子の非課税制度が延長されました。しかも、発行後二年間という適用期限の制限が撤廃されましたことは、国債の個人消化促進の見地からまことに適切な措置であると存ずる次第でございます。

なお、最後に法人税率の引き上げにつきまして申し上げたいと思いますが、今回の法人税率の引き上げは、社会資本の充実あるいは公害の防止などの要請から、暫定措置としてはやむを得なかったものと存じますが、わが国企業の体質は遺憾ながら先進諸国の企業体質に比べまして非常に見劣りしていることはいなめない事実でございます。

したがいまして、この点につきまして企業の体質強化という見地から、今後特に法人税につきましては御研究、御配慮を賜わりたいと存ずる次第でございます。

以上、租税特別措置の改正案につきまして所見の一端を申し述べたのでございますが、いますぐに迫るこの国際化時代に対処いたしまして、わが国経済の安定成長を確保するためには、産業資金調達の場として、また国際資本市場の重要な一環といたしまして、証券市場の責任は重かつ大となってまいるのでございます。私どもはそのにない手といたしまして、その責務を深く自覚し、一そうの精進を重ねるつもりでございますが、何とぞ、委員の各位におかせられましては、私どもの意のあるところを御賢察いただきまして、今後とも証券市場の拡大発展に格別の御配慮を賜わりますようにお願い申し上げます。

○正木参考人　簡単に租税特別措置についての私の意見を申し述べさしていただきたいと思います。

まず、本件は、本質的に違う三つの部分からなっておることは御承知のとおりであります。第一は、法人税率を戻す部分であります。第二は、利子・配当課税特例の改善措置であります。第三が、狭義の、あるいは本来の特別措置の創設、拡大、延長あるいは廃止についての提案でございます。

配当分の税率は今度据え置きになっておりますが、これは留保所得の減税のない前の年に二%下げておる。こういう状態を考えますると、今回これを全然放置しておったという特別な理由があるかどうかということが考えられるわけであります。経済界は五年連続の好況を満喫して、昨年来かなりの企業が増配に進んでおる。したがって、株式市況も記録的な高値という状態であるのでありまして、どこに配当分の法人税率引き上げを遠慮しなければならない、差し控えなければならない積極的な理由があったか若干疑問を持っております。

今回の措置が成立しますと、留保分と配当分の税率の格差は従来の九%から一〇・七五%というふうになってくる。こういうふうに特にこれを上げる必要があるかという点も私は納得がいかないのであります。従来配当軽課措置は、いろいろないきさつはございましょうが、結局は資本蓄積を促進するという手段として取り入れられたものであります。かなりの年月を経ておりますが、その実績がはたしてあがっているのかどうかということになります。この場合に、資本蓄積には二面があると思います。一つは株式資本を増強するという面と、それから内部蓄積を増強するという面ですが、実際六〇年代の日本の経済成長を見てまいりますと、後者のほうは大いに進んで、かなりの設備投資が自己資金で手当てできるような状態に蓄積が進んでおります。ところが税金を軽減されたほうの増資があまりに進んでいない。これは御承知のとおりであります。私はどうも、税金を軽課すれば増資がずんずん進行するのだという考え方はいささかやぶにらみであったのではないかというような感じがしておりますし、今回廃止されることになりました、特別措置の中で資本構成を改善した場合に法人税額の特別控除制度が廃止になるのですが、これは実効はなかったということなんです。そういうことも考えられるわけであります。

したがって配当と留保の法人税率の格差は拡大すべきではなくて、むしろこれは漸次解消に向かうべきが本筋じゃないか、これは私の意見でございます。

それから、今回の措置が二年の限時法になっておりますが、その理由もあまりはっきりしない。かりに政府の案が成立しまして、昭和四十七年に法人特別税を廃止しようといたしますと、おそらく千五百億くらいの減税財源が必要になってくると思われます。そのときはたまたま例の赤字公債の償還期が来るというわけでありまして、なかなか財政上のやりくりは困難、苦しいといわれますから、私はこの二年後に五%の特別付加税が撤廃されるだろうということはとうてい考えられないだろうと思います。今日法人税についていろいろ問題があることは御承知のとおりでありまして、これを何とかしなければならぬのでありますが、それゆえにこそこの法人税率を今度のようにすんなり戻すことにあたりましては、特別措置のような形によらないで、本則でやってほしかった、こういう感じを持つのであります。

次は、利子・配当課税でございます。提案理由の説明を見ますると、利子・配当課税の特例について漸進的な改善合理化措置を講じたとされておりますが、その改善とか合理化は、おそらく利子課税が分離課税になっております原則から総合課税原則に戻したことをさすのだと私は思います。利子の取り扱いがこういうふうに変わったのは昭和二十八年の税制改正以来であります。源泉税率はその後幾たびかひどく変化いたしながら今日に至りましたが、その間、税制調査会では、利子の分離課税は資産所得、大所得偏重で公平原則に大いに反すること、それから名目としていわれる利子の軽課が現実の貨幣貯蓄の蓄積強化にどれだけ貢献しているかの確たる証拠がないではないか、こういう議論がたびたび繰り返され、総合課税への復帰を主張してこられたのであります。しかし現実の壁は厚く、その主張は常に拒まれ続けてまいりましたが、今回原則として総合課税をとるということになったのでありまして、それ自体は大いに評価すべきだと思う。しかし内容を拝見しますと、まさにこれは羊頭狗肉に近いというか、はなはだ漸進的過ぎる感じがするのです。

すなわち現行の一五%の源泉徴収税率の特例をさらに五カ年延長、それから定期性預金や貸付信託等について新たな源泉選択制度を認めるということにしまして、その税率が二〇%、二五%で行なわれることになります。それから普通預金等の利子は申告不要制度にする、それから支払い側での報告義務を免ずるという措置がとられているのであります。つまりそうなりますと、高額所得の方は、この場合は二〇%の税率でありますと大体二百七十万円以上は源泉をとったほうが有利になるというような勘定になりまして、源泉選択をするでしょうし、その場合の税負担は、現在と比べまするとこの二年間は五%、その後一五%増すほかは何ら変わらないのであります。他方、少額貯蓄優遇制度もそのままでありますから、結局郵便貯金、銀行預金、国債等を利用しますと、三百五十万円までのものは無税扱いになります。実際取り扱いがルーズなところもありますので、私はもっと多額の貯蓄者が無税扱いを受けているのだろうと思います。

そこで今回の改正で利子所得は原則として個人に総合課税されるということになるのでありますが、これは上のほうが源泉選択、下のほうは少額貯蓄優遇に守られた利子所得者が、総合課税を適用するという余地がほとんどないのであります。そういうような形でこの原則的な総合課税が成立したというのでありまず。もしほんとうに利子所得を公正に課税するつもりならば、私は選択の源泉税率は四〇%か五〇%かまで上げる必要があると思う。現にシャウプ税制以降、一時源泉選択が復活したことがありますが、そのときの税率は五〇%であります。また六〇%ということも戦後にあったわけでございます。そういう意味で、二〇%とかいう税率は非常に低過ぎるのであります。同時に少額貯蓄のほうも大幅に整理する必要があるんではないか。これはやや極端論かもしれませんが、マイホーム建設というような目的で長期に積み立てをしなきゃならぬ、そういったものについては、百万といわず、三百万でも四百万でも免税措置を講じたらいいと私は思う。しかし、一般目的の貯蓄について、はたして免税扱いにする必要があるのかどうか。一部免税扱いにするとしても、もっと低くていいんじゃないか。この百万円免税貯蓄がかなり乱用されて、少額貯蓄者だけじゃない受益者がいるんじゃないか、こう考えますと、私はここにもむだな財源が使われているというふうに考えざるを得ない。少額貯蓄はすべて優遇すべきだという議論について、もっと目的をはっきりさせろと言いたいところでございます。この二十八年以来のわが国の利子税制は、ひたすらに金融機関が預金をかき集める上に便利な組み立てになっており、今回の改正も何らその性格を変えるものではないと私は考えております。

ただ、配当所得につきまして注目されるのは、利子と同じ税率で今後五年間源泉選択制が延長されるということです。この制度が採用されましたのは四十年度の税制改正が初めてでありまして、これは税制調査会の答申にも全くなくて、田中大蔵大臣のときに強引に実現をはかったのです。利子所得と配当所得について同じような源泉選択制が並んだ。何かこれは非常に誇張があったように思いますが、実はここに問題があると私は思う。利子所得の場合、源泉選択分離というものを取り上げましたのは、久しい分離課税から総合課税へ戻ろうという過程、ワンステップとしてこれが行なわれているのだ、こういうふうに考えます。ところが後者のほうは五年前に強引に、日本の明治以来の配当所得の総合課税原則を踏みにじってこういう制度をつくられた。これをさらに五年間さらに引き延ばそうというのでありますから、税の原則論からいいますと、向かおうとする方向がまさに相反するのであります。一つの政府がこのような提案を同時にされるということはおかしいのじゃないか。そういう意味において、配当の源泉分離は税の公平上も直ちにやめるべきじゃないか、こういうふうに結論したいと思います。

　それから、ついでに株式配当控除でありますが、今回若干これを引き下げられております。これはやかましくいえば、法人税の帰着がどういうものであるかと関連するんでありますが、先ほどの参考人の方のお話にもありますように、この法人税の内容と申しますか、法人税の実質についていろいろな解釈があり、必ずしも理論どおりにいかない。したがいまして、この問題も二重課税を完全に消去するというのではなくて、各所得者、納税者の間の公平感というものと経済政策との間の調和をはかるというようなことになると思います。

　そこで、しばしば問題にされております配当所得ばかりであれば二百八十万円までが無税である。これは何といっても一般の働く人たちにとってみればあまりにもむちゃくちゃな税制ではないか、こういう非常に素朴な感じがあるのです。これは非常に重要なので、今後ますます所得税中心に発達させていこうというならば、税に対する公平感にひびが入るような措置は許されない。そういう点で今回若干の配当控除が下げられたのはよろしいのですが、これも少し遠慮をし過ぎておられて、一〇%にすべきところを五%というような、まん中の二年間の経過期間を置かれておる。そういうことをされた結果として、今度の四十六、七年においては、依然としてこの配当所得だけの人たちの免税点が現在より上がるとなると、ますます勤労所得者にとっては浮かばれないような感じを与える。この点は、私は理論の問題より国民の租税に対する感覚という点から十分御考慮なさるべきであって、こんなに遠慮をして経過規定を置く必要はないのじゃなかろうか、こういうふうに考えるわけであります。

　それから、同じように、個人に対する控除を引き下げるならば、同時に法人の受け取り配当の処置も若干手直しをしていくという公平論が起こってくるのでありますが、要するに配当課税について、証券界の反応にあまりに気を使い過ぎて、税の公平感というものが忘れられているのじゃないかという点を私は申したいと思います。

　最後のグループであります特別措置の存廃でありますが、今回新しい制度を創設したとか、従来の適用対象を拡張したというものが、小項目で数えますと十四項目ございます。そのまま延長したのが十五項目ございまして、廃止が九項目ございます。その方向は決して租税特別措置を整理する方向にいっているのではなくて、かえって繁雑な、微細な租税特恵が積み重ねられていくという感じがいたします。

　ただ、その場合に、新設する場合には廃止の財源の範囲というような形でルールが守られておるようですが、そういうことがかえってこの特別措置を定着させておるということ、それから内容的に一般向きのものよりも特定業種あるいは特定企業向けのものが目立っておるということで、もう少しこれについては行政措置でいくべきものは行政措置、金融措置でいくべきものは金融措置というような割り切り方をするべきであって、こうやたらにふえていきますと、全く迷路のごとくになってしまって、そこに業界と官庁あるいは役人との間の過度の関係が生じて、不祥事件が起こりはしないかというようなことも憂えられるという点で、もう少し思い切った整理の時期に来ているのではないか、かように考えます。

○毛利委員長　質疑の通告がありますので、順次これを許します。

○松本(十)委員　問題を利子・配当課税にしぼりまして、まず質問したいと思います。

　先ほどから参考人のお三方とも今度の租税特別措置の利子配当課税につきましては、公平の原則ということをいろいろおっしゃったわけでございますが、確かに理想としては租税原則の第一の柱は公平の原則だろうと思います。しかしながら、同時に税は本来現実的なものでございまして、やはり現実に即したものでなければならない、こう確信するものでございまして、利子・配当の課税につきましては、戦後、特にシャウプ税制以来幾多の変遷を遂げてきておるわけであります。また別の角度から強調されました貯蓄奨励策の一助として、租税制度が一翼をになってきた、これからもになうべきである、こういうことも言われたわけでございまして、今度の改正がはたして妥当であるかいなか。その辺につきまして、正木教授は公平の原則を主に言われましたが、全銀協の横田会長から、過去の利子課税の変遷がはたして貯蓄の増強に役立つことができたかどうか、そして今回の改正が、この段階でいいかどうか。そういう点について特に私の感じますことは、GNPでは自由世界の第二位といわれておりますが、分配国民所得ではまだまだ十何番目、極端な数字では十九位、十八位と出ております。さらに資産の保有水準から見ますならば、特に金融資産の保有水準は、先ほど横田参考人が言われましたように、預金でアメリカの十五分の一、こういうことでございまして、はるかに低い、こういうふうに感ずるわけでありまして、貯蓄増強の必要性を三つあげられましたが、その増強と兼ね合せまして、やはり個人が金融資産をもっと保有すべきである、こういう角度から、横田会長から一言お答え願いたいと思います。

さらにまた、その過程におきまして郵便貯金はああいう形で無税になっておりますが、それとの関連についてどう考えておられるか。あるいは預金と配当との課税のバランスにつきましてどういうお考えを持っておられるか、こういうことについてまずお伺いしたいと思います。

○横田参考人　まず最初に、利子課税というか、特別措置という問題について私の個人的な見解を申し上げてみたいと思うのですが、先ほども正木先生がおっしゃったように、税制は広く考えれば経済政策の一環として考えられるべきである。むしろ景気調整手段として税制が必要なんだというような意味のことをおっしゃったのですが、まさにそのとおりでございまして、現在ほど国際化、自由化という問題がハイペースで進んでいるときはない時点でございまして、そういうときに、現在までの日本経済は何といっても温室の中で保護され高度成長を遂げてきた。これからは裸で世界に立ち向かう時代になってきたときに、はたして現在の貯蓄水準あるいは資本の蓄積の水準でもって国際競争にたえ得るかどうかという点について問題があるわけなんで、ここで国民の貯蓄マインドを阻害するような税制をとるということは、私はあまり賛成ではなかったわけでございます。いずれ政府のおっしゃるように豊かな家計、蓄積のある企業という時代が出現したおりには、総合課税に持っていってしかるべきだろうと思いますが、まだそのプロセスにあるわけでありますから、その理想が実現するまでの間は少なくとも特別措置を講ずるべきであるというふうに私は考えておるわけでございます。

先ほど正木先生から、これは銀行が預貯金をかき集めるのに都合のいい手段だというようなお話がございましたが、これははなはだわれわれにとっては心外でございまして、われわれは日本の経済発展のために貯蓄が必要だ、いまの貯蓄をいかに長期性のものに転化していくかということがわれわれに課せられた責務だ、こういうふうに考えておるわけでございます。ただ、今回の税制改正については、一方で税負担公平の原則を貫きつつも、預金者心理あるいは預金者の貯蓄マインドに水をかけないというような十分な配慮が主税当局によって行なわれている。ですから、源泉選択課税税率が二〇%というのが低過ぎるというような御意見もございましたけれども、現在の段階ではこれは当然の措置だろうと私は考えているわけでございます。最初の御質問に対してはそういうふうに私は考えているわけでございます。

郵便貯金の問題は、もちろん百万円までが限度になっておりますが、これがよく比較されるのは、普通一般金融機関の少額貯蓄非課税制度との関連でございます。少額貯蓄非課税制度については非常に煩瑣な手続がございますし、それからまた納税の問題につきましても、金融機関に追跡義務が負わされておるというような問題がございまして、実際の問題としては、金融機関が、脱税者であるかどうか、あるいは架空名義であるかどうかについて、調査する権限がなかなかございませんし、また、本人を確認するために、戸籍抄本を持ってこいとか印鑑証明を持ってこいとか、そういうようなことになってまいりますと、むしろ貯蓄増強の阻害を来たすというようなことにもなりますし、金融機関としても商売でございますので、そういうことをなかなか預金者に強制することはできない次第でございます。

一方郵便局は、実情はいろいろ郵便局によって取り扱い方も違うと思いますけれども、どういう名義であろうとどういう人であろうと、無条件で百万円までは預かるというような状況になっております。これは非常に条件が違う立場で、ハンディキャップをしょわされて金融機関は貯蓄増強につとめておるわけでございます。

さらにふえんして申し上げますれば、郵便貯金の資金は財政投融資の原資となるのである、したがって、財政投融資の原資が拡大することはまことに国民経済的に見てもけっこうではないかという御説もございますけれども、それでは財政投融資で日本の経済成長の全部がまかなえるかというと、そういうことではないのでございまして、国際競争を控えて民間産業の合理化、省力化、そういったものの投資の四〇%は民間金融機関によってまかなわれているという状況でございますので、この辺のいわゆる官業と民業とのバランスの問題、これをどうお考えになるかということが一つの論点だろうかと思います。

もともと郵便貯金は明治初年に制定されまして、これは民間の金融機関の補完業務を行なうためにということがはっきりと明示されております。むしろ民間の金融機関が商業ベースで採算のとれない過疎地帯において郵便局が貯金を集めるというような、補完手段として設けるのだということが規定されておるわけでございます。そういう点で、もちろん郵便局が熱心に貯金をお集めになることは私はけっこうだと思いますけれども、ただ、民間金融機関と非常に競争するような、あるいは郵便貯金のほうが非常に有利であるというような宣伝はあまりしていただきたくないというふうにわれわれは考えておるわけでございます。

○松本(十)委員　瀬川さんにお伺いいたします。

これまた正木教授から、公平の原則をたてにして、現在の改正案の中の配当課税について、配当控除率が高くなってもまだ高過ぎるとか、あるいは配当に対する法人税の差が大き過ぎるのではないか、こういう議論もあったようでありますが、瀬川さんが陳述の初めの段階で、法人擬制説あるいは実在説、まだいずれとも議論はきまっておらないわけで、調整措置については世界的に一定の定説はない、こう言っておられたわけでありますが、やはり日本では日本の実情に応じて、金融資産の増加という角度で何らかこういう税制が役立つのではないか。あるいはまた、自己資本の比率が低いわけでありますが、国際競争力を上げる意味においても自己資本比率を向上させる必要があるだろうということもありまして、そういう角度から今度の配当税制を一応是とされまして、三つほど何か論点をあげて論じておられましたが、さらにふえんして簡単に一言お答え願いたいと存じます。

○瀬川参考人　少し回りくどい説明になるかもしれませんが、私は決して一企業とか一業界とかという立場でなしに、国益という立場から見て、いままで虐待され続けてきた株式資本というものが、この段階でこのままでいいのかということに対して、非常に疑問を持つのであります。今日株式資本ほど虐待された資本は私はないと思います。十年前の一割配当をやっておれば、少なくとも三割配当ぐらいにして今日当然のことなんです。企業の分配を見ましても、配当金にどれだけ支払われているか、どれだけ税金を払っているか、どれだけ従業員の給与に払っているか、どれだけ金利に払っているかという数字を見ましても、これは私は経営者としてりつ然たるものをいつも感ずるのであります。いままでこういう政策をとってきたことは、日本の急激な高度成長において、間接資本中心の経営をやらなくちゃいかぬとか、あるいはいろいろ事情があったに違いないのであります。しかし、ここへ来てひとつ考え直さなければいかぬのじゃないかというふうに私は深刻に考えるのです。

非常に具体的な例をあげて恐縮でありますけれども、日本の企業に対する株価を通じての評価が今日の日本の経済力を率直に反映しているかどうかについて私は非常に疑問を持っておるのであります。たとえば一番わかりやすい例が、いまの日本の企業は総じて、従業員はしんぼうし、株主は極度の虐待に耐え、そして粒々と資本を内部蓄積してきたのが日本の企業であります。ところが株価はこれに対して正当な反映をしているかどうか。これは税制もあるし、あるいは金融もあるし、いろいろ事情はあろうと思いますが、かりに日本の銀行株一つごらんになっていただいてもよくわかる。もし銀行株が配当の部分的な自由化に踏み切らないという状態でこのままでおったとすれば、あれだけ蓄積をした、あれだけりっぱな銀行株が今日あの値段がつかなかったろう。ところが、銀行株がとにかく一割五分最高として配当を自由化するということになりましたら、外国の投資家はちょうど日本のふところの中をねらうような感覚でどかっどかっと集中的に買ってくる。そして株式として生きてきたために三百円とか二百円とかいう相場ができていくということでありまして、株価を政策的に低位に置いておくということが、日本の国富をこの段階においてかきむしられるような感じがして見ておるのであります。ちょうど明治の初年に、日本人が知識の不足から金を銀にかえられてどんどん金が流出したというようなことと同じくするのじゃないかと考えておるのであります。そういう意味で、私は過小資本のこの段階、自由化を控えたこの段階においてはあまりつべこべとこまかいことを言うよりも、うんと株式資本を優遇して、充実して、国民の各層にこれを持たせなければこれはたいへんな国富の喪失になるぞ、もし完全に自由化したときにはどういうことになるかということを私は常々憂えておる一人であります。

それから、株式の税制について、株式はいつも金持ちが持っておるものだ、金持ち優遇だという思想が一般にあるのであります。そこで、最近は株式がどういうふうに大衆化しつつあるか、どういうふうに国民の財産づくりになっておるかということをちょっと申し上げて、御参考に供したいと思います。

株式はもはや今日では一部金持ちのものになっておりません。全国民の貯蓄対象になっております。それはいろいろの統計に出ておりますが、たとえば証券取引所の調査によりますと、昭和四十四年三月現在で千株未満の株主数が三〇%を占めております。そして五千株未満までを含めますと九〇%に達しておるのでございます。つまり個人一人の持ち株が平均いたしまして二千四百株にすぎないのでございます。総理府の貯蓄動向調査によりますと、所得階級別にいきますと、株式保有状況が昭和四十三年は、年間百万円から百四十万円の世帯が二六％であります。百四十万円から二百万円までの世帯が二九％になっておる。いかにこの中額の所得者の間に株式の分布が浸透しておるかということがわかるのであります。

さらに、昨年から企業の従業員持ち株制度が証券会社並びに信託銀行でスタートいたしました。昭和四十四年には、概算でありますが、大体二百五十社から三百社近い会社が従業員持ち株制度を実施いたしております。昭和四十五年になりますとおそらく五百社に達するだろうという予想であります。人数でいきまして何十万という従業員が株式投資に参加しておるわけであります。ホワイトカラー、ブルーカラー、通じて参加しておるのでございまして、いまのところ三九％ぐらいの従業員がこの従業員持ち株制度に参加いたしております。そうしてこれは年々歳々、所得の増強に応じてこのパーセンテージがふえていくという状態であります。十年たちましたら、従業員持ち株制度による持ち株数が筆頭株主になるということ、各社においてそういう状態が起こってくるだろうと思うのでございます。

それから証券投資信託でございますが、これは五年間で延べ四百三十五万人を占めておりまして、このうち十万円未満の申し込みが五五％を占めておるというような状態でございまして、こういう面からいきますと、傾向としては非常にいい方向にいきつつある。さらにマンスリー・インベストメントと申しまして、毎月貯金をして株を買い、国債を買い、社債を買い、あるいは投資信託を買っている数が、大体百五十万口座ぐらいの人が参加しているというふうな状態ができてきておるのでございます。こういう見地からいたしますと、家づくりもけっこうだが、勤労者の財産づくりという見地から、やはり小額所得者に対してはうんと優遇をすべきであると私は考えるのであります。

それから、株式は御承知のように、大株主はもう文句なしに総合課税で取られて、松下幸之助さんは何億という税金を払っておる。先ほどお話がありましたが、中間所得者に対しては選択課税が行なわれておる。小額所得者に対しては、今回の措置では据え置きでありまして、決して上げておらない。現状維持であります。今後所得税が減税され、所得が上がる段階において、一体どの辺を中堅所得者というのか、どの辺を金持ちというのか存じませんが、昭和四十年にあの措置がとられましたのは、やはり株式の中堅投資家層、つまり国民の株式投資、国の企業をささえる、国民の投資をささえるという意味であれがとられたわけであります。

それから、お答えになるかどうかわかりませんが、先ほど、五年ぐらいで一体きき目があるのか、そういうものはやめたらどうかという御意見が、配当軽課とかあるいは減税その他について確かあったように思うのでありますが、たとえば配当軽課一つとりましても、あれが実施されましたのが昭和三十六年であります。不況期に突入する直前であります。それから四、五年間というのは、御承知のような不況期を通ったのであります。あのときにあの税制が何のメリットがあったかといいますと、あの税制はもちろん資本充実あるいは内部蓄積による資本充実のためにとられた措置でありますが、大体あの時期に資本を充実するというふうな経済情勢であったかどうかということを、ひとつ振り返ってみていただきたいと思うのであります。そうしてその後、あの税制がどういう役割りを果たしたかといいますと、やはり数千億に達する内部保留ができて、あの不況期に株価が異常な惨落をしたときに、大企業を中心として、あの措置があったために異常な減配を免れて、株価水準を保ち得たという、そういう消極的な意味での大きなメリットがあったわけであります。

それで、今日までの意識調査によりますと、残念ながら、その配当軽課があった場合には、内部保留にばかり向けて、増配をなるべくあと回しにしようという意識が、一般の企業者の中に多いようであります。しかし今日、御承知のように、時価発行が行なわれ、時価転換社債が行なわれ、いよいよ企業が国際社会の仲間入りをする、そうしてその水準からアメリカ企業あたりの考え方とものさしが同じだということになりますと、やはり配当意識、配当政策に対する革命が、これから経営者の中に生まれてくる。これからきめのある税制である。そうして先ほどの配当の措置にいたしましても、これからもしろきいてくるような情勢がきたのではないか。今日の景気は異常な景気だという御表現もございましたけれども、これから国際社会でわれわれが競争していく日本の産業としては、これで十分準備なれり、これで十分だというふうな感覚は私は持たないのであります。そういう意味で、配当に対する、あるいは企業に対する税制にいたしましても、大局的な見地からもひとつ御賢察を願いたい、こう思う次第であります。

（中略）

○堀委員　社会資本の充実をしなければならぬとい

うのがいま日本では重大な課題でございます。この社会資本の充実をするために現在は主として税制でいこうという考えでございますから、福田大蔵大臣あたりは間接税の増徴をしようとか、いろいろお考えのようですが、社会資本というのはかなり長期性の問題でありますから、これは要するに建設公債のような、ほんとうに国民の買う国債になるならば、私はこれによって後代の者がその負担を均てんして差しつかえないのじゃないか、こういうのが私の考えでございます。

そこで、証取法六十五条は、証券業務と金融業とを画然と区別をいたしておりますが、その第二項に、国債あるいは地方債その他国が担保をする政府保証債については、これは除外をするとはっきり書いてあるわけです。そこで私は、この際国債をひとつ国民が広く購入するためにも、金融機関、場合によっては郵便局を含めて、あらゆる金融機関の窓口で、国債を国民が直接買えるような道を開いたらどうか。あわせてそのためのメリットとしては、これは先ほどの非課税問題について正木さんが目的税的に考えることが非常に重要だとおっしゃった点、私も大賛成なんですが、国債は国民にはね返る社会資本の充実の側面もあり、自分たちの租税負担をある程度軽減をし得る道にもつながるというのであるならば、私はいまの五十万の非課税限度を百万円に引き上げてもいいのではないか。そうしてこれを郵便局、金融機関の窓口で売り出すということで、国民が国債を買うときにはじめて国債政策がまともな政策になってくる、こう考えますので、これについてひとつ横田さん、瀬川さん、正木さんの御意見を承って私の質問を終わります。

○横田参考人　ただいま堀先生のお話まことに同感でございまして、国債を広く国民に持たせるという意味合いからいきまして、金融機関の窓口で売れることにすでになっております。まあいまのところやっておりませんが、事情さえ許せば売らせていただいて私のほうはけっこうだと思いますし、それがまた御趣旨に沿うことだろうと思っておるわけでございます。

○瀬川参考人　いま証券業者の国債消化というものはかなり順調に進んでおる、おっしゃるように五十万円を百万円にしていただきますと、証券会社の窓口を通じても十分に消化できる状態になっております。今日では数字の上でいきますと二十世帯に一軒の割合の国債消化になってきておるわけです。国債についての考え方はあなたと全く同感でございます。それから金融機関の窓口でおやりになれるようになっておるのかどうかということなんですが、これはいろいろこの前から問題がありますが、まあ私ども率直に考えると、これからの国債価格とかあるいは社債の価格というものはやはり自由化されていく、価格の変動がある、そして価格の変動があるものを価格の変動のない窓口でお売りになるのが預金者にどういう影響を与えるかということを、よそのことですが心配をします。それから預金業務に対していい影響があるか悪い影響があるかということを御心配申し上げます。やはりもちはもち屋でやったほうが国民の層に広く行き渡るのじゃないか、そういうふうに考えております。

○正木参考人　簡単に申し上げますと、私は、郵便局その他で一般国民にたくさん国債を持たせようというドライブをかけることは、何か大東亜戦争時代を思い出すような感じが若干いたします。それは小額のものを持っている人たちが絶えず株式価格の変動にさらされるということがあってはまずいのだろう、すると政府がそれを買いささえなければならぬ、そうすると公債の価格が公定価格みたいになってしまう、というようなことが金融政策全体の点においてプラスになるかどうかということになりますと、私はいまお話ししたような点で、国債を特に持たせるためにデメリットのほうが多くならないようにしたい、こういう考えでございます。

○広瀬(秀)委員　日本の場合に貯蓄性向はきわめて高いわけでありまして、個人所得の貯蓄率は一九・七である。外国、アメリカでも六・五%、英国も六・九%、西独ですら一二・二%くらい、これから見ると異常に貯蓄性向も高い、そういうようなことを一つ考え、また、かつて三十五年に税制調査会が申しましたように、この税制における優遇措置を実所得等について切ったときがあります。しかしその翌年、影響を受けたと見られるようなことは何ら出なかった。その当時はかなり苦しい時代であります。それでもそういう状態であった。私ども日銀から出している貯蓄に関する報告書などを見ましても、どういう動機で貯蓄をするかという中でも、こういうメリットが税制においてあるから貯蓄するんですというようなことは全然一つも出てないんですね。全く国民はそのことについてはむしろ無関心である。しかしながら、老人になったらたいへんだからとか、あるいは病気になったらたいへんだからとか、子供の教育のためにというようなことでどんどん貯蓄をするわけですね。そういうものであるということを考えるならば、これほどの税制における公平の原則を害してまでやる政策効果というものはもう全くないのではないかということを強く感じるわけなんであります。そういう立場からいえば、経済の伸展と同時に可処分所得もふえていくということにまかしても、もう税制のメリットをかりに全部切ったとしても貯蓄が減っていくというようなことはまず考えられないのではないか、かように思うわけなんですね。

もう一つは瀬川さんにお伺いしたいことは、自己資本充実ということで配当軽課措置あるいは配当控除制度が設けられてきたけれども、その点では自己資本の充実はどんどん悪化するばかりで、これだけメリットをつけておきながら、これはたいへんな減りようでありまして、自己資金調達状況の中で、自己資金は三十五年当時にはまだ三〇・六%、これが四十二年の下期になりますと二六%。そして自己資本比率を見ますと、三十五年当時の二八%からいまや二一・三%に落ちている。これはさらに四十三、四十四年と落ち続けている。こういう状況にもあるわけです。この税制措置が自己資本充実だという政策目標を掲げてやったんだけれども、こういう逆の面しか出ていない。これは経済全体の運営に問題があるのであって、税制がどうカバーしようとその政策目的は達せられないという考えを持つわけなんです。そういうような点でどうお考えになられるか。この問題はもう廃止していいのではないかと私どもも考えるわけなんですが、その点についてひとつ明瞭に簡潔にお答えをいただきたい。

○横田参考人 ただいまお話しのございましたように、可処分所得の増大と貯蓄の増大は非常に深い相関関係があることは、私は確かだと思います。ただ、最近の動向を見ますと、御承知のように、消費性向が非常に高くなっておる。デパートの売り上げの伸び率を見ましても非常に高い。日銀券の発行の増加ペースを見ましても非常に高い。こういう情勢が続いております。したがって、日本人が過去において貯蓄率が非常に高かったということは、これは敗戦によってストックがゼロから出発しました。その関係からどうしてもフローでは高くなってくる。これは当然の結果だと思います。しかし、現在の段階で、先ほど冒頭に申し上げましたように、ストックではアメリカの十五分の一という状況でございますし、最近の消費性向の高まりを見ますと、どうしても貯蓄はこの国際化時代を迎えて奨励をしていかなければならないというふうに考えておるわけでございます。それと、最近の貯蓄率、可処分所得で貯蓄の純増額を割ったものでございますけれども、勤労者世帯の分は、四十三年は一二・六%でございましたが、四十四年は一二・一%と、〇・五%低下をしているようなわけでございますので、どうしてもこの際貯蓄増強の方策が必要であろうというふうに私は考えているわけでございます。来年の可処分所得がどのくらい増大するかということは問題でございますけれども、可処分所得が増大した場合に、はたして過去と同じようにその比率が貯蓄に向かい、同じ比率で消費に向かうかというと、最近の傾向を見ますと、消費に向かう傾向が非常に強うございますから、私は、どうしても貯蓄増強策が必要なんじゃないかと考えております。

それから、税制がはたして貯蓄増強にどの程度の影響があるかというのは、経済情勢とかベースアップとかその他いろいろな問題がからみまして、正確な数字は把握しがたいわけでございますけれども、われわれのほうで調べましたところでは、税率が緩和されたときには個人貯蓄は伸び、税率が上がったときには個人貯蓄の伸び方が減っているという数字もあるわけでございますから、決して税制と貯蓄との関係が全く無関係であるということは言えない、断定はできない。これは非常に議論の分かれるところでございまして、ほかの要素がからみ合っておりますからむずかしい問題でございますけれども、決して断定するわけにはいかないと考えておるわけでございます。

○瀬川参考人 税制が自己資本充実に何もきいてないじゃないか、もうやめてもいいじゃないかというようなお話と、ここまで国民の蓄積ができたらもはや税制で優遇する必要はないじゃないか、ほうっておいても貯蓄がふえていくじゃないかというお話だったように承りますが、第一の点につきましては、これは個人並びに企業の蓄積が先進国に比べて極端に少ないということで、このくらいのところで満足しちゃいけない、むしろ自由化を控えて非常に危険にさらされておるということを私はさっき申し上げたつもりでおります。

それから、第二の点でございますが、自己資本充実、いままではそれでよかった。そういう情勢に立たざるを得なかった。もし自己資本充実の税制がなかりせばもっと自己資本が低下しておったろう。消極的にささえるという役割りは果たした。こんな大事なときだから、もうひとつ思い切ってやっていただきたい。もっともっと抜本的な自己資本充実の対策を考えていただきたいというのが私の考えでございまして、税制の効果というものは、やはり五年、十年、長期にわたって見ていかなくてはならないし、一九七〇年からここ数年のうちに日本経済の立場が非常に変わるときでありますから、そこでひとつ、ここでむしろ思い切ったことをやっていただくのがほんとうではないか。ことに株式選好というものは、ある一定の水準まで国民の金融資産がたまりますと、さしあたり郵便貯金、銀行預金、保険というようなところから、次にやはり有価証券に回ってくるという順序でありまして、いまそのきざしが見えている。

それから、自己資本充実が一向行なわれていないじゃないかということでありますが、最近一、二年の間に、非常に証券市場の模様が変わってきた、そして配当に対する経営者の考え方も変わってきた。資本調達に対する方法も変わってきた。時価発行、時価転換社債というようなものがぼつぼつ出てきたことは、これは自己資本充実が緒についてきたということでありまして、いままでやっていただいた措置は、低下を一そう低下するのを食いとめたというメリットは大いにあったが、これからうんとひとつやっていただかなくてはいかぬ、もっと抜本的な対策を考えていただかなくてはいかぬということを私はひとつ御認識をいただきたい、そう思うのであります。

○広瀬(秀)委員　税制調査会でも、今日の法人税の問題につきましては、いわゆる法人擬制説の上に立って、法人税はいわゆる株主に帰属すべきものの先取りなんだというようなことは、そういうことではない、これはもうすでに法人そのものの独自の負担として課税をすべきところにきている、そういうようなことを指摘をされておるわけであります。そういうようになってくるのが当然であろう、このように私どもも考えるわけです。

そうなりますと、今日、今度の改正で若干変わるわけですけれども、所得の高いものにはかなり超過累進的なものを、たとえば最低を二〇%なり二五%ぐらいにして、五〇%ぐらいまでの間にこの累進税率構造というものを持ち込むのが、税の公平の立場においても必要なのではないか、こういうふうな感じをいたすわけなんでありますが、専門家として正木先生どのようにこの問題をお考えになっておられますか。

○正木参考人　たいへんむずかしい問題なんですが、法人税を、シャウプ税制のときに、従来の実在説的な取り扱いから擬制説的な取り扱いに変えられたわけでございますが、その後日本の経済がどんどん大きくなっていくに従って、企業の実態と法人税制のいわゆる個人の集合だという実態との乖離といいますか、ますます離れていくので、どうしてもこれは理念的には支持できない。むしろごく小さな個人企業的な法人成りしたようなものは別問題としまして、市場に上場されているような企業を中心にして考えますときの法人税のあり方は、やはり実在説的な考え方にならなければならないと思います。そんな意味で、法人利潤税の構想が調査会からも出ました。それが私ども財政学をやっております連中から言いますと、大体その方向に傾いていると思いますが、その中で御指摘のありました、もし法人税が実在説的な考え方で考えたときに、累進課税にするかしないかということになりますと、私の意見はかなり分かれてくると思います。累進課税は、これは人税的な、人間のいろいろな経済的事情とか担税能力とかと関連して立てられているシステムで、企業の収益の大きさ、大小によって比例負担を、特に累進負担にしなければならないかということについてのふん切りがつきにくいし、実際問題としましても、企業の場合に、かなり所得の純益の操作ができますし、いろいろとかえって不公平なことがあります。むしろこれは実在説的な考え方をとりましても、比例税、若干の軽減税率を伴っておる、そういったものが一般的な考え方じゃないかと思います。

○二見委員　最初に、配当控除について御意見を伺いたいと思いますけれども、国民感情といたしまして、率直に不満に思うのは、給与所得者の場合は、夫婦子三人で百二万円以上になると税金を取られる。ところが配当所得の場合には三百四万円までは税金がかからない。これは新聞でもかなり大きく報道はしておりましたけれども、ここに国民としては大きな不満感があるわけです。税の公平という面からいってこれはおかしいじゃないか。先ほど瀬川参考人からは株式の大衆化ということで、これに対する弁護論があったように聞いておりますけれども、こういう点については横田参考人あるいは正木参考人はどういうふうにお考えになっておるか、まずお願いしたいと思います。

○横田参考人　配当控除の額が先ほど、標準世帯で二百八十二万円から三百四万円にむしろ上がったということは、非常に何か国民感覚的には妙な感じがすることは私はごもっともだと思うわけでございます。これはむしろ控除額は引き下げられまして、それで所得税の減税が一方で行なわれた結果上がったわけなんで、結果としてそういう数字が出てきたということになるわけなんで、所得税減税が非常にこれに大きなウエートをもって作用したとお考えいただければいいのじゃないかと思うわけです。勤労者との比較において云々という問題がございました。もちろん勤労所得税につきましては長期税制は今回全部実現をしたわけでございます。今後もさらに税制調査会で減税の方向に向かって研究を進められると思いますので、大体おっしゃった点については御期待に沿えるような方向で進むんじゃなかろうかと思います。ただ所得税が減税されますとまた免税点が上がりますので、だんだん上がってくるかもしれませんけれども、その辺はどうも私にはよくわかりませんので、主税局長さんおられますので、ひとつ……。

○正木参考人　私、先ほど問題として提起したような次第で、特にそれにつけ加えて申し上げることもないわけです。

この配当控除が結局法人税の帰着の問題に関連しているわけで、それは完全に個人段階で二重課税を償却するのだという考え方で、あるいはほんとうにいまの税率がそのとおりになっているかどうかということはわかりませんし、実際問題として、先ほどもちょっと申しましたように、どうも法人の払う税と個人の受け取る配当とは実際上つながりはない。そこにいまある配当控除なりあるいは場合によっては税額控除なりの制度がございますが、それは結局今度は違った立場で、むしろ証券市場を育成するような刺激としてとらえてみて、実際はいまは税制上の基本観念から二重課税云々ということよりも、いまでは証券市場奨励のための一つのささえ棒としてあれが是認されておる。ただ、あまりにそれが勤労所得の場合の課税最低限と開いてきますと、今度は逆にそちらのほうからの突き上げが来るという点で、そこを見合いながらやっているので、あれが何%であるべきかということは、まことに理屈を離れた一つの見合いでやっているのじゃなかろうか。そういう感じで、漸次それはやめていく。それをやめていくためには、やはり基本的には法人税そのものの構造を変えていくというところにいかなければ徹底しないと思うのですが、いまのところは決して理論的に正しいという根拠があるのじゃなくて、むしろ証券市場の奨励のささえ棒としてある程度やっていいるのだというように私は解釈しております。

○二見委員　正木先生にお尋ねしたいのですけれども、四十三年の資料ですけれども、一世帯平均当たりの貯蓄保有高の推移で、株式が一世帯十四万六千円というデータがあるわけです。これはサンプル調査ですから、実際そのとおり正確であるかどうかちょっとわかりかねますけれども、株式が大衆化したのだから配当についても優遇すべきだということで、その立論に、一世帯当たりの株式貯蓄が低いという現実から見た場合、私はその点ではあまり恩恵がないのじゃないかと思うわけです。むしろ高額の株を持っている人に対する恩典であって、一般には多少の恩典はあるかもしれないけれども、それほど大きなものではないのじゃないだろうかという感じがするわけですけれども、その点はどうでしょうか。

○正木参考人　いまお話しのサンプル調査の例、一世帯十四万円でございますか、それの当否は私何とも申し上げかねます。株式の持ち方にもよると思うので、先ほどお話しのように、会社の持ち株制度に参加しているものは、そのサンプル調査の回答のときにどういうように答えたのだろうかということもございましょうし、それから投資信託を持ち株に入れたか入れないかというような、いろいろな聞き方、答え方があると思いますので、私もそこまで調べませんとわからないと思います。

私はどちらかといいますと、株式を大衆化することはこれはあり得ると思いますけれども、そのために特に公平課税の原則を破ってまで、いまのようなゆがんだ税制を維持しなければならないことはないのじゃないか。むしろ今後ますます、働く人たちの働く意欲が大事なんで、これが国民所得なり国民経済の発展の原動力なんで、何も貯蓄、貯蓄と、そういうものが原動力じゃない。働く人が働く意欲を持つことが必要だ。それをいまのような極端な資本保護的な政策を続けていって、それが素朴な勤労意欲を阻害しないのかどうか、そこが一番おそるべき問題ではないか、こう考えます。

○二見委員　横田参考人にお尋ねしますけれども、利子課税ですが、貯蓄増強に非常にメリットがあるというお話でございますけれども、私はどうもそうは思わないのですね。それで実は意見が反対になってまことに申しわけないと思いますけれども、昭和三十四年の上期から三十七年の下期まで、この間の個人の定期増加率というのが六・五%なのです。このときには一〇%分離だったのです。五%分離になった三十八年から三十九年にかけては個人定期増加率は八%に上がっているわけです。それから四十年上期から四十一年下期には一〇%分離になりまして今度は八・七%、こう見ますと、あまり相関関係はないのじゃないだろうかという感じがするわけです。利子を優遇したからしないからということでもって貯蓄増強をはかるのじゃなくて、個人の可処分所得の増大のほうにこそむしろ貯蓄の増強のウエートが大きいのじゃないだろうか。そういう観点から利子課税に対する優遇措置というのは、私たちとしてはあまり賛成はできないわけなんです。その点についてはいかがでしょうか。

○横田参考人　おっしゃるように、税制の変動によって貯蓄の動向がどう動くかは、単にそれだけを抽出していろいろ論証するわけにまいりません。いろいろの経済情勢の変転等によって影響されるところが多いわけでございますから、この統計の数字がはたして税制と貯蓄との関連を的確に立証しているかどうかという点については非常に問題がございます。ただ、御指摘になりました点について若干御説明を申し上げますと、おっしゃるように、五%分離の三十八年四月から四十年三月まで、これが個人の定期性預金は八%増加した、ところが四十年の四月から四十二年の六月まで一〇%分離というときには八・七%に上がったじゃないか、分離課税率が上がっても個人の定期預金は上がったのだというお話がございましたが、これは全国銀行の個人預金の数字でございまして、むしろ全般的な金融機関、たとえば相互銀行とか郵貯、農協、信用金庫、貸付信託その他を含めますと、五%から一〇%になりましたときには、五%のときは一〇%の増加率、一〇%に上がりましたときは八・八%と、かえって貯蓄全体は下がっております。銀行としては上がっておりますけれども、貯蓄全体としては下がっておるという数字が出ております。それから、この間に、たしか私の記憶では、少額貯蓄非課税制度が拡充されましたので、そういう意味で、一〇%分離がありましても少額貯蓄非課税制度の利用者がふえると、貯蓄率が上がっているということが抽象的には言えるわけでございます。

少なくともやはり貯蓄を税制面で優遇するということは、世界各国やっている国が多いわけでございますし、貯蓄奨励策を行なうということは常識ではなかろうか。いわゆる新しい理論でいきますと、可処分所得の増大に比例するから、何も貯蓄は増強策を講じなくても自然にふえるのだという考え方はもちろん学者の中にはございますけれども、現実の世の中はそうではない。むしろ消費性向が非常にいま高くなっている。先ほど申しましたように、四十四年は四十三年に比べて〇・五%貯蓄率が下がっておる。そういう状態でございますから、やはりこういう時期には何か優遇措置を講じていただきたい、こういうことでございます。

〇二見委員　正木参考人、たしか法人税は景気調整としての役割りを果たすべきだという御意見をお述べになられたと思います。私もその意見は賛成なんでありますけれども、ただ瀬川参考人はむしろ景気に中立であるべきだ、こういうお立場での陳述があったように思いますけれども、瀬川参考人の意見を踏まえた上であらためて正木参考人の御見解をお伺いして終わりたいと思います。

〇正木参考人　非常にむずかしい問題でございますけれども、税をいろいろ景気調整に使うというやり方が各国によって違っておりまして、たとえばイギリスのように、国内消費税的なものをレギュレーターとして初めから考えておる、あるいは所得税等を使うこともございます。結局何を使うかは、それぞれの国における景気変動、所得変動を小幅にする力があるということによるのだと思います。日本のように、主として景気変動の起こるのは消費の変動よりも企業の設備投資の変動あるいは在庫投資の変動になります。そうしますと、それをアンチサイクリカルに作用をさせるのは法人税が一番きき目が早い、それと金融、この両面を働かしていけば、かなりブレーキとしてはきくのではないか。これが税制をやっておる人たちの大体の意見であると思います。そういう意味において、私は今後日本において、金融だけによって景気調整が果たされないこの時代において、ますます必要になってくる。その場合に従来よりも思い切った制度を何とか考えなければならない時期に来ているだろうということを申し上げたわけであります。そのためにはやはり、前に不景気のときに下げたならば、それは好景気になったときすんなりとそのまま戻してくれるような財界その他の空気になっていなければ、とうていそれは幾ら法律をつくってもできないのであります。日本はすでに数年前に景気調整の意味で、特別償却を政府がつくりまして、それをやめることができるというようなことがきまっておるのでありますが、それが実際上この前の前でありましたか、日銀でやりましたときに発動できなかったことがありまして、要するに幾ら制度をつくりましても財界がそれを受け入れてやるという意気込みがないと私はできないと思う。そういう意味において今度の法人税の二%戻しというのが二%にならなかった。そうしてしかも二年間の限時法だというようなことについて非常に残念であった、すんなりいかなかったことが非常にまずいのではないか、こういう感じがいたします。

（中略）

〇阿部(助)委員　配当所得の課税最低限が三百四万余円、そうしますと、現在の所有株価でいったら大体どれくらいの株が要るのですか、原価で。

〇細見政府委員　平均利回りがどれくらいになっておるかによりますので一がいに言えませんが、もし五%であれば御承知のように二十倍になるということでありましょうし、非常に資産株的なものに投資しておられて七分とか六分とかであれば十数倍というようなことになろうかと思います。

〇阿部(助)委員　いずれにせよ、不労所得の人たちが三百四万円何がし、勤労者の所得の課税最低限の三倍だということは、けさから大銀行の方や証券会社の方がいろいろとお述べになっておるけれども、これは私たちも納得できないし、国民も納得のできないところだと思うのです。こういうのはもっと思い切ってやはり整理する必要があろうかと思うのです。皆さん努力しておる、こうおっしゃるのでしょうけれども、一段とこれはピッチを上げて努力をしていくべきだと思いますが、いかがですか。

○細見政府委員　配当控除の問題を抜本的に改正いたしますのには、どうしても法人税と所得税との両方の仕組みと申しますか、端的には法人税の仕組みというものを考えてまいらなければ抜本的なことができないことは、御案内のとおりであります。

そこで、けさほどもお話が出ましたように、資本金一億円未満の法人が実に九九％を占めておる状況でありまして、これらの法人について申せば、シャウプが当初申しておりましたように、事業を法人の形態で営もうと個人の形態で営もうと、税負担があまり違ってはいかぬじゃないかというのがあるのだろうと思います。たとえば、親族あるいは同族で資本金三、四百万円の会社を経営しておられた場合に、それを個人の場合と法人の場合とでは税負担が、法人の場合は二回税金がかかる。法人の段階でかかって、配当したらまたかかる。あるいは、そんな小さな段階では配当は要らないかもしれませんが、やはり使用人もだんだんふえてまいれば、そこに給与体系というようなものも設けざるを得ない。給与体系を設ければ、社長だけ無際限に給料を取るというわけにもいかない、あるいは専務に非常な多額の給料を出すわけにはいかぬということになれば、ある程度のものはやはり配当として配分することも考えなければならない。そういう場合に、個人からいわゆる非同族の大法人になる過程でいろいろな法人があり、しかもそれが現実に日本の経済としては大部分を占めておる。それについて、抜本的な認識を立てて、整理統合あるいは分割の基本方針を立てた上でないと、配当控除を徹底した制度としてどう考えるかということにはなかなか問題があるわけでございます。そういうところもありまして、これをさらに一歩進めてまいりますのには、その検討とあわせ行なわなければなかなか納得を得にくいのではないか。この意味で、私どもとしてはできるだけのところまできて、所得税の負担におきまする不均衡をできるだけ直して、確かに一年、一年は多くなりますが、四十七年以降は二百四十万程度になりまして、現在よりも、配当所得のみによっていかれる方のいわゆる非課税限度は薄くなるわけでございます。その辺の努力を認めていただきたいと思うわけであります。

○阿部(助)委員　あなた、いま一億円未満の会社が九九％あるというのは、会社の数でございますか。——そうすると、一億円未満と一億円以上の会社の法人税の税額はどうですか。

○細見政府委員　所得で申しますと、一億以下が四割、一億以上が六割が稼得所得であります。

○阿部(助)委員　九九％で四〇％の税金を納めておる。そういう点からいけば、大きいところと小さいところとの処理のしかたもおのずから出てくるんじゃないかと思うのです。だから、それをいままでどおり温存するためにそういう理屈をお述べになっても、国民は納得しないんじゃないか。それならば、法人税三百万で二つに分けられるものならば、四つに分けるということもできるわけでして、分ければいいじゃないかという理屈も私は立つだろうと思うのです。皆さんは立てにくいだけの話であって、二つに分けられるものが四つに分けられないはずがない。一年間で七百万も利益をあげる会社があるのですから、それと一緒くたにするなんということは、いまの税のあり方からして納得はできないんじゃないか。実在説だ、擬制説だというような論議の先に、もう少しこれを累進的な分け方をされるのがほんとうじゃないかと思うのですが、そういう意図は全然ないんでありますか。

○細見政府委員　法人税に累進税率をさらにこまかく刻んだらどうかというような御提案であるといたしますと、これは御承知のように、法人というのは自由に分割も併合もできるわけでして、所得金額に応じて累進税率で課税する制度を導入いたしますと、その法人は分割をするとか、税制によって法人のあり方というのがゆがめられてくるという一面がございます。また逆に、そういう所得の大きさじゃなくて、資本金との対比で収益率の大きな企業に重い税を課したらどうか。つまり、資本金対収益率の大小によって累進税率を設けるという考え方もございますが、これによりますと、結局、結果的には中小企業のほうが重課になるというような問題もございます。

さらに、基本的には、法人と申しますのは、個人のように税を払うことが即犠牲であるとか、あるいは負担能力とか、そういう観念にそもそもなじまない存在であろうと思いますので、法人の段階でそういう累進税率を設けることは、いわば中間的なたまりの所得に対しての累進税率になりますが、そこはある程度フラットな税にして、それが個人に最終的に帰属する段階で総合して累進課税を行なうというのが税としては一番すなおで、応能的で、あるいはまた税制としてもすっきりした税制ではないかと私どもは考えておるわけであります。

○阿部(助)委員　そういう筋を通されるならば、やはり配当なんというものは三百何万まで非課税ではなしに、全部個人の所得は総合して累進にされるならば、私も局長の御意見に賛成をするのだが、そっちのほうは別にしておいて、こっちのほうは別な理屈を立てられても、これは納得ができないところなんです。

（以下略）

衆議院　大蔵委員会議録第二十五号

昭和四十五年四月十四日(火曜日)

出席委員
委員長 毛利　松平君
理事 上村千一郎君　理事 金子　一平君
理事 藤井　勝志君　理事 山下　元利君
理事 広瀬　秀吉君　理事 松尾　正吉君
奥田　敬和君　木野　晴夫君
木部　佳昭君　木村武千代君
坂元　親男君　田村　元君
高橋清一郎君　地崎宇三郎君
登坂重次郎君　中島源太郎君
丹羽　久章君　原田　憲君
福田　繁芳君　坊　秀男君
松本　十郎君　吉田　重延君
平林　剛君　堀　昌雄君
美濃　政市君　八木　昇君
貝沼　次郎君　伏木　和雄君
二見　伸明君　岡沢　完治君
永末　英一君　小林　政子君

出席国務大臣
大蔵大臣　福田　赳夫君

出席政府委員
大蔵省主税局長　細見　卓君
大蔵省理財局長　岩尾　一君

委員外の出席者
大蔵大臣官房審議官　安川　七郎君

（ほか略）

（中略）

本日の会議に付した案件
所得税法の一部を改正する法律案（内閣提出第二一号）
法人税法の一部を改正する法律案（内閣提出第三四号）
租税特別措置法の一部を改正する法律案（内閣提出第五七号）

○**毛利委員長**　これより会議を開きます。

所得税法の一部を改正する法律案、法人税法の一部を改正する法律案及び租税特別措置法の一部を改正する法律案の各案を議題といたします。

質疑の通告がありますので、順次これを許します。

（中略）

○**平林委員**　配当についての負担は据え置かれたわけですね。これは一体なぜかということなんです。株価の状況を見てみますと、昭和三十九年当時の平均は大体千二百五十二円、昭和四十年の七月、例の山一証券の問題が起きたときは千四十六円。しかるに現在、昭和四十五年一月現在で見ますと、二千三百二十六円。株界の状況も非常に変化がある。法人税負担は昭和四十年、四十一年の改正についてのいろいろな議論はあったけれども、それの取り戻しという意味でここに若干の引き上げが行なわれたとするならば、配当分の負担を据え置いたというのはおかしいじゃないか、どういうわけですか。

○**福田国務大臣**　配当にいたしましても留保分にいたしましても、企業が払う税金なんです。ですからそれは一体として見てもらわなければいかぬ。とにかく企業に対しましてはその留保分について増徴を行なう、こういうことで、実現する手段としては荒いところがあるかもしれませんけれども、とにもかくにも法人に増徴をいたしましょう、こういうようなことで臨時的にさような考え方を採用したわけです。

○**平林委員**　所得があっても税金を取らないという規定が所得税法第九条にあるのでありますけれども、概略でけっこうでございますから、この点についての概要をちょっと御説明いただきたいと思います。

○**細見政府委員**　非課税所得がここに列挙されておるわけでありますが、十一が、有価証券の譲渡による所得のうち、そこにイ、ロ、ハとありまして、継続して売買する所得、あるいは相当数を買い集めて、いわゆる買い占めによってその利益を得た所得、それから事業を譲渡するのに類似した有価証券の譲渡、その三つを除いた有価証券の譲渡所得は非課税にするというのであります。第十二号は、オープン型の有価証券の譲渡所得に見合う部分の非課税であります。十三も同様であります。十四が、減資による資本の払い戻し。ですからこれは所得関係が発生しないということであります。十五号が、解散のときに残余財産の分配として交付を受ける金銭、並びに金銭相当の対価であります。十六が、合併交付金でありますから、十五とはほぼ同じ性格の金であります。

○**平林委員**　私がこれから取り上げたいと思いますのは、その第十一号、すなわち「有価証券の譲渡による所得のうち、次に掲げる所得以外のもの」は税金を取らないという規定についてであります。これによりますと、ただいま御説明がありましたように、「継続して有価証券を売買することによる所得として政令で定めるもの」。今度この政令を読んでみますと、少し省略いたしますけれども、「その売買の回数が五十回以上であること。」「その売買をした株数又は口数の合計が二十万以上であること。」これ以外のものについては所得があっても税金は取らない、こういうことになっておるわけであります。

　そこで、私がお尋ねいたしたいのは、こういうきめをしたのはなぜか、またその有価証券の売買を行なう者が、たとえばその回数が五十回以上でなくて四十九回であったならどうなんだ、そのときは、口数が二十万でなくて、五百万であろうと一千万であろうとも税金は取らないのか、こういうような実例はあるか、こういう点につきましてちょっと御説明をいただきたいと思います。

○**細見政府委員**　その政令は所得税法施行令の二十六条でありますが、第一項に「営利を目的とした継続的行為と認められる取引から生じた所得」が基本的に株式の譲渡所得課税の対象になる所得だといたしまして、しかしその「営利を目的とした継続的行為」が、外形的に判別するのは非常にむずかしい問題がございますので、二項のほうにおきまして、そういう営利を目的としたというような意図をいわば外形的にそんたくできる基準として、五十回、それから二十万株という二つの要件があるわけでございます。したがいまして、かりに四十八回でありましても、第一項に該当して継続的に営利目的である方については課税になりますし、そうでない方は四十八回であれば非課税ということになろうかと思います。それから株数が二十万株をこしました場合におきましても非課税になるものといたしまして、その三項に、株式の公開の方法によって株式を売り買いした場合におきましては、この株式の譲渡は売買に含まないということになっておりますので、この場合において二十万株あるいは五十回ということをもこし得る場合があると思います。

○**平林委員**　お答えが十分じゃないのですけれども、こういう措置をきめたのは、結局株式の上場を促進するのが一つの目的である。それからもう一つの目的は、株式を民主化していくというような意図がある。これは株式の公開の目的でありますけれども、そういうような趣旨も兼ねて私はこの規定があると理解をしておるわけでありますけれども、そこで問題は、この第二十六条の第三項の中に、いま申し上げましたような趣旨で、株式の公開をした場合、この株式を譲渡しても税金を取らない、こういうようなことになっておるわけでありますが、少し具体的な事例を承りたい。

　ここ二、三年の間におきまして、東京、大阪、名古屋証券取引所におきまして、この規定に基づきまして株式の公開を行ない、あるいは新規の上場会社ができ上がっていくというような例はどのくらいございますか。

○**安川説明員**　東京証券業協会の公開の場合でありますと昭和四十三年に八社ございます。昭和四十四年に十三社、それから本年は現在までに十一社ございます。

○**平林委員**　それらは新規の上場会社として株式を公開されたわけでありますけれども、大体公開した株数というのはどのくらいなんでございましょうか。

○**安川説明員**　株数は、当該公開をいたします会社の規模によりまして非常にまちまちでございます。少ないのは五十万株程度から、大きいのは、たとえば銀行等につきましては二、三千万株というような範囲にわたっております。そこで昭和四十四年度の十三社の公開株数の合計を申し上げますと二千四百八十万株になっております。それから本年現在までに東京で公開されました株数が四千百万株、この中には銀行の相当大きいものも含まれております。

○**平林委員**　昭和四十三年度の実情でありますけれども、ただいまのお答えによりますと八社ある。まあ話を具体的にするために、この八社の中でひとつきわ立った例をお示しいただけませんか。

○**安川説明員**　ある会社の場合でございますが、これは公開株数が一千五百万株でございます。そのうち、これは中小企業でございますので、会社の社長が大部分持ち株を保有しておりましたが、その社長が放出いたしました株が約一千万株弱でございます。そこで公開いたしました値段が三百三十円でございます。公開後市場で最初につきました値段が六百六十円でございます。かような状況でございます。

○**平林委員**　そこでそろそろ大蔵大臣にお尋ねをしてまいりたいと思うのでありますが、ただいまお話がありましたＡという会社が、所得税法第九条十一号、そしてこれに基づいた施行令の第二十六条第三項第二号の規定によって株式の公開をした場合、

Aの会社は千五百万株公開をしている。社長さんは一千万株を放出した。おそらくその会社の経営に当たっている者は数人でございましょう。これらの人が株式を公開したことによって、五十円の株が公開をしたときは三百三十円、ということは二百八十円だけ利ざやが出るわけでありますね。そこに生まれる所得は合計で四十二億円。社長さんが公開をしたもの、二十八億円、これだけの所得があっても一銭も税金が取られない。いかに所得税法第九条の非課税、そしてそれを受けての施行令第二十六条、株の公開、それが民主化とかあるいは上場の促進とかいう大義名分がありましても、一人の社長が二十八億円の所得があっても所得税は一銭も取られぬ。Aという会社の創業者が四十二億円の利得があっても、そのグループは一銭も税金は取られない。私はこれは非常に現実に合わない、こう思うのでありますけれども、大蔵大臣の御見解はいかがですか。

○**福田国務大臣**　この二十六条第三項のほうの問題ですね、この制度の考え方といたしましては、上場の促進、こういうふうになっておるわけでありまず。ところがこれを適用した場合に、いま御指摘のように、その譲渡所得を生ずる株主、これの捕捉が、あるいは容易であるという場合もありましょう。あるいはこの所得の額が非常に多額にのぼるという場合もありましょう。そういう場合になりますと、上場を促進する趣旨だといって設けられた制度ではありますけれども、お話しのような不均衡を生ずる事態もまたあり得るわけであります。そういうこともありますので、なおこれは検討してみる、そういうことにいたします。

○**平林委員**　検討することはいいのですが、どういう方向に検討されるかという問題なんであります。私はいまAの会社の例を申し上げましたが、私の得た資料によりますと、Bの会社、これは建設業を営む法人でございますけれども、同じようにこの株式の公開を昭和四十三年に行ないました。ところが五十円株は公開するときに百八十円である。取引所でそれが公開をされて売買をされたときは一挙に二百六十五円になる。公開の百八十円というのを例にとってみますと、その差は百三十円、いま申し上げたのは建設会社でなくて油加工なんかをやっておる会社ですけれども、その会社は約十五億円のさやをかせいでおる。税金は一銭も取られていない。Cの会社の例を見ますと、これは電機関係の法人でありますけれども、公開の株数は四百八十万株、公開したときの価格は二百六十円、取引所に持っていったら六百七十円。五十円株が一挙にこれだけにはね上がった。合計をしてみますと、私の計算で十億八千万円、所得税は一銭も課せられない。昭和四十三年の八件、それぞれ私がいま指摘をしましたような巨額のプレミアムがついておるけれども、所得税は一銭も課せられておらぬ。昭和四十四年になりますと、これまた非常にぐんとふえまして十三社。これは東京だけですね。大阪、名古屋を含めればもっと数が多い。ことしに入って昭和四十五年一月から現在まですでに七社、これから予定されているものは十社ある。そのいずれもが大体同じような傾向なんであります。ここ二、三年の例をとりましても、私の試算しただけでも六、七百億円になるのですね。その六、七百億円の所得に対して一銭も税金は取られないというのは、これはもう、どうも常識から考えてみてもおかしい。大蔵大臣は、これは検討してみたいとおっしゃるが、どういう方向で検討されるかということを私は承りたいと思うのです。

○**細見政府委員**　若干技術的な点を補足して御説明申し上げたいと思います。

株式を公開されるときにそれだけの利益が出るということは、株式を売られなくても、その株にそれだけの資産価値があったわけです。国によりまして譲渡所得を課税しない国があるというのは、譲渡によってそこに新しい所得というものは何ら発生しない。すでに手元にその富はできておる。会社としてはその富はできておるわけです。それを株式市場の振興、あるいは資本市場の振興ということで公開をするわけでありますから、御本人にとっては、いまおっしゃった四十億の利益の出た会社は、四十億というのは株を売らなくても中にあるわけです。それを証券政策のために特に公開上そういうことをするわけでございまして、そういう意味で、議論もございましょうが、その方がかりに株式を公開されなくても四十億の富があり、その四十億の金が何らかの形で個人の資産になれば、その方にとって、所得税はかかりませんが、相続税の問題は起こってくるわけでありまして、その問題は株を公開されようがされまいが同じ形で起こってくるわけでありまして、そういう意味で、譲渡所得の問題はいろいろ政策的なものをも考えなければならない要素を含んでおるわけであります。

そこで、一般的に株式の譲渡所得をなぜ課税しないかということでございますが、株はもう当然のこととして売りと買いがあるわけで、だれもがもうかるわけではなくて、だれかがもうかるということは、反面必ず損をする人も出てくるわけです。それらのことを徴税上いろいろやってまいりますと、アメリカで譲渡所得税が非常にむずかしくなりましたのは、株式を譲渡所得が出たときだけ課税するといたしますと、そういう株を売るような人たちは同時に下がった株を持っているわけであります。その下がった株を証券市場に売りますと、結果的には譲渡所得が消せるというようなことで、いろいろむずかしい問題もありますので、日本のように有価証券取引税で、その間に何らかの富が動いた、その富の形を有価証券譲渡税として、流通税として取るのが一つの考え方ではないかということで、日本の税制としてはそれなりにやはり意味もあり、またいままでの役割りも果たしてきておると思います。

そこで、なぜ公開のときに特に譲渡からはずしておるかと申しますと、これは私、かつて証券課長をしておりまして一番困ります問題は、いわゆる青空市場ができまして、取引所の規制を受けない私的な売買がどんどん出てくるわけであります。これがむしろそういうことにならないで、公的な規制のもとに取引をさせるということになりますと、どうしても一定数量の株式がなければ公的な規制というのはできない。もし株式が少ないと、せっかく証券取引所で規制いたしましても、特定の人が買い占めるとかいろいろな問題が起こって、いわゆる証券投資の健全化が行なわれないというようなことになります。この問題につきましては、そういうような事情の一端を申し上げたわけでありますが、そういう複雑な事情がからんでおりますので、検討いたすにいたしましてもよほど慎重に検討いたしませんと、かなり複雑な利害を調整してでき上がっておる制度でございますので、非常にむずかしい問題があるということを重ねて申し上げておきます。

○平林委員　いまの御答弁というのは何ですか。含みがあるから譲渡して所得が生まれる。所得が生まれるところに税があるわけですよ。勤労を売って、所得税は課せられているわけですよ。含みがあろうがなかろうが、所得の生ずるところには税が公平に課せられるのがあたりまえ。青空市場ができるなら、青空市場ができないように規制をすべきですよ。それがゆえに四十億円も二十億円も十億円も、所得があっても税金を取らないという制度が残っておるほうがおかしいのであって、これは検討して、そして何とか一般の国民も納得できるような線を見出すべきである。

大蔵大臣、検討するだけでは困るのですよ。たとえば譲渡所得なら譲渡所得税のような形をとればいい。私は賢明なる大蔵大臣の英断が必要である、こう考えておるわけでございまして、もう一度お願いいたします。

○福田国務大臣　この制度は、証券市場にすでになじんでおる税制でございます。そこで、これを改正するあるいは廃止するということになりますると、かなりこれは証券市場に影響のある問題だというふうに考えるわけであります。これはなお最近の事例とか、そういうようなものもよく見るし、今後の趨勢等も考えますが、慎重に検討してみます。あなたのおっしゃる御趣旨のほどはよくわかりました。

○平林委員　もう一つ、この施行令第二十六条で、先ほど私が指摘いたしました売買の回数が五十回以上、その売買をした株数または口数の合計が二十万以上である以外は非課税であるという点も説明がなかった。五十回、二十万というのは何を根拠にしておきめになったのか。それは営利を目的としないということであったといたしましても、いろいろな抜け穴が考えられる。たとえば証券会社に参りまして、ほんとうは五百万株ほしいのだけれども、この制限があるからひとつ分割してどうでしょうか。そしてこの施行令に該当しないように分けて、Aさん、Bさん、Cさん、Dさん、Eさん、Fさんと分けたならば税金はかからないわけでありまして、この問題の検討も私は必要でないかと考えておるわけでありますが、主税局長、きちっと答弁してもらいたい。

○細見政府委員　概括的に規制いたしますと、その規制をのがれる新たな知恵が出てきて、税の問題は追っかけるほうと逃げるほうとの鬼ごっこになるきらいがございます。しかし、特にこの種の取引は税の分野でも非常にむずかしい分野でございますので、知恵には知恵をもって対処できるように勉強してまいりたいと思います。

○平林委員　一度私は徴税当局もひとつ具体的な調査をやるべきだと思うのですよ。大蔵大臣も今後国税庁に対して、この問題について具体的な指示をしていただきたい、こう思うのですが、いかがですか。

○福田国務大臣　これは売買が五十回であるかあるいは四十九回であるか、五十五回であるか、その辺、見方によりましていろいろ問題があるのです。ずいぶんそういう紛争案件が多うございますが、こういう制度を撤廃しますとなおさら、営業的、事業的な意図でやったのか何かというような意思判断までしなければならぬことになりますので、制度上こういう制限を置くことはしようがないと思うのです。しかし、その制限を置いた以上、なお私からも厳重にこの趣旨を体して税務の執行に当たるように注意をしたいと思います。

（中略）

○二見委員　配当控除に関連して一点お尋ねしたいと思います。配当控除は高額所得者に対する優遇措置という批判もありますし、廃止の方向で政府も取り組んでもらいたいと思うのです。

ただ、そこで一番問題になりますのは、中小企業の立場から考えてみた場合に、株主と経営者というのは一体なケースが非常に多いわけです。そうすると、法人税を取られてなおかつ配当所得に課税されるのは、中小企業者にとって非常に過酷な税負担になるわけです。この点はこれからも考えなければならぬ問題だと思います。結局これは現在の法人税制に問題があるんじゃないだろうか。それは経営と資本の分離した大企業も、それから経営と資本が密着している中小企業も、一括して同じ税制でもって取り扱う、同じ税制に服させる、そういう現在の法人税制の立て方そのものにこういった点の矛盾が起きてくるんじゃないだろうか、不合理が起きてくるんじゃないだろうか、そう私思うのですけれども、総理の御見解はいかがでございますか。

○福田国務大臣　いま二つ問題があると思うのです。つまり配当軽課をどうするかという問題と、もう一つは中小企業と法人を一定の税制でやっておるがどうかという問題だと思いますが、配当軽課は、お話しのように配当所得に対しまして課税への配慮でありますから、現行税制ではそれをはずすことはなかなかむずかしい。ただ、根本的に軽課措置をやめてしまうということを検討すべしという議論があります。非常に根本的な議論になりますので、それは私どもとしても今後検討するにやぶさかではない、こういうふうに考えております。

それから中小企業と大法人を分けるという問題は、なかなか複雑ないろいろな問題が派生する。それは中小企業のままでいいのではないか、こういうことになりますので、別個の税制体系は非常に困難な問題がある、こういうようにいま考えるわけでございます。しかし、中小企業は中小企業なりにこれに対する対策をとらなければならぬというので、今回の税制改正におきましては、特別に法人税率の引き上げは中小企業に対してはこれを行なわないということをいたしますとか、さらにさかのぼっては中小企業の軽減税率を設けるとか、あるいはいわゆる中小企業振興の特別措置がいろいろとられておるわけであります。私は、なかなか、その後者の点の中小企業と大法人を区分すべしということは非常にむずかしいと思いますが、配当軽課の問題は法人税の根本問題でありますし、これを検討したらどうかという有力な議論もありますので、今後なお検討を続けていきたい、かように考えております。

(中略)

○堀委員　私はいろいろな資料を見ておりまして、配当軽課がほんとうに配当そのものに役立っておるのかどうかという点については、全然実はそうなっていないということが資料で非常に明らかになっておるわけであります。

国税庁が出しております「法人企業の実態」というのを調べてみますと、昭和三十七年から四十二年までの間に、配当と社内留保を合わせましたものは益金の中で大体五五%ぐらいのところをずっとこうまっすぐきておるわけです。裏返せば、役員の賞与と法人税と社外流出とが、これまた同じように四五%ぐらいのところへずっとこう益金の中できているわけですね。法人税が、そういう意味で下げてきた経過があるにもかかわらず、配当のほうは全体に占める比率は逆にどんどん下がってきている。内部留保のほうがどんどんふえてきているというのが実は具体的な過去から今日までにおける姿になっているわけですね。

それだけではなくて、「日本証券業協会連合会の行なった「企業税制に関するアンケート調査」(昭和四十四年七月)によると、配当軽課措置の導入と配当率の関係について、「配当軽課措置とは関係なく、増減配あるいは配当率の維持を行なった」と答えた者が約九〇%に達し、また、配当損金算入方式が導入されたと仮定した場合、減税分を主として配当にまわすと答えた者はわずか一二%しかいない。」こういうデータがあるわけですね。このようないろんな過去からの沿革を調べてみますならば、今日ここで二六%にしておこうが、今度これを五%上げましても、現実には配当そのものに関係はない、こういうふうにこれらのデータから判断ができると思うのですね。

かつては、大臣も御承知のように、配当の関係は四二%一本であったときがあるわけです。昭和三十三年まではずっとこれ一本の税制できたものが、三十六年の税制改正でいきなり一〇%も落として二八%に配当分をしたという歴史的な経過があるのであります。少なくともこれらのデータや過去における傾向から見るならば、今度何もこの配当を据え置く必要はなかった。今後のこういう法人税の検討をする場合にはこの問題を含めて検討をしておく必要があるのではないか、こう思いますけれども、大臣、この点はいかがでございましょうか。

○福田国務大臣　今回の措置は、四十年、四十一年の減税のときもこれを動かさなかったことと、もう一つは、総選挙後一カ月余りでこの税制をきめなければならぬ、そういう際にお話しのようなこまかい検討をする余地がなかった、こういうことです。今後の検討問題といたしたいと思います。

○堀委員　租税特別措置は、大蔵省の書いておるものを見ますと、財源的に非常に比重がかかっておるように書いておるわけですが、大臣は今度のこの制度を導入された主たる理由は何でございましょうか。

○福田国務大臣　主たるねらいは、景気に対しまして財政においても警戒的な姿勢を示す、こういう意図であります。

○堀委員　これは、いまの財源もさることながら、これまでしばしば私が論議をしてまいりましたフィスカルポリシーの逆の側面ですね。かねてから私は増税によるフィスカルポリシーという問題を論議をしてまいりましたが、その点を考えるならば、確かに時間的な余裕はなかったと思いますが、より効果的なのは一緒にやるべきではなかったのか。財源的な問題でこのくらいの財源でよろしいというのなら話もまた別であったかと思います。

　正木参考人がちょっといみじくも触れられたわけでありますが、この制度は実は一応二カ年の制度になっておりますね。ところがちょうどこれが二カ年たちますときには、国債二千億円の償還をする年に入るわけです。もちろんそのときの財政規模は、現在が七兆九千億円、去年とことしが一兆三千億円の伸びで、少しずつ伸びがふえるとして、二年後というのはおそらく三兆円くらい伸びて十兆五、六千億でありましょうから、その中における二千億はそうたいしたことはないと思いますが、その次の年からは、昭和四十八年になると六千七百五十億円、その次の年が七千二百億円、こういうふうに非常に大きな国債の償還がくる。国債が償還になったときは、政府は一体何らかの処置を今日から考えているのかどうか、この点は大臣いかがでございましょうか。

○福田国務大臣　四十年に発行しました二千億円ですね、これは四十七年に現金償還します。その準備をしておりますので、つまり国債整理基金に償還財源をためておる。それから四十一年に発行した六千七百五十億円、これは借りかえ償還を中心にして、財政の余裕がありますれば現金償還も加えたい、かように考えております。

○堀委員　そうすると、このあたりでは借りかえをするとなると、四十八年にいま出しておるベースの国債と、そこへ借りかえの分と重なるわけですから、財政負担として相当大きな負担になるのじゃないだろうか、こう思うのですね。

　理財局長に事務的に伺いますが、国債のいまの利回り問題は、事務的には大体いつごろ決着をつけたいということですか、日程的に。

○岩尾政府委員　国債の条件ですが、事業債について三月、条件の改定をやります。そのあと、事業債は非常に資金の需給が逼迫しておりますので、この消化をよくやっていかなければならない。そういう状況の中で国債の条件をどう改定していったらいいかは非常に微妙な問題だと思うのです。ただ、私らは、四十五年度は四千億市中消化もありますが、四月、五月、九月、十一月は資金の需給がゆるむときでございますので、この機会になるべくたくさん消化したいという気がございます。しかし暫定予算の関係もございますので発行できないという状況になっております。さような条件を考えまして、まだ接触はいたしておりませんが、銀行その他消化先といろいろ、多量に消化してもらう話を進める段階できめていくことになる、かように考えております。

○堀委員　当分の間は、国債にかなり比重がかかる時期がこれから先にくるわけですね。四十八年、四十九年、五十年は六千七百五十、七千二百、四千七百億くらいでちょっと下がりますけれども、しばらくとダブってくるわけです。この際、私は、国債を持っておる人たちが、七年でこの利子だから国債を持っておると思わぬのですね。いまのように七年で、現金償還されてしまうというなら話は別ですが、主として借りかえになるというのが前提になるならば、ものの考え方としては、国債の長期化と同時に高利回りをもう少し考えるほうが、個人消化の足しになるのじゃないだろうか、こういうふうな気がするわけですが、大臣この点はいかがでしょうか。

○福田国務大臣　当面の問題としては格別、もう少し長期な問題とするとそのように考えます。やはりこれは国民に進んで持ってもらうというふうに逐次持っていかなければならぬ。ただ七年を長期化する問題は、他の政府保証債でありますとか、あるいは事業債とか、それがみんな七年になっておる。それとのつり合いを見ながら七年と一応しておりますけれども、これは逐次長期化を考えていくべきものである、また考えていい、さように考えております。

○堀委員　私もその点たいへんけっこうだと思うのですが、政府保証債と国債は非常に関係がありますから、これはセットで考える必要があると思いますけれども、金融債は、すでに私は金融制度調査会の皆さんに、金融小委員会でかつては言ってきたのですが、やはり長期資金は七年のものは十年なり十五年なりの方向にシフトさせるのが本来の姿だと思っておるのですが、七年という金融債は非常に中途はんぱだと思います。しかし事業債、国債、政保債は必ずしも同じベースの七年でなければならないとは思わないわけです。ですからその点は、実はもう少し国債はユニークな立場に立っていいんじゃないか。特に建設公債のような性格を持っておるとすれば、七年の償還はやや実態に合わないという点もあると思うんですね。この点はひとつ年期を延ばすほうに比重があるのではなくて、長いものは利子が高くなるというのが原則ですから、そういう意味ではこれはしょっちゅう買ったり売ったりする対象になるのではなくて、ある程度資産というかっこうで国民がこれを持とうという気持ちになるためには、どうしてもやはり安定しておるので国債は非常にいいと私は思うのですが、同時に利回りもいいんだということにならないと、いまのように、進んで買うということにならない。

所得の中で、今度五十万円までの国債非課税問題が五カ年延長になっておりますね。この間銀行協会会長、証券業協会会長に参考人に来ていただいたときにこの問題を出したのは、まずいま国債の非課税は五十万円なんです。ところが、要するに貯金利子のほうは百万円まで実は非課税になっていますね。私はなぜ銀行その他の利子は百万円、たとえば公社債投信のようなものでも百万円までは非課税になるのに、国債が五十万円というのはずいぶん遠慮をしているなという感じがするんですね。だから私は、別建てで、百万円までを非課税にしたってちっともかまわないんじゃないか、国民が国債を買うという観点に立てば。そうして今度五年延長になっているようですが、国民が喜んで買うというときに、百万円は貯蓄としますと、必ずしも国民の側からすればそれを常にいつでも金にかえなければならぬというのじゃなくて、いまの生活なら四、五十万程度は、いつ何か不時の病気をしたりいろんなことをしたときに要るかもしれないということで、これは預貯金にしなければいかぬでしょうが、それ以上のものは、換金性があるというのなら、安定のもので長期に持ったっていいんじゃないか、そういう意味で私は非課税を百万円にしたって国債の場合には問題ないのじゃないか。そうすると、相対的に利回りが百万円までもう一つ上がりますから、そういうメリットを加えて、できるだけ幅広く国民に国債を持たせることが、日銀引き受け的国債からあるべき国債にシフトさせる一つの大きな問題点になるのじゃないか、こう思いますが、大臣その点はいかがでしょうか。

○細見政府委員　百万円のワクは、国債を買いましても預金をしましても貸付信託を買いましても、あるいは公社債投資信託に投資してもいいわけです。そのほかに五十万が国債だけにある。ですから、国債が好きだといわれる方であれば百五十万円買えることになっております。

○岩尾政府委員　ただいま主税局長が申しましたようなことで、百万円の非課税があった上にさらに国債について五十万がある。これは五十万の額面については、従来五十万で二年間ということであったわけです。しかし先生のおっしゃるような国債自体の個人消化を進めていくためには、利子に課税しないことにいたしますと、おそらく一番いい利回りになるわけです。したがってそういうことから、五十万までは従来やっておったものをさらに延長いたしまして、五年間そういう制度を続けることにしたわけです。

○堀委員　そうすると、私は百万円分の国債は非課税にしてもらいたい、こういうときにはこれは一体どういう処置をとっておるのですか、具体的には。

○細見政府委員　公社債投資信託と同じように、買い入れましたところで少額貯蓄非課税の取り扱いをするわけでございます。

○堀委員　そうすると証券会社が事務的な取り扱いをするわけですね。

そこで大臣、実は私この間銀行協会と証券業協会の責任者に伺ったのですが、証取法六十五条というのがございまして、金融業、要するに銀行その他の金融業は、証券の扱う固有の業務、証券の売買、引き受け、発行等はできないのですが、ただし書きで、国債それから政府保証債、地方債についてはこの限りでない、こういうふうに法律的にはなっておるわけです。今日国債は証券会社しか実は売っていないわけですね。ところが、最近証券業はたいへん成績がいいのですけれども、証券業はいなかのほうではほとんど存立がしないというので、どんどん吸収合併というかっこうになりつつあるというのが最近の傾向なんですね。

そこで、証取法も認めておることであるから、金融機関にも少し国債を売らせたらどうなのか、こういうふうに思ってお尋ねをしたら、銀行側はたいへんけっこうです。証券側は値段が変動するものを銀行が売られるのはまずいんじゃないだろうかとか、銀行が国債を売ると預金が減るんじゃないだろうかというようなお話もあったのですが、できるだけ国民が国債になじむという意味では、もし銀行が売りましょうというのなら銀行にも売らしたらどうか。

要するに、いま銀行はシンジケートの中に入って、そうして国債を買わされているわけですが、それが事実上は日銀に一年ほどたてばオペレーション種としていってしまうわけですから、もし銀行の窓口で売るとなれば、それだけ自分たちの引き受けたものが国民の中に入りますから、日銀引き受け的要素は減ってくると思うのですね。

ですから、今後の公債政策の一つの問題点としては、金融機関の窓口で国債を売らせることは、それだけ国民の保有プールが大きくなる。保有プールが大きくなることは、私はオープンマーケットができてくる条件に連なるのじゃないか。今日一番オープンマーケットがきちんとできているのは電電債ですが、電電債がオープンマーケットになっている一つの理由は、非常に多数の国民が電話を買うたびに買いますし、それがいろいろ売られて流通しているということでマーケットができていると思うのです。私は前向きに少し考えてみていい問題ではないか。こういうふうに思いますが、この点についての大臣の見解を伺いたいのです。

○福田国務大臣　お話しの点は、趣旨としてはわかります。ところがそれに対する反対、堀さんも御承知のとおり幾つかあげられておるわけですが、その反対論よりは、むしろ銀行と証券会社の業務分野の調整があるわけです。そういう問題で、これは国債を初めて四十年に発行しようというときからかなり議論になったところでございますが、まあもう少し周囲の環境の推移、こういうものを見ながらよく考えていきたい、かように考えます。

○堀委員　私は、いま国債を売っておる証券業というのは、中位以上くらいじゃないかと思うのです。事務当局に伺いますが、一番下のランクの小さい証券会社では国債を売ってないと思うのですが、どうでしょうか。

○安川説明員　現在証券会社は二百七十五社ございますけれども、国債を一つの商品として売っておりますのは大体中位程度ですね。顧客の注文がございました場合には、当然それは大証券を通じまして顧客に渡すということはやっておりますが、そこで上位五十社くらいをとりますと、この店舗網はかなり全国的に散らばっておりまして、御指摘のように非常に地方的に特に大きな穴があるということにはならないかと思います。

○堀委員　私がなぜこの時点でこの問題を持ち出しておるかといいますと、御承知のようにいま証券業はたいへん好況でございまして、三月の仮決算で上位のほうはたいへんな黒字になっておるわけですね。大体私はかねてから、競争原則を生かすことが非常に重要だと思っておるのです。証取法六十五条ができたときには、過去においては銀行もやれた業務を、証券にだけぽーんと持っていったという、きわめてドラスティックな法律が行なわれたわけですが、しかし国債と地方債と政保債についてはただし書きがついたということは、私はいまの業務分野の問題を含めて、これは別だという考え方、他の私的な財源とは違うのだということが、私は証取法六十五条の精神だと見ているわけです。これだけ証券界が調子のいいときにこういう問題は処理をしておいても問題はないのではないか。国債に占めておる証券業のウエートは、今日必ずしもそんなに高くはなくて、その他のいろんな業務があるわけですから、とりあえず国債だけ金融機関の店舗で売ってみるということは、金融業内部にも競争が起きて、かなり消化が促進をされるのではないだろうか、国民の側から見てもあまりマイナスにはならないのではないだろうか、こういうふうに思うのです。いかがでしょうか。

○福田国務大臣　理論的には御指摘のように思います。思いますが、先ほど申し上げましたように、きわめて機微な業務調整という問題が金融機関と証券業界の間にあるわけです。まあよく考えてみます。

○堀委員　おそらく私は、証券業の皆さん全部が反対ということにはなろうとは思わない。六十五条全部を取っ払うということになれば、これはたいへんなことですが、現行法にあることですから、法律で認めておることをやれないということになると、国債政策として問題があると思うのです。ひとつ話を進めていただいて、できることならそれが具体化するように少し努力をしてもらいたいと思います。

（以下略）

衆議院　大蔵委員会議録第二十六号

昭和四十五年四月十五日（水曜日）

出席委員

委員長　毛利　松平君

理事　上村千一郎君　　理事　金子　一平君

理事　藤井　勝志君　　理事　村上信二郎君

理事　山下　元利君　　理事　広瀬　秀吉君

理事　松尾　正吉君

奥田　敬和君　　木野　晴夫君

木部　佳昭君　　木村武千代君

坂元　親男君　　田村　　元君

高橋清一郎君　　登坂重次郎君

中島源太郎君　　丹羽　久章君

原田　　憲君　　福田　繁芳君

坊　　秀男君　　松本　十郎君

森　　美秀君　　吉田　重延君

平林　　剛君　　堀　　昌雄君

美濃　政市君　　八木　　昇君

貝沼　次郎君　　田中　昭二君

二見　伸明君　　永末　英一君
小林　政子君

出席国務大臣

大蔵大臣　福田　赳夫君

出席政府委員

大蔵省主税局長　細見　卓君
大蔵省証券局長　志場喜徳郎君
国税庁長官　吉國　二郎君
（ほか略）

本日の会議に付した案件

所得税法の一部を改正する法律案（内閣提出第二一号）
法人税法の一部を改正する法律案（内閣提出第三四号）
租税特別措置法の一部を改正する法律案（内閣提出第五七号）

○毛利委員長　所得税法の一部を改正する法律案、法人税法の一部を改正する法律案及び租税特別措置法の一部を改正する法律案の各案を議題といたします。

質疑の通告がありますので、順次これを許します。

（中略）

○八木(昇)委員　利子・配当課税の問題でありますが、今度の法改正によりまして、昭和四十六年と四十七年の二年間は二〇%とする、こういうことで従来よりも五%引き上げするというのですけれども、この二〇%ラインというのは、所得税についてこれを見てみますると、大体子供三人の標準世帯で年収二百七十万円ぐらいのところの人が所得税の税率二〇%と思うのですけれども、そうでしょうか。

○細見政府委員　二〇%の上積みで、適用になるのは収入の二百七十万円ぐらいのところであります。

○八木(昇)委員　俸給生活者の一人当たりの平均年収というのはいま幾らでしょうか。

○細見政府委員　四十四年度の家計調査によりますと約百二十万をちょっと切るところになっております。

○八木(昇)委員　そうしますと、この二百七十万ラインは全体の俸給生活者の中のほぼ何%ぐらいを占めておるのでしょうか。

○細見政府委員　いまのは夫婦子三人で二百七十万というところへ来ているわけです。家族の少ない人は所得が小さくなるわけでありますから、二〇%以上の税率が適用される階層は二百七十万で比較するのは適当でなくて、独身の人などはかなり低い階層から二〇%になるわけでありますから、そういうことを考えますと三〇%程度の方は二〇%の税率が適用になっておると思います。

○八木(昇)委員　私の感じでは、年収二百七十万円というと相当高給取りだと思いますね。そうお考えにならぬでしょうか。

○細見政府委員　まあ三割程度の人がこの二〇%の税率が適用になっておるわけで、だんだん所得水準も上がってまいりまして、そんなに高い水準というよりも、むしろ中の上というぐらいの感じじゃないかと思います。

○八木(昇)委員　そこで、過去の利子・配当課税の変遷をちょっと調べてみたんです。

昭和二十二年には源泉分離と源泉分離選択課税の制度で六〇%取っておりますね。一時昭和二十五年にこの選択制度が廃止になって総合課税一本になりましたが、この一年だけで改めて、翌年の昭和二十六年にはまた源泉分離選択課税になって五〇%取っておりますね。当時これはたいへんな高率ですね。この当時の考え方と今日の考え方と根本的に違った点はどこでしょうか。

○細見政府委員　この当時は利子所得はそんなになくて、非常に恵まれた人たちだけの所得であり、またそのころはまだやみなどもあったときでありまして、そういう高額所得あるいは高額の預金から来る利子などにつきましてかなり社会的な批判も考えられたところであります。それに比べますと、現在は二百万とか三百万くらいの所得階層の方もふえ、大体所得と同額くらいが貯蓄になっておるのが実情でございます。そういう意味でかなりの方が源泉分離税制のもとに預貯金をしておられる。その方々に対して、源泉選択税率を導入いたしましても、金融資産の選択に無用の混乱が起きないようにという配慮を働かせて、そういう意味で二〇、二五という二段階の税率にしておるわけでございます。

○八木(昇)委員　どうも私は、いまの局長の答弁のむしろ逆の要素のほうが強かったように思うのです。終戦後間もなくの昭和二十二年、戦前に何十年もかかって粒々辛苦して預貯金をしたものが、インフレによって価値がただのように下落していくという状況の中で、しかも配当その他に対する課税は六〇%もかけられるという状態なんであって、今日あまり高額の課税をすると預貯金に対する貯蓄意欲をそぐみたようなことをおっしゃるけれども、そういうことを言うならば、ただでさえ貯金がものすごい貨幣価値の下落でただになっているところへ、六〇%という課税をしていたときのほうがもっと貯蓄意欲をそいだはずです。

○細見政府委員　当時の源泉選択の実績を見てみま

しても非常に低い割合になっておりまして、この当時高額の預貯金利子がある人は非常に特異な人で、従来の源泉分離税率は大体所得税の最高税率とある程度近いところで考えておりました、そういう伝統的な考え方がそのまますんなりと税制として取り入れられておったのではないかと考えております。

○八木（昇）委員　今度源泉分離選択課税という、これまでの源泉分離一本でありましたものを改めるという以上は、二〇％ではほとんど意味をなさない。ほんとうは三〇％くらいにしなければならぬ、せめて二五％にしなければならぬと思うのですけれども、これを二〇％にした理由をもう少しわかりやすく、大臣もしくは局長から御説明願いたいことが一つ。

それからもう一つあわせて質問をいたしますが、現実にはこういう人は存在しないとは思いますけれども、配当所得だけで食べておる人の場合、これまで二百八十二万七千二百円までは無税であった。今度の改正によりまして配当控除率をこれまでの一五％から一二・五％に下げるというのですけれども、しかし一方において基礎控除とか配偶者控除とか扶養控除とか、こういうものが引き上げられますので、今度の改正によって三百四万九千二百五十二円までは無税になると思うのですけれども、これでは一つも大衆の要望にこたえておると考えられない。配当控除率を一二・五％に下げた意味は全くない。せめて配当控除率を一〇％ぐらいまで下げなければ多少でも大衆の世論にこたえたことにならない、こういうふうにも感じるのです。この二点についてお答えいただきたい。

○細見政府委員　預貯金利子につきましても配当につきましても、源泉選択のときの税率は、当初二年間二〇％、後の三年間は二五％と段階的に上げまして、いま御指摘の二五％という源泉選択税率が一応の目標になって制度ができ上がっておるわけです。それは先ほども申し上げましたように、源泉選択税率を最高税率に近いものにしていくという考え方も従来あるわけですが、この考え方にあまり固執いたしますと預金者の心理に動揺を与え、それでなくても物価高とかがありまして、国民の貯蓄意欲にさらに積極的な施策を講じなければならないといわれておるときに、いたずらに預金者の利回りを低くする施策をとることは、金融資産の選択におきまして無用の変動を招くことにもなるわけで、そういう意味で、長い間続いておりました分離課税制度を改めて、そこに課税の公平と預貯金、金融資産の選択に無用の混乱を起こさない、段階的な措置をとりながら両方の考え方を総合的に生かしていこうというのが今回の制度でございます。

配当控除につきましても、基本的には一〇％の配当控除率に引き下げることにいたしておるわけでありますが、一挙に一五％のものを一〇％にいたしますということは、金融資産の選択におきまして長期的な視野に立って投資の決定ができる。将来五年先にはこうなっておるということがわかりいいようにいたしておるというわけで、いま御指摘の一〇％くらいなら望ましい、あるいは二五％程度なら一応の目標だとおっしゃることは、いずれも長期的な観点においては三年目に実現しておるわけでございます。

（中略）

○平林委員　非課税所得の問題についてもう少し詰めてみたいと思うのであります。昨日私は有価証券の譲渡所得を含めて、あらゆる譲渡所得に対しては所得税を課すことが総合課税主義のたてまえから当然であると論及したわけです。しかるに所得税法の第九条は、これについて条件つきでありますけれども、非課税の分野にこれを含めております。ただ、継続して有価証券を売買することによって得られた所得、政令でいわゆる買い占めであるとか、イロハというように三項目は除いて規定してあります。ところがさらに所得税法施行令第二十六条によりますと、売買の回数が五十回以上、それからその株数なり口数が二十万以上であると規定をして、それ以外のものは非課税である、こういうふうに発展をしてきておるわけであります。私はきのう、この五十回、二十万、こう規定した根拠は何かと言ったら、主税局長はあまり明確な答弁をしてないのでありますけれども、これはさておきまして、私はきょうあらためて正確にお聞きをしたいことがあります。

それは、なぜ有価証券の譲渡所得には課税をしないのか、これをひとつ正確に答弁をしてもらいたい。

○細見政府委員　有価証券の譲渡所得につきましては、法制的には一定のものを除いて非課税所得になっておりますが、その立法の淵源といたしましては、譲渡所得は一方で譲渡損とからみ合っておるものでありまして、同一人につきましても、ある一定時期を画して所得計算をいたします場合に、譲渡所得と譲渡損が同一人に同時的に発生いたしておりまして、結果的には所得が出ないという問題、あるいは譲渡所得を課税するとすれば譲渡損を控除いたさなければならない、繰り越し控除とかあるいは自分の手持ちの株を売却して譲渡所得が発生しないような方向で、外国の事例などによりますと譲渡所得課税を免れる方法等もございまして、あるいは譲渡所得によりまする所得と損失と、その他の所得との合算の過程、特に損失の場合にも課税するようなことになりますと、損失は控除しなければならぬわけですが、普通の営業所得からこういう株式の譲渡損を控除していいだろうかという問題を総合的に勘案いたしまして、株式の売買の過程で何らかの富が動いたことは事実でございますので、それを有価証券取引税という形で取ることが結果的に譲渡所得に課税するよりも税の執行も容易であり、譲渡所得の幾らかがこれによって吸い上げられておって、結果的には譲渡所得課税と同様な効果があげられるということで非課税になっておるわけでございます。

○**平林委員**　渡邊喜久造さんの本を読んだのです。「税の理論と実際」という本で、ヒントを得たのです。なぜ有価証券の譲渡所得に課税しないか、なかなかうまく説明しておりますので、読み上げてみますから、大体いまでもその考え方は間違いがないと思いますので、ひとつ確認をしてもらいたい。

これによりますと、第一、有価証券の譲渡所得は、その性質上税務署による調査が困難であること、したがって、「所得者の自発的な申告か、有価証券業者などの積極的な協力を得るのでなければ、公正な課税はほとんど不可能に近い」こと。

第二に、「広く一般的に所得者の自発的な申告を得るには、所得者の気持ちが現在そうなっていない。」「有価証券業者などの積極的な協力も、それがお得意である所得者の利益に反するものだけに、実際問題としてなかなか得にくい。」

第三に、「有価証券の譲渡所得課税がなければ有価証券市場へ向ったであろうと思われる資金が、これあるがために他に使われるということもあり得る。」そこで非課税ということにする。

第四に、「かくて、資本蓄積のきわめて重要な今日においては、負担公平の原則には理論上は反するとしても、有価証券の譲渡所得課税は廃止すべきだとの意見が強くなって、昭和二十八年の改正で」大小に関係なくすべて非課税とされている。こう書いてあるんですね。

私はこれを読みまして、きのうの説明よりはこっちのほうがちょっとましだと思ったんですけれども、まあ大体こんなことじゃないでしょうか。

○**細見政府委員**　その御説明は、投資家心理とかあるいは税務行政に対する協力とかいうような問題、特にロックインといわれる株式の売買を抑えるであろう、証券市場に悪い影響を与えるであろうというような、投資家心理的な要素を非常に強く持っておられるわけであります。

私がきのう申し上げておりましたのは、社会の富といたしまして、譲渡所得は一方で譲渡損があるので、結果的には、国の歳入としてはその辺を考えれば有価証券取引税も一つの巧妙な税制ではないか、こういうことを申し上げたのであります。

○**平林委員**　大体損失になったときもやりませんよと、いろんな意味もあってでございますが、積極的には、私がいまあげた四つの理由がおおよそ非課税にしておる理由であろうと思う。

有価証券の譲渡所得はその性質上、税務署による調査は困難である。したがって「所得者の自発的な申告か、有価証券業者などの積極的な協力を得るのでなければ、公正な課税はほとんど不可能に近い」こういうんですが、国税庁長官、あなたも困難である、こうお考えですか。

○**吉國（二）政府委員**　御承知のとおり証券の取引は非常に大量でございます。これを課税するためには、その個々の売り上げの帰属、さらにそれに対する個々の証券の取得価格を正確に把握しなければできないわけです。実際問題として、まず第一に取得価格が、現在個人で売買をしておられる方はほとんど資料等はございません。これが、渡辺長官が書きました個人の協力がないとなかなかむずかしいという一つの点だと思います。それから売り上げの捕捉ですけれども、これも日に何億株という出来高があるわけです。これを毎日証券会社の帳簿について調べ上げることになりますと、証券会社も仕事ができなくなってしまう。そういう意味で、現在の有価証券取引市場を前提といたしました場合には事実上不可能に近い。それを一部分だけ取り出してやると非常な不公平になる。そういうことから、再三議論があった結果こういうことがきめられたと私は思うのでございまして、そういう意味では、確かに各証券会社の帳簿を見た場合でも、今度はそれが架空名義であるかから解明していかなければならないというようなことで、実際上非常な困難があることは、これは認めざるを得ないと思います。

○**平林委員**　有能なる国税庁長官にしてかくのごとし。もしこの有価証券の問題についてやろうと思えばやる方法は幾らでもあると考えておるわけです。課税の不公平を認めておるという現状は、私はむしろ政府の怠慢のそしりを免れない、かように実は考えておるわけであります。

そこで私がきのう取り上げた問題は、もう一つ、今度は大蔵大臣向きな理由が書いてあるわけでありますが、「有価証券の譲渡所得課税がなければ有価証券市場へ向ったであろうと思われる資金が、」このために他に使われることがあり得るというのが非課税のあれになっておるのですがね。きのう私が取り上げた問題は、株の公開のときの課税問題ですね。赤井電機が昭和四十三年に二部に株を上場するときに公開をされたその数は千五百万株、そのときの公開価格は五十円株が三百三十円、取引所の開始価格が一ぺんに二倍になって六百六十円、以下七百二十五円、七百三十五円と、二カ月、三カ月を経て高くなってまいったのですね。この株の公開にあたっては非課税という規定があるので、合計いたしまして、四十二億円の利益があったことになるわけです。この創業者は社長さん、その他合計して五、六人の人が四十二億円の利得を得たわけです。これが一銭も税金がかからぬわけです。これが昭和四十三年にこれだけではなくて、ほかに八件ございまして、それぞれ十億円あるいは十億八千万円、四億五千万円、三億九千万円、こういうものがありましても税金が取られない。先ほど議論をしておりましたように、五万、十万を私は争っておりますけれども、一方において四十二億の所得があっても税金が取られないということは、あまりにも不公平な措置ではないか、こういうことを述べたわけでありますけれども、この株の公開の場合には、本来「有価証券の譲渡所得課税がなければ有価証券市場へ向ったであろうと思われる資金が」他に使われるということにはならない。利得になるわけなんでありまして、どうも私は渡邊喜久造さんの説を読みましても非課税の理由は納得できなかったわけであります。

それから第四の理由に、「資本蓄積のきわめて重要な今日においては、負担公平の原則には理論上は反するとしても、」大小に関係なくすべて非課税にしておる、こういうことにつきましても、それならば大蔵大臣、資本蓄積の重要な今日というならば、四十二億円の所得があったならばその会社の資本金がふえてそうなるものですよね。ところが赤井電機の例を言いますと、資本金が大体十五億円の会社であります。これが公開をいたしましてから二十二億五千万円になりましたから、七億五千万円ふえたという勘定で、幾ぶんこの資本金をふやすふうに使われているように見受けられますが、まだその差は非常に大きいということが言えるわけです。したがって、非課税にしたことが資本の蓄積に役立ったかどうか。もちろん資本金だけでなくほかにもあったに違いありませんけれども、やはりその反応は顕著なるものがあるとはいえない。昭和四十三年の八件の株の公開の状況を見ますと、ただいまあげましたような相当の利得がありながら資本金はふえていない。そういうことを考えますと、非課税にする根拠につきましてもかなりあやふやになっておる。

そこで私はきょう提案をしたいのでありますけれども、少なくとも、諸般の事情で非課税にするというならば、せめて資本の蓄積に役立っているかどうかはある程度の行政指導なり法定化なりが必要ではないか、こう考えるのですが、大蔵大臣はいかがですか。

○福田国務大臣　私は渡邊喜久造さんの書物を読んでおりませんが、伺っておりますところでは、一般の株の譲渡所得の非課税のことを申し上げておるのであって、上場の場合とか、そういうケースについて頭に置かれての話じゃないんじゃないか、そういうふうに思います。

しかし、いま上場株につきまして、その取引の回数制限とか取引株高の制限とかしておりますが、そういうことをなぜやるかでございます。これは業としてそういうことをやったのかやらないのかという判断ですね。その基準はなかなかありません。そこで一つの仮定を設けまして、取引の株の数量また取引の度数を概定的にきめてみた、こういうふうに思うわけでありますが、その概定をいたしました五十回というものが、これがはたして五十回に当たる取引行為であるかどうかということについてさえまだ議論があるような状態でして、これは株式譲渡課税の根本に関する問題だと考えます。しかし御指摘のように、最近この原則を適用した場合におきまして、客観的に見まして合理的でない面もだんだんと出てきておるように思います。そういう傾向等をよく見ましてこの問題も検討してみたい、かように考えます。

○平林委員　次は証券局長のほうにちょっと申し上げたい。私はいま株の公開をする場合の点は大蔵大臣に申し上げたのでありますが、ことしもなお十件くらい株の公開を準備しておる会社があるわけです。これは法に基づいて大蔵大臣の承認を得なければならぬということになっておりますから、大蔵大臣も御注意をしていただける、こう思うのでありますけれども、どうも納得できないことがある。

たとえば五十円が三百三十円になったりあるいは五十円が二百六十円になったり、非常に幅が大きいわけですね。それだけじゃありません。取引所に上場してその始め値が、赤井電機の例をとりますと、三百三十円がさらに二倍の六百七十円にはね上がる。およそ、その他の例を見ましても同じように、公開価格も高いけれども、始め値あるいは一カ月、二カ月たっても非常に高いことになっておるわけです。この公開価格のきめ方を合理的にきめる必要があるんじゃないか。これは発行会社あるいは引受証券会社が相談してきめておると思うのでありますけれども、こうした国民の批判があることにかんがみ、公開価格のきめ方についても、政府、証券局がもっと合理的なもの、あるいはこうした非難が起きないようなくふうをすべきでないか、こう考えるのでありますけれども、その点について御意見を承りたいと思います。

○志場政府委員　私どもも全く先生のおっしゃったような問題意識を持っております。ただいまの例にあげられましたけれども、株式を上場しますためには株主数が四百人以上要することになっておりますし、また五千株未満の株主、つまり浮動株と申しますが、資本金によって違いますけれども、相当数なければならぬ。たとえば資本金が三、四億でありますと八十万株以上なければならぬために、従来同族会社として発展してきました会社は、少数の株主、役員によって保有されました株をまず公開しなければならぬ。その場合に、公開の方法は増資もございますけれども、それを避けるとすれば、役員が持っている株を一般に売り出さなければならぬことになります。その場合に証券会社の引受機能をどうしても要することになるわけです。公開は大蔵大臣に、売り出すための有価証券の届け出を出していただくわけです。したがって、公開価格も基本的には発行会社がきめるべき性質のものでございますが、証券会社としましてはアンダーライターといたしまして、価格決定に参画するということでございまして、その段階で大蔵省といたしましてはこの価格決定につきましてとやかく申すことではないというたてまえでございます。

しからば、各証券会社がどういうふうな角度から公開価格を算定しているかですが、私どもいろいろとおもな証券会社の価格算定の要素につきまして調べてみております。ですけれども、必ずしもそれは統一した方式を採用しておりません。危険度合い、引き受け業者としてのリスクを見込みましてのディスカウントをある程度いたしますが、上場されている株式を増資する場合、たとえば時価発行の場合には時価の二〇%くらいのディスカウントレートであれば適正な価格という商法上の判定もございまして、ディスカウントレートは算出価格に比べて二〇%を上回るという例もございませんけれども、どの場合に一〇%にし、どの場合に一五%にするかはまちまちな面も多うございます。どうしてもその間に証券会社といたしましては安全率を見込みまして、かた目かた目に抑えていこうという気持ちも働いていることはいなめないと思います。

また、株価自体を算定いたします場合に、ディスカウントする前の価格自体を算出する場合におきましては、その会社と同じような事業をしている同業会社を三社ないし五社選びまして、それの一株当たりの純資産の状態とか利益の状態とか配当率の状態とか利回りの状態とか、株価を基準にして平均株価的なものを持ってくる。これは相続税の場合、同族会社の株式の評価をいたします場合に国税庁方式で算定する方式もございますが、大体同じようなことでございまして、そういうことでいろいろと要素をとりますけれども、全く同じ業種はなかなかありにくいのでございます。しかもこういった会社の場合にどうしても過小資本的なきらいもございます。しかも公開する会社は将来の発展、成長に備えまして設備投資をする、成長性が非常に高い傾向がありますため、そこらのことはなかなか織り込みにくいのでございます。ですから証券会社としましてはできる限りの比較検討をやっているようですけれども、結果から見ますと、安い価格をつけたじゃないかという批判が出る面も確かにございます。しかし事前に結果が一致するような値段を求めるということはなかなかむずかしいと思うのであります。

ただ私どもとしましては、つとに問題意識も持ちまして、少なくとも同種法人のとり方につきましては、極端なことをいいますと安いものを見つけてこようじゃないか、安全のためにいたずらに引っぱってくることはやめるべきじゃないか。類似している会社につきましては、将来の成長性を十分考慮に入れて、一社でもいいじゃないか。できるだけその当該会社と近似しているものを厳密に選んでいく。それから各社において算定方法がばらばらであることも疑惑の念を持たせるのじゃないか、なるべく統一的な方式でやったらどうか。またディスカウントレートもむやみにすべきじゃなくて、原則的にはある範囲の幅でとどまるべきで、それ以上どうしても大きく割り引く必要があるというならば、それは個々に十分立証されたらいいじゃないか。こういうことで、大筋の話といたしまして、現在ある私どもの考え方の具体的な方向を検討いたしまして、証券会社、引き受け会社のほうに提示する。場合によりましてはそれを業務方法書の一環といたしまして、それによって算定するということを指導したい、こう思っています。

なお、その公開価格は事前に価格を決定しますが、その場合は、上場されましたとき、この値つきの状態が非常に上のほうに値つくのじゃないか。これにつきましては公開株数をうんと多くする必要があるのじゃないかということか、あるいはその場合に、株主を四百名以上にしますために公開割りつけもいたしますけれども、それが特定の限られた株主に割り当てられることがありますと、あたかもある一定の価値物を贈与するごとくになりかねませんので、その場合にどういう方法にしますか。たとえばせり売りのような、競争入札の議論もあるかもしれません。ですから、問題は単に公開価格の決定にとどまりませんで、上場する場合の配分の問題、ないしは公正な価格上の値つきの問題、そこまで広がっていくわけでして、まず価格決定から、できるだけ合理的な方法で統一すると同時に、引き続きその後の状態につきましても問題意識を持ちまして善処してまいりたい、かような段階でございます。

（以下略）

衆議院　大蔵委員会議録第二十七号

昭和四十五年四月十七日（金曜日）

出席委員

委員長　毛利　松平君

理事　上村千一郎君　理事　藤井　勝志君

理事　村上信二郎君　理事　山下　元利君

理事　広瀬　秀吉君　理事　松尾　正吉君

理事　竹本　孫一君

奥田　敬和君　木野　晴夫君

木部　佳昭君　木村武千代君

佐伯　宗義君　坂元　親男君

田村　元君　高橋清一郎君

地崎宇三郎君　登坂重次郎君

中島源太郎君　丹羽　久章君

原田　憲君　坊　秀男君

松本　十郎君　森　美秀君

吉田　重延君　吉田　実君

平林　剛君　堀　昌雄君

貝沼　次郎君　伏木　和雄君

二見　伸明君　春日　一幸君

永末　英一君　小林　政子君

（ほか略）

本日の会議に付した案件

所得税法の一部を改正する法律案（内閣提出第二一号）

法人税法の一部を改正する法律案（内閣提出第三四号）

租税特別措置法の一部を改正する法律案（内閣提出第五七号）

（中略）

○毛利委員長　次に、所得税法の一部を改正する法律案、法人税法の一部を改正する法律案及び租税特別措置法の一部を改正する法律案を議題といたします。

各案につきましては、すでに質疑は終了いたしております。

この際、租税特別措置法の一部を改正する法律案に対する修正案が広瀬秀吉君外六名より提出されております。

提出者より趣旨の説明を求めます。

○堀委員　ただいま議題となりました修正案について、提案の趣旨及びその内容を御説明申し上げます。

修正部分は、大きく分けますと、利子・配当課税等の特例に関する部分と法人税率の特例に関する部分の二つであります。

まず第一に、利子・配当課税等の特例に関する部分でありますが、政府案では、これらの所得に対する現行の特別措置を総合課税の原則に復帰させることを基本的な方向としつつも、配当控除率については四十六年以降二年間、その他のものについては同じく五年間、なお経過的な特別措置を講ずることといたしております。しかし、あらためて申し上げるまでもなく、欧米諸国の例を見てもこれらの所得を総合課税の対象から除外している国はほとんどないこと、従来講じられてきた優遇措置でさえも、貯蓄の奨励というこの特別措置の政策目的の有効性を十分に立証することができなかったこと、最近特に給与所得者を中心として、税制の不公平に対する社会的批判が高まってきていること等から考えて、かりに制度の急激な変動を避けるために経過的な措置を講ずる必要があるとしても、五年という期間はあまりにも長きに失すると思われますので、これを三年に改めるとともに、税率等についても所要の調整をはかることといたしております。

すなわち、利子・配当所得の源泉分離選択制度は、政府原案では昭和五十年までの特例とし、源泉選択税率は、当初二年間は二〇％、その後三年間は二五％といたしておりますが、これを四十八年までの特例とするとともに、その間の税率は二五％に改めることといたしております。

また、利子・配当所得の源泉徴収税率の軽減措置、確定申告を要しない利子・配当所得の特例及び少額国債の利子の非課税措置については、政府原案ではいずれもその適用期限を昭和五十年までといたしておりますが、これを四十八年までに改めることといたしております。

なお、証券投資信託の収益の分配金については、利子課税の特例の場合に準じて、所要の修正を行なうことといたしております。

さらに、割引債の償還差益に対する分離課税の特例につきましては、政府原案では、これを昭和五十年までの特例とし、源泉徴収税率は、当初二年間は八%、その後三年間は一〇%といたしておりますが、これを四十八年までの特例とするとともに、その間の税率は一〇%に改めることといたしております。

次に、配当控除率につきましては、政府原案では二年間の経過措置を講ずることといたしておりますが、これに関する改正規定を全面的に削除することといたしております。したがいまして、四十六年分以降の配当控除率は、別途、所得税法の一部を改正する法律案で予定いたしておりますところにより、課税所得金額一千万円以下の部分については一〇%、同金額をこえる部分については五%とすることといたしております。

○毛利委員長　これより所得税法の一部を改正する法律案、法人税法の一部を改正する法律案及び租税特別措置法の一部を改正する法律案の各案並びに広瀬秀吉君外六名提出にかかる租税特別措置法の一部を改正する法律案に対する修正案を一括して討論に入ります。

討論の通告がありますので、順次これを許します。

○広瀬(秀)委員　私は、ただいま議題となりました所得税法、法人税法、租税特別措置法、各法の一部を改正する法律案について、政府原案反対、租税特別措置法の一部を改正する法律案に対する社会党修正案について賛成の討論を行なうものであります。

租税特別措置につきましては、この特別措置が課税公平の原則を踏みにじっていることは、もはやだれ人も疑わないところであり、しかも政策効果をねらう減税だといいながら、政策効果を証明されないままにおいて、今日まで長期間既得権化し、慢性化してきておるわけであります。ことしだけでも、地方税を合わせまして五千百二十二億という巨額に達するわけであります。これは一種の隠れた補助金であることに間違いありません。

こういうようなものについて大なたをふるうべきが、税の立場からいって当然でありますが、今日利子・配当の優遇特例の問題につきましても、きわめて微温的な、しかも三年、二年の経過措置を設けたり、あるいは五年というような長い期間を設けたりというようなことで温存をはかっておることは、まことにけしからぬ話でございます。

(中略)

○竹本委員　私は、民社党を代表いたしまして、ただいま議題となりました三法律案並びに租税特別措置法の一部を改正する法律案に対する修正案につきまして、前者に対しては反対の、後者に対しては賛成の意向を表明するものであります。

利子・配当課税の改正についてでありますが、改正案では、資産性の強い利子所得については、現行の一五%分離課税制度を源泉選択制度に移行させ、総合課税に近づけることを考えておりますが、源泉課税を選択した場合の税率は、初めの二年分については二〇%、あとの三年分については二五%とされております。しかしこの程度では、この適用を受けるであろうと思われる高額所得者にとっては、現行の分離課税の税率が若干高められるというのにすぎません。源泉選択制度の導入によって真に税制の公平化をはかろうというのであれば、源泉税率を思い切って高めなくてはその効果はあがらないだろうと思います。あるいは、改正案が五年としている経過措置をもっと短縮して、すみやかに総合課税に切りかえる努力を行なうべきではなかったかと思うのであります。

また、配当所得については、源泉選択制度と少額配当の申告不要制度をともに延長することといたしておりますが、これらの制度はいずれも四十年に証券界に対する不況対策として創設されたものであり、ダウ平均が二千円あるいは二千五百円をこえる現時点においては、もはやその存在意義は全く失われているといわなければなりません。また、配当控除率の圧縮についても、その幅が当初案より大幅に後退いたしました。その結果、配当所得者の課税最低限と給与所得者の課税最低限との格差は依然として大きく開いており、資産所得と勤労所得間における負担の公平化は少しも改善されていないといってよいのであります。

(中略)

○毛利委員長　これにて討論は終局いたしました。

これより順次採決いたします。

租税特別措置法の一部を改正する法律案について採決いたします。

まず、広瀬秀吉君外六名提出の修正案について採決いたします。

本修正案に賛成の諸君の起立を求めます。

〔賛成者起立〕

○毛利委員長　起立少数。よって、本修正案は否決されました。

次に、原案について採決いたします。

原案に賛成の諸君の起立を求めます。

〔賛成者起立〕

○毛利委員長　起立多数。よって、本案は原案のとおり可決いたしました。

(以下略)

衆議院会議録第二十号(一)

昭和四十五年四月十七日(金曜日)

議事日程　第十八号

第一　交通安全対策基本法案（内閣提出）

第二　昭和四十二年度一般会計歳入歳出決算
昭和四十二年度特別会計歳入歳出決算
昭和四十二年度国税収納金整理資金受払計算書
昭和四十二年度政府関係機関決算書

第三　昭和四十二年度国有財産増減及び現在額総計算書

第四　昭和四十二年度国有財産無償貸付状況総計算書

第五　通商産業省設置法の一部を改正する法律案（内閣提出）

第六　公害紛争処理法案（内閣提出）

第七　公共用水域の水質の保全に関する法律の一部を改正する法律案（内閣提出）

第八　昭和四十四年度における農林漁業団体職員共済組合法の規定による年金の額の改定に関する法律の一部を改正する法律案（内閣提出）

第九　外国政府等に対する米穀の売渡しに関する暫定措置法案（内閣提出）

○本日の会議に付した案件

（中略）

所得税法の一部を改正する法律案（内閣提出）
法人税法の一部を改正する法律案（内閣提出）
租税特別措置法の一部を改正する法律案（内閣提出）
（後略）

所得税法の一部を改正する法律案（内閣提出）
法人税法の一部を改正する法律案（内閣提出）
租税特別措置法の一部を改正する法律案（内閣提出）

○加藤六月君　議事日程追加の緊急動議を提出いたします。

すなわち、この際、内閣提出、所得税法の一部を改正する法律案、法人税法の一部を改正する法律案、租税特別措置法の一部を改正する法律案、右三案を一括議題となし、委員長の報告を求め、その審議を進められんことを望みます。

○副議長(荒舩清十郎君)　加藤六月君の動議に御異議ありませんか。

〔「異議なし」と呼ぶ者あり〕

○副議長(荒舩清十郎君)　御異議なしと認めます。よって、日程は追加せられました。

所得税法の一部を改正する法律案、法人税法の一部を改正する法律案、租税特別措置法の一部を改正する法律案、右三案を一括して議題といたします。

○副議長(荒舩清十郎君)　委員長の報告を求めます。

○毛利松平君　ただいま議題となりました三法律案につきまして、大蔵委員会における審査の経過並びに結果を御報告申し上げます。

租税特別措置法の一部を改正する法律案について申し上げます。

この法律案は、昭和四十五年度の税制改正の一環として、おおむね次のような改正を行なうことといたしております。

利子・配当課税の特例の改正であります。

まず、利子課税につきましては、現行の源泉徴収税率の軽減の特例を昭和五十年十二月三十一日まで延長するとともに、昭和四十六年から昭和五十年までの間に支払われる利子のうち、定期預金その他資産性の強い預金等の利子については、納税者が総合課税と源泉分離課税とを選択できるいわゆる源泉分離選択課税制度を創設し、一方、普通預金等要求払い預金の利子については、新たに申告不要制度を創設することといたしております。なお、源泉分離課税を選択した場合の税率は、四十六、四十七年分については二〇%、四十八年以降三年分については二五%といたしております。

さらに、少額国債の利子の非課税制度につきましても、その適用期限を昭和五十年十二月三十一日まで延長することといたしております。

次に、配当課税につきましては、利子課税の改正に見合って、現行の源泉徴収税率の軽減の特例及び源泉分離選択課税制度並びに少額配当の申告不要制度の適用期限を、それぞれ昭和五十年十二月三十一日まで延長するとともに、源泉分離課税を選択した場合の税率を、四十八年以降三年分は二五%とすることといたしております。

なお、昭和四十六年分及び昭和四十七年分の配当控除率については、課税総所得金額一千万円以下の部分を一二・五%、同じく一千万円をこえる部分を六・二五%とすることといたしております。

また、証券投資信託の収益の分配金の課税につきましては、利子課税の特例と同様の措置を講ずるとともに、割引債の償還差益に対する課税の特例につきましても、その適用期限を昭和五十年十二月三十一日まで延長し、発行時における源泉徴収の税率を、四十六、四十七年分については八％、四十八年以後三年分については一〇％に引き上げることといたしております。

以上の各案につきましては、去る四月一日政府より提案理由の説明を聴取し、自来、参考人を招いて意見を聴取する等、慎重審査を行ない、一昨十五日質疑を終了いたしましたが、その詳細は会議録に譲ることといたします。

本日、租税特別措置法の一部を改正する法律案に対して、広瀬秀吉君外六名より修正案が提出されました。

修正案の内容は、利子・配当所得の源泉分離選択課税制度の適用期限を昭和四十八年十二月三十一日までとすること、法人税の負担を現行の一〇％増しとすること等であります。

かくて、各案並びに修正案を一括して討論に入りましたところ、日本社会党を代表して広瀬秀吉君、公明党を代表して貝沼次郎君、民社党を代表して竹本孫一君は、それぞれ各案に反対、修正案に賛成の旨を、日本共産党を代表して小林政子君は、各案並びに修正案に反対の旨を述べられました。

次いで、採決いたしましたところ、修正案は少数をもって否決、各案は多数をもって原案のとおり可決すべきものと決しました。

以上、御報告申し上げます。

○副議長（荒舩清十郎君）　三案につき討論の通告があります。順次これを許します。広瀬秀吉君。

○広瀬秀吉君　私は、ただいま議題となりました所得税法、法人税法、租税特別措置法、各法の一部を改正する法律案について、日本社会党を代表して、反対の討論を行なうものであります。

（中略）

次に、租税特別措置に関してであります。

今日まで二十年余にわたり続けられてきた数多くの租税特別措置は、課税公平の原則を踏みにじり、政策効果が一体どれだけあったのか証明もなされないままに、大企業、大資産所得者に集中的に政策減税の名において巨額の減税を行なってまいりました。税制に対する国民的不信の温床ともなりながら、長期にわたり一部の一握りの特権者にのみ隠れたる補助金を、国民の目をくらませながら支出してきたにひとしいのであります。ことしもその減税額は、国税だけで三千八百四十一億円、地方税分千二百八十一億円を合わせますと五千百二十二億円の巨額に達するのであります。

まず、利子・配当に対する優遇特例措置について、今回四十六年度、四十七年度においては源泉選択制度をとり、現行一五％をわずかに五％引き上げて二〇％の分離税率とし、その後の三年間は二五％にするというのであります。源泉選択分離税率は、税調ですら三〇％ないし四〇％にすべきことを想定をいたしておったものから見て、大きく後退をし、しかも、五年間という長い期限を設けてこの制度の温存をはかりまして、その後においてこれを廃止するという方向すら明確にされないのであります。

配当控除につきましても、一五％の控除率を一千万円までのところは一二・五％に引き下げる、一千万円をこえた部分についての現行七・五％を六・二五％にするという、その程度にとどまりました。この結果、五人世帯で配当のみの所得者は約三百四万九千円までは無税であるということになり、給与所得者、中小零細事業所得者の課税最低限との乖離は一そう大きくなったのであります。この点、わが党は修正案のごとく、せめて昭和四十六年度分から源泉選択税率を二五％とし、三年間の経過段階をもって廃止すべきものと考えるのであります。

政府は、これらの問題に率直に活眼を開き、税は担税力に応じ公平に、そして生計費には課税せず、国民の納得のいく民主的な税制でなければならない、こういう大原則を踏まえて、不公平、そして矛盾に満ちた今日の税制について抜本改正を行ない、私がいま申し上げました理想実現に向かって大きく前進されんことを要求をいたしまして、私の反対討論を終わります。

○松尾正吉君　私は、公明党を代表いたしまして、ただいま議題となりました所得税法の一部を改正する法律案、法人税法の一部を改正する法律案、並びに租税特別措置法の一部を改正する法律案、以上三案について、反対の討論を行ないます。

（中略）

次に、租税特別措置法についてでありますが、わが党は、年来、この大幅整理をすべきであることを強く主張してまいりました。租税特別措置法は、負担公平の原則を犠牲にするものであり、それによって失われる犠牲が最小であることが望ましいことは当然であります。

さらに、租税特別措置は、必要最小限にとどめるべきであり、その政策目的が達成したと判断されるものについては、すみやかに改廃を進めなければなりません。ところが、わが国の租税特別措置法は、その発足の当初とは大きく性格が変わり、きわめて大企業擁護のものとなり、しかもそれが既得権化してしまっているのであります。

しかるに、今回の改正案を見ますと、若干の統合整理が行なわれたとはいうものの、利子・配当軽課措置、交際費に対する特例等が依然として温存されているのであります。これによっていかに税の公平の原則がそこなわれるかは、配当所得に対する優遇措置の例を見れば明瞭であります。すなわち、配当所得だけで生活をする標準家庭を例にとりますと、従来二百八十二万円まで無税であったものが、今回の改正案によると、三百四万円まで無税になるのであります。これと同じ収入のある、額に汗を流して働くサラリーマンを例にとりますと、二十八万三千円もの所得税がかかることになるのでありますから、全く不公平な税制といわざるを得ません。しかも、政府は、今回、引当金、準備金、特別償却等の新設及び拡充を通して、国民に不可視的な分野で免税措置を整備拡充しようとしていることは、とうてい納得できるところではありません。

以上の理由をもちまして、公明党はこれら三法案に対して反対をするものであります。

○**副議長（荒舩清十郎君）**　これにて討論は終局いたしました。

三案を一括して採決いたします。

三案の委員長の報告はいずれも可決であります。

三案を委員長報告のとおり決するに賛成の諸君の起立を求めます。

〔賛成者起立〕

○**副議長（荒舩清十郎君）**　起立多数。よって、三案とも委員長報告のとおり可決いたしました。

（以下略）

参議院会議録第十号

昭和四十五年四月八日（水曜日）

○**議事日程**　第十号

第一　所得税法の一部を改正する法律案、法人税法の一部を改正する法律案及び租税特別措置法の一部を改正する法律案（趣旨説明）

（中略）

○**議長（重宗雄三君）**　これより本日の会議を開きます。

日程第一、所得税法の一部を改正する法律案、法人税法の一部を改正する法律案及び租税特別措置法の一部を改正する法律案（趣旨説明）

三案について、国会法第五十六条の二の規定により、提出者からその趣旨説明を求めます。

○**国務大臣（福田赳夫君）**　所得税法の一部を改正する法律案、法人税法の一部を改正する法律案及び租税特別措置法の一部を改正する法律案につきまして、その趣旨を御説明申し上げます。

政府は、本年一月、税制調査会から提出された昭和四十五年度の税制改正に関する答申に基づき検討を重ねた結果、昭和四十五年度の税制改正におきましては、最近における国民の税負担の状況にかんがみ、給与所得者を中心とする中小所得者の負担軽減を主眼として、平年度約三千五十億円にのぼる大幅な所得税の減税を行なう一方、当面の経済社会情勢に即応して、法人税の負担を引き上げるとともに、利子・配当課税の特例について漸進的な改善合理化措置を講ずるほか、企業体質の強化、中小企業対策、公害防止・過密過疎対策等に資するため所要の措置を講じ、あわせて既存の租税特別措置について整理合理化をはかることといたしております。

租税特別措置法の一部を改正する法律案につきまして、その大要を御説明申し上げます。

第一は、利子・配当課税の特例について、国民の貯蓄態度に与える心理的影響をも考慮し、漸進的な改善合理化の措置を講ずることとすることであります。

まず、利子課税につきましては、定期預金その他資産性の強い預金等の利子について、源泉分離選択課税制度を創設し、他方、普通預金等要求払い預金の利子については、新たに申告不要制度を創設することにいたしております。

次に、配当課税につきましては、利子課税の改正に見合った措置を講ずるほか、配当控除率につき、所得税法の改正に関連して、所要の経過的調整措置を定めております。

そのほか、住宅貯蓄控除制度等の住宅対策のための措置、株式売買損失準備金制度、試験研究費の特別税額控除制度及び民間外貨債の利子の非課税措置等について適用期限を延長することといたしております。

○**議長（重宗雄三君）**　ただいまの趣旨説明に対し質疑の通告がございます。順次発言を許します。

○**戸田菊雄君**　私は、日本社会党を代表して、ただいま趣旨説明のありました所得、法人、租税特別措置の三法案の一部を改正する法律案に対し、佐藤総理並びに関係大臣に質問を行なうものであります。

（中略）

租税特別措置についてであります。

その第一は、利子・配当優遇措置についてであります。当初の税制調査会の答申の柱は、一つは所得税の過重負担の緩和であり、一つは社会資本の増大の要請に応ずる法人税の増徴であり、一つは利子・配当優遇措置の是正であったのであります。このうち最も徹底を欠いたのが利子・配当優遇措置なのであります。今回の改正ではわずか三十億円の増収でお茶をにごし、実質上高額所得者を優遇し続けることになったのであります。すなわち利子については源泉徴収税率の軽減の特例、これは現行一五％、本則二〇％でありますが、この適用期限を五年間延長すること、資産の強い貯蓄の利子については原則として総合課税の対象とすること、新たに源泉選択制度を創設し、四十六―四十七年の二年間は二〇％、四十八―五十年は二五％の税率による源泉徴収を選択できるようにすることになっているのであります。しかし、結果的には二百七十万円以上の高額所得は従来どおり源泉分離を続けるであろうし、これ以下の所得者も少額貯蓄非課税制度を利用することになり、源泉選択制度の導入の意義は無に等しいと思うのであります。

また本改正は、五年後の昭和五十年にならなければ全制度が効力を発生しないのであります。また、今日までの経過は、大蔵省案では四〇ないし五〇％の源泉選択税率を想定しておったのでありますが、金融界の圧力で二五％になり、さらに二年間は二〇％という線に落ちついたということであります。これらの金融界の圧力等に対してどう総理、大蔵大臣はお考えでございましょうか、お聞かせを願いたいと思うのであります。

第二は、配当についてであります。配当控除は、低所得者よりも高所得者にきわめて有利であり、給与所得者に比べて所得税の非課税限度が三倍以上にも上がっているのであります。四十四年度には、株の配当のみの生活者は年収二百八十二万円まで免税であり、今回の改正では、何と三百四万円まで免税なのであります。このように、大企業、金持ちだけに有利な利子配当の優遇措置をすみやかに撤廃し、租税特別措置を大整理し、四十七年までに全廃の計画を具体的に樹立する意思はありませんかどうですか、大蔵大臣の見解をお伺いいたしたいのであります。

○国務大臣（佐藤栄作君）　私も、税負担の公平が税制制度におきまして、また税の執行におきましても守らなければならない第一の課題であると、かように考えております。しかしながら、税金の性格上、これがすべての人々から完全に公平であると認められることは、これまたたいへん困難なことのように思います。それぞれの立場なり、考え方に相違がある以上、戸田君の御質問のような感じをお持ちになることも十分理解されますが、私は今回の改正も税負担の公平の課題においてやはり一歩前進したものと、かように考えております。所得税負担の調整、利子・配当課税の改善等はその顕著なあらわれであります。それぞれの経緯なり、他の政策目的との関連もあって一挙にはまいらない、一挙にこれを廃止することにまいらぬ面もありますが、今後とも税負担の公平、これは第一義的に重要視してまいる決意でございます。

次に、租税特別措置を全廃せよ、かような御提言でございますが、そう一挙に極端な措置をとるわけにはまいりません。課税の公平の原則と特別措置のねらいとしている政策目的との調和をはかりつつ、実情に即した改善を行なっていくべきであり、今回の改正におきましても適切な改善をはかったものであると、かように考えております。

利子・配当課税につきましても、ただいま申し上げたような趣旨において所要の改正を行なったものであります。今後におきましても、総合課税の原則に帰することを基本的方向としながら、国民の貯蓄動向や税制に対する国民の気持ちを十分くみ取りながら、実情に即した改正を考えてまいります。

（中略）

○国務大臣（福田赳夫君）　特別措置につきましていろいろ御批判があり、特に利子・配当等に対する課税が手ぬるい。これは資産者偏重のやり方であるというお話でありまするが、私どもといたしますると、かなり踏み切ったと思うのです。ことに利子につきまして総合課税と源泉分離を選択する、これはつまり総合課税方式へ一歩踏み切ったということでありまして、これは税制体系とすると、かなり大きいできごとであるとみております。さような評価も広く行なわれている、かようにみておるのでございます。お話のように、今回利子・配当に対する特別措置を全廃する、これは一つの理屈でございます。理屈ではございまするけれども、これでもし今日貯蓄性向に影響を及ぼすようなことがあったらどうなるか。今日の、この繁栄の成果、その最大の理由というものは、私は、国民が貯蓄をしてくれたからである、こういうふうに思うのでありますが、そういう現実的な見方も十分やっていかなければならぬ。これが私どもの政府としての立場であります。ひとつ御了承願います。

○上林繁次郎君　利子・配当の特別措置についてであります。利子・配当課税優遇は、かなり以前から論議されてまいりましたが、現在、わが国がなぜこのような措置をとったかについては、シャウプ勧告導入以来、経営と資本が一体化するところのいわゆる古典的資本主義を基礎とする法人擬制説の税法体系であるからであります。しかしながら、現在の経済体制は、株主と会社は一体にあるのではなく、分離現象を起こしており、いわゆるアメリカにおけるコングロマリット化が進んでいるのであります。言いかえれば個人株主は経営と資本の分離によって力を失い、利子化した配当を受け、それを売るだけのものになっているのであります。そうして企業は互いに株を持ち、異種企業を合併していくという、いわゆる機関株主となっているのであります。これらの経済的権力を持つ大企業法人すなわち、機関株主の台頭が現代の資本主義下の大きな特徴になっており、このような状態が確立されつつあるとき、経済的権力を持つ機関株主は、ますます法人擬制説を主張してくることは論を待ちません。したがって、税調の答申が何回となく本則に戻すべきであると述べてきたにもかかわらず、実施でき得なかった理由はここにあると思うのであります。したがいまして、過去の市民社会の法理論上の法人擬制説を排して、法人実在説をとるべきであり、勤労所得者と配当所得者には平等に課税すべきであります。時流にかなわぬ改正は改悪にひとしく、これらの優遇措置は即時に廃すべきであると主張するのでありますが、大蔵大臣の御見解を承りたいと思うのであります。

○国務大臣（福田赳夫君） 利子・配当税等の優遇措置、これは法人税体系の根本的な改革から手をつけなければ実現できないじゃないかというようなお話でございまするが、これは理論的にはそういう根本的な考え方と関連させずに実現はできるわけであります。しかし、それはそれとして、法人税の税法のあり方を実在説をとるかどうかというような問題は、今後の大きな議論の対象となるというふうに考えております。これらは慎重に検討をいたしてみたいというふうに考えておるのであります。

（以下略）

参議院　大蔵委員会会議録第十九号

昭和四十五年四月二十三日（木曜日）

出席者は左のとおり。

委員長		栗原　祐幸君
理　事		沢田　一精君
		成瀬　幡治君
		鈴木　一弘君
		瓜生　　清君
委　員		青木　一男君
		青柳　秀夫君
		伊藤　五郎君
		岩動　道行君
		鬼丸　勝之君
		津島　文治君
		中山　太郎君
		矢野　　登君
		戸田　菊雄君
		松本　賢一君
		横川　正市君
		上林繁次郎君
		渡辺　　武君
国務大臣	大　蔵　大　臣	福田　赳夫君
政府委員	大蔵政務次官	藤田　正明君
	大蔵省主税局長	細見　　卓君

（ほか略）

本日の会議に付した案件

○所得税法の一部を改正する法律案（内閣提出、衆議院送付）
○法人税法の一部を改正する法律案（内閣提出、衆議院送付）
○租税特別措置法の一部を改正する法律案（内閣提出、衆議院送付）

○委員長（栗原祐幸君） 所得税法の一部を改正する法律案、法人税法の一部を改正する法律案及び租税特別措置法の一部を改正する法律案、以上三案を便宜一括して議題といたします。

まず、政府から趣旨説明を聴取いたします。

○政府委員（藤田正明君） ただいま議題となりました所得税法の一部を改正する法律案につきまして、提案の理由及びその内容を御説明申し上げます。

配当控除については、課税総所得金額一千万円以下の部分の控除率を一〇%、同じく一千万円をこえる部分については五%に引き下げることとしておりますが、これらについては、別途御審議をお願いする租税特別措置法の改正案において、所要の経過措置を講ずることとしております。

次に、租税特別措置法の一部を改正する法律案について申し上げます。

政府は、昭和四十五年度の税制改正の一環として、法人税負担を引き上げ、利子・配当課税の特例について漸進的な改善合理化措置を講ずるとともに、企業体質の強化、中小企業対策等に資する特別の措置を講じ、あわせて既存の特別措置について整理合理化をはかるため、ここにこの法律案を提出した次第であります。

以下、この法律案につきまして、その大要を申し上げます。

第一は、利子・配当課税の特例について、国民の貯蓄態度に与える心理的影響をも考慮して、漸進的な改善合理化の措置を講ずることであります。

まず、利子課税につきましては、現行の源泉徴収税率の軽減の特例を昭和五十年十二月三十一日まで延長するとともに、昭和四十六年から昭和五十年までの間に支払われる利子のうち、定期預金その他資産性の強い預金等の利子について、総合課税と源泉分離課税との選択を認める源泉分離選択課税制度を創設し、他方、普通預金等要求払い預金の利子については、新たに申告不要制度を創設することとしております。なお、源泉分離課税を選択した場合の税率は、昭和四十六年分及び昭和四十七年分は二〇%、昭和四十八年以後三年分は二五%といたしております。さらに、少額国債の利子の非課税制度につきましても、その適用期限を昭和五十年十二月三十一日まで延長することとしております。

次に、配当課税につきましては、利子課税の改正に見合って、現行の源泉徴収税率の軽減の特例及び源泉分離選択課税制度並びに少額配当の申告不要制度の適用期限をそれぞれ昭和五十年十二月三十一日まで延長するとともに、源泉分離課税を選択した場合の税率を昭和四十八年以後三年分は二五%とすることとしております。

なお、昭和四十六年分及び昭和四十七年分の配当控除率については、課税総所得金額一千万円以下の部分を一二・五%、同じく一千万円をこえる部分を六・二五%とすることとしております。

また、証券投資信託の収益の分配金の課税につきましては、利子課税の特例と同様の措置を講ずるとともに、割引債の償還差益に対する課税の特例につきましても、その適用期限を昭和五十年十二月三十一日まで延長し、発行時における源泉徴収の税率を昭和四十六年分及び昭和四十七年分については一八%、昭和四十八年以後三年分については一〇%に引き上げることとしております。

○委員長（栗原祐幸君）　次に、補足説明を聴取いたします。

○政府委員（細見卓君）　（中略）第五は、所得税制の整備であります。配当所得者について認められておりますところの配当控除率を、課税所得が一千万円以下の部分については現行の二〇%から一〇%に、同じく一千万円をこえる部分については一〇%から五%にそれぞれ引き下げることとしております。

なお、この配当控除率につきましては、現在、租税特別措置法によりましてそれぞれ一五%と七・五%とされているわけでありますが、改正による負担の激変を緩和するという観点から、別途同法の改正案によりまして所要の経過措置を講ずることといたしております。

次に、租税特別措置法について申し上げます。

（中略）

第二は、利子・配当課税の特例の改正であります。

まず、利子課税につきましては、昭和四十六年一月一日から昭和五十年十二月三十一日までの間における利子所得を定期預金、公社債、貸付信託等のいわゆる資産性の強い預金等にかかわるものと、普通預金、通知預金等のいわゆる要求払いの預金等にかかわるものとの二つに区分いたしまして、前者については一五%の源泉徴収を受けた上で総合課税とするか源泉分離課税とするかのいずれかを納税者が選択できる制度を設け、一方、後者については一五%の税率による源泉徴収だけで確定申告を要しない制度を設けることとしております。源泉分離課税を選択した場合の税率は、昭和四十六年分及び昭和四十七年分については二〇%、昭和四十八年以後三年分については二五%としております。なお、昭和四十五年十二月三十一日までの間につきましては、従来どおり一五%の税率による源泉分離課税を存置することとしております。

また、少額国債の利子の別ワク非課税制度につきましては、その適用期限を昭和五十年十二月三十一日まで延長することとするほか、発行後最初の四回の利払いに限って非課税とする現行制度を改めて、全期間の利払いを通じて非課税の対象とすることといたしております。

次に、配当課税につきましては、現在、源泉徴収税率を一五%に軽減する特例、二〇%の税率による源泉分離選択課税制度及び一銘柄年五万円以下の少額配当の申告不要の制度がありますが、利子課税の改正と見合って、源泉分離課税を選択した場合の税率を昭和四十八年以後三年分については二五%に引き上げて、これらの特別措置の適用期限を昭和五十年十二月三十一日まで延長することといたしております。

また、配当控除率につきましては、さきに御説明いたしました所得税法の改正案におきまして、課税総所得金額一千万円以下の部分については現行の二〇%から一〇%に、同じく一千万円をこえる部分については一〇%から五%にそれぞれ引き下げることとしておりますが、改正による負担の激変を緩和するという観点から、昭和四十六年分及び昭和四十七年分についての控除率をそれぞれ一二・五%及び六・二五%とする措置を講じております。

さらに、証券投資信託の収益の分配金の課税の特例につきましては、従来から利子課税と同様に取り扱っておりまして、今回の改正におきましても利子と同様に二〇%ないし二五%の税率による源泉分離選択課税制度を導入することとしております。また、割引金融債等の償還差益に対する課税の特例につきましては、利子課税の改正に見合って、発行時における源泉分離課税の税率を現在の五%から昭和四十六年及び昭和四十七年に発行されるものについては八%、昭和四十八年以後三年間に発行されるものについては一〇%にそれぞれ引き上げることとしております。

以上のほか、株式売買損失準備金制度及び試験研究費を増加した場合の税額控除制度についても、適用期限をそれぞれ二年間延長することとし、また、民間外貨債の利子の非課税制度及び利付外貨債の発行差金の非課税制度について、適用対象となる外貨債の償還期間が現在三年以上となっているのを五年以上に改めた上、その適用期限を二年間延長することといたしております。

○委員長(栗原祐幸君) これより質疑を行ないます。

(中略)

○渡辺武君 まず、最初に、配当控除の問題について質問したいと思いますが、今度の税制改正では、個人株主の配当控除率を昭和四十六年、四十七年には、課税所得金額一千万円以下の部分については現行の一五%から一二・五%に下げるということになりましたですね。それから一千万円以上は現行の七・五%から六・二五%に引き下げるということになっております。それから昭和四十八年、四十九年には、一千万円以下の部分は一〇%、一千万円以上は五%というふうに引き下がることになっていますけれども、なぜこのような改正が行なわれたのか、その目的はどこにあるのか、その点をお聞かせいただきたいと思います。

○政府委員(細見卓君) 今回の所得税法の改正によりまして、従来は基礎控除その他の諸控除の引き上げに終始しておった税制改正であったわけでありますが、今回の改正は、御承知のように、税率を大幅に緩和いたしたわけであります。正確に申せば昨年度と今年度の税制改正ということになりますが、その結果、配当控除率によりまして、つまり配当控除による税額緩和が行なわれることによりまして、所得税を払わなくてもいいいわゆる配当所得者の課税最低限が大幅に拡大するというような思わざるいわば付随的な効果が生ずることになったわけでありますので、いろいろな感触、各方面の意見を考えまして、この際はやはり配当控除率についてもある程度の引き下げを行なって、この税率緩和が配当所得者だけに非常に大きくなるというような点について一応の手当てをいたしたというわけでございます。

○渡辺武君 そうしますと、負担の公平化というような趣旨ですか。

○政府委員(細見卓君) そのとおりであります。

○渡辺武君 それでは、ちょっと伺いますけれども、昭和四十五年、初年度ですね、初年度の配当所得者の課税最低限、それから平年度の課税最低限ですね、これは幾らくらいになりますか。

○政府委員(細見卓君) 初年度でありますと三百四十六万一千円、それから平年度にいたしますと三百四万九千円ということになります。

○渡辺武君 その数字は正確ですか。私どもの調べたところでは、初年度三百六十二万八千八百円、平年度は三百七十四万六百円ということです。

○政府委員(細見卓君) いまのお話は、配当控除改正なしということで初年度の税率その他の見方が違うのではないかと思いますが。

改正がなければ平年分が三百七十四万になるとおそらくお考えになっておるのだろうと思いますが、改正いたしておりますので四十五年初年度分は三百四十六万一千円というわけです。それから軽課措置が行なわれて改正すれば三百四万九千円ということになるわけでございます。

○渡辺武君 そうしますと、いまの数字として申しますと、平年度の四十三年はどのくらいになりますか。

○政府委員(細見卓君) 二百三十六万約四千円ということでございます。

○渡辺武君 そうしますと、給与所得の課税最低限ですね、これが四十三年は八十三万三千二百二十五円、四十五年は百二万八千六百七十四円ということですね。ところが、いまの配当所得者の課税最低限は、四十三年が二百三十六万三千八百六十六円、それから四十五年が三百四十六万円です。そうしますと、この数字からして見ましても、給与所得者の課税最低限とそれから配当所得者の課税最低限は、その差が拡大する傾向にあるということになると思いますが、どうですか。

○政府委員(細見卓君)　中間期間にはそういう現象も起こりますが、一〇%の配当控除になりますと二百四十万くらいになりまして、またその次に二百四十三万になりまして、この差は縮小するわけでありまして、その意味で配当控除率が経過的に控除されており、また、経過的な現象ということでございます。

○渡辺武君　四十三年度を見てみますと、給与所得者の課税最低限とそれから配当所得者の課税最低限の差額は約百五十三万円ですね。ところが、四十五年度になりますと、その差が二百三、四十万になるわけですね。つまり、課税最低限の開きがだんだん年々大きくなる傾向になっている。ですから、いま負担の公平を趣旨にして今度の税率の引き下げをやったんだとおっしゃいますけれども、しかし、自分の腕で働いて給与をもらってかせいでいる人たちの課税最低限と、それからよその会社の株を持ってその配当をもらって生活している人たちの課税最低限の差額がだんだん開いてきて、そうして個人株主は有利だという方向がここ数年前からはっきりあらわれている。これでは、私は、負担の公平化とは言えないと思うんですが、その点はどうでしょうか。

○政府委員(細見卓君)　同様な議論は全体の減税額についてもお話があるわけでして、減税により減税される金額が高額所得者ほど多いという議論があるわけでして、やはり減税がどういうふうな効果を及ぼしたかという場合には、その場合でありますと負担率でありますし、この場合におきましても配当所得者と一般の給与所得者の課税最低限のたとえば割合というようなもので見てまいりますと、四十三年に二・八四であるわけですが、それが二百四十三万になった状態におきましては二・三六になり、それから四十五年におきましてはほぼ横ばい程度の割合になっておるわけであります。

○渡辺武君　いや同じ所得者であって、自分で働いて給与を取っている人たちの払う税金の課税最低限と、働いているか働いていないかは別にいたしましても、不労所得で暮らしているという人たちのほうが課税最低限がはるかに高いし、そうして年々その差が開いてきているのは、これは無視できないと思いますね。ですから、もし負担の公平ということを言うならば、やはり給与所得者の課税最低限をもっと引き上げるべきだというふうに思います。

ところで、四十五年一月の税制調査会の答申を見てみますと、配当控除制度について次のように言っております。「配当控除制度は、従来、法人を株主の集合体と観念し、法人税を個人株主の所得税の前払いとみる考え方を前提として、法人と個人株主を通ずる二重課税を調整するための措置として説明されてきている。」と、こういうように言われているわけですね。ところが、今回の措置によりますと、個人株主の配当控除率は引き下げられたにもかかわらず、法人の支払う配当の法人税率はそのままに据え置かれている。これでは、政府がいままでとってきたいわゆる法人擬制説の立場がこの部分でくずれたと見て差しつかえないのじゃないかというふうに思われますが、その点はどうでしょうか。

○政府委員(細見卓君)　法人税と所得税とのいわば二重課税排除の方式につきましては、シャウプの勧告によりましてできたときにはまさに完全な制度であったわけでありますが、それ以後は、たとえば三十二年に、所得税の減税をいたしておれば、理論からいたせば配当控除率は高くしなければいかぬわけですが、それが逆に切り下げられておるとか、あるいはまた、法人税率の引き下げを行ないました場合には配当控除は切らなければいかぬわけですが、それが切られておらない、あるいは、さらには、増資配当免税も行なわれたときにはこの配当控除が行なわれたとかいうようなことでございまして、この制度は、私どもが申し上げるのは適当でないのかもしれませんが、どうも趣旨一貫しない動きがいままでもあったことは事実でございまして、その意味におきまして、今回は、むしろ各種所得間の税の公平化という点に重点を置いて、法人税と所得税とを含めた税制の基本的あり方につきましては、今後の課題といたしまして、増資配当軽課の方式にいたしましても、あるいは配当控除の問題にいたしましても、日本の場合には法人の九九%は同族会社でございまして、同族会社について配当軽課措置、配当控除制度をはたして廃止していいのかどうか、その辺にずいぶん問題がございます。そういうことになりますと、事業の形態を選ぶことについていろいろ税制のほうで差別があることにもなりますので、そこを含めまして総合的に法人税、企業税制のあり方、それと所得税との関連は、非常にむずかしいが今後の解決しなければならない根本問題だと考えております。

○渡辺武君　肝心のところを言ってもらいたいんですよ。私の伺ったのは、従来、法人擬制説で、法人の支払う配当の法人税率と個人株主の配当控除率、これは言ってみれば相互補完するものとしてきめられておったわけですね。今度は、一方は据え置いている、他方は引き下げだ、こういうことになっているわけですから、法人擬制説そのものが全面的にとは言わないけれども、この部分についてはすでにもう当てはまらなくなっている。いま御答弁の中で趣旨一貫しないという表現がありましたが、まさにそういう状態になっているということは、これは事実でしょうね。

○政府委員（細見卓君） 必ずしも首尾一貫しない改正が行なわれてきており、今回のものについてもそういう擬制説ということからは説明しにくい改正である、かように思っております。

○渡辺武君 個人株主の配当控除率は引き下げられた。しかし、今度、法人のほうの受け取り配当益金不算入はそのまま据え置かれているという状況ですね。そうしますと、この部分では法人擬制説は生きているというふうに見て差しつかえありませんか。

○政府委員（細見卓君） 今回の改正が各種所得者間の負担の公平ということを主として考えておりますので、そういう点については従来の制度がそのまま残っておるというわけでございます。

○渡辺武君 そうしますと、一方では法人擬制説でやっている、他方ではそれがもうくずれて、しかもそれを承知の上でさらに首尾一貫しない措置をとっている、これは税の体系としては私は矛盾していると思う。

○政府委員（細見卓君） 矛盾しておるというふうに考えるのか、あるいは、日本の株式会社が一律に規定できないものを一律に規定しておるからあちこち矛盾ができるというふうに考えるのか。ですから、その辺を含めまして、日本にある九九％の同族会社の課税と、新しい東京電力でありますとかそのほかの大きな会社とはたして同じ法人税法で規定していいかどうかという矛盾が端的に出ている意味では、矛盾があろうかと思います。

（中略）

○渡辺武君 利子所得に対する課税の問題について質問したいと思います。四十三年七月の税制調査会の長期答申によりますと、現行の利子、配当に対する特例措置は基本的にはこれを廃止する方向で対処すべきであるというふうに言っております。また、四十五年一月の税制調査会の答申でも、利子所得に対する課税の特例については、総合課税の本則に復帰することを基本的方向としつつ、制度の改正が国民の貯蓄態度に与える心理的影響をも配慮して、漸進的にその改善合理化を図ることが適当であると考えるというふうに言っておりますが、一体いつまでに総合課税に復帰されるのか、どのような道筋を通って復帰するのか、その点を伺いたいと思います。

○政府委員（細見卓君） 将来のことはなかなか予測しにくい現状でございますので、非常に経済の状況も変わってまいりますし、国民の生活環境も変わってまいりますので、一がいには予測できないと思いますが、私どもは、いまお読み願った長期答申の方針というのを基本的な指針として、この方向で努力を今後とも続けてまいらなければならないと、かように考えております。

○渡辺武君 基本的な指針とするということであれば、なるべく早くやはりこういう方向は実行したらどうだろうかというふうに私は思うのですけれども、それにしましても、今度の税制改正で政府は利子所得に対する優遇措置を今後五年間も続けるとしておりますね、その理由は一体何でしょうか。

○政府委員（細見卓君） やはり利子配当に対する制度が二年くらいの短期でたびたび変わるということは、ある程度長期の目標なり計算によって資産の運用がなされることを考えますと、無用の混乱を引き起こすことになるので、ある程度将来の見通しをつけた資産の運用にあたっての計算といいますか考慮に入れ得る期間を考えまして、一応五年程度が望ましい安定的な税制としての期間ではないか、かように考えたわけでございます。

○渡辺武君 昭和三十六年の税制調査会の答申を見てみますと、利子所得に対する課税方式の変遷は必ずしも全体としての貯蓄の増加に影響しなかったと、ただ課税上有利な形態の方向へ増加の流れを変えるにすぎないという趣旨のことを言っておりますね。ですから、この利子所得に対する課税方式ですね、このたびの措置、これも別に貯蓄増強というような趣旨ではないということは、これは確認できますか。

○政府委員（細見卓君） 長期税制としてお読み願った基本的方向を踏まえながら、しかし漸進的に進むことによって、無用の金融資産選択の上での混乱を引き起こさないということを考えておるわけであります。税制が預貯金の動向と関係があるかないかにつきましては、あるという意見もあり、ないという意見もあり、なかなか両方の意見の一致を見るというのが非常にむずかしいことでありますので、大事をとって金融資産の選択に無用の混乱が生じないように漸進的な措置をとっておるわけであります。

○渡辺武君 私は、別に、税制調査会の言っていることが一から十まで正しいんだなんて思っちゃいませんけれども、しかし、少なくとも大蔵省がお気に入りの税制調査会が、利子所得に対する特別な措置は別に貯蓄の増強に役に立っていないのだということをはっきり言っている。もう何らの名目もなくなってしまった。それにもかかわらず、今度の措置で五年間も延長する。これは全く理解できないのです。

そこで、基本的にそういう方向を目ざすとおっしゃっておられるので、さらに伺いますけれども、今度新しく源泉選択制度を創設しているわけですけれども、課税所得幾らから源泉分離課税を選んだほうが有利か、あるいは総合課税を選んだほうが有利なのか、分岐点は一体どこにあるのか、その点をまず伺いたいと思います。

○政府委員(細見卓君)　課税所得で申せば百五十万円ということになります。したがって、給与所得者で見ますと、二百六十七万円程度の給与所得者からが源泉選択を選んだほうが有利になるというわけでございます。

○渡辺武君　利子所得者のほうは……。

○政府委員(細見卓君)　利子所得だけで申し上げますと、利子所得だけで二百二十七万二千円という金額の収入のところから上積みの税率がちょうど二一%になりますので、それをこえる利子所得がある人については源泉分離が有利になるわけであります。

○渡辺武君　この所得税法の一部改正法律案の第八十九条の第一項ですね、これを見てみますと、百二十万円をこえ百五十万円以下の金額の場合は税率百分の十八、それから百五十万円をこえ二百万円以下の金額の場合は税率百分の二十一と、こうなっていますね。これからしますと、百五十万円が大体分岐点というふうに考えられますけれども、その点、どうですか。

○政府委員(細見卓君)　先ほど申し上げましたように、課税所得は百五十万円でありまして、いま申し上げましたのは、所得者として夫婦子三人の場合の所得者としての収入は二百二十七万三千円、つまり控除を合わせた金額でございます。

○渡辺武君　それでは、この課税所得で申しまして、課税所得一千万、それから二千万、五千万というふうに段階をつけまして、総合課税で利子所得に対する課税を納める場合と、それから分離課税で納める場合と、税金はどんなふうになりますか。

○政府委員(細見卓君)　計算をいたしてまいりましたのは、いま申しました夫婦子三人の世帯としての利子所得を考えておりまして、それでしたら一千万、二千万というのは一応計算いたしております。それでよろしゅうございますか。

○渡辺武君　ええ。

○政府委員(細見卓君)　それでは、それを申し上げますと、一千万円の場合でありますと、総合課税の場合が三百二十二万三千円になりまして、これが二〇%の分離でありますから、分離の場合は、一千万の場合は二百万、したがって、差額が百二十二万三千円で、軽減割合が約四割の三八%になります。

それから二千万の場合でありますと、総合にいたしますと八百六十八万四千円でありまして、これが分離の場合は二千万の二〇%で四百万でありますから、軽減が四百六十八万四千円でありまして、五三・幾ら、約五四%くらいの軽減になります。

それから三千万になれば、当然この軽減割合がふえるわけでありまして、総合にすれば一千四百六十四万五千円でありますが、これが分離の場合は六百万円でありますから、したがって、軽減割合は五九%、こういう数字になります。

○渡辺武君　そうしますと、所得額が大きければ大きくなるほど分離課税でいったほうが有利だということになっていますね。そうしますと、先ほどは基本的には総合課税の方向を目ざしたいといっていながら、今回の措置では総合課税を目ざすどころか、高額の利子所得者についてはますます分離課税の方向に追いやるような措置になっていると思いますが、この点、どうでしょう。

○政府委員(細見卓君)　現状は一切が分離課税になっているわけでありますから、一五%限りの税率でとどまっておるわけであります。その意味におきましては、源泉分離制度になっておるわけで、少なくともたてまえとしては申告であり、源泉分離という制度が入っておるわけです。ただ、その場合に、おっしゃるように金額の多いほうが有利だということは事実でありますが、それは現在と比べればそれにしましても税負担が大きくなってきておることはお認め願いたいと思います。

○渡辺武君　そういうことを伺っているわけじゃないんですよ。先ほど、あなたは、基本的には税制調査会の言っているように総合課税の方向を目ざしたいと言っておられる。ところが、現実に今度の措置でやっておるものは総合課税を目ざしていないでしょう。五年間期限を延長して、しかもどこが分岐点だと言ったら、大体課税所得百五十万円以上の所得を持っている人たち、これは総合課税どころか、分離でやったほうがはるかに有利だという税制になっちゃっている。これでは、口で総合課税を目ざしますといっても、事実上制度的にそれを打ち消しているということになるのじゃないかということです。

○政府委員(細見卓君)　考え方によるわけでありますが、一番完全なのは分離課税であり、一番〔不〕完全なのは総合課税、その中に入りますのが総合課税をたてまえにした源泉分離ということであろうかと思います。

は貯蓄なんです。その貯蓄につきまして慎重な配慮を払う、また、これに誘導的な援助を与えることはきわめて大事である、こういうことがこの特別措置の存在するゆえんであります。

○木村禧八郎君　そうしますと、貯蓄を奨励するというのですか、そこに政策目的がある、こういうことですね。

○国務大臣（福田赳夫君）　さようでございます。

○木村禧八郎君　大蔵省から資料をいただいたんですが、「金融機関別個人貯蓄の動向」というので、利子課税制度の推移によって貯蓄がふえたか減ったかという調査なんです。利子課税をやったからふえたとも言えませんし、利子課税がないときも貯蓄がふえているんです。ですから、一律に言えないんですよ。従来大蔵省がいろいろ調査した結果、私の聞いているところでは、貯蓄に影響があるのは、可処分所得がふえたときに貯蓄がふえている。だから、この税金関係で貯蓄がふえたり減ったりするのではないということが過去の実績でわかっているわけです。ですから、この利子の特別措置は政策目的に合わない。配当についても、いわゆる資本の蓄積に役立っていないんですね。そういうものを存続しておくことは、これは不合理だけでなく、多少役に立つとしても、そのマイナス面との比較をしなければならないですね。前の三十九年の税制調査会の答申では、「利子配当課税の特例等資産所得に対する租税特別措置は、一部の高額資産所得者を著しく優遇するものであって、この措置に伴って生ずる弊害が大きく、しかもその弊害を償うに足るほどの政策的効果も実証し難いので、これを廃止すべきものと考えられる。なお、これを廃止する際には、何分にも長年にわたる措置であるだけに国民に与える心理的影響

（ほか略）

本日の会議に付した案件

○所得税法の一部を改正する法律案（内閣提出、衆議院送付）

○法人税法の一部を改正する法律案（内閣提出、衆議院送付）

○租税特別措置法の一部を改正する法律案（内閣提出、衆議院送付）

○委員長（栗原祐幸君）　ただいまから大蔵委員会を開会いたします。

　所得税法の一部を改正する法律案、法人税法の一部を改正する法律案及び租税特別措置法の一部を改正する法律案を一括して議題とし、質疑を行ないます。

（中略）

○木村禧八郎君　利子・配当の特別措置について伺いますが、利子・配当の特別措置を行なう目的は一体どこにあるのですか、あらためてひとつ伺っておきたい。

○国務大臣（福田赳夫君）　わが国の貯蓄等を見ますると、非常に好調です。これは他の先進諸国と比べものにならないような好調である。この好調の原因が一体何にあるかということを考えてみなければなりませんけれども、やっぱり勤倹貯蓄という風潮がわが日本に牢固としてあることが中心であるというふうには考えますけれども、やっぱり戦後の財政金融諸施策よろしきを得て国民が貯蓄にいそしむその基盤がゆるぎなく今日に至っておると思います。今日よく世界で目をみはるような経済大発展をなし遂げたその背後のささえをなしておるものは、これ

（以下略）

参議院　大蔵委員会会議録第二十号

昭和四十五年四月二十四日（金曜日）

出席者は左のとおり。

委員長　栗原祐幸君

理事　沢田一精君　鈴木一弘君

委員　青木一男君　青柳秀夫君　伊藤五郎君　岩動道行君　大竹平八郎君　今春聴君　津島文治君　中山太郎君　丸茂重貞君　矢野登君　木村禧八郎君　戸田菊雄君　上林繁次郎君　渡辺武君

国務大臣　大蔵大臣　福田赳夫君

政府委員　大蔵省主税局長　細見卓君

等を考慮して、経過的措置を設ける等の配慮が必要であると認めた。」と。だから、経過措置はとるべきであるが、多少メリットがあるとしても、デメリットのほうが著しく大きい、だから廃止すべきであるとはっきり答申しているのですよ。その答申に基づいて少しずつやってきていますけれども、今度の改正も全くなまぬるい。それで五年間もまた延期しちゃったんですよ。五年間も延ばしちゃって、それで五年間これに対して論議が起こらないようにして、五年後にこれを廃止するのかしないのか、はっきり出ていないのですよ。それで、私の調べた限りにおいては、政策目的に合ってるかどうかは具体的に実証できない。大蔵大臣は、貯蓄がふえている、勤倹貯蓄、いろいろ言っていますけれども、それは貯蓄増強推進委員会で出している「国民は何のために貯蓄するか」という調査をごらんになればわかりますよ。これは勤倹貯蓄の精神が旺盛だからとかなんとかそんなものじゃないのでして、社会保障が不十分だから、貯蓄して貨幣価値が下がって損であることはわかっていながら貯蓄せざるを得ないのですよ。ですから、利子に特別措置をやったから貯蓄がふえてる、そんなものじゃないですから、こんなものは廃止すべきですよ。

○国務大臣(福田赳夫君)　五年たった後において、その時点で、経済全体の動きがどうなりますか、その中における貯蓄のウエートはどうかというようなことを慎重に考えまして結論を出したい、こういうふうに考えます。

○木村禧八郎君　これは三十九年の答申は尊重されたわけなんですか。

○国務大臣(福田赳夫君)　答申の考え方は尊重します。尊重したからこそ今度改正を行なう、こういうことでございます。いま木村委員が、この特別措置が一体どういうふうに働いたかというふうなことを所見を述べられましたが、たとえば三十年、三十一年、あれは一万田さんが大蔵大臣として登場され、貯蓄が大事だということで利子についての非課税をやったのです。そのときは非常に効果が数字上も出てきていると思うわけでありますが、その後それは変遷はありますがこれはやっぱり長期的に見ていただく必要があるだろうと思うのです。いま物価も上がります。貯蓄については非常に抑制的な働きの強いときです。そういうときにこれを一挙に撤廃すると貯蓄が一体どうなるか、これは非常に心配なことなんです。私どもは経済全体をほんとうに真剣に考えております。いろいろな角度から検討して、いささかも貯蓄にゆるみが来ると、日本経済はたいへんなことになる。そういう配慮から、今回は微温的と批評はされますけれども、まあ一歩前進という結論をいたしたわけであります。

○木村禧八郎君　諸外国ではこういうような制度はないのです。いま大蔵大臣が言われましたが、相互銀行の個人預金は一万田さんが非課税にしたときに減っているんです。前の一六・五%から一三・七%に減っております。郵便貯金は前の一二%から一一・一%に減っているんです。非課税になって減っているんです。だから、必ずしも特別措置と貯蓄とは相関関係にあるのではない。ですから、これを撤廃しても貯蓄には影響がないのです。また、ほかの要素によって、インフレーションになりますから、そこでもって名目的に、貯蓄がふえるということはあります。それからいま一つ、社会保障が不十分ですから、ますます貯蓄をしなければならない、貯蓄増強推進委員会のアンケートにはっきり出ているんですよ、何のために貯蓄をするかということが。それはみんな政府の社会保障が不十分だからという結論ですよ。ですから、何もこれを撤廃したからといって貯蓄は減らないんです。政府が社会保障を不十分にしておけば貯蓄はふえます。最低生活が保障されていたら何のために貯蓄をするんですか。それは老後の安定とか、あるいは高等教育を受けるとか、病気になったときとか、そういうことをみんな国がやってくれたらどうですか。やむを得ずしかたなく貯蓄せざるを得ないように追い込んできているんですよ、いまの政策が。社会保障を充実させると貯蓄しない。社会保障を充実させないと貯蓄をする。その貯金がみんな設備拡張のほうに向いていくんです。大蔵大臣、五年たった後が何かあいまいで、こんなにはっきり答申が出ているのに、もう少し色よい返事されたらいかがですか。

○国務大臣(福田赳夫君)　木村さんは社会保障のことを言われますが、貯蓄議論からいえば、社会保障を充実すれば、これはただじゃできないのです。今度は社会保険料という形で強制貯蓄が必要になってくるわけです。

ただいまこの制度を急激に変えるということが一体大事な貯蓄にどういう影響を及ぼすかということを考えますと、これは軽々にはできない。税制調査会も答申していますから、それを尊重しながら、しかも現実的な政策態度をとらなきゃならぬという結論がこうなっておるというふうに御理解願います。

○木村禧八郎君　次に伺いますが、今度の税制改正で利子より配当を優遇しているのはどういうわけですか。

○国務大臣(福田赳夫君)　これは、利子と配当は慎重にバランスをとりまして、こういう御提案におこたえしているわけであります。

○木村禧八郎君 バランスをとったということですね。バランスがとれていないです。たとえば利子と配当とのバランスをはかるために、普通預金その他の要求払い預金の利子は総合の対象としないわけですね。源泉徴収のみにとどめているわけですね。それで申告不用の制度を設けるとかいろいろと苦心しているけれども、従来、一社五十万円未満の配当については、二〇％の源泉選択税率は、一五％の配当控除と合わせて三五％の実効負担になるわけですね。今回は、源泉選択税率は二五％になるわけですね。そうでしょう。で、配当控除が一〇％としますと、合わせて三五％の実効負担ですね。従来と変わらない。いわんや、昭和四十六年及び四十七年は、選択税率が二〇％、配当控除が一二・五％なんですね。そうしますと、合わせて三二・五％の実効負担なんです。利子より下がっちゃうでしょう。バランスをとるといったって、とれないじゃないですか。

○政府委員（細見卓君） 配当控除率と源泉徴収税率と足したものが配当の税額である、あるいは税率であるというふうに観念いたしますか、あるいは、そういう源泉選択を選んだ人はすでに配当控除は初めから放棄しておる人たちでありますから、源泉徴収税率そのもので比較するかどうかということの判断の違いが先生と私どもとの意見の違いであるかと思いますが、私どもは、利子も配当も、百円の金は百円の金として同じように考えろ、配当だけに配当控除があるのはおかしいという御議論の観点からすれば、むしろ同じ税率であることが適当であるのではないかと思います。

○木村禧八郎君 同じじゃなくて、配当のほうが下がるということです。二〇％と一二・五％で三二・五％になる。同じじゃないですよ。四十六年、四十七年は下がるんですよ、それよりも。

○政府委員（細見卓君） その点は、私どもは、配当控除を受けることを放棄した者の税率はやはりその段階において利子あるいは配当が百円というものが同じ課税になるということで、それでバランスがとれるのではないかと考えるわけでございます。

○木村禧八郎君 おかしいですね。さっき言いましたように、あれでしょう、三二・五％になるんでしょう。

○政府委員（細見卓君） いまのお話は源泉徴収税率に配当控除率を足しておられるのでありますが、私どもは、配当控除率を源泉徴収税率として考えなくていいのではないか、現在すでにそういう意味におきましては源泉徴収税率は三五％であるという議論もあろうかと思いますが、それはむしろ実情に合わないのであって、源泉選択をする方は初めから配当控除を放棄しておられる、そういう意味で百円の収入に対して同じように二〇％の税率というのは、利子も配当も同じである限り平等であろうというふうに考えているわけであります。

（中略）

○鈴木一弘君 最初に、例の利子課税の問題ですが、これが貯蓄奨励云々ということで、実体は貯蓄奨励じゃないということが実証されてきたわけですけれども、私もちょっと観点を変えて、同じ大蔵省からいただいた資料から見て、平均貯蓄率を見ても、三十年代に比べれば、四十年代になると、一九％以上、二〇％近くなっている。しかし、分離の方向は、四十二年から一五％分離だということになってきている。こういうのを見ると、やはりそういうことには全然関係がないのじゃないかということがはっきりと言えると思うのですね。これは可処分所得に対するいわゆる国民所得計算における個人貯蓄ですね、その平均貯蓄率がいま申し上げたようなかっこうになっているけれども、また、先ほど、大臣が、昭和三十年に例の非課税にしたときには非常に貯蓄が増加したじゃないかということを言われた。なるほどそれはそうでしょうけれども、その逆に、郵便貯金やなんかは減っている。農協預金等も減っているし、あるいは相互銀行の個人預金が減っている。そういうことで、利子課税を優遇したからといって、私は木村さんと同じように、貯蓄の奨励には絶対ならないというように思うのですけれども、その点、国民総貯蓄のＧＮＰ比率とか、そういうものから考えてみて、わが国はものすごく外国より高いじゃないかということが言われております。そうなると、これは貯蓄の利子優遇ということが個人貯蓄の増加には結びついていないということがはっきり言えると思うのですが、先ほど指摘されたような別の要因で動いているのじゃないかと思いますが、その点をもう一度伺いたいと思います。

○国務大臣（福田赳夫君） 貯蓄がわが国において非常に強い。これは、一つは、先ほども申し上げましたように、国民のそういう性向があると思うのです。これは、明治以来、長いわが国の伝統になっているかと思うのです。それからもう一つは、最近は、日本が高度成長し貯蓄し得る余裕が出てきた、可処分所得が年とともに拡大をされている。それから政府のとったいろいろな施策ですね。たとえばそのうちには利子・配当の優遇措置が響いておると思います。これが非常に端的にあらわれたのは三十年、三十一年で、いま郵便貯金がというお話がありますが、郵便貯金はもともと非課税なんです。一般の貯蓄はそのとき非課税になったものですから、今度は一般の貯蓄を選択しようというので郵便貯金が逃げたという面もあろうかと思いますが、そのこと自体はこの制度のごりやくを物語っておると考えます。

いずれにしても、いま利子・配当優遇だということで定着しておる。これをこの段階で大幅にいじくるということが大事な貯蓄問題にどういう影響があるだろうか、これは軽々には私はできないと思うわけです。そこで、時限をきめましてなだらかにこの問題の処置をいたそうと、こういう結論に達したわけであります。

○鈴木一弘君　どうも、大蔵大臣はだいぶ矛盾したことを言われているような気がしてしょうがないのですが、可処分所得が伸びたらそれじゃ貯蓄が伸びるかということ、これはいただいた資料から見ても、四十二年、四十三年は、可処分所得の対前年度比率というのは伸び方は同じですけれども、貯蓄率の伸びというのはふえております。ただ、可処分所得の伸びが、四十年、四十一年では、四十一年のほうが対前年度比では伸び率として減っておりますけれども、貯蓄率は伸びている。こうなると、可処分所得の増加だけでもはかれないという感じがするし、また、先ほどの貯蓄の優遇がもともとされていたがそれが逃げたんじゃないかというお話がありましたけれども、相互銀行の個人預金を見れば逆に減っているということも言えるし、だから、ちょっと利子・配当優遇だけによって貯蓄が奨励されているという感覚は私はどう考えても変なんですが、この点を……。

○国務大臣（福田赳夫君）　従来の優遇措置がどういう影響を及ぼしたかは、これはもう水かけ論です。それはしばらくおきます。しかし、いまの税制を断層的に変えたら一体どうなるんだということを考えますと、これはたいへんな影響があるだろう、こういうふうに見ておるわけであります。その辺を心配しておるのだということなんです。

○鈴木一弘君　水かけ論とおっしゃったんですが、これは、はっきり申し上げて大蔵省の資料で私は言っていますので、確定的な議論じゃないかと思ったんですけれども、それはさておきますが、個人貯蓄の奨励がインフレの防止になる、こんなことも一部には役立つということを言われた意見もありますけれども、いま総需要の抑制という点から考えて貯蓄の奨励というような措置があると。しかし、その個人消費の抑制が、この利子・配当の特別措置をなくしたからといって、直ちに貯蓄がそのまま個人消費に回るわけじゃないだろうというふうに思うのですけれども、その辺の感覚はどんなふうにつかまれておりますか。

○国務大臣（福田赳夫君）　これは、やり方によってはたいへんな影響があるだろうと思います。場合によったら、なだれ的な影響も抑えられないというふうに、ほんとうに真剣に考えております。

○鈴木一弘君　問題は、利子・配当の分離課税という優遇策は、はっきり申し上げると、優遇されていくのは高額所得者ばかりである。本来、所得税は、所得の平準化効果が非常にあるわけですけれども、それをかえってそこなっていくのじゃないか。財産所得に対して優遇措置がある、そうすると、貯蓄性向の高い高額所得者が優遇されて、低額所得者は逆に所得税の重課税で苦しめられていく。先ほどの木村さんの論理ではありませんけれども、低額所得者に対する所得税の重課によって高額所得者が優遇されて、しかも貯蓄が奨励されるということになると、非常な犠牲を払わされているような感じを受けるし、結果としてそうした所得は非常に不公平になるというそういう心配があるんですが、その点はどういうふうにつかまえておりますか。

○国務大臣（福田赳夫君）　貯蓄といっても、少額のものが大半を占めるわけなんです。決して高額者が貯蓄をしておるというふうにも限らない。しかし、高額であろうが、低額であろうが、これは貯蓄がなければ困るのです。貯蓄ができてこそ、ビルも建ちます、道もできます、川もきれいになります、こういうことなんで、大所得者の貯蓄、また低額所得者の貯蓄、これはともどもに貴重なるわが日本経済の推進力であると考えておるのでありまして、ただ、その扱いのニュアンスは違います。少額は免税だと、こういうふうにまでしておるわけでありますが、とにかく優遇措置に大きな変化を来たしたならば、かなり影響があるのではあるまいか、それを心配するわけであります。

○鈴木一弘君　少額の非課税云々はよくわかっているのですけれども、その上のほうの問題が私は平準化作用をぶっこわしているということを申し上げているわけですが、以上ずっと見てくると、どうしても利子・配当の分離課税が貯蓄の奨励になるということは、はっきり申し上げて目的がすっかり変わってしまったような感じがするので、本来を言えば直ちに廃止するという方向がほんとうだろうと思う。ところが、法案を見てくると、五年間の特別措置の延長だと。特別措置のあり方は、本来はそんなに長期間なものなのかということなんですね。五年間はいじれないというふうに何かシークレットゾーンをつくってしまった感じでしてね。むしろ、本来ならば、せいぜいやっても二年間がほんとうだろうと思う。五年間も延ばしたということは、特別措置じゃなくて永久法的な感じを私は受けてしまう。その特別措置のあり方自身に疑問を持たざるを得ないわけですけれども、その点を伺いたいんですが。

○国務大臣（福田赳夫君）　こういうものは、ある程度長い見通しを国民に持っていただくということが必要だろうと思うんです。二年というと、もう来年の暮れになると、これはどうするかと、こういう論議が始まる。まあ二年じゃちょっと短か過ぎると、こういうふうに考えたわけであります。そこで、いろいろなものが五年計画です。ですから、この利子のほうも五年にいたしまして、しかし、それにしても、途中で段階を設けるほうがよかろうというので、二年目に一つの区切りを設ける。国民は、これを見て、自分の生活設計なり、あるいは事業設計をするなり、そういうことについて、税制はこうなっていると、そういうようなことで生計にいそしむことができると、こういう考え方であります。

○鈴木一弘君　どの計画も五年じゃないか、長期的なものが必要だと。長期的なものが必要だということになると、これはあげ足をとるわけじゃありませんけれども、半永久的ということですか。「特別」という名前のついている措置ですからね、ただの措置法ではない、「特別」という名前がついているだけに、これは非常な疑問があるわけなんですよ。

○国務大臣（福田赳夫君）　今度、特に利子は、源泉選択というかなり思い切った構想を打ち出しておるわけです。これはかなり高く評価をされておると考えます。しかし、これが国民の間に定着するには時間がかかるだろう、こういうふうに見るわけです。それからさらに、いろいろな計画が五年、五年というふうになっておる。二年ではとにかく短か過ぎる。こういうふうないろいろな角度から今回は五年とし、途中で二年目に段階を設ける、こういうきめこまかい考え方をとったわけであります。

（以下略）

参議院　大蔵委員会会議録第二十一号

昭和四十五年四月二十八日（火曜日）

出席者は左のとおり。

委員長　栗原　祐幸君

理　事　小林　章君
　　　　沢田　一精君
　　　　成瀬　幡治君
　　　　鈴木　一弘君
　　　　瓜生　清君

委　員　青柳　秀夫君
　　　　伊藤　五郎君
　　　　岩動　道行君
　　　　大竹平八郎君
　　　　鬼丸　勝之君
　　　　今　春聴君
　　　　高橋文五郎君
　　　　津島　文治君
　　　　丸茂　重貞君
　　　　矢野　登君
　　　　木村禧八郎君
　　　　戸田　菊雄君
　　　　松井　誠君
　　　　松本　賢一君
　　　　横川　正市君
　　　　上林繁次郎君
　　　　渡辺　武君

国務大臣
　大蔵大臣　福田　赳夫君

政府委員
　大蔵省主税局長　細見　卓君

（ほか略）

本日の会議に付した案件

○所得税法の一部を改正する法律案（内閣提出、衆議院送付）

○法人税法の一部を改正する法律案（内閣提出、衆議院送付）

○租税特別措置法の一部を改正する法律案（内閣提出、衆議院送付）

○委員長（栗原祐幸君）　ただいまから大蔵委員会を開会いたします。

所得税法の一部を改正する法律案、法人税法の一部を改正する法律案及び租税特別措置法の一部を改正する法律案を一括して議題とし、質疑を行ないます。

（中略）

○松井誠君　利子と配当の特別措置のことについてお伺いをしたいのですが、大臣は、内部留保が少ない少ないということを言われておる。この利子の特別措置についても、これは貯蓄の奨励の意味だということを盛んに言われておる。貯蓄の奨励と利子の特別措置が具体的にどういう関係にあるということは必ずしも立証されてはいない。

そこで、事務当局にお伺いをするのですけれども、日本の貯蓄率のおおよその趨勢、国際的な比較は、大体の数字でけっこうですけれども、どうなっていますか。

○国務大臣（福田赳夫君）　日本の国際的比較においての貯蓄率は、非常に高うございます。貯蓄率一八、九％、二〇％近くいっているわけでございます。この趨勢は、ずっと長きにわたって維持されておるという状態であります。ほかの先進諸国は、私もいま数字を持っておりませんけれども、一〇％をかなり切る、こういうような情勢でございます。

○政府委員（細見卓君）　いま大臣がお答え申し上げましたように、外国の数字が実は手元にございませんが、数％から、多いところで一〇％ぐらいであったかと存じております。

○松井誠君　私もいまちょっと手元に見当たりませんけれども、私の記憶では、もっと開いておる、むしろ二、三倍ぐらいの貯蓄率じゃなかったかと思いますが。

○政府委員（細見卓君）　五％で三倍になるわけでありますから……。

○松井誠君　ですから、それほど高い貯蓄率になっておるところになおさらに貯蓄奨励という必要が一体あるのかという問題が一つあるわけです。しかし、もっと基本的には、これが一体貯蓄奨励に役に立っておるのかどうか、その点についてはむしろ否定的な学者のほうが最近多くなっているのじゃないかと思うんですが、貯蓄率の趨勢も大体ずっと上がりっぱなしでしょう。

○国務大臣（福田赳夫君）　戦後の日本経済の混乱期、この時代には低かったわけですが、その後上昇いたしまして、最近においては二〇％を若干切るという状態において安定を続けております。

○松井誠君　去年の夏の税制調査会に公述人として出た小宮教授の貯蓄率の推移の統計ですけれども、横ばいというよりも、少しずつではあるけれども年々貯蓄率は上がってきております。

○国務大臣（福田赳夫君）　ただいま申し上げましたように、昭和二十七年ごろ、朝鮮事変前後の日本経済の混乱期におきましては七・八％です。

○松井誠君　それは何との比率ですか、個人貯蓄率……。

○国務大臣（福田赳夫君）　平均貯蓄率です。国民所得計算……

○松井誠君　国民所得に対する……

○国務大臣（福田赳夫君）　における可処分所得ですね、それに対する貯蓄額です。これが七・八％というのが二十八年でございます。二十九年から改善に向かいまして、二十九年には九・六％、三十年が利子に対する非課税措置がとられたときでありますが、これが一三・四％とはね上がりまして、自来一三・七％、一五・六％、一五・〇％、一六・七％、一七・四％、それから三十六年に至りまして、これが所得倍増のちょうどうたわれたときでありますが、一九・二％、三十七年一八・六％、三十八年が一八・〇％、三十九年にちょっと下がりまして一六・七％、それから四〇年が一七・八％、四十一年が一七・九％、四十二年が一九・四％、四十三年が一九・七％、かような数字になっております。

○松井誠君　ですから、多少でこぼこはありますけれども上昇しておる。この上昇しておる趨勢に、利子の特別措置制度がとられたからといって、その年あるいはその翌年に変動しておるというようなはっきりした因果関係はないのじゃないですか。

○国務大臣（福田赳夫君）　これは判断の非常にむずかしい問題でありますが、とにかく、三十年に利子全体につきまして非課税措置をとった、このときにかなりの貯蓄率の上昇を見ておる。九・六％から一三・四％に激増するわけです。これは、もとよりそのとき経済が戦後初めて安定基調にのぼった時期でもありますが、同時に、私どもは、非課税措置がかなり響いておる、こういうふうに見ておるわけでございますが、その後はでこぼこの状態を続けております。しかし、問題は、もしここで利子あるいは配当に対する重課をする場合に一体どういうふうになるかを考えると、これはなかなか容易ならざる問題が起こってくるのではあるまいか。日本経済が戦後ここまで来た最も大きな要因は貯蓄にある。いま、社会資本の立ちおくれと一生懸命公共土木事業なんかを起こして取り組んでおります。社会保障を充実しております。その財源は何かといいますれば、これは貯蓄なんです。特に日本の経済の中で世界じゅうから目をみはらされているところの設備投資の力は何であるかというと、これは貯蓄なんです。貯蓄があればこそ先進諸国に数倍するような大きな発展ができた。また、貯蓄が世界の水準より非常に高いというところにこそ原因があるのでありまして、貯蓄という問題はそう軽視するというわけにはまいりません。私どもは、貯蓄という問題を、日本経済をささえるほんとうの原動力だと、こういうふうに見ておりますので、この扱いにつきましては非常に神経質また非常に力点を置いてこれを推進していかなきゃならぬというふうに考えておるのであります。そういう際に、税制上貯蓄に対する措置が変わった、それがどういう影響を及ぼすかということにつきましては、慎重の上にも慎重を期さなきゃならぬ、かように考えております。

○松井誠君　利子についての特別措置をやめるのはたいへんだというのは、いままでの措置が貯蓄率に影響があるという議論の立て方が初めから前提になっておるわけですが、それを認めない者にとっては何も説得力が実はないわけです。そのことは、小宮さんという東大の先生もそう言っているわけです。ですから、私は、その証明ができないままに特別措置を続けておるいい例が利子配当の問題じゃないかと思うのですが、今度、この間新聞で見ましたらところが、少額預金の非課税の百万円、それを二百万円まで上げるというようなことが閣議できまったとかなんとか、そういうことはございませんか。

○国務大臣(福田赳夫君)　そういうことはありません。

○松井誠君　配当の特別措置のことについてお伺いしたいのですが、これは利子の場合と同じように自己資本の比率を改善するということが必要だという議論になっているんですが、その自己資本比率の改善というのも、先ほどもちょっと大臣が触れられましたけれども、どんどん自己資本率が減ってきて、資本構成が悪化している。二〇%を割るか割ろうとしておる。これは、配当の特別措置というものと自己資本の充実というものとは必ずしも関係がない、そういうことの証明にはなりませんか。

○国務大臣(福田赳夫君)　配当を軽減するということになれば、自己資本率には理論上当然いい影響になる、また、配当ばかりではございません、法人税全体としてこれを軽減することに相なりますれば、自己資本、内部留保にいい傾向があるということは、これはもう争えないところだと思います。

ただ、現実の問題として、内部蓄積、自己資本率が悪化を続けておる、そういう状態でありますが、これは、いま非常に猛烈な勢いで設備投資が進んでおる。その設備投資を調達する資金を株式資本に求めるいとまがない。そういうようなことから、勢い金融資本にたよらざるを得ない。そこで借金が増大していく。もとより増資も行なわれますけれども、とても増資は借金のふえる比率には及ばない。そういうことから自己資本比率が悪化していくわけでありますが、成長の速度がとにかく早過ぎるところに根本の問題があるであろう、こういうふうに思います。同時に、もう一つは、資本市場が諸外国に比べるとまだ活発に動いておりません。この育成強化の途上である。そこで、株式に依存をするということが諸外国に比べるとやりにくい状態である。しかし、何よりも成長の速度が大きい、設備投資が毎年毎年急増する、その財源を企業としては借金に依存する、この状態が資本蓄積を悪化させている、こういう認識であります。

○松井誠君　自己資本の比率がどんどん悪化をしてきておる一番大きな原因は、成長金融のあり方に問題がある。ですから、いくら配当の優遇措置をやっても、自己資本比率には影響がない。ほんとうの原因はそれ以外のところにあって、配当の特別措置というのは自己資本比率の改善を前提にしておりますけれども、それが具体的には少しも立証されていないわけですね。それに対して、特別措置のあり方が不徹底だから自己資本が下がるんで、もっとこれを拡大すればあるいはよくなるかもしらぬというような議論がありますけれども、私はそういう議論はナンセンスだと思うですね。自己資本比率の改善と配当の特別措置と因果関係があるという前提でものを考えれば、それはなるほどいま比率が改善をされないのはもっと優遇措置が足らないからだという議論が出てくるでしょうけれども、しかし、その二つの間に因果関係がないという立場からはそういう議論は全然出てこない。いままでのところ、資本の充実が悪化をしておるこの趨勢というものを見ると、何か特別な措置を配当についてやったことで多少とも自己資本が改善をされておるというような因果関係は立証されないんじゃないですか。

○国務大臣(福田赳夫君)　これは、数字とすれば、自己資本問題は配当ばかりじゃございませんから、配当の影響だけを抽出して計算してみるということは不可能であります。しかし、配当に対して所得税の配当税率を強化することになったら、一体どうなるか。先ほど私が申し上げたとおり、いま資本市場が諸外国に比べて比較にならぬような状態だというふうに申し上げましたが、それがさらに意気阻喪されるわけであります。そういうことになりますと、理論的に資本市場の育成とこの配当問題は切っても切れない関係にある、こういうふうに見ておるのでありますが、これを数字的にといいますと、これはもうとうてい計算はできかねます。

○松井誠君　数字的にとは言わなくても具体的に因果関係があるという立証は足りないんじゃないか。貯蓄の場合も、自己資本比率の場合も同じことで、大臣の言うのは、初めから因果関係があるんだということを前提にして議論をされておると思う。因果関係があるかないかということを問題にしておるのであって、その前提を認めない者には説得力がないと思う。その点の因果関係ありという立証が実証的にできていないじゃないかということをさっきからお尋ねをしておるわけです。

○政府委員(細見卓君)　この点につきましてよく言われますことは、配当性向の非常に大きな鉄とか電力という非常に株主の多い、いわば日本の資本市場の代表的な銘柄は、配当性向が非常に高いわけです、収益力が低いという裏側にもなりますが。そういうものにつきましては、四十一年、四十二年のようなときにおきまして、一割の配当ができた、あるいは利回りが相当なものであったということは、この配当に関する軽課措置があったことが大きな貢献をなしておったということがよく言われることでありまして、もしそういうものがなければ、さらに資本市場がダウンして二百円を割ったときにさらに壊滅的な影響を受けておったであろうとよく言われることでありますが、現実にはそれ以下にならなかったわけでありますから、その証拠として何だという場合には、そういう評価をする人が多いということでございます。

○松井誠君　最後に、配当控除率の問題をお尋ねしたいと思います。

法人擬制説を政府がシャウプ勧告以来とっている。今度、所得税の減税を一方でやって、一方で法人税の増税をやったのだから、擬制説という立場をとるならば、所得控除率の引き上げを行なうべきではないか、そうしなければ擬制説として首尾一貫しないじゃないかという議論があるのですけれども、この点はどういうふうにお考えですか。

○国務大臣(福田赳夫君)　これはそうじゃないのです。私どもは法人税の引き上げは、景気情勢から判断いたしまして、法人にも引き締め姿勢をとってもらいたいという考え方からこういう措置をとったわけでございます。所得税のほうは、皆さんがかねがね言っておられる配当控除をもう全廃または引き下げを行なうべし、こういうことです。そういうことを考慮いたしまして、皆さんの御意向にも沿うて今回の改正を行なうことにしたわけであります。これは租税の根本議論をいまお話しでございますが、そういう考え方に立脚したわけではないのです。

さらにつけ加えますれば、法人税におきましては配当軽課税率は据え置きといたしております。

○松井誠君　そこで、法人擬制説によって受け取る配当についての軽課措置は、やっぱり所得税を減税をすればそちらのほうも減税をしなければ足並みがそろわぬじゃないかということと、もう一つは、法人税の増税をした。法人税と配当の軽課は二重の課税にならぬように調整をするのだという意味から言えば、法人税を増税をしたならば控除率は引き上げてそちらのほうで減税をやって、全体としては増税にならぬようにすべきではないか、つまり擬制説の理屈からはどっちかが出てくるべきではないか。しかし、それをやらなくて控除率の引き下げをやったのは、擬制説そのものがすでに破綻をしているという証拠にならざるを得ないのじゃないか。その点についてはどうでしょうか。

○国務大臣(福田赳夫君)　法人税につきましては、擬制説だとか実在説だとかいうそういう学理的な根本的なたてまえをとっているわけじゃないのです。そういう学説もあるが、その学説を根拠にしてこれでなければならぬとかたい考え方をとっておるわけではないので、それをひとつお含み置き願いたいと同時に、先ほども申し上げましたが、今度法人税率を引き上げますが、配当軽課税率は、従来どおりの二六%で据え置いておるわけなんです。それとはしかし別な議論でありますけれども、どうも配当控除率を一五%というような高位に置くことは、他の所得者との権衡上、非常に厚い措置じゃないか、厚きに過ぎるじゃないかと、皆さんからしばしば指摘されておるところであります。そういう議論に対しまして、多少これは緩和する必要がある、こういうふうににらみまして、本年度のところは一〇%に持っていこう、経過的には一二%にしておこう、こういうような考え方をとっているわけであります。

○松井誠君　ほかの税負担との公平の問題からここで引き下げをやったんだと。この控除率一〇%ないし一五%というのは、何か理論的な根拠というのはあるのですか。

○政府委員(細見卓君)　シャウプのときからの沿革がずっとございまして、その後必ずしも理論的には一貫いたしておりませんが、現在の一五%ないしは七・五%という配当控除率は、これは三十六年に法人の配当軽課税率を導入いたしましたときに、従来の二〇%の配当控除率を、配当軽課で法人税のほうが四分の一軽くなったのに見合って、四分の一切り捨てしました。その結果、シャウプ勧告当時二五%であったものを以上の三十六年の改正を経て一五%にしたというのが現在の配当控除の控除率の沿革的な意味でございます。

○松井誠君　二五というそもそもの控除率というのは、どういう意味ですか。

○政府委員(細見卓君)　シャウプのときには、当時の所得税の最高税率が五五%でございましたので、それを概数的に完全に所得控除において排除できるのは二五の控除率が適当であろうということでいたしたわけでありますが、配当控除率は、一方で法人税と所得税との二重課税の完全排除の方式としてはいわゆるグロスアップという方式がございます。それでなくて所得税の段階で概数的に法人税を控除するということになりますと、その階層その階層に適用し得る所得税の税率が違いますので、ほんとうの意味において完全な二重課税の排除はできない。どうしても、上に厚く、下に薄くなるわけです。その後の法人税、所得税並びに配当控除の改正の経過は理論的に説明できる推移を必ずしもたどっておらないことは御案内のとおりでありますが、配当軽課措置を設けましたときに法人税率を四分の一軽課して、配当控除を四分の一切り捨てたということになって現在に至って、そして今回の改正になったというわけでございます。

○**松井誠君**　そうすると、現在の一〇ないし一五%というのは、当初とは違ってその理論的根拠を失ってしまった、したがって、こうでなければならぬというそういう歯どめというものは何もない、もっぱら税の負担だけでこれを考えていけばいい、このような理解をしていいのですか。

○**政府委員（細見卓君）**　そのような面もございますし、二重課税を不完全に排除しておるという面の両面を持っているわけで、現行制度は、そもそも配当控除によりまして概数的に控除するときには、制度発足のときからあらゆる所得階層の人に完全に二重課税排除はできておらなかったと。それがたびたびの改正を経ておりますので、精神としては二重課税排除という精神も残っており、現実にはそれが非常に不完全になって形骸として残っておる、そういう形でございます。

（中略）

○**委員長（栗原祐幸君）**　他に御発言もなければ、三案の質疑は尽きたものと認めて御異議ございませんか。

〔「異議なし」と呼ぶ者あり〕

○**委員長（栗原祐幸君）**　御異議ないと認めます。

それでは、これより討論に入ります。

○**松井誠君**　私は、ただいま議題となりました三法案について、日本社会党を代表して反対の討論をいたします。

この特別措置の中の中核的部分は、特別措置による減収額の三八・六%を占める利子・配当の特別措置であります。この二つの措置が本年三月末をもって期限が到来するだけに、政府の措置が注目されたのでありますが、国民のわずかに抱いた期待はむなしい幻想にすぎなかったのであります。この利子・配当の特別措置がいかに高額所得者を利してきたか。たとえば利子所得は、これを総合課税した場合に、分離課税の場合よりも負担増になる所得階層は、年間二百万円以上の所得者に限られますが、このような所得者は、昭和四十三年度において全体の三・三%にしかすぎません。また、配当所得についても、昭和四十三年度の所得税申告納税者中二百万円超の者は一二・二%にすぎませんが、これらの少数の人々が配当所得の八七・六%を占めているのであります。また、昭和四十年度に導入された配当の源泉選択制度にしても、源泉選択分離制度の適用者の分布状態を見れば、年間所得百万円未満ではその利用状況は一一%にすぎませんが、一千万円以上では実に六六%にのぼっているのであります。

これらの厳正な数字に目をつむり、政府は、これらの特別措置の存続を、貯蓄奨励あるいは自己資本充実などにその口実を求めているのであります。しかし、日本の貯蓄率は、GNPに対する国民総貯蓄の比率にしても、個人所得に対する個人貯蓄の比率においても、逐年上昇の一途をたどり、現在諸外国に比べてはるかに高率であり、これ以上さらに貯蓄奨励を必要とする理由はないのであります。また、貯蓄率の上昇は、利子課税制度の内容とは関係なく、むしろ可処分所得の増加率と密接な関係があること、そして、利子課税制度は、貯蓄総額にでなく、この貯蓄が預貯金に向かうか、株式投資に向かうか、その資産の運用方法に影響するにすぎないことが立証せられているのであります。

また、配当の特別措置が企業の自己資本充実に資するという理由も、何ら証明されていないのであります。法人企業の自己資本比率の統計によれば、昭和二十九年ごろから大勢として自己資本比率は下降の一途をたどり、配当軽課措置によって特に変動を生じたことは認められないのであります。日本の企業が自己資本比率の低いのは、高度成長下における成長金融のあり方そのものの中にその原因があるのであります。

このように利子・配当の特別措置は、その政策目的そのものに問題があるか、または政策目的との関連が立証せられないにかかわらず、今回、またもや大筋は五年間の据え置きとし、その範囲内で小幅な改正を行なったにすぎません。利子所得については源泉分離課税を認めることになり、政府はこれを総合課税への道を開いたと称していますが、しかし、分離選択の税率は、当初の三〇%ないし四〇%の案から、二〇%ないし二五%へと大きく後退し、これでは、高額所得者は、配当の場合と同じように、依然として分離課税を選ぶようになるでしょう。また、配当課税についても、たとえば配当控除率を昭和四十六、四十七年の二年は、本則の一〇%より高い一二・五%の特則を存置したため、配当のみの所得者の免税点は、本年度の二百八十二万円からさらに上がって三百四万円となり、また、控除率が一五％に据え置かれた本年度は、実に三百四十六万円までが無税なのであります。

○鈴木一弘君　私は、公明党を代表して、ただいま議題となっております租税三案に対して反対の意を表明するものであります。

利子・配当課税についてでありますが、税の公平という観点から、はたして一つの政策の手段として妥当性があるのかどうかと見た場合、これもまた国民の納得でき得ないものでありましょう。一五％の利子に分離課税をすることにつきましても、貯蓄額百万円から二百万円までの人と一千万円の貯蓄のある人の場合を見ると、利子税が一五％の税率である以上は、一千万貯蓄の人に累進税率をかけない限りにおいては、税負担は不公平になるのであります。配当課税も、やはり同じように累進税率をかけなければ、税負担の不公平になるのであります。

利子・配当の特別措置は、国民の貯蓄によって国力を増強させようというものでありましたが、しかしながら、今日の貯蓄率は必ずしも個人の貯蓄ばかりではないのであります。低額貯蓄者にその措置の効果が薄くなり、高額貯蓄者が優遇されるのであっては、税の公平の原則に反するものであります。私は、利子・配当税にも当然累進税率をかけるべきであると主張いたします。

以上、税負担の不公平の点から簡単に述べてまいりましたが、課税最低限の不十分な効果、また、法人税率の不可解性、そして矛盾の多い優遇措置等々考え合わせてみれば、今回の税制改正は全く国民不在の税制であると断定せざるを得ないのであります。

○瓜生清君　私は、民社党を代表して、ただいま議題の租税三法の改正案に、次の理由で反対いたします。

租税特別措置法の改正案に反対する最大の理由は、利子・配当の優遇措置並びに交際費課税などの不合理に対する抜本的改革が行なわれなかったことにあります。すなわち、租税負担の公平、平等の原則を貫くためには、利子・配当の優遇制度を今年限りで廃止すべきであります。さすれば、これによる増収額は一千億円にも達するのであります。また、交際費課税についても損金不算入率を八〇％に引き上げることによってこれを強化すべきでありましたが、いずれも聞き入れるところとならなかったことは、まことに残念であります。

○渡辺武君　私は、日本共産党を代表して、所得税法の一部改正法案、法人税法の一部改正法案、租税特別措置法の一部改正法案に反対するものであります。

租税特別措置法の一部改正法案に反対する第一の理由は、わが党がその廃止を主張している利子・配当所得者などの不労所得に対する優遇措置を五年間も延長し、しかも、ますます高額所得者に有利に改正しているからであります。

○委員長(栗原祐幸君)　他に御発言もなければ、討論は終局したものと認めて御異議ございませんか。

〔「異議なし」と呼ぶ者あり〕

○委員長(栗原祐幸君)　御異議ないと認めます。

それでは、これより三案を順次採決いたします。

(中略)

次に、租税特別措置法の一部を改正する法律案を問題に供します。本案に賛成の方の挙手を願います。

〔賛成者挙手〕

○委員長(栗原祐幸君)　多数と認めます。

よって、三案は、いずれも多数をもって可決すべきものと決定いたしました。

(以下略)

参議院会議録第十四号（その一）

昭和四十五年四月二十八日(火曜日)

○議事日程

第一　昭和四十二年度一般会計予備費使用総調書及び各省各庁所管使用調書（その2）（衆議院送付）

第二　昭和四十二年度特別会計予備費使用総調書及び各省各庁所管使用調書（その2）（衆議院送付）

第三　昭和四十二年度特別会計予算総則第十条に基づく使用総調書及び使用調書（衆議院送付）

第四　昭和四十二年度特別会計予算総則第十一条に基づく使用総調書及び各省各庁所管使用調書（その2）（衆議院送付）

第五　昭和四十三年度一般会計予備費使用総調書及び各省各庁所管使用調書（衆議院送付）

第六　昭和四十三年度特別会計予備費使用総調書及び各省各庁所管使用調書（衆議院送付）

第七　昭和四十三年度特別会計予算総則第十条に基づく使用総調書及び使用調書（衆議院送付）

第八　昭和四十三年度特別会計予算総則第十一条に基づく使用総調書及び各省各庁所管使用調書（衆議院送付）

第九　昭和四十四年度一般会計予備費使用総調書及び各省各庁所管使用調書（その１）（衆議院送付）
第一〇　昭和四十四年度特別会計予備費使用総調書及び各省各庁所管使用調書（その１）（衆議院送付）
第一一　昭和四十四年度特別会計予算総則第十一条に基づく経費増額総調書及び各省各庁所管経費増額調書（その１）（衆議院送付）
第一二　昭和四十三年度一般会計国庫債務負担行為総調書
第一三　昭和四十二年度一般会計歳入歳出決算、昭和四十二年度特別会計歳入歳出決算、昭和四十二年度国税収納金整理資金受払計算書、昭和四十二年度政府関係機関決算書
第一四　昭和四十二年度国有財産増減及び現在額総計算書
第一五　昭和四十二年度国有財産無償貸付状況総計算書
第一六　宇宙開発委員会設置法の一部を改正する法律案（内閣提出、衆議院送付）
第一七　沖縄復帰のための準備委員会への日本国政府代表に関する臨時措置法案（内閣提出、衆議院送付）
第一八　沖縄・北方対策庁設置法案（内閣提出、衆議院送付）
第一九　道路整備特別措置法の一部を改正する法律案（内閣提出、衆議院送付）
第二〇　新東京国際空港公団法の一部を改正する法律案（内閣提出、衆議院送付）

○本日の会議に付した案件

一、所得税法の一部を改正する法律案（内閣提出、衆議院送付）
一、法人税法の一部を改正する法律案（内閣提出、衆議院送付）
一、租税特別措置法の一部を改正する法律案（内閣提出、衆議院送付）
（中略）

○副議長（安井謙君）　この際、日程に追加して、

所得税法の一部を改正する法律案。
法人税法の一部を改正する法律案。
租税特別措置法の一部を改正する法律案。
（いずれも内閣提出、衆議院送付）

以上三案を一括して議題とすることに御異議ございませんか。

〔「異議なし」と呼ぶ者あり〕

○副議長（安井謙君）　御異議ないと認めます。

まず、委員長の報告を求めます。

（中略）

○栗原祐幸君　ただいま議題となりました三法律案は、税制調査会の答申に基づき、昭和四十五年度税制改正の一環として、平年度三千五十億円の所得税を減税し、法人税負担の引き上げ、利子・配当等特別措置の整理合理化等を行なうものであります。

租税特別措置法の改正案は、法人税率を現行の三五％から三六・七五％に引き上げ、また、利子所得に対し源泉分離課税制度を導入し、配当控除を現行の一五％から段階的に一〇％に引き下げる等の改善、合理化をはかるとともに、企業の体質強化、基礎資源の開発促進等の諸施策及び既存の諸措置の改廃、延長を行なっております。

委員会におきましては、三案を一括して熱心な質疑を行ないましたが、その詳細は会議録に譲ります。

質疑を終了し、討論に入りましたところ、三案に対し、日本社会党の松井委員、公明党の鈴木委員、民社党の瓜生委員、日本共産党の渡辺委員より、それぞれ各党を代表して反対の意見が述べられました。

次いで、三案を順次採決の結果、いずれも多数をもって原案どおり可決すべきものと決定いたしました。

なお、所得税法の一部を改正する法律案に対し、沢田委員より、自民、社会、公明、民社の四党共同の附帯決議案が提出され、採決の結果、全会一致をもって本委員会の決議とすることに決定いたしました。

以上報告を終わります。

○副議長（安井謙君）　別に御発言もなければ、これより採決をいたします。

三案全部を問題に供します。三案に賛成の諸君の起立を求めます。

〔賛成者起立〕

○副議長（安井謙君）　過半数と認めます。よって、三案は可決せられました。

所得税法の一部を改正する法律案

所得税法の一部を改正する法律

所得税法（昭和四十年法律第三十三号）の一部を次のように改正する。

（中略）

第九十二条第一項中「百分の二十」を「百分の十」に、「百分の十」を「百分の五」に、「百分の五」を「百分の二・五」に改める。

（中略）

附　則

（配当控除に関する経過措置）

第四条　新法第九十二条第一項（配当控除）の規定は、昭和四十六年分以後の所得税について適用し、昭和四十五年分以前の所得税については、なお従前の例による。

租税特別措置法の一部を改正する法律案

租税特別措置法の一部を改正する法律

租税特別措置法（昭和三十二年法律第二十六号）の一部を次のように改正する。

目次中「特定設備廃棄の場合等の税額控除の特例（第十条・第十条の二）」を「特別税額控除（第十条）」に、「第二十条の三」を「第二十条の二」に、「第三十四条・第三十四条の二」を「第三十四条―第三十四条の三」に、「配当等に充てた所得に係る法人税の軽減等の特例（第四十二条・第四十二条の二）」を「法人税率等の特例（第四十二条―第四十二条の三）」に、「資本構成改善の場合等の特別の税額控除（第四十二条の三―第四十二条の六）」を「特別税額控除（第四十二条の四）」に改める。

第三条を次のように改める。

（利子所得の源泉分離選択課税）

第三条　居住者又は国内に恒久的施設を有する非居住者が、昭和四十六年一月一日から昭和五十年十二月三十一日までの間に所得税法の施行地において利子所得（次条第一項に規定する利子所得を除く。）の支払を受けるべき場合において、当該利子所得につきこの項の規定の適用を受けようとする旨その他大蔵省令で定める事項を記載した申告書を当該利子所得の支払の取扱者を経由して納税地の所轄税務署長に提出したときは、当該利子所得については、同法第二十二条、第八十九条及び第九十二条並びに第百六十五条の規定にかかわらず、他の所得と区分し、その支払を受けるべき金額に対し百分の二十五（昭和四十六年一月一日から昭和四十七年十二月三十一日までの間に支払を受けるべきものについては、百分の二十）の税率を適用して所得税を課する。

2　前項の規定の適用を受ける利子所得で昭和四十八年一月一日から昭和五十年十二月三十一日までの間に支払を受けるべきものに対する所得税法第百八十二条又は第二百十三条の規定の適用については、これらの規定に規定する百分の二十の税率は、百分の二十五の税率とする。

3　第一項に規定する申告書は、同項の規定の適用を受けようとする利子所得の支払を受けるべき時（無記名の公社債の利子又は無記名の貸付信託若しくは公社債投資信託の受益証券に係る収益の分配に係るものについては、支払を受ける時）までに提出しなければならない。

4　第一項の場合において、同項に規定する申告書をその提出の際に経由すべき同項の支払の取扱者が受け取つたときは、当該申告書は、その受け取つた時に同項に規定する税務署長に提出されたものとみなす。

5　第一項の規定は、国内に恒久的施設を有する非居住者が支払を受ける利子所得で、その者の所得税法の施行地において行なう事業に帰せられないものとして政令で定めるものについては、適用しない。

6　前三項に定めるもののほか、第一項の規定の適用を受ける利子所得に係る所得税法第二百二十四条及び第二百二十五条の規定の特例その他同項の規定の適用に関し必要な事項は、政令で定める。

第三条の次に次の二条を加える。

（確定申告を要しない利子所得）

第三条の二　昭和四十六年一月一日から昭和五十年十二月三十一日までの間に所得税法の施行地において支払を受けるべき普通預金の利子その他これに類するもので政令で定めるものに係る利子所得を有する居住者又は国内に恒久的施設を有する非居住者は、昭和四十六年分から昭和五十年分までの所得税については、同法第百二十条、第百二十三条若しくは第百二十七条（これらの規定を同法第百六十六条において準用する場合を含む。）に規定する総所得金額若しくは純損失の金額又は同法第百二十一条第一項（同法第百六十六条において準用する場合を含む。）に規定する給与所得及び退職所得以外の所得金額の計算上当該利子所得の金額を除外したところにより、同法第百二十条から第百二十七条まで（これらの規定を同法第百六十六条において準用する場合を含む。）の規定を適用することができる。

2　前項に規定する居住者又は非居住者の昭和四十六年分から昭和五十年分までの所得税について国税通則法第二十五条の規定による決定（当該決定に係る同法第二十四条又は第二十六条の規定による更正を含む。）をする場合におけるこれらの規定の適用については、同項の規定に該当する利子所得の金額は、これらの条に規定する課税標準等には含まれないものとする。

（利子所得の源泉徴収税率の軽減等）

第三条の三　居住者、国内に恒久的施設を有する非居住者、内国法人又は国内に恒久的施設を有する非外国法人が、昭和四十六年一月一日から昭和五十年十二月三十一日までの間に支払を受けるべき利子所得（第三条第一項の規定の適用を受けるものを除く。）に対する所得税法第百七十五条、第百七十九条、第百八十二条及び第二百十三条の規定の適用については、これらの規定に規定する百分の二十の税率は、百分の十五の税率とする。

2　前項の規定の適用を受ける利子所得（前条第一項に規定する利子所得を除く。次項において同じ。）の支払を受ける者は、所得税法第二百二十四条の規定の適用がある場合を除き、その支払を受ける際、その支払の取扱者に対し、氏名又は名称及び住所（同法の施行地に住所がない場合には、居所とし、国内に恒久的施設を有する外国法人については、法人税法第十七条第一号に規定する事務所、事業所その他これらに準ずるものの所在地とする。次項において同じ。）を告知しなければならない。

3　税務署長は、第一項の規定の適用を受ける利子所得につき提出された所得税法第二百二十五条第一項の規定による調書に記載された当該利子所得の支払を受ける者の氏名若しくは名称又は住所が虚偽であると認められる場合には、その旨を当該利子所得の支払をする者に通知しなければならない。

4　前項の通知を受けた支払をする者は、直ちに、当該通知に係る利子所得につき第三条第一項に規定する税率から第一項に規定する税率を控除した率に相当する税率を乗じて計算した金額の所得税を徴収し、その徴収の日の属する月の翌月十日までに、これを国に納付しなければならない。

5　前項の規定により徴収して納付すべき所得税は、所得税法第二条第一項第四十五号に規定する源泉徴収に係る所得税とみなして、同法、国税通則法及び国税徴収法の規定を適用するものとし、当該利子所得の支払を受ける者が内国法人又は国内に恒久的施設を有する外国法人である場合には、これらの法人については、当該所得税が所得税法第百七十五条又は第百七十九条の規定により課されたものとみなす。

6　第一項の規定は、国内に恒久的施設を有する非居住者及び国内に恒久的施設を有する外国法人については、大蔵省令で定めるところにより、その者がこれらの者に該当し、かつ、その支払を受ける利子所得が第八項の規定に該当するものでない旨の納税地の所轄税務署長の証明書の交付を受け、これを当該利子所得の支払をする者に提出した場合において、当該証明書が効力を有している期間内に支払われたものに限り、適用する。

7　所得税法第百八十条第二項及び第三項並びに第二百十四条第二項及び第三項の規定は、前項の証明書について準用する。

8　第一項の規定は、国内に恒久的施設を有する非居住者又は国内に恒久的施設を有する外国法人が支払を受ける利子所得で、これらの者の所得税法の施行地において行なう事業に帰せられないものとして政令で定めるものについては、適用しない。

9　第五項から前項までに定めるもののほか、第一項の規定の適用を受ける利子所得に係る所得税法第二百二十四条及び第二百二十五条の規定の特例その他同項から第四項までの規定の適用に関し必要な事項は、政令で定める。

第四条第一項中「昭和四十五年四月三十日」を「昭和五十年十二月三十一日」に改め、「発行の日から第四期の利子の支払期までの期間（以下この条において「適用期間」という。）に属する」を削り、同条第四項を削る。

第七条の二中「昭和四十三年四月一日から昭和四十五年四月三十日まで」を「昭和四十五年五月一日から昭和四十七年三月三十一日まで」に、「三年以上」を「五年以上」に改める。

第八条の二を次のように改める。

（証券投資信託の収益の分配に係る配当所得の源泉分離選択課税）

第八条の二　居住者又は国内に恒久的施設を有する非居住者が、昭和四十六年一月一日から昭和五十年十二月三十一日までの間に所得税法の施行地において証券投資信託の収益の分配に係る配当所得の支払を受けるべき場合において、当該配当所得につきこの項の規定の適用を受けようとする旨その他大蔵省令で定める事項を記載した申告書を当該配当所得の支払の取扱者を経由して納税地の所轄税務署長に提出したときは、当該配当所得については、同法第二十二条、第八十九条及び第九十一条並びに第百六十五条の規定にかかわらず、他の所得と区分し、その支払を受けるべき金額に対し百分の二十五（昭和四十六年一月一日から昭和四十七年十二月三十一日までの間に支払を受けるべきものについては、百分の二十）の税率を適用して所得税を課する。この場合において、当該配当所得については、同法第九十二条第一項の規定は、適用しない。

2　前項の規定の適用を受ける配当所得で昭和四十八年一月一日から昭和五十年十二月三十一日までの間に支払を受けるべきものに対する所得税法第

百八十二条又は第二百十三条の規定の適用については、これらの規定に規定する百分の二十の税率は、百分の二十五の税率とする。

3　第一項に規定する申告書は、同項の規定の適用を受けようとする配当所得の支払を受けるべき時（無記名の証券投資信託の受益証券に係るものについては、支払を受ける時）までに提出しなければならない。

4　第一項の場合において、同項に規定する申告書をその提出の際に経由すべき同項の支払の取扱者が受け取つたときは、当該申告書は、その受け取つた時に同項に規定する税務署長に提出されたものとみなす。

5　第一項の規定は、国内に恒久的施設を有する非居住者が支払を受ける証券投資信託の収益の分配に係る配当所得で、その者の所得税法の施行地において行なう事業に帰せられないものとして政令で定めるものについては、適用しない。

6　第三条第六項の規定は、第一項の規定を適用する場合について準用する。

第八条の五の見出し中「配当等に充てた所得に係る法人税の軽減措置に伴う」を削り、同条中「昭和三十七年分以後の各年分」を「昭和四十六年分及び昭和四十七年分」に改め、「配当所得」の下に「（証券投資信託の収益の分配に係るものを除く。）」を加え、「「百分の二十」とあるのは「百分の十五」と、」を削り、「百分の七・五」を「百分の十二・五」に、「百分の三・七五」を「百分の六・二五」に改め、同条に次の一項を加え、同条を第八条の六とする。

2　個人の昭和四十六年分から昭和五十年分までの各年分の総所得金額のうちに証券投資信託の収益の分配に係る配当所得がある場合には、当該配当所得については、所得税法第九十二条第一項の規定は、適用しない。

第八条の四の見出し中「総所得金額に算入しない」を「確定申告を要しない」に改め、同条第一項中「昭和四十五年四月三十日」を「昭和五十年十二月三十一日」に、「昭和四十五年分」を「昭和五十年分」に改め、同条第二項を削り、同条第三項中「第一項」を「前項」に、「昭和四十五年分」を「昭和五十年分」に改め、同項を同条第二項とし、同条を第八条の五とする。

第八条の三の見出しを「（株式等に係る配当所得の源泉分離選択課税）」に改め、同条第一項中「昭和四十二年七月一日から昭和四十五年四月三十日まで」を「昭和四十六年一月一日から昭和五十年十二月三十一日まで」に、「百分の二十」を「百分の二十五（昭和四十六年一月一日から昭和四十七年十二月三十一日までの間に支払を受けるべきものについては、百分の二十）」に改め、同条第五項中「手続」の下に「、同項の規定の適用を受ける配当所得に係る所得税法第二百二十四条及び第二百二十五条の規定の特例」を加え、同項を同条第六項とし、同条第四項中「第三条第五項から第七項まで」を「第八項の二第五項」に改め、同項を同条第五項とし、同条第三項を同条第四項とし、同条第二項中「前項」を「第一項」に改め、同項を同条第三項とし、同項の前に次の一項を加え、同条を第八条の四とする。

2　前項の規定の適用を受ける配当所得で昭和四十八年一月一日から昭和五十年十二月三十一日までの間に支払を受けるべきものに対する所得税法第百八十二条又は第二百十三条の規定の適用については、これらの規定に規定する百分の二十の税率は、百分の二十五の税率とする。

第八条の二の次に次の一条を加える。

（証券投資信託の収益の分配に係る配当所得の源泉徴収税率の軽減等）

第八条の三　居住者、国内に恒久的施設を有する非居住者、内国法人又は国内に恒久的施設を有する外国法人が、昭和四十六年一月一日から昭和五十年十二月三十一日までの間に支払を受けるべき証券投資信託の収益の分配に係る配当所得（前条第一項の規定の適用を受けるものを除く。）に対する所得税法第百七十五条、第百七十九条、第百八十二条及び第二百十三条の規定の適用については、これらの規定に規定する百分の二十の税率は、百分の十五の税率とする。

2　前項の規定の適用を受ける配当所得の支払を受ける者は、所得税法第二百二十四条の規定の適用がある場合を除き、その支払を受ける際、その支払の取扱者に対し、氏名又は名称及び住所（同法の施行地に住所がない場合には、居所とし、国内に恒久的施設を有する外国法人については、法人税法第十七条第一号に規定する事務所、事業所その他これらに準ずるものの所在地とする。次項において同じ。）を告知しなければならない。

3　税務署長は、第一項の規定の適用を受ける配当所得につき提出された所得税法第二百二十五条第一項の規定による調書に記載された当該配当所得の支払を受ける者の氏名若しくは名称又は住所が虚偽であると認められる場合には、その旨を当該配当所得の支払をする者に通知しなければならない。

4　前項の通知を受けた支払をする者は、直ちに、当該通知に係る配当所得につき前条第一項に規定する税率から第一項に規定する税率を控除した率に相当する税率を乗じて計算した金額の所得税を徴収し、その徴収の日の属する月の翌月十日までに、これを国に納付しなければならない。

5　前項の規定により徴収して納付すべき所得税は、所得税法第二条第一項第四十五号に規定する源泉徴収に係る所得税とみなして、同法、国税通則法及び国税徴収法の規定を適用するものとし、当該配当所得の支払を受ける者が内国法人又は国内に恒久的施設を有する外国法人である場合には、これらの法人については、当該所得税が所得税法第百七十五条又は第百七十九条の規定により課されたものとみなす。

6　第三条の三第六項から第八項までの規定は、第一項の規定を適用する場合について、同条第九項の規定は、第一項から第四項までの規定を適用する場合について、それぞれ準用する。

第九条の見出し中「配当等」を「株式等」に改め、同条第一項中「昭和四十五年四月三十日」を「昭和五十年十二月三十一日」に、「第八条の三第一項」を「第八条の四第一項」に改め、同条第二項中「第三条第五項から第七項まで」を「第三条の三第六項から第九項まで」に改める。

（中略）

第三章第一節の二の節名を「第一節の二　特別税額控除」に改める。

第四十二条の三から第四十二条の五までを削る。

第三章第一節中第四十二条の二を第四十二条の三とし、第四十二条第三項中「第四十二条」を「第四十二条の二」に改め、同条を第四十二条の二とし、同節中同条の前に次の一条を加える。

（法人税率の特例）

第四十二条　法人税法第二条第九号に規定する普通法人（次項において「普通法人」という。）又は人格のない社団等の昭和四十五年五月一日から昭和四十七年四月三十日までの間に終了する各事業年度の所得に係る同法その他法人税に関する法令の規定の適用については、同法第六十六条第一項及び第百四十三条第一項中「百分の三十五の税率」とあるのは、「百分の三十五に百分の百五を乗じて計算した税率」とする。

2　内国法人である普通法人の昭和四十五年五月一日から昭和四十七年四月三十日までの間に終了する清算中の各事業年度に関する法人税法第百二条の規定の適用については、同条第一項第三号中「百分の三十五」とあるのは、「百分の三十五に百分の百五を乗じて計算した割合」とする。

（以下略）

金融・証券に関する件

衆議院　大蔵委員会金融及び証券に関する小委員会議録第一号

昭和四十五年五月十三日（水曜日）

出席小委員

小委員長　藤井　勝志君

上村千一郎君　木部　佳昭君　高橋清一郎君　松本　十郎君　平林　剛君　二見　伸明君

木野　晴夫君　木村武千代君　登坂重次郎君　阿部　助哉君　堀　昌雄君　竹本　孫一君

出席政府委員

大蔵省証券局長　志場喜徳郎君

（ほか略）

本日の会議に付した案件

金融及び証券に関する件（最近の金融情勢及び証券の現況）

○藤井小委員長　これより金融及び証券に関する小委員会を開会いたします。

○堀小委員　実は、昭和四十二年だったと思いますけれども、当小委員会で、あるべき金融制度についてという議論を始めまして、一年間、各種の論議をさせていただきました。それを受けて金融制度調査会では今日各種の検討を進められて、おおむねこの六月ごろでありますか、答申がされるように聞いておるのであります。当委員会としては、この間やや空白の時期もあったようでありますけれども、昭和四十二年に当委員会で論議をいたしましたときと今日とでは、経済的な諸条件の見通しについて非常に変更があるといいますか、相違が出てまいっておることでもありますので、ひとつ小委員長においても、この当面する経済情勢というものと、これから見込まれる諸条件というものを勘案しながら、各種金融機関のあるべき姿について、いま一度当委員会で十分検討を進めてまいる必要があるのではないか、特にこの問題については、これまで銀行その他のいわゆる狭義の金融機関が主題になっておりましたけれども、この際、生命保険、損害保険あるいは農業金融、政府関係機関等、これまで課題になった部分以外の広義の金融機関を含めて検討を進める機会をつくっていただきたいということを第一にお願いをしたいと思います。

第二点は、実はさらにそれより数年前から当小委員会においては歩積み・両建ての問題を取り上げてまいりまして、これについては現在各種の措置が講じられておるのでありますけれども、実質的な拘束の問題については、公正取引委員会の調査等によりますと必ずしも改善されていないという点が非常に目立ってきておりますので、歩積み・両建て問題についての実質的改善をいかにして行なうかという問題を特に取り上げていただきたいというふうに考えます。

以上が金融行政の問題でございますけれども、あわせて証券行政については、最近、御承知のような暴落等もあって、証券問題も国民にかなり大きな影響を与えておることであります。証券行政は、御承知のように証取法実施以来まず第一段階を終わったと考えるのでありますけれども、今後の自由化その他の経済の開放体制への移行に伴う証券行政のあるべき姿についても、この際、当小委員会で十分検討を進めて、これらに遺憾のない行政的な配慮が行なわれることが望ましいと考えますので、以上三点について、小委員長の配慮をわずらわしたいということを申し上げておきたいと思います。

○藤井小委員長　ただいま堀委員より御意見が出ておりますが、御意見ごもっともでございまして、金融関係も従来はいわば狭義の金融機関を中心に当小委員会は活動してきたわけでありますけれども、生保を含め、また農業関係の金融の範囲も含めて、日本経済全体をささえるいわゆる血液の役割りをしている金融機関がその効果をあげるように、政策的な勉強をこの委員会でしたい。

拘束預金は、実質的な改善をはかっていくということはごもっともだと思います。

証券業界の問題も、資本取引の自由化に当面して、その時代に即応する行政のあり方を探求する。

まず、最近の金融情勢及び証券の現状につきまして、政府より説明を求めます。

○志場政府委員　証券業につきましては、御案内のとおり一昨年の四月、新法に基づく免許制に全面的に移行いたしまして、業界の整理、その後の株式市況の好調という環境のもとに、一昨年九月並びに昨年九月の決算は非常に好調でございまして、本事業年度も、上半期はかなりの高収益で、順調な推移をたどってまいりましたけれども、今後のわが国経済並びに資本の自由化という情勢の中におきまして、今後の証券行政の基本は、国際化、自由化するわが国の産業、証券市場の中において、いかに証券業界の体質をさらに強化し、またわが国の証券市場の秩序を、国益を擁護する観点からいかに擁護しつつ、その健全な、世界経済、世界市場の中において発展をはかるかということになろうかと存じます。

さしあたり証券業は、第三次自由化の段階でこれを行なうかどうかの問題が討議されることになっております。いずれにいたしましても早晩自由化は不可避の、むしろ前向きに取り組むべき課題ですので、これに処して行政指導あるいは立法面において格段の配慮をしなければなるまい、かように存ずるわけでございます。

法律面におきましては、わが国の市場秩序を、外国からの撹乱的な要因に対していかに守りつつ、しかも自由にして公正な取引を確保するかという大きな課題がございまして、これをどう立法すべきかは、今後の検討課題ですけれども、大きな問題になろうかと存じます。第三次自由化において自由化されるかいなかにかかわらず、自由化ということになりますと、それと並行しまして外国の証券業者のわが国への支店形態による進出も考えられるわけで、この点につきましては銀行業等と異なりまして、現在証券業務は支店設置に関する法律はないので、その内容等を検討しつつ、そのための法律を出さなければなるまい、かようなことでございます。その際、新設の証券業務たると支店業務たるとを問わず、自由化に関しましてのメリットをいかにして確保し、どういう面にメリットを求め、しかしいたずらな撹乱的な要因のもととなるデメリットを排除しつつその業務を設定していくかが問題でして、これは私ども、立法された後におきましても、免許方針という問題といたしまして慎重に検討しなければなるまい、かように思うわけでございます。

それから次には、国際化とも関連いたしますけれども、わが国の発行市場の充実強化という問題でございます。今後、わが国企業の資本調達の要請はますます強まるであろうと予想されるわけですが、現在、流通市場と発行市場との機能的連携のもとに資本調達の多様化が進められておるわけでして、時価発行ないしは時価転換社債の発行という問題が出てきております。これにつきましては別段の法的規制とか立法を要する問題ではございませんが、主として行政面におきまして今後こういった方向が健全に定着しつつ発展していきますように、発行価格あるいは発行量その他の発行条件、あるいは適格企業の選定につきまして、幹事証券会社の過当な競争を排除しつつ、また市況に対する影響が不必要にインパクトが強まらないように配慮しつつ、行政的指導を加えていかなければならないだろう、こういうふうに存ずるわけです。

同時に、公社債市場の正常化育成という問題もかねての懸案でございますが、幸い本年の二月以降、公債条件も含めまして、長期債券金利の条件改定が行なわれまして、正常化への一歩前進になったわけですけれども、今後健全な換金市場、流通市場を整備するという観点から、あくまでも個人消化をますます進めまして、その正常化のための基盤をつくりたい。つきましては、かたがた、御承知のとおり電力業におきまして社債市場に依存する度合いがかなり大きなものが期待されますわけで、幸い三月、四月と、条件改定後の電力債の個人向け消化は非常に順調でございますので、これをさらに一段と強めるという見地から、このほど電力債のいわゆる別ワク発行に踏み切ることにしたわけです。今後、公社債市場の健全化、正常化育成という見地からは各般の事柄をしなければならぬと思いますけれども、やはり漸進的、堅実に考えました場合に、従来とも個人消化に親しまれておりました電力債を柱にいたしまして、さらに長期にわたる正常化のための各種の施策を電力債に焦点をあてつつ展開をはかっていく必要があるのではないか、と考えておるわりでございます。

それからさらに、資本取引の自由化あるいは資本調達の多様化という観点からいたしますと、いよいよ企業の財務内容のディスクロージャー、公開制度につきましてその改善をはかる必要が出てまいります。従来とも私どもとしましては、有価証券報告書の重点審査あるいは公認会計士の監査法人設立を中心にする質的向上という面につきまして配意してまいりましたし、また幹事証券会社に対しましても、アンダーライター業務におきまして審査能力なり機能を高めるようにと指導してまいったわけでございますけれども、今後さらにかような措置を進めますとともに、立法面におきましても、現在証券取引審議会の専門委員会におきまして、ディスクロージャー制度の法律面での改正、改善につきまして、流通面と一そう有機的に連関したような面に焦点をさらにあてながら何らかの改正を考えたい。この点についてもこの次の国会に御提案いたしたい、かように存じているところでございます。

そのほか、内外における投資環境が複雑化し、多様化するという中におきまして、いわゆる投資顧問法の制定の問題もございます。私ども、アメリカにおける実態がいかようになっておりますか、先日も参事官を出張させまして、つぶさにそこらの実情検討、制度検討をしてもらっておるわけなんですが、今後この立法の要否、適否についての検討を進めてまいりたい。

なお、自由化に関連しまして、いわゆる狭義の証券業務と投資信託業務は、私ども若干異なる立場で考えておりますけれども、投資信託に関連してかねてから論議されておりますような会社型投信制度を導入するかという点の問題もあろうかと存じます。いまのところどういうふうなことがよろしいか、私どもはさしあたり投資信託の解約防止に重点を置きまして、今後の制度的展望もあわせて検討すべきであろう、かように存じます。

なお、流通面におきまして各種の制度改善が行なわれましたけれども、証券に関する情報伝達の機械化という問題もございまして、そういった機会におきまして今後の展望を立てる必要もありますが、公開株の価格の決定の問題でございますとか、あるいはいわゆる端株取引の正常化という問題のようなこまかい技術的な点につきましても、取引所とよく協議しながら改善をはかる必要があろう。

さらにいわゆる値がさ株という問題——これは商法の改正の問題でありますが、無額面株の問題あるいは株式分割の問題、かような点もございます。株式分割、無額面株の発行は、法制審議会の商法部会に対して私どものほうからも改正要望を申し上げておるわけですし、時価転換社債につきましては株主総会の特別決議を要するというのが現状でございまして、これがタイミングよく発行できるようにという見地から、取締役会の決議でも行ない得るようにという商法改正も提案しておるわけでございます。

さような点で、今後国際化の中におきまして行政面並びに立法面においていろいろと広範囲にかつ慎重に検討し、改善をはかっていくべき点が多々あろうかと存じます。

○藤井小委員長　質疑の通告がありますので、順次これを許します。

（中略）

○堀小委員　証券局長に一つだけ伺っておきたいのは、最近収益力のある企業で時価発行を行なっておるものが非常にふえてまいりました。時価発行には功罪いろいろありますけれども、最近時価発行の価格のきめ方のところにどうも少し問題があるのではないか。最近はふしぎなことに、時価発行をきめたところが、いざ募集をする直前ぐらいになって株価ががさっと下がって、時価発行の予定価格を割るという例がしばしば出てきた。最近も見ておりますと、時価発行その他、株の情勢から見ればもう少し下がっていいと思われるにもかかわらず、時価発行予定額を下回ったところでどうも買いささえが行なわれているような気がしてしょうがないような例がこれまで二、三あるわけです。ですから、この時価発行の価格と、こちらの取り扱いの関係については、証券局としてはどういう行政的配慮をしておるのか、この点をちょっと伺って私は質問を終わります。

○志場政府委員　時価発行の価格決定はなかなかむずかしい問題ですが、基準になりますのは時価発行の価格を決定します前の株価です。ですから問題は、たとえば市場占有率を高めまして自己買いをしますとかで操作され、つり上げられた価格でありますと、お話しのような危険性がございます。私どものほうは、いろいろと幹事証券会社を通じて下相談を受けておりまする段階で、時価発行の価格決定に至る前における当該幹事証券会社の市場占有率、自己売買の状況等は十分に見るからと申しまして牽制いたしております。したがいまして、最近の例は、さような証券会社の一種の努力相場的な、計算的な価格が直前の時価価格に反映しておったことはないと信じております。

それからもう一つは、ディスカウントレートの問題でありますが、従来の時価発行の場合は、時価に対しまして、平均すれば一五％前後下回る価格で価格をきめることでございます。国際的に見ますと、西独方式は別ですけれども、いわゆるアメリカの完全時価発行は、そのディスカウントレートは一割まででありまして、ほぼ時価そのものといえるような状態であります。今後ともかくADRと国内の時価発行とを関連いたしますと、私はこのディスカウントレートは国際的な水準に持っていくべきだろうということで指導いたしていくつもりでございます。

そういうふうになってまいりますと、いよいよ客観的に実現されました価格水準をどう見るかという問題です。これはひいては時価発行のタイミングにもかかわる問題ですが、市況の変化によりましてかなりの価格変動があったために、にわかにその増資をストップすることは、なかなか発行企業体としてはできにくい状態にあるようでございます。したがいまして、私どもとしては、直前の時価と申します場合には、市況の動向等によりまして、直前の一週間程度をとりますとか、あるいは一カ月さかのぼった平均価格をとりますとか——しかしあまり恣意的に過去にまで長くさかのぼることはいわゆる時価発行とはまた縁遠くなりますので、そこら辺は市況も、あるいはその株の持っている実勢とでも申しますか、さような点の勘どころも、いろいろな客観的な価格と見られるものをなるべく慎重にさがし出すということで、その間において操作もなく、またディスカウントレートも一割を下回るような小幅でいけるならば、価格決定としてはもうそれ以上のことはできないという性質のものではなかろうかと思います。

今回、松下電器さんが、六百三十円にきめられましたということは、従来の価格が六百七十円から七百円くらいでずっと推移してきたという、比較的安定しておったところから見ますと、六百三十円の価格決定自体は私は妥当であったかと思います。ただ先月来のさような市況がありますので、突発的な事態で、これに対処いたしまして、幹事証券会社が価格安定的にある程度の自己買いを入れるということと、あるいはまた株主にすすめて買い足してもらうということは、それについては私は一がいに責められないのではないか。むしろいけないことは、価格決定する前の段階でそういう努力相場的な操作があっては絶対にいけない、さようなつもりでおります。

衆議院　大蔵委員会金融及び証券に関する小委員会議録第二号（閉会中審査）

昭和四十五年六月十一日（木曜日）

出席小委員

小委員長　藤井　勝志君

木部　佳昭君　　田村　元君
高橋清一郎君　　登坂重次郎君
松本　十郎君　　森　美秀君
阿部　助哉君　　平林　剛君
堀　昌雄君　　二見　伸明君
永末　英一君

小委員外の出席者

大蔵大臣官房審議官　高木　文雄君
大蔵省証券局長　志場喜徳郎君
大蔵省銀行局長　近藤　道生君

（ほか略）

本日の会議に付した案件

金融及び証券に関する件（歩積・両建及び証券行政の現状）

○藤井小委員長　これより会議を開きます。

金融及び証券に関する件について調査を進めます。

（中略）

○志場説明員　今後の問題といたしましてまず考えられますることは、何と申しましても外人投資が、現在ストックで、邦貨で七、八千億円と思いますけれども、わが国のような、企業ごとに見ました場合に株式資本の割合が総資産のうちの八%程度、内部留保を含めましていわゆる自己資本の割合が一六、七%である、いわゆる過小資本におきまして、二〇%あるいは三〇%を外人によって取得されることになりますると、外国関係が大きな問題で、この要因をできるだけモダレートなものにしますためには、根本的にはわが国の企業の株式資本の過小性の是正が基本的な問題でございます。

それに関連しまして、浮動株の割合がかなり低い。東京証券取引所第一部でも約二〇%でして、ほかは金融機関あるいは関係先の企業に持たれておるわけですが、そういう浮動株の割合を、もう少し厚くするということでありませんと、乱高下はある程度避けられない気もいたすわけでして、この辺の二面の是正が基本的な問題ですが、これは従来から危惧されておりましたことが出たということであります。この是正はなかなか日時を要する。しかし、今後はこの問題に本格的に取り組んで、あらゆる施策をもってこれを是正することが、乱高下に対処する基本的なあり方ではなかろうか、かように思っておるわけでございます。

同時に証券取引の内部の問題として、現物が海外の投資家に多く持たれると、流通のなだらかな価格形成にする見地から、ある程度の信用取引の量が存在しなければならないと思うわけですが、同時に、信用取引は投機的ないしは思惑的要素のからむことは避けられませんが、あまりにも過熱化しあるいは鎮静化し過ぎるということをどういうふうにすればなだらかな程度でとどめることができるかという観点から改善を加える必要があるのではあるまいかという問題意識が出てきておる次第でございます。

それから同時に、外人が売ってくる場合に、たとえばわが国の証券会社が在外の子会社ないしは支店におきましてドルその他の外貨を適宜保持していると仮定いたしますと、海外の投資家が日本の株を換金のためその他、売りたい買いたい場合に、現地におきまして外貨による売買取引が行なわれる可能性も出てまいるわけです。今日はダイレクトに日本の市場に対して売買注文を発してくる。会員といたしましては市場集中いたさなければなりませんので、売買として出てくる。それがいろいろな海外の情勢は一般投資家その他に十分な情報がございませんので、心理的な要因として非常に過大な期待を持ったりあるいは過大な不安を持ったりということにつながりやすいわけでして、その点から証券会社が海外におきましてしかるべき外貨を保有することも必要ではあるまいかということで、それぞれ折衝してまいりたいと思っておる次第でございます。

と同時に、本邦証券会社の在外の営業所、子会社等を通ずる活動につきまして、漸次その拡大とか充実をはかっておりますけれども、いよいよその必要性が強いのではないかと考えまして、海外要員の養成としても鋭意努力をするように指導したいと思っておるわけです。

それから、ただいま申しましたように証券取引は次第に国際化しつつあり、そのわが国の市場にもたらす影響も無視できない重要な問題でございますが、同時に、証券業務の資本自由化という問題も起こってまいるわけで、いずれこの問題は避けて通ることができないので、わが国の市場の秩序を適正に保持しながら、前向きに業務の自由化がこなされてまいりますように、今後の証券会社の免許の与え方の問題、ないしは外国の証券会社が今日ではわが国に支店を開設することは現行法では許されておりませんが、所要の立法を準備いたしまして、支店がわが国及び外国の投資家ないしは発行会社等の需要に適切に呼応でき、同時に免許の方針も考えていかなければなるまいかという問題も考えておる次第でございます。

同時に、かような証券業務の自由化、資本自由化ないしは証券取引の内外における交流の活発化になりますと、産業界のほうで、企業経営の乗っ取りという観点から、乗っ取り防止に何らかの措置が必要ではないかという問題が提起されておるわけです。

　この問題は、すでに昭和四十二年五月に、第一次の資本自由化のおり行なわれました外資審議会の専門委員会におきまして若干の報告がございまして、自由化対策として三つばかり掲げられておるわけです。

　一つは、事業会社の定款におきまして、株式の譲渡について取締役会の承認を要する、この制限がついた株式でも取引所に上場を認めたらどうかという問題がございます。それから、市場集中制度はどうかというような問題とか、企業経営の乗っ取りを意図しましたテークオーバービッドにつきまして所要の規制を設けることはどうかというような問題提起がされておるわけです。

　しかし私ども考えました場合に、譲渡制限株式の上場は、その後取引所におきましても検討されましたけれども、適当でないと私どもも考えております。また市場集中につきましても、本質的に何ら乗っ取り防止に役立たないのみならず、外国人だけの取引について差別待遇することはできませんので、あらゆる国内取引についてすべて市場に集中すべしという義務を課することになるわけでして、とうてい立法の実際といたしましてもできない、かように感ずるわけでございます。

　残るところはテークオーバービッドの規制です。これも本質的に乗っ取りを禁止するということではございませんで、テークオーバーする場合のその中身につきましてディスクローズさせるという制度です。しかしこれも秩序ある取引という観点から見ますと適当でないという判断もございまして、私どもこの点についての立法化につきましては検討してまいりたい、かように存じておるわけでございます。と同時に、ただいまわが国の企業が国内あるいは国外でいろいろと各種の証券を発行していくということは考えられますが、市場が国際化してまいりますと、外国で発行した証券でしても流通面において日本の市場に舞い戻って、相互に交流いたしますので、発行市場のコントロールの問題、なかんづくディスクローズの問題としまして、国外で発行するものも所要の規制を投資者保護の観点からもする必要があるのではないかということが、今後の証券取引法の国際化に対処する改正の一環として検討せられるべきであると感じておるわけでございます。

　その他、証券会社の現況について、一昨年の四月、全面的に免許制度に移行したわけでございます。その後、幸い市況の好転もございますが、一昨年の九月、昨年の九月、いずれも高収益に恵まれましたわけですが、昨年の十月以降本年の三月までの半年間の仮決算の状況を見ましても、全国の証券会社合計いたしまして、税引き後の利益で四百十六億円の利益をあげておりまして、これは昨年の九月分までの税引き後の利益四百十一億円に匹敵するほどでありまして、未曽有の高収益でありました年間分の利益を本年度は上半期で得たということでございます。その後、四月の暴落もございまして、五月は、月別の決算をいたしますればおそらく若干の赤字ではないかと思いますけれども、現在まで健全な経理、財務内容になっておりまして、内部留保も全国で約二千百三十五億円になっておりまして、資本金に対する純資産も約二・三倍と財務体質的にも強化されております。今回暴落もありましたけれども、比較的証券業界は落ちついており、今後とも自由化のためにも一そう財務内容の充実、企業経営の健全化、合理化につきまして、指導をしてまいりたい、かように考えておるわけでございます。

○**松本(十)小委員**　四月三十日の暴落に端を発しまして、日本の証券市場の脆弱性、問題点が数多く露呈され始めたという感触を持つわけであります。
　第一点は、証券取引法第六十五条の関係です。これは最近新聞等をにぎわしておりますが金融機関を中心としたいわゆる海外投資会社の設立で問題になりましたり、仄聞するところによれば、金融制度調査会の席上で、長期信用銀行に資本市場を育成するような立場で新しい機能を考えてもいいのじゃないか、こういう発言があったやに聞いておりまして、海外の問題はいろいろむずかしい問題もあって、簡明直截にずばりときめかねるかと思いますが、証券取引法六十五条につきまして、局長としてはどういう考えで今後進んでいかれるか、伺いたいと思います。
○**志場説明員**　証券取引法第六十五条は、アメリカの一九三三年ないし三四年の証券法ないし証券取引法に範をとって、戦後制定された現行証券取引法の一環としてあるわけですが、金融制度調査会における議論は、私の関知しております限り、金融制度調査会の場におきましては、民間金融機関の相互の業務のあり方を中心に論議が行なわれたと理解しておりまして、証券業務との制度上の問題は論議されてないというふうに承知しておる次第でございます。
　国際投資銀行の問題ですが、証券、金融業務の分離制度は欧州におきましてはございませんわけで、これは環境がアメリカあるいは日本と非常に違っておりますわけで、証券取引所自体のあり方なり、あるいは投資勧誘のあり方もすべて欧州と日米とは違っておるわけでございまして、こういうところにおいてわが国の金融業務を伸ばしていこうというためには、国際投資銀行も合理性はあろうかと思います。しかし、これは国外において設立される法人ですが、その場合に国内と国外という問題は法律上いろいろややこしい問題もあると思うわけですし、私どもはこういった国際投資銀行が全く中身がないということでは困るわけです。さようなことなく、実体的に活動することを前提として国際金融局の外貨送金の認可も行なわれると思うのでありますが、内外の業務は明確に区分することもなかなかむずかしい点もございますし、両業界が無用の混乱、摩擦があっては、行政当局といたしまして適当でないのではないかというところから、両業界が協調と協力の精神の上に立ちまして、適切に運営が行なわれてまいりますように指導してまいるべきではなかろうか、かように考えておるわけでございます。

○松本(十)小委員　証券市場が健全に発達を遂げますためには、証券に関する金融が円滑であり、また量的に確保されるということが必要だろうと思うのであります。いまのところ、日本の証券市場は一応制度金融としての証券金融会社が大事な一翼をになっておるわけですが、諸外国の証券金融と比べましても、必ずしも十分でない。外国投資家の売り買いでかなり撹乱をされることを考えましても、もっと証券金融を拡充強化する必要があるのではないか、それについての局長の見解を伺いたい。

○志場説明員　証券金融のパイプが細いのじゃないかという点は、証券会社自体の内部留保あるいは投資者の提供し得る担保の程度によるわけでございまして、この一、二年でようやく証券会社の内部留保も充実してまいりかけておりますけれども、従来は非常に乏しかったということ、並びに投資家のサイドにおきましても、金融資産の中での株式その他有価証券の保有の度合いが非常に少ないというような現状がございますわけで、かたがたこの金融環境を見ましても、やはりともすれば銀行からのオーバーローンになりがちのような、そういう資金の需給関係というものが基本的にございますわけで、その中にあって証券金融というもののパイプを太くすることは諸種の制約もあるわけでございます。

しかし、信用取引を適切な割合で保持することは、公正な価格形成並びにそれと密着いたします発行市場の健全な育成という点からも必要ですので、われわれといたしましては、信用取引制度の改善によって過当な投機取引をできるだけ制度的に防止すると同時に、証券金融につきましても、バランスのとれた姿として、成長できるように検討してまいりたい。基本的にはさような認識で各種の検討を続けてまいりたい、かように思っておるわけでございます。

○松本(十)小委員　日本の金融構造は特殊なものであって、なかなか金利のメカニズムが働かないとかあるいは量的にいろいろ問題もあって、証券金融だけをよくすることはむずかしいと思うのですが、金融があって初めて証券市場の健全な発展が望めるわけですから、そういう意味で一部で証券の専門銀行でもつくったらどうか、こういう議論もあるようであります。そういう証券の専門銀行構想について実現の可能性はあるかどうか、また証券局としてはどういう考えか、伺いたいと思います。

○志場説明員　具体的に証券銀行の設立問題を尋ねられますとまことに困るのでございまして、先ほどの繰り返しになりますが、日証金を一つの制度的な問題として、ほかの自己金融あるいは投資者からの担保の提供のしかたがからんでまいりますので、それらをあわせて検討してまいりたいと思います。

私どもとしては初めからその設立を目ざしてといったようなスタンスではなしに、既存の諸制度の改正、改善というものを通じまして、この妥当な金融が成り立つように極力くふうをし、検討してみたいという考え方でございます。

○松本(十)小委員　なかなかむずかしい問題かと思いますが、将来のために、ブローカー金融あるいはディーラー金融あるいはアンダーライター金融を検討されまして、証券金融の整備拡充の御努力を願いたいと思います。

問題を移しまして、証券税制について一、二お伺いしたいと思います。

まず第一に、勤労者の財産形成政策が出てまいりまして、日本でも、余剰購買力を吸収して、それによって勤労者の財産づくりに励んだらどうか、こういう考え方が出てきたわけであります。今後の長期税制という長期的な視点に立って、特にきょうは証券貯蓄に関する税制について、もう少し金融資産を個人に持てるよう、何か前向きにやるべきではないか、こういう感じもしますので、まず証券局長からお考えを伺いたいと思います。

○志場説明員　今後のわが国経済との関連におきました場合に、毎年のいわゆるフローとしましての国民総生産、しかもこれをマクロで見ました場合に目ざましいばかりの成長を遂げておるということでございますが、各個人のストックも考え合わせました経済力を考えてみますと、まだまだまことに貧弱な状態であるということもいなめないと思うのでして、今後は、全体の経済成長は基本でありますけれども、それをささえる各個人の経済力を豊かにすることをますます推し進めなければならないという点は全く同感でございますし、物価問題を考えますと、長期的な貯蓄を基本にする必要もございましょうし、また証券市場ないし発行市場という面から見まして、冒頭の御説明の中で申し上げましたように、株式資本その他の自己資本を充実することが今後の国際競争下における企業の体質強化の基礎であると考えますと、それに大きな影響を持ちます個人段階での課税及び企業段階での課税につきまして、今後のあるべきビジョンを想定いたしまして、十分深く検討されることが望ましい、かように私どもといたしましては考えております。

○松本(十)小委員　これについて主税局はどういうお考えですか。

○高木説明員　現在貯蓄優遇に関するいろいろな税制があるわけでございますが、しかしなお最近におきますいろいろ物価の問題とかあるいは給与のベースアップ率が非常に高いということとの関係で、さらに何か貯蓄優遇税制としていい方法があるかどうかは、現在何かいい方法はないかということを考えてはおります。

○松本(十)小委員　公開株式の譲渡所得課税、いわゆるキャピタルゲインに対する課税で伺いたいと思います。これは特別国会中の大蔵委員会で公平の原則から見てもおかしいのじゃないか、福田大蔵大臣もやや前向きで検討しましょう、こういう答えがあったと思うのです。

日本の経済をここまで押し上げてくる過程、あるいは将来さらに発展させる道のりにおいて、中堅企業が大事でありまして、できるだけ広く資金を得て、その創業者の創意その他による資産をできるだけ多くの投資者に分散させることからも上場が望ましい。しかし、変にキャピタルゲインをつかまえると、むしろ公開を忌避したり、あるいは場外取引で、適正な価格形成の手続を経ないで売買されたりするおそれもないわけではないのでありまして、私はむしろこういう問題は慎重にやるべきであり、大体ここまで二十何年、キャピタルゲインは課税しないということで定着しているわけですから、これをただ公平の原則という理論だけでいじくることはむしろ混乱のほうが多いのじゃないかと懸念するものでありますが、これらについて証券局はどうお考えか、伺いたいと思います。

○志場説明員　税につきましての証券局の考え方は、いまお述べになった御意見と全く同感という気持ちを持っております。と申しますことは、上場の必要性を、証券市場ないしは中小企業、中堅企業の財務体質の強化という見地からも重要視すべきであるという観点からです。ただ公開の際に問題になりましたのは、公開価格が結果的に取引されました市場価格に比べていかにも不合理ではないか、したがいまして、創業者利潤がたくさんあったではないかということだったと思いますので、私どもは価格自体が適正であるように、価格決定のしかた、あるいはどれくらいの割合のものを公開していくかにつきまして、目下取引所並びに業界と成案を詰めつつある段階でして、まず価格面において、私どもとしましては改善したい。近くこれは実施できると思っております。それから、公開なり新規上場につきましては、最近中堅企業におきましてやはり合理化投資とか省力投資とか、あるいは企業の財務体質その他の競争力を強化する見地から、単に個人が支配して同族関係だけで保持する段階ではないということを大局的に判断をして、公開に踏み切る事例がかなり出てまいっております。それが大きな打撃なり、また、その芽をつんでしまうようなことにならないようにしたいものだというのが私どもの見地でございます。

○松本(十)小委員　主税局はいかがですか。

○高木説明員　中堅企業が上場を通じて発展をしていこうということを、税のほうでつみ取ってしまってはいけないという点につきましてはまさにそのとおりだと思うのですが、ただ現実に、たとえば十億とか二十億とかという大きな所得が一挙に一人なり二人なりの創業者に実現をするという場合に、全く非課税であることが、課税の公平の上からいって、いかに企業育成が重要であるにしましても、なかなか一般庶民の納得を得にくいという事実もあるわけでございます。問題は、要するにそこの調和点をどこに求めるかということになってくると思います。私どもの気持ちといたしましては、どこへ落ちつけるかということは非常にむずかしいわけでございますが、しかしどうもこのままではちょっとぐあいが悪いのではないかというところでございまして、ただいま証券局長から答弁がございましたように、公開につきましていろいろ証券局のほうで検討しておられますので、その推移を見守りながら、私どもも私どもの立場で証券局と折衝していきたい。慎重に検討することをお約束いたしたいと思います。

○松本(十)小委員　なかなかむずかしい問題だと思いますが、これは影響するところが、単に公開株だけじゃなくして証券市場全体にも及ぶかと思いますので、慎重の上にも慎重を期していただきたいと思います。

最後に、それでは外人投資の問題でございます。

先ほど局長から現況説明がございましたが、一昨年来からの上げ、この四月三十日からの暴落、その後、上下動を続けておるようでございます。国内的な要因ももちろんあったでありましょうが、単純にわれわれがしろうと風に見れば、外人買いによる上げと、外人売りがもとになって、投資家が追随をして売ったために株が下がったと思うのであります。そういう意味では、外人による証券市場の攪乱を、何かの形で緩和することをやるべきではないか、こう感ずるわけでございます。そういう意味で、一つは証券取引法百二十七条について、少なくとも外人の買い売りに対してこれが役立つ可能性があるのかどうか、これが一つの質問点であります。

もう一つは、ディーラーズポジションというのですか、海外の支店あるいは日系の海外法人に、かなり外貨もたまっておりますから少し持たしておいて、これが平準化作用を外国の地においてやっていく。国内へまっすぐ衝撃がこないように現地で片づけられるものは片づける。これによって少しは証券市場への激しいインパクトをやわらげられる余地があるのではないか、こういうふうに考えるのですが、これについても証券局のお考えを伺いたいと思います。

いま、外国為替市場で円に対するスペキュレーションが起これば、当然オペレーションをやることになるだろうと思うのですが、証券市場についてもそれに準じた手だてを少し前向きでやったらどうかという感じがいたしますが、どういう見解を持っておられますか。

○志場説明員　百二十七条のお尋ねでございますが、この位置づけはなかなかむずかしい問題でございますが、証券取引法を通じまして市場の秩序を保つということが大きな眼目になっておるわけです。そのための方策はいろいろございますわけで、一つは、証券取引所の機能といたしまして、自主規制がございます。現在は理事長権限といたしまして、個々の銘柄の値幅制限でありますとか、あるいは委託保証金を増徴するとか、現金ないしは現株を即時提供させるとか、信用取引の制限または禁止ができるとか、売買取引の一時停止をとり得るとか、そういった取引所の規制に基づきますところの市場秩序の維持、公正な連続的な価格形成のための配慮が一方においてございます。現にこれは規則を制定し、必要なときは発動できるわけです。

他方、極端な場合といたしまして、百五十五条がございます。これは、大蔵大臣は、十日間、市場における売買取引の全部ないしは一部の停止を命ずることができる、あるいは閣議を経まして、三カ月以内の期間を定めて取引所の業務の全部または一部の停止を命ずることができる、こういう規定であります。

お尋ねの百二十七条は、別の条文で固有に規定されておりまして、停止にも至らず、されぱといって取引所の個々の自主規制に基づく先ほど申しました措置では不十分であるという、非常に微妙な段階を把握した規定であります。規定を読み上げますと、「会員のなす過当な数量の売買取引であつて有価証券市場の秩序を害すると認められるものを制限するため、公益又は投資者保護のため必要且つ適当であると認める事項を大蔵省令で定めることができる。」大蔵省に対しましてこういう目的を持った定めをしろというわけです。この規定に基づく大蔵省令は、証取法施行後二十何年たちますけれども、制定されておりません。しかし、この立法のねらいとするところ、今後国際化におきまして、投資者保護あるいは公益のために必要な場面があり得るのではないかという問題意識は、私どもも持つわけでございます。ただこの中身につきましては、取引所の自主規制との中におきまして、この条文の趣旨をどういうふうに生かして、それを、だれがいかなる判断に基づいて発動をするかという点について、目下慎重に検討しつつあるところでございます。

それから、わが国証券会社の海外業務の充実ですが、これは全く同感でございます。今後外国の投資家との間の接触を保ち理解を深め合い、売買上の適切なアドバイスをするためにも、いよいよ相互理解のために活動をしてもらわなければならぬということであります。現在のところ、急速に国際化が進んでまいりましたので、金の点ももちろんですけれども、人間の養成が不十分ですので、鋭意これを充実いたしますと同時に、必要な経費の送金、外貨ポジションの保有も、国際金融局とも十分に接触いたしまして、わが国の市場秩序を健全に守るという見地からそういう方向へなるべくすみやかに実現がされますように要請してまいりたい、かように考えております。

○松本(十)小委員　国際化の過程で外人の売り買いがふえることは必然的なことであり、また望ましいことだと思いますが、公正な価格が形成されますように、万全の措置を講ぜられたい。

○堀小委員　いま松本さんから証取法百二十七条に触れてお話があったのですが、私は、証券局長の答弁にありましたように、アメリカでも処置ができない、日本でもこれまでつくってないのは、非常に条件がむずかしいということになっておるわけですね。これは、「又は会員のなす過当な数量」、一体この「過当」とは何ぞや。一体どこからが秩序を害するのであるかという限度の問題、または「公益又は投資者保護のため必要且つ適当であると認める事項」、実に判断のむずかしい問題が並んでいるわけです。私はやはり考え方としては、取引所の自主性をより拡大をさせる、取引所の自主的規制で処理ができる道を開くということのほうがより適切であって、省令をつくることはいろいろと問題を残すおそれがある。市場秩序を害すると認めてやったことが逆に市場秩序を害するということになるおそれもあるわけです。両刃のやいばのような性格を持っておる点で、証取法百二十七条の省令問題は軽々に処理すべき性格のものではない、私はこういう判断を持っております。

○田村(元)小委員　第一に時価発行についてであります。私はダウ平均が幾らになったとか、幾らに下がったということにはあまり興味を持っていないのです。それよりも、時価発行額を上回っておるか、あるいはその水準を保っておるか、あるいは大幅に下回っておるかということが大きな社会問題であろうかと思うのであります。いま、時価発行を最近いたした会社の株式は大幅に下落いたしております。時価発行ももちろん公募と優先募入に分けて考えなければなりませんけれども、特に優先募入を考えれば、時価に対して割り引きをして出すのでありますから、応募する者に対する安心感を与えるということと応募する者に対するサービスがなければならない。事実割り引いて公募するということは、応募希望者からいえば当然ここまでならだいじょうぶだという安心感と、またこれだけ安くてというサービスを受け入れる気持ちがあると思うのです。ところが、いざ買ってみたら、大幅に下落した。まるきりペテンではないか、詐欺ではないかという声がちまたにあふれておるのも、これまたわれわれは否定できないことだと思います。

先般、時価発行をしたある大会社の社長が私のところにやってきて、時価発行についていろいろと説明をしておりました。ところが彼がいわく、実は時価発行はあまりいたしたくなかった、ところがいろんな事情で証券会社にあおられて時価発行に踏み切らざるを得なくなった。一つは株価の動向もありましたでしょう。そしてなお、時価発行の価格をうんと安くしようと思ったら、大蔵省から価格について干渉を受けた。私はそれを聞いて、いや大蔵省は時価発行の価格については一切干渉してないはずだが、と言ったら、どうぞ委員会へお呼び願いたい、私はその事実を証言いたします、こういうことであったわけです。

そうなると、時価発行を大幅に下回っておる今日の姿は、大蔵省にも責任があるような感じがいたすのであります。特に先般の松下電器の時価発行はまことにひどいもので、締め切り当日まで系列会社や銀行にどんどん買いささえをさして、六百三十円をぎりぎりで守って、それが済んだらがたんと暴落した。これは私は明らかに道義的な背任行為じゃないかと思うのです。ところがそれに対して何らの見解も出されていない。時価発行についての大蔵省側の見解をひとつお尋ねいたしたいと思います。

○志場説明員　今回の株価下落に関連しまして、いわゆるオーバーイシューに基づく株価下落の要因が大きいんじゃないかということもいわれておりますが、私どもは全体としてはさようには実は見ておりません。昭和三十六年にオーバーイシューと見られる事態がございました。そのときの増資額は六千六百七十億円でございまして、その年における支払い配当金は二千九百億円で、支払い配当金を倍以上上回るようなオーバーイシューが行なわれたわけであります。本年度の支払い配当額を予想いたしますと七千四、五百億円になります。株価は株式一株当たりの企業の利益を基本にいたしますので、株式がふえる割合と利益のふえる割合を対比いたしました場合に、利益のふえる割合よりも株式のふえる割合が多いことになりますと、株価的にはこれを下押しするわけです。さような観点から、本年の増資見込み額は、時価発行によるプレミアム分、その他公募によるプレミアム分を含めまして六千億円程度と見込まれておりますが、その六千億円程度の株式資本の増加割合と、片や利益の昨年に対することしの伸び率の予想を置いてみますと、利益のふえる割合に応じて株式がふえても、両者の比率は一でありまして、株価を下押しするということはないということになりますけれども、さような点から考えて、年間全体としました場合に六千億円と見込まれている増資額がオーバーイシューにはならないと大局的には判断がされるんじゃないかと思うわけです。

なお、四月、五月の二カ月にソニーですとか松下電産ですとか、あるいは大和ハウスといった大型の時価発行が続いて、これが大きなオーバーイシューになっておるんじゃないか、こういうこともございますが、ことしの四月、五月と昨年の増資払い込み金額と比較いたしますと、昨年は両月合わせて約八百二十億円であったわけですが、本年は合計八百七十億円でございまして、この間の経済成長を織り込みましても、特に昨年に比較しても大きな払い込みが行なわれたというふうにも見られないわけであります。

ただ、個別の企業の際にはどうだという問題は依然として残るわけであります。これにつきましては、増資の決意をするのは発行企業のほうでして、それに関連して証券会社が過当競争、幹事競争を通じまして、無理無理企業を増資のほうにかり立てることがあるのではないかということでございますが、私どもはさようなことがあってはならぬということで、昨年の日本テレビの粉飾決算のあと、証券会社は過当な競争を慎んで、発行企業体に対してよいアドバイザーとして十分な審理機能を働かせて、同時に適正にアンダーライター業務を行なうべきであると厳重に注意いたしております。お尋ねのように、発行企業体は増資、時価発行したくないんだけれども、無理無理時価発行による増資をすることになったということは、考えられないと私は思うわけであります。

ただ問題は、株価操作的なこととの関連で言われましたけれども、私は基本は、増資に対する認識のしかたであろう、こう思います。増資によって払い込みを受けました資金は、資本設備に投入されるわけです。それが早くて一年とか一年半とか二年といった、資本の懐妊期間を通じまして生産力となり収益を生む働きを示すわけであります。その増資払い込みが従来の株式額面による割り当てでありますと、新株が増加する分だけいわば権利落ち的に下がっているということでありますけれども、五十円という額面を上回っているが、時価発行では、毎日存在します当該銘柄の時価が出まして、それに関連した値段をきめますもので、変動いたしますとすぐ公募価格を割った云々ということで、あたかも当日の株を一日にして買って売ってもうけるというような意味にとらえられがちであるということはございます。しかしこれは本来的には適当でないわけでして、その増資払い込みを考えますと、これはある程度の資本の懐妊期間を置きまして、その収益力、生産力がやがて配当あるいは無償割り当てを通じて株主に還元してくる筋合いのものでして、さような点から申して、短期間にそれが変動したからといって、その価格自体が安過ぎたのではないかとか高過ぎたのではないかと論ぜらるべき性格のものではない、かように思うわけでございます。

ただその場合におきましても私どもとしましては、証券会社のビヘービアといたしまして、投資家に増資払い込みをすすめる際に、本日の株価と比較しまして安いですよ、もうかりますよ、こういった日商いのようなことですすめることがありますとしますれば、それはうそついてだましたじゃないかと受け取られがちになってまいりましょう。したがいまして、時価発行について払い込みを勧誘する際の証券会社のビヘービアは、十分に注意しなければならぬと考えます。

もう一つは、価格決定に際して大蔵省は差し出がましいことをするのではないか、こういうお尋ねですが、法律的に申しますと大蔵省は全く口を出す余地はないわけです。有価証券届出書を受理しました場合に、形式的要件も整っており、粉飾決算の疑いが濃厚でない限りは、一カ月後にはその届出書の効力が出るわけです。そこに盛られました価格について判断をすることはできないたてまえです。まして や増資を延期させるとか一時差しとめするという権限は与えられておりません。ただ時価発行におきましていろいろ方式がございます。たとえば西独方式のような時価と額面との中間的なものをねらっていくあり方もございますし、アメリカ流に時価に密着した方式と、二つあるわけでございます。日本の場合は、公募にする限りアメリカ方式が適当であるという判断で従来も指導してまいっております。今後の時価発行が公募を中心にして健全に育っていくためには、証券会社のアンダーライターの機能の発揮、あるいは勧誘態度につきまして、十分に反省を求め、指導してまいらなければなりませんけれども、基本的に時価発行はさようなことであるという認識もあわせて発行会社及び投資家に広く認識をしてもらいたい。かようなことで、十分理解につとめてまいらなければならぬと思っております。

○田村(元)小委員　いまのような御答弁でありますと若干やはりひっかかるものがあるわけです。

おっしゃるとおりだと思いますけれども、一般投資家に一々その原理を説明するわけにもまいりますまい。そうして株式は多分に投機的なものだということも認めざるを得ません。ところが現在大衆投資家が参加しておるということの大きな理由の一つは、物価の値上がりのほうが利率を上回るものだから金が減っていくことと、それともう一つは証券会社のPR等もあると思うのですよ。ですから、退職金で株を買った人だってたくさんあると思うのです。ところが現実に時価発行をやった会社の株は大幅に下落しておることは事実なんですね。ところが一般大衆の投資家から見れば、いまおっしゃったようなことで長い目でこれを見ようというような考え方はなかなかできるものじゃないのですよ。株価が下がれば、特に暴落すれば周章ろうばいして、ろうばい投げが起こることもこれまた相場じゃないでしょうか。

特に松下電産の場合は株価操作がひど過ぎますよ。

私は内容は知りませんけれども、時価発行の価格をそれじゃ安過ぎるといって大蔵から注意を受けて、泣く泣くしかたなく高くしました、場合によったら国会に喚問してくださいという社長までいるのです。超一流会社の社長です。時価発行そのものを否定しているわけじゃないのです。時価発行のやり方、価格のきめ方、それから時期の問題だと思う。いろんなことが今度は最悪の条件で重なってしまったような感じがします。

それから二番目は、相場においてはアメリカがくしゃみをすれば日本は肺炎を起こすといわれております。ＩＯＳの問題も同じことが言えるわけですが、これは非常に困ったことです。アメリカの景気に日本の貿易が支配を受けて、影響を受けて、それが株価に影響するならこれはしようがないと思うのですよ。外人がわずかの株をぽんと売っただけでそれで大きな変動がある。

そこで、先般私は新聞を読んでおって、大蔵省でも考えておられるやに拝見したのでありますが、外人売りに対して場外でこれを売買できるようにしたらどうだというような趣旨であったと思いますが、具体的に、外人売りに対しては、その注文を受けた証券会社が、特に生保や銀行やあるいは投信に対して相対で若干の割引をしてでも売るような方途を講じたらどうかと思うのですよ。それについて若干の御意見をひとつ承りたいと思うのです。

○志場説明員　時価発行につきましては、今回の苦い経験にかんがみまして、個々の証券会社、また発行会社の指導監督の面について慎重に指導してまいりたい。ただ、結果的なことから、時価発行の芽をつまれてしまうということは残念であるというところから、あえて少し迂遠なことを申し上げたわけで、一般投資家の現実の心情は十分理解しなければなりませんし、指導を一段と慎重にしてまいりたいので、御理解を願いたいと思っております。

それから、外人売りの問題ですが、ごもっともでございまして、私どもも非常に残念に思うわけでございます。ただ何ぶんにも、去年の値がさ株の出現も、外人が現物でかなりの割合を引き上げていった、これに信用買いが付加されたので、今後ともさようなことは十分に警戒しながら対処してまいりたいと思うわけでありますが、場内にストレートに持ち込むからという問題は、確かにその点があろうかと思います。ただ、これを国内で執行するとなりますと、現在は会員は市場に集中すべしという規則になっておりますし、またそれを場外でと申しましても、外人の売買の量が大きいというのが前提でありますから、これを何とか国内に持ち込まないで、国外におきましてまずこなしていく、そうして国内の本邦証券会社が、向こうで手持ちになりましたものを、日本の市場の状況等も見ながら、適宜これを日本につないでくることが望ましい方法ではなかろうかという検討をしておりまして、なお国内においても何とかできるんじゃなかろうかというお尋ねに対しましても、以上にからめまして検討してまいりたいと思います。

○田村(元)小委員　時価発行は、ひとつこれから大いに操作において御注意を願いたいと思います。

外人の問題ですけれども、国外においてまず防波堤をつくるといいますか、そこで薄めるというか、そうしてなお国内においても、その注文を受けた証券会社が相対で機関投資家に入れることができるようなことは、特に株価変動の大きいときでなくても、平素でもやっていいのじゃないかと思うのです。これはひとつ局長、真剣に御検討願いたいと思うのです。

それから最後に、今日の日証金、大証金、中証金の問題でありますが、非常に残が減りましたね。健全な姿になってきたというような感じで見ているのです。まあ新聞で見る程度の知識ですからそうたいした知識ではないかもしれないが、証券金融の面から見て非常に改善されたというふうにお考えですか。

○志場説明員　結論的にはさようにお考えになって間違いではございません。五月九日現在で見ますと、いわゆる証券会社の自己融資が残高で七百四十一億円、それに日証金の貸し残千百七十一億円を加えますと、千九百十億円になっておりますが、この水準は、四十三年の九月から十月の水準に落ち込んでおりますし、日証金の残におきましては昨年の四月ごろの水準に落ち込んでおりまして、この点から申しまして、去年の秋からことしの初めごろかなりふくらんだわけでございますけれども、平常の水準にその残高は戻っておると思います。

衆議院　大蔵委員会金融及び証券に関する小委員会議録第八号(閉会中審査)

昭和四十五年十一月十日(火曜日)

出席小委員

小委員長　藤井　勝志君

奥田　敬和君　　木部　佳昭君

木村武千代君　　高橋清一郎君

登坂重次郎君　松本　十郎君
堀　　昌雄君　二見　伸明君
竹本　孫一君

小委員外の出席者

大蔵政務次官　中川　一郎君
大蔵省証券局長　志場喜徳郎君
（ほか略）

本日の会議に付した案件

証券に関する件（証券取引審議会専門委員会の中間報告並びに株式市場の動向等）
金融に関する件

○藤井小委員長　これより会議を開きます。

金融及び証券に関する件について調査を進めます。

まず、証券取引審議会専門委員会の中間報告並びに株式市場の動向その他の問題について、政府より説明を求めます。

○志場説明員　（中略）去る十月十五日に証券取引審議会の専門委員会から証券取引審議会に対しまして、証券取引法第二章、いわゆるディスクロージャーの制度につきまして、専門委員会の改正意見が一応の結論を得たということで、中間報告がなされました。その概要について簡単に申し上げたいと思います。

御案内のとおり、ディスクロージャー制度は大きく申しまして、増資の際に大蔵省その他に提出し、公衆縦覧に供します有価証券届出書という制度と、毎事業年度におきまして決算の状態を開示いたします有価証券報告書制度、この二つの書類提出、公衆縦覧を中心として組み立てられている制度です。この制度は昭和二十八年以来改正も行なわれておりませんが、その後、流通市場の規模拡大あるいは時価発行の推進等、企業の長期資金調達の推進並びに多様化、その他証券取引の国際化といった事態の変遷に対処いたしまして、投資家、産業界にとり、大きな問題を惹起いたしますところの粉飾決算をいかに予防し、防止するか、その場合の投資家の保護をいかにはかるかという観点から今回の中間的結論が報告されたわけです。

その趣旨は、現在の有価証券届出書につきまして、時価発行の推進、増資規模の拡大等に対応して提出基準を引き上げる、合理化するという問題、あるいは届出書の内容をもっと投資家にわかりやすいように、そうして投資家が増資払い込みに応ずるかどうかということを判断しやすいように様式を改正する、目論見書も含めてでございますけれども、その問題と、それから、現在の制度では、毎期提出いたします有価証券報告書は増資の際に有価証券届出書を出しました会社だけがその後出すので、上場されている会社が全部出しておるわけでもございません。さような点から、毎期の有価証券報告書をさらに開示する必要があるという観点で、現行制度を改めまして、取引所に上場されている有価証券、あるいは、店頭取引銘柄はすべて有価証券報告書を毎期提出すべきではなかろうかという提案でございます。

これにあわせまして、その報告書の様式等も、たとえば関係会社、従属支配会社のバランスシートも、あたかも連結貸借対照表の作成に準ずるようなことで添付して、投資者の判断の理解の便に供するとか、そういう様式の改善合理化も含んでおりますが、骨子は、流通市場における開示の徹底でございます。

同時に、投資家に対して適時適切に事実を公示すべきであるという観点から、たとえば一年決算の法人でございますと、現行制度では一年に一ぺんしか公示されませんが、それではおそきに失するのじゃないかということから、六カ月経過したところでいわゆる半期報告書を提出させるようにすべきではないか。なお、臨時に企業の生産、収益活動に重大な影響を及ぼすような事態が起こりました場合に、遅滞なくその旨を投資者に公示すべきではないかといったような、臨時報告書制度を創設することも提案されています。

それからなお、先ほど申しましたことに関連いたしまして、時価発行が増加し、その際に、現在は有価証券届出書を大蔵大臣に提出いたしますと、原則としてそれから三十日間の審理期間がございまして、その後にその届出書が効力を発生する、それから募集行為が始まるわけですが、これをできるだけ早目に投資家にディスクローズすることが適当であるという判断から、有価証券届出書を大蔵大臣に提出いたしますれば、直ちにこれを公衆縦覧いたしまして、同時に証券会社も募集行為を、もちろん予約の範囲にとどまるわけですが、そういう行為をできるようにすることがディスクローズを徹底することになるのではなかろうかといったことが提案されております。

なお、先ほど申しました粉飾決算があった場合に投資家の利益をいかに保護するか、その保護をいかに現在よりも充実したものにするか、その観点から、現在有価証券届出書におきまして、粉飾決算等の重要な記載誤謬、虚偽記載がございました場合に損害賠償に関する規定が設けられておりますけれども、さらに内容を詰めまして、この損害額の算定あるいは賠償の責めに任ずべきものの範囲等につきまして、あるいは刑事罰の重さにつきまして、改善合理化をはかるべきではなかろうか。なお、有価証券の報告書もこれに準じた考え方から所要の改正をはかるべきである。かような御提案がなされておる次第でございます。

その後、証券取引審議会の専門委員会といたしましては、今月の四日に、新たな問題といたしまして、テークオーバービッドという問題、あるいは増資の際における価格安定操作のあり方の問題を審議いたしまして、来たる十一月十八日、十一月二十五日と専門委員会を続けまして、その間に新たな問題も含めて検討いたしますと同時に、いま申しました中間報告について最終的に専門委員会の取りまとめを行ない、来月の七日に証券取引審議会を開きまして結論を出していただいて、来月の十四日に大蔵大臣に対して取引審議会から答申、意見具申がなされる予定になっております。

さようなわけで、現在証券取引法の改正という問題が、ディスクローズ制度を中心にいたしまして審議が進められておることを御報告いたしたいと思います。

○松本(十)小委員　ただいま証券取引審議会の専門委員会の中間報告について説明がありましたが、委員会の熱心な討議によって中間報告が出て制度改正へ一歩踏み出した、その努力を多とするわけですが、振り返ってみますと、昭和三十九年十二月の審議会ですでに、何とかせぬといかぬ、また四十年の証券業の免許制度移行のときには、やはり国会で附帯決議が出ておったのでそれから五年以上もたっている。しかもその間に、山陽特殊製鋼事件をはじめとしまして、昨年、日本テレビあるいは芝電気、ことしに入ってからも汽車製造の粉飾決算が報ぜられておりますし、ごく最近ではヤシカの役員の横領事件が明らかになったようで、そういうことを考えます場合に、証券局としては今日に至るまでどういうふうな粉飾対策をやってきたか。その辺について説明を願いたいと思います。

○志場説明員　確かに、前回、証券取引法の証券会社のところを改正していただきまして、登録制度を免許制度に切りかえることに法律が改正され、そのとき、その他流通制度、発行制度について改善合理化をはかるべきであるという附帯決議をいただいておるわけです。それから見ますと、すでに五年を経過しており、その間の問題意識は、まず粉飾決算の防止、予防が第一義的にとらえられたと思います。粉飾決算を防止するには、まず第一義的に公認会計士の監査を充実する必要があるという問題意識から入ったと思うのでして、それを受けて公認会計士法改正を行ない、いわゆる監査法人制度を設けることを行いました。

同時に、それはあくまでも事後的な監査ですので、さらに企業が決算を組みますその前の段階から、粉飾決算の発生を予防する必要があるという問題意識にそれがなってまいりまして、そのことから、商法における監査役のあり方ということに問題が移ってまいりまして、それに二年間ばかりの時間をかけたわけですが、それがようやく昨年に結論が出され、答申を法制審議会のほうからお出しになったというような事態になりました。

さような、公認会計士の監査あるいは商法における会社の監査の厳正化を片一方には進めまして、それと呼応して今回の民事責任、刑事責任の強化、さらには適正な決算に基づく企業の財務内容等を投資家に適時適切に提供していく段取りになり、その間、流通市場におきましては証券取引所の機構、運営の制度の合理化あるいは証券投資信託法の改正を行ないまして、証券業務と証券投資信託委託業務との実質的分離、あるいは、投資家あるいは受益者に対する忠実義務の明定も行ないましたが、さような措置の進展と相伴いまして、今回の改正がいわばそれら一連の企業財務の適正化を通じ、投資家の保護をはかるという措置の帰結としてここに参ったという過程を経てきていると思うのでございまして、決して、大蔵省といたしましては、この五年間ただ無為にしておったということではないのでございまして、その辺の事情は御了承願いたいと思う次第でございます。

○松本(十)小委員　一つは、今度は株式が中心になっておりますが、諸外国の例から見ましても、社債についてディスクロージャー制度を広げる必要はないかどうか。特にこれから国際化を迎えまして、先のことかもしれませんが、外国社債などが発行されることを踏まえて、何か考える必要があるのじゃないかと思いますが、いかがでしょうか。

○志場説明員　現在のディスクロージャー制度は、いわば有価証券の登録といったような論理をもとにしてできておるような感じがいたしますが、開示いたします内容は、株式を発行している会社自体の財務内容その他の内容の公示でして、個々の株式の面における公示とは違うわけでございます。しかも、証券取引法は株式だけではございませんで、対象となる有価証券は社債ももちろん含まれておるわけでして、社債を発行しあるいは株式を発行するという会社の企業財務内容が公示されれば、それでもって、あとは券面額だとか条件が当該有価証券に表示されるわけでして、企業内容の公示で足りるかと思うのでございますが、外国の法人が発行いたします有価証券は、現行の対象有価証券の範囲のきめ方では、今後わが国の起債市場が国際的な起債市場の一環となるという発展の見通しとの中で考えてみますと、有価証券のとらえ方が外国の法人については必ずしも適切ではない点もございます。

さようなわけで、先ほど申しませんでしたけれども、証券取引審議会の専門委員会でもその点は問題意識を持たれまして、今回の改正案におきましては、適用有価証券の範囲について、特に外国証券の範囲は、原則的に、外国法人が発行する社債なり株券すべてが、わが国の市場で起債されます限りディスクロージャーの対象にすべきである、かような結論を得ているわけでして、今後さような方向での改正案を検討してみたいと考えております。

○松本(十)小委員　最近親子関係の会社がだんだんふえてくるわけですが、ときに、親会社はきれいな数字を報告するのですが、悪い面は子会社に押しつけるきらいがないでもない、こう聞いておるわけでございます。先ほどの説明で、連結財務諸表制度に近いような制度を日本でも導入するんだ、こういうことでしたが、アメリカ流のコンソリデーテッド・フィナンシャル・ステートメンツをどういう形でそれに準じたものを入れるべきだと考えているのでしょうか。

○志場説明員　確かに、粉飾という点から考えますと、当該会社の操作により粉飾決算を行うことは、公認会計士の監査その他が厳格になって困難になるだろうと思います。最近の粉飾のあり方などを見てみますと、御懸念のように、従属会社等に赤字をシフトして、当該会社だけが粉飾なし、しかもある程度すっきりした形をとる事態が発生するおそれもなしとしないと思います。さような点から考えますと、アメリカがすでに行なっておりますような、完全な連結財務諸表の作成を法律的に義務づけることが最も端的であり、合理的な制度であると思われますけれども、これには税法上の問題もあるので、なお当分検討を待たなければならぬわけでございます。しかし、それほどまでには徹底しかねるかもしれませんが、現行よりも一歩一歩その面に向かっての改善策をとることはできることから、その方法としまして、支配、従属せしめている会社の財務諸表を、有価証券報告書の提出書類の一環として添付をしていただくのが今回の中間報告の考え方でして、そういうふうなプロセスを通じまして、漸次発行会社あるいは投資家も、法人は違いますけれども、財産的、取引的に、しかも経営的に関連しておるものの財務諸表をあわせて判断する習慣をつけていただくことにより、その事柄がやがては税法上の制度改正を促進する実質的なささえにもなるのではなかろうかというような含みも持ちまして、とりあえず現行より一歩改善して、さような形におけるディスクロージャーがいまの状態としては、妥当ではあるまいか、かように考えておるのでございます。

○松本(十)小委員　投資家保護のために随時かつ適時にそれを知らせるような手だてを考えるのだということで、一年決算の会社では半期の報告書を出させる、あるいはまた企業内容に臨時に発生した重要事実、たとえば「国外における有価証券の発行、親会社および重要な子会社の変動、生産活動等に著しい影響を及ぼした災害の発生等」、こういった場合に臨時の報告書を出させるということのようでありますが、そういったことでほんとうに投資家に適時周知がはかられるものであろうか。その辺のところを取引所等も特に配意していく必要があると思うのですが、どういうものでしょうか。

○志場説明員　臨時報告書制度は、アメリカは現在、半期報告ないしは四半期報告ということで適時適切に――その程度は本来の決算の開示内容なり財務書類とだいぶ違いました簡略なものではございますが、非常に配意した制度が設けられておるわけです。わが国としては、商法の改正案が論ぜられておりまして、決算事務あるいは半期種目の収益を平準化するといったような、中間配当の制度を設けて一年決算に持っていこうという改正案があるわけでございますが、さような事態から申しますと、やはり中間報告がどうしても必要である。しかし、その内容は、一年に一ぺんの決算にするということとの関連で妥当な内容にしなければ、商法改正の趣旨が逆に殺されるということで対処してまいらなければならないと思いますが、同時に臨時報告制度が必要ではないか、こう思うわけでございます。ただそれの報告の中身、あるいはいかなる場合に報告をさせるべきか、あるいはその時期をどの程度にすべきかは、なお深く考えなければならないという面を持っているかとも思いますけれども、とにかく制度的にそういうものを設けることがぜひ必要であると考えております。

ただ、この制度だけで、投資家に対して適時適切なその企業に関する情報が正確に提供されることになるかどうかは、制度的には、今回提示されている制度が限度でありますが、さらに上場会社と取引所との間、上場会社の自覚あるいは取引所の指導を通じまして、さらに趣旨を生かすことを実行上におきまして配慮してもらう必要があるんじゃないか、かように考えておるわけでございます。

○松本(十)小委員　今度の改正しようとする方向をいろいろ聞いてみますと、だんだんと会社にやらせることが多くなる。さらにまた、もし虚偽の申告、報告すれば増資は一定期間やらせぬのだとか、あるいは粉飾の事実があれば会社の役員のみならず引受証券会社、あるいは公認会計士まで損害賠償の責任を負わせるぞと、かなり加重された罰則がついているわけですが、もちろん投資家保護のためには必要なことではあろうとは思いますが、同時に報告をする会社の側から見れば、必要にして十分なところにとめてもらいたいということが要請されるのでありまして、これから細目について進めていかれる上において、それまでの報告、届け出の中で省いてもいいものがあればどんどん省いたほうがいいのではないか。あるいは基準等も考え直してしかるべきじゃないかと思うのですが、そういったことについての考え方というものを伺いたい。

○志場説明員　全く御意見のとおりであろうと思います。今後の増資形態を見ますると、時価発行の進展等によりまして、従来は株主割当額面発行がわが国の増資形態でございましたけれども、本年でもいわゆるプレミアム分が増資額のうち一五、六%を占めておる事態を見ましても、この割合がさらに伸びると考えられますし、時価発行になればなるほど、投資家に適時適切な財務内容を公示することが必要になろうと思います。さような意味で、企業側といたしましても今後のみずからの資金調達を考えますると、その内容を適時にディスクローズするということにつきましては、心ある経営者はすべて一致しておると思うのです。同時に、一般の投資家の理解に便でなければ、かえって利用が十分なされないので、提出されるべき項目等につきましては、簡素化すべき点は思い切って簡素化し、投資者の理解に便であり、投資判断上判断のつきやすいことを旨といたしまして、今後十分に各方面の御意見もサウンドしながらいい案をつくってまいりたい、かように考えております。

○松本(十)小委員　先ほどの話に出ました安定操作の規制の関係で日本でも制度があるわけですが、なかなか活用されておらぬ。しかし、諸外国の例を見れば、もっとうまく働いたほうがいいだろうということであろうと思うのですが、なぜにいまの制度が日本の実情で働かないか。これをファンクションさせるためにどういうふうに持っていったらいいのか。そのことが証券市場のこれ以上の発展のためにいいことなのかどうか。この辺についての感触というものを伺ってみたいと思います。

○志場説明員　いわゆる安定操作の問題だろうと思いますが、まあ安定操作の価値判断をどうするかが基本的に問題の出発点だろうと思うのですが、非常に広義にとらえますと、やはりこれは株価操縦という範疇だろうと思うのです。しかしながら、いわゆる広義の株価操縦の中でも、いわばネセサリーイーブル的な現象が、安定操作だろうと思うのです。と申しますのは、これは新株発行増資に限って行なわれるということであります。増資新株発行時点におきましては当該株式の供給が一時にかなりふえるという面でございます。したがいまして、株式の需給から考えますと、場合によりましては需給のアンバランスが起こり得ることも考えられます。増資は増資によって調達した資金が設備投資に向かいまして、その収益をまた株主に適宜に戻していくということですので、その増資による設備投資が収益をもたらすという妥当な期間のレンジにおいて考えなければならない面でございますが、当面の株式の需給の面におきましては、供給オーバーになりかねないという論理を含んでおります。さようなわけで、短期的な需給状態からする価格と、増資の収益力増加との対比におきまして、乖離が生ずることも考えられます。さようなことを考えますと、ほんとうの意味での投資価値判断がある水準でされます限り、短期的なアンバランスに基づく価格をあるべきと考えられる水準に維持することは、発行会社あるいはアンダーライターとなります証券会社といたしましても、望ましいあるいは必要であるという判断の要素が十分成り立つと思うのであります。さようなところから現在の証券取引法でも、広義の株価操縦の中の一環としての条文の一ではございますけれども、大蔵大臣に届け出をすればこの安定操作は許される規定になっております。その点はほかの株価操縦と違った価値判断をしておりまして、私どもはこの価値判断はまず妥当ではあるまいかと思うわけであります。

しからば、現在届け出がなぜ活用されていないのか、これは率直に考えますと、法律はそこまで書いてなくて、むしろ政令、省令の届け出様式が実情に即さない。あらかじめ、価格、それから安定操作を開始する年月日を届け出ることになっておるわけでして、これは実際問題、予測がつけにくいという問題、それからもう一つは、増資のための新株の募集期間中、アンダーライターたる証券会社は自己売買の免許がございますわけで、そのときどきの市況判断によりまして需給をなだらかに統合させる観点から自己売買を行なうことが許されておるわけでございます。そういたしますと、そういう事態の上で安はあるまいかという議論があるわけです。私ども、この制度を設けた場合と設けない場合とで、さしあたりどういう影響が出るかはつかみかねる点もあるのでございまして、専門委員会の場を通じまして、各方面の感触を中立的な立場で拝聴しつつあるという段階でございますが、この前の四日の専門委員会の御議論では、どちらかと申しますと前向きにこの問題を考えておくべきではないかという御感触が強かったように拝察いたしましたが、さらにこれを実務の面におきましてどういうふうに評価されますか、できるだけ早くその動向をつかんで、それに即した結論を得ていただき、またわれわれのほうも考えてみたいと思っているわけでございます。

○堀小委員　この九月期に証券業の決算が出てまいると思いますが、この三月期までの仮決算のときと九月期の四月—九月との関係は、相当に開きがある。ほとんど本期の主たる部分は、昨年の十月—三月期の収益で決算をしておるのが実情だろうと思うのです。そこで簡単に、大体、上期、下期のたとえば経常収支の比率はどういうふうになっていたのか。そこらを最初にちょっとお答えをいただきたいと思います。

○志場説明員　四十四年十月から四十五年九月までのこの一事業年度間の経常収支の利益を一〇〇といたしました場合に、上期、すなわち去年の十月から本年三月までの経常収支の利益は七九・九%を占めておりまして、約八割でございます。残りの二〇・一%はことしの四月から九月の間の利益からなっておる、かような事態でございます。

○堀小委員　いまのお答えのように、二〇%が下期の経常収支の割合のようでありますが、これは証券業の規模によっても多少相違があるのではないか。

して、特別の御異論はなかったように承知しておりますが、なお今後検討してまいりたいと思っております。

○松本(十)小委員　この制度と関連するかと思うのですが、松下電器の時価発行のときに告発事件が起きて、特にこれからの日本の証券市場は、国際信用が大事ですので、告発事件が表に出てくること自身、何か憂うべきことかと思うので、これから安定操作は慎重な方向づけを特に要請しておきたいと思うのであります。

最後に、テークオーバービッドの規制の関係ですが、これまた株式の公開買い付けについて何らかの規制をすべきだろうと思うのでありますが、大体の考え方を伺っておきたいと思います。

○志場説明員　テークオーバービッドはわが国では従来から慣行のない制度でございます。すでにアメリカ、イギリス——イギリスは自主規制になっておりますが、フランス、ベルギーにおきまして、テークオーバービッドについて、投資家保護のための開示制度の一環ということで、所要の届け出制度ないしは公示制度が設けられておるわけです。今後資本取引が国際化、あるいは経済の交流が起こってまいりますと、欧米の主要国で慣行的になっておる方法による株式の買い付けがわが国におきましても行なわれるかもしれません。あるいは単にこれは外国だけじゃなくて、わが国の場合でも企業合併という問題があり、あるいは裏面での株の買い占め、いろいろあるわけですが、現行の制度では全く野放しという状態で、そういう場合に投資家保護という取引法の観点から、欧米に行なわれておるようなテークオーバービッドのディスクロージャー制度を制度的に導入していくことが投資家保護の観点から必要で

定操作をわざわざ行なうことを届け出るということは、何かそこに、当該増資に基づく証券発行が、不健全な意味でのオーバーイシューではないかというようなイメージを与えるおそれがあるのではないかというところから、発行会社もそれをいやがることもあるわけです。しかも需給の連続的統合をはかるという見地からいたしますと、ディーラー業務としてつなげる面がある、余地がございます。さようなところからどうもわが国の制度は動いていない、かように思うわけでございます。そのことがもやもやしたた印象をかえって投資家に与えておるのではないかと思うわけであります。

額面割当のときには、その問題はさほど強く惹起しなかったのかもしれませんが、時価発行になりますると、価格の決定もさることながら、その後の需給状態、取引状態が非常に問題になりますので、問題意識が出てきたと思います。アメリカの制度は、この点につきましてはディスクロージャーという点から徹底しておりまして、届け出に基づくディスクローズも安定操作をした場合の事後的な報告ということになっております。つまり事後的に公開されますし、反面、増資期間中は証券会社、あるいは売り出し人は、自己売買をできないという禁止規定が置かれております。そのことと相まちまして、安定操作がオープンに行なわれるわけでして、先ほど申しましたように、安定操作が場合によっては必要であるという出発点を置きます限り、このアメリカの制度のほうが合理的ではあるまいかというふうに私どもは思うわけで、さような角度から専門委員会の御意見なり御感触を承っておるという段階でして、四日の会議では、そういった基本的な考え方につきましてはおおむね専門委員の各位は同意見でございま

特に、四社は別といたしまして、その次にあります資本金七十億ぐらいから十億ぐらいまでの中堅各社が、対資本金利益率その他を見ましても総体的に不安定な状態にあるような気がします。

もう一つは、会員業者に非常に不安定な条件があるのではないか、こういう感じがするのでありますが、そこらについては証券局はどういうふうに把握をしておりますか。

○志場説明員　規模に応じて経営内容、収支状況を見るということが必要ではないかと思うわけでございます。と申しますのは、規模の大小が非常に顕著な業界ですので、一律に論ずることは的確でないということは確かに御指摘のとおりだと思いますが、それも一律になかなか申せないのでございまして、非会員あるいは小額資本のものは典型的には、取引所所在地から離れました府県、地方都市にあるわけです。収支面から見ますと、かえって比較的安定しておるということがいえるのでございます。先ほど資本金七十億円以下からとおっしゃいましたが、私どもの問題意識では、資本金五億から十億といった中堅のところが、業務内容から見ても中途はんぱな面もあるかも存じませんし、収益的にはやや伸び悩んでいるので、一律に資本金が小さいものはそれだけ問題が深刻であるというふうにもとらえられませんし、突き詰めますと個別の会社の問題になる面が多いのではないか、かような点も考えられますので、今後はその両面から慎重に察知してまいりたい、かように思うわけでございます。

○堀小委員　いまおっしゃったように、確かに地方の非会員は比較的問題がないと思うのでありますけれども、取引所所在地における非会員は、今後あるべき条件を少し考えていきませんと、明らかに競争条件が会員業者と違うわけであります。株式投資とかあるいは先行投資だけでかなり安定した特殊的な業務を営み得るという見通しがあればいいのでありますけれども、一段と競争が広がってくるにつれて、会員業者もどんどんそういうことをやることになるわけでありますので、この際、まず取引所所在地の非会員業者の今後のあるべき姿をすみやかに検討して対策を進めるべきではないか、まずこれが第一点であります。

それから第二点は、これからコンピューターが導入をされてきますと、店舗数としても五十店舗内外ないと、スケールメリットから見てどうもうまくないという問題もあるのではないのか。十店舗、十五店舗というようなことでは、これはコンピューターを導入しても、非常に資本負担も大きくなるし、いろいろな点で無理がいくのではないか。そうなりますと、証券業の将来的な展望をコンピューター時代に対応する方法を少し考えておく必要があるのではないか、私はこういう感じがしておるわけです。

もう一つは、四社の下にある各社は、業務的には四社と同じ業務をやっておるわけですね。ところが四社はかなりブランドイメージがあるわけですけれども、その下になるとなかなかそういうふうにいかないのではないか。ところが手を広げて、いろいろやるけれども、それだけの力がはたしてあってやっているかどうかというと、私が見ておる限りでは問題がある。この前の証券不況のときにも一番問題が出てきたのはこういうところだったと思うのです。ですから、最近御承知のように人件費が著しく上がってきまして、証券業のような、人間がその企業の主たる力になっておる業界で、人をある程度そろえるためには給与を上げなければならない。こうなってきたときに、この証券業の今後はかなりきびしい条件になるのではないだろうか。免許制が行なわれたときは大体九千万株から一億一千万株ぐらいあればペイするだろう、こう考えられておりましたけれども、人件費の最近の上昇によって、大体いま一億三千万株内外でようやくペイするというところではないのか。十一月に入って、一億三千万株台に上がったということですけれども、それではこれが引き続きあるのかどうかはさだかではありません。そこらを考えてみますと、最初の御報告では、証券全体としてはややいい方向に向かいつつあるわけでありますが、しかし内部的にはかなりな問題をはらんでおるという認識が非常に重要ではないか。私はこういう感じがするわけであります。

そこで、それでは人件費がどんどん上がってくるとする。収入面では大体一億三千万株程度がもし続くことになると、さっそくもう問題が起きてくる。最近の人件費の上昇は御承知のように年率一五、六%から二〇%近くになっているわけですから、収入源が主として、ブローカー業務になってきたが、そのブローカー業務の収入源であるところの手数料の問題も少し検討してみる必要があるのではないか。約十年、手数料は固定しておるわけですから、手数料の合理化といいますか、取引単位が今日もそのままでいいのかどうかという問題も含めて、取引量による手数料の問題、それから株価による手数料の問題等が、現状に即してもう少し合理化をしていく中で、少し手数料収入が改善をされるというような検討も必要になるのではないか、こういう感じがしておるわけでありますけれども、それらについての証券局長のひとつの見解を伺いたいと思います。

○志場説明員　なかなか証券業務は銀行、金融業務と違う面がございまして、証券業務の場合は取引所という一つの市場に集中いたしますわけで、しかも株券は同じですし、さようなところから考えまして、各証券会社をどういうビジョンのもとに考えていくかはなかなかむずかしい問題でして、もちろん採算的に成り立たなければ不健全になりますし、投資家にも御迷惑をかけますので、経営の安定は守らなければならないが、同時に市場の寡占状態に基づく市場支配的なことがありますと、かえってこれは市場価格、流通機能の適正円滑化をはかるということから問題があると思うわけでございます。その二つのかね合いで、一体どういうふうに証券業界、会社を考えるかはむずかしい問題でございます。その面から申しますと、四社の次に位します総合証券会社であります三社は確かにウィークであるということがございますけれども、私どもは、四社の寡占的な状態ではなくて、それに次ぐものがある程度の数必要であるというふうに考えておるわけですが、たまたまその三社の二社が合併会社であり、一社が合併会社である上に日銀特融を受けた会社であるというような、それぞれが問題のある会社でして、なかなか期待しますような経営状態なりシェアになっていない段階ですけれども、あくまでも私どもは過渡的にとどまってもらいたいので、四社寡占ではなくて、それに次ぐものが妥当に位するということが必要ではないかと思うわけであります。

それ以下のものについてもおおむねそういうようなこと、投資家の分散も考え合わせまして、なるべく投資判断なりお客の層に密着したきめのこまかい情報提供あるいはサービスを考えますと、寡占になることはできるだけ避けなければならぬ。しかしそのあまり、経営の不健全なものを残すということは、これは大きな意味で弊害が出るということで、その点から今後規模別あるいは機能別によく見ていかなければならぬと思います。

免許に全面的に移行いたしましたのが一昨年の四月でございますので、その後三期は幸い市況の状態も大体ようございまして、収益面も向上してまいりました。内部留保もふえてまいりました。また金融収支の面におきましても、昨年の九月あたりから全体として、それまでの赤字基調が黒字基調に転じてまいりまして、ことしの九月期はさらにそれが一そうよくなったということにおきまして、堀委員御心配の株式の取引高に応ずる手数料にあまりにも依存する、その成り行き次第ですぐ黒字、赤字に変わるというところから、金融収支の改善でてこ入れをすることは全体としては好ましいと思うわけでございますが、しかし今後の動向を考えますと、どうしても企業経営の合理化をやらなければならぬ面がございますが、はたして取引高が伸びるのかどうか、これはいかに伸ばしたいと思っても伸びるものではございませんので、今後は新しい環境に備えてきびしい目で先行きを見ていく、個別に見ていくということに私どもの観点も逐次シフトしていくべきだと思っております。

お尋ねの手数料の点は、全般の水準としましては取引数量がどうなるかとの見合いもございますので、私どもは必ずしもこの四月から九月、最近までの一億二、三千万株ということで、今後ある程度のタームをおきました場合に、これで固定してしまうというふうに見ることも不自然でございますし、やはり増資の状況その他のことから考えますと、ある率なり方法でふえるということを前提にすべきだと思います。また片や経費等の面につきまして、効率化をはかるべきと思いますので、一がいに今日の状況あるいは当面の先行きを見越して手数料水準を引き上げるとか改定するということは、とても批判にたえられないと思うわけでございます。問題意識は持っておりますけれども、タイミングはいましばらく検討さしていただきたい、かように思いますのが私の率直な現在の心境でございます。

○堀小委員　私は、かつて山陽特殊鋼の粉飾決算で騒いだちょうど一年前に、私は高岡産業事件を通じて粉飾決算を取り上げ、公認会計士の制度を改め、監査基準を改めるようにと強く要請をして、一年後に実は山陽特殊鋼その他の問題が出ておるわけです。免許制の問題も、昭和三十八年に免許制を取り上げて、将来起こるであろう証券不況に対して、少なくとも資本金、負債倍率等を含めたかなりきちんとした証券会社をつくらせるということでなければ、来たるべき不況にたえられないという判断で免許制の問題を取り上げ、その二年後に御承知のような証券の大不況が来ておるわけです。いま私が申し上げておることは、今日この時点のことを言っておるわけではないわけです。

ただ、日本の今後の情勢として、今後、かなり大幅な賃金上昇は避けられないという前提でものを考える必要がある。それでは、いまの直接金融と間接金融の全体の流れを見ていて、国民の資金がどんどん間接金融に回っていくかというと、日本の体質的なものから見て、間接金融のほうに力があって、直接金融のほうにはなかなかいきにくい制度上の問題がビルドインされておるということから見て、私はそうは安易にいまの証券業が拡大していくようにも思われない。いろいろな点を見ますと、今日打つべき手を少し打っておかなければ、あと問題が出てきたときに投資家に不測の迷惑を与えることになるおそれがある。

ですから、証券再編成といいますか——免許制以後の時期は、証券業界にとっては一種の神風的な幸運であったと思うのです。しかしこういう幸運が常に続くかというと、そうではないわけですから、行政当局としては、免許制にした以上は投資家を保護するということの上において、何も証券業そのものをどうするという問題よりも、不測の事態を防ぐ手を打っておかなければ、またしても投資家に大きな迷惑を及ぼすようなことになったら、免許制になっておる以上大蔵省の責任は前回のような状態ではあり得ない、こう考えておるわけです。

ですから、手数料の引き上げという問題について現在はどちらかというと、一般的な投資家の売買の問題よりも、全体が少しスペキュレーションのほうに傾いていて、信用取引のウエートというものはいま非常に高くなっておるわけです。そうすると、その信用取引の中で動いておるものは、いまの取引条件その他の推移の中で合理的な手数料体系は検討してみる余地がある。検討して、それを発動するかどうかはまた時期を考えていただいていいと思うのですが、ちゃんと準備ができていなければ、情勢が急に悪くなったからといっても私は対応はなかなかむずかしいと思うのです。

ですから将来証券不況がなければけっこうです。しかし、少なくとも最悪の事態に備え得るだけの手だてがあってしかるべきだろう、取引所非所在地における非会員のあり方などはだれが見ても競争上非常に困難な立場にあるわけですから、それをどうやって競争条件を同じような条件にできるのかは、今後の検討課題だと私は思います。

それともう一つは、銀行と証券の違いが一つあると思うのですけれども、銀行の場合はいま預金保険その他等を通じていろいろ対策が講じられておるようですが、証券もどこかに一つ挫折が来ると、それが業界全体に波及をする可能性が非常に強い業界ですね。それなら四社寡占でないようにするための手だてはもう少しあるんじゃないのか。たとえば、引受シェアの問題ですね。かつて私が取り上げたことがありますけれども、長い間四社の取り分が幾らと固定をしていて、後発のものが同じ競争条件で動けないような条件が実在しておるのではないか。だから、中堅各社を育成強化という前に、いまビルドインされている、中堅各社が伸びられない諸要素の分析をして、それに対する的確な対策を講じて道を少しつけてやらなければ、これらの中堅各社があなたの願っておられるような、四社に続いて寡占を防ぐ力になるかどうか、非常に私は問題が残されておると思うのです。

ですから、免許制になりまして一二年、ここらで一ぺん証券業の問題を、原点に返って分析をし直して、それを取り巻いておる不合理なものを取り除きながら、あるべき証券業を育成していくことが投資家保護という皆さんの一番の眼目に合うわけですから、やや早いかもしれませんが、対策を準備することは早きに失することはない、こう考えますので、その点についてひとつ証券局長の判断を聞き、あわせてひとつ政務次官の政治的な判断をお伺いをしておきたいと思います。

○**志場説明員**　お説まことにごもっともであろうと思います。わが国では今後、取引所の事務をはじめ、コンピューターリゼーション、そのコストの問題も出てまいりますし、証券取引、あるいは証券業務の国際化が進んでまいりますと、いよいよ体質的な、あるいは営業面におけるわが国証券会社の強化の要請も出てまいります。また、アメリカにおきましては、不況により証券会社がかなり破綻を来たしているという実例が最近あるという貴重な経験もございます。さようなことを踏まえまして、ここらで今後の展望を十分に検討するということは全く同感でございまして、私ども、別して今回の決算の分析を通じまして、今後の方向について十分検討してまいりたい、かように考えます。

○**中川説明員**　御指摘まことにごもっともなことでございます。これからベースアップが相当長期にわたって、しかも上げ幅も相当高いものが予想されますので、寡占になってはいけないという問題もありますが、中堅各社との格差もありまして、この辺で総洗いをして、不測の事態が起きないように十分検討していくべきが当然だと思いますので、ありがたい御観察だと受けとめているわけであります。

○**堀小委員**　最後に、今後、健全な投資家の判断として、日本にもアナリストという制度がありますけれども、これは実は法定されたものでも何でもありません。アメリカには、法律に基づいてアナリストの資格なりその他を規定をしておるわけですが、証券局として、この投資顧問法にはどういう態度をとっておられるのか、伺っておきたいと思います。

○**志場説明員**　外務員の質を高め、あるいはいわゆるアナリストとしての質を高め、ないしは一般の投資相談に応じているような向きに対して適切な育成を行なうというような観点から、投資顧問法の制定を必要とするのではないかという問題意識につきましては、私どももさように考えております。ただ、投資顧問法をいかなるスタンドポイントに立って、たとえば投資信託委託業との関係あるいは証券業務との関係との関連で、どういう位置づけを行ない、限定をしていくか、アメリカの投資顧問業の実態をいま勉強中でございまして、なかなかずばりまだよくわかっていない面も残念ながらあるわけでございます。さようなことで、今回の通常国会にはそういった法案の準備は間に合わないと思うわけでございますが、検討を進めてまいる、こういうつもりで勉強中であることを御了承願います。

○堀小委員 最後に、今度の証取審の専門委員会の中間報告を伺ったのですが、監査基準の取り扱いのときに、当然連結財務諸表をつけるべきだということを、もうすでに三、四年前に申しておるのですけれども、なかなかこの問題は進捗をしておりません。いまお話を承ると、税制上の問題もあってちょっと簡単にいかないというお話でありますが、税制上の問題とは、大蔵省内部のことですから、できるだけ早く私は処置をしていただきたいと思います。最近アメリカ市場で発行をしようという会社は、当然連結財務諸表をつくらなければ上場も何もできないということになっていると思うのでありますけれども、国際化が進捗をしていく場合は、国際的に要請されるものを、すみやかにやっていただきたい。それをなぜ私どもがそう申すかといいますと、さっき、今度は関連会社の財務諸表もあわせて出していく。大蔵省へは出るでありましょうけれども、ところが一般投資家にはわからないわけですね。連結財務諸表になっていれば一ぺんに見られるわけですから、税制上の問題であるならば、十分主税とも詰めていただいて、すみやかに連結財務諸表を求めるような制度の改善をしてもらいたいと思うのですが、その点はいかがでしょうか。

○志場説明員 御趣旨につきましては全く同様に考えております。

（以下略）

第六十五回国会

昭和四十五年十二月二十六日から
昭和四十六年　五　月二十四日まで

証券取引法一部改正・外国証券業者に関する法律案

衆議院　大蔵委員会議録第二号

昭和四十六年二月三日(水曜日)

出席委員

委員長　毛利　松平君

理事　宇野　宗佑君　理事　上村千一郎君
理事　丹羽　久章君　理事　藤井　勝志君
理事　村上信二郎君　理事　山下　元利君
理事　広瀬　秀吉君　理事　松尾　正吉君
理事　竹本　孫一君

奥田　敬和君　木野　晴夫君
木部　佳昭君　木村武千代君
佐伯　宗義君　坂元　親男君
田村　　元君　高橋清一郎君
登坂重次郎君　中島源太郎君
中村　寅太君　福田　繁芳君
坊　　秀男君　松本　十郎君
森　　美秀君　吉田　重延君
阿部　助哉君　佐藤　観樹君
藤田　高敏君　堀　　昌雄君
古川　雅司君

出席政府委員

大蔵政務次官　中川　一郎君

(ほか略)

本日の会議に付した案件

証券取引法の一部を改正する法律案（内閣提出第九号）

外国証券業者に関する法律案(内閣提出第一〇号)

○毛利委員長　証券取引法の一部を改正する法律案及び外国証券業者に関する法律案、両案を一括して議題といたします。

(中略)

理　由

資本取引の国際化及び証券業の資本自由化の進展に即応し、わが国の資本市場の健全な発展に資するため、外国証券業者が国内において証券業を営むことができるみちを開くとともに、公益又は投資者保護の見地からその営業活動に対し適正な規制を行なうための措置を講ずる等の必要がある。これが、この法律案を提出する理由である。

○毛利委員長　まず、政府より提案理由の説明を求めます。

○中川政府委員　まず、証券取引法の一部を改正する法律案につきまして御説明申し上げます。

証券取引法における有価証券の発行、流通に関する制度は、昭和二十八年以来今日に至るまで改正が行なわれておりませんが、この間、わが国証券市場及びこれを取り巻く諸情勢は大きく変化してまいりました。すなわち、近年における証券市場の拡大は著しく、その果たすべき役割りはますます重要なものとなってきております。さらに、最近におけるわが国経済の国際化、資本取引の自由化の進展は、証券市場の動向にきわめて大きい影響を及ぼしつつあります。

このような情勢の変化に即応いたしまして、投資者保護の一そうの徹底をはかり、また企業の長期資金調達の円滑化及び証券市場の秩序維持に資するため、この際、企業内容開示制度の改善合理化を行なうとともに、株式の公開買い付けの規制に関する制度を新たに設ける必要があると認められますので、ここに、この法律案を提出することとした次第であります。

以下、この法律案につきまして、その大要を御説明申し上げます。

この法律案は、大別して二つの部分から成っております。

第一は、企業内容の開示制度に関するもので、現行証券取引法第二章を改正しようというものであります。企業内容開示制度は、有価証券届出書、有価証券報告書等により企業の財務、営業等の内容を広く投資者に公開するための制度でありますが、今回、これに全般的な再検討を加えまして、証券市場の今後の趨勢に適応し得るよう所要の改善合理化をはかることといたしました。

まず、企業が増資等に際して大蔵大臣に提出する有価証券届出書につきまして、その提出基準を引き上げ、開示の時期を早めるなど、最近における増資の実態に即応し得るように改めることとしております。

次に、企業が毎事業年度提出する有価証券報告書につきまして、提出会社の範囲の拡大、半期報告書及び臨時報告書制度の創設等により、流通性に富む有価証券の発行会社の企業内容が、投資者に適時適切に開示されるようにすることとしております。

また、企業の粉飾決算は依然としてあとを断ちませんが、粉飾についての民事上及び刑事上の責任に関する現行規定は、投資者保護の上からは十分でないと考えられます。したがいまして、最近の実例にもかんがみ、これを整備、強化いたしますとともに、粉飾決算を行なった企業に対しましては、相当の期間内は増資等ができないように、大蔵大臣が行政処分を行ない得ることとしております。

第二は、株式の公開買い付けの規制に関する制度の創設でありまして、証券取引法に第二章の二を追加しようとするものであります。

わが国経済の国際化に伴い、近年諸外国で企業の合併、経営権取得等の手段として広く用いられている公開買い付けによる株式の大量取得が、今後わが国においても行なわれるようになることが予想されます。現行法では、これに関して何らの規定もなく、全く当事者の自由にまかされた形になっておりますが、これでは、さような事例が実際に発生いたしました場合、投資者保護と証券市場の秩序維持という点から見て好ましくないと考えられますので、これに対処すべく一定のルールを設けようとするものであります。

すなわち、この法律案におきましては、ある会社の株式を一定割合以上取得するため、市場外において不特定多数の者に対して買い付けの申し込みをしようとするときは、あらかじめ買い付けの期間、価格等、公益または投資者保護上必要と認められる一定の事項を記載した届出書を大蔵大臣に提出し、かつ、その効力が発生した後、これを公告しなければならないこととしております。さらに、公開買い付け者に対し対象会社への通知を義務づけ、一方、対象会社には意見表明の機会を与える等、所要の規定を設けることといたしております。

次に、外国証券業者に関する法律案につきまして、提案の理由及びその概要を御説明申し上げます。

最近における国際的資本取引の著しい増加、あるいは昨年九月に行なわれた証券業の資本自由化等に見られますように、証券市場を取り巻く国際化の趨勢にはまことに目ざましいものがあり、わが国証券会社の海外進出も次第に増大しつつあります。しかるに、現行証券取引法は、外国証券業者の本邦内支店の設置を認めるための規定を欠いております。

このような状況にかんがみ、かつは、わが国資本市場の健全な発展にも資するため、外国証券業者が国内において証券業を営むことができる道を開くとともに、わが国証券市場の秩序維持と投資者保護の見地から、その営業活動について適正な規制を行なうことといたし、この法律案を提出した次第であります。

以下、この法律案につきまして、その大要を御説明申し上げます。

まず、第一に、外国証券業者は、国内に設ける支店ごとに大蔵大臣の免許を受けた場合に限り、当該支店においてその受けた免許にかかる証券業を営むことができることといたしております。免許の種類、免許の審査基準、拒否要件等につきましては、国内証券会社の場合とおおむね同様といたしておりますが、株式会社と同種の法人でない場合、一定の経験を有しない場合及び原則として証券業専業でない場合を拒否要件として明定する等、支店に対する免許の付与であることの特殊性に対応して規定のていさいを若干異にしております。

なお、欧州等には銀行業務と証券業務をあわせ営むことを常態とする国のあることにかんがみ、免許の拒否要件において所要の調整をはかることといたしております。

また、引き受け業務の免許を受けていない外国証券業者であっても、大蔵大臣の許可を受けて、有価証券の引き受け業務のうち、元引き受け契約への参加その他の一定の行為を国内において行なうことができるよう措置することといたしております。

第二に、外国証券業者の本拠が外国にあることにかんがみまして、国内の投資者保護の見地から、免許を受けた外国証券業者は、営業の開始に先立って営業保証金を支店ごとに供託しなければならないこととしておりますが、供託にかわるべき所定の契約を締結した場合には、営業保証金の一部を供託しないことができることといたしております。

また、同様の観点から支店の資産について、その所定の部分を国内において保有しなければならないこととしいたしております。

第三に、免許を受けた外国証券業者の支店の業務及び財務に関する規制につき、証券取引法の規定とほぼ同旨の規定を置くこととしております。

そのおもなものは、基本事項の変更等の認可、免許の取り消し、業務の停止命令、経営保全命令、不公正取引等の禁止、法定準備金の積み立てなどに関する規定であります。なお、取引所会員たる国内証券会社の場合にならって、外国証券業者が国内において行なう過当数量取引等を制限し得ることといたしております。

以上のほか、外国証券業者等が証券業に関連のある業務を行なうため事務所等の施設を設置する場合の届け出義務等を規定するとともに、附則におきまして証券取引法をはじめ関連法律について所要の整備を行なうこととしております。

以上が、証券取引法の一部を改正する法律案外一法律の提案の理由及びその概要であります。

何とぞ御審議の上、すみやかに御賛同くださいますようお願い申し上げます。

○毛利委員長　これにて提案理由の説明は終わりました。

衆議院　大蔵委員会議録第三号

昭和四十六年二月五日(金曜日)

出席委員

委員長　毛利　松平君

理事　宇野　宗佑君　理事　上村千一郎君

理事　丹羽　久章君　理事　藤井　勝志君

理事　山下　元利君　理事　広瀬　秀吉君

理事　松尾　正吉君　理事　竹本　孫一君

木野　晴夫君　木部　佳昭君

木村武千代君　佐伯　宗義君

坂元　親男君　高橋清一郎君

登坂重次郎君　中島源太郎君

中村　寅太君　坊　秀男君

松本　十郎君　村上信二郎君

吉田　重延君　阿部　助哉君

佐藤　観樹君　藤田　高敏君

堀　昌雄君　貝沼　次郎君

古川　雅司君　小林　政子君

出席政府委員

大蔵省証券局長　志場喜徳郎君

委員外の出席者

法務省民事局参事官　味村　治君

大蔵大臣官房審議官　茂串　俊君

(ほか略)

本日の会議に付した案件

証券取引法の一部を改正する法律案(内閣提出第九号)

外国証券業者に関する法律案(内閣提出第一〇号)

○毛利委員長　これより会議を開きます。

(中略)

証券取引法の一部を改正する法律案及び外国証券業者に関する法律案、両案を一括して議題といたします。

これより質疑に入ります。

質疑の通告がありますので、順次これを許します。

○阿部(助)委員　提案理由の中で、投資者保護の徹底ということを言っておるが、投資者保護に徹したというふうに受け取ってよろしゅうございますか。

○志場政府委員　投資者保護の意味はいろいろな意味があると思いますが、私どもは、証券取引法の第一条の「目的」で、この法律は、投資者保護を目的として、有価証券の発行及び流通を適切、円滑ならしめることを目的としているというふうにうたわれております。投資者保護と申しますのは、いずれにいたしましても、株式の発行、流通によりまして投資者の受けるあらゆる損失を何らかの機関が補てんする、補償するということではございませんけれども、健全な正しい投資判断ができますように、あらゆる必要な情報なり資料というものを提供いたしますと同時に、有価証券の発行者その他の関係者によりまして、もし虚偽の記載であるとか欺瞞的な行為でありますとか、そういうことがありました場合には、それに対する民事上の責任追及を厳格にし、また刑事的制裁をきびしくするということが投資者保護の中心をなそうかと思っております。

今回の答申はさような点で、投資者に対する適正な情報の十分の開示と、粉飾決算のような、発行当事者あるいは関与者の不正行為がありました場合の民事上、社会上の責任追及の強化という二点を答申されておるのでございまして、私どもは、その趣旨を徹底させることによりまして、法律の目的にうたわれておりますところの投資者保護をより一そう進めることができるものと考えておる次第でございます。

○阿部(助)委員　この改正案は、商法を改正しようと政府は考えておられるようでありますが、それとは非常に関連があるように思うのですが、その点はいかがですか。

○志場政府委員　法律上のたてまえといたしましては、直接的に関連するということはないかと思います。しかしながら、法務省の事柄でございますので私から申し上げるのはあるいは正確でない点があるかとも思いますけれども、私の承知しておる限りで申し上げますと、商法では、会計監査でございまして、大会社については公認会計士をもって会計監査を義務づける、かような点でございます。これは、商法が要求する会社の決算を組むにつきまして、その決算が適正になされますように、従来の監査役による会計監査では内部的なコントロール、厳正、さような意味が十分徹底を欠くうらみがあるというところから、会社の組織自体の中に十分とけ込ませるようなかっこうで、あらかじめ十分な決算が組まれるように仕組もうということでございます。

一方、これに対しまして証取法のほうは、企業の決算が適正に組まれるということを目的とする、またそれが適正に公示されるということを担保しようという制度でございまして、ねらいは同一方向をねらっておるということに間違いないと思いますけれども、法律の体系が異なりますので法律上の直接の関連はない、かように考えておる次第でございます。

○阿部(助)委員　法務省の方、いかがですか。

○味村説明員　商法の改正につきましては、昭和四十一年の秋から、業務の適正、経理の適正をはかりますために、法制審議会において審議を開始いたしまして、昭和四十五年の三月に答申を得ました。政府といたしましてはこの答申に基づきまして、今国会に商法の一部を改正する法律案を提出するように努力をいたしております。

ただいまの証券取引法との関係でございますが、これはただいま証券局長の仰せられたとおりでございまして、経理自体が適正であるということが必要なことは当然でございまして、せっかくディスクロージャー制度は十分であるけれども、そのディスクロージャーされる内容が不適正では何にもならない。ディスクロージャーされる内容は、これは株主総会において商法の規定に基づきまして承認を得る決算書類なので、それを適正にするための規定が商法に置かれるということは、証券取引法の改正と相まちまして、ディスクロージャー制度を改善するものであるというように考えております。

○阿部(助)委員　この法案は投資家保護ということに非常に重点を置いておられたようでありますが、大衆投資家の要望は聞いたことがございますか。

○志場政府委員　証券取引審議会は、証券取引法に規定されてございますように、百六十五条に、「有価証券の発行及び売買その他の取引に関する重要事項に関し調査審議させるため、大蔵省の附属機関として、証券取引審議会を置く。」と、こうなっておりまして、その「委員は、学識経験のある者のうちから、大蔵大臣がこれを任命する。」かようになっております。現在の委員の顔ぶれを見ますと、金融機関あるいは証券界あるいは学者の方々、取引所の関係者というふうに少し片寄り過ぎるではないか、かような御批判も確かにあろうかと思うわけでございます。それだけに大衆なり、そういう点を離れた議論に終わってはいけないだろう、かようなことを考えまして、この問題の検討には別個に専門委員会を設置し、その場に広く産業界その他の方々も入っていただく、かようにしたわけでございます。

○阿部(助)委員　上場株のうち半期決算の会社と一年決算の会社とはどの程度になっておるのですか。

○志場政府委員　会社数は二千四百五十社、そのうち年一回の決算の会社は千六十六社で、年二回の決算の会社は千三百八十四社、構成比で申し上げますと、年一回決算の会社は四三・五%であり、年二回決算の会社は五六・五%となっております。

○阿部(助)委員　一年決算の場合に半期報告をさせるわけですね。これと決算報告書とはどういう点が違うわけですか。

○志場政府委員　有価証券報告書として出されます内容は、当該会社の株主総会で確定いたしました財務に関する事項、つまり損益計算及び貸借対照表を公認会計士の監査証明をつけました上で公衆縦覧に供するということでございます。年一回の決算会社の場合は、事業年度が終わりましたとき一回だけしか行なわれません。中間の六カ月の間におきましては、手続的には規定はないわけでございます。また一年一回の決算にしているという趣旨は、一年二回の決算事務では非常に事務量が膨大化し、企業の負担もこれありという点もございますので、半期の報告書は会社がそれぞれの実情に応じまして定めておりますルールに従った、仮決算的な、概略的な報告書の内容にとどめざるを得ないだろう、かように考えておる次第でございます。

（中略）

○阿部(助)委員　この答申の八ページに「別途、商法の改正が会社にいわゆる中間配当を認めて一年決算への移行を容易ならしめようとしていることをあわせ考えると、半期報告書の記載内容は、制度の趣旨に照らし有価証券報告書よりも簡略なものとする必要があると考える。」こういうのです。さっきあなたは一年決算の方向で誘導するのではないと言っておるけれども、答申のこれを見ると、「一年決算への移行を容易ならしめようとしていることをあわせ考えると、」ということを答申は書いているのですね。これはどうなんです。あなたのお話はちょっと矛盾しているのじゃありませんか。

○志場政府委員　それは矛盾しておらないと思います。実は第二十四条の五は、現在でもかなりの数の会社が一年決算会社であり、また今後自然、傾向といたしまして、事務の複雑化、膨大化というようなところから一年決算が自然的にふえる傾向も考えられる、さような場合に一年一回の有価証券報告では不十分であるということに着目しておるのでございます。いまお読みになりました答申でございますが、これは別途、商法におきましていわゆる中間配当の制度を設ける、かようなことが考えられておるわけでございます。そうなりますと、一年決算への移行が進んでくるかもしれない、そういうことが想定される面もございますので――しかしそれはそうなることとならないとにかかわらず、現状を考え、また将来の自然的な傾向も考えまして、この際半期報告書を義務づける必要がますます多い、かように判断したような次第でございます。

○岡部(助)委員　どうもそこが私には納得できないのですね。このいま読んだところを見ますと、商法との関連がこのうしろにあるという点が一点。もう一つは、非常に簡略なものになるんだ、だからどの程度簡略なものにするのか、それによって、場合によれば投資家に迷惑をかけないという保証はないじゃないかという点。この二点がこれを読むと私はひっかかってくるわけでして、商法との関連がございませんなどと言ってみてもこれは納得ができない。もう一つは簡略だというが、簡略だということは執行する取締役会には非常に荷が軽くなるけれども、その反面投資家には場合によれば不利になる。皆さんは、粉飾決算して損害を与えるとか被害を与えるとか言うが、そのときの被害者はだれで、加害者は大体だれなんです。

○志場政府委員　繰り返して申し上げるようでございますが、答申で「別途、商法の改正が」と書いておりますくだりは、もし中間配当ということが改正によりまして商法上認められましたならば、ただでさえふえるであろうと思われる一年決算法人がふえてくるであろうという想定をいたしているだけでございまして、商法の改正を必然的に予定しておる、あるいは二十四条の五を設けることによりまして一年決算への移行を促進しようとしているという趣旨では毛頭ございません。将来の見通しの問題といたしまして別途の事情を考慮したというにとどまるものと私どもは理解しております。

それからなお簡略ということでございますが、二十四条の五に書いてございますように、「六箇月間の当該会社の営業及び経理の状況その他の事項で、公益又は投資者保護のため必要かつ適当なものとして大蔵省令で定める」、こういうふうに法律上、限定といいますか条件づけられておるわけでございます。で、正規の決算と違います点は二、三点にとどまろうかと思うのでございます。

主としてたなおろしの計算と、精密な各工場ごと、設備ごとの減価償却計算というものとを中間に要求することは無理であろうというふうに考えられます。しかしながら売り上げの状況でございますとか、その他の経費の状況あるいは予定原価によるたなおろし資産の払い出しの状況というものは、これは企業が大半月別決算、月次決算ということを内部で行なっております。

さようなわけで、私どもといたしましては、損益計算書及び貸借対照表、いずれも出していただくと思っております。ただその場合の記載内容、程度は、備考におきまして、たとえばたなおろしの払い出し価格はこういう計算方式による予定原価をもとにしたものである、あるいは減価償却は、たとえば前期の決算による減価償却の率というものが会社全体として何％である、あるいは耐用年数を何年であったということがございますれば、それを適用してこういう計算をするというようなぐあいに、無理と思われます二点につきましては、その計算方式を明らかにさした上で、その分を埋めていただく。したがいまして、それによるところの営業利益の計算あるいはおもな資産、負債の状況は、当然それは損益計算書及び貸借対照表の面において表示されるということを期待しております。なお営業の比較は、上期と下期という場合に、季節産業等によりましては収益状況が非常に違う場合もございます。さようなときには、今期の上半期の状況と前期の上半期の状況とを売り上げなり利益の状況で比較する表をつけてもらうとか、簡略と申しましても、この二十四条の五の法文で条件づけられておりますように、投資家保護の点から欠けるところがないように、しかし無理なことをしいることは無理であるということを最小限度の制約条件にいたしまして、適切な省令を定めてまいりたい、かように考えておりますことを御了解いただきたいと思います。

（中略）

○岡部(助)委員　今度の改正案では、総会の前に公認会計士が監査をする、こういうことですね。

○味村説明員　さようでございます。

○阿部(助)委員　そうしますと、商法では、今度改正すると事前に監査をする。証取法ではそのあとでまた監査をする。これは二へんやることになるわけですか。

○志場政府委員　手続的に申しますと二へんという数え方もできるかとも思いますが、一方、商法のほうは株主総会に出す決算案でございます。決算案につきまして、現在は監査役の監査意見というものがついたものが総会に出されまして、そこで承認を受けて決算確定をするということでございますが、この監査役の監査意見というものが公認会計士たる資格を持っている人の監査意見ということになっておるわけであります。ただその場合に、第三者、一般の投資家に対してこの監査意見というものが公表されるという仕組みはないわけでございます。証取法の監査証明と申しますのは、公認会計士が第三者の資格をもちまして決算についての監査証明をいたしまして、それを会社に対しても提出し、大蔵省に対しても提出し、投資家に対しても提出いたしまして、一般投資家の投資判断に資しようというわけでございます。

　その場合に、監査手続でございますが、もし同一人が、監査役として内部監査に当たりました公認会計士が引き続きと申しますか、同じくその会社の証券取引法上の公認会計士の監査証明の契約を結んでおる場合におきましては、手続的にはさようなわけで、事前、事後というふうに二回になりましょうけれども、それは実質的には事前に行なっております一回ということで内容的にはおそらく済むのでございましょう。しかしながら、もちろん制度的には、事前に監査役としての会計監査を行ないます公認会計士が必ず証取法上の監査証明を行なう公認会計士と同一人でなければならぬということは規定しておりませんので、別の第三者が証取法上の監査証明を行なうこともあり得るかと思います。さようなときはまたイロハのイから監査をするというようなことにたてまえ上はなりまして、二度手間ということになるかもわからないと思いますけれども、さようなことになるだろうと思います。

○阿部(助)委員　法律のたてまえからいけば、今度商法を改正すれば二度手間になるわけです。経費もかかるだろう。それだけに、私は投資家保護という点からいくと、商法を無視するわけにはいかぬのじゃないか。皆さんは別なんだからかまわないと言うけれども、同じように歩調を合わせざるを得ないのだろう。そういう点を調整していくということは当然のことなんであって、やはりこの商法の法案を出されて、それと両方を勘案しながらこれを審議するのがほんとうではないですか。

○志場政府委員　今回の証取法の改正は、冒頭で申しましたようにディスクロージャー制度を徹底することでございまして、そのために投資家に対する開示の機会をふやす。それから、もしも重要ないわゆる粉飾決算がございました場合には、これに対する民事上、刑事上の責任を強化する、こういう二点でございまして、公認会計士の監査それ自体は改正を行なおうとしているものではございません。ただいま先生のお述べになっていらっしゃいます商法の監査の充実は、現行の監査役による決算手続としての会計監査が有名無実になっている向きが多いのではないかという、商法の分野における固有の現状認識ないしは反省からこの会計監査を充実しようというための改正でございまして、その点は、繰り返して申しますけれども、法律的に直接関連はない次第でございます。

○阿部(助)委員　開示の機会を云々、こうおっしゃるけれども、半期で配当するならばその配当の多い少ないが株価に響くものだ、私はこう思うのですよ。そうすれば、その際にやはりきちんとした報告書を出されるのがほんとうであろうと思う。

○志場政府委員　現行制度は、先ほど申しましたように事業年度が終了いたしましてから三カ月以内に有価証券報告書が出されるわけでございます。その点は今回何ら改正いたしておりません。半期報告書の規定でありますところの第二十四条の五もその三カ月という期間は同じく置いておりまして、企業がいやしくも一般投資家に対して内容を開示いたしますためには誤りなきを期さなければならないという、そういった計算期間、整理期間をおもんぱかっているのでございまして、三カ月という期間は現行の事業年度終了後の三カ月と全く同じ体制で規定しているわけでございます。いずれにいたしましても、一年決算の法人は従来一年に一ぺんだけしか出していなかった報告書が二回出すことになるという点におきまして、開示の機会をふやすことには間違いないわけでございます。

○阿部(助)委員　一年に一ぺんだったのを、中間報告をさせるんだから一歩前進だという御趣旨のようですが、そうですね。

○志場政府委員　この機会に申し上げますと、開示の機会をふやすということは実はこれだけではございません。現在有価証券取引所に上場されている、あるいは証券業界に店頭銘柄として登録されまして流通量がかなりに達しております会社の中で、現行制度では有価証券報告書の提出義務はないという会社も、今回は新たに提出義務を課そうとしていること、並びに臨時報告書の制度を設けまして、投資判断上重要と認められるような一定の事実が生じました場合には、そのつどその内容を報告すべきものとしておりますこと、それから半期報告書の創設、かようなことを通じまして開示の機会を充実する、かように考えておるわけでございます。

（中略）

○阿部（助）委員　第四条に「発行価額又は売出価額の総額が一億円未満」とあるのは、券面額で五千万円の場合も、また時価発行等の場合で一億円以上の場合も、どっちも両方にこの文章はひっかかってお るように思うのですが、そうなんですか。

○志場政府委員　現行の第四条は、増資の場合で申しますと額面発行の場合を想定しておりまして、一株当たりの額面価額の合計額が五千万円以下であるか、それをこえるかということによりまして、有価証券届出書を提出しなくてもいいか、提出しなければならぬかという判断の基礎にしておるわけでございます。今回の改正案におきましては、これを発行価額――券面額ではございません。たとえば時価発行の場合でございますと、額面一株当たり五十円〔の〕場合に、これを合計しましたら五千万円でしょうけれども、たとえば時価が一株当たり百円〔だから〕、一株当たり百円で時価発行しよう、こういう場合がございますが、そういたしますと、額面額の合計額は五千万円でございますけれども、いわゆる発行価額総額は一億円になります。今回の改正は、その場合に発行価額一億円のほうに着目し、額面額の合計は考えない。それでは額面発行の場合はどうなるかということになりますと、それは発行価額と額面価額の総額が一致するということでございまして、法律上は発行価額だけで判断する、かようなわけでございます。

○阿部（助）委員　いま、額面で、券面額そのままで増資をしておる部面と、時価発行のように額面よりも高く発行されておる場合の、何かおおむねの比率みたいなものはないのですか。

○志場政府委員　いわゆる時価発行が行なわれ出しましたのはここ一年余り、せいぜい二年間くらいのことでございまして、しかも全会社がやっておるということではとうていございません。十数社といったようなことでございますので、比率といたしますと、件数的には取るに足らないパーセンテージである、さように思います。

○阿部（助）委員　将来を予測してこの発行価額五千万円、また売り出し価額一億円未満というふうにするならばこれはわかるのでありますけれども、これからだんだん時価発行が大きくなるにしても、現在の時点はまだそれは取るに足らない数字である、こういうときに五千万円から一億円という形にこれを太らしていくということは、これもまた投資家保護という点からいくならば、開示をし、正式な報告をしていく、そうして粉飾決算や間違いをなくしていくというあなたのいままでの御答弁からいくと、矛盾をしておるのではないか。いままでの五千万円なら五千万円も残し、そうして時価発行――将来の時価発行がふえるだろうということを予測して、時価発行の場合には一億円未満というふうにされるならば、これはうなずかぬではないけれども、まだほとんど取るに足らないものを、将来の展望としてだけ、すぐにこれだけ金額を上げるということは、私はこれは投資家保護というたてまえからいくと矛盾をしておるのではないか、こう思うのですが、どうですか。

○志場政府委員　発行価額でとらえますか、券面額でとらえますか、二つの考え方があるわけでございますが、先ほど申しましたように今度の改正案は発行価額によることにしている。その発行価額によることによりまして、時価発行の場合ももちろん適用できますし、額面価額の場合も、額面割り当ての場合も発行価額という意味で対処されますし、この発行価額によるということの規定だけで、時価発行の場合と額面発行の場合と両者を一律に対処できるわけでございます。問題は、そうした上で五千万円を据え置いていいじゃないか、そういうことにもつながるかと思うのでございます。現在の五千万円という有価証券届出書の条件、つまり増資の場合の金額は、提出基準になる金額は昭和二十八年に定められまして、そのままを十八年間維持してきているわけでございます。で、この間に資本金が膨大化していることを考えますと、実はこの問題の論議の過程におきまして、昭和二十八年当時の五千万円というものを、約二十年近くたった今日における等価計算的なことをいたしますと、三億とか五億とかいうようなことにもなるではないかという議論もございました。だけれども、そこは、自己資本とか資本金自体が、一般の経済の膨張、拡大とスライドしておらぬ面もあります。

なお、今回は、増資の有無にかかわらず、流通性に富む有価証券は、毎事業年度必ず有価証券報告書を出しなさい、かようにしておりますので、増資の際の基準はある程度上げてもいいという理屈も確かにあるのでございますけれども、増資の際の投資家に対するディスクローズも大事でございますので、われわれはむしろ、一般の産業界からの要望からしますると数億という要望もございましたのを、審議会全体として抑えまして、一億円に引き上げることにとどめるということにしたわけでございまして、そこら辺の事情を御了解いただきたいと思います。

○阿部(助)委員　次に、臨時報告書を、何か不測の災害が起きたりなんかしたときにつくられる。しかし、皆さんの要綱を見ますと、「その他投資者保護上重要な事実が発生した場合には、その内容を記載した臨時報告書を遅滞なく提出し、」云々ということが書いてある。これはどんなことを予測しておられるのですか。

○志場政府委員　大蔵省令で定めるという法案になっておりまして、その中身としまして、とりあえずと申しますか、当面考えておりますのは、証取審の報告の九ページにありますところの(1)から(5)までというふうに考えております。

○阿部(助)委員　この(1)から(5)まで見ますと、投資家の一番重大関心はこれよりも別のところにあるんじゃないですか。大蔵省ではこれで十分なんだということですか。

○志場政府委員　半期報告書をあわせ考えますと、投資家に最も重要な関心があると思われます企業収益、利益の状況、営業の概況に関することは、一年に二回定期的にディスクローズされるわけでございます。アメリカの制度では四半期報告がございまして、答申の九ページにございますような事態が起こりました際に、それを四半期報告として出すというふうになっておるわけでございます。われわれはこの審議の過程におきまして、四半期報告も検討したわけでございますが、四半期報告になりますと、たとえば災害が今日現在起こったと申しましても、それが前の四半期を過ぎたあくる日でございますと、あと三カ月間は何らディスクローズされない、こういう臨時的に発生しましたものは、四半期の経過を待たなくて、そのつど遅滞なく出していただくということが必要だということで、臨時報告書というふうに受けとめてきたわけでございます。

そのほかに株主にとってもっと重要な開示すべき事項があるではないか、かような御質問でございますけれども、一番関心のございますところの営業なりあるいは収益の状態は、これは臨時的に、たとえば災害が発生して生産設備がどういうダメージを受けたといったようなことはこの臨時報告でカバーいたしますが、そのほかの場合には、ある程度の期間におきまして収益状況がどうなっているかが大事でございまして、これをこま切れに、しかも先行きのことについて無責任なことを言わすわけにはまいりませんので、投資家としてはかえって判断に迷うという点があるかと存じます。さようなわけで、企業収益は、半期報告を含めました一年二回の報告で必要にして十分であろう、かように考えております。

そういたしますと、そのほかに臨時に報告すべき事態としましてはこの九ページに掲げられているところが、考えられるほとんどを網羅しておるのではなかろうか。なお、今後この五項目以外に必要な事項の追加があり得るかも存じません。大蔵省令で定めることにいたしておりますのも、将来ふやすべきものも出てくるかもしれないということも考えて、そういうふうに省令に委任していただくということを考えているわけでございまして、私どもといたしましてはこのようなことで十分投資家の判断に間に合う、かように考えているわけでございます。

○阿部(助)委員　投資家の一番の関心は販売上の大きな問題が出た〔等であり〕、半年ごとにやるからいいじゃないかというようなことでは私は不十分だと思うので、そういう点でも、アウトラインぐらいはやはり国会に示すべきだ。

○佐藤(観)委員　証券取引法の改正にあたりまして、今回大きく二点改正になるわけです。つまり、企業内容の開示制度に関するものと、もう一点は株式の公開買い付けの規制に関するものです。

まずお伺いしたいのですが、今国会に改正法案が提出されたのはなぜか。

○志場政府委員　証券取引審議会の報告を受けまして今国会に提案するにつきましては、証券取引法は昭和二十三年に実質的に制定されまして、二十八年の若干の改正はございましたが、その後、証券会社を免許制にする以外には改正は行なっておりませんが、この間、資本市場を取り巻く環境、規模拡大、その他いろいろと変化しております。なかんずく投資家にとりまして非常に重要でありますディスクロージャー制につきましては、昭和三十九年に起こりました山陽特殊製鋼の粉飾事件を契機といたしまして、社会的な影響の重大さにいまさらのごとく驚いた次第でして、その後、公認会計士の処分あるいは公認会計士法の改正あるいは大蔵省における有価証券報告書の重点審査による粉飾決算の摘発を進めてまいったのでございますけれども、昭和四十年に証券会社を従来の登録制度から免許制度へ移行いたしします際に、有価証券の発行、流通に関する制度についても改善をはかるべきであるという附帯決議を衆参両院からいただいた次第でございます。その後検討にかかったわけですが、基本的な問題を詰めなければいけませんので、証券取引審議会に付託し、専門委員会を設置するというような慎重な手続をとりまして、ようやくその結論が昨年の年末近くになって出されたわけです。

その間、昨年の秋に証券業の資本自由化が行なわれまして、あるいは一昨年以来、外国人によるわが国株式の取得が非常に活発に行なわれるようになっております。さような中におきまして、外国において行なわれておりますところの株式の公開買い付けがいつわが国に行なわれるかもしれない。もっとも現在は外国人によるわが国株式の取得は為替管理の面におきましてかなりの制限を設けておりますけれども、これとても近く第四次の資本自由化の問題等々考えますると、これは前向きになるであろうということも想定されます。さようなことを考えまして、この機会に証券取引法の改正をいたす必要がある、かように考えた次第でございます。

○**佐藤(観)委員**　今度の改正の大きな柱の一つである企業内容の開示制度について、大体内容は三つあると思うのですが、一つは有価証券届出書に関するものであり、もう一つは企業が提出する有価証券報告書についてのもの、もう一つは粉飾決算に関するものだと思うのですが、粉飾決算について少しお伺いしたいと思います。

従来、粉飾決算は、投資家保護という観点からすると全く投資家を欺瞞するものであることは言うまでもないわけですけれども、当然大蔵省としても今日まで規制をしてきたわけです。それでまず山陽特殊鋼あるいはサンウェーブなど、昭和四十年以降かなり多くの粉飾決算が新聞紙上で話題になったわけですけれども、今日までどのような粉飾決算があり、そして大蔵省がどのような規制をし、指導をしてきたのか、その点について御報告を願いたいと思います。

○**志場政府委員**　山陽特殊鋼事件以来――実は昭和三十年代におきましては実質的に粉飾決算を行なった企業は多かったようにそのときの調査では思いますが、やはり一般の関心、経営者のモラルと申しますか、社会の関心、公認会計士の自覚の程度、能力の程度もございまして、昭和三十年代におきましては、実態は粉飾があったにかかわらずその摘発が行なわれていなかったと思います。それが山陽特殊製鋼以来にわかに反省をせられたところでありまして、大蔵省といたしましては、あらためて全社からの有価証券報告書のうち重点的に大蔵省が特に精査をする必要があるものをピックアップいたしまして、逐次調査をし、粉飾がないかどうかを吟味してまいりました。昭和四十一年でありましたか、暮れに大量に公認会計士の処分を行ないました。

ちなみに、昭和四十年八月以降、昨年の十二月までで約一千社の会社を対象に重点審査をし、約百六十社につきまして粉飾の摘発を行なっております。で、これに対する公認会計士の処分も、昭和四十一年以降四十五年まで百九十五人について処分を行なっておりますが、そのうちおもなものは、登録抹消三名、業務停止合計四十八人でございまして、以下誓約書あるいは口頭注意で済ましたものもございますけれども、毎年かなりの数に達する処分を遺憾ながら行なわざるを得ないということでございますが、目下もなお重点審査を続けておりますけれども、私どものほうは極力あらゆる資料から重点審査としての審査を進めてまいりたい、かように考えております。

○**佐藤(観)委員**　今回の改正では、大蔵大臣が粉飾決算を発見した場合、行政措置としてその会社に一定期間増資をストップさせるようになっております。この一定期間とは一体どのくらいを大蔵省としては考えているのか。

○**志場政府委員**　証券取引審議会の審議の過程におきまして、一年間のいわゆる増資ストップという議論をした向きもございました。実は中間報告の段階では、一年間ストップしたらどうだろうかという意見でございました。それが、中間発表をいたしますと、新聞社の社説が一斉に出まして、その他の点はおおむね賛同されるような論旨であったと思いますが、一年間の増資ストップの点は、有力な日刊紙各紙とも、一年では短過ぎるのではないか、必要によっては二年増資ストップをする必要があるのじゃないかということを強く指摘されておりました。さような議論も受けましてその後の審議もいたしました結果、これはケース・バイ・ケースということもございまして、一律に一年以内ならばいいとか、一年、二年を置けば十分といえないだろうと考えたわけです。それは粉飾のやり方とか程度によりましょうし、またそれが世の中の流通市場、株式の市場においていかなる混乱状態を起こしているか、その程度にもよることでもございまして、あるいはまた、その会社がどういう資金計画とか産業上の生産販売の計画をもって建て直すか、粉飾を埋めていくかが一律に論ぜられません。〔また、〕世の中の投資家の混乱、動揺、不安が静まるかどうかは一律にいえませんので、法律上はここは、公益または投資家保護のため適当と認めるとき、というふうにしているわけでして、これは大蔵大臣がそのつど適切に判断をするというところにゆだねられるわけですが、普通の場合は一、二年ではないかと思います。しかしながらこれを一律にこういうことを原則にすることは、困難であろう、かように考えております。

○**佐藤(観)委員**　どうも局長のお話を聞いていると、粉飾決算というのは出てしまわないとわからない、しようがないのだと受け取れるのですが、たとえば報告書を半期にしましても、あるいは臨時報告書にしても、開示制度を広げたといっても、その呈示されているもの自体が粉飾されているものでは何もならないわけです。そういう面で、粉飾が発見されてからの公認会計士に対する処罰、あるいは増資を一定期間ストップさせることはもちろん必要でしょうが、粉飾決算をさせないような行政指導が必要なんじゃないかと思うのですが、その点はいかがでございましょうか。

○**志場政府委員**　まさにお説のとおりでございまして、粉飾決算はあってはならないわけでございます。いかにこれを事後で摘発いたしましても、投資家保護の点から申しましていろいろ問題がございますので、なきを期するということが目的であることは申すまでもございません。それにはしかしいろいろな場合を想定しておかなければならぬということでございます。したがいまして、今回の改正におきまして、これは事後の問題でございますが、粉飾が発見された場合に、公認会計士も民事上の損害賠償責任を負う、あるいは刑罰も強化する、これは結局、予防的効果をねらうという面も兼ねているはずでございます。

なお、その他の制度的な問題としては、先ほど来公認会計士の独自性と申しますか、権威をしっかりしたものにする必要があるということですので、企業が膨大化するということに対応いたしまして、ひとり公認会計士ではとうていこれに立ち向かえないとも考えまして、国会において公認会計士の監査法人という制度を設けたわけでございまして、その上に今回の改正で、事後的な対処のしかたではございますが、それを強化充実することで予防的効果を期待し、お説のような粉飾なきを期する、こういうことをねらっているわけでございます。

○**佐藤(観)委員**　たしか現行法にも公認会計士の監査証明にかかる書類の不受理という項目があったと思いますが、これがいままで一度も発動されたことがない。これを発動できるように改めるべきではないかという議論もありますが、その点に関してはいかがでございますか。

○**志場政府委員**　お説のようにこの規定は、虚偽の監査証明を行ないました公認会計士のそれ以後提出する監査証明は受理しないことができる規定ですが、現行法は、その公認会計士がつけます監査証明書の全部を受理しないことにする、つまり言うならば営業停止をかけることと同じ効果をねらっておるわけです。この公認会計士が一社だけに関与しておればいいわけですけれども、数社に関与していることがあるわけです。その場合に、その全部について粉飾決算があると知っておりながら虚偽の証明をしたということであればもちろん全部不受理にしていいわけでございますが、あるいは会社との因縁というようなことから、ある会社にはきちんとやっておるけれども、その他の会社にはずるずるとなってしまったという場合もあり得ると思います。現行規定はさような場合に、しっかりしておったところまで不受理にしなければ〔なら〕ない規定になっておりますために発動はできない、こういう現実がございます。今回の改正は、その点において、形式上は「全部又は一部を受理しない旨の決定」となっておりまして、その一部だけでも不受理できるということで、いままでは全部受理できないことにしていたが、今度は一部だけ不受理にしまして他の一部は受理する、そういうことで、ゆるめたかのごとくでございますけれども、実は現行規定がさような点がございますので、あまりにきつ過ぎてかえって適用ができない。だからわれわれとしましてはこの規定を仰せのごとく発動してまいりたいと思っております。そのためには規定上は「全部又は一部」としないと実際問題として発動がむずかしくなるということを考慮いたしまして、規定上からは若干緩和のようでございますけれども、むしろ規定上「全部又は一部」と改正するほうが適当である、かように考えて改正案を提案いたしているわけでございます。

○**佐藤(観)委員**　何と申しましても粉飾決算は、投資者保護の観点から申しまして、営業実績をごまかすものですので、なお一そう監視の目を光らしていただきたいと思うのです。

次に、株式の公開買い付けの規制についてお伺いしたいんですが、その根本となりますテークオーバー・ビッドはアメリカと日本とでは感覚がかなり違うんじゃないかと思うんです。アメリカの場合には、もたもたしている経営者はかわってもらったほうが株主にはいいんだ。つまり乗っ取りは必ずしも悪ではないという考え方があると思いますけれども、日本の場合には乗っ取りはどろぼうまがいのことで、営業権を奪取するという考え方だろうと思うのです。今度の改正で、株式の公開買い付けの規制という条項をつくったという根本に、まず乗っ取りを悪と考えるのか善と考えるのか。この辺の基本的な考え方をお伺いしたいと思います。

○**志場政府委員**　いわゆる乗っ取りといいます場合に、従来の日本におきましては、陰に隠れた陰湿な株の買い占めをひそかに行なっておりまして、株価がつり上がったところで、高い価格で売りつけていくこととほとんど同義語的に観念されておる向きが多いんじゃないかと思うのです。片や企業間の合併という点につきましては、何人もこれを、まあ独占禁止法的なものは別といたしまして、これを乗っ取りであるとか望ましくないというふうに一律には考えられていないと思うわけでございます。

一体乗っ取りは善と思うか悪と思うかという点は、いかなる立場からこの善悪を論ずるかによって違ってくると思うのでございます。証券取引法という分野で考えますと、ある会社の現在の経営陣を擁護してしまうということは必ずしも投資家保護ということとイコールになるとは思われません。もちろんその場合、経営者が大株主であるという場合は株主イコール経営陣にもなるでしょうけれども、今日のごとく経営と所有が分離しているという状態におきましては、現行の役員の地位を守ることが投資家保護につながるとは一がいに申せないのではなかろうかと思います。かつ現在の――将来もそうでございますが、証券取引法の法目的は投資家保護にあるわけですので、今回の改正にあたりましては、ニュートラルという立場に立つことが至当であるというふうに判断いたしました。

ただそれにいたしましても、さような価値判断を一応するといたしましても、それに無用の混乱が生じたりあるいは株主に対して非常な危惧の念あるいは不安の念、先行きどうなるというような点について陰にこもったような事態が起こることは避くべきである、かようなことを一方においては考えております。

またもう一つ申しますと、ことに外国からの企業支配の面から申しますと、普通この株式の公開買い付け制度は諸外国で規制しておりますが、それは基本的にはニュートラルということになっておりますけれども、実際問題としての影響は、ともかく何らかの事前チェックがあるところから、いわゆるアロマネージメントと申しますか、〔合併する〕相手方の会社の現行の経営陣に比較的に有利に働くという実際上の効果が伴うのだというふうに、この制度がない場合に比較していわれております。そういった面も、今後わが国対外国を考えますと、われわれとしましては念頭に置いております。しかしその場合、投資家保護という点から限度がございますので、その辺の限度は心得ておるつもりでございますけれども、これがない場合に比較して、ことに外国の場合を考えますと、現在の日本の企業経営者の立場に有利に働くという面も実際的効果として念頭に置いておるということも否定できないと思います。

○佐藤(観)委員　いま局長が言われたように、今度設けたこの規制が会社側にとって有利なのか、ほんとうに投資家保護に有利なのかは、確かに非常にむずかしい。また実際に起こったその場合によるのだと思うのです。いま言われたように、確かに会社の現経営陣保護かあるいは投資家保護かという点と、もう一つは、いま言われたように外国の企業からの乗っ取りに対して規制をするものなのか、あるいは日本の企業間同士の乗っ取りに対して規制をするものなのか。この次元が四つぐらいに分かれると思うのです。もう少しその点について御答弁があればお伺いしたいと思うのですが……。

○志場政府委員　国内の点について若干補足して申しますと、これは対外的にも起こり得るとは思いますが、企業間の合併あるいは企業の集団化も、国民経済のために必要あるいは適当であれば、投資家の立場から申しましても、当該両企業がますます成長、発展することが望ましい場合もございましょう。その場合に日本では、これは従来では合併あるいは株の持ち合い〔か〕で行なわれておるわけでございます。株の持ち合いはそれでいいのですが、合併となりますと、法律上、手続上の点、その他合併に伴ういろいろな点がございますし、時間がかかるという点もございましょう。そういういわばいずれの立場からも望ましい場合におきまして、買い占めようとするものとその相手になっている会社との両経営陣におきまして話し合いが十分つきまして、あとはいかなる手続でその企業の集団化をはかるかになりますが、その場合に、イギリスなどでは、買い付けにより場外から一ぺんに会社の株を集めるという手段が多く用いられているようです。国内におきましては、そういういずれの面からも望ましい企業の合体化あるいは集団化の一つの手段としてとられるということも考えられるかと思います。そのことだけを補足してつけ加えて申し上げたいと思います。

○佐藤(観)委員　たしか外資法の規制では、既存会社の株式買い付けは外国人全体の株式取得が二五%未満、外人一人当たりについて七%ですか、制限があると思うのです。ところが今回のこの改正案では、量についての規制はないのじゃないかと思うのです。テークオーバー・ビッドする場合には、十日前に大蔵大臣にそのコピーを送付しなければならないとあるわけですけれども、そのあと大蔵大臣が一体何をするのか、何ができるのかについては、「公開買付届出書に係る届出がその効力を生じた日から一年間、公衆の縦覧に供しなければならない。」ということはありますけれども、それに対して大蔵大臣がノンと言う項目は私の見た限りではないと思うのです。となると、今度のこの改正というのは外資の乗っ取りに対する規制であると考えていいものなのか。

○志場政府委員　一がいに外資に対する対策のみと

いうふうに考えておりません。内外、使い分けていない次第でございます。

なお、届け出を出す、これを公衆の縦覧に供するだけですと、その間に大蔵大臣が届け出に対してどういう審査をするのか、あるいはノンとか言うことがどうなるのかがさっぱりわからぬじゃないかというお尋ねでございますが、実はこの届け出は、あたかも有価証券届出書と同様な意味でございまして、したがいまして、その内容審査を大蔵大臣がいたしまして、その中身が法規上適当でない、あるいは真実であるかどうか疑わしい、あるいは明らかに虚偽である場合は、その効力を停止する、あるいは中身を訂正させることを大蔵大臣はする必要がございます。その点につきましては今回の規定の二十七条の二の第二項で、「第七条から第十一条までの規定は、公開買付届出書について準用する。」ということになっておりまして、その中にただいま申しました効力の発生でありますとか、届け出の訂正でございますとか効力の停止でございますとか、あるいは今度の改正にございますところの一定期間の増資ストップでありますとか、さようなことがこの準用規定によりまして読めるわけでございます。ですから普通の届け出さえすればいいということとは違っております。

ちなみに諸外国の例を申しますと、今回のわが国の届け出のごとく、効力の発生を要件とし、しかも効力の発生について訂正させる、場合によっては効力をストップする仕組みをしている例は、外国ではございませんで、その点はわが国独自の制度にしておるというふうに了解していただいていいと思います。

なお、繰り返しますが、これは外資対策のためだけの規定ではないわけでございます。

○佐藤(観)委員　いま読まれた公開買付届出書についての準用は知っているのです。しかし、先ほど阿部委員も出された「企業内容開示制度等の整備改善について」という証券取引審議会の答申書によりますと、「その買付けにより発行会社の株式の一〇%以上を所有することとなるもの及び既に一〇%以上所有している株式をさらに買い増すものを規制対象とするのが適当と考える。」というふうに、量についての規制があるわけです。ところがいまの改正案には量については何もないわけですね。その点をお伺いしたいのです。

○志場政府委員　二十七条の二には確かに一〇%とかいう量のことは表面上書いてございません。「不特定かつ多数の者に対する株券その他の有価証券で政令で定めるものの有価証券市場外における買付けの申込み」となっているわけで、これだけを読みますとたとえ千株でもということになるわけです。つまり、不特定多数ということはございますけれども、有価証券市場外で一万株でもあるいは千株でもということになりかねないかもしれません。ただこの規定には第一項にただし書きがございまして、「その態様その他の事情を勘案して届出の必要がないものとして政令で定める公開買付けについては、この限りでない。」こういうふうになっておりまして、この問題はその中身の政令をどう書くかということでございます。

答申では一割以上となっていながら、どうしてこの法律では一割以上としないで政令に委譲することにしたのかという点でございますが、これは諸外国の例等も見ながら、この制度はかなり流動的に対処できるように、一々そのつど法律を改正していたのではあるいは間に合わぬこともあり得るかもしれないということで、政令に委任しておくことが臨機応変ではなかろうか。その点は、ちょっと外資対策のよろいが見えるような感じがするのです。このことを考えてみまして、当面は政令をこの答申でいわれておりますとおりの一割以上にしたいと考えておる次第でございまして、ただし書きの規定のしかたということになるわけでございます。

○佐藤(観)委員　外資法には一人当たり七%以上は持ってはいけないという規定があり、そして改正案には量についての規制はない。これはこれからきめるということなんですけれども、私がもう一度お伺いしたいのは、届け出がなされてから大蔵大臣が受理するということですが、そのときに公開買付届出書について準用するということになっておりますけれども、たとえばフランスなんかの場合には、これは大蔵大臣がそのテークオーバー・ビッドはやってはならぬという拒否権が発動できるようにも私は見ているのですけれども、こういう制度というものは必要なんじゃないですか。

○志場政府委員　その点につきましては、実は法案を作成しますまでの段階におきましていろいろと御議論をしていただいたところでございます。ただフランスの例でございますが、フランスは一種独特の有価証券の取引集中主義をとっておりまして、あらゆる有価証券の流通、取引は、これは相対取引ももちろん含むわけでございますが、公務員の資格を持っております株式仲買い人を通じてでなければ取引はできないわけでございます。さようなところでありますので、仲買い人というものが規約をつくりまして、そして直属の長官たるフランスの大蔵大臣に報告をし、その意見を聞くというふうに仕組まれておりまして、その中に大蔵大臣はテークオーバー・ビッドに対して異議を申し立てることができるという規約になっております。これは法律制度ではございませんで、仲買い人規約によってそうなっております。また仲買い人規約が権威を持ちますというゆえんは、いま申しました取引が仲買い人のところにすべて集中してくる、その手のうちでどうにでもなるというところに実は基礎を置いているわけでございます。これに対しまして、日本の場合は取引をすべて集中するということにはなっておりませんわけで、もしもそこでたとえば大蔵大臣が、届け出が出ました場合にこれはいけないというふうにいたしますと、その買い占めようとしている者が方法、手段はないかといいますと、それは残されているわけでございます。つまり有価証券市場自体でどんどん買っていきますか、あるいは個別訪問的に一対一の相対取引を行ないまして、そして買い占めていきますか、そういうほうに追い込んでしまうのではないか。そうなりますと有価証券の市場指導、その他の点でかえって望ましくないのではないか。したがってこの制度は、もしある株式の取得をしようと思うならば、できるだけこの道に誘導いたしまして、そこで大蔵大臣が所要の審査をした上で、これを一般に公平に公正にディスクローズいたしまして、十分に判断してもらいながらやってもらうということが一番フェアであるのみならず、投資家保護という点からも適当ではないか、かように考えたのでありまして、フランスの例につきましては十分に検討し、また最初産業界のほうでもそういうことは設けられないかという議論もあったのでありますけれども、以上申しましたような議論の結果、原案が最も妥当じゃないかというところに落ちついたようなわけでございます。

○佐藤(観)委員　この法案は、乗っ取りが初めて法的に日の目を見た法案じゃないかと思うのです。それでこういう正しいやり方でやればテークオーバー・ビッドをやっていいのだ。ただしその場合には、いままでやってきた、陰に隠れたような陰湿なやり方ではなくて、フェアに、公正に、堂々とやってくれということになるのではないかと私は思うのです。

それで、どうしても私はひっかかるのは、この法案と独禁法との関係が一体どうなっているのか。私はなぜ大蔵大臣が何もできないということを執拗に聞くかといいますと、受け取って、それから届出書を公共に縦覧させる項目はあるけれども、拒否権がないということになりますと、へたをすると独禁法〔に〕抵触する部分まで乗っ取りが広がっていける道を開いたのではないか。独禁法との関係は一体どうなっているのか、それをお伺いしたいと思います。

○志場政府委員　確かに御指摘の問題がございます。独禁法は、不当な競争制限になるようなことは禁止し、また、もしそういう事態が起こった場合はそれを差しとめることになっておるわけです。私どもも、この届出書が出てまいりますと、政府全体といたしまして、違法な事態、結果を現出させることを通すわけにはまいらぬわけです。されぱと申しまして、独禁法上の判断は公正取引委員会でございます。ただ事前の場合にも、政府全体として違法な事態を防止しなければならぬことから申しまして、実際問題としてわれわれが解釈し、あるいはわれわれがかねてから公取委員会の独禁法の考え方、解釈によ〔る〕運用を承知しておりますから、それに照らしまして、これは独禁法上違法になる、差しとめ命令を受けるおそれが強いというような事態もなきにしもあらずかと思います。さような場合は、大蔵省といたしましては別途公取委員会の見解を事前に求めることも必要な場合が出てくるかと思います。さようなことを通じまして、違法な事態を現出せしめないように、大蔵大臣は審査を進める必要があるのではないか。これはだから、大蔵大臣が効力を発生させるというまでの手続の過程における問題と了解しております。

ちなみに、証券取引法自体によりましても、もし事前審査におきましてその点がチェックできなかったときにおきましては、後にやはり第百八十七条によりまして、大蔵大臣は発議により差しとめ命令ということの裁判所の権限発動を求めることの道もございますので、ただいま申しましたような運用と百八十七条の規定の適用ということを通じまして、仰せのような独禁法上の違法な問題を現出させないように運用してまいりたいと思っております。

○佐藤(観)委員　お伺いしたいのですが、そうすると局長の言われる違法なことというのはどういう事態をさしているわけですか。

○志場政府委員　一言で申しますれば不当な競争制限になるといったような企業合同でありますとか、そういうことではないかと思うのであります。もう一つは、この方式が不公正な競争制限をするような方式でないだろうかという点でございますが、それは具体的な条件は独禁法上はそうこまかくは書いてはございませんで、大きな栓が書いてあるわけでございますので、ケースによりまして、運用上あるいは判例を参考にしながら、個別にやらなければならないのじゃないかと思っております。

○佐藤(観)委員　しかしその場合でも大蔵大臣は、

テークオーバー・ビッドはまかりならぬと言うことはできないわけですね。公正取引委員会に通告するにしても、公正取引委員会としては事前には何も効力は発効しないし、また法律的にも大蔵大臣の管轄下ではないわけですね、公正取引委員会は。そうなってくると、大蔵大臣がこのテークオーバー・ビッドはまかりならぬと言う権限を発動するということはできないわけですね。

○志場政府委員　なかなか、法律でどう仕組めるかという限界と実際という問題がデリケートでございまして、私ども、この届出書の中身に、法令違反、違法にわたることを効力を発生させるということは適当でないということでございますので、この届け出様式の項目の中に、日本のあらゆる法令を含みますが、法令に違反していないかどうかということも書かせるつもりでございます。それは、今度の改正法案の中におきまして、買い付けの条件及び方法に関することは政令で定めるという委任規定を設けているわけでございますが、その中で、公益の点からいたしまして、法令に違反していないかどうかということを書かせる。したがいまして、もしもその事案が競争の実質的な制限になるおそれがある場合、公正取引委員会があとで排除命令を出さなければならないんじゃないかといった事例は、当然当事者は事前に公正取引委員会と連絡いたしまして、その点をクリアーすることが要求されますし、なお実際に届け出が出ました場合におきまして、われわれのほうの判断により、もう一ぺん公取委員会の感触なり判断を求めておかないと、あとで効力差しとめ命令の発動を裁判所に要請しなければならないおそれがあるというときに、実際の運用問題に照らしまして、その辺の連絡を密にしていくという運用上の問題になってくるだろうと思います。これを法律上コネクトをつけることは、法令に違反していないかを答えさせること以外には、法律体系が違うものですからそれ以上のことはできないと思いますが、実際はそういう脈絡で運用していくということになろうかと思います。

○佐藤(観)委員　いまのお答えですと、つまり独禁法に触れるようなテークオーバー・ビッドがあった場合にどうするのかは、大蔵省内部の運営上で処理していくということで、その辺が私としては非常にやはり心配なわけです。私が言ったように、そういう法案になっている以上、公取委以外に規制する法律が必要なんじゃないか。量に対する規制ですね。

○志場政府委員　持ち株数につきましては、金融機関は御承知のとおり一割〔を〕こえて持てないという別の法律がございますけれども、その他は持ち株数の制限をする法律体系はどこにもないわけです。独占禁止法といえども、持ち株割合がこうなれば違法とは判断いたしませんで、競争を実質的に制限することになるかどうかでございます。さような中で今回の法改正は何割以上の持ち株をしようかということでございますので、それが何割になったからといって必ず独禁法上問題があるということにはなりませんし、さればといって証取法の分野においてこの独禁法の公益ということをカバーすることはとうていできませんので、ある程度以上の株式取得のときには、届け出させて公にするということであろうと思いますし、むしろひそかにいろいろな事態が起こっているよりも、独禁法を適用すべきかどうかという判断ができる機会が明らかになるので、これが独禁法の厳正、適正な運用に支障になるとは、私どもは毛頭思っておらぬわけでございます。

○佐藤(観)委員　いまの法案では十日前に大蔵省に届け出するわけですね。そしてそのときに大所高所から判断をして、公取委の意見も聞きあるいはその他の情勢も聞き――簡単に数字で何%以上は持っちゃいかぬということはできぬと思うのです。ですから何%以上ということはできないにしても、公益なりあるいは大衆投資家の利益に反すると考えられる場合には、大蔵大臣が受理しない場合もあるという項目ぐらいは必要なんじゃないか。そのあたりはいかがでございますか。

○志場政府委員　それは繰り返しになりますが、第二十七条の二の第二項で証取法第七条から第十一条までの規定を準用しておりますが、その中には効力を発生させるという前提において内容を訂正させるという訂正命令もございます。仰せのような、公益また投資家保護の点から適当でないというときには、効力を停止する、発生せしめないということもあり得る法律にはなっておるわけでございます。

○佐藤(観)委員　外国証券業者法に移らしていただきたいと思うのです。

当面、この外国証券業者法が施行された場合に、たとえば二年間をとった場合に、一体どのくらいの外国証券業者が日本に進出してくるというふうに予想されているのか。

○志場政府委員　はっきりとした数の見通しは立てにくいのですが、今回の法律では、支店を設けて証券業の免許を受けようという場合と、国際的な証券発行で国際的なシンジケート団に許可を受けて参加してくるという場合と、二つの場合を想定しておりますけれども、後者はどういうところが証券を発行するかにかかわりますけれども、かなり起きてくるのではないかと思うのです。

前者の支店を設けてということは、実は今回の法律案が新聞に出たりしますと、直ちに翌日のヨーロッパ、アメリカの新聞紙上で報ぜられ、また証券会社の在外支店、子会社に問い合わせがある。在外公館にもあることから、関心を示しておる会社は数十社、欧米を通じてあると見られます。しかしここ一、二年のオーダーで見ますと数社が現実に進出してくるのではなかろうか、かように考えます。

○佐藤(観)委員　当然、外国証券会社の進出は日本の証券市場、証券会社にも非常に大きな影響があるのじゃないかと思いますが、その影響の予想と対策はどうなっているのですか。

○志場政府委員　現在は、御承知のとおり、投資信託委託会社あるいは生命保険会社、損害保険会社といった機関投資家に、一億ドルといったようなワクの中で自由投資を認めておりますが、一般の投資家は外国株へ投資することは認められておりません。それがどういうテンポで広まっていくかに非常にかかっていると思います。もしもそれが当面門戸が閉じられておると、国内の市場とか国内の投資家への影響は比較的に少ないんじゃないか。会社としましては、外国人が日本の株を売り買いする場合に、その委託を取り次ぐ、ないしはやがて日本の国民も自由に外国の株式へ投資できるようになることを想定しながら、たとえば投資顧問的な仕事に従事していくとか、将来のためのいろいろな準備をするという段階で過ぎるのではなかろうか。しかしその場合におきましては、やはり証券分析の手法でありますとか、その他の経済見通し、企業分析といったような新たな、つまり向こうの知識産業あるいは情報提供産業としてのビヘービアを新たに日本に持ち込むことになるであろう。それは、わが国といたしましても情報産業として機能を充実しなければいかぬといわれておりますけれども、新しい刺激となってくるであろうと思います。

もう一つ、一番問題になるのはアンダーライティング、証券発行引受の機能であろうと思いまして、それは今回の国際的な発行には許可制度でもって認めるということもいたしておりますけれども、さようなところから、従来、ともすればわが国の証券会社のウイークポイントは引き受け業務の点にございますので、その点についても、新しい刺激を受けながらもアンダーライターとしての機能を充実することにつきまして、早急にその体質改善、態度改善が迫られてくるであろう、かように考えておるわけでございますが、いずれにいたしましてもわが国の今後に対しても好ましい刺激要因となるであろう、こういうふうに考える次第でございます。

○佐藤(観)委員　最近の情報によりますと、外国の証券業界あるいは証券会社が、たいへん日本の証券業界なり証券会社にアプローチしていると聞いているわけですけれども、外国と日本との証券会社同士の合併あるいは乗っ取りが起こるんではないかということもささやかれるわけですけれども、その点をどういうふうにお考えになっているか。その防止策はどういうふうに考えられているか。

○志場政府委員　昨年の九月に銀行業務と同時に証券業務も資本自由化が行なわれまして、出資比率が五〇対五〇の合弁会社の設立が自動認可となったわけでありますが、その後実際問題として、設立の動きを私どもは耳にしておりません。またお尋ねのような業務上あるいは資本上の相互提携のアプローチも、一時、一昨年から去年にかけて、IOS関係からある中小の証券会社へアプローチがあったように耳にいたしましたけれども、その後IOSがああいう事態になりましたことから消えてしまっておりますし、その後実際問題として耳にしておりません。私どもは、証券会社は財産的のみならず、人的な構成の上におきまして、投資家の信頼を裏切ってはならぬという社会的な信用が必要ですので、各証券会社に対しては、外国系の証券会社から業務ないしは資本上の提携のアプローチがありましたならば、直ちに大蔵省に報告をしてもらいたい。外国といいましても広いわけでして、中にはいかがわしい、あるいは証券業にしっかりした監督を行なっていない国に設立された会社も多いわけでございますので、その場合には、一々相手方も十分に私どもがつかみ得るルートをもって調べました上で、その点はわが国の市場秩序を乱すような、そういう業務提携なり資本提携が行なわれないように十分に指導なり監督はしてまいりたい、かようなスタンスで臨んでおるわけでございます。

○佐藤(観)委員　今回の外国証券業者法案で外国の証券会社が日本に支店を設けることができるようになるわけですけれども、その際問題になるのはヨーロッパの証券会社だと思うのです。というのは、日本の場合には銀行業と証券業は完全に分離しておりますけれども、ヨーロッパの場合にはそれが一体となっているわけです。このヨーロッパの証券会社が支店を開く場合に、一体どういう形態でその支店を開かせるのか。つまり、証券業務だけを独立した別会社にするのか、あるいは本国の支店という形で、しかも証券業務だけを特別に許す形にするのか。その辺は一体どういう形態になさるつもりなのか、お伺いしたいと思います。

○志場政府委員　確かにヨーロッパは、銀行業務と証券業務が兼営されておるので、これに対する考え方はいろいろとあるわけです。わが国の証取法第六十五条を非常に厳格に考えますと、一つの法人において銀行業務と証券業務とをあわせ営んでいる限り、その支店は一切認めないという考え方も一方の極においてはあり得ると思います。しかしそれではどうであろうかというふうに考えまして、今回の考え方では、支店設置も認めることにする必要があるのではないか。ただし、同じ支店で銀行業務と証券業務を行なうことはもちろんのこと、甲支店は銀行業務を営み、乙支店は証券業務を営む、これでは六十五条の秩序がとうてい維持できませんので、日本国内においては銀行業務のみを営むか、証券業務のみを営むか、いずれかを選択してもらいたいと考えております。

問題は、それでもしかしおかしいではないか、日本においても銀行業務もやりたいし証券業務もやりたいという希望もあるかもしれません。そういたしますと、支店ではなるほど銀行業務とか証券業務をやるけれども、別途子会社をつくって、支店が証券業務をやっておれば子会社の支店は銀行業務をやる、逆の場合は逆のことをやるというふうにしてこれに対処したいという希望も持っているかもしれないと思います。その点につきましては、今後諸外国がどういうような情勢で進んでくるか。あるいはそういうふうな受け入れ体制を、わが国から進出状態あるいはわが国の外国投資の状態とも考えあわせまして、いまその点まで確たる見通しを立てて対処することはどうも自信がない、あるいは適当でないという判断から、それはこの法律では、子会社をつくって支店を出してもだめですよということは一応原則にはいたします。ただ、時勢の進展に応じましてどういうふうにするかは政令以下でひとつ考えてみたい、こういうことに考えております。

もっとも、それで当面私はやはり要請にはこたえられると思いますことは、従来私どもが耳にしておりますところでは、欧州系の銀行、証券会社で、必ずしも支店の開設ということを何でもかんでもというふうに思っている会社、銀行は比較的少ない、ほとんどないというふうでありまして、むしろどちらかと申しますと、日本の東京なら東京が国際的な証券発行の場となりまして、それが国際的シンジケート団を組んで世界的に販売されていく、その場合にそのシンジケート団に、自分の販売網が欧州でありますから、加わりたい、そういう希望を明らかに申しておるところもございます。それにつきましては今回許可制で門戸を開いておりますので、必要な需要は当面満たしていくようにいたします。一方、支店で銀行か証券の選択制にしまして道を開くことによって、当面は私は、わが国の証券会社が諸外国に出ることのチェックにもならないと思いますし、相互条件の点から考えましても必要にしてかつ十分な当面の対応策ではないか、かように考えておるわけでございます。

○佐藤(観)委員　つまり、形態としては、それはフランスの銀行がある。それが証券業と金融業と両方やっている。その場合日本で、支店を開く場合に、その銀行は証券業なら証券業だけだ、それが鹿児島にあるか、札幌にあるか、東京にあるか、それは全部証券業である。札幌には金融業があり、鹿児島には銀行業務をやるところがあるということはないという、そういう形態にするということですね。

○志場政府委員　さようでございます。

○佐藤(観)委員　それから、だんだん何といっても国際化が進んでいくわけですけれども、日本はアメリカ法をとった関係から六十五条で金融業と証券業は完全に分離されているわけです。永久不変にこの六十五条というのは堅持されるつもりでございましょうか。

○志場政府委員　永久かどうかはむずかしいですが、私は六十五条を維持することが両面から見て妥当である、かように考えております。

○佐藤(観)委員　その場合に問題になるのは、金融業、証券業の国際化だと思うのです。国際化に、六十五条を堅持することがいいのか悪いのかは、論議しなければいけないことじゃないかと思うのです。国際化について、どういうふうにお考えになるか、答弁をいただきたいと思います。

○志場政府委員　アメリカは世界じゅうで証券市場も金融市場も最も国際化が進んでいる国であると思っています。そのアメリカが六十五条とひとしい制度をとっております。さようなわけで、何もアメリカのまねをすることがベストであるということを申すわけではありませんが、六十五条の堅持が国際化の障害になるというふうには考えられないと思います。

○佐藤(観)委員　外国証券業者法に関してお伺いしたいのは、本店が外国にあるということで営業保証金を支店ごとに供託しなければならないということと、支店の資産を国内に保有しなければならないという二点が設けられているわけですけれども、はたしてこれで万全とお考えでしょうか。

○志場政府委員　現在の証券取引法では、日本で設立された株式会社でありますから最低資本金だけでいいのでありますが、外国の場合に外国法人でありますので、その最低資本金それ自体を営業保証金とする。しかもこれが供託になりますと——営業活動に全然使えない、死に金になるわけでございます。さようなわけで、あまりに多く供託させることは国際的にも問題ではなかろうかと思うわけであります。さようなわけで、今回は最低資本金の十分の一を原則に営業保証金をとる。また支店の資産については三つの準備金がございますが、それと国際的に見合ったところの資産を日本において別途保有する。この資産は運用利益を生みますので、別に死に金ではございませんから、その準備金の額あるいは負債の額と見合ったものを別途に日本で保有しておるということは営業上できると思います。その二つを考えたわけでして、私どもが考え得る限りにおきましては、これをさらに強化するということはちょっと困難ではないか、こういうふうに考えたわけでございます。

○**佐藤(観)委員**　最後に、この二法が出される前提となったのは、やはり証券取引審議会から去年の十二月十四日に出された答申書だと思うのです。その四つあるうちの三つまでは二法の中に入っておりますけれども、株価安定操作の問題は政令でございますので、法案としては提出されていないわけですけれども、五つばかりの改正点があって、株価安定操作をする場合には、あらかじめ投資者に対してそれを開示すること、安定操作が行なわれることがあることを記載していくとか、あるいは安定操作をした直後に届出書を大蔵大臣に提出するとか、あるいはこういうふうに行なったという報告書を大蔵大臣に提出するとか、そのほか、全部で五点の答申があるわけですけれども、この答申に関して、このように行なうおつもりがあるのかないのか、御意見をお伺いしたいと思います。

○**志場政府委員**　答申の趣旨をそのまま、政令改正その他の規則改正として実施いたしたいつもりでございます。

○**貝沼委員**　今度の取引法の改正が投資者保護という考え方を根本にしてやっているという観点から、私は二、三伺っておきたいと思います。

まず、株価操作を行なう場合、いままでは届け出だけであったわけですが、午前中の話ですと、今度は目論見書に記載をする、こういうふうに変わっていると思うのですが、これは間違いありませんか。

○**茂串説明員**　現在検討されております案におきましてはそのようになっております。

○**貝沼委員**　その場合にちょっと伺っておきたいのですが、いままでの届け出だけでも数は少ないようでありますけれども、今度記載をするとなった場合、会社側がそれを非常に喜ぶでしょうか、それともいやだと思うでしょうか。

○**茂串説明員**　喜ぶとか喜ばないとかいう問題ではなくて、やはり安定操作がその増資に対してぜひ必要である企業の場合は、こういったような届け出ができれば当然ふえるであろうと思います。

○**貝沼委員**　いままでも届け出をやってきたわけでありますけれども、届け出は現在まで大体何件ぐらいありますか。

○**茂串説明員**　現在までの実績では、二十六年中に二件あっただけでございます。

○**貝沼委員**　要するに、二件しかないんですね。ところが、それを届け出ではなしに今度は記載をするわけですね。そして縦覧するわけですね。そうすると投資家がそれを直接見ることができる。確かに投資家の保護という立場から私はいいと思う。しかし、そういういい方法も、はたしてそれが行なわれるかどうかという問題が実は気になるわけであります。ただ届け出をするだけですら二件しかない。はたしてそれがうまくいくかどうか、その辺の見解を伺っておきたいと思います。

○**茂串説明員**　ただいままでの実績は非常に少ないわけでございます。先ほどちょっと私間違いまして、二十六年に二件と申しましたが、二十四年と二十六年とそれぞれ一件ずつ、合計二件でございます。

いままでの発行の形式ですが、従来は額面増資がほとんどでございまして、時価発行による増資が数えるほどしかないわけでございます。最近だいぶふえてきたわけでございますが、額面発行増資の場合には株価の安定操作を行なう必要性が薄いわけでございます。時価発行がだんだんふえてまいりますと、この制度を利用する会社もかなりふえてくるのではなかろうか、かように考えておる次第でございます。

（中略）

○**志場政府委員**　今度の改正案では、目論見書に株価安定操作を行なうことがあるかもしれないという旨を記載した場合でなければ安定操作はできない、こういうふうにするつもりでございます。その場合に、安定操作をしなければ増資なり時価発行ができないような会社なり時価発行であるのか、こういうようにとられやしないかをおもんぱかりまして——実際は安定操作を必要なときにはしてほしいのだけれども、目論見書に書くことがどうかというような懸念も起こされる向きもあるかも存じませんと思います。しかしながら今回の改正案では、同時に別途、増資期間中におきましては幹事証券会社は、自己の損益計算におきまして当該株式を自己売買することはできないというふうに、自己売買の禁止を伴うわけでございます。そういたしますと、むしろ企業は万一の場合をおもんぱかりまして、少しでも安定操作を、市況のいかんによりまして行なう必要があるかもしれないと想定される場合には、むしろあらかじめ目論見書に書いておく、こういう考え方になるのではなかろうか、こういうふうに実は想定はいたしております。

○貝沼委員　ある証券会社の人の意見を実は聞いたわけであります。そのときに、要するに何か問題が起きなければこれは露見しないわけでありますから、一々そういうことを書きたがる人なんかおろうはずがない、こういうふうな意見を言った人がおりましたので、これはちょっと心配なことだな、こういうわけで実は聞いたわけでございます。

それから、この株価操作の問題は時価発行から発生する場合が非常に多いわけでありますけれども、時価発行の問題でいろいろなことを聞いているわけです。たとえばアンダーライターの問題ですね。引き受け資金あるいは販売が充実していないと時価発行が困難になる。いまのところは時価発行は比較的小型の会社が多いようでありますけれども、これが大会社の場合になってくるといろいろと問題が大きくなってくる。この点について証券局長はどのようにお考えですか。

○志場政府委員　けさほど外国証券業者に関する法律の際にも関連して申し上げたことでございますが、わが国の証券業務のうち、国際的に見ましても、また本来あるべき姿から見ましても、最もおくれておる、弱いと考えられます点は、アンダーライターとしての働きぶりのところであろうかと存じます。この点は、仰せのような財務体質あるいは金融力を備えていることを必要とするという認識に基づくものですが、ひるがえって考えてみますと、引き受け業務が健全であるかどうかは、発行された有価証券が右から左へ、証券会社に滞留することなく投資家に売られていくことが望ましいわけです。むしろ証券会社の手元に引き受け残が残ることがないように、健全なる、また発行会社と独立いたしました、権威のあるアドバイザーとしての機能を充実するところに今後のポイントがあるかと存じます。

従来の増資の形態は、株主割当額面発行でして、この場合には株価が額面よりも高い場合でございますので、失権株が出るとか売れ残りが出るというおそれがないままに、証券会社のアンダーライターとしての業務、機能が育たないで来ておると思うわけでございます。ここ一、二年間の時価発行の場合に私ども一番遺憾に思います点は、証券会社同士の幹事競争というものを極力抑え、発行会社の、場合によっては不健全にわたるかもしれない増資のチェックをする。そうして発行市場の健全化、それから投資家の保護を十分に考え、発行会社に対して力強い、独立した、また権威のあるアドバイスを行なって、発行市場を妥当にコントロールしていくという機能が期待されると思うのでありますけれども、むしろ発行会社の御用聞きをつとめる、そういうふうな面がなかったか、という点でございます。もちろん万一の場合に備えまして、財務体質の強化拡充もつとめなければなりませんが、引き受け業務を営める会社はおおむね良好と思いますけれども、むしろ今後の問題は、発行会社に対して独立的な、権威を持ったアドバイザーとしての中身の充実につとめるということに指導してまいりたいと思っておる次第でございます。

○貝沼委員　この証券会社が、まだまだ弱い立場にある。と同時に、強い立場にあるのが銀行です。現在の日本の株式会社の自己資本などを見ましても、私が聞いたところによりますと一四、五%と非常に少ない割合であります。ほとんど銀行の融資でやっておるようですけれども、銀行が非常に強いことがまた証券会社を弱めていることにもなっているんじゃないか。そして抱き込んだような場合は、今度はその資金繰りのために、株を担保に入れるとか、あるいはいろいろな事件が起こり得る。融資とか銀行との関係はどのようにお考えですか。

○志場政府委員　わが国の企業の体質として、先進諸外国と比較して最も脆弱であると思われます点は、ただいま御指摘の自己資本が低いという点であろうかと存じます。ただ、戦後の急速なる戦後復興あるいは経済発展過程におきまして、銀行からの資金調達をもって追加的な資金需要をまかなわざるを得なかったわけでございまして、にわかに、現在の自己資本は低いからすべていままで悪かったとか、企業体質自体、経済力という意味において悪化しているというふうにいえない面もあろうかと存じます。しかし、今後の国際経済の競争場裏を考えますと、自己資本の比率が三〇%とか四〇%と高まって、景気変動でありますとか、金融の繁閑の変化とかに耐え得る体質であることが要請されると思うのでございます。

しかしながら、この方向はなかなか一朝一夕にしては達せられないと思うわけでございます。経済の成長が適正なる、モデレートな成長率であること、また、個人の所得も漸次増加し、預金をしているだけでなくて、社債、株式といった有価証券投資をまかなうような個人の金融資産の増加、そういった環境が進むということを伴いませんと、人為的な、カンフル注射みたいな措置はとうてい期待できないわけであります。もちろん政府といたしましては別途に、いわゆる間接金融の場合と直接金融の場合におきます資金供給者の、たとえば税制面における税負担の平等をはかるという問題、あるいはまた、機関投資家の育成、少額の貯蓄免税の中に株式投資信託の受益証券を含めることにし、長期の貯金を導入するというような面での配慮でありますとか、万般の考えられる制度的な改善は講じてまいることにつとめておるわけでございますけれども、これは一朝一夕にはまいらぬ面もあろうかと思います。

なお、今回の改正におきましては、時価発行も想定し、有価証券の届け出の場合のディスクロージャーの時期を早める、あるいは効力発生前の勧誘を認める、その他の措置も相まちまして逐次そういった方向へ、堅実な環境改善をはかるということ以外にはないのではなかろうか、かように考えておるわけでございます。

○貝沼委員　時価発行をする場合に、大きく分けて四種類くらいやり方があるわけでありますけれども、私は西独方式まで考えるほうがいいのじゃないかというふうな気がするわけでありますが、どういう気持ちでそれをごらんになりますか。

○志場政府委員　私ども率直な感じを申さしていただきますと、西独方式は額面発行の延長にあるような感じがいたします。株主割り当てでなければ商法との関係で、額面と時価との中間の価額で増資発行することは不可能と思いますので、質的には額面発行の延長にあるものと考えられます。つまり株主に対しましては必ず払い込み強制力を伴うわけであります。さような点から申しますと、発行企業が払い込み強制力の働きに着目し、これを乱用と申しますか、そういうおそれもなしとしないのじゃなかろうか。したがいまして、それがはたして健全な増資、また今後の堅実なる企業のあるいは収益の成長、株主に還元していくということとのつながりがややもすれば薄れるというおそれもなきにしもあらずではなかろうか。時価発行は、それに応ずるか応じないかという株主のきびしい批判のもとにおいて慎重に行なわるべきものではないかと考えます。そういうことを考えました場合に、これの果たすべき経済機能の点を別にいたしましても、時価発行は自分の会社がいつ行なうべきか、どういう規模で行なうべきかを真剣に考えて、慎重に実行するなら実行するという方向が望ましい方向ではないか、率直に申せばかように考えるものでございます。

○貝沼委員　時価発行に対してこういう意見がございます。それは、時価発行は投資家を犠牲にして企業と証券会社が得をする結果になりかねない、こう言い切っておる人もおります。したがって、発行価額は額面と時価の中間以下とし、プレミアムの還元の具体的計画、方法を増資目論見書に明記する、時価発行に移る前に額面増資をし、そのとき次回から時価発行にするという予告を義務づけることが必要である、こういうふうな意見を言っている人がおるわけであります。これについてはどうお考えですか。

○志場政府委員　私どももその点につきましては望ましい方向として思っております。事実、個々の具体的な増資の場合におきましては、そういう方向に沿った指導は幹事証券会社に対しましてはしておるつもりでございます。ただ一昨年から去年の初めごろにかけまして非常に株価が堅調でございまして、そういう指導を行ないましたにかかわらず、産業界が強気と申しますか、その趣旨が徹底を欠き、それが原因ではないと思いますけれども、不幸な株価下落ということのもとに現在あるという経緯でございますが、私どもは、そういう環境のもとにおきまして、いま仰せのようなことを個々具体的に、できるだけそういう方向で実現されますように指導につとめてまいりたい、かように考えておるところでございます。

○貝沼委員　もう一点。先ほど局長からも、証券会社が御用聞きみたいなということでしたが、そういう面があるわけですね。これを救うために具体的にはどういう方法をとるのか、それをお伺いいたします。

○志場政府委員　端的にはいわゆる幹事競争でございます。幹事引き受け会社になることは、証券会社にとりましては、発行企業に対する関係におきましても、また販売網を利用しまして広く大衆投資家と結びつくという面におきましても、またより直接的には引受手数料の稼得という面から申しましても、非常に大きなメリットのある分野であることはもちろんでございます。さようなところから非常に過当競争におちいりやすい。それがひいては、投資家のサイドから見ますと、投資家の保護という点で少し欠けるところがありはしないかという、営業態容として望ましくない方向にいく可能性、危険性もある。私どもとしましては、大衆一般投資家のために証券界があげて健全なる引き受け機能を果たすべきである、使命を果たすべきであるということで、その正常化、健全化につとめるべきだという指導でございます。

さてしからば、どういう具体的方策でこれをするかにつきましては、実は商売上の、いえばポイントでありますだけにその競争が深刻なるものがございまして、われわれのほうといたしましても、うかつにあれこれ指導しにくい点があります。そこで、はなはだ苦慮しているようなわけでございますけれども、商業道徳の自覚を訴えるということしかないのではないか。それ以外にちょっと立ち入った具体的な指導というものはむずかしいのじゃないかと考えております。

○貝沼委員　損害賠償の問題がございます。実際に粉飾決算が起こった場合、損害賠償を請求する。そういう場合、一体どういう基準のもとにそれを計算するのか。

それから、それを請求されたほうは一人ではありませんから、おのおのにどういうような配分をするのか。

○志場政府委員　お尋ねの第一点の、損害賠償額はどういう基準によって計算されるのか。損害賠償は、粉飾決算等によりまして損害を受けたとする株主が、個々にその訴えを起こすたてまえでございます。と申しますのは、その当該有価証券を買った日時が株主によってすべて違っておりますので、全く同一に損害額が計算されないわけです。この場合に、第十九条がございまして、増資に際して二百円払った。ところがその後、届出書に粉飾決算が発見され、市場価額が百五十円にその直後暴落してしまったというときには、大体大ざっぱに申しますと、差額の五十円が一株についての損害額になるわけです。それに自分の払い込みました株数をかけたものが、損害賠償額になるわけです。ごくラフにはさように考えていただいていいのではないかと考えられます。

それから、相手方の負担分担ですけれども、現行規定におきましては、第十八条におきまして、当該届出書を出した会社、つまり増資を行なった発行会社が無過失の損害賠償を負うことになっております。今回御提案申しております第二十一条は、その会社のほかに、故意、過失のあった当事者たる当該会社の役員、あるいは虚偽の監査証明をいたしました公認会計士、並びにこのことを知っていながら勧誘等をいたしました幹事元引受証券会社も損害賠償の責任を負うことがあるのだといたしておるわけで、これらの関係は、いずれも故意または過失を要件としております。無過失責任ではございません。故意または過失のあることにつきまして共通しております限り、当該当事者間の個人間の賠償の負担額は、ごく大原則を申しますると連帯であり、また均分であるのが原則かと思います。ただその場合に、たとえば元引受証券会社が数社ある場合に、取り扱いが異なっておればその扱い方に応じてまた大小スライドするということがございます。ございますけれども、この損害賠償に当たる者相互間の負担割合は均一ということが原則であろうかと思います。

○貝沼委員　均分が原則ですね。それはわかりました。

それで、この損害額の推定ですね。これはいま簡単におっしゃいましたけれども、実際の問題はそう簡単じゃないと思うのです。いろいろな場合が起こり得るのじゃないかと思うのですが、これはここのところで非常にややこしい問題をこれから起こすのじゃないかと私は非常に心配するわけです。そういう心配は全然ありませんか。

○志場政府委員　増資の場合の損害賠償につきましては法定されておりまして、賠償の責めに任ずべき額は、請求権者、つまり株主が当該有価証券の取得について支払った額から「次の各号の一に掲げる額を控除した額とする。」ということでございまして、この一号は「前条の規定により損害賠償を請求する時における市場価額」でございます。したがいまして、これは仰せのような、計算がむずかしいんじゃないかということにはならないんじゃないかと思います。

ただ今回は、この増資の場合だけではございませず、有価証券報告書に粉飾があった場合につきましても、これは現在でも民商法の規定によって損害賠償できるわけでございますけれども、挙証責任を転換いたしました上で、公認会計士あるいは役員の責任を問うことにいたしておりますけれども、その場合の損害賠償額は、なかなかいろいろの問題があろうかと存じます。つまり、増資の場合は、その株主が増資の際に払い込んだ払い込み価額は一律にきまっておりますので明らかなんでありますが、有価証券報告書の場合には増資という手続がございませんで、ただ流通しております市場価額があれこれ動いているわけでございます。それで粉飾が明らかになった。それから株価がすとんと落ちますので、当該落ちた後の株主が、いつ自分が買ったものであるかが人によって違います。もっともその場合も、当該株主は、幾らで買ったのだということがわかります。けれども、今度その落ち込んだあと株価が毎日固定しておりません。そこをどういうふうに見るのが一番妥当かは、法定するわけにはなかなかいかぬ点がございますので、したがって法定しておりません。ですから裁判官の判断ということになるわけでございますけれども、確かに大体の大ざっぱな額は判断がつくかも存じませんが、一株当たりに何円何十銭といったところまでなかなかむずかしいところであろうかと思います。しかし、ある期間の平均値を通じまして、まずまず妥当な判断は、個別の場合に裁判官もつけることができるのじゃないか、かように思いますけれども、これを法定することはとうていい無理ではないかと考えております。

○貝沼委員　それから、制度上の問題でありますけれども、現在の証券会社がアンダーライターあるいはブローカー、ディーラーとなっているわけですが、これを分離して、証券会社内部の操作がしにく〔く〕する必要があるんじゃないかと私は思うのでありますが、この点についてはどのようにお考えですか。

○志場政府委員　職能分離という考え方でして、確かに同じ証券会社が兼業しておると、投資家保護ということから問題があるんじゃないかという問題はございます。ただ、わが国の場合に、遺憾ながら、ブローカー業務とたとえばディーラー業務ということを分離するといたしました場合に、それぞれが堅実なる利益、収益を維持、継続できるかという点が現実の問題としてひっかかってくるわけであります。それぞれの企業体が経営が成り立たずに、投資者に支払い不能になっては、角をためて牛を殺すことになりかねません。さようなわけで、本来のあるべき姿あるいは究極の将来の姿を考えますと、決して最善ではないと思われますけれども、とにかく現在の姿としては、兼営を認めざるを得ないであろうということで、さきの証取法改正も行なわれたわけでございます。ただブローカー業務を健全にするためには、投資家のためを考えましても、株価が比較的乱高下がなく、連続的に継続的に維持されることが必要でございます。兼営が弊害をもたらさないように指導していくことで当面いかざるを得ないのではないか。

　また、もう一つ考えますと、アンダーライター業務も、ブローカー業務なりディーラー業務と分離すべきものであると存じます。アンダーライター業務は一ぺんに買い取りまして売っていくわけでして、アドバイザーとして発行計画に参画するわけですから、いわば一種のインサイダーとして、事前にいろいろ情報が入手しやすいわけです。それを自己売買業務あるいはブローカー業務におきまして、利用いたしますと、投資家を欺瞞する。そういう面から見ますと、アンダーライター業務はディーラー業務ないしブローカー業務と分離することが好ましいことでございます。ただ、自分が引き取って、キャピタルゲイン〔の獲得〕が目的ではございませんので、きびしく行政指導で規制していくことで当面いかざるを得ないのではないかと思いますけれども、理想的なあるべき姿は、確かに職能分離の問題、これはやはり問題意識として持ち続けなければならないだろう、かように考えます。

○貝沼委員　公認会計士の報酬はどこからいただくようになっておりますか。

○志場政府委員　公認会計士が監査契約を有価証券発行会社と結ぶわけでありまして、有価証券の発行会社が監査報酬を支払うわけです。

○貝沼委員　それで、自分が報酬をもらう会社の監査をするわけですね。一がいに言うことはできないと思いますけれども、何となくそこに疑問を持たせるおそれがあるのではないかと思うのです。したがって、報酬は、たとえば一つの協会をつくって、そうしてプールしたものをそこから支払うとか、何らかの方法があっていいのではないかと思うわけですが、この点についてはどのようにお考えですか。

○志場政府委員　報酬をもらいながらけちをつけることについての心理的抵抗も、確かにあったかと思います。ですけれども、粉飾問題がいかに社会的な大きな問題であるかを、一般投資家のみならず、発行会社、公認会計士がきびしく思い知らされるにつれまして、抵抗感は公認会計士の頭の中からはまず消えておると思います。

（以下略）

衆議院　大蔵委員会議録第四号

昭和四十六年二月九日（火曜日）

出席委員

委員長	毛利　松平君		
理事	宇野　宗佑君	理事	上村千一郎君
理事	丹羽　久章君	理事	藤井　勝志君
理事	山下　元利君	理事	広瀬　秀吉君
理事	松尾　正吉君	理事	竹本　孫一君
	奥田　敬和君		木部　佳昭君
	木村武千代君		坂元　親男君
	高橋清一郎君		中村　寅太君
	原田　憲君		福田　繁芳君
	坊　秀男君		松本　十郎君
	森　美秀君		吉田　重延君
	阿部　助哉君		佐藤　観樹君
	平林　剛君		藤田　高敏君
	堀　昌雄君		貝沼　次郎君
	伏木　和雄君		古川　雅司君
	春日　一幸君		小林　政子君

出席政府委員

大蔵省証券局長　志場喜徳郎君

委員外の出席者

参考人（野村証券株式会社社長） 北裏喜一郎君
参考人（東京大学名誉教授） 鈴木竹雄君
参考人（日本公認会計士協会副会長） 尾澤修治君
参考人（十条製紙株式会社社長） 渋谷健一君
（ほか略）

本日の会議に付した案件

証券取引法の一部を改正する法律案（内閣提出第九号）

外国証券業者に関する法律案（内閣提出第一〇号）

○毛利委員長 これより会議を開きます。

証券取引法の一部を改正する法律案及び外国証券業者に関する法律案の両案を一括して議題といたします。

本日は、まず、証券取引法の一部を改正する法律案及び外国証券業者に関する法律案の両案について、参考人の出席を求め、その意見を聴取することといたしております。

それではまず、北裏参考人よりお願いいたします。北裏参考人。

○北裏参考人 野村証券の北裏でございます。

今回の証券二法案の趣旨は、投資家保護の徹底と同時に、国際化の進展に備えて、証券市場の諸制度につきまして十分な施策を講ずることにあることは承知いたしておりますが、このことは証券市場の健全な運営のために必要なだけではなく、国際化するわが国経済の発展のためにもきわめて重要な意義を持つものと考えます。

証券取引法は昭和二十三年以来今日まで十回余り改正されておりますが、これまでの改正の多くは、証券市場の組織、機構に着目した、いわば狭義の証券市場の手直しにとどまっておったわけです。また証券会社の免許制移行に伴う前回の証券取引法改正にいたしましても、証券会社の健全化を通じて投資家保護に資するという面では画期的なものですが、これも証券市場の機能強化を意図したものでした。

これに対して今回の改正のねらいは、証券市場に流通する有価証券の価値そのものに真実を求めるということでして、わが国の投資家保護の歴史の上では新時代を画するものといえると思うのであります。免許制施行と相まちまして、今後の証券市場をささえる二大支柱となるものと期待しておるわけです。と同時に、今回の法律改正は、単に一証券業界にとどまりませず、広く金融界、産業界全般にわたって、従来とは比較にならない広範囲な影響を及ぼすという重要な意味を持つものでございます。

これを具体的に申し上げますと、有価証券の発行、流通両市場におきますディスクロージャー、粉飾決算の防止策としての発行者その他関係者の賠償責任の強化と明確化等がそれであります。

また、テークオーバー・ビッド、すなわち公開買い付けも、国際化の進展に備えて、その規定の整備をはかっておくことは、将来経済界、資本市場の無用の混乱を避けるためにもぜひとも必要なことでして、全面的にこれに賛意を表するものでございます。

しかし、何ぶんにも各界に影響を及ぼす重要な改正は初めてのことで、それだけに現実の過程にはいろいろむずかしい問題が生じてくることも十分考えておかねばならないと思うのであります。それだけに、法律で基本的な事項を定めまして、政令に細目をゆだねていることは現実に即した妥当な措置であると思うと同時に、今後の行政の上にくれぐれも適切な御配慮をお願いいたしておきたいと存ずる次第でございます。

次に、外国証券業者に関する法律案でございますが、昨年の秋、証券業の五〇%自由化措置がとられたことから、外国証券業者のわが国への進出希望が日増しに強くなりつつあることは御高承のとおりです。しかしながら、証券業は業務の性格上、合弁会社という態様はなじみにくいので、そういう意味では支店開設を認める法律案が施行されて初めて実質的に証券業の自由化が行なわれることになろうかと思うのです。このことは、これからの資本市場の国際的な拡大、発展という観点から大きな意義を持つものであり、わが国証券会社がすでに海外進出の実績をあげつつあること、また今後全般的な国際化の趨勢から見ましても、まことに時宜を得た立法措置であると存じます。私どもといたしましては、今後は海外の有力な証券会社と同じ競争条件のもとに、国際的な尺度での公正な競争を展開していかなければならないと覚悟を新たにいたしております。

この機会に証券業の自由化に関連して一言触れさせていただきたいと思いますが、たとえばわが国の今日の為替管理のあり方、あるいはプライスメカニズムの働かない公社債市場の慣行など、資本市場そのものの国際化につきましては、今日なお幾つかの問題があるように思われるのでございます。

私どもは過去たびたび、国際化時代に即しまして、間接金融偏重の資本構成を早急に是正する必要のあること、中でも公社債市場の育成と正常化が何よりの急務であり、そのためには金利の自由化に英断をもって踏み切る必要のあることを繰り返し主張してまいりました。昨年あたりから徐々〔に〕ですがその方向が見え始めておりますが、国際的な視野で見る限り、まだきわめて不十分であると考えるのでございます。資本市場の環境が整備されることにより、わが国の資本市場が真に国際化し、その上で海外証券業者と相競い、相提携してこそ、資本市場の大きな広がりがあり、発展が期待されるものと信ずるものでございます。われわれ証券会社は、海外証券会社と十分競争していけるだけの体質を備えるよう、今後とも努力していく覚悟でございますので、ただいま申し上げましたような環境整備の面も、皆さま方の今後の御理解と御支援をこの機会にあわせてお願い申し上げます。

○鈴木参考人　今回の証券取引法の改正には、御承知のように、開示制度の改正と、公開買い付けの規制という二つの問題が含まれております。

そこで、前者につきまず申し上げますと、私は多年証券取引審議会の委員として証券制度の改善に取り組んでまいりましたが、昭和四十年の証券取引法改正の際、第三章の証券会社と第四章の証券取引所の規定を改正しただけで、第二章の有価証券の募集、売り出しの規定の改正に及び得なかったことをたいへん遺憾に思っておりました。したがって、一昨年証券取引審議会が専門委員会を設けて証券取引法の新たな改正問題を検討することになりました際には、その委員長として、今度こそはそれを実現したいと考え、自来一年半あまり審議を重ね、今回の改正法案の基礎となった意見を提出いたしました。

その基本的立場は、必要があると認められるところではきびしくする、しかし不要と認められるものは落とすという意味で、開示制度を合理化することに尽きるわけですが、それを判断する場合には、今日の実情を考慮しつつ、開示制度をめぐる利害関係人の対立する利益の調整をはからなければなりませんので、単純な理論の要請を若干修正せざるを得なかった場合もございます。したがって、今回の改正法案に対して、こまかい点ではありますが、いろいろな批判が聞かれないではございません。しかし、そのような批判は、特定の立場の利益を強調したものとか、ないしは実際を顧みないで一挙に理想の実現を希望するものとかが多く、総合的立場に立って考えますと当たらざる批判のように思われるのです。たとえば、半期計算書に公認会計士の監査を要求していないとか、あるいは連結財務諸表の作成を要求していないとかが批判されておりますが、少なくともいま直ちにそれを実現するには、その実際的地盤がまだ熟していないように思われるのです。改正法案は、現段階における実際的な解決としてはきわめて妥当なものと考えてよいと思うのです。

そして、このような考えは私ばかりではなく、他の学者もほとんどみな私と同意見のように存ぜられます。すなわち、証券取引審議会の専門委員会の当初の委員四名のうち三名が法律学者です。そこで構想を立てた上、実際界各方面から専門委員をさらに加えまして、それぞれの立場からの発言、また実情を説明してもらいまして、学者的立場からも不条理でないと認められたものを意見にしたのです。その上、証券経済研究所に証券取引法の改正問題を研究するための研究会をつくってもらいまして、多数の学者、実務家に参加を願い、さらに、四十四年と四十五年の夏に、アメリカから証券取引法関係の第一級の学者であるハーバード大学のロス教授と、カリフォルニア大学のジェニングス教授を招聘し、アメリカにおける証券取引法の運用と改正動向を親しく聴取いたしました。そして、このような研究成果を専門委員会の審議に十分反映するようにつとめたのです。私はしばしば法案の作成に関与をしておりますが、今回のような周到な準備をして法案を作成したことは他に例がなかったのでございます。

専門委員会におきましては、開示制度のほか、今回の証券取引法改正にできれば盛り込みたいと考えた問題が多々ございましたが、そのうち公開買い付けの規制と外国証券業者の取り扱いは、資本自由化との関連でどうしても緊急に立法の必要があると考えまして、それを意見に盛り込みました。

そのほか、株価安定操作も、現行制度を改善合理化する必要があると考えまして意見に盛り込みましたが、これは政令で処理できる問題でありますため、改正法案には盛られておらないわけです。そしてこれらの内容も、開示制度の改正について前述したのと同様の立場で考えましたので、私としてはいずれも妥当なものと考えております。

なお、今回残りました問題は専門委員会において引き続き検討いたしまして、できるだけすみやかに意見をまとめたいと思っております。

最後に、開示制度との関連で申し添えたいことは商法の改正についてでございます。

私は、法制審議会の商法部会長をしておりますが、商法部会におきましては、先般、株式会社の監査制度の改正を中核とする商法改正要綱を答申いたしました。その主たるねらいは、大会社において、株主総会で決算書類の承認を受ける以前に、公認会計士または監査法人の監査を受くべきものとしたことです。つまり、証券取引法による開示制度が広く投資者の保護をはかるのに対し、商法上、株主及び会社債権者を一そう保護しようと考えたのでして、法律の体系としてはもとより証券取引法と商法とは別個のものですが、実質的には深い関連を持つわけです。すなわち、証券取引法による監査は株主総会において確定された計算書類に対してなされるものであり、かりに公認会計士が限定意見をつけましても、それは総会における承認決議とは無関係なものです。そこで、証券取引法による事後の監査に加えて、商法上、事前の監査をも要求することにしたのが商法改正の新構想であって、これにより、証券取引法によって開示される計算書類の内容につき一そうの確実性が期せられるわけでございます。この意味におきましても、私は今回の商法改正について、その実現が強く希望されてならないのでございます。

○尾澤参考人　第一に申し上げたいことは、今回の改正法案は、届出書の提出基準を発行価額の総額一億円以上とし、また報告書の提出基準を上場会社、店頭売買登録会社、それから届出書提出会社としました。これらの点はよいといたしまして、現実を見れば、不特定多数の投資家の間に流通しながら届け出を要しなかったために、報告書の提出義務がなく、したがって投資者保護のための企業内容の開示が行なわれていない会社が見受けられます。かかる流通性を有する有価証券の発行会社に対しては、何らかの措置を講ずる必要があり、今後の問題として御検討をいただければと存ずる次第です。

少なくも、届出書提出基準は、従来は一年間通算五千万円以上としたのですが、アメリカにおけるがごとく一年間通算一億円以上と改めまして、できるだけこの種の届け出会社の漏れを防止する方法を講ぜられたく、これは省令にゆだねられている事項でございまするが、今後の問題として御考慮をわずらわしたい次第です。

第二に、今回の証取法改正は、開示書類の虚偽記載に対する公認会計士の監査証明について、民事責任の強化が行なわれているので、この点について一言申し上げます。

まず、私ども公認会計士の基本的態度としては、有価証券の発行、流通の円滑化と価格形成の公正化をはからんとする社会経済制度の一端をになうものとして、その使命と負託に反する行為があったとき責任を追及されることは避けがたいと考えております。このことは、商法改正案の公認会計士の監査についても同様でして、この点は、さきに商法改正法律案要綱が示されたとき以来、日本公認会計士協会は一貫して、終始変わらない態度を持して進んでまいっております。

今回の改正は、故意、過失の立証の挙証責任の転換は、専門知識を必要とする業務の性質上当然のことですが、虚偽証明と損害との間の相当因果関係と損害賠償額は、民法及び商法の一般原則によることとされ、証取法改正案も商法改正案も、責任のあり方としては同列に置かれたのです。協会としては、責任は重いがやむを得ないところと考えております。

公認会計士が確信を持って的確な監査意見を表明し、それに対して責任を負うためには、監査の実施をする場合、必要な時間と費用が保障されていなければなりません。そのために、監査を受ける側も、監査の意義を理解し、協力を惜しまない態度を強く要請したいのです。

次に、公認会計士の虚偽証明に対する損害賠償制度を制度として実効あらしめるためには、諸外国においても行なわれているごとく、監査証明についての賠償責任保険制度の創設が焦眉の急と考えられます。場合によれば、ドイツにおけるがごとく強制加入制度をとるなど、何らか適切にしてかつ強力な措置が必要です。こうした受け入れ体制の未成熟な面に対しては、協会としてもでき得る限り自主的に解決をはかるべく着々と準備を進めているのですが、なお関係各方面の御支援なくしては万全を期し得ないと考えております。

さらに、公認会計士の監査証明は財務諸表の重要な項目の問題点を指摘すべきものとされておりますが、公認会計士の世界におきましては、重要性の判断は最も微妙かつ困難な問題とされております。この事実を公正に判定するためには、深い専門知識と豊富な実践経験を必要とします。この点について、協会としても何らかの特別の措置、たとえば公正会計鑑定機構のごときものの設置などを講ずべきではないかと考え、今後の問題として慎重に研究を進めてまいる所存です。

なお、この種の民事責任の追及の際、ときには乱訴が行なわれるのではないかと、その辺若干懸念されておることを申し添えます。

第三に、証券取引法改正に関連いたしまして商法改正について一言申し述べます。

商法改正案では、監査制度充実の一環として、大会社に公認会計士監査を義務づけんとしております。その趣旨は、株主及び債権者等の利害関係人の保護を目的として、その計算書類は株主総会開催以前に監査され、その監査結果を株主総会に反映して、会社経理の適正化をはからんとするにあります。これに対して証券取引法監査は、会社、株主のみならず、一般投資家の保護を目的とする会社の財務内容の開示について真実性を確保せんとするにあります。ただ、現状で進めば、証取法は事後監査となることを避けられず、このため監査結果も直ちにその期の決算に反映し得ない場合もあり得るわけです。この点は、もし商法において計算書類の監査が充実強化されれば、このことは直ちに証取法によるディスクロージャー制度をより一そう実効あらしめることと相なると存じます。その意味におきまして、両法は密接な関係を有することは事実です。

もともと、両法は目的、立場、法体系を異にするもので、今回の両法の改正もそれぞれ独自の意図とねらいのもとに推進されてまいりました。したがって、両者の改正を相互関連的に受け取るべき筋合いではないかと考えております。とは申せ、私どもといたしましては、上述のごとく両法の密接な関係を重視する立場から、この二つの立法が相並んで今国会を通ることを切望いたしてやみません。

○渋谷参考人　まず第一に、企業財務内容の開示制度につきまして、従来の有価証券届け出会社のほかに、取引所上場会社及び証券業協会に登録されております店頭銘柄の会社につきましても、届け出、報告制度の対象にされましたことは適切であると考えております。また、投資家保護という観点から適切な企業財務内容の公開が必要ですが、公認会計士監査制度につきましては、今回の証取法改正案のごとく、実質上株式を公開している会社に限って監査を義務づけられましたことは、制度の趣旨に合致しておりまして、妥当と考えておる次第でございます。第二に、有価証券届出書の提出基準につきまして、有価証券の募集・売り出し価額の総額が一億円以上の会社に改められた点も、貨幣価値の変動並びに時価発行増資の普及してまいりました現在、妥当であると考えます。また、時価発行と額面発行とを分けて規定し、権利落ちの生ずる額面発行は、権利落ち前に届出書の効力が発生するように措置されたことも必要な改正であると賛成いたす次第です。一方、株価安定操作が従来あまり活用されておりませんでしたが、時価発行に関連して、これを利用しやすくするように政令改正が考えられておるようでありまして、産業界としては、時価発行による資金調達がスムーズに行なわれるように望んでいる際でもあり、この点も時宜を得た改正であると存ずる次第でございます。

ところで、現在の日本の企業財務内容の公開制度は、米国の例にならって、戦後に取り入れられたものですが、日本では米国よりもさらに詳細な財務内容の公開をいたしておりまして、これでは日本企業の国際競争上差しつかえると考えております。あまり詳細な企業内容の公開は、一般投資家にとりましては、詳し過ぎるためにかえってわかりにくい複雑なものとなっているという欠点もございます。今回の改正にあたって、政省令におきまして、有価証券届出書、目論見書、有価証券報告書等の簡素合理化が十分に行なわれまして、諸外国並みになることを期待しておる次第です。

反面、現状、欧米諸国に比べて日本の企業がおくれておりますのは連結財務諸表を作成していない点でございます。つまり、親会社、子会社の財務諸表を連結して、親子会社を一体として決算をしなければ企業本来の損益が出ないわけですが、日本ではごく一部の会社を除きましてはこれが行なわれておらないわけです。親会社、子会社は別々に決算をいたしております。本来、親子会社間の取引は本支店間の取引に類似するものでして、この間の取引に生じました収益に対して、外部に売り上げて初めて実現したものと同じ収益と同様に扱われまして、これに課税が行なわれております現在の制度は、企業を疲弊させることになり、国際競争上も問題があろうかと考えます。そこで、欧米のごとく、まず税法の上で連結納税制度を採用し、親子会社間の売買収益には課税をしないよう措置せられるとともに、商法、証券取引法におきましても税法と軌を一にして、連結財務諸表制度を採用される必要があるのではないかと考えておる次第です。

しかし、現在直ちにその実現を期待することは困難ですので、子会社の決算書を添付した報告書を大蔵大臣や証券取引所に提出することに今回の改正ではなるようです。この場合、子会社が数多くある大会社の場合、添付される子会社の決算書が非常に多くなりまして、あまり投資家の便宜にはならないのではないかと考えられますので、大蔵省令で特に重要な子会社に限定されるよう要望申し上げたいと存ずる次第です。

いま一つ、欧米と日本とで著しく異なっております点は、一年決算と六カ月決算という違いです。欧米では一年決算が通例ですが、日本の大会社の多くは六カ月決算です。これを一年決算に切りかえるためには、中間配当を取締役会の決議のみでできるように措置してもらう必要があると考えております。もっともこの問題は商法の問題ですが、このような商法改正について別途要望いたしておる次第です。今回の証券取引法改正案では、一年決算の会社に対し半期報告書の提出を義務づけることになっておりますが、企業としては、制度の趣旨に照らして、簡略な中間概況報告書を公開することにはやぶさかではありません。しかし、あまり詳細な内容の半期報告書を義務づけられますと、季節変動など、上期、下期の収益のアンバランスな日本企業にとりましては一年決算のメリットが失われます上に、投資家にも誤解を与えます。そこで、半期報告書には売上高とか生産高、契約高、受注高、経費など、収益を除いた営業活動の事実を記載するにとどめるようぜひお願いいたしたいと考えておる次第です。

次に、株式公開買い付け制度につきましては、基本的には規制すべきものと考えております。と申しますのは、ひそかに株式の買い占めが行なわれまして、株価がその影響で上昇しているのか、それとも会社の業績がよろしいので上昇しているのか、外部から見たのみでは判断できませんが、公開買い付けの届け出制を施行されますと原因がはっきりすると思われますので、投資家保護としてよろしいかと思います。産業界としましては、資本の自由化に対処しまして、外資による株式公開買い付けが野方図に行なわれますと混乱を生じますので、かような届け出制が少なくとも必要であると考え、今回の証取法改正に取り入れられることを要望したわけです。

なお、国民経済上好ましくない買い占めに対しましては、証取法でこれを規制できるよう措置されることを産業界で要望があったわけですが、投資家保護をたてまえとする証取法に産業政策を導入することは困難ですので、別の法域におきまして何らかの対策がとられるよう要望いたしておる次第でございます。

○毛利委員長　質疑の通告がありますので、順次これを許します。

○阿部(助)委員　商法改正に密接な関連がある、こういうお話がございましたけれども、どういうところが一番関連があるかをひとつ御教示願いたいのであります。

○尾澤参考人　今般の商法改正法案の中では、公認会計士の監査証明は、取締役から提出されましたところの計算書類につきまして監査をいたしまして、その結果を取締役並びに監査役にまた通知いたしまして、初めて株主総会にかけられる。したがいまして、商法改正の趣旨は、監査の結果が明らかに計算書類に反映するということになっているわけです。ところが証券取引法におきましては、ただいまのところは決算期はやはり二カ月でして、一方監査証明は三カ月後に提出してよいこととなっておりますので、そこで決算が行なわれ、公認会計士が監査いたしましても、監査結果を直ちにその期の決算に反映し得ない場合も多々あるのです。証取法における監査結果をより的確かつ有効ならしめるためには、どうしても商法決算において確定した決算、それは公認会計士の監査意見が反映したものですが、それと同一のものにすることによって初めて実効あるものとすることができる、私はこういうように考えておるのでございます。

○阿部(助)委員　一年決算にだんだん切りかえる、こういう話ですし、答申を見ましても八ページに「しかしながら、別途、商法の改正が」云々ときて、「一年決算への移行を容易ならしめようとしていることをあわせ考えると」云々と書いてありまして、皆さんの審議会での御意向は、逐次一年決算に移行をさせたいという御意見があるやに私は感じたのでありますが、そうでございましょうか。

○渋谷参考人　お説のとおりでございまして、先ほどからも他の参考人の方々から御意見も出ておりますが、連結財務諸表制度ですが、これの基盤となっておりますのは一年決算制度でして、現在のところ一般の産業界ではこの一年決算制度になかなか慣熟していないのです。これにはいま申し上げましたように税法の関係その他ございまして、企業としてはなかなかこれに踏み切れないわけでございますが、これまでのような半期決算におきましては、従来問題になっておりました、いわゆる需要期が上期と下期では違うことから、売上高、ひいては期間損益が、厳格に処理いたしますと当然相違が出てくるわけです。したがいまして、これまで粉飾決算といわれるものの中には、いわゆる上期、下期の利益の平準化の問題が含まれておるわけです。あまりに上期と下期の決算上の利益が相違をいたしますと、一般投資家、債権者にとりましては、非常に不安感を与えますので、企業としてはできるだけ一年を通した損〔益〕を公開したいわけで、一年決算に早く移行したいという願望は前から持っておりまして、その意味において商法の改正を多年御要望申し上げてきたわけです。

これはしかし、証券取引法の改正案とは相関連はしておりますけれども、補完し合っているものでして、商法改正案が通過しなければ証取法が実施ができない、また産業界もそれは非常に困るという問題ではないように考えます。ただ、現在でもすでに一年決算を実施している会社もございますから、そういう会社は今回の証取法の趣旨に沿いまして、いわゆる真実な財務内容を公開するという改正には何らの支障がないわけですから、現在一年決算を実施している会社はこの改正案により報告書その他提出することになろうかと思いますが、あまり問題がないのではないかと思っている次第です。

○阿部(助)委員　一年決算になりました場合、粉飾決算を排除するというなら、むしろ一年決算なら、一年決算日にきちんとしたものをお出しになるほうが正確を期せられるのではないかという感じがするのですが、その辺はどんなものかお教え願いたいと思います。

○渋谷参考人　おっしゃるとおりだと思いますが、現在の投資家の大部分は機関投資家です。これらの投資家は、配当金は半年に一回、従来どおりという非常に強い御要望が出ております。したがいまして、企業としては中間の配当を考えないで直ちに一年決算に移行することができにくい状態ですので、一年決算に移行するためには中間配当を認めていただかなければ、円滑に投資家の理解を得にくいと思います。その際に、中間配当する以上はやはり会社の業績について、少なくとも株主に何らかの御報告をする必要があるんじゃないか。その場合に、いまの決算は一年でするのですから、一年をたってみなければほんとの決算損益は出てこない。したがいまして、その期間における、半年間における会社の営業活動の事実を御報告申し上げれば、会社の業績の趨勢が大体投資家に御理解願えるのじゃないかと考えております。その程度の御報告は投資家にする必要があるのじゃないか。諸外国におきましては、特にアメリカにおいては一年決算が通例で、その間に四半期報告が一般の投資家に行なわれているようですが、この四半期報告も厳格な意味での決算損益は計上されないで、営業の概況が投資家に報告されているように聞いておりますが、これはそういった一年に一回の決算にとどめる場合には、投資家に少なくとも会社の営業活動の概要は報告する義務があるんじゃないか、こんなふうに考えている次第です。したがいまして、現在の商法でも一年決算を認めておりますけれども、この商法改正なしに直ちに一年決算に移行できるとはなかなか考えておりません。

○阿部(助)委員　半期の報告をさせるというのは、半期に配当しなければなかなか投資家は承知をしない。しかしその報告書は一年決算の決算期における、ほど正確なものではない。そうすると、その間にむしろ株価の操作みたいなものが行なわれる危険性はかえって出てくるんじゃないかという感じがするんですが、その辺はいかがでしょうか。

○北裏参考人　現在でも一年決算の事例がございます。たとえば証券会社は一年決算でして、投資家サイドからいいますと、一つは、企業内容について三月ごとでは少し短期過ぎますので、半年くらいは報告してもらう。その中に、一年を通じた販売見通しとか現在の売買状況ができますと、季節的な変動なども十分考慮できますから、投資家としては一年だけを通じて見るよりも、半期ごとに報告書なり企業内容の説明があるほうがいいことは間違いございません。

配当につきましては、機関投資家のみならず個人投資家におきましても、一年決算で配当を受け取るのと半期で受け取るのと利害感が非常に違うのです。したがって、これは過去の長い間の歴史から見ましても、一応中間配当が必要だ、こう考えておるわけでございます。

先生のお尋ねの中にありました、半期の報告書が簡略であるために相場操縦などの危険がないかとは、むしろ逆ではなかろうか。むしろある程度の、報告のない場合よりもあるほうがその点は危険が少なくなる。市場に関係する者としましてはそう判断いたします。

○阿部(助)委員　皆さん、一年決算に移行を逐次してもらいたいという希望をお持ちだ、答申ではそうなっていると私は思うのです。むしろ一年決算よりも半期決算の方向へ移行させるのが投資家保護として進んでおる考えじゃないか、こういう観点でお伺いをしたわけなんでして、その点はいかがでしょうか。

○北裏参考人　この一年決算、半期決算というのは、企業の性格により半期決算をおとりになってもよろしいと思いますが、趨勢としては、特に国際化するにつれて漸次、ときには季節的なあるいは国際的ないろいろな波動がありますが、より波動が期間的に少ないということは、これは皆さんもお認めくださると思います。そういう意味で一年にしていくほうが、ただし、投資家の立場からいうと、一年に一回じゃどうも不安であるというので、その辺を分けて判断しますと、一年決算のほうがよいという事情が多くなるということも事実だろうと思いますし、同時に、一年決算にされてなお半期報告がない場合の投資家の不安を避けるためにも、今回のような方法がいいのではないかと私は判断いたします。

○春日委員　一月十六日付の証取法改正に関するアピール中で、増資や社債の発行が容易に行なわれるようにする必要がある、こういうふうに読むのでございますか。

○北裏参考人　この趣旨は、企業中心の書き方をしておりまして、企業の長期資金調達を適正かつ円滑ならしめることがぜひ必要であるということですが、企業の資金調達の反面には投資家がございますので、企業サイドの原因からはこうですが、このうらはらには、投資家が資金を投資するにつきまして、長期かつ有利な安定した投資を背景に置いておりまして、そういう意味でございます。

○春日委員　具体的には増資並びに社債の発行などが行なわれやすく、発行した場合に消化されやすく、こういうことなんでございますか。

○北裏参考人　そのとおりでございます。

○春日委員　現在、わが国企業の資本構成ですが、最近の資料によりますと、自己資本が一七％、他人資本が八三％、大体これが平均値であるかのごとくに承知しております。そこで、証取法、商法その他一連の法改正、制度の改善等によって、自己資本と他人資本との対比率がどの程度改善されるというめどがありますか。あるいはどの程度までその率の改善をはか〔ら〕なければ、日本企業に対する国際的信頼度が何か不安な要素がそこにあるのか。

○北裏参考人　企業の自己資本一七％は今日の現状です。これは国際的に見まして今日はなはだしく日本は自己資本が少のうございまして、せめて私どもの目標としては四〇％以上ぐらいでないと国際的な企業として通用しにくい、こう考えております。

ただし、この前提として自己資本を充実しにくい理由が多々ございます。企業で一番困っておりますのは現在の借入金過多ですが、長期借入金であれば、これはわりと安定資金で、間接金融と申しながら借入金の長期化が行なわれておる分が少ないのでございます。その部分を公社債市場の正常化により長期化することが、自己資本に入る一つの過程として、企業の安定化に資すると思います。それに次いで、企業の自己資本をせめて四〇％以上になるよう諸種の税法上その他の処置をお願いしたいというのがわれわれの年来の主張でございます。

○春日委員　われわれの承知いたしておりますところでは、必ずしも正確なデータではございませんが、アメリカ企業における資本構成は、自己資本が六〇％、他人資本が四〇％、非常に悪いといわれるイタリアですら、大体平均値は自己資本が四〇％、他人資本が六〇％くらいのものだ。これに比べると日本はあまりにも自己資本、他人資本の対比率が悪い。だから、資本主義といったところで、その資本主義は他人資本主義みたいな形で運営されておる、こういう非難がなくはない。これを改善、改革することによって、国際経済に対処するわが国経済それ自体の体質改善をはからねばならぬので、こいような一連の改正を求める期待感があろうと思うのです。

そこで私が申し上げたいことは、そのために一連の証取法の改正、商法改正その他の制度の改善、改革を行なうとするならば、こういう方向を助長するための関連施策も同時並行的に行なわれる必要はなきか。たとえば現在の銀行法は、言うならば組織法みたいなもので、どこへどういうぐあいに金を貸そうと、それは銀行家の自由になっておるわけです。銀行自体の資本金は、株主勘定を含めまして五、六百億程度ではございませんか。それが日銀の金を借り入れたり大衆の預金を結集いたしますると、ときに二兆円をこえる資金力を持ち、五百億の自己資本によって二兆円の金の操作が、銀行家の恣意によって自由にできる。だから、現在安易に貸し出しを求め、安易に無拘束に貸し出しができることによって、この八三％対一七％という対比率が造成されることになっておるのではないか。だとすると、片っ方において自己資本を充実する必要があるから法改正をするんだったら、自己資本を充実しなくても企業が経営できる、すなわち間接融資に期待することによって安易に事業資金が調達できる現在日本の金融メカニズム自体を同時並行的にチェックしていく必要はないかと思うのでございます。

この間私ちょっと調べてみましたら、三井物産と三菱商事におきまする自己資本と他人資本の対比率は、自己資本がたしか四％か五％、借り入れ資本が九五％でございます。こういうように信用度の高いものは幾らでも調達ができます。かくて、金融資金が大企業によって優先的にかつ独占的に専有されることによって、他の金融に対する資金源を減らしていく。よってもって中小企業の金融梗塞を来たしておる一要因はそこにありはしないか。こういうことなんですが、自己資本を充実せなければならぬとするならば、こういう政策も行ないながら、他人資本に容易に依存できる金融のメカニズムをあわせて何らかの形でチェックする必要はないか。

○鈴木参考人　私が常識的に考えますところでは、なぜ自己資本によらないで他人資本で企業が資金をまかなうのかという点は、結局他人資本でまかなったほうがコストが安いからということが一番大きな理由だと思うわけです。つまり税法上、借りたものに対する利子は経費で処分されますが、自己資本の場合にはそれが利益となって法人税が課せられるところが一番根本のような感じがいたします。

○春日委員　たとえば、大きな金融はその利子が非常に安いわけです。これが証券になりますれば配当せなければならぬ、配当すれば年一割とか一割二分になってまいりましょう。それで安易に金融に依存して、金融機関から資金供給がなし得る体制になっておる。なお税法も御指摘のとおりそういう形になっておりまするから、金融資本と大企業とが、結託ということはございませんけれども、金融は産業に奉仕せねばならぬものが、むしろ逆に金融が産業いう意見に私どもは賛成いたしております。

○広瀬(秀)委員　商法のほうでは一年決算に持っていきたい、そういう政策的な誘導をやりたい意向がはっきりしているわけですね。証取法ではディスクロージャーを徹底して投資家を保護する、投資家により多く提供するんだという立場で半期報告書の提出ということも求めるんだということなんでありますが、半期決算には、公認会計士の事前の監査も受けないでよろしいということになっておるわけであります。そうしますと、ディスクロージャーの機会はふえるが、むしろ投資家を惑わしたり混乱さしたりすることになるのではないか。きちっとした半期決算でやって、しかも公認会計士の事前監査も受けておるということであるならばそれはそれでいいのですけれども、そうでないものがディスクロージズされるということは、かえって惑わすような事態というものが出ないのかどうか。

○鈴木参考人　商法では、先ほど申し上げましたように、株主総会の前に公認会計士または会計監査人の監査を得まして、その結果を株主に報告をして、それを材料にして決算承認決議の賛否をやってもらうということにしております。そういたしますと、いままで決算期から定時総会まで二月で済みましたものが、どうしてももう一カ月延びまして三カ月になるわけです。その間、株主名簿の閉鎖が行なわれ、もし年二回の決算ですと、一年の半分が閉鎖されているわけです。さようなことを考えますと、一年決算に移行したいと思うものがあれば、それを認めざるを得ないのではないのか。そうすると、株主としては年二回の配当を希望するということになりますと、どうしても中間配当を認めることが一年決算に移行することを容易ならしめることになるんだ。そる場合にはそのことを目論見書に書きまして、みんなに知らせることをやっておきます。それで安定操作をやりますと届け出をする、またその間にも報告を出しまして、一般に公開するという措置をとるべきではなかろうか。それとともに、元受証券会社が安定操作をやる場合が多いわけですが、安定操作をやりながら、自己買いをやることは禁止するという た措置をしようかと一応考えたわけでございます。

○春日委員　その問題は本委員会でもしばしば、取引所の本来の機能に関する問題として論じられてまいったのでありまするが、証券市場に大衆が参加する魅力の根源は、相場が移動することなんです。したがって、証券取引法では、値下がり操作も値上がり操作も安定操作も禁じておる。ただ、必要あって事前の届け出があり、これが必要ありと認められたときは許されるようにしておるのですが、やったあとで届けてもいいということになると、安定操作を必要に応じて証券会社が、あるいは取引業者がやる。そういうことになってきまするし、株式市場に対する魅力というか、あるいはその本来的な機能、証券取引所の機能そのものを阻害する形になりはしないか、この問題について北裏社長、御所見いかがでございますか。

○北裏参考人　そういう見解もわからぬことはございませんが、従来は額面割り当てが多うございましたから、安定さす必要性は少なかった。今後時価発行がだんだんふえてまいりますと、従来のように安定操作することが何か悪い会社のような印象を受けることを除くためには、安定操作をすると〔事前に届け出〕ると思うのです。ただし、事前に値段その他を発表していきますと、かえって価格を混乱させるので、事前に価格などを発表しないほうがいいとを支配しておる、こういう逆現象を生じております。だから私は、今後国際経済に対処して、日本の金融もあるいは証券も、国際水準に到達するためには、証取法や商法の改正を行なうと同時に、銀行法改正も必要ではないか。アメリカの連邦準備法とか、ロンドン銀行協会は偏向融資、集中融資をチェックしております。それをやらねばならぬのではないか。私はこう考えるのでございますが、北裏社長いかがでございますか。

○北裏参考人　お説の中にありましたことばを縮めて言いますと、金融偏重は証券業界としてもかねがね諸種の点から申し上げております。ただ、戦後の日本の資本の崩壊という事情、その他今日までやむを得ない事情もたくさんあったかと思いますが、幸いにして個人の所得もだんだんふえ、長期的な自己資本を充実させるための投資余力もでき、長期的な公社債に投資するような余力もできてまいりました今日といたしましては、戦後のような金融偏重を改めることは、賛成です。ただ、金融関係に何らかの規制を着せることにつきましては、はなはだ知識が不足いたしておりますので、お答え申し上げません。

○春日委員　株価の安定操作に関する政令改正がなさるべきであると期待されておりましたが、どの点をどういうぐあいに改正すべきものであるというお考えでございますか。

○鈴木参考人　証券取引審議会で答申をいたしましたときにこの問題に触れているわけでございまして、結局いまの株価安定操作の規定は、いろいろな点において実際にやりにくいところがある。安定操作をいたしますときの届け出をいたしますについても、事前に届けさせるということはなかなか困難なので、その前に安定操作をやろうという見込みがあうという関係から、別に一年決算に移行せよと奨励しているわけでもございませんけれども、事柄の性質、動きから申しまして、自然とそうなっていくだろうということについて手当をしたわけです。そして、その際、利益なきにかかわらず中間配当が行なわれる心配もございましょう。したがって、その点につきましては商法では、前の期の決算期の剰余金の中から重役賞与として払いましたようなもの〔など〕を差っ引きましたものを限度としてしか中間配当はできない。さらに、その期の終わりに赤字にならない自信があるなら中間配当をしてもよろしいといった制約を加えまして、そしてそれに反した場合にはそれぞれ法律効果をきめていくという行き方で、中間配当しても会社の内容を脆弱ならしめることのないような配慮を加えているわけです。そういたしましたときに、もしいまおっしゃいましたように半期半期には決算をし、公認会計士の監査を経るということになりますと、株主総会を開かないでいいだけで、ほかはみんな同じことになって、かえって株主軽視という声も出てこようかと思います。したがって、半期報告書に盛られます事項は、期末における報告書に盛られますものとはおのずから違ってくる。そして、その場合にも公認会計士の監査をしろといわれまするが、いままでの会計学における監査は、決算期の監査についてでき上がったものであり、中間における監査についての基準もまだ十分に立てられておりませんので、そういうものを待って、その点は、将来進んでいくべきものであったら進んでいくというふうなことになるべきではなかろうか。

○尾澤参考人　私は、中間報告の数字も、年次決算において示される数字も、そこには本来何らの操作あるいは粉飾があるべきものではないと存じます。その意味においては正しいディスクロージャーがすでに投資家に対して行なわれていると見るべきであり、必ずしも、六カ月決算で決算を締めることがすべて正しい数字であり、一年になれば粉飾が行なわれる可能性があるということには相ならないと存じております。ただ私どもといたしましては、会計のあるところに監査ありという考え方を持っておりますので、半期報告書におきましても会計に関する数字の示される限り、公認会計士の監査証明があったほうがよいのではないか、こう考えまして、特別審議会の席上におきましてもそのことは一応申し上げましたが、実際問題として法律でこの点を明確にすることはやや困難ではないかということが理解されました。すなわち、中間決算は私どもはいわゆる仮決算と申しまするが、仮決算のやり方あるいは手続については、まだルールが確立されておりません。したがいまして、確立されていない手順によって出された数字を公認会計士が監査証明することになると、これはちょっと簡単にはできないのではないか、こういうように思いましたので、したがいまして中間報告書に対する監査証明は、もう少し慣行が完全に熟成された暁において実施される方向に持っていっていただければけっこうである、こういうように思ったのです。

○広瀬(秀)委員　いわゆるテークオーバー・ビッドというものが今回導入される。いままでもこういう経営支配を目的とするものが行なわれておったと思うのですが、ひそかにやられた。今度は大道を明るい天日のもとに闊歩することが、道が開けたというように考えられるわけなんです。こういう制度を導入し、若干の規制を加えようというわけでありますが、企業乗っ取りについて、そしてまた今回この証取法改正においてこれが法定されるということに対して、産業界としてこの問題をどう評価をされるのか。そしてまたその及ぼす影響、そして実際にこの法律ができたことによって、公開買い付けがどんどん行なわれる状況に現在産業界はあるのかどうか。経営支配を通じて経営者交代がいいとか悪いとかいう評価もまじえながら御意見をお聞かせいただければと思っております。

○渋谷参考人　これにはいい場合と悪い面と両方あるんじゃないかと思うのです。国内資本による乗っ取りは、自分たちの資本でやればその会社がよくなるだろうということから、投資家にとりましても好ましい買い占めになると思うのです。したがいまして、国内資本による場合にはあまり問題がないというふうに考えるのですが、最近資本自由化の問題がやかましくなっておりまして、たとえば自動車産業におきますクライスラーとかフォード産業が日本の自動車業界に向けておりますいわゆる攻勢から判断いたしますと、外資による日本企業の乗っ取りはやはり相当警戒しなければならぬじゃないかというように考えておるわけでございます。そのため、この公開買い付け制度がなければ、極秘裏に買い付けが行なわれるおそれもありますので、証券取引法の上で届け出制度によって規制が行なわれる、しかもその期間は届け出から十日間たたなければ効力が発生しない。さらにその効力が発生した上で新聞公告をし、一般の投資家に呼びかけた後でなければ買い付けに着手ができないから、約二週間近くの期間に当該会社に対しましては、その写しを当該会社のほうに送られることになっており、当該会社は十二、三日間の間に、緊急株主会を招集する、あるいは一般の株主に対して新聞公告をする、あるいは直接書信で会社の経営方針なり経営者の抱負、経緯を明らかにし、誤った外資の攻勢に、間違いのない判断のもとに対処していただくという機会が、十分公開買い付け制度によって対抗策がとれるのじゃないかというふうに考えております。

○広瀬(秀)委員　外資による乗っ取りという面と、それから国内の産業政策的に、親会社が子会社を乗っ取るというような、関連会社同士の中で起こることと二つの面があるわけなんですけれど、私はこの制度ができることによって、日本の産業の系列化の一そうの促進というもの、そしてそれがやがては日本の財閥復活の方向にすら、発展していく道が一つ開けたのではないか、こういうように思うのですが、その辺のところ、どういうようにごらんになりますか。

○渋谷参考人　当初この案が、公開買い付け制度といったことが発表されましたときに、産業界の一部には、買い付けを誘発するのではないだろうかと一部の反対論もあったことは事実でございます。しかし、経団連においてもよく論議をいたしました結果、そういう制度をつくらなくても、乗っ取りはやろうとすればできるわけですし、現に行なわれているわけですから、むしろそういうことは公開裏にやってもらったほうが投資家の利益にもなるのじゃないか。一般投資家の保護にもなるということで賛成をいたしまして、積極的に経団連から大蔵省まで要望申し上げたわけであります。

○広瀬(秀)委員　外人の株式取得制限が今日一人当たり七％、総額において二五％という制限が外資法にあるわけですが、これを一人当たり一〇％、総額においても三〇％ぐらいまではいいではないか、こういう意見も最近かなり有力に出ておるという状況でありますが、この問題についての御所見が一つ。

それからもう一つ、先ほど公社債市場が正常化してないし、未発達である。既発債と新規債の金利の関係、利回りの関係、またその他いろいろな問題があって、すでに十年前から、このことは非常に強くこの委員会でも問題にし、育成しなければいかぬと言われておるわけですけれども、いまだに完全に育成されていない。この原因として金利体系の整備という問題が先ほど出されたわけですけれども、この公社債市場育成の具体的条件を、聞かしていただきたい。

○北裏参考人　まず外資の取得制限の問題ですけれども、これは本来、過渡的には、やむを得ない措置であったと思いますが、今後国際化が進展するにつれて、このまま制限すべきかは問題があると思います。過去の経緯からいうと、だんだんふやしてくるほうがよかったと思いますけれども、今日でもすでに、公開会社で、会社によりましては個別的に御認可をいただいて三〇％以上を外国に持たしているところもございます。ソニーのごときはまさにそのとおりであります。ですけれども、徐々に拡大していくほうが今日の状況として必要だ、こういう見解にも私どもは賛成いたしております。ただこのまま固定することは反対して、長い目で見ますと当然これはフリーであっていい、こう思うのであります。

それから公社債市場につきましては、おっしゃるとおり十年来われわれは主張してまいりました。今日なお主張して、これがはどけないという理由は、基本は、それによるひずみがやはり非常にふえてまいっておりまして、一つは実勢価格と発行価格の乖離です。したがって、新規債は、なかなか一般消化は困難であると同時に、われわれ自身としても、価格が非常に著しく変わっておるにもかかわらず、起債市場の値段で売ることは、投資家に対する気持ちとしてもむずかしい点がございます。しかし、ここでいよいよ踏み切っていい時期であるということを私は先ほど申しましたが、それは一つは、借り入れ過多をほぐすには、借り入れ金が公社債によって長期化することが必要である。その反面の大衆貯蓄がだんだんふえて、長期的なものを持ち得る余力ができた。この二つが十年前と違う点であります。

それからもう一つは国際化であります。現に日本の企業が海外で起債する場合は、国内よりもはるかに高い自由価格でやっておるわけであります。したがって、自由化するにつれまして、国内だけこういう硬直した価格に置いておいて、国際的な資本市場から見るとおくれておる、これをはっておけないということが第二点です。昨年来の日本の企業の海外における起債は、全部国内起債よりも長期社債につきましては非常に高いレートでやっておるわけです。これは国際資本市場で自由化が進むにつれて、おのずから解消さるべき環境が備わってきました。したがって、国内国外同時に起債市場が正常化さるべき時期がきたと思います。その具体的な方法はきわめて簡単でして、それは起債市場が自由化すれば、即日公社債市場は自由化されます。

○松尾(正)委員　投資者から投資をしてもらって企業がどんどん栄えていくためには、この開示制度についての考えは一つでなければならないと思うのです。企業としては全部あけ広げて知ってもらう、そして安心して投資してもらう。

そこで、一つ伺いたい点は、企業側として十分考えなければならない点は、機密あるいは秘密という問題があります。それからもう一つは、経費負担がございますが、企業として、この開示制度を設けたたてまえ、どこまでを秘密としてとにかく広げて見てもらうのだというお考えがあるのか。

それから、簡素化がいわれておりますけれども、要するに投資に参考になるものを開示してもらうというのが趣旨であろうと思うのですが、投資者保護に対して企業はこう考えているという基本的な面を、まずお話を伺いたいと思います。

○渋谷参考人　おっしゃいますように、産業界におきましては、われわれは常に同業者との間にあらゆる面での競争をやっておるわけでございます。結局、よそよりも安くいいものをつくるということが、競争の原理だと思うのですが、その際に、会社の製造原価がだれにでもわかるということになりますと、競争上不利ではなかろうか。で、諸外国の場合には、コストの場合には売り上げ原価一本で表示されております。ですから、私どもは、そういう意味から、会社のあまりに不利になりますような企業内容の詳細な開示は、できるだけ不利にならぬようにお願いしたいと思うわけですが、今後その点は大蔵省が政令でいろいろ報告書の様式とか内訳をお定めになる際に実情に即してやっていただけますように、経団連のほうにも一応案をお示し願えることだろうと期待いたしておりますので、その程度になるべく簡素化していただきたいと思うわけでございます。

○松尾(正)委員　企業としてはお気持ちはよくわかります。また機密等は、競争の原理はございますので、この点もよくわかるのです。ただ、いま社長がおっしゃったとはちょっと別な論議、すなわち届出書あるいは報告書、目論見書等がほとんど投資者に見られていないんではないか。それから勘定科目等は、これを見ても投資判断に役立つかどうか疑問だ。それから万人がほとんど見てわかるようなものにはとうてい応じ切れないんだ。こういうようなことが公の場で論議されている。こうなりますと、それではせっかく証取法が投資者を守って、そうして資金をという考えで設けられたのに、基本的にだれにもわかるようなものはできないんだという、こういう考え方になりますと、これはむしろ逆行する。資金の流れをよくしようというのが逆になっていくというような点も考えられるわけです。統一が何か欠けているように思うのですけれども、その点はどうでしょう。

○渋谷参考人　いわゆる投資家の中には一般投資家、これは主として会社の決算書をごらんになってもよくおわかりにならない投資家もおありになると思います。そういう方々は常に証券会社に相談をされて株をお持ちになると思います。ですから、投資家としては企業内容にも相当関心を持って、また理解していただいていると私ども理解しております。機関投資家あるいは経済分析家が、会社の評価をなさっておられます。こういうものが一般投資家にたいへん参考になっておるんではなかろうかと思いますので、私どもとしまして決してみながわれわれの発表したものはどなたも御理解願えないんだというふうには理解してないわけです。皆さんそれをよく理解していただいていると思うのですが、その中で、いま申し上げましたような点だけをあまり詳しくならない程度にということはお願いしたいと思うわけでございます。

○松尾(正)委員　いま、渋谷社長から、証券会社でこれを一般投資家には理解できるようにしているんだ、こういうお話でございました。そこで、北裏さんにお伺いしたいんですが、証券会社としては届出書あるいは報告書について、一般投資家に理解してもらうために、具体的にどういうふうにやっておられるか、お伺いします。

○北裏参考人　これは証券会社の仕事の最も重要な仕事ですので、どこでも調査部であるとか研究室を持ちまして、その分析、サモライズ、理解度を深める諸種の方法をとっております。したがって、いま渋谷先生からおっしゃったような詳しいものをいただきまして、それが一般個人投資家方によくわかるように集約するのがわれわれの仕事でございます。これは相当精密な、しかも充実した機能を持っております。

○松尾(正)委員　半期決算はいままでずいぶん論議がございましたけれども、結局投資者からは半期報告即一倍という見方をされることが非常にこわいと。半期決算は仮決算報告的なもので、監査を必要とはしない、こういうことがございましたけれども、ここに設けた趣旨は、投資家が半期報告によってその会社を判断するために設けられておると思うんですね。この性格について公認会計士のお立場でどういうふうにお考えになっておられますか、その点を伺いたいと思うのです。

○尾澤参考人　中間報告書の様式、それから記載内容は、まだはっきり示されておりませんので、それがどういう意味を持っているかということははっきりは申しかねますけれども、一応私どもの知る限りにおきましては、半期報告書は、いわゆる財政状態と経営成績の表示をする、通常の一年決算のものとはやや趣を異にしているようです。言うならば、半期間の経営成績の推移がわかるような資料にとどまるように承っております。

それからその場合に、やはり中間は中間の推移によりまして一定の利益が表示されるわけですが、その利益の表示方法あるいは算出方法のルール、手続がはっきりしていないので、この辺をどういうようにするかは、今後詰めていくべき問題ではないか、こう思っております。少なくとも投資者は六カ月間の推移を知ることにより、ある程度の状況ないし業績を知ることができますので、投資判断の資料としては十分役立ち得るものであろうかと思います。ただし、私は先ほども、中間報告の計数も本来は正しくあるべきものである、こう申し上げましたが、それは本質的にそうあるべきであるということを申し上げたもので、その意味におきまして公認会計士の監査証明がつき得るならば、非常に信頼度は高いものとなることは否定できないと思います。そういう意味におきまして、私ども公認会計士といたしましては、でき得ればこういうものには監査証明をつけるようにしないと、ときに経営者の暴走もあり得るので、そういう場合の歯どめとして必要ではないか。こういうように思っておりますが、中間報告書のルールができてないというところから、しばらくこれを見送るよりほかはない、こういうように考えております。

○松尾(正)委員　今度公認会計士に賠償責任が課せられるわけであります。しかし膨大な損害賠償ということ、責任は負うけれども賠償が不可能だ、こういうことが心配されておって、投資者保護のために保険制度等が論議されているように聞いておりますけれども、この対策に保険制度その他何かお考えがあるかどうか、その点だけ伺いたいと思います。

○尾澤参考人　われわれの損害賠償責任に対しまして保険をつけることは、自衛上も非常に大切なことですので、公認会計士協会におきましては、すでに研究を進めております。同時に、目下有力な損保会社二社からいろいろと御教示と御相談にあずかっておりますので、漸次このほうは固まっていくと考えております。

○松尾(正)委員　先ほどの御説明で、株価操作については政令でできるようになっている、こういうお話がございました。百二十五条ですか、それから罰則が百九十七条にございますが、いままでに現実に相当大きな事故にも効用を果たしたのかどうか、その点を伺いたいと思います。

○鈴木参考人　ただいま御指摘の百二十五条でございますが、これはここに書いてありますような目的を立証いたしますことが非常にむずかしいものでございますから、刑罰の問題につながったというふうなことはほとんどないのじゃなかろうかと思っております。

百二十五条で「政令で定めるところに違反して、有価証券の相場を釘付け、固定し、」何とかする目的をもってやってはならないと書いてあるので、政令の定めるところによればできるという考え方でございますから、法律事項ではなく政令事項でやれるのだ、こう申し上げたつもりでございます。

○松尾(正)委員　むしろ、投資家保護という今回の答申の根本精神を受けての改正であるとすれば、これは当然含まれなければならなかったのではないか。

○鈴木参考人　いまおっしゃいましたように、今度もそれができればよかったのでございますけれども、開示制度の改正も大問題でして、私たちの限りある力をもちましては、一年半ばかり鋭意やったのでございますけれども、公開買い付けをやりましたというところで実際問題としては時間切れになったわけで、引き続いてやる覚悟はしているわけでございます。

○松尾(正)委員　今度の開示制度は必要なものはきびしく、不当なものは切る、こういうことでありましたが、きびしさに欠けるのではないか。投資者が判断をする場合に、一番知りたいのは企業の将来の動向、また実際の業績、そういった具体的なものがあって初めて投資者には一番理解しやすい投資判断になる、こう思うのですが、これらは当然含められるものと思うのですけれども、教授の立場ではどうでしょうか。

○鈴木参考人　いまおっしゃいましたような第一の将来の見通しでございますけれども、非常に確実なものを要求いたしますことは困難だろうと思いますし、これについて公認会計士に監査をしろといってもどうにもならぬ問題でございますので、将来……。

したがってかえって誤るおそれもあるんじゃないかと思いますがね。

○堀委員　増資と借り入れが〔可能なとき〕、借り入れのほうが優先していくのはコストが安いからだ、こういうお話がありました。経済行為として見ますれば税制なりいろんな面から確かにそうでありますが、それでもなおかつ増資が行なわれるのは一体どういう場合でございましょう。私どもは、どうも一般的に増資は限界資金供給を必要とする場合に起こっておるのではないか、こういう感じがしておりますが、要するに経済条件としては不利な条件にある増資は、資金供給が非常に困難になったところで起こるのか、その点を最初にお答えいただきたいと思います。

○渋谷参考人　資金の調達は、借り入れによった場合はその利息は経費に算入ができ税金がかからない。コストは明らかに借り入れ金でやったほうがよろしいということでございますけれども、借り入れ金も無制限にできるものではございませんので、大体一年間の売り上げ総額の約半分が常識的な借り入れの限界だといわれております。ですので、限界にきますと、大きな会社でありましても、採算がいい会社でありましても、だんだん借り入れにくくなるということがございます。それともう一つは、最近のように金融が非常に逼迫してきて、相当の収益力を持っていて配当力があるという場合には、やはり増資によって資金を調達する。いま申し上げましたように、どうしても増資をしなければならぬのは、借り入れ金が限界に達している場合、それからその会社自体が相当の収益力があってコストを無視しても増資をしたほうが資金調達に楽だという場合に増資を行なう。この二通りがあるじゃないかというふうに考えております。

○堀委員　要するに日本の増資は、一般的な経済行為のニュートラルな中で行なわれていない、こういうふうに証券会社も認識しておられますか。

○北裏参考人　そういうきらいがなきにしもあらずですけれども、短期的な見方をすると、税制上その他コストを中心に考えますけれども、五年、三年と長期にわたって見ますと、投資の初期においてはまだ収益を生みませんものが、ようやく収益を生んできて蓄積ができるとなると、限界資金調達ではなくて、企業の安定という面から増資が行なわれていく傾向がだんだん日本の企業のマインドとして行なわれておりますので、すべてが限界資金調達という過去の事例は、だんだん今後とも少なくなっていくのではないか。今後本格的にやはり資本市場をになうわれわれとしましては、限界資金調達市場であっては困ると思っておるのであります。

○堀委員　いまの問題に対する回答が、私は時価発行に求められておると思うのであります。

私は額面株を出していて時価発行というのは制度としていかがであろうか。商法にちょっと問題が残っておるわけでありますが、いまの制度でいきますと、場合によっては時価発行し、場合によっては額面発行もできるという、資金調達が少し複雑に過ぎるようになるんじゃないか。ですから、これから時価発行するところは、以後は無額面株に切りかえてもらって、時価発行をずっとその会社はやるんだというようなふうにしていただかないと、投資家としてはそのときの企業側の都合だけで振り回されるのではいかがであろうか、こういう感じがするのでありますが、鈴木参考人の御意見を承りたいと思います。

○鈴木参考人　商法の解釈といたしますならば、額面株の場合に時価発行しても何ら差しつかえないわけです。また、かりに無額面株にいたしましたときも、時価発行に必ずよらなければならないことはないんで、もっと低い価格で発行することも可能でございます。したがって、額面株にするとか、無額面株であるとかという問題とは関係しないで、むしろそういうルールが確立をされていくことが望ましいんじゃないかと考えております。

ただ、別の見方をいたしますれば、これは将来の問題としては、額面株はやめてしまって、全部無額面株にしてしまってもいいんじゃないのか。いまの額面の作用について、私自身は非常な疑問を持っておりますので、次の商法改正といったような問題が出てまいりますときには、その問題も私は考えたいと思っております。

○堀委員　実は、かつて無額面株を住友金属が発行したことがありまして、日本の場合、額面以下で発行するときにだけ額面株の場合における無額面株といいますか、そういうことがエクスキューズのようなことで行なわれた前例があるわけでありますが、やはり私はいま鈴木先生がおっしゃったように、方向としては、無額面株になることのほうがよりすっきりするし、同時に、いまの時価発行の問題というのは、あとの安定操作にちょっと関連がございますけれども、あまり無理なことが行なわれないでやっていかれる慣習がつくならば、私は日本の現状の税制の中におけるエクスキューズとして自己資本をふやす一つの道にもなるかと思いますので、時価発行が進むことを望むのでありますが、その際に問題になるのは、安定操作の問題でございます。

政令をいろいろ書き直しましても、問題はどこにあるかというと、安定操作が行なわれておるときの株価と実勢の株価との差額が一体どの程度になるかという問題じゃないかと思うんですね。一体証券会社として、今後安定操作をもしやろうとされる場合の実勢と安定操作株価の乖離は、どの程度なら安定操作をやろうとなるのか。安定操作といわれる幅はどの程度にお考えか、証券会社の立場でお答えをいただきたいと思います。

○北裏参考人　著しく安定操作の値段が高い場合は、操作中止後もまた価格の変動を生むということで、その判定は、何割であるとかいうことは、なかなかむずかしいと思います。実際において何割という基準よりも、むしろ一つの売り出し行為に対して、投資層があらかじめそういう得た資料によって判断をして、そこでこれならば買おうという金額が出てくるわけです。同時に、発行会社側もそれでは安い高いという判断が出るわけです。そこを調整するのがわれわれの機能でございますので、ときによっては一割の場合もあるし、四あるいは五%の場合もあるかもしれません。これは画一的でないと思います。御承知のとおりアメリカなども公募の値段は最終的に決定するので、届け出制によってみな投資家が判断したあとでございます。日本の場合は効力が発生したということと値段をきめることに相違がございましたから、間々そういう心配がございました。著しく発行価格と時価とを開かさなければならぬ場合もあったわけでありますけれども、これはどちらもおかしいと思うのです。下がる場合は、もちろん投資家は困りますが、著しく公募値段よりも時価が上がる場合は、これは企業の経営責任がまた生まれるわけでございますので、その両者を調整する機能がわれわれにあると思っております。

○**堀委員**　私はこの問題の考え方が二つあると思うのです。いわゆる安定投資家といいますか、かなり長期に投資をしている人があるわけですね。その次は短期的に、要するにキャピタルゲインを上げようという方たちがある。そこで安定操作を行ないますよと発表があって、もしかりに株価が上がってきたとしますね。そのときに、いわゆるくろうと、半くろうとの方ならば、売ってくるという手があると思うんですね。自分たちの利益をヘッジできる方たちはそれなりのあれがあるのですが、そうでないやや第三者的な投資家ですね、こういう投資家に対しても私は責任があるんじゃないかと実は思うのです。そうなると、安定操作によって実勢価格から乖離するような価格をつけることは、明らかに価格操作になるんじゃないだろうか。これは市場取引の根幹にかかわる重要な問題なものですから、一体安定操作とはどこからが安定操作でどこからは株価操縦かという問題の限界がある程度求められてこなければならないんじゃないか、こういう感じがするわけです。

○**鈴木参考人**　たいへんむずかしい問題のように思います。本質としてはそうなるかと思うのですけれども、どういうふうに一体法律上に技術的に盛り込んでくるかにたいへんむずかしさがある〔と〕思いますので、その点は私も今後大いに考えてみたいと思っております。

○**堀委員**　法律に書くのは確かに非常にむずかしいと思うのでありますが、行政指導なり何なりによりまして安定操作の届け出をする、それから事後でありましてもされる場合には、売買報告を求め価格を求める以上は何らかのチェックがあるんだという前提だと私は理解するわけですね。何にもチェックしないのなら売買報告書を求める必要はありませんし、価格を求める必要もないわけでありますから。安定操作は単純な双方のバランスのところでなればいいという、北裏さんがおっしゃった一つの意見もあるのですが、投資家の立場から見ると、やはりどこかに限界があ〔り〕、その限界を判断するのは行政当局が行政指導に基づいて適当な範囲で行政的な判断をすることが残されてこなければ、私は安定操作という問題といまの価格操縦の限界がきわめて複雑になるおそれがある、こういう感じがするのでありますが、企業側としてはいかがでございましょうか。

○**渋谷参考人**　そこらの限界もよくわかりませんので、結局は私どもとしましては証券会社にそこのところはたよらなければならないかと思うのでございますが、なるべく公正な形で、あまり一般投資家に迷惑のかからぬようなことがぜひ望ましいと思うわけでございます。

○**堀委員**　さっきの賠償保険の導入の問題はけっこうだと思うのですが、故意と過失の場合は責任がある。要するに故意と過失がなければ賠償責任に応じることはないわけです。しかし、まさか故意で起きたものも賠償の範囲に入るということじゃないでしょうね。

○**尾澤参考人**　まだ保険会社とそういう点について詰めてはありませんが、故意による責任については私は保険会社の対象にはならないんじゃないか、こういうように思っております。

○**堀委員**　いや、保険会社の話じゃないのですよ。公認会計士協会の話です。公認会計士協会が、故意にやった会計士や監査法人まで賠償保険でまかなおうという発想だったら、これはとんでもない話ですからね。私に言わせれば、過失でも軽度の過失なら賠償はあってもいいですが、重大な過失を犯しておいて、賠償がきたらそいつは保険でもらうんだということになれば、適当にやっておけということになるので、私はこの保険制度はやめてもらいたいのです。せっかくの制度の御検討でありますが、少なくともそういう事故があったら全責任を公認会計士なり監査法人は負うという気がまえで今後監査に当たっていただかなければ、ディスクロージャーの制度を幾らこうやって法律を制定しても意味がないと思うのでありますが、その点いかがでございましょうか。

○**尾澤参考人**　たいへん痛いと言いましょうか、私どもが平生考えているところをおっしゃっていただきましたわけでございますが、保険を導入してこようというのは、もちろん故意とか非常に重大な過失があった場合は別問題ですが、通常公認会計士として払っているデューケアによって、補うことができなかったような場合に生じたいろいろの事故に対しては、何らかの救済措置がなければ私どもとしても安心して業務ができない、こういうことに存じまするので、その程度において保険に依存することもやむを得ないからと思っております。

○毛利委員長　休憩前に引き続き会議を開きます。

証券取引法の一部を改正する法律案及び外国証券業者に関する法律案の両案に対する質疑を続行いたします。

（中略）

○広瀬（秀）委員　公開買い付けの規制に関する制度の創設の問題ですが、これは企業の買い取りあるいは乗っ取りが公開の場で行ない得るということに道を開いたわけでありますが、公開買い付けをやろうというものが大蔵大臣に買い付け期間であるとか目的であるとか、買い付けの価格あるいは買い付けの資金源などを届け出をするわけでありますが、この買い付けの目的としてどういうものがありますか。

○志場政府委員　従来外国で行なわれております例からいたしますと、一つには経営支配、つまり自分の会社なり自分はこれこれの経歴を有し、これこれの事業を営んでいるものであるというまず自己紹介をいたしまして、ついては買い占めの対象になる会社のこれだけの株数をもらったならば、自分はこの会社について、たとえばこういう技術を提供し、あるいはこういうものをつくって、引き続き自分の系列としてそこでどういうものをつくっていくのである、こういう今後の相手方の会社の経営方針、事業目的ということをいう一つの例。もう一つは、事実上合併の目的であるということをいう例。あるいは買い付けてしまったならば、この対象会社の持っている有形無形の資産がございましょうが、その資産を売るつもりである、つまり事実上解散するつもりであるというような、三つないし四つの類型があるようでございます。

○広瀬（秀）委員　大体経営支配ということが常識的に考えられる目的であり、そのほか三つないし四つの類型があるというのでありますが、一番多いのは何といっても経営支配、企業の支配権を得るという手段としての公開買い付け制度であろうと思うわけであります。

そこで、この公開買い付けの届け出を大蔵大臣に出す。それと同時に届出書の写しを発行会社に送付をする。これは十日以内に行なわれるのか。あるいは大蔵大臣に届け出を出したと同じ日にやはり行なうのか。

それから届出書の写しを送付することによって、発行会社はこれに対する防衛の措置を講ずる場合があるだろうと思うのです。防衛の措置をやる機会を与えるということの一つのメリットが写しを送付するということにあるわけだろうと思うわけですが、こういった場合の、公開買い付けをやろうというものと防衛側との関係は、具体的にどういうことになるのか。その間、十日間ではあるけれども、非常に混乱した事態が両者間には起きるだろうと思うのですね。この間のさばき方はいままで質問もないし、また法律上もこれについての調整なり、成り行きがどうなっていくのか、私どもわからないわけです。その点をひとつ明らかにしていただきたい。

○志場政府委員　お尋ねの対象会社への通知は、今回改正しようとしております第二十七条の三にございまして、これによりますと、公開買い付けの大蔵大臣への届け出をした者は、その届け出が効力を生ずるときまでに、届出書の内容と同じものの写しを対象会社に送付するわけです。ですから、いつ送付するかは、場合場合によって違うと思うのです。おそくとも十日なら十日の、効力が生ずるときまでに相手方に着くようにしなければならないのでございます。

ですから、たとえば相手方と合併、業務提携しようという話し合いがついてるというようなときには、むしろ大蔵大臣に届け出を出しますと同時に相手方に送るかもしれません。しかし話し合いがつかなくて、攻防戦になろうかというときには、ぎりぎりまで相手方には送らないと思います。ぎりぎりは、十日の日がたちまして、効力が生ずるときまでにおそくともしなければならないのでございます。

そういたしますと、前者の場合は、もちろん両当事者が一致してますから、別に混乱とかもないわけですが、後者の場合は、相手方は効力を生ずる直前まで知らないことになります。これを知ることにいたしますと、相手方の役員その他によるインサイダー・トレーディングと申しますか、あるいは株価操作その他をやろうといたしまして、何のことやらわからない間に株価が非常に動くということもございます。

したがいまして、私どもはそこを考えますと、効力を生ずるときまでには、買うほうも買い付けは開始できないのです。したがいまして、相手方もその間は何もできないことにしておきまして、それからいよいよ買い付けの申し込みにかかるわけでございますが、相手方の会社はその届け出の写しの送付によりまして、買い付け期間にかけていろいろと株主に訴え、あるいは対策を考えるのであろう。

それからなお、これは政令できめるわけでございますけれども、買い付けは始まりましてから二週間以上一月までにするつもりでございますが、最初の一週間は契約の解除権を投資家に認めようとしております。と申しますことは、最初の買い付け申し込みが現在の値段よりも高い価格でありましたので、株主はこれはいいじゃないかと思って申し込んだところが、相手会社がそれに対する反論を申しまして、なるほどそうであったか、それでは引き続き持っていようと判断を変えることもあり得ると思います。したがいまして、それぞれに備え、初めの一週間は、一ぺん売り付けの申し込みをした投資家、株主に対しまして、この契約の解除権を認める、こういうことになっておるわけでございます。

○広瀬(秀)委員　大蔵大臣に届け出が出て十日して効力を発生する、その期間内に到達すればいいんだということになりますと、防衛をしたいという形で攻防戦が始まる場合はなるべく避けて、公開買い付けができるだけスムーズにいくようにというむしろ配慮なのではないかという感じがするわけであって、そういうことではたしていいのかどうか。一週間以内の場合、契約解除できるような方途も講ずるということで、投資家を保護しようということもあるようですけれども、届け出の規制なども、発行会社側にきわめて不利な形になるではないかとおそれるわけですが、その辺のところをお伺いしたいわけです。

それと同時に、公開買い付け制度を導入するということは、外資対策に力点が置かれたかあるいは日本自身の産業構造、産業政策、こういうものにより一そう傾斜をした考え方なのか。いずれにしても企業支配あるいは合併に、こういう制度を設けるわけですが、そのどっちにウエートがかかってこの制度を導入したのか、この二点を伺いたいと思います。

○志場政府委員　前者ですが、公開買い付けをどういうスタンスで規制するかは両面ございまして、いたずらに市場に混乱をもたらすような買い占めはできるだけないようにしたい。その意味におきましては、確かに道をつけてやる配慮は必要である。同時に、相手方の会社、ことに御心配の外資を考えますと、経営陣がそれに対応して何らかの防衛策を考える余地が少しでも取り入れられればということも考えられなければならぬ。実はその両面があるのでございます。

そこで、今回の届け出制度ですが、十日間とにかく大蔵大臣が内容を審査し、効力を生ぜしめる。ただ届出書一本を大蔵省に買い付け開始と同時にほうり込んでおけばいいということではない。大蔵省で事前の審査をする。各国に比べて非常に特異な例をとっております。アメリカの場合は、同時にSECにほうり込んでおけばいいのでありまして、ほうり込んだらもう買い付けが始まっておる。事前の審理、審査はございませんわけで、ヨーロッパでもその点はほぼ同様でして、ほとんど二日とか三日とか、事前のそういうことはございますようですが、これは同時に、いわゆる届けがなされ相手方にも通知されておるということじゃないかと思っております。

さようなわけで、今回の届け出制度で十日間大蔵大臣が審査することにしたゆえんは、こういう道に誘導しながらも、相手方の会社の立場を考え、また国民経済全体のことも考え、投資家のことも考え、できるだけきびしい条件も考えた結果と御了解いただきたいと思うのです。その意味で、非常に特異な形態をとっておるわけです。

なお、国内的な面を考えたか外資対策的な面を考えたか。両面あることはあるのですが、提案理由で説明申しましたように、従来日本ではなかった方策であり、外国では多く用いられている。今後国際化するにつれ、日本に対しても外国からそういうオファーが自由に行なわれることが想定され、少なくとも当面は、外国からわが国へのオファーを主として想定しながらこの制度をつくった、こういうことに申し上げられようかと思います。

○広瀬(秀)委員　この法案が成立して施行されますと、企業の系列化、グループ化が促進されていくのではないか。参考人に対する先ほどの質問でも、非常に長い先のことかもしれないけれども、財閥復活への一つの突破口ができた、こういうふうに理解してもよいのではないかと考えられるわけですが、それは私の杞憂であるか、そういう方向にも発展する可能性があるか、御答弁願いたいと思います。

○志場政府委員　先のことでございますので断定的に私の口から申し上げるほどの自信もございませんが、率直に申し上げますと、さような御心配はむしろ乏しいのじゃないか。現在でも合併は自由にできるわけです。それから、こういうオープンの方式を用いないで買い占めを行なうことはできるわけであります。合併はもちろん株主総会の承認を得てやりますけれども、株主総会の現状を見ますと、好むと好まざるとにかかわらず、合併は両経営者陣の話し合いでしか進んでいかないと思うわけです。そうして合併、合併を重ねながら大きくなることは、やろうと思えば幾らでもできるわけで、今回の公開買い付けは、経済的には合併とひとしい効果を示す場合もございましょうが、いやしくも投資家に広く訴えまして、そこで投資家が売るか売らないかを個々別々に判断してもらう機会を与えるわけです。したがってその辺から考えますと、先生の御質問の点は、私は、この制度ができた場合は、公に、両方の言い分を聞いた上で判断するというクッションを入れましただけに、むしろ経営者同士の意図に基づく合体よりも、慎重に運ばれるのじゃないかと考えます。もちろん独占禁止法におきまして競争制限になるような不当な合併とか、あるいは経営者につきましては、当然いずれの場合もひとしく公正取引委員会からの排除命令が出るわけでして、これは独占禁止法の適用を排除するものでは毛頭ございません。その点を同一として考えました場合に、以上私が申し上げましたようなことも考えられるのじゃないかと思っております。

○広瀬(秀)委員　次に、公開買い付けをやって株を取得をした。大蔵大臣に届け出た目的に反して、買い付けた大量の株を値段の上がったところで売ってしまう事態だって、あり得ないとは限らぬわけですね。それに対する有効なチェックは何かあるのですか。

○志場政府委員　まず罰則です。罰則では、届出書に虚偽の記載をして実行いたしました者には、虚偽記載の罰則がございます。

○広瀬(秀)委員　株価安定操作の問題ですが、株価安定操作は本来いけないというのが常識だと思うのです。それは市場における公正な株価形成、証券市場内における需要と供給の中でプライスメカニズムが働くことからいえばむしろ邪道であるわけですね。しかし経済の実態からいって、あるいは増資をやるとかあるいは時価発行をやるとかいう事態において、安定操作が必要だという場面もあるわけだけれども、安定操作がどういう事態において、どういう範囲で許されるか。あるいは操作をやる場合、こういう場合に許されるのだという基準などを、現在では政令に委任をされておるわけですが、これを証取法の法文の中に入れていくべきだ、このように考えるのですが、なぜ政令でなければいけないのか、その辺の事情を明らかにしていただきたい。

○志場政府委員　率直に申しまして、政令でなければ規定できないとは思いません。ただ、現在百二十五条で、仮装売買、相場操縦の禁止及び安定操作の制限がございまして、いまお尋ねの安定操作は第三項ですが、その三項は今回の改正でも法律としましてはそのまま残るわけで、政令で定めるところに違反して安定操作を行っては違法でございます。その条文は、一項、二項と同様に処罰を伴う法律条文としてそのまま残るわけでございます。百二十五条全体につきましては、けさほど鈴木参考人から意見の開陳もございましたが、私どももいろいろ検討いたしましたが、この目的観念をはずすべきかどうか、実効あらしめるようにどうするか検討いたしましたが、なかなかむずかしい問題でして、なお今後の検討に待たなければならぬという点で今回は見送ることになっております。したがいまして、そのことと関連して第三項の安定操作もしかるべき位置を与えられ、また条件づけられると思います。しかしそれまでの間でも、現在の政令が、はたして現在百二十五条の三項で違法な行為でないとしてはずされておりまする、その目的に合致しているかを考えておるわけです。そういたしますと、それはいろいろと問題がある。なおこの条文だけでございませんで、証券会社は別途にディーラー業務、自己売買業務ができるわけであります。いかにいわゆる安定操作を政令であれしても、別途に自己売買ができることといたしますと、自己売買を通じて安定操作、相場操縦を行なうという疑いがどうしても残るわけでございます。したがいまして、今回の安定操作、政令の改正のポイントは、どちらかと申しますと、現在の百二十五条第三項の政令の合理化の面も確かにございますけれども、それより以上にむしろ大事なことといたしましては、増資の払い込み期間中と、ラフに申し上げてよろしいかと思いますが、その期間中幹事証券会社は自己売買を禁止する、これを伴うことに意味があると思っております。したがいまして、それはまた別の条文から出てくるわけであります。その点もございますので、今回は政令の合理化という範囲内で、しかしねらいは、現在考えられております改善は達せられるという判断のもとに、政令改正でまかなおうとしたわけです。先生御指摘のとおり、今後、百二十五条並びにいわゆる相場操縦に関連する証券会社の禁止行為にわたりますようなことを引き続き検討しました段階におきまして、あらためてこの政令を含めまして、どういう法律条文にいたしますか、そのときの懸案にさせていただきたい、かように考えておるわけでございます。

○広瀬(秀)委員　有価証券届出書なり報告書に、虚偽の記載があり、粉飾決算が行なわれた。それが後になって明らかになり、相場下落を通じて投資家が損害を受けた。その場合に、いままでと違って、今度は届け出の会社あるいは会社の役員、公認会計士及び監査法人あるいは元引受証券会社、こういう人たちが賠償の責任を明確にされたわけです。たとえば、粉飾決算に基づいて、たとえば投資家から一億円の損害賠償請求がなされた。こういう場合に、届け出会社、会社役員、公認会計士、元引受会社がどういうふうにその賠償責任を分担をするのか。そういう点について、裁判で争われ、裁判で決定することになるのか。それとも、責任の限界を設けて、損害は一億円であったけれども、そのうち公認会計士の分としては幾らだ、会社役員の責任はどのくらいだ、届け出会社の責めに帰すべきものはどれくらいだ、そういうものについて、これは何らかの対策というものはお考えになっておられるわけですか。

○志場政府委員　今回賠償責任者の範囲が役員等に広がりましたが、これは申すまでもございませんけれども、規定にはっきり書いてございますように、別段無過失責任を書いたわけではございません。つまり故意または過失があるということです。そういう意味においていえば、民法、商法上の一般原則から申しますと、共同して違法、不法行為を行なった場合に当たります。その場合の責任は、この一般原則の解釈として連帯の責任を負うと私は了解しております。証取法自体にその点は書いておりませんけれども、これは賠償責任に関する共同の不法行為の場合の責任のあり方という原則がそこに適用される結果、連帯になるだろうと思います。その場合の連帯は、先日も申しましたが、原則的には均一の負担になるはずです。

○広瀬(秀)委員　連帯責任だとなりますと、今度はお互いの求償権の問題などが出て、法律関係がたいへんややこしいものになると思うのです。したがって、この問題について、被害者は、連帯保証ならばだれに請求してもよろしい、会社に請求してもよろしい、あるいは公認会計士にまとめて請求してもよろしいということになり、またお互い、そのあとの処理として求償権の行使にも発展することになって非常にむずかしい。まあ法律ではこういう制度はきちんときめた、しかし実際、現実の責任の分配という問題は非常な難点があるのではないかという疑問だけ留保いたしまして、次に移ります。

証取法六十五条との関係で若干伺いたいのですが、最近、金融がタイトであるということの中に、非公募社債がかなり増大をしているようであります。これが今度は自由化の進展とともに外国証券の支店が設置をされる場合に、私募債を引き受けることについて、外国証券会社の支店が許された場合に私募債を相対で契約をしてどんどん引き受けていくことになりますと、六十五条はくずれていくのではないか、こういう気がするわけでありますが、その辺のところはどういうようにお考えでございますか。また国内の企業でも銀行と話し合いをして、あるいは生保会社と話をして私募債がどんどん引き受けられることについて、証取法六十五条との関係でどういうように理解をされるのか、この点を伺いたい。

○志場政府委員　私募債につきましては、六十五条の問題よりも、それが乱発的になり、望ましくない姿で流通市場に出てくることのおそれのほうを私どもといたしましては重視してまいりたいと思っております。六十五条で金融機関に対して禁止しておりますのは、申すまでもなく証券取引法第二条に規定します証券業務でございまして、その中には確かに「引受」があるわけです。証取法では「引受」という定義はないのですけれども、二条六項におきまして「引受人」がございまして、これは他に有価証券を転売といいますか、売りさばく目的をもってある有価証券を発行者から取得する者を「引受人」という、その「引受人」の定義を通じてこの第八項に書いております「引受」の意味がおぼろげながら察知されるというようなことでございますけれども、たとえば機関投資家がある有価証券の発行に応募してその有価証券を取得する。これは投資対象として購入するわけで、別に証券業務の違反行為をやっておるということではないわけでございます。それが他に転売する目的になってまいりますと、そこに証取法上免許違反問題が出てくるわけです。先ほど申しましたように、私募が乱発的になる、不健全なものが流通市場にいつの日にか還流していくことも警戒しなければなりませんし、また私募という形を通じて、実は転売の意図をもって取得する、こういう免許違反行為があれば、これは私どもとしましては十分にチェックしなければならぬと思いますが、内外を問わず金融機関等が機関投資家としてそれに応募する、あるいは取得することは、私は別に六十五条の問題もございませんし、それ自体法律上の問題はない、かように考えるわけでございます。

○広瀬(秀)委員　外国証券の支店が設置されるわけですが、現在アメリカのメリル・リンチ社がすでに申し込んできているという話ですが、大体いまのところ予想される外国証券業者はどの程度支店設置の希望があると把握をされておるか、その点をまず伺いたい。

○志場政府委員　さきにも申しましたが、欧米とも今回の立法に非常に注目をしておることは事実ですが、メリル・リンチも、まだ正式に私どもに手続的な申し込みあるいはそのサウンドには参っておりません。しかし関心を示しておる会社はかなりあると思います。

どれくらい申請書が出て免許をすることになるのだという今後の見通しのお尋ねですが、さような事態でありますので、しかと予測することは困難でありますが、それが広く行なわれるようになるのは、日本人が外国の有価証券への投資を為替管理上自由化する時期までは、あまり日本人からそういう支店のニードもないかとも思いますし、向こうにとりましても収益見込みも乏しいかと思いますが、そういった事態にも備えましてあらかじめ店舗を出すことも考えられます。さようなことを考えますと、まあ証券局としては、数社程度が進出してくるのではないか、かように各種の事態から想像しておるわけでございます。

○広瀬(秀)委員　外国証券の支店を日本に設けた場合に、認可を業務別にやる、こういうたてまえになっている、あるいは併営も認めることになっているわけですが、一番予想される彼らの希望する業務は東証における引き受け業務だろうといわれているわけですが、その点についての見通しはいかがでございますか。

○志場政府委員　わが国の対外証券投資が自由化されますまでの間は、おっしゃるようなアンダーライティングの業務に主として関心を示すであろう、かように想像されます。

○松尾(正)委員　一年決算会社の半期決算について現行証券取引所においては、半期決算に公認会計士の監査を必要としておる。ところが、一年決算会社に半期報告を義務づけたのに対して、公認会計士の監査を必要としなくなった。なぜ従来証券取引所で半期決算に公認会計士の監査をやっておったものを改めて公認会計士の監査を必要としなくしたか、この理由を伺いたいと思います。

○志場政府委員　その点は証券取引審議会で議論する際も十分検討いたしたところでありまして、現在一年決算の会社について、取引所が半年ごとの半期報告書について公認会計士の監査証明を要求しておりますのは、上場契約に基づくものでございます。したがいまして、証券取引法上は、それにもしも虚偽の監査証明がありました場合、罰則の規定並びに民事責任の規定はもちろん伴っていないわけでございます。

今回の提案では、半期報告書につきましては公認会計士の監査証明を要求しないということにいたしておりまするが、答申に盛られておりますように、いつまでもそういうふうにするというつもりでやっておることでもございません。今後は、望ましい姿、あるべき姿、当然それにもこの監査証明がいくべきであるという認識は持っております。ただ、決算が行なわれておりませず、また監査証明の基準につきましてはまた今後の研究にまたなければならないという面がございます。さようなわけで、その点をペンディングということにいたしておるわけであります。やがてそれらのことにつきまして詰めました上においては、今度は証取法に基づく監査証明を導入するという時期が必ずや来ることを期待しておるわけです。

○松尾(正)委員　確かにルールを確立することを急がなければならない。虚偽記載その他の歯どめについては、ルールを確立するまでの間に何か考えているのかどうか、その点を伺いたいと思います。

○志場政府委員　ごもっともでございまして、その届出書、報告書に虚偽その他訂正を要すべき点がありました場合は、大蔵大臣が訂正命令を発するということ、並びに、虚偽の報告書を提出しました者に対しましては、一年以下の懲役または十万円以下の罰金ということに会社は処せられる次第でございます。

○松尾(正)委員　この歯どめについては、ただ罰則だけでなく、早急にこのルールを確立するために、一応日途は、次に審議会が答申してなのか、どういう日途で進めようとしているのか、これだけ伺っておきたいと思います。

○志場政府委員　今後の手続につきましては特に日途もございませんが、引き続き証券取引法の改正問題を検討するということに証券取引審議会のほうではなっておりますので、いずれそれに基づくまた別個の法案というものが御審議をお願いするという時期も来ようかと思います。

○松尾(正)委員　次に届出、報告書の開示制度の改善ですが、二十五条で届出書の公衆に対する縦覧について、「発行者がその事業上の秘密の保持の必要により」「書類の一部について」大臣の承認ある場合には、「その一部は、公衆の縦覧に供しないものとする。」と、こうあります。大臣の認定が非常に重大な問題になりますので、この事業上の秘密保持に必要なというと、具体的にはどういうふうに考えているのか。

○志場政府委員　けさほど渋谷参考人から、原価計算を部門別にするのが非常に繁雑である、あるいは国際競争上明らかにするのは不利であるからやめてくれといったような御要望もございましたが、私どもはこの二十五条第四項の事業上秘密の保持という事項の中身として、原価計算の部門別内訳のことを読んでおりません。その他、現在この条の適用を受けて一部を公表していないという事例はございません。この事例といたしましては、昭和三十年代でございますが、主として外国との間と思いますけれども、いわゆる事実上の技術提携契約、しかもパテントで特許登録されているものでなくて、いわゆるノーハウとしての技術提携契約がございますが、それはまさしくシークレットということがパテントを使ったノーハウの特質でございますから、そういう契約がありましたならばその部分は添付しなくてもよろしいとした例はございますが、最近では、数年前の改正でそういった提携契約書類の添付は要しないということに別途改正が行なわれておりますので、現在二十五条第四項による事業上の秘密というものは事例がないと思うわけでございます。

○松尾(正)委員　私は、この秘密保持ということに便乗をして、将来の投資判断を欠くようなことがあってはということをおそれるわけです。むしろ積極的に進めて、企業の将来のための支出、たとえていいますと、調査費用、広告費用、あるいは従業員の教育費用、こういったことは投資者としての将来の判断に重要な面だと思うのです。また、業績の上では、注文の上昇、停滞並びに返品その他の顧客のための情報、動向も、積極的に報告書あるいは届出書に加えるべきではないか、こういうふうにも考えておるのですが、その必要があるかないか、あるいはあるとすればどうするかという点についてお答え願いたいと思います。

○志場政府委員　けさほど参考人からの答弁にもございましたように、生産計画、受注残高といったことは記載することはありますが、将来の見込みにつきまして、はたして届出書あるいは報告書の記載事項としていいかどうか、行政指導といたしましてもなかなかむずかしいところだと思います。投資者としては、なかんずく収益の見通しということに非常に重要な関心を持つことは申すまでもございませんが、一方報告書なり届出書は、虚偽記載者に対する厳重な制裁をもって臨んでおりますし、いやしくも虚偽があってはならないわけです。さようなわけで、これを、いまお尋ねのお気持ちは投資家の立場として非常によくわかるのでございますが、今日のところ明確な方向づけを用意しておりません。

○松尾(正)委員　アメリカあたりでもずいぶん、こういうことが相当論議されております。ぜひこの点は真剣に取り組んで、ひとつ積極的に検討してもらいたい、こういうふうに思います。

次に、賠償責任の問題について、まず免責条項の中に、法文で、役員等について、相当な注意を怠った、こういうことがありますけれども、高度な知識を持った者が相当な注意を欠いたということは、将来の責任上非常に重要な点になると思うのです。そこで、ここに注意を欠いた点というのを具体的に想定したらどんな場合があるか、それをまず伺いたいと思います。

○志場政府委員　具体的にはむずかしいわけですが、その当該役員の具体的な会社の中における地位、ポストに応じまして、社会上あるいはその地位上要請されていると認められる相当の注意を欠いた、こういうことになるわけであります。と申しますのは、公認会計士の場合は一人ということで、また十分な注意をもってあらゆる監査証明をしなければならぬということですが、役員の場合には、いろいろと役員の種類の分担もあるわけで、一律にこれを具体的にこういうことだということを申し上げることはできないのですが、その職分を尽くすべき場面におきまして、社会的に要請される職分を相当の注意をもって果たしているかどうか、こういう点になろうかと思います。

○松尾(正)委員　これらについては、こういう場合が注意を怠ったもの、あるいは過失立証についてはこういう場合は過失とするというある程度のワクはきめておかなければならないと思うのです。起こってから結局立証責任ということで立証できなければ、一般投資家はいままでと同じように大きな損害をこうむることになりますので、十分に御検討を進めていただきたい。

次に、株の操作あるいは操縦について、相当事故が頻発しておるわけでありますけれども、具体的な例で二十条、百二十五条ですか、これらについて伺いたいのです。

たとえば私の知った範囲では、ある株価が百三十五円がらみであった。ところが、新製品ができたという風説を流布して、これが三百五十三円に急上昇した。その後会社が否定的な態度に出たんですけれども、うわさは容易に解消することはできないで、結局会社でもやむなく新製品発表、こういう言明をした。それがために百三十五円であったものが三百五十三円、さらに五百五円の高値を示すようになってしまった。しかし専門家から、新製品について内容に疑惑があったのでこれを検討するんだという報道がなされたところが、この株価は急落して百九十円になってしまった。これは明らかに相場操縦ですが、百二十五条の第二項に当たるものですけれども、これはどうでしょうか。

○志場政府委員　なかなかむずかしいんでございまして、いまおあげになりました百二十五条の第二項は「何人も、有価証券市場における有価証券の売買取引を誘引する目的を以て、左に掲げる行為をしてはならない。」その第三号に「当該有価証券の売買取引をなすにつき、重要な事項について虚偽であり、又は誤解を生ぜしむべき表示を故意になすこと」、あるいは第二号で「当該有価証券の相場が自己又は他人の市場操作によって変動するべき旨を流布すること」とあるのでございますけれども、けさも鈴木参考人からの御答弁もございましたけれども、いまおあげになりました会社の新製品開発ということがはたしてこの第二項の有価証券の売買取引を誘い入れる目的を持っておるものであるかどうか、この立証はなかなか困難ではないかと思うわけであります。先生がいまおあげになりました例は数年前の例であったように思います。私どももその当時のことを聞きますと、取引所におきましても、その辺の会社からいろいろと事情を聴取するということで、十分にその辺の監視は怠らなかったようでございますが、これをもって百二十五条の違反として告発までには至らなかったのでして、百二十五条に該当する、こういうふうにお答えできないかと思うわけでございます。

○松尾(正)委員　鈴木参考人からもお話がありましたように、私も第百二十五条並びに罰則の百九十七条については、こういう目的ははたして、どんな場合にも見られないんじゃないかと思うのです。いわゆる「何人も、他人をして証券取引所に上場する有価証券の売買取引が繁盛に行われている」、これは、新製品ができたのでこれはよくなるぞ、こういうことを流布する場合に、要するに有価証券の売買取引の状況に関して他人に誤解を生じさせる、これは故意であるわけですね。ところが、百九十七条によりますと、「有価証券の募集、売出若しくは売買その他の取引のため又は有価証券の相場の変動を図る目的」です。この事実を見ますと、明らかに、ただ有価証券の相場変動のためにやったのだ、私はこういうことはないと思うのですね。したがって、この目的をはずすということについては、どういう結果が生まれるのかをひとつお答え願いたいのです。

○志場政府委員　お気持ちはよくわかりますし、私どもも百二十五条ないし百九十七条がなかなか目的概念から確証を得にくいということで、何とか改正すべきじゃないかという議論もずいぶんしたわけでございます。そのときに直感的に浮かびますことは、目的概念を取ってしまったらいいのじゃないか、こう思うのですが、しからば目的概念を取ったあとの姿がどうなるかと申しますと、これまた人と人との単なるうわさ話も処罰の対象になるかのごとくに及んでまいりまして、非常におそろしい規定のような気がするわけです。さようなことでいろいろ議論をいたしましたが、非常に結論が出しにくいという状態でございますので、今後引き続き証券取引審議会におきまして慎重に検討してまいりたい。

○松尾(正)委員　目的をはずすということについては、非常に範囲が広がって困難だということでありますけれども、この規定は明らかに、操縦をして投資家が大きな損害をこうむることを防止している規定であるわけですね。したがって、今日まで非常に多発しているわけです。ところが、いままで百二十五条あるいは百九十七条で処罰をされた者がない。結局法の上では規制しているようには見えるけれども、効用がさっぱりない。まるでしり抜けになっている。目途はどうですか。

○志場政府委員　私ども今回のディスクロージャー制度改正のために要しました検討期間を参考に考えますと、少なくとも一年半とか二年は必要ではないか、かように考えます。

○松尾(正)委員　公開買い付けの問題ですが、公開買い付けについては、政令で大蔵大臣に添付書類の提出をして届け出る義務が規定されております。ところが、大臣がこの数の多い届け出を受理して、その発効の期間を十日としたのですが、この十日の期間の間に情報が漏れる危険はないか。

○志場政府委員　先ほど広瀬委員からの御質問の際にもございましたが、十日という期間の盛り方でございますけれども、確かにその懸念も考えられるわけです。その意味から申しますと、その期間は短ければ短いほど危険性は少なくなるわけでございますけれども、実際問題として当面公開買い付けの申し込みは外国からのものが考えられる。その場合に、政令で別途、そういう場合には日本国内の居住者をその届け出その他の接触のための代理人ということで選んで、それを通じてということを義務づけるつもりでございますけれども、それにいたしましても、今日のごとく通信、交通が発達しておりましても、多少諸外国との間の時差の関係もございまするし、時間的必要もございますので、やはり三日や四日では不可能であるということで、十日が妥当な時期と思ったわけです。もちろん役所といたしましては、公務員は公務員法の規定により、守秘義務を義務づけられておることでもございますし、この点は慎重に扱いまして、御懸念のような役所から漏れていく事態の絶滅を期する所存でございます。

○松尾(正)委員　イギリス、あるいはアメリカで規制法案が五日の期間を置いたのを修正されて即日というふうになったという点は御承知のとおりでありますが、この十日間の期間を設けたことについて、十分秘密の漏れないようにということではありますが、具体的にはどういう対策を持っておりますか。

○志場政府委員　事務局は証券局でございます。私をはじめ部下職員が守秘義務の順守に徹する、こういうことだと思います。

○松尾(正)委員　これはイギリス、アメリカ等の例を見ても、やはり秘密の漏洩が大きな事故の原因になりますので、具体策を十分検討しておいていただきたいと思います。

この答申案で投資顧問法案の問題について、有価証券の流通制度については相場の操縦等の不公正な取引その他、投資顧問制度等の問題がある。これらの問題については引き続き慎重に検討をしていくべきである、こういうふうに答申されておるのですが、投資顧問法案について経過を最初に伺いたいのです。

○志場政府委員　投資顧問法につきましては、実は日本の実情といたしましては、投資上あるいは資金計画上のアドバイザーを証券会社が行なっておるという例がございます。これは投資勧誘といいますか、証券投資の勧誘と関連して相手方の資金状態、資産状態そのほかのこともございましょうし、向こうさんの要望なり御質問に応じましてアドバイスするということもあろうと思います。お客さまのほうもこれに報酬を払うという慣行なりもございませんので、そこにはっきりした投資顧問サービスというほどの中身の濃いサービスなり役務の提供が行なわれているかどうかはよくわからないのです。ただ、今後個人の金融資産も多様化する、多くなるとアメリカにおきましては資産の運用について、報酬を取って資産を預かる、あるいは管理、運用についてアドバイスをしていく業務が自然発生的に行なわれておりまして、それについて所要の法的規制も行なわれておるわけです。私どもは、そういうニードは乏しかったということから、お尋ねの投資顧問法の研究につきましては突き進んだ研究、検討はいままでのところまだ十分にいたしておりません。ただ今後の動向を見る場合に、そういう立法をすることが広い意味での投資家保護、あるいは詐欺的行為からの防止も考えますと必要だと思いますので、主としてアメリカの当該法律の勉強、またその法律の運用、またその取り締まりの対象になっているいわゆる投資顧問提供業者の実態の勉強にとどまっている次第でございます。

○松尾(正)委員　いま局長からはアメリカの制度等を十分勉強する段階だというのですけれども、いま投資顧問を設けるかどうかということに対する問題の焦点にはどんなものがございますか、それをひとつあげてもらいたいと思うのです。

○志場政府委員　投資顧問は非常に関連するところが多いと思うのです。アメリカの実態などを見ますと、個人の資産家から財産の信託を受けまして、それを専門的に運用して、その中から一定の割合の報酬を受け取る、いわば財産の運用をまかされてしまうという信託行為をしている。そういたしますと、日本国内におきまして関連してくる法域がいろいろと出てまいります。その面が一つ。だからどういう業務、業態あるいは法域の中の位置づけということでとらえていくかという面が一つ。それからもう一つは、投資顧問を行なうことができるための資格を持つ人の養成、資格的な点をどう持つかということです。現在日本では各証券会社の調査マンの任意の集合体のアナリスト協会という任意組合がございますけれども、アナリストの養成についてアメリカでは相当高度の試験を実施いたしまして、財務分析、その他証券分析、経済調査といったような能力なりキャリアを持っている人を養成する、それが信頼を得て投資顧問に従事するようでございます。したがって、アナリストを養成するという面について、どういうふうな組織なり機構をもってこれを養成していくか、この二つの面があるわけであります。

一方、証券投資信託もございますし、それとの関連も当然ございましょうし、関連するところ、証券界あるいはその周辺との関係、またその人の養成の問題、おおむね申しましてこの三点あたりを中心にアウトラインを描いていかなければならないという感じじゃないかと思っております。

○松尾(正)委員　外国証券業者の引き受け業務についてですが、第十三条に、外国証券業者は支店を開設しないで、そうして許可を受けて日本企業に関する引き受け業務ができる、こういうことなんですが、欧州の証券業者のように、銀行業務と兼務している場合に、一体これはどういうふうになるのか。この点について先般もちょっと論議されましたが、もう一回お答え願いたいと思います。

○志場政府委員　お尋ねの十三条は、引き受け業務について免許でなくて許可で対処しよう、こうしているものではございません。見出しにもございますように、「(引受業務の一部の許可)」でございまして、その「引受けの業務のうち、元引受契約への参加その他の行為で政令で定めるもの」というふうにいたしております。先ほど証券取引法に関連いたしまして、「引受人」の定義はあるけれども「引受」の定義はないと申しましたけれども、引き受け業務と申しますことは、準備から始まりまして完結まで、いろいろとさまざまな時間の経過とともに行為というものが積み上げられていくという、そういう性質のものです。

そこで、一連のものを全部やることは、もちろん免許がなければできませんが、ここで申しておりますのは、「元引受契約への参加」は一つの例ですが、ら非常に矛盾する内容のものが盛り込まれていることに大きな疑問を感ずるわけでございます。証券市場を通じて現在資金の多様化とか多面化がいわれておりますけれども、流通市場における長期資金の調達が、産業界の中でも一部の大企業に投資が集中していくというような結果を今後招くのではないだろうか、その点についても私は大きな疑問を持つものでございます。

まず、第一にお伺いいたしたい点は、有価証券の報告書、この記載事項の簡素化がいわれておりますけれども、その範囲と内容についてはどの程度のものを考えていられるのか、明らかにしていただきたいと思います。

○志場政府委員　有価証券報告書につきましては、この様式について、証券取引審議会の答申では簡素、合理化をはかるとなっております。私どもいずれかと申しますと、今回考えております改正は、合理化にウエートを持って報告書については考えております。と申しますことは、重要な子会社の財務書類を添付書類として添付させる、これは連結財務諸表の作成から見まするとまだ一歩足らないといううらみはございますけれども、関連をして親子関係その他関連会社の収支の状態、財産の状態を総合して見るという意味から申しますと、合理化であることは間違いございませんが、それにむしろ重きがあると考えております。それじゃなぜ簡素化があるか、それは現在の様式をつぶさに点検いたしますと、たとえば事業の内容とか営業の概況に不必要なダブりも散見されますことと、あるいは剰余金の処分明細表におきまして、当期の収益の状態ないしは財産目録の状態に投資家の判断として、それほど影響がない、利用性に乏しいことと、しかも明細表の段階でいたずら売網で売れるという見込みがつきますと、その誘いに応じまして外国の引き受け会社が日本にやってきましてその元引き受け契約にサインをすることになります。そのサインをする行為は日本国内における行為でありますし、その引き受け業務の一部は日本において行なわれることは間違いございませんが、そのような場合に限りまして許可していいということにしようと思うのであります。これは冒頭申しましたように引き受け業務が非常に幅広い概念でいろいろな行為から積み重なっておりますので、ごく一部だけの行為に参加することにつき、日本の免許を要するということにし支店を設ける必要があることにしますことは、少しオーバーではないかと考えます。アメリカの例等もよく見てみましたが、さような慣例も考慮いたしまして第十三条を設けたわけです。

○小林(政)委員　今回の法改正は、一つには企業内容の開示制度の改正の問題、また公開買い付け制度の新設の問題、大きな柱に分ければこれが二つ提案をされているわけでございます。私は証券取引審議会の答申の内容等も検討をしてみましたけれども、企業内容の開示制度の改善といわれておりますが、これは投資家保護という基本的な立場から行なわれたというふうにいわれております。有価証券の届け出制度の改正の内容を見てみましても、募集だとか売り出しだとか、増資の届け出についても、その提出基準を発行価額で一億円に改め、発行価額一億円以下のものをなぜ除外したのだろうか。そしてまた、届出書の効力が発生する以前に投資の勧誘を実施することを認めているとか、また増資の際の届出書や有価証券報告書の記載の簡素化の問題、あるいはまた仮目論見書制度の採用など、投資家保護の立場か日本で、たとえばアジア開銀債の例をとりますと、アジア開銀債が円建てで日本で発行されました。それでこの幹事証券会社は、去年の場合は、野村証券を代表幹事として、ほかの三社が共同の幹事会社、発行条件等はマニラからアジア開銀の職員なり総裁なり責任のある人がたびたび往復して、幹事証券会社あるいは受託銀行との間にさまざまな議論を重ね、折衝を重ねられました末、条件が確定いたしました。そこで日本において引き受け契約にサインされ、引き受けがされ、発行がされたわけです。もっともあの場合は、この現行法のもとにありますので外国証券会社がその引き受けに参加することは認められておりません。しかし、あのときは、外国の証券会社で日本で発行された円建てのアジア開銀債が、たとえば東南アジアとか欧州でも売れるから、自分の販売網を使って売りたいという希望を申し入れたこともあったわけです。そういう場合に、ここで予定しておりますのは、AならAというアンダーライターが外国におりまして、そうして日本において確定いたしましたこのアンダーライターの契約に対しまして、国際的にこれを売りさばいていこうというふうになったといたしますると、そのでき上がりました条件の中においてその販売員の一員になっていこうということで、ついては自分が何万株か引き受けてそれを諸外国で売っていこう、こういう業者があらわれるわけです。そのときに、おおむね慣例によりますと、その元引き受け契約、アンダーライティングの契約が固まりました段階で、諸外国で売りたいと発行者なり主幹事が思いますと、諸外国のしかるべき人に対して、参加しないかという呼びかけをするようです。そのときにはもちろん条件が確定しております。その条件なら自分のところの販らにこまかい面も若干見受けられますので、その辺を主として簡明にするということであります。なお、合理化の面に重きがあると申しますか簡素と申しますことは、投資家の立場からは複雑にして見やすいということもあるかもわかりませんが、簡素であるからこそ見やすいという点もあるかと思います。その点を考えますと、株価の推移あるいは一株当たりの配当の推移ないしは利益の推移あるいは売買高の推移といったような、株主として知りたいトレンドにつきましても、やはり簡明な記録をさせるということのほうが、むしろいたずらなる明細の詳しいことを膨大につけますよりは、簡明にそういうところがわかり得るのじゃないかということも考えまして、この簡素化ということばも入っているわけですが、率直に申して、どちらかと申しますと報告書は合理化に重きがあるというふうに考えていただいてけっこうかと思っております。

○**小林(政)委員**　ただいま合理化のほうに重点を置いてという御答弁を伺ったわけですが、これは審議会として討議をされた場合にも、いま局長述べられたような内容と全く一致していたものなのか、それともどのような意見が出ていたのか、明らかにしていただきたいと思います。

○**志場政府委員**　十分認識されておったはずでございます。たとえば答申の八ページに、報告書につきまして詳細であることだけが投資者の投資判断資料として適当であるとは必ずしもいえないので、投資者の投資判断上差しつかえない範囲内において簡素化を進めるということでございます。簡素化と申しましても、決して企業側といいますか、その側からの簡素化ではございません。投資者の判断上、投資判断がしやすいという面から見てということで簡素化の趣旨はなっておるわけでございます。さような意味から子会社の財務諸表をつけることはもちろん賛成であったのでございますが、特に企業側の手数等からして省略してもらえないかという要望がございましたのは、けさほどの渋谷参考人から御要望として述べられておりましたように、主としてこの原価の内訳でございまして、これをアメリカ並みに、部門別じゃなくて当該会社の一括したのを原価計算に統合してもらえないかということがございましたけれども、それ以外に企業側からして、これは投資家として不要だから、めんどくさいからやめてくれといったようなことはなかったわけでございます。

○**小林(政)委員**　そうしますと、一つには企業側から出されていた内容は、いわゆる製造原価の問題一点だけだと受けとめてよろしいですか。

○**志場政府委員**　こまかい点は幾つかあるのでございます。たとえば所有株数別の株主状況というものをつくっておるわけですが、そのときに千株未満はやめてもらいたいとかあるいは株主の地域別の分布状態は要らないんじゃないかとか、大株主、役員の所有株式につきまして、額面、無額面の区別は何株でいいじゃないかとか、さようなさまつにわたる点のことはごちゃごちゃと出ておりましたけれども、大筋におきましては、投資家の判断上問題があるといったようなことにわたる要望は出ていないように承知しております。

○**小林(政)委員**　いまお話の出ておりました有価証券報告書の製造原価明細書の問題等は、この記載事項を何らかの形ではずすとか、あるいはまたそのほかの形で掲示をするようにするとかはいま全然お考えになっていらっしゃらないというふうに受けとめてよろしいですか。

○**志場政府委員**　産業界の中には一部、大蔵省に部門別の製造原価を出すことは従来どおりいいけれども、これを公衆縦覧に供するということになりますと、今後外国との関係になった場合に非常に厳格なこまかい比較ができて、いわゆる日本の原価の内容をこまかく外国に知らせることになる。これがいろいろな意味においてわが国の対外国際競争上支障になることがありはしないかという点から、公衆縦覧は一つの手ではあるけれども、ある程度のまとめたところでいいようにしてもらえないかという要望が、御意見としてはございます。大蔵省まで出していくということについて積極的に反対はないと私は受けとめております。その点につきましてどこまで要望にこたえるか、あるいは投資判断上からしてその要望にこたえることができないのか、これは今後私どもは慎重に検討してまいりたいと思っておるところです。いまこの際、この点は簡素化するとかしないとかということは実はまだ決しかねておる状態でございます。

○**小林(政)委員**　貸借対照表とか損益決算書あるいは付属明細書、これらの問題は、投資家にとってはきわめて重要な判断の基礎になる内容ですけれども、これらの問題等については、やはり製造原価と同じように何らかの形で手を加えようとしているのか、それともこれらの問題についてどのように処置されようとしているのか、その点をお伺いをいたしておきたいと思います。

○**志場政府委員**　損益計算書並びに貸借対照表は、業種ごとに若干違う点もございますが、おおむね業種に適用しました定型化されたひな型が順序としてあるわけで、それにつきましては私どもは今回改正しようとは思っておりません。

○小林(政)委員　何ぶんにも省令で定められている内容事項ですので、私どももこの法案を審議する場合にも、内容がどのように改正をいま準備されようとしているのか、そういう点がわかりませんと、ほんとうに責任を持った審議にならないわけです。また答弁も、そのような過程の中で、正確というよりも非常にあいまいな御返答があるわけですけれども、企業の資産内容その他も、いま申し述べました何点かの問題は、投資家保護の立場に立って、現行の記載制度あるいは現行のものより後退することはないと確認してよろしいですか。

○志場政府委員　さように御了解いただきたいと思います。

○小林(政)委員　私は、いままで述べてまいりました投資家保護の問題も、いまの御答弁では筋論としても非常に納得できないわけです。たとえば昭和二十二年の証券取引法が初めて国会に提案をされましたときの提案理由を見てみますと、「本制度を設ける趣旨は、投資家に株式または社債の発行会社の事業計画、資産の状況等に関する正確な資料を提供し、投資家の判断と責任とにおいて、証券投資ができるようにしようとすることにあるのであります。」このように述べられておりますし、翌年二十三年の三月に証取法の改正案が出されておりますけれども、そのときの提案理由の説明を見ましても、「有価証券の募集または売出の届出に関する規定の改正であります。有価証券の届出制度は、有価証券の発行に際してその詳細かつ正確な資料を政府に提出させ、投資家に判断の資料を与え、容易かつ安全に証券投資ができるようにする制度であります」、このように提案理由が述べられているわけです。私は、本来このようであった制度を、今回投資家の立場に立ってということを前提にしながらも、記載内容等簡略化をはかっていく、あるいはまた合理化もいわれておりますけれども、これはむしろ逆行するものではないだろうか。このように考えます。国民がこの記載内容の合理化、簡略化という点について十分納得をするような御答弁をもう一度願いたいと思います。

○志場政府委員　今回の改正案は、御承知のとおり、相当流通していながら毎事業年度有価証券報告書を提出しておりませんでした会社に、新たに有価証券報告書の提出義務を課するということ、そのほかに、一年決算の会社には半年間の営業及び経理の状況を報告させることです。そうなりますと、従来は増資の際の有価証券届出書という制度がございまして、その届出書を要したために、届出書を出した会社だけがその後有価証券報告書を出していくということになっておりました。したがって有価証券届出書から始まったわけです。ところが今回は、投資者の判断が、増資の際ももちろんですが、むしろ日々多く流通しておる、そういうところにあるわけでございます。したがいまして、流通面に重きを置いた有価証券報告書の改正、範囲を拡大する、一回に開示をふやすことが今回の法律改正の眼目です。さようなことからいたしまして、有価証券報告書は、先ほど申しましたように、中身が重複しておりますとか、その明細がありましていたずらにページ数を多くしておるとかいうことがあれば、それは投資家判断から見ましても、差しつかえない範囲内において簡略化するということはやっていいと思いますが、むしろ合理化に重点を置きまして、投資家判断上必要な事項で漏れておるもの、不十分なものを、子会社の財務諸表の添付をはじめ合理化をはかっていくということに重点がございます。反面、有価証券届出書は、有価証券報告書が出ております会社の場合はいたずらにその届出書がダブるわけですので、目論見書の中身を充実していこう。あるいは図表で示すとか、そういうくふうをこらしてわかりやすくしていこうということで、ただいま小林委員がお読みになりました二十二年、二十三年の提案理由にございますところのディスクロージャー制度の持っている趣旨を、私どもとしては今回もより充実、拡充していこうとこそすれ、決してそれを廃棄しようということは毛頭考えていない次第でございます。

○小林(政)委員　先ほど来から、簡素化、合理化の内容について、より投資家にとってわかりやすいものという説明ですけれども、あるいはまた外国との関係でいろいろな関係が出てきて、あまり詳細なものは云々というお話もございましたけれども、大企業の収益の実態はむしろ最近は国民にわかりにくくなってきているのではないか。企業が経営の秘密をたてにとって、なかなかその経営の実態、財政の実態は、むしろ国民の目からは、だんだんと複雑になっていけばいくほど多く隠されて〔いく〕傾向が強まってきております。投資家にとっては唯一の正しい判断の基礎であり、そしてまたその基準ともなります記載項目は、少なくともいままでの状態を後退は絶対しない、むしろより改善されることをどうしても今回とっていく必要があるんではないだろうか、このように考えますが、その点についてもう一度御答弁をいただきたいと思います。

○志場政府委員　繰り返して申しますように、いたずらに企業の御都合主義に応ずる気持ちは毛頭ございません。あくまでも今回の改正の趣旨を充実するということで、記載内容、様式につきましても、投資家の判断上必要だ、重要だという点を中心にいたしまして改善すべき点を改善していくという方向でございます。

○小林(政)委員　公開買い付けとは、いままでも各委員からも御意見が出ておりましたとおり、主として会社の支配権の取得を目的として、有価証券市場外で不特定多数の株主から株式を買い付けていく制度です。今回、この株の取得によって他の会社の支配をしようとすることを主たる目的とする公開買い付け制度をあえてここで法制化されたわけですけれども、はたしてこれによって外資の会社乗っ取りとかあるいは支配を防ぐことが完全にできるとお考えになっているのか。

○志場政府委員　公開買い付け制度の創設は、決してこの方法による買い付けを禁止してしまうという趣旨ではございません。むしろ現在は何のルールもないわけです。あすにでも自由かってなこういう方式が行なわれるかもしれないのです。あるいは、これを禁止いたしますと、逆に、その他の投資家にとって、あるいは国民経済、証券市場にとって、望ましくない方法による買い占めが行なわれるところに追い込むおそれもあるのです。その辺のことを考慮いたしまして、投資家保護、市場秩序の維持という観点から、所要のルールをつくっておくことが望ましいと考えたわけです。もちろんその際も、外資からの買い付けが、実際問題としては当面あるかもしれないということを考えましたけれども、これを公開することによりまして、わが国民の株主個々が自主的に、また対象となったわが国企業が株主に訴えることにより、公正な判断のもとに、わが国の企業なら企業を守るという判断が出ると思うのです。これを証券取引法の場で禁止してしまうことはとうていできず、またあまりにもこういった方法をとれなくなるまできびしくしてしまうと、かえって好ましくない影響をわが国経済に起こす、かように判断したわけです。

○小林(政)委員　このような制度を今回取り入れたということによっても、国内企業の中でも大企業が競争相手の株式の買い占めをやる、こういった事態が当然予想をされるわけですけれども、今後の見通し、方向などはどのようにお考えになっているのか、お伺いしたいと思います。

○志場政府委員　国内外を使い分けておりませんから、わが国ではこういった方式による企業の合体、集団化の慣例はなかったわけですが、今後はこういう方式による企業の合体、連合も可能性はあろうと思います。ただその場合、わが国はどちらかと申しますと、買い占めをしようとする側と相手方との間で事前の了解なり話し合いが行なわれまして、合併していいのですが、合併の手続はいろいろと繁雑であるとか負担があることから、この方法で株主にぶっつけていくことが多く行なわれるのではないか。現にイギリスの実例を見ますと、こういった方式による買い付けの申し込みが年間数百件あるのですが、そのうち成功している事例は五、六十件、数十件でして、その中身は、ほとんど両当事者間におきましてあらかじめ話し合いがつきまして、その上に行なわれる場合であるように見られます。そういうことを考えますと、イギリスでは、むしろイギリス国内において企業の合併にかわるべき提携の方法としてこれが用いられておると思われるわけでして、わが国の場合も、将来の国内の姿といたしましてはさようなことが想定される、かように考えます。

○小林(政)委員　株の買い占めが、一応制度的にもルール的にも法的にもここで切り開かれたということになりますと、今度の公開買い付け制度が、一部では持ち株会社への第一歩に移行していく心配が取りざたされているようです。この点については、八月二十六日の日本経済新聞に載っておりましたけれども、経団連の独禁法の研究会の中間報告が載っておったわけですが、その中で、商法とか証取法、税制等の一連の関連の法規の改正を行なって、そのあとで独禁法第九条、いわゆる持ち株会社への禁止の条項等も改正をすべきであると新聞に載っておったことを考えますと、非常に重大な内容を持つのではないかと危惧を深めておりますが、この点についてお伺いをいたしたいと思います。

○志場政府委員　私ども証取法の改正としてこの問題を出しましたときには、御心配のような、将来独占禁止法の持ち株禁止規定を緩和する、そのための一つの環境づくりと申しますか、手段を提供すると申しますか、そういうことは毛頭念頭にございません。また、この方式によらなくても、株式を取得するあるいは持ち合うことは、もちろん相対取引その他市場取引を通じまして自由に行なえるところです。むしろこの方式をオープンすることにより、独禁法の違反がないかどうかを公の前に出すことになりますので、この隠れたる株式取得が先行することに比べまして、一そう独禁法の監視上からは目を光らせやすい、こういう効用もあるかと存じます。いずれにいたしましても、独禁法との関係は一切この立法の趣旨からは念頭になかったわけです。

○小林(政)委員　最後に、証券取引市場の最近の地方の取引高が、情報化の進んできている中で中央に集中し、前にも神戸証券取引所が閉鎖をいたしておりますけれども、このような問題等が非常に強まってきているのではないかという点と同時に、神戸証券取引所の閉鎖、ここでは会員証券会社は大阪証券取引所に加入をするという形で処理がされておりますが、従業員に対しては事前に何の連絡もなかった。私は解雇された、取引所で働いておりました従業員に対して、大蔵省が証券会社とともに何らかの対策を真剣に行政指導の面で行なうべきではなかっただろうか、このように考える。と同時に、閉鎖を許可した大蔵省が、その当時の責任についてどのような見解を持っていられるのか、ひとつお伺いをいたしたい。

○志場政府委員　取引所の設立は、法律上、その会員たらんとする人たちが設立をきめまして、大蔵大臣の認可を求めていく、こういうことでございます。神戸証券取引所は確かに三、四年前に解散されたわけでございます。しかし、これはさような会員が設立し、また会員が解散を発議するわけで、その当時大蔵省が行政指導あるいは強制的に指導してということではございません。ただ、認可という問題がございますために大蔵省に認可を求めてきた、これが認可されたということです。その後、各地の取引所がございますけれども、取引のウエートから申しますと、御懸念のようにだんだんそのウエートは減っておるという点もございますが、ただ、地場産業会社に対しまして適切な上場の機会を与えるというような、地方的な存在理由は否定できませんので、私といたしましては、今後また引き続きそういう閉鎖問題が起こってくるというふうには予想は立てていないわけでございます。

なお、投資家の保護という点から申しまして、事実問題といたしまして、東京に取引が非常に集中している事実もございます。東京の市場の情報ができるだけ早く地方まで伝達されることが望ましいわけですので、別途機械化、情報の伝達につきまして、東京証券取引所を中心にして、目下いろいろ検討を進めている段階でございます。

衆議院　大蔵委員会議録第五号

昭和四十六年二月十日(水曜日)

出席委員

委員長　毛利　松平君

理事　宇野　宗佑君　理事　上村千一郎君
理事　丹羽　久章君　理事　藤井　勝志君
理事　山下　元利君　理事　広瀬　秀吉君
理事　松尾　正吉君　理事　竹本　孫一君

奥田　敬和君　木野　晴夫君
木部　佳昭君　木村武千代君
坂元　親男君　田村　　元君
高橋清一郎君　登坂重次郎君
中島源太郎君　中村　寅太君
原田　　憲君　福田　繁芳君
坊　　秀男君　松本　十郎君
森　　美秀君　吉田　重延君
阿部　助哉君　佐藤　観樹君
平林　　剛君　藤田　高敏君
堀　　昌雄君　貝沼　次郎君
古川　雅司君　小林　政子君

出席国務大臣

大　蔵　大　臣　福田　赳夫君

出席政府委員

大蔵政務次官　中川　一郎君
大蔵省証券局長　志場喜徳郎君
国　税　庁　長　官　吉國　二郎君
（ほか略）

本日の会議に付した案件

証券取引法の一部を改正する法律案（内閣提出第九号）

外国証券業者に関する法律案(内閣提出第一〇号)

○毛利委員長　これより会議を開きます。

証券取引法の一部を改正する法律案及び外国証券業者に関する法律案の両案を一括して議題といたします。

質疑の通告がありますので、順次これを許します。

○平林委員　一つは、最近における証券をめぐる情勢が大きく変わってきておりまして、その中でも有価証券発行の多様化も一つの特徴であろうと思うのでありますけれども、ここ二、三年来新たに株式の時価発行が行なわれるようになりました。株式の時価発行について、最近の実情はどういう傾向にあるかひとつお話しをいただきたいと思います。

○志場政府委員　株式の時価発行は昭和四十四年一月に日本楽器が初めて実施いたしました。それ以来現在までに、二十六社、そのうち二社が二回実施しておりますので、時価発行の件数は二十八件行なわれております。

その概要を年度別に申し上げますと、四十三年度が先ほど申した日本楽器一社、一件です。額面金額では三億円の増資ですが、払い込み金額は二十一億円の時価発行が行なわれました。四十四年度は件数は八件、額面金額十四億六千万円、払い込み金額百七十八億四千万円です。四十五年度が、十九件、額面金額七十四億九千万円、払い込み金額七百三十二億三千万円でして、四十四年一月に初めて行なわれまして以来今日まで、合計二十八件、額面金額九十二億五千万円が、払い込み金額九百三十一億七千万円という状態での時価発行が行なわれておるわけでございます。

○平林委員　ただいまお述べになりましたような数字は、全般の増資、有償増資分に対する割合というものはどんなふうになっておりますか。

○志場政府委員　払い込みベースで申し上げますと、四十三年度は〇・七%、四十四年度は三・四%、四十五年度が一一・二%、その金額が全体の有償払い込み増資総額のうちに占める時価発行による分の払い込み総額でございます。

○平林委員　この時価発行につきましては賛否いろいろな意見がございますが、最近の時価発行の占める割合が四十三年度から比較いたしますと、わずかの間に一一%をこえるという伸び方を示しておるわけでして、一つの傾向を示しておると思うのであります。しかしこの間、この時価発行につきましては、たとえていうとミツミ電機のケース、あるいは昭和四十五年のソニーの時価発行増資にからまる問題とか、いろいろなこともございまして、かなりいろいろな角度から議論をされておるわけですが、政府としては時価発行について今後どういう態度をとるかをただしてみたいのです。

株価の高い企業が時価発行で市場の投資資金を大量に吸い上げてまいりますと、鉄鋼株のように、株価が低くて資本金の大きい企業はなかなか増資ができにくくなる。基幹産業でも資金不足になるおそれが強い。現在の経済情勢、景気の見通しにおいて、時価発行というやり方について証券行政はいかにあるべきか、これは私は一つの問題点だろうと思うのでありまして、証券行政がこの事態においてどういうふうにあったらよいのかという御見解をお聞かせいただきたい。

○志場政府委員　ただいま、株価の高い企業が時価発行というお話でございますけれども、時価発行によって額面をこえて、プレミアム分として払い込まれました分は、当面その全額を資本に組み入れる必要は法律上もございませんので、このことをさしてよく企業側が無コストの資金を吸い上げた、こういうことがいわれるわけです。ですけれども、いわゆるプレミアム分が株主に還元されていくことがありませんと、無コストの資金を一方的に収奪する事柄は経済条理から申しましても存続し得ないわけです。ただ、その場合、調達しました資金はほとんどの場合に設備投資に向けられる、それによって生産力を向上し、収益力を向上させる、したがいまして、いわばその間無利息で先借りしておるというかっこうであるべきです。そういたしました場合に、株価が高いからすぐ時価発行ができるとは思いませんで、時価発行によって調達しましたプレミアム部分を、やがてそれを各種の方法で株主に還元して、しかるべき収益を戻しましたあと、なおその還元に耐え得るというような成長なり収益をあげることができるかどうかが、時価発行が当該企業にとりまして合理性があるか、妥当性があるか、持続するか、こういうことになろうかと思うわけです。したがいまして、その限りにおきましては、それに耐えられるような企業が時価発行を行なっていくことは、資本の理屈からも当然でして、また株主にとりましても、長い目で見て、報酬を考えました場合に必ずや報われるわけですから、株主の利益をそこなうということにもならないわけであります。また資本の効率から申しましても、そういう収益力をあげることができるところに資本が集まることが、経済合理性にかなっていると思うわけです。

ただ、大型の基幹産業、中でも電力及び鉄鋼は、どんどんと収益力が目立ってふえることが見込まれる業種でもございません。したがいまして、株価も、通常の額面による配当が、金利状態からいたしましてもまあ妥当な利回りに回るという、いわば資産株というような意味で観念されておりますために、株価も五十円台あるいは六十円がらみといった事態でずっと推移していることは御承知のとおりでありま す。ですけれども、これらの企業にとりましては、安定性が根っこにございますわけで、それなりの信用がございますために、妥当な利回りを維持することが見込まれる限り、増資は全然だめになることもございませんが、ただその場合は額面による発行になろうと思います。ですけれども、時価発行します場合には妥当なディスカウントをいたしますので、六十円前後の市場価格における時価五十円は、いわば五十円そのものが時価発行による価格である、時価であるというふうにもなるわけで、それ以上の調達は見込めないわけです。

しかし反面、基幹産業として非常に重要ですので、従来もそういう場合には金融機関の借り入れのほかに社債にかなり多く依存している。これは私といたしましては、非常に自然な姿でございまして、諸外国の例等を見ましても、こういった基幹産業、大型産業あるいは公益事業における資金調達は、どちらかと申しますと、増資による資金調達はある程度のステッディな動きをいたしましょうが、これ以上は社債に依存することが資金供給の筋道であるというように考えておる次第でございます。

○**平林委員**　もう一つの問題点は、時価発行の引き受けをする場合にはどうしても大きな資金力や販売力が要請をされる。今日までの合計二十八件は、大手の集中がますます激しくなる、そこにまたつくられた時価というものがありはしないかという危険性も株主としては感ずるわけです。特に今度のように国際化、自由化の影響から、海外から証券会社がわが国に進出してまいりますと、私は、いまの大手の証券会社がわずか四社でほぼ独占しておるという形は必ずしも望ましくないんじゃないか。今日までいろいろな動きを見ておりますと、作為的な株価で市場がゆがめられたり、株価が公正につくられないという批判もあったりして、証券市場に対する大衆の信頼や不信感をあおっておる面もなきにしもあらずなんです。四社独占をもっと進んで考える必要がないかという声も聞かれるわけでありますが、これについてはどうお考えになっておりますか。

○**志場政府委員**　時価発行増資を前提といたしますと、そこに証券会社の引き受け機能の強化充実があらためて要請されると思うのです。そういうことを考えますと、時価発行の場合の幹事証券会社になる会社は、勢いその規模あるいは財務体質あるいは販売網が、相対的には大きくならなければならないという面が確かにあるわけです。現に証券会社の業務別の最低資本金の定めをごらん願いましても、元引き受け証券会社、主幹事証券会社として機能できる場合の最低資本金は三十億円以上であるわけでして、その点から申しましても、機能的にそれが要請される、これは否定し得ないかと思う次第です。

　ですけれども、一方において考えますと、確かに御指摘のとおり、日本の現状は、いわゆる四社の日常の株式売買高、あるいは上場有価証券の取引所における株式売買高のうちに四社の占める割合が六〇%近くあることも事実です。もちろん、四社がみんな、筈を合わして統一行動をとるということはございませんから、同じ方向に影響を及ぼすというふうにもいえないわけです。いずれにいたしましても、それだけの売買高のシェアを占めますと、市場の動向に対して大きな影響力を持つことは否定できないわけです。もちろん、委託売買、自己売買、両方を含んでおりますので、全部が全部自分の判断による売買でないことはもちろんですが、ただ投資勧誘その他におきまして、時価発行を受けた分につきましても影響を及ぼすであろうということはいえるわけです。

　そういう事態ですので、一方において引き受け機能が、資本力なり営業販売力の面においてかなりの規模を要するという面と、それから市場での実際の機能として悪影響を及ぼさないかという面との調和をどこに求めるかでございますが、私どもとしましては、やはり大きな組織を持っている会社につきましては、広く投資家を健全に開発していく、それだけの支店網あるいは調査網もございますから、その前提に立ったブローカー業務に主力を拡大する。その周辺といたしまして、公社債といったような確定利付の、そういう投資層が育ってきまして、そのうち投資判断がある程度自主的に働き得るような、そういう層を多く公社債市場あるいは投信あたりから育ててまいりまして、そういう土壌なり環境をつくっておくということ。

　それから、その反面、自己売買ですが、これは私どもといたしましては、非常に影響がございますために、四社は特に自粛を求めるべきではないか、こういう感じが今後についてはいたすわけです。現在、商品有価証券としての保有限度は、全体の証券会社と同じように、特に純資産の四割というふうに制限しておるわけですが、だんだんと純資産がふえてまいりますと、それにスライドして商品有価証券を多く持てるということがはたしていいのかどうか。したがいまして、今後そういった純資産の経過と見合いながら、商品有価証券の保有限度も検討を絶えず加えまして、四社の自己売買の業務ウエートが市場に大きな影響を及ぼすようなことを極力なだらかにいたすべきではないか、こういうふうなことを基本的には考えておる次第です。

○**平林委員**　たとえば、四社以外に、ある程度の中証券で合併の話が出てくる事態があったとき、証券行政としてはどういう態度をおとりになるのですか。

○**志場政府委員**　合併は大蔵大臣の認可事項になっておりますが、事柄が当事者の自発的な問題ですので、なかなかお答えしにくいわけですが、今日いわゆる総合証券会社として資本金三十億円以上ある会社は七社あるわけです。私どもとしては、四社並みのものを多くつくることがはたしていいのかどうか。むしろ問題は、総合証券会社に至らない、現在資本金で申しますれば十億円台でございますところが、もう少しそれなりの機能を発揮してもらいたいという期待は持っておるわけです。小さな資本金は、二千万、三千万、五千万とございますけれども、案外ここら辺は地場の投資家と結びつきまして小回りがきくということもございまして、収益状態等もまあまあやっておりますが、資本金五億、十億台ということになりますと、案外そこは中途はんぱであり、私どもとしてはもう一歩期待したいという面がございます。もちろんこれも現在のところ収益面におきましてはよろしいわけで、合併を指導しなければならないといった事例はございませんが、その辺にさらに今後の証券界における機能を自覚して、業務提携しようではないかということになりますれば、先ほど御指摘の寡占的な状態に対する一つのアンチテーゼという意味も期待できるのではないかと考えます。

〇平林委員　次に、株式公開による譲渡所得について課税をするかどうかという問題につきましてお尋ねしたいと思うのであります。

御承知のように、現在株式の売買利益は、所得税法第九条によって非課税扱いを受けておるわけです。私は昨年税法の審議の際に、赤井電機が東京証券〔取引所〕の第二部に上場されたときに、大株主であった赤井社長が一挙に四十数億円の利益をあげながら全く非課税であるという措置について、一般のサラリーマンはわずかな月給からも税金が取られているということに比較をいたしまして、株式の公開がいかに株の民主化につながるとしても、不公平に過ぎるんじゃないかということで問題を提起をいたしたことがございます。これについて、最近大蔵省筋では、新規上場による株式の売買益はこれを譲渡所得とみなして、すべてに課するかどうかは別にして、常識的な課税をする方向で検討しておると伝えられておるわけです。これについて証券局長、御見解はいかがですか。

〇志場政府委員　株式の譲渡所得課税の問題でございますが、現在の所得税法におきましては株式の譲渡所得は原則的に非課税ということにされております。ただし、営利を目的とした継続的な取引から生ずる場合の譲渡所得並びに事業等の譲渡に類似するような株式の譲渡所得、もう一つございますが、その二つは例外として課税する、かようになっておるわけです。株式のキャピタルゲインの課税問題はなかなかむずかしい問題でございます。いたずらに理屈に走らず、現実的な現状を見ながら、一方において有価証券取引税を課しながら、他方においてただいま申しました二つの場合を中心にして課税を行なうという現在の法律体系は、私は税法が実際的な法律であるという点から申しまして、基本的に妥当な制度ではないか、かように私自身も考えます。

ただその場合に、この株式の新規公開の問題でございますが、証券行政の面から申しまして、閉鎖的でございました株式が公開されて上場につながっていくことは、単に資本市場、証券市場の拡大拡充のみならず、当該企業自体の国民経済の中における発展から考えましても、ぜひとも必要な方向である、かように基本的には思っておるわけです。

ただ、公開価格の決定等につきまして不合理な面が多いんじゃないかという面が一方にございました。その点の合理化の一環といたしまして、公開する際の放出株を多くする、上場会社の浮動株の占める割合と同じ程度にまで公開をしてもらう。それによって価格が需給関係からナチュラルに動向するように仕組む、こういうことを一方においてさせまして、資本金別に若干の差はございますが、その公開する株数は、大体発行済み株数の二割近くの数量の株式を一時に放出することに相なるわけです。そこでこれを、私どもとしましては、極力進めることを基本的に置きたい。ただ、現在の税法を見ますと、こういった放出行為は決して、現在課税になっております営利を目的とした継続的株式の取引とは思われません。それは理屈でもそう思われるのでございます。

もう一つの事業譲渡の類似所得の問題ですが、それは現在の所得税法施行規則では、御案内のとおり、ある同族会社の発行済み株数の二五%以上を一時手放しました場合に、それは事業譲渡に類似すると基本的にとらえております。ただそれを、脱法行為を防止する見地から三年間通算する。で、一年としまして一〇%こえれば、その分を含めた三年間の合計が二五%以上になれば、その一〇%以上の分を課税する、こういうことになっておるわけです。基本は、二五%以上放出すればそれは事業の譲渡とみなすんです。

そこで私ども、公開の場合は、一時に二〇%近くを放出する、これは別に事業譲渡でもございませず、意図的にこれを分割することはかえって公正な価格を形成しないことになる。毎年一〇%をこえる分はいけないぞという分については、公開という場合にはそういうことじゃないのだから、これはひとつ除外してもらいたい。量は質を規制することから考えてもやむを得ないだろうということを基本的に考えて要望している次第でございます。

〇平林委員　これにつきましてはいろいろ議論がありまして、株式の公開は証券市場の拡充に通ずるという意味では、大衆化という好ましい面は一面持っておりますけれども、しかし株式公開は別の面からとらえると、上場することによって知名度、信用度が向上するわけで、企業にはメリットがあるわけです。したがって、ある一定の割合をつければ、それでその所得に対しては課税をしなくてもよいという議論に、私は直ちにはなじまないものがあるわけです。しかし、かりにある一定の限度を設けてこれに課税するという一歩前進の道をとるといたしましても、私はそれによって新規上場は阻害をされないと考えておるのでありますけれども、かりにそういう措置をとるとしたら、証券市場にどういう影響を与えるか、証券局長の判断をお聞かせいただきたいと思います。

○志場政府委員　私どもは、株式の公開は取引所の規則でつくられておりまして、価格形成も公正に行なわれることを期待しながら馴化するということで改正をもくろんでまいりました。その結果が、放出株数になりますと先ほど申したような数字が出てきたわけです。私どもとしましては、この範囲は多少ゆとりを持ちましても、これはぜひ非課税でやってもらいたい。もしこれに課税が及んでくることになりますと、必ずやいろいろとそれを避けて通る道に走ることは明らかです。率直に申しまして、もし課税されてもそういう抜け道が考えられるから、やろうとする者はのがれるじゃないかという意見もございました。しかし、私どもといたしましては、それは適当ではない。やはり株式の公開、資本市場、株式市場はオープンに、あるべき筋合いに沿ったものをいたしまして、それが公正に行なわれなければならないわけです。

課税が及んだらどうなるかですが、課税をやむを得ないからきめられた方式でやりますということではなくて、必ず別の方策に移っていくでしょう。しかしまた、それは証券市場に対しては決して好ましくない、かように考えるわけでございます。

○平林委員　私、その点がちょっとわからないのですが、この問題で、いろいろな考え方はあると思うのですけれども、もしかりに課税を強化、あるいはある程度課税をするというと、いま二五％ラインを言われたのですけれども、それを確保しなければ抜け道が考えられるだろうと言いましたが、どういうようなことが予想されるのでしょうか。

○志場政府委員　これは、別途お願いしております公開買い付けをあまりきつく規制するとどういうふうに分散するかということとちょっと似通った点もあろうかと思うのでありまして、一年なら一年にあるまとまった株数が、公開である場合はとらえられるわけなんですが、そのパーセンテージを免れるために分散していくわけです。しかし、その場合はもちろん上場前の話ですので、市場にある程度の数を適宜流すということじゃございませんで、あるいは相対取引のような形でもってあるいは形式的に持ってもらうような形にしますとか、いろいろなことがございましょうと思いますけれども、そういうふうな形で株式の分散を形式的にはかることを考えるだろうと思うのです。そういたしますと、その場合の株価とは、もちろん公の場で判断が働くわけではございませんで、取引はあくまでも相対的なことになるわけですから、新規の取引の場合には、その値段につきいろいろと混乱なり、また買わされた人にも損害が及ぶということがあるかもしれず、価格の点について非常に不明朗と申しますか、不公正な面もございましょうし、あるいはまたその分散が、真に株主が分散したのではなくて、いわば名義株のようにいろいろと分けるというようなこともあるのではなかろうか。そういうふうな状態で、上場ということにつきましては決して好ましい上場になったとは思えない、かように思うわけです。

○平林委員　しかし、ただいまおっしゃったことは証取法違反じゃないですか。ですから、それは結局市場に株を上場する経営者の心組みであるし、制度がそういうことであればまたそれでも、私に言わせれば、上場による知名度や信用度が企業に対していい影響を与えるという点も十分考えられるわけでありますから、そういう脱法的なことをやることはまた証取法の違反になるわけなんでありますから、それができないということはないのじゃないでしょうか。

○志場政府委員　私がいま申しました方法によって、相対取引で株式を持たせていくことは、当該株主にとりましては別に証取法上禁止されておる行為ではございません。ですから、証取法の脱法という問題は、その段階では起こらないわけであります。

○平林委員　証券市場の国際化に伴い外人投資がふえてくると思うのでありますけれども、この外人の投資の現状について、昭和四十五年の現況はどうなっておりますか。

○志場政府委員　四十五暦年中は、外人のわが国株式の取得は約一億五千万ドルの買い越しに終わっております。

○平林委員　昭和四十五年の四月から六月の累計で私の承知しておるのでは、差額でマイナス九千百万ドルと聞いておるわけですけれども、経過をちょっとお話しいただきたい。

○志場政府委員　四十五年度――つまり四十五年の四月から四十五年の十二月までで申しますと、合計で取得額が六億四千三百万ドル余り、売却額が六億三千六百万ドルでございまして、差し引き七百二十四万四千ドルの買い越しでございます。

○平林委員　そうすると、最近は外人投資の額は六億四千三百万ドルだが、売却もそれにほぼ匹敵するというような状態になっておるという結果ですけれども、これはどういうような理由によりますか。

○志場政府委員　一昨年の十二月、アメリカにおきましては、海外株式投資についてガイドラインを設け、それが、一昨年中におけるわが国の株式の買い入れ超過を、昨年におきましてはセーブするという一つの要因として働きましたことは御案内のとおりですが、昨年四月末のＩＯＳ破綻を中心にした国際的な投資信託の投資動向は、世界的に買い控え、むしろ売却をしまして資産の流動化をはかり、解約に備える、こういう事態でございました。あたかも、取引市場の株価動向も、わが国の場合は四月末から五月でしたが、ヨーロッパの諸国あるいはアメリカにおきましては、むしろその少し前あたりから下落傾向を強めまして、このところようやく上向きかけておるという状態です。その点はわが国の場合もほぼ似通った動きを示しておりますけれども、おおむね昨年の九月―十月ごろまでは非常に下落傾向、底値傾向でした。世界景気の動向も見通しにくいことで、国際的な影響力を持ちました諸外国の投資信託の資金運用は非常に慎重であり、むしろ売却をいたしまして、現金化、流動化を高めるということで、これは軌を一にしておったようです。その影響がわが国の市場に対する株式の売買にも同様に、ひとしく及んできておる、かように私どもは見ております。

○**平林委員**　いまのお話ですと、そうすると取得ベースなどにおきましてもどういう変化が見られておりますか。十二月までの統計でとらえてある地域別の比率などの動きはどうなっておりますか。

○**志場政府委員**　まずその前に、たとえば月々の取得額を見ましても、一昨年の第三・四半期、十月より十二月あたりは一カ月の取得額が一億五千万ドルから一億七千万ドル、去年の二月―三月ごろも一億三千万ドルから一億六千万ドル、こういうオーダーであったのでございます。それが昨年の五月以降におきましては、四千万ドル台、五千万ドル台と額がぐんと減ってきております。他方、売却処分額も、月ごとに見ますると減ってきており、一昨年の十一十二月あたりは七千万ドル、八千万ドルという月ごとの処分額でありました。去年の一―三月も同様でありますが、今日ではこれが四千万ドル、六千万ドル台でございまして、要するに処分額は日本の場合はあまり下がっておりませんが、それ以上に取得額が著減してきた、三分の一程度に下がってきたことが、この差額を小さくしてきたということじゃないかと思っておるわけです。

なお、地域別ですが、外国からのわが国株式の取得状況は、欧州の投資信託が多いわけでして、国ごとには正確にはわかっておりませんが、六割から七割見当が欧州、一割五分程度がアメリカ、東南アジアが一割ぐらいまで、こういうふうな事態でございます。

○**平林委員**　地域別に見るとアメリカの取得ベースがだいぶ下がってきておる。これに対して欧州と東南アジアがふえておるというような傾向でありますけれども、関連をしてお尋ねをしますが、松下電器がニューヨークで上場できるのじゃないかという話を昨年来聞いておるのですけれども、いまどうなっておるのでしょうか。

○**志場政府委員**　御案内のとおり、ソニーはニューヨークに上場いたしましたが、松下は、関心を持ってＳＥＣ等に接触しているといううわさ等も聞いたことがございますが、正式に上場の申請をしたとかいうようなことにつきましては、私ども承知しておりません。

○**平林委員**　今度の証取法の改正について、株式の公開買い付けが柱になっておるようですけれども、株式公開買い付けにあたって、政府から提案をされておる趣旨は大体わかるのだけれども、単に投資家の保護にとどまらず、不当な買い付けについては産業政策の立場から大蔵省が届け出を受理しないほうがいいのじゃないかという意見もあったと聞いておるわけです。これについてはどうなったのでしょうか。

○**志場政府委員**　お尋ねのような不受理は考えておりません。届け出でして、ただその内容におきまして訂正を要すると認められるものは訂正をさせた上でその効力を発生させる、あるいはその状態によっては効力の発生を延長する、ないしは効力の発生をせしめないこともあり得るかとも思いますけれども、申請を受理しないということは、法律形態としては考えておりません。

またそこで、この審理の内容ですが、たとえば独占禁止法違反という疑いがある場合におきましては、政府としましては十分にその点は慎重にクリアしなければなりませんけれども、そのほかの産業政策その他を理由にしましてその効力、中身について云々することは適当でないと考えたわけです。あくまでもこの買い付けの方法なり条件が公益または投資家保護の点から適当であるかどうかという観点から審理をいたしまして、そうしてその点を審理した上での効力発生にもっていきたい、こういうことに相なります。

○**平林委員**　外国証券業者の証券取引所加入問題はどうなのか。私の承知しているところでは、証券取引所は現在定款によって会員の資格を制限をしておる。あるいはこれに付帯する理事会決議で、外国証券会社、外資によって支配を受けることになった証券会社等は会員になれない、あるいは会員の資格を失う旨、明記をされておるのですけれども、こういうものと今度の法律改正とはどういうような関係になりましょうか。

○志場政府委員　今回の外国証券業者に関する法律の附則におきまして、現在の証券取引法第九十条を改正しております。現在の第九十条は「証券取引所の会員は、証券会社に限る。」となっておりまして、この場合の証券会社はもちろん日本の法人たる証券会社ですので、国際的な問題があろうということで、所要の改正を加えることにいたしております。と申しますことは、わが国の会員は法人を会員といたします。けれども諸外国はおおむね個人を会員としておるのでして、アメリカのニューヨーク取引所をはじめといたしまして、ヨーロッパの諸国の主要取引所は、まず原則といってもいいほど自国の国籍のある者、市民権のある者あるいは参政権のある者、こういう国籍なり市民権を会員の要件にしておるわけです。したがいまして、日本の証券会社が当該外国に現地法人、あるいは支店をつくりましても、その代表者が日本人である限り、その日本人が個人として会員になろうといたしましても、その取引所の定款によりまして会員の資格は与えられておりません。さようなことも考えまして、会員の資格をきめるのは取引所ですが、この差別待遇が当該外国でわが国に対してない限りは、わが国も当該相手側に対しましては国の法令として差別待遇をすべきではないだろうと考えまして、法律の段階では相互主義で資格を認めることに改正案をいたしております。

○平林委員　いまのお話のように、会員資格はアメリカの国籍を有する者というふうに限定をしておるわけです。相互主義で解決するといいましても、すぐアメリカでこうした制限を撤廃することがなければ、外国証券業者の証券取引所の加入の問題も相互的に考える、こういうことなんでしょうが、もしそうだとすると、それを具体的に法律の意図しているような方向にやるためには、政府としてはどういう手だてをするのか、またその実現性の見込みはどうなのか。

○志場政府委員　今度の法律で証取法九十条を直しましたゆえんは、支店を認める段階におきまして、現在の法律ではわが国の証券会社だけに会員の資格を与えるということに、法律上差別待遇を国の内外に対してしているというところを考えまして、法律上の措置としましては、相手方の法令上日本に対して差別待遇をしない限りは、わが国もその国に対しては法律上の門戸は開くということにいたしたのでであります。したがいまして、その国が法律をたてにいたしまして、もしも外国に法令上の差別待遇がございますれば、それを改正してもらう働きかけをすることができましょうし、またしたいと思いますが、しかしそうなりましても、取引所の会員資格は各取引所が定款できめておるということが現状ですので、実際問題、たとえば東京証券取引所が外国の支店を会員にするかどうかは、当該外国支店の属する国の取引所の定款を見まして、それがわが国の証券会社に対して差別をしておる限りは、日本の証券取引所も定款を直すことはしない。しかし、だんだんと交流が進むにつれて、相互に門を開き合う機運が推進されるということが期待されるわけですけれども、そのためには法律上の制約を少なくとも除いておく必要があるということで、今回の法律の改正案をお願いしておる次第でございます。

○堀委員　第十三条の三項ですか、「第四条第一項の規定による届出がその効力を生ずることとなる日前に行なう有価証券の募集又は売出しのために使用する目論見書については、前項の規定により記載すべき内容のうち大蔵省令で定めるものを省略して記載することができる。」こういうふうに法律が書かれておるわけです。これが実は答申の中における仮目論見書に該当するのだと理解をしているわけですが、「前項の規定により記載すべき内容のうち大蔵省令で定めるものを省略して記載することができる。」というこの「大蔵省令」というのは、何でしょうか。

○志場政府委員　今回、時価発行等の場合を主として考えまして、投資家が応募するかどうかの判断のための期間を、十分に与える必要があることを考慮いたしまして、アメリカの制度にならったわけですが、届出書が出ますと、これを公衆縦覧に供しますと同時に、いわば仮目論見書を使いまして、それで勧誘行為までは認めることにしたわけです。仮目論見書と申しましても、中身は本目論見書と変わらないというたてまえです。

しかしながら、時価発行の場合は、募集価格は商法上の制限もございますが、ぎりぎりの段階になりましてこれをきめることになるわけです。したがいまして、届出書を出す段階におきましては、募集価格、募集手数料等はブランクのまま届出書が出されることが従来の慣例です。でありますので、それがきまったら訂正届出書という形をとりましてそのブランクの分を埋めるわけです。さようなわけでございますので、お尋ねの省令も主としてブランクにとどまらざるを得ない募集価格及び募集手数料が省略の内容になる、かように御理解いただきたいと思います。

○堀委員　そこに私はちょっと疑問が少しあるわけ

です。いま局長がお話しのように、仮目論見書と目論見書の相違は、発行価格あるいは手数料だけが抜けてあとは目論見書と同じである、こう言われたわけですね。有価証券の届出書が効力を発生した後におけるのが目論見書ですね。そうすると、効力が発生してからできる目論見書と効力が発生しないときに出される仮目論見書は同じなんだ、こういうことになったら、一体効力の発生という問題は目論見書についてはどうなるかという点を伺いたいわけです。効力発生以前に仮目論見書は出す、その仮目論見書の中で違うのは価格と手数料だけというのは非常にはっきりしておるのですから、それは大衆に周知はさせなければならないけれども、価格がどうなるかはそのときの問題であって、その会社の内容の問題、いろいろな問題を目論見書の形で出してくるのでしょうから、効力を発生してからでなければ目論見書を出せないということは、その土台になる有価証券届出書を三十日間に大蔵省がある程度見て、この程度ならよろしいということで効力が発生するんだ、私はこう見ておるわけです。それならば、届け出の効力発生以前に出すものとあとで出すものは同じではないんだと私は思うわけです。場合によってはあなたのほうでは訂正をさせたりするわけでしょう。募集はできないでしょうが、勧誘をすることは、ある程度それは間違いないものだという前提で事前にやらせているんだろう、こう思うのです。そこの関係は一体どうなるのか。

○**志場政府委員**　先ほど同じであると申し上げましたのは、先生のおあげになりました第十三条第三項の、大蔵省令で定めるものは省略して記載することができるという記載の内容そのものの効力発生前後における点について申し上げたつもりでして、もちろん有価証券届出書は大蔵省とかあるいは取引所とか本支店に置いて縦覧に供するということでして、これは広く投資家に勧誘の際に持ち回られるものではないわけです。目論見書は、届出書の、原則的にはこれ以外のものをつけ加えてはならず、また違ったものを書いてはいけないという制約のもとに、しかし投資家にその説明をしていくためには、届出書のうち一部を省略するということも、公益または投資家の保護のために必要でないと認めたときは認めておりますし、また今回の改正に際しましては、目論見書の様式につきまして、先日も議論が出ましたけれども、投資家がいろいろとわかりやすいようにということも考えますので、届出書そのものはたとえば数字の羅列でありましても、目論見書ではこれを図表にするとかグラフにするというように、わかりやすいくふうも認めていこうじゃないか。こういうことを考えておりますが、いずれにいたしましても目論見書は投資勧誘の際には使わなければなりません。そこで、その項目は、正規に効力を生じた後に確定いたします目論見書の項目と、先ほどの価格、手数料を除きました点につきましては同じ項目ですが、たてまえは、中身につきまして確定的になるのは、有価証券届出書が効力を発生した後に初めて目論見書として効力が出るあるいは有効なものになるわけで、その意味で私は仮目論見書ということばを申し上げたわけですが、そこはおっしゃるとおり、途中で訂正がある場合には、訂正を同じようにやはり周知させないと投資家に誤解を与えることになるのじゃないかという点もございます。もちろんこれは、その効力が発生しましたならば、正規の目論見書に応じて、その投資判断について投資家にだめを押すことが義務づけられておりますので、証券会社は当然その手続をいたしませんと、目論見書をあらかじめ、または同時に交付しなければ募集してはならないということの違反を免れないことになります。したがいまして、私はそこは十分にきちっとされると思うのですが、先ほど申しましたのは、そういう効力の点を離れまして、項目的に省略すべき内容は何かという点に重きを置いて申し上げたと思います。

○**堀委員**　私は、法律にそう書いてあっても、実際には仮目論見書で勧誘をしておいて、そのまま処理がされる危険が非常に高いと思うのです。ですからその点は、法律に書いてあるかやるべきだということではなくて、実態の上でそれが行なわれるように、十分指導してもらいたいと思います。これが第一点です。

第二点は、三十日間で一応皆さん審査をされるわけでしょう。しかし、三十日間の審査のときは、一応受理をし、効力が発生した。それから今度は重点審査をやる。そこで粉飾が出てくる。これはどうしても三十日間では、届け出られた会社の問題を大蔵省としてこまかく点検をして、それが粉飾であるかどうかは、著しいものはわかると思うのですが、なかなかむずかしいんじゃないか。届出書の段階で訂正命令を出して、それで済めば一番いいのですけれども、実際問題としてこの問題はなかなか複雑だからそうはいかない。大蔵省が効力発生として認めたのなら、まあまあこれは一応パスだとなるわけです。しかし実際それで完全だとは責任持ちませんよと、二十三条であなた方書いているけれども、大蔵省はそういうエクスキューズがつくってあるけれども、投資家のほうは、効力が発生したら一応大蔵省の審査もパスしたんだから安心して買うわけですね。問題は、今度の法律を見ていて、かまえとしては粉飾をさせないようにいろいろ努力されておるのですけれども、どうもその予防処置になかなか手が回らなくて、結果としては、粉飾が起きたらそれは処分をし、いろいろな賠償その他をやりますよということをてこにして粉飾させないようにしようということになっておるけれども、残念ながら粉飾があるわけですね。

そこで問題は、三十日は、証券局として一次審査をするのに、はたして必要にして十分な時間なのかどうか。できるだけ精度が高まることが望ましいし、そのためには三十日はこれ以上は延ばされないものなんだろうか。今度は皆さんのほうでは、権利落ちとの関係等を見て四十日という規定も出しておられるわけですが、この三十日、四十日の関係は、いま私が申し上げておる効力の権威との関係ではどうだろうかという点は検討されたのでしょうか。

○志場政府委員　実際問題としてそれを全部引き受けますことは非常に至難だと思います。むしろ一月という期間につきましては、証券取引審議会の場でも議論がございました。当初は、こういう届け出制度がわが国で初めて導入され、書き方その他の教育的期間を含めてあったと思うのであります。その後、実情を申しますと、次第に会社もなれてまいりまして、大体この点検は一週間程度で普通の場合に終わっております。そのことから証券取引審議会では、主として産業界ですけれども、一月を短縮してもらえないかという希望があったのでございます。しかし、現行規定は、この一月というものは何も一月置かなければならぬことにはなっていないのでして、短縮できるわけですから、その運用でできる。しかし一月を縮める積極的理由はいまのところ見つからないということで現行どおりとなったわけでございます。まあ二十三条との関係もございますが、日本テレビの粉飾の発見は、たしか届出書の一月の期間内にわかったわけですけれども、私たちは将来、重点審査と申しましても、ふだんからいろんな経営分析その他を分析いたしました上で、要注意会社をリストアップしておくことをやっておるわけで、その会社には、ふだんもそうですが、なかんずく届出書の段階におきまして、できるだけ念査をし、一般はむしろ形式的な内容に漏れがないか、その他投資家の判断からしてどうかというところにウエートを置きまして、同じく一月をのべつまくなしに、べたにかけるのではなくて、緩急よろしきを得ると申しますか、そういうことを見合いまして重点的に運営していくことでつとめてまいりたい、かように思います。

○堀委員　いま日本テレビの話が出たんですけれども、過去にどこかの一年をとっていただいて、届出書の効力発生期間に訂正命令を出された件数と、あとの点検で粉飾がわかった件数のウエートはどの程度でしょうか。

○志場政府委員　件数的に申しますと、届出書の段階におきましては、率直に申しまして、日本テレビのときもあれだけ新聞にも出ましたし、会社のほうも認めたということで、自発的にすぐ訂正書をわれわれのほうへ出してまいりました。さようなわけで、あらためて訂正命令を出すという必要もなかったことで済んでおります。担当の者に聞きますと、従来の事例といたしまして、届出書の段階で価格を埋めるという形式的な意味での届出書の訂正は別といたしますと、実質的な意味での届出書の訂正の命令とかあるいは自発的訂正は、従来の実績ではございません。こういうことでございます。

○堀委員　いまの局長のお話のように、流通の問題よりも発行の問題のところが大きな問題があると思うので、その問題については、私は、あまりあとで賠償だなんということが起きないほうがいいと思っているのです。そこで伺っておきたいのですが、現在でも発行会社に対する賠償責任、あるのですね。実際粉飾で投資家はかなり損していると思うのですが、賠償を要求した例、同時に裁判によって賠償が決定をして、大体正当な額が決定を見たという例、どのくらいなのでしょうか。

○志場政府委員　従来は、皆無です。と申しますのは、有価証券届出書の場合の虚偽記載は、現行法律上、届け出会社は無過失の損害賠償を負うことになっておりますし、その場合の賠償すべき額も法定されておりますので、投資者としましては訴訟提起は比較的容易であろうと思うのであります。しかしながら、ただいま申しましたように、届出書の段階での虚偽記載は、実は例がございませんで、一昨年の日本テレビが最初であったわけです。あのときも株価は確かに下がったのでありますが、訴訟は提起されませんでした。さようなわけで、今日まで訴訟提起は皆無であります。

○堀委員　これまで一回もなかったものが範囲が広がり、いろいろなっておっても、はたして投資家がそこまでそうやって踏み切れるのかどうか。この点調査をしておられるかどうかわかりませんが、これまでは発行会社が賠償責任となっておりましたものを、発行会社の役員、証券会社、公認会計士まで広げてきたわけですが、アメリカでは、おそらくこういう問題が起きた場合にはそういう損害賠償がかなり行なわれているのじゃないだろうか、こう思うのですが、その点は調査をされたことはあるでしょうか。

○志場政府委員　アメリカの訴訟の実例は、よく承知しておりません。ただこの機会に申し上げたいことは、今回の改正では、賠償責任の拡大のみならず、刑事処罰を強化しております。従来は有価証券報告書につきましては罰金三万円だけでして、懲役刑はない状態でした。しかるに粉飾が発見されますのは、先ほど申しましたように、有価証券報告書の段階です。今回はそれを三年以下の懲役という、懲役刑もつけることにしております。さようなわけで、私どもが告発をしていくことに相なりますので、これは強力に働いていくと思います。また実際問題としまして、アメリカは別途SECが、株主に対する代理訴訟というようなこともあるようでございます。私どもも、今回の場合に、株主はもちろん被害をこうむった者でありますから訴訟当事者になるべきなのですが、訴訟手続になれであるとか、めんどうくさがるという点もあるというようなことで、どうも実効を期しがたい点があるのじゃないか。したがって、アメリカのSECのごとく機関訴訟と申しますか、ある機関が株主にかわって訴訟を出していく。それに参加する形で投資家が入ってくる。こうなりますと非常に投資家も参加しやすいわけです。その点も検討し、法務省とも詰めたのですが、わが国ではどうもその辺は他に例もなく、構想も浮かんではおりません。今後この点は問題ではないかという意識のまま、今回は残念ながら終わったのでありますが、今回、多く粉飾の見られますところの有価証券報告書の段階で挙証責任を転換いたしておりますので、今後は刑事罰の強化とともに、私どものほうで粉飾を摘発し、刑事訴追をする。その段階で、粉飾の責任者なり粉飾の額なりが確定することがありますと、これが民事訴訟において、その事案の訴訟なり損害のほうの訴訟もありますが、そういうところは訴訟の提起者としても訴訟をしやすくなるであろうということは期待されます。さしあたり、今度の改正におきましてはその程度の期待でして、今後なお問題は残っておると思いますが、現行のわが国の司法体系の立場から申しますると、これが限度であろうと考えたわけでございます。

○堀委員　いまのお話はたいへんけっこうだと思うのですが、最近保険会社が時価発行について非常に意見を述べてきております。これは、保険会社が機関投資家の立場から、時価発行によって株主が必ずしも報われていないという問題提起をしながら、時価発行を行なう会社の株は、場合によっては売るという意思表示までしておることは、機関投資家という立場からの一つの進歩だと思います。ところが、日本の経済界は実は非常にウエットな経済社会ですから、財閥なり銀行なりとの関係の系列が企業の中にも縦横にできておるものだから、保険会社がああいう発言はしておっても、実際にそれが行動に移せるかどうかは、私はやや疑問がある。ほんとうは、保険会社が率先して、粉飾決算があった場合に、訴訟を提起すれば、あなたが言われるような新たな機関をつくらなくても、被害を受けた一般の投資家が訴訟に参加できると思うけれども、残念ながらまだ日本の保険会社が機関投資家というよりも系列資本の中でのウエットな企業として動いておる限り、この問題はもう一つうまくいかないと思うのです。そういう点を大蔵省としてフェアでないこと〔を〕やめさせるために、刑事罰ももちろんですが、同時に、損害を実際に請求されて損害賠償を取られるということが、より企業家のビヘービアに影響してくるだろう、こう考えます。これまでは、少々粉飾をやっても被害は少ないということが、ややもするとモラルへはね返っておるのではないかと思うので、せっかくこういうあれを設けられたのだから、推進をするように大蔵省でも考えてもらいたいと思うのですが、政務次官、どうでしょうか。

○中川政府委員　粉飾決算に対しては従来も制度があったのですけれども、いま答弁のように、一回もまだ訴訟になっておらない。実効が上がっておらないきらいも確かにありました。しかし今回、さらに罰則なりで強化をして、まず未然に防ぎたい。また、それでもなおかつ実際あった場合には起訴なり処罰ができるようにしたいという制度改正でして、これは満点ではありませんけれども、そういう趣旨に沿っておりますし、また運用にあたってもそういう心がけでやってまいりたい、このように考えます。

○堀委員　この半期報告は公認会計士の監査は必要としないことになっておるようですね。しかしこの問題は、現在東証に上場しております会社の四割は東京証券取引所との間の契約に基づいて、中間報告は公認会計士監査を必要とすることになっておると思うのですが、その点はいかがでしょうか。

○志場政府委員　上場会社との上場契約に基づいてそうやっております。

○堀委員　それは上場会社の中で四割と私は聞いておるのですが、その点はどうでしょうか。

○志場政府委員　上場会社の総数のうち、一年事業年度の会社の数は約四八％、五割近くと申しましたが、ただいまお話しの公認会計士の監査をつけておりますものは、割合で三七・三％でございます。

○堀委員　この点はたいへん取引所はりっぱだと

思っておるのですが、おそらく新規上場のときにこれをやったために、古くから上場しておるものはこのワクの外に出て、新規のものは三七％中間報告をするようになっている。

まず、報告書を提出する以上は、正確なものが提出ざれることが望ましいというのがものの考え方ではないかと思いますが、局長どうですか。

○志場政府委員　全く同様でして、虚偽の記載がありますれば一年以下の懲役に処することになっております。

○堀委員　いま局長盛んに罰則をおっしゃるわけですが、これまで非常に不十分だったのですが、実際にこれまでの粉飾決算には、罰則は適用されておるでしょうか。

○志場政府委員　数件の告発があると思いますが、私どもは、資本金割合あるいは絶対額におきましてかなり重要な粉飾度には、そのつど検察庁と法務省の刑事局と緊密に連絡をとり、報告をしておるのです。ただ、罰則自体があまりにも軽微で、罰則の重さがその反社会性の大きさをはかる尺度と司法当局は考えます。さような段階におきまして、起訴にはならないという見通しのもとに告発をしないということで終わっているのが多いのでして、罰則の強化は告発あるいは起訴につながる道を開く、かように考えておりますが、従来はほとんど少ないのでございます。

○堀委員　いまの点は非常に重要な問題だと思うのです。罰則をつくり、賠償責任を書き、法律のたてまえの上ではたいへん投資家保護になっているように見えるのですね。しかし、幾ら書いてあっても、訴訟は起きない、告発がされないのなら、企業側は痛くもかゆくもないわけですね。これが粉飾決算の非常に重要な問題点だと思っておるのです。だから、せっかく法律に書いた以上は、あらゆる努力をして、さっき私が申し上げましたように、どうかひとつ行政指導で、今後重要な粉飾が起きたときには、保険会社が機関投資家としてその保険加入者の利益を守るために損害賠償請求をやれ、あるいは法務省なりその他の次官会議等の中で、今度は罰則をきちんと上げました、この際大蔵省として問題があると提起をしたものは、告発をし適正な処理をしろと十分連絡をとってもらって、その点はこの際ひとつきちんとしてもらうということをお約束を願いたいです。

○中川政府委員　いままで罰則が非常に軽いところから、起訴してみても、三万円取ってもたいしたことない、弁護士料その他がかかるということもあったのではなかろうか、それで見のがしてきた。しかし、今回は相手もこわがるだろうし、立ち上がるにも立ち上がりやすいと思います。運用にあたっても実効があがるように万全を期したいと存じます。

○堀委員　中間報告書の監査、公認会計士監査の問題ですが、今回の法律では、事業会社側はいろいろと意見があるようです。少なくとも報告書の提出を求める以上、その報告書が正確でないことには報告書の提出を求める意味がない。正確であるかどうかは、あとで調べたらわかったではこれまた報告書を求める意味がない、こうなりますので、次回の改正の際には、公認会計士の監査をつける。せっかく東京証券取引所が三七％に、上場契約に基づいて公認会計士の監査をさせておる現状から考えて、不公平があるわけですよ。これは現状から見ても公認会計士の監査をやらせるということが筋ではないのか、その点、局長はどうですか。

○志場政府委員　筋といたしましては全く同様に考えます。現に証券取引審議会の報告におきましても、半期の損益に対する監査基準がどういうふうに出るかがこれからの問題だということの理由で、少なくとも現段階では無理であるということになっておりまして、私どもも全くそのとおりとして受け取っております。したがいまして、今後早急にこの監査基準を策定いたしまして、それを待って監査証明を要するという制度に持っていくように私どもも努力してまいりたいと思っております。

○堀委員　一体中間報告書の監査基準はこれからスタートして大体どのぐらいあったらできますか。

○志場政府委員　これは昨日までの委員会でも出ておりましたが、別にこれを奨励しよう、その方向に持っていこうということでやっておるわけじゃございませんが、実際問題として、別途商法におきまして中間配当ということになるかもしれません。そういたしました場合に、商法で中間配当のためにどれだけのいわば仮決算手続を要求いたしますか、それにかかってくる面もあろうかと思います。したがいまして、商法がたとえば今度の国会で、次の通常国会になった場合とかということによりまして、いまお尋ねの点は変わってくる面があろうかと私は思うわけであります。さようなわけで、正確に申し上げることははなはだ困難です。しかし、別途の次の証取法の改正問題が、今後少なくとも一年半とか二年ぐらい時間を必要とする研究テーマもございますが、できればこの期間に並行して検討する、かようなことじゃないかと思います。

○堀委員　商法改正で中間配当の問題は実現する方向にあると私は思っております。ですから、確かにいまの決算がどうなるかはその時点の問題でありますが、きまったからすぐできるものでもありませんから、できるだけ早く準備をして、中間報告書に公認会計士の監査をつけることを実現してもらうように強く要望しておきます。

　大臣がお入りになりましたので、証券界の重要な問題をちょっと申し上げておきたいと思うのです。

　御承知のように、最近証券市場は、流通面が一時の非常に大きな流通からやや低下をしてまいりました。最近の平均した取引高はどのくらいですか。

○**志場政府委員**　昨年の十月からことしの一月までの、一日平均高、東京証券取引所の単位で、一部、二部合計一億三千四百万株程度です。今月に入りましてから、一週は二億四千万株、今週は一億八千万株、一億六千万株程度です。

○**堀委員**　御承知のように取引量がいまちょっとふえておりますが、過去と比べると少し低下傾向にあるわけです。私ども証券取引法の改正をやりますときに、できるだけ証券業者は売買手数料で証券業が成り立つようにしろ、要するに自己売買はできるだけやめさせて、ブローカーに徹しさせることが証券会社の安全な運営だ、こういう考えで来ておるわけであります。ところが取引高で減ってきますと肝心の収入が減ってくることになります。しかし、現在物価が非常に上がりますから、人件費はそれにつれて、だんだん上げざるを得ない。証券会社は人間で成り立っておるわけですから、人間が来なくなれば、労務倒産することになるわけで、証券会社の長期安定の方向をわれわれとしても考えておく必要があるんじゃないか。四社のような大証券は問題ありませんが、中小証券会社は、今日免許制の状態ですから、ばたばた倒れてよろしいことにはならないだろうと思うわけです。

　そこで問題提起いたしたいのは、中小証券会社も公社債を投資家に販売することにきわめて積極的になっておるように聞いておるわけです。ところがそこに一つネックがありますのは、現在の公社債の問題は、四社が大体ほとんどを占めて、ごくわずかだけ中小にいくという仕組みが長いこと継続されておるわけです。ちょっと簡単に現状を証券局長から言ってください。

○**志場政府委員**　公募事業債の引き受け状況について申し上げますと、大手四社の計で八〇%、勧業角丸証券及び新日本証券の二社で一三%、以上、いわゆるレギュラー六社が、合計九三%、その他の参加証券会社は七%となっております。

○**堀委員**　これは長い間固定しておるわけです。私も業界の人に、これを取っ払えと言ってきましたが、なかなかそうならないわけですね。私は、これは不公正取引だと思っているのです。こういうようにシェアをきめて、新規参入に道を開いていないのは明らかに不公正取引だと思うのですが、中小証券が参加できるような道を開くべきだろう、こう思いますが、大蔵大臣いかがでしょうか。

○**福田国務大臣**　最近社債に対する証券業界の関心が非常に高まってきておるのです。これは、一つは金融引き締めということですね。社債によって資金を調達するという意欲が企業界に多い。それと並行しまして、社債の利回りの改善が総体的に見られるような状態になってきた、そこにあるのだと思います。

　そこで、御指摘の問題ですが、確かに大証券に社債の消化が非常に片寄っておる。これは理由があるのだろうと思うのです。つまり、しばらく前の状態ですと、社債はどうも割りが悪い、中小だけに採算に敏感である、こういうことが大証券に社債が集中する傾向をもたらした面じゃないかと考えますが、この状態は正常な状態じゃないと思うのです。そこで、中小の証券会社の占めるシェアの拡大、これは証券局としても努力していかなければならぬ方向である、こういうふうに考えまして、誘導政策、また誘導に乗って中小も持てるという環境づくり、こういう方向に努力をしてみたい、さように考えております。

○**堀委員**　昨年の暮れに、割引債が爆発的に売れました。大臣もよく御承知だと思います。売れた理由は、一つは、本年度から源泉選択の問題等で、その他の債券に比べて非常に割引債が有利だという判断があったと思いますが、もう一つは、実は社債を証券会社が扱います手数料に関係があります。割引債は、それを売りますと、売りましたときに一円手数料が証券会社に入るわけです。そして償還のときに二十銭来ます。要するに一円二十銭がスタンダードレートです。まあ割引債にもいろいろ強弱がありますから、弱いものは二十銭ぐらいのディスカウントもあるようですが、一年で一円二十銭、これだけ回るわけです。ところが社債は一回売りますと七年間ですね。その七年間に対して一円六十銭しか手数料がない。これはやはりちょっと問題があろうかと私思っておるわけです。幾ら何でも七年のものを一回売るのに一円六十銭というのはちょっとひどいではないか、こう思いますので、この間日本銀行の総裁においでいただいたときに、金融がゆるんできたら、公社債の発行条件を自由レートとして、手数料の改定を大蔵省として真剣に一ぺん考えていただきたい。それをあわせていまのシェアをゆるめていただくことは、私は今後の中小証券の体質強化に非常に役立つし、場合によって担保金融が必要だということとについては、今度は日本共同証券を財団に変えて、社債の担保金融の道を開いておるわけですし、いろいろ客観情勢はできておる中での問題提起ですから、この際思い切って、いま私が申し上げているような方向の措置をしていただきたいと思うのですが、大臣いかがでございましょうか。

○福田国務大臣　ごもっともな御指摘と存じます。そういう方向で検討いたしたいと存じます。ただ、これは企業家のコストにも影響する問題ですので、簡単に割り切るわけにもまいりませんが、その辺もにらみながら御説のような方向の検討をいたしていきたい、かように思います。

○堀委員　確かに事業会社の側の問題もあるわけですから、そこらは十分検討していただきたいと思いますが、事業会社としても社債が十分に発行できる条件ができることはたいへん望ましい、こう考えておるわけでして、その点をお願いしたいことと、もう一つあわせて、この前、電力債を十年にしようという話が出てきたようですけれども、立ち消えになっておるようですが、社債にしても、金融債でもそうだと思うのですが、こういうものをできるだけ延ばしていくほうが安定をしてくるのじゃないか、私はこう考えておるわけです。一ぺんにもできないでしょうが。

○福田国務大臣　その点も、堀さんと同じような考えです。いますぐというわけにはまいりませんけれども、いずれそういうことが実現するように、かように考えております。

○堀委員　公認会計士の監査の問題ですけれども、公認会計士に監査してもらう、しかしまた税務署が来て同じことをやるということなんですね。同じようなことを二回もやるということで、どうも事業会社は抵抗があるようですね。

私はひとつ提案をしてみたいのは、しばらくは並行的にやらざるを得ないと思います。確かに公認会計士なり監査法人の権威についてまだ大蔵省が必ずしも全的に信頼できない点があると思いますから、公認会計士個人の場合はちょっと無理がありましょうが、監査法人に一回監査をさして、もう一ぺん税務当局で調査をやってみる。そうしてみて、監査法人のやった調査は十分正確であることがチェックできますね、あとからトレースするわけですから。一年なら一年、二年なら二年やってみて、結果この監査法人がやったものは心配ないというものはしばらく監査法人にやらせるだけにとどめる。また適当なところでやればいいんですよ、やらないんじゃないのですから。そういうことで少し監査法人の権威を認めながら、税の問題の処理をしたらどうだろうか。事業会社側は、監査法人が権威あるものになってきたらもっと報酬をたくさん出しましょう、こう言っておるのですね。何も報酬をたくさん監査法人に払えというよりも、報酬がたくさんもらえるような監査法人にすることが、監査法人が安心なものになるということだと私は思うのですね。私も税の重要性がわかっておりますから、野放しでやらしてみろなんて言わないです。監査法人に、来期なら来期間のものはこういうことでやれ、税務署もやるぞ、合わせてみて心配ないものには合格証をやる。二年ぐらい続けてやってみる。合格証のあるものは、しばらくおまえたちでやってみろ、そのかわり不審があったらいつでもやるぞ、こういう形でひとつ税務調査に監査法人の活用をやっていただけば、私は国税の側も助かると思うのです。そういう国税面における合理化と監査法人の位置の向上のためにそういう問題提起をしてみたいと思うのですが、大臣いかがでしょうか。

○福田国務大臣　一つの御着想かと考えます。主税局当局ともその利害得失をよく検討いたしまして、適当な機会に私の所信を申し上げさせていただきたい、かように存じます。

○堀委員　この際国税庁長官に、そういうことをすると不都合な点というか、うまくないところがあるかどうか。いまの私の問題提起について事務当局としてはどういうふうにすればいいか。問題はどこにあるかをちょっと簡単に答えてくれませんか。

○吉國(二)政府委員　その考え方自体は、私どもも、公認会計士がついているとか税理士がついているものが一般の申告書よりもよりいいという状態が一般的に出てまいりますと、非常にいいことだと思うのです。現にイギリスでは、公認会計士が出した申告書に対する意見書をもとにして決定をしているのは事実です。そういう意味で、将来の姿としてそういうことが望ましいと思いますが、一つ問題だと思いますのは、公認会計士は、証券取引法上の基準で監査をするたてまえになっております。同時に、その監査をやっている公認会計士は、その会社の税理士になってはいかぬのが慣習でもあり、法制化しようともされているようです。そこで、公認会計士が税務計算は手を放してしまうと問題がありはしないか、これをどう解決するかが一つ残ると思います。

それから実際問題としては、おっしゃるようにこれは実験をしてみなくちゃわからない。現に調査部所管法人と申しますのは五千万円以上の資本金の法人ですから、相当数は公認会計士の監査を受けているわけですが、現在の方法では、調べますと遺憾ながら非違が発見されるという結果が、ごくわずかですけれども出ております。公認会計士がそこまで調べるとなると公認会計士としても相当大きな監査をしなくちゃならない。それが会計士法人であればずいぶん手数はあるかもしれませんが、その辺のこまかいところがはたしてどうなのか。私ども実際は、現在税務の調査も全部調査しているわけではなくて、信頼のできる申告書が多数、多年出ているものには監査を一時期省略することもやっておりますから、公認会計士の法人が非常に正確な監査をしてくれていることになれば、それが一つの有力な省略条件に〔する〕ことは決してできないことではないと思いますが、いま申しました理論的な問題と実際上の問題とをさらに検討してみる必要があると思います。

○堀委員　私もすぐにという問題ではないと思いますが、これからは国税庁もいたずらに人間をふやすわけにいきませんから、税務監査の合理化を含めてひとつ検討を進めていただきたいと思います。

○堀委員　昨日参考人の皆さんにもお尋ねをしたわけですけれども、株価操縦と株価の安定操作との間に一体線が引けるのか引けないのか、その点を最初にお答えをいただきたいと思います。

○志場政府委員　ただいまの点は、証券取引法第百二十五条に書いてあるわけですけれども、三つの項に分かれております。ただいま御指摘の安定操作は第三項に規定しておるわけです。所定の方式に従う安定操作でない限りは、第一項の仮装売買、第二項の相場操縦と同じく法律上の違反行為、禁止行為になるという点では相並ぶわけでございますけれども、その法律の構成要件としては、もちろん明らかに異なっておるわけで、また安定操作の目的は、有価証券の相場をくぎづけ、安定する目的になりますが、その場合に合法化されるいわゆる株価安定操作は、増資あるいは売り出しに関連しまして一定の期間認められる方式で、他の相場操縦あるいは仮装売買と明らかにたてまえを異にしておる問題です。

○堀委員　この法律ができた当時、時価発行はまだ国内では行なわれていなかったと思います。額面割り当ての増資の問題は、安定操作が必要である場合には、まず額面割れであるかないかが最大の問題であったと思います。額面を割っておると、五十円の株式の払い込み金を四十五円の株にするなら投資家は五円損をすることになりますから、失権株が出〔て〕くるということで、問題になる、こういうたてまえで安定操作の法律はできておる。いまの百二十五条第三項はこう考えておるわけです。

ところが、最近時価発行が非常にクローズアップをされてきた。この前の松下電器の時価発行問題は多方面にいろいろな問題を今日残しておることは、皆さん方もよく御承知の問題だろうと思います。そこで私は、時価発行における株価安定操作と、額面割り当て方式の増資を行なう場合とは、安定操作の性格は基本的に違うと思いますけれども、どうでしょうか。

○志場政府委員　安定操作の本質につきましては、時価発行の場合と額面発行の場合とでは変わらないのじゃないかと思います。要するに現在の安定操作に関する規則の第一条でもございますように、認められる安定操作の目的は「有価証券の募集又は売出を容易ならしめるため」でして、もちろん今日では、いわゆる増資調整基準という自主的なルールにより、額面割り当て発行の場合も、株価が六十円以上というふうに、おのずから株主には事実上の払い込み強制が働くような、そういう株価を意味し、理屈を詰めてまいりますと安定すべきと、あるいは固定すべきと、目ざしますところの価格は、額面を若干上回るところにするか、妥当な時価にするかの差はございましても、安定操作を必要とする場合あるいはその目的等は、時価発行の場合と額面発行の場合とでは異ならないのじゃないか、かように考えます。

○堀委員　確かに、その株式の増資を容易ならしめるという点では私は同じだと思います。ではどこが違うかといいますと、額面割り当ての場合には五十円という一つの基準がきまっているわけですから、五十円を五十五円がいいか、六十円がいいか。株主が払い込みをして損だという感じのしない範囲にきまるわけですね。問題はそれを上へ上げるところがおのずから一定だと思うのですね。

ところが時価発行になると、もし発行をするものがたとえば現在三百円にずっと平均しているときに、最近は幾らかディスカウントをした形でやっていますけれども、ディスカウントをしてきめた価格より上にしない限りこれもだめですね。ところがディスカウントをしてきめるこの価格は、さっきのように客観的に五十円ときまっているわけじゃない。率直にいえば恣意的に企業側がきめられる価格になっているわけです。恣意的にどこかにきめておいて、恣意的に行なわれることになる。私は性格が非常に変わってきておると思うのですね。

だから、二割であれ三割であれ、安定操作で株価を動かして増資をすることになるなら、これはたいへんだと実は思っているんですね。ある程度の限られた範囲以上だったら株価操縦だと私は判断せざるを得ない。だから株価操縦と安定操作との限界はこの委員会で明らかにしておかないと、今後安定操作に名をかりて株価操縦を行ない、不当な利得を発行会社が受け、そうして同時に安定操作が放されたらすとんと下がって、そのことによって受ける損害は、私は言うなれば粉飾決算によって起きた損害と責任は同じじゃないかと思うのですよ。そうなら当然その場合には百二十五条の罰則が適用されてしかるべきではないのか、こう考えるわけですが、証券局長どうでしょう。

○**志場政府委員**　百二十五条第三項は法律上の禁止行為をうたっておるわけです。百二十五条第三項で禁止されている行為全体を株価安定操作といいますならば、それは一種の株価操縦として違法行為であります。ただその場合に「政令で定めるところに違反して」というのがございまして、そこで合法化されている安定操作があるわけです。その二つを区別していただくことにいたしまして、いま申し上げておりますのは、合法化されている安定操作に限って申し上げますと先ほどのようなことなのですが、御指摘のとおり、合法化されている以外の株価安定操作は広義の相場操作の一種として違反である。これは明らかです。ただ合法化されている安定操作は、発動される時期がまず限定があるわけです。時価発行の場合、募集価格を決定するわけです。その決定は商法の規定もにらみ合わせながら募集期間にできるだけ近いところできめるということですが、そのときにはその日の終わり値あるいは値つきの状態、その前一週間あるいは一月間の平均価格をとりまして、それから商法で認められると思われる範囲内でディスカウントをいたしまして価格が決定される。決定されますと、そのあくる日から合法的な株価安定操作は可能である、こういうことです。

そこでいま先生が御心配の、従来の実勢価格、時価が三百円なら三百円であった。それを公募価格をつり上げる意図で三百円のものを三百三十円、四十円にも価格をつり上げておき、それをもとにしてしかるべくディスカウントしてその公募価格をきめることになりますと、三百円を三百四十円につり上げる行為は、合法的な株価安定操作を行ない得る期日よりも前に始まった操作で、これは第百二十五条の三項あるいはその他の違反行為に当たる可能性が十分あるわけです。したがいまして、安定操作と申します場合には、この合法化されたある条件のもとに限定されましたる安定操作というものと、そうでない違反行為たる安定操作、絶えず二つを分けまして考えていかなければなるまい、かように思うわけでございます。

○**堀委員**　法律的には確かにそうだと思うのです。安定操作の場合、あとで数量も価格も報告しなさい、こうきておるわけですね。なぜこういうことを要求するのでしょうか。

○**志場政府委員**　合法的な安定操作を行ない得る期間について申し上げましたが、安定操作として買い得る価格も法令上の制限があるわけです。その点、現行の安定操作に関する規則では、第二条の一項一号に「当該有価証券の買付につきその買付の直前の価格を超えてこれをなすこと」とございまして、その「直前の価格」とは直前の市場価格であることは申すまでもございません。今回私どもが改正しようかと考えておりますのは、この価格について、現行のような買い付け直前の価格という、その客観価格にいたしますか、あるいは別の基準をとりますか、いろいろ検討しておりますが、いずれにいたしましても、価格の点も、ある客観的な相場、時価に限度を置く、こういう意味におきまして価格上の制限ももちろん伴うわけです。

○**堀委員**　そうすると、ちょっとよくわからなくなってきたのは、確かにいまの法律では直前の価格をこえて買ってはならぬとあるわけですね。ということは、要するに売り買いですからね。一体幾らで売りが出てくるかは事前に予測はできませんね。売りがぱっと来たとしますね、ぐっと下がる。そうしたら、それは一つの直前の価格になるわけですよ。その下がった価格より上では買えないということは、それ以上の下げはデフェンスできますよ。要するに事前にその売買が予測できない限り、いまの形ならば、私はあなた方の期待するような安定操作は本来ないのじゃないかと思っているわけですよ。だからこの間の松下の例を見て感じるのですけれども、あれは安定操作の届け出も何もなかった。しかしあれをしさいに見ておると、まさに何らかの安定操作が行なわれたのではないかと感じられる株価の動きであったと私は認識をしておるわけです。ですから、あれがなければ、私も安定操作問題についてここまで議論する必要もなかったのですが、私も確実に安定操作であったと断言もできないけれども、安定操作が行なわれた感じがしてしかたがない。だから一体、ここにこの価格の問題を出したらどうするのか。しかし書き方は、現在のような直近の価格をこえて買ってはならないということでないと、積極面が出てきて、要するに幾らでも買っていいのだということになるのは、これまた私はやや安定操作としては行き過ぎの問題も起こるのじゃないかと思う。第一点がこういう感じがしますね。

第二点の問題は、周囲の株がずっと趨勢的に下がってきておる。ところが非常に正直に安定操作を理想的にやった。下がりつつあるところで三百十円に固定をすることは、はずしたときにすぽんと実勢価格に差が出てくるわけですね。そうすると、この幅が広がってきたことは、合法的な安定操作といえども、投資家にすると錯覚を起こさせるわけですね。なるほど増資をするほうは満度に満たされる。しかし、そういう仮装の売買によって実勢でない価格をそこにつくりあげておって増資をやり易くさせることは、粉飾決算の肩を持ったのとたいして変わらないように思われるのですがね。これはどうもひっかかるのです。

ですから私は、最近、時価発行の問題と、それに対応をした対処のしかたを見ておると、これは非常に事重大だ、こう考えておるわけです。この法律のこの時期にいま結論を出さなければならぬということではないので、これは政令事項だから、この際十分再検討の余地はないのか。いろいろな点、いまあなた方すぐ答えられない点もあるだろうと思うので、これは分離して扱うことにしていただけば、何もいますぐ答えなければならぬことでもないと思うので、できるだけ近い機会に、しかし短時間の中で結論を出すのではなくて、もう少し検討の余地があるように私は思いますが、政務次官どうですか、その点は。

○志場政府委員　私ども確定的になっておりませんので、大体の考え方を申し上げて御参考にしたいと思うのですが、現在、先ほど申し上げました安定操作のための価格は、直前の価格をこえてはならないというのは、アメリカの法律に見習っておるようであります。ところが、その安定価格のきめ方につきましては、ためにする売りくずしがあり得るわけです。アメリカの場合は機関投資家の取引が多うございますし、全体の市場が幅広いもので、またから売りの規制も厳格に行なわれておりますので、日本のように、から売り等によりまして相場が乱高下で動くおそれも少ないことが、ただいまの政令の直近価格をこえないこと〔の〕背景かとも思うのですが、わが国の場合にそういう保証もないわけです。そこで直近価格だけにいたしますと、どうしても御心配のような、ためにする売りで値段が下がったときに、そのあとではもはや回復ができないことになりますので、いま大筋として考えておりますところは、先ほど申しましたように、きょうまでの価格を見ましてあした価格を決定をし、あさってから安定操作ができる、こうなります。そこで、きょうまでの価格は、公募価格を決定する基礎になる価格です。この中に株価操作があってはならぬことはもちろんですが、それを一応なしと仮定いたしますと、きょうの価格がたとえば三百円であった、その三百円から一割ディスカウントして二百七十円の募集価格をあしたきめました。で、あさっては安定操作ができますと、こうなります。そこでそのときに最初に買い出動いたしますが、安定買いをしようとするときは、きょうの終わり値、つまり募集価格をきめる日のその基礎になった前日の終わり値、いまの例で申しますと、三百円ということをこえてはならない、こういうふうにしようと思ったわけです。それからあとにだんだん進んでまいりまして、二回目三回目の買いがあるかもわからないというときも、直近にいたしますと、やはりその場の最中で、五分前に売りくずしがあったときには、五分後の買い値は下がってしまいますから、やはりそのときも前日の終わり値ということをこえてはできない。しかし、当日売りくずしがあったからといって、その直近の価格に制限されたならば、これは非常にたいへんなことになるので、売りくずしのない前日の終わり値をこえてはならぬことにしておけば、故意の買い上〔げ〕は防げるし、また売りくずしに対しましても妥当に対処できるのではなかろうかということで、現在の第二条の直近価格をこえてはならぬという点は、それを改正する必要があるのじゃないか。方向といたしましては大体そういうようなことにするのが妥当ではあるまいかということで、なお今後検討していきたいと考えております。

それから第二段目の、全体の株価が地合いが悪くなって下がったということでございます。それは幹事証券会社としては、公募価格を若干上回ったところで安定すべくつとめるでしょうけれども、しかしこれはいずれにいたしましてもリスクを伴うものですし、一ぺん始めた場合に、この価格で絶えず買いささえなければならぬという義務を負うことでもございませんし、また義務を負わせることでもございません。ですからそこは幹事証券会社の判断により、途中で安定買いはもうとてもできないということで放棄することもあろうかと思うのです。それはやむを得ない。その状態を見ながら、株主は失権するならば失権するよりしようがない、かように思うわけです。

○堀委員　いまの前段はだいぶそれでカバーできると思います。しかしそうなればまた私はそれに対応する手が次に出てくるだろうと思うのです。要するに前日の引けの直前にぶつければ、これまた下がるわけですね。私はそんなにうまくいかないと思うのです。値段を下げようとか上げようというのは、純粋にその人の利益でやるのだから、チェックのしようがないわけです。私はこういう問題の性格だと思います。ですから私は、証券局でいろいろお考えになっても、まあいまのよりは弾力ができるけれども、また次の対抗策が出てくる。第一点はこう思うのですね。だから、いまの問題は、株価が自然につくんだという前提に立つ限り、安定操作を必要としない増資をやらせるということじゃないかと思うのですよ。安定操作をしなければならぬようなときに増資をしてはならぬ、それがいまの増資基準になっているんじゃないですか。六十円以下のものは増資を認めないというルールをつくっているのは、安定操作が要らないものでなければ増資をしてはならぬ。だから、要するに安定操作という発想は、私に言わせたら、事業会社にフェーバーを与えておるけれども、投資家にはきわめて大きなリスクを与える増資ではないのか。だから私は、原則的に安定操作なしに増資ができるのでなければしてはならぬということにするのが、発行会社と投資家を対等に見た次元ではないか、こう思っておるわけです。証取法の発想であなた方が投資家を保護したいというのなら、安定操作は打ち切るべきだ、私はこう思うのだが、中川政務次官どうですか。

○中川政府委員　いろいろ御意見拝聴いたしましたが、これは固定的にいま廃止するとかあるいはこのままでいくとかいうことではなく、継続的に十分検討していく問題だと存じます。

○堀委員　次は損害賠償の問題でありますが、証券局長が、損害賠償は三者で何か分担するんだ。要するに、一つの案件で、しかし損害を、会社も負担する、会社の役員も負担する、それから証券会社、公認会計士または監査法人、四者かもしれません。この場合には、おそらくこの四人を相手に一ぺんに訴訟を起こすということになるのだろうと思いますが、手続上はどうなりますか。

○志場政府委員　これは無過失賠償責任じゃございませんので、増資の場合の、届け出会社は別ですが、役員、公認会計士、元引き受け証券会社は、故意、過失を要件にしております。そのうちの一人について、立証する責任は転換しておりますから訴訟提起者は立証する必要はないのですが、確実だと認められるものあるいは資力からして十分と認められるものがあれば、そのうちの一人を目ざして訴訟を提起することももちろん自由ですし、資力のほどもわからず、責任はどうもありそうだというときに、連名で相手にして訴訟できることもございますし、その辺は別に、訴訟が連名でなければならないということは制限がないわけです。

○堀委員　これは訴訟を提起する側に過失があるか故意があるかを挙証する必要はなくなっているわけですから一応やれますね。それがあったかどうかは裁判所が判断することでそれはいいのですが、それを四者にぶつけたとしますね。証券局長は、その損害を適当に分担するという話をしておられたですね。この場合に、私ここで一つ問題が出てくると思うのは、判断は裁判所のことですからいいのですが、責任は確かに発行会社にあるし、それから発行会社の役員にある。発行会社が粉飾をするわけだからここまではっきりする。その次にこれは公認会計士が監査をする。ところが、きのうも公認会計士の方に申し上げたけれども、要するに故意または重大な過失がある場合は別としても、今度は過失というのと不可抗力との間というのはこれは私はつながっていると思うのですよ。ここまでが過失でここから不可抗力になるというようなことじゃないと思うのですね。要するに公認会計士のところでは、過失なのかそうでないのかという判断がむずかしい問題が出てくると思うのですが、証券会社の段階になりますと、公認会計士が適正だといって判断をしてきめてきたものを、それに基づいてやるのだと思うのですよね。引き受け会社になる。もしこの形でいくと、証券会社も公認会計士以上の能力のある監査のエキスパートをそろえていて、要するにこれが増資をするというときになると、報告書を見て徹底的にその会社を調べて、よし心配ない、それで引き受け会社になるということならもう故意や過失にならないけれども、ともかく中途はんぱな、公認会計士の監査が適正だということで引き受け会社になったら問題が起きたということになると、これは過失なのか不可抗力なのか、どうなりますか。

○志場政府委員　民商法損害賠償という分野で考えますと、故意と過失との間には差がない。故意の場合はもちろん、しろうと考えでも同じ責任を持つのはよくわかるのですが、過失の場合、しろうと的な気持ちといたしましてはどうなるだろうという点がございますけれども、したがって過失があるかないかがきめ手でして、過失があった限りにおきましては、故意と同じく真正連帯責任という連帯責任を負うと解釈しております。

それで、お尋ねの証券会社の場合ですが、これは第二十一条の第二項第三号におきまして、元引き受け証券会社は、届出書のうち財務諸表は、公認会計士の監査証明がございますのでそれを信頼することは当然です。したがいまして、それを相当な注意を用いなければならないことになりますと、証券会社としては、その限界を越えておることになるわけですので、その場合は「知らず」ということで、故意の場合に限定しておるのです。故意がある限りは責任をとらなければならぬ。しかし、アドバイザーとして、アンダーライターといたしまして、その他の届け書の内容にかかる部分があるわけです。資金計画とかその他の点につきまして、引き受け会社として、アドバイザーとして、コンサルタントとして、元引き受け契約をつくるには発行会社とよく協議をし、連絡をしておるわけです。ですから、公認会計士の監査証明以外の分につきましては、故意、または相当な注意を用いたにもかかわらず知ることができなかった、つまり過失があったということで、ほかの一、二号とその点は合わせておりまして、ただ監査証明の部分につきましては故意の場合に限定する、こういう書き分けをしておるのでございます。

○堀委員　今度は刑事罰を含めて人に問題が出ているわけですから、粉飾決算をやったときに、その相手方になる人はどういう範囲が考えられるのでしょうか。代表取締役は当然責任があると思います。同時に、経理担当重役とか、決算その他を預かっておる重役もあるわけですから、担当重役がそういうこと〔故意・過失〕をやっておるのを十分監督できなかったのは明らかに過失だから、代表取締役は責任があるように思えるのだけれども、それと、経理担当というか、報告書をつくる最高責任者、こういうことになりますか。粉飾をやる以上は、上が知らないでやっておるはずはないので、どうせ協議の上、粉飾が行なわれておると私は思うのです。形式的にとらえてみると、大体代表取締役と担当重役が、刑事罰なり損害賠償の企業側における個人に該当するのかどうか、その点はどういうふうに考えておられますか。

○志場政府委員　刑事罰の場合に、本則的な処罰は自然人ですし、あとは両罰規定で会社に罰金刑が科せられます。そのときの自然人はいわゆる行為者で、当該ケースの行為をした者でして、それは実行行為者のみならず、それに認識を持っておった役員は当然含まれるわけです。損害賠償の場合もその意味での行為者になるわけです。したがいまして、今日の会社役員のごとく、同じく役員といいましても、商法上も役員の責任の程度によって書き分けることをいたしませんで、ただ、ある行為と結びついての役員の責任の場合は故意または過失のあった取締役という表現で、何担当だ、あるいは常勤、非常勤といった区別できめておりませんで、当該ケースの場合に故意、過失があった役員というとらえ方をしております。今回の証取法もそういうふうに受けておるわけであります。ただ、実際問題として、重点審査の結果粉飾を発見したという実例から考えてみますと、その単独行為としてある行為が行なわれるということはまず見当たらないように思います。のみならず、ほとんどの場合におきまして、使用人だけが行為をして、役員は一切知らなかったというのはまずないと考えてよろしいと思います。普通の場合は、常務といっても専務といっても、いろいろと分担がございますが、普通常務会ないしは専務会以上のところでこの計画が行なわれ、指示が行なわれて、そこで意思決定されるようです。もちろん決算取締役会がございますが、その前に決算をどうするかは、少なくとも常務を中心にして、これに関連する社長を含めた上位の役員が集まるのですが、そういったような会でこの草案といいますか、方針をきめておりまして、それに従ってできてきた決算内容を、あとは、形式的と言っては言い過ぎでしょうけれども、取締役会を経まして、株主総会に出す、こういうようです。したがいまして、会社決算手続につきまして、どういうしきたりなり手続を経て毎期毎期の決算を取締役会で決定する段取りをするか、実質的にその方針が策定され、内容が確定され、方法が確定される役員会に出席した者のうちから、ケースケースに応じまして責任者、あるいは行為者がきまっていく、かように考えられるのじゃないかと思います。

○堀委員　最後にお伺いをしたいのは、私ども、公認会計士法の改正をいたしまして監査法人をつくることにいたしました。監査法人をつくる目的は、公認会計士一人ではなかなか問題の処理がむずかしいけれども、監査法人となると、パートナーシップとなればそこにはおのずから相互牽制も働いて、公認会計士としての本来の正確な監査がより高められるというのが発想の根拠にあるわけですが、最近の大蔵省のいろいろな審査の中で、監査法人が粉飾決算に関係をした例があれば、その例についてちょっと報告してもらいたいと思います。

○志場政府委員　一昨年に一件、昨年に一件、監査法人がタッチしております粉飾決算がございました。一つは、一昨年の例は芝電気にかかわるもので、昨年の例は昭和製作所にかかわる例です。ただその処分は、たしか戒告で済んでおるということでして、粉飾の程度が軽微であったということです。のみならず、それを見ますと、これは現在の過渡的な形として監査法人の欠点であるということで私ども指導しておるのですが、従来個人として公認会計士業務を営んでおりました方々が、五人以上なら五人以上集まらなければならないという組織法上の制約で集まりましたけれども、その実、かつての企業組合のごとく、それぞれが監査法人の名前の看板は掲げておりますけれども、業務は、その法人一体としてそこに統一的な監査あるいは審理、討議、内容審査を経ませんで、引き続き個人的なことをやっておる事例もあるので、そのときにはやむを得ない点もございますが、いま申しました二件も、個人として開業しておりました時代に発生いたしました粉飾が一昨年から去年になって見つかってきた事例ですので、今後は、監査法人の質の向上を通じまして御期待のように、監査法人については充実した体制的な監査ができるように極力指導してまいりたいと思っておるわけです。

○堀委員　私も別に公認会計士と監査法人を著しく区別をしようとは思っておりません。思っておりませんけれども、少なくとも一人でやるよりは何名かが集団としてものに当たれば、過失は減ってくるし、もちろん故意は、相互牽制が働いてできなくなるわけですから、仕組みの上でそういうものを減らすことがより重要だという考え方に実は立っておるわけです。しかし、いまのお話のように、せっかくそういう発想に基づいて監査法人ができても、中身は五人のこれまでの公認会計士がそのままいて、名前だけが○○監査法人では困るわけです。ですから、この問題は現在どうなっているかわかりませんが、まだなおそういう残滓があるならば、少なくとも一定期間を限って、監査法人が監査をした中で粉飾が起きたなどということのないようにしてもらわないと、われわれ幾ら国会の中で努力をしてみても、実態は、魂入れずの状態では困りますので、証券局として、いますぐとは言いませんけれども、一定の期間を置いて、われわれの考えておる監査法人にならない監査法人は監査法人として認めない。私は、少しきびしい処置をとってもらいたいと思うのですが、どうでしょうか。

○志場政府委員　一昨年、先ほど申しました芝電気の粉飾決算が、監査法人が関与しておるということで私どももびっくりいたしまして、公認会計士協会に対しましても、実を備えたもの〔監査法人〕であるように強く要請したところです。先ほど申し上げました二件は、それまで個人として関与しておりましたものが持ち込まれたわけで、新しく監査の対象にしておりますところは、万そういうことがあってはならないと思っており、私どもは、先生の御指摘のような方向を体しまして、できるだけ早急にその御期待に沿うように強く今後指導してまいりたい、かように思っております。

○堀委員　賠償保険の問題です。

私は、きのう伺った発想はたいへん残念だと思っております。事故が起きた場合、故意や過失がなければ〔公認会計士に〕責任がないわけですから、本来なら賠償保険は要らないと思うのです。しかし、もし賠償保険を設けるとするならば、それは公認会計士のために設けるのではなくて、損害賠償請求があったときに直ちにそれを払って、請求を行なう人に迷惑をかけないようにするという発想で賠償保険を公認会計士協会が考えるというなら、これは話は別だと思うのですが、自分たちを守るために賠償保険をやる。その自分たちの守り方は、故意または過失があった場合にしかこないのに、それに対する対抗策を設けようなどという発想は、私は、公認会計士協会としてはあるまじき発想だ、こう考えておりますので、この点を含めて公認会計士協会が、少なくともいままでは特別法人として多くの権限を与えておることでもあるし、もう少し公認会計士協会は公認会計士の利益のためにあるのではなくて、投資家保護のために設けられておるんだという点を十分認識して、かりそめにも公認会計士が自己のそういう対抗策などで問題を考えるような発想がなくなるように、十分指導をしていただくように要望いたします。

テークオーバー・ビッドの問題について、制度としては進歩だと思うのです。ただ、その場合に問題は、テークオーバー・ビッドによってビッドされる側がどういう角度で判断をするかにあると思うのです。どういう角度で判断をするかは、日本の企業は、私の感触では、企業側の利益が優先して株主の利益がその次だ、こういう感じがするのです。そこで、企業だけの判断でものが行なわれることは、場合によって株主に不測の損害を与える場合が十分あり得るのではないか。日本ではそういうときに、株主のこともさることながら、企業が最初に考えるのは金融機関のことだろうと思います。金融機関は八〇%も貸し付けをしているわけだから、その会社がビッドされるかどうかは、自分たちの将来とかに非常に関係があるでしょうから、私は、これらの問題について何か公的な、国民的利益を守る側から何らかの介入の余地を残しておく必要はないのか、そういう気がいたします。それはフランス式に大蔵大臣の拒否権がいいのかは、仕組みがいろいろ違いますから検討の余地があるかもしれませんが、その点どうでしょうか。

○志場政府委員　従来の株の買い占めは、ひそかに行なわれて、ある日突然経営者に高く売りつけに行くということで、経営者はそのときは主として株主のことを考えるよりも、自己保全から、高く株を買い戻しておるということで、いわば株主不在、投資者不在になっておったと思うのです。しかし、株式の公開買い付けは、堂々とこういう方針でこういうふうに経営していくが、こういう価格で売ってくれという呼びかけです。相手方の会社の経営者も、異論があるならば、株主が現経営者の言い分に耳を傾ける、株主のことを考えた大義名分がなければ、その株は売られてしまうと思うのです。ですから、今回の改正は、経営者の自己保身的なところではとうていもたない一つのあらわれとなってくると思うので、お尋ねのような公的機関という構想もあるかとも存じますが、私は、従来の反省も含めて、大義名分が立たないことには、株主はおのずから判断していくことに徹するのが、先生の目ざしておられるような株主保護ないしは日本経済の発展の土台となるのじゃないか、かように考えておりますので、第三者的機関を設けるということは考えていないわけです。

○堀委員　この問題は、単にビットだけの問題ではなくて、外資法なりいろいろな面でまだ少し問題が残っておりますから、いますぐにどうかしなければならぬ問題だとは私も思っておりませんけれども、外資法なりいろいろな為替管理なりがいつまでもいまのままでいくとも考えられませんので、そういうものが弾力化されるのと並行しながら、何らかの国家的利益を守る何らかの担保が必要ではないかと思います。これをひとつ検討事項としておきます。

○佐藤(観)委員　株式の公開買い付けについて、二、三点をお伺いしておきたいのです。

まず、基本的な点ですけれども、株式の公開買い付けが証取法の基本精神である大衆投資家保護という観点から、論議〔が〕、十分に尽くされてはいないのじゃないかと思うのです。株式の公開買い付けが、会社側のほうを向いているのかあるいは投資家のほうを向いているのか、外資に対するものなのかあるいは日本国内のものに対するものなのかを御質問申し上げたのですが、そのとき証券局長のお答えの中に、会社のほうか投資家のほうかということに対しては中立であると答えられたと私は覚えているのです。結果論としてよくなるか悪くなるかは出てくるけれども、公開買い付けそのものが大衆投資家の保護になるんだという点については、私はどうも理論的に説得力に欠けているのじゃないか。まず、この基本的な点についてお伺いしたいと思うのです。

○志場政府委員　ニュートラルというのは、ある会社のいわゆる買い占め、乗っ取り自体がいいか悪いかという点を申したのです。それについては、この制度はニュートラルですというふうに申したと思います。今回の制度をいかなる観点から設けておるかと申しますと、その乗っ取りを成功させようが、あるいは失敗に終わらせようが、それは株主の判断である。ということは、今回の制定の趣旨はもちろん株主保護という点に重点を置いての立法でして、そのビッドの結果、乗っ取りができるかできないか、現経営者と国民経済の、何を保護すべきか保護すべからざるか、これはあげて投資家の判断にかかることで、その点はニュートラルという考え方からスタートしておる、かように申し上げたのです。

○佐藤(観)委員　株式の公開買い付けのおもな目的は経営権の取得だと思うのですが、その際に、一体幾らの値段を提示すれば株式が目的の量だけ買えるか、この点が一番問題になってくると思うのですけれども、この値段のつけ方について何らかの規制をする必要はないのか、その点についてはどうでしょうか。

○志場政府委員　買い付け価格は届け出事項になりますので、大蔵大臣による検討の対象になりますが、これは法律上においてどれまでということを一律に引くことができないことは申すまでもございません。確かに、買い取りを成功させようと思えば、高ければ高くするほど可能でしょう。しかしながら、買ったあとの買い付け目的がございますわけで、買い占め者にとりましては、コストのかかっている金を投じますのに収益とかそういうものの見合いがございませんと、おかしなことになるわけです。そういう観点から価格について事情を聞き、チェックすることはあろうと思いますけれども、個別のケースにおいて考えるべきで、おのずからの限度はあるといえると思います。けれども、これを市場価格の何割増しとか、そういう一律の線を引くことは不可能ではないか、かように考えます。

○佐藤(観)委員　それから、申し込みを募集する際に、募集者の望んでいた数量よりも上回る場合が当然あると思うのです。その際には一体どういうふうにするのか。政令できめるわけですか。

○志場政府委員　さようです。諸外国の例を見ますと、申し込みが全体を合計いたしましてオーバーした分を圧縮するのに、全体の数量を分母にし、そして限度額を分子にして、その割合で各人に案分して削減していく、こういう方法を各国大体とっておるようですので、私どももそういう方向で検討しております。

○佐藤(観)委員　集まらない場合も当然あると思うのですけれども、その際に、一回目と二回目の値段が変わることもあると思うのです。これは株主平等の原則からいくと非常におかしなことだと思う。その点と、当初、経営権の取得を考えていたけれども、どうにも集まらない。その際に、それを変更して売却してしまうことも当然考えられると思うのです。その際には目的の変更というふうに考えるのか、あるいは当初から、その株だけを集めて、ある程度のときが来たら高い値段で売りつけるというふうに見れないこともないと思うのです。この辺の判断を一体どういうふうにするのか。こういうものまで政令できめるおつもりがあるのかないのか、お伺いしたいと思います。

○志場政府委員　虚偽の記載がありましたならば罰則をもって臨んでおりますが、申し込みが予定数量を上回ったときの配分方法、並びに、ある数量に達しなかった場合は、それをそのままで買い取るか、あるいはその申し込みをキャンセルするか、それはいずれも届け出事項に最初に明らかに書かしておくつもりです。それを実行しませんでしたなら、虚偽の記載での処罰になりますが、あらかじめ契約の中身は詳細に届け出事項に明らかにしておき、それを公示して、株主はそれを見た上で判断をして行動に移る、かようになるわけでございます。

○竹本委員　最初に企業の長期資金の調達の場としての公社債市場の正常化がいわれるけれども、それはどういう意味であるのか、また政府はそのためにどういう努力をしておられるのであるか。

○志場政府委員　正常化は、企業の社債による資金調達が真に長期資金の供給者によって購入されるという点と、その発行条件が流通価格、流通市場における利回りと原則的に乖離をもたらさない。並びにそれとうらはらにはなるのですが、資金供給者、つまり社債購入者が長期貯蓄という意味合いにおいて長期に資金を投ずることにおいて社債が多く消化される。この両面を正常化と考えておるわけです。さような意味から、私どもは、発行条件の弾力化、実勢との接近につきましては、これは別に法律上どれに従うということはないのですが、証券界のみならず金融、産業界にもいろいろと説明もして、こういうふうにつとめるという配慮と、並びに証券会社を主として督励して、長期資金の供給者にふさわしい個人投資家、あるいは機関投資家を広く営業上開発していく、この二つの面について及ばずながら努力しているつもりです。

○竹本委員　いろいろ御説明がありましたけれども、結局売るほうも買うほうも、いわゆるプライスメカニズムで取引ができるということですね。

○志場政府委員　さようでございます。

○竹本委員　そうなりますと、いまのように新規発行債と従来出しておるものとの間に価格差があることは、正常化を非常に大きく妨げると思うのですけれども、現実にはどのくらいの価格差があるのか、そしてそのことが正常化をどの程度じゃましておるかということについて……。

○志場政府委員　公社債の条件は昨年の三月に改定が行なわれたわけです。昨年の改定直前と直後並びに現在を考えてみますと、昨年の改定直前には、たとえば事業債のA格債ですと、応募者利回りと流通利回りとでは、年利にしまして一・三八五%の乖離があったわけで、新発債が不利であったわけです。それがこの〇・四%ばかりの改定をいたしましたために、この乖離幅は改定直後におきましては〇・九五八%、最近、金融の緩和を反映いたしまして、店頭気配の価格が上がりまして、流通利回りが下がり、最近の乖離幅は〇・五七二%でした。一年前に比べますと乖離幅は一・三八%から〇・五七%と約〇・八%縮まってきておるのですが、依然として〇・五七%の乖離がある、かようなわけでございます。

○竹本委員　そこで、起債条件を弾力化、自由化していくことについて、今後の見通しはどうなりますか。

○志場政府委員　昨日も申し上げたと思いますが、なかなかむずかしい問題でして、一方において金融緩和が続いてまいりますと、企業の資金調達が銀行借り入れを通じて楽にならないかという期待感があるわけです。かような状態におきましては、発行会社としてはついそういう道に走りがちです。そこで私どもといたしましては、早急に、来たるべき四十六年度において社債発行の希望額がどの程度あるか、また現在見通される金融情勢のもとにおきまして、発行条件その他を見た場合に現状のままで消化見込み額がどのくらいあるか需給面を至急、できるだけ客観的、具体的に描きまして、それから考えてみたいと思うわけです。できれば本年度内くらいにその見通しをコンクリートにいたしまして、金融緩慢の時期が比較的続くと思われる来たるべき四十六年度におきまして何らかの前進を見たい、かように考えております。

○竹本委員　安定株主工作をまたよくいわれるのだけれども、生保や損保はどうか、また現在どのくらいのウエートを持っておるか、銀行はどうかということについて伺いたい。

○志場政府委員　昭和二十五年のころでは、株主のうち法人株主が株数の割合で三〇%程度だったと思います。最近では法人株主の割合が非常にふえて、全体では約五八%と記憶しております。その中で一番多いのは金融機関でして、金融機関が三〇%余りです。金融機関の中には生損保は入っておる次第です。それから普通の事業法人が二四%持っております。個人その他が四〇%余りでして、保険会社を含んだ金融機関と事業法人で約五四、五%を占めておるわけで、その他若干の証券会社持ち分とか外国人持ち分とかございますが、依然として金融機関と事業法人の持ち株が多いわけでございます。

○竹本委員　生損保が安定株主工作のときにたよりになるものと考えていいか。

○志場政府委員　私どもも少なくとも従来までの傾向で――直接保険会社の人に聞いたわけではございませんが、見ておりますと、産業界が往々にしてよく安定株主として期待する相手方に保険会社を入れておったようですが、おおむねそういうビヘービアなり意識のもとに動いてきたのじゃないかと思うのですが、先ほど御指摘がありましたが、時価発行に関連して、今度はドライといいますか、その投資によるところの収益目的を考えていく、これは当然でして、また現在の保険会社の総資産のうちに株式投資の占めます割合が、アメリカ等の諸外国に比べて日本の場合は特に多い。有価証券全体が三割弱の中で株式を二五％前後持っておる。諸外国の場合は数％で、残りは社債です。そういうことを考えますと、現在、株式に対する資産保有割合が、国際的に見て、日本の保険の場合、非常に多いのです。キャピタルゲインを追求することでもって、株式を保有することは間違いないと思いますが、従来のように、安定株主という意味で買い増しするであろうか。この点は、従来と違った考え方が見通されるのじゃないか、かように思います。

○竹本委員　安定株主工作とは一体どの辺を目標にするのかという点はどうですか。

○志場政府委員　先ほどお尋ねの銀行と保険会社の持ち株割合を申し上げますと、銀行――信託銀行、相互銀行は含んでおりません。銀行は一五％です。生命保険会社が一一％、損害保険会社が三・九％、上記以外の金融機関が二％です。

次に、お尋ねの安定株主ですが、自動車についての資料はあいにく持ち合わしておりませんが、どの程度固定的な株主があれば安定株主と言えるか。大体私考えますと、金融機関は、非常に持ち株割合は多いのですが、独禁法上一割をこえて持てないという制限がございますから、有価証券報告書その他によって株主構成を見ますと、大体筆頭の大株主は金融機関と思います。その金融機関も単独では一割を限度にしておりますので、一割の限度一ぱいに持っているところの銀行が二、三行、あるいは数行ということでして、金融機関全体を合わせますると、六〇％ということもございますが、一〇％をこえて単独でその株式を持っておることはあまり見当たらないように思います。

○竹本委員　私が尋ねたのは、六〇％、七〇％があれば安定化工作はやや完了したと見るのか、一つのめどがありますか。

○志場政府委員　まあ全株主が出席して総会で争うことになりますと、五〇％以上持っておればいいわけです。実際問題としては全部が出席するわけでもございませんから、それほどまではいかなくてもいいのじゃないかという感じもしますが、会社としてねらうとすれば、同一の行動をとってもらえる見込みのものを五〇％程度以上集める努力は要るわけです。

○竹本委員　外資が乗っ取りをねらっていよいよ出てきた場合に、それを防ぐ日本の法律的なとりでは何と何であるか。外資法がどの程度役に立つか。公開買い付け制度がどのくらい役に立つか。商法の改正がどこまで役に立つか、欠陥があるかないか。その辺をちょっとまとめて……。

○志場政府委員　私もすべての法律〔を〕よく存じませんが、まず独占禁止法があるわけで、それは産業政策上望ましくない、不当な競争制限、独占になるような買い占め、合併を禁止しておる法律です。これは外国人にももちろん適用があるわけです。

その次に外資法がございますけれども、この条文を見ますと、どっちかと申しますと、日本の外貨保有の拡大をはかるという〔こと〕でして、その条文の中には、わが国の経済の復興に妨げになるとかいう文言を使っておる条文もございますが、これで産業再編成とかを適用するにはかなり大きな限界があるのではあるまいか。もっとも、それに基づきまして一人当たり七％ないしはトータルで二五％という自動認可のワクを設けておるわけで、これがさしあたりは最もきいておるわけです。しかしこれとても漸次前向きで、日本の現在あるいは将来の外貨準備高の保有状態の見通しからいたしまして予想されることですが、そうなりますると、次第に上限は引き上げられてくることになります。今回の証券取引法の公開買い付け制度の創設はさような状態も予想しながら、最後にはもちろん独禁法の法令上の不法行為のチェックがございますけれども、この日本の株主に、わが国の国益なりを考えあわせながらしっかりと判断を求めていく、そういう方向に誘導していくことを考えての措置です。

○竹本委員　政務次官にもちょっとお伺いしておきたいのですけれども、いま三つあげられたわけですが、独禁法と外資法と公開買い付け、それぞれ法の出てきた本来的な目的なり任務なりから、新しい時代と段階に即応して外資の乗っ取りを防ぐことは、直接それを目的にしていないのだから、その法律が間に合わぬのはあたりまえなんですね。これができたときは、戦後すぐにできたのだけれども、日本の復興の時代に復興の問題が出てくるのはあたりまえで、いまは高度成長し過ぎて問題になっておるのだから、日本経済の復興なんといってみたって初めから話に合わない。そういう意味で、独禁法にも独禁法の制約と限界がある。外資法にも外資法の限界と制約がある。公開買い付け制度といってみても、これも目的が投資者保護で、また業界がいろいろ言った拒否権の問題とか許可制の問題も避けてある。こういうことを考えると、商法の改正も、ぼくはあまりたいして役に立たないと思うのです。

そういう意味からいうと、やはり新しい段階に即応した、外資による乗っ取り防止に対応する法律を考えるべきではないか。それから、外資法自体を再検討する意思ありやいなや。この二つを伺っておきたい。

○中川政府委員　現在の法律制度でもって、外資によって乗っ取られることはないと判断をしておりますが、今後資本の自由化その他によってまた情勢が変わってくるかもしれません。変わってきた場合には、株主安定といいますか、業界の体質改善、業界みずからの努力も必要ですが、政府としても、特別法をつくるかどうかは別としましても、そういったことのないように善処する姿勢をとってまいりたい、このように存じます。

（以下略）

衆議院　大蔵委員会議録第六号

昭和四十六年二月十二日(金曜日)

出席委員

委員長　毛利　松平君
理事　藤井　勝志君　理事　山下　元利君
理事　広瀬　秀吉君　理事　松尾　正吉君
理事　竹本　孫一君
　　　奥田　敬和君　　　木野　晴夫君
　　　木部　佳昭君　　　木村武千代君
　　　佐伯　宗義君　　　坂元　親男君
　　　田村　　元君　　　高橋清一郎君
　　　登坂重次郎君　　　中島源太郎君
　　　中村　寅太君　　　原田　　憲君
　　　福田　繁芳君　　　坊　　秀男君
　　　森　　美秀君　　　吉田　重延君
　　　阿部　助哉君　　　佐藤　観樹君
　　　平林　　剛君　　　藤田　高敏君
　　　堀　　昌雄君　　　古川　雅司君
　　　塚本　三郎君　　　小林　政子君

（ほか略）

本日の会議に付した案件

証券取引法の一部を改正する法律案（内閣提出第九号）

外国証券業者に関する法律案(内閣提出第一〇号)

（中略）

○毛利委員長　この際、証券取引法の一部を改正する法律案及び外国証券業者に関する法律案の両案を一括して議題といたします。

両案に対する質疑はすでに終了いたしております。

これより討論に入るのでありますが、両案については、討論の申し出がありませんので、直ちに採決に入ります。

まず、証券取引法の一部を改正する法律案について採決いたします。

本案に賛成の諸君の起立を求めます。

〔賛成者起立〕

○毛利委員長　起立多数。よって、本案は原案のとおり可決いたしました。

次に、外国証券業者に関する法律案について採決いたします。

本案に賛成の諸君の起立を求めます。

〔賛成者起立〕

○毛利委員長　起立多数。よって、本案は原案のとおり可決いたしました。

○毛利委員長　ただいま議決いたしました証券取引法の一部を改正する法律案に対し、自由民主党、日本社会党、公明党及び民社党を代表し、坂元親男君外四名より附帯決議を付すべしとの動議が提出されております。

この際、提出者より趣旨の説明を求めます。坂元君。

○坂元委員　ただいま議題となりました証券取引法の一部を改正する法律案に対する附帯決議案につきまして、提案者を代表いたしまして、その趣旨を説明申し上げます。

御承知のとおり、最近におけるわが国経済の国際化の進展及び証券市場の規模拡大等の趨勢に顧み、投資者保護の徹底、企業の長期資金調達の円滑化及び証券市場の秩序維持に資するため、証券取引法の一部を改正する法律案が提出されたのであります。

本法案は、最近の諸情勢に照らしつつ、今後の証券市場、さらには国民経済の発展に前向きに対応していこうとするものであり、これをもって有価証券の発行、流通に関する基本的な法的整備が一応仕上がることになると考えられます。

したがいまして、当委員会としては、政府に対し、今後このような法制整備を踏まえた上で、投資者保護の一そうの徹底をはかり、有価証券の発行、流通に関する制度につき、今回の改正の趣旨を徹底するため、今後、連結財務諸表制度の採用、監査基準の整備等をはかるよう所要の検討を行なうべきです。

また、公開買い付けに対する規制に関する制度についてですが、この制度は新しく創設されました制度でありますことにかんがみまして、投資家保護の見地に徹して、十分適正な配慮をいたし、その運営に当たられることであります。

さらに、わが国企業の長期資金調達の円滑化と自己資本の充実に資するため、公社債市場の正常化その他資本市場の改善、合理化に一そうの配意を要請いたしたいと思うのです。

以上が提案の趣旨です。

何とぞ御賛成くださいますようお願い申し上げ、私の提案の趣旨説明を終わります。

証券取引法の一部を改正する法律案に対する附帯決議（案）

最近における資本取引の自由化、証券市場の国際化のすう勢に対応し、政府は、本法の運用にあたって投資者保護につき一層留意するとともに、左記事項について更に検討を行うべきである。

一、投資者に対する企業内容開示の趣旨を一層徹底するため、有価証券届出書、同報告書等の開示書類に関し、連結財務諸表制度の採用、監査基準の整備等を図ること。

二、公開買付けの規制に関する制度については、新しく創設された制度であることにかんがみ、投資者保護の見地に徹し、充分適正な配慮を行い、その運営にあたること。

三、わが国企業の長期資金調達の円滑化を図るとともに、自己資本の充実に資するため、公社債市場のすみやかなる正常化その他資本市場の改善合理化を図ること。

○毛利委員長　これにて趣旨の説明は終わりました。

おはかりいたします。

本動議のごとく附帯決議を付するに御異議ありませんか。

〔「異議なし」と呼ぶ者あり〕

○毛利委員長　御異議なしと認めます。よって、さよう決しました。

本附帯決議に対し、政府より発言を求められておりますので、これを許します。福田大蔵大臣。

○福田国務大臣　ただいま御決議の附帯事項につきましては、政府といたしましても、その趣旨を尊重し、極力努力いたします。

（以下略）

衆議院会議録第七号

昭和四十六年二月十六日（火曜日）

議事日程　第六号

第一　証券取引法の一部を改正する法律案（内閣提出）

第二　外国証券業者に関する法律案（内閣提出）

○議長（船田中君）　これより会議を開きます。

日程第一　証券取引法の一部を改正する法律案（内閣提出）

日程第二　外国証券業者に関する法律案（内閣提出）

○議長（船田中君）　日程第一、証券取引法の一部を改正する法律案、日程第二、外国証券業者に関する法律案、右両案を一括して議題といたします。

（中略）

委員長の報告を求めます。大蔵委員長毛利松平君。

○毛利松平君　ただいま議題となりました二法律案につきまして、大蔵委員会における審査の経過並びに結果を御報告申し上げます。

まず、証券取引法の一部を改正する法律案について申し上げます。

この法律案は、最近におけるわが国経済の国際化、自由化に即応いたしまして、投資者保護の一そうの徹底をはかり、また企業の長期資金調達の円滑化及び証券市場の秩序維持に資するため、次の改正を行なおうとするものであります。

第一は、企業内容開示制度に関するものでありまして、企業が増資等に際して大蔵大臣に提出する有価証券届出書について、その提出基準を引き上げる等、最近における増資の実態に即応し得るよう改めるとともに、企業が毎事業年度提出する有価証券報告書について、提出会社の範囲の拡大、半期報告書及び臨時報告書制度の創設等により、会社の企業内容が投資者に適時適切に開示されるようにすることとしております。

また、企業の粉飾についての民事上及び刑事上の責任に関する現行規定を整備強化するとともに、粉飾決算を行なった企業に対しては、相当の期間内は増資等ができないように、大蔵大臣が行政処分を行ない得ることとしております。

第二は、株式の公開買い付けの規制に関する制度の創設でありまして、すなわち、ある会社の株式を一定割合以上取得するため、市場外において不特定多数の者に対して買い付けの申し込みをしようとするときは、あらかじめ買い付けの期間、価格等、公益または投資者保護上必要と認められる一定の事項を記載した届出書を大蔵大臣に提出し、かつ、その効力が発生した後、これを公告しなければならないこととしております。

本案につきましては、去る二月十日質疑を終了し、十二日採決いたしましたところ、多数をもって原案のとおり可決すべきものと決しました。

なお、本案に対しましては、連結財務諸表制度の採用、監査基準の整備等三項目にわたり附帯決議を全会一致をもって付することと決しました。

次に、外国証券業者に関する法律案について申し上げます。

この法律案は、わが国資本市場の健全な発展に資するため、外国証券業者が国内において証券業を営むことができる道を開くとともに、その営業活動について適正な規制を行なおうとするものであります。

まず第一に、外国証券業者は、国内に設ける支店ごとに大蔵大臣の免許を受けた場合に限り、当該支店において、その受けた免許にかかる証券業を営むことができることとし、免許の種類、免許の審査基準、拒否要件等については、国内証券会社の場合とおおむね同様といたしております。

第二に、免許を受けた外国証券業者は、営業の開始に先立って、営業保証金を支店ごとに供託しなければならないこととし、供託にかわるべき所定の契約を締結した場合には、営業保証金の一部を供託しないことができることといたしております。

第三に、免許を受けた外国証券業者の支店の業務及び財務に関する規制につき、証券取引法の規定とほぼ同旨の規定を設けております。

本案につきましては、去る二月十日質疑を終了し、十二日採決いたしましたところ、多数をもって原案のとおり可決すべきものと決しました。

以上、御報告申し上げます。

○議長（船田中君）　両案を一括して採決いたします。

両案の委員長の報告はいずれも可決であります。両案を委員長報告のとおり決するに賛成の諸君の起立を求めます。

〔賛成者起立〕

○議長（船田中君）　起立多数。よって、両案とも委員長報告のとおり可決いたしました。

（以下略）

参議院　大蔵委員会会議録第三号

昭和四十六年二月五日（金曜日）

出席者は左のとおり。

委員長　柴田　栄君

理事
大竹平八郎君
玉置　猛夫君
中山　太郎君
成瀬　幡治君
多田　省吾君

委員
青木　一男君
青柳　秀夫君
伊藤　五郎君
岩動　道行君
丸茂　重貞君
木村禧八郎君
戸田　菊雄君
松井　誠君
吉田忠三郎君

国務大臣
大蔵大臣　福田　赳夫君

政府委員
大蔵省証券局長　志場喜徳郎君

（ほか略）

本日の会議に付した案件

○外国証券業者に関する法律案（内閣送付、予備審査）

○証券取引法の一部を改正する法律案（内閣送付、予備審査）

○国有財産法第十三条第二項の規定に基づき、国会の議決を求めるの件（内閣提出）

○委員長（柴田栄君）　ただいまから大蔵委員会を開会いたします。

（中略）

次に、外国証券業者に関する法律案、証券取引法の一部を改正する法律案、及び国有財産法第十三条第二項の規定に基づき、国会の議決を求めるの件、以上三案件を便宜一括して議題といたします。

まず、政府から趣旨説明を聴取いたします。福田大蔵大臣。

○**国務大臣（福田赳夫君）**　ただいま議題となりました外国証券業者に関する法律案外二件につきまして、提案の理由及びその概要を御説明申し上げます。

最近における国際的資本取引の著しい増加、あるいは昨年九月に行なわれた証券業の資本自由化等に見られますように、証券市場を取り巻く国際化の趨勢にはまことに目ざましいものがあり、わが国証券会社の海外進出も次第に増大しつつあります。しかるに、現行証券取引法は、外国証券業者の本邦内支店の設置を認めるための規定を欠いております。

このような状況にかんがみ、かつは、わが国資本市場の健全な発展にも資するため、外国証券業者が国内において証券業を営むことができる道を開くとともに、わが国証券市場の秩序維持と投資者保護の見地から、その営業活動について適正な規制を行なうこととし、この法律案を提出した次第であります。

以下、この法律案につきましてその大要を御説明申し上げます。

まず、第一に、外国証券業者は国内に設ける支店ごとに大蔵大臣の免許を受けた場合に限り、当該支店においてその受けた免許にかかわる証券業を営むことができることといたしております。免許の種類、免許の審査基準、拒否要件等につきましては、国内証券会社の場合とおおむね同様といたしておりますが、株式会社と同種の法人でない場合、一定の経験を有しない場合及び原則として証券業専業でない場合を拒否要件として明定する等、支店に対する免許の付与であることの特殊性に対応して規定の体裁を若干異にしております。

なお、欧州等には銀行業務と証券業務をあわせ営むことを常態とする国のあることにかんがみ、免許の拒否要件において所要の調整をはかることといたしております。

また、引き受け業務の免許を受けていない外国証券業者であっても、大蔵大臣の許可を受けて、有価証券の引き受け業務のうち、元引き受け契約への参加その他の一定の行為を国内において行なうことができるよう措置することといたしております。

第二に、外国証券業者の本拠が外国にあることにかんがみまして、国内の投資者保護の見地から、免許を受けた外国証券業者は、営業の開始に先立って営業保証金を支店ごとに供託しなければならないことといたしておりますが、供託に代わるべき所定の契約を締結した場合には、営業保証金の一部を供託しないことができることといたしております。

また、同様の観点から、支店の資産について、その所定の部分を国内において保有しなければならないことといたしております。

第三に、免許を受けた外国証券業者の支店の業務及び財務に関する規制につき、証券取引法の規定とほぼ同旨の規定を置くことといたしております。

そのおもなものは、基本事項の変更等の認可、免許の取り消し、業務の停止命令、経営保全命令、不公正取引等の禁止、法定準備金の積み立てなどに関する規定であります。なお、取引所会員たる国内証券会社の場合にならって、外国証券業者が国内において行なう過当数量取引等を制限し得ることといたしております。

以上のほか、外国証券業者等が証券業に関連のある業務を行なうため事務所等の施設を設置する場合の届け出義務等を規定するとともに、附則におきまして証券取引法をはじめ関連法律について所要の整備を行なうことといたしております。

次に、証券取引法の一部を改正する法律案につきまして御説明申し上げます。

証券取引法における有価証券の発行・流通に関する制度は、昭和二十八年以来今日に至るまで改正が行なわれておりませんが、この間、わが国証券市場及びこれを取り巻く諸情勢は大きく変化してまいりました。すなわち、近年における証券市場の拡大は著しく、その果たすべき役割りはますます重要なものとなってきております。さらに、最近におけるわが国経済の国際化、資本取引の自由化の進展は、証券市場の動向にきわめて大きい影響を及ぼしつつあります。

このような情勢の変化に即応いたしまして、投資者保護の一そうの徹底をはかり、また、企業の長期資金調達の円滑化及び証券市場の秩序維持に資するため、この際、企業内容開示制度の改善合理化を行なうとともに、株式の公開買い付けの規制に関する制度を新たに設ける必要があると認められますので、ここに、この法律案を提出することとした次第であります。

以下、この法律案につきまして、その大要を御説明申し上げます。

この法律案は、大別して二つの部分から成っております。

第一は、企業内容の開示制度に関するもので、現行証券取引法第二章を改正しようというものであります。企業内容開示制度は、有価証券届出書、有価証券報告書等により企業の財務、営業等の内容を広く投資者に公開するための制度でありますが、今回、これに全般的な再検討を加えまして、証券市場の今後の趨勢に適応し得るよう、所要の改善合理化をはかることといたしました。

まず、企業が増資等に際して大蔵大臣に提出する有価証券届出書につきまして、その提出基準を引き上げ、開示の時期を早めるなど、最近における増資の実態に即応し得るように改めることとしております。

次に、企業が毎事業年度提出する有価証券報告書につきまして、提出会社の範囲の拡大、半期報告書及び臨時報告書制度の創設等により、流通性に富む有価証券の発行会社の企業内容が投資者に適時適切に開示されるようにすることとしております。

また、企業の粉飾決算は依然あとを断ちませんが、粉飾についての民事上及び刑事上の責任に関する現行規定は、投資者保護の上からは十分でないと考えられます。したがいまして、最近の実例にもかんがみ、これを整備・強化いたしますとともに、粉飾決算を行なった企業に対しましては、相当の期間内は増資等ができないように大蔵大臣が行政処分を行ない得ることとしております。

第二は、株式の公開買い付けの規制に関する制度の創設でありまして、証券取引法に第二章の二を追加しようとするものであります。

わが国経済の国際化に伴い、近年、諸外国で企業の合併、経営権取得等の手段として広く用いられている公開買い付けによる株式の大量取得が、今後わが国においても行なわれるようになることが予想されます。現行法では、これに関して何らの規定もなく、全く当事者の自由にまかされた形になっておりますが、これでは、さような事例が実際に発生いたしました場合、投資者保護と証券市場の秩序維持という点からみて好ましくないと考えられますので、これに対処すべく一定のルールを設けようとするものであります。

すなわち、この法律案におきましては、ある会社の株式を一定割合以上取得するため、市場外において不特定多数の者に対して買い付けの申し込みをしようとするときは、あらかじめ買い付けの期間、価格等、公益または投資者保護上必要と認められる一定の事項を記載した届出書を大蔵大臣に提出し、かつ、その効力が発生した後、これを公告しなければならないこととしております。さらに、公開買い付け者に対し対象会社への通知を義務づけ、一方、対象会社には意見表明の機会を与える等、所要の規定を設けることといたしております。

○委員長(柴田栄君) 次に、補足説明を聴取いたします。

○政府委員(志場喜徳郎君) ただいま議題となりました外国証券業者に関する法律案外一法律案につきまして、提案の理由を補足して御説明申し上げます。

まず、外国証券業者に関する法律案につきまして申し上げます。

現行の証券取引法は、当初より、国内において証券業を営む者として外国証券業者を全く考慮の外に置き、国内の証券会社のみをその規制の対象としてとらえておりまして、このことは証券会社の免許制採用を柱とする昭和四十年の同法の一部改正の際にもそのまま踏襲されてまいりました。

しかしながら、昨今、資本取引及び証券業の国際化には著しいものがあり、わが国の証券会社が海外に進出する例も増加してきている事情にかんがみますと、外国証券業者がわが国に進出できないこととなっている現行制度をそのまま維持することは適当でなく、この際支店形態での進出を認めるための法制を整備すべきであると考え、今回、この法律案を提出することといたした次第であります。

この法律案におきましては、提出理由の説明にもございましたように、外国証券業者に対し、原則的には国内証券会社に対すると同様の規制を行なうことといたしておりますので、ここでは、国内証券会社についての取り扱いと異なるおもな点につきまして、若干補足させていただきます。

まず、免許につきましては、外国証券業者が国内に設ける支店ごとにこれを付与することといたしております。これは、外国業者の本拠が国内にないため、本支店を含めてその法人の営業を一体として見るよりは、各支店をそれぞれ本店に直接従属する別個の営業体としてとらえることが実際的であり、指導監督上も適当であると判断されるためであります。また、免許は原則として証券業専業でないものには与えないことといたしておりますが、これは、わが国において証券会社が原則的に兼業を禁止され、また、特に金融機関が証券業務を営むことができないとされていることに対応して設けることとした規定であります。ただ、本国においては金融業などを兼業しておりますが、わが国においては証券業のみを行なう場合であって、かつ、本国においても証券業につき明確な区分経理が行なわれているような者につきましては、一定の例外を設けることを考慮いたしております。

次に、引き受け業務の一部についての許可の規定でありますが、本来、社債発行等の場合における引き受け業務につきましては、その業務のうちのどの部分でありましても国内で行なうためには免許を要するとするのが原則であります。しかしながら、国際的な証券発行は今後いよいよ盛んになることが考えられますとともに、諸外国における慣行をも考慮いたし、たとえば、たまたま幹事証券会社から勧誘を受けて、外国において販売を行なうため、その幹事証券会社が発行者と協議して内容を確定した元引き受け契約に参加して調印のみをわが国において行なうような場合にまで支店を設けて免許を受けなければならないとするのは、いささか窮屈に過ぎると考えられますので、そのような場合については、簡易な許可によってこれを行ない得るように措置いたしたいと考えている次第であります。

最後に、営業保証金に関する規定であります。国内証券会社につきましては、最低資本金の定めがあり、また、純財産額が資本金を欠くに至った場合には早期に経営保全命令を出すなど、支払い能力確保のための手段が用意されているため、特に営業保証金制度を設けておりませんが、外国証券業者についてはその法人の本拠が外国にあることにかんがみまして、国内における支払い能力を直接的に確保する意味で、この規定を設けようとするものであります。したがいまして、その額は相当多額のものでなければ投資者保護の趣旨に合致いたしませんので、外国証券業者について法定される最低資本金の十分の一までとすることができることといたしております。他方、あまり多額の資金を供託させ、固定化させることは、資金効率を悪化させることにもなり、会社の負担をあまりに重くするおそれがあるので、諸外国、特に米国において発達しております保証あるいは保険制度を参考としつつ、供託に代わるべき契約を一部認めることといたした次第であります。

なお、外国証券会社の支店の資産のうち、一定部分については、国内で保有することを義務づけることとしておりますのも、国内投資者に対する即時的支払い能力の確保という、同様の見地からの措置であります。

次に、証券取引法の一部を改正する法律案につきまして申し上げます。

今回、証券取引法を改正することといたしました趣旨は、ただいまの提案理由の説明のとおりでありますが、有価証券の発行・流通に関する制度の整備改善の必要性につきましては、昭和四十年に行なわれました証券業を免許制とするための証券取引法の一部改正の際に本委員会の附帯決議におきまして指摘されたところでありまして、これを受けて証券取引審議会におきまして慎重審議を重ね、昨年十二月十四日、大蔵大臣に対して、有価証券の発行・流通に関する制度の根幹をなす企業内容開示制度等の整備改善についての報告が提出されました。今回の改正は、この報告を具体化しようとするものであります。

以下、改正の概要につきまして、順次御説明申し上げます。

まず、企業内容開示制度の改正でありますが、その第一は、企業が増資等を行なうに際しての開示制度の改正であります。現行制度のもとでは、増資のため募集する有価証券の券面額の総額が五千万円超の場合に有価証券届出書を提出することとされていますが、これを投資者が募集に応じて支払う金額、すなわち発行価額の総額が一億円以上の場合に提出することに改めることとしております。最近における増資の実態及び投資者保護の見地からは、発行価額に提出基準を求めることが合理的であること、及び金額基準を投資者保護に支障のないと考えられる範囲内で引き上げることが適当であることを考慮したものであります。

また、現行法では、届け出の効力が生じなければ有価証券届出書は公衆縦覧に供されず、また、投資勧誘もできないことになっておりますが、これを有価証券届出書が提出されたときは、直ちに公衆縦覧に供するとともに、届け出の効力発生前にも投資勧誘ができるように改めることとしております。有価証券届出書は投資者の投資判断資料でありますので、できるだけ早期に公衆縦覧に供し、かつ、これに基づいて投資勧誘が行なわれることによって投資者に十分な熟慮期間を与えようとするものであります。

第二は、既発行証券が取引される流通市場における開示制度の改正であります。現行制度のもとでは、増資等に際して有価証券届出書を提出した会社だけが、その後、毎事業年度、有価証券報告書を提出することとされていますが、今回の改正では、有価証券届出書提出会社のほか、証券取引所に上場されている有価証券及び店頭売買銘柄として証券業協会に登録されている有価証券の発行会社は、有価証券届出書の提出がない場合にも、有価証券報告書の提出義務があるものとしております。有価証券報告書は流通市場における投資判断資料でありますので、流通性に富む有価証券、すなわち上場証券及び店頭登録証券の発行会社は、すべて有価証券報告書を提出することとするのが適当であると考えられるからであります。

また、現行法では、一年決算会社は年に一度有価証券報告書を提出することとされておりますが、年に一度の開示では投資判断資料として十分ではないと考えられますので、毎事業年度六カ月経過後に半期の営業及び財務の状況等を記載した半期報告書を提出する制度を新たに設けることとしております。

次に、国外における有価証券の発行、災害の発生等流通価格の形成に影響するところが大きいと考えられる事実が発生した場合には、遅滞なく投資者にその内容を開示することが適当であると考えられますので、そのような事実の内容を記載した報告書をその事実発生のつど提出する臨時報告書制度を新たに設けることとしております。

第三は、粉飾決算等があった場合の民事、刑事上の責任規定及び行政処分の規定の改正であります。現行証券取引法には、有価証券届出書に粉飾決算等の重要な虚偽記載があった場合の届出会社にかかる損害賠償責任の規定が設けられておりますが、今回の改正では、投資者がこうむった損害の救済についてさらに十全を期する見地から、届出会社だけでなく、その役員、売り出し人、公認会計士または監査法人及び元引き受け証券会社も賠償責任を負うことを明らかにしております。

また、有価証券報告書に重要な虚偽記載があった場合の損害賠償責任については、現行法には規定が設けられておりませんが、有価証券報告書の開示資料としての重要性にかんがみ、損害賠償責任に関する規定を新たに設けることとしております。

次に、有価証券届出書等の虚偽記載等に対する刑事罰についてでありますが、現行法では、その及ぼす影響の大きさに比して刑事罰があまりにも低く定められておりますので、虚偽記載等に対する予防効果をあげるため、これを整備強化することとしております。

さらに、現行法では、有価証券届出書に粉飾決算等の重要な虚偽記載があった場合であっても、届出会社が訂正届出書を提出して虚偽記載を訂正しさえすれば増資ができることとされております。しかしながら、虚偽記載が訂正されましても、虚偽記載を原因とする当面の不安定要因がなくなるまでの間は、健全な姿での増資は行ない得ないと考えられますので、その間、増資を延期させる行政処分を行ない得る規定を新たに設けることとしております。

次は、株式の公開買い付けの規制に関する制度の創設であります。

これにつきましては、投資者保護と証券市場の秩序維持という観点から所要の規制を行なうこととしております。

まず、有価証券市場外において不特定多数の株主からある会社の株式を買い付け、その結果その会社の発行済み株式総数の一〇％以上を所有することとなる者は、買い付け価格、買い付け期間等所要の事項を記載した届出書を公開買い付けを開始する十日前までに大蔵大臣に提出しなければならないこととし、その届け出の効力が発生した後届け出の内容を公告してからでなければ買い付けを行なってはならないこととしております。

次に、公開買い付けはその対象会社にとって重大な関心事でありますので、届け出の効力の発生するときまでに届出書の写しを対象会社に送付することを公開買い付け者に義務づけることとしております。対象会社は、これにより株主の判断に資するよう公開買い付けに関する意見を表明することが可能となります。他方、株主に対しては、大蔵省及び証券取引所における届出書及びその写しの公衆縦覧により、公開買い付けに関する情報を開示することとし、買い付けにあたっては説明書を交付しなければならないこととしております。

また、公開買い付け者が公開買い付けによらないで株式を買い付けることは、公開買い付けに応じた株主に不測の損害を与えることにもなりますので、公開買い付け期間中はこれを禁止することとしております。

なお、公開買い付けにあたりましては、買い付け株式のすべてを単一の価格で買い付けなければならないこととするほか、株券の受け渡し等について一定の規制を行ない、投資者保護をはかることとしております。

以上をもちまして、外国証券業者に関する法律案及び証券取引法の一部を改正する法律案の提案理由の補足説明といたします。

参議院　大蔵委員会会議録第六号

昭和四十六年二月十八日（木曜日）

出席者は左のとおり。

委員長　柴田　栄君

理　事　大竹平八郎君
　　　　玉置　猛夫君
　　　　中山　太郎君
　　　　成瀬　幡治君

委員
多田　省吾君
青木　一男君
青柳　秀夫君
栗原　祐幸君
津島　文治君
丸茂　重貞君
松井　誠君
鈴木　一弘君
向井　長年君

政府委員
大蔵政務次官　藤田　正明君
大蔵省証券局長　志場喜徳郎君

説明員
大蔵大臣官房審議官　茂串　俊君
大蔵省主税局税制第一課長　山内　宏君
大蔵省証券局企業財務第一課長　松本　健幹君
大蔵省証券局証券業務課長　戸田　嘉徳君
大蔵省国際金融局次長　林　大造君
（ほか略）

本日の会議に付した案件
○証券取引法の一部を改正する法律案（内閣提出、衆議院送付）
○外国証券業者に関する法律案（内閣提出、衆議院送付）

○**委員長（柴田栄君）**　証券取引法の一部を改正する法律案及び外国証券業者に関する法律案を便宜一括して議題といたします。

○**松井誠君**　最初に、証券取引法の関係ですけれども、今度の改正の一つの柱が、虚偽記載をしたことに対する損害賠償責任の問題で、届出者だけではなくて、役員その他にも損害賠償の責任を負わせる〔こと〕であると思うのですが、改正案二十一条の新しい損害賠償の性格をよりはっきりさせるために、いままでもありました十八条の届出者の責任と具体的にどこが違うのかお尋ねしたいと思います。十八条の届出者の責任は、無過失賠償責任という点、損害賠償の額の範囲を法定しておる。そういうところがだいぶ特色のある責任だと思うのですけれども、無過失賠償責任だということは、間違いございませんか。

○**政府委員（志場喜徳郎君）**　間違いございません。

○**松井誠君**　もう一つ、十九条の二項によりますと、損害を受けたこととそれから虚偽記載とが因果関係がなかったんだという立証をすることによって免責をされる。逆に言えば、損害賠償の請求をする人は、虚偽の記載によって損害を生じたのだという因果関係を立証する、主張する必要はない。そういう意味で、因果関係の挙証責任が転換をされておる。これも一つの特徴だと思うのですけれども、これはそのとおりですか。

○**政府委員（志場喜徳郎君）**　そのとおりです。

○**松井誠君**　そういう問題が二十一条の新しい損害賠償の責任にどういうように変わってきておるのかきておらないのかということをお尋ねいたしたいのでありますが、十八条の責任が無過失損害賠償責任が無過失責任ではなくなっている。ただ、加害者のほうで善意無過失だと立証すれば免責される。それから損害賠償の額も法定をされていない。もう一つ大きい問題は、この因果関係の立証責任がいわゆる原則に戻って転換をされていない、そういうことになろうかと思うのです。そういう理解でよろしゅうございますか。

○**政府委員（志場喜徳郎君）**　そのとおりです。

○**松井誠君**　この十八条が無過失賠償責任だということは、無過失賠償責任そのものがいわば異例のものですから、二十一条においてそれが原則に戻ったことはわからぬではない。しかし、そうする必要があったんだろうかという疑問を私は持つのです。これは、おそらく、十八条の届出者の責任は、損害と虚偽記載との因果関係を立証することがなかなかめんどうだということで、因果関係の立証責任の転換をして、事実上それを立証しなくてもいいようにしたんじゃないかと思う。そういう立証の困難だという問題は、二十一条の責任においても実際は同じじゃないか。よりこの立証が簡単だとはならないのじゃないか。だとすると、なぜここで立証責任をまたもとへ戻したのかという疑問が起きる。この点はどうなんですか。

○**政府委員（志場喜徳郎君）**　十八条の有価証券届出書に重大な虚偽記載がありました場合の届出会社の無過失賠償責任につきまして、一般的な考え方からしますれば異例な措置であるというお話がございましたのですが、まさしく十八条及び十九条の賠償額の法定につきましては異例な規定であると思っております。と申しますことは、十八条関係は、増資の際に、粉飾決算のような重要な虚偽の記載がある、そういう財務諸表で株主から払い込み金額を取りました。それが実は虚偽が含まれておった。そのため値下がりがあったことを立証したときは、損害賠償は免れる、この規定があることに言及されました。しかし、実際問題としまして、私どもが従来の届出書に粉飾がありました場合に株価の動向を見ました場合に、届出会社は、はたして第十九条第二項によりまして、粉飾決算以外の理由による値下がりであることを立証できるかを考えてみますと、まず規定の上からは第十九条第二項は置くべき論理はあろうと思いますけれども、実際問題として届出会社はとうていその立証はできないと思うのです。一昨年、日本テレビの粉飾決算問題がありました。これは、資本金十二億の会社が粉飾額が十億前後あったというかなりの粉飾額もございましたわけですけれども、届出書の段階におきまして粉飾の事実が明らかにされました。そういたしますと、増資の発表による権利落ち前の株価は二千四、五百円しておったわけです。権利落ちでこれが千五百円ぐらいになりました。これは倍額の増資に一億円の公募をつけると、こういう増資でございましたものですから、千四、五百円に権利落ちをする、これは妥当な落ち方だったと思うのです。ところが、そのあと粉飾の事実が新聞報道等により明らかになって、たちまち株価は八百円に下がりました。二千五百円ぐらいしておりました旧株が権利落ちして千四百円が八百円に落ちるということは、これは粉飾が明らかになった以外の理由は見当たらないというのが通常の常識的な考え方だろうと思うのです。

一つの例ですけれども、粉飾の事実が届出の段階で明らかになることはレアケースでして、どちらかと申しますと、毎期の有価証券報告書の段階で虚偽記載、粉飾決算が明らかになったという例が多いのですけれども、その場合は、必ず、その事実が明らかにその後株価が下がることを想定しておるわけですが、十八条は、形は損害賠償という形式をとっておりまするが、実はそのような重要な虚偽記載に基づく増資届出は無効たるべきものである。したがって、その増資がなかりし状態に戻すことを基本に踏まえておる制度だと思っております。もともと証券取引法は、アメリカの同種の立法に範をとりまして、ディスクロージャー制度を導入しておりますが、アメリカにおきましては、この十八条に規定されております損害賠償も、実は原状回復を原則に書いておるわけです。日本の場合にそれがなぜ原状回復でできないかとなりますると、御案内のとおり、商法〔で〕会社は自社株の保有取得を禁止されておるわけです。それで、今回の改正案の基礎になりました証券取引審議会における議論におきましても、この点について事柄の性質を明らかにするためには、十八条の損害賠償は、損害賠償法理としては異例に属することで、性質論からいたしますと、アメリカ流の原状回復、当該届出増資を無効にすることが正しいのじゃないか、十八条のそういう方向への改正も論議されました。ですけれども、この点から商法の自社株取得保有の特例を設けることはこれまた大問題でして、法定はむずかしいことから、十八条、十九条は現行のまま損害賠償という体裁にして残しておく。原状回復と申しましても、株主にとりましては、その株券を失いますけれども、同時に、経済的に見ますと、十八条、十九条で書かれております下がった分の差額を払い込み金額の中から取り戻しますと、原状回復になりまするので、それでいいではないかという議論もございまして、十八条、十九条は現行のままの損害賠償という形態のまま残そう、こういう議論になりました。

そこで、今回の改正提案の第二十一条ですが、増資払い込みを株主から取りました会社は、俗なことばで申しますれば、うそをついて取り過ぎた分を戻すわけですが、そういう会社ですから、このお金を費消している場合もあるかも存じません。また、株主から申しますと、この新株の増資に伴いまして旧株についてこうむった損害もあるかも存じません。さようなことになりました場合に、投資者としては、この会社だけでなく、役員、虚偽の証明をした公認会計士、あるいは元引受の証券会社に対しまして損害賠償をさしたいということは、特に規定がございませんでも、一般法の共同不法行為という法理に従いまして賠償請求ができる、こういうふうに解されます。ただ、その場合に、役員の中でだれが故意過失があったかは、一般投資家に、その会社の中身の仕組みまで知って立証することは不可能に近い要求をすることになることから、今回は、それにつきましては、挙証責任を転換するという形において、この規定を一般法に対する特例と考えるべきではないか、こういうことで御提案を申し上げておる次第でございます。

○**松井誠君** いまの御説明を聞きまして、なるほど損害賠償額が実質的には原状回復だということが了解できました。しかし、それならば、この二十一条の場合に、損害を受けたことと虚偽記載との間の因果関係は、一体、投資者に簡単に立証できることだろうか。株価は動いております。どれが虚偽記載による損害なのかの立証が普通の不法行為のように簡単にできるとは思えない。その点はどうですか。

○**政府委員(志場喜徳郎君)** 先ほど第十九条の第二項の、損害発生の因果関係について、届出会社が、虚偽記載つまり粉飾決算以外の理由によって株価のかになりますと、株価はむしろ行き過ぎと思われるぐらい一ぺんぐんと下がるわけです。それから若干訂正がございまして、かなり下がったところで比較的安定的な動きを示す、こういうことになるのが通例です。したがいまして、先ほど申しましたように、十九条で損害賠償額を法定しておることは、原状回復的なことから、払い込み金額との差額でして、法定は例外的な措置としてやるということですけれども、一般的な損害賠償は、ある原因と損害の発生との間の因果関係の立証は、ほかに、一般法はもとより、その点について、挙証責任を転換するとか、あるいは因果関係の証明を要しないとか、さような立法例は、私どもも法務省と協議をしていろいろと検討をしましたけれども、見当たりません。そのようなわけで、この因果関係の立証はその投資者がすべきであるという法理はここでも一般の原則どおり貫かざるを得ない、かように判断したわけですが、しかし、実際問題として、当該立証は、従来粉飾と株価の推移実例を見ますと、そんなにむずかしい問題ではない、かように考えます。しかも、第二十一条の場合は、第十九条で払い込み金額と請求するときの時価と差額とが法定されております。第二十一条において投資家が役員そのほかに対して請求できる額は、私どもの解釈では、少なくとも第十九条において法定されている損害額プラス・アルファーと考えます。第二十一条は旧株券について生じた損害もカバーできると思います。さようなことですので、少なくとも第十九条において法定されております額の挙証はきわめて容易であり、そのものずばりではないか。それに、旧株券についてどういう損害が生じたかは、その旧株を取得した時期の関係等によりやや複雑なる計算になる。ということは投資家が旧株券を取得した時期も違いますので、発表のあとでありましても実際に行なわれました年度との関係等により投資家によりまして違ってくるので、一律に規定することはできませんが、十九条プラス・アルファーということの因果関係の立証は、実際問題としてはさほど困難ではないはずである、かように考えております。

○**松井誠君**　いま旧株の値下がりの問題が出ましたけれども、これは、二十二条によって責任を負うことになるわけですか。

○**政府委員（志場喜徳郎君）**　旧株は、第二十四条の四で第二十二条の規定を準用しております。これでいけるわけでして、それは二十一条とあわせて行なわれるということをはしょって申したわけでございます。第二十一条は有価証券届出書と書いてございます。届出書は増資の際の財務諸表ですが、粉飾決算はその以前の事業年度の財務諸表を出すわけでして、つまりそれに至るまでの有価証券報告書ですでに虚偽記載があるわけです。それで、それが用いられて有価証券届出書になってきている。そこに虚偽がある、こういうことに財務諸表について申しますとなりますので、第二十四条の四で準用いたします第二十二条の規定、つまり有価証券届出書を出した直前までの事業年度ごとの有価証券報告書において虚偽記載がございますわけで、その上にこれを受けますから、届出書の中に粉飾決算があることになりますわけで、つまりそれを合計したのが投資家として第二十一条に書かれております役員あるいは公認会計士等に対する損害賠償を請求できる金額になるわけです。

○**松井誠君**　二十二条でも、二十四条の四でも、損害賠償の範囲は同じですが、これは不法行為の原則に返るわけですね。いまのお話ですと、旧株について損をしたという点についてはいろいろデリケートでというお話は、因果関係の立証がむずかしいということだと思うのです。ずっと株価が横ばいでほとんど安定しておるのが、虚偽記載ということをきっかけにして大幅に動いたとなれば、一〇〇%それだと言えるでしょうけれども、しょっちゅう動いているのですから、こういう虚偽記載を契機にして大幅に落ちたときに一〇〇%そうだとは、なかなか立証できない。逆に、そのうちの何十%かは虚偽記載によるものだと立証しなければならぬとすれば、これは非常にむずかしい。これを因果関係の原則論で処理が実際できるかどうか。それで投資者保護に役に立つだろうか。どうでしょう。

○**政府委員（志場喜徳郎君）**　先ほど二点を申し上げましたけれども、第十九条の原状回復のような非常に特異な場合と考えることができる場合の特例はございますけれども、それはたまたま証取法に書かれてございまして、それとの対比で二十一条ないしは二十二条あたりが論ぜられるということだと思いますけれども、申し上げておりますとおり、十八条、十九条は非常に特異な例外規定でして、私ども検討いたしましたけれども、損害賠償、普通の場合のつまり純然たる損害賠償、先ほどの原状回復にかわるべき経済的効果を生むという意味での、これを損害賠償という形をかえてと言っては行き過ぎかもしれませんけれども、そういう場合もなぞらえて通常の損害賠償の場合のことはできないという限界がございまして、その通常の意味での損害賠償は、その損害額の発生の因果関係の立証は、挙証責任を転換する、あるいは要しないことにするという立法例はない次第です。そこで、法務省ともよく協議いたしましたけれども、これを破ることは適当でない、かように考えました。ですけれども、先ほど申しましたように、株価について申し上げますと、また、粉飾があった場合の株価の動きで考えますと実際問題としては、確かに何十何円何十銭びたり下がったと、こういうことは実はむずかしいとは思います。ですけれども、少なくとも何円以上の損害を受けたという損害額の立証を主張をいたしました場合に、これをそれまでの値下がりはない、それ以外の理由による値下がり分がこれだけあるということを今度は発行会社側が反証をもって挙証することは、これは非常に至難だと思います。したがいまして、多少株価は毎日の波動もございまするし、値下がりのときにはショックもございますし、行き過ぎになってある程度戻ることもございますけれども、少なくともこの金額以上の損害を受けたということを主張しました場合に、これを、先ほどの第十九条の第二項でもございませんが、会社側のほうで、いやそのうちの幾らかはこれはそれ以外の理由だということの反証は非常に至難である。つまり、この損害額の発生の因果関係は、有価証券の虚偽の場合は、比較的やろうと思えばできることである、かように実際問題としては考えておる次第でございます。

○**松井誠君**　たとえば公害の場合に、大企業相手に被害者は立証がむずかしい。そういうことで無過失責任にしようという議論があると思いますが、しかし、それができない場合は、裁判所は実際上立証責任を転換するという形でむずかしい立証を事実上救っておる。証券の場合は似たものので、大会社の仕組みなんかわかりっこありませんから、投資者としては、具体的な立証がむずかしい。そういう意味では、ここで挙証責任を転換することを考えてしかるべきではないかと思うのです。これをやってみて投資者保護に欠けるところがあるということであったら、挙証責任の転換を考えるべきだと思います。

そこで、この二十一条についてちょっとお尋ねをしたいのですけれども、二十一条の二項にこういうときには免責されるということが書いてありますね。これが一号と二号とは書き方が違うのですね。一号では、「虚偽であり又は欠けていることを知らず、かつ、相当な注意を用いたにもかかわらず知ることができなかったこと。」と、二号では、「同号の証明をしたことについて故意又は過失がなかったこと。」と、こういう書き方をしてあるわけですけれども、これは、善意無過失を立証すれば免責されるというそういう表現で言えば、一号も二号も同じですか。

○**政府委員（志場喜徳郎君）**　さようです。

なお、前段について、ちょっと補足させていただきます。私どもは、今回の改正問題につきまして、証券取引審議会で、その中には商法の専門的な学者も多いわけですが、一年半ばかり検討し、先ほど引用されました第十八条、第十九条の届出会社の無過失賠償責任並びに損害額の法定がございますことから、二十一条以下のその点も、先生のような御懸念から、これは少なくとも損害額をできないかといろいろと検討してみたわけです。ですけれども、それはなかなかむずかしいし、因果関係の立証について例外を設けることはなかなか重要な問題であり、とても無理だとなりまして、アメリカの法律をあらためてよく吟味したのですが、さすがに、アメリカにおきましても、第十八条、第十九条は原状回復または損害賠償という形をアメリカでもとっておりますけれども、わが方で二十一条以下で対処しようとしている点は、損害額の法定はいたしておりません。やはり、アメリカでも、同様な問題意識を持ちながら、法律上の限界とでも申しましょうか、そういうことになっているので、原則どおりに残しておるわけです。ですけれども、今後公害問題、あるいは粉飾決算も、不特定多数の人にある行為によりまして損害を発生させるという意味におきましては公害とも言えるかも存じませんが、これは人為的なだれかの故意によりまして起こったことですから、その意味ではいろいろ自然現象とのミックスによって起こるかもしれない公害の場合と比較してなおよくないと言えるかもしれませんが、さような点についての損害賠償論が今後だんだんと強調され、そういった意味での立法例が開かれた段階におきましては、またあらためて検討することに決してやぶさかではございません。けれども、検討の末このような現実であった、かような点について補足して御説明いたしたいと思います。

○**松井誠君**　私がいまお尋ねしたのは、二十一条二項の一号と二号の書き方ですね。一号のほうでは、善意無過失であったことが立証できればという書き方ですね。ところが、二号のほうでは、それを裏返しにして、故意過失がなかったということが立証できれば、こういう表現なんです。三号は、一号と同じように、善意無過失が立証できればと。善意無過失が立証できればという言い方と故意過失がないことを立証できればは、実質的に違うのですか。

○**説明員（茂串俊君）**　その点は非常に技術的な問題になるわけですが、一号の場合には、役員と売出人の関係です。二号は公認会計士の場合です。一号の場合には記載が問題になっておりまして、記載が虚偽である、あるいは欠けていることを知らなかったということですが、二号は、監査証明をしたこと自体について故意過失がなかったかが問題になるわけで、一号の場合には、役員の中には、その記載をしない役員でありながらそういった事実を知っておる役員もございますし、あるいは知らなかったという立場の役員もございます。ところが、二号は、具体的な監査証明をすることについて故意過失がなかったかどうかが問題になるわけでして、実体が違うわけですので、先生御指摘のとおり、結論は、結局、善意無過失という問題になると思いますけれども、表現的にはそういった差をつけておるわけです。

○松井誠君　人を惑わす表現で、同じ表現ができなかったものかと思うのですよ。ですから、何か内容が違うのかと思っていろいろ考えてみたけれども、日本語の表現としては同じですからね。まあそういう意味であれば、わかりました。

その三号の、財務計算に関する書類にかかる部分以外のものは善意無過失の立証と「財務計算に関する書類」云々というこれは具体的にはどういうことなんですか。

○政府委員（志場喜徳郎君）　三号は、当該増資につきまして元引受証券会社となりました証券会社の責任に関する免責規定ですが、元引受証券会社は一体届出書のどの分にどういう責任を負うかです。お尋ねの「財務計算に関する書類に係る部分」とは、第二号に掲げてあります公認会計士の監査証明を要する部分です。したがいまして、申しますならば、損益計算書及び財産目録、貸借対照表でして、これにつきましては公認会計士が証取法の規定により監査証明をつけなければならないわけで、公認会計士がその証明について法律上責任を持っておるわけです。これについてまで過失がなかったかどうかを元引受証券会社に求めることは行き過ぎである。その部分の責任は公認会計士が責任を持って監査証明すべきもので、第二号によりまして故意過失があった公認会計士はその責任を負うわけですけれども、元引受証券会社は、公認会計士の監査証明を信頼する立場にある。もちろん、共同行為的に故意でありましたならば、これは責任は元引受証券会社も免れませんが、過失までも責任があることにしますことは、監査証明のたてまえからいいまして適当でないということで書き分けてあるわけでして、「財務計算に関する書類に係る部分」とは、公認会計士の監査証明の対象になる書類の部分、かように読んでいただいてよろしいかと思います。

○松井誠君　十八条と二十一条と両方にかかる問題でもう一つお伺いしたいのですが、そうすると、十八条は実質的には現行法と同じだけれども、ただ、「当該募集又は売出しに応じて」という文句を新しく入れたわけですね。二十一条にも、それと同じような形で「募集又は売出しに応じて」ということばを入れてある。これは売り出しに応じて取得をしたという因果関係が必要だという意味ではないのですか。

○政府委員（志場喜徳郎君）　そういう意味です。

○松井誠君　二十二条に「（募集又は売出しに応じて取得した者を除く。）」ということを書く必要があったので、書いただけで、売り出しに応じて私は取得したのだという立証責任まで負わせておるのではないのじゃないですか。

○説明員（茂串俊君）　御指摘の点ですが、現行法の十八条は、増資があった場合に、その増資に応じて取得した者と、その後に取得した者、さらに第二次的あるいは第三次的に取得した者まで含めて十八条でまかなうというたてまえになっておるわけですが、これをいろいろ経験を積んでみますと、一次取得者ははっきりしているわけですが、二次取得以降、それが新株か旧株かはっきりしない。いわば流通過程に入ってしまった過程での損害賠償の問題になるわけですので、その点を新しく二十二条を置いて、第二次取得者あるいは第三次取得者の損害賠償は第二十二条でまかなう、したがって十八条は適用しないと改正したわけです。したがいまして、十八条は、募集に応じて第一次的に取得した者に適用するという仕組みに変えたわけです。

○松井誠君　十八条は一次取得者を対象にしている、第二十二条は第二次以降の取得者を対象にしている、そういう意味で対象が違うことを書き分けただけであって、売り出しに応じて取得したことが何か因果関係の立証なり挙証なりが要るという意味ではないのではないか。何かそういう因果関係の立証責任を負わされている感じがするんだけれども、実はそうではないのではないか。

○政府委員（志場喜徳郎君）　そのとおりです。

○松井誠君　十六条から二十四条の四まで、損害賠償のいろいろなタイプがあるわけですね。これをちょっとまとめてみますと、第一のグループは、十八条から二十条までの非常に特殊な損害賠償規定、これは、被害者は善意であった、虚偽記載ということを知らなかったことを主張しなくてよろしい。加害者のほうで、おまえは知っておったんじゃないかという立証責任がある。そういう意味では、被害者の善意が推定をされる。あと、無過失であり、賠償額が法定をされておる問題はありますけれども、そういうものではないか。二つ目は、新しくできた二十一条で、加害者の善意無過失を立証することによって免責をされる点が違うわけですね。もう一つ、二十二条と二十四条の四、それからもう一つ十七条も同じだと思うんですけれども、加害者の善意無過失を立証をすることによって免責をされるという問題と、もう一つ、今度は逆に、被害者が、私は知りませんでしたよと主張し、立証しなきゃならぬ。そういう意味で、十七条と二十二条は、損害賠償のタイプとしては同じようなもの。一番損害賠償の原型どおりに書いてあるのが、十六条。したがって、この十六条も、被害者の善意は被害者自身が主張し、立証しなきゃならぬ。そういうように四つのタイプがあるというように理解をしても間違いじゃございませんか。

○説明員(茂串俊君)　そのような解釈でよろしいと思います。

○松井誠君　先ほども十八条の届出者の責任は実質的な原状回復だという話もありましたけれども、この問題も含めて、民法上の不法行為の規定、あるいは商法の二百六十六条の三に取締役の責任の規定がありますね。それにこの虚偽記載の場合も入っておる。商法上の取締役の責任の規定と、民法上の不法行為の規定と、この証券法による損害賠償の規定とは、おのおのどういう関係になるんですか。

○説明員(茂串俊君)　商法の二百六十六条の三の規定は、目論見書は入っておりますけれども、有価証券届出書あるいは報告書は入っておりませんので、商法上の問題でなくて、純粋に証券取引法、あるいはその裏づけになる一般民法の規定が適用になる、かように考えております。

○松井誠君　そうすると、商法の規定との関係でいえば、一般法と特別法という関係ではなしに、範囲が違うというように理解をしていいですね。

○説明員(茂串俊君)　さようです。

○松井誠君　そうすると、民法上の不法行為との関係はどうなるでしょう。十八条ないし二十条という問題は別として、それ以外にたとえば二十一条あるいは二十二条、二十四条の四、こういうものと民法上の不法行為の責任との関係はどうなるでしょうか。

○説明員(茂串俊君)　二十一条以下の規定は、あくまでも民法と一般法の特則としまして挙証責任の転換をしておる。趣旨としましては、投資家が損害賠償を請求しやすいようにするため特別な規定を今度設けたわけです。したがいまして、証券取引法に規定がない部分、たとえば二十一条の一項の各号列記の中の各損害賠償の責任を負う立場の者の関係。たとえば、連帯かどうかという点ですが、連帯責任の問題、それから民法で一般的にございますところの時効の問題、あるいはまた賠償の支払い方法の問題、こういった証取法に規定のない事柄には、一般民法の規定がそのまま適用になると考えております。

○松井誠君　それで、十八条ないし二十条の実質的な原状回復だというこれと不法行為との関係はどうなるでしょうか。

○説明員(茂串俊君)　実質的には、十八条の届出会社の負うべき責任も不法行為の一環ではあると思いますが、先ほど申し上げましたような趣旨から、十八条あるいは二十条の規定は民法の特別な例外規定という形で設けられておるわけで、先ほど申し上げましたように、無過失責任ですし、また、額も法定されておるということで、投資家保護の見地から、詐欺的に払い込み金の一部を取得した会社につきましては、原状回復といったような裏づけの理論を持った上で投資家が請求しやすい制度を設けたわけで、非常に特別な例外規定であると思います。

○松井誠君　そうしますと、十八条の責任は、二十条で短期時効一年と時効が書いてありますね。普通の不法行為の責任なら三年ですね。この法定をされておる損害賠償の額以上の損害を受けておる、そういう場合には、民法上の不法行為を適用して、時効は三年ですから、実際受けた損害はもっと多いですよと損害賠償の請求ができるのかどうか。

○説明員(茂串俊君)　その点は、確かに、十八条なり二十条までの仕組みに乗った場合の損害賠償は、一年の短い時効は設けられておりますが、それをかりに過ぎましても、いろいろ立証の問題はむずかしくなりますけれども、民法の一般規定によって損害賠償を請求する余地は残っておる、こういうふうに考えております。

○松井誠君　そうしますと、一般法、特別法は、普通、特別法が優先的に適用されて、それに規定のないところが一般法によるという形式ですけれども、最初から、一年の時効になる前から、私は不法行為のほうでやりますよ、法定額より多いのだからといって、両方を自由に選択できるのかどうか。

○説明員(茂串俊君)　解釈としてはできると思います。ただ、非常に立証問題でむずかしい問題が出ますので、通常の場合には十八条以下の仕組みに乗ってくるのではないかと思います。

○松井誠君　粉飾決算というと、普通は、利益がないのに利益があるようにふくらまして見せかけるというのが多いわけですけれども、必ずしもそうではなくて、実際にたくさんの利益をあげているけれども、いろいろな関係で、利益が少ないように見せかけるという粉飾決算もあるようですね。こういうのは実際に起きてくる現象としてはどうなんですか。

○政府委員（志場喜徳郎君）　いま俗語で逆粉飾ということばで新聞あたりで取り上げられる点もございますが、確かに、法律上の文言としましては、十八条に書いてますように、「重要な事項について虚偽の記載」と書いておりますので、ふくらませるほうの虚偽もございましょうし、減らすほうの虚偽もひとしく解釈としては含まれると思います。ですけれども、第十九条を引用いたしますと、払い込んだ金額よりも請求時の株価が下がっておると、その差額を法定しておりますわけで、実現した損害を対象に規定はできております。考え方としますれば、逆粉飾が明らかになりますと、それを契機に株価は上がるわけで、そのときに持っている分については上がったんですからいいのですが、前の決算で逆粉飾し、今日まで〔に〕その株を売っておる、それが決算を正しくしておればもっと高い値段で売れたはずだと、こういう議論はすでに株を手放した人からあり得る。つまり得べかりし利益という問題が生ずるかと思いますけれども、それは、今回の損害賠償の規定からは、実現した損害になっておりまして、得べかりし利益に基づく損害賠償は、民法による不法行為に基づく損害賠償、これには解釈としましては得べかりし利益の分も含まれるという解釈だと思いますけれども、それによる損害賠償を妨げるものではないと解します。

○松井誠君　逆粉飾で不当に利益を隠しておった。もし正当に記載をすれば、利益がもうちょっとあがっておったはずだし、配当も当然多くなったであろう。そういう意味では、配当がなかったという意味で得べかりし利益を失ったということになる。ですから、得べかりし利益を失ったという問題で――十八条の責任は別ですけれども、虚偽記載という問題は逆粉飾の場合にも適用されるんじゃないですか。

○説明員（茂串俊君）　逆粉飾の場合には、株価の値下がりがないわけですから、損害は出てこないと思うのです。それから配当も、株主総会で配当するかしないかがきまるわけですから、これも当然に請求すべき損害の額には当たらないと考えられます。

○松井誠君　そうしますと、虚偽記載の中には逆粉飾も入るけれども、現実の問題として損害の発生は考えられない、そういう意味ですね。

○説明員（茂串俊君）　さようです。

○松井誠君　臨時報告書に虚偽記載をやった場合、賠償責任という問題はこの法律には書いてないようですけれども、証券取引法には規定はないわけですね。

○政府委員（志場喜徳郎君）　規定はございません。

○松井誠君　臨時報告書の要件として災害その他となっておりますけれども、たとえば外国で増資あるいは社債を発行した、そういう場合も臨時報告をすべき理由に入るのですか。

○政府委員（志場喜徳郎君）　さように考えております。

○松井誠君　たとえばアメリカでＡＤＲを発行する、それが規定のように一億をこす場合、証券取引法の届出は関係ないのですか。

○政府委員（志場喜徳郎君）　申すまでもございませんけれども、一億円以上の募集による増資を行う場合に届出書を要することになっておるわけですが、法律自体が適用の地域的限界がございますわけで、その発行行為そのものが外国において行なわれますと、有価証券届出の提出を義務づけるわけにはまいりません。ＡＤＲあるいはＥＤＲを発行する際には、今回創設しようとしております臨時報告書の提出を求めるわけです。

○松井誠君　ＡＤＲを発行するにしても、会社として所定の手続は要るわけで、そういう意味では同じだと思うのですけれども、それが証券局でのチェックの対象にならない。全然これは証券局はつんぼさじきですか。

○政府委員（志場喜徳郎君）　国内で増資を行なわれますときは、もちろん有価証券届出書は必要なわけです。けれども、それ以外の、たとえば時価転換社債の発行ですとか、国内で同時に増資行為を伴わない場合は、従来は証券取引法の面におきましてはノータッチであったわけでして、それを今回はその旨を臨時報告書によって届け出る、かようになるわけです。

○松井誠君　ＡＤＲの発行は、外資法の制限があって、そういう意味でのチェックはあるわけでしょう。

○説明員（林大造君）　居住者が外国で証券を発行または募集することは、外国為替及び外国貿易管理法の規定により許可を要することになっております。

○松井誠君　いわゆる個別審査の許可をするということですね。しかし、国際金融局の基準は、証券局が持っておる増資あるいは社債の発行に対する基準とは性格が違うわけでしょう。そういう意味では、国内で証券局を通して指導監督をやっておっても、外国でやる場合にはしり抜けだとなると、少なくとも事後の報告はあるにしても、事前にはなんにもない、そういうことでいいんでしょうかね。

○政府委員（志場喜徳郎君）　必ずしも事後的とは考えておりません。このディスクローズ制度は、投資家に投資判断を求める、増資の場合は当該増資払い込みをすべきかどうか投資家の投資判断を求めるために事実関係を開示することですが、外国で募集される場合におきましては外国人が払い込むわけで、日本の株主は、通常はその取得、払い込みはないわけですが、どういう目論見でどういう規模のどういう種類の証券を発行するかを日本の株主が知らないことは、その株の株価あるいは流通面を考えました場合に適切ではないということで、それをディスクローズして国内の投資判断の一助にしよう、かようなわけです。したがいまして、この場合、あらかじめその発行者は為替上の認可につきまして大蔵大臣に申請をし、その認可を取りつけた上で行なうと思いますが、また、国によりまして、わが国の制度と同じように、事前の届出を要し、そしてある一定の期間を置いてその効力なり募集が始まる制度になっている国もございます。ほとんどがそうだと思いますが、たとえばアメリカならば、SECに目論見〔書〕を届出するわけです。私ども今回臨時報告で考えておりますす提出の時期は、たとえばSECへの届出をもちまして臨時報告を求める、かように考えております。

○松井誠君　そうしますと、事後報告ではなくて、事前の報告もあり得るということですね。心配をするのは、国外でADRなりEDRを発行する場合に外国の投資者を保護する必要はないわけですけれども、臨時報告書という形で報告をさせるということは、外国で発行するにしても、やはり日本の投資者に直接影響があるからだと思うんです。それだけに、事後報告で証券局が終わるまでつんぼさじきでおるのはおかしいと思う。適宜日本の投資者の保護の手だてが講じられるような配慮は実際上やられておりますか。

○政府委員（志場喜徳郎君）　そのように考えております。

○松井誠君　公開買い付けのことでお尋ねをしたいのですが、新聞に、公開買い付けについて、財界は、大蔵省が許可制をしいてくれる、そういう期待で公開買い付け制度に賛成をした。ところが、大蔵省では、投資者保護が目的なんだから許可制にするわけにはいかないということで、財界としては肩すかしを食わされたという感じを持っているというニュースがあります。経過の過程で、許可制にしようという動きはあったわけですか。

○政府委員（志場喜徳郎君）　その新聞記事は私も見ましたけれども、誤報と考えます。証券取引審議会におきまして、産業界の代表の方々も入れながら、また、審議会の委員にも産業界の方々は入っておられるわけですが、公開買い付け制度を議論しました際に、届出制度という前提でずっと話は通っておった次第です。ただ、届出の期間を、効力発生までの期間を何日間にするかはいろいろ議論もございました。また、対象会社への通知の期限をどうするかの議論はございましたけれども、許可制といった議論は、当初から適当でないといいますか、無理であるということで議論されておりません。

ただ、問題になっておりましたのは、産業政策の観点から、大蔵大臣あるいは政府が、拒否権といいますか、この業種、この会社に対する公開買い付けの申し込みに対してそれを拒否してしまう権限を留保しておくべきではないか、あるいは、そのような条文を設けるべきではないかという議論は行なわれましたけれども、全体の仕組みを許可制にしたらどうかという議論はなかった次第です。

○松井誠君　この制度は第一義的には投資者保護というたてまえで行くべきであって、産業政策という問題はお門違いだと思います。そういう意味でこの結論に賛成ですから、それでいいと思います。ただ、この公開買い付けについて、たとえば外資審議会の四十四年の答申でも、何か乗っ取り防止の確実な方法はないかということで幾つかあげておりますが、その中で、外国人の役員の選出を制限するという案も出ております。これは外資審議会に聞かなければわからぬかもしれませんけれども、この意味がよくわからないのですけれどもね。外国人は役員になれないという定款を原始定款に定める場合はもちろんのこと、定款の変更による場合でも、全株主の同意があれば問題はない。しかし、多数決による定款変更の場合に、すでに株主の一部に外国の投資家がいるとすれば、このような定款変更が可能かどうかは問題があるのではないか。しかし、二五%未満の株しか外国投資家が持っていないとすればこれはできるであろうという趣旨なんですけれども、これはどういうことですか。

○政府委員（志場喜徳郎君）　私の場合といたしましては、その問題については存知しておりません。

○松井誠君　二五%というのは、累積投票の請求権がある株主が二五%以上持っていれば少数派でも役員になれる道が開かれている。しかし、二五%に達しない株しか持っていなければ、その少数派は役員になれない。そういう少数の二五%以下であったならば、定款を変更してやってもかまわぬと、そういう意味に一応はとれるのですけれども、「可能かどうかについては問題がないではない。」というのは、法律的に可能かどうか問題がないわけではないという意味なのかどうなのかですね。どなたかおわかりの方がおったらお答え願いたい。

○政府委員（志場喜徳郎君）　お尋ねの問題は、ただいま政府側としまして責任をもってお答えできる者がおりませんので、やがて機会を得たいと思いますが、二五%の点は、おっしゃるとおり、累積投票権という少数株主権の問題に関連があると思いますが、法制審議会の商法部会におきましては、昨年に、累積投票権は定款でそれを制限できると、改正をすべきが適当であると意見はまとめられておるわけですが、お尋ねの法律上の問題につきましては、後ほど機会を得たいと思います。

○**松井誠君**　公開買い付けの対象会社は、それを防戦をするためには何をしたらいいのか、何ができるのか。自己株式の取得が現在の商法ではできない。こういう場合に、そのことを許すという必要はないのか。それをもしできるとすれば一つの有効な対応策だと思いますけれども。

○**政府委員（志場喜徳郎君）**　対象会社が自己株を取得する、このことが買い占めに対しまして対抗手段になると。確かに、そうだと思いますが、この公開買い付けはあくまでも証取法の分野におきましては投資家保護でして、会社イコール株主のものというたてまえはございますが、ほんとうに株主が現在の経営者を擁護して、そして現在の会社経営のままその会社の株主として存続することを多数が思っておりますならば、この公開買い付けに対しては、そういう株主の意思により応じない、これで足りるわけです。現在の経営者が自分達の地位を奪われたくないことから、会社の金によって株を買い付けていくことは、一体どういうふうに考えるべきかという問題はございます。もちろん、現在は、会社の金を使って自社株〔を〕取得することは商法上できません。その点については、別途商法の改正問題として、法制審議会の商法部会で、産業界から、その是非は別といたしまして、そういう要望事項として出されております。商法部会でも何回かこの議論は行なわれましたが、価格操作的な弊害が非常に出るのじゃないかと、昨年中にはその結論が出ておりませんで、引き続き慎重に検討する段階です。

○**松井誠君**　この公開買い付けについて、政令で定める条件及び方法によって買い付けをしろという規定があって、その政令の内容の中に契約の解除がありますね。これはどういうことなんですか。

○**政府委員（志場喜徳郎君）**　公開買い付けは、買い付けようとする者が買い付けの申し込みをするわけで、株主がそれに応ずるという意思表示をしますと、当該株主との間において成立するわけです。ここで契約の解除といいますのは、公開買い付けの公告がされます。公告をしてから買い付けの申し込みが現実に行なわれるわけですが、その日から一週間までの間に、その契約を解除できることをしよう。この趣旨ですが、アメリカでもほぼ同様な規定がございますけれども、実は、対象会社が株主に対し、いろいろな意見表明あるいは勧誘をすることが予想されます。高い価格でオファーされておるところから、これはいいと早々と申し込みに応ずる株主もおることが考えられます。その際、対象会社から、これこれの見込みであり、今回の申し込みに対しては株主の各位は応じないでもらいたい、こういう強い意見表明、株主への呼びかけが行なわれた場合に、それを見た上で考え直すこともあり得るかと思います。さようなことを考えまして、最初の一週間の間に応募の契約をしました株主はそれを解除できる規定を置くことにしておるわけです。

○**松井誠君**　それは、民法の「契約ノ解除」規定とはどういう関係になりますか。民法五百四十条「契約又ハ法律ノ規定ニ依リ当事者ノ一方カ解除権ヲ有スルトキハ」と、解除権を認めてあるのですが、これは第五百四十条の条文に該当する契約の解除ということですか。

○**説明員（茂串俊君）**　そのとおりですが、補足して申しますと、これは法律上当然解除権の規定を置くわけではないのでして、公開買い付けを行なう者がオファーをする場合に、その条件としてこのような規定を置くべし、このような特則を置くべしということを書かせるわけでして、それに基づく解除権です。

公開買い付けの場合には、買い付けの申し込みと売り付けの申し込みの勧誘と二つございまして、買い付けの申し込みの場合には、売り付けの申し込みがあればすぐに契約は成立するわけですけれども、売り付けの申し込みの勧誘の場合、すぐには契約は成立するわけではございませんで、公開買い付けで意思を表明したところではじめて契約が成立するという場合もございます。したがって、契約の解除と大ざっぱに要綱では書いてございますけれども、これは契約自体を解除する場合と、売り付けの申し込みを撤回する場合と、両方入っている場合がございます。

○**松井誠君**　それは、いま説明を聞いてはじめてわかることで、政令がないからわかりませんけれども、法律や政令からわかるようにはできていないのじゃないですか。私がもらった政令に書いてあるのは、契約の解除とは、公開買い付けに応じた者は解除することができると規定してあって、その買い付けという契約ができたことが前提である。そのようにしか取れないのですが。

○**説明員（茂串俊君）**　その点は、二十七条の二をごらんいただきますと、「不特定かつ多数の者に対する株券その他の有価証券で政令で定めるものの有価証券市場外における買付けの申込み又はその有価証券市場外における売付けの申込みの勧誘」と書いてございまして、二つのケースを想定しているわけです。したがいまして、先ほど先生おっしゃいました点も、これに応じて政令ではより仔細に規定をしなくちゃいかぬと考えております。

○**松井誠君** そうしますと、この契約解除で損害賠償の問題は残るのか残らないのか。民法五百四十条による契約解除権を行使した場合に、損害賠償の問題がやっぱり残る。五百四十五条の三項にそうなっているのですが、損害賠償を請求される前提で解除権の行使はやるのか、とにかくもうやめますと言えば損害賠償はないと考えていいのか。

○**政府委員（志場喜徳郎君）** 確かに、五百四十五条第三項は、「解除権ノ行使ハ損害賠償ノ請求ヲ妨ケス」となってございますが、今回の場合は、株券を金融機関その他確実なところに売ろうとする者は持っていってそこで保管してもらっているわけです。解除しました場合にまだ金銭の支払い関係は済んでおりませんし、預からせてあります金融機関等に行きまして株券を取り戻してくるわけですので、特に相手方にとりましても損害が発生することは考えられないのじゃないかと思います。もちろん損害が発生したことがあるという論理だけを追ってまいりますと、別段民法五百四十五条の第三項を排除するというつもりはございませんけれども、損害の発生が想定されない、かように考えます。

○**松井誠君** 次に、外国証券業者に関する法律案について、私がどうもよくわからぬのは、営業保証金なり資産の国内保有という問題からお聞きをしたいのですが、これも何か政令にまかせられている面があったのですが、具体的にどういう資産を考えているか。

○**説明員（戸田嘉徳君）** この規定は、たとえばいろいろな法定の準備金がございます。それと、支店につきましての区分経理上負債項目に立つというような負債の形で政令で定めるものにつきまして、それらの額を合計した金額、そういうものに見合う資産を国内に保有していることになるわけです。そうして、いかような資産かといいますと、この規定の趣旨が、貸借対照表等で資産にあがっておりましても、それが国外に置いておかれまして、何か事があったときにすぐに差し押えが非常にしにくいのでは困るという趣旨ですので、要するに国内にそういう資産が何らかの形で置かれればよろしいわけです。したがいまして、預金とか不動産もよろしいと思いますが、それ以外で、たとえば国内の投資家に信用取引等で貸し付けられる債務、そういうものもよろしい、そういうふうに考えております。

○**松井誠君** 資産とは、国内で保有さしさえすればいいということで、支店の所有という概念はないということですね。

○**説明員（戸田嘉徳君）** 純法律的にはおっしゃるようになると思いますが、私どもとしては、なるべく支店があたかも独立した営業単位のようにとらえまして、営業保証金も、支店ごとにこれをとる免許が当然なんですが、実際問題として支店についてそういう形で保有されることになると思います。その場合に、純法律的にそれを突き詰めますと、先生のおっしゃるようにこれは本店の所有になると思いますが、一応形の上では区分経理をされた形で支店に属する資産、こういうことに相なろうかと思います。

○**松井誠君** 営業保証金のことですけれども、営業保証金にかえて八条に契約金額をもって代用することができると。これはどういうことですか。

○**説明員（戸田嘉徳君）** 営業保証金といいますのは、法律にございますように、法定されます所要の資本金の一割以下で政令で定める、その一割が一千万円に達しませんときは一千万円以下でと、こういうふうになるわけです。したがって、一番たくさん取ろうと思えば、たとえば法定資本金十億要るものは、一億円積めと規定できるわけです。投資者保護の立場からいいますと、十分取ったほうがよろしいと思います。ただ、企業の立場から見ますと、供託とは営業に全然利用できない金で、企業の資金繰りを圧迫する面もあろうかと思います。したがいまして、いまの例で申しますと、たとえば一億円のうちに二千万円は現金で積みなさい、こう規定しまして、残りの八千万円は、銀行、保険会社であるというしっかりした金融機関と、当該外国証券会社が一種の保証契約を結びまして、必要があって大蔵大臣が積みなさい〔と〕命じました場合には、外国証券会社にかわって八千万円以内で大蔵大臣の命じた額をいつでも供託で積みますという場合には、これは認めていいんじゃないか。そうした場合には、現実的には、二千万円だけを当該証券会社は供託して、残りの分はそういう契約で、企業における資金負担と投資者保護とを調和させようと考えた制度でございます。

○**松井誠君** 営業保証金ですけれども、これは優先弁済を受ける資格がその取引により生じた債権にはあるわけですね。取引により生じた債権とは、取引に基づく損害賠償の債権も入るんですか。そうじゃなくて、ノーマルな取引から派生をする債権だけなんですか。

○説明員（戸田嘉徳君）　通常は投資家がその支店との間で行ないました証券取引に関して生じた債権であれば入ると解しております。
○松井誠君　具体的に優先弁済を受ける仕組みですけれども、これはどういう仕組みで優先弁済が確保されるんですか。
○説明員（戸田嘉徳君）　その点は、詳密には詰めてございませんので、一応考えられますのは、ある一定期間に損害を受けた方を、申し出させまして、債権を確認します。確認したものについて供託所からそれを請求すると、かようなことを考えております。
○松井誠君　たとえば破産管財人みたいに、その支店の取引に関係する全債権者を集めて何か提案をやるんだとすれば、どこがやるのかということになりますし、支店なら支店で私はそういう債務は負っておりませんと争いになれば、当然その分はたな上げになるわけでしょうし、その辺の仕組みがわからないものですから、営業保証金はどういう役割りをするのか、イメージがちっとも出てこない。
　もう一、二点お聞きをします。

　外国証券会社が日本の取引所の会員になれるかどうかという問題で、政令でうたうという記事がありました。これはどういうことですか。
○政府委員（志場喜徳郎君）　今回の外国証券業者に関する法律の附則におきまして、証券取引法の一部を改正するというくだりを入れてあるわけです。それは、附則の「（関係法律の一部改正）」の第三項で「証券取引法の一部を次のように改正する。」とございまして、「第九十条中「証券会社」の下に「及び政令で定める外国証券会社」を加える。」というくだりがそうですが、現在の証券取引法では、証券取引所の会員となれる者は証券会社に限られております。証券会社とは、証券取引法の規定により日本で設立された日本法人会社となりますので、現行規定では外国証券会社は日本の取引所の会員に法律上なれないわけです。これは、国際的な相互主義を考えますると、法律上外国の会社に道を閉ざすことはいかがかと考えまして、日本の会社と平等に扱うために今回の改正をしようとするものです。しかしながら、これは、各国とも、取引所につきましては、法令上または取引所の定款におきまして、外国の会社ないしは外国人に対して国内会社あるいは国内人と異なった取り扱いをする例が多いわけです。もっとも、外国の場合は、おおむね会員は個人でして、当該国の国籍あるいは市民権を有する者とか、投票権を有する者、自国民たる個人に限定しておるわけです。したがいまして、そういう定款上のことは法令でどうすることは関係ございませんが、少なくとも法令上外国の法令が内外の差別待遇をしていない国との間には、わが国の場合も法令上の差別待遇は適当でない、こういうことで改正をしようとしているわけです。したがいまして、ここの「政令で」と申しますのは、差別的にしていないということをきめようとしているわけです。具体的に書くという意味で「政令で」に譲っていただきたいと思っているわけです。もっとも、現在わが国の取引所にも外国系の会社に対しまして会員にしないという定款がございますが、それはまた外国の定款との対比におきまして日本の取引所が定款できめるということで、法令上は少なくとも相互主義的にする必要があろうということにしたわけです。
○松井誠君　たとえばアメリカとの通商航海条約で内国民待遇を与えるとずっと書いてある。それとの関係は差しつかえないのですか。
○政府委員（志場喜徳郎君）　条約のことを詳しくは存じませんが、それは法律制度、国の制度として差別待遇を禁ずるという趣旨に了解しておりまして、したがいまして、今回の改正によりましてむしろ通商航海条約の趣旨に沿うような改正が行なわれたと思います。
○松井誠君　最後ですけれども、沖縄返還に伴って、沖縄にも証券会社があるわけですが、それはどういう取り扱いになるのか。日本の証券会社の免許の基準に照らしてそのまま認められるようなふうになるのかどうか。
○政府委員（志場喜徳郎君）　沖縄には証券会社が三社あるようで、ほかに国際的な投資信託の受益証券を販売しておる会社が一社あるようですが、沖縄の現行制度は登録制度です。かつての証券取引法のたてまえです。沖縄が復帰しますと、証券取引法の施行となりますので、免許制度に移行する。ただ、わが国において登録制度から免許制度に移行したときに、一定期間の経過期間を置きました。同様な経過措置は当面必要だと思いますけれども、制度的には登録制度から免許制度に移行になる、かように考えております。
○鈴木一弘君　株式の公開をした場合の公開利益は譲渡所得として課税対象にするのでありますけれども、検討の結果と経緯をまず聞きたいと思います。
○説明員（山内宏君）　最も問題になりましたのは、有価証券の譲渡所得非課税措置を設けております中で現在その例外措置として課税対象にしております有価証券の譲渡が三種類ございますが、事業譲渡類似の証券譲渡所得、これは一般的に課税となっておりますが、その中で、証券市場の育成といった政策的な目的からいたしまして、公開市場におきます譲渡はそれから全面的にはずしております。その点につきまして、異常に多量の証券を市場において売却するという事実が行なわれて、それが負担の公平の点からもいかにも異常であるという御指摘がございましたわけで、そういった問題について主として議論をしまして、その結果、現在そういう法律規制が所得税法の政令で行なわれておりますので、その政令の改正で何らかの措置をとりたいとしております。具体的な内容にはまだ詳細申し上げる段階ではないかと存じますが、方向といたしましては譲渡所得として課税をされる形の改正を講じていきたいと考えている次第です。

○**鈴木一弘君**　聞くところでは、政令の改正は、会社の株を二五%以上他人に売って公開利益を得た場合に限って課税をしたい、こういうような案にきまったと聞いているのですけれども、その点はどうなんですか。

○**説明員(山内宏君)**　おおむね、検討の方向は、ただいま御指摘のとおりです。

○**鈴木一弘君**　二五%以上とは、個人で二五なのか、それとも、そのときの公開利益が、一人当たりは二五%以下だけれども、二、三人ならば四〇%になるという場合、どうなんですか。

○**説明員(山内宏君)**　原則として一個人に対して判定をいたすわけですが、その一個人と特殊な株主関係にある者には、それを合算をして判定をいたすわけです。

○**鈴木一弘君**　証券界からは、公開利益に所得税を譲渡所得とみなすということでやると、公開がおくれるという話があったわけですよ。その点はこの二五%はさして影響がないと考えられておるのか。

○**政府委員(志場喜徳郎君)**　昨年、ある会社について、多くの株式を公開の機会に売り出しまして相当多額のキャピタルゲインを得たことから問題が起こったことは、もう御承知のとおりです。その際、売り出し価格の公正さをいかに保つかという問題と、課税をどうするかが提起されたわけです。価格の点は、すでに公正な価格で売り出し価格がきめられるように改正をして実施しております。

　その価格決定に関連して、上場されておる類似会社と方程式みたいなもので計算いたしましても、放出される株数が少ないと、どうしても需給関係から値段がものすごく上がってくる。したがって、価格を公正にするためには、放出されるべき数量として妥当な数量まで出してもらわなければならない。その点についていろいろ考えました結果、資本金によって違うのですけれども、公開されるような中堅、中小〔の〕企業には、二〇%前後の浮動株主あるいは浮動株数が平均値ですので、放出して公開する際も、それぐらい放出することが価格形成からも望ましい、かように考えておるのです。そういうことから、その放出の基準につきまして、資本金別にこの程度の割合の放出をすべきであるという要請をいたしたわけです。

　お尋ねの二五%は、若干のアローアンスがございますので、この望ましい公開のあり方という点から申しまして、二五%までの公開は引き続き非課税ということになりますれば、望ましい公開を妨げるということにはならないであろう、かように判断しております。

○**鈴木一弘君**　そこで、ぼくは二つの問題があると思うんですね。二五%なら公開については問題がないであろう。一方、キャピタルゲインが多いからといって非課税はおかしいということから論議がされてきた。そうすると、二〇%前後が妥当だということか。あるいは、二五%ならある程度のアローアンスがあるからいいという話ですけれども、本来、税の考え方からいけば、一八とか一五パーセンテージに下げるべきではなかったかと思うし、その辺は主税局はどういう判断なんですか。

○**説明員(山内宏君)**　相反する二つの要請をどこで調整をするかという問題だと思います。

　一つは、市場の育成といった面の要請、それから一つは、課税の公平、適正化という要請、それぞれ利害得失があるわけですが、検討の結果、証券局長からお話がありましたところがとりあえず妥当な線ではあるまいかと判定をいたしたわけです。

　なお、前通常国会におきまして御議論いただきました対象の具体的な事案は、いま現在われわれが試案として持っております二五%よりはるかに多い株数を譲渡した事案を御議論いただいたわけですが、今後規模のいかんを問いませず、改正いたしました場合にはそういうものが働いてまいると考えておる次第です。

○**鈴木一弘君**　政令改正はいつごろになりますか。

○**説明員(山内宏君)**　他の四十六年の税法改正の一環として、三月三十一日に改正をいたしたいと考えております。

○**鈴木一弘君**　一つは、虚偽記載の賠償責任が広がってまいりまして、役員、公認会計士、監査法人、元引受証券会社となってきたわけですが、実際問題、分担はそういう事犯が起きたときにどうするのか。先ほどから、粉飾による損害の評価、これが非常にむずかしいことがわかったのですけれども、それをどうその関係者間で分担するのかになると、さらにむずかしい。全部が引っかかるわけではない。先ほどの十八条、二十一条を見るとそういうような感じがいたしますけれども、もし分担損害賠償しなければならぬときには、どういうふうにこれをやるのか、そうなったらば、損害賠償の分担がこまかくなってくればくるほど負担も減るわけで、それは社会的責任が少なくなるという感覚ですね、そういう点でどうお考えですか。結局、一方では、賠償責任があり、一方では、幾らでも逃げられる方法があるわけです。そうなると、法としては、投資者保護といいながら、実際はなっていない感じがするんですけれども、こういうふうに法案の性格が〔な〕っておるということは、一つは、経営者の倫理とか、経営観念の向上ということだけをねらった、そこに一番ウエートを置いてやったんだというふうな気もするわけです。

そういう三つの点ですね。どう判断するのか、犯罪的行為〔の〕代償として責任が軽いのではないか、そういうふうに持っていった〔の〕は、経営倫理だとか、社会に対するところの倫理観念、こういうものを向上させる点に一番のウエートがあったのか、そういう法の性格そのものについて伺いたい。

○**政府委員(志場喜徳郎君)**　今回の改正は、損害賠償の点の改正と、刑事罰の強化を中心にした整備と、もう一つ、一定期間増資を認めないという行政処分を行な〔え〕る権限を大蔵大臣に与えること、その三点を柱にしておるわけです。

まず、第一の分担の点ですが、今回の改正は、民法の原則による不法行為による損害賠償におきましては、故意過失の行為者が一般投資家からはなかなか立証しにくいという点がこの投資者保護に欠ける点があるという認識に結びつきまして、まず民法上も当然役員あるいは公認会計士あるいは元引受証券会社も共同の不法行為者として責任にあがってくるべきものが、ただ挙証がむずかしいからということで訴訟が請求しにくい、それを挙証責任を転換することに重きを置いた次第です。今後は、投資者は、まず会社の社長とか、善意無過失の挙証はされないところを中心にして訴訟をする、あるいは連名で訴訟していく。でありますので、その限りにおきましては、特定の人を相手にして、自分のこうむった損害の全額を請求できることは当然です。また、複数の人が行為者としておりました場合、幾らずつそれらの者から弁済してもらうかはかかわりないことでして、要するに、全額の賠償を受ければそれで事足りるわけです。この場合に行為者が複数おりました場合、ある者が請求を受けてこの賠償に応じたとなりますと、あとはその行為者の複数間におきましてどういうふうにその負担額を分担するかは、現在の民法の考え方と同様で、原則的には平等という感じで解釈されておると思いますが、その点は、今回の証取法は何ら特則を設けてお〔り〕ません。したがいまして、分担は一般原則どおりでして、改正は、投資家〔が〕だれに対しましても挙証がしやすいよう、その面の改善をはかったことを御理解願いたいと思う次第です。複数になったからといって、いままでは一人で全額負担すべきものを今回は複数に危険を分散したわけではないのでして、現在でもその考え方であるわけです。それを訴訟しやすいようにしただけでして、これをもって、いままでは役員だけが、あるいは社長だけが責任を負っておったのを、今度はほかの役員も、あるいは公認会計士も、あるいは場合によっては元引受証券会社も入ってくるから、いままで全額負担しておった責任額が二分の一、三分の一に減ることには毛頭ならない。この点は全く従来と同様です。のみならず、訴訟が提起請求しやすいことになりますと、いままでは空文のようなぐあいにして損害賠償が行なわれておりませんでしたが、具体的に損害賠償の請求を受けるようになる、かようなぐあいで負担が重くなる、実際問題は働いてくると思います。さようなことから、倫理観念としても、粉飾の問題は、これはあくまでも人災、ある人の故意に基づくものでして、それをなくしようと思いさえすればいつでもなくせる問題です。不幸にして起こった場合の損害賠償もさることとでございますが、これを予防いたしますためには、現在のような軽い刑事罰では、予防効果等をねらうものといたしましては不十分であることから、刑罰を三年以下の懲役と非常に強化いたしております。これが主として経営者の姿勢を正させるという予防効果に働くと思います。が、私どもは、あくまでも粉飾が行なわれないようにするのが目的ですが、その両者を考えまして、今回の民事責任の強化、あるいは刑事罰則の強化をはかったわけです。

○**鈴木一弘君**　粉飾決算による暴落なのか、それとも、相場の変動によるものなのか、わからないという算定の問題もあるわけですね。それが何割になるか、そういう算定も非常に困難な一方で、たとえば第二十一条の最初の「会社のその提出の時における役員」云々と、こう出ていますが、これがその第二項の一号に該当していた。結局、残ったのが一項の三号のほうだけであって、それがやはり二項の二号には該当しないという場合、そういう場合が出たときに、一体能力があるかどうかという問題が出てくるわけですね。公認会計士自体に能力があるかどうかも絶対これはないわけじゃないだろうという感じもするわけです。片方は善意であってわからぬ。しかし、一方は、それははっきりしたけれども知らぬ額しておったという場合もあり得るだろう。そういうことが立証されたときには、それが損害賠償の能力があるのかないのかという点も出てくると思うのですけれども、その点はどうですか。

○政府委員（志場喜徳郎君）　粉飾決算は、まず会社がさような粉飾決算を決意をして実行するわけでして、投資家としては、役員を相手にしないで公認会計士だけ相手にして訴訟をあるいは請求をした場合、その公認会計士が過失はあったけれども、賠償能力がないことも観念的にはあるかもしれませんが、しかし、粉飾とは、会社自体が行ない、それを公認会計士が故意過失で虚偽の証明をした場合です。この会社役員の中には、その実行行為者あるいは決定者が必ずおるわけです。まず投資家も当然役員を相手にしていくと思います。もっとも、その場合、御心配のとおり、役員に個人的な財産がない場合もございましょう。そのときには、関与しました公認会計士に請求をしていく。そこにもお金がないというときにどうするんだという問題ですが、これはあらゆる損害賠償等の場合も同様でして、責任はあくまでも果たしてもらうという前提で日々の作業をしてもらわなければ困るわけですが、公認会計士におきましては、法律上の要請でも当然ございませんけれども、アメリカも同様な責任を公認会計士が法律上負っておりますので、損害賠償の支払いのための保険制度をつくっているように承知しております。私どもも公認会計士協会から聞いておりますところでは、一、二の保険会社と保険制度の創設につきましていろいろと相談をしておることも聞いております。さようなわけで、投資家に対しましては少なくとも損害賠償に欠けるところがないように、会計士全体としてもひとついろいろと考えてみたい、かようなことです。ただ、法律上の制度としまして、資力がないから責任を免除するわけにはまいりません。あとは当事者がどういう対処をするか、また、投資家がだれを相手に訴訟、請求するかの選択の点にかかってくるのではないか、さように考えております。

○鈴木一弘君　もう一つは、増資する際に、有価証券届出書の中に重要な虚偽記載があった場合に、大臣が、期間をきめて受理しないことを決定できるということなんですが、この「重要な」問題、一年間のストップで間に合うのかどうか、もう一つ、「重要な」とはどういうことをさしておりますか。

○政府委員（志場喜徳郎君）　重要な虚偽記載とは、重要な事項についての虚偽の記載でして、いわゆる粉飾決算と言っているのがおおむねこれに当たろうかと思うわけです。ただ、粉飾決算と申しましても、その定義のしかたによりましてはいろいろ程度の差があるわけでして、たとえば非常に厳密なことを申しますれば、ある資産の評価等に一万円の評価違いがあったとしても、これは真実でないけれども、会社の資本金あるいは資産の程度ないしはその粉飾額の絶対額を勘案してその「重要な」ということを判断すべきであろう、かように思います。したがいまして、資産の幾割以上とかあるいは何円以上をもって重要にするというわけには一がいにはいかないわけですが、従来、粉飾がございましたときに、過去にさかのぼり有価証券報告書なりあるいは届出書なりを訂正して正しいものに置きかえさしているわけですが、その際に自発的に訂正することもございますし、大蔵大臣が法律に基づきまして訂正命令を出す、こういうことでまずやる場合もございます。その場合、自発的訂正は許さないで大蔵省として訂正命令を打つ基準としましては、これまた確定的なことは申し上げるまでもございませんけれども、金額ベースで申しますと、おおむね粉飾額が一億円程度になりますると大蔵大臣が制裁的な意味も込めまして訂正命令を打つ、こういう慣例でやっております。訂正命令そのものは処罰ではございませんけれども、これは粉飾の中でもこれ以上になると重要であるぞという感じを出す意味で命令〔し〕ておりますが、法律上の読み方として一億円以上が重要であると読むのかは必ずしも言えませんが、実際問題としてはそういうことからして問題になるのじゃないか、あるいは株価に及ぼす影響等考えてみましても、おおむねその程度あたりから影響が出る分かれどころじゃないかと〔も思う〕ので、実際問題を考えますると、さようなことも念頭に置いて理解していただいてもおおむね間違っていないのじゃないかと考えます。

それからいわゆる増資ストップの一年間の問題ですが、その後一年以内にまた再びこの届出書を出して増資をやりたいと言ってきたときに、それから公益または投資者保護の点から必要な相当期間その効力をあらわせないということでして、停止する期間は一年とはきまっていないのです。しかし、おっしゃるとおり、その虚偽の記載がありまして後の一年以上たってから出てきました届出は、もはや増資ストップの対象にはならないという意味におきまして、一年後までの届出書だけでいいのかという御質問かとも思いまするけれども、従来、考えますと、重要な虚偽記載がございました場合には、まず会社役員がどういうふうに責任をとるか、それから債権者、あるいは銀行等によってテコ入れが行なわれます。また、その間に、その内容が明らかに訂正等によってされていく。しかし、同時に、企業としては、陣容を立て直し、中身をすっきりし、あるいは資産の処分もしてその欠缺を埋めながら新規事業のために増資をしたいという要望を持っております。さような点を一応環境整備するには、従来の経験から見ますと、大体半年前後くらいで大体のめどがついてくると思われます。したがいまして、非常に十分でないまま重ねて届出書を出してきたときには、あと二年間はだめじゃないか、二年間ストップすることはあり得るということだけは、法律上だけのことでございますけれども申し上げておきたいと思います。

○鈴木一弘君　結局、「重要な」という内容いかんによっては長くもなるし、それからそのあとの訂正報告書でしっかりしてくれれば、一年という期限の中でおさまるであろう、こういうことですね。

○政府委員(志場喜徳郎君)　さようでございます。ただ、ここに公益または投資者保護の点から相当な期間と申しておりますのは、単に届出書が訂正されるだけでなくて、その企業の先行きはどうなるのか、収益見通しはどうか、粉飾によ〔る〕欠缺した資産はどういうふうに補てんされるのか、そういうことに、いろいろと新役員による環境整備が必要ですので、それを見た上でなければ効力を発せられないわけです。したがいまして、そういった環境を整備するには、半年から一年ぐらいかかるのではないか。だから、それ〔より〕前に出てきた届出書は、もちろんそのときは届出書は正確なものに直ってはおるのでございますが、それだからといってすぐに新しい増資は適当とは思われませんので、環境整備の見通しを見ながら適当な期間効力の発生をとめていこう、こういうことです。

○鈴木一弘君　公開買い付けの目的ですけれども、大蔵省では、いままで、乗っ取り対策ではない、投資者保護のためであると言っておられたのですけれども、やはり一番効力の発生してくるのは外資の乗っ取り対策にあると思われるのですけれども、その点の見解はどうですか。

○政府委員(志場喜徳郎君)　証取法という法律の趣旨から申しますと、やはり、投資家保護をはかることを通じて国民経済の健全な発展を期せられる、法律の分野と思うのです。さような点から、投資者保護を中心にしておりますことは申すまでもございませんが、今回の制度で、諸外国と違います点は、事前の届出制度にして、その中身を原則的には十日間大蔵大臣が目的その他いろいろと審査をいたしまして、その上で効力を出させますと仕組んでございます。また、考えますると、外国からの買い付け申し込みが当面予想される。わが国におきましてもこれは行なおうと思えば行なえるわけですけれども、外国において慣行として打ち立てられている点から申しまして、今後資本自由化が進むにつれ外国からこういうオファーが来るであろうと考えられます。そういうことを考えた場合に、外国人としてわが国の制度を見ました場合に、英米等に行なわれておりますところの届出制度よりも、わが国の今回の制度は公開買い付けをしようという者にかなり厳格な中身となっております。さようなところから、外資にとりましては、日本に対してこういう買い付け申し込みをするのに、ほかの外国に対して申し込みをするのよりもかなりの条件、審査はきびしいなという感じになろうかと思います。おっしゃるような外資対策という配慮が皆無であったと申すことはできません。ですけれども、この制度の全体の仕組みを考えますと、投資家保護といったてまえから説明のつく範囲のという限定はやはり守らざるを得なかったのでして、さような両面がありまして、しかし、趣旨は投資家保護という観点からの限界において当面の外資も念頭に置いたわけです。

○鈴木一弘君　その点が、自由化といいながら、一面では非常にきびしい感じがするのですけれども、この法案の中でも、一定期間前に、買い付けの期間、買い付け価格、契約の解除、あるいは数量まで大蔵大臣に届け出ろとなりますと、乗っ取りの対象企業〔は〕防戦を行なうわけですけれども、その防戦の期間を国で確保してあげようとなってくるわけです。あまりきびしくすると、外資がこういう方法をきらって、ひそかに株を取得する心配はないか。

○政府委員(志場喜徳郎君)　この制度をつくるにつきましても最も苦心いたしました点はおっしゃる点でして、証券市場という点から考えまするとひそかに、わけがわからないうちにもぐって、あるいは陰湿裏に買い占め的な行為が行なわれることは望ましくないわけですが、それは、相対取引が自由でございますために、これをなくすることはできません。しかし、今回、公開買い付けは、できるならばその方策を避け、オープンの場に誘導していきたい、誘導した段階におきまして、投資家保護の点から、公開買付者と対象会社〔が〕、株主の面前でオープンでフェアにいろいろと言い分、資料を開陳し合っていただいて、それで投資家が両者の言い分を聞いて自分の判断で考えてもらう。そこで、あまりこれをきびしくいたしますと、望ましくないと考えているところにもぐり込んでいかせる。しかし、あまりにも買い取り者に有利になりますと、投資家としてはその正確なる判断をするという点において欠けるところがありましょうし、資金源その他買い付け目的の審査等にしても投資家が判断に迷う点もございます。たとえば、アメリカの場合、SECに届出と同時に買い付けが始まっておる、わが国の場合は、大蔵省が、事前に、買い付け目的、方法、資金源等を審査することにより、別段買い付けをオーソライズしたわけではありませんけれども、チェックがあることも投資家保護になるという意味で、十日間の審査期間を設けるという説明にも通ると思いますし、そういった両面を考えた末が、買い付け者からいいますと、自由よりも若干窮屈、しかし、これがあまり窮屈になり過ぎてもぐらないという限界が、今回の届出制度であり、また、十日間の審査期間ではあるまいかと考えまして制度を考えたわけです。

○**鈴木一弘君**　問題は、一たん外資が入ってきてしまった場合には、規制をしようにもできないのではないか。この公開買い付け規制だけでその行動を抑えることは非常に困難じゃないかというふうに思わざるを得ないわけです。そうなれば、よほどはみ出たものを規制する以外にはやらないという方向にだんだんせざるを得ないと思うのですけれども、そういう長期的な考え方はどうなんでしょうか。

○**政府委員（志場喜徳郎君）**　証取法でこの制度を設けませんと、全く任意になりますので、もぐって買うことも自由であれば、どういうオファーを突然やっても、また条件をどんなことをやっても、また資金源等を明かさないで誇大広告的にやっても、全くフリーとなりまして、一番望ましくないわけです。で、投資家保護という観点で説明がつく範囲内におきまして今度の制度を仕組んでみたということです。しかし、ある産業の防衛、あるいは外資対策という面からの光を当ててみますと、もちろん今回の制度でそれぞれのその分野分野の要請をすべて満たしてやることは、とうてい法律の領域からいたしましてもできないわけです。ただ、今回の場合は、国民経済的に法律上禁止されておりますところの独占禁止法の違法にわたるような中身を盛り込んだオファーであるという場合、違法状態をその結果によって現出させることはできませんので、独占禁止法上違法をもたらすという意味での事前チェックは私は可能と思いますが、それ以外の産業政策上あるいは外資対策上の考慮を払うことはできない。先ほども議論が出ましたように、商法の分野での改正、あるいは、非常に突き詰めますると、特別業種についての特別の立法をつくってい〔か〕ないとこれはとうてい無理ではないか、かように考えておるわけです。

しかし、証取法におきまして、何も規制しないということは、少なくとも投資家保護の観点から、ひいては国民経済の観点から望ましくないという問題意識から、可能〔な〕範囲におきましての制度は合理的につくっておく必要がある、かような提案でありますことを御了承いただきたいと思うのであります。

○**鈴木一弘君**　公正競争というような問題から見ると、公開買い付けがいろいろな方がやることについては、規制はできないと思うのですけれども、そういう点の検討はなされたのですか。

○**政府委員（志場喜徳郎君）**　この買い付けの方法、条件は、公益または投資家保護の点から適当と認められる必要なる条件をしぼりまして、それに適合する範囲内でのことと思うわけです。これは公正なるオファーあるいは条件を念頭に置いてございますわけですが、ただ、価格ならいかなる価格を提示することが公正なる競争なり公正なる価格かは、むずかしい問題であろうかと思うのです。独占禁止法上、不公正な取引方法によるものということで、価格の提示のしかたに独占禁止法の制約は法律上あり得るとは思いまするが、これを具体的に価格の範囲におきましてどういうふうにチェックできますか、これは今後具体的事例にも際し、また、その前にも公取委員会のほうと十分に協議いたしましてそこら辺の審査の心がまえを持ちたいとは思いますけれども、その他の点につきましては、やはり言っているところを公益の立場からの条件にしぼりまして、また、相手方の言い分を大蔵大臣に届け出ることによりまして、そのスクリーニングの上で公示することによりまして、あとは両者の言い分を投資者に判断してもらうということにかけてあるわけです。

○**鈴木一弘君**　外国証券業者に関する法律案について伺いたいのですが、問題は、支店を設ける場合、免許申請をするわけですが、いわゆる拒否要件について伺いたいのです。一つは三年以上継続して営んでいることが問題になっているわけですけれども、その三年以上経営しているということのチェック方法はどういうことをとられるのですか。書類だけの審査なのか、あるいは向こうの取引所の会員であるというのを見るのか、あるいは証券会社をやっていたということだけなのか、いろいろな方法があると思うのですが、チェックの方法について……。

○**説明員（戸田嘉徳君）**　まず出てきた書類が中心になることは当然かと思いますが、あちらの証券業協会とか取引所を通じて問い合わせるということもあり得ると思います。ただ、ここで、三年以上継続して事業をやっていたことについて当初から所属の証券業協会とかあるいは取引所の証明をつけた書類をとったらいかがか、かように考えておりますので、実際問題としましては書類をもって大部分の場合は判定がつくのではないか、かように考えております。

○鈴木一弘君　もう一つは、その拒否要件の中で、法令上証券業務をあわせ営むことができない者が営むのと同種類の業務を営んでいる者またはその者と密接な関係を有する者という、「その者と密接な関係を有する者であるとき」というのは、どういうふうな形になりますか。

○説明員（戸田嘉徳君）　これは、いわば、その当該者に対して、実質的に当該者に支配されているもの、または当該者を支配しているもの、こういうふうに申し上げるべきものかと思います。いかなる場合にそういうような状態と判定できるかという問題ですが、この辺は少しこまかく詰めまして、あるいはその資本的な関係において実質的にそれが支配しあるいは支配されるとみなされる場合、あるいは人的な役員の派遣等の状況から判断しましてそういう支配被支配の関係が確認される、そういうようなことに相なろうかと思います。

○鈴木一弘君　この法律ですと、はっきり支店ごとにとなっているわけですね。支店でなくて子会社をつくった場合にはどうなりますか。

○政府委員（志場喜徳郎君）　子会社をつくりますと、それは日本の株式会社になりますわけで、外国証券会社にはならないので、証券取引法本法の問題になるわけです。ただ、これは法律上そうなるというわけでして、現在外国の会社が日本に全額出資なりあるいは大半出資をして子会社をつくるという点につきましては、為替取引上の制限がございまして、これは個別の認可を要することになっております。当面はそういった制限から不可能に近い現状ですが、法律上は、証券取引法の問題になるわけです。

○鈴木一弘君　日本の証券会社は、すでに一〇〇％持ち株の子会社を外国に出しているのじゃないですか。

○政府委員（志場喜徳郎君）　アメリカないしは香港等におきまして、全部または大半を出資した子会社を持っておるのが数社でございます。

○鈴木一弘君　一方ではそれを許しておいて、片方では許さないというと、フェアな感じでないわけですが、先ほど事実上困難であるということばがありました。すると、前と違った感じになるんですが……。

○政府委員（志場喜徳郎君）　実際問題としてはさようなる向きになっておりますが、証券取引法上の不平等扱いとは考えておりません。ただ、為替制限の点からの問題がございますわけで、これの自由化をどういうテンポで進めるか、かような問題でございます。

○鈴木一弘君　それについて、証券局としての意見はどうなんですか。

○政府委員（志場喜徳郎君）　私の立場から責任をもってお答え申す立場にないわけですが、次第に証券取引自体が国際化されてという事実、また、経済取引の国際交流がますます盛んになっておるという事実、並びにいわゆる資本自由化が本年中にも最終的な段階を迎えようとしている事実を考えますと、今後さほど時を長くしないでこの門戸を開いていくことが自然の勢いではなかろうか。また、証券市場あるいは証券業務の健全な発展ということから見ました場合に、そういうふうに進むことが決してマイナスではない、プラスであろう、さように考えます。

○鈴木一弘君　むしろ、私は、いまのは非常に慎重な発言で、自由化がおくれているということで、逆に言えば日本の証券業界にとってもマイナスではないか。不自由化を早く避けなければいけないのじゃないか。はっきり申し上げて、ギブ・アンド・テークという時代になってきておりますから、こちらは一〇〇％株式保有の子会社を持っていながら、相手側にはそれは許可しないという方向は、いつまでも続けられるものではない。これは早急に改善をしなければならないであろうという感じがするのですが、次官からひとつお伺いしておきます。

○政府委員（藤田正明君）　互恵平等が原則であろうかと思います。証券の面においても、国際化は必然ですので、早い時期にそのようになることが望ましい、そのように考えております。ただ、いろいろと国内の事情なり業界の事情がございますので、その辺は原則は原則といたしましても、現実面においてはやはり考慮せざるを得ないことはございます。それらを勘案しながらできるだけ早い機会に平等な国際条件のもとに相互乗り入れをやることが望ましい、さように考えます。

○鈴木一弘君　公社債の流通市場で、現在の上場されておる銘柄数は何種類くらいあるか、及びその育成の方法はどういうふうに現在やっておられるか。

それからいま一つは、公開市場操作も完全なものに早くするべきである、そこまで証券市場あるいは公社債市場が育たなくちゃならないという強い意見を持っておるのですけれども、現在の国債が一年以内ではオペの対象にもなっていない、こういう点について、一体、これは証券市場育成、あるいは金融市場の整備、正常化という点から考えた場合に、どういうふうな考え方をいま持っていらっしゃるのか。

○政府委員（志場喜徳郎君）　公社債市場の正常化あるいは育成という問題、これは広義の資本市場の一環として非常に重要な問題であり、また、これがわが国の場合は遺憾ながらいままで問題意識はございましたものの最もおくれておるという分野であろうかと思うのでして、今後、私どもは、あらゆる機会をとらまえ、また、措置を通じまして、その正常化、育成につとめなければならぬということです。

その点の第一の要諦は、発行条件のあり方、また、その消化の層のあり方です。つまり、互いに相関連する面がございますわけですが、発行条件は、わが国の場合に社債の発行が限界的な資金の調達ということがよく言われるのでして、つまり、金融がゆるんでまいりまするとそこで銀行からの借り入れに走る、金利も若干安くなりますから。今度は金融がタイトになってまいりまするとる、銀行の資金ポジションが窮屈になる、また金利も上がってくるということで、やむを得［ず］社債を発行していく。ところが、その場合の社債は、昭和三十年来からの人為的な低金利政策がございまして、別に法令できめておるわけではございませんが、発行条件が固定化し、硬直化しておる。その意味におきましては、銀行からの借り入れが窮屈になりまするとる、やむを得ない手段として債券発行にやってくる。したがいまして、銀行も取引先との関連で預金が受け入れられるという関係から七、八割を金融機関が消化してしまう。いわば貸し金の見返り金といった意味で社債を持ってしまう。決して投資対象物件という意味に理解されないで、金融機関での融資の変形という意味で持たれる。したがいまして、さらに金融が窮屈になりますと、融資を優先的に金融機関が考えますために、債券を売却して、ほかの面への融資に振り替えていく。そうしますと、投げ売りしますから、流通価格が下がる、つまり利回りが上がることになります。そういう上がった利回りのもとでは発行条件はとてもついていけないということで、新規の発行がむずかしくなる、こういうふうな悪循環を繰り返しておることが問題だと思うのです。したがいまして、今後、当面、金融が比較的正常化あるいは緩慢という事態も見通されるわけで、われわれとしては、極力発行会社の認識、または証券会社の販売努力、営業努力を期待しながら、発行条件を発行量との関係等を見合いながら、漸次弾力化していき、いわゆる実勢と発行条件とをマッチしたもので、緩慢時期に健全な条件による発行を習慣づけ、そして、その消化先としては、投資物件として長期に保有されるような機関投資家、あるいは個人の資産家を中心に、安定的に長期貯蓄の一形態として保有してもらう。したがいまして、いわゆる短期金融が窮屈になり投げ売り的なもので資金化をはかろうとして一斉に市場に出てきて値くずしが起こることがないように消化層を見つけながら、それにはまる条件を合理的にきめながら発行していく。しかも、発行におきましては、画一的でなくて、多くの量を発行しようとするものは当然それだけのコストを払うべきである。そうでなければ、自分のところに優先して大量の資金が集められない理屈ですので、その辺の条件の弾力化、正常化をはかりたい、かように思っておるわけでございます。

なお、数字の点は、担当課長から御説明いたします。

○説明員（松本健幹君）　まず、公募事業債の発行会社の数ですが、去年の十一月三十日現在で、二百十三社です。この二百十三社が、本年度二月までの間に合計で約五千五百億の起債を行なっております。間もなく三月分もきまるかと思いますが、このペースでまいりますと、おそらく本年度一ぱいで六千億をこえる状況です。

○鈴木一弘君　その中に入っているいわゆる公債、政保債は何銘柄ぐらいありますか。

○説明員（松本健幹君）　先ほどの御質問は、上場銘柄についてだったわけですか。

○鈴木一弘君　そうです。

○説明員（松本健幹君）　失礼いたしました。上場銘柄ですが、昨年十二月末現在ですけれども、東京取引所には、国債が十七、地方債が一、政保債が二、その他特殊債が二、利付金融債が三、社債が二十四、転換社債が十六、加入者引受電信電話債が三十九、全部合計いたしますと百四銘柄です。

大阪は、国債が十七銘柄、地方債が一銘柄、政保債が二銘柄、その他特殊債が一銘柄、利付金融債が三銘柄、社債が二十銘柄、転換社債十六銘柄、加入者引受電電債が三十九銘柄、合計九十九銘柄です。

なお、名古屋でございますが、電電債の三十九銘柄だけです。

○鈴木一弘君　公開市場操作のこれからの考え方はどうなっているでしょうか。

○政府委員（志場喜徳郎君）　公開市場操作は、日本銀行の金融政策の分野ですので、私が申し上げるべきではないのですが、証券市場という面から考えますると、いわゆる理論価格的での買い上げじゃなくて、そのときの時価で市場から買って市場に売る、この意味での公開市場操作は価格の面、取引の形態の面からそうあるべきで、そうなることが望ましいと考えておるわけです。しかし、そのためには、流通市場が正常化しておる点が前提ということで、日本銀行が現在一種の理論価格でこの売買操作をやっておると思うのです。したがいまして、市場の正常化とうらはらであると思いますけれども、公開市場操作ができる市場に正常化するということが私どもとしての仕事の役目になるわけです。

○**鈴木一弘君**　現在の日銀のやっておる買いオペは、金利政策の一環です。決して金融政策とは思えないわけです。そういうことからも本格的に考えなければいけないということと、当然債券に関係してくるんですが、国債の一年ものも対象にさせるというふうにそれを広げていくことを考えなければいけないのではないか。

○**政府委員（志場喜徳郎君）**　これは、金融政策との関連で申しますよりも、主として日銀引き受けによる国債の発行という通貨供給に結びついてはよくないということで、発行後一年間はオペレーションの対象にしない、こういうことでして、それはそれなりに私は理屈があるのではないか、かように考えます。

（以下略）

参議院　大蔵委員会会議録第七号

昭和四十六年二月二十三日（火曜日）

出席者は左のとおり。

委員長　柴田　栄君

理　事　大竹平八郎君　玉置　猛夫君　中山　太郎君　成瀬　幡治君　多田　省吾君

委　員　青柳　秀夫君　伊藤　五郎君　岩動　道行君　栗原　祐幸君　小林　章君　今　春聴君　丸茂　重貞君　松井　誠君　吉田忠三郎君　鈴木　一弘君　片山　武夫君　渡辺　武君

国務大臣　大蔵大臣　福田　赳夫君

政府委員　大蔵省証券局長　志場喜徳郎君

説明員　大蔵省国際金融局次長　林　大造君

参考人　日本証券業協会連合会会長　瀬川美能留君

全国銀行協会連合会理事　小山　五郎君

日本公認会計士協会会長　井口　太郎君

（ほか略）

本日の会議に付した案件

○証券取引法の一部を改正する法律案（内閣提出、衆議院送付）

○外国証券業者に関する法律案（内閣提出、衆議院送付）

○**委員長（柴田栄君）**　ただいまから大蔵委員会を開会いたします。

それでは、証券取引法の一部を改正する法律案及び外国証券業者に関する法律案を便宜一括して議題といたします。

この際、一言ごあいさつを申し上げます。

参考人の方々には、御多忙の中を本委員会に御出席をいただきまして、まことにありがとうございます。

それでは、瀬川参考人。

○**参考人（瀬川美能留君）**　ただいま御紹介をいただきました日本証券業協会連合会会長の瀬川です。

さて、今回の証券取引法の一部を改正する法律案並びに外国証券業者に関する法律案は、証券取引審議会の答申の線に沿いまして作成されたものと存じております。私も証券取引審議会の委員の一員といたしまして答申の取りまとめに参加いたしたのですが、同審議会におきましては、昭和四十四年以来、専門委員会で、企業内容の開示制度の改善を中心として、諸外国の法律、諸制度をも十分参酌しつつ、慎重に検討を進めまして、これに基づきまして基本的な方向を組み立てて答申したものです。

この答申に沿って作成された今回の二法案は、いたずらに理論に走ることなく、証券市場の実情をも十分に考慮した、まことに適切なものと存ずるので、全面的に賛意を表する次第です。

特に、今回の法案は、経済の国際化、資本取引の自由化に対処いたしまして、投資家保護を徹底し、また、証券市場を通ずる資金調達の円滑化をはかるという、これまでの証券取引法の改正には見られなかったような前向きの姿勢、いわば、近い将来にあるであろうという証券市場の姿を想定し、それに対応し得るよう法制上の整備をはかっている点で、まことに画期的な改正でして、先年行なわれました証券業の免許制移行と相並びまして、証券市場の今後の発展をささえる大きな柱になるものと存ずるのです。

私ども証券界としましては、このような見地から、去る一月十六日付をもちまして、日本証券業協会連合会並びに東京証券取引所連名で、今回の証券関係三法案の制定の促進方について要望書を提出したのです。

では、それぞれの法案の内容につきまして、若干の意見を述べさせていただきたいと存じます。

まず、証券取引法の一部を改正する法律案です。

わが国の経済の発展に伴いまして、貿易、資本両面にわたり、近年、自由化の進展は著しいものがございます。資本取引の自由化について見ますと、昨年九月の第三次自由化に引き続き、近く自由化の総仕上げともいうべき第四次の自由化が行なわれるものと存ずるのです。わが国の企業が自由化に即応して、健全な発達を遂げていくためには、証券市場を通ずる資金調達が円滑に行なわれることが特に望まれるところです。これがためには、証券市場内部の機構、制度の整備充実をはかることも必要ですが、根本的には企業内容の適正な開示がぜひとも必要です。このような意味から、有価証券報告書の提出基準の改正、中間報告及び臨時報告の制度化など、流通市場におきます開示制度の整備が行なわれ、また、有価証券届出書、目論見書につきましても所要の改正が行なわれ、さらには、報告書等の虚偽記載につきましての民事責任の明確化がはかられておりますことは、まことに時宜に適したものと存ずるのです。

次に、公開買い付けの制度化についてです。一部には、公開買い付けがわが国ではこれまで実際に行なわれたことがないことから、その制度化は時期尚早ではないかという意見もございます。しかしながら、今後の自由化の進展を考慮しますと、わが国でも公開買い付けが行なわれる可能性が多分にございまして、これに備えて、証券市場の秩序維持、投資者保護の観点からあらかじめ万全の方策を講じておきますことは、ぜひとも必要と存ずるのです。かような趣旨から、公開買い付けに関する法案は、まことに妥当なものと存ずる次第です。何ぶんにも、公開買い付けはこれまで行なわれていなかっただけに、法律で基本的な事項を定め、細目を政省令で規定することが実際的な措置であろうと存ずるのです。

第二に、外国証券業者に関する法律案についてです。

証券業は五〇％自由化業種に指定されておるのですが、外国証券業者としては、支店形態によるところの進出を望んでおり、その希望が日増しに強くなっているようです。支店による進出に対しその道を開かない限りは、証券業が自由化業種になったと申しましても、その実効は乏しく、かえってわが国の自由化に対する海外からの批判を招き、ひいてはわが国証券会社の海外進出にも支障を来たすおそれすら考えられるのです。そのような観点から、今回、外国証券業者の支店の進出につき法的措置を講じますことは、まことに時宜を得たものです。これにより、はじめて内外の証券業者の円滑な交流が実現することとなり、わが国の資本市場が国際的資本市場の一環として拡大発展することが期待されるのです。私ども証券界におきましては、外国証券会社と同等の条件のもとに公正な競争を展開し得るよう、財務内容の充実、経営の合理化に鋭意努力を重ねているところです。外国証券業者法の制定に関連し、わが国証券会社が積極的に海外進出ができますよう、為替、金融、行政の各般にわたり十分な御配慮をお願いいたしたいのです。

最後に、日ごろ証券界が要望しております公社債市場の正常化について付言させていただきたいと存じます。

御承知のように、公社債の発行条件は、常に流通市場の利回り水準を下回っており、このために発行量の調整を行なわなければならない状態が続いておるのです。これを打開しますためには、発行条件の弾力化を一そう推進するとともに、一方で適正な流通価格を形成することが重要であることは、申すまでもございません。その意味で、起債環境の整備につきなお一そうの御理解を賜わりますようお願いいたしたいのです。昨年末、アジア開銀債が発行され、また、近時、公社債に対します外人投資が急増いたしておるなど、わが国の公社債市場は急速に国際化の傾向を強めております。かかる情勢のもとにおきまして、わが国の公社債市場が真に国際的金融市場の一環としてその地位を確立するためには、公社債の発行条件を弾力化しますことが不可欠の要件でして、また、最近の金融情勢をながめますと、その環境が徐々に成熟しつつあると存ずるのです。もとより、これを一挙に実現することには多くの困難が伴いますので、その方向に向かって一歩一歩着実に実現への努力を積み重ねていくことが必要かと存ずるのです。何とぞ、委員の皆さま方のこの点につきましての御理解と御配慮をお願いいたす次第です。

○委員長（柴田栄君）　瀬川参考人に質疑のある方は、順次御発言を願います。

○松井誠君　一つは、これから外国の証券業者が日本に支店という形で入ってきて、日本の証券業界に具体的にどういう影響を与えるだろうかという見通しです。証券業の免許は業種別になっておるわけですが、証券会社が行なおうとする四つの業種の中で、日本の証券会社に一番大きな影響力を及ぼす、一番大きな競争相手になり得る仕事とはどういうものので、どういう——打撃になるのか刺激になるのかわかりませんけれども、そういうものを与えるかお聞きをしたいと思います。

○参考人（瀬川美能留君）　いまの段階では、御承知のように、為替の管理が厳重に行なわれており、日本人の外国株に対する投資が、投資信託に一億ドルを限って許可されているという程度でして、個人の外国有価証券への投資は禁止されております。こういう状態のもとですから、外国の証券業者が、この法案が通りまして、この下期から半年ぐらいにかけて進出してまいるとしても、従来行なっておりました日本の発行会社が外国で証券を発行する場合の引き受け業務とか、とりあえずはそういう面での仕事に限るのじゃないかと思うのです。あるいは、将来に備えて、証券業周辺の業務、つまり投資コンサルタント的な仕事、情報提示をねらうとか、さしあたり支店の形で五〇・五〇の合弁の形でこちらへつくりましても、取引所の会員になることはまだできませんし、ことに日本人の外国株の買い付けができませんから、ブローカーとしての市場というものは将来は別として、さしあたりは大した魅力はありませんが、とりあえず引き受け業務をねらうだろうと考えております。

○松井誠君　引き受け業務なら当面できるであろうと。この引き受け業務も、おそらく入ってくる証券業者の中でも巨大な資本を持っておるものも来るでしょうから、そういう意味で引き受け業ならば相当大きな競争相手になれる。そういうところから、むしろ日本の証券業が幾つも業種を一緒にやるのではなくて、引き受け業だけを切り離してやれる専業体制でもできないと、アンダーライターの競争というのにむずかしくなるのじゃないかという意見もあるようですけれども、そういう点の見通しなり御意見なりあれば伺いたいと思います。

○参考人（瀬川美能留君）　有価証券の引き受けとは、引き受けに対して分売力を持っているということが問題でして、英米の証券会社でも、確かに巨大な有価証券を引き受けますが、それは必ず販売するという前提でやるわけです。ですから、長期間にわたって直接投資のような形で日本の有価証券を引き受けるというケースもあるかもしれませんが、しかし、私どもは、引き受けて直ちにこれをディストリビュートしてそうして資金を調達していくというふうなやり方におきましては、巨大な証券会社が出てまいりましても、われわれが七十年、八十年つちかった日本の市場は、何らそう大きな心配はないんじゃないかと、考えております。

それから海外での引き受け業務ですが、日本のものがすでに数十銘柄あちらで発行されておりますが、これは向こうの有力な証券会社と組みまして対等の立場でわれわれはマネージャーとして向こうで活躍している。最近は、日本の証券会社がアメリカの有価証券の引き受けについてマネージャーの地位を確保したというケースもぼつぼつ出てきておりまして、おそらくその点はフィフティー・フィフティーで将来引き受けは伸展していく。国内に関する限りは、たとえば、外国との合併会社の国内の企業の資金調達をする場合とか、あるいは社債発行、株式公開をする場合には、日米証券会社がフィフティー・フィフティーでやるケースが生まれてくるかもしれませんけれども、日本企業の国内発券に関する限りは、私どもはだんだんと分売の能力も最近はできてきておりますし、あえて諸外国の会社がやってきて自由ほうだいにやれるという心配はないと思っております。

○松井誠君　参考人が最後に言われた公社債市場の育成、金利が長期金利と短期金利と逆になっておることを一つの例に引かれて、起債環境の整備ということばで言われたのですが、どういうところにネックがあるのか、制度的にどうすればどうなるということを最後にお聞きをしたいと思います。

○参考人（瀬川美能留君）　いままでの公社債市場は、極言をいたしますと、公社債が商品として発行されていないということです。長短金利が非常にいびつである。つまり、借り入れ金を有価証券に振りかえた形で発行されており、発行量も発行会社も非常に制限をして、発行条件も金利の動向いかんにかかわらずほとんど一律的にずっと固定化されておる。年限も利率も固定化されている。いわば商品として公社債が市場に提供されていなかったのがいままでの実情です。

そこで、本来、有価証券とは、銀行、保険会社、機関投資家はじめ広く金融機関、各種の団体、あるいは個人投資、というふうに、商品性を持っておれば、それが広く国民の預貯金の増加、金融資産の増加に応じてディストリビュートされていく市場ができているわけです。形だけの市場じゃ、発行価格と流通価格の間に二円とか三円とか差があったわけです。そこには金利の自由化がなかった。預金利子も、貸し出し利子も、日銀の公定歩合の動きはありますけれども、それに連動して社債の発行条件なり率なりはずっと固定化しておった。つまり、商品としての妙味が非常に薄かったわけです。ここへ参りまして、長期金利は長期金利のあり方、外国からの需要が非常に続いて来るというふうに、需要面がはっきり出てまいりましたし、金融もゆるんでまいりましたわけですから、この辺からだんだんと一つ一つ方向を変え、流通市場に基礎を置いて発行価格がきまっていく。そして、発行のつどつど発行額なり発行条件がそれぞれ会社によって評価されていくというプライス・メカニズムに立脚した市場が生まれてこなければほんとうの公社債市場は生まれてこない。そして市場価格によって発行量がおのずから自然に調節されていく市場がまいらなければほんとうの公社債市場がまいらない。そこへ一歩一歩われわれは近づけたいと思うのですが、何ぶんにもほかの金利体系にも大きな影響のある問題ですから、一つ一つ具体的に条件をほぐしていく必要がある。そのほぐれ方も一歩一歩勇敢にひとつほぐしていってほしい。

しかし、そのためには、何よりも公社債市場の中心をなす国債が、いま申し上げた商品性を持った発行条件をきめていただきたい。国債が政府の証文のようなかっこうで銀行を中心に引き受けられて、それが日銀のオペレーションに入っていくというものは真の商品じゃありませんので、国債が基準をつくっていただいて、それに応じて地方債とか政保債とか社債とかが体系的に金利水準ができていくということが望ましいと思いまして、先般国債の発行条件について御考慮を願いたいと申し上げたわけです。

○岩動道行君　第一に、先年証券取引法の根本的な改正が行なわれ、いわゆる分業制度が行なわれましたが、その結果、証券業界がはたしてうまく順調に伸びていっているのかどうか。

それから公開買い付けの問題ですが、投資家の保護を中心にして今回立法されているわけですが、外国から入ってくる場合に、外資法があるから大体いいんじゃないかという話がありますが、資本の自由化とかあるいは円の切り上げの問題とか、国際社会の中へ日本がどんどん溶け込んでいかなければいけない時代に、はたしてそういう外為法とか外資法がいまの形のままで残り得るかどうかもまた検討しなければならないときも来ます。そうなりますと、単に投資家保護というだけでなくて、産業保護、民族資本を防衛するという立場も必要ではないだろうか。そういう意味において、いま提案されておる法案が、単に大蔵省へ届け出るという程度で、それ以上の歯どめがない。諸外国には大蔵大臣がこれを差しとめるという規定もあるわけですが、そこら辺に不安がないかどうか。

第三点は、公社債市場、これはほんとうにやろうとしてなかなか思うように進んでおりませんが、具体的に一、二点、こうしてくれという御意見があれば伺いたいし、また、税制上特別に何か措置すべき事項等、税制にも触れて簡潔にお答えをいただきたいと思います。

○参考人（瀬川美能留君）　終戦後、銀行業と証券業との業務の分野が分かれたことがどういうメリット、あるいはデメリットがあったかということですが、戦後の日本の大きな課題は、産業の民主化であったと思います。で、そこに考えます限りは、分かれたために、ことに株式の分野、引き受け分野あるいは流通市場の分野におきましては、日本は世界の第二の市場として確立した。株主の数が、現在延べで千二、三百万、一人一株といたしましてもまあ五、六百万ぐらいの個人の株主ができておりますし、あるいは投資信託そのほかの加入者、あるいは月掛けの株主等を入れますと、かなり大きな人口が参加しておる。そして、証券民主化国の世界の第二位の地位を確立しているということは、これは証券業が専業でやった大きなメリットであろうかと思います。昨年ですか、皆さんのお耳に達しましたＩＯＳという世界的な無国籍の投資信託会社が、世界各国でずいぶん投資家に御迷惑をかけたのです。そのときに、どういう地域で一番御迷惑をかけたかというと、ドイツとスイスでして、ドイツとスイスは兼営のために大衆に対してほんとうの証券民主化が行き渡っていなかった。そして、そういう国では、あわてて規制措置を講じたということを聞いておりますが、公社債市場のほうはどうであったかと申しますと、アメリカと日本とが同じ立場をとっておる国ですが、アメリカでは、公社債が、金融機関、機関投資家、個人はじめ、各種のファンドに対して自由価格で発行されており、当然証券会社によって引き受けられたものの六割とか七割が分売されてそういう連中が買っております。日本の場合には、確かに銀行やほかの金融機関がお買いになっているわけですけれども、金があって買うのは引き受けだという感覚でときどき摩擦を起こしますわけで、これは法律上こちらが引き受けを持っております以上、その市場を、個人は申すまでもなく、金融機関あたりに広がって分売されていくという前提の上に成り立つものでして、先ほど申し上げましたような公社債市場におきましては、金融機関の消化に最初は割り当て的に、貸付金の変形ですから、七割なり八割なり依存せざるを得なかったわけです。しかし、だんだんと年月を重ねまして、今日におきましては、かなり個人の投資家層にまで進入をしてきた。今日では社債発行の平均して引き受けの半分ぐらいを個人層あるいはその他地方の雑金融機関に直接われわれが売りさばいているという実績が出ております。このことは、私は、分かれたために非常に苦労して証券業がここまで持ってきたという大きな一つの功績ではないかと自画自賛しております。アメリカにおきましては、一九六七年までは、八割から九割が機関投資家はじめ金融機関に入った。しかし、これは、当然バイヤーとして買ったわけでして、それが公社債市場であって、あとの一割、二割が個人消化されたのでありますが、六七年から六八年にかけましてアメリカで非常に物価騰貴が起こった。そこで、銀行に預けているお客さまは、幾らかでも利回りのいい社債、安全な社債にでも投資してインフレをヘッジしていこうということから、個人投資の社債投資が始まった。そして、年間百五十億ドルから二百億ドルぐらいの個人投資が始まった。アメリカの証券業者は戦後二十何年にして初めて個人という市場があるなあとわかったのがアメリカの市場の実情です。ひるがえって、日本の場合を考えますと、われわれは個人消化個人消化で念仏を唱えて、発行会社とも協力しながらやってきたことは、私は、ある意味において、このいびつな市場におきまして日本の公社債市場がいよいよこれから本格的に開ける大きな礎石がもうすでにできていると考えまして、分離した一つのメリットではないかと自画自賛いたしております。

それから公開買い付け制度のいまの問題ですが、これは各国とも公開買い付け制度を起こすまでにいろいろの問題が起こりまして、ある国は、主として外資防遏という線でこの制度を設けている。ある国は、経済秩序の維持という観点からやっている。ある国は、投資家保護という観点からやっている。日本の場合には、アメリカ式の投資家保護に中心を置いた制度でして、おっしゃるように、将来の外資におけるテイク・オーバー・ビッドという点から申しますと、不十分であろうかと思われます。しかし、証取法のたてまえからいたしますと、私はこれ以上のきめ方はできないと思うのです。むしろ総合的にいろいろの方法を考えて、これも結果的に防遏の一つのメリットがあるだろう。しかし、この土俵だけではこれ以上の規定はむずかしい。この土俵でこの場が規定ができるということは、一つの進歩でありメリットであると考えております。

それから最後に、証券界として何か特にお願いしたいことはないかというありがたいおことばですが、先ほど申し上げましたように、われわれに残された一つの大きな問題といたしまして、公社債市場を正常化していくためには、弾力化、さらに自由化を一段と推進していく。それには、私は、国債を柱として政府から大いに模範を示していただきたいとお願いしたい。

それから税制は、いろいろのお骨折りで、直接投資と間接投資のアンバランスがだんだんと縮まってまいりましたけれども、なお不十分な点があろうかと思いますので、今後にひとつよろしくお願いしたいと思います。

○**岩動道行君**　あと一問だけですが、転換社債制度は、大いに進めていくべきものか、公社債市場との関係においてですね、この点についてちょっと……。

○**参考人(瀬川美能留君)**　転換社債は、新しく資金調達市場として多様化の一つの方法として登場してまいりましたのが一昨々年です。一昨年は、全体としての発行が百四十億円前後と記憶しておりますが、昨年は、千二百億程度の年間の発行量になっております。ことしは、おそらく二千億をこえるのじゃないかと思っております。転換社債は、欧米でも一つの資金調達ルートとして確立しており、すでにわが国の企業が昭和三十五、六年からアメリカの市場を中心にヨーロッパ市場で発行いたしましたのは、ほとんど転換社債と、それからADR、EDRですが、転換社債が大きな部分を占めております。日本の企業が外国では転換社債の発行ができ、国内では発行ができないという状態は変な話で、一日も早くわれわれはそれを実現したいと考えておったのですが、幸いに軌道に乗ってまいりました。転換社債のメリットは、時価発行の前段の発行方法であって、非常に中和された方法である。株主は、社債としてのメリットを金利の点から受けると同時に、株式の値下がりに対しては大きく防御をとると同時に、キャピタルゲインを得られる。そうして会社もその上に積み立て金が得られるという、これは三方得の制度でして、ことに大衆消化が非常に多うございまして、株主優先割り当てという方法とか、株主に割り当てずに一般公募というふうな方法でやっておりますが、しかし、九〇%以上は津々浦々の個人に消化されていく状態ですので、民間資金の活用という点からしましてこれも一つの資金調達の制度として今後も確立していかなくちゃならないというふうに考えております。

○多田省吾君 一つは、今後の外人投資の見通しについてお伺いしたいのですけれども、最近のアメリカの公定歩合の再三の引き下げ、あるいはわが国の円切り上げが必至という予想等から、外人投資家の債券への投資が急増しているようです。いままでは年間五百万ドル前後であったものが、昨年は二千五百万ドル、また、ことしの一月だけで大体三千八百万ドルの投資があったのじゃないかといわれておりますが、今回の証券二法の改正によって一般と外人買いの投資に拍車がかかると思いますけれども、どのようにこれを予想しておられるか、お尋ねしたいと思います。

それから、ある証券会社の課長代理の方が、一般投資家八人から三千万円を預かって失踪した事件が伝えられており、こういうことが重なりますと、証券取引に対する国民の信頼が失われますけれども、こういった事件に対する対策をどのように考えておられるか。

第三番目として、公開買い付け制度について、会社乗っ取りというケースが多分に予想され、これによって一般投資家に対して大きな損害を与えるという懸念があるわけですが、こういったことを事前に防止する対策をお考えになっておられますか。

○参考人(瀬川美能留君) 外国人の株式並びに公社債投資がことしに入りましてふえつつあることは事実でして、先行きの予想はむずかしいのですが、ことしはおそらく公社債で二、三億ドルぐらいの年間投資が、株式投資が五億ドルぐらいあるのじゃないか〔と〕実際家〔は〕予想をされているようですが、いまの公社債投資の外国からの潜在的な買い物はもっと強〔く〕、ことに円ベースの長期契約をやって日本から船舶を買ったりしておりま寸向こうの会社〔は〕、将来起こるかもしれない円の切り上げに対するヘッジの意味におきましても、円契約の支払い債務を持っておりますところは、円の債券を買う動きが潜在的にございますので、それと、金利がだいぶ向こうが低金利で下がってまいりましたので、有利な投資として買う行き方も片やございます。ただ、こういう年限のものがほしいとか、それに応じて債券を発行して渡せるかというと、そういう市場になっておりません。したがいまして、潜在的には強い買い気がありますが、需要供給の関係からいま申し上げた数字にとどまるだろうと予想しておるのですけれども、大きな潜在的な買い気があることは事実です。それから株は、今後の景気の見通し、あるいは株価の情勢によって変わってくるわけです。昨年あたりは、アメリカの株式が底入れして上昇に転じたときは、むしろ日本の株を売ってアメリカの株式を買う動きが先に始まったのでして、やがてアメリカの株式も限度になってまいりまして、日本の株式が比較的低位に置かれておりますと、逆の運動も起こってくるというふうに、世界の機関投資家はそういう点を緻密に計算いたしますので、いま予想されております景気情勢からまいりますと、ふえることはあっても予想より減ることはないのではないかと判断しております。

それから最近出ました不祥事件について証券界としてどういう対策を講じておるかは、証券界はお恥ずかしいことながら、昭和三十四年、五年、六年の高度成長時代に株式市場が非常に騰貴しまして、市場が拡大したときにこういうことを経験いたしておりまして、そこで十何年間かかりまして、事故対策特別委員会を昭和三十四年に協会、取引所その他関係団体を一丸とした大委員会をつくりまして、そうしていろいろ防止策、あるいはこれに対する対処のしかたを検討をいたしまして、そのつどでき上がったものは制度の上に織り込んでいくということで、罰則も設け、いろいろの制度を設けまして、取り組んでいるということで、最近残念ながら一つ出てまいりましたけれども、昔よりも非常に減りまして、秩序が保てできた。もちろん、証券会社自体も、各社それぞれ内部の検査制度とか、監査制度、あるいは内部のチェック・システムも非常に強化しておりますし、それから証券業協会としては、従業員の資質の向上につき、従業員規則を設けまして、会員である証券会社の従業員の服務基準、あるいは外務員の資格とか、従業員に対する証券会社の監督責務についても厳重に規定しております。また、各地の協会では、それぞれ中堅管理職、中堅外務員を対象に研修を実施し、最近では、社長研修会を年に二回やっておりまして、懸命に事故の防止にかかっております。それから顧客との関係におきましては、一番問題のよく起こりますのは保護預かりですが、これにつきましては、顧客の届出印鑑ときちっと照合する。それから保護預かりのときにきちっとした契約を整える。それから顧客に対しましては報告をする義務があって、六カ月に一回、直接顧客に対して預かり有価証券の残高の照合を行なうとか、協会から年二回事故防止のためのPRリーフレットをつくって顧客に配付しまして、顧客側からも事故防止の理解を求めるというふうに、徹底的にやっておりますが、何ぶん広く大きく金を扱う仕事でして、たまにああいう問題が発生いたしますことは非常に遺憾だと思っておりますが、今後とも事故防止について努力したいと思っております。

それから公開買い付け制度は、制度のないところでこういうことが行なわれますと、投資家に対して不測の損害を与える。また、証券市場の秩序を破壊することを各国とも経験をしてまいりまして、こうした公開制度をつくったわけでして、これができますことによって投資家保護が一段と深まる〔わけ〕でして、公開買い付け制度は、これからの問題ですけれども、あらかじめ御制定願っておくことが秩序維持並びに投資家保護になると考えておるわけです。

○大竹平八郎君　いまの不祥事件に関連して最近は株が非常に上昇〔し〕、大衆がだいぶ買っている。各証券会社の店頭責任者といいますか、係の人が、高いときには、毎日毎日電話でお得意さんと交渉をやられて、いろいろサゼッションをしてくれる。しかし、下落すると、今度は、たいがいとは言いませんけれども、責任を回避して、いないとか、係がかわったというケースが非常に多いんですよ。そうして大衆が非常に迷惑をしていることが多いんです。そういう点がまだまだたくさんあることを頭に置いて御指導願いたい。

○参考人(瀬川美能留君)　ごもっともな御指摘で、私も若いときからセールスマンをやってまいりましたが、よく言って聞かすのですが、「医者は、病気のときにこそ患者の家へしばしば出かけて行って、診察をして患者を安心させてなおすのが仕事やないか。証券業の店頭にしても、セールスマンは、有価証券についてのコンサルテーションをやっている仕事なんだから、株式の上がっているときは黙って見ておればいいのであって、悪くなったときにしばしばお客のところへ出ていかなくちゃいかぬ。君らのやっていることは逆になるじゃないか」と申しておりますが、だんだんと改まってくると期待しております。

○委員長(柴田栄君)　次に、小山参考人及び井口参考人から御意見を聴取いたします。

○参考人(小山五郎君)　私、三井銀行の小山でございます。

本日は、御指名がございましたので、いささか私の考えを申し述べさしていただきます。

まず、企業内容開示制度の改正です。現制度ができましたのは、昭和二十八年と聞いております。その後、わが国経済の発展とともに、証券市場は流通、発行の両市場ともその規模は非常に拡大し、時価発行増資あるいは時価転換社債の発行も最近増加している状況です。また、一方、粉飾経理による弊害も一部に出ておりますことも事実です。このような情勢のもと、流通市場につきましては、有価証券報告書提出基準を改め、その提出範囲を拡大するとともに、年一回決算会社について半期報告書制度を創設すること、さらに、期中重要なる事態が発生した場合は臨時報告書を提出する制度を創設すること、発行市場につきましては、有価証券届出書提出基準を改めるとともに、届出書提出と同時に募集、売り出し行為ができること、また、粉飾経理の問題につきましては、損害賠償責任者の範囲の拡大、その他罰則を強化することなど、企業内容開示制度を改正いたしますことは、単に投資者保護の観点のみならず、企業を取り巻く利害関係者に対しましても必要であると存ずる次第です。したがいまして、有価証券報告書に関係会社の財務諸表を添付させることは、時宜にかなった処置と考えられます。他面、届出書等の記載内容は、投資者保護をそこなわない程度に簡素化をはかっていただきたいと存じます。また、半期報告書の提出を求める考え方も、近く一年決算へ移行していく時代が来ると思われますので、その趣旨はけっこうであると存じます。

次に、有価証券の公開買い付けの規制に関する制度の創設についてですが、わが国の現状は、買い占めあるいは乗っ取りが続発しているわけではございません。したがって、どのような形でこのいわゆるテイク・オーバー・ビッドが具体化してまいりますか、はなはだ予想がむずかしいのです。欧米各国の例を見ましても、アメリカは、投資者保護、同時届出制、イギリスは、投資者保護、シティによる自主規制、フランスは、業界による自主規制と事前届出制、さらに大蔵大臣に拒否権がございまして、かように、各国の経済事情や証券市場構造の相違とか、実際に起きた事例を見て、何回かの変遷を経まして現在の形になったようです。したがいまして、わが国としては、これら諸外国の例を参考にいたしまして、投資者保護の観点から一応のルールをきめておけば、現在のところ十分かと思われます。このような観点から見ますと、本法案はおおむねこれを充足していると考えられますが、今後状況の変化に応じまして弾力的に対処するよう希望いたします。また、法案におきましては、公開買い付け者の対象会社に対する通知義務を届出の効力発生までにとなっておりますが、これは妥当の措置と申せましょう。

なお、公開買い付けを制度化することにより、弊害があらわれた場合は、秩序維持の観点から規制を強化するなど、今後臨機の処置を望む次第です。

次は、株価安定操作についてです。証券取引法の改正と同時に、株価安定操作に関する政省令の改正も行なわれるようですが、現行株価安定操作規制は、制度としては存在しているにもかかわらず、ほとんど援用された実例がないようです。しかし、今後時価発行による増資などが盛行しますと、安定操作を必要とすることが生じると思いますから、投資者保護の観点からある程度の改正は必要と存じます。なお、増資の量を自主的に調整させるとか、自社株保有を許す制度を併行的に考案することも必要であると考えます。

最後に、外国証券業者に関する法律案についてですが、現在、外国証券業者の国内支店設置につきまして何らの規定がないので、証券業の資本自由化等、最近における証券市場の国際化の趨勢に即応いたしまして、外国証券業者がわが国において証券業を営むことができる道を開くことは、証券市場の秩序維持及び投資者保護の見地から時宜を得た法制と存じます。今後とも、わが国金融機関、証券会社の海外進出に際し障害になることのないよう希望する次第です。

○参考人(井口太郎君)　法案の内容につきまして若干の所見を述べさせていただきます。

第一は、有価証券届出書及び有価証券報告書の提出基準の改正の問題です。

今回の改正案では、増資の場合の有価証券届出書の提出基準を、従来の券面額五千万円超から発行価額一億円以上に改めておりますが、これは時価発行増資の普及に照らしまして妥当であると考えます。しかしながら、届出制度の完ぺきを期するため、その通算期間を、従来の一年通算から米国におけるように二年間通算一億円に改められますよう、御考慮をわずらわしたいと存ずるのです。

次に、有価証券報告書の提出基準ですが、従来の有価証券届出会社のほかに、新たに上場会社及び店頭売買登録会社をも対象としましたことは、株式の流通という面から見まして適切であると存じます。なお、これら以外の実質上流通性のある有価証券の発行会社は、投資者保護の見地から何らかの措置を講ずる必要があると思われ、将来の問題として検討すべき事項と考えられます。

第二は、開示書類の虚偽記載に対する公認会計士または監査法人の監査証明につきまして、証券取引法上損害賠償責任制度が創設されたことに対してです。

公認会計士の基本的態度としては、投資者の保護をはかろうとする証券取引法の本旨から見まして、制度の重要な一翼をになう者として、その使命と負託に反する行為がありましたとき損害賠償責任を問われることは、避けがたいと考えております。このことは、商法改正法律案要綱の公認会計士の監査も同様で、さきに民事局試案が公表されたとき以来、わが日本公認会計士協会は終始一貫変わらない態度を持してまいりました。

今回の証券取引法改正は、故意過失がなかったことの挙証責任を公認会計士側に転換しておりますけれども、専門的知識を必要とする業務の性質上、相当であると存じます。虚偽証明と損害との間の相当因果関係及び損害賠償額につきましては、民法、商法の一般原則によることとされており、証券取引法改正案も、商法改正法律案要綱も、責任のあり方としましては同列に置かれたものと考えております。しかし、公認会計士が自己の意見に対してあくまでも責任を負うためには、監査の実施に必要な時間と費用とが保証されておらなければならないことは当然でして、監査を受ける側においても協力を惜しまないという態度を強く要請しますとともに、これが世論となることを期待するものです。また、このような公認会計士の置かれております社会的条件と環境にも関連する問題ではございますが、具体的事例についての善管注意義務違反であるかどうかの判断は、高度の専門的知識と豊富な実務経験が必要とされることにつきまして、十分な御理解を賜わりますよう、お願い申し上げます。

さらに、公認会計士の損害賠償責任に関連し、これを真に投資者保護の制度として実効あらしめるためには、英米におけるように、賠償責任保険制度の創設が必要と考えられます。こうした受け入れ体制の整備は、できるだけ自主的に解決をはかるべく準備を進めておりますけれども、なお関係各方面の御支援をお願い申し上げます。もとより、公認会計士が監査を行なうにあたっての心がまえとしては、このような保険制度に依存するということではございません。

第三に、半期報告書に関してです。

半期報告書に監査証明を要しないとしておられますことは、現状において妥当であると存じます。その理由は、私の理解では、財務諸表監査は、公正妥当な会計処理基準と報告基準とによって作成されました財務諸表すなわち決算書類に対して、その信頼性を付与することですが、仮決算の場合は会計処理基準が確立していないからです。将来仮決算のルールが確立された暁には、監査に応ずる用意がございます。

第四に、連結財務諸表制度の促進方です。

今回の改正案では、有価証券報告書に重要な子会社の財務諸表を添付することになるようですが、このことは連結財務諸表への一歩前進として高く評価されてよいと思います。しかしながら、一歩前進とはいいながら、これらの個別財務諸表では、一つの企業集団としての実態を示すものとは言いがたく、親子会社を一体とした連結財務諸表制度がすみやかに取り入れられ、この国際化の流れに対処して、この面においても早期に欧米並みになりますことを希望いたします。

第五に、商法改正をぜひとも今国会において成立させていただきたいことです。

もとより、商法と証券取引法はその法域を異にし、それぞれの目的を持っておりますことは、私がここで申し上げるまでもございません。しかし、商法改正案の一つの柱として、大会社の計算書類についての公認会計士監査を株主総会開催前に行なわせ、その結果を株主総会に反映させることにより、会社経理の適正化を意図しておるわけですが、このことが証券取引法における開示制度をより一そう実効あらしめるものと考えられますので、商法改正の実現を強く要請する次第です。

○委員長(柴田栄君)　両参考人に質疑のある方は、順次御発言を願います。

○松井誠君　衆議院の大蔵委員会の附帯決議の中でも連結財務諸表制度の採用を希望としてうたっておるわけですが、いまお話によりますと、重要な子会社の分だけは一体としてやるだけでは不十分だということなんでありましょうけれども、それを何かの形で特定の会社の決算の中に、何かあらわす方法が全然ないわけですか。連結財務諸表を制度的に採用されなければ、企業集団全体として見るとあぶないぞと言えないわけですか。

○参考人(井口太郎君)　親会社の財務諸表に重要な子会社の財務諸表を添付して、全体が見られないかというお話でございますが、これはなまのままの財務諸表を並列して出すだけでして、親子会社並びに子会社間の取引がそのまま出てまいります。ところが、資本取引、貸借取引、それから営業上の取引は、一つの企業集団として見ますと相殺されて表示されなければならないわけです。ただ単に並列いたしましても、企業全体としての売り上げ高、損益、あるいは資産、資本が表示されませんので、その意味で連結財務諸表制度が採用されることが望ましいと、こういうことでございます。

○松井誠君　重要な子会社の財務諸表を一緒につけるということは、政令か何かで取り扱うという趣旨だろうと思いますけれども、昭和四十二年に、企業会計審議会でもやはり連結財務諸表の採用を希望しておったというのですけれども、それの内容。それからいまお話しのように、重要な子会社云々というのは、単に子会社の財務諸表を並べてつけるだけで、しろうとにはその二つの関係がどうなって、結局実額がこうだとはわからない。ということになると、それは一体どういう意味でつけさせるのか。また、そういうものをつけさせるつもりなのかどうかまとめて御返事をいただきたい。

○政府委員(志場喜徳郎君)　連結財務諸表制度の導入は、企業会計審議会でつとに要請されておりまず。また、証券取引審議会のほうでも、それを受けましてそれの提言もございます。また、事実、諸外国におきましてはこの制度は実施されておりまして、わが国の企業が外国でＡＤＲとかＥＤＲとか発行いたします場合に、その国の制度により連結財務諸表の提出を要請されるわけでして、国際化する今後に備えぜひとも必要だと思うのです。

連結制度は、井口会長からお話しございましたように、親子、従属支配関係にあります企業集団を、あたかも一つの単一の企業体と考え、その企業体から第三者にたとえば商品が販売されたときに、はじめて実質的な意味での売り上げがあるという認識に立つわけです。親子、従属間の貸借その他の営業上の取引は相殺しまして、一本の財務諸表をつくりませんと、その関係は明らかになりません。しかし、そのためには、どうしても税法上、親会社から子会社への売り上げは、売り上げではない。その取引から生じた親会社の所得は、まだ実現していないのであると、こういう税法上の法人格が形式上違うことによりまして、その取引をすでに発生した時期とみなし、実現した利益とみなして課税するという制度を改正し、その企業集団から第三者に売り上げがあったときに、はじめて所得は実現するというふうにしませんと、実はなかなか連結財務諸表を実質的に企業が採用する慣行にはならぬと思うのです。さようなわけで、この問題はペンディングになっているわけですが、いずれにいたしましても、そういう連結財務諸表の方向への動きが実際動いてまいりませんと、税法でも先ばしりましてそういう制度をつくることには非常に消極的である、こういうのが実は税制上の考え方でございます。

そこで、今回は、今後、国際的にもまた投資家の面からも必要と思われるような連結財務諸表導入への慣行をつくっていこう、そういうものの見方に投資家なりその他の企業分析家をなれさせていこうということで、おもな子会社の財務諸表を親会社の財務諸表に添付してもらう。添付ですので、売り掛け、買い掛けのようなものは相殺されておりません。親会社の売り上げは、相変わらず親会社の売り上げとして載っておりますし、子会社の親会社からの買い掛けは、依然として買い掛けとして別々に載っております。ですけれども、それを両者あわせ読むことによりまして、そこで自己において計算をしてみることもできますし、なるほど親会社の場合は売り上げているけれども、その製品は大半子会社の段階でまだ第三者へ売り上げていないことになりますと、その製品の真実の売り上げがどうだかは、両方あわせて見ますと判断もつくと思います。そんなことで、漸次連結をするというデータがそこにそろうわけですし、企業分析家は当然みずからそれを勉強することにもなってまいりましょうし、そういうこともむしろ会社側が進んでそれが資料を参考資料としてつくることにもなると思います。さようなわけで、今回はいわば連結財務諸表を導入するための実際上の慣行を促進、醸成するために導入しようというものです。

○松井誠君　税制の関係が、連結財務諸表制度を採用するのを妨げているみたいなお話がありましたが、税制のほうが先なのか、鶏と卵みたいなものだと思うのですが、そうだとすると、もしほんとうに連結財務諸表を採用すべきだとすれば、これは企業で実質的な実態を明らかにすることで投資者保護にもつながるわけですから、採用すべきだと思うのですが、もしそうであるとすれば、もっと積極的にそういう慣行をつくるための誘導政策が必要だと思う。これは、二つの会社の財務諸表を並べて見ただけでは、しかるべき知識を持っている人ならしろうとにはとうていわからないわけですから、それが何か有力な誘導政策になるようには私にはちょっと思えない。そのことでもっともっと積極的な方法があればとっていただきたい。

いま井口参考人から、仮決算の場合に、会計準則ができれば、ずっとわれわれもそれに対する監査に協力するにやぶさかでないという話がありましたけれども、仮決算に証明書をつけるという制度にするためには、確かにそういう準則が必要なわけです。そういうことについてはお考えになっているかどうか。

○政府委員（志場喜徳郎君）　前者の連結財務諸表と税法の関係ですが、従来の議論の過程から申しまして、確かに鶏と卵ということで、慣行がないじゃないか、しかし税法がだめだから慣行もつくりようもないじゃないかという議論で実は終わってきたのです。そういうことでは今後の望ましい姿への展望ははかられませんので、時がたってみますと過渡的なものということになるかもしれませんが、また、それはそうなることが望ましいとも思うのですが、関連会社の財務諸表を添付することにより、この段階でだんだんと分析をはかる点によりまして連結財務諸表はつくれると、そういう親子関連会社を合わして見るという投資家の投資判断上の態度並びにそれの使い方に習熟していくことに道をつけ、その上に立ちまして何年か先に税法の改正に持っていくと、これが私どもは一番現実的であり、しかも結果の実現を待つのに一番手っとり早い。いたずらに制度だけを揚げまして一挙に税法改正その他の環境整備といいましても、事実上無理である、いわば急がば回れ式のことになるかもしれませんが、今回の制度をしようと思っているわけでございます。

その次に、半期の報告書ですが、行く行くは、この半期報告も、監査基準の確立とともに、公認会計士の監査証明も要することとし、いわゆる粉飾決算、粉飾的な報告に対しします監視、責任のあり方を強めたいと考えておるわけですが、今日の段階ではまだそこまで要請は無理かと思いまして、今回は監査証明を要しないことにしております。ただ、そこに書かれます売り上げその他の事実関係は、もちろん会社側は虚偽を記載〔して〕もよろしいということには毛頭ならないわけで、それは罰則の段階におきまして虚偽の記載がありますれば処罰されることにしております。ですけれども、公認会計士の監査証明と申しますと、一定の監査ルールがございまして、そのルールに従った決算が行なわれているかどうか。これは、単に虚偽か真実かというだけでなく、一定の利益計算、財産計算のルールに従って所定の計算なりがなされておるかになるので、それにはやはりそのルールが確立いたしませんと監査証明に適しないわけです。これも、この制度が発足いたしましてから、衆議院の附帯決議にもございますように、早急にその監査基準につきまして検討いたしまして、一日も早くその基準をつくることを望むわけですが、そういうふうな順序をもちましてこの趣旨の定着をはかっていきたいと、かように考えております。

○松井誠君　先ほどのお話では、公認会計士の仕事の公共性から、今度の公認会計士の責任は、妥当だというお話でございました。商法改正案における考え方と同列にあるからであったと思いますけれども、私は商法改正案はよく知りませんが、私は商法の改正案と証券会社の責任という問題とでは同じに論じていいかどうか疑問がちょっとあるわけです。投資家は非常に零細で多数、証券会社は必ずしも大企業じゃないにしても大企業、大企業相手に零細な投資家がかりに民事責任を追及することになると、相当立証責任の転換をしないと、投資家保護が実際には達せられないのではないか。そういう意味で立証責任の転換〔が〕まだ少し足りないという気が実はするわけです。商法の改正案と同列に扱ってそれでいいのか疑問を持つものですから、あえて意見を申し上げたわけですが、御意見でもあれば、承りたいと思います。

○**参考人（井口太郎君）**　商法改正案要綱は、同様に、故意過失のなかったことが証明されない場合には損害賠償責任があるという規定があるはずです。証券取引法はこれと軌を一にしておるわけですから、われわれの職責から考えまして避けがたいところであると存じておるわけです。

それから挙証責任の転換は、故意過失がなかったことの挙証責任は公認会計士側にあるわけですが、その他は民・商法の一般原則であると承知をしており、その辺が妥当であるかと考えております。

○**岩動道行君**　テイク・オーバー・ビッドの問題として、外国証券会社が日本に入ってくる問題に関連して、私は歯どめがないような感じがする。アメリカの場合には、投資者保護という立場からやったと。これは、アメリカの経済の体質が非常に強くて、どこから入ってきてもだいじょうぶなんだとか、あるいは自由主義という経済の基盤があって、はじめて投資者保護という面から行なわれたのかもしれません。日本の場合には、投資者保護〔は〕もちろん必要であるし、その面からこの規定は今後重要な一つの拠点になると考えられるのですが、そういう背景と日本は多少違うのじゃないだろうか。ＧＮＰは自由主義世界で第二位といいながら、自己資本は非常に少ない。こういう意味から、もしも外為法とか外資法も総合的に活用するにいたしましても、まず金融の面からも相当のテコ入れをしてやって防衛をしなければならないケース・バイ・ケースの問題も起こってくるかと思うのですが、この辺に関して、金融界の態度を伺っておきたいと思います。

○**参考人（小山五郎君）**　テイク・オーバー・ビッドに対して何らかの歯どめがなくてよろしいかという意味で、私も究極的には同感なんでございます。最近の大きな背景で申しますと、まず、国際間の自由化、国際化が叫ばれておりますが、国際化、自由化の前提には、必ず、お互いの協約があらねばならぬと思うのですが、なかなかそのとおりにいっていない事実が国際間には非常にあると思うのです。たとえて言えば、巨大なる国際資本のあり方は、いかなる規制も行なわれていないわけでして、ただ、わずかにＩＣＣその他の提案により、国際資本のビヘービア・コードという提案が出ているという程度です。かような次第ですので、これが国際資本の横行を前提としますと、各所で、最近、なかんずく低開発国との間における民族利益、国家利益との抵触が行なわれているわけですが、かような意味合いにおいて、究極において私も何らかの歯どめが必要ではあろうかと存ずるのです。ただし、現状どうかと申しますと、先ほど意見として申し上げましたとおり、テイク・オーバー・ビッドがわが国におきましてはまだ欧米各国と同様程度に頻発続行しておらないので、外資法、管理法とあわせもちまして、現状では大きな危機感は感じずによろしいのじゃなかろうかと思うわけです。

しからば、外資法それから管理法がどうなるかですが、これは逐次自由化していく段階にあると私は考えます。その場合までの自己資本の充実、その他企業の健全性をみずからつくらねばならぬ時期でして、その前に強い歯どめを現状ではつくるほどのことはないのじゃなかろうか。また、その歯どめをいまつくることによりますと、それによる弊害も考えられないわけではないと思うわけでして、現状まだまだそういった歯どめを用いなくてもよろしいし、用いないほうが誤解を招かないでよろしいんじゃなかろうかと思う次第です。

○**岩動道行君**　究極的には必要だけれども、いまは必要ないと。しかし、その前に、やはりそういう事態が起こらぬように自己資本の充実といった体質改善をやるため、金融界はどのような決意なり態度をお持ちになっているか、今後どう対処されるか、これを伺ったわけなんです。

○**参考人（小山五郎君）**　当然のことながら企業の自己資本の過小をいかにして正常化するか、われわれ十分の力を注がねばなりませんが、これは、税法上の関係と同時に、自己資本を充実するより他人資本借り入れのほうが経理的にもそのほうが得であるし、時間的にも早く調達し得、これが日本の高度成長をささえていたと思うのですが、ようやく安定成長の過程になる場合、おっしゃるとおり自己資本の充実を企業がみずから行なわなければならない。それは、公社債市場の正常化にもつながることではなかろうか。金融界としても、それに対してあらゆる努力を金融界自身のためにもいたさねばならぬと思っております。

○**岩動道行君**　最初に、有価証券の届出をしなくてもいい額と、期間についての御要望があって、一億円未満とか、あるいは二年というお話がありましたが、これについては、私ども政府与党の立場から大蔵当局とも話をいたしまして、大体御要望の線で政令はつくるということで、当委員会の要求した資料にもそのような案が一応出ておりますので、これはぜひ実現を見るようにさらに努力をしたいと考えております。

一番目に、半期の報告書の提出ですが、これは一年決算をやる会社ははなはだ迷惑ではないかという議論も出ておったわけですが、できるだけ簡略にやっていかなければ、商法の規定で一年なら一年でいいんだから、証券取引法のほうでその間にちょっかいが入るわけですから、これについては一体どのようにお考えになっているのか。

それから商法の改正を促進してもらいたいという御要望があったわけですが、中身はわかりませんが、一方において商法改正反対運動も私どものところに来ておるのですが、それと関連をした事項で改正促進を要望しておられるのか。もしそれがかみ合っているとすれば、改正反対の理由とか、あるいはそれに対する公認会計士協会のまとまった御意見というものをこの機会に伺わしていただきたいと思います。

○参考人(井口太郎君) 有価証券届出書の提出基準を一億円二年通算にするように御努力いただいたこと、まことにありがとうございます。

半期報告書の問題ですが、商法が改正になり中間配当が認められるようになりますと、一年決算に移行する会社も出てまいろうと存じます。それは、一つには、連結財務諸表導入の一つの要件というほどではございませんが、一年決算になれば連結財務諸表の作成期間が満たされる。多くの会社の連結をいたしますので、相当な日数を要しますが一年決算にすれば、連結財務諸表の導入がしやすくなるだろうということで一年決算に移行する会社があると思いますが、会社は、通常、月次、決算、四半期決算、半期決算をやっており、半期報告書を要求されたから特にそこで仮決算をやるというのではないのでして、半期報告書をとるからといって、さほどの手数をかけるものではないと存じます。もちろん、先ほど申しましたように、半期決算と申しましても、全く決算処理をしない、いわばなまのままの試算表のようなものから、ほんとうの確定決算のような処理を行なうものまで、まちまちですが、少くとも何らかの内部管理制度としてそういうものを持っておりますから、必ずしもよけいな手間をかけるということにはならないと存じます。

それから三番目は、商法改正促進をお願い申し上げたのでございますが、私の先ほど申しましたのは、商法を、現在の決算事務、要するに決算期から総会開催時期までの二カ月を三カ月に延長して、その前に公認会計士の監査を終了して、その結果が株主総会に反映することによって企業経理の適正化がはかれると、こういうことが商法改正案要綱の中に盛られておるわけでして、その関連から申し上げたわけです。そのことによって証券取引法の企業内容開示制度がさらに一そう充実したものになると、こういう意味で申し上げたのです。他の業界において反対があると、それと関連した事項と申されましたけれども、まだ私どもは法案の内容を入手しているわけではございませんが、伝え聞くところによりますと、中小企業について何らかの手当てをする、それから公認会計士の監査も段階的に行なうということで進んでいるようでして、その内容が明らかになりました際には、また御意見を申さしていただきます。

○多田省吾君 今度の法案の改正につきまして、会員の方の中から、今度挙証責任を伴うということで、億単位の多額の賠償を果たすことは破産を意味するようなこともあるし、早急に保険制度を確立してもらいたいという要望があるわけです。そういったことはどのように考えていらっしゃるのか。

あるいは、提訴を受けた場合に、監査報告書がいままでのような書き方で済むかどうか一まつの不安を覚えている方がいますけれども、協会はこの点についてどのような対策をなさろうとしているのか。

それから、いままで過重な仕事をしておられた方は、当然ここで責任上相当縮小せざるを得ないのじゃないかと、こう思いますけれども、仕事の量ですね、そういったことに関してどのように考えておられるのか、具体的におっしゃっていただきたいと思います。

○参考人(井口太郎君) 公認会計士がその監査証明について故意または過失があった場合の損害賠償について保険制度はどうなっておるかという御質問かと存じますが、賠償責任保険は、欧米ではすでに長い間の歴史を持っておりますので、それを目下研究中です。これは当局の認可も必要になるわけですけれども、その準備を進めております。その内容と申しますか、もちろん故意の場合の損害賠償は免責事項になるわけで、そういうものは入りませんと存じます。

それから二番目は、監査報告書とは、財務諸表全体に対して、その財務諸表が一般に公正妥当と認められる会計の基準に従ってその会社の財政状態と経営成績を適正に表示しているかどうか、それに対する専門家としての意見を言うわけですから、こういうことになりましても、監査報告書をささえております監査報告基準は変わらないと存じます。おっしゃっている意味は、おそらく監査調書の問題かと存ぜられます。監査報告書をささえておりますが、その基礎になりますものが監査調書と申しまして、これが裁判所における重要な立証書類となることは間違いないと思います。その作成方法について、これは従来から協会でも研修会を施しておりまして、補助者に至るまでそういう重要な書類であるという認識のもとに立って教育訓練を行なっております。

それから第三番目は、過重な仕事になるから仕事の量を減らすのではないか、そのことをどう考えているかですが、もちろん損害賠償責任は今回初めて証券取引法改正法案に盛られているわけですけれども、責任のあり方は従来とも変わっておりません。これが変わったから特にどうこうという問題ではございませんで、なお充実した監査をしなければならないことは確かですが、協会は、この四月からも研修会を開き、学者先生から、協会の会員、本部がこの研修に携わっておりまして、たくさんの聴講者もございまして、監査内容の充実は万全の策を考えておるところです。

○多田省吾君　最初のお話で、公開買い付け制度につきまして、各国の厳重な例等を引かれたあとで、日本においてはルールづくりをきめておけば十分であろう、問題が起こったときに規制強化をすればいいのだというお話がございましたけれども、問題が起こる前の事前防止のためにルールづくりをするわけですが、具体的にどういうルールづくりをして適正な運用をされていこうとしておられるのか、具体的にございましたらお願いしたいと思います。

○参考人（小山五郎君）　具体的のルールづくりと申しますのが、結局、今回のテイク・オーバー・ビッドに関する法案提案であろうかと思うのですが、要するに、隠密のうちに、乗っ取り、大きな株の移動が国の内外を問わずして行なわれることは、投資者の不安を醸成すると同時に、社会秩序も経済秩序も信用秩序も乱されると、かような意味合いで、すべてこれを公開制、届出制にする、そうしてまた、相手方にも、しかじかかくかくの理由でかようなあり方でかような値段でこの株をわれわれ取得したいと思うということがここにある、それが具体的の例です。そうしてまた、いま私は乗っ取りと言って悪い面ばかり申しましたが、この公開買い取りによって必ずしも悪い面ばかりじゃなく、かりに企業の経営者のあり方が非常にまずかった場合に、ある株主の方が、自分で経営したいと堂々と現経営者に対抗した趣旨を宣明して会社の内容の堅実性をはかるということにも使えるのじゃなかろうかと思うわけです。

○渡辺武君　いま議題となっております法律案の内容をみますと、全部に共通しているものは、これは自由化に伴って日本に入ってくる外資のためにいろいろな条件を整える。そのために、アメリカ的な方式に国内の制度を切りかえるところに大きな眼目があるのじゃないかと思われるんです。たとえば企業内容の開示制度の改正も、あるいは株価の安定操作の規定にしても、これはアメリカなどですでにやられている時価発行制度を日本でも大規模にやらせようという趣旨がうかがわれますし、株式公開買い付け制度、いわゆる乗っ取りも、アメリカがヨーロッパ各国でかなり荒っぽいことを繰り返してやってきているということを日本でも公認しようという趣旨じゃないかと思うんです。そこで、証取法の改正案の第二章の二にこの公開買い付け制度の規定が盛り込まれているわけですけれども、論議を伺っていますと、なぜこういう規定を新しく入れたのかがどうもはっきり理解できない。日本では、従来、乗っ取りは、罪悪視されておったと思うんですね。これが証取法の中に公開ならばやってもいいと公認された。私は、これは、外資に乗っ取りを法的に公認したと考えざるを得ないと思いますが、その辺はどんなふうに考えておられるか、伺いたいと思います。

○政府委員（志場喜徳郎君）　今回の証取法改正、外国証券業者に関する立法も含めまして、確かに、証券取引の国際化、その基礎になっています経済の国際化、あるいは証券業務の自由化ということの配慮をしていることは、事実です。しかし、決していたずらにアメリカを中心とした諸外国の制度をサルまね的に導入しようというつもりではございません。次第に証券取引が発達するにつれ、国際化するにつれ、世界の中で最も証券取引が進んでおり、それに対する取り締まりも最も厳重と認められますアメリカの制度が一つの有力な参考資料になることは、避けられないと思います。が、わが国はわが国として、投資家保護、あるいは企業の健全な長期資本調達の場を提供するという観点、そういうわが国自体の現実的具体的な必要に基づき、あるべき方向を見出しながら改正をしたいというのが今回の制度の眼目だと考えております。

いま御指摘の株式の公開買い付けに関する規制の問題ですが、お考え願いたいことは、現在の証券取引法に、こういった規制に関する条文が全然ないわけです。その際に考えられますことは、全然ないままでおく方法、禁止してしまう方法、あるいは何らかの規制を設ける方法の三つしかないわけです。

全然規定を設けないでおきますと、投資家保護の観点、あるいは市場秩序、産業秩序の点から申しまして、最も望ましくない事態に放置することじゃないかと思います。

支配が一そう強まるという点から伺っているんです。

　フランスやベルギーでは、乗っ取りは事前許可制にしている。特にフランスでは大臣の拒否権があると伺っておりますけれども、今度の改正案では、ただ届出ということになっておりますね。なぜ事前許可制にしなかったのかを伺いたい。また、そのほかに規制措置を考えておられるかどうかも伺いたいと思います。

○政府委員（志場喜徳郎君）　フランスは、すべての取引を公務員たる仲買い人に集中しておりますので、公開買い付けを拒否いたしましても、裏にもぐっていく道はふさがれております。さようなわけで、大蔵大臣の拒否権も有効に働き得る素地がございますが、わが国の場合にその素地がございませんので、これを拒否いたしますと、かえって、もぐるおそれがありますことが一つと、それから経済政策上の観点と申しましても、この基準がとうていつくることができないし、証取法の分野としては限界があると考えました。さようなわけで、フランスのごとく拒否権の規定は、設けることにいたしておりません。今後、もしもそういう必要があれば、証取法ではなくて、他の産業立法の面で所要の立法を講ずることが適当であると考えておるわけです。

○渡辺武君　フランスのような特殊な集中制がないからこそ、やみ乗っ取りを規制しなきゃならぬし、大蔵大臣の規制権が非常に必要になってくるのじゃないかと思うのです。しかし、ほかの産業立法で規制するとおっしゃいますけれども、どういうことを考えておられるか。政府は外資法で規制するというようなことも言っておられるようですけれども、外資法で実際規制できるのかどうか、その点を重ねて

地からやはり株主に対してできるだけニュートラルな立場を持つことが両面の要請を一番満たすのじゃないかと考えた次第です。

　もっとも、そうは申しましても、当面、外国からのビッドがさしあたり彼らがなれておるから行なわれるであろうと考えますと、諸外国のように届出と同時に買い付けが始まっておるということでは、やはりわが国の特殊な事情を考えました場合に適当でないと思いますので、十日間の事前審査期間を設けその間に大蔵大臣が十分にその買い付けをしようとする者の状態なりを、言われていることが真実であるかどうかを調べるというための規定を設け、また、公益または投資家保護の観点から、必要なルール、条件、方法に従ったものでなければ認めないという、各国にはちょっとない例も設けることにして、政府が事前にチェックをするということにいたしますけれども、大筋は投資家に対してできるだけ公開の方法に誘導しながら、そこでフェアに両方の言い分を聞いて買い占めが提示されることが望ましいのではないかと考えたのです。

○渡辺武君　いまおっしゃったことを伺っておりますと、今度の公開買い付けの方向に誘導するんだと。しかも、乗っ取りそのものはおそらく規制できないだろうから、こういう方向でやったほうが投資家保護という見地で望ましいんだという趣旨だと思うのですね。私は、それは、投資家保護、特に一般大衆の投資家も非常に大事だと思うが、しかし、同時に、日本経済の自主的平和的発展という見地からも、この問題は非常に大事だと思う。日本は、日米安保条約で軍事的政治的にアメリカに抑えられている。今後アメリカ資本がやってきて国内で公然と乗っ取りをやることになれば、資本上のアメリカの

　第二の、禁止してしまう方法はどうか。わが国の場合に、あらゆる証券、株式の取引が市場に集中されておりません。業者間の相対取引、証券市場を通じない株式の譲渡は自由に放任されているわけでございます。それで、今回の対象にしております、一時に相当まとまった数量の買い付けをしてはならないと禁止する規定を置いた場合に、どういうことになるかと申しますると、あらゆる相対取引を禁止することはできませんので、その方法によって行ないたいと思う人はそういう方法によって行なう道までも禁止することはできないと思うのです。そうした場合に、オープンにならないところで買い占め、あるいは経営権支配という現象が行なわれていくことになろうと思うのです。それも投資家保護の点、あるいは市場秩序、産業秩序の点から望ましくないと考えたわけです。

　それになりますると、やはりルールをつくっておくほうがベターである、かような判断をしたわけです。もちろん、中身は、どういう観点からどこまでの規制を行なうかという点も問題です。この点は、すべての経営権の支配、経営権の移動を株主の立場から見ました場合に、あるいは当該企業の能率的経営から考えた場合に、国民経済として体質を強化するという観点から考えました場合に、いい面と悪い面とがございます。それから直接的なまた隠れての買い占めの道が残されております限り、このオープンな方法にできるだけその方向に誘導したい。株主の面前で公にして判断を求めながら、経営権の支配が行なわれるようにしたい、こういうことからいたしますと、どうしても両方の言い分を率直に公開して、両者の言い分を聞いた上で自主的な売り付けに応じるか応じないかを判断してもらう、そういう見

伺いたい。

○政府委員（志場喜徳郎君）　私どもは、今回提案しておりますのは、証取法でできる範囲、あるいは適当と思われることを御提案いたしておるので、今後いかなる必要が産業政策上出てくるかもわかりませんが、そのときにはそれに応じまして別個の立法が考えられる段階になるのではないかと申し上げていることにすぎないのでして、外資法の立場からどういうことを考えているかとなりますると、一人当たり七％、全体として原則的には二五％までの株式取得までが自動認可で、あとは個別認可を要するのです。今後の政策としては、漸次それも自由化に向かうと思いますけれども、それは業種、業態により例外的なものをリザーブすることも可能であろうと思いまするし、今後の外資政策の自由化におきまして総合的に勘案されると考える次第です。

○渡辺武君　今後のアメリカが、ヨーロッパでやったような手荒い乗っ取りを日本でやるということについて何の規制措置も当面はお考えになっていらっしゃらないことになるのじゃないでしょうか。いまおっしゃった外資法で、外人一人の持ち株率七％、合計が二五％未満ということになっておりますね、一般の産業については。そういう規定のもとでさえも、日魯ハインツや豊年リーバの例でもわかりますように、外資がいろんな手管を弄して、合弁会社を赤字に追い込んで、当初の持ち株率をはるかに広げて、事実上乗っ取る例がすでに出ているじゃないですか。外資法だってこれを防げないですよ。

○説明員（林大造君）　外資法の系統では、海外との間の取引は自由にしていく要請があり、これは日本から海外へ出ていくことも相互勘案してある程度の自由化はやらざるを得ない。また、世界で日本の地位が次第に向上し、ＯＥＣＤに加盟いたしまして日本がＯＥＣＤの一員としての責務を全うしていく上において必要な要請となっているわけです。他面、海外の企業による日本企業の乗っ取りが望ましくないような姿で行なわれることに対しては、何らかの歯どめを考えていかなければいけないわけです。

そのような両面の要請をいかにして調和していったらよろしいかにつきまして政府としても苦慮しているところでして、外資審議会の御意見その他を伺いながら次第にその施策を進めている状況です。

それで、自動認可の範囲は、ある程度はやむを得ないことですけれども、その自動認可の範囲が現在はかなりしぼられておりますから、その具体的な案件につきましてできるだけ注意深い措置をとっていく次第です。

○渡辺武君　私は、そういうことではだめだと思うんです。外資法も今後緩和していくという趨勢だといわれるわけでしょう。その中で考えると言ったって、緩和していきながら考えようがないじゃないですか。特に、外資法の中には、あなたのおっしゃったように、当初の規制はいま言ったように五〇％・五〇％、既存の企業については七％、二五％の制限があるけれども、最近の新聞によれば、この七％、二五％条項も、七％は一〇％程度に、二五％は三〇％程度にするかもわからぬというようなことも出ております。だんだん緩和する方向ですね。ですから、乗っ取りは、日本経済の自主性を守る見地から相当きびしい措置をとらなきゃならぬと私どもは思います。

○伊藤五郎君　本改正案は、損害賠償の責任について、挙証責任の転換という重大な問題を規定されておるのです。

粉飾に関係のない非常勤役員はどのようなことを立証すれば免責されるとお考えになっておりますか、また、公認会計士はどのようなことを立証すれば免責されるとお考えになっておりますか、なるべく詳細にお答えをお願いします。

○政府委員（志場喜徳郎君）　今回の証券取引法改正案におきまして、粉飾決算のございました会社の役員並びに虚偽の監査証明を行ないました公認会計士は、挙証責任を転換し、故意または過失がなかったことを証明しなければ損害賠償の責任を負うとしたのです。

挙証責任の転換でして、決して無過失賠償責任を課したわけではございません。ですから、役員、あるいは公認会計士が、知らなかったことを立証するわけですが、これは、裁判所のことになるわけでして、裁判官の心証にかかわってくるわけですから、行政官として確信をもって見解を述べることはございませんけれども、次のように考えております。

民事裁判は、弁論主義ですので、原告側つまり損害を受けたとして賠償を請求する投資者も、当該役員が虚偽の記載に関係ある旨を主張しなければならぬということは当然です。これに対して、役員は、虚偽記載であることを知らなかったことを示すに足りる特段の事由を明らかにする必要があろうと、こういうことに思うのであります。

たとえば、非常勤の役員について申しますと、会社の実態が、業種、業態、規模の大小等によりまして千差万別ですので、一様には申せませんけれども、大体次のような事情を立証することになるのではないかと考えます。まず、非常勤の役員にしますと、自分の業務の内容につき具体的に説明をする。

○松井誠君　確かに、高度成長か超高度成長かは別として、オーバーローン、オーバーボローイング、直接金融よりも間接金融へ走る。それが、自己資金の比率が低いということになるわけです。そうしますと、逆に、高度成長を安定成長にすれば、おのずとそれで解決はされると、考えるのですか。

○国務大臣（福田赳夫君）　ひとりでにというわけにはいかぬだろうと思うのですね。しかし、自己資金比率を高める基盤が整う、こういうことでありまして、特に気をつけなければならぬ問題は、資本市場の育成、資本市場において順便に資金を調達し得る体制の整備が大事なことになってくるであろう、そう思うわけです。

○松井誠君　日本の公社債市場が非常におくれておる。そういうことで、資金の円滑な循環ができない。公社債市場というものが非常に狭い、公社債市場がおくれておるということは、いま始まった指摘ではありませんけれども、それが証券市場の未発達、ひいては自己資金率の低さにも関係があるのではないか。単に高度成長だけではなくて、高度成長が続いてきた中にでき上がってしまった仕組みそのものに手をつけなければ、証券市場の地位が上がるわけにはいかない。そういう意味で、公社債市場の育成、正常化を取り上げてみると、金利の問題がある。金利がプライス・メカニズムで動かないところに一つの原因がある。それをどうして破るのかも考えないと、自己資金率がどうこうと言っておっても、いつまでたっても解決はしないと思う。そういう問題についてどうお考えかをお伺いしたい。

○国務大臣（福田赳夫君）　ですから、前提条件は経済の安定成長だと申し上げたんですが、その上に立って証券市場の整備を具体的に進めていかなければているかどうかは、この調書によって明らかになるわけです。それによって立証します限り、公認会計士は十分にその免責を得ることができると考えておるのです。

○松井誠君　最初に証券市場の役割り、資金調達方法の中で証券市場とはどの程度の比重を占めるのが正常と考えておられるか。

○国務大臣（福田赳夫君）　わが国におきましては、企業の自己資金率が異常に低いと言っていいと思います。これがだんだんと悪化していく傾向にありますので、私も非常に心配をいたしておるわけです。なぜ心配するかというと、自己資金率が低いということは、企業の体質から見て非常に脆弱であると考えるわけです。たとえば、経済の変動に対する抵抗が少ない。私は何とかしてこれを是正したいとかねがね考えておるんですが、実際は逆に逆にというふうに動いておる。なぜそういうふうな動きをするかを考えてみますと、私は、一番大きな理由は、経済の発展の速度。成長の高さに問題がある〔と〕考えております。企業がとにかく一四、五％で成長する。そうすると、五年間で倍になる。倍の設備投資を平均的には行なわなければならぬということになるわけです。そうすると、ばく大な金が要るわけですが、なかなか今日の資本市場でその資金を調達することはできない。そこで、どうしても安易に調達し得る外部資本にこれを求める、こういうふうに思うんです。ですから、金融機関からの借り入れはどんどんどんどんふえてくる。しかし、逆に、資本市場から求める資金はそう増加しない。その結果が、資本比率に端的にあらわれてくると思うんです。超高度成長という問題は、安定成長路線に移さなければならぬと考えておるのです。

その自分が関与しておりますす業務の関係から、通常の注意を払っておりましてもとうてい虚偽記載を知ることができるような地位になかったことが第一点。第二点は、決算案は取締役会において確定されるわけですが、それに至るまで手順がございます。それを具体的に説明し当該役員はその決算方針あるいは決算処理が事実上決定されるまでの過程に参画していない、また、決算案に虚偽記載のあることを発見できる地位にない、実情にはないことを立証することになろうと思うのです。と申しますのは、これまで私どもは重点審査等により粉飾決算を摘発しているわけですが、その実例から見ますと、粉飾決算が行なわれる会社のほとんどは、粉飾の事実が漏れることをおそれ、社長、専務、経理担当の重役などの少数の役員だけがあらかじめ常務会等により、こういう方針による粉飾を行なおうという合議を行なっておるのです。それに基づき粉飾の決算案ができまして、あとは通常形式的に決算案の確定のための取締役会を招集するので、普通の場合は、非常勤の役員は、単に決算を決定する取締役会に参加し、その決算案に賛成したというだけをもって、とうてい虚偽の記載について故意または過失があったことにはならないと考える次第です。

　それから公認会計士の問題ですが、監査の概要は、監査基準にのっとり、監査実施準則によって一定のルールに従って監査を行なう。監査実施準則は、監査の項目別に手順と方法をきめられており、それを公認会計士は諸監査の調書として、何月何日どの項目についてはどの方法と手順によってこれだけの監査をしたということを備えられておるわけです。これを持ち出すことにより、故意にその項目についての手順なり方法を省略しているとか、つぶしばならぬ。これはもうあらゆる角度から検討を必要としますが、いま御指摘のプライス・メカニズムと、それに関連して、公社債について言いますれば、その条件の問題もあるわけです。それから、さらに、これらを扱う証券会社の体質の問題もあるわけです。あるいは投資家を不測の損失から救うためのもろもろの施策もある。そういう問題につきまして着実に手を打っておるわけです。たとえば、証券会社に対して免許制を施行することも、証券市場を強化しよう、公社債市場に対していい影響を与えようという施策であります。それから今回御提案しております法律案、これも大衆投資家を保護しようという趣旨に基づくものです。着々手を打っていくわけですが、なかなか成長経済のもとで一挙に資金調達の重点を証券市場、資本市場に求めることは困難だと思いますが、ねばり強く市場の育成には取り組んでいかなければならぬ、こういうふうに考えております。

○**松井誠君**　公社債市場の中で非常に大きなウエートを占めるのが国債。公社債が意識的に金利が低く抑えられておるのは、要するに、国債発行市場を圧迫をしちゃ困る。そういうこともあって、公社債市場全体が落ち込んでくるというものが一番問題じゃないですか。

○**国務大臣(福田赳夫君)**　国債は国の信用を基盤として発行するものですから、その応募者利回りからいいますと、他の民間企業が発行する社債あるいは株式とは比較して論ぜられないものと考えております。それから大蔵省が国債を発行するにいたしましても、割り当てはいたしません。これは、金融機関、証券界等において進んでこれを引き受けてくれ、一般公募もある程度可能であるという状態です。ですから、国債の条件を低位に置くことが、これが市場の正常化を妨げているとは考えません。しかし、国債が戦後初めて導入されたのは昭和四十一年で、当時の状況から、七年期限という窮屈な条件をつけておりますが、逐次、条件も改善をしていかなければならぬ。改善した場合、これが他の公社債に対していい影響を与えるだろう、こういうふうに考えます。

○**松井誠君**　去年の九月の第三次資本の自由化で、証券業、銀行業の一部の自由化が行なわれた。これからあとのスケジュールの見通し〔を〕お聞かせいただきたい。

○**国務大臣(福田赳夫君)**　資本の自由化は、今日の内外の情勢から、取り急ぐ必要があるので、従来考えておりましたスケジュールを約半年方繰り上げておるのです。繰り上げる結果、問題の自動車は、四月これを自由化するのがいま大体常識化しておるのです。おそらく三月ごろには、まあ来月になりますが、外資審議会が開かれ、そういう結論を下すのじゃないか。その他の残存品目は、従来は、来年三月に自由化の最後の措置をきめるとなっておりましたが、それを半年繰り上げまして、ことしの秋ごろという見当になっております。外資審議会がそういう気持ちで答申案の整理を始めようとしておるわけですが、私の気持ちといたしますと、この十月をもって大体最後の段階としたいという気持ちです。したがって、残存する不自由化品種ですね、これはなるべく少ないものにすべきだと、考えておるわけです。また、いままでは、これこれを自由化すると発表しましたが、今度は、自由化しない品目はこうなんだと、こういうことにすべきかとも考えておりますが、これから外資審議会で御検討くださいまして、御答申を尊重いたしまして実施したい、かような考えです。

○**松井誠君**　いままでの自由化の答申、対内投資の自由化が中心であって、対外投資についての答申はないわけですね。それも今度の場合には十月までには合めて一応終わるという趣旨ですか。

○**国務大臣(福田赳夫君)**　対外投資は、昨年の答申におきまして自由化を拡大せよとなっておりまして、その方向で拡大措置を講じたわけです。ですから、いままだそのほうの話題は起きておりません。しかし、私は、いま日本の外貨事情が非常によくなってきておる。一方において、資源の問題が非常にむずかしい事態になってきておる。たとえば、OPEC諸国との石油の問題がある。ああいうことを考えましても、わが国が進んで海外に投資をし、わが国の必要とする資源を確保しておくことの必要は非常に大事な問題になってきておると見ております。したがいまして、海外資源の開発に着目して、対外投資政策は新たな構想を持たなければいかぬかなと考え、内々大蔵省部内にそういう問題の検討に着手をいたしておる段階です。

○**松井誠君**　対外直接投資となりますと、資源という問題が出る。これは、やり方を誤れば、昔の帝国主義なり新植民地主義という非難を受けかねない。そういう意味でわれわれは警戒をしなければならぬと思うのですけれども、私がちょっといまお聞きをしたいのは、この間、新聞に、公開買い付けの問題について、政府が何かチェックをしてくれるだろうということを期待をして制度の新設に踏み切った。ところが、でき上がった制度は、チェックの方法がない。これじゃ乗っ取りのルールをつくってやっただけにすぎないのじゃないかという不満があるという趣旨のニュースがあったわけです。そのことについて証券局長にお尋ねをしましたら、これは全くの誤報であるということだった。証取法を通して、あるいはこの新設の制度を通してチェックをするという要求がこの制度を具体的に取り上げようとするときにあったのかどうかということです。

○**国務大臣（福田赳夫君）**　私の段階では聞いておりませんです。

○**成瀬幡治君**　その問題に関連をして。公開買い付け制度ですが、日本では乗っ取りといって罪悪視しておったんです。そのやる理由は何だといったら、投資家保護だと、あるいは諸外国がやっておるからやるということだと思うんですが、それだけの理由では納得しかねます。たとえば、消費者、産業界、もっと言えば、民族資本がどれだけ保護されてくるか、どういうメリットがあるかがわかりませんから、その問題についてお答えが願いたい。

　二つ目は、現在は外資法なり外為法がありまして制限をされております。そういうものも全部はずしたときには、電気ガス事業であるとか銀行事業など公共性のあるものは制限をしますよということが今後出てくるのか。

　もう一つは、産業界でいえば、絶えず自分の会社はやられはしないかと思って経営者が不安がってしまうんじゃないか。それなのに、投資家を大事にするというだけではどうも納得しかねるわけですが、消費者を保護するのか、産業を一生懸命でやろうとする人を保護されるのかお尋ねしておきたいと思います。

○**国務大臣（福田赳夫君）**　公共性を持った企業はどうするんだというお話でございますが、国内法による企業の規制、これはたとえば銀行には銀行法が、保険会社には保険業法があるわけです。そういうもの制約を排除する意味ではございませんから、さしたる不安は起こってこないんではないかと考えております。

　また、外国の投資家が国内にやってきて企業経営が行なわれることになったら、寡占体制が出てきて、管理価格を形成するおそれがあるんじゃないか。

○**成瀬幡治君**　外国資本ばかりじゃなくて、私は国内の資本が乗っ取るということもあると思うんです。

○**国務大臣（福田赳夫君）**　国内につきましても国外についても同じだと思いますが、投資家を保護するものと、それから、産業政策あるいは物価政策との調整をどうするかという問題だと思うんです。たとえば、いま、内外の企業が、ある特定の会社を目当てにして株式を買い取る事態がかりに行なわれて、それが寡占体制をつくり、管理物価を出現することになれば、独占禁止法の働きが出てくると思います。その調整をいろんな仕組みにおいて行なわなきゃならぬ、こういうふうに考えておるわけです。

　それから、経営者に及ぼす心理でありますが、これはまだ私も実感めいておりませんが、もしそうだとしても、私は、この法制をよく理解してくださると、そういう不安は解消するのではあるまいか、そう思うわけです。いずれにいたしましても、立法の企図しないひずみが出てくることは好ましいことではありませんので、十分これが運用につきましては配慮しなけりゃならぬ、かように考えております。

○**多田省吾君**　私は、最初に、この証券二法案の外人買いによる投資に拍車がかかるんじゃないかと、いわれておりますけれども、このことと、いま政府のとっている外貨急増対策が、矛盾するんじゃないかと、この点を大蔵大臣はどのようにお考えになっておられるか。

　それから第二点目は、大蔵大臣は、日本の外貨準備高一月末の四十五億ドルは、決して日本経済の状況から考えて多くはない、それで円切り上げの理由にはならないと述べられました。しかし、二月末でもう四十七億ドル、三月末には五十億ドルを突破するんじゃないかといわれておりますし、結局、ことしじゅうに六十億ドルを突破するようになりますと、前にも、大蔵大臣は六十億は円切り上げの目安だと。また、日本の輸入の量の三五、六%となりますと、これは円切り上げの一つの目安と国際経済からも考えられるんじゃないかと考えます。また、最近の外人の投資は非常に異常事態でして、毎年五百万ドル前後の投資が、昨年の債券投資は一挙に二千五百万ドル、また、ことしは一月だけで三千八百万ドルに上がっているという見通しです。それも、公社債とか含み資産の多い保険会社株、あるいは無配の株もずいぶん買われている。こういう状況から見て、どうも証券界は円切り上げをねらっているんじゃないか、このようにいわれているわけです。それに加えて、二月十五日から在外の国際金融専門家を至急呼び寄せて会談を開いた。海外の経済担当官がこのように大ぜい呼び出されたのは、昭和三十八年のアメリカの利子平衡税の創設のとき以来であるといわれております。そういう観点から、大臣のおっしゃるように、現在の四十七億ドル程度では円切り上げの圧力はあまりかからないと思いますけれども、六十億ドルを突破する姿になったら、これは相当アメリカ等からの圧力もかかるのじゃないかと、思われますが、大臣はその点をどうお考えでございますか。

○国務大臣（福田赳夫君）　この間、アメリカ、イギリス、フランス、ドイツの四カ国に出ておる大蔵省の出身者を集めて、国際金融の現状について話を聞きました。これは、そのとおりです。それは、一九七〇年代は内政の年代である、そういう観点に立って、超高度成長を安定成長路線に切りかえる施策を強く進めなければならぬが、同時に、国際社会における日本の姿勢が問われる年であると、申し上げてきたわけでありますが、そういうことになってくると、国際社会の動き、経済情勢、景気の動き、それから国際社会でわが日本をどう見ておるのか、日本経済についてどう観察しておるかをとらえておくことは特に必要であると考えたので、四外交官を招集したわけです。

その話を聞きますと、いまお触れになった円切り上げの問題は、専門家の間では、日本政府が円の切り上げをするはずがないとかたく信じておる、こういうことでして、円の切り上げの話を持ちかける人はありませんという話です。ことに、ドイツのマルクの切り上げが、所期の効果をあげていない。そういうことを日本の政府もよく承知しておるはずであるということでして、何ら外国では円の切り上げ問題を問題にしておらぬという話です。

ただ、海外におる者として見ると、日本の国内で何で円の切り上げ切り上げといって騒いでくれるんだろうと、たいへん不満を述べておりました。

それで、外貨が伸びております。今月末にはおそらく四十七億ドルへ行くんじゃないかと見ておりますが、それが多少その後も伸びる傾向を持つと思いますが、諸外国に比べると、日本の外貨保有高は非常に少ないんです。ＧＮＰは自由主義世界第二位だと言うけれども、外貨の保有高は世界第五位です。そういうところから見ても、また、海外に派遣しておる専門家の見解でも、外貨の伸びはそう御心配なさる必要はないんじゃないかと言っております。

ただ、非常に強調されましたのは、輸出です。秩序ある輸出ができないと、日本は批判をされると言っておるわけです。その点は、私どももかねがねそのような傾向があろうかと思っておったのですが、今後とも気をつけていかなければならぬと、かように存じておる次第です。

○多田省吾君　前に、大蔵大臣は、六十億ドルが円切り上げの一つの目安だとおっしゃった。二、三年前までは、一九七二年ごろ六十億ドルを突破するのではないかという見通しでしたけれども、これがいろいろな事情で早まっております。加えるに、大臣は輸出のことをおっしゃいましたけれども、最近は輸出も先急ぎしているように見受けられますし、また、輸入の繰り延べも見受けられるわけです。さらに、新しい条件として、原油の値上げにからんで、電力業界から円切り上げの催促があるのではないかとの見通しもあり、ますます国内、国際情勢が円切り上げの方向に条件が重なっているように思いますので、大蔵大臣から、はっきりした円切り上げはないんだともう一ぺんその点をお答え願います。

○国務大臣（福田赳夫君）　結論から申し上げますが、円の切り上げは、考えてもおりませんし、実行することは断じてありません。円の切り上げ論の根拠は、外貨が急増するにあるのだといわれておりますす。外貨の急増よりは、日本の輸出に問題があるというふうな国際社会の認識です。この点は、今後とも気をつけていかなければならぬと、思います。しかしながら、非常に国益に重大な影響のある円の切り上げは断じてやるべきものではないし、また、一切これをいたす考えはないとはっきり申し上げさせていただきます。

○多田省吾君　この証券二法が通ると、大蔵省で投資顧問業も登録制にして、業務内容とか顧客との契約内容を監督できるような投資顧問業法の制定を考えていると、いわれておりますけれども、現在、証券会社、あるいは信託銀行等におきましてサービスの形で顧問を置いているようでございますが、今後、証券会社と投資顧問業を切り離して考えていかれるおつもりなのか、お答え願います。

○国務大臣（福田赳夫君）　まあちらほらそういう話があるんですが、これはまだ審議会の話なんです。審議会で示された意向をもっと検討しなければならぬことになろうかと思いますが、まだ何の見解も固めておる段階ではございません。

○多田省吾君　今回の改正案で、粉飾決算による報告がなされた場合、大蔵大臣が増資をストップさせるとありますけれども、一般投資家の保護という観点から考えますと、もっと強力な行政措置をとってこそ防止策になるのじゃないかと思いますけれども、この点はいかがでしょうか。

○国務大臣（福田赳夫君）　今回の法律案においてかなりきびしい罰則をつけたんじゃないか、これだけの罰則をつければ、まずいまお話しのような事態に対しては十分備え得るのではあるまいか、そういうふうに考えております。

○多田省吾君　虚偽の監査証明を行なった公認会計士は、それ以後に提出する監査証明は、現行法では「受理しない」とあるけれども、改正案によりますと、「全部又は一部を受理しない」となりまして、粉飾決算防止、あるいは一般投資家保護の徹底ということから見ますと、改善整備されたことにはこの点に関してはならないのじゃないと思いますが、証券局長が衆議院におきまして、現行法はきつすぎるから適用ができにくい、今回の改正案だとかえって適用しやすいのだと、答弁をなさっているようですけれども、法をゆるめてかえって犯罪をつくることになるんじゃないか。もちろん、公認会計士の賠償責任もきめられたわけですが、それとは別に、「全部又は一部を受理しない」点はちょっと納得できないのですが、この点はいかがですか。

○政府委員（志場喜徳郎君）　現行法では、公認会計士の提出する監査証明一切を受け付けないと、かようなものですから、あたかも営業停止あるいは登録を抹消したのと同じ場合にだけしか適用できないのです。今回、全部または一部をできるとなりますので、この点は実情に即した改正であり、かえってこの法を適用することができる、かような見地からでございます。

○多田省吾君　一番最初にお聞きした円切り上げの問題ですが、たとえば六十億ドル以上に外貨準備高がなりましても、絶対円切り上げはしない自信があるんだと、また、外貨準備高がどんなに多くなってもこれは関係ないんだと。もしなった場合はどうなんだということでお尋ねしたいわけであります。

○国務大臣（福田赳夫君）　外貨の事情にいかなる変化が生じましても、円の切り上げは絶対にいたしません。

○渡辺武君　先ほど、大臣は、自由化の計画が半年ほど繰り上がったという答弁がありました。最近の新聞などには、今後の資本取引の自由化について、従来外人の持ち株制限がございました。一般の産業の場合、一人について七%、それから合計で二五%未満がいままでの制限であったと思います。制限業種は一五%だったと思うのですが、これを七%を一〇%に、それから二五%を三〇%に、それから制限業種も二〇%にまで上げるんだという新聞報道が出ております。今後、外人の持ち株制限を緩和するお考えがあるかどうか、その点をお伺いしたい。

○国務大臣（福田赳夫君）　ただいまのところでは、そういうふうな考え方は固めておりません。ただ、日本の国際社会における立場は世界の注目の的になっております。そういうようなことで、状況の推移を見ながらこれを上げなければならぬかは慎重に検討中という考えです。

○渡辺武君　持ち株制限の緩和がないとかりにしても、現行の外資法で考えてみましても、今度の証取法で事実上公認した外資の乗っ取りを規制する道はほとんどなかろうというふうに考えますけれども、現在の外資法で乗っ取りを規制する点はお考えになっていないかお聞きしたいと思います。

○説明員（林大造君）　テイク・オーバー・ビッドに関します証取法の改正は今回行なわれる。外資法では特にテイク・オーバー・ビッドでの外人の投資を規制する態度はとっておりません。ただ、先ほど御指摘がございましたとおり、累積で一般業種二五%、それから特別の業種は一五%、それから一人一人では七%という限度で、そのような危惧を十分にカバーしていけるという規制を加えているわけです。今後現在の姿で十分目的を達し得るかどうかは、現在までの経験から申しますれば、格別に現在の姿ではいけないという結論は出せないと思います。そのようなケースは大体個別認可案件になりますから、個別認可案件の際に十分に関係各省とも協議しながら慎重に対処していきたい。

○渡辺武君　先ほど申しましたように、日魯ハインツにせよ、豊年リーバにせよ、非常に小さなケースですけれども、しかし、もうすでに事実上乗っ取りが行なわれて、現行外資法ではこれを何ら規制することができなかったという事実もあるんですね。あるいは、いま言った個別審査で既設の日本企業に対して外資が半分近い株式保有を許されているという例もたくさんある。ですから、私は、現行外資法では外国企業の乗っ取りはほとんど規制はできないだろうと考えざるを得ません。

　そこで、先ほどの御答弁の中で、乗っ取り防止には証取法では無理なんで、いろいろ産業立法で考えるという御答弁もあったかと思うんです。今度の証取法第二章の二でいわば公認された乗っ取りは外国企業もできるけれども、同時に、国内の大企業が国内の会社を乗っ取る道も開いたというところにもう一つの意味があるんじゃないかというふうに思います。おそらく今後日本国内の大企業が公開買い付け制度に基づいて乗っ取りをやると、事実上大企業の支配は非常に強まらざるを得ないですね。こうやって大企業が公然と乗っ取りをする道が開かれるとともに、独占禁止法改正をすべきだという大企業の要求は従来以上に強まらざるを得ない。特に持ち株会社の禁止の問題ですけれども、従来、財界が、持ち株会社を認めるべきだと、これは外国企業の乗っ取りに対抗する上にも必要だと盛んに強調してこられました。そういう経緯もあるし、独占禁止法を改正すべきだという要求が非常に強くなってくることは明らかだと思うですね。そういう見地で独禁法の改正、特に第九条についてどうお考えか、お聞かせいただきたいと思います。

○国務大臣（福田赳夫君）　悪質大規模の乗っ取りが

今回の法律改正の結果起こるかどうかは、そこまでいかないのじゃないかと。つまり、今回の御審議願う法律におきましても、事前の届出を義務づけておるわけなんです。この届出によってかなり乗っ取りにブレーキをかけるんではあるまいか、そう観察をしておるのです。これをやってみて、どうもぐあいが悪いというなら、またそのときは何か考えなきゃならぬ、かように考えます。

○渡辺武君　いま、大臣は、届出でかなり規制できるとおっしゃいましたけれども、しかし、相当の大企業が乗り込んでくるわけですから、あの届出でとうてい大企業の乗っ取りは防ぐことができないのじゃないか。いわんや、フランスで行なわれているような事前許可制さえもとっていないもとでは、私は乗っ取りが相当進むと思う。これから伺いたいことは、時価発行の問題です。今度提出された法案で、企業内容の開示制の問題もありますし、それから株価の安定操作の規定もありますが、これらすべては今後株式の時価発行を促進するという意味を持ったものじゃないかと思うんですけれども、さて、株式あるいは転換社債の時価発行について、生命保険会社二十社が、時価発行、あるいは大量の株式公募は反対だと決議をしました。その理由は、投資家にとって非常に不利だ。株価が下るし、利回りも非常に低い。特に株式を発行する側が時価発行によって手に入れたプレミアムが株主に回ってこないという趣旨が一番大きな理由だったと思うのです。生命保険会社だけではなく、一般大衆投資家も時価発行については非常に不満を持っていると思うですね。この点についてどんなふうな改善措置を大臣は考えておられるか。生命保険会社は、プレミアムの還元を制度化せよと言っておりますけれども、その点を含めて御答弁いただきたい。

○国務大臣（福田赳夫君）　時価発行は、渡辺さんの御指摘の議論があることは承知しております。要するに、会社本位じゃないか、投資家に利益するところはないという議論なんですが、しかし、この時価発行は、いまの株式市場の実情に応じて資金を調達するためにはきわめて有力な手段ですので、これをなくすことはむずかしいと思うんです。要は、私は、企業の節度が問題じゃないかと考えます。発行者自体がそういう批判を受けないようなマナー、これに待つと、当面そういう行政指導をしていきたいと考えております。

○委員長（柴田栄君）　他に御発言もなければ、三案の質疑は尽きたものと認めて御異議ございませんか。

〔「異議なし」と呼ぶ者あり〕

○委員長（柴田栄君）　御異議ないと認めます。

それでは、これより三案一括して討論に入ります。御意見のある方は、賛否を明らかにしてお述べを願います。――別に御意見もないようでございますが、討論はないものと認めて御異議ございませんか。

〔「異議なし」と呼ぶ者あり〕

○委員長（柴田栄君）　御異議ないと認めます。

それでは、これより順次採決に入ります。

まず、証券取引法の一部を改正する法律案を問題に供します。本案に賛成の方の挙手を願います。

〔賛成者挙手〕

○委員長（柴田栄君）　多数と認めます。よって、本案は、多数をもって原案どおり可決すべきものと決定いたしました。

○中山太郎君　私は、ただいま可決されました証券取引法の一部を改正する法律案に対し、自民、社会、公明、民社四派共同による附帯決議案を提出いたします。

案文を朗読いたします。

証券取引法の一部を改正する法律案に対する附帯決議（案）

政府は本法施行に当り、投資者保護の徹底と企業の資金調達の適正化に資するため、左記事項に留意すべきである。

一、企業内容開示制度の整備改善の趣旨に則り、その運用に当っては、粉飾決算の防止に万全を期するとともに、粉飾を発見した場合はすみやかに厳正な措置を講ずること。

二、公開買付けの規制の適用に当っては、公益または一般投資者保護の見地から十分に配意することとし、別途必要な場合には国内産業、消費者保護等について十分に考慮すること。

三、わが国企業の長期資金調達の円滑化を図るとともに、自己資本の充実に資するため、公社債市場の育成、その他必要な措置について積極的に検討を加えること。

右決議する。

以上でございます。

何とぞ委員各位の御賛同をお願いいたします。

○委員長（柴田栄君）　ただいまの中山君提出の附帯決議案を議題といたします。

本附帯決議案に賛成の方の挙手を願います。

〔賛成者挙手〕

○委員長（柴田栄君）　全会一致と認めます。よって、中山君提出の附帯決議案は、全会一致をもって本委員会の決議とすることに決定いたしました。

ただいまの決議に対し、福田大蔵大臣から発言を求められておりますので、この際、これを許します。福田大蔵大臣。

○**国務大臣（福田赳夫君）**　ただいま御決議をいただきました附帯決議につきましては、政府といたしましても御趣旨を体して十分努力してまいりたいと存じます。

○**委員長（柴田栄君）**　次に、外国証券業者に関する法律案を問題に供します。本案に賛成の方の挙手を願います。

〔賛成者挙手〕

○**委員長（柴田栄君）**　多数と認めます。よって、本案は、多数をもって原案どおり可決すべきものと決定いたしました。

参議院会議録第六号

昭和四十六年二月二十四日（水曜日）

○**議事日程**　第六号

第一　防衛庁設置法及び自衛隊法の一部を改正する法律案（趣旨説明）

第二　郵便法の一部を改正する法律案（趣旨説明）

第三　証券取引法の一部を改正する法律案（内閣提出、衆議院送付）

第四　外国証券業者に関する法律案（内閣提出、衆議院送付）

第五　国有財産法第十三条第二項の規定に基づき、国会の議決を求めるの件

（中略）

○**議長（重宗雄三君）**　これより本日の会議を開きます。

○**副議長（安井謙君）**　**日程第三、証券取引法の一部を改正する法律案。**

日程第四、外国証券業者に関する法律案。

（いずれも内閣提出、衆議院送付）

日程第五、国有財産法第十三条第二項の規定に基づき、国会の議決を求めるの件。

以上三件を一括して議題とすることに御異議ございませんか。

〔「異議なし」と呼ぶ者あり〕

○**副議長（安井謙君）**　御異議ないと認めます。

まず、委員長の報告を求めます。大蔵委員長柴田栄君。

（中略）

○**柴田栄君**　ただいま議題となりました三件について申し上げます。

まず、証券取引法の一部を改正する法律案は、証券市場の国際化及び規模拡大の趨勢に即応して、投資者保護の徹底等に資するため、粉飾決算に対する損害賠償責任の所在の明確化等の企業内容開示制度の改善整備をはかるとともに、有価証券の公開買い付けの規制に関する制度の新設等を行なおうとするものであります。

次に、外国証券業者に関する法律案は、証券業の資本自由化の進展に即応して、外国証券業者が、わが国において支店を設置し、証券業を営むことができる道を開くとともに、その営業活動に対し、営業保証金の供託等の規制を行なおうとするものであります。

委員会における三件の質疑の詳細は会議録に譲ります。

質疑を終了し、討論なく、順次採決の結果、いずれも多数をもって原案どおり可決すべきものと決定いたしました。

なお、証券取引法の一部を改正する法律案に対し、中山委員より自民、社会、公明、民社四党共同の附帯決議案が提出され、全会一致をもって本委員会の決議とすることに決定いたしました。

右、御報告いたします。

○**副議長（安井謙君）**　別に御発言もなければ、これより採決をいたします。

まず、証券取引法の一部を改正する法律案及び外国証券業者に関する法律案全部を問題に供します。両案に賛成の諸君の起立を求めます。

〔賛成者起立〕

○**副議長（安井謙君）**　過半数と認めます。よって、両案は可決せられました。

審査報告書

証券取引法の一部を改正する法律案

右は多数をもつて可決すべきものと議決した。

よつて要領書を添えて報告する。

昭和四十六年二月二十三日

大蔵委員長　柴田　栄

参議院議長　重宗　雄三殿

……………………………

要領書

一、委員会の決定の理由

本法律案は、最近におけるわが国経済の国際化の進展および証券市場の規模拡大等のすう勢にか

んがみ、投資者保護の徹底、企業の長期資金調達の円滑化および証券市場の秩序維持に資するため、粉飾決算に対する民事責任の所在の明確化その他企業内容開示制度に関する規定の整備を図るとともに、有価証券の公開買付けの規制に関する制度を新たに設けようとするものであつて、おおむね妥当な措置と認める。

なお、別紙の附帯決議を行なつた。

一、費用

本法施行のため、別に費用を要しない。

……………………………………

附帯決議

政府は本法施行に当り、投資者保護の徹底と企業の資金調達の適正化に資するため、左記事項に留意すべきである。

一、企業内容開示制度の整備改善の趣旨に則り、その運用に当つては、粉飾決算の防止に万全を期するとともに、粉飾を発見した場合はすみやかに厳正な措置を講ずること。

二、公開買付けの規制の運用に当つては、公益または一般投資者保護の見地から十分に配意することとし、別途必要な場合には国内産業、消費者保護等について十分に考慮すること。

三、わが国企業の長期資金調達の円滑化を図るとともに、自己資本の充実に資するため、公社債市場の育成、その他必要な措置について積極的に検討を加えること。

右決議する。

証券取引法の一部を改正する法律案

証券取引法の一部を改正する法律

証券取引法（昭和二十三年法律第二十五号）の一部を次のように改正する。

証券取引法目次中「第二章　有価証券の募集又は売出しに関する届出」を「第二章　有価証券の募集又は売出しに関する届出　第二章の二　有価証券の公開買付けに関する届出」に改める。

第三条第一項中「前条第一項第一号乃至第三号」を「前条第一項第一号から第三号まで」に、「については、これを」を「並びにこれらの有価証券以外の有価証券で政令で定めるものについては」に改め、同条第二項を削る。

第四条第一項を次のように改める。

有価証券の募集又は売出しは、発行者が当該募集又は売出しに関し大蔵大臣に届出をしているものでなければ、することができない。ただし、発行価額又は売出価額の総額が一億円未満の有価証券の募集又は売出しで大蔵省令で定めるものについては、この限りでない。

第四条第二項中「前項但書」を「第一項ただし書」に、「同項」を「同項本文」に、「を適用されない」を「の適用を受けない」に改め、「こととなる有価証券の」の下に「募集若しくは売出しをし、又は当該募集若しくは売出しに係る有価証券を取得させ若しくは売り付ける場合に使用する」を加え、「当該有価証券」を「当該募集又は売出し」に、「旨」を「ものである旨」に改め、同条第三項中「第一項但書」を「第一項ただし書」に、「同項」を「同項本文」に、「を適用されない」を「の適用を受けない」に、「売出」を「売出し」に、「行われ」を「行なわれ」に改め、同項ただし書中「但し、募集又は売出券面額」を「ただし、発行価額又は売出価額」に改め、「有価証券」の下に「の募集又は売出し」を加え、同条第一項の次に次の一項を加える。

有価証券の募集又は売出しが一定の日において株主名簿に記載されている株主に対し行なわれる場合には、当該募集又は売出しに関する前項の規定による届出は、その日の四十日前までにしなければならない。ただし、有価証券の発行価格又は売出価格その他の事情を勘案して大蔵省令で定める場合は、この限りでない。

第五条第一項中「有価証券に関する」を「募集又は売出しに関する」に改め、「大蔵大臣が」を削り、「且つ適当であると認めて」を「かつ適当なものとして」に改め、同項に次のただし書を加え、同条第二項中「、目論見書」及び「大蔵大臣が」を削り、「且つ適当であると認めて」を「かつ適当なものとして」に改める。

ただし、当該有価証券の発行価格の決定前に募集をする必要がある場合その他大蔵省令で定める場合には、届出書に記載すべき事項のうち発行価格その他大蔵省令で定める事項を記載しないで提出することができる。

第六条及び第七条を次のように改める。

第六条　次の各号に掲げる有価証券の発行者は、第四条第一項の規定による届出をしたときは、遅滞なく、前条の規定による届出書類の写しを当該各号に掲げる者に提出しなければならない。

一　証券取引所に上場されている有価証券　当該証券取引所

二　流通状況が前号に掲げる有価証券に準ずるものとして政令で定める有価証券　政令で定める証券業協会

第七条　第四条第一項の規定による届出の日以後当該届出がその効力を生ずることとなる日前におい

て、第五条の規定による届出書類に記載すべき重要な事項の変更その他公益又は投資者保護のため当該書類の内容を訂正する必要があるものとして大蔵省令で定める事情があるときは、届出者（会社の成立後は、その会社。以下同じ。）は、訂正届出書を大蔵大臣に提出しなければならない。これらの事由がない場合において、届出者が当該届出書類のうちに訂正を必要とするものがあると認めたときも、同様とする。

第八条第一項中「届出書」の下に「（同項ただし書に規定する事項の記載がない場合には、当該事項に係る前条の規定による訂正届出書。次項において同じ。）」を加え、同条第二項中「場合においては」を「場合における同項の規定の適用については」に改め、同条第三項中「第一項第二項」及び「記載によつて当該有価証券の」を削る。

第九条第一項中「第五条第一項第二項又は」を「第五条若しくは」に、「行わせ」を「行なわせ」に改め、同条第四項中「これをなす」を「する」に改め、同項に次のただし書を加える。

ただし、その日以後に第七条の規定により提出される訂正届出書については、この限りでない。

第十一条を次のように改める。

第十一条　大蔵大臣は、有価証券届出書のうちに重要な事項について虚偽の記載がある場合において、公益又は投資者保護のため必要かつ適当であると認めるときは、当該有価証券届出書又はその届出者がこれを提出した日から一年以内に提出する第五条第一項に規定する届出書について、届出者に通知して当該職員をして審問を行なわせた後、理由を示し、公益又は投資者保護のため相当と認められる期間、その届出の効力の停止を命じ、又は第八条第一項に規定する期間を延長することができる。

前項の規定による処分があつた場合において、大蔵大臣は、同項の記載につき第七条又は前条第一項の規定により提出された訂正届出書の内容が適当であり、かつ、当該届出者の発行する有価証券を募集又は売出しにより取得させ又は売り付けても公益又は投資者保護のため支障がないと認めるときは、前項の規定による処分を解除することができる。

第十二条中「第四条第一項の規定による届出がその効力を生じた日以後に」を「第七条、第九条第一項又は」に、「場合及び前条の規定により訂正届出書がその訂正の効力を生じた場合に、これを」を「場合に」に改める。

第十三条第一項中「第四条第一項の規定による届出がその効力を生じた」を「その募集又は売出しにつき第四条第一項本文の規定の適用を受ける」に、「当該有価証券の」を「当該」に、「売出」を「売出し」に改め、同条第二項中「に記載された内容と同一の内容」を「（当該届出書に係る第七条の規定による訂正届出書を含む。）に記載すべき内容のうち、公益又は投資者保護のため必要かつ適当なものとして大蔵省令で定めるもの」に改め、同条第三項を次のように改める。

第四条第一項の規定による届出がその効力を生ずることとなる日前に行なう有価証券の募集又は売出しのために使用する目論見書については、前項の規定により記載すべき内容のうち大蔵省令で定めるものを省略して記載することができる。

第十三条第四項中「大蔵大臣が」を「第一項の目論見書には、」に、「且つ適当であると認めて」を「かつ適当なものとして」に改め、「については、これ」及び「目論見書に」を削り、同条第五項中「売出」を「売出し」に、「、第二項若しくは前項」を「、前三項」に改める。

第十四条及び第十五条を次のように改める。

第十四条　削除

第十五条　発行者、有価証券の売出しをする者、引受人又は証券会社は、その募集又は売出しにつき第四条第一項本文の規定の適用を受ける有価証券については、同項の規定による届出がその効力を生じているのでなければ、これを募集又は売出しにより取得させ又は売り付けてはならない。

発行者、有価証券の売出しをする者、引受人又は証券会社は、前項に規定する有価証券を募集又は売出しにより取得させ又は売り付ける場合には、第十三条第二項及び第四項の規定に適合する目論見書をあらかじめ又は同時に交付しなければならない。ただし、証券会社が他の証券会社に取得させ又は売り付ける場合は、この限りでない。

前項の規定は、第一項に規定する有価証券の募集又は売出しに際してその全部を取得させることができなかつた場合におけるその残部（証券取引所に上場されているものを除く。）を、当該募集又は売出しに係る第四条第一項の規定による届出がその効力を生じた日から三箇月（第十条第一項又は第十一条第一項の規定による停止命令があつた場合には、当該停止命令があつた日からその解除があつた日までの期間は、算入しない。）を経過する日までの間において、募集又は売出しによらないで取得させ又は売り付ける場合に準用する。

第十八条第一項中「生ぜしめ」を「生じさせ」に

改め、「は、当該有価証券を」の下に「当該募集又は売出しに応じて」を加え、「責」を「責め」に、「但し」を「ただし」に、「申込」を「申込み」に改め、同条第二項を次のように改める。

前項の規定は、第十三条第一項の規定により作成した目論見書のうちに重要な事項について虚偽の記載があり、又は記載すべき重要な事項若しくは誤解を生じさせないために必要な重要な事実の記載が欠けている場合に準用する。この場合において、前項中「有価証券届出書の届出者」とあるのは「目論見書を作成した発行者」と、「募集又は売出しに応じて」とあるのは「募集又は売出しに応じ当該目論見書の交付を受けて」と読み替えるものとする。

第十九条を削り、第二十条第一項中「第十八条第一項」を「前条」に、「責」を「責め」に改め、「(当該有価証券の募集価格又は売出価格に取得した有価証券の数を乗じた額を超えないものとする。)」を削り、「左の」を「次の」に、「当該有価証券の事実審の口頭弁論終結の」を「前条の規定により損害賠償を請求する」に改め、同条第二項中「有価証券届出書の届出者」を「前条の規定により賠償の責めに任ずべき者」に、「有価証券届出書に」を「、有価証券届出書又は目論見書のうちに重要な事項について」に、「生ぜしめ」を「生じさせ」に、「因つて」を「よつて」に、「因り」を「より」に、「責」を「責め」に改め、同条を第十九条とする。

第二十一条中「第十八条第一項」を「第十八条」に、「有価証券届出書のうち」を「有価証券届出書又は目論見書のうちに」に、「生ぜしめ」を「生じさせ」に、「、又は相当な注意を以て」を「又は相当な注意をもつて」に、「行わない」を「行なわない」に、「に関し」を「の募集又は売出しに係る」に、「から三年間」を「又は当該目論見書の交付があつた時から五年間」に改め、「第十条第一項」の下に「又は第十一条第一項」を加え、「場合においては」を「場合には」に、「これを算入しない」を「算入しない」に改め、同条を第二十条とし、同条の次に次の一条を加える。

第二十一条　有価証券届出書のうちに重要な事項について虚偽の記載があり、又は記載すべき重要な事項若しくは誤解を生じさせないために必要な重要な事実の記載が欠けているときは、次に掲げる者は、当該有価証券を募集又は売出しに応じて取得した者に対し、記載が虚偽であり又は欠けていることにより生じた損害を賠償する責めに任ずる。ただし、当該有価証券を取得した者がその取得の申込みの際記載が虚偽であり、又は欠けていることを知つていたときは、この限りでない。

一　当該有価証券届出書を提出した会社のその提出の時における役員(その提出が会社の成立前にされたときは、当該会社の発起人)

二　当該売出しに係る有価証券の所有者(その者が当該有価証券を所有している者からその売出しをすることを内容とする契約によりこれを取得した場合には、当該契約の相手方)

三　当該有価証券届出書に係る第百九十三条の二第一項に規定する監査証明において、当該監査証明に係る書類について記載が虚偽であり又は欠けているものを虚偽でなく又は欠けていないものとして証明した公認会計士又は監査法人

四　当該募集に係る有価証券の発行者又は第二号に掲げる者のいずれかと元引受契約を締結した証券会社

前項の場合において、次の各号に掲げる者は、当該各号に掲げる事項を証明したときは、同項に規定する賠償の責めに任じない。

一　前項第一号又は第二号に掲げる者　記載が虚偽であり又は欠けていることを知らず、かつ、相当な注意を用いたにもかかわらず知ることができなかつたこと。

二　前項第三号に掲げる者　同号の証明をしたことについて故意又は過失がなかつたこと。

三　前項第四号に掲げる者　記載が虚偽であり又は欠けていることを知らず、かつ、第百九十三条の二第一項に規定する財務計算に関する書類に係る部分以外の部分については、相当な注意を用いたにもかかわらず知ることができなかつたこと。

第一項第一号及び第二号並びに前項第一号の規定は、第十三条第一項の規定により作成した目論見書のうちに重要な事項について虚偽の記載があり、又は記載すべき重要な事項若しくは誤解を生じさせないために必要な重要な事実の記載が欠けている場合に準用する。この場合において、第一項中「募集又は売出しに応じて」とあるのは「募集又は売出しに応じ当該目論見書の交付を受けて」と、「当該有価証券届出書を提出した会社」とあるのは「当該目論見書を作成した会社」と、「その提出」とあるのは「その作成」と読み替えるものとする。

第一項第四号において「元引受契約」とは、有価証券の発行者若しくは所有者(証券会社を除く。以下この項において同じ。)から当該有価証券の全部若しくは一部を売出しの目的をもつて取得し、又は有価証券の募集若しくは売出しに際し

て当該有価証券の全部若しくは一部につき他にこれを取得する者がない場合にその残部を発行者若しくは所有者から取得することを内容とする契約をいう。

第二十二条を次のように改める。

第二十二条　有価証券届出書のうちに重要な事項について虚偽の記載があり、又は記載すべき重要な事項若しくは誤解を生じさせないために必要な重要な事実の記載が欠けているときは、前条第一項第一号及び第三号に掲げる者は、当該記載が虚偽であり又は欠けていることを知らないで、当該有価証券届出書の届出者の発行する有価証券を取得した者（募集又は売出しに応じて取得した者を除く。）に対し、記載が虚偽であり又は欠けていることにより生じた損害を賠償する責めに任ずる。

前条第二項第一号又は第二号の規定は、前項に規定する賠償の責めに任ずべき者について準用する。

第二十三条第一項中「、有価証券」の下に「の募集又は売出し」を加え、「且つ」を「かつ」に改め、「第十条第一項」の下に「若しくは第十一条第一項」を加え、「以て」を「もつて」に改める。

第二十四条を次のように改める。

第二十四条　次に掲げる有価証券の発行者である会社は、大蔵省令で定めるところにより、事業年度ごとに、当該会社の目的、商号及び資本又は出資に関する事項、当該会社の営業及び経理の状況その他事業の内容に関する重要な事項、当該会社の役員に関する事項、当該会社の発行する有価証券に関する事項その他の事項で、公益又は投資者保護のため必要かつ適当なものとして大蔵省令で定めるものを記載した報告書（以下「有価証券報告書」という。）三通を、当該事業年度経過後三箇月以内に、大蔵大臣に提出しなければならない。ただし、第三号に掲げる有価証券の発行者である会社で、有価証券報告書を提出しなくても公益又は投資者保護に欠けることがないものとして政令で定めるところにより大蔵大臣の承認を受けたものは、この限りでない。

一　証券取引所に上場されている有価証券

二　流通状況が前号に掲げる有価証券に準ずるものとして政令で定める有価証券

三　その募集又は売出しにつき第四条第一項本文の規定の適用を受けた有価証券（前二号に掲げるものを除く。）

前項の規定の適用を受けない会社の発行する有価証券が同項第一号又は第二号に掲げる有価証券に該当することとなつたときは、当該会社は、大蔵省令で定めるところにより、その該当することとなつた日の属する事業年度の直前事業年度に係る有価証券報告書三通を、遅滞なく、大蔵大臣に提出しなければならない。

有価証券報告書には、定款その他の書類で公益又は投資者保護のため必要かつ適当なものとして大蔵省令で定めるものを添附しなければならない。

第六条の規定は、前三項の規定により有価証券報告書及びその添附書類が提出された場合に準用する。

第二十四条の次に次の四条を加える。

第二十四条の二　第七条、第九条第一項及び第十条第一項の規定は、有価証券報告書及びその添附書類について準用する。この場合において、同項中「提出を命じ、必要があると認めるときは、第四条第一項の規定による届出の効力の停止」とあるのは、「提出」と読み替えるものとする。

有価証券の発行者である会社は、前項において準用する第七条又は第十条第一項の規定により有価証券報告書の記載事項のうち重要なものについて訂正報告書を提出したときは、遅滞なく、その旨を時事に関する事項を掲載する日刊新聞紙に掲載して公告をしなければならない。

第六条の規定は、第一項において準用する第七条、第九条第一項又は第十条第一項の規定により有価証券報告書又はその添附書類について訂正報告書が提出された場合に準用する。

第二十四条の三　第十一条の規定は、重要な事項について虚偽の記載がある有価証券報告書（その訂正報告書を含む。次条において同じ。）を提出した者が当該記載について前条第一項において準用する第七条の規定により訂正報告書を提出した日又は同項において準用する第十条第一項の規定により訂正報告書の提出を命ぜられた日から一年以内に提出する第五条第一項に規定する届出書について準用する。

第二十四条の四　第二十二条の規定は、有価証券報告書のうちに重要な事項について虚偽の記載があり、又は記載すべき重要な事項若しくは誤解を生じさせないために必要な重要な事実の記載が欠けている場合に準用する。

第二十四条の五　第二十四条第一項の規定により有価証券報告書を提出しなければならない会社は、その事業年度が一年である場合には、大蔵省令で定めるところにより、事業年度ごとに、当該事業年度が開始した日以後六箇月間の当該会社の営業及び経理の状況その他の事項で、公益又は投資者保護のため必要かつ適当なものとして大蔵省令で定めるものを記載した報告書（以下「半期報告書」という。）三通を、当該期間経過後三箇月以内に、大蔵大臣に提出しなければならない。

第二十四条第一項の規定により有価証券報告書を提出しなければならない会社は、その発行する有価証券の募集又は売出しが外国において行なわれるとき、その他公益又は投資者保護のため必要かつ適当なものとして大蔵省令で定める場合に該当することとなつたときは、大蔵省令で定めるところにより、その内容を記載した報告書（以下「臨時報告書」という。）三通を、遅滞なく、大蔵大臣に提出しなければならない。

第二十四条の二第一項の規定は、半期報告書及び臨時報告書について準用する。

第六条の規定は、第一項又は第二項の規定により半期報告書又は臨時報告書が提出された場合及び前項において準用する第二十四条の二第一項において準用する第七条、第九条第一項又は第十条第一項の規定によりこれらの報告書の訂正報告書が提出された場合に準用する。

第二十五条第一項を次のように改める。

大蔵大臣は、大蔵省令で定めるところにより、次の各号に掲げる書類を大蔵省に備え置き、これらの書類を受理した日から当該各号に掲げる期間を経過する日までの間、公衆の縦覧に供しなければならない。

一　有価証券届出書　五年

二　有価証券報告書及びその添附書類並びにこれらの訂正報告書　五年

三　半期報告書及びその訂正報告書　三年

四　臨時報告書及びその訂正報告書　一年

第二十五条第二項中「は、有価証券届出書の写並びに前条に規定する報告書及び訂正報告書の写」を「で前項各号に掲げる書類を提出したものは、これらの書類の写し」に、「これを」を「これらの書類を大蔵大臣に提出した日から当該各号に掲げる期間を経過する日までの間、」に改め、同条第三項中「証券取引所は」を「証券取引所及び政令で定める証券業協会は」に改め、「第十二条」の下に「、第二十四条第四項、第二十四条の二第三項及び前条第四項」を、「含む」の下に「。第五項において同じ」を加え、「届出書類の写並びに前条の規定により提出された報告書及び訂正報告書の写」を「第一項各号に掲げる書類の写し」に、「当該証券取引所」を「その事務所」に、「これを」を「これらの書類の写しの提出があつた日から当該各号に掲げる期間を経過する日までの間、」に改め、同条第五項中「（第十二条において準用する場合を含む。）」を削り、「届出書類の写又は前条の規定により報告書若しくは訂正報告書の写」を「第一項各号に掲げる書類の写し」に改め、「証券取引所」の下に「又は政令で定める証券業協会」を加え、「部分は、これを当該書類」を「部分をこれらの書類の写し」に改め、同条第六項を削る。

第二十六条中「且つ」を「かつ」に改め、「届出者」の下に「、有価証券報告書の提出者」を加える。

第二十七条中「第五条乃至第十二条、第十八条、第二十条、第二十一条及び第二十四条」を「第五条から第十三条まで及び第十五条から前条まで」に改め、「、これを」を削る。

第二章の次に次の一章を加える。

第二章の二　有価証券の公開買付けに関する届出

第二十七条の二　不特定かつ多数の者に対する株券その他の有価証券で政令で定めるもの（以下この章において「株券等」という。）の有価証券市場外における買付け（有価証券との交換を含む。以下この章において同じ。）の申込み又はその有価証券市場外における売付け（有価証券との交換を含む。）の申込みの勧誘（以下この章において「公開買付け」という。）は、当該公開買付けによる株券等の買付けをしようとする者が、政令で定めるところにより、当該公開買付けに係る買付けの期間、買付価格その他大蔵省令で定める事項を記載した書面及び大蔵省令で定める添附書類（以下「公開買付届出書」という。）を提出して大蔵大臣に届出をし、かつ、当該届出がその効力を生じているものでなければ、することができない。ただし、その態様その他の事情を勘案して届出の必要がないものとして政令で定める公開買付けについては、この限りでない。

第七条から第十一条までの規定は、前項の規定による届出及び公開買付届出書について準用する。この場合において、第八条第一項中「同項ただし書に規定する事項」とあるのは「大蔵省令で定める事項」と、「三十日」とあるのは「十日」と、第十条第一項中「有価証券届出書」とあるのは「公開買付届出書（その訂正届出書を含む。次条第一項及び第二十三条第一項において同じ。）」と、「虚偽」とあるのは「第二十七条の四第三項に規定する条件及び方法と異なる内容若しくは虚偽」と、第十一条第一項中「有価証券届出書」とあり又は「第五条第一項に規定する届出書」とあるのは「公開買付届出書」と、「虚偽」とあるのは「第二十七条の四第三項に規定する条件及び方法と異なる内容又は虚偽」と、同条第二項中「有価証券を募集又は売出しにより取得させ又は売り付けても」とあるのは「公開買付けによる株券等の買付けをしても」と読み替えるものとする。

第二十七条の三　前条第一項の規定による届出をした者（以下この章において「公開買付者」という。）は、当該届出がその効力を生ずる時までに、当該届出に係る公開買付届出書（当該届出がその効力を生ずることとなる日前に前条第二項において準用する第七条、第九条第一項又は第十条第一項の規定により提出される訂正届出書を含む。次項において同じ。）の写しを当該公開買付けに係る株券等の発行者である会社に送付しなければならない。

公開買付者は、前条第一項の規定による届出がその効力を生じたときは、遅滞なく、大蔵省令で定めるところにより、当該届出に係る公開買付届出書に記載すべき内容のうち公益又は投資者保護のため必要かつ適当なものとして大蔵省令で定めるものを、時事に関する事項を掲載する日刊新聞紙に掲載して公告するとともに、当該公開買付けに係る株券等が次の各号に掲げる株券等に該当する場合には、当該公開買付届出書の写しを当該各号に掲げる者に送付しなければならない。

一　証券取引所に上場されている株券等　当該証券取引所

二　流通状況が前号に掲げる株券等に準ずるものとして政令で定める株券等　政令で定める証券業協会

前二項の規定は、前条第一項の規定による届出がその効力を生じた日以後に同条第二項において準用する第七条、第九条第一項又は第十条第一項の規定による訂正届出書が提出された場合に準用する。この場合において、第一項中「当該届出がその効力を生ずる時までに」とあり、又は前項中「前条第一項の規定による届出がその効力を生じたときは、遅滞なく」とあるのは、『当該訂正届出書を提出したときは、遅滞なく」と読み替えるものとする。

第二十七条の四　公開買付者（その者のために公開買付けによる買付けに係る事務を取り扱う者で政令で定めるものを含む。第三項及び次条において同じ。）は、その公開買付けにつき第二十七条の二第一項の規定による届出がその効力を生じておリ、かつ、前条第二項（同条第三項において準用する場合を含む。）の規定による公告をした後でなければ、当該公告に係る公開買付けによる株券等の買付けをしてはならない。

公開買付者及びその関係者で政令で定めるものは、第二十七条の二第一項の規定による届出がその効力を生じた日から次項第一号の買付けの期間が終了する日までの間は、当該公開買付けに係る株券等については、公開買付けによらないで買付けをしてはならない。ただし、買付けの態様その他の事情を勘案して政令で定める場合は、この限りでない。

公開買付者は、次に掲げる事項について公益又は投資者保護のため必要かつ適当なものとして政令で定める条件及び方法により、公開買付けによる株券等の買付けを行なわなければならない。

一　買付けの期間

二　買付価格

三　契約の解除

四　買付けに係る受渡しその他の決済

五　前各号に掲げる事項のほか、買付けに関し必要な事項

第二十七条の五　公開買付者は、公開買付けによる株券等の買付けをする場合には、あらかじめ当該公開買付けに関する説明書を交付しなければならない。

第十三条第二項、第四項及び第五項の規定は、前項に規定する公開買付けに関する説明書について準用する。この場合において、同条第二項中「第五条第一項に規定する届出書」とあるのは「公開買付届出書」と、同条第五項中「有価証券の募集又は売出し」とあるのは「株券等の公開買付け」と読み替えるものとする。

第二十七条の六　第二十七条の二第一項の規定による届出がされた公開買付けに係る株券等の発行者である会社又はその役員は、当該公開買付けに関する意見を広告により一般に表示し又は当該会社の株主に対し文書で表示しようとする場合には、政令で定めるところに従うとともに、当該表示の内容を記載した文書をあらかじめ大蔵大臣に提出しなければならない。

第二十七条の七　大蔵大臣は、大蔵省令で定めるところにより、公開買付届出書及びその訂正届出書を大蔵省に備え置き、当該公開買付届出書に係る届出がその効力を生じた日（同日以後に提出される当該訂正届出書については、大蔵大臣がこれを受理した日）から一年間、公衆の縦覧に供しなければならない。

証券取引所及び政令で定める証券業協会は、第二十七条の三第二項（同条第三項において準用する場合を含む。）の規定により送付された前項に規定する書類の写しを、大蔵省令で定めるところ

によりその事務所に備え置き、これらの書類の写しの送付を受けた日から一年間、公衆の縦覧に供しなければならない。

第二十七条の八　第二十三条の規定は公開買付けについて、第二十六条の規定は公開買付者及びその関係者について準用する。この場合において、第二十三条第一項中「第四条第一項」とあるのは「第二十七条の二第一項」と、「有価証券届出書」とあるのは「公開買付届出書」と読み替えるものとする。

大蔵大臣は、公益又は投資者保護のため必要かつ適当であると認めるときは、第二十七条の二第一項の規定による届出がされた公開買付けに係る株券等の発行者である会社又はその役員に対し、参考となるべき報告又は資料の提出を命ずることができる。

第九十八条中「基いて」を「基づいて」に、「なした」を「した」に改め、「十万円以下の」を削る。

第百十八条を次のように改める。

第百十八条　削除

第百二十九条第二項中「十万円以下の」を削る。

第百八十五条第一項中「第二十六条」の下に「（第二十七条及び第二十七条の八第一項において準用する場合を含む。）」を加える。

第百九十三条の二第一項中「株式」を「有価証券」に改め、「財務計算に関する書類」の下に「で大蔵省令で定めるもの」を加え、同条第五項中「この法律の規定により大蔵大臣に提出される貸借対照表、損益計算書その他の」を「第一項に規定する」に、「行わせ」を「行なわせ」に、「大蔵大臣に提出される貸借対照表、損益計算書その他の財務計算に関する書類で」を「当該期間内に提出される有価証券届出書又は有価証券報告書（その訂正報告書を含む。）で」に、「ものは、これを受理しない旨を決定する」を「ものの全部又は一部を受理しない旨の決定をする」に、「且つ」を「かつ」に改める。

第百九十七条中「左の」を「次の」に改め、「これを」を削り、第一号の二を第一号の三とし、第一号の次に次の一号を加える。

一の二　第五条（第二十七条において準用する場合を含む。）の規定による届出書類、第七条、第九条第一項若しくは第十条第一項（これらの規定を第二十七条において準用する場合を含む。）の規定による訂正届出書又は第二十四条第一項若しくは第二項若しくは第二十四条の二第一項（これらの規定を第二十七条において準用する場合を含む。）の規定による有価証券報告書若しくはその訂正報告書であつて、重要な事項につき虚偽の記載のあるものを提出した者

第百九十八条中「左の」を「次の」に改め、「これを」を削り、同条第一号中「必要とする有価証券」の下に「の募集又は売出し」を加え、「の効力が生じて」を「が受理されて」に、「当該有価証券の」を「当該」に、「取扱」を「取扱い」に、「売出」を「売出し」に改め、同号の次に次の一号を加える。

一の二　第六条（第十二条、第二十四条第四項、第二十四条の二第三項及び第二十四条の五第四項において準用し、並びにこれらの規定を第二十七条において準用する場合を含む。）の規定による書類の写しの提出にあたり、重要な事項につき虚偽があり、かつ、写しの基となつた書類と異なる内容の記載をした書類をその写しとして提出した者

第百九十八条第二号中「第十五条第一項」の下に「（第二十七条において準用する場合を含む。）、第二十七条の二第一項」を加え、同条に次の三号を加える。

三　第二十四条第一項から第三項まで（第二十七条において準用する場合を含む。）の規定による有価証券報告書若しくはその添附書類又は第二十四条の二第一項（第二十七条において準用する場合を含む。）において準用する第十条第一項の規定による訂正報告書を提出しない者

四　第二十四条第三項、第二十四条の二第一項若しくは第二十四条の五第一項から第三項まで（これらの規定を第二十七条において準用する場合を含む。）の規定による添附書類、半期報告書、臨時報告書若しくはこれらの訂正報告書又は第二十七条の二の規定による公開買付届出書若しくはその訂正届出書であつて、重要な事項につき虚偽の記載のあるものを提出した者

五　第二十五条第三項（第二十七条において準用する場合を含む。）の規定による書類の写しの公衆縦覧にあたり、重要な事項につき虚偽があり、かつ、写しの基となつた書類と異なる内容の記載をした書類をその写しとして公衆に縦覧した者

第二百条中「左の」を「次の」に、「これを六月」を「六月」に改め、第一号及び第二号を次のように改める。

一　第六条（第十二条、第二十四条第四項、第二十四条の二第三項及び第二十四条の五第四項において準用し、並びにこれらの規定を第二十七条において準用する場合を含む。）の規定による書類の写しを提出しない者

二　第七条前段、第九条第一項又は第十条第一項

（これらの規定を第二十七条において準用する場合を含む。）の規定による訂正届出書を提出しない者

第二百条第二号の次に次の七号を加える。

二の二　第十五条第二項（第二十七条において準用する場合を含む。）又は第二十七条の四の規定に違反した者

二の三　第二十四条の二第一項（第二十七条において準用する場合を含む。）において準用する第九条第一項、第二十四条の五第一項若しくは第二項（これらの規定を第二十七条において準用する場合を含む。）又は同条第三項（第二十七条において準用する場合を含む。）において準用する第二十四条の二第一項において準用する第九条第一項若しくは第十条第一項の規定による訂正報告書、半期報告書又は臨時報告書を提出しない者

二の四　第二十五条第二項（第二十七条において準用する場合を含む。）の規定に違反して同項の規定による書類の写しを公衆の縦覧に供しない者

二の五　第二十七条の二第二項において準用する第七条前段、第九条第一項又は第十条第一項の規定による訂正届出書を提出しない者

二の六　第二十七条の三第一項又は第二項（これらの規定を同条第三項において準用する場合を含む。）の規定による書類の写しの送付にあたり、重要な事項につき虚偽があり、かつ、写しの基となつた書類と異なる内容の記載をした書類をその写しとして送付した者

二の七　第二十七条の三第二項（同条第三項において準用する場合を含む。）の規定による公告について虚偽の表示をした者

二の八　第二十七条の五第一項の規定による説明書であつて、重要な事項につき虚偽の記載のあるものを交付した者

第二百五条中「左の」を「次の」に改め、「これを」を削り、同条第一号中「第四条第三項」を「第四条第二項若しくは第四項の規定」に改め、「、第十四条第二項において準用する第十三条第五項、第十五条第二項」を削り、「、第二十五条第二項若しくは第三項（第百十八条第二項において準用する場合を含む。）」を「若しくは第二十四条の二第二項（これらの規定を第二十七条において準用する場合を含む。）の規定、第十五条第三項（第二十七条において準用する場合を含む。）において準用する同条第二項の規定又は」に、「又は」を「若しくは」に改め、同条第二号及び第二号の二を次のように改める。

二　第二十七条の三第一項、第二十七条の五第一項、同条第二項において準用する第十三条第五項、第二十七条の六又は第二十七条の八第一項において準用する第二十三条第二項の規定に違反した者

二の二　第二十七条の三第二項又は同条第三項において準用する同条第一項若しくは第二項の規定による書類の写しを送付しない者

第二百五条第三号中「第二十六条」の下に「（第二十七条及び第二十七条の八第一項において準用する場合をを含む。）、第二十七条の八第二項」を加え、同条第十五号中「第二十六条」の下に「（第二十七条及び第二十七条の八第一項において準用する場合を含む。）」を加える。

第二百七条中「法人の代表者」を「法人（法人でない団体で代表者又は管理人の定めのあるものを含む。以下この項において同じ。）の代表者」に、「第百九十七条第二号第三号、第百九十八条乃至第二百条」を「第百九十七条第一号の二から第三号まで、第百九十八条から第二百条まで」に、「外」を「ほか」に改め、同条に次の一項を加える。

前項の規定により法人でない団体を処罰する場合には、その代表者又は管理人がその訴訟行為につきその団体を代表するほか、法人を被告人又は被疑者とする場合の刑事訴訟に関する法律の規定を準用する。

第二百八条中「左の」を「次の」に改め、同条第一号中「第四条第二項」を「第四条第三項」に改める。

附　則

1　この法律は、公布の日から起算して四月をこえない範囲内で政令で定める日から施行する。

2　この法律の施行の日（以下「施行日」という。）前に募集又は売出しを開始した改正前の証券取引法（以下「旧法」という。）第三条第二項に規定する有価証券については、なお従前の例による。

3　改正後の証券取引法（以下「新法」という。）第四条から第十三条まで、第十五条、第十六条及び第十八条から第二十三条までの規定は、附則第五項に定めるものを除き、施行日以後に開始する有価証券の募集又は売出し（同日前にした旧法第四条第一項の規定による届出に係るものを除く。）及び当該募集又は売出しに係る有価証券の取引について適用し、同日前に開始した有価証券の募集又は売出し及び同日前にした旧法第四条第一項の規定による届出に係る有価証券の募集又は売出しで同日以後に開始するもの並びにこれらの募集又

は売出しに係る有価証券の取引については、なお従前の例による。

4 担保附社債券及び法令により優先弁済を受ける権利を保証されている社債券（転換社債券を除く。）の募集又は売出しは、新法第四条第一項の規定にかかわらず、当分の間、同項の規定による届出をしないで、することができる。

5 新法第四条第二項の規定は、施行日から四十日を経過する日までの間における一定の日において株主名簿に記載されている株主に対し行なわれる有価証券の募集又は売出しについては、適用しない。

6 新法第二十四条から第二十四条の四までの規定は、施行日以後に終了する事業年度に係る新法第二十四条第一項の規定による有価証券報告書（その添附書類及びこれらの訂正報告書を含む。以下この項において同じ。）又は同日以後に同条第二項に規定する事実が生じた場合の同項の規定による有価証券報告書について適用し、同日前に終了した事業年度に係る旧法第二十四条第一項の規定による報告書（その訂正報告書を含む。以上「旧有価証券報告書」という。）については、なお従前の例による。

7 施行日前にその募集又は売出しにつき旧法第四条第一項の規定による届出があつた有価証券の発行者である会社は、同日において新法第四条第一項本文の規定の適用を受けた有価証券の発行者である会社とみなして、新法第二十四条第一項の規定を適用する。

8 新法第二十四条の五第一項に規定する会社は、施行日の属する事業年度については、同項の規定による半期報告書を提出することを要しない。

9 施行日前に終了した事業年度に係る旧法第百十八条第一項の規定による報告書（その訂正報告書を含む。以下「上場有価証券報告書」という。）については、なお従前の例による。

10 附則第三項及び第六項並びに前項の規定によりなお従前の例によることとされる有価証券の募集又は売出しに係る有価証券届出書、旧有価証券報告書及び上場有価証券報告書並びにこれらの書類の写しの公衆縦覧については、なお従前の例による。

11 施行日前にした行為並びにこの附則の規定によりなお従前の例によることとされる有価証券の募集又は売出し、当該募集又は売出しに係る有価証券の取引、旧有価証券報告書、上場有価証券報告書及び前項の公衆縦覧に係る同日以後にした行為に対する罰則の適用については、なお従前の例による。

12 大蔵省設置法(昭和二十四年法律第百四十四号)の一部を次のように改正する。

第四条第五十二号及び第十一条第六号中「発行」の下に「又は公開買付け」を加え、「又は」を「及び有価証券に関する」に改める。

審査報告書

外国証券業者に関する法律案

右は多数をもつて可決すべきものと議決した。よつて要領書を添えて報告する。

昭和四十六年二月二十三日

大蔵委員長　柴田　栄

参議院議長　重宗　雄三殿

…………………………

要領書

一、委員会の決定の理由

本法律案は、資本取引の国際化および証券業の資本自由化の進展に即応し、わが国の資本市場の健全な発展に資するため、外国証券業者が本邦内において証券業を営むことができるみちを開くとともに、公益または投資者保護の見地からその営業活動に対し適正な規制を行なうための措置を講じようとするものであつて、おおむね妥当な措置と認める。

一、費用

本法施行のため、別に費用を要しない。

外国証券業者に関する法律案

外国証券業者に関する法律

目次

第一章　総則

（目的）

第一条　この法律は、外国証券業者が国内の支店において証券業を営むことができるみちを開き、その営業活動につき適正な規制を加えることにより、資本市場の健全な発展及び投資者の保護に資することを目的とする。

（定義）

第二条　この法律において、次の各号に掲げる用語の意義は、当該各号に定めるところによる。

一　外国証券業者　外国の法令に準拠し、外国において証券業を営む者（証券会社を除く。）をいう。

二　外国証券会社　次条第一項の免許を受けた外国証券業者をいう。

三　有価証券、有価証券の募集、有価証券の売出し又は証券会社　それぞれ証券取引法（昭和二十三年法律第二十五号）第二条第一項から第四項まで又は第九項（定義）に規定する有価証券、有価証券の募集、有価証券の売出又は証券会社をいう。

四　証券業　証券取引法第二条第八項各号に掲げる行為（以下「証券取引行為」という。）のいずれかを行なう営業をいう。

五　国内　この法律の施行地をいう。

第二章　免許等

（営業の免許）

第三条　外国証券業者は、証券取引法第二十八条第一項（証券業の免許）の規定にかかわらず、国内に設ける支店ごとに大蔵大臣の免許を受けた場合に限り、当該支店において当該免許に係る証券業を営むことができる。

2　前項の免許を受けない外国証券業者は、国内にある者を相手方として証券取引行為を行なつてはならない。ただし、証券会社を相手方とする場合その他の場合で政令で定める場合は、この限りでない。

3　第一項の免許は、次に掲げる四種類とする。

一　有価証券の売買を行なう業務の免許

二　有価証券の売買の媒介、取次ぎ及び代理並びに有価証券市場（証券取引法第二条第十二項（定義）に規定する有価証券市場をいい、これに類する有価証券の市場で外国に所在するものを含む。）における売買取引の委託の媒介、取次ぎ及び代理を行なう業務の免許

三　有価証券の引受け及び売出しを行なう業務の免許

四　有価証券の募集及び売出しの取扱いを行なう業務の免許

4　証券取引法第二十九条（免許の条件）の規定は、第一項の免許について準用する。

（免許の申請）

第四条　前条第一項の免許を受けようとする者は、当該免許を受けて業務を営もうとする支店につきその業務を担当する代表者（以下「支店の代表者」という。）を定め、次に掲げる事項を記載した免許申請書を大蔵大臣に提出しなければならない。

一　商号及び本店の所在の場所

二　資本の額

三　役員（取締役及び監査役又はこれらに類する役職にある者をいう。以下同じ。）の役職名及び氏名

四　当該支店の名称及び所在の場所

五　当該支店の代表者の氏名及び国内の住所

六　受けようとする免許の種類

七　免許申請に係る業務と同種類の業務を開始した年月日

八　本店及び当該支店以外の営業所の名称及び所在の場所

2　前項の免許申請書には、次に掲げる書類を添附しなければならない。

一　定款及び会社登記簿の謄本（これらに準ずるものを含む。）並びに業務の内容及び方法を記載した書類

二　当該支店の会社登記簿の謄本及び当該支店における業務の方法を記載した書類

三　その他大蔵省令で定める書類

（免許の審査基準）

第五条　大蔵大臣は、第三条第一項の免許をしようとするときは、次の各号に掲げる基準に適合するかどうかを審査しなければならない。

一　免許申請者及びその申請に係る支店（以下次条までにおいて「予定支店」という。）がその営もうとする業務を健全に遂行するに足りる財産的基礎を有し、かつ、当該免許申請者及び当該予定支店の業務の収支の見込みが良好なものであること。

二　免許申請者及びその予定支店が、その人的構成に照らして、その営もうとする業務を公正かつ的確に遂行することができる知識及び経験を有し、かつ、十分な社会的信用を有するものであること。

三　免許申請に係る証券業が、その営まれる地域における有価証券の取引の状況、証券会社及びその営業所の数、外国証券会社の支店（第三条第一項の免許を受けた支店をいう。以下同じ。）の数その他その地域における経済の状況に照らして、必要かつ適当なものであること。

（免許の拒否要件）

第六条　大蔵大臣は、免許申請者が次の各号のいずれかに該当する場合には、第三条第一項の免許をしてはならない。

一　株式会社と同種類の法人でないとき。

二　免許申請に係る業務と同種類の業務を三年以上継続して営んでいる外国証券業者でないとき

（政令で定める場合に該当するときを除く。）

三　法令上、すべての種類の有価証券に係る証券取引行為のいずれかを、その業務とともに営業として行なうことが認められない者の営む当該業務と同種類の業務を営んでいる者又はその者と密接な関係を有する者として政令で定める要件に該当する者（これらの者のうち政令で定める者を除く。）であるとき。

四　第十二条第三項に規定する政令で定めるところにより計算した資本の額が、免許の種類、業務の態様及び予定支店の所在地に応じ、公益又は投資者保護のため必要かつ適当なものとして、証券取引法第三十一条第一号（免許の拒否要件）に規定する政令で定めるところに準じて政令で定める金額以上の法人でないとき。

五　証券取引法若しくはこの法律（以下「国内証券法」と総称する。）の規定又はこれに相当する外国の法令の規定（以下「外国証券法令の規定」という。）により罰金の刑（これに相当する外国の法令による刑を含む。第七号ロにおいて同じ。）に処せられ、その刑の執行を終わつた後又は執行を受けることがないこととなつた日から五年を経過するまでの者であるとき。

六　その受けているすべての種類の免許若しくは申請に係る免許と同一種類の免許が第十二条第一項の規定により取り消され、又はその本店の所在する国において受けているすべての種類の証券業に係る免許（当該免許に類する許可、登録その他の行政処分を含む。以下「免許等」という。）若しくは申請に係る免許と同種類の免許等が外国証券法令の規定により取り消され、その取消しの日から五年を経過するまでの者であるとき。

七　役員（いかなる名称を有する者であるかを問わず、当該法人に対し役員と同等以上の支配力を有するものと認められる者を含む。以下この条、第十一条及び第十三条において同じ。）及び予定支店の代表者のうちに次のいずれかに該当する者のある法人であるとき。

イ　破産者で復権を得ないもの又は外国の法令上これと同様に取り扱われている者

ロ　禁錮以上の刑若しくはこれに相当する外国の法令による刑又は国内証券法の規定若しくは外国証券法令の規定による罰金の刑に処せられ、その刑の執行を終わつた後又は執行を受けることがないこととなつた日から五年を経過するまでの者

ハ　証券会社若しくは外国証券会社が、国内証券法の規定によりその受けているすべての種類の免許を取り消された場合において、その取消しの日以前三十日内にその証券会社若しくは外国証券会社の役員（監査役及びこれに類する役職にある者を除く。以下このハにおいて同じ。）若しくはその外国証券会社の支店の代表者であつた者でその取消しの日から五年を経過するまでのもの又は外国証券業者が、その本店の所在する国の外国証券法令の規定によりその受けているすべての種類の免許等を取り消された場合において、その証券業を営んでいた個人若しくはその取消しの日以前三十日内にその外国証券業者の役員であつた者でその取消しの日から五年を経過するまでのもの

ニ　国内証券法の規定により解任若しくは解職を命ぜられた証券会社若しくは外国証券会社の役員若しくは外国証券会社の支店の代表者又はその本店の所在する国の外国証券法令の規定により解任を命ぜられた外国証券業者の役員で、その処分を受けた日から五年を経過するまでのもの

（支店の名称の制限）

第七条　証券取引法第四十一条第一項（商号の制限）の規定は、外国証券会社の支店の名称について準用する。

2　証券取引法第四十一条第二項の規定は、外国証券会社には適用しない。

（営業保証金）

第八条　外国証券会社は、第六条第四号に規定する政令で定める金額で当該外国証券会社につき適用されるものの十分の一に相当する金額（その金額が千万円に満たないときは、千万円）以下において、免許の種類、営業の態様及び支店の所在地に応じて政令で定める額の営業保証金を、支店ごとにそのもよりの供託所に供託しなければならない。

2　外国証券会社は、政令で定めるところにより、当該外国証券会社のために所要の営業保証金が大蔵大臣の命令に応じて供託される旨の契約を締結し、その旨を大蔵大臣に届け出たときは、当該契約の効力の存する間、当該契約において供託されることとなつている金額（以下この条において「契約金額」という。）につき前項の営業保証金の一部の供託をしないことができる。

3　大蔵大臣は、公益又は投資者保護のため必要かつ適当であると認めるときは、外国証券会社と前項の契約を締結した者又は当該外国証券会社に対

し、契約金額に相当する金額の全部又は一部を供託すべき旨を命ずることができる。

4 外国証券会社は、第一項の営業保証金につき供託（第二項の契約の締結を含む。）を行ない、その旨を大蔵大臣に届け出た後でなければ、その免許に係る業務（第十条第二号又は第三号に係る認可を受けたことにより供託すべき営業保証金の額が増加することとなる場合にあつては、その認可に係る業務）を開始してはならない。

5 外国証券会社の支店がした証券取引行為の相手方となつた者（証券会社及び外国証券会社並びにその取引をした時において国内に住所及び居所を有しない個人並びに国内に営業所及び事務所を有しない法人を除く。）は、その取引により生じた債権に関し、当該支店に係る営業保証金について、他の債権者に先だち弁済を受ける権利を有する。

6 前項の権利の実行に関し必要な事項は、政令で定める。

7 外国証券会社は、第五項の権利の実行その他の理由により、営業保証金の額（契約金額を含む。第九項において同じ。）が第一項の規定により供託すべき金額に不足することとなつたときは、大蔵省令で定める日から三週間以内にその不足額につき供託（第二項の契約の締結を含む。第三十五条第三号において同じ。）を行ない、その旨を遅滞なく大蔵大臣に届け出なければならない。

8 第一項又は前項の規定により供託する営業保証金は、国債証券、地方債証券その他大蔵省令で定める有価証券をもつてこれに充てることができる。

9 第一項、第三項又は第七項の規定により供託した営業保証金は、第十一条の規定によりその支店におけるすべての証券業の廃止につき認可を受けた場合、第十二条第一項の規定によりその支店に係るすべての種類の免許を取り消された場合又は営業保証金の額が第一項の規定により供託すべき金額をこえることとなつた場合には、政令で定めるところにより、その全部又は一部を取り戻すことができる。

10 前各項に規定するもののほか、営業保証金に関し必要な事項は、法務省令、大蔵省令で定める。

（職務代行者）

第九条 大蔵大臣は、外国証券会社の支店の代表者が欠けた場合において必要があると認めるときは、一時その職務を行なうべき者（次項において「職務代行者」という。）を選任することができる。この場合には、当該外国証券会社は、支店の所在地においてその登記をしなければならない。

2 大蔵大臣は、前項の規定により職務代行者を選任したときは、外国証券会社に対し、当該職務代行者に相当額の報酬を支払うべき旨を命ずることができる。

（基本事項の変更の認可）

第十条 外国証券会社は、次に掲げる場合には、大蔵大臣の認可を受けなければならない。

一 支店の名称を変更しようとするとき。

二 支店における業務の方法を変更しようとするとき。

三 支店の位置を変更しようとするとき。

（営業の譲渡等の認可）

第十一条 次に掲げる事項は、大蔵大臣の認可を受けなければ、その効力を生じない。

一 外国証券会社の支店についての営業の全部若しくは一部の譲渡又は営業の譲受け

二 外国証券会社の支店における証券業の廃止（二種類以上の免許を受けている場合における一部の種類の免許に係る業務の廃止を含む。）

（免許の取消し等）

第十二条 大蔵大臣は、外国証券会社が次の各号のいずれかに該当する場合には、当該外国証券会社の支店に係る免許を取り消し、又は六月以内の期間を定めて当該支店の業務の全部若しくは一部の停止を命ずることができる。

一 第六条第一号から第五号まで又は第六号（外国証券法令の規定に係る部分に限る。）に該当することとなつたとき。

二 法令（外国の法令を含む。）、当該法令に基づく行政庁の処分又は当該免許若しくはその本店の所在する国において受けている免許等に附された条件に違反した場合において、公益又は投資者保護のため必要かつ適当であると認められるとき。

三 純財産額が資本の額に満たなくなつた場合その他業務又は財産の状況に照らし支払不能におちいるおそれがある場合において、投資者の受ける損害を防止するためやむを得ないと認められるとき。

四 役員（次項に規定するものを除く。）が第六条第七号イからニまでのいずれかに該当することとなつた場合又は第二号の行為をした場合において、その役員が在任することにより当該支店における業務の公正な運営が阻害されるおそれがあると認められるとき。

五 免許申請書又はその添附書類のうちに重要な事項について虚偽の記載があり又は重要な事実

の記載が欠けていることが判明したとき。

2　大蔵大臣は、外国証券会社の支店の代表者又は当該支店に駐在する役員が第六条第七号イからニまでのいずれかに該当することとなつたとき、又は前項第二号の行為をしたときは、当該外国証券会社に対して、当該支店の代表者の解任又は当該役員の解職を命ずることができる。

3　第一項第三号に規定する純財産額及び資本の額の計算については、政令で定める。

（引受業務の一部の許可）

第十三条　外国証券業者（第三条第三項第三号の免許を受けた外国証券会社を除く。）は、同条第二項の規定にかかわらず、大蔵省令で定めるところにより大蔵大臣の許可を受けて、その行なう有価証券の引受けの業務のうち、元引受契約への参加その他の行為で政令で定めるものを国内において行なうことができる。

2　第三条第四項、第五条第一号及び第二号並びに第六条第五号から第七号までの規定は、前項の許可について準用する。

3　大蔵大臣は、第一項の許可を受けた外国証券業者（以下「許可業者」という。）が次の各号のいずれかに該当する場合には、当該許可を取り消すことができる。

一　第六条第五号又は第六号に該当することとなつたとき。

二　法令（外国の法令を含む。）、当該法令に基づく行政庁の処分又は当該許可若しくはその本店の所在する国において受けている免許等に附された条件に違反した場合において、公益又は投資者保護のため必要かつ適当であると認められるとき。

三　前条第一項第三号に該当することとなつたとき。

四　許可業者の役員（許可業者が外国証券会社である場合にはその支店の代表者を含むものとし、許可業者が個人である場合には当該個人とする。）が、第六条第七号イからニまでのいずれかに該当することとなつた場合又は第二号の行為をした場合において、当該許可に係る行為が公正に行なわれないこととなるおそれがあると認められるとき。

（行政処分の手続）

第十四条　証券取引法第三十六条第一項（行政処分の手続）の規定は、大蔵大臣が第三条第一項の免許若しくは前条第一項の許可をしないこととし、又は第十二条第一項若しくは第二項若しくは前条第三項の規定に基づく処分をしようとするときについて、同法第三十六条第二項の規定は、大蔵大臣が第三条第一項の免許、前条第一項の許可若しくは第十条若しくは第十一条の認可をし若しくはしないこととしたとき、第三条第四項（前条第二項において準用する場合を含む。）において準用する同法第二十九条第一項（免許の条件）の規定により条件を附することとしたとき、又は第十二条第一項若しくは第二項若しくは前条第三項の規定に基づいて処分をすることとしたときについて準用する。

（変更等の届出）

第十五条　外国証券会社は、次の各号のいずれかに該当することとなつたときは、遅滞なく（第三号及び第四号の場合にあつては、あらかじめ）、その旨を大蔵大臣に届け出なければならない。

一　第四条第一項第一号から第三号まで、第五号又は第八号に掲げる事項に変更があつたとき。

二　定款又は業務の方法（支店に係るものを除く。）を変更したとき。

三　合併し、又は営業の全部若しくは一部の譲渡若しくは譲受け（支店のみに係るものを除く。）をしようとするとき。

四　解散し、又はその証券業の全部若しくは一部の廃止（支店のみに係るものを除く。）をしようとするとき。

五　第六条第五号、第六号又は第七号に該当することとなつたとき。

六　本店又は支店において営業を休止し、又は再開したとき。

七　その他大蔵省令で定める場合

（残務の結了）

第十六条　証券取引法第三十八条（残務の結了）の規定は、外国証券会社がその支店における証券業を廃止した場合について準用する。

第三章　業務及び財務

（業務の規制）

第十七条　証券取引法第四十二条（取締役の兼職等の制限）の規定は外国証券会社の支店の代表者及び当該支店に駐在する役員（監査役及びこれに類する役職にある者を除く。）について、同法第四十三条から第五十一条まで（兼業の制限、名義貸しの禁止、社債募集の受託の禁止、取引の態様の明示、問屋の介入権の排除、売買報告書の交付、信用取引等の場合の保証金の預託、不公正取引の禁止及び顧客の有価証券の担保提供等の制限）及び第六十一条（引受人の信用供与の制限）の規定は外国証券会社の支店における業務について準用する。

2　証券取引法第四十四条、第四十五条第一項、第五十条及び第六十一条の規定は、許可業者の国内における第十三条第一項の行為について準用する。

（自己計算取引等の制限）

第十八条　大蔵大臣は、外国証券会社が自己の計算に基づき国内において行なう有価証券の売買若しくは国内にある者から有価証券の売買について売買の別、銘柄、数量及び価格の決定を一任されてその者の計算において行なう売買を制限し、又は外国証券会社が国内において行なう過当な数量の有価証券の売買その他の取引であつて国内における有価証券の市場の秩序を害すると認められるものを制限するため、公益又は投資者保護のため必要かつ適当であると認める事項を大蔵省令で定めることができる。

（営業に関する報告）

第十九条　外国証券会社は、その支店ごとに、毎年十月から翌年九月までの期間に係る営業報告書を大蔵省令で定める様式により作成し、当該期間経過後二月以内に大蔵大臣に提出しなければならない。

2　大蔵大臣は、公益又は投資者保護のため必要かつ適当であると認めるときは、外国証券会社に対し、大蔵大臣の指示するところに従い前項の営業報告書の全部又は一部を新聞紙に掲載すべき旨を命ずることができる。

3　外国証券会社は、大蔵省令で定めるところにより、事業年度ごとに、その営む業務の全部に関し作成した貸借対照表、損益計算書その他財務計算に関する書類及び当該事業年度における業務の概要を記載した書面を、当該事業年度経過後三月以内に、大蔵大臣に提出しなければならない。

（経営保全命令）

第二十条　証券取引法第五十四条（経営保全命令）の規定は、外国証券会社の支店における営業に関し準用する。

（報告の徴取及び検査）

第二十一条　大蔵大臣は、公益又は投資者保護のため必要かつ適当であると認めるときは、外国証券会社に対し若しくはその支店と取引を行なう者に対し、当該外国証券会社の支店の業務若しくは財産に関し参考となるべき報告若しくは資料の提出を命じ、又は当該職員をして当該支店の業務若しくは財産の状況若しくは帳簿書類その他の物件を検査させることができる。

（外務員登録等）

第二十二条　証券取引法第六十二条から第六十四条の四まで（外務員登録、外務員登録の拒否、外務員の権限、外務員に関する届出事項、外務員に対する行政処分及び外務員登録の抹消）の規定は、外国証券会社の支店における業務について準用する。この場合において、同法第六十二条第一項中「役員」とあるのは「支店の代表者若しくはその支店に駐在する役員」と、同条第三項第一号中「商号」とあるのは「支店の名称」と、同項第二号ハ中「役員」とあるのは「支店の代表者、役員」と、同法第六十三条第一項第一号、第六十四条の二第二号及び第六十四条の三第一項第一号中「第三十二条第四号」とあるのは「外国証券業者に関する法律第六条第七号」と読み替えるものとする。

（売買損失準備金及び証券取引責任準備金）

第二十三条　証券取引法第五十六条（売買損失準備金）及び第五十七条の二（証券取引責任準備金）の規定は、外国証券会社について準用する。この場合において、これらの規定中「有価証券の売買」とあるのは「その支店における有価証券の売買」と、「積み立て」とあるのは「当該支店において積み立て」と読み替えるものとする。

（損失準備金）

第二十四条　外国証券会社は、毎決算期において、その支店の営業に係る利益の額に十分の一をこえない範囲内で大蔵大臣の定める率を乗じた額以上の額を、損失準備金として当該支店において積み立てなければならない。

2　前項の準備金は、大蔵大臣の承認を受けて各決算期における当該支店の営業に係る純損失の補てんに充てる場合のほか、使用してはならない。

3　前二項に規定するもののほか、損失準備金の積立て及び使用に関し必要な事項は、大蔵省令で定める。

（資産の国内保有）

第二十五条　外国証券会社は、前二条の規定により積み立てられた準備金の額及び当該支店の計算に属する負債のうち政令で定めるものの額を合計した金額に相当する資産を、政令で定めるところにより、国内において保有しなければならない。

（業務に関する書類の作成等）

第二十六条　証券取引法第百八十四条（業務に関する書類の作成等）の規定は、外国証券会社の支店における業務について準用する。この場合において、同条中「この法律」とあるのは、「外国証券業者に関する法律」と読み替えるものとする。

第四章　雑則

（仲介）

第二十七条　証券取引法第六章（仲介）の規定は、

外国証券会社がその支店において行なう有価証券の売買その他の取引につき争いがある場合について準用する。

（審問）

第二十八条　証券取引法第百八十二条（審問）の規定は、次に掲げる規定により大蔵大臣が当該職員をして審問を行なわせる場合について準用する。

一　第十四条において準用する証券取引法第三十六条第一項（行政処分の手続）

二　第二十条において準用する証券取引法第五十四条第三項（経営保全命令）

三　第二十二条において準用する証券取引法第六十三条第二項（外務員登録の拒否）又は第六十四条の三第二項（外務員に対する行政処分）

四　前条において準用する証券取引法第百六十三条（協定不履行の場合の処分）

（調査のための処分、検査職員の証票及び旅費等の請求）

第二十九条　証券取引法第百八十三条（調査のための処分）の規定は、第二十七条において準用する同法第百五十七条（仲介の申立て）の規定による仲介、前条各号に掲げる規定による審問又は次条において準用する同法第百八十七条（裁判所の禁止命令等）の規定による申立てについて大蔵大臣が必要な調査をする場合について準用する。

2　証券取引法第百八十五条（検査職員の証票）の規定は、大蔵大臣が第二十一条の規定又は前項において準用する同法第百八十三条第四号の規定により当該職員をして検査させる場合について準用する。

3　証券取引法第百八十六条（旅費等の請求）の規定は、第一項において準用する同法第百八十三条第一号又は第二号の規定により出頭又は鑑定を命ぜられた参考人又は鑑定人について準用する。

（裁判所の禁止命令等）

第三十条　証券取引法第百八十七条（裁判所の禁止命令等）の規定は、この法律又はこの法律に基づく命令に違反する行為をし、又はしようとする者がある場合について準用する。

（証券関連業務のための施設の届出等）

第三十一条　外国証券業者（証券業と密接な関係を有する業務を営む者で大蔵省令で定めるものを含むものとし、外国証券会社を除く。以下この条において「外国証券業者等」という。）は、有価証券の市場に関する情報の収集及び提供その他有価証券に関連のある業務で大蔵省令で定めるものを行なうため、国内において事務所その他の施設を設置しようとする場合（他の目的をもつて設置している施設において当該業務を行なおうとする場合を含む。）には、あらかじめ、当該業務の内容、当該施設の所在の場所その他大蔵省令で定める事項を大蔵大臣に届け出なければならない。

2　大蔵大臣は、公益又は投資者保護のため必要かつ適当であると認めるときは、外国証券業者等に対し前項の業務に関する報告又は資料の提出を命ずることができる。

3　外国証券業者等は、第一項の施設又は業務を廃止したときは、遅滞なく、その旨を大蔵大臣に届け出なければならない。

（権限の委任）

第三十二条　この法律に規定する大蔵大臣の権限は、大蔵省令で定めるところにより、その一部を財務局長に委任することができる。

第五章　罰則

第三十三条　第三十条において準用する証券取引法第百八十七条の規定による裁判所の命令に違反した者は、三年以下の懲役若しくは三十万円以下の罰金に処し、又はこれを併科する。

第三十四条　次の各号のいずれかに該当する者は、一年以下の懲役若しくは十万円以下の罰金に処し、又はこれを併科する。

一　第三条第四項において準用する証券取引法第二十九条第一項の規定により附した条件に違反した者

二　第八条第四項の規定に違反した者

三　第十条の規定に違反した者

四　第十二条第一項の規定による業務の停止の処分に違反した者

五　第十七条第一項において準用する証券取引法第四十三条ただし書の規定による承認を受けないで証券業以外の業務を営んだ者

六　第二十二条において準用する証券取引法第六十二条第二項の規定に違反した者

第三十五条　次の各号のいずれかに該当する者は、六月以下の懲役若しくは五万円以下の罰金に処し、又はこれを併科する。

一　第三条第二項の規定に違反した者

二　第四条の規定又は第二十二条において準用する証券取引法第六十二条の規定による申請書又は添附書類に虚偽の記載をしてこれを提出した者

三　第八条第七項の規定に違反して供託を行なわなかつた者

四　第十三条第二項において準用する第三条第四項において準用する証券取引法第二十九条第一項の規定により附した条件に違反した者

五　第十七条第一項において準用する証券取引法第四十四条の規定に違反した者

第三十六条　次の各号のいずれかに該当する者は、三万円以下の罰金に処する。

一　第十五条の規定又は第二十六条において準用する証券取引法第百八十四条の規定による届出若しくは報告をせず、又は虚偽の届出若しくは報告をした者

二　第十七条第一項において準用する証券取引法第四十二条又は第五十一条の規定に違反した者

三　第十七条第一項において準用する証券取引法第四十八条の規定による売買報告書を交付せず、又は虚偽の記載をした売買報告書を交付した者

四　第十七条第二項において準用する証券取引法第四十四条の規定に違反した者

五　第十八条の規定による大蔵省令に違反した者

六　第十九条第一項若しくは第三項の規定による営業報告書、書類若しくは書面を提出せず、又は虚偽の記載をした営業報告書、書類若しくは書面を提出した者

七　第十九条第二項の規定による命令に違反した者

八　第二十一条の規定による報告若しくは資料を提出せず、又は虚偽の報告若しくは資料を提出した者

九　第二十一条の規定又は第二十九条第一項において準用する証券取引法第百八十三条第四号の規定による検査を拒み、妨げ、又は忌避した者

十　第二十二条において準用する証券取引法第六十四条の二の規定による届出をせず、又は虚偽の届出をした者

十一　第二十六条において準用する証券取引法第百八十四条の規定による書類の作成若しくは保存をせず、又は虚偽の書類を作成した者

第三十七条　法人（法人でない団体で、代表者又は管理人の定めのあるものを含む。以下この項において同じ。）の代表者又は法人若しくは人の代理人、使用人その他の従業者が、その法人又は人の業務又は財産に関して前三条の違反行為をしたときは、その行為者を罰するほか、その法人又は人に対しても、各本条の罰金刑を科する。

2　前項の規定により法人でない団体を処罰する場合には、その代表者又は管理人がその訴訟行為につきその団体を代表するほか、法人を被告人又は被疑者とする場合の刑事訴訟に関する法律の規定を準用する。

第三十八条　外国証券会社の支店の代表者は、次の場合においては、三万円以下の過料に処する。

一　第十七条第一項において準用する証券取引法第四十九条第一項又は第六十一条の規定に違反したとき。

二　第二十条において準用する証券取引法第五十四条第一項の規定による命令に違反したとき。

三　第二十三条において準用する証券取引法第五十六条若しくは第五十七条の二の規定又は第二十四条の規定に違反して、準備金を積み立てず、又はこれを使用したとき。

四　第二十五条の規定に違反して資産を国内において保有しないとき。

2　次の各号のいずれかに該当する者は、三万円以下の過料に処する。

一　第八条第三項の規定による命令に違反した者

二　第三十一条第一項の規定による届出をせず、又は虚偽の届出をした者

三　第三十一条第二項の規定による報告若しくは資料を提出せず、又は虚偽の報告若しくは資料を提出した者

第三十九条　次の各号のいずれかに該当する者は、一万円以下の過料に処する。

一　第九条第二項の規定による命令に違反した者

二　第十七条第二項において準用する証券取引法第六十一条の規定に違反した者

三　第二十九条第一項において準用する証券取引法第百八十三条第一号又は第二号の規定による処分に違反して、出頭、陳述、意見書若しくは報告書の提出若しくは鑑定をせず、又は虚偽の陳述、虚偽の意見書若しくは報告書の提出若しくは虚偽の鑑定をした者

四　第二十九条第一項において準用する証券取引法第百八十三条第三号の規定による処分に違反して、物件を提出しない者

五　第三十一条第三項の規定による届出を怠つた者

附　則

（施行期日）

1　この法律は、公布の日から起算して六月をこえない範囲内において政令で定める日から施行する。

（経過措置）

2　この法律の施行の際現に第三十一条第一項に規定する業務を行なう施設を設置している者は、この法律の施行の日から一月以内に同項に定める届出をしなければならない。

（関係法律の一部改正）

3　証券取引法の一部を次のように改正する。

第二条第八項第三号中「有価証券市場」の下に「（これに類する有価証券の市場で外国に所在するものを含む。第二十八条第二項及び第六十二条第一項において同じ。）」を加える。

第十五条第一項中「証券会社」の下に「（外国証券会社（外国証券業者に関する法律（昭和四十六年法律第　　号）第二条第二号に規定する外国証券会社をいう。第九十条において同じ。）を含む。以下この条、第二十一条第一項及び第四項、第三十一条第三号、第六十二条第三項第二号、第六十三条第一項第三号、第七十一条第三号並びに第百五十六条の九において同じ。）」を加える。

第三十三条に次の一号を加える。

七　証券業を営む会社を外国において設立しようとするとき、又は証券業を営む外国の会社の株式をその発行済株式の総数に大蔵省令で定める率を乗じて得た数をこえて取得しようとするとき。

第三十六条第一項中「することが適当でないと認めるとき」を「しないこととし」に改める。

第五十七条の二の次に次の一条を加える。

第五十七条の三　大蔵大臣は、公益又は投資者保護のため必要かつ適当であると認める場合には、証券会社に対し、その資産のうち政令で定める部分を国内において保有することを命ずることができる。

第三十六条の規定は、前項の規定による処分をする場合に準用する。

第九十条中「証券会社」の下に「及び政令で定める外国証券会社」を加える。

第百八十四条第二項を削る。

第百八十五条第一項中「、第百八十三条第四号又は前条第二項」を「又は第百八十三条第四号」に改める。

第百九十七条第一号の三及び第三号中「の規定による」を「の規定に違反して大蔵大臣の」に改める。

第二百五条第五号及び第十四号中「第百八十四条第一項」を「第百八十四条」に改め、同条第十五号中「、第百八十三条第四号又は第百八十四条第二項」を「又は第百八十三条第四号」に改める。

第二百八条中「一万円以下」を「三万円以下」に改め、第三号の二の次に次の一号を加える。

三の三　第五十七条の三の規定による命令に違反したとき。

第二百九条中「五千円以下」を「一万円以下」に改める。

第二百十条中「三千円以下」を「五千円以下」に改める。

4　日本銀行法（昭和十七年法律第六十七号）の一部を次のように改正する。

第十三条ノ三第七号中「規定スル証券業者」を「規定スル証券会社及外国証券業者ニ関スル法律第二条第二号ニ規定スル外国証券会社」に改める。

5　大蔵省設置法（昭和二十四年法律第百四十四号）の一部を次のように改正する。

第四条第五十号及び第十一条第三号中「証券会社」を「証券業を営む者」に改める。

6　有価証券取引税法（昭和二十八年法律第百二号）の一部を次のように改正する。

第二条第四項中「規定する証券会社」の下に「及び外国証券業者に関する法律（昭和四十六年法律第　　号）第二条第二号に規定する外国証券会社」を加える。

7　中小企業退職金共済法（昭和三十四年法律第百六十号）の一部を次のように改正する。

第五十三条第二項第二号中「証券会社」の下に「（外国証券会社の国内における支店を含む。次項において同じ。）」を加える。

8　小規模企業共済法（昭和四十年法律第百二号）の一部を次のように改正する。

第五十条第二項第二号中「証券業者」を「証券会社（外国証券会社の国内における支店を含む。次項において同じ。）」に、同条第三項中「証券業者」を「証券会社」に改める。

9　登録免許税法（昭和四十二年法律第三十五号）の一部を次のように改正する。

別表第一第二十五号中「証券会社若しくは」を「証券会社、外国証券会社若しくは」に改め、「証券会社の営業の免許」の下に「又は外国証券会社の支店の営業の免許」を加える。

貸付信託法一部改正

衆議院　大蔵委員会議録第三号

昭和四十六年二月五日（金曜日）

出席委員

委員長	毛利　松平君			
理事	宇野　宗佑君	理事	上村千一郎君	
理事	丹羽　久章君	理事	藤井　勝志君	
理事	山下　元利君	理事	広瀬　秀吉君	
理事	松尾　正吉君	理事	竹本　孫一君	
	木野　晴夫君		木部　佳昭君	
	木村武千代君		佐伯　宗義君	
	坂元　親男君		高橋清一郎君	
	登坂重次郎君		中島源太郎君	
	中村　寅太君		坊　秀男君	
	松本　十郎君		村上信二郎君	
	吉田　重延君		阿部　助哉君	
	佐藤　観樹君		藤田　高敏君	
	堀　昌雄君		貝沼　次郎君	
	古川　雅司君		小林　政子君	

出席政府委員

大蔵政務次官　中川　一郎君

（ほか略）

本日の会議に付した案件

預金保険法案（内閣提出第一三号）

貸付信託法の一部を改正する法律案（内閣提出第一四号）

○毛利委員長　これより会議を開きます。

（中略）

預金保険法案及び貸付信託法の一部を改正する法律案の両案を一括して議題といたします。

（中略）

まず、政府より提案理由の説明を求めます。

○中川政府委員　ただいま議題となりました預金保険法案外一法律案につきまして、提案の理由及びその内容を御説明申し上げます。

貸付信託法の一部を改正する法律案につきまして御説明申し上げます。

さきに、預金保険法案の趣旨を説明いたしました際申し述べました昨年七月の金融制度調査会の一般民間金融機関のあり方等に関する答申を中心として検討した結果、貸付信託法につき所要の改正を行なうこととし、ここにこの法律案を提出することとした次第です。

以下、この法律案の内容につきまして、その大要を御説明申し上げます。

第一は、貸付信託の信託財産の運用方法についての改正であります。

現行法では、信託財産の運用方法は、運用上生じた余裕金等を除き、貸し付け及び手形の割引に限られているのでありますが、支払い準備の充実等に資するため、これに有価証券の取得を加えることとしております。

以上、預金保険法案外一法律案につきまして、その提案の理由並びに内容の大要を申し述べました。何とぞ御審議の上、すみやかに御賛同くださいますようお願い申し上げます。

○毛利委員長　これにて提案理由の説明は終わりました。

（以下略）

衆議院　大蔵委員会議録第六号

昭和四十六年二月十二日（金曜日）

出席委員

委員長	毛利　松平君			
理事	藤井　勝志君	理事	山下　元利君	
理事	広瀬　秀吉君	理事	松尾　正吉君	
理事	竹本　孫一君		木野　晴夫君	
	奥田　敬和君		木村武千代君	
	木部　佳昭君		坂元　親男君	
	佐伯　宗義君		高橋清一郎君	
	田村　元君		中島源太郎君	
	登坂重次郎君		原田　憲君	
	中村　寅太君		坊　秀男君	
	福田　繁芳君		吉田　重延君	
	森　美秀君		佐藤　観樹君	
	阿部　助哉君		藤田　高敏君	
	平林　剛君		古川　雅司君	
	堀　昌雄君		小林　政子君	
	塚本　三郎君			

出席国務大臣

大蔵大臣　福田　赳夫君

出席政府委員
大蔵政務次官　中川　一郎君
大蔵省証券局長　志場喜徳郎君
大蔵省銀行局長　近藤　道生君

委員外の出席者
参考人（全国銀行協会連合会会長）　岩佐　凱実君
参考人（全国信用金庫協会会長）　小原　五郎君
参考人（日本経済新聞編集局次長）　黒川　洸君
参考人（総合政策研究会理事長）　土屋　清君
大蔵委員会調査室長　末松　経正君

本日の会議に付した案件
預金保険法案（内閣提出第一三号）
貸付信託法の一部を改正する法律案（内閣提出第一四号）
証券取引法の一部を改正する法律案（内閣提出第九号）
外国証券業者に関する法律案（内閣提出第一〇号）

○毛利委員長　これより会議を開きます。
預金保険法案及び貸付信託法の一部を改正する法律案の両案を一括して議題といたします。

本日は、まず預金保険法案及び貸付信託法の一部を改正する法律案について、参考人の出席を求め、その意見を聴取することといたしております。

○岩佐参考人　（中略）全国銀行協会連合会の会長であります岩佐でございます。
本日は、預金保険法案及び貸付信託法の改正法案について参考意見を述べるようにということでお呼び出しがございました。

次に、貸付信託法の改正案について意見を申し述べます。本件につきましては、全銀協としての統一見解はございませんので、信託協会の見解を申し述べます。

貸付信託は、昭和二十七年創設されて以来今日まで、電力、鉄鋼などの緊要な産業あるいは住宅公団に対し長期安定資金の供給を行なうとともに、国民大衆の資産形成に必要欠くべからざる貯蓄として定着するに至っております。

資金の運用方法として、支払い準備など一定の範囲で有価証券保有を行ない得ることとする改正案につきましても、国民経済的要請に即応するとともに、公社債市場育成にも資する適切な提案と存じます。

以上の観点から、貸付信託法の改正案に賛同いたします。

（中略）

○土屋参考人　（中略）貸付信託法の改正でありますが、これも私は時勢に適合した妥当な改正だと思っております。
運用において、いままでは貸し付けであって、有価証券等に運用するということにも、その発足から見ておのずから制限があったのでありますけれども、しかし今日のような情勢になりますと、公社債市場を育成することが日本の金融政策の上において急務でありまして、それを助長する一つの手段として、貸付信託の運用において有価証券取得を認めることも、公社債市場の育成ということの一助にもなるので、時勢に応じた適切な方策だ、こういうふうに考えられます。

（以下略）

衆議院　大蔵委員会議録第八号

昭和四十六年二月十七日（水曜日）

出席委員
委員長　毛利　松平君
理事　宇野　宗佑君　理事　上村千一郎君
理事　丹羽　久章君　理事　藤井　勝志君
理事　山下　元利君　理事　広瀬　秀吉君
理事　松尾　正吉君　理事　竹本　孫一君
奥田　敬和君　木野　晴夫君
木部　佳昭君　木村武千代君
佐伯　宗義君　坂元　親男君
高橋清一郎君　登坂重次郎君
中島源太郎君　中村　寅太君
原田　憲君　坊　秀男君
松本　十郎君　森　美秀君
佐藤　観樹君　中嶋　英夫君
堀　昌雄君　貝沼　次郎君
古川　雅司君　小林　政子君

出席政府委員
大蔵省銀行局長　近藤　道生君
（ほか略）

本日の会議に付した案件

預金保険法案（内閣提出第一三号）

貸付信託法の一部を改正する法律案（内閣提出第一四号）

○毛利委員長　これより会議を開きます。

預金保険法案及び貸付信託法の一部を改正する法律案の両案を一括して議題といたします。

（中略）

○堀委員　もう一つの第十三条の二項に「受託者は、前項の方法によるほか、支払準備その他の必要があると認められる場合には、貸付信託の信託財産を、有価証券の取得の方法により運用することができる。」こうなっておるわけですね。「支払準備」はわかりますが、「その他必要があると認められる場合」とは、どういう場合を想定しておるのでしょうか。

○近藤政府委員　典型的な場合ですと、たとえば金融緩慢の時期におきましてコールよりも有価証券のほうが有利であるというような場合、これは四十年、四十一年に実際にそういう事例もあったわけですが、そういう場合に、従来ですと、有価証券のほうが有利であっても、これを持っておりますと金融引き締めになりました場合に、余裕金運用としてしか認められませんために、どうしても売却をいたさなければならないことになりまして、そこでキャピタルロスを生ずることが多いわけです。したがいまして、貸付信託の運営にあたりまする経営者としては、みすみす委託者の有利でない運用をせざるを得ないことになり、委託者の利益を守ることが十分にできないわけです。そういう場合には、有価証券を持ってよろしいことになっておれば、有価証券をその場合に受託者は保有をすることによって委託者の利益を守る。そのことがまた同時に金融政策としてはたいへんなメリットになるわけでして、もしコール等に回してございますれば、金融が再び締まってまいりました時期にこれが一斉に戻ってきて、新たな貸し出しとして追加され、ふえ方が大きくなりますが、有価証券がそのまま保有されれば、そのブレも少なくなる効果も期待できるかと思っております。

（以下略）

衆議院　大蔵委員会議録第九号

昭和四十六年二月十九日（金曜日）

出席委員

委員長	毛利　松平君		
理事	宇野　宗佑君	理事	上村千一郎君
理事	丹羽　久章君	理事	藤井　勝志君
理事	山下　元利君	理事	広瀬　秀吉君
理事	松尾　正吉君	理事	竹本　孫一君
	奥田　敬和君		木野　晴夫君
	木部　佳昭君		木村武千代君
	佐伯　宗義君		坂元　親男君
	田村　元君		高橋清一郎君
	中島源太郎君		中村　寅太君
	原田　憲君		福田　繁芳君
	坊　秀男君		松本　十郎君
	村上信二郎君		森　美秀君
	吉田　実君		阿部　助哉君
	佐藤　観樹君		平林　剛君
	堀　昌雄君		貝沼　次郎君
	古川　雅司君		小林　政子君

（ほか略）

本日の会議に付した案件

預金保険法案（内閣提出第一三号）

貸付信託法の一部を改正する法律案（内閣提出第一四号）

○毛利委員長　これより会議を開きます。

（中略）

預金保険法案及び貸付信託法の一部を改正する法律案の両案を一括して議題といたします。

両案に対する質疑は、去る十七日すでに終了いたしております。

これより討論に入るのでありますが、両案につきましては、討論の申し出がありませんので、直ちに採決に入ります。

○毛利委員長　貸付信託法の一部を改正する法律案について採決いたします。

本案に賛成の諸君の起立を求めます。

〔賛成者起立〕

○毛利委員長　起立多数。よって、本案は原案のとおり可決いたしました。

（以下略）

衆議院会議録第十号

昭和四十六年二月二十三日（火曜日）

議事日程　第七号

第一　預金保険法案（内閣提出）

第二　貸付信託法の一部を改正する法律案（内閣提出）

○議長（船田中君）　これより会議を開きます。

日程第一　預金保険法案（内閣提出）

日程第二　貸付信託法の一部を改正する法律案（内閣提出）

○議長（船田中君）　日程第一、預金保険法案、日程第二、貸付信託法の一部を改正する法律案、右両案を一括して議題といたします。

貸付信託法の一部を改正する法律案

……………………………

理　由

最近における国民経済の推移にかえりみ、貸付信託の資金を供給する分野を改めるとともに、信託財産の運用方法として有価証券の取得の方法を追加する必要がある。これが、この法律案を提出する理由である。

○議長（船田中君）　委員長の報告を求めます。

○毛利松平君　ただいま議題となりました二法律案につきまして、大蔵委員会における審査の経過並びに結果を御報告申し上げます。

次に、貸付信託法の一部を改正する法律案について申し上げます。

この法律案は、

第一に、最近における産業構造の変化、資金需要の多様化に伴う国民経済的要請に即応するため、個人の住宅建設などのためにも融資を行なうことができるよう、資金の供給先に関し所要の改正を行なうこととしております。

第二に、貸付信託の信託財産の運用方法は、現行法では、運用上生じた余裕金等を除き、貸し付け及び手形の割引に限られておりますが、支払い準備の充実等に資するため、これに有価証券の取得を加えることといたしております。

本案は、去る二月五日政府より提案理由の説明を聴取、同十七日質疑を終了し、同十九日採決いたしましたところ、多数をもって原案のとおり可決すべきものと決定いたしました。

以上、御報告申し上げます。

○議長（船田中君）　これより採決に入ります。

日程第二につき採決いたします。

本案の委員長の報告は可決であります。本案を委員長報告のとおり決するに賛成の諸君の起立を求めます。

〔賛成者起立〕

○議長（船田中君）　起立多数。よって、本案は委員長報告のとおり可決いたしました。

（以下略）

参議院　大蔵委員会会議録第八号

昭和四十六年二月二十五日（木曜日）

出席者は左のとおり。

委員長　柴田　栄君

理　事　大竹平八郎君

玉置　猛夫君

中山　太郎君

多田　省吾君

委　員

青木　一男君

青柳　秀夫君

岩動　道行君

栗原　祐幸君

鈴木　省吾君

矢野　登君

松井　誠君

吉田忠三郎君

鈴木　一弘君

向井　長年君

渡辺　武君

政府委員

大蔵政務次官　藤田　正明君

大蔵省銀行局長　近藤　道生君

本日の会議に付した案件

○預金保険法案（内閣提出、衆議院送付）

○貸付信託法の一部を改正する法律案（内閣提出、衆議院送付）

○委員長（柴田栄君）　ただいまから大蔵委員会を開会いたします。

○委員長（柴田栄君）　それでは、預金保険法案及び貸付信託法の一部を改正する法律案を便宜一括して議題といたします。

まず、政府から趣旨説明を聴取いたします。

○政府委員（藤田正明君）　ただいま議題となりまし

た預金保険法案外一法律案につきまして、提案の理由及びその内容を御説明申し上げます。

貸付信託法の一部を改正する法律案につきまして御説明申し上げます。

昨年七月の金融制度調査会の一般民間金融機関のあり方等に関する答申を中心として検討した結果、貸付信託法につき所要の改正を行なうこととし、ここにこの法律案を提出することとした次第であります。

以下、この法律案の内容につきまして、その大要を御説明申し上げます。

第一は、貸付信託の資金を供給する分野についての改正であります。

第二は、貸付信託の信託財産の運用方法についての改正であります。

現行法では、信託財産の運用方法は、運用上生じた余裕金等を除き、貸し付け及び手形の割引に限られているのでありますが、支払い準備の充実等に資するため、これに有価証券の取得を加えることといたしております。

○委員長（柴田栄君） 次に、補足説明を聴取いたします。

○政府委員（近藤道生君） 貸付信託法の一部を改正する法律案につきまして、提案理由を補足して御説明申し上げます。

第二は、貸付信託の信託財産の運用方法についての改正です。現行法では、信託財産の運用方法は、運用上生じた余裕金等を除き、貸し付け及び手形の割引に限られているのですが、いまや、一般大衆の貯蓄手段として定着を見るに至った貸付信託について、支払準備充実の道を開くとともに、あわせて景気調整上の観点をも考慮して、有価証券の取得をも行ない得るよう改めることとしております。

○委員長（柴田栄君） これより両案について一括質疑に入ります。

質疑のある方は、順次御発言を願います。

○松井誠君 貸付信託法の提案理由の説明の中で、有価証券を保有する道を開くということの中に、その理由の一つに「景気調整上の観点」ということが書かれておる。これだけでは、全く判じものみたいで、何を意味するのかわかりません。どういうことですか。

○政府委員（近藤道生君） 具体的な事例で申し上げますと、たとえば昭和四十年、四十一年、非常に金融緩慢の時期に、信託銀行貸付信託部門におきまして有価証券を購入することが、利回りから申しまして、受益者つまり委託者に対して非常に有利であることを考え、その場合に貸付信託部門としては本運用充足の原則がございますために、従来は本運用として有価証券は認められておらなかったわけです。そういう時期におきまして有価証券運用のほうが有利でありましても、間もなく金融が締まってまいりました場合に処分しなければならないことが予想され、処分をするような時期には、たいていキャピタルロスを生ずることから、そういう際に有価証券を購入をせずに、レートが低かったコールローンのほうに回しておったというのが実情です。そういたしますと、今度は金融が締まってまいりました場合に、そのコールローンを引き揚げて貸し出しのほうに回すということになり、そこで金融を引き締めなければならないという時期にコールローンに出ておった金が回収されて貸し出しに回ってくるということで、引き締めに逆行するような結果、つまり、景気のブレを激しくする結果をもたらすわけです。今回の改正により、本運用の中に有価証券の保有が認められることになりますと、たとえ景気がゆるんでまた締まってまいりましても有価証券の売却をする必要がないので、コールローンよりも有価証券のほうが有利であるというような場合には、当然委託者の利益のためにも貸付信託勘定としては有価証券を保有することになりまして、それが景気の変動のブレを少なくすることに役立つことにもなる、そういう意味です。

（中略）

○鈴木一弘君 貸付信託法について若干伺いたいのですけれども、有価証券の取得の道を開いたことでありますが、大体どのくらい考えているのでしょうか、この取得の額についてですが。

○政府委員（近藤道生君） これはまだ今後の検討ですが、いまのところ大ざっぱに考えておりますのは、貸付信託の信託財産に対して大体二割程度を考えておるわけです。したがいまして、四兆円に対する二割で、約八千億円を限度として考えておるわけです。

○鈴木一弘君 運用方法に有価証券を加えた。そういうものは、景気調整上の問題もあるし、公社債市場の育成にもなるであろうという考えもあるようですけれども、公社債市場に信託が、機関として参加が行なわれてくる。その点で、二〇％というのは、運用を誤りますと、育成ではなくて逆に衰微させることにもなりかねない。その辺のかね合いの〔を〕考えてこの二〇％になったのですか。

○政府委員（近藤道生君） この点は、できるだけ機関投資家としての活動に期待をしたいわけですが、同時に、公社債投資信託との業務上の競合の問題もございます。その辺のかね合いを考えながら、大体二割ぐらいを考えているわけです。

○鈴木一弘君　投資信託制度と公社債市場の育成、その業務内容がぼやぼやっとしていますと、どこまで行っても公社債市場の育成にはならない。本来の金融のルートとしたらば、公社債市場の育成がしっかり行なわれなければならない。先日の証券二法のときの質疑でわかったのですけれども、大阪、東京、名古屋とあるけれども、名古屋等はほんの僅かしかやっていないという状態でもある。そのときに、これが育成上必要である、寄与できるということであれば、どういうふうに寄与ができるのかという問題があるわけです。一方で、いまの投資信託の問題と二つが引っかかるわけです。その辺の運用はどういうふうに今後分けさしていくのか。その点を伺いたい。

○政府委員（近藤道生君）　機関投資家としての比重から申しますと、従来の実績は、信託財産につきまして二・五％ぐらいしか有価証券の保有をしておりません。したがいまして、これが二割になりますと、従来よりも機関投資家としてのウエートは増すわけです。金額で申しますれば、七百億円ぐらいが八千億ぐらいまで持ち得ることになりますので、機関投資家として十分その働きを行ない、なおかつ、一方において公社債投資信託の分野をも基本的に脅かすことのない程度、それがこの程度であろうかと考えておるわけです。

○鈴木一弘君　有価証券の中身はどういう種類があるのでしょう。

○政府委員（近藤道生君）　主として事業債を考えております。株式は除くことを考えております。

○鈴木一弘君　法律に戻りますけれども、有価証券の中に事業債がございましたが、どういう銘柄〔を〕考えておりますか。

○政府委員（近藤道生君）　貸付信託につきましては、第一条に「国民経済の健全な発展に必要な分野」という表現がございますが、それにふさわしい事業を行なっている会社の発行する事業債を考えているわけです。

○鈴木一弘君　そうすると、いままでの貸付信託法でやってまいりました重点業種が四つございます。鉄鋼、電力、海運、石炭があったわけですが、そういう銘柄業種の事業債、あるいはそれに加えるとすれば製造業ならどういうものなのかはわからないですか。

○政府委員（近藤道生君）　製造業としては、たとえば化学工業あるいは輸送機器です。それからあとは、運輸・通信業、電気・ガス・水道業、建設業、不動産業、卸・小売り業について広く考えられるわけです。

○鈴木一弘君　業種によっては不安定なものも出てくる。特に景気の変動を非常に受けて、その企業が合併したり倒産したりということもあり得ないとは言えないわけですね。そういうようなリスクをおかすこともあるわけでして、非常に選定はたいへんだろうと思うのですけれども、そういう場合は、どんどん買いかえてしまうのか、一たん取得した場合に、社債の期限が来るまで保有しているのか、そういう運用の問題もこまかい点が残っていると思うのですが、その点はどういうふうに考えておりますか。

○政府委員（近藤道生君）　ただいまお尋ねの点は、機構が安全、有利、確実という観点から自主的に運用に当たってまいるということになろうかと存じます。

（中略）

○渡辺武君　次に、貸付信託法について一問だけ伺いたいと思います。

十三条の第二項、貸付信託の元本で有価証券を取得できるように改められました。この有価証券は主として事業債であると御答弁がありましたけれども、国債、あるいはまた政府保証債はこの有価証券の中に入っているのかどうか。

○政府委員（近藤道生君）　含まれておりますが、当面新発の国債を引き受けさせるつもりは全くございません。

○渡辺武君　新発国債を引き受けさせないとおっしゃったけれども、それじゃどの程度の――つまり、以前に発行されたものは引き受けてもよいことなんですか。

○政府委員（近藤道生君）　信託財産の運用にあたりましては、できるだけ有利な運用をすることが委託者に対する責務として出てまいりますので、おそらく国債に運用することはほとんどないと考えております。

○渡辺武君　新発国債を引き受けさせないとおっしゃったけれども、旧発の国債は引き受けてもいいことになっているわけですね。それから政府保証債についてはどうですか。

○政府委員（近藤道生君）　法文の解釈上は、それらすべていいというたてまえですが、実際の運用としては、できるだけ有利なものとなりますので、新発も既発も含め、国債、政保債に回るものはきわめてわずかであろうと考えております。

○渡辺武君　同じく十三条で、景気調整政策の上からも必要だという趣旨が出ておりますが、これは一体どういうことを意味するのか。

○政府委員（近藤道生君）　この点は、先ほども実例をあげて御説明申し上げたわけですが、たとえば、非常に金融緩慢な時期に、貸付信託が本運用として有価証券の保有を許されません場合には、有価証券保有が有利であると思いましても、これを持つことをためらうわけです。と申しますのは、金融が締まってまいりました場合に、本運用としては当然貸し出しが主になりますから、有価証券は処分をしなければならない。ところが、そういう場合には、大体キャピタルロスを生ずるわけです。その辺を予想いたしますと、どうしても金融緩和の時期に有価証券の保有ができないことになり、その金がどこに向かいますかと申しますと、たとえばコールローン等に回ることが過去の事例であったわけです。そこで、そのコールローンに回っておりました分が、金融が締まってまいりました場合に回収されて貸し出しに回る。それによって一そう景気のブレを激しくさせるので、今回これを本運用に認めれば、金融が詰まってまいりましても、あえて有価証券は売らなくても本運用でそのまま持っておればよろしいとなりますので、金融緩和期に安んじて有価証券を保有できる。そういう形を通じまして景気のブレを少なくすることを意味するわけです。

○渡辺武君　いままでコールに回してた金を有価証券に回させることですか。

○政府委員（近藤道生君）　過去の事例におきましては、コールに回しておりました金を、金融が締まってまいりますと、貸し出しに回すわけですが、今度は、おっしゃるように金融緩慢期にコール等に従来回しておりましたものを有価証券のほうに回し得ることによって景気のブレを少なくするわけです。

○渡辺武君　そうしますと、景気調整という面からいえば有利になるかと思いますが、しかし、貸付信託会社にとってみると不利になりませんか。コールで比較的金利は高いはずですよ。これが事業債に金を回す。そうして金融が引き締まってから、ある場合には事業債を手離して貸し付けのほうに回すわけですね。そうしますと、金融が引き締まってきたときに事業債を手離すわけだから、ロスはかえって出てくるでしょう。そうして、コールでいままでかなり高い金利で運用できたのが、事業債に出すということで、その辺でもロスが出てくることになりはしませんか。

○政府委員（近藤道生君）　ただいまの事例、四十年、四十一年ごろの実例ですが、そのとき、コールローンのほうが有価証券の利回りよりも低いわけです。その場合に、あえて低いコールローンに回さざるを得ないことは、本運用として有価証券の取得保有を認められておらないことから生じたわけです。その場合、委託者の利益を守りますためには、当然有価証券の保有にいかなければならないにもかかわらず、あえて向き得ませんのは、あとでキャピタルロスを生じますことによって委託者の利益を失うことをおそれるので、第一義的な目的はあくまでも委託者の利益を守るということです。そうして、それが副次的に景気のブレを少なくする、そういう意味でございます。

○渡辺武君　最後に、一問だけ聞きたいと思うのです。

先ほど、公社債市場の育成にも役立つというおことばがありました。他方で貸付信託会社に国債保有の道を開くということなんですけれども、一方で公社債市場が育成されて、そうして公債がさまざまな形で、とにかく流通できる事態が出てくる、そういう条件が整備される。他方で貸付信託会社が国債あるいは政保債を引き受けることができることになりますと、満州侵略戦争当時、地方銀行なりそのほかの金融機関が政府の国債引き受け機関に転化していった経緯から考えてみまして、将来その可能性が出てくるのじゃないか、その点をおそれるわけです。そういう点についてどんなふうなことをお考えになっておられるか、伺いたいと思います。

○政府委員（近藤道生君）　その点は、二つの面から以前とは違うことを申し上げて差しつかえないと思いますが、一つは、この貸付信託財産の運営に当たるほうから申しますと、あくまでも委託者の利益を第一に考えてまいる。その点から申しまして、利回り等についてなかなか国債保有に向かうことが将来ともそう大きなシェアを占めるとは思われない。それからもう一方は、今度は国債発行側の立場から申しましても、ただいま御指摘になりましたような時期の国債と現在の国債と制度的にも発行の意義にも大きな変化がございますので、そのような事態になるおそれはないと考えておるわけですか。

参議院　大蔵委員会会議録第九号

昭和四十六年三月二日（火曜日）

出席者は左のとおり。

委員長　柴田　栄君

理　事　玉置　猛夫君
　　　　成瀬　幡治君

委　員

青木　一男君
青柳　秀夫君
伊藤　五郎君
岩動　道行君
栗原　祐幸君
今　春聴君
鈴木　省吾君
鶴園　哲夫君
松井　誠君
鈴木　一弘君

参考人

信託協会会長　有光　茂夫君
全国地方銀行協会会長　伊原　隆君
一橋大学教授　小泉　明君
（ほか略）

本日の会議に付した案件
○預金保険法案（内閣提出、衆議院送付）
○貸付信託法の一部を改正する法律案（内閣提出、衆議院送付）

○委員長（柴田栄君）　ただいまから大蔵委員会を開会いたします。

預金保険法案及び貸付信託法の一部を改正する法律案を便宜一括して議題といたします。

この際、一言ごあいさつを申し上げます。

参考人の方々には、御多忙の中を両案の審査のため本委員会に出席をいただきまして、まことにありがとうございました。

○参考人（有光茂夫君）　私、ただいま御指名いただきました信託協会の有光でございます。

（中略）

次に、貸付信託法の一部改正案について見解を申し述べさしていただきます。

貸付信託は、私ども信託銀行の主力商品でございまして、今回の改正は、私どもが、より一そう国民経済的な要請にこたえることのできるようにとかねてから望んでおりましたところでございますから、この改正案、すなわち、資金供給分野の改正と有価証券の保有の二点は、もちろん賛成です。

貸付信託法のもう一つの改正点でございます有価証券の保有は、これまで、貸し付けと手形の割引に制限されておりました資金の運用方法に、新たに、一定の限度内で社債などの有価証券保有を加えることにより、支払い準備などの充実をはかろうとするものです。それとともに、運用制限の緩和により、私ども受託者の裁量による貸付信託資金の弾力的運用を通じての景気調整の効果も期待されますし、さらに、長期的には、機関投資家としまして公社債市場の振興にも資することができると考えるわけです。国民生活に深く定着し、その残高も四兆四千億円をこえる規模に達しました貸付信託にとり、今般の法改正はまことに時宜を得た適切な措置であると存ずる次第でございます。

○参考人（伊原隆君）　ただいま御紹介をいただきました地方銀行協会の伊原でございます。

貸付信託法の一部改正につきましては……（省略）……貸付信託の信託財産の運用方法を拡大をし、融資のみならず、有価証券投資をも行ない得ることにしたことは、金融機関として必要な支払い準備の充実の道を開くものであり、国民経済的には景気調整効果という点からも望ましいことと存じております。また、長期金融機関として公社債市場育成という使命にも沿っておるものと考えまして、以上の観点から法案の趣旨に賛成をいたすものでございます。

○参考人（小泉明君）　ただいま御紹介にあずかりました小泉でございます。

（中略）

貸付信託法も、運用先をだんだんに広げていく。これも、いま申しましたように、最初は、二十年代、三十年代の初めは、基幹産業を育成することが非常に重点でしたが、だんだんそれも一段落ついた段階ですから、住宅であるとか、あるいは都市開発であるとか、地域開発とか、まだまだ残された分野に行く。特に、長期金融機関でありますから、長期資金の面でいろいろ新しい分野に進出されるということは非常にけっこうなことじゃないかと思います。

それから景気調整ということにつきましても、貸付信託の金利を払うのには公社債ではコストから見てどうかという点もあるようですが、短期のことでなくて、十年、二十年先まで考えると、弾力性が非常に必要ではないか。そうでないと、さっき申しました景気調整政策もやりにくい。公社債市場の育成にもこれが役に立つというような意味で私は賛成です。

○委員長（柴田栄君）　ありがとうございました。

では、参考人に対し質疑のある方は、順次御発言を願います。

（中略）

○鈴木一弘君　今度の信託法が変わりますと、運用制限が緩和をされて、有価証券の取得が信託財産の運用でできるようになってきたわけです。それが、公社債市場の育成になるかならないかという一つの大きな問題があるわけです。それで、特にいま大事なことは、投資信託と明瞭な区分がされていかないと、かえってまずいのではないかという点についてどういうふうにお考えになっておられるのか。

　それから、これから先金融の緩和期にはおそらく資金がだぶついてくる。そうなれば、有価証券の買い入れになるわけでしょう。それが、金融の引き締められたときどうなるかとなりますと、そのままずっと保有するなれば、公社債市場の育成ということで公社債市場の安定が望めるわけですけれども、逆にこれを一斉に売りに出ると、価格も下がって、低迷をする、実勢価格と券面価格との差がまた大きくなって、いつまでたっても公社債市場の育成はできないことになってくるわけですけれども、そういう景気調整の効果を提案理由そのほかを見ましてもうたっているんですけれども、その辺の危惧については、どのようにお考えになっておられたのか。

○参考人(有光茂夫君)　有価証券を持ち得るように資金の運用制限が緩和されて、これを持つことによって公社債市場の育成とどういう関係があるか、また、公社債投信との関係はどうかという御質問でした。現在のところは、公社債を持ちますのは、貸付信託の余裕金だけで持たしていただけるわけですが、今度は広がると、支払い準備が主眼で当面考えております。急速に有価証券を保有することは、利回りその他の関係で私どもの受託者の弾力的な考えで自主的に持たしていただくわけですので、その辺もにらみ合わせながら有価証券を持たしていただくということで、当面は支払い準備のためというのがまず第一目的かと思っております。しかしながら、資金の状況あるいは今後の将来の姿は、運用を広げていく、こういう要請もあろうかと思います。しかし、公社債投信を阻害する、あるいはじゃまになるようなことは、貸付信託本来の趣旨からして当然避けられるべきでして、われわれはそういうことは一切考えておりませんし、また、行政御当局も、十分御配慮があるかと思います。どの程度持つかは、まだ現在われわれも金額あるいはパーセンテージは詰めておりません。また、御当局からもはっきりしたことは伺っておりません。かりに試算をいたしまして、現在の残高でパーセントを出してみますと、一〇%を持つとこれは四千五百億、たいへんなあれ〔保有残高〕になるわけです。現在公社債投信の残高が六千億ぐらいと思いますが、これは非常に先のことでして、現在はそういう段階には至っておりません。

○参考人(小泉明君)　貸付信託の運用緩和に伴って公社債市場は育成されるかどうか、こういう御質問ですが、株式の投資信託が始まりましたときも、非常にプラスばかり言われたわけでございますが、昭和三十九年暴落したこともございます。そういうようなわけですから、金融引き締め期になって必ずそれを寝かしておくかどうかとおっしゃられると、非常に不況感が強いとか、あるいは逆に非常に有望な産業から貸し出し要求が強いときは、多少元本を割っても処分することはないとは言えないと思いますけれども、一般論として、やはり市場が広がったほうがいいと、そういうことで見ますと、少しでもこういうふうにゆるんでいったほうがいいんじゃないか。つまり、アメリカやイギリスで有価証券市場が発達しているのは、結局、個人の消化もありますけれども、機関投資家がたくさんあってお互いに売り買いしているという地盤がございますので、その方向を考えれば、株式投信とは違ったある限度があるのですから、公社債投信と混淆するということでなくて、貸付信託は貸付信託で多少は有価証券を持てるというような限度の中でやるのであれば、そういう投資機関がたくさんできたほうが安定するのではないか。と申しますのは、市場全体としては売り一方ではないけれども、ある金融機関だけが売りたいときには、投資機関が多いほうがお互いに調整がつくわけです。市場が全体として売りばっかしならば、これはこういう制度をしたから救われるというものじゃなくて、これはむしろ財政金融政策全体として考える問題じゃないかと、こんなふうに思います。

（以下略）

参議院　大蔵委員会会議録第十号

昭和四十六年三月四日(木曜日)

出席者は左のとおり。

委員長	柴田　栄君
理　事	玉置　猛夫君
	成瀬　幡治君
委　員	青木　一男君
	青柳　秀夫君
	伊藤　五郎君
	岩動　道行君
	栗原　祐幸君
	津島　文治君
	丸茂　重貞君

松井　誠君
鈴木　一弘君
向井　長年君
渡辺　武君
（ほか略）

本日の会議に付した案件
○預金保険法案（内閣提出、衆議院送付）
○貸付信託法の一部を改正する法律案（内閣提出、衆議院送付）

○委員長（柴田栄君）　ただいまから大蔵委員会を開会いたします。
（中略）

次に、預金保険法案及び貸付信託法の一部を改正する法律案を便宜一括して議題といたします。

質疑のある方は、順次御発言を願います。

（中略）

ほかに御発言もなければ、両案の質疑は尽きたものと認めて御異議ございませんか。

〔「異議なし」と呼ぶ者あり〕
○委員長（柴田栄君）　御異議ないと認めます。
それでは、これより両案の一括討論に入ります。御意見のある方は、賛否を明らかにしてお述べを願います。――別に御意見もないようでございますが、両案の討論はないものと認めて御異議ございませんか。

〔「異議なし」と呼ぶ者あり〕
○委員長（柴田栄君）　御異議ないと認めます。
それでは、これより順次採決に入ります。

貸付信託法の一部を改正する法律案を問題に供します。本案に賛成の方の挙手を願います。

〔賛成者挙手〕
○委員長（柴田栄君）　多数と認めます。よって、本案は、多数をもって原案どおり可決すべきものと決定いたしました。

参議院会議録第七号

昭和四十六年三月十日（水曜日）

○議事日程　第七号
第六　貸付信託法の一部を改正する法律案（内閣提出、衆議院送付）
第七　預金保険法案（内閣提出、衆議院送付）
（中略）

○議長（重宗雄三君）　これより本日の会議を開きます。
（中略）

○副議長（安井謙君）　**日程第六、貸付信託法の一部を改正する法律案。**
日程第七、預金保険法案。

（いずれも内閣提出、衆議院送付）

以上両案を一括して議題とすることに御異議ございませんか。

〔「異議なし」と呼ぶ者あり〕
○副議長（安井謙君）　御異議ないと認めます。
まず、委員長の報告を求めます。

（中略）
○柴田栄君　ただいま議題となりました二法律案について申し上げます。
まず、貸付信託法の一部を改正する法律案は、資金需要の多様化等に伴う国民経済的要請に即応するため、貸付信託の資金供給の分野を改めるとともに、支払い準備の充実等に資するため、信託財産の運用方法として、新たに有価証券取得の道を開こうとするものであります。

委員会においては、参考人から意見を聴取するとともに、政府に対して質疑を行ないましたが、その詳細は会議録に譲りたいと思います。

質疑を終了し、討論なく、採決の結果、貸付信託法の一部を改正する法律案は多数、預金保険法案は全会一致をもって原案どおり可決すべきものと決定いたしました。

なお、両法案に対し、それぞれ、玉置猛夫委員より、自民、社会、公明、民社四党共同の附帯決議案が提出され、いずれも全会一致をもって本委員会の決議とすることに決定いたしました。
○副議長（安井謙君）　別に御発言もなければ、これより採決をいたします。
まず、貸付信託法の一部を改正する法律案全部を問題に供します。本案に賛成の諸君の起立を求めます。

〔賛成者起立〕
○副議長（安井謙君）　過半数と認めます。よって、本案は可決せられました。

審査報告書

貸付信託法の一部を改正する法律案
右は多数をもって可決すべきものと議決した。よって要領書を添えて報告する。

昭和四十六年三月四日

大蔵委員長　柴田　栄

参議院議長　重宗　雄三殿

……………………………

要領書

一、委員会の決定の理由

本法律案は、最近における国民経済の推移にかんがみ、貸付信託の資金を供給する分野を改めるとともに、信託財産の運用方法として有価証券の取得の方法を追加しようとするものであつて、おおむね妥当な措置と認める。

なお、別紙の附帯決議を行なつた。

一、費用

本法施行のため、別に費用を要しない。

……………………………

附帯決議

政府は、本法の運用に当り、融資先拡大の趣旨の徹底に資するため、流通部門、中小企業および個人の住宅建設に対して、貸付信託の資金が円滑に供給されるよう、十分な指導、監督を行なうべきである。

右決議する。

貸付信託法の一部を改正する法律案

貸付信託法の一部を改正する法律

貸付信託法（昭和二十七年法律第百九十五号）の一部を次のように改正する。

第一条中「産業投資」を「投資」に、「資源の開発その他緊要な産業」を「国民経済の健全な発展に必要な分野」に改める。

第十三条を次のように改める。

第十三条　受託者は、貸付信託の信託財産を、もつぱら貸付け又は手形の割引の方法により運用しなければならない。

2　受託者は、前項の方法によるほか、支払準備その他の必要があると認められる場合には、貸付信託の信託財産を、有価証券の取得の方法により運用することができる。

3　前二項の規定は、貸付信託に係る信託契約の取扱期間中における当該信託契約に係る信託財産及び貸付信託の信託財産の運用上生じた余裕金については、適用しない。

附　則

この法律は、公布の日から施行する。

租税特別措置法一部改正

衆議院会議録第八号

昭和四十六年二月十八日(木曜日)

○本日の会議に付した案件

所得税法の一部を改正する法律案（内閣提出）、法人税法の一部を改正する法律案（内閣提出）及び租税特別措置法の一部を改正する法律案（内閣提出）の趣旨説明及び質疑

○議長(船田中君)　これより会議を開きます。

所得税法の一部を改正する法律案(内閣提出)、法人税法の一部を改正する法律案(内閣提出)及び租税特別措置法の一部を改正する法律案(内閣提出)の趣旨説明

○議長(船田中君)　内閣提出、所得税法の一部を改正する法律案、法人税法の一部を改正する法律案、及び租税特別措置法の一部を改正する法律案について、趣旨の説明を求めます。

○国務大臣(福田赳夫君)　所得税法の一部を改正する法律案、法人税法の一部を改正する法律案、及び

租税特別措置法の一部を改正する法律案につきまして、その趣旨を御説明申し上げます。

租税特別措置法の一部を改正する法律案につきまして、その趣旨を御説明申し上げます。

貯蓄奨励対策として、少額貯蓄非課税制度とは別ワクで、元本百万円を限度とする勤労者財産形成貯蓄非課税制度を創設する等の措置を講ずるほか、住宅対策として、住宅貯蓄控除の拡充等を行なうことといたしております。

所得税法の一部を改正する法律案（内閣提出）、法人税法の一部を改正する法律案（内閣提出）及び租税特別措置法の一部を改正する法律案（内閣提出）の趣旨説明に対する質疑

○議長（船田中君）　ただいまの趣旨の説明に対して質疑の通告があります。順次これを許します。

（中略）

○貝沼次郎君　現在の租税特別措置は、その発足の当初とは大きく性格を異にし、きわめて大企業擁護のものとなり、しかもそれが既得権化してしまっているのであります。その上、租税特別措置は、国税に減税効果をもたらすだけでなく、地方税への波及効果をも考えると、負担の不公平はさらに拡大されることになります。したがって、私は、総理に対し、租税特別措置を根本から洗い直し、この実態を国民の前に明らかにし、さらに今後どうするかを明示することを要求いたします。

○内閣総理大臣（佐藤栄作君）　貝沼君にお答えいたします。

租税特別措置についてでありますが、まず、この制度が単純に大企業優先のものであるという認識は改めていただきたいと思います。その半分程度、四八・五％、これは貯蓄優遇のためのものであり、その他にしても、公害防止や資源開発等の特定の政策目的を追求しようとするものであります。この制度は税の公平の観点からは問題がありますので、随時弾力的な改廃を加えていくべきものと考えます。

税制調査会も、新規の措置の創設及び既存の措置の拡充は、既存の措置の整理、合理化に伴う増収額の範囲内にとどめるべきであるという答申を出されており、四十六年度の改正案はこれを忠実に守ったものであります。

（以下略）

衆議院　大蔵委員会議録第十七号

昭和四十六年三月十日（水曜日）

出席委員

委員長　毛利　松平君

理事　宇野　宗佑君　理事　上村千一郎君
理事　丹羽　久章君　理事　藤井　勝志君
理事　山下　元利君　理事　広瀬　秀吉君
理事　松尾　正吉君　理事　竹本　孫一君

奥田　敬和君　木野　晴夫君
木部　佳昭君　木村武千代君
佐伯　宗義君　坂元　親男君
高橋清一郎君　登坂重次郎君
中島源太郎君　中村　寅太君
原田　憲君　福田　繁芳君
坊　秀男君　松本　十郎君
森　美秀君　吉田　実君
阿部　助哉君　佐藤　観樹君
藤田　高敏君　堀　昌雄君
貝沼　次郎君　坂井　弘一君
春日　一幸君　小林　政子君

出席国務大臣

通商産業大臣　宮沢　喜一君

出席政府委員

経済企画庁国民生活局長　宮崎　仁君
大蔵政務次官　中川　一郎君
大蔵省関税局長　谷川　寛三君
農林省蚕糸園芸局長　荒勝　巖君
通商産業省鉱山石炭局長　本田　早苗君

委員外の出席者

経済企画庁国民生活局参事官　山下　一郎君
通商産業省通商局国際経済部長　室谷　文司君
通商産業省鉱山石炭局石油業務課長　斉藤　顕君
中小企業庁計画部計画課長　牧野　隆守君
参考人（日本化薬株式会社社長）（関税定率審議会会長）　原　安三郎君
参考人（武蔵大学経済学部教授）　岡　茂男君

参考人
（日本国際貿易促進協会業務第一部長）　中田　慶雄君
大蔵委員会調査室長　末松　経正君

本日の会議に付した案件

租税特別措置法の一部を改正する法律案（内閣提出第六一号）

関税定率法等の一部を改正する法律案（内閣提出第三五号）

○毛利委員長　これより会議を開きます。

この際、租税特別措置法の一部を改正する法律案を議題といたします。

（中略）

……………………………

理　由

今次の税制改正の一環として、貯蓄の奨励及び住宅対策として、勤労者の財産形成貯蓄について別わく百万円の利子所得等の非課税制度を創設し、住宅貯蓄控除制度その他の特別措置について実情に応じ適用期限を延長する等所要の措置を講ずる必要がある。これが、この法律案を提出する理由である。

○毛利委員長　まず、政府より提案理由の説明を求めます。

○中川政府委員　ただいま議題となりました租税特別措置法の一部を改正する法律案につきまして、提案の理由及びその内容を御説明申し上げます。

政府は、今次の税制改正の一環として、当面の経済、社会情勢に即応して、公害対策、海外投資、資源開発対策、貯蓄奨励及び住宅対策、中小企業対策、企業体質の強化等に資するため所要の措置を講ずるとともに、輸出振興税制の見直しを行ない、交際費課税の強化をはかる等のため、ここにこの法律案を提出した次第であります。

以下、この法律案につきましてその大要を申し上げます。

貯蓄奨励及び住宅対策に資するための措置であります。

すなわち、貯蓄奨励対策として、勤労者の財産形成に資するため、少額貯蓄非課税制度の別ワクで、元本百万円を限度とする勤労者財産形成貯蓄非課税制度を創設するとともに、少額国債の非課税限度を現行の元本五十万円から百万円に引き上げる等の措置を講ずることとしております。また、住宅対策として、住宅貯蓄控除制度について、その対象貯蓄に一定の勤務先預金等を加え、税額控除の限度額を一万円から二万円に引き上げる等その拡充をはかるとともに、新築住宅の登録免許税の軽減制度について、その内容を拡充した上、適用期限を延長する等の措置を講ずることとしております。

以上のほか、交際費課税の強化をはかるため、損金不算入割合を現行の六〇％から七〇％に引き上げて適用期限を延長し、山林に関する課税の特例制度について合理化を行なうとともに、証券取引責任準備金制度等期限の到来するその他の特別措置について、実情に応じ適用期限を延長する等所要の措置を講ずることとしております。

以上、租税特別措置法の一部を改正する法律案につきまして、その提案の理由と内容の大要を申し上げました。

何とぞ御審議の上、すみやかに御賛同くださいますようお願い申し上げます。

○毛利委員長　これにて提案理由の説明は終わりました。

（以下略）

衆議院　大蔵委員会議録第十八号

昭和四十六年三月十一日（木曜日）

出席委員

委員長　毛利　松平君

理事　宇野　宗佑君　理事　上村千一郎君
理事　丹羽　久章君　理事　藤井　勝志君
理事　山下　元利君　理事　広瀬　秀吉君
理事　松尾　正吉君　理事　竹本　孫一君
奥田　敬和君　木野　晴夫君
木部　佳昭君　佐伯　宗義君
坂元　親男君　高橋清一郎君
登坂重次郎君　中島源太郎君
中村　寅太君　原田　憲君
福田　繁芳君　坊　秀男君
松本　十郎君　森　美秀君
吉田　重延君　吉田　実君
阿部　助哉君　佐藤　観樹君
平林　剛君　藤田　高敏君
堀　昌雄君　坂井　弘一君
春日　一幸君　小林　政子君

出席国務大臣

大蔵大臣　福田　赳夫君

（ほか略）

本日の会議に付した案件

所得税法の一部を改正する法律案（内閣提出第五号）

法人税法の一部を改正する法律案（内閣提出第六号）

租税特別措置法の一部を改正する法律案（内閣提出第六一号）

○毛利委員長　これより会議を開きます。

（中略）

次に、所得税法の一部を改正する法律案、法人税法の一部を改正する法律案及び租税特別措置法の一部を改正する法律案の各案を一括して議題といたします。

各案につきましては、すでに提案理由の説明を聴取いたしております。

これより質疑に入ります。

（中略）

○広瀬（秀）委員　この租税特別措置により大企業、大資本にきわめて有利な大企業優遇の税制である、こういわれておったわけでありますが、最近、中小企業やあるいは労働者の住宅建設等に対する税の特別措置も含めて、幾らかずつ大衆のための租税特別措置も入ってきておるわけです。しかし、依然としていわゆるキャピタルゲインの非課税も含めて、資本家、あるいは個人でも非常な資産家であるという人たちにメリットがきわめて大きく帰属するような措置が行なわれておる。こういうことで、勤労大衆にはまだまだ、高負担がかかっておる。もっと勤労大衆、中小企業を含めて、そういうものの税負担を軽減することが先である。その点についての大臣の率直な見解をお聞かせいただきたい。

○福田国務大臣　広瀬さんは、いまの特別措置をとらえて税制が平等でない、こういうようなお話ですが、どうも機械的、数字的平等がほんとうの意味の平等であるか、考えざるを得ないと思うのです。

特別措置は、特殊の階層に対して恩恵を与えることをねらっておるわけじゃないので、それ自体がそれ自体の目ざすところの政策目標を持ち、社会全体を築き上げる基礎になる、そういう観点に立っての特別措置です。そういう意味において、今日の税制は、私は公平原則が貫かれておると考えております。ただ、小さいもの、弱いものの立場はこの上とも尊重し、特別に力を添えなければならぬ、国としての責務である、そういうふうに考えますので、今後ともそういう方面の施策は、国の歳出の面はもとより、同時に、税の面もそれを進めていかなければならぬ、こういうのが私の考えであります。

○広瀬（秀）委員　前々からこの委員会で税法のたびに問題に出されているキャピタルゲイン課税の問題ですね。某電機の社長が株の上場をして四十二億円のキャピタルゲイン所得があったが、税金が一文もかからぬのだ、こういうことも、よその国でも、事務的な面での困難はあるにしても、適正な処理を通じて、課税をしているわけですね。日本では野放しになっていることに対して、大臣はどうお考えになられますか。

○福田国務大臣　去年赤井電機のケースがありましたけれども、大蔵省として税制のねらいとすべきところではない、こう考えまして、その是正を考えておったのです。四月一日からその是正を発足しようというその直前にダイエーの問題があって、まことに残念なことに思ったのです。しかし、あれは税法が考えておることじゃないので、むしろああいうことは排撃をしているわけなんです。ただ、処置がおそかったことで、事志と違った結果になり、遺憾に存じておりますが、あの問題の処置は四月一日から是正をされる、こういうふうに御了承願いたいのです。税法にも穴があります。その穴をどうふさぐかは、今後とも気をつけ、また皆さんからも御注意いただいて誤りなきを期していきたい、かように考えております。

○広瀬（秀）委員　将来キャピタルゲイン課税を検討して、課税をなし得る方向へ検討されるという気持ちがあるのかどうか。

○福田国務大臣　キャピタルは、学問上また税理論上議論があります。キャピタルといえども、これは労力の成果、その積み重ねではないが、これを特別に見るのはどうかというような議論もありますが、どうも社会的、客観的に見まして、その年々の勤労の所得と、キャピタルとしての社会的処遇を受ける資金はおのずから違ったものがあるように考えられるのです。ただ、資金は、資金、労働、土地、これは経済の三要素だといわれるくらいに大事な経済を動かすエネルギーです。産業を興し、国を興す一つの大きな力である。そういうことに着目をすると、その蓄積なり、資産ができにくい社会〔に〕することには注意する必要がありますが、これがあまり行き過ぎてもまずい。しかし同時に、これが野放しにされて、社会的な批判を受ける状態もよろしくない。そういう見地から、四十五年度税制は経過的な時限的措置がとられたわけですが、この時限的措置が終わる段階には、そのときの客観的諸情勢をにらみまして、その時点における社会的妥当性のある措置をとる、こういうふうな考え方をいたしておるわけであります。

（以下略）

衆議院　大蔵委員会議録第二十二号

昭和四十六年三月十九日（金曜日）

出席委員

委員長	毛利　松平君		
理事	宇野　宗佑君	理事	上村千一郎君
理事	丹羽　久章君	理事	藤井　勝志君
理事	山下　元利君	理事	広瀬　秀吉君
理事	松尾　正吉君	理事	竹本　孫一君
	奥田　敬和君		木野　晴夫君
	木部　佳昭君		佐伯　宗義君
	坂元　親男君		高橋清一郎君
	登坂重次郎君		中島源太郎君
	中村　寅太君		原田　憲君
	福田　繁芳君		坊　秀男君
	松本　十郎君		森　美秀君
	吉田　重延君		吉田　実君
	阿部　助哉君		佐藤　観樹君
	平林　剛君		堀　昌雄君
	貝沼　次郎君		坂井　弘一君
	伏木　和雄君		

出席国務大臣

内閣総理大臣	佐藤　栄作君
大蔵大臣	福田　赳夫君

出席政府委員

大蔵省主税局長	細見　卓君

（ほか略）

本日の会議に付した案件

所得税法の一部を改正する法律案（内閣提出第五号）

法人税法の一部を改正する法律案（内閣提出第六号）

租税特別措置法の一部を改正する法律案（内閣提出第六一号）

○毛利委員長　これより会議を開きます。

所得税法の一部を改正する法律案、法人税法の一部を改正する法律案及び租税特別措置法の一部を改正する法律案の各案を一括して議題といたします。

（中略）

○平林委員　きょうは私は、税に関する三つの問題を取り上げてまいりたいと思います。

初めに、所得税法の第九条第十一号、有価証券の譲渡所得は非課税であるということにつきまして、根本的な再検討を要求する意味の質問を取り上げたいと思うのであります。

御承知のように、今度の国会には、国民の税負担の軽減をはかるために、所得税、相続税並びに地方税、合わせまして約二千八百億円の減税案が提案をされて、かなりの減税をおやりになったとお考えかもしれないが、一般庶民勤労者の気持ちをさかなでするような問題が、所得税法第九条十一号の有価証券の譲渡所得に対する非課税の問題なんであります。

総理も大蔵大臣も御承知だと思いますが、最近ダイエーという会社が株の公開をやりました。ダイエーは大体九百万株を公開いたしました。公開の価格は幾らかというと四百五十円であります。つまり五十円の株券が四百五十円で公開したわけです。所得税法第九条第十一号によりますと、この譲渡所得は非課税になります。この九百万株のうち社長さんの持っておられたのはおおよそ七百万株ですから、合計でおおよそ三十億円の所得があったのです。ところが所得税法第九条第十一号に、有価証券の譲渡所得は非課税という法律がございますから、三十億円の所得があっても税金は一銭も取られぬわけであります。

このことは、昭和四十三年に、私が指摘をいたしました赤井電機が株を公開し、社長さんは四十二億円の所得があったのに税金は一銭も取られな〔く〕て、税の面から考えてみて不公平でないか。

この有価証券の非課税措置をきめております所得税法第九条は抜本的に検討を加える必要があるんじゃないか。

○福田国務大臣　有価証券の譲渡所得は、一両年前から御指摘がありました。株式公開の場合の所得に対してどうするか、赤井電機の問題が起こりましたときに私ども反省させられたわけです。そこで、例外措置をこの問題にもとろう〔と〕ずっと考えてきたんです。その措置を四月一日から実施いたしたい考えでおりましたところ、ダイエーの問題が起こりましてまた世間を騒がした、こういうことは非常に私も遺憾に思っております。しかし、もう余日ない。制度が改正されまして、さような過当な利益を現出することはなくなる、かように考えておるんです。ただ、株式の譲渡所得、全廃することはなかなかむずかしい問題で、技術的にいいましても、資本の蓄積を考えますときに、この制度の根本をゆるがす大問題だ、こういうふうに考えます。そこに手をつける考えはないのです。しかし、これが結果において悪用されたことは、国民感情としても許されざることであります。こういうふうに考えますので、その点は今後とも気をつけてまいりたい、かような考えでございます。

○平林委員　私はこの問題を昨年指摘をいたしまして、大体いま大蔵大臣が言われるがごとく、四月一日からある程度の手直しをする必要があるという話が大蔵省内に巻き起こりました。私は多分そうなるだろうと思っておりました。そのやさきにダイエーの株の公開が行なわれた。私はある意味では、改正前にできるだけ甘い汁は吸っておこうという考えが全くなかったかというと、必ずしもそうでない感じを受け、問題にしておるわけです。株の公開によって得た所得に対しては課税をすると、〔所得税法〕施行令の二十八条を削除すればこうした不合理はなくなるわけですけれども、どんなお考えを持っておられますか。

○福田国務大臣　これは法律改正という方法もありましょう。しかし、いままでの立法の体系からいきますと政令をもって足りる、こういうふうに考えますので、政令改正でいきたい、かような考えでございます。

○平林委員　その政令をどういうふうにお考えになりますか。

○細見政府委員　改正の方向としては、一定限度を上回る非常な巨額な放出が行なわれた場合には課税を考える。ある程度のものは二部市場の育成という意味で、その辺の兼ね合いになろうかと思います。

○平林委員　具体的にどうするかを私は聞いておるわけです。

○細見政府委員　これはまだ大臣の承認を得ていませんし、十分な相談はいたしておりませんが、およその考え方として、現在、事業を譲渡したと考えるのは、株式の二五％以上を売り渡したときで、株式の譲渡であっても課税いたしておるわけです。その中に取り込んで同様に扱うのが比較的穏やかな扱い方ではなかろうか、かように考えておりますが、これらの点はいずれ大臣にも御相談しておきめ願いたいと考えております。

○平林委員　総理大臣、いまお聞きのとおりです。税の公平という立場から、有価証券であろうと何であろうと、所得のあるところに税を課す、これが大原則でなければならぬ。ところがいろいろの理屈をつけてこれを免れるという考え方は誤りである。したがって、総理大臣としては、この問題についてきちんと、四月一日からは国民全般に理解のできる線でおやりになることを御言明をいただきたいと思うのです。

○佐藤内閣総理大臣　法の不備をねらって非常な所得を得ておるものは取り締まるというか、ないようにするのが公平の原則から申しまして当然だろうと思います。大蔵当局もすでに一案を用意しておるようです。これは四月一日から、お約束してもいいのだけれども――これは準備をしっかりよろしくお願いいたします。

（中略）

○松尾(正)委員　租税特別措置の中の少額非課税貯蓄の拡充措置です。少額非課税は非常に大事な措置ですから、否定するものではありません。しかし、今度の措置により、ほんとうに少額貯蓄者が保護されるか、あるいは一部高額所得者が保護されるか、こういう点を考えてみますとちょっと疑問に思われる点がありますので、この点をお伺いしたいと思います。

　大臣にお伺いしたいまず第一点は、この少額貯蓄非課税限度額を、今度百万円を百五十万円に引き上げた、この根拠、理由をまず伺いたいと思います。

○福田国務大臣　この制度は四十年から百万円となっており、その間、経済事情は非常に大きな変化をしているわけです。そういう経済事情から考えれば、非課税限度を引き上げる場合に五十万円では足らないと思うのでありますが、松尾さんのおっしゃるような感触を持つ人もあり、五十万円どまりにしたわけなんです。二百万円説ということもあったわけです。郵便貯金も、国債も調整をとるふうにしたわけです。

○松尾(正)委員　事務当局に伺いたいのですが、現在の一人当たりの貯蓄額と、それからそのうちに占める百万円以下の比率はどうなっていますか。

○細見政府委員　個人で申し上げますと、四十五年の少額貯蓄非課税を利用しておられる一人当たりの金額は二十万五千円になっております。ただ、これを四十年から比べてみますと、四十年が約十三万円でしたので、六、七割の増加になっております。

○松尾(正)委員　百万円以下は……。

○細見政府委員　これは百万円以下の貯蓄なんで、一人当たりになりますと二十万五千円です。

○松尾(正)委員　この前ここで預金保険法を審議しました。このときに、保険の保障限度額を幾らにするかでやりとりしたときに、全国の預金保有者の平均が百二、三十万、こういうことでしたけれども、それじゃ百万円以下の保有者はどうかというと、九七％が百万円以下で、三％しか百万円をこえている預金者はないわけです。そういう点を考えてみますと、百万円の限度でいいではないか、低所得者はこれで十分守られておる。ところが今度の措置によって少額貯蓄者が百五十万円、それから国債が百万円、それからもう一つは郵便貯金が百五十万円、合計一人四百万円以内は非課税、こういうふうに考えてみますと、今度のこの五十万円の引き上げは、これは明らかに三%足らずの高額所得者に対する措置であって、国民感情としても納得できないであろう。この点について大蔵大臣、先ほど二百万円説、三百万円説もある、こういうお話ですけれども、その論拠をお伺いいたしたいと思います。

○福田国務大臣　いま松尾さんもお触れになりましたが、今度の免税措置によって、組み合わせますと四百万円までいけるのです。とにかく国民の大多数が、家を持ちたい、どんどんアパートができる、その一角を自分のものにしたい。また、多少余裕のある人は、五十坪、百坪の土地に二十坪、三十坪の家を建てたい、こういう希望を持っておるわけです。そういう希望に、明るい見通しを与えることが妥当じゃないか。そういうことを考えますときに、いままでの諸種組み合わせの最高限の免税が二百五十万円だった。これじゃちょっとそういうわけにいかぬじゃないかと考え、四百万円を目途に郵便貯金、国債等も含めまして引き上げを行なった。

○松尾(正)委員　総理に結論を伺いたいのですけれども、引き上げなくても二百五十万以内のものは守られるわけです。これをさらに引き上げようというところが問題だ、私はこう言っているわけです。

（以下略）

衆議院　大蔵委員会議録第二十三号

昭和四十六年三月二十三日(火曜日)

出席委員

委員長 毛利　松平君

理事 宇野　宗佑君　理事 上村千一郎君
理事 丹羽　久章君　理事 藤井　勝志君
理事 山下　元利君　理事 広瀬　秀吉君
理事 松尾　正吉君　理事 竹本　孫一君

奥田　敬和君　木野　晴夫君
木部　佳昭君　木村武千代君
坂元　親男君　高橋清一郎君
登坂重次郎君　中島源太郎君
原田　憲君　坊　秀男君
松本　十郎君　森　美秀君
吉田　重延君　吉田　実君
佐藤　観樹君　平林　剛君
堀　昌雄君　貝沼　次郎君
坂井　弘一君　小林　政子君

出席政府委員

大蔵省主税局長　細見　卓君

（ほか略）

本日の会議に付した案件

所得税法の一部を改正する法律案（内閣提出第五号）
法人税法の一部を改正する法律案（内閣提出第六号）
租税特別措置法の一部を改正する法律案（内閣提出第六一号）

○毛利委員長　これより会議を開きます。

所得税法の一部を改正する法律案、法人税法の一部を改正する法律案及び租税特別措置法の一部を改正する法律案の各案を一括して議題とし、質疑を続行いたします。

（中略）

○広瀬(秀)委員　貯蓄奨励及び住宅対策ということで、勤労者財産形成促進法がたぶんきょう委員会を通過する予定に聞いておりますが、これを前提にしまして、今回少額貯蓄非課税制度の別ワクで、元本百万円を限度としての利子の非課税措置をとろう、こういう提案があります。今日の勤労者財産形成促進法、初めての制度でありますから、これがどのように活用されていくか、これからの問題ですけれども、ただ郵便貯金も利子非課税の限度が百五十万に引き上げられる法案も出ておる。今日の住宅建設費の増高がかなり激しいし、標準家族、夫婦子供三人にふさわしい家屋、住宅を持つと、少なくとも三百万、四百万かかるわけですから、百万円という限度はやや低きに失するのではないか。せめてこれは二百万くらいまではどうだと言いたいのだけれども、これについてはかなり弾力的に考えられる、こういう気持ちがありますか。

○細見政府委員　全体としての貯蓄非課税の場合の元本の大きさをどういうふうに割り振っていくかは、今後も総合的に考えていかなければならない問題だと思います。

ただ、今回の勤労者財産形成措置は、貯金というよりは、家を建てさせるとかいうことに目的があるわけで、今回の制度により、百万円の元本ができるところまではこの勤労者財産形成が動いていく。一方で、住宅建設の税額控除を従来の倍にいたし、あるいはまた、勤労者財産形成のほかに、郵便貯金でも百五十万できるし、その他の少額貯蓄非課税についても百五十万、あるいは国債があるということで、この間松尾先生からむしろ多過ぎるといってしかられたぐらい非課税のワクもございますし、その辺あわせ考えればかなりの金額になっておろうかと思いますが、総合的に、金額の大小については今後とも検討いたしてまいりたいと思います。

（以下略）

衆議院　大蔵委員会議録第二十四号

昭和四十六年三月二十四日（水曜日）

出席委員

委員長　毛利　松平君

理事　上村千一郎君　理事　藤井　勝志君
理事　山下　元利君　理事　広瀬　秀吉君
理事　松尾　正吉君　理事　竹本　孫一君

稲村佐近四郎君　奥田　敬和君
唐沢俊二郎君　木野　晴夫君
木部　佳昭君　木村武千代君
佐伯　宗義君　坂元　親男君
高橋清一郎君　登坂重次郎君
中島源太郎君　原田　憲君
坊　秀男君　松本　十郎君
向山　一人君　森　美秀君
山下　徳夫君　吉田　重延君
吉田　実君　阿部　助哉君
佐藤　観樹君　平林　剛君
堀　昌雄君　貝沼　次郎君
坂井　弘一君　伏木　和雄君
春日　一幸君　小林　政子君

（ほか略）

本日の会議に付した案件

所得税法の一部を改正する法律案（内閣提出第五号）

法人税法の一部を改正する法律案（内閣提出第六号）

租税特別措置法の一部を改正する法律案（内閣提出第六一号）

塩業の整備及び近代化の促進に関する臨時措置法案（内閣提出第二九号）

○毛利委員長　これより会議を開きます。

（中略）

所得税法の一部を改正する法律案、法人税法の一部を改正する法律案及び租税特別措置法の一部を改正する法律案の各案を一括して議題とし……（中略）……これより各案を一括して討論に入ります。

討論の通告がありますので、順次これを許します。

（中略）

○佐藤（観）委員　私は、日本社会党を代表して、所得税法、法人税法、租税特別措置法の一部を改正する法律案につき、反対の討論をいたします。

租税特別措置法が税の公平を欠く法律であることは論をまちません。これに対して政府は、この点は認めながらも、特別な経済目的と称して今日まで毎年拡大を続け、その数、百四十項目、また、四十六年度の減収見込み額は国税、地方税合わせて六千四百六十三億円になろうとしております。

政府は、特別な経済目的といいながらも、それでは一体その経済目的のためにこの法律が具体的にどれぐらい効率的に働いたのかというと、確固たる数字をあげての答弁ができておりません。

政府の諮問機関である税制調査会の四十五年十二月の答申においても、その整理、合理化について次のように述べております。

「租税特別措置については、その政策目的の合理性や政策手段としての有効性の判定を厳格に行ない、既得権化や慢性化を排除するよう努力すべきことはいうまでもないところであるが、これらの措置が税制を通じて経済諸施策を遂行しようとするものであることからみて、経済社会情勢の進展に即応して、随時、弾力的な改廃に努めるべきものと考えられる。

また、新たに税制上の誘導措置を講ずる場合においては、名目的な政策目標のもとにいたずらに措置の数をふやすことなく、真に緊急に必要とされるものについて重点的に措置することとし、かつ、新規の措置の創設及び既存の措置の拡充は、既存の措置の整理合理化に伴う増収額の範囲内にとどめるべきである。」

しかし今回の改正案は、明らかにこの方向と逆であり、既存の制度はできるだけ温存し、期限切れになったものについては、それにかえるに直ちに新たな制度の創設をもってするという、既得権の保護に偏していることや、経済の国際化など新たな段階に対応できるよう制度を組みかえ、海外進出を助けるために新制度を創設していることなど、あげていったら枚挙にいとまがありません。すなわち、銀行の貸倒引当金、鉱業所得に対する特別措置など、不当に多い積み立てを認める制度を是正する件や、時代に合わない輸出振興税制を思い切って改廃すること、高額所得者を優遇し過ぎるという非難の多い利子・配当所得に対する特別措置や株式譲渡所得非課税の制度の廃止など、これらの問題は、昨年の当委員会で、佐藤首相、福田大蔵大臣ともその検討を約束したところでした。ところが、たとえば輸出振興税制一つをとってみても、本改正案は部分的な圧縮にとどまり、税制面の援助体制を新たな段階に質的に振り向けるという改正を行なっており、その額は平年度で三百二十二億円にのぼります。

このようにして、租税特別措置は全般的に改廃の方向に行くべきことはわかっておりながら、当委員会の附帯決議や税制調査会の答申に沿うことなく、別個にますます複雑に、そして税体系をいびつなものにし、国民の間に、大企業と高額所得者ばかりを保護しているという、納税をきらう気持ちをかもし出す原因をつくっております。

（中略）

○毛利委員長　これにて討論は終局いたしました。

これより各案を順次採決いたします。

次に、租税特別措置法の一部を改正する法律案について採決いたします。

本案に賛成の諸君の起立を求めます。

〔賛成者起立〕

○毛利委員長　起立多数。よって、本案は原案のとおり可決いたしました。

○毛利委員長　ただいま議決いたしました三法律案に対し、自由民主党、日本社会党、公明党及び民社党を代表し、坂元親男君外四名より、附帯決議を付すべしとの動議が提出されております。

この際、提出者より趣旨の説明を求めます。

○坂元委員　そもそも租税特別措置は、税制を通じて特定の経済施策を遂行しようとするものであります。しかし、また同時に、多少にかかわらず税負担の公平をそこなうものであることもいなめないところであります。したがって、常にその政策目的の合理性、政策手段としての有効性等について慎重な検討を行ない、その整備合理化に努力すべきであるというのが、その趣旨であります。

以上が附帯決議案の趣旨とその内容であります。

何とぞ御賛成くださいますようお願いを申し上げます。

○毛利委員長　これにて趣旨の説明は終わりました。

おはかりいたします。

本動議のごとく附帯決議を付するに御異議ありませんか。

〔「異議なし」と呼ぶ者あり〕

○毛利委員長　御異議なしと認めます。よって、さよう決しました。

本附帯決議に対し、政府より発言を求められておりますので、これを許します。

○福田国務大臣　ただいまの附帯決議につきましては、その趣旨を十分尊重いたし、今後とも税負担の適正化に努力いたしたいと存じます。

（以下略）

衆議院会議録第二十一号(一)

昭和四十六年三月二十五日（木曜日）

議事日程　第十七号

第六　所得税法の一部を改正する法律案（内閣提出）

第七　法人税法の一部を改正する法律案（内閣提出）

第八　租税特別措置法の一部を改正する法律案（内閣提出）

○副議長（荒舩清十郎君）　これより会議を開きます。

（中略）

日程第六　所得税法の一部を改正する法律案（内閣提出）

日程第七　法人税法の一部を改正する法律案（内閣提出）

日程第八　租税特別措置法の一部を改正する法律案（内閣提出）

塩業の整備及び近代化の促進に関する臨時措置法案（内閣提出）

○加藤六月君　議事日程追加の緊急動議を提出いたします。

すなわち、この際、日程第六ないし第八とともに、内閣提出、塩業の整備及び近代化の促進に関する臨時措置法案を追加して四案を一括議題となし、委員長の報告を求め、その審議を進められんことを望みます。

○副議長（荒舩清十郎君）　加藤六月君の動議に御異議ありませんか。

〔「異議なし」と呼ぶ者あり〕

○副議長（荒舩清十郎君）　御異議なしと認めます。よって、日程は追加せられました。

日程第六、所得税法の一部を改正する法律案、日程第七、法人税法の一部を改正する法律案、日程第八、租税特別措置法の一部を改正する法律案、塩業の整備及び近代化の促進に関する臨時措置法案、右四案を一括して議題といたします。

所得税法の一部を改正する法律案
法人税法の一部を改正する法律案
租税特別措置法の一部を改正する法律案
塩業の整備及び近代化の促進に関する臨時措置法案

〔本号㈡に掲載〕

○副議長（荒舩清十郎君）　委員長の報告を求めます。大蔵委員長毛利松平君。

○毛利松平君　ただいま議題となりました四法律案につきまして、大蔵委員会における審査の経過並びに結果を御報告申し上げます。

次に、租税特別措置法の一部を改正する法律案について申し上げます。

この法律案は、今次税制改正の一環として、おおむね次のような措置を講ずることといたしております。

第三に、新たに元本百万円を限度とする勤労者財産形成貯蓄非課税制度を設けるとともに、少額国債の非課税限度を元本百万円に引き上げるほか、住宅貯蓄控除制度の税額控除の限度額を二万円に引き上げることといたしております。

以上の各案につきましては、参考人を招いて意見を聴取する等、慎重審査を行ないましたが、その詳細は速記録に譲ることといたします。

かくて、二十四日、質疑を終了し、三案を一括して討論に入りましたところ、自由民主党を代表して木村武千代君は賛成の旨を、日本社会党を代表して佐藤観樹君、公明党を代表して松尾正吉君、民社党を代表して竹本孫一君、日本共産党を代表して小林政子君は、それぞれ反対の旨を述べられました。

次いで、採決いたしましたところ、それぞれ起立多数をもって原案のとおり可決すべきものと決しました。

なお、以上の三案につきましては、今後においても、所得税負担の軽減合理化、租税特別措置の整備合理化等に努力すべきこと等、四項目にわたる自民、社会、公明、民社の四党共同提案にかかる附帯決議を全会一致をもって付することに決しました。

（中略）

○副議長（荒舩清十郎君）　これより採決に入ります。

まず、日程第六ないし第八の三案を一括して採決いたします。

三案の委員長の報告はいずれも可決であります。三案を委員長報告のとおり決するに賛成の諸君の起立を求めます。

〔賛成者起立〕

○副議長（荒舩清十郎君）　起立多数。よって、三案は委員長報告のとおり可決いたしました。

（以下略）

参議院会議録第七号

昭和四十六年三月十日（水曜日）

○議事日程　第七号

第一　永年在職議員表彰の件
第二　国家公務員等の任命に関する件
第三　所得税法の一部を改正する法律案、法人税法の一部を改正する法律案及び租税特別措置法の一部を改正する法律案（趣旨説明）
第四　国務大臣の報告に関する件（昭和四十六年度地方財政計画について）
第五　地方税法の一部を改正する法律案（閣法第四一号）及び地方交付税法の一部を改正する法律案（趣旨説明）
第六　貸付信託法の一部を改正する法律案（内閣提出、衆議院送付）
第七　預金保険法案（内閣提出、衆議院送付）

（中略）

○議長（重宗雄三君）　日程第三、所得税法の一部を改正する法律案、法人税法の一部を改正する法律案及び租税特別措置法の一部を改正する法律案（趣旨説明）。

三案について、国会法第五十六条の二の規定により、提出者からその趣旨説明を求めます。

○国務大臣（福田赳夫君）　所得税法の一部を改正する法律案、法人税法の一部を改正する法律案及び租税特別措置法の一部を改正する法律案につきまして、その趣旨を御説明申し上げます。

政府は、昨年十二月、税制調査会から提出された昭和四十六年度の税制改正に関する答申に基づきまして検討を重ねた結果、昭和四十六年度の税制改正におきましては、最近における国民負担の状況にかんがみ、所得税の負担の軽減をはかるため、給与所得控除をはじめとする各種の所得控除の引き上げ、青色事業主特別経費準備金制度の創設、相続税の軽減合理化等を行なうことにより、平年度約二千億円の減税を行なうほか、当面の経済社会情勢の推移に即応するよう、公害対策、海外投資、資源開発対策、貯蓄奨励及び住宅対策、企業体質の強化等に資するため所要の措置を講じ、輸出振興税制を改正し、交際費課税を強化する等、税制の整備合理化をはかるとともに、道路その他の社会資本の充実の要請を考慮して、自動車重量税を創設することといたしたのであります。

最後に、租税特別措置法の一部を改正する法律案につきまして、その趣旨を御説明申し上げます。

貯蓄奨励対策として、少額貯蓄非課税制度とは別ワクで、元本百万円を限度とする勤労者財産形成貯蓄非課税制度を創設する等の措置を講ずるほか、住宅対策として、住宅貯蓄控除の拡充等を行なうことといたしております。

○議長（重宗雄三君） ただいまの趣旨説明に対し、質疑の通告がございます。順次発言を許します。

○戸田菊雄君 私は、日本社会党を代表して、ただいま趣旨説明のありました所得税法の一部を改正する法律案、法人税法の一部を改正する法律案及び租税特別措置法の一部を改正する法律案の三法に対し、質問を行なうものであります。

（中略）

第四は、租税特別措置法についてであります。

その一つは、政府提案の昭和四十六年度税制改正の要綱一一ページによりますると、租税特別措置の整備合理化等の内訳を見ますると、従来、政府がしばしば整備合理化をはかるとの公約は何ら行なわれず、大蔵省はたいへん苦労して差し引き、ゼロになっておりますが、これでは今日までの租税特別措置の整備合理化は全然行なわれていないのではないかと思いますが、どうでありますか。

その一つは、少額貯蓄非課税制度についてであります。今年度の改正で、従来の百万円を百五十万円に引き上げることになっておりますが、大蔵省の見通しによりますと、今後、平均世帯貯蓄は百四十一万円になると言っております。しかし、貯蓄増強中央委員会の調査によりますと、平均世帯貯蓄平均は七十五万円であり、グループ別調査でも、五十万円以下が二九・六％、五十万円から百万円まで二四・五％、百万円から百五十万円まで一四％、百五十万円から二百万円まで六・九％、二百万円以上が一五％となっており、百万円以下が総体の五四・一％を占めておるのであります。加えて、この種免税制度には、少額国債非課税制度と勤労者財産形成の少額貯蓄非課税制度、郵便貯金は別に同様の制度があり、総体を含めますと、一人で五百万円まで、夫婦合わせますと一千万円まで免税となる仕組みであります。このことは、前述の貯蓄増強中央委員会の平均世帯貯蓄状況から見ても、少額貯蓄者の非課税制度ではなくて、高額貯蓄者の優遇措置を考慮したものと思うが、どうでありますか。また、税の不公平をさらに拡大することになり、これらの制度は直ちに整理統合を行ない、一本化すべきと考えますが、福田大蔵大臣のお考えをお答え願いたいのであります。

（中略）

○国務大臣（福田赳夫君） 少額貯蓄の平均が七十五万円なのに、今度の改正は優遇し過ぎるんじゃないかというお話ですが、これは七十五万円ということはないと思います。現在、もっと高い水準にあると思いますが、ある程度のことをしなければ刺激にならない。貯蓄を刺激することをねらっておるのです。そういうような意味で、平均貯蓄額をオーバーする免税点、これも御理解を願いたいと思うのですが、いま非常に貯蓄が、ことに零細貯蓄、これは大事な時期にきておる。こういうことから御理解を願いたい問題ですが、決して高額所得者を優遇しようという考えは毛頭ありません。

それから、さらに少額貯蓄制度は、少額貯蓄非課税制度、少額国債非課税制度、郵便貯金あるいは勤労者財産形成貯蓄、いろいろあるが、これを統合する考えはないかというお話でありますが、ごもっともなお話だと思います。しかし、一つ一つがそれぞれ理由がある。それぞれ特殊なメリットを持っております。ですから一がいに統合とは言えませんが、少し繁雑になり過ぎておるという感じがしておりますので、今後、検討課題にいたしたい、かように考えております。

○多田省吾君 私は、公明党を代表して、ただいま趣旨説明のありました所得税法、法人税法並びに租税特別措置法の一部を改正する法律案につきまして、総理並びに大蔵大臣にお伺いいたします。

租税特別措置の整理改廃について。現行税制の不公平の代表が各種の課税優遇措置であり、これが租税特別措置法によって裏づけされていることは、いまさら申すまでもないことです。わが国の租税特別措置は、規模といい、量といい、これほど幅広いものは世界のどこにも類例がありません。多くの学者も、「シャウプ勧告以来、大企業優先のため特別措置を積み重ね、極端にゆがめられたのが今日の日本の税制の最大の特徴だ」と述べております。特に、不公平、不平等の例として悪名高いのが、大蔵省も反対した配当所得の特例、輸出振興に名をかりた四種の特別措置、医師優遇措置、金融業者やその他の貸し倒れ引き当て金、特に問題の多い交際費非課税の特例など、その数は国税だけでも百四十三種類もあり、その大部分が大企業を対象にしたものであります。この特別措置の減税額を四十六年度で見ますと、国税だけで四千三百九十四億円の巨額に達し、所得実質減税額四百億円と比べると実に十倍以上の大減税となっております。しかも、税調の答申とは反対に、整理改廃は少しも行なわれておらず、ずるずると特例を引き延ばし、すでに目的を達したものも廃止されずに既得権化しようとしております。これは政府自身が国民の税に対する不平、不満を助長させ、納税意欲を減退させているという以外ありません。

○国務大臣（福田赳夫君）　特別措置につきまして、いろいろ御意見があったわけですが、何とかして、それを整理する方向に持っていきたいと考えますが、時代の要求とともに、もろもろの特別措置要因が出てくるわけで、御期待に沿い得ないことを遺憾に存じておりますが、今後とも努力をいたしたい。

（以下略）

参議院　大蔵委員会会議録第十六号

昭和四十六年三月二十五日（木曜日）

出席者は左のとおり。

委員長　柴田　栄君

理　事　大竹平八郎君　玉置　猛夫君　中山　太郎君

委　員　青柳　秀夫君　伊藤　五郎君　岩動　道行君　栗原　祐幸君　津島　文治君　丸茂　重貞君　戸田　菊雄君　松井　誠君　鈴木　一弘君　向井　長年君

政府委員
大蔵政務次官　藤田　正明君
大蔵省主税局長　細見　卓君

参考人
日本大学助教授　北野　弘久君

（ほか略）

本日の会議に付した案件

○関税定率法等の一部を改正する法律案（内閣提出、衆議院送付）

○所得税法の一部を改正する法律案（内閣送付、予備審査）

○法人税法の一部を改正する法律案（内閣送付、予備審査）

○租税特別措置法の一部を改正する法律案（内閣送付、予備審査）

○委員長（柴田栄君）　ただいまから大蔵委員会を開会いたします。

関税定率法等の一部を改正する法律案、所得税法の一部を改正する法律案、法人税法の一部を改正する法律案及び租税特別措置法の一部を改正する法律案、以上四案を便宜一括して議題といたします。

まず、政府から趣旨説明を聴取いたします。

○政府委員（藤田正明君）　ただいま議題となりました関税定率法等の一部を改正する法律案外三法律案につきまして、提案の理由及びその内容を御説明申し上げます。

所得税法の一部を改正する法律案、法人税法の一部を改正する法律案及び租税特別措置法の一部を改正する法律案を一括して御説明申し上げます。

政府は、昨年十二月税制調査会から提出された「昭和四十六年度の税制改正に関する答申」に基づき検討を重ねた結果、昭和四十六年度の税制改正におきましては、最近における国民負担の状況にかんがみ、所得税の負担の軽減をはかるため、給与所得控除をはじめとする各種の所得控除の引き上げ、青色事業主特別経費準備金の創設、相続税の軽減合理化等を行なうことにより平年度約二千億円の減税を行なうほか、当面の経済社会情勢の推移に即応するよう、公害対策、海外投資、資源開発対策、貯蓄奨励及び住宅対策、企業体質の強化等に資するため所要の措置を講じ、輸出振興税制を改正し、交際費課税を強化する等、税制の整備合理化をはかるとともに、道路その他の社会資本の充実の要請を考慮して、自動車重量税を創設することとし、ここにこれらの法律案を提出した次第であります。……（省略）……第三は、貯蓄奨励及び住宅対策に資するための措置であります。

すなわち、貯蓄奨励対策として、勤労者の財産形成に資するため、少額貯蓄非課税制度の別ワクで、元本百万円を限度とする勤労者財産形成貯蓄非課税制度を創設するとともに、少額国債の非課税限度を現行の元本五十万円から百万円に引き上げる等の措置を講ずることといたしております。また、住宅対策として、住宅貯蓄控除制度について、その対象貯蓄に一定の勤務先預金等を加え、税額控除の限度額を一万円から二万円に引き上げる等その拡充をはかるとともに、新築住宅の登録免許税の軽減制度について、その内容を拡充した上、適用期限を延長する等の措置を講ずることといたしております。

以上のほか、交際費課税の強化をはかるため、損金不算入割合を現行の六〇%から七〇%に引き上げて適用期限を延長し、山林に関する課税の特例制度について合理化を行なうとともに、証券取引責任準備金制度等、期限の到来するその他の特別措置について実情に応じ適用期限を延長する等、所要の措置を講ずることとしております。

○政府委員(細見卓君) 内国税につきまして、簡単に補足して御説明申し上げます。

租税特別措置法の一部を改正する法律案につきまして御説明申し上げます。……(省略)……第三は、貯蓄奨励及び住宅対策のための措置であります。

まず、貯蓄奨励対策といたしましては、少額国債の非課税限度を現行の元本五十万円から百万円に引き上げるほか、少額貯蓄非課税制度とは別ワクで元本百万円を限度として勤労者財産形成貯蓄非課税制度を創設することといたしておるわけでございますが、少額貯蓄の非課税限度及び郵便貯金の限度額がともに百万円から百五十万円に引き上げられることとなっておりますので、勤労者でございますと、一人当たり五百万円までの貯蓄について非課税の扱いを受けられることとなるわけでございます。

次に、住宅対策といたしましては、まず、住宅貯蓄控除について適用対象貯蓄に一定の勤務先預金や生命保険契約などを加えるとともに、税額控除の限度額を現行の一万円から倍の二万円に引き上げることとしているわけでありますが、税額控除の控除率は年間貯蓄額の四%でありますので、この限度額の引上げによりまして、年間適用対象貯蓄は現行の二十五万円が五十万円に引き上げられることになるわけであります。また、現行制度では、この控除はすべて確定申告書を提出してその適用を受けることになっておりますが、給与所得者については、年末調整の際に控除できることとし、この控除を受けるためだけで確定申告をするような必要はないこととしております。

○委員長(柴田栄君) この際、一言ごあいさつを申し上げます。

参考人の皆さん方には、まことに御多用の中を、ただいま議題となっております四法案に関しまして、本委員会に御出席をいただきまして、本審査のために貴重な御意見を拝聴することができますことを、厚く御礼を申し上げます。

(中略)

○参考人(北野弘久君) 三法案について意見を述べよということですが、問題が非常に多岐にわたっておりまして、私なりに重要と考えます五つの問題だけに限定しまして所見を述べたいと思います。……(省略)……第四に、租税特別措置についてです。

今回の税制改正案においても、多くの特別措置の導入・拡充が見られます。政府側の試算によりましても、昭和四十六年度の特別措置による国庫減収は、実に国内税だけで四千三百九十四億円という巨額に達しております。個別の特別措置につきまして所見を述べる時間がございませんので、この機会にかねてから考えております特別措置をめぐる問題点を総括的に申し上げさせていただきたいと思います。

第一点、財政議会主義を強調しております日本国憲法は、補助金のような国費の支出についての国会のコントロールは、個別的・具体的であらねばならないことを要請しております。特別措置は、税法律の規定するところであるという意味では財政議会主義に反しないのであります。しかし、その実質は隠れた補助金です。その意味から、この巨額の補助金に対しては実質的には全く国会の民主的コントロールは及んでいないわけです。つまり、特別措置は、実質的には憲法の財政議会主義を形骸化せしめていることが指摘されねばならないのです。

第二点、特別措置は、特定の政策目的のために負担の公平を犠牲にするものであります。負担公平原則は、単に財政学のレベルの租税原則の一つではなく、私は、日本国憲法のもとでは憲法上の原則であると考えております。したがいまして、特別措置に対しては、そのような観点から厳密な憲法的なメスが加えられねばならないと考えているのであります。

第三点、利子所得、配当所得の分離課税等の特例によって容易に理解されますように、特別措置は総合累進構造を形骸化せしめております。そうして、それは、租税制度の持つ所得再配分及びビルトイン・スタビライザーの機能を減殺せしめるのであります。

第四点、大企業、高額資産所得層等への傾斜的な優遇措置は、一般の納税者のタックス・モラルを低下せしめるということが指摘できるのであります。

第五点、特別措置は、一たん採用されますと、その政策効果のいかんにかかわらず、既得権化いたしまして、廃止が困難となっております。政策効果のない特別措置は、いたずらに特定の納税者の租税負担を合法的に軽減するだけであります。

第六点、一つの特別措置の承認は、連鎖反応的に類似の幾つかの特別措置の承認要求をもたらすということであります。

第七点、特別措置による巨額の減収は、結局、一般大衆に対する所得税であるとか住民税等の重課、間接税の増徴といった大衆課税を結果することになります。

第八点、特別措置は税制を複雑化いたしまして、人々の理解を困難にすることになります。税制の複雑化は、申告納税制度の健全な展開を阻害することになります。

第九点、企業会計に関する特別措置は、多くの場合、企業会計を混乱におとしいれ、その健全な展開を妨げるということになるわけです。

ともかく、法律学的な立場から申しますと、もろもろの資本主義的な経済政策の遂行は、租税面においてではなく、できるだけ歳出面において考慮さるべきであるということになることをこの機会に強調しておきたいと思います。

（以下略）

参議院　大蔵委員会会議録第十七号

昭和四十六年三月二十六日（金曜日）

出席者は左のとおり。

委員長　柴田　栄君

理　事　大竹平八郎君

委　員
玉置　猛夫君
中山　太郎君
多田　省吾君
青木　一男君
青柳　秀夫君
伊藤　五郎君
岩動　道行君
栗原　祐幸君
津島　文治君
丸茂　重貞君
矢野　登君
木村禧八郎君
戸田　菊雄君
松井　誠君
鈴木　一弘君
向井　長年君
渡辺　武君

衆議院議員
内閣委員長代理
理事　伊能繁次郎君

国務大臣
大蔵大臣　福田　赳夫君

（ほか略）

本日の会議に付した案件

○関税定率法等の一部を改正する法律案（内閣提出、衆議院送付）

○所得税法の一部を改正する法律案（内閣提出、衆議院送付）

○法人税法の一部を改正する法律案（内閣提出、衆議院送付）

○租税特別措置法の一部を改正する法律案（内閣提出、衆議院送付）

○**委員長（柴田栄君）**　ただいまから大蔵委員会を開会いたします。

関税定率法等の一部を改正する法律案、所得税法の一部を改正する法律案、法人税法の一部を改正する法律案及び租税特別措置法の一部を改正する法律案、以上四法案を便宜一括して議題といたします。

質疑のある方は、順次御発言を願います。

○**戸田菊雄君**　税制以外の問題で二、三点お伺いしたいのですが、一つは、国債減額問題についてですけれども、いままでは年々幾らかは減額をしてたんですね。四十六年度は、前年度同額ですから、減額をストップしたわけですが、これはどういう理由でしょうか。それから今後の見通しはどういうお考えでしょうか。

○**国務大臣（福田赳夫君）**　景気状態が普通の状態であれば、四十六年度予算の編成では、国債を四十五年度よりは減額をいたしたいと考えると思います。ところが、景気情勢がいま沈滞化の傾向にある。これをほっておきますと、さらに沈滞化が進むことが予見し得るのです。そういう状態ですので、いままでとってきた公債漸減を一時やめまして、横ばいであると、こういう考え方。しかし、これを、四十五年度の予算額に対すると横ばいですが、実行額よりは若干ふえるという程度に抑えていくことが妥当である、こういうふうに考えまして、横ばい、四千三百億と、こういう結論に達したわけです。これは、景気情勢の判断に立脚しましてさような判断をしたと御了承いただきたいと思います。

○**戸田菊雄君**　景気落ち込みその他によって税収額

が鈍化の傾向にあるところから国債の減額もストップしたと思うのです。今後の見通しについてはいまお聞かせ願えなかったわけですが、四十五年度補正後の歳入見通しは、どうお考えでしょう。昨年の十一月ごろからだいぶ景気動向が鈍化傾向に入っております。こういう状況の中で、税収に穴があくことはございませんか。

○**国務大臣（福田赳夫君）**　予算に比べますると若干の増収が期待されますので、国債の減額をやったんです。国債の減額をやった後、普通の年でありますると多少残る勘定になるのです。ところが、四十五年度は、景気情勢がとみに鈍化しておる状況を反映し、国債減額をしたあとのことを考えると、まあとんとん、あるいはごくわずかな余剰が残るくらいな情勢かと見ております。

○**戸田菊雄君**　租税収入の伸びが鈍化する場合、歳出をまかなうのには、一つは増税、一つは国債発行の増加によらなければならないと思う。過去もそういう手段に訴えてきたと思う。しかし、四十年以降、国債を発行して以来、大蔵省、あるいは政府もそうなんですが、非常に慎重に物事を対処してきたことは私は認めます。認めますけれども、今後の景気動向を判断しますと、国債発行にブレーキをかけていくことが限界に来ているわけですが、そういう部面について、どうお考えになっておるか。

○**国務大臣（福田赳夫君）**　昭和四十一年度に公債発行にふん切りをつけたときの考え方としては、公債は、普通の事態におきましては、非常に慎重に扱わなきゃならぬと考えるが、景気停滞期には、経済の浮揚政策として、財政にこの力がある。財政は直接に需要を喚起する、物財の需要を喚起する力を持っておることに基づくものですが、さて、財政の規模を拡大し、需要の喚起に当たる際、財源をどうするかとなりますと、これを増税に求めることは、景気政策と相背馳する。そういう際には、非常手段として公債を発行することが妥当である、こういうふうに考えてあのような措置をとったわけですが、今日の経済状態は、四十一年度のような深刻なものとは判断いたしておりませんけれども、とにかくかなりの沈滞情勢である。そこで、四十一年度にとったと同様な似通った措置をとる必要がある、こう判断しまして、先ほど申し上げました公債をあえて減額をしないという措置、他面におきまして、政府保証債の発行を増額をするとか、そういう措置をとるとか、また、財政全体の規模も、減税のほうは四十五年度よりは小さいものにいたしまして、財政規模の拡大を考えるとか、措置をとったわけですが、今後長い目で見ました場合に、もし景気の落ち込みが非常に激しい事態がありますれば、公債政策を、そのときの情勢において、大規模に、中規模に、あるいは小規模に採用することは私は妥当な行き方であると考えております。

（中略）

○**委員長（柴田栄君）**　他に御発言もなければ、六法案の質疑は尽きたものと認めて御異議ございませんか。

〔「異議なし」と呼ぶ者あり〕

○**委員長（柴田栄君）**　御異議ないと認めます。

それでは、これより、関税定率法等の一部を改正する法律案、所得税法の一部を改正する法律案、法人税法の一部を改正する法律案及び租税特別措置法の一部を改正する法律案、以上四案を一括して討論に入ります。

御意見のある方は、賛否を明らかにしてお述べを願います。

（中略）

○**鈴木一弘君**　私は、ただいま議題となっております租税三法案並びに関税定率法の一部を改正する法律案に対し、次の理由により、反対の意を表明するものです。……（省略）……第三は、租税特別措置についてであります。

わが国の租税特別措置は、その規模といい、また、量といい、これほどの幅広いものは国際的にもその類例がなく、多くの学者も「シャウプ税制以来、大企業優先のための特別措置を積み重ね、極端にゆがめられたのが今日の日本税制の最大の特徴だ」と述べております。

特に、不公平、不平等の例として悪名高いのが、大蔵当局も反対した利子・配当所得の特例、さらに輸出振興に名を借りた四種の特別措置、医師の優遇措置、金融機関をはじめとする貸倒れ引当金、最も多くの問題をはらむ交際費非課税の特例等、その数は国税だけでも百四十三種類を数えるといわれ、その大部分は大企業を対象としたものであります。

しかも、税調の答申とは反対に、整理改廃は一向に進まず、ずるずると特別措置を引き延ばし、既得権化されようとしております。このことは、政府みずからが国民の税に対する不平、不満をますます助長させ、納税意欲を著しく減退させているという以外にないのであります。

（中略）

○**委員長（柴田栄君）**　他に御発言もないようでございますが、討論は終局したものと認めて御異議ございませんか。

〔「異議なし」と呼ぶ者あり〕

○**委員長（柴田栄君）**　御異議ないと認めます。

それでは、これより順次採決に入ります。

次に、租税特別措置法の一部を改正する法律案を問題に供します。本案に賛成の方の挙手を願います。

〔賛成者挙手〕

○委員長（柴田栄君）　多数と認めます。よって、本案は、多数をもって原案どおり可決すべきものと決定いたしました。

（以下略）

参議院会議録第九号（その一）

昭和四十六年三月二十九日（月曜日）

○議事日程　第九号

第二五　所得税法の一部を改正する法律案（内閣提出、衆議院送付）

第二六　法人税法の一部を改正する法律案（内閣提出、衆議院送付）

第二七　租税特別措置法の一部を改正する法律案（内閣提出、衆議院送付）

第二八　塩業の整備及び近代化の促進に関する臨時措置法案（内閣提出、衆議院送付）

第二九　引揚者等に対する特別交付金の支給に関する法律の一部を改正する法律案（衆議院提出）

○議長（重宗雄三君）　これより本日の会議を開きます。

（中略）

○副議長（安井謙君）　**日程第二十四、関税定率法等の一部を改正する法律案。**

日程第二十五、所得税法の一部を改正する法律案。

日程第二十六、法人税法の一部を改正する法律案。

日程第二十七、租税特別措置法の一部を改正する法律案。

日程第二十八、塩業の整備及び近代化の促進に関する臨時措置法案。

（いずれも内閣提出、衆議院送付）

日程第二十九、引揚者等に対する特別交付金の支給に関する法律の一部を改正する法律案（衆議院提出）。

以上六案を一括して議題とすることに御異議ございませんか。

〔「異議なし」と呼ぶ者あり〕

○副議長（安井謙君）　御異議ないと認めます。

まず、委員長の報告を求めます。大蔵委員長柴田栄君。

（中略）

○柴田栄君　ただいま議題となりました六法律案について申し上げます。

租税特別措置法の一部を改正する法律案は、当面の経済社会情勢の推移に即応して、公害対策に資するため、公害防止施設の特別償却制度の拡充、資源開発に資するための準備金制度の改組拡充、勤労者財産形成促進のための利子所得の非課税、中小企業対策として青色事業主の特別経費準備金制度の創設等を行なうとともに、輸出振興税制の縮減合理化及び交際費課税の強化をはかる等の措置を講じようとするものであります。

○副議長（安井謙君）　所得税法の一部を改正する法律案、法人税法の一部を改正する法律案及び租税特別措置法の一部を改正する法律案に対し、討論の通告がございます。順次発言を許します。

（中略）

○多田省吾君　私は、公明党を代表いたしまして、ただいま議題となっております租税三法案に対しまして反対の意を表明するものであります。

（中略）

さらに、租税特別措置についてでありますが、国税だけでも百四十三種類あるといわれておる悪名高い利子・配当所得の特例、輸出振興に名を借りた四種類の特別措置、医師の社会保険診療収入、さらに金融機関を初めとする貸し倒れ引当金等々の中でも、最も多くの問題をはらむのは、現在の社用消費の実態を勘案して、交際費に対する課税が非常に甘い点であります。その大部分は大企業を対象としたものであります。租税特別措置による減収額約四千五百億円、これは国税総額の五％を占めるというその量といい、その質といい、これほど幅広いものは国際的にもその類例がなく、多くの学者も、「大企業優先のため特別措置を積み重ねた、極端にゆがめられた今日の日本税制である」と述べております。言うまでもなく、租税特別措置は、国家経済再建のため資本蓄積増強の手段としての措置であるわけであります。しかしながら、ＧＮＰ世界第二位まで伸びた今日の国家経済に、外国に類例のない特別措置で保護する必要はないのであります。税調の答申とは反対に整理改廃は一向に進まず、総合課税、累進課税制度の趣旨を後退させているものであります。

ともあれ、今回の改正案につきましては若干の手直しが行なわれておりますが、肝心の税負担公平の原則から大きく逸脱したものとなっているのであります。ますます国民不在の政治の認識を強くせざるを得ません。

○副議長（安井謙君）　これにて討論の通告者の発言は全部終了いたしました。討論は終局したものと認めます。

これより採決をいたします。

次に、所得税法の一部を改正する法律案、法人税法の一部を改正する法律案及び租税特別措置法の一部を改正する法律案全部を問題に供します。三案に賛成の諸君の起立を求めます。

〔賛成者起立〕

○副議長（安井謙君）　過半数と認めます。よって、三案は可決せられました。

審査報告書

租税特別措置法の一部を改正する法律案

右は多数をもって可決すべきものと議決した。よって要領書を添えて報告する。

昭和四十六年三月二十六日

大蔵委員長　柴田　　栄

参議院議長　重宗　雄三殿

…………………………………

要領書

一、委員会の決定の理由

本法律案は、今次の税制改正の一環として、公害対策に資するため、公害防止施設の特別償却制度の拡充及び公害防止事業者負担金の特別償却制度の創設を行ない、海外資源の開発及び海外投資の促進に資するため、石油開発投資損失準備金の対象範囲を拡大して資源開発投資損失準備金に改め、海外投資損失準備金制度を拡大し、それぞれ適用期限を延長し、貯蓄の奨励及び住宅対策として、勤労者の財産形成貯蓄について別わく百万円の利子所得等の非課税制度を創設し、住宅貯蓄控除制度の拡充及び新築貸家住宅の割増償却制度の適用期限の延長を行ない、中小企業対策として、青色事業主特別経費準備金制度及び特恵関税の供与に伴い事業を転換する中小企業者の施設の償却の特例制度を創設するとともに、最近における輸出事情にかんがみ輸出割増償却、海外市場開拓準備金及び技術等海外取引所得の特別控除の諸制度を整備合理化して適用期限を延長し、交際費課税の強化を図るほか、山林に関する課税の特例及び事業用資産の買換えの特例について合理化を行ない、鉱業所得に関する課税の特例等期限の到来するその他の特別措置について実情に応じ適用期限を延長する等所要の措置を講じようとするものであって、おおむね妥当な措置と認める。

一、費用

本法施行に伴う租税の減収見込額は、昭和四十六年度約六十九億円である。

租税特別措置法の一部を改正する法律案

租税特別措置法の一部を改正する法律

租税特別措置法（昭和三十二年法律第二十六号）の一部を次のように改正する。

（勤労者財産形成貯蓄の利子所得等の非課税）

第四条の二　勤労者財産形成促進法（昭和四十六年法律第　　号）第二条第一号に規定する勤労者が、金融機関又は証券業者で政令で定めるものの営業所又は事務所（以下この条において「金融機関の営業所等」という。）において同法第六条に規定する勤労者財産形成貯蓄契約に基づく預貯金、合同運用信託又は有価証券で政令で定めるもの（以下この条において「財産形成貯蓄」という。）の預入、信託又は購入（以下この条において「預入等」という。）をする場合において、政令で定めるところにより、その預入等の際当該財産形成貯蓄につきこの項の規定の適用を受けようとする旨その他必要な事項を記載した書類（以下この条において「財産形成非課税貯蓄申込書」という。）を、同法第二条第二号に規定する賃金の支払者（所得税法第百九十四条第四項に規定する給与所得者の扶養控除等申告書の提出の際に経由した支払者に限る。）の事務所、事業所その他これらに準ずるもので当該賃金の支払事務を取り扱うもの（以下この項において「勤務先」という。）を経由して提出したときは、次の各号に掲げる場合に限り、当該各号に掲げるものについては、所得税を課さない。

一　その預貯金の元本とその金融機関の営業所等において財産形成非課税貯蓄申込書を提出して預入した他の預貯金の元本との合計額が、その預貯金の利子の計算期間を通じて、その者がその勤務先及び金融機関の営業所等を経由して提出した次項において準用する所得税法第十条第三項の財産形成非課税貯蓄申告書に記載された同項第三号に掲げる最高限度額（同条第四項の申告書の提出があった場合には、その提出の日以後においては、変更後の最高限度額。以下この項において同じ。）をこえない場合　その預貯金の当該計算期間に対応する利子

二　その合同運用信託の元本とその金融機関の営業所等において財産形成非課税貯蓄申込書を提出して信託した他の合同運用信託の元本との合計額が、その合同運用信託の収益の分配の計算期間を通じて、その者がその勤務先及び金融機関

関の営業所等を経由して提出した前号に規定する財産形成非課税貯蓄申告書に記載された同号に規定する最高限度額をこえない場合（その合同運用信託が無記名の受益証券に係る貸付信託である場合には、その収益の分配の計算期間を通じて政令で定めるところにより保管の委託をしている場合に限る。）その合同運用信託の当該計算期間に対応する収益の分配

三　その有価証券につき、その利子又は収益の分配の計算期間を通じて（その有価証券が当該計算期間の中途において購入したものである場合には、その購入の日の属する計算期間については、同日から当該計算期間の終了の日までの期間を通じて。以下この号において同じ。）、政令で定めるところにより保管の委託をし又は登録を受けており、かつ、その有価証券の額面金額又はこれに準ずる金額として政令で定めるもの（以下この条において「額面金額等」という。）とその金融機関の営業所等において財産形成非課税貯蓄申込書を提出して購入した他の有価証券の額面金額等との合計額が、当該計算期間を通じて、その者がその勤務先及び金融機関の営業所等を経由して提出した第一号に規定する財産形成非課税貯蓄申告書に記載された同号に規定する最高限度額をこえない場合　その有価証券の当該計算期間に対応する利子又は収益の分配

2　所得税法第十条第二項から第七項までの規定は、前項の規定を適用する場合について準用する。この場合において、次の表の上欄に掲げるこれらの規定中同表の中欄に掲げる字句は、それぞれ同表の下欄に掲げる字句に読み替えるものとする。

金融・証券に関する件

衆議院　大蔵委員会議録第四号

昭和四十六年二月九日（火曜日）

出席委員

委員長　毛利　松平君

理事　宇野　宗佑君　理事　上村千一郎君

理事　丹羽　久章君　理事　藤井　勝志君

理事　山下　元利君　理事　広瀬　秀吉君

理事　松尾　正吉君　理事　竹本　孫一君

奥田　敬和君　木部　佳昭君

木村武千代君　坂元　親男君

高橋清一郎君　中村　寅太君

原田　憲君　福田　繁芳君

坊　秀男君　松本　十郎君

森　美秀君　吉田　重延君

阿部　助哉君　佐藤　観樹君

平林　剛君　藤田　高敏君

堀　昌雄君　貝沼　次郎君

伏木　和雄君　古川　雅司君

春日　一幸君　小林　政子君

出席政府委員

大蔵省証券局長　志場喜徳郎君

（ほか略）

本日の会議に付した案件

証券取引法の一部を改正する法律案（内閣提出第九号）

外国証券業者に関する法律案（内閣提出第一〇号）

○毛利委員長　これより会議を開きます。

証券取引法の一部を改正する法律案及び外国証券業者に関する法律案の両案を一括して議題といたします。

（中略）

○広瀬（秀）委員　証取法、外国証券業者に関する法律の質問に入ります前に、証券関係で若干質問をしたいのですが、日本共同証券の問題です。これは御承知のように、不況段階に株を凍結して、景気回復を待って放出をするという役割りを果たして、ほぼ今日の株価好況の中でかなり大きな黒字を生んで任務を終了したわけです。そこで一月三十一日で解散をして、日本共同証券財団を結成をしたわけですが、この問題について証券局長から、この清算の状況、そして日本共同証券財団が何をなす財団か、こういう点について概略まずお聞きをいたしたいと思います。

○志場政府委員　株式会社日本共同証券は一月末日をもって解散し、清算過程に入っております。清算事務は、四月中に終了するという一応のめどで進行しております。これと並行して、二月一日付をもちまして財団法人日本共同証券の設立認可が大蔵大臣によって行なわれまして、株式会社日本共同証券の残余財産の総額、もちろん税引きでございますが、

二百八十億円の寄付を財団法人が受けました。その財団法人は、証券金融市場を取り巻く諸環境の整備のために、必要と認められる公共的な活動をする目的にこの資金を利用していこう、こういう大筋です。

若干具体的に申し上げますと、日本共同証券が保有しておりました株式は一月末をもってすべて売却完了しました。その間値上がり等によりキャピタルゲインを得たわけですが、その剰余金約二百八十億円と見込まれております。そのうち財団法人の経常費を毎年の果実から比ずる金額によりまかなうために、元本の段階で約十五億円程度の留保を本部にしておきまして、残り約二百六十億円余りを金融証券市場の環境整備のために使おうということです。

二百八十億円のうち約九十億円は、昨年中ごろから実施しました電力債の取得に充てております。したがって、十五億円の保留分及び電力債九十億円を差し引きました残り、約百六十億円の半額を電力債とともに証券金融株式会社に預託します。そしてその預託を受けたものにつきましては、電力債は当面そのままの形態で証券金融会社が保有し、それを、証券金融会社が公社債金融をいたします場合に、資金調達のための担保として当該電力債を用いるということはございますけれども、それと、キャッシュで受け入れました約八十億円は、もっぱら公社債金融のために証券会社あるいは直接個人に貸し付けていこう、こういう構想でございます。もちろんこれは妥当なる金利をつけて貸すことは言うまでもございません。

そうして、証券金融会社の公社債金融、流通金融のためにこの元本を利用していこう、こういうわけです。別途残りましたキャッシュ約八十億円あるわけですが、これは証券関係とは直接関係がございませんで、中小企業信用保証協会に利用していこう、こういうわけです。これももちろん妥当な利子をつけまして運用していくわけです。

そういうふうにして、毎年それらの利子から果実を生むわけですが、その果実はおおむね十億円台であろう、こういうふうに思われますが、それは毎年毎年の財団の理事会の決定により、財団が目的としております趣旨に沿いまして、証券金融を取り巻く諸環境の整備に使っていこうと考えられておるわけです。

○広瀬(秀)委員　そうしますと、清算費用を除いて大体残余財産二百八十億、そのうち電力債の保有九十億。あと百九十億でありますが、十五億は手元に留保し、まあ百七十五億の半分といいますと大体八十五億になりますが、正確に、日証金あるいは大阪証券金融会社に回すのはどの程度の利子でどういうように運用されるのか。さらに百億ばかり残ってくる、これが信用保証協会、中小企業金融の助成ということで出される。この中小企業金融を強化することで信用保証協会にこれだけ大きな金が回ることはたいへんけっこうなことなんですが、この性格は出資金なのか、あるいは出捐ともいわれているようですが、信用保証協会に対する助成金はどういう性格か、その点を伺いたい。

さらに、これらの電力債は日証金に対する預け入れ、信用保証協会の分は出資金だとするならば、別に運用益がそう期待されるわけはないのですが、少なくとも十億以上の運用益が出てくる。これの使い道を、証券、金融、保険各界に対する何らかの役立つところに使いたいというのでありますが、どういうことで使うのか、もう少しわかっておったらはっきりさしていただきたいわけです。

○志場政府委員　先ほど申しましたことを一部訂正さしていただきます。財団本部に約十五億円見当の財産を留保すると申し上げましたが、その留保を私は現金のようなことに言いまして、九十億円の電力債は証券金融会社に預託と、こう申し上げましたが、その留保は、電力債を留保するふうに考えております。したがいまして、証券金融会社に預託されます電力債は九十億円ではございませんで、それから約十五億円引きました約七十五億円です。したがいまして、この現金部分は約九十五億円見当になる。先ほど先生八十五億とかおっしゃいましたが、現金部分がふえることだけを訂正さしていただきたいと思います。

なお、証券金融会社に出しますお金は金利として年利七%、もちろん金利はそのときどきの情勢によって変わりますので、将来ずっと固定的に七%ということを申し上げることも適当でないかもわかりませんが、さしあたり七%と考えられております。

なお証券金融会社間でいかように預託先を配分いたしますかは今後の検討でして、目下、公社債流通金融になっておりますので、私どもとしてはその実情、実態をよく踏まえました上でしかるべく配分をしてもらいたいと考えておりますが、なお今後の問題です。

それから、証券金融会社に出します分も、信用保証協会に出します分も、いずれも出資とかではございませんで、預託です。したがいまして、もちろんこれには利息を取るわけです。信用保証協会には、約三%前後といった非常に安い利息、これは信用保証協会自体の業務が先生御案内のとおりですので、コストの面から考えましてそういう低い金利にならざるを得ない。また、そういう低金利で九十億円を預託することが公益法人の公益法人たるゆえんでもあるので、そういう形になろうかと思います。

なお、そういたしますと、果実は、毎年十億円台を生むと思うわけです。それをどういうふうに使いますかは今後の問題でして、大きな目的は認可になりました定款に掲げられておりますけれども、具体的に金額をどういうふうに配分するかは今後の財団運営上の問題です。ことに信用保証協会は、組織が全都道府県に散らばってございますし、また、保険も、公共的な意味での環境整備、改善という使途もやってみたいと、関係者のほうでもございますが、それにつきましても、今後どういうふうに具体化すれば目的を逸脱しないで効果的であるか、今後の問題ですが、私ども証券局としての感じで申しますと、証券市場の振興という点から申しまして、別途財団法人資本市場振興財団が設立されておることは御案内のとおりでございます。そこでは、各種の公益的な見地から、資本市場、証券市場の健全な発展のために必要な助成をやっております。そこで、毎年の果実のうち、どのくらいの割合が資本市場、証券市場のほうに回されるかは今後の問題ですけれども、かなりの部分は回されると予想されます。そういたしました場合には、私どもは、それを別々にという形にするよりも、これを資本市場振興財団に出しまして、そこで合わしたものを証券市場振興のために使っていく、これが最も効果的ではないか、かように考えておりますが、額その他は今後の問題です。

○広瀬(秀)委員　この残余財産処分の問題等について、適時適切に本委員会に対しても御報告をいただくように、また、電力債保有分を九十億、先ほどこのワク外に十六億あるお話でしたけれども、それらの数字等も、詳細な資料を提出をいただきたいと思うわけです。

そこで、いま、日本共同証券の清算の残余財産処分の問題も、約九十億という金が公社債金融に限定目的を持って日証金あるいは大阪証金あるいは中部証金等に回されていく、こういうことでありますが、証券市場の中で、公社債市場が正常化、育成されていかなければならぬことが十年来の懸案としてあるわけで、こういうところに回っていくことも、今度の残余財産処分としてたいへんけっこうなことと思うのです。

そこで関連してお伺いしたいのは、国債の発行条件、また期限の問題と関連して公社債市場の正常化問題も考えられるわけでして、国債償還期限を三年延長する方針、応募者利回りの引き上げという報道をされておるわけですが、さらに、一流会社発行の事業債の償還期限を十年にしよう〔と〕いう方針が、たとえば電力、鉄鋼あるいは重電という証券市場における優良銘柄にそういう方針が出されることがあるわけですが、公社債市場の育成について、発行条件、特に利回りの問題について証券局の考えをお聞きいたしたいと思います。

○志場政府委員　国債の問題は、大蔵省の中でまだ議論を始めておりませんので、言うことを差し控えたいと思いますが、公社債市場の正常化という点からは、発行条件を弾力化、自由化することが大きな眼目だと思っております。しかし、今日でも別に法令その他によってこれを固定、統制することはしておらぬのですが、そこに一つの慣行と申しますか、指導と申しますか、そういうものができておりますために非常に硬直した形になっておりますことは、はなはだ残念でございます。今後の弾力化、自由化の方向としては、いま仰せのような償還期限の問題ですが、ことに大型の、たとえば電力、鉄鋼といった大型企業で設備産業につきましては、設備の耐用年数から申しましても、現在の七年という償還期限はいかにも短期に過ぎる。国際的に見ましても、そういう短期の社債は非常に珍しいわけですので、しかるべき延長をはかることが望ましい方向である、かように思っておるのです。ただ問題は、来年度なら来年度における公債において見通される資金需給の状態でして、私どもとしては、目下金融が緩和基調にあることもございますが、はたして来年はどういう発行規模ないしは償還見込みが立つかをいま作業中ですが、機会を見てさようなことに動き出すことが望ましい、かように考えております。

○広瀬(秀)委員　長短金利の異常な状態、コールについて見れば八・二五％になっておって、しかも長期金利の一流事業債ですら八・〇四六％にあるという、こういうものを是正しない限り、起債市場、流通市場の育成にはつながらないと思います。しかも、今日国際化が進展をし、日本市場でもアジア開銀債が昨年発行されましたが、今後外国法人等が日本の市場において債券を発行する事態もあるだろうし、あるいは四十六年の秋には世銀の円建て債券発行も予定されているようです。

こういう状況において、将来にわたることだから慎重な答弁をなさったのかもしれませんけれども、たとえば証券界では、むしろ今日のような事態においてこそ公社債市場を育成強化して、長期より短期のほうが高いというこの異常な金利体系を是正するチャンスということもある。金融界では、これが金融債に波及するとコストアップにつながると警戒論もあるようですが、こういう問題についてもっと積極的なかまえで、公社債市場の育成〔が〕ことしじゅうには実現する方向に進むべきではないか、その見通しをひとつ明らかにしていただきたい。

○志場政府委員 従来公社債市場の正常化をはばんできた理由はいろいろありましょうけれども、一つには、何しろ金融がタイトになってまいりまして、限界需要的なところで、しかも低金利政策で、無理をしたと思うのです。むしろ金融緩和下、正常時においてこそ、自然な条件において長期的な資金を安定的に確保してい〔か〕なければならない、かように考えるわけです。そういう意味から、今後比較的緩和ぎみの正常な金融情勢が見通されるとすれば、正常化の方向にいくべき時期としてはふさわしいのじゃないか、かように存じます。

ですけれども、反面、事業側その他は、金融が緩和されますと、借り入れ金で起債できるのではないかという気持ちが上がってくることも事実です。私どもとしてはここは客観的に、来年度における社債発行の資金調達の必要額を考えますと、現状のままでいった場合に、はたしてどれだけ新しい消化が可能であるかという見通しを描きまして、それをもとにしながら各方面の理解を得ながらスムーズに正常化の方向に踏み出すことにいたしたいと思っておるわけですが、新年度に入りますまでに、何らかの見通しを立ててみたい、かようなことで鋭意勉強中でございます。

（以下略）

衆議院　大蔵委員会議録第八号

昭和四十六年二月十七日(水曜日)

出席委員

委員長 毛利　松平君

理事 宇野　宗佑君　理事 上村千一郎君
理事 丹羽　久章君　理事 藤井　勝志君
理事 山下　元利君　理事 広瀬　秀吉君
理事 松尾　正吉君　理事 竹本　孫一君

奥田　敬和君　木野　晴夫君
木部　佳昭君　木村武千代君
佐伯　宗義君　坂元　親男君
高橋清一郎君　登坂重次郎君
中島源太郎君　中村　寅太君
原田　憲君　坊　秀男君
松本　十郎君　森　美秀君
佐藤　観樹君　中嶋　英夫君
堀　昌雄君　貝沼　次郎君
古川　雅司君　小林　政子君

出席国務大臣

大蔵大臣　福田　赳夫君

出席政府委員

大蔵政務次官　中川　一郎君
大蔵省銀行局長　近藤　道生君

委員外の出席者

参考人（日本銀行副総裁）　河野　通一君

（ほか略）

本日の会議に付した案件

預金保険法案（内閣提出第一三号）
貸付信託法の一部を改正する法律案（内閣提出第一四号）

○毛利委員長 これより会議を開きます。

預金保険法案及び貸付信託法の一部を改正する法律案の両案を一括して議題といたします。

（中略）

○堀委員 今度は国内問題ですが、実はこの前に佐々木総裁がお越しいただきましたときに、日本銀行がいま通貨供給手段としてとっておられるオペレーション政策のオペ種がどうも不足をしてくるのではないか、少し検討が必要でしょうという問題提起をいたしました。総裁も全くそう考えておる、こういうお話でしたが、最近新聞が伝えるところによりますと、特に都市銀行にオペ種が不足をしてくるということで、優良手形を買いオペの対象にしたいということが日本銀行でかなり固められつつあるわけですね。そういうふうにすでに検討を進められておるのか、お考えが固まりつつあるのか、この際問題を明らかにしていただきたい。

○河野参考人 金融調節のやり方は、たしか三十七年でありますか、十年ばかり前に始めましたあの方式の基本は、いま私どもは変えるつもりはございません。しかし、当分は別に差しつかえないのですけれども、いまやっております方式でいきますと、オペレーションの対象は国債と政保債でやっておりますが、量的に若干窮屈になることは確かです。

これを補う方法として幾つも考えられるわけですが、一つは市中に対する貸し出しの限度を拡大すること、もう一つは有価証券の売買の対象を拡大すること、それからもう一つは、手形の売買でそういうことがやれる、この三つのことをいろいろ検討しております。

手形の売買によって金融の調節を行うことは、一つの案として、私どもの検討の対象にはなっておることは事実です。しかし、これはなかなかいろいろ問題がございます。たとえば市場の問題、かりにやるとしても手形市場があったほうがいい。その手形市場とコール市場とどういうふうに考え、どういうふうにそれを処理していったらいいかという問題、これはまたコール市場自体の正常化の問題とも関連してまいりますし、まだ的確な結論は実は得ておりません。

そういったことをやっていきますためには、市場の各方面のそういった問題に対する考え方、また、かりにやるとすれば整備をやらなければならぬ問題等もございますから、二つの問題をもうしばらく時間をかけて検討いたしたい。検討の対象になっておることは事実です。

○堀委員　私は、要するに対象債券の拡大は、少なくともかなり公的なもの、たとえば電力債であるとか金融債であるとかあるいは公募地方債、この範囲はけっこうだと思うのですね。ただ、手形というのは、これはちょっと問題があると思っておるわけです。というのは、いまお話しのように、市場ができておれば価格をきめることは簡単ですけれども、一体手形の価格をどうするか。市場もないのに日本銀行が一方的にきめるということは、非常に問題があると考えておりますし、またほかに方法があるだろう、こう思うわけですが、いまお話しのように手形割引市場がそう簡単にできる性格のものだとは考えておりません。金利が自由化したならばこの問題はきわめて簡単ですけれども、まだ公社債市場すらできない状態で、一挙に手形の割引市場をつくろうと思ったってできる性格のものではないだろう。コールそのものが、かつてはフリーなマーケットであったものがフリーでなくなっておるということから見ましても私は手形割引市場はなかなかできるとも思わないし、経済というのはあまり人為的な方法を考えるのは適切でないと考えております。

（以下略）

第六十六回（臨時）国会

昭和四十六年七月十四日から
昭和四十六年七月二十四日まで

金融・証券に関する件

衆議院　大蔵委員会金融及び証券に関する小委員会議録第一号（閉会中審査）

昭和四十六年九月十六日（木曜日）

出席小委員

小委員長　藤井　勝志君

奥田　敬和君　　木村武千代君

松本　十郎君　　村上信二郎君

広瀬　秀吉君　　堀　　昌雄君

坂井　弘一君　　竹本　孫一君

小委員外の出席者

参考人（日本証券業協会連合会会長）　瀬川美能留君

（ほか略）

本日の会議に付した案件

金融及び証券に関する件（最近の金融及び証券問題）

○藤井小委員長　これより会議を開きます。

金融及び証券に関する件について調査を進めます。

本日は、最近の金融及び証券問題について、参考人から順次御意見を承ることといたしております。

（中略）

○瀬川参考人　皆さま御承知のように、八月十六日の米国ニクソン大統領のドル防衛策の発表を契機といたしまして、株価はいまだかつて見ないほどの急落を演じたのです。本年に入りましてからの株価の動向を見ますと、輸出の好調、外人投資の増大などを背景として、年初来堅調に推移いたしまして、特に六月以降株価は一段と上昇傾向を強め、八月十四日には東証株価指数は二〇九ポイント、旧ダウ平均で申しますと二七四〇ポイントという市場最高値を記録したのです。ところが週明けの十六日のドル防衛策発表当日は二一〇ポイントの急落を見せ、その後四日間で実に五五〇ポイントの下落を示したのです。その下落率は二一％でして、昭和二十八年のスターリン暴落の際、二十三日間で三三％の下落率を示したことと比較しますと、今回の下げがいかにきびしかったか、おわかりいただけると思うのです。

本連合会としては、今回の暴落より一カ月ほど前の七月の九日に、証券会社に対しまして、「証券市場は、年初来活況の一途を辿りつつある現状にもかんがみ、協会員は国際化された証券市場の担い手として、苟しくも行き過ぎた投資勧誘に亘ることのないよう一層適正かつ慎重な態度を保持されたい」旨の通達を出しまして、強く業者に要望した次第です。また、暴落の直後には、八月の十九日付をもちまして「証券会社は事態の推移を冷静に見極め、いやしくも証券界の信用を失墜することのないよう一層慎重に行動されたい」旨、要請したのです。

東京証券取引所も、株価の暴落に際し、理事長から一般投資者並びに証券会社に対して同様の要請を行ないますとともに、信用取引の委託保証金率の引き下げ、値幅制限の強化など、証券市場の安定化並びに秩序の維持のため所要の措置を講じたのでございます。

その後、八月二十八日の変動為替相場制への移行の際は、証券市場は冷静にこれを受けとめ、為替相場が安定的に推移し、証券市場は波乱含みながら落ちつきを取り戻しておるのです。

今回のようなドル防衛策が講じられたことは、わが国の円の強さ、すなわちわが国経済の力強さことが大きい原因で、今回の措置はわが国経済の前途に致命的な打撃を与えるということではなくして、長期的に見れば、新しい国際経済の均衡のもとにわが国経済は引き続いて着実に発展していくものです。

と申しましても、わが国経済が新しい国際的均衡に適応していくまでの調整過程には、わが国経済はきびしい試練に立たされるものと考えられます。

これに対処し、政府当局は大幅な国債の増発を行ない、大規模な社会資本の充実と大幅減税を考慮されている旨承っております。このような思い切った経済政策を実施いたしますことは、国際収支の不均衡の是正にも役立つもので全面的に賛意を表する次第です。

ここで、証券市場の立場から若干意見を申し述べさせていただきたいと存じますが、まず第一は企業の自己資本充実についてです。

これは毎回毎回繰り返されたことですが、わが国企業の自己資本比率は諸外国に比べまして著しく低く、最近では一七％を割るというまことに憂慮すべき状況です。今後わが国の経済の国際化が進展し、企業が一そう激しい国際的な経済変動にさらされることを考慮いたしますと、企業の体質を一段と強化していくことが緊急の要務です。これがためには法人税の引き下げあるいは減価償却の促進など、内部保留を増加させる方策を講ずることはもとより、積極的に株式資本を増加し、自己資本を増強するとともに、国際的な乗っ取り、買い占め等に備えておくことが肝要です。

最近の動向を見ますと、中には不況対策の一環として配当率の引き下げを検討している向きもあるやに聞いております。しかしながら、経済の一時的な波乱に際会し、安易に配当率の引き下げをはかることは、企業の長期的な発展、企業の安定化の見地から非常に大きな問題があろうかと存ずるのです。この際こそ、企業経営者におかせられては株主尊重に徹せられ、配当の維持につとめられることが自己資本充実につながる道であると存ずるのです。

委員の皆さま方には、この点について十分な御理解を賜わりまして、企業の当面する不況に対し積極的にその対策を講ぜられるとともに、税制その他諸般の施策におきまして、企業経営者が配当を行ないやすくするような環境を整備していただきますように、お願い申し上げる次第でございます。

第二は国債発行に関する問題です。

まず、今後予定されております国債発行は、その金額が大幅にのぼることもさることながら、国民に十分理解を求めることが必要です。政府当局には、国際的な通貨不安という環境下での国債発行であるだけに、それがわが国経済の安定、国民福祉の増進に資するものであることを十分強く訴えるとともに、健全なる通貨並びに国債は、国民が誇りをもって守っていかなければならない国民資産であるという意識を国民の間に高めていただく必要があろうかと存ずるのです。

国債発行の姿勢は、わが国が当面する経済的難局に対処して、緊急、非常の措置として巨額の国債発行を行ないます場合は、市中消化によらず、その多くを資金運用部資金ないし日銀引き受けによって行なうこともやむを得ないものと存じますが、本来、国債発行に節度を持たせて、財政の健全性を貫くためには、発行条件、発行量等は市場原理を踏まえて弾力的に決定さるべきであり、長期的には原則として市中消化によらなければならないと存ずるのです。証券界は、長期資金の資金調達のにない手として、業界あげてその販売体制の確立につとめ、個人消化の促進をはかりたいと存ずるのです。

国債の個人消化の見地から、償還期限、利率等、発行条件の弾力化の再検討、引き受け、流通金融の拡充や流通市場の一そうの整備をはかられますことはもとより、個人に対しましては税制上の配慮を厚くするなど、諸般の施策を総合的に推し進められるよう御検討願います。

特に税制上の措置は、国債に対する少額貯蓄の非課税制度の限度額を引き上げられたいのです。限度額は現在五十万円、そのワクは明年一月には百万円に引き上げられることになっておりますが、国債の急増に対処するため、この限度額をもっとさらに拡大する必要がございます。そのほか、国債に対する相続税について何か特別措置を講ずるなど、国債を国民の金融資産として一そう魅力あるものとされたいのです。

以上、今回のドル防衛措置に関連して所見を述べたのですが、証券市場はわが国経済の国際化の進展に伴いまして、国際的資本交流の場としていよいよその重要性を高めるのみならず、今後の国債発行を基軸とする長期資金の調達機関としてその責務は一そう重かつ大になってまいるのです。われわれ証券業に携わるものは、証券市場がさらに円滑な機能を発揮し得るよう、売買仕法の改善、投資勧誘態度の一そうの適正化、証券会社の資産内容の充実をはかり、証券界に負荷されました責務を果たしていきたいと存ずるのです。

○藤井小委員長　質疑の通告がありますので、順次これを許します。

○松本(十)小委員　ただいまドル・ショック以後の証券界の動きなりあるいはそれに対処すべき証券業界のあり方、使命感を伺いまして心強い感じですが、これからの財政経済の運営の一つの柱として、国債発行による社会資本の充実と社会福祉の増進はどうしてもとるべき方向だろうと思うのです。この国債発行につきまして、わが国におきましては明治以来の国債発行が、戦争につながったとかインフレにつながったとか、やや罪悪感的なものがあるわけでありますが、しかし歳入の大宗は、一つは租税、一つは国債である。これは先進諸国の姿でありまして、そういう観点に立ちます場合に、証券業界が長期資本調達のにない手として、前向きにそのファンクションを果たしていただきたい。

従来、日本の長期金融は主として市中銀行が受け持ってきた。こういう感じでありますが、これからは先進諸国のように、わが国も証券業界が一段と努力をしていただく。今度は、相当激しいドル・ショックでしたが、これに耐えて、平静さを少なくとも表面的には保っておられる証券業界ですが、さらに百尺竿頭一歩を進めて、これから発行されます公債の市中消化、特に個人消化を目ざして長期資金の調達の使命を一段と発揮していただき、民間設備投資資金が主として証券業界を通じて調達される、これが望ましい方向だろうと思うので、そういう意味での使命感をさらに一歩進めていただきたい

この十数年来大きく叫ばれ続けながら実現が遅々として進まなかった公社債市場の育成、確立、長期資本市場の発展に証券業界の一段の御努力をお願いしたいと思うのですが、会長としての御感触を伺っておきたいと思うのであります。

○瀬川参考人　国債が戦後初めて公募発行されましたのが昭和四十一年です。昭和四十一年と申しますと、証券業界も数年にわたる恐慌のあと、まだいろいろつめあとも残っておりまして、とかく微力であったわけで消化も発行総額の一割程度をやっと消化したのですが、局面が変わって、今後の国債発行は、あの当時のいびつな方法から、だんだんと実力を発揮できる時代になりました。業界もここ五、六年の間にかなり体質を改善いたしまして、積極的に仕事に取っ組める体制になりました。この機会に一丸となって長期資金調達のために、従来の習性を多少ずつでも訂正していかなければならないと深い決心をしております。われわれの市場が市場機能を発揮して、それを拡大していくような自由化につきまして、どうかよろしく御指導をいただきたいと考えております。

○広瀬（秀）小委員　ドル・ショックによって株がかつてない大暴落をしたわけですが、短期的な見通しを証券業界としてはどういうふうに見ておられるか。

それから公債発行の問題ですが、喜んで国民が持つためには、条件をかなりいいものにしなければならぬ。しかもかなりの長期になれば、発行条件の弾力化の中で非常なメリットをつけていくことを考えなければいけないと思うのですが、その発行条件の問題でもう少し具体的に、特に国債に対する金利の問題、これと、瀬川さん個人でもけっこうですが、発行量についての御所見があったら伺っておきたい。

○瀬川参考人　ドル・ショックなかりせば、この九月期に少なくとも平均として一〇％程度の事業会社全体の収益増、製造業にしまして一五％ぐらいの収益増であろうと予想をしておったわけです。それがドル・ショックの影響でその予想がみごとに大きくはずれた。そうして二年ぐらい続いて減益の状態が続くだろうという予想がされているわけですが、政府のいろいろの対策が当を得れば、来年の九月ぐらいにおそらくきいてくるんじゃないか。

それから国債の発行は、われわれといたしましては何ぼ発行したらいいかはわかる立場でございません。

条件の弾力化は、年限は七年をあるいは十年にし、性質によっては長期化してしかるべきものと思うのです。いろいろ国債を優遇していただきまして、ほんとうに国民が安心して、しかも喜んで持つというふうな国債に条件を変えていただきたい、そう考えておる次第です。

○坂井小委員　最近証券会社では国際投資信託の募集を相当盛んにやっていらっしゃるようです。今日のドル不安の状況下におきまして、こうした国際投資信託がはたして将来において心配ないかどうか。投資家に対して不測の損害を与えるという心配はないか、お尋ねしておきます。

○瀬川参考人　国際投資信託は、約款により五〇％外国株、五〇％は国内株になっておりますが、信託財産全体で見ますと約二％程度の買い付けが終わったところで今度のショックが来たわけです。今度のショックで見ますと、ドルの下落率は六％から七％ですが、投資いたしました銘柄により、ニューヨークの株式が平均しまして一割程度の騰貴を見ておりますので、いまのところ国内株に投資したのとたいして変わりはない状態です。しかし、投資信託の運用の態度は、こういう通貨不安の中で非常に慎重に運用をいたさなければならないわけですが、長期的、大局的に、世界的な産業、発展していく産業を、非常にきめこまかく調査をして投資をしておりますし、短期的な投資よりもむしろ長期的な安定投資を観点に置きまして、会社の選択あるいは国の選択について非常に厳重に行なわれますので、投資家に不安を与えることはないと信じます。むしろ、為替が再び安定する時代が参りましたならば、投資信託の

危険分散の原則によりまして、各国の景気の消長がございますから、投資家に対して安定性を保証することになろうと思っております。運用の内容はそういう状態になっており、大局的に見まして非常に慎重に運用いたしているようですから、御心配はないと思っております。

○竹本小委員　国債の問題ですが、国民運動まで展開したらという非常に積極的な御意見がございました。私も原則的にむしろ賛成であります。七〇年代は社会資本の充実、社会開発の積極化という新しい政治の課題に取り組む財源措置としての新しい国債政策を確立すべきであることを強く主張したのですけれども、私は公債政策は、発行条件がむずかしくなってきたから弾力化しようとか、少し足らないから量をふやそうとかいったような、思いつきで次々に公債を発行し、量をふやしていくというようなことであってはならない。条件の緩和も必要ですけれども、一番必要なことは、七〇年代の日本の新しい財政経済政策はどうあるべきか。その社会開発に本格的に取り組む日本の政治姿勢の中で、財源措置の一環としての公債政策はどうあるべきか。またそれをかかえ込む日本の財政あるいは予算の編成も、従来のような、圧力団体に押しまくられてどこへ予算は持っていかれるかわからないような政治姿勢では困るので、国民に向かって公債発行に協力してほしいという運動を展開する前に、新しい政策課題に取り組む国債政策はどうあるべきか。またそれが単なる公債インフレにならないように政治の姿勢はどうあるべきか、むしろ政府に向かって公債政策の確立を叫ぶべきであるというふうに私は思っておるわけですけれども、その点についての瀬川さんの御感想も伺いたい。

○瀬川参考人　国債につきましては、政府が姿勢をまずきめて、国民に訴うべきだという御意見ですが、国民が納得する条件で持たしていただきたい、そういう意味です。

（中略）

○堀小委員　実はこの前、長期金利の改定が行なわれました。今度は何にしても金融がゆるむから、この際ひとつ長期金利を弾力化してもらいたい、こう強く要請しておりましたが、弾力化ではなくて改定になったわけです。私は適当な委員会で大蔵大臣に、改定はこれを最後にしてもらいたい。もうあとは自由化だ。上がるときには一ぺん自由に上げろ、下がるときにはまた下げろ、こうしない限り、私は問題は解決しないと思う。さっきおっしゃったいろいろな金利機能の問題は、ここで問題をきちんとしないと、大量国債発行というのはきわめて危険な状態をもたらすというふうに感じておるわけでありますが、この間の長期金利改定という、この改定は、会長はどういうふうにお受け取りになっておるか。さらに今後の方向として、少なくともこれを最後に、フリーにするということが、私は国債を発行する一番大きな歯どめになる、こう考えておりますが、いかがでしょうか。

○瀬川参考人　将来の弾力化、自由化は進んでいかなければならないというふうに私どもも考えておるし、当局もお考えになっておるし、一般もそう考えられておるようであります。

ただ非常に烏兎匆匆のとき、特別な急激に金利が引き下げられたような時期でありましたことと、社債の条件改定の前提にはやはり金利全体の自由化の問題が多く入っておるわけでありますから、依然としてほかの長期金利の繰り上げとか、あるいは金融債の繰り上げとか、そのほかの条件も考慮しながら進んでいかなければならない問題でございまして、一歩一歩、一皮一皮そういう方向に進んでいくべきじゃないか。あるいは情勢によってはかなり飛び越えるときもあるのじゃないかと考えておるわけです。

○堀小委員　ちょっと国債に触れましたが、先ほど広瀬委員からのお話にありましたように、いま政府が考えておりますことは、緊急避難に国債を発行しようという感じがしてならないわけです。私はそういう国債発行はやめてもらいたいのです。これから輸出圧力をある程度下げるためには、国内の需要がそれを吸収できるような条件をつくらなければなりませんから、長期的なプログラムを考えて、少なくともこれから五年とか十年とか十五年というような長期的なプログラムで公共投資を全体として考えることにならなければ、ことし不景気になったから五千億、来年は一兆五千億出す、それからちょっと景気がよくなってきたら四千億に減らすのだということでは、私は今後の日本経済の運営に大きな瑕疵をもたらすことになるのじゃないかと思います。ですからこの際私は、思い切って政策転換をするのだということになれば、国債発行の前にプロジェクトをきちんとすることが先で、そのプロジェクトに対する資金需要をどうするのかといえば、当然それに見合う資金は長期資金でなければならぬではないか。それがかねてから私が三十年国債、五十年国債という長期国債を言っている一つの論理です。ですからそういう意味でプロジェクトをつくって長期国債を出す。私は、九％くらいの金利にするということであれば国民は喜んで買う、こう思いますが、そういうことが一つあります。

しかし、財政調整の問題がもう一点あると思うのです。景気の変動がありますから。そうすると、そういう三十年、五十年の国債を出すかたわら、現在の七年の国債はもっと短期のもの、たとえば三年の国債とか、景気浮揚その他のいろいろな調整をするための調整財源としての短期国債、こういう二本立ちの国債論が私は今後の長期的な展望に立った国債論でなくてはならぬのじゃないか。あわせて、最近は外為証券のような短期証券をだいぶ企業は買っておるようですが、たいへんけっこうだと思うのですけれども、それだけでは年度越しに使えませんので、それは短期国債で処理をし、片や長期国債で計画的な公共投資をする、これが私は本来のこれから日本が進むべきコースではないだろうか、こう考えますけれども、それについてお考えを承りたい。

○瀬川参考人　全く御意見どおりだと思います。やはり大量に出すものは目的国債でなければならないと思います。

○堀小委員　最近発表になっておりますところの株式分布状況ですけれども、どうもだんだん個人のウエートが下がって事業法人のウエートがふえつつある。私は非常に問題がある気がするのです。というのは、株が持ち合いになっておることは、実質的にはそれだけは相殺される問題だと思うのです。どうもテークオーバーに対する対策として安定株主操作がかなり主張されて、そのことが株の持ち合いを促進しておるのじゃないか。しかし、そのことは架空資本といいますか、中身を伴わないので、確かに安定株主操作もわからぬわけではありませんけれども、しかし同時に安定株主になるような、要するに個人投資家を育成するという問題もあっていいのじゃないだろうか。株主を優遇することなくして安定株主は本来できないのじゃないか。私はこう思うのですが、株主の優遇はしないでおいて、利害関係だけで安定株主をつくって、そこへはめ込んでいくということがテークオーバーに対する対抗策だなどということは、論理がさかさ立ちしている感じがするのですが、この点についてお伺いして私の質問を終わります。

○瀬川参考人　最近事業会社にふえているという事実は、昭和三十年から三十四、五年ぐらいまでは事業会社の持ち株はお互いに持ち合いして、その背後に銀行の借り入れ金があって、擬制資本であって、ほんとうの資本金ではないというふうな状態であったと思うのですが、この五、六年の間にかなり大きな蓄積ができまして、昭和四十年と四十六年を比較いたしますと、会社全体として純資産が倍にふえているので、いまの持ち合いの範囲がだんだんと堅実化してまいりまして、自分の積み立て金の範囲とかあるいは引き当て金の範囲にとどまっておるようですから、一がいにテークオーバー・ビッドに備えての架空の持ち合いだとはいえないと思うのでございます。

それから、個人の株主が減っている。非常にゆゆしき問題だということですが、確かに金額の上ではそういう傾向があることは否定できませんが、株主数でいきますと非常に多くなっているのじゃないかと思うのです。と申しますのは、現在私どものほうで国債、社債、投資信託、株式を含めましてマンスリー・インベストメント・クォータ、月賦販売口座を証券界でやっておりますが、口座数が全体で二百二十五万ぐらいに現在なっておりまして、そうしてその二百二十五万口座が持つ有価証券が全体で六千四、五百億ぐらいになっておるのです。その中にかなり株式に投資している人もあるし、昨年からスタートしました従業員持ち株制度により、個人個人が会社の会の名義とかあるいは会社の従業員の一つの名義で株式投資に参加する員数が、おそらくここ一、二年の間に数百万にふえていく傾向にもございますので、傾向としてはすそ野はだんだんできてきているという状態です。

（以下略）

第六十七回（臨時）国会

昭和四十六年十月十六日から
昭和四十六年十二月二十七日まで

金融・証券に関する件

衆議院　大蔵委員会議録第三号

昭和四十六年十月二十八日（木曜日）

出席委員

委員長　斉藤　邦吉君

理事　宇野　宗佑君　理事　木野　晴夫君
理事　丹羽　久章君　理事　藤井　勝志君
理事　山下　元利君　理事　広瀬　秀吉君
理事　松尾　正吉君　理事　竹本　孫一君

上村千一郎君　奥田　敬和君
木村武千代君　坂元　親男君
地崎宇三郎君　中川　一郎君
中島源太郎君　松本　十郎君
三池　　信君　村上信二郎君
毛利　松平君　森　　美秀君
山口シヅエ君　吉田　重延君
吉田　　実君　阿部　助哉君
佐藤　観樹君　堀　　昌雄君
貝沼　次郎君　伊藤卯四郎君
寒川　喜一君　小林　政子君

出席国務大臣

大蔵大臣　水田三喜男君

（ほか略）

本日の会議に付した案件

国の会計に関する件
税制に関する件
金融に関する件
外国為替に関する件

○**斉藤委員長**　これより会議を開きます。

国の会計、税制、金融、外国為替に関する件について調査を進めます。

質疑の通告がありますので、順次これを許します。

（中略）

○**小林（政）委員**　国債の大量発行がインフレと現在の物価高騰を一そう促進する結果を招くと考えます。

消費者物価の値上がりで苦しんでおります国民にとっては、大型国債の発行によってインフレが進み、物価が一そう上がるかどうかということは、大問題です。赤字国債の増発により財政が膨張することは、インフレの要因を大きくはらむものです。今回補正予算で七千九百億円の国債の増発、これは当初予算の四千三百億円を合わせて一兆二千二百億円、これまでの最高の膨大な発行規模であります。四十年度、四十一年度に発行された国債の元利償還は、四十七年度、四十八年度とその償還期限が迫っております。結局今後引き続いて赤字国債に依存した財政の膨張を続けていくということはインフレを促進するものと私は断ぜざるを得ませんけれども、この点についての政府の見解を伺いたいと思います。

○**水田国務大臣**　公債と物価の関係ですが、いままで輸出が非常に好調であって、外為会計でドルを買って、それだけ円が国内に流出しておるということでございますから、非常に金融が緩慢になっておるというのが、いまの状態です。したがって、そういう金融事情のところに政府は公債を発行しても、民間の資金を圧迫して経済を過熱させる心配は全然ないので、こういうデフレギャップが非常に多いときですので、この程度の国債発行は物価には響かない。現に卸売り物価はむしろ下がっておるときですので、この程度の国債発行が卸売り物価を上げるという事態にいくとは思いません。おそらく物価問題から見たら心配なことはないだろうというふうに考えます。

○**小林（政）委員**　物価は下がっているということですけれども、消費者物価は非常に高騰を続けているのも大臣は御存じだと思いますが、四十年度以降発行の国債残高を調べてみますと、四十六年度現在で三兆二千四百十九億円に達しております。このうち、四十五年度末の日銀の買い取りは一兆八千四百五十一億円で、四十五年度国債残高に対する日銀の買いオペの割合は六五・六%になっております。日銀が国債を買い取れば、それだけ日銀券の発行高がふえ、インフレを促進するものですし、従来も日銀の直接引き受けは行なわない方針であったけれども、結局事実上日銀引き受けと同じ結果を招いているのではないかと考えます。今後大量の国債発行は、日銀の買い取りによって銀行券の発行高をふやし、インフレを促進することは明らかだと考えます。今後日銀の国債買いオペを禁止することがインフレを抑えることになると私は考えますけれども、これを実施するお考えがあるかどうか。さらにまた、四十七年度の国債発行額に対しては、一部日銀に引き受けをさせるというようなことも検討中であるというふうに聞いておりますけれども、そのようなことが検討されているのかどうか、この点についてお伺いをいたします。

○水田国務大臣 日銀引き受けの公債を出すことは、全然考えておりません。やはり市中消化を原則とする、この方針に変わりございません。日銀が国債を買うことは、必要通貨の供給手段でして、それと日銀に国債を引き受けさせることとは全然別のことですが、いまのところ、日銀引き受けは全然考えていません。

(以下略)

衆議院 大蔵委員会議録第四号(その一)

昭和四十六年十月二十九日(金曜日)

出席委員

委員長 斉藤 邦吉君
理事 宇野 宗佑君 理事 木野 晴夫君
理事 丹羽 久章君 理事 藤井 勝志君
理事 山下 元利君 理事 松尾 正吉君
理事 竹本 孫一君
上村千一郎君 奥田 敬和君
倉成 正君 佐伯 宗義君
坂元 親男君 地崎宇三郎君
中川 一郎君 中島源太郎君
松本 十郎君 二池 信君
村上信二郎君 毛利 松平君
森 美秀君 古田 重延君
吉田 実君 阿部 助哉君
佐藤 観樹君 藤田 高敏君
堀 昌雄君 貝沼 次郎君
伊藤卯四郎君

出席国務大臣

大蔵大臣 水田三喜男君

出席政府委員

大蔵省理財局長 橋口 収君

(ほか略)

本日の会議に付した案件

租税特別措置法の一部を改正する法律案(内閣提出第一〇号)

農業共済再保険特別会計における農作物共済に係る再保険金の支払財源の不足に充てるための一般会計からする繰入金等に関する法律案(内閣提出第一九号)

○斉藤委員長 これより会議を開きます。

租税特別措置法の一部を改正する法律案、所得税法の一部を改正する法律案及び農業共済再保険特別会計における農作物共済に係る再保険金の支払財源の不足に充てるための一般会計からする繰入金等に関する法律案の各案を議題といたします。

(中略)

○堀委員 昭和四十一年に六千七百五十億円の国債が七年もので発行されました。これは昭和四十八年に償還をすることになりますね。これは四十八年に六千七百五十億円償還ということだと思いますが、理財局長どうですか。

○橋口政府委員 四十二年に歳入補てん債として発行いたしました約二千億円がございますが、これはその後の国債整理基金特別会計の金繰り等勘案しまして相当額は償却しておりまして、現在の残高約千億程度です。

四十一年度に発行されました国債の四十八年度の償還は、今後どういう方針をとるか検討しておりますが、御承知の定率繰り入れ分がございまして、発行残高の百分の一・六は毎年繰り入れとして一般会計から金をもらっているわけです。したがいましてそれの七年分が累積しておりますから、大体一割程度は現金として確保されているわけです。そのほかに剰余金の二分の一とか、あるいは予算繰り入れ等相当の額が国債整理基金特別会計に留保していますので、四十八年度以降どういう償還なり借りかえの方針をとるかは今後の問題ですが、少なくとも一割程度は現金償還ができるのではないかというふうに考えております。

○堀委員 四十八年度の財政のことをちょっと聞い

ておきたい。

公共事業をもしかりに二〇%ずつ伸ばすと仮定をいたしましょうか。そうすると本年度の公共事業としては一兆六千八百億くらいですから、来年度が約二兆百六十億くらいになりますか、それを二〇%伸ばせばその次は二兆四千億くらいになるのですね。二兆四千億になる中で、いまの六千七百五十億、七百五十億落としたとしましょう。六千億借りかえしなければいかぬわけですね。二兆四千億から六千億借りかえするということは、四十八年に実質的に公共事業として新たに発行できる国債というのは、六千億だから一兆八千億、こういうことになるわけですね。ことしは総計で一兆二千二百億皆さんのほうでは出される。来年度はどういうふうになるか、二兆円をやや下回る国債ということでなければ来年度は処理ができないだろう。財政収入の欠陥というか、非常に不足をしてくる情勢になると思うのですね。これにあなたのほうでは税で対処するという考えがあるのかないのか。もし税で対処するとすれば、その税は何か伺っておきたい。

○**水田国務大臣**　まず今後の予算の伸び率の問題でございますが、いままで成長時代に毎年相当大きい伸び率をもって予算が編成されておりましたが、もう予算全体の絶対額が非常に大きくなっているんですから、同じ率で今後伸びることは考えられません。同様に、公共事業も二割ずつ伸びておったから今後もずっと二割続けるかというと、そうではなくて、大もとが非常に大きい数字になっておるのですから、率としては今後その率のとおりにはいかないということになるだろうと思います。今後のものを全部国債でまかなうということはやはり問題でございますので、そうなりますと、財政方針を変える、社会資本の充実に力を入れるということになりますと、いままでの成長期時代には何とかやってこれましたが、今後の財政にはたえられないということも考えられますので、財政政策を転換するということは簡単でございますが、これは思い切ったたいへんな仕事をこれから覚悟しなければならぬだろうと思っております。

○**堀委員**　ちょっと気になるのは、要するに四十八年に国債は弾力性がなくなるわけですね。それからは御承知のように四十一年からのやつが毎年出てくるわけですから、だからここでは完全に弾力性がなくなる。弾力性がなくなったもののカバーは増税しかないのですね。だから、四十八年から増税することになるかどうかということを聞いているのです。

○**水田国務大臣**　償還期限の来た国債は、従来も必要な限りは借りかえという措置を講ずる考えでおりますので、それはそう心配はないんだろうと思いますが、しかし、今後の発行余力が縮まってきた場合に増税が起こるかは、私は起こるというふうに思っております。

○**堀委員**　理財局長にお伺いをしますが、さっき私、借りかえの話をしましたけれども、借りかえは、七年国債ですから、一回償還になりますね。償還になるから、次に出るものは新規に国債を発行するという手続になるというのは間違いがありませんから、四十八年度における財政法四条に基づく国債発行は、そのときの国債発行に見合う公共事業のワクから、いまの六千七百五十億から一〇%程度を差し引いた約六千億くらいがいまの公共事業として予算総則等で書いておるものから差し引きになって、実質的その年度における新たな国債発行というものは、要するにその差し引きされた残りだ、こういうふうに私は理解をしておるんですが、それでいいですか。

○**橋口政府委員**　昭和四十一年度以降は建設国債として発行いたしておるわけでございますから、公債で調達した施設の耐用年数は、おおむね平均しまして六十年というふうに考えております。したがいまして、六十年に見合う期間は原則として国債は借りかえで対処したいというのが基本的な考え方です。ただ、借りかえ債は、国債整理基金特別会計の負担において起債をすることが許されておりますので、四十七年度以降建設公債の償還の財源に必要な国債の発行は、一般会計で発行される国債とは別に、整理基金の負担の国債が発行されますし、また、日本銀行にすべて吸収されております国債は、予算総則でお許しを得まして、日本銀行引き受けで国債を発行できるような体制ができております。したがいまして、先生が御心配になりますように、マーケットに対して四十八年度債と借りかえ債とが競合することは万ないのではないかというふうに考えております。

○**堀委員**　七年債といいながら、実質的にはそれが六十年債と同様な効用を持つなどということは、財政法の期待しておるところでもないので、あらためて別の日の論議にいたします。

（以下略）

第六十八回国会

昭和四十六年十二月二十九日から
昭和四十七年 六 月 十六 日まで

金融・証券に関する件

参議院 大蔵委員会会議録第七号

昭和四十七年三月十四日(火曜日)

出席者は左のとおり。

委員長 前田佳都男君

理　事
柴田　栄君
嶋崎　均君
戸田菊雄君
多田省吾君
栗林卓司君

委　員
青木一男君
伊藤五郎君
大竹平八郎君
河本嘉久蔵君
棚辺四郎君
津島文治君
西田信一君
桧垣徳太郎君
竹田四郎君
成瀬幡治君
松井　誠君
松永忠二君
横川正市君
和田静夫君
渡辺　武君
野末和彦君

参考人
日本銀行総裁 佐々木　直君
(ほか略)

本日の会議に付した案件

○租税及び金融等に関する調査
(当面の財政及び金融等に関する件)

○委員長(前田佳都男君) ただいまから大蔵委員会を開会いたします。

(中略)

租税及び金融等に関する調査中、当面の財政及び金融等に関する件を議題といたします。

(中略)

○松井誠君 総裁にまず国債のことについてお尋ねをしたいのですが、今度大量な国債が発行され、それと日銀との関係は非常に深いので、そのことを二、三お尋ねをいたしたいと思うのでありますが、私が一番心配をするのは、この国債を抱く財政じゃなくて、それこそ国債に抱かれる財政という形になって、国債の大量発行が日本の財政の中に定着をしてしまうことがインフレとどういう関係を持つだろうかを一番心配をするわけです。なるほどことしのただいま現在のことを言えば資金が余っておるし、一ぺん吸い上げたその資金は、公共事業という形になってまた還付されるわけです。そういう意味では新しい通貨の増発というのが直接つながらない。しかし景気がだんだん回復し出して、資金需要がだんだん旺盛になってくる、持っておる国債がやっぱりじゃまになるという段階になりますね。

そこで最初にお伺いをしたいのは、そういうことがあるものですから一年未満の国債は担保としてとらないという、それが非常にじゃまになる、あるいは日銀の直接引き受けを禁止をしておる制度がじゃまになる、そういうものを取っ払おうという意見が出始めておる。去年の秋総裁は一年未満云々という問題については、別に方針変更の予定はありませんということを言われたそうですけれども、ちょっと実は気になるのです。大蔵省に実は確かめてないのでわからないのですけれども、ことしの国債発行のうち約二千億か二千五百億くらいを政府の資金運用部で直接引き受けをする、しかし財政投融資計画はあって、年度内の資金の使い方はきまっておるわけですから、年度を越してまで持っておるわけにいかないと思う。そうしますと年度内に引き受けた国債を一体どうして処分するのか。日銀がやっぱり買ってくれと言わなければ処分のしようがないじゃないか、そういう気もするわけです。そういうこともあわせて一年未満の国債、あるいは政保債について、いままでのそういう方針というものは変える必要はないということを、もし確認をできればあらためてしておきたいと思います。

○参考人(佐々木直君)　確かに四十七年度には非常に多額の国債が発行されます。この国債の発行には、それがインフレにつながる心配、その他いろいろされるのも無理がないと思いますが、いまの日本の経済情勢ではこういう財政計画もやむを得ないと考えております。ただしかし、これが一つのくせみたいになりまして、景気が立ち直ってきてもなお相当多額の国債が発行されることがありますと、そこに民間資金の需要と財政資金の需要とが競合いたしまして熱を生ずるというおそれがありますので、景気が回復してまいりましたら、できるだけ早くその国債発行計画をまた調整してもらうということが必要であると思います。

日本銀行の国債の売買の条件は、われわれとしては一年未満のものは買い入れないという方針でやってきておりますが、私どもはこの方針は全然変える意思はございません。しかも、いま御承知のように日本銀行の貸し出しは実質的にはほとんどゼロになっております。それからまた市中には発行後一年を経過いたしました国債がずいぶんたくさんございます。いまの日本の経済の回復を推進するための金融調整にはことを欠かない状況でございますし、そういう点から考えましてもこの原則は変える必要はないと考えております。

最後の資金運用部の点はちょっと私はお話よくわかりませんが、私のほうが資金運用部から年度内に買わなければならないという性質のものではないと、私は承知いたしております。

○松井誠君　資金運用部の問題は別に総裁にお伺いするという意味で申し上げたのではございません。

いまこういう状況になって日銀の貸し出しというのはほとんどない状況ですから、いままでの取り扱いを変える必要はないというのはわかりますけれども、これがだんだん情勢が変わってきた場合に、いろいろな圧力の形になって出てきやしないかという心配をするわけです。最近は中央銀行の役割りは、単なる通貨価値の維持というだけでなしに、完全雇用もやらなければならないのだ、あれもやらなければならんのだ、そういうことに日銀は中立ではおれないんだという考え方がだんだん当然のようになってきて、本来の使命である中央銀行の通貨価値の維持がだんだん忘れられてくるような危険性を感ずるだけに、いまの段階ならば、景気調節の方法にこと欠かないということはあるでしょうけれども、これがだんだん金融情勢が変わってきた場合に、あるいはこれから先、国債の大量発行をずっとやっていこうという、政府の財政態度とぶつかってきた場合に、一体どうなるかという心配が依然として抜けない。つまり大蔵大臣は、今度の大量の国債発行は景気浮揚を盛んに言っておりますけれども、もう一つときどき忘れないでつけ加えるのは、社会資本の充実のために必要だという理屈なんですね。そういうように理屈をずらしてきますと、社会資本の充実は言ってみればだんだん必要性が大きくなってくるわけです。したがって、国債が要るのだという理屈が依然として残ってくると定着をする危険性は非常に強いわけです。今度の国債は最近の景気動向に起因をするものだ、したがって、それが上向いてきたときはそれなりに減額していかなきゃならぬ、そういう性格の国債であると日銀としてはとられておる。このように理解をしてよろしゅうございますか。

○参考人(佐々木直君)　ただいまおっしゃったとおりに考えております。

○松井誠君　実は私は日銀と国債との関係についていろいろ資料をお願いをしてまいりました。四十六年の三月末の国債保有高の総額はこれだけというのは予算の参考書類にも出ておる。しかしそれの内訳がないわけです。何年度債が幾ら、何年度債が幾らというのがないわけです。そういうものについて私が、四十年度の国債発行のときの委員会の議論を読んでおった記憶の限りでは、そういう明細は発表できませんというような趣旨のことが実はあったんです。そこで、私はどうも意味がよくわからなくて、資料要求のやりとりがございまして、最終的には、年度末銘柄別の内訳はもらうようになりました。そこで、銘柄別の明細を発表することは別に日銀としては差しつかえないということに落ち着いたと思うのですが、そのように理解をしてよろしゅうございますか。

○参考人(佐々木直君)　これは日本銀行として発表することはちっとも差しつかえございません。

○松井誠君　常時一体どれだけ、どの程度の国債を持っておるかを実は知りたいわけです。そこでいろいろ資料を求めましたけれども、一つ出てまいりましたのは、年間どれくらい買いオペで、累積これだけの国債を買いました、その当時の国債の累積額はこれだけでありますということはわかった。それによりますと、年度によって違いますけれども、国債発行額、累積総額の三割あるいは四割ぐらいを買いオペで買っておるというようですけれども、それはたとえば本日なら本日現在、国債全体の発行額のうち、日銀の保有高は幾ら、あるいは年間、季節によって繁閑の差があるでしょうけれども、大体平均して常時国債発行額の何割ぐらいを日銀は保有しておるのだろうか。つまり国債保有における日銀の比重というものは、一体どの程度に考えたらいいかということは……。

○参考人(佐々木直君)　ただいまの点は、実は日本銀行が市場に資金を供給する方法にはいろいろな方法がございます。最近は外貨が非常に入ってきて、外貨代金を日本銀行が政府の外為会計を通じて外部に出ております。そういうことで一種の買いオペ的な現象が起こっております。そういうことで、実は四十六年度中は、日本銀行は買いオペをほとんどゼロに、まああと四十六年度と申しましても少し日がございますけれども、いまの見通しでは買いオペはいたさない。そうしますと、四十六年度中に発行されました国債のうち、日本銀行の保有分はゼロになるわけです。そういうことで、季節的に繁閑のほかに大きな金融の波というものがございますので、金融が詰まっているときには、非常に国債を買う率が上がりますけれども、ゆるんでくると、それが非常に下がってしまう。現に四十六年などはゼロになりました。どうもそこのところに何%ぐらいを目安に保有するといったような運営のしかたができない性質のものだ、こういうふうに考えておるのであります。

○松井誠君　四十六年の買いオペはまあゼロだ。しかし四十六年の三月末の国債の保有高は一兆二千幾らあるわけです。これは一兆二千三十二億ですか。そして四十六年の末の国債の発行の累計が約四兆円、そうすると、四分の一ぐらい保有をしておった。およそこういう程度のものなのか。ですから、これから先の金融情勢どうなるかわかりませんし、景気の動向がどうなるかわかりませんけれども、日銀の国債発行に対するこの比重というもの〔は〕大体四分の一、三分の一、多いときには約四割ぐらいの国債を保有をしておる。大体そういうことであったと理解をしていいでしょうかね。

○参考人(佐々木直君)　日本銀行が継続的に市場に資金を供給しなければならないのは、大体毎年の日本銀行券の発行高の増加分です。これをよく成長通貨という呼び方をしておりますけれども、したがって、この分は何らかの形で資金を供給しなければならない。ところが、その資金の供給には国債の買い入れもございますし、それから外貨の買い入れもございますし、それからまた貸し出しの方法もあるわけでして、まあ昭和三十六年ぐらいまでは大体貸し出しで供給しておったわけです。で、三十七年からそのやり方を変えまして、債券の買い入れによって通貨供給を行なうということになってまいりました。したがって今後国債がどんどん累積されてまいりますと、一年間の日本銀行券の発行増を、たとえば、五、六千億と考えますと、その分だけを考えますと総体の国債の発行残に比べる比率はぐんと落ちてくる性質のものだと思います。したがって、四十三、四、五年ごろは国債の発行額もまだ少のうございましたし、そういう意味であるいは日本銀行で買うパーセンテージがわりあい高かったと思いますが、総体の国債発行残高の中で、日本銀行が買う部分というものは非常に率としては低いものであるというふうに考えられますし、今後もその率はむしろ下がる方向ではないか、こういう考え方です。

(以下略)

参議院　大蔵委員会会議録第十七号

昭和四十七年四月十三日(木曜日)

出席者は左のとおり。

委員長　前田佳都男君

理　事
- 柴田　栄君
- 嶋崎　均君
- 多田省吾君
- 中村利次君

委　員
- 青木一男君
- 伊藤五郎君
- 大竹平八郎君
- 高橋文五郎君
- 棚辺四郎君
- 津島文治君
- 西田信一君
- 桧垣徳太郎君
- 藤田正明君
- 山下春江君
- 須原昭二君
- 杉原一雄君
- 竹田四郎君

成瀬　幡治君
松井　誠君
松永　忠二君
横川　正市君
内田　善利君
渡辺　武君
野末　和彦君

国務大臣
　大蔵大臣　水田三喜男君
政府委員
　大蔵省証券局長　坂野常和君
（ほか略）

本日の会議に付した案件
○租税特別措置法の一部を改正する法律案（内閣提出、衆議院送付）

○委員長（前田佳都男君）　ただいまから大蔵委員会を開会いたします。

前回に引き続き、租税特別措置法の一部を改正する法律案を議題といたします。質疑のある方は順次御発言を願います。

（中略）

○成瀬幡治君　これは私の調べた数字ですから、間違いかもしれませんが、昭和四十五年に設備、運転資金、合わせて大体十二兆六千二百五十九億のうち、法人の借り入れ金が大体十一兆二千六百四十億、そして株式に依存しておるのが約一兆、それから事業債でやっているのが大体三千六百億あるわけです。それから四十五年で増設した設備資金はどのくらいかと思ってみると、大体五兆六千六百十四億である。そのうち借り入れ金が大体四兆五千億円。株式や事業債がその残りですから約三〇％、約七〇％は金融機関によっておる。こういうことなんですね。そこで、こういうふうに長期、短期ともに企業が金融機関に依存してきたということなんです。その依存してきた理由はいろいろあると思いますが、金融、証券界に人がなかった、あるいは証券の公社債市場が育成されておらなかったという大きな理由があったと思います。しかし、こういう姿というものが好ましい姿か、そうじゃないかというと、やっぱり長期安定資金は、社債あるいは株式等で得ていって、短期運転資金等を銀行から得るというのが、本来の姿だろうと思います。そういう姿に金融がゆるんでおるときに、私は地固めをしていかないと、せっかくのチャンスを逸することになりはしないかと思っております。したがって、そういう問題についてどういう手を、たとえばこれから株式の時価発行だとか、国債も今後も出続けるだろうと思います。あなたはそんなことはおっしゃれないけれども、私は相当な額を出さなければならないいろいろなことがあると思いますから、公社債市場を育成していかなければならぬじゃないか。そういう政策といいますか、そういうポリシーを出すとすれば、そういうことについてどういうような手を打とうとしておられるのか、その辺のあら筋をひとつ承りたいと思います。

○政府委員（坂野常和君）　いまのお話は、ちょうど昨年の十一月から大蔵省に証券取引審議会の特別委員会を設けまして、ただいま検討中でございます。大体の点は、公社債市場育成の非常にいいチャンスがきているんではないか、いまの環境が、金利機能が働き得るような環境ができつつある。こういうときに、市場機能を高めていくためにはどうしたらいいかということで、そのためには、金利機能の一そうの働きを進めるような政策がとられるべきである。流通市場の機能が十分に、流通価額が発行条件にはね返るような、そういう機能を高めるべきである。第二に、発行条件についても従来やや固定的であったものを、もっと弾力的にさせていく必要がある。発行の媒体となるアンダーライターの機能も高める必要があるというような諸点について目下検討をしておるということでございます。

○成瀬幡治君　証券審議会を設けてチャンスを逸せずに、適切にタイミングをつかみつつやっていこうじゃないか。そして四つほどあげられましたが、その一番育たなかったネックは何というふうにお考えになっておりますか。証券局長でいいです。

○政府委員（坂野常和君）　戦後の復興から高度成長というわが国国民経済のたどってきた道を振り返ってみますと、国民の貯蓄あるいは法人の蓄積がない時代に早く復興し、かつ成長する必要〔が〕あったわけですが、そのためには、金融機関を使い金融機関による資金供給ルートを使っていかざるを得なかった。その結果間接金融中心の金融政策を進めざるを得なかったということであったかと思います。直接金融と申しますか、株式なり公社債というような形についての資金調達をやり得る市場も育っていなかったし、またそういう方法は当時としてはやや迂遠である、そこまで余裕がなかったということであったかと思います。

○国務大臣（水田三喜男君）　それともう一つは、いまの問題と、やはり私は、むずかしい問題ですが、税制が関係しておるというふうに思います。増資するよりも、銀行資金にたよるほうが、税の関係があって、どうしても自己資本比率が減っていかざるを得ないような現行税制が、関係しておるのではないかと思います。
○成瀬幡治君　私も実はなぜ育たなかったかという理由の中に、大臣がいみじくも指摘されましたけれども、税制も一つの大きな理由だと思います。しかし、ほかにここであげられた金利なり、あるいは流通機構の問題なり、発行条件なり、アンダーライター、いろいろな問題が出ておりますが、これはおよそ結論はいつごろ出ますか。
○政府委員（坂野常和君）　まださだかなめどがついておりませんけれども、今後の議事がどの程度進行が早まるかどうかということでございますが、いまのところ大かたのめどとしては、ことしの秋には何らかの形でまとまった意見が出されるのではないかと期待しております。
○成瀬幡治君　直接方式にウエートを置くということになってまいりますと、いわゆる長銀関係の問題が一つ出てくるわけですね。たとえば興銀をどうするとか不動産をどうするとか、日本長銀をどうするとかという、証券関係と長銀との関係までこの審議会で議論されますか、どうですか。
○政府委員（近藤道生君）　金融制度調査会が今月から再開されるわけでございますが、その金融制度調査会におきましては、ただいまの証券取引審議会の情勢を受けまして、証券取引審議会の議事の進行に応じた議論を、金融制度調査会においても必要に応じて並行的に行なっていただくという連携態勢をとっております。そのために、たとえば人的にも、金融制度調査会の特別委員長が同時に証券取引審議会にお入りになっているという形をとっておりますが、それはそういう必要のためにそういう人事配置になっているわけですが、そういう点から、今後証券取引審議会の議論の展開いかんによりましては、ただいま御指摘になりましたような問題も当然金融制度調査会あるいは必要の範囲において証券取引審議会においても取り上げられてまいるというふうに考えております。
○成瀬幡治君　当然まあ金融機関でいえば、どうしたって金利の問題が出てまいりますから、資金コストの問題等がありますから、いいチャンスだから、ぜひこの際チャンスを逸せず、公社債市場が育つようにしていただきたい。

（中略）

それから次に、ちょっと承りたい点は、昨日の新聞等に、オーストラリア国債の問題が出ております。これから円建ての国債が相当出てくるだろうと思います。その発行条件等は、たとえば一カ月に一銘柄だとか、それからいろんな条件が三つはどあるようですが、その条件は別として、あとどんなのがその引き合いにあるとか、それから発行順位がございますね、国の問題だとか、その信用度とか、いろいろなことがございますが、その発行順位のようなものについても、何かお考えになることがあるのかこの二つ、いかがですか。
○政府委員（坂野常和君）　円建て外債は、だれがどうやって日本で発行するような段取りにしているかという仕組みですが、これは日本の証券会社が発行主体、これは外国の国際機関の場合もございますし、また国そのもの、あるいは地方団体がただいまのところ対象にございますが、そういう発行主体と相談いたしまして、そうしていつごろどんな条件でどのくらい発行するということをきめるわけでございます。

なお、これは国際金融局の所管でございますが、そのかわり金の送金等は、外国為替管理法上の許可がございますが、その許可は、その内容がいいとか悪いとかいうような種類のものではございません。またいままで発行されましたアジア銀行債、世界銀行債は、加盟国の条約で発行地の政府の承認ですから、日本の場合は、日本の国の承認が要ることになっておりますが、これは特殊な事例でございます。一般はそういう国の許可とか承認とかいうことなしに発行されるものです。そこでしからば、どんな銘柄がどういうふうに発行されるのが望ましいかということになってまいります。御承知のとおり、まあ俗に東京市場はわずかここ一年半ないし二年の間にこの金融緩和をめぐってようやく芽ばえてきた市場でして、非常に経験も浅く、また投資者も十分なれておりません。したがいまして、いまのところここで発行される円建て外債は、国際的に見まして相当著名度のある銘柄であって、いわば超安全の銘柄に限っていくのがいいのではないかということから、まずわが国の加盟している国際機関ということで、世界銀行なり、アジア銀行の債券が対象にされたわけです。

次に、いまお話しのオーストラリア国債が、いま発行準備中という段階でございまして、そのあとどういうものがあるかは、それぞれのアンダーライターがいろいろ検討いたしておりますので、まださだかでありませんけれども、私どもの耳に入っておりますところでは、その他一、二の国の国債あるいは州債があると聞いておりますが、まだ具体的にいつごろどういうことでというところまできまっておらないようです。

いずれにいたしましても、日本で発行されます円建て外債の市場が、世界的に見て一流市場に育つように十分慎重な配慮をしていく必要がある。これが一時的な現象にとらわれて、いまの非常な大きな金融緩和ということの現象だけにとらわれて、無理をいたしますと、市場そのものがこわれるおそれもありますので、そこは十分慎重な配慮をしていく必要があるというふうに考えております。

○成瀬幡治君　これは全く私もよく知らない。たとえばカナダのある州のものが出てくる、あるいはメキシコの州のが出てくるというような、そういう州債なり、あるいはある会社の今度は私的企業が出てきた場合、そういうものまで、これはひとつ外貨減らしの問題とも関連してくるわけですから、そういう問題については、許可をする大体方針なのか、私的なものはもう一切認めませんと、こういうことになるのかどうか、その辺のところはどうでしょう。

○政府委員（坂野常和君）　ただいまの許可ということばがございましたが、これは先ほどの御答弁で申し上げましたとおり、為替管理上の問題ですので、その中身がいいとか悪いとかいうような許可ではないと思います。したがいまして、これは国際金融局から御答弁するのが筋と思いますが、債券が発行されることになった暁には、その送金についてはこれを許すという、許可になる、こういう性格のものだと思います。そこで問題は、これから先どういう種類のものが発行されていくかということでありますが、いまお説のように二、三の外国の地方団体の債券について検討中であるというふうに聞いておりますす。民間の債券は、いまのところ何ら検討すらもされていないと私どもはそういう情報を持っておりますが、将来について、全くこれがわが国の円建て債の対象になり得ないものかどうかは、これはこれからのわが国の円建て外債市場がどういうふうに発達していくか、そうして投資家がどういうふうになれていって、投資家保護の見地からそういうものを発行しても差しつかえないような状況になるかどうかというような環境の問題ではないかというふうに理解しております。

（以下略）

第六十九回（臨時）国会

昭和四十七年七月 六 日から
昭和四十七年七月十二日まで

金融・証券に関する件

衆議院 大蔵委員会議録第三号（閉会中審査）

昭和四十七年九月十三日（水曜日）

出席委員

委員長 金子 一平君

理事 奥田 敬和君 理事 坂元 親男君

理事 松本 十郎君 理事 村山 達雄君

理事 広瀬 秀吉君

斉藤 邦吉君 地崎宇三郎君

中島源太郎君 藤井 勝志君

坊 秀男君 毛利 松平君

吉田 重延君 吉田 実君

佐藤 観樹君 平林 剛君

堀 昌雄君 山中 吾郎君

二見 伸明君 寒川 喜一君

小林 政子君

委員外の出席者

大蔵大臣官房審議官 大谷 邦夫君

（ほか略）

本日の会議に付した案件

金融に関する件

○金子委員長 これより会議を開きます。

国の会計、税制及び金融に関する件について調査を進めます。

（中略）

○佐藤（観）委員 御存じのように、証券市場がたいへん活況を呈して、八月十六日でしたかダウ平均四千円を突破したわけですね。いろいろな話を聞きますと、大口の法人の買いが無配当株といえどもたいへん高い位置に株価を引き上げている、こういうふうに分析をしているわけですけれども、法人がたいへんのさばってしまって、大証券ばかりが独壇場になっていて、大衆投資家の保護がなおざりにされているのじゃないか。こういうふうに分析できると思うのですが、まずこの現状について、法人投資と個人投資の問題、それからいろんな変動で暴落をすることがある。こういう際に一番被害をこうむるのは、大衆投資家であるわけで、現在の株価の異常高値に対する警戒措置というか、この辺のところは一体証券局としてはどういうふうに考えていらっしゃるのか、お伺いしたい。

○大谷説明員 最近の株式市況ですが、金融の緩和あるいは法人の安定株主工作によってかなり上がってきておるといわれております。しかし、いまお話のありました法人に対しましては、われわれも証券会社に対しまして、法人の株式投資の勧誘を行き過ぎないように、あるいは金融機関に対しましてもあまり株を買い過ぎないようにいろいろお願いしているわけでして、四月以降次第に鎮静してきている状況です。

一方、株価が暴落することはないかですが、株価は内外の経済、政治、いろいろな要因によって上がったり下がったりいたしますのでなかなか見通しがつかないわけですが、御心配の点ごもっともでございますので、昨年の冬以来信用取引の規制措置あるいは証券会社に対しまして投資勧誘の態度、行き過ぎた営業のないように種々指示をし、株価の状況を慎重に見守っているわけです。

○佐藤（観）委員 いまの証券市場の様子を聞いてみますと、昭和三十六年のときには個人の投資家が四七％あったのですけれども、現在では三六％と個人の投資家が減っているわけです。そしてこういう個人投資家が、いまの株価の問題にしてもあるいはその他の環境の問題にしてもなかなか入れる余地がなくなってきているように話を聞いているわけです。本来、多数の投資家が資金を出し合って健全な値段をつけるのが大衆投資家保護という現在の証券の基本であるはずですけれども、現状では逆に法人のほうがたいへん大きくなってしまって、その法人が巨大な資本を背景にして株価をつり上げる状況になっているようです。個人投資家が肩身の狭い少ないパーセンテージになってしまっているということについて、これからどういう指導をなさっていくつもりか、その辺をお伺いしたいと思います。

○大谷説明員　まず、個人投資家の数ですが、これは横ばいでして必ずしも減っているわけではございません。それから個人投資家の持ち株数もふえてはおりませんが減っているわけではございません。ただ、一方で増資等があるわけでして資本金額がふえてまいりますので、相対的に個人の持ち株比率は毎年若干ずつ落ちてきております。この傾向がいつまで続くかということですが、昭和二十数年来六〇数％で、その後系列化の問題、安定工作の問題等ございまして最近非常に法人の持ち株がふえてまいりましたが、今後このままの趨勢でいくのかどうか、あるいは現在が非常にピークになっておりますのでこういう傾向が出ておるのかどうかはもうしばらく様子を見なければわからないわけですが、証券会社に対する営業姿勢としまして過度に法人に依存しないように、それから個人投資家にはあまり行き過ぎた勧誘をしないように指導いたしまして、節度ある市場ができるようなことを期待しているわけでございます。

○佐藤（観）委員　東京証券取引所の一日の出来高が七億株近くといわれているわけですね。この急増に東京証券取引所が対応できないということで、七月の末から八月の初めにかけて立ち会い時間を三十分短縮をしたわけですね。いろいろ聞いてみますと、忙しい忙しいと言いますが、忙しいのは取引所の職員と一部の大証券だけで、中小の証券会社はそんなに特別に忙しいわけではないわけですね。立ち会い時間は御存じのように九時から十一時までが前場で、一時から三時までが後場、そのうちの三十分を取引を停止するということは私はかなり大きな問題だと思うのです。御存じのように、株式の売買というのはまず第一が値段、第二が早い者勝ち、つまり時間がたいへん大きな影響を持っているわけなんですね。その意味で三十分縮めるということ、これは法律上禁止はされておりませんけれども、やはり取引所をあけるという投資家に約束をした時間を縮めるということは、これはたいへん大きな問題だと私は思うんですが、この取引所の取引を三十分短くしたことについて証券局としてはどういうふうにお考えになっていますか。

○大谷説明員　ただいまお話しのように七月の初めから八月の中ごろにかけまして、非常に出来高がふえたことによりまして立ち会い時間の三十分短縮がしばしば行なわれたわけですが、証券取引所の使命としては、有価証券の適正な価格形成が円滑にできなければいけないわけでして、あまり市場が込み過ぎまして値段のつけ方が非常に混乱するということでは一般の信頼にもそむくことになりますので、取引所の理事長としては市場の状況によって取引時間の短縮をはかるということは妥当な措置であると考えております。

それから、そういうことがしばしば起こるかどうかですが、株式市場はいろいろな関係がありますので、出来高を平均的に抑えることはできないと思います。ことしの七月、八月が平均三億株を上回るということで非常に活況を呈しておるわけです。これを過去の数字をとりますと、一年を通じまして二億株をこえたことはありませんし、一月を通じましても三億株をこえることはほとんどない状況です。したがいまして、七月から八月にかけ立ち会い時間の短縮がありましたが、これが今後恒常的になるとはわれわれ必ずしも考えておらないわけです。

それからまた中小証券のお話がございましたが、たとえば四十六年中出来高に占める四社のシェアが五三・七％です。それが四十七年の一月―八月をとってみますと五四・二％です。したがいまして、〇・五％ばかりはふえておりますが、必ずしも大きなところがどんどんふえて中小証券が減っているということではないわけです。中小証券も出来高はかなりふえているという数字になっていると思います。

○佐藤（観）委員　立ち会い時間を短くするということは、私は適正な価格形成にはならぬと思うのです。これからますますふえていく投資に対する対策を考えずして、公開をしているこの六時間という時間を三十分縮めることは、六時間のうちの三十分ですから大きなパーセンテージを占めるわけですから、その意味で妥当な措置であったという表現については私は納得できない。やむを得ない措置であるというならわかるのですが、その点どうですか。

○大谷説明員　ただいまお話しのように、四時間という前場、後場合計立ち会い時間でございます。これを縮めることは好ましくないということは同感です。したがいまして、そういう仕組み全体としてはやむを得ない措置であったということですが、非常に出来高が急増した場合にはああいう措置をとるしかないという意味で妥当であったと言わざるを得ないということですから、あえて言えばやむを得ない措置とおとりいただいてもけっこうでございます。

○佐藤（観）委員　先ほど六時間と言いましたが、四時間の私の勘違いです。

それで、それに関連をするわけですが、いま東京証券取引所でも機械化をするということで、出来高と出来値をコンピューターで報道するように考えておるわけですね。こういうことをすればますます投資家は、情報の伝達だけはどんどんされるので今後投資はますますふえていくと私は思うのですね。そういうことから考えてみますと、情報の伝達だけの機械化ではなくて、今後は注文自体の事務処理を機械化する部分まで東京証券取引所は機械化をしていかなければいかぬのじゃないか。その辺の指導は証券局としてはどうなっていますか。

○大谷説明員　いままですべて人力でやっておりましたものを、情報の伝達にせよ機械化するわけですから、非常に新しいことを始めるわけです。したがいまして、その準備に非常に時間がかかったわけですが、いまの予定でまいりますと、おそらく情報の伝達の機械化ができますのは四十九年の秋以降ですから、あと二年ちょっとあるのじゃないかと思います。一方株式市場としての先進国である諸外国におきましても、現在の段階では機械化しているのは情報の伝達にとどまっているわけです。そういう観点からいたしまして、当面の問題として、機械化は情報の伝達にとどめるのは穏当な措置であろうかと思いますが、将来情報の伝達が敏速になることによって市場出来高がふえてくる対策はどうかは、われわれとしては考えなければならないと思いますが、たとえば取引のやり方をどうするかとか、そういう問題をからめての今後の問題であろうかと思っております。

○佐藤(観)委員　情報の伝達だけやって注文者だけはどんどんふえる、しかし実際に注文を受けてから売買するまでの肝心の部分を機械化できなければ、四時間のうちの三十分市場を閉鎖しなければいかないという状況はますます目に見えていると思うのです。ですから、今後の問題として、情報の機械化をするならば、注文のほうの機械化、事務処理の機械化を一緒に進めていかないと、一番肝心な大衆投資家保護という観点から、四時間の開くべき時間を三十分縮めることになってくると思うので、その点もひとつ指導してもらわなければいかぬと思うのです。

もう一つ、これからも証券市場というのはだんだん国際化をしてくると思うのですけれども、たしかことしの七月一日に許可になっていると思うのですが、アメリカの証券会社のメリル・リンチですね、日本の投資家がこのメリル・リンチを通して外国の株を買う、このときにはメリル・リンチが会員になっている取引所に上場されている株について、手数料は要らない。ところがメリル・リンチを通さないでほかの証券会社を通す場合には要る。これはいまは一社だけのことですからいいですけれども、今後いろいろと問題が起こるのではないかと思うのですけれども、これはどういうふうなことを考えていらっしゃいますか。

○大谷説明員　いまの御質問ですが、外国証券業者法により、外国の証券業者が日本に支店を出すことになりまして、その第一号といたしまして、メリル・リンチがその認可を得たわけです。メリル・リンチは、郷に入っては郷に従えということで、証券業協会に加入しております。その証券業協会の取りきめといたしまして、やや技術的になりますが、外国に注文する場合には、外国での手数料は当然取られるわけですが、それと同時に、外国に注文するにあたっての諸経費が要りますので、そういう手数料を徴収することについて、投資家から徴収することにしているわけです。したがいまして、証券業協会に入っております証券会社は、その取りきめを守らなければいかぬということで、メリル・リンチも入っておるわけでございますので、その規定を守っておるわけです。ただメリル・リンチとしては、一ころ、自分はアメリカに親会社〔が〕ありますから、アメリカの親会社に入る手数料も、自分に入る手数料も、同じかどうかということがございますけれども、ところが似ているということで、日本の普通の証券会社がアメリカの取引所に発注するに要する手数料というもの、テレックスの費用とか電報の費用はまけてもいいという話をしたことはございますけれども、それは証券業協会の話し合いによりまして撤回いたしました。したがいまして、ただいまはメリル・リンチも日本の証券会社も同じような体制になっておりますので、差が生ずるという問題は生じておりません。

○佐藤(観)委員　メリル・リンチは、日本の場合は正会員には入っていないわけですね。たしか非会員だと思うのですが、この行政指導というのは、いろいろ聞いてみますと、日本だけのものでアメリカの行政指導はないようですね。そうしますと、これからますます外国の証券会社が日本に入ってくる場合に、いろいろと日本流のやり方が通用しない場合が起きてくるのではないかと思うのですが、その辺のところを何らか法改正をする必要があるのではないかと思うのですけれども、従来どおりはたして行政指導でできるものだろうかどうか、この辺のところはいかがでしょうか。

○大谷説明員　ただいま申し上げましたメリル・リ

ンチの会員の件は、これは取引所会員というお話だと思いますが、これは取引所の決定でして、取引所が自主的にきめている問題です。したがって、行政指導云々という問題は、この点に関してはないわけですが、ただ、お話しのように、証券行政も国際化という波が押し寄せてまいっておりますので、いつまでもいままでのままでいけるかどうか、あるいは場合によっては法律的の手配を要する問題も将来起こらないとも限らないと思います。これは逐次通常業務を進めていく場合にそういう必要があればまたやがて法律の改正等をお願いする機会があると思いますので、その節はよろしくお願いしたいと思います。

○佐藤(観)委員　メリル・リンチが日本で営業をする場合に、上場銘柄は原則として正会員を通して売買を行ないますという営業方法書を大蔵省に出すのじゃないですか。出して認可をもらわないと、非会員で日本の株を売買できないようになっているのじゃないですか。

○大谷説明員　業務方法書の内容をつまびらかにいたしませんが、たしか取引所の定款で外国証券業者の支店は取引所の会員に入れないという規定があったかと思います。したがいまして、自動的になれない仕組みになっていると覚えております。

(以下略)

第七十一回（特別）国会

昭和四十七年十二月二十二日から
昭和四十八年九月二十七日まで

商法一部改正

衆議院　法務委員会議録第十六号

昭和四十八年四月六日（金曜日）

出席委員

委員長　中垣　国男君

理事　大竹　太郎君　理事　小島　徹三君

理事　谷川　和穗君　理事　福永　健司君

理事　古屋　亨君　理事　横山　利秋君

理事　青柳　盛雄君

井出一太郎君　植木庚子郎君

松本　十郎君　三池　信君

保岡　興治君　日野　吉夫君

正森　成二君　山田　太郎君

出席国務大臣

法務大臣　田中伊三次君

出席政府委員

法務大臣官房長　香川　保一君

法務省民事局長　川島　一郎君

法務省刑事局長　安原　美穂君

大蔵省証券局長　坂野　常和君

委員外の出席者

警察庁刑事局捜査第一課長　小林　朴君

警察庁刑事局保安部保安課長　相川　孝君

食糧庁総務部長　森　整治君

最高裁判所事務総局総務局長　田宮　重男君

最高裁判所事務総局人事局長　矢口　洪一君

最高裁判所事務総局刑事局長　牧　圭次君

法務委員会調査室長　松本　卓矣君

本日の会議に付した案件

商法の一部を改正する法律案（内閣提出第一〇二号）

株式会社の監査等に関する商法の特例に関する法律案（内閣提出第一〇三号）

商法の一部を改正する法律等の施行に伴う関係法律の整理等に関する法律案（内閣提出第一〇四号）

○中垣委員長　これより会議を開きます。

内閣提出、商法の一部を改正する法律案、株式会社の監査等に関する商法の特例に関する法律案及び商法の一部を改正する法律等の施行に伴う関係法律の整理等に関する法律案を議題とし、提案理由の説明を聴取いたします。

（中略）

……………………………………

理　由

商法の一部を改正する法律等の施行に伴い、非訟事件手続法その他の関係法律の規定を整理し、所要の経過措置を定める等の必要がある。これが、この法律案を提出する理由である。

○田中（伊）国務大臣　商法の一部を改正する法律案、株式会社の監査等に関する商法の特例に関する法律案及び商法の一部を改正する法律等の施行に伴う関係法律の整理等に関する法律案につきまして、その趣旨を便宜一括して御説明申し上げます。

商法の一部を改正する法律案は、現下の社会経済情勢にかんがみ、株式会社の運営の適正及び安定をはかり、あるいはその資金調達の方法に改善を加える等のため、早急に改正を必要とする事項について、商法の一部を改正しようとするものであります。

この法律案の要点を申し上げますと、第一に、株式会社の業務が適正に行なわれることを確保するために、監査役は、会計監査のほか、業務監査をも行なうものとし、このために必要な権限、たとえば取締役会出席権、取締役の違法行為の差止請求権等を認めるとともに、その地位の安定その他監査機能の強化のための措置を講ずることとしております。

第二に、株式会社の運営の安定をはかるため、定款をもって、取締役の選任につき累積投票の請求を完全に排除できることとしております。

第三に、株式会社の資金調達の便宜をはかる等のため、新株の発行にあたつては、法定準備金を資本に組み入れ、株主に対して発行価額の一部の払い込みを要しない株式を発行することを認め、また、転換社債の発行については、原則として取締役会の決議によつてすることができるものとし、なお、株主の利益を保護するため、この場合における株主の引き受け権等に関する規定を整備することとしております。

第四に、株主の便宜等を考慮して、営業年度を一年とする株式会社について、いわゆる中間配当の道を開くこととしております。

最後に、取引の安全をはかるため、すでに営業を廃止しているいわゆる休眠会社を整理する方途を講ずることとしております。

次に株式会社の監査等に関する商法の特例に関する法律案は、株式会社の実情にかんがみ、特に大規模の株式会社及び中小規模の株式会社の監査制度について、それぞれ改正後の商法の特例を設けようとするものです。

この法律案の要点を申し上げますと、第一に、大規模の株式会社は、株主をはじめ、従業員、取引先、下請企業者等の利害関係人の保護のため、その経理の適正を期することが特に重要ですので、資本金五億円以上の株式会社は、計算書類について、定時総会前に公認会計士または監査法人の監査を受けるものとし、その会計監査の充実をはかることといたしております。

第二に、中小規模の株式会社は、その実情から見て、ある程度監査に関する負担を軽減する必要があると思われますので、資本金一億円以下の株式会社においては、監査役は会計監査のみ行なうものとし、監査報告書の記載事項は特に法定しない等の措置を講ずることとしております。

最後に、商法の一部を改正する法律等の施行に伴う関係法律の整理等に関する法律案は、商法の一部を改正する法律等の施行に伴い、非訟事件手続法外三十二の関連する諸法律について、改正を要するものの整理等を一括して行なおうとするものです。

以上が商法の一部を改正する法律案、株式会社の監査等に関する商法の特例に関する法律案及び商法の一部を改正する法律等の施行に伴う関係法律の整理等に関する法律案の趣旨です。

何とぞ慎重に御審議の上、すみやかに御可決いただきますようお願い申し上げます。

○中垣委員長　これにて提案理由の説明は終わりました。

引き続き、各案について補足説明を聴取いたします。

○川島政府委員　ただいま大臣から提案理由の御説明のございました三法案につきまして、その内容を御説明申し上げます。

最初に商法の一部を改正する法律案ですが、改正の項目が多岐にわたっておりますので、説明の便宜上事項別に説明をさせていただきたいと思います。

まず第一は、監査役に関する改正です。現行法では、株式会社の監査役は、会計の監査を行なうことをその職務としております。改正案は、それに対しまして、監査役の職務を会計監査を含む業務の監査に拡張するものでして、この点が今回の改正の主眼点の一つとなっております。そのために、まず第二百七十四条を改正し、その第一項において、監査役は取締役の職務の執行を監査するものとし、いわゆる業務監査の職務権限を規定するとともに、同条第二項及び第二百七十五条にも所要の改正を加えることとしております。

またこれに関連して、監査役の権限を強化する必要がありますので、第二百七十四条ノ二、第二百七十四条ノ三、第二百七十五条ノ二から四までの規定を新設して、取締役の監査役に対する緊急事態の報告義務、子会社調査権、取締役の違法行為の差止請求権、監査役の選任及び解任について株主総会で意見を述べる権利、会社と取締役との間の訴訟等について会社を代表する権利などを監査役に認めることにしております。

それからまた、監査役が業務監査を行なうことになりますと、取締役会に出席して意見を述べることを認める必要が生じます。そのため、第二百六十条ノ三及びその他の取締役会に関する規定にも改正を加えることにしております。

さらに、現在は監査役には認められておりませんが、株主総会決議取り消しの訴えなどを提起する権限や、株式会社の整理開始等の申し立てをする権限も、今後は監査役についてこれを認める必要が出てまいります。そこで、第二百四十七条をはじめ、関係規定を改正して、それらの権限を監査役にも与えることとしております。

ところで、監査役の職務が拡張されましても、計算書類の監査が監査役の重要な職務であることには変わりがございません。改正案は、計算書類等の監査が一そう適正に行なわれるため、次のような改正をすることにしております。すなわち、第二百八十一条を改正して、計算書類の付属書類も監査役の監査を受けさせることにするとともに、第二百八十一条ノ二から四までの規定を新設いたしまして、監査役の監査期間を伸長し、同時に、監査報告書の記載事項を法定して、監査が形式に流れることのないように配慮を加えたのであります。

また、第二百八十三条の改正は、定時株主総会における審議の適正をはかるため、その招集の通知には計算書類及び監査報告書の謄本を添付しなければならないこととしております。

なお、監査役の監査期間を伸長したことに伴いまして、第二百二十四条ノ三を改正して、株主名簿の閉鎖期間等を現行の二カ月から三カ月に伸長することにしております。

説明の順序が前後しますが、監査役に適正な監査を行なわせますためには、監査役の地位を安定させる必要がありますので、第二百七十三条の規定を改正いたしまして、監査役の任期は、原則として就任後二年以内の最終の決算期に関する定時株主総会の終結のときまでとしまして、現行の一年を二年に伸長することとしております。

また、他面におきまして、監査役の独立性を保持するために、第二百七十六条を改正しまして、監査役は子会社の取締役や使用人を兼ねることもできないこととしております。

第二は、中間配当の制度です。

改正案は、第二百九十三条ノ五の規定を新設しまして、いわゆる中間配当の制度を認めることにしております。

この制度は、営業年度を一年とする会社が、その年度の中間に、半年決算の場合の配当と同じように、株主に金銭の分配を認めようとするものです。

この規定、すなわち、第二百九十三条ノ五の第一項は、営業年度を一年とする会社は、定款で定めた場合には、一の営業年度中一回に限り、取締役会決議で株主に金銭の分配、いわゆる中間配当をすることができるものとしております。

なお、この金銭の分配は、前期末の貸借対照表の純資産額から、最終の決算期における資本、法定準備金等を差し引いた残額を限度として行なうこと、その期末に配当可能利益が出なくなるおそれのあるときは、金銭を分配してはならないことなどの制限を設けまして、不当な経理が行なわれないように配慮しております。

第三は、累積投票の制度の改正です。

現行商法は、第二百五十六条ノ三及び第二百五十六条ノ四において累積投票の制度を認め、二名以上の取締役を選任する場合には、株主は累積投票の請求ができ、定款で累積投票を排除している場合でも、発行済み株式総数の四分の一以上の株式を有する株主の請求があるときは累積投票によらなければならないこととしております。

改正案は、第二百五十六条ノ三の規定を改め、かつ、第二百五十六条ノ四を削除し、累積投票の制度を採用するかいなかは会社が自主的に定款で定めることができることとしております。

第四は、準備金の資本組み入れによる有償無償の抱き合わせ増資の制度の新設です。

改正案は、第二百八十条ノ九ノ二の規定を新設して、この制度を認めることにしております。

すなわち、その第一項におきまして、準備金を資本に組み入れた会社が、券面額を発行価額として額面株式を発行する場合、株主に新株引受権を与え、かつ、その引受権の譲渡を認めることを条件として、発行価額の一部の払い込みを要しない新株の発行、いわゆる有償無償の抱き合わせ増資を認めることとし、第二項から第五項におきまして、この新株を株主に割り当てるについて生ずる一株未満の端株及び申し込み期日に申し込みを失念した失権株は会社がこれを処分してその一定割合の金銭を株主に支払うべきことを定めております。

これに関連して、第二百八十条ノ二第一項に第九号を加えまして、この抱き合わせ増資による新株の発行を行なうこと及び発行価額中払い込みを要する金額は取締役会において決定しなければならないこととし、また、第二百八十条ノ七を改正して、新株引受人である株主の有償部分の払い込み義務を規定することにしております。

第五は、転換社債発行についてです。

現行法は、会社が転換社債を発行するには、定款または株主総会の特別決議によって転換の条件等を定めなければならないことにしておりますが、改正案は、第三百四十一条ノ二の規定を改正して、原則として取締役会の決議で転換社債を発行することができるように改めることにしております。

もっとも第三百四十一条ノ二第三項におきまして、株主以外の者に、特に有利な転換の条件を付した転換社債を発行するときは、株主総会の特別決議を要することと定め、あるいはまた、第三百四十一条ノ二ノ二から二ノ五までの規定を新設しまして、転換社債の発行に関する株主への通知または公告、株主の転換社債引受権等について新株の発行の場合に準ずる取り扱いを定め、株主の利益の保護も十分に配慮することにしております。

第六は、休眠会社の整理です。

改正案は、第四百六条ノ三の規定を新設して、すでに営業を廃止したものと認められるいわゆる休眠会社を整理する道を開いております。すなわち、第四百六条ノ三の第一項は、過去五年間何らの登記もしていない株式会社は、法務大臣が官報で公告してから二カ月内にまだ営業を廃止していない旨の届け出をしないときは解散したものとみなすことにしております。なお、法務大臣が官報に公告をしたときは、登記所から該当の会社にその旨の通知をすること。解散したとみなされた会社は、三年以内であれば株主総会の特別決議で会社を継続し、復活できることなどを認めることにし、同条の第二項及び第三項にそのことを規定しております。

それから第七は、商業帳簿に関する規定の改正であります。

まず、第三十二条から第三十四条までを全文改めますが、このうち改正の要点だけを申し上げます。

まず三十二条は、第一項において、商人は、会計帳簿、貸借対照表及び損益計算書をつくらなければならないこととし、現行法の財産目録を削除して、新たに損益計算書を加え、第二項において、商業帳簿の作成に関する規定の解釈は、公正な会計慣行をしんしゃくすべきこととしております。

第三十三条は、会計帳簿の記載方法並びに貸借対照表及び損益計算書の作成方法等について定めております。

第三十四条は、流動資産、固定資産及び金銭債権の評価の方法を合理的なものに改めたものであります。

以上のほか、株式会社の計算も若干の改正、すなわち、第二百八十五条ノ六を改正して、親会社の所有する子会社の株式の評価は、現行の低価法を原価法に改める改正を加えることといたしております。

次に、株式会社の監査等に関する商法の特例に関する法律案について御説明を申し上げます。

第一条は、この法律の趣旨を定めたものです。

第二条から第二十一条は、資本の額が五億円以上の株式会社に関する商法の特例を定めたものです。すなわち、資本の額が五億円以上の株式会社は、特にその経理を適正にする必要がありますので、計算書類について、株主総会の前に会計監査人の監査を受けなければならないこととし、このことを第二条において明らかにしております。

第三条から第十一条は、会計監査人に関する規定でして、第三条は、会計監査人の選任について、会計監査人は監査役の過半数の同意を得て取締役会が選任することなどを定めております。

第四条は、会計監査人は会計の監査の専門家であり、公認会計士または監査法人でなければならないこととし、なお、一定の欠格事由を定めております。

第五条は、監査法人が会計監査人となった場合に、その職務を実際に行なうべき社員について定めたものであります。

第六条は、会計監査人の解任について、選任に準じた規定を設けております。

第七条は、会計監査人の権限を定めたものです。会計監査人は、会計に関する帳簿、書類の閲覧権、会社の業務及び財産の状況の調査権、子会社の調査権等を持つことになります。

第八条は、取締役に不正の行為があることを発見したときの会計監査人の監査役に対する報告義務を規定しております。

第九条から第十一条は、会計監査人の責任に関する規定であります。

第十二条は、取締役が、監査役及び会計監査人に提出する計算書類の提出義務及び提出期限について定めたものです。

第十三条及び第十四条は、会計監査人及び監査役の監査報告書について定めたものです。これらの規定によりますと、計算書類及びその付属書類は、まず会計監査人が監査を行ない、そのあとで監査役が監査をすることになっております。

第十五条は、計算書類の付属書類についての会計監査人及び監査役の監査について定めたものです。

第十六条は、会計監査人の監査報告書の備え置きについて、第十七条は、その謄本を定時株主総会の招集の通知に添付することを定めたものです。

第十八条は、会計監査人の定時株主総会における意見の陳述について規定したものです。

第十九条は、本法に特則を設けましたために、商法中適用を排除する規定を定めたものです。

第二十条及び第二十一条は、会社の資本の額が五億円を上下する場合における第二条から第十九条までの規定の適用についての経過措置を定めたものです。

次に、第二十二条から第二十六条は、資本の額が一億円以下の中小規模の株式会社に関する商法の特例を定めたものです。

第二十二条は、資本の額が一億円以下の会社の監査役は、現行法と同じく、会計監査のみを行なうこととし、その権限もそれに必要な範囲に限ることとしております。

第二十三条は、取締役が監査役に計算書類を提出する期限及び監査役が取締役に監査報告書を提出する期限について、商法の特例を定めたものです。

第二十四条は、会社と取締役との間の訴訟につき、会社を代表する者は、現行法と同じく、原則として取締役会が定めることとしたものです。

第二十五条は、中小規模の会社の実情にかんがみ、商法中適用を排除する規定を定めております。

第二十六条及び第二十七条は、会社の資本の額が一億円を上下する場合における第二十二条から第二十五条までの規定の適用についての経過措置を定めたものです。

第二十八条以下は、罰則です。

最後に、商法の一部を改正する法律等の施行に伴う関係法律の整理等に関する法律案について申し上げます。

この法案は、非訟事件手続法外三十二の法律を改正しようとしておりますが、大部分は実質に関係のない改正、すなわち商法の一部を改正する法律案によって予定されております商法の改正が行なわれた場合に、これに伴う形式的な整理です。そこで、実質に関係するもののみを抜き出して御説明申し上げます。

まず第一条は、端株の処理について裁判所の許可を得る場合の所要の手続を定めるため、非訟事件手続法に所要の改正を加えたものです。

第六条は、地方自治法第二百五十二条の十九第一項の指定都市における商号専用権の効力を生ずる区域を定め、または計算書類の付属明細書の記載事項を命令で定めることとするため、商法中改正法律施行法で所要の改正を加えるものです。

第九条は、基金の総額が五億円以上の相互会社について会計監査人の監査を受けなければならないことなどを定めるため、保険業法に所要の改正を加えたものです。

第十三条は、公認会計士等の業務の制限について、公認会計士法に所要の改正を加えようとするものです。

第三十六条は、休眠会社の整理につきまして、所要の登記手続きを定めるため、商業登記法に所要の改正を加えるものです。

以上が三法案の改正の概要です。

○中垣委員長　これにて補足説明は終わりました。

（以下略）

衆議院　法務委員会議録第二十四号

昭和四十八年五月八日(火曜日)

出席委員

委員長　中垣　国男君

理事　大竹　太郎君　理事　小島　徹三君

理事　谷川　和穂君　理事　古屋　亨君

理事　稲葉　誠一君　理事　横山　利秋君

理事　青柳　盛雄君

井出一太郎君　植木庚子郎君

住　栄作君　羽田野忠文君

三池　信君　保岡　興治君

日野　吉夫君　正森　成二君

沖本　泰幸君　山田　太郎君

出席国務大臣

法務大臣　田中伊三次君

出席政府委員

法務省民事局長　川島　一郎君

（ほか略）

本日の会議に付した案件

商法の一部を改正する法律案（内閣提出第一〇二号）

株式会社の監査等に関する商法の特例に関する法律案（内閣提出第一〇三号）

商法の一部を改正する法律等の施行に伴う関係法律の整理等に関する法律案（内閣提出第一〇四号）

○中垣委員長　これより会議を開きます。

（中略）

内閣提出、商法の一部を改正する法律案、株式会社の監査等に対する商法の特例に関する法律案及び商法の一部を改正する法律等の施行に伴う関係法律の整理等に関する法律案、以上三法律案を一括議題といたします。

質疑の申し出がありますので、これを許します。

○大竹委員　まず第一にお尋ねいたしたいのは、今度の改正の一番の重点であります監査役が会計監査のほかに業務監査をするという点でありますが、これを調べてみますと、実は昭和二十五年に商法が改正になり、この規定がそのときに改正になっているようですが、今度の改正はこの改正前の規定に戻るもので、一体昭和二十五年になぜ現行の規定に改正したのか、その当時の事情についてまずお尋ねを申し上げたいと思います。

○川島政府委員　昭和二十五年以前におきましては、監査役は業務監査を行なっておったのですが、昭和二十五年に商法の大改正が行なわれ、その結果、監査役は会計監査のみを行なうように改められたわけです。当時はいわゆるアメリカの占領行政が行なわれており、商法もいろいろ改正すべき問題が起こっておったわけですが、監査役につきましてはアメリカのたてまえと非常に違うものがあったわけでして、アメリカにはわが国におけるような業務一般を監査する監査役がなくて、会計監査の面で特殊な監査が行なわれておる状態です。他方、わが国の実情としても、監査役はあまり業務監査の実効をあげていなかったという事情もございまして、主として当時の司令部のアドバイスにより、会計監査に限定したと聞いております。

○大竹委員　その改正の後、また元に戻るべきだとなりましたのは、昭和四十年の山陽特殊製鋼の粉飾決算が直接の動機といいますか、非常に問題になったと思うのですが、その後最近も粉飾決算が新聞その他で出て問題になりましたが、その後山陽特殊製鋼のような問題が相当出ているわけでしょうか。

○川島政府委員　今回の監査制度の改正の動機は、昭和四十年の山陽特殊製鋼倒産事件です。この倒産に伴い、関連企業が連鎖倒産をする問題が起こりまして、その原因が、一つには会社の粉飾決算にあった点から、株式会社の監査制度を強化、改善すべきであるということで今回の改正に発展したわけですが、粉飾決算の状況はその後も必ずしも少なくない実情です。証券取引法に基づいて上場会社等の会計監査が行なわれておりますが、その関係で判明した粉飾決算の行なわれた会社の数を申し上げますと、昭和四十一年に五十二社、それから四十二年は二社ですが、昭和四十三年に三十二社、昭和四十四年に二十三社、昭和四十五年に四十八社、四十六年に十二社と必ずしも減っておりません。昭和四十五年の河合楽器、芝電気、汽車製造、それから昭和四十六年のヤシカ、ことしに入りまして三共、こういった事件があるわけでして、こういった粉飾決算に対処するためにも、監査制度の改善は現下のきわめて必要な事柄であると思っております。

なお、そのほか最近は、協同飼料の自己株取得、株価操縦が起こっております。それから商社の買い占め、投機といった問題も起こっております。こういった企業の社会的責任が追及される事例が頻発しております事情から見ても、会社自体がその内部において規制をしていく、そして同時に、これによって株主その他の利害関係の保護をはかる必要がありますので、今回の改正となったわけです。

○大竹委員　山陽特殊鋼の粉飾決算が問題になって、改正をしたらどうかという動機になったことは私も承知しているわけですが、現在、買い占め、売り惜しみが問題になって、新たに法律もできようとしているわけです。新しくあの法律ができれば、内部においても監査役の違法行為の差しとめ請求権もあるわけでして、もちろん違法行為は、監査役の差しとめ請求権を待つまでもなく、司直の手が直接そこに及んでこれを防止できると思います。しかし、最近マンモス法人が出まして、この新しい法律ができたゆえんも、どこまでを取り締まっていいかはなかなか限度のある問題です。したがいまして、法律で違法だというのはわりあいに簡単だと思うのですが、たとえば、非常に不適当ではあるけれども、違法とはいわれない行為について、監査役の差しとめ請求権は、これははたして実効があるかどうか、非常に疑問を持っているわけです。法人のこれらの行為に対して、国としてどう考えるべきであるか、お聞きしたいと思います。

○田中(伊)国務大臣　具体的な場合に当面をいたしますと、たいへんむずかしい問題であろうと思いますが、今度の改正案におきましては、監査役に新しい権限を与え、その地位を強化しております。こういう内容の地位で、強化された権限を使っていくことはなかなかむずかしい問題でありますが、監査役に人を得るならば、与えられた権能に基づいてどんどん仕事をやれる。それは買い占めも売り惜しみも断固遮断ができる。不法行為を差しとめすることは当然です。差しとめに応じなければ、裁判所に仮処分申請もできる。非常に強力な権限を与えておるので、人を得ることに各企業は全力をあげてもらいたい。人を得ることができるならば、御心配の事柄はりっぱにさばいていくことはできる、私たちはこれを心より期待をしておるのです。

○大竹委員　昭和二十五年の改正はアメリカの示唆によって、アメリカの法律にならって改正したということですが、監査役に会計監査のほかに業務監査をさせる制度をとっている国は、先進国では一体どこなのですか。

○川島政府委員　監査役制度は、国によって違っておりますけれども、比較的監査役に強大な権限を持たして、そして業務一般を監査させているのは西ドイツであろうと思います。西ドイツは、監査役が中心となって取締役の業務執行を全般的に監督している。この制度に今回の改正は比較的近いところをねらっておると言えようかと思います。

○大竹委員　いままでの商法の改正、ことに会社に関する条文の改正のときはいつも問題になるわけですが、新日鉄のようなマンモス的な会社と、八百屋さん、肉屋さんのような主人が社長で、奥さんが何で、むすこが何だという三十万か五十万の会社と同じ規定でやるのはおかしいじゃないか。また現に取締役に関する規定あるいは株主総会に関する規定、現在まだ手がつけられないいろいろな規定がございますが、そういう小さい会社はほとんど商法の規定によって行なわれておりません。そういうようなところから見ますと、規定全体を洗い直して、規定その他を整理するべきでないかといつも問題になるわけですが、大臣としてこれについてお考えはございませんか。

○田中(伊)国務大臣 今度の改正は一億以下、それから一億以上五億以下、五億以上にこれを分けまして、そして実施段階も三段に分けて実施をしていこうという考え方ですが、厳格に考えますと、どうも一億以下のものの中にも、一億超五億以下の中にも、五億超の中にもそれぞれ大きさにいろいろある、会社の内容も一律でない。人一人一人違うごとくに、会社一つ一つがその内容、機能も変わっておるものを一律にこの改正案で処理をしていくことはいかがかという懸念がなるほどお説のごとくございます。ございますが、法律制度で立法的措置をしていくことになりますと、この程度の段階を設けていく以外に道はなかろうという考え方でして、その施行に際していま御注意いただきました事柄は十分留意させていきたい、こう考えるわけです。

○大竹委員 私の申し上げるのは、三段階に分けたことも、これはやむを得ない処置だと思うわけですが、こういうことを機会に法務省として相当お考えにならなければならぬ問題があるんじゃないかと思いますので、お尋ねしたわけです。

○田中(伊)国務大臣 今回の改正は、検討しなければならぬ非常に重要な項目が、いろいろございます。その中で一番大事な監査制度をいかに取り扱うべきかをねらいに置きまして、改正をもくろんでおるわけです。これが改正できましたならば、続いて、取締役会の運営を思い切った大改正を行なわなければならぬことになろうかと思います。続いて行なわなければなりません点は、株主総会です。これが最も重要ですが、株主総会の機能、運営をめぐりまして、重要な抜本的改正も行なわなければならぬ。これらの改正を合わせまして初めて商法の抜本的改正が完成すると考えておるのです。第二、第三の段階における改正の目標は、まだこの段階ではお耳に達する状態にまで行っておりませんが、その観点に立ちまして今回の改正は全体的な抜本改正の一環である、こういうふうにおくみ取りをいただきたいのです。

○大竹委員 この商法改正案が提出されるまで、法制審議会、また各種の団体にもいろいろ御意見を求められたようにお聞きをしております。それらの経過について御説明をいただきたいと思います。

○川島政府委員 法制審議会の商法部会におきまして、まずこの問題を取り上げたわけですが、これが昭和四十一年の十一月です。このきっかけは、山陽特殊鋼の倒産が一つのきっかけでして、昭和四十一年十一月に商法部会で株式会社の監査制度改正の審議を開始したわけです。そして四十二年五月、商法部会は監査制度に関する問題点を発表いたしました。これは経済界などの意見を聞くことが目的であったわけですが、A、Bという二つの部分に分かれており、A案は監査役には会計監査だけを行なわせ、業務監査は取締役会が行なうことにして、それぞれの監査機能を強化する。そのためにはどういう問題があるかを列挙したものです。それから、B案は、監査役に会計監査を含む業務監査を行なわせる場合の問題点。監査機能を強化していくためにはどうしたらいいかという問題点を列挙したものです。この問題点に対し大体の意見としては、B案のほうがよかろうということでした。

そこで、四十三年一月、商法部会はB案に沿って審議を進めることを決定して、同年九月にそれまで大体話に出たところをまとめて、株式会社監査制度改正に関する民事局参事官室試案で一応の中間の結論を発表しました。これに対して経済団体、大学、そのほか弁護士会とかに意見照会をしたわけです。この照会に対して寄せられた意見は、裁判所関係が六、大学関係十二、各種経済団体等四十七。この経済団体等の中には公認会計士の団体、税理士の団体も含まれておるわけですが、結論としては、基本的な考え方としては試案に賛成である。ただ個々の点ではいろいろ修正してほしいという意見が述べられたわけです。

そこで、その寄せられました修正意見をある程度検討し、取り入れまして、昭和四十四年の七月に商法部会で株式会社監査制度改正要綱案を決定しました。そして四十五年三月に若干の追加をしまして、法制審議会の総会にかけました。四十五年三月に法制審議会で要綱を決定した後、監査制度以外の部分につきまして一年間商法部会で審議をしまして、累積投票関係その他四項目の追加をしたわけですが、これも四十六年三月に法制審議会で決定しました。この四十五年と四十六年に法制審議会で決定した要綱に基づいて今回の法律案を作成した、こういう経緯になっておるわけです。

○大竹委員 法制審議会の答申があったわけですが、現在出しておられる改正案と法制審議会の答申と相当異なっているように思うわけですが、それらについて御説明をいただきたい。

○川島政府委員 変わっておる点を申し上げたいと思います。

その第一は、監査役制度に関する部分です。監査役に業務監査を行なわせて、新しい権限を与えるという基本線は、法制審議会の要綱も今回の改正案も同様ですが、法制審議会の要綱にあるけれども、今回の改正案には規定しなかったものが若干ございます。それは監査役の権限として、要綱案では監査役に取締役の解任を目的とする株主総会招集請求権を認めておりまして、代表取締役が違法行為をした場合に、監査役は取締役会を招集することができる、こういう取締役会招集権も認めておったわけです。それから、取締役は三カ月に一回定期的に業務の状況等を監査役に報告しなければならないという取締役の監査役に対する報告義務を規定しておりました。そのほか、答申要綱におきましては、監査役の責任を明確にするために責任規定の改正を行なうとか、あるいは監査役の報酬に関する規定、あるいは監査役がその事務処理に要する費用について規定するなど、若干のものを規定しておったわけですが、改正案におきましては、これらの点は全部削除したわけです。これはどういうわけで削除したのかと申しますと、理論的な立場と実際的な立場の相違と申しますか、法制審議会で答申いたしました要綱は、監査役になるべく強力な権限を与えて、そして監査機能を非常に強くしていくことがあったわけですが、一時にあまり強くいたしますと、株式会社の円滑な運営を阻害するのではないか、こういった実際界からの憂慮もございまして、業務監査をするにしても、特に必要だと思われる権限だけを残しましてそれ以上必ずしも監査役に与えなくても業務監査の遂行に支障はなかろうと思われる点を削除したわけです。

そのほか、改正要綱では、監査役の任期を現在は一年ですが、これを三年に延ばすことにしておりまして、これに対して改正案は二年に伸長することにとどめております。これも実際界で、一挙に三年に伸長することは実務の運用からいってやりにくい面が出てくるという御批判がありましたので、その点を考慮したものです。

それから第二の改正点ですが、法制審議会の要綱では会計監査人の監査制度を導入しており、その対象となる会社を資本金一億円以上のものに限るとしております。これに対しまして、改正案は資本金五億円以上に引き上げております。このように変更しましたのは、一億円以上の会社というのは現在一万以上あるわけですが、これを会計監査人に監査させた場合、会計監査人となる者は公認会計士あるいは監査法人ですが、公認会計士は四千六百人程度、監査法人は三十程度ですので、実際にそれだけの会社がやれるかわからないといった問題もあったわけです。資本金五億円以上の会社は二千七百七十社でして、こういう数でありますれば、その数で足りるであろうという点を配慮いたしたわけです。

それから第三点の修正部分としては、要綱案では特に規定がございませんでしたけれども、改正案におきましては中小会社の特例としまして、資本の額が一億円以下の株式会社は、監査役は会計監査だけを行なうという特例を設けたわけです。この点は、何と申しましても監査制度を強化する必要があるのは大会社である、中小会社はあまりその必要が強くない。かりに倒産したような場合も、社会的影響はだいぶ違うわけです。それから、中小会社はあまり監査のための労力、費用を要求すると、経営がしにくくなることもございますので、このような点を考慮しまして、中小会社は監査役は会計監査のみを行なう形にしたわけです。

○大竹委員　監査役の任期は、今度の改正案は取締役と同じく二年になっております。しかし今度の改正からいたしますと、監査役に取締役のやることも監督する強い権限を与えているわけです。しかし、この実情から考えてみますと、監査役選任の何といいますか、総会に出ます原案は、取締役会がつくるのが現在の通常のあり方です。そういうところから見ますと、監査役に対して相当安定した地位を与えることが私は必要ではないかと思う。ことに業務監査の実をあげる上から見て、任期は三年のほうが妥当なのではないか。

○川島政府委員　法制審議会でも監査役の任期を三年に伸長するということにしておったわけです。しかしながら、この点は実務とのかね合いの問題もございまして、現実にどういう人を監査役に持ってくるか、それから会社の人事運営の問題、そういうものとかかわり合いもございますので、実際界といたしましては非常に強く、この点は二年に下げてほしいということを要望したわけです。

現在一年ですので、これを一挙に三年とした場合に、実際界が危惧しております人事面で不都合が生じましてはかえっておもしろくないのではないか。先ほど大臣がお答えになりましたように、監査役の制度は会社の基本的な組織の一つですが、この問題と取締役、株主総会、そういった他の機関との関係につきましては、十分検討すべき問題があろうと思います。今回は監査役の改正が主ですけれども、今後商法部会におきまして取締役、株主総会の問題も検討を進めていく考えですので、その際に今後の運用を見ながら、どのようにしたらいいかを審議されていくことになろうかと思います。

○大竹委員　監査役は総会において選任、解任について意見を述べることができるという規定がございます。普通の会議では、自分の一身上に関係したことに関しては投票権を認めないとか、意見を申し述べさせないというのが普通ですが、自分が選任あるいは解任されることについて、自分自身についても意見を述べることができるのだろうと思います。これはどういう趣旨の規定か。その効果はどういうところをねらっていられるのですか。

○川島政府委員　改正案は二百七十五条ノ三という規定を新設しまして、監査役の選任、解任は、監査役が株主総会で意見を述べることができることにしております。これは監査役の地位の安定あるいは独立性の強化をねらったものでして、監査役が適正な監査を行なうためにはその地位を強化する必要がある、ことに監査役のやり方が気に食わないということで解任される場合には、監査役に十分意見を述べる機会を与えて、その地位の保障に役立たせるという趣旨です。これが実際上どのように利用されるかはこれからの問題ですけれども、こういう規定が置かれることによっても取締役に対する監査役の地位の独立性が強まる効果はあろうかと思うわけです。

○大竹委員　監査役に子会社の取締役の兼任を禁止している規定がございます。それなら反対に、ここで規定していない、子会社の監査役が親会社の取締役の兼任はできるのかという問題が出てくるのじゃないかと私は思うのです。その点はどうですか。

○川島政府委員　現行法は二百七十六条におきまして、監査役は自分の会社の取締役あるいは使用人と兼ねてはいけないという規定があるわけですが、その規定の趣旨は、監査をする立場と監査をされる立場を峻別しまして監査の適正をはかる、特に監査役が取締役に従属するような立場に立ってはまずいことからこういう規定が置かれておるわけです。今回の改正は、監査役は子会社の取締役、使用人とも兼ねてはいけないことにしておるわけですが、これは子会社の取締役とか使用人も親会社の支配を受けやすい、ということは、親会社の取締役の支配を受けやすい。そういう意味におきまして現行法とも同じ趣旨であるわけです。ところが子会社の監査役が親会社の取締役あるいは使用人と兼ねるという場合を考えてみますと、親会社そのものは子会社の支配を受けるという関係にはございませんので、子会社あるいは親会社の取締役からの干渉を受けるという弊害は比較的少ないのではないか、こういう考えに基づくものでございます。

○大竹委員　監査役が取締役の業務の監査もするということですから、どこまでも取締役から独立をし、見識その他においては取締役以上の見識を持っている人が必要だということになろうかと思うわけです。ただ現状、監査役の選任のやり方は、だれを監査役にするかという原案を取締役会においてきめまして、それを総会に出して、そのとおり総会で認めてもらうというのが現行のやり方であります。そういたしますと、監査役は取締役にとかく迎合しがちになる。何とか監査役の選任そのものから取締役にあまり左右されない方法が考えられないものか、何かお考えになったか。

○川島政府委員　監査役は監査を行なうのが職務でして、業務を行なう権限はないわけです。したがいまして、株主総会で監査役を選任するその原案は取締役がつくるわけですが、これは権限の分配から申しましてやむを得ないことであろうと思います。ただそういった議案を取締役会できめます場合に、監査役は取締役会に出席しておりまして意見を述べることができるわけです。また、監査役の選任について監査役に意見があるという場合には、株主総会において自分の意見を述べることもできることになっております。そういう方法で監査役の選任が適正に行なわれるように配慮しておることが言えようかと思います。

○大竹委員　監査役は業務監査ができるわけですから、ある場合においては取締役の行為の差しとめ請求もできる、ある場合には取締役の業務執行に、悪く言えば干渉をする。業務執行が円滑にいかない。またよく問題になります、会社の中の派閥は取締役の間にいままではとかく行なわれがちであったものを、今度は一枚監査役まで加わってますます会社の内部の業務の運営が円滑にいかないことにならないか。

○川島政府委員　それに関連いたしまして監査役の業務監査権は、違法な行為だけをチェックするのか、あるいは妥当性にまで及ぶのか、こういった問題でございます。この点につきまして、二百七十四条は、監査役は取締役の職務執行を監査するというふうに何でも監査できるような表現をいたしております。しかしながら監査の性格から考えますと、当然そこにはある程度の限度がなくてはならないわけです。

　こまかく見てまいりますと、二百七十五条には監査役が株主総会にこういう事項は報告する義務があると規定しておりますが、それは業務の遂行が法令または定款に違反し、著しく不当な場合と限定してございます。それから二百七十五条ノ二で定めております差しとめ請求も取締役の違法行為に限っております。また、二百八十一条ノ三、監査役が監査報告書を作成いたしますその記載事項も、同様に法令違反に限定しております。

こういう点から申しまして、監査役の監査は業務全般を監査するものですけれども、その監査権の範囲は法令違反あるいは定款違反またはこれと同視し得る程度の著しく妥当でない行為に限られるというのが今回の案の考え方でして、著しく妥当でない行為とは、取締役が会社に忠実義務を負っておりますので、それに違反したような場合になりまして、結局監査役の監査の範囲は法令違反を主体とするものであると考えます。監査役に業務監査を行なわせます以上はこの程度の範囲はどうしても認めざるを得ないわけでして、またその限度でありますれば取締役がチェックされてもやむを得ないし、また妥当性の点にまでいかないという点で、会社の業務の円滑な遂行が阻害されるとかあるいは監査役の権限が強大になって取締役に干渉をし過ぎるという問題も起こらないであろう、こういうふうに考えておるわけです。

○大竹委員　もちろん定款違反あるいは法律違反行為は当然差しとめもできるでありましょうし、場合によっては司直の手によって差しとめることも私はできると思うわけですが、違法ではないけれども、最近非常に問題になっておりますいわゆる会社の社会的責任に関する行為が一体どう処置できるのか。もちろんそういうものを監査役の力だけでやろうとする構成そのものが私は妥当だとは思わないわけでして、その行為をやる取締役自身の責任とか自覚とかがなお大事になってくるわけですけれども、今度の改正によって監査役のそれらに対するいわゆるねらいというものが一体どこらにあるかということをもう少し考えていかなければならぬのじゃないかというふうに思うわけであります。

○川島政府委員　企業の社会的責任が問題となるような事項について監査役が業務監査権を発動することができるかという問題ですが、企業の社会的責任が問題となる場合は、多くの場合違法行為、違法性があることがいえるだろうと思います。したがって法令違反行為でチェックできると思います。

それから違法とはいえないけれども妥当でない事項も、監査役は取締役会に出席して意見を述べることができるので、そういう席でそういう点を指摘することは、当然監査役としてなすべきことであろうと考えております。

○大竹委員　そこで問題になるわけでありますが、監査役は取締役会に出席して、意見を述べることができるわけですが、議決権があるのですかないのですか。

○川島政府委員　監査役は取締役会における議決権はございません。取締役会の議決権は、現行商法二百六十条ノ二に、取締役の意見の過半数できめることになっております。この規定は改正しておりません。したがって監査役に議決権はないわけです。監査役が取締役会に出席して意見を述べることができることにした趣旨は、監査役は業務監査を行なうものですから、業務の行なわれる状況を常に知っておく必要があるということが第一。それから第二には、その取締役会において法令とか定款に違反するような決議がされる場合には、これを事前に意見を述べて阻止する機会を与えるためでして、議決権は機関の権限の問題として監査役には与えられておりません。

○大竹委員　取締役の違法行為に対して差しとめ請求権が与えられているわけですが、一体この差しとめ請求権はどのような形で具体的に行使できるのか。意見を述べたけれどもそれが無視されて取締役会が決議をした場合一体どうなるのか。また、無視された取締役会決議に基づく行為は、その会社においてそれは有効に認められるのかどうか。

○川島政府委員　まず差しとめ請求権の行使の方法ですが、これは裁判外でも裁判上でもいずれでもよいわけです。ただ裁判外ですと、口頭で申しましても相手が言うことを聞かない場合、どうにもなりませんので、そういう場合は裁判上の手段でとめることになるわけです。その場合には差しとめの本訴を提起するという方法があるわけですが、緊急の場合にはこれは間に合いません。したがいまして本訴を起こすことを前提とした仮処分命令を申請して、それに基づいて差しとめをするということになろうと思います。この仮処分命令が出された場合に、なおかつそれに違反した行為がどういう効力を持つかは、これはその行為の態様にもよりますし、また仮処分命令の内容がどういう内容の仮処分命令を出してもらうかということによっても違うわけでして、一がいに言えないと思います。現行商法二百七十二条に株主の差しとめ請求権の規定がございますが、これと同様でして、たとえば取締役が一定の行為をして財産を第三者に移転する場合は、その財産をかりに押えてしまう、あるいは処分禁止の仮処分を求める場合には、会社に対する関係ではそれに違反した行為の効力は認められないことになる、このように考えております。

○大竹委員　監査役には新株発行無効の訴え、その他各種の権限が与えられているわけですが、これらについて簡単に御説明願いたいと思います。

○川島政府委員　監査役に認められております訴え提起の権限として、まず株主総会決議取り消しの訴え、これは二百四十七条等の改正によって監査役にも認めることになっております。それから新株発行無効の訴え、これは二百八十条ノ十五の二項ですが、これも今回監査役にこの訴えの提起権を認めることにしております。それから資本減少無効の訴え、三百八十条の二項。合併無効の訴え、四百十五条。設立無効の訴え、四百二十八条。こういった訴えの提起権を監査役に認めることにしております。こうしましたのは、それらの訴えはいずれも違法な場合に、その無効なり取り消しを求めるという趣旨ですので、取締役の業務執行を是正するという意味があるわけです。監査役に業務監査権を認めたことに伴いまして、こういった訴えの提起権を認めることも必要であろうという趣旨からこのようにしたものです。

○横山委員　二百七十五条ノ二、「取締役ガ会社ノ目的ノ範囲内ニ在ラザル行為其ノ他法令又ハ定款ニ違反スル行為ヲ為シ之ニ因リ会社ニ著シキ損害ヲ生ズル虞アル場合ニ於テハ監査役ハ取締役ニ対シ其ノ行為ヲ止ムベキコトヲ請求スルコトヲ得」、新設条文ですが、いまの大竹委員の質問に対して答弁がはっきりしないと思います。

そこでお伺いしたいのは、「会社ノ目的」とは一体何であるか。定款でなくて目的と書いてある意味は一体何であるか。目的と定款とは何が違うか。それからもし目的であるとするならば、きわめて抽象的なものであるが、これは定款以外のことでも目的ならよろしいか。

次の質問は、この条文はてんがないのでありますが、「之ニ因リ会社ニ著シキ損害ヲ生ズル虞アル場合」と受けておるのだが、その「之ニ因リ」というのは前の二段「会社ノ目的ノ範囲内ニ在ラザル行為其ノ他法令又ハ定款ニ違反スル行為」と二つにかかるのであるのかどうか。かかるとするならば「著シキ損害ヲ生ズル虞アル場合」のみに限られるものであるかどうか。もうけた場合にはいいけれども、損した場合はいかぬ、こういうことであるかどうか。

その次の質問は、「著シキ」とは一体何か。「著シキ」という範囲内は監査役が自主的判断をして大きな会社なら大きな会社、小さな会社なら小さな会社で監査役がおれは著しいと思ったと言えばそれでいいのかどうか。

その次は、定款の範囲内か目的の範囲内かわからぬが、具体的事例を言いますと、売り惜しみ、買いだめはまだ法律ができておらぬものですから、売り惜しみ、買いだめ、これは二百七十五条二の違反になるかどうか。

定款に土地の売買がないのに土地を継続的に売買することは二百七十五条ノ二に該当するのかどうかという諸点について御説明を願いたい。

○川島政府委員　まず、会社の目的とは何かですが、会社の目的は定款に記載されることになっております。登記もされております。その目的をさすわけでして、それ以外の意味ではございません。

それから「之ニ因リ」というのが全体にかかるかですが、これは最初から全部かかるという解釈です。

それから「著シキ損害」、この「著シキ」という意味ですが、会社の規模により、状況により異なるものであろうと思います。監査役が著しいと判断しても客観的に著しくないという場合があるとすれば、その場合にはここにいう「著シキ」には入らない、こういうことです。

売り惜しみ、買いだめが違法な行為に当たるかどうかですが、これはどの程度の行為が違法性を持つか関連しますので、必ずしも一がいにはお答えしにくいわけですが、ただあまり大きな行為になりますと、会社の信用にかかわってまいりますために、その行為が違法性を持つと同時に、会社に著しい信用毀損を与えることになろうと思います。

それから土地の売買の問題ですが、これは会社の目的の中に土地の売買がございませんでも、目的の範囲内の行為と認められる場合には、それを理由として差しとめ請求はできない、このように考えます。

もうけた場合、そのことだけをいいますと損害にはなっておりませんが、先ほど申しましたように、会社の信用がそれによりそこなわれるという場合ですと、著しき損害を生ずる場合、これに該当すると思います。

○横山委員　いまの話でありますが、「之ニ因リ会社ニ著シキ損害ヲ生ズル虞アル場合」に限られておるわけですね。もうけた場合には、会社の目的の範囲内であっても、法令または定款に違反する場合であっても監査役はその行為の差しとめをできない。しかしあなたに言わせれば、それは違法性の場合はそれは当然だけれども、定款に違反しても、会社の目的の範囲外であってももうけた場合はいいよ、こういうことなんです。あなたは、信用にかかわるようなことはやってはいかぬと言われる。それは二百七十五条ノ二のどこに書いてあるんですか、会社の信用にかかわる場合においては差しとめ請求ができると。一体信用とは何だ。新聞で騒いだから信用が傷ついたのか。そういう抽象的なことでは、監査役が差しとめ請求する場合、その権限内であるか外であるか、裁判になりますよ、会社と監査役で。そういう点はもう少しはっきりした言い方をしておかぬとだめじゃないですか。

〇川島政府委員　まず、著しき損害を生ずる場合というのはもうけた場合は含まれないであろうという趣旨の御質問にとれたわけですが、損害とは必ずしも現実に金銭がふえるか減るかだけではなくて、会社の信用に傷がつく場合も会社としては損害です。したがいまして、会社が不当な行為をして、みずからの信用を傷つける場合は、会社に著しき損害を生ずる場合に該当すると申し上げておるわけです。

　それから売り惜しみ、買いだめその他の行為が法令に違反する行為であるかどうかをもう少し詳しく申し上げますと、取締役は商法二百五十四条ノ二の規定によりまして会社に対して忠実義務を負っておるわけです。これは会社の信用が毀損されるような行為をしてはならないという意味も含まれておるわけですので、社会的に問題となるような売り惜しみ、買いだめなどの行為をして、そして会社の信用が傷つけられる場合はまさにこの二百七十五条ノ二の規定によって差しとめ請求ができるわけです。

〇大竹委員　次に、今度の新しい規定ですが、監査役には子会社の調査権も認めておるわけですが、まあ、これは親会社として子会社の業績いかんは非常に利害関係があることですから、ある程度わからぬわけではありませんけれども、こういうことになりますと、子会社の独立の法人格が、簡単にいえば無視されることになるのではないかと考えるのですが、その点についてどうお考えになりますか。

〇川島政府委員　改正案二百七十四条ノ三で規定しております子会社調査権ですが、これは、親会社は子会社を支配している立場にありますので、子会社を利用して粉飾決算等を行なうことが起こりやすいわけです。したがって親会社の監査に必要な限度で子会社の調査を行なうという趣旨でして、子会社を監査することが目的ではございません。したがいまして、この調査の内容、方法等も、特定の事項について監査役がまず子会社に報告を求め、その報告がないとか、あるいはその報告が非常に疑わしい場合に限って、子会社についてみずから調査をすることができる、こういうふうにしておるのでして、子会社自身を調査するという趣旨のものではございませんので、子会社の人格を無視することは起こり得ないと考えております。

〇大竹委員　親会社の不当、不正な行為が子会社を通じて行なわれ得ることも考えられるわけですから、調査する必要もあると思うのですが、子会社を認めた以上、また親会社の成績は子会社の成績もあわせて見て初めてわかるのだという意味において親会社と子会社を一本にした連結決算制度を採用する必要があり、アメリカでは現にそれをやっている、日本でもその方向に進むべきだという意見が出ているわけですが、それについてどうお考えになりますか。

〇川島政府委員　お尋ねのような御意見があることは事実です。その点は、今回の商法改正ではいずれとも結論を出しておりませんので、大蔵省あたりでお考えいただく必要のある問題かと思います。現に大蔵省でこの点について検討されていると承っております。

〇大竹委員　中間配当の問題ですが、規定によりますと、株主総会の決議によらず、取締役会決議だけで中間配当ができることになっておるわけですが、いわゆる監査制度を強化して会計その他の粉飾をなくそう、こう考えている趣旨からいたしますと、株主総会を経ずして取締役会だけで中間配当を認めることは、監査制度を強化したことと逆行的なものの考え方でないか、その点についてのお考えをお聞きしておきたいと思います。

〇川島政府委員　現在大多数の会社は、営業年度を六カ月として、年二回決算を行なうことにしております。ところがそのために、会社の業種などにより、上期と下期と季節によって売り上げが違うことから、利益が不平均であるために、経理操作が行なわれやすいという欠点が指摘されておるわけです。それから半年決算としますと、決算の監査とか、株主総会の招集とか、いろいろな事務がふえまして、余分な費用や労力が必要になる、こういった事情もあるわけです。したがいまして、これを一年決算に改めることは、経理の健全化をはかるという意味から申しましても、また余分な費用や労力を省くという意味から申しましても、きわめて望ましいことであるわけです。ところが、現在大部分の会社が年二回決算、したがって年二回配当を行なっておりまして、現在の株価もそれを前提としてつくられておりますし、株主もそれを期待しておるわけです。したがって、年一回の決算に移行しますためには、どうしても中間で配当をすることを認める必要があるということでこの制度が考案されたわけです。そこで、そういうふうにいたしますと、中間配当は株主総会の決議を要しない、取締役会の決議だけでできることになりますので、経理がルーズになる心配があるわけです。

　そこで今度の改正案は、法律で非常に厳格なワクを設けておりまして、その要件に従ってのみ中間配当ができることにしておるわけです。

　その要件ですが、まず中間配当による金銭の分配を行なうにつきましては、その金額の限度を設けております。この限度は、前期末の決算までに関する株主総会で決定された利益の残りを限度とする。つまり当期の事業年度の中間までの利益には手を触れない。こういう形で限度を設けておるわけです。

それから第二に、前期末のそういう利益が残されている場合も、当期の期末に本来の配当が行なえなくなると思われるような事情があるときは、中間配当を行なってはならないことにしまして、これに違反した取締役には特に厳格な賠償責任を負わせる手当てをしておるわけです。

そのほか、取締役会には監査役が出席しますし、定款で中間配当を認めた場合に限るといった要件もございまして、この要件に従ってされる限り中間配当が不当な経理の原因となることはまずないと思われるわけで、以上の趣旨から中間配当を認めたということです。

○大竹委員　不当な中間配当をした場合には、取締役の連帯責任の条項もあるようですが、債権者の配当されたものの返還請求権というのが認められておりますが、これはなるほど理屈はもっともですが、何万人もの株主のある会社もあるわけですから、それらについて返還請求権を認めても、実際上行使できないものではないか。

○川島政府委員　その点は仰せのように、実際に返還させることについては相当な困難があろうと思われます。しかしながら、現行法は本来の配当、つまり利益の配当につきまして二百九十条の第二項で同趣旨の規定を置いております。中間配当も本来の配当と同じような性格のものですので、それとの均衡をとって、こういう規定を設けたということです。

○大竹委員　五億円以上と一億円以下と三段階になっているのですが、債権者の保護の問題あるいは株主保護の問題等々考えての区分だと思うわけですが、私は株主あるいは債権者等々を考えました場合に、資本金で区分するやり方は必ずしも妥当でない気もするわけですが、これらについて何かお考えになったことはありますか。

○川島政府委員　資本金以外のもので区別するとしますと、何を標準にするかという問題が出てくるわけです。考えられるのは株主の数あるいは従業員の数になろうかと思います。ところが、株主は常時変動しておりますし、従業員の数も人為的に変動が行なわれるわけです。したがって従業員や株主の数が変動することによって適用の法規が変わることにしますと、経営が安定して行なわれないのではないか、そういう心配もございます。資本金の場合には、資本金を増減いたします場合にはかなり厳格な手続が必要でして、一たんふえたものがまた下がるとか、そういった変動はほとんどないわけです。したがいまして、資本金で区切るのが一番安定性があると考えたことが一つです。

それから資本金を基準にしますと、実質的にも大体妥当な結果が得られるのではなかろうか。普通の会社は、資本金の額によって取引の額が違うわけではございませんけれども、資本の大きな会社は取引高も大きい。関係者もふえるのが通常ですので、そういう意味から申しまして、資本金の大きいものはそれに応じた措置をとるということは必ずしも不適当ではないのではないか、このように考えたわけでございます。

○大竹委員　五億円以上の会社になりますと監査役と会計監査人が重複することになると思うのですが、その点はどうですか。

○川島政府委員　確かに一面では重複することになります。しかしながら、大会社に会計監査人の監査を導入することは、大会社の経理内容が非常に複雑である。特にまた大会社は厳格な監査を行なう必要があるという理由によるものでして、そういう意味で会計監査の面におきましては、大会社の場合は会計監査人の会計監査が中心になると思われます。外国の制度などを見ましても、そういった重複が見られるわけでして、内部の機関だけではなく、外部の専門家に監査を行なわして公正な経理をすることは、多少の重複という問題はありましても、やはり必要なことではなかろうかと考えるわけです。

○大竹委員　私は会計監査人と監査役の二重を申し上げましたが、証券取引法によりますと、公認会計士の監査もありますから、そういう面から見ますと三重になるかと思いますが、それらについてはどうですか。

○川島政府委員　監査役と会計監査人の監査は、ただいま申し上げたような趣旨でやむを得ないと思うわけですが、仰せのとおり証券取引法の監査を受ける会社は、同時に商法上も会計監査人の監査を受けるという問題が出てくるわけです。この点は、同一の決算を対象とした監査を行なうわけですので、その重複を避けるために同一の基準で監査を行なう。そうすれば、その監査の結果を一方は株主総会に提出する、他方は大蔵大臣に提出するという違いはございましても、実質的な重複は避けられるのではなかろうか、このように考えております。したがって、現在では証券取引法の監査とそれから商法の規定による監査と基準が必ずしも一致しているとは申せませんけれども、今回の改正法におきましてはその点の基準を合致させることも考えておりますので、これによって重複の問題も解決できるのではないだろうか、このように思っております。

○大竹委員　日本税理士連合会は今回の商法の改正について強い反対を続けているわけでして、特に、会計監査人制度を商法の特例法に導入することは、税理士の職域を不当に侵害するという反対理由がそのおもなるものですが、これについてのお考えをお伺いいたしておきます。

○川島政府委員　日本税理士連合会におきましては、お尋ねのような反対意見を表明しております。すなわち、公認会計士は税理士業務を行なうことができるから、会計監査人となる公認会計士が税理士の職域を侵すことになるのではないか、こういう主張をしておるわけでございます。しかしながら、公認会計士は現行の証券取引法によっても監査を行なっておりまして、その監査を行なっている会社について、同時に税務業務を行なうことはできないことになっております。それと同じように、今回商法のもとで会計監査人の監査を公認会計士に行なわせることにいたした場合、公認会計士につきまして業務制限事由を公認会計士法のほうで定めることを考えておるわけでして、要するに、同じ会社について監査を行なう公認会計士が、同時にその会社の税務業務を行なうことはできないたてまえになるわけです。したがって、税理士のいうような、公認会計士によって税理士の職域が侵害されるという問題は起こってこないものと考えております。むしろ商法監査が適用されることとなる会社には、公認会計士が税務業務を行なうことができなくなるわけですから、その分だけ税理士の職域が広がるといっても差しつかえないのではないか、このようにさえ思うわけです。

　それから改正案は、公認会計士の監査を行なう会社を資本金五億円以上と限定しております。五億円以上の会社は、現在株式会社百一万余りございますが、そのうちの〇・一二％余りで、約一千七百七十社にすぎないという実情です。したがって、かりに公認会計士が入った会社について税理士の仕事が奪われることになったとしても、それはほとんど影響がないのではないか。税理士会のいうような心配は全くないというふうに考えております。

○大竹委員　いままでもある程度の制限があったわけですが、さらにこれを強められて改正される理由は何ですか。

○川島政府委員　累積投票の制度は、これを強めると申しますよりも、むしろ弱める改正になろうかと思います。御承知のように、この制度は昭和二十五年、占領時代の商法改正によって、アメリカの一部の州法の規定にならって取り入れられたものです。当時から、わが国の実情に合わないのではないか、こういう批判もあったわけでして、その後の実績を見ても、ほとんど行なわれた例がない状況です。

　それに加えまして、累積投票制度は、本来、少数株主がまとまって累積投票権を行使した場合に、初めて意味のある制度ですが、わが国の実情は、株主が非常に分散しておりまして、少数株主がまとまって一つの行為をすることはあまり考えられない状態です。こういうところに、たとえば外資が入ってきて、外国の資本のほうがまとまってその権利を行使した場合に、かえって国内会社の業務運営が混乱するのではないか、こういった心配もありまして、実際界から、もう少しこの制度について何とか考えてくれ、こういう要望もあるわけです。そこで今回の改正におきましては、累積投票の制度を定款でもって禁止した場合に、この制度は使えないことにしようというものでして、累積投票制度を採用するかしないかは、会社の自治にまかせることにしたわけです。そういう趣旨でして、実際界の要望それから実情などを考えますと、今回の改正はこの辺が妥当なところではなかろうかというふうに思うわけでございます。

○大竹委員　いままで累積投票が行なわれた事例は相当あるのでありますか。

○川島政府委員　きわめて少ないようです。少し前ですが、上場会社五百二十七社それから資本金一千万円以上の非上場会社六百二十社、合わせて千百四十七社について累積投票が行なわれたことがあるかどうかを調査したことがございますが、一社もないということでした。

　なお、この調査には含まれていないのでありますが、ある有名な新聞社で累積投票を行なったという例があるようです。これはきわめてまれなものです。

○大竹委員　定款でいままでも排除する規定を置けたわけでありますが、累積投票を排除する会社はどれくらいあるのか。

○川島政府委員　この点は、ほとんどすべての会社が累積投票を定款で排除しているのが実情です。経団連が昭和四十五年に調査したところによりますと、経団連の会員会社五百八十九社の中で、定款で累積投票を排除しているものが五百八十八社、つまり一社だけが排除していない、ほかは全部排除しております。小さな会社になりますと、定款にそこまで規定していないという例が若干あるようです。大きな会社はほとんどすべて排除している、こういう実情です。

○大竹委員　定款で累積投票を排除する、消滅している場合、あらためて今度の改正によってまた排除する改正をする必要がないのか。

○川島政府委員　現在の商法のもとでは、定款で累積投票の制度を排除しておりましても、発行済み株式の総数の四分の一以上に当たる株主が累積投票の請求をしてきた場合にはそれによらなければならない、こうなっております。したがって現在定款で累積投票を排除している場合も、その定款の規定は完全な排除とはいえないわけです。したがって今回の改正におきましては、すでに定款で排除している場合、その排除の効力は、四分の一以上にわたる株式を有する株主が累積投票を請求した場合には、累積投票をしなければならない、そういう含みの規定であると解釈をいたしまして、完全に排除するためには、この法律改正が行なわれた後にあらためて累積投票を排除する、そういう定款の改正を行なわなければならない、こういうことにいたしておるわけでございます。この点は商法の一部を改正する法律案の附則第五条にその趣旨を規定しております。

○大竹委員　今度の改正により、準備金の資本組み入れによる抱き合わせ増資を認めた規定がございますが、この認めた趣旨は何か、その要件及び手続について御説明をいただきたい。

○川島政府委員　改正案は新たに商法二百八十条ノ九ノ二という規定を設けて、準備金の資本組み入れに関する規定を置くことにしております。

　その趣旨ですが、現在このような制度は商法では認めておりませんけれども、株式会社の再評価積立金の資本組入に関する法律という法律におきまして、再評価積み立て金を資本に組み入れて新株を発行する場合に、新株の発行価額の一部を株主に払い込ませるという有償、無償抱き合わせ増資を認めております。ところがこの法律はことしの三月三十一日に効力を失いまして、再評価積み立て金は商法の資本準備金となるわけでありますが、これに伴いまして、これと同じような制度を商法に置いてほしいという要望がございまして、その結果こういう規定を設けるということです。

○大竹委員　転換社債発行に関する規定を改正した趣旨はどこにある、また、御承知のように転換社債を、将来株式に転換されるものであるが、取締役会の決議によって発行できるようになっておりますけれども、株主の利益を害するおそれが生じるのではないか、この点についてどのように配慮されているか。

○川島政府委員　まず転換社債の発行に関する規定を改正した趣旨ですが、現行法では、転換社債を発行する場合に、転換の条件を株主総会の特別決議で定めることが要件になっております。ところが他面におきまして、一般の社債、普通の社債ですとかあるいは新株を発行する場合には取締役会の決議だけでできることになっております。それとの権衡から申しまして、転換社債を発行する場合も、取締役会の決議だけでできるようにしてもよいのではないか。そうすることが会社の資金調達に機動性を持たせる上からいって必要ではないかという意見が非常にもっともですので、このような改正をしたわけでして、改正の主眼は、転換社債の発行を取締役会の決議だけでできるようにすることです。

　それから、そのようにした場合に、株主の保護をどのように考えるかでございます。その点は、ちょうど新株の発行と同じように考え、原則として取締役会で転換の条件その他をきめることができますけれども、株主以外の者に特に有利な転換の条件を付した転換社債を発行する、こういうような場合は、株主総会の特別決議が必要である。こういうようにいたしております。

　それから転換社債の発行をいたします場合に、あらかじめ株主に対してそのことを公告あるいは通知することにしまして、転換社債の発行について違法な点があれば株主からも発行の差しとめ請求ができるように配慮しております。

　それから転換社債の引き受け権を株主に与えます場合には、新株の発行の場合と同じように各株主に対してその株式の割合と同じ比率でもって引き受け権を与えなければならないといった趣旨の規定を設けまして、株主の保護をはかっておるわけです。

○大竹委員　休眠会社の整理も今度やることになっておりますが、登記を怠っていたことで会社が解散したものとみなすわけですけれども、一口に言うと登記をしなかっただけで解散とみなすのは行き過ぎでないかという批判があるわけですが、その点はどうお考えになりますか。

○川島政府委員　今度の案では五年間登記をしなかった株式会社について休眠会社の整理の措置を講ずることができることにしております。登記をしなかっただけで解散させるのは行き過ぎではないか、こういうお尋ねですが、株式会社が正常に運営されておれば、少なくとも取締役及び監査役は任期が来て退任しまた選任される、その場合の登記が必要になってくるわけで、定期的に変更登記が行なわれていくはずです。五年間何らの登記がされずに経過したということは、それ自体株式会社として正常な運営がされていないことを反映するものであろうと思うわけです。しかも今回の案では、官報に公告をした上で、会社に個別に通知をする、そして営業を廃止していないという届け出があればその会社は解散とはみなさないようにしておりますので、必ずしも行き過ぎではないと思うわけです。ちなみに五年以上登記をしない株式会社のうち一万四千六百五十五社を抜き出しまして照会したことがございますが、所在不明のために返戻されたものが全体の六〇・八％に当たる八千八百四十二社に達している、こういう実情です。

○大竹委員　株式会社以外にもいろいろ法人があるわけですが、それらについてはどうおやりになる考えか、それらは手をつけないという御趣旨ですか。

○川島政府委員　株式会社は、ただいま申し上げましたように定期的に登記がされるはずですので、登記を基準として休眠会社の整理を考えることができるわけですが、合名会社とか合資会社、有限会社は、必ずしも定期的に登記がされるとは限っていないわけです。登記のみで判断するこのような整理の方法はとりにくい事情があるわけです。したがって、今回は整理の対象を株式会社だけに限ったわけですが、株式会社以外の会社も、実際に営業を行なわないで登記だけはそのままになっている会社が多数あろうかと思います。こういうものの整理方法は、今後十分その実態を検討しながら将来の改正の際に適当な方法があるかどうかをなお検討してまいりたい、このように思っております。

○大竹委員　休眠会社の整理に関してはたいしたことはないかもしれませんけれども、ある程度予算措置が必要なんじゃないかと私は思うのでありますが、それらについてどう考えていらっしゃいますか。

○川島政府委員　仰せのとおり官報に公告を出しますし、会社には個別に通知をする、その前に登記簿でいろいろ調べる関係もございまして、若干の費用が必要です。本年度における予算は、庁費八百六十三万七千円を計上しております。

○大竹委員　最後に商業帳簿に関する改正もされることになっておりますが、その中で三十二条、「公正ナル会計慣行」ということばが出ているわけです。これは抽象的でなかなかむずかしいことばですが、どういう意味ですか。

○川島政府委員　「公正ナル会計慣行」とは、会計上のならわしとして行なわれているものであって、しかも公正なものという意味です。「公正」とは商業帳簿を作成する目的から見て公正と認められるもの、こういう意味です。たとえば今度の改正案商法の三十四条の第二号に、固定資産は「毎年一回一定ノ時期、会社ニ在リテハ毎決算期ニ相当ノ償却ヲ為シ」ということが書いてございます。何がこの「相当ノ償却」であるかが問題になるわけですが、これは法律には規定がございませんで、会計の実務として定額法とかあるいは定率法といったような方法がとられておるわけです。それがこの場合について公正な方法であると認められた場合には、それが公正なる会計慣行と言ってよろしいと思います。

衆議院　法務委員会議録第二十八号

昭和四十八年六月一日（金曜日）

出席委員

委員長　中垣　國男君

理事　大竹　太郎君　理事　小島　徹三君
理事　谷川　和穂君　理事　福永　健司君
理事　古屋　亨君　理事　稲葉　誠一君
理事　横山　利秋君　理事　青柳　盛雄君
井出一太郎君　植木庚子郎君
住　栄作君　千葉　三郎君
中村　弘海君　中山　利生君
浜田　幸一君　早川　崇君
松沢　雄蔵君　三池　信君
佐藤　観樹君　田中　武夫君
沖本　泰幸君

出席国務大臣
法務大臣　田中伊三次君

出席政府委員
法務省民事局長　川島　一郎君

委員外の出席者
大蔵省主税局総務課長　山内　宏君
大蔵省証券局企業財務課長　白鳥　正人君

（ほか略）

本日の会議に付した案件

商法の一部を改正する法律案（内閣提出第一〇二号）

株式会社の監査等に関する商法の特例に関する法律案（内閣提出第一〇三号）

商法の一部を改正する法律等の施行に伴う関係法律の整理等に関する法律案（内閣提出第一〇四号）

○中垣委員長　これより会議を開きます。

内閣提出、商法の一部を改正する法律案、株式会社の監査等に関する商法の特例に関する法律案及び商法の一部を改正する法律等の施行に伴う関係法律の整理等に関する法律案、以上三法律案を一括して議題といたします。

質疑の申し出がありますので、これを許します。

（中略）

○田中(武)委員　監査制度の改正について強調しておられますが、監督役にどんな人がおるかということも問題です。私は、監査制度改正以前に、やはり執行機関たる取締役ないし取締役会の構成員に、より企業の社会性あるいは公共性等々について自覚させて、人を得なければならないと思うのです。

いつどのような観点に立って、法制審議会商法部会に、総会のあり方等について、こういう点についてはどうかという諮問をせられたか言ってください。

○川島政府委員　商法部会に対する諮問はきわめて一般的なものでして、商法に改正を加える必要があるとすればその要項を示されたいというだけです。商法部会においては、現在特に必要だと認められる事項から優先的に問題を審議していくという方針をとっておるわけです。したがいまして、現在までは、監査制度の改正が中心に置かれており、総会についての問題は具体的な議論としてはまだ出てきておりません。それはしかし、監査制度、つまり監査の機構を改正することになれば、執行機関も問題であろうし、また株主総会自身も問題がある。いずれこれは第二段の改正として取り組まなければならない問題である。こういうことは審議の過程でも十分意識され、またそのつもりで審議がされてきたということです。

○田中(武)委員　総会のあり方について、こういう点を総会に報告する必要がありやなしやといったような具体的な諮問をする用意があるかないか。いかがです。

○田中(伊)国務大臣　商法改正という大事業を手にとって実際具体的にやっていく立場からいいますと、何もかもそう一挙にやれないのです。一番大事なものはどういうものかというと、やはり監査制度です。政府の考える監査制度が一番基本的なものである。それから第二は、取締役会の制度、ここを中心として運営が行なわれております。そこへ監査役が今度加わるという筋になるわけですので、第二に改正を要する点は、取締役会、一口にいって会社の執行部をめぐります改正を行なうことが第二。もう一つ大事な改正は、株主総会の運営についても大改正を加えなければならぬ。この三点がいずれも根本的大改正です。

その根本的大改正のうちで最も基本的なもの、監査制度でありますが、この監査制度並びにこれをめぐります数個の項目について改正をお許しをいただいて、これを運営してやってみて、その上で今度は取締役会の改正を行ない、株式総会の運営を行なうように持っていきたい。何しろ会社がわが国では百一万に及んでいる。その百一万の会社がとにかく生きて動いております。それにぴたり規則をぶつけていこうということですから、なかなか一挙に理想の考え方だけではやり切れぬ。まず監査制度のお許しをいただいて、その次には取締役会をやり、株式総会の制度を改めていく、こういうふうに考えておるので、この点をひとつ御理解をいただきたい。

○田中(武)委員　監査制度を改めることによって大きな変化を期待するようですが、何のことはない、その本質は二十五年改正以前に戻るのでしょう。今回の監査制度の改正のねらいがどこにあるのか掘り下げてまいります。

会社の取締役会、これは今日、よくいわれておるように、サラリーマン重役が多いわけです。いわゆる従業員から重役になる、これは必要です、そうでなければ将来希望が持てませんから。しかし、ワンマンな独裁性の強い社長なり会長がでんとすわっておって、しかも、監査役は取締役より下な地位である。二流の人間を置く。そういうことで、幾ら変えても根本的な改革にはなりません。したがって、社会的にこれを監視する制度を持たない限り改革はできません。支店長や工場長などで取締役がおります。これとてほとんどがサラリーマン重役で、自分の腕を発揮することよりか、なるべくへまを出さないように、保身を中心に考える。

そこで一つの提案ですが、取締役会は、少なくとも三分の一なら三分の一は第三者、学識経験者等をもって構成せねばならぬというような、社外重役制度の検討についてはいかがですか。

○川島政府委員　昭和二十五年に商法を改正いたしまして、従来大陸法特にドイツ法に近い制度であったのが、アメリカの制度に近い形がとられたわけでございます。

アメリカの制度におきましては、社外重役が盛んに利用されておりまして、わが国の商法の運営としても、社外重役を入れてくる運営がなされることが期待されたわけです。現在の商法でももちろんできるわけですが、しかし実際の運営は、旧来からのいわゆるサラリーマン重役で運営されてきた。そこに一つの問題があることは事実です。

そういった点は、はたして法律をもってこれを強制しなければならないものかとなりますと、これは立法的にもいろいろな問題が出てまいります。また、現状を踏まえてこれからの企業のあるべき姿をはっきりと認識した上でありませんと、なかなかそこまでの改正ができないという問題もございまして、今後の検討課題としては十分取り上げなければならないと思いますけれども、いままでもそういう議論は若干商法部会でした実情もございますけれども、しかし、これは監査制度に続く取締役あるいは株主総会との関係において是正していくべき問題であろうということで、今度の改正にはその点が触れていないということです。

それから法制審議会の商法部会における審議についてですが、今回の改正が終わりました場合に、今後どういう点を改正していくかは、そのつど商法部会において相談してきめるわけです。取締役あるいは株主総会の改正が必要であることは、委員長はじめ委員の胸に十分あることですけれども、国会におけるいろいろな御意見は、私どもから商法部会に御報告しまして、今後の審議の問題をきめる場合に十分考慮していただきたい、このように考えております。

○田中(武)委員　もちろん禁止規定がないから入れようと思えば入れられる。そんなことは言わなくてもわかっている。しかし、はたしてそのような運営をしておる会社が幾らあるか。私は、サラリーマン重役が悪いとは思わない。むしろけっこうなんです。しかし、サラリーマン重役がもっと遠慮なしに発言できるような株主総会ないし取締役会が構成できるように考える。それを法律によって舞台を設置してやる。これを言っておるのです。

そのほかに若干の問題を提起すると、たとえば——……(中略)……本提案説明の中で、「株式会社の業務が適正に行われることを確保するために、監査役は、会計監査のほか、」云々、こういわれておるわけですけれども、それでは現行法は業務が適正でないことを認められておるわけですね。

それから、提案説明の中でいわれておる適正な業務とは、具体的にどのようなことを考えておられますか。

○田中(伊)国務大臣　この改正案をお許しいただければ、会社業務の運営はいままでよりはより適正になる、こういう趣旨の私の説明でございます。ではいままでは適正でないのかというと、より適正であるという点を基準にしていえば十分でない、こういうことでございますが……。

○田中(武)委員　では、適正とはどういうことをあなたは頭の中に置いておられるか。

○田中(伊)国務大臣　業務が適正に行なわれるということは、つまり取締役会の独善専行におちいる会社の運営でなくて、監査役の立場から、行き過ぎのない業務ということは、適正ということになりますね。そういう意味をまずとっておるつもりでございます。

○田中(武)委員　内部監査機能を強化することが、執行機関たる取締役会ないしは取締役の独断専行をチェックする役目をするということは、私も否定はいたしません。しかし従来までの監査役のあり方といえば、もう一般常識的に取締役にはなれないような人、いわば二流の人をもって監査役にしておるし、会社においてもまあまあやめる前だからひとつ肩書きでもやるかという人間を置いておるのが普通なんです。そういうことなら、いかに法律によって権限強化をしても私は何にもならぬと思います。

そこで監査役にも外部から公正な人、何なら従業員を代表する者一人を入れることを、商法で考えたらどうですか。少なくとも三分の一とかなんとか。それで一つの考え方としては、私は必ずしも労働組合の推薦するというような小さな意味ではなくても、少なくとも組合が推薦するような労働者の代表を一人ぐらい入れる道を考える。これはどうですか。

○田中(伊)国務大臣　先生の仰せになるのは、私はたいへんごもっともだと思うのです。監査役の中で適正な人があるならば、使用者、被用者いずれの経験を持っておる人もよいと思いますよ。よいと思いますが、一体私的な企業体である株式会社の監査役、その監査役をつくることは、自主的にやらしたい。国会が法律を改正して表へ出せば、法律に基づいて、業務監査をするのだから、業務の監査にふさわしい人間でなければできぬから、これはよほどの大ものでなければならぬということはわかります。その資格要件まで商法できめかねる。行政指導の道は考えていいのですけれども、そこまではいかがなものであろうか。しかし先生仰せになるとおり、私は何人かの監査役を置きまして、そしてその中には労使いずれも将来は協調できるような立場の人材を持ってくることは、たいへん気のきいたいい考えだと思いますよ。けれども商法の中で資格要件を規定していくことは、私企業ですからどんなものであろうか。その趣旨は賛成であります。

○田中(武)委員　内部監査の問題について、監査役が業務監査をする、取締役会も業務監査をやる、そうすると二重に行なうわけです。その場合、意見が違ったときにはいずれが優先するのか。しかもいままでのような観念で二流の人が監査役になるということであるならば、結論はもう明らかですね。

○田中(伊)国務大臣　監査役の監査することと同じことを取締役がやってもいいけれども、取締役のやる立場は、会社の執行機関として業務を調査し、業務を見、業務を遂行しておる立場で、それは内容的には一致することは多いですけれども、一方は取締役の業務の執行、一方は、監査役の監査業務と、こういうことになるんじゃないでしょうか。

○田中(武)委員　取締役自体の職責からいうて、常に内部監査というか業務監査をするのは、当然です。それに対して監査役がチェックをしている。意見が違った場合、これは法律のたてまえからいうならば、それは監査役の意見が優先するというんですが、人がいなければ何にも言わぬ。現在がそうなんです。そういう点についてどうなのかと、こう言うておるんです。

○川島政府委員　株式会社の業務執行につきましては、取締役会も一種の監督権を持っております。この監督権は、業務全般に及びますし、また、必ずしも違法性だけに限局されないわけでして、業務の執行が妥当か妥当でないかといった点にも及ぶわけです。これに対しまして監査役の監査は、法律で個々的に規定がございますけれども、原則として違法かどうかにしぼられるわけです。したがって、監査の範囲においてまず差があるわけでして、いかに有能な監査役といえども、妥当性の範囲までは自分の職責として入っていけない、こういう違いはあるわけです。

それから、意見が違いました場合にどうなるかという点ですが、会社の業務執行は取締役会できめることになっておりますから、監査役が意見を述べましても、取締役がその意見を取り上げない。そして、取締役会で監査役と反する決定をすることは、もちろんあり得ることです。しかし、あくまでも監査役が、不当であると言う場合には、違法行為の差しとめ請求権がございますから、これによって取締役の行為を差しとめる、こういう関係になっております。

○田中(武)委員　改正法案の二百七十四条ノ三において、親会社の監査役が子会社に対し、その営業の報告を求め、場合によっては、会社の業務及び財産の状況を調査する規定がありますね。そのねらいはどこにあるか。これは親企業のためのものである。したがって、この改正は大企業のためのものであるということにもつながるわけです。そういうことをどう理解しておられますか。それは子会社側から見るならば、親会社からの不当の干渉となるでしょう。そういう点についてどのように考えておられるのかという点。

○川島政府委員　まず子会社の調査権のことからお答え申し上げたいと思いますが、たとえば現在、大きな会社は建物を保有するために不動産部を持っておりましたけれども、それを分離して、子会社としてそれとの間の契約関係にしている。こういった例はいろいろあるわけです。そのほか取引の関係でもいろいろあるわけでして、子会社と親会社は非常に密接な一体的な関係を保っておるのが実情であろうと思います。そこで、この子会社調査権は、親会社が正しいことをやっているかどうかを調べるために、親会社だけでなく、子会社の業務についても調べたい、こういう場合に認められておるものでして、規定をお読みいただければ、その趣旨は十分に出ていると思います。

（中略）

○佐藤(観)委員　今度の商法改正が粉飾決算をなくすという大きな目的のためにはたして適合しているかどうかという問題、あるいは監査役強化の問題あるいは会計監査人の独立性の問題。それから、今度は資本金を五億円、一億円という線引きをしたわけですけれども、これがはたして現状の経済に合っているかどうか。それから、現在会計人として公認会計士及び税理士、二つの制度があるわけですけれども、この二つの制度が今度の商法改正によって一体どういう影響をこうむるか、あるいは子会社の監査ができるということが、子会社の法人格についてどういうことになるだろうか、およそ六点について質問したいわけですけれども、まず、今度の商法改正について税理士会及び公認会計士協会でさまざまな意見があるわけです。そこで、現行の法律体系の中でこの公認会計士が税務行政、税務代行をできることになっているわけですけれども、これが、特別利害関係といわれるものが一体どういうふうになっているか、これが今後の公認会計士の発展及び税務代行としての税理士の発展にどういうふうになるか、質問したいわけであります。

そこで、初めにお伺いをしたいのは、公認会計士とはそもそもどういう立場になっているか、お伺いをしたいと思います。

○白鳥説明員　公認会計士は、公正、中正なる立場から、企業の行なった経理が適正かどうかを判断するために、職業会計人として十分な能力、知識を持った者が選ばれるわけです。

○佐藤(観)委員　公認会計士の制度そのものは第三者監査ですから、中正にして、しかも社会的に、現状の場合には上場会社でありますから証取監査でありますが、投資家にその企業の内容がはっきりわかるような監査をしてもらわなければ困るわけですね。そういった社会的責任を持った立場が私は公認会計士だと思うわけです。

それから税理士ですけれども、現在税理士の立場は一体税務署の税務代行なのか、あるいは納税者の税務代行なのか、どっちの立場なのか。

○山内説明員　税理士法の第一条に規定しておりま

すとおり、中正な立場において納税義務を適正に実現するというのが税理士の職責に相なっております。

○佐藤(観)委員　私はいまの税理士法はきわめておかしいと思うのですね。中正な立場と言われますけれども、中身は納税者の納税の業務代行が現在の税理士のやっている内容だと思うのです。中正とは、税務署の側でもない、納税者の側でもないということですね。

○山内説明員　税理士は一定の範囲におきます業務について法律で特に独占的な地位を与え、これに対応する公共的な責務を負わせているものです。したがいまして、公的な立場に立つ税理士の地位は完全に納税者に密着をする立場でないことは本来当然です。単純な私法上の委任をするないしは委任を受けてその人のかわりをするものとは、基本的に違うわけでして、そういう観点からは、先ほど申しました中正な立場という規定が置かれておるものであると思っております。

○佐藤(観)委員　私がお伺いをしたいのは、税理士が納税者の立場に立って業務を行なうのか、税務署の業務代行をするのか。もちろん税法にのっとって業務をやるのは当然のことです。当然ですけれども、そこにいろいろな法律上の解釈あるいは実際納税する際に分類においても解釈の相違があるわけですね。それをするときに、法律あるいはその下の政令、省令できめられている以外で税理士の判断が要求されるときには、私は税理士は納税者の立場に立って業務をする、これが本来私は税理士の職務、仕事だと思うのですけれども、いかがですか。

○山内説明員　先ほど申しましたような法的な立場と申しますのは、税理士は完全にその委嘱者の立場と全く重複をした地位にあるのではないことを申し上げた次第です。御指摘のとおり、税法ないしは租税税務は、いずれも法律に基づいて客観的にないしは抽象的に定まっておるものですけれども、それを法律、政令その他の諸規則を適用して具体的にどういうふうになるかを、客観的かつ正当に把握するのは、場合によりましては、そういうことに習熟をしておらない一般の納税者について必ずしも常に確実にできるということではございませんので、そういった者にかわって税務会計専門家としての見識のある判断に基づいて適正な判別を加えていく、ないしは適正な所得額の判定を加えていくのが本来の税理士の主たる職責であろうと考えている次第でして、そういう意味で納税者といいますか、委嘱者の立場と完全にダブるものでもありません。と同時に、役所の代行でないこともちろんです。

○佐藤(観)委員　役所の完全な代行ではないかもしれないけれども、若干なりとも代行する部分もあるということですか。

○山内説明員　税務職員の立場と申しますのも、申すまでもなく、税法その他に定められた規定に従って正当な所得を把握をするところにあるわけですから、そういう意味で税務署の立場が右とか左とかに振れておることはもともとないわけですが、そういう意味では、税理士も租税専門家としての立場、見識のある判断に基づいて行なえば、本来的にはそこはそう乖離をするものではないと考えますけれども、しかしながら、ものごとの非常に千差万別の社会事象に対して税法なり法律なり政令なりをいかように当てはめていくかは、必ずしも百人が百人完全に同じであるとは限らないわけです。そういった場合に、税務署員は税務署員として、法の命ずるところに従って判断を加えますし、税理士は税理士として、みずからの本来持っております税務会計専門家としての見識に従って判断を加えるということです。

○佐藤(観)委員　ですから、いまの税理士法の立場でいえば非常におかしなことになる。われわれはいまの税理士法の第一条には、たいへん疑問を持っているわけですね。税務署としては、こういった課税をする。ところが、それが必ずしも納税者にとって、しかも法解釈がいろいろある段階においては、必ずしも税務署の意見だけが正しいわけではないわけです。そこで、納税者の立場に立って、いやそうではない、これはこういう考え方もあるしあるいはこういうふうに区分すべきではないか。千差万別あるいろいろな項目について、税務の詳しくない納税者にかわって税務の事務代行をしてくれるのが、税理士だと思うのです。そのために納税者は税理士に顧問料なりあるいはその代行の報酬を払うわけですね。ですから、私は、税理士の立場は、本来、納税者の立場に立った業務でなければいかぬ、こう思うわけです。その意味では、現在の税理士法はきわめておかしいんですよね。私は、検事、裁判所、弁護士、これにたとえれば、税理士は弁護士の役目であり、不服があるときは、国税不服審判所という裁判所があるわけでして、公認会計士と税理士の立場は、公認会計士は、大衆投資家を保護するための社会的に、法的に義務づけられた中正な立場、社会的な任務が負わされておりますけれども、税理士は、税法がよくわからない納税者にかわって税務署と折衝し、そして正しい申告が行なわれる、これが税理士の本来の仕事である。そこで、私たちは税理士法の改正を考えるべきだと思うのですけれども、いつまでたってもこれは平行線でありますが、再度この問題について御答弁願って、先に行きたいと思うのです。

○山内説明員　御説のとおり、税務代理を行なうという意味では、税理士が納税者あるいは委嘱者の税務代理をするという点は間違いないことですが、ただその場合に、税理士として判断すべき立場は、完全に納税者の言いなり、委嘱者の言いなりではなく、税法に定められておる客観的な判断基準に基づいてみずからの識見のある判断を行なうという意味で、「中正」ということばが用いられていると考えております。

○佐藤(観)委員　納税者の言いなりといっても、法を曲げたり政令を曲げたり省令を曲げたりするわけにはいかぬわけですね。もちろんその範囲内のことですけれども、しかし、それでもいろいろな判断のしかたがある。そのときに、どこの立場に立つかは、私は「中正」ではないと思うのですね。税理士は。その最後の段階になったら、納税者側の立場に立つ。なぜならば、納税者からそのための顧問料なり報酬をもらっているのであって、税務署が税理士にお金を出しているわけじゃないですから、その最終段階、もちろん法のたてまえのワクの中、法令、政令、省令、そのほか通達、それ以外でなおかつ判断に幅があるときに、私は最終的には税理士は納税者の立場に立つんであろう、こう思っているわけです。これは税理士法の改正をしなければいけませんし、私はそう考えているわけであります。したがって、公認会計士と税理士とが、同じ人が同じ業務を両方兼ねるのはおかしいということで、質問をしたいわけです。

問題は、この特別利害関係の問題とは、同じ公認会計士が、監査されるほうの税務をどこまで代行できるか、同じ監査人がどこまでその監査をしている会社の税務を代行していいかどうか、この一点に問題をしぼっていいと思うのです。この特別利害関係に関係する法案としては、商法と証取法と公認会計士法があるわけですね。それで、証取法には、その下に省令があって、財務諸表の監査証明に関する省令というのがあるわけです。それから公認会計士法には、監査法人に関する省令があるわけです。それからもうちょっとほんとうは政令がなければいかぬわけですね。この政令は、あとで伺いますが、どうなっているかわからないけれども、政令にゆだねる部分があるわけですね、こういう形になっていると思うのです。大きく言って三つの法案について、おのおの公認会計士が監査を行なってはいけない特別利害関係というのがある。つまり、公認会計士が監査をしていけない部分がありますね。それから公認会計士が税務を行なっていけない部分がある。それから今度もう一つ、監査法人が監査を行なってはいけない場合がありますね。それから監査法人自体は税務代行を行ないませんから、監査法人の関与社員でない社員、関与社員でない公認会計士が税務を行なっていい場合がある。この四つに大別できると思うのですね。これを一つ一つやっていかなければならぬわけでありますが、まず商法であります。

商法では、いま申しましたように、公認会計士が税務を行なっていけないことが書かれておりますか。今度の改正商法も含めて。

○川島政府委員　お尋ねに関係のあります点は、今回の特例法案の第四条であろうと思います。ここには「会計監査人は、公認会計士又は監査法人でなければならない。」という規定と、第二項にその会計監査人となる場合の欠格事由が記載してございます。一、二、三とございますが、この中には、ただいま問題にしておられます税務関係の仕事との関係は特にあげられておりません。

○佐藤(観)委員　そうすると、今度の改正商法の第四条には、公認会計士が税務業務を行なってはいけないという項目はないと確認してよろしいですね。

○川島政府委員　そのとおりです。

なお、つけ加えて申し上げますと、この第四条にあります欠格事由は、これに該当する者が会計監査人に選任されることはできないとなっておりますので、こういう者をかりに会計監査人に選任したとしても、会計監査人としての効力がない。したがって、こういう者が監査をしても会計監査人の監査をしたことにはならないということでして、公認会計士法その他にありますのとは多少趣旨が違う方向からの規定であろうと思います。

○佐藤(観)委員　私もそのとおりだと思うのです。直接公認会計士と税理士の税務に関係する利害関係をここであらわすべき法案ではないと思うのですね、第四条は。

その次は、今度は証取法ですけれども、証取法は、具体的には百九十三条の二で大蔵省令に委任をされている省令で、特に私が問題にしている公認会計士が税務をやれるかどうかという問題は、財務諸表の監査証明に関する省令の第二条の五号だと思うのですね、これをちょっと説明してください。

○白鳥説明員　公認会計士の業務、特にその中で税務の関係につきまして規定してある項目が財務諸表の監査証明に関する省令の第二条第五号で、「公認会計士又はその配偶者が」云々とございまして、「公認会計士の業務以外の業務により継続的な報酬を受けている場合」こういう規定になっております。したがいまして、税務代行は公認会計士の業務以外の業務であるということで、この税理士業務によって継続的に報酬を受けている場合には、財務諸表にかかわる監査を行なうことはできない、こういうことになるわけでございます。

○**佐藤(観)委員**　非常に大事な問題で確認をしておきますと、「公認会計士の業務以外の業務により継続的な報酬を受けている」とは、税務代行をやっている場合も当然含まれるという解釈ですね。

○**白鳥説明員**　そのとおりです。

○**佐藤(観)委員**　その次に、公認会計士法第三十四条の十一だと思いますが、ここではどういうふうになっていますか。

○**白鳥説明員**　ちょっと番号をお間違えになっているのじゃないかと思いますが、公認会計士個人としての業務制限規定は公認会計士法の二十四条です。

それからあわせて申し上げますと、監査法人につきましては公認会計士法の三十四条の十一に業務制限の規定がございまして、それを受けまして監査法人に関する省令の第五条にさらに具体的な規定がございます。

○**佐藤(観)委員**　公認会計士法の今度は二十四条の第一項の第二号が文章的には二つに分けられているわけですね。どこが違うかというと、後段の部分、現在の法律には、「過去一年以内に著しい利害関係を有した会社」ということになっているわけですけれども、今度の改正の分には、その「過去一年以内」ということが消えてしまっている、こういうふうに解釈してよろしいですね。

○**白鳥説明員**　おっしゃるとおり、「過去一年以内」ということばが消えております。現在の公認会計士法は、下に政令の規定がございません。公認会計士法施行令はございますけれども、その中に利害関係の細目規定がございません。したがいまして、この二十四条の第一項の第二号ですべてをカバーできる包括的な規定になっておるわけです。したがいまして、過去一年以内にその会社の使用人であった場合あるいはその会社との間に著しい利害関係を有していた場合、その著しい利害関係ということで包括的に規定したままになっております。したがいまして、そこでは「過去一年以内」を明確に規定しているわけです。今回の改正公認会計士法では、この著しい利害関係につきまして細目を政令に委任する規定を置いてございます。その委任された政令の中で、項目によっては一年以内というような期間の定めをする、また項目によってはそういうものはなくて、現在だけを縛ればいいという使い分けをする必要のある項目があると思います。そういうわけで、上部規定である公認会計士法のほうには「過去一年以内」という規定を置きませんで、政令のほうでものによって一年以内という縛りをかけたり、現状だけを縛るというように使い分ける予定になっております。

○**佐藤(観)委員**　その説明はわかったわけですが、まだこの公認会計士法改正の政令はできていないわけですね。それと特別の利害関係とは、証取法にいうところの公認会計士が監査をしている会社には税務代行を行なってはならない、これは逆を言えば、税務代行を行なっている会社に対しては公認会計士が監査をしてはならないという項目は入るのですか、入らないのですか。

○**白鳥説明員**　現在の証取法及び公認会計士法との関連を申し上げますと、現在は証券取引法において、財務諸表の監査証明に関する省令の第二条におきまして、「法第百九十三条の二第一項に規定する公認会計士の特別の利害関係とは、次の各号の一に該当する場合における関係をいう。」と規定しておりますが、この証取法百九十三条の二の中には、財務諸表については、「その者と特別の利害関係のない公認会計士又は監査法人の監査証明を受けなければならない。」として、その第二項に、特別の利害関係とは、「公認会計士法第二十四条若しくは第三十四条の十一第一項に規定する関係」、先ほど申し上げました公認会計士法の規定です。この規定にある関係及びそのほかのいろいろな関係で省令にゆだねた関係、こういう両方かぶる形になっております。そこでいま申し上げました財務諸表の監査証明に関する省令の中で、公認会計士法でカバーされていない内容は、さらに上積みして規定している形になっているわけです。そこで改正法では、この証取関係だけで規定をかぶせるということにはしないで、一般法である公認会計士法の下に政令をつくりまして、そこでこの証取法で、現在財務諸表の監査証明に関する省令で詳しく規定しているのと同じような利害関係を政令の中に盛り込む予定で現在作業を進めているのです。

○**佐藤(観)委員**　証取法の百九十三条を補完する意味で財務諸表の監査証明に関する省令がある。そこで、全部で十あるわけですが、こういった方々は特別の利害関係があるから、公認会計士でも公認会計士の業務を行なってはならないわけですね。その中の第五号で、税務代行を行なっている者はだめだという項目になっているわけです。証取法でそういうふうになっていて、公認会計士法の今度の改正案の二十四条の政令もおそらく同じ内容が入ると思うのです。これはどちらが法律として優位に立つのですか。

○白鳥説明員　現在の縛り方は確かに公認会計士法と証取法と二重のワクがかけられており、非常に統一性がない面があるかと思います。しかしながら今回改正します場合には、この証取法だけのカバーでは十分ではない。特に商法監査が入ってまいりますので、そういうものも同じような利害関係の規制をかぶせる必要があるのではなかろうか、そういうことでこの証取法という特定分野だけの法律の体係の中に置くのは適当ではないということで、一般法である公認会計士法、公認会計士全般についての規制をする法律の中の下部規定である政令に全部持っていこう、こういうことで今回改正案を考えているわけです。内容はいまおっしゃいましたように財務諸表の監査証明に関する省令と同じような内容のものです。

○佐藤(観)委員　そうしますと、結局は証取法の省令の第二条、この項目がそのまま公認会計士法の政令になってはいかぬのですか。先ほどお話があったように過去一年以内であるという項目は、過去一年以内に著しい利害関係があった者というのがすべての場合にかかるのか、二親等以上はどうなのか、以内はどうなのか。そういった過去一年以内云々は別にしても、内容的には財務諸表の監査証明に関する省令の一から十までの禁止項目以上に公認会計士法の改正では政令の中に含まれるのですか。

○白鳥説明員　現在作業中でして、最終的には固まっているわけではございませんけれども、一応の考え方として、おっしゃるとおり現在の監査証明省令で規定している利害関係、これはそのまま公認会計士法の政令の中に打ち込む。こういう考え方で作業を進めております。

○佐藤(観)委員　公認会計士法の第二十四条の第二項においていわゆる証取法の省令の、証取法の第百九十三条の二を受けているところの財務諸表の監査証明に関する省令、これの第二条第五号の内容、つまり、公認会計士が税務行政をやっている会社に対しては公認会計士は公認会計士本来の仕事はできないという項目が入るのですね。

○白鳥説明員　おっしゃるとおりです。

○佐藤(観)委員　その次に公認会計士法の三十四条の十一、つまり今度は監査法人の部分に移るわけですけれども、それの第二項の後段に監査法人の行なう第二条第一項の業務の公正を確保するため業務の制限をすることが必要かつ適当であるとして省令で定めるものとは一体どういうものですか。

○白鳥説明員　現在の監査法人に関する業務制限の規定のしかたは現行法では同じような書き方をしてございますが、業務の公正を確保するため必要と認めるもので大蔵省令で定めるものということで、監査法人に関する省令の中で下部規定を置いておるわけです。しかし今度の改正におきましてはこれも個人の場合と同じような趣旨で、公認会計士法施行令の中に監査法人についての業務の制限の具体的な内容、これも現在の証取法の系列であります財務諸表の監査証明に関する省令で規定している監査法人の業務制限の内容と大体同様のものを盛り込むということで作業を進めているところです。

○佐藤(観)委員　その省令は従来昭和四十一年八月十二日に出た大蔵省令、監査法人に関する省令第五条の一から三までありますが、いわゆる監査法人に関する省令ですね。「監査法人が業務を制限される利害関係」これがあるわけですが、この内容が政令としてそのまま一段省令から上がってくる政令、おそらく政令の場合には省令だけじゃないと思うのですが、上がってくるというふうに解釈してよろしいですか。

○白鳥説明員　これにつきましても実は先ほど御批判もございましたけれども、監査法人に関する省令と並行して財務諸表の監査証明に関する省令がございまして、これが第二条の二項にやはり一から十まで各号の制限の規定がございます。この規定と多少ダブっております。特にこの監査法人に関する省令の中で触れておりませんことで重要なことは、たとえば監査法人の構成員である社員が業務の制限に触れるようなものをやっている場合には、その社員は直接その対象である法人の監査に関与できない、こういう項目が別に入っております。したがいまして今後直す場合には、そういうものも含めて財務諸表の監査証明に関する省令で規定している一号から十号までの細目、大体これを見込んだような内容の政令という予定で作業をしております。

○佐藤(観)委員　それでいま問題になる部分については、内容的には監査法人に関する省令というのは生きてくるわけですね。それで特に問題になっているのがこれの第五条の二、「監査法人が、会社その他の者から無償若しくは通常の取引価格より低い対価で事務所又は資金の提供を受けている等経済上の特別の利益の供与を受けている場合」というのがあるわけでありますが、これは監査をする公認会計士が被監査会社の税務を行なっている場合には、通常の取引価格より低い対価で資金の提供を受けている等の経済上の特別の利益供与を受けていることに入るのか入らないのか、どういうふうに解釈されていますか。

○白鳥説明員　この監査法人の省令の五条の二号

は、監査法人が法人として受けている利益ですので、監査法人が法人として税理士業務をすることは公認会計士法で禁じられております。監査法人は監査業務しかできませんので、その関係は第五条の二号からは読めないわけです。むしろ個人の監査法人の個々の構成員である社員が税理士業務を行なっている場合の規制の関係は、監査法人省令でいえば第三号、「社員の半数以上の者が」云々、こういう規定がございます。これのほうで読むということになるかと存じます。

○**佐藤(観)委員**　被監査会社について監査証明の業務に関与している公認会計士、これはもちろん税務行政はできませんね。監査法人がたとえば二十人いるとして、十人がA社ならA社に監査証明のために行く。残り十人いるわけですね。その残り十人の人のうちのだれかがA社の税務業務をやる。これは禁止している条項はないですね。

○**白鳥説明員**　監査法人のうちの一人、それが直接監査に携わらない場合は、その一人が税務業務に携わっている。つまり、著しい継続的な報酬を受けているということで業務制限規定にひっかかる場合でありましても、それだけでは監査法人の業務制限の事由にはなりません。ただ、そのほかに、ほかの社員が、関与会社の社員であるとかあるいは債権債務を持っているとか、いろいろ業務制限条項がございますが、そういう条項にひっかかっている場合に、それを全部ひっくるめて、ただいまの設例で申しますと、十人以上になると、そこで、監査法人自体としてこの会社の業務ができないということになってくるわけです。

○**佐藤(観)委員**　もちろん欠格条項がある部分についてはだめですが、そういう条項が全然ない監査法人が、ある人は監査をする、その残りの人はその会社の税務業務をやる、これは法的には何ら現在規制はされていないということですね。

○**白鳥説明員**　おっしゃるとおりです。

○**佐藤(観)委員**　そこで、公認会計士協会と税理士会がこのあたりで接触するという問題が起こるわけですね。現在の場合には、おそらく五億以上あるいは上場会社の税務を税理士の方がやっていらっしゃるのはきわめて少ないとは思うのですが、社会的要求に沿って、五億が一億になるということになってくると、大蔵省としても、公認会計士一人よりも監査法人という方針でしょうから、公認会計士はだんだん監査法人になると思うのですね。そうすると、アメリカのように何百人とかかえると、監査法人の中のある者は監査をやり、別のある者は税務業務をやるということで、税務業務が監査法人に取られてしまうんではないかという可能性があるわけですね。この点について、いかがお考えですか。

○**白鳥説明員**　現在の税理士が、商法改正によって公認会計士の監査の対象がふえることによって、職場を奪われるのではないか、こういったような御心配があるということは私どももかねがね伺っております。ただ、五億以上の会社ということで、数も非常に限られております。将来の話ということですけれども、かりに監査法人が、今度の商法の改正によって、五億以上の従来監査を受けていなかった会社の監査を新たに始めることになるとしても、その監査法人が、いままでその会社で税務業務をやっていた税理士を、自分の監査法人の傘下の、直接監査に関与しないほかの社員に税理士業務をやらせるというような形で追い出すことは万々あるまい、こう考えております。こういう監査法人の場合には、いま言ったような御疑念がおありかと思いますが、個人が五億以上の会社を監査することになりますと、たまたま公認会計士の資格もあり、税理士の資格もある会計士がその会社ですでに税理士業務をやっていた、それが今度新たに監査業務をやらなければならなくなったという場合には税理士業務を手放さなければならなくなるわけですから、そういう意味ではかえって税理士の職域が広がる面もあるのではないか、こういうふうに考えます。

○**佐藤(観)委員**　税理士は、日本の税務行政の大きな柱の一本である自主申告制度に今日まで一貫して尽くしてきたわけであります。その意味で私は、税理士会としても今後なお一そう発展をしていってもらわなければならぬと思うのですね。それと同時に、定款を逸脱するような行為が行なわれていることを考えて、社会的責任の大きな会社に対して公認会計士が社会的責任をもってぴちっと監視をする、これは非常に大事なことだと思うのです。これは私見ですけれども、公認会計士は協会としてもっともっと発展をしなければいかぬ。そのためには、弁護士の司法修習所のようなものを大蔵省につくって、それだけ質を高め、量も多くして、企業の社会的責任を監視してもらわなければいかぬ。ただ、監視の中身はこれから申し上げますけれども、いろいろ問題があるのです。とにかく私は、そういった意味では税理士も公認会計士もおのおのの分野で発展をしてもらうことを望んでいるわけです。

その際に問題になるのは、これからだんだん公認会計士は、公認会計士個人というよりも監査法人になっていく傾向にあるわけです。これはわれわれも認めるし、またそうすべきであろう。公認会計士のいろいろな社会的地位、法的地位という問題がありますけれども、監査法人という形でいくべきであろう。これはわかるわけであります。ところが、いま問題になっておるように、同じ監査法人の中に属している人で、Aは監査をやる、Bはその会社の税務業務が法的にできる、これでは税理士の方々の職域が侵される危険性があるのではないか。しかも今度は、いろいろな経緯がありまして一応五億で切りました。五億で切りましたけれども、社会的要求となれば、一億でも三億でも、やれ倒産だという場合には非常に大きな影響力があるわけです。そういった意味では、今後の動きによってはこの五億を三億なり一億に下げろということはあり得ることだと思うのです。その辺からいいますと、いま税務業務もできることになっておりますから、税理士の本来の仕事である税理士業務が侵される危険性があるのではないか。戦後営々として続いてきた自主申告制度という税務行政の大きな柱、これも大きな危機に瀕するだろうし、その辺のところを十分考える必要があるんじゃないかと思うわけです。この問題についてどういうふうに考えていらっしゃるか、お伺いしたいと思います。

○田中(伊)国務大臣　現在わが国の公認会計士は、四千七百前後おいでになります。それから税理士は二万五千前後、潜在資格を持っている人を入れますともっと多くなりましょうが、表面に出ておる人は大体二万四、五千、大ざっぱに申しましてそういう情勢です。これは今度の商法改正をめぐりまして申し上げますと、御承知のとおりに五億以上の計算書類について監査をいたします場合だけ公認会計士に限ることとなっております。それ以外の業務について、税理士がこれに関与をせられることは従来とは少しも変わりはないわけです。五億以上の会社と申しますと、大体わが国に百一万内外の株式会社がございますが、百一万内外で五億以上と申しますと、二千七百社ぐらいです。これだけのものについて会社の取締役会でつくりまして、会社の監査役の過半数の同意を受けて、そうしてその上でその計算書類を公認会計士に監査をしてもらうことになるのですが、その業務だけです。それ以外の業務は何ら今日までと変わるところがないので、私の観測では、今度の商法改正は、税理士に業務を縮小せしめるという意味で不利益を与えるようなことはないと確信をしておるのです。

それから、先生仰せのごとくに両方とも大事な仕事をしていただくので、社会性と申しますか中立性と申しますか、公認会計士も報酬は企業から受ける、税理士も報酬は個人から受けるのです。受けるのですが、職務執行の態度は、中正な態度でやってもらわなければいけないのは弁護士の場合と同様です。そういうことですので、報酬は依頼者から受けるのですけれども、しかしながら、中正な立場であくまでも仕事をしていただくことが、政府のためにも社会のためにもいいので、一定の講習制度というか修習制度を設けて、この制度を通して見識のある公認会計士並びに税理士をつくっていくという構想はまことに反対のできない、こういう気持ちで承っておるのでございます。

○横山委員　佐藤代議士は、要するに個人の公認会計士は税務と監査とが両立しない、これが法のたてまえである。そこを確認をして、今度監査法人に移って、監査法人は監査をする。しかしながら監査法人の中のA公認会計士は監査し、B公認会計士は税務をやってもいいという説明に対して、それではいかぬじゃないか、ここのところが商法の一つのポイントなんだ、どう考えるかへ結びつけていったのですよ。だから私どもよく積み上げて議論を展開していって、そこが私ども野党がこの商法に関する問題のポイントの幾つかある一つですよと、十分意識して答弁してくださいよと言っているのです。それに対してきわめて一般論で、しかも意外なことに、まあこれは大蔵省の問題でということは、主管大臣としてたいへん無責任なことです。私は、きょうあなたが本件について大蔵省の意見を聞かなければ答弁できないという意味が心理にあるならば、きょうの答弁がそういう答弁でもよろしい。だけれども、商法審査の中で、幾つかのポイントの中のこれが一つであると頭に入れて、そして大蔵大臣と御相談なさるならなさるようにしておいていただきたい。

○川島政府委員　論点は横山先生がただいま仰せいただいたような点であろうと思います。監査法人が監査業務を行なう同じ法人に対して、その監査法人に属する公認会計士が税務を行なうというのはどうかという問題ですが、法律的にきわめて形式的なお答えをしますと、これは立場が違うわけです。監査法人と個々の公認会計士とは別ものです。したがって、その関係をどういうふうに見るかが一つあるわけでして、個人の場合、監査業務と税理業務と両立しないのは、必ずしも同じ論法では議論できない問題であろうと思います。ただ先ほど来いろいろございますように公認会計士にいたしましてもまた税理士にしましても、これは非常に公共性の強い職業でして、そのために特別法も設けられておりますし、また大蔵省の指導も受けるわけですので、実際問題として御指摘になりますような心配の点が現実に起こってくる、そこまで心配する必要はないんではないかと考えております。

○佐藤(観)委員　確かに現在の時点で、五億以上の被監査会社、いわゆる証取監査、商法監査、両方受ける会社で税理士が入っているところは何社あるかとなると、そんなに多くないのです。しかし今後考えていただかなければならないのは、これから監査の対象になる会社はだんだん公認会計士が監査法人になっていくと、Aという監査法人に頼めば監査もそこでやってもらう。そして税務業務も、あなたのところの監査法人で、どなたか監査証明をしてない人にやってくださいよということは考えられることだと思うのですね。しかも、もう一つ今度は、いろいろなことがあって五億にした。これは私は社会的責任ということからいえば、私の考えからいえば、監査はもっと強めなければいけないと思っております。だから、先ほど私見を申し上げたわけですけれども、今後五億が十億、十五億になっていくというよりも、私はむしろ会社の行なう社会的責任の大きさを考えていけば、むしろこの五億は下がる方向にあるのではないか、そういう一点の方向から考えて、税理士が公認会計士に職域を荒らされることになるのではないかを心配しているわけです。

そこで、このことについてどういうふうにお考えになっているかお伺いをしたい。

○山内説明員　もともと税理士業務と公認会計士との接点は、税理士法の中でもいわゆる通知公認会計士制度という形で調整がはかられておるのです。いま御指摘の問題は、これは将来の問題と存じますが、どのような事情の変化が今後あるかは必ずしもいまの段階で十分言うことは困難ですけれども、通知公認会計士の制度が、税理士制度全般における地位として今後どういうふうな形で推し進めてまいるのがよろしいか、その点は長期的な課題として検討をしてまいります。

○佐藤(観)委員　大蔵省の主税局総務課としては影響ないだろうという判断だというふうに伺ってよろしいですか。

○山内説明員　税理士法の立場から申しますと、いまおっしゃったような、具体的な事実上の二つの職域の間の利害の調整までは及びがたいと考えておる次第です。

○佐藤(観)委員　法律上はそれはそうだけれども、少なくともあなたのところは税理士業務を正しい方向に発展させる、あるいは、悪いものだったら行政措置をする責任があるわけだ。それで私は、税務業務は、税理士会が将来一手に引き受ける制度でなければいけないし、公認会計士は、私は報酬の取り方にしても、私見ですが、公認会計士協会として被監査会社からもらい、そして職域は監査だけに限るべきだ。そのかわり、当然これは今後銀行も入ってくるし、保険会社も入ってくるし、いろいろこれから、年度が違いますけれども、入ってくるわけですから、広がるわけですね。さらに、いま五億でいいといっているけれども、これが三億にならなければいかぬかもしれない。そういった意味で、監査専門家が公認会計士になってもらいたい。それだけ社会的な権威というか地位というか、法的に与えるべきだろう。また、司法修習所に見合うものを、国として公認会計士の質を向上させるために必要であろう、こう思うわけですよ。そういった意味で、私が先ほど特別利害関係を質問したのは、何も税理士会の立場だけに立って話をしているわけじゃないのです。

そこで、現状、この法律ができた場合に、監査法人がだんだんふえ、同じ公認会計士は、監査している法人はできないけれども、監査法人の中の別の人が税務をやるということがふえてきやせぬか。あるいは五億が社会的責任ということがいわれれば三億なり一億に下がっていくだろう。現に二年前に商法を改正するときに一億以上という話があったわけです。そういう面で、私はきわめて日本の税務行政の中で大きな柱である自主申告をささえてきた税理士がさらに発展するようにしなければいかぬ。その場合に、今度の法律は職域を圧迫することになるのではないか。だんだん公認会計士が監査法人となり、税務行政もやってしまうんじゃないかを心配しているわけです。それについて主税局総務課は、どういう見解を持っていらっしゃるか。ですから、影響ないだろうというお答えもあるでしょう。いや、これは税理士会にとってますます税理士の職域を圧迫することになるのではないかということもあるだろうし、逆に、公認会計士が税務から手が離れるのでますます税理士会は発展をするという見解もあるでしょう。どういう見解を持っているか。

○山内説明員　監査法人と公認会計士とは別ものであることは申し上げるまでもないわけでして、税理士としては監査法人は何ら相手にいたしておりません。したがいまして、個人の公認会計士がどんなところに所属をしておるかは一応いまのところは問わないで、すべて公認会計士の制度を設けて、それによって本来の税理士との調整を行なっているという形です。

今後どういうふうになると見込んでいるかということですが、実はわれわれのほうでは直接いままであまり深くタッチをしておりませんので、十分な事情はよくわかりませんが、従来から証券局から承っておるところによりますと、先ほど白鳥課長が申し上げたように、さしあたってはそれほど心配をする必要はないという情勢です。今後非常に大きな情勢の変化がございましたら、またあらためて証券局と相談をいたしつつ善処をしてまいりたいと考える次第です。

○**佐藤(観)委員**　結論的にはあまり影響がないのではないかというニュアンスにとれる御意見だと思うのです。いまの公認会計士が、何を言われているかというと、財界の人に言わせると、あれは判こ代だと言われている。公認会計士が監査をするのは、証取監査ですら。こんなことでは私はいかぬと思うのです。しかも私も大蔵委員会で三共の問題をやった。そうしたら、三共は三カ月、権利停止を食いましたね。ところが、逆のことを言えば、財界側に言わせれば、むしろそういった処分を食った公認会計士のほうが、会社の言うなりになるのだ、したがっていいんだという声も聞かれるわけです。私はこんなことじゃいかぬと思うのです。これからはだんだん一人の公認会計士というよりも監査法人というグループにしていこうという方向にあると思うのですが、その点はよろしゅうございますか。

○**白鳥説明員**　おっしゃるとおり、私ども監査法人の制度を設立しまして以来、組織的監査の推進ということで、監査法人の設立あるいはその充実について指導しております。特に企業の規模が大きくなり、経理の状態が複雑になってまいりますと、組織的な監査でございませんと充実した監査ができない。おっしゃるような独立性の問題ももちろんございますけれども、監査の内容も、非常に複雑化し、高度化してくる現状に対処しまして、法人化、組織化を進めていこうと考えておることは、御指摘のとおりでございます。

○**佐藤(観)委員**　いま言われたように、これからは公認会計士一人というよりも、監査法人という形にだんだんなっていくだろう。特にアメリカとかの情勢を見てみますと、公認会計士を何百人とかかえる監査法人ができてくるわけです。それは、監査を適めるという意味では、形式的には私は正しいと思うのです。形式的にというのは、内容は、いわゆる企業会計原則の変更が実質的に粉飾決算を公認しているような形になると私は思うのです。

そこで問題になってくるのは、現在二つばかりあると私は思うのです。税理士会との関係において、監査法人がふえてくると、いま論及しましたように、監査法人のAという人は監査をやる、同じ監査法人のBという人は税務をやる、これは何ら法的には妨げられるものではない、したがって、これはできるということ。それから、五億がだんだん三億とだんだん〔引き下げられて〕くるだろうということも考えられるわけです。こういった面からいって、しかも内部的には、ある監査法人に頼めば、大体税務のほうも、いずれは同じ監査法人の公認会計士がやることになるではないか。こういったことで、私は、税理士の職域がだんだん公認会計士に奪われていくことになりはしないかという心配をしているわけです。それについて再度大臣の御答弁をいただきたいわけです。

○**田中(伊)国務大臣**　端的に申しまして五億以上と限っておるわけです。五億以上に限っておるから、影響もいま言ったように一定の限度が出ないのではないか、こう考えております。

○**佐藤(観)委員**　たとえば、ある会社が、いままでは税理士さんに頼んでいたけれども、今度は証取監査ということになれば、新たに公認会計士なり監査法人を入れなければならないわけですね。そうなってくると、新たに入れるところが、どうせやってもらうなら税も公認会計士さんにやってもらってくださいよということで、税理士が追われる立場になるだろうということなのです。それについてはいかがですか。

○**川島政府委員**　いろいろ御心配の点、問題が全くないとはいえないと思います。そういった点につきましては大蔵当局からもさらに実情を詳しく承りまして、考えてみたいと思いますが、現在この法案を提出するに至りました段階におきましては、いろいろそういう問題がありましたので、一億を五億に上げるという配慮もしたわけでして、さらにこれ以上考えてみろということであれば、研究はさせていただきたいと思います。

○**横山委員**　佐藤君が提起している問題は第一のポイントなんですよ。これは、一億だ三億だ五億だと、バナナのたたき売りみたいですが、それにはそれなりの政治的配慮があったと思うのです。何が五億にきめた判断かというと、おそらく政治的判断と知っているのです。けれども、きめるときに政治的判断であっても、ここではそうはなかなかまいらぬのです。論理の上からは四億九千九百九十九万円の資本金だったら問題はないのか、そうすると五億円を突破するかしないかが、これから企業の相当大きな判断の材料になりますね。四億円の会社と六億円の会社とどのくらいの違いがあるかというと、そんなにありはしませんよ。ですから、もう少し筋の通ったことでなくてはいかぬのではないかと提起をしたいのです。だから、いま佐藤君が言うように、五億ときめるということは、従来の政治的考慮からいうと、まあ抵抗があるから五億にきめたのだから、この次には三億にする、この次には一億にするという可能性を持っておるというのが問題提起なんですけれども、同時に五億円という根拠は何もありはせぬのですから、むしろ上場と非上場に分けたほうがいい。監査を強化しなければならぬという根本論理とは、大衆株主の利益を守ることです。非上場会社は大衆株主はありません、上場してないのですから。なぜわれわれがこういう監査をやらなければならぬかという発想の原点に立てば、五億がいいか十億がいいかではなくて、上場がいいか非上場がいいか、こういう発想からの原点へ戻らなければならぬ、これが第二の私どもの提起しているポイントですから、そのように一ぺんお考えを願っておきたい。

○川島政府委員　いま上場がよいか非上場がよいかということがございましたが、そういう問題についてわれわれも検討したことがございますので、一言御参考に申し上げておきたいと思います。

御承知のように、上場会社の大部分は五億以上になっておりますけれども、一億以下で上場という会社もございますし、五億以下もさがせば幾らもありますが、大部分が五億以上です。商法の立場としますと、資本金ではっきり区別することが法律関係を明確にするということで好ましいわけです。上場されるかどうかは、個々の会社と証券取引所との間の関係でして、任意に上場をやめるとか上場するとかいうことが起こり得るわけですので、そういうことによって会社の組織法が変わることは、非常に不安定な法律関係を生ずることになります。

それからもう一つ、資本金五億といいますとかなりの大会社でして、たとえ非上場でしても、その会社の業務の執行が社会に及ぼす影響は非常に大きいわけです。そういう会社を非上場なるがゆえに会計監査人の監査を行なわないということは適当ではなかろう、こういうようなことで、この案のような方針を立てたわけでございます。

○佐藤（観）委員　いつまでたっても見解は違うようでありますが、私見になりますけれども、公認会計士協会、公認会計士は当然監査専門業となるべきである。税理士は税務代行業務である。ですから私の頭の中では、税理士会と公認会計士協会の将来を描いているわけです。現実には公認会計士協会と税理士会がいま言ったような問題で見解の相違があるわけです。今後の税理士会、税理士業務の拡大の問題、あるいは公認会計士の今後のあり方の問題、こういったものも法務省として今後も研究をしてもらう。私自身も今後も監視をしていきたい、こういうことで、特別利害関係の問題についてはとりあえずここまでにしたいと思うのです。

衆議院　法務委員会議録第二十九号

昭和四十八年六月五日（火曜日）

出席委員

委員長　中垣　國男君

理事　大竹　太郎君　理事　小島　徹三君

理事　谷川　和穗君　理事　福永　健司君

理事　古屋　亨君　理事　稲葉　誠一君

理事　横山　利秋君　理事　青柳　盛雄君

井出一太郎君　植木庚子郎君

住　栄作君　早川　崇君

松沢　雄蔵君　三池　信君

水田三喜男君　保岡　興治君

八百板　正君　正森　成二君

沖本　泰幸君　山田　太郎君

出席国務大臣

法務大臣　田中伊三次君

出席政府委員

法務省民事局長　川島　一郎君

委員外の出席者

法務省民事局参事官　田辺　明君

大蔵省証券局企業財務課長　白鳥　正人君

（ほか略）

本日の会議に付した案件

参考人出頭要求に関する件

商法の一部を改正する法律案（内閣提出第一〇二号）

株式会社の監査等に関する商法の特例に関する法律案（内閣提出第一〇三号）

商法の一部を改正する法律等の施行に伴う関係法律の整理等に関する法律案（内閣提出第一〇四号）

○中垣委員長　これより会議を開きます。

内閣提出、商法の一部を改正する法律案、株式会社の監査等に関する商法の特例に関する法律案及び商法の一部を改正する法律等の施行に伴う関係法律の整理等に関する法律案、以上三法律案を一括議題といたします。

質疑の申し出がありますので、これを許します。

○正森委員　それでは、私から商法改正に伴って企業のあり方、その社会責任について、あるいは企業会計原則の修正と商法との関係について、あるいは監査役や会計監査人の業務監査等について、これから質問いたしたいというように思います。

○正森委員 今度の商法の改正では商法三十二条に「商業帳簿ノ作成ニ関スル規定ノ解釈ニ付テハ公正ナル会計慣行ヲ斟酌スベシ」という文言が新たに入れられたことは御承知のとおりでございます。また企業会計原則というものがございましたが、その企業会計原則について企業会計原則修正案が、大蔵省の企業会計審議会報告として昭和四十四年十二月十六日にできております。そこで、もし商法改正が通ればこの案〔企業会計原則修正案〕というしっぽはちぎれて、修正企業会計原則になると承ってよろしいか。

○白鳥説明員 お説のとおり企業会計原則修正案が昭和四十四年十二月十六日にできております。これは商法改正が実現した場合に企業会計審議会において所要の手続を経て企業会計原則として確定する予定になっております。

○正森委員 私がいま読み上げました商法三十二条の「商業帳簿ノ作成ニ関スル規定ノ解釈ニ付テハ公正ナル会計慣行ヲ斟酌スベシ」というのは企業会計原則の修正案とどういう関係にあるのか、違うとすればどこが違うのか御説明を承りたいと思います。

○川島政府委員 仰せのように商法改正案では、第三十二条の規定を改正して、その二項に「商業帳簿ノ作成ニ関スル規定ノ解釈ニ付テハ公正ナル会計慣行ヲ斟酌スベシ」こういう規定が設けられます。この規定は、商業帳簿の作成は、一応商法に原則的な規定が幾つかあるわけですが、それだけでは必ずしも商業帳簿作成の場合にあたり、いろいろこまかい問題が出てまいりますので、そういった場合に公正なる会計慣行をしんしゃくして商業帳簿を作成せよ、こういう趣旨です。

企業会計原則との関係ですが、企業会計原則は、もともとは昭和二十四年に経済安定本部の企業会計制度対策調査会がつくったものでして、その当時の企業会計原則の前文によりますと、企業会計の実務の中に慣習として発達したものの中から一般に公正妥当と認められるところを要約したものといわれております。そうであるとしますと、企業会計原則は、公正な会計慣行を具体的にまとめたものであると言えようかと思います。したがって、商法の三十二条の二項、これができました場合、企業会計原則は、その規定によるところの「公正ナル会計慣行」と内容的には一致することになろうと思います。

○正森委員 内容的には基本的に一致するというお考えですが、そうすると、現在は企業会計原則修正案になっておって、修正企業会計原則にはなっておらない、企業会計原則が別にあるとなれば、「公正ナル会計慣行」にも変動があって、企業会計原則では商法にうまくマッチしないから、それで企業会計原則の修正案になってきたんじゃなかろうか。なぜそうする必要があったんだろうかという点が問題になるわけです。したがって、なぜ変えなければならなかったのかという疑問は依然として残る。なぜ変えたのか、どこを中心に変えたのか、まず政府側からお答え願いたい。

○白鳥説明員 商法と企業会計原則の関係は、ただいま法務省の川島民事局長からお答えしたとおりですが、現在、企業会計原則と商法との間には、必ずしも完全に一致しているところがないこともございますし、そもそも企業会計原則は、川島民事局長からの御答弁にございましたように、企業会計の実務の中に慣習として発達したものの中から一般に公正妥当と思われるものを要約したものでして、一般の会計の実務の慣習は日々生々発展するものでして、そのときどきによって動いているものです。そこで、これは一つの法律とか規則で画一的に縛りつけるような性格のものではございません。非常に流動的な性格のものです。そこで、商法がこの一般に公正妥当な会計慣行をしんしゃくすることになりますと、商法との間に企業会計原則の解釈をめぐって紛糾が起こってはならないので、この点の誤解をなくする、混乱を避ける、こういう意味で企業会計原則に所要の修正を施したわけです。

おもな修正点と申しますと、第一点は、継続性の原則です。企業会計原則の一般原則の中に七つの原則がございますが、その第五原則で、継続性の原則という規定がございます。これは会計処理の手続を毎期継続して適用しなければいけない、みだりに変更してはならないという規定です。この規定につきまして、現在の企業会計原則におきましては、「企業会計は、その処理の原則及び手続を毎期継続して適用し、みだりにこれを変更してはならない。」そのあとに、後段としまして、「正当な理由によって、会計処理の原則又は手続に重要な変更を加えたときは、これを財務諸表に注記しなければならない。」こういうふうな書き方になっております。修正案におきましては、この後段を削除しまして、これを注解のほうに移しております。これは、本来、原則とは、注記の問題のような技術的、手続的な問題を原則の中に入れるのは不適当ではないかということで、中身を注解のほうに移して、さらにその理由とか注記のしかたとか、そういうものを詳しく書きまして、これを注解のほうに移した、こういうことです。実質的には変更はございません。

次に、第二の修正点は、貸借対照表の資本の部の表示です。ここに従来は、資本剰余金と利益剰余金とを区分表示しておりました。修正案は、これを資本準備金、利益準備金、それからその他の剰余金、こういう区分表示にしたわけです。これが第二点の修正点です。

第三点は、損益計算書の形式です。現在の企業会計原則は、損益計算書のほかに利益剰余金計算書がございます。損益計算書そのものはいわゆる当期業績主義によって通常の営業活動から生ずる利益金を計算する形になっております。ところが、現在でも、この損益計算書に続けまして、利益剰余金計算書をつけ加えまして、いわゆる通常損益並びに利益剰余金結合計算書と申しておりますが、そういう形で発表する形式、慣行ができ上がっております。そういった点も考慮しまして、また、商法上の考え方である包括主義を取り入れまして、包括主義による損益計算書に改めております。ただ、その場合に、当期業績主義による計算も明らかにすることが望ましいのではないか、こういう考え方から、損益計算書を四つの区分に分けてございます。第一が営業損益計算書、第二が経常損益計算書、第三が純損益計算書、第四が未処分損益計算書、こういう四つの区分に分けまして、営業損益計算は、通常の販売活動から生じたいわゆる営業利益を出すための部分です。経常損益計算は、そのほかのいわゆる営業外収益、営業外費用、こういうものを計算を加えまして、通常の経常利益を出すわけです。そうしてここまでの区分が、現行の企業会計原則による当期業績主義による当期純利益です。

その次に、第三の段階として、純損益計算を乗せまして、ここには特別利益、特別損失、つまり前年の損益計算の修正を行なう、あるいは災害損失とかそういった臨時の損失あるいは利益が出てきた場合にこれを処理する形で当期純利益を出す、これが包括主義による当期純利益が出てくるわけです。そのあと最後の未処分損益計算で、未処分の特定引当金の増減を行ないまして、当期未処分利益を出す、こういうような手続になっているわけです。現行の損益計算書の形式で申しますと、あとの純損益計算と未処分損益計算は、現在の利益剰余金計算書に相当するわけです。

最後に第四点のおもな修正点です。特定引当金の記載方法があります。これは、修正案の本文ではございません、註解の中に書いてございますが、商法二百八十七条の二に定めております特定引当金、こういったものは従来の会計原則からいって評価性引当金とか負債性引当金とは別の形の引当金になりますので、そういったもので特に法令で計上を認められているものは、特別な記載方法をはっきりと明示しております。つまり特定引当金への繰り入れ額あるいはそれからの取りくずし額、こういったものは損益計算書では、先ほど申し上げましたように、その四区分のうちの一番最後の未処分損益計算の区分に記載される、つまり当期の純損益計算からははっきりと区分することを明示しているわけです。

それから、その特定引当金の残高は貸借対照表の中で負債の部に、流動負債でもなく固定負債でもない、特定引当金という新たな部を設けまして、そこに本来の負債とは区別して記載することにしたわけです。

以上の四点が企業会計原則の修正案のおもな修正点です。

○正森委員　企業会計原則の修正案で四つほど変わったうちの第一に、継続性の原則がございます。企業会計原則の修正案を見ますと、一般原則の五のところは、非常に簡単にして注3に出ておりますね。「企業会計上継続性が問題とされるのは、一つの会計事実について正当と認められる二つ以上の会計処理の原則又は手続が存する場合である。このような場合に、企業が選択した会計処理の原則及び手続を毎期継続して適用しないときは、同一の会計事実について異なる利益額が算出されることになり、財務諸表の期間比較を困難ならしめ、この結果、企業の財務内容に関する利害関係者の判断を誤らしめることになる。したがって、いったん採用した会計処理の原則又は手続について重要な変更が行なわれた場合には、変更が行なわれた旨及びその変更が財務諸表に与えている影響額を当該財務諸表に注記しなければならない。」

もとの企業会計原則の一般原則の五と比較して一番大きな違いはどこだろうかと思うと、前のところには「正当な理由によって、会計処理の原則又は手続に重要な変更を加えたときは、これを財務諸表に注記しなければならない。」こうなっておりましたね。「正当な理由によって、」という文言が入っております。今回は「正当な理由によって、」というのが削られております。したがって、正当な理由がなくてもこれは企業の必要によって変更することができることになると思うのです。少なくとも文言上はそういうことになる。いままでは正当な理由がなければ変えられなかった会計処理の方法が、今回は企業の必要によって正当な理由がなくても変えられることになることは解釈上当然だと思いますが、なぜお変えになったのか伺いたい。

○白鳥説明員　注解のほうの文言の頭には正当な理由によってということばが入っておりません。現行の企業会計原則において、この「正当な理由によって、」ということばが入っておりますのは本文の中に続けて書いてございます。前段のほうに、会計の処理手続は毎期継続して適用して、これをみだりに変更してはならない。このみだりに変更してはならないということばを受けまして、これに対応することばとして正当な理由によってこれを変更したときには注記しなさい、こういう形になっております。

このみだりに変更してはならないという「みだりに」ということばは、修正後の企業会計原則にも残っているわけでございます。ただ、これを注解に落としました関係上、注解の中で詳しく説明している文言は、この変更がどういう場合に問題が生ずるかというような、あるいはその変更についての注記をする場合には影響額も書きなさいというふうに詳しく書く、こういう目的で細目的な規定ということで注3に書いてあるわけです。この場合にもみだりにということばが生きておって、決して正当な理由がなくても変更していいという趣旨ではございません。この辺はいろいろな書物で確かに、正当な理由を削ったことによって、どんな変更をしてもいいんだという議論がされておりますが、そういうふうには考えておりません。みだりに変更するとは、ゆえなくして変更する、正当な理由なくして変更することです。そういう変更があった場合には、もちろんこの会計原則のみだりに変更してはならないに抵触すると考えております。

○正森委員　それほどおっしゃるなら、なぜ、前のところには「みだりに」のほかに正当な理由なくしてが入っており、今度は正当な理由なくしてが注記の中にすら入っていないのか。注は細目的な部分だからというのであれば、なぜ本文に残しておかないのか。これは明らかに、正当な理由がなくても企業の必要によっては継続性の原則を変更してもいいんだという含みがあるからにほかならない。ですから、もし大蔵省がおっしゃるようなのであれば、企業会計原則の修正案をさらに修正されれば、人から痛くもない腹を探られずに済む。いかがですか。

○白鳥説明員　もし、正当な理由ということを削って、どんな変更があってもいいんだということになり……。（正森委員「私はどんな変更があってもいいとは言っておりません」と呼ぶ）「みだりに」ということばまで削るのであれば、これはそういうことになるかと思いますが、むしろこの変更の重要な点は、先ほどの注解の最後にございます注記の方法でして、変更が行なわれた場合に、その旨及びその影響額をはっきり注記しなさい、こういうことによりまして、影響額を見れば、どういう変更が行なわれて、そのためにどういうふうに前期と本期との間で金額の影響があったのか、利益がどれだけ変わったのかがはっきりわかるように注記させる。この点にポイントがある。そういう意味で修正案は改善されているんだとお考えいただきたいと思います。

○正森委員　この注3に書いてある「影響額を当該財務諸表に注記しなければならない。」というのは変更したその年だけに限られるのか、それとも五年、十年と相当長期にわたって書くことまで義務づけられているのか。いかがですか。

○白鳥説明員　ある事業年度から次の事業年度に会計処理の方法を変更したとしますと、その前年度との比較の間に利益について誤解を生じやすい点が出てきます。したがいまして、その変更が行なわれた年ははっきりとその影響額を注記してもらうことになります。で、次の年度もその変更を行なったままなら、今度はそこからまた継続性が出てくるわけですが、同じ処理をやっていたとすれば、これはその年度と前の年度との比較は容易にできるから特に注記は必要でない。もちろんその年度にまた違う処理をしたときには当然注記が要るわけですが、その変更が行なわれた年度だけに注記を行なえばよい、こういうことです。

○正森委員　そうですね。

これは運輸委員会における昭和四十八年五月十一日の速記録です。運輸委員会で紺野委員がこういう質問をしておる。三十六年から減価償却の方法を定額から定率法に改めた。三十九年には取りかえ資産に半額法、四十年と四十六年には耐用年数について の大幅な変更をしたというふうに、償却制度を三十六年から大きく変えてきておる。定額から定率に変え、たとえば新幹線の車両について大体いままで十三年だったのを十年ぐらいに耐用年数を少なくしておる。そしてその結果、三十六年と三十七年の比較だけでは非常に不十分なんで、もし三十六年の償却方法で続いたとすれば、どれくらい新しい償却制度と違ってくるかというと、実に五千六百三十六億円、これは概算ですが、それだけ償却が多くなり、したがって赤字がふえておる。これは国鉄の累積赤字七千九百九十六億円の約七割に当たります。これは一年ぐらい注記しただけではわからなかったことである。長年こういうことをやってきたために、赤字だ赤字だといわれておるけれども、それはたまたま企業会計原則の継続性の原則を変えたためにこういうぐあいに内部留保が多くなってきたんだということになります。そうだとすれば、あなたがおっしゃるようにこれは改善ですと言って胸を張られるほどのことはないんで、一年ぐらい書いてもらったってこれはよくわからない。国鉄はいま赤字だから値上げをするということで、できるだけ運賃の値上げをしたいからそういうことになる。あるいはこれは赤字を隠したいのであれば定額法に戻る、償却年数を長くするでしょう。したがって、この継続性の原則の変更は企業の恣意的な営業政策に左右されるおそれが非常にあって、企業だけを考えれば、これは企業にとってはいいことかもしれないけれども、企業は損をしないように、株主に配当がちゃんとできるだけではだめなんで、企業が大きくなればなるほどその生産した財貨を国民に対してあるいは社会に対してどう配分するかを考えなければならないと思うのです。

こういう「正当な理由によって」という文言を削ったまま、あるいはむしろ削ることによって商法三十二条の中に包括規定としてもぐり込ませようとするという考え方は、著しく企業の恣意的な会計操作を許すものではないかと思います。事実国鉄ではすでにそうなっておるのですね。それについて御見解を承りたい。

○**田中(伊)国務大臣**　みだりに変更を許さずという、この趣旨の条文が生きておるものだとしますと、これで一応の目的を達するのではなかろうか、こう考えるのです。ただ、しかし、先生仰せのことを参考に考えてみるということ、この規定の技術的な面においては幾らか問題なしとしない状況も考えられますが、このみだりに変更を許さずとの原則は生きておるのだという見解に立ちますと、これでよいのではなかろうかと考えるのです。

○**白鳥説明員**　毎年継続して注記すべきではないかという御趣旨の御意見ですが、長年の間に何回か変更が行なわれますと、それを全部一つの事業年度の財務諸表にこまかく注記を書くとかえって読みづらくなるのではなかろうかと思います。長期的な財務の流れを見るときにはむしろ毎年度の財務諸表を並べて比較するわけです。そこでその継ぎ目のところ、つまり変更の行なわれたところに注記がございますれば、それでこういうふうに変わったということがはっきりわかるわけです。注記が全然ございませんと内容を全部分析をしなければならないので非常にわずらわしいわけです。また証取法には有価証券報告書には五年間の財務諸表をまとめて出すことになっておりますので、その辺は御心配のようなことはないのではないかと思います。

○**正森委員**　頭がよくて専門家なら、十年も並べておおここに注記があったということで計算をされるでしょうし、役人なら、変えなかった前ので調べたらどうなるのだと聞けるでしょうが、一般の者はわからないのだから、「正当な理由」を削らないほうが監督もしやすいし、いいだろうというのは、会計にはしろうとの法律家的発想からすれば非常に明らかだというように私は思いますね。

そこに同じく運輸委員会での五月十一日の質問を見ますと、こういう会計原則が変えられたについては必ずその会社の大きな営業方針が変わっておる年なんです。たとえば昭和三十六年は国鉄の第二次五カ年計画が発足した年なんですね。そこで新しい設備投資が必要だというので旅客と貨物の一二%の運賃値上げが行なわれた年なんです。そこで運賃は値上げするわ償却制度は変えてうんとこさ内部留保を多くすることになる。昭和四十一年の大幅な値上げ、旅客三一・二%、貨物一二・三%という値上げをやった。償却制度も多少変わった。これはどういう年かといえば、第三次長期計画が始まった年なんです。こういうのとからんで変えることになっておるのですね。だから、正当な理由といえるのかどうか知れないけれども、企業の目的のために変えておる。こうなれば、この商法の改正は決して手放しで改正といえるものではなしに、企業の目的に沿うような、そのためにわざわざ企業会計原則を修正した上で、それを商法の三十二条ですべり込ませるという手の込んだことをやったという世間の非難は、まんざら火のないところに煙はたたないとは言えないと思うのですね。

いろいろありますが、三番目の原則のところで四つあげて、未処分損益計算のところに特定引当金がある。四番目の大きな項目で、特定引当金の記載方法を注解のところで記載しておりますと、こういうように言っておられます。これはおそらく、私はよく存じませんが、注解の14ないし18のことをさしておられるだろうと思いますが、そう伺ってよろしいか。

○**白鳥説明員**　おっしゃるとおりです。

○**正森委員**　そうしますと、この14ないし18を見ますと、「負債性引当金以外の引当金について」となっておって、「負債性引当金以外の引当金を計上することが法令によって認められているときは、当該引当金の繰入額又は取崩額は未処分損益計算の区分に記載する。なお、これらの引当金の残高については、貸借対照表の負債の部に特定引当金の部を設けて記載する。」。注の18を見ますと、「負債性引当金について」と書いてあって、「その年度の収益の負担に属する金額を負債性引当金として計上し、特定の引当金と区別しなければならない。」となっておって、それで「製品保証引当金、売上割戻引当金、景品費引当金、返品調整引当金、賞与引当金、工事補償引当金、退職給与引当金等がこれに該当する。」となっておる。しかもそのあとで、「負債性引当金は、金額は未確定であるが、その支出は確実に起ると予想されるものであるから、偶発損失についてこれを計上することはできない。」となっておりますけれども、一ぱいあげてある。そうすると、読んで明らかなように、これは負債性引当金だけをいっておるのじゃないのでしょうね。特定引当金とは。

○白鳥説明員　この企業会計原則の修正案で特定引当金と申しておりますのは、負債性引当金、つまりいま最後にお読みになりました注18であげております引当金、これは企業会計原則上も認められております。

それから評価性引当金がございます。減価償却引当金であるとか貸倒引当金がございますが、そういうものも会計理論上古くから認められている引当金です。そういう引当金以外のもので、法令で認められているものを特定引当金という名称で呼んでいるわけです。

○正森委員　いまの答えはお答えになっておらない。つまり負債性引当金、その繰り入れ額とは費用になるのでしょう。

○白鳥説明員　負債性引当金は費用に入ります。

○正森委員　特定引当金とは未処分損益計算の区分に記載される。形式上は違いますが、未処分の利益ということでは一致して、商法の決算書と証取法の決算書が統一されて特定引当金という名前で、商取引上も貸借対照表の負債の中に隠されるわけでしょう。

○白鳥説明員　おっしゃるとおり貸借対照表では負債の部に計上いたします。ただしこれは便宜的に負債の部に計上しているということでして、本来の負債とは明確に区別して、特定引当金という特別な部を設けて計上するということです。

なお損益計算書は、包括主義によるものあるいは当期業績主義によるもの、いずれにしても当期の利益にはかかわってきておりません。当期純利益を出したあとで、その未処分損益のところでこれを明確に区別して計上することになっております。

○正森委員　しかし特定引当金が貸借対照表の負債の中に計上されることは間違いない。そうすると未処分利益で本来利益であるものが、隠せば隠すほど外見上は負債が増大することに貸借対照表上はなる。これは明らかなことではありませんか。そうすれば、業務監査なんかやって粉飾決算、逆粉飾決算をなくするのが商法改正の大きな目的であるにもかかわらず、特定引当金という名前で、実際は未処分利益であるものが貸借対照表上の負債の中に入る。そういうようなことはしろうとの考え方からすれば、はなはだ奇異な感を抱く。そういうものをなぜ企業会計原則の修正案の中でわざわざ入れるのかと考えてみれば、これは大企業がいろいろもうけておる、この利益をどこへ隠そうかというのに明白に使われる材料であるといっても差しつかえないではありませんか。

○白鳥説明員　企業が自分の利益をできるだけ少なく見せて将来に備えようということで、いわゆる逆粉飾が最近非常に問題になってきております。しかしこの逆粉飾とは、厳密な意味では、財務諸表に全然あらわれてこない利益を隠匿してしまうわけです。秘密積み立て金のような形で。表に出てこないようなもので利益を隠しておる。それによってたとえば株主の増配を抑えるとか、あるいは利益の平準化の目的に使う。こういうことは非常に弊害のあることで、当然排除しなければならないことは言うまでもございません。

ところが、この特定引当金の場合には、はっきりと貸借対照表の部には特定引当金という明確に区分された部が設けられまして、それを見れば一目りょう然、どれだけの特定引当金を従来からあげているかもわかりますし、一方、損益計算書を見ますと、当期の純利益は、はっきりとこの特定引当金を控除する前の純利益が出ているわけです。しかも当期において特定引当金をどれだけ取りくずし、あるいはどれだけ取り入れたかも、はっきりと未処分損益計算の部に計上されるわけです。そういう点を明白に示しているという点で粉飾ということばには当たらないのではないか、こういうふうに思います。

○正森委員　そうすると租税特別措置法との関係で特定引当金がどういう扱いを受けるのか。それは明白に法人の税率がきちんと課せられるのか、それはどうですか。

○白鳥説明員　注解14に「負債性引当金以外の引当金を計上することが法令によって認められているとき」と書いてございます。租税特別措置法によって認められております引当金は、この法令によって認められている引当金に該当しますので、その繰り入れ額は、貸借対照表の部では特定引当金に計上され、損益計算書では未処分損益計算に入るわけです。

○正森委員　だからどうなるのですか。ずばりと答えてください。

○白鳥説明員　これは租税特別措置法によって損金に計上することを認めることになっております。これはあくまで税法上の問題でして、企業会計上の話です。

○正森委員　だから損金に計上されるから税金はか

からないのでしょう。

○白鳥説明員　税務行政上では、(佐藤(観)委員「特別措置だな」と呼ぶ) おっしゃるとおりです。そういう特別措置により損金処分を認める。ただしこれは利益金処分によって認めるということです。これを利益金処分によって行なった場合も税法上の損金として認める、こういうことです。

○正森委員　何か結局のところ税金がかからないことは事実でしょうが。そうすると、これは一体だれのための企業会計原則の修正であるかは非常にはっきりしておると思うのです。これはあなたをわずらわすまでもなく、経団連のパンフレットのナンバー一〇五、「企業会計原則修正案の解説」、七〇年の三月にお書きになっておる。その中で「経団連意見はほとんど九〇パーセントまで通っていると思います。その結果、こういう修正案ができたのだということを申し上げます」、堂々と九十点満点だと言って、喜び勇んで報告しているのです。そして「この点だけは何とか渋谷さん、居林さんにお願いし、がましてくださいといった結果がこんなふうになってきたわけです。そのかわり、まともな引当金というその引当金の解釈を少し拡大解釈しましょうという、そういう話をとりつけました。」どこで取りつけたのか知らぬが、「負債性引当金というものを厳密に解釈すると、これもだめ、あれもだめだということになるが、修正案では、これもいい、あれもいいというふうに、」いいですか、「これもいい、あれもいいというふうに、まともな引当金の概念というものを拡大することによって、そこのところを吸収しましょうということで目をつぶっていただいたのです。」だれに目をつぶってもろうたんや。「そこで、まともな費用というよりも、損失的なものの引当金計上ということもなるべく認めるようにしようという了解があったわけです。」こう言っておる。私どもは話を取りつけたとか、目をつぶっていただいたとか、了解があったとか、一体経団連はどこに対して目をつぶっていただき、了解してもらい、話を取りつけたのか。そういうことを堂々と経団連のパンフレットで言っている以上、大蔵省に問いたださないわけにはいかない。しかもそれを受けて経団連の居林次雄氏は、傘下企業を以下のように指導している。「企業会計原則修正案の補足説明」という経団連のパンフレットの中に明瞭に書いておる。「この際、有税で以ってでも会計原則が例示した負債性引当金を広く計上して、税法としてもこれを認めざるを得ないようにすることが必要であると思われる。したがって、この三月期決算以降において、各社が有税ででも引当てるという決心をしていただきたい。この場合、負債性引当金の計上額は、各社、各業界における過去の実績値(アフターサービス費を出した実績とか、売上割戻、売上値引をした実績値等)を参考として、今後の見通しを加えた額にすることになる。とくに長期延払いのものとか、長期の保障契約をしているようなものについては、手厚く引当金を計上することが必要であると思われる。」「手厚く」と、こう言っておるのです。いいですか。経団連の番頭である居林氏は、手厚く引当金を計上してくれ、この際広く計上して税法としてもこれを認めざるを得ないようにすることが必要であると思われる、実力行使をするということだ、それで税務署に、国税庁に認めさせるのだと書いておる。これを見ればあなたがいまきれいごとで言ったような、そんなものではなしに、企業会計原則の修正が、そしてそれを商法三十二条の中に引き入れることが一体だれの利益のためかは明らかではありませんか。

○白鳥説明員　拡大とおっしゃるわけですが、これは拡大ではございませんで、限度をはっきりさせたということです。注18におきまして、負債性引当金に該当するものはどういうものがあるかが書いてあるわけでして、「将来において特定の費用(又は収益の控除)たる支出が確実に起ると予想され、当該支出の原因となる事実が当期においてすでに存在しており、当該支出の金額を合理的に見積もることができる場合には、」そういう場合に負債性引当金として見積もることができる、そしてその例示として、「製品保証引当金、売上割戻引当金、景品費引当金、返品調整引当金、賞与引当金、工事補償引当金、退職給与引当金、」を例示しております。そしてそういうように確実に見積もられる、そしてその原因となる事実が当期においてすでに存在しておる、こういう条件をはっきりと規定しておるわけです。これはむしろ特定引当金を先ほど申し上げましたように貸借対照表においても損益計算書においてもはっきりと明確に計上するように規定したことにより、負債性引当金のほうに逃げてくるものがないように、その限界をはっきりと示して、こういうような条件に当てはまらないものは負債性引当金といってごまかすわけにはいきませんよということを明示しているわけです。居林さんのおっしゃるようにたっぷりということはとんでもないことです。

○正森委員　経団連のパンフレットの中での意見あるいは居林次雄氏の意見を読みましたように、少なくとも経団連関係ではそういうように理解しておるということは否定できないと思うんですね。そこでそういうものをすべり込ませるようなことを商法の改正で、いまこの企業の社会的責任が問われているときになぜなさる必要があるのか、また私どもがそういう問題提起をしても成立させるんだとお考えなのか、あるいはそれについても法律上の手当てであるいは行政指導上の手当てをなさらなければならないと思っておられるかどうか、大臣の御見解を承りたい。

○川島政府委員　その前に私から商法の改正案の考え方について一言申し上げておきたいと思います。

御承知のように、今回の商法の改正は、会計処理の原則、評価規定につきましては特段の改正を行なっていないわけです。ただ先ほど御指摘がありましたように、「商業帳簿ノ作成ニ関スル規定ノ解釈ニ付テハ公正ナル会計慣行ヲ斟酌スベシ、」こういう規定を置くことにしております。そこで、なぜこういう規定を置いたかですが、これは一つには商法の規定だけではすべてを尽くしておらない。したがって、規定のない点も、商業帳簿作成の目的から見て正しい処理を行なう必要があるというために、公正な慣行をしんしゃくせよと規定したわけですが、それともう一つ技術的な問題として関係のございますのは特例法との関係です。これは特例法におきましては、資本金五億円以上の株式会社に対しては決算期における計算書類につきまして株主総会前に公認会計士あるいは監査法人を実体とする会計監査人の監査を受けさせることにしております。そしてこの五億以上の会社の中には、現在証取法の監査の必要のある会社がかなり含まれておるわけです。ところで証取法の監査におきましては現在おおむね企業会計原則によって処理しております。それに対しまして、商法のほうでは商法自体の原則によって処理しなければならないことになっておりまして、同じ会社に対して商法上の監査と証取法上の監査と監査の基準が食い違ったのではぐあいが悪い、二重手間になる点も考慮して、なるべく両者の会計処理の基準を同一にしようということで、公正なる会計慣行、これは現在の考えております企業会計原則におおむね一致するものであろうというところからこういう規定を設けますと同時に、今後商法の規定に抵触することがないようにさらに企業会計原則を再検討して、修正すべきものは修正していこう、こういう話になってきたわけでして、商法の立場から申しますと、商法の規定しております会計の処理の方法、それを適正に行なうためにさらに企業会計原則も十分な御考慮をお願いしておるわけです。

○田中(伊)国務大臣　いま局長から説明をしました公正な慣行が、企業会計原則の改正されましたものとそりを合わして矛盾をしないように運用をしていくことがたいへん大事なことである、こう考えます。いろいろ御意見を伺いました点を念頭に置きまして、この方針でひとつやっていきたい、そういう意味で商法改正のねらいとしております公正なる慣行という点に御理解をいただきたいと思います。

○正森委員　御理解できないからいまいろいろ伺っている。それで、企業会計原則の修正案は非常な問題点を含んでおる、また現実にも問題を起こすことを申し上げたわけで、私の疑問を解消させるには至っておらない。

「公正ナル会計慣行」、慣行と慣習とは違いますね。民法九十二条では「慣習」ということばを使っておりますが、それをわざわざ「慣行」としておられる。これはいかなる理由によるものであるか。

○田辺説明員　先生のお尋ねは、三十二条二項の慣行としんしゃくの関係だろうと思います。

おっしゃる慣行とは、民法で申します慣習、これとほぼ似た概念と考えておりますけれども、会計の世界で行なわれているならわしを表現したつもりです。ただ単純に行なわれている慣習、ならわしではございませんので、それが商法から見て公正なものであると考える場合のならわしを組み入れて判断しろ、こういう表現です。先ほど来の御質問で、私どもも全く会計的にしろうとですので、御指摘の点が非常にむずかしい問題を含んでおりますけれども、商法側から申しますと、この「会計慣行ヲ斟酌スベシ」という表現をいたしましたところに、先ほど来先生の御追及になる問題点を解決したつもりでおるわけです。

問題は継続性の原則に始まり、引き当て金の問題と発展しております。商法の考えから申しますと、継続性の原則とは商法上は明確にそれをうたっていない、ただ計算書類の表示の面で、私どもの概念の省令の中でこの修正案に出ておると同様にいままで使っておりました会計処理の方法を変えたときにはそれを明らかに注記しろ、こういう規定を持っております。その考え方は実は継続性の原則で先生が例にあげられました固定資産の償却の方法について、たとえば定率法と定額法という二つの方法が行なわれておる、商法の側は条文上は相当の償却をしなければならないという条文になっております。そこで商法は実際上の会計の慣行をながめて、その慣行で使われている二つの方法を、いずれも適法なものとして扱っている、こういうたてまえです。したがって、適法な方法のいずれをとるかは、それぞれの企業の実情に応じて行なわれることであり、かりにその方法を変更しても、それは法律が、たとえば二つの尺度を認めておるというところに問題があるわけです。したがって、ある一つの尺度からもう一つの尺度に移るということは、最終的にはその会社の計算結果を判断する株主の判断にゆだねよう。しかし、それは株主にとっては明らかにわかりませんから、これを変更しましたということだけは明確にしておく、そういう趣旨で商法は成り立っておるわけです。会計原則の修正の問題でもその立場は貫かれておりまして、現行の省令よりも詳しく、つまり、現行の省令ではものさしを変えたことだけを示せばいいものを、今後の改正ではおそらく、ものさしを変えた結果、前のものさしで計算した額と、新しいものさしで計算した額の差額をも書かせようという方向に改正が行なわれると考えております。

それから、第二点の引き当て金の問題ですが、御存じのように、商法は二百八十七条ノ二で引き当て金を規定しております。この商法の規定する引き当て金は、非常に範囲の広いものです。と申しますのは、任意の規定で、企業は必ず商法二百八十七条ノ二の引き当て金を計上しなければならないというたてまえになっていない。会計で先ほど来御議論になる負債性引き当て金も含めて、利益性引き当て金も入り得るような余地のある法文になっているわけです。商法から見ますと、たとえば退職給与引き当て金は、負債と考えております。巷間退職金を引き当て金という名目であげておりますのは、商法からいえば、これは必ず計上しなければならないもの、こう考えるわけです。そういう意味合いで、商法の考えているものは非常に広いものだ。広いものですけれども、御指摘のように、これを計上することによって利益に影響いたします。株主から見ますと、そのようなものを計上しなくていいという結論を下してもちっとも差しつかえない。それを計上しないで、むしろ配当に回すべきだという修正の権限を持っているものである。こう考えるわけです。したがって、今回の会計原則の修正でも、商法から見ますとどうしても計上しなければならないものは、当然計上させるけれども、企業に任意とされており、しかもその性格が利益を留保する性格のものは、株主に十分な情報を与えるように、配慮されていると思います。そうして、会計慣行が、利益性のものをより多くとるという方向に向かう場合に、それが公正なものかどうかの判断は、やはり商法独自でやらざるを得ない。かりに会計原則をもう一度修正して、御指摘のような広いものに広がっていった場合に、株主に対する公示の方法も不十分となれば、商法から考えれば、かりにそういう修正が行なわれても、それは公正な慣行とは認め得ないという結論が出る場合がございます。そういう配慮がございまして、会計学者は非常に不満であったわけですが、つまりしんしゃく規定ではなくして、公正な会計慣行によれという、準拠すべしあるいは依拠すべしという表現を主張したわけですが、法律の上からは、それはしんしゃくということばで、大いに判断の材料とするけれども、そのものによれという表現は避けたわけです。そういたしませんと、会計原則の修正、つまり政府の行政審議会の結論によって法律改正が行なわれるようなことになってはならない。そういう配慮があったわけです。この条項の考え方は、以上の考え方をしております。

○正森委員　あなたが座談会でおっしゃっている真意がよくわかった。しかし、私どもが同じく学者の言っているのを聞きますと、慣習と慣行は違う。また、慣行とは現にあるものだけを扱うというのではないのだ。慣行とは時間的にも慣習のように長く継続しておる必要はないし、場所的にも広い地域で行なわれている必要はない。あるいはまた、いまたとえば定額法、定率法と二つの方法がありますけれども、その会計原則として新しい、より公正なものがあらわれてくる、あるいは償却制度にかかわらずいろいろなものが出てくる場合には、取り得る余地を残して会計慣行をしんしゃくすべし、こういうようになっておるのだという学者もございますね。そうだとすると、一行政庁の企業会計原則の修正によって商法の立場が公正でなくなることはないと言われましたが、今度は逆に、一部の企業でこれは慣行だということが出てくる、あるいは慣行にする、それもまた慣行たり得る余地があると学者は言っておりますから、そうだとすると、よほどこの点はよく考えないと、非常に有力な企業が、これはもう慣行としてしんしゃくされてしかるべきなんだとやってくる場合もあり得るのです。それに対する歯どめは、それが公正なる会計慣行をしんしゃくしたものであるかどうかで、裁判所が判断すると学者は言っておりますね。ですから慣行を、もし慣習と違ってそう解釈するとすれば、私が言った心配も起こってくるというように思いますが、それについて見解を承ればけっこうです。

○田辺説明員　学者の議論は、このしんしゃく規定を設けた経緯からいって、慣行に縛っておくと、新しい方法が出現したときにそれによれなくなっては困る、こういう主張なんですが、実はそれは私の主張でして、この背景は御指摘のとおりなんです。慣行といいますと、ある程度の時間的なつながりが必要ではなかろうか、ならわしは繰り返される、特にある一企業のみである事柄を案出しましても、それは一般にならわしとはいわないであろう、こういう考えから慣行ということばを使いました。しかし、それを慣習と表現しても、私は同じことになろうかと思います。このポイントは慣行にこだわることはないんだ、それが実は会計の新法につながるだろう、ある新しい学説が突然出てまいりましても、それが商法からながめて公正なものなら堂々とそれによってよろしいという考え方を示しておるものです。したがって、ある企業が突然新しい方法を案出したとしても、これはおそらく慣行とはいえないと思います。そこで、その企業がその方法を採用したことは、最終的には裁判所の判断によりますけれども、当面の決算の上ではそれが商法でいっているような公正な会計慣行に準ずるものである、あるいは公正なものであるとみずから立証しなければならないと思います。その立証によって監査役なり公認会計士を納得できなければ、それはやはり会計士なり監査役の意見としては不適法だという判断を受ける余地は十分あるのだ、つまり、新しいものを使うときにはそれだけの覚悟をしろということをこの条文はいっている、そういうふうに考えております。

○正森委員　いま企業の社会的責任を論じている場合に、いままでは株主の保護、債権者の保護、取引先の保護が中心でした。しかし、現在の資本金数千億円という企業が出てまいると、それだけでは足りないので、その企業と一般庶民とのかかわり合いが、考えの中にのぼってこなければならないのじゃないかと思うのです。その場合に、監査役の権限強化だけで済むか、あるいは取締役会、総会をもう少し実のあるものにしなければいけないとか、いろいろな点がございますが、たとえば総会については、総会屋の横行は目に余るものがあると大新聞の社説も指摘しておるわけです。少し古いですが、昭和四十五年三月に朝日新聞が特集したものですけれども、総会屋が「『これほど簡単にもうかる商売は、なかなかやめられないよ』。」というておる。これが昭和四十五年三月十一日の「総会屋と会社」という朝日新聞に載っておるところです。大体総会屋にも与党と野党があるらしく、名の売れた総会屋は与党になってしこたまもらう。かけ出しは野党になっていちゃもんをつける。しかし、それでも何がしかありつけるので大いにやっておる。総会の進行係はもらいはうんと大きいと書いてあるんですね。そして、昭和四十五年三月十日の朝日の記事によると、活動している会社ゴロは千五百人ほどと警視庁は見ている。——ついこの間も「批判の中、四大商社も株主総会」ということで、これを見ると、たとえば三井物産の例をあげると、五月三十一日に開かれたけれども、与党の総会屋が二十ページにわたる議事進行の筋書きを持っておる。そして大体そのとおり動いたことがはっきり出ておるわけですね。これは大新聞がその場にいて報告をしたことです。それから、丸紅でも同じことでして、檜山社長が「営業概況報告に入る前にヤミモチ米の取扱いで逮捕者まで出した事件にふれ「いやしくも法令に違反することがないよう注意していたのですが…。商社の社会的使命と責任が重大な時だけに、まことに申訳なく反省しています」と深々と頭を下げた。」そうしたらその総会屋から「『了解』『了解』の声が飛んだ。」ということで「拍手の連続。途中、株主の一人が営業報告書を片手に立上がり質問しようとしたが、まわりの株主になだめられて着席する一コマがあったぐらいで、それも総会屋同士の茶番劇。」あまり何もなかったら困るから、総会屋の野党が立って、それを与党がなだめるということをちゃんと組んでやっておる。一般の人は質問できない。こういうことが目に余るものとして書いているという点を考えますと、一株運動なんかでいろいろ問題もありましょうけれども、総会の権限規定、少なくとも総会のあり方を考慮するとか、あるいは行政指導で総会で暴力が伴うことがあってはなりませんが、論議を尽くし、社会的に企業のあり方について経営責任者は考え、世間に訴えることがあって当然だと思うのですが、それについて大臣のお考えを聞かしてください。

○田中(伊)国務大臣　お説の総会屋が策動する余地があった。そういうことは大企業に多いわけですが、大企業の行なう株主総会が形式的なものになっている。そこに出席しております株主諸君も、会社の企業内容、計算書類の内容がつぶさにわからない。出席するまでわからない。出席しても、説明をしたりしなかったり、株主総会が形式に流れておるので、総会屋が活動する余地がある。総会屋さえ操縦しておれば、会社の立場は立つようになるというところに欠陥があろうと思います。

そこで、このたびの商法改正に、計算書類は、いやしくも内容を尽くしたりっぱなものにしなければいけない。そしてそれを株主総会の招集令状、招集通知状に添付し、そして計算書類も形式的な、取締役がかってにつくったものでなしに、取締役会の責任で取締役がつくりましたものを、会計監査法人なり会計監査人としての公認会計士に厳正な監査を受けましたものを、今度は会社内部の監査役の監査にまたかける。そういう二重の監査をして、よろしいとなりましたものを事前に招集通知状に添付して回していく。株主はそれを手にとりまして自分で読めるものは自分で読めばよろしいし、専門家に読ませなければ説明のわからないものは専門家にこれを読まして説明を受ける。そうして株主総会当日議題の中心となる計算書類の中身について十分これを承知、理解をした上で株主総会に出席をする。こういうたてまえをぜひ実現させたいのです。

そういう手順で行なわれる株主総会は、従来のようなずさんな形式的な株主総会と比較しますと、よほど総会屋が暗躍をする余地が少ないのではなかろうか、こういうふうに考え、これをやっていくのです。

それじゃ計算書類を慎重なものにして、事前報告をするだけでよいのか、株主総会自体の運用は現状のままでよいのか、十分でない。のみならず計算書類をつくります取締役会の運営、取締役会の構成も十分ではない。その十分でないものをそのままにしておきまして、とりあえず今回の改正は監査制度の改正と同時に、計算書類は厳重な手順を踏みまして中身の充実したものを、内容のわかりますものを、事前に提出していただきたいということをやってみる。これを実現した上で、第二段は取締役会の根本改正、同時に株主総会の構成並びに運営に関する根本問題を大改正していきたい。一挙にやってどうかという意見も出ておるのですけれども、一応これでやってみて、相当大きな影響を受けるものと思いますので、これをやらしていただきました上で、実情に沿うように次の根本改正をやっていきたい。前後の根本改正により商法の基本的改正を完了するように持っていきたい、こういう気がまえでございます。

○**正森委員**　しかし、一つ、二つの例をあげますと、読売の見出しによると「投機アニマル六大商社」「土地保有額二倍、木材売買益三倍」「四十七年度下期から急増」こういう大きな見出しで、それを裏づけるように大商社の利益は非常に急増しておる。三井物産は前年のほぼ二倍、二百十四億三千七百万円の所得をあげた。あるいは丸紅は、二・六八倍伸びておる。そうしますと、株主の立場から言えば、企業がよくもうけてくれた、おれたちの配当は多くなる、あるいは社内留保は多くなる、それこそ特定引き当て金が多くなる。それによってたとえば全建労の労働者などは木材が来ないから仕事ができないというて、丸紅に波状的に陳情、抗議したことは周知の事実。そうなれば、一体企業は何のためにあるのか。もちろん企業は存立に必要な限度内においてこれは利益をあげなければならないかもしれませんけれども、企業といえども、結局は社会のためにあるのだということを考えますと、現在の状況は、商法を改正しただけでは事が足りるわけではなしに、たとえば買い占め、売り惜しみについて、もっときびしくする必要があるのではないか。あるいは国会の中に委員会を設けて十分な監督権を持つようにしなければいけないのではないかと思わざるを得ない。商法の一部をいじくって、監査を少しくらいきびしくしても、それでこのような事態を防ぐことはできないと思いますけれども、御見解を承りたい。

○**田中(伊)国務大臣**　同様の心配が私にもあるわけです。しかしこの商法の改正をお許しいただきます場合には、企業がいやしくも売り惜しみ、買い占め、反社会性のある行動をとろうといたします場合、もう間違いなく抑え得る、こう考えて改正のお願いをしておるわけですが、どんな点でそれができるのかと申しますと、いままでのような収支の帳じりと金銭の額だけを銀行の預金高と合わしていくという、そういう監査にとどまらないで、今度の監査役には業務監査を行なわしめる。その業務監査を徹底して行なわしむるために監査役の権限強化をはかっております。取締役会に出席して所見を述べる、言うことを聞かない場合には差しとめ請求権を持たしてやる、聞かない場合は裁判所に仮処分の申請もできるようになります。結果、企業が反社会性の行動をとることがむずかしくなってくるのではなかろうか。どのような大きな会社でも取締役会を経ないでやみで買い占めを行なうということはございますまい。必ず取締役会で問題となる。その取締役会には監査役が出て意見を述べる、反社会性のものはチェックする、こういう行動がとれるわけですので、この商法改正のみでは万全ではないではないかとのおことばは、私もそのとおりだと存じますが、商法の改正は相当程度お役に立つのではなかろうか、またお役に立つように運営を行なわしめなければならない。問題は、監査役にそういう重要な仕事のできる人を得ることが困難ではなかろうかということは、私も案じておるところですが、これは時間をかけて努力すれば人を得ることもできるのではないか。監査役に人を得れば、いま提案をしております商法改正のお許しをいただきました上は、相当程度企業の社会性を確立する上にお役に立つことを信じておるのです。

○**正森委員**　いわゆる業務監査もできるようになっておるのだ、これで安全とはいえないけれども、少しはよくなるだろうという御意見をおっしゃいましたけれども、しかし大臣にははなはだ申しわけないのですけれども、危惧を禁じ得ない。

公認会計士の方々が証取法上の監査等をなさって、その上で一定のあやまちがあったということで処分ないし注意をお受けになった件数、おわかりになりましたら内容をお話しください。

○**白鳥説明員**　公認会計士の制度ができましてから現在まで、証取法上の監査に関連して公認会計士が公認会計士法違反によって行政処分を受けた実績ですが、公認会計士個人としての公認会計士五十四名と監査法人一法人、合わせて五十六件です。その内容を申し上げますと、最も重い処分であるところの登録抹消処分を受けた会計士が三名ございます。それから業務の停止、これは一定の期間業務停止になるわけですが、この処分を受けた公認会計士が四十六名おります。それから戒告処分を受けた会計士が五名になっております。

○正森委員　昭和四十五年十月二十一日の朝日新聞の「公認会計士」という連載記事があります。それを見ますと、「粉飾決算を発見できなかったため登録を取消されたものが二人いるほか業務停止処分などの処罰を受けたのは四十四人、誓約書をとられたのは五十一人、処分検討中が二十二人もいる。」こういうぐあいに書いてあるんですね。そうすると、昭和四十五年十月二十一日でさえ、計算してみるとすでに百数十名おる。いま五十数名とおっしゃいましたが、その中には誓約書をとるとかは入っていないと思うのですね。登録取り消しと業務停止処分だけだと思いますが、誓約書をとられるものまで入れればどのくらいありますか。

○白鳥説明員　誓約書をとられました者が、現在まで八十九名です。

○正森委員　公認会計士は、現在何人おりますか。

○白鳥説明員　現在四千五百六十名おります。

○正森委員　大体、ざっと百五十人くらいですか。というのは約四％ですから、それほど大きな数字ではないといえるかもしれませんけれども、しかし弁護士もいろいろ問題を起こしますが、いま一万人をこえておると思いますけれども、それの四％、約四百ないし五百人が数年の間に処分を受けることはないと思うのですね。それがこういう処分を受けておる。しかも四十五年三月十一日、監査法人が初めて処分を受けたということで、芝電気の監査証明にあたり虚偽の証明をしたという監査法人ですね。十八も監査会社を持っておった。法務省からいただいた資料によると、おそらく最もたくさん持っておるところだと思いますが、法人自体が戒告を受けて、そこの筆頭と見られる公認会計士は三カ月の業務停止を受けておる。こうなると、個人として非常に問題がある。しかも、監査法人ということで共同でやるとなれば、これは防げるかと思えば必ずしもそうではないことを考えますと、これは専門の公認会計士だから、あるいはその公認会計士が何人か集まっている監査法人だからということだけでは、問題が解決しないのではないかと思わざるを得ない。これは公認会計士さんが悪いんではない。そうさせるような社会的原因があるんではないかと考えますが、その点にどうお考えになっておりますか。

○白鳥説明員　確かに、従来、企業の中で粉飾決算に対する罪悪感が薄かった事実がございます。特に昭和四十一、二年ごろまでは、そういった傾向が非常に強うございました。公認会計士もそういったものについ引きずられまして監査をおろそかにしたといいますか、甘くした事実があったかと存じます。したがいまして、私ども監督官庁としては、そういうことのないようにたびたび注意を発しているわけでして、特に山陽特殊鋼の事件が起こりました昭和四十年の事態を非常に重視いたしまして、四十一年に厳正なる監査の実施についてという通達を行なっております。またその後、四十三年にも、重ねて公認会計士協会に対して監査の徹底を通達しております。さらに昭和四十六年に行なわれました証取法の改正により、会社の責任者のみならず、公認会計士あるいは引き受け証券会社等も民事責任を課すといったことで罰則を強化しておりますし、この公認会計士法の改正が行なわれましてからは、会社の事業経理に対する姿勢も非常に改善されましたし、公認会計士の監査に対する責任観念も徹底してまいりまして、最近は処分を受ける事例は著しく減少しております。

○正森委員　少なくとも誓約書は昭和四十五年十月二十一日には五十一人と報告されたものがいまあなたの御報告では八十九。だから二年半ほどの間に約三十名ふえているということは決して減少しておらない。非常に重い処分を受けたものは減少しておるけれども、しかし誓約書をとられる程度のものは減少せずにむしろ多くなっておる。それはむしろ処分に手心を加えたのではないかと勘ぐらざるを得ないわけですね。弁護士も決して公認会計士と比べて人間として飛び抜けてりっぱであるとは言えないですね。弁護士にも誘惑はある。しかし弁護士がなぜ処分をされることが少ないのかといいますと、弁護士は一方の代理人となる。しかし刑事事件の場合は検事さんが弁護士は証拠隠滅をしないか、いろいろなことを監視して法廷でやり合うわけですね。民事の場合でも原告があれば被告もある。それには双方弁護士がついておる。だからおかしな訴訟指揮をすれば弁護士なら大体わかるわけですね。しかもその上に裁判官がおられて、この弁護士の出してきた証拠はおかしいというのは見る人が見ればわかりますね。ですからわれわれは幾ら何でも恥はかきたくないということで、ちょっとごまかせば裁判に勝てるなと思うことが間々あっても、弁護士として数十年間やっていくためにはそういうことはしてはいけないと逆に依頼者をしかりつける場合もありますね。ですから弁護士会の意見書に弁護士を監査役にしろというのがございますが、私は同じ弁護士として、たとえ弁護士として優秀な人であっても監査役に取り込まれるならばはたして厳正な立場をとり得るかどうかには問題がある。公認会計士を悪く言うわけではございませんが、りっぱな方もおられるでしょうに、こういうように処分が出てくるのは、企業に対して依頼を受けてそこから報酬をもらってそして報告をする。大蔵省は目を光らしておられるでしょうが、まして対抗してここをやっつけて裁判に勝とうとかいう人はいないし、大蔵省は忙しいから全部調べられるわけではない。裁判官は判決を書かなければいけないから、証拠の評価あるいは訴訟指揮について厳重に見なければならない。そういうことがないからこういうことが起こってくる。これは弁護士の立場から見てそうだと思うのです。そうだとすれば、そういう制度のもとで公認会計士あるいは監査法人は専門家なんだから、それの集まりなんだから、これにまかせておけばけっこうだろうというわけにはまいらないのではなかろうか。四十五年十月二十一日の朝日新聞、これはS公認会計士が書いておりますが、「公認会計士なんていうものは、風にそよぐアシのようなもの。会社が気に入らなければ、自由にクビにできるんだから…」こう書いてある。「一社持てばそれだけで年間三百万円近くの収入があり花やかな職業にみられている。」だからその会社のお得意を失いたくない。しかも公認会計士の数に比べて証取法上の監査法人は少ないですね。大蔵省の統計では大体〇・六となるとどうしても買い手市場になるということで、「会社がおかしなことをやっているとは感じていたが、会社側が大丈夫というと、それ以上なにか調べにくいふん囲気だった」これは四十三年十一月の決算で粉飾決算を見のがして業務停止九カ月という処罰を受けたHさんという人の発言ですね。

昭和四十四年十月三十日の産経新聞に投書が載っておる。東京都世田谷区の住人です。「会社の粉飾決算が、あとを断たない。そしてそれが発覚するたびに、その会社に委嘱されていた公認会計士が、大蔵省からおしかりをうけたり、資格を取り消されたりする。公認会計士が、委嘱されている会社の監査報告で、不適正との判定をくだすことは、きわめてまれであり、むしろ例外に属する。そのはずである。その会社から報酬をもらっている以上、おかかえ会社の致命傷になるような経理上の欠陥や、やりくりを、公に報告するはずはあるまい。それが人間である。むしろ、委嘱会社の営業上の弱点や、やりくり決算をうまく隠す手だてを、頼まれることがあるだろうし、そうした場合、専門的知識を役立てて協力する場合だってあるだろう。たまたま発覚するのは、会計士が未熟だとか、バカ正直だとかいう場合なのかも知れない。そういう会計士は、商売も繁盛しないことになろう。会計士制度が、会社側のお雇い方式になっている現制度の下では、この制度によって会社経理が一般にガラス張りになることは、期待できないのではなかろうか。むしろ、隠し方が巧妙になるともいえないだろうか。」こう言うておる。これは少しきついことばかもわかりませんけれども、弁護士の方向像と比べてそうなるある程度の社会的原因があることを指摘したかったわけです。

そこで、そういうような点をそのままにした商法改正を考えてみますと、せめて公認会計士が会社側との契約でなしに、戦判所が関与してそして費用も裁判所が取り立てて払うとか、あるいは公認会計士さんの中で、弁護士会のような相当の自律権威を持って、あれを監査してくれといえばある地域では一カ所で受けて順番を指名する、こうして恣意的に了承したと言えないようにする。もちろん税務代理をする場合は別ですが、少なくとも監査はそういう方法を考えなければ、公認会計士だって人間でいろいろつらいことはあると思うのですね。したがってそれについて法務省あるいは大蔵省は何らかお考えを持っておられるかどうか。

〇白鳥説明員　しかし、会社が確かに公認会計士に対して監査報酬を払っているから公認会計士が会社の言いなりになるのではないか、こういうお考えは必ずしも当を得たものではないと思います。これは会社側の姿勢、基本的な考え方にもつながることですが、本来公認会計士監査は、会社の経理がこれだけ正しいものなんだ、りっぱなものなんだということを明らかにして会社の社会的な評価を高めるためのもの、それに対する報酬だ、これは理想論とおっしゃるかと思いますけれども、こういう方向に持っていく目的のものであると存じます。

なお、公認会計士が会社の言いなりになって十分な監査意見を表明しなかった例は、ごくわずかのものが批判の矢面に立たされて、大多数の公認会計士は非常にしっかりとした監査をやっているのではないかと思います。特に重要なことは、公認会計士が会社の行なった経理の結果を見て、それがけしからぬといって不適正の意見をつけることだけが公認会計士の仕事ではございませんで、監査の過程において、会社の相談をいろいろ受けて、これは自分の専門的な知識からこういうふうに経理するのが正しいのだと指導をいたします。こういう公認会計士の指導によって会社の経理内容が向上してくる面があることをひとつお見忘れないようにしていただきたいと存じます。

なお、諸外国も、公認会計士の監査報酬は、自由契約のもとに会社が公認会計士に対して監査報酬を払うという制度になっておりまして、そこから弊害が出た――もちろん一部の不心得者はあると存じますが、一般的にそういう制度が弊害があるといった声は聞いておりません。

○正森委員　いま大蔵省が非常に理想論をお述べになった。実際にそれはいまの投書をした人の意見は少し極端な意見かもしれませんが、私も弁護士をやっておりまして、やっぱり依頼者はかわいいですよね。弁護士は相手方があるから、裁判所の前で検証されるからうかつなことができないけれども、公認会計士の場合は、大蔵省は監査されるでしょうけれども、それはきわめて弱いものだ。だからやっぱり問題があるんじゃないかと言うておるので、会社側が、監査を受けて専門的な技術でやってもらって、非常に教示を受けてけっこうなことだと思っているかといったら、思っておらないのですね。昭和四十五年十月二十三日、朝日新聞には「監査を受ける会社側の考え方も変えなければならないようだ。公認会計士の報酬は経団連との間で協定されている。基本報酬は半期で一部上場が五十万円（二部三十五万円）執務報酬は一日あたり責任者二万円、会計士一万二千円、会計士補七千円となっており、一社監査を持つと年間平均三百万円の報酬がはいる。物価高のため協会で値上げを交渉しても経団連側は「企業経営者は、監査を受けても、利益にもならず逆に値下げをすべきだとの考え方が多い」と拒否する。」こう書いてあります。「監査を受けても、利益にもならず逆に値下げをすべきだ」、これがいまの会社の考え方です。もうかるなら木材でも何でも買い占める。しかし公認会計士の監査を受けても、利益にもならず、監査費用を出すだけだ、そんなもの上げられるかという不届きな考え方です。そんな会社を相手にして公認会計士、よほどスーパーマンでなければなかなかできないですよ。その実情を考えずに、りっぱな御制度でございますとかいうて大蔵省の役所の中でちんとおさまっておったんでは、なかなか世の中はよくなりませんよ。

それならば公認会計士さんの監査が一定の限度内で十分に行なわれるだろうかと考えますと、大臣は、今度の監査役あるいは公認会計士あるいは監査法人による監査、五億円以上は義務づけられていますね。それは業務監査までできるんだとおっしゃいましたが、その業務監査の権限は違法性の監査のみであるのかあるいは妥当性の監査にも及ぶのかは、学説上争いのあるところです。そこで、取締役の業務について違法性の監査だけに限定されるのか、それとも妥当性の監査にも及ぶのかという点について御見解を承りたい。

○川島政府委員　この点は、商法の規定の上では必ずしもその点を直接にはっきりとはいたしておりません。しかしながら各個の規定を検討してみますと、おおむね違法性の範囲にとどまると思うわけです。この点はいろいろな考え方があることは御指摘のとおりですが、たとえば差しとめ請求でありますとか、あるいは株主総会に対する監査役の報告義務、二百七十五条とか二百七十五条ノ二といった規定ですが、法令に反しあるいは定款に反することが要件になっております。それから「著シク不当ナル事項」ありたるときという表現もございますけれども、これは取締役が著しく不当な行為を行ないました場合には、会社に対する忠実義務違反という問題を生じますので、理解できるわけでして、広く申し上げますと、これも法令違反の範囲に入るだろうと考えます。したがいまして、たとえば二百七十四条には「監査役ハ取締役ノ職務ノ執行ヲ監査ス」と書いてございますけれども、個々のいろいろな権限、規定と照らし合わせて考えますと、監査役の監査の限度は違法性監査の範囲にとどまるであろう、こういうことがいえると思います。

○正森委員　学説を見ますと、大体大きく分けて三説、こまかく分けると四説くらいになると思われます。第一説は、違法性の監査に限られるという考え方、これはむしろあなた方が要綱の第一、五ないし八でおっしゃっておられます。この説は学者の中でも、味村さんなどはほぼ同じ見解ではないかと思います。第二説は、違法性監査を法律上の職務ないし権限としているのが原則であるが、妥当性監査は、法律上の職務ではないけれども、妥当性について意見を述べることは法律は禁止していないから、事実上やることは差しつかえないというのが二番目の説です。東大の矢沢さんはこれに近い意見であります。あるいはさらに広く解釈される方もありまして、これは肯定説で、監査役は取締役会に出席して意見を述べることができる。これは限定を付せられていないから取締役の職務遂行の妥当性についてはもちろん、会社の経営方針その他あらゆる面に意見を述べることができる。したがってそれに必要な限度で業務監査ができるのだという見解です。これが一番広い。第四説は、妥当性の点についても監査はできるけれども、妥当性の点を二つに分けて、第一は経営政策的または能率を目標とするもので、積極的に一定の営業活動または生産活動をすべしという前向きのものだ、これについては消極だ。しかし第二種類の、一定事項の当、不当を調査して不当な点がないかを明らかにする防止的なもの、これは違法性の範囲にとどまらなくても妥当性の範囲もできるといっておられるのですね。だからこまかく分ければ四説ある。そういう説がある場合に、「法律のひろば」第二十三巻第八号、一九七〇年の八月号に田辺明法務省参事官が出席して御高説を述べておられる。これはほぼ第一説に近い適法性監査という立場で権限を行使することになるだろう、こういう結論ですね。そこで大臣が非常に意気込んでこういう期待をするのだと言われる趣旨から見れば、私はこれは何も今度の業務監査についてすべて賛成しているわけじゃありませんが、かりにそういうものが設けられるとすれば、違法性監査だけではなしにある程度妥当性監査もできるのでなければ、商法が期待しているような、あるいは少なくとも大臣が期待しておられる効果はあげられないのではなかろうか。

○田辺説明員　私が答えましたこの法案の考えは、違法性監査、私どもは適法性監査と申しております。その適法性監査と申しますのは、取締役会がきめることあるいは取締役の執行する内容について、それが法令、定款に違反するかどうかを監査する趣旨です。ただ、法令違反の中身に、当、不当の問題を実は含んでいる。と申しますのは、先ほど局長が読み上げました条文の中にも、たとえば総会報告事項の中で、「著シク不当ナル事項」あるいは監査報告書の中で、「著シク不当ナルトキ」という表現がございます。これはいわゆる妥当性監査の対象となる意味での当、不当を基礎にしておるわけですが、その当、不当が著しく不当だという場合は、商法上の考え方としては取締役が忠実義務を負担している、民法的には善管義務を負担している、その忠実義務に違反する場合である。したがって一般的に当、不当の問題を取り上げた場合に、これは調べてみない限り、それが商法のいう著しく不当かいなかはわからない。そういう意味では、ちょうどこの当、不当の接点が妥当性と適法性の監査の交わり合う場面だと私どもは考える。そういう意味で監査役は、原則は適法性監査を担当いたしますが、妥当性に関しても、それが法令違反になるような著しき不当性を帯びるかいなかについて監査すべきであり、また権限を持っている、このように考えておるわけです。

○正森委員　しかしそういう御説明を伺っても、なおかつ、その接点になるというような御説明でなしに、田中誠二博士の説をとる実益はあると思うのですね。田中氏自身が、不当と認められるものは二百五十四条の二の取締役の忠実義務違反といえる場合が多い、したがってそれは法令違反でもあると、こういうことですけれども、「著しく不当と認められるというのは、多くの場合には、取締役の忠実義務違反に該当するとしても、この場合には、監査役は第二百五十四条の二違反であることを根拠づける必要はない」、つまり法令違反だけでなしに、当、不当も妥当性について判断できるのであれば、これは二百五十四条の二違反だから、だから私は調べさしてもらうんだ、意見を述べるんだということをいわなくても、その見解上著しく不当だといえばそれで足りることになるんで、適法性の監査だけだという立法者の意思としておっしゃらずに、そこを余裕を持たして、せめて田中誠二博士の積極的な、経営政策的あるいは生産活動的なものではないにしても、一定事項の当、不当という妥当性は監査できるし、業務監査をやっていいんだとこの国会審議の場でお述べになっておくということが、公認会計士さんにしろ、あるいはしろうとの監査役にしろ、やりやすくなるのではないかと思うので、あえて尋ねるわけです。

○田辺説明員　おっしゃるとおりの考えを私も持っております。

ことばにこだわっているわけではございませんので、先ほど違法性について適法性ということばを使いました趣旨が、先生のおっしゃっていることと合うわけでして、原則は、適法性監査は、当、不当の問題は、その当、不当がいわゆる著しき不当に当たる場合に初めて適法性の範疇に入っている、こういう趣旨で申し上げた。しかもそれを結論づけるためには当、不当の内容を見ざるを得ない、そういう意味での妥当性監査というものは当然含まれていると考えるわけです。

それから取締役会の意見陳述に関しては、学説も述べるとおり、積極的に適法性の意見に限定する趣旨の条文は置かれていない。その意見は自由に述べる内容のもので差しつかえない、こう考えております。

○田中(伊)国務大臣　私はこういうふうに解釈をしておる。

監査役の大事な仕事は、業務監査をやる権限を持たすと同時に、取締役会にあらわれて所見を述べる、この所見を述べることに非常に重要な意味がある。企業に社会性を持たす点から申しましても、意見を述べること自体に非常に重要な意味がある。何しろ、言うことを聞かざれば差しとめ請求をするんだ、それでもいやというならば裁判所に申請をして仮処分さえするんだ、こういう権限が持たせてあるわけですから、そういう権限を背景に持っておる、人の所見は聞かねばならぬ、聞かすべくいろいろ所見を述べることができるように制度がしてあることに重要な意味があるので、あらゆる意見を述べていい。違法性であろうが適、不適であろうが、意見はしっかり述べて――ただその意見を強制する場合、たとえば聞かざれば差しとめ請求をするんだ、聞かざれば裁判所に申請をして仮処分の処置をするんだという強制力のある処置をいたします場合には、これは違法性、法令または定款違反がなければ成り立たないのではなかろうか。成り立つのか成り立たぬのか、わかったようなわからぬような、まん中のできごとも、実際の問題にはずいぶんあろうと思います。あろうと思いますから、大いに意見を述べていいが、さていよいよという伝家の宝刀を抜くときには、法令または定款の内容に限られざるを得ない、こういうふうに判断をして、いま事務の申しておりますことと私の言っておることとあまり違わぬことなのでございますが、そういうふうに解釈をして運営をしていきたい、こういうふうに考えております。

○正森委員　若干、私の質問の趣旨が正確に御理解願えていない点がある。

それは、大臣がおっしゃった差しとめ請求ですね。聞かなければ仮処分までするという強大な権限は、改正商法の二百七十五条ノ二に「取締役ガ会社ノ目的ノ範囲内ニ在ラザル行為其ノ他法令又ハ定款ニ違反スル行為ヲ為シ之ニ因リ会社ニ著シキ損害ヲ生ズル虞アル場合ニ於テハ監査役ハ取締役ニ対シ其ノ行為ヲ止ムベキコトヲ請求スルコトヲ得」とこうなっておるのですね。これは明文の規定があり、当然のことです。

私が申しておりますのは、それは条文上こうかもしれないけれども、差しとめまでいかない。差しとめるためには、悪いのをそのものずばり調べておるだけではだめなんで、まわりのイモを掘らなければならない。それが業務監査であって、その業務監査は、適法性だけでなしに、一定の妥当性も監査でき、報告を求める、あるいは帳簿を調べる権限がなければ、二百七十五条ノ二の伝家の宝刀を抜くことすらできないのではないか、こう聞いておるのです。

○田中(伊)国務大臣　田中博士のお説に近い考えを持っております。

○正森委員　法案が通過した場合に、監査をなさる方の指針になりますからね、立法者の意思として。適法性ということだけにきちっと限定しないほうがいい場合も起こり得ると思ったから伺ったわけです。

今度の改正商法によりますと、監査役がそういう権限を持ってきたことにかんがみて、二百五十九条ノ二で、取締役会を招集するためには、一週間前に監査役に対しても通知を発しなければならないことになっておりますね。そこで、もしその取締役がサボりまして、監査役に通知をしなかった場合に、その取締役会の決議の効力はどういうぐあいになりますか。

○川島政府委員　監査役に通知をしないで取締役会を開いた場合、改正商法の規定によりますと、当然通知をしなければならない義務を怠ったことになりますので、その取締役会は違法な手続によって開催された。問題は、その違法な手続が取締役会の決議の効力に影響を持つかどうかですので、これは解釈問題になってまいります。一応の考え方としては、原則として無効であろうと思われるわけです。ただ、通知をしなかったにかかわらず監査役がその取締役会に出てきたとか、そういう例外的にその瑕疵が治癒されたと見られるような場合もないとはいえないので、事情によって若干留保はつけなければならないと思いますが、原則として決議は無効であろう、こういうふうに思います。

○正森委員　そうしますと、学説を若干調べてみますと、この規定を効力的規定と解するかあるいはそう解しないかということで結論が違ってまいりまして、有効説、無効説あるいは制限無効説、大体三つぐらいに分かれる。中には知恵のある学者がおりまして、おれは厳格制限無効説だと言うておられる学者もいる。しかし、原則としては無効である。しかし、行為と第三者との関係は当然起こってまいりますから、それはそれで権利乱用または信義誠実の原則の法理によって、そういう不都合は裁判所で救い得る場合があるけれども、たてまえとしては無効である、これが立法者の意思だ、こう伺ってよろしいか。

○川島政府委員　大体いまお話しになったとおりであろうと思いますが、ただ、第三者との関係になりますと、代表取締役がその代表権に基づいて第三者との間に行為をするということになりますので、その行為の効力と、執行機関の内部的な意思決定である取締役会の決議とがどういう関係を持つかは、別の問題が一つ入ってまいりますので、簡単にはお説のようになるかどうか疑問であろうと思います。

○正森委員　そうすると、無効説だ、こうすなおに聞いておいていいわけですね。

○川島政府委員　取締役会の決議としては無効だ、こういうように申し上げられると思います。

○正森委員　そうすると、対外的にいろいろ起こってまいりますね。

〇田辺説明員　代表取締役が取締役会の決議に基づいて行為を執行する場面の問題は別であろう。具体的に申しますと、おっしゃるように、監査役に通知なくして当該取締役会で新株の発行を決議したような場合、これが無効になるという原則をとりますと、新株発行は、実は取締役会の決議なくして行なったことになるわけです。これは最高裁の判例も申しますように、第三者の保護、特に株式の流通安全を保護する趣旨から、当該発行そのものには効力の影響はない、こういう趣旨のお答えをしたわけです。

〇正森委員　わかりました。

結局大臣が最初におっしゃいましたように、今度の監査制度の強化は取締役がいろいろ社会的に見て不都合な点がある、あるいは粉飾決算、逆粉飾決算も防止する目的を持っている、こういう御趣旨だと思うのですが、他方、累積投票制度は今度全部排除できることになっておる。いままでも実際上経団連関係の大きな会社では、法務省当局からの説明によりますと、一社ぐらいですかを除いては、実際上累積投票制度は発動されたことがないと伺っておりますから、いわゆる企業ベースで実効性はいままでなかったといえるかもしれませんが、しかし、監査役の監査が実効性を持つ場合は、取締役会の方針と全く同じの場合には、監査役は一生懸命御苦労なさっておるけれども、目に見えた効果としてあらわれてこない。実際に、社会的に監査役がよくやったというのは、やはり見解が違う場合にはかならない。そうだとすれば、外側から監査役がいろいろ異なった意見を言う、あるいは差しとめをする前に、取締役の中に、社長の言うままでなく、少数の株主あるいは多数派と異なった意見を有する者が進出し得るような——いままでだったら、二五％以上の株式を持っておる者は、これは累積投票制度をやめてしまうことを阻止できるわけですね。だから、そういうものは残しておくほうが、これは取締役会の論議の中で少数意見が出てくる、そしてそれを説得してこれは多数意見でやる。そうなれば、少数取締役は、いやでもおうでも自分が経営責任者ですから、どういうぐあいに行なわれるか監査しておるわけですから、なかなか悪いことはできない、あるいは逆の立場からいえばいいこともできないかもしれませんが、そういうことになりはしないか。そうすると、監査制度を強化しながら累積投票制度はやめてしまう。しかもそれは居林さんがお書きになったものを見ると、資本自由化との関連で、これをなくさないと、二五％以上外資が来るとえらいことになるということを書いておられる。それならば外資関係の特別法として手当てなさってもいいことで、百一万ぐらいある株式会社の制度として累積投票制度をなくしてしまうことは、監査制度を強化する趣旨から見てよろしくないのではないかという気がするわけです。

〇川島政府委員　今回の累積投票制度の改正は、これを全然なくしてしまうことではございません。定款で排除した場合にはそれが行なえないわけでございます。もともとこの制度ができましたのが、昭和二十五年当時ですが、立法関係もアメリカ法を範にとった一つの例でして、アメリカの州の中にこういう制度があったところから、わが国にもこれを入れたわけですが、その当時から、こういう制度がはたしてわが国になじむものかどうかという声はかなりあったわけです。

その後今日までの経過を見ますと、先ほど御質問にありましたように、ほとんど行なわれた例がないのが実情ですし、これを法律をもって完全排除ができないというたてまえを続けておくことはいかがなものか。現在外国の法律を見ましても、このような制度を置いておるのはアメリカだけでして、しかもアメリカの全部の州がそうではございません。

今回の改正は、そういう点でありますとか実情などにかんがみまして、この点は会社の定款によって累積投票を排除したいという場合には排除するだけのことですので、特に実際にはあまり影響のない問題であろうかと思うわけです。ただ、実際この累積投票制度を排除できるようにしてほしいという要望があったのは事実です。

〇正森委員　何か実際上は変わらないのだとされかねない答弁がございましたけれども、そうじゃないでしょう。定款で排除できるだけだということになっておるけれども、いままでだったら、二五％以上持っておればそれは阻止できたのですから、それを今度全部はずしてしまうということになれば、定款さえ変えれば、累積投票は完全になくしてしまえるわけでしょう。違いますか。そうだとすれば、やはり累積投票制度は、今度の商法改正によってなくしてしまいやすくなるということは事実であって、そうだとすれば、取締役の中に、少数意見あるいは異なった人脈といってもよろしいが、そういう人を入れることによって業務を監視し合うという体制はとれなくなって、多数派が全部握ってしまうことをより助長する、したがって、そうなれば、その同じ多数派によって選任された監査役が、いかにこの法令によっていろいろ業務監査の権限を与えられても、十分な監査をするのは迂遠な方法ではないか、だから、活用するしないは株主にまかせればいいわけですけれども、累積投票制度をいまより以上に実効性のない、名目だけのものにしてしまう必要はないので、それは残すなら残して、外資が心配なら、それは特別法で一定の範囲を限ってということだっていいのではないか、こう聞いているのです。

○川島政府委員　制度的におっしゃるような変化が起きることは事実です。ただ、私があまり大きな変化はないと申しましたのは、現在累積投票が行なわれた例がほとんどないわけです。したがって、こういう改正をしましても、今後も実行されることはほとんどないであろう、わが国の実情から出発いたしまして、そういう観測を申し上げたということです。

○正森委員　その観測は当たっているかもしれないし、アメリカ的な商法改正のときに時の立法者が抵抗したというのは、累積投票制度を置きながら、解任については何ら手当てを講じていない、だから、多数派はいつでも解任できる点についてしり抜けになっておるという点はありますけれども、しかし、解任されたって、今度は株主総会でまた累積投票が出てくることはできるのでうるさい、こういう歯どめがあったわけですね。それがなくなってしまうことは、いままでの実情から出発しましてといいますが、実情から出発すれば、昭和二十五年以前には業務監査制度はあったのですから、それがだめだということで変わったのでしょう。そのだめだというほうへ戻そうとしておるのかという議論だって、税理士さんなんかの中にはあるわけですからね。いままで実効がなかったことと、だから定款で排除できることにしてしまうのは、論理の飛躍があるので、それはたてまえ上いろいろ監査するのだ、粉飾決算なんかなくすのだ、企業の社会的責任を考えるようにしてもらうのだ、こういうことになれば、これは残しておいたほうがいいのじゃないか。どうもたてまえと実際にやることが違うじゃないか、実際は企業の経営陣をやりやすくするだけなってしまうのではないか、公認会計士さんもその費用はどこから払われるか、いままで私が読み上げたいろいろ新聞の実績から考えますと、ずいぶん問題があるのじゃなかろうかと指摘しておきたいと思うのです。

今度の改正を見ますと、非常に企業が資金を得やすくなっておりますね。それがどの項目かというのは三点ぐらいありますか、企業はただでさえ、特に商社などが非常に資金を集めて、買い占め売り惜しみをやっておる点から考えますと、非常に簡易に企業が資金を獲得できるような今度の商法改正の諸点は、はたして妥当であろうか、従来どおりで不都合があるのだろうかという気がするわけです。

○川島政府委員　今回の改正の項目の中で資金の融通に関係のありますのは、たとえば転換社債の発行の問題、それから抱き合わせ増資の問題、大体その辺がおもなところだと思います。

まず転換社債の問題ですが、これは御承知のように現行法上新株を発行する場合、あるいは普通社債を発行する場合、取締役会の決議だけでできることになっております。ところが、転換社債の場合は、転換の条件などを定めるために、株主総会の招集が必要になってくるわけですが、転換社債は社債であり、かつ転換した場合には株式になる性質のものでして、すでに株式や普通の社債が取締役会の決議で発行できる以上は、転換社債のみを特にこれと異なる扱いをさせておく必要はないわけです。ただ、問題は、転換社債特有の問題として、転換の条件等を定めるこの定め方、あるいはその転換社債の引き受け権、これを第三者に与えるとか、株主にどういうふうに割り当てるかといった点で、いろいろ複雑な問題が出てまいりますし、それに伴って株主の利害に影響を及ぼすことがございます。したがいまして、そういう点の規定を整備しまして、取締役会に発行の権限を与えることにすれば、ほかの場合とのつり合いもとれますし、実際も便利になるので、そういう改正をした次第です。

それから抱き合わせ増資ですが、これは一部の場合に限られておるわけですが、株式会社の再評価積立金の資本組入に関する法律がございまして、これによってすでに抱き合わせ増資が認められておったわけです。ところが、この法律が今年の三月に失効した。これにかわるべき制度を設けておいてもらいたいという要請がございましたし、これは同じような制度がすでに経験済みですので、それを範にしまして商法の中に取り入れただけのことです。

○正森委員　現在の社会情勢の中で、資金がだぶついておるときに、企業が資金を得やすいということを助長することになるので、それをわざわざこの機会に出すことについて、もっとほかにすべきことがあるんではないかという気がするわけです。

次に、中間配当あるいは金銭の配分が出ておりますが、わが国では先例として南満州鉄道株式会社に関する勅令というのがあったようですが、今度の中間配当あるいは金銭の配分とどういう点が違うのか。それから、私よく知りませんがディスクロージャー、企業の内容をなるべく公開する機会を多くするという観点からすれば、これはある意味では逆行するという意見も一部にはある。そういう点との関連でどういうぐあいにお考えになっているのか伺いたい。

○田辺説明員　先例として南満州鉄道が行なっておりましたが、これは特殊会社ですので、その中間配当率も勅令で定めるという制度、純粋の中間配当として行なわれておったようです。純粋のと申しますのは、一年決算のまん中でそれまでにかせいだ利益を目当てにして配当を出そう、こういう考えでございます。ところが改正案の場合は、御意見にございましたように、この監査制度のねらった方向と逆行してはならない、つまり企業の経理の健全性を害してはならないというところから、まず俗にこれを中間配当と申しましたが、商法上は株主総会の承認を得ないものは配当でないという考えで、特に法文上は中間における金銭の配分という表現にしました。しかもその条件は、条文にございますように、中間配当をするまでにかせいだ利益を目当てにはできないということを原則にしました。原則上は、その前の定時総会でもし配当しようとすればできた範囲内に限る、こういう制限を課しております。法律上は前期の定時総会で配当もし、必要な準備金を積んでなお社内に残った利益、それを限度として配ってもよろしい。さらには中間配当をしますときに、中間で金を出せる余裕はかりにあったとしても、その年度末の決算では配当が出せなくなる見通しのときは、一切中間における金銭配分ができない、こういう制限を課しております。さらに、先ほどの見通しを誤って金銭配当をしてしまって年度末に配当不能になれば、その差額について取締役の弁償責任を課すようにしました。このような配慮によって中間配分は主として株主の利便を考えていく、同時に中間配当のねらいは、企業が一年決算の体制をとりやすいようにという配慮、それはまたさらに今度の改正が意図いたします経理の適正を考える、つまり半期の決算には季節的な変動による前期、後期の売り上げの変化をならすために利益の平準化が行なわれる。それがいわゆる粉飾決算の萌芽を温存するようなやり方になりかねません。そういうところから一年決算に持ち込み、かつ経理の適正を期しつつ株主の期待にこたえようというのが改正の趣旨です。

（以下略）

衆議院　法務委員会議録第三十一号

昭和四十八年六月十二日(火曜日)

出席委員

委員長　中垣　国男君

理事　大竹　太郎君　理事　小島　徹三君
理事　谷川　和穂君　理事　福永　健司君
理事　古屋　亨君　理事　稲葉　誠一君
理事　横山　利秋君　理事　青柳　盛雄君
井出一太郎君　植木庚子郎君
松沢　雄蔵君　三池　信君
阿部　助哉君　正森　成二君
沖本　泰幸君　山田　太郎君
塚本　三郎君

出席国務大臣

法務大臣　田中伊三次君

出席政府委員

法務大臣官房長　香川　保一君
法務省民事局長　川島　一郎君
法務省刑事局長　安原　美穂君
大蔵省主税局長　高木　文雄君
大蔵省証券局長　坂野　常和君

委員外の出席者

法務省民事局参事官　田辺　明君
大蔵省証券局企業財務課長　白鳥　正人君

（ほか略）

本日の会議に付した案件

商法の一部を改正する法律案（内閣提出第一〇二号）
株式会社の監査等に関する商法の特例に関する法律案（内閣提出第一〇三号）
商法の一部を改正する法律等の施行に伴う関係法律の整理等に関する法律案(内閣提出第一〇四号)

○**中垣委員長**　これより会議を開きます。

内閣提出、商法の一部を改正する法律案、株式会社の監査等に関する商法の特例に関する法律案及び商法の一部を改正する法律等の施行に伴う関係法律の整理等に関する法律案、以上三法律案を一括議題といたします。

質疑の申し出がありますので、これを許します。

○**沖本委員**　先日の当委員会で、大臣は、監査制度の改正の実効は監査役に人を得るかどうかに十分重みがあるのだ、こういうお答えをしていらっしゃった。そういう観点から、今度の商法の一部改正法案に関しまして、財界はどういう考え方、動き方をしているか、それで、この改正に積極的に対処する考えを持っているか、大臣のほうでお話し合いなり、あるいはおとりになった情報なり、お答えいただきたいと思います。

○**田中(伊)国務大臣**　私が直接に財界人との間に懇談をしたことはございませんけれども、この商法改待されますでしょうか。

○安原政府委員　検察の効果は目に見えてお示しすることはなかなかむずかしい問題ですが、少なくとも警察、検察当局としては、検挙することによってそういう事案が減少することをかたく信じてやっておる次第です。私ども、そういう意味で減少することを期待し、かつ確信してやっておるということです。

○沖本委員　警察庁はこれからあらゆる法律を駆使して取り締まりに当たるという方針を打ち出しております。いま委員からのお話ですと、大臣としては、総会屋のあり方についてどういう御方針で今後臨んでいかれるか、それをお伺いしたいと思うのです。

○田中（伊）国務大臣　総会屋のはびこる余地が一体どこにあるのかと申しますと、総会の運営が形式に流れやすいということです。どうして形式に流れるのかというと、株主総会に出ていって何を論議されるのか事前にものがわかっていない。こういうやり方では株主総会は形式に流れやすいこと、当然です。そこで今度お手元に提出しておりますように改正して、企業のその年度における計算書類は、取締役会がつくりましたものを会計監査人の監査に付する。監査に付しましたものを企業内部の監査役にまたこれを監査をさす。こういう手続を経ましたものをあらかじめ印刷をしまして、株主総会招集通知状にこれをつけてあらかじめ送り届ける。自分で見られる人は自分で見てくれる。専門家に見せたい者は専門家に見せる。株主総会に行けばどういう内容のことが審査をされるのかが手にとるように具体的に数字が示してある。こういう手続を事前に踏んでいこうということが改正の大きなねらいです。論議したいと思う者は発言を求めて発言ができる余地を十分にの形式化してしまっていっている。この六日の新聞にも、警視庁が図書印刷の株主総会について、事前工作、不正の請託があったと判断をして、贈収賄罪で四人を逮捕した。検察庁はこの問題にどういう方針でいままで対処されてきたか、あるいは今後臨んでいかれるか、あるいは図書印刷の事件について、どういうお考えに立っていらっしゃるか、お伺いしたいと思います。

○安原政府委員　従来から総会屋をめぐるいわゆる恐喝事件は相当ございましたが、被害者であると目される企業のほうで恐喝の被害を受けたことをなかなかいわないという実態もございまして、この種の事件の立証は非常に困難であった場合がずいぶん多いのですが、広い意味での株主の保護のために、総会屋がはびこることがあってはならないという観点に検察庁も立っておるわけでして、今回の図書印刷の商法違反も、当然警視庁とも十分連絡をとって、この種の行為の絶滅を期するために厳正な方針で臨んでおります。

○沖本委員　いままでとは方針を変えると受け取ってよろしいのでしょうか。

○安原政府委員　方針を変えるというのではなくて、総会をめぐる不正事件によって総会屋がはびこることが広い意味での株主の保護にはならないということで、法律の定めるあらゆる手段を講じてそういうものがなくなるようにつとめていくという検察の方針に変わりはございませんで、方法として、いままで恐喝でやっておった場合が多いのですが、商法違反という形で防圧に対処していくということでして、方針が変わるということではございません。

○沖本委員　そうすると、よりきびしくこの問題を取り上げていくことになりますと、どういう点が期正、ことに監査制度の改正、監査役の権限強化を公表いたしまして以後、財界では、この改正が行なわれる場合を前提にして、監査役には当該企業について権威のある大ものを起用していくべきである、これによって会社の経営を堅実に進めていかなければならぬという方向に向かって動きがあるようで、この点はたいへん喜んでおるのです。しかし先生仰せのように、制度の改正をしましても、その制度に沿う人材を企業内部の監査役に起用していくことはなかなか容易なことではなかろう。相当日時をかけてやってまいりませんと、理想の人選はなかなかむずかしいのではなかろうかということは、たいへん気にしておるところです。

しかし、人選の問題は事実上の問題ですから、これは別としまして、制度それ自体について、ここに提出しております改正をぜひお認めをいただくということでなければなるまい。大ものの起用、人選と相まって、この制度の改正にものをいわせて、企業の健全な成長、発展を期してまいりまして、海外に対するわが国の企業の信用もこれによって増大していくようにしていきたい、こう考える次第であります。

○沖本委員　聞くところによりますと、この法律を改正するにあたって、相当財界が難色を示したという点が一部ある。その辺、財界の納得のいく内容に中身を変えて、やっと同意を得たというお話も伺っておるわけですけれども、最近の経済事情の中から国民全体が受け取る印象としては、株式会社制度そのものの内容に非常に疑いの目をもって見なければならないようなことが多く出ておる。

同じように、チッソの問題であるとかそういうこともからみながら、総会屋を入れて株主総会を一定残しておきますと、総会屋が出てきてシャンシャンという形をとる余地がなくなることになります。もう一つは不正の請託と申しまして、法律はそう書いてあるのですが、不正の請託をいれて株主総会の運営をこの方向に持っていこうなどというけしからぬことを考えて金銭授受を行ないます場合においては、商法による贈収賄罪を適用して検挙をする考えです。刑事局長の答弁によりますと、いままでどおり別に変わったことはないんだと、言っておりますが、理論はそのとおりです。法律に書いてある罪があれば検挙をするので、いままでとちっとも変わったことはない。変わったことはないが、特に総会屋をめぐる不正の請託による贈収賄は、いままでもやってきておりますが、特に今後は断固たる取り締まりをやる。この改正をお願いいたしまして、計算書類の事前送付のほかに、厳重なる態度で商法による贈収賄の規定を適用していく。この二つの方法により株主総会の適正な運営が行なわれ、企業の健全なる運営をはかりたいと考えておる次第です。

○沖本委員　大臣のおっしゃった点は警察庁の談話と相一致するわけですが、そういう点について法務省は警察庁と何らかの連絡をとったり、今後会合を持ち、検討を深めながら、そういう方向に向かっていかれるか。問題点は、贈収賄ですと、請託があったかなかったか非常に微妙な内容を持ったものが出てくるわけで、その辺について未然に防止していくということは、請託を強要されたとか、請託があったとかなかったとかいう内容についてちゃんと届け出がなければならないわけです。そういう点についてのお考えをお伺いしたいと思います。

○田中(伊)国務大臣　請託の有無は実際の捜査に当たりますとたいへんむずかしいところです。ですが、請託の有無だけで検挙ができるかというと、そうはまいりません。請託があって同時に金銭の授受が明らかにならないと犯罪は成立をいたしません。何らかの形で風聞、投書、非公式の申告をとらえて糸をたぐれば重大事件が展開されてくるということが筋です。あらゆる機会をとらえまして厳重に取り締まる態度を失わないように全国的に徹底をしていきたい。

○安原政府委員　総会屋の恐喝事件はたびたび事例があるわけですが、総会屋をめぐる商法四百九十四条の贈収賄での事件は、かつて東洋電機株式会社の事件があったくらいで前例としては非常に少ないわけですので、今度の事件の着手も、報告によりますと、検察庁は十分に警視庁の相談を受けて、法律的にもやれるという判断のもとに着手したと聞いておりますので、十分検、警協力してやっておるのが実態です。

（中略）

○沖本委員　商法は監査役は一人でもいいことになっているわけです。しかし大会社には監査役が二人も三人も必要になるのじゃないか、こう考えられるわけですけれども、監査役一人一人の意見が異なる場合にはどういうふうにお考えになっていらっしゃるわけですか。

○川島政府委員　取締役は、法律は三人以上ときめておりまして、取締役が取締役会という合議体を形成して過半数で事を決していくと定めておるわけですが、監査役は、特に何らの規定もないわけです。

そこで、監査役が最近の大会社には二人、三人充てられておりますが、このような場合に監査役の職務を執行するにあたってどのように監査業務をやっていくかが問題になりますが、法律のたてまえとしては各自権限を単独で行使できると考えられております。

もちろん同じ会社の監査をするのですから、監査役が共同で監査を行なうことはあり得ると思いますし、望ましいことであろうと思いますけれども、監査役の意見が違いました場合に正しい意見がほかの監査役によって抑えられてしまうのでは監査の意味をなしませんので、そういう場合には監査役が一人でも監査役の権限を行使できる。たとえば、差しとめ請求も、一人の監査役が自分だけでこれを行なうことができる、こういうことになろうかと思います。

○沖本委員　業務監査も法務省からいただいた新旧対比を見てみますと、監査制度に関する改正で、取締役解任のための株主総会請求権、それから取締役会招集権、これは削除され、取締役定期報告義務、これも削除された。そうすると、監査役の権限の強化をうたいながら、結局、監査役の権限の骨抜きになってしまうのじゃないかという疑問が出てくるわけですけれども、その点についてお考えをお伺いしたい。

○川島政府委員　御指摘のように今回の法律案と法制審議会の要綱と対比いたしてみますと、株主総会招集権その他若干の権限が要綱にはのせられておりながら法案のほうでは落としております。これは法律案作成段階におきましていろいろ検討したわけですが、監査制度の改善と申しましても、その中心は監査役に業務監査を行なわせる点にあるわけでして、それ自体でも相当大きな現状の改善、変更になるわけです。

そこで、実際界にこれを当てはめてまいります場合に、あまり一挙に理想的な形に改めることは現実の実際界がそれに対応していくのに困難を感ずる場合があるのではなかろうか。なるべく無理のない形で監査制度の改善を進めていきたいと考えたわけでして、その意味で個々的に監査役の権限について検討いたしたわけでございますが、今回の改正で中心は監査役の権限を業務監査に拡大することと子会社に対する調査権を認めたこと、さらに取締役の違法行為の差しとめ請求を認めることが眼目となるわけでして、株主総会招集権は現在株主にも認められておりますけれども、ほとんど行使されたことがございません。これを監査役に認めましても実際に行使されることはまずないであろう。取締役会の招集権も、大体大きな会社では取締役会は定期的に開かれておりまして、特に監査役にそれを認めるまでもないのではないか。それから取締役の監査役に対する業務の定期的な報告義務も、監査役は取締役会に出席することになっており、また特に重大な損害を生ずるおそれが出た場合には、取締役は監査役に報告しなければならないという点は残してございますので、この点も必ずしも規定として置いておく必要はないのではないかということで、法案では落としております。

○沖本委員　取締役の定期報告義務は制度の上からは非常にいいことじゃないのでしょうか。あえて削除しなければならないという理由にはならない。また監査役の権限を強化して粉飾決算を絶滅するのがねらいですから、株主総会招集権、取締役会招集権、取締役の定期報告義務、監査費用の独立が削除された。これは「社長の任免権と経済的な支配には一指も染められていない。」こういうふうに指摘しているところもあるわけです。そういう点から考えても、あえて削除するほどのものではない。むしろ削除したことが財界からの同意を得るための一つの条件であったのではないかという話も出ておるわけです。そういう点についてもう一つすっきりしないわけです。その点どうなんですか。

○川島政府委員　監査役が業務監査の実をあげるような仕事をしますには、会社の業務がどのように行なわれているかを把握することは非常に重要なことです。

　ところで、その方法として、原案では取締役会に出席して意見を述べることと、三カ月ごとに取締役から業務に関する定期的な報告を受けることを考えておったわけですが、取締役の報告を三カ月ごとに受けることにしますと、大会社の場合、取締役会に出ていけば会社の業務はより詳しく把握できるわけです。そのほか、随時監査役は会社の業務について調査をしたり、取締役に報告を求めたりすることはできるわけですので、必ずしも三カ月に一回という報告義務を取締役に課する必要はないのではないか。あるいは法律に規定することも考えられるわけですけれども、会社の業務は監査役に十分わかるようになっているから、ややこしくなるのではないかということで、法案には規定しなかったということでして、決してこの規定を何とかしてくれという依頼に応じてこの規定を落としたことではございません。

○沖本委員　有能な人材を得るにはむしろこういうものがあって、業務報告を受けながら、その内容について不備な点があれば取締役会を招集して、その中で意見の交換をはかって内容を改めさせていける仕組みにもなっていくわけですから、むしろ削除するには当たらない、むしろあったほうがより綿密であるのじゃないか。ですから、その削除の理由が、大臣は差しとめ請求権で十分まかなえるのだ、ということはありますけれども、こういう制度はちゃんと設けていただかなければおかしいのじゃないか。

　それで責任規定の改正、報酬費用に関する改正も削除になったわけですけれども、現在の報酬はどの程度あるわけなんでしょうか。

○川島政府委員　現在の報酬は調査しておりませんので、お答えいたしかねる次第です。

○沖本委員　差しとめ請求権と相まって、この法律を削除しないで置いておくことのほうが、むしろ監査役のミスも防げるのじゃないかと私は考えるわけです。その点いかがでしょうか。

○川島政府委員　監査制度の改正は、そういった点は十分に考えたつもりです。これによって要綱と若干違った点はございますけれども、法制審議会の要綱が目的としております点は十分果たしていくと考えております。ただ、責任の規定であるとか報酬費用に関する規定に今回改正を加えませんでしたのは、一つには取締役の制度との関係があるわけでして、監査役の責任規定だけを切り離して規定いたしますと、今度は取締役の責任規定がこのままでいいのかという問題が出てまいります。この責任規定の関係が、現行法の解釈をめぐって非常に複雑な学説の分裂と申しますか、解釈の違いが出ておるわけでして、こういった点について早急に整備する必要があるとは思いますけれども、今回の改正におきましては、そこまでの検討ができなかった。そのために今回はこの改正を見送ったわけですが、今後これらの点は、検討がされていくと考えております。

○沖本委員　いま局長のお答えになった点はいろいろなところで議論されておって、その辺が疑問なんだ。それで、財界の同意を得るので、結局歯どめにならない形になってしまった、こういう意見もあるわけです。

そこで、業務監査の権限も、昭和二十五年の監査制度の改正には、機能の重複を避けるために、取締役と同じ地盤から、しかも第二級的人物が選ばれる実情から、監査役に二つの監査機能を期待することは無理である。そういう点から、資格制限について結局は何らの考慮も払われなかった。そこで権限と会計監査に限定したわけですけれども、監査役の資格は、今度の改正では何もお触れになっていらっしゃらない。監査役の権限を強化し、その地位を安定する方策を講じたとしても、優秀な人を得るための担保が何もない。

また今回の改正は、日本の会社は取締役に従業員重役が非常に多い。そのために取締役会の業務監査機能が形式化しておるし、業務監査機能を十分発揮し得るような改善策が考えられなかったか、この点についてはどうなんでしょう。

○**川島政府委員**　監査制度を改正しても人を得なければその実をあげられないではないかというのは、御指摘のとおりでありまして、現在の企業の態度として、もっと国民の理解を得られるように会社の運営を正していこうという風潮がございますので、今回は経済界におきましても、かなり積極的な態度をもってこれに対処していくことを期待しておるわけです。

たとえば社外重役を入れて執行機関みずから姿勢を正していく、取締役会自体での監査機能を強化することも十分考えられるわけですが、これを法律に規定すると、非常にいろいろな問題が出てまいります。そこで法制審議会は、そういう点も検討をいたしたわけですけれども、直ちに社外重役の制度を規定するにはいろいろな難点があるので、むしろ専門的に監査を行なう監査役を強化していくほうが実効があがるであろう、こういう観点から今回の改正に進んできた、こういう経緯でして、今後社外重役のような制度を会社が自主的に採用していくことはもちろん望ましいことと思いますし、法律的な制度としてこれを規定するかどうかは、今後商法部会がどのような問題をお取り上げになるかわかりませんけれども、その検討すべき課題の一つになり得ることはわれわれも考えておるところです。

○**沖本委員**　そこで今度の改正は特例法案で、資本金が一億円未満の株式会社には適用しないことになっておりますが、一億円以上の会社は適用を受けることになります。そのため監査役の権限強化、地位の安定などの改正もかえって会社の内部抗争が起きるのじゃないか。監査役の監査機能が正常に行使される限り心配はないわけですけれども、むしろこの改正によってそういう弊害が出てきて、危惧を持っていることが現実になるのじゃないかと心配していらっしゃる方もたくさんいらっしゃるのですが、その点はいかがですか。

○**川島政府委員**　その点はしばしば実際界からも指摘された問題です。しかしながら監査役の機能を強化することは会社の健全化をはかる意味においてきわめて重要な問題ですし、ある程度のマイナス面が生じたとしても、それは忍ばなければならないと思います。われわれとしては、監査役の権限は、会社の執行機関の行為が適法にされるように監査をすることですので、会社の運営に問題が起こってくることは本来あり得ないはずである。もしそういう点について紛争が起こったとすれば、それは十分検討をした上で会社が適正な方向を決定すべきである、そのように考えております。

○**沖本委員**　新聞の切り抜きを見ますと、一年決算でも中間配当ができるので、大半が年二回決算だった日本の上場会社を、年一回決算に変える原動力になって、経団連の調査でもほとんどの会社が商法の改正後三月を決算期とする一年決算へ移行するのを希望している。企業にとって決算が年一回のほうが楽だし、法務省でも、年二回決算は季節変動が大きい百貨店、ガス、ビール会社などでとかく決算が粉飾されがちなことを気にしていた。しかし、収入源を配当にたよる株主が、年一回になれば不便を感じるということで、なかなか企業も踏み切れなかった。それが前期末の利益準備金の範囲内なら、取締役会の権限で中間配当ができることになり、一年決算にしても株主への言いわけが立つことになって、総会屋、一株株主とのおつき合いも年一回で済むという総会担当の総務部の陰の声だ。こういうことで非常に歓迎されているという向きもあるのですが、中間配当は見込み配当になるのではないか。大体法定準備金または任意準備金として積み立てているお金は次の決算期まで手をつけられないのが原則であると考えるわけですが、もし途中で利益配当する金が残っているのであれば、前決算期のときに支払っておけばよいわけですけれども、中間配当は結局利益の先食いになるのではないかとも考えられるわけですけれども、こういうことでドルの切り下げ、円の切り上げ等があったらどうするか。いままでにも事実そのようなことがあったわけで、そうなったときには結局赤字の配当になってしまうタコ配当になってしまうのではないか。そうすると、むしろ粉飾決算をする危険性を助長するのではないかという考えが出てくるわけです。

いただいた資料の中で、「粉飾決算事件一覧表」

でタコ配当金額を見ていきますと、後藤観光株式会社は一千百万円、富士車両株式会社は七億五千六百万円、山陽特殊製鋼は十四億八千五百万円、大阪土木株式会社は一億四千二百万円、北海興業株式会社は五千六百万円、近江絹糸紡績株式会社は二億一千万円、またサンウェーブは四億七千九百万円、栗田工業は三億七千六百万円、それからセンター興業株式会社は千二百万円、こういうことになってくると、中間配当は、むしろ粉飾決算を伴ってくる危険性を十分持っておるということに考えられるわけですけれども、この点についてはどうお考えになっておるわけですか。

○**川島政府委員**　中間配当によって不正な経理が行なわれることになりはしないかは、今回の改正案、商法の二百九十三条ノ五の規定でかなり厳格な制限をしておりまして、不当な経理が行なわれることのないように十分配慮しておるつもりです。特に、第三項におきまして、いわゆる中間配当、法文の上では「金銭ノ分配」といっておりますが、この「金銭ノ分配」の限度額を定めております。要するに、前期末における決算の株主総会において処分をした利益の残りを限度として中間配当を認めるという趣旨でして、当期に利益が生じたとしてもそれに手をつけてはいけないわけです。

さらに四項におきまして、前期の残額が残っておって中間配当が可能である場合にも、当期の営業年度の終わりに利益が出てこないおそれがある場合には、中間配当を行なってはいけないことにして、制限を強化しているわけです。この点、違反した場合には、取締役の責任規定がございますし、こういう規定を設けることによって、中間配当がタコ配当その他不正な経理に用いられることのないように、規定上十分注意しておるわけです。また、この中間配当いたします場合には、取締役会を開いて、その決議できめることになるわけですが、この取締役会には監査役も出席することになるわけでして、監査役としても、中間配当を行なうことが適法であるかどうかの十分な配慮をする余地ができるようになっておるわけです。そういうことで、中間配当の制度を認めても、これによって経理の不祥事例が増大することはおそらく起こり得ないと考えております。

それから、粉飾決算が行なわれます場合に、従来はそれを監査役の手元でチェックすることが困難であったと思います。これは、監査役が従来会計監査の機能を持っておった、したがって、それを十分に活用すれば、ある程度防げる場合もあったかと思いますけれども、しかし、会計監査とはとかく数字上のつじつまを合わせるということで、書類に不備がなければそれでよしとする場合が多かったわけです。しかも、現在の監査役は業務にはタッチしないたてまえですので、十分な配慮ができなかった、これが一つの原因になっているかと思います。今後は、改正案のように業務監査に広げることによって、粉飾に対するチェック機能がかなり増大をすると期待しているわけです。

○**沖本委員**　法案の逐条説明では「監査期間の伸張に伴い、営業年度を一年とすることが会社の決算にとって必要となることが多いと考えられる。しかし、現在営業年度を六か月として六か月ごとに配当している会社が多いから、営業年度を一年として一年ごとに配当することになれば、株主に不利益となるおそれもあるので、中間配当の制度を認めたものである。」こういう説明書がついておるわけですけれども、ほんとうに株主に不利益になるという考えに立つのなら、二回決算にして決定配当をしたほうが間違いがない。そのほうが粉飾決算も防止できるし、株主の利益を守ることになるのではないかと考えられるわけです。そして、現在年二回決算をやっているところもたくさんあるわけです。半期報告書の提出が義務づけられているものの、人為的な操作の点から考えると、会計士の監査が要らないということになってきて、監査の強化にはならない。

日経によりますと、日本郵船の場合、現行の年四円配当を維持するためには十二億円の余剰金が必要だ。昨年九月期末では九億七千六百万円しか余剰金がない。しかも、配当準備金など剰余金を多くするように決算操作すると、海運助成法で利子補給の返還規定に触れることになる。また、東京電力は、業界の半数以上の会社はできないだろう。改正案では中間配当しなくてもいいことになっておるけれども、株式市場で資金を調達しなければならないから、投資家の不利になるのではないか、こういったことに対するお答えとしては、どういうふうになりますか。

○**川島政府委員**　中間配当をなぜ認めたかですが、現在の大多数の会社が営業年度を半年としておりまして、二回配当を行なっているわけです。しかしながら、会社により上期と下期によって収益の差がはなはだしい企業があるわけです。たとえば夏のレジャーに関係のある事業を営んでおりますと、どうしても夏の売り上げが多くなって冬の売り上げが減るので、上期と下期の収益差がはなはだしくなる。そのために利益の平準化をはかるためにある程度の粉飾をすることが実際界においてはかなり広く行なわれておるわけです。こういった点からも、年一回決算に改めて、そして不当な経理が行なわれないようにすることは、会社の安定のためにもきわめて必要なわけです。それから年二回決算をしますと、そのつど決算書類の作成、株主総会の招集が必要になりますし、それに伴う決算書類の監査、株主名簿の閉鎖が行なわれるわけです。ところで、今回は監査を少し厳重にしましたので、決算期における決算書類の監査期間が延長されまして、それに伴って株主名簿の閉鎖期間が二カ月から三カ月に伸長されます。さらに大会社には会計監査人が会計の監査に携わるわけでして、従来のとおり半年決算でこれを繰り返しておきますと、たとえば株主の側から見ますと株主名簿の閉鎖期間が現在は二カ月、それが年二回でしたのが、今度は三カ月年二回になりまして非常に不便になるわけです。そういうことから半期決算はどうも会社の実情から見て適当でないので、これを一年決算に改めることにしたわけですけれども、一年決算に改める会社がふえてくると思うわけですが、その場合に問題となりますのは、年二回配当をしておったのが一回しか配当できなくなるという点です。これを年一回の配当にしますと、現在の株価の決定などに影響が出てまいりまして、また株主としても年二回の配当を喜んでおるので、株主の立場からいっても困る。会社としてもその希望に沿えないので、その中間において決算期ではないけれども一定の時期に配当をすることにし、中間配当を認めたわけでして、このような例は外国などにもあるわけです。実際界の要望も相当あったわけですし、われわれも今回の監査制度の改正に付随してこれも必要なことであろうということで、中間配当の制度を認めることにしたわけです。先ほど会社によっては中間配当を行なうことが非常にむずかしい企業があるとおっしゃったわけです。企業の種類によりましてはそういう場合も出てくるかと思いますけれども、一般的に理屈の上で申し上げますと、一年に配当すべき利益を二回に分けて配当するのと実質的にはほとんど異ならないわけでして、移行の際に若干の問題が出てくるということと、特定の業種によってはほかの関係で若干問題が出てくるところもあろうかと思いますけれども、一般的な制度として考えます場合に、これが特に会社にとって運用のしにくいものとなることはあり得ないと考えておる次第です。

○沖本委員　大蔵省のほうにお伺いいたしますが、今度の改正法では、金融機関にも公認会計士監査を入れなければならないことになっておるわけですけれども、現在の証券取引法では、公認会計士監査はその適用が除外されているわけです。そうしますと、証券取引法関係にはどういうふうにおやりになるか、その点はいかがなんですか。

○坂野政府委員　商法が施行されますと、金融機関にも当然公認会計士監査を行なうことになりますので、証取法施行令の付則を改正しまして、金融機関も普通の証取法適用会社とすることにきまっておりまして、そういう準備中です。

○沖本委員　それはいつごろ改正されますでしょうか。

○坂野政府委員　実際の監査が始まりますのは五十一年からですが、証取法の手当てはできればことし中にも行ないたいと考えております。

○沖本委員　資本金五億円以上の株式会社は公認会計士または監査法人による監査を義務づけることは税理士の職域をおかすことになるといわれてもおりますけれども、公認会計士のうち、税理士業務を営んでいらっしゃる方はどのくらいいらっしゃるのでしょうか。

○坂野政府委員　四十七年の十二月末の公認会計士の登録者は四千四百五十名でありますが、そのうち、これは推計計算でありますが、監査業務のみを行なっている者が二百五十名、監査業務と税務を一緒に行なっているものと思われる者が約三千名、税務だけを行なっているものと思われる者が千名、その他二百となっております。これは昭和四十四年の実態調査のときには確実な数字があったわけですが、その後実態調査を行なっておりませんので、四十七年末の人員を案分して計算いたしますと、大体そうではないかと考えるわけです。

○沖本委員　資本金五億円以上の株式会社の税務を担当する税理士さんはどれくらいいらっしゃるわけでしょうか。いまの千名でいいわけですか。

○田辺説明員　資本金五億円以上の株式会社約二千七百、そのうちの一割前後に関して、税務相談あるいは税務書類の作成あるいは申告代理、何らかの形で関与していると思われます。

○沖本委員　商法上の監査を行なう公認会計士の方々に対する利害関係の規制は大蔵省の政令で規定すると答弁されておるわけですけれども、その政令の内容はどういうものなんでしょうか。

○坂野政府委員　いままで証取法の監査証明省令で利害関係を規定しておりましたが、商法が施行されますとこれと同様の規制を公認会計士法の施行令に盛り込む予定にしております。その中身は、従来やっていたものとほぼ同様ですが、具体的に申し上げますと、公認会計士とかその配偶者が被監査会社の株主あるいは出資者である場合、それから被監査会社に対して債権債務を有している場合、被監査会社から、たとえばお金を借りているとか家賃を安くまけてもらっているという利益を受けている場合、また、被監査会社から継続的に公認会計士業務以外の業務、主として税務でありますが、そういうことで報酬を受けている場合、これは個人の場合であります。五番目に、被監査会社の関係会社の役員または使用人である場合、六番目に被監査会社の役員等から経済上の特別の利益または報酬を受けている場合、これが公認会計士個人としての利害関係という項目でございます。

また、監査法人もほぼ同様ですが、その監査法人が被監査会社に対しまして債権または債務を持っている場合、被監査会社から経済上の特別の利益を受けている場合、被監査会社の役員等から経済上の特別の利益を受けている場合、監査法人の社員の半数以上が被監査会社の役員、使用人、株主、出資者、債権者、債務者あるいは関係会社の役員または使用人である場合、また被監査会社から経済上の特別の利益または税務等公認会計士業務以外の業務により継続的な報酬を受けている場合、以上が政令の内容に盛り込もうとしている内容です。

○沖本委員 監査法人の社員の一人でも監査を受ける会社の税務を担当しているときは監査法人はその会社の監査はできないとすべきではないかという点、公認会計士の利害関係、特に監査と税務の関係は外国においてはどういうふうに取り扱われているか。

それから、いわゆる一般商人に損益計算書の作成を義務づけているわけですけれども、この改正からいくと、零細な商売人の方にまで複式簿記を強制することになるわけですが、市場の魚屋さんだとか八百屋さんは、実際に見ると、買ってきて、それで品物を売ってざるの中にお金を入れておつりを渡して、その場で出し入れがあるわけですね。きょう買ってきたものが晩にどれくらい利益があったかなかったか、そういう方々に複式簿記をつけるということはちょっと考えられないです。自分の損益を考えた場合に帳面つけは当然であると常識上はなるわけですけれども、実際はそうはいっていないとなると、この点はとにかくたいへんな問題をはらんでおるわけで、どうも納得できないわけです。零細な商売人の方は振り回されて、余分な神経を使ったり、余分なことで事務屋さんの仕事をふやして、たいへん問題が複雑になってくると思うのですが、この三つについてお答えをいただきたいと思います。

○坂野政府委員 監査法人の利害関係、被監査会社との利害関係を定めておりますのは、監査法人が監査をいたしますときに公正な監査ができるかどうかであることは申し上げるまでもないことです。その点につきまして、利害関係は社員の半数以下でなければいけないという定めをしております。一人でもその会社の税務を見ておればいかぬじゃないかというお説ですが、私どもはそういうふうに考えておりません。一人税務を見ているからといって、監査法人の監査が公正を欠くことにはならないと考えております。

一番目の諸外国ですが、アメリカはSEC、証券取引委員会の規則あるいは公認会計士協会の規則で、監査と同時に税務を行なうことは差しつかえないことになっております。英国では会社法並びに公認会計士協会の規則で同様になっております。カナダ、西ドイツ、カナダは連邦会社法、西ドイツは株式会社法、いずれも米国と同様の制度になっております。

○川島政府委員 三番目の御質問は、零細規模の商人に対して損益計算書の作成を義務づけることは、複式簿記を強制することになって不都合を生ずるのではないかという質問ですが、今回の商法改正におきましては、商人は損益計算書の作成を義務づけております。しかしながら、損益計算書は、一営業年度の間における収益と費用を対照させて、純利益あるいは損失を明らかにするものです。

損益計算書の様式は、法律は別に一定いたしておりません。株式会社は、改正商法施行法により、様式等を法定することにしておりますけれども、それ以外の会社あるいは個人商人等は、特に形式を一定しておりません。したがいまして、その営業規模あるいは種類に応じまして、妥当と思われる形式で損益計算書を作成すればよいのでして、これを作成するために、必ずしも複式簿記が必要になるということではないと思います。

現在簿記の知識が非常に普及しておりまして、個人商人にも複式簿記を用いているところは少なくないようですけれども、そういうものを用いていないものも大ぜいおるわけでして、たとえば、現金出納帳のようなものに若干メモ的なものを加えて記載しておくということが行なわれておりますが、これに基づきまして、損益計算書をつくるという場合には、ごく簡単なものでよいことになろうと思います。

そういう意味で、その商人の営んでおります営業規模あるいは種類に応じたものをつくればよいのですから、特に過重な負担となることはない、このように考えます。

○沖本委員 外国では、税務会計の関係と監査業務の関係を一緒にしているところがたくさんあるわけです。そういたしますと、そういう関係の方が日本に入り込んでこないかという点も出てくるわけです、日本の法律がきびしくなってきますと。それから、資本の導入とか、そういう企業なり、いろいろな観点から、これから起きる問題が予測されるわけですけれども、そういう点について、この法律改正によって、税務行政なり、あるいは監査についての大きな問題点が今後出てきては困るわけなんですね。新しいことで今後事件が起きるような事態になったのでは、何のために法律を改正したかわけがわからなくなる。

それから、それほど強制はしてないということになりますけれども、初めに申し上げたとおり、いままでやっていることがころっと変わってくるわけです、法律できめられるわけですから。全然つけてない人が多いはずなんです、メモ程度で。そういうことから、いろいろな税務監査の対象になっていき、青色申告がどんどん進められていって、そういう方向には向いていますけれども、そういうことを義務づけるだけで大騒動を起こすと思うのです。ですから、いままでどおりでいいのじゃないですか。そしていろいろ指導しながら十分時期を待って、それであらためて法律規制をしていく方がいいのではないか。現状では、八百屋のおやじさんも何もかも、晩になると帳面づけしなければならない。そうすると何に書いたらいいんだろうか、どんな帳面につけたらいいんだろうかということで、どうやったらそういう問題から抜けられるだろうか。またそれが税務署からの監督のいろいろな面の材料になっていくとか、いい面に用いられればいいですけれども、そういうことによって大きな騒動を起こしたりしていくと、将来にまで影響していく。零細な事業の方々なんですから、この法律の持つ重みと、持っている仕事、事業の内容とを比べていくと、この法律の持つ意味がないと私は考えるわけです。

ですから、この法律はむしろなくしたほうが無難であるというように考えます。これはその第一の目的の、粉飾決算をなくしていくとか、五億円以上とかとの関連性は全然ないわけなんですから、何かちょっとこれだけくっつけておいたというふうな感じを受けるわけなんですけれども、その二つについてお答え願いたいと思います。

○**坂野政府委員**　外国の発行会社がわが国に来て新しい証券を募集するとか、あるいは外国の証券が取引所上場という過程を通じまして流通する。そういう場合には、わが国の証券取引法が当然適用になるわけです。

わが国の証券取引法は、御承知のとおり日本の公認会計士による監査証明が必要であるので、御心配の点は証取法でカバーできる、こういうふうに考えております。

○**横山委員**　いまの質疑応答聞いておりまして、個人の公認会計士が被監査会社の監査をなし得る条件と、監査法人が被監査会社を監査し得る条件と分けてお話しになりました。私の質問は、監査法人から監査法人の傘下の公認会計士が被監査会社を監査する条件は個人の場合と同じと理解してよろしいか。

○**坂野政府委員**　監査法人は、大ぜいの公認会計士がメンバーとして入っております。直接関与する人と、関与しない人と、当然あるわけです。個人の場合は何といっても一人ですから、使い分けはできないわけです。監査法人の場合はそれができる。こういう理論に立っておるわけです。

○**横山委員**　個人の公認会計士が監査する条件は、こういう場合は監査できないと、政令できちんときまっておる。そのきまっておる条件は、監査法人へ依嘱していて、Aという公認会計士が行くでしょう、そのAという公認会計士もまた個人の場合と同じ条件が課せられる、こう考えてよろしいかと言うのです。

○**坂野政府委員**　そのとおりであります。

○**阿部(助)委員**　このたびの商法改正案は粉飾決算をなくするため監査制度の強化を目的として出発したと思うのでありますが、本改正案は監査役の権限強化は当初の案に比べてだいぶ骨抜きにされた反面、逆粉飾の合法化をはかった、こう思うのです。

まず第一に、商法改正案は第三十二条、第三十三条で従来作成を義務づけられていた財産目録を削除して損益計算書にかえた。この趣旨は商法と証取法の監査を一元化するため商法の立場を財産法から損益法にしたと理解してよろしいか。

○**川島政府委員**　これは株式会社につきまして従来から認められておった損益計算書、これをこちらに出してきたということはもちろんございますけれども、全体の考えとしては、最近の会計の実務に合わせたということです。

財産目録がなくなりまして損益計算書ができた、こういうことでございます。

○**阿部(助)委員**　損益法の立場を今度はおとりになった、こう私は理解するのですが、違いますか。

○**川島政府委員**　損益法の考え方を取り入れておるといえると思います。

○**阿部(助)委員**　次に、商法改正案第三十二条二項で「公正ナル会計慣行を斟酌スベシ」という包括規定を設けられましたが、この趣旨はどういうことか。

○**川島政府委員**　商法の計算関係の規定は簡単ですので、それを補充するために規定を設けたものです。

○**阿部(助)委員**　「斟酌」という法律用語はたいへ

ん包括的であいまいなんですが、こういう用語はあんまりお使いにならぬほうがいいんじゃないですか。

○川島政府委員　法令上は「斟酌」ということばをしばしば用いておりまして、こういった事項をくみ入れて考えるということです。

○阿部(助)委員　「公正ナル会計慣行」とは具体的にどういうことをおっしゃるのです。

○川島政府委員　会計上行なわれておるならわしでありまして、特に公正なというのは商業帳簿を作成する目的に照らして公正である、そういう会計上のならわし、こういう意味でございます。

○阿部(助)委員　それが公正であるとか公正でないとかという判断はどなたがやられるわけですか。

○川島政府委員　第一義的には作成者ですが、問題になりました場合に裁判所が決定いたします。

○阿部(助)委員　「公正ナル会計慣行」ということばは証取法の百九十三条、法人税法の二十二条四項と同じ意味と解していいのですか。

○坂野政府委員　ほぼ同様であると考えております。

○阿部(助)委員　ほぼということになると、どこか違うところがあるのですか。

○坂野政府委員　この「公正ナル会計慣行」とは、一般的に昔から日本だけでもなく世界の各企業がとってきた会計慣行ということを意味します。したがいまして、そのうちのどの部分を取り上げていくかは、税務は税務の目的がある場合がございますし、若干取り扱いが違うものもあり得る。したがって、そのことばがすべて一つのことをさしているのかどうかは必ずしも明確でないという感じがいたします。

○阿部(助)委員　当初の案では、公正な会計慣行による、こうなっておったと聞いておりますが、「斟酌」に改められた理由はどういうことなのか。

もう一つは、いろいろとかってな粉飾決算が起きる可能性を生じますので、この「斟酌」という用語をもう少し明確にしておかぬと問題が起きると思うので、ひとつ解釈してください。

○田辺説明員　お尋ねの斟酌規定の決定ですが、法制審議会の審議過程では先生の御指摘のような依拠すべし、準拠すべしという案が出されました。しかしこの案に決定いたしました経緯は、商法が一応の計算規定を用意いたしております、特に商業帳簿を作成するに関しての規定を持っておるわけですが、これに漏れるものについて商法は実際の企業会計の実務、登記の実務、こういうものを予想してこれを補足するといっておるわけです。その場合にそれらのならわしに当然依拠せよ、あるいは準拠せよということになりますと、法律的な性格を持たない慣行あるいは企業会計原則が法律化されないで商法の準拠規定としてあらわれることを阻止しよう、そういう考え方に基づくものでございます。

「斟酌」は御指摘のように若干あいまいな考え方でございますけれども、法令の用語の常識としてはいろいろな素材をくみ入れて判断するという考え方に立っておりまして、この場合の素材は会計原則、学説、判例しかり、いろいろなものを考えておるわけです。

○阿部(助)委員　そうすると企業会計原則修正案は商法上公正な会計慣行として認知され、それに従って企業会計の計算が義務づけられると考えてよろしいかどうか。

○田辺説明員　現在、商法上の考えとしては、昭和四十四年十二月に企業会計審議会が報告した企業会計原則修正案及びその注解の修正案は公正な会計慣行を要約したものといわれており、商法側も公正な会計慣行を要約したものと考えており、それに準拠しておれば双方でいう公正な会計慣行であると認められると考えております。

○阿部(助)委員　商法と証取法上の監査の一元化を理由に、商法がその立場を企業会計原則の立場に修正して、企業会計原則が実質的に法制化されてきたのじゃないかと思います。公正な基準として法人税法に影響するとすると、これは企業会計原則修正案を私企業の会計処理方法としてのみ考えることはできなくなります。また単に会計学上の、それも大企業奉仕の意見だけで内容を律することに問題が出てくるのです。会計処理の方法は広く国民経済的な立場で考察しなければならぬのじゃないか。最近問題になっておる買い占めとかを考えますと、私企業だけではない、税制の面あるいは社会的な企業の責任という面でいろいろ問題が出てくると思うのです。

そこで、本商法改正案がもし国会を通過したと仮定しますと企業会計原則修正案がもう案ではなくなる、こういわれておりますが、これはほんとうですか。

○田辺説明員　そう理解しております。

○阿部(助)委員　次に、企業会計原則は商法との一元化をはかると称して、一般原則五、継続性の原則のうち処理方法の変更にあたっての要件のうち「正当な理由」を削除しました。よく知られているとおり、損益法の立場に立った場合、期間損益計算において会計処理の継続は期間損益の真実な表示を行なう大黒柱だと理解しておるのですが、それをお認めになりますか。

○坂野政府委員　継続性の原則は公正な会計慣行の中で最も重要な原則の一つですので、当然これは今後とも守られていくわけです。「正当な理由」ということばを削った理由は、何が正当であり何が正当でないかについていたずらに論争を招くことはかえって好ましくない。したがいまして、「正当な理由」は削りましたけれども、「みだりにこれを変更してはならない。」ということばが残っておりまして、この点で継続性の原則は従来どおりであると確認されております。

（中略）

○阿部(助)委員　企業会計原則修正案、貸借対照表原則四の(一)のA、流動負債、四の(一)Aの注18これはめんどうくさいのでして、この負債性引当金のうち大幅な修正がされておる。経団連のパンフのこの項の解説によると、「今回の修正案では、負債性引当金に損失性引当金を含む旨の諒解がなされた。」こう述べております。具体的に負債性引当金として新たに計上すべきものとしては、「出血受注引当金、特許損害賠償引当金、資産除却損引当金、原木単価調整引当金」を並べているわけです。負債性引当金の中に損失性引当金を含むという了解がされたというのは、ほんとうですか。

○坂野政府委員　引当金、特定引当金の中身を整理しまして、負債性引当金あるいは特定引当金を区別しなければいかぬというふうに整理した案になっております。

○阿部(助)委員　だから負債性引当金に損失性引当金を含むという了解をされたわけですね。

○坂野政府委員　そうではなくて、そもそも企業会計としては利益性の引当金と負債性引当金とを峻別するたてまえで従来から来ておりますので、商法の特定引当金あるいは税法の準備金、こういうものを整理して、負債性のものと利益性のものを区分して経理することを今後は明確にやっていこう、こういうことにしたわけです。

○阿部(助)委員　整理して区分はするけれども、認めるんでしょう。（坂野政府委員「はい」と呼ぶ）私の言ったとおりじゃないですか。そういうことになるとした理由はどういう理由なんですか。

○坂野政府委員　本来、利益処分の一種と思われるものが税法上は負債所得の負債の項目として認められておる。あるいは商法の特定引当金の中には、負債性のもの、利益性のもの、ともに含まれているのではないかという解釈になっております。したがいまして、商法なり税法のたてまえと企業会計のたてまえと食い違いますと、これは企業の経理上また非常に混乱しますので、そこは認めてまいりたい。しかし、利益性のものと負債性のものを区分することによって、投資者なり株主にはっきりとそこを認識できるような、そういう姿にするということです。したがいまして、区分はしますが、経費として税務も処理するならば、それは企業会計としても認める、こういうたてまえです。

○阿部(助)委員　そうすると、それは損益法という立場からいくと逆粉飾になりませんか。

○坂野政府委員　逆粉飾ということばの定義いかんにもかかわります。しかし、普通使われておりますのは、逆粉飾とは、表から見えない隠れた姿で、利益を隠しておくことに使われますので、こういうふうに明確にしておけばこれは逆粉飾ではない、こう考えております。

○阿部(助)委員　大体銀行の貸倒引当金を見たって、銀行は一体どれだけ貸し倒れがあるのです。それに十四の都市銀行だけでたしか六千億近い貸倒引当金を持っておるでしょう。一体このうちどれだけが貸倒引当金として取りくずされ、活用されているのです。退職給与引き当て金にしたって、大きなところはつぶれっこないのですよ。現実問題としてはこんなものは何も作用していないのです。大企業の資本蓄積に大きな作用をしておるだけであって、大衆の立場に立てば全く無意味なんです。大企業だけがべらぼうにこれを積み上げておるという、これは税法から言ったらまさに課税から隠蔽しておると言っても私は言い過ぎではないと思うのです。そんなものを幾らでも認めていけば、経団連が凱歌をあげるのは当然のことなんですね。そこまで大蔵省は財界のめんどうを見なければいかぬのですか。

○高木(文)政府委員　引き当て金は御存じのように税法で定められておりまして、そして国会の御承認を得たものだけが認められることになっております。しかし、その中に今度は評価の問題として、貸倒引当金が、企業の率が甘いではないかということは、しばしば御指摘を受けており、今国会の政府側の答弁としても御検討をお約束しておるところでして、その点は十分検討することにしております。

それから貸倒引当金の問題は、これは現在は御存じのように退職給与引き当て金の積み立ては二分の一まで積むということになっておるのですが、これは私どもの持っております評価としては、大企業、中小企業を問わず、その程度は引き当てておいていいのではないかと感ずるわけでして、現在、退職給与引き当て金が特に税法上、えらく恩典措置であるとは考えていないわけです。

○阿部(助)委員　経団連のパンフによると、諸引き当て金はこの際、有税でもいいから皆さん積んでくれ、そうすればやがて慣行になり、公正妥当のお墨付きをいただいてこれが免税されるのだという、実力行使を教唆扇動しておるのです。そうすると、企業会計慣行が公正な慣行ということになっちまう。そうすれば企業のかってなやり方で税金が負けてもらえるということになる。すでに評価性引当金であるとか貸倒引当金、退職給与引き当て金の負債性引当金など、大多数の引き当て金は、実質的には企業の利益隠蔽の手段に利用されておる。この範囲をこれ以上拡大しないという保証は言明できますか。

○高木(文)政府委員　引き当て金は普通の特別措置とは性格は違いますけれども、それが非常に企業会計に影響をし、かつ税額に影響してまいります。したがって、絶えず洗いがえを行なうという従来の立場を今後も堅持してまいりたい。従来のもので、貸倒引当金のように縮小の方向に進むべきものもありますので、それらの洗いがえは、来年度法人税制のかなり大幅な改正を考えておりますので、その際によく洗いがえを行ないたいと考えております。

○阿部(助)委員　株主総会といえば、十分か二十分でお開きになっちまって、内容はさっぱりわからない。今度の商法改正は大臣のお話とはうらはらに進んでおるんではないだろうか。会計の内容はそういう点でできるだけ明確にすべきであると私は思いますけれども、だんだん不明確になってきておる。明確にすべきだという点ではこれは御意見はなかろうと思うが、大臣いかがですか。

○田中(伊)国務大臣　明確にすべきであるという点については、お説のとおりと存じます。

○阿部(助)委員　会計原則修正案では、国民や大衆株主にこたえ、現行の会計原則に比べどのように明確な表示が行なわれるようになるのか。たとえばどの商品でどのくらいもうけたのがわかるようになるのかどうか。私は反対のように思うのですが、いかがですか。

○坂野政府委員　原則自体もさることながら、それに基づきまして、監査証明規則の改正も行ないたいと思っております。そういう細目におきましても、従来問題になっておる点を検討いたしまして、従来よりも一段と財務内容開示、ディスクロージャー制度の実をあげまして、国民の期待にこたえたいと考えております。

○阿部(助)委員　損益計算書原則二Aでは、営業別に費用区分するのを削除しましたね。三Aで商品販売と役務による収益の区分を削除した。三Aでは、商社などの場合ですが、商品販売とサービスをする場合を削除した。そうすると、現在以上に企業会計に秘密のベールをかぶせることになるのではないか。

　今度のこれで削除されますと、全体のもうけはわかるけれども、どういう形でもうかったかは一般にはわからなくなってしまうことになりはせぬですか。

○坂野政府委員　いまの損益計算書原則の問題はいま調べておりますが、少なくとも証取法の開示の面ではお説のことは全部書くことになっております。届出書、報告書すべてそれを分けてあれしておりますので、あるいはそういうことは全部もう行なわれておるから原則にそれを書くまでもないと思って削ったのかどうか、これはいまちょっと検討してみます。

○阿部(助)委員　先ほどのお話で総会の問題が出ましたけれども、いまの総会のあり方が民主的なあり方だと証券局長は判断しておられるのですか。

○坂野政府委員　担当の部局でありませんので、そのお答えは私からはちょっと申し上げられない次第です。

○阿部(助)委員　常識的にどうです。

○川島政府委員　商法上株主総会とは会社の最も重要な事項を審議決定する機関ですので、それに応じた実質を持つ総会が開かれるのが商法の期待しておるところです。それから見まして、新聞などに伝えられております現状はほど遠いものであると考えております。

○阿部(助)委員　私大蔵委員で証取法の審議をしたときに、一般株主保護であるとか会社の民主化だとかいう御説明をいろいろとお伺いしたわけですが、いまの株主総会のあり方は、これが民主的だとは私はだれしもが思わぬと思うのです。ある意味で、大企業になったら二日や三日総会を開いたっていいだろうし、あるいは零細な株主の発言も認めていいと思うのです。それが総会屋と一緒になって、黄色い紙で手を上げれば第一番目の質問者、青い紙のしるしで手を上げれば二番目、それで終わりだというような形で、実際おとなしい人、初めての人は総会に入れないような雰囲気でおやりになっておる。総会といえば総会屋とグルになって、いろいろな問題があるだろう大会社が二十分かそこらで総会を終わる。あの総会の姿一つ見れば、日本の大企業に民主性だとかモラルは毛頭期待できないのではないか。そうすれば、総会のあり方こそ皆さんが指導され、商法で大きく取り上げてやるべきであって、いまのような企業会計原則をそのまま公正妥当と認め、だんだん企業の秘密というベールによって企業の中身が国民からわからないところへ押しやられてくるという点で、私はたいへん問題があると思うのです。

国民の利害と企業の秘密が対立したとき、国民の利益をまず優先させていくべきだと私は思う。私はこの商法改正は改悪であるし、むしろ総会問題にもっと大きなメスを入れて、日本の大企業が社会的な責任を持って、堂々と国民の前に仕事をおやりになるという姿勢に直すべきだと思うのですが。

○田中(伊)国務大臣　この改正の大きなねらいの一つです。株主総会がなぜ形式に流れておるのかというと、集まりました株主が本日の株主総会で何を審議するのかがわからないままで出てきておる。そこでその計算書類をあらかじめ出しまして……(阿部(助)委員「それだけではどうしようもないじゃないですか」と呼ぶ)いや、それは非常に大きな改革の要素である。計算書類をあらかじめ株主総会招集の通知状に添付して何十日前に出して、審議をしてもらう。これはいかに会社側と総会屋との間の結託がありましても、発言の自由が保てるように配慮するということが一つの改革でございます。

その上に今度の改正には特別に案を出しておるわけではありませんが、法務省の大方針として打ち出しておりますのは、商法の規定上における贈収賄、汚職をめぐりましては厳重なる処断をする方針をとっていく。いままでのように恐喝が出てこなければタッチしなかったという態度は、警察も検察も今後は改める。そして商法における贈収賄が予想されますときには断固たる態度をもってやっていく。この二つの方法でいきますと、だんだんと修正されていくもの、こう信じておりまして、今回の改正はこの限度で一応お許しをいただきたい。根本的な改革は、株主総会の運営ないしその組織、それからもう一つは取締役会の運営並びにその組織、この両面につきまして続いて根本的な改革に着手すべく検討を加えたいと考えておるので、今回はこの限度でお許しをいただいて、その経過を見たい、こう考えております。

○阿部(助)委員　商法改正の場合、まず総会のあり方を最優先に皆さんお考えになるのが当然だったと思うのですよ。そこが間違っておるのと、問題は、総会で発言ができないのですよ。こわくて発言ができないものに総会がなっておる。一体これが民主的な株主総会なのか。これだけ日本の経済を背負っておる大企業が、これが民主的な姿なのかということになると、書類を先に渡すとか渡さぬじゃなしに、もっとものの言えるような総会にするということが大前提だ、こう申しておるので、大臣の技術的な問題ではないと私は思うのです。

○塚本委員　今回提案されております商法改正の目的は幾つかあると思いますが、その主たる点がどことどこにあるか、御説明いただきたいと思います。

○田中(伊)国務大臣　さらりと項目だけで申し上げますと、第一は、一番大事なものですが、監査制度を業務監査の制度にまで拡大をしたという点です。それから監査役の権限、権能を強化しました。

それから第二には取締役を二名以上選びます場合に、従来まで適用されてまいりましたいわゆる累積投票を完全に排除することができるように処置をした点です。

それから第三には、時価による新株発行をいたします場合に、額面以上の金額はいずれも資本準備金に繰り入れることになるわけです。その場合に株主に対し発行価額の一部を払い込まなくてもよろしいということにする制度を設けますとともに、もう一つは転換社債の発行は原則として取締役会に一任をしよう、増資をするか転換社債の発行をするか、どちらをとるかという場合には、取締役会がどう考えるかにまかして手っとり早く機動性の持てるようにしていこうという考え方に立っておる、それが第三です。

第四には、会社により、営業年度を一年として年一回決算をしております会社がございます。こういう会社は株主の便宜のために、また会社の安定のために中間配当ができるようにしていこうということが第四の改正です。

それから最後に第五の改正は、現在株式会社は百一万に及んでおるのですが、その会社のうち相当なものはほとんど事実上会社の経営をしないで休眠をしておる。こういう休眠会社は取引の上からも整理をする必要があると考えますので、一定の手続を踏みました上で整理したいと思うのです。

商法の改正の要点は、ほかにこまかいことはございますけれども、この五つに尽きるわけです。

○塚本委員　いまの一番最後の、思い切って整理をする、たとえばどんなふうに整理をしようとしておられるのですか。

○川島政府委員　休眠会社とは登記の上で長年月にわたって登記をしていない、そして実際にも営業していないという会社を予定し、整理の方法は、法務大臣が五年以上何の登記もしていない会社は、一定の期間内に実際に営業をしている場合にはその旨を届け出よと告示し、届け出がない場合にはその期間を経過したときに解散したものとみなして登記の上でも解散の登記をする、こういうことを考えております。

○塚本委員　百一万のうち、どれほどのものがこれで消滅の見通しですか。

○川島政府委員　大体二割程度、二十万くらいの会社がこれに該当するのではないかと考えております。

○塚本委員　株主総会に取締役が提示した議案が総会で修正される可能性についてちょっと御説明いただきたいと思います。

○田辺説明員　一般的に商法上株主総会は最高の機関ですので、取締役会の提案します議案についてこれを修正する権限を持っております。最も大きい対象になりますものが、改正法でとられております計算書類の承認決議に際してその決算内容についての修正をいたす場合であろうかと思います。

○塚本委員　事実上取締役から出されたその案が総会において否決を食った事例はいままでにたくさんありますか。

○田辺説明員　正確な統計は持ちませんけれども、総会が否決するのは非常に少ないと聞いております。

○塚本委員　株主総会の形骸化が叫ばれております。最高の決議機関であることには間違いないと思います。しかし、機能を全く発揮しておらないことも常識とせられておるのですね。いまや、商法を改正なさるのだったら、このことに最重点を置いた改正こそが必要ではないかと思いますが、いかがでしょう。

○田中(伊)国務大臣　まことにごもっともです。それでは審議の実があがるような株主総会に運営を持っていくためにはどうしたらよかろうと苦心をして考えました結果、招集された株主総会で発言が少ないとか発言の余地のない間に終わってしまった、ことに驚くべきことは総会屋と会社側の結託が行なわれているなどというのはもってのほかでありまして、この根本原因は一体どこにあるかというと、総会に出席をしても、その総会で何を決議するかがあらかじめわかっていない。何のことやらわからぬが、とにかく総会に出席をして、拍手をもってきまってしまったということが多いのではなかろうか。そこで、このたびの改正は、計算書類を会計監査人にこれを示しまして、会計監査人がこれの監査をいたします。それでよろしいということになりましたものを、会社内部の監査役がこれを監査をいたします。その慎重な手続を踏みましたものを具体的な印刷物として、株主総会招集の通知状に添付してあらかじめ送る。これはいままでにないことでございます。そういうことをいたしまして、議題が明らかになるようにこれを運んでいこう。自分で読める人は自分でお読みいただくのはけっこう、人に読まして調べることが必要ならば人に読んでもらうということができますようにいたしまして、総会においては何を議せられるかが念頭にあって御出席をいただくというふうに持っていくことが必要であろう。それならば、発言する人は手をあげて発言ができる、大いに所論の余地がここで出てくるわけです。

それから、もう一点これと前後して重要だと考えております点は、贈収賄に関する規定が商法にございます。これは会社側と総会屋側が結託をいたしまして、金銭の授受をして、そして不当な運営を行なおうと企てることに犯罪が成立をするわけです。いままでめったにこれを適用した事例がございませんでしたが、今後はこれを厳重に適用をし、反省を求めたい。

この二つをもって株主総会の運営が漸次改まっていくように努力をしてみたい。それだけでは不十分ですが、それに重点を置きまして今後の運営を見てみる、そして根本的な株主総会の制度上の運用改正は、第二段のかまえとして検討を加えていきたいと思っています。

○塚本委員　粉飾決算等の心配についての処置としての大臣の御答弁は、十分ではないと思いますが、一歩踏み出したと思いますけれども、世にいわれております会社の中の不明朗な人事あるいは販売に対する価格が社会的に問題になっておる会社運営、さらに公害等これまた社会問題になっておる、こういうような問題等、あげて株主も社会的責任を感じて企業に対して決議機関たるの任務を果たしていただかなければなりません。社会的責任を負う上場会社の企業責任の声が、株主総会において全く反映されておらない事実がいまや企業責任として問題になっておること御承知のとおりです。しかし、粉飾決算についてはわずかに努力のあとを認めますけれども、もっと苦心があってしかるべきじゃないかと思いますが、いかがでしょう。

○田中(伊)国務大臣　粉飾決算の根絶をはかる方法ですが、民間企業のことでございますので、自主的にこれをやらす以外にはございません。いたずらに権力による取り締まりを強化することもいかがかと考えられますので、監査役に強い権限を持たせまして、監査役の権限強化によって監査役を取締役会に出席をせしめ、意見を述べさせ、粉飾決算、逆粉飾決算も、これを取りとめることを命ずる権限を監査役に持たす、聞かざれば、それに対しては裁判所に対する請求によって仮処分等の処分までする権限を与える処置を講じまして粉飾決算、逆粉飾決算等が陸続として起こることのないように、取締役に責任を持たして、しっかり取締役に仕事をしてもらうということで、思い切った監査役の権限強化をはかったところです。監査役の権限は、理想を申し上げますと、まだまだやりたいことがたくさん残っておるのでして、法制審議会においてもいろいろな意見を出しておるわけですが、今回は監査役の権限強化をして、その実施の状況を見守りました上で、さらに改正を考えたい、こう考えております。

○塚本委員　しかし世間では、監査役が取締役によって任命されておる立場で、権限強化しても、人事権を相手に与えられておる者が監査すると、根本的な解決にならないのではないか。しり抜けじゃないか、こういう非難にどうお答えになりますか。

○川島政府委員　企業の経営のあり方が問題になっておりまして、社会的責任が云々されております。いろいろな対処のしかたがあると思うわけですが、何よりも大事なのは、運用面だろうと思います。しかしながら法律制度としても欠けた部分があれば、これを補っていかなければならない。商法の関係では株式会社というのは組織法です。この組織法の中で、特にそういう問題について考えまするのは、監査部門の強化であろうと思います。そこで監査役の権限を強化して業務の適正を期するという方向が打ち出されておるわけですが、監査役にどういう人が得られるかが実際の運用には非常に重要な問題であろうと思います。監査役を選任するのが実際は取締役ではないかというお話ですが、実際の運用はそういった実質を持っておるものも少なくないと思います。しかしたてまえとしては監査役を任命するのは株主総会であり、株主総会がもっとしっかりしなければならないという最初の問題に戻ってくるわけです。株主総会のあり方は、最近各企業は、社会に対して企業の立場をもっとイメージアップしていかなければならないということでいろいろ考えておるようですので、今回の改正によって運営の改善がはかられていくことを期待しているわけです。

○塚本委員　私、今度問題になっております企業に、株主総会の通知をいただいたのです。一々決算とか営業内容、詳しく説明があります。実に懇切丁寧にありました。しかしいまや叫ばれております大企業に対する独占価格等の問題や公害の問題、社会的不安まで醸成している問題等がいまや経済界としての姿勢を問われておる。商法を手がけんとするとき、社会の常識の中で、社会的な責任を民主的に果たすべき道をこの際つくっていく必要があると思います。この改正案の中に直ちに修正案として織り込むことはむずかしいと思いまするが、具体的にこれを契機にして御検討いただくということの御発言がいただきたいと思います。

○田中(伊)国務大臣　何ぶんにも民間企業のことでございます。どうしても、民主的であることもちろんですが、特に官憲、権力の力でこれを左右するということでなしに、自主的に理想の方向に導いていくように国会で法律の制定、改正を願いたいという気持ちを持っておるのですが、このたびはいわば中間的改正ですので、十分に取り入れることができなかったのですけれども、今後どうしても取締役会の組織運営、株主総会の組織運営の二点は根本的な改正が必要になります。これを目ざしましていまのおことばをよく胸に入れまして改正の準備、検討をしてみたい、かように考えております。

○塚本委員　昭和三十七年の改正の時点で追加設定された特定引当金はどういう意図のもとに設定されたか御説明いただきたいと思います。

○田辺説明員　御指摘の引き当て金は商法二百八十七条の二の規定の新設です。改正前の商法は、引き当て金の規定を持っておりませんでしたが、会計の慣行として、いわゆる負債性引当金が企業によって設定されております。商法改正の論議におきましては、まず負債性引当金はどういうものであるかから始まりまして、結論として、商法は一般に行なわれている負債性引当金のうち多くは債務である。法律上は債務であって、商法上は必ず計上しなくてはならないものである。しかし必ず計上しなければならない債務以外のいわゆる負債性引当金もある。つまり企業が将来の支出とか損失を予測して、あらかじめその準備をする意味の引き当て金、具体的な例で申し上げますと、退職給与引き当て金がその適例であろうかと思います。この引き当て金には二種類あると考えております。その一種は商法上の債務、これはその企業が当該従業員と労働協約に基づいて、退職の暁には会社が退職金を支給する約束をしているもの、これは企業にとってはあらかじめの債務ですから、商法上は必ず計上しなければいけない。ところが改正当時におきましては労働協約を持たない中小企業の労働者に対する退職給与の支払は経営者のいわば恩恵的なものである。つまりその経営者が、自分は労働者と約束していないけれども、おまえがやめたときにはこれこれの引き当て金に準備しているものを払うんだといっている場合には、それは商法上は引き当て金として認めよう。その認め方が商法の条文に出ましたように、設定が任意であるという規定になったわけです。したがって、商法が考えておりまする引き当て金とは、いわゆる必ず計上しなければならない債務たる引き当て金ではなしに、企業が負債性引当金と考えるものを含めた、広い意味の引き当て金を、任意に計上を認める。ただ、その計上する場所は負債の部に記載させて、その目的を明らかにさせると同時に、これを取りくずして使うときには、予定した目的以外に使う場合には、これを損益計算書で明らかにして株主に示す、そういう制度をつくったわけです。

○**塚本委員**　いい制度ですけれども、悪用しようと思うとこれまた粉飾決算の逃げ道にもなってきたり、あるいはまた経営者に対してルーズな経営を許す道を開いてしまう。この一つの例だけではなしに、もっと悪い例で御説明いただいたらどうでしょう。

○**田辺説明員**　商法は二百八十七条ノ二に将来の損失、支出に備えて引き当て金を設けるときはという要件を書いておるわけですが、現在までに会計の実際界において論議されております問題は、負債性引当金は当然認められる、しかし利益性の引当金があるではないか。たとえば十年も二十年も先の記念事業を予定して、その経費に引き当てるというものは、名前は引き当て金ですけれども、それは準備金的なもので、利益を控除しているものではないのかという問題があるわけです。もちろん商法はこれを無批判に受け入れているわけではないので、商法で考えている将来に支出や損失が起こる蓋然性が経営者の合理的な判断で推測できるものに限る、そういうものを設定していっていい、こういっているわけであります。

そこで問題は、商法は株式会社に関して、企業を取り巻く二つの集団の利害を調整しようとします。一つは言うまでもなく株主です。この人たちは自己の投じた資本が有効に運用されて利潤をあげ、その利潤の分け前を取ろうとする立場にある。もう一つの立場が債権者です。債権者の中には、企業との雇用契約に基づく労働者を含めて、一般の契約取引に参加している債権者一般を含みます。ところが、この二つの集団の考え方はそれぞれ相矛盾するわけでして、株主側はできるだけ配当という形で利益を分けろと申します。債権者は、会社があげた利益はできるだけ会社の外に出ないように温存させて、自分の取引の担保にしようと考えます。

そこでいま例にあげました引き当て金の問題が、その両方の利害を調整するために商法上どう規制すべきか問題になるわけです。商法上は引き当て金を法令の要件にかなっておる場合に計上し、これを貸借対照表に明らかにし、そしてまず株主にその当否を判断させるというたてまえに立っております。つまり総会が利益を留保することを認めるのであれば、その決算は有効に承認される。しかし株主から、いやそれは利益性のものであるからおれたちに配れというのであれば、それを承認しないで株主配当に回すことを商法は予定しておるわけです。

○**塚本委員**　そういうあいまいなことが出てくるから、結局取締役会の出したものをスムーズにいかせるために、異議なし、異議なしと言って封ずるようなそういう者が必要になってしまうのじゃございませんか。退職金は認めていきましょう、あるいはまたそういう記念事業があるなら十年、二十年とか一区切りのときにはいわゆる利益に対する何%までは認めていきましょうとすきっとしておいて、総会屋の助けを借りなくてもいちゃもんをつけられないようにきちっとしておいたらどうでしょう。

○**田辺説明員**　法律上の要件としては税法のように利益の何%と一律にきめるわけにはまいりません。それぞれの企業の実態に応じた額を合理的に判断して積めというたてまえです。ただ、総会がこれを審査するというたてまえにおいて、現在の総会がこれで十分かという問題はあるわけです。

○**塚本委員**　退職金は初めから負債で置いておいてけっこうですとしておけばいいことですし、記念事業等はもうかってないときには幾らでも延ばせばいいことなんでしょう。記念事業等のごときは、利益のないときに何%初めから計上して、それで利益を少なくして、株主に対する配当を少なくするということは、経営者としての資格を失うものだから、もうかったときには大いに次への利益のために載せていいものです、しかしもうからぬときにはそれは不当だ、だから項目じゃなくて、利益との見合いにおいて許されてしかるべきものもあれば許されないものもあるのです。そういうものはきちっとやっていかないと、ごっちゃにして、説明のときだけわれわれに文句のつけられないような退職引き当て金なんと言われると、結局その中で網にかぶせてしまいますから、どこかから発言があるといけないということで、出したものが承認されないときには役員に対する威信も失墜をするでしょうというようなことから、無理にそういう総会屋に依存せざるを得ない、こういうふうなみずから墓穴を掘るような道を開いておるのです。その点はっきりなさったらどうでしょうか。

○**田辺説明員**　御指摘は、商法の引き当て金の規定がゆるやかに運用されておるのではないか、こういう点だろうと思います。法律上の解釈は、一定の要件を定めてありますので、それに適合しない引き当て金をあげる場合は、その決算は適法ではないことになります。そこで、今回の改正により、監査役が決算案を作成する取締役会をはじめとして、日常の業務監査権の行使によってそのような不適法な決算を阻止しよう、同時に、資本金五億円以上の大企業には、専門の公認会計士の参加を得て、しかも現行の証券取引法とは異なって、株主総会の承認前に専門の会計士の監査を受けることとしました。これらの改正案が相まって御指摘のような不合理な点は改善されると考えております。

○塚本委員　ゆるめて粉飾への疑わしき道をあけておきながら、一方においては監査をきびしくすることは、どうも別の意図があると疑われてもしかたがないと思うのです。いかがでしょう。

○田辺説明員　商法の引き当て金条項の修正議論は、今回の改正で出たわけです。しかし、私どもの判断ではこれを改正する理由は現在ない。ただ運用において商法が予定したことと違う、つまり利益の粉飾に使われている余地はあり得る。これを是正すれば現行商法が考えている引き当て金の本質は、商法の目的に照らして合理的なものとして運用されるだろうという判断をしたわけです。

○塚本委員　納得いきかねます。

一方で、監査を厳重にするとともに、監査の基準は弱めておるという声があるのです。どう答えられますか。

○田辺説明員　企業会計原則の修正にまつわる問題と思います。その最も大きい問題は継続性の原則を修正したのではないか、それから引き当て金の規定がゆるやかになったのではないかだろうと思います。商法のほうから申しますと、継続性の原則は、会計における絶対的な真実をつかむ方法が確立したものがないことに原因しているように思います。常に問題にされる定率法とか定額法も、実は二つの適法な手段を認めておる。そこに問題があろうかと思います。理想から申しますと、減価償却ですから、ある一定の資産がそれぞれの資産に応じて、何年で命脈が尽きて、しかも命脈が尽きたときの価額が幾らでというようなことが価額的に明らかになるものであれば、それを算定できる基準が一つあれば、それに従って会計の処理はできるはずです。ところが会計上の問題としては、定率法といい定額法といい、現在の価額のもとにおいては、いずれも会計の真実を探る手段として適法なものである、こういうたてまえをとります以上は、企業によっては認められている二つの手段を選択して使ってよろしい、ここに問題があるので、商法の立場からは、二つとも認められている限りは企業の判断で、その企業の実態に応じた方法を使いなさい、しかし一たん使ったものでも、同種同業の他の企業が別の方法を使っているためにあまりにも格差があるのであればこれを変更することもやむを得ない、しかし変更したときには計算書類の上で株主、債権者等に、いままではこういう尺度を使って計算したが、今期はこの尺度を変えた、変えた結果こういう変化がありますということを注意するようにという趣旨で、商法はそれを継続性の原則と考えているわけです。今回の修正は、会計原則におきましても、従前どおり継続性の原則を貫かなければ、先ほどの尺度を自由自在に毎年変えるというような方法をとられれば、利益の比較がむずかしくなる。したがってこれをみだりに変更してはならないという原則を貫き、そして、いままでありました、正当の理由によってこれを変更するという文言を削ったわけです。つまり正当の理由の中身がいままで確立していない。個々の事例を見てみますと、企業は、わが社の経営方針の変更により、あるいは企業の体質改善によりという理由をつけてまいりました。しかし監査をする側からそれに立ち向かって、それは正当の理由でないというだけの論理を提出することが非常にむずかしい。そういう文言があることによって企業と監査の間でトラブルが起こり過ぎているために、原則はみだりにこれを変更してはならない、ただし変更した場合は、変更した事柄を明らかにして、変更前の計算と変更したあとの計算でこれだけの金額的な違いがあることを計算書類に明らかにすることによって、投資家を保護しよう、債権者の期待にこたえよう、こういう修正をやったわけです。これを見ようによっては会計原則が後退したと称する方もありますが、商法上は後退したわけではなくて、商法がいままで考えているとおりの内容をより明確にした、より株主に周知徹底するように改めた、こう考えております。

（中略）

○塚本委員　今度の改正により、二百七十四条ノ三の関係で、親会社が子会社に対して営業の報告を求めることができるふうになるわけですが、報告を求めることに対しては節度が必要だ。いままでのところ、親会社が株を取得する場合には、ほとんど金融機関を通じて、銀行屋が実は子会社に対する支配権というものを思うままにしておりました。それは金融の関係の場合は、子会社が有能な経営者の場合は、干渉されずに済んだわけです。しかし今度は直接に干渉する道を開いてしまったというふうに心配されますが、この点どうでしょう。

○川島政府委員　改正案の二百七十四条ノ三、子会社調査権の規定ですが、これは規定の趣旨はあくまでも親会社自身の業務の適正かどうかを判断するために、その限度で子会社に関係する部分を調査するというのでして、子会社自身の業務を監査する趣旨ではないわけです。したがいまして、子会社に対し干渉するという趣旨は毛頭含まれていないわけです。

○塚本委員　どこからでもそういう理屈はつけられ

るじゃありませんか。その節度をきちっとしておかなければいかぬというふうに心配するんですが、どうでしょうか。

○川島政府委員　第二百七十四条ノ三の第一項で、これこれの会社の監査役、これは親会社の監査役ですが、「監査役ハ其ノ職務ヲ行フ為必要アルトキハ」云々とございます。親会社の監査役は、親会社の業務の監査がその職務です。したがって「其ノ職務ヲ行フ為必要アルトキ」とは、親会社自身の業務を監査するために必要があるとき、こういう意味になるわけです。その場合に初めて子会社に対して営業の報告を求めるわけです。

○塚本委員　何がためにそういうふうなことをするのですか。

○川島政府委員　ただいま申し上げましたように、親会社の業務の監査を行なうためです。

○塚本委員　どうしてそんなことが必要あるのですか。子会社は関係ないじゃありませんか、別の会社ですから。

○川島政府委員　たとえば粉飾決算などの場合最も事例が多いのは、親会社が子会社を利用して自分のところの決算に粉飾を加えるという事例です。その粉飾を見破るためには子会社がはたして親会社の計算書類のとおりの経理関係にあるかどうか、たとえば債権債務が子会社に対してあっても、子会社のほうを調べてみないと実際に債権債務があるかどうかわからぬ場合があるわけです。そういった点をさらによく調べるために子会社に対してその点の報告を求める、こういうことです。

○田辺説明員　この立法の目的は、実はいままで不正経理、不正な業務運営に子会社がずいぶん利用されてきた。そこで子会社にほんとうにこの製品を買ったのか、さらにこれをどういう価格でいつ売っているかを照会させる。しかし子会社が親会社と結託して答えてくれないときには、答えを求めた事項に限定して監査役なりあるいは公認会計士が調べに行く制度です。これは逆から申しますと、子会社の独立の人格を尊重し、かつこれが不正に利用されることを防止することをねらっているわけです。したがって、子会社にとっては保護される制度であるとわれわれは考えているわけです。

○塚本委員　それならば逆の場合も必要ではないかと思いますが、どうでしょう。

○田辺説明員　その議論も法改正の議論で出てまいったわけです。しかし今度の改正商法で考えた親子関係が、親の側からする過半数の所有をとらえて親と子を分けたわけです。これ以外に外国の立法例にもございますように、親会社がわずかの株式しか持ちませんが、実質的に役員派遣等で支配しているものも外国ではこれを子会社として規制しております。そういう観点から見ますと、実は親子でありながら逆の関係があり得るわけです。そこで将来の法改正の検討の場合には御指摘の子から上に対する監査を考えるべきだという議論があったわけです。しかしとりあえずは本来の親子でまず規制を及ぼして、その運用のいかんによっては子からする規制を考えようじゃないか。これがいまの改正の考え方です。

○塚本委員　ところが現実にこれが運用になると反対になってしまう。私たちが心配しておりますのは、親会社がいいかげんな経営をすることによって子会社自身や下請企業等が将棋倒しになる例が多過ぎるのです。うちの親会社あぶないなと思ったときに子会社もその道を開いておくのがほんとうじゃありませんか。被害を受けておるのはまず子会社だと私は思いますが、どうでしょう。

○田辺説明員　おっしゃるとおり、論理的にはそうなるかと思いますが、今度の改正はあぶなくなる前に親会社のほうでまずとめよう、そういう改正目的です。

○塚本委員　あぶなくなることが一番早くわかるのは会計監査人じゃないのですよ。手形のサイトが長くなるから一番早く気がつくのは子会社なんですよ。これをなぜ最初にやらぬのですか。

○田辺説明員　おっしゃる内容を監査役がまずいち早くチェックしてほしいというのが今度の法改正です。そのために監査報告義務を規定したりあるいはみずから進んで取締役会の会議の運営を監視したりあるいは日常の業務について個々に取締役から報告を求めあるいは会社の帳簿を調べ、伝票を調べるという作業を予定しておりますので、まず子会社を含めて株主その他の利益を代弁するものとして監査役を位置づけている。これが今度の改正の目的です。

○塚本委員　監査はそうしょっちゅうしょっちゅうやるものじゃない。毎日毎日手形を受け取っておる、あるいは支払いを受けるときに支払いをおくらせている。そこで一番敏感にくるのが子会社なんですよ。だから子会社から監査役に監査請求が行って報告を受けたほうがより合理的じゃありませんか。

○田辺説明員　御指摘の問題点は、親会社、子会社の概念規定の根本にかかわる問題です。今度の改正案では支配、従属という法律上の事態を規定して子会社調査権を入れたのですけれども、法律的に子から親に対する調査を入れるためには、いまの過半数の所有以外に親子関係をもう少しきめこまかく検討させていただきたい。これは総会の権限、取締役、すべてに関連する問題であろうかと思っております。

○塚本委員　関連倒産の防止に関する法律や下請代金支払遅延防止法やいろいろあります。少なくともここまできちっとやるのだったら、もう少し支払遅延防止法の強化とあわせてお出しいただくほうがよりベターではありませんか。

○田辺説明員　御指摘の点は、法制審議会の商法部会にも私ども以外の所管省からも参画しておりますので、先生の御意見は十分伝えまして、法制審議会の審議で検討いたしたい、こう考えます。

○塚本委員　会計監査人は重要な事項について監査報告書に虚偽の記載をしたときは、第三者に対し連帯して損害賠償の責任を負うことが今度の改正法案の中で出てくるようです。これは証取法の中ではすでに出ておると思いますが、連帯して会計監査人が損害賠償の責任を負わされた事例があるかどうか、御説明願いたい。

○白鳥説明員　昭和四十六年改正後の証券取引法に、有価証券届出書に虚偽証明があった場合の罰則として、証取法の第二十一条、第二十二条、また有価証券報告書にかかわる虚偽証明は、第二十四条により、公認会計士に対して、損害を受けた人が訴え出れば、損害賠償の責めに任ずるという規定がございます。ただ、この規定は、昭和四十六年に改正が行なわれてからまだ日が浅く、実際に損害賠償請求が行なわれた例はございません。

○塚本委員　それはないはずだと思うのです。

「ただし、その職務を行なうについて注意を怠らなかつたことを証明したときは、この限りでない。」と今度の改正案にも出ているのです。こんなものがついてしまったら、何も連帯責任なんか価値がないと思うのですよ。こんな免責なんかつけないほうがいいと思うのですが、どうでしょうか。

○白鳥説明員　故意、過失がなければ、ないことを立証すれば、これは免責されるわけです。これは、同じような規定が公認会計士法にございます。この場合には、故意あるいは重大な過失があった場合、公認会計士の処罰の規定がいろいろ使い分けてございます。この故意があったか過失があったかは、公認会計士審査会において厳重な審査をして処分をしているわけですが、従来虚偽証明とか粉飾決算で公認会計士が処分された事例が幾つかございまして、故意と指摘された場合もございますし、重大な過失があったと指摘された場合もございます。したがいまして、故意、過失がなければということで何でもうやむやに葬ってしまうということではございません。

○塚本委員　損害賠償の責任を負うといっても、公認会計士さんに、そんなのを背負わせるほどの能力があるんでしょうか。能力がなかった場合はどうするんでしょう。

○白鳥説明員　損害賠償のための保険の制度もございます。また、公認会計士が姿勢を正して厳密な監査を行なえば、損害賠償の責任を負うことにはならないわけですが、そういう意味で、空文という御指摘ですが、むしろ予防的効果に重要な効果があると存じます。そのため、昭和四十六年の証取法改正により、公認会計士の民事責任の規定がつけ加えられましてから、公認会計士も監査の点に対する態度の厳正化と申しますか自覚が非常に高まりまして、最近粉飾の事例が著しく減少しておると考えるわけです。

○塚本委員　会計監査人の責任について損害賠償の責任まで、連帯責任として重い規定をのせるお考えならば、職域の問題で税務と監査との関係を一つにするような道を開いておいて、そして片一方で、事業者から強要されてくるときに断わり切れずあやまち等が起こる道は残さないほうがいいんじゃないか。だから、連帯責任まで公認会計士さんにしょわせるというふうな強い規定をおつくりになるだけの決意があるならば、そういう道は残さないほうがいいというふうに私は考えております。

衆議院　法務委員会議録第三十三号

昭和四十八年六月十五日(金曜日)

出席委員

委員長	中垣　国男君			
理事	大竹　太郎君	理事	小島　徹三君	
理事	谷川　和穂君	理事	福永　健司君	
理事	古屋　亨君	理事	稲葉　誠一君	
理事	横山　利秋君	理事	青柳　盛雄君	
	井出一太郎君		住　栄作君	
	松沢　雄蔵君		三池　信君	
	保岡　興治君		八百板　正君	
	沖本　泰幸君			

委員外の出席者

参考人
(経済団体連合会経済法規委員長)　金子佐一郎君

参考人
(日本大学教授)　北野　弘久君

参考人（日本公認会計士協会副会長） 川北 博君
参考人（日本税理士会連合会会長） 木村 清孝君
（ほか略）

本日の会議に付した案件

商法の一部を改正する法律案（内閣提出第一〇二号）

株式会社の監査等に関する商法の特例に関する法律案（内閣提出第一〇三号）

商法の一部を改正する法律等の施行に伴う関係法律の整理等に関する法律案（内閣提出第一〇四号）

○中垣委員長 これより会議を開きます。

内閣提出、商法の一部を改正する法律案、株式会社の監査等に関する商法の特例に関する法律案及び商法の一部を改正する法律等の施行に伴う関係法律の整理等に関する法律案、以上三法律案を一括議題といたします。

本日は、参考人各位には御多用中のところ御出席をいただきまことにありがとうございます。何とぞ参考人各位には忌憚のない御意見をお述べいただくようお願いをいたします。

○金子参考人 経済界では商法というような経済法規は、変遷する経済の実勢に沿いまして迅速に機敏に改正されるべきものであると考えておるのですが、今回の改正が意外に手間どりまして、始終いろいろと支障も生じておるような実情です。したがいまして一日も早く今国会で可決せられ、施行されることを希望いたしますとともに、引き続き商法改正作業が続けられまして、今日の経済発展に即応した抜本的な株式会社法が将来でき上がりますように切望いたしておるような次第です。

さて、今回の商法改正案のまず第一点は監査制度の充実強化という点にあります。私どもが適法、正確な決算案を株主総会に提出しておりますにもかかわらず、いわゆる自己証明は証明にあらずということにもなっておるような感じがいたします。そこで社会的に重要な存在である大会社は、充実強化された監査役、公認会計士の監査証明を付してもらうほうが適切であると考えられるのです。これが株式会社の健全な発展をもたらすものとも考えられるのです。従来から株式の公開会社に対しては証券取引法によりまして公認会計士の監査が強制されていたわけですが、これは商法上の監査役や株主総会とは関係がないと申し上げられるような制度になっておるのです。これを商法と企業会計原則との一致によりまして、商法監査と証券取引法監査との一元化を果たし、この面の混乱を整理することとして、総会の事前に監査意見を表明することになっておりますので、株主、投資家並びに会社にとりまして、適切な決算・監査制度になるものと期待されておるような次第です。

ただし、私どもとしては、まず公認会計士の監査対象会社は上場会社などの株式公開会社に限ることも考えられるのですし、銀行、保険などのごとく、大蔵省の銀行検査や日銀考査の行き渡っておりますいわゆる免許業には公認会計士監査を強制する必要が一応ないのではないかなどとも主張したところですが、原案を拝見いたしますと、これらの意見はいれられておらないようです。

次に、監査制度以外の商法改正問題は、資本の自由化に対処して、取締役選任に関する累積投票制度を会社の定款で十分に排除できるようにすること。また、時価転換社債を取締役会の決議のみで発行できるようにすること。さらに、一年決算会社に中間配当を認めること。法定準備金の資本組み入れによる有償無償の抱き合わせ増資を認めること。さらに、五年間登記を怠っている会社を休眠会社として整理すること。これらが改正法案に含まれておるのです。これらは、経済界の実情に照らしても、その他の点から見ましても、時宜に適した改正であると存じまして、ぜひとも今国会で改正案が実現されることを積極的に望んでおるような次第です。

この中で、中間配当は、期首の剰余金の範囲内でのみ中間配当ができることになっておるのです。一般的にはこれでよろしいと考えられるのですが、電力、民営鉄道、海運等の一部業種は、公共料金抑制などの影響を受けまして、十分な内部留保がないために、中間配当の原資が不足しております関係上、中間の仮決算利益を中間配当限度に加算することなどの希望が私どもの手元にも出ておる次第ですが、これらはこの法案にはいれられておらない次第です。

以上、細部はいろいろ問題がないとはいえないのですが、全般の大所高所から見まして、私どもは今次の商法改正三法案が、企業の社会的責任を全うする上で適切なものであると信じておるのです。

○中垣委員長 次に、北野参考人にお願いいたします。

○北野参考人 私の主たる専攻領域は税法ですので、そういう観点から、重要と思われます幾つかの疑問点だけを申し上げることにしたいと思います。

疑問点は、全体としまして六つございますが、六つに分けまして申し上げたいと思います。

まず第一点ですが、周知のように、今回の監査制度に関する改正は、山陽特殊製鋼をはじめとします一連の粉飾決算等の続発が契機となっておるのです。このため改正案では、いろいろな監査役制度の強化に関する提案が行なわれており、そのことは私も異論はないのでありますけれども、しかし監査役の身分保障は、改正案はほとんど配慮をしていないのです。わずかに、監査役は、株主総会において選任及び解任について意見を述べることができるんだということであるとか、あるいは監査役の選任決議は、株主総会に出席を要する株主の有すべき株式の数は、発行済み株式の総数の三分の一未満に下すことはできない、こういった規定があるにとどまるのです。十分な身分保障のない者にいかに権限を付与してもあまり意味はないと考えるので、改正案は、はたして粉飾決算等の防止をまじめに考えておるのか、私には疑問に思われるのです。ほんとうに粉飾決算等の防止を考えておるなら、何ゆえに監査役の身分保障について十分な配慮がなされなかったのだろうかという疑問が生ずるのです。

大企業のあり方は、従業員、その家族、取引関係者、あるいは株主等々の多くの人々の生存に影響を与えるのでして、その存在はまさに社会的、公的な存在であるといわねばならないと思います。それゆえに、その監査役の身分保障を行ない、その監査の徹底を行なうことが必要になってくるのですけれども、今回の改正案は、そういった配慮はほとんどなされていない。いかに権限を与えましても、身分保障のない人に対して、そのような権限は絵にかいたもちになる危険性があるのです。特に監査役の解任は、監査役の身分保障をはかるために、裁判所の承認がなければ監査役の解任はできないというところまで徹底すべきと考えるのです。そして、取締役会に対抗し得るだけの監査役会を設け、そのもとに会計専門家を含む監査の事務機構を常設し、そのことを法においてコントロールすることが必要なのではないかと考えるのです。大企業の監査は、そのような常設の監査事務機構によって常時行なわれなければならないだけの社会的な、公的な理由があると考えるのでして、そういった観点に立って考えますと、今回の改正案には多くの不満を感ずるのであります。

第二点、今回資本金五億円以上の株式会社につき、会計監査人の監査が強制されることになっております。そのこと自体は妥当であると考えますけれども、はたしてこれによって粉飾決算の防止ができるか、はなはだ疑問です。なぜかと申しますと、現に、公認会計士の監査を行なっている大会社が粉飾決算を行なっておるのでして、中小会社は粉飾決算を行なう必要はありません。もっとも中小会社は逆粉飾をすることが考えられますけれども、このほうは膨大な権力をもって行なわれますところの税務調査によって阻止されるべき問題です。ともかく公認会計士が現に監査を行なっておる大会社が粉飾決算を行なっておる事実に、われわれは注意をする必要があると考えるのでして、これは公認会計士制度が本質的には自由職業として成り立ちにくい局面を持っていると考えるからです。すなわち、まず公認会計士は、税理士と異なりまして、検察官ないしは裁判官の立場にある職業専門家です。

第一番目に、そのような立場にある公認会計士が、依頼人である被監査会社から報酬をもらって監査をすることは、ある意味では自己矛盾といわねばならないのです。

第二番目に、加えまして、わが国の国民性は、アメリカなどと違いまして、きわめてウェットな国民性でして、ビジネスと人情を区別することはなかなかできないという特殊性がございます。

第四番目に、十分に監査をするためには、膨大な労力と時間と経費を必要とするのでして、はたして一会計事務所の短期間の監査で所期の目的を果たし得るかどうかはなはだ疑問である、このように考えるのです。

少しでもこの制度の導入を実効あらしめるためには、特例法案におきまして会計監査人の身分保障についてもっと配慮すべきであったのではないかと考えるのです。特例法案は、単に会計監査人の選任または解任は、監査役の過半数の同意を得て取締役会において決定すると規定するだけにとどまっております。ほんとうに大企業の粉飾決算等を防止するならば、監査役会のもとに公認会計士等の有資格者を社内にかかえ込みまして、その上で常設の監査機構で常時企業の監査を行なう、あるいは民間の特殊法人である会計監査機関を設けまして、そこで大企業に対する監査を常時行なう、そこまで徹底する必要があるのではないかと考えるのでして、私は社会的な、公的な存在である大企業の監査は、ここまで徹底すべきであると考えるのです。

第三点ですが、かりに公認会計士監査を拡充することとしました場合に、何も商法という基本法の特例法を設ける必要はないのです。現在の証券取引法上の監査を決算前にも行なうという改正を行なえば、十分に所期の目的が達成できるのでして、基本法の特例法の設置には、きわめて慎重でなければならないと考えるのです。

第四番目に、今回、親会社の監査役あるいは会計監査人は、子会社にも調査権を有するということが規定されております。このような形であるにしても、商法という基本法が親会社とか子会社とかいう観念を導入したことは、きわめて注目すべき事実です。これが企業の系列化が基本法レベルで促進されるという端緒にならないという保障は少しもないのでして、法律学の観点から考えますと、きわめて注目すべき法観念の導入であると考えざるを得ないのです。

なお、これに関連して、おそらく連結財務諸表制度の導入が早かれおそかれ行なわれるであろうと思いますけれども、連結財務諸表制度の導入自体には、あえて異を唱える必要はないと思いますけれども、しかしそれがやがて連結納税申告制度への発展をもたらすことになるのでして、大企業の租税負担を合法的に軽減するという結果をもたらすことに注意を要するのです。むしろ連結財務諸表制度の真のねらいは、連結納税申告制度の導入にあるのでして、その辺の観点をしっかり押える必要があると考えるのでして、さまざまな租税上の特別措置とは違った形で、大企業を中心とした企業の減税が行なわれる、そのしわ寄せがまた大衆に押し寄せてくるという、そういう結果になりますので、特に税法を専攻する者としては、連結納税申告制度の採用は、きわめて慎重であるべきであると考えるのです。

第五番目に、今回商業帳簿の作成に関する規定の解釈につき、公正な会計慣行をしんしゃくしなければならないという規定の導入が予定されております。一般にこういった規定を設けること自体には異論はございません。ただ、何が公正な会計慣行であるかは、判然としないのです。理論的には必ずしも成文化されました企業会計原則を意味しないと見なければならないと思いますが、現実には成文化されました企業会計原則がそのきめ手になっていくことは明らかです。もしそうであるならば、昭和四十四年の企業会計原則修正案の動向が注目されねばならないと考えるのでして、たとえば現行の企業会計原則では、会計処理の原則及び手続を変更するためには正当な理由がなければならないことが明文化されておりますが、修正案では、この「正当な理由」という文言が欠落しておるのです。企業会計における期間損益計算思考のかなめともいうべき継続性の原則の緩和は見のがし得ないのでして、このことが今度の商法の改正との関係におきまして非常に重要な意味を持ってくる、このように考えるのです。

また、商法二百八十七条ノ二の特定引当金は、商法学及び会計学の通説は、負債性引当金に限定して、狭く解釈するという傾向にありますが、法務省及び実務は広く解する傾向にあります。企業会計原則修正案は、後者の傾向、つまり利益性引当金をも特定引当金として公認するに至っておるのでして、周知のように、実務上は現にさまざまな利益性引当金を特定引当金に含める処理が行なわれておるのです。実務上は、それが利益留保性のものでしても、株主総会の承認さえあれば、適法な引当金として扱われておるのです。修正案は、企業会計理論上とうてい容認できない処理を企業会計レベルで公的に承認しようとしているのです。こうした修正案がやがて商法にいう公正な会計慣行としてその法的位置づけを与えられることになる危険性があるのです。

このように見てきますと、会計監査人制度は大企業の利益操作等を正当化する機能を果たすことになるといっても決して言い過ぎではないのです。そして、このような商法レベルの考え方がやがて、ただでさえ不合理性を持っております現代税法のあり方にも、さまざまな悪影響をもたらすことになってくるのです。

第六番目ですけれども、公認会計士の方方は、私個人としては、わが国の有数の国家試験にパスされたきわめて見識の高い方々でして、日ごろ個人的には尊敬申し上げておりますけれども、しかし制度のたてまえからいきまして、公認会計士は職業会計専門家でして、税理士のような職業税法専門家ではないのです。また公認会計士は、先ほど申しましたように、検察官ないしは裁判官の立場に立つべきものでして、税理士の立場とは本質的に異なるのです。税理士は本来、依頼人の税法上の権利を税法のワクの中で擁護すべき職業専門家でして、その意味では税理士の立場は弁護人の立場と同じです。公認会計士が被監査会社及びその子会社の監査及び調査を行ない、同時にそういった会社につき税理士の仕事を行なうことは妥当ではないのです。もし、このようなことが行なわれますなら、単に税理士の職域が狭まるばかりではなく、健全な申告納税制度の展開にとっても見のがし得ない問題を引き起こすのです。これは単なる税理士という職業専門家の職域論の問題ではないのです。職業税法専門家としての税理士制度の衰退はわが国の申告納税制度の危機をもたらすことを意味するのでして、そういう観点から私としてもこの改正には十分に注意を払いたいと思うのです。したがいまして、今回の会計監査人制度の導入を容認するといたしましても、特例法により、会計監査人は被監査会社及び子会社の税理士業務ができないことを明文化すべきである、このように考えるのです。

最後に、今回の措置によりまして、とうてい粉飾決算等の防止はできないと考えます。基本法の改正にあたってはよほど慎重でなければならないと考えるのであります。

御清聴ありがとうございました。

○中垣委員長　次に、川北参考人にお願いいたします。

○川北参考人　現在御審議の対象となっております商法改正関連法案は、昭和四十一年の公認会計士法改正の際の「政府は公認会計士制度が一層社会の要請に応えるために、更に商法、証券取引法、税法、企業会計原則等について引き続き検討を行い、速やかに総合的改善を行なうべきである。」という衆議院大蔵委員会附帯決議の精神を継承するものであり、企業会計制度並びに株式会社監査制度の充実発展を希望しております日本公認会計士協会として、賛意を表するものであります。

さて、意見として第一に申し上げたいことは、事前監査制度についてです。

今回の改正法案の中で最も社会に寄与するものは、事前監査制度であろうと思われます。商法の一部を改正する法律案並びに株式会社の監査等に関する商法の特例に関する法律案の定めるところによりますと、監査はすべて定時株主総会開催前に終了し、その監査意見は計算書類の承認を左右することになり、企業会計の健全化のために大きな効果をもたらすものと思われます。私どもも全力をあげて努力し、社会の負託にこたえたいと存じます。

第二に、商法と証券取引法とにおける会計基準が一致し、同一の会計基準に従って監査が行なわれることについて申し上げます。

言うまでもなく、商法並びに証券取引法に定める両監査制度の円滑な実施を期するためには、その前提として、商法と証券取引法との会計基準を一致させることが必要であります。

第三に、会計監査人の選任及び解任について申し上げます。

資本の額が五億円以上の会社は、その計算書類について監査役の監査のほか会計監査人の監査を受けなければならないことが特例法案に定められております。また、会計監査人の資格を「公認会計士（外国公認会計士を含む。）又は監査法人でなければならない。」と定められております。

このように大会社の監査のための会計監査人の資格を職業的専門家である公認会計士または監査法人と明示されましたことは、諸外国の例に照らし、国際信用上もまことに適切であると存じます。

しかしながら、一たん選任された会計監査人は「監査役の過半数の同意を得て、取締役会の決議をもって解任することができる。」ことになっていますが、被監査会社と十分に調整をはかりつつ会計監査人が厳正にその職務を執行している場合、ときとしてその監査意見が会社の意向に沿わぬことを理由として、会計監査人解任権を乱用されることがあれば、せっかくの制度も画餅に帰するおそれがあります。

もとより特例法案によれば、会計監査人の解任及び解任理由を株主総会に報告する義務や、解任された会計監査人の書面による意見の要旨を株主総会に報告する義務を取締役に課して、恣意的な会計監査人の解任を規制しております。もちろん取締役がこれらの義務に違背すれば、当然取締役の善管注意義務違反となりますが、要するに商法における監査制度の社会的意義に照らし、会計監査人の選任及び解任は、関係者の慎重な御配慮をお願い申し上げたいのであります。

第四に、会計監査人の独立性と公認会計士法の一部改正について申し上げます。

特例法案には、会計監査人の資格とその欠格条項を定めており、また、商法の一部を改正する法律等の施行に伴う関係法律の整理等に関する法律案によって公認会計士法の一部改正が示され、公認会計士及び監査法人の監査業務執行上の独立性に関連し著しい利害関係について明らかにされております。

このような欠格条項に著しい利害関係の規定が定められているのは、公認会計士等の監査意見の独立性を保持し、監査の公正を確保するところに目的があります。従来行なわれております証券取引法に定める監査でも、公認会計士法や証券取引法及び監査証明省令において著しい利害関係について規定され、さらに日本公認会計士協会の紀律規則による自主規制が存在しますが、公認会計士の職業上の自覚を基礎として、これらの法令、規則等は厳格に遵守され、現在までなんらの問題を生ずることなく、監査人の独立性は保持されてまいりました。

そもそも監査人は、これらの法令上の規制によるまでもなく、精神的独立性を尊重すべきことはいうまでもありません。日本公認会計士協会では、今後とも法令を基礎として自主的に厳格な規制を続行するとともに、監査人としての精神的独立性の自覚を高揚してまいる所存であります。

しかしながら、関係法律整理法案の定める改正公認会計士法の委任による政令の御決定は、特に監査法人の組織化、監査の国際的普遍性等につき、格別の御配慮をお願いしたいと存じます。

現行監査法人に関する省令は、社員の半数以上の者が公認会計士法に定める業務制限事由に規定する関係を有する場合を、監査法人の業務制限事由と定めておりますが、従来支障なく運用されてまいりましたこの規定の内容を、政令上でも十分尊重されるようにお願いしたいと存じます。

監査法人の少数の社員が、一般的な業務制限事由に該当する事を理由として監査法人全体の業務を制限することは、監査法人の監査意見形成の独立性確保のために実益がないのみならず、昭和四十一年以来監査の組織化を目途として確立されてきた監査法人の組織をかえって弱体化し、かつ、個人的犠牲に甘んじ、現行の法令を前提条件として参加した一部の社員のすでに安定した職業上の地位を奪うことになります。

特に税理士業務は、租税法律主義に基づく中正な業務執行が国際的にも常識となっており、米国、英国、カナダ、西独等の諸外国を見ても、税務が監査業務の独立性を侵害するとして法令規則等によって規制されている例は見られません。このように、現行法令の線まで譲っていることさえ異例であるにかかわらず、さらに監査法人の社員半数の基準さえ後退させることがあれば、国際投資関係における将来の重大な支障となるのみならず、わが国の公認会計士ないし監査法人の国際的信用及び競争力に致命的な瑕疵を残すことになります。この政令は、監査業務の公正を確保するため、業務の制限をすることが必要かつ適当であるとして定められるものですので、本来監査人の独立性保持に関係なき事項を、公認会計士と税理士の職域調整上必要であるとして、その範囲を逸脱し、悔いを千載に残すことのないように、衷心よりお願い申し上げます。

第五に、子会社の監査と経理の適正化について申し上げます。

商法改正法案では、いわゆる親会社の監査役の子会社に対する報告徴求権及び調査権について定め、特例法案においても会計監査人の子会社に対する会計に関する報告徴求権及び調査権について定めております。

これとほぼ同様の規定が証券取引法上の監査について適用されております監査実施準則です。すなわち、現行の証券取引法に定める監査において、すでに実施されている制度を商法監査においても適用されることになるわけですが、子会社に対する押し込み販売による利益の架空計上のような、同一企業集団の中での会計上の不正の事例に照らしても、これらの規定が商法上取り上げられたことは、まことに当を得たものと存じます。

しかしながら、より根本的に親子会社間の会計上の疑義を解決するためには、関係会社間の決算の連結が必要です。これは諸外国との会計上の調整のためにもぜひ必要ですので、連結決算の制度化につき今後の御配慮をお願いしたい。

○中垣委員長　次に木村参考人にお願いいたします。

○木村参考人　商法改正など三法案に反対の立場にあります本会を代表いたしまして、かねてから商法改正につきわが会が主張いたしております要点を申し上げます。

山陽特殊鋼事件に端を発しました粉飾決算は、はしなくもわが国の企業の実態をあからさまにしたものでした。このことは、商法に定める株式会社の各機関が有効に機能しなかった欠陥からでして、商法改正の動機となったものと思われます。そして、この段階において、民事局参事官室試案が、各界の意見を求める形で出され、本会は、監査役の権限と機能強化の措置を講ずることは、基本的にその必要性を認めました上で、さらに次の問題提起をしておるのです。

大会社の特例は、商法が株式会社の基本法であるとのたてまえから、むしろ証券取引法の強化、改善など、他の特別法をもって解決されるように意見を申し上げ、中小会社には、特別な措置として弾力性ある御配慮をいただくよう具申したわけです。本来、株式会社における公的、私的任務は、公正なる会計慣行による財務を投資家のみならず債権者、従業員ひいては社会一般に責任を負うものでして、あらためて会社のあり方が注目されることになったのです。

続きまして、昭和四十四年七月に法制審議会商法部会から株式会社監査制度改正要綱案が発表されましたが、会計監査人制度の商法への導入というびほう的な要綱案が策定され、わが税理士会は十分に検討いたしました結果、機関決定をもって絶対反対という立場を宣明いたしますとともに、関係御当局に対しまして再度にわたり意見書を提出した次第です。すなわち、企業の系列化に伴う親子会社の問題、取締役の責任と取締役会の権能、企業会計原則の後退、中小会社に対する圧迫が生じ、職業会計人の職域における問題となり、全面的に反対を宣明いたした次第です。

次に、本改正案の矛盾点を列挙、指摘したいと思います。

第一に、特例法による会計監査人は、取締役会により選任または解任され、また被監査会社から報酬を受けるなど、制度的欠陥を有しておりますので、完全な独立性を保つことが困難であり、この意味において公正な監査を期待することはむずかしいものと判断されるのです。

第二に、証取監査と商法監査の一元化にあたって、著しく企業会計原則を後退させたことが指摘されます。ことに継続性の原則は粉飾に、また特定引当金は逆粉飾に利用された事例が多いのですが、今回の企業会計原則の修正によって、いずれも骨抜きとなっていることは、改正案がねらいとしている粉飾決算の防止に逆行するのではないかと考えられるのです。

第三に　親会社の子会社に対する立ち入り調査権は、子会社の独立性を阻害しないという保証はなく、問題があると考えられます。

第四に、今回の改正案は当初の案に比し、取締役解任のための株主総会招集権など、監査役の権限強化に関する措置が大幅に削減されておることは、この法案の意図する監査制度の改善の趣旨に沿わないものと考えられます。

第五に、粉飾決算の行為者は取締役ですが、この取締役の粉飾決算の場合における損害賠償責任の規定が明確でないことが指摘されます。粉飾決算防止のためには、取締役の損害賠償責任を明確に規定すべきであります。

第六に、改正案の「商業帳簿ノ作成ニ関スル規定ノ解釈ニ付テハ公正ナル会計慣行ヲ斟酌スベシ」とありますが、すべての商人に複式簿記による記帳を強制するものと解されますが、零細企業に複式簿記の記帳義務をしいることは、過重な負担となることは明らかで、適当でないと考えるのです。

第七に、改正案は資本金五億円以上、五億円未満、一億円以下と、資本金別により監査制度を異にして適用することとしておりますが、基本法のたてまえから、このような資本の大小により二本立ての監査制度を適用しなければならないことは妥当ではないと考えられます。

今日、法人税法上の税務計算は、財務諸表にのっとり課税所得を把握するたてまえでして、公正な会計慣行から導かれる財務諸表の作成から税務書類が作成され、税務代理を一貫してつかさどるのが税理士の現実の姿です。

このような税理士の立場から、商法改正は、単に公認会計士との職域の問題にとどまらず、外部監査人たる公認会計士の独立性、第三者性をゆがめることに深い憂慮を表明するとともに、このような監査制度の改正だけによっては粉飾決算の防止には役立たないことを主張いたしてきたのです。特に大会社と中小会社の区別を商法の体系に取り込むことの是非、あるいは監査役の権限と地位の保障とが大きく後退いたしている問題など、商法上の重要な改正点は、諸先生の英邁なる御判断にまつほかはございません。

公認会計士制度が真に公益または投資家保護のために役立つためには、その業務が公正に行なわれ、権威と信頼を高める上で障害となるものがみじんもあってはならないと念願するものでありまして、かりに一歩を譲りまして、監査会計の専門家としての知識を商法の上に活用するとした場合も、監査役制度の補完的機能を発揮していただくことになろうかとも考えるのでして、その限りでは、税理士が取締役会の税務補完機能を持ち、また会社の税務代理をになう立場は、おのずから異なるものでして、このことは原告または被告の代理人である弁護士が公正な鑑定人たり得ない立場にある法理とも同様と考えて差しつかえないと思うのです。

しかしながら、多くの公認会計士が税理士業務を行なっております現状は、厳格かつ明確な業務執行上規制があってしかるべしと存するのでして、いやしくも企業との癒着を指弾されることのない一線を画するため、法文上の明確な規定がなされますよう提言いたす次第です。

そこで、現行の特別利害関係は、財務諸表の監査証明に関する大蔵省令におきまして定めているのですが、今回の関係法律の整理等に関する法律案には、そのうち、公認会計士法に新たに業務の公正を確保するため、業務の制限をすることが必要かつ適当である場合に政令で定めることができるとし、二つの監査証明を橋渡し的に移行させるお考えのようですが、監査目的、性格の違うものを即移行することの無理を指摘したいのです。

そうならばなおさらのこと、商法の特例法による監査は、証取法の監査を厳正強化すればよかったのではないかと思うのです。

さらにまた、監査に当たった両監査の基準までも調整を要することになりますと、ますますその意義を失うことになり、公認会計士制度の時代逆行ともなりかねないのです。

そこで、私どもは次の諸条件が満たされない限り、今次の監査制度改正を含む会計監査人制度に反対の立場を堅持せざるを得ないことを重ねて申し上げるほかございません。

すなわち、第一には、税理士業務が商法特例法監査の上でも特別利害関係に該当することを法文に明記されることです。

第二には、監査法人の社員の一人といえども、被監査会社に対して税理士業務を行なっている場合、特別利害関係に該当する旨を政令において明らかにされたいことです。

第三には、監査の補助者たる公認会計士、会計士補及び税理士の被監査会社との税理士業務の排除です。

以上で意見を終わらせていただきますが、最後に、商法上の大会社、中小会社という区分いかんを問わず、税理士法に定める税理士業務は、特別な場合を除き、税理士会に入会している税理士だけが業として行える分野でして、大会社から税理士がその業務を締め出され、中小会社のみに閉じ込められてしまうような結果を招きかねないこの制度の導入は、日本の申告納税制度にも重大な影響を及ぼす結果となることを懸念するものです。

○中垣委員長 これにて参考人の意見の開陳は終わりました。

引き続き質疑に入ります。申し出がありますので、順次これを許します。

○大竹委員 今度の監査役の権限強化は、この委員会でも議論になったわけですが、監査役は取締役以上に事業に対して識見を持っていなければいけないのではないか。そうすると、この商法の改正によって監査役の選任を、いままでよりも相当選任の角度を変えて考えていただかなければならない、実際問題としてできるかどうかが非常に問題になったのですが、金子参考人、どうお考えになりましょうか。

○金子参考人 現行の監査役制度は法律としてはそれなりの立場、意義を持つものですが、現状は、御指摘のような遺憾な点が多々あると、私自身が率直にそう思うのです。今回の監査制度の改正で、これを強化することになりましても、やはりすべては人の当を得なければ運用がうまくいかないのではないかという御懸念も、私自身も同様に考える次第ですが、これだけの法律ができ、監査制度が強化される、各企業も、これがもしも通ったならばという動き、監査役に対する認識、そういうものが私どもの身辺に響いてまいっております。すなわち、いままでの会計監査にとどまらず、あわせて業務監査を行なえる人、こういうことになれば、おのずからそれにはそれだけの力量、手腕と申しますか、だんだんといまの基準から見ますればはるかに力がある方がおのずから選ばれるようになるのではないかと思うのです。ただ、そういうような適任者が具体的にあるかどうかは考え方とは別の問題になってまいると思います。

そこで今回の法律の原案を見ましても、それ相応の監査費用を会社が監査役に提供する条件があるのです。そこで私は、監査役に就任された方は、やはり御自身だけでこの問題をやろうとしても、大会社を前提としますれば、ますますその可能性が薄くなるのです。そこで、スタッフを若干持つことが必要であろうと存じます。また、かりに業務監査が定款あるいは法律に違反しているかどうかの認定も、私は、顧問弁護士を監査役自身が持つことも必要になってくるのではないか、そうして学識経験者等の信頼できる人に、監査役自身のいろいろ意見を述べて、その意見を聴取するというような一つの考え方がおのずから監査役自身に起こってくるのではないかと思うのです。

加えまして、会計監査には公認会計士、すなわち監査法人の監査と意見を調整して総会に臨むことになれば、これ自体も、このスタッフを使い、公認会計士の監査と協力してこの問題を解決していく以外にないと思うのです。いま御指摘のとおり、かかる法律の運用は、人を得ることが一番の問題であると存ずるのですが、それは、いまのような一つの考え方を持って当たる以外にはないと存じます。ただ、五億円以上の会社におきまして、今回の制度がかりに法律化したならば、おそらくこれに対応する動きを見せる機運が出ていることだけは申し上げられると思うのです。

○大竹委員 中間配当の問題ですが、御意見の中で、電力とか民鉄その他、公共料金として押えられておって内部留保の十分できてない会社は云々というお話があったかと思いますが、大部分の大会社は、大体年二期決算をしているようですが、電力、民鉄のほかの二期配当をしている大会社は、大体この中間配当の制度をとると考えてよろしゅうございましょうか。

○金子参考人 九つの電力会社の中では大体七社です。それから海運の中間六社は、これは全部だと存じます。それから民営鉄道では、大手で十六社中二社程度です。これらの会社が、この法律だけを適用される場合には中間配当が容易でないと申しておられるのです。しかし、これらの業種以外の会社であれば、特別の新設になった会社、あるいはいままで配当をいたさなかった、内部保留のない会社がかりに復配する場合は特別な支障が出ないとは言えないのです。一般的には御心配は絶対ないと私は思うのです。

特にいままで一年決算で、一年一回配当していた会社は、非常に多いのです。ただ、大会社は、中間配当と申すのではなくて、年に二回決算をやりまして、総会を開き、配当をやっております会社が多いことも事実です。これらは今後そういう会社がどうしてもできないということならば、従来どおり一年決算で一年配当をするか、あるいは半期で配当が——もしも希望であれば総会を開いて、現行法に従って配当はできるのです。その辺の運用をその会社において行なうか、あるいは法律においてそれをできやすくするかというだけですので、それによって六カ月の配当ができないということとは全く違う問題です。

○大竹委員　御意見の中で監査役の身分保障を確立しなければ、真の監査役の機能は発揮できないのではないかという御意見がございました。その中で監査役の解任に裁判所を参加させるという御意見があったかと思います。たしか解任というおことばをお使いになりましたから、いわゆる選任ではないのであって、今度は任期二年になりますが、二年の間に取締役がこの監査役は不都合だということで、臨時総会でも開いて、そこで解任する場合をおさしになったのではないかと思うわけですが、どうですか。

○北野参考人　大企業の監査役には特に従来にも増して見識のある人を入れる必要があるとおっしゃいましたが、私も同感でして、ただ、見識のある人をいかに入れても、身分保障がなければ十分にやれませんので、今日われわれが裁判官を非常に尊敬しますのは、裁判官は憲法上身分保障があって、原告、被告とは違う立場に立って判断できるという、その裁判官の判断に信頼を置くからです。

それと同じようなことは、大企業に対しても行なわれるべきであるというのが私の問題意識にあるわけでして、大企業は、今日では単なる「個人」企業ではなくて、社会的な存在である。特に大きな影響をもたらす存在ですので、その大企業の監査役は、裁判官に準ずるような社会的尊敬を受けるような人物を備えて、しかもその身分保障を行なうということです。先ほど私が申し上げましたのはそういう観点からでして、もちろん二年たったら、任期が切れたからおしまいだ、そういう意味での裁判所の介入ではなくて、元来原則としてよほどの不適格、不都合がなければ任期を更新する。そういう前提に立ちまして、その上でその監査役を任期途中あるいは任期が来た場合に再任しない場合に、裁判所の公正な判断を受ける必要があるのではないかという気持ちで申し上げたのです。

それから最後の御質問の点でありますが、大企業については決して非実践的な議論ではない、可能である。資本金を限りますとそれほど多くの会社は日本にはございませんので、大企業は、裁判所が介入を行なうことは決して不可能ではない。そこまで今度の商法改正で行なう必要があったのではないか、このように考えるわけです。

○大竹委員　結論として、こんな程度の改正をしても粉飾決算がなくならぬよという御意見だったろうと思います。私も実はそう思います。ただ、これだけいろいろなことをやれば、私は少なくとも粉飾決算はいままでよりもよほど少なくなるだろうというふうに思うのですが、いままでどおりとお考えになるか。

○北野参考人　今後の情勢分析の問題になってきますが、ただ私の二十年間の税法学及び税務行政の実際の研究の経験から申しまして、必ずしも楽観はできないということでして、しかし公認会計士の諸先生方あるいは大企業の経営者の方々が、良識を持って少しでもこの商法改正の意図するところを実現しようという努力をされれば、あるいは現在よりも改善されるかと思いますけれども、しかしそれはなかなかむずかしいのでして、あまり期待できない。むしろ法制的には先ほど申しましたように、企業会計原則の最近の動向を見ますと、粉飾決算あるいは逆粉飾決算と呼ばれる企業の利益操作、最終的には企業の租税回避につながってきますけれども、そういうことを職業会計人である公認会計士の方が結果的にはオーソライズする、そういう危険性すら予測されるのでして、これは少しでも税法学だとか税務行政の実態を研究された方であればわかることです。

ただ商法の規定をいかに読んだってわからないことでして、日本の商法学者はこういった問題についてあまり発言しないのは、おそらくそういった問題についての経験が十分ないのじゃないかと思いますけれども、少しでも日本の税法あるいは税務行政の実態についての研究に経験をお持ちの方であれば容易に理解できることだと思いますので、おことばではありますけれども、私はあまり楽観できないのではないか、このように考えておるのです。

○大竹委員　山陽特殊鋼のような事件があって、商法改正の問題が出てきたわけです。御承知のようにあの場合も、公認会計士がちゃんと監査をした上であああいう問題が起きたということも御承知だろうと思いますし、いままた北野参考人から私の質問に対してお聞きのようなお答えがございました。

そういたしますと、いろいろ規定上の問題があると思いますけれども、やはり基本とすれば、もちろん会社の取締役、監査役のいわゆる社会的責任の自覚も必要でありますけれども、やはりこの問題、ほんとうに終局的な効果あらしめるためには公認会計士の責任の自覚の問題というようなところまでもくるような気がするわけでして、そういう面においてやはりこういうことを機会にして、公認会計士さんも協会その他においてもいろいろお考えになっている面があるのじゃないかと思いますが、私は一番大事な問題ではないかと思いますので、その点についてお聞かせおきいただきたいと思います。

○**川北参考人**　過去、公認会計士の監査をしている会社でそういうことがあったことは、たいへん申しわけないことであると思っておりますが、これは全体から見ればごく少数の事例で、その後、それらの問題を先例として、私どものほうで研修その他を通じて、今後そのようなことのないような体制を固めておりますので、商法改正の機会にさらに会員の自覚の徹底をはかりたいと存じます。

○**大竹委員**　御意見の中で、いわゆる公認会計士は被監査会社に従属をしているから、それではほんとうの監査はできないのじゃないかという御意見があったわけですが、委員会においても非常にそれが問題になったわけでして、それなら一体さしあたりどういうようなかっこうにすれば被監査会社に従属しないで済むか、ひとつお聞かせいただきたいと思います。

○**木村参考人**　一例を申し上げますと、社団法人のようなものでもこしらえまして、それから監査費用を出すということにしていただくか、あるいは国家から出していただくということにいたしましたらいかがであろうかと考えております。

○**横山委員**　経団連としては一体ほんとうはどうお考えかということです。最近の粉飾決算の傾向を見ますとそんなにふえてはいないのです。社会的にも批判がありまして、公認会計士の皆さんもわりあいに自己の中で問題が起こるのを避けられてまじめにやっておられる。むしろいま大企業で問題になっているのは、粉飾決算よりも最近の株価操作であり、買い占めであり、売り惜しみであり、土地のばく大な買い占めであり、独占価格のつり上げであり、政治献金である。それがきのう経団連と革新十八団体との懇談になっておるのも、粉飾決算はその大きな中の一つにしかすぎなくて、むしろ大企業のあり方に問題の焦点が移っておる。一番最初は確かに粉飾決算でした。いまはそうなくなっている。その中のわずか少しの部面が粉飾決算ではないか。それが偽らぬ気持ちだということをおっしゃるのですが、どうなんでしょうか。この商法に対するほんとうの考え方は、本来の粉飾決算がこれでなくなるとはまさかおっしゃるまい。それよりももっと別なところに問題の所在が変わっておる。その別な問題の所在を解決するのが、いま国家の大企業に与えられている社会的命題ではないか、こういうことなんですが、これは遠慮なく言っていただかぬと、くつの裏から足をかくようなことでは困る。

○**金子参考人**　監査の構成がきびしくなることは、被監査会社の立場としては、おそらく喜んでいると御期待になっても無理だと思います。これはだれに聞きましても、もっと厳重に監査するとなった場合、その気持ちとしては私はそうであると存じます。しかしながら、私どもの企業の社会的責任とか、経営者が信憑性を失うことを喜んでおる者はだれもおりません。したがって最近のように、監査制度が一そう合理化し、きびしくなることにつき、それが世論であるならば、経団連全体としても、積極的にこれを受け入れようという心組みになっておることはまた事実です。

　それでまた、この監査制度とかあるいは公認会計士制度に対して、これは人間のやることですので、完ぺきであるかどうかは、私は御議論は尽きないと思うのです。警察制度がどんなに強化されても犯罪は出てくるのではないかと思うのです。そこで、この制度が適用され、監査役と公認会計士が意見調整してこの問題に当たれば、おのずから企業のえりも正されるでしょうし、また監査の目的は十分に達せられるのではないかと期待しておるものです。したがって現時点で、これだけ問題を強化してまいりますれば、それなりの効果はあると私は思うのです。

　なお、財界あげて、まだこれから商法改正をお願いしたいことはたくさんございます。たとえばマイクロ写真やコンピューターの記録等を帳簿として認めてもらいたい、こういうことをはじめたくさんの事項を持っておるので、お取り上げ願うものです。

○**横山委員**　身分保障を確立してくれという点は私も全く同感です。その根本問題として、被監査会社から報酬をもらってその会社の恥部をえぐり出すことになる。そういうところにいまの監査制度の本質的、根本的矛盾があると思う。税理士さんは、法律のワク内で納税者の依頼を受けて銭をもらって税務代理行為をする。公認会計士は、その会社から銭をもらってその会社の悪いところをさがす。そこがどうしても割り切れない。だから、ここが解決しなければ公正なものはできないのではないか。それはしろうとが最初に気がつく根本的な命題であると思う。それをどう思うか。

　それからもう一つは、たとえば新日鉄のようなマンモス会社を何人が延べ日数何日かかって、それで新日鉄のすべてが知り得るかどうかが疑問なんです。

○**川北参考人**　まず第一点ですが、われわれの会員からもそういう疑問が出まして、長い間検討をされてきたことです。

　まず報酬についてはアメリカの判例にもございま

すのですが、報酬は会計士の専門的能力と実務経験とを必要とするその会計士の業務に対して支払われるものであって、会計士個人または会計事務所に支払われるものではないという考え方が大体世界の公認会計士の常識になっているようです。しかしながら仰せのような疑問が出てまいりますので、報酬の受け取り方あるいは契約の方法について、公認会計士協会が一括してその任に当たったらどうかあるいは国がそれに参画したらどうかという考え方が出て、そこで検討されてまいりましたことを申し上げます。

まず、会計士協会あるいは何らかの機関で一括してこの契約関係を処理すれば、派遣する監査人をどうしてきめるか。あらためて能力テストをするのかあるいは順番によるのかという問題が出てまいりました。

第二番目には、かりに監査適格者を選んだとしても、だれを専任者としてだれをその補助者とすべきか、監査団の編成に非常に難点があろう。

第三点として、今度は監査をされるほうの会社のお立場を考えてみますと、監査人の立場になる会計士と被監査会社との信頼関係をどう律するか。一方的に選んだ監査人との間にそういう関係を直ちにこしらえていくことは非常にむずかしいと思われるわけです。

それから第四点として、もしそういう一括受託機関あるいは報酬受領機関を置きますと、非常に官僚的監査の色彩を帯びる傾向が強い。そういう色彩の監査になりまするとかく監査というものが形式的に走りやすい。

まあ、こういう点が従来考慮されてまいりまして、非常にむずかしい。現在世界で一応通用しておりますす個々の監査人あるいは公認会計士または監査法人が個々の責任において監査を受託し、またその監査業務に対して正当な報酬を受け取っていくいまのやり方がどうもいたし方ない現状ではないか。またそれにかわる方法はなかなか見つけがたいというのが現在の状態です。

第二番目の問題点ですが、非常に大きな会社に対しまして監査を深く、内容を豊富にやったらどうかという御質問です。また被監査会社の数がふえていくよりも現在あるものの深度を深くしろ、こういうことですが、端的に申し上げまして商法監査によってそうたくさんの会社がふえるわけではございません。しかしながらその巨大な会社に対して監査を充実しなければいけないという御趣旨は十分私どもも理解をしております。この解決につきましては監査の組織化をはかること以外にないと思います。そのために監査法人の制度ができ、また会計士協会内部におきまして単独監査よりも共同監査、共同監査よりもさらに共同事務所の監査、共同事務所の監査よりもさらに組織化した監査法人による監査ということで監査の組織化をはかって御期待にこたえていくということにつとめておるわけです。またむずかしいのじゃないかということですが、私ども実はその巨大な会社の会計を間違いなく見ていくことが仕事でして、これは技術的に十分可能であることをはっきり申し上げたいと思うわけです。

○**横山委員**　この間の本委員会で企業会計原則がずいぶん論争の焦点になりました。企業会計原則は法律に基づかないで企業会計審議会がきめて、大蔵大臣がいいだろうということになればそれで実行されるのです。ところが企業会計原則のいま問題になっておりますのは継続性の原則ですが、企業会計原則が変わることにより税がらっがらっと変わるわけですね。私どもとしては租税法定主義の原則に基づけば企業会計原則が変更、あるいは解釈が動くことによって納税者の損益がずいぶん動いて税収が違う。そしてA会社は得し、B会社は別な方法をもってまた得をしておるということは適当でないと強く主張しておるのですが、どういうふうにお考えでしょうか。

もう一つは、この商法の審査にあたって企業とは一体何かがずいぶん議論をされました。近代社会における企業は利潤追求の機構として商法が定めておるのであるけれども、それだけでよろしいのかどうか。この点についてどうお考えでございましょうか。

○**北野参考人**　最初の問題は、企業会計原則をめぐる問題ですが、これは税法上は法人税法の二十二条をめぐる問題になってくるのです。日本の法人税法では御承知のように一般に認められた企業会計の考え方と違ったことを特に税法に規定する必要がある場合に特段の規定を設けることになっており、法人税法二十三条以下の規定であるとかあるいは措置法上の規定はそういうものとして理解されているのです。そうしますと、税法に特に規定がなければ、法人税法上の所得の概念は一般に認められた企業会計の考え方に従ってきまり、そのことを法人税法二十二条四項が確認しておるわけです。一応たなおろし資産であるとか固定資産の問題は、御承知のように会計処理の方法について変更する場合にはあらかじめ税務署長の承認を受けよという規定がございますけれども、どういう基準で承認を与えるかは規定がない、しかもわが国では企業会計の慣行がほとんど成熟するひまがないくらいでして、何が企業会計の慣行なのか、何が一般に認められた企業会計処理の基準なのかがわからないわけです。結局、税務行政の実際は、国税庁の通達の見解が現実には企業会計の慣行であるとかあるいは成文化されました例の小さな「企業会計原則」という文書あるいは今回出ております「修正案」が確定しますと、それが企業会計の慣行となって実務が運用されると思いますけれども、そうなりますと御指摘のように税法に特に規定がなければということになっておりますので、なければ結局は企業会計原則の修正案のようなあいう事柄が税務上も入ってくる。税務行政の実際においてきましてそういうものが尊重される結果になっていきます。そうなりますと、継続性の原則などがゆがめられ、ある所得がいつの事業年度の所得であるかが非常に重要な問題になってきますが、その法人税の期間課税としての課税物件をめぐる一連の考え方は今回の企業会計原則の修正の動きであるとか、あるいは商法の公正な会計慣行という文言の導入により、大きくくずれ、結局大蔵省主税局をはじめとする税法立案当局がよほどしっかりしなければ、経済界あるいは企業会計原則の修正あるいはそういった方面の動向いかんが税金のあり方に影響を与え、結局その企業の利益操作的な形で行なわれますいろいろな会計処理を課税の面でも承認せざるを得なくなるので、われわれとしてはよほど警戒をする必要があると思いますけれども、いずれにしましてもおっしゃるような懸念があることは否定できないのでして、今回の商法改正の盲点であろうと私は考えておるのです。

それから、第二番目の問題ですけれども、企業はどういう性格のものであるかですが、特に巨大企業は公的な社会的な存在であるということで、国家に準ずるものとして考えられるべきである。そのことはもちろん商法の基本法の規定の上ではっきりと規定することが必要です。そしてその一環として、私が先ほど申しましたように監査役はまさにそういった企業の公的な存在を担保するバックボーンと申しますかケルンですので、よほど監査役の身分保障を考え、監査役であるだけで最高裁判所の判事に匹敵するくらいの社会的尊敬を受けるという、そこまで育成をすべきでして、そのためには取締役会に対抗するような監査役会をつくり、監査役会のもとに専属の監査機構を設ける。その機構の中に公認会計士が入ってくる。私は公認会計士は、自由職業として制度的には成り立たないと考えております。特に日本では成り立たないと考えておりますので、御指摘のような疑問が素朴な疑問として国民にあるので、どんなに優秀な公認会計士も、人からお金をもらって悪口を言わざるを得ない。しかもどんなに調べても新日鉄のような大きな会社の実態はおそらくわかるはずはないわけで、税務官庁もわからないのでありまして、あれほど膨大な権力を持っておる税務官庁ですら何十日調査してもわからない実態でして、いわんや一公認会計士がいかに優秀であってもわかるはずがないと考えるのでありまして、これはもう常識だと思いますけれども。

ですから、そういうことを考えますと、やはり巨大企業には民間の会計検査院をつくり、そこへ公認会計士の方が入っていく。公認会計士は一種の特殊法人のメンバーである。社会的には判事に準ずる地位を与える。決して国家だけから金をもらってやるんではなくて、被監査会社からも特殊法人がもらいまして、その上でやっていく。自由職業として認めない。一種の公的な準公務員という地位において公認会計士の方がその専門的な知識を活用する、そこまでいかなければ、巨大企業の社会的な公的な存在に対して国民にこたえることはできないのではないかと考えるのです。

巨大企業の今日の責任を痛感した場合、このような商法改正をやってもその責任が果たせない。むしろもっと強力なコントロールを加えるような、国民が巨大企業を監視するための制度的な保障をすることが現代商法に課された課題ではないかと考えるのでして、このような小手先の立法では何ものも解決しないと考えるのです。

○**横山委員** 要するに、政府は今度の商法で税務をやっておる人を監査のほうへ追い出すのであるから、むしろ税理士さんの職域拡大になるのだ、決して税理士さんの職域侵害にはならぬのだ、どうしてわかってもらえぬだろうかと言わぬばかりなんであります。なぜ一体政府の税理士さんの職域拡大になるのだという理論と税理士会が職域の圧縮になるのだ、どこでかみ合わないのか御説明をいただきたい。

○**木村参考人** ただいま公認会計士のほうは公認会計士として監査に専念する、したがってわれわれの職域は増加するのではなかろうかということを政府で言われているということですが、私どもは決してさようには考えないのです。

またあるいは今度の規定では五億円以上の大会社に適用するのであるから、いわゆる私どもの職域を侵害されるとしても、それはわずかな数ではないかというようですけれども、私どもはその職責がいわゆる取締役の補助的職業でありますと同時に、会社の代理人として税務の代理あるいは書類作成等をやっておるのですが、公認会計士もわれわれと同様の税理士の業務をやれるということになっておりますので、現在の実情としては、大会社のほとんど大部分に公認会計士の方も税理士の業務を兼務してやっておられますし、また私どももそのほか大きい会社になりますと、税理士の業務もやっているわけです。したがいまして、これが今度できました法律によりまして公認会計士の方々が全然タッチしないのだというようなことは私どもはないと考えますので、ぜひ特例法でその被監査会社を監査していらっしゃいます公認会計士の方々は、個人であれ、法人であれ税理士業務はしないと明記していただきたい、こういうふうに考えております。

○横山委員　個人の公認会計士は今度監査と税務と両方はできないことになっておるわけですね。それから監査法人は被監査会社に対して別々の公認会計士であるならば監査と税務が両方できる、こういう一般解釈を政府はしておるわけですね。そこで、問題になりますのは、監査法人であっても監査と税務代理行為はできないというふうにしてくれという御要求が出ておるわけですね。そこで税理士会と公認会計士会に、どれくらい実在しますかと言いましたら、両会ともそんなにはありませんというお話のようです。そんなにはないならそう両会とも固執をなさいますなと私は申し上げたが、どうもそれに固執をされるのは、両会ともいまはそうであるけれども将来はふえる、こういう判断、展望を持っていらっしゃるからと私は思うのです。だから法律が明確にしなければ、争いの種になる。大体そういうふうに私は理解できるのですが、簡潔に両会から御意見を伺いたい。

○川北参考人　この問題は非常に重要な問題でございますので、先ほど陳述の際にも申し上げましたとおり、まずこの税理士業務、税務が公認会計士の監査人たる立場における独立性に関係のあることかどうかが第一に考えられなければいけないと思います。私どもはまず監査意見の独立性を保つために税務は関係ないという国際的な考え方を私どもも持っております。

　そうなりますと、この利害関係における税理士業務はこれは長年友好団体でございました税理士会のほうとの一つの調整問題としてのものの考え方が残ってくるわけですが、それにつきましては私どもはっきり申し上げまして、どこの国でも公認会計士が当然認められている状況に私たちもありたいという考え方がございますが、監査人が現行法令のもとにおいて個人の場合には当然やっていないわけで、監査法人の省令におけるところの例の二分の一基準だけがここで問題になっているわけです。そこで監査法人としては税務は当然やれないわけで、たまたま監査法人の社員が個人として税理士であった場合の話です。これは当然税理士としての話でございますので、先ほど来申し上げました現行法令の前提に立って考えますと、今後さらに発展的にどうこうという気持ちは毛頭ございませんが、現行の姿はどうか残していただきたい。

○木村参考人　ただいまの御質問で、私どもの会は五億円以上の大会社にはあまり関係していないと、だれが申したか私も存じませんけれども、はっきりした統計は確認しておりませんけれども、先刻答弁申し上げましたように公認会計士の方のうち約二千七百人くらいが税理士業を兼任していらっしゃいまして、そういう方はほとんど税理士の収入も相当あると私は考えております。

○青柳委員　連結財務諸表制度が実は法務委員会にはなじまないことばなんです。したがって商法改正を担当している法務省もあまりよくわかっていないようなんです。私どもは、これが導入されてきて連結納税制度に発展していくことになった結果が民主的な納税制度である申告納税制度に重大な影響を及ぼすのではなかろうかというお話を承りまして、少しわかりやすく、商法の体系の結果として及ぼす影響についてお聞きをいたしたいと思います。

○北野参考人　連結財務諸表という制度は、御承知かと思いますけれども、法的には独立した企業ではありますけれども経済的には一体である、実質的には同じであるという、そういう個別企業間の財務諸表を一本にする制度です。つまり日本の法制は各企業ごとに別個の人格を与えておりますけれども、その各別個の人格を持った企業が実は経済的には一体である。そういう経済的実態に着目してでき上がっている制度ですけれども、そういう結合企業全体の財政状態あるいは経営成績を総合的に表示する。そのためには各企業ごとの個別財務諸表ではなく、経済的に一体になった複数の企業の財務諸表を統合した形で連結財務諸表をつくる必要があるのだということが経済界からもいわれております。そのことによって投資家その他の利害関係者に対し、個別財務諸表では得られないような財務情報を提供することができる。この点は私は十分に認めていいと思いますけれども、……。

　それから第二番目に、支配会社の経営者に対し、つまり親会社の経営者に対しまして、多数の従属会社、子会社に関する経営管理上の必要な財務情報を提供する。そういう意味で経営の合理化、管理の上においても望ましいメリットがあるといわれております。

　第三番目に、支配従属関係にある会社の会計士監査を完全にするための手段として連結財務諸表制度業会計で一番大事な会計原則は、継続性の原則でして、今日の企業会計は企業の財産計算にあるのではない。企業の期間中において生じた成果の計算にあるのだ。成果計算思考とかあるいは損益計算思考と申しますけれども、そういう現在の企業会計における損益計算思考の最もかなめになる原則が継続性の原則でして、この原則を不十分なものにしますと、すべての会計原則は崩壊するのです。

そういう意味で今度の会計原則が、修正になりますと、たいへんな問題をもたらすことになってくるわけです。それがまた税法の改正にあるいは税務行政の実際に大きな影響を与える。つまり企業の利益操作を課税の面でも容認せざるを得なくなってくるのでして、法人税というのは期間課税ですので、期間課税のプリンシプルは、この原則の崩壊によって崩壊してしまうという危険性があります。

それから特定引当金の問題ですけれども、これは当時できたときは商法学界あるいは会計学界の通説は、負債性引当金に限定して考えるべきであるといっておりましたが、現実には利益性引当金を含めて行なわれております。そしてそのことを公的にも承認するような形で企業会計原則の修正案ができており、つまり会計理論から認められないような利益性の引当金——引当金ではないのですけれども、あえて引当金ということばを使っているのですが、利益性引当金を承認する。そしてそれが商法のほうにはね返ってきますので、もし商法のほうでそういった利益性引当金を否定するという考え方が支配的であった場合、税法の改正におきましても控え目にやるわけですけれども、それがいままで以上に大っぴらになってきて、商法のあり方が歯どめの役割りを果たさなくなり、巨大企業を中心とした企業のいろ変えた企業減税です。租税特別措置という特定の納税者の税金を安くするという特別減免の形をとらない新たな企業減税の方法でして、その利益を受けるのは巨大企業である、そういうことになってきます。

そういうことが今度の商法改正でもさらに促進されるでしょうし、戦後の一連の経済民主化の法思想から見ますと、たいへんな抵抗を感ぜしめるような、親会社と子会社という観念自体を、商法という基本法レベルで導入したということはさまざまな、今後の諸法の改正に大きな影響を与えていくであろう。これは経済民主化に逆行するような方向に走らないとも限らない、その端緒を基本法で示しておることは、私は別な観点から注目すべきだろうと思います。

○青柳委員　企業会計原則の修正案は昭和四十四年の何月かに出されて、この案が、商法の改正が成立するならば案でなくなるといわれております。その中で継続〔性〕の原則が事実上廃止されるにひとしいというお話は先ほど承りました。

それから引き当て金の問題が商法の前回の改正ともからめて大っぴらになってくるのではないか。そうなると、引き当て金あるいは準備金、いろいろの原則上の変更により、やはり税金を免れるような結果になるのじゃないかということが、私どもしろうとながらわかるような気がするのですけれども、その点もうちょっと詳しくお話しいただきたいと思います。

○北野参考人　日本の商法学者はどういうわけか、会計学を知らない方が多いわけでして、わからないというよりも知らないで商法を研究する、これは最近では不可能だと私は思いますが、どういうわけか全く会計学のわからない多くの人が商法の研究を行なっておるという実態になっております。つまり企業会計原則の修正案は、ご承知のとおり、連結財務諸表制度が十分に機能するといわれております。つまり親会社と子会社と非常に関係が深いもので、親会社だけの財務諸表を見ていてはだめだ、全体を総合した形で見なければ、親会社の監査も十分できない。こういう三つのメリットがあるといわれており、一般的には私は賛成なんですが——けれども、経済界のほんとうのねらいはそういう連結財務諸表制度をつくることではないのです、少なくとも日本では。そういう面もあるかもしれませんけれども、大部分はそうではないのでありまして、ほんとうのねらいは税金を安くすることであります。

たとえば親会社が子会社に物を売りますと、現在の法制では売り上げになりますね。それが売り上げにならなくなるわけです。あるいは逆に申しますと、子会社の欠損でも親会社が相殺しますので、親会社の税金を安くするという形で、税法上受ける「利益」が大きく、つまり課税上の「恩典」が大きく出てくるわけで、連結財務諸表制度のほんとうのねらいは、連結納税申告制度の獲得にあることがおそらく経済界の偽らない声だと思います。そういうことが行なわれますと、わが国の企業税制の根本に関する問題でありまして、現在は法人格ごとに別個の課税単位を持っておるという前提で法制はでき上がっております。先ほどのシャウプの議論は別としまして、法制上はそうです。法人税は個別の法人格ごとに課税していくという仕組みになっているのですが、その仕組みが崩壊する。その結果は予測はできませんけれども、たいへんな税収を失うのでして、そのしわ寄せがまたわれわれサラリーマンであるとか中小零細企業の大衆課税につながってくることになりますし、いずれにしても、そういうことに十分に警戒すべきである。つまり連結納税申告制度の導入は形をいろな準備金であるとか引当金といった合法的な税の軽減措置がさらに拡大する傾向が強くなる。そのしわ寄せが大衆課税の形で出てくるということになり、その影響たるやはかり知れないものがあると考えております。

○青柳委員　公認会計士さんが税理士業務ができるという法制になっているようです。相当数の方が両方やっておられる。したがって、先ほどから会計監査人になるんだったら税務はその会社に関する限りしないということでなければ、ここが混乱してしまうというお話がありまして、被監査会社の税務をやるというのは正しくないというお考えがありました。その点が先ほどの川北さんのほうでは、会計監査と税務とは国際的に見ても何ら矛盾するものではない、だからそれに制限を加えられるのは不服なんだけれども、やむを得ず半分だ、こういうようなお話でありました。これはまっこうから対立をしているような感じがいたします。

　そこで、大体会計監査という業務と税務という業務が矛盾しないのかどうかという点、どうも一方は第三者的な立場であり、それから税務のほうは当事者の代理という形なんで、これはいかに何と中正とかいうことばを使ってみても、納税者の立場とそれから税金を取る者の立場とは利害が対立するわけですから、その間に立つことは考えられない。したがって、間に立つという機関がもしありとするならばそれはまた別であって、徴税官とそれから納税者の間はやはり利害相反する立場でありますから、これを第三者的なものと見ることはできないと思うのです。したがって、私はこういう矛盾したものを一つの人格が兼ね備えることにそもそも制度的に問題があるのではないか、そういうふうに考えているのですが、この点は税理士会のほうでは、歴史的に公認会計士に税理士となる資格を付与しておくことはやむを得ないというふうに考え、永久にそれであっていいと考えておられるかどうかお尋ねしたいと思います。

○木村参考人　前段の御質問は、まことに仰せのとおりです。私どもとしては、現在の法律では中正な立場においてと言ってありますので、ほんとうの意味から申しますと、そのとおりに動かなければならないだろうと思いますけれども、納税者の方々から報酬もいただいておりますので、やはり私どもとしては納税者のいわゆる弁護人なり、保護的立場に立ちまして、租税に対する納税者の権利の擁護につとめなければならぬと、かように考えます。それがほんとうの私どもの職責だ、こう考えておりますので、私どもはその点はぜひ法律を変えていただきたい、かように存じまして、ただいま税理士法の改正につきましてそのことを強く関係御当局に陳情をし建議いたしている次第です。

○青柳委員　先ほどからお聞きしておりますと、やはり矛盾しないようなお考えのようですけれども、これはどこまで行っても矛盾するのじゃないでしょうか。観念的には何も脱税を代理するわけじゃないんだから同じなんだと言えるかもしれませんけれども、全く第三者的な監査をする場合と、それから納税者の利益を守るのは、必ず対立するわけですから。そこで調整する機関はまた別に考えなければいけないことで、決してなれ合ってはいけないと思うのですね。だから両立するのだということはちょっと無理じゃないか。ただ日本の現状からいって、会計士さんに税理士さんになる資格を付与してあるというものが過渡的にあるにすぎないということではないかと思うのですが、この点いかがでしょうか。

○川北参考人　仰せの問題点は二つあるわけで、まず第一点は、税法はもとより租税法律主義に基づくものでございますから、税理士なり何なりの税務監査に対する態度も当然その税法の解釈のワクの中で行なわれるわけです。したがいまして、特にその国の調査権との間で攻撃、防御というような性格のものとは違うのではないかと私どもは考えておりまして、租税法に定めるところのものをそのまま税務の執行に取り上げていくということにおいては、何ら公認会計士の独立性といいますか監査意見を曲げるものは存在しないと私どもは考えておるわけです。しかも監査の担当者、監査法人の場合でも監査に関与する直接の担当者は、これは当然いままでの状態でも税理士業務を行なっておりません。そしてそういうことを通じて、いままでトラブルがあって私どもの耳に入ったという事例をまことに寡聞にして私知らないわけでございまして、いままで問題にならなかったことを、あまりここで問題にされることがどうも奇異に感ずるわけです。

　第二点の、税理士の資格を公認会計士が当然持つことについての問題点について申し上げます。

　公認会計士は、御存じのとおり、第二次試験を受けまして会計士補になります。それから三年間のインターンの期間がございまして、その中にはもちろん税法に対する教育も十分に受けるわけです。それから、税法を含めた会計実務の試験を第三次試験の中で取り上げられております。したがいまして、このインターンの期間あるいは第三次試験におきまして税務についてのテストは当然行なわれるわけで、また日常の仕事を通じてこの三年間に十分に訓練をされる。したがいまして、この税理士業務あるいは公認会計士の業務は、これは国民の立場から理解されなければならないと思っておりますが、納税者の便宜を考えますと、公認会計士で税理士になった人たちの国民に対する、納税者に対して寄与する点はいままで十分あったかと思うので、国民の立場からすればこの制度をいまにわかになくするという理論的根拠はないように思われる次第です。

(以下略)

衆議院　法務委員会議録第三十四号

昭和四十八年六月十九日(火曜日)

出席委員

委員長　中垣　國男君

理事　大竹　太郎君　理事　小島　徹三君

理事　谷川　和穂君　理事　福永　健司君

理事　古屋　　亨君　理事　稲葉　誠一君

理事　青柳　盛雄君

井出一太郎君　千葉　三郎君

松沢　雄蔵君　三池　　信君

板川　正吾君　広瀬　秀吉君

八百板　正君　沖本　泰幸君

出席国務大臣

法務大臣　田中伊三次君

出席政府委員

法務省民事局長　川島　一郎君

大蔵省証券局長　坂野　常和君

委員外の出席者

法務省民事局参事官　田辺　　明君

(ほか略)

本日の会議に付した案件

連合審査会開会に関する件

商法の一部を改正する法律案(内閣提出第一〇二号)

株式会社の監査等に関する商法の特例に関する法律案(内閣提出第一〇三号)

商法の一部を改正する法律等の施行に伴う関係法律の整理等に関する法律案(内閣提出第一〇四号)

○中垣委員長　これより会議を開きます。

内閣提出、商法の一部を改正する法律案、株式会社の監査等に関する商法の特例に関する法律案及び商法の一部を改正する法律等の施行に伴う関係法律の整理等に関する法律案、以上三法律案を一括議題といたします。

質疑の申し出がありますので、これを許します。

(中略)

○広瀬(秀)委員　今回の改正の目玉は、監査役に取締役の業務執行に対する監査権を認めたということが一つの大きなポイントであった。西ドイツでは四営業年度を任期とし、フランスでは総会で選ばれる場合に六年、イタリアが三年になっておる。そういう中で、法制審議会で三年という答申を出されたということだったら、日本の会社、特に大会社における監査役が、あるかなきかわからぬことから改正するというならば、その答申を受けてずばりそのものを出せば独立性の保障であろうと思うのです。しかし、日経連なり経団連なりの人たちがいろいろ法務省とも折衝され、私どもの意見はもうほとんど通ったのだというようなことすら言っておられるというのです。そうだとすれば、やはり財界の要請に、押え込まれてしまった。そういうようなことがほかにも随所に出ているわけですね。たとえば監査役の選任、解任の場合でも、要綱の段階では、選任の場合でも総会の招集通知そのものに監査役の候補者の名前を出すのだ、そしてそれに対しての意見陳述権を認めるとかあるいはまた定足数の場合でも、取締役選任の場合の定足数と同じようにするというようなことがあった、そういうようなものも後退してしまって削除された、それから解任の場合でも、同じようなことがこの要綱に盛られておったけれども、その点もそのまま取り入れられなかった。

さらに監査役の報酬と費用の問題、これなんかについても審議会の答申に基づく要綱と、今回提出された法案の中身とは非常に差がある。要綱では、やはり監査役の報酬は取締役と別ワクにしろ、それを役員報酬という総体でくくってしまっているというのが今度の改正案ですが、やはり別ワクにするという要綱の行き方が正しいだろうと思う。総ワクできめられて分配するとなりますと、どうしても取締役優先できめられてしまうことが現実に必ず起こるだろう。このことは火を見るより明らかだといわなければならない。なぜそこまで後退したのか、その辺のところをどのようにわれわれは理解したらいいのか。

○川島政府委員　ただいま若干の点について、要綱と法案が違うのではないかというお尋ねですが、監査役の選任、解任は今回の改正案におきましても、監査役がそれについて意見を述べることができるという規定は設けておりまして、答申の内容と異なっておりません。

また定足数の問題ですが、これは監査役を選任する場合の株主総会の定足数に関するものだと思いますが、これは準用規定によってそのような改正を今回行なっております。したがいまして、御指摘の監査役の選任、解任の問題あるいは選任の際の株主総会の定足数の問題は、法制審議会の答申どおり改正を行なっておるわけです。

　それから報酬の問題ですが、これは現行法の解釈としても、取締役と監査役は当然別ワクの報酬を定めるべきであるというふうに規定の上から考えられますので、この点につきましては、特に要綱にありますこまかい規定を設ける必要はないのではないかということで、今回はそこまでの規定は設けることを考えなかったわけです。まあ実際には取締役あるいは監査役の報酬は、運用基準といったようなものを前提にいたしまして、額を明確にしないで決議されておる実情がございます。このような方法をとりますと、いかに監査役について別ワクだということを明確にいたしましても、必ずしもその趣旨が徹底できないのではないか、こういう心配もあるわけでして、この問題は、今後取締役の制度について検討を行なう場合に、監査役と合わせてさらに検討する必要があろう、このように考えておる次第です。
○広瀬（秀）委員　この監査役の権限の強化、独立性の保障、こういう点では、監査役をそこまで改善していこうというならば、法文で明確にして、権限を強化し、地位を強固なものにし、独立性を保障し、これだけの報酬を保障するんだというシステムにしていくことは必要ではなかったかと思うのでありますが、そういう点では若干不備であることをお認めになりますか。
○川島政府委員　法令の上では確かに先生おっしゃるように、必ずしも明確でないとおっしゃられれば、おっしゃられるような感じのする点がございます。しかしながら、まあこの点は、非常に技術的な問題とからんでまいりますので、なお検討をしたいと考えております。と申しますのは、株式会社の決算期に作成いたします計算書類の中に付属書類がございます。この付属書類の中にどういう事項を書き込むかということは、この商法改正が実現した場合には、法務省令で定めることになるわけですが、その法務省令の中に、取締役の報酬と監査役の報酬を別々に記載させることを掲げておるわけでして、その省令制定の際に、ただいまお尋ねになりました点を考えながら適切な規定を設けていきたい、このように存じておるところでございます。
○広瀬（秀）委員　省令で書くということですが、省令は強行性がありますか。
○川島政府委員　これは法律に基づく省令ですので、もちろん強行性がございます。なお、この付属書類は、従来は決算期の株主総会のあとに作成することが普通でしたけれども、今回の改正案は、株主総会前に付属書類を作成し、それを一般の閲覧にも供する、こういうことに考えておるわけです。
○広瀬（秀）委員　個々の企業体が従来どおりにやっておることを発見した場合、法務省としてはどういう措置をとられるのですか。
○川島政府委員　内容によりますけれども、過料の規定がございます。なお、付属書類も、監査役あるいは会計監査人の監査が行なわれることになっております。
○広瀬（秀）委員　次に問題を移しますが、この監査は監査役だけではなく取締役の持つ業務監査権もあるわけですが、この強化された監査役の監査と取締役の業務監査権の間に見解の相違による衝突があった場合に、どういう決着がつけられていくのか、その辺の調整はどのように法的に処置されておるわけですか。
○川島政府委員　会計監査人の監査を受ける大会社には、計算書類についてまず会計監査人が監査を行ない、そのあとで監査役が監査を行なう、こういう順序になるわけですが、会計監査人は会社の使用人でございませんから、第三者の立場から公正な監査を行なうということが要求されておるわけです。次に監査役の監査ですが、これは会計監査人が監査の結果作成しました監査報告書を見ながら、さらに独自の立場で監査を行なうのでして、その監査役の監査の結果は別に監査役の監査報告書にまとめるわけです。その間監査役として会計監査人の意見を聞きたい場合には意見を聞くこともできますし、両者の意見が異なる場合には、それぞれ異なる監査報告書が作成される、このようになっております。そしてこの両者の監査報告書は株主総会の通知に添付されまして株主にも周知され、その結果、株主総会で会計監査人の意見を聞きたい場合には、会計監査人を総会に呼んでその意見を聞くこともできる、このようになっております。会計監査人それから監査役、それぞれ独自の立場において、自己の責任において十分な監査を行なわなければならない、こういうたてまえに法案はしておるわけです。
○広瀬（秀）委員　取締役の業務監査権、監査役の業務監査権、こういうようなものでこの監査報告書が二つに出る場合がある。そういう場合、会計上の問題は会計監査人の意見を聞く。そうすると二つの異なった意見が営業報告書に書かれる場合、それが事前に閲覧に供される場合に、これはディスクロージャーの問題とも関連するわけですが、どちらを信用していいかというような、取引先なり株主なり従業員なり、利害関係者という人たちが判断を非常に迷わすことになりかねないと思うのですが、そういう点についての配慮はどのように考えられておるのですか。

　これは大蔵省の証券局からも、証取監査とダブる商法監査、今度は一体化したということですが、五億円以上では上場会社が非常に多い、こういう観点から、両者からその辺の食い違いをどう理解していいのか、その辺のところを教えていただきたい。

○**川島政府委員**　会計監査人の監査と監査役の監査が食い違うことは当然考えられるわけです。それぞれ独立の立場で監査を行なうわけですから、そういう場合が生ずるのはやむを得ないわけです。もちろんその過程におきまして両者が話し合って、ここは自分の考えが間違っておったというので、同じような意見に統一されれば問題ございませんけれども、そうでない場合には別々の意見が出る。これは制度上やむを得ませんので、先ほど申し上げましたように、株主総会にそのまま持ち出されまして株主総会の判断にまつ。終局的には株主の判断にまかせることになるわけです。

　株主総会におきましては、最終的な決算の営業成績を、正確になされておるかどうか、取締役が十分な活動をしたかどうか、あるいはその利益の処分をどうするかについて審議を行なうわけですので、その際にいずれかの意見をとって、そしてその上で最終的な承認の決議をしなければならぬことになるわけです。監査報告書の食い違いはあり得るけれども、これは最終的には株主総会が決議するわけです。

○**坂野政府委員**　今回の商法改正案が施行をされますにあたり、基本的には両者の食い違いはないと考えております。

　と申しますのは、商法の計算規定と、証取法に基づく監査証明書あるいは企業会計原則の修正案がこれから準備されます。そうなりますと、商法と企業会計との間に基本的な食い違いはなくなってくる、こう考えております。

　ただ、会計技術的にやや異なった見解を付することはあり得るかと思います。これは主として従来から公認会計士の限定意見ということでついておる場合もあるわけですが、これはきわめて会計技術的な問題ですので、基本のところが食い違うという話ではないと思われます。しかしそういうことはあり得るわけで、いま民事局長が話されたことになるかと思いますが、民事局長の説明を補足しますと、基本事項についての食い違いはあり得ない、こう考えております。

○**広瀬(秀)委員**　監査役の業務監査は、業務執行の適法性に限定されるのか、あるいはその妥当性はどうなのか。妥当性の問題までこの監査が及ぶのか、こういう問題点についてはいかがですか。

○**川島政府委員**　基本的には適法性の範囲と考えております。もちろん、業務監査を行ないます場合には、会社の業務全般を知っておる必要がございます。したがって、監査役は取締役会にも出席しますし、出席しました以上、発言することもございますし、それは必ずしも適法、違法の問題に限られないわけですけれども、しかしながら、監査役が本来の職務として、たとえば違法行為差しとめの請求を行なう、あるいは監査報告書を作成する、あるいは株主総会に特別の報告をする場合には、すべて規定により、法令違反行為あるいは不正行為といった限定が付されておりまして、これらの規定から考えますと、監査役の監査の範囲は原則として適法性の範囲に限られるであろう、このように考えるわけです。

　もちろんこの点は、学者の間にいろいろ意見がございます。もう少し広く考えるという考え方もございますが、これは非常に微妙な問題でして、たとえば取締役の会社に対する忠実義務違反を適法、違法の問題であると考えますと、その範囲はかなり広くなるわけでして、学者がいろいろ議論しておりますのも、結論的にはそれほど大きな差異はない。最初に申し上げましたように、原則として適法、違法の問題に帰着するであろう、こういうふうに考えるわけです。

○**広瀬(秀)委員**　監査役に業務監査権を与えて権限を強化したという趣旨を徹底させる立場に立てば、妥当性の監査まで含まれているはずだが、監査役の権限強化という趣旨が一貫するだろう、こう私は思うわけですが、それは学説の問題で論争のあるところのようですから、それだけにとどめておきます。

　それから、取締役会の監査役の出席について今度保証されておるわけですけれども、その出席通知を怠った場合、その監査役の出席せざるままに取締役会が開かれて決議をされた事項は、無効になるのかどうか、お答えいただきたい。

○**川島政府委員**　原則として無効と考えるべきであろうと思います。

○**広瀬(秀)委員**　次に支配従属会社、親会社、子会社。今度新しく親会社の定義、子会社の定義も法の中できまったわけですが、企業の支配従属体制が非常に強まっている今日の段階で、会社の財産なり会計なりについて真実を表示できるためには、当然従属会社に対する監査も及ばなければならぬ、こういうような立場で親会社の監査役が子会社の監査をすることができるようになったわけですが、孫会社があれば、孫会社まで親会社のもと親会社の監査役が、孫会社の監査までできるのかどうか、お答えをいただきたい。

○川島政府委員　今回の改正案の二百七十四条の三の第二項にその点を規定しており、孫会社についてもこの子会社調査権が適用があるとなっております。

○広瀬(秀)委員　粉飾決算が今度の商法改正の非常に大きな契機をなしたことは、歴然たるものであるし、そういうことも今度の立法理由にもなっているわけですけれども、子会社を利用して粉飾決算の道具にすることがありますから、そういうことも考慮されるのも当然の要請であったと思うのです。それであるならば、親会社の従属支配が子会社に対する非常に大きな制約になる。粉飾を押しつけられるということがあった場合、子会社にしっかりしたりっぱな監査役があったら、今度は親会社を監査をしなければならぬ、こういう考えになるのは当然の考えだと思うのですね。大臣、そういう方向は間違いだと思われますか、次の改正をやるときにはそういうものもやろうじゃないかというお気持ちがありますか。

○田中(伊)国務大臣　やたらに親会社が子供や孫会社に圧迫を加えることは、深く考えなければならない、こう思うのですが、なかなかこれはむずかしい。これは非常に重要な事柄だと存じますので、次期の商法の全面改正に着手をするにあたりましては、深く考えてみたい、こう考えます。

○広瀬(秀)委員　もう一つ監査役の問題で聞いておきますと、総会招集請求権が要綱から欠落をしたということなんですが、要綱できめられておったものが新法では取り入れられなかった。これはどういうわけなのか。これは大会社の圧力があるんではないかと思うのですが、大臣はこの点、そういうことは全くないと言い切れるのですか。

○田中(伊)国務大臣　ここまで監査役にやらすということは、ちょっと急激な変化があり過ぎるのではなかろうか。財界の圧力などは全くございません。ございませんが、あまりに急激な変化が起こり過ぎるのではなかろうかと考えましてこの程度におさめたものです。ほんとうに監査役に権限を持たすためには、取締役の任免権まで持たせば理論的には徹底するわけです。これは日本の現在の状況から申しますと行き過ぎておる。それから監査役が取締役会の招集権を持ったり総会の招集権を持ったりすることも、この段階においては行き過ぎておるのではなかろうか。これは第二段のかまえとしての検討事項に入れるのが妥当ではなかろうかということで、今回はこの程度にとどめたということが真相です。財界の圧力に屈したとか、そういうことはございません。

○広瀬(秀)委員　証券局長にお伺いしますが、ディスクロージャーをいま株主、利害関係者等にどのように利用されているか、その実態をどういうようにつかんでおられますか。

○坂野政府委員　証取法の財務内容開示制度の目的は、御承知のとおり、投資者保護にございます。その当該会社の発行する証券に投資しようとする人にその財務内容を公開する制度です。したがいまして、当然そっちの方面に非常に大きな貢献をしていると考えておりますが、ただ株式に関しましてはわが国の株式市場のあり方、価格形成のあり方等から必ずしも財務内容そのものが明確に反映しないような価格形成も行なわれておりますので、そういう意味からまだ財務内容公開がぴたりと株式市場に反映するというまでには至っていない現状かと思います。

(中略)

○広瀬(秀)委員　これは六月十六日の読売新聞によると「株主総会を刷新商法改正・審議会検討へ」、検討したいということなんであります。これはこの新聞に出たとおりにそういう改正の方向を目ざしてやられるかどうか、確認をしておきます。

○川島政府委員　商法改正問題は法制審議会の商法部会が中心となってこれまでも審議してまいったわけでして、今回のこの監査役の監査制度の問題が片づきました後にはさらに新しい問題に入るわけですが、今回の国会における御審議等を十分報告いたしまして、委員の方々も株主総会あるいは取締役会等の問題について非常に関心を持っておられますので、おそらくそういった問題について検討されるであろうと考えております。

○板川委員　私は株式会社監査等に関する商法の特例を主として質問をいたしたいと思います。

第一条がこういうように制定をされますと、五億円以上の会社、五億円未満から一億円以上の会社、それから一億円以下の会社、この三つに分かれておりますが、この三つの区分のそれぞれの監査のあり方等の差異をひとつ説明してもらいたいと思います。

○川島政府委員　今回の改正におきましては、監査役の権限を従来の会計監査権限から業務監査の権限に拡大しております。しかしながら、一億円以下の株式会社は、会社監査のみを行なうことにしております。それから特例法におきまして、資本の額が五億円以上の株式会社は、監査役の監査のほかに会計監査人の監査の制度を新しく設けることにしております。その結果、お尋ねのように、三段階に分かれるわけでして、まず一億円以下の株式会社は、従来と同様でございます。これに対し、一億円をこえ、五億円未満の株式会社は監査役が業務監査を行なう。従来は会計監査のみでしたが、今後は業務監査を行なう。それから五億円以上の株式会社は監査役が業務監査を行ないますほかに、計算の専門家である会計監査人が監査を行なう、つまり監査役と会計監査人の監査とが相並んで行なわれることになるわけです。

○板川委員　私の聞いたところによりますと、百一万全国に株式会社があって、九九%が一億円以下である、一億円以下の会社は従来と監査のあり方は変わりはない、そうしますと特例法は、本来ならば一番数の多いところを商法で原則として、他を特例とするのがほんとうかなと思いますが、一番多いところを特例法できめるのはちょっと本末転倒の感じがいたしませんか、いかがでしょうか。

○川島政府委員　お答えの前にちょっと数字を申し上げておきたいと思いますが、現在株式会社の総数は百一万五千余です。そうして、一億未満の株式会社が約百万五千です。

それでは大多数を占める一億未満の株式会社について特例法に規定するのはどうかという御趣旨でございますが、御承知のように株式会社は大企業、相当大きな資本を持っている企業を想定してつくられたものでして、実際には一億未満の株式会社の中にはきわめて個人企業にひとしいものが相当多数含まれておるわけです。それからまた、実際に日本の経済を大きく動かしておりますのは、一億以上の大会社でして、株主の数も、資本金の額も、あるいはその営業の規模も、一億未満の会社のすべてを合わせたよりもはるかに大きな範囲で活動を行なっている。こういう実情にかんがみまして、一億未満は特例法に規定をした、こういうことです。

○板川委員　大臣に伺いますが、第三条において、「会計監査人は、監査役の過半数の同意を得て、取締役会の決議をもって選任する。」こうなっております。私は、なぜこの取締役の決議をもって選任しなくてはならないか、こういう疑問を持つわけです。監査役の過半数の同意を得れば、いいのじゃないか、こう思います。そうでないと、株主や債権者にかわって執行部取締役を監視するというたてまえからいって、取締役会の決議をもって選任するということは、いわば取締役会に従属性を持つのじゃないだろうか、こう思いますが、どうしてこういう条項が入ったのでしょう。

○川島政府委員　会計監査人は第三者の立場から公正な監査を行なうことをたてまえにしております。したがいましてその選任をどのような手続によってするかは、きわめて重要な問題であろうと思います。株式会社において選任することも考えられますし、監査役が選んでくることも考えられないことはないと思います。しかしながら、この法案のとりました立場は、会計監査人は監査役とは別の立場で監査を行なうものであるから、監査役の下に立って監査業務を手伝う、そういうものであってはならないということを考えまして、監査役の選任とはしなかったわけです。

それからまた株主総会も考えられるわけですが、株主総会はそうちょいちょい開かれるものではございませんし、また取締役、監査役を選んで会計監査人を選任するという形をとりますと、いささか会社の機関という印象を与えるのではないか、そういういろいろの配慮から、やはり会社の全般的な業務執行を行なう取締役会の決議で選任するのが最も無難ではないかということでこういう立場をとったわけです。ただ、取締役会の決議だけで選任してほかには何も必要がないということにしますと、取締役の都合のよい人間を会計監査人に選んで、その監査が必ずしも適正に行なわれない心配もございますので、この規定にございますように、取締役会の決議をもって選任するとかそれについては監査役の過半数の同意が必要である、また監査役を選任した場合にはその旨を株主総会に報告しなければならない、このようにしたわけです。

○板川委員　この監査役と会計監査人とは、会計監査人は外部の人ですね。監査役は役員の一員ですからね。ですから同列じゃないのですが、外部の会計監査人を置いたということは、しかもこれがこの公認会計士の資格を持たなくちゃならぬということは、日本の監査制度は、従来監査役は、率直に言って重役になれない人かあるいは会社を卒業した功労者に対して監査役でもやっておこう、こういう程度で、監査役の役割りが実は実質的にはあまり評価されないのです。だから、今度はもっとぴしっと監査させるためには会計監査人という外部の人を設けて、そしてこの外部の人をもって企業と離れた独立性を持たせながら株主や債権者にかわって会社の経理内容を検討しよう、こういうことであろうと思うのですよ。そういう趣旨からいえば、私は取締役会決議をもって選任するのはおかしいんじゃないでしょうか、こう言っているのですよ。外国の例等を見ましても、株主総会できめている例が多いのですね。だから、私は会計監査人は、「監査役の過半数の同意を得て、」あとの後段のほうは必要のない事項で、監査役が取締役会に紹介をするという、通知をするという程度でよろしいのじゃないか。あるいは株主総会でこれを選任するといったほうが妥当ではないか、こういう議論をしているのです。いかがでしょうか。

○川島政府委員　まず、現在の監査役があまり実力のない者が選ばれているのではないかという点は、そういう例が必ずしも少なくないということは事実であろうと思います。ただ、この法案の立場が、それを前提として、監査役の監査では足りないから会計監査人の監査を受けさせるのだという点は、必ずしもそのように考えていないわけでして、従来の監査役は、会計監査しか行なっていなかった、それを今回は業務監査の全般に権限を広めて、さらに付随の権限もいろいろ認めて監査役の地位をもっと引き上げるということを考えておるわけです。したがって今後は監査役としては相当な大物が入ってくる。これをまず第一に考えておるわけです。そうして監査役の権限は業務全般に及びますから、会計という特殊専門的な分野は、専門家である会計監査人の監査を導入しよう、こういうのが今回の法の考え方です。

そこで、再び会計監査人の選任の問題ですが、確かに仰せのような方法も考えられると思います。しかしこの点はいろいろな形が考えられる。しかも利害得失いろいろございます。会社が会計監査を受けるのは、個人がお医者さんに行って健康診断をしてもらうようなものだという人もございますが、そうだといたしますと、会計監査人の選任は、現在の商法の株式会社法のたてまえから申しますと業務執行である、その範囲に入るというのが最も妥当であろうし、実際上も無難ではなかろうか。多少妥協的な面はあろうと思いますけれども、そういう意味においてこういう案をつくったわけでして、法制審議会の商法部会もこの点はいろいろ苦心をされたと聞いております。この点は、その法制審議会の答申に従ったわけですが、将来の問題としては、運用の実績を見ました上で、検討する必要があればさらに検討を加えていくということになろうと思うのです。

○板川委員　会計監査人という制度をどういう理由で設けたのですか。設けた理由がいま言った説明からいうとおかしいのですね。設けた理由はいままで、いろいろな会社が重役が悪いことをする、しかし、いまの監査役制度では二十五年の改正前に戻して業務監査をするといったって、監査役の監査の程度ではそういったことは発見できない、だから外部監査を設けようというのじゃないですか。だから外部監査は会社の執行部とは独立して、自由にものが言える立場を保障しなければいかぬじゃないか、そういう必要性から会計監査人を今度制度の中に取り入れられたのじゃないのですか。あなたの説明を聞いているとどういう意味で会計監査人を今度入れたのか理由がわからない。それから監査役が今度は業務の監査もできるし、取締役会も出席できるから間違いないだろうというのは、机上の空論ですよ。いまの株式会社を見てみればわかりますように、監査役が重役をそっちのけにしてどうこう言うのはほとんどないと思う。だからそういうものを期待して、粉飾決算や重役の不正がなくなると期待したら私は大きな間違いだと思う。期待できるとすれば外部の会計監査人の監査に期待するほかはない。そういうたてまえからいえば、考え方が中途はんぱじゃないかと思う。これは取締役会が気に入らない会計監査人なら拒否できるということですね。だから、そういう点で私は後段の字句には反対です。

証券取引法百九十三条の二では上場会社に対して外部監査がやられておる。やり方が株主総会後の審査ですから不十分でありますが、大企業は社会的責任を担保する意味において企業の公開性というか、経理の公開性にこれから向いていかなければならないのじゃないだろうかと思うのです。そういう点からいうと、この第三条の規定はどうも私はひっかかるのです。

監査役の人数は一名以上となっております。これは株式会社が百万もあり、大小バラエティーに富んでおりますから一名で十分だということもあろうかと思います。しかし、私はたとえば百億台あるいは一千億をこえる会社は監査役を相当置く必要があるのじゃないだろうかと思います。今度は監査役が業務監査まで監査の手を伸べられることになりますと、監査役が一人ないし二人では大会社はとても監査の目が届かないと感じます。特に業務監査では。そのほか普通の会社では、監査室を設けて従業員による若干の監査をしているところもあるようですが、監査役を会社の資本金の規模によってある程度明定する必要があるんじゃないかと思いますが、この点どういう見解をお持ちですか。

○川島政府委員　私もその必要がないとはいえないと思います。しかしながら、この問題は取締役の員数も同じ問題が起こるわけでして、今回の監査役制度を中心とした改正にはその点は触れ得なかったということです。

○板川委員　取締役の員数も関係がないではないですね。しかし、取締役は大体仕事をどうしてもしなくちゃならないから、必要なものは企業自体が必要としますね。しかし、監査役はなるべく少ないほうがいい、そのほうが目が届かなくていいという気持ちが取締役の中にあり得るんですよ。だから人数をある程度置いたほうがいい、こういう意見です。

次に伺いますが、四条の関係で、監査法人は現在どの程度あるでしょうか。あるいは公認会計士がどの程度おられるのか。

○坂野政府委員　公認会計士はことしの四月末現在において四千五百六十名、監査法人は三十です。

○板川委員　公認会計士について、どうもわが国の公認会計士は独立性がない、非常に企業に甘い、こういう批判がある。こういう批判に対してどういうお考えをお持ちでしょうか。

○坂野政府委員　新しい証取法のもとにおける公認会計士制度の意義が企業に不徹底であった時代には、確かにそういうことがありましたし、また現在でもそういう考え方が皆無とは言えないと思います。しかし、一連の粉飾事件等のあとで、大蔵省の行政も非常にシビアな態度をとりましたし、公認会計士の業界も、体制を整えるために新しい協会をつくり、監査法人をつくり、その強化をはかってまいりました。そういうことの結果、言われますようなことは次第になくなっている。企業側においても企業の財務内容開示の意義を漸次明確に認識されるに至った。まあ完ぺきな姿とは申せないと思いますが、もう八分どおり改善はできておる。この体制で進めてまいりますれば、理想の姿にいくのもほど遠くないと考えております。

○板川委員　そういう期待どおりになれば幸いだろうと思います。

この四条の関係ですが、「会社又はその親会社若しくは子会社の取締役、監査役又は使用人」、会計監査人には、次に掲げる者はなることができないという意味で、四条の二項一号があります。これは外国では四親等以内の者も会計監査人となることができないという規定がある。フランス、イタリア、ドイツあたりにおいてもですが、わが国ではその規定がないのですが、なぜそういう項目を入れなかったのでしょうか。

○坂野政府委員　現在は、証券取引法に基づく省令で、その利害関係を規制しておりますが、その中に二親等というのが入っております。

○板川委員　二親等まではいけない。そうすると、外国から見るとずいぶんゆるやかなんですね。そういう点が企業に甘いという話の基準になるのではないでしょうか。

次に、この四条の項目からいいますと、会計監査人は、親と子の会社の監査人を兼ねてもいいことになるのじゃないでしょうか。最近親子の会社といいましても、親が何千億、子が何十億という会社ですから、できれば別々の会計監査人を選んだほうがいいのじゃないかと思いますが、それはどういうふうにお考えですか。

○川島政府委員　会計監査人が親会社の会計監査人であると同時に子会社の会計監査人であるという場合は、この四条の二項の規定から申しますと、欠格事由には該当しないということになるわけです。

この四条の二項という規定は、会計監査人として選ばれる資格がないことを規定したものでして、かりにこれに該当する者が会計監査人として選任され、あるいは仕事を行ないましても、それは会計監査人となり得ない者のしたことであるから、すべて無効である、こういう意味で欠格事由として掲げたものです。したがいまして、公認会計士法で規定しておりまする職務の取り扱い制限とは趣旨を異にしており、非常に影響を及ぼすところの大きい規定ですので、特に絶対的に会計監査人としての効力を認めることができないという場合だけを書いたものでございます。したがいまして、いまおっしゃいましたような場合も問題はあろうと思いますけれども、この欠格事由としてはそれは問題にしなかったということです。

○板川委員　証取法百九十三条の二で、上場会社について第三者の公認会計士により会計監査をさせ、監査証明を受けることになっておりますが、これと、今度の本法にいう会計監査を受けて監査証明を出すこと、これは証取法のほうはどういう扱いになりますか。

○坂野政府委員　証取引法の百九十三条の二は、上場会社だけでございませんで、証取法適用会社全部についての規定ですが、改正商法が施行されましても、このたてまえは変わりません。したがいまして、証取法は証取の監査を相変わらず要求することになります。したがいまして、会社によっては二重になるということです。

○板川委員　この証取法についてですが、証取法の会計監査は株主総会後、株主総会で承認された会計考課状を事後審査することになっております。今度の法律になりますとたいへん期間が長くなりまして、そのあと、いままでよりもほとんど一カ月以上おくれることになりますが、従来と変わりなく、やはり株主総会以後監査をするということになりますか、それとも改正されますか。

○坂野政府委員　商法で事前に会計監査人を必要とする会社は、当然事前に監査が行なわれてますので、総会後の監査はほとんどしないで済むことになりますので、結果的には問題ないと見ております。

○板川委員　次に、六条関係に入りますが、六条の問題点は三条と関連した点に一つあると思います。ここで六条の二項で、「会計監査人を解任したときは、」という条項がございますが、この解任が予想される事態とはどういうものを考えておられますか。

○川島政府委員　会計監査人を選任することは、監査をしてもらうという契約を結ぶことですので、実質的にはこの契約を解除することが解任につながる、こう考えております。

○板川委員　どういう事態が考えられますか、例示をしてください。

○川島政府委員　監査を行なうにはなはだしく適当でないという事態が生じた、何か会社に対して信頼を裏切るような行為をした場合が一つ考えられるかと思います。

○板川委員　社長と意見が合わないから解任ということもあり得ますか。

○川島政府委員　まあそれだけでは正当な解任の理由にならないと思いますけれども、そういう場合も全くあり得ないかといえばないとも限らないと思います。

○板川委員　七条に入りたいと思いますが、七条で会計監査人が子会社に会計の報告を求めることができるようになります。これはどういう必要性から子会社に会計の報告を求めるのか。それからもう一つは、これは子会社の独立性というのを侵すおそれはないのか。

○川島政府委員　子会社調査権は監査役にも認められております。それと同じ趣旨でして、親会社がその地位を利用して子会社を使って粉飾決算を行なう事例が相当考えられますので、決算を適正に行なうためにぜひとも必要であると考えて規定したものです。

　これによって子会社の独立性を害することはないかというお尋ねですが、この点は、あくまでも親会社の監査のために子会社を調査するので、調査事項もその範囲に限定されておりますし、子会社の独立の人格を害することはないと考えております。

○板川委員　親会社、子会社の関係を今度の商法で初めて取り入れて明確にしたと思います。企業監査を強化する一環として子会社の監査権を持つことができる、そう改正することは株主や債権者擁護のため一つの前進だろう、こう思います。しかし日本に限らず、最近ヨーロッパもアメリカも企業がいわば集団化する、コングロ化する。こういうふうに企業合併が行なわれてきている。そういうときに、親会社の経理内容だけでは企業集団の全体をつかむことができない。ところが日本ではいまの決算制度は単独決算という方式をとっておりますね。単独決算ですと親会社が利益を子会社にやったり子会社に隠したりあるいは子会社の利益を親会社が吸い上げたりする。だからどうしても連結決算制度のほうが企業集団の経理内容をはかる上に私は妥当のような感じがします。アメリカなどではすでにそれが実施されておる。日本も最近多国籍企業という状況になってきていますから、そういう企業集団の経理、しかもそれを公開する、公に示すというたてまえからいいますと、単独決算からいわゆる連結決算制度に移るという方向になるのじゃないだろうか、こう思いますが、連結決算制度というものにどういうお考えを持っておられますか。伺っておきます。

○坂野政府委員　この点に関しては四十二年に企業会計審議会で意見書が出まして、将来はわが国も連結制度を採用したらどうだという考え方のもとに検討が行なわれましたが、さしあたりは一定の会社につきましては単独のほかに連結もつけるということでやったらどうだろうかということで、目下検討中です。と申しますのは、連結だけで済ますためには商法、税法というような基本の問題もありますので、そこまでは一挙に行かれまいという考え方です。

○板川委員　次は八条関係に移りますが、「会計監査人がその職務を行なうに際して取締役の職務遂行に関し不正の行為又は法令若しくは定款に違反する重大な事実があることを発見したときは、その会計監査人は、これを監査役に報告しなければならない。」こうありますが、報告を受けた監査役はどういうふうにこの場合処理をされることになりますか。

○川島政府委員　監査役は業務監査の職責を持っておりまして、たとえば取締役が法令もしくは定款に違反する行為をして、会社に重大な損害を与える場合、その行為を差しとめる権限が与えられております。そのほか一定の事項については株主総会に報告するとか、そういう権限がありますので、そういった権限を発動する一つの契機として、こういった報告の規定を設けている、このように考えておるわけです。

○板川委員　八条の事態が生じた場合には、監査役は取締役会に出席しますから、改正商法の二百七十五条ノ二で差しとめをする。一方において監査報告書にその旨を記載して取締役会に提出する、こういうことになるのでしょうか。

○川島政府委員　そのとおりです。そのほか取締役会にも直接報告をするという場合もあろうかと思います。

○板川委員　改正案の立案過程で、取締役の不正、法令、定款違反があったという、八条の事態が生じた場合に、監査役に取締役解任のための株主総会招集の請求権が与えられておった。しかし、今度はこれははずされておるということで、財界の反対でそれが削除されたという報道等もありますが、これはどうもなまぬるい感じがします。差しとめ請求あるいは報告だけじゃ不十分な感じがしますが、この株主総会招集の請求権あるいは解任の訴えを起こす権利が改正案から削除された理由を説明してください。
○川島政府委員　法制審議会の要綱に若干の修正を加えたわけですが、その一つの事項として、いま仰せになったような点があるわけです。その理由は、要するに現実的な改正を行なうことが一つの目標であったわけでして、財界の意向に従ったことは絶対にないわけです。
　削除した理由は、監査役が取締役の解任を求めるための総会を招集するということはきわめて異例なことでして、過去において商法がそういうことを規定しておった時期もございますけれども、実際にはその実例はほとんどなかったということ。そこまでぎらつく規定を設けなくても、今回の監査権限の強化の趣旨はほかの規定によって十分まかなわれるであろう、このように考えたからです。
○板川委員　過去においてそういう規定はあったが発動されたことはない、そういうのは、いわば伝家の宝刀で、抜かないほうが実はいい。しかし、あることはあったほうが、監査役なり会計監査人の独立性、あるいは取締役会に対する対等な立場を保持するためにいい。こう思いますね。
　十五条で、附属明細書が出ておるのですが、この附属明細書とは、具体的にどういうものをいうのでしょうか。附属明細書は、会計監査人がこれを検討されて、そしてこれをもって粉飾決算なり株価の不正操作なり、あるいは不当支出なりを一週間程度で十分チェックできる程度の資料なのか。それをひとつ説明してください。
○田辺説明員　附属明細書の内容は、現在の商法二百八十三条ノ五に規定しておるわけですが、この改正案では、整理法の中の法律改正で、この内容を法務省令に譲ることにしました。しかし、その内容は、現行法できめておりますように、計算書類、貸借対照表、損益計算書、利益金処分案、あるいは営業報告書の附属明細で補足説明という考えです。その内容は、会社の業務や財産の状況を明細に記載したもの、そのほか、増資をしたり法定準備金が増減したような内容、取締役、監査役、それから株主、こういう人々と会社と取引があった内容、それから先ほど議論のありました取締役、監査役に支払った報酬の内容、こういうものを取り上げて明細書に作成します。この内容は省令に譲りますが、証券取引法においても、現在計算書類附属明細表という名前で同種のものが行なわれております。その両者の調整も残しておりますので、商法の原則を踏まえながら証取法のたてまえともうまく調整してその内容をきめる予定です。
○板川委員　今度の改正案がこのままかりに通るとして、決算書類の監査日を推定すると、従来に比べて大体一カ月ほどよけいにかかることになりますね。そして三月決算では、従来株主総会は五月の末に行なわれたのが、六月の末になる。そのおくれるのは、事前監査期間が入ったこともあります。そういう状態になってまいりますと、年一回の総会が結果的にやりやすい関係を持ってくる。三カ月もおくれてやるのでは、年二回半期決算じゃなくてもいいだろうということになる可能性を持っておりますが、いま株式会社百一万のうち、年二回決算報告を出しておるところと年一回のところとはどのくらいの差がありましたか。
○田辺説明員　先ほど大臣がお答えしましたのは、大きい会社に関する統計でして、四分の一くらいが一年決算をやっておる、こういうお答えです。
○板川委員　この一年決算とは、企業側としては例の株主総会対策が一回減ることになり、たいへん便利な要素を持っております。しかし、この株式会社の本来のあり方である、株主、債権者と会社の執行部が十分に話し合う機会が一回減るということは非常なマイナス面があろうと思います。あるいは監査をする機会が一回除かれることは、ある意味では不正な扱いをそれだけ見のがしやすい状態になるのであって、そういうマイナス面があると思いますが、この点はどう考えておられますか。
○田辺説明員　先生の御指摘のように利害得失いろいろございますが、商法の原則は年一回決算が望ましい、こう考えております。その理由は、監査制度の改正で指向しましたように、企業経理がいわゆる半期決算によってもたらされている現在の不合理な問題、つまり季節的な利益の変動を好まずして平準化するために行なわれる粉飾決算の温床をなくするのが商法の正しい方向である、こう考えておるわけです。
○板川委員　外国の例はどうでしたか。
○田辺説明員　外国の例も一年決算が非常に多いと聞いております。同時に、株主名簿の閉鎖期間その他を含めて総会開催をする時期でも、総会開催は非常におそいと聞いております。

○板川委員　十八条では、「第二条の書類が法令又は定款に適合するかどうかについて会計監査人が監査役と意見を異にするときは、会計監査人は、定時総会に出席して意見を述べることができる。」こういう規定であります。この「法令又は定款に適合するかどうか」、特に法令の場合には一般的に言って判例も出ておることでしょうが、定款に適合したかどうか、定款に掲げる目的、事業の範囲であるかどうかは学説の非常に分かれるところだろう、こう思います。「定款に適合するかどうか」ということの解釈について、何か見解があれば承りたいと思います。

○田辺説明員　十八条で取り上げております「第二条の書類」と申しますのは、会計監査人の行ないます会計監査の対象になる計算書類の内容が定款に反する場合はきわめて少ないのではないか。しかし、一般的には先ほども議論されたように、中間配当も定款に規定することになりますと、会社の方針によりましては法律で定めている要件以上に、あるいは中間配当の要件をしぼるような場合もあろうかと思います。そういう会社の実質的な定めに関する計算上の違法が出てまいることも予想される。そういう場合には当然監査役と監査人の間で意見の違いが起こり得る場合もあろう、そう考えておるわけです。

（中略）

○板川委員　この十八条で「会計監査人が監査役と意見を異にするときは、会計監査人は、定時総会に出席して意見を述べることができる。」こう書いてありますから、もちろんこれは、まさか取締役会が決議をもって会計監査人の出席を拒否するなどということはできませんね。

この項で、「定時総会において会計監査人の出席を求める決議があったときは、会計監査人は、定時総会に出席して意見を述べ」ることができる。この二項は、私はちょっとおかしい規定じゃないかと思うのですね。会計監査人の出席を求める決議があったときは出席をして意見が述べられる。決議があってから出席したのでは、五分間で終わる株主総会では、一体いつ出席するのでしょうね。だからこれは私は当然出席するべきものじゃないかと思いますね。ただ会計監査をする、そして監査役にそれを差し出す、監査役は妥当と認めたら会計監査人が出したものは妥当だ、こういって報告するのでしょう。ですから株主総会の中からいろいろ意見が出たならば、当然この担当事項について会計監査人は自分で答弁したっておかしくはない。あるいは監査役を補佐する意味で自分の事項について答弁してもおかしくない。だから、これは会計監査人の出席を求める決議があったから出席するというのは実はおかしい規定ではないだろうか。当然出席していいのではないか、こう思いますが、いかがですか。

○田辺説明員　おっしゃるとおりでして、十八条の規定は一項は意見の食い違いがあるときには出席して意見を述べる権限を認めたもの。二項は総会が会社の最高機関として、会計監査人に意見を求めたときには出席しなければならない義務がある、そういう規定です。御指摘のように、会計監査人が初めから待機して総会に臨むということを妨げる規定ではございません。多くの場合は待機しておることとなろうかと思います。

○板川委員　五分間か十分間で終わるから大体決議がなくても会計監査人は出ているだろう、決議があったらとたんに立ち上がるこういう運営がなされるだろうというのですか。それはあらかじめ出ていることを妨げているわけじゃないのだからいいかもしれませんが、株主総会を、もっと株主と取締役会とのほんとうの会社経理経営についてのパイプ役とするためには、血の通った株主総会にしなくてはならない。そうであれば、経理について一番重要な責任を持っておる会計監査人が定時総会に出席しておることが当然だ、決議がなくても当然出席できるように変えるべきじゃないだろうか。

三十二条で、帳簿を備えつけることについての変更がございます。商法三十二条を改正した骨子、理由を簡単に説明していただきますか。

○田辺説明員　三十二条以下の改正は、いわゆる商業帳簿といわれておりますが、商人のつくるべき帳簿の体系を明らかにする。加えて、現在要求しておりました財産目録の作成、ただし決算に関してつくられる財産目録を廃止して、それにかえて一般商人の作成義務として、新たに損益計算書の作成を加えたわけです。これが第一点の改正の骨子です。

第二点は、三十二条の二項に「商業帳簿ノ作成ニ関スル規定ノ解釈ニ付テハ公正ナル会計慣行ヲ斟酌スベシ」という規定です。これは資本金五億円以上の会社について行なわれる商法上の会計監査人の監査と、証券取引法によって行なわれます公認会計士の監査が、会計の基準も、監査の基準も一致しているという趣旨をあらわすためにこの条文が置かれたわけです。そしてその経過としては、証券取引法に基づく監査が、現在企業会計原則に準拠して行なわれておりますので、商法監査の準拠すべき商法の計算規定と企業会計原則との修正、調整が行なわれました。昭和四十四年の暮れに仕上げられまして、修正会計原則も、商法の計算書類の解釈に関して公正なる会計慣行としてしんしゃくされることを表現して、合わせて二つの監査が一致します、そういう趣旨の規定として置かれたものです。

○板川委員　じゃ、零細企業者、一人か二人使った町の小売り商業も「商業帳簿ノ作成ニ関スル規定ノ解釈ニ付テハ公正ナル会計慣行ヲ斟酌スベシ」ということで、やはり複式簿記的な貸借対照表、損益計算書をつくれということになるのですか。

○田辺説明員　しんしゃく規定とは商法全般の規定ですから、いわゆる零細な個人商人ももちろんこの規定の適用を受けます。しかし御指摘のように零細な個人商人がすべて複式簿記によって記帳しなければならないということをこの商法は考えておりません。ただ新たに加えられた損益計算書の作成義務がどうかという問題がありますが、一部の団体では、これは複式簿記を強制する結果になるという独断に基づく御意見が出ておりますけれども、商法はそうは考えておりません。すでに零細な商人に関しましても貸借対照表、財産目録の作成を義務づけて、現在これを作成しておるというのが実情です。これに加えて損益計算書とは、貸借対照表とは異なって、その商人の営業の結果として営業年度中に収入をあげ、これに対してどのような費用を支出したかということを明らかにし、その差額計算をいたします結果利益があらわされるという式の帳簿を考えておるわけで、商人それぞれの規模、営業の内容、そういうものによっていろいろなつくり方があろうかと思います。極端な場合には非常に簡単な三行か四行で損益計算書もできる、そのように考えております。

（以下略）

衆議院　法務委員会議録第三十六号

昭和四十八年六月二十二日(金曜日)

出席委員

委員長　中垣　国男君

理事　大竹　太郎君　理事　谷川　和穂君
理事　福永　健司君　理事　稲葉　誠一君
理事　横山　利秋君　理事　青柳　盛雄君
井出一太郎君　植木庚子郎君
住　栄作君　松沢　雄蔵君
三池　信君　保岡　興治君
日野　吉夫君　正森　成二君
沖本　泰幸君

出席国務大臣

法務大臣　田中伊三次君

出席政府委員

法務省民事局長　川島　一郎君
法務省刑事局長　安原　美穂君

委員外の出席者

法務省民事局参事官　田辺　明君
通商産業省企業局産業資金課長　栗原　昭平君

（ほか略）

本日の会議に付した案件

商法の一部を改正する法律案（内閣提出第一〇二号）
株式会社の監査等に関する商法の特例に関する法律案（内閣提出第一〇三号）
商法の一部を改正する法律等の施行に伴う関係法律の整理等に関する法律案(内閣提出第一〇四号)

○中垣委員長　これより会議を開きます。

内閣提出、商法の一部を改正する法律案、株式会社の監査等に関する商法の特例に関する法律案及び商法の一部を改正する法律等の施行に伴う関係法律の整理等に関する法律案、以上三法律案を一括議題といたします。

質疑の申し出がありますのでこれを許します。

（中略）

○稲葉(誠)委員　山陽特殊鋼の事件が発端となって昭和四十一年十一月に法制審議会の商法部会で監査制度の審議が開始されたと聞いておるわけです。そうなれば、山陽特殊鋼の場合に監査役がどういう監査をしたか、公認会計士がどういうふうな認定をしたのかが今度の商法改正の発端になるわけですから、民事局としてはその点はっきりつかんでおるのだろうと思うのですが、そこはどうでしょうか。

○田辺説明員　山陽特殊鋼の場合の監査役が商法に定めたとおりの監査をやっていない、ほとんど内容を知らない状況であったようです。それから会計士は私ども明らかにしておりませんけれども、監査役と同種の仕事をしておったと思われます。

それから、民事責任上は監査役も取締役と同じように損害賠償の査定を受けております。更正手続は新聞に出ましたように近く終結する予定である状況です。

○稲葉(誠)委員　いま公認会計士が起訴されたと言っていましたけれども、それはどういう条文で起訴されていますか。

〇安原政府委員　有価証券虚偽報告書記載の罪の共犯であります。

〇稲葉(誠)委員　そこでお聞きをしたいのは、こういう問題が起きたのが四十年。それで法案が提出されたのが四十八年。何でそんなに長くかかったのですか。

〇川島政府委員　商法改正の経過は昭和四十一年に法制審議会は監査制度の改正について審議を開始し、それからいろいろ問題点を発表し、経済界その他の意見を聞いたりしておったわけですけれども、その結果中間的に民事局の参事官室試案を発表し、それに対する経済団体、大学その他からの意見を求め、それをさらに検討して改正要綱案をつくっていった。このために相当時間を要したわけですが、商法部会が株式会社の監査制度改正要綱案を決定したのは、昭和四十四年の七月十六日です。その後、さらに追加して緊急に改正を要する事項を審議することがございまして、昭和四十五年の三月に追加要綱を決定し、そういう経過をたどりましたために、最終的に法制審議会が総会において要綱を決定したのは、四十五年の三月と四十六年の三月の二回に分かれてされておるわけでして、四十一年から見ますと数年経過しておるわけですが、問題の重要性、各界の意見を十分に聞く必要があった点から考えますと、これはやむを得なかったのではないか、そのように考えております。

（中略）

〇稲葉(誠)委員　民事局が昭和四十三年九月三日に、「株式会社監査制度改正に関する民事局参事官室試案」を出していますね。その第一に「監査役の職務及び権限等」というので、一から十五まであります。それは、今度の法案の中にどういうふうに生かされているのですか。

〇田辺説明員　御指摘のように、四十三年九月三日に、民事局参事官室試案が示されておりますが、今回の法律案では、その大綱はほとんど盛り込まれております。ただ内容的には、この試案に対する各界の意見を取り入れました結果、最終の要綱においては試案とは異なる部分がございます。

大綱的に申し上げますと、監査役の職務と権限、これが第一の部分ですが、試案が示しました監査役に業務監査の権限を与える、及び取締役会に出席して意見を述べる権限はそのまま盛り込まれております。同じく、法律案にございます差しとめ請求の権限も盛り込まれております。

試案と若干異なるところは、取締役の不正行為等に関連した監査役の権限行使の機能の一部、たとえば取締役の会社とのいわゆる自己取引に関する承認権に関しては、要綱はこれを取り上げておりません。

第二の資格は、試案と要綱は同じ結論を示しております。

それから任期も同様です。

「監査役の選任」の部分に関しては、当初の試案は監査役の選任について、監査役の候補者指定権をめぐる比較的詳細な規定を置いておりましたけれども、要綱ではこれが整理されて、修正をいたしております。

その他、試案当時に考えておりました内容と要綱が異なった大きい点は、「大会社の特例」として取り上げました、たとえば会計監査人の欠格事由に関する部分。これは試案で申し上げますと第十一の三ですが、試案当時には、法律案に示したような内容以外に、たとえば会計監査人が監査を受ける会社の株式を千株以上持っている場合、その他その会社に対して五十万円以上の債権債務を持つ場合というふうに、非常に詳細な事由を掲げておりましたが、要綱では、商法上の会計監査人たる者の欠格事由として、監査の効力に影響を及ぼす部分のみ取り上げられております。

以上が概要ですけれども、試案が詳細に示さなかった中間配当の制度等は、法制審議会の要綱で取り上げて、詳細な内容が決定されております。

そのほか、試案に含まなかったもの、いわゆる追加的改正事項と申しております、累積投票あるいは転換社債の発行あるいは抱き合わせ増資の問題、それから休眠会社の整理という事柄は、試案以外の事柄で法制審議会の要綱において初めて決定されたものです。

〇稲葉(誠)委員　一番大きな違いの点を、いまあなた意識的に言わなかったのじゃないかな。

〇田辺説明員　試案の大綱においては大きい変更を加えていないと私どもは理解しておりますが……。

〇稲葉(誠)委員　「第十一　大会社の特例」の一、「資本金一億円以上の株式会社は、計算書類について公認会計士又は監査法人の監査を受けなければならない。」この点が変わっているのじゃないの。

〇田辺説明員　私の比較しましたのは、試案と法制審議会の決定した要綱との比較です。法律案の上ではさらにその要綱とは違った措置がされております。

〇稲葉(誠)委員　私の聞き方が悪かったかもしれませんが、法制審議会との違いじゃなくて、現在出ておるこの法案との差を聞いておるわけなんですよ。どことどこになりますか。

〇田辺説明員　法律案と試案との相違点は、まず第一の監査役の権限についての点、その監査役の権限の部分は、試案が示しておりました監査役の取締役解任のためにする株主総会招集請求権、これは法律案では削っております。それから監査役の任期に関する部分がございます。試案ではその任期を「就任後三年内の最終の決算期に関する定時総会の終結まで」としましたが、法律案ではこの部分を二年に修正しております。それから、第六の監査役の報酬、第七の監査費用の規定は法律案では新たな規定を設けておりません。それから次に大きい点は、御指摘の第十一の大会社の特例の適用を受けます株式会社の対象が、試案では資本金一億円以上の株式会社ですが、法律案では資本金五億円以上の株式会社と改まっております。

以上の点が重要な相違点であろうかと思います。

○稲葉(誠)委員　いま言ったような相違点がなぜ出てきたのか。あなた方が試案をつくったとき、あるいはそれが法制審議会をパスしたとき、そのときの内容が今度の法案の中で変わってきている。なぜ変わってきたか。あなた方が試案をつくったときはそれが最良だと思ってつくられたに違いないし、少なくとも法制審議会を通ったものが、どうしてこの法案の提案になるまでの過程で、変わってきたのか。それを説明していただかないと、ちょっとわからないと思うわけです。

○川島政府委員　ただいまお話がありました試案、それから法制審議会において決定になりました要綱と比べますと、今回提出いたしました法案の内容は若干重要な点において異なるものがあるわけです。もともと株式会社の監査制度をどのようにするかはきわめて重要な問題でして、改正のしかたいかんは実際の経済にも大きな影響を持つわけです。したがいまして、法制審議会における審議の段階からすでにいろいろな議論が分かれまして、実際界と学者の間の見解の相違あるいは大会社と小会社との間の取り扱いをめぐる意見の相違、そのほかいろいろな問題があったわけです。したがって事柄によりましては、全員の一致のもとにきまった事項もございますけれども、必ずしも全員の完全な了解のもとに成立したと言えない条項もございます。そのような結果、この法制審議会の要綱が出ました後におきましても、これを法案に作成する段階におきましていろいろな問題があったわけです。その二、三を申し上げますと、中小企業の関係におきましては、今回の監査制度の改正は大会社を中心に考えた改正ではない、たとえば監査役の権限を業務監査に拡大するのは、大会社には必要かもしれないけれども、中小会社には必ずしもその必要はない、のみならず業務監査というわずらわしいものをあまり必要のない中小会社にまで強制すると、中小会社の運営に非常に支障を生ずる、こういうような意見があったわけです。

それからまた今回の改正では、公認会計士あるいは監査法人を株式会社の決算の監査に充てるという点があったわけですが、この点は税理士会から、これを商法上強制することによって自分たちの職域が侵害されるおそれがあるということで、これもかなり強い反対が示されたわけです。

他方また経済の実際界、大会社の側は、監査役の権限とか地位が一挙に強大になり過ぎると、従来の会社運営との断層が大き過ぎて混乱を生ずる、このような批判があったわけです。したがいまして、法制審議会の要綱が最終的に確定したのは、監査制度は四十五年、その他の事項は四十六年ですが、今回法案を国会に提出いたしますまでに法務省としても何度か案をつくり直しまして、問題となりました点はすべて相当な考慮を加えたということでして、その結果要綱と今回の法案との間に相当重要な点において異なるものが出てきたということです。しかしながらこの法案の作成にあたり、法制審議会の意図しておりました点は、十分貫いておると考えております。

○稲葉(誠)委員　そうすると法制審議会で決定される段階では、いま民事局長が言われたような問題点が出てなかったんですか。

それから少なくとも民事局の参事官室で試案をつくり法制審議会で決定されたものが、相当大きく変色されて出てくる、そのことについて法務省はやむを得ないのか不本意というのか、どういうふうに考えているんですか。

○川島政府委員　まず法制審議会の審議の段階において、今度改正案を提出するまでに修正したような点が議論に出なかったかどうかですが、この点は一部分は議論されております。かなりその点に議論が集中いたしまして、その結果、先ほど申し上げましたように、若干要綱作成がおくれたわけです。法制審議会の商法部会はどうしても学者の方が中心です。もちろん実務家の方も入っておられますし、そのほかの方も入っておられまして、議論は十分尽くすわけですけれども、考え方として、なるべく理想的な案をつくりたいという考え方が働いたことは事実です。

それから今回の修正について法務省はどう考えておるかですが、私どもとしましては、法制審議会の要綱において意図した点は十分今回の法案にも盛り込んだつもりですし、また法案作成の過程におきましても、法制審議会の商法部会が何回も開かれておりますそのつど経過を申し上げまして、現在こういう問題が起こっておる、その点はどのように対処したらいいかは、商法部会で絶えず御協議をいただいておるわけでして、今回修正いたしました点は、法制審議会の要綱を答申された後ではございますけれども、商法部会あるいは法制審議会の総会に御報告いたしまして、この御了承をいただいております。したがいまして、現状において、今回提出いたしました法案は妥当なものであると考えておる次第です。

○**稲葉(誠)委員**　大会社の特例で、資本金一億円以上の株式会社と初めなっていたわけですね。それが変わったわけですけれども、この一億円以上の株式会社に公認会計士や監査法人の監査を適用するというふうにあなた方も考えたわけでしょう。その考えた根拠は、それなりに根拠があったわけでしょう。一億円以上の会社に適用しなければ、粉飾決算などを防ごうというこの法案の趣旨がなくなるというふうに考えていたんですか。これはどうやって出るまでの過程で変わってきたのですか。

○**川島政府委員**　株式会社の決算に専門家の監査を受けさせることは、粉飾決算の問題が契機となって要望が高まってきたわけですけれども、しかしその以前からあったわけです。その目的は、株主とか債権者、従業員の利益を保護するということでして、特に大会社の場合、決算が不適正であったために会社が倒産したり営業状態が悪くなるという場合、その及ぼす影響が非常に大きいという点を考慮されたわけです。したがいまして、もともと大会社を念頭に置いておったわけですけれども、その場合、これを一億円以上とするのがいいのか、あるいは二億、三億とするのがいいのかは、ある程度見込みの問題です。したがいまして、この商法改正案を法制審議会で審議しておりました当時、おおむね一億の辺が切りがよかろうということできめられたものでして、法制審議会としましても、一億以上の会社に対して直ちに、即刻足並みをそろえてこの制度を運用していくということは考えていなかったわけです。そのことは要綱にも、段階的に適用することが注で書いてございます。その後いろいろな情勢を見てまいりますと、会社の規模が急速に拡大していく、それから公認会計士の数とか会社の数を考えますと、必ずしも一億が絶対の線ではないと考えられたわけでして、この点は、法制審議会におはかりいたしましたところ、そこは必ずしも一億という数字にこだわる必要はないという御意見もございましたので、いろいろな実情を勘案して、修正いたしたわけです。

○**稲葉(誠)委員**　もう一つの問題は、大会社と中小会社を同じ会社法で適用しているところに実際の無理があるんじゃないですか。その辺の考え方はどういうふうにしているのですか。これは現実に裁判をやっている方がそういうことをはっきりおっしゃっていられるのです。たとえば長谷部さんの「裁判会社法」でも、長谷部さんはそういうことを熱心に言われているわけだけれども、中小企業は、ほとんどと言っていいくらい、現在の会社法の規定を守っていないわけです。現実に守れないわけです。公正証書の不実記載はほとんどですね。株主総会を開いたかっこうをしているだけで、何もやっていないで、形だけやっているような形でみんな処理されているわけでしょう。その辺のところから考えても、現在の会社法を、大の会社と中小の会社と二つに分けて、それぞれそれに適した形に変えていかなければならないのだ、と言っておられるわけですね。あなた方としてはその点についてはどういうふうに考えているわけなんですか。

○**川島政府委員**　御指摘の問題は非常に重要な問題でして、私も個人的には先生のお考えと同じ考えを持つわけです。現在の株式会社は大衆から資金を集めて企業をやっていくことを念頭においてつくられておる制度でして、したがって大企業を前提として考えておるといえると思います。しかしながら、実際には資本金一千億以上の大会社から、下は個人企業にひとしい小規模の会社までございまして、その数は百万をこえているわけです。小さな規模の株式会社になりますと、御指摘のように、株主総会を開くこともしないし、貸借対照表の公告もしないし、株券も発行しないという会社が相当数あるわけでして、こういった企業は、さらにそういうものに適するような規制を考えていかなければならないと思います。この点は仰せのようにおそらく商法に関心を持っている人みんなの認めているところであろうと思います。したがいまして、経済界からも会社の規模に応じた規制の方法を考えてくれという要望は相当以前から出ておるわけです。

これがなぜできないのかと申しますと、先ほどお触れになりましたように、経過的な措置が非常にむずかしいことであろうと思います。その扱いいかんによってはかなり混乱が生ずるおそれがある。しかしながら、それをおそれておったのではいつまでたっても改正ができませんので、何らかの方法を考えながら分けた規制を進めていく必要はあろうと思います。今回の監査役の権限の問題もまさにその一つのあらわれでして、今後どういうやり方がいいかは法制審議会の商法部会で考えていただける問題だと思います。

○**稲葉(誠)委員**　大臣、この法案がかりに通ったとすれば、監査役の権限が強化されて粉飾決算が防げるのですか。この法案ではそんなことはないのじゃないですか。

○田中(伊)国務大臣　山陽特殊鋼事件のような事件が起こりまして、よく流行しております粉飾決算、逆粉飾決算をなくするためには監査制度の強化をしなければならぬという意向は各方面から先生御承知のように強く出てきたわけです。したがって今度の改正は、それだけではないのですが、それが動機になっておる、こういうことでございます。

さて、その結論として、ここにお手数をわずらわしております改正法案の実施ができて、具体的には監査制度の強化が行なわれて、粉飾決算、逆粉飾決算などがなくなる見通しがあるのか、そんなことは形だけで役に立たぬのではないかという先生の御意見があるので申し上げますが、法務省、政府当局はそうは考えていません。これは非常に効果がある、こう考える。どうして非常に効果があるのかというと、監査制度を強化をして、従来までの会計の帳じりだけを見る、いわゆる会計監査の制度から業務監査の制度にこれが拡張されていく。そして材料の買い入れから生産工程から、でき上がった製品の販売ルートに至りますまで、詳細なる検討を加える権限ができてくる。もう一つ重要な事柄は、その監査役は取締役会に出席をする。取締役会を招集する権利は遠慮したのでありますけれども、取締役会に出席して所見を述べる。所見を述べて、これはいけない、逆粉飾じゃないか、これは粉飾じゃないか、この内容はおかしいじゃないか、この貸借対照表は妙じゃないかとなってまいりますときに、損益計算書、剰余金の計算書を拝見して、これはおかしいではないかとなりましたときには差しとめ請求もできる。むろんこの差しとめの場合は、商法違反がないといかぬのですけれども、……そういうことですので、それを聞かざれば裁判所に請求して仮処分の処置ができるほどの強い権限も持たしておりますので、監査役がしっかりした、経験豊かな大物で、当該事業の中身をよく存じ知っておる人物を得ること、そういう人物を漸次日を追うて訓練しまして、そういう人物を得られるようになってまいりますと、粉飾決算はたいへんできにくくなる。実際の運営においてもそういうことになる、こう考えておるめです。

○稲葉(誠)委員　それを希望的観測というのですがね。

それでは法学博士にお聞きするんだけれども、会社と会計監査人との関係は、法律的にはどういう関係になるのですか。

○田中(伊)国務大臣　それは会社の、任命関係でなしに、委任関係だと思います。

○稲葉(誠)委員　普通の委任でなくして、準委任といっていますね。これはどういうわけですか。

○川島政府委員　普通の委任は法律行為を委任するわけですけれども、法律行為に限らず、事務的な、いろいろ監査など加わるわけですから、委任に準ずるという意味で、普通、準委任といっているわけです。

○稲葉(誠)委員　そうすると、委任にしろ準委任にしろ、民法上では、何どきにおいても解約するようなことはできるわけですね。その歯どめは今度の法案ではどうなっていますか。

○川島政府委員　会計監査人の解任は、取締役会がするわけですけれども、監査役の過半数の同意を得なければできないという趣旨の規定がございます。

○稲葉(誠)委員　どうして、全員の同意を得なければ解約できないというような形にしなかったのですか。過半数というのはおかしいんじゃないか。

○川島政府委員　場合にもよりましょうけれども、監査役の過半数が同意すれば、取締役がその解任の権限を乱用することは防げるであろうという趣旨です。

○稲葉(誠)委員　では、監査役の実態調査を法務省でやったことあるでしょう。どういう結論が出てきたのですか。監査役にはどういう人がなっているのですか。

○田辺説明員　監査役に関する実態調査は、監査役の資格、つまり実質的にどういう資格を持った人がなっているかという調査をいたしました。その結果では、過半数以上の者は当該会社の実務経験を有する人です。それから最近の調査もやっておりますけれども、いわゆる大会社に関しては従前とそう変わりはございません。最近の調査では、特に一億円から下の閉鎖的な会社を調査しております。その結果は、税理士それから公認会計士、そして国会議員、地方議員という人が案外多いという結果が出ております。

○稲葉(誠)委員　そこでお聞きしたいのは、監査役の権限強化はわかりましたが、監査役の身分関係。会社の一つの役員であって、会社から常時報酬をもらっているわけでしょう。それをそのままの形にやはり残しておくのですか。

○川島政府委員　役員であって、役員報酬をもらうという関係は、特に変わりはございません。

○稲葉(誠)委員　そのままそれを残しておいて、監査役の権限を強化したから、粉飾決算がなくなると言えるのですか。それは無理じゃないかな。監査役制度そのものに対する改変がなければ、とても無理じゃないですか。そういうのは考えませんか。そういうのはできないというのですか、日本の場合。外部の者、監査役は会社の役員じゃないという形にはできませんか。

○川島政府委員　そういう考え方もあるかと思いますけれども、現在の制度で考えておりますのは、株式会社の内部の監査機構を強化する。会社自身のチェック機能を増大させることですので、監査役の、役員であるという地位に変更を加えることはしなかったわけです。

　ただ、いままでと同じ形にしておいて十分その監査の実があがるかという点ですが、今回の改正では、権限が拡大され、地位も若干強化されております。そういった点から、経済界なども、商法改正を機会に、それにふさわしい人物を監査役に充てたいという動きもあるようです。それからまた、最近の企業の社会的責任という問題が起こっておるおり、企業としても十分監査役に監査機能を発揮してもらって、汚名を挽回する、国民の企業に対する信頼を得たいと考えておるようですので、今回の改正はかなりの効果を期待できるのではないかと考えておるわけです。

○稲葉(誠)委員　企業の社会的責任ということばが出てきましたが、それを全うするための一つの方法ですね、あなた方のお考えでは監査役の権限強化は。私も抽象的にはそうだと思いますけれども、実際はあまり意味のない法案だと思うのです。そのほかに商法全体の改正として、いまの企業の社会的責任とも関連してどういう点を改正しなければいけない、こういうふうに大臣はお考えになっておられるのでしょうか。

○田中(伊)国務大臣　企業の社会的責任を実現をするためには、何といっても基本的な第一のものは、今回お願いをしております監査制度の権限の強化改正であると存じます。それに続いて必要なことは、取締役会の組織運営権限について根本的な改定を加えなければならない。もう一つございます。それは株主総会の組織運営です。企業に社会性を持たすためには、監査制度だけでなしにこの面にも力を入れなければならない。この三つあるわけです。何で一緒にやらぬのか、こういうおことばが出そうに思いますが、一挙にやりますとびっくりぎょうてんをしてしまって、企業はなにぶん生きておるものですから、今回一番大事な基本的なものを先にやらしていただいて、実施の状況をつまびらかに見て、その上で残余の抜本的改正にも手をつけたい、こう考えております。

○稲葉(誠)委員　いま三つのものが取り上げられておって、監査役が一番先に出てきているわけですけれども、本質的にいえば、執行機関が中心ですよ。そこで大臣が取締役会、株主総会と言われましたよね、具体的にはこれはどういうふうにしようとしておるのですかね。

○田中(伊)国務大臣　三つを並べてみると、監査役制度よりあとの二つのほうが大事なものだと確かにいえるのです。いえるのですが、監査役制度を強化して、そして取締役会の行動、反社会性をチェックするようにしよう、このチェック機能を持たすことにねらいを置いております。それから株主総会が三分か五分間の会議で終わってしまうことを是正するためにも、監査役が中心となりつくり上げます計算書類、損益計算書、剰余金の計算書、貸借対照表は全部事前に株主総会招集の招集状に添付してこれを送り届け、判断材料を事前に与えておくことにして理想の運営を株主総会においてもやってみたいということをねらっております。そういうねらいから申しますと、どこが中心になるかというと、監査制度の体制強化が中心となるので、まずこれに手をつけておる、こういう気持ちです。

○稲葉(誠)委員　私が聞いているのは、監査役の問題と取締役会の問題と株主総会の問題、三つ出ているわけですね。三位一体で相互補足しながらということになると思うけれども、たとえば法律の改正なら改正ということでどういうふうにしなければならないかを聞いているわけです。

○田中(伊)国務大臣　それは大事な点ですが、今後時間をかけて検討をいたしますことと、このたびの改正を実施しまして、実施の状態を勘案して考える点もございますけれども、基本的なものは民事局長からお答えいたします。

○川島政府委員　お答えをする前に、今度の監査制度は粉飾決算の問題が起こってから思いつきにやったのじゃないかと受け取れたので、その点を釈明させていただきたいと思います。

　証券取引法が戦後間もなくできまして、公認会計士の監査が始まったわけです。そのころから商法の制度との関係がどうなるのかが問題になっておりまして、三十年代になりましてから公認会計士の監査の制度が整備されました。そのころからすでに商法改正を考えなければいけないのではないか、こういう議論があったわけでして、粉飾決算の問題がそれに拍車をかけたわけですけれども、これは早晩手をつけなければならない重大な問題の一つであったわけです。それから商法は戦後改正が加えられ、特に昭和二十五年にアメリカの制度を大幅に取り入れた形の改正が行なわれ、それが実用にはたして合うのか合わないのかという点もございまして、法制審議会の商法部会では全面的に株式会社制度については検討する必要があるということになったわけでして、今回の監査制度の改正は、その最初の仕事といえるかと思います。今後株主総会あるいは取締役会の改正がおそらく議題にのぼってくることと思いますが、従来株主総会は、現実の姿と法律の規定との間に非常に大きな差がある。実際の株主総会は株式が大衆化されたこともございますけれども、白紙委任状を集めて、形式的にごく短時間に済まされてしまう、はたしてこれで会社の最高機関としての機能が果たしていかれるのかが問題になるわけです。

そこで株主総会の改正は、相反する二つの考え方があろうと思います。一つは、株主の議決権などの権利の行使を容易にさせる、そういう意味で、書面による決議なども認める方向に向かったらどうかという意見、それからもう一つは、所有と経営の分離という立場をさらに徹底させ、株主総会には定款の変更であるとか役員の選任、その程度の権限を持たせておいて、利益の処分とか決算は取締役の責任において行なわせる、そのかわり取締役に対する監督を強化する方策を別途考えていくべきではないだろうか、こういうような問題があるわけです。

それから取締役会は、現在社長とか会長がおり、それが一番権力をふるっておる、あとはその号令に従って動いておるという傾向が一部になしとしない、こういった形をもう少し商法の所期する方向に持っていくためには、取締役会の権限について検討を加える必要があるのではないか。以上の点が大きな問題点としてあげられると思います。しかしいずれの方向が妥当かは私からもお答えいたしかねる次第です。

○稲葉(誠)委員 株主総会、それから取締役会、監査役の問題も経済界の動きを法律で、ことに商法で規制しようとしても一体どこまで効果があるのかが基本的な問題ですね、商法の場合、経済界が先に走って、商法があとで規制する程度のことしかありませんし、まだ商法全体にいろいろな面から考えなければならない点がたくさんあると思うので、やるならやるという形で早くやらなければならぬと思うのです。

（中略）

○稲葉(誠)委員 それからもう一つ問題は、外資が日本に入ってきますね。それに関連して、本法案の中にも一部出ていますけれども、どういうふうにしてそれに関連して商法、ことに株式会社法を改正しなければならないか。こういう議論があるのですか。これは通産省から要望があったように聞いておったのですが、その点どうなんですか。

○田辺説明員 通産省からは、法制審議会の構成員としてかねがね取り上げておりますのは、累積投票権制度の改正は、御要望の御意見が出されております。しかし、一部報道されました内容は、私どもは、公式に御意見を聞いているわけではございません。

○稲葉(誠)委員 外国資本が日本に入ってくることに関連しての商法を改正してもらいたい、そういう意見が通産省内部にあるのですか。

○栗原説明員 四十五年の法制審議会の商法部会におきまして、累積投票権について御要望申し上げたことは、お答えのあったとおりです。その後四次の資本自由化、あるいは今回五月一日から資本自由化をさらに広げましたけれども、その資本自由化を進めるに際して、既存企業に対する株式の取得は、かなりいろいろ企業サイドの問題もございまして、この点どう考えるかが自由化を進める上での問題点であったということです。そういった意味で、特にその企業サイドの意に反した株式の取得について、外資の自由化を行ないますれば、一体どういう自衛手段があるかという観点からの検討をしたことはございます。そういう意味で、累積投票も一つですが、商法上の問題ではございませんけれども、譲渡制限をした株式が、事実上、上場できないということで、運用がなかなかうまくいかないという問題をどうするか、あるいはTOBを資本自由化と関連してどう考えていくか、法制的な問題を含めて検討したことは事実です。そういう問題もありましたので、今回の資本自由化に対しても、既存企業の株式取得は、一応の自由化をしたわけですが、一つ例外的な留保を考えておりまして、その留保とは、一応自由ですけれども、その企業の合意が明らかでない場合、留保したほうがよかろうということで、とりあえずその点は留保しておこうという自由化措置になっております。

○稲葉(誠)委員 問題が別になると思うのですが、商法の中に刑法の規定がありますね。この規定が、どういうふうなものがあって、どういうふうに運用をされておるのか、お聞きをしたい。

○安原政府委員 商法の中の刑法とは罰則のことと理解しますが、罰則をどのように運用しているかでございますが、結論から申しまして、そうたくさんの機会に商法の罰則が適用されて処罰といいますか、公訴権を行使しておることはないわけです。従来の実績から申しますと、粉飾決算関係の事件で、私どもの承知しておる限りでは、昭和四十年以来大体九件ほどでして、特別背任罪あるいはタコ配当の法令あるいは定款の規定に違反して利益、利息の配当をしたという、商法四百八十九条第三号の罪でやった場合が多うございまして、特異な例としては、協同飼料の自己株式の取得ということで商法四百八十九条第二号の罪で起訴した例がございます。さらにさかのぼりまして、いわゆる総会屋の贈収賄罪で、商法四百九十四条で総会屋と会社の執行部機関を起訴した東洋電機事件がございますが、そう多くはないわけです。さらに最近、たとえば昨年中におきます商法違反事件の受理処理状況を見てまいりますと、検察庁で受理したものは全部で七十五人ございまして、処理したものは六十一人ございますが、起訴したものは十人でして、不起訴が五十一人ということです。

○稲葉(誠)委員　株主総会で総会屋にお金を渡したときに商法上の犯罪になる場合とならない場合とあるわけですね。なる場合はどういう場合で、ならない場合はどういう場合なんですか。

○安原政府委員　分かれ目は、おそらく不正の請託、商法四百九十四条に「左ニ掲グル事項ニ関シ不正ノ請託ヲ受ケ」こういう規定がございますが、そして総会の関係は、第一号の株主総会における発言または議決権の行使に関し不正の請託を受けというところに犯罪の成否の分かれ目があるわけです。そこで、不正の請託は何かについての問題が分かれ目でして、これはいわゆる総会屋には攻撃型総会屋、いわゆる総会荒らしと会社の株主総会等の運営に協力する協力型総会屋に分けられるのですが、いま問題の図書印刷等における問題はいわゆる協力型総会屋、株主総会の運営を円滑にすることに協力することによって何らかの報酬を受けるという総会屋をこの贈収賄罪で取り締まることができるかどうかが問題でして、それは東洋電機の事件につきまして最高裁判所で決定がございまして、それによりますと「会社役員等が経営上の不正や失策の追及を免れるため、株主総会における公正な発言または公正な議決権の行使を妨げることを株主に依頼することは、商法四百九十四条にいう「不正の請託」に該当する。」「株式会社の役員に会社の経営上の失策があり、来るべき株主総会において株主からその責任追及が行なわれることが予想されているときに、右会社の役員が、いわゆる総会屋たる株主またはその代理人に報酬を与え、総会の席上他の一般株主の発言を抑えて、議案を会社原案のとおり成立させるよう議事進行をはかることを依頼することは、商法四百九十四条の「不正の請託」に当たる。」という決定がございます。単に円滑に運営されるように依頼することは不正の請託ではない。円滑にいくのだけれども、公正な株主による発言権あるいは議決権の行使を妨げるように請託する。具体的には、会社に事業上の失敗があるとかいうことで責任追及を免れる、公正な株主の発言権、議決権の行使を妨げるような請託をすることが不正だというのが最高裁判所の決定の趣旨であろうと考えますので、贈収賄罪は、その会社経営の実態を把握して、そこに経営上の失策があるとかを含めて実態を捜査して、そして不正があるかどうかを認定しなければならぬので、この贈収賄罪という規定がございましても、これを適用することはそう簡単ではない。協力型総会屋すべてが贈収賄罪にあたるとは一がいには断定できないという問題がございます。

(中略)

○稲葉(誠)委員　税理士と公認会計士との職務の問題ですが、この法案が税理士会に与える影響あるいは公認会計士の人に与える影響をどう判断されておるわけですか。

○田中(伊)国務大臣　一口に申しますと商法改正は、これと重要な利害関係を持っております公認会計士、税理士に対する影響が少ないように、よい影響のあるように、やむを得ず窮屈なことになる場合でも双方の間の利害はできるだけ調整しなければならぬ。それは政府の任務である、こういうふうに基本的には考えておるのであります。

そこでお尋ねの問題は、公認会計士法による公認会計士、税理士法による税理士の両者の間の職務の分担は双方に反対がございます。自分の生活、業務をめぐる権能、権限に関して新しい法律ができて、変化がある場合、どうしてくれるかというのは当然のことであると思う。それを調整する責任は政府にあるので、私から大蔵大臣に、商法改正をめぐって影響が出ておるから、両者を大蔵省にお招きになって、主張を調整してもらいたいということを私は懇請いたしました。承知をしたということになっております。努力をしてくださっておることと存じます。

○稲葉(誠)委員　商業帳簿に関連して、マイクロフイルム化された帳簿も法律でいう商業帳簿として認めろという意見が出てきているわけですね。これは外国ではどうなっているかと、日本は今後これをどういうふうにしていきたいのか、話してください。

○田辺説明員　マイクロフィルムの問題は、すでに法制審議会でもマイクロフィルムとコンピューターの問題として取り上げて審議をしております。そのポイントは、マイクロフィルムは、ある現物を縮小して複写したフィルムといわれておりますが、これをもって商法のいう商業帳簿の保存義務を履行せしめるようにしてほしい、これが改正要綱の趣旨です。コンピューターのほうは、商業帳簿を電子計算機等で作成することを認めてほしい。この両者に実はつながりがございまして、コンピューターのほうは、コンピューターからすぐにマイクロフィルム化されたものが出るシステムが非常に発達しております。両者実は同一の問題として議論しているわけです。

外国の立法例は、一部にコンピューター及びマイクロフィルム等の作成による商業帳簿を認める立法がされております。多くの国ではこれは解釈上の問題として解決している実情にございます。

問題のポイントは、そういう制度を持ち込むときに、わが国の商業帳簿の保存、及びこれをめぐる民事、刑事を含めての裁判上のいろいろな問題、それといま御審議をいただいております監査の問題がどうかみ合うかの議論をしておるわけです。

衆議院　法務委員会大蔵委員会商工委員会連合審査会議録第一号

昭和四十八年六月二十六日(火曜日)

出席委員

法務委員会

委員長　中垣　國男君

理事　大竹　太郎君　理事　小島　徹三君

理事　谷川　和穂君　理事　福永　健司君

理事　古屋　亨君　理事　稲葉　誠一君

理事　横山　利秋君　理事　青柳　盛雄君

井出一太郎君　植木庚子郎君

羽田野忠文君　早川　崇君

松沢　雄蔵君　水田三喜男君

八百板　正君　正森　成二君

沖本　泰幸君

大蔵委員会

委員長　鴨田　宗一君

理事　木村武千代君　理事　森　美秀君

理事　阿部　助哉君　理事　荒木　宏君

宇野　宗佑君　大西　正男君

木野　晴夫君　三枝　三郎君

萩原　幸雄君　毛利　松平君

広瀬　秀吉君　村山　喜一君

山田　耻目君　増本　一彦君

竹本　孫一君

商工委員会

理事　羽田野忠文君　理事　中村　重光君

理事　神崎　敏雄君

小川　平二君　加藤　清二君

野間　友一君　松尾　信人君

玉置　一徳君

出席国務大臣

法務大臣　田中伊三次君

出席政府委員

法務省民事局長　川島　一郎君

大蔵大臣官房審議官　大倉　真隆君

通商産業省企業局次長　橋本　利一君

委員外の出席者

法務省民事局参事官　田辺　明君

大蔵省証券局企業財務課長　白鳥　正人君

(ほか略)

本日の会議に付した案件

商法の一部を改正する法律案（内閣提出第一〇二号）

株式会社の監査等に関する商法の特例に関する法律案（内閣提出第一〇三号）

商法の一部を改正する法律等の施行に伴う関係法律の整理等に関する法律案(内閣提出第一〇四号)

○中垣委員長　これより法務委員会、大蔵委員会、商工委員会連合審査会を開会いたします。

先例により、私が委員長の職務を行ないます。

商法の一部を改正する法律案、株式会社の監査等に関する商法の特例に関する法律案及び商法の一部を改正する法律等の施行に伴う関係法律の整理等に関する法律案、以上三法律案を一括議題といたします。

(中略)

○中垣委員長　質疑の通告がありますので、順次これを許します。

○村山(喜)委員　それは、いま国民は、インフレ、公害、商品投機の買い占めによるたいへんな被害を受けながら、片一方、新聞紙上をにぎわしております脱税や株価操作による不当な利得を得ている姿が出ている状態を見せつけられているわけです。そして、株主総会を開けばまさに総会屋のばっこする姿に成り下がってしまって、まさに株主不在、消費者無視、住民不在のそういう姿を見せつけられております。片一方、大企業の決算を見てまいりますと、たいへんなインフレ利益をおさめているわけでして、そういうような状態から、六月二十二日に稲葉誠一委員が大臣に質問をいたしましたとき、大臣は、その社会的な存在としての義務を果たす意味において、株主総会なりあるいは取締役会の今後の健全な措置といいますか、それをはからなければならないという意味の答弁を大臣なすっていらっしゃるわけですが、法人がその目的を中心にして存在をいたしておるわけでして、会社は、営利法人ですが、その営利法人であると同時に、社会的な存在として、社会的な義務を果たす必要は否定をされないものだと思うのです。

そこで私はまず大臣にお尋ねをしたいのは、抜本改正の方向はどういうような内容のものをお考えになり、そうして商法の全面的な改定への方向に向けてどのようなスケジュールをお考えになっているのか、その点をお尋ねをしてみたいと思うのです。

大臣も御承知のように、いま株式は社債と同じような形で、一つの利益対象の債券化と変わってまいりまして、一般の株主は投資利益を求めるためにやっており、そうして株主総会は一種のお祭りのような形になっておるわけです。今度の法改正の中でも、累積投票制度を弱めるようなやり方をとっておいでになるわけですが、少数株主を締め出していくような姿からは、内部においてその株主が経営の実態を立て直していく状態は期待ができないと私たちは現状では思うのです。

そこで、あるべき総会の姿も、これはりっぱな総会だと思われるような総会がどの程度あるものか、私たちは不敏にしてそれを知らないわけでして、もしりっぱな総会があるならば、ひとつ教えていただきたいと思うのです。

○田中(伊)国務大臣　商法の抜本的改正の方向ですが、まず第一は、何といってもただいまお手数をわずらわしております監査制度の改正、監査役の権限の強化、監査制度の改革が第一に必要であると存じます。それから第二には取締役会の構成並びに取締役会の運営に関する事項、これも抜本的改正の中に入れねばなるまい。さらに第三には、株主総会の組織運営に関する抜本的改正もやらなくてはならぬであろう、そのうち一番大事と考えております監査制度の改革についてこのたびお願いをしておるわけです。これをまずお願いいたしまして、実施ができましたならば、その実施の状況も勘案しまして、残余の二つの改正に手をつけたい、こういう考えです。

それから先生仰せをいただきました社会性の問題ですが、自由主義経済のもとにおいて営利会社、株式会社のやることです。利益を目的にして会社の活動を行いますことはやむを得ぬとしましても、おのずから企業には社会性がなければならぬということ、先生お説のとおりです。その社会性を持たすためにはどうすればよいかといえば、先ほど御質問のありました抜本改正の方向を全うするということに要はあると存じます。

第一、今回の第一次の改正で、社会性を持たすことに役立つのかといえば、監査役に人を得て、強化された権限に基づいて監査役が遺憾なく活動をしてくれると、執行部に対する押しもきいて、企業の社会性を否定するような会社の行動はチェックできる、こう考えるのでして、このたびお願いをしております監査制度の大改正により、相当程度の企業の社会性を確立することができる、こう考えておるのです。

それから監査制度に関する抜本改正の内容は、また質疑に応じまして私がお答えを申し上げるのでございますが、あとの二つの抜本改正の方向につきましては、民事局長からお答えを申し上げます。

○川島政府委員　仰せのとおり現在の株式会社法はいろいろな問題をかかえております。株式会社は全国に百一万という多数の会社でございまして、年間約五万ずつふえているという実情です。このような多数の株式会社を同一の規制のもとにやっていくことは非常にむずかしい問題があるわけでして、そういった問題を含めながら、ただいま大臣がお話しになりました株主総会、取締役についても今後検討を重ねる必要がある、このように考えております。

株主総会は、現在の大会社は株主が数万、数十万という多数に及んでおり、その運営は、現在の制度にかなり思い切った改善を加えていく必要があるんではないか、このように考えますし、また取締役会は、会の構成の問題、社内重役によって運営されているその姿勢を正すためにはどういう方法が用いられなければならないかを中心に考えることになろうかと思います。いずれにしても法制審議会の商法部会で十分御検討を願いましてなるべく早く改正を行なっていきたい、このように考えております。

○橋本政府委員　十分に時間をかけて慎重審議いたした株主総会の例を聞いておりません。

○村山(喜)委員　大臣もお聞きのとおり、法律制定は法務省でおやりになる、その企業の実態に対する指導は通産省でおやりになる。ところがりっぱな株主総会が開かれた例は聞いていない、そういう状態です。これは法律自体にも問題があるし、運営に対する指導面も欠けている点があることを指摘をしなければなるまいと思います。

今度は監査制度の強化が行なわれることになりました。この面は前進したと思います。しかし幾らそれをやっても、協同飼料の株価操作やあるいは殖産住宅の今度の時価発行をめぐる汚職問題からは、取締役会の権限、責任をもっと明確にしていかないと粉飾決算等をつくりあげていく。そういう取締役会にメスを入れて、これをきちっとさせなければ、大臣もお考えになっていらっしゃるように抜本的な改正は生まれてこないと思います。そういうような意味において私は今後さらに法制審議会等に十分な論議をいただいてもっと社会の実態に合うような問題の処理を願いませんと、いまの大企業法人の場合等は、もう社会的な存在すらも認められないような状態に立たされるようになってくるおそれがあると思うのです。

そこで次に商法の適用を受けるものの中で小商人の取り扱いの問題です。これはいま株式会社は百一万という話がございました。年に五万ぐらいずつふえていくという説明でした。一体商法の適用を受けているものの総数はどのようになっているのか、ぜひその数を知らせていただきたい。

それからこの小商人の取り扱いですが、明治三十二年勅令の二百七十一号により、資本金五百円以下の場合には商業登記とかあるいは商号、商業簿記等の規定を適用しないということで免除規定があった。片一方商法による保護規定はないわけです。ところが昭和十三年、いまの二千円はきめられたと思うのです。それがずっと今日まで生きておりまして、そして三十二条、三十三条の商業帳簿を作成する義務、それから三十六条の帳簿及び重要書類の保存義務、三十五条の訴訟上の帳簿を提出する義務が免除されている。ところが今度資本金二千円は動かしてないわけです。とするならば事実上すべての商人が今度新たに貸借対照表あるいは損益計算書、商業帳簿を作成をしなければならないという義務づけが与えられる。私はそういうふうに考えるわけです。

その内容はどういうふうになってくるのだろうというのでいろいろ調べてみますと、個人商店の場合とそれから合名会社、合資会社は当然株式会社に追記されまして今度追加される帳簿記載の義務を負わなければならないということになるわけです。一ぱい飲み屋のおやじ、あるいは小さな小商売をやっているところまで商業帳簿を備えるようにした場合に一体それは実効性を期待できるのかという問題になってくると思うのです。資本金二千円に満たない商人であって会社でない者の存在がありますか。私は一件もないと聞いている。こういうことを考えますと、なぜこの点についてもっと零細な業者の実態に即応するように法律改正をさろうとされなかったのか、この点がお伺いしたいわけです。

○川島政府委員　会社以外で商法の適用を受けるものが何人あるかは、正確に数字を把握しておりませんのでお答えできないわけです。

今回の改正におきまして小商人に対する規定を、金額を引き上げるなどの考慮をしなかったかという点ですが、この点は仰せのような問題があるわけですが、法制審議会として会社の監査制度の問題を中心とした改正を審議しておりましたために、この点の検討がまだ行なわれていない、したがって今回の改正に組み入れなかったという実情です。

小商人は商法におきまして商業帳簿の作成義務を免除されるとかいろいろな特例がございます。こういった点から考えますと、現行法が定めております資本金二千円という額が低きに失することは私も仰せのとおりであろうと思います。したがってこれを改正するように今後検討する必要は十分あろうと思いますが、昭和十三年以前の小商人の定義としては、資本金五百円以下ということのほかに、「戸々ニ就キ又ハ道路ニ於テ物ヲ売買スル者」というものがございまして、これは行商人あるいは露店商人をさしておったということです。こういうものにつきまして、商法の商業帳簿その他の規定の適用を免除することが必要でありますことは、その営んでおります営業の実態から見て当然であろうと思うわけですが、その範囲の定め方につきまして、現在の学者の間にもいろいろ意見がございまして、資本金で区別するのがいいのかあるいは営業の形態によって区別するのがいいのか、こういう点が問題になっておるようです。資本金は常に変動いたしますので、かりに二百万円と定めたとしても、常時店の改造を行なうこと等によって変動してまいります。そのために適用の基準がはずれたりあるいはまた反対に入ってきたりすることであっては、かえって商法の適用が不安定になる、こういうことからもう少し確定した基準を求めるべきである、こういう考え方がございますので、そういった点も含めまして今後商法部会において検討していただきたい、このように考えておる次第です。

○村山(喜)委員　商法の適用を受けるものの総数は不明なんですか。その二千円以下の会社にあらざる、いわゆる商人であって会社でない者とは、これは今日存在をしていないわけです。二千円ときめた当時を考えてまいりますと、今日の物価指数に直したら大体二百万円です。資本金だけで営業形態をくくることは無理な点もあることはよくわかります。経営の実態に即して法律を定める必要性のあることも認めます。しかしながら、今度商法の改正を見てみますと、すべての商人が作成義務を持つことになれば、非常に過酷な条件を零細な業者に押しつけるものだと指摘をせざるを得ないわけです。ですから、そういうことを考えますと、二千円に満たない商人であって会社でない者が存在しないにもかかわらず、法律は厳然として残っておる。そして会社組織をとっていない白色の申告事業者等も、あるいはそれ以下の小商売をほそぼそとやっておる零細企業者、こういうものは、商法の規定が適用されることになるわけですが、そうなると、商法の規定に違反をした状態であるということで、税務署が、おまえのところは商法の規定に違反をしているじゃないかとおどしをかけてくる、そういうことから、小商人をいじめるために今度の法律改正をされたんじゃなかろうかという、そういう気がしないでもないわけです。というのは、商業帳簿に基づいて損益計算書や貸借対照表をつくる能力がない人たちが大部分ですから。なぜこの点を改正をされなかったのか、監査の強化に重点を置いて論議をしたので、これについては論議をしなかったという話ですが、法律とは実態に即して制定されなければ、つくる意味がない、私はそう思うのですが、大臣の御所見を重ねてお尋ねいたします。

○田中(伊)国務大臣　まことにお説ごもっともに存じますが、このたびは二千円の金額はなぶっていないのですが、金額で規定することが、はたしていかなるものであろうか、もう少し企業の実態に即したはかり方をすることが適当ではなかろうかという問題が残されておりますので、これの抜本的改正をめぐりまして次の改正の際にまで十分検討いたしまして、お説を念頭に置きまして検討を加えていきたいと考える次第です。

○村山(喜)委員　もう一つ法律の実体に合わないものがあります。それは株式会社です。この株式会社は大臣も御承知のように無額面の株券発行をやるならば、株式会社をつくるのに、資本金は七円でよろしい。今日資本金三千五百円で会社をつくることだって可能です。そういう状態の中で、最低の資本額が設定をされておりません。いろいろな問題がこれに関連をして出てくるわけですが、東京地裁の所長をしていらっしゃった長谷部さんの中小企業株式会社論を拝見いたしました。今日株式会社は大きな資本金、多数の株主、そして大企業に適する企業形態だ。少ない資本で小人数の株主、中小企業には実態に即しない姿なんだけれども、しかしながら名前だけは外に対して外見がいいわけです。いわゆる信用を得るには非常に便利なんです。それから株式の譲渡が自由にできるので、有限会社と比較いたしますと株式会社のほうがメリットがある。だから百一万というようなたいへんな株式会社が日本には存在をする。今度は休眠会社は整理するということでして、その点は私も賛成ですが、しかしながらどう考えてみましても、形の上では法律は順守しているけれども、実質が伴わない。ですから総会も開いた形はとるけれども、事実上は開いていないという実態がありますし、見せ金の株金払い込みで会社を設立する、そして名儀上の株主が存在をする一人会社が普通の状態になってきた。株券の発行はしない。ない株式を譲渡や転売もできる。法律が期待をしたものとはそぐわない実態になっている状態は、あきらかに株式会社制度が乱用されている。法の創造する共通の現象が生まれているといってもこれは過言でない。こういうことを考えてまいりますと、明らかに何らかの措置をとらなければいかぬ。しかし法を守らせることを考えますと、おまえのところは何々株式会社という名前を使っちゃいかぬと禁止するわけにもいかぬ。ですから、実態に合わせて中小企業株式会社という立法を特別に起こす必要があるのじゃないかという立論です。私はごもっともな意見だと考えておりましたが、法務省からいただきました資料を拝見してますと、外国の場合には、株式会社が日本に比べてきわめて少ないわけです。ドイツが日本とよく対比されますが、株式会社の数は二千五百程度でございまして、フランスの場合でも会社の数等は資本金の最低限度額をきめてあるわけですし、イギリスの場合やその他の場合を調べてみましても、交通整理がされておるようです。日本の場合だけは百一万という膨大な株式会社が存在をする。このことを考えますと、なぜ今度そういうものについて検討をなさって法令を現実に合わせていこうという考え方をおとりにならなかったのか。そして法律の定める商法の五十八条、五十九条の、大臣が解散請求をして裁判所が解散をさせるということをおやりになったことを聞いたことはない。そういうことを考えてまいりますと、これは自然ではないという感じがしてなりません。したがいまして、私はこの際、この問題については見直しをしていかなければならないのではないかと思いますが、大臣の御所見をお伺いしておきたいと思うのです。

○田中(伊)国務大臣　商法の規定があれども活用されざるもの、規定があって適用がないもの、こういうものが相当量にわたって長年の間に出てきておるわけです。

そこで、大企業と中小企業との商法適用上の区別を明らかにすべきものではなかろうかという御見解に対しては、私もさように存じます。ただ公称資本だけで区別をしてよろしいかどうか、資本以外にも区別をする要素、基準があってよいのではなかろうかという問題に関しては、慎重に検討をしてみる必要があろうと存じますので、今後の抜本的改正に臨みましては、いまのお説を十分に念頭に置きまして、大企業と中小企業との区別をして、適用上の区別ができますような方向に向かって検討を加えてみたいと存じます。

○村山(喜)委員　いま一点について質問をしたわけですが、商業帳簿のつけ方は、会社以外の商人は、どう解釈をしてみても、貸借対照表のほかに損益計算書を作成する義務が課せられておるわけです。われわれが説明をいただいているのでは、単式でもいいですよ、いままでの会計日記帳的なものでもいいですよ、こうおっしゃるけれども、それは解釈にすぎないのであって、この法律の条文を見てまいりますと、やはり貸借対照表のほかに損益計算書も作成しなければならないのですが、これでは実情に合わない点があると思います。そういうような点は、不当なしわ寄せをやるべきでないという考え方で指導を願いたいと思いますが、大臣、御所見をいただきます。

○川島政府委員　今回の改正により、すべての商人に対して損益計算書の作成義務を課することになっておりますことは、仰せのとおりです。その損益計算書の作成につき、複式帳簿が必要であるとか、あるいは単式帳簿で足りるかといった点が議論されておりますが、その点は、法律としてはいずれともいっておりませんので、単式帳簿でも差しつかえない。損益計算書とは、一定の会計期間に生じた収益とこれに対応する費用を記載して、その期における純損益をまとめたものである。簡単に申しますと、一年間の収益が幾らで費用が幾らである、したがって利益がどれだけ生じたということを記載すれば足りるものですので、それほどむずかしいものではない。ただ、株式会社は、もっと厳密な要件を課する必要がありますので、これは、別途商法の施行法に基づくところの省令において、その作成の様式等について規定することにしておりますけれども、一般の商人につきましては、そのような規制をいたしませんので、きわめて簡単なものでも差しつかえないと考えておるわけです。

○村山(喜)委員　しかしながら、税法の定めるところでは、一般に公正妥当と認められる会計処理の基準に従ってやらなければならぬという法律の指導原理があります。そうなってくると、現実の結果としては、複式簿記を導入して、そして税の取りやすいような形を商法の改正によってやろうとしているのではなかろうかと思われるような行政姿勢もあるわけです。この点は、きわめて重要な問題ですので、零細な個人業者にしわ寄せがこないように、ぜひ徹底して御指導をお願いをしておきたいと思います。

そこで、次の問題です。これは商法と税法、それに企業会計原則の接点に関する問題ですが、今度の改正を見てみますと、どうも私たちが考えておるものとは相反する方向のものが出されてきているのではなかろうかという気がしてなりません。それは商法の二百八十七条ノ二により特定引当金の措置がとられているわけですが、今度調整をしたのだということで、この特定引当金の措置等は未処分損益計算として取り出すようになっているわけですが、その中身について見ますと、これは幾多の変遷がいままであるようでして、私の手元にあります資料によりますと、「税法と企業会計との調整に関する意見書」が、昭和四十一年十月十七日に企業会計審議会の特別部会で出されております。これは税法との関係ですが、「企業会計原則上利益剰余金に属するとみられている価格変動準備金等について、税法がその繰入額の損金経理を要求することは、企業会計上妥当でないと考えられる。」「企業会計原則によれば、価格変動準備金、海外市場開拓準備金、海外投資損失準備金、証券取引責任準備金、株式売買損失準備金、特別償却引当金等は利益剰余金に属すると考えられている。」こういうような解釈が出まして、そして大蔵省の証券局長から国税庁長官にあてた指導文書によりましても、これは四十三年二月二日の通達ですが、「今後企業会計の基準に照らして費用又は損失と認められないような租税特別措置法上の諸準備金については、企業ができるだけ利益処分方式を採用するよう指導したい」ところが、この商法の二百八十三条による計算規則がありまして、決算の公告がそれぞれ新聞等に出ているわけですが、これを見てまいりますと、資本の勘定に入るべきものが損失のほうに計上される形をとって会計処理がされているわけですね。

それで、今度この法律が改正をされましたときの内容を、企業会計原則修正案により損益計算書と貸借対照表を比較検討してまいりますと、損益計算書の中で未処分損益の部として特に振り出してまいりますが、それは、資本の部に本来は入るべきものでさえも今度資本の部にはそれを入れちゃいかぬ。そしてそれは特定引当金の部として負債の部に入れなさいと処理されようとしているわけですね。そうなってきますと、利益留保性のものが負債の部に計上されているじゃないか。これは本来ならば資本の部に計上されなければならないのに、負債の部に計上され、投資家に提供をされることになってまいりますと、どう見ましてもB／Sの当期純利益とP／

しの当期純利益が一致をしないものも出てくる。私はこれらの企業会計原則修正案を見まして、どうもおかしなことを考えているなという気がしてなりません。

○白鳥説明員　従来企業会計上、いわゆる企業会計上認められておりまする引当金には二つの種類がございまして、評価性の引当金、これは減価償却引当金であるとか貸し倒れ準備金のようなもので、評価の性質を有するものです。これと負債性引当金、典型的なものとしては退職給与引当金がございますが、負債に該当する性質を持っているもの以外は利益留保性のものである。こういうたてまえをとってきたわけです。ところが商法におきましては二百八十七条ノ二項に「引当金」という項目がございまして、将来の特定の支出または損失に備えるために引き当て金を負債の部に計上したときには、その目的を明らかにしなさい、こういう規定があるわけです。

　ところで商法の改正案により、企業会計原則との接点が生じてきたわけです。御承知のように商法の三十二条ノ二項に「公正ナル会計慣行ヲ斟酌スベシ」という規定が入りましたので、その間の接点において商法上の扱いと企業会計原則上との扱いの混乱が生じないようにということで、企業会計原則の修正案におきましてはこの混乱が生じないように所要の措置を講じたわけです。その場合、特定引当金はこれを貸借対照表には商法の規定に従いまして負債の部に計上いたしますが、これは本来の意味の負債とは別個に取り出しまして、特定引当金という一つの科目をあげまして、ここに全部集中して掲げていただく。こういうことにより従来、流動負債の中に入っていたり固定負債の中に入っていたり非常にわかりにくいという弊害を除去して、特定引当金の残高は特定引当金の中にはっきりと区別して計上することができる。これによりまして貸借対照表を見る人は、そういう特殊な形の引き当て金がどれだけあるかを一目りょう然わかるようにしたわけです。

　さらに損益計算書には、特定引当金の取りくずしやあるいは繰り入れ額は未処分損益計算の項で計上する。したがいまして、純損益計算までの段階で特定引当金は影響させない。当期純利益を見ますと、これは特定引当金の出し入れが入っていない形で一目りょう然この数字がわかる。こういうことにより、逆粉飾を防止できるように取り扱いをしたわけです。

○村山(喜)委員　私は調整という名に隠れて、どうも今度の処理のしかたを見てまいりますと、従来不適正意見をつけられてきた特定引当金が、今度企業会計原則修正案の注の14により、法令で証券取り引き上も適正となり、今後は限定意見ないし不適正意見は付せられないような形をとろうという考え方に基づいて表示をされるように受け取るのが正しい、こう思うのです。これは株主やあるいは従業員に対して、利益性のあるものを不当に圧縮をした表示をするようなやり方になることを指摘をして、まことにこの点は納得できません。

　そこで、税法との関係においてこれはただしておきたいと思うのですが、「企業会計原則の設定について」という、古いものですが、こういうことが書いてあります。「企業会計原則は、将来において、商法、税法、物価統制令等の企業会計に関係ある諸法令が制定、改廃される場合において尊重されなければならない。」

　そこで、この企業会計原則と税法との関係ですが、課税所得の計算の中心をなす部分は、国会の税法審議とは無関係に行なわれて、その中身は、資本蓄積を最高の目的として定められている企業会計原則を、法人税法の二十二条の四項で公正妥当な会計処理基準として認知をして、大企業の利潤隠蔽を許しているわけですが、私は、本商法の改正案の三十二条の二項で、公正な会計基準のしんしゃくという規定を定め、そして商法、証券取引法や法人税法のすべてで、企業会計原則を公正妥当な会計処理原則として認めて、一方、会計原則に、経団連の代表あるいは御用学者、官僚で構成する企業会計審議会で、大体九〇%は経団連寄りの要求に従った状態で、粉飾決算を認めるための修正を行なったのではないかとさえ思われるわけです。税法についていえば、継続性の原則の形骸化、それを企業の要求により会計処理方法の変更によって課税所得の圧縮に使うという結果を見ることは明らかではないか。だから、特定引当金の計上は、利潤の隠蔽を今日以上に進めようというふうに受け取って正当ではないだろうかという気がしてなりません。ですから、来年政府は法人税を四〇%に引き上げる話をしておりますが、課税所得の圧縮等を別個に考えて、大企業には税金をヨーロッパ並みに引き上げるんだという宣伝に使おうとしているのではないかという気がしてなりません。一体、この企業会計原則と税法との接点において、特定引当金の部に未処分損益の部を設けて処理をされるという考え方を持ち込むというお考えを持っていらっしゃるのではないだろうか。企業会計原則に従って商法や税法の制定がされなければならないという考え方があるわけですから、今度の改正案は、調整の措置をとったといいながら、そうではない要素が入っているのではないかと指摘をしたいわけですが、その点いかがですか。

○大倉政府委員　ただいま御指摘ございました各種引き当て金及び準備金は、準備金は利益留保性のものを主として名前をつけておりますし、引き当て金のほうは、御指摘のように評価性のものと負債性のものとあるわけですが、いずれにしても、税法上損金に算入いたします前提としては税の法令におきましてその算入の範囲を規定しております。税法上の規定なしに、引き当て金あるいは準備金をとったものが損金になるという仕組みは採用いたしておりません。

今後の方針としても、引き当て金、準備金は、税法において、法令上の規定を設けてその算入限度を規定する方向で参りたい、さように考えております。

○村山(喜)委員　やはり「企業会計原則の設定について」を見てみますと、いまおっしゃるようなことはいわれていないわけです。逆に、商法なり税法をつくる場合にはこの企業会計原則の線に従ってやりなさいと書いてある。私は、そういう意味から、これは今後きわめて注目しておかなければならない点だと思います。

そこで、いわゆる監査人の独立性と、税理士業務、税理士の職域が不当に侵害をされることになるのではないだろうかということで、いろいろと問題が関係の団体から提起されている。これについて、どういうふうにお考えになっているのか、説明を願いたいと思いますが、いかがですか。

○田中(伊)国務大臣　会計監査人はそれぞれ数が違っております。そこで、そのうちの二分の一未満の利害関係人がある場合、利害関係人が頭数にして二分の一以下である場合、差しつかえないこと、御承知のとおりです。これを税理士の諸君の団体と公認会計士の諸君の団体と、双方間に入りまして、大蔵省を中心として目下調整をしていただいております。商法改正をめぐりましてこの問題が発生してきておりますから、私からも大蔵大臣にお願いして、数字による調整をぜひやってもらいたいと懇請して、目下検討しておる最中です。いずれ御報告を申し上げる機会が来るものと存じます。

○加藤(清二)委員　会社が株を増資します場合に、その割り当てをする順序は、何が一番で何が二番でしょうか。順序をお尋ねいたします。

○川島政府委員　新株を割り当てる順序ですが、これは、新株引き受け権が特に定められております場合のほかは、特にきまっておりません。

○加藤(清二)委員　商習慣はいかがですか。

○川島政府委員　取締役会できめておるようです。

○加藤(清二)委員　商習慣はいかがかと聞いておる。取締役会できめることはあたりまえの話である。

○田辺説明員　私どものほうで新株の割り当てについての商習慣は存じませんが、従前からの商法の経緯から見ますと、出資者である株主にまず割り当て、さらに資金の調達の規模等から考えて、その一部を公募すべきかどうかが考えられておる、あるいは一律に公募することも最近は非常に多くなっているように思います。

○加藤(清二)委員　当然のことです。だから、銀行金利よりは配当金のほうが少なくても、なお一般市民が証券に投資する気になる、それは親株に対する額面配当があるからなのです。その商習慣を、本省のお役人や、それを扱う場所のお役人が破ったらどういうことになります。

○田辺説明員　商習慣を破った場合、商法の規制は、一般的な慣習から見て、株主に割り当てずに他に割り当てる場合の規制を厳格に定めておるわけです。そこで、その種の要件を満たせば、一般的な公募もなし得る、こういうふうに考えております。

○加藤(清二)委員　商人、商社、会社、商業関係は非常に複雑多岐なのです。したがって、商法だけでこれを管理、取り締まることができない。したがって、商法の定めなき場合は商習慣による、商習慣によってもなお取り締まれぬ場合は民法によると商法第一条に書かれている。そうですね。では功労株とはどういう人に配当すべきですか。

○田辺説明員　功労株と一般にいわれているものは、その会社の役員あるいは従業員、つまり会社に密接な関係のある方々に、その功労を賞するという意味で新株の引き受け権を与える場合を一般に功労株といっているようです。

○加藤(清二)委員　これを公務員が要求したり、あるいは証券取引所に携わる連中が要求したらどういうことになります。

○田中(伊)国務大臣　公務員が職務に関してかかる要求をする場合は、収賄が成立する場合が多いと存じます。

○加藤(清二)委員　そのとおりです。本日の新聞に証券を監督しなければならないところの大蔵省の公務員が功労株を要求するとは一体何ごとですか。

○田中(伊)国務大臣　お説のとおり重大な事件であると存じます。厳正公平に捜査をやっておる最中です。いずれにしてもこの種の事案をこのままに放任しておくことはできませんので、厳正公平な立場で断固処置をしたい、この決意です。

（中略）

○加藤(清二)委員　本法の改正の要点、一口に言うとどういうことなんです。

○田中(伊)国務大臣　五つの要領がございます。

第一は、先ほどからくどく私がへたな説明をいたしました監査制度の強化です。同時にそれは会計の帳じりだけを監査する会計監査だけでなしに業務監査も行わしめる、これが第一点です。

それから第二点は、取締役に欠員が生じますと選挙をいたしますね。その場合一人の欠員ですと問題は起こりませんが、二人以上の取締役の選挙をいたします場合の累積投票を定款の規定によって完全排除できるようにしていこう、これが第二点です。

それからもう一つは、時価による株式の発行をいたします場合、額面以上の額は申すまでもなく法定準備金に繰り入れられることになっております。その場合に株主に対して配分いたしました新株のうち代金の一部を免除する。現在は全部免除の規定はございますが、一部免除の規定はございませんので一部を免除できるようにしていこう、こういうことが第三点です。

それからもう一つは、年二回の決算をしないで一回決算をしております会社が相当ございます。大体上場会社の四分の一くらいが一年決算をやっております。それは株主のほうからいうと不便ですので、中間配当ができるように処置をしていこう。もちろんこの中間配当には制約がございますけれども、とにかく中間配当制度を認めていこうということ

それからもう一つ大事な点は、百一万の株式会社がございます。大体この中の二割の二十万程度の会社は、実際は休眠をしておる。こんなものは思い切って整理をしてしまおう、こういうことを第五に考えておるわけです。

それからさらに一口申し上げますと、監査制度をめぐり、あまり小さい会社に業務監査までやらすことは無理ですので、資本金一億以下の会社は業務監査はやらぬでいい、会計監査だけでいい、こういうことにしまして、一億以上の会社について業務監査を行わしめることにしました。そのうち特に五億以上の会社は、株主総会に送付します計算書類につきまして、会計監査人の監査を経てこれを提出するようにしていこう、監査の強化です。今度の商法改正につきまして、非訟事件手続法その他三十二の法律を改正いたしませんと理屈が合いませんので、商法改正に伴う関係法令の改正三十二を改正したい、これが全部です。

○加藤(清二)委員　考えてみますと、監査役の権限を拡大する。一つには公認会計士の導入、まあ簡単に言うとそういうことじゃございませんか。それから、いろいろあまたあまたの問題が発生してきておるようですが、問題はそこなんですね。

そこで法制審議会の答申と今度の法の改正とを比較してみますると、だいぶスタイルが変わってきているようですね。変わった原因を承りたい。

○田辺説明員　答申原案と法律案要綱は異なる大きい点は、監査役の権限の一部が原案に対して修正削除をされております。この点は今度の監査制度の目ざすところの最小限の権限を盛り込むことによって法律案を作成した、そういう事情にございます。

○加藤(清二)委員　だいぶ削られたので、これは財界の圧力に法務省が屈したのではないかといううわさが立っておる。法制審議会の答申からだいぶ後退をしている。なぜ後退したか。

そこで承りたい。どう考えても不可思議なのは、先ほど村山委員からお尋ねのありました社内保留の分、蓄積の分は当然資本と考えてしかるべきだ。それを負債の部に記録することは、会社側からいえば社内隠蔽だ。もっと突っ込んでいえば、粉飾決算をあえて法務省が認めるという結果にもなりかねない。なぜそういうことをしなければならないのか。なぜそうしなければならないのか理由を承りたい。

○田中(伊)国務大臣　法制審議会で示されたもののうち、相当部分がこのたびの改正に載せていないことは事実です。法務省はこの法案の改正をいたしますにつき、法制審議会の意見はあったけれども、その意見に基づいて立案をせねばならぬでしょう。その立案の過程において、どうしても関係方面の意見の聴取は入念にせねばいかぬ。いま反対をしております税理士の意見も聞かなければならぬ。公認会計士の意見も聞かなければならぬ。弁護士方面の意見も聞かなければならぬ。また通産省から、最高裁の意見もみんな承らなければならぬ。財界の意見も、この商法の改正にはウエートを置いて聞かなければならぬ。意見を聞いたことは事実です。意見を聞いたことは事実であるが、その圧力に屈して法務省が改正をやりたいが遠慮をした、そんなことないですよ。そういうことはありません。

○加藤(清二)委員　なぜ私どもがこんなに熱心にここをつかなければならないのかというと、悪用こそされ善用はされない。善用されないものをなぜ変えなければならないのか。資本であるものを、どうして負債のほうに入れなければならないのか、納得ができないのです。

具体的に申し上げましょう。銀行に貸倒引当金がありますね。ほんとうに銀行が貸し倒れにあって損したことがありますか。銀行は倒れる前に引き揚げますよ。そうして、その会社の資産を全部凍結して、これを二束三文で売りたたきますよ。その利潤のほうがはるかに大きいですよ。いわんや歩積み両建てをやらしておるでしょう。貸倒引当金は必要な

いのです。電気会社に渇水準備金というのがある。どうして石油に渇水準備金が必要でしょうか。これはみんな会社の資産になっていくのですよ。どうして負債になりますか。他人に浮き貸しすれば、それは負債になるかもしれませんよ。自分の会社の中へたくわえておくでしょう。銀行へ預金しておくでしょう。どうしてこれが負債ですか。こういう例が許されるとするならば、みんなこれをまねしますよ。それでいいですか、大臣。大義名分を聞きたい。

○田辺説明員　たいへん専門的にお尋ねですが、大臣が答えました引き当て金の問題は、現行の商法は二百八十七条の二で、特定引当金の計上を認めております。これは義務的なものではございませんので、計上することを認め、計上する場合には負債の部に計上しろ、こういう規定を持っておるわけです。この規定の趣旨は、会社が将来特定の支出あるいは損失に備えて、ある蓋然性のある金額を見積もれば、それを貸借対照表の負債の部に計上して計算をしてもよろしいという趣旨です。

ただ、お尋ねのように、資本にあるべきものを負債と考えているかという点ですけれども、記載部分は負債の部に書いておりますけれども、これは左側の資産の部に対応して右側に書いたという趣旨にしかすぎない。ただ問題は、その引き当て金めぐって、利益性の引き当て金を含んでいるところの問題点だと思います。これは商法の本来の考え方が、利益性のものを引き当て金として認めた場合に、まず会社をめぐる利害関係者、これは二派に分かれるわけです。会計原則が従前から扱ってまいりました投資家の利益と、そして従業員その他を含む会社の債権者の利益と、この二つを商法は調整しておるわけです。現行商法の考え方は、利益性の引き当て金を負債の部に入れて計算をした結果は、利益配当の可能額の計算に影響してまいります。つまり、その種の引き当て金を計上しなければ、株主から見れば、配当が十分とれる計算になるはずです。ところが、債権者の側から見ますと、そのような勘定で社内に残されるものは、債権者の取引の目当てとしては、会社内に資産が残っているという勘定になろうかと思います。そこで、商法の考えは、その種の利益性の引き当て金の計上は認めると同時に、株主にその計上を認めるかどうかという権限を実は与えておるわけです。もし株主が了承し、自分たちの利益配当の面でそれが控除的に計算されても差しつかえないということを承認すれば、それは会社の処理として認めよう、こういう立場です。ということは、株主がこれを認めません場合には、引き当て金としては計上を認めずに、配当の財源として使う、こういう考え方です。

○加藤(清二)委員　最後に一つだけ救われる点がありましたね。株主の賛成を要する。しかし大臣、ほんとうに株主総会で株主が自分の意思を総会に反映することができると思っていらっしゃるのですか。法律上は、小株主でも、累積すれば重役の取りかえっこまでできることになっているけれども、そんな例がありますか。発言したい、発言したいといって、なけなしのさいふをはたいて一株買った人たちが累積して会場に臨んだら、おっぽり出されるでしょう。五分たたないうちに終わりでしょう。そういう現実をながめながら、小株主の意見が反映するなんて、そういうむちゃなことをいうものじゃありませんよ。それこそ現実無視。どうしてこれで株主擁護ができますか。商法に定められた株主擁護、労働法に定められた労働者の擁護がどうしてこれでできますか。資産ですよ、どう考えたって。

同時に、これと同じことを国民全部がまねたらどういうことになりますか。それでいいですか。

○田辺説明員　先生御指摘の一番大きい問題は、株主総会の形骸化の問題です。全面改正の検討の事項に取り上げられますその前の改正として、その適正を期するための監査役の権限改正あるいは大きい企業について、会計士監査を入れたわけです。

それから、すべての国民がとおっしゃるわけですが、はたして一般の個人商人その他が引き当て金を計上しているのかどうか存じませんけれども、総則の改正で商業帳簿の作成は公正な会計慣行をしんしゃくして解釈しなければならないという規定を置きました結果、個人商人もそういう引き当て金会計を公正慣行と考えて使う場合には、これを排斥する理由はないと商法は考えます。

○白鳥説明員　企業会計原則は一般の投資家の保護を目的としておりますので、私どもの所管では、広く一般大衆に株式を募集するような会社に対する経理を規制しておりますので、小規模な一般の人々、小さな商人については直接関係はございませんけれども、一般的に引き当て金を計上することにつきましては企業会計ではこれを利益留保性のものとして考えているわけです。したがいまして、これは負債とは考えられないわけですけれども、負債とは区別して特定引当金を掲げることによって一般の大衆に誤解を与えないようにする、こういうたてまえをとっているわけでございます。

○加藤(清二)委員　ますますおかしくなってきた。企業会計原則の適用は、ほとんどが大きな企業なんです。大きな企業の場合は資産を負債と記載してもよろしい。しかし小さな企業、国民は、資本、資産は負債と記載できない。そんな不平等なやり方がどこにありますか。なぜそんな特例を設けなければならないのか、ますますわからぬ。なぜ大きい企業だけそれを許さなければならぬ。だから私は聞くのです。では、一般の零細やわれわれ個人が資産を負債に書いたら、どういうことになりますか。それでよろしいか、及ぼす影響は大きいですよと言っておる。

○中垣委員長　加藤委員の御質問に対しまして委員長から特に白鳥企業財務課長にもう一ぺん答弁願います。

○白鳥説明員　証取法のたてまえは一般の大衆を保護するためです。したがいまして、一般の大衆が投資をするにあたって判断を誤らないようにする、こういうことが原則でして、そのために特定引当金をはっきりと計上させる、こういうことがあるわけです。小さな企業は大ぜいの大衆から株式を募集することはございませんから大衆の保護は問題がございませんので、お答えにはならなかったかと存じますが、証券取引法の目的という観点からお答え申し上げましたので、多少食い違いがございましたことをおわび申し上げます。

○荒木(宏)委員　今度の改正の趣旨は、企業の経理を適正にする、企業監査を充実させる、こうおっしゃっておるわけです。

そこで、企業の経理処理にあたって恣意を許さない、そのために守らなくてはならない原則がどのようになっておるかまずお尋ねをしたいのですが、第一に継続性の原則ですね。すでに委員会でも論議になりましたが、この継続性の原則について、いまの証券取引法では財務諸表の作成並びに表示についてどのように規定されているか。

○白鳥説明員　財務諸表の作成の方法は、財務諸表等の用語、様式及び作成方法に関する規則がございまして、これは企業会計原則を受けまして、企業会計原則に従った企業会計の処理を行なった結果を財務諸表にあらわす場合のあらわし方を規定しているわけです。この財務諸表の規則の第一条に、財務諸表の「用語、様式及び作成方法は、この規則の定めるところによるものとし、この規則において定めのない事項については、一般に公正妥当と認められる企業会計の基準に従うものとする。」こういう規定のしかたをしてございます。

さらに継続性の原則は、財務諸表の作成基準を定めております第五条に、「当該会社が採用する会計処理の原則及び手続については、正当な理由により変更を行なう場合を除き、財務諸表を作成する各時期を通じて継続して適用されていること。」という条件が書かれております。

さらに「当該会社が採用する会計処理の原則及び手続について、変更が行なわれた場合には、その旨、変更の理由及び当該変更が財務諸表に与えている影響の内容を当該財務諸表に注記しなければならない。」こういうふうに規定されています。

○荒木(宏)委員　変更の理由が表示にありましたね。この変更の理由の正当性についてはどのような規定になっておりますか。

○白鳥説明員　どういう場合が正当で、どういう場合が正当でないかは、財務諸表の規則に特別の規定はございません。これは公認会計士が判断をしまして、正当な理由によるものであるかどうかを監査報告書に記載するようになっております。

○荒木(宏)委員　そういたしますと、いまの御説明では、変更の理由は書かなきゃいかぬ、その理由について正当かどうかは監査人が判断をする。つまり変更が正当であることを要するのだ、こう伺ってよろしいわけですね。

そこで、継続性についての一応の規定はあるけれども、現実がそのとおりにされておるかどうか。この点についてお尋ねをしたいんですが、普通償却の償却方法の変更は定率法と定額法とありますけれども、新日本製鉄は、四十七年の三月期決算で、従来の定率法から定額法に変更になりました。これは有価証券報告書で御存じのとおりだと思いますが、この変更になった理由が正当であるかどうか、こういったことについてはいまの規則がどのように働いているか。大蔵省に御意見を伺いたい。

○白鳥説明員　新日本製鉄の四十七年三月期の報告書に付されております財務諸表の監査報告書によりますと、変更の事実だけが記載されております。で、変更の事実だけが記載されているということは、会計士がこれを正当な理由に基づく変更と認めたというふうに考えられるわけです。

この時期の実態をよく調べてみましたところ、四十七年三月期には君津製鉄所の償却法を定率法から定額法に変更した、こういうことのようでございます。

○荒木(宏)委員　君津製鉄所の償却方法の変更ですが、これは四十五年九月に定額法から定率法に変えたばかりでしょう。一年有余にして今度は定率法から再び定額法に返る。公認会計士の方の監査を経ているという話でありますけれども、守らなきゃならぬ原則である継続性、その継続性の変更についての理由の正当性の存否、それは大蔵省としてはどうお考えになったわけですか。

○白鳥説明員　君津製鉄所の償却方法を、前に一度定額法から定率法に改めていて、また定額法に変更した、こういう事情があるのではないかというお話ですが、そういう事実はございます。これは四十五年三月に八幡製鉄、富士製鉄が合併いたしましたが、それまで君津製鉄所は、八幡製鉄では定額法を採用しておりました。ところが合併しましたので経理方式を統一するためにここで定率法に変更したわけです。これは正当な理由による変更だと存じます。ところが四十七年三月期に君津の第三号高炉の完成に伴って君津製鉄所の高炉が非常に金がかかり、企業の負担が非常に大きくなるということで定額法に変更したということですが、これは監査報告上限定されております。

○荒木(宏)委員　つまり、おっしゃるように定額から定率に変わったときには経理の処理を統一するためだ、こういうお話ですけれども、経理の処理を統一する必要が生じてから一年有余して、今度は償却費の負担配分を適正にするためという理由で、再びもとの定額に戻る。そういうことですと、あるときは定率をとりあるときは定額をとりと言い、処理を統一するといってもこれは二つあるわけですから、どっちかに統一すればいいわけですね。その費用負担を平分化することになりますと、財務諸表を作成する人が平分化したいと考えれば幾らでも変更ができるわけです。四十七年三月期には利益がうんと減っておるにかかわらず、六分配当を維持しておる。そういった業界の景気と、それからいま大蔵省から説明があった普通償却額の償却方法の変更理由について考えてみますと、配当維持のため、あるいは利益計上額の操作のために償却方法の変更が幾らでもできるじゃないか。

○田中(伊)国務大臣　この問題は、みだりに変更を許さないということですが、公正な慣行をどこまでも守る、一口に申しますとそういう態度です。

○荒木(宏)委員　いま大臣がおっしゃった、みだりにということは、これは企業会計原則で現行でも、第一原則の五の前段に規定がある。しかし、現行ではそれ以外に財務諸表規則、それからいま申しましたことに関する監査の省令、ここで変更する理由を脚注に書き、かつそれは正当な理由が要るんだということをはっきり言っている。言っているにかかわらず、なかなかそれがやられない。今度は一体どういう手当てをしようとするのか、これを伺っているのです。

○田辺説明員　現在の商法の側では、株式会社の貸借対照表及び損益計算書に関する規則の第三条で、御指摘の会計処理方法を変更したときは、その旨を貸借対照表または損益計算書に注記しなければならない、こういう規定を置いております。先ほど来御指摘の企業会計原則が修正されますと、その方法と同じように、変更した場合にその影響額を新たに記載させる方向で、規則改正を検討いたしております。

○荒木(宏)委員　理由の記載は要求されておりますか。

○田辺説明員　現行のもとでは要求しておりませんし、今後も理由の記載を要求する考えはございません。

○荒木(宏)委員　現行は、先ほど大蔵省から説明があったとおり、財務諸表規則で理由を脚注に記載する、こうなっているではありませんか。また、監査省令でその理由の当否も判断をする正当性が要るのだとはっきり指摘をしておりますね。今度商法でなさろうという監査では、理由の記載は証取法と違って明文の規定があるのですか。それから正当性もいままで明文の規定があるのになくなっている。いまでさえやられていないのに、これは一体どういうことですか。

○田辺説明員　現行の商法では継続性の原則を掲げておりません。したがって、商法の計算書規則でも、いわゆる計算上会計処理の変更をした場合の理由の記載を求めておりません。御指摘の問題は証取の監査に基づく財務諸表規則、監査証明に関する省令等の現行の内容を御指摘になっていると思います。

○荒木(宏)委員　恣意的な処理を許さない、真の意味の粉飾を防止するために継続性の原則が論議をされてまいりました。この委員会でも御議論のあったことはよく御承知のとおりです。従来の証取監査、あるいは証取法による財務諸表の作成では、一応曲がりなりにも理由の記載、しかも理由について正当な理由が要ると規定をされておる。もっとこれを強化しなければならない。行政上の指導としてもそのことが強化をされるべしという時代の要請もあるわけですけれども、しかし実際はなかなかそうはいかない。ところが今度の商法の監査によりますと、本来継続性は考えていないのだ、しかも今度の修正会計原則の案によりましても、脚注の三にありますように、理由の記載は要求されていない。いわんや正当性の判断も明文の規定、根拠すらない。それでは、いま要求されておる大企業の恣意的な操作はまことに心もとない。心もとないどころか逆行するものではないか。その点についての大臣のお考えですね。先ほどみだりにとおっしゃったけれども、それじゃ問題にならぬことがいまはっきりしたわけでありますから、その点についての処理、政令の作成あるいは規定の整備、あるいは商法改正案の再検討なり、そういったことを含めてひとつお考えを伺いたい。

○川島政府委員　商法上は継続性の原則を規定して

おりません。ただ商法は、今回の改正にも「公正ナル会計慣行ヲ斟酌スベシ」という規定を設けておりますし、もともと商業帳簿がでたらめにつくられていいものではございませんので、したがってみだりに会計の基準、書類作成の方法等を変更してはならないという商業帳簿作成の精神、趣旨が当然底にあるわけでして、その根底を踏まえた上で商業帳簿が適正に作成されることを期待しておるということです。具体的なこまかい点の計算規則あるいは監査規則などはこまかい配慮がされるわけですが、商法としては、これは会社のみならず一般商人にも適用されるものですので、きわめて大まかな規定をいたしまして、営業の規模あるいは種類に応じてそれぞれ適当な会計処理がされるということを期待しておるわけです。

○荒木(宏)委員　何かどこかでそういうのをつくってくれるようなことをおっしゃったわけですけれども、一般規定だけでいいのなら、ほかの規則なんか要りはしません。宣言規定、抽象規定だけでいいのならあとの規則だとか原則だとか修正は何にも要らぬことになるじゃないですか。問題は現行ですらやられておる。現行ですらかってにくるくる変えられる、そういった余地が非常に多いから、それを今度商法改正をして会計監査人監査をするんだ、しかもそれは粉飾防止のためなんだ、こうおっしゃるとしたら、粉飾の手段になっておる、あるいはそれに使われる、この点の手だては一体どうですか。大臣は技術的なことをおっしゃるけれども、これは技術的なことじゃないのです。提案理由でおっしゃっておる粉飾防止、恣意的な処理を許さないための手だてを一体どうするか、こういうことでしょう。その点の検討が全くないまま提案をなさったのか。あるいは大蔵省とすでにお話が進んでおって、商法改正案がもし通過をすればあとの規則あるいは省令、政令はこういった手だてになっておるのか、一体どうして取り締まるかということ。

○田中(伊)国務大臣　お話の場合の基本的な考え方は、公正な慣行を守ることを基本に置こう、それは言うまでもなくみだりには変更させぬ。今期の上半期で変えてまた下半期で変わっている。ことしは定額でやっておいて来年は定率に変わっておるなど、みだりに変更を許さぬ。少なくとも数年間は続いておらなかったら「みだりに」ということにひっかかかってくる。これは現行法でもそうなっておるわけですけれども、公正な慣行を守らなければならぬのだということを基本的態度にしていきたい、こういうふうに考えておるわけです。

○荒木(宏)委員　それならどうして理由の記載をやめちゃったわけですか。それならどうして変更に正当な理由が要るということをはずしちゃったのですか。

○川島政府委員　先ほどから理由の問題がございますが、これは企業会計原則の問題です。一般に企業の会計が適正でない、粉飾が行なわれるあるいは逆粉飾が行なわれるとどういう点に弊害をもたらすかというと、それぞれの領域において違ったものがあるわけでして、税の問題あるいは従業員に対する賃金のベースアップの問題、会社の財産を虚偽に誇大に表示するといった問題、いろいろな角度からあるわけでして、商法の立場で申しますと、これは株主とか債権者とか従業員とかが主たる保護の対象として考えられるわけですので、そこでの規制とそれから投資家を主たる対象とした証券行政上の立場からの問題、あるいは税金を取るほうの立場からそれぞれ見方が異なるわけでして、商法の問題としては先ほど申し上げたような基本的な線をとっておるわけでして、いまの理由云々の問題は、企業会計原則及びその修正案にからまる問題ですので、法務省の立場としてはちょっとお答えをいたしかねる次第です。

○荒木(宏)委員　これは償却方法の変更だけに限りませんで、また継続性の原則も単に一原則だけに限りませんで、全体としてどう抑えるかですから、ほかの例をあげてさらに質問を続けたいと思いますけれども、しかしいま局長が御説明になったいろいろな関係者の利害を調節するといっても、かってにくるくる変えられるのじゃ、これはどの利害の調整も何もあったものじゃないでしょう。ですから、それは商法サイドでは考慮の外なんだ、そんなものは大蔵省まかせなんだというわけにはいかぬと思うのですよ。ですから、その点の御理解を重ねていただくために、今度は特別償却をひとつ例にあげてみたいと思うのです。

いまの企業会計原則あるいは会計処理の上では特別償却は入ってくる余地はないと思うのです、費用対応、収益対応の原則からいいましても。特別に償却を上増しするのですから。しかしこれが御承知の租税特別措置の準備金に関する省令の取り扱い、監査省令の取り扱いによってこの特別償却を費用として認めている。大蔵省の通達ではそうなっているわけですけれども、あの通達の根拠は一体どういうところから特別償却が認められるのか。合理的な理由を伺いたいのです。

○白鳥説明員　特別償却が認められておりますのは、税法上の特別な措置でして、この趣旨は企業が巨額な投資をした場合、それを通常の償却方法を行なったのでは、非常に企業の負担が重くなる。特に合理化などを行う場合にこれを促進するためにとられた政策的な措置であると解釈しております。

○荒木(宏)委員　しかし、通達で税法上特別償却を認めたものは、企業会計原則上公正妥当な処理をしたものとみなすと扱っていいんだ。これは証券局長の通達ですよ。税法上政策目的のために認められることはありますけれども、それを企業会計の処理の上で損金としてよろしいんだ。税法限度内なら一ぱい積もうが、これは損金処理していいんだ。こう言っておるのは、さっきの定率と定額とかってにぐるぐるとかえるのと一緒で、本来費用にならないものを税法で認めて、しかも限度額の中から幾ら積もうがいいんだ。企業のかってな操作を許すというそしりを免れぬじゃないですか。

○白鳥説明員　証券局の立場から申しますと、企業の処理が適正に企業会計原則にのっとって行なわれていることが必要なわけです。

ところで、特定引当金の中で利益剰余性のあるもの、いま申し上げた特別償却もこれに入るわけですが、こういうものは、本来会計の立場からいいますと、監査証明省令の第四条の第三項の第一号で、限定の意見を付される、こういうたてまえになっております。ただし税法の規定により、課税所得の計算上損金算入の認められるものにつき税法の規定の範囲内で損金経理を行なっている場合には、これは税法の趣旨にかんがみ、一般に公正妥当な企業会計の基準に従って処理されているものとして取り扱うわけです。

○荒木(宏)委員　だからどうしてそういう取り扱いにしているのかを聞いているのです。定額、定率、普通償却をぐるぐる変更しているやつを、特別償却で自分の都合のいいときにはうんと積むし、別な都合のときにはうんと引っ込めちゃう。そんなかってなことは本来企業会計上はできないはずじゃないですか。ところが、一片の証券局長通達で税法限度ならよろしいと言っているのは、一体どういうわけだ。一体どういう手当てを基本的な方針としておとりになるか、伺いたい。

○田中(伊)国務大臣　この証取監査の基準となる企業会計原則が適用されていくことは、大蔵省所管の証取の関係になるわけですね。

ところが、今度はこれの改正によりまして監査法人の監査を商法において五億以上のものについては行なっていかなければならぬとなるわけです。そういうことになりますが、その関係はどういう態度で臨むかはお説のとおり起こり得るわけです。これは大蔵省の関係じゃない。私のほうのたいへん深い関係を持つわけでございます。態度としては証取監査のやり方、企業会計原則に基づく監査のやり方に右へならえをする、特別にこれだけこう扱っていこうという考え方はございません。

○荒木(宏)委員　従来証取監査で変更は継続性で正当な理由が要るのだ。そうすると、これは今度法務省の所管でも正当な理由を要することにして、継続性の原則は堅持していく。それから特別償却は企業会計上は認められない。特別償却をかってに積み増し、積み下げすることは許さない。これは法務省としてはやっていくということですか。

○川島政府委員　この商法の改正が行なわれました場合には、株式会社の計算書類の規則、これを法務省令で定めておるわけですが、これを検討しまして、さらに改正を行なう必要があります。大蔵省で証券監査の関係で定めておられます財務諸表規則とその内容的に調整をはかる必要がございますので、その点は今後商法が成立しました場合に、大蔵省と十分御相談をしてきめていくことになるのでして、その際にお尋ねの問題も検討がされると考えております。企業会計原則修正案が出ておりますが、これも重要な参考になると考えております。

○荒木(宏)委員　企業の経理操作が恣意的にならぬよう継続性の原則が定められておる。これを実のあるものに今度の御提案の監査でもされるべしである。そういった処置が具体的にされる保障があるかどうか、こういうことでお尋ねをしておるわけでして、そこで継続性の変更は正当な理由が要るんだ、このことを法令の手当てなり処置をもってはっきりさせると明言をなさるかどうか。

○田辺説明員　継続性の問題は、商法と企業会計原則の修正作業という形で、昭和四十四年の暮れまで調整が進められまして、その結果、継続性は、企業会計原則の側では、正当の理由ということにいままで定義的な問題もあり、これを削るという結論を出されて修正案を示されたわけです。これを受けて商法改正が実現しますと、商法側の規則と財務諸表の規則との調整を行なう、こういう前提になっておりますので、企業会計原則の現在の修正案を踏まえて、商法側も対処するので、商法側で特に法令で新たに正当の理由というものの義務づけを行なうことは現在考えておりません。

○荒木(宏)委員　それでは法務省は、何よりも求められておる企業会計処理のかってなやり方を縛るために処置が必要だ、こう言っているのに考えておらぬ。大蔵省では、継続性を変更するにあたって正当な理由が必要である、現状、新日本製鉄、住友金属のごとく、問題を改善するためにむしろ強化するんだ、その方向をとるとはっきりおっしゃれるかどうか。

○白鳥説明員　企業会計原則と財務諸表規則との関係は、企業会計原則による企業会計処理の基準に従って、その結果を財務諸表にあらわすための表示の方法をどうするかを財務諸表規則で定めているわけでございます。

現在の財務諸表規則と企業会計原則との関係、継続性の注記についての関係はどうなっているかと申しますと、正当な理由によって、会計処理の原則または手続に重要な変更を加えたときには、財務諸表に注記しなければならない、これだけが書いてあるわけです。それをさらに財務諸表規則で補いまして、詳しい表示の方法は、注記の方法はどうするかを財務諸表規則第五条第一項に書きまして、その場合にその理由と影響額を書きなさい、こういうふうに書いてあるわけです。したがいまして、財務諸表規則の表現のしかたがどうなるかは、企業会計原則がどう変わるかと直接には関係ございませんで、私どもは継続性の原則はみだりに変更してはならないということは依然として生きておりまして、決してゆるめたいと考えておりません。

○荒木(宏)委員　いまの御説明では、むしろ、大蔵省として継続性の変更について正当理由でもって規制をしていくつもりがないことを自白なさったようなものじゃないかと思いますが、まず第一は、表現方法、記載方法について伺ったのではなくて、企業会計処理の原則についてどうなっているかを伺ったわけですね、現状と将来。現行の企業会計原則の第一の五、後段では、正当な理由が要ると明記されている。また監査の基準も監査省令でそういうことがはっきりしておるわけです。ところが今度の修正案では、そのことについて「みだりに」だけを残しておるから、それでいけるのだということで、中身の「正当な理由」はのけてしまっておりますね。先ほど来の御説明で、法務省もその点は全く考えておらぬ、大蔵省のほうも、お聞きをすれば継続性の原則の維持、変更についての正当理由の必要性はむしろ弱める形で改正を考えておるということが私ははっきりしたと思うのですよ。これはもう幾らも、何度も繰り返してお聞きしましたから、それでお尋ねするごとにそのことが浮き彫りにされていきますから、これは大企業がかってな経理処理をしないように、つまり真の意味の粉飾を防止するという点からいいますと、今度の改正案なるものはその点を全くネグレクトしておる。むしろ当局の方の口から考えていないということがはっきりした。これは非常に大きな問題だと思うのです。さらに、ほんとうに粉飾防止抑止に役立つかどうか。

（中略）

○松尾委員　監査制度の問題は今回の改正でまた昔に戻るわけですね。従来監査役は会計監査のみやってきた。今回これを業務監査もやらせよう。その理由はどこにあるわけですか。

○川島政府委員　仰せのように昭和二十五年以前、監査役は業務監査を行なっておりました。今回その点は、昭和二十五年前の改正に戻るわけです。昭和二十五年の改正前は、監査役が実はあまり大きな働きをしていなかった。実際は名ばかりというところも少なくなかったと聞いております。しかしながら今回の改正は、そのような状態に戻そうとするものではなく、むしろ積極的に監査役に仕事をしてもらって、そして会社が正しい企業の姿勢を保っていくということを確保しようということです。その意味におきまして、昭和二十五年前の監査役に比べまして、地位あるいは権限も強化した面がございます。また現在の企業の社会における評価といいますか、いろいろ問題を起こしておるときでございます。こういう際に、企業としても姿勢を正していこうという時期ですので、今回の改正によって監査役が業務監査を行うようになりますれば、それなりの効果は期待できるというふうに考えたわけです。

○松尾委員　この前の改正の一つの理由は、取締役会の業務監査機能が十分でない、形式化しておることがいわれておったと思うのですけれども、いかがですか。

○川島政府委員　規定の上で十分でなかったかどうかという点は、今回の改正は、昭和二十五年に監査役と同時に取締役の関係の改正が行なわれまして、取締役が取締役会を構成して、そして会社の運営をみずから規律していこうという姿勢がとられたわけです。ところが、それが必ずしも期待どおりに行なわれなかったという事情がございまして、この際はむしろ監査役を、株主の利益を守るという立場から、また企業の正しい姿勢を保つという立場から強化していかなければならないということで、今回の改正に至ったわけです。今回の改正は、以前にございませんでした取締役の違法行為の差しとめ請求権でありますとか、子会社の調査権とか、そういう権限を新たに付加いたしましたし、また昭和二十五年前には取締役会がございませんでしたために、監査役がこれに出席することも法制上制度として認められていなかったわけですが、今回は取締役会に監査役が出席して意見を述べることも制度化し、常時会社の業務をコントロールできる体制を持つことを考えておる次第です。

○松尾委員　いまのお答えを簡単に言えば、取締役会の業務監査の機能が十分でなかった、それで今回また監査役の監査の力を強化してやっていくんだ、こういうお答えですね。取締役会がこの業務監査の機能を十分に発揮できない。今度はそのために取締役をチェックしていく権限を監査役に与えていこうということですね。会社の執行機関と申しますか会社の業務運営の中枢機関は何ですか。これはやはり取締役であり、取締役会だと思うのですがね。業務運営の中心は何か、こういうことを一言でいいですから。これは大臣でもどちらでもけっこうです。

○川島政府委員　会社の業務執行は取締役会が決定しますので、取締役会です。

○松尾委員　そうしますと、会社の業務執行の全責任は取締役会にある。それがこの業務の監査面において不十分であるのはおかしいのじゃないですか。自分が執行機関でありながら、そして自分が不十分である。だから会社の業務監査は日常ほとんどタッチしていない者にさせよう。これはぼくはどうも筋が違うのじゃないか。執行機関であるからよくわかる。わかるから取締役会で業務監査のこともやっていけるようにそれを盛り上げていくのがあたりまえじゃないかというのが私の考え方の一つ。並びに取締役と申しますけれども、これはだんだん社員から抜てきされて取締役になる。そういうことは、やはり社長に対して大きな権限がないと言っても過言でないと思うのです。ですから、どうしてもこの取締役会の業務監査が十分になされない面は取締役自体の力が弱い。それを今度は監査役と比べてみますと、取締役よりももう一つ格が低いと見ております。会社の中でも取締役に次ぐべき人々が監査役になる。これは立場としては取締役よりも監査役のほうが弱いわけです。それにいかなる権限を持たせようとも自分のいわば先輩、力のある取締役にやんやん言うことができるかどうか。取締役さえできない業務監査をそういうところにまかせておいてできるか。いわば取締役会の自主性、独立性、監査役自体の自主性、独立性を比べてみてどちらが高いか。日常の会社の業務にだれが接してだれが知っておるのか。知っておるから悪いことをする。悪いことをするから何も業務に関係しない者にやらせるんだという考えも起こるかもしれませんけれども、力から言えばだんだん弱い者にやらしていくのでありますから、実際問題としてなかなかこれは会社の内部では取り上げられるものではなかろうという感じを私は強く持つのです。取締役会また監査役の力の関係、そして取締役会で業務監査が不十分である、機能が十分発揮できない、だからこうするとおっしゃいますけれども、私はその点は非常に疑問がある、こう思うのですけれども、いかがでしょう。

○田中(伊)国務大臣　制度としては在来の考え方を離れてもらわなければ困るんだ。在来の考え方の監査役じゃないんだ。在来の監査役でなしに新しい制度の監査役、それが新しい権限を強化されて、会社の定款違反、商法違反、その他の法規違反の行動に対してはチェックをする権限を持たされておる、こういうことですから、制度として弱くないと思うのです。ただ、先生御心配のようなことを私もそのとおりだと思うのは、監査役に人を得なかった場合は先生の仰せのとおりになる。形だけ監査役が権限を強化されておっても何もならぬ、とてもチェックはできぬではないかということが起こり得るのでありまして、今度の商法改正のねらいに呼応して、すでに財界方面においては、今度の改正によれば監査役は大物でなければならぬ、大物監査役起用の制度という動きがすでに一部に出ておりますような状態はごらんのとおりです。したがって、監査役に人物を得るならば、人を得るならば、私はこの制度とこの権限を与えて会社を、執行部のやりますことをチェックできる。なかなかこれも一年や二年ではいきますまいが、時間をかけてこれをやらしてみたら私は必ずりっぱな監査役になる。大体私たちの考え方は、監査役というと取締役以下の事務的な、ちょっとお義理で置いておるようなものが監査役になっておりますから、在来の考え方から申しますとそういう心配もあるように存じます。それをひとつ考えを持ち直しまして、新しい強化された権限を持った監査役というふうに考えていきたい。これで訓練をしてやっていきたい。

○松尾委員　では監査役の資格条件は何もきめずにおって、一部の会社がそのような動きがあるとか、また大臣は非常に大きな期待感ですね。それだけで急に監査役が強くなるかです。そのような期待を監査役に寄せられる以上は、やはり監査役選任の場合の資格条件というものをきちっとしておいて、取締役と同等また同等以上の人物がいまからは監査役になっていくのだと、明確に資格条件をしませんと、これはなかなかきめがたい点があると思いますけれども、なかなか大臣の期待どおりの監査役がそろっていくということは、これはとうてい、いわば百年河清を待つような気がするわけですよ。

○田中(伊)国務大臣　この法律制度の改正をお許しを得て実現ができました場合は、漸次日を追って監査役は大物が起用されるという傾向に必ずいく、こういうふうに私は信ずるのです。したがって、経験のある会計監査だけでなしに事業もわかる人物をさが出してきてこれを監査役に仕立てていくという傾向に必ず入ってくるものと期待してよいというふうに考えております。

○**松尾委員**　あくまでも大臣の期待ですよね。ですから期待どおりいけばいいのですよ。ところが、いかなくてもしようがないのでして、そこは監査役の資格条件はきちっとしておいたほうが大臣の期待どおりになっていくだろう、確実になるだろう。

○**田中（伊）国務大臣**　当該会社の取締役を何年以上つとめたる者とか、あるいは常任取締役を何年以上つとめた者とかいうように資格条件をつけていくことは無理なのではなかろうか。もとより、その企業自体が自主的にやっておる企業でございますから、取締役になる者に資格条件があったり、監査役になる者に資格条件があったり、私はそういう意味で、この資格条件を法律で規定してかかるということまでこの人物の選定をやりますことは、監査役についても取締役についても専務、常務等も、これは社長、会長はもちろんのこと、それらの資格条件をつけてかかるということは無理な注文ではなかろうかという感じを持ちます。

○**松尾委員**　私がそう言っておりまするのは、何も会社の中で法律で明定する必要はない。それがあたりまえなんだというようなが、やはり一つの内規と申しますか、監査役というものはこういうこういうものなんだというものがはっきりなっていけば、大臣のお答えどおりに非常に近いものがだんだん固まっていくんだろうと思うのですが、それをいまのままにほったらかしておいて、そしてここで答弁で大臣が期待を述べられても、それがはたして企業の中に浸透して期待どおりの監査役ができるかどうかという点に私は疑念を持つわけです。法律で明定せよというのじゃありません。少なくとも会社の中でこういうものがなっていくんだぞというような一つの仕組み、そういうものはやはり固めていく、それを早く促進するような方向が好ましいのじゃないか、こう言っておるわけです。どうぞその点答えてください。

○**田中（伊）国務大臣**　そういう御趣旨でありますれば、これはその法律ができました上で、所管としては通産省がおりますので、行政指導という点でもこのことはできぬこともございません。そういう御趣旨であればそういう方向に向かってぜひ努力をしてみたいと思います。

○**松尾委員**　もう一つは、今回の改正で、監査役また会計監査人が子会社に対して営業の報告をとる、また必要があれば業務、財産の状況を直接調査することができるという一つの新しい調査権ですね。これが悪用されますと、子会社は何かといえばいじめられておるわけでございますが、親会社のほうがそのような監査役とか会計監査人に新しい権限を与えていくということになると、ますます子会社の親会社に対する従属性、親子の関係、それが少しきつく、従属性というものが強まってくるような感じもするわけです。どういう配慮があるかということ。なぜこういうことをやらせるのか、こういう必要があるから、こういうことをやらせるのである、そして従属性等の点においてはこのように配慮しておりますということがしっかりしていなければ、これは理解できません。お答え願いたい。

○**川島政府委員**　今回の改正案は、監査役及び会計監査人に子会社調査権を認めております。子会社調査権を認めた趣旨ですが、これはあくまでも親会社自身の経理が適正かどうかを判断するために、その判断に必要な関係部分について事実であるかどうかを明らかにする手段として、子会社について調査を行なう。こういう趣旨でして、御承知のように大きな会社が粉飾決算をいたします場合に子会社を利用して行う例が非常に多いわけです。よくいわれる押し込み販売もございますけれども、子会社に商品を買ったことにさせて、親会社の成績をあげることも行われております。そういったむしろ親会社の適切でない、適当でない行為を監査役が監査をする場合に、そういう事実があるかどうか調査するために認めたもので、決して子会社に対して何らかの支配を及ぼす、そういう趣旨で設けたものではないわけです。子会社調査権の趣旨はそういう点です。

○**松尾委員**　趣旨はそういう趣旨である。子会社を利用しての粉飾決算等があった、それを抑制しなければいけないから、こういう新しい権限を認めていくんだとおっしゃるのはわかります。わかりますけれども、この従属性等をどうするつもりなのか。法のとおりに運用されれば何も問題ないわけですよ。ところが、現実にそういうような調査権が発動されますと、それが思わない影響を及ぼしてくることが多いのです。ですから、その点の配慮がきちっとなければ、これはやはり私は心配ですね。ですから、こういう面だけでとか、いたずらにやることはありませんでしょうけれども、そういうやり方とかなんとかを、これこそ、明確なる一つの事業運営のあり方というものをきちっときめていきませんと、これはいまおっしゃったように、そういう心配がないといわれないということです。弊害を正すことはわかります。わかるけれども、他方、今度はそういう新たに起こってくる弊害に対する歯どめがきちっとしていかないと、これもいけない、こう思うわけですから、その点はいかがですか。

○川島政府委員　乱用を防ぐ必要があるとおっしゃいます点はそのとおりと思います。一つの保障は手続の上で考えておるわけでして、第一には、親会社の監査役が子会社を調査する場合には必要な部分の報告を求め、その報告が得られなかった場合、あるいは報告の真否を確かめるために必要があるという場合に限って子会社にみずから調査ができる。

それから、これは規定にはございませんけれども、親会社の監査役がその権限を乱用いたしまして子会社の調査を行ない、そして子会社に不利益を与えた場合には、一種の権限乱用と申しますか、子会社に対する不法行為が成立するという場合もあろうかと思います。その場合には損害があれば監査役が損害を賠償しなければならぬ、こういうことになろうと思います。

○松尾委員　次に、中間配当の問題です。中間配当は、私よくわかりませんので、どういうことであるか、これをまずはっきりしてもらいたい。

○川島政府委員　今回の改正案は商法二百九十三条ノ五の規定を改正いたしまして中間配当の制度を認めることにしております。

この中間配当という制度を認める理由から申し上げますと、現在多くの会社は半年決算つまり年二回決算を行うというのが普通の状態でございます。ところが、年二回の決算を行ないますと、季節によって売り上げが異なる。したがって、上期と下期とで利益が相当に違う場合もございます。そのため、会社としては利益の平準化をはかりたいので多少粉飾めいた決算を行うという例が少なくないわけです。その上年二回決算を行ないますと、決算株主総会を年二回開かなければならない。そのための費用、手続等がいろいろございまして、必ずしも経営上好ましくないといった面もございます。このような関係から年一回の決算に切りかえたいという希望を持っておるわけですが、現在年二回、株主に対して配当を行うのが普通になっておりますので、年一回決算に切りかえますと、配当も一回に減る。これは株主に対する関係でも、また株価の関係から申しましても好ましくないということで、何とか中間配当の制度を認めてもらいたい。そうすれば年二回の決算が年一回の決算に改められる、こういうことでございます。そこでこのような制度を認めたわけでして、今回の制度の骨子としては、年一回に決算を行ないまして、そのあがりました利益の一部を留保しておきまして、そしてそれをその次の年度の中間において配当する、こういうことを考えておるわけでございます。

○松尾委員　そうしますと、年二回の決算の会社が多い、上期、下期で利益率が違う、それで粉飾決算のおそれもある、だからこれを年に一回にする。もう一つは、株主総会の招集その他についていろいろ事務上の問題もある、経費も余分にかかる。そういうことでありますけれども、中間配当をするとかしないかはだれがきめるのですか。

○川島政府委員　これは定款に規定がある場合に限ってできるわけですが、中間配当を行なうかどうかは取締役会の決議によって行ないます。

○松尾委員　まず取締役会の決定できまる。その承認というものは株主総会になるわけですか。

○川島政府委員　これは年度の中間ですから、事前の承認はございませんが、その年度が終わりましたときに最終の決算が出てくるわけです。

○松尾委員　そうしますと、年二回の決算であれば、毎回毎回株主総会の承認が要るわけですね。これを年一回にしておいて、利益の一部分をリザーブしておく。次の期の中間においてそのリザーブした利益を配当していく、こういうことですね。そうしますと、株主等にとってみれば、もらえるべきものが先に延ばされたということですね。決算のときに一割なら一割、一割二分なら一割二分という利益が出た、それを半分だけ配当しておき、中間配当で残りの五分か六分を配当していこうと思っていたけれどもいろいろなことでできなかった、こういうことが起こるわけですね。

○川島政府委員　起こり得るわけです。ただ、さらに法律では要件がございまして、前期に利益を留保しておいたけれども、当期に入って営業の成績が非常に悪い、したがって当期の営業年度の終わりに赤字が出る心配もある場合には中間配当を行なってはならない、こういう規定がございます。そういった制約も受けるわけです。

○松尾委員　景気が悪くなれば中間配当できない。株主としては最初もらうべき当然の権利があったわけですけれども、それが年二回配当になるわけですからね。そうしますと、半分だけもらっておいて、あとの半分ははたして決算のときのとおりにもらえるかどうかわからないですね。株主の配当を受ける権利からいうと少しちぐはぐな感じがしますがね。株主に対して、中間配当をやるんだ、それはあなたのためにこのような利益があるんだということを納得できるようにひとつ答えてごらんなさい。

○川島政府委員　株主としましては従来からの関係もございまして、むしろ株の値段が一年じゅう比較的安定した形で保たれることも必要ですので、年二回の配当を望んでおるといたしますと、一年決算のある年度の終わりにこれだけの利益が出た、しかしこれを全部一回に配当してしまわないで二回に分けてもらったほうがいい、こういうことが考えられると思います。そういうことを予想してできた制度です。

○松尾委員　会社の経営状態が悪くなれば株の配当も低くなるんだ。会社の利益を分けてしまうと、景気が悪くなったときにいろいろ資金的に不足する、ですからいままで年に一回の決算であれば全部利益を一応株主配当として分けたけれども、会社のために一部分とっておくんだということですね。その間、いろんな問題で経理上等の問題が起こってきましょうが、いままで受け取っておったものが半分しかもらえない。それは会社のために使えるのだという大義名分は会社にありましょうけれども、株主のためにチェックする何ものもないんじゃないかということですね。会社のためになるという判断、そしてそれが株主のためになるという判断、そういうものを株主が納得できる基準のもとに決定していけるならこれはいいでしょう。けれども、粉飾決算等が指摘されておるように、いろいろ会社の決算等については問題が多い。そういう中から、やるべきものを先に延ばしておいて会社のいろいろなことをはかっていこうとする。そのときに、それはほんとうに株主のためになっているという判断が、私はできにくい場合が多いんじゃないかと思うのですよ。取締役会できめるということですね。中間配当は株主総会の承認は要らないわけでしょう。年一回の決算で承認を受けておるわけですから、その次の中間配当ははたして決算のときの利益の半分をもらえるかどうかわからない。そこをきちっとしていかないと、会社の恣意的な決算に利用されていくおそれがあるんじゃないか、これを心配するわけですよ。

○田辺説明員　先生の御指摘のとおりに、中間配当をするかしないかは取締役会の決定にゆだねられるわけです。ところで、例を現在半期決算をしている会社にとりまして、この新法で中間配当に移る場合のことを考えてみますと、従前ですと、たとえば年一割の配当をしておった。そういたしますと、額面五十円の場合には年間五円の配当金を二回に分けて二円五十銭ずつ払っておった。これを中間配当に入るために一年決算にいたしますと、もしこの制度がございませんと、普通の経営でいけば一年目に五円を支払うわけです。この制度は、先ほどのような総会の開催あるいは経理の適正という関係から、本来二円五十銭を途中でもらうべきものを一年先まで待っていなければならない、そういうところからこの制度が設けられたわけです。

それと、先ほどの中間で景気が悪くなった場合に、中間配当をしてはならないことを法律はきめております。これは株主の利益にもなるという考えと同時に、商法が利益配当について規制しております債権者の利益をはかるための考え方です。もし期の初めに、中間で二円五十銭を支払える利益の留保があったといたしましても、中間の見通しから判断いたしますと、中間で二円五十銭払えはいたしますが、期末には二円五十銭はおろかゼロあるいは赤字になるというときに、途中の二円五十銭も支払ってはならないという規制をしている。これは債権者から見ますと途中で食い逃げ的な利益配当をされることによって会社資産が減少する、これを防止するための措置です。取締役会はこの法律で中間配当をするかしないかは、まず定款できめてあります特定の日から三カ月内に意思表示をしよう、こういう定めになっておるわけです。その判断時期が中間配当の基準日から三カ月内となっておりますので、株主としてはそういう中間配当があり得る期待的な利益を持っておるわけですが、その時期に出資者としてはまた判断をせざるを得なくなるだろう。つまり、中間配当を当てにして投資をしたけれども、その地位をのくかどうかという判断も可能であろうかと思います。要するに中間配当の規制は株主の利益と債権者の利益を調整した形ででき上がっているというのが改正法の考え方です。

○松尾委員　考え方はそうでしょう。それがはたして現実にそうなるかを私は論じておるわけです。確かに経済界だとか大企業が喜ぶのです。なぜかといえば、年二回招集するのを一回でよろしい、招集するばく大な費用が要らない、それから株主総会で決議が毎回毎回要らない、会社の安定のために留保した利益をどんどん使っていける、こういうことですから、会社にいいでしょう。株主のためにとおっしゃるなら株主のためにもなるんだという点をうんとしっかり考えた上の歯どめがなくては、うかうかと利用しますともらうべきもの、期待権が現実に守られなくてはいけない、不合理ですよね。

○田中(伊)国務大臣　監査役に発言権が与えてあるので、監査役が発言をして取締役会で主張する、こういうことをさせる以外にはなかろうと存じます。

○松尾委員　歯どめを考える、このように理解します。

いまの証取法ですが、これは、一年決算のものでも半期報告書の提出が昨年義務づけられたわけですね。それが会計士の監査が今度は要らないということになるわけでしょう。この点私は、監査の強化をはかる、会社の経理を適正にしていくのだといいながら、むしろきちっとやっていかなくてはいかぬのじゃないか、こう思うのですけれどもいかがでしょう。

○白鳥説明員　御指摘のとおり、一年決算の会社は半期報告書の制度が昭和四十六年の証取法の改正で取り入れられております。これは四十六年十二月の証券取引審議会の報告で、半期報告書は決算が行なわれないわけですね。その点が一点と、第二点として半期の損益等に関する監査の基準が確立されていない、こういった理由で半期報告書に対しては公認会計士の監査証明を制度化することは適当ではない、こういう報告がされまして、政府としても、審議会の報告の趣旨を尊重しまして、監査証明は不要としたわけです。しかしながら監査証明を半期に行なわないとなりますと、一年に一回しか監査が行なわれない、これでは監査が弱められるのではないか、こういう御趣旨かと存じますが、監査の手続は、決算のときにその内容を見て、適当であるかどうかを指摘するばかりではなくて、期中にも経理の適正な処理を指導いたしまして、その期中の手続の中でおかしい事項がある場合には、公認会計士が会社の経理担当者に指導をしてこれを是正させるという監査の指導的機能が発揮されるわけでして、一年決算会社がふえてくるからといって、監査が弱められることはないと存じます。また監査にあたり、年に二回監査するよりも、一年に一回監査するほうが、より信度のある監査ができる、こういうこともございますので、必ずしも監査が弱められるということにはならないと存じます。

○松尾委員　納得できませんね。

それから引き当て金の問題ですけれども、利益の過小評価、これは株主に対しては利益配当請求権を不当に阻害するわけですよ。また従業員に対しても賃上げ交渉をするとき、いろいろ理由もつくってくる等々ありますけれども、このような過小評価に対するチェック、これは株主総会と公認会計士にまかせるということでありますかどうか。

○川島政府委員　そのとおりです。なお、監査役も監査いたします。

○松尾委員　そうしますと、まず株主総会にいく前に公認会計士の監査はきちっとなっていかなければならぬわけですけれども、公認会計士は会社から報酬をもらって雇われているわけですよ。ですからこれは幾らそこに権限を与えようとも、会社の意に反することがやれるかどうか。自主規制とおっしゃいますけれども、これもものの程度によりけりでして、そういけばいいのですけれども、公認会計士は会社から報酬をもらっている、また毎期毎期にかわっていくような不安定な地位であって、はたして大臣の期待どおりいけるかどうか、大いに疑問がある。ですから報酬をもらわないで会社の経理をきちっとしていけるような何かを考えていきませんと、はたして適正なる会計監査ができるか、経理の審査ができるか疑問です。そうしますと、それならばだれが公認会計士の報酬を負担するか、何かそこに新機軸というものを考えていきませんと、従属関係、雇用関係は取れません。

○田中(伊)国務大臣　公認会計士の人物、識見を信じますならば、仕事に対する報酬は受けていても、監査の仕事をしっかり公平無私にやることは可能である、私はこう考えておるのです。

○玉置委員　監査役の権限を非常に強化されました。株式会社がマンモス化してまいりますにつれて国民生活に非常に大きな影響を与えておることは事実ですが、そのくらい重大な影響を与えつつある株式会社の粉飾決算の場合も、代表取締役が、後藤観光株式会社の商法違反、背任で懲役二年六カ月、四年間の執行猶予、富士車両株式会社が懲役一年で一年間の執行猶予、山陽特殊製鋼は目下神戸地裁で係属中でありますが、大阪土木が懲役一年で三年の執行猶予、罰金五万円、その次は北海興業が懲役二年で三年間の執行猶予、それから栗田工業で懲役八カ月、執行猶予二年、罰金五万円、こういうように交通違反と同じくらいの程度じゃないか、こう思うのです。これは再検討する余地があるのじゃないかという感じがいたしますが、承っておきたい。

○田中(伊)国務大臣　従来の粉飾決算は、比較的に軽く見られておったという点に欠陥があろうと存じます。しかしこのたび監査役制度の大改正を行ないましてこれを活用してやっていきます場合に、万一不幸にして生じた粉飾決算あるいは逆粉飾決算はこのような判決にはなるまい。これは判決のことでありますから私のタッチすべきことではありませんけれども、いままでの粉飾決算は軽きに失しておる。今後の事案はそうはまいるまいという観測です。

○玉置委員　監査役の不作為の責任は株主が追及し得る方法があるかいなや、お答えをいただきたいと思うのです。

○川島政府委員　監査役が当然なすべき職務を怠って、損害を与えたという場合には、当然その責任は生ずることになろうと思います。

○玉置委員　株主がどういう方法でその責任を追及し得るのか、お答えいただきたいのです。

○川島政府委員　監査役の責任としては、商法の二百七十七条に会社に対する責任を規定しております。「監査役ガ其ノ任務ヲ怠リタルトキハ其ノ監査役ハ会社ニ対シ連帯シテ損害賠償ノ責ニ任ズ」、それから取締役の第三者に対する責任規定であります二百六十六条ノ三の規定が監査役に準用になっておりまして、第三者に対しても責任を負うということになっております。

○玉置委員　先ほどお答えになっておりましたけれども、監査役が従来えてして取締役の一枚下のような感じと受け取るほうが社会通念だと思います。りっぱな方々を選任するといいましてもなかなか一挙にでき得ない問題で、むずかしい問題だと思いますが、これはみんなでそういう習慣をつけていくしかないことだと思います。これを将来何らかの商法の改正に取り入れるようなことができる可能性があるかどうか、あるいはないとすればそういう慣習を一体どういうようにしてつけ得るか、お答えいただきたいのです。

○田中(伊)国務大臣　監査役の地位を今度の改正で引き上げるわけです。地位が引き上がってくる内容は、権限が強化をされて、権限が拡張されておる。単なる会計監査から業務監査に広がっておる。改正法の運用をやっていけば、だんだん、認識が改まってきて監査役の地位が向上する、大ものの、よい者でなければ持ってこられぬような空気が出てくる、こういうふうに考えております。

○玉置委員　せっかくそこまでの、監査役を株式会社の社会的責任という観点からお強めになるのに、なぜ法制審議会のきめました監査役の株主総会の招集請求権とかあるいは取締役の招集権とか、あるいは報酬の別ワク、特にこの点は特別注意を喚起しなければいかぬと思うのですが、それは一挙にそこまでやったのでは、なじまないと思われておやりにならなかったのか、そうなれば、将来これを法改正の機会になるべく顔をのぞかすように御努力されるお気持ちがあるのかどうか。

○田中(伊)国務大臣　どうも一挙にはなじみにくいであろう、無理であろうということを考えております。

○玉置委員　もう一つは、取締役会の責任は、いまは株式会社は定款に基づいたものであって、そこに背任横領がなければ、ただ利益追求をしていけばいいという形になっております。その取締役の責任を将来お考えになるように承っておりますけれども、大体どういうことをどのように考えておるのか。

○川島政府委員　取締役の問題は、今回の改正では触れておりませんので、この次の機会に当然取り組まなければならないと考えております。どういうふうに問題を扱うかとは、法制審議会の商法部会で御審議いただくわけですので、私からその内容について申し上げることはできないわけですが、ただ現在の取締役会に関する問題としては、たとえば、現在の商法は取締役会を構成して、それが代表取締役を監督していくというたてまえですけれども、実際は代表取締役社長とか専務が非常に強くて、並び大名と申してはなんですが、普通の平取締役が取締役会で発言してその監督を行うことはなかなか困難な情勢にあろうと思います。こういった状態から、取締役会の構成、権限、責任をあわせて洗い直してみる、こういうことが今後の課題になろうと思います。

○玉置委員　新日鉄の株主総会が、四十九万四千五百六十九名の株主総数のうち、出席者が四百四十六名、うち委任状が三十六名、これも会社の社員等々、このうち何割占めておると思いますか。そうすると、ほんとうの意思で出席した人は実に千分の一もしくは五千分の一ぐらいの人数になってしまっておるわけです。その他十社ほど私も調べてみて、あの丸紅の大騒ぎの問題がわずかに十五分間で済ましてしまっておる。十社ほど調べてみて、東レが十四分間、日立製作所が十二分間、トヨタが二十分間と、形骸化されておる以上の問題でして、むしろ社会的な罪悪でしかないのじゃないだろうか。これは一日もすみやかに何らかの手を打たなければ、国民の政治に対する不信、法に対する不信まで起こりかねないのじゃないだろうかと非常に心配いたします。ぜひともすみやかな改正をお願いを申し上げたいし、一言大臣の決意だけ承っておきたいと思います。

○田中(伊)国務大臣　この商法、企業の動向をめぐる法務省の立場ですが、罰則の適用以外に打つ手はないので、法務省の立場としては今度はこれを断固たる立場でやろうとしていろいろな処置を講じており、こういう態度で、この方向に向かって、企業の社会性を保持さすことに力を入れてみたいという考えで、大いに腰を入れておるという事情です。

○玉置委員　商法改正の場合に、商法の社会的責任ということから考えまして、個人的な経営としかわれわれが事実上見えない、小さい魚屋さんでも、小さいお菓子屋さんでも酒屋さんでも、小売り店でも株式会社という名前、これは税法の不均衡から出ているんだろうと私は思うのですが、そういう交通整理が要るような感じがいたしますが、将来それを検討される余地があるのかどうか。

○川島政府委員　現在の株式会社は、非常に大規模なものから、個人企業にひとしい小規模のものまでございます。これを一律に株式会社ということで一つのワクの中で同じ規制をはめていくことは、確かに実情に合わない点がたくさんございます。小さい株式会社も、株券を発行しない、株主総会は開かない、貸借対照表の公告もしないといった問題がござらです。こういった会社をそのままにしておくことは非常に好ましくないことですので、何とかしたいという意見は、もう十年、二十年前からあるわけです。

　そこで、その方向に向かって考えておることは事実でして、今後法制審議会でもその点が取り上げられるものと考えております。

　ただ、現実に百一万あります株式会社をどういうふうにして仕分けるかという問題になりますと、非常に大きな社会的な影響がございますので、経過的な問題を含めながら同時に検討していくと、課題が多くて若干時日を要すると思います。しかしこれはやらなければならないことであると考えております。
○**玉置委員**　そこで監査役と並行して、公認会計士の経理監査がまた一つの問題点ですが、私は、まさか官庁から公認会計士を派遣するわけにもいきませんので、役所が全部見るわけにもいきませんでしょうし、そういう点では民間人の非常に社会的責任を負うた人、それだけの資質を備えた人が一般国民にかわりまして監査する人が非常に重要だ、こう思います。今回一般商法の中へ入れまして、全部に及ぼしていこう、この考え方は好ましいんじゃないか、私はこう思うのです。しかしながら、そこに前提となるのは、それだけの資質を備えた人がどのくらいの人数おいでになるのか、一挙にそれをやろうと思っても、それだけの自信がおありかどうか心配なんです。
○**白鳥説明員**　昭和四十八年四月末で、公認会計士の数は四千五百六十名おります。このほかに公認会計士補が千百八十一名です。一方、証券取引法の監査の対象となります会社の数は、昨年末現在で二千四百五十三社です。今度新たに商法監査が始まりますと、昭和五十年から、証取法監査の対象となっていなかった資本金五億円以上の株式会社、金融機関を除きますが、新たに千百六十九社が監査の対象になるわけです。その後、五十一年からは金融機関が百五十一社監査の対象となってくるわけです。こういった対象に対してさらにその後の会社の数の伸び率と公認会計士あるいは公認会計士補の数の伸び率、こういうものを勘案いたしてみますと、将来公認会計士あるいは公認会計士補の従事可能日数に対する実際に監査に従事するのは、約七〇%程度になるのじゃないだろうか。ちなみに現在は五〇%ぐらいでございます。このように余地はまだまだ十分ございまして、さらにまた一年決算移行に伴いまして監査日数が減少することもございますので、公認会計士の数という面では御心配は要らないか、こういうように存じます。
○**玉置委員**　いま私が申し上げておりますのは、数の問題でいえば、その方々は現に相当な仕事を持っておるはずですし、なおそれに加えて質の問題として、それだけの社会責任を付託するに足り得る人が、それだけあるかどうか、こういうことなんです。現に遊んでいる有能な人があるはずがない、それを私は聞いておるのです。
○**白鳥説明員**　ただいま数の話だけを申し上げたわけですが、質の点は、公認会計士は非常に厳正な国家試験を受けて公認会計士の資格を得ているので、人物、能力、識見ともに非常にすぐれた人々です。また、公認会計士の質の向上は、従来から当局としてもいろいろ指導しておりますし、質の面で御心配のようなことはない、こういうふうに存じます。
○**玉置委員**　私は、いま遊んでいる人はそんなにないと思うのです。有能な人ならきりきり舞いしているのじゃないか。そういう意味で、一挙に広めてみたって、それからその選任が取締役、執行部から委嘱することはしばらくの間当然でありましょう。こういう意味では、われわれの考え方だけが先走りまして、そうはうまくいかないというのが現実じゃないだろうか。私の言うておるのは、たとえば選任だけのことを言えば、選任はなるべくやっておいでになる監査法人に委嘱して、監査法人の中で、監査法人のグループが全員で責任を持って、もしも不作為の責任等を追及されるようなときには、監査法人全部が汚名を受けるんだ、こういうふうに委嘱する方が、個人個人を会社から委嘱するよりかはるかに望ましいのではないだろうか。
○**川島政府委員**　今回の改正案によりますと会計監査、これは公認会計士の会計監査ですが、それを受ける会社は五億以上の資本金の会社でして、二千七百余りです。そうして、それを実施してまいります場合に、経過措置として、三段階に分けまして実施することを考えておるわけです。
　まず第一段階には、現在証取法の適用を受け、現実に証取法の監査を行なっている会社、これが第一段階として、千六百社ほどございますが、施行されることになるわけです。それから一年おきまして、そのほかの会社で、銀行とか信託会社、保険会社などを除いたもの、これが大体千くらいになるかと思いますが、施行される。最後に銀行などは、さらに一年おくれて施行されるという段階的な適用を考えておるわけです。これによって比較的公認会計士側の態勢も整っていくんではないか、順調に実施に移せるものと考えておるわけです。

（中略）
○**玉置委員**　こうした社会的地位を広めるときの便

法として、大会社だからいいとか小会社はいかぬとも言えませんけれども、長く経理の業務に従事した、人格、識見の優秀な、ある程度の御年配の方、あるいは役所でそういうことに長く従事した人等々の方々を算入できるような臨時の便法も、公認会計士全般の社会的地位を高め、その方々にお勉強していただくような形に機能していくのじゃないかと私は考えるのですが、あまりしろうとのような質問でいかがかとは思いますけれども、大臣、どんなふうに考えますか。

○川島政府委員　公認会計士の練達した方を会計監査に当たらせることは仰せのとおり重要なことであろうと思います。これは実施面においてできる限りそういったことが行われますように配慮をしておく必要があると考えております。

○玉置委員　私が先ほど申し上げておりますのは、取締役の責任も、一番最高機関である株主総会の形骸化も、これから検討してなるべくすみやかな機会をもってもっともなところに落ちつけます、こういうやつです。それで監査役だけの責任を強化しようと思っても、取締役会から候補者をきめられた形で株主総会は一挙に通過してしまうのでそう満点なものはでき得ない。しかしながら一つでもいいことを方向づけをしていくことは好ましい。

こういう意味で、漸進的にお行きになるほうが望ましいのじゃないだろうか。だから非上場はまず十億ぐらいから始めていって、法律で規制できない問題がたくさんございますから、そういう立法慣習づけをした上で、それを見てまたその上によくないところがあって法定しなければいかぬことがあれば法定する。おそらく法定のでき得ない社会慣習のほうが多いのじゃないか、こう私は思うがゆえにこの点をくどく申し上げるわけであります。

○田中(伊)国務大臣　無理をせずに、漸進的に行けということば、たいへんよくわかります。

○玉置委員　最後に監査法人をお育ていただきたいという中へ、私はいま現行の二分の一を四分の一とするか、当該会社と関連のあるもの、あるいはそれだけはゼロにしたほうがいいんじゃないか、こう思いますのは、税理士と公認会計士と兼務できる。弁護士は税理士を当然やり得ることになっておるけれども、弁護士という職業のほうが収入もあれば、ある意味では社会的地位が高度に思われておるから、事実開いておいでになる方がほとんどない。こういう意味で私はいつかは公認会計士と税理士の職務は分化されていく、そういう感じがいたします。だから先ほどの数字も、事実上は税理士をおやりになる方も相当数あるんじゃないかと思うのです。それが社会的な地位が、責任が重くてそして収入もそれに伴う形に社会が育成されてまいりますと、ひとりでに解決されていくんじゃないだろうかという感じがするのです。

○白鳥説明員　監査法人を育てることが非常に必要だというお話、たいへん私どもも御指摘のとおりだと感じております。特に企業の規模が複雑化、拡大してまいりますと、どうしても監査する側も組織的な監査が必要になってまいります。そういう意味で私どもも監査法人の育成強化には非常に力を入れて指導してまいってきております。ところが、監査法人の中に税務を行なう者が一人でもいたら監査法人は業務ができないようにする、こういう方向でいってはどうかという御指摘ですが、このようにいたしますと、特に今後監査法人を育成強化していきまして、法人の規模が増大してまいりますと二百人、三百人という大規模な監査法人ができてまいりました中で、一人でも税務を担当している人がいるとその法人全体ができないことになりますと、監査法人の育成強化に逆行するのではないか、こういうふうに考えているわけです。

○加藤(清二)委員　第一番、今度の法案の骨子が監査役の権限、業務の拡大、それに伴うところの経理、会計監査、これの権限の拡大です。現在の状態からいって、監査役というのは年限は何年でしょうか。

○田中(伊)国務大臣　一年でしたのを二年にしました。

○加藤(清二)委員　現行法では一年ですね。一年でやめる監査役が多いんですか、長年続いてやっていらっしゃる監査役のほうが多いんですか。

○田辺説明員　六〇%ぐらいは三年以上在任しております。

○加藤(清二)委員　としますと二百七十三条の違反の疑いがありますね。なぜ一年にしぼったかといえば、それはなれ合いが行なわれてはいけないということなんです。常務、取締役等々となれ合いが行なわれてはいけないから一年にしぼっておるにもかかわりませず、いまお答えのとおりです。ほとんどなれ合いが行なわれておるのです。さて、これについてどうお答えになるか。

第二点、目下の監査役よりももっと大ものの監査役を配置し、万全を期すというお答えでした。しかし現在の監査役は、一企業の監査役単独で終わっている人が何人くらいありますか。私の知る範囲、監査役は当該企業に対しては監査役であるけれども、別の企業に対して取締役、重役、社長を兼任している人のほうが多い。しかもそれが継続されていっている。これについて具体的事実はどうなっているのです。

○田辺説明員　監査役は前任経歴は取締役が非常に多い。同時に、兼任経歴も取締役を兼ねる人が多うございます。

○加藤(清二)委員　そのとおりです。いいことをおっしゃいました。これは二百七十六条、兼任禁止の項に触れるか触れないか。

○田辺説明員　兼任禁止に触れない兼任が多いと申し上げているわけで、同じ会社の兼任はございません。

○加藤(清二)委員　ところが兼任禁止は、当該企業にあっては監査するほうと監査を受けるほうが一人であっては相ならぬ、つまりのみ行為があってはいけない、これに基づくことなんです。しかしその結果はどうなっているか。常に経理帳簿に目を光らせておらなければならぬ監査役が、めくら判を押すだけの役になっている。しかも一年に一言だけ言えばいい、監査に間違いはありませなんだ。判こはどうか。自分が押すのじゃない。検印がちゃんと会社に置いてある。そして事務員がその会計帳簿に判こを押している。これが慣習化されておる。こういうやさきに権限を拡大してみたってどうして目を光らすことができます。つまり二百七十六条違反の疑いがここに発生している。

次、第三番。親会社の会計経理の責任者が子会社に立ち入り検査することが可能である、こういうことになりました。

子会社の社長ないしは重役、会計担当者は、親会社の担当官、調査官に対して、書類で答弁あるいは文言で答弁、立ち入り検査となれば、証憑書類、会計諸帳簿を提示をしなければならぬ。その場合に、私が今度子会社の担当官になります。あなたが親会社の調査官です。私はあなたに対して何を答えたらいいでしょう。もし、洗いざらい答えたといたしましょう。企業機密の保持はどうなります。会社に不利益な証言をあえてしなければなりません。それじゃうそを言ったらどうなるか、偽証罪で問われなければなりません。どっちころんでも答える。子会社の社長ないしは専務取締役は王手、飛車なんです。

立ち入り検査がすでに許されているところの公害企業に対しても、通産省は企業機密のゆえをもって、立ち入り検査を遠慮しておる。本省が企業指導育成強化をしなければならぬ企業に対しても立ち入り検査を遠慮しておるものがある。なぜ親だけが子企業に対して、系列会社に対して立ち入り検査を許すか、承りたい。

○橋本政府委員　問題は二つあるかと思いますが、あとの問題は、親企業の実質粉飾決算と不正行為を排除するための立ち入り検査、調査と承知いたしておりますので、本件、若干問題が異なる問題じゃなかろうかと思います。ただ、隷属関係は、中小企業対策といった観点からしても、さようなことのないよう重々われわれとしても配慮してまいりたいと考えております。

○加藤(清二)委員　そんなことじゃ、解決にならぬですよ。この間の公害案件、引き続いて工場立地の案件についてどう答えているかといえば、特許権の問題、ノーハウの問題、その他その他、企業機密がこれあり、洗いざらいはき出させるわけにはまいりません、とこうきておる。しかし、会計帳簿から拾っていけば、いかなる触媒を使っておるか、いかなる原料をどこから買っておるかは、みんな明らかになってしまうんです。企業機密の漏洩になる。社長が行なう場合はいい、取締役の場合はどうなるのです。担当の従業員が答えなければならぬ場合はこれはどうなる。企業機密の漏洩だ、これは会社に不利な証言だ、これはどうします。

○白鳥説明員　子会社の担当者が親会社の監査人あるいは親会社の会計監査人の調査に対して企業の機密を漏らすということはどうかという御質問ですが、公認会計士もあるいは監査役も同じと思いますが、公認会計士は、公認会計士法の第二十七条に「公認会計士又は会計士補は、正当な理由がなく、その業務上取り扱ったことについて知り得た秘密を他に漏らしてはならない。」という秘密を守る義務がございます。したがいまして、担当者が公認会計士に対し、企業内容について調査官に応じて答えましても、これは公認会計士を通じて他に漏れてしまうことはないわけです。もしそれを漏らしました場合には、公認会計士が守秘義務違反に問われるわけです。

○加藤(清二)委員　私は正直に親会社の調査官にしゃべらざるを得ぬ。しゃべったとすると、私は当該会社の従業員であるから企業機密の漏洩と会社に不利な証言ということで、私は会社からこれ〔解雇〕になる。しかし、それならば今度は親会社の調査官に対してうその証言をしたとする。そしてついにばれる。そうなった場合に、私は偽証罪で訴えられる。つまりいえば、どっちへころんでも、どっちかでやられる。私はどうしたらいいか。

○田辺説明員　お尋ねの場合は、先ほど答弁いたしました親会社の監査役なり会計監査人がはたして親会社の監査のために必要な事項としてその権限を行使するかどうかの問題であろうと思います。その場合に、子会社も独立した会社の人格を持っておりますが、親会社の監査に関係なくしてその機密を探知しようとして調査をする場合は、これは違法な権限行使です。この場合には子会社もこれに応ずる必要はございません。そういうふうに考えるわけです。ただ先ほどお触れになりましたような事情のもとで、もし親会社の監査のために必要であるという範囲内のことですと、この調査に応ずるべき義務をこの法律で負わされることになります。そのためにもしその調査を妨げました場合には、監査役が相手でありましても、会計監査人が相手でありましても過料の罰則を科しております。それから親会社の監査役なり会計監査人は、まず親子関係の規定上明確にされておりますように、その親会社が子会社の過半数の株式を所有しておる関係です。これを商法で考えますと、すでに十分の一以上の株式を持つ株主は会計の帳簿及び書類を閲覧する権限を持っております。過半数の所有になりますと、もちろん株主としても親会社の取締役は子会社に対して会計の帳簿や書類を見せろという権限を持っておるわけです。ただ今度の監査制度で考えておりますことは、親会社の不正を防ごうという趣旨から申しまして、その種の株主として当然行使できる権限でありましても、これは親会社の監査役が公正な立場で監査の手を伸ばして調べさせる、そういう趣旨の方向で立案されておるものです。

（以下略）

衆議院　法務委員会議録第三十八号

昭和四十八年六月二十九日(金曜日)

出席委員

委員長　中垣　国男君

理事　大竹　太郎君　理事　小島　徹三君
理事　谷川　和穂君　理事　福永　健司君
理事　古屋　亨君　理事　稲葉　誠一君
理事　横山　利秋君　理事　青柳　盛雄君
井出一太郎君　植木庚子郎君
羽田野忠文君　早川　崇君
松沢　雄蔵君　保岡　興治君
日野　吉夫君　八百板　正君
正森　成二君　沖本　泰幸君

出席国務大臣

法務大臣　田中伊三次君

出席政府委員

法務大臣官房長　香川　保一君
法務省民事局長　川島　一郎君

委員外の出席者

法務省民事局参事官　田辺　明君
大蔵省証券局企業財務課長　白鳥　正人君
法務委員会調査室長　松本　卓矣君

本日の会議に付した案件

商法の一部を改正する法律案（内閣提出第一〇二号）

株式会社の監査等に関する商法の特例に関する法律案（内閣提出第一〇三号）

商法の一部を改正する法律等の施行に伴う関係法律の整理等に関する法律案(内閣提出第一〇四号)

○中垣委員長　これより会議を開きます。

内閣提出、商法の一部を改正する法律案、株式会社の監査等に関する商法の特例に関する法律案及び商法の一部を改正する法律等の施行に伴う関係法律の整理等に関する法律案、以上三法律案を一括議題といたします。

質疑の申し出がありますので、これを許します。

（中略）

○青柳委員　監査制度の改正の目的はどういうところにあるのでしょうか。

○川島政府委員　これは株式会社が、かつて粉飾決算をしまして、それが倒産につながり、社会的に迷惑をかけた事例がございまして、そういう点から会社がみずからの経理を正しくすることが重要と認識されたからですが、それと同時に、取締役の独走に対して何らかのチェック機能を強化する趣旨で監査制度の改正が考えられたわけです。

○青柳委員　粉飾決算を防止する、主としてその目的ですね。これは一体だれのためにそれをしなければならないのか。たとえば株主の利益あるいは社債その他投資家の利益、取引をする第三者の利益、その中にはその企業で働いている労働者の利益、そういったものが考えられるのですけれども、主としてだれの利益を守るために粉飾決算を防止しなければならぬのか。

○川島政府委員　粉飾決算と申しましても逆粉飾の場合もあるわけでして、それぞれによって保護される対象は若干異なるかと思います。しかしながら、ただいま仰せになりました株主、債権者、取引先、従業員すべてを含めまして、粉飾決算によって会社の真実の財産状態が示されませんと不利益をこうむるおそれがある、その点から生ずる不利益、損害を防止するために必要と考えたわけですが、すべての者を保護するためであると考えております。

○白鳥説明員　御質問の第一点の、粉飾が三十九、四十年ころから多発した、これはどういうことなのかは、会社の中に粉飾に対する罪悪感が薄かった事情が当時はございます。会社としては、安定した利益を公表して、安定した配当を継続することが最良の経営であって、粉飾はそのための必要悪といった意識が当時はあったわけです。経営者が経理に対する認識が非常に低かった状況がございます。また、会社の中で経理部の地位が低いとか、そういったこともあるわけですが、さらに、公認会計士監査を導入してから、まだ公認会計士が当時は会社に対して十分に指導的機能を発揮するだけの情勢が整っていなかった点もあるかと思います。こういったことを勘案して、大蔵省は、昭和四十一年に公認会計士協会に対して厳正な監査の実施についてという通達を出すとともに、公認会計士の会社に対する指導的機能を発揮することができない一つの理由には、会社の規模が大きくなり、事業内容が複雑になってまいりますと、一人の公認会計士で監査をするだけではなかなか十分な監査ができない、また会社に対する独立性が十分保てない、そういった問題点もございます。このために、昭和四十一年に公認会計士法を改正して、監査法人制度を取り入れております。また、公認会計士個人も、公認会計士協会への加入を義務づけ、公認会計士協会の公認会計士に対する監督を行き届かせるような措置をとっております。また、監査を行うための監査基準を改正して、監査が徹底して行なわれるような基準を定めております。

　また、粉飾防止のための行政面の措置としては、有価証券報告書の重点審査という体制をとり、特に粉飾の疑いの濃い会社、問題のありそうな会社に対しては、重点審査の対象に取り上げ、徹底した審査

○青柳委員　商法の特例法、五億円以上の会社については専門家の会計監査を受けるということにして、粉飾決算などは規制できるのじゃなかろうかという期待があるようですけれども、株式会社は、すでに証取法で同様の会計監査を受けている。それにもかかわらず、なおかつ粉飾決算は防止できないで、あとを断たなかった。この点について何らかの検討、反省は十分されたのでしょうか。

○白鳥説明員　粉飾決算が非常に多発いたしましたのは、昭和三十九年、四十年ころですが、その後昭和四十一年に公認会計士に対して厳正な監査の実施についてという通達を行ない、監査を十分に行なうよう公認会計士に徹底しております。同じような通達が昭和四十三年にも重ねて出されております。さらに昭和四十六年の証券取引法の改正により、虚偽記載に対する会社の役員あるいは公認会計士、あるいは引き受け証券会社の民事責任を強化し、また刑事責任も強化する措置をとりまして、粉飾決算に対するきびしい態度を打ち出しております。

○青柳委員　私がお聞きしたかったのは取締役とか監査役の責任を重くするという問題ではなくて、今度の特例法は非上場会社を上場会社と同じように会計監査人に監査をさせることを義務づけるわけですから、それにはそれなりの効果があるということでそういう改正をしようとされていると思うのですけれども、過去に証取法ですでに実施され、多発したのは、一体どういうところに原因があり、その後通達を出して厳重にしたと言われますけれども、具体的にはどういうことをされたのか、公認会計士あるいは監査法人についての点だけ、先ほど民事のことは言われましたが、それ以外の点で何が行なわれたのか、お聞きしたいのです。

○青柳委員　粉飾決算が問題になって、商法違反あるいは証取法違反などによって刑事問題にまでされた例を見るわけですが、その刑罰が軽きに失する感じがしないわけでもありません。

　こういうことでは、粉飾だとか逆粉飾を放任しておけばいろいろな弊害があるんだといわれても、業界ではあまり問題にしてないという感じがしてしかたがないんですが、お答えいただきたいと思います。

○白鳥説明員　企業の間に粉飾に対して罪悪感が薄いのではないかという御指摘ですけれども、確かに一ころそういう時期がございまして、粉飾事件が頻発したわけですが、その後私ども監査を厳重にするとか、いろいろ通達を出しまして、企業の姿勢を正すように強い姿勢を示したわけでして、最近は粉飾に対する罪悪感、企業の経理を正しくすることに対する企業の認識は非常に高くなってきております。粉飾の数が最近急激に減ってきておるところにそのあらわれがあるのではないかと思います。逆粉飾は、特に企業の経理を手厚くするんで、むしろ美徳だという考え方さえ当時はあったわけですけれども、これも、逆粉飾自体、企業の真実な姿をあらわすものではないので、将来粉飾につながるし、大きな弊害があるんだということで、これに対しても強い姿勢を示してまいりました。最近は逆粉飾も、企業は姿勢を正すようになってきております。ただ、製品開発引当金というような引き当て金の形で企業の利益を留保している例がございます。しかし、これも、いわゆる特定引当金ということで利益留保性のものである。したがってこういうものを財務諸表の中で費用として掲げることは適正な経理ではないということで、公認会計士の限定意見を付するようにしております。

を行う体制をとってきております。

　また、証券取引法の改正もこの措置の一つです。このような一連の措置により、最近は粉飾の発生状況は著しく減少しています。

○青柳委員　たまたま監査基準というお話が出ましたのでお尋ねしたいのですが、大蔵省に企業会計審議会という機関を設けて、いろいろとそこから答申とか報告を受け取っているようですが、その中に企業会計原則がきめられているようです。これはいま言われた会計監査人が監査するときの基準になるのとどういう関係がありましょうか。

○白鳥説明員　企業会計原則は、企業が経理内容を明らかにするための財務書類を作成する場合、あるいは企業の会計の処理を行なう場合の一般的な妥当な基準を取りまとめたものでして、これに従い、ただいま申し上げました監査基準では、公認会計士が企業の財務諸表を監査する場合に、企業が企業会計原則に従って経理を行なっているかどうかを監査する形になっているわけです。

○青柳委員　そうすると、監査基準と企業会計原則とは密接不可分の関係に理解するのですけれども、その原則が修正されるという報告を、昭和四十四年十二月十六日に報告として提出されたようですが、これは大蔵省から諮問する形でこの修正が出てきたのか、諮問とは無関係にこの審議会が何らかの動機から修正したのか。修正をしなければならない原因が知りたいわけです。それはいかがでしょう。

○白鳥説明員　昭和四十四年十二月十六日に企業会計審議会によりまして、企業会計原則の修正案がつくられたわけです。これはただいま御審議願っております商法改正の案が出てきておった段階にあるわけですが、この商法改正案の中に「公正ナル会計慣行を斟酌スベシ」という、いわゆるしんしゃく規定が盛り込まれておるわけでして、それにより商法監査と証取法監査との間の統一をはかる目的があったわけです。

　そこで従来企業会計原則と商法の間に、必ずしも明確に関係が理解されていなかった面もございまして、会計基準が不統一であると無用の混乱を生じるおそれもございますので、商法と企業会計原則との調整をはかる観点から、企業会計原則の修正案が企業会計審議会において審議されまして、昭和四十四年十二月十六日に修正案としてこれが確定したわけです。

○青柳委員　具体的にはどこがどういうふうに違っており、どのように寄せていって大体一致できそうだというのか、それを説明していただきたいと思います。

○白鳥説明員　商法と企業会計原則との調整が必要になりましたのは、もともと商法は債権者保護の立場その他の見地から、法的に必要な範囲において会計に関する諸規定を定めておるわけですが、一方企業会計原則は、企業会計の実務の中に慣行として育ってきたものの中から、一般に公正妥当と認められるものを要約したものでして、必ずしも法によって強制されないまでも、企業が会計の処理を行なうにあたってこれを尊重されなければならない原則です。

　そこでどういう点が調整されたかですが、これは全面的に商法のほうに寄せたということではなくて、商法も企業会計原則に合わせた点もございます。

　しかし、企業会計原則そのものの修正点、おもな修正点はどういうところであるかお答え申し上げますと、まず一つは継続性の原則です。これは企業会計原則の修正案の一般原則が七つございますが、その中の五番目に継続性の原則がございます。ちょっとこれを読んでみますと、「企業会計は、その処理の原則及び手続を毎期継続して適用し、みだりにこれを変更してはならない。

　正当な理由によって、会計処理の原則又は手続に重要な変更を加えたときは、これを財務諸表に注記しなければならない。」

　これを修正案におきましては、「企業会計は、その処理の原則及び手続を毎期継続して適用し、みだりにこれを変更してはならない。」つまり前段だけにしているわけです。後段はなくなってしまったのかというと、そうではございませんで、この注記の問題は原則の問題とは違うということで、注解のほうに移しまして、注解の3にこれを規定しております。読んでみますと、「企業会計上継続性が問題とされるのは、一つの会計事実について正当と認められる二つ以上の会計処理の原則又は手続が存する場合である。このような場合に、企業が選択した会計処理の原則及び手続を毎期継続して適用しないときには、同一の会計事実について異なる利益額が算出されることになり、財務諸表の期間比較を困難ならしめ、この結果、企業の財務内容に関する利害関係者の判断を誤らしめることになる。したがって、いったん採用した会計処理の原則又は手続について重要な変更が行なわれた場合には、変更が行なわれた旨及びその変更が財務諸表に与えている影響額を当該財務諸表に注記しなければならない。」こういうふうに改めたわけです。

　次に、修正点のおもな点の二番目は、貸借対照表の中に載せるその他の資本剰余金です。現在の企業会計原則におきましては、資本の部の記載は資本金の下に剰余金という項目がございまして、この下にさらに資本剰余金として資本準備金とその他の資本剰余金、二番目に利益剰余金として利益準備金と任意積立金、当期未処分利益、こういう分け方になっていたわけです。これを修正案におきましては、剰余金の項目の分け方を、一　資本準備金、二　利益準備金、三　その他の剰余金、こういうふうな分類にいたしました。

三番目の修正点は、損益計算書の形式です。現在の企業会計原則における損益計算書のたてまえは、当期業績主義、つまり当期の営業に関連して発生した損益を明らかにすることが目的になっておりまして、これとあわせて別に利益剰余金計算書がございまして、その項目で臨時的な項目や、過年度損益によって、利益剰余金の計算をしていくわけです。ただ、最近の慣行におきましては、利益剰余金計算書と損益計算書を結合して、損益計算書のしりの下にさらに利益剰余金計算書を続けて書くという慣行が次第に発達してきており、いわゆる損益並びに剰余金結合計算書というような形で包括主義に近い表現の方法が普通になっております。そこで、商法で定められております包括主義による損益計算と統一するために、損益計算書の形式を包括主義に改めたわけです。しかしながら、営業の経緯を明かにし、当期の業績主義による結果もはっきりとさせるために損益計算書の区分を四つに区分いたしました。

それを申し上げますと、第一区分は、営業損益計算です。ここに売り上げ高、売り上げ原価あるいは販売費、一般管理費を織り込んで通常の営業利益をここに出すわけです。第二番目の項目として、経常損益計算という項目がございます。ここに営業外収益、費用をあげまして、これを差し引きして経常利益が出るわけです。この経常利益が、現在の当期業績主義による損益計算書の当期純利益に相当するわけです。第三番の項目として、純損益計算という項目をあげております。ここには、特別利益、特別損失、いわゆる災害であるとか、そういった臨時的な損益の金額をあげまして、その結果、当期純利益を純損益計算の項目のしりに出してくるわけです。そして最後に、未処分損益計算という項目を設けまして、ここで前期繰り越し利益と、特定引当金の増減を盛り込みまして、最終的な当期処分利益を計上する、こういう形に四区分の形に改めたわけです。これが第三の修正点です。

第四の修正点は、ただいまちょっと触れました特定引当金です。これの記載方法を改めました。これは企業会計原則の注14にあげてあるわりですが、その内容、趣旨は、商法の二百八十七条の二に「引当金」という項目がありますが、これを企業会計の面では特定引当金と呼んでおるわけですが、このように企業会計からいいますと、評価性引当金でもなく負債性引当金でもないそういった種類の引き当て金で、特に法令で計上を認められている引き当て金の記載方法を明確にしたわけです。具体的には、損益計算書におきましては、ただいま申し上げたように、特定引当金への繰り入れ額あるいはその取りくずし額、こういった金額は、当期の純損益計算とは区分して未処分損益計算の区分に掲載する、こういうふうにしたわけです。

一方、特定引当金の残高は、貸借対照表の問題になりますが、貸借対照表の負債の部に計上することにいたしましたが、この負債の部の中で、固定負債でもなければ流動負債でもない特定引当金という特別の部を一項目設けまして、そこに本来の負債とは区別して、特定引当金を計上する、こういうふうにしたわけです。

○**青柳委員**　全部を網羅的にお話しになられたので、理解も一応はつくわけですけれども、非常に問題にされている点が幾つかあるようです。たとえばいま言われた一般原則の第五の第二項が削除され、注解3になったということは、それ自体、何の変更もないように見えるけれども、これは実質的な変更を意味するという見解ですね、この点は、ただ文章が変わっただけであって、実質的には何の影響もないんだということでいいのかどうか、その点がどうもいままでたとえば「みだりに」という文字が残っているんだから、第二項の「正当な理由」はなくなった、つまり注解の「正当な理由」がなくなった。正当か正当でないかは、人によって判断が違うから、そういう怪しげな文章は取ったんだという説明も、この修正案をつくる過程に参加した人たちの意見もあるようです。だから、やはり取ったには取っただけの理由があるようなんですけれども、いままでの質疑答弁の中では、「みだりに」というのは、一項が厳然としてあるんだから別に変わりないんだというお話もあるし、一体これは「みだりに」ということが注解の中にもやはり生きている、ただ注記さえすれば、どんな理由であろうと、そんな理由なんかはかまわないんだという注3の解釈のしかた、だから、せっかく残っている「みだりに」というのも何の意味もなくなってくる、そういうふうなことなのかどうか。要するに修正したのですから、修正には修正の根拠があるわけです。それをずばりいうと、どういうことになるのでしょうか。

○**白鳥説明員**　商法は、法によって規制するものですので、その目的のために規定されているものでして、一方、企業会計原則は、法によって規制されないまでも、企業が経理を行うときに順守しなければならない原則であるわけです。ところで、このたびの商法の改正により企業会計原則が商法によってしんしゃくされるということになりますと、適法、違法性の問題に直接かかってくるわけです。したがいまして、「正当な理由」を原則の中にはっきり書いておきますと、何が正当で何が正当でないのか、それが直ちに適法、違法の問題にかかってくるということで混乱を生ずるという配慮から、「正当な理由によって」ということばが削られたと言われているわけですが、私どもとしましては、企業会計が順守すべき原則として、みだりに変更してはならないというこの基本原則は変わっていないというたてまえ、考え方をあくまで貫いております。みだりに変更するのは、正当な理由なくして変更するということです。したがいまして、不当な変更があった場合には、公認会計士によって監査報告書の中に指摘される限定事項となる、こういう考え方は変わっておりません。

○青柳委員　そうすると、証取法の監査の場合の基準になる企業会計原則は適法、不適法という法律的な判断の基準にはなっておらないけれども、商法でそれが公正な慣行という形で入ってくると適法か不適法かという問題の基準になってしまうから「正当」という文字は怪しいからやめておくというような議論は、「みだりに」という文字が入った一項目を残しておく限りは、全く価値のないものである。つまり、商法の公正な慣行として適法、不適法をいわれる基準としては、やはりみだりに、つまり正当な理由なしに変更することは違法なんだ、だから当然監査をする会計監査人は違法であるという――違法ということばを使うかどうかは知りません。限定意見とか不適正意見とかいうお話だそうですけれども、これは単に不適当とかなんとかいう問題じゃないんだ、それがこういう判断の基準になって生きてくるのだ、こう理解していいわけですか。

○田辺説明員　大蔵省からお答えになりました趣旨は、正当な理由を除いた理由と、それから会計原則がいっているみだりに会計処理の方法を変えたときには、会計監査人は、不適正といいますか限定といいますか意見を付することになろう、こういう御趣旨だろうと思います。

法律から考えますと、会計監査人の監査報告書に指摘いたします事項は、要するに決算が定款、法令等に基づいて行なわれているかどうか、そのことによって会社の決算内容が正しく表示されているかどうかというポイントにしぼって意見を書くことになります。その場合に、継続性の原則に関して申し上げますと、利益操作のために恣意的に会計処理の方法変更をしている、極端な場合は毎期その方法を次から次に変えていく、あるいはいろんな資産ごとにばらばらにこれを使い分けるという場合、それは利益操作のための恣意的な変更であるということで、その変更ではなしにその結果出てきている決算そのものが商法の趣旨に反している。その趣旨は、商法には継続性の原則というふうな明文の規定は持たないけれども、本来の趣旨は、商法総則にありますように、会社の財産内容を明らかにするという目的があり、あるいは表示の規則としても明確に示さなければならないという趣旨の文言を持っておりますから、その本質から考えれば法令違反であろうということで、会社の決算そのものが法律に反している、つまり違法の決算であるという意見が出る場合は十分予想されると思います。

○青柳委員　どうも監査が、裁判官が行なう法の解釈適用ほどの拘束力を持つのかどうか考え直さなければならぬと思うのですけれども、少なくとも限定意見がいままで証取のほうでは出ていたわけですし、それから公認会計士が監査をしたときに、強制的にその監査を義務づけられておってやった場合かあるいは任意の場合か、それはともかくとして、適法、不適法を考える一つの重要な資料になるという程度のものかどうかは私には十分に理解できないのですけれども、少なくとも商法の会計監査の場合とそれから証取の会計監査の場合とが、法的な効果において分かれている、商法は厳格であり、証取はそれほど厳格じゃないという理解のしかたは、ちょっと私は納得しないのです。もしそういう理解のしかたがあるとすればですけれども。だから、みだりにこれを変更してはならないということは、証取の場合でも従来どおり行われる。そしてそれは常に正当な理由がない限りは変更できないとすれば、これは違法なんだということは少しも変わっていない。いま田辺参事官からの御答弁では、毎期ごとに変更していく、しかもそれは粉飾決算を意図的に行われる、これはもう確かに反則だ、こう言われる。意図がはっきりありますからそう言われるのだろうと思いますけれども、毎期変えたからといって、経済情勢がひんぱん激変をしているから別にかまわないのだという理屈も特殊的にはあるのかもしれませんけれども、一般的に毎期変えればこれはみだりなんだ、そう断じ切れるものでもないと思います。結局は、計算のからくりで粉飾を行なう、そこに問題があるから、そういう意図でやるならば、これは正当な理由がないのだから違法である、こういうことで第五は何ら変更はないんだ。ただ注記する理由は、何か注解の中でこまごまと説明してあるという程度のものであって、それ以外の何らつけ加えたものでもなければ差し引いたものでもない、こういう理解でいくならば修正の中には入らない。文章は修正になっているけれども、実質は修正でないんだ、こう理解してよろしいかどうか。

○白鳥説明員　注解の項で非常に詳しく書いてございます。先ほど読み上げました中で特に重要なことを一つ申し上げますと、注解の末尾の段をもう一度読んでみますと、「したがって、いったん採用した会計処理の原則又は手続について重要な変更が行なわれた場合には、変更が行なわれた旨及びその変更が財務諸表に与えている影響額を当該財務諸表に注記しなければならない。」特にここで強調しておきたいことは、影響額を注記させることです。この継続性の原則のポイントは企業がかってに利益操作をして財務諸表を見る人の判断をゆがめることがあってはいけないということが大前提です。期間比較を誤らせるような継続性の変更がございました場合には、その変更によってどういう影響が出たのかをはっきりと財務諸表に注記させるわけです。この注記を読みますと、たとえば減価償却には定率法を使っていたのを今回定額法に改める。これをもし定率法でやっておればこれこれの金額になる、それの差額はこれこれであるとはっきりと注記させるわけです。これにより期間比較の誤解をさせないように手当てをする、こういう点が修正案の非常に大きな改善点だと考えられるわけです。この注記は当然株主総会などにおいて株主の目にも触れるわけですので、会社としてもやたらな修正をしますと株主総会でおこられるということで、やたらに手続を変更することに対する一つの牽制になるのではないか、こういうことです。

○青柳委員　それはむしろつけ加えたわけであって、改正であり前進であるという御説明ですが、会計監査人は従来どおりと考えて限定意見を積極的に出す可能性が残っている。これで正当な理由という一項が抜けちゃったから変更があっても注記だけしておけばいいということから、注記があるからその点は何らの価値判断を加えない。そういうことではなくて、従来どおり積極的に正当な理由の有無を自主的に判断して、そして限定意見を出すことは可能である、この点について要するに株主なり投資家が企業の経理内容がわかるようにしておきさえすればいいのであって、正当か不正当かまで会計監査人が介入する必要はないのだ、してはいけないのだという、企業にとってみると都合のいい議論はあるようです。しかしみだりに変更してはならないというのがある以上、これはみだりの変更であるかどうかは、注記によって一般の人が判断すれば足りることであって、別に会計監査人が専門的知識をもって云々する必要はないのだという、そういう企業側に立ってみると限定意見などもうやらせない。会計監査人は企業会計の継続〔性〕の原則の事実上の配慮を期待しているような、そういうことではないのだということは強調しておいてもよろしいのでしょうか。

○白鳥説明員　企業会計原則の修正案が出されましてからもう四年ほどたっているわけですが、その間に書物などでこれの解説書であるとか文書が出ております。その中には企業の立場から、継続性の原則の意味でとにかく注記さえすればいいのだという意見を書いている本もございますが、そういうことはございません。行政当局としては従来どおり公認会計士は継続性の利益操作となるような不当な継続性の変更があったときには注記させる、こういうことをはっきり申し上げておきます。

○青柳委員　昭和三十七年か八年でしたか、商法の一部改正があって、「引当金」の項が改正されて、引き当て金に負債性引当金が商法のことばの中ではないようですけれども、企業の中では負債性引当金というものがあるのだ、そしてそのほかに利益を留保するような各種準備金とか引き当て金がある。商法では利益留保引当金あるいは準備金も合理的なものとして許されているという解釈があって、今度の企業会計原則の修正にあたってはそのほうへ寄っていったということがあるのでしょうか。

○白鳥説明員　商法におきましては二百八十七条ノ二という規定がございまして、ここに「引当金」という項目がございます。「特定ノ支出又ハ損失ニ備フル為ニ引当金ヲ貸借対照表ノ負債ノ部ニ計上スルトキハ其ノ目的ヲ貸借対照表ニ於テ明カニスルコトヲ要ス」こういうふうになっているわけです。

そこで、企業会計原則の修正案におきましては、法令で認められている引き当て金は貸借対照表においてはその残額を負債の部ではあるけれども流動負債、固定負債でもない、特定引当金という項目を設けて別にはっきりと記載させる。一方損益計算書におきましては、四区分のうちの最後の区分に未処分損益計算という項目で特定引当金の繰り入れ額、取りくずし額を記載する、こういう扱いにしたわけです。したがいまして損益計算書におきましては、第三項目までのいわゆる当期純利益、これには特定引当金の出し入れが入っていない純粋な形の当期の利益が出てくるわけです。このようにいたしますことにより、特定引当金を用いてかってな利益操作を行なうことができない、かりに特定引当金を計上しても、貸借対照表を見れば、その残高がはっきりと出ておりますし、損益計算書を見れば、当期純利益には特定引当金を幾ら操作しても影響が出てこない、こういうことにより、いわゆる特定引当金を逆粉飾に利用することを防止しているわけです。

○青柳委員　むしろ逆粉飾に利用されるのを防止しているという御説明ですけれども、どうも利益をいろいろな名目で隠してよほど専門家でないと、そのからくりが理解できない。ことに一般株主とか投資家はそこまでは見抜くことができないんじゃないかという議論もあるのですけれども、そこの点は、いま説明があった手当てによって専門家の会計監査人がその点を不適正であると、つまり逆粉飾であると見る可能性は封じられているのかどうか、その点はいかがでしょうか。

○白鳥説明員　特定引当金は評価性引当金でもなければ負債性引当金でもないもので、法令で認められている引き当て金です。したがいまして、商法の二百八十七条ノ二の、ただいま読み上げました「特定ノ支出又ハ損失に備フル為」のもの、この商法の規定に該当しない特定引当金は限定の対象になるわけです。

○青柳委員　そうすると、商法の規定による引き当て金についての理解がよほどしっかりしていないと、これは限定すべき引き当て金である、あるいは準備金であると判定を下すわけにはいかなくなるのですけれども、この企業会計原則の修正でいう法令とは商法のことをさすと理解して、商法の規定にいう引き当て金は非常に明確なんでしょうか。

○白鳥説明員　先ほど読み上げましたように、商法では特定ノ支出又ハ損失ニ備フル為」、こういうふうになっておるわけです。したがいまして、特定の支出とか損失が予定されていないもの、たとえて申しますと、配当平準化引当金をもし設けるとしますと、明らかに利益処分によりまして処理が行なわれる、つまり任意積立金で処理すべきものではない、こういうふうに思うわけです。

なお、限定をつけることとつけないことの意味ですが、限定をつけるということは、こういうふうに間違っていますよ、正しくない処理をしていますよというと同時に、財務諸表を見る人が、監査報告書を見て、ここのところが操作されているんだな、正しい金額はこういうふうになるんだなということを見て、投資判断を誤らないようにするわけです。今度の修正案により、その点が貸借対照表ではちゃんと特定引当金という項目で出ておりますし、損益計算書でも未処分損益計算の項目にあがっておりますので、当期純利益のほう、第三段階までの項目でははっきりとその金額がわかります。そういう意味では、投資者に対して誤った判断を与えるおそれはないわけです。

○青柳委員　昭和四十四年十二月十六日の大蔵省企業会計審議会報告によりますと、記の第三のところに「企業会計原則修正案の趣旨にそい、法務省令「株式会社の貸借対照表及び損益計算書に関する規則」及び大蔵省令「財務諸表等の用語、様式及び作成方法に関する規則」を修正し、両者の一致を図ること」が書かれているのですが、この報告はまさに省令で手当てをしなければならぬことを要請しているようですね。これは、この商法の改正が成立する場合には当然両方とも修正する、そして両者の一致をはかることが期待されているわけですけれども、その点はいかがでしょうか。

○白鳥説明員　商法の改正案が国会を通過いたしますと、企業会計審議会におきまして、まず企業会計原則修正案について、所要の手続を経てこの案をとりまして、正式に新しい修正された企業会計原則として確立するわけです。それを受けまして法務省と大蔵省とで十分に内容を詰めまして、法務省令にある株式会社の貸借対照表及び損益計算書に関する規則と大蔵省令にある財務諸表等の用語、様式及び作成方法に関する規則の修正を行なうわけです。

○青柳委員　そうしますと、先ほど説明のときに、企業会計原則とは法律でも何でもないんだというようなお話もあったと思うのですが、結局はいまの省令という形で法的拘束力を持つようになる、そう理解していいわけですか。

○白鳥説明員　お説のとおりです。

○青柳委員　では、法務省にお尋ねするけれども、法務省令のいま読み上げた株式会社の貸借対照表及び損益計算書に関する規則は、企業会計原則の修正に照応して、それからまた大蔵省でつくる大蔵省令と照応してでき上がることになれば、三十二条二項の公正な慣行をしんしゃくするということは、しんしゃくして一々具体的なケースについて云々するのではなくて、しんしゃくした上で省令できめてしまうとも理解できるのですが、その点はいかがですか。

○田辺説明員　大蔵省お答えのとおり、両方の規則の調整をするわけですが、商法の計算規則のたてまえは、会社の計算の実質に関してはすべて法律で定めてあり、その計算に基づく記載の方法、表示の方法を規則に授権されておる、こう考えておるわけです。そこで、規則修正の内容としても、計算の実質的なものに関する変更はあり得ないわけです。そして、とりあえず予定している問題を申し上げますと、会計原則でいう継続性の原則に関するものは規則では三条で、現在、そういう会計処理の方法を変更したときはその旨を記載しろ、こういっておるのですが、会計原則で修正されましたように、これは表示の方法として関係者に変更の内容を具体的に知らせるように改正をいたす、そういう手順を考えております。その他、引き当て金に関しましては未処分損益の計算の中にあげて、関係者に対する情報をこまやかにしようという趣旨の改正をするわけです。しかしその場合でも、この種の規定は商法及びその関係の法令として商業帳簿の作成に関する法令ですから、その法令を解釈しますときには会計の慣行をしんしゃくするという関係で、慣行を素材として判断する場面は当然出てまいります。お尋ねのように規則は法律に基づいておるものですから、法令として当然働く、規制の根拠になる、こういうたてまえになると思います。

○**青柳委員** いまの三条は、変更したときには云々という、いま言ったようにこまかな注解の内容の文章を入れる予定だというお話でしたが、その原則の中にみだりに変更はしないことという、それは入れないのでしょうか。

○**田辺説明員** その直接の文言はすでに商法の総則の中と、それから規則の一条の中に入っていると考えているわけです。

○**青柳委員** ディスクロージャー制度は証取法のほうに関連した概念のようですけれども、商法でも貸借対照表、損益計算書を公開することが当然のこととして行なわれているわけですから、何かそれ以上のものをこの制度には内容として持っているのじゃないかという気もするのですが、この点は法務省のほうではどうお考えになっておりますか。

○**田辺説明員** 計算の公示の方法の問題ですが、現在商法では株式会社に関して、決算の結果株主総会で承認を得ました貸借対照表を公告しろという規定を持っておるわけです。そのほかには会社の本店、支店等にこれらの計算関係の書類を備え置いて、利害関係人の閲覧に供するという制度をとっております。しかし公告の面につきましては、一般にいわれておりますように必ずしも百十万の株式会社がすべてこの法令を順守しておるという保証がないような現状でございます。そこで、この一般公開の面につきましては、商法上も大きい問題として昔から取り上げられて検討が進められておるわけですけれども、その公示方法をめぐって大会社、中小会社それぞれ適当な方法は何かという問題に常に突き当たった結果、今回の改正法案の問題と同じように、やはり会社別にその公示方法を考慮すべきではなかろうか、こういう点で議論が詰まってきております。もし今次の改正法案が成立いたしますと、いま申し上げた観点でさらにこまかい検討をして、それぞれ適当な、合理的な公示の方法を考えるべき段階に来ると思っております。

○**青柳委員** 企業内容を公示することが、何でもかんでも公表してしまったのでは企業が成り立っていかぬ。だから、おのずから公開という問題にも限度があるみたいな議論がまことしやかに言われているのですけれども、この制度は企業の秘密と称するものに制約を受けるのかどうか、この点はいかがでしょう。

○**白鳥説明員** 現在証取法上のディスクロージャーの制度は、有価証券報告書を提出いたしますと、それが公衆縦覧に付されるわけですが、その場合、企業の秘密の必要によってその一部分について公衆の縦覧に供しないことを大蔵大臣に申請した場合には、その部分は公開をしないでいいようにする規定がございますが、この場合の企業の秘密とは、非常に重要な特許権があるとか、そういう問題でして、住民あるいは一般公衆に対して企業がこれは企業の秘密だから隠したいというようなことで乱用することは絶対できないようになっております。

○**青柳委員** 法務省はどうお考えでしょうか。

○**田辺説明員** 商法のほうのお尋ねの問題ですが、商法は貸借対照表、損益計算書あるいは利益処分に関する書類は株主、債権者一般に閲覧を認めているわけですが、商品の原価をさぐり当てる帳簿書類は、発行済み株式の十分の一以上を持っている者に限ってこれを見せるという制度をとっております。

（以下略）

衆議院　法務委員会議録第三十九号

昭和四十八年七月三日（火曜日）

出席委員

委員長 中垣　国男君

理事 大竹　太郎君　理事 小島　徹三君
理事 谷川　和穂君　理事 福永　健司君
理事 古屋　亨君　理事 稲葉　誠一君
理事 横山　利秋君　理事 青柳　盛雄君

井出一太郎君　植木庚子郎君
大村　襄治君　河本　敏夫君
住　栄作君　千葉　三郎君
羽田野忠文君　早川　崇君
三池　信君　保岡　興治君

八百板　正君　　正森　成二君
山田　太郎君　　玉置　一徳君

出席国務大臣
法　務　大　臣　田中伊三次君

出席政府委員
法務省民事局長　川島　一郎君

委員外の出席者
大蔵省主税局税制第一課長　伊豫田敏雄君
大蔵省証券局企業財務課長　白鳥　正人君
（ほか略）

本日の会議に付した案件

商法の一部を改正する法律案（内閣提出第一〇二号）

株式会社の監査等に関する商法の特例に関する法律案（内閣提出第一〇三号）

商法の一部を改正する法律等の施行に伴う関係法律の整理等に関する法律案(内閣提出第一〇四号)

○**中垣委員長**　これより会議を開きます。

内閣提出、商法の一部を改正する法律案、株式会社の監査等に関する商法の特例に関する法律案及び商法の一部を改正する法律等の施行に伴う関係法律の整理等に関する法律案、以上三法律案を一括議題といたします。

質疑の申し出がありますので、これを許します。

○**横山委員**　まず第一に、商法の改正の歴史的経緯は山陽特殊鋼の粉飾決算からです。この粉飾決算が山陽特殊鋼に起こりましてから、衆議院も、参議院も粉飾決算をいかに是正すべきかが一つの焦点になったことは言うまでもありません。しかし、数年にわたってそれを機縁にして起こりました商法改正が、今日の経済情勢と当時の経済情勢とを考えてみますと、かなりな違いがあるわけです。

いま申しましたような経済情勢の基本的変化にはたして商法改正が即応しているかどうかです。

○**田中(伊)国務大臣**　まず動機の問題ですが、山陽特殊鋼事件等による粉飾決算を防止するためには当時現行商法のままではいけないと感じて、これが動機となって商法改正に着手をしたことは事実です。

しかし、それ以前からも商法改正問題は重要問題として議題にのぼっておったものでして、粉飾決算を防止していくためにはいかにあるべきかを考究いたしました結果、株式会社の監査制度の充実強化以外にはなかろうという結論になりまして、今回の案を立案をしたのです。ずいぶん長期にわたってこの立案計画を立ててきたので、経済情勢の変化に伴うてこの方針を変えるところはなかったのかですが、経済情勢は大変化を来たしておるのですけれども、動機、方針は監査制度の強化ということ一本でこれを是正することができるものと、こう確信を持って今回のお願いをしておる次第です。

○**横山委員**　私の申し上げていることが大臣よくわかっていないような気がするわけですが、いまの経済情勢は粉飾決算よりも、もっと大きな企業の体質、企業の動向が変わりつつある、私はそう言っているのです。粉飾決算は山陽特殊鋼以降そんなに増大はしていない。粉飾決算は徐々に減少の一途をたどっている。それをさらに強化をすることについては私は異議はないけれども、しかし問題の所在がいま変わりつつある。企業のあるべき姿について粉飾決算だけをばかの一つ覚えのように言うておるような経済情勢ではなくなっている、こういうことを私は言いたいのです。

○**田中(伊)国務大臣**　経済情勢の変化に伴いまして商法改正の必要性はなるほどおことばのとおり変わってきております。

具体的に申しますと、最近は物資の買い占め、売り惜しみ、そういう企業の社会性を否定するような方向に向かって動いておることは事実です。経済情勢はそういう買い占め、売り惜しみを行いやすい資金のだぶつきが表面化してきておるという現状です。

そういうものをチェックしますためにも監査制度の強化により十分チェックができる。反社会性のチェックは監査制度の強化でやれる、こういう信念を持っておりますので、お願いをしておる次第です。

（中略）

○**横山委員**　理事会において承れば、自由民主党から商法改正案につき修正提案が行なわれ、私どももそれをしさいに分析をしまして、伝えられる修正案に対して私ども社会党としては賛成をしようと考えておるわけですが、その前にこの修正案につきまして政府側の意見を聞きたいと思うのです。

第一に、五億円以上十億円未満の一般会社、金融機関に対しては、別に法律で定める日まで修正して延期をするということです。別に法律で定める日とは、いかなる条件があって、そういう条件が成熟すればとお考えですか、その条件を伺いたい。

○**川島政府委員**　会計監査の問題につきまして適用会社の範囲を修正するという御意見が出ておりますことは私も漏れ伺っておりますが、今回の修正案によりまして、五億以上十億円未満の一般会社と金融機関について、特例法による会計監査の適用をする時期を別に法律で定める日、というふうに定めるということですが、これは今回の改正案による会計監査が原案におきましても三段階に逐次適用されていく形になっております。この逐次適用とは、会計監査の実務を行ないます公認会計士あるいは監査法人が、新しく商法で認められることになる会計監査の仕事を一時に多数の会社について行うことは若干実行上の問題があるのではないかという面からの配慮によるものですが、最初原案を提出いたしましたときは、現在の公認会計士の人員等から見まして、おおむねこの線で実行できるのではないかと考えておったわけですが、今回の修正案はそれをさらに慎重にされたということでして、それだけ会計監査の内容がしっかりしたものになると期待できますので、その意味では修正案も一つの考え方であろうと思います。

したがいまして、別に法律で定める日をどの時点に置くかは、私の推測ですが、おそらくそれ以外の会社についての適用が行なわれる。そうしてその実績を見た上で、妥当と思われる時期に法律で定められることになるのではないか、このように考えておるわけです。

○横山委員　当初政府は、五億円以上十億円未満を五十二年一月一日という考えがあったようです。これが別に法律で定める日になりました経緯は、少なくとも五十二年一月一日以前には当然この別に法律で定める日にはならない、こういうふうに理解してよろしいのですね。

○川島政府委員　これは国会でお定めになります法律によるわけですので、私どもからあまり正確な見通しを立てることは困難です。ごく一般的な常識論として、修正案により三段階までは適用期日が定められております。四十九年一月一日、五十年一月一日、五十一年一月一日と定められておりますので、別に法律で定める日は、それ以後の段階ですので、きわめて常識的に考えまして、五十二年一月一日以降となるのではないかと想像しておる次第です。

○横山委員　私どもがこの修正案に賛成をするにはなみなみならぬ判断、検討をしたわけでして、私どもが考えております基本的な考え方を申し上げておかなければなりません。

それは、この適用会社が一億、三億、五億、そしてさしあたり十億となる過程の中で、一貫して、いろいろな議論はあったけれども、共通の議論としては、粉飾決算なり新しい経済情勢を考えてみるときに、法務省あるいは大蔵省が間口を広げるばかりが必ずしも能ではない。これはいま世間の指弾を浴びております独占企業、大企業、大商社に対して集中的な、効果的なものをすべきであって、間口を広げればそれだけ監査能力なり、大蔵省、法務省の行政指導が分散をしてしまう。したがってこの際、限定をした大企業、独占資本に対する最も効率的、効果的な重点的な監査をすべきであろう、こういう判断なのです。その判断は粉飾決算だけではないぞ、あらゆる問題について集中的なことをやれ、こう言っておるわけですから、この点を十分考えていただきたいと思うわけです。

かりにこの修正案が通過をしましたあと、新しく公認会計士の監査を必要とする会社は幾つ増加しますか。

○川島政府委員　まず修正案に基づいて会社の数を申し上げますと、四十九年一月一日から、まあ正確には、その日から以後の最初の決算期に関する定時総会の終結後となるわけですが、まず第一には四十九年一月一日から適用されますのが、資本金五億円以上の証取法適用会社千六百三社です。その次が五十年一月一日から適用になります十億円以上の一般会社が現在四百六十六社ございます。それから第三段階の五十一年一月一日から適用になります十億円以上の金融機関が百二十九社ございます。そのほかに別に法律で定める日で五億円以上十億円未満の一般会社、金融機関、合計五百七十四社が残っておるわけです。したがいまして、現在証券取引法の適用を受けている会社を除きますと、五百九十五社が新たに公認会計士が入って監査をする会社になろうかと思います。

○横山委員　会社の社会的責任の問題です。商法を改正して企業に社会的責任を負わすべきであるという質問に対し、あなたは、法律的にはやや困難であろうけれども、気持ちとしては全く賛成だ、こういうお答えでした。どうも私は、田中法務大臣はいつも実質的効果のない、けれども精神的効果といいますか、野党説得力といいますか、そういう点でいつもお逃げになる可能性が多いと思う。これでは困るのです。ほんとうに企業の社会的責任がこれから大事なことだとするならば、将来商法改正をする場合に、本来企業の近代社会におけるあるべき姿が改正案の中に盛り込めないものかどうか。第二番目に、かりに万一盛り込めないならば、政府は企業の社会的責任を行政指導の上で達成すべき方途はないのかどうか。

○田中(伊)国務大臣　企業の社会性は、これを法律の明文の上に規定することは、技術的になかなかむずかしいところがあると存じます。しかし、それは逃げ口上を言っておるのじゃないのでして、企業に社会性を持たすためには、企業の自主的な態度で社会性を尊重していくことが望ましいということです。逃げておるのではないのです。

そこで、それをやりますためにはどういう行き方が必要かと申しますと、まず第一に、商法を抜本的に改正する必要がある。抜本的改正の方向は三方面が考えられる。一つの方面は、ただいまお願いしております監査制度の強化という問題、続いて株主総会の抜本的な改正、それから取締役会の抜本的改正、この三方面の改正が必要である。そのうち、一度にこれをやりましては会社もなかなか容易なことでございませんので、この基本的な要件としての監査制度の大改革をこのたびお願いをしておる次第である。こういうふうに私は説明しておるのでありまして、社会性を持たなければならないということについては、かたく信念をもってその必要を何度も説いておるわけです。

そういうことですので、今回の改正のお願いができますれば、相当程度の自信をもって企業の社会性を高揚することができる、こう信じております。これをお許しをいただきました上で、これを実施に移しました上で、取締役の方面と株主総会の方面、この二方面についての改革に着手をしたい、こう考えております。

○横山委員　あなたのおっしゃる、第一は監査、第二が取締役会、第三は総会、その順序は私は逆だと思っているのです。これは意見の対立するところですから、取締役なり総会なり、一番根っこの問題に取りかからずして、警察を強化しただけではだめだと思っておるわけです。商法そのものずばり、企業の目的について、社会的責任を監視としてかぶせる。利潤追求の手段であるという定義の商法から、社会的責任を持った企業にするにはどうしたらいいのか、政府側の答弁は不十分である、こういうところなんです。

○田中(伊)国務大臣　どうも私の考え方がかた過ぎるのかもしれませんが、企業の社会性を持たすためには、企業の自主的な運営よろしきを得て、結果において社会性を尊重することになることが一番望ましい。それは営利企業のたてまえ上、自由経済のもとにおいてはそうあるべきものであろうと私は考えておるのです。したがって、それをいたしますには、企業自体が社会性を尊重するような運営をしていくことが必要である。そのためには監査制度ということで、その監査制度にものを言わそうという考え方を持っておるのです。

○横山委員　第二番目に私どもが議論の対象にいたしました問題に、大小会社の区別の問題があります。今回五億円と十億円という問題がありまして、会社は三つのジャンルに一応なることになります。商法は基本的にはすべての会社に網をかぶせておるわけですが、商法がほんとうに守られておるかどうかを考えますと、うどん屋株式会社とかげた屋株式会社、八百屋株式会社が、社長がどんぶりを洗い、専務が裏でおむつを洗たくしておることも、またこれ会社なのです。その会社が株主総会をやるというたところで、実際問題として株主総会は行なわれておらず、適宜株主総会の議事録がつくられることがある。これは文書偽造とでも申しましょうか。つまり、商法はかなりの規模の企業に対して目を向けておるのであって、零細な会社に対して必ずしも目を向けていない。したがって、圧倒的多数の会社に守られていない商法であることは、現状を分析すれば直ちに言えることだと思うのです。いかにして守られる商法であるべきかという点は、この際大いに考えなければならぬことではあるまいか。その意味におきまして、大小会社の区別はいろいろな弊害がございます。弊害はありますけれども、その弊害は除去することによって、守られる商法、そして特に社会的責任の強い大企業等への制約、いろいろな規制等、それから零細な会社に対する規範的な条項といいますか、そういう方向に今後分けていくべきではないか、こういうふうに考えますが、いかがですか。

○川島政府委員　現在百万余の株式会社があって、その現状はお述べになったとおりであろうと思います。もともと商法は、大衆から資金を集めて、そして大企業を興すことを考えて株式会社の制度をつくっておるわけです。しかるに、実際には、たとえば税金対策の面とか、あるいは対外的な活動ないし信用の面とか、そういった理由により、この株式会社の制度が必要以上に広く行き渡っておる。こういう結果として、商法の規定が守られていない面がかなりあることは事実です。したがいまして、御示唆にありましたように、会社の規模を考えながら、大きい会社には大きな会社に適合した規制を、小さな会社には小さな会社に適合した規制を考えるべきであると思われます。この点は、法制審議会の商法部会もかなり以前から議論のあったところですが、実際の問題として、これをどういう形で実現するか、ことに現在非常に多数の株式会社が現に存在しておるわけですので、これをどのように扱うかは意見も分かれますので、今日まで議論はいろいろ出ておりますけれども、実現を見ていないという現状です。しかしながら、これは早急に検討をしなければならない問題であると考えておりますので、商法部会におきましても御検討をいただくことになると思います。

それから、大会社の社会的責任の規制の問題ですが、これも、最近いろいろな方面で議論が行なわれております。しかしながら、具体的に実効のある形でどのような規制を行なうかになりますと、その方法には非常に問題があるわけです。現在社会的に問題となっておりますのは、主として法令に触れる場合です。たとえば証券取引法の規定に反した行為が行われたり、あるいは食糧管理法の規定に反する行為が行われたり、商法自体の罰則に反する場合もございます。そういった点から見まして、商法も、商法以外においても、罰則を整備していくことが一つの考え方であろうと思います。また、企業自体がいろいろ考えておるようですので、こういったモラルの問題にはいろいろな方面から検討していく必要があるわけでして、商法改正の今後の扱いも、こうした問題をどのように扱ったらいいのかは当然論議の対象になると思いますが、商法のワク内で扱うかどうかという点を含め、現在のところはっきりした方向は検討中であるという段階にあるわけです。

○横山委員　次は株主総会のあり方について論争の焦点になりましたのは、議長を社長がやらずに他をもって行わしたほうが民主的ではないか、それから総会屋について、政治的な側面をもって買収供応その他をやることを、総会屋を整理する方法について論争がありました。それから株主総会に提案する項目について商法改正をして具体的に列挙をして議論が起こるようにしたらどうか、これだけは総会に出さなければならないとしたらどうかという意見がありました。それからまた、取締役会に社外重役を置くべきではないかということが盛んに議論になりました。

これらについての政府の答弁は必ずしも十分でない、方向を示唆していなかったわけです。もう一つは、額面金額五十円の問題もございました。こういう点につき、議論を通じてこの最終的な段階における政府側の意見を具体的にお願いをしたい。

○田中(伊)国務大臣　まず第一に、株式会社の組織、運営の問題です。続いて取締役会の構成、運営の問題ですが、この問題は今回の改正案を通じまして盛んに真剣な御議論を拝聴しております。法務省の立場ではこうしますということがはっきり鮮明に答弁がないのですね。私が横で聞いておりまして、それはおことばどおりであります。それはどういう事情で鮮明な答弁がないのかと申しますと、今回の改正をお願いをいたしまして、監査制度の改革を中核にして実施に移してみて、そうしてあとの二つの根本的改革、基本的改革をやっていきたい、こう考えておるものですから、現に、次に来たるべき抜本的改正について案があるわけでございませんので、もう一つ歯切れがはっきりしないわけですけれども、ただいま仰せになりました事柄は十分に織り込んで、次の抜本的改正に役立たせたい、こう考えておるのです。

○横山委員　それでは、本委員会におけるわれわれの意見等は十分審議会に提供をされ、遺憾のないようにしていただきたいと思います。

○田中(伊)国務大臣　衆参両院の速記録の要旨を有力な資料として法制審議会に具申をする考えです。

○横山委員　次に会計監査人の独立性の問題です。この点は、十分納得できる答弁を引き出すわけにはいきませんでした。その根本的な問題は、公認会計士の皆さんが被監査会社からお金をもらって、被監査会社の悪いところをさがすというたてまえです。このたてまえがどうにも納得ができないのです。前回の改正をもって監査法人が成立をしました。監査法人にしても、監査法人が会社から金をもらって、その会社のごまかしているところをさがすという点は、根本的に理論的矛盾がどうしても払拭できないのです。これは歴史なり各国の情勢なりもわれわれの判断の材料にはしましたけれども、それをもっても私どもは納得ができない。この会計監査人の独立性を確保するためにどういう手段があり得るか論争をしたわけです。私どもからは、たとえば公認会計士協会が委嘱を受けてやったらどうか、これ一つでいかなければ二つの大きな監査法人にしたらどうか、あるいは特殊な意見として裁判所の任命にしたらどうか、政府の委嘱にしたらどうかという意見もありました。政府側から、そうするとどうしても会社の信頼度、信用度、人間的関係がうまくいかないという趣旨の答弁もありました。しかし政府側の答弁からいきますと、むしろそれは逆ではないかと反論したいところなのです。会社との癒着があまりにもあるようでは、公正な立場ができないのではないか。ある一定期間を過ぎたならば適宜公認会計士は交代すべきではなかろうかという意見もあったわけです。政府側から、公認会計士の独立性を確保するための積極的な答弁が実は見つからなかったわけです。したがって私どもは附帯決議をもって、独立性を確保するために、その選任方法等について適切な方途を講じてもらいたいという附帯決議を提出するつもりですが、政府側として、この選任方法なり独立性を確保するために今後どのようにお考えなのか、お考えを伺いたい。

○田中(伊)国務大臣　私企業も社会性を持たなければならぬことは言うまでもありませんが、何にしても私企業である。その私企業を監査する監査の制度をやります場合、法律で定めた監査人に報酬を自分で払ってもらうということはやむを得ないのではなかろうか。問題はその公認会計士の人格、識見です。

少し理屈に走るようですけれども、公認会計士は非常にむずかしい試験に合格し、教養豊かな人材です。その教養豊かな公認会計士の人格、識見を信ずるならば、当該企業に金を出してもらってもどうということはなかろう。しかし理想の理想を申しますと、私は先生仰せのとおり適切でない、どうも考え方はそういうことです。

そこで、その一つの考え方として、具体的には公認会計士、それぞれ全国的組織がございますが、その全国的組織の責任のもとに、それぞれ府県を中心として、ブロック別にも協会が設けられておるわけですから、これを法制化しまして、その協会に委嘱をする、協会の指名する公認会計士に監査を行わしめることも一つの方法論として考えられるのです。

もう一つは、幸い今度の改正にも監査法人の規定ができております。この監査法人は数名のものから十数名のものから二十名前後のものから、いろいろ形と構成の頭数が違うわけですが、監査法人にやらす。すべて監査をしてくれる公認会計士はどこかの監査法人に参加をしてもらうというような、監査法人を中心とします場合、個人の公認会計士に委嘱をする場合よりは独立性が考えられるということも一つの方法であろうと存じますが、これらの問題は、私企業とは申しながら大事な監査を実施していくわけですから、監査人の独立性、不羈独立の立場に立って監査ができますようにするためには、どの制度がよかろうかと、今後に来たるべき抜本改正をめぐりまして、この点は引き続き検討してみたいと存じます。

○白鳥説明員　公認会計士が会社から報酬を得ることによって独立性が害されるのではないか、こういう御質問をこの国会中にたびたびいただきましたが、そもそも公認会計士が会社に対して独立性を維持するためには、まず公認会計士の精神的態度における独立性が重要であることと、監査報酬を得るのは、その企業の内容が公正であることを社会に認めてもらうために公認会計士の証明をもらうということで、むしろ社会的信頼を得るための不可欠の条件であるということで、監査報酬を支払うのは、その監査業務に対する当然の報酬であると御答弁申し上げてきたわけです。

しかしながら、漏れ承るところによりますと、本日附帯決議におきまして、この独立性を確保するために、選任の方法について適切な方途を講ずることというのが出されると伺っておりますし、これにつきましては、ただいま法務大臣からの御答弁にございましたように、政府部内で十分検討いたしてまいりたいと思います。

○横山委員　たとえば弁護士と公認会計士と税理士と見比べてみましょう。弁護士も税理士も法律のワク内において、弁護士は人を殺した加害者に対しても、どろぼうした人間に対しても、その権利を擁護する。税理士もまた脱税をした納税者でも、法律のワク内において納税者の権利を主張する、こういう立場に立って報酬を得るわけです。公認会計士の場合、これはいま大蔵省からお話しのように、会社の公正であるべきことを証明してもらって、社会的信用を博するという側面もあると思いますが、いま社会的に公認会計士に期待をしておることは、会社が悪いことをしないように、十分悪いことがあったら摘出してもらいたい、なれ合うことのないようにしてもらいたいという側面のほうがはるかに多いのです。公認会計士が全人格をもって、そして一般大衆のために、株主のためにがんばってもらいたいという側面のほうがはるかに多いのです。

したがいまして、その点から考えますと、これを実行する上において会社から直接お金をもらうシステムについて、私はどうしても納得ができないのです。

企業が報酬を出すのは当然であろう。当然であろうが、それを監査をする監査法人なり公認会計士に直接お金を出さないようにしてもらいたい。第三者に金を渡して、第三者から委嘱を受けて公認会計士なり監査法人が監査をする。おまえから金をもらっているのじゃないのだ、そういうクッションを経ることによって、より公正な関係が保持できるのじゃないか、こう主張しておるのです。

この主張に対して、いろいろな歴史がある、外国の事情はこうだというお話をされても、私どもには納得ができない、そういうことを主張しておるわけです。ですから、この点は政府側としてはまだまだ大いに検討すべきである、日本的なあり方があってしかるべきである、こういう点で特に附帯決議を付すところです。

それから大臣のおことばの中に、なるべく監査法人がいいという話がありました。私もそれに賛成するにやぶさかではありません。ただ、監査法人がだんだん大きくなっていく、小さな監査法人、個人の公認会計士が淘汰されていく、いわんや公認会計士の資格をとってもそこに働いておる若い人たちの今後のあり方について検討さるべきではないか、現状において、大監査法人、小監査法人、あるいは個人公認会計士の総合的な活動分野の調整をすべきではないか、そういう点について附帯決議を付しておるところですから、その点は大蔵省として十分考えて行政運営をしてもらいたいと思うのです。

それから次に、「監査法人は、その社員が税務書類の作成などの税務業務を行なっている会社について、本法の監査業務を行なわないよう規制すること。」という附帯決議を付することにいたしておるわけですが、大蔵省に少し念を押しておきたい。

「税務書類の作成などの税務業務」という文章は、もちろん税務書類に限定されたことではありません。税務業務とは、税務書類の作成、税務相談、それから同時に税務代理行為等を踏まえておるわけでして、これは単なる例示ですから、税務書類などの作成などに焦点があるわけではない、そういうふうに解釈をすべきであるかどうかがまず第一。

第二番目に、「規制をする」という規制のしかたです。この規制は本委員会でもうずいぶん議論を尽くしてきたわけですが、この公認会計士の利害関係者の問題は政令、通達が非常にあちらこちらにわたっておるわけです。したがって、簡明直截な、誤解の生じない規制のしかたをしてもらいたいと思いますが、いかなる方法で行なわれるか。

○白鳥説明員　監査法人の税務業務は、監査法人の一人でも税務業務を行なってはならないという規定をしますと監査法人育成が非常にむずかしくなるということで、監査法人の育成に逆行するものであるということで反対してまいったわけです。この考え方は、監査法人を育成していくという方向は、会社の規模が非常に拡大してくる、また経理内容も複雑化してくるということに対応しまして、当然今後とも育成していかなければならないことです。私どもとしまして、監査法人育成に対する方針は従来といささかも変わってはおらないことをまず申し上げておきまして、この監査法人の行う税務についての規制ですが、附帯決議が示された場合には、それに基づきこの決議の趣旨が十分生かされるように検討してまいりたいと思っております。

○横山委員　税務業務の範囲は私の言ったとおりですね、規制の方法は誤解のないようにはっきりしてもらいたい、こう言っているわけですが、その答弁がございません。

○白鳥説明員　現在、政令では、監査証明省令あるいは公認会計士法と、いろいろな部分に分散しておりまして、非常にわかりにくくなっております。特に商法監査が導入されますと、これとの関連も合わさりまして、政令を一本化する作業を行なっているわけです。ただ、政令で規定する場合、技術的に非常にむずかしい問題がございます。したがいまして、ただいまどういうふうにするかは即答いたしかねるわけです。附帯決議の御趣旨は十分生かされるように処置してまいりたい、こういうふうに思っておるわけです。

○横山委員　この附帯決議の五項目について、技術的にはいま回答いたしかねるが、実質的には院の趣旨に沿って必ず行う、この税務書類の解釈と規制のしかたについてお約束願わなければだめですよ。

○白鳥説明員　実質的には附帯決議の御趣旨が生かされるように検討してまいりたいと思っております。

○横山委員　次は、企業会計原則につきまして「「企業会計原則」の修正が租税に大きな影響をもたらすこととなるときは、租税法律主義に反しないよう必要な手続をとること。また、同原則の修正に当っては、より真実の財務内容の公開という目的に合致するよう留意すること。」これが同僚諸君といろいろ議論を尽くして提案する内容になったわけですが、本来、企業会計原則の修正で租税に影響をもたらすことがおかしいのです。この点は「大きな影響をもたらすこととなるときは、租税法律主義に反しないよう必要な手続を」とれと言っておるわけです。本来、租税法定主義の原則からいって、国会の議決を経ずして企業会計原則が租税に影響することはおかしいのですから、この附帯決議の趣旨は、企業会計原則が租税に影響をもたらさないというたてまえでしてもらわなければ困る、万一そういうようなことになった場合の必要な手続は国会の議決である、こういう点について政府側として明確な御答弁をいただいておかなければなりません。

それから「より真実の財務内容の公開という目的」という点です。これもずいぶん議論がされたことでありますから多くを申し上げませんが、少なくとも「より真実の財務内容」というものが、ここに書いてあるからでなくて、知識が十分でない納税者でもよくわかる、そして判断が容易にできるということでなければならないのだよ、こういう意味ですが、その点について御意見を伺いたい。

○伊豫田説明員　前半の税法関係の部分につきましてお答え申し上げます。

法人税法第二十二条におきましては、現在、別段の定めがある場合を除いては収益及び費用の金額は、これを一般に公正妥当と認められる会計処理の基準に従って計算されるべきものと規定されております。したがって、企業会計原則と申しますよりも、われわれはむしろ企業会計原則のうしろにある企業会計の公正な慣行を成文化したものと考えております。その企業会計の公正な慣行が長年月の間に次第に変わってまいりました場合には、これは税法の計算にも影響を及ぼします。そういう意味におきまして、必要な場合には租税法律主義に反しないよう法令の改定を含めまして必要な手続を行うべきものと考えております。ただ申し上げておきたいことは、税法は実質的な公平を実現するという意味合いから申しまして、ある程度統一的に企業の会計の処理と申しますか、会計の計算をしていかなければならない性格を持っております。たとえば引き当て金等につきまして一定の金額がきめてあるようなものです。したがいまして、別段の定めがしてあるものが非常に多いのです。現在のところ、企業の収益計上の時期等は、一部を除いてはほとんどすべて別段の定めをしているので、実際に企業会計の慣行が変わって、税制がそれによって租税の計算に直接の影響あるいは大きな影響を及ぼすことは予想しておりません。

（中略）

○横山委員　親会社の調査権です。親会社が子会社に対する立ち入り調査について、子会社の者は、親会社から来た者に対して真実を言うと損になる場合がある。真実を言わないとまた損になる場合がある。そういう場合に、どういう拒否条件があるかです。その点について同僚諸君からの質問に対して、政府側は十分な答弁ができなかったわけであります。これは一体政府側としてどういう判断をされましたか。企業の秘密もあるだろう。なるほど子会社はあくまで親会社の影響下にあるといえども子会社の独立性があるはずである。拒否をしても法律的に守られるという条件を例示をいたしまして政府側に迫まったわけでありますが、この点についてお考えになったと思いますが、御回答をいただきたいと思います。

○川島政府委員　子会社の調査権につきいろいろ議論があったわけですが、第一に子会社調査権という趣旨から申しまして、これが乱用されないように気をつける必要があると思いますし、乱用に対してはもちろん拒否ができるわけですから、その面から救済の方法があるわけですけれども、実際問題として乱用されることがありますとはなはだ困りますので、その点は十分法務省としてもよくこの趣旨を徹底していきたいと思います。

それから調査に対して拒否をした場合に不利益を生ずるのではないかという問題ですが、これは法律上の義務として調査権が一方に与えられておりますので、それに対して調査に応ずることは法律上の義務でして、その義務を履行することによって不利益を課せられることはあり得ないし、またあってはならない、このように考えております。

○横山委員　本件は、その実情の状況を見まして一定の子会社は調査がオールマイティーであって、いかなることといえどもこれに従わなければならないという義務は私は必ずしもないと思うのです。どういう場合にそれが拒否し得るかは、法務省としても十分さらに念査をしてもらいたい。そして別な機会にわれわれにその拒否条件につきまして説明を願いたい、こう考えます。

○中垣委員長　これにて各案に対する質疑は終了いたしました。

○中垣委員長　三法律案中、株式会社の監査等に関する商法の特例に関する法律案に対し、大竹太郎君外一名から自由民主党、民社党共同提案にかかる修正案が提出されております。

株式会社の監査等に関する商法の特例に関する法律案に対する修正案

株式会社の監査等に関する商法の特例に関する法律案の一部を次のように修正する。

第四条第二項第三号を次のように改める。

三　監査法人でその社員のうちに第一号又は前号に掲げる者があるもの

第五条第二項を削る。

附則第二項中「適用を受ける株式会社」の下に「（以下「証券取引法適用会社」という。）」を加え、「その他の株式会社で」を「証券取引法適用会社でない株式会社のうち」に改め、「以外のもの」の下に「で資本の額が十億円以上のもの」を、「、銀行等」の下に「で資本の額が十億円以上のもの」を加え、「終結の時までは」を「終結の時まで、証券取引法適用会社でない株式会社で資本の額が十億円未満のものについては、別に法律で定める日前及び同日以後最初に到来する決算期に関する定時総会の終結の時までは」に改める。

○中垣委員長　この際、提出者から趣旨の説明を求めます。

○大竹委員　私は、自由民主党及び民社党を代表して、株式会社の監査等に関する商法の特例に関する法律案に対する修正案の趣旨について説明をいたします。

第一点は会計監査人の欠格事由に対する修正です。

原案は、監査法人について、会社の取締役、監査役など会計監査人としての欠格者が社員の過半数を占める場合を欠格事由としているのですが、監査のより一そうの公正をはかるため、欠格者を一人でも社員とする場合を欠格事由とするよう修正しようとするものです。

第二点は、適用日に対する修正です。

原案は、資本金五億円以上で証券取引法の適用のない一般会社及び資本金五億円以上の銀行等に対する適用日をそれぞれ昭和五十年一月一日及び昭和五十一年一月一日と定めているのですが、監査制度に対する会計監査人たる公認会計士、監査法人及び監査の対象となる会社の準備等のため相当の期間を置くことが適当であると考え、一般会社及び銀行等に対する適用基準を資本金五億円以上としているのを十億円以上に、資本金五億円以上十億円未満の一般会社及び銀行等に対する適用日を別に法律で定める日に修正しようとするものです。

以上が本修正案の趣旨及び内容です。何とぞ本修正の趣旨に御賛同いただくようお願いいたします。

○**中垣委員長**　これより三法律案及び修正案について討論に入ります。

討論の申し出がありますので、これを許します。

○**古屋委員**　わが国の株式会社の監査の実情を見まするに、監査役の地位、権限が弱体であるため、本来の監査機能を十分果たしていないのでありまして、このことは最近における有力企業の粉飾決算続出の例を見ても十分うかがい知るところです。

今回の改正の最大のねらいは、このような実情に対処するため、監査役の地位、権限を強化しようとするものでして、たとえば、監査役の任期も一年に延長し、取締役会出席権や取締役の違法行為差しとめ請求権等の権限を監査役に与え、会社の内部から不正を事前に防止しようとするものです。

また、今回の改正は、新たに五億円以上の大規模会社について、公認会計士や監査法人による事前監査を義務づけ外部からの監査もきびしくしており、内部、外部の両面からの監査によって企業の不正を防止しようとするものです。

さらに、今回の改正には、定款による累積投票制度の排除、中間配当制度の新設、取締役会の決議による転換社債の発行など会社の運営の安定、株主の便宜や企業活動の円滑化をねらった改正点も多いのでして、今回の改正は、最近の株式会社の実情に照らしまさに時宜に即した措置であると考えるのです。

また、修正案は、監査のより一そうの公正をはかり、監査の対象会社等の準備のため必要な措置を講じようとするもので、妥当なものです。

よって、私は、以上三法律案及び修正案に対し賛成の意を表するものであります。

○**横山委員**　本来この商法の改正は山陽特殊鋼の粉飾決算から始まりました。しかしその後の経済情勢、政治情勢は大きな変革を遂げ、大企業の独善、横暴は目に余るものがあるわけですが、これらは粉飾決算の問題から別に大きな発展をしておるわけであります。したがいまして、粉飾決算それ自身を見ましても、今回の商法の改正をもってしてもどうしてもこれが解決をし得ない、たとえば警察官をふやせばどろぼうがなくなるというものではないわけですが、粉飾決算、粉飾決算と言うけれども、粉飾決算はほぼ下降状態に入っておる。そうして買い占め、売り惜しみ等の大企業の横暴が、別な角度でわれわれが商法改正に取り組まなければならぬ、そういう時代にあると考えておるわけです。

そしてまた、いみじくもわれわれの審査の土台をくつがえすような問題がその審査の過程で発展いたしました。それは公認会計士の監査が行われており、それをさらに背後から適正な監査であったかどうかを審査するべき証券監査官が汚職をしたという事実です。これでは一体何をわれわれは審議をしておるのか。政府のいままでの答弁が根底からくつがえるような事態が生じたわけです。したがいまして、問題の所在はもっと別なところにある、こう私どもは考えざるを得ません。企業会計監査は大企業の要求に屈服したのではないか。商法の改正に反対し続けてきた経団連がこれに賛成し、賛成するゆえんは、いろいろなところで幹部が話をしておるわけですが、公認会計士の監査は社会的な信用を得るだけのものでして、法律できめられているから、われわれとしてはおつき合いでやっているということをぬけぬけと公言をしておる。公認会計士諸君に対してもこれは一種の侮辱である。また経団連のあるべき姿がいみじくもそこに出ておる気がいたすわけでして、公認会計士諸君の今後の自発的な切磋琢磨、社会的地位の向上、独立性の強化によって毅然たる業務運営をしていただかなければならぬと痛感をいたします。

今回三法案に対しまする修正案と附帯決議が上程されました。私どもはこの法案が衆議院を通過することがあっても最大限の努力をしなければならぬと思いまして、修正案ないし附帯決議に努力したわけですが、残念ながら最大限努力したにもかかわらずそれは最小限の解決、こういうふうに痛感をせざるを得ないわけです。したがいまして、私どもは政府原案に反対し修正案及び附帯決議に賛成をいたしたいと存じます。

○**正森委員**　私は本法律案及び修正案に対して一括

して反対いたします。

まず第一に、改正商法はその三十二条で「商業帳簿ノ作成ニ関スル規定ノ解釈ニ付テハ公正ナル会計慣行ヲ斟酌スベシ」こう定めておりますが、これは企業会計原則の修正案を基本的に導入するものです。そしてこれは継続性の原則を正当の理由なく企業が自分の都合により変更できることとなるものです。そして、たとえば減価償却も定率定額を企業のほしいままに変更し、利益を計上したりしなかったりすることが事実上できることが明瞭になっております。また引き当て金という制度を設けまして、ここでも事実上の粉飾決算が行われることになっております。

申すまでもなく、現行の公表会計制度は、商法上の営業報告書によるものと証取法上の有価証券報告書によるものとの二本立てになっておりまして、それぞれ別の会計基準により決算書が作成され、二つの決算書と二つの利益が存在することになっております。商法上は合法的なものとして認められ、費用に落とされている特定引当金が証取法上は利益留保とされ、費用性を否定されているので、大企業、大会社が特定引当金を利用して蓄積した秘密積み立て金が公認会計士の監査においてクレームをつけられ、限定意見をつけられるたてまえになっておりました。ところが今回の改正により、それが非独占会社の粉飾の取り締まり強化とともに、逆粉飾も粉飾であると規定せざるを得ないことになると、大企業、大会社の利潤隠蔽もこれまでのようには行ないにくくなる。そこで大企業、大会社は非独占の粉飾決算を締め出しながら自分はいままで以上の利潤隠蔽を行ない、しかも公認会計士にクレームをつけられないようにするという虫のいい要求をかなえるために会計制度の全面的な改編に乗り出すに至ったものです。そして今回の商法改正は事実上この要請に全面的にこたえているものといわなければなりません。

修正企業会計原則は、注14で負債性引当金以外の引き当て金についてということを設けております。こういうような一連の改正は作成の一方の責任者でありました番場嘉一郎氏が経団連において「経団連意見はほとんど九〇%まで通っていると思います。その結果、こういう修正案ができたのだということを申し上げます。」と、経団連ペースであることを申しております。そしてこれを受けて経団連の居林次雄氏は「この際、有税でもってでも会計原則が例示した負債性引当金を広く計上して、税法としてもこれを認めざるを得ないようにすることが必要であると思われる。したがって、この三月期決算以降において、各社が有税でも引き当てるという決心をしていただきたい。この場合、負債性引当金の計上額は、各社、各業界における過去の実績値（アフターサービス費を出した実績とか、売り上げ割り戻し、売り上げ値引きをした実績値等）を参考として、今後の見通しを加えた額にすることになる。特に長期延べ払いのものとか、長期の保障契約をしているようなものについては、手厚く引き当金を計上することが必要であると思われる。」こう言っております。手厚く特別引当金を計上して、これらの金については税金がかからないことになっております。このような考え方は大企業大会社の利益を一方的に擁護するものであり、われわれは断じてこれを認めるわけにはまいりません。これが第一の理由です。

第二に企業の社会的責任を要請する社会の声の高まり、これにこたえるかのような態度をとって監査制度を強化しております。しかしながらこれはきわめて不十分なものであって、この程度の改正では事実上絵にかいたもちであるといわなければなりません。公認会計士に完全に監査させれば万事オーケーであるかのごとく言っておられる方がおりますけれども、公認会計士のうち登録の抹消をされた者が三名、そして業務停止を受けた者が四十六名、戒告を受けた者が五、誓約書をとられた者が八十九名に達することが企業財務課長から明らかにされております。したがって公認会計士といえども決して企業から完全な独立性を有しておるものではございません。しかも企業と契約を行い、企業から直接報酬を受けることでは決して当該企業に対して厳正な監査を行うことができないことは制度的にもきわめて明らかであるといわなければなりません。したがって、また取締役は累積投票制度を事実上なくするということで、取締役内部において相互に規制するあるいは監視し合うことをわざわざ削除しております。したがって、これは企業について監査制度を強化することによって企業の社会的責任を果たすというたてまえですけれども、これは逆に微温的な改正を行うことによって企業に対する社会の批判をそらせるために行うものといわれてもいたしかたないでしょう。修正案も出てまいりましたけれども、これらの重大な点について改善はなされておりません。逆に銀行の監査時期をずらすなど改悪する部分さえ修正案には見られます。したがって私どもはこれに対して賛成はできません。そのほか親会社の子会社への調査権が子会社に対する不当な介入になるおそれがあること。また税理業務と監査制度の関係の明確、明瞭化、職域の配分もいまだ十分配慮がなされていないこと等、きわめて不十分な改正であると批判しなければならないと思います。

最後に、私どもは、次のことを指摘したい。

企業の社会的責任を追及するためには、大企業の独占価格について国会に調査室を設けて厳重に規制すること、買い占め、売り惜しみは自民党政府案のようなものではなく、買い占め、売り惜しみ行為そのものに対して刑罰を課するような特別法を制定すること等々の抜本的対策を講ずることが必要であり、これが現下の社会情勢から求められていることであることを指摘して、本三法案に対する反対討論を終わりたいと思います。

○山田(太)委員　今回の改正法律案のねらいは監査制度の強化によって粉飾決算を防止することであり、それによって株主、債権者、従業員を保護することが目的でした。しかし原法案によって粉飾決算を防止できるかは疑問であり、場合によっては粉飾、逆粉飾の危険さえ考えられるのです。

反対理由として、まず第一に、商法の一部を改正する前回提出法案の監査役に関する改正よりも、今回提出された法案が一歩も二歩も後退し骨抜きになっていることです。株主総会招集請求権、すなわち取締役解任のための請求権などの削除、取締役会招集権削除、取締役の定期報告義務の削除等です。原法案の条文には取締役の違法行為の差しとめ請求権がありますが、これらの削除によって法の効力が著しく弱められた。削除した条文が生きていて初めて差しとめ請求権による違法行為のチェックが十分に効力を発揮することができるのであって、表裏一体であり法の裏打ちになるのです。条文を削除することは、監査制度を強化するという法案の目的に反するものです。

第二に、中間配当は営業年度中に利益を得たものを、中間においてその利益を分配し、株主、債権者に利益を与えることであります。しかし実際には二回の分割配当であるから、きちんと決算して決定配当すべきです。さもないと、人為操作によって見込み配当もあり得る。またその失敗によって赤字配当、すなわちタコ配の危険性が十分にあるのです。いままでにもタコ配の実例がたくさんありましたが、タコ配を絶対にしないという保障は何もない。逆に中間配当することによって利益者に迷惑をかけることになり、粉飾決算になりかねない。そのような危険までおかして中間配当をする必要はないのであります。

第三に、引き当て金は逆粉飾の危険性を持っております。利益の過小表示を広範に認めることによって、利益配当請求権を不当に阻害するおそれがあります。

以上がおもな反対理由でありますが、先決問題は現在腐敗し切った企業モラルの立て直しです。原法案によって粉飾決算の防止がどこまで期待できるかに強い疑問を持つからです。

以上によって反対討論を終わります。

○中垣委員長　これにて討論は終局いたしました。

続いて採決に入ります。

まず、商法の一部を改正する法律案について採決いたします。

本案に賛成の諸君の起立を求めます。

〔賛成者起立〕

○中垣委員長　起立多数。よって、本案は原案のとおり可決すべきものと決しました。

次に、株式会社の監査等に関する商法の特例に関する法律案及び同案に対する修正案について採決いたします。

まず、大竹太郎君外一名提出の修正案について採決いたします。

本修正案に賛成の諸君の起立を求めます。

〔賛成者起立〕

○中垣委員長　起立多数。よって、本修正案は可決いたしました。

次に、ただいま可決いたしました修正部分を除く原案について採決いたします。

これに賛成の諸君の起立を求めます。

〔賛成者起立〕

○中垣委員長　起立多数。よって、本案は修正議決すべきものと決しました。

次に、商法の一部を改正する法律等の施行に伴う関係法律の整理等に関する法律案について採決いたします。

本案に賛成の諸君の起立を求めます。

〔賛成者起立〕

○中垣委員長　起立多数。よって、本案は原案のとおり可決すべきものと決しました。

○中垣委員長　ただいま議決いたしました三法律案に対し、横山利秋君外三名より、自由民主党、日本社会党、公明党、民社党四党共同提案にかかる附帯決議を付すべしとの動議が提出されております。

この際、提出者から趣旨の説明を求めます。横山利秋君。

○横山委員　私は自由民主党、日本社会党、公明党及び民社党の四党を代表して商法の一部を改正する法律案等三案に対する附帯決議案の趣旨について説明を申し上げます。

まず案文を朗読いたします。

商法の一部を改正する法律案、株式会社の監査等に関する商法の特例に関する法律案及び

商法の一部を改正する法律等の施行に伴う関係法律の整理等に関する法律案に対する附帯決議（案）

わが国の株式会社の現状にかんがみるとき、商法等に改正を要する問題が少くなく、今回の改正をもつてしてもその十分な実効をあげることは困難である。

よつて政府は、次の点について早急に検討すべきである。

一、会社の社会的責任、大小会社の区別、株主総会のあり方、取締役会の構成及び一株の額面金額等について所要の改正を行なうこと。

二、会計監査人の独立性を確保するため、その選任方法等について適切な方途を講ずること。

三、商法の運用については、政府各行政機関において連絡を密にしその適正を期すること。

四、監査法人の育成・強化を図る反面、個人たる公認会計士の業務分野についても行政上適正な措置をすることとし、もつて活動分野の調整をはかるものとすること。

五、監査法人は、その社員が税務書類の作成などの税務業務を行なつている会社について、本法の監査業務を行なわないよう規制すること。

六、休眠会社の整理に当つては、事前に十分なPRを行なう等、慎重に措置すること。

七、「企業会計原則」の修正が租税に大きな影響をもたらすこととなるときは、租税法律主義に反しないよう必要な手続をとること。

また、同原則の修正に当つては、より真実の財務内容の公開という目的に合致するよう留意すること。

八、商業帳簿等としてマイクロフイルムを一定の条件の下に認めること。

九、学校法人等公益的な性格の法人について公認会計士の監査対象とするよう速かに措置すること。

十、会計帳簿の作成について零細な商人に複式簿記を強制しないよう行政指導をすること。

本附帯決議の趣旨は、質疑の過程ですでに明らかにされておりますので、重ねて説明することを省略いたしますが、何とぞ本案の趣旨に御賛同いただき、すみやかに可決されるようお願いいたします。

○**中垣委員長**　これにて趣旨の説明は終わりました。

直ちに採決いたします。

本動議に賛成の諸君の起立を求めます。

〔賛成者起立〕

○**中垣委員長**　起立総員。よって、本動議のごとく附帯決議を付することに決しました。

ただいまの附帯決議について、法務大臣から発言を求められておりますので、これを許します。田中法務大臣。

○**田中(伊)国務大臣**　ただいま御可決いただきました附帯決議に関しましては、その実現に最善の努力を払う覚悟でございます。

○**中垣委員長**　おはかりいたします。

ただいま議決いたしました三法律案に関する委員会報告書の作成につきましては、委員長に御一任願いたいと存じますが、御異議ありませんか。

〔「異議なし」と呼ぶ者あり〕

○**中垣委員長**　御異議なしと認めます。よって、さよう決しました。

衆議院会議録第四十九号

昭和四十八年七月三日(火曜日)

○**本日の会議に付した案件**

商法の一部を改正する法律案(内閣提出)

株式会社の監査等に関する商法の特例に関する法律案(内閣提出)

商法の一部を改正する法律等の施行に伴う関係法律の整理等に関する法律案(内閣提出)

○**議長(前尾繁三郎君)**　これより会議を開きます。

（中略）

商法の一部を改正する法律案(内閣提出)

株式会社の監査等に関する商法の特例に関する法律案(内閣提出)

商法の一部を改正する法律等の施行に伴う関係法律の整理等に関する法律案(内閣提出)

○**中山正暉君**　議案上程に関する緊急動議を提出いたします。

すなわち、この際、内閣提出、商法の一部を改正する法律案、株式会社の監査等に関する商法の特例に関する法律案、商法の一部を改正する法律等の施行に伴う関係法律の整理等に関する法律案、右三案を一括議題となし、委員長の報告を求め、その審議を進められんことを望みます。

○**議長(前尾繁三郎君)**　中山正暉君の動議に御異議ありませんか。

〔「異議なし」と呼ぶ者あり〕

○**議長（前尾繁三郎君）** 御異議なしと認めます。

商法の一部を改正する法律案、株式会社の監査等に関する商法の特例に関する法律案、商法の一部を改正する法律等の施行に伴う関係法律の整理等に関する法律案、右三案を一括して議題といたします。

（中略）

……………………………………

理　由

商法の一部を改正する法律等の施行に伴い、非訟事件手続法その他の関係法律の規定を整理し、所要の経過措置を定める等の必要がある。これが、この法律案を提出する理由である。

○**議長（前尾繁三郎君）** 委員長の報告を求めます。

○**中垣国男君** ただいま議題となりました三法律案について、法務委員会における審査の経過並びに結果を御報告申し上げます。

まず、商法の一部を改正する法律案について申し上げます。

本案は、現下の社会経済情勢にかんがみ、株式会社の運営の適正及び安定をはかり、資金調達の方法に改善を加える等のため、早急に改正を必要とする事項について改正を行おうとするもので、そのおもな内容は次のとおりです。

第一は、監査役は、会計監査のほか業務監査をも行なうものとし、このために必要な取締役会出席権、取締役の違法行為の差止請求権等の権限を認めること。

第二は、定款をもって、取締役の選任につき累積投票の請求を完全に排除できること。

第三は、新株の発行にあたっては、法定準備金を資本に組み入れ、株主に対して発行価額の一部の払い込みを要しない株式を発行することを認め、また、転換社債の発行については、原則として取締役会の決議によってすることができること。

第四は、営業年度を一年とする株式会社について、いわゆる中間配当の道を開くこと。

第五は、すでに営業を廃止しているいわゆる休眠会社を整理する方途を講ずること。

第六は、株式会社を含むすべての商人について、財産目録を廃し、損益計算書の作成を義務づける等商業帳簿の体系及び財産の評価に関する規定を整備すること。

等です。

次に、株式会社の監査等に関する商法の特例に関する法律案について申し上げます。

本案は、株式会社の実情にかんがみ、特に大規模の株式会社及び中小規模の株式会社の監査制度について、それぞれ、改正後の商法の特例を設けようとするものであり、そのおもな内容は次のとおりです。

第一は、資本金五億円以上の株式会社は、計算書類について、定時総会前に公認会計士または監査法人の監査を受けること。

第二は、資本金一億円以下の株式会社においては、監査役は会計監査のみを行なうものとし、監査報告書の記載事項は特に法定しない等の措置を講ずること。

等です。

最後に、商法の一部を改正する法律等の施行に伴う関係法律の整理等に関する法律案について申し上げます。

本案は、商法の一部を改正する法律等の施行に伴い、非訟事件手続法ほか三十一の関連する諸法律について、改正を要するものの整理等を一括して行なおうとするものです。

当委員会は、四月六日三法律案の提案理由の説明を聴取した後、学識経験者等参考人の意見を聞き、大蔵委員会、商工委員会との連合審査会を開催するなど、慎重かつ熱心な審査を行ないました。

かくて、本日質疑を終了したところ、株式会社の監査等に関する商法の特例に関する法律案に対し、大竹太郎君外一名から、適用期日の一部延期等を内容とする修正案が提出されました。

次いで、三案及び修正案を一括して討論に付した後、採決を行いましたところ、株式会社の監査等に関する商法の特例に関する法律案は多数をもって修正案のとおり修正議決すべきものと決し、また、商法の一部を改正する法律案、及び商法の一部を改正する法律等の施行に伴う関係法律の整理等に関する法律案は、いずれも多数をもって原案のとおり可決すべきものと決しました。

なお、以上三法案に対し、附帯決議が付されたことを申し添えます。

以上、御報告申し上げます。

〔参照〕

株式会社の監査等に関する商法の特例に関する法律案に対する修正案（委員会修正）

株式会社の監査等に関する商法の特例に関する法律案の一部を次のように修正する。

第四条第一項第三号を次のように改める。

三　監査法人でその社員のうちに第一号又は前号に掲げる者があるもの

第五条第一項を削る。

附則第一項中「適用を受ける株式会社」の下に「（以下「証券取引法適用会社」という。）」を加え、「その他の株式会社で」を「証券取引法適用会社でない株式会社のうち」に改め、「以外のもの」の下に「で資本の額が十億円以上のもの」を、「、銀行等」の下に「で資本の額が十億円以上のもの」を加え、「終結の時までは」を「終結の時まで、証券取引法適用会社でない株式会社で資本の額が十億円未満のものについては、別に法律で定める日前及び同日以後最初に到来する決算期に関する定時総会の終結の時までは」に改める。

○議長（前尾繁三郎君）　三案を一括して採決いたします。

三案中、商法の一部を改正する法律案、及び商法の一部を改正する法律等の施行に伴う関係法律の整理等に関する法律案の委員長の報告はいずれも可決、他の一案の委員長の報告は修正であります。三案を委員長報告のとおり決するに賛成の諸君の起立を求めます。

〔賛成者起立〕

○議長（前尾繁三郎君）　起立多数。よって、三案とも委員長報告のとおり決しました。

（以下略）

参議院　法務委員会会議録第十二号

昭和四十八年七月五日（木曜日）

出席者は左のとおり。

委員長		原田　立君
理　事		後藤　義隆君
		原　文兵衛君
		佐々木静子君
		白木義一郎君
委　員		木島　義夫君
		鈴木　省吾君
		中西　一郎君
		吉武　恵市君
		鈴木　強君
		竹田　現照君
	発　議　者	佐々木静子君
	発　議　者	白木義一郎君
衆議院議員	修正案提出者	大竹　太郎君
国務大臣	法　務　大　臣	田中伊三次君
政府委員	法務省民事局長	川島　一郎君
説明員	法務大臣官房審議官	田辺　明君

（ほか略）

本日の会議に付した案件

○検察及び裁判の運営等に関する調査

（兵庫県の堀木訴訟に関する件）

（刑法改正に関する件）

（未承認国の出入国に関する件等）

○刑事訴訟法及び刑事訴訟費用等に関する法律の一部を改正する法律案（佐々木静子君外一名発議）

○商法の一部を改正する法律案（内閣提出、衆議院送付）

○株式会社の監査等に関する商法の特例に関する法律案（内閣提出、衆議院送付）

○商法の一部を改正する法律等の施行に伴う関係法律の整理等に関する法律案（内閣提出、衆議院送付）

○委員長（原田立君）　ただいまから法務委員会を開会いたします。

（中略）

商法の一部を改正する法律案、株式会社の監査等に関する商法の特例に関する法律案、及び商法の一部を改正する法律等の施行に伴う関係法律の整理等に関する法律案を便宜一括して議題といたします。

まず、政府から趣旨説明を聴取いたします。

○国務大臣（田中伊三次君）　商法の一部を改正する法律案、株式会社の監査等に関する商法の特例に関する法律案及び商法の一部を改正する法律等の施行に伴う関係法律の整理等に関する法律案につきまして、その趣旨を便宜一括して御説明を申し上げます。

商法の一部を改正する法律案は、現下の社会経済情勢にかんがみ、株式会社の運営の適正及び安定をはかり、あるいはその資金調達の方法に改善を加える等のため、早急に改正を必要とする事項について、商法の一部を改正しようとするものです。

第一に、株式会社の業務が適正に行なわれることを確保するために、監査役は、会計監査のほか、業務監査をも行なうものとし、このために必要な権限、たとえば取締役会出席権、取締役の違法行為の差しとめ請求権などを認めるとともに、その地位の安定その他監査機能の強化のための措置を講ずることとしております。

第二に、株式会社の運営の安定をはかるため、定款をもって、取締役の選任につき累積投票の請求を完全に排除できることとしております。

第三に、株式会社の資金調達の便宜をはかる等のために、新株の発行にあたっては、法定準備金を資本に組み入れ、株主に対して発行価額の一部の払い込みを要しない株式を発行することを認め、また、転換社債の発行については、原則として取締役会の決議によってすることができるものとし、なお、株主の利益を保護するため、この場合における株主の引き受け権等に関する規定を整備することとしております。

第四に、株主の便宜等を考慮して、営業年度を一年とする株式会社について、いわゆる中間配当の道を開くことといたしております。

最後に、取引の安全をはかるため、すでに営業を廃止しているいわゆる休眠会社を整理する方途を講ずることとしております。

次に、株式会社の監査等に関する商法の特例に関する法律案は、株式会社の実情にかんがみ、特に大規模の株式会社及び中小規模の株式会社の監査制度について、それぞれ改正後の商法の特例を設けようとするものです。

この法律案の要点を申し上げますと、

第一に、大規模の株式会社にあっては、株主をはじめ、従業員、取引先、下請企業者などの利害関係人の保護のために、その経理の適正を期することが特に重要ですので、資本金五億円以上の株式会社は、計算書類は、定時総会前に公認会計士または監査法人の監査を受けるものとし、その会計監査の充実をはかることとしております。

第二に、中小規模の株式会社は、その実情から見て、ある程度監査に関する基準を軽減する必要があると思われますので、資本金一億円以下の株式会社において、監査役は会計監査のみを行なうものとし、監査報告書の記載事項については特に法定はしない、こういう措置を講ずることとしました。

最後に、商法の一部を改正する法律等の施行に伴う関係法律の整理等に関する法律案は、商法の一部を改正する法律案等の施行に伴いまして、非訟事件手続法のほか三十二の関連諸法律について、改正することが必要となっております。

以上が商法の一部を改正する法律案、株式会社の監査等に関する商法の特例に関する法律案、及び商法の一部を改正する法律等の施行に伴う関係法律の整理等に関する法律案の趣旨です。

何とぞ、慎重に御審議をいただきました上で、すみやかに御可決くださいますようお願い申し上げます。

○委員長（原田立君） 次に、補足説明を聴取いたします。

○政府委員（川島一郎君） それでは、ただいまの説明に補足いたしまして、商法の一部を改正する法律案、株式会社の監査等に関する商法の特例に関する法律案、及び商法の一部を改正する法律等の施行に伴う関係法律の整理等に関する法律案につきまして、その内容を御説明申し上げます。

最初に、商法の一部を改正する法律案ですが、改正項目が多岐にわたっておりますので、説明の便宜上、事項別に説明をさせていただきます。

まず第一は、監査役に関する改正です。

御承知のように、現行法では、株式会社の監査役は、会計の監査を行うことをその職務としております。改正案は、これに対し、監査役の職務を、会計の監査を含む業務の監査に拡張することとしており、この点が今回の改正の主眼点の一つとなっております。そのために、まず、第二百七十四条を改正し、その第一項において、監査役は取締役の職務の執行を監査するものとし、いわゆる業務監査の職務を規定するとともに、同条第二項及び第二百七十五条にも所要の改正を加えることとしております。

また、これに関連して、監査役の権限を拡張する必要がありますので、第二百七十四条ノ二、第二百七十四条ノ三、第二百七十五条ノ二から四までの規定を新設するなどしまして、取締役には、監査役に対する緊急事態の報告義務を認め、監査役には、子会社調査権、取締役の違法行為の差しとめ請求権、監査役の選任及び解任について株主総会で意見を述べる権利、会社と取締役との間の訴訟等について会社を代表する権利などを認めることにしております。

それからまた、監査役が業務監査を行うことになりますと、取締役会に出席して意見を述べることをも認める必要が生じてまいります。この関係から、第二百六十条ノ三その他の取締役会に関する規定に所要の改正を加えることにしております。

さらに、現在では監査役には認められておりませんが、株主総会決議取り消しの訴え等を提起する権限や整理開始等の申し立てをする権限も、今後は監査役にも認める必要がありますので、第二百四十七条をはじめ、関係規定を改正して、これらの権限を監査役にも与えることにしたのであります。

ところで、監査役の職務が拡張されましても、計算書類の監査が監査役の重要な職務であることには変わりがございません。改正案は、計算書類の監査が一そう適正に行われるようにするために、次のような改正をすることにしております。すなわち、第二百八十一条を改正して、計算書類のみならず、その付属書類についても監査役の監査を受けさせることにするとともに、第二百八十一条ノ二から四までの規定を新設して、監査役の監査期間を伸長し、同時に監査報告書の記載事項を法定して監査が形式に流れることのないように配慮したものです。また、第二百八十三条を改正し、定時株主総会における審議の適正をはかるため、その招集の通知には計算書類及び監査報告書の謄本を添付しなければならないこととしております。

なお、監査役の監査期間を伸長したことに伴いまして、第二百二十四条ノ三を改正して、株主名簿の閉鎖期間等を現行の二カ月から三カ月に伸長することとしております。

ところで、監査役に適正な監査を行わせますためには、その地位を安定させておくことが必要です。そこで、第二百七十三条を改正して、監査役の任期は、原則として就任後二年以内の最終の決算期に関する定時株主総会の終結の時までとし、現行の一年を二年に伸長することとしております。また、他面において、監査役の独立性を強化するため、第二百七十六条を改正して、監査役は子会社の取締役や使用人を兼ねることもできないこととしております。

第二は、中間配当の制度です。

改正案は、いわゆる中間配当の制度を認めることにしております。この制度は、営業年度を一年とする会社が、その年度の中間において、半年決算の場合の配当と同じように、株主に金銭の分配をすることを認めようとするものです。そのため、第二百九十三条ノ五の規定を新設し、その第一項において、営業年度を一年とする会社は、定款で定めた場合には、一営業年度中一回に限り、取締役会の決議で株主に金銭の分配、いわゆる中間配当をすることができるものとしております。また、この金銭の分配は、前期末の貸借対照表の純資産額から、最後の決算期における資本、法定準備金等を差し引いた残額を限度として行うこと、その期末に配当可能利益が出ないおそれのあるときは、金銭を分配してはならないことなどの制限を同条第二項以下に規定し、不当な経理が行われないよう配慮しております。

第三は、累積投票の制度の改正です。

御承知のとおり現行商法は、第二百五十六条ノ三及び第二百五十六条ノ四において累積投票の制度を認め、二名以上の取締役を選任する場合には、株主は累積投票の請求ができることとし、定款で累積投票を排除している場合でも、発行済み株式の総数の四分の一以上の株式を有する株主の請求があるときは、累積投票によらなければならないこととしております。改正案は、第二百五十六条ノ三の規定を改め、かつ、第二百五十六条ノ四を削除して、累積投票の制度を採用するかいなかは、会社が自治的に定款で定めることができることにしております。

第四は、準備金の資本組み入れによる有償無償の抱き合わせ増資の制度の新設です。

改正案は、第二百八十条ノ九ノ二の規定を新設してこの制度を認めることとしております。

すなわち、その第一項において、準備金を資本に組み入れた会社が券面額を発行価額として額面株式を発行する場合には、株主に新株引き受け権を与え、かつ、その引き受け権の譲渡を認めることを条件として、発行価額の一部の払い込みを要しない新株の発行、いわゆる有償無償の抱き合わせ増資を認めることとし、第二項から第五項までにおいて、この新株を株主に割り当てるについて生ずる一株未満の端株及び申込期日に申し込みを失念した失権株は、会社がこれを処分してその一定割合の金銭を株主に支払うべきことを定めております。

これに関連して、第二百八十条ノ二第一項に第九号を加え、この抱き合わせ増資による新株の発行を行うこと及び発行価額中払い込みを要する金額は取締役会において決定しなければならないこととし、また、第二百八十条ノ七を改正して、新株引き受け人の有償部分の払い込み義務を規定することにしております。

第五は、転換社債の発行についてです。

現行法では、会社が転換社債を発行するには、定款または株主総会の特別決議によって転換の条件等を定めなければならないことになっておりますが、改正案は、第三百四十一条ノ二の規定を改正して、原則として取締役会の決議で転換社債を発行することができるように改めることにしております。もっとも、第三百四十一条ノ二第三項において、株主以外の者に特に有利な転換の条件を付した転換社債を発行するときは、株主総会の特別決議を要することと定め、あるいは、第三百四十一条ノ二ノ二から二ノ五までの規定を新設し、転換社債の発行に関する株主への通知または公告、株主の転換社債引き受け権等について、新株の発行の場合に準ずる取り扱いを定め、株主の利益の保護についても十分に配慮することとしております。

第六は、休眠会社の整理です。

改正案は、第四百六条の三の規定を新設して、すでに営業を廃止したものと認められるいわゆる休眠会社を整理する道を開いております。すなわち、第四百六条ノ三の第一項は、過去五年間何らの登記もしていない株式会社は、法務大臣が官報で公告してから二カ月以内に、まだ営業を廃止していない旨の届け出をしないときは、解散したものとみなすことにしております。なお、法務大臣が官報に公告をしたときは、登記所から該当の会社にその旨の通知をすること、解散とみなされた会社は、三年以内であれば、株主総会の特別決議で会社を継続し復活することができることとし、第二項及び第三項においてこれを定めております。

第七は、商業帳簿に関する規定の改正です。

まず、第三十二条から第三十四条までを全文改めることにしております。すなわち、第三十二条は、第一項において、商人は、会計帳簿、貸借対照表及び損益計算書をつくらなければならないこととし、現行法の財産目録を削除して新たに損益計算書を加え、第二項において、商業帳簿の作成に関する規定の解釈については、公正な会計慣行をしんしゃくすべきこととしているのです。

第三十三条は、会計帳簿の記載方法等並びに貸借対照表及び損益計算書の作成方法等について定めております。

また、第三十四条は、流動資産、固定資産及び金銭債権についての評価の方法を合理的なものに改めようとするものです。

以上のほか、株式会社の計算についても、第二百八十五条ノ六を改正し、親会社の所有する子会社の株式の評価については、現行の低価法を原価法に改めるなど若干の改正をしております。

次に、株式会社の監査等に関する商法の特例に関する法律案について御説明いたします。

第一条は、総則でありまして、この法律の趣旨を定めたものです。

第二条から第二十一条までは、第二章として、資本の額が五億円以上の株式会社に関する商法の特例を定めたものです。この特例は、資本の額が五億円以上の株式会社は、特にその経理を適正にする必要がありますので、計算書類について、株主総会の前に、会計監査人の監査を受けなければならないことをその内容とするものでして、第二条において、まず、そのことを明らかにしております。

第三条は、会計監査人の選任に関する規定でして、会計監査人は監査役の過半数の同意を得て、取締役会が選任することなどを定めております。

第四条は、会計監査人は、会計の監査の専門家である公認会計士または監査法人でなければならないこととし、なお、一定の欠格事由をも定めております。

第五条は、監査法人が会計監査人となった場合に、その職務を実際に行なうべき社員について定めたものです。

第六条は、会計監査人の解任の手続を定めております。

第七条は、会計監査人の権限として、帳簿及び書類の閲覧権、会社業務及び財産状況の調査権、子会社調査権などを定めたものです。

第八条は、取締役に不正の行為等があることを発見したときの会計監査人の監査役に対する報告義務について定めたものです。

第九条から第十一条までは、会計監査人の責任について定めております。

第十二条から第十八条までは、監査の手続等について定めたものでして、まず、第十二条は、取締役が監査役及び会計監査人に提出する計算書類の提出期限について定めております。第十三条及び第十四条は、会計監査人及び監査役の監査報告書について定めております。また、第十五条は、計算書類の付属明細書についての会計監査人及び監査役の監査について定めたものです。さらに、第十六条は、会計監査人の監査報告書の備え置きについて、第十七条は、その謄本を定時株主総会の招集の通知に添付すべきことを定めたものでして、第十八条は、会計監査人の定時株主総会における意見の陳述権及び陳述義務について定めております。

第十九条は、本法に特則を設けましたため、商法中適用を除外する規定を定めたものです。

第二十条及び第二十一条は、会社の資本の額が五億円を上下する場合における第二条から第十九条までの規定の適用についての経過措置を定めたものです。

次に、第二十二条から第二十七条までは、第三章として、資本の額が一億円以下の中小規模の株式会社に関する商法の特例を定めたものです。

第二十二条は、資本の額が一億円以下の株式会社の監査役は、現行法と同じく、会計監査のみを行なうこととし、その権限もそれに必要な範囲に限ることとしたものです。

第二十三条は、取締役が監査役に計算書類を提出する期限及び監査役が取締役に監査報告書を提出する期限について商法の特例を定めたものです。

第二十四条は、会社と取締役との間の訴訟につき会社を代表する者は、現行法と同じく、原則として、取締役会が定めることとしたものです。

第二十五条は、中小規模の会社の実情にかんがみ、商法中適用を除外する規定を定めたものです。

第二十六条及び第二十七条は、会社の資本の額が一億円を上下する場合における第二十二条から第二十五条までの規定の適用についての経過措置を定めたものです。

第二十八条から第三十条までは、第四章といたしまして、罰則を定めております。

最後に、商法の一部を改正する法律等の施行に伴う関係法律の整理等に関する法律案について御説明申しあげます。

この法案は、非訟事件手続法の外三十二の法律を改正しようとするものですが、大部分は実質に関係のない改正、すなわち商法改正に伴う形式的な整理です。そこで、形式的な整理以外の点を説明いたします。

まず第一条は、株式併合等の場合における端株の処理について裁判所の許可を得る場合の手続を定めるため、非訟事件手続法に所要の改正を加えようとするものです。

第六条は、地方自治法第二百五十二条の十九第一項の指定都市における商号専用権の効力を生ずる区域を改め、また、計算書類の付属明細書の記載事項を命令で定めることとするため、商法中改正法律施行法に所要の改正を加えようとするものです。

第九条は、基金の総額が五億円以上の相互会社について会計監査人の監査を受けなければならないことなどを定めるため、保険業法に所要の改正を加えるものです。

第十三条は、公認会計士等の業務の制限について公認会計士法に所要の改正を加えようとするものです。

第三十六条は、休眠会社の整理について、所要の登記手続を定めるため、商業登記法に改正を加えるものです。

以上をもって、補足説明を終わります。

○委員長(原田立君)　この際、株式会社の監査等に関する商法の特例に関する法律案の衆議院における修正部分について、修正案提出者、衆議院議員大竹太郎君から説明を聴取いたします。

○衆議院議員(大竹太郎君)　株式会社の監査等に関する商法の特例に関する法律案中衆議院の修正にかかる部分について御説明申し上げます。

第一点は、会計監査人の欠格事由に対する修正です。

原案は、第四条二項三号で、監査法人について、会社の取締役、監査役など会計監査人としての欠格事由に当たる社員が過半数を占める場合を欠格事由としていたのですが、監査のより一そうの公正をはかるため、監査法人は欠格事由に当たる者を一人でも社員とする場合を、欠格事由とするよう修正したものです。

第二点は、会計監査人の職務を行なうべき社員の資格に対する削除修正です。

原案第五条第二項の削除は、第一点の修正として申し上げました第四条二項三号の修正に伴う整理です。

第三点は、適用日に対する修正です。

原案は、附則第二項において、資本金五億円以上で証券取引法の適用のない一般会社及び資本金五億円以上の銀行等に対する適用日を、それぞれ昭和五十年一月一日及び昭和五十一年一月一日としているのですが、会計監査人たる公認会計士、監査法人及び監査の対象となる会社の、監査制度に対する準備等のため、相当の期間をおくことが適当と考え、資本金五億円以上とあるのを資本金十億円以上に修正し、資本金十億円未満の一般会社及び銀行等に対する適用日を、別に法律で定める日に修正したものです。

以上が衆議院における修正の趣旨及びその内容です。

○委員長(原田立君)　以上で説明は終了いたしました。

これより質疑に入ります。

質疑のある方は順次御発言願います。

○原文兵衛君　まず最初に、商法の一部改正ですが、その一番大きな点が監査制度の改正であろうと思います。そこで、昭和二十五年の商法改正の際に監査制度についてすでに大幅な改正がされておりますが、いままた監査制度を改正するということは、この二回にわたる改正の経緯とその理由について簡単に御説明願います。

○説明員(田辺明君)　今回の監査制度改正の動機になりましたのは、御案内のように、昭和四十年、前年から不況期に見舞われて、四十年にわが国最大の粉飾決算と言われた山陽特殊鋼の事件が発生いたしました。この事件を契機に、まず会社更生法の改正がもくろまれました。と同時に、商法上も監査制度のあり方が問題となったわけです。その後、四十二年には会社更生法の一部改正ができ上がり、そのころ同時に、商法につきましては、法制審議会の商法部会が監査制度の問題点を取り上げて審議をしてまいりました。この審議の結果は、昭和四十五年の三月に、法制審議会として、株式会社の監査制度の改正要綱をつくりまして、法務大臣に答申がされたわけです。これを踏まえて政府において立案いたしましたものが、今回国会の御審議を受けている商法及びこれに関連する二つの改正案です。

この改正作業のまず最も大きい論点は、山陽特殊鋼をはじめとする経理上の不正粉飾事犯にかんがみ、それぞれ株式会社法上の監査役がありながらこの種の事犯を防止できなかったという点について商法としてはどう考えるかという問題点です。この解決方法として二つの方向が示されました。一つは、会社の業務運営を決定し執行する取締役会の制度をどのように改めるか、第二が監査役の権限改正の問題でした。その結論として、今回提案しておりますような、株式会社の監査制度について、現行の監査役をそのまま置くと同時に、その権限を、会計の監査の権限のほか業務一般に関する権限を与える、その地位を保全するための適当な措置を講ずる、こういうことを一つの改正点に持っておるわけです。その他、大会社は、経理の適正を期するために専門の公認会計士の監査を義務づけるという措置をとった案となったわけです。

○原文兵衛君　いま山陽特殊鋼の例が出たんですが、四十年の不況で山陽特殊鋼の粉飾決算というのが大きな問題になったわけですが、それから今日までに粉飾決算の事例はどの程度あるのか、簡単に説明してください。

○説明員(田辺明君)　その後依然として粉飾決算のあとは断たないわけですが、最近でも著名な事件としては、三共その他の粉飾事例が発生しております。件数は、私ども正確に現在持っておりませんが、年々減少はいたさないような傾向にあると考えております。

○原文兵衛君　それから、昭和四十五年の三月と四十六年の三月に、法制審議会で、主として監査役の権限強化その他の内容を有するところの法律案の改正要綱が決定されているわけです。それに基づいているといいますが、今回の改正案の中を見ますと、法制審議会の要綱が必ずしも全部入っているようでもございません。そこで、今回の改正案と法制審議会の答申と異なっている点があるのではないかと思います。それは、異なった点があるのかどうかという点、もしあれば、その理由は何であるか簡単に御説明願います。

○説明員(田辺明君)　法制審議会の答申と法律案の内容で異なる点がございます。異なる点は、監査役の権限に関しまして法制審議会の答申で設けておりました、監査役が取締役の解任のためにする株主総会の招集請求権は法律案には盛られておりません。その他、法制審議会の答申で監査役の任期を三年という答申をしておりますが、法律案では二年という任期になっております。そのほか、監査役の責任に関する規定を、法制審議会の答申では、挙証責任の転換を伴う過失責任という新設規定を答申しておりましたが、法律案ではこれを盛っておりませんので、現行の責任規定のとおりとなっております。そのほか、技術的な点では、監査役の報酬、費用等についての規定も、法制審議会の答申とは異なって、改正案には含まれておりません。で、その他の点ですが、先ほど申し上げました公認会計士の監査を適用すべき対象会社を、法制審議会の答申は資本金一億円以上の株式会社としておりましたが、改正案では資本金五億円以上という線で立案されております。

なお、粉飾の件数についてですが、昭和四十一年以降、四十一年で五十二社、四十二年で二社、四十三年で三十二社、四十四年二十三社、四十五年四十八社、四十六年四十八社というふうな数字があがっております。

○原文兵衛君　法制審議会の改正案要綱と異なる点をあげていただいたのですが、その理由はどういう点でしょうか。

○説明員(田辺明君)　会計監査人の監査適用会社は、法制審議会の決定当時の株式会社の数、これと現在法律案を審議いただいております現在の数との比較から、法制審議会の予定した監査対象会社が現在では非常に多くなった、つまり株式会社が現在百一万五千余りございます。で、法制審議会の答申どおりで押えますと、約一万社がこの対象になるわけです。これに対して、監査を担当いたします公認会計士登録有資格者が約四千五、六百名です。これがまず監査を実効的に法制審議会の結論どおりに行なうためにはたして十分であるかという問題点が一つ。

もう一つの問題は、日本税理士連合会から、公認会計士の監査が資本金一億円以上の株式会社に適用された場合に、従前から税理士としてこれらの会社の業務に関与しているが、これらの職域を侵犯されるおそれがあると、こういう主張が強硬になされたわけです。

で、これらの理由も勘案して、原案は資本金五億円以上という線で一応の区切りをしまして、その対象会社を約二千七百社と限定したわけです。

もともと巨大会社の経理適正を期するという趣旨から申しますと、おおむね資本金五億円以上の会社の規模から考えて、この法案、制度が考えている株主及びその他の債権者等の利害関係者が非常に多いクラスとして、この対象にするのに適当であろうという判断で、五億円という線で区切りをしたわけです。

○原文兵衛君　今度の改正案では、監査役の監査を実効あらしめる目的で、新たに監査役に株式会社の業務監査も行わせようとすることもよくわかるんですが、この改正法案の二百七十四条の表現ですと、監査役は広く取締役の職務執行一般について監査できるというように受け取れますが、監査役の業務監査とは、一体どんな場合に、どんな方法で行なわれるかという点。

それからもう一つは、改正法案二百七十五条の二は、監査役に取締役の行為の差しとめ請求権を与えることを定めていると思いますが、その対象となる範囲は、この取締役の行為の対象となる範囲は違法行為だけなのか、あるいは不当な行為にも及ぶのか、その辺について聞きたいのですが、特に、違法行為と不当行為となると判定が非常にむずかしいと思うんですが、適法性であるとか妥当性であるとかいう判断はだれがするのか、監査役がするのかについて簡単に御説明いただきたいと思います。

○説明員(田辺明君)　第一点の業務監査の対象ですが、監査役が業務全般を監査します場合、日常の取締役の業務執行全般を対象とします。これは広く会社の業務運営全般にわたるわけですが、第二点の取締役の違法行為の差しとめ請求権との関連で申し上げますと、本案の監査役の監査権限は、適法か違法か、いわゆる違法性の監査に一応限定されていると考えております。その理由は、法案によります監査役に対する法律上の権限の裏づけとしては、取締役が違法行為に及ぶときの差しとめ請求権、事実上の差しとめ及び裁判上の差しとめ請求権を規定しておりますが、すべて取締役の行為が法令もしくは定款に違反する場合に限定されておるわけです。ただ、お尋ねの違法性以外の、妥当かいなかの点に関しては、取締役の義務として、商法上は会社に対する忠実義務を持っております。これは法令上の義務ですが、その忠実義務に違反するような著しく不当な行為は、今回の法律案の考えでは、法令違反に該当する。したがって、原則は違法性の監査をいたすわけですが、取締役の行為の当不当について、その不当性が著しい場合、つまり著しいことによって取締役に課せられている法令上の義務違反になるような著しい不当の場合も監査の対象に含まれていると、こういうふうに考えておるわけです。

○原文兵衛君　このたびの改正案では、親会社の監査役に子会社の調査権を認めておりますが、その理由は何であるか、これはいわゆる子会社の独立の法人格を無視することにはならないのかどうか、これらの点についてお伺いします。

○説明員(田辺明君)　子会社の調査権を認めました理由は、従前から、親会社の業務運営の不正事例に照らしますと、子会社を利用しての不正事例がきわめて多うございます。そこで、今回の法改正の趣旨にのっとれば、親会社の監査をします場合に、親会社の業務運営が適正に行なわれているかどうかについて、特に今回の改正案では、過半数の株式を持たれているものを子会社と規定しましたので、この種の子会社に対して、その事実関係をまず照会することができる権限を認めております。いまの例で申しますと、はたして親会社が販売済みと称する製品は間違いなく子会社に入っておるのか、子会社はそれを販売済みであるかを照会いたすことを認めております。これに対して子会社が正確に答えを出してきました場合には、重ねて立ち入りの調査を認めているものではございません。しかし、報告をいたさない、もしくはその報告の信頼度が非常に疑わしい、つまり監査役としては、直接子会社に当たってみないと、親会社の監査について確信が持てないという場合に、初めて子会社に対して調査権の行使ができる。しかし、この場合も、最初に照会を発した事項に限定して調べられるという制度になっております。そこで、子会社は、会社としては独立の法人格を持つものですけれども、この立案の趣旨から申しますと、親会社の不正を防止しようとする意味から、子会社に対してまず報告徴収権の行使があり、これに対して拒否、あるいは不正確な回答をした場合に初めて、照会部分に限って、親会社の監査役が調べるという趣旨の趣旨です。ただ、巷間誤って、子会社を監査するのではないかという疑問が出されておりますが、これは子会社の監査ではございませんので、調査にすぎない、このように考えております。

○原文兵衛君　まあ最近大企業の中には、いろいろと世間から非常に強い非難を浴びているものが少なくなくて、その社会的責任が強く要請されているわけです。そういうような意味で、この執行機関である取締役の行為を違法とかあるいは不当としてチェックする、そういう目付役的な意味での監査役の権限を増大することは時宜に適したものだと思うのです。ただ、実際問題として、従来の感じからすると、取締役と監査役の比重が、どうしても監査役のほうが低いとわれわれも感じてきているわけです。そういうことで、この改正の趣旨はけっこうだと思いますし、また監査役がしっかり監査してもらわなければいけないと思うんですが、実際問題として、監査役にそのような大役を期待できるのかどうか、その効果がほんとうに期待できるのかどうかについて、やや不安に思う点もあるわけです。たとえば監査役の地位を高めるための選任、解任の方法について御説明いただきたいと思います。

○説明員（田辺明君）　新制度の監査役がきわめて強大な権限を持つ地位の機関です。ところが、現行法では、取締役の選任は、株主総会の定足数を法律で定めております。にもかかわらず、監査役はこの定めがございません。そこで改正法では、まず監査役の選任方法も取締役と同様として法律改正をいたすことといたしました。それから、選任及び解任につきましては、取締役と異なって、監査役はこの改正案では、選任、解任に関する意見陳述権を与えてございます。これは監査役の不当な解任あるいは不適当な監査役の選任を、機関である監査役自身にその種の権限行使によって防止させようという趣旨です。そのほか、その地位保障の方法としては、この任期の伸長もまさにその一つですが、先ほど二年と申し上げましたのも、実は取締役の任期と同任期ですが、取締役の場合は二年をこえることを得ずという法律の規定です。これは会社の自治により、定款で一年の任期も定め得るという制度ですが、監査役に関しては、二年目の最終の定時総会の終結まで、つまり定款でもこれ以下には減縮できないという法律上の最長、最短期を定めた改正になっております。

　で、この種の規定を設けてはおりますけれども、この制度を実効あるように運用するためには、会社自身の監査役に対する心がまえ、企業自身の心がまえが非常に重要なポイントになろうかと思います。幸い最近の経済界の実情からは、この改正法の新監査役をあらかじめすでに人事の対象になすって、それらしい実力ある者を置こうという動きが出てきておるように拝聴しております。したがって、この制度が実施されるときには、この制度にふさわしい実力ある監査役が備わってくるのではなかろうかと、考えておるわけです。

○原文兵衛君　改正案の中の監査制度以外の点について若干御質問したいと思います。

　まず、その三十二条の二項でございますが、「商業帳簿ノ作成ニ関スル規定ノ解釈ニ付テハ公正ナル会計慣行ヲ斟酌スベシ」と定められておりますが、この「公正ナル会計慣行」とは、具体的には何をいうのか。

　それからもう一つは、中小企業などでは、その実情からいって、記帳義務をあまりむずかしいことをしいるのは実態に即していないんじゃないかという批判も出ているんですが、これについてどういうふうにお考えになるか。

○説明員（田辺明君）　商法総則三十二条以下の改正ですが、これは商業帳簿の改正で、その中に御指摘の第一点、商業帳簿の作成の規定の解釈について、公正な会計慣行をしんしゃくすべしという規定が置かれました。これを置きました理由は、今回の改正で商法の一部改正以外に、いわゆる特例法で、公認会計士が大規模会社に関して会計監査を商法上の義務としています。その場合に、現在公認会計士は、証券取引法に基づいて監査をしております。この場合の監査の基準が、企業会計原則を踏まえて監査をしております。で、改正法による商法の監査は、商法に予定されております計算規定を基準として監査をいたすわけですが、この企業会計原則が現在修正されて、その案が示されておりますが、修正前は商法の規定とそごする部分がずいぶんございました。そこで、商法と企業会計原則の調整作業が進められまして、昭和四十四年十二月に企業会計原則修正案が示され、同時に商法の側についても修正すべき点について意見が述べられて、今回の改正案で、三十二条及び子会社株式の評価規定という技術的な点も改正を遂げることになったわけです。そこで、しんしゃく規定を置きました趣旨は、企業会計原則が、現在企業会計の一般にならわしとして行なわれているものの中から公正なものを要約したものとされております。したがって、会計士監査も、修正された企業会計原則を踏まえて従前と同じように監査を行なえば、商法の会計基準にも合した監査ができる、その趣旨を明確にするための規定として、しんしゃくという趣旨の規定を置いたわけです。ただ、法文上は「公正ナル会計慣行」という表現になっておりますが、それは、申し上げた企業会計原則の修正案等を含む一般の会計のならわし、そのうち商法のたてまえから見て公正だと思われるものに準拠する、あるいはそういうものをくみ入れて監査することを明らかにするための規定です。

　それから第二点の、中小企業者あるいは零細な企業者に関する記帳義務の問題ですが、現在の商法総則では、一般の個人商人を始めとして会社すべてに商業帳簿の作成を義務づけておりますが、株式会社は、別に法律で明確にしておりますように、損益計算書、貸借対照表、財産目録、商業会計帳簿の作成を命じているわけです。しかし、個人商人には、日記帳それから貸借対照表、財産目録を作成しなければならないという規定になっております。今回の改正では、そのうちの財産目録を削除しまして、これにかえて損益計算書を作成すべきように改正になりました。しかし、現在でも一般の商人が会計帳簿を作成し、貸借対照表をつくっているという前提から見ますと、損益計算書の作成を義務づけても、特に大きい負担を課すことにはならないのではないか、ただ損益計算書と申しましても、株式会社はすでにその書式等を法定しておりますけれども、一般の商人にはそれぞれの営業の規模に応じた損益計算書がつくられることとなろうかと思いますので、特段に大きい負担をかけることはないと思います。過般衆議院におきましても附帯決議で、この点は行政指導として、過酷な記帳義務、表現といたしましては複式簿記を強制するようなことにならないようにという御趣旨の決議をいただきましたので、政府としては格段の努力をするつもりでおります。

○原文兵衛君　累積投票制度を改正するわけですが、その理由をお伺いしたいのです。それは、わが国における累積投票制度が、どんなふうになっているか。それから、外国ではどういうふうに運用されているのかについて、簡単に御説明願いたいと思います。

○説明員（田辺明君）　累積投票制度は、昭和二十五年の商法改正で商法に入ったものですが、その制度は、御存じのとおり二人以上の取締役を選びます場合に、一株一議決権の原則を広げて、選任すべき取締役の数に応じて議決権がふえる、ふえた議決権を、一括して同一人もしくは分散して二名以上に投票してもよいという制度でして、ねらうところは、少数の株主の代表者も取締役会に送り込めるという制度です。これを取り入れましたときの情勢は、主として占領軍の意図が相当強く働いたそうですが、またその背景に、アメリカの過半数の州でこの制度をとっておったという背景があったようです。取り入れについてはいろいろな問題があったわけですが、現在この制度の運用の状態を見てみますと、法改正後にこれを使った実例が非常に少のうございます。反面、それぞれの会社では、ほとんどの会社がこの累積投票制度を採用しないという趣旨の定款をつくっているのが実情です。ただ著名な新聞社等で、一社この制度が使われている実例はございますけれども、一般の会社では非常に少ない。今回の改正の理由としては、外資の導入が活発になった場合に、外国資本が日本に入って日本の株式会社に投資を始めた場合には、この累積投票の制度を現行の法のままで残しますと、外国支配に屈することになりかねない、これが改正の要望点でしたが、法制審議会の結論としては、この制度そのものは存置しても差しつかえない、しかし、その制度の採否は企業の自治にゆだねていいのではないか、それぞれの体質によってきめさせてよろしい、これがまあ改正の理由でした。現行法では、いま申し上げましたように、すべての企業ほとんどがこの制度を排除しておりますけれども、現行法では四分の一、つまり発行済み株式総数の四分の一以上を持つ株主が請求いたしますと、排除しておった場合にもこの制度を使わなければならないことになっておるわけで、今回の改正では、この四分の一以上の請求という部分を削除することとなったわけです。制度は残りますが、その採否は会社の定款できめさせよう、こういう改正です。

○原文兵衛君　株式会社の監査等に関する商法の特例に関する法律案について若干御質問したいと思いますが、特例法によると、会計監査人が取締役会によって選任あるいは解任されることになっております。また、監査される会社から報酬を受けることになっているわけですが、それはまあ、とりもなおさず業務執行取締役の影響のもとに置かれることになろうかと思うのです。そうなりますと、せっかく粉飾決算防止のための監査の厳正化をはかろうというのが改正の趣旨であろうと思いますが、はたしてその趣旨を全うすることができるのかどうか、たいへん疑問に思うわけでございます。

○説明員（田辺明君）　当該企業から選任されて報酬を受ける者が適正な監査ができるかという問題点ですが、まず、世界の各種の立法例も調べてみましたし、世界における各会計監査制度の上でこの種の専門会計士の報酬のあり方を見てみましても、おおむね一律に、自由職業人としては、その監査を依頼される相手方から報酬を受けるけれども、その精神的な独立を貫くだけの資質を持っている、そういう前提で、国家あるいは社会が厳正な選抜によって特別の業種として認めている職業人の集団である。日本におきましても、企業から報酬を取りますけれども、外部第三者的な地位の独立性は当該監査人の職業的な特別の義務によって担保されると考えるべきであろうかと思います。この制度は、極端な場合を考えますと、むしろ企業からでなしに、国家からでもその種の報酬を支給してこの種の仕事をさしてはどうかという議論も出たわけですけれども、やはりこの会計監査人という専門家の職業制度を維持するためには、自由職業人の地位を確保しながらその精神的な独立性に依存してこの制度を動かすほうがわが国の実情に合うのではないか、こういうふうに考えるわけです。ただ法制上は、今回の会計監査人の選任及び解任に関しても、取締役会の決定の前に監査役の過半数の同意が必要であるという法制にいたしました。これは、同じく監査を会社の機関として担当する人たちの意見をいれて、会計監査人の不当な解任あるいは不適当な会計監査人の選任を阻止するたてまえにしたわけです。ただ、衆議院の附帯決議におきましてもこの点に触れられて、おっしゃるような独立性を確保するために、選任その他の方法についてさらに適当な方途を講ずるようにという決議をいただきましたので、この制度はさらに独立性を確保するための措置を十分検討したいと思っております。

○原文兵衛君　会計監査人監査を創設するわけですが、そうしますと、監査役の会計監査権と会計監査人の会計監査権とが競合するようなことが考えられないか、その競合によって会社運営に支障を生ずるというおそれがないのか、さらにまた、監査役の権限強化をはかろうとする商法改正の趣旨と反するんじゃないのか、この点についてはどうでしょうか。

○説明員(田辺明君)　今回の改正で、資本金五億円以上の株式会社には、公認会計士等からなる会計監査人の参加がございます。同時に監査役は、従前の会計監査の権限から、これを含む業務一般の監査権限を与えられることになります。その面では、会計監査に関しては監査役と公認会計士等が重複して監査をすることになるわけですが、法律案の趣旨は、これらの巨大会社には専門の会計監査人の監査を正面に押し出して、そして監査役自身はむしろ一般的な業務監査のほうに力を注いでもらうようにしたい、こういう立案の方向をとっております。その具体的なあらわれは、監査報告書の記載事項にも示されましたように、まず専門の会計士が監査をした会計監査に関する意見を監査役に伝え、監査役は独自の立場でその監査意見を審査して、みずからも同意見でありますときには、その監査報告書にはその部分を省略して報告書を作成してよろしい、ただし、意見の異なるときは、その部分に関して独自の監査をいたすたてまえにしてございます。多くの場合、両者の意見が食い違うことはきわめてまれだと思いますが、監査役と会計士の関係が、いま申し上げましたように専門家のほうから事前にまず意見を示す形をとっておりますために、おそらくその決算の結果が法律に反する不当なものである場合には、事前に監査役みずからも動いてその決算内容が修正される、もしそれをしないで両者の意見、片っ方が適法であり、片一方が違法であるという意見を付しました場合には、株主総会自身がその決算を承認しないという結果となろうと思いますので、事前に経理不正は防止される、それがまた改正のねらいでもあると申し上げていいと思います。

○原文兵衛君　税理士会連合会で、今度の商法関係の改正によって会計監査人による会計監査を導入することが税理士の職域を侵すことにならないかと、かなり強い反対があったわけです。そのような心配があるならば、これに対してどういう手当てを施したか。

○説明員(田辺明君)　原案がまず五億円で切ったという重要な点が、対象会社をしぼっていくという方法によって、これらの反対意見に対してこたえた。で、基本法の改正によって特定のある業種の方々がその職を奪われることになれば、これは非常に重大なことですから、その配慮をいろいろしたわけですが、もう一点税理士の危惧される点は、現在公認会計士が当然に税理士の仕事もできるたてまえになっております。このことから問題が出てまいりまして、個人としての公認会計士に関しては、監査をする会社から税務業務によって報酬をもらっている関係のある場合、監査をしてはならない、この制度で確立しているわけですが、監査法人の場合が問題であるとされたわけです。監査法人は五人以上の公認会計士である社員が集まって形成しておるわけですが、現在の規制では、そのうちの二分の一以上の者、つまり三名以上の人がその会社から公認会計士の仕事以外の仕事で報酬をもらっている場合、その会社の監査をしてはならない、このままであれば、依然として監査法人に関しては、税金の仕事もやり、そうして法人としての監査の仕事をするではないかという反論がございましたために、衆議院における附帯決議でも取り上げられましたように、監査法人の社員の行ないます税務業務についても厳正な規制をする措置を講ずることといたしましたので、実質的にも法制的にもこれらの団体で危惧されるような問題は残らない、こういうふうに私どもは考えております。

○委員長(原田立君)　三案に対する質疑は本日はこの程度といたします。

本日はこれにて散会いたします。

(以下略)

参議院　法務委員会会議録第十四号

昭和四十八年七月十日(火曜日)

出席者は左のとおり。

委員長　原田　立君

理　事　後藤　義隆君

原　文兵衛君

佐々木静子君

白木義一郎君

委　員

中西　一郎君
増原　恵吉君
山本敬三郎君
吉武　恵市君
竹田　現照君

政府委員
法務大臣官房長　香川　保一君
法務省民事局長　川島　一郎君

事務局側
常任委員会専門員　二見　次夫君

参考人
日本公認会計士協会相談役　尾沢　修治君
日本税理士会連合会副会長　北川　孝君

本日の会議に付した案件
○商法の一部を改正する法律案（内閣提出、衆議院送付）
○株式会社の監査等に関する商法の特例に関する法律案（内閣提出、衆議院送付）
○商法の一部を改正する法律等の施行に伴う関係法律の整理等に関する法律案（内閣提出、衆議院送付）

○委員長（原田立君）　商法の一部を改正する法律案、株式会社の監査等に関する商法の特例に関する法律案、及び商法の一部を改正する法律等の施行に伴う関係法律の整理等に関する法律案を便宜一括して議題といたします。

この際、参考人の方々に一言ごあいさつを申し上げます。

参考人の方々には、御多忙中にもかかわらず本委員会に御出席をいただきまして、厚く御礼を申し上げます。

○参考人（北川孝君）　本会では数次にわたって陳情書を提出して、改正に反対の意向を表明してまいりました。

その骨子は、第一に、会計監査人制度を商法へ導入することは、監査基準の大幅な後退と、会計監査人の独立性が保障されていないため、会計監査の充実にならないことです。

第二は、公認会計士監査の第三者性と、税理士の税務代理とは本質的に異なる制度であるにかかわらず、これに対する適切な措置が講じられていない。具体的には、税理士業務は明らかに特別の利害関係に該当するのですが、これが明確に規定されていないので、税理士の職域が不当に侵害されます。

第三に、親会社の監査役、会計監査人に子会社の業務及び財産の状況を調査する権限を与えることは、子会社の独立性をそこない、また子会社に関与する税理士の職域を第二に掲げた理由によって侵害されます。

第四に、粉飾決算、逆粉飾決算あるいは株価の不正操作等は、業務を執行する取締役がこれを行うのでありますが、これを直接監査する取締役会の機能強化の措置等を講ずることなく、第二次的な監査制度を先に改めることは、本末転倒のきらいがあります。また、監査役が事実上取締役会で選任されること、及びその人を得ることが困難であること等からして、効果が期待しがたいのです。

第五に、株式会社の実に九九％を占める資本金一億円未満の会社に特例法を設けることは、株式会社法を空洞化するものです。

第六に、零細な小商人に商業帳簿、貸借対照表および損益計算書を公正な会計慣行をしんしゃくするよう義務づけをして過重と思われる負担をしいる一方、大会社に対しましては反対に、企業会計原則を修正することによって、継続性の原則を形骸化し、特定引き当て金を導入し、資本取引を損益取引の区分による剰余金概念を放棄する等によって、きわめて恣意的に財政状態及び経営成績の内容を表示し得るようになるのです。

以上が、日本税理士会連合会が従前より掲げてまいりました商法改正反対の主たる理由です。

幸いに、衆議院の法務委員会におかれましては、私どもの主張の正しさが大幅に認められ、その多くを附帯決議に入れられ、また法案の一部が修正されましたことを多とするものです。ただ附帯決議でありますために、法律の施行に直接の拘束がないので、政府におかれまして運用せられる場合の責任を一そう明らかにするための具体的な御措置を当委員会にお願い申し上げたいと存じます。

第一に、税理士の職責について御理解を深めていただきたいのです。

御高承のとおり、税制の改廃、創設及び税務行政の運用は、国民の最大関心事でして、世論もきびしく、ために国内の政治情勢をすら左右するに至りかねない国家の最も重要な政策にかかわるものです。それは国民の権利義務を直接規制するからにほかなりません。税理士は納税者の信頼にこたえ、法律に従ってその適正な納税義務を実現する職責を有するものです。立ち入って考察しますと、法律によらなければ徴税されることのない国民の権利を確保し、法律に定められた租税債務を履行しようとする納税者の二面的な要請にこたえて、税理士はこれらを代理するのです。税理士の職域が侵害せられることに対して、私どもが反対しますのは、職域が保証されることなくして職責を果たし得ないからであり、その職責は実にこのような社会要請に発しているからです。単なる職域エゴイズムではありません。今日、税に関する各種各様の運動が活発に展開されているのは、国民にとって切実な問題であるからです。税理士の職域が顧慮されることなく法令の改廃が安易に行なわれるならば、その結果は重大です。

以上御賢察くださいまして、税理士法に規定する税理士業務が、証券取引法による特別利害関係、公認会計士法にいう著しい利害関係に当たることを、法律で明確に規定せられるよう御審議賜わりたく存ずるのです。特に監査法人は、その社員が税理士業務を行なっていてなお会計監査人となるがごとき不合理はぜひとも明確に排除せられるようお願い申し上げます。

また、会計監査人の独立性を確保する措置を講ぜられるとともに、税理士の税務代理を確立し、納税者の権利擁護に資するよう、税理士制度改善のための税理士法の早期改正を行われるようお願い申し上げます。

次に、会計原則の修正は、真実の財務内容の公開を妨げないように留意することとありますが、このことは、日本税理士会連合会が声を大にしてかねてから主張してまいりましたところです。

すなわち、従来の主張第六後段において申し述べましたとおりですが、事が重要ですから重ねて詳しく申し上げることをお許しくださいますようお願い致します。

その一つは、継続性の原則の修正についてです。

権威筋からは次のように解説されております。「会計処理の原則、手続をみだりに変更しないようすべきであるという訓示的な規定が置かれ、かつ特定の場合における変更については注記することとされ、今までのように正当な理由による変更かどうかという問題は回避されるに至ったと解せられる。極言すれば、企業による会計処理の変更は、変更に関する注記を行なう限り任意になったのであって、企業会計原則はきわめて重要な退歩もしくは改悪を提案したものといえる」とされています。また、変更があった決算期以後相当期間影響額を注記することとなっていた修正試案が、重要な変更へと改められ、相当の期間をその決算にかかる期間においてのみとされたばかりか、公認会計士が現在付している限定意見が無限定となるのです。継続性の原則を空洞化することは、より真実の財務内容の公開とはおよそかけ離れたことになります。

その二は、引き当て金についてです。

引き当て金の問題は、企業会計原則修正案で大幅に変更されようとしています。修正案をおつくりになりました当事者の方々の御発言をお借りして負債性引き当て金と特定引き当て金との区別について明らかにしますと、「まともな引き当て金というその引き当て金の解釈を少し拡大解釈しようという話を取りつけました。負債性引き当て金を厳格に解釈すると、あれもだめこれもだめということになるが、修正案では、これもいいあれもいいというふうに、まともな引き当て金の概念を拡大することによって、そこのところを吸収しましょうということで目をつぶっていただいたのです。そこで、まともな費用というよりも、損失的なものを引き当て金計上ということもなるべく認めるようにしようという了解があったわけであります。」そして税金に関連して、次のように述べられているのです。「この際、有税をもってでも会計原則が例示した負債性引き当て金を広く計上して、税法としてもこれを認めざるを得ないようにすることが必要であると思われる。」さらに、「特定引き当て金につきましては、これまで逆粉飾に利用されるということで、引き当て金の中で利益性の引き当て金の疑いのあるものについては、限定の対象になるものが多く、常に公認会計士との間における紛議のもとになっていたわけであります。今回の改正におきましては、これを負債性の引き当て金と区別することによりまして、将来の特定の目的のために引き当てられる特定引き当て金については、幅広く計上ができることになりました。そこで、この点につきましては、すべて公認会計士は限定しないということになったわけです。」

これらの発言に見られるとおり、負債性引き当て金を拡大し、特定引き当て金を導入する企業会計原則の修正は、真実の財務内容開示に反することはきわめて明瞭です。大企業の社会的責任が、公害、物価、土地、株式の公開等をめぐって、今日ほど世上で問われたことはいまだかつてありません。このたびの商法改正にともなう企業会計原則の修正は、その内容がきわめて専門的であるため一般に広く理解されていないので、大きく世論として盛り上ってはおりません。しかしながら、やがては大企業の姿勢がきびしく問われるに至るであろうことは必至と考えられます。

商法改正に際して、以上のような企業会計原則の修正は、与野党の各先生が一致して要請されました、企業の財政状態と経営成績に関して真実な報告を提供する財務内容の正しい開示に反することは明らかです。

最後に、会計帳簿の作成について、零細な商人に複式簿記を強制しないよう当連合会の意見骨子第六前段において申し上げた事項についてですが、税理士は、中小企業、零細企業と消長をともにいたしている実情に御理解を賜わり、特段の御配慮をわずらわしたくお願い申し上げます。

その他、会社の社会的責任、株主総会のあり方、取締役会の構成及び政府各行政機関の連絡についても申し述べたいところですが、この際は差し控えたいと存じます。

○参考人(尾沢修治君)　さて、当院で御審議中の商法改正関係三法案の内容はかなり広範多岐にわたっており、私ども公認会計士が特に深い関心を払っておりまする株式会社の監査制度についてのみ、私どものの考えているところを述べさせていただきます。

まず第一に、商法監査制度に対する私どもの所信を申し上げます。

特例法案によれば、資本金五億円以上の株式会社は会計監査人の監査が義務づけられ、会計監査人としては、公認会計士または監査法人がその衝に当たることとされております。

この制度は、多くの利害関係者を擁し、経理内容も複雑な大企業の計算書類については、株主総会の前に、職業的専門家の会計監査を受け、株主総会は、監査の結果によって計算書類の適否を判断し、決算案を承認する、という順序でことを進め、監査の結果を決算に反映せしめて、利害関係者の利益を保護することを目的としております。

かかる制度は、諸外国においてはつとに広く行なわれているところで、国際的にはこれが常識であると申しても過言ではありません。それが、ひとりわが国においてはいまだこのような制度が確立されておらず、その点は現行の証券取引法監査といえども、残念ながら、株主総会終了後に行なわれるいわゆる事後監査で、私どもが監査の結果、適、不適の意見を表明してみてもあとの祭りで、決算の確定には役に立たないのが実情です。この点、今回の改正法案によれば、いわゆる事前監査となって、監査意見のいかんが決算案の承認を左右することになりますので、経理の適正化、健全化のために実効あるものとなり、監査はここに初めて前向きに活用され、建設的な役割りを果たすことが可能となるのです。

顧みれば、昭和二十三年、証券取引法と公認会計士法が制定され、昭和二十七年から公認会計士による証取法監査が実施されて自来二十余年、経験を積み、研さんを重ねてきた職業専門家による会計監査は、会計のあるところに監査ありとの思想の浸透と相まって、次第にわが国の風土になじむものとなってまいりました。

このたびの法改正が実現すれば、公認会計士制度発足以来二十五年を経た今日、ここにようやく、従来の証取法のほかに、新たに商法監査の会計監査人としての使命をになうこととなり、その責務はまことに重かつ大と考えます。私どもはこのことを十分に自覚し、法改正の暁は全力をあげて商法監査制度の運用に努力し、社会の負託にこたえるべく一そうの精進を誓うものです。

第二に、特例法案によって会計監査人の監査が義務づけられることとなる会社の範囲について申し上げます。

これは、法制審議会の答申によれば、資本金一億円以上の株式会社でしたが、昨年は資本金三億円以上の線が取りざたされ、本年、法案となった段階では、五億円以上とされております。

法制審議会答申以来三年余を経た今日、諸般の状勢は大きく変化している実情にかんがみ、私どもは、答申どおりに資本金一億円の線を固執する意図はありません。それにしても、資本金五億円以上に引き上げられたことは、この制度を取り入れる趣旨からして遺憾と言わざるを得ません。これは、主として、被監査会社の数と公認会計士の数とのバランスを勘案考慮した結果と察せられ、そこには、別に職域調整という配慮が加えられていることも否定できません。

ところが、衆議院においては、さらに調整を加え、証取法監査の適用されない資本金五億円以上十億円未満の会社は、別に法律に定める日まで適用しないと修正され、実質的には十億円未満の証取法監査の適用されていない株式会社はたな上げされたのです。これはただただ意外というほかなく、遺憾に存ずる次第です。最近、大企業には、その社会的使命と経営のあり方に批判の強いおりから、本法案の企図する基本的理念に思いをいたせば、強化こそはかれ、決して緩和の方向に進むべき筋合いではないと考えます。しかしながら、私どもとしましては、でき得べくば、別に法律に定める日は、当院において附帯決議などによってある程度のめどをお示し願いたく、監査制度の充実強化のために、特別の御配慮のほどをお願い申し上げます。

第三に、会計監査人の独立性について申し述べます。

会計監査人が常に適切な意見を表明し、信頼を確保するためには、不羈独立の立場と公正不偏の態度を保持せねばなりませんが、同時に、その地位が保障されていることが肝要です。

法案によれば、会計監査人の選任、解任は、ともに、監査役の過半数の同意を得て、取締役会の決定によって行なわれることとされております。会計監査人の任免を単純に取締役会の決定事項とすることは、会計監査人が職務を厳正に執行するための独立性確保の観点からすればもの足りないものがあります。ことに解任は、取締役としては、株主総会に解任の旨を報告し、もし会計監査人が望むならば、その解任についての意見の要旨を報告しなければならないとする程度で、不当な解任に対する歯どめとしてはまことに微弱と申さざるをえません。証取法監査は、監査人が独立性を保持し、公正な意見を表明した結果、会社の意に沿わぬとのゆえをもって敬遠された事例は決して少くありません。私どもは、商法監査においても、会計監査人の独立性を擁護するために、その任免について法制上いまひとつ確たる措置を講ぜられたく、規定整備の望まれるところです。なおこの点は、日本公認会計士協会でも、正当な理由なくして本人の意志に反して解任された場合における監査人の交代には、監査人の独立性を擁護するために、何らかの措置を講ずべく、さらに検討を進める所存です。

次にまた、会計監査人たる者は、被監査会社との関係において、身分的にも経済的にも独立性を保持し、特別の利害関係を有しないことを要請されております。改正法案によれば、まず特例法で、会計監査人の資格とその欠格条項を定め、次に公認会計士法によって、公認会計士に対し特別の事項について業務制限を加え、さらに、公認会計士法の政令によって「著しい利害関係」を規定して、欠格条項を明らかにせんとする法体系がとられております。

まず、特例法第四条の規定について言えば、衆議院においては、その第二項第三号を修正して、監査法人については、社員に一人でも被監査会社及びその親子会社の役員または使用人があれば、商法監査には従事し得ないとされました。私どもの全く予期しなかったことです。

通常監査法人においては、関与社員が自己の監査意見を形成するにあたり、他にその被監査会社との利害関係者が多少存在していたとしても、それによって関与社員の意見形成がゆがめられるがごときことはあり得ないのです。また、監査業務執行社員のほかに、これを審査する別の機構があって、公正な監査意見を確保するためのチェックシステムも備わっているのです。

衆議院における附帯決議によれば、監査法人の社員が税務書類の作成などの税務業務を行なっている会社は、その監査法人は商法監査を行なわないよう規制することを検討すべきであるとされておりますが、元来、税務業務は、中正の立場から租税法律主義に基づいて執行するものであり、監査人が監査と同時にその会社に対して税務業務を行ったとしても、理論的には監査上の独立性に阻害されないというのが国際的通達です。それゆえに、欧米諸国においても、税務と監査業務の両立を法令規則等で規制している事例は見当らず、パートナーシップに対していささかの疑いもなく、監査、税務併営を認めているのです。

もしわが国においてかかる規制を行えば、資本の国際交流時代に、わが国の公認会計士と監査法人は、業務上の信用と競争力に大きな制約をこうむり、今後進出をはからねばならない国際業務には著しく不利となることは避けられません。思うに、この問題は、本来会計監査人の独立性、利害関係よりも、公認会計士、税理士の二職業分野の職域調整として解決すべきものと考えます。

そこで、私は申し上げたいのです。本法案の実施によって新たに被監査会社となるものは、百万をこえる株式会社のうちわずか五百社前後、〇・〇五％程程にすぎません。しかも、そのうち相当部分は、関係会社等としてすでに任意監査が行なわれているのです。そして、現行証取法監査会社においても、公認会計士と税理士とが友好に同一会社でそれぞれの業務に当たり、共存共栄、何の摩擦も生じていないのです。ですから、職域調整策としては、公認会計士に対してのみ譲歩を求められたものです。他方に、公認会計士の監査は税務を離れてはあり得ないのであり、また、現行法令の前提条件のもとに結成された監査法人の一部社員にとっては、すでに安定した職業上の地位をゆるがすことにもなりかねないのです。その辺の実情と影響をよく見きわめられまして、政令制定の際には十分に御配慮を加えられんことをお願い申し上げます。要するに、利害関係の細目は、従来は証取法の下部規定たる監査証明省令によっていたものが、今回は政令によって定められることに改められました。この点は、私どもとしましては、立法形式のいかんを問いません。ただ願うことは、その内容が現行法令と基本的には変わるところなく、それ以上の制限が加えられるべきではないということです。

最後に、企業会計制度と監査制度の充実は、国内的には企業の社会的責任を強化し、その経営姿勢を正していくためにも、国際的には彼我の企業が相互に資本交流を円滑ならしめるためにも、喫緊事とされております。そのときに、職域調整上必要はあるにしても、その範囲を逸脱した業務制限を加えて、わが国公認会計士制度の健全な育成強化と組織化をはばみ、そのために企業の社会性の向上と国際化の進展に支障を来たすことのないように御配慮を願いたいのです。

以上に対する御理解を賜わった上で、三法案の成立を切望し、私の陳述を終わります。

○委員長(原田立君)　以上で参考人の方々からの御意見は全部お述べいただきました。

これより参考人に対する質疑に入ります。

○佐々木静子君　まず、今次の商法改正が、現在の企業の社会的使命といいますか、企業のあり方につき、監査制度の充実をはかることが主たる目的のように承っておるわけですが、今次の改正におきまして、これで企業の行き過ぎと申しますか、それに対する監査制度の充実がはたして十分にはかることができるかどうか、どのようにお思いになりますか。

○参考人(北川孝君)　私どもはかねてから、本問題がその御指摘のように役立たないことを主張してまいりました。ただいま意見陳述の機会にも申し上げましたように、企業会計原則の大幅な後退、たとえば継続性の原則を空洞化し、引き当て金については利益性引き当て金及び損金性引き当て金の区分をあいまい化し、なおかつ会計監査人の独立についてその保障がない。いわばはなはだ監査基準をあいまいにするとともに、監査に当たる人の独立を保障されなくて、しかも会計監査人の任免は取締役会において任免される、かようなことであって、ほんとうに監査制度の充実になるかどうか疑問に考えざるを得ないのです。ほかにも申し上げたいことはございますが、要約いたしますると、監査人の独立が保障されていないこと、及び監査基準が後退を重ねてその目的と逸脱するに至っておる現状にかんがみ、効果的な監査制度の施行ははなはだむずかしい、かように考えます。

○参考人(尾沢修治君)　監査制度の充実によりある程度までの有効な歯どめに役立つことは私どもは信じて疑いません。現在証券取引法の監査に従事しておりまする経験から申しましても、これがもしなかったならば、なお多くの企業がどんな暴走をしているか、これは想像に余りあるものと存じます。いかなる制度といえども、一〇〇%の効力を発揮するという制度は私はあり得ないと思います。そのためには、ある程度の効果があるならば、さらにそれを補完する制度を別に考えまして、それによってこの制度の充実運用をはかるべきであろう、こういうように思っております。

○佐々木静子君　この商法改正の問題は、歴史をさかのぼりますと、山陽特殊鋼事件などから監査制度の必要が取り上げられまして、おくればせながら商法の一部改正が行なわれてきたわけですけれども、それにもかかわらず粉飾決算があとを断たないわけですが、やはり、若干の修正にもかかわらず、効果があまりあがっておらなかったことになるのじゃないかと思われる節があるのですが、そのあたりはどのようにお考えですか。

○参考人(尾沢修治君)　確かに粉飾の事件はたくさんございますが、粉飾についてひとつ御認識をいただきたいことは、粉飾決算は公認会計士がいたするのではなくて、企業側がいたすものです。その企業側のいたした粉飾決算を公認会計士が発見して、その事実を指摘する。これがいろいろ社会の問題になっている事例が多いのです。そういうわけでして、もし公認会計士の監査なかりせば、粉飾決算はなおそのまま地にもぐっていたかもしれない、そういう意味では、私どもは建設的な役割りをしておると思います。同時に、私どもの業務として見ておるところでは、ある程度は、多少のこの浜の真砂的な粉飾が多数の会社の中にはどうしても出てくる可能性があるのです。そこで、やはりその辺のところは、制度を十分に充実さしていくことが肝要であり、私どももその意味では、大いに自己研さんもしまして、われわれの能力をさらに向上させる、それからさらに企業側に対して強い指導能力も発揮していきたい、そういう意味からいきますと、どうしても事前監査であることが必要です。現在の監査におきましては、公認会計士が粉飾の事実を発見したときには、すでに後手です。商法監査におきましてはそれが前向きになるので、今後は公認会計士の監査の指導性を発揮することによって、粉飾決算はさらに少なくなるように、予防的効果を発揮し得るものと信じております。

○佐々木静子君　公認会計士の方々の粉飾決算を摘発するために御努力なさっていらっしゃることはよくわかったわけですけれども、今度の商法改正におきましても、監査人の地位が非常に保障されているようでありながら、きわめて弱い立場である。たとえばその選任方法、特にその解任の問題につきまして、取締役会における解任ということですと、これは監査人が十分に自分の所信を良心に従って述べることができないということに帰着するのではないかと思うわけですが、その点に関して何か積極的な御意見をお持ち合わせでしたら、お述べいただきたい。不当な解任に対する救済方法が後日裁判で争う以外ないのではないか、それも正当であるかどうかという範囲が確定しておらないのではないかと考えるわけですが、そういう点につきまして、何か積極的なお考えがございましたらお述べいただきたいと思うわけです。

○参考人（北川孝君）　御質問の趣旨に同感でして、私、先ほど本制度は役に立たないと申し上げたその一つの理由にあげたわけですが、この会計監査人の独立性を保障する具体的な方法について意見があったら述べよということですが、まず第一に、経済支配からのがれることがまず必要である。直接報酬をもらいながら、監査を行なう、独立不羈の第三者性を持つところの監査を行うことは事実上きわめてむずかしい。職業倫理に基づいてやればできるんだとおっしゃいますが、現実にむずかしい。しかも解任権を持ち、報酬を得ている相手さまに対して、この決算は間違っていますと述べることは非常にむずかしいことはまず間違いないと思います。

しからばいかにすればいいかといえば、まず経済支配からのがれるためには、個々の公認会計士が会社から報酬を得るんではなくて、たとえば協会に対して一括監査費用相当額が払われまして、それを監査に従事した仕事量に応じて支払うとか、何しろ経済支配関係を分断することがまず第一に必要であろうかと思います。

第二番目には、この解任、選任権は、取締役会にある。かくては、取締役会そのものの構成が従業員重役で、ほとんど社長の独壇場になって運営されておることは大会社といえども今日否定のできない事実です。したがいまして、取締役会において解任、選任されることになりますれば、おのずからその支配下に、身分上の支配下に屈ぜざるを得ない。したがいまして、この任免は取締役会において行なわれるのではなくって、株主総会において行なわれるのが至当かと、かように考えます。

とりあえずこの二つの手段が講ぜられますならば、その独立性がある程度保障されるんではないかと、かように考えます。

○参考人（尾沢修治君）　会計監査人が取締役会において選任されることは、この業務が委任ないしは準委任と見られている関係上、取締役会の業務執行の一端であるためにそうなっているんであろうと私は理解しております。したがいまして、これを株主総会で選任することは法理上できないんではないかと思います。要するに、取締役会において選任したる者をさらに株主総会において承認をするという制度をとることならばできるんではないかと私は思っておりますが、今回の立法においてはそうなっていないようですが、なるべくはそういうことが望ましいのは申すまでもないことです。

それから、いまの監査制度は、証券取引法を実施以来二十五年の歴史を経まして、ようやく日本の風土になじみ、地についてまいりました。そこで、監査に対する企業の受け取り方が非常に徹底してまいっております。したがいまして、そこでいいかげんな決算をやったり経営上の問題を起こしますと、社会的にもたいへんな責任を持たなければいけないとの自覚が浸透しておりますので、会計監査人あるいは監査役によって、そのことを裏づけしてもらうことが彼らの責任を解放してもらう一つの方法ではないかと思います。私は、単純に、取締役が業務の運営をいたしましても、そのことについて確かに間違いがないんだということを専門家によって裏づけ、保証してもらうことは、彼らの責任を解除する意味において非常に有意義であろうかと思います。これを現在の法律におきましては株主総会によって行なわれることになっておりますが、その辺はなお一そうこの監査制度の充実により補なうことができますので、決して監査があとからついていく無意味のものであるとは理解しておりません。

それからもう一つ。監査報酬を企業から受け取っていることが独立性を阻害するという御意見、監査報酬は、私どもの専門的能力と実務経験を必要としている業務に対して支払われるものです。それは恩恵的に支払われる個人的なものではございません。したがって、こういうものを受け取ることによって私は独立性が侵害されるとは考えておりません。それから、監査報酬というものは一つの標準がございます。たとえば証券取引法監査は、経団連側と打ち合わせをいたしまして標準報酬規程がございまして、その線に従ってやっておりますので、多くもなければ少なくもない適正なものをちょうだいしているのです。それから、もし、監査報酬を契約締結機関とか報酬受領機関とか、そういうようなものを通じてちょうだいすることに、あるいは契約をすることになりますと、責任の所在があいまいになり、私はかえって独占的統制支配を招くのではないか、そういうように思っておりまして、これこそ実務上の障害になるのではないかと思います。

それで、監査人の独立性につきましてしばしば申し上げておりますが、結局これは精神的な独立性です。お金をもらうかもらわないからというような、そのもらい方のいかんによって独立性がぐらぐらするようには考えておりません。したがって、被監査会社から報酬をちょうだいしていることは、決して独立性を侵害するものではないことは国際的な通説になっているのです。アメリカにおいてはこれはすでに判例まであるのです。そういうことで、伝統的な一つの自主的、自由職業であるわれわれのあり方にぜひ御理解を願いたいのです。

それから、もし一つの受領機関ないし契約機関をつくったとしますと、この監査契約者はどういう立場になるか。むしろ独立性が後退するような結果になるのではないかと思います。まずその点から申しますと、監査人を選任する法が非常にむずかしいのです。どういう人に監査をさしたらいいか。要するに適材適所とか、あるいは会員間の公平とか、それから能力、経験の差、そういうようなものがいろいろございますので、選任順序をきめていくことが事実上は不可能です。それから今度は、監査とは現在は組織監査を必要としておりますが、このチームを組むことがなかなかむずかしいのです。一緒に仕事をしていくのですから、十分に気心が通じ、気脈が通じ合った人と仕事をしていきませんと、デリケートな線がなかなか進めることができないのです。その場合、だれを責任者とするか、あるいはだれを補助者とするか、われわれの世界には階級がございませんので、この序列をつくることもできません。結局組織的監査を実施していく上ではむしろ障害になる、こう思っております。それからもう一つ大切なことは、監査人と被監査会社との間の関係ですが、これは相互信頼関係がないと業務の遂行を円滑にすることができません。押しつけられた監査人では、かゆいところに手の届くような監査が実施し得ないことも考えられます。結局監査がたいへん弾力性を失った形式的なものに流れはしないかとおそれておるのです。

申し上げたいのは、現在は世界各国すべて自由契約主義によっておるのです。これが共通なスタイルです。そしてそれによって監査人の独立性は侵害されていない、すべての国で見ておる事実です。

○佐々木静子君　弁護士の場合は、依頼者との関係は主として法律的には自由に、委任契約のようなものになっているわけでございますが、私は種類は違いますが、こういう同じ自由職業をしておりました者として感ずるんですが、欧米はそうであっても日本の場合はなかなかそこまで、一般の国民の意識と申しますか、この場合ですと依頼する会社あるいは被監査会社に、意識がそこまでなっておらない。報酬を自分が出しているんだからこれはある程度自分の思うとおりになるのがあたりまえだと思う意識がまだ日本の土壌の中に多分にあると思うわけなんです。そういう点で、いまにわかに、監査人の報酬はその専門的知識と実務の報酬であって、被監査会社に対して従属的な地位は全然とっておらないとおっしゃるけれども、現実にはそういうふうな問題がいろいろ起こってくるんじゃないかと思うんですが、こういう点で、理想の姿と現実の状態についてかなりギャップがあるようにお感じになりますか。

○参考人（尾沢修治君）　公認会計士ということばはアメリカのサーティファイド・パブリック・アカウンタントというところから出たんですが、日本ではそのパブリックが略されてしまったんですが、これはあくまでも公共のために監査をするという意味を多分に含んでいるんでございます。弁護士のお仕事と私どもの仕事と違う点は、責任が依頼人だけに対して負えばいいのか、あるいは投資者保護、証券取引法においては投資者保護ですから、投資者に対して責任を負わなきゃいけない、あるいは利害関係者に対して責任を負わなければいけない、そういう非常に広範な範囲にわたる責任を負うように義務づけておるのです。そこが弁護士の方々といささか違うところでして、したがって、そこで独立性がかなり強く要求されているわけですが、しかしながら、いま申しましたように、契約のしかたによりまず責任のあり方が違ってきてしまいはしないかということなんです。私どもは証券取引法の目的に従って監査をし、監査報告書を出すことを契約しているのでして、その企業のために監査をすると言っているのではございません。したがいまして、お金をもらうといたしましても、それは外に向かって私どもが責任を負うことに対する報酬でして、しかもそれにはある程度の一つの基準があるわけです。それに従ってもらっているのですから、たくさんもらったからとか少ないからということではなくて、やはりリーズナブルの報酬を受けることによって適正に仕事を執行していくことに相なるのではないかと私は考えております。

○佐々木静子君　企業の監査を企業のためにやるんじゃなくって公共のためになさる、その公共のために監査をする場合に、その監査の報酬を企業から受け取ることについて、われわれ若干矛盾を感ずるわけなんですが、そのあたり、税理士の先生方から見ると、そういう問題はどのようにお考えになりますか。

○参考人（北川孝君）　尾沢参考人のおっしゃいますことも一応わかるんですが、たいへん失礼な事実を申し上げて恐縮ですが、現在の公認会計士監査が行なわれる場合に、たとえばそれが解任になった、死亡になった場合に、その志願者が殺到する事実がございます。その社会公共性のために監査をする、まさにそのとおりではあろうと思いますが、現実に経済支配を受ける場合に、単なる職業倫理でもってこれが克服できるかどうか。たとえば、それができがたいことはこの商法改正法案の中に現実にあらわれておる、監査役の独立性を保障し、あらゆる支配からのがれて独立を保障するのがこの立法の趣旨であるにかかわらず、親子会社の関係なんかまさにその点をいっておるんですね。子会社の監査役の独立性なんかてんで考えもしないで、親会社はこれは信用できないから監査するというのは、現実に経済支配を受けておるということ、この経済支配を肯定して親子会社の規定を設けておる。これはわき道にそれて恐縮なんですが、要するに素朴な意味においても、あるいは理屈を言っても、経済支配から脱しなければほんとうの意味の独立ができないということはもうすでに社会常識であろうかと、かように考えます。

○佐々木静子君　いま親会社、子会社の問題について御発言がありましたけれども、この親会社の監査人が子会社に対する調査権を持つという点、これは粉飾決算の防止などについて、そういう事案もいままであったということも承っておるんですが、その点、子会社の独立性という問題についてどのようにお考えですか。

○参考人（尾沢修治君）　親会社が子会社について調査をすることは、今回商法においてはっきりおきめになられることだと存じますけれども、すでに証券取引法監査におきましては、関係会社の監査は監査基準においてはっきりきめられておるのです。

これはどういうことかと申しまするど、やはりかつて昭和四十年ごろ、非常に問題の会社が多かったころに、監査実施準則を変えなければいけない、なぜ変えなければいけないかというと、子会社を通じましていろいろの経理操作が行なわれた事例がたくさんあったのです。そのために、やはり関係会社、子会社に対しまして、必要があるときには、すなわち親会社側の監査において何らかの操作がないかを確める必要がある場合だけに限りまして、子会社、関係会社に対して一つの質問をする、質問をしてなお納得できない場合には、その上で質問を重ね、最後には、必要に応じまして往査をしまして、必要部分だけを見せていただくわけです。子会社の経理について全面的にすべてを見るのではございません。子会社には、親会社は、持ち株関係を通ずれば別な法律的な権限を持っておりますが、今回の商法上の子会社調査権はそういう意味の調査ではないと思っております。むしろ非常に限定された調査権であって、必要があってどうしてもわからないときだけ、ある程度の調査をするというにとどまっておるのでして、かなり控え目である。そしてまたこういうことをある程度やらないと、親会社の経理操作とかあるいは営業上のいろいろの操作の実質が見きわめられないので、そういう必要から起こっておるのでして、子会社の経営全般に対するいろいろの批評とか指導とかという意味でこれが行われるのではないと私は思っております。

○参考人（北川孝君）　親子会社の関係は、私ども重大な関心を払っておるわけですが、先ほど会計監査人の独立に関連して、親子会社関係の粉飾の実態を見ますと、たとえば期末にあたって親会社が、その商品価値がないにかかわらず高額で子会社に売りつけた取引を行いまして、架空の利益を計上するのが従来の例です。

それで、今度の改正案について、そういう事例があるかどうかを親会社の監査役なり会計監査人が子会社におもむいて、必要に応じて調査するということは、子会社の監査役を全然信用していない。この会計監査人の経済的な独立は職業倫理でもって保障されるという尾沢参考人の御意見でございまするが、すでにこの法案自体は、全然子会社の監査役が、子会社自体の取締役会の支配から独立し、独立的な立場で監査するという立法の趣旨から見ますれば、親会社の子会社に対する理不尽な押しつけに対しては、取締役の不当行為とか、あるいは忠実の義務違反とか、そういう行為差しとめ権があるわけです。しかるに、そういう機能は全然信用していなくって――要するに押しつけられる子会社がこれをはねつければいいわけなんですね。粉飾決算は、親会社の子会社利用による粉飾決算は不可能になるんですよ、はねつければ。そういう期待を子会社の監査役に持たせるのがこの立法の趣旨なんです。しかるに、親会社の監査役なり会計監査人が往査に行かなければいけない。これはまるっきり子会社の、特に監査役の独立性を全然認めていない、かように考えます。これは、しかも、こういうことを行なわれることによって、子会社の独立性は現実にこの往査そのもので否定されていると私どもは考えております。

○佐々木静子君　衆議院の附帯決議の第五項のことが先ほどから論ぜられておるわけですが、「監査法人は、その社員が税務書類の作成などの税務業務を行なっている会社について、本法の監査業務を行なわないよう規制する」ということがうたわれておるんですが、この税務書類の作成が、表現としてもう一つはっきりしない感じを受けるんですが、この点どのようにお考えですか。さらに修正するとすれば、どういう表現、どういう事柄にするのが適切であるとお考えか、お述べいただきたいわけです。

○参考人（北川孝君）　まさに私どももそこに核心があると考えておるわけですが、現行法によりますと、税理士業務は税務代理と税務書類の作成及び税務相談、この三つが具体的に税理士法第二条に規定されておるんですが、税理士業務は委任代理関係に立つ。したがって、第三者性を要求される公認会計士と本質的にその職務は異なる。したがいまして、同一人格の中に検事さんと弁護士さんが同居するという不合理はぜひともこの際排除していただきたい、かように考えまして、しかも税理士の業務は三つの具体的内容を持っていることは、先ほど申し上げたとおりでして、税務書類の作成というあいまいな表現をもってしては決してこの問題の解決にならない。したがいまして、これは税理士業務と明記せられて初めてその趣旨が生きるんでありまして、ぜひともそのようにお取り計らい願いたい、かようにお願いいたす次第です。

○佐々木静子君　今度の法案では、この企業会計原則というもの、この企業会計は「その処理の原則及び手続を毎期継続して適用し、みだりにこれを変更してはならない」ということがうたわれているにもかかわらず、この継続性を否定しているというところでまあ御批判が多いわけですけれども、その点について、どのようにお考えですか。

○参考人(尾沢修治君)　継続性の問題は、いろいろと誤解があるように思っておりますが、決して企業会計原則修正案は継続性を否定しているのではございません。継続性を否定してないことは、みだりに変更してはいけないと、いわゆるみだりというのは、理由なくして、すなわち正当な理由なくして変更することはまかりならぬということをはっきりいっているわけです。それも、みだりに変更してはならないというところを、たまたま正当の理由ということばを、前にあったのを取ったために、そういう誤解が生じたと思っておりますが、もともと継続性とは、ある会計書類について二つの方法が許されている場合、その場合にいずれかを取っていい、それはやはり継続して進めていかなければいけないと、こういうことですから、それをAの方法をBのほうに切りかえ、BのほうをCのほうに切りかえるということを安易に理由なくして行うことは、これは全然認められてない、これは会計の世界においては常識です。どこの世界へ行きましても、継続性の原則を否定してるところは私はないと思います。私どもの日常の業務の執行にあたりましては、もうこれはその常識のもとにすべてを進めていく所存です。

○参考人(北川孝君)　ただいま尾沢参考人が申し上げましたとおりならば、どうして「正当な理由によって、会計処理の原則又は手続に重要な変更を加えたときは、これを財務諸表に注記しなければならない。」まことにりっぱなものですね。これを削除する必要がどうしてあるか。継続性の原則が曲げられていないのだと言うなら、何も訂正する必要はない。そうでしょう。しかも、たとえば減価償却について言いますと、定額法、定率法という二つの方法がある。これはいずれも正しい。これを選択するのは、それは最終的には正しいのだからこれはいいんだ。しかし、事実問題として見ますと、新日本製鉄が定額法と単にこの減価償却の方法を変更したとかりに仮定しますと、年間三百億円ぐらいの利益が違ってくる。これを両方とも正しい方法だからといって、やって、しかもこの変更した結果これだけの影響額が出たというのを、当初の会計原則修正試案では、相当期間、債権者、株主が見て弊害が出ない――十分にこの内容が認識できるように、相当の期間影響額を注記しろとあったのを、それも削除されておる。その変更した期だけでよろしいという。しかも、このりっぱな「正当な理由」云々をなぜ削除しなければならないか。私どもは、これはまさに継続性の原則を空洞化したもので、大企業の恣意的な決算を容認する一番大きな原因であり、かつ、引き当て金の原則をあいまいにしたことと並んで、今回の修正案がまことにその所期の目的を達成するにはあまりにも実質的に後退が多過ぎるということを申し述べておるわけであります。

○佐々木静子君　この点などは双方の先生方の御意見が対立しているところでして、できましたらさらに突っ込んでいろいろとお話を聞かしていただきたいと思うのですが、引き当て金の問題につきまして、尾沢参考人はどういうふうにお考えかということを伺いたいと思うわけです。

○参考人(尾沢修治君)　引き当て金と申しましても、これは特定引き当て金のことをさしていると存じまするが、特定引き当て金とは、企業の将来の損失、または支出に備えるためにリザーブされるもんです。したがって、これは負債性引き当て金であるかどうかにいろいろの問題があるのです。しかし、商法におきまして特定引き当て金が許されるのは、法律によって認められているものに限っているわけです。そして、多くの特定引き当て金は、税法によってきめられているものです。この特定引き当て金には、いろいろの考え方がございますけれども、もともとこれはいわゆる利益性剰余金に属するもんであるというたてまえから、でき得べくば利益処分においてとっていただきたいとかねがねから主張しているんです。ただ、監査証明省令の中に、税法上損金算入を許されるものについては一般に公正妥当の会計処理と認めてよいというのがありますので、特定引き当て金をとっている多くのケースには限定をつけていない場合がございますけれども、本来は、負債性引き当て金でないならば、一種の利益の留保である、ならば当然に今後とも利益処分によってやるべきである、またそういう表示が行なわれるべきである、こういうように考え、これが日本公認会計士協会の特定引き当て金に対する前々からの考え方です。ただ、たまたま監査証明省令上そういうふうになっておりますのとからみ合わせまして、従来から私どもはそういうことを主張はしておりますが、是正されてないということです。

○佐々木静子君　同じこの引き当て金の件につきまして、特に特定引き当て金が逆粉飾に利用されるおそれがあるなど、監査制度に逆行するものだという御意見だと思うんですけれども、もう少し具体的に北川参考人の御所見を述べていただきたいと思うわけです。

○参考人(北川孝君)　先ほど公述の際に引用したわけですが、御指摘のとおり、特定引き当て金が逆粉飾に利用されることは、たとえばトヨタ自動車においては、先般の決算において、公認会計士から、明らかに利益の留保に類する引き当て金計上がたしか九十億円に及ぶという指摘があったように記憶いたしておるわけですが、このように逆粉飾に安易に利用されるものが多いんですが、先ほど申し上げましたように、これは常に公認会計士との間に紛議のもとになっていたわけですね。それだから今度の改正に公認会計士協会のほうでは御賛成になっておるんですが、ほんとうの意味の社会の負託にこたえて厳正な監査を行おうとお思いになるならば、なぜこれに御反対にならないのか、私どもはふしぎでならないんでして、いわばこの負債性引き当て金の範囲を拡げ、特定引き当て金制度を従来認められなかった会計のほうへ無理やりに引っぱり込むことは、本来私どもの所管外ですが、公認会計士協会こそまっ先にみずからの権威のために反対されるべきなんです。先ほどの会計監査の独立といい、それから継続性の原則あるいは負債性の引き当て金等の解決がなくしてどうして厳正な監査ができるか。私はまあ公認会計士協会さんがこういうものに強硬に反対されてこそ公認会計士制度の権威があると、そういうふうに期待しているわけです。

○佐々木静子君　結局、この商法改正問題が、一面公認会計士の方と税理士の方との職域争いのように世上受け取られている面があるわけですけれども、私はやはりそういうことじゃなくて、企業の社会的使命、特にいま企業がいろんな形での社会的使命に反する事柄が行なわれていて国民を苦しめているという現状に立ちまして、これを十分に監視していくための商法改正ということに立たなければ、単にそういう視点から取り上げられ、そのように考えられているとすると、それは誤解であろうと思うわけですが、何はともあれ、会社の監査が行われる、企業の監査が十分に行われることは、これはだれのためでもない、株主あるいは債権者、特にそこの会社に働いている従業員にとってたいへんに重要な問題ではないかと思うわけですので、その点、この監査の強化という点、どういう方法が一番効果があるのか、また今日の改正でそれが期待できるのか、あるいは逆行するのか、そういうふうな事柄について、いろいろと両先生から貴重な御意見を伺わせていただいたわけです。特に、両先生の御意見にもございましたように、現在被監査法人が百万をこえている。ところが、その中で、今度の修正案によると現実にいま問題となっている企業は、その〇・〇五%ぐらい、あるいはもっと少ないんじゃないか、そのように考えるわけでして、今度の修正の資本金額をもっと上げてもいいんじゃないかという考え方も成り立つわけなんですが、その点において尾沢参考人はどのようにお考えですか。

○参考人(尾沢修治君)　私どもは職域闘争を、あるいは職域に対して拡張をしようとかいうような意味で今回の商法改正をお願いしたことは一度もございません。私どもはあくまでも日本の企業会計と監査制度の充実ということで今回の商法改正の一翼をになわせていただく、非常に責任が重大であることを自覚していると申し上げたのです。その点をまず御理解をいただきたいと思います。

それから、先生ただいまおっしゃったように、確かに五百社前後、〇・〇五%程度の会社ですが、従業員とか、生産高とか、日本全体の経済界の中において占めるウエートですが、これに従事するところの公認会計士の数あるいは税理士の数は、決してこういう企業の規模に従って多数の者が従事しているわけではございません。もしそうであるならば、新日鉄にはおそらく何百人か何千人か、あるいはわれわれの全会員を投入しなければ監査できないという理屈になってしまうと思います。ですから、私は公認会計士の数あるいは税理士さんの数の中で比較的影響度が少ないということを申し上げたかったのです。

それからもう一つ、こういう大企業の中にもたくさんの税理士の方が、それぞれ御自分の使命を負いまして、税務業務、税務上の相談とか税務書類の作成あるいは代理というようないろいろの受け方はございましょうが、とにかく多数の税理士の方々が各企業にそれぞれ入っていらっしゃって、そして私どもと一緒に共存共栄をしながら仕事をしていくという事実をよく御認識いただきたいのです。そういう事実もありまして、決して私どもは税理士の方々と職場を争っているということはなくて、むしろそれぞれの専門知識において企業に役立ち、結局は日本全体の経済界のために貢献したいと、こういう役割りをになっておると存じておりますので、さよう御了承いただきたいと存じます。

○佐々木静子君　株式会社と一応名前はなっておりますけれども、実際は二、三人しかおらない零細企業に現在複式簿記を期待することは、現実の問題としてたいへんに困難なことではないか。その点について尾沢参考人はどのようにお考えでございますか。

○参考人(尾沢修治君)　この点は、複式簿記が零細企業にも適用されなければいけないという御説はしばしば私は承っておりますけれども、これはどういうわけかわかりません。複式簿記を零細企業に適用しなければそれが認められないという事実はどこにもございません。単式簿記でもけっこうです。必要に応じては、ある程度の大福帳的であっても、その事実さえ間違いのないように記録されていれば、十分役立つものでないかと思います。その程度のもので、零細企業に対してはそれ以上のことを決して要求してない。結局複式簿記とは、複式簿記を適用しなければその会社の経理内容、実態がつかめないような相当規模の企業に対しては大いにそれを適用すべく望まれていると思いまするけれども、零細企業までそれを強制しようとは、どこからもそんな声は出ていないはずです。

○佐々木静子君　最初法制審議会で、被監査会社の対象を一億円となっていたところが、法案では五億円以上となり、その後五億円以上十億円未満の会社は、法律で別に定めると修正案が出たわけですけれども、これは一部には、問題は上場会社であるという論もかなり出ているわけですが、その点北川先生はどのようにお考えですか。

○参考人(北川孝君)　まさに私どもは先生の御質問の趣旨のとおりに考えております。大体日本の経済界を支配しているのは大会社であり、かつ管理価格が行き届いて物価高の今日を招来している、これは新聞にそのように批判されておるわけですね。したがいまして、私どもこの資本金基準が一億円になり、三億円になり、五億円になりあるいは十億円まで凍結ということは、合理的な理由がないと思っております。なぜならば、広く資本を社会から求める公開会社には、やはり社会責任から、ある程度の監査を受忍する義務があろうかと思います。これに反して同族の閉鎖会社は、いわば資本と経営が分離されていない、会社の運営にかけては全個人資産を投じてやっておるのであって、粉飾決算をして、増資して食い逃げをするとか、株式の公開でべらぼうな利益をふところに入れる、そういうことは不可能なんです。そういうことを、不可能なものをみそもくそも一緒にして、資本金基準で大会社、小会社を区別するのではなくて、私どもは、量質両面にわたってその会社が社会に及ぼす影響の多寡によって、しかももう一つは、本質が違うのですね、公開会社と非公開会社とは。こういう事実に御着目になって、大会社は証取法によって監査を受ける会社となれば、これは筋が通るのですが、三億だ、五億だ、一億だという線引き自体は合理的な基準ではないと、かように考えております。

○佐々木静子君　商法改正に伴いまして、また税理士の職責の問題などについても、北川参考人のほうからお話があり、国民のための日本の現在の申告納税主義をとっている現在におきまして、この税理士がほんとうに国民のための税理士としてその職責を全うするために、税理士法の改正についても取り組んでいらっしゃるというお話がございましたが、どういうことを税理士会としてお考えになっていらっしゃるか、お述べをいただきたい。

○参考人(北川孝君)　現在の税理士法は、税理士が納税者の代理をして税務当局と交渉をする場合に、その相手方に監督権があるわけです。いわゆる自主権が与えられていない。これでは、かつて弁護士さんが検事の監督下にあった事態と同じでして、自主権がなくして納税者の代理を十分果たし得ないことは、平たく言えば相手に首を切る権限があって、こちらが遺憾なく、その自己の法律解釈等々について誤りなく、何ものもおそれることなくその代理権を果たすことは事実困難じゃないかと、私どもは、税理士法の改正は、まず自主権の確立をすると同時に、納税者の皆さまから委任を受けて税理士業務を行うのであるから、納税者のための税理士制度確立を目ざして私どもはいま要望書を各方面にお配りしておるわけで、言いかえるならば、口幅ったい表現が許されるとするならば、従来は財政資金調達のための一つの制度視された戦事立法にかえて、今日の社会情勢に適合した国民のための税理士制度確立を、税理士法改正によってぜひとも実現したい、かように考えております。

○後藤義隆君　先ほどから問題になっております監査人の身分の保障について、たとえば会社から報酬を受けなくて協会から報酬を受けるようなことをしたならば、なお独立性が維持されるんじゃないかという御趣旨の発言があったのですが、あなたはそういう点を、改正される監査人制度で身分の保障がないかどうか、そして十分でないかもしれぬけれども、これをどんなぐあいにしたならばもっとあなた方の身分の保障、独立の保障ができるかを、あなたのお考えを承りたいと思いますが、それについて、この法案を見ておりますと、まず監査人を選任する場合に、株主総会の決議できめなくても、監査役の過半数がきめるんだ、監査役の過半数の同意を得て、取締役会できめるんだと、取締役が自分かってに好きな者をだれでもきめるんだ、いわゆる取締役に従属しておるという立場とは非常に違うと考えておるわけです。それからまた、解任の場合も、同じふうに、取締役の気に入らないからといってかってに取締役会で監査人を解任することはできなくて、それには監査役の過半数の同意が必要だと、むずかしい条件がつけてある、のみならず今度はそれよりほかに、会計監査人は次の株主総会の三日前に書面を出して、自分を解任されたがそれに対して、株主総会において意見を述べるということができておって、そして相当そこに権限を私は持っておるんじゃないかと考えておって、この程度ならやむを得ないんじゃないかと私は考えたのですが、これよりほかに身分を独立、保障するというか、それをもっとどうすればいいかということと、それから、もしそれがあなた方のほうで不正な監査が行なわれる場合には、会社に対しても損害賠償をする特別の条文がございます。それから今度は会社以外の第三者に対しても、監査人が書類を作成する、それに対して不正なものが書類の中にあったならば、自分に過失がないことを立証せなければ、やはり監査人は損害賠償について無限の責任を負わなければならぬという規定があって、非常に強いあなた方に対する監督というか損害賠償の義務を負わしてあるから、取締役の言うこと、あるいは会社の言うことはどんな不正なことでも見て見ないふりをして通すということはあり得ないのじゃないか、普通はそういう不正は行なわれないんじゃないかと、考えているんです。そういう点についてあなたはどういうお考えを持っておりましょうか。

○参考人（尾沢修治君）　公認会計士の立場は、会社から選任され解任される場合に、そこに身分的保障がなければ十分な監査ができないと、これが理屈ですが、この法律案によりますと監査役の半数以上の方々の承認になり、それから取締役会には報告されるにとどまっているわけです。私はできればより強い保障がほしいと申し上げたのですが、おそらくこれはまあ万に幾つか、たいへん少ないケースですが、何か特異のケースが起こった場合に、それに抵抗する方法がないかを考えまして、より強い保障があれば一そう望ましいという意味です。現行の方法により公認会計士が、私どもの立場がぐらぐらしている、したがって十分な仕事ができないということを申し上げているのではございません。現在まで私どもは証取法監査をすでに二十何年かやってきており、その経験によりましても、私どもの態度がき然としておったことにより、しばしばわれわれの立場を守ることもできましたが、同時にまた一方では、会社側から断わられた事例もございます。そういう事態が起こりましたときには、やはり納得できるまでその事由を研究あるいは調査検討いたしまして、業務の引き継ぎをいたしますときに、前任者及び後任者のそれぞれの監査人としての独立性をどうやって保護していくかのいろいろの手だてを講じているわけです。いままでもそういう意味では幾らかの措置を講ずることによりまして、私どもは私どもなりに自主統制的にこの問題を解決してきております。やはり日本公認会計士協会を一つの特殊法人とした意味はここにあろうと思います。

それから、監査人の責任の問題ですが、これはたいへん重たいものです。で、日本公認会計士協会も、法律案要綱になって出たあのころに、私どもはどこまでこの責任を負っていけるか、非常に重たい責任ですが、すでに現在私どもが証券取引法によって負っているところの責任、それをさらに制限するようなことはわれわれの立場からはいたすべきではない、そういう意味におきまして、証券取引法と同じ責任ならばひとつ勇んでこれはしょっていこうじゃないかと相なっているわけです。諸外国においては、ある程度の限度も設けられておりますが、わが国においてはこれは無限連帯的な責任にまでなっている次第でして、私どもとしては、これは非常に重たいので、その点は会員の中にもこれはたいへんだという声がありますが、誤りなきを期すことによってこの点は解決していきたいと思っております。

それから、取締役との従属的関係がそこにどうしてもできてくるではないかというお説も、これも監査役がはたして取締役に対してどれだけの強い発言ができるか、別の立場にある会計監査人がどの程度まで強い立場を発揮できるかということになろうかと思いますが、これは監査役は、いままでは確かにあるいはそういうことがあったようですが、やがて次第に人を得ることによりこの制度は確立されていくんではないかと思います。ただいまのところ、そのことについて急に強い保障を求められましても、これは無理かもしれませんが、これは制度運用の問題であろうかと思います。

○白木義一郎君　いろいろお話を伺ってますと、私どもとしても、監査制度という問題と、それから皆さん方の独立性の問題という点についてずいぶん認識を改め、今後研究をしていかなければならない、また、率直に言って一まつの不安も感じたわけですが、現時点では、特殊法人というワクの中でできるだけそれをカバーしていこうということも伺って、いささか感じ入っている次第です。

　そこで、率直に一つだけ、今回の法改正によって、現在巷間行なわれているところの、大企業の買い占めとか、あるいは不当な投機規制というような企業の自主規制にまで皆さん方の努力が及ぶものかどうか、それにどのような効果があるかどうか。

○参考人(尾沢修治君)　これは監査役の場合と会計監査人の場合と分けて考えなければいけないと思いますが、監査役の場合には、当然これは業務監査でして、それは法令、定款に違反しているかどうか、それからまた不当行為があるかどうか、そしてその場合に、それによって企業の経営に問題を生ずるという場合には、取締役の善管注意義務に反するということで、場合によれば、監査役は業務の執行を差しとめることもできる、仮処分もできるということになっておりますので、これは監査役の能力に応ずるものであろうかとは思います。監査役はそれだけの立場を与えられている。ですから、これが十分にその機能を発揮するならば大いに役立つものになろう、こういうように理解しております。

　それから会計監査人の場合には、日常の監査の過程におきまして、監査役が参考になるような事項については報告もいたし、監査役とある程度の連携も保ちながら仕事を進めていくことになると思います。ただ、必ずそういうことを発見して、そして通告しなければいけないとされますと、そこまで手が回りかねるということもあり得るわけですので、そこで私どもの立場としては、違法であることはもちろん、不当の行為、あるいは取締役の善管注意義務に反しているようなことを発見した場合には、直ちに監査役にそのことを報告いたしまして、そしてこれを是正する方途を講ずる、こういうような方法によりまして、企業の反社会的行為の是正をはかることに貢献をしたいと考えております。

○参考人(北川孝君)　この買い占め、投機、あるいは株式公開に伴う株価操作等々に関しまして、監査役に与えられておる権限は二百七十五ノ二関係でして、会社の目的の範囲内でない行為その他法令または定款に違反する行為をなし、これにより会社に著しい損害を生ずるおそれのある場合には、監査役は取締役に対してその行為を差しとめることができる、これでもってはたして、買い占め、あるいは投機、あるいはその他いま批判を受けておる行為が、抑えられないのじゃないか。むしろ私は、監査役にそういう権限を与えるよりは、取締役会は、大体業務執行取締役の業務監査をする固有の権限を持っているわけでして、監査役とか会計監査人にそういう期待をするよりは、直接その業務執行取締役を監査するところの機関である取締役会にりっぱな社外重役を入れるとか、その独走する社長以下の業務執行取締役の行為をチェックできるような取締役を取締役会の中へ入れて、取締役会でもってそういうものをチェックするならできるのじゃないか。それもあぶないものですが、それのほうがより可能性がある、かように考えております。

○委員長(原田立君)　他に御発言もなければ、以上で参考人に対する質疑は終了いたしました。

(以下略)

参議院　法務委員会会議録第十九号

昭和四十八年八月三十日(木曜日)

出席者は左のとおり。

委員長　原田　立君
理　事　後藤　義隆君
　　　　中西　一郎君
　　　　佐々木静子君
　　　　白木義一郎君
委　員　青木　一男君
　　　　木島　義夫君
　　　　鈴木　省吾君
　　　　増原　恵吉君
　　　　吉武　恵市君
　　　　鈴木　強君
　　　　竹田　現照君
　　　　渡辺　武君
政府委員
　法務省民事局長　川島　一郎君
説明員
　法務大臣官房審議官　田辺　明君
　大蔵大臣官房審議官　田中啓二郎君

大蔵大臣官房審議官　岩瀬義郎君

（ほか略）

本日の会議に付した案件

○商法の一部を改正する法律案（内閣提出、衆議院送付）

○株式会社の監査等に関する商法の特例に関する法律案（内閣提出、衆議院送付）

○商法の一部を改正する法律等の施行に伴う関係法律の整理等に関する法律案（内閣提出、衆議院送付）

○委員長（原田立君）　商法の一部を改正する法律案、株式会社の監査等に関する商法の特例に関する法律案、及び商法の一部を改正する法律等の施行に伴う関係法律の整理等に関する法律案を便宜一括して議題といたします。

これより質疑に入ります。

質疑のある方は順次御発言を願います。

○青木一男君　わが国の株式会社の現在の総数、その資本別、すなわち一億円以下の会社、一億円から五億円までの会社、五億円から十億円までの会社、十億円以上の会社に分類して、御答弁を願います。

○政府委員（川島一郎君）　昭和四十七年九月三十日現在におきまして調べたところによりますと、株式会社の総数は百一万五千八百五十二です。このうち一億円未満の株式会社は百万五千四百八十です。それから一億から五億までの会社の数ですが、七千六百です。それから五億以上の会社の数は二千七百七十二です。

○青木一男君　十億円以上のやつは分類はないんですか。

○政府委員（川島一郎君）　五億から十億までの会社が千三十三、それから十億以上の会社が千七百三十九、あわせて、先ほど申し上げました五億以上の会社が二千七百七十二になります。

○青木一男君　大蔵省は、証券取引法に基づいて、株式取引所の上場株、非上場株も、広く売買されている株式については届け出をさせ、毎年有価証券報告書を提出させております。この根拠は、証券取引法第二条の定義に基づいて、有価証券の売り出しとは、不特定かつ多数の者に対して均一の条件で有価証券の売りつけの申し込みをすることをいう、こういう定義に基づいて、有価証券を売り出す場合は届け出をせよ、また有価証券報告書を出せと、こういう行政指導をされております。

いま証券局が有価証券報告書を徴しておる会社の総数はどのくらいか、上場株と非上場株に分けて、数字を伺いたいと思います。

○説明員（田中啓二郎君）　昨年十二月末の数字ですが、報告書提出会社数は二千六百二十九、うち上場会社千六百二十七、店頭登録銘柄で報告書を提出しているものの八十九社、その他九百十三社――その他は、資本金は小そうございますが、一億以上の増資をしまして、その際届け出書を出して、それがそれ以後報告書として継続して報告書を提出している、そういった会社のものです。

○青木一男君　証券取引法によって大蔵省が審査を行う会社の区分は、広く取引が行われるというような、取引の形態に基礎を置いているわけです。今度の商法改正案は、一億円以上の会社と一億円未満の会社では全く準拠法を異にして、別の会社のような扱いをしておりますが、一億円という標準は理論的な根拠を欠き、貨幣価値の変動によって改正の問題が起こってくるのです。理論的には証券取引法の区分のようにすべきものと思いますが、法務省が一億円を標準として準拠法を根本的に異なることにしたその根拠、経緯を伺いたいと思います。

○政府委員（川島一郎君）　今回の法案によりますと、一億円以下の株式会社と一億円をこえる資本の株式会社とで取り扱いを異にしておりますことは仰せのとおりです。しかしながら、準拠法としては、ともに商法の株式会社であります以上、商法の関係規定が適用される。ただ、一億円以下の株式会社は、その監査役の権限等につき包括的に申し上げますと、一般の株式会社の監査役は業務監査を行うのに対して、一億円以下の株式会社は会計監査のみを扱うことにしておるわけです。その根拠ですが、株式会社と申しましてもその規模によって非常に大きな差異が出てまいります。一般の人から資金を集めて企業を営むというのが株式会社ですけれども、その一般の人の関与のしかたも違います。また取引先、債権者の関係も非常に大きな違いがございます。そこで、大規模の会社と中小規模の会社と二つに分けて監査役の権限を規定することが適当であろうという考えに基づいてこのような措置をとったわけです。

そこで、その基準をどうして一億円に置いたのかという問題ですが、一億円でなければいけないという絶対的な理由はなかなか困難です。しいて申しますならば、中小規模の会社は、中小企業基本法というものがございます。中小企業基本法の適用になる会社の範囲を定めるにつき、一億円が妥当であろうという考えのもとに今国会に法案が提出されたと聞いております。したがいまして、一億円がおおむね妥当ではなかろうかという見地から、区別することにしたわけです。

○青木一男君　監査制度改正の眼目が株式会社の運営の適正を期する点にあることはよく理解できます。しかし、この改正問題の動機をなしたものは山陽特殊鋼の粉飾決算事件であったことは、法務省の御説明からも明らかであります。会社経理の不正の中で利益を隠すことは多くの会社の意図するところですが、これは税務当局の厳重な調査によって是正されているのが現状です。利益がないのに利益があるように決算をするのが粉飾決算であって、債権者や一般投資家に損害を与える原因となるから、監査制度の強化の必要が叫ばれたものと思います。そこで、山陽特殊鋼事件以来、粉飾決算として表面に出てきた事件の件数を年度別に知らせていただきたい。

○政府委員(川島一郎君)　粉飾決算の会社の数は、厳密にはなかなかつかみにくいのですが、大蔵省などで把握された数を申し上げますと、昭和四十一年に五十二社、四十二年に二社、四十三年が三十二社、四十四年が二十三社、四十五年が四十八社、四十六年が十三社となっております。

○青木一男君　商法は、民法と並んで民事法の基本であることは申し上げるまでもありません。民法が、すべての人にひとしく適用される法の原則を規定したものであると同様に、商法も、株式会社法は、すべての株式会社にひとしく適用される基本原則を規定したものと考えております。少なくとも今日までの商法はそういうものでした。しかるに今回の改正案によりますと、商法改正案のほかに、株式会社の監査等に関する特例法が制定され、その結果、資本金の大小によって適用法規を異にすることとなったのです。私は、特例法も商法の一部であると思います。これは商法の体系を乱るものと私は思いますが、外国の商法でかような、会社の大小によって適用法規を異にする立法例があるかどうかを伺いたいと思います。

○政府委員(川島一郎君)　外国における立法例があるかですが、私あまり詳しくございませんので、気のついたものを二、三申し上げますと、たとえば、スイスの株式会社の組織はスイス債務法によって規定されておるわけですが、その七百二十三条という規定を見ますと、五百万フランまたはそれ以上の資本を有する株式会社、そのほかに債務の償還されていない株式会社も入ってくるわけですが、独立の帳簿鑑定人をして貸借対照表を検査せしむる義務を負うと、こういう規定がございます。五百万フランと申しますと、大体わが国の円に換算いたしまして四億程度になろうかと思いますが、そういうものについてこういう特殊な規定が株式会社の組織法自体に規定されておる例がございます。

　それから、本年イギリスの国会に政府提出法案として提出されております一九七三年会社法の案によりますと、これは従業員が千五百人をこえる場合と、それから純資産が五百万ポンドをこえる場合は、普通の取締役のほかに非業務執行取締役、つまり業務を執行しない取締役を少なくとも三名以上置かなければいけないと規定しております。

　このように、同じ株式会社でも、規模の大きなものには、それに対応する規定を設けて必要な措置を講ずることは外国でも行なわれておるようでして、わが国の今回の特例法もこれと同じ趣旨に出たものであると、御理解をいただきたいと思います。

○青木一男君　いまの例によりますと、特例と申しましても、今回の特例法の第二章に当たる形をとっておる。つまり一般の原則を適用したほかにこれだけのものを加える、こういう規定の形になっておるわけですね。

○政府委員(川島一郎君)　まあそういう見方もできようかと思います。一九七三年のイギリスの会社法案で設けようとしております非業務執行取締役とは、わが国の監査役類似の業務を行うものでして、イギリスには監査役制度がないわけです。ところが、こういう規模の大きな会社について監査役類似の役員を認めるということですので、組織の上ではかなり大きな変更、特色を持つ会社ができるということになろうかと思います。

○青木一男君　例外または特例を定めた立法例は、もちろん数多くあります。しかし本件のように、せっかく商法を改正しても、監査制度改革の眼目である監査役の取締役に対する業務監査と監査方式法定の条文の適用を受けるのは、きわめて少数でして、百万以上の会社は特例法によって不適用となっておる。どうも立法の形として、これは特例とか例外という観念に沿わない立法ではないかと思うのです。こういう異例な立法例がほかにあるかどうか、伺いたい。

○政府委員(川島一郎君)　数の上から考えますと、非常に多数の会社が特例法の適用を受け、ごくわずかの会社が本則の適用を受ける形になるわけですが、そもそも株式会社はどういうものかと申しますと、一般大衆から資金を集めまして、大きな企業を興す、そのための法律技術として認められた制度です。ところで、実際にそのような運営がされている会社は、主として大企業でして、わが国には個人企業に類した会社に至るまで非常にたくさんの数の株式会社が成立しておりますけれども、その中には、本来の株式会社としてふさわしくない、たとえば株券も発行していない、株主総会も開かない会社も多多あるわけです。また、その株式会社がいろいろ一般社会において営業活動を行っていく場合に、日本の経済なり国民大衆の中で大きな影響力を持つという点から申しますと、数の上では少なくとも、大きな比重を占めておるわけでして、問題は、こういった会社の運営をどのように適正にし、関係者のあるいは関係企業の保護をはかっていくかに重点が置かれるわけです。したがってそういう点を主眼として今回の改正が行われたわけでして、これは法制審議会で決定されました要綱にもそういう趣旨になっておりましたし、政府としてもそれと同じ考えに基づいて立案したのです。

ちなみに、衆議院において採択された附帯決議の中にも、大小会社の区別について所要の改正を検討せよという項目がございます。こういういろいろむずかしい問題をはらんでおります株式会社制度ですので、御指摘の問題はいろいろあろうかと思いますが、私どもとしましては、今回の改正の方向が一番妥当であろう、このように考えて立案いたした次第です。

○青木一男君　私は区別したことについて批判しておるのではなく、立法の、原則と例外との立法の形式がおかしくはないかということを申し上げたんです。

民法と商法は私法中の基本法ですから、簡明に規定されておるのが私は特徴であると思うんです。これはいろいろの行政法域から比べての話ですが、今日までの商法は簡明ということが特徴になっておると思うんです。しかるに、今回の法律案はきわめて、複雑であり難解である。たとえば特例法の第二十五条一条で一ページ以上を占めておりますから、たいへん長い条文ですが、この中に何十という法文が引用してある。この何十という法文が適用除外されるのかと思うとそうじゃない。逆なんです。これらの何十という法文を除き、適用しないのですね。おそらくこの原案をお読みになった方は、私と同じ感想を持ったのじゃないかと私は思うんです。除外規定の中にさらにたくさんの除外があることは、税法等には例があるわけですが、こういう民法、商法という基本法に、一度や二度読んでも頭に入らない複雑な規定は、私は適当でないのじゃないかと思うんです。これは法務省も、おそらくこれはわかりにくいとお認めの上に立法されたと思いますが、どうしてこんな複雑な立法形式をとったのか伺いたいと思います。

○政府委員（川島一郎君）　私も、このような規定ができたことは、あまり好ましいことではないと感じておる次第です。ただ、これは従前からの立法の形式をそのまま踏襲しまして、今回の監査制度の改正に当てはめますと、こういう形にならざるを得ない、ということにいたしたわけです。

なぜこのような形をとったかと申しますと、立案の際に、適用のある条文と適用のない条文を全部洗い出しまして、どちらの数が多いかを調べまして、数の多いほうを表に出さないで書くのが立法のスタイルでして、その原則に従ってこのような形にしたわけでして、まことにわかりにくい規定であることは、私も率直に認めるわけです。何しろ株式会社法とは、そうでなくても非常に技術的な組織法でして、わかりにくい。その上にまたこういう規定ができることは、非常にわかりにくくするのではないかという点は、仰せのとおりですけれども、これは従来の規定のしかたに従ったという点で、やむを得なかったというふうに思っておるわけです。

○青木一男君　法務省が数年前に提示された最初の原案では、全部の株式会社に改正案を適用することとなっていたのですから、簡明であって体系を乱すこともなかったのです。しかし、わが国の株式会社の大部分は小資本のものが多く、多くは個人企業の延長あるいは同族会社の実体を持っておるものであって、一般の人の資本を集めた株式会社はわりあいに少ない。そして、今日まで世間を騒がした会社の不正事件はほとんど大会社に限られておる。そうしてみると、改正案による監査制度の強化とは、小会社には必要がなく、過重の負担を課すにすぎないではないかという反対意見が強く出されておる。私もその反対論者の一人でしたが、改正原案は、わが国の株式会社の実情に沿わない、法務省もこれらの反対論に耳を傾けて、原案を大きく修正するに至ったのです。私はその態度は高く評価するものです。しかしながら、法務省が、わが国の株式会社は、個人企業の延長のようなものが株式会社の実体であることがわかり、これらの会社に改正案を適用することは適当でないという御理解がなった以上は、私は立法の形も根本的に考え直すべきではなかったかと思うのです。

たとえば、証券取引法は商法の系統に属する特別法ですが、特定の目的から、政府の関与を大きく取り入れた特別法である、先ほど例にとられたスイスあたりの立法にしても、大きな会社には何か特別な立法をするという例もあるわけですから、私はこの商法自体でなく、特別法の制定で大会社に監査制度を強化をすることをお考えになったならば、日本の株式会社の現状に沿う立法ではなかったかと思うのです。もしそういう特別法はむずかしいというならば、さらに一歩根本的に考えて、株式会社の性格がはっきりするような、一般大衆の資本を集めた会社と、いまの個人企業の延長のような会社とは会社のカテゴリーを違うことにされれば、法体系を乱すようなこともなく、実情に沿った立法ができたと思うのですが、会社のカテゴリーを根本的に別な会社として考えるということまで踏み切れなかったものかどうか。

○政府委員（川島一郎君）　わが国には百一万の株式会社がございます。これを大小の形態に応じてそれぞれに適した規制をしていくためには、非常に大きな現状の変更が伴うわけです。それだけに、そういう改正をすることが望ましいとかなり多くの人々によって指摘されておるわけですけれども、現実の問題として、そういう立法を一挙に行うことには非常に困難が伴うということで、いわば現実との妥協で今回の特例法が生まれてきたと言えようかと思います。もちろん将来の方向としては、現実にさからわない程度で徐々に株式会社の規制の整備を行なっていかなければならないと考えております。今回の改正案を作成いたします経緯におきましても、その点はもちろん問題には出たわけですが、実際界その他の御意見を伺いましても、いま直ちにこれを行なう、株式会社を二分してしまうことは非常に大きな混乱を生ずるということで、そこまでは今回は踏み切らなかったということです。

○青木一男君　もし商法改正以外の立法形式に踏み切ることは困難であったとしても、商法と特例法との関係は私はどうもできがよくないと思う。再検討すべきではないかと思います。

私の結論を申し上げますと、商法には、会社の大小を問わず全株式会社に共通する改正案だけを提出して、特例法第三章を根本的に改めて、一億円以上の会社に適用する監査制度強化の規定を設ければよかったではないか、私はこう思うんです。私のような立法形式をとれば、難解、不可解な第二十五条の規定は必要なくなる、この点はお認めになりますか、まず伺いたい。それから、根本的に私の言った立法方式をどうしてとらなかったか御意見を伺いたい。

○政府委員（川島一郎君）　先生のおっしゃるような立法形式をとりました場合に、二十五条の規定が必要なくなるということは仰せのとおりであろうと思います。そういう形をとりました場合には、しかしながら逆に大会社の特例にかなり複雑な規定が必要になってまいります。おそらくこの二十五条と同じ、いやこれ以上に複雑な規定が大会社の特例に必要になってくる。そうしますと、現在上場されている大きな会社はすべてその特例法の複雑な規定の適用を受ける形になろうかと思うわけです。そういう意味で、形式の問題はいろいろ御意見もあろうと思いますけれども、私どもとしては、大会社の特例と、中小会社の特例と、それぞれについての特例を設ける立法形式を選んだわけです。

○青木一男君　民事局長の御説明の中で、私の申し上げた立法方式をとると特例法で非常な複雑な規定を置かなくてはいかぬというのは、私は理解できないんです。特例法の中で、第二章で監査人制度の規定を置いたと同じように、あの監査役の業務監査の問題とそれから監査方式の法定という事項を加えておけばそれで済むのであって、二十五条のような複雑な規定はどこから出てくるんですか、私はどうもわからない。詳しく説明してください。

○政府委員（川島一郎君）　特例法の第二十五条の規定ですが、この中には、先ほどの監査報告書などの規定の特例もございます。しかしながらそのほかに、監査役が業務監査を行わないで会計監査のみを扱うという点から生ずるいろいろな違い、これを調整する意味が含まれておるわけです。たとえば、今回の商法改正は取締役が業務監査を行います関係上、各種の訴えの提起権であるとか、あるいは監査役が取締役会に出席して意見を述べるとか、その議事録に署名をするとか、そういった規定もございます。差しとめ請求権の規定もございます。そういった規定がいろいろ商法の本則に入ってきたわけでして、そういうものを排除することも二十五条の中に含まれているわけです。したがいまして、もし商法の一般規定を中小会社を基本として書いたといたしますと、大会社は、各種訴えの提起権、あるいは取締役会に出席して意見を述べるとか、差しとめ請求ができるとか、それに関連したもろもろの規定が必要になってくるわけでして、それを特例法に移さなければならないことになるわけでして、大会社に関する複雑な規定が特例法に規定されると、こういうことになるという点を申し上げたわけです。

○青木一男君　いまの局長の答弁は私はまだ理解ができないんです。それは、大会社について監査制度を強化しようと思えば、その分を、いま商法改正案の中に入っているやつを特例法に移すだけで済むんですから、複雑なことも何もない。原案のように、もう商法改正案では一応監査制度強化の規定を全部適用するような形にしておいて、特例法で小さな会社を除外しようとしたからあんな複雑な規定になった。まあその点はよくお考えいただきたいと思います。

す。

監査役の新制度の運用がうまくいくだろうかという見通しについて、当局のほうから伺いたいのです。

いままでは、監査役は、取締役をやった年とった人、あるいは大株主、あるいは会社から見れば第三者的立場の知名の人を頼むとか、そういうようなやり方で来ておるわけですが、今度の新制度によると、業務監査までしなくちゃいけない。つまり、取締役の業務執行について批判的な責任と権限を持つ監査役になりますから、人選が非常に容易でないと思うのです。監査役候補者の選定が取締役にあるもので、適任者を取締役が推薦できるかどうか、もしそれが取締役に理解の非常に深い人であれば、制度を改正してみても、どうも会社の運営に批判する人が出てこないのじゃないかと思うし、また、かりに取締役の業務執行について批判的な見識を持っている人があったとすれば、これは場合によったら業務運営について会社の内部の意見が対立する原因にもなりはしないか。とにかく人選が非常にむずかしいのじゃないかと思うんです。第一、どういう方面から監査役を選んだら改正の目的に沿う監査役が得られるか、どういうふうにお考えになったか、伺っておきたい。

○政府委員（川島一郎君） 今回の監査制度の強化の眼目の一つである監査役の強化は、監査役に人を得ることが非常に必要である。それに今回の監査制度の改正の実効をあげるかどうかがかかっていると言っても過言ではないと思うわけです。

最近、企業の活動に対しいろいろな問題が出てまいりました。それに対する批判もございます。私の聞いておりますところでは、経済界には各種の団体がもっと企業の活動について国民の信頼を得るような努力をしなければならないといった点について協議をしまして、今回の商法改正にも、この改正を機会に清新な、有能な監査役を配置することを申し合わせ、検討をしていると伺っております。これが文字どおり実現することを願っておるわけです。

それから、監査役が非常に強力になるために取締役との間にトラブルを起こすのではないかという御懸念ですが、制度上は、取締役はあくまで業務執行の責任者でして、監査役はそれを横からチェックする。特に監査役の守備範囲としては、違法性、適法性を審査することが一つの限界と考えられておるわけでして、そういう意味で、取締役との間の権限の分配はかなりはっきりしたものがある。そういう点で、ある程度制度的にも衝突問題は避けられるんではないかと考えておるわけです。

（中略）

○青木一男君 いままで問題となった粉飾決算その他の大会社の不正事件を見ると、取締役会の決定に基づくよりも、社長その他代表取締役の独断専行に基づくものが多かったと思いますが、実情はどうなっておるか伺いたいと思います。

○説明員（田辺明君） 法務省で把握しております限度は、粉飾決算事件が刑事事件に進展したものですけれども、おっしゃるように、その粉飾決算の主導的な地位を演じた者は代表取締役という例が多いようです。しかし、必ず一応は取締役会の決定によってそのような不正な決算が組まれたという形になっておりまして、その種の事件で刑事責任を問われた者は、取締役の主として経理を担当した者、それから社長あるいはまれに監査役も含めて刑事処分を受けているのが実際の例です。

○青木一男君 会社の粉飾決算その他不正事件の火元は常に取締役にあるわけです。火消し役の監査役の機能を強化することを考える前に、火を出さないように取締役制度について改革をまず考えるべきではなかったかと思うのです。

商法は「会社ノ業務執行ハ取締役会之ヲ決ス」と規定しておる。取締役会という合議体が真に会社運営の中心であるならば、多くの不正事件は防止できると思うのです。商法は、総会の招集その他特定の事項は取締役会の決議によることを規定しておりますが、そういう形式的のことでなしに、一番大事な業務の執行という部面について見ますと、その方針をきめる取締役会の決議の実行についての規定が非常に不備です。取締役会を定期に開かない会社もたくさんある。また、法律できまった事項を決議するために取締役会を開いたとしても、一般の業務方針の決定その他はあげて社長その他代表取締役の専行にまかせて、取締役会の議題にしない会社が非常に多いのです。商法が取締役会の運営や代表取締役の業務執行との関係について規定しておらないのは、会社の自治にまかせたものと思うのですが、今回のように、監査役の業務監査を義務づけ、監査の実行方法にまで法が干渉する段階では、取締役も、取締役会の機能強化、特に代表取締役の業務監査、つまり取締役会が代表取締役の業務を監査することについて立法すべきではないか。今回の改正案において、取締役会の機能発揮、それから取締役会と代表取締役との関係について全然触れてないのはどういうわけですか、理由を伺いたいと思います。

○政府委員（川島一郎君） まあ、不正を行うのは執行機関ですから、執行機関について改正を考えてはどうかという御意見も、ごもっともな御意見であろうと思います。現在の商法のたてまえは、会社の業務執行は取締役会がきめることになっておりまして、そしてその決定したところに従って代表取締役が業務を行なうという形にならなければならないはずでして、多くの会社はそういう形をとっておると思いますけれども、もしとってない会社があるとすれば、それはすでにその点において商法に従っていないわけです。

そこで、今回の改正作業におきましては、当初、法制審議会で二つの考え方を検討しました。その一つは、現在の商法をより守らせるために、取締役会の権限をさらに強化して、その構成などにも業務の執行を担保するような規定を設ける方法、もう一つは、今回の改正案でとりました監査役の権限を強化していく、それによって粉飾決算等の不当な業務執行を防止していこうという考え方です。この二つの考え方を案にまとめまして、そして学界あるいは経済界、その他関係のところに示しましていろいろ御意見を伺ったわけです。その結果、私が申し上げました二つの案のうちのあとのほうの案、この考え方のほうがわが国の実情に適しておるという御意見が大多数でしたので、今回の改正に踏み切ったわけです。

もとより、現在の株式会社法も、取締役会が厳として存在して、それが業務執行権を持っておる。したがって、代表取締役の行動に対しても、それを監督、監査の権限を持っておるわけです。しかしながら、現実に会社がいろいろな問題を起こす場合には、それがうまく行われていないとか、あるいは取締役会自体も適切な業務執行をしなかったことに帰するわけでして、制度の問題と運用の問題が微妙にからみ合っておる気がいたすわけです。で、会社の不正事件が行われます場合には、法律とか会計に対して取締役会が知識が不十分である場合もございますし、それからまた、モラルに欠ける、会社の業務が非常によく行われているように示そうとするために、法律の要求するような決算書をつくらない、そういったモラルに欠けた行動が行われることもあり得るわけです。これを正していくためにどうしたらいいかと申しますと、取締役自体が十分な知識を持ち、間違わない行動をとることも必要ですけれども、何と申しましても取締役の主たる任務は会社の営業を行うことです。それだけに、どうしてもそちらに重点がいってしまって、会社の活動に対する反省が十分でないのは、ある程度やむを得ないことかと思います。

そこで、今回の改正は、専門的に会社の行為の適法性を監査する職務を持った機関をしっかりと置いて、それによって会社が適正な業務を遂行するようにさせていこう、つまり監査役に業務監査の権限を与えて、そして取締役会にも出席させて意見を述べさせる、そうして会社が適法に業務を行うことを監視する職務を持たせる、そういう監査役を配置することが最も適当であろうと考えて、このたびの案をつくったわけです。

○**青木一男君**　会社の中には、業務執行の基本方針は取締役会できめて、それに基づいて代表取締役が業務を実施すべきであるが、そうしておらない会社もあるかもしれないという御答弁だった。私はそういう会社が多いことを御認識にならなくちゃならないと思うのです。監査役制度は空文であって、ろくろく監査もしないんですね。監査役も、相当、その能力によっては突っ込んだ監査もできる、若干業務にも触れて、いろいろ意見を言う機会も人によってはできるのです。それが実行されてないから今度の改正になった。私は取締役制度も、従来の商法は、取締役、カッコに執行機関みたいな形になっておったのを、改正商法で取締役が業務執行中心機関と規定された。そういう立場から言えば、新しい商法の取締役会中心の精神が実際生かされておるかどうかをもっとお調べにならなくちゃならないはずだ。世間では代表取締役にまかせっきりの会社が多過ぎるのです。監査役制度の改正に手をつける前に、取締役会の機能発揮についてまず手を触れるべきではないかという意見を申し上げたのですが、民間団体その他が、監査役制度の強化のほうがいいという意見が多かったからそれに従ったという御意見ですけれども、私は順序が逆ではないかという印象を依然として強く持っております。

次に、子会社の監査について伺います。

つまり監査役が子会社の監査もできるという規定についてですが、子会社といいましても、独立の法人格を持つものであるから、私は独立性を尊重するのが当然じゃないかと思うんです。民法では、申し上げるまでもなく、民法を改正して親権を否定して子供の独立性を確立したという因果関係みたいに、法人について親会社の権限をむやみに強化することは私は納得のいかない点があるわけなんです。子会社の支配は役員等の選任、すなわち人事権を通して間接に行うのが私は本来の姿であって、法が直接監査に立ち入ることまで規定するのは行き過ぎじゃないかと思います。先ほどは、取締役制度の改革よりも監査役制度の強化によって経理の妥当を期するという意見のほうが多かったというお話ですが、子会社の監査についての規定は、法務省の理論構成から出てきた結論なのか、それとも実業界その他の注文があって、その要望に応じた立法であるか、その経緯を伺いたいと思います。

○説明員（田辺明君）　子会社調査権の立法の経緯ですけれども、実際界がこの制度を望んだものではございません。つまり立法の趣旨が、親会社が子会社を利用して業務運営上不正なことをする事例が非常に多い。これを防止するのがそもそもの立法の動機であったわけです。その例は、押し込み販売などと申しまして、親会社の経営成績が非常に上がっておって、そしてその売り先は一手に子会社が引き受けて買い受けているという事例、親会社はなるほどそれで利益をあげているけれども、子会社を調べてみると、製品が子会社の倉庫に山積みになっておるという例が引かれるわけです。今度の調査権を与えた趣旨も、実はこのような方法によって子会社を利用して不正を働く、そうしますと、親会社を監査する監査役なり会計監査人の立場から、その任務を適正にやろうとすれば、親会社を調べていくうちに、いま申し上げたように非常な売り上げが立っているけれども、あげて子会社に製品が行っている場合には、これは当然にその子会社を調べてみて、はたして親会社の売り上げが商業取引上正当な売り上げとして考えられるかどうかを確認しませんと、親会社の業務運営が適正だという判定はつかない、こういうところが立法の動機です。

したがって、先生がおっしゃるように、実は子会社の調査権は、調査でして、子会社の独立した法人格に干渉するような、監査ではない。つまり子会社にも監査役がおりますし、大きい子会社ですと、会計監査人もついておるわけです。その監査をしようというのではなくして、親会社を監査するうちに、子会社の帳簿上どういう結果になっているかを調べるという範囲のものを規定したわけです。したがって、法文にもございますように、親会社の監査をするうちに、必要があるという場合、その必要の限度に限って、まず子会社に照会を発する、直接に出ていくことを予定しておりません。これについて子会社の回答がない、あるいは回答をよこしましても、それが回答にならないような不確かなものであれば、初めて出かけていって、製品が在庫するかどうかを調べる。その場合に調べる範囲は、最初に尋ねた範囲に限定されておるわけでして、その機会に子会社をいわゆる監査するような仕事は一切できない、こういうたてまえの立法になっておるわけです。

○青木一男君　子会社をもって、業務運営が不当に拡大するとかいろいろ弊害があるからということですが、私は、監査役の子会社監査の目的は、どうもそういう事柄とはぴたり合わないんじゃないかと思うんです。やはり経理の不正とかその他のことが子会社にあれば親会社にも影響するから、それで子会社の経理も監査することじゃなかったかと思いますが、いまの御説明は若干私の考えと違っております。

子会社を持つ会社とは大会社だ、これは常識上当然ですが、ところが一億円以下の小会社は、子会社を持っている会社がそんなに多いか私は疑問だと思いますが、業務監査も監査方式の法定も適用しないことになっている、一億円以下の会社には。それだのに子会社の監査の規定を適用することにしているのはどうも権衡を得ないように思うが、この理由を伺いたい。

○説明員（田辺明君）　実際に実態調査をしてみた結果非常に驚いたことは、一億円から下の会社が子会社を持っている例が非常に多うございました。業種で申し上げますと、たとえば出版業は、子会社に印刷会社を持って経営をなすっている例が適例です。そして、その種の小さい会社の監査役は、会計監査に権限をとどめておりますけれども、事、株式会社の同じ監査役として、仕事の範囲が会計か業務全般かの区別はありましても、会計の監査が依然として株式会社にとって大切なものだとすれば、大会社と同じようにその種の子会社を通じた不正な会社経理を防止する必要がある。そこで、資本金一億円以下の会社の監査役に関しても、全く同じ子会社の調査権を認めたわけです。

監査役は大と小において機関たる性格は変わらない。ただ仕事の範囲が、業務全般の監査と、会計に限っての監査という区分はございますが、今度の立案では、小さな会社も監査は大切である。したがって、その身分は大小全く同じの立案になってございます。たとえば任期を延ばしているような点、あるいはその他、監査役を選任いたします手続を現行法から改めて、取締役と同じように総会の定足数をきめる措置をとっておりますのも同じ趣旨です。

○青木一男君　今回の特例法によって、大会社は会計監査人の監査を受けることを義務づけられておるわけです。私の記憶によれば、今日まで粉飾決算事件として問題になった会社は、ほとんどすべて証券取引法に基づき会計書類について会計監査人の監査証明を受けた事件であったと思うが、まずこの点をひとつ伺いたい。

○説明員（田辺明君）　粉飾会社数の事例も、証券取引法に基づく監査に関して摘発された粉飾決算の事例ですから、おっしゃるとおりの対象会社を中心にした問題でございます。

○青木一男君　会計監査人の監査証明を受けてなおかつ粉飾決算その他の事態が起きたということは、会計の監査制度の権威もいままで疑われたものと私は思います。今回、特例法によって会計監査人の監査を義務づけた以上、その権威について私は政府に責任があると思うのです。今度の特例法によって、会計監査人の罰則はあるいは若干強化されたと思いますが、証券取引法に基づく監査と異なり、今回の特例法に基づく監査は間違いなく行なわれると信じてよき根拠を伺いたいと思います。

○説明員（田中啓二郎君）　従来までの商法監査は事後監査でして、決算確定後に確定決算について会計監査人が監査証明をしたというわけですが、今回の改正により事前監査をすることになり、そしてその監査証明があって初めて会計が確定するわけですから、従来に比べまして、公認会計士ないし監査法人は、事前に当該被監査会社の会計についてずっとフォローアップできますし、新しい特例法によりまして十全の監査を行うことができるわけでして、従来以上に公認会計士のモラルなり、あるいは職務意識を高める、そして従来行ないました公認会計士の責任向上のための措置と相まって、事前監査をするものについては全く十全の監査を行えると考えております。

○青木一男君　いままでは事後の調査だから粗雑にした、今度は事前の調査になるから間違いなく行なわれる、この説明は私はよくわからない。事後の調査であろうと事前の調査であろうと、会計監査人は、もし正当に調査すれば、かりに事後のものといえども、私は間違いが発見できたと思うのです。どうもいまの御説明だと、事前の調査だから間違いなくいくという説明ではまだちょっとわからないのですけれども、あるいは罰則が強化されておりますか、その点をひとつお伺いします。

○説明員（田中啓二郎君）　私が申し上げましたのは、事後の監査ですので、株主総会で確定したものを、監査の結果、不適正であれば、そこで粉飾が起きるわけでして、今度の改正によって事前監査になり、事前に粉飾と思われるものは、株主総会で通らないのです。したがって、公認会計士の監査の結果、その内容が不適正と思われ、粉飾と思われるものがあれば、株主総会を通らないであろうという意味において、従来とは非常に違った形になるということを申し上げたわけです。

○青木一男君　事後と事前の違いは、先ほどお話のあったモラルの問題が非常に影響があると思うのですが、今度の改正の非常な重点の一つですから、今度は会計監査人の監査は間違いないのだという実績を与えないと、国民はいままでどおりじゃないかという印象を必ず持つと思うんです。その点、監督官庁である大蔵省の責任が重くなったことをお考えいただきたいと思います。

今度の改正法の二百八十一条の三の規定に基づいて、監査役は四週間内に監査を行なって結論を出さなくちゃいけないことになっておる。全国に店が広がっている会社、あるいは外国にまで店の行っている会社、こういう大会社について四週間内に監査を終了することは容易なわざではありません。法務省は、監査役がいかなる補助機関を使用してその任務を果たすことを期待しておるかを伺いたいと思います。

○説明員（田辺明君）　お尋ねのように、監査役の監査期間は最低は四週間を法律で保証しようという趣旨のものですから、非常に大規模な会社の監査に関しましてはとうてい四週間内に全監査を終わることは考えられないわけです。そこで、監査役の一連の権限規定に出ておりますように、監査役は期中から監査をしているというたてまえを考えております。同じことが公認会計士である会計監査人にも考えられておりまして、期中からすでに監査を委嘱されて仕事にかかっておる、そういうたてまえで仕事をいたしますので、最終の答案をつくる期間は四週間になりますけれども、作業としては期中から仕事をしている。ただ、大きい企業には、それぞれの監査役がこの法律に定めた会計監査人以外にも会計の専門家という人たちをそれぞれの手足としてお使いになることは十分考えられるわけで、大規模会社はそういう運用がされるだろうと考えております。

○青木一男君　私は、監査役がこの重大な任務を完遂するための補助機関のこともお伺いしたいんですが、目的から見て、取締役の支配下にある会社使用人を使用するということでは、どうも目的に沿わないように思う。結局外部の専門家を雇うことになって、公認会計士等を雇うことになる場合が多いと思いますが、法務省もそういうことを期待しておるのかどうか、お伺いします。

○説明員（田辺明君）　監査役の補助機関に関しましては、現在の商法のもとでも、相当の会社では内部監査室という監査機構を持っております。これは、取締役の業務執行の一端としてされている内部監査の仕事を持っている人たちです。改正法で監査役が行います一般業務監査とは、取締役の業務執行そのものを監査しますので、おっしゃるように、取締役の使う人を使って監査するところに法律上は問題がございますけれども、それは、監査役といえども内部の機関ですので、内部の監査機構をお使いになる場合も十分考えられると思っております。監査役は、取締役に対して業務に関して報告を求める権限を持っております。したがって、そういう報告を求め識から見て、結論を異にするというときには、初めて、積極的に意見が違うことを書いていただく。多くの場合は会計監査人の監査結果と同意見として、おそらく監査の事項は監査役のほうは省略して、書かなくてもいいという趣旨の条文になっているわけです。そこで、理想としては会計監査人と同等以上の知識を有する監査役がその任につかれることは望ましいことですけれども、すべてについて公認会計士以上の会計上の知識を有する人を必ず置かねばならないというふうには立案当局としては考えていなかったわけです。そういう点から、先生のおっしゃるように、二重重複という点はそう心配をしていないと申し上げておきたいと思います。

○青木一男君　いまの御答弁は新しい商法の運用上非常な影響の大きな点に触れてくるのですが、取締役が雇った会計監査人の報告書を信用していいという結論になるのですが、しかし、今度の改正法を読むと、そう簡単に読めないのです。監査人の報告が妥当かどうかをどうして判断するかという問題なんです。いままでも監査役は取締役から提出した計算書類は正確のものと認めましたという報告を総会でするわけです。それと同じような報告で済むものかどうか。私は、今度の新しい規定にある監査役の監査報告は、やはり自分がスタッフを使って自分の手で調べて、取締役の提出した書類が正しいかどうか、また、会計監査人の出した報告書が正しいかどうかを判断する責任があるように見ているので、これは非常に今後の運用に影響があるのですが、いまお話しのように簡単に会計監査人を信用したからということだけで済むように思えないのですね。その点をひとつもう一度確かめておきたいと思います。

○説明員（田辺明君）　監査役も独立の機関として、結果になると思うが、その点の法務省の見るところを伺いたいと思います。

○説明員（田辺明君）　非常に実際的な御指摘ですが、立案の経緯を御説明いたしますと、監査役が公認会計士の監査結果を監査するというくだりは、特例法の十四条に、監査報告書の記載事項として出てくるわけです。十四条の二項に、監査役が監査報告書を書きますときに、まず、一号にございますように「会計監査人の監査の方法又は結果を相当でないと認めたときは、その旨及び理由並びに自己の監査の方法の概要又は結果」こう記載してございます。

そこで、このように専門家のなすった監査の結果を見てその当否を判定する能力は、たいへん高い能力が必要だということはおっしゃるまでもございません。ただ、立案の趣旨としては、大会社には、いわゆる会計監査という専門的な部門には専門の会計職能人を導入してこれを活用しようという考えです。そこで、選任の資格に関しては非常に厳格な資格がきめてございますように、国の厳正な、非常にむずかしい試験でその資格を与えた公認会計士、あるいはその法人化された監査法人を信頼して、その監査結果は専門家の監査としてはきわめて高く評価されるだろうという前提でこの法案が仕組まれているわけです。

おおむね通常の監査役は、事、会計監査に関しては、その専門家の監査結果を信頼すれば、通常はその過失を問われることはなかろう。しかし、監査の対象が適法あるいは違法という判定の問題になりますから、もちろんこれにめくら判を押すことではなくして、監査結果の当否については目を通していただきます。そこで、違法とされておるけれども、監査役が独自に取締役会等に出席して得ておられる知る権限の行使として、取締役を介して内部の監査機構を補助的にお使いになる場合もあるだろう。それは違法視されるものではないと考えております。大事なことは、監査役の意見形成が監査役の機関としてみずからの判断によってされること、これさえ保証されるならば、内部の方々をお使いになって資料を集めることも違法視されることはないと思います。ただそのほかに、内部監査機構以外に、監査役も公認会計士をはじめとする会計の専門家たちを独自にお使いになって仕事をなさることも法律は当然考えているだろうと、このように思うわけです。

○青木一男君　特例法によって、監査役のほかに取締役は計算書類について会計監査人の監査を受けなければならないことになっております。ところが、いま問題になっているように、監査役は会社の経理について、どういうふうに監査したかを明らかにしなくちゃいけませんし、責任がきわめて重大ですから、専門家を頼んでやることに私はなると思う。それから大会社には、会計監査人が会社に提出する監査報告にも監査役が意見を加え、そして判断を加えて取締役に提出することになっているわけですね。そうすると、その会計監査人の監査報告について、批判を加えるだけの専門的の力がなかなか監査役個人としては持ちにくいと思うんで、どうしても会計監査人の能力に劣らないスタッフを持たなければ批判できないはずなんですね。私はそういう点から見て、監査役はおそらく取締役の任命した会計監査人に劣らない公認会計士その他を雇うことになるだろうと思うんです。どうもそこで重複したというか、会計監査人を二通り雇うような結果になるんじゃないかと思いますが、そういうことはけっこうなことだと法務省はお考えになるかどうか。まずそういうその監査結果について責任を負うわけです。いま申し上げました事柄は、会計に関する監査の結果を信頼して監査役が監査報告書をまとめた場合の責任の問題を申し上げたわけですが、会計監査人である公認会計士の監査の結果を特に疑うに足るような特段の事情がなければ、その専門家の監査を信用したことによって即時責任を負うことはまず少なかろう、こういう考えを申し上げたわけです。

もちろん独立の責任を持っておることには間違いございませんし、申し上げておることは監査役の責任に関する一つの解釈上の考え方です。要するに、監査役と会計監査人の両者は、規定にもございますように、監査の過程において常に連絡をとっていく、そういうたてまえで、決算期を迎えて取締役から出された計算書類を双方が監査している、ただ、専門家のほうをまず先に、監査報告書を作成させてこれを監査役に提出させる、監査役も並行して監査報告書を作成しているという作業の過程ですけれども、それを見て自分の結論と異なるところがなければ、会計に関する部分の報告はこれを省略して専門家のものを引用してよろしい。ただ、それ以外の業務監査の結果は独自に、法律にございますように監査人が報告書を作成するたてまえになっているわけです。

○青木一男君　一億円から五億円までの資本の会社の監査はどうですか。

○説明員(田辺明君)　一億円を超過し五億円に満たない資本金の会社は、監査役は業務全般の監査権限を持っております。しかし、いわゆる公認会計士である会計監査人を選任する義務づけを受けておりませんので、監査役は独自に会計を含むすべての業務の監査をして監査報告書を作成する、そういうたてまえですから、公認会計士との関係が出てこないということになります。

○青木一男君　五億円以下の会社は、取締役が会計監査人を雇うことはないわけですが、監査役の非常な重大な責任を果たすためには、やはり専門家を雇うことになると思います。それで、自己の責任において会計監査をしなくちゃいけないという点は、私は五億円以上の会社も同じだと思うのです。しかるに、先ほどの御説明だと、会計に関する限りは取締役の雇っておる会計監査人の監査を信用して済めばそれでもいいという、そこが私は重複することになることをお尋ねしたのだが、そうすると、重複しないように見えるけれども、しかし法のたてまえは、やはり五億円以上の会社といえども監査役として会計監査をしなくちゃいけないし、また会計監査人の報告書について意見を加えなくちゃいけないということになっているから、どうも、会社の雇った会計監査人の報告を信頼したという程度で済むという先ほどの御説明はどうしても私は納得できないのです。この点はしかし、あるいは見解の相違になるかもしれませんが、とくとお考えいただきたいと思います。

それから、証券取引法に基づいて上場会社その他の広く株の売買されている会社について大蔵省に提出する有価証券報告書、計算書類について会計監査人の監査を受けていると思いますが、その範囲を、どういう会社について会計監査人の監査がついておるか、伺いたいと思います。

○説明員(田中啓二郎君)　証取法監査会社の提出する報告書ないし届け出書に関しましては、すべて公認会計士の監査意見がついておりまして、監査証明がつけられております。

○青木一男君　いまの大蔵省の説明のあった計算書類についての会計監査人の監査証明は、内容は商法の規定する計算書類と大体同じものを扱っているのじゃないかと思うのです。その点はどうですか。

○説明員(田中啓二郎君)　これは監査証明に関する省令に基づいて監査を行なうわけですが、現在は、片や商法による計算書類は若干異なっている面がございます。したがいまして、今回商法監査を監査人によって行うことになれば、その辺の基準と商法による基準との調整が当然行われなければならないことになるわけです。それから、先ほど報告書提出会社はすべて公認会計士の監査証明が付せられていると申し上げましたが、ただ金融機関は、当分の間その証明は免除されていることを付加さしていただきたいと思います。

○青木一男君　先ほど来、法務省、大蔵省から伺いまして、会計監査人の監査が二重、三重になるように思うのです。それは大会社は金があるから幾ら手数がかかっても平気かもしれないが、国の制度としてあんまり同じような義務を課するということは、あまり好ましくないんじゃないか。一方で出ている監査報告書がほかで使えたらばそれで私はいいんじゃないかと思うんですが、こういうような会計監査人の監査について商法及び証券取引法を通じて簡素化が考えられないか、その点の見通しを伺っておきたいと思う。

○説明員(田辺明君)　お尋ねの点は、商法改正案が成立いたしますと、同一会社に証券取引法に基づく公認会計士の監査と商法に基づく公認会計士たる会計監査人の監査が重複するという問題です。しかし商法の立案の過程から、その問題は実際界からも強い要望がございまして、理想としては、実質的には同一の公認会計士が一つの監査報告書を作成して、これを株主総会と証券取引法に基づきます大蔵大臣、証券取引所に提出すれば足りるという簡素化を考えておるわけです。そのためには、商法に関係しております株式会社の計算書類規則と証券取引法の規則でいわゆる財務諸表規則の二つの規則を実質的に調整しまして、いま申し上げましたような一つの監査結果が三者に提出される形に近づけるように現在法務、大蔵両省の間で規則調整の作業を進めております。簡素化された形で商法監査と証取監査が運用されるようになるだろうと、期待しているわけです。

○青木一男君　簡素化についてお考えを願います。

特例法の規定によって銀行も会計監査人の監査を受けることになるようです。銀行は国民経済上特殊な使命を持っておるのであって、大蔵省の特別監督下にあり、常時報告を徴し、検査官をして実地に検査をさせております。銀行自体としても、信用を生命とする業務であるから、その営業の適法、正確を期することは当然全力をあげており、外部に迷惑をかけるような不正事件の起きたことはあまりないと思います。私は大蔵省の監督、検査は公認会計士の監査よりも権威があると思うのです。世間でも一般にそう信じておると思いますが、しかるに大蔵省が今回会計監査人の監査の規定を銀行にも適用することに同意された、それは大蔵省の監督、検査ではどういう点が足りないから会計監査人の監査を銀行に適用することになったのか、その理由を伺いたいと思います。

○説明員（岩瀬義郎君）　大蔵省の検査は、銀行の持っておる社会的な信用保持の特殊性という点から、厳重な内容の検査をしておりますけれども、この主眼は、第一に預金者保護のたてまえをくずしておらぬかどうか、それから信用秩序の維持確保という観点、そういう点から銀行の検査をしておりますけれども、これは随時、検査計画に基づいて検査をしておりますので、毎年これを行なうという実績になっておりません。実績から申し上げますと、大体二年に一回大きな検査を行なうという形になっております。したがいまして、今回特例法によります検査が、大蔵省の検査が不十分であるからつけ加えたというよりも、今回の商法改正の目的から見ますと、いわゆる銀行の公共性、あるいは信用の保持というたてまえから監督、検査をしておるたてまえとはまた別の観点、たとえて申しますれば、株式会社である銀行の株主、債権者、取引者、従業員の保護という観点から見た検査、監査であると考えまして、しかも、それが毎会計期ごとに定期的に行なわれることであれば、これは重複にはならないのではなかろうかと、私どもとして同意をいたした第一の理由でございます。

○青木一男君　銀行業務とは、ほかの商売と違って、預金を預かってこれを貸し出し、あるいは有価証券を持つという、きわめて単純な営業業務であり、ただ数量的に大きいだけなんですね。検査は毎年できないかもしれませんが、報告書はちゃんととっておられるはずだ。私はどういう点において会計監査人の監督が必要か、こういう制度を採用したために、むしろ銀行の信用が一体加わるのかマイナスになるのか、むしろ非常に疑問に思って、それは大蔵省監督下にある銀行は間違いないんだという印象のほうがむしろ好ましいんじゃないかというふうに思っている。この点は立法の際にお考えになったと思うが、そのときのお考えをできたら説明してください。

○説明員（岩瀬義郎君）　私どもも、検査には絶対な自信を持っており、かつそれは今後も自信を持ってやるべきである。それから銀行は、社会公共性の立場から見て信用が第一の機関であって、まさに財務内容は会社の財務内容とは違うものを持っておりますので、そういう点で、銀行局の検査が専門的な立場において把握することについては、今後ともそれは自信を持ってやるべきであるし、必要なことだ。しかし、検査の主眼点が違った場合に、あるいは定期的に行なう検査の場合に、それが決して重複し、むだであるとは解釈しなくてもよろしいのではないか、むしろ信用を保持する機関であるがゆえに、そういう監査を受ける機会を与えることは、決してマイナスではないのではないかと考えておるわけです。

参議院　法務委員会会議録第二十二号

昭和四十八年九月十八日（火曜日）

出席者は左のとおり。

委員長　原田　立君

理　事　後藤　義隆君　原　文兵衛君　佐々木静子君　白木義一郎君

委　員　木島　義夫君　鈴木　省吾君　中西　一郎君

吉武　恵市君
鈴木　強君
渡辺　武君

国務大臣
　法　務　大　臣　田中伊三次君
政府委員
　法務省民事局長　川島　一郎君
説明員
　法務大臣官房審議官　田辺　明君

（ほか略）

本日の会議に付した案件

○商法の一部を改正する法律案（内閣提出、衆議院送付）
○株式会社の監査等に関する商法の特例に関する法律案（内閣提出、衆議院送付）
○商法の一部を改正する法律等の施行に伴う関係法律の整理等に関する法律案（内閣提出、衆議院送付）

○委員長（原田立君）　ただいまから法務委員会を開会いたします。

（中略）

商法の一部を改正する法律案、株式会社の監査等に関する商法の特例に関する法律案及び商法の一部を改正する法律等の施行に伴う関係法律の整理等に関する法律案を便宜一括して議題といたします。

これより質疑に入ります。

○鈴木強君　今回三つの法律案を御提案になっておりますが、提案理由の説明書を拝見しますと、まず「商法の一部を改正する法律案は、現下の社会経済情勢にかんがみ、株式会社の運営の適正及び安定をはかり、あるいはその資金調達の方法に改善を加える等のため、早急に改正を必要とする事項について、商法の一部を改正しようとするものであります。」と述べてあります。ところが、改正案の中身を少し勉強させていただきますと、まだまだ現在の改正だけでは不十分だと私は思います。たとえば株式会社のあり方にしましても、大きなものと小さいものとをごっちゃにして、その区分け等もあまり十分されておらない。いずれにいたしましても、この改正によって実際の運用の面で問題の残る点も幾つかあるように思います。それから、なおさらに改善を加えなければならない点も幾つかあると思います。そういう点を考えますときに、まだまだこれは不十分な改正案であって、もっともっと社会情勢、経済情勢に合った改正案でなければならないと私は思うのでございますが、大臣としてそういう不備があることを認めるのかノーなのか、認めるとすればその点はどうするのか、そこいらをちょっと最初に承りたいと思います。

○国務大臣（田中伊三次君）　ぼんやりした言い方ですが、時代の趨勢にかんがみまして、商法を根本的に改正しようと思いますと、私は三つの柱がある、いろいろこまかいことはございますが、おもなものは三つの柱がある、こういうふうに考えるのです。

その一つは、今回改正のお願いをしております監査制度、これを会計監査にとどまらず業務監査にまで及ぶように監査を徹底して、会社の健全な繁栄をはかるようにしたいということが第一です。

第二は、会社の執行部ともいうべき社長を中心といたします取締役会がどうも形式に流れ、独善専行におちいっておるきらいがございます。これをセーブするものがない。執行部、取締役会を中心とする運営組織、これは根本的に改めなければならない。

それからもう一つは、株主総会です。大事な株主の権利を預けておる株主総会が三分、五分で拍手一つで終わってしまう。こういうことは株主総会の組織運営を根本的に変えなければいかぬ。

この三つの柱があるものと存じます。ところが、この三つを一ぺんに改正をいたしますと、生きて動いておりますす株式会社がひっくり返ってしまうんです。そこでとりあえず第一段をここに採用をしまして、お手数をわずらわすことにいたしました。次の取締役会、株主総会の組織運営に関する問題は、第一のお許しが得られたる上に立って改正をはかりたい、そして理想の姿に持っていきたい、こう念願をして、今回の改正をお願いした次第です。

○鈴木強君　大臣のおっしゃる三つの悪い点があるんだが、その三つを一ぺんにやれば会社はつぶれてしまうとは少し極端な表現ではないかと思うんです。取締役会が形式に流れておることに歯どめをどういうふうにかけていったらいいのか、あるいは株主総会のあり方をどうすべきかは、勇断をもってやるべきではなかったか。どういうふうにつぶれるのか、明確に教えていただきたい。

○国務大臣（田中伊三次君）　三つを同時にいたしますと、株式会社に急激な変化を与え過ぎる。そこで、急激な変化を避けながら順調に改正を加えていきたい、そういう趣旨です。

たとえば、今回のお尋ねのないことを一口申し上げるわけですが、今回改正の監査役制度を見ましても、会計監査だけでなしに業務監査を行うんだ。そうしますと、材料の購入から生産工程から製品の販売に至ります工程が全部わかるような監査役、ちょっと人材が見つからぬのではないかと思うほどむずかしい仕事です。それがかりに選ばれた暁においては、いままでと違う点は、取締役会に出席、発言をする、発言を聞き入れなければ裁判所にお願いして仮処分を行う、こういう権限が監査役に与えられておるので、監査役の仕事もたいへんですが、選ぶ仕事がたいへんである。

こういう点を考えてみますと、その上取締役会の構成要員として新しい労働組合から出てくる人があるとか、あるいは資本家以外の者が出てくるような規定されるとか、組織運営が変わってくるなどは容易なことではなかろう。ことにこの株主総会の運用上の変化は一大変化をもたらすのですから、これはたいへんな事態になるのではなかろうか。とりあえず今回お願いしておることを一つやりまして、そうしてあとの二つも手をつけていくことが実情に沿うのではなかろうかと考え、これをお願いしておるのです。

○鈴木強君　どうもちょっと理解ができませんのは、取締役会が非常に形式的に流れておる、独善的であることを認めておきながら、監査制度の健全化をはかるために業務監査をやる。監査役は、まず取締役会が監査役の候補者をきめますね、そしてその候補者の中から株主総会で監査役を選任するわけでしょう。そうしますと、形式に流れて独善的に流れて、それに対して歯どめのできないような取締役会が候補者を選ぶわけですよ。これ、論理の矛盾じゃないですか。だから、まず形式に流れ、独善になっている取締役自体の姿勢を正さなければ、監査役制度をつくって業務監査もしていただくことになりましても、ぐうたらな取締役、欠陥だらけの取締役会が候補者を推薦するのに、いいのが出てきますか。結局自分たちの都合のいい監査役を任命して、問題があっても適当にやってもらう。だから、取締役会が形式に流れておるならば、そこにちゃんとした歯どめをかけて、独善に流れない、形式に流れない取締役会になるよう法律改正をちゃんとしておかなければ、せっかくの監査役制度、業務監査をやろうとしても、その効果を疑うわけですよ。その辺の論理の矛盾はだれだってわかると思うのですが、そういう矛盾を認めながらなぜ……。

○国務大臣（田中伊三次君）　この監査役の制度をこのたび改正をいたしますね。そうすると、監査役は重役会に出ていく、監査役を重役会に入れないで重役会を開くと、重役会は無効となるというほど権威を持たして出席をさす。そうして取締役会のきめる事柄は定款、国の法規、商法違反の起こらぬようにこれをきめていく。そうすると、第一の改革点です役員会の運営に関しては相当程度の改革になりますね。第二の取締役会の運営に関しましても重要な変化が起こってくる。この上第二の取締役会の改正は何をやるかというと、どういう取締役を選ぶかという取締役会の組織に関する改正等が行なわれていく見通しですが、そうやってまいりますと、徐々に改正ができるのだということがほんとうのねらいです。なお、詳細は民事局長から御得心のいくような説明をさすことにいたします。

○政府委員（川島一郎君）　たいへん基本的な重要な問題ですので、今回の商法改正の経過から御説明申し上げたほうが御理解いただけるのではないかと思います。御承知のように、昭和四十年に山陽特殊鋼が倒産しました。これが突如として解散した背後には、粉飾決算があったことが明らかになったわけです。何ぶんにも大きな会社ですので、関連企業、債権者、株主、従業員を含めまして大きな社会問題を惹起したわけです。その後、粉飾決算が問題にされまして、多くの会社において粉飾決算が行われておる、これを放置しますと、社会的に憂慮すべき事態が頻発しないとも限らない。株式会社の経理をもっと厳正にする必要があると指摘されたわけです。

それと同時に、単に決算の関係のみならず、会社の業務全般にわたってもっと適正な運営をはかる必要がある、こういうことで、法務大臣の諮問機関です法制審議会の商法部会において急遽この問題を取り上げることになったわけです。その際、商法部会は、会社の運営を適正にする方法として二つの案をつくったわけです。

その第一として、株式会社の取締役の制度、取締役会を中心として運営されている取締役の制度を充実強化させるという案。

それから、第二の案として、監査役が会計監査のみを行っておりますが、これをもっと充実強化したものにしまして、業務監査まで行なわせる。この二つの案をつくりまして、各界の意見を聞いたわけです。

まず、取締役の改正によって改善をはかっていこうという案ですが、現在の会社の業務執行は取締役が行っております。そして、その意思決定を行う取締役会は、同時に代表取締役の監督機関であり監査機関でもあるわけです。したがって、取締役会を強化していくことも一つの考え方であったわけですが、これに各界から寄せられました意見は、現状においてこれを行うことは相当問題がある。それと、また実効が得られるか必ずしも自信がないということであったわけです。それはどういうことかと申しますと、大きな会社になりますと、取締役は二十人、三十人と非常に大ぜいおります。しかも業務の執行をそこできめるわけです。そういう会議体に、業務の執行を一方では行いながら、またその監督の機能も行わせることは、適任者を得られないという点、それから、業務の執行と監査とが混淆しまして、必ずしも十分な監査の実が上げられないのではないか、こういった点がおもな意見であったわけです。

その結果、第二の案である、監査役の権限を強化し、これを充実させて、株式会社の運営の改善をはかっていく方向が決定され、今回の案はその線に沿って立案されたものです。しかしながら、監査役の強化だけで十分制度的に完全なものが得られるかという点は、なお問題が残っております。そういった問題は、今後もなお検討をし、必要に応じた改正を行っていく必要があろうと思いますけれども、これは非常に大きな問題をはらんでいるわけです。現在の株式会社は非常に資本の額の大きな会社から小さなものに至るまで千種万態あるわけです。これを一律に一つの制度によって、取締役会をどうする、監査役をどうする、株主総会をどうするときめていきますと非常に困難な問題があるわけでして、そういった株式会社の規模の問題も同時に考え合わせながらでなければ、取締役会あるいは株主総会の問題を十分処理できないのではないか。そういう点もございまして、今回の改正案は、比較的そういう問題に大きな影響を与えないで済む、しかも会社の業務の運営を適正にするために直接的な効果をあげ得ると思われる監査役の制度の改正、これを主眼にして立案したものです。

○**鈴木強君**　私の質問に何も答えてないんです。何を言おうとしたんですか。ただ、一番問題なのは、取締役が形骸化し独善である、そういう改善しなければならぬことがわかって、商法部会からの答申もあったにかかわらず、それをそのままにしておく。

ところが、幾ら〔監査役の〕権限を強化しようとしても、監査役の候補者が取締役会できめられるわけですね。そうすると問題はあまり改善をしない。その基本である取締役がちゃんとしておらなければ、選んだ候補者はその会社べったりの都合のいい人を選ぶことは、常識的に考えればそうなると思うのですよ。だから、その選出方法も、もう少し考えなければならぬと思いますけれども、取締役が改善されないで、推薦すれば、いかに監査役に権限を持たしてみても、実際の行使ができないんじゃないかという危惧を持つのはあたりまえでしょう。

そこをなぜ放置して、監査役だけをやったのか。その点を一体どうするのかを理論的に説明してほしい。いま取締役会の中にどういう問題があるのですか。それから、資本金によってもし問題があるとすれば、それをどういうふうに整理したら時代に即応した案ができるのか。

○**政府委員（川島一郎君）**　今回の改正により、監査役は権限も強化されますし、それから地位も強化されるわけです。したがいまして、監査役として選任される者が今後、従来の監査役とは違ったいわゆる大ものを持ってくることが期待されておるわけです。もちろん、いかなる制度をつくりましても運用は人によってされるのですから、そのとおりにならなければ問題は解決しないと思いますが、現に財界は、このような改正が行われれば、地位と権限にふさわしい監査役を置こうという気運が出てきております。それによりまして監査役の地位が上がり、大ものの監査役が配置されるようになる。そういたしますと、それによって取締役会も牽制されまして、したがって取締役も監査役に対して十分敬意を払うようになりますので、会社の運営の適正がはかられるということになろうと思います。

ただ、取締役会についての問題点としては、現在多くの会社で、代表取締役が非常に大きな力を持っておるわけでして、取締役会で意思決定すると申しましても、結局代表取締役に引きずられてしまう傾向があるわけです。商法は、取締役会が中心となって会社の執行部の意思を形成していくことを期待しておるわけですけれども、現実の運用は、代表取締役が中心となって取締役会がそれに引きずられていくという形をとっておるわけです。したがいまして、こういった点は今後の問題として、権限の面あるいは選任の方法等について検討を加えて、代表取締役が個人の力によって会社を運営していくということでなしに、取締役がそれぞれその分に応じた活動をしていく、そういう形に近づけるような制度を考えていく必要があろう、こういうふうに思うわけです。

○**鈴木強君**　あなたも、いまの取締役会の運営について、まずい点がある。大ものの監査役を連れてくるのだから、取締役が何と言おうとりっぱにやってくれる人が出てくればいいけれども、なかなか現状ではむずかしいと思いますよ。だからなぜ、そういう不備があって、あなたも具体的にこうしたらいいじゃないかということまでおっしゃるならば、どうしてその点を今度は出さなかったのか。

法制審議会に専門家が集まって、こうすべきだという結論が出ているのだから、自信と確信を持って、改正すべきですよ。

○**国務大臣（田中伊三次君）**　ここにお願いしております改正を前提に置いて、大もののりっぱな監査役が選べる場合、取締役会の運営は改革が行われると言えるんじゃないかと思うんですね。従来の会計監査だけでなしに、業務監査もやる、取締役会に出席もすると、定款、法規、世の中の動きと逆行するような買い占め、売り惜しみをはじめとして、いろいろな出過ぎたことはやれなくなるんだと、やればチェックする、チェックに応じなければ裁判所に申請をして仮処分の申請までできるという権限が与えられておる。そうすると、人を得ることができるならば、取締役会の運営はいままでのような独善専行におちいらぬように運営ができる見通しが立つ。理論的にはそういうふうな見通しが立つ。

制度上大改革をして、生まれ変わった新しい監査役の権限、地位にふさわしい人物を取締役会が選考すると、私は信じておるのですが、いかがでございましょうか。

○**鈴木強君**　私が問題として投げかけておりますのは、大臣も率直に認められておりますように、いまの取締役会の改善が必要である。いま局長も代表取締役がリーダーシップをとってやっていくようなのがつぶれる。それも認める。だからそこいらに法律上改善策を加えていく必要があることは認めているわけですよね。ですから、なぜそれをやれないのですか。

○**説明員(田辺明君)**　まず法制審議会の決定いたしました要綱では、監査役の改正を取り上げて、取締役会の改正の点は次の作業に残そうという結果になったわけです。当初の方向は、まず運営の基本を担当する取締役会を洗おうと審議がされました。そしておおむねその結論として、おもに大きい株式会社の取締役の経歴その他から考えて、残念ながらいわゆるサラリーマン重役が圧倒的に多くなっておるのでいまのままではこれを規制できないだろう。そうしますと、おのずから取締役の半分以上、あるいは三分の一以上は法律で義務的に社外から取締役を入れろという結論になったわけです。この段階で各界の意見を一度聞いたわけです。そういたしますと、大臣のおっしゃるようなびっくりするような反響が出た。その段階での対象は、局長の申しましたような百万をこす株式会社全体の問題として受け取られたわけです。

そしてその問題は一応たな上げにして、次に、現在ある監査役の制度を利用できないか、こういう着想になって、現在の改正案がまとまってきたわけです。

○**鈴木強君**　まあ大事なところはみな逃げているということだよ。考え方だけはひとつわかりました。……（中略）……それから、少し教えていただきたいのですけれどね、今度三つの法律案の改正が出ておるわけですけれど、商法の一部を改正する法律案が適用される会社は何社ありますか。

○**政府委員(川島一郎君)**　まず株式会社の総数ですが、昨年の九月三十日現在で、全国の株式会社の総数が百一万五千八百五十二です。それから、特例法によりまして五億以上の会社は会計監査人の監査を受けることになっておりますが、これに該当します会社が二千七百七十二、それから一億未満の株式会社は、別個の特例が設けられておりますが、これに該当しますのが百万五千四百八十です。

○**鈴木強君**　商法の一部を改正する法律案は具体的に一億以上五億未満の会社に適正されることになるでしょう。

○**政府委員(川島一郎君)**　商法は、一応たてまえとしては、すべての株式会社に適用されることになっておるわけですが、今回、商法の一部を改正する法律案と同時に提出いたしました株式会社の監査等に関する商法の特例に関する法律案におきまして、大会社すなわち資本の額が五億円以上の株式会社に関する特例と、それから小会社すなわち資本の額が一億円以下の株式会社に関する特例と、この二つの特例が設けられておるわけです。そして一億以下の株式会社に関する特例として、今回商法の改正規定によりますと、監査役が業務監査を行うことになるわけですが、一億円以下の株式会社は、従来どおり会計監査の範囲にとどめることにしておりまして、その意味で、一億円以下の株式会社は、監査役の権限が従来と同じであるわけです。

○**鈴木強君**　商法が全般的に適用される、これはわかった話で、今回特例によって五億以上の会社が業務監査をやる形になり、それから一億以下は現行どおりですね、そういうことはわかっておるのですが、それで第一に、一億以上五億未満の資本金の会社が幾つになりますか。

○**政府委員(川島一郎君)**　七千六百です。

○**鈴木強君**　それで、五億円以上の会社が二千七百七十二社あるそうですが、この中で、非上場の会社で十億円未満のものは除外されますね。その会社数は幾らございますか。

○**説明員(田辺明君)**　二千七百七十二社の内訳ですが、五億円以上の現在証取監査対象となっておる会社が千四百五十二社ございまして、これは特例によりまして四十九年一月一日から会計監査人の監査を受けることになります。

次に十億円以上の非証取監査会社は銀行を除きますが、これは五百九十五。そして現在御審議願っております法律により五十年一月一日から適用を予定させていただいております。

その次に十億円以上の銀行が百二十五ございまして、これは五十一年一月一日から。そうして五億から十億の非証取監査会社は六百ございまして、これは別に法律で定める日から会計監査人の監査を受けることになるわけで、以上、千四百五十二、五百九十五、百二十五、六百、合わせまして二千七百七十二になります。

○**委員長(原田立君)**　三法案に対する質疑は本日はこの程度といたします。

(以下略)

参議院　法務委員会会議録第二十三号

昭和四十八年九月二十日(木曜日)

出席者は左のとおり。

委員長		原田　立君
理　事		後藤　義隆君
		原　文兵衛君
		佐々木静子君
		白木義一郎君
委　員		川野辺　静君
		木島　義夫君
		中西　一郎君
		山本敬三郎君
		吉武　恵市君
		上田　哲君
		渡辺　武君
国務大臣	法務大臣	田中伊三次君
政府委員	法務省民事局長	川島　一郎君
説明員	法務大臣官房審議官	田辺　明君

(ほか略)

本日の会議に付した案件

○商法の一部を改正する法律案(内閣提出、衆議院送付)
○株式会社の監査等に関する商法の特例に関する法律案(内閣提出、衆議院送付)
○商法の一部を改正する法律等の施行に伴う関係法律の整理等に関する法律案(内閣提出、衆議院送付)

○**委員長(原田立君)**　ただいまから法務委員会を開会いたします。

(中略)

商法の一部を改正する法律案、株式会社の監査等に関する商法の特例に関する法律案、及び商法の一部を改正する法律等の施行に伴う関係法律の整理等に関する法律案を便宜一括して議題といたします。

これより質疑に入ります。

○**上田哲君**　「「商法改正」反対国民会議趣意書」、こういうのがあるのです。「消費者、労働者、中小企業ほか国民の生活を圧迫する商法改悪を阻止しよう」「商法改正反対国民会議準備会」と、こう書いてあります。

中を見ますと、「政府は、これによって大企業の粉飾決算が防止でき、又大企業の倒産によって不測の損害をこうむる従業員や下請先や大衆投資家を保護するのだと宣伝していますが、本当にそうでしょうか。事実は全く逆で、この法律が通ると大企業は、その公表利益を増やしたり減らしたりすることが、今まで以上に簡単にできることになります。実際の利益を隠して水増しの利益を発表すること(いわゆる粉飾)は、大衆投資家をあざむくために今までもしばしば行なわれたことですが、それにも増して危険なのは、公表利益を実際の利益より減らして発表すること(いわゆる逆粉飾)です。逆粉飾は、なぜ行なわれるのでしょう。大企業が、一般消費者からの商品値下げ要求や、労働者からの賃上げ要求や、下請業者からの値上げ要求や、大衆株主からの増配要求を抑えるために外なりません。逆粉飾は、又、大企業の減税、インフレにもつながり、国民は重税と高物価にあえぐこととなることも必至であります。」こう書いてあります。

だとするとこれは重大なことです。この立場に立つ限り、これは今回の改正案には絶対に首肯できぬということになるんですがね。いま読み上げたこの趣意書、どういうふうにお考えになりますか。

○**国務大臣(田中伊三次君)**　あらゆる商法改正をめぐる反対の文書、世論にはえりを正して耳を傾けておるのですが、いまお読みになりました文章に書いてあることは、間違っておる。むしろ反対のことである。どうしてそういう文章が出てきて反対会議が行なわれるのか、合点がいきにくい。

そこに書いてありますことは、さような事実はございません。

○**上田哲君**　よくわかりました。ここに書いてあるようならばこれはたいへんなことであると、私も受け取りましたので、大臣も事の重要性を十分に御認識になっていらっしゃるという立場で、具体的にお伺いをしてみたいと思います。

今度の改正案によりますと、監査制度が改正され、親会社の監査役、会計監査人が子会社に立ち入り調査ができますね。親会社、子会社ということばもはっきりしてくるわけでして、この改正案を読んでいくと、立ち入り調査ができる。子会社の監査役は、たとえば子会社のパテントなどをぜひとも守ろうと思うことがあり得ますね。五〇%の資本出資を親会社が握っているから親子というのだそうですけれども、であっても、これはわが社で一生懸命つくったパテントだから、わが社の利益のために、将来の発展のために守ろうというのが、当然のことですね。ここまでは正しいですか。

○国務大臣（田中伊三次君）　お説のとおり正論であると存じます。

○上田哲君　何とかしてこのパテントを守ろうとするのだけれど、親会社から立ち入り調査が行なわれると、断固として立ち入り調査に対して黙否した場合にどうなりますか。

○説明員（田辺明君）　法律案の上では、もしそれをしいて親会社の監査役なり会計監査人が調べようとすれば、それは権限の乱用でして、子会社の取締役は敢然としてこれを拒否して少しも差しつかえない、そういうたてまえになっております。

○上田哲君　そうしますと、実際問題として、それは乱用ではないかとパテントを握りしめる子会社が言ったとき、それは悪かったと、すそをひるがえして帰っていきゃいいですけれども、資本の力は強いですから、そんなことを言ったらあしたからおまえの息の根をとめるんだという声が出てくる場合もあり得るでしょうな。そういう場合に、いたしかたなくうそをつく、私はこれは正当防衛ないし緊急避難だと思うのだが、どうですか。

○説明員（田辺明君）　具体的な設例を引かれたわけですが、うそをつく、消極的な抵抗とも考えられます。つまり、パテントの内容について、消極的に黙秘してしまう場合、あるいはパテントはないと答える場合、それは一般原則上の先生のおっしゃるような正当防衛とか緊急避難の法意で解決できると思います。

○上田哲君　解決できるとはどういう意味ですか。つまり黙秘し切ってしまったら罰せられませんね。これはひとつ確認をしておいてもらいたい。

○説明員（田辺明君）　おっしゃるような場合には正当防衛の緊急避難に当たる場合だと思います。ただ、この権限は、条文にございますように、親会社の監査をしたときに親会社の監査の必要上調べるという場合、立法の趣旨としては、親会社が子会社を利用して不正を働いている節がある、その場合に親会社の監査役なり公認会計士は、ぜひとも子会社の業務執行面あるいは会社経営の面で調べてみないとその確信が抱けない場合にこの権限を認めているわけでして、子会社を保護する思想から出てきた規定です。

○上田哲君　どういう思想から出てきたかは要らないんです。問題は具体的な実施の部分での問題をお尋ねしているわけですから、発想はそうであっても結果が逆になることがあるだろうと思う。たとえば、親会社が必要と判断すれば立ち入りができるんでしょう。親会社が一方的に必要であると判断し得るわけですね。親会社が一方的にいこうと思えば入っていけるんだということになると、親会社の乱用の危険大いにありということにならないか。

○説明員（田辺明君）　必要性の判断は、親会社の監査役もしくは公認会計士たる会計監査人、これが判断をいたします。その判断をする人たちの仕事の対象になっているのが先生のおっしゃる親会社です。つまり、親会社の経営執行を対象として調べていると、その過程で執行上問題があると監査人が判断し、これは子会社を調べてみないとわかんないというときにこの権限を使う、そういう意味で、その必要性の判断は監査役なり公認会計士がする。それは場合によっては乱用の問題の出てくることももちろん考え得るわけです。

○上田哲君　乱用が出てくるというんですね。私が心配するのはそこなんですよ。当初から乱用の危険があることに対して何の防御策もとらぬことはあり得ないわけですからね。

○説明員（田辺明君）　ことばが適切でございませんが、権限を認めているという上での権限乱用の危険が理論的にはあり得ると、こういう意味で申し上げているわけですが、監査役なり公認会計士がどういう意図で子会社のパテントという機密を知ろうとするか。この法律案で考えている場合は、そういうことは全く希有であろうと考えているわけです。つまり、理論的に考え得るけれども実際問題としてはそういう乱用は起こらない、そう考えているわけです。もし、これが親会社の取締役に与えた権限ですと、おっしゃるようなことが出てくるかもしれません。親会社の取締役たちの権限行使をチェックする監査制度の上で認めた権限で、つまり監査役なり公認会計士がこの権限を行使するので、乱用は出てこないだろう、こう考えているわけです。

○上田哲君　非常に心配する具体的なケースは、立ち入り調査が行なわれ、子会社は必死に自己の利益の中で立てこもろうとする。ところが大きな出資の力でぐいと押えられる。この場合、とにかく懸命に黙秘しようとする。しかし実際問題としてなかなか黙秘は、日ごろの商行為もあるわけですからできるわけがなかろう、しようがないから苦しまぎれにうそをつく、これは私は正当防衛ではないかと申し上げた。緊急避難だと申し上げた。実際問題として、これはおそれながらと訴え出て話をオープンにすりゃ緊急避難だっていう認定はどこかでくるかもしれぬけれども、話はそこまでいっちまうまでにつぶれてしまうわけです。となりゃ、まあしようがない、あしたのこともあることだから、長いものには巻かれろというのが大体普通の感じじゃありませんか。心配するのはそこなんです。そうなると、いたしかたなく、ついついほんとうのことを言ってしまうという話になる。そこをとらえて、良心に従って真実を伝える場合には罪にはならぬと言っておられるわけですね。一体ほんとうにそうなのか。さっきから、全然処罰されることはないというお話ですから、このお話はしっかり確認をしておくことにいたしますけれども、しかし、大臣が、良心に従って真実を伝えれば罪にはならぬと言われたことが、そういう事態が起こり得ることと、それからそうでもしなければ守り得ない実態があるのだという一つを逆に証明された気がするわけです。私が心配しているような状況、ケースにならないのかどうか。大臣はそのことを実は言い当てて、こういう発言をされたのではないか。

○国務大臣(田中伊三次君)　お説のように考え発言をしたものです。この点は微妙な説明も要りますわけで、民事局長から一言発言をさしていただきたいと思います。

○政府委員(川島一郎君)　子会社の調査権の問題ですが、これはいろいろな問題を確かに含んでいると思います。多少誤解もあるんではないかという感じがいたします。まず権限乱用の問題ですが、先ほど権限乱用かどうかという点は子会社の監査役にはわからないんではないかと、親会社の監査役あるいは会計監査人が判断すべきことであって、子会社のほうはわからないんではないかという前提でお尋ねがあったという感じがしますが、これは客観的にその職務の必要に基づいて子会社の調査権の行使がされていることがはっきりしない場合、子会社の監査役は、その職務上はたして必要なのかどうか説明してもらうことはできると思います。また、説明の結果、どうもこれは要件がないのではないかというふうに認められます場合には、それを拒否できるのです。

○上田哲君　語尾がわからぬ。

○政府委員(川島一郎君)　つまり、子会社の調査をなし得る要件、つまり、親会社の監査役なり会計監査人がその職務の必要に基づいて子会社を調査しているかどうか、調査しようとしているのかどうか、その点に疑問があれば、子会社の監査役は釈明を求め得るし、職務に関係のないことがはっきりすれば調査は拒否できるとまず申し上げておるわけです。

それから、パテントの問題は、パテントの内容まで立ち入って調べることが実際に親会社の監査役なり会計監査人が調べる必要が生ずる場合があるかと申しますと、そこまでの必要が生ずることはこの規定としては予想していない。したがって、そういう問題はまず起こらないであろう、こういうふうに考えておるわけです。

○上田哲君　そんな話はないですよ、あなたの説明は、全然法律論じゃない。パテントをどうして親会社が子会社に対して説明を求めることを想定しないのですか。子会社がいまこの改正で一番心配しているのは、パテントをとられると思っているのですよ。普通に言えばこれはおふざけでないというのですよ。そんな程度の中小企業の不安を背中にしょっぱりながらそんな説明をしてこんな立法してもらっては困る。

訂正するのですか。冗談じゃない、こんないいかげんな説明をされて、何か誤解がおありだ――これを強行されては困る。商法もたいへん商行為を抑えていく機関ですから、弱者の救済をちゃんと考えておかなければ、全体の調和がなければ経済体系は滅びますよ。パテントを立ち入り調査することがあり得ないという想定に立つなんということを言いなさんな。今回心配されているのは、日本の九割を占める中小企業、名前だけの株式会社、今度の改正によ子会社になるところがそういう努力をしても先の夢がなくなってしまうのではないか、大きな企業系列の中に吸収されるための法改正ではないかという不安を持っているのですよ。

○説明員(田辺明君)　パテントの問題ですが、まず親会社の監査役なり公認会計士が親会社の監査をしておりますす過程で、子会社のパテントを調べる必要がある事例が一番問題になるわけですが、子会社が本来独自に持っているパテントは、独立した子会社の所有ですから、これを親子会社の関係にあるといって当然に公開する必要はもちろんございません。おそらくそういうケースが出てくるのは、親会社の業務執行上悪い例として出てくる。それは、実質は子会社がパテントをとっておりながら、親会社の財産の計算上、その特許権を親会社の所有として計上し、評価している場合が考えられるわけです。

これを監査役が調べていった場合に疑問を持った場合です。はたしてこれは親会社のものなのかどうかわからないという疑問を持ったら、子会社に照会できるたてまえにしてございます。つまり、当該特許権は親会社の特許権として計上されておるけれども、子会社のものではないのかという問い合わせができる。この場合に子会社は、いやそれは子会社独自でとった特許権で親会社のものでない、こういうふうに答えれば問題は解消するだろう。しかし、それでも監査役の疑念が払拭されない、あるいは子会社が全然報告しない場合に初めて子会社に行って、所有関係はどうなっているかを確かめる権限を与えているわけです。つまり、この例からわかりますように、法律の考えておりますのは、親会社が子会社を利用した不正を働らくおそれがある、その場合に権限を行使して子会社を確かめた上で親会社の姿勢を正すのが法律の趣旨です。先生が危惧されるような、関係なしに子会社のパテントの内容だけを調べる目的で照会を発したり、あるいは出かけていって調査をするのは権限の乱用ですから、その場合は当然拒否できると考えるわけです。

○上田哲君　だから私は危険だと言うんです。そういうロジックの中で、本来子会社に属すべきものを親会社に属すべきものとして運営しているではないかという疑いが起きると考え、親会社が子会社に立ち入り調査をするとは、親会社の一方的な専断事項でしょう。だから実はそれと全然逆なことであっても、法規に照らして入れるわけですよ。だからいまおっしゃるようなことがそのとおり行なわれるというのは、すべての監査人、関係者は聖人君子の集まりであるという前提にしておかなければならぬという奇妙な法理論に帰結をしてしまうと言うのですよ。小さいほうからすれば、大きいほうに向かってたいへんな生存競争の頭打ちをやっているわけですよ。そういう中で五一％以上の出資をしているでかいところが、いまあなたの説明のような理由によって立ち入り調査するんだと言われたら、逆に言うなら、子会社のほうが親会社のほうに立ち入り調査権でもない限り、これは拒否はできぬのですよ。だから、子会社が拒否できる権能を全からしめなければならない。

この法改正の補完要素としてあるなら伺っておきたいのは、子会社保護のために拒否権とでも言わるべきものがどういうふうに子会社の権能に完全に帰すべきものとして保障されているのか、そこをひとつはっきりしていただきたい。

○説明員（田辺明君）　子会社が親会社の監査役の権限乱用に対して対処する方法と申しますのは、一般的に商法のみならず民法あるいは刑事法、こういうもので解決するたてまえになっています。

ただ、現行法下では五一％以上を所有する親会社が、大株主権の行使として、例にあげられたパテントの内容をみずから探知する作業に出ていると。それは、現行法上、大株主の権限として会社の帳簿閲係の閲覧権を認めていることが一つの前提ですし、それと大株主の事実上の支配権として、子会社の取締役の任免権まで握っている、そういう手を使って不正行為がすでに行なわれていると。今度の改正が考えているのは、その不正行為を、取締役じゃなくして、法律の上で監査役という独立的な機関にチェックする権限を与えようという趣旨で立案されているわけです。ただ、御指摘のように子会社が拒否権を発動するような権限行使の規定がどこにあるかとおっしゃいますと、商法には具体的な規定を置いておりません。それは間接的に、親会社の監査役がもしそういう権限乱用をすれば、民事上もしくは私法上の責任を負うことになりますし、その手段が刑事上の犯罪になる場合には刑法上の処断を受ける仕組みになっているわけです。

○上田哲君　いまおっしゃるように、チェックすることだということの半分は認めてもいい。しかし、チェックする命題の中で、結果論的には子会社が親会社からの吸収の場にさらされるということになれば、子会社にとっては。たいへんこの改正は危険であるといわなければならない。

○説明員（田辺明君）　御指摘は十分理解いたします。

○上田哲君　今回の改正によりますと、すべての商人に貸借対照表と損益計算書をつけさせることになりますね。これは何をねらっているわけですか。

○説明員（田辺明君）　商法三十二条以下で、一般の個人商人も、法人も含めまして、商人たる者は会計帳簿と財産目録と貸借対照表をつくるべしという規定を持っておるわけです。改正法は、このうち株式会社を含めまして全部の商人について、財産目録の作成は廃止しました。それにかえて、御指摘の損益計算書の作成を義務づけたわけです。この考え方は商法三十二条以下の商法が考えている、いわゆる商業帳簿の体系を整備する目的から出ておるわけですが、そもそもの考え方は、商人たる者はみずからの経営成績を判断し、将来の繁栄に備えるという意味で、これらの帳簿を備え、みずから記帳するというたてまえを持っておるわけです。そのたてまえを受け継ぎつつ、財産目録を廃止するとともに、損益計算書の作成を義務づけることになったわけです。

○上田哲君　みずからの営業活動を記録せしめるの

は、簡単に言えば要らぬお世話ですよ。三菱重工は、国からのあれだけたくさんな金が来たのをいいかげんに使ってもらっちゃ困るので、社会的な意味から言ってもありますよ。しかし、零細企業が、そんなに社会的に注目を集めなきゃならない内容を経理的にも持っておりますか。

○説明員(田辺明君)　商法のたてまえは、現行法自体が個人商人にも貸借対照表まで義務づけているところが問題となるのであろうと思いますが、商人は商工業を業とする限りは、みずからの計算内容を明らかにしておく必要があると、そういう趣旨で商法の総則ができておる。ただ、株式会社は、商法はこれをせつ然と区別して、この種の帳簿の作成義務違反に関しては罰則をもって臨むという態度を持っておる。で、個人商人には、原則罰則を設けておりません。ただし、帳簿をつけていない乱雑な経営の結果破産に至ったとき、初めて破産法で罰則が働く。こういうたてまえですから、他人に迷惑をかけたときに、帳簿を備えないことを問責されるたてまえです。

　それと、もう一つ付加いたしますと、現行商法でも非常に古い時代にきまった線ですけれども、元手が二千円以下の商人を小商人と唱えている。これらは、いま取り上げている商業帳簿の作成義務を課していない。同時に、商号を登記する権限も与えていないのが現行法のたてまえです。ただ、二千円以下とは、現在の貨幣価値から見ると問題にならないような額ですが、これが会社法にもはね返る問題で、株式会社に最低資本金を日本の商法はきめていない。それとの関連で、法制審議会でも将来の大きい問題としてこの問題を検討するという課題に残しておるわけです。現行法のままでは、元手が二千円に満たない商人、今度の改正でも損益計算書の作成は義務づけられない。たてまえはそういうことになるわけです。

○上田哲君　資本金二千円に満たない人はなんて言ったって、しょうがないでしょう。

　そこで、私は申し上げたいんだけれども、株式会社にはそういうものはしっかり課しているんだと、もとの商法がそのものが悪いんじゃないかというなら、商法自身を変えればいいんでしてね。悪いほうに変えることはない。悪い商法を足がかりにしてうまいぐあいにバネにしようなんというのは、意地きたない根性ですよ。これはおやめになったほうがいい。だから、大きな大きなたいへんな株式会社と、名前だけの株式会社を一緒にしてはならぬのであって、零細企業は別途な優遇措置を講ずる、これがほんとうの姿だと私は思うんです。

○国務大臣(田中伊三次君)　お説はたいへんよく理解ができます。そこで、線の引き方はいろいろございますが、一億以下のものは、できるだけ負担が軽くなるように、一切の付属書類の作成その他も配慮をしまして、簡単に手続がとれるように配慮をしておるわけです。

○上田哲君　そうなってないのですよ。全部要るんですよ、貸借対照表と損益計算書をつけなければならない人は、どのくらいになりますか。

○説明員(田辺明君)　百万余りになります。

○上田哲君　百万余りの人が要るのです。そしてこれは株式会社ならば罰則だとおっしゃる。しかしこれやらないと見積もり課税が来るわけでしょう。一々みな顧問弁護士や税理士を持っているわけじゃありませんからね。そうすると、見積もり課税がぼこっとくる。見積もり課税というたいへん苛斂誅求の税額がぼこっと来ても、もとはといえばおまえは損益計算書も貸借対照表もつくってなかったから、こういうことになるのだというロジックの上に、あれよあれよと持っていかれてしまうという非常に困難な状況がここにあると思うのですよ。私は問題だと思う。

○国務大臣(田中伊三次君)　貸借対照表も損益計算書も、さらには営業報告書もまた利益配分案も、この四種類のものは、現行法上もつくらなければならないたてまえになっておるのです。先生お説のように、これは無理ですね。小さいところに、現行法を直せばいいというおことば私、たいへん得心できるのですが、無理でございます。そこで、一億以下のほとんど全部のものには、そういう負担はかけない、こういう配慮はしておるのです。

○上田哲君　少なくとも私の考え方の根底には、複式簿記は要求してないのだとおっしゃるけれども、複式もつけないで貸借対照表、損益計算書をつくれなんというのはたいへんな至難なことになるわけですから、そこまではいってないよと言ったって、言ってるのと同じになるような非常にむずかしいくびきがきているわけです。まあ簡単に言って、このままいくと、ラーメン屋さんでもくつみがき屋さんでもみんなつけなければならない。家に帰ってつめの中にあるどろを落としながら一生懸命書かなきゃならぬという姿が目の前に見えるわけです。一番究極の方針が、営業をするならば商人たるものは自分の営業内容について明確にしておきなさいということであるなら、自分の手法で、自分の目盛りで、今日はこれくらいのものだということをやっておきなさいというせいぜいの行政指導だ、それくらいでいいじゃありませんか。どうでしょうか。

○国務大臣（田中伊三次君）　よくわかりますが、何ぶん現行の商法の上では、無理ですけれども、複式簿記を採用することを要請しておるのです。そういうたてまえを踏まえてこの改正案をつくっておるものですから、そこに不合理に近いものが出てくる。しかし、四種類の計算書類は一億以下の会社、すなわち中小企業会社といえどもつくらなければならぬことにはなっておるけれども、金のかかる、時間のかかる、手続のめんどうくさい公認会計士の監査は要らない。もう一つは、株主総会を開きます場合に事前に株主総会に送付をする義務も実は一億以下のものには負わしてございません。そういうことですから、たいへんルーズな考え方に立って、えらいむずかしいことにはならないように実はできております。いろいろな義務が免除してございます。そういうことですので、この運営にあたりましては極力中小企業者が不便のないように指導していくつもりです。

○委員長（原田立君）　諸般の事情により暫時休憩いたします。

参議院　法務委員会会議録第二十四号

昭和四十八年九月二十六日（水曜日）

出席者は左のとおり。

委員長　原田　立君
理　事　後藤　義隆君
　　　　原　文兵衛君
委　員　佐々木静子君
　　　　白木義一郎君
　　　　志村　愛子君
　　　　鈴木　省吾君
　　　　高橋雄之助君
　　　　中西　一郎君
　　　　中村　禎二君
　　　　中村　登美君
　　　　増原　恵吉君
　　　　吉武　恵市君
　　　　鈴木　強君
　　　　吉田忠三郎君
　　　　渡辺　武君
国務大臣
　法務大臣　田中伊三次君
政府委員
　法務政務次官　野呂　恭一君
　法務大臣官房長　香川　保一君
　法務大臣官房司法法制調査部長　味村　治君
最高裁判所長官代理者
　最高裁判所事務総局人事局長　矢口　洪一君
　最高裁判所事務総局民事局長　西村　宏一君
事務局側
　常任委員会専門員　二見　次夫君

本日の会議に付した案件

○継続審査要求に関する件

○裁判官の報酬等に関する法律の一部を改正する法律案（内閣提出、衆議院送付）
○検察官の俸給等に関する法律の一部を改正する法律案（内閣提出、衆議院送付）
○地方法務局出張所の存置に関する請願（第三六号）
（中略）

○委員長（原田立君）　ただいまから法務委員会を開会いたします。

継続審査要求に関する件についておはかりいたします。

商法の一部を改正する法律案、株式会社の監査等に関する商法の特例に関する法律案、及び商法の一部を改正する法律等の施行に伴う関係法律の整理等に関する法律案につきましては、閉会中もなお審査を継続することとし、本案の継続審査要求書を議長に提出いたしたいと存じますが、御異議ございませんか。

〔「異議なし」「異議あり」と呼ぶ者あり〕

○委員長（原田立君）　賛成の方の挙手を願います。

〔賛成者挙手〕

○委員長（原田立君）　挙手多数と認めます。よって、さよう決定いたします。

なお、要求書の作成につきましては委員長に御一任願いたいと存じますが、御異議ございませんか。

〔「異議なし」と呼ぶ者あり〕

○委員長（原田立君）　御異議ないと認め、さよう決定いたします。

（以下略）

参議院会議録第四十号

昭和四十八年九月二十六日(水曜日)

○本日の会議に付した案件

一、委員会の審査及び調査を閉会中も継続するの件

○議長(河野謙三君)　この際、**委員会の審査及び調査を閉会中も継続するの件**についておはかりいたします。

まず、法務委員会において審査中の商法の一部を改正する法律案、株式会社の監査等に関する商法の特例に関する法律案及び商法の一部を改正する法律等の施行に伴う関係法律の整理等に関する法律案について採決をいたします。

三案の委員会審査を閉会中も継続することに賛成の諸君の起立を求めます。

〔賛成者起立〕

○議長(河野謙三君)　過半数と認めます。よって、三案の委員会審査を閉会中も継続することに決しました。

〔この三つの法案は会期終了により審議未了。法文は第七十二回国会にて成立したため省略〕

有価証券取引税法一部改正

衆議院　大蔵委員会議録第三号

昭和四十八年二月九日(金曜日)

出席委員

委員長代理　理事　大村　襄治君

理事　木村武千代君　理事　松本　十郎君

理事　村山　達雄君　理事　森　美秀君

理事　阿部　助哉君　理事　武藤　山治君

理事　荒木　宏君

越智　通雄君　金子　一平君

栗原　祐幸君　小泉純一郎君

三枝　三郎君　塩谷　一夫君

野田　毅君　萩原　幸雄君

坊　秀男君　村岡　兼造君

毛利　松平君　佐藤　観樹君

高沢　寅男君　塚田　庄平君

広瀬　秀吉君　村山　喜一君

小林　政子君　増本　一彦君

広沢　直樹君　内海　清君

竹本　孫一君

出席政府委員

大蔵政務次官　山本　幸雄君

(ほか略)

本日の会議に付した案件

有価証券取引税法の一部を改正する法律案（内閣提出第三号）

相続税法の一部を改正する法律案（内閣提出第二号）

○大村委員長代理　これより会議を開きます。

有価証券取引税法の一部を改正する法律案及び相続税法の一部を改正する法律案の両案を一括して議題といたします。

これより両案について、政府より提案理由の説明を求めます。

○山本(幸)政府委員　ただいま議題となりました有価証券取引税法の一部を改正する法律案外一法律案につきまして、提案の理由及びその内容を御説明申し上げます。

政府は、今次の税制改正の一環として、近年における証券市場の状況等に顧み、株式等にかかる有価証券取引税の税率を引き上げるとともに、所要の規定の整備をはかるため、ここにこの法律案を提出した次第であります。

第一に、株式、株式投資信託の受益証券等にかかる有価証券取引税の税率の引き上げであります。

すなわち、株式、株式投資信託の受益証券等を譲渡した場合の有価証券取引税の税率について、一般の譲渡の場合は現行の一万分の十五から一万分の三十に、証券会社が売買により譲渡する場合は現行の一万分の六から一万分の十二に、それぞれ二倍に引き上げることとしております。

第二に、証券会社の納付すべき有価証券取引税の

納付方法等について規定の整備をはかっていることであります。

すなわち、証券会社の有価証券取引税の申告及び納付は、現在は、各営業所ごとに行なうこととしておりますが、これにかえて、本店で一括して申告及び納付を行なうことができることとし、これに伴う所要の規定の整備をはかっております。

○大村委員長代理 これにて提案理由の説明は終わりました。両案に対する質疑は後日に譲ります。

（以下略）

衆議院　大蔵委員会議録第四号

昭和四十八年二月十三日（火曜日）

出席委員

委員長代理理事 大村　襄治君

理事 木村武千代君　理事 松本　十郎君

理事 村山　達雄君　理事 森　美秀君

理事 阿部　助哉君　理事 村山　喜一君

理事 荒木　宏君

宇野　宗佑君　越智　通雄君

金子　一平君　木野　晴夫君

栗原　祐幸君　三枝　三郎君

塩谷　一夫君　中川　一郎君

野田　毅君　萩原　幸雄君

坊　秀男君　村岡　兼造君

毛利　松平君　山中　貞則君

佐藤　観樹君　高沢　寅男君

塚田　庄平君　広瀬　秀吉君

堀　昌雄君　山田　耻目君

小林　正子君　増本　一彦君

広沢　直樹君　伏木　和雄君

内海　清君　竹本　孫一君

出席政府委員

大蔵省主税局長　高木　文雄君

大蔵省証券局長　坂野　常和君

委員外の出席者

国税庁長官官房人事課長　松本　健幹君

国税庁直税部長　吉田冨士雄君

（ほか略）

本日の会議に付した案件

理事の辞任及び補欠選任

参考人出頭要求に関する件

有価証券取引税法の一部を改正する法律案（内閣提出第三号）

相続税法の一部を改正する法律案（内閣提出第二号）

昭和四十七年度の米生産調整奨励補助金等についての所得税及び法人税の臨時特例に関する法律案起草の件

金融及び外国為替に関する件

○大村委員長代理 これより会議を開きます。

（中略）

次に、有価証券取引税法の一部を改正する法律案及び相続税法の一部を改正する法律案の両案を一括して議題といたします。

両案につきましては、すでに提案理由の説明を聴取いたしております。

これより質疑に入ります。質疑の通告がありますので、順次これを許します。

○佐藤（観）委員 私は三共製薬の逆粉飾決算の問題について、大蔵省の見解をお伺いをしたいと思うのです。

大蔵省はいつ、どのような形でこの三共製薬のいわゆる逆粉飾を知ったのかをお伺いしたいと思います。

○坂野政府委員 三共製薬が昨年の末に増資を決意いたしまして、十二月十九日に大蔵省に有価証券届出書を提出しました。その段階において、逆粉飾があることを発見した次第です。

○佐藤（観）委員 逆粉飾がわかった主たる原因というのはどこにあったのですか。

○坂野政府委員 届出書提出時には、税務の申告、法人税の申告書、それから、税務で更正を受けた場合はそういう経過を調査いたすことになっております。その税務申告との食い違いから逆粉飾ありと発見した次第です。

○佐藤（観）委員 有価証券届出書は、公認会計士の名前が連署されているものですね。

○坂野政府委員 公認会計士の監査証明がついております。

○佐藤（観）委員 今度のこの三共製薬の逆粉飾はかなり長いことかかって行なわれている。これはいつごろから逆粉飾が行なわれていますか。

○坂野政府委員 昭和二十七年の九月決算から四十二年の九月決算に至るまでの間いわゆる逆粉飾、利益の積み増しが行なわれておりました。

○佐藤（観）委員 かなり昔なわけでありますけれども、今日までわからなかった原因は、どこにあるのですか。

○坂野政府委員 公認会計士がそれを発見しました

時期は四十一年となっております。

○佐藤(観)委員　それは大蔵省から厳正にするようにという通告書が出されたのが四十一年ですね。ですから、その前に有価証券届出書の正本はおたくのほうに行くんじゃないですか。

○坂野政府委員　届出書は増資等のあります際だけでして、平素は毎決算期有価証券報告書が提出されます。いずれも監査証明がついておりますけれども、ただいま申し上げましたのは、公認会計士は四十一年の時期において逆粉飾のあることを発見しておることを申し上げたわけです。

○佐藤(観)委員　そうしますと、その二十七年から逆粉飾が行なわれていながら、大蔵省としては四十七年十二月十九日まで見つからなかったということは、あくまで各決算期ごとに出される有価証券報告書だから出なかった。今度の場合には税務申告との食い違いがあったからわかった、こういうふうに理解してよろしいですか。

○坂野政府委員　報告書も、内容の適正化をはかるために審査をいたしておるわけですけれども、非常に件数が多いためになかなか手が届かなかったというのが実情でございます。

○佐藤(観)委員　そうしますと、報告書を出させる必要はどういうところに出てくるのですか。

○坂野政府委員　報告書の内容が正しい姿を示すために公認会計士制度並びに監査制度がございまして、一義的にはもうそれで制度としては成り立っておるわけです。本来大蔵省がその内容についてさらに審査をしなければならないことは、会社決算のモラルの問題、公認会計士の審査能力の問題等に不十分な点があると言わざるを得ないわけですけれども、現状は大蔵省においても審査をしなければならないという非常に残念な点がございます。しかし、そもそも大蔵省の審査があって初めて内容が正しいものになるという制度ではございません。

○佐藤(観)委員　二十七年から逆粉飾が行なわれたことになりますと、この間の配当は若干少なくなっていると思うのですが、そういう理解でよろしゅうございますか。

○坂野政府委員　配当政策は会社の経営政策ですので、どの程度がいいかは第三者からは言えないわけですが、可能利益があったことは事実です。

○佐藤(観)委員　もう一つ税金の問題があると思うのですね。税金も当然少なくなっているわけです。脱税問題については大蔵省は――これは証券局ではなく、国税庁のほうになるのですが、国税庁のほう、この税金の問題は、三年さかのぼるか五年さかのぼるかになるわけですけれども、この三共製薬の場合は、どういうふうになりますか。

○松本説明員　税金は当然適正に執行していると思いますが、私、人事課長ですので、ちょっとここでお答えするだけの資料を持っておりません。

○坂野政府委員　私どもの調査を通じて点検いたしましたところ、すべて適正な申告納税が行なわれております。したがいまして、その間有価証券報告書で報告されました決算数字と税務申告とはずっと食い違っておる。税務におきましては全部正しい利益を出して正しい納税をしておるということであります。

○佐藤(観)委員　そんなばかな話ってあるんですかね。操作によって、利益がないように見せかけておいて社内留保をしていたわけですね。ですから、当然包括利益はさらにあがっているはずで、それに対する税金は当然若干ふえてくるはずですね。それがどうして適正に行なわれているのですか。

○坂野政府委員　税務の申告は、経理の操作を全部自己否認と申しますか、自分で正しまして、法人税額はふえる結果になっておるわけです。したがいまして、税務の執行上は全部正しい税金が納税されてございます。

○佐藤(観)委員　そうしますと、監査報告書ともう一つ別の報告書があって、坂野さんの見た別の報告書は全部正確に出ている。それでディスクロージャーは操作がされているものを表に出していた、こういうことになるわけですか。

○坂野政府委員　そのとおりであります。

○佐藤(観)委員　東証が上場廃止をしなかった、これについて大蔵省の証券局としてはどういう見解をお持ちですか。

○坂野政府委員　粉飾決算の結果、上場廃止をするかどうかは、その虚偽決算の程度が非常に重大な影響を与えたかどうかが東京証券取引所の上場廃止基準にうたわれておるわけであります。重大な影響は、投資家に著しく損害を与えた、迷惑を与えたという判断です。

東京証券取引所としては、今回の件につきまして、重大な影響を与えたというふうに判断いたしませんで、上場廃止の措置をとらない決定をしたわけですが、私どもとしましても、その措置は適当であったと判断しております。

○佐藤(観)委員　この問題が報じられたときに百円下がった。私は、これは投資家に対してきわめて重大な意味を持っていることだと思うんです。これは重大な影響じゃないですか。

○坂野政府委員　株価の騰落は、多分に心理的な要因もございますし、そのときどきの外部の情勢その他非常にございまして、その株価が大きく騰落したゆえをもって、投資家に著しく損害を与えたと判断するわけにもいかないかと存じます。

○佐藤（観）委員　三共製薬は、現在の法律体系の中で一体どういう法律的な制裁を受けられる可能性があるのか、それをお伺いしたい。

○坂野政府委員　証券取引法のたてまえは、真実の決算内容を投資家に開示するところにあるわけでして、もしその開示が間違っておる、あるいは故意に虚偽であった場合は、法律は刑罰をもって制裁するたてまえになっております。したがいまして、この会社がそういった刑罰を受けるか受けないかは、法律のたてまえから判断さるべき問題かと思います。

○佐藤（観）委員　そうしますと、検察庁か何かが動かなければ私のほうの責任ではないわけですね。

○坂野政府委員　開示制度は正しい姿になるように私どももできるだけの努力はしております。また、不適正なものの発見がおくれておることにつきまして公認会計士の監督不行き届きという点は、私どももたいへん責任を感じております。しかしながら、この報告書あるいは届出書は許可制度ではございません。届出書の場合、特別の監督関係はございません。したがいまして、間接的に、公認会計士の監査を十分に行なわしめるように公認会計士の資質を高めるとともに、その監査の徹底を期するという点が行政の範囲でやれることでして、そういう面において責任は感じておりますが、法律的には刑罰規定しかない、こういうたてまえでございます。

○佐藤（観）委員　一昨年法律を改正し、証取法で公認会計士の責任を強くしたわけですね。しかし、まだまだ証券局としてのいろいろな意味の責任は残っているのじゃないか。二十七年からたいへん長い期間にわたって、〔逆粉飾が行われていた〕責任は、証券局にも一端はあるのじゃないか。

○坂野政府委員　私どもも、公認会計士のレベルをもっと高めて完全な監査ができるように、それから増資の際には、引き受け証券会社も責任を感ずるように、一昨年の法律改正で引き受け証券会社も、増資の際に発行会社の内容について十分な審査を行なって、投資家に迷惑をかけることがないか点検しなければならない責任があるわけです。こういう点について、私どもの監督体制がなお相当努力を要すると感じております。

○佐藤（観）委員　さらに四十一年から過去の利益を分割して計上することによって株価操作をしていたのじゃないか。特にことしの三月、増資をする予定になっていたことを考え合わせますと、株価操作が行なわれたのではないか。この点について証券局の見解はいかがですか。

○坂野政府委員　その点につきまして、発行会社並びに関係証券会社あるいは証券取引所で突っ込んだ調査をしましたけれども、そういった事実は認められませんでした。

○佐藤（観）委員　それはどういうことですか。

○坂野政府委員　株価操作を行なったかどうかは、証券取引法百二十五条に違反するかどうかです。百二十五条は、実際の株価よりもそれを高くする目的があって故意の操作をしてはいけない規定です。したがいまして、私ども調査いたしました結果、会社にそういう意図、故意はない、それから関係証券会社にも故意に株価を操作した事実は認められなかった、こういうことです。

○佐藤（観）委員　それからもう一つは、公認会計士の問題ですけれども、住田さんは三共製薬の公認会計士を昭和二十六年からやっておる。二十六年から三共製薬の公認会計士になって、二十七年から逆粉飾が始まっているとなりますと、公認会計士はどこまで責任を持ってやっているのですか。

○坂野政府委員　公認会計士は、四十一年にそれに気がつきまして、その後会社に対して再三訂正するように申し入れをしております。また、若干の部分には限定つき意見を付したものもあります。しかしながら、公認会計士の責務が長い間不十分であったことから、公認会計士審査会において、当該会計士を懲戒処分といたすことに決定いたしました。

○佐藤（観）委員　今後とも公認会計士の資質を向上する、これは非常に大事なことであると思うのです。

今度は、公認会計士の現行の試験の問題であります。

試験委員の人がその試験の出題内容について、きわめてそれに近いことを試験の前にやっても、現行では何ら制裁、つまり法律的規制は受けないわけですね。

○坂野政府委員　制度的な制裁はありません。

（中略）

○佐藤（観）委員　いまの公認会計士の試験の制度、私がお伺いをしたいのは、試験委員十四人が四月の初めに発表になるわけでありますけれども、そうしますと、この人が出す問題というのは大体どういうふうな傾向にあるか、あるいはこの先生方はどういうところが得意であるか、あるいはどういう持論をお持ちであるか、その辺のところがわかる。あるいは経理学校なんかの人々がそういう十四人の試験委員の先生を呼んでいろいろと指導をする。それによって問題が漏れてしまう。こういう漏洩が起こらない、また現実に起こってないと判断されていますか。

○坂野政府委員　そういう漏洩は起こっていないというふうに判断しております。

（中略）

○阿部(助)委員　株価の暴騰によって相当利益をあげている人が多いと思うのでありますが、その実態を政府は把握しておられるのかどうか、それをお伺いしたい。

○高木(文)政府委員　個人は、原則非課税になっておりますす関係で統計上譲渡所得は把握できない状態です。

○阿部(助)委員　税法では、取引五十回、そうして二十万株以下の場合には課税しないということになっておる。それ以上は課税をするわけですね。一体これでどれくらい税金をお取りになったのか。

○高木(文)政府委員　現在、御指摘のように、株式を大量に売買をするものについては課税されるという制度がございますが、その場合も、実は事業所得ないし雑所得の課税でそのうちで特に株の売買にかかる部分だけの統計は、現在持ち合わしていないわけで、数量的な御返事ができないという状況です。

○阿部(助)委員　実際五十回かつ二十万株という二つの条件を満たして税金の申告をしておる人があったら、私はその数を教えてもらいたい。

○吉田説明員　五十回、二十万株という押え方をやっておるので、第一線では苦労をしております。また統計はとっておりませんが、いろいろの会議の席上でその点の問題点で相談を受けることがございまして、一番むずかしいのはやはり五十回という認定の問題です。

○阿部(助)委員　大体こんなものを取るつもりはない。ほんとうの空文でしょう。ほんとうにこれに課税をしようとするならば、こんなしり抜けになるような規定は廃止をなすったらいかがなんです。

○高木(文)政府委員　現在の税法上の考え方は、しろうと筋が株の売買をするものについて課税をすることは考えておるわけではなくて、いわばくろうと筋自体が営業としてそれをやるという場合には課税すべきものであるというたてまえです。

○阿部(助)委員　実際この規定のこんな一回がいかようにもとれるようなもので、課税ができると思っておられるのですか。ほんとうに課税するつもりでおられるのですか。

○高木(文)政府委員　問題は二つございまして、もともとキャピタルゲインに課税を行なうべきかどうかという問題があるわけです。執行上の難点から、いまのところ譲渡所得は非課税にしておるわけです。

しかしながら、五十回、二十万株というのはそうではなくて、本来事業としてやっておられる場合は、株の譲渡所得非課税問題とは別の問題としてやはり課税がなければおかしい。それではどこから業と見るべきかということになるわけで、現在のところは五十回というところで仕切っておるわけで、回数で切っておるところに問題がございますから、本年の税制改正にあたり、何かいい方法がないかと検討をいたしました。けれども、残念ながら今国会に御提案をするに至らなかったということです。

（中略）

○阿部(助)委員　次に、法人税においてキャピタルゲインの問題は、これまたたいへん重要な問題であると思うのです。きょうは時価発行の問題に限ってお伺いをしたいのです。

この約一年間、厳密にいえば一昨年の十一月ぐらいから大体上がってきたと思うのですが、この一年間の時価発行の件数及び金額、プレミアムを明らかにしていただきたいのであります。

○坂野政府委員　四十七年度時価発行を行なった会社並びにこの三月まで行なおうとしている会社数は百二十二社です。なお、第三者割り当て等もありますので、公募を行なう会社は三百二十二社の予定になっております。その公募金額は八千七百三十七億円、このプレミアム分が七千三百九十三億円、完全時価発行分は五千三百三十億円の予定になっております。

○阿部(助)委員　これはいまの法人税の関係では非課税となっておるわけですね。

○高木(文)政府委員　課税関係は起こらないと思います。

○阿部(助)委員　四十年、四十一年あの不況の時代から、大蔵省は時価発行をむしろ進めてきたんじゃないか、こう思うのですが、いかがですか。

○坂野政府委員　証券市場の機能をほんとうの意味で発揮いたしますためには、やはり発行市場が育たなければならないことは申し上げるまでもないわけです。わが国の株式に関する発行市場は、額面株主割り当て制度を長年とってまいりましたために、若干発達がおくれておったこともございまして、時価発行による発行市場が育てば機能が非常に発揮されるのではないかという論議は早くから行なわれておりましたし、また証券局としてもそういう気持ちを持っておったことは事実です。しかしながら、これは市場並びに投資者の体制が必要でして、従来の有償額面増資株主割り当てというような制度のもとにおいては、なかなか時価発行による公募を受け入れにくい情勢にあったわけです。しかし、その後株式流通市場が非常に活発になってまいりまして、また昨今においてはわが国の投資層も非常にふえてまいりまして、特に法人投資も非常に盛んになってまいりました。そういうような基盤を踏まえて、時価発行が次第に盛んに行なわれる情勢になってまいったわけです。

○阿部(助)委員　最近の時価発行を見ておりますと、時価発行して資金を集めて、その資金で設備投資をするよりも、時価発行をやって、株を買う。次の会社はまた株が上がるからまた自分も時価発行する。お互いたらい回しをしながら株を上げ、そうして土地だ株だ〔に投資する〕ということになっておる。いま時価発行しても、それは大体法人のところにいって、それで株価はぐんぐん上がっておるのが現実ではないかと考えると、時価発行を少し規制せざるを得ないのではないかという感じがするのですが、いかがですか。

○坂野政府委員　お説のように、この時価発行がかりに不要不急の会社の資金集めとなるとか、あるいは株式の消化が片寄る。最近では親引けと申しまして、発行元から直ちに法人にはまってしまう分量がかなり多いわけであります。そういうことでは市場機能を阻害いたします。そういう見地から、時価発行を野放図にしていくことには問題があるということで、従来から引き受け証券会社が時価発行の選別基準をつくっておりましたが、四十八年度の時価発行は、さらにその基準を強化いたしまして、時価発行で発行できる会社並びにその額が制限される仕組みにする、そういう申し合わせを現在やっております。

○増本委員　特に最近の株式市場、証券市場の過熱化の状況を見ますと、どうしても証券市場の民主化を徹底しなければならないというように考え、徹底してやっていくためには、株式の投機を禁止するとともに、大企業や大資産家からはやはり正当に税金を取る、そして小口の大衆投資家の保護を徹底することが非常に重要だと思います。

今度の法改正の理由を見ますと、近年における証券市場の著しい拡大の状況に顧みて税率の引き上げをはかるのだという趣旨のことが述べられているわけでありますけれども、それは有価証券の流通量が非常にふえて担税力が強まった、こういう意味なのか、あるいは株式保有に占める金融機関や法人の比率が高まってきたことから、そういうところまで着目しているのか、あるいはほかにまだ別の理由があるのか、その点を先に明確にしていただきたいというように思います。

○高木(文)政府委員　有価証券取引税の税率を引き上げてもいいのではないかという考え方を持っておりますのは、有価証券取引税が、有価証券の取引の背後にある担税力に着目した流通税であるということとの当然の結果といたしまして、最近における株式の状況から、明らかに担税力が強まっておると言えると思うわけで、その点に着目したものです。その場合に、その有価証券取引税はその取引に当たる方が個人であろうと法人であろうと一律にかかってくるわけです。その株式取引における個人のポジションあるいは法人のポジションの二十年間におきます変化は、今度の税率改正にはあまり重きを置いて考えていないということでございます。

○増本委員　所有株式数とその構成比を統計年報などで見ますと、昭和四十六年で金融機関と内国法人で八百二億七千万株、全体の五九%以上を占めていまして、年々それは非常に大きくなってきているわけですが、特に四十七年の株式市場の過熱の最大の原因が一体どこにあったのか。金融緩和による株式投資関連融資が非常に大きく伸びて、金融機関や大企業が株に資金を振り向けた結果であると思うわけですが、証券局長はどういうようにお考えになっているか伺いたいと思います。

○坂野政府委員　お説のとおりでして、四十七年の株式取引の主要従事者の資料でその状況を調べますと、四十七年の一―六月においては、個人の売り越しが七億九千七百万株です。外人投資家の売り越しは一億六千二百万株です。これを買ったものはだれかですが、そのおもなるものは生損保、金融機関、事業法人です。すなわち、生損保が四億九百万株、金融機関が四億七千七百万株、事業法人が四億六千二百万株の買い越しです。なお投資信託が若干売り越しがございます。ところが、昨年の七―十二月を見ますと、個人の売り越しは十一億六千万株にふえております。海外投資家の売りはほとんどなくなり、生損保、金融機関もたいしたことがなくて、事業法人の買い越しが八億一千九百万株、投資信託の買い越しが二億二千六百万株、こういう形になっております。この状況を見ますと、やはり昨年の上期においては金融機関並びに事業法人が買い越し、下期においては事業法人、若干の投資信託というものが買い越し、こういう形になっております。したがいまして、個人の持ち株はそれだけ法人に移っていったということは事実です。なお、四十七年あるいは四十七年分の個人シェアについての資料はまだできておりません。

○増本委員　金融機関、法人による株の譲渡価額総額は四十六年、四十七年で大体どのくらいになっているのか、数字を出していただきたい。

○**高木(文)政府委員**　株式の譲渡価額総額そのものの数字は、持っておりません。

有価証券取引税の税収は、四十五年、四十六年、四十七年と非常に顕著にふえております。

○**増本委員**　最近の株式市場の状況をいままでのお答えをも兼ねて考えてみますと、過剰流動資金を使って、株式の暴騰をはかってきた、その一番中心になっているのが金融機関や事業法人と考えるのですが、それはそのとおりの認識でいいですか。

○**坂野政府委員**　出来高もふえ、価格上昇の一番の根底にはわが国経済が先行き非常に明るい、企業の業績がよくなるという判断が投資家にあったと考えられます。と同時に、その資金は金融機関あるいは事業法人にかなりの余資があって、それが株式市場に向いてきたと判断されます。なお、同時に自由化等が進みまして、株主安定工作が進みまして、株の持ち合いあるいは系列化ということで、必ずしも収益目的でない株集めもかなり行なわれたのではないかと推察されます。

○**増本委員**　そうしますと、有価証券取引税を考える場合に、そこの担税力が最も強力であると判断できると思うのです。そうすると、有価証券市場の中で強力にその転々流通を促進してきた金融機関や大企業、法人の担税力に着目をして、法人の株式とか有価証券の譲渡に、特に高い税率をかけるのが至当であると思うのですが、その点について主税局長はいかがでしょうか。

○**高木(文)政府委員**　流通税の場合に、個別の担税力を強いか弱いか測定をして、それによって税率差を設けるということは、現実問題としてはなかなか技術的にもむずかしいのではないかと思います。

○**増本委員**　法人の場合は、譲渡益があるときにはそれは課税標準になるけれども、しかしこれはキャピタルゲインだけでなくてキャピタルロスも損金として算入できるわけですね。だから、そのことだけとらえて流通税とのかかわり合いを問題にするというのは、流通税本来の趣旨からいっても全く次元の違った問題だというように思うのですよ。やはり有価証券の流通譲渡をしている当事者の担税力に着眼をするところから出てきている制度だと考えるのですが、そうすれば金融機関、法人の担税力に着目して一般よりも高い税率をかけるというのは、流通税の制度そのものから見ても決して矛盾するものではないし、逆にそれが流通税の制度本来の趣旨にもかなっていくものだというように私は思うのですが、もう一度御見解を伺いたいというように思います。

○**高木(文)政府委員**　流通税というのは、非常に簡素な手続で、しかし低い税率で済むものが多いわけです。そこで、もし流通税に税率差を設けることになりますと、売った人が個人か法人かを流通の過程において一々念査をしていかなければならぬことになっていきます。流通税が税率はそう大きなものではないが、簡素で、大量の取引にも適し得るという本来の利便さからいきますと、そこに差等を設けるのはある種の煩雑さをそこに持ち込むということになりますので、流通税の簡素さと矛盾してくるのではないかという気持ちがいたします。

○**増本委員**　徴税技術上の問題ということをおっしゃいましたけれども、譲渡価格のいかんに応じて累進税率を採用する、そういう点でこれも十分考え得ることであると思うし、むしろ担税力から見れば、そこを強化するのが事の必然ではないか、またそこに合理的な根拠もあるというように考えるのですが、その点についてはどのように考えますか。

○**高木(文)政府委員**　譲渡価格の大きさであるとか、あるいは譲渡者がどういう人であるかによって、何らかの差等を設けたらどうかというお気持ちはよくわかるわけですが、現在でも累進税率によるいろんなむずかしさがあることを考えますと、問題の解決をお求めになるという趣旨からすれば、株の譲渡についての所得税の非課税問題に本来問題があるのではないかということはいえますけれども、有価証券取引税自体の問題としては、背後にある担税力の差等に着目をして税に差を設けるということは非常にむずかしい、譲渡価格にかけるといいましても、もともと取得のときの原価は幾らだというような問題が起こってまいります。それはとても大量の株取引には向かないのではないか。

○**増本委員**　最近の証券業界の状況を見ましても、四大証券会社の市場に占める割合が非常に高まってきていることははっきりと指摘できると思うのです。その上、その扱い量も非常に膨大になっている。証券取引法の精神からいきますと、証券会社は、証券取引の円滑適正な仲介をすることに主要な営業の目的があると思います。ところが、年々証券会社の自己売買が非常にふえてきている。そうすれば、この証券会社の担税力に着目をして、これを第一種と第二種に区別をして証券会社の売買については一般の税率よりも半分にしておくという必要性は私は全くないと思うのです。

○**高木(文)政府委員**　現在、証券会社が譲渡する場合は税率が低いのはなぜかということであろうかと思います。それは証券会社が持っております有価証券は、これは株の将来における値上がりあるいは配当を受けることによる利益に着目をして証券会社が持っておるわけではなくて、商品として株券を持っておるわけです。そういう商品としての株券を証券会社が流通の過程の一つの段階において持っておって、そしてしかるべき時期に市場において適当な出会いがあった場合にそれを売っていく場合に、臨時的にそれを持っている場合と、それから一般の法人もしくは個人が投資目的で持っておる株を譲渡とでは、その持つ意味が違うのではないかと考えて、有価証券取引税法では税率を変えておるわけです。その辺は二つの議論があり得るわけで、一本にしたらどうかという議論もございますし、商品として持っておる事態においては課税をしないでもいいのではないかという議論もありましょう。

○坂野政府委員　いまの点について補足の御説明をいたしますと、市況の非常に活発なときに証券会社がたくさんの商品を持ち、あるいは自己売買を大いに活発にするということは、証券行政上非常にまずいことであります。したがいまして、商品の保有限度は通達で縛って、四十六年の九月決算の数字、純財産額の四割になっております。また自己売買の分量は極力これを圧縮することを指導いたしております。そういうことで、ブローカー業務に必要な範囲内、取引の円滑化のための自己売買でございますので、自己売買を圧縮し、保有有価証券を圧縮するという線で進んでおります。また、四社寡占につきましても、最近非常に審議会等でも御指摘がありまして、極力その数量を下げるように、そして中小証券のシェアを増していくということでやっておりまして、若干ながらその傾向が進んでおります。

○増本委員　この法案の全内容を見ましても、また提案理由からいきましても、今日の株式市場の異常な投機を、税率を二倍に引き上げることだけでこれをコントロールするものではないと考えるわけですけれども、そこで政府は、株式投機の控制、禁止に対して、これまでどのような対策をとってきたか、答弁を得たいと思います。

○坂野政府委員　昨年の正月以来の株式市況の活況が、主として法人活動にあったわけです。したがいまして、主として大証券の法人営業活動に行き過ぎがないよう、数十回注意を重ねております。

それから一方、信用取引の規制は、従来さほど力を入れておりませんでしたが、昨年の十二月初め以来、信用取引が分量的にもかなり増してまいりましたし、信用取引の規制を取引所で行ない、さらにそれを受けまして大蔵省令で規制をはかり、手元現金を一部、取引所に無利息で預託させる新しい制度もつくっております。

また、先ほど申し上げましたように、主として大きな証券会社の手持ち有価証券の保有限度を締めておりまして、これをあまりふくらませないように、また自己売買の比率を極力下げて株式市場に積極的な活動を行なわないようにというような諸措置をいたしておりますが、ただいままでのところ、行政上とり得る措置は全部とってきたと申し上げても過言でないと思います。

○増本委員　取引税法が昭和二十八年に制定されるに際して、それまであった株式、有価証券の譲渡所得に対する課税が大体時期を同じくして廃止されて、現行では、所得税法九条十一号の非課税措置がとられるようになった。この立法経過から見ると、理由はいろいろあるにしても、有価証券の資本利得に対する課税をやめることにかえて、この有価証券取引税を置きかえたというようにいわざるを得ないわけですけれども、それはそのように認識し、理解していいのですか。

○高木(文)政府委員　有価証券取引税法は、昭和二十八年の税制改正の際に、有価証券譲渡所得税を非課税とすることとうらはらになってスタートした事実がございます。そういう事実から申しますと、両者に何らかの関係があるのではないか、有価証券取引税は、株の譲渡所得のキャピタルゲイン課税の代替課税であるのではないかと見られるわけですけれども、有価証券取引税があれば譲渡所得の課税は非課税のままでいいのだということではなかろうと考えております。今回、二十八年当時とは担税力が一般的に違うから税率を倍にしておりますけれども、そのことは決して、それだから所得税の非課税制度をいまのままでいいのだということではないと理解をしておるわけです。

○増本委員　理論上は、流通税と譲渡益課税とは両立させなくちゃいかぬと思うのです。ところが、譲渡益に対する非課税措置は二十年近く存続をしてきた。これを見れば、譲渡益課税については政府は今日までやる気がなかった、そして今回も取引税だけ税率を二倍に引き上げ、依然として譲渡益課税についてそのまま放置することによって、株などの譲渡益によってばく大な利益をあげている大企業法人や大資産家を依然として税制面で優遇をしている、こういうようにいわざるを得ないと思うのです。その点はいかがですか。

○高木(文)政府委員　おっしゃるように、片方において有価証券取引税という制度が設けられ、片方において個人の株式の譲渡についてのキャピタルゲイン課税が廃止をされたわけですから、両者が何らかの関係があるのではないかという考え方は十分成り立つと思うのです。しかし、私どもは、これが代替課税であるから株式の譲渡所得が非課税になっているんだとは、全く考えておりません。現に株の譲渡のキャピタルゲインは、法人は完全に課税、個人は非課税になっておるわけですから、したがいまして、こういう有価証券取引税とキャピタルゲイン課税とは別個のものだと考えます。

そこで、個人、いわば大口資産家のキャピタルゲイン課税をどうすべきかは、私ども税制当局者の立場では、特に所得税のあり方との関連において、このままではどうにもならぬということを考えておることは、お答え申したとおりでございます。

○**増本委員**　最近、証券業界で巷間取りざたされている話によると、大手証券会社が大手企業に別の大手法人の株を千数百万株買わせて、値の上がったところで売らせて、証券会社は手数料をもうけて、株を売った会社は譲渡益でばく大なもうけをする、こういうようなことがやられているといわれているわけです。こういうようなことになると、株などの譲渡益に対しては、流通税とは別にやはり特別に課税をする必要があると思うわけです。株の投機を禁止するというたてまえからいっても、キャピタルゲインに対して特別に課税をして、投機を禁遏することがいま焦眉の問題になっているといわざるを得ない。

主税局長は、キャピタルゲイン課税の問題で、税の執行上に難点があるとか、あるいはプラスの申告だけでなくてロスのほうの申告も出されて、結局は実効があがらないとお話しになったけれども、これを、たとえばこの取引があって譲渡益が発生したその時点で、その分だけ分離課税で高率の課税をすることをやれば、これは十分に捕捉し得るし、課税の実効もあがるし、むしろこういう不労所得に対して非課税のままにしておくということ自身の不正や不公平も除かれるというように思うのですが、その点についてはどういう方向で検討されているか。

○**高木（文）政府委員**　ひとつお断わりしておきたいのは、先ほど株式の譲渡所得の非課税は、現在の申告の状況からいいますと、なかなか技術的に把握が困難であり、かえってキャピタルロスの比が多くなって、非常にむずかしいということを申しましたが、これはあくまで個人の問題です。法人については、わが国の現在の法人税の申告水準はかなり高くなっていると思います。株の譲渡についても、ほとんど完全に申告され捕捉されているというふうに考えております。

そこで第二の問題として、法人について他の所得と区分をして重課することを考えてはどうかという御質問です。実は、特に法人税は、法人が本来営利を目的とした主体であるという観点からいたしますと、法人税につきまして、その所得の内容に応じましていろいろと違う税率を課することについては、基本的には賛成いたしかねるのです。本来、法人の所得は、その所得の源泉が売買であるからとか、あるいは売買の中のこういう種類の売買であるから、この部分は税率を異にするということは、非常に私どもは消極的であるわけです。

本来、税制は、もろもろの政策目的にいわば税制が協力することが必要ですから、絶対的にできないかというものではございませんけれども、法人税におきましては、本来営利を目的とした存在であることが前提になって、その場合にはどのような営利についても一律に扱うことになっておるわけです。株の譲渡による利益は、あまり感心したものでないから高い税率で取ったらどうかという御指摘ですけれども、そのような問題は他にもいろいろあろうかと思いますけれども、一般的に所得税全体がたいへん複雑なものになってまいることもあり、そういう考え方には現段階では賛成をいたしかねるということでございます。

○**増本委員**　本年の一月下旬に株が暴落して、大衆の小口投資家も大きな損害が出ているといわれているし、また昨年の六月に農協などの金融機関や都道府県の共済連も株の保有が認められるようになって、相場に手を出して失敗する結果も出ているといわれている。政府として、株式市場の拡大による担税力にだけ目を奪われて、大衆投資家や農協とか共済連などの損失に目をつむるようでは、証券市場の健全な育成というのは当然はかれないと考えられるわけですが、今日のこうした問題の実態の調査はどうなっているのか、そしてまた、それに対する対策はどのようにとられているか、その点について証券局長なり関係当局の見解を伺いたい。

○**坂野政府委員**　個人は昨年大体売り越しの傾向にあったわけですが、本年に入りまして、若干買い越しになっております。これが一月下旬に多く売り越しになっておる。これはどういう取得価額でその株を持ったかによるので、いまの段階において個人売りが損になっているのか得になっているのか、判定いたしかねますけれども、世間一般の風評としては、若干損した個人がおるのではないかといわれております。ただ、三十五、六年のとき、それからその後に続きます四十年不況のときのように、個人と申しましても、その投資単位がかなり上がっておりまして、やはり自己責任の原則に基づく投資が主体になっておるだけに、その点は数年前の状況とはかなり違うのじゃないかと考えられます。こうした事態にならないように、証券会社にも昨年再三注意をしてまいりましたし、また取引所あるいは証券業協会としても、一般投資家に対して不測の損害をこうむらせることのないように、証券会社の営業活動についてその自重を求めると同時に、個人投資家にも、市況がかなり高い水準にあるおりから、投資には十分慎重な判断をと何回か呼びかけております。今後も不測の損害がないように、証券会社の指導等を中心になお十分な施策を進めてまいりたいと思います。

○**増本委員** キャピタルゲインの捕捉の関係で、いま証券会社では、一部上場会社の株は、法人が株を取得する場合、法人事業部をつくって、特別の仕切りや伝票で運営をしていると聞いているのですが、そういうようなぐあいになっているわけですか。

○**坂野政府委員** 証券会社の営業組織の中に法人部というものがありまして、法人からの株の売買の発注は主としてそこを通ずるという組織になっているのが通常であります。

○**増本委員** そうすると、大蔵省の証券局で証券会社に対する検査をする、このときには、この法人事業部なり法人部の伝票全般にわたっての検査までおやりになるわけですか。

○**坂野政府委員** 伝票全部の検査は行なっておりません。証券検査は、証券会社の営業が健全に行なわれているかどうか、それから証券会社の証券市場に対する影響力、たとえば先ほどお話しの自己売買とかあるいは手持ちの有価証券とか、いろいろなことが影響いたします。そういうことがどの程度になっているか、また、外部からの特別の投機資金が市場を非常に荒らした、そういう結果になったかどうかについて検査しております。したがいまして、法人の売買について全部伝票を洗って、どういう売買があったかを把握いたしてはおりません。特殊の問題あるいは疑いがあります場合には、そういうこともやる場合がございます。

○**増本委員** その伝票を調査すれば、売買価格、売り渡し価格もそれから取得価格も明確にわかるわけですね。

○**坂野政府委員** 証券取引法に基づく検査は、証券市場がより円滑な機能発揮ができるように、そして証取法第一条の目的たる投資者の保護行政ができるようにということが、検査の基本の考え方です。また法律上もそういう制度になっております。したがいまして、税務が適確に施行されているかどうか、あるいはその税務行政上の問題があるかないかで検査をいたすことは、検査の目的違反である、そういうふうに考えております。

○**増本委員** 所得税法、法人税法の質問検査権との関係で、証券会社が持っている証券取引の伝票等にわたる調査は、できますね。

○**吉田説明員** 御承知のとおり、質問検査権では、その場合が納税者自身であるとかあるいは反面調査によるとか、そういうケースに該当した場合にはできます。

○**増本委員** できますね。

最後に、有価証券取引税の納付方法として、今度の改正では、コンピューターによるオンラインの普及に対応してその本店で納付すればいいことも取り入れられたわけですね。こうしたコンピューター等オンラインの普及に対応して証券会社でも非常に経営の合理化が進められてきていると思うのですが、こういう合理化を政府としては奨励し促進してきたのかどうか伺いたいと思います。

○**坂野政府委員** 特に奨励促進した事実はありませんけれども、取引量が次第にふえてまいりますし、また、非常に込み入った取引もふえておりますので、証券界としては早くからこういった機械化に着目しておりまして、また、現実には大手証券会社はほとんど体制ができ上がっている現状です。

衆議院　大蔵委員会議録第五号

昭和四十八年二月二十日(火曜日)

出席委員

委員長代理理事　大村　襄治君

理事　木村武千代君　理事　松本　十郎君
理事　村山　達雄君　理事　森　美秀君
理事　阿部　助哉君　理事　武藤　山治君
宇野　宗佑君　越智　通雄君
大西　正男君　金子　一平君
木野　晴夫君　栗原　祐幸君
小泉純一郎君　三枝　三郎君
塩谷　一夫君　地崎宇三郎君
中川　一郎君　野田　毅君
坊　秀男君　村岡　兼造君
毛利　松平君　山中　貞則君
佐藤　観樹君　高沢　寅男君
塚田　庄平君　広瀬　秀吉君
村山　喜一君　山田　耻目君
小林　政子君　増本　一彦君
広沢　直樹君　内海　清君
竹本　孫一君

出席政府委員

大蔵政務次官　山本　幸雄君
大蔵大臣官房審議官　大倉　真隆君
大蔵省証券局長　坂野　常和君

委員外の出席者

国税庁直税部長　吉田冨士雄君
（ほか略）

本日の会議に付した案件

理事の辞任及び補欠選任
有価証券取引税法の一部を改正する法律案（内閣提出第三号）
相続税法の一部を改正する法律案（内閣提出第二号）

○大村委員長代理　有価証券取引税法の一部を改正する法律案及び相続税法の一部を改正する法律案の両案を一括して議題とし、質疑を続行いたします。

○広沢委員　有価証券取引税法の一部改正について、現行の税率を二倍に引き上げるものですけれども、証券市場及び一般の投資家にどういうふうな影響を与えることになると考えているか、まずお伺いしておきたいと思います。

○大倉政府委員　今回の税率の引き上げは昨年暮れに税制調査会の答申をいただきまして、その時点で世の中には公式にわかったことでございましょうし、さらには本年に入りましてから、政府の税制改正要綱にもその点はっきりうたっておるわけです。二倍の税率引き上げになった結果が株式市場の値段なり取引量に非常に影響を与えたかというとどうもそうも言えない。つまりもっと別の要因で株価は動いていると見るほうが常識的であろう。したがって、ある意味ではこの税率引き上げが、証券市場なり大衆投資家に大きい影響を与えたとは言えないと申さざるを得ないかと思います。

○広沢委員　二倍に引き上げる根拠をお示しいただきたいと思います。

○大倉政府委員　基本的にはこの税は流通税ですので、今回の引き上げの考え方は、証券取引というものの背後にある担税力を推定して課税を行なう。その意味では二十八年に取引税法をつくりました当時の株式市場の大きさなり力と現在の大きさなり力は格段の差がある。したがって流通税としての負担を引き上げることは許されるのではなかろうか。ただ、引き上げ幅が二倍はなぜかはきめ手はございません。ＯＥＣＤでの議論などを参考にいたしながら、どの程度の負担増加を求めるべきかを研究いたしまして、流通税としての引き上げは、証券を売りまして損をした場合でもとられるわけでございますし、あるいはまた法人のようにキャピタルゲインについて税を負担するほか負担をする面もありますので、あれこれ考えあわせて二倍が適当ではなかろうかという気持ちで御提案申し上げた。

○広沢委員　税率が大幅に引き上げられることは、今後も考えられるとするならば、それこそ収益があるなしにかかわらずかかってくるということに対する不平等の問題も、起こり得るのじゃないか。それに対してどういうふうにお考えになっているか。

○大倉政府委員　今後の考え方も、流通税という性格から申しますと、おのずからその税率には限度が出てくるであろう。先ほどちょっと触れましたＯＥＣＤでのヨーロッパ諸国の議論を聞いておりましても、おおむね万分の五十くらいで統一する、またいかなる場合でも千分の十をこえるような負担は適当ではなかろうという議論もあるようでして、今後それを考えてまいります場合には、そういうような意見は参考になろうか、かように存じております。

○広沢委員　先般来問題になっておりますキャピタルゲイン課税の問題がどうしても出てくると思うのですが、二十八年に譲渡所得税が、税法上の理由と、もう一つは株式の民主化、さらには証券市場に育成あるいは資本蓄積の促進、こういう面から廃止されて取引税ができたわけですけれども、キャピタルゲイン課税は大幅な非課税処置がとられています。しかも、一応株式売買を主たる職業にしているということをたてまえにした、事業所得的な考え方で年間売買五十回以上、それから売買総数二十万株以上について課税対象にすることになっておりますね。そういう基準は、どういうふうに定めたのか、お伺いしたい。

○大倉政府委員　有価証券の個人によります売買の結果出てまいりますキャピタルゲインの課税を廃止いたしました経緯は、ただいま広沢委員の御指摘のとおりであったと思います。そのときにやはりまた、非常に商売に近い形で個人が売買しておる場合には、課税しないことはいかがなものであろうかということで、ある程度以上の大きさでの取引をやっておられる個人は、キャピタルゲインについて所得税を課税したいという考え方がそもそものスタートであったと了承しております。当初は通達でやっておったようですが、これは、法令上明確な基準を設けないと納税者側も安心できない、はっきりしないではないかという指摘が税制調査会からもございまして、三十六年以降、現在の基準を用いて法制化しておるわけでして、法制化に際しては、従来の取り扱いなどを参照し、五十回以上二十万株がきめられている。五十回でなくても三十回でもいいではないかとか、あるいは五十回よりももっと多くてもいいではないかというところは、率直に申しましてなかなかきめ手はない、これを特に変更すべき理由もないということで、そのまま今日に至っておると御了承いただきたいと思います。

○**広沢委員** これには、不労所得と勤労者所得との不公平の問題が出てきているわけですね。五十回以上、あるいは二十万株以上の取引が行なわれたことをどう捕捉されておるのか。これはどういう基準できめられたのか、三十回でも、あるいはもっと言うならば非課税対象ということは一応ゼロに返して、実際に応じて考えるべきじゃないだろうか、こう考えられるわけですよ。四十六年度の実際に五十回以上、そしてまた売買二十万株以上をどういうように捕捉されておるか、実際的な数字でお示しいただきたい。

○**吉田説明員** まず数字のほうについて申しますと、税務当局としては、所得段階までしか所得額の統計をとっておりませんので、手持ちの数字がございません。

それから、把握の実務ですけれども、一番問題は回数の問題でして、何万株というほうは比較的つかみやすいのですが、回数は、委託契約一回を一回としておりまして、その一回の委託契約で何回にも分けて買う場合と一回で買う場合と両方の場合があるわけです。したがいまして、委託契約一回をつかまえる場合、実務ではいろいろ苦労しておるわけですが、現在証券会社から納税者に、注文伝票の総括票を要求すれば出してもらえるという話をいたしまして、それで委託契約一回を一回にいたしておりますが、その確認の問題はなかなか苦労の存するところでございます。

○**広沢委員** これは税の公平の原則から考えてみると、この関係を的確に捕捉し得ないことは、また一つ不平等の原因になっておると思うのですね。確かにキャピタルゲイン課税は非常にむずかしさはあろうと思うけれども、こういう問題に対してどういうふうに対処していくか。これが的確じゃないとなると、ほとんどが非課税になっているという想像さえもできるわけです。ごく一部しか捕捉されていない問題は非常に大きな問題だと思うわけですが、その点はいかがでしょうか。

○**大倉政府委員** 私どもといたしましても、この問題を現状のままでいつまでも置いておいていいとは思っておりません。四十八年度の改正案の作成をいたします過程でも、この問題をある程度検討し、議論はしたわけです。ただ個人の株式譲渡による所得をすべて課税対象とすることに踏み切るためにはたして執行が妥当にできるか、そういう制度を導入して実質的な不公平を生ずることなしにできるかどうかという検討がまだ熟しておりません。しかし、今後も決してこの問題を放置するということでなくて、一体どういう前提条件を整備すれば、ある程度不公平感にこたえて制度を整備することができるのか。どういう形での資料の整理が必要か、どういう執行体制が必要かを地道に詰めていって結論を出したい、かように考えております。

○**広沢委員** 大体回数が問題になっているわけですけれども、回数の把握のしかたが、非常にむずかしいということであれば、適正な活用が行なわれてないと言う以外にないわけです。四十六年度で五十回以上の取引が何件くらいあったのか、それもわからぬということであれば、これは全く捕捉は野放しであると言う以外に方法はないのではないかと思うのですが、いかがですか。

○**吉田説明員** わからないと申しますのは、税務統計のつくり方の問題でして、できるだけ少ない税務職員でなるべく調査に出すようにしておるものですから内部事務を圧縮しておりまして、税務統計の問題以外はなるべくとらないようにするという、そういう事態に追い込まれておるものでございますから、それについての把握はやってないのが一つ。

それからもう一つは、実際の申告の段階ではなかなか申告書のほうでこまかく細目が書いてないものが多いものですから、その点の把握はなかなか申告書から出てこないということで数字がないということです。

○**広沢委員** いま最初にきめられた五十回以上という問題について非常に問題が起こってきている。実際、一年間の五十回以上の取引がどれくらいあって、それに対するキャピタルゲイン課税が適正に行なわれているかがわからない限りは、こういう非課税制度は、不労所得と勤労所得との公平の原則から考えてみておかしいんじゃないかといわざるを得ないのですが、この点、もう少し、最後に明確にしておいていただきたい。

○**山本(幸)政府委員** 個人のキャピタルゲインの課税の問題は、たいへんむずかしい問題であることは、御存じのとおりだと思います。いまも仰せのように、五十回、二十万株をとらまえるとらまえ方は実際問題として非常にむずかしい問題をたくさんに持っているわけです。このキャピタルゲインの問題は、大蔵省としては従来からいろいろな観点から研究をしてきて、二十八年までは若干の期間やっておったわけですが、二十八年以来非課税になっておりますのも、第一線での執行上、譲渡益をなかなかつかまえにくいということ。それからもう一つは、キャピタルロスの問題をもう一回並行的に考えていかなければならぬ。その問題は一体どう考えていくのか。ゲインは一向に表面に出てこないで、ロスばかり表面に出てくるということになりましても、全く税の本質をそこなうということになりかねない。そういういろいろな要件をどういうふうに整備したならばこの税がやれるか。確かに税負担の公平の見地からは御批判のあるところは十分に承知しているわけですけれども、さような点についてもう少し研究をし、実際上支障のないようにすることについて自信を持てるまでもうしばらくの時間をかしてもらいたい、こういう考え方でおるわけであります。

〇広沢委員　次に、証券界の一般的な問題としてお伺いしたいんですが、過剰流動性の問題と金融緩和によって資金がだぶついた、それが土地の投機と株式投機のほうに行った、これが非常に大きな問題になっているわけです。それに対して所要の措置がとられているようですけれども、土地投機よりも、金融緩和と過剰流動性の問題は、その大半が株式投機に行ったんではないかと思われるわけですが、これによって株式投機においても資本市場にいびつな影響を与えていくんではないか。法人の大量な株取得がそういうことになり、また証券の民主化という問題に大きな阻害になってきているんじゃないかと懸念される。最初に、それに対する局長のお考えを伺っておきたい。

〇坂野政府委員　昨年一年間を見ましても、個人投資家はずっと売り越しになっております。特に下期におきましては、個人の売り越しが十一億六千万株にもなっております。それを法人が買っておる。その法人も最近では事業法人が非常に目立って買っておる。昨年の前半におきましては、金融法人と事業法人と並んでおったのですが、その後、大蔵省、日銀の指導等もありまして、金融法人のほうはあまり活発な動きを見せなくなりまして、事業法人のほうがいまやたいへん活発な動きをしております。これは単に収益目的ばかりでなくて、資本の系列化、集中化とかあるいは事業法人による持ち合い、安定株主工作というようないろいろな意味があったのかと思います。また証券業界が営業の行き過ぎから事業法人営業を非常に活発にやったということも一因です。しかしお説のとおり、証券市場、特に株式市場は、広い一般投資層にささえられた流通市場があってはじめて十分な機能の発揮ができるわけです。そういう意味から、個人の持ち株比率が次第に下がってまいりまして、四十六年度末においては約三七%まで下がっておることは、株式市場の健全な姿から申しますと、たいへん心配なことであるという感じがいたしております。

　個人投資家が減少していくことに対しまして、証券業界のあり方が一つの問題になるわけです。目先の法人営業のほうがまとまった手数料も入りますし、商売として大いにもうかる、そういう面は確かにあるのですけれども、それに走るあまり個人投資家のほうがおろそかになり、個人投資家の売買がだんだん減ってくることになりますと非常に大きな影響が出てまいりますので、証券界も手数料がたくさん入って余裕もできてきておりますので、個人投資家に対するサービスの向上をもっと高くしなければいけないことを、ことあるたびに証券業界に申しております。証券業界もそういう気持ちになってはおりますが、なかなか競争も激しいのでまだ十分な姿にはなっておりません。しかし、これは絶対に努力していかなければならない問題だと思います。非常にうまい手があって、さあっと証券民主化が進むことはあり得ないことでして、毎日毎日の営業が非常に大事だ。しかしまた、株価が非常に高いときにこれを個人投資家に積極的にすすめることは、危険という面からもやはり考えなければいかぬ問題があるので、こういう株高の時期にどうやって個人営業を進めていくかはなかなかむずかしい問題です。

　もう一つは、投資信託が、その後やってきた努力が積み重なりまして、最近ではようやく三十六年当時の元本も回復いたしまして、一兆二千億程度まで復旧してまいりました。またこの実績もかなりいいところまできております。したがいまして、特に零細投資家に対しては、現株もいいのですけれども、投資信託の普及も、大いに力を入れていかなければならない問題だと思います。

　また一方、ただでさえ不足している株が法人に集まりまして、そうしてそれが外へ出てこない。この株不足をどう解決するかが大事でして、そのために増資を激励しなければいけませんが、時価発行等におきましては、いわゆる親引けが非常に多くて一般投資家のほうに回らない傾向にございます。そこで親引け比率を五〇%ということで引き受け証券会社の申し合わせができておりましたが、新年度四月以降はこれを四〇%以下に圧縮するということで、少しでも一般投資家に回る株をふやすという方向に進めております。

〇広沢委員　この年度内増資額は一体幾らであったか、そのうちの時価発行分はどれくらいであったのか。

〇坂野政府委員　二月、三月はまだ予定数字が入っておりますが、四十七年度三月までの累計で有償増資払い込み額は一兆三千二十六億円の予定になっております。そのうち株主割り当てが三千四百五十七億円、公募が八千七百三十七億円、その公募のうち完全時価発行が五千三百三十億円となっております。

○広沢委員　これは一応公募形式をとっておりますけれども、安定株主をつくることから、関係会社か金融機関が買い取る場合が非常に多くなっているわけですね。この場合の金融機関の買い取りというのはどういう状況になっているかおつかみになっておりますか。

○坂野政府委員　現在手もとに持っておりません。

○広沢委員　額面と時価の差額は返済する必要がありませんし、金利がつかないし、自由に使える資金ですね。これはめぐりめぐって土地とか株式投資になってインフレを高進さす結果になるのじゃないかと思われるわけです。したがって、金融機関に対する時価発行増資の引き受け規制をやっていかなければいけないだろうし、今後はまたどういうふうな考えで臨まれるのか明らかにしておきたいと思います。

○坂野政府委員　その点は、昨年の秋以来日本銀行が金融機関の指導をされております。それによりますと、一つの銀行はそのシェアを高めてはいけないという指導が行なわれております。で、一月以降はさらにそれを強化されまして、新規取得分は、前年の、四半期ごとに区切りまして、九――十二月の四半期よりは一―三月の四半期の新規取得分を約半分程度に圧縮する指導をされたようです。したがいまして、金融機関に関する限りはいままでのように、時価発行の際にあるいは普通の売買も合わせてでありますけれども、それを金融機関に持っていけば幾らでも買ってくれることはもう行ない得ない現状になっております。

（中略）

○広瀬（秀）委員　今度の法律改正案の目玉は、何といっても、第一種、第二種ともそれぞれ税率を〇・〇六から〇・一二%、〇・一五%から〇・三〇%、こういうことで引き上げることです。この税率は、大蔵省からお聞きをいたしますと、イギリスでは一%、フランスでは一・二%、ベルギーで〇・七%、ドイツ〇・二五%、オランダ〇・二四%、アメリカが〇・二五%ということになっております。諸外国でも日本の今度の改正税率と第二種等においては違わない。その担税力を見れば、倍にしたことは、それはそれなりに一つの方向ではあるけれども、担税力に見合う公平な税金を求めていく立場から言うならば、いかにも倍にしたからいいだろうという発想は、私どもは全然理解できないわけです。倍にした根拠は一体どこにあるのか説明いただきたい。

○大倉政府委員　倍にいたしまして〇・一五%が〇・三%という税負担の水準が絶対に正しいという説明は必ずしもあるわけではございません。いろいろな要素を考えながらここに落ちついたと申し上げる以外にないとは思います。けさほどの御質問に関連して出ておりましたが、OECDなどではこういうたぐいの税を統一しようという議論でどういう議論がなされておるかというようなことを片方で考え、また片方では、取引の背後にある担税力が大きく発展してきたことをどう評価するかを考え、いままでの負担と今後の負担とのつながりも考えて、いろいろな角度からの検討の結果がこの二倍の引き上げであると申し上げるしかないだろうと思います。もっと引き上げてしかるべきではないかという御議論ももちろんございましょうが、同時に片方では、二倍にするにしても、とりあえず最初の年は五割ぐらいからいって、二、三年でやったらどうかという御議論もあったわけです。ただ、OECDでの各国の考え方は、一応、将来の方向としては〇・五%以下で統一したらどうか、一%をこえるような税率はもうやめたらどうかということでして、これを引き下げる動きがございます。

それらを考え合わせました上で、二倍はかなりのものではなかろうかということで、現在の案を提案しておる経緯を申し上げてお答えにかえたいと思います。

○広瀬（秀）委員　大倉さんの説明では全然納得できないわけでして、二十八年にこのいまの税率がきまったわけです。そして二十年間ほとんど手をつけずに放置してきたわけです。しかも、われわれが本委員会においてもずいぶん前から、株式譲渡益に対するキャピタルゲイン課税を証券取引にも行なうべきだと言ってきたわけですが、それも廃止したまま今日に至っている。取引株数、売買の株数等についてどういう変化がこの二十年間にあったかを、おっしゃってください。

○坂野政府委員　株数は、昭和二十八年暦年ですが、三十八億三千九百万株、これは上場株式の全国の売買されました株数であります。四十七年の同じ売買株数は千三百五十四億七千三百万株です。

○広瀬（秀）委員　約三十倍という取引量の変動差があるのですね。これだけ大型化し、担税力がついていることを同時に示していると思うのです。こういう比較を見ただけでも、税率を今度倍にすることはいかにも少な過ぎる。世界的な傾向として〇・六あたりに抑えようというならば、〇・六まで持っていったらどうですか。

それと、キャピタルゲイン課税を日本でも考えましょうということが本気にあるのかないのか。

〇山本(幸)政府委員　二十八年以来据え置きであったわけですが、その間に売買高は約二十八倍、時価総額でも五十五倍、ふくれているわけです。この取引税は、有価証券の譲渡の際に課され、流通税という性格を持っておることは御承知のとおりですが、この税率は比例税率ですから、取引金額が大きくなればなっただけ、税負担もふえていくという性質のものです。日本の場合、株の譲渡者が負担をするということになっております。また、譲渡益の出た場合もありまするし、また譲渡した場合に損をするという場合もありまして、損をする場合でも、譲渡税でありますから、負担をしていただかなければならない。ただ、いまキャピタルゲインのお話がございましたが、法人の場合はすでにキャピタルゲイン課税をしております〔が〕、法人にも同じように取引額に比例して課税されておるわけです。そういう意味で、世界的にそろえていきたいということでもあり、今回は二倍にすることに落ちついたわけでございます。

また、キャピタルゲインは考えておるかですが、たいへんむずかしい条件がたくさんございますから、はたしてそういう所与の条件が満足せられるかどうか大きな疑問は残しておりますが、できるだけ前向きに、そういう所与の条件が与えられれば考えていきたい。できるかできないかはめどまではついておりませんけれども、少なくとも前向きにひとつ検討をさしていただく、そのためになお若干の時間をかしていただきたい、こういうことです。

〇広瀬(秀)委員　キャピタルゲイン課税を困難ならしめている原因というものは一体何なのか。

〇大倉政府委員　執行上最も困難なのは、架空名義による取引をいかに真正の取引として把握できるかであると思います。

〇広瀬(秀)委員　その程度のことであったならば、大蔵省がやろうという気になれば、押えることができるだろうと思います。株の取引の際に本人の住所、氏名が真実であるかどうかを調べることが、どうしても絶対的に困難なのかどうかお伺いします。

〇坂野政府委員　私ども税務とは立場が違いますけれども、正しい住所、氏名ということにつきましては、目下事故防止という見地からこれを励行さしております。また、名義貸しに伴う弊害も非常にございますので、名義貸しの禁止については再三やかましく言っておりまして、昨年も新しい通達を出して徹底さしております。

(中略)

〇佐藤(観)委員　今度のこの法律改正は、全部一律に税率を倍にしているわけであります。倍というのはたいした根拠がないという話でありますけれども、流通税である以上、その背後にある担税力に着目して税率をきめられると思うのでありますけれども、この有価証券取引税の担税力というのは一体どういうものなのか、まずこの点からお伺いしたいと思います。

〇大倉政府委員　担税力の存在を推定して、取引の過程に対して流通税という形での負担を求めるというのがこの税。その場合に、課税の根拠として引用されておりますす担税力が量的に幾らであるのかは、なかなかきめ手がない。むしろ量的に所得の額とか、計算できる担税力が課税対象である場合には、流通税という方法を用いなくても済むのであろうと思います。担税力が存在するということはだれしも疑わないが、しかし、それについて累進課税をするとか、あるいは超過的な負担を求めるべきだとかなかなか言いにくい分野について流通税という形で広く浅く負担を求めるというのがこの種の税の特徴であろうか、このように考えております。

〇佐藤(観)委員　今度の法律改正の趣旨の中に、最近の株価状況あるいは株式売買の実態から見てということばがあるわけですね。つまり、この場合の担税力は、具体的には証券会社のもうけあるいは投資家のもうけあるいは株価、株式の売買実態が、担税力ではないかと思うのです。こう限定してはいけないのですか。

〇大倉政府委員　提案理由その他で申しておりますす取引の背後にある担税力の大きさなり、その育ち方に対応してという場合、頭の中に考えておりますのは、売買数量あるいは株価がある。したがって、制度創設当時の取引量、取引価額に対して、いまどの程度の大きさになっておるか、確かに担税力がふえたという推定をするための一つの論拠として用いられるとは申せると思います。ただ、それが何倍になったから税をどうしなくてはいかぬというふうな意味で定量的に用いるものではないのであろうということを申し上げたかったのでございます。

〇佐藤(観)委員　これは一律に外国の有価証券取引税に類するものと比べることはできませんけれども、たとえばアメリカとかイギリスとか西ドイツとかと単純に比べたとしましても、日本の場合にはあまり高くないわけですね。今度の法改正案でも個人の場合には〇・三、証券会社を譲渡者とする売買の場合には〇・一二という数字自体がはたして適当なものなのかどうか。特にこれをもっと上げた場合にはどういった影響があると考えられているのか。その辺のところはどういうふうに考えているのですか。

○大倉政府委員　税率につきまして、先ほどきめ手はないというような言い方でお答え申し上げたかと思いますが、いろいろな要素を考えた上で、今度御審議をお願いしている率が、現状最も妥当な率ではないかと考えておるわけです。

　これを、たとえば顧客が委託をいたします場合の〇・三を〇・四にすればどういう影響があるかというお尋ねであろうかと思うのでありますが、これが直接に取引に対して非常に大きな影響を持つことはないと思います。

　なおもう一つ、この種の税につきまして税率を測定いたしますときに、たとえばキャピタルゲインに対する負担率としてどれくらいになるかという考え方も理屈としてはあり得るかと思うのですが、キャピタルゲインの発生率が個々の取引ごとに非常に違うわけです。また同時に、キャピタルゲイン課税をしておる法人の売買にも流通税の負担を求めるし、キャピタルロスが発生している場合にも負担を求める性格ですから、理屈としてはあり得ても、なかなかキャピタルゲインに対する負担率も使いにくい。

　まあいろいろそういう議論の経過をたどりまして、流通税の上げ率としては二倍はある意味での改正の際においての限界ではなかろうか。

○佐藤(観)委員　この税率の問題は、どこが適当だというのは正直言ってなかなかきめにくいことだと思うのです。キャピタルゲインに対する課税の問題に入っていきたいと思います。

　その前提として、では一体いまの株の商いで一体幾らぐらいの譲渡益が出たのか。わかりますか。

○大倉政府委員　遺憾ながら、キャピタルゲインが幾ら発生したかは把握できておりません。というのは、取得価額が幾らであったのかが把握できておらないということです。

○佐藤(観)委員　一体、その売買をしている人が長期保有を目的としているのか、あるいは短期の売買を目的としているのか、こういった証券の回転率の資料がありますか。

○坂野政府委員　唯一のめどは売買の回転率だけでして、最近は著しく回転率が高まっております。全国の回転率が大体五〇%程度であったのですが、昨年四十七年は一〇二%と年に一回転するというふうに変わってきております。また東京の回転率を見ましても、昨年の秋以降一回転以上の日がかなり続いております。諸外国の場合、高いところで三割程度、低いところは一五%程度となっております。それ以外に短期売買か長期売買か、はかる資料はありません。

（中略）

○佐藤(観)委員　今度の改正にも入っているわけですけれども、第二十条、証券会社に記帳義務があるわけですね。この政令は具体的にいまどういうふうになっていますか。

○大倉政府委員　政令の七条ですが、売付又は買付に係る有価証券の種類、銘柄、売付又は買付の価額、数量、約定年月日、受渡先及び受渡年月日、それから有価証券取引税額を記帳することを義務づけております。

○佐藤(観)委員　証券会社は繁雑になりますけれども、いま二十万株なら二十万株売買が行なわれたとします。その際二十万株がどこから幾らで買われたか。それは十万株どこからか持ってきた、あるいは十万株どこからか別の日にちで買ってきた、それ〔を〕記帳させることによってある程度の時価は、つかめるんじゃないか。それくらいのことをやはりやる必要があるんじゃないかと思うわけでありますけれども、いかがなものでしょうか。

○大倉政府委員　佐藤委員御指摘のような方法もなお研究してみたいとは思いますが、おことばではございますけれども、ある税の適正な執行のために必要最小限な資料、記帳義務を求めるという態度で一貫しておるつもりでして、課税のためにどうしても必要でない場合に、どこまで資料なり記帳なりを求め得るかという問題は、有価証券取引税を執行いたしますためには、幾らで買ったかは必要のない部分が多いものですから、それを有価証券取引税法というシステムの中で、資料なり記帳義務として採用することにはかなりのちゅうちょを感ぜざるを得ないということで、いまとりあえずのお答えとさせていただきたいと思います。

○佐藤(観)委員　有価証券取引税を徴税するために、記帳義務は絶対できません。ですから、いま全部の取引についてできないと思うのです。ですから、一つの会社あるいは十の会社、あくまで試算の材料であります。われわれには一体譲渡益がどのくらいになって、長期保有と短期保有がどのくらいの比率になっているかもわからぬで、議論していることではきわめて非科学的ですから、一つのモデルケースをとってみてできないものだろうかどうか。

　いまの御答弁ですと、税法がなければそのための記帳義務はもちろんできませんけれども、税法をつくってから実態はどうだったかわからないということとでは税法がつくれないので、一つのモデルケースとして、いま申しましたように、事実上どのくらい繁雑になるのか。キャピタルゲイン課税問題を論議するために、実態的にどのくらいのゲインが出てきているかをつかまぬことには、できないわけです。そこで、いま言ったような方法で、モデルケースとしてできないものだろうか、そう思うわけですが、いかがでしょうか。

○大倉政府委員　御趣旨はよくわかるつもりでございますので、具体的にどういうデータを求めることができるか、少し勉強させていただきたいと思います。証券会社の協力を求めることももちろんある程度可能であろうとは思いますけれども、証券会社がお客さんからそういうデータをとらなくてはいかぬという問題になりますので、一体どこまでのことをやっていいか、またできるか。法人が現実に課税した幾つかの例をさがし出してみて、それが実際に取得時期とか取得価額をどう判断したらいいのかをさがしてみるのも一つの方法かもしれません。それをもって個人に類推してみるというのもあり得るのかもしれません。もう少しマクロ的な企画庁のやっているような手法で、最近何年間かの平均的なキャピタルゲイン率をさがしてみることもできるのかもしれません。そういう方向で勉強させていただくということでお答えにかえさせていただきたいと思います。

（以下略）

衆議院　大蔵委員会議録第六号

昭和四十八年二月二十一日(水曜日)

出席委員

委員長代理理事　大村襄治君

理事　木村武千代君　理事　松本十郎君
理事　村山達雄君　理事　阿部助哉君
理事　武藤山治君　理事　荒木宏君
宇野宗佑君　越智通雄君
大西正男君　金子一平君
木野晴夫君　栗原祐幸君
小泉純一郎君　塩谷一夫君
地崎宇三郎君　中川一郎君
野田毅君　萩原幸雄君
坊秀男君　村岡兼造君
毛利松平君　山中貞則君
佐藤観樹君　高沢寅男君
塚田庄平君　広瀬秀吉君
堀昌雄君　村山喜一君
山田耻目君　小林政子君
増本一彦君　広沢直樹君
内海清君

出席政府委員

大蔵政務次官　山本幸雄君
大蔵省主税局長　高木文雄君
大蔵省証券局長　坂野常和君
大蔵省銀行局長　吉田太郎一君
自治省税務局長　佐々木喜久治君

委員外の出席者

国税庁直税部長　吉田冨士雄君

（ほか略）

本日の会議に付した案件

有価証券取引税法の一部を改正する法律案（内閣提出第三号）

相続税法の一部を改正する法律案（内閣提出第二号）

○大村委員長代理　これより会議を開きます。

有価証券取引税法の一部を改正する法律案及び相続税法の一部を改正する法律案の両案を一括して議題とし、質疑を続行いたします。

（中略）

○村山(喜)委員　時価発行の増資基準をもう一回厳密に適用し直すべき段階に来ているのではないかと思うのですが、そういう基準変更をお考えにはなっていないわけですか。

○坂野政府委員　二月に新年度の時価発行をどうするかという会合で、新しい計画に入ることのできる会社は新しい基準で見直されたわけです。

もとの基準と新しい基準とどういう点が違うかと申しますと、その発行会社の収益の状況、資本の状況、増資の間隔、親引け比率、ディスカウント率あるいはその会社の資金計画、資金繰りの状況、そういうものを見まして、かつ、アンダーライター同士があまり激しい競争をいたしますと過度の時価発行になりますので、それも防止するという申し合わせをしまして、いままでの基準よりもかなりきびしい基準で新年度の時価発行増資を見ていくことになったわけです。

○村山(喜)委員　新しい基準と古い従来の基準との中でどの点をどのように改正をしたかという資料をお出しいただきたいと思いますが、いいですか。

○坂野政府委員　これは証券会社の申し合わせでありまして、行政措置ではございません。したがいまして、申し合わせの中には、発行会社に対して発表した分もありますが、自分たちの申し合わせとして外へは出していない部分もありますので、発行会社に対して示した基準は提出できると思いますけれども、四社あるいはアンダーライター間で取りきめておる内規は一般に公表しておらないので、その部分は提出できないかと思います。

○**村山(喜)委員** 基準として示したものと申し合わせによる協定との間に著しい懸隔があれば別ですが、内容的にさほど大きな違いはないというのであれば、大蔵省が示した基準を出していただきたいと思います。

いまの増資のやり方を見ておりますと、どうも親引けの割合があまりにも大き過ぎるのじゃないかという印象を抱くのです。それと、系列金融機関との結びつきの中で、売れなければ金融機関がそれを引き受ける、抱きかかえる形をとるものがきわめて多いように見受けるわけです。そういうものをチェックしていかなければいけないし、また、東京市場のシェアが大体八〇%ぐらいだと思うのです。ところが、東京で転換社債を発行して、そしてあらためて公募増資を一年のうちに今度は大阪、あるいは名古屋でやる。そういうことによって、証券市場から自己資金の調達を年に二回もやっているような事例があると私は思うのです。それが株をつり上げるために使われたり、あるいは土地のほうに向いたりしたんでは、おかしいと思うのです。ですから、そういう面の改正をこの増資基準の改定でやられたのではなかろうかと思うのですが、やっていらっしゃるのかどうかお伺いしたいと思います。

○**坂野政府委員** 言われる点がまさに時価発行なり転換社債発行の問題点であり、また世の中一般の批判でもあるわけです。そこで、新基準におきましては、その会社が一体その資金を何に使うか、それから会社自身は現在資金繰りはどうなっているか、かなり手元に流動性があるのにさらに資金を集めようとしているのか、あるいは設備需要その他長期資金の需要があって、早急に資金を調達しなければいかぬという状況になっているのか、それを調べることはもちろん新基準の重要項目の一つであります。また、親引け比率は、従来放置されておった時期には七割ないし八割ということで、市場に出る公募株式が二〇ないし三〇%という著しく少ない状況にあったわけですけれども、十一月にこれも新しいやり方で、とりあえず五〇%以下に抑えております。新年度にはさらにこれを圧縮いたしまして、四〇%以下に圧縮する方針で臨んでおります。

○**村山(喜)委員** 親引けの分はわかりましたが、大量公募の問題は、年一回という増資基準がありますね。市場を変えたら触れないという、きわめてゆるい基準がありますね。そういう措置はどうされますか。

○**坂野政府委員** 増資の基準は年一回であって、これは東京でやったり大阪でやったりということは許されないわけですが、言われます意味が、東京に上場している会社が増資を行なう、その後その会社が大阪なり名古屋に上場するということになりますと、その大阪なり名古屋に上場いたしますときに、ごく少数でありますけれども、新しい公開株を要求されます。そういう取引所の上場規則になっております。と申しますのは、一定の浮動株が必要ですが、その浮動株の名簿が前期でありますと、半年あるいはそれ以上たっておりますと、はたして浮動株主がどれだけいるかということがはっきりいたしません。そこで取引所としては、新しくそこで若干の公開株、株の公開を要求しております。そういうときに増資が行なわれるということはあるかと思います。しかし、時価発行の大規模なものを続けて行なうことは、いまのアンダーライターの基準では許されないことになっております。

○**村山(喜)委員** いまの証券市場における東京、大阪、そのほかの市場の比率はどういうことになっておりますか。

○**坂野政府委員** 四十七年十二月現在で東京が七二・四、大阪が二二・六でありますので、九五になります。

○**村山(喜)委員** その他が五%ですね。で、これは名古屋をはじめ全部で八カ所ですか。

○**坂野政府委員** 名古屋、京都、広島、福岡、新潟、札幌であります。

○**村山(喜)委員** いまの増資基準からいえば、時価発行で九月にやったばかりのものが、新たに名古屋で二百五十万株も新規に増資をされる形になってきますと、過剰流動性を事業法人に持たせるのをできるだけ抑えようという趣旨からいえば、こういう特例をつくっていけば、しり抜けになってくるのではないか。これによって、行政指導といいながら、事実上は抑えることができないおそれはないのですか。特例の占める割合はどういう状態になっていますか。

○**坂野政府委員** その特例はごくわずかでありまして、全体のうちの五%にはならない程度です。

それから、特例でしり抜けになるのではないかという御質問ですが、上場の際の最低必要公開株数に限定されておりますので、そう大きな株数になることはない。時価発行の際の公募株数に比し少ないということです。また、これをやってはいかぬことにしますと、他市場に新規上場ができないことになりまして、企業の証券活動の上では著しく制約されることになりますので、そういうわけにもまいらぬと考えております。

○村山(喜)委員　時価による公募増資と転換社債の発行の状況はどうなっておりますか。

○坂野政府委員　公募増資は、二月、三月の予定分が入っておりますが、八千七百三十七億円であります。転換社債の発行は、四十七年度、これも予定を含み、二千八百八十億円となっております。

○村山(喜)委員　そのうち時価発行の増資分が、全額公募の分が、幾らありますか。

○坂野政府委員　五千三百三十億円であります。

○村山(喜)委員　四十六年度はどういう状態でしたか。

○坂野政府委員　先ほどの八千七百三十七億円に該当いたします、すなわち公募増資額は九百九十億円でありました。時価発行五千三百三十億円に該当いたします金額は、二百六十六億円であります。

○村山(喜)委員　時価転換社債は幾らですか。

○坂野政府委員　四十六年度は八百五十億円であります。

○村山(喜)委員　そういたしますと、公募増資総ワクで見た場合には、大体四十六年度の約九倍、それにそのうちの時価発行の増資分は二十倍、それから時価転換社債が三倍余りになっておりますが、行政指導の方針をお持ちですか。先ほどもお話がありましたように、できるだけ増資基準等をきびしくやっていくんだという方向でしたが、将来はどういうふうに持っていったらいいとお考えなんですか。

○坂野政府委員　この増資基準等で一応制限的に発行を行なっていこうと考えておる理由が二つございます。

一つは、株式市況がかなり高い水準になっており、その高い水準のもとでたくさんの新規証券が発行された場合、その新規証券の信頼性がゆらぐことがないかという心配です。

第二は、わが国は長い間こういった新しい発行市場の機能が発揮できない状態にあったわけですが、最近の金融情勢から、初めてこういう新しい資金調達の手段が生まれた、それに殺到して、急激に多額のものが発行されると、制度として失敗いたすおそれもあります。

その二点から、ただいまのところ制限的に行ない、市況も落ちつき、新しい制度に対して、発行者側、引き受け会社、投資家もだんだんになれてくるときに、徐々に分量をふやしていく。本来企業の資金調達としては非常に効率的でもあるし、また非常に機能的な手段ですので、これを健全な姿で発展させたい。したがって、これを制限しているのは現在の状況から臨時的な考え方であるというふうに考えております。

○村山(喜)委員　臨時的な措置として抑えて、将来は自由にしていくのだ、落ちついてから、ということですが、最近の株価指数でどうも私たちが懸念をしておるのは、いわゆる新規に上場をする場合とか、時価発行をめぐり、株価操作に見られるようなものはございませんか。

○坂野政府委員　そういうことがないように取引所も監視しておりますし、また私どもも引き受け証券会社を通じてそういうことがないよう監督をしております。しかし現実には、言われますように価格が急騰する場面がかなりたくさんあります。これはそのつど徹底的に法律違反行為がないかを調べておりますが、大きな需給関係で値段が上がることはありましても、いわゆる証券取引法に違反した操作が行なわれていたという事例を見い出したものはいまのところありません。

○村山(喜)委員　時価発行に際し、値づけが高かったために売れなかった、そこで買い取りをした事例は松下電器のほかありますか。

○坂野政府委員　その後該当はありません。

○村山(喜)委員　こういうような過剰流動性に基づく株価上昇が見られる。しかも、先ほどの説明のように事業法人の手に株式が集中していく傾向が出てきているわけですが、現在の株式の所有を法人と個人別に見た場合には、どういう変化があらわれておりますか。

○坂野政府委員　個人の持っておる株式数が次第に減ってまいりまして、昭和四十年当時には外国人を除きます個人は四四・八六%でありましたが、これが順次減りまして四十六年度末、昨年の三月末には三六・九四に落ちております。一方、法人は、金融法人、事業法人ともに非常にふえておりまして、たとえば金融機関は四十年当時二六・二八でありましたが、四十六年度末は三二・五四、一般法人は四十年当時二一・二四であったものが、四十六年度末には二五・〇八というふうに持っておる株数がふえてきております。

○村山(喜)委員　そうなっていきますと、金融機関と事業法人との間、あるいは企業と企業との株の持ち合いが始まっているわけです。それがどういうふうになっているのか。

○坂野政府委員　統計で持ち合いの数字はありません。ただ言われますように、そういう傾向が強くなっていることは事実です。

○村山(喜)委員　そういう調査資料がないとおっ

しゃるのですが、会社を金融機関が支配をする、あるいは親会社が系列会社を支配する、そういうふうに一つの事業団が形成されてきているのではないかと思うのですよ。これは自然の姿だということであなた方は放置をされるつもりですか。

○坂野政府委員　それは国民経済全体として非常に重要な問題だと思います。ただ、私どもの行政の守備範囲から少しはずれる問題ですので、私どもとして、株式の持ち合いがどういう現状にあるかは調査いたさねばならぬと思っておりますが、それ以上、そこにどういう政策を立てていくかは、私どもの局の守備範囲外の問題かと思います。

○村山(喜)委員　企業と企業との持ち合い、それから金融機関と事業法人との持ち合い、系列化の傾向が正しいかどうか、正しくないとするならば、どういうふうに民主化を進めていくべきか、どういうお考えをお持ちですか。

○山本(幸)政府委員　本来、会社はそれぞれ独立をしてそれぞれの目的の事業活動をすべき性質のものであろうと思います。いまお話のような事業団的なものは、そういう観念から相当はずれたものであり、そういうものがどういう経済活動をするか、国民経済全体の上においていろいろの弊害が出てまいるということであれば、その時点で行政指導なり、規制を考えなければならないと思います。

○村山(喜)委員　金融機関が三二・五四％も株を保有をする。これは自由ですけれども、その傾向がこれから増大をしていくことは望ましいことですか。

○坂野政府委員　これも証券行政の守備範囲外の問題でありますが、日本銀行等は、金融機関がある程度以上の株式を持つことは好ましくないということで、それを制限するような指導が行なわれております。

○村山(喜)委員　今度の円対策に関連をして、政府のほうから行政通達が行なわれて、確かにそういうような指導をされているやに聞くのですが、そういうようなのは好ましくない。じゃ、どの程度持っておれば好ましいのか、その政策判断の基準をどこに設定をしているのか。金融機関の株式取得の自粛を要請をしたと新聞で出ておりましたが、それはどういう中身のものですか。

○山本(幸)政府委員　金融機関があまりたくさん株式を持つことについては好ましくない傾向である。そこで、いろいろな指導をしておるわけですけれども、しからば、それが政策判断としてどの程度のものであれば許されるかは、一つの抽象的な基準を、具体的には立てにくいのではないだろうか、こう思うのです。

○村山(喜)委員　金融引き締めをやりまして株価が下がりましたね。そのときに泣いたのは大衆投資家である。機関投資家の場合には売り逃げて、損害を受けなかったと報道されておりましたが、当時はどういうような状況だったのですか。

○坂野政府委員　一月の個人の売り越しは、株数にして一億一千九百万株です。二月の十日までを見ますと、個人の売り越しは九百万株でして、大きな金額の売り越しはとまっております。

○村山(喜)委員　法人関係はどうなっておるのですか。

○坂野政府委員　一月は事業法人の買い越しが一億六千五百万株、生損保が二千七百万株、金融機関が千九百万株です。二月十日までは、金融機関は買い越しゼロです。生保、損保が百万株、事業法人が三千三百万株の買い越しとなっております。

○村山(喜)委員　安いときに法人関係は買いに出て手に入れたことが数字の上で明らかになっていますね。だから、大衆が泣いて、大きなものはもうける仕組みになっていると指摘せざるを得ないわけですが、そういうふうになってくると、もう株というものは大衆には縁のないもの、大きな法人や、投機性の資金を取り扱うものが利用するのが証券市場だ、こういうようなふうにもなりかねませんね。こういうふうな状態は、証券市場の民主化という立場からいって、決して好ましいことではないと思うのですが、どういう指導をされるわけですか。

○坂野政府委員　これは非常に重要な問題でありまして、昨年、法人営業と申しまして、証券会社が大きなロットで株を集めて法人にはめ込む、あるいはAの法人よりBの法人へそれを移すという商いを非常に活発にやったわけです。これは証券会社の目先の利益はたいへんあがるんですけれども、それによって浮動株を狭めていく、個人株主を薄くしていくことは長い目で見て証券市場のためにならない、証券市場の健全な発展を阻害する行為だということで、私どもは、主として大きな証券会社に、昨年一年間に六回ほど厳重な注意をいたしております。また取引所、証券業協会も、同様の趣旨を何回も会員に通達しております。今年に入りまして言われました現象が一部にあらわれ、証券界のあり方に対して、鋭い批判が加えられております。私どもとしましては、長い目で個人投資家を育てていく、目先の利益に走って法人営業だけをやっておったのでは市場を狭める、そういう指導原理で、事あるたびに証券会社に対して監督してきたという現状であります。

○村山(喜)委員　証券会社が法人はめ込みをやって品薄の状態にしておいて、値をつり上げておる。証券会社の経理内容は一体どういうふうになっておるか。

○坂野政府委員　四十七年の九月決算の状況で、経常収支が千二百三億円、これは全証券会社の合計の数字であります。税引き後の利益が七百十九億円、前年は四百七十七億円でありました。純財産額が前年四千八十三億円が六千四十億円、こういう状況になっております。

○村山(喜)委員　証券会社にもいろいろありますから、上位七社がどういうような状態になっているのか。

銀行局長にお尋ねいたしますが、金融機関が株式の取得を自粛するようにという銀行局長通達をあなたがお出しになった。これは三二・五四%も金融機関が株を保有するという状態を迎えて、株の値上がり益を収入の中に取り入れるというやり方はまずいだろうということで通達はお出しになったのだろうと思うのだけれども、それではどこを目ざして通達をお出しになり、どういう効果が生まれてきているのか、説明願いたい。

○吉田(太)政府委員　銀行の株式投資は、特に昨年の一月以降急激にふえておるわけです。これはいろいろの理由があろうかと思います。たとえば銀行間の持ち株競争を激化している、あるいは株式の公開買い付けの関係上、経営者が安定工作をする影響もあったかと思います。ただ、私ども調べてまいりました過程におきまして、昨年の秋以降を契機として、だいぶ鎮静化しておるように見受けておるわけです。

現在の全体の預金の中で株式をどのくらい持っておるかということですが、大体全国銀行の場合に、預金の三・七%になっております。しかし、問題は、金融機関が持っておること以上に、金融機関の融資が株式投資に向かうほうがむしろ非常に大きいのではないかと私どもは考えておりまして、日本銀行と連絡をとりながら、日本銀行の窓口指導の中で、少なくとも銀行が〔株式保有の〕競争などをしないような具体的な指導をしております。なお、基本的に流動性過剰状況を是正していくという観点から、金融を締めていくことが前提です。あるいは、具体的には商社のほうへいく金をコントロールするという意味から、この面から企業別の手形限度額を設定するというような形で、株式市場に金が回る、そういう形での融資が行なわれることを防ぐことに主体を置いております。

それから、銀行に対してどういう指導をしておるかですが、これはいろいろな会合の機会をとらえまして、自粛あるいは自主的に調整をするように申し入れております。

○村山(喜)委員　現在所得税法の施行令の二十六条によります課税の実態の捕捉率はどういうところまできているわけですか。

○吉田説明員　個人の有価証券の継続的取引にかかります株の譲渡益の調査は、できるだけ努力してやっておりますが、五十回、二十万株という線を引きまして、そのうちで二十万株のほうの把握は比較的楽ですが、五十回という回数が一回一回は委託契約の回数でやっておるわけでして、その把握がなかなか困難な場合がございますが、できるだけ努力してやっております。

それから、有価証券の中には仮名のものが存在しておりますが、これの解明にかなり努力しております。総体的な計数は、税務統計では所得別、所得の種類別にしか税務統計をとっておりませんので、その場合には、事業所得あるいは雑所得の中に入るわけです。その細分としての統計はとっておりませんので、ちょっとわかりかねます。

○村山(喜)委員　ほとんどこれは捕捉をしていないということですね。だから完全に頭のいいものは抜けている。法律はあるけれども実効性がない。何のためにこの法律をつくっているのかわからぬ、こういうことを指摘をせざるを得ないわけですが、そうですか。

○高木(文)政府委員　二十六条の継続的取引の問題は、昭和二十八年に譲渡所得の非課税制度がスタートいたしました当時から、必ずしも法令上明確ではございませんでしたが、継続的に株を売ったり買ったりするということであれば、これは本来事業所得と考えるべきである、それを事業というに至らない程度であっても、いわゆる雑所得として考えるべきであるということで、当時から国税庁の通達等により、どこから事業所得と見るか、どこから雑所得と見るかという回数、金額基準は、現在とは若干違っておりましたが、当時から制度としては、課税すべきものということで、今日に至っておるわけでございます。

御指摘のように、制度と実際の運用とがうまくいっていないという事実があるわけですが、それはまず第一に、残念ながら他の所得と比べますと、この種の所得の申告状況はあまりよくないわけですし、また同時に、調査も、調査の端緒をなかなか把握しにくいこともございまして、思うようにいっていないということでございます。

そこで、昭和二十八年に株式の譲渡所得が非課税になりましてから今日まで、税の制度の問題としましてはこのままでいいと考えているわけではなく、株の譲渡所得の非課税が、所得税の総合累進の精神からいいますと、好ましくないといわれるのは間違いないわけです。そこで、四十八年度の税制改正の際にも私どもは、株式の譲渡所得の非課税は研究もいたしましたし、その際一つの手がかりは、御指摘の二十六条の継続的取引の現行制度を若干とも実効あらしめるように直す方法はないかも、研究課題の一つとして検討はいたしました。しかしながら、この問題は基本的に、株の取引そのものが、市場を通ります場合でも相対の場合でも、いわゆる取引関係が表になかなか出にくい性格の経済行為ですので、現在の段階ではいまだ、この制度を何らかの意味において強化することによって、一方において公平を維持しながら、相当の成果をあげ得るような制度に切りかえるまで検討が至らなかったという次第でして、問題のあることはよく承知しておりますし、今後とも検討を続けなければならない重要な問題であろうと考えております。

○村山(喜)委員　実態をつかまえることができないのは、商法二百六条に問題があって、無記名、偽名、あるいは架空名義を使うことを許しているところに問題があるのじゃないですか。

○高木(文)政府委員　現在株の取引は、実名で行なわれているものもありましょうし、仮名で行なわれているものもございましょう。しかし、実態としては、現在株の譲渡所得は原則非課税ですから、税との関係において、仮名なり偽名なりがふえておるというのは一般ではないと思います。

その点は、なぜ申告状態がよくないか、なぜ調査がうまくいっていないかは、まず第一に、非常に大量な取引ですし、何らかの形で資料を求めるとしても、膨大な資料になり、必ずしも負担にならない方法はなかなか見出しがたいというような事情もあり、また、かりにそれが資料化されても、税務署の実務においてこれを有効に利用し得る体制ができていなければいけないわけですが、何ぶんにも毎日何億株という取引、そのうち個人分がどのくらいありますか、とにかくたいへんな量でございます。これを有効適切に利用し得る体制にいたすためには、税務署の執行体制の中にもなお整備を要する点もございますので、かりに仮名あるいは偽名の問題を除きましても、取引実態の把握がなかなかむずかしい、また制度的にそれを確立することがむずかしい状況にございます。

○村山(喜)委員　こういうような法規の整備がおくれている中、所得税法施行令の二十六条も、つかむことができないなら、どこに問題があってこれが完全に捕捉できないのか、そして、これは二十万株以上の大口のものだけをねらっているわけですから、この努力をあなた方がいままでしてこなかったのじゃないですか。税の執行において、捕捉は困難だということはよくわかりますよ。わかるけれども、じゃ、どこにネックがあるのか、法令の整備にはこういう点を直さなければならない、それを直すように努力をどれだけしてきたか説明はできますか。

○高木(文)政府委員　現実の問題として、当面の問題は二つございまして、かりにそういう制度を整備するにしても、効果を担保し得るだけの税務行政の整備が必要ですが、かなり膨大な、具体的には職員の数をふやしませんと、なかなかうまくいかないのではないかと思っております。

それからもう一点は、かりに、AからB、BからC、CからDという譲渡を把握する制度その他を十分に整備いたしました場合に、譲渡ですから、売り値と買い値の差額が所得として課税標準になるわけですが、買い値の把握をどうやってとらえるかが、法制技術的によほど研究しなければならない問題であると考えております。

昭和二十八年に廃止になりましたときの経緯は、正確には承知をしていないわけですが、私どもが聞いておりますのでは、譲渡所得の把握が非常に困難であることのほかに、譲渡損失の主張が非常に多く出る。その場合にも、一応申告ですから、申告があればそれを認めざるを得ないことになりますが、譲渡損失もまた当該株式の取得原価という問題がありまして、そのあたりからこの制度がうまく運用できないという結論になったようです。単に事務量的な問題とか、執行体制を整備するのにうまくいかないということのほかに、買い値の把握をどうするかというあたりに、非常に困難な問題があることをお含みいただきたいと思います。

○村山(喜)委員　困難な問題は、キャピタルゲインとキャピタルロスをどうとらえるかという技術上の問題もあるでしょう。しかしそれは、いつの時点にそれを仕入れて、いつの時点で売ったかという日にちさえはっきりしておれば証明ができるわけじゃないですか。

そこで、この現行の税率を二倍程度に引き上げる根拠は一体どこにあるのですか。なぜ三倍にしちゃいけないのか。

○高木(文)政府委員　一般的に有価証券の取引の量がふえておりますし、株の価格も上がっており、担税力がふえたものと予測できるから、有価証券取引税を上げてもいいであろうと言えますけれども、その場合に、なぜ二倍でなくちゃいけないか、というところは、根拠があるわけではございません。

ただ、御提案をいたしますにつきましては、いろいろな角度から検討したわけですが、一つは、上げなくてもいいではないかという議論もあるわけです。それは取引価額を課税標準に置いております関係上、昭和二十八年と今日とで取引金額はふえたかもしれないけれども、当時と今日での価額の増加率だけ負担額はふえていくわけですので、一単位取引について幾らと定額できまっているから、ふやさなくてもいいではないかという議論もございます。しかし一方では、そうはいっても取引のロットがふえていくわけですから、やはり担税力をそこに推定してもいいのではないかという両論がまずあるわけです。

結論的には、とにかく何がしかの負担増を求めてしかるべきだとなったわけですが、その倍率は、一つの目安は、各国の状況がどうかということ、それから最近ヨーロッパにおきまして、この種の税率をある程度統一すべきではないかということがOECDの租税委員会等で議論がございまして、これはまだOECD全体としての意思決定にはほど遠いのですけれども、各国の税務の専門家の集まりでは、まあ一つの目安として〇・五%ぐらいにしてはどうかという議論があります。

そういうこともあり、現行制度の二倍にするということは、負担率の引き上げとしてはかなり大きいがかなりの思い切った上げ方ではないかということから二倍にしたわけでして、二倍が合理的である理由はございません。

（以下略）

衆議院　大蔵委員会議録第七号

昭和四十八年二月二十三日（金曜日）

出席委員

委員長代理　理事　大村　襄治君

理事　木村武千代君　理事　松本　十郎君
理事　村山　達雄君　理事　森　美秀君
理事　阿部　助哉君　理事　武藤　山治君
理事　荒木　宏君

宇野　宗佑君　越智　通雄君
大西　正男君　金子　一平君
木野　晴夫君　栗原　祐幸君
小泉純一郎君　三枝　三郎君
塩谷　一夫君　地崎宇三郎君
野田　毅君　坊　秀男君
村岡　兼造君　毛利　松平君
山中　貞則君　佐藤　観樹君
高沢　寅男君　平林　剛君
広瀬　秀吉君　堀　昌雄君
村山　喜一君　山田　耻目君
増本　一彦君　広沢　直樹君
竹本　孫一君

出席国務大臣

大蔵大臣　愛知　揆一君

出席政府委員

大蔵省証券局長　坂野　常和君

（ほか略）

本日の会議に付した案件

有価証券取引税法の一部を改正する法律案（内閣提出第三号）

相続税法の一部を改正する法律案（内閣提出第二号）

○大村委員長代理　これより会議を開きます。

有価証券取引税法の一部を改正する法律案及び相続税法の一部を改正する法律案の両案を一括して議題とし、質疑を続行いたします。

（中略）

○武藤（山）委員　株の年間の売買、株だけで大蔵省の答弁によると約二十八兆八千億円ぐらい取引されている。しかし、流通税としての取引税、配当課税はありますが、売買利益には全く課税されていない。つい最近、二十万株、五十回というのが一件査察につかまって課税された例が週刊誌に報道されておりますが、それ以外に課税された例を聞いたことがない。そういうような状態で、株の利益についての課税が、他の所得に対する課税との均衡上、公平の原則あるいは負担応能の原則等から見て、たいへん批判の的だと思うのですね。大臣はこれについては、何か手を打とうとか、何か考えなければいかぬとお感じなのかどうか、お聞かせ願いたいと思います。

○愛知国務大臣　確かに税の負担の不公平という点から申しますと、何とかこれはしなければならない問題だと考えます。そして歴史的にいえば、昭和二十八年以来議論はございますけれどもなかなか手がつかない。これは要するに、一言にして言えば、キャピタルゲインをとらえようとするとキャピタルロスの問題も出てくる。この評価損の扱い方をどうするかで、税の理論からいいましても問題はあるかもしれませんが、徴税技術的にも非常な問題がある。そこで年に五十回、二十万株は、もはや個人のサイドワークではなくて、事業として見るべきであるということで、この辺の徴税のしかたをまず検討して実績を上げることがどうであろうかと考えております。

○武藤(山)委員　大臣のなまぬるい考えでは、この所得の公平化はほとんど実現できないと思いますね。大体二十万株、五十回という法律規定そのものが死文なんですから、検討し直して、全く捕捉できない法律でありましたらこれは廃止、別なものを考え出す、そういう努力すらしていない。

そこで、せめて流通税だけでも税負担をしておるんだという姿勢をもう少々国民に示すべきではなかろうか。今回取引税の税率を、従来の倍にしたとはいえ第一種が〇・一二、第二種が〇・三という状態で、まことに微々たる金額であります。もちろん、そうべらぼうに一挙に引き上げることは諸般の事情からむずかしいと思います。しかし、現在の改正率ではあまりにも国民感情に沿わないと思うのですが、この程度の改正でやむを得ないとお考えになっているのか、その辺の見解をお聞かせ願いたいと思います。

○愛知国務大臣　これは一律の比例税である、それから流通税であることから考えますと、従来の倍にすることは、相当な勉強をしたつもりでして、四十八年度の改正としては、御理解をいただきたいと思う次第です。

○武藤(山)委員　二十年間同一税率で放置しておいて、いまの物価や租税徴収の状況、大衆負担の現状等を勘案してみたときに、株に対する取引税が一律課税といえども、二十年置いてこんなわずかの引き上げでは国民感情にはそぐわない。わが党は第一種は少なくも五、六倍、第二種のほうは一%程度の税率に引き上ぐべきである、こういう主張です。

無記名と架空名義の取引を今後も認めて、取引規制はするつもりはないか。依然として株の無記名と架空名義の取引というものを認めておくかどうか。

株式の時価発行に伴うプレミアの分に対する法人税の課税を行なうような検討をすべきだと思うけれども、この点に対する政府の見解はどうか、伺いたいと思います。

○坂野政府委員　証券流通の安全、事故防止という観点から架空名義制度はいけない、証券会社には実名主義をとれ、それから証券会社自身の名前で名義貸しをしてはならないと数次にわたりましてやかましくいっており、また、証券業協会としてもそういうことで業界の指導にあたっており、往年と比べますとかなり改善されておる現状になっております。

なお、無記名制度とは、商法の流通のたてまえから昔の記名裏書き譲渡の方式といま違っておりますので、そういう法制上の問題もあろうかと思います。

(中略)

○増本委員　証券局や東京証券取引所などの統計を見ましても、金融機関とか事業法人の株の保有比率が全体の六〇%近くになってきている。そうして、昨年の上半期の決算を見ましても、三光汽船とか伊藤忠商事は、非常に巨額の株の売買益が利益に計上されている。

そこで、この取引税については、法人の譲渡の場合には、特にその担税力に着目をされて、一般よりも高率の税率で重課をする必要があると考えますけれども、その点についていかがか。それから、事業法人が譲渡益を経常利益に出していることから見ても、キャピタルゲイン課税が非常に重要だと考えるのですが、損金などの問題、法人については法人税が結局はかけられるので、キャピタルゲインに対する課税は消極的な見解がいままで述べられてきていますけれども、キャピタルゲインの発生したつど、他の所得と分離して課税していけば、こういう問題も解決できると思いますけれども、その方向で検討される用意があるかどうか。それからもう一点は、キャピタルゲイン課税について、ほんとうに大蔵省はそれを積極的にやるという上で検討をされているのかどうかをお尋ねしたいと思います。

○愛知国務大臣　まず第一点は、取引税の問題ですけれども、これは流通税です。一律でやるのがたてまえです。そういう点から、倍にすることは、政府としても相当の決心をしたことを御理解いただきたいと思います。

それから、取引高税を累進税率にする場合、一回の取引金額を分割するなどの課税回避行為が行なわれるおそれも考えられる。そういう点から申しましても、流通税としての取引税は一律であることが妥当である、こう考えるわけです。

それから第二の点は、法人の場合は御案内のようにキャピタルゲインも全部総合して課税の対象になるわけですから、この点は御趣旨の線に沿っておるものと思います。それから法人の場合に、株式の譲渡益だけを別勘定にしてそれだけに対して高率の税をかけることは、法人税は一括して法人税がかけられるわけですから、私は妥当ではない、こう考えております。

それから、個人のキャピタルゲインは、租税の公平感からいって、感覚的にも大きな問題であると思います。ですから、従来から徴税技術上の問題あるいは評価損の扱い方あるいは申告をどうやったらいいかというようなこと、いろいろ難点はございますけれども、将来におきましてはこの問題につきましてとくと検討をいたしたい、こういうふうに考えております。

○広沢委員　いまも、将来にわたってキャピタルゲイン課税は検討してまいるとおっしゃっておりますが、基本的にどういうふうにこれは取り組んでいくのか。確かに有価証券取引税ができた時分には、いわゆる譲渡益に対する課税に対して、税法上の理由だとかあるいは証券市場の育成だとか資本の蓄積だとか、いろいろな理由のもとに有価証券取引税法に切りかえて、流通課税として一律にかける。そしてその後、キャピタルゲイン課税をどういうふうにやっていくかを検討されたはずなんですね。ですから、二十八年からかれこれ二十年たった今日、いまだ具体的に適正な課税の方向が見出せないところに、当局の怠慢があるのじゃないかと私は思うのです。したがって、これは将来にわたって検討するというあいまいな御答弁では納得できないのでありまして、どういう方向に向けて取り組んでいくかという基本的な姿勢を大蔵大臣に第一点お伺いしたい。

それから、昨年から株が非常に暴騰、暴落する。そういうふうに株価の変動が非常に激しい。先般いろいろな問題についてお伺いしましたけれども、大蔵省は信用取引規制処置を強化したり緩和したり、そのつどやっているわけですね。強化していく場合、今回も四十二銘柄に対して預託準備金の率を引き上げております。こういうふうに七〇%以上あるいは八〇%以上と強化していく場合は一般投資家が非常に投資しにくい現状が出てまいりましょうし、今度は逆に暴落のときにはこれを緩和する処置をとられるわけですけれども、ただ単に株価の調整のために信用取引規制処置だけを強化したり緩和したりというふうにするのではなくて、そういういろいろな問題が起こってくることに対してはどう対処しているか。まず一点お伺いしたい。

○愛知国務大臣　第一点の取引税の税率の問題でございますが、ヨーロッパのように国が密接している場合と違いまして日本の場合におきましてはそう一挙に多くを引き上げることは不適当であるということで二倍にしたわけですけれども、今後の税制のあり方等と関連して将来の問題として検討いたしたいと思います。

それから、キャピタルゲインの問題は、実にこれはむずかしい問題だと思いますけれども、そのむずかしさを理論上、また徴税技術上どういうふうに克服できるかということについて積極的に取り組んでまいりたいと思います。

それから、第二番目の保証金の問題ですが、一月九日以降、保証金の現金二〇%を三〇%に引き上げる措置は、当面の市場対策の一環としてやったことです。これは信用取引によって過当な投機を抑制するためにとった措置でして、したがってこの措置の今後の運用に対しては適宜適切な考え方で処理してまいりたいと思います。

（以下略）

衆議院　大蔵委員会議録第九号

昭和四十八年二月二十八日(水曜日)

出席委員

委員長　鴨田　宗一君

理事　大村　襄治君　理事　木村武千代君
理事　松本　十郎君　理事　村山　達雄君
理事　森　　美秀君　理事　阿部　助哉君
理事　武藤　山治君　理事　荒木　　宏君
愛野興一郎君　宇野　宗佑君
越智　通雄君　金子　一平君
木野　晴夫君　栗原　祐幸君
小泉純一郎君　三枝　三郎君
塩谷　一夫君　地崎宇三郎君
中川　一郎君　野田　　毅君
萩原　幸雄君　坊　　秀男君
村岡　兼造君　毛利　松平君
保岡　興治君　山中　貞則君
佐藤　観樹君　高沢　寅男君
広瀬　秀吉君　堀　　昌雄君
村山　喜一君　山田　耻目君
増本　一彦君　広沢　直樹君
内海　　清君　竹本　孫一君

（ほか略）

本日の会議に付した案件

有価証券取引税法の一部を改正する法律案（内閣提出第三号）

相続税法の一部を改正する法律案（内閣提出第二号）

（中略）

○鴨田委員長　有価証券取引税法の一部を改正する法律案及び相続税法の一部を改正する法律案の両案を一括して議題といたします。

有価証券取引税法の一部を改正する法律案に対し、日本社会党を代表して武藤山治君外一名より修正案が提出されております。

有価証券取引税法の一部を改正する法律案に対する修正案

有価証券取引税法の一部を改正する法律案の一部を改正する法律案の一部を次のように修正する。

第十条の改正規定中「万分の十二」を「万分の三十六」に、「万分の三十」を「万分の九十」に改める。

○鴨田委員長　この際、提出者より両修正案の趣旨の説明を求めます。

○武藤（山）委員　有価証券取引税は、昭和二十八年に有価証券の譲渡所得課税が税務執行上の理由等で廃止された際に、この課税廃止に伴う代替課税で設けられたものですが、以来今日まで株式等の譲渡に対する税率は据え置かれており、今回、政府はこれを二倍に引き上げる提案をしているわけです。この間、売買取引は昭和二十八年では約一兆円であったものが昭和四十七年では約二十四兆と二十四倍も流通量が拡大し、一方株価も年々上昇してきており、取引の背後にある担税力が増大しているにもかかわらず二十年もの長い間これを放置していたのです。

これは資産家優遇の態度であると申さなければなりません。政府は事あるごとに国民の納税道義の低さを指摘しておりますが、有価証券を譲渡した場合、何十億もの所得があってもわずか〇・一五％のきわめて低い税率の有価証券取引税しか課税されなかったという不公平な税制では、政府みずから納税道義の低下に一役買っているといわなければなりません。このような汗水して働く者よりも働かずして資産を動かす者の税負担が軽いなどというような不公平な税制は、一日も早く是正されなければなりません。

いまや不公平な税制に対する不満は国民の間で蔓延いたしております。この不満をわれわれは的確に受けとめ対処しなければならない時期に来ていると認識するものです。この認識に立って有価証券取引税につきましては一般の国民感情から見て、また、他とのバランスから見て、その税率を大幅に引き上げる必要があると判断し、修正案を提出した次第であります。

次に、修正案の内容ですが、株式等を譲渡した場合の税率を現行の六倍に引き上げ、最高となる税率をほぼイギリス並みとすることとしております。すなわち、一般の譲渡の場合は現行の一万分の十五から一万分の九十に、証券会社が売買により譲渡した場合は現行の一万分の六から一万分の三十六にそれぞれ引き上げることとしております。

○鴨田委員長　これより両案及び両案に対するそれぞれの修正案を一括して討論に入ります。

討論の通告がありますので、順次これを許します。

○荒木（宏）委員　私どもは税金一般については、担税力のある大資産家、大金持ちからこれを取るべきである、勤労者、一般国民には減免をするべきだということをかねてから主張してまいりました。

この点から見ますと、社会党ほか二党の御提案にかかる税率についての今回の修正案、これも高額相続財産取得者の税率累進を進める点の前進はありますけれども、部分的であり、またその累進度も不十分なものであります。

なお一言、有価証券の取引税法の改正案について申し述べますと、これについては、まず第一に譲渡所得の課税についての抜本的な改正の方向が示されておりませんし、また一種と二種の間の税率の区別がそのまま維持されております。さらにまた、大衆投資家、低額の証券取引者に対する税の軽減と、そして金融機関、大資本の取引に対する重課と比例税、流通税ではありますけれども、そういった意味合いの問題点を解決する方向を含んでおりません。

そこで、わが党としては、これには賛成をいたしませんし、さりとてこの問題について、従来の放置されておった税率を引き上げるという点については、あえて反対することでもありませんので、棄権という態度をとりましたので、一言表明しておきます。

○広沢委員　ただいま議題となっております有価証券取引税法の一部改正並びに相続税法の一部改正法律案、両案に対し反対し、また、両案に対する各修正案に賛成の討論を行なうものであります。

有価証券取引証券取引税法の一部改正については、二十八年以来の税率を二倍に引き上げようとするものであり、一歩前進の方向とは受け取れますが、最近における証券市場の状況、諸外国における状況、さらに勤労所得と不労所得の不公平な税制の是正の上から、修正案は大幅に引き上げを必要とするものであるとしております。富の再配分の見地からも、時宜に適したものであると思います。

したがって、原案に反対し、修正案にこれも賛成の意を表明するものであります。

○鴨田委員長　これにて討論は終局いたしました。

これより順次採決に入ります。

まず、有価証券取引税法の一部を改正する法律案について採決いたします。

まず、本案に対する修正案について採決いたします。

本修正案に賛成の諸君の起立を求めます。

〔賛成者起立〕

○鴨田委員長　起立少数。よって、本修正案は否決されました。

次に、原案について採決いたします。

原案に賛成の諸君の起立を求めます。

〔賛成者起立〕

○鴨田委員長　起立多数。よって、本案は原案のとおり可決いたしました。

○鴨田委員長　ただいま議決いたしました両案に対し、自由民主党、日本社会党、公明党及び民社党を代表し、広瀬秀吉君外三名より、それぞれ附帯決議を付すべしとの動議が提出されております。

この際提出者より両附帯決議案の趣旨の説明を求めます。

○広瀬（秀）委員　まず初めに、有価証券取引税法の一部を改正する法律案に対する附帯決議案について申し上げます。

その第一は、最近の外貨流入に伴う資金の過剰流動性等を背景として、大企業等が投機的な目的で大口の株式の売買を行なう傾向が顕著となっており、これが株価を異常に変動させる実情にありますが、資本市場の経済に与える影響、株式市場の秩序の確立、証券民主化等の見地から、その規制を適切に行なうよう配慮すべきであるというのがその趣旨です。

その第二は、個人の有価証券の譲渡所得課税は昭和二十八年に廃止されましたが、この非課税措置が税の公平感を著しく乱していることにかんがみ、大口の有価証券譲渡所得について、適正な課税が行なわれるよう検討すべきであり、これに関連して無記名もしくは架空名義による有価証券取引を排除するよう一そうの努力をすべきであるというのがその趣旨であります。

有価証券取引税法の一部を改正する法律案に対する附帯決議（案）

一、最近外貨流入に伴う過剰流動性等を背景として、大会社等が大口の株式売買を投機的に行なう傾向が顕著となっている。これが株価を異常に変動させている事情を重視し、その規制を適切に行なうよう配慮すべきである。

一、個人の有価証券譲渡所得非課税の措置が、税の公平感を著しく阻害していることにかんがみ、大口の有価証券譲渡所得については、適正な執行の実行性に充分配慮しつつ個人についても課税を行なうよう検討すべきである。なお、これに関連して無記名もしくは架空名義による有価証券取引を排除するよう一層努力すべきものである。

○鴨田委員長　これにて趣旨の説明は終わりました。

おはかりいたします。

有価証券取引税法の一部を改正する法律案に対し、動議のごとく附帯決議を付するに御異議ありませんか。

〔「異議なし」と呼ぶ者あり〕

○鴨田委員長　御異議なしと認めます。よって、さよう決しました。

衆議院会議録第十二号

昭和四十八年三月一日（木曜日）

議事日程　第九号

第一　有価証券取引税法の一部を改正する法律案（内閣提出）

第二　相続税法の一部を改正する法律案（内閣提出）

○議長（中村梅吉君）　これより会議を開きます。

（中略）

日程第一　有価証券取引税法の一部を改正する法律案（内閣提出）

日程第二　相続税法の一部を改正する法律案（内閣提出）

○副議長（秋田大助君）　日程第一、有価証券取引税法の一部を改正する法律案、日程第二、相続税法の一部を改正する法律案、右両案を一括して議題といたします。

（中略）

……………………………………

理　由

今次の税制改正の一環として、近年における証券市場の状況等にかえりみ、株式、株式投資信託の受益証券等に係る有価証券取引税の税率を引き上げるほか、証券会社の納付すべき有価証券取引税の納税地等について所要の規定の整備を図る必要がある。これが、この法律案を提出する理由である。

○副議長（秋田大助君）　委員長の報告を求めます。

○大村襄治君　ただいま議題となりました二法律案につきまして、大蔵委員会における審査の経過並びに結果を御報告申し上げます。

まず、有価証券取引税法の一部を改正する法律案は、証券市場の状況等に顧み、株式等を譲渡した場合の有価証券取引税の税率を現行の二倍に引き上げることをそのおもな内容とするものであります。

審査の結果、去る二月二十七日質疑を終了いたしましたが、昨二月二十八日、有価証券取引税法の一部を改正する法律案に対し、武藤山治君外一名より、日本社会党提案にかかる修正案が提出されました。

その内容は、現行税率の二倍引き上げの政府案に対し、現行税率を六倍に引き上げようとするものであります。

次いで、両原案及び両修正案を一括して討論を行ないましたところ、日本共産党・革新共同を代表して荒木宏君より、有価証券取引税法の一部を改正する法律案については、修正案、原案とも基本的問題があり賛成しがたい旨の意見が述べられました。また、公明党を代表して広沢直樹君より、富の再配分をはかる等の見地から、両修正案に賛成、両原案に反対の旨の意見が述べられました。

続いて採決いたしましたところ、両修正案は少数をもって否決、両法律案は多数をもって原案のとおり可決すべきものと決しました。

なお、両案に対しまして、それぞれ附帯決議が付せられましたが、その内容は会議録に譲らさせていただきます。

以上、御報告申し上げます。

○副議長(秋田大助君)　これより採決に入ります。

まず、日程第一につき採決いたします。

本案の委員長の報告は可決であります。本案を委員長報告のとおり決するに賛成の諸君の起立を求めます。

〔賛成者起立〕

○副議長(秋田大助君)　起立多数。よって、本案は委員長報告のとおり可決いたしました。

(以下略)

参議院　大蔵委員会会議録第六号

昭和四十八年三月八日(木曜日)

出席者は左のとおり。

委員長　藤田　正明君

理　事　嶋崎　均君
土屋　義彦君
野々山一三君
多田　省吾君
栗林　卓司君

委　員　青木　一男君
伊藤　五郎君
河本嘉久蔵君
柴田　栄君
中西　一郎君
西田　信一君
桧垣徳太郎君
船田　譲君
川村　清一君
竹田　四郎君
成瀬　幡治君
鈴木　一弘君
渡辺　武君
野末　和彦君

国務大臣
大　蔵　大　臣　愛知　揆一君

政府委員
大蔵省主税局長　高木　文雄君
大蔵省証券局長　坂野　常和君
国　税　庁　次　長　江口　健司君

(ほか略)

本日の会議に付した案件

○有価証券取引税法の一部を改正する法律案(内閣提出、衆議院送付)

○委員長(藤田正明君)　ただいまから大蔵委員会を開会いたします。

まず、政府から趣旨説明を聴取いたします。

○国務大臣(愛知揆一君)　ただいま議題となりました有価証券取引税法の一部を改正する法律案につきまして、提案の理由及びその内容を御説明申し上げます。

政府は、今次の税制改正の一環として、近年における証券市場の状況等に顧み、株式等にかかる有価証券取引税の税率を引き上げるとともに、所要の規定の整備をはかるため、ここにこの法律案を提出した次第であります。

第一に、株式、株式投資信託の受益証券等にかかる有価証券取引税の税率の引き上げであります。

すなわち、株式、株式投資信託の受益証券等を譲渡した場合の有価証券取引税の税率について、一般の譲渡の場合は現行の一万分の十五から一万分の三十に、証券会社が売買により譲渡する場合は現行の一万分の六から一万分の十二に、それぞれ二倍に引き上げることとしております。

第二に、証券会社の納付すべき有価証券取引税の納付方法等について規定の整備をはかっていることであります。

すなわち、証券会社の有価証券取引税の申告及び納付は、現在は、各営業所ごとに行なうこととしておりますが、これにかえて、本店で一括して申告及び納付を行なうことができることとし、これに伴う所要の規定の整備をはかっております。

○政府委員(高木文雄君)　有価証券取引税法の一部を改正する法律案につきまして、提案理由を補足して御説明申し上げます。

今回の有価証券取引税法の改正は、近年における証券市場の状況等に顧み、株式等にかかる有価証券取引税の税率を引き上げることと、証券会社の納付すべき有価証券取引税の納付方法等の整備をはかることとの二点がその内容となっております。

第一に株式、株式投資信託の受益証券等の譲渡にかかる有価証券取引税の税率の引き上げです。すなわち、これらの証券の譲渡に対する税率は、昭和二十八年の創設以来据え置かれてきておりますが、その後現在までの証券市場の拡大の状況等から見て、株式等の取引の背後にある担税力も相当増大していると推測されるに至りましたので、今回この税率を二倍に引き上げることとし、証券会社の売買による譲渡は一万分の六から一万分の十二に、その他の譲渡は一万分の十五から一万分の三十に、それぞれ引き上げます。

第二に証券会社の納付すべき有価証券取引税について、本店で一括して申告納付を認める制度の新設とこれに伴う規定の整備です。すなわち、証券会社の有価証券取引税の申告及び納付は、現在は各営業所ごとに行なうことになっておりますが、近年、証券市場の拡大等に伴い証券取引に関する事務について合理化が進み、本店で集中して事務処理を行なっている証券会社が多くなっております。したがいまして、所轄税務署長へ届け出て、本店で一括して申告書の提出と有価証券取引税の納付をすることができることといたしました。また、この改正に伴って証券会社の記帳義務、開廃業の申告義務、納税地等の規定に関し、所要の規定の整備をはかっております。

（中略）

○委員長(藤田正明君)　これより質疑に入ります。質疑のある方は、順次御発言を願います。

○成瀬幡治君　株が異常に高いということを、異常に高いと認識しておみえになるのか、妥当だとお考えになっておるのかどうか。なぜこういうことを伺うかと申しますと、大蔵省としてどんなことに措置をされておるのか、営業姿勢や、その他いろんなことについて四十七年だけで資料では十三回となっておるんですが、新聞等で見ますと五十七回と出ておる、これは異常だというお考えだからおやりになったことだと思うわけです。ですから、どんなふうにお考えになり、どういうことについて主として力点を置いておやりになっているのか、御説明が承りたいと思います。

○政府委員(坂野常和君)　昨年の正月以来の株式市況を見ておりますと、戦後なかった非常に異常な様相が幾つかあらわれたわけです。

まず、一番初めにあらわれましたのは活発な法人営業活動、これはそのもう一つ根に、例の過剰流動性という問題があったわけですけれども、証券界の営業活動がいままでになかった非常な勢いで法人へ株をはめ込むという活動を始めたわけです。これが行き過ぎますと、株価に不当な圧迫といいますか、株価を押し上げる力になる心配がありまして、株価が上がること自体がいかぬというわけではありませんけれども、株価は大勢の人々の評価がフェアに集まってつくられるべきものであって、一部の人の力で押し上げていくことがあれば、これはフェアな株価形成でないことになります。一番初めに注目したのはその点です。

その次に、無配株とか、収益的にはいままで顧みられなかったような銘柄がもっぱら投機の対象として、かなり売り買いをされた、それに証券会社が介入していた、その会社の持っておる資産の価値、あるいは解散価値もいわれまして、いままでになかった新しい株の価値観と申しますか、そういう論議があって、これも一つの考え方かもしれませんけれども、それを特に、個人投資家にすすめるという営業行為がはたしてこれは妥当なものかたいへんに心配したわけです。

それから次に、さらにあらわれましたのは、夏ごろから信用取引が非常に活発化しました。これについてきましては、従来からやっておりました信用取引の規制をやっております。

それから秋口以降、法人活動も個人営業活動も合わせまして、証券業界の競争が激しくなりまして、株価が上がることはもちろん時の需給関係によるわけですけれども、その証券業界の過当な競争がさらにそれに拍車をかけているんではないかという心配もありました。そういったことについても注意をしております。

また、一連の時価発行につきまして、時価発行前後の価格形成において問題があるのではないかという批判も若干出ておりましたので、そういう点も、価格形成をよりフェアなものにする指導をいたしております。過去になかった新しい株式市場の動き、それに対する証券業界の営業のやり方が生じておりましたので、投資者保護という観点から、新しい動きが過度になって価格形成をゆがめ、投資者保護に欠けることのないように、証券界に注意を与えたり指導をいたしたり、いろんな措置をいたしました。

○**成瀬幡治君**　努力をされたんだが、しかし、協同飼料の株価操作の問題が出てきた。それだのにこういうことが起こった。また、これから証券市場の自由化等によって外国も入ってくるときに、体質と申しましょうか、抜本的にどうにもならぬものなのか、それなりにいろんな対策を立てなくちゃならぬと思う。局長はまだそういう時期じゃないと、あくまでも大衆による株価をつくっていくのに、いま少し時間をかけて洗練されてくるのを待つほうがいいというお考えなのか、その辺のところの基本的な考え方を承りたい。

○**政府委員(坂野常和君)**　起きました事件は、私どももたいへん責任を感じておりますし、これからそういった事件が起きないように注意、努力をさらに重ねていかなければならないと思っておりますが、こういったことで、株式市場がでたらめなんではないか、時価発行は非常にでたらめをやっているのではないかと、一部に誤解があることは非常に残念なことですし、また、そういう誤解を招くことは証券界としても信頼感がないと申しますか、気をつけなければいかぬと思っております。ただ、現行の法令あるいは取引所の諸規則はかなり精密にできており、このルールをきちっと守れば、公正な価格形成はできる仕組みになっております。したがって、証券界が大いに活躍されることはけっこうですが、ルールを守ってやってもらう、ルールをはずれた競争はしないという一線を画することが最も大事で、これからもルールを守るという点について私どもはかなり徹底した行政を展開したいと思っております。それをやってまいりますれば、そしてルールを守りさえすれば、そう抜本的な御心配はないと考えております。

○**成瀬幡治君**　ルールを守るなんということは、あたりまえの話なんです。ところが、ここであなたの口からルールを守らなければならぬというようなことを言わなければならぬというのが実態なんですね。だから、何か対策をお考えになっておりませんかと言うのです。いろんなことをやっておみえになったのにこういう始末なんです。率直に言えば不信感があるんですよ。だから、何か特別な対策というものを考えておみえにならぬのか、また、考えられていいんじゃないか。

○**政府委員(坂野常和君)**　まあ、いろんな面において世間から信頼されないことは事実でして、こういうことに業界みずからがどうこたえていくかが一番大事な問題です。過般、大蔵次官が連合会長を呼びまして、そういった批判に業界みずからがこたえなければいかぬと申しました。そうして協会長が談話を発表しまして、証券業界のあり方というものを二月二十一日に発表しております。これによりますと、証券界としては非常に大事な問題であるから、こういう批判というものを全部はね返して、自分たちは価格形成をフェアにすることに専心いたします。と同時に、証券界を取り巻く諸環境もありますので、産業界、金融界等も取引市場の公正化に御協力願いたいと談話を発表しております。そういうこたえたことに対して、今度は信頼を裏切られることのないように、みずから自粛、自戒することが一番の根本だと思います。

　しかし、私どもも、今回の事件にかんがみまして、ただ単なる自粛、自戒だけで十分な徹底が期し得られないならば、法律による強制については、今後いままでよりも厳格な態度でそれに臨みたいと考えております。

○**成瀬幡治君**　そうすると、法体系としては十分できておる。しかし、こんなことが一度、二度と繰り返されてきたから、今度はいまの法規に基づいて遠慮なく大蔵省としてはきびしい態度でいきますよ、それだけで問題は解決すると、お考えになっておるというふうに受け取ってよろしゅうございますか。

○**政府委員(坂野常和君)**　申し上げましたように、その前段階に証券界みずからが今度はほんとうに自粛自戒して、きちっとやることが前提となります。それをこの間連合会長が談話で言ったわけです。それが前提になりませんと、法律で処罰するぞというだけの行政ではうまくまいらないと思います。ですから、業界みずからがそういう気持ちでやっていく、それが真に効果があがるかどうか、行政はあとからそれを見ていく。そして著しく逸脱するものがあれば、従来よりもきびしい態度で臨みたい。ただし、これは行政だけではございません。取引所のルール、協会のルールもあります。それも、同じ態度で臨まなければいかぬと考えております。ですから、業界がやるかやらないか、その意識がそういうことに改まるかどうか、そこが一番の基本だと思います。

○**成瀬幡治君**　あなたがおっしゃるように、それを非常に期待をしておりますというのも、一つの手だと思いますが、姿勢の問題は、目を離してはいかぬ。そういうところに焦点をしぼってやっていくことが一つだと思います。

もう一つの原因は、株価が高いという理由として、あなたは過剰流動性ということをおあげになりましたが、確かに金がだぶついておって、預金をしておく金利よりも物価のほうがたくさん上がりますよと政府がみずから発表しておるわけですから、あなたはいま過剰流動性が原因で株価が上がったんだと。しかし、その裏にあるものは何かといえば、やっぱり物にかえておかなければだめですよということがあると思うんですよ。そこら辺のところを大蔵大臣はどんなふうにお考えになっておるのか。

○国務大臣（愛知揆一君）　ただいまの御論議を伺っておりまして、基本的にはそのとおりだと考えます。

まず、根本は、最近の換物思想を鎮静していかなければならないことが根本ですし、それから、証券行政は、大体ただいま証券局長からお答えいたしましたように、一つは、現行の法制下においてなし得る限りの手段を講じなければならない、その目的は、結局公正な株価の形成が関係者の努力によって醸成されることが大事である。それから、大衆投資家の保護が同時に考えられなければならぬことでありますが、まあ、そういったことを中心にいたしまして、しかも、これは証券行政それ自体だけではカバーし切れないことがございます。金融政策上も株価の抑制、それから、株に過当な資金が出ないように、根元をチェックしていくということも同時総合的に手を打ってきておるわけでございます。そういったことから、立ち入り検査も行なって、証券会社、関係筋にも自粛を求めつつ、行政権の発動もしてきたわけですが、そういうさなかに、検察権の発動も起こったことは、たいへん遺憾に思っているわけで、申しわけないと考えておるわけですが、大蔵省当局としても、さらに、一そうあらゆる努力を展開したいと考えている次第です。

○成瀬幡治君　二つの面があると思う。

一つは、証券業界全体の営業の問題が一つ。それからもう一つは、インフレムードなんですね。ですから、根本的なところに私はメスを入れていかないと、金がだぶつくんですから、持っている人は買いに走りますよ。ですから、株高になるのはあたりまえのことだと思うんですよ。過剰流動性というふうに問題をとらえて、そして量的な規制をしていきさえすれば、このインフレムードというものをある程度抑えていくことができるとお考えになるのか。それとも総需要にも十分意を配していく姿勢があるのかないのか。

○国務大臣（愛知揆一君）　結論から言えば、四十八年度の予算を中心にした財政金融政策は、変動相場制に移行した今日においては、ますますその使命、性格が発揮されるべきところであると考えております。たとえば、輸出は大いに奨励されるという考え方は、かじをとり直さなければならない。そして内需にこれが向けられなければならない。そういう意味から言えば、総需要を一ぺんで抑えてしまうような金融政策はとるべきでない。過剰流動性の問題に対しては、財政上からいえば適正な規模の公債を発行して吸い上げる。そして財政主導型で福祉国家建設に向かうようにする。この考え方は変動相場制という状況にあれば、ますます必要なことです。同時に、過剰流動性という問題は、たとえば、どんぶりの中に水が一ぱいある。その中に油が入って、その油の分だけを抽出しようとしても、適切な方法をとることはできないし、また不適当である。全体的な金融政策の中で処理をすべきものである。

私は、過剰流動性、あるいは法人の手元資金が従来は潤沢であったために、これが株や土地に向かっていたわけですけれども、これらに対する従来の金融の姿を見れば、貸し出しの増加量が相当あった現状を踏まえて特にきびしい金融規制をやりまして、そうした過剰の資金が不適当なところに向かうことのないように、根元を押えつけることをやっておるわけでして、感覚的に言えば相当の成果を私はあげてきていると思います。こうしたような状況は日がたつに従いまして相当の成果が具体的にあらわれてくるものと、私は考えておるわけでございます。

○成瀬幡治君　公定歩合の引き上げは全然お考えになっておりませんか。

○国務大臣（愛知揆一君）　現在の日本の情勢下において公定歩合に手をつける、引き上げるということは不適切である、こういう認識を持っております。

○成瀬幡治君　金融政策で過剰流動性を押えていこうということなんですか、そこで、どういうことに一番配慮をしておみえになりますか。量を縮めていくことで問題は解決するとお考えになっておりますか。何をどういうふうに期待してみえるのか、あるいはやろうとするのか、どこにそれがしわが寄っていくのか、その辺のところをちょっと。

○国務大臣（愛知揆一君）　世上でよくいわれていることは、外為会計から円が非常に放出される。昭和四十六年では四兆幾ら、四十七年では一兆幾ら、これが過剰流動性の問題である。したがって、根元を押えるべきである。しかし、これは過去のことで、今日の状況下においては、実需の輸出の手形は買い取るのが当然です。またそれをしなければ、たとえば、輸出関連の中小企業を例にとりましても、そういう無理なことをやるべきではないと思います。

それからその次は、法人の手元資金がよく言われます。なるほど法人の手元資金はここ数年来計表の上でもかなりふえております。しかし、それにもかかわらず、金融機関からの貸し出しも、非常に多くの金が過去には流れておりまして、マネーサプライの現状から申しますれば、商社に対してこれ以上の与信を不必要に与える必要は絶対ないわけですから、大手十社とか二十社には、対象別に窓口規制を非常にきびしくしていく、限度を設けていく、あるいは日銀の買い入れ手形の種類別の規制まで組み込んでやっているわけです。ですから、先ほど申しましたように、この成果がどういうふうに数量的になってくるかを数字で御説明する段階ではございませんし、その成果を上げるのには、ある程度の期間がかかりますから、いずれ現象的にも、数字的にも御説明が逐次できる状態になると確信いたしております。こういうわけで、法人の手元資金から見ても、あるいは外為との関係から見ましても、私は、やはり準備率制度を背景にした、こまかいきびしい規制でいくのが一番よろしい政策ではないか。こういうふうな多様的なかつ日本的な対策を講ずることが、変動相場制ということになったらますますもって必要なことである、私はこういうふうな考え方を持っているわけでございます。

それからもう一つは、時価発行のこと。これも世上大きな問題になっておりますが、資金調達の様式が多様化している現在、それから、そもそも企業が、自己資本を充実しなきゃならないという観点から申しまして、時価発行は、適切なやり方だろうと思います。そして同時に、プレミアムについては、商法上の厳格な規定があるわけですから、そうした基本法制のもとにおいて、適切に行なわれるならば、非常にけっこうなことですが、これが違法に行なわれたり、法律には触れないかもしれないけれども、ルールすれすれのように悪用されてプレミアムかせぎといいますか、そういうことだけに興味を持ち関心を持ったやり方での時価発行はこれは絶対に阻止しなければならない。そこで、時価発行の問題は、適正に時価発行ができるように、特に指導なり、業界、証券会社、発行会社も、ルールにきちっと従うよう指導しておるわけです。それにもかかわらず、司直の手が出てくる事態ができましたことは、ほんとうに残念に思いますが、その反省の上にますますきびしい監督をやっていかなければならない、こういうふうに考えておるわけです。

○成瀬幡治君　一体、時価発行なり転換社債は、今後も当分奨励の姿勢にあるのか、非常にきびしくチェックしていくのかを承っておきたいと思います。

○国務大臣（愛知揆一君）　時価発行、転換社債は、現下のオーソドックスな要請にこたえるものであると思いますから、件数が逐次ふえるのは自然の成り行きであるし、けっこうなことであるということばを使っておるわけでございます。しかし、それはあくまでオーソドックスにやられなければならないわけで、ときに違法が行なわれているわけですね。ですから、こういう点は、厳重にチェックしなきゃならぬ。そこで、時価発行の株の応募等についての金融は、厳重にチェックしなければならぬぞと、金融政策の中に特に一項掲げて措置しているのも、政府の気持ちのあらわれでして、時価発行が、悪いほうに常識化されておるやに思われるときは、金融政策上のチェックポイントにしておるわけですので、その点は御了承いただきたいと思います。

（中略）

○成瀬幡治君　資本の自由化に備えての安定化ということで、法人買いが非常にふえてきた。これと例のTOBとの関係なんですが、片方では株主の安定化といいながら、片方じゃ、十億や二十億の資本金のところなら、いま幾らでも乗っ取りのできる人たちがおるわけです。これじゃ正常だと言えないと思いますね。そこら辺のところの調整というかは、どうやってとろうとしておみえになるのか、お聞きしたいと思います。

○政府委員（坂野常和君）　安定株主工作が非常に積極的に行なわれておるのは事実です。証券取引法は、証券取引に関して投資者保護をはかるという観点でありますので、この法律の目的とするところから、安定株主工作がいいとか悪いとか、防ぐべきだとか、防ぐべからざるだとかいうことは、この法律の範囲外の問題であります。ただ、この法律にいわゆる公開買い付け制度が入っております。これはやや趣旨が違いまして、会社の乗っ取り等、特定の会社の株を買い付ける方法として、市場でひそかに買い集める方法もありますが、それは価格形成に非常なゆがみを生ずるおそれがありますので、むしろ一定の届け出をすることによって、表から堂々と買い付けを行なう制度をつくったほうが、価格形成がフェアに行なわれるという目的から制度ができておりまして、この制度が公開買い付けを奨励するものでもなければ、それを何らかの意味で防ぐという趣旨でもございません。したがいまして、こういうことに対しまして、証券取引法は、中立的な立場にあるということです。

○成瀬幡治君　安定化工作で株価が非常に引き上がってきたんだというのが一つの理由になっておりますね。そういうことがあるんなら、公開買い付けをやられてもやっぱし上がっていくと思うんですね。もう一つは、乗っ取りをたくらんでまいるとか、そこら辺のところがちょっとわかりかねるわけなんですね。やり方は、架空名義なりあるいは他人名義で頼んでやるとか、いろんなことがあるわけですね。だれが動いてやっておるんだということはなかなか容易につかめないんじゃないかと思う。ところが、それがつかめるような形に今後なっていくのかどうか。

○政府委員（坂野常和君）　ひそかに行なわれるよりは、公にしたほうがその点がよくわかるもので、そういう意味で公開買い付け制度はあります。ありますが、この制度を用いるか用いないかは、買い手側の自由です。ただ、どういう方法をとるにしても、市場で買い付けをします以上は、証券会社に頼まなくてはいけないわけです。その買い付けの方法が、市場の価格を不当にゆがめるようなやり方であるならば、これは証券取引法の問題、あるいは取引所のルールの問題ですから、それは証券会社が注文を断わるなり、そういう注文はいけないと言わなければいけない。ただ、自然に買い集めることによって株価が徐々に上がっていくことでありますれば、これは法律、取引所のルールに触れるわけじゃありませんので、それは委託される証券会社側も何も言うべきことはない。しかし、触れるようであるならば、それを断わるなり注意するなりするのが証券会社の義務である、そういうふうに考えております。

○成瀬幡治君　株も偽名でやったり、架空名義でやっておると思うんですよ。証券会社でいえば、系列、ダミーを使ってやっておると思うんですが、そういうことが把握できるようなことまで立ち入られるのかどうか聞きたいのです。

○政府委員（坂野常和君）　証券取引法の範囲、あるいは証券行政の範囲からは、本来フェアな取引に対して、ほかの目的からそれを押えるとか、あるいは調べるとかいうことはできないと思います。

○成瀬幡治君　次に、株は五十回、二十万株、これやった者が所得税課税対象になっておる。これで所得税を払った人が何人ぐらいおって、そうして税額はどのくらいかお出しいただくわけにはまいりませんでしょうか。

○政府委員（江口健司君）　ただいま公式にとっております税務資料では、所得の種類別に資料をとっておりますが、有価証券の譲渡によります所得は、取引の形態により、譲渡所得に分類するもの、それから事業所得に分類するもの、それから雑所得に分類するもの、それぞれ所得の分類の中に含まれておりますので、所得の発生原因別に統計をとることはきわめて困難ですので、一切そうした報告を求めていない実情です。

大口の所得者等は、資産負債明細書を添付してもらうので、中身がわかるわけですけれども、一般的には、証券取引に基づく所得は、雑所得と思われますが、二千万円以下の申告の方につきまして、かりに雑所得としての有価証券取引の所得がございましても、これは内容が全然わからないので、正確な資料はおそらく作成不可能と考えております。

○成瀬幡治君　そうすると、これは課税することになっているのだけれども、脱税はかってのままというふうに理解していいのですか。全く国税庁、権威のない話になってしまいますね。

○政府委員（江口健司君）　具体的にはちょっと御説明しにくい問題ですが、ここ四、五年前から株式の取引がかなりわれわれの目には顕著なものとして映ってまいりました。われわれ直税部長会議等を通じまして、株式の、特に大口の取引は、あらゆる資料を駆使して関心を持つように、あわせて問題点につきましていろいろ分析上、法律解釈上、問題がある点がございますので、特に重要事案等は、庁に上申するようにと打ち合わせを再々したわけです。私の就任しておりました時期に直接処理しましたもので十数件ございますが、なるほど調査の手法等は非常に困難な面がございますけれども、最終的には課税処理をした金額が、私の手がけました集計では十一億という所得を把握してございます。それから、そのほかに、証券取引について特に関心を高めるようにということで、いろいろな調査のシステムも部内で打ち合わせをしたわけですが、それに伴いまして、全国で法人、所得、資産というそれぞれの部門別に事績検討会をしておりますが、その中で、必ず有価証券の取引に伴う所得の具体的な第一線の事績報告が出てまいりました。それを具体的に分析し、各局の勉強の材料にする経験もございますので、相当程度この点は、課税が抜けてしまっておるという印象は私どもは持っておらないわけです。

（中略）

○鈴木一弘君　ダウ平均がこの六月ぐらいまで六千円をこえ、七千円にもなるのではないか、こういうことまでが伝えられてまいりました。こういう暴騰が、一つは、いわゆる法人買いであるとか、そういうことを今度逆に証券界が非常に歓迎をしている。欠配の株や無配の株までが実勢とはかけ離れた株価を示している、この点が納得ができないわけです。

確かに法人が買ったから異常な急騰を示したかもしれませんけれども、一年間の動きというのはちょっと異常という感じを受けるわけですが、その点をどういうふうにおつかまえになっていますか。

○政府委員（坂野常和君） 株価が一年間の間に急速に上昇したわけです。しかも、その株価に対する考え方が、戦後いろいろといわれておりました、たとえば、利回り革命、あるいはＰＥＲという新しい思想を入れてきたこともありますが、昨年の場合は、法人が株を持つ。法人が株を持ちます場合は、必ずしも収益目的でなく、安定株主工作とかいろいろな目的で持つ。また金融機関等の場合は、昔安い原価で持った株もあるので、そういうものと合わせて原価を考えますと、かなり高い値段であっても採算に合うという考え方もあったようです。それから無配株、欠配株も、解散価値、あるいは資産価値という見方をした場合もあったようです。いろいろな新しい見方が出てまいりました。それから、あの株が上がればこの株もというようなことで急激に株価が上昇してまいったわけです。

その上昇しました株価自身が、高過ぎるか安過ぎるかという判断はいたしかねますし、またそういうことをいたす立場でもありませんけれども、そういうふうに株価が急激に動きます際には、どういう判断が一番的確であるか、投資家を惑わせない判断をしていく、証券業界としてはそういう責任があるわけです。それに対して無責任な判断で、もし投資家を動かしたとすれば、それは証券業界はあとになってかなり批判されるぞと、私どもは何回も注意してまいったところですし、また現在においても、相変わらずそういうことは申し続けてきておるわけです。証券界も、最近非常に世の中からいろいろな面で批判を受けておりますので、そういう点についてさらに自粛していきたいという気持ちを持っておるようですが、株価が大きく変動するときには、それだけ対投資家の営業態度は慎重を期さなければいかぬ、こういうふうに考えております。

○鈴木一弘君 一年間見ると、二千三百円ぐらいのものが五千円にはね上がったわけですから、これはたいへんな金額で言えば大きな差があったわけです。こういうことが望ましいと思っているか、望ましいと思っていないか、またそれについての鎮静策等は考えていく気があるか、いかがでしょうか。

○国務大臣（愛知揆一君） 株価が高いか安いかという基準は、行政当局として幾らが適正であると言うべき筋合いのものではないと思います。自由潤達に結果において公正な株価の形成ができ得るはずであり、それを期待すべきものであると思います。しかし、政治的というと多少語弊があるかもしれませんけれども、常識的に非常な高さだということは、否定できないと思うんです。したがいまして、この問題も、金融政策の面から、あるいは証券界その他のどへーどアから、講ずべき措置はいろいろあると考えましたので、次々と手を打ってまいったつもりです。たとえば、信用取引の証拠金の引き上げ、金融政策上の規制の対象にきびしくこれを取り上げるとか、業界の自粛を求めて良識を喚起するとか、証券界自体の営業のやり方について、目に余りはしないかを指摘しながら、現在の法令のもとにおいて、可能な限り努力してまいったわけですが、不幸にして刑事事件まで起こったということは、まことに遺憾なことです。今後ともあらゆる面におきまして努力を新たにいたしたいと考えております。

（中略）

○栗林卓司君 株のことでお伺いしますけれども、問題は正常であるのかないのかだろうと思うのです。現在商品過剰投機が問題になっているので、商社に参りまして実情調査をいたしました。四十五年以降の財務諸表を見せていただきながらいろいろ御説明を伺いました。ひとつ気がつきましたのは、株主の構成を見ますと、千株未満の株主は急速に減って、金融機関の株もしくは事業法人の株が急速にふえております。これは何も、私が調査に行ったある商社だけの例ではない。これはもう御存じのとおりであります。問題は、こういう傾向について、正常だと御判断されるのか、あるいは正常でないとしたら、どういう対策を大蔵当局としてお持ちになるのか、大臣の御所見を承りたいと思います。

○国務大臣（愛知揆一君） 個人の投資家が減っていることは、全体の傾向の上においても明らかな事態です。しかしまた、見方によれば、個々の株主の投資は減っているけれども、信託投資というような筋から、個人の投資家が、そういう方向に相当の興味と関心を持っていることもまた指摘されます。しかし、企業間の持ち合いが非常に多いことが最近の実例ですから、それは、総合的で、そしてその中において対象別、目的別のきめのこまかい、かつシビアな金融規制をやるということで、その根を正していくということが一番必要なことではないかと思います。

企業の手元資金が一つの焦点ですが、これも勘定のしかたはいろいろございますが、一番簡単なのは、商品の売り上げ高に対する手元資金の比率も一つの指標ではあろうかと思いますが、これを見てみますと、〇・九幾らというところが、一・二ぐらいのところから漸次減っておりますけれども、総量からいえば、何といっても、そういう会社に対しても、過去二、三年の間、貸し出しの増加が圧倒的な数量ですから、その根をとめることにより、本来大事であるべき手元資金が、本来の仕事をはずれて出ていく余裕をなくすことが一番基本的な対策であると考えておる次第です。

○**栗林卓司君**　金融機関からの供給が圧倒的に多かった、裏を返しますと、自己資本比率が非常に少ない日本の産業体質があると思うんですけれども、それでいいのか。

もう一つの問題として、きめこまかな対策を打ちたいんだ、これもお伺いしたい気がしますのは、そこまで金融政策が入っていけるんだろうか。器の中に水が一ぱい入っている。これは油を取る以上にたいへんだろうと思う。水は方円に従うんですから、器をどう変えていくか、そういう構造対策のほうがほんとうは先にいくんだろうと思う。

そこで、たまたま見てきた話で、商社の例をまた持ち出しますと、商社というと、輸出輸入の貿易が多いように見えますけれども、国内取引の比重が年々、ふえております。当然、それに従って、資金需要が起こってまいりますし、時価発行してプレミアムも取れば、銀行から金も借りてくる、そのことがいいのか悪いのか。それと、企業一般的に手元流動性を締めるんだと、これがうまく分離されながら動いていくんだと、それを考えると、どうも、あまりにも財政金融政策に多くのものを負担をかけてしまうというのは、かえって伸ばす芽をつんでしまう、しかも弱いところを窒息さしてしまう、そういう危険があるんではないだろうか。それについては、いまのようなたいへんむずかしい事態になればなるほど、財政金融政策の限界を声高に主張されるほうがかえっていい効果を生むんではないかと、そんな気がしてならないんですが、この点御所見いかがでしょうか。

○**国務大臣（愛知揆一君）**　まず第一の、自己資本を充実しなきゃならないということは日本の場合はほんとうに大切なことです。ですから、時価発行で増資をして資本を充実することは、大いに進めていかなければならない、こういうふうに思います。

それから、金融規制がどこまでいけるんだろうかというお話でしたが、金融緊急措置令的な、こういう状況下における臨機の措置と御解釈いただければいいんじゃないかと思います。したがって、こういう状況が鎮静化すれば、おのずからもっとリベラルな金融政策に復帰するのは当然なことですが、そういう点も勘考しながら、預金準備率の引き上げが日本に十数年前にできておったことはたいへんよかったことではなかろうか、こういうふうに考えます。

それから、財政の役割りをもっと大きくしろと言われたのか、あまり出しゃばるなと言われたのか、私よく理解できなかったのでありますが、財政と金融はあくまで一体総合運営で行かなければならない。しかし、現在のところは、どちらかと言えば財政主導型で、金融政策が補完をしてもらう。ただ、何といいましても、ここ一年半ぐらいの間が異常であったから、これをためるために、金融政策を政策手段としてかなり重点を置いてやっておるのが現状であると、こういうふうに申し上げたいと思います。

○**栗林卓司君**　時価発行をすると自己資本充実に利するのだ。いまの株の水準を考えますと、時価発行を今後とも進めていくんだというと、株の水準はいまより大幅に落ち込むことがあっては困る。しかも、これから経済成長は、従来のような大幅なものにはおそらくならないだろう。そう考えると、時価発行でプレミアムも含めて株を発行していくことは、市場に出回る株はあんまり多くしたくない、こういう傾向をどうしても生んでくる。その意味で、私は、自己資本の充実ということで言うんなら、むしろ額面発行のほうが本筋ではないか。これまで企業をささえてきたはずの小口株主も含めて報いていくのが私は本筋ではないかと思いますが、この点伺って、時間ですから質問を終わります。

○**政府委員（坂野常和君）**　従来の額面増資のコストは、一割配当といたしまして大体一五%ぐらいになっております。時価発行のコストは、長期的なものですので、まだ実績をはじくわけにまいりませんけれども、まあたいていの会社は、行ないました直後にある程度の無償交付、それから増配を行っております。いままでのところの実績は、四%弱のコストになっております。これを比べますと、問題にならないコストの差があるわけです。

借り入れば、御承知のとおり、どんな高くても一割以内ということになります。そういうことを考えますと、額面増資による自己資本充実はむずかしい。

ところで、理論的には、言われますように時価発行を継続いたしますと株価は下がるはずであります。これが下がらずに今日きておるのは、経済成長力が強かったということが言えるかと思います。したがいまして、お説のように、今後成長力鈍化という暁にはその辺がどうなるか、しかし、そういう際の時価発行のあり方は、いまのように完全に時価に近いものでやるのか、あるいは時価と額面の中間価格的なものでやるのか、いろいろな方法があると思います。これはその時代時代で考えていくべき問題ではないかというふうに考えております。

（以下略）

参議院　大蔵委員会会議録第七号

昭和四十八年三月十三日（火曜日）

出席者は左のとおり。

委員長　藤田正明君

理　事　嶋崎　均君　土屋義彦君　野々山一三君　多田省吾君　栗林卓司君

委　員　青木一男君　伊藤五郎君　柴田　栄君　津島文治君　西田信一君　桧垣徳太郎君　船田　譲君　山崎五郎君　川村清一君　竹田四郎君　戸田菊雄君　成瀬幡治君　鈴木一弘君　渡辺　武君　野末和彦君

政府委員
　大蔵省主税局長　高木文雄君
　大蔵省証券局長　坂野常和君

説明員
　国税庁直税部長　吉田冨士雄君

（ほか略）

本日の会議に付した案件

○有価証券取引税法の一部を改正する法律案（内閣提出、衆議院送付）

○相続税法の一部を改正する法律案（内閣提出、衆議院送付）

○委員長（藤田正明君）　ただいまから大蔵委員会を開会いたします。

まず、有価証券取引税法の一部を改正する法律案及び相続税法の一部を改正する法律案、以上二案を便宜一括して議題といたします。

前回に引き続き、これより質疑を行ないます。質疑のある方は順次御発言願います。

（中略）

○多田省吾君　有価証券取引税法は昭和二十八年にできたわけですが、これは申すまでもなく、有価証券譲渡課税を廃止したのに見合って、担税能力のある者に対して流通税として全く新たにつくったものですけれども、現在の市場の状況から見て、この前、衆議院の野党修正案では六倍ぐらい税率を引き上げるべきである、こう言われておりますけれども、今回政府の二倍税率引き上げが適正であるという、この根拠をまずお示し願います。

○政府委員（高木文雄君）　二倍という倍率に根拠があるといいますか、そういうことではなかなか説明できないものでございます。

二十八年度から比べますと、全体として株の価格も上がっておりますし、取引量もふえておりますし、その背後にある担税力はふえているわけです。したがって、増税をしてもよろしいという状況ではないかと確信をいたしますが、さて、どの程度にすれば妥当かという率は非常に議論があるところでして、私どもが事務的に検討いたしました段階では、二倍よりもう少し上げることも考えられるんではないかという考え方と、二倍というのは相当なものであるという考え方とがあったわけでして、両方の議論の末で、あまり急激な変化はいかがかということで、二倍にとどまったわけです。

○多田省吾君　有価証券に対する課税は、有価証券取引税、それから譲渡損益に対する課税、それから利子配当に対する課税と、大きく分けて三つの種類があると思うんです。しかしながら、利子配当に対する課税は、これは前は分離課税でございましたが、この前から源泉分離になったわけですが、それすら総合課税じゃありませんから矛盾がある。独身の男性で月四万円程度の所得があれば所得税が課税されるのに、平均世帯でも二百数十万のいわゆる配当の所得があっても課税されないという矛盾もここから生じてくるわけです。この分離課税をやめようということに対してせいぜい政府がやったことは選択課税にしたことである。これじゃ、ほんとうの手直しにはなっていない。それからもう一つは、いわゆる譲渡所得課税も、昭和二十八年に税務執行上無理だというようなことで廃止し、その結果、個人の有価証券譲渡所得課税は非課税になったために、これまた大きな矛盾が生じているわけです。

それから、この有価証券取引税に関しましても、イギリス等と比べると非常に低いわけです。ですから、昭和二十八年ごろいろいろ理由をつけたかもしれないけれども、証券市場が確立された現在において、税公平の原則から見て非常によろしくないという議論が最近は非常に多くなっているわけです。

　その点から質問をしますけれども、昭和二十八年に有価証券の譲渡所得課税が廃止された。その理由として当時の主税局長は、証券業界の発達の程度が低いからだとか、証券の移転手続が整備されていないので証券業界に与える影響が大きく公平を期することができないとか、また、その裏側には、証券市場が確立されていないこともあったんでしょうけれども、個人の譲渡所得課税をアメリカ、イギリス並みに課税すべき段階に来ているんじゃないかと思いますが、主税局長はどのように考えておりますか。

○**政府委員（高木文雄君）**　株の譲渡所得が昭和二十八年に非課税になりました事情は、ただいまもお触れになりましたが、現在の段階でこれを課税のほうに持っていく場合に、それがうまくいくかどうかの前提条件は、譲渡を課税した場合に、それに基づく相応の申告が期待できるかどうかです。イギリスなりアメリカは申告水準が高いといいますか、納税思想が広がっているかと思います。で、現状の申告状況を前提としますと、相当程度税務署の調査等通じて間接的に刺激を与え、高い申告を期待しなければならないわけですが、御存じのように、株の取引はたいへん多量でございます。毎日、何億という株が動いておるわけで、それをチェックする手続がないわけで、課税することになりました場合、かえって不公平が生ずる危険がある。これは株の譲渡所得がありました方々相互間の不公平の問題を生ずる心配があるわけです。と同時に、譲渡所得ですから、その株の取得原価がわかっていなければいけないわけでして、現状では申告がなかなか期待できないと思われますので、それを考えますと、譲渡の事実をとらまえることがなかなか容易でなく、また、加えて譲渡原価を正確に把握できない心配がございます。で、譲渡益の課税の場合には、場合によりますと当然に譲渡損の問題も出てまいりますが、昭和二十八年当時の経験では、譲渡損のほうの申告はちゃんと出てくるので、うまくいかなかったわけでした。それこれ考えますと、現在の段階では、取引があった事実がわかるという組織、制度になってまいりませんと、これを一般的に課税とすることは困難ではないか、かえって不公平を招くのではないかというふうに思っております。

○**多田省吾君**　いま局長は、税負担の公平の点からじゃなくて執行上の難点の上からどうもわが国の現状においてできにくい、アメリカ、イギリスはそういう体制が、あるいは国民感情が整っているからだと言いますけれども、イギリスだって一九七一年からこれやっているわけです。そして、いろいろ申告がどうのこうのと言いますけれども、わが国の税制においても、いわゆるクロヨンとかトーゴーサンとか、なかなかつかめないのも中にはあるわけですよ。ですから、私は、すでにアメリカ、イギリスがやっている以上、もう言いのがれできない段階に来ているんじゃないか。政府自身がほんとうにやる気があれば、決して不可能ではないと私は思うのです。今後再検討するお考えはないのかどうか。

○**政府委員（高木文雄君）**　課税の公平と申しますか、そういう見地から言いましても、株のキャピタルゲインが非課税になっていることが、税の公平感の見地からまずいという点はまさに御指摘のとおりでありますが、現在の取引状況、取引の仕組みをもってしては、どこでだれがどこに売ったのかはわからない仕組みになっておるわけです。したがって、社会的常識として当然に申告になる部分が大部分であるという状態になりませんと、制度はできたが動かないことになる心配が非常に大きいわけで、それではどうすればいいかは、現在の二十万株、五十回というあの制度について何か仕組みを考えることは考えられるかと思いますが、一般的に株式の譲渡所得の非課税を全部課税にすることは、制度は生まれましても運用がうまくいかないのではないか、そうお答えせざるを得ないと思います。

○**多田省吾君**　いわゆるキャピタルゲインの課税は、西ドイツとかフランス、イタリアも、特定の投機売買については課税しておるわけです。ですから、特定の投機売買に対する課税とか、もっとこれを強化するとか、あるいは大口キャピタルゲインに対して課税するとか、そういう方向はとれるのじゃないか。こういう再検討のお考えはないのかどうか。

○**政府委員（高木文雄君）**　おっしゃるように、有価証券取引税とキャピタルゲインの課税、非課税の問題は、たまたま昭和二十八年に時を同じゅうして、片一方を非課税とし、片一方の制度を創設しましたので、相互に関連がないとは言えないわけですが、制度としては、キャピタルゲイン課税と、有価証券取引税のような流通税とは全く別のものであると考えております。したがいまして、今回、有価証券取引税の税率改訂を御提案申し上げておりますけれども、それだからといって、株の譲渡所得の非課税制度は全く現在のままでよろしいと考えていないわけでして、大口であるとか大量というものについて、何らかの方法で捕捉する技術が見つからないものかは日ごろから考えておりますが、一そう方法がないかを研究をいたしておるところです。

○**多田省吾君**　所得税法の第九条には、非課税所得の内容を列挙しているわけですけれども、有価証券の譲渡所得に関しては、資産の譲渡ですから、所得税にかかわる問題です。ですから、これを担税力があるのに税務執行上の理由で、これを非課税所得としているのは税法上なじまないのじゃないかという議論があります。すなわち、所得税法九条で非課税にするのじゃなくて、租税特別措置法で、非課税にするのが当然じゃないかという議論があります。それはいかがですか。

○**政府委員（高木文雄君）**　おっしゃるような性格があると思います。したがって、有価証券の譲渡非課税規定を所得税法の本法で規定するか、租税特別措置法で規定するかは両論あり得ると思います。ただ、特別措置は非常に政策的なものをあげておるわけでして、譲渡所得の非課税措置は、特別の政策目的に着目して非課税にしているというよりは、執行の問題とからめてそうせざるを得ないわけでして、現行は所得税法で非課税にしているわけです。しかし、それは租税特別措置のほうで規定するという考え方もあり得るという感じを持っております。

○**多田省吾君**　証券の移転手続が申告制だといろいろ問題が起こるということですが、移転手続がきちっとなされれば、キャピタルゲイン課税もできるとお考えですか。

○**政府委員（高木文雄君）**　本来株主は、株主名簿に登載されているたてまえですが、しかし、取引はその委任状等を通じて転々と流通しているわけです。その転々流通の状態が何らかの方法で一般に明らかになっておれば、それは当然課税可能と思います。

○**多田省吾君**　利子・配当に対する選択課税の結果、理論上、平均世帯の四人家族で配当だけの所得の場合、非課税の最低限度はどのくらいになっておりますか。

○**政府委員（高木文雄君）**　株式の配当のほかに所得は全くない、そういう方は現実にはおられないだろうと思いますが、夫婦と子供二人の場合、二百七十五万七千円までは課税しないことになります。なお、これは本年から配当控除率が下がる結果でして、従来ですと、三百四十三万一千円であったわけです。

○**多田省吾君**　先ほど局長が、二倍税率引き上げの根拠はほとんどないという御答弁でしたけれども、野党が主張する六倍ぐらい税率を引き上げてもよろしいんじゃないですか。

○**政府委員（高木文雄君）**　有価証券取引税は、現在各国でいろいろ議論がございまして、イギリスの一%、あるいはフランスの一・二%は、少し高過ぎるんではないかという議論が起こっております。現に、フランスは現在の最高税率一・二%を最近〇・六%に引き下げる方向で税制改正が進んでおる状況です。ヨーロッパのように取引所が比較的近いところにありますと、有価証券取引税の税率はいろいろ問題がありまして、税率が高いとその取引所の取引が減ってくるわけです。二倍で〇・三%が絶対的なものだということは申し上げませんが、さりとてどこまでも高くていいとはまいらぬのではないかと思います。

○**多田省吾君**　次に、所得税法第九条第一項十一号の規定は、キャピタルゲインの非課税措置をうたっておりますけれども、所得税法施行令の二十六条二項の規定は、譲渡益に対する課税を定めているわけです。この場合に、有価証券の売買による所得は事業所得とみなしているのか、雑所得とみなしているのか。

それから、この規定に該当する前年度の対象件数は何件くらいあったか、また、税収額はどのくらいあったか、お答え願いたい。

○**説明員（吉田冨士雄君）**　非常にくろうと筋でやられる場合は、事業所得の場合もございますが、通常は雑所得でございます。

それから件数ですが、国税庁では所得種類別にしか税務統計をとっておりませんので、その事業所得あるいは雑所得の内訳はちょっとわかりかねます。

○**多田省吾君**　施行令二十六条二項に規定する売買回数五十回以上、それから株数二十万株以上と定めた根拠はどういうところにあるのか。外国の例と比べて税の執行上これは死文化しているんじゃないか。

○**政府委員（高木文雄君）**　昭和二十八年に有価証券の譲渡所得は一般的に非課税とされましたけれども、商売として行なっておる有価証券の譲渡は、非課税とする趣旨ではないわけです。

当時から、たてまえとしてはこの種のものは課税だとなるわけですが、税の執行上どのようなものであればいわば商売として行なっていると言えるかということとの関連上、何かメルクマールをつける必要がありますので、税務執行上は保有期間が六カ月未満の株式を年五十回、二万五千株以上取引した場合には商売として行なったものであるということで、税務の執行上取り扱ってまいりまして、それを政令の上で規定したのは昭和三十六年ですが、そのときに規定を整備いたしました際に、現在の五十回、二十万株という基準を定めたものです。その五十回、二十万株という基準を定めた根拠はさだかでございませんが、五十回、二万五千株という税務署等現場におきます取り扱い基準、これが一つの重要な参考に、なったものと思います。

○**多田省吾君**　税調の答申では「有価証券取引税は、有価証券の取引に際し、その取引の背後にある担税力に着目して課税する流通税である。」と、このようにありますけれども、この取引の背後にある担税力について、具体的にどのような認識と評価をしているのか。

○**政府委員(高木文雄君)**　「背後にある担税力」とは、むずかしいことをいっておるわけではないわけで、特に、株が売られる場合には、その株は、昔買った価格以上で売られる場合と、以下で売られる場合がありましょうが、大体の趨勢としては、株価が大数観察的に見ますと、絶えず上がっておりますから、そこに何らかの所得があるであろうと、何らかの所得があるから、株を売った方には担税力があると考えていいだろうという趣旨です。

○**多田省吾君**　昭和二十八年当時の暦年の平均ダウは三百九十円九十銭、株数は三十八億三千九百万株、四十七年の暦年のダウ平均値は三千七百五十五円十三銭、売買株数は千三百五十四億七千三百万株、株価平均でも約十倍。売買株数は約三十五倍と非常な伸びを示しているわけですが、取引税率のほうは二十年間も据え置きになったままです。今回二倍に引き上げるわけですけれども、こういった市場の現状から見ても、二倍に引き上げるという引き上げの根拠は非常に薄弱である。私たちは、やはり六倍ぐらいにすべきじゃないかと、このように思いますけれども、この点はいかがでしょう。

○**政府委員(高木文雄君)**　確かに上場株式の数、株式の売買高、株価指数とかを見ますと、年々増大をしておるわけです。しかしながら、二十八年とだけ比較するわけにもまいらぬわけでして、株価、あるいは株式数、売買高、倍率だけで取引税の税率をきめるわけにもまいらぬのじゃないかと私どもは考えておるわけです。

(中略)

○**栗林卓司君**　時価転換社債は多少でこぼこありますけれども、個人の消化率が時価転換社債が上がってきておりまして、昨年の起債額を見ますと、株式には及びませんけれども、二千九百億円、前年度比で三・五倍にふえたのは、異常な株との見合いで何か関連があるんでしょうか。

○**政府委員(坂野常和君)**　時価転換社債の発行額がふえておりますのは、昨年の株高に関係がございます。転換社債は一定の価格で株式と転換するという条件をきめるわけですが、株がどんどん上がっていけば、転換社債としての価値が上がるわけでして、転換した直後にそれを売れば立ちどころにプレミアムが取れますから転換社債の価格も取引価格も上がっていくわけです。そういうときは非常に発行しやすいわけです。したがいまして、発行量が非常にふえていきます。私どもとしましては、これも企業の資金調達の方法としては非常にいい方法なんで、こういう制度を早く日本でも定着させ、また、相当量の資金調達ができるような仕組みにしたいと思っておりますが、これまた、株高に便乗して一時的に急増いたしますと、あとでいろんな弊害も生ずるおそれもありますから、新年度からは相当シビアな選別基準をやって、あまり一気に走らないような仕組みを考えております。

○**栗林卓司君**　今回の取引税は、株式が対象になりますけれども、社債は引き上げ対象から除外されました。この辺の理由は何なんですか。

○**政府委員(高木文雄君)**　株式等は、その取引の状態から、その背後にある担税力がふえてきたことが推測できるが、一般的に公社債は、今日までいまだ流通市場はどうも十分に成長するに至っておらないわけです。現在の公社債の取引は、新規発行債を購入した人が売ります、中小金融機関等が買いますということで、流れが一方的になっておりまして、株式市場のように需給がそこで交流する関係にはどうもなっていないようです。このように、公社債市場は株式市場に比べますとなお未発達だと言わざるを得ませんので、いまここで有価証券取引税を上げることはいかがかと判断した次第です。ただ、転換社債の問題があることはまさに御指摘のとおりです。ただ、株式と社債等によって税率を分けておりますその境目は、確定利付債券であるかどうかで、したがって、制度として株式と公社債とで税率を分けておりますと、転換社債も、社債である以上は、どうも公社債並みに扱わざるを得ない。そこには転換社債の経済的実態と申しますか、最近の取引の実態から申しますと、若干問題があることは御指摘のとおりですが、どうも法律的には社債と株式とを分けますと、それは社債のほうに入れざるを得ないということで、うまい解決方法がないわけです。

○**栗林卓司君**　公社債市場は流通市場として未発達、したがって、というお話がございました。ところが、現在の株式市場は発達しているというにしてはあまりに未整備な面が多過ぎるとなると、健全な株式市場の育成ということから考えて、今回の取引税の引き上げは、健全な市場の育成に貢献するのかしないのか。しかも、昨年異常な株高があった、これは下方硬直性みたいにして、なるほど下がらないと思いながらほうってはおけぬ。しかも、収益性はだれが見たって、投資対象に値しなくなったときに、総体の動いている量だけに着目して担税力がある、したがって、上げるのだということが株式市場の健全な発展という政策の面で貢献するのかしないのか、そういう点についてはどうお考えですか。

○政府委員（高木文雄君）　有価証券取引税の引き上げが株式市場の正常な発展に少なくとも役立つとは言えないと思います。ただしかしながら、現在の状況から、従来よりは担税力があるということで判定せざるを得ないということでして、またそれは株式市場の育成発展に、この程度の税率の引き上げであれば、マイナスとして働くことはあるまいという判断でして、少なくともそれを促進するとか、プラスに働くかは結びつかないのではないかと判断をしておるのです。

○栗林卓司君　とにかくよけいなものを乗せるわけですから、流通にプラスになるとは、だれも言えないと思います。で、今回、取引税の引き上げが取り上げられ、議論されているのは、昨年の株高がどうしても頭から抜けない。といってキャピタルゲインはむずかしい。こういうものが底流にあったと思うんです。しかし、そういったことと、取引税が市場の育成という面から見ていいかどうかは、同じ比重で冷静に考えなければいかぬのじゃないか。特に、昨年あれだけ異常に上がったということは、それだけ相当の不安定要因をかかえてしまった。むしろ、いま考えるべきことは、ある日突然の資金ぐりの圧迫から換金化の動きになったらどうするかを筋書を立てながら考えざるを得ない時期じゃないかという気がいたします。

そこで、キャピタルゲインがどうしても異常な所得の不公平を正すという意味でやりたいのだということは、その面ではそうなんですが、しかし、それぞれが全部いろいろの流通過程にからんでいるということになると、単に徴税技術を離れてほんとうにそれをその段階でとっていいんだろうかという配慮が私はありそうな気がする。この点は、先ほど来徴税技術の面からの御説明しかなかったのですが、この点についてはいかがお考えでしょうか。

○政府委員（高木文雄君）　所得税の中で資産所得と、それから勤労者所得と課税の面でどう位置づけるかということからいたしますと、勤労所得よりは資産所得にある程度の重課を求めるというのが本来の筋合いであろうかと思います。

そこで、貨幣価値の変動なり経済の拡大なりその他の事情によって、資産の価値が上がっていくという場合に、これを放置していくことは、勤労所得との関係から、公平感から好ましくないものではないか。本来程度の問題はございましょうけれどもキャピタルゲインには、勤労所得と区分しつつ、何らかの意味での課税が行なわれなければならない。ところが、現在株については逆に全く技術上の理由でございますけれども、非課税になっているというのは、いかにも逆ではないかというふうに私は考えております。

○栗林卓司君　ただ、キャピタルゲインをそれぞれの原因が発生したつどつかまえていって徴税をすることになると、徴税技術上むずかしいのだという御説明がございました。その説明をそのまま受けて考えますと、結局キャピタルゲインを何とかして把握しながら負担の公平化をはかりたいということは、とどのつまり、最終的に平たく言うと富裕税的なところに求めていかないと、つかめない気がしてならないのですけれども、その富裕税もまたむずかしいのだという御議論は伺いました。今後キャピタルゲインをどこでつかまえていくのか、富裕税的なものと流通段階でつかまえていくのと、どちらで大蔵省としては今後臨んでおいでになるのか。

○政府委員（高木文雄君）　非常に微妙な御質問でございます。と申しますのは、技術的にも、また、制度論としてもなおよほど詰めて議論しなければならない問題だと思います。しかし、徴税技術的にどちらが可能性があるかという問題も考えないと、ただ、理論的に所得として把握していくべきか、それとも財産として把握していくべきかという議論だけではどうも問題が解決しませんで、現在のもろもろの資産の取引実態を見ながら、いずれのほうが徴税技術的に可能性があるかを含めながら考えていかなければならないのではないかと思っております。私がいまぼやっと考えておりますところでは、財産税的なものを部分的にでも、また、税率等は非常に低いものであっても、導入をしていくことが、所得的に把握するのにも役立つということを含めて、従来は久しくやっておりません財産課税方式について十分検討を早くすることをやる必要があるのではないかと考えております。

（以下略）

参議院　大蔵委員会会議録第九号

昭和四十八年三月二十九日（木曜日）

出席者は左のとおり。

委員長　藤田正明君
理事　嶋崎均君　土屋義彦君　野々山一三君　多田省吾君　栗林卓司君
委員　青木一男君　伊藤五郎君　河本嘉久蔵君　柴田栄君　津島文治君　中西一郎君　西田信一君　桧垣徳太郎君　船田譲君　山崎五郎君　川村清一君　竹田四郎君　戸田菊雄君　山崎昇君　鈴木一弘君　渡辺武君　野末和彦君

国務大臣
大蔵大臣臨時代理　小坂善太郎君

政府委員
大蔵政務次官　山本敬三郎君
大蔵大臣官房審議官　大倉真隆君
大蔵省主計局次長　長岡実君
大蔵省関税局長　大蔵公雄君
大蔵省理財局長　橋口収君
大蔵省理財局次長　後藤達太君
大蔵省証券局長　坂野常和君

事務局側
常任委員会専門員　杉本金馬君

説明員
経済企画庁長官官房参事官　斉藤誠三君
大蔵大臣官房審議官　前田多良夫君
国税庁直税部長　吉田冨士雄君
国税庁調査査察部長　磯辺律男君
農林省農林経済局国際部長　吉岡裕君
林野庁林政部林産課長　吉田雅文君

本日の会議に付した案件
○有価証券取引税法の一部を改正する法律案（内閣提出、衆議院送付）
○相続税法の一部を改正する法律案（内閣提出、衆議院送付）
○資金運用部資金並びに簡易生命保険及び郵便年金の積立金の長期運用に対する特別措置に関する法律案（内閣提出、衆議院送付）
○関税定率法等の一部を改正する法律案（内閣提出、衆議院送付）

○**委員長（藤田正明君）**　ただいまから大蔵委員会を開会いたします。
委員の異動について報告いたします。
昨二十八日、竹内藤男君が委員を辞任され、その補欠として柴田栄君が選任されました。

○**委員長（藤田正明君）**　まず、有価証券取引税法の一部を改正する法律案、相続税法の一部を改正する法律案、資金運用部資金並びに簡易生命保険及び郵便年金の積立金の長期運用に対する特別措置に関する法律案、関税定率法等の一部を改正する法律案、以上四案を便宜一括して議題といたします。
これより質疑を行ないます。質疑のある方は順次御発言を願います。

（中略）

○**渡辺武君**　有価証券取引税について若干伺いたいと思うのですが、この取引税の税率を引き上げたことについては私ども賛成なんですけれども、問題は現在のような株の投機が非常に盛んに行なわれているときに、株式の譲渡所得税が原則的には非課税となっている点について、国民一般大衆もこれはもう納得できないと思うのです。ところが、原則的には非課税であるはずの株式の譲渡所得税について、所得税法にも例外規定があると思うのですね、何々が例外規定になっているのか、どういうケースが課税になるのか伺いたいと思います。

○**政府委員（大倉真隆君）**　現在株の譲渡から生じます利益には、法人は法人税を負担してもらっておりますが、個人の所得税は原則としては課税をしない、ただし、事業譲渡類似の株式譲渡から生じます利益は課税をいたす。それから、取引回数、取引株数を基準として、ある程度の大きさの取引を年間行なっておる方の株式の利益には課税をする。さらには上場をいたします際に生ずる利益には、一定の条件のもとに課税するというような各種の規定を設けておる次第でございます。

○渡辺武君　たとえば、所得税法施行令の二十六条を見てみますと、個人の株の譲渡の場合、一年間に五十回以上の売買が行なわれて、しかも、二十万株以上が条件になっていると思いますが、もうちょっと詳しく言っていただきたいと思います。

○政府委員（大倉真隆君）　ただいま御指摘の、継続的な取引から生ずる所得につきまして課税をいたします基準は、所得税法施行令第二十六条に規定いたしております。その二項に、その年間回数が五十回以上である、また売買をいたしました株数または口数の合計が、年間二十万以上である、こういうふうな大量あるいは多数の回にわたる取引から生ずる利益は課税をいたすように規定しております。

○渡辺武君　所得税法にそういう形ではっきり法律として定められているのですけれども、一体これで税収がどのくらいあるのか教えていただきたい。

○説明員（磯辺律男君）　国税庁で統計をとっておりますけれども、ただ株式譲渡による売買益がどれだけあったというふうな、個別的な所得の内容についての統計はございませんので、遺憾ながらどれくらいかは申し上げることはできないのですけれども、ただ、税務署、国税当局としましては、こういったことを不当に免れまして、譲渡をした売買益に対して課税されずにおることのないように、第一線を督励しておりますし、また、私どもが第一線のいろいろな営業実績の報告等を聞きますと、かなり大口の売買所得には課税されておることは申し上げられるかと思います。

○渡辺武君　たとえば、件数がどのくらいあって、納税額どのくらいかわかりませんか。

○説明員（磯辺律男君）　そういった統計とっておりませんのでお答えできません。

○渡辺武君　確たる統計さえもないというようなことでは、法律を定めておきながら、その実施について何らの責任を負ってないということになるんじゃないでしょうか。実際にどのくらいの税収があるものですか。概略でもいいですよ、おっしゃってください。

○説明員（磯辺律男君）　所得税の課税状況は、利子所得であるとか、あるいは配当所得、不動産所得、そういった所得の種類ごとについて分類して税務統計をとってきておりまして、この場合に株式の大量の売買によるところの所得は、いわゆる事業所得であるとか、あるいは雑所得という所得の中に入るわけでありますけれども、ただ、その事業所得とか雑所得の中に、株式の売買の所得が幾らかというふうな細分した統計はとっておりませんので、そういった統計は手元に持ち合わせてございません。

○渡辺武君　有価証券取引税は流通税ですから、これだけでは現在の異常な株の投機について適正な課税が行なわれているとはとうてい考えられない。取引税と並行して、譲渡所得には、法人、個人を問わず相当高い課税をすべきだと思いますね。ところが、その制度さえもない。しかも、所得税のほうの中に原則非課税ではあるけれども、しかし、大口の個人の取引について課税をいたしますというのがちゃんと条項で盛られていて、しかも、その実施について、責任のある実施もやらしていないというようなことでどういうことになりますか。それじゃ架空名義でもってやっている場合は全然捕捉できないということになりゃしませんか。

○説明員（磯辺律男君）　株式の売買による譲渡益の課税は非常にむずかしい問題がございます。一例としては、架空名義による取引を捕捉するのは非常に困難な問題が多いわけです。しかしながら、その中で、特に悪質なものは、最近新聞紙上等でごらんになったかと思いますけれども、査察によりまして強制調査をすることで、それを捕捉するために努力しているところです。

それから、株式の譲渡による所得がどれだけかというその統計はございませんけれども、しかし、私どもの第一線としては、鋭意そういった所得を把握するために努力いたしておりますし、それからまた、各第一線のいわゆる優良事績の検討会等をいたしますと、大口の有価証券の売買による所得を把握した事例が数多く含まれております。ですから、統計はございませんけれども、その把握に非常な努力をやっておるということは申し上げてよろしいかと思います。

○渡辺武君　鋭意やっていますと言うけれども、当然この点は十分に調査をして、課税源を捕捉して、適正に課税するべきだと思う。その点どういうような捕捉のしかたをやっておりますか。

○説明員（磯辺律男君）　きわめて大口な事案は、いろいろな各種の情報等を集めまして捕捉しております。それから、一般の事案等は、ちょっと答えにくいわけですけれども、税務署員としては、いろいろな資料を総合したり、あるいは各種の情報を集めることによって、その実体をつかんでおることは申し上げていいかと思います。有価証券の売買による所得の把握はむずかしいわけですけれども、第一線の職員はそれを捕捉するために一生懸命やっておることだけは申し上げてよろしいかと思います。

○**渡辺武君**　捕捉困難だと言うけれども、中小企業の場合、ずいぶんきびしい捕捉のしかたをしているでしょう、推計課税などの方式をとって。ところが株の売買になると、そんな甘い立場では私はいかぬと思うのですね。やはり捕捉のしかたをもっと研究すべきだと思う。特に架空名義の取引について、鋭意そういうことのないようにつとめると言いますけれども、一体株屋さんの店頭に架空名義取引についての注意事項が公示されておりますか。

○**説明員(磯辺律男君)**　私どもの知る範囲におきましては、たとえば、銀行預金等は、架空名義による銀行預金はやめてくれということは聞いておりますが、証券は、あまり聞いておりません。

○**政府委員(坂野常和君)**　証券の営業をやっていく上で架空名義というのは二つの問題があります。

一つは、証券会社と顧客の間に証券関係の事故を起こさないために正確な名義を使ってもらうことは、証券業協会でこれは指導をしております。私どもも行政の立場からそういうことをやかましく言ってきております。

もう一つは、税の問題に直接関係はございませんけれども、かつて架空名義が税務上問題になった時期もございまして、それ以来架空名義は使わないようにと指導方針を出しております。

○**渡辺武君**　預金は無記名定期預金の場合、銀行にはあとで困ることが起こりますという趣旨のことが、ちゃんと公示されているわけですよ。株屋さんには、その架空名義の株の売買についてそういう公示が行なわれていないのではないですか。

○**政府委員(坂野常和君)**　証券業協会の自主規制でそれを行なうというルールになっております。

○**渡辺武君**　ルールになっていて実際行なわれていないのはなぜですか。

○**政府委員(坂野常和君)**　行なわれていない場合は、これは証券業協会の取りきめ違反でして、そういうことは許されないというたてまえです。

○**渡辺武君**　そうすると、今後それ徹底させますか。

○**政府委員(坂野常和君)**　これまでもかなりやかましく言ってまいりましたし、今後ともこの点は徹底していきたいと思っております。

○**渡辺武君**　それから、先ほどのあの所得税法の施行令の第二十六条についてだけ伺いますけれども、捕捉が困難だと、それで、第一線の調査官が一生懸命調査していると言っておられるけれども、もう少し合理的な捕捉のしかたを考えるべきじゃないかと思うんですね。その点、何か検討したことありますか。

○**説明員(吉田冨士雄君)**　株の捕捉の問題ですが、五十回、二十万株という押え方でございまして、二十万株のほうはわりあい簡単ですが、一回をどうやるかが一番いつも第一線で争いになっております。と申しますのは、一回とは、委託契約一回ごとになっておりまして、実際の取引では、一回注文委託いたしましても、それが現実問題としては何回にも分かれて売買されている場合が多いようでして、その場合に、処理としては、それぞれの売買によって売買報告書が出ておりますが、一回という注文グループ、それをどうやって押えるかが売買報告書だけでは押え切れないので、そこで注文伝票を一回というところでまとめて押える方法はないか、証券のほうと御相談しておりまして、総括注文伝票というものを新しくお願いして、それを実施したいということで検討しております。

○**渡辺武君**　とにかく法律はちゃんとあるわけですから、だから、それをどう厳格に施行するかという問題なんですよ。

それで、たとえば、何でしょう、この株式の配当金を五万円以上出した場合には、これはちゃんと会社から報告させるわけでしょう。それと同じことだと私は思いますよ。証券会社に五十回以上、二十万株以上はわかるはずですよ。これについて報告を義務づけたらどうですか。

○**政府委員(大倉真隆君)**　制度といたしまして、ただいまおっしゃいましたような方法も、今後個人のキャピタルゲインの課税を研究いたします場合に、当然私どもいろいろ研究すべき問題であろうと考えております。ただ、現在の二十六条のもとにおきまして、どの程度までの資料を法定資料として求めることが妥当かは、なお研究すべき問題があろうかと思います。たとえば、年間一人当たりのという規定ですから、どういうお店を使うとか、どういう会社へ行くとかということをすべて通じての年間でございますので、店当たりないし証券会社の企業当たりということがどの程度のことまでできるか、またそれが、率直に申し上げて、証券会社としての過重な事務負担になる危険はないかということをあわせましてなお研究をいたしてみたい、かように考えております。

○**渡辺武君**　五大証券が株の取引については独占的な地位を持っているわけですから、五つの会社を通じてやられていると見て差しつかえない。小さな会社もありますけれども、こういうひんぱんな大口取引は五つの会社を押えさえすれば、ほとんどわかる、まことに単純明快な事態になっていると思うんですね。しかも、株の売買でたいへんなもうけをあげている。だから、所得税法にきまっている個人の大口取引について報告義務を課して、それで事務負担がふえて困るというよけいなしんしゃくする必要は少しもないと思う。やりなさいよ。これは国民ひとしくそう思っているんだから。あなた方の捕捉が甘いために、いいかげん脱税していると見られている。それについてきびしい態度で臨まなくてどうしますか。そんなことでどうしますか。やるおつもりがありますか。

○**政府委員（大倉真隆君）**　御趣旨は十分わかっておるつもりですが、先ほど申し上げた点、なお技術的に申し上げれば、特定の株数で切りますと、その株数以下に取引を分散することはもちろんあるわけです。それから、特定の企業だけから要求いたしますと、資料要求をされない企業へ取引が動いていくという問題もあろうかと思いますので、その辺を十分考えました上で、どういう案が一番いいか、なお研究をさしていただきたい、かように思います。

○**渡辺武君**　いまの過度な株式投機。これを押えるのにどうしたらいいのかと考えておられますか。

○**政府委員（坂野常和君）**　株価が異常に高い、しかも、短期間のうちにきわめて高い水準に上がったことは、第一に、わが国の株式市場の持つ構造的欠陥があげられます。これは戦後ずっとそういう傾向が続いておったんですが、銀行等は早くから株を持っておりますけれども、これは必ずしも収益目的ということでなく株を持っておりますので、市場の株式は機関投資家に吸い上げられることはあっても、それが出てくる傾向が少なかったわけです。そこへ、一昨年、昨年のいわゆる過剰流動性から、大量の株式がさらに機関投資家に上がり込んだため、市場の浮動株は著しく減少しておりまして、ちょっとした買いが入ってどんどん値段が上がる。しかも、その上がり方が、いわゆる連続して上がるのではなくて、急速に飛び上がっていくというようになっております。したがいまして、基本的にはこの構造が直らない限りは、なかなかわが国の株式流通市場が正常化という方向にはいきがたいと思っております。

その方法ですが、これはやや時間のかかることですが、機関投資家がもう少し売り買いをするような、そういう環境になるかどうかという点と、もう一つは、株の新規供給、すなわち増資がどの程度行なわれるかにかかっておると思います。その増資も、現在のような五十円額面でありながら、時価発行するという増資の方法では、たとえ五百円資金調達をいたしましても、時価が五百円の株につきまして五十円しか資本はふえないわけです。こういう方法ではなかなかむずかしい。理想的に言えば、無額面による時価株発行が行なわれれば、かなりそういう点は改善されるのではないか。それから第三に、そういう市場におきまして証券会社の営業の問題がございます。浮動株が著しく減っておりますので、価格は非常に上がりやすい傾向にありますので、そういった市場での営業、昨年私どもが非常にやかましく注意をいたしました法人営業を主体とするようないき方をしておりますれば、ますますそういう傾向を増すわけです。その辺についての証券会社の営業態度の自粛といいますか、長い目で営業をしていくことが肝要であろうということで、行政の方針としております。

○**渡辺武君**　いまおっしゃった株の時価発行の問題ですね。私は、このやり方にいまの異常な株高、あるいはまた株の投機の一つの大きな原因がありはせぬかという感じがしますけれども、その点どうですか。

○**政府委員（坂野常和君）**　確かに関係がないとは言い切れないと思います。ただ、それが直接株高の原因になったわけではないんじゃないか。私どもは、株高の原因は、先ほど申し上げたことがあって、その株高を利用して額面の株式の時価発行が行なわれた。したがいまして、配当負担から考えますと、非常にコスト安になります。そういうことが時価発行を盛んにさした。時価発行を盛んにさしたことが、間接的には株高に影響した、こういうふうに考えております。

○**渡辺武君**　アメリカの機関投資家が、日本の株式に投資をして、日本株価は、アメリカその他の諸国にない異常な変動ぶりだと言っておったのを、新聞で読んだことがあるんですね。この日本的な特殊性ですね、一体どこにあるとお考えですか。

○**政府委員（坂野常和君）**　一番の特殊性が、先ほど申し上げました機関投資家の売り買いがないということ。ロンドンやニューヨークの姿を見ておりますと、機関投資家が大きく動きまして、それによって株価がある程度調整されていく。個人投資家はむしろそのあとからついていくという現状だと思います。わが国の場合はそうでなくて、機関投資家はいろんな理由から株を集めますけれども、株が高いからといってそれを売って、価格の平準化を求めるという態度はほとんどないわけです。したがって、非常に株価が上がりやすい、これが構造的にわが国独特の株式市場の構造だと私は承知しております。

○**渡辺武君**　そういう事情もわからないことはないんですけれども、日本の新株発行のやり方が従来は額面で発行する。したがって、株主にとってみれば、額面で新株を応募して持っていれば、それは株の市場価格とはたいへんな開きのある価格ですから、大きな増資プレミアムが株主のふところに入るという仕組みがございますね。これはまさに私は、日本的特質だと思っておりますけれども、こういうような仕組みが依然としてある場合には、これはそういう仕組みのない場合の株価形成とは違って、いわば利回り採算だけで株価が形成されるということじゃなくして、株の額面と市場価格との違いからくる大きないわば投機利潤といってもいいような、それがすでに織り込まれて株価を形成していくと、こういうことになるんじゃないでしょうか。この辺に大きな一つの理由があると思いますが、どうですか。

○**政府委員(坂野常和君)**　額面、しかも、株主割り当て制度が長く続いておったわけでございますが、これも一種独特の株式市場の構造に影響したことは事実だと思います。しかし、額面制度、しかも、株主割り当て制度が続いておりました時代に、かなり大きな増資があったわけです。これは三十六年でございますが、当時有償増資で九千四百六十四億円という、当時としては非常に大きな増資があった。そのあと、御承知のとおり、三十七年、八年、それから四十年の不況につながってまいったわけです。したがいまして、額面増資、額面制度が株高を形成、株高になっている一番の理由だということではなくて、むしろ流通市場の構造が株高に大きく影響しておると考えております。それがわが国独特の株式流通市場の構造であると考えております。

○**渡辺武君**　そういう要因も確かにあるでしょう。あるけれども、それを増幅する要因として、額面新株の発行による増資プレミアムが株主にたくさんあって、これが株価の中に織り込まれて非常に暴騰させていくという事情があることは、これは否定できないと思うんですね。

さて、いま行なわれている時価発行のやり方を見てみますと、私は、そういう株の暴騰、暴落を増幅させる仕組みの上に、株の時価発行が行なわれているんじゃないかという感じがしますけれども、その点どうですか。

○**政府委員(坂野常和君)**　時価発行が無額面の場合と、額面で時価発行する場合とはえらく違うと思います。特に、いまのような額面で時価発行いたします場合は、発行会社にたくさんのプレミアムが入るわけです。これはもともと株主勘定でありまして、決して発行会社がそれを利益として考えるわけにいかないものでありますけれども、しかし、巷間伝えられるところによると、それを利益の一部のように考えておる経営者が出ております。これはたいへんな間違いだと思います。したがいまして、逆に、いまの制度で時価発行を行ないます場合は、株主にそのプレミアムをどう還元するかを長期の計画を立てまして、十分そういった計画にこたえていける発行会社でなければ、この制度で時価発行することは非常に問題であるという感じがいたします。

○**渡辺武君**　いまの時価発行のやり方をとってみますと、増資の分全部が時価発行になっているんじゃなくて、増資新株のうちの一部が時価発行だという場合がほとんどですね。

それからもう一つには、会社が時価発行をやる場合に、あらかじめこれを株主に周知徹底させるというやり方をとらぬ、発行のときに初めてこれを発表する、こういうことが行なわれているんですね。そういうことをやりますと、増資新株のうちの一部だけが時価発行で、あとは額面で発行されている。そうして増資プレミアムが入ってくるという条件がありますから、だから、時価発行の株もそれに応じて非常に高く時価がついてくるという関係になってくる。しかも、それがあらかじめ発表されているならば、これは長期の利回りの採算で大体そろばんをはじいて幾らぐらいということはわかるでしょうけれども、時価発行の新株を出すときになってから、これこれの額は時価発行だ、こういうことを発表されては、株主の立場からいったって、利回り採算のそろばん勘定をはじきようがない。そのことがいま時価発行の新株が異常な株高を形成する。また、この異常な株高を形成するために、いろんな形で株の操作をやる。協同飼料の例は私は氷山の一角じゃなかろうかと思いますけれども、大証券会社までがそういう株の操作に加担をしてああいう事態を引き起こしていることが行なわれると思うのですね。この点をどういうふうに解決なさるのか、これを伺いたいと思います。

○**政府委員(坂野常和君)**　旧株主を優遇するということからいえば、ほんとうは株主優先の制度、株主にまず公募の割り当てに応ずる気持ちがあるかどうか聞いて、あればこれを優先的に扱うという制度をとれば、旧株主保護、優遇という面からは非常にうまい制度であるわけですが、これは増資の手続上かなり長期間を要しますので、なかなかその制度が実行されません。したがいまして、その次に行なわれますのは、いま言われました一部株主割り当て、それから、一部公募という形で、旧株主もある程度のプレミアムを得る、それから、会社のほうも公募によってプレミアムを得ると、こういう行き方をとっておるのが現状かと思います。

そういうことになりますと、まだ慣行も確立しておりませんので、発行会社も、それから、払い込む投資家も、どういうコストに持っていったらいいのかがはっきり計算できないと思います。したがいまして、これはもう少し年月をかけてそのプレミアム還元のルール等が確立してまいりますならば、あるいはすでに株主に還元した実績もふえてくるならば、そうしたコストもはっきりしてくるわけですけれども、いまのところはまだそれらが不十分である。不十分であるだけに、よほど慎重に時価発行をしぼっていかなければならない。これが最近、証券界等が考えております考え方です。昨年の十二月から時価発行のルールをつくっておりましたが、さらに今年の四月からそのルールを厳格化しまして、発行会社の質的基準、どういう発行会社が発行ができるか、その質的な評価をいたします。また、その個別銘柄の増資額は、資金の使途、それから収益性、市場における需給関係、その会社の資金繰りとか、資金計画をやかましく見まして不要不急のものとか、あるいはいわゆる流動性のあるような会社は極力これを遠慮してもらうことになっております。

またその消化につきまして銀行とか、事業会社に片寄った消化を是正していく。あるいは発行額が過大に流れないように、また間隔があまり密にならないようにやっていく。さらにまた、協同飼料事件もありましたので、アンダーライターの過当競争を避けまして、アンダーライターは企業の財務内容の的確な把握、そして株価の価格形成につきまして、これがフェアに形成されていることを十分把握しなければ、引き受けをやらない。これらを新しい基準として申し合わせをつくりまして、すでに実行しておりまして、新年度の第一四半期から七月、八月ごろまでの時価発行について相当厳格な態度で臨んでおります。その結果としまして、時価発行の予定額が大幅に減少しまして、ただいまのところの本年四―六月の発行予定額は千二百四十億程度でございます。ちなみに一―三月は二千二百億円であります。

○渡辺武君　いまの異常な株高、株式投機を促進させる要因として、証券業界が大証券会社によって、独占的に握られているところにあるんじゃないかという感じがしますが、その辺はどう考えておられますか。

○政府委員（坂野常和君）　この点は、昨年の証券取引審議会において問題が出たところでして、一つは、中小証券の育成、それから一つは、いますぐではありませんが、寡占的な状態が続くなら、新しい引き受け会社等を免許してはどうだという、いわゆるニューカマー論等があります。しかし、そういった全体の方向のほかに、具体的に大きな証券会社が市場を支配できないようなルールをつくっていく必要があるということで、それをいまルール化しようと思っております。ごく最近ルール化ができ上がる予定ですが、その内容は、大証券の自己売買と、それから委託売買の執行のやり方であります。

従来、大きな証券会社はたくさんの注文を取ってまいりますので、それらを一件一件市場に流してつなぐことが、物理的にも時間的にもなかなかできにくいので、まとめて一挙にそれを執行する、いわゆるクロスという方法をとっておったわけですけれども、このクロスの価格をどういう価格で行なうかが、大証券会社の営業利益と密接なつながりを持っておったわけであります。

そこで、このクロスの価格は市場の価格に従うべきである、人為的な価格をつくりまして、それでクロスをすることは一切許さないというルールが一点であります。もう一点は、規模の大きな証券会社の自己売買のやり方です。自己売買は新値を形成してはいけないというルールであります。新値と申しますのは、その日の朝からできている値段で、買いの場合は一番高い価格、売りの場合は一番安い価格が限度になりまして、自己売買によって新しい価格を形成してはいかぬ。まだほかにも若干こまかいことがございますが、そういったことで、いままでやってまいりました大証券の市場における支配力を削減すると申しますか、市場の価格形成をよりフェアなものにすると申しますか、そういうことをいま検討しております。ごく最近これをルール化したいと考えております。

○渡辺武君　そのルールも必要ないと言うわけじゃないですけれども、やはり問題は、市場支配ができる体制そのものを改めていくことじゃないでしょうか。たとえば、日本の証券会社は総合証券です。株の引き受けもできる。同時に、株のブローカーもできる、また株のディーラーもできることになっているかと思うんですね。そういう仕組みがあって、それをそのままにしておいて、いわば道徳律みたいなものをやらせようと思ったって私は無理だと思うんですが、どうですかその辺。

○政府委員（坂野常和君）　いま申し上げました自己売買とかクロスの執行方法は、ブローカーとディーラーをセパレートするという思想から出ております。セパレートという意味は、それを兼務しておっても、価格形成上それが不公正な価格形成につながらないという遮断方法です。したがって、自己売買を規制するとか、大口の委託注文を一括して執行するときの遮断方法として考えておるわけです。

もともとわが国は、お客を取るほうの証券会社と、市場で価格を調整していくほうの機能を同一人がやっておるわけでして、これはわが国の市場構造の一つの欠陥です。しかし、現状これを改めることもできませんので、まずブローカーとディーラーのあり方は、先ほど申し上げたような方法をとる。もう一つは、御指摘のアンダーライターとブローカーの間の問題でして、これも、かなり昨年の秋以来いろいろな議論が出ております。会社を分離しなければだめではないかという御議論もあります。しかし、会社を分離しても、アンダーライター業務のいわゆる内部者情報をブローカー業務に使うことがございますと、かりに分離してもだめだということになります。したがいまして、これを兼務しておっても、いわゆるインサイダー情報が悪用されないというたてまえを各社それぞれ大至急にとってもらうことを考えております。また、現にこれは各社ともその用意をしております。それがどの程度効果が発揮できるか見きわめました上で、効果が発揮できればそれでいいと思いますが、できないときは、さらに第二、第三の方法も考えなければいけない、こういうふうに考えております。

○渡辺武君　たとえば、引き受け会社になる場合は、その会社の幹事会社になるわけですね。その会社の資産内容、あるいは融資上の取引先、その他について深く情報をつかむのが、当然のことなんですね。ところが、その会社が一方でブローカーをやり、一方でディーラーをやることになれば、情報提供するなと言われても、同じ会社の中ですから、自分の知り得た情報を持って、株の売買をやることにならざるを得ないですよ。だからその辺について十分な規制措置を講じなければ、大証券会社の自己売買による株価操作を何とかしろと言われてもなかなかむずかしいんじゃないかという感じがしますが、どうですか。現在の証券取引法ではアンダーライター、ディーラー、あるいはブローカーを一括して認可するという形にはなっていないと思いますが、どうですか。

○政府委員(坂野常和君)　免許は四本からなっておりまして、一括して免許するというたてまえにはなっておりません。しかし、現実に比較的規模の大きい証券会社は四つの免許をみな持っておるのが現状です。なお、そのインサイダー情報の取り締まりは、現行の証券取引法ではやや困難な面もありますので、これは将来の問題として法律の検討をしなければならない。しかし、法律以外のルール、たとえば、取引上のルールとか、あるいは自主ルールでやりますれば、その抑制もできると思いますので、とりあえずは、法律によらない方法で進めていきたいと考えております。

○渡辺武君　免許は各業務ごとにやっておって、しかし、同じ会社がその四つの免許を全部取る。そして事実上市場支配能力を持つような事態をつくり出している。ここの辺を検討してみる必要があるんじゃないかという感じがいたします。つまり、昭和四十一年の証取法の改正の根本趣旨が、実質上ねじ曲げられているということがいまの実情になっておって、そのことが、現在の株式投機の中心に、四大証券がすわっているという一つの原因になっているのじゃないかという感じがします。その点はきびしい規制措置をとる必要があると思うので、重ねてひとつ御意見を伺いたいと思います。

○政府委員(坂野常和君)　言われますとおり、公正な価格の形式というものが阻害されるようなことがあれば、証券市場の一番大事な問題がそこなわれるわけでありますから、これはいかなる手段方法をとっても防がなければならない、そういうふうに考えます。

○渡辺武君　協同飼料ですね。ああいう形で大きな証券会社までがあれに加わって、協同飼料の時価発行プレミアムをたくさん積み上げるために共謀した。ああいうことをやった会社についてはどういう措置をとりますか。

○政府委員(坂野常和君)　ただいま独自の調査をしております。その調査の結果を待って措置したいと考えております。

○渡辺武君　少なくとも、そういう事件を起こした〔証券〕会社の株の引き受け業務はやっちゃいかぬというようなくらいなことをやりませんと、あれはたまたまあらわれたから問題になっているけれども、おそらくはずいぶんやられていることじゃないかと思いますけれども、その辺の措置をとるおつもりがあるかどうか。

○政府委員(坂野常和君)　ただいま検察当局の調査とは別に私どもが調査をしておりまして、まだそれも完了しておりません。完了しました暁に、どういう措置をとるのがいいか十分検討したいと思います。

○渡辺武君　現在の法律ではどういう罰則があるわけですか、ああいうことをやった証券会社について。

○政府委員(坂野常和君)　証券会社の一部または全部の業務について営業停止処分――この期間はいろいろございます。それから、免許取り消しということでございます。

○野々山一三君　最初に、自社株とは一体どういうものなんですか。

　さらに第二番目に、河本氏は、四十六年度に三光汽船株式取得に七億六千三百六十万円の借金をしたと言ったが、昭和四十二年から四十六年の五年間の逆算借入金十六億七千九百四十万円から七億六千三百六十万円の借金を差引いた九億一千五百八十万円は、昭和四十二年から四十五年、四年間の借金になる。この四年間で三光汽船株式を九億一千万円強取得したのかという質問に対して、データが四十二年から四十五年までのデータを準備していないので答えられない。

　そこで、一体どういう査察をしたか、それから、この事件を一体どういうふうに見ていらっしゃるかということをまず聞きたい。

○**説明員（吉田冨士雄君）**　ただいま先生のお話しのように、先般、参議院の予算委員会で、和田先生と江口次長とでその点につきいろいろやりとりがございまして、ただいま先生の御説明のとおりでございます。その際、和田先生からこまかい数字を表にしてお示しになられまして、江口次長に、これは正しいかどうか、そして、もし正しければ、脱税と考えられるかどうかというお話がございまして、江口次長からは、私ども個別案件は、守秘義務を課されておりまして、所得税法で加重されておりますので、詳しい話はできませんが、事実であれば、脱税だと思います。こういう点をお答えしていると同時に、この案件は、現在調査中でございますと、お答えしております。

　さらに、一般論といたしまして、配当所得があって、片方に借入金の利子があった場合に、プラスマイナスすれば、それがプラスマイナス・ゼロ、あるいは赤字の場合には、申告書としてはゼロ申告になりますというお話を、江口次長は一般論としてして

○**野々山一二君**　三光汽船の問題〔は〕、大ざっぱに言うと脱税行為と言われているんですけれども、簡潔に内容を一ぺん国税庁で述べてください。三光汽船が大蔵省へ提出した四十六年度の有価証券報告書を見ると、河本社長の自社株買いは三億一千二百万円。七億余円も借金買いをした事実はない。有価証券報告書から計算上得られる四十二年から四十五年までの四年間の同社長の配当所得は一億一千二百三十一万円にのぼる。ところが実際にはまったく申告されていない。これは脱税ではないか。というのに対して、この指摘の通りなら脱税になると思う。という答弁をされているように新聞は伝えているわけですけれども、五年間、六年間、七年間の全部の申告の内容をみな持っています。それによると借金で株を買ったのではないかというかっこうに見られる節があるわけですね。河本敏夫という人は、三光汽船大株主として、昭和四十二年より四十六年の五年間の受け取り配当金は、手取り一億六千七百九十四万円になるが、この配当所得を申告していない。これは河本氏が三光汽船株式を買増したり、有償割当増資の払込みに銀行借り入れした場合、借り入れ金利息が五年間で一億六千七百九十四万円となって相殺され、申告の必要はないが、借金の利息が年一〇%とした場合、河本氏は五年間で三光汽船株式を十六億七千九百四十万円取得したことになる。これは間違いないかという問題なんです。それに対して河本氏は、五年間のデータを準備してないが、四十六年度は三光汽船株式取得に七億六千三百六十万円の銀行借り入れをした。その利息七千三百八十五万円を四十六年度配当収入七千六百三十六万円と相殺し、残りの残が二百五十万円なので、それを配当所得として申告したと答えているわけです。

○**政府委員（坂野常和君）**　法律的には、自己株式のことを自社株というと思います。

○**野々山一二君**　どういうのを禁じているのでございましょうか。

○**国務大臣（小坂善太郎君）**　自社株とは自分の社の発行する株式を言うのだと思いますが、それを自分の会社で持つことを、自社株を持つことだと思いまして、そういうことを禁じておるのです。

○**野々山一二君**　何を禁じているのですか。

○**政府委員（坂野常和君）**　特定の場合を除きまして、自己の株を持つこと、あるいは質に入れることを禁じております。

○**野々山一二君**　そうすると、例外は、株式の消却の場合、それから合併または他の会社の営業全部の譲受の場合、三番目にその会社の権利の実行にあたり、その目的を達するために必要な場合、株主の買取請求権に応じて株式の買取りを行なう場合で、ほかは禁じている、こういうことですか。

○**国務大臣（小坂善太郎君）**　結局、商法二百十条にございます場合は、自己の株式を取得し、あるいは質に入れることを目的としてこれを受けることができないという意味ですから、会社自身の資本の保持のためにする制限であると考えます。

○**野々山一二君**　禁止している理由をいろんな書き物によりますと、資本充実維持の原則に違反し、債権者の権利を害する。それから二つ目に、株主平等の原則に違反する。三つ目に、会社経営者による投機行為が行なわれやすい。それから四つ目に、投資家を欺まんする懸念がある。五つ目に、会社支配の手段として利用される。こういう理由で禁止している。間違いがあるでしょうか。

○**国務大臣（小坂善太郎君）**　そのとおりです。

おられます。

なお、その際に、それでは内容が言えないならば、一体公表された所得の金額は、河本氏個人としては幾らかというお話がございまして、これにつきましては四十六年分は二千六百八十八万円を所得として申告しておられますと、お話しいたしまして、その際、和田先生から、その中に一体配当所得が幾らあって、どういう内訳かというお話もございましたのですが、全体の所得金額以外はお話しできないようになっているものですから、そういう意味でお答えできないとお断わりしてございます。

○野々山一二君　配当所得は一億九千七百五十八万円だと、みなわかっているんです。なぜここでそういうふうに隠すんです。それならば、過去の数字を全部読み上げて、あなたの認識について違いがあるということを言わざるを得ない。

それから、この事件は、自社株なのか個人の株かについて御認識を伺いたい。

○国務大臣(小坂善太郎君)　ただいまいろいろと話を聞いておりまする限度においては、河本氏個人が買ったものは河本氏個人が買ったものであるという認識を持ちます。

○野々山一二君　これは、三光汽船社長河本敏夫という名前で買えばこれは自社株でしょう。持てば自社株でしょう。河本敏夫という名前で買えば個人の株でしょう。違いますか。そういう意味で言うと、調子のいいところでは自社株と言い、調子の悪いところでは個人の株だと言うことは数字で全部わかっているのですよ。もう少しずばりと話をしてくださいよ。

○国務大臣(小坂善太郎君)　会社で買ったのか個人で買ったのかとなると、個人の名前で買っていると個人のものだと思いますけれども、一体何のために個人で持ったのか、それからどういう金の支出があったのか。個人の金で個人が自分の名前で株を買えば、これは自社株でも何でもないと思うんです。その目的と金の出てきた道が問題になるんじゃないかと思います。ただ、お断わりしておきますが、一般論で申し上げているわけでございます。

○野々山一二君　いま申し上げたように問題点は幾つかありまして、河本社長の持ち株は三光汽船の商法上の自己株じゃないかというふうに考えられる。で、芦屋の税務署の公示も調べてあります。河本氏の場合、四十二年から四十六年までの期間中の申告所得の中に、三光汽船の持ち株の配当所得は、全然申告にないわけです。それから、配当所得のある人たちは、半年で二万五千円までは申告しなくともいい。この事件は二万五千円のはずはない。申告の当然対象になるのに申告がない。一体申告しなかった理由は、どういうように認識されておるか。そこで、先ほどおっしゃった、借金でやったら、返済及び利子について配当から差し引いて、ゼロになればゼロ、赤になれば赤として処理される。これは税法上そうですね。ところが、自己株なのかどうかということについてどういう認識をされていらっしゃるか。

○説明員(吉田冨士雄君)　国税としましては、自己株かどうかは、当面の責任ではございませんが、申告につきまして一言申し上げたいと思うのですが、ただいま先生のお話の所轄税務署での公示ですが、公示の際には、所得の内訳は公示しておりませんので、総所得で公示しておりまして、その所得しか表にはわからないはずです。その所得金額で申しますと、四十二年から四十六年までずっとプラスの申告が出ておりまして、四十六年は先ほど申しました二千六百八十八万円になっております。

通常の場合は申告が提出されましたならば、その際、納税相談という形で一応の御相談をいたします。さらにその後資料を総合いたしまして、申告審議をやりまして、脱漏が多いときには呼び出しなり、あるいは御照会するなり、やっておりまして、その結果、修正公示あるいは更正決定になるわけですが、ただいま私が申しました数字あるいは内容は、これは公示価格の問題でして、公示価格は御案内のように、総所得金額一千万円以上の方だけを一応公示しております。ただし四十五年以前は、五百万円以上の方を総所得金額として公示しておる。その金額でございます。

○野々山一二君　四十二年から配当所得が河本さんにはなかったのですか、あったのですか。

○説明員(吉田冨士雄君)　先ほど申しましたように、四十二年から四十六年まで河本さんの申告総額としては、普通・公示になっておりますが、その内容は、お話できない立場にございます。

○野々山一二君　四十二年からの配当所得、私が読み上げます。あなたが言えなくても、私は国政調査権の立場で読み上げます。四十二年には一千三百九十万円、四十三年は一千九百九十七万円、四十四年には三千七十七万円、四十五年には四千五百八十万円、四十六年には八千七百五十八万円、合計一億九千七百五十八万円、こういうぐあいなんです。ところが申告の場合には四十五年まではゼロなんです。どういうふうにお考えでしょうか。

そこで、当然の疑いとして、自社株なのか、個人の株なのかという疑いが出てくるんじゃありませんか。それであなたは、予算委員会では最後に決算をしたら二百五十万円だけが脱税と、こう言われた。

かりに年七%の金利であったならば二十三億九千万円、五年間で借金していることになるでしょう。かりに八%の金利だったら、二十億九千九百万円強です。九%だったら、十八億六千六百万円なんです。一〇%だったら、十六億七千九百四十万円。ところが、先ほど申し上げた数字からいくとゼロであるという理由の借金はどう考えてみても七億六千万円強です。そしてまたさらに出てくるのは、先ほど申し上げたように、借金で差し引いた額と、借金との間に差がございます。十六億七千九百四十万円から、借金は七億六千三百六十万円、したがって、九億一千五百八十万円というものの差がある、それは準備しておりませんので答えられませんと、税務署に述べられたんです。これは一体どういうことなんでしょうか。

○国務大臣(小坂善太郎君)　役所としてやり得る業務の権限がございまして、行政官庁としてやはり申し上げにくいと考えております。

○野々山一三君　申し上げてはならないというのだが、それじゃ、私が申し上げた数字は違いますか、違いませんか。イエスかノーかと答えてください。

○国務大臣(小坂善太郎君)　ただいまの野々山委員の御質問にありました、河本氏及び三光汽船など、これに関連する案件は、国税庁としてあらゆる角度から厳重な調査を行ない、適正な処理をいたします。

○多田省吾君　有価証券取引税に関連し、有価証券の譲渡益、すなわちキャピタルゲインの課税は、個人の分は、アメリカやイギリスは実施しているのにもかかわらず、わが国においては実施していないわけです。所得税法第九条には、一項から二十二項に至るまで、非常に数多くの非課税所得が規定されておりまして、個人の有価証券の譲渡益もこの中の第十一項にあげられております。これらの数多い非課税所得の大部分は、担税力の乏しい者あるいは出張、転勤等の実費弁償的なもの等がやられているわけでございます。ところが、個人の有価証券の譲渡益は、ばく大な利益をあげていても、それがいわゆる五十回以上とか云々という、営業的なものでない限りは非課税所得として扱われる。これは所得税の基本的な精神から考えて、担税力が過分にありながら、税務執行の面、あるいは行政上の便宜の上から非課税所得とすることは非常に適当ではない。しかも、所得税法にこういった規定をすることもおかしいんで、もしするんだって、これは租税特別措置としてやるべき問題です。

それからもう一点は、今度国税庁で、いわゆる営業上年間五十回以上で、しかも二十万株以上の所得として、まあこのたび一件、脱税として強制調査したようですが、こういった問題も調査すればもっともっと多いんじゃないかと思う。大臣として、このキャピタルゲイン課税の問題についてはどのように考えておられるかですね。

○国務大臣(小坂善太郎君)　個人の有価証券の譲渡による所得は、有価証券市場を育成するという見地と、譲渡損の問題など、執行上の理由もありまして、昭和二十八年以来原則として非課税の扱いをしておるわけです。この非課税措置は、税負担の公平の見地から疑問があることは、私もよく承知をしておりまして、税制調査会にも審議をお願いいたしまして検討してきたところですが、一般的に課税対象とすることは、その前提条件がまだ整理されているとは言えませんで、譲渡損の問題等かえって負担の不公平を招く結果ともなりかねませんので、この問題については、今後引き続き検討を続けてまいりたいと思います。

○多田省吾君　いわゆる譲渡損は、アメリカなんかでもきちっと法改正して、そういった問題が起こらないようにしてあるじゃありませんか。衆議院の附帯決議においても、キャピタルゲイン課税は強力な附帯決議もついているわけです。そういった観点から、取引税ももっと上げてもいいんじゃないか、またキャピタルゲイン課税はもっと前向きに積極的に考えるべきじゃないかと、思うわけです。

（中略）

○渡辺武君　株の投機による利得、これが不労所得であることについては、議論の余地のないところだと思うのです。しかも、株の投機で損をしているのは一般大衆投資家であって、大企業あるいはまた大きな資産家がたいへんな投機利潤を手にしていることも、議論の余地のないところだと思うんです。ところが、所得税法によれば、株の譲渡所得は、原則非課税になっております。そして、その非課税措置の例外として、個人の大口取引について課税が規定されているんですね。ところが、伺ってみますと、その件数が何件くらいあって、取引高がどのくらいあって、それから、税収がどのくらいあるかという最も単純なことさえ、大蔵省ではつかんでいらっしゃらないのです。つまり、これはもう、事実上脱税を公認しているにひとしいと見て差しつかえないと思うのです。

一般の勤労者は、苦労をして毎日つとめて、やっと生活をささえるくらいの賃金をもらって、そうして所得税を納めさせられている。しかも、それは天引きで税金を取られている。ところが、大会社、大資産家の投機による不当利得は全く税金がかけられていない状態にひとしいわけです。これは世論のきびしい批判の的にさらされている問題でありまして、法人個人を問わず、大口の株式譲渡所得は、やはり株式譲渡所得税を創設して、所得税や法人税から分離して、高率の課税をすべきだと思いますけれども、この点いかがでしょうか。

○国務大臣(小坂善太郎君)　いわゆるキャピタルゲインは、従来はネグリジブルであると考えられておったわけです。そのゆえに国連の統計の中にはこういうものは入れないと思うのです。株式によってもうける者もあれば損をする者もあると考えておったわけですが、御指摘のように、最近の状況は確かに社会的な不公正感を助長していると思います。しかし、一定のルールがなかなかできていない点もございます。証券界全体のルールをつくり、そしてその中における取引の実態をつかめるようにする、そして課税ということになりませんと、実態がつかめていないのに課税はできないじゃないかという問題もあるわけです。これは十分検討させていただきたいと思います。

○渡辺武君　いま大臣、捕捉できないからできないのだと言われましたが、もし捕捉できればやりますか。

○国務大臣(小坂善太郎君)　私はそういう意味で申し上げているわけであります。ですから、これから実態を洗い、証券業界にルールを確立させて、そして税金を取り得る状態にすることが、この問題を考える場合の前提条件になると考えています。

○渡辺武君　それでは伺いますけれども、いま証券会社が期末残高照合というのをやっています。これは御存じですか。

○政府委員(坂野常和君)　顧客との取り引きについて、一定期間の間の取り引きがどうであったか、残高がどうなっているかを確認し、その間にそごのないように、それから、証券会社が事故を起こしたときにいろいろ不始末がないようにという意味です。

○渡辺武君　株の売買を委託した人に対して、証券会社が手紙を出す。たとえば、四十七年の三月から九月までの期間について、あなたの委託した株はこれこれで、その間これこれの取引をしました。そうして現在は残高がこれこれです、こういうことを通知して、本人に間違いないという確認をとる、これが残高照合でしょう。つまりだれが株の取引をどれくらいやったかは、この残高照合の帳簿さえ厳格につけているならばはっきりこれはわかるんですよ。

○政府委員(坂野常和君)　一つの証券会社と長年取引しておる顧客ならば、言われるとおりだと思います。しかし、顧客は一つの証券会社とのみ取引をしておりません。また、証券取引を一たんやりましても、数年置いて、それからまた新しく取引を開始する場合もございます。そういう場合には、同じ会社であっても、幾らで買われた株かは証券会社サイドではわからないのです。

○渡辺武君　それはおかしい。一つの会社だけで取引している人はほとんどないですよ。これは残高照合さえ厳格にやっていれば、必ず捕捉できるものですよ。特に架空名義の取引は、架空名義で住所、氏名が違っておれば、証券会社が出した通知が届かないはずです。だから架空名義だということは一目瞭然になってくる。ですから、私は、捕捉困難だというけれども、実態は捕捉可能な状態に置かれているのじゃないか、証券会社に一定の基準を示して、この基準に適合する取引は、政府に報告義務を課したらいい、そうして、場合によっては、残高照合の帳簿を政府が立ち入り検査することができるようにしたらいい。そうすれば、たちまち把握できます。有価証券の売買益について高率の分離課税をやるべきだと思う。

○国務大臣(小坂善太郎君)　株式市場は、資本の民主化といいますか、会社の自己資本を、大衆資金によってできるだけまかなっていこうという任務もあるわけです。いまの株式の価格は、上昇の一途をたどっておりますから、これに対して、なぜ課税をしないということも当然問題になることはわかりますが、一方から見ますと、価格の下落もあるわけです。株式も取得することによって利益する場合もあるし、将来また非常に損失をこうむる場合もあるわけです。そういう点も勘案し、またいまの御意見等も十分頭に入れながら、税制調査会等でも議論をしていただきまして、将来の問題として検討さしていただきたいと考える次第です。

○野末和彦君　キャピタルゲインの問題ですけれども、大臣のお答えを聞いておりますと、これには問題点があるということで、今回の税制改正にあたって、譲渡益に課税をしようという方向で大蔵省のほうは検討をしたが、いま非常にむずかしいんだと、たてまえとしては課税すべきであると、こういう方向ですか。

○政府委員(大倉真隆君)　税制調査会におきまして、この問題は御論議いただきました。御論議をいただきます場合に、私どもから申し上げました点は、最近の株価の動きにかんがみ、従来どおり非課税を続けてよろしいでしょうかという問題意識を内に含めて御相談をいただきました。ただ、結論は、四十八年度税制改正でそれに踏み切るには、なおいろいろな問題が残されているということになっております。

○野末和彦君　それでは伺いますが、キャピタルゲインへの非課税措置による減収額を調べましたところ、昭和四十年度はたしか七十億ぐらいと出ているんですね。昭和四十一年からあと、この非課税措置による減収額という独立した項目がなくなっているんですね。なぜ、これは独立した項目がなくなっちゃって、これどこにいっちゃったんですか。

○政府委員（大倉真隆君）　おそらく毎年、予算委員会からの御要求でお出ししております租税特別措置減収額試算の中に、おっしゃるとおり四十年までは項目があがっておった、四十年の数字も七十億であったかと思います。それ以後は、独立項目になっておりません。いろいろ聞きましたところでは、直接の原因は、この数字にはなはだしく自信がない。計算方法をいろいろ聞いてみますと、税務統計上の資料が現在はないわけでして、したがって、よその資料から出てくる数字をいろいろ組み合わせて、かなり大胆な仮定を置いて一応試算をしてみた。有価証券売買高はわかります。しかし、そのうち個人が幾ら売ったかはどこにも統計がないわけです。したがいまして、これは個人の保有割合もサンプリングですが、それを使って、まあ保有割合と同じぐらいの割合で売ったとして見るかというふうな仮定を置きまして、それから、売った分の利益が幾らであるかは実は取得価格が全くわからないわけですから、ダウ平均の上昇率でも使ってみるかと。それから、なお、当時ですと三十万円、現行法ですと、かりに課税するとしまして四十万円の特別控除がございますので、その上にいくだろうか、平均的にどうだろうかと。

　なお、いろいろございますが、すべてに非常に大胆な仮定を置いて一応試算をしてみたと。しかし、この試算で、ほんとうにそれだけ減税になっておるのかなっておらぬのかは、実は全く自信がない。そういうことがございまして、四十一年ごろからは、独立の項目として取り扱うことはやめようという経緯があったと承知しております。

○野末和彦君　そうすると、四十年度七十億も自信がなくて、その後、一応の数字はあるけれども、それもまた自信がないから発表できないと、こういう意味なんですか。

○政府委員（大倉真隆君）　二、三年前までは、特別措置の減収の「その他」という項目の中に、項目としてはあるのだと。しかし、その積算がほとんどできないという意味で、一種の備忘価額として十億円とか十五億円とかいう数字を計上していたことはあるようです。

○野末和彦君　はっきりさすべきであるが、とにかくむずかしくてわからないんだというままに、この非課税措置を続けるほうがよっぽどわからないわけです。政策目的と、その効果を考えるのに、数字が出てこないんだったら、存続させること自体おかしいんで、納得できない。

○政府委員（大倉真隆君）　確かにコスト・ベネフィット・アナリシスという角度から申せば、量的にできないものはおかしいではないかという御質問は、それなりの御意見として十分承っておきますが、何ぶんにもそういう数字がないから、どうも量的にできないところは御了承願いたいと思います。

○野末和彦君　それでは、昭和四十八年度のこの措置による減収額の見通しは、自信のない数字でけっこうですからひとつ教えていただきまして。

○政府委員（大倉真隆君）　まことに申しわけないんでございますが、いままでのところそういう計算はしておりませんので、直ちにお答えいたしかねるんですが、非常に大胆な推計をいろいろ加えたもので、推計をしてみたらこのくらいかはできると思います。そういうものでごかんべんいただけるということであれば、計算いたしてみたいと思います。

○委員長（藤田正明君）　有価証券取引税法の一部を改正する法律案及び相続税法の一部を改正する法律案の二法案に対する質疑は終局したものと認めて御異議ございませんか。

　〔「異議なし」と呼ぶ者あり〕

○委員長（藤田正明君）　御異議ないと認めます。

　それでは、これより二法案に対する討論に入ります。御意見のある方はそれぞれ賛否を明らかにしてお述べを願います。――別に御発言もないようですから、これより直ちに採決に入ります。

　まず、有価証券取引税法の一部を改正する法律案を問題に供します。

　本案に賛成の方の挙手を願います。

　〔賛成者挙手〕

○委員長（藤田正明君）　多数と認めます。よって、本案は多数をもって原案どおり可決すべきものと決定をいたしました。

○竹田四郎君　ただいま可決されました法律案に対し、自由民主党、日本社会党、公明党及び民社党の四党共同提案にかかる附帯決議案を私から便宜提出いたします。案文を朗読いたします。

　有価証券取引税法の一部を改正する法律案に対する附帯決議（案）

一、政府は、有価証券取引税の税率については、最近における証券市場の著しい拡大と国際化にかえりみ、諸外国の税率の水準等をも勘案しつつ、明年度以降さらに引き上げる方向で検討すべきである。

一、政府は、個人の有価証券譲渡益非課税の措置が税の公平を著しく阻害している実情にかえりみ、その課税方法について、税制調査会に諮問する等実施の方向で前向きに検討を加えるべきである。あわせて、無記名、架空名義による有価証券取引を排除するよう強力に指導すべきである。

一、政府は、拡大した資本市場のもとで、企業の調達資金が、投機資金に向うことのないよう株価の形成、資金の調達方法、資金の使途について、適切な規制と指導を行なうべきである。

右決議する。

以上であります。

○**委員長(藤田正明君)**　ただいま竹田四郎君から提出されました附帯決議案を議題とし、採決を行ないます。

本附帯決議案に賛成の方の挙手を願います。

〔賛成者挙手〕

○**委員長(藤田正明君)**　全会一致と認めます。よって、竹田君提出の附帯決議案は、全会一致をもって本委員会の決議とすることに決定いたしました。

参議院会議録第九号

昭和四十八年三月三十一日(土曜日)

○**議事日程**　第九号

第四　相続税法の一部を改正する法律案（内閣提出、衆議院送付）

第五　有価証券取引税法の一部を改正する法律案（内閣提出、衆議院送付）

○**議長(河野謙三君)**　これより会議を開きます。

(中略)

日程第四　相続税法の一部を改正する法律案

日程第五　有価証券取引税法の一部を改正する法律案

（いずれも内閣提出、衆議院送付）

及び、本日委員長から報告書が提出されました

資金運用部資金並びに簡易生命保険及び郵便年金の積立金の長期運用に対する特別措置に関する法律案

関税定率法等の一部を改正する法律案

（いずれも内閣提出、衆議院送付）

を日程に追加し、四案を一括して議題とすることに御異議ございませんか。

〔「異議なし」と呼ぶ者あり〕

○**議長(河野謙三君)**　御異議ないと認めます。

まず、委員長の報告を求めます。

(中略)

審査報告書

有価証券取引税法の一部を改正する法律案

右は多数をもって可決すべきものと議決した。よって要領書を添えて報告する。

昭和四十八年三月二十九日

大蔵委員長　藤田　正明

参議院議長　河野　謙三殿

……………………………

要領書

一、委員会の決定の理由

本法律案は、今次の税制改正の一環として、近年における証券市場の状況等にかえりみ、株式・株式投資信託の受益証券等に係る有価証券取引税の税率を引き上げるほか、証券会社の納付すべき有価証券取引税の納税地等について所要の規定の整備を図ろうとするものであって、おおむね妥当な措置と認める。

なお、別紙の附帯決議を行なった。

一、費用

本法施行に伴う租税の増収見込額は、昭和四十八年度三百二億円である。

……………………………

附帯決議

一、政府は、有価証券取引税の税率については、最近における証券市場の著しい拡大と国際化にかえりみ、諸外国の税率の水準等をも勘案しつつ、明年度以降さらに引き上げる方向で検討すべきである。

一、政府は、個人の有価証券譲渡益非課税の措置が税の公平を著しく阻害している実情にかえりみ、その課税方法について、税制調査会に諮問する等実施の方向で前向きに検討を加えるべきである。あわせて、無記名、架空名義による有価証券取引を排除するよう強力に指導すべきである。

一、政府は、拡大した資本市場のもとで、企業の調達資金が、投機資金に向うことのないよう株価の形成、資金の調達方法、資金の使途について、適切な規制と指導を行なうべきである。

右決議する。

(中略)

○藤田正明君　ただいま議題となりました四法律案について申し上げます。

　まず、相続税法の一部を改正する法律案及び有価証券取引税法の一部を改正する法律案について申し上げます。

　有価証券取引税の改正法案は、近年における証券市場の拡大の状況等に顧み、株式、株式投資信託の受益証券等を譲渡した場合の有価証券取引税の税率について、一般の譲渡の場合は一万分の三十に、証券会社が売買により譲渡する場合は一万分の十二に、それぞれ現行の二倍に引き上げるほか、所要の規定の整備をはかろうとするものであります。

　委員会におきましては、便宜二案を一括して質疑を行ないましたが、その詳細は会議録に譲りたいと存じます。

　質疑を終了し、討論なく、二案を採決の結果、いずれも多数をもってそれぞれ原案どおり可決すべきものと決定いたしました。

○議長（河野謙三君）　これより採決をいたします。

　（中略）

　次に、有価証券取引税法の一部を改正する法律案の採決をいたします。本案に賛成の諸君の起立を求めます。

　〔賛成者起立〕

○議長（河野謙三君）　過半数と認めます。よって、本案は可決されました。

有価証券取引税法の一部を改正する法律案

有価証券取引税法の一部を改正する法律

　有価証券取引税法（昭和二十八年法律第百二号）の一部を次のように改正する。

　第十条中「万分の六」を「万分の十二」に、「万分の十五」を「万分の三十」に改める。

　第十一条第二項に次のただし書を加える。

　ただし、当該申告書の提出及び有価証券取引税の納付を当該証券会社の本店（第二条第四項に規定する外国証券会社については、この法律の施行地にあるその営業所のうち主たるもの。以下同じ。）においてすることを便宜とする事情がある場合において、当該本店の所在地の所轄税務署長及び本店以外の各営業所の所在地の所轄税務署長に対し、その事情その他大蔵省令で定める事項を記載した書類を提出したときは、その提出の日後に行なうべき当該申告書の提出及び有価証券取引税の納付は、当該本店においてするものとする。

　第十一条第三項中「前二項」を「第一項又は第二項」に改め、同項を同条第四項とし、同項の前に次の一項を加える。

3　第一項の規定による申告書の提出及び有価証券取引税の納付につき前項ただし書の規定の適用を受けている証券会社は、その適用を受ける必要がなくなつた場合において、その本店の所在地の所轄税務署長及び本店以外の各営業所の所在地の所轄税務署長に対し、その旨その他大蔵省令で定める事項を記載した書類を提出したときは、その提出の日後に行なうべき当該申告書の提出及び有価証券取引税の納付については、同項ただし書の規定の適用は、ないものとする。

　第十一条の二第二項中「及び第三項」を「から第四項まで」に改める。

　第十八条中「営業所ごとに」の下に「（当該証券会社が第十一条第二項ただし書（第十一条の二第二項において準用する場合を含む。以下同じ。）の規定の適用を受けている場合には、その本店において）」を加える。

　第十九条中「、営業所」を「、各営業所（当該証券会社については、その新設、変更又は廃止に係る営業所とし、当該証券会社が第十一条第二項ただし書の規定の適用を受けている場合には、その本店及び本店以外の当該営業所とする。）」に改める。

　第二十条中「証券会社は」の下に「、政令で定めるところにより」を加え、「政令で定める」を削る。

　第二十二条の二第一項中「営業所」の下に「（第十一条第二項ただし書の規定の適用に係る有価証券取引税については、その本店）」を加える。

　附　則

1　この法律は、昭和四十八年四月一日から施行する。

2　改正後の有価証券取引税法（以下「新法」という。）の規定は、別段の定めがあるものを除き、この法律の施行の日（以下「施行日」という。）以後に納付すべき有価証券取引税について適用し、同日前に納付すべき有価証券取引税については、なお従前の例による。

3　新法第十条の規定は、施行日以後の同条の有価証券の譲渡に係る有価証券取引税について適用し、同日前の当該有価証券の譲渡に係る有価証券取引税については、なお従前の例による。

租税特別措置法一部改正

衆議院会議録第九号

昭和四十八年二月二十二日(木曜日)

議事日程　第七号

一　資金運用部資金並びに簡易生命保険及び郵便年金の積立金の長期運用に対する特別措置に関する法律案(内閣提出)、所得税法の一部を改正する法律案(内閣提出)、法人税法の一部を改正する法律案(内閣提出)及び租税特別措置法の一部を改正する法律案(内閣提出)の趣旨説明

……………………………………

○議長(中村梅吉君)　これより会議を開きます。

資金運用部資金並びに簡易生命保険及び郵便年金の積立金の長期運用に対する特別措置に関する法律案(内閣提出)、所得税法の一部を改正する法律案(内閣提出)、法人税法の一部を改正する法律案(内閣提出)及び租税特別措置法の一部を改正する法律案(内閣提出)の趣旨説明

○議長(中村梅吉君)　内閣提出、資金運用部資金並びに簡易生命保険及び郵便年金の積立金の長期運用に対する特別措置に関する法律案、所得税法の一部を改正する法律案、法人税法の一部を改正する法律案、及び租税特別措置法の一部を改正する法律案について、趣旨の説明を求めます。

○国務大臣(愛知揆一君)　……(中略)……最後に、租税特別措置法の一部を改正する法律案について申し上げます。

　中小企業経営の近代化合理化をはかるため、青色申告者について、みなし法人課税の選択による事業主報酬制度を創設することといたしております。

　以上のほか、それぞれ実情に応じ、所要の措置を講ずることといたしております。

　以上、所得税法の一部を改正する法律案、法人税法の一部を改正する法律案、及び租税特別措置法の一部を改正する法律案につきまして御説明申し上げた次第であります。

衆議院　大蔵委員会議録第十五号

昭和四十八年三月二十三日(金曜日)

出席委員

委員長　鴨田　宗一君

理事　大村　襄治君　　理事　木村武千代君
理事　松本　十郎君　　理事　村山　達雄君
理事　森　　美秀君　　理事　阿部　助哉君
理事　武藤　山治君　　理事　荒木　　宏君
宇野　宗佑君　　越智　通雄君
大西　正男君　　金子　一平君
木野　晴夫君　　栗原　祐幸君
小泉純一郎君　　三枝　三郎君
塩谷　一夫君　　地崎宇三郎君
中川　一郎君　　野田　　毅君
萩原　幸雄君　　坊　　秀男君
村岡　兼造君　　毛利　松平君
山中　貞則君　　佐藤　観樹君
高沢　寅男君　　塚田　庄平君
広瀬　秀吉君　　堀　　昌雄君
村山　喜一君　　山田　耻目君
増本　一彦君　　広沢　直樹君
竹本　孫一君

出席政府委員

大蔵政務次官　山本　幸雄君
大蔵省主税局長　高木　文雄君
(ほか略)

本日の会議に付した案件

所得税法の一部を改正する法律案(内閣提出第四号)
法人税法の一部を改正する法律案(内閣提出第五号)
租税特別措置法の一部を改正する法律案(内閣提出第四二号)

○鴨田委員長　これより会議を開きます。

(中略)

○大村委員長代理　所得税法の一部を改正する法律案、法人税法の一部を改正する法律案及び租税特別措置法の一部を改正する法律案の各案を一括して議題といたします。

　これより各案について政府より提案理由の説明を求めます。

○山本(幸)政府委員　ただいま議題となりました所得税法の一部を改正する法律案外二法律案につきまして、提案の理由及びその内容を御説明申し上げます。

租税特別措置法の一部を改正する法律案について御説明いたします。

(中略)

第六は、中小企業対策として、事業主報酬制度を創設することです。

すなわち、青色申告を行う事業者についてみなし法人課税の選択を認め、この選択をした事業者には、その事業主報酬に対し給与所得控除を認め、事業主報酬控除後のみなし法人所得に対しては全額を事業主に配当するものとして法人並みの課税を行なうこととといたしております。

以上、所得税法の一部を改正する法律案外二法案につきまして、その提案の理由と内容を御説明申し上げました。

何とぞ、御審議の上、すみやかに御賛同くださいますようお願い申し上げます。

○大村委員長代理　これにて各案の提案理由の説明は終わりました。

○大村委員長代理　これより質疑に入ります。

質疑の通告がありますので、順次これを許します。

(中略)

○野田(毅)委員　配当控除についてお伺いをしたいと思います。

数年前になりますが、一時、自己資本比率が非常に日本は悪いということで諸外国と比較され、国際競争力強化のために自己資本充実策ということで特別措置まで生まれたわけですが、その際に行われておった議論を思い起こしますと、すでに経営者の意識において資本と経営が完全に分離しておる、銀行から借りた金は損金で落ちるけれども、資本には配当というコストがかかる、これには税金がかかるということで、そういう意識が、シャウプ税制に立っておる法人税制に対する根本からの認識の相違じゃないかと思うのです。庶民感情からいっても、すでに企業は社会的実体を備えておるし、特に大企業は、もう資本家といっても、むしろ経営者といったほうがはるかにぴったりとくる状況でもあるわけです。そこで、もうこの際配当控除を思い切って廃止をすることについてお考えはいかがでしょうか。

○高木(文)政府委員　配当控除の問題は、本会議その他でもしばしば御指摘を受けておりますが、私どもは、配当控除の問題を単に税制だけの問題として議論することで足りるかどうかは、やや疑問を持っております。これからの企業の資金調達を直接金融に依存すべきか、従来のような間接金融にやや片寄った方式がよいのかが、非常に基本的な問題ではないか。

それで、直接金融をさらに伸ばしていく場合に、御指摘のように、配当についての企業の負担を軽課して、反面、配当控除をやめていくのも一つの考え方だとは思いますが、そういう形をとりました場合には、利益金が非常に少なくて配当が一ぱい一ぱいという法人の場合、企業全体としての法人負担割合が非常に少ないことになります。したがって、現在でも、上場会社について、株の発行数が多くて配当金額が非常に多い場合には、配当政策との関連で法人税負担が少し軽くなっていく傾向にあるという問題がございますので、配当控除をやめて、そのかわりに配当軽課をさらに重視するという考え方には、今度は、少なくともこの表面上の実効負担率と申しますか、そういう面についていろいろ問題が出るのではないかが一つ非常に心配をされることです。

と同時に、法人税と個人所得との関係は、普通の株式会社の場合だけを考えるわけにはまいりませんで、数の上においては圧倒的に多いいわゆる同族法人等の場合を考えてみなければならぬわけですが、同族法人等の場合には、はたして、配当控除をやめて配当経費の現在の軽課措置を拡大することでうまくいくのかどうかはかなり疑問でして、代表者の個人負担と企業の負担との関係からいいまして、相当そこらは問題がございます。

そこで、いかにもこの配当控除制度は課税上の不公平をもたらしているように見えますけれども、いわゆる大企業、上場会社といいますか、そういう株式会社の場合と同族会社の場合とで非常に意味が違ってきておりますので、その両者を一律に扱う現行商法のたてまえを前提としながら、なおかつ税法上どういうバランスをとるべきかが非常にむずかしい問題でして、御指摘のように、配当控除が個人の所得税の負担の不公平を来たしておるという御批判はありますけれども、ただそれだけのことで簡単になかなかいじれない状況にあるわけです。

なお、配当控除は、預金に対するもろもろの優遇措置等との関連もまた考えなければならぬこともあることをつけ加えておきます。

○野田(毅)委員　私は、配当控除をやめて、そのかわり配当軽課をもう少し拡充する、あるいは逆に支払い配当を損金に算入させる、当然、法人税の実効負担が変わらないように法人税率を引き上げる、場合によっては累進税率を適用する、はっきりとした実在説に立ってやっていく、受け取り配当の益金不算入も廃止することですっきりした税制をとったらどうかを御質問したいわけです。

といいますのは、先般来問題になっております株式市場の異常な株価の値上がり、これも株価が、目先といいますか、もっと長期的に、キャピタルゲインを目当てにした動き方をしておる気がしてならぬわけです。むしろ、株の値段とは、投資であるならばそれに対する収益、配当で考えていかなければならぬ。ところが残念ながら、いまの株価の動きは、さっき言いました売買益を目当てにしたものばかりであると言っても過言でないと思います。そういう点もひっくるめてぜひともこの問題を御検討いただきたいと思うのです。

○高木(文)政府委員　一般的には、実在説的なものの考え方のほうが税制としては御理解願いやすいということではないかという感じを、個人的には持っておるわけです。

しかし、問題は、全く二重課税のことを考慮しなくていいかというと、必ずしもそうはいかない。それがいわゆる大企業が子会社を持ち、孫会社を持つ場合の二重課税の問題だけでなくて、同族法人と同族個人間の二重課税の問題もありますので、二重課税問題を全く排除して、目をつぶってしまうわけにはなかなかいかないのではないかということが一つございます。

それからもう一つは、全体として税率を上げると言われましたけれども、企業の利益のうち配当に充てた部分の税負担を軽くする、つまり、いまの配当軽課を拡大をするというかっこうをとりますと、各法人間の実効税負担のアンバランスを拡大する傾向にあるのではないかという心配がございます。現在、御存じのように法人の実効税負担は、地方税も含めますと四五%であると御説明申し上げておりますが、この四五%という数字は、あくまでも利益金のうちの三割が配当に充てられる、七割が留保分であるという前提に立っての関係ですが、実はときおり配当に回される利益の額が非常に大きい場合が出てまいります。四十六年から七年の法人税で申しますと、四十六年下期に当たる期では、企業によりまして非常に利益がダウンをしまして、配当に充てられた額が非常に大きい、留保がほとんどないという企業がかなり出まして、その結果、そういう企業の実効税負担が非常に下がったことがございます。そういうことを考えますと、いまおっしゃいましたように配当軽課を拡大することは、直接金融を優遇する面においてはいいわけですけれども、それなりに今度は法人間の税負担のアンバランス問題を起こすのではないかということがあるわけです。

いずれにしましても、来年度は法人の負担のあり方は相当いろんな角度から研究しなければならぬと思っておりますし、その研究課題のうちで、ただいま御指摘の点は最も大きい問題の一つであろうかと思いますので、これからじっくり勉強をさしていただきたいと思います。

(以下略)

衆議院　大蔵委員会議録第十六号

昭和四十八年三月二十六日(月曜日)

出席委員

委員長　鴨田　宗一君

理事　大村　襄治君　理事　木村武千代君
理事　松本　十郎君　理事　村山　達雄君
理事　森　美秀君　理事　阿部　助哉君
理事　荒木　宏君

愛野興一郎君　宇野　宗佑君
大石　千八君　大西　正男君
金子　一平君　塩谷　一夫君
竹中　修一君　野田　毅君
萩原　幸雄君　坊　秀男君
毛利　松平君　山中　貞則君
高沢　寅男君　堀　昌雄君
山田　耻目君　小林　政子君
増本　一彦君　広沢　直樹君
内海　清君　竹本　孫一君

委員外の出席者

参考人(税制調査会会長)　東畑　精一君
参考人(日本大学法学部教授)　北野　弘久君
参考人(横浜国立大学経済学部教授)　井手　文雄君

(ほか略)

本日の会議に付した案件

所得税法の一部を改正する法律案(内閣提出第四号)
法人税法の一部を改正する法律案(内閣提出第五号)
租税特別措置法の一部を改正する法律案(内閣提出第四二号)

○鴨田委員長　これより会議を開きます。

所得税法の一部を改正する法律案、法人税法の一部を改正する法律案、及び租税特別措置法の一部を改正する法律案の各案を一括して議題といたします。

本日は、各案について参考人から意見を聴取することにしております。

参考人各位には、御多用中のところ御出席くださいましてまことにありがとうございます。税制各案について、忌憚のない御意見をお述べいただきますようお願いを申し上げます。

（中略）

○北野参考人　日本大学の北野です。時間が制限されておりますので、重点的に幾つかのことを申し上げまして、後ほど質疑応答の段階で補足させていただきたいと思います。

（中略）

租税特別措置は、有価証券取引税率が今回引き上げられることになっておりますけれども、そのこと自体は非常によろしいのですが、有価証券の譲渡所得の非課税に対する国民の非難を少しでも回避する観点からこの引き上げがされておるならば、問題です。有価証券取引税は、昭和二十八年に有価証券の譲渡所得非課税の措置にかわって導入されたものです。この譲渡所得非課税措置は、所得税法上の非課税所得として規定されておりますが、実質的には租税特別措置です。政府筋におきましては、有価証券の譲渡所得を課税することとしても、現実には譲渡の把握が困難であるといわれておりまして、そういったことが理由となって、この非課税措置が正当化されているのでありますけれども、譲渡の把握が困難であればいろいろな対策を講ずべきでして、たとえば証券会社を通ずる売買は、各人別の売買の内容を、証券業者から税務署に報告させればよいのでして、譲渡の把握が困難であるという、そういう税務行政の怠慢を理由の一つとして有価証券の譲渡所得非課税措置を正当化することは許されないと考えるのです。有価証券取引税は流通税でして、理論的には所得税と併存し得るものです。有価証券取引税をもって有価証券の譲渡所得課税のかわりとすることは許されないのです。今回の有価証券取引税率引き上げとは別に、有価証券の譲渡所得非課税の措置を廃止すべきであると考えます。

○井手参考人　横浜国大の井手です。与えられました時間内で要約を申し上げたいと存じます。

株式譲渡所得の非課税制度を撤廃することが必要と思います。これは利子所得や配当所得の実質的な分離課税が行われている、これを撤廃すると並んで行うべきであろうと存じます。所得税の公平とは、所得の量的な側面と質的な側面と両方から考えなければならない。所得の大なるものには高い税率というような量的な側面と、それから資産所得は勤労所得よりも負担能力が大きいことを考えた面からの負担の公平が必要ですけれども、現在の所得税制度は両側面から負担の公平が崩壊しておると思うんです。こういう資産所得の総合所得算入の失敗は、総合累進課税の崩壊であり、と同時に資産所得軽課になる。二重の意味において不公平ですので、こういうものから是正していかないと、高福祉高負担を国民がこぞって気持ちよく賛成することにならぬじゃないか、こういうふうに存じます。

それから次に、法人税につきまして申しますと、法人課税の強化について、今回の税制改正があまり熱意がなかったように思われるわけでして、この点は不満です。法人税率の引き上げがされておりませんが、法人課税の強化は、税率を引き上げることだけでなく、法人所得をどうとらえるかが問題になるわけです。この点から申しますと、法人の受け取り配当の益金不算入制度とか、あるいは法人の支払い配当への軽減税率の適用制度は、撤廃すべきじゃなかろうかと思います。今日は、大法人の株式保有率が非常に多くなっております。それからまた、株式の時価発行増資とか、時価転換社債の発行によって設備投資資金などを獲得する、非常に資金コストが低くなっている情勢のもとにおきましては、いま申し上げましたような受け取り配当の益金不算入制度とか、支払い配当の軽減税率適用は、大企業にとっては不当に有利ではなかろうか。ですからこの制度は撤廃すべきである、法人税率を引き上げるとともに撤廃すべきである、こういうふうに存じます。

○大村委員長代理　これより参考人に対する質疑に入ります。

（中略）

○阿部（助）委員　私は、日本の税制は、原理原則をだんだん失ってしまっておるのじゃないか。勤労国民の利益は著しくそこなわれておる。所得税制について見ましても、利子、配当あるいは土地の譲渡所得あるいは山林所得、そういうふうに不労所得にはどっちかというとたいへん軽い。有価証券の売却利益に課税はされていないし、今度は比較的上位の中小企業者に事業主報酬をやる。だから事業主所得控除、専従者控除、事業所得控除、こういうふうに、何か三分三乗みたいなかっこうで税金を課税するという感じがするのです。ところが、ほんとうに日本経済をささえている勤労者や農民は、たいへん虐待をされておるのじゃないだろうかという感じが非常に強いわけです。税制調査会長として長年おつとめいただいた先生には、このような所得税制をどう考えておるのか。毎年私たちがこれを問題にしながらさっぱり直っていかないのは、一体どういうことなんだろうという点で先生から所見をお伺いしたいのです。

○東畑参考人　なかなかむずかしい御質問でして、非常に答えにくい点が多いのですが、所得税法にひっかからない所得者は非常にたくさんあるのですね、いまお話しになりました農民その他には。これは所得税でどうにもならぬ階層なんですね。これは、別の考え方でやらざるを得ないかと思います。しかし、所得税に関しては、公平の原則をできる限り貫いていきたい、これがおそらくは税制調査会の皆さんの御意見じゃないかと思っております。そういう点からいいまして、勤労所得と財産所得と申しますか、この間の均衡をはかっていくことは、税制調査会ではずっといままで取り扱ってきた問題です。理想的にはなかなかいかぬと思います。先ほどもいろいろお話がございました有価証券の取引による利益とか、こういう問題はなかなか思うようにはいっていないことは、事実です。

(中略)

○増本委員　ところで、土地の問題あるいは証券取引の過熱化とか、インフレ要因をはらんで、キャピタルゲインに対する課税の問題が国民の中でも非常に強い要求となって出てきていると思います。キャピタルゲインに対する課税を厳格にやっていく方向で問題を考える場合、私どもは、たとえば土地にしても、あるいは有価証券の譲渡益にしても、高率の分離課税をすべきであって、しかも現在の、昭和四十四年の土地税制のような個人の特別分離のあいう課税も廃止して、逆に小規模の土地の譲渡についてはむしろ控除額を大幅に引き上げると考えていくほうが、現在の土地問題を解決していく上でも、また土地税制そのものをしっかりとしたものにしていく上でも、非常に重要なのではないかと考えるわけですが、こういうキャピタルゲインに対する課税につきまして、一体これをどういうように行っていくべきか、御見解を伺いたいと思います。

○東畑参考人　キャピタルゲインに対する課税は、結局キャピタルゲインをどうして把握するかではないかと思っております。キャピタルゲインに対して課税すべきものと、こういう考えですけれども、どうしてこれをつかむか、この困難が、この問題を今日まで放置しているゆえんでないかと思っております。

○北野参考人　有価証券の譲渡所得非課税の措置とは、私は違憲の疑いが強いと考えております。合理的な根拠はない。あるいは、政府のほうでいってお りますことは二つです。一つは、資本蓄積の観点からやむを得ない、いま一つは、税務行政上譲渡の把握が困難である、こういう二つの理由で昭和二十八年にあの制度ができたわけですけれども、しかし、それはいずれも合理的な根拠がありませんので、憲法の規定に違反する点が強いと思いますが、もし所得の把握が困難であるというならば、できるだけ科学的な調査の手法を開拓する。どろぼうがなかなかつかまえられないからつかまえないという議論はおかしいのでして、やはりつかまえるように努力をすべきでして、そのためには立法上の措置も必要でしょうし、行政上のあり方についての改善も行う必要があるわけでして、立法上の措置としまして、証券業者を通じてやる売買につきまして全部報告を義務づけるということにしたほうが、把握できるのではないかと思いますので、ぜひ一〇〇%課税を行うことにしてほしいと思います。昭和二十四年のシャウプ勧告におきましては、キャピタルゲインの全面課税が最も重要なポイントになっていたわけですので、それをこの機会に、ぜひ実現させていただきたいと思います。

それから、土地税制につきましてもいろいろ問題がありまして、昭和四十四年の土地税制はむしろ地価の高騰、地価をつり上げたと客観的に言えるような状態になっておるわけですので、そういう政策効果のない税制上の措置、つまり、そういった措置をサポートするに足る合理的な立法技術がないことが科学的に明らかになりますと、そういう措置は、憲法十四条に違反し、無効であるという法律論になってくるので、単に税制論レベルの議論ではなくて、憲法との連関で御検討を願いたいと先ほど来強調しておるわけですけれども、私は昭和四十四年の土地税制は違憲の疑いが強いと考えております。つまり、だれが見ましても、法人の仮需要を抑制する措置を同時に講ずべきであったのを講じてない。これは明らかに欠陥車を売ったのと同じでして、そういう税制を白昼公然として行うことは、たいへんな問題でして、ちょっと税を研究すればわかる疑問に対して対応させてない。こういうことでいきますと非常に困るので、もう少し立法技術を立法過程において分析する、立法技術に対する科学的な分析をこの際おやりになることが必要なのではないか、わが国の立案当局には立法技術という観念が従来全くなかったのでして、この際もう少し立法技術の科学的な分析をおやりいただく、そうしなければとても国民のための税制はでき上がらない、このように考えるわけです。

○井手参考人　有価証券の譲渡所得課税は譲渡所得を捕捉することがきわめて困難である、したがって、たまたま捕捉されたものがばかをみる、そういうことで廃止されたわけですけれども、それはあくまでも筋を通して、非課税措置を撤廃して、譲渡所得の捕捉方法を検討すべきだと思います。スウェーデンではたしか有価証券の譲渡所得課税をやっておると思います。おそらくスウェーデンでも譲渡所得の捕捉は困難であろうと思いますけれども、それを押してやっておると思うのですけれども、具体的にどのようにしてスウェーデンでその譲渡所得を捕捉すべく努力をしているかの調査が、私はまだ詳しくできておりませんので、ここで申し上げられないのは残念ですけれども、その辺をよく調査をしましてわれわれも一緒に研究をしたい。方向としては、税制の公平化という点からいって、総合課税主義の貫徹という点からいいまして、非課税措置は撤廃しなければならぬ、こういうふうに存じております。

もう一つ、土地税制は、土地の供給をはかるために、売ってもうけたら、税率を低くしてやるから早く売りなさいというようなことは、私は大反対です。これは税制の公平という点からいっておかしいのです。もうけるものに、税金をまけてやるから売りなさい、あの税制は絶対に反対です。だから、これはむしろ譲渡益に対しては重税を課するという今度の新土地税法でなければならぬ。ああいう税制は撤廃しなければならない。わが国では、税金をまけたり、減免してやるからという方法で国の政策を実行しようとしておる。これはやすきにつくことです。しかも税制の公平を犠牲にしながら国の政策を何とかやっていこうとしておる。これは国の政策に対する貧困なんですね。どうすればよいかという政策を追求していくことがめんどうであるために、税制にすぐ依存してしまう。税金をまけたらいいだろう、税金を免除したならばうまくいくだろう、そういう形になっていくものですからして、税制が筋の通らない不公平なものになってきて、今日のような状態になっておるのであって、これは絶対いけないのですね。ですから、土地を売ってもうけるものに対してはあくまでも重税を課する。重税を課して、それではもうけがないから、土地に対する需要が一方において抑制されるし、他方においてそれと並行して土地の保有税を今日の土地新税のように強化して、持っていてもたいへんだからというので手放さざるを得ないということで供給を促進する。ですから、土地新税は、方向としてはいいと思うのです。ただ、税率があの程度であるとか、抜け道が多いとか、いろいろ不備がございますので問題だらけですから、決して今度の土地新税をそのまま納得しませんけれども、四十四年度のあのようなやり方よりもはるかにいい、私はそう思っております。

（以下略）

衆議院　大蔵委員会議録第十八号

昭和四十八年三月二十八日(水曜日)

出席委員

委員長　鴨田　宗一君

理事　大村　襄治君　理事　木村武千代君
理事　村山　達雄君　理事　森　美秀君
理事　阿部　助哉君　理事　武藤　山治君
理事　荒木　宏君
愛野興一郎君　宇野　宗佑君
越智　通雄君　大西　正男君
金子　一平君　木野　晴夫君
栗原　祐幸君　小泉純一郎君
三枝　三郎君　竹中　修一君
中川　一郎君　野田　毅君
坊　秀男君　村岡　兼造君
毛利　松平君　山中　貞則君
佐藤　観樹君　高沢　寅男君
塚田　庄平君　平林　剛君
広瀬　秀吉君　堀　昌雄君
村山　喜一君　山田　耻目君
小林　政子君　増本　一彦君
広沢　直樹君　内海　清君
竹本　孫一君

出席政府委員

大蔵省主税局長　高木　文雄君

（ほか略）

本日の会議に付した案件

所得税法の一部を改正する法律案（内閣提出第四号）
法人税法の一部を改正する法律案（内閣提出第五号）
租税特別措置法の一部を改正する法律案（内閣提出第四二号）

○木村(武千代)委員長代理　これより会議を開きます。

所得税法の一部を改正する法律案、法人税法の一部を改正する法律案及び租税特別措置法の一部を改正する法律案の各案を一括して議題とし、質疑を続行いたします。

（中略）

○広沢委員　まず、税負担のあり方がどうあるべきかという、現実にいろいろ不公平な問題が起こっております。企業と個人、また個人の中でも、株式などのいわゆる資産所得と事業所得、また給与所得者、こういう不公平を是正しないことには、基本的な転換をどうしていくかも論じられないのではないか。そこで、数年来また数々の議論の中でこの問題は毎年繰り返されているわけであって、いかにして負担の公平化をはかるかですが、今回の税制改正を見ましても、私はそういう面から考えていきますと、非常に不合理である、こういう認識に立っているのですが、まだまだ不公平があるんだということで税制改正をやっていかなければならないわけですが、どういう認識に立っておられるのか。今回の税制改正で、あるいは毎年毎年行われている改正でそれが一応は是正されてきているという認識を持っておられるのか。私は、今回の改正では逆にまた不公平の問題を拡大したという面も見られるんじゃないか、こういうふうにも考えておりますので、その辺の認識はどうなっておるのか、伺っておきたい。

○高木（文）政府委員　所得税を中心にしまして、預金も分離課税、あるいは源泉選択になっておる、それから配当も配当控除の問題がある、さらに土地について分離課税の制度があることから、資産性所得と勤労性所得とのアンバランスの問題があるではないかという問題が起こっておりますが、これは特別な政策目的を持って分離課税にするのも、土地のようにあるものもありますけれども、株式の問題であるとか預金の問題は、非常に長い歴史もありますし、それぞれ税の執行との関連の問題が非常に複雑にからみついている問題です。理論的には、所得税の総合累進の姿から言うならば、これらの分離課税のような制度は問題があるのでして、私どもとしましても、何か整理の方向に進んでいくべきだという気持ちは常に持ってはおりますけれども、いわゆる預金なり株なり土地なりの実態、特に取引の実態との関連上、そう簡単には総合のほうに持っていけない事情があるわけでして、その事情との関連上どうしたらいいか。現状のままではちょっといけませんし、そうかといって、そう簡単には総合のほうに技術的にも持っていき得ない。政策的意図で分けているというよりは、むしろ技術的に持っていき得ない性格を持っておりますので、これをどうするかが、特別措置の形式をとっておろうと、本法の形式をとっておろうと、いずれにしましても、そういうものについて所得税の本来のあり方へ戻る道筋をどう見つけていったらいいかが非常に大きな問題であるという認識を持っております。

（以下略）

衆議院　大蔵委員会議録第十九号

昭和四十八年三月二十九日（木曜日）

出席委員

委員長　鴨田　宗一君

理事　大村　襄治君　理事　木村武千代君

理事　松本　十郎君　理事　村山　達雄君

理事　森　美秀君　理事　阿部　助哉君

理事　武藤　山治君　理事　荒木　宏君

愛野興一郎君　宇野　宗佑君

越智　通雄君　大西　正男君

金子　一平君　木野　晴夫君

栗原　祐幸君　小泉純一郎君

三枝　三郎君　塩谷　一夫君

中川　一郎君　野田　毅君

萩原　幸雄君　坊　秀男君

村岡　兼造君　山中　貞則君

高沢　寅男君　塚田　庄平君

堀　昌雄君　村山　喜一君

増本　一彦君　広沢　直樹君

竹本　孫一君

出席政府委員

大蔵省主税局長　高木　文雄君

委員外の出席者

国税庁直税部長　吉田冨士雄君

（ほか略）

本日の会議に付した案件

所得税法の一部を改正する法律案（内閣提出第四号）

法人税法の一部を改正する法律案（内閣提出第五号）

租税特別措置法の一部を改正する法律案（内閣提出第四二号）

○木村（武千代）委員長代理　これより会議を開きます。

所得税法の一部を改正する法律案、法人税法の一部を改正する法律案及び租税特別措置法の一部を改正する法律案の各案を一括して議題となし、質疑を続行いたします。

（中略）

○高沢委員　株式の課税に関する特別措置ですが、株式配当で生活をする夫婦二人子供二人の世帯が税金のかからない最低限度を、毎年示されますが、四十八年度の場合はその数字は幾らになっていますか。

○高木(文)政府委員　二百七十五万ですが、端数は……。

○高沢委員　たしかこれは昨年は三百万以上の数字だったと思いますが、これが二百七十五万に少なくなってきたのは、どういう理由からでしょうか。

○高木(文)政府委員　昭和四十四年度の税制改正で、当時配当控除率が一五%でしたものを一〇%にすることになりました。その一〇%は昭和四十八年から適用する。その中間過程におきましては、ちょうど一〇と一五の中間の一二・五%を適用することになっております。その税法は、たしか四十五年の所得税法改正であったと思いますが、そのときに、階段がだんだん下がるような法律をすでにきめていただいておりますので、そこで配当控除割合が四十八年一月一日から下がるわけでして、その関係ということです。

○高沢委員　この特別措置が昭和五十年十二月三十一日までになっているわけですが、もう前から税の不公平の最たるものとして指摘されておるところですから、これはできるだけ早く廃止すべきだ、少くも現在法で定められておる五十年十二月三十一日、このあとへまた持ち越していくことは、なさらないと思いますが、もうやめるのだということを、はっきりお示し願いたいのです。

○高木(文)政府委員　配当控除を一〇%にするということは、本法でやっておりまして、租税特別……。

○高沢委員　いや、配当分離。

○高木(文)政府委員　お答えを改めます。

配当分離は、租税特別措置法の規定でやっておるわけです。この配当分離の問題はなかなかむずかしい問題です。むずかしいというのは直すのがむずかしいとか何とかということじゃなくて、本来非常に議論が多い問題です。と申しますのは、一番基本は法人税のあり方の問題がございますが、それよりももう一つの問題としては、わが国の産業資金の調達方式として間接金融がいいのか直接金融がいいのかという基本問題がございます。どうも残念ながら自己資本比率が下がっていく、そして間接金融、銀行を通じますところの金融のウエートのほうが高まっていく。そのことがいいか悪いかはいろいろ問題がございますが、やはりあまり間接金融の割合が高まることはいろいろな意味において、経済支配力が金融機関に集中する結果にもなりますから、一般の方が銀行預金され、その金を金融機関が産業資金に回していく、そして自己資本比率が下がっていくという形態はどうもぐあいが悪いのであって、間接金融と直接金融のバランスはあるバランスがあってしかるべきではなかろうか。

そこで、配当においてどのような税制をとるかと預金についてどのような税制をとるかによって間接金融と直接金融のどっちがより有利になるかという関係になってまいりますので、その角度との関係から預金と配当にバランスをとりながら、なおかつでき得べくんば、将来若干直接金融のほうがいままでのように二〇%を割るような状態から少しもとに戻る状態にならないと日本の金融のあり方としては望ましくないという気持ちを一面において持っておりますので、そこをどう調整すべきかが実は一番大きな問題でして、それを背景にした上で今度は税制上、法人税法上一種の擬制説であるとかいう議論と、それから配当所得と利子所得についての、理論上の問題よりも一種の税務執行上の問題との関連でうまく把握ができるかどうかという問題と、つまり根っこの金融のあり方の問題と法人税制のあり方の問題と税務の執行の問題、この三つの積み重ねの結果としてどこへもっていくかなのですが、これは非常にむずかしい議論でして、そうだからといってほっておくわけにはまいりませんので、また繰り返し、主として税制調査会が中心に議論していただくつもりですが、この段階でどういう方向にもっていくかは、まだ私自身の頭の中でもそっちの方向ということはなかなか申し上げかねるようなむずかしい状態です。

○高沢委員　それから配当の分離の結果としての租税特別措置法による減収額が過去に何年度は幾らとずっと示されておりますが、四十八年度は配当分離による特別措置法による減収額が五百三十億と見込みが発表されております。で、過去の場合には昭和四十年は三百三十四億、四十一年は三百三十億、四十二年は三百十、四十三年が三百二十ときて、四十七年には四百十、四十八年は五百三十になっているのですが、過去にこの特別措置によって減収見込みはこうであるという数字を示されたことはあるわけですか。決算で実際に減収になった額はこれだけだというものをお示しになったことはあるのですか。

○高木(文)政府委員　昨年の国会におきまして、租税特別措置全体について減収額を決算的に研究せいということを主として野党の御要求があり、その作業はしております。その場合にも配当所得の租税特別措置による減収額を実績的に把握することは、不可能ではないかもしれませんが、非常にむずかしいのではないか。というのは、配当を受けておられる方々が総合になった場合に、それぞれの方について上積み税率がどういうかっこうになってくるか、つまり配当所得を受けていらっしゃる方が他の所得において所得階層別にどういうところにあるかを出してこないと総合と分離との差額が出てこないもんですから、一人一人によって上積み税率で二五の方もある、三〇の方もある、三五の方もございます。ですから、この制度による減収メリットを受けている方がどういう所得階層かとなりますと、現在の申告書をそういう角度からその部分だけもう一ぺん集計する作業をやれば全く不可能ではないと思いますけれども、かなり複雑であり、ややこしくなりますし、また推定要素も入れないと出てこないかと思います。その意味で、ちょっといままでのところは実績数値は出していないのが現状です。

○高沢委員　しろうとの議論ですが、見込みが出せるならば、見込みを出すときの、成長率なら成長率の見通しはどれだけであって、そうして見込み額でこれだけだった。今度は実際の実績と成長率がこれだけだったということから実績は大体これくらいだろうという程度の出し方はできるのじゃないかという感じがするのですが、それはどうなんでしょうか。

○高木(文)政府委員　租税特別措置の減収見込み額を立てます計算方式がございますから、そのときにはたとえば配当総額は幾らであろうか、そのうち個人が受け取る配当はどれくらいかを推定し、その他いろいろ推定をしてこの五百三十という数字を出しているわけです。ところが、この五百三十という数字は、予算成立前の見込みで出しているわけですが、その後配当の総額がふえたとか配当のうちの個人、法人の受け取り分が変わったとかいろいろなことがございますから、その推定要素がわかっただけでも、これだけに変わりましたということで計算し直すことは可能です、過去の分について。

（中略）

○増本委員　有価証券の譲渡益について、捕捉が困難だとおっしゃっておるわけですけれども、ほかの有価証券についても証券会社に少なくとも売買の報告書とか特に最近はオンラインシステムが採用されてすべて本店に集中され、コンピューターも採用されてコード番号でもはっきりとしている。だから架空名義であろうと、コード番号はちゃんとしているわけですから、それに基づいて一定の作業さえすれば、キャピタルゲインを捕捉するという難問は相当程度解決できるんじゃないだろうかと考えるのですけれどもね。その点は主税局なりあるいは国税庁で検討されていないんでしょうか。

○高木(文)政府委員　まず株券は、ゴルフ場の場合と違いまして、株券は量がものすごく多いわけです。しかも極端な場合には、きのう買って値上がりを待ってすぐきょうまた売るということですから、株券の量が多いのみならず、取引の量が猛烈です。そこで、これを何らかの形でとらえなければならぬことになりますと、考えられる知識としては、一定量のものに限る、いまの何回何万株でなくて、一回の取引量が非常に大きいものに限ることにすれば事務負担を証券会社にかけず、また税務署側にもそう負担にならず、可能ではないかと考えられるわけですが、もし一定量以上の株の取引だけを、届け出制度なり登録制度にすることを考えますならば、必ず一定量、XならX量ときめまして制度をきめますればXマイナス一の株券が売買される、こういう制度になっていきますので、どうも量で限るのではうまくないということになってきまして、そこでどうしたらよいかをたいへん苦慮しているわけでして、現在の五十回、二十万株も、性質上それは株の単純な譲渡よりはむしろ事業所得なり雑所得に類するものだ、商売として株を売ったり買ったりしているんだといえるということであの知恵がいま出ているわけですが、その制度がなかなかうまく動かないので、何とかこの株の取引を捕捉をすることにつきましては、いまの五十回二十万株のような思想を若干発展をさせていく方法が、当面は一つのアプローチをする道ではないかと思っておるわけでして、実は私自身は、昨年でき得るならばそういうことをもう少し詰めて研究したいと思っておりましたが、いろいろな改正法がございました関係もございまして、なかなか手が回りかね、結論までに至りませんでした。しかし、この問題は、われわれとしても放置できない問題ですので、この技術を何か開発をしなければならぬと考えております。

と同時に、もう一つは、仮名あるいは無記名で取引されますので、仮名で取引されますとほかの名前を使われた方に迷惑がかかる。よくありますのは、電話帳を使って、電話帳の適当なページの名前を書いて取引するということがありますので、うっかり使えないということが、名前そのもので分別できないということで、関係ない方に御迷惑をかけてしまう危険が非常にありますので、そこらを考え、さらに、業界の問題の考え方も漸次改めてもらうことを考えながら、何とかこの入り口を見つけたいと考えておりますけれども、簡単にはいかないと思います。

○増本委員　有価証券取引税の税務執行上の扱いを伺いたいのですけれども、申告による納付と特別徴収による納付と、それから御本人さんが印紙によって払う場合とあるわけですね。これは、法律によると、それぞれ政令で定めた様式の納付書とか、あるいは有価証券取引高書というものを税務署長に提出するということになっていますね。国税庁いかがですか。

○吉田説明員　直税系統の資産税の部門でやっております。

○増本委員　そうすると、なお都合がいいですね。証券会社には記帳の義務がある。有価証券取引税法二十二条には質問検査権も保障されている。問題は、有価証券取引税を納付するときに税務署長に提出する書面の様式は、この政令の四条や四条の二で、譲渡価格を記載するようになっておるわけですね。この政令を改善して、取得価格も、証券会社がそれを扱っている場合には、その譲渡した株の取得価格も明らかになるわけですから、それまで記載させることをやると、かなり譲渡益の実体を捕捉することが可能になると思うのですけれども、捕捉の方法を検討すべき段階にきているんだと私は思うのですよ。

　ですから、こういう徴税方法を事こまかに検討するたてまえでやっておられるのか、この点はどうなんでしょう。ただ有価証券の譲渡益は捕捉が困難だからだめだということだけで終わったんでは、国民のキャピタルゲイン課税の悲願をいつまでたっても果たせない。そうして資産所得者はいつまでもぬくぬくして大もうけをし、過剰流動性まで問題になるということだと思いますけれども、その点はいかがでしょうか。

○吉田説明員　ただいま御指摘の特別徴収による納付の四条の二の場合は、有価証券の取引をまとめて全部一括してやります。先生のおっしゃいますように、具体的な譲渡者あるいは譲受者というかっこうで、たとえば個別の場合の印紙納付の場合のようにすると非常に手数がたいへんですので、現在の特別徴収の場合は御承知のように一括まとめてやっておりますので、それをこまかく個々の取引に分けてやることはやっておりません。

○増本委員　四条の申告書の場合でも、これは取引税だけのことを考えていますから、この「譲渡価格の合計額」と四条の二号でも書いてあるし、四条の二の二号の場合もそうだし、それから七条の証券会社の記帳義務も同じような価格や数量、約定年月日、受け渡し先、受け渡し年月日というように、譲渡することは書いてあるけれども、これは政令ですから、政府がその気になって改善を加えることによって、キャピタルゲインの捕捉も改善されてくると思うのです。だから、それからコンピューターも採用され、偽名を使っていようと名義貸しをしていようと、コード番号は動かないわけですから、そういう点では、たとえば一年、二年、三年ぐらいの間にそれを報告書を整理させていけば、あとは同じコード番号でこの株の入ってくるものと出ていくものとの関係は、報告させればわかるわけですから、そうすれば最初のスタートは確かに一定の事務が煩瑣でたいへんかもしれないけれども、そこで腰を据えてやれば、あとはかなり捕捉が楽になるし、徴税能率もあがっていくんじゃないか。そういう点も含めてひとつ検討してほしいと思うのですが、いかがですか。

○高木(文)政府委員　いろいろな方法でいろいろな入り口をさがそうとしておりますから、いま一つのサゼスチョンをいただいたわけですので、よく研究していきたいと思います。

　ただこれは、譲渡価格そのものは証券会社が当然知っておりますが、それの原価になりますと、一人一人のお客さんの問題になりますのでうまくいくかどうか。また現在この所要の方式をどの程度どういう事務所がやっているか。いまコンピューター等もありますから、やりようによってはできるかもしれませんし、そのあたりのところを含めて、よく勉強いたします。

（中略）

○増本委員　そこで、これはもう所得税の法体系からも、法人税の法体系からも全く違った、あいのこみたいな制度になっていると思うのですね。法人でもないのにみなし法人として課税をし、そしてそのほかにみなし配当所得として課税をし、給与所得はさらに源泉徴収として課税をされる。いわばこういう三重の課税手続を経ることになる。これは全く現在の法体系、税制度との関連では、それとは全く切り離された特別の制度である、体系上はそう考えてよろしいんですか。

○高木(文)政府委員　全く別だと考えますか、あるいはちょうど所得税と法人税の中間のようなものを、みなし法人、みなしという擬制を使いまして組み立てたことであろうかと思います。ただ、いま何か、何回も課税になるようなお話でしたが、それはそういうことではなくて、給与であればその部分は源泉徴収の問題はございますが、その他の部分は課税という行為がそこで起こるのではなくて、計算上そういう式の計算をして申告をするわけでございます。

　なお、諸外国におきましても、法人と個人のまたがりのところは非常に悩んでおるところです。と申しますのは、所得税は、程度の差こそあれ比例でなしに累進税率を何らかの形式でとっておりますし、法人税はいずれの国におきましても大体比例税率をとっておりますから、比例税率と累進税率のクロスポイントをどう見つけるかで各国とも弱っておるわけですが、特にわが国の場合は累進税率の区分がこまかくできておりますから、イギリスのように、飛び込み税率が高いかわりにずっとそのブラッケットがものすごく広いという場合はあまり問題は少ないんだろうと思いますけれども、税率区分を多くして総合にしますと、そこのクロスポイントをどうするかという問題はどうしても出てくるわけです。アメリカでは、みなし法人とみなし個人と両方あったのですが、現在はみなし個人の制度が残っておりまして、みなし法人はあまり実益がないというので、現在はやめております。その辺の問題は、税制が比例税制か累進税制かという制度をとる以上は、どうしてもそのまたがりのところはどうするかという問題は出てくる問題だと思います。

○**増本委員**　そこで、みなし配当という考え方ですけれども、いってみれば、これはみなし法人だとしても、社外流出しているわけじゃないんですね。これをみなし配当として考えるというようなこととか、それからもう一つは、資産の運用所得者も、不動産などの資産運用者も、これは青色申告者であればできるわけですね。勤労性の所得が全然ない資産所得の人間にもこういう点を認めているという矛盾は、一体どういうようにお考えになっているわけですか。

○**高木(文)政府委員**　まず第一に、みなし配当とはどういう意味かと申しますと、百のうちで六十を引いて残りが四十だ、四十については何かの形において法人税率に対応する税率のもので一ぺん税額計算をやる必要があるわけですが、法人税には留保に対する課税と配当に対する課税がございます。大法人でいえば、よくいわれます三六・七五と二六、二種類あるわけです。その四十の部分にどっちの税率で課税をするか、法人扱いをするという場合にこういう問題があるわけですが、これは何といっても一人の人の話ですから、一ぺん給与計算をしたといっても、残りの部分の税引き後の所得と、この給与として扱った部分の中から消費を引いた部分とは合体してその金庫の中に入っている。こっちの部分は法人の金であり、こっちの部分はみなし給与から出てきた金であるということは、とても分別ができないことになりますので、一応そこのところは配当と考えるか、留保と考えるかは非常にむずかしいところですが、低い税率である配当といわばみなして、そこで三百万円以下ならば二二だということで税率計算をする。しかし、それは配当のように外へ出ているわけではないので、配当と概念できませんので、みなし配当ということで、単に法人における低いほうの税率を適用するという趣旨でみなし配当という概念を使っておるわけです。

それから、資産所得といわれますが、そこはこれまた非常にややこしいことになっておりますが、あくまで事業所得者についての特例措置ですから、事業所得のない方の資産から生まれてくる所得については、このみなし法人制度は働いてこないわけですが、この事業所得をやっていらっしゃる方の場合には働いてくる。そこは法人と同じにしてくれということですから、それを考えてみますと、法人が資産を持っておって、ものをつくったりものを売ったりするとは全くしないで、法人が不動産から何らかの所得を得ておるという場合を一つ考えてみて、それと個人との関係を考えてみますと、法人の場合にはすべてが営業行為であるという前提に立っておりますから、そして所得分類のような概念が全くありませんから、そこで法人の不動産賃貸業の場合と同じように個人の不動産賃貸業についても、事業主配当制度を採用すればみなし法人課税制度を採用できる仕組みにしております。

○**増本委員**　そうしますと、不動産などの所得の場合ですけれども、所得税法の九十六条から百一条、世帯が資産所得を有する場合の税額計算の特例がありますけれども、これとの関係では、事業主報酬制度をとるとどういうぐあいになるのでしょうか。たとえば事業主が資産を持っておる。それで事業主報酬制度を採用する。配偶者や世帯も持っておる。こういう場合はどういうように処理するのですか。

○**高木(文)政府委員**　簡単に申しますと、みなし配当所得は九十六条以下の資産合算所得が適用になる仕組みにしております。――すみません、もう少し正確に申しますと、不動産所得全体が資産合算の対象になるのじゃなくて、不動産所得であってもそれについて事業主報酬制度、みなし法人制度が適用になりましたならば、そのみなし配当になった部分だけ資産合算のほうへ引っぱってくる、こういう仕組みにしております。

(以下略)

衆議院　大蔵委員会議録第二十号

昭和四十八年三月三十日(金曜日)

出席委員

委員長 鴨田宗一君

理事 大村襄治君　理事 木村武千代君

理事 松本十郎君　理事 村山達雄君

理事 森美秀君　理事 阿部助哉君

理事 武藤山治君　理事 荒木宏君

宇野宗佑君　小渕恵三君

越智通雄君　笠岡喬君

金子一平君　木野晴夫君

栗原祐幸君　小泉純一郎君

三枝三郎君　塩谷一夫君

渡海元三郎君　西岡武夫君

野田毅君　萩原幸雄君

浜田幸一君　坊秀男君

村岡兼造君　毛利松平君

山中貞則君　塚田庄平君

広瀬秀吉君　村山喜一君

山田耻目君　増本一彦君

田中昭二君　広沢直樹君

内海清君　竹本孫一君

出席政府委員

大蔵省主税局長　高木文雄君

（ほか略）

本日の会議に付した案件

所得税法の一部を改正する法律案（内閣提出第四号）

法人税法の一部を改正する法律案（内閣提出第五号）

租税特別措置法の一部を改正する法律案（内閣提出第四二号）

○鴨田委員長　これより会議を開きます。

所得税法の一部を改正する法律案、法人税法の一部を改正する法律案、及び租税特別措置法の一部を改正する法律案の各案を一括して議題とし、質疑を続行いたします。

（中略）

○阿部（助）委員　わが国の税制は機能を十分に果たしておるとは思わないのです。今度特別措置の論議、法人税の論議に入りますけれども、いままでは全体として資本の蓄積あるいは海外競争力の強化に税制が動員されてきた。もっとはっきり言えば、大企業と金持ちに奉仕させられてきた。これがいまの税制の姿だ、こう思うのです。しかし、日本もドルがたまって、政策転換を迫られておるときです。そうすれば、日本の税制全体ももう一ぺん考え直して、いまの現実の政策転換を迫られておると同じように税制自体も転換を迫られておるのではないだろうかと感じるわけです。そういう点で、これは特別措置のほうになりましょうけれども、特別措置を思い切って整理する。特に利子配当の分離課税制度だとか、配当課税制度だとか、有価証券の非課税制度、あるいは土地の長期保有者の問題という問題をこの際整理されるべきだ。そうでなければ、先ほど来ここでいろいろな税の要求、あるいはまたアンバランスに対する不満が述べられておりますけれども、解決をしない。一番問題は、税の根本が曲がっちまって、原則がどこなのかがわからなくなったところに一番問題があると思うので、大整理をするお考えはございませんか。

○高木（文）政府委員　私もいま転換期に来ていると思います。と申しますのは、一つには、福祉への時代となりました場合、福祉を実現するための財源を税で調達するのか、負担金で調達していくのかがあり、もしある程度のものを税で負担するのだとすれば、どのような税で調達すべきかという問題があり、その前に、御指摘の問題がだんだん出てきて、日本の経済構造なり財産構造なり、所得構造なりの変化が非常に急激に行われてきている現在において、現在の制度そのものをいろいろな意味において見直す必要があることには、全く同感です。

四十六年の秋から三年の任期でやっていただいております税制調査会におきましても、来年の秋までが任期期間ですので、長期の税のあり方について御検討を願うということで、たとえば現在の税制調査会の正規の委員だけでなくて、専門委員というような形で多くの方に参加をしていただいて、そういう問題をさっそくに討議をしていただくべき時期に来ておるのではないかと思っておるわけです。

（中略）

○鴨田委員長　ただいま議題となっております各案中、所得税法の一部を改正する法律案に対する質疑はこれにて終了いたしました。

○鴨田委員長　本案に対し、日本社会党、公明党及び民社党を代表して、武藤山治君外二名より修正案が提出されております。

所得税法の一部を改正する法律案に対する修正案

所得税法の一部を改正する法律案の一部を次のように修正する。

第二十四条第二項中「（第九条第一項第十一号イ又はロ（有価証券の継続的取引等に係る所得）」を「次の各号」に改め、同項に次の二号を加える。

一　継続して有価証券を売買することによる所得として政令で定めるもの

二　相当数買い集めた同一銘柄の有価証券を、その発行法人の所得者である地位を利用して、その発行法人若しくはその特殊関係者で政令で定めるものに対し、又はこれらの者若しくはその依頼する者のあつせんにより売却することによる所得として政令で定めるもの

第二十五条第三項中「第一号から第三号までに掲げる金銭その他の資産の交付が二回以上にわたつて行なわれた場合における同項に規定するこえる部分の金額の計算の方法その他同項」を削る。

第三十条第三項及び第四項の改正規定の次に次のように加える。

第三十三条の次に次の二条を加える。

（譲渡所得の金額とみなす金額）

第三十三条の二　次に掲げる金額は、この法律の規定の適用については、前条第三項に規定する譲渡所得の金額とみなす。

一　証券投資信託の終了又は証券投資信託の一部の解約によりその証券投資信託の受益証券を有する者に対して支払われる金額とその証券投資信託について信託された金額（オープン型の証券投資信託については、当該金額のうち第九条第一項第十二号（オープン型の証券投資信託の収益の分配に係る非課税所得）に掲げる収益の分配に充てられるべき部分の金額を控除した金額）のうち当該受益証券に係る部分の金額とのうちいずれか低い金額が当該受益証券の取得に要した金額をこえる場合におけるそのこえる部分の金額

二　法人の法人税法第二条第十四号（定義）に規定する株主等（以下この条において「株主等」という。）がその法人の資本若しくは出資の減少、株式の消却又はその法人からの退社若しくは脱退により交付を受ける金銭の額及び金銭以外の資産の価額の合計額とその法人の同法第二条第十六号に規定する資本等の金額（以下この条において「資本等の金額」という。）のうちその交付の基因となつた株式（出資を含む。以下この条において同じ。）に係る部分の金額とのうちいずれか低い金額が当該株式の取得に要した金額をこえる場合におけるそのこえる部分の金額

三　内国法人（法人税法第二条第六号に規定する公益法人等及び人格のない社団等を除く。以下この条において同じ。）の株主等がその内国法人の解散により残余財産の分配として交付を受ける金銭の額及び金銭以外の資産の価額の合計額とその内国法人の資本等の金額のうちその交付の基因となつた株式に係る部分の金額とのうちいずれか低い金額が当該株式の取得に要した金額をこえる場合におけるそのこえる部分の金額

四　内国法人の株主等がその内国法人の合併により交付を受ける金銭の額及び金銭以外の資産の価額の合計額とその内国法人の資本等の金額のうちその交付の基因となつた株式に係る部分の金額とのうちいずれか低い金額が当該株式の取得に要した金額をこえる場合におけるそのこえる部分の金額

2　前項の規定の適用に関し必要な事項は、政令で定める。

（配当等の額とみなす金額及び譲渡所得の金額とみなす金額の計算方法）

第三十三条の三　前条第一項第一号に規定する金額又は同項第二号及び第三号に規定する金銭若しくは金銭以外の資産の支払又は交付が二回以上にわたつて行なわれた場合における第二十五条第一項（配当等の額とみなす金額）に規定するこえる部分の金額及び前条第一項第一号から第三号までに掲げるこえる部分の金額の計算の方法に関し必要な事項は、政令で定める。

第七十四条第二項第七号の改正規定の次に次のように加える。

第七十七条の次に次の一条を加える。

（中略）

（有価証券の譲渡所得の非課税等の廃止に関する経過措置）

第六条　施行日前における改正前の所得税法（以下「旧法」という。）第九条第一項第十一号（有価証券の譲渡による所得の非課税）に掲げる有価証券の譲渡による所得については、なお従前の例による。

2　施行日前に支払われた旧法第九条第一項第十三号（証券投資信託の終了又は一部解約の場合の非課税所得）に掲げる金額及び施行日前に交付を受けた同項第十四号から第十六号まで（資本の減少等、解散又は合併の場合の非課税所得）に掲げる金銭その他の資産については、なお従前の例による。

（配当控除の廃止に関する経過措置）

第八条　施行日前に支払を受けるべき旧法第九十二条第一項（配当控除）に規定する利益の配当、剰余金の分配又は証券投資信託の収益の分配に係る配当所得については、同条の規定は、なおその効

力を有する。

附則に次の一条を加える。

○鴨田委員長　この際、提出者より趣旨の説明を求めます。

○武藤(山)委員　私は、提出者を代表しまして、ただいま提案されております所得税法の一部を改正する法律案に対する修正案の趣旨と内容を申し上げます。

案文は、すでにお手元に配付してございますので、朗読は省略させていただきます。

有価証券の譲渡等による所得に対する課税です。株式等のキャピタルゲインを非課税としていることは、現行制度の大きな欠陥です。特に昨今のように株式の高騰により巨額の利潤を得ている者が続出している場合、課税の公平を著しくそこなうものとなるものです。ここに、現行非課税制度を廃止し、有価証券及びその類似のものの譲渡所得は、すべて課税することとしている次第です。

最後は、配当控除制度の廃止です。現行制度では、いわゆる法人擬制税により、所得税の前払いである法人税を清算する意味で配当控除が認められておりますが、配当のみの所得者の課税最低限は二百七十五万円で、給与所得者の二・五倍ですから、この制度は資産所得優遇の最たるものといえるのです。そこで、他の所得者との負担の公平をはかるために、擬制説を維持するという考え方は捨てて、配当控除制度を廃止することとしております。

以上が修正案の概要です。何とぞ、御審議の上、御賛成賜わりますようお願い申し上げます。

○鴨田委員長　これにて趣旨の説明は終わりました。

○鴨田委員長　これより原案及び修正案を一括して討論に入ります。

討論の通告がありますので、順次これを許します。

○萩原委員　私は、自由民主党を代表しまして、ただいま議題となりました所得税法の一部を改正する法律案に賛成、同法案に対する日本社会党、公明党及び民社党共同提案にかかる修正案に反対の意向を表明するものであります。

次に、修正案ですが、各種の非課税措置または所得控除は、税負担の均衡をはかる点でなお慎重な検討を要するものであり、株式等のキャピタルゲイン課税は、税務執行上の難点があり、配当控除の廃止は、考え方の変更で急激な制度の転換を行うことに問題があり、いずれも賛成しがたいものと認められます。

以上申し述べましたとおり、私は、政府原案に賛成し、修正案に反対するものです。

○広沢委員　私は、日本社会党、公明党、民社党の三党を代表しまして、ただいま議題となりました所得税法の一部を改正する法律案に反対、同法案に対する日本社会党、公明党、民社党共同提案にかかる修正案に賛成の討論を行うものです。

次に、現行制度のもとで、給与所得者の税負担が他の所得者に比べて重くなっており、また資産所得者がかなり優遇されていることは明らかであり、そのために納税者の不満感が非常に強いものとなっておりますが、原案はこのような不公平を是正するための適切な措置を欠いているといわなければなりません。修正案は、通勤費及び夜勤手当の非課税、未成年者控除の創設等、勤労所得にかかわるものの課税負担軽減、さらに、株式等のキャピタルゲインの課税、配当控除の廃止等、資産所得優遇の改廃をはかろうとするものであり、時宜にかなった適切なものとして賛成するものです。

○鴨田委員長　これにて討論は終局しました。

これより採決に入ります。

まず、本案に対する修正案について採決いたします。

本修正案に賛成の諸君の起立を求めます。

〔賛成者起立〕

○鴨田委員長　起立少数。よって、本修正案は否決されました。

次に、原案について採決いたします。

原案に賛成の諸君の起立を求めます。

〔賛成者起立〕

○鴨田委員長　起立多数。よって、本案は原案のとおり可決いたしました。

（以下略）

衆議院　大蔵委員会議録第二十一号

昭和四十八年四月三日(火曜日)

出席委員

委員長　鴨田　宗一君

理事　大村　襄治君　理事　木村武千代君

理事　松本　十郎君　理事　村山　達雄君

理事　森　　美秀君　理事　阿部　助哉君

理事　武藤　山治君　理事　荒木　　宏君

愛野興一郎君　宇野　宗佑君

越智　通雄君　大西　正男君

金子　一平君　木野　晴夫君

小泉純一郎君　三枝　三郎君
塩谷　一夫君　中川　一郎君
野田　　毅君　萩原　幸雄君
坊　　秀男君　村岡　兼造君
毛利　松平君　山中　貞則君
高沢　寅男君　塚田　庄平君
広瀬　秀吉君　堀　　昌雄君
村山　喜一君　山田　耻目君
増本　一彦君　広沢　直樹君
内海　　清君　竹本　孫一君

出席政府委員
大蔵省主税局長　高木　文雄君
（ほか略）

本日の会議に付した案件
法人税法の一部を改正する法律案（内閣提出第五号）
租税特別措置法の一部を改正する法律案（内閣提出第四二号）

○鴨田委員長　これより会議を開きます。
法人税法の一部を改正する法律案及び租税特別措置法の一部を改正する法律案の両案を一括して議題とし、質疑を続行いたします。

（中略）
○高木(文)政府委員　資本金階層別に税負担を見ますと、資本金の大きいほうが、結果として税負担が小さい傾向にあることは事実です。なぜそうなっておるかはいろいろ原因がありますし、統計のとり方等にも問題があるのですが、基本的には資本金の大きい会社は、配当政策を重視をすることになります。将来の発展を期すためには将来資本調達をしなければならぬから、株式の配当に非常にナーバスにならざるを得ないわけでして、配当をなるべく高い水準に保ちながら、かつ継続的に配当していかないと、株価維持の問題もあり、かつ将来に向かっての資金調達の関係もあってどうしてもナーバスになる。
そこで配当政策には非常に重点が置かれるわけですが、資本金が大きいことはそれだけ配当所要額が大きいことですから、配当所要額が大きいことは、配当軽課税率が働く金額が大きくなりますので、資本金が大きいほど、同じ法人の所得のうち、基本税率が働くいわゆる留保所得の占める割合は低くなって、配当軽課税率が働く配当に充てる金額の部分が大きくなっていきますから、平均的にはどうしても税負担率が下がってくるわけでして、そのことが資本金の大きさと税負担率との関係に最近顕著にあらわれてきておるわけです。

そのことから、その問題をどうしたらよいかとなりますと、どうしても配当軽課税率そのもののあり方を考えなければならぬわけです。しかし、一方におきまして配当軽課税率が設けられましたのは、企業にとりまして資金調達をする場合に、金融機関から金を借りれば借り入れ利息が損金になる、配当は軽課法人税率がかかり、配当するからといって損金になるわけではない。そういう資本調達を金融機関によらざる直接資本調達を伸ばしていこうということから配当軽課税率ができたので、税負担率という面から見るとたいへん問題があるので、もう一ぺん配当軽課税率は考え直すべきであるという考え方と、もう一方は、わが国産業の資金調達のあり方をどのように考えたらよいかという問題とどのように調整すべきかという問題が問題です。

いずれにいたしましてもそこが一番問題でして、その問題を現状のままにしておきながら段階税率、累進税率とはやや基本の問題を放置したままで触れることにもなりますので、私どもとしましてはそういう意味では、この段階税率問題もしくは累進税率問題の前に配当税率の問題にメスを当てるべきではないかと考えております。

（中略）
○塚田委員　次に、利子配当の分離課税について聞きます。
この政策目的は何ですか。
○高木(文)政府委員　利子は非常に長い歴史を持っておるわけですが、貯蓄奨励から始まったものです。配当も、直接金融か間接金融かと関連して、利子とのバランスを考えながら設けられている制度だと思います。ただ、これは、昭和四十五年度の改正であったと思いますが、現在は漸次改めまして、総合のほうに持っていく素地はできておるわけでして、源泉選択制度が最近できておるわけです。その源泉選択制度も、最初は一五%、次が二〇%、続いて二五%ということで、源泉を選択した場合の税率を漸次上げてきておるのでして、本年一月一日から二五%になったわけですので、本来ならば源泉分離を選択することは不利な方が多い状態になっております。しかしながら、預金者あるいは株主が、言ってみれば税務署とのかかわりを持ちたくないということで、税負担の高い低いに関係なく源泉制度を選ばれる方がきわめて多い現状になっておりますが、これらも本年一月一日から源泉選択の税率が二五に到達したところですので、この経過を見まして、これはあと二年続くわけですから、そのあたりでもう一度根本的見直しが行われることを予定しております。
○塚田委員　利子の分離課税は非常に長い歴史を

持っている。おそらく明治以来の制度であろうと思うのです。これは当初、貯蓄奨励ということで出されたことですが、貯蓄奨励もさることながら、明治から大正にかけての日本の資本主義の上昇育成期、こういう資本主義育成の一つの大きな柱として利子の分離課税がとられた、こう思うのです。これは明らかに所得税の公平の原則を破ってまでこうしなければならなかった当時の事情も、それなりに評価、是認したいと思うのです。いまになって、それじゃ一体貯蓄奨励の目的をどれだけ達しておるかとなると、もうその意味を失ってきておるのじゃないか、こういうふうに思うのですよ。それは局長も御存じのとおり、日本は各国に比べて非常に貯蓄性向が高い。アメリカあるいはイギリス、西ドイツ等に比べましても、問題にならないほど高いわけですよ。大体七一年、七二年になりますと、貯蓄率は二〇%をこえる、こういわれております。統計上そう出ております。アメリカのごときは一〇%に満たない。あるいは西ドイツも一五%である。非常に勤勉な貯蓄性向を持っておる国民です。ところが反面、それでは平均は一体どのくらいの貯蓄をしておるのかといったら、大体百万未満に集中しております。いわばこの税は零細な庶民の貯蓄に対して資するものが少なくて、むしろ大きな企業にとってはこの制度は非常に恩恵のある制度だと思うのです。私は、そういう現実を踏まえて、利子分離課税、あるいは配当の分離課税は早急にやめて、所得税と同じような一般所得としての課税をやるべきだ、こう考えるのですが、この点についてひとつ御答弁願いたい。

○高木(文)政府委員　わが国の場合は貯蓄の率が非常に高いわけです。そのことは非常にいいことだということで今日まで来ているわけです。今後も、わが国の習慣といいますか、たいへん貯蓄率が高いこと自体は決して非難さるべきことではないと思いますが、問題は貯蓄の形態としてどのような貯蓄、つまり預金とか株を持つというような貯蓄形態と、ほかのもろもろの貯蓄形態との間において何が望ましいものとして考えらるべきかがあろうかと思いますが、なかなかむずかしい問題ですけれども、預金、あるいは配当につき、税制上制度を変えますということは、その貯蓄のあり方に何らかの意味において干渉することになるわけでして、そこは相当慎重に考える必要があると思います。さりとて、もし高額の貯蓄者あるいは高額の配当受領者があります場合に、それに十分の課税が行なわれないことになりましては、所得税の累進構造といいますか、再分配機能が果たされないことになるわけですから、まさにただいま御指摘のように、方向としては総合のほうに持っていかなければならないということで、四十五年の改正で源泉選択という新しい手法を導入してきたわけです。しかしながら長い歴史がございますから、それがわが国の国民生活の中に定着するのにはまだまだ時間がかかるであろうと考えます。

まず源泉選択制度が正しく理解さるべきものであると思っておりますが、どうもまだ銀行の窓口等において、本来それほどの所得者でない方までが、二五%の税率制度である源泉のほうを選ばれる実態があることをだんだん直していかなければならぬ。だんだん直していって、真の意味の総合に持っていかなければならぬ。何とか源泉選択制度を広く国民生活の中に定着したいのが願いでして、そういう努力を今後とも続けてまいりたいと思います。これを一挙にやめますことは、まだ国民生活の間にそういう分離的概念があまりにも強く深く定着しておりますので、一挙にやめるわけにはまいらぬのではないか。いわば意識改造が必要ではないかと思います。

○塚田委員　いま説明がありましたけれども、日本は貯蓄性向が高いということについての局長の認識に、若干私どもとそごがある。なぜ高いかという基本的なかまえが若干私どもと違うのじゃないかと思うのです。残念ながらこの高さは、局長の言うように非常にいいことである、喜ぶべきことだと一がいに片づけられないのですよ。なぜかといったら、日本がほかの国よりも高いのは、日本が社会保障制度について非常に低い。特に老後は、いろいろ世論調査の結果出てきておるのですが、なぜ貯蓄をするのかは、老後が心配だという率が非常に高いし、あるいは子供の教育のために、あるいはまた、ささやかな持ち家を期待して貯蓄をやっておるわけです。

だから、局長の言うとおり若干制度を変える、利子、配当の課税方法を変えていくとか、あるいは利回りの変動とかで、大きく動くものじゃないのです。だから、この制度は単に高額貯蓄者にだけ利益を与えているものであり、そういう面で政策目的に合するものであって、一般の国民の貯蓄という面から見れば、ずいぶんかけ離れた制度ではないかと考えるのですが、どうでしょうか。

○高木(文)政府委員　御指摘の面はあると思います。いまなぜわが国において貯蓄率が高いか、特に勤労所得者等も非常に貯蓄率が高い説明としては、よくいわれますのは、社会保障が不十分であることによる自衛的な意味で貯蓄が行なわれることが一つと、もう一つは、給与体系にも関係があるといわれておるわけでして、定額給与と比べて臨時賞与的なもののウエートが高いことから、生活費の調整のために貯蓄せざるを得ないということもいわれておるわけです。しかしながら、現実としてそういうことがあるわけですので、にわかにそれが変わっていくかどうか。これは社会保障制度が漸次充実してまいりますならば、変わっていく面もあろうかと思いますし、同じ貯蓄の中でも金融資産を重視することが変わっていくことも考えられるわけですけれども、それも三年とか五年とかいう短い期間の間にそう急激に変わっていくとは考えられませんので、いまの制度を基本的に根っこから変えていくのはむずかしいので、やはり漸を追って変えていくということではないかと思うわけです。

それからもう一つ、制度論のほかに、税務執行論との関係でもやっかいな問題があるわけでして、しばしば当委員会その他国会においても問題になっておりますように、仮名あるいは無記名という預金制度が現実にあるわけでして、それが望ましくないことはわかっておりますし、私どもの銀行局等監督官庁におきましても、少なくともこれを減らしていかなければならぬことは考えておりますが、われわれから見ますと、どうもまだその改善のテンポがあまり十分でないわけでして、仮名とか無記名とかいうことで貯蓄が行われている現状は、一挙に総合に持っていくにはなかなかむずかしい難点になっておるわけであり、残念ながらそれが現実に存在することは、もし完全総合のほうへ持っていきましたならば、無記名なり仮名なりを促進する、心配もあるわけでして、これを総合に持っていきますのは、理論的に先ほど来御指摘がございますが、税務執行面との関連においてどのようにして把握するか。たとえば最近ナンバリング化が預金について行われているわけですけれども、これは金融機関と預金者との間で便宜のために行われているにすぎないのでして、公の制度としてはございません。さて、これを公の制度にすべきかということになりますと、またいろいろ問題が出てまいります。

そこで、貯蓄の考え方が変わっていくことが一つと、もう一つは、税の執行がもち得る仕組みを漸次成熟させていく、この二つが前提要件になろうかと思います。

○塚田委員　この制度は、特別措置による貯蓄目的というか、そういう点は局長も認めておられたと思いますので、この措置は早急に総合課税に移るように国民に対する啓蒙も深めていく、こういう希望を申し述べたいと思います。

第三点は、これまた常にいわれておる問題で、交際費の問題ですが、この交際費について特別な措置をとっておる政策目的は何ですか。

(中略)

○村山(喜)委員　最近総需要の抑制政策をとらなければならない段階に入りまして、公定歩合の引き上げの問題等も措置をされたり、あるいは財政の繰り延べ措置なども当然考えなければならないという状況に向かっているわけですが、ここで法人税の問題に関連をしましてお尋ねをしたいと思います。

従来株式市況は、一株当たりの株価収益率をもとにして価格が決定されておったわけですが、最近は一株当たりの資産がどういうふうになるのかを含めてたいへんな値上がりをしてまいりまして、東京市場の第一部に上場されているものの株価単純平均は、一株当たり三百三十円になっております。そういうところから、従来は社債等の発行により借り入れをやる、あるいは増資をやる形で進んできたわけですが、最近は転換社債を発行したり、あるいは時価発行が定着をしていくようになりました。そういう形でやりますと、多額のプレミアムが発生するわけですが、そのプレミアムは、税法でもあるいは企業会計の原則でもあるいは商法の考え方でも、資本取引に伴うものであって、別にその企業の活動に伴うところの利益ではないから、課税の対象とはしないという考え方がシャウプ勧告以来とられてきておるわけです。しかし、その当時は時価発行なりあるいは転換社債等の発行によって資本の調達をやることを予測しておったものなのかどうか。そういう形によってプレミアムが多額に発生することは財産の絶対的な増加がそこには生まれてくるわけですから、そういうようなものに法人税はいかにあるべきかをもう一回見直す段階に来ておるのではないかと考えるのですが、これは基本的な問題ですので、この際お尋ねをしておきたいと思うのです。

○高木(文)政府委員　株式の時価発行に伴いますプレミアムは、額面との差額だけ一見会社の所得があるように見かけられますけれども、本質は株主が拠出した資本です。ただ、旧株主とは額面、たとえば五十円の株でございましても実質二百円なり三百円なりの資産を持っておるので、その旧株主の仲間に新株主が参加するのは旧株主と同じだけの資本を投下しなければ旧株主と新株主のバランスがとれないことになるという思想から時価発行が肯定されるわけでありますので、それはやはり資本として見なければならないものではないかと思います。

その思想から、商法も資本準備金として積み立てることをきめております。それは企業の選択ではなくて、資本準備金として積み立てることを強制をしておるわけです。したがって、資本ですから、欠損の補てんに充てること以外には原則的に取りくずしを持つ場合では、確かに性格が違っておるわけでして、各国の立法例も、親子間配当等の扱いと通常何ら関係ない他の会社の株を持つ場合の配当の扱いとは異にしている例もあり、同じ例もあるということでして、問題点の一つであろうかと思います。わが国の場合には、親子間の関係であろうとそうでない株であろうと、一律に配当を益金不算入にしておりますけれども、その点は、違う考え方をとり得ることもあるわけです。

　この点は、来年度は法人税の税負担の問題が相当大きな問題として、税制改正の中心課題になると思われますし、その際には法人税のあり方も問題になると思いますし、受け取り配当の取り扱いも問題になると存じますので、その際いろいろ勉強しました上で、各方面の御意見を伺うことにしたいと思っております。

○村山(喜)委員　資本取引に関する増減は課税をしないという形になっておりますが、最近の株の保有の動き等を見てまいりますと、確かに法人段階の所得がふえてきたために、株がそういうふうに移動をしていくと見なければならないと思うのです。そういう考え方に立った場合に、子会社等に対する配当の受け取り分についての非課税の問題も、検討しておかなければならない問題だと思います。最近は、権利が権利を生んでいくような形の中で、株が法人に集中したり、一部の特定の大株主に集中する、そして店頭に出す株の品薄な状態をつくり上げているので、また株価が自動的に上がる形態をたどっているようです。

　現在の段階は、資本には課税をしない、所得について課税をする原則ができているわけですが、それを今度は清算段階において処理をした場合には一体

す。

○村山(喜)委員　商法には商法なりに目的があるわけですが、法人税課税の原則から考えたら、プレミアムは払い込み資本額までは資本そのものの増加と見ていいわけですが、それを上回るものには、剰余として当然今後課税の対象とすることを考える段階にあるのではないかと思うのです。その点は今後検討を願いたいと思うのですが、最近異状な形で株価が上昇をしていく中には、いまの税法で、受け取り配当には非課税の措置がとられております。そういう中で、六二・五九%も法人の手に株が渡っている、個人株主が減少をして法人に株が集中をしていくのではないだろうか。それは正しい姿だとは受け取らないわけです。そういう意味からも、もう少し租税特別措置法の内容なり、あるいは法人税本体に掲げられている課税の原則についても突き詰めて検討する必要があるのではないかと指摘したいわけですが、それをどういうふうにお考えになっていらっしゃるのか。

○高木(文)政府委員　繰り返しになりますが、プレミアムとは、それが所得なのか資本なのかがどうしても問題になりまして、現行税法上は、資本には課税をしない、所得にだけ課税をするというたてまえがあるわけですが、そのことの是非がまた問題になるわけでして、そこを詰めた上で初めてプレミアムについて課税をすべきかどうかという議論になってくるわけです。立法論あるいは政策論は、いろいろ御議論があろうかと存じます。

　次に、配当の問題は、受け取り配当の益金不算入ということは、いわゆる二重課税を行わないという趣旨から出てきておるものですが、親子間での受け取り配当のような場合と、資産運用の一つとして株

を禁止しておるわけでして、またその取りくずしの順序等もきめておることからも、商法で資本金と同じ性格を有しているものという判定をしていることは明らかです。

　シャウプ勧告当時そういうものはなかったわけですから、それはどのように考えておりましたか明快でございません。とにかくそういう制度がそのときにはなかったわけですから、そのときにどう考えておったかは推定できないわけですけれども、いずれにしましても現行の商法上そういう扱いになっております関係で、商法と税とはある場合には別だということが全くあってはいけないということではございませんけれども、基本的な問題は商法と税法とが一致した態度であることが望ましいというたてまえに立ちます限りは、現段階ではプレミアムに何らかの課説をすることは問題があるのではないかということで、現在の段階ではプレミアム課税は無理ではないかと考えております。

　ただそれでは、いまは所得には課税はしておりますけれども、資本には課税をしていないというたてまえが絶対的なものかどうか、資本にも、所得課税とは全く性格の違うものでしても、何らかの意味における課税が考えられないことではないのではないかという御議論があろうかと思いますが、もしそういう考えですれば、話は別です。しかし、これまた大問題ですけれども、プレミアムによりますところの会社の収入金額について、何らかの部分を取り出して課税する行き方はちょっとむずかしいので、もし何か課税するということであれば考え方を変えて、資本にも若干の課税をするかどうかが別途の問題としてあり得るかですが、いい悪いは別にして、資本の段階での課税は考えておらないということで

どういうふうになるのか。それは株主に所属していく形になるわけですから、税金は原資があるところから調達をしていくという原則に立って、もう少し法人税の課税の問題については、商法の改正等との関連も出てくるでしょうし、あるいは企業会計のあり方の問題との関連も出てくるでしょうが、来年度は法人税改正も言われておりますので、それらの問題をもう少し突き詰めて論議していただきたいと要請しておきたいと思います。

そこで、次の問題は、いまたくさんの租税特別措置がございますが、はたしてこれだけの租税特別措置をやらなければならないのか、全体的に見たときにはたしてそれは妥当かどうかとなると、妥当でないのじゃないかと受け取らざるを得ないわけです。

たとえば少額貯蓄の非課税の特別措置がありますね。この場合でも、四十八年度は標準世帯の場合に総合所得で百十二万円で、それまでは非課税になるわけですが、利子所得を持つ人がおったとしても、総合所得において百十二万円以下であれば、これは利子の特別な控除の恩恵を受けることはないわけですから、そういう意味においては、総合課税で課税をされる以上の所得がある人の場合に、初めて少額利子所得の恩恵措置が与えられることになって、それ以下の場合には恩恵が及ばないという結果になっているのではないか。そういうふうに見たときに、はたして少額利子所得の特別措置を受ける必要があるのかどうか疑問を感ずるのですが、その点はいかがですか。

○高木(文)政府委員　預金の非課税制度は、基本は何と申しましても貯蓄奨励から出ておるわけです。現在たくさんあります政策的な特別措置のうちで、預金についての扱いは最も歴史の古い問題です。政策的な取り扱いは、何がしかの意味において、課税の公平という見地からいえば望ましいことではないわけでして、主税局の過去の仕事の中で、この制度をやめたほうがいいではないかと何度も議論があったことは、最近に限らないわけで、税当局の立場からいえば、このような制度はできるならばやめてほしいという気持ちがあることも事実です。

ただ、一つ問題がございますのは、銀行におきます口座は、銀行、信託銀行、相互銀行、信用金庫等あわせまして、二億に近い預金口座の数がございます。四十七年で大体一億八千五百万口という口数になっております。このほかに郵便貯金があるわけでして、ばく大なる口数ですので、これを総合課税へ持っていくと、かなり問題がある。現在の非課税貯蓄扱いになっております口数が大体全体の預金口座の中の三分の一を占めておりますが、非課税貯蓄は比較的金額の小さいものが多いわけですので、これを総合のほうに持っていくことになりました場合には、いかようにして名寄せをするかという問題に突き当たるわけでして、税の立場からいえば、どうしても総合に持っていくべきだという気持ちは持ちながら、さりとてこの名寄せをどうするかという問題との関連を考えてみますと、なかなか現実的に処理をする方法が見つかりにくい。

現在は一部の銀行はだんだん電子計算機等によって番号化は行われていますけれども、これはその銀行内だけの問題ですし、多種多様の銀行相互を通ずる名寄せは、まことにむずかしい状態にございます。それこれ考えてみますならば、おっしゃるように、公平のほうからいうと問題がありますけれども、なかなかやめるわけにもいかない現状です。

○村山(喜)委員　いま一人百五十万円ですか、国債もそうだったと思いますが、名義を子供あるいは女房に切りかえて、少額非課税の措置を受ける。ところが、実際最低課税所得の百十二万円以下の人が一体どれくらいおるのか、それ以上の人の場合が一体どうなっておるのか。私は総合課税の原則が確立されるのが正しいと思いますので、百十二万幾らの課税最低限度額以下の人の場合には、そういうものをつくらなくても別に困らないわけです。小さな預金者が預金をしたために受ける利益はあまりないのではないか。むしろ大口の預金者の利益を守るためにこの租税特別措置法の少額貯蓄の利子等の非課税やあるいは国債の利子の非課税の適用対象が使われているのではないか、そういう気がしてならないわけですが、そうでないという資料がございますか。

○高木(文)政府委員　貯金問題は、実にいろいろな問題がございます。御指摘の問題点も相当あるわけです。ただ、御指摘のような、現在の非課税貯蓄の適用を受けておられる方が総合所得になったら一体どうなるか、現行の所得階層別に非課税貯蓄の口数、金額を調べることは、突合ができませんのでやりようがないわけです。ただ、私どもの経験では、中にはいろいろな調査事案を通じてこの制度がうまくいっていない場合をしばしば見出すわけです。

そこで、当面私どもの最大の仕事として考えておりますのは、国税庁の執行と関係があるわけですが、非課税貯蓄が本来あるべき姿のとおり行われているかどうかがまず問題でして、百五十万円まで非課税になっておりますが、この百五十万円は、何カ所かの銀行に預けましても、全部を通じて百五十万円でなければならぬ。多種類多店舗で百五十万円になっておるわけですが、Aの銀行の窓口にお客さんが預けに来られたときに、あなたはほかの銀行に預けておられますかと聞くわけですけれども、その方が、いや、私はほかに預けていないと言えば、銀行としても調査のしようがないということで、百五十万円の制度を残すかやめるかという問題の前に、むしろ現行の百五十万円の制度を乱用されてはいないか、本来百五十万しかだめなはずのところを、事実を偽わって、他の銀行と二カ所で、三百万円まで別の名前で預金を持って非課税になっているものがありはしないかという問題があります。それをなくすためには非課税貯蓄の名寄せが必要なわけですが、何ぶんにも六千四百万件ありますから、六千四百万件の名寄せは現行上実際問題としてはほとんど不可能に近いので、現実にはある程度のサンプル的突合しかやっていない現状です。

そこで、そういう制度自体、多種類多店舗で百五十万円まで自体が現実的でないから、そこを自動的に歯どめがきくように、名寄せが自動的に行われるような方法がないかが当面課題になっておるわけでして、所得税法の九条一項一号で郵便貯金について一部改正をしていただきましたが、その改正もこれに関連のある問題です。私どもとしては、まず現行非課税貯蓄制度が制度の予定したとおり正しく運用されるように、何か合理的に制度の仕組みを組み立てていく必要があるということで、郵便貯金を除いて六千四百万という件数は、人口の数等から見ても、件数としても若干多いようにも思われますし、そこを銀行局とも相談をし、銀行協会等の機関とも相談をして、漸次この非課税制度自体を正しい運用に持っていかなければならぬと思っておるわけです。それを一挙に廃止することも一つの考え方ではございましょうが、長い歴史を持っておるわけですし、零細な方もたくさんあるわけですから、一部に高額所得者がこの制度を利用し、かつ場合によって必ずしも正しくない利用のしかたが行われておる心配があるからといって、制度をやめてしまうわけにもまいらないというのが私どもの考え方でして、これはかねがねやってきておりますが、今後とも何とかこの制度がもう少し正しく運用されるように、国税庁を中心にして努力を重ねてまいりたいと思います。

○村山(喜)委員　利子所得だけで収入を得る人の場合の最低課税限度額は白色と同じですね。その人がもしサラリーマンであった場合には、自分の得た収入の黒字部分を貯金をする、それも合わせて百十二万以下の零細な所得者の場合には少額利子課税特別措置の恩恵はないわけでしょう。だから、少額貯蓄の軽課措置の利益を受けるのは、課税最低限度額以上の収入のある人でなければ受けられないというたてまえになっているでしょう。ですから零細なものがあるからということでは理屈にならないと私は思うのですよ。むしろこの恩恵を受けているのはそれ以上の所得のある人の場合であって、そういうものより、課税最低限度額を引き上げる、そして総合課税にするという原則を税法では立てるべきではないかと私は言っているわけです。

○高木(文)政府委員　もし総合にする場合にはどうしたらいいかとなりますと、現段階では、窓口で利息を払います場合に、普通の場合には、総合を選ぶという預金者であれば一五%の源泉徴収をします。総合にしないで分離でいってくれという方には二五%の源泉徴収をするということになっております。これは非課税貯蓄のこえた部分についてそうなるわけです。

そこで、この非課税貯蓄をやめた場合にも、それをこえます金額について、現在行われておりますように、源泉課税そして総合、あるいは源泉選択制度はどうしても残さないといかぬ。そうでないと、利子を支払う段階での源泉課税が全くないといたしますと、どなたがどれだけの利息を受け取られたかがわかりませんし、申告が期待できないということになりますから、どうしても利子支払いの段階で一ぺん源泉制度はなくてはなかなか動かぬのではないかと頭に浮かぶわけですが、今度はそれを前提にして総合にいたしますと、いまのサラリーマンの二千七、八百万の方々も何らかの形では預金をお持ちになっておりましょうから、その方々が全部総合申告のほうに回ってくる、そしてもし一五%で源泉徴収をしてあれば、その方の給与その他の上積み税率が一五%をこえておれば確定申告の段階で幾らか税金を納めていただかなければなりませんし、もしその方の給与その他を含めての本来負担すべき限界税率がかりに一五%以下程度の所得者である場合には還付をしなければならぬ、こういうかっこうになりますので、全部の納税者がきちっとやることを前提といたしますれば、サラリーマンの納税者について総合をして納めていただくか還付をするか、いずれにしても二千七、八百万の方に確定申告の段階で書類を出していただくという手続になっていきますから、これはまたかなりたいへんなことになるのではなかろうかと感じます。

そこで、そこまでいかなくても、非課税はあまり好ましくないから分離、比例にしたらどうだという御議論もあろうかと思いますが、ただ、全部総合にすると結局そっちへこなければならぬ。それで、現在の非課税貯蓄の口数は六千四百万件あるわけですが、これはそれこそ子供さんや奥さんのものもありますから、子供さんや奥さんでほかに所得がない方の処理とかが起こってまいりまして、それはなかなかたいへんではなかろうかという気がするわけです。

そこで、何よりも現実的な問題としては、非課税貯蓄制度の限度がきちっと守られるようにして、それを越える部分についての総合をまず充実していくことが先決問題ではないかと考えるわけでして、昭和四十五年度の税制改正におきまして初めて預金について源泉選択の制度が入れられ、その税率が漸次上がってまいりまして、本年一月一日から二五%になったわけです。この源泉選択制度がうまく動いて、源泉でやるよりは総合したほうが有利という方もたくさん出てきますので、そこらで順次総合のほうに持っていくのが現実的なやり方ではないかと考えているわけです。

この問題はやっかいですのは、預金についてこういうことがありますと同時に、株式についてもやや似て非なる制度があるわけでして、株式配当も完全総合に持っていけということになるのでしたならば、一部に非常に強い反対がありますが、いわゆる納税者のナンバリングシステムでも採用しませんことには、現実的に完全総合は不可能という感じがいたします。

(以下略)

衆議院　大蔵委員会議録第二十二号

昭和四十八年四月四日(水曜日)

出席委員

委員長　鴨田　宗一君

理事	大村　襄治君		理事	木村　武千代君
理事	松本　十郎君		理事	村山　達雄君
理事	森　美秀君		理事	阿部　助哉君
理事	武藤　山治君		理事	荒木　宏君
	愛野　興一郎君			宇野　宗佑君
	越智　通雄君			大石　千八君
	大西　正男君			木野　晴夫君
	小泉　純一郎君			三枝　三郎君
	塩谷　一夫君			中川　一郎君
	中山　利生君			野田　毅君
	坊　秀男君			村岡　兼造君
	毛利　松平君			山中　貞則君
	高沢　寅男君			塚田　庄平君
	広瀬　秀吉君			村山　喜一君
	増本　一彦君			広沢　直樹君
	内海　清君			竹本　孫一君

出席国務大臣

大蔵大臣　愛知　揆一君

(ほか略)

本日の会議に付した案件

法人税法の一部を改正する法律案(内閣提出第五号)

租税特別措置法の一部を改正する法律案(内閣提出第四二号)

○鴨田委員長　これより会議を開きます。

法人税法の一部を改正する法律案及び租税特別措置法の一部を改正する法律案の両案を一括して議題とし、質疑を続行いたします。

(中略)

○広瀬(秀)委員　法人税について、今日日本の法人税の仕組みが法人擬制説によって組み立てられていると思っているわけです。これはどちらかというと、イギリス型と西ドイツ型という区別をすれば、イギリス型に近かったと考えられるわけですが、しかし今日の法人の実態は、もう経済主体は自然人だけだという考え方で、株主があって、株式会社、法人はやはり法の擬制である、こういう立場で、その出資をした自然人である株主に、本来その結集体である法人の事業活動によってあげた利益は帰属する。したがって法人税は、言うならば配当所得税の前取りであるというような理論構成が行なわれる。したがって、そういうところから株主に対する配当控除が所得税でとられたり、あるいはまた法人税には支払い配当について配当軽課の措置を行なう。軽減税率を二六%、二二%、所得三百万円を限度にして、軽課税率を適用しておりますし、また法人間の受け取り配当については益金不算入という制度がとられたりしておるわけです。

こういうふうに、いまやもう法人は現実の経済社会においてまさに独立性を持った、自然人と並んだ経済活動の主体である、こうすなおに認識するほうが、今日の経済社会における法人、株式会社の実態にやはり近い。実態をすなおにとらえる立場で税制の組みかえを根本的にやっていくべきであろう。

したがって、この支払い軽課措置であるとか、あるいは受け取り配当の益金不算入等はもう廃止していいのではないかと考えるのですが、この点は法人税法のかなり基本的な大改正、現在の仕組みを一変させる改正になると思うのですが、どのような見解を持っておられるか、お聞きをしたい。

○愛知国務大臣　法人税が株主の所得税の前取りであるという考え方のもとに従来受け取り段階で行っ

ていた法人、個人間の二重課税の調整措置の一部を支払い法人の段階で行うことをはじめとしまして、法人は株主から独立した一つの主体であるという考え方のもとに、配当の一部を費用と見ること、それからさらに自己資本の充実に資するという考え方のもとに配当に対する税負担を軽減して増資による資金調達を優遇する、こういった考え方を総合して配当の軽課をとってきたわけです。それだけに、いまもお話がございましたように、この制度をいじることは、いろいろの面から相当思い切った考え方の転換をしなければならないわけですし、また同時に法人擬制説に対して法人実在説が考えられなければならないとしますと、税率などはむしろ引き下げなければならないという考え方が出てくるのではないだろうか。そんなことも考えますと、先ほど来申しておりましたように積極的に税制のあり方について前向きに洗い直して検討をしたいと思っております。これらの問題、従来とってきた考え方等を総合いたしまして、税率の問題とあわせて、これは徹底した勉強のし直しをしたいと思っておりますから、いまも従来の考え方を申し上げたわけですけれども、これはなかなか複雑な問題で、必ずしも広瀬さんの御提案になる考え方がとれるかどうかは私もちょっと自信がございませんが、さらにとくと勉強さしていただきたい。こういう問題がございますために、いまここでもう少し掘り下げた具体的な意見を申し上げるのにはちょっと時期尚早で、しばらく時間をおかしいただきたいと思います。

（中略）

○広瀬（秀）委員　最近株式における時価発行が非常に多く行われておるわけですが、四十五年で二十一社、四十六年は六社、四十七年が百八社になっております。発行株数も四十七年は十一億八千万株、資本金の増加額が五百九十億、そしてプレミアムです。発行額と額面五十円との差額がプレミアムとして商法上資本準備金ということで処理をされる。資本には組み入れられないで何に使ってもよろしい、こういうプレミアムが、大法人筋あるいは大商社等の過剰流動性の——四千八十九億ですから相当なものです。これが自由に、何に使ってもよろしいという金として経済社会で働くということになれば、過剰流動性の一翼をになうだろうと思うのです。

これに対して、今日の商法のたてまえ、また税法上のたてまえも、資本取引について課税の対象にはしないというのが原則になっておるのですけれども、これを課税の対象にしてならないということで、私どもは指をくわえて見ているだけだ。あるいはうまいことをやったなと見ておるわけです。これだけのプレミアムが企業にはころがり込んだ。一社で二百億ぱっと自由に使える金が一ぺんに、時価発行を何千万株かやることによってそれだけの資金余力ができて、いままでの借金は全部返して、それで土地を買いあされるし、株にも投資することもできる。

こういうものに対して、株主がその株を買ってプレミアムを与えたわけですね。それが五十円に対する配当をもらうことしか直接的には返ってこない。株主に対する無償株の割り当てもわずかにはあるようですけれども、そのパーセントが小さい。もうすでに時価発行の先輩格であるアメリカ等においてはほとんど一〇〇％、株主に何らかの形で特別増配なりあるいは無償株の割り当てなりで、資本準備金を資本に組み入れるんだが、日本ではそれをやっていないですね。これは本来的にいえば、そういう方向に指導することがいまの資本主義社会では正しいのかもしれません。しかし、現在これだけのプレミアムが企業のふところに時価発行を通じてころがり込むのだ。しかも好景気が続くならば、株がおそらくダウで六千五百円くらいまでいくであろうという予想が今日でもなお行なわれている。変動制移行というきびしい通貨情勢にあるにもかかわらず、依然としてそういうものが根強く残っておる限り、時価発行は今後とも相当増勢を続けるだろうと言えるわけです。そういう中で、しかもそれを買った株主に対してのサービスもせいぜい二割か三割くらいしかやられていない中で、これを何らかの形で課税対象に取り込んでいいのではないか、これは庶民の感情だろうと思うのです。こういうものに対して手をつけてならないというのが今日絶対的な原理的正しさを持つのかどうか。こういう点で私どもどうも割り切れない気持ちなんです。その辺のところはいかがなものでございましょう。

○愛知国務大臣　時価発行の問題は、庶民感覚からいえば割り切れない問題であると、私もよく理解できるわけです。ところでこの問題は、税の問題というよりも時価発行のあり方が問題でして、時価発行自体はけっこうなことだと思いますが、これが商法で規定されている趣旨にそむいて、得たるプレミアムが何でもかってに使える、欠損に対する充当であるとか取りくずしは原則としてできないことを無視してやっているらしいところに根源がございます。したがって、大蔵省の行政としても、本来望ましい姿の時価発行は適当であっても、それを逸脱するようなことは厳にこれをやめてもらわなければならない。

したがって、今回一連の金融措置におきましても、時価発行の増資に応募する場合を含めて融資規制の対象にもこれを厳格にしておるわけです。それから証券界にも、法令の範囲内で指導も強化しておるわけでして、そういう限りでこれが実行できておるならば、本来商法の規定しておるような筋であるべきはずですから、これは原理的にもあるいはその筋からいっても税金の対象にはならない、またすべきではない、私はこう考えておりますが、今後、むしろ問題は、証券行政、時価発行のあり方について厳粛な態度で臨み、企業界も厳正に自粛してもらわなければならない、これがまず第一であろう、こう考えておる次第です。

○広瀬(秀)委員　自己資本充実を、この委員会で租税特別措置法の審議を通じてずいぶんやかましく言ってきたわけですね。自己資本の充実にとってこれはたいへん望ましいことであるという大臣の答弁ですけれども、その自己資本比率は、さっきの会社の含み資産をあわせ考えるなら、名目的な自己資本比率という統計数字にあらわれるものは一六・何%で低迷して、最近はむしろ逆にその比率は減りつつある傾向が見られる。しかも時価発行をぽんぽんやっておる。なるほどプレミアムは大きいけれども、それは資本準備金だ。それで資本準備金は、商法によれば資本金に組み入れができるたてまえになっているけれども、そういうことをしないで、自由にそれを土地投機や株の投機、商品投機に使いまくって、自己資本の充実を目的にした租税特別措置もずいぶん長いことやってきているわけですけれども、そういう点での指導は自己資本を充実させることが少なくとも統計数字の上で一つもあらわれない。しかも時価発行ではそういうように実質的な資本充実は行われている。その辺のところのギャップが不満にたえないし、また、そういうものが租税特別措置を次々に積み重ねる要因にもなっていくということでは全くおかしな話で、理解と納得が全く得られないんですが、そういう点はどういう事情なんでしょうか。

○愛知国務大臣　自己資本比率の問題ですが、私どもも考えておりますのは、自己資本比率はできるだけ上げてもらわなければならない、そういう点からいいましても、時価発行は、厳正に行われれば適当な方策だと思います。ただ、過剰流動性という問題が一昨年来多くなって、金融が緩慢になって、そして金融機関からの借り入れの増勢が非常に顕著でした。そういう最近の状況から見て、自己資本の充実が、安易な借り入れに依存した結果が、御指摘の点にあらわれているのではないかと思いますから、そういう点に着目して、本年初め以来、金融政策の引き締めを次々と展開しておりますこととあわせて、自己資本の充実を厳正にやってもらうことを今後十分監視しながら、その推移を見きわめてまいりたい、こう考えております。

（以下略）

衆議院　大蔵委員会議録第二十四号

昭和四十八年四月六日（金曜日）

出席委員

委員長　鴨田　宗一君

理事　大村　襄治君　理事　木村武千代君
理事　松本　十郎君　理事　村山　達雄君
理事　森　美秀君　理事　阿部　助哉君
理事　武藤　山治君　理事　荒木　宏君
宇野　宗佑君　越智　通雄君
大西　正男君　笠岡　喬君
片岡　清一君　金子　一平君
木野　晴夫君　栗原　祐幸君
小泉純一郎君　三枝　三郎君
塩谷　一夫君　竹中　修一君
地崎宇三郎君　中川　一郎君
野田　毅君　坊　秀男君
毛利　松平君　山中　貞則君
佐藤　観樹君　高沢　寅男君
塚田　庄平君　広瀬　秀吉君
堀　昌雄君　山田　耻目君
小林　政子君　増本　一彦君
広沢　直樹君　内海　清君
竹本　孫一君

出席政府委員

大蔵省主税局長　高木　文雄君

（ほか略）

本日の会議に付した案件

法人税法の一部を改正する法律案（内閣提出第五号）

租税特別措置法の一部を改正する法律案（内閣提出第四二号）

○鴨田委員長　これより会議を開きます。

法人税法の一部を改正する法律案及び租税特別措置法の一部を改正する法律案の両案を一括して議題とし、質疑を続行いたします。

（中略）

○荒木(宏)委員　租税特別措置による減収額試算額について少しお尋ねしたいのですが、内部留保、企業体質の強化として価格変動準備金があげられておりますが、これについてはどういう方法で試算をなさったのか、説明いただきたい。

○高木(文)政府委員　四十八年度の見込みの試算という意味で理解してよろしゅうございましょうか。

○荒木(宏)委員　いただいている四十六年の表がありますので、これで御説明いただきたい。

○高木(文)政府委員　四十六年度の数字は、一昨日の委員会で提出した資料でしょうか。

○荒木(宏)委員　それでけっこうです。四十八年四月というこれですね。

○高木(文)政府委員　それは結果でして、実績の数字です。税務統計等集計したものでして、試算ではなくて四十六年の実績の結果の数字です。

○荒木(宏)委員　それでは試算のほうの計算方法を明らかにしてください。

○高木(文)政府委員　四十八年度の減収見込み額は、価格変動準備金は二十二億で計算をしておりますが、二十二億の計算過程は、四十八年度の価格変動準備金の積み増し見込み額を現行法でまず算定をいたしますと大体六百億ぐらいではないかと見込んでおります。それに法人税率をかけますと、現行法による減収見込み額は約二百二十億見込まれます。それから今回の税制改正によりまして価格変動準備金の積み増し率をそれぞれ削減することを予定しておりますので、それによって約百九十六億の増収を見込んでおります。差し引き四十八年度の減収見込み額として、ラウンドで申しましたから端数がちょっと合いませんが、二百二十億から百九十六億を引きました額二十二億を計上しております。

○荒木(宏)委員　その試算の額の正否の検討ですけれども、はたしていまおっしゃった額が正確かどうか問題があると思うのです。そこで、四十八年は試算だけで実績の対比ができませんから、試算と実績の対比がはっきりできる四十六年の分について伺いたいと思うのです。

四十六年度は試算額と実績がはっきり出ておるわけですが、四十六年度価格変動準備金は、一昨日いただいた資料では期中積み増しが二百四十億になっておりますけれども、これによる減収額は幾らになりますか。

○高木(文)政府委員　二百四十億が積み増し額ですが、その積み増し額に対応する減収額は正確には計算できませんけれども、約八十億と見ております。それはどういうことかと申しますと、二百四十億のうち赤字部分と黒字部分の関係が一つあり、それから通常の三六・七五%の基本税率が適用になる、もしこれがなかりせば適用になったであろうと考えられるか、もしこれがなかりせば配当に回ったであろうかということがありまして、平均法人税率をどう見るか問題がありますけれども、それらについてある程度の――失礼しました。税率の点については、三六・七五だけ減収になったものと仮定をしていまの二百四十億から推定した金額が八十億ということになっております。

（中略）

○鴨田委員長　これにて両案に対する質疑は終了いたしました。

○鴨田委員長　両案に対し、自由民主党を代表して木村武千代君外四名よりそれぞれ修正案が、また、法人税法の一部を改正する法律案に対し、日本社会党、公明党及び民社党を代表して広瀬秀吉君外四名より修正案が提出されております。

（中略）

○鴨田委員長　提出者より、両案に対する各修正案の趣旨の説明を求めます。

○広瀬(秀)委員　私は、提出者を代表いたしまして、ただいま提案されております法人税法の一部を改正する法律案に対する修正案について、その趣旨と内容を申し上げます。

われわれが提案したこの修正案は、われわれがかねてから主張してきた法人税率の引き上げを骨子とするものであり、あわせて今日、法人が今日の経済社会の実態において独立した課税主体である、すなわち自然人と並んで法人は実在するものである、こういう見地から配当金の益金不算入制度を廃止しようとするものです。

まず第一に、税率の改正ですが、法人企業の租税負担能力が相当に高くなっている現状において、法人税の基本税率三五%はあまりにも低く、かつ、大企業になるほど配当軽課措置により実際の負担率が下っていることは周知の事実です。そこでこの税率を改め、四〇%に引き上げることとしております。ところで、現行制度においては、資本金一億円以下の中小企業の所得三百万円以下の金額は二八%の軽減税率が適用されておりますが、この区分階層に属するのは零細企業であり、担税力のきわめて低い法人ですから、その点を考慮し、さらに五%引き下げて二三%とするとともに、公益法人等及び協同組合等は、その特質及び担税力にかんがみまして、その現行税率二三%を一八%に引き下げることとしております。

次に受け取り配当金は、現行制度では法人擬制説に基づく二重課税防止の見地から益金に算入しないこととされておりますが、法人の株式投資が激増し、その持ち株比率がきわめて高くなっている現在、もはやこのような考え方は通用しないのです。そこで今回、受け取り配当等の益金不算入制度を廃止し、すべて課税所得の中に含めることとしているのです。

次に、われわれは、今回の租税特別措置法の一部を改正する法律案に基本的な立場において反対するものですが、特に交際費課税の強化に関する改正事項は全くなまぬるいものと考える次第です。すなわち、損金不算入限度を五％上げるだけでは、課税金額の割合をそれほど高めることはできず、まして交際費支出の増加傾向をとどめることはできないのです。さらに現行の四百万円という限度により非課税となっている金額が非常に多いので、これに手をつけなければ課税強化の実をあげることはできないのです。これらの点に着目して、改正案の附則の修正により、租税特別措置法の一部を改正することとし、四百万円の限度を三百万円に引き下げ、損金不算入割合を九〇％に引き上げることとします。

また、同措置法で定められている配当軽課税率は、これを廃止してすべて基本税率によることとし、特定医療法人の税率も、本法の税率改定と関連して二三％から一八％に引き下げることとしております。

なお、改正案は、当初予定の施行期日である本年四月一日をすでに経過しておりますので、施行日を公布の日とする等、所要の修正を行なうこととしております。

以上が修正案の概要です。

何とぞ御審議の上御賛成賜わりますようお願い申し上げます。

以上で提案の説明を終わります。

○**鴨田委員長**　これにて各修正案の趣旨説明は終わりました。

○**鴨田委員長**　これより両原案及び各修正案を一括して討論に入ります。

討論の通告がありますので、順次これを許します。

○**小泉委員**　私は、自由民主党を代表いたしまして、ただいま議題となりました法人税法の一部を改正する法律案及び租税特別措置法の一部を改正する法律案、並びにこれらに対する自由民主党提案にかかる修正案に賛成、法人税法の一部を改正する法律案に対する日本社会党、公明党及び民社党共同提案にかかる修正案に反対の意向を表明するものです。

次に日本社会党公明党及び民社党共同提案にかかる修正案について申し上げます。

受け取り配当等の益金不算入制度の廃止につきましては、二重課税の問題についてさらに検討する必要があり、単なる考え方の転換だけによって軽々に廃止を行なうべきものではないのであります。

以上、申し述べました理由により、私は、両法律案並びにこれらに対する自由民主党提案にかかる修正案に賛成し、日本社会党公明党及び民社党共同提案にかかる修正案に反対するものです。

○**山田（耻）委員**　私は、日本社会党、公明党、民社党の三党を代表いたしまして、ただいま議題となりました法人税法の一部を改正する法律案及び租税特別措置法の一部を改正する法律案並びにこれらに対する自由民主党提案にかかる各修正案に反対、法人税法の一部を改正する法律案に対する日本社会党、公明党、民社党共同提案にかかる修正案に賛成の討論を行なうものであります。

租税特別措置につきましては、それが税の公平を乱し、負担のアンバランスを助長し、納税意識に悪影響を与えていることを、われわれは以前から指摘し、その大幅な改廃を要求してきたところです。

次に、受け取り配当の益金不算入制度の廃止ですが、すでにわれわれが法案審議の過程で明らかにしているように、もはや法人擬制説をとるべきではなく、実在説的な考え方に立つべきときに来ていると思われます。したがって、現行の制度をやめて、受け取り配当等に対してはすべて課税すべきです。

○**増本委員**　私は、日本共産党・革新共同を代表いたしまして、政府提案にかかる法人税法の一部を改正する法律案について賛成、野党三党、社会党、公明党、民社党提案にかかる法人税法及び租税特別措置法の各一部修正案についても賛成、そして法人税法の経過措置にかかる部分の自民党の法人税法一部修正案について賛成し、租税特別措置法の政府提出の一部改正案及び自由民主党提出にかかる租税特別措置法の一部修正案について、いずれも反対の立場に立ち、討論をしたいと考えます。

（中略）

○**鴨田委員長**　これにて討論は終局いたしました。

これより順次採決に入ります。

まず、法人税法の一部を改正する法律案について採決いたします。

まず、広瀬秀吉君外四名提出の修正案について採決いたします。

これに賛成の諸君の起立を求めます。

〔賛成者起立〕

○**鴨田委員長**　起立少数。よって、本修正案は否決されました。

次に、木村武千代君外四名提出の修正案について採決いたします。

これに賛成の諸君の起立を求めます。

〔賛成者起立〕

○鴨田委員長　起立多数。よって、本修正案は可決いたしました。

次に、ただいま可決されました修正部分を除いて、原案について採決いたします。

これに賛成の諸君の起立を求めます。

〔賛成者起立〕

○鴨田委員長　起立多数。よって、修正部分を除く原案は可決し、本案は修正議決いたしました。

次に、租税特別措置法の一部を改正する法律案について採決いたします。

まず、木村武千代君外四名提出の修正案について採決いたします。

これに賛成の諸君の起立を求めます。

〔賛成者起立〕

○鴨田委員長　起立多数。よって、本修正案は可決いたしました。

次に、ただいま可決されました修正部分を除いて、原案について採決いたします。

これに賛成の諸君の起立を求めます。

〔賛成者起立〕

○鴨田委員長　起立多数。よって、修正部分を除く原案は可決し、本案は修正議決いたしました。

おはかりいたします。

ただいま議決されました両法律案に対する委員会報告書の作成につきましては、委員長に御一任願いたいと存じますが、御異議ありませんか。

〔「異議なし」と呼ぶ者あり〕

○鴨田委員長　御異議なしと認めます。よって、さよう決しました。

衆議院会議録第二十四号

昭和四十八年四月十日(火曜日)

議事日程　第二十号

第二　法人税法の一部を改正する法律案(内閣提出)

第三　租税特別措置法の一部を改正する法律案(内閣提出)

○議長(中村梅吉君)　これより会議を開きます。

日程第二　法人税法の一部を改正する法律案(内閣提出)

日程第三　租税特別措置法の一部を改正する法律案(内閣提出)

○議長(中村梅吉君)　日程第二、法人税法の一部を改正する法律案、日程第三、租税特別措置法の一部を改正する法律案、右両案を一括して課題といたします。

(中略)

……………………………

理　由

今次の税制改正の一環として、土地の投機的取引を抑制するため法人等の土地譲渡益に対して重課し、価格変動準備金の積立限度額の引下げ等産業関連の特別措置の整理合理化を行ない、交際費課税について損金不算入割合を引き上げるとともに、福祉対策に資するため、老年者年金特別控除制度及び障害者を雇用する場合の機械等の割増償却制度を創設し、公害対策に資するため、無公害化生産設備の特別償却制度の創設及び低公害乗用自動車の物品税の軽減を行ない、中小企業対策として、事業主報酬制度を創設し、勤労者の持家取得を促進するため、勤労者に係る住宅貯蓄控除制度の控除額の引上げ等を行ない、資源の開発に資するため、海外投資等損失準備金制度を拡充し、国際経済環境の改善に資するため、大型及び中型乗用自動車の物品税を軽減するほか、新築住宅の登記に係る登録免許税の軽減措置等期限の到来するその他の特別措置について実情に応じ適用期限を延長する等所要の措置を講ずる必要がある。これが、この法律案を提出する理由である。

○議長(中村梅吉君)　委員長の報告を求めます。

○鴨田宗一君　ただいま議題となりました法人税法の一部を改正する法律案、及び租税特別措置法の一部を改正する法律案につきまして、大蔵委員会における審査の経過並びに結果を御報告申し上げます。

租税特別措置法の一部を改正する法律案について申し上げます。

この法律案は、当面の経済社会情勢に即応し、おおむね次のような措置を講ずるものであります。

勤労者財産形成貯蓄に係る住宅貯蓄控除の控除額の引き上げ、国際経済環境の改善に資するための大型及び中型の乗用車に対する物品税の軽減等を行ない、また、農業協同組合等の留保所得の特別控除制度について、適用期限を延長する等、所要の措置を講ずることとしております。

以上の両法律案は、参考人を招いて意見を聴取する等慎重審査を行いましたが、その詳細は会議録に譲ることといたします。

かくて、両法律案は、去る四月六日質疑を終了いたしましたが、これらに対し、木村武千代君外四名から、自由民主党の提案により、施行日を「公布の日」に改める旨のそれぞれの修正案が提出されました。また、法人税法の一部を改正する法律案は、広瀬秀吉君外四名から、日本社会党、公明党及び民社党の三党共同提案にかかる修正案が提出されましたが、その内容は、法人税の基本税率を四〇%に引き上げ、受け取り配当等の益金不算入制度を廃止し、附則の修正により租税特別措置としての交際費課税を強化し、配当軽課税率を廃止する等のものであります。

次いで、両法律案及び三修正案を一括して討論を行ないましたところ、自由民主党を代表して小泉純一郎君は、両法律案及び自由民主党提案にかかる両修正案に賛成、日本社会党、公明党、民社党の三党共同提案にかかる修正案に反対の旨を、日本社会党、公明党、民社党を代表して山田耻目君は、両法律案及び自由民主党提案にかかる両修正案に反対、三党共同提案にかかる修正案に賛成の旨を、日本共産党・革新共同を代表して増本一彦君は、法人税法改正案及びこれに対する自由民主党提案にかかる修正案並びに三党共同提案にかかる修正案に賛成、租税特別措置法改正案及びこれに対する修正案に反対の旨をそれぞれ述べられました。

続いて採決いたしましたところ、三党共同提案にかかる修正案は少数をもって否決せられ、自由民主党提案にかかる両修正案並びに修正部分を除く両原案は多数をもって可決され、よって、両法律案は修正議決すべきものと決しました。

以上、御報告申し上げます。

○**議長（中村梅吉君）**　両案につき討論の通告があります。これを許します。

○**山田耻目君**　私は、日本社会党を代表いたしまして、ただいま議題となりました法人税法の一部改正、租税特別措置法の一部改正について反対の立場を明らかにいたしたいと思います。

租税特別措置による特別減免税額は、利子、配当優遇措置をはじめ、内部留保の充実、企業体質の強化などという名目で、交際費課税強化を別にしますと、国税だけで実質六千四百五十億円にのぼっておるのです。所得税減税額の倍額に相当するという実態です。租税特別措置の大胆な整理、廃止の必要性は、税の公平と社会的正義の立場から、もはや論をまたないところです。

これまで税制調査会もたびたびその整理、廃止を答申しておるのですけれども、政府としては、この答申に一顧すら与えようとしません。

今回の改正も、重要機械などの特別償却制度や、価格変動準備金の積み立て率などを一部縮減をしたり、交際費の一部課税強化などで、これまでやり玉にあげられていたものを約百五十億円しぶしぶ整理、合理化することにしておりますが、そのかわりに、公害防止施設や自動車産業対策などで、特別償却制度をはじめとする百四十億円の制度の拡大を行っております。これによりまして、減税分を帳消しにしておるのであります。特別措置の内容そのものを、大企業により手厚くするという従来の考え方を改めておりません。

○**議長（中村梅吉君）**　これにて討論は終局いたしました。

これより採決に入ります。

まず、日程第一につき採決いたします。

本案の委員長の報告は修正であります。本案を委員長報告のとおり決するに賛成の諸君の起立を求めます。

〔賛成者起立〕

○**議長（中村梅吉君）**　起立多数。よって、本案は委員長報告のとおり決しました。

次に、日程第二につき採決いたします。

本案の委員長の報告は修正であります。本案を委員長報告のとおり決するに賛成の諸君の起立を求めます。

〔賛成者起立〕

○**議長（中村梅吉君）**　起立多数。よって、本案は委員長報告のとおり決しました。

（以下略）

参議院会議録第八号

昭和四十八年三月七日（水曜日）

○**議事日程**　第八号

第一　資金運用部資金並びに簡易生命保険及び郵便年金の積立金の長期運用に対する特別措置に関する法律案、所得税法の一部を改正する法律案、法人税法の一部を改正する法律案及び租税特別措置法の一部を改正する法律案（趣旨説明）

第二　国務大臣の報告に関する件（昭和四十八年度地方財政計画について）

第三　地方税法の一部を改正する法律案及び地方交付税法の一部を改正する法律案（趣旨説明）

第四　国家公務員の寒冷地手当に関する法律の一部を改正する法律案（内閣提出、衆議院送付）

を御理解いただきたいと思いますし、この制度をにわかに廃止することは適当でないと存じます。

（以下略）

参議院　大蔵委員会会議録第十五号

昭和四十八年四月十二日（木曜日）

出席者は左のとおり。

委員長	藤田　正明君
理　事	嶋崎　　均君
	土屋　義彦君
	野々山一三君
	多田　省吾君
	栗林　卓司君
委　員	青木　一男君
	伊藤　五郎君
	河本嘉久蔵君
	柴田　　栄君
	津島　文治君
	中西　一郎君
	西田　信一君
	桧垣徳太郎君
	船田　　譲君
	山崎　五郎君
	川村　清一君
	竹田　四郎君
	成瀬　幡治君

○議長（河野謙三君）　これより会議を開きます。

（中略）

○議長（河野謙三君）　日程第一　資金運用部資金並びに簡易生命保険及び郵便年金の積立金の長期運用に対する特別措置に関する法律案、所得税法の一部を改正する法律案、法人税法の一部を改正する法律案及び租税特別措置法の一部を改正する法律案（趣旨説明）

四案について、提出者の趣旨説明を求めます。

○国務大臣（愛知揆一君）　……（中略）……最後に、租税特別措置法の一部を改正する法律案について申し上げます。

中小企業経営の近代化合理化をはかるため、青色申告者について、みなし法人課税の選択による事業主報酬制度を創設することといたしております。

以上のほか、それぞれ実情に応じ、所要の措置を講ずることといたしております。

以上、所得税法の一部を改正する法律案、法人税法の一部を改正する法律案及び租税特別措置法の一部を改正する法律案につきまして御説明申し上げた次第です。

○議長（河野謙三君）　ただいまの趣旨説明に対し、質疑の通告がございます。順次発言を許します。

（中略）

○野々山一三君　私は、日本社会党を代表いたしまして、ただいま提案されました税制改正三法案に対し、田中総理並びに関係大臣に基本的な問題について若干の質問をしたいと存じます。どうか、簡明率直に御答弁をいただきたいことをまずもってお願いをいたします。

（中略）

第二に、法人税の改正についてです。

今回の改正では、同族会社の留保所得について、定額控除を若干引き上げております。私は、同族会社の特別課税制度自体がいつまでも続けられていくことに問題があると思うのです。これは法人擬制説のたてまえから発した制度ですけれども、今日、法人擬制説をたてまえとする行き方は、悪い部分だけを残している、こう言わなければなりません。たとえば、このほかにも、法人間の受け取り配当には税金をかけない。他方では、収入が配当だけの場合、四人家族二百七十五万円までは税金がかからぬ。つまり、法人擬制説は、並べれば切りのないように、悪い部分だけが残されて乱用されているということじゃないでしょうか。

このようなことをやってまいりますために、このごろでは、株式投機ブーム、こういうものを背景として、いかにも強い者が得をする、そうして不均衡はさらに不公平を拡大する、こういう制度になっておるのじゃありませんでしょうか。再考を求めたいし、その所見を承りたいのであります。

（中略）

○国務大臣（愛知揆一君）　……（中略）……次の同族会社の留保金課税の廃止にお尋ねが触れておりますが、同族会社の社内留保が一定限度を越える場合に、これをいわば株主の所得の留保と見て課税する現行の留保金課税制度が不当であるという御趣旨かと解しました。しかし、この制度は、会社と同族株主の利害が一致しております同族会社では、社内に留保することによって、累進税率による所得税の課税を免かれ、租税負担を不当に軽減することができるので、これを防止するために設けられていること

山崎　昇君
野末　和彦君
国務大臣
大蔵大臣　愛知揆一君
（ほか略）

本日の会議に付した案件
○法人税法の一部を改正する法律案（内閣提出、衆議院送付）
○租税特別措置法の一部を改正する法律案（内閣提出、衆議院送付）

○**委員長（藤田正明君）**　次に、法人税法の一部を改正する法律案、租税特別措置法の一部を改正する法律案、以上二案を便宜一括して議題といたします。
　まず、政府から趣旨説明を聴取いたします。
○**国務大臣（愛知揆一君）**　ただいま議題となりました法人税法の一部を改正する法律案外一法律案につきまして、提案の理由及びその内容を御説明申し上げます。
　租税特別措置法の一部を改正する法律案について御説明します。

　中小企業対策として、事業主報酬制度を創設することです。

　すなわち、青色申告を行なう事業者についてみなし法人課税の選択を認め、この選択をした事業者は、その事業主報酬に対し給与所得控除を認め、事業主報酬控除後のみなし法人所得に対しては全額を事業主に配当するものとして法人並みの課税を行なうことといたしております。

　以上のほか、国際経済環境の改善に資するため、大型及び中型の乗用車の物品税の税率をいずれも二〇%とすることとしております。また、自己の居住の用に供する新築住宅にかかる登録免許税の軽減等本年三月末に期限の到来する各種の措置について、その適用期限を延長する等所要の措置を講ずることといたしております。

　以上、法人税法の一部を改正する法律案外一法律案につきまして、その提案の理由と内容を申し上げました。

　何とぞ御審議の上、すみやかに御賛同くださいますようお願い申し上げます。
○**委員長（藤田正明君）**　次に、補足説明を聴取いたします。
○**政府委員（高木文雄君）**　租税特別措置法の一部を改正する法律案につきまして、提案理由を補足して御説明申し上げます。
　事業主報酬制度の創設について御説明します。この場合、事業主報酬控除後のみなし法人所得に対しては、全額を事業主に配当するものとみなした場合の法人税率に相当する税率、すなわちみなし法人所得三百万円以下については二三・六%、三百万円をこえる部分は二九・六%の税率で所得税を課税しております。また、みなし法人所得に対する税額を控除した後の残額は、みなし配当所得として、事業主報酬等の他の所得と総合して課税することとし、配当控除を適用することとしております。なお、この事業主報酬制度を選択しない青色申告者については、従来どおり青色申告控除を存置することとしております。

　以上のほか、海外投資損失準備金制度と資源開発投資損失準備金制度を統合した上、資源の開発段階における投資について積み立て率を五〇%に引き上げるほか、原油備蓄施設の割り増し償却制度の適用期限を二年延長し、また、沖縄国際海洋博覧会の開催に資するため、沖縄国際海洋博覧会出展準備金制度を設けるとともに、同博覧会の用に供した後輸出される特定の物品に対する物品税の免税措置を講ずることとしております。

　以上、法人税法の一部を改正する法律案、租税特別措置法の一部を改正する法律案の提案理由を補足して説明いたした次第でございます。
○**委員長（藤田正明君）**　これより質疑に入ります。
（中略）
○**川村清一君**　お尋ねいたしますことは、租税特別措置の問題で、長い間問題になっております利子・配当に対する優遇措置についてお尋ねしたいと思います。
　現在の利子・配当に対する特例は、昭和四十五年の改正の際、五十年までの漸進的な措置が制度化され現在に至っているわけですが、現在、税制で公平負担の原則をおかし、一部の資産所得者を優遇をする必要が一体あるのだろうかどうかということを強く疑問に思うわけです。現在の経済社会の状態は、そのような情勢ではないんではないかと思うのです。この問題は、先般の有価証券譲渡益に対する非課税の問題のときに、いろいろ議論されたことでございますが、もはや、一部の資産所得者を優遇する必要はない。したがって、資本蓄積のためのこのような措置は、全廃すべきである。昭和五十年が適用期限ですけれども、その時期の来るのを待つのではなくて、いまの経済社会の状態からいって、早急にこれを断行すべきではないかと、かように考えるわけですが、これに対する大蔵大臣の御見解をお尋ねしたいと思います。
○**国務大臣（愛知揆一君）**　この問題は、実に長い間の問題でして、法人と個人の株主とを通ずる二重課税の問題が起こるということが理論的な議論の中心でして、現在までは、御承知のような経過をたどってきておるわけです。結論として、にわかにいまここで、従来からの考え方を変えることが原理的にいっても正しいのかどうか。これはもちろん、社会通念といいますか、感覚的にいえば、御指摘の御議論は、私はよくわかる議論だと思いますけれども、法人と、それに対する株主との関係からいって、税制理論からいって、たとえばいま申しましたような二重課税の問題が起こるということも考えてみますと、なかなかこれは判断しにくい問題。現在はいろいろな経過をたどって、源泉分離選択の課税制度ができ上がりまして、四十六、四十七年では一〇%、それから、四十八年以降五十年分までは一五%、漸進的に税率改善の措置が講ぜられることに決定されて、今日そういう状態にあるわけでして、この点はさらに私も勉強したいと思いますけれども、五十年度までは、従来いろいろの議論を通してこうした結論が出、そしてまた税率においても五十年度まで一五%できまっておる経過から申しまして、いまにわかに今日この段階でこれは見直すことを言明するだけの勇気が出ないことを率直に申し上げておきたいと思います。

（以下略）

参議院　大蔵委員会会議録第十六号

昭和四十八年四月十七日（火曜日）

出席者は左のとおり。

委員長　藤田正明君

理事　嶋崎均君　土屋義彦君　野々山一三君　多田省吾君　栗林卓司君

委員　青木一男君　河本嘉久蔵君　柴田栄君　津島文治君　中西一郎君　桧垣徳太郎君　船田譲君　竹田四郎君　戸田菊雄君　成瀬幡治君　山崎昇君　渡辺武君　野末和彦君

国務大臣
　大蔵大臣　愛知揆一君

政府委員
　大蔵省主税局長　高木文雄君

（ほか略）

本日の会議に付した案件

○法人税法の一部を改正する法律案（内閣提出、衆議院送付）

○租税特別措置法の一部を改正する法律案（内閣提出、衆議院送付）

○**委員長（藤田正明君）**　ただいまから大蔵委員会を開会いたします。

法人税法の一部を改正する法律案、租税特別措置法の一部を改正する法律案、以上二案を便宜一括して議題といたします。

前回に引き続き、これより質疑を行ないます。

質疑のある方は、順次御発言を願います。

（中略）

○**野末和彦君**　次、租税特別措置ですけど、租税特別措置についての性格、メリット、デメリットいろいろあると思うんですけれども、時限立法になっているものは、基本的に政策目的が達せられたと判断したらすぐやめるべきと考えておられるのか、それとも、一応何年と限った以上、その期間内はそのままにしておくべきと考えておるのか、基本的な方針はどちらですか。

○**国務大臣（愛知揆一君）**　期限をきめておりますものは、期限を守るのが原則であると思いますが、同時に、前々から申し上げておりますように、期限が来たらば、これは既得権ではないんですから、十分洗い直して改廃をすべきものである。それから、前例としては、期限をきめてあっても、その期限の到来前に改廃あるいは修正したものがあろうかと思いますが、こまかい点はちょっと私も記憶がございませんが、たしかそういう前例もあると思います。

○**野末和彦君**　当然政策目的も達せられて、こういう措置は必要ないと、去年で言えば輸出振興の関係でしたか、ありましたね。それと似たようなもので配当の分離選択制もぼくはどうもおかしいと思うんですね。これ、一番最初にこの制度が設けられたときの一番大きな理由は何だったんですか。

○**政府委員(高木文雄君)**　現在の配当所得に対する源泉選択制度は、四十五年の税制改正で採用されたものです。これは預金も、そのときに源泉選択制度が採用され、五十年までの臨時の措置となっておりますが、その間源泉選択の場合の税率が一五から二〇、二〇から二五と上がることになっておりまして、本年一月一日から二五%になったところです。その源泉選択制度とは、原則的にだんだん総合のほうに持っていこうという前提で、従来から完全分離課税でした。四十年来、分離課税でしたものを、源泉選択制度を入れて、総合に近づけようという方向でいま制度をそちらのほうへ近づけつつあるというところです。

○**野末和彦君**　そうしますと、租税特別措置の設けられた政策目的はいまの説明では十分出てなかったと思うんですけれども、貯蓄奨励も、その項目の中で入っていますから、これは株式市場育成とか、あるいは国民の貯蓄が資本市場に向かう誘導措置とかいうような目的が多かったわけですか。

○**政府委員(高木文雄君)**　御指摘のとおりでして、預金は前から分離課税制度になっているわけですが、預金を通じて、産業に対して間接金融を行うのと、それから、資本を増加して、そしてそれについての、配当についての税制上の考慮を加えることによって、むしろ資本増加を優遇していくのと、いずれの道をとるべきかが、いわば産業政策として非常に重要な問題ですが、そこで、絶えず預金の扱いと、配当の扱いは、相互にどうあるべきかを検討しなければならないわけです。で、預金について従来からいわゆる貯蓄奨励という分類で整理しておりましたので、配当も同様の整理をしておりますが、単にそれは貯蓄奨励だけではなくて、貯蓄奨励であると同時に、また産業資金の調達方式をどうしていくかと関連ある問題であると思います。

なお、先ほど私の説明一ヵ所誤っておりまして、この配当の源泉選択制度は四十五年から採用したように申しましたが、それは誤りでして、四十年からです。預金について源泉選択制度になりましたのが四十五年からでして、その点訂正をさしていただきます。

○**野末和彦君**　そうしますと、これは五十年までで、期限がきまっているものは、それまで一応守るのが原則だということありましたけれど、目的が達せられたと判断したら、やめるものもあるし、またそれが当然税調の答申などにあります租税特別措置に対する姿勢じゃないかと思うわけですね。いまの主税局長のお答えを聞いていても、なぜ五十年までこのままほうっておかれるのかがちょっとわからないんですがね。いまでも租税特別措置がなければならないような事情なんですか。

○**政府委員(高木文雄君)**　先ほどちょっと触れましたように、源泉選択の税率は四十八年、四十九年、五十年は二五%です。その前は、二年間二〇%であったわけですし、さらにその以前は一五%であったわけです。税率が階段状にだんだん上がっていくことになります。二五%とは、所得税としてはかなり高い税率ですから、本来ならば、源泉選択をしないで、むしろ総合申告をしたほうが有利な方が源泉選択税率が高くなればなるほど多くなってくるはずです。そういう過程を通じて、なるべく多くの方に分離でなしに、総合のほうを選ぶほうが有利だという状況をつくり出していこうという仕組みです。ですから、この制度は当初から、四十五年以来そういう階段状になっておりますから、階段状のところを途中で直すのは、いかがなものかと思うわけです。ところで、まあ五十年以降どうするかという問題もあるわけですけれども、それはまだ現在のところ、ちょっと予測的に申し上げにくいわけですが、その階段状である以上は、その階段状の登り上がるところまでは予定した制度でやらしていただくほうが制度の安定性としてよろしいのではないかと考えます。

○**野末和彦君**　制度の安定性といわれますけどね。別にこれは一部の人しか適用は受けないわけで、いまのだんだん総合課税を選ぶほうに持っていくということでしたね。そうだったら、階段を途中でやめて、いま総合のほうが得だぞと言って、これを廃止したっていいと思うんですよね。でも今後取引税が上がりましたね。そうすると、取引税を上げるときに、株式市場の担税力がついたという話が出ましたけども、当然いまの配当の選択分離制が検討されたと思うんですが、これは税調でも、大蔵省内でも、五十年まではほうっておくということで触れなかったのか、それとも一回、ここで途中だが洗い直してみようという動きがあったのか、どちらですか。

○**政府委員(高木文雄君)**　預金及び配当の源泉選択税率を現状のままで階段状にしておくということは、今回の税制改正にあたりまして、税制調査会でこれをやめるかどうかで論議をしたことはございません。現在上積み税率で二五%と申しますと、所得に直しますと、三百二十万円をこえたあたりから三百八十万円ぐらいのところが上積み税率二五になっておりますから、株をお持ちの方、したがって、配当をお持ちの方で、もう大部分の方は源泉を選ぶよりは、総合を選んだほうが有利な方が多くなっているはずです。残念ながら、どうも総合申告をするのはすけれども、申し上げている次第で、意欲的には相当のものをやりたいと考えております。したがって、いろいろの問題をあわせて検討いたしたい。特に、この件だけについて申し上げるわけではございません。いろいろの御意見を謙虚に伺って対処してまいりたいと思います。

（以下略）

参議院　大蔵委員会会議録第十七号

昭和四十八年四月十九日（木曜日）

出席者は左のとおり。

委員長　藤田　正明君

理　事　嶋崎　均君　土屋　義彦君　野々山一三君　多田　省吾君　栗林　卓司君

委　員　青木　一男君　伊藤　五郎君　河本嘉久蔵君　斉藤　十朗君　高橋雄之助君　竹内　藤男君　津島　文治君　中西　一郎君　西田　信一君

意欲の減退のほうがよっぽど大きいわけですよ。ですから、こういう国民の不信感とか不公平感をまず除くほうが先であって、これをこのまま五十年まで持っていて、結局株を持っている人も、源泉より総合のほうが有利ですと、それをわかってもらうんだなんて言っていることがおかしいと思うんですがね。事あることにＰＲしてということよりも、いまもうすぐ廃止すべきだと、そのほうが当然じゃないかと思うんです。

そこで、五十年までこれを置いておくことは、メリットはまずなくて、マイナス面のほうが大きいから、来年たまたまいろいろな租税特別措置を全面的に洗い直すことを大臣も方針として打ち出されておりますから、これは一年前であってもやめて、こういう資産階級を優遇するようなものをやめたんだといって、税制改正の姿勢をきちっと示すほうが、当然じゃないかとぼくは思うんです。ですから、来年やめるべきで、五十年までほうっておくと、やはり幾ら税調の答申に基づいて総理大臣はじめ大蔵大臣がいつも流動的改廃につとめるとか、あるいは既得権化しないようにとか、何かいつも同じことを繰り返していますがね、あれは結局は口先だけで、実質的な意味はないんじゃないかと、こう思うんです。どうでしょうか、大臣、このいまの配当所得に関する源泉分離、選択制に対して来年やめる、あるいはやめるべく検討するというお考えありますか、それともやはり五十年までほうっておきますか、どちらですか。

○国務大臣（愛知揆一君）　これは五十年を決定し、かつ実行中ですから、原則的には五十年まで続けるべきものである、そういうふうに考えますけれども、四十九年度の税制は、いままでも基本的な点だけでわずらわしいということから、有利、不利に関係なく、不利であっても源泉のほうを選んでおられる方が非常に多い実情です。漸次このことを、いろいろな機会を通じて多くの方に承知をしていただいて、源泉よりは、総合のほうが有利だということが株主の方々に知られるようになり、申告の習慣が大勢の方についてきたならば、またいろいろ制度を考え直す余地があるのだろうと思います。もう少し総合を選択する方がふえることに全力をあげまして、その上で制度をどこへ安定させるか考えるべきであろうかと思います。

有価証券取引税は、若干株の譲渡所得の非課税問題との関連においてどう考えるべきかという関連が議論されましたが、この配当との関係は、有価証券取引税とはあまり直接には関係はないのではないかということから、今回は御指摘の点は検討はしておりません。

○野末和彦君　結局、株を持っている人は源泉よりも総合のほうが有利だということを、何も宣伝しなくたって、この制度を廃止して総合にしなさいと言ったらよほど早いわけですよ。なぜそんな回りくどいことを考えながらこれを存続していくかがちょっとわからないんですがこれはどうなんでしょうかね。やはり階段状になっているからやめられないと、あるいは五十年までときめてあるから、途中でいじくると制度上の安定性とかが問題になるわけですね。それで残しているんだと思いますが、しかし、逆に言えば、その株を持っている一部の人たちのために安定性を云々するよりも、これによる不公平感のほうが大きいわけでしょう。これはやっぱり、一部の資産階級に有利な税制だと一般の大衆は受け取っている、これは、こういう不公平感による納税

桧垣徳太郎君
船田　譲君
竹田　四郎君
戸田　菊雄君
成瀬　幡治君
山崎　昇君
矢追　秀彦君
塚田　大願君
野末　和彦君

政府委員
大蔵省主税局長　高木　文雄君

参考人
税制調査会会長　東畑　精一君
（ほか略）

本日の会議に付した案件
○法人税法の一部を改正する法律案（内閣提出、衆議院送付）
○租税特別措置法の一部を改正する法律案（内閣提出、衆議院送付）

○委員長（藤田正明君）　ただいまから大蔵委員会を開会いたします。

法人税法の一部を改正する法律案、租税特別措置法の一部を改正する法律案、入場税法の一部を改正する法律案、物品税法の一部を改正する法律案、以上、四案を便宜一括して議題といたします。

本日は、四案審査のため、参考人として東畑税制調査会会長に御出席をいただいております。

これから四案の審査に入りますが、委員の質疑にお答えいただく形で御意見を伺いたいと存じます。何とぞよろしくお願い申し上げます。

それでは、これより質疑を行ないます。質疑のある方は順次御発言を願います。

（中略）

○多田省吾君　まとめて三つお尋ねします。

一つは、所得税のいわゆるキャピタルゲイン非課税をいつまで続けられるのか、昭和二十八年に全部非課税になってからもう二十年たつわけです。しかし、努力をすれば、アメリカやイギリス並みに、キャピタルゲイン課税は私はできると思いますし、大蔵当局も、将来はやっていかなくちゃならないという腹をきめておられるようですが、早急にやるべきだと思います。

○参考人（東畑精一君）　キャピタルゲイン、思想としてはもう私も賛成です。いかにこれを実現するかという問題です。

（中略）

○戸田菊雄君　次は、利子・配当の分離課税の問題ですが、私は廃止すべきだと思うんですね。今回確かに合理化その他やりました。しかし、結果的には増収態勢にいっておるのですね。別の面で拡大していっているのです。その元凶が、何といっても分離課税にあることは間違いないのですから、端的に言って、課税最低限をちょっと見ただけでもわかりますように、配当課税の場合は三百四十三万一千六百五十二円――四十七年ですね。ことしは確かに九十何万減って、二百七十五万七千二百五十円になりました。しかし、これに比して給与所得の課税最低限は、夫婦子供二人、これで百十二万一千二百六十円、これは四十八年。先年は百三万ちょっとです。確かに九十何万減らした、これはわかります。しかし、今後こういった所得税の最低限と、それからこの分離課税、配当課税限、最低課税限は均衡化の方向をとっていくのかどうか。もし、とっていくとすれば、これも年次計画でここまでいけば、所得税、地方住民税、全体を含めて、こういう均衡化をはかりますよと、こういう意思なのか、最終的にはわれわれが主張するような全廃方向でいくのか、その辺の見通しをひとつ教えていただきたい。

○政府委員（高木文雄君）　御指摘の点は、分離課税の問題というよりも、むしろ配当控除の問題であろうかと思います。御存じのように、四十八年分から一〇%に下がるわけですが、これは四十五年改正から予定をしておりましたところで、当時一五%でありました配当控除税率を漸次下げて一〇%にする、四十六、四十七年は経過的に一二・五にするということで、四十五年度の改正でお願いをしたのが、今回実現をするかっこうになるわけです。

この問題は、しばしばサラリーマンとの関係で御指摘がございますが、同時に、資本充実の見地から見た場合、ある程度貯金との関係で、配当の優遇を考えませんと、いつまでたっても直接金融が伸びていかない。したがって、自己資本率が上がっていかないという問題があるわけでして、それと同時に、その直接金融の優遇、奨励を考えます場合に、配当控除のような形で、株主段階で何かの形でインセンティブがあったほうがいいのか、あるいは法人段階で配当に充てます所得については配当軽課ということでいったほうがいいのかがございまして、これは実在説、擬制説問題とは別に、政策論としていろいろあるところですし、各国の税制を見ておりましても、本年の本月一日から、イギリスではまたグロスアップ方式をとり出し、各国の実例でもしばしば右に左にゆれ動いておるところです。

要は、税制上の不公平感、理屈はとにかくとして、実質的な差、給与と配当とに関する不公平感の問題と、基本的な直接金融についてどのような形でこのインセンティブを与えたらよいのかという問題点と、相反する問題を同時に解決すべき問題であるところに、非常にむずかしい問題があるわけです。今日まで、過去に一番高いときには二〇％でございましたの配当控除が、一五の時代を経過して一〇まできたことは、実感としての不公平感が放置できないということからこうなったわけですから、これから先どうなるかは、いままでの足取りを見ますならば、配当控除がだんだん下る方向に行くのが常識的であって、もとに戻ることはいまの税制としては考えられないのではないかと思います。ただし、来年度は、法人税制全般について洗いがえをする必要があるということを、しばしば大臣も答弁されておるとおりですので、その場合に、税率の問題が議論される際には、配当軽課税率の問題も当然議論されますから、それとこれとが関連してくる関係になるかと思います。いずれにしても、税制の問題もありますが、税制の問題よりもう一つ前に、預金を奨励して間接金融を伸ばすようにするのか、株式投資を優遇して、直接金融を奨励していくのか。直接金融を奨励する場合に、配当は何かインセンティブを企業段階で考えるのか、いろいろ複雑ですので、その辺はとっくりと、各方面の御意見を承って結論に誘導していきたいと思っております。

（中略）

○委員長（藤田正明君） 法人税法の一部を改正する法律案、租税特別措置法の一部を改正する法律案の両案に対する質疑は終局したものと認めて御異議ございませんか。

〔「異議なし」と呼ぶ者あり〕

○委員長（藤田正明君） 御異議ないと認めます。

それでは、これより両案の討論に入ります。御意見のある方は賛否を明らかにしてお述べ願いたいと思います。

○戸田菊雄君 私は、日本社会党を代表して、ただいま議題となりました法人税法と租税特別措置法の二改正案に反対の立場で討論を行なうものであります。

租税特別措置法についてであります。

利子所得、配当所得の分離課税は直ちに全廃すべきであります。税の総合累進課税を形骸化せしめ、税の不公平を拡大するその元凶は、利子所得と配当所得の分離課税です。今日までの審議でも明らかなように、課税最低限（所得税、住民税等との比較）一つを見ましても、いかに妥当性を欠くものであるかが明らかです。結果的には、租税制度の持つ所得再分配及びビルト・イン・スタビライザーの機能を減殺し、一般の納税モラルを低下させ、大衆重課を促進する本措置は、直ちに廃止すべきです。

以上、今回改正に対する反対理由を申し上げましたが、大企業にとって重要な措置は一切手つかずに温存され、一貫して大企業優遇措置を持続しようとする政府の態度に対し強く反省を求め、反対討論を終わります。

○嶋崎均君 私は、自由民主党を代表して、ただいま議題となりました法人税法の一部を改正する法律案及び租税特別措置法の一部を改正する法律案に対し賛成の意を表明するものであります。

なお、租税特別措置は、既得権化や慢性化があってはならないのであり、引き続き四十八年度以降も、政府は、課税公平の原則に立って、その政策目的の合理性、政策手段としての有効性について十分検討し、随時見直しを行うよう強く要望しておきます。

以上、申し上げました理由により、私は、法人税法改正案及び租税特別措置法改正案に賛成の意向を表明するものであります。

○多田省吾君 私は、公明党を代表いたしまして、議題となっております法人税法の一部改正及び租税特別措置の一部改正につきまして反対の立場を明らかにし、若干反対の理由を述べます。

租税特別措置は、従来より数多く指摘されましたように、全体としては、大企業、大商社、特定の産業、個人の高額所得者等に対しては、租税特別優遇措置が多くとられ、また、現行の所得税制にも、法人税制にも、各種の資本優遇措置が導入され、担税力に応ずる租税負担実現のための累進総合課税の原理は多くの面で崩壊せられ、税負担の不公平はますます著しくなっております。

われわれは、これら各種大企業優遇、輸出優遇、資本優遇の租税特別措置をさらに大胆に整理、改廃する必要もあり、また交際費課税等もさらに強化すべきであったと思います。租税特別措置の大胆な整理、改廃をもっと本年度においてなすべきであったと思うのであります。

以上の諸理由により、法人税法の一部改正、租税特別措置の一部改正に強く反対するものであります。

○塚田大願君 私は、日本共産党を代表して、ただいま議題となりました法人税法の一部を改正する法律案に賛成、租税特別措置法の一部を改正する法律案に反対の態度を表明します。

租税特別措置法の一部改正案に反対する第一の理由は、依然として大企業、大資産家に対する特権的な減免税を続けようとしているからです。たとえば、重要産業用合理化機械等の特別償却率の低減を一方で行うとともに、他方では公害対策を名目に特別償却の対象施設を拡大し、振りかえを行なおうとしていることでも明らかであります。さらに、資源対策と称して、資源開発、投資損失準備金の開発段階における積み立て率を現行の三〇%から五〇%に引き上げるなど、ますます特定の大企業のための特権的減免税にしようとしているのであります。

以上、租税特別措置法改正案の主な特徴を取り上げて反対の理由としましたが、わが党は総額三兆円に及ぶと見られる租税特別措置による特権的減免税制度を廃止し、租税における公平の原則を名実ともに打ち立てるべきことを主張して、私の討論を終わります。

○委員長(藤田正明君)　ほかに御意見もなければ、討論は終局したものと認めて御異議ございませんか。

〔「異議なし」と呼ぶ者あり〕

○委員長(藤田正明君)　御異議ないと認めます。

これより採決に入ります。

まず、法人税法の一部を改正する法律案を問題に供します。

本案に賛成の方の挙手を願います。

〔賛成者挙手〕

○委員長(藤田正明君)　多数と認めます。よって、本案は多数をもって原案どおり可決すべきものと決定をいたしました。

次に、租税特別措置法の一部を改正する法律案を問題に供します。

本案に賛成の方の挙手を願います。

〔賛成者挙手〕

○委員長(藤田正明君)　多数と認めます。よって、本案は多数をもって原案どおり可決すべきものと決定をいたしました。

(以下略)

参議院会議録第十三号

昭和四十八年四月二十日(金曜日)

○議事日程　第十三号

第六　法人税法の一部を改正する法律案(内閣提出、衆議院送付)

第七　租税特別措置法の一部を改正する法律案(内閣提出、衆議院送付)

○議長(河野謙三君)　これより会議を開きます。

この際、おはかりいたします。

(中略)

○副議長(森八三一君)　日程第六　法人税法の一部を改正する法律案

日程第七　租税特別措置法の一部を改正する法律案

(いずれも内閣提出、衆議院送付)

以上両案を一括して議題といたします。

まず、委員長の報告を求めます。

○藤田正明君　ただいま議題となりました二法律案について申し上げます。

租税特別措置法の一部を改正する法律案は、当面の経済社会情勢に即応した諸措置を講じようとするものであり、そのおもな改正点は、土地の投機的取引を抑制するため、法人の譲渡益に対する重課制度の創設、重要産業用合理化機械等の特別償却制度、価格変動準備金の積み立て制度等の産業関連の租税特別措置についての改廃合理化、交際費課税について損金不算入割合の引き上げ等の措置をはかるとともに、中小企業対策として、みなし法人課税の選択を認める事業主報酬制度を創設するものです。

そのほか、老齢者年金特別控除制度、障害者雇用企業に対する割り増し償却制度、無公害化生産設備の特別償却制度等の創設、勤労者財産形成貯蓄にかかる住宅貯蓄控除の限度額の引き上げ等をはかるものです。

なお、二法律案は、衆議院において、施行期日を「公布の日」とする等の修正が行われております。

委員会におきましては、二案について、参考人の意見を聴取するとともに、法人の税負担引き上げの方向と法人税制のあり方、経済社会の変化に即応した租税特別措置の位置づけ、土地税制と土地投機の実態、個人事業者と中小法人並びに給与所得者との税制上の均衡をめぐる諸問題等について質疑が行われましたが、それらの詳細は会議録に譲りたいと存じます。

質疑を終了し、二案一括して討論に入りましたところ、日本社会党を代表して戸田委員より、二案に対し反対、自由民主党を代表して嶋崎委員より、二案に対し賛成、公明党を代表して多田委員より、民社党を代表して栗林委員より、それぞれ二案に対し反対、日本共産党を代表して塚田委員より、法人税法改正案に対し賛成、租税特別措置法改正案に対し反対する旨の意見が述べられました。

討論を終了し、二案について順次採決の結果、いずれも多数をもってそれぞれ原案どおり可決すべきものと決定をしました。

以上御報告申し上げます。

○副議長（森八三一君）　両案に対し、討論の通告がございます。発言を許します。

○戸田菊雄君　私は、日本社会党を代表して、ただいま議題となりました法人税法と租税特別措置法の二法の改正案に対し、反対の立場から討論を行なうものであります。

初めに、昭和四十八年度一般会計の租税収入は、十一兆七百八十六億円で、十兆円の大台を突破し、四十七年度補正後の九兆一千三百五億円よりも二一%（一兆九千四百八十一億円）増加しております。その中で、所得税の占める割合は、ますます大きくなっております。政府は、所得税の大減税を宣伝いたしておりますが、最近の地価を含む物価の高上昇を考えれば、実質増税となります。昭和三十八年、十年前の租税収入に占める所得税の割合は二五%であり、法人税は三一%でありました。法人税を一〇〇とすると所得税は八〇%の割合でありました。ところが、昭和四十八年度は所得税が三八%（四兆二千四百十九億円）、法人税が三三%（三兆五千三百八十四億円）と、その割合はまさに逆転いたしております。

このように、所得税の増大、法人税の減少は、昭和四十年からであり、昭和四十五年以降、急速にその傾向が顕著であります。つまるところ、大衆に対する重課税の反面、資本に対しましては、徹底して高資本蓄積を行なっているのであります。

次に、租税特別措置法の反対についてであります。大企業は、今日まで租税特別措置で内部留保を強行して、資本の高蓄積をはかってまいりました。

以下、具体的にその反対の理由を申し上げます。

反対の第一は、憲法八十三条の要請に反するからであります。租税特別措置法の役割りは、財政支出で不足するところを税制面から補完しようというのが租税特別措置の機能であります。

第二は、利子所得、配当所得の分離課税は直ちに全廃すべきです。租税特別措置は、総合累進構造を形骸化せしめ、税の不公平を拡大する、その元凶が利子所得、配当所得の分離課税にあることは、いまさら申し上げるまでもございません。

租税特別措置の改廃合理化を実行するなら、前述の分離課税の廃止こそ、まっ先に実行すべきであるはずです。ところが今回の改正でも、所得税の課税最低限は、夫婦子供二人で百十二万一千二百六十円――四十八年度分――に対し、配当所得最低課税は二百七十五万七千二百五十円、おおよそ二倍半になっておるのです。株を大量に持ち、大金持ちで、その配当や利子で寝食いをしている不労所得者に対しては、徹底した優遇措置をとっておるのです。結果は、租税制度の持つ所得再分配及びビルトイン・スタビライザーの機能を著しく減殺し、一般の納税者の納税モラルを極度に低下せしめ、ますます所得税、住民税、間接税の大衆重課を促進することになっているのです。政府は直ちにこの分離課税制度を全廃すべきです。

以上、今回の改正に対する反対理由を申し上げましたが、大企業にとって重要な措置は、一切手つかずに温存されて、一貫して大企業優遇措置を持続しようとする政府の態度に強く反省を求め、反対討論とします。

○副議長（森八三一君）　これにて討論は終局いたしました。

これより採決をいたします。

○副議長（森八三一君）　次に、租税特別措置法の一部を改正する法律案の採決をいたします。本案に賛成の諸君の起立を求めます。

〔賛成者起立〕

○副議長（森八三一君）　過半数と認めます。よって、本案は可決されました。

本日はこれにて散会いたします。

…………………………

（小字及び――は衆議院修正）

租税特別措置法の一部を改正する法律案

租税特別措置法の一部を改正する法律

租税特別措置法（昭和三十二年法律第二十六号）の一部を次のように改正する。

第二条第一項第七号中「配当所得」の下に「、不動産所得」を加え、「又は一時所得」を「、一時所得又は雑所得」に改める。

第三条の三第九項中「第二百二十四条及び」を削る。

第四条第一項中「発行されるもの」の下に「及びこれに係る国債で国債整理基金特別会計法（明治三十九年法律第六号）第五条の規定により発行されるもの」を加える。

（中略）

第五十五条の見出しを「（海外投資等損失準備金）」に改め、同条第一項及び第二項を次のように改める。

青色申告書を提出する内国法人（特殊投資法人以外の投資法人及び特殊投資法人以外の資源開発投資法人を除く。）が、昭和四十八年四月一日から昭和四十九年三月三十一日までの期間（以下この項において「指定期間」という。）内の日を含む各事業年度（解散（合併による解散を除く。）の日を含む事業年度及び清算中の各事業年度を除く。）の指定期間内において、次の表の各号の上欄に掲げる法人（以下この条において「特定法人」という。）の当該各号の中欄に掲げる株式等（以下この条において「特定株式等」という。）を取得し、かつ、これを当該取得の日を含む事業年度終了の日まで引き続き有している場合（同表の第一号から第四号までの上欄に掲げる法人の特定株式等（次項第十号ハに規定する特定債権を除く。）については、特定法人株式等保有割合が、同表の第一号又は第三号の上欄に掲げる法人にあつては十分の一以上、同表の第二号又は第四号の上欄に掲げる法人にあつては百分の一以上である場合に限る。）において、当該特定株式等の価格の低落又は貸倒れによる損失に備えるため、当該特定株式等の取得価額に当該各号の下欄に掲げる割合を乗じて計算した金額（当該事業年度において当該特定株式等の帳簿価額を減額した場合には、その減額した金額のうち当該事業年度の所得の金額の計算上損金の額に算入された金額に相当する金額を控除した金額）以下の金額を損金経理の方法（確定した決算において利益又は剰余金の処分により積立金として積み立てる方法を含む。）により各特定法人別及び当該特定株式等の種類別に海外投資等損失準備金として積み立てたときは、当該積み立てた金額は、当該事業年度の所得の金額の計算上、損金の額に算入する。

法　人	株　式　等	割合
一　海外事業法人（第三号又は第五号から第八号までに掲げる法人に該当するものを除く。）	新増資株式等又は購入株式等	百分の十
二　投資法人（第四号、第六号又は第八号に掲げる法人に該当するものを除く。）	新増資株式等	百分の十
三　特定海外事業法人（第五号から第八号までに掲げる法人に該当するものを除く。）	新増資株式等又は購入株式等	百分の五十
四　特定投資法人（第六号又は第八号に掲げる法人に該当するものを除く。）	新増資株式等	百分の五十
五　資源開発事業法人（第七号に掲げる法人に該当するものを除く。）	新増資資源株式等又は購入資源株式等	百分の五十
六　資源開発投資法人（第八号に掲げる法人に該当するものを除く。）	新増資資源株式等	百分の五十
七　資源探鉱事業法人	新増資資源株式等又は購入資源株式等	百分の百
八　資源探鉱投資法人	新増資資源株式等	百分の百

2　前項において次の各号に掲げる用語の意義は、当該各号に定めるところによる。

一　海外事業法人　法人税法の施行地以外の地域内に本店又は主たる事務所を有する法人で、もつぱらその事業を当該地域内において営むことを目的とするものとして政令で定めるものをいう。

二　投資法人　もつぱら前号の海外事業法人（この号に該当する他の法人を含む。）に対し、出資をし、又は長期の資金を貸し付けることを目的とする内国法人で、海外投資の促進に著しく寄与するものとして政令で定めるものをいう。

三　特定海外事業法人　第一号の海外事業法人のうち、新開発地域（開発途上にある海外の地域として政令で定める地域をいう。）内に本店又は主たる事務所を有する法人で、もつぱらその事業を当該新開発地域内において営むことを目的とするものをいう。

四　特定投資法人　第二号の投資法人のうち、もつぱら前号の特定海外事業法人（この号に該当する他の法人を含む。）に対し、出資をし、又は長期の資金を貸し付けることを目的とする法人で政令で定めるものをいう。

五　資源開発事業法人　現に行なつている事業が法人税法の施行地以外の地域における資源（石油、金属鉱物その他の政令で定める資源をいう。以下この項において同じ。）の探鉱、開発又は採取（採取した産物について行なわれる加工で政令で定めるものを含む。）の事業（当該事業に附随して行なわれる事業及び同法の施行地におけるこれらの事業で石油に係るものを含む。次号において「資源開発事業等」という。）に限られている法人をいう。

六　資源開発投資法人　現に行なつている事業が前号の資源開発事業法人（この号に該当する他の法人を含む。）に対する出資若しくは長期の資金の貸付けの事業（これらに関連して行なわれる当該資源開発事業法人の採取した産物の引取りその他これに類する事業を含む。以下この項において「投融資等」という。）又は当該投融資等及び資源開発事業等に限られている法人で政令で定めるものをいう。

七　資源探鉱事業法人　第五号の資源開発事業法人のうち、現に行なつている事業が資源の探鉱の事業に限られているものとして政令で定めるものをいう。

八　資源探鉱投資法人　第六号の資源開発投資法人のうち、現に行なつている事業が主として前号の資源探鉱事業法人（この号に該当する他の法人を含む。）に対する投融資等又は当該投融資等及び資源の探鉱の事業であるものとして政令で定めるものをいう。

九　特殊投資法人　第四号の特定投資法人のうち当該法人の資本の金額又は出資金額をこえて第三号の特定海外事業法人（第四号に規定する他の法人を含む。）に対し出資をするもの及び第六号の資源開発投資法人のうち当該法人の資本の金額又は出資金額をこえて第五号の資源開発事業法人（第六号に規定する他の法人を含む。）に対する投融資等を行なつているもので、政令で定めるものをいう。

十　新増資株式等　次に掲げる株式等又は債権をいう。

イ　当該事業年度内において設立（合併による設立を除く。以下この項において同じ。）をされ、又は資本若しくは出資の増加（内国法人以外の法人の行なう株式による利益の配当及び利益積立金の全部又は一部の資本への組入れを含む。以下この項において「増資等」という。）を行なつた第一号の海外事業法人の株式（出資を含む。以下この条において「株式等」という。）で前項に規定する内国法人の払込み又は当該増資等に伴う取得に係るもの

ロ　当該事業年度内において設立をされ、又は資本若しくは出資の増加を行なつた第二号の投資法人の株式等で前項に規定する内国法人の払込みに係るもの

ハ　第一号の海外事業法人又は第二号の投資法人（前号の特殊投資法人に該当するものを除く。）に対する貸付金又は社債で政令で定めるものに係る債権で前項に規定する内国法人の取得に係るもの（当該海外事業法人又は投資法人の株式等を取得することが困難である場合として政令で定める事情がある場合に取得されるものに限る。以下この条において「特定債権」という。）

十一　購入株式等　非居住者又は外国法人（第二条第一項第一号又は第二号に規定する非居住者又は外国法人をいう。第十三号において同じ。）が前項に規定する内国法人により取得をされる日まで有していた第一号の海外事業法人の株式等で、その取得をすることが新たな海外投資となるものとして政令で定めるものをいう。

十二　新増資資源株式等　次に掲げる株式等又は債権のうちその払込み又は取得をすることが資源の探鉱又は開発を促進し、本邦における資源の安定的供給に寄与することになるものとして政令で定めるものをいう。

イ　当該事業年度内において設立をされ、又は増資等を行なつた第五号の資源開発事業法人の株式等で前項に規定する内国法人の払込み又は当該増資等に伴う取得に係るもの

ロ　当該事業年度内において設立をされ、又は資本若しくは出資の増加を行なつた第六号の資源開発投資法人の株式等で前項に規定する内国法人の払込みに係るもの

ハ　資源開発法人（第五号の資源開発事業法人及び第六号の資源開発投資法人をいう。以下この条において同じ。）に対する貸付金又は社債で政令で定めるものに係る債権で前項に規定する内国法人の取得に係るもの（資源開発法人の株式等を取得することが困難である場合として政令で定める事情がある場合に取得されるものに限る。以下この条において「資源特定債権」という。）

十三　購入資源株式等　非居住者又は外国法人が前項に規定する内国法人により取得をされる日まで有していた第五号の資源開発事業法人の株式等で、その取得をすることが資源の探鉱又は開発を促進し、本邦における資源の安定的供給に寄与することになるものとして政令で定めるものをいう。

十四　特定法人株式等保有割合　次に掲げる法人の区分に応じ、それぞれ次に掲げる割合をいう。

イ　前項の表の第一号又は第三号の上欄に掲げる法人　内国法人等（同項に規定する内国法人及びこれと共同して投資する者として政令

で定めるものをいう。）が同表の第一号又は第三号の上欄に掲げる法人の株式等の取得をした日を含む事業年度終了の日において有する当該法人の株式の総数又は出資の金額の合計額が同日における当該法人の発行済株式の総数又は出資金額のうちに占める割合

ロ　前項の表の第二号又は第四号の上欄に掲げる法人　同項に規定する内国法人が同表の第二号又は第四号の上欄に掲げる法人の株式等の取得をした日を含む事業年度終了の日において有する当該法人の株式の総数又は出資の金額の合計額が同日における当該法人の発行済株式の総数又は出資金額のうちに占める割合

第五十五条第三項を削り、同条第四項中「海外投資損失準備金」を「海外投資等損失準備金」に改め、同項を同条第三項とし、同条第五項各号列記以外の部分中「海外投資損失準備金」を「海外投資等損失準備金」に改め、同項第一号中「海外投資損失準備金」を「海外投資等損失準備金」に、「株式等の一部」を「株式等又は特定債権等（特定債権及び資源特定債権をいう。以下この条において同じ。）の全部又は一部」に、「株式等に係る」を「株式等又は特定債権等に係る」に改め、「計算した金額」の下に「（当該特定法人の株式等又は特定債権等の全部を有しないこととなつた場合には、その有しないこととなつた日における当該特定法人に係る海外投資等損失準備金の金額）」を加え、同項第二号及び第三号を次のように改める。

二　第二項第十四号イに規定する内国法人等が有する第一項の表の第一号若しくは第三号の上欄に掲げる法人の株式の総数若しくは出資の金額の合計額が当該法人の発行済株式の総数若しくは出資金額のうちに占める割合が十分の一未満となつた場合又は同項に規定する内国法人が有する同表の第二号若しくは第四号の上欄に掲げる法人の株式の総数若しくは出資の金額の合計額が当該法人の発行済株式の総数若しくは出資金額のうちに占める割合が百分の一未満となつた場合　その該当することとなつた日におけるその該当することとなつた特定法人に係る海外投資等損失準備金の金額

三　当該海外投資等損失準備金に係る特定法人が次に掲げる場合に該当することとなつた場合それぞれ次に掲げる金額

イ　第一項の表の第三号から第六号までの上欄に掲げる法人が同表の第一号又は第二号の上欄に掲げる法人になつた場合　その該当することとなつた日におけるその該当することとなつた特定法人に係る海外投資等損失準備金の金額の百分の八十に相当する金額

ロ　第一項の表の第七号又は第八号の上欄に掲げる法人が同表の第一号又は第二号の上欄に掲げる法人になつた場合　その該当することとなつた日におけるその該当することとなつた特定法人に係る海外投資等損失準備金の金額の百分の九十に相当する金額

ハ　第一項の表の第七号又は第八号の上欄に掲げる法人が同表の第三号又は第四号の上欄に掲げる法人になつた場合　その該当することとなつた日におけるその該当することとなつた特定法人に係る海外投資等損失準備金の金額の百分の五十に相当する金額

第五十五条第五項第四号中「海外投資損失準備金」を「海外投資等損失準備金」に改め、同項第五号中「株式等」の下に「又は特定債権等」を加え、「海外投資損失準備金」を「海外投資等損失準備金」に改め、同項第六号及び第七号中「海外投資損失準備金」を「海外投資等損失準備金」に改め、同項を同条第四項とし、同条第六項中「海外投資損失準備金」を「海外投資等損失準備金」に改め、同項を同条第五項とし、同項の次に次の一項を加える。

6　第一項の海外投資等損失準備金を積み立てている内国法人が、当該海外投資等損失準備金に係る資源開発法人の株式等の全部又は一部を政令で定めるところにより他の第一項の資源開発投資法人に譲渡をした場合において、当該譲渡に係る対価の額に相当する金額をもつて当該資源開発投資法人の発行する株式等を取得し、かつ、当該取得の日を含む事業年度終了の日まで引き続き有しているときは、当該資源開発投資法人の株式等を当該資源開発法人の株式等とみなして、前三項、第十項及び第十一項の規定を適用する。

第五十五条第七項中「第四項」を「第三項」に改め、同条第八項を次のように改める。

8　第二項から前項までに定めるもののほか、第一項に規定する内国法人が同項に規定する特殊投資法人である場合における特定株式等の取得価額の計算その他前各項の規定の適用に関し必要な事項は、政令で定める。

第五十五条第九項中「海外投資損失準備金」を「海外投資等損失準備金」に改め、同条第十項中「海外投資損失準備金」を「海外投資等損失準備金」に、「第五十五条第四項」を「第五十五条第三項」に改め、同条第十一項中「海外投資損失準備金」を「海外投資等損失準備金」に改め、「株式等」の下に「及び

特定債権等」を、「第五十三条第一項」の下に「又は法人税法第五十二条第一項」を加える。

第五十六条を削る。

第五十五条の二第二項第一号中「一部」を「全部又は一部」に改め、「計算した金額」の下に「（当該認定法人の株式等の全部を有しないこととなつた場合には、その有しないこととなつた日における当該認定法人に係る自由貿易地域投資損失準備金の金額）」を加え、同項第五号及び同条第三項中「前条第四項」を「前条第三項」に改め、同条第四項中「第五十五条の二第五項」を「第五十六条第五項」に、「第五十五条第四項」を「第五十五条第三項」に改め、同条第五項中「前条第四項」を「前条第三項」に、「同条第四項」を「同条第三項」に、「第五十五条の二第二項」を「第五十六条第二項」に改め、同条を第五十六条とする。

附　則

（施行期日）

第一条　この法律は、[公布の日]昭和四十八年四月一日から施行する。ただし、次の各号に掲げる規定は、当該各号に掲げる日から施行する。

一　第十一条第一項の表に一号を加える改正規定及び第四十三条第一項の表に一号を加える改正規定　中小小売商業振興法の施行の日

二　第三十四条第二項第一号及び第六十五条の三第一項第一号の改正規定中国土総合開発公団に係る部分　工業再配置・産炭地域振興公団法の一部を改正する法律（昭和四十八年法律第　　号）の施行の日

三　第三十四条の二第二項に二号を加える改正規定中同項第五号に係る部分及び第六十五条の四第一項に二号を加える改正規定中同項第五号に係る部分　公共用飛行場周辺における航空機騒音による障害の防止等に関する法律の一部を改正する法律（昭和四十八年法律第　　号）の施行の日

四　第六十六条の十第一項の改正規定　石炭鉱業合理化臨時措置法等の一部を改正する法律（昭和四十八年法律第　　号）附則第一項第二号に掲げる日

金融・証券に関する件

衆議院　法務委員会議録第三十七号

昭和四十八年六月二十七日（水曜日）

出席委員

委員長　中垣　国男君

理事　大竹　太郎君　理事　小島　徹三君

理事　谷川　和穂君　理事　福永　健司君

理事　古屋　亨君　理事　横山　利秋君

井出一太郎君　植木庚子郎君

住　栄作君　松沢　雄蔵君

赤松　勇君　正森　成二君

沖本　泰幸君　山田　太郎君

出席国務大臣

法務大臣　田中伊三次君

出席政府委員

法務省刑事局長　安原　美穂君

大蔵政務次官　山本　幸雄君

委員外の出席者

大蔵大臣官房審議官　田中啓二郎君

（ほか略）

本日の会議に付した案件

法務行政に関する件

検察行政に関する件

○中垣委員長　これより会議を開きます。

法務行政に関する件及び検察行政に関する件について調査を進めます。

質疑の申し出がありますのでこれを許します。

○横山委員　昨日の連合審査会で殖産住宅の問題につきまして報告を求めましたところ、本日の委員会において報告すべき旨の御答弁がございましたので、まず大臣から殖産住宅に関します経過の報告を求めたいと思います。

○田中（伊）国務大臣　昨日の御質問に対する、殖産住宅事件の概要を刑事局長から御報告申し上げます。

○安原政府委員　現に検察庁において捜査を開始したところで、まだ捜査中ですので、詳しいことは申し上げるべき段階でもございませんが、一応被疑事実の概要等を中心としてお答えしたいと思います。

いわゆる殖産住宅事件とは、その会長であります東郷民安を中心とする所得税逋脱事件と、それからもう一つは、捜査の過程で明らかになりました大蔵省証券局係官、東京証券取引所職員に関する贈収賄事件、この二種類に分かれて、いま捜査中です。

まず東郷会長の所得税逋脱事件は、その被疑事実は、東郷会長は殖産住宅株式会社の代表取締役として同会社の業務を主宰するかたわら、個人で営利を目的とした有価証券の売買を継続的に行い、多額の所得を得ていたが、所得税を免れようとする目的のもとに、秘書室長や総務部次長あるいは新日本証券株式会社の本店引受部の職員等と共謀の上で、この有価証券の売買を他人名義で行うなどして所得を秘匿した上、昭和四十七年の課税総所得金額が実際は配当所得と給与所得と雑所得と合計で十七億三千十七万四千百二十六円であったのにかかわらず、昭和四十八年の三月十四日、目黒税務署に対する申告においては、有価証券の継続的売買による利益等の雑所得がない、給与所得と配当所得しかないということで、その課税の総所得金額が七千百五十五万円であると申告をして、さような虚偽の所得税確定申告書の提出により、正規の所得税額十二億四千九百七十九万五千八百二十一円との差額でございます十二億四千二百九十六万五百円という所得税を免れた疑いです。

これは、殖産住宅の本社、銀座支店あるいは被疑者らの自宅など十カ所を捜索いたしまして、鋭意捜査中です。

それから第二の類型です大蔵省証券局係官、東京証券取引所職員に関する贈収賄事件ですが、これがいわゆる大蔵省証券局証券監査官の岡村監査官に対する贈収賄事件、それから東京証券取引所上場部次長であります高田光雄次長に対する贈収賄事件の二つに分かれるのです。

これにつきましては、まず岡村監査官の関係は、殖産住宅株式会社の元取締役であり現在殖産土地株式会社の取締役であります渋谷取締役が、殖産住宅株式会社の加藤という財務部長と共謀しまして、昨年の九月の下旬ごろに、殖産住宅株式会社におきまして、有価証券届け出書の審査等について職務権限を有しておりました大蔵省証券局証券監査官の岡村監査官に対し、この会社計画の有価証券届け出書の審査等について便宜の計らいを受けたことの謝礼及び将来も同様の計らいを受けたいという趣旨のもとに、この会社の新株一万株を、公募価格である一株千二百五十円で取得する利益を供与した。そして岡村は、この情を知りながらこれを受け取ったという贈収賄事件。

それからもう一つは、東京証券取引所上場部次長の関係ですが、これは、殖産住宅株式会社の西端という取締役が、同社の総務部次長の榎本次長と共謀の上――この会社は昨年六月有価証券上場申請書を東京証券取引所に提出しておったわけですが――その審査に関して、同年九月中旬ごろ、日本橋兜町の東京証券取引所におきまして、株式の新規上場の審査の職務を担当しておる高田次長に対して、新規上場申請の審査について便宜の計らいを受けたという謝礼の趣旨のもとに、この会社の新規株式五千株を、公募価格である一株千二百五十円で取得する利益を供与した。高田次長はその情を知りながらこれを収受した、こういう事件です。

○横山委員　少なくとも公認会計士の監査証明書をさらに監査する大蔵省の監査官及び大蔵省が間違いがない仕事をしておるものとして、われわれとしては〔商法の〕審査をしておるわけです。ところが、その一番根幹となる大蔵省の証券審査官が増収賄にひっかかるということでは、いままで何を一体審査をしておったのか、何を一体政府に対して質問し答弁を得ておったのか、最終的な守るべき基盤がくずれ去ってしまった感じがするわけです。こうなると証券監査官を監査する監査官をまたつくらなければならぬではないか、事はきわめて重要ですから、一体どうしてそういう事態が起こるのかという点について少しただしたいと思います。

いま全国及び中央に監査官は何人おって、そして監査をする対象会社は何社ですか。

○田中説明員　四十八年四月一日現在で、証券監査官、本省九名、財務局十七名、計二十六名となっております。そしてこの監査官は、証券届け出書並びに報告書の審査に当たるわけですが、四十七年におきます報告書の提出件数は三千九百件ございまして、現在では循環審査と申しまして、三年に一回はその報告書をきちんと審査する。したがいまして、大体その三分の一、千三百件と届け出書、これは増資とか上場の場合に提出されるものですが、それが四十七年では六百件を若干上回りまして、そういたしますと、約千九百件を担当しているわけです。したがいまして、先ほどの二十六名で除しますと、一人当たりの件数は七十三件になっております。

○横山委員　一人当たり七十三件の審査をする。四十七年の総件数三千九百といいますから、ちょっとまあ手にさわるものだけでも、二十六人で約百五十件、本省関係のものになりますと二百件を優にこすと思われるわけです。

一体、これはどいまきびしい社会的な批判やあるいは厳重な監査を必要とするものについて、一人当たり二百件、一体それで、われわれが信頼するに足る大蔵省の監査が行われておると考えられるでしょうか。

現場に出かけたり会社を呼んだりすることがはははまれで、ほとんどが書面審査、こういうふうに考えてよろしいのですか。

○田中説明員　この点につきまして、届け出書、報告書に記載された財務諸表は、まず会計の専門家である公認会計士による監査が第一次的に行われておりますので、大蔵省の審査は、通常、公認会計士または会社に対する質問、資料の提出要請によりまして、記載上の不備の有無の審査を行う方法をとっております。しかしながら、状況によりましては、その結果として自発的に訂正報告書の報告を大蔵省として求めたり、あるいは訂正命令を大蔵大臣の名において出すことがございますので、そういったことに直結する補佐としての仕事を監査官はしているわけです。第一次的に公認会計士による監査を信頼するというたてまえで、監査官の分掌あるいは定員法による大蔵省内の人員は、現在のところ、先ほど申し上げました人数で対処しているわけです。

○横山委員　大蔵省としては、現陣容をもって十分に大蔵省としてなすべき役割りが果たされている、そして内部監査制度も充実しておる、こうお考えですか。

○田中説明員　公認会計士による監査を、初めからまた完全に再監査し直すことが必要ということになりますれば、とても現在の人員ではこなせるものではないと思います。しかしながら、法律により公認会計士と、そしてその監査が証券取引のディスクロージャーの基幹となっておりますので、その一次的な監査を補完して投資家のために万遺憾なきを期するというたてまえで監査官の監査が行われているということです。

○横山委員　新聞によりますと、「九月末、殖産住宅は四億七千万円を増資し、資本金三十億円となったが、この増資では額面五十円の新株九百四十万株が一株千二百五十円で時価発行され、野村、大和、新日本の三証券会社がその引受け幹事社となった。二部上場が決る直前に開かれた殖産住宅の役員会では、この九百四十万株のうち、七三％に当る六百九十万株を株主安定工作のため、殖産側があらかじめ売先を指定するいわゆる「親引け株」とし、取引銀行や殖産の翼下にある指定建設業者、自社の役職員らに割当て、残る二百五十万株を上場と同時に市場で売出す」ことにした。こう報道されておりますが、この限りにおいて事実と相違ありませんか。

○田中説明員　殖産の当初の上場予定書におきましては、公募株は五百万株、親引け株は四百四十万株、計九百四十万株になっておったわけです。そして、ただいま先生のおっしゃいました数字は、まだ私ども確定してそうであると申し上げられない状態にございます。

○横山委員　この親引け株について、大蔵省は事前に報告を受けないのか、親引け株は自由であるのか、その比率はどうなんです。

○田中説明員　親引け株は、昨年来時価発行増資が盛んに行われた際に、発行会社におきまして安定株主工作その他種々の名目をもってこれが行われてきたわけですけれども、これは、株主を定着化して将来の株式流通にとって、特に価格形成にとっても思わしくございませんので、昨年の暮れ並びに本年、大蔵省の指導によりまして親引けは五〇％以下に抑える、そして最近はそれを四〇％以下にするように、証券会社でも自主ルールをつくりましてさらにこれを縮小するように努力をしているところです。

○横山委員　昨年九月現在においては、そうすると、親引け株はフリーであったわけですか。

○田中説明員　昨年の九月の当時、親引け株の実態を大蔵省で調査している段階にございまして、そのような自主ルールはまだございませんでした。

○横山委員　そういたしますと、私は多少疑問を生ずるのですが、昨年九月には親引け株は、自主ルールもなく、大蔵省の指導も何にもなかった。そうして殖産住宅問題が惹起した。昨年の暮れになって親引け株が五〇％の比率、さらに本年になりまして四

○％の比率、こういうふうに大蔵省が指導し、自主ルールが確立してきたことは、単に安定株主工作云々、株主の定着化云々という表向きの理由ではない気がする。もうここ数年来上場株がたくさんできているときに、どうして昨年の暮れ、本年になって急に五○％、四○％になったのか。大蔵省内部として、親引け株による問題が各所に実はあることを知っていたのではないかと思われるのですが、どうですか。

○田中説明員　大蔵省としてそのようなことが盛んに行われていたという認識があったわけではございません。そうして五○％以下あるいは本年春、四月以降は四○％以下という点は、先ほど申しましたように、時価発行増資についてのルールでして、この公開上場に関しては、公開上場の必要最低公募株数が二百五十万株になっておりまして、本件の場合はその必要要件をオーバーした株数、公募株、親引け株ともに所要な株数を上回ったのです。それについて自発的に必要以上に公募なり親引け株を出した、それについての自主ルールあるいは規制はなかなかできにくい事情もあったわけです。

○横山委員　殖産住宅が親引け株を七三％と報道されておるわけですが、この親引け株が何％であったかは御承知ですか。

○安原政府委員　その点は捜査しているかどうか、捜査が妥当であったかという報告はまだ受けておりません。

○横山委員　親引け株のうち、大蔵省の監理官、それから東証の人にそれらが渡っておる。したがって私は、当然親引け株が何％であり、同時に、親引け株がどういうルートを通じて配布されておるかは承知をしてなければならぬはずですが、それはどうなんですか。

○安原政府委員　報告を受けておりませんので、捜査をしているかどうかは申し上げるわけにいかないと申し上げたわけです。

○横山委員　あなた方がきょう国会でその質問があり、大臣から答弁をしなければならないときに、向こうが報告をしてきたことだけで、あなたは何にも質問をしなかったのですか。

○安原政府委員　本日は、捜査中の事件ですので、詳細を申し上げるわけにはいかないということを御了承願いたいと思いますし、そういう意味におきまして逮捕状を請求して勾留をしたという事件の報告を申し上げたつもりです。

○横山委員　納得できませんよ。私どもはいま商法を審査している。商法において監査のあり方について審査している。その監査の中で重要な問題は二点ありますが、親引け株が今後どういうような影響を及ぼすか。同時に、公開価格と寄りつき価格とが倍にもなっている。どうしてそういうことになるのか。したがって、国会の審議がこの問題の捜査にももちろん関係はあるけれども、少なくともあなた方はこれから商法審査にあたってこの二点について問題の所在を究明しなければならぬ。したがって、今度の殖産について親引け株がどういうルートをたどっていったのか、そして、売り出し価格と寄りつき価格とがどうしてこんなに開きが生ずるのか、この二点が究明されなければ、法律体系をつくったところで商法の審査は絵にかいたもちだ、どう思いますか、法務大臣。

○田中(伊)国務大臣　ひとつ御理解をいただきたいのですが、事件は捜査中である、全部は申し上げられませんが、差しつかえのない限度において御報告をしたい、商法の御審査を願っておるという関係がございますので、積極的に私はこのことをお答えを申し上げたので、そこでこの重要な事柄が限度を越えて国会に出る、報道されるとものの一時間もならぬ間に業者は知ることになりましょう。そういうことになりますので、実は文書をつくりまして、きょう御報告申し上げる限度を文書にいたしまして、この文書に基づいて刑事局長にただいま御報告をさせた、こういう事情です。そこで、本日の御報告だけでは不十分であること、よくわかっておるのです。わかっておるけれども、ちょっとおくみ取りをいただいて、そして一定の時期が来たら全部言います。

○横山委員　なぜ一体証券局の監査官が一万株をもらったか、もらえる条件下にあったのか。いまの御報告によれば、配慮をしてくれた、今後も配慮をしてもらいたいという話で、一万株もらった。しかも、新聞の報道するところによれば、要求をしてもらったわけですね。まず千二百五十円の売り出し価格、募集価格でもらって、それを他人名義で買っている。それから代金を一部殖産に立てかえてもらった、数日後にこれを売り払った、それによって、千二百万円くらいの利益が岡村はあがっておる、こういう容疑である、間違いありませんか。

○安原政府委員　有価証券届出書の審査について便宜ある計らいを受けたことの謝礼と今後に対する便宜ある計らいを受けたいという請託の趣旨でこれらの株の割り当てを受けたという疑いで捜査をしておるということでして、それ以上のことは、捜査をしている段階ですから、申し上げる段階にないと御理解を願いたいと思います。

○横山委員　監査官の職務はどういうことなのか、配慮ができるとすればどういうことが配慮ができるのか、上場の際に、まず第一に公開価格についてこの監査官は了承し得る、それでよろしいと言い得る立場にあるのか、親引け株の比率について報告を受け、了承をし得る立場にあるのか、上場基準について報告を受け、これを了承し得る立場にあるのか、それらを了承し得る立場にあるとするならば、それらは局長に報告する義務はないのか、その監査官の裁量にゆだねられておるのか、その点はどうなんですか。

○田中説明員　まず証券監査官の任務ですが、これは大蔵省組織規程第六条の二の2に規定してございます。「証券監査官は、命を受け、証券取引法第二十六条の規定に基づく検査を実施し、及び令第三十三条第三号に掲げる事務を処理する。」この「令第三十三条第三号」、これを読ませていただきますが、「有価証券の募集若しくは売出し又は公開買付けに関する届出書及び有価証券に関する報告書を審査し、必要な措置をとること。」かようになっております。したがいまして、権限としては検査を実施することと審査を行うこと、そしてそれに基づいて必要な措置をとること、この二つに分けることができると存じますが、今回の場合は審査を行い、必要な措置をとったということですが、必要な措置は、これについて審査の結果、何ら訂正を求めるべきものがなかったという事実行為を行いまして、それに基づいて課長なり局長が、本件は問題ないという心証を得ることになるわけです。

次に先生御指摘の上場基準が監査官の裁量にゆだねられているか、あるいは公開上場価格が監査官の裁量にまかせられているかは、両方ともそうではございません。

まず第一に上場基準は取引所におきまして上場規程がございまして、それに基づいて上場基準がきまっているわけです。したがいまして、その基準を満たさない限り上場できない。そのような形式基準が充足されているかどうかという審査を事実的に行っているのが監査官です。

次に上場価格ですが、これは現在引き受け証券会社は業務方法書の中に株式公開価格算定基準に基づいて公開価格を算定いたしますという条項が添付書類として盛り込まれているわけです。その内容は、基本方針としては公開会社に類似する会社を選びまして公開会社と類似会社との一株当たりの配当金、純利益及び純資産について比率の平均を求めまして、そうして当該平均比率を類似会社の株価に乗じて算出することをきめているわけです。殖産住宅の場合もこの方法に基づいて算定しまして、監査官としましてはその算定に計算の誤りがなかったという事実上の審査はいたしたわけでして、何らその点について瑕疵はなかったという審査はいたしました。要すれば、上場基準ないし公開価格は監査官に裁量の余地は全くないと申し上げてよろしいかと思います。

○横山委員　あなたの話を聞いておると、全く本件について問題はない。それにもかかわらず一万株、千二百万円という金が渡されている問題、どうお考えになるのですか。

本件を大蔵省としては、要するに配慮をした、便宜をはかったという事実はなくてあいさつとしてもらった、こういう贈収賄の事実はないとお考えなのか、それとも何かの便宜がはかられたと思われるのか、どちらにお考えなのですか。

○山本(幸)政府委員　いま当局から御説明を申し上げましたように監査官の職務権限は、新しく増資をする場合の審査をする。上場をするかどうかの権限は、岡村監査官の所属しております課とは別に総務課で取り扱うことになっておりまして、岡村監査官がこの事務をやっておったわけでありますが、募集についての届け出書の効力の発生も原則としては三十日たてば自動的に発生をするということで大蔵大臣が格別の認可行為もしない、こういう証券取引法の規定になっておるわけです。

お話しのごとく伝えられるところが事実であるかどうか私も存じませんが、私どもとしましては、これは現在は捜査中ですから、検察庁の手に待たなければならないと存じますが、そういう巨額の金が贈賄されたということであるならば、一体その間に何が行われたのか、私どもほんとうにその実情を知りたいという気持ちでおるわけです。

○横山委員　あなたの御答弁の趣旨がよくわかりません。

私が要求したいのはポイントの一つである親引け株のパーセントです。この場合は四百四十万株が親引け株として当初予定されておった。岡村氏にいったのはそのわずか一万株です。あと四百三十九万株が親引け株としてあちらこちらに移っておるわけですね。親引け株が一体最終何株であったか、そしてそれはどこへ流れたのかが今後の上場問題、商法の審査に対して重要な問題なんです。大体親引け株はどういうところへ流れるか、それによってどういう犯罪の問題が起こる可能性があるかは大事なことなんです。したがって適当な機会に親引け株の率及び親引け株がどこへ流れたか御報告を徴したいと思いますが、いかがですか。

○田中(伊)国務大臣　仰せのとおりこれは審査にもちょっと影響のある大事なことですね。別に法務省は隠して通ろうという意図は全くございませんが、これは捜査の急所ですから捜査のじゃまになっては困るということです。捜査の段階が一段進みましてひとつ捜査当局とも相談をさせまして、本日のように一定限度の御報告を申し上げて審議の御参考にするということにいたします。

○横山委員　もう一つ大事なことがございます。その親引け株の一部が国会議員にも流れておるといううわさです。これは私どもきわめて重要に考えておるわけです。これが殖産住宅にどういう関係のある国会議員か、私も多少想像にかたくないのです。そういうところに流れておるとするならばゆゆしき問題である。それがどういう性格で流れたのか、あるいはあっせんし便宜をはからい、大蔵省との間に介在をしたかどうかに触れていきますならば、これはきわめて重大です。国会議員に親引け株が流れていますかどうか回答をいただきたい。

○田中(伊)国務大臣　重要な影響のある発言ですので、本日はちょっと待ってください。

○横山委員　待ってくださいとはどういう意味ですか。あるかもしれぬが待ってくださいというのですか。

○田中(伊)国務大臣　あるとかどうとか、あるとすればどうとか、四十万株の流れ先いかんといったような事柄は、このたびの捜査の最重点ですから、時期をお待ちいただきます。おおい隠して通ろうという考えはございません。

○横山委員　読売新聞二十六日の報道によりますと「あいさつ株の一部は政界や関係官庁にも流れたが、官庁側は自分から要求した岡村、高田以外は、受け取るのを断わったという」この「断わったという」という報道は一体だれが流したか。いま法務大臣、この答弁を拒否なさる。聞きようによっては、ある、けれども言えない。聞きようによっては、わからないから言えない。私はわからないとは言わせませんよ。いかようにもとれるのです。すでにきのうからきょうにかけて、国会周辺は、国会議員はだれかという話が廊下でいろいろあるわけです。事は重大です。問題の所在は、政界に波及するとなれば、これはきわめて重要である。殖産住宅に過去から今日までいろいろな関係を持っていらっしゃる国会議員は知っている。そういう人たちの身辺急だという話もある。この点どうお考えですか。

○田中(伊)国務大臣　あるともないとも、授受があったとすれば、何びとであるかという問題を含めまして、この問題はここに御答弁を申し上げることができない。時期をお待ちをいただきたい、こういうことを申し上げておるのです。

○横山委員　一体四百四十万株、表に出たのは一万五千株にすぎない。あと四百三十八万五千株が親引け株としてあちらこちらに配られている。もちろんそれはただでやったというものもあれば、発行価格で買われたということが大部分であろう。千二百五十円の発行価格である。それは親引け株ならずとも、証券会社へ行って、買ってくれといえば、買える条件下にある。こう考えましたときに、親引け株から買ったからそれが贈賄になるという論理が、いま地検がとっておる論理ですね。その贈賄とは特別な利益を与える、特別な利益がある。ところが、この場合、千二百五十円で岡村が買った。その千二百五十円ならどこでも買える条件下にあるとしたら、これは一体贈賄になるのか、ならぬのか。どう考えているのですか。

○安原政府委員　わいろとは、経済的価値、価格を有することは要しないのでして、人の欲望を満たすに足りる利益であれば、いかなる利益であろうとわいろ性がある、わいろであるということになっておるわけです。この場合、私どもの理解するところでは、公募価格は千二百五十円であったが、上場される株であって将来において値上がりすることが見込まれるという意味において、当時においては期待権ですが、そういう見込みのある有力な株ということで、何人も、株に関心のある者ならば取得をしていたであろうという状況下にあるという判断のもとに、それは人の欲望を満たす利益になるということで、わいろ性があるという判断のもとに、地検は捜査をしているものと理解いたしております。

○横山委員　もう一ぺんそこの論理をはっきりしてほしいのですが、この品物を買いたい。これはどこでも売っている。しかも千二百五十円である。たまたま殖産住宅へ行ってそこで買ったというのと、ほかの証券会社へ行って同じく千二百五十円で買った、自分は銭を出したという点がどうしてわいろになるのか、この点をもう少しだれにでもわかるように説明してください。

○安原政府委員　公募価格で取得することが、私どもの関係では、そのとおりのお金を払って得たものであろうとも、その段階には千二百五十円であったとしても、将来それが有力な株で値上がりをする、したがって利益が見込まれるという主観的な期待でも、それは一種の欲望を満たす利益に該当するからこれはわいろ性があると判断してよろしいという理解のもとに、捜査しておるものと思います。

○横山委員　これはどこでも買える。殖産の本社で千二百五十円で金銭の授受が行われたのであるけれども――そういう仮定のもとに立ちますよ。これはここでも買える。ほかの証券会社でもどこでも買える。どこでも千二百五十円で売っている。たまたまそこで買った。それが千円で買うならばともかく、同じ価格で買ったのにどうしてわいろになるのか。

○安原政府委員　失礼いたしました。この事件を離れまして、一般論の問題として考えました場合に、どこでも買えるものであるとなると問題ですが、どこでも簡単に買えるものではないという状況であろうと思います。

○横山委員　その次に、殖産へ行って他人名義でやった。その他人名義の中には、殖産の某氏が同窓会名義で買わせて、にせの売買代行契約書をつくったという。この他人名義で売買代行契約書をつくったのは、何法の何条違反であるか。

その次に、代金の一部を銭がないから殖産か証券会社に立てかえさせたとするならば、何法の何条違反であるか。

それからもう一つは、証券の売買をするについては保証金が要る。保証金なしで行われたとすれば、何法の何条違反であるか。

その三つのお答えを願いたい。

○田中説明員　他人名義の株式取得に関しましては、証券局としましては、監督下にあります証券会社に対して通達を出しておりまして、真正な名義をもって売買をするようにといっております。したがいまして、この通達は発行会社には及びませんし、発行会社の親引けについての他人名義の問題は証券局の監督権の外にございますので、そのようなことが起きたらどういう罪になるか、立てかえさせたらどうかという点は、法律の問題ですので、私お答えできかねる立場にあります。

○横山委員　たとえば大蔵省は、もし証券会社が保証金を取ってないとするならばどういうことになるのか答えてもらわなければならない。

○田中説明員　公開上場株の取得に関して保証金を積めという規定はございません。

○安原政府委員　申し込み書に他人名義を使用するということは私文書偽造の問題になるでしょうし、金融の便宜を受けることでわいろ性を持つ場合があろうかと存じます。

○横山委員　大蔵省は、東郷の脱税事件が出ましてから以来、これは東郷の脱税、個人の脱税として証取法の問題ではないと新聞記者に語られた。ことさらに証取法、証券行政に関係がないという立場をわざと強く堅持をしていた向きがあるようです。今回もまた、ことさらに贈収賄に限定されておるという感じが私はいたします。証取法にどうして関係がないのか、証取法違反の事実は皆無であるか、その点について法務省に伺いたい。

○安原政府委員　現在は贈収賄で捜査をしておりますので、今後どういう発展を遂げるか、したがってそこに証券取引法違反に発展するかどうかは、申しかねるということで、ないということは言えないと思います。

○横山委員　発行価格が千二百五十円、そして寄りつき二日間のうちに倍になっているのですね。そして岡村は、数日のうちにこれを放出して千二百万円をもうけておる。この発行価格と利付け価額がかくも開くということはどう考えられるか。

○田中説明員　公開価格に関しては、類似会社をとりまして、それとの権衡におきまして価格をはじいておるわけです。したがいまして、理論的にはそこに落ちつく価格であると考えられるのですが、株式市場には新しい投資物件として未知の要素も多く、投資者の期待感を集めやすいという事情はあるかと存じます。ただ、これは当日にならなければどうなるかわからない性質でして、たとえば本年に入りまして公開上場を行いました銘柄についてみますと、公開価格と始め値の買い売り状態は三割未満にとどまっておるものが全体の八割六分を占めておりまして、殖産住宅のような例はきわめて珍しい例だったわけです。

○横山委員　きわめて珍しいと人ごとみたいに言ってよろしいのかどうかが私の質問の焦点なんです。千二百五十円として、発行価格が法律に基づいて目論見書が大蔵省に提出された、そのときに担当者が歴戦の士ですから、常識的に、発売になった場合にはこのくらいになるという見通しができなかったものか、それから七三％の親引けが異常である、どうしてそういう感覚が起こらなかったものか、まことに私はふしぎに思うのです。したがって、あなたが言うように、その岡村個人の裁量権にゆだねられるものでないとするならば、課長だって局長だって、千二百五十円が妥当であるか、七三％の親引け株が妥当であるか、どうしてそういう疑問が生じないのか。もしもそれを、担当者を信用してそうだというなら、千二百五十円が異常なほどの値上がりをするということが予知、予見できたならば、もうすでにそこにばく大な親引け株の配付による利益が予想、予見できる。これらの上場の各種の例をいろいろ調べてみますと、あいさつにあちらへ持っていったりこちらへ持っていったり、確実に株をはけるためにひとつ引き受けてくれという場合が普通であるけれども、この場合においては利益を予見できる。だからこの証券局の御本人も一万株を自分から要求するということは、容易にばく大な利益が生ずるということを予見しておった。本人が予見しておるのに、どうして本人は千二百五十円という発行価格で了承を与えるのか。まことに七三%という親引け株はあまりにも株価操作が自由に、しかもそれをもらった人たちはばく大な利益が受け得られることが明白な事実ではなかったのか。そういう点についてまことに私はふかしぎ千万なことである。大蔵省にしたって、東証にしたって、その関係者が、しろうとでもわかるこれらの客観的事態を見抜けなかったはずはない。見抜いておったからこそ、伝えるところによれば殖産の本社で要求して一万株を受けたという、こういう点について一体どういうふうにこれから是正さるべきものか、審査にあたってこれらを除去するためにはどうあるべきか、証取法を改正するとするならば、あるいは上場基準、発行目論見書の基準を改正するとするならば、あるいはまた証券局の坂野田局長の言うのによれば、関係業者と個人的なつき合いはするな、公開株に手を出すなという内規があったそうである。ところが殖産株ばかりでなく他の株にも手を出しておる。まことに情報が的確に把握できる監査官が株に手を出すとするならば、全部が全部もうかるとは思いませんけれども、まことに有利な地位にある。もしそういうことが許されるならば、建設省の都市計画、道路計画をやる担当者は土地を買うであろう。運輸省で新幹線が引けられるならば、みんな担当者が自分の地位を利用するならば同じことができるではないか。殖産住宅の経験はどういうふうに今後生かすべきであるか。商法の改正に対しても証取法の改正に対しても、またこの上場基準や目論見書やあるいは庁内におけるあり方についてどういうことが考えられるのか、政府は今後どうしようとするのか、その点について法務省と大蔵省の御意見を伺いたい。

○山本(幸)政府委員　今回の事件たいへん遺憾でありますが、こういう事件が今後起きないようにするための制度あるいは慣行あるいは法律の改正も今後考えてみたいと思っておるわけです。ただいま御指摘の証券局の職員が株式に手を出したことにつきましては、従来とも証券局の職員は株式の売買等には、親からもらった株を手放さなければならない場合とかあるいは増資があるとかそういう場合もありますけれども、原則としてこういう売買に手を出してはならない、こういうことを部内としてはかたく戒めてきたのにこういう事件が起きたということにつきましては、今後とも一そうの戒心をしてやってまいりたい、こう考えておるわけです。

○田中(伊)国務大臣　私の立場では事件の処理ですが、事件の処理に対しては捜査を遂げました上で厳正公平な態度で対処をしたい、こう考えます。

○横山委員　これだけ具体的な問題を提起しておるのに、抽象的なお二人の答弁で残念です。特に法務大臣は、殖産住宅の処置について厳正公平であることはあたりまえである。きょうの質問の焦点は、商法にどう生かすか、証券行政にどう生かすかということを質問しておるのであって、厳正に処置をしなければならぬのはあたりまえのことではありませんか。

後日、先ほど注文をいたしました親引け株がどういうふうに配付されておったのか、それから国会議員に対して親引け株がどういうふうに回っておったのか。便宜をはからった贈収賄に関連する回り方であるのかは、適当の機会に御報告を求めたいと思います。

(以下略)

衆議院　大蔵委員会議録第四十五号

昭和四十八年七月四日(水曜日)

出席委員

委員長代理理事　木村武千代君

理事　大村　襄治君　理事　松本　十郎君

理事　森　美秀君　理事　阿部　助哉君

理事　武藤　山治君　理事　荒木　宏君

宇野　宗佑君　大西　正男君

金子　一平君　木野　晴夫君

栗原　祐幸君　小泉純一郎君

塩谷　一夫君　地崎宇三郎君

萩原　幸雄君　坊　秀男君

村岡　兼造君　毛利　松平君

塚田　庄平君　広瀬　秀吉君

堀　昌雄君　山田　耻目君

広沢　直樹君　竹本　孫一君

出席国務大臣

大蔵大臣　愛知　揆一君

出席政府委員

大蔵省証券局長　高橋　英明君

委員外の出席者

大蔵大臣官房審議官　田中啓二郎君

(ほか略)

本日の会議に付した案件

国の会計に関する件

税制に関する件

金融に関する件
証券取引に関する件

○木村(武千代)委員長代理　これより会議を開きます。

委員長所用のため、その指名により私が委員長の職務を行ないます。

国の会計、税制、金融及び証券取引に関する件について調査を進めます。

これより質疑に入ります。

質疑の通告がありますので、順次これを許します。

○村岡委員　去る二月、協同飼料の株価操作事件で四大証券のうち三社で逮捕者を出しておるわけです。そのときも証券業界のことで私も質問をいたしましたが、その心配が現実となって現在の殖産住宅の株の上場にからむ大型脱税事件が起き、今度は会社とか何とかではなくて、監督官庁である大蔵省証券局、あるいは証券市場を運営している東京証券取引所の方が逮捕されておるわけです。これは正直に申し上げまして、証券業界の非近代的な利益追求のみに独走しておった問題がここに出てきた、私はそう判断しておるわけです。

さらに新聞の報ずるところによれば、日本電気硝子の重役が逮捕された。そしてまた東京地検は大手証券会社の幹部数人が高田何がしにわいろ株を贈り、幹部数人を取り調べ中と報道されておりますが、第一番に、上場や増資の場合の親引け株、あるいはあいさつ株とかわいろ株について上場の場合に規定があるのかどうか、そして今後も親引け株が存してもいいのかどうか、これをひとつ証券局長にお答えいただきたい。

○愛知国務大臣　今回の殖産会社の問題について、大蔵省証券局の者が逮捕されるに至りましたことは、監督上の責任としてまことに申しわけないことである、心から遺憾の意をまず表する次第です。

現在、事件は捜査中ですので、その事件自体は司直の手によって事態が解明されることになると思いますので、捜査の結果を待つことにいたすべきものであると思いますけれども、大蔵省としても、この事件の発生に対し、あらためて省内全体に綱紀粛正について厳重な注意を喚起し、また取り締まりに遺憾なきを期するように所要の措置をとりておる次第です。

○高橋(英)政府委員　公開上場あるいは時価増資の場合に親引け制度が行われておりますことは事実です。特に公開上場の場合に、今回のような不祥事件が起きましたので、この公開上場にあたっての親引け制度が必要であるかどうか、あるいは弊害が多いとすればそれを廃止したらどうかということで、現在検討しておるところです。

○村岡委員　この事件を契機に、高橋証券局長さんも新しくなられましたので、証券業界のうみを徹底的に出しまして、改めるところは改め、こういうことの今後起こらないように、あるいは善良な一般の株主に迷惑のかからぬようにひとつ厳重にお願いをいたしたい。

大蔵大臣の決意のほどをお聞きしたいと思います。

○愛知国務大臣　大蔵省内の綱紀粛正について、このような不祥事件が起こりましたことに十分の反省をして、二度とこのようなことの起こらないように万全の措置をすることが第一であると思います。

それからもう一つは、株の上場公開制度、公募に際しての親引け制度等は、従来からもこういうやり方でいいのか、内々検討しておったところですが、取引所側も、こうした事態が惹起したことについて非常な反省が起こりまして、すみやかに改善措置をとりたいということで、相当具体的かつ進んだ考え方も寄り寄り協議をし、意見も、当局側にも協議がされつつあるわけですが、その内容等十分検討しまして、できるだけ早急に制度自体の徹底した改善措置をとりたい、かように考えている次第です。

それからもう一つは、証券界の社会的な責任に対応するような体制を整える、あるいは人的にも十二分の反省に基づく規律を正しくしなければならない。こういう点につきましてもこの際徹底した措置をとっていきたい、こういうふうに考えている次第です。

（中略）

○武藤(山)委員　最初に、殖産住宅相互株式会社をめぐる増資の問題で、新聞報道がにぎやかに伝えております。東郷某なる者が一日で三十二億円のもうけをふところに入れた、また、その会社の重役が十三億円もうけた、大和証券が二十二億、野村証券が七十億円のもうけを得た、こういうことが各新聞に報道されております。一日で三十二億円ももうかるうまい商売があるのかと、国民はこの記事を見てあ然として、一体日本という国は何をやってもいいのかという、政府に対する疑惑、証券界に対する不信、官僚に対する国民の不信は一そうつのっていると思うのですね。大臣、率直な感想、簡単にどう感じますか。

○愛知国務大臣　はっと見た感じは、こういうことがあっていいかなと、率直に一人の市民として感じます。

○武藤(山)委員　九百四十万株の増資をめぐった許可は、大蔵大臣が許可をしなければ上場はできないはずです。その経過を調べてみますと、昨年八月八日、届出書を殖産住宅は大蔵省に提出をしております。それを大蔵省は九月十四日に届出書を認めたわけです。このころ、殖産住宅はどういう会社であり、何がうわさされているか、大蔵省は全くわからなかったのでしょうか。

○田中説明員　そのころ新聞等で、かなり内容のいい会社であり、未知の要素も多いので、上場後は値上がりするのではないかという記事があったことは記憶しております。

○武藤(山)委員　いい面だけ記憶をしておるようですが、当時、八月一日付の月刊雑誌「経済旋風」を見ると、殖産住宅株集め事件のなぞとして、こまごまと詳しく殖産住宅の醜い株のやりとりの問題が報道されている。証券行政に携わる監査官あるいは大蔵省の担当官ならば、そういう記事は読んでいて、相当調べなきゃいかぬぞと気がつかなければならぬと思うのです。これだけじゃありません。私が集めた月刊雑誌だけでも三冊、もう八月の段階で出ているのですよ。大蔵大臣がその届出書を目下監査をしている最中に、こういう雑誌が出ているのです。にもかかわらず、それに疑いを持たずに、この会社は将来よくなるということで上場を認めていく姿勢に、私は問題が一つあったと思うのです。

こういう届出書をだれとだれに審査させたのでしょうか。

○田中説明員　上場の事務は、東京証券取引所がその業務規程におきまして「上場に関する事項は本所がこれを行なう」となっておりまして、東証自身が有価証券上場規程に基づきまして上場に関する基準あるいは株式公開価格の算定基準をつくってやっておりまして、それによって東京証券取引所が上場を適当と認め、上場が行なわれるのですが、その効力を大蔵大臣の承認にかからせるという、承認は補完的な行為であるというのが、一般的に法制局はじめ御見解です。

さてこの場合、どの程度本省の係官は審査をしたかという点ですが、証券局内で関係しますところは、総務課と企業財務課になります。企業財務課関係は、公開上場を行なうにあたって提出された有価証券届出書に記載漏れなりあるいは不備がなかったかをおもにチェックしたわけでして、殖産住宅につきましては、経理内容等他の会社と比べてすぐれている点がございまして、その点で監査官が手心を加えるとかそういう余地は全くございません。

○武藤(山)委員　大体証券取引法二十六条にも、届出書について報告または資料の提出命令、検査ができる。私は不作為、作為を責めているんじゃないんだよ。大蔵省がもっと注意して、届出書に基づいて会社の実体、内容を調査すべきであったのではないかということなんです。あなたは、それは全部取引所の責任だと言わんばかりのことを言っている。そんなことはない。二十六条におかしいなと大蔵省が思えば、検査する権限が認められているじゃないか。それを怠っていることが問題なんだ。いずれにしても、こういうふうなうわさが出ているときに、気がつかなかったという大蔵省の審査がずさんであることを、はっきり断定してしかるべきではないかと思います。

次に、上場前のこの会社の資本金は二十五億三千万円、五千六十万株、今回公募増資分が四億七千万円、九百四十万株と出したわけです。私はふしぎに思うのは、この九百四十万株を幹事会社引き受け証券会社に割り振る際に、野村証券に五百六十四万株、大和証券百八十八万株、新日本証券百八十八万株、こういうように分けてある。野村証券だけずば抜けて他の証券会社の三倍も取っているわけですね。こういうことは、従来からずっと行なわれている証券界の慣行なのかどうなのか。

○田中説明員　有価証券の引き受けは、主幹事並びにそれ以外の幹事の話し合いにより、自分のところはどれだけ引き受けられるかという話し合いの結果、シェアがきまっていきます。

○武藤(山)委員　大蔵大臣、世間で、一もうけやろうと思えば証券会社はまことにうまいことやれる、同時に、証券会社と手を組めば金持ちはたいへんうまいことがやれる、こういう仕組みが明らかですね。こういうような証券会社で引き受けた株、特に野村証券引き受け分五百六十四万株のうち、大衆投資家、一般投資家に渡さずに親引けとして各企業や金融機関にはめ込んだ株はどのくらいになりますか。

検討している間に大臣の見解を聞いておきたいのですが、親引け株の問題について、けさ、日本経済新聞のトップに親引け株の全面禁止を本気で、完全にやりますか。

○愛知国務大臣　けさの新聞は、私も率直に申しまして、びっくりいたしまして、親引け公募の問題については、かねてから何とかしなければならぬと考えておりました。それから、たまたま今回の事件が契機になって、取引所も制度として徹底的に考え直さなければならぬという意思表示もございましたので、真剣にあの記事に出ていることを考えております。そして当委員会を通して、できるならあいうことに持っていきたいと考えておりましたので、私の真意も御了解いただきたいと思います。できればああいう方向に持っていきたいと思っております。

○武藤(山)委員　たいへん意味深長な発言で、できればというところにひっかかりますね。できればは、できない場合もあるという意味ですか。

○愛知国務大臣　これは従来からいえば非常な発想の転換です。したがいまして、これをあのとおりにやるのにはいろいろの意味で勇気も要ることであると私は考えております。できるだけやりたいつもりです。

○武藤(山)委員　できるだけやりたい、いつやるかは明言はできない、早々に検討に入る、こういうことに受けとって、次に入りたいと思います。

　次に、殖産住宅の株が十月二日上場されることになりました。上場前に公開価格を一体幾らにするかをきめるわけですが、その公開価格が五十円株が千二百五十円と算定をされたわけですね。それがいよいよ十月二日に店頭に出されてみますと二千五百八十円、一挙に倍額にはね上がったわけです。ここでたらふくもうけた連中がいるわけですが、まず第一段の、前段の千二百五十円ときめた根拠、この計算の基礎のことです。従来のやり方は、殖産住宅と同じような産業で、同じような規模で、同じような配当率が出せる類似の企業をさんしゃくして公開価格をきめてきたようですが、今回の場合、殖産住宅と類似の会社はどこで、配当はどうで、純資産はどうで、どういう点が殖産住宅と全くよく似ていたと判定したのか、その類似の会社の名前も出してください。

○田中説明員　まず、先ほどの数字は、野村証券が公開に充当した公募が三百万株、親引け売り先指定分が二百六十四万株でした。

　次に、公開価格の決定に関して、類似の会社は大和ハウス並びに積水ハウスが選ばれております。

○武藤(山)委員　大和ハウス、積水ハウス、大体二つを今度の場合とったようですね。その場合、幹事会社の野村と大和と新日本証券、この三つの会社で担当が集まって、殖産住宅の株を幾らに公開価格をきめるかの相談をするわけですが、みんな神さまじゃない、みんなモラルを完全にわきまえていると限らない。ここで公開価格をある程度人為的に、意識的に高い水準に置くことも可能であるし、低い水準できめることも可能でしょうね。その原則論について大臣どうお考えになりますか。

○愛知国務大臣　そういう点は謙虚に反省する必要があると思うのです。したがいまして、値幅といいますか、値ごろをどういうふうにするかも十分検討さしていただきたいと思っております。

○武藤(山)委員　結局いま申し上げましたように、公開価格をきめることが、すでに幹事証券会社が力をもってきめるわけですから、これが悪人の場合、腹にもうけをねらっている場合どのようにでもなるんですね。大蔵大臣がそれはいかぬと言えないんですね。この公開価格はいかぬというからには、相当の資料と反駁できるものを大蔵省が持っていない限り、これはどんどん証券会社の思うとおりにやられてしまう。

　その中で引き受けできるのは特に大証券会社だけだ。証券会社何百もあるけれども、資本金三十億円以上の証券会社でなければうまい汁が吸えないようになっている。その三十億以上のさらに巨大な野村証券が、今回のように一上場会社をめぐって七十億円もうけるというこの姿勢はいかがなものであろうか、大臣率直に見解を聞かしてもらいたいのであります。

○愛知国務大臣　これは一般的に申しましても、個人の善良な投資家の信頼を受けるようにすることだと思います。ですからそういう基本的な認識の上にこれをどういうふうにやったらいいか、いま的確にぴしゃりとしたお答えができませんけれども、十二分に検討いたしたいと思っております。

○武藤(山)委員　証券局長、大蔵大臣は慎重に十分検討するというお答えですが、その行政をつかさどる局長として、従来のような幹事会社がちょこちょこっと業務方法書に基づいて基準価格をきめることをしないで、店頭に出して、もっとオープンに、大衆投資家がなるほどと思う方法に改正をする決意ありやいなや。

○高橋(英)政府委員　そういう決意です。

○武藤(山)委員　いよいよ上場する当日、千二百五十円の公開価格が倍額の二千五百八十円の値ぎめになったわけです。この値ぎめも、どうもだれかが株価操作を考えて、うしろに黒い手があったと見ざるを得ない。証拠を出せといわれても、これはなかなかむずかしい。証券界の中ですから、証拠はなかなかむずかしいが、そのきめ方がなかなかふしぎに思えてしようがないのであります。

　どういう方法できまったのか大蔵省の見解なども聞いてみたのですが、結局始め値をきめるときに成り行き注文できまったのが二千五百八十円だそうです。問題はその成り行き注文をだれが出すか。東郷に頼まれたのか、戸栗に頼まれたのか、証券会社が金もうけを考えて成り行き注文でやったのか、それもわからない。あまり大ぜいの不特定の証券市場ですから、わからない。わからないけれども、株を持っている者が意識的にやろうとすればできるシステムにいまの証券界はなっている。ここに問題がある。これを今後どうチェックし改善をするかが、大蔵大臣としての大きな仕事だと思うのです。

○愛知国務大臣　御趣旨あるいは御懸念の点は私もよく理解できます。具体的にどうしたらいいかは、まだ煮詰まった考えを持っておりませんけれども、一般の善良なる投資家の立場に立って考えることが一番適切なことではないか。その考え方のもとに適切な方途を編み出して、関係者の協力を求めるようにしたいと思います。

○武藤(山)委員　証券局長、証券取引法第五十八条「何人も、左の各号の一に掲げる行為をしてはならない。」の第三号、「有価証券の売買その他の取引を誘引する目的を以て、虚偽の相場を利用すること」、今回の殖産住宅の始め値は、証拠はなかなかつかみにくいが、国民から見れば何か操作された株価、虚偽の価格という感じがする。あなたの見解、この五十八条の三号と照らし合わせて今回の場合の見解、どうですか。

○田中説明員　まず「誘引する目的を以て、」ですが、目的をもってしたのか、自然にそういう買い注文が出てきたのかもはっきりしませんし、それが虚偽の相場であったかどうかも、売買管理は東証において行われ、成り行き注文が殺到したという点はございますけれども、その点では需給によって定まった価格だと考えております。

○武藤(山)委員　あなたは需給によって定まった価格と申しますが、上場前の大株主の氏名、株数、現在の大株主の氏名、株数、明らかにしてください。ぼくのほうから、去年の分だけちょっと申し上げておきます。

四十七年三月三十一日現在大株主は、三和銀行四百六十万株、三井銀行四百六十万株、大和証券二百八十八万五千株、野村不動産二百八十七万五千株、殖産土地相互五百五十一万株、戸栗百四十九万株等と、百万株のところを五、六カ所あげたのですが、現在はどうなっておりますか。

○田中説明員　ただいまわかっておりますのが四十七年六月三十日現在でして、それ以降の届出書あるいは報告書は現在地検のほうで持っておられます。

○武藤(山)委員　三月決算なら三月決算の時点で明らかになったら、ぜひ資料として提出を願いたい。去年の三月とことしの三月を比較してみると、株主がかなり異動している。おそらく上場と同時に手放してかなりもうけたものがこの中にいる。そういう操作を殖産住宅の場合はやっている疑いがある。

そこで証券局、結局成り行き注文が殺到して、需要供給、正当な競争によって価格がきめられたのだとあなたは考えているようですが、われわれはどうもその需要供給のあり方に問題がある、株価操作によって成り行き注文を入れたと思われる。

公開価格が一挙に倍になるような例はたくさんあるのですか。

○田中説明員　いますべての資料がございませんが、そうめったにございません。なお、ことしに入りまして、一月から六月まで行われました公開株は価格乖離が三割までのものが八割以上を占めております。

○武藤(山)委員　三割くらいならまだわかるのです。しかし倍になるということは、どこかに何かの黒い手が動いたとしか思えない。こういうような国民の疑惑、一般投資家の不信を招くような結果になったことについての責任の所在は一体どこにあるのですか。企業が悪いのか、証券会社がいかぬのか、大蔵省が監督の目を光らすことのできない怠慢なのか、それとも取引所自体があまりにも業界と癒着をし、なれ合っているためにこういうことになったのか、責任の所在はどこにあると証券局では感じておりますか。

○高橋(英)政府委員　倍になることが起きたわけですが、この制度はやや私法の自治の世界のことだと思います。やはり一番大きな原因は、公開価格の決定のしかたあるいはその決定された価格に問題があったのではなかろうかと私は思います。

○武藤(山)委員　そうなると結局証券業者の責任だな。そのうちの一番大口の野村証券にその責めはたいへんある、こう私は推察をします。

次に、この三百四十万株を金融機関に分けた、一体どこの金融機関に何株ずつ分けたのですか。

○田中説明員　詳細は承知しておりませんが、予定書に書いてあった数字が実施報告書にも同様の株数として取引所のほうに報告として出ております。

それは金融機関と一からげにまとめてございます。

（中略）

○武藤(山)委員　殖産住宅の株は現在幾らになっているか。六月二十八日時点では八百八十円。おとといあたり何かストップがかかって千円くらいになったと聞いておりますが、二千五百八十円でつかまされた一般投資家は、現時点ではたいへんな損害をこうむっている。将来上がって二千五百八十円にまた挽回すれば別ですが、それまで持ちこたえられない投資家は売らなければなりませんから、たいへんな損をする。今回の事件をめぐって、現時点で二千五百八十円でつかまされている一般投資家はどのくら

○高橋(英)政府委員　今回の事件がございましたので、証券局の職員について調査いたしました。あのような事例はほかにはございません。
○荒木(宏)委員　大蔵省の証券局の方の中であいさつ株を受け取られた、それについてどう思うかと聞かれた方がおられるのじゃありませんか。そういうことは全然お耳に入っておりませんか。
○高橋(英)政府委員　まだ聞いておりません。
○荒木(宏)委員　それではいまおっしゃった調査方法を伺いたい。どなたがどういう方法で調査をなさったのか。
○高橋(英)政府委員　監査をやっております課の企業財務課長が職員に問いただしております。
○荒木(宏)委員　職員とは、もちろん課長さん、部長さんだとか審議官だとか局長だとか次長さんとかはみんなに聞かれたのでしょうね。どうなんですか。
○高橋(英)政府委員　課長が自分より上のほうは聞いてないと思います。
○荒木(宏)委員　それじゃ肝心な元締めを聞いてないじゃないですか。これは大臣いかがですか。大蔵省の職員にあいさつ株を受け取った人があるかないか。この点、もしも御調査がまだなら、私は徹底的に調査をして国会に報告をしてもらいたいと思うのですが、その点ひとつお答えをいただきたいと思います。
○愛知国務大臣　これは行政内部のことですから、なお徹底して調査はすべきものであると思いますけれども、ただいままでのところは、証券局内はもちろん大蔵省内に御祝儀株をもらった者はないと私は報告を聞いております。
○荒木(宏)委員　課長さんがそこから下しか聞いてないというのですから、まだ上は調査してないわけ

しなければいけない。寡占状態が今日の証券界の常態の気がします。したがって、引き受け業務は中小証券でも何軒かが共同すれば引き受け業務ができるという道も開くべきではないか。

　そういう数々の問題点を早急に検討して、できるものできないもの、明らかに示していただきたい。
○堀委員　残念なことですけれども、今回の殖産事件において大蔵省の関係者から事件に該当する者が出たというようなこともありまして、武藤委員が指摘をしたように綱紀の粛正は非常に大事な問題だと思いますけれども、納得のいかない点が少しありますので、申し上げたいと思います。
（中略）
○荒木(宏)委員　殖産住宅の問題が先ほど来いろいろ論議になっておりまして、親引け株は、ほかの委員さんがおっしゃったので、私は、あいさつ株、御祝儀株をお伺いしたいと思うのです。
　大臣はあいさつ株とか御祝儀株とかはどう思っていらっしゃるか。御所見を伺いたいと思います。
○愛知国務大臣　私も徹底的に従来の慣行を、この不幸な事実が起こりましたこの機会に、十分調べてみたいと思っております。しかし、それよりも以前に、公募のやり方、親引けのやり方等は、徹底した改善策を講じたい、これを基本にして考えていきたいと思っております。
○荒木(宏)委員　ある新聞によりますと、「会社幹部や得意先に割当てるほか「ご祝儀」として証券会社や関係筋に千株単位で配られるならわしがある」こういっておりますが、こういったならわしが従来から大蔵省関係者のところに送られておったのかどうか。その点について調査をされたかどうか、調査の有無と調査結果、これを伺いたいと思います。

いいると思っていますか。
○田中説明員　毎日の出来高が殖産について幾らかはございますが、二千五百八十円で買った人がどれだけ売りに出たかはちょっとわかりかねます。
○武藤(山)委員　先ほど大臣の答えで、公開価格算定のしかたについては十分検討をする、親引けの慣行廃止については一生懸命努力をする、こういう趣旨で述べられました。
　さらに、今回の事件をめぐって感ずることは、アンダーライター、ブローカー、ディーラー、これは会社は同じであっても作業場が違う、事務所が違う、支店内においても引き受け業務と販売業務を分ける業務分離を、何らかの形で早急に検討すべきではないか。

　次は、大蔵省と取引所の癒着、大蔵官僚が取引所の役員にみな行ってしまうのでは、牽制作用は及ばない。ほどほどに手かげんがされる。こういう点で、大蔵省と取引所や業界との癒着をどう解消するか。これは抜本的に検討し直してもらいたい。

　それから、監査機能の強化ですが、一人で二百もの企業の内容を調べる。二十一人の監査官で監査することは、上場会社がふえた時代にはそぐわない。いつから一体二十一名なのか、おそらく五年前くらいから同じ定員じゃないかと思うのです。しかも、監査官は何年もずっと同じ仕事をやっていてよそへ持っていかないでおるのじゃないかと思うのです。中身はわからないけれども、そういう意味で監査官の綱紀の弛緩があると私は思う。そういう意味で監査機能の強化、質の向上を早急に検討すべきではないか。

　さらに、巨大証券会社に対する行政指導はいかにあるべきか。適正競争が行われるような証券業界に

でしょう。ですから、それは調査をしてちゃんと報告をしていただきたい。

それから、新聞によりますと、千株単位でばらまいて、国会議員にもあいさつ株、特捜部で驚くほど広範、こういう報道が見られるわけです。そういうことになりますと、公務員の方はもちろんですが、特別公務員も含めて、要するに官界、政界、財界にあいさつ株や御祝儀株がばらまかれる。これは刑事問題になるならぬは二の次にしまして、政治上、行政上もたいへんな問題だと思うのです。

ですから大臣、この際、あいさつ株は好ましくないとおっしゃっているのだから、徹底的に調べて、政界も官界も財界も、その内容をはっきりとしていただいていただされるべきだと思いますが、いかがでありますか。

○**愛知国務大臣**　いま申しましたように、まず大蔵省内におきましてはいわゆる行政部内の問題ですから、これは部内の監督権を基礎にした調査になると、これは検察官とか警察官が捜査をする筋のものではございませんし、私といたしましてはなお御指摘のように至らざるところがありとすれば調査は徹底してしたいと思います。そしてその結果も御報告をしたいと思います。

同時に、御祝儀株が慣行として行われていたのだとすると、その内容がかりにわかったとしても、大蔵省からこれを公表することになじむものであるのかどうか、その辺のところも十分検討してみたいと思います。

○**荒木(宏)委員**　譲渡益の把握の問題は、これはこの委員会で有価証券取引税法の改正のときにも、取引の伝票があるはずだ、それを国税庁の担当者は行って調べておられるのだから、そのつもりでやれば把握できる、こういう提案をしたわけですが、具体的なこの譲渡益に対する把握の方法を検討されて、それを報告をしていただく時期のめど、それからその具体案の内容について、伺いたいと思います。

○**愛知国務大臣**　これはなかなかむずかしいことですが、さらに努力をいたしたいと思います。

（以下略）

衆議院　大蔵委員会議録第四十七号

昭和四十八年七月十三日(金曜日)

出席委員

委員長	鴨田　宗一君			
理事	大村　襄治君	理事	木村武千代君
理事	松本　十郎君	理事	森　美秀君
理事	阿部　助哉君	理事	武藤　山治君
理事	荒木　宏君		
	宇野　宗佑君		越智　通雄君
	大西　正男君		金子　一平君
	木野　晴夫君		小泉純一郎君
	三枝　三郎君		塩谷　一夫君
	地崎宇三郎君		萩原　幸雄君
	坊　秀男君		村岡　兼造君
	毛利　松平君		塚田　庄平君
	広瀬　秀吉君		村山　喜一君
	広沢　直樹君		内海　清君
	竹本　孫一君		

出席国務大臣

大蔵大臣　愛知　揆一君

委員外の出席者

大蔵省主税局税制第一課長　伊豫田敏雄君

（ほか略）

本日の会議に付した案件

銀行法の一部を改正する法律案（広瀬秀吉君外九名提出、衆法第四一号）

国の会計に関する件

税制に関する件

金融に関する件

証券取引に関する件

○**鴨田委員長**　これより会議を開きます。

（中略）

○**荒木(宏)委員**　今日大企業の活動については、その社会性、公共性がいろいろな点から指摘をされております。あるいは投機でありますとか買い占めでありますとか、が指摘をされて論議が進められておるのですが、例を証券界にとってみますと、先ほどこの委員会でも論議になってまいりました協同飼料の株価操作の問題あるいはまた殖産住宅相互の親引け株の問題、こういったことにからんで株式投機がずいぶんと論議になりました。

こういういわば反社会的な行為を積み重ねてきている、あるいはそういったことが行われる土壌がある業界といいましょうか、そこに株式売買損失準備金でありますとかあるいは証券取引の責任準備金でありますとか、こういったような特別措置がなお維持されて、そのことによる内部留保が重ねられておることは非常に好ましくない。もちろん制定の当初には政策目的がありますけれども、しかし考えてみますと、一般投資家の保護といういわばきれいごとの題目の中で、業界の実態は、一般投資家の保護どころか、株価操作に責任者が関係をし、しかもそれが一業者にとどまらず、半ば業界の常識にもなっておる親引け株あるいはあいさつ株の問題をめぐっては、ついに大蔵省当局にも関係をなさる方が出てくる。これをめぐっていろんな投機の話が絶えず、しかもその額はきわめて巨額であるといったことになってまいりますと、国民の常識からしますと、これは一般投資家の保護ではなくて、準備金の名前のもとに証券、大企業を保護し、そして内部留保を重ね、そういったふるまいを助長していく、こういうふうに見ざるを得ないわけです。

したがって、単に税制の公平という問題だけではなくて、いまの物価高を解決するために流動性を吸い上げる、しかもそれにからんで、そこへつけ込んで反社会的な行為を重ねている業界、大企業に対する措置としても租税特別措置の問題は考え直されるべきだ、私はこう思うのでありますが、先ほど大臣が御答弁になりました徹底して洗い直すという方向、それから内容、ことにいま申し上げた国民に背を向けておる、かって気ままなふるまいをしておる大企業、業界に対して、なお租税特別措置を維持されるのか。

○愛知国務大臣　第一に、大企業に手元資金がまだ相当残っているのではないかという点は、今後金融政策においてもまだ効果のあがる余地が相当ある。まだ足りないとすれば金融政策においてもさらに一段と踏み込んでやる必要があろう、こう思っております。

そこで次の問題ですが、内部留保が多過ぎる、手元資金を詰めるために税金で特別措置法を徹底的に洗い直すことはどうかという御指摘がありますが、特別措置を徹底的に洗い直すことと、現にあると思われる手元資金の吸い上げは必ずしも関連しないで、また別個の立場が必要ではないかと思います。別個の立場とは、社会的な不公平感を払拭したいということがむしろ大きな眼目になるのではないだろうか。それらの両方の考え方からしまして、特別措置はできるだけ洗い直していきたいと思います。したがって、損失準備金等も十分に検討を始めつつあるところです。

それからもう一つは、証券政策の問題だと思うのです。たとえば親引けはもうやめるようにするとか、いろいろの証券政策の問題があるので、これはまた税金政策とは別個の立場があろうと思います。その面も、私どもとしてもまことに遺憾に思っております。不祥事件が起こったこと申しわけなく思っておりますけれども、こういったような機会に、制度そのものを徹底的に改善して、一般の投資家に対する保護と申しますか、御理解をいただけるようにするためには、証券政策自身も転換をしなければならない、こういうふうに思っておりますので、金融政策、税金対策、そして証券対策、そのいずれにわたりましてもできるだけ前向きに取り上げてまいりたいと考えております。

○荒木（宏）委員　最後におっしゃった前向きとは、ぜひそういうことを思い切って進めていただきたいと思いますが、ただ金融政策でこれからまだまだやるべき余地があるのではないか、こういうおことばがありました。見方によっては確かにそういった面もあろうかと思いますが、しかし、金融政策と申しましても出方を抑制するといいますか、水道のせんを少し締めて出方の流れを細くするといいますか、バケツの底にたまった水をごっそり思い切って吸い上げるわけにはなかなかまいらない。ことにそれが総需要の抑制という形でやられておりますから、いま問題になっておる大企業の手元流動性対策になりますと、どうしても限度がありますし、金融政策だけではもちろん十分効果が上がるものじゃないということは、もうたびたび指摘されておるとおりです。

そこで私が特に租税特別措置を見直すべきだと申し上げたのですが、公平感ということだけでよろしいでしょうか。なるほど証券政策あるいはそれぞれの業界や、問題領域ごとの政策は必要でありましょう。しかし今日、税制度を考える上で、特に租税特別措置を考える上で、単に公平、不公平だけを国民の皆さんは問題にしておるか、このことを申し上げているわけです。

ですから、国民の目から見ますと、単に公平、不公平じゃなくて、そこに背を向けて、てまえがってなことをしている、やみで談合してみたりあるいは存続すべきでないカルテルを続けて、そのことが問題になると、ある鉄鋼会社の社長などは、それじゃ価格を上げますよ、五千円上げますがどうですかと、国民から見ますとまるでどうかつされているのではないかと思われるような態度が示され、しかも証券界は先ほど指摘したとおりでありますが、こういうことをしておるところを税制上優遇することは、公平、不公平の問題だけではなくて、本来、租税特別措置として、そういうことはするべきじゃない、こういう方向をぜひ打ち出されるべきではないでしょうか。重ねて大臣にこの点についての御意向を承りたいと思います。

○愛知国務大臣　特別措置法については前々から申

し上げておりますから、過剰流動性対策として租税特別措置法の洗い直しが必要ではないかという御趣旨もありましたから、それだけで過剰流動性の吸収にはどれだけの効果があるかわからない、社会的な公平感も大きな目的であることを申し上げたのですが、租税特別措置法はそのときの政策目的によってつくったりやめたりするのが本来のもので、既得権ではございませんし、今日の社会、経済情勢下において徹底的に洗い直すことを申し上げているのは、従来からの一番基本的な考え方です。前向きにやりますということは、税制上の問題としてやるということをはっきり申し上げたつもりです。

○荒木(宏)委員　たいへんけっこうですが、そのときそのときの政策目標から検討される、既得権ではない、当然そうだと思うのです。いまの政策は買い占め売り惜しみ規制が非常に大きな政策課題になっております。ですから、そういう点からも単に証券市場をどうするかという証券政策の点だけではなくて、あるいは公平感だけではなくて、買い占め売り惜しみをはじめとする反社会的行為を規制する、この政策のもとに特別措置を洗い直されるお考えがあるかどうか。

○愛知国務大臣　今度は証券会社の税制に対してどうするかという問題を焦点としておあげになりましたから、これは証券対策においても考えなければならないことであるし、税制の問題も損失準備金その他の点について税制の問題としても洗い直しをいたします。

○荒木(宏)委員　たとえていいますと、なるほど証券政策は別にありましょう。ありますけれども、これだけ次々と問題が起こっておると株式売買の損失準備金あるいは証券取引の責任準備金は単に幾らかことしの春のように下げるとかいうことで済む問題ではなくて、こんなのはそれこそやめちゃっていいじゃないですか。一般投資家の保護にはちっともつながってないし、証券政策はそれとして、もし一般投資家、中小零細証券の保護があるならば、それは別途の方法で考えられるべきだ、これは一つの例として申し上げておるわけです。

ですから、よく理解をしていただいたということだけでは、私が申し上げておることが、それはそれとしてわかったというふうにおっしゃっていただけたにすぎませんので、これは政策上の責任のあるお立場として洗い直しされる方向について、反社会的な活動を抑圧することを一つの方針としてとるか、とらないか、このことを伺いたいのです。

○愛知国務大臣　特別措置を考える場合に、反社会的であると思われる分子のあるような特別措置はやらない、こういうふうに私は考えてしかるべきではないかと思います。特別措置法も、いろいろ従来あったわけですから、それぞれの項目について十分検討をしましょう。廃止は廃止するなりの理由、あるいはかりに新設するなら新設の理由は的確に国民的な理解を得られるものでなければならない、あるいは存続するものは存続するだけの理由がなければならないわけですが、そういう場合において、反社会的な活動につながるような恩典を与えるようなことは絶対すべきでないというのが私の考え方です。

○荒木(宏)委員　私はこの点、いま大臣が設けられた制度そのものについて反社会性の有無を論じられたのですけれども、しかしこれは看板の問題ではなくて中身の問題だと思うのです。だれがどういう制度をどのように使っておるか、これはもう全体として一つに評価をいたしませんと、とても行政の効果を論ずることはできぬわけです。ですから、お述べになりました内容は、私がお尋ねしておることではなくて、私が申し上げたのは、単に、先ほど例に引きました損失準備金の制度目的がいかぬといっておるわけではないわけです。それを使っておる業界が、それを使っていま保護を受けておる。そこがたいへん国民から指弾されることをやっておる。

ですから、そこを今度の洗い直しのときにはぜひ検討されるべきではないかということを申し上げたわけでして、それを御理解いただけましたら、先ほどの制度の設置目的だけではなくて、制度の運用が反社会的なことにつながってないかどうか、全体として国民の目から見た場合に反社会的な活動をしておる業界なりそういった業者を保護する結果になってないかどうか、この点をきっちり筋を立てていただきたい、こう申し上げておるわけであります。

○愛知国務大臣　十分検討いたします。

○荒木(宏)委員　そこで、関連してお尋ねしたいのですが、たとえばこの委員会で私は昭和四十六年の価格変動準備金の試算額が二十億円になっておりましたので、それが実績どのくらいになったかを計算をいたしました。その計算方法も申し上げて、これで二十億円というのは一体どういう計算で出てきたのか、こうお尋ねしたわけです。私どものやった計算方法はある程度御理解をいただいたように記憶しておりますが、それにもかかわらず、試算の内容、試算方法すらお示しにならない。これでは特別措置の存続が問題になっており、しかも徹底して洗い直すといわれております時期に、国民の皆さんに洗い直す方向、内容について発言をする機会がない。政府でどういう計算をされて、一体どういうふうにいくのか、はっきりしない。これでは財政民主主義という点からも望ましくありませんし、反社会的活動をみんなで相談をしてずっと規制をしていこうという政策目的にも沿わないわけですから、租税特別措置の計算の内容、その内訳その他もやはり御報告をいただきたいと思うのですが、それについての大臣のお考えを伺いたいと思います。

○伊豫田説明員　価格変動準備金の二十億という件は、私、ちょっとどの数字をおっしゃっているのかわかりませんのですが、私としましては個別の企業の問題は内容上いろいろ問題がございますけれども、業界あるいは全体としての計算の方式等については十分御説明申し上げていると考えております。

○荒木(宏)委員　四十六年度の減免額試算として大蔵省のほうから出されたのは価格変動準備金二十億円という記載がありました。これについて、私どもの計算によれば、実績は六十九億になる。そのとき政府委員も実績は大体そのくらいになりましょうと、開きが三倍半から四倍近くなったのでありますけれども、それはお認めになったのです。それじゃこんな開きがあるのはおかしいじゃないか、二十億はどういう計算で出てきたのですか。二十億というのが出されてきた計算過程、数式を御説明いただきたい、こう言うと、それはだめなんです。国民の皆さんはこれでは納得しないと思うのです。そのことを申し上げたわけであります。

その数字とかそういうことは別として、大臣の基本的なお考え方を聞きたいと思います。

○愛知国務大臣　先ほども申し上げましたように、今後の問題は、仮定ですけれども、特別措置を存続するとか新しくつくるとかいうことがありました場合、それぞれ十分国民的に御納得をいただくような説明ができるものでなければならないというのが基本です。

それから従来の資料の御説明等は、足らざるところがございましたら、さっそく用意をするようにいたします。

○荒木(宏)委員　この特別措置で認められておりますのが、今度は企業会計のほうに参りますと、たとえば証券取引法による監査の対象になった場合に、内部留保として適正意見がつけられる。これは、特別措置は税制上の問題でして、それを廃止すべきであるという意見は別に持っておりますけれども、そのことは一応おいて、企業会計上の扱いを見た場合に、それが税法とは別の証券取引法による監査であるにかかわらず、適正意見がつけられる、このことの法律上の根拠を伺いたいと思うのです。

証券局の担当の方にそのことをお聞きしましたところが、お答えは社会通念である、こういう御返事がありました。

そういったことがされておるもとは、昭和三十二年の証券局長通達にあると聞いておりますけれども、その法律上の根拠をはっきりしていただきたいと思う。

○愛知国務大臣　法律的根拠としては、企業会計審議会の議を経て、こういう企業会計のやり方をするということについて、国税庁長官がこれを是なりと認めて、法律に授権されたところによってこれを通牒の形にして徴税の基準にしたわけです。法律の根拠は二十二条の第四項に相なっておるわけですけれども、今後も、その関係は今国会でも御指摘をいただいた問題ですから、さらに慎重に大蔵省としても検討を続けてまいりたい、かように存じております。

○荒木(宏)委員　私が申し上げておりますのは、法人税法の二十二条の四項ですとか、あるいは今度の税法の改正の問題ですとか、しかしそれは税法サイドの問題でして、そのこと自体にも意見はあります。ありますけれども、企業会計の処理の上で税法の二十二条の何とかというのが根拠になるのか。いま申し上げておるのは証券取引法によって、そして証券取引法を受けた財務諸表の規則がございます。その規則によって処理をされる。そうなりますと、そこに特別償却とか圧縮記帳というのが入ってくる余地がないわけです。証取法を受けました財務諸表の規則では、商法の二百七十四条の二しか受けてないわけですから、とうてい圧縮記帳などが入ってくる余地がない。

ですから、そこのところは合法性の根拠を欠いているのではないかというのが私の指摘ですので、これは検討するということをおっしゃっておりますし、また形式論議だけを申し上げるのが本旨ではありませんので、この点について問題点を指摘させていただいて、引き続きすみやかにその点の処置を検討されて、納得のいく御報告をいただきたいと思います。

昨日の新聞を拝見をいたしますと、一部にキャピタルゲインの問題について、大蔵省は百万円以上の分は、従来の所得税法の施行令の二十六条にかかわらず課税をしていこうという方向をきめたことが報道されておったのですが、このことの真否と、キャピタルゲインの方向について、具体化しておれば明らかにしていただきたいと思います。

○愛知国務大臣　前々から申し上げておりますように、今国会では税制の問題について、非常にいろいろの角度から御意見をいただきましたので、われわれとしましても、そこで取り上げられた問題を詳細に検討、勉強をいたしております。いま御指摘の問題についても勉強しておることは事実なのですけれども、われわれのことばでいえば、まだ省議の段階にまであげてきておる状況ではございませんで、担当者の間でどうやったらいいかということを検討している過程ですので、何とも申し上げかねますが、キャピタルゲインの問題も検討の対象にしていることは事実です。

（以下略）

衆議院　大蔵委員会金融及び証券に関する小委員会議録第一号

昭和四十八年七月十九日（木曜日）

出席小委員

小委員長　森　美秀君

越智　通雄君　村岡　兼造君
村山　達雄君　平林　剛君
広瀬　秀吉君　村山　喜一君
山田　耻目君　荒木　宏君
広沢　直樹君　竹本　孫一君

出席政府委員

大蔵省主税局長　高木　文雄君
大蔵省証券局長　高橋　英明君
大蔵省銀行局長　吉田太一郎君

小委員外の出席者

大蔵大臣官房審議官　田中啓二郎君

（ほか略）

本日の会議に付した案件

金融及び証券に関する件（最近の金融情勢及び証券取引の実情）

○森小委員長　これより金融及び証券に関する小委員会を開会いたします。

金融及び証券に関する件について調査を進めます。

まず、最近の金融情勢及び証券取引の実情について政府より説明を求めます。

（中略）

○高橋（英）政府委員　最近の証券市場の動向と問題点等について概略御説明させていただきます。

初めに、証券市場をめぐる環境変化ですが、近年証券市場をめぐる環境は著しい変化を見せております。昭和三十年代は民間設備投資と輸出主導による経済成長が続いておりましたが、最近は公共投資の比重が高まってまいりまして、より財政に比重を置いた成長へと移行が行われておるわけですが、その結果、証券市場も、公共部門の資金調達が非常に増加しております。一方、一昨年から昨年にかけまして金融緩和がございましたので、増資、転換社債の発行も盛んになりまして、企業の資金調達の多様化が進みました。また、国際化の波は証券市場にも押し寄せてまいっておりまして、外国の政府や企業がわが国の市場で資金調達を行うことが活発になりますと同時に、わが国の投資家が外国の証券投資を行うようになったという変化が見られます。

このような環境変化に伴いまして、わが国の証券市場は、株式市場が昨年未曽有の活況を呈したのですが、単にそれだけでなく、株式や債券の発行あるいは流通といった面で幾つかの新しい動きが生じてきております。

これらの多くは、市場が本来期待されている機能を発揮し始めたものであるとも考えられるわけですけれども、また同時に行き過ぎその他の問題をも引き起こしたのです。

株式市場について申し上げますと、一昨年の十一月以降今年初めまで大幅な金融緩和をバックにして、事業法人の株式取得が主因になったと思いますが、市場は例を見ない活況を続けました。この間に株式の時価発行あるいは時価転換社債の発行も非常に盛んに行われることになったわけです。

その結果、昨年末からことしの初めにかけて、株式市場は過熱化を呈しましたので、昨年の十二月と本年一月の二度にわたり信用取引の規制を中心とする市場対策を講じました。その結果もございましょうし、金融引き締め政策の進展もございまして、二月末から株価は一進一退を続けて今日に至っておりますが、七月の初めからまた市況はやや上向いております。今後とも市場の動向は慎重に見守ってまいりたい、かように考えております。

次に、公社債市場についてですが、昨年の前半は金融緩和がございまして、需給関係が非常に好転しました。したがいまして、流通価格の急速な上昇が続き、むしろ事業債等の発行条件は三回にもわたって引き下げられました。昨年の後半にはやや金融情勢に変化を来たしましたし、またことしに入ってからは金融引き締め政策へ転換されましたので、逆に流通価格は低下を続けて今日に至っております。

そういう情勢をバックにしまして、最近では流通利回りが応募者利回りを上回るいわゆる乖離現象が生じてきております。二月からそうなってまいりまして、ことしに入ってからは今度は逆に事業債その他の公社債の発行条件の引き上げが行われてきたわけです。

　この一年を振り返ってみますと、公社債市場には非常に発行条件の改定がひんぱんに行われるようになったことですし、また償還期限も長期化されましたし、あるいは消化構造が個人層にも行き渡るというように多様化が進んできておりまして、この意味で市場の機能が発揮されてきているのではないかということで、これは歓迎すべきことではないのかと考えております。

　次に、証券市場をめぐる問題点と対策、そういう点について申し上げます。

　もとより証券市場が国民経済に果たす役割は非常に大きなものですが、昨年来の株式市場は、価格形成のあり方あるいは時価発行増資の進め方について幾つかの問題を起こしましたことは御承知のとおりです。市場におきまして公正な価格形成が確保されるということは、もとより証券市場存立の基本ですが、遺憾ながらこの面での信頼を問われるような問題が相次いで生じまして、まことに残念に思っております。このような事態を反省いたしまして関係者の協力を得ていろいろな改善策を打ち出してまいりました。

　その内容は、たとえば時価発行銘柄等の売買、あるいは証券会社の自己売買あるいは証券会社内部の情報管理に関しまして自主ルールを策定して、それを守る、あるいは時価発行増資の自主調整基準、あるいは株式への収益還元策についてのいろいろな申し合わせが行われております。それからまた、最近ですけれども、株式の上場に伴う公開制度も、取引所において去る十七日に改善策を決定して実施に移しました。上場制度のあり方あるいは店頭市場の整備は非常に大きな問題でして、これからも引き続き検討を重ねてまいりたいと思っております。

　それからまた、証券市場にとって非常に大きな問題は、個人の持ち株比率が逐年低下を続けており、特に四十七年度は、四・四ポイント減少しまして、現在三二・八%という非常に低い水準になっております。個人投資家が株式市場から離散していくことについては大きな問題であろうと思いまして、引き続き検討してまいりたいと考えております。

　証券市場が国民経済に果たす役割は非常に大きくなっておりますし、最近やや信頼を失うようなことが相次ぎまして、非常に残念なことでして、信用機構の一翼をになう証券市場の関係者が、旧来の考え方あるいは伝統を考え直して、新しく信頼を回復するような方途を目ざして努力していただきたい、かように思っております。もとより私ども行政当局としましても、大きな警鐘が打ち鳴らされたと考えており、謙虚に反省し、今後あらゆる努力を重ねまして価格形成の公正化をはかり、投資家が安心して投資できる市場になるように指導監督してまいりたい、かように考えております。

　なお、公社債市場は、長年にわたりその育成整備が言われておりましたが、環境が未成熟でして、なかなか思うようにはかどってまいりませんでした。本年の二月に証取審から「公社債市場のあり方」という具体的な答申いただきましたので、その方向に沿ってこれもまた努力を続けてまいりたいと考えております。

　それから、国際化ですが、近年国際的な証券取引がわが国で行われるということになりまして、昭和四十五年には数十年ぶりに外国機関による債券発行が再開されたわけですし、その後円建て外国債あるいは私募外国債が相当の規模になっております。また昨年には初めて外国株式の国内公募も行われております。最近では外国企業の上場といったような希望も出てきておりますので、そういったものに対しても即応できるような体制をとってまいりたい、かように考えております。

　いずれにしましても、昨今いろいろな事件を起こしましてまことに申しわけないと思っております。その点はほんとうに反省し、しっかりやって信頼を回復したい、かように考えております。最善の努力を尽くしたいと思いますので、よろしくお願いいたします。
○森小委員長　以上で政府の説明は終わりました。

○森小委員長　これより質疑に入ります。
　質疑の通告がありますので、順次これを許します。

　（中略）
○村山(喜)小委員　問題は、証券局長からもお話がありましたように、時価による公募増資とかあるいは転換社債が四十七年度は公募増資分が八千七百三十七億、うち時価発行増資が五千三百三十億、転換社債が二千八百八十億で前に説明を聞いたことがあります。そういうふうにして自己資金を金利のかからないもので調達をしていくようなことになりますと、それだけ法人の手元流動性はまた高まっていきますね、直接金融のほうで。それはいまのところ手を触れないで、ウエートがそうさほど大きくないからということで放置されるわけですか。
○高橋(英)政府委員　放置するということではございませんで、金融政策あるいは金融市場に大きく影響されます。昨年は確かに先生の数字のような非常に大きな数字でした。本年に入りましてから株価水準が低迷といいますか、上昇傾向が頭打ちになったということから、実際は時価発行増資あるいは転換社債の発行の勢いがとまってまいりまして、しかも昨年少し集中し過ぎた反省もございまして、アンダーライターも非常に厳格にやろうと申し合わせをつくりまして、資金の使途は厳重にチェックする、あるいは企業内容が絶対に優秀なところでないといけないといった標準をつくり、ややきびしいといいますか、反省した引き受け態度になってまいりましたので、本年の一月くらいが山でして、それ以後はずっと収縮傾向になってきております。

○村山(喜)小委員　先ほど株の法人と個人の所有別の割合が四・四%、個人の占有率のほうが減って三二・八%になったという説明でしたね。そうなると、十万株以上のもの、いわゆる集中率は四十六年は六五%だったのですが、これはもっと高くなっているのじゃないですか。幾らぐらいになっているのでしょうか。

○高橋(英)政府委員　そういう数字、私、いま持っておりませんので、ちょっとお答えできません。

○村山(喜)小委員　こういうような形の中で株が法人のほうに帰属をして、個人株主は全体の中における所有率も低下して、いよいよ法人は実在的なものとして存在をしていくことが出てきたわけですから、今度はいよいよ税法のほうでもそういう立場で取り組まれることになるだろうと私は思っておりますが、最近の株の集中も、小さな株主は整理をされていくのだということが四十七年の資金循環の中できわめてよく出ているわけですね。

というのは、法人関係が土地とか株を買いあさっていく。それに対して個人はそれを手放して、そして金融資産、銀行の預金が増大をしていく、それを借りて企業は発展をしていくという資金勘定になっているようです。そういう面から一体四十七年の資金循環を注視して、金融政策ははたしてこれでよかったのだろうかということに対して、吉田局長はどういうふうにお考えになっておりますか。

というのは、ブレーキを踏まなければならないところにアクセルを踏んでしまったのではなかろうかという気がしてなりません。というのは、銀行の場合を調べてみますと、資金量の増加額が十一兆二千六百五十八億ですか、それに対して資金運用の貸し出しのほうが十四兆七千十億円という数字が出ておりますね。だから銀行の限界預貸証率は一一六・一%になって、資金ポジションが非常に悪化した。そしてそれを日銀が一兆四千四百八十四億円も貸し出しをしてカバーしておりますね。

こういう形の中で過剰流動性が幾らあったのか、これもお答えをいただきたいと思いますが、そういう形の中で、ブレーキがきかない形をつくり出してインフレをさらに進めていった、こういうふうに思われるわけですね。その反省の上に立っていまの金融引き締め政策をやっていらっしゃるのだとも受け取れるのですが、その点いかがですか。

○吉田(太)政府委員　先生のいまのお話はまことにそのとおりだと思っております。と申しますのは、これまでの日本経済発展が、個人の貯蓄超過分が企業部門に回り、そして政府部門は中立で行われてまいりましたことは、御指摘のとおりだろうと思います。戦後の再建復興の過程においてとられてきた経済発展の姿そのものに対する一つの転換の時期に来ておるのが現段階であろうかと思います。そういう意味からしますと、政府部門が個人からの貯蓄超過部分をもっと使うべきであるという議論もこれから必要であろうと思いますし、あるいは個人部門と申しますか、家計部門が自分の貯蓄をもっと使っていくことからして、たとえば住宅ローンに見られるようないわゆる預金者が利用者の立場に変わっていくという形の経済の姿あるいは金融の姿になっていくことが必要だろうと思います。

しかし、そういうことはいずれにしても経済活動ですので、どうしても時間的に着実な事実の積み上げの上に構造が変わっていくことであるべきでして、なかなか一挙にそういうことが実現することはむずかしいと思いますが、今後の方向としてはそういう方向での経済政策が行われていくべきだと考えております。

昨年の秋の金融政策がむしろ間違いであったのではなかろうかということについては、私どももちろん反省はしていかなくてはいけないと思います。言いわけがましいわけですが、何ぶん初めての大変動の時期であり、その中において福祉経済への転換を行っていこうというそういう問題の中でいろんな今日見られる現象が起こってきたということについては、いま申し上げました考え方のもとに、できるだけ積極的な手を考えていくべきだ、かように考えております。過去の事例を踏まえてやはりこれから考えていかなくてはいけない、かように考えております。

(中略)

○平林小委員　殖産住宅相互の事件を契機に、新規の公開制度の改善を検討しておりました東京証券取引所が当面の暫定改善策案をまとめました。これは新聞等で私も承知しました。これについて大蔵省の見解はどうですか。
○高橋(英)政府委員　従来新規公開上場が盛んに行われまして、そして従来は取引所におきます上場規程あるいは上場審査基準がかなり整備されておったのですが、いわゆる親引け制度あるいは公開価格と始め値との間の差ができ過ぎたことがございまして、殖産住宅事件のようなことに発展してしまったわけです。制度としてかなり完備しておったつもりでしたが、若干その不備もあったということから、私ども急遽対策を考えようということになりまして、先般十七日の取引所の理事会において決定されました当面の改善策、これは御承知かと存じますが、公開価格の決定をより厳正にする、あるいは親引けは一切禁止する、あるいは上場前に特殊な増資をやったり不適当な増資をやっておった場合にはその上場を受理しない、あるいは厳正に公開が行われたかどうかを確認した後でなければ上場しない、かなりきびしい内容になっておると思われます。したがいまして、相当な改善ができたのではないかというふうに考えております。
　もちろんどこの国でも新規上場につきましては絶対的なこうだという制度はないようでして、どこでも悩んでおるようです。しかし、私どもも当面これでかなりの改善になったと思いますけれども、よりりっぱな上場制度ができないか。たとえば上場する前に店頭に必ずかけて、そこである程度値段が練られてから上場させる、そういったことは長期的に、より根本的に検討してやってみたらどうだろうか。そのためにはもちろん店頭市場の整備がまず第一になりますが、とりあえずは先般の改善案はかなりの効果があるのではないかと考えております。
○平林小委員　いまの御見解は、当面は相当の改善だという理解をして、長期的には店頭の上場制度が考えられるということに尽きると思うのです。親引けの禁止について、一応全面禁止という形で東京証券取引所では改善策の結論にしたわけですが、親引けの禁止といっても、実際にそれは順守される保障があるとお考えになりますか。
○高橋(英)政府委員　禁止ですから、順守されると考えるわけです。
○平林小委員　発行会社が証券会社に対して公開株の売り先を指定する形で抜け穴が残されているのじゃありませんか。
○高橋(英)政府委員　今度つくりました改善ルールでは、公開株の配分も書いてございまして、申請会社の売り先指定による割り当ては認めない、行わないと書いてございます。
○平林小委員　親引けが殖産住宅事件を起こした一つの温床だと私は思う。証券界が特定の株主や大企業の私物になっている。持ち株が個人より法人にだんだんに偏向して証券市場の大衆化という面から逆流している。これは数字で立証されていると思う。
　そこで、親引けの禁止の問題について、あなたは順守されると思うということだけですが、これを法律で禁止することは考えなくていいと思っていますか。
○高橋(英)政府委員　法律で規定することにはなじまないと考えております。商法の問題になろうかと思いますけれども、増資の場合に現在の法律では何ら抵触するところはないと思いますし、今後もそれが適正な値段であれば問題ではないのではないかということです。
　今度禁止しましたのは、適正な値段がわからない新規上場の場合ですので、むしろ上場株式、既上場株式の増資などの場合には、その練れた価格で親引けされることにつきましては法律で禁止するほどのことはないのじゃないか、かように考えております。
○平林小委員　そこで、今度の親引けは、邪道だ、正しいあり方じゃない、これは大蔵大臣も認めたわけです。今回は殖産住宅相互の事件があって、従来のやり方を改めて全面禁止を打ち出されたわけです。私は、正しい措置であって、むしろ大蔵省がもっと主導的立場に立ってそういう行政指導を行うべきであった、それを検察庁の摘発を受けてこういう形に追い込まれたのは証券行政としての責任が問われてもしかたがない、そう考えておるわけです。
　そこで、これは何も新規上場株に関することだけではないと思うのです。時価発行株の増資などにおいても親引けが行われている。こういうことも同じような措置をとるべきじゃないか。
○高橋(英)政府委員　根本的には商法の問題であろうかと思います。新規上場でない場合にまで禁止するべきであるかどうかは、その必要はないのではないかと考えております。
○平林小委員　三月の段階に親引けの問題を指摘したのは、この前にも問題があったから証券行政の責任をついたわけです。またここで殖産住宅の問題が起きた。それでなお大蔵省は根本的には商法の問題だと言っていていいのですか。三度繰り返されたらどうします。これは商法の問題だという形で済ましていいのか、これはもう一度御発言をいただきます。
○高橋(英)政府委員　それでは、私どもも勉強させていただきます。
○平林小委員　親引けの禁止の実効をあげるために、

大蔵省としてやるべきことは何があるか、私はそれを聞きたい。つまり、現在は東京証券取引所において順守されるだろうという形で、遠くからながめている形です。しかし、親引けの問題について、いま証券界に対する国民の目は非常に疑惑に富んでおる。そのときに、直接その衝に当たる大蔵省は何がなし得るか。

たとえば発行会社が証券取引所に新規上場を申請する。取引所は大蔵省に対して承認申請をしてくる。大蔵省が承認すると取引所は発行会社に連絡をして上場が認められる。こういう仕組みで、その間大蔵省がタッチする機会はあるわけですね。また上場の条件がそろって増資をする場合には、有価証券届出書を証取法に基づいて提出をすることになっている。大蔵省がこれを審査して届け出の効力が出れば増資をする。ここでも大蔵省は関与する。こうした手続の中において大蔵省はタッチできるわけです。世間の批判を浴びておる親引け禁止の実効をあげるために、大蔵省はどういう措置が考えられるか。

○高橋(英)政府委員　親引けがなかったことをどうやって公表するかですが、これから全部公開株に回ることになると思います。そこで、公開が適正に行われたかどうかは、証券取引所においてその実施報告を今度とることにしました。したがいまして、公開株の行き先がわかりますので、親引けが実質あったかなかったかはわかる仕組みになっております。その段階で親引けがなかったということになろうかと存じます。

○平林小委員　ただいまの措置をとって親引けが実際にあったかないかわかる。あったときはどうするのですか。

○高橋(英)政府委員　それは東京証券取引所のルール違反ですので、証券取引所においてもちろん上場はいたしません。

○平林小委員　次に、上場する場合の発行価格について申し上げます。

これも私は、殖産住宅相互の事件の背景の一つとしてポイントになると思うのです。昭和四十六年、四十七年、四十八年の状況を見ますと、新規上場会社は、東京、大阪、名古屋を含めまして、昭和四十六年においては約二十二社、四十七年は二十八社、ことし四十八年、東京、大阪だけですが約三十三社あるわけです。この合計八十三社の公開価格と、それから実際に上場をされた寄りつき、つまり始め値の開きを見ますと、非常に価格が大きいのです。

問題となった殖産住宅は、すでに御承知のように二倍をこえておる。それでは殖産住宅だけが、公開価格と始め値との間が二倍になったというかというとそうじゃない、ナショナル住宅建材、オオバ、岡部、殖産住宅相互、東宝不動産、泉州銀行など六社、そして一・五倍をこえているもの、これは十七社あるわけです。公開株と始め値の差が低いものは、おもにことしに上場された地方銀行です。公開価格の算定基準が東京証券取引所にありながら、なぜこのように開きが大き過ぎるのか。それはどうお考えになっているのですか。

○高橋(英)政府委員　公開価格は、算定基準がございまして、その基準に従って厳正にやろうということで出した価格だと思いますけれども、一般的に新規上場になります場合、新しく市場に登場してくるということで人気、期待感があるのが一つです。それから一つは、かなりきびしい上場審査基準を経ておりますので、ある意味ではその会社は試験に及第したといった評価が受けられる。それから第三番目には、新たに出てまいりますような企業は概して資本が小そうございます。したがって市場で取引される株がそれほど多くないという三つの理由から、どうしても当初は人気が出ます。

そんなことで公開価格を相当厳正に判定しましても、その人気面がどうしても評価できなくなりますので、人気が乖離を生ずる大きな原因ではなかろうかと思います。

いま御指摘のように二倍以上になったものが六社あるということですが、確かにそうですが、公開価格に対しまして二割くらいの値開きであったものが大半でして、三割以内になりますとその八五、六%がその線に入っておりますので、公開価格が総じてでたらめであったとは申されないかと思います。

○平林小委員　それは見解の違いだと思います。総体的に開きが大き過ぎる。

そこでお尋ねしますけれども、今度の東証の改善案、この差を縮めるための改善案が出されておりますす。これで開きを縮めることが可能だと思っていますか。

○高橋(英)政府委員　これで従来よりは縮まると思われます。それからこれははなはだ申し上げにくいことなのですけれども、従来証券会社のビヘービアとしましても、新規上場株が上場されますときに推奨したりといった行動がありましたが、そういうことも自粛されますと両々相まってそれほど大きな開きにはならないのではないかと考えられます。

○平林小委員　私は従来の三年間の例を見て、大体二割も三割も開きがあるのは、算定基準を厳正にやっているという程度が、結果的に見るとそうじゃなかったと思うのですね。あなたは、新規上場のときにちょうちんをつけて推奨したりすることは自粛されるだろう、従来より縮まるだろうと思うと言われましたが、この世の中は少しでももうけがあったほうがいいのが人情ですから、こうした一つの制度を利用して目立たぬようにある程度のうまみを見出すのが商売だから、そうなくならぬと思うのです。

そこで私は、証券行政はもう少しその点は厳粛にやるべきである。特に今度東証の改善案として出されました上場する場合の発行価格の改善案は昭和四十五年の六月に株式公開の算定基準を引き受け証券会社で申し合わせたものと比較しましてどこが違うのですか。どこも違ってないのですよ。昭和四十五年六月に引き受け証券会社が申し合わせをして株式公開算定基準をまとめたのです。類似会社の選定方法から、業績比較の時期から、類似会社の株価から、市況等による調整とか、いろいろ基準を設けてやってきた。やってきた結果がこういう開きになっているわけです。四十五年六月に申し合わせたのと今度の改善案として出されたものはちっとも変わっていない。どこに改善の進歩があるか、この点はいかがですか。

○高橋(英)政府委員 類似会社の選定にあたりましては、今度の改善案では、取引所がこの会社は必ず類似会社として選んでその対象にせよということを言うことになりましたのが、従来引き受け会社だけで類似会社を選んでいたこととはだいぶ違うことだと思います。

それからそれ以外に、引き受け会社のほうで選びました類似会社、それはどういう理由で類似会社として選んだかを取引所に詳しく説明させることで、従来より公開価格の算定につきまして取引所が介入する度合いが強くなったという点が従来の基準とは違うと思います。

○平林小委員 先ほど従来の開き値が二倍になり一・五倍になり、あるいは三割、もし税収見込みにこんな違いがあったらこれはたいへんな問題になる。私は今日までの算定基準について、いろいろな思惑があってこういう結果になっていると思うのです。

先ほど証券局長は、基準に従って厳正にやったと思う、市場に上場するときには人気や期待感があるから、そこでやむを得ない形の不可抗力的な開きが出てくることもあるし、言いにくいことだけれどもちょうちんということがあった、しかしこれは自粛されるでしょう、こう言いましたけれども、昭和四十五年六月に引き受け証券会社の申し合わせでできた「株式公開価格算定基準」の中には、いろいろむずかしい基準を列記して、その方法で算出された算定価格が「全般的な市況、当該公開会社の人気、需給見通しを勘案して、当該公開を適正にするため合理的と認められる場合には、算定価格につき適正と認められる範囲で調整を行なうことができる。」と書いてある。

ですから、公開価格が、上場されてその寄りつきから二倍にもなるというときには、当然調整をしていくという考え方が以前の申し合わせにあったわけですね。しかしそれをほうってある。そこに私は、それに巣くう人たちが群がって殖産住宅相互のような事件が表に出てくるわけです。

従来こういう申し合わせがあり、人気だとか期待だとかによって、寄りつきで上場したときの価格が違ったときには調整するということがあったのに、なぜやらなかったか。この点はどうお考えになりますか。

○高橋(英)政府委員 調整とは、公開価格がきまって、そして新規に上場して、そこで寄りつきの値ができたときに、公開価格を調整するという規定ではないと思います。公開価格が先にきまりまして、その公開価格で増資をして、増資が完了した後に上場されるものですから、取引所の初日に値段がついて、そこで二倍になったというので、あとでさかのぼって増資の公募価格を調整することはできないのではないか、さように思っております。

○平林小委員 それならいままで厳正にやっていたということじゃないのだ。あなたはその基準に従って厳正にやったと言うのだけれども、初めからそれを織り込んでやらなければいけなかったわけです。それを織り込んで公開価格をきめなければならなかった立場の発行会社にしてもあるいは引き受け証券会社にしても、そこにゆるみがあったと見なければならぬわけです。私はその点を厳正にやらなければならぬと思うのです。

そこで、今日までの経過を見て、大蔵省としては新規上場のときには証券会社からの推奨もあった、あるいは俗に言えばちょうちんをつけたものもある、だれがつけたかはわからぬけれども。しかしこれらのことは、証取法の五十八条、禁止される不正取引行為あるいはその他何条でしたか、こうした法と比較をして、立証することは困難だとしても、それらに該当するのではないか、こう思うのですけれども、その点はいかがですか。

○田中説明員 五十八条は、それが不正な手段、計画または技巧であったかということ、あるいは三号におきまして、虚偽の相場を利用したという場合ですが、その点、なかなか立証も困難でして、ちょうちんをつけたということが、これに該当するかどうかという立証はなかなかむずかしいのではないかと思っております。したがいまして、問題はそういった営業態度、勧誘のしかたについて十分自粛を求めるように行政的に指導、誘掖していくことが私どものまずなすべきことではないかと考えております。

○平林小委員　それはするのですね。

○高橋(英)政府委員　そのようにいたしたいと思います。

○平林小委員　私がいま言いました親引け、それから公開価格のきめ方も今日世間から指摘をされる温床であり問題点だと思いますが、もう一つ税制上の問題が私はあると思うのです。新規上場をする場合には、所得税法第九条第十一項並びに施行令によりまして、公開で行うところの株譲渡は、その発行法人の発行済み株式の総数の百分の二十五に相当していなければ非課税にする。昔はそういう規定がなくて、私がかつて赤井電機の例を用いて指摘をしました。その結果野放しではなくて百分の二十五をこえれば課税します、それ以下であれば課税しません、こういうふうに一歩前進をしたことは認めます。

しかし私は、ここ最近の例を見て、これで十分であろうかと考えますと、なお、そうでないと考えざるを得ない。もちろん、株の譲渡による膨大な利益に対して、いわゆる譲渡に対する税がかけられていないということも、私は現在の経済、国民生活から見て一番不公平である、声を大きくして指摘しなければならぬところでありますが、きょうは上場株の非課税の問題だけに限って問題にしましても、そういうことが言えると思うのです。昭和四十六年、四十七年、四十八年、株式の譲渡によって公開をした上場会社は、増資をあわせて行った企業も含めて二十一社ある。三年間に、九十三社の中で二十一社ある。そのうち、いわゆる売りだけ、譲渡だけによるものが十一社あるわけです。その比率を見てみますと、低いのは二・五%、六・三%、八・四%、九・二%、一〇・五%、一三%、一六・六%、一七・八%、いずれも二五%以下をねらって売りに出しておる、つまり譲渡をしておる。したがって、この二、三年の例を見ると、二五%と制限をいたしましたが、実際の上場会社が売りに出したものは、いずれも低いわけですね。そうすれば、二五%は高きに失したというように私は残念ながら思うのですね。これを私は問題点として指摘します。

それから、上場をするとは何のために行われるかということから考えると、私はいろいろの理由があるけれども、株の大衆化をはかる、つまり、特定の企業の経営者が独占をしないで、それを市場に放出をしていく、証券市場の民主化、大衆化が一つの大きな目標でもあったわけですね。ところが、実際に公開をするときの比率がこんなに低いということは、株式市場の大衆化を停滞させておるということにもなる。私は、そういうことから考えると、これを非課税にする理由は、いよいよ根拠が薄くなったんじゃないか。

そこで、結論からもう一ぺんに申し上げますけれども、今度は税務行政の面から、縮小していくという役割を果たす意味で、つまり上場したときの価格の開きが一定の比率をこえる場合には、得た所得は非課税をやめるべきだ、つまり、一定の比率は、二割とか三割とかいうふうにきめまして、それをこえる分には、非課税措置はやめますよ、こういう形を打ち出すことが、今日指摘をされている問題を解決する一環になるのではないか、私はそういう提案をしたい。この点について、御見解を承りたい。

○高木(文)政府委員　株の譲渡所得の問題は、非課税になっておりますのはそれなりに理由はありますけれども、いろいろと障害を生ずるわけでして、何らかの方法で、少なくともいろいろと目立つ所得は、非課税対象からはずしていいんでないかと、日ごろから考えているわけです。したがいまして、ただいま御指摘のように、非常に払い込み価格と寄りつき価格との間が大きい、特定の個人に特定の譲渡益が実現することがありました場合、それを何らかの方法で非課税対象から除外をすることは、何とか考えられないものかという気がいたします。

ただ、これはそもそも非課税になっております理由が、技術的に非常に困難だというところから発生をいたしておるわけですので、はたしてどのようなテクニックをもってそれをとらえることができるか、もう一つは、どの辺に線を引くべきか、税制だけで基準をきめることもなかなかむずかしいわけですので、これは証券行政との関係もあるわけです。その辺をうまく組み立てることができるかどうかが問題であろうかと思っております。何とか方法がないかは考えてみたいと思っておりますが、いままで短期間で詰めてみた結果では、どうもいろいろと非課税になっていることとの関連でむずかしい問題があるわけでして、この段階で、仕組みを立て得るかどうか、明快なお答えができないのは残念ですけれども、さりながら、ほうっておいていいとも私どもも考えていないわけですから、なお今後ともいろいろな観点から詰めてみたいと考えております。

○平林小委員　証券行政のあり方、それがもちろん機軸である。しかし私は、いままでの推移から見て、なかなか困難な事情がある。その場合、本来の株式譲渡の非課税問題がもちろん中心ですが、さしあたりこうした問題の補完策として、それは十分検討し、そうして推移を見てだめなら実行する、こういう態度を税の面においてもとることを要求しまして、私の質問はこれで終わります。

（以下略）

参議院　大蔵委員会会議録第二号

昭和四十八年二月二日（金曜日）

出席者は左のとおり。

委員長　藤田　正明君

理　事　嶋崎　　均君
　　　　土屋　義彦君
　　　　戸田　菊雄君
　　　　多田　省吾君
　　　　栗林　卓司君

委　員　青木　一男君
　　　　伊藤　五郎君
　　　　河本嘉久蔵君
　　　　柴田　　栄君
　　　　中西　一郎君
　　　　田中寿美子君
　　　　竹田　四郎君
　　　　野々山一三君
　　　　鈴木　一弘君
　　　　野末　和彦君

国務大臣
　大蔵大臣　愛知　揆一君

（ほか略）

本日の会議に付した案件

○租税及び金融等に関する調査
（財政及び金融等の基本施策に関する件）

○委員長（藤田正明君）　租税及び金融等に関する調査を議題といたします。

愛知大蔵大臣から、財政及び金融等の基本政策について所信を聴取いたします。

○国務大臣（愛知揆一君）　今後の財政金融政策は、さきの財政演説において、その基本的な考え方を明らかにしたところですが、本委員会において関係法律案の御審議をお願いするにあたり、重ねて所信の一端を申し述べ、皆さま方の御理解と御協力をお願いする次第です。

わが国経済をめぐる内外情勢の大きな変化に顧みますとき、今後の政策運営の基本は、長期的展望のもとに、積極的に国民福祉の向上につとめ、物価の安定をはかりつつ、国際協調の実をあげ国際収支の均衡を回復することにあると考えます。この三つの課題を相互に調和させながら、同時に解決していくことは、まことに容易ならざるものがありますが、私は、国民総生産が百兆円をこえると見込まれるまでに至りましたわが国の充実した経済力を活用し、一そうの創意とくふうをこらして、この課題解決のため、最善の努力を払ってまいりたいと存じます。

わが国資本市場は、国際化の進展、金融環境の変化等に伴い、長期資金調達の場として格段に重要性を増してきました。その整備育成については、今後とも一そうの配意が必要と考えますところ、一方、特に最近の株式市場は、株価の引き続く騰勢に深甚な注意を払わざるを得ません。この際、特に秩序ある市場形成のため、適時適切な措置を講じてまいりたいと存じます。

（中略）

○委員長（藤田正明君）　大蔵大臣の所信に対する質疑は、後日これを行ないます。

参議院　大蔵委員会会議録第五号

昭和四十八年三月六日（火曜日）

出席者は左のとおり。

委員長　藤田　正明君

理　事　嶋崎　　均君
　　　　土屋　義彦君
　　　　野々山一三君
　　　　多田　省吾君
　　　　栗林　卓司君

委　員　青木　一男君
　　　　伊藤　五郎君
　　　　柴田　　栄君
　　　　津島　文治君
　　　　中西　一郎君
　　　　西田　信一君
　　　　桧垣徳太郎君
　　　　川村　清一君
　　　　竹田　四郎君
　　　　成瀬　幡治君
　　　　山崎　　昇君

鈴木　一弘君　野末　和彦君

国務大臣
　大蔵大臣　愛知　揆一君
政府委員
　大蔵政務次官　山本敬三郎君
　大蔵省主税局長　高木　文雄君
　大蔵省証券局長　坂野　常和君
（ほか略）

本日の会議に付した案件
○租税及び金融等に関する調査
（証券取引に関する件）
（通貨問題に関する件）

○委員長（藤田正明君）　ただいまから大蔵委員会を開会いたします。

まず、租税及び金融等に関する調査を議題とし、これより質疑を行ないます。質疑のある方は順次御発言を願います。

○竹田四郎君　証券局長にお尋ねしますけれども、最近の協同飼料の例の時価発行に基づく株価操作について、東京地検が協同飼料の副社長あるいは日興、大和の横浜支店長を逮捕したわけですが、私どもは時価発行の問題はよくわからないのですが、これは一体どういうことなのか。ちょっと協同飼料の件について御説明いただきたいと思います。

○政府委員（坂野常和君）　具体的な事件につきましては、ただいま検察当局で取り調べ中でありますので、詳しい御報告を差し控えたいと思いますが、協同飼料という会社は、資本金三十五億円で昭和三十六年から東証一部に上場されておりまして、この会社が昨年の十一月に増資を行いました。そのときは株主割り当てが千百五十万株、金額で五億七千五百万円、一般公募が千二百五十万株でして、プレミアムが十八億七千五百万円です。そういう増資を行いますときに、自社の株式の仮装売買――これは実際の権利の移転を目的としない売買をいたしまして市場でその銘柄が繁盛に取引されているよう仮装することで、証券取引法百二十五条に仮装売買は禁止されておるところですが、その仮装売買等の株価操作を会社の役職員が行った疑いがあるということで、去る二月二十三日、東京地検で捜査を開始された事件です。また、これに若干の証券会社が関係しているという疑いで捜査がされておると聞いております。

この株価操作、仮装売買は、時価発行の際ということでなく、一般的に流通市場において証券取引法が禁止しているところですので、時価発行のときだけが問題になるわけでありませんけれども、時価発行を行います際に、そういう手段を用いて株価を高く持っていった、あるいは安定させたのではないかという疑いです。

私どもとしましては、株式市場が非常に昨年活発化してまいりましたし、また増資が盛んに行われ、完全時価発行もございますし、一部公募というような形での発行市場も非常に大きくなってまいりましたので、株式市場の信用を高める、特に、新規に発行される証券の信用をどうやって維持するかがきわめて重要であるということで、手段方法いろいろ使いましたけれども、証券界に対しても十分注意してまいりましたし、また、発行会社に対しましても昨年十一月と今年二月、二回にわたりまして証券取引所から証券取引法の趣旨の徹底、すなわち、粉飾決算の厳禁、それから自社株操作の厳禁、インサイダー取引の厳禁――インサイダー取引とは、会社の役員、主要株主が自社の株を売買することによって短期間に利得を得ることを禁じておるわけですが、そういうことの徹底をしておりますが、にもかかわらず、今回のような事件を生じましたことはまことに遺憾に存じております。また、私どもの監督不行き届きの点はたいへん責任を感じておるという現状です。

○竹田四郎君　いま、粉飾決算とか、あるいは仮装売買、インサイダーの取引の禁止、こういう三つのことをお述べになりましたけれども、それは前々からかなり強く証券業界には警告をなさっていたことなんですか。どのくらいの程度の警告をなさっていたのですか。もし、その当時の警告とか通達とかがありましたら、いますぐでなくてけっこうですが、どのくらいの程度のものか、それをひとつお示し願いたいと思うのですが、できるでしょうか。

○政府委員（坂野常和君）　まず、百二十五条の株価操作等につきましては、もう十年以上前から非常にやかましく言っておる。こういうことの疑いのあることは取引所において注意し、あるいは若干の処分をいたし、あるいは行政的にも行政処分をいたした実例もございます。発行会社のほうは、粉飾決算等につきまして早くからそういう注意をしておりましたが、自社株売買あるいはインサイダー取引については、ここ三、四年前から非常にそういうことが行われる疑いを生じてまいりましたので、何回も注意をしております。また、取引所において具体的案件についてそれを注意いたした結果として役職員の、あるいは大株主の得た利得を会社に返還した実例も、昨年だけでも二件ほどございます。

○**竹田四郎君**　東証の理事長から警告なり、あるいは処分を受けた件がかなりある、こういうふうに言われておりますが、具体的にはどのくらいあるのかわれわれわかりませんが、どういう処分をどういうふうに受けたという資料も一緒に出していただきたいと思うんですが、いかがですか。

○**政府委員(坂野常和君)**　その資料は提出いたしますが、注意をしたもの、あるいは注意以上の処分をしたもの、これはいろいろありますが、外部に東証の注意したとか、あるいは処分したとかいうことが出ておりませんので、その点について東証と協議を要すると思いますので、その案件につきましてどういうものが何件あったかは提出できると思いますが、どう処理したかは東証のほうと相談したいと思います。

○**竹田四郎君**　どうも最近は、株価操作とか、仮装売買とか、そういうことがかなり行われているとお聞きしたわけですが、株価操作をやるということは、かなり大きな問題があると思うんですよ。注意や警告やあるいは処分を受けたものは私は公表していいと思うんです。内部だけで解決をしているから、いつまでもそういうものが絶えないと思いますから、証券局長からも東証に強く言って、そうしたものは公表して一向に差しつかえないというふうに東証と話し合ってはしいと思いますが、どうですか。

○**政府委員(坂野常和君)**　東証と協議してみたいと思います。

○**竹田四郎君**　最近の時価発行の状況は大体どういう状況になっておりますか。実際に時価発行をやってかなり大きなプレミアムがついているようですが、一体プレミアムがどういうふうに使われているのか。かなりそれがいまの企業の手元流動性等々を高め、あるいはそれが商品投機、あるいは土地の投機等にもかなり動いている可能性もあると思うのですけれども、最近の時価発行と、そのプレミアムをどう処理をしているのか、そういうものがどういうふうにお金が動いていっているのか、その辺の御説明をいただきたいし、もし、できましたらその時価発行がどういう企業においてどのくらい行われているかという、資料も出していただきたいと思うわけですけれども、まあ、最近における大まかな時価発行の状況を御説明いただきたいと思うのです。

○**政府委員(坂野常和君)**　四十七年度に予定されております有償増資の払い込み金が端数がございますが、約一兆三千億です。このうち資本金になる部分が約四千九百億円でしたか、したがって、プレミアム部分は八千百億円程度と予定されております。ことしの増資は、それぞれの会社で設備資金あるいは運転資金等予定されておりました資金の使途について一応届け出書の段階ではそれぞれその使途が書かれておるわけです。ただ、具体的な資金繰りは、どのお金がどういうことになったのかは必ずしも明らかでありません。そこで、昨年の十二月から資金繰り、資金使途等を少しやかましく言う必要があるということで、四社申し合わせを行ったわけですが、さらに、四十八年度、ことしの四月以降は現下の広い意味の金融情勢も考えまして、アンダーライターとしてはやはり資金需要の緊急度、それから、その会社の資金繰りの状況を見まして、資金に余裕のあるものあるいは需要に緊急度の低いものはあと回しにする、あるいは取りやめるということで新しい基準をつくりまして、すでに、四——六月は、去る二月十六日に第一回の持ち寄り決定会を行いまして、

そこで相当いままでのベースよりも削減した姿をつくっております。

全体がどういう傾向であるかは、あるいは業種別の増資状況を資料として提出できるかと思います。

○**竹田四郎君**　プレミアムが株主にどのように還元されているのか。そういう点をおわかりになっていたら御説明いただきたいと思います。

○**政府委員(坂野常和君)**　時価発行を行いました会社が無償交付等を行う例はかなりたくさんありますが、時価発行によるプレミアム部分について株主優遇をどうしていくかは、かなり長年月の計画によるべきものである。しかも、一部俗にいわれておりますように、これは会社がもうけた金だという感じを持つとすれば、それはたいへんな間違いでして、これはすべて株主勘定ですので、この低コストの資金を使って会社が従来より以上に利益をあげて、その利益を株主に還元していくというきわめて長年月の株主優遇対策が必要であり、時価発行を行う会社は、そういった意識と計画を持って行うことが大事であると思います。そういう点も、引き受け証券会社として、株主優遇対策を十分にチェックしていく体制をとっておるわけです。

○**竹田四郎君**　協同飼料の例を見ましても、公募が非常に多い。株主に時価で割り当てをすることになれば、これは将来株主に対してその利益還元ということはあるわけですが、実際には公募のほうが多いわけですね。そうしますと、実際株主に長期にわたって還元するとはいうものの、株主への割り当てといいますか、そういうものが非常に少なくて、公募が非常に多いということになりますと、高い株価を維持することができる実績をつくったのは、いままでの株主の協力があったからこそだと私は思うんです

よ。そういう点で、株主に対する割り当てが非常に少ない。これじゃ株主を優遇していることにはならない、会社だけがよければいい、それによって手元の流動性が豊富になればそれでいいんだということであってはどうもならない。これは株主方面から、不満もかなり出ているように思います。こういうものを直していかない限りは、いたずらに時価発行をしてプレミアムをたくさんかせぐところにだけその問題が走っていってしまう。その金をさらにいろいろな形で有効利用して金もうけをするという形で、最近の商品投機へ流れているんじゃないだろうか、こう思わざるを得ない。そういう意味で、そういう比率についての行政指導なり、チェックは一切ないわけですか、どうなんですか。

○政府委員(坂野常和君)　お説のとおり、株主優遇は非常に大事なことでして、時価発行を行いました会社が新しく公募分で払い込んだ株主に対してはもちろんのこと、旧株主に対しても優遇措置をとっていかなければならぬ。それがただいまのところ新旧両方の株主にとりあえず無償交付を行うというのが一つのやり方だと思います。

それから、将来は、その低コストの資金でより多い利益をあげて配当を増配していくことが大体の計画になっておるようです。ただ、旧株主優遇問題は、わが国の商法の大原則もありまして、御承知のとおり昔は、商法は株主割り当て、増資はすべて株主割り当てという制度でしたけれども、商法が改正されましてからは、無額面株式、時価発行という制度が入りますとともに、公募という制度が入りまして、従来の株主とは著しく有利な価格でない限り、関係なく取締役会において公募ができるという商法のたてまえになっておりまして、そこはわが国の商法の基本の問題ですので、そのこと自体がいけないことだというわけにもまいらないかと思います。ただ、その公募分あるいは旧株主分についてもいわゆる親引けと称しまして、一般の市場で販売せずに、銀行あるいは関係会社等に頭から割り当ててしまって、市場に出さないような増資のやり方はたいへんに影響するところが大きい。一つは、期待する一般応募者に株が届かないということ、二つは、市場の浮動株を多くしていくべき方策がそれでとどめられるということ、三つは、そういうことで法人にますます株が集まりまして、全体の持ち株比率が法人に片寄っていく、それやこれやありまして、親引け問題は、極力圧縮するような方針をとっております。金融機関は、すでに日本銀行のほうで強い指導をされまして、持ち株のシェアアップをとめるような措置をしておられます。事業法人にはなお若干そういう傾向が残っておりますので、これも新年度からはかなり大幅に圧縮していくという方針をとっております。

○竹田四郎君　証券民主化が叫ばれて久しいわけですけれども、また同時に、国民の金融資産を銀行預金とか郵便貯金でなくて、金融資産を証券によって持つという一般国民の財産形成のあり方として証券を保有する、しかもそれが、安全であり、かつ有利であるということでなくちゃならぬわけですけれども、公募の株がどんどん大法人なり銀行なりにいってしまう傾向がある、一般市民がそれをほしくても買えない、銀行預金ではインフレによって常に減価をしていく、株式であれば、ある程度の増資なり、あるいは配当増で、そうしたインフレヘッジもある意味ではできる。ところが、せっかく増資をして株式が出ても、それが手に入らないということでは、今日の国民の財産形成という方向から考えてみますと、逆な方向でしかないと思うわけです。そういうものが今度は逆に景気調整等においてはいろいろな悪いことをしていくことにもなってくるわけです。なるべく多くの株式が多くの国民に分散されていくことになりますと、景気変動においても金融調節が、そう急激な変化がおそらく起こらないと思います。公募株とは一体どういうところに流れているのか、その辺の大体の数量はわかったらお示しをいただきたいと思います。

○政府委員(坂野常和君)　個別の親引けの内容が、どういう法人に、どれだけはまったかという資料をとっておりませんので、幾つかの会社について、幾つかの銘柄について、それをとることはできると思いますが、全体としてどうだったかという資料は目下のところございません。

○竹田四郎君　ぜひその辺は証券局としてつかんでいただいて、証券民主化の方向を考えるとすれば、行き過ぎのあるものはチェックしなければいかぬと思うのです。その辺は全部なかなか調査することはできないでしょうけれども、ある程度のサンプル調査なり、なんなりをときどきなさって、一体そういう株式がどこに流れるかは、国の産業構造の転換の点からいっても、私はかなり重要なポイントではないのか、こう思うわけですけれども、その辺はひとつときどき御調査をなさって、大蔵委員会に資料としてときどき出していただく、それによって証券民主化の方向が一体どういうふうにいっているのか、産業構造の転換がどういくのかにかなり大きい影響があると思いますから、その辺はぜひやっていただきたいと思います。

ところで、主税局長にお聞きするのですがね。株主にプレミアムが直接いくのであればいいと思うんですが、実際には株主にはその金はあんまりいかないで、会社自体の設備資金、運転資金にいくということになりますと、百年、二百年の長い目で見れば、それは株主に還元していくのかもしれませんけれども、実際にはそうじゃないんですから、このプレミアムをそのまま放置をして課税をしないということは、どうも納得できないわけです。そういうものは課税対象にすべきだと思うのですけれどもね。

○政府委員(高木文雄君)　プレミアムは、現在の商法のたてまえからいいまして、企業の資本準備金として積み立てられるわけです。払い込み資本と同様に無利息――金利を払わない金ということで企業にそれが残りますから、したがって、その金を使って設備投資を拡充するなり、何らかの方法でそれを使いますと、無利息の金で所得になってあらわれてくる。で、所得としてあらわれた段階で、それが法人税として所得課税として課税をされていく仕組みになっているわけです。本来、法人税のあり方は、資本については課税をしない、制度上はそうなっているわけでして、プレミアムも、資本準備金として積み立てられますから、それは資本と同様のものであるということで課税対象外にしておるわけです。このような企業の一種の流用金について課税対象としていないたてまえが幾つかあるという問題はいろいろ御議論のあるところであろうと思いますが、そこはかなり法人税制の基本的な問題として現行制度上は課税対象外になっておるということです。

○竹田四郎君　いままでの理論がはたして正しいのかどうなのか。それに私はいつまでもとらわれている必要はないと思うのです。それがほんとうに日本企業の資本充実に役立っているのであるならば、一歩譲って認めてもいいと思います。しかし、現実に資本充実に役立っているという実績はあんまりないと思うんです。時価発行がどんどん行われている、しかし、はたしてそれによって資本充実、自己資本率等々がうんとふえているか、ふえていないわけですね。それがほんとうの意味で役立っているというなら、いま主税局長おっしゃるとおりです。実際には役立っていないどころか、いろいろな形で最近では批判の対象にむしろそれがなっている。こういうものをいつまでも理屈がこうだから課さないということは、私はちょっとおかしいと思うんです。だから、法人税自体の理論構成も、最近の実情からいうとおかしいと思うんです。それだけの利益を得て、それが株主に還元されるのであるならば、これは法人擬制説、なるほどそうだと思うんです。実際には株主に還元されてないわけです。そうなってくると、いつまでも法人擬制説によって、資本金には課税をしない、これは資本準備金だから課税しない、国民は納得しないと思うんですよ。最近ではおそらくそのプレミアムだけで一社で何百億だと思うんですよね。それが全然課税されないで会社の金になる、そうしたものがいまの過剰流動性の一つだと思う。そうなってくると、いつまで、いままでの法体系がそうだからということでそれに固執していることは、国民は納得しないと思う。その辺考え直してもらわなければいかぬ点だと思う。どうですか、主税局長。

○政府委員(高木文雄君)　おことばですけれども、擬制説とか、実在説ということとは直接の関係はなくて、プレミアムはとにかく資本と同様の性質を持つわけです。で、現在の実在説、擬制説とは関係ありませんが、法人については所得に課税をしますと、資本には課税をしませんと、こういうたてまえがおかしい、資本であっても何らかの意味においてそれが経済的効用がある以上は、資本に何らか課税あってしかるべきだという御議論であれば、そういう御議論はございます。制度論としてもそういうことは全く頭から考えられないという問題ではないと思います。しかし、プレミアムでありましても、現在は一応額面をこえる部分を資本とせずに、資本準備金のような形で経理はしておりますが、その公募に応じた人から払い込みがあり、出資であることは間違いないわけでして、出資に課税をする、元本に課税をしていくことについては、私はかなり問題があるんじゃないか。所得税も、法人税も、現在は所得に課税をするというのは、基本的な原則です。で、所得に課税するほかに別途資本に課税するかどうか、基本財産に課税していくかどうかとなりますと、一種の保有財産税のような形になってくるわけですが、そういう制度をとるということであればともかくとして、プレミアムも、普通の払い込み資本でありましても、そこは資本としての性格は同様に考えていくべきではないかと思います。

○竹田四郎君　理屈は理屈としてわかるんですがね。これだけ時価発行が行われて、大きな金が動いていて、それがいろいろ悪さをする事態の中で、しかも今度の場合には、協同飼料の問題が司直の問題にもなると、私は、国民の時価発行についての疑惑はますます深まっていくと思うんですね。それが実際にさらに輸出をふやし、それが国内に物価高という形でくると、どうしても国民は納得できないと思うんですよ。これがほんとうに正常に国民の利益のために使われているということであるならば、これは国民も協力すると思うんですよ。実際は、国民はそういう新聞を見るたびに物価が上がるという感じしかないわけです。株価も上がった、時価発行して会社はもうけた、おれたちは物価が上がって家も建てられない。庶民の生活は。ほんとに頭が狂いそうだというのが実態だと思うんです。それが法的に可能だということで、一体国民納得しますか。

○政府委員(山本敬三郎君)　国民サイドから見れば非常にわかりにくい、理解のしがたい問題だとは思いますけれども、時価発行したプレミアムが資本準備金になり、それが会社の借り入れ率を減らしていく、自己資本の充実等に使われれば、それは国民にも理解できる問題だったと思うわけです。ところが、実際は借り入れ金の返済ではなしに、ほかに使われていくところに非常に問題が出てきている。望ましい方向としては、世界的に自己資本が非常に少ない日本の会社が、自己資本の充実にこれを使うことになればほんとうに望ましかったんではないかと、考えるわけです。

○竹田四郎君　現実にはそうじゃないんですよね。

○政府委員(山本敬三郎君)　はい。

○竹田四郎君　そうなってくると、国民としてこれは納得できない。もうけるだけもうけて、株主にはあまり還元がない。このままいったら、国民はいまの資本主義経済に対して疑惑を感ぜざるを得なくなってきますよ。

○政府委員(坂野常和君)　時価発行はわが国において最近始まった制度であります。これができるかできないかは、長年論争されておりましたし、また、保険業界ではかなり前から、この制度は非常にぐあいが悪い、旧株主を尊重しないからよくない制度だという御意見もあったわけです。にもかかわらず、こういう制度が行なわれるようになったゆえんは、わが国の企業の実力と申しますか、ほんとうの力がついてきて株価も上昇してきたということ、国民に余裕資金ができて投資が本格的に行われるようになったという、いろんな原因が重なっておるわけです。発行市場に新しい芽が出てきたことは、国民経済にとってはたいへん好ましいことでして、そういう点においては、この制度は今後これが定着するように伸ばしていく必要があるかと思います。御承知のとおり、わが国企業の自己資本比率は、毎年低下の一途をたどりまして、四十六年度末は全産業で一五・八%と、世界に例を見ない、最低のところにまできておるわけです。にもかかわらず、これがもっておるのは、何といっても銀行が強力であって、そして銀行貸し出しによって今日まで企業はやってきたということです。これから世界の企業に溶け込んで、ほんとうの競争力をやってまいりますためには、自己資本充実は、何と言っても重要なことだと思います。ただ、お説のとおり、この過渡期においていろいろ不心得な感じの事柄が起きる。たとえば、株主を優遇しないのではないかと疑われるようなやり方とか、あるいは株価について疑いを持たれるような発行のやり方とか、そういうことはいけないことでして、これは厳に取り締まっていかなければならないと思います。しかし、時価発行制度そのものは、これを定着させることは国民経済的にはきわめて効率的なことであり、また有意義なことである、そういうふうに考えております。

○竹田四郎君　私も、時価発行そのものを云々しているわけじゃないです。それが少しも国民に還元されないということですよ。証券民主化ができてみんなが株を持って、なるほど時価発行した、会社にプレミアムがこれだけあった、そのプレミアムの一部が自分のふところに入ってくる、そうすれば、国民喜ぶと思う。時価発行して会社の実績が高まった。現実にはそうじゃないのですよ。プレミアムが決して株主のところにくるわけじゃなくて、せっかく持っているわずかな株がどんどんどんどん引き揚げられていくというのがいまの現状でしょう。そうして株は大きな企業へ大きな企業へと集中している。一方では、そういう事態をそのままにしておいて、それでプレミアムをやる。だから問題になるのです。株主にそうしたプレミアムが還元できるという形、そういうものがぴしっとできていれば、それは国民はそんなに文句も言わないだろうし、また、プレミアムの金が悪い作用をするということも少なくなるだろうと思う。しかし、大企業のもうけのためにやっているとしか国民は理解していないと思う。だから、そういう点で、その点の具体的な改善策、どう改善して、プレミアムが国民のふところに再び戻っていくのか、そういう措置を何らか講じなければ、時価発行に対する怒りになっていくわけですよ。時価発行の制度は、私は制度として決して悪いものだとは思いませんけれども、それが国民に還元されない、その金が悪いことをしていく、その点が問題なんです。そういう点に対する規制は全然しないで、時価発行がどんどんどんどん行なわれる。経済がそれだけ成長して実力が出たら、それが国民に還元されていくという、そういうことを考えなくちゃいけないんじゃないですか。

○政府委員(山本敬三郎君)　国民への還元とおっしゃいますが、企業が資金調達の道を銀行借り入れから自己金融をしていくという形に変えていくという性質のものですから、それ自体としてはメリットはあると思うわけです。ただ、たとえば、NHKの跡地の問題を時価発行で得た金で買ったとかいうことがいろいろいわれているところに問題がある。ですから、問題はむしろいまの過剰流動性そのものにあるわけであって、私は、時価発行の制度そのものが、いまの過剰流動性のもとにいろいろ疑惑を招くような傾向があることはそうだと思いますけれども、この制度自体が本来いけないものだとだけは考えない、こういうように思うわけです。

○**竹田四郎君**　私も、時価発行制度そのものが悪いとは言っているわけじゃない。まず一つは、証券民主化をもっと大きくやることですよ。国民がみんな、何らかの形で銀行預金なり郵便貯金をやっているかわりに株を持つと、それによってインフレヘッジできるでしょうし、将来の楽しみも夢もあると考えているわけだと思うんですよ。それならば、時価発行の利益が、株式が多くの国民に分散されて、そこへ返っていくと、そういう形がなければ意味ないわけですよ。そういうことをどう確立していくのか、その辺をどうしてくれるかということを明確にしてほしいということです。

○**政府委員（坂野常和君）**　まず届け出書の段階で、従来よりも資金の使途なり、資金繰りについて、詳しいディスクローズをやってもらうということは、すでに私どもいま考えております。それから、株主優遇は、引き受け証券会社においてこれを厳格にチェックしていくという制度をとるよう、これもいま検討しております。やや時間のかかる話ですが、いわゆる食い逃げ的な時価発行を行った会社は、もう二度と増資できない、投資家からも非難される、引き受け会社も引き受けに応じないというような、そういうチェック体制をとっていくことが大事なんです。そういう体制に持っていこうといま検討中です。

○**竹田四郎君**　いつごろまでにそういうものを国民に明示をしていくか、めどをつけてもらわないと困ると思うのですがな。

○**政府委員（山本敬三郎君）**　もうすでに着手する準備をしておりまして、四十八年度から実施していくことであるようですが、いずれにしても、最近法人株主が非常にふえてきて、個人株主が減ってきて、証券民主化の実はあがっていないと、そういう点では、私は、非常に問題があると思います。そういう点を含めて、徐々に本来の時価発行のあり方に変えていかなければならぬと思います。

○**竹田四郎君**　この点はあとの経過を見たいと思いますし、ぜひ先ほどの資料はなるべく早目に配付していただいたほうが、今後の証券問題を考える上にも私はよかろうと思う。委員会においてそういう資料も御説明いただきたいということをお願いして、証券問題については一応区切りたいと思います。

（中略）

○**多田省吾君**　午前中も竹田委員から証券局長に対して、協同飼料の時価発行に伴う株価操作の問題で緊急質問がありました。私は、一点だけ大臣の決意を聞きたいのですが、いままでも大蔵省は証券界あるいは会社に対して注意をしたとは言っていますけれども、全然注意がきいていないわけです。アメリカなんかも株価操作は一九三四年ごろまでは非常にひどかったそうですが、最近は証券取引委員会という体制をとっておりますので、そういうことはだんだんなくなっていると聞いておりますが、日本においては非常にひどいわけです。この件で先ほど証券局長は、届け出書の段階でディスクローズを考えているとか、株主優遇のための引き受け証券会社に対する注意とか、あるいは食い逃げした会社には二度と増資できないようにするという対策を考えているということですが、これ以上のものが大蔵省としてできないものかどうか。またいつごろそれを大臣はやるつもりなのか。大臣として、こういう問題が今後起こらないためにどう考えておられるか、はっきりひとつ御答弁願いたい。

○**国務大臣（愛知揆一君）**　証券行政については私もかねがね考えるところがあり、したがって、就任と同時に、特に私としては意を用いてきたつもりです。一口に言えば、現行法制内においてなし得る限りのことは、適時適切な手を打ってまいっておりますし、今後もますます打たなければならないと思っております。証券行政直接の面だけからではなく、大蔵省としては金融政策の面からも相当のきびしい手を具体的に打っておることは御承知のとおりと思います。その中には、たとえば、証券会社に対する立ち入り検査、調査も現に行っています。

それから、時価発行の問題に特に御言及になりましたが、これは資金調達の方法が多様化している今日においては、特に時価発行は、本来なら企業の自己資本充実の点からいいましても、私はけっこうなやり方であると思います。いわゆるプレミアムについては、申すまでもなく商法上の厳重な規定もあるくらいですから、こうした基本的な体制が十分守られている範囲内の時価発行は、私は大きな意味があると思います。ところが、違法、あるいは違法すれすれの、たとえば、株価操作その他が行われつつあるという風評をよく聞きますが、こういう点は、証券行政として最も厳粛に指導監督をしなければならないところですから、この点は、特に重点を置いておるつもりです。まことに、こうやっておるさなかに、司直の手が入るような事件が起きましたことは、監督行政の立場からいって、まことに遺憾に思っておりますが、しかし、反省をすると同時に、ますます御期待にこたえるように、証券行政の充実に十分意を用いなければならない、こういうふうに考えております。

（以下略）

参議院　大蔵委員会会議録第二十九号

昭和四十八年七月十七日（火曜日）

出席者は左のとおり。

委員長　藤田　正明君

理　事　嶋崎　均君　土屋　義彦君　成瀬　幡治君　多田　省吾君　栗林　卓司君

委　員　青木　一男君　柴田　栄君　大松　博文君　西田　信一君　山崎　五郎君　川村　清一君　竹田　四郎君　戸田　菊雄君　西村　関一君　山崎　昇君　鈴木　一弘君

政府委員
大蔵大臣官房審議官　大倉　真隆君
大蔵省証券局長　高橋　英明君

参考人
社団法人日本証券業協会会長　瀬川　美能留君
東京証券取引所理事長　森永　貞一郎君
財団法人日本証券経済研究所理事　江口　行雄君

（ほか略）

本日の会議に付した案件
○租税及び金融等に関する調査
（証券取引に関する件）
○連合審査会に関する件

○**委員長（藤田正明君）**　ただいまから大蔵委員会を開会いたします。

租税及び金融等に関する調査を議題といたします。

本日は、証券取引に関し、参考人として、日本証券業協会会長瀬川美能留君、東京証券取引所理事長森永貞一郎君、日本証券経済研究所理事江口行雄君、以上三君の御出席をお願いいたしました。

この際、参考人の方に一言ごあいさつを申し上げます。

本日は、御多忙中のところ御出席いただきましてたいへんありがとうございました。

これより御意見をお述べ願うのでありますが、議事の進行上委員の質疑にお答えいただくという形式で御意見を伺いたいと存じます。何とぞよろしくお願い申し上げます。

それでは、これより質疑を行ないます。

質疑のある方は順次御発言を願います。

○**竹田四郎君**　証券業界はいままさに大揺れに揺れていると言ってよいと思いますし、同時に、証券業界が、国民から非常に離れた場所で問題が起きたと、しかも、それが、明らかに最近は公正であるべき取引所あるいは大蔵省までその癒着が進んでいることは全く許されないし、こうした事態が続くことは、日本の資本主義そのものにも、私は、相当大きな問題点を提起をしていると、思うわけです。

まず、森永さんに、今回の事件について、こういう事態は、おそらく高田次長だけではないと思うのです。もう少し部内でも、そういう問題があるやに新聞も報じておりますし、私もそのように感ずるわけですけれども、上場に関する企業調査は、そういうことによって、手心が加わるだろうと思うんです。森永理事長は、おそらくたいへんふがいのないことだと思っていらっしゃるだろうと思うんですけれども、それは取引所自体が国民的な立場に立っていないところに、こうした問題が発生をしていくゆえんがあると思うんですけれども、殖産住宅事件は、取引所内まで問題の深さを見せてくれたわけです。これについて、まず、森永理事長に、いままでの反省と、これから取引所内の綱紀の粛正に対して一体どのような具体的な措置をおとりになるつもりなのか、この点をまず明確にしていただきたいと思うんです。

○**参考人（森永貞一郎君）**　取引所は、公共的な立場に立ちまして、公正なる株価の形成並びに有価証券の円滑なる流通を目的として運営さるべきことは当然でして、私、着任以来もっぱらその点を強調して、公共的な性格に徹するように努力をしてまいったのですが、はからずも今回高田上場部次長が逮捕、起訴されるという不祥事態を惹起しまして、まことに監督の責めにある者としまして、申しわけなく、その責任を痛感しておる次第です。

高田本人の処置は、昨日付をもちまして、就業禁止の措置をとると同時に、本人に面接、聞き取りを行い、厳正なる懲戒処分を行うことはもちろんですが、私ども監督の責めにある者としましても、その責任を痛感し、本朝役員会を開きまして、理事長以下三人の常勤役員は、七月分報酬全額を辞退し、自余の役員も、それぞれ減俸の措置を講じまして、とりあえず自戒の措置を講じた次第です。

なお、いまお話にございました点ですが、私、高田以外には絶対にないことを神に祈っておったのですけれども、新聞紙上伝えられるところによりますと、ほかにも二、三人おるようでして、その点は、検察当局とも十分連絡をとりまして、捜査の結果等を内示していただき、その事案に即して、適正、厳正なる措置を講ずるつもりでおりますことを、この機会に申し上げておきたいと存じます。

なお、これらの措置以外に、所内全般にわたり、この際、職場のあり方を再点検しまして、徹底的に綱紀の粛正をはかりたいと存じておる次第でして、身を挺して取引所の信用回復に全力をあげるつもりですので、その点もお答え申し上げたいと存じます。

なお、背景として、公開制度そのものにもいろいろ問題があったわけですが、いずれは、将来、店頭取引等の振興等の基本的な措置を講じていくつもりですが、さしあたりまして、たとえば、公開に際しては、親引けを全面的に禁止する等、いろいろと制度の抜本的改革を実施してまいりたい所存でして、贈収賄事件以外に、今度世間から指摘されております公開制度のあり方も、この機会に徹底的な見直しをはかってまいりたいと、目下具体案を検討し、本日の理事会にも付議する予定ですので、その点もあわせてお答えを申し上げておきたいと思います。

○竹田四郎君　戦後証券の民主化で、個人がかなり持つような形になったわけですが、最近は、むしろ個人は、証券、株式には手を出すのはこわい、相場で動くんじゃなくて、価格操作で実際は動いているんだ、産業界の自主性が、すなおに反映されていないとかなり前からいわれております。そうした意味で、株式が国民各層に持たれて、国民がいままでの銀行預金じゃなくて、証券投資という方向でいくことが、私は好ましいと思うんですけれども、実際には、個人の持ち株割合は、もう年々減ってきている、おそらく全株式の三割を割るんじゃないかと思われるほど低くなっている。それに反して、法人の持ち株がどんどんどんどんふえている、こういうところに非常に大きな問題があると思うんですけれども、結局それは、各証券会社が、そのほうがもうけやすいからそういうことをやるんじゃないですか。その辺は私はもっと反省がなければならないと思うんですけれどもね。ただ、法人の適当なところが持つということだけで、株式問題が論ぜられているということは、国民経済的な観点から見まして、あまりにも横暴というか、あまりにも利己主義というか、あまりにももうけ主義というか、国民的視野を証券業界は忘れているんじゃないか、しかも、ほとんどが四社の寡占状態、こういうものが国民の目を隠れていろいろ今度のようなもの、まあこれはいままで公然とやられていたと私は思うのです。ただ今度は、証券業界としてはここに大きく、いままでの考え方、もうけさえすればいいというもうけ主義は相当反省してもらわなければたいへんなことになるのじゃないか、こういうふうに思うのですけれども、瀬川参考人として、少なくとも日本の証券業者の第一人者として、また指導者として、あなたの反省、あるいは今後の証券業界のあり方、どういうふうに改善していくのか、この点をまずお伺いしたいと思うのです。

○参考人（瀬川美能留君）　まず冒頭に、私は、証券業協会としてきょうは呼ばれておりますので、証券業協会は、大蔵省や取引所をリモートコントロールする立場にあるじゃないかということばは、はなはだいただけないのでして、私どもは、一つの公共的な団体として、取引所、大蔵省とよく連絡をしながら、日本の証券業界の発展をはかっているわけです。個々の企業のことについて申し上げるわけにはまいりませんが、証券界がもうけ本位で、一切投資家のことを考えて経営してないという御指摘は、非常に小さな部分的なものをとらえて、それを大きく拡大されて、それがすべてであるような御批判であると思うのです。私ども、戦後二十何年間証券業界が今日まで発展してまいります段階におきまして、むろんこれは人間のやることですから、幾多の間違いを繰り返しましたけれども、全体を大きく左右するような間違いを繰り返しておりません。部分的な問題はそのたびごとにわれわれの経験を積み重ねて、今日までやってまいりました。

昭和四十三年に証券取引法の改正で、免許制が実施されまして以来、われわれは、一そうえりを正して、証券取引法の規定に従って、仕事をやってまいっておるわけです。たまたま不祥事件が部分的に一、二出ましたことをとらえて、証券界全体の体質だというおことばは、終生証券業をやっております者としては、実は泣き切れないのでして、決して御心配に及びません。証券界は健全な発達を遂げつつあるのです。ことに、個人株主の減少という点ですが、これは御承知のように、〔資本〕自由化を前にいたしまして、日本の発行会社が安定株主をつくる必要がある、そして法人に大きな過剰購買力と申しますか、融資、成長の結果たまった結果、従来の得意先関係をさらに深めるために、安定株主層をつくる必要があるというので、金融法人買い、事業法人買いに始まったのが昨年の市況です。現在株式資本は七%見当でして、自己資本比率は一六%台です。したがいまして、戦後営々として私どもがやった個人の株主が、やれやれで昨年相当利益をしてお売りになったことも事実です。その結果、株主数も偏向としてあらわれてまいったわけですが、昨年のような異常な一年間の市況をとらえますれば、当然商いが法人中心にいく、そうして個人が減少していくことは、当然の現象であろうと思うのです。しかしながら、われわれは、その間にでも従業員持ち株制度を開拓しておりますし、あるいは投資信託が増加を続けておりますし、あるいは昨年つくっていただきました勤労者財産形成法も、すでに百万口座になんなんとする口座を獲得して、有価証券選好を植えつけておりますわけでして、世の中が新しい転換期に立ったと同じ意味におきましても、証券界も従来の惰性を振り捨てて、新しい投資家層を求めなければならない、証券民主化、個人投資家層の増大は非常に重大です。これは原点に立ち返って、御指摘の点も十分注意はいたしまして、証券市場の信用を回復しながら、さらに前進を続けていかなければならないという時点に、現在の証券界は立っておると考えるのでございます。

○竹田四郎君　瀬川さん、あなたの発言は、全然反省がないと思うんですよ。大蔵省が協同飼料の問題から、証券界にかなりいろいろな形で改善要求をしているわけですね。新聞の伝えるところでは、なかなかその体制に応じようとしないじゃないですか。また、いままでも発行会社自体の要望よりも、むしろ証券会社が、もうけ口をすすめていくというやり方をやってきているわけでしょう。国民に株を持たせようという、ほんとうの意味で国民にサービスをしていくという態度は見えないじゃないですか。たとえば、株式の収益率が一体どうなのか、こうしたことも、系統的に国民に理解をさせようという意図はいままで見えないじゃないですか。いまおっしゃられた過剰流動性の問題は、政府にも責任あると思います。しかし、それはただ、政府だけの責任じゃないと思う。あなたのほうにだってその責任があると思うのです。そういう意味では、いまのあなたの発言は、あとの部分は認めますけれども、前半の発言は、あまり反省を考えている発言ではないと思ったから、はなはだ遺憾に思うのです。

取引所に大蔵省のOBはどれくらいいるのですか。

○参考人(森永貞一郎君)　役員には私のほかに専務理事一人、それから、渉外関係を担当するために、大蔵省から来ていただきました職員――部長が一人、その三人だけです。下のほうにあるいは一人二人おったかもしれませんが、現在私が承知しておりますのはその三人です。

○竹田四郎君　新聞の伝えるところによると、大蔵省と取引所と証券業界との癒着の問題、これは何も人が多いから癒着しているということには、ならぬと思うのです。問題は、いかなる取り扱いをしているかというところにあると思うのです。今度の場合であっても、大蔵省の審査官だって一人の問題じゃないわけでしょう。一社の問題じゃないわけでしょう。そのほかにもそういうことをやっていることは明らかになっている。こういうことをやれば、いろいろな取り扱いについて手心を加えることは当然起きるわけですよね。癒着をどう断ち切っていくかが、証券業界の健全な発達ができるかできないかという問題なんですけれども、大蔵省サイドにも、証券業界の問題はたいへんな大きな問題がある。こうした問題について、親引け株を全面禁止をする措置をおとりになった。私は、これはいい措置だとは思いますけれども、ただこういう一時的なやり方で、証券界が正常な発達をするとは私は思わぬわけですよ。もっと国民にサービスをするという立場、あるいはもっと一般既存の株主をもう少し大事にするという立場が貫かれていかなければ、どうしたって法人株主だけが多くなって、個人株主は、だんだん株に手を出さなくなっていくと思うんです。その辺が一番大きいこうした問題が起きてくる根本原因じゃないか。証券民主化とは、個人株主を優遇するわけじゃありませんけれども、サービスをしていく。たとえば、アメリカのやり方を見ますと、一株当たりの収益は、過去相当長い期間どうなっているかを株主に示している。それは同時に、国民へのサービスにもなっていくわけですけれども、江口先生からいまの事態における証券民主化、あるいは黒い事件を引き起こした根本的な改善を、一体どの点をどういうふうに直せばよいとお考えになっているのか、御説明いただきたいと思うんです。

○参考人（江口行雄君） たいへんむずかしいお尋ねでして返答に困るわけですが、われわれ理想を追求しながら、論理に忠実であるようにということを常にモットーとしておりまする者の立場から申し上げたいと思います。

　最初に問題になりました証券民主化ですが、これは歴史的に見まして、日本はアメリカに次いで証券民主化は進んでおる。この点において取引所なり証券業者の方々が、今日までされてきた努力は非常に大きなものではなかろうか。たとえば、投資信託の日本への導入、その発展の問題、それから、従業員持ち株制度ないし持ち株会、そういったものにつきまして、これはもちろん将来の戦力となるわけですが、少なくとも現在のところでは、マイナスだろう。あるいは累積積み立ての制度をとりましても、損得から申しますと、そう大きな利益になるものではないだろうと思っております。そういった面への努力、それからいま行われておりまする従業員財産形成政策に関連しまして、銀行と証券業者との争奪戦はあるだろうと思います。しかし、いままでのところ、結果から見ますと、銀行に流れておる金よりも、証券に流れておる金のほうが多いというところから、事後的かもしれませんが判断いたしますと、その点におきましても証券業者の努力は相当なものではないだろうか。

　今後一そう財産形成政策は政府におかれましても御推進なさるようですし、株式についても、その役割を課せられるわけですから、今後の民主化の将来も、相当大きなものではないだろうか。少なくとも戦前と現在と比較して、ないしは終戦後三十年ないしは三十五、六年までの状態と、現在とを比較いたしまして、投資信託を機関投資家に入れるか、それとも個人投資家に入れるかによって、統計が非常に大きく違ってまいりますけれども、私は、投資信託は、これは個人投資家に入れるべきだと思っております。あるいは従業員持ち株会も、株主名簿には持ち株会と出ているかもしれませんけれども、個人投資ですので、そういったものを計算に入れますと、いまの三二・何％という数字は非常に低うございまして、あるいは四〇％以上ないしは五〇％近くになるかもしらぬと考えております。そこらを考えますと、日本の証券民主化の現状ないしは今日まで業界の尽くしてまいりました努力は高く評価していいんじゃないだろうか。その過程におきまして、ときおり問題を起こしまして、一部社会の非難を買ったこともあるかもしれませんけれども、それはきわめて局部的な問題でして、全体としてそう御心配いただくほどの問題ではないのじゃなかろうか、こう考えております。

　それからもう一つの問題は、総合証券の責任の問題でしたかね。

○竹田四郎君 改善の問題です。株主に対するサービスは非常におろそかにされていると思うんです。もっとサービスをしなければ、国民は株式に対する信頼度なり、あるいは親しみがわいてこないと思うんです。確かに民主化はある意味では進んでいると思うんです。しかし、いま一般の国民は、株がこわいという感じを最近よけい持ってきておると思うんです。戦後、みな株式を持とうということで、ある程度民主化は進められたのですが、最近はまた株に対するこわさを国民は持っているわけです。こういう意味で、もう少し国民に株の内容をもっと明確にしていかないと、あるいは株主に対するサービスをしていくという改善方法をとらなければいけないのじゃないか。そういう点についての先生のお考えを伺いたいと思います。

○参考人（江口行雄君） これはまあわれわれも常に申すことですし、それから、証券会社の経営者も常に申されることですが、いわばしろうと大衆としての投資家、そういう方々はぜひひとつ長期投資に徹して、短期の投資、たとえば、信用取引を利用して株の売買をやることは、できるだけ差し控えていただきたい。そういった政策をとっておられるようですし、私たちもそう考えております。少なくともいわゆるしろうと大衆の投資家が信用取引を利用しまして、短期の売買でもうけようと思っても、それは例外的にもうけることはあるかもしれません。しかし、結局一将功成り万骨枯るでして、大多数の人は損をしておられると。これは証券業界のベテランの外務員、もう五十、六十の方々に十四、五人集まっていただきまして聞きましたところでも、それぞれの外務員の方のお客さんの九割は損をしておられる。そして利益を得ておられるのは、一年を通じてみれば、結局一割であったという答えが大体出ております。そういう点を、われわれとしては極力啓蒙しておりますし、御心配になっておられるような事柄に対する改善策は、それよりほかはないじゃないかと私は考えております。

　ところが、実際の第一線でお客様に接しておられるセールスの方がおられるわけですから、その中には、自分の水揚げを高くするために、意識的に誘惑してみたり、あるいは客のことばをそのままうまく利用してみたりで、短期の売買をやらせる人もあるだろうと思います。しかし、これは一朝一夕にそれを直していくということは、長い期間をかけて経営者の方々が社員を御教育なさるよりほかはしようがないじゃないかなあ、そう考えております。ただし、協同飼料事件で特に感じたのですが、精神論ばかりやっていてもしようがないと思いますので、たとえば、支店長の成績を評価する場合に、その支店の水揚げだけによって評価をやらないで、その支店におけるお客さんの保護預かりが大きく動いておるのか、それとも安定しているのか、お客さんに利益を与えているのか、それとも損をかけて迷惑をかけているのか、そういうところを支店の採点をなさいます場合の評価の標準の一つにする、そういったような点も改善の突破口ではなかろうか、そういうふうに考えております。

○竹田四郎君　日本の産業資金の調達も、銀行借入金にいつまでもたよっているというあり方は私は健全でないと思うのです。直接金融方式を、もっとやっていかにゃいかぬと思うのです。確かに長期的な保有が望ましいと思うのですよ。しかし現実には、国民の貯蓄は銀行預金とか郵便貯金にだいぶいっちゃっているんでしょう。株は何かこわい、こういう認識があると思うのです。だから一向に日本の企業の資本構成は直っていかない。こういうところに日本の企業の弱さ、あるいは資金調達のあり方に問題があると思うのです。ですから、たとえば、証券会社が人に株式をすすめる場合にも、私はもっと科学的なあり方が必要だろうと思うのです。過去の実績、今後の見通し、あるいは一株あたりの収益率がどうなるのだ、こういうこともっとわかるような形でやれば、大衆化していく、もっと日本の企業は大衆の基盤の上に乗る形になると思う。いまの日本の企業は、一般国民大衆から全く離れている。金融調達の面では、銀行を通じてのみ行われておるのは、私は健全な状態ではないと思うのです。いままでのあり方はもっと反省する必要がある。そうでなければ、ほんとうの意味の民主化というものはできないのじゃないかと、こういうふうに思うのです。

○戸田菊雄君　最近公定歩合が一カ月に二回ほど引き上げられるという状況、大体過去の実績は、金融引き締め政策は、直ちに株のほうに影響が端的にあらわれたと思うわけですが、最近、影響は、過去の公定歩合の引き上げよりかははるかに緩慢になっていると思うのですけれども、ことに最近一カ月に二回公定歩合を引き上げましたが、株にはさほど影響がいっていない。こういうのは一体どういうところに原因があるのか、その辺の見解をお伺いしたいと思います。

○参考人(瀬川美能留君)　まあ、だいぶ過去においていろいろそういう事例がございましたが、今日の市場の状態は多少変わっているのじゃないかと思うのです。

その一つは、景気が非常によろしいということが、株式市場をささえている一つの理由じゃないかと思うのです。

それから、先ほどもお話がございましたように、株式が、株式を買おうという購買力に対して非常に少ない、過小資本という点でございましょう。それからもう一つは、日本企業が、過去二十何年の努力によって非常に内容が変わってしまった。非常に蓄積ができた。そして過小資本に比べて収益力が異常に高くなったということだろうと思うのです。

それから、公定日歩の引き上げが始まって金融の引き締めが始まると、そのことが非常にシビアにきくのでありますが、公定日歩を引き上げましても、なかなかマンネリズムになりまして、やがては公定日歩も下げられるときもまたくるのじゃないかというふうな考え方もひとつ成り立つわけですが、しょせん株式が非常に少ないと、そして、多くの株は法人筋に固定されたと、そして事業会社の成績は、先行きは別として、この一、二期は非常によろしいと、それから、株の値打ちが非常に上がった、それから、自由化を控えまして、国際的な株式比較におきましても、日本の株式が非常に安いことが投資家の皆さまの胸の中にあると、それがいまの株式市場の趨勢だろうと思うのです。

○参考人(江口行雄君)　補足的に説明させていただきたいのですが、一番問題は、公定歩合が上がると株価は下がると、少なくとも昭和四十年前までの四、五回の日本の経験でもそういう事実があらわれておる。それから、論理的にいいましても、金利が上がれば株価が下がるのが当然じゃないかと、にもかかわらず、最近の公定歩合の引き上げ、三回、四回にわたる引き上げにもかかわらず、株価が上がっているのはどういうわけかと、こういう御質問かと思うのですが、基本的には、日本経済の強さを根底に考えております。世界の歴史を見ましても、十九世紀におけるイギリスの例、あるいはつい五、六年前までの、第二次大戦後のアメリカの例を見ましても、その国の国力が非常に強くて、外貨準備が豊富で、そして為替相場が高い、ないしはその国の通貨が安定しておる時代には、途中の起伏はございましても、株価は漸進的に上昇しておるのです。日本はいまちょうどそういった道を歩いているのではないか。たとえば、物価は非常に上がっておる。したがいまして、円の対内価値は下がっておる。しかしながら、為替相場を見ますと、円はますます強くなっておる。そうすると、円の対外価値は高くこそなっておれ、安くはなっていないわけです。そうしますと、いまよく世間で言われておりますようなインフレ問題、インフレーションとは、貨幣価値の減価現象ですから、インフレーションであるならば、当然為替相場は下がるべきです。いまのアメリカがまさしくそれに該当すると思います。そうしますと、日本の現在の状態は、物価は上がっておりますけれども、為替相場も上がっておるわけですから、これはインフレーションの本質から見ましてインフレーションとは言えない。それでは物価が上がっておるのはどういうわけなんだ。これは日本の景気が非常によいと、外国からの輸入品の値段が非常に高くなっておると、それから、設備投資その他の消費需要も活発で、物資に対する需給のバランスが、需要のほうに比重が高くかかっておるといったことが相重なりまして物価を引き上げておるのでして、インフレによる物価高ではないのじゃないだろうか。そういうふうに考えております。したがいまして、現在株価の高いのは、日本の景気がいいからと、もっと言えば日本の国力が強いからと思っております。その国力の強さは為替相場に反映される。そうすると、株価は上がるのは当然であって、一時下がることはあっても、結局長い目で見ますと当分株価は上昇の一路をたどるであろう。とにかく株価は上昇の一路を当分起伏を繰り返しながらいくであろうと、こういうふうに考えております。

○戸田菊雄君　問題は、結局、総需要抑制効果は、現状の経済からいけば、従来のパターンでは効果がない、こういう結論になるのじゃないかと思うのですが、そういう理解でよろしゅうございますか。

それからもう一つは、市場の流入資金の変化あるいは需給バランスが大きくくずれますと、株式市場の資金逃避が発生をしまして、株価のダウンを招来をするのじゃないだろうか、こういうふうに考えますが、その見解はどういうふうにおとりになるか。

○参考人（江口行雄君）　株価だって物価ですから、一つの物の値段でして、すべて端的に需給の影響を最も強く受けるわけですので、株式におきましてもその例外ではございませんで、その日その日の相場はすべて需要供給で決定される、こう見てよかろうと思います。ただ、大きな流れの問題として、今後の株式市場における需給は一体どうなるかという予測を立てますと、私は、時価発行が今後定着しまして、ますます盛んになってくるでしょうし、そしてそれが証券市場を発展させる基本の一つの道だと考えておりますもんですから、時価発行は今後一そう定着すると、そうしますと、株式の供給という量的な面から見ますと、総体的には少なくとも、額面発行の時代に比べますと、供給量は減っていく、こう見てよかろうと思います。これはアメリカの過去の例を見てもかなりはっきりしております。

それから需要の面ですが、これは言うまでもなく、国民所得の増減によって基本的には影響されると思いますが、国民所得は、日本の場合は、外国に比べて一人当たりで見ますとそう高い数字でもございませんし、日本の現在の経済情勢の流れを見てみますと、これからは、国民所得は今後ますます増大していくと、そういたしますると、個人金融資産の選好の度合いを見ますと、逐次預貯金から株式、証券のほうへ移っていっている傾向がございますので、その傾向から見ますと、今後株式市場に対する需要はふえていくと、他の事情をひとしいとすれば、そういう答えを出して間違いなかろうと思います。ただし、かりにそうであっても、協同飼料事件や殖産住宅事件に見られるような、不祥事件が次々に発生すると、証券市場はさびれるでしょうし、個人は市場を去るでしょうが、それは証券市場としては自殺行為にひとしいものでして、そういったことは今後は十分自戒をして、こういうものの発生がないように努力されるだろうと思います。そうすれば、日本の資本市場の前途は非常に洋々たるものではないか。ことにこれからは、日本の多国籍企業の発展がアメリカに次いで外国に伸びていくでしょうし、そうなりますると、東京市場が、ロンドン、ニューヨークに次いで世界の金融市場、資本市場となっていかなければなりませんし、二十世紀の世界を背負って立つものがもし日本だといたしますれば、また、そういったような予測をして間違いなかろうと思います。そういたしますと、日本の資本市場、金融市場を世界の金融市場、資本市場にまで育てていかなければならない。そういう角度から、政府の方々も、議員の方々も、それから、市場関係者の方々も、その点に一番大きな目標を置いて、今後の証券市場の育成に努力していかなければならないじゃないだろうかと、楽観的かもしれませんけれども、そういうふうに見ております。

○戸田菊雄君　東京証券取引所理事長にお伺いしますけれども、七月二日、四十七年度株式分布状況調査をやりまして、速報を発表しておられますね。これによりますと、総株式数に占める個人持ち株比率は三二・九％に下がって、大体四十六年度比で四・五％の減少ですね。それで、全国の全上場会社は千六百三十一社。それから株式総数は四十六年比で七・三％増、千三百六十九億余万株。そのうち個人ものが三十七億万株減少、株数で。というような比率になっておるわけですけれども、調査内容見ますと、法人持ち株比率が四・五％増加して、結局個人株が減少したのが法人株にいっちゃっているのですね。この状況は継続的に現象としてあらわれてくるのではないか。そういうところで、七月三日に理事長名でこの対策についての諮問事項を出して、答申を得ようということになっております。ですが、今後、持ち株の減少の防止、大衆投機の減少に対して、具体策としてどういうふうに考えられているのか、この点が一つです。

それから、投資信託の件について一つは、昭和四十三年大蔵省の計量分析で、五十年度の証券市場の青写真が描かれています。これによりますと、個人金融資産残高に占める有価証券の割合、四十三年三月末で一七・一％。五十一年三月末に二七・八％と予測しているわけです。で、中身は、株式が九・四％から一〇・三％。公社債が五・二％から一三・七％。投資信託の受益証券が二・五％から三・八％で、大体大蔵省の青写真どおりに現状動いているのか。この辺の見通しは、実際やっている関係者としてどういうふうに考えられておるか。

それからもう一つは、投資信託の今後の課題として、運用の自主体制の確立ですね。いまのところは、証券会社の顔色を見ながら運用していかなければいけないという、きわめて非自主的な運用がされているのが現状だと思う。いろいろな制度改正をやってきて、運用体制の自主確立につとめてはきたけれども、残滓はまだまだ残っていると判断をするんですけれども、そういう面の改善策はあるのかないのか。具体的に言うと、運用者の責任と権限の明確化になるでしょう。もう一つは、運用の科学的方法をどう一体改善するのか、こういう点について、お伺いをしたい。

それからもう一つは、販売組織と販売方法です。情報化時代といわれているんですけれども、日本の場合は、どうしても、人情と義理といいますか、そういう旧態依然たる販売組織方式がとられているんですけれども、抜本的に改善を迫られる。今後、資本の全面自由化によって、どんどん向こうの投資信託が入ってくると、日本の現状からいったらこれは太刀打ちできないんじゃないかと思うんですね。そういう意味合いにおいての改善策は一体どうあるべきか。

それからもう一つは、個人金融資産について、日本は、まだまだ未熟な体制になっていると思うんですが、個人金融資産がいまどのくらいになっておるか、数字を発表してもらいたいと思うんですが、そういうものの保護育成体制を今後どう位置づけをしていったらいいのか、御見解を聞かせていただきたいと思うんです。

○参考人（森永貞一郎君）　七月二日に発表しました上場会社の株式保有構造における変化は、御指摘のとおりです。これは昨年度における取引所における売買内容からも予想されたことでして、昨年に始まったことじゃございません。二十五年から一貫して続いている傾向ではございますが、昨年は個人持ち株のシェアの低下ないしは持ち株の絶対額の減少、あるいは株主数の絶対数の減少が相当顕著であったわけでして、私どもとしましては、こういう傾向がもし今後も続くならば、浮動株式が減少して、流通市場のよって立つ健全な基盤がそこなわれはしないかということも心配をしておりますし、また、本来、事業資金の安定的な供給源としての株式は、個人の家計の中の貯蓄に結びつかなければ、安定的な供給源とは言えないわけでして、証券市場としてはたいへんシリアスにこの問題を考えておるわけです。つきましては、政策委員会にこの問題を投げかけまして、なぜ減ったのか、あるいはこの傾向は今後も続くのか、続くとすればどういう影響があるのか、対策はどうかを諮問しまして、長期間をかけまして、徹底的な問題の究明をすることにしておるわけです。さようなわけで、まだ具体的な結論は出ておりませんが、個人的な感じだけで申し上げますと、一番大切なことは、個人の投資家に対する正しい株式投資のあり方についてのＰＲあるいは普及活動が必要じゃないだろうか。それに関連して、証券界の信用を一日も早く確立するということが必要でして、個人に対しまして、長期的な安定的な株式投資を呼びかける、いわば第二の証券民主化運動を起こすぐらいの気概をもって臨まなければならぬのじゃないかというのが第一点です。

それから、法人の持ち株が非常にふえました背景には、安定株主工作があったわけです。資本自主化を前にして、安定株主工作の意義ももちろんあるわけですが、法人の所有が九〇％とかいうような大きな限界に達しますと、安定工作にも限度がある、ほどほどにしてもらいたいわけです。むしろ私は、真の安定株主は、会社の経営者を株主が徹底的に信頼しまして、経営者のほうもその株主に報いるという信頼関係で固く結ばれた個人株主こそが、安定株主であると考えるわけでして、その点で発行会社も、個人株主を大切にしていくというお気持ちをもっと強く持っていただきたい。その意味でもＰＲが必要じゃないかと思うわけです。また、関連して、証券会社ももっと個人投資家を大切にしていただきたい。もちろん、なおざりにしておるわけじゃございませんが、昨年などの例を見ますと、やや法人営業活動に傾き過ぎた感じもないではないのでして、それもけっこうですが、個人のよき投資のアドバイザーたることに徹して、個人のお客さんをもっともっと大切にすることも必要じゃないかと考える次第です。

○政府委員（高橋英明君）　個人金融資産ですが、四十七年三月末の数字で申し上げますと、日本銀行の調べですが、現預金で五十三兆四千八百七十六億、それから信託が四兆九千六百三十一億、保険十一兆四千二百五十四億、有価証券十一兆八千百四十四億、それから出資金九千六百七十七億、その他八千三百七十八億、合計いたしまして八十三兆四千九百六十億となっております。

○参考人（江口行雄君）　投資信託に関する御質問ですが、大体三点ばかりございますので、最初の一点は、投資信託の規模の問題。かつて池の中で鯨が泳いでいるんではないかと言われた三十五、六年の現象ですが、それを踏まえまして、投資信託の一体規模はどれくらいが理想的であるだろうかと、われわれも長いこと各国の例を調べたり考えたりしました結論を申し上げますと、時価総額に対する五％、それから国民所得に対する三％、そこらがまず無難なところではないだろうかというのが私の結論です。そういたしますと、五十年度の四兆八千億円は、そうオーバーな数字ではないじゃないかという結論になります。これは人によって考えが違いますけれども、私は、大体時価総額の五％、国民所得の三％を理想的な無難な線と押えていただければいいんじゃなかろうかと考えております。

それから、二番目の、運用の自主性、投資信託は本家の証券会社に遠慮して、運用が理想的にいってないんじゃないかという御指摘ですが、かつてはそういう時期があったようです。証券会社の中に、投資信託部があった時代ないしは委託会社が分離したその当座の時代には、そういったこともあったように聞き及んでおります。しかし、ことしの例を申し上げますと、新聞紙上で野村の投資信託が非常に運用がよかったといってほめられて、それは株価が非常に上昇している過程において、野村の投資信託がどんどん売られた、いわば投資信託の安定要因としての使命感に徹せられた、そのとき本業の野村証券は幾ぶん不満なこともあった、株価がこれだけ上がって、われわれはこれを育てていかなければならぬと思っているのに、投資信託が売って冷やしておるといった意見も聞いたことがございますが、しかし、この一事は、投資信託の運用の自主性が確立されたのではないだろうか、少なくとも投資信託が相場に対する安定要因としての自覚に徹してこられた一例ではないだろうかと考えております。

それから、ことに、外国の投資信託が上陸してまいりましたし、当然国内の投資信託との競合関係が出てまいります。そうすると、外国の投資信託は、証券会社がお売りになるわけですから、当然国内の投資信託と競合する。そうすると、もともと親子であった証券会社と、国内投資信託が、第一線で争うことになる。私は、これはたいへんいいことだ、そうしてこそ初めて投資信託の運用の自主性も確立されるのではなかろうか。

それからまた、投資信託の販売会社も、親会社にあまりたよらないで、自分の力にたよらなければならないという自覚ができまして、販売面も非常に積極的になっていくだろう、こう考えております。

それから、販売の方法も、以前にはよく、Aの投資信託を売らしてBの投資信託を買わせる、そうしてころがしをやるなんということをよく聞いたこともございますが、日本の投資信託の投資家の投資期限が非常に短うございまして、一年たったらもう三〇％解約してしまう、そしてユニットで五年の期日にはたった二〇％しか残っていない、といったことをよく聞いたのですが、最近では、解約も非常に少なくなりまして、一年以内の解約は、大体一割そこそこまで減っております。投資家の皆さまが、投資信託は長期でいかなければもうからないんだという自覚に徹してきておられるようですし、それから、投資信託の販売政策もその点を十分自覚しまして、長い目で見れば、そういう道をとらなければいけないんだということを自覚してこられたように拝察しております。

○戸田菊雄君　課税面での考慮はわれわれが長年主張してきたとおり、いまの源泉分離課税、ことに株配当その他は、きびしくするべきだし、業界も本案件問題は、むしろそういう特別措置等の優遇措置に甘えることはもう許されないんじゃないか。これは税法上からいったって、単なる公平の原則だけではなくて、大衆重課の体制からいっても、ぬくぬくと株の配当関係だけ源泉分離課税、特別の恩典を受けることは脱皮すべき時期じゃないかと思うので、そういう上に立って今後の営業体質を考えるほうがいいと思いますから、その点だけ。

○参考人（森永貞一郎君）　課税の問題には二つの面があります。一つはキャピタルゲインの問題。今度の殖産事件はキャピタルゲインの問題ですが、これは、課税上の捕捉の困難があったり、それから損をしたときに、それを控除するという問題があったりしまして、徴税技術上の点からいまのような制度になっておる。すなわち継続的取引者には、キャピタルゲインについて課税するけれども、しからざる者には課税しないというのが現行の税制ですが、それに関連して、有価証券移転税みたいなものを別に設けられておるという経緯になっておるわけですが、その点をどう改正するか、これはなかなかむずかしい問題でして、税制の専門家でございませんので、どうしたらいいという結論はなかなか出ませんが、そういう面が一つございます。

それからもう一つは、インカムゲインの問題で、源泉分離になっておるわけでして、しかし、それも限度がございまして、高額の株式所有者には総合課税。法人はどうなっておるかと申しますと、法人は、受け取り配当は益金に算入しないというのがいまの制度になっております。そうしますと、法人と個人とで税引きの採算がまるで違い、その点も法人の株式保有を促進し、個人は停滞する一つの原因になっておるわけでして、そういう点をもっと合理的に洗っていく必要もあるのではあるまいか。そしてその場合に、私としては、長期保有者に対しては、何らかの優遇措置をぜひ残していただいて、そして自己資本比率の増大あるいは会社の自主的な責任体制ができ上がりますように、もっと株式資本を重視していく方向をぜひ御考慮いただくようにお願いをしたいわけですが、しかし、税制の問題になりますと、たいへん総合的な、全般的な問題になりますので、早急にはなかなか具体案が得がたいのが実情であろうかと思いますが、方向としてはそういう問題をぜひお考えいただきたいと、念願しておる次第です。

○**鈴木一弘君**　ここのところだいぶ証券業界が騒がれております。けさの新聞等見ましても、十ある大きな経済事犯の中で、三共の粉飾決算、協同飼料事件、戸栗の脱税問題、それから殖産の不正、証券取引法にひっかかってくるものが三つ、もちろん脱税の関係できているものもあります。ここで聞きたいのですが、昨年十月、証券大手四社の引き受け部長会で、親引けは公募株の五〇%未満に抑える、さらにことしの二月から四〇%未満にする、そう伝えられておりますけれども、上場されてない段階では、いわゆる親引けが四〇%以下で六〇%が出てきますと、あるいはこの株は新規上場されますということが、一般投資家に対しての情報提供がスムーズに行われなければならないわけですね。その点はどういうふうに指導していく気なのか、伺っておきたいと思うのです。

○**参考人(森永貞一郎君)**　ただいまの五〇%ないしは四〇%と申しますのは、既上場株の時価発行の場合についての引き受け会社の申し合わせでして、新規上場の場合は例外とされておったわけです。それを私ども、今回の事件にもかんがみまして、新たに上場される場合に、浮動株の要件を満たすために公開をしなければならぬ。新規上場の場合は、その浮動株の要件を満たすための公開だけにしていただこうではないか。すなわち親引けは一切上場の際には遠慮していただこうじゃないかということを実は考えておる次第でして、それによって最低公開株数以上のものを上場のときに増資して、それは全部公開に充てていただく制度にしたいと存じておる次第です。四社の引き受け各社の申し合わせの中でも、新規上場の際の親引けは、何らの規制が行われていなかったのを、いま申し上げましたように改めたいと思っておるところでございます。

○**鈴木一弘君**　きのう大蔵省からもらった資料を見ても、新規上場の場合、殖産住宅相互の場合も、五百万株の一般公開株数と、親引けが四百四十万株となっておりますね。それに似たようなのが百十四銀行の四百二十五万株の一般公開、三百七十五万株の親引け、七十七銀行は親引けのほうが多いわけで、二百六十万株に対して三百四十万株と、そういう例がずっとあります。もちろん親引けのゼロという新規上場もある。いまの森永理事長の話からいくと、今後はこういう親引けは考えられないということになってくるわけです。具体的には、それの実施はいつごろからになるのですか。

○**参考人(森永貞一郎君)**　本日午後理事会を予定いたしておりますが、その理事会に付議いたしまして、皆さんの了承を得て即日実施をいたすつもりでおります。現に、上場申請中の会社が幾つかございますが、それらにも実行を求めるつもりでおります。

○**鈴木一弘君**　いままでの例としては、公募株の中で、証券会社に公募の委託をされた株は証券会社の関係している会社と、あるいは古くからのお客とかにサービスとして売られているという話を聞いておりますけれども、それでは親引けがなくなった場合でも、一般投資家から見ると、固定された感じを受けるわけで、親引け株がふえたと同じことになってくるわけですね。一般投資家によっては少しも変わらないかっこうになってくるのじゃないかと思うのですが、その点はどういうふうにお考えでしょうか。

○**参考人(森永貞一郎君)**　浮動株式数の関係から、最低公開株式数はいままでも公開と申しますが、一般投資家に、各証券会社において割り当てられておったわけでして、それ以外に親引けが行われておったわけです。上場に際しては、公開価格と、上場によってはじめて値がつけられる始め値とがとかく乖離しがちですので、そういう際には、親引け等によって一夜にして特定の方面に巨額の利益が発生することは不明朗な点もございますので、上場に際しては、それを御遠慮願う、もっぱら公開によって、所要の浮動株式数を満たしていただくことに改めるわけでして、現在よりも公開株数が減少することはもちろんございませんし、できればもっとふやしていただきたいと考えておる次第です。

○鈴木一弘君　これは証券業協会全体の問題だと思うのですが、協同飼料事件はプレミアムの問題、不当株価操作の問題、それから三共の場合は二重帳簿で、粉飾決算が行われたわけですけれども、いろいろな事件が、殖産の問題等あります。こういう銘柄は特設ポストになさっておるようですけれども、もう少しはっきりしたペナルティーを考えるべきときがきているのじゃないかと思わざるを得ないわけです。発行した会社のほうからすれば、扱った証券会社にも問題があるのではないかと思いますけれども、証券業協会として、あるいは取引所として、ペナルティーを考えなければならないかがはっきりしてくるのじゃないかと思うのですね。ルールがないというわけにはいかない。特設の扱いをしていく、特別な扱いをすることもできると思いますけれども、さらにきびしいものが要求されてこないかと思うのですが、その点について伺いたいと思います。

○参考人（森永貞一郎君）　上場のときには、一定の上場審査基準を設けておりまして、たとえば浮動株式数とか、利益の状態、あるいは配当の状態、あるいは財務報告書に虚偽の記載をしていないこととか、いろいろな条件を定めておりまして、それに従って上場を審査し上場をさせるわけですが、長く上場しておる間に、いろいろな事故が発生する場合どうするかという問題の応用問題だと思います。上場廃止基準を持っておりまして、一定期間における売買高があまりにも少ないとか、あるいは浮動株主数の要件に満ちなくなったときであるとか、あるいは会社の倒産あるいは銀行取引の停止といった財務状況の悪化とか、そういう場合には、上場を廃止するわけでして、その基準の中に一つ、当該会社の行為が、公益を害し、投資者の利益を害した場合には廃止するという規定がございまして、その規定をどう適用するかという問題です。実は、協同飼料は、その規定に該当するおそれがございますので、監理ポストを新設いたしまして、そこに入れまして、特に売買を厳重に監視する、廃止するかいなかは、今後の裁判の進行等もございますので、しばらく見守らなければならないかと存じますが、監理ポストに入れて売買の監視を厳重にするという措置を講じているわけです。ただ問題は、上場したことにより、たくさんの株主がすでにできてしまっておる、廃止ないしは監理ポストに入れることは、今後の投資家、潜在的な投資家に対する保護処置ですが、それと同時に、既存株主の保護も考えなければならないわけでして、この規定の発動は特に慎重を期さなければならないのは当然だと考えておる次第です。

現在問題になっております殖産住宅相互についてですが、不祥事件はまことに残念です。特にああいう巨額の脱税問題を起こしましたことは、まことに遺憾ですが、直ちにそれをもって上場を廃止しなくちゃならぬかというと、必ずしもそういう場合には該当しないのではないか、会社の内容とか、その他のいろんな条件から考えまして、公益を害し、あるいは投資家の保護に欠けるところがあったという問題には、必ずしも該当しないんじゃないかと、もちろん今後またさらに新たな事態が起こった場合には別ですが、現在のところはさような判断をしておる次第でして、これは既存の投資家の関係も十分考慮しなくちゃならぬという配慮です。

○参考人（瀬川美能留君）　証券業協会としては、発行会社に対しては何らできませんが、会員には、譴責あるいは罰金あるいは除名という、それぞれの処罰を取引所の処罰あるいは大蔵省の処罰に従いやっております。ただ、協会としてやり得ますことは、こういう事態が起こらないように、目論見書が提出されましたときには、一々会社に質問書を発して回答を求めるとか、あるいは異議申し立てが、公認会計士の意見具申があります場合、その内容を精査するとか、あるいは増資資金の使途につきまして、その種類とかをよく確かめるとかを指導しておりますし、内部の管理体制としまして、引き受け部門と、ディーラー部門を分けるとか、あるいは特別な監視機構をつくることを着々と実行して、不祥事件が起こらないように準備をしておるわけです。

○鈴木一弘君　殖産住宅の問題は、取引所として上場銘柄の扱いをどうするかは、いまのお話だと三共の場合や、あるいは協同飼料のときとは違って監理ポストに入れ、厳重な監視をしていくとかはやらないというお話だったんですが、公益を害し、投資家に不利益を与えていないという判断、どう見ても投資家への動揺は今回は避けられなかったと思うんですよね。それといま一つは、殖産住宅といえば住宅建設では古いほうです、庶民の住宅を与えるほうでは。そういう会社にこういうことがあった場合には、これは公益としての害、動揺を与えるのは間違いないことだと思うんですね。私としては、ある程度取引所としても何らかの措置を考えるべきがほんとうではないか。こういうことが続きますと、証券取引に対しての信用はどんどん落ちるばかりですから、そういうものを食いとめていく方法にもなるんじゃないか。もう一度、その辺については何も考えていらっしゃらないのか、御意見を伺いたいと思いますが。

○参考人(森永貞一郎君)　先ほど申し上げましたように、公益または投資家保護に欠けるかですが、巨額の脱税容疑に端を発して、天下を騒がすような大事件が起こったことは誠に残念です。しかし、それによって投資家保護に欠けることになったかどうかという判断は、慎重に考えなくてはならぬのじゃないかと。現在浮動株主が千二百五十円で引き受け、さらにはまた二千五百円で買った人もあるかもしれません。それが今回の事件によって千円を割るか割らぬかという株価の崩落という犠牲をこうむったわけです。それはなるほど投資家としては大損害ですが、上場を廃止することによってさらに換価の道を一切奪ってしまうと、これはまたさらに株価の崩落も起こるわけですので、その点を考えますと、監理ポストに移し、上場廃止の検討をするかどうかは、慎重に考えなければならぬのじゃないかと、今後特段の事情が発生してまいりますれば、またそのときのことで別に考えなくちゃなりませんが、現在のところは、いま申し上げましたような慎重な配慮を必要とするということで、そのままにしておるのが現状です。

○鈴木一弘君　今回の事件で、非常に東証に対しての批判が強いわけですね。そういう点で、先ほどは上場に対しての審査の体制を強化するような話があったんでわかったんですけれども、今度は職員の場合ですね、新規公開株、その売買、そういうものについてどう扱っていこうとするかですね、そういう点と、重点的なチェックのあり方をもう少し詳しく伺いたいと思います。

○参考人(森永貞一郎君)　たいへんうかつでして、そのようなことがあろうとは思っていなかったわけです。と申しますのは、モラルの問題として、絶対タブーのことだと考えておりましたのが、たいへん甘かったわけでして、そのこともかんがみ、今後は一切公開株の引き受けを職員に行わしめないよう新しく規定をつくって、モラルの振興について身を挺して努力をいたすつもりです。そのほかに証券会社が公開株を割り当てられる場合にも、上場に関し便宜を与え得る立場にある者に対しては、割り当てをしていただかないように、本日の理事会でお願いをするつもりでおります。何といっても、職員のモラルの問題が大切ですので、そのことにつきましては、今後身を挺して努力をいたすことを重ねて申し上げてお答えといたします。

○鈴木一弘君　いわゆる売買益のプレミアムの問題で、年間売買回数が五十回以上、売買の株数が二十万株以上、この両方の条件をともにかね備えた場合のみ課税対象になってきたということだったんですが、他人の名義を使ったり、あるいはいろんなことをしているのもあります。そういう点から、この辺の法律を考えなきゃならないと思われるんですが、その点について、当局としての考え方を伺っておきたい。

○政府委員(大倉真隆君)　ただいま鈴木委員御指摘の問題は、ここ数年来の懸案でして、国会の委員会におきましても、何回かお答え申し上げたかと存じますが、現在の株式の個人の譲渡所得の原則的非課税につきまして、例外的に課税する場合として、セミプロ的な取引と申しますか、年間五十回、二十万株以上の場合には、これは継続的取引として課税することになっております。これでいいのかどうかという御質問だと思うのでございますが、実務上、五十回の回数の判定につきまして幾つかの困難があることは事実です。したがって、いつまでもこのままの規定でよろしいかどうか、あらためて税制調査会におはかりしまして、何らかの結論を得たいというのが私どもの考え方です。ただ、具体的にどこまでこれを改正できますか、残念ながら、まだ本日お答えすることができる成案を得ておりません。

なお、御質問の中にございました他人名義の問題、これは税法の課税上のたてまえは、あくまでも実質課税主義でして、他人の名義を使ったからといいましても、それが本人の所得である限りは、本人の所得として課税を執行しております。現に、今回話題をにぎわしております件も、他人名義を用いた部分も当人の所得として課税対象とすることにしておるわけです。

○栗林卓司君　常々感じているんですけれども、証券業界は、このままいりますと、地盤沈下していかざるを得ないのではないだろうか。今回の幾つかの不祥事件は、衰退傾向の中で起こった退廃現象ではないんだろうか。なぜこう申し上げるかと申しますと、一つは、企業の投資資金需要は今後もふえていくのだろうか。よく言われますように、昨今はきわめて活況を呈しておりますけれども、この活況を呈していることがいいのか悪いのかも含めて、経済成長のスローダウンが各方面から言われております。一方、技術革新もどうやら一段落をした感じですから、大規模な技術革新に伴う投資資金需要も今後は見込めないのではないんだろうか。そういった状況の中で、公共投資資金需要は、今後は非常に比重を増してくるだろうと思います。そうなってまいりますと、これまで民間企業の資金調達として役割りを果たしてこられた証券業界の位置は、だんだんと薄らいでいくんではないか。では、そういう中で証券の取引量はふえるのかと考えてみますと、株主の安定化工作では、あんまり取引してもらっては困るわけです。その意味でも、取引量がふえていくこともそう大きくは期待できないのかもしれない。そういうことになりますと、証券業界も経営上の無理があちらこちらに出てくるんではないか。どういう無理かと言いますと、その資金調達市場としての魅力を何とかつくっていかなくちゃならない。その魅力は何かと言えば――昨今は、時価発行。これがいいかどうかという問題があります。それからもう一つは、取引に伴う手数料収入ということだけではなかなか、ということになりますと、投機利益に着目をし株価操作を行う、そういう無理がかさんでくるんではないか。

そこでお伺いしたいのは、先ほど将来のことについて明るい展望もあったわけですけれども、ただ、いま申し上げたことで考えていくと、総体的に地盤は沈下していく傾向にあるんではないのか、御見解を承りたい。

○参考人(瀬川美能留君) 証券業界は、もちろん国力の発展と表裏になって発展していくわけですから、日本経済がどうもこれ以上発展しない、日本がここで一段落終わった、発展しないということでかりにありましても、私は、今日の証券界の総体的に非常におくれた地位は大きく回復してくるものだろうと思うんです。将来、日本がますます適切な運営によって発展していくということであれば、大きく発展していく業界であろうと思うんです。もちろん、皆さんが御指摘になったウイークポイントは、直していかなくちゃならない。さらに一段と高い市場になっていかなけりゃならないわけです。民間の設備投資から、公共投資に財政運営が大きく変わっていくときに、証券会社の役割が低下するじゃないかということの質問に対しては、公共投資をやっていくには、どうしても、公債の発行とか、地方債の発行とかに大きくディペンドしていかなくちゃならないわけですが、私どもの最近の公社債の部門は、非常に明るい面を迎えております。たとえば、民間の公社債は、平均いたしまして五〇％以上個人消化が行われておる状態です。それから国債も、一割から一割四、五分に消化量がどんどん進んでおります。それから、勤労者財産形成が、現在、御承知のように公社債投資信託に限られておりますが、これが、現状で約百万口座ぐらい証券界で獲得しておりまして、今日の蓄積資本はわずか一年で、二百六十三億ですが、かりに、この勤労者財産形成が、将来、税制優遇その他で大きくドイツ式に発展していけば、おそらく、証券界の占めるシェアは三百万口座あるいは五百万口座になっていくだろうと思うんです。現在百万口座ですが、かりに三百万口座、五百万口座になりますと、平均一カ月の貯蓄額が一万円としても、月間三百億ないし五百億の公社債が消化されていくわけでして、個人の一般消化のほかに、勤労者財産形成で年間三千億から四千億ぐらいが消化されていく。したがって、それは国債の引き受けにも続いていくわけです。で、われわれいま非常に富士のすそ野を大きくつくりつつあるわけでして、本来個人投資は、投資の金額とか、あるいは経験に応じて、それぞれ進んでいくべきものでして、まず、公社債とか、投資信託から、個人の株式投資にさらに進んでいくということであれば、証券界のすべき仕事はまだ多々ある。ことに、しばしばいわれております過少資本の是正は、これは証券界が主として個人株主層を大きく開拓していくところに使命があるわけです。今日個人金融資産も、相当ふくれ上がります。相当ふくれ上がってまいりますと、どうしても有価証券投資選好が大きく生まれてまいります。その有価証券投資選好が、現在緒につきつつある状態です。

さらに国際化の問題です。この一月から十月ぐらいまでの間で、外国の投資信託が日本国内で一億六千万ドル見当のものが募集されている。それから、先ほど申し上げましたように、公社債投資信託が、財形によって大きく伸びていくということでして、いずれにしても、われわれが心して経営をし、投資家の信頼を得るなれば、証券界の前途は何ら心配要らない。むしろもっともっと発展してりっぱにならなくちゃならないと確信しておる次第です。

ちょっといまの私の発言が間違っておりましたので訂正したいと思います。

ただいま財形取り扱い会社十九社が全部公社債投資信託と申し上げましたが、十九社扱っておりまして、十社が公社債投資信託、九社が国債並びに社債を組み入れているということですので、訂正をいたします。

○栗林卓司君 過少資本で困るんだというお話がありました。全くそのとおりであって、民間の投資資金の調達が、ある程度様変わりをして云々とは、考えてみると、これまで企業に投資をしてきたたくさんの株主たちの努力によって、今日の産業、企業が存在したんだということだと思うんです。それにどう報いるかということになれば、とにかく一生懸命増資をしなさい、無償増資けっこう、額面増資けっこうということで、株式をたくさんふやしていきなさい、これが当然いまとらなければいけない対策じゃないかと思います。これは大衆株主、そのまま国民と置き直してもいいわけですから、これまで努力してきた国民に、それぞれの企業が報いる道であるし、そのことによって、株価の水準も正常化に近づいてくるんではないかということを江口さんいかがお考えかということと、さらに、正常化を進めるためには、株主安定化工作は、思い切って断念するべきじゃないか。これからの国際化の中で、国益という観点から、企業を守るか守らないかは、国民である大衆株主の判断にゆだねるべきである、ということは、それぞれの企業は、守っていただきたいと言わせるだけの仕事を常々社会との結びつきでしていかなければいけないということだと思うんです。その意味で、株主安定化工作は、それぞれの会社の事情とはいうものの、証券業界と、いわば同じ穴のムジナ的なことでやってきたことは間違いないわけですから、証券業界とすると、株主安定化工作は絶対反対です、それどころか、株を、額面、無償含めて大量に増資をしていただきたいということを運動として起こすべきだと思うんですが、いかがですか。

○参考人(江口行雄君)　御質問が二つに分かれると存じます。

一つは、今日、日本企業が、あるいは日本経済が、これだけ大きく発展してきたのは、個人株主のおかげではないか。当然この個人株主に報いることを、証券市場は考えなければならないのじゃないか。大衆株主即国民と言っても差しつかえない状態になってきているのに、証券市場はそれに対して、どういう報いをするつもりなのかと、こういう御質問かと思います。

これは抽象的に申しますときわめて簡単でして、証券市場の安定的な発展をはかるという一語に尽きると思いますが、証券市場の安定的な発展をはかるためにはどうしたらよいか。私は、いろいろな方策があると思いますが、そのうちでも大事なことは、理想的な時価発行制度に移ることではないだろうか。理想的な時価発行制度とは、発行企業が、その株の売り出し価格に対して責任を持つということ、すなわち、売り出し価格を割らないようにすること。それから二番目は、プレミアムの還元に十分の責任をとること。この場合、私は、次の増資までに理想としては全部プレミアムを株主に返すような政策をおとりなさいと、こういう考えを持っておりますが、この二点に尽きるのではないか。

そういたしますと、証券市場では、株の供給量は総体的に減退してまいりますし、一株当たりの利益は、逐次アメリカのように増大してまいりますから、株価は長期にわたって上昇の一路をたどる。たとえば、アメリカの歴史を見てみますと、途中の起伏を別にして、六十年間にわたって株価は上昇しております。この六十年間にわたって株価が上昇トレンドをとっていることは、いろいろの理由があるでしょうが、どうも基本的に、時価発行がきわめて理想的にいっている点に基本がある。それは株式の需給関係、それから株価にそれが非常によくあらわれる。そういう点から見て、そういうことが言えるのであります。

そうしますと、これから額面発行に変えることはとうてい不可能でしょうし、また変える状態にもならないと思います。そうしますと、どうしても、時価発行と、時価転換社債をひとつりっぱに育てていくと、その点は、実際に監督に当たられる証券局なり、取引所なり、協会なりが、良識をもって善導していただくことが一番大事ではないかと、考えます。

それから、安定化工作の問題ですが、私は、日本では自社株の取得ができないので、そのはね返りが安定化工作となってあらわれておる。もし自社株取得が認められますと、別に企業も、安定化工作をやらなくても、自社株で対抗策を打ち立てることができるわけですので、そう心配する必要はない。しかし、自社株取得ができないので、やむを得ず安定化工作が行われる。そして安定化工作の名においていろいろな不祥事が起こっておる。そういたしますと、安定化工作をもし禁止すると、それにかわるものとして、自社株取得を考えるべきじゃないだろうか。ただ、自社株取得も、アメリカのように株主の立場、投資家の立場を考えて株価の維持という、そういう観点から自社株を御利用くだされば、たいへんいいんですが、どうも自社株取得に関連してインサイダー・トレーディングに対する十分な監督がされませんと、そこからまたいろんな弊害の起こることが予想されるので、どっちをとったほうがより無難かはっきり答えを出すことができないのですけれども、自社株取得が認められないという前提のもとにおいてですと、ある程度の安定化工作は認めてやらなければしかたがないんじゃないだろうか、過渡的のやり方といたしましてですね。ある程度は大目に見ていただきませんと、企業の抵抗力が弱くなってくるんじゃないだろうかと考えております。

○栗林卓司君　株価とは需給関係できまるんであり、株価の水準をきめるものは、経営者に対する株主の批判のあらわれなんだと。ところが、時価発行を考えてみますと、公開価格は、つくられた価格であることは否定できないと思います。ここに不明朗なものが介在する余地がどうしても避けがたい。となりますと、これはどんな制度運用してもだめなんです。で、健全な、国民とともにある証券市場をつくっていきたいんだということになれば、時価発行を今後も進めていいんだろうか、大いに反省材料になるんじゃないか。また、株主の立場から見ますと、時価発行よりも、額面増資のほうがはるかに安心だし、そうしてもらいたい。

産業の立場で考えて時価発行はいいんだろうかということになりますと、どこの会社でも時価発行ができるわけでもありません。株主に不当な損害を与えてはいけないわけですから、大企業が主として時価発行ができ、そういうところだけが、金利のつかないプレミアム資金を手に入れる、競争関係で優位に立つということです。そういう状況をつくることは、健全な産業社会の発展にとってプラスなんだと言い切るには、いろいろな問題が多過ぎる。時価発行は、あまりにも多くの問題をかかえ過ぎた発行のしかたではないのだろうか。この際、思い切って時価発行はやめ、額面発行に戻すことを取り組んでみたらどうかと思うのですが、いかがでしょう。

○参考人(瀬川美能留君)　時価発行の場合には株価がつくられたものであるという結論は即断過ぎると思うのです。いままで時価発行、あるいは一部時価発行が、ここ一年間でも東京証券取引所で何百という会社がやっております。が、たまたま協同飼料事件のようなものが出た。あれは確かにつくられた株価であると言えばそうですが、あれ以来私どもが非常に厳重に申し合わせておりますことは、少なくとも時価発行を依頼してきた会社に、株価におかしい動きがあれば、われわれやらない。それから一年ぐらいの株価の経過をよく検討する。そして時価発行の価格決定に際しても、直近一カ月間の株価平均をとるとか、あるいは二カ月の株価平均をとるとか、その会社の情勢により、非常に慎重に株価決定をやることにきまりました。その点は非常に厳重にやっております。そうして時価発行実施、価格決定前は幹事会社が一切売買に介入しない、注文を受けないということも厳重にやっております。

時価発行が企業の発展にとっても有利な方法であることは、即やはり株主にそれだけリターンしてくると、企業が発展すれば、株主に利益が還元されるわけでして、現状、額面発行をやる会社はもうほとんどありませんが、時価発行をやる会社は非常に優良な会社である、それに資格のある会社である、――と申しますことは、時価発行を一回やりまして失敗しますと、再び株式市場を通じての資金調達ができない、売り出し価格以上に戻らなければ、新しい株主は求められないという、セルフコントローリングパワーのきいたシステムでして、そうして会社は、時価発行によって発行株数も少なくなって、それだけ、市場に対する圧迫も違うし、同時に、時価発行によって新しい株主層が求められていく。額面発行の場合には、ほとんど旧株主が割り当てられていく。そうして旧株主で、資金調達のできない人が株を売って市場に供結していく。いまのさなきだに少ない日本の株主構成、株式資本の拡大の上でも、時価発行は非常に大事な制度でして、われわれは発行会社だけの立場を考えるのじゃなしに、発行会社の発展は、即株主の発展である。そうして株主にリターンされるべきである。そういうりっぱな慣行をつくって、そしてりっぱに時価発行の持つ欠点を除去していきますれば、日本の株式市場の発展に役立つことを、私どもは信じて進めているわけです。

○栗林卓司君　時価発行のもう一つの問題点は、時価を割らないように努力をしたいものだと関係者が一様に思うところだと思うのです。たとえば、株主安定化工作をやめて、市場に出してくださいということになると、取引量がふえるわけですから、需給関係が変わって、株価はおそらく下がる。これは時価発行から見ると困る。たいへん不安定要因をかかえ込むわけですから、あまり大きな需給関係の変化は歓迎できません。また一方、この際、とにかく株をふやしていく、これもまた需給関係を基本的に変えていくことになる。株価は下がる危険性をはらみます。それも時価発行で考えますと、それもちょっと困る。問題は、そういうことになっていく必然性を時価発行は持っている、いろいろの御議論がございますけれども、私はこんな感じがしてしかたがないのは、時価発行がなぜかくも盛大になってきたかは、いまさら額面で出せるかという株価水準になっちゃっている。それを前提にして考えると、額面じゃ出せないんだから、あとは時価だということになるのですけれども、ただ、いまの株価水準は、ノーマルなのか。片一方では株主安定化工作で縛っちまう。片一方は、銀行から借りるよりも費用負担は安くて済むから、企業のほうは増資を要しないという中で、非常に過少な、本来だったらもっとたくさんあるべき株が、ない市場をベースにしていまの株価ができている。これをベースにして時価発行がされる。ということは、証券市場がひずんだまま定着しちゃうんです。そこで、はたしていいんだろうかということを、この際もう一ぺん考えてみる必要はないんだろうか。いかがですか。

○参考人(瀬川美能留君)　株価論は非常にむずかしいものでして、いまの株価が正しい株価であるか、時価発行があるから株価が高いとお考えになっているかもしれませんが、株価とは、しかく簡単なものではないのでして、今日では、むしろ世界的に日本の株価が、世界の投資家を含めての一つの需給関係に入っている、その中に株価は構成されており、取引所で毎日二億なり三億なりの株ができまして、それによって価格が形成されていることは、公正価格であると信じてやらざるを得ないのです。

それから、時価発行をやりました場合、株価は下がる傾向があるとお考えになりますが、時価発行の場合、それだけ事業会社が銀行から借りるよりも安いコストで資金調達できる。そして安い資金の調達ができますなれば、企業は発展する。そしてまた時価発行をやります以上、経営者としては、将来増資をするなり、あるいは無償交付をするなり、そういう信念のある会社じゃないと、発行に踏み切りません。もし時価発行をやって株価が暴落することになれば、経営者としてはもはや経営する資格がないわけでして、経営者は時価発行をやった場合には企業の責任が一そう重くなります。額面発行の場合には非常に責任が軽くなる。したがって、そこに額面発行のほうが、企業者意識としては、株主に対する責任を軽く感じるということでして、時価発行を改めるという考えは、むしろ発行会社側からいきましたなれば、合理的に自分がやっていけば、企業の発展に役立つのだということでして、アメリカでも時価発行はすでに何十年と前から定着して、それが大きく株式市場の発展に役立ち、企業の発展に役立っておりますから、時価発行が変わることはないと思うのです。

ただ、時価発行を受け入れる条件を設定する場合に、非常に慎重に今後とも処理していかなくちゃいけないし、あるいは株式会社経営者の、株式の本質に触れた株主優遇策を考えてもらわなくちゃならない、そういうふうに考えておるわけです。

○栗林卓司君　問題はその信念があるのかという不安感がどうしてもつきまとうものですから、結局時価発行についてもいいんだろうかという気になる。というのは、時価発行を通じて企業内容をよくして、株主に報いていきたい、ひいては、国民経済に貢献もしたいんだという発想でなくて、あっちがいくんならうちもやらなきゃ損だというのがあらかたの実態ですわね。

○参考人(瀬川美能留君)　もうそういう時代は過ぎました。痛いおきゅうを据えられましたから、一そう厳重に証券市場の発展に、あるいは産業界の発展に尽くしていきたい。しかし、これはあえて申し上げますが、証券界だけの問題じゃなしに、日本の産業界の考え方が改まってこないと、また、われわれはこういう目にあわされるときがありますから、その点は十分気をつけて経営していきたい、そう考えております。

○成瀬幡治君　きょう理事会で上場改善案がきまるようですね。まあ親引けはできませんよ、責任は幹事証券会社に転嫁されていく形になったんですが、さて優良株になると、行列がざあっと来ると思うのですね。ほんとうに公開株全株がみんなに公開されたら、あなたのほうが多年取引して顔のきいておる人がございますとそこへはめ込む、あるいは特定の人が顔をきかして、たとえば私なら、弟の名前や親戚の名前を使って、一括してあなたのところへ申し込むことがあり得ると思うのですね。で、結局あいさつ株のようなことになってしまいはしないだろうか。今度のこの事件を契機として改善策が出たんだが、さてそれが文字どおり公平な株価形成と申しましょうか、また何年か先に問題が出てきはしないだろうかということを心配しておるのですがね。これをどうやって防いでいくのか、どういう対策があるのやら、そこら辺を心配をしながらお尋ねをするわけですが……。

○参考人(瀬川美能留君)　あいさつ株ということばをお使いになりましたが、これは発行会社が、事業会社が親引けをいたしまして、そしてその親引けの中から、自分の会社も今度は一人前になって市場に公開することになった。ついてはひとつ喜んでくれといって、親しいところにあいさつをするのがあいさつ株で、それは完全になくなります。発行会社に親引けやらせませんから。それが全部今度は証券界でディストリビュートすることになるわけで、その点どうやっておやりになるのか。実は、今度一万株以下千株なんていうふうに非常に小さく分割するという考えが出ておりますが、実は、その問題でいままで悩み抜いておりまして、なかなかいい案が出ませんのです。

で、昭和三十五、六年、高度成長で株価が非常に高くて、公募がたくさん出たときがありましたが、あのときに、時価で公募することはたくさん株主をつくっていくことだから、公平を期して新聞広告して窓口で受けつけてみようじゃないかと。これは相ざいまして、大いに苦悩しているところで、やるなら飛び込んでやったほうがいいじゃないかという御意見でございますが、あまり無理があってもいけませんから、業者としては、われわれとしては扱う上についていろいろ考えて意見を具申したいと、そう考えております。

○参考人（江口行雄君）　今日の問題は、結局せんじ詰めますと、時価発行に関する問題だといっても差しつかえなかろうと思います。

　ところで、時価発行に関連して、えりを正していただかなければならないのは、証券会社よりも、むしろ上場会社ではないか、私はそう考えております。いま八十万社ぐらい株式会社があるんですが、そのうちで、上場されておるのが千六百幾らです、大体五百社に一社しかない、非常に選ばれた特権階級なんですね。そうすると、上場によって時価発行もできる、時価転換社債も発行できるという大きな特権を上場によって上場会社は得られるわけなんですから、当然それに対する反対給付として、上場会社は社会的責任を十分に自覚してもらわにゃならぬ。ここの責任観念がないから、不祥事件が起こってみたり、あるいは株価が時価発行やったあと三カ月もたたぬうちに、売り出し価格を割ってみたり、プレミアムの還元にしても、せいぜい四十五年以降を見ましても、二割五分かそこらにとどまる、非常に好ましからざる状態なんです。

　そうしますと、上場を許可された会社には、上場税という税金でもかけまして、国家で取られたらどうだろうか、これは一ぺんきりですよ。それもいい方法ではないだろうか。

　それから、こういう席でとっちめらるべきものは、上場会社なんだから、といって上場会社一社一

ますが、よいお考えがありましたら、ひとつぜひお聞かせ願いたいとお願いするわけです。

○成瀬幡治君　私にもない。東証が親引けはいけませんよということをきめることは非常に簡単なんです。しかし、それが実際に動き出すと、今度はあなたのほうの問題になります。そこで、東証も、関係の証券会社、十何社あるようですが、そことよく相談してというのですが、何か証券会社に責任をなすりつけた形になって、さてやってみた、しかも、上場希望しているところが七社あるとか、これが九月ごろというときに、そうのんびりともやっておれない。やってみてから、ぼつぼつ考えるということでもいかぬと思いますので、いまこういうことはいかぬとするならば、それじゃ七社ほどあるなら、それに対してどんな対策を立てていくのか、あなたがおっしゃるように取り巻かれるのか、それとも、そうじゃなくて、どんなことを想定をしておみえになるのやら、私のほうはよくわからぬから、しかも、目の先にきている。しかも、きめられるということですから、そういう対策は万般遺憾ないよう話し合われておると思いましたから、お尋ねをしておるわけですから、特別に私にいい知恵があるわけじゃありません。

○参考人（瀬川美能留君）　森永理事長帰られましたが、きょうの午後の理事会でそういう問題が提起されるわけでして、私どもとしては、いまペンディングになっておりますものの、やっぱり経過措置があってしかるべきではないか。一挙にそこへ飛び込むのはどうもきついのじゃないか。たとえば、従業員あたりを親引けの中に入れていただくことも、正しい意見じゃないかという意見を持っておりますけれども、なかなか大蔵省、取引所、意見がきつうご

当まとまった株の発行の場合でして、たしか電力会社でしたか、東芝でしたか日立でしたか、その程度の巨大産業の公募のときですが、そういうことをやりました。ところが、朝の二時、三時からすわり込まれて、会社を十重二十重に取り巻かれて、そしてあるところでストップするとえらいおこられた。そこで抽せんにしては、どうだろうかとか、さんざんごたごたしたことがあったわけです。この問題は、株を出します数量がきまっており、天下に投資家がたくさんおられる以上、もうどなたにでもお願いするというのであれば、解決のしようがないんじゃないかと、私は考えておるのです。まあ本来、どうしましても株式、ことに新しい株ですからして、公開売り出しの場合、新しい株――まあ公募の場合は市価で買いましても、市場からも買えるわけですから、一割程度の値引きしてやっておりますが、そういう問題をだんだんと縮めていって、多少まとまったものを公募するときには、投資家の危険もあるし、引き受けの危険もございますから、一割程度の下の値段ですから、一般公募の場合には大きな問題ないと思うんです。これは縮めていくことで解決できる。ところが、新規公開の場合、数の少ないところへ、公開の値幅をよほど厳重に考えて、あまり大きく騰貴しないようなことを考えていくと、数は減ってきましょうけれども、ときに、株式によりまして、三百円も五百円も上がるものがあります。そういうものの場合にはやりようがない。やりようがないとすれば、結局長期的に健全な株主にお願いしていくことになりまして、そういうものは一般の皆さんの御期待にこたえる方法はどうもないように思うんです。そういう点も、今後よく検討しまして、コンプレインの出ないようにやっていきたいと思い

社呼ぶわけにはいかないんで、経団連なりあるいは経済同友会なり、あすこらのお歴々を一ぺんお呼びいただきまして、君ら時価発行これからやるんだから、大いにその責任を痛感して、産業界全体として、共同責任において責任を感じてもらいたい、そうしてこういうことがないように、証券会社は、上場会社からおまえ聞かなかったらこっちへいく、こう言われちゃうんで、非常に弱い商売なんで、多少無理だと思っても聞く、ないしは無理な御注文と思われても、そうせざるを得ないような立場に追い込まれてしまう。発行企業がそんなことをしなければ、問題は起こらないと思うんです。

いまお話しを承っておりまして、上場税を取ったらどうだろうかと思いましたことと、経団連とか、経済同友会とか、そういう産業資本家の代表の方々をお呼びいただきまして、ひとつぎゅうぎゅうとっちめていただきたい。

○委員長(藤田正明君)　ありがとうございました。江口参考人の二つの問題提起は、たいへん関心のあるおもしろいことです。われわれとして十分に考えさしていただきます。

参考人に対する質疑はこれにて終了いたします。

参考人には、長時間にわたり、有益な御意見をいただきましてたいへんありがとうございました。どうぞ御退席ください。ありがとうございました。

第七十二回国会

昭和四十八年十二月一日から
昭和四十九年 六 月三日まで

商法一部改正

参議院　法務委員会会議録第二号

昭和四十九年二月十二日(火曜日)

出席者は左のとおり。

委員長　原田　立君

理　事　後藤　義隆君　棚辺　四郎君　佐々木静子君

委　員　柳田桃太郎君　山本茂一郎君　吉武　恵市君　中村　波男君　春日　正一君

国務大臣
法務大臣　中村　梅吉君

政府委員
法務省民事局長　川島　一郎君

説明員
経済企画庁物価局物価調査課長　加藤　和夫君
大蔵大臣官房審議官　田中啓二郎君
大蔵省証券局企業財務課長　小幡　俊介君

(ほか略)

本日の会議に付した案件

○商法の一部を改正する法律案(第七十一回国会内閣提出、衆議院送付)(継続案件)

○株式会社の監査等に関する商法の特例に関する法律案(第七十一回国会内閣提出、衆議院送付)(継続案件)

○商法の一部を改正する法律等の施行に伴う関係法律の整理等に関する法律案(第七十一回国会内閣提出、衆議院送付)(継続案件)

○**委員長(原田立君)**　ただいまから法務委員会を開会いたします。

(中略)

○**委員長(原田立君)**　次に、商法の一部を改正する法律案、株式会社の監査等に関する商法の特例に関する法律案及び商法の一部を改正する法律等の施行に伴う関係法律の整理等に関する法律案を便宜一括して議題といたします。

本三法案は、前国会において趣旨説明を聴取し、質疑を行ない、継続となったものですので、引き続きこれより質疑に入ります。

質疑のある方は順次御発言を願います。

○**佐々木静子君**　さきの国会において継続審査になった商法の一部を改正する法律案外二法案は、監査制度を改善し、会社の不正な経理、違法な業務行為に対する監視を強化し、株式会社の運営の適正化をはかることを重点の一つとしており、現下の社会経済情勢にかんがみるとき、この改正法案は時宜を得たものであるとお述べになっておられるわけですが、一面、この商法改正に反対している方々の基本的な立場として、商法を改正すれば企業の横暴に拍車をかけるのではないか、また企業のもうけ過ぎを合法化させる、いまの時宜に反した、時代に逆行する法案ではないかというのが一番の論拠となっているように思うわけです。提案者の法務大臣におきまして、この商法改正にどのようなお考えをお持ちになっておられるのかをまずお述べいただきたいと思うわけです。

○**国務大臣(中村梅吉君)**　企業は行き過ぎがあってもいけませんし、整然たるものでなければならないと思いますが、今度の制度は、従来の監査役が会計検査のみをやっておりましたのに対して、監査役は経理の監査だけでなく、業務監査をも行うことができるようになっておりますので、そのために監査役は取締役会に出席をして意見も述べることができます。し、また、取締役の行為が違法な業務執行である場合には、それを差しとめることもできることになっております。したがいまして、監査役が監査役としての人を得れば、企業の行き過ぎに相当の抑制ができると考えられます。また、五億以上の株式会社は、会計の専門家である会計監査人に経理書類の監査をさせることになっておりますので、この点も会社の経理をできるだけ適正に、一般社会が了解できるような体制が整えるのではないかと考えますので、相当の進歩であると考えておるわけです。

〇佐々木静子君　いま大臣からは、企業の行き過ぎを是正する意味において相当な進歩でないかと各論にわたり御答弁いただいたわけですが、これは私、けさいただいたパンフレットなんですが、「大企業横暴の改悪商法を葬れ」と、各論にわたり、「売り惜しみ、しょせん防げぬ監査役」、「財界の男めかけか、会計士」、「利益かくして便乗値上げ」とか、立ち入り調査で子会社葬るとか、帳簿の記載がくつみがき屋さんにも強制するのが誤っている、監査は一回で配当が二回という中間配当制度がおかしい、少数株主が消されるぞという累積投票の排除が誤っている、「生きているのに棺桶へ」ということで休眠会社の整理は誤っている、各論にわたりまして商法改正反対国民会議からいろいろな御要望が出されているわけですが、このことについて、逐一政府側のお考えも聞かせていただきたいし、また、多少ともでもそういう懸念がなきにしもあらずということは私も非常に懸念しているわけですので、そういう事柄について提案者である法務省その他関係の各省におきまして、十分にそういうことが心配ないのであるというのであれば、どういうわけで心配ないのかも聞かしていただきたい。また、心配があるのであれば、国民的立場に立って、このような商法を是認するわけにはとうていできないわけですので、そこら辺を御説明いただきたいと思うわけです。

〇政府委員（川島一郎君）　今回の商法改正の一つの眼目は、監査制度の改正にあるわけです。この監査制度の改正は、現在の監査役の権限を強化して、会社の行き過ぎをコントロールする方向に持っていこうということで、法制審議会が昭和四十一年から数年間にわたってまとめたものでして、私どもとしましては、法制審議会で学識経験者が長年にわたって検討された成果に基づく今回の改正案は、現在の日本にとってきわめて必要なものである、このように考えておる次第です。

〇佐々木静子君　改正の経緯などは、そもそも昭和三十九年から四十年ぐらいに頻発しました粉飾決算を防止するという意味から監査制度の強化が考えられたのだと思いますが、その後、法制審議会で出された答申などと比べますと、提案されているこの法案は非常に後退しているんじゃないか、そこら辺でこの法案を懸念される声が多いと思いますが、どの点が変わっているのかもちょっと御説明いただきたいと思うわけです。

〇政府委員（川島一郎君）　仰せのとおり、今回の改正案の基本は、法制審議会が慎重審議を重ねまして、昭和四十四年に監査制度の改正の要綱案をきめたわけです。その後、若干の追加がございますが、そういうものをあわせまして今回の商法改正案ができておるわけですが、若干の点におきまして改正要綱案と今回の法案が相違しております。

その変わった点をまず申し上げますと、法制審議会の要綱には、監査役の制度に関する改正としまして相当広範ないろいろな点を取り上げております。まず会計監査を業務監査に広げるという点、これは今回の法案でもそのとおりです。それから、それに伴いまして子会社調査権あるいは取締役会に出席して意見を述べる権利、それから株主総会に対して監査役が報告する義務を負う、こういった点は変わっておりません。しかしながら要綱案には、監査役が取締役解任のために株主総会を招集する権利を認めておったわけですが、今回の案では削除しております。それから同じく監査役が取締役会を招集する権利も今回の案では削除しております。それから、変わった点だけを申し上げますと、要綱案では取締役が定期的に業務の状況を監査役に報告する義務を負うことになっておりますが、この点も今回の法案では削除しております。

以上のように権限の点で若干の縮小が見られるわけですが、これは、要綱を発表しまして、その後これに関する反応を調べたわけですが、現在の実際の状況から見て、ここまで一挙にいかなくてもいいのではないか、むしろあまり一挙に監査役の権限を強化することは実際界に混乱を起こすおそれがある、かようなことでした。さらに、こういう権利を認めなくても、今回の目的となっております監査役が取締役をコントロールすることは、たとえば取締役の違法行為の差しとめ請求権であるとか各種の訴えの提起権であるとかあるいは取締役会出席権が認められておれば差しつかえがなかろうと、こういう判断のもとに以上の数点を削除したわけです。

それから法制審議会の要綱には、監査役の身分を強化するために任期を現在の一年から三年にすることにしておりましたが、今回の法案ではこれを二年とすることにしております。この点も現在任期一年の監査役の在任期間を一挙に三年に引き上げるのは少し飛躍し過ぎるという意見もございましたし、実際問題としても実務の立場から人事問題その他を考えました場合に、あまり急激な変更を加えることはいかがであろうか、こういう点で二年とすることにとどめたわけです。

そのほか、監査役に関しては特別の責任規定を設けるという改正があったわけですが、この点もしいて改正する必要がないのではないかという意見がかなりございまして、現在の規定のままとしたわけです。しかしながら監査役の権限が従来の会計監査から業務監査に広がりましたために、この責任規定の適用はかなり大きな変更が加えられていると思います。

それから、大きな問題として、監査役の権限を会計監査から業務監査に広げることにつきまして、中小企業はかなり反対があったわけです。これは中小企業の場合にはそれほど経理の問題をやかましく言う必要がないのではないか、また、中小企業について業務監査を行わせることはかえって負担になるという反論がございまして、そういう点も考慮して、資本金一億円未満の会社は、監査役は会計監査のみを行うという従前の例に従ったわけです。

それから次に、会計監査人の監査を大会社に適用するという問題ですが、要綱には資本金一億円以上の会社にこれを適用することにしておったのですが、法案には、特例法で資本金五億円以上の会社にこれを適用すると変更しております。この点もいろいろ意見がございまして、資本金一億円以上の会社にすべて会計監査人の監査を受けさせることは現状から見ていささか問題があるのではないか、ことに会社の数ですとか、あるいは税理士の問題などもございまして、いろいろな事情を考えますときに要綱の一億円以上という線はやや広きに失するのではないかと、このように考えまして五億円以上に改めたと、こういう経過になっております。

○佐々木静子君　まず問題を限定して質問さしていただきますと、監査役の点にしぼりましていま法制審議会の要綱案の三項目につきまして、この法案として出す際に削除された点、いま急激な変化をすることはかえってプラスにならないのではないかというばく然としたきわめて抽象的な削除の理由が述べられたわけですが、その一つ一つについて詳しい削除の理由についてお述べいただきたいと思うわけです。

○政府委員（川島一郎君）　まず、株主総会の招集請求権ですが、これは取締役が違法な行為をした場合にその解任を請求するために、その解任をするための株主総会を招集する権利を監査役に認めようというものです。ところが、この規定は昭和二十五年の改正前にもあったわけですが、実際上一度も使われたことがございません。また、これを実際に使うことは取締役と監査役との間がいわば対立抗争する形になりますので、会社の円滑な業務運営を推進するという立場から考えますと、むしろ害のほうも考えなければならないんではないか。こういう趣旨で、置いてもあまり使われることのない規定を置いたためにかえって会社の運営がぎくしゃくするということになってはいけないので、今回の法案では設けなかった、こういう経緯です。

それから取締役会の招集権、これも代表取締役が何らかの違法行為をした場合に、その代表取締役をやめさせるために取締役会を招集する権利を監査役に与えると、こういう趣旨ですが、これは監査役は今回は業務監査も行うことになるわけですから実際にはいろいろの面で取締役と連携を保っていかなければならないし、実際そういう問題が起こった場合にはほかの取締役にも相談をして、その合意のもとに取締役会を事実上招集する方法があろう。これを規定に置きますと、先ほど申しましたような取締役と監査役の対立といった感じを与えますので、この点も特に規定を置くほどのことはなかろうというわけです。

それから取締役の定期報告義務ですが、これは監査役が常時会社の業務の執行を把握しているためにこういう規定があったほうがよかろうということであったのですが、実際問題としては、このほかに監査役は常時取締役の業務の執行について報告を求める権利があるわけですから、その上にさらに定期的な報告義務を置くことは少し複雑過ぎるのではないか、こういうことが削除の理由です。

それから責任規定の問題ですが、現行法の取締役の責任規定を監査役に準用しているのを改めまして、監査役には別個の責任規定を設けようとしたわけですが、今回の改正ののちに取締役についてもさらに検討を加える必要がある、その場合には取締役の責任規定も直さなければならなくなるであろう、そういう観点から、むしろ監査役の責任規定だけをいじらないで、両方一度に改めることを考えたらどうか、こういう理由でこの改正を見送ったと、こういう経過です。

○佐々木静子君　監査役の任期の点ですが、最初三年という要綱案ができておったのが二年に変更された。この点につきまして、私も二、三日前に税理士会の政治連盟の方々と商法問題についての討論の機会を持ったわけですが、その中で非常に皆さん方から多く出されておったのが、監査役の任期が三年から二年に変更になったことでほんとうに監査制度を充実強化することができるのか、これでは監査制度の充実強化はとても期待できないのではないか、いっそ四年か五年に任期をすべきじゃないかという強い御要望が出ておったわけでして、なぜ三年が二年に短縮されたのか、また一部、四年か五年にせよという強い御要望については法務省としたらどのようにお考えになっているのか、伺いたいと思います。

○政府委員（川島一郎君）　監査役の任期を伸長することは、それだけ監査役の地位を保障するという意味において、監査役が業務を正しく遂行できる保障を与えることになろうと思います。そういう意味で、任期を延ばすことは必要であり、また、その任期は、長ければ長いほどいいわけでして、御指摘の点、私も一理ある問題であろうと思うわけです。ただ、現在の監査役は取締役に比べますと、こう申しては何ですが、取締役に比べて若干落ちる人がなっているという例が相当多いようです。また、そういう運用がされております。しかしながら、今度の監査役は、取締役と少なくとも対等でなければいけないと、こういうことになりますと、商法改正後における監査役の選任は、相当、会社側も苦労するであろうと思うわけです。先ほども大臣が申されましたように、監査役に適当な人を得ることが必要であると。しかし、その適当な人を持ってきて、それが業務監査を執行していく場合に、現在の取締役との関係でどの程度の実際の運用がされるであろうかという点が一つ問題になるわけです。現在、取締役の任期は二年です。社長といえども二年です。したがいまして、監査役の任期は長ければ長いほど、その職務が安定して行えることになると思いますけれども、現在の段階におきましては、取締役と少なくとも対等にしておくと、それによって今後の運用を見ながら、さらに必要があれば、これを伸長するという漸進的な行き方のほうが実際的であろうと、こういうふうに考えたわけです。任期の問題は、将来とも考えなければならない問題であろうと思いますけれども、さらに取締役との関係で、取締役制度を考える場合に必要があれば監査役の任期をさらに伸長することを考えていくべきではないかと、このように思うわけです。

○佐々木静子君　最初、監査制度を強化することにつき、二つの考え方があったように聞いておるわけです。一つは、現行の監査制度、監査役という制度を置いておく、そのもう一つの案とすると、プロフェッショナルな公認会計士による監査のみにしようという二つの動きがあったように聞いておるわけですが、この改正案で現行の監査制度を残し、そしてその職務の権限を強化した理由、及びこれは五億円以上の会社につきまして、会計監査がプロフェッショナルな公認会計士あるいは監査法人にゆだねられる結果、監査役が業務監査をやるわけになるわけですが、その業務監査の範囲が、もう一つ不明瞭、不明確な感じもするわけですが、結局五億円以上の会社では監査役は何をするのか、その二つの点について、お答えいただきたいと思うわけです。

○政府委員（川島一郎君）　当初、法制審議会は二つの案を考えたわけです。一つは、取締役会を強化して、〔取締役〕会自体に代表取締役の監査機能、あるいは監視義務を認めていこうという方向、もう一つは、監査役を強めていこうという考えです。

現在の商法は、取締役会がございまして、業務の執行は代表取締役がやると、ほかの平取締役は取締役会のメンバーとして代表取締役の行動を監視すると、いわば第一の方向にあるわけです。これをさらに強化していったらどうかという問題であったわけですが、日本の会社は、取締役会の運営が必ずしもうまくいっていないという面がございまして、そういう方向で監視をさせるということは、結局、監視を有名無実なものにしてしまうおそれがあるのではないかと、こういう心配があったわけです。ことにアメリカですと、社外重役制度がございまして、かなり取締役会が権威を持っている。ところが、そういう運用になれておりません日本に、いきなりそういう制度を持ってきてもうまく合うのかどうかといった問題がございます。

そこで第二の方法である監査役の権限を強化する方針をとったわけですが、これはドイツのとっている制度です。ドイツにおきましては、監査役の権限はもっと強大である、いわば株主の利益代表という形で監査役があって、それが上から取締役を監視しているという、こういう形になっておるわけでして、方向としてはむしろそちらをめざしたと言えようかと思います。

ただ、日本の監査役が現在非常に微力ですので、これをまず強化していくことから考えなければいけないということで、一挙にドイツ的なところまではまいりませんで、そのやや中間的な段階でとどまったというのが今回の改正案です。したがって、やや不徹底な点は御指摘のとおりあろうかと思いますけれども、今後、さらに取締役会の制度、株主総会の制度を考えていきます際に、あわせて全体のつり合いを実情に即しながら検討してまいりたいと思っておるわけです。

○佐々木静子君　いま、既存の監査役を残して、それの強化に今度の立法が進められたという御説明わかりましたけれども、五億円以上の会社について公認会計士あるいは監査法人の会計監査人の監査が行われる結果、この会社の監査役は結局何をやるのかがもう一つぴんとこないわけです。主として五億円以上の会社の監査役は何をするのか、もう少し具体的に御説明いただきたいと思うわけです。

○政府委員(川島一郎君)　これは五億円以上の会社も五億円以下、一億円以上の会社も同じですが、監査役は会社の業務全般の監査をすることになります。ただ違いますのは、会計監査人が五億円以上の会社は会計の監査をすることがさらに加わってくる点です。まず、業務監査の内容ですが、これは監査役ですから主として取締役の業務執行が適当であるかどうか、特に違法であるかという点に重点を置いて監査をするわけです。したがいまして、会社の常時行っておりますす行為、ことに取締役会で決定する行為は監査役が、その行為が適当であるかどうか、特に違法でないかどうか、常時側面においてこれをコントロールすることが仕事になるわけです。

それからもう一つの仕事でありますす会計監査ですが、これは非常に技術的な仕事ですので、大きな会社になりますとそれだけでも多くの労力と、特別の知識が必要になってくることもございまして、監査役が一方において常時業務監査をしながら、さらに決算にあたっては会計の監査をすることは容易でない、そういう意味におきまして、五億以上の会社は会計監査人に会計の監査をさせることを加えたわけですが、いずれにしましても、監査役は常時会社の取締役の業務執行を監視していなければならない、こういうことになるわけです。

具体的にどういうことをするかとなりますと、会社の実情詳しくございませんので申し上げかねるのですが、たとえば監査役の研究団体に、監査役センターがございます。そこで今回の商法ができた場合の監査役の行動基準をつくった案ができておりまます。それによりますと、監査役は常時会社の運営について関係者の話を聞き、あるいは現場もよく見学して、会社の経営を頭に入れておいて、取締役と同じように取締役会においては発言をしなければならない、そのためには、大きな会社になりますと、一人、二人という監査役では足りないので、それを行うのに必要な人数が要るであろう、また、その下部の組織としても監査役に直属の機構ができることが望ましい、そういうことを書いておるわけでして、私そのとおりであろうと思っておるわけです。

○佐々木静子君　監査役が取締役の業務全般について監査をするというお話ですけれども、その適法性はむろんのこと、妥当性といいますか、そういう範囲が、どの程度監査が及ぶかがこれから先の監査役の仕事の分担といいますか、行動できる範囲を規制していく上に非常に大きな問題になると思います。と申しますのが、取締役会に出て発言できるといっても、取締役会における議決権は監査役にないのじゃないかと思いますので、そうだとすると、結局いろいろ見学して会社の実情を知ったところでものを言っても、それに対する議決権もなければ、非常に形式的なことになって、言うだけでつまらない、そうなってくると、言っても取り上げられないとなれば、勢い気がつくことがあっても取締役会へ行ってものも思うように言えないことにならないとも限らないと思うわけですが、監査役の行動基準は、いま伺いましたけれども、業務全般といってもどういうことができるのかがたいへんに問題になると思うわけなんです。

たとえば、いま一番問題になっている買い占めとか売り惜しみにつきまして監査役がそれをキャッチした場合、それを取締役会で発言することができると思いますが、それを見て差しとめる権限を持っているのかどうか、大臣の御意見をお聞かせいただきたいと思うわけです。

○国務大臣(中村梅吉君)　監査役に良識があれば、会社が不当の利益をあげたり、行き過ぎの行為があればそれに対してもちろん取締役会で発言をして意見を述べることは当然ですが、さらに、取締役の行う行為が違法性があれば取り消しをする権限もあると考えます。問題は、粉飾決算や何かで会社の内容が不健全になったり、あるいはそのために一般社会に対して弊害を及ぼすということをまず抑えたいということが本来のねらいであろうと思います。したがって、監査役が十分に会社の経理内容あるいは事業内容について目を通し、監督の目を光らすのとあわせて、会計監査人が正規の監査をして、そして経理状態を明らかにする、悪いものは悪い、いいものはいいと、また利益をあげ過ぎれば、それに対しては当然税金もよけいかかるわけですから、取れるようにするというのが大体目的であろうと、かように考えております。

○佐々木静子君　大臣の御答弁を伺いまして、監査役にかなり大きな権限を持たせてよいという御趣旨のように承ったわけですが、いま例にあげました買い占め、売り惜しみの場合、その結果会社が損をするのであれば非常にものごとはわかりやすいわけですが、買い占めとか、売り惜しみによって企業がもうけるわけですので、そのあたりが監査役から見た場合、取締役の会社に対する忠実義務に関して、もうけているのだから忠実義務違反にならないのじゃないかという考え方も一面になきにしもあらずと思うわけなんです。そういう意味におきまして、どういう段階であれば監査役がそれを問題としてチェックできるのか、そこら辺非常に微妙な問題ではないかと思うのですが、そのあたり御意見を伺いたいと思うわけです。

○国務大臣（中村梅吉君）　社会的に認められない不都合なことあるいはもうけ過ぎておることがあれば、監査役が適当なチェックをするのが当然であろうと思います。この商法改正というのは、会計監査人がいて、監査役がまた目を光らせて見て、そして不都合な帳簿あるいは経理のやり方については改善をして、利益ははっきり出せ、税金がかかってもしかたがないという仕組みだと思います。そういう意味において、この商法改正は、相当に社会的に貢献できるのではないかと考えておるわけです。

○政府委員（川島一郎君）　まず監査役の業務監査の範囲から申し上げたいと思いますが、たとえば会社の営業方針をどうするかは、別に適当であるとか不当であるとか違法であるとか、そういった問題は起こってこないのが普通であろうと思います。そういう問題は監査の対象とはならないと思います。監査役ですから、監査の対象となるのは主として適法か違法かという問題を生ずる場合でして、もちろん適法の問題か妥当の問題かという限界ははっきりしない場合もあろうかと思いますが、限界をはっきりさせるということであれば、適法か違法かの問題が限度であると思います。ただ、著しく妥当でない場合は、単純な妥当性の問題ではなく、適法、違法の問題に入ってくる場合があり得ると思いますので、それほど狭い範囲ではないと考えております。

それから、会社に損害を与えるかどうかですが、これは監査役の差しとめ請求権の規定によりますと、会社に著しき損失を生ずるおそれある場合に限って差しとめ請求ができることになっております。会社が買い占めとか売り惜しみでもうける場合に、差しとめ請求権の発動ができるかどうかが御質問の一つの論点であろうと思うわけですが、著しき損害を生ずると申しますのは、何も金銭的に利益があがるかどうかだけを問題にしていませんで、たとえば買い占め、売り惜しみによってその会社が摘発される、あるいは公害を流すことによって社会一般の非難を招く、そういうことによって会社の信用が低下することも著しい損害と言えると思います。したがって、なるほど一時的には利益があがるかもしれませんけれども、その行為によって会社の信用の下がるおそれがある、こういう場合には会社に著しき損害を生ずるおそれがある場合であるとして差しとめ請求権を発動することが可能である、このように考えます。で、この差しとめ請求権の発動する場合は、ただいま申し上げましたように買い占め、売り惜しみの場合、公害の場合、そのほかにも会社の経営が非常に放漫で、名古屋の会社で手形を乱発したという問題がございますが、そういう場合も同じですし、それから取締役が株価を操縦する場合、すべてにわたって差しとめ請求権が認められることになる、このように考えております。

○佐々木静子君　かなり監査役の業務監査の範囲について幅広く解釈できるという趣旨の御答弁だったと思うのですが、違法性があるかどうかについては、もちろんこれは監査の対象になるというわけで、そのあとの点は非常に御答弁なさりにくいんだと思いますけれども、この適法性の問題について、ちょっとお伺いしたいと思いますが、いま例にあげました生活関連物資の買占め及び売惜しみに対する緊急措置に関する法律の中で、どのような買い占めが、あるいは売り惜しみが違法であって、どこまでが自由経済の範囲で許されているのか、経済企画庁とするとどのようにお考えになっていらっしゃるのか、お尋ねするわけです。

○説明員（加藤和夫君）　生活関連物資の買占め及び売惜しみに対する緊急措置に関する法律、これは具体的には第四条で「特定物資の生産、輸入又は販売の事業を行なう者」としておりまして、特に法人に限られておりませんが、これが「買い占め又は売惜しみにより当該特定物資を多量に保有していると認めるとき」に、内閣総理大臣及び主務大臣は売り渡し先を定めまして、当該特定物資の売り渡しをすべきことを指示できることになっております。この指示に従わないときには、その者に対して売り渡し命令が内閣総理大臣及び主務大臣から発せられることになっております。その場合にいかなる買い占めまたは売り惜しみが適法か不適法かという御質問ですが、この場合に内閣総理大臣が指示を出し、法律上買い占めまたは売り惜しみとして不適切なものであることが認定されたと考えております。この売り渡し命令に従わないことは当然違法な行為でして罰則がございます。したがいまして、買い占めまたは売り惜しみは認定、指示が一つのポイントになっております。

○佐々木静子君　そうしますと、ここまで行政権が発動されるという事態にくること自体が問題だと思うわけですけれども、主務大臣の命令に従わない場合は違法行為になるけれども、内閣総理大臣あるいは主務大臣から売り渡し命令を出されること自体が、すでに会社の信用を非常に棄損することであるから、そのことでも会社に不利益を与えるので、業務監査の対象になる、あるいは差しとめ請求ができると御判断になりますか。

○政府委員(川島一郎君)　確かに認定の困難な場合がいろいろあろうと思いますが、この法律によって内閣総理大臣の権限発動を加えられることがはっきりしておる場合、あるいはすでにそうされておるのにかかわらず、なおかつ買い占めを続けることは当然違法ですから、差しとめ請求が可能であろうと思うわけです。それから多少それるかと思いますけれども、食糧管理法とかに違反する場合ももちろん差しとめ請求の対象になると考えます。

○佐々木静子君　きょうの朝日新聞を見ますと、国民協会に対する政治献金を四倍に引き上げる運動が行われていることが載せられているわけですが、取締役の業務は定款に違反しているかが問題になるんじゃないか。むろん政治献金をすることは定款の中にはどこの会社も書いておらないと思うわけですが、これについて若干判決例もあるようですが、衆議院の議事録を調べてみますと、前の田中法務大臣の御答弁ですが、政治献金すなわち定款違反とは思わないけれども、その額その他政治献金の趣旨などから総合して妥当であるかどうかが問題になるのではないか、場合によると会社に対して損害を与えることにも結びつくのではないかということで、いま国民は非常に大企業の政治献金に関心を持っているわけですが、私がある関西財界の経営者の方に先日お目にかかったときに、この方が、次から次へとある政党への政治献金に追われているんだと、一つの派閥に政治献金をするとまた別の派閥から言ってこられるし、今度商法改正になれば多額な献金は会計監査が通らないということでお断わりしようと思っておるんだと雑談で言っておられたこともあるんですが、政治献金が業務監査の対象になるかどうか、お聞かせいただきたいと思うわけです。

○国務大臣(中村梅吉君)　私は業務監査の対象になると思います。したがって、それが社会的に見て穏当か不穏当の範囲かということによって分類されるんではないか、そういうふうに思います。社会的に不当な範囲までやれば、もちろん業務監査の内容に触れてくると思っております。

○佐々木静子君　私どももこれ以上大企業が利益を国民に還元せずに一部の政党にのみ還元される状態がこの商法改正によって幾ぶんでもチェックされるとなれば、たいへんに国民においてけっこうだと思うわけですが、民事局長は何か御意見ございませんか。

○政府委員(川島一郎君)　会社の政治献金は、数年前に最高裁判所の判例が出ており、それが会社の目的の範囲内に入る行為かどうかで問題になったと思います。ただいま大臣が仰せになりましたように、一定の範囲内であれば会社の行為として違法ではないと言っておるわけでして、その限度内かどうかはもちろん監査の対象になりますし、その限度を越えることになれば、監査役において適当な措置を講ずることができると考えております。

○佐々木静子君　これは実務的なことですが、監査役の差しとめ請求につき、これは裁判上も裁判外でもできるわけですね。

○政府委員(川島一郎君)　そのとおりです。

○佐々木静子君　監査役が数名おる場合には各自がそのような行動ができるのか、あるいは代表監査役制度を設けることが可能なのかどうか、伺いたいと思います。

○政府委員(川島一郎君)　監査役は各自がそれぞれの権限を持っておりますので、一人でもできるわけです。

○佐々木静子君　裁判上の差しとめ請求で、本案訴訟提起もございますし、現実には仮処分申請する場合が非常に多いんじゃないかと思うわけですが、監査費用との問題に関連して、私ども弁護士の実務から考えますと、仮処分といえばすぐに保証金のことが頭にくるわけですが、また差しとめ請求となればこの保証金の額もかなり高いんじゃないかと考えるわけですが、仮処分といいますと、密行性が一番の重点でして、仮処分の被申請人に仮処分をするぞとわかったのでは、ほとんど意味がないんじゃないか。そう考えますと、仮処分をやる保証金をどこから持ってくるか。会社の中で取締役会の議を経て保証金を出すのであれば、これは実際上有名無実ではないか。そういう点で、実務上はどういうことをこれは考えておられるのか、伺いたいと思います。

○政府委員(川島一郎君)　御指摘の問題は、確かに実務にあたっては疑問が出てくるわけでして、監査役が監査に必要な費用は、監査役と会社の関係が一種の委任ですから、民法の六百四十九条に従いまして前払いの請求ができます。しかしながら、取締役の行為の差しとめをし、そのための保証金となりますと、取締役のほうがなかなか前払いに応じてくれない懸念もございます。その辺を解決するためにどうしたらいいかはなかなかむずかしい問題です。実際問題としては私よく承知しておりませんけれども、今後の運用としては監査役にある程度の資金を動かす権能を与えておいて、それによって監査役が自由に引き出せる体制でもつくっておくことが必要ではなかろうかと、思うわけです。

○佐々木静子君　よく存じませんけれどもとおっしゃいますが、民事局長が御存じなければほかの人はなおのことわからないのでして、そういうふうになさろうというなら、ただ規定だけで空文になってしまうのじゃないかと思いますが、監査役がある程度自由に会社のお金を動かせる権限を、行政指導、特別法をつくって、早急に取り組まれるおつもりがありますか。

○政府委員(川島一郎君)　よく実情を調査しまして研究したいと思います。

○佐々木静子君　研究したいとおっしゃいますけれども、研究していただくばかりであれば、この規定は表向きは差しとめ請求権もあり、仮処分もできると教科書の上でなるだけでして、現実にはできないことになってしまうと思うので、権限を実際に用いられるようにしようとすれば、研究もしていただかないといけませんが、早急にそれを裏づける立法なり行政措置が要ると思うんですが、早急に取り組んで実現を期待していいのかどうか、どうお考えですか。

○政府委員(川島一郎君)　そういった点につきまして、実際に監査役の差しとめ請求権の行使に不都合を生ずることがないように何らかの措置を考えて実行するように考えてまいりたいと思います。単なる指導だけでできるものかどうかを含めて十分に検討さしていただきたいと思います。

○佐々木静子君　早急に何らかの手を打っていただけるということですね。

○政府委員(川島一郎君)　そのように努力します。

○佐々木静子君　法案の実効を期するために、早急に何らかの具体的な方法を講じていただけるものと承って次の質問に移ります。

　改正法の二百七十四条ノ三、すなわち子会社の調査権が今度の改正案で認められておるわけですが、それを認めた理由、あるいはそれを認めるに至った経緯について御説明いただきたいと思います。

○政府委員(川島一郎君)　改正案二百七十四条ノ三の子会社調査権を認めるに至った理由ですが、親会社とは子会社の過半数の株式あるいは出資口数を有しているわけですので経営の面におきましては子会社を自由にすることができる、たとえば親会社が不良債権を持っております場合にこれを子会社に肩がわりさせる、あるいは親会社が余剰の物資を持っております場合にこれを押し込み販売と称して子会社に無理に売りつけ、親会社の経理内容を健全に見せかけることがしばしば行われます。そういう場合に親会社だけの業務を見ておりますといかにも健全であるように見えるわけですが、子会社を含めた内容を見ますと必ずしも健全でない場合がございます。そこで親会社の監査役は、親会社が適正に業務を行っているかどうかを調べるにあたっては親会社だけでなく子会社も調べてみないとわからない。そこで子会社に対して必要な調査をしようというのがこの規定です。ただ、子会社は親会社とは別の人格を有する会社ですので、この規定にございますように、子会社に対して監査のために必要な事項について報告を求める、そうして子会社が報告をしてきた場合にはそれでよし、報告をしてこないとか、あるいは報告の真否を確かめる必要がある場合に初めて子会社について、みずから調査をすることができるとしたわけです。

○佐々木静子君　きわめて抽象的にお話がございましたけれども、いままでの粉飾決算などにおきまして子会社に押し込み販売が数多くあったからと伺っているわけですが、もう少し具体的にどういう件が何件あったかを、昭和三十九年以降の子会社が関与しているところの粉飾決算とかあるいは逆粉飾決算で法務省として問題にされたケースがわかりましたらお述べいただきたい。

○政府委員(川島一郎君)　粉飾決算の件数は把握しておりますけれども、そのこまかい内容まで立ち入った調査をしておりませんので、子会社を利用した粉飾あるいは逆粉飾の件数は現在お答えいたしかねます。

○佐々木静子君　法務省が関知していない、十分に調べておらないこと自体おかしいんじゃないかと思うわけです。といいますのは、子会社に対する親会社の調査権は、適正な監査をするためにどうしても必要だということで立法がはかられているわけですからね。それについては、過去におけるデータなどをいろいろ御調査の上にこういう立法を出さねばならぬということになったんだと思うわけで、全然調査もなさらずに、ただ頭の中で、親会社の子会社に対する調査権を置かなければ十分な監査はできないんだという話だと、私どもはとても納得できないわけです。

○政府委員(川島一郎君)　正確なデータをお示しできないのは非常に残念ですが、法制審議会には実業界の方も入っておられまして、そういった弊害があることを指摘しておられますし、また最近の新聞などにもそういう例が指摘されております。したがいまして、まあ相当あるのではないか。必ずしも粉飾経理に関係したものだけではないかと思いますけれども、子会社を利用したいろいろな不当行為がされておることは事実であるといえると思います。

○説明員(田中啓二郎君)　子会社に関連しての粉飾かどうかというこまかい統計はございませんが、少なくとも、有価証券報告書を審査しております会社のうち、粉飾経理会社として統計に載っておりますのは、四十六年十二件、四十七年三件となっております。

○佐々木静子君　親会社の子会社に対する調査という非常に思い切った法律の改正をなさるについては、相当いろんなデータをお集めになった後に、これはどうしてもやらねばならないとお考えになっているんじゃないかと思っておったわけですけれども、もう少し具体的な御答弁がいただきたかったと思うわけですが、先月末にも、衆議院の予算委員会で問題として取り上げられた、大商社が海外の現地法人に利益を隠して、そして架空の取引や原油の水増しをして利益を隠匿しておったことが追及され、すでに大商社は国税庁からも摘発されておったことが国民の前に明らかにされたわけですけれども、これなどは子会社を利用しての逆粉飾のいい例ではないかと思うわけですが、親会社に子会社に対する調査権を持たすことによって相当程度こういうことは防ぐことができるのかどうか。

○政府委員(川島一郎君)　子会社を利用した粉飾、逆粉飾をこの調査によって明らかにしようというのが趣旨ですので、こういう規定が設けられれば相当程度そういう不正を防止する効果があると考えます。ただ、海外の会社が外国会社ということになりますと、この形での適用がむずかしくなるのじゃないか。そういう場合でなく、いずれも国内の会社である場合には、この規定によって相当な効果をあげられると考えます。

○説明員(田中啓二郎君)　現在、公認会計士ないし監査法人による監査は一応監査実施準則に基づいて行われておりますが、この関係で実質的支配従属関係を有する会社との取引に関しても重要と思われるのは処理の妥当性を確かめることでして、原則としては、重要事項についてはそのようなことをやるというたてまえになっております。

○佐々木静子君　証券取引法の有価証券報告書に、重要な子会社の貸借対照表及び損益計算書を添付しなければならないわけですが、このときの重要な子会社の概念と商法でいう子会社の概念は同じと考えていいんでしょうか。

○説明員(小幡俊介君)　商法の規定のほうは、二百七十四条の三を拝見いたしますと、過半数の株式を親会社が持っているということで、私どものほうの重要な子会社とは、その五〇%超のうちでさらに親会社との関係が一定の基準以上の重要な関係があるものということですので、若干その範囲は相違しておると思います。

○佐々木静子君　子会社の調査権について、連結財務諸表制度を導入すればこうした調査が容易に行われると聞いているわけですけれども、連結財務諸表の制度を導入されるお考えが大蔵省としてあるのかないのか、伺いたいと思います。

○説明員(田中啓二郎君)　連結財務諸表の導入に関しては、目下企業会計審議会において検討をお願いしている段階です。

○佐々木静子君　それでは、いま子会社の問題が出ましたが、この子会社に対する調査権が認められる結果、子会社の独立性が侵害されるのではないかがたいへんに懸念されておるわけですが、そのあたりについて法務省はどのようにお考えですか。

○政府委員(川島一郎君)　お尋ねの点は、立案にあたって十分注意をしなければならないと考えまして、相当配慮したつもりです。第一に、この子会社調査権を認めた趣旨が子会社を調査する目的ではなくて、親会社の行為が正当であるかどうかを調査するためのものですから、子会社に対して報告を求める事項は、監査役の職務の上で必要な事項に限ることが第一です。

それから子会社に対して調査をする手続ですが、まず、子会社に対して必要な事項の報告を求めて、子会社が報告をしない、あるいは報告がおかしい場合に限って初めて子会社について調査できる、こういうように手続上も若干子会社の立場を考慮した形にしておるわけです。

それからまた、子会社が監査に必要のない事項の調査を求められた場合、調査権の外ですから、当然報告、調査を拒むことができる、そのように考えております。

○佐々木静子君　最初、報告を求めて、遅滞なく報告しなかった場合はとなっておったのですけれども、この遅滞なくとは大体どのくらいをお考えですか。

○政府委員(川島一郎君)　報告を求めた事柄によるわけでして、きわめて簡単な事柄ですれば、数日でいいのではないか。これに反しまして、相当複雑な、すぐには答えられない問題の場合は、一週間とか二週間が必要になる場合もあろうと思います。

○佐々木静子君　そうすると、親会社の権利の乱用になるときには、子会社はこれを拒否できると解釈していいわけですね。どういうことで拒否するのか、事実上拒否するだけか、あるいは仮処分でもとって調査を拒まなければならないのか、そこら辺を御説明いただきたい。

○政府委員（川島一郎君）　事実上拒否できると考えます。

○佐々木静子君　話が次に移りますが、監査役の権限として改正法の二百五十九条ノ二及び二百六十条におきまして、監査役が取締役会に出席する権限がございますが、取締役会の招集通知が、監査役に対して招集通知がされておらないときに、取締役会の決議が無効になるのかならないのか、伺いたいわけです。

○政府委員（川島一郎君）　取締役会を正当に招集する手続としては監査役にも招集通知をしなければならないので、招集通知を欠く場合には取締役会は適法に招集されたことになりませんので、取締役会の決議も無効となる、これが原則であると考えます。ただ、招集通知をしなかったけれども、その通知を受けなかった監査役が実際に取締役会に出てきた場合、招集通知をしなかったという瑕疵は治癒されたと見ることができますので、その場合には取締役会の決議は有効であると見る余地があると思います。

○佐々木静子君　無効となった取締役会できめられたこと等によって第三者との契約が成立した場合、どういう関係になるんでしょうか。

○政府委員（川島一郎君）　第三者との関係は、代表取締役が会社の代表権を持つわけです。したがって、内部手続においては違法ですけれども、第三者との関係においては有効であると見られることになると思います。

○佐々木静子君　取締役会に出席した監査役が議事録に署名をすることを必要としておりますけれども、それはどういうわけでそのような規定を設けたのか、あるいは議事録に署名をすると取締役会の決定に何らかの責任を持つようになるのか、また監査役が議事録に異議をとどめない限り、この取締役会できめた事柄について責任を免れないことになるのかどうか、御説明いただきたいわけです。

○政府委員（川島一郎君）　取締役会の議事録に監査役が署名をする必要があるということにしましたのは、議事録の内容の真正を担保するためである。ことに監査役は取締役会において意見を述べることもできるわけですから、そういった意見を述べた場合にその点の証拠とする、こういう趣旨もございます。責任の関係には直接は影響ございませんけれども、議事録がどうなっておったかでその問題に多少の影響を与える場合はあり得るだろうと思います。

○佐々木静子君　監査役の資格が改正商法二百七十六条にきめられておりまして、いわゆる監査役となる者の欠格事由などが述べられておりますが、たとえば複数の監査役があった場合に、何人かがいわゆる兼職禁止の規定に触れている場合、これらの監査役がつくった監査報告書の効力はどのように考えればいいのか。

○政府委員（川島一郎君）　兼職禁止の規定に触れますと監査役としての資格がないわけですから、その人は監査役でないわけです。したがって、監査報告書をつくりましても、それは監査役の監査報告書としての効力を持ち得ないわけでして、監査役の何人かのうち一部の者がそういう監査役であったとしますと、状況にもよりますけれども、資格のある監査役は、一応その人の監査報告書として有効なものと認めていいのではないか、このように考えます。

○佐々木静子君　ちょっといま結論がよくわからなかったんですが、複数の監査役のうち一人でも合法的に認められた監査役がいる場合は、その監査報告書は有効と考えているという結論ですね。

○政府委員（川島一郎君）　そのとおりです。

○佐々木静子君　監査役の選任が改正法の二百七十五条ノ三に規定してございますけれども、ここで監査役が総会で監査役の選任議案について意見表明ができるとなっておるのですが、意見を表明する機会が総会で与えられなかった場合、選任決議の効果などはどのように考えればいいのでしょうか。

○政府委員（川島一郎君）　意見を述べる機会を与えられなかったとしますと、その手続に瑕疵がある。したがって瑕疵のある決議、瑕疵のある選任になろうかと思います。

○佐々木静子君　なぜそのように申し上げるかといいますと、このごろ取締役会が有名無実化していることも多いのではないかと思いますので、そういう場合も今後出てくるのではないかと思いますので、そういう事柄についてお伺いしたわけですが、意見が述べられなかった場合は瑕疵がある、結局選任決議が無効だというわけですか。

○政府委員（川島一郎君）　取り消し原因になろうと思います。

○佐々木静子君　監査役の監査費用の問題ですが、前向きに早急に御研究いただくということですが、監査役の報酬も、法制審議会の要綱とはだいぶ変わってきているわけですが、監査役の報酬についていまの改正案で特に触れてはおりませんが、こういうことで監査役の身分がはたして保障できるのかどうか、たいへん疑問に思っているわけです。その点について法務省はどのように考えておられるか。また、制度を幾ら変えても監査役自身がいい方でなければどうにもならないわけでして、現在のように取締役よりも後順位の方が監査役になっておられるケースが多いという現実から考えますと、監査役の報酬を取締役のそれと匹敵するように、あるいは上回るような報酬にしなければその地位も保障できない、いい人材は得られないのではないかと思うわけですが、特別の規定がないが、こういうことでりっぱな監査役に来ていただけるかどうか、どう考えておられるのか、ちょっと御意見を聞かせていただきたいと思います。

○政府委員(川島一郎君)　まず報酬の規定ですが、要綱では、取締役の報酬と監査役の報酬は株主総会で別々にきめなければいけないとなっておったのですが、今回の改正ではその規定は設けないことになっております。これはなぜこうなったのかと申しますと、現行法の規定がそもそも取締役の報酬を株主総会できめろと、そうして監査役にはその規定を準用することになっており、法律の趣旨から申しますと、監査役の報酬と取締役の報酬を別にきめろということが、当然の前提として出てきているのだろうと思います。したがいまして、この点は法律の解釈論になるわけですが、あえて別々にしろという規定は置かなくてもいいんじゃないかということで置かないことにしたわけです。ただ、会社の決算の場合に計算書類を作成しますし、その付属書類ができるわけです。その付属書類にどういう事項を書くかは、今度の改正では法務省令に譲っておりまして、法務省令でどういう事項を書くかがきめられることになっております。その法務省令の中で、取締役の報酬と監査役の報酬を別々に明らかにするように記載させることを考えており、実際には法律の趣旨をその省令においてある程度具体化していこうと、こういうことを考えておるわけです。

それから現在監査役が取締役よりも報酬が少ない、今後は人を得るために監査役の報酬を引き上げるべきではないかという点まことにごもっともでして、私どももそうならなければいけないと思います。その点は、今回は業務監査に権限の内容が変わってまいります。そういった点からも当然企業側が配慮するであろうと考えておりますし、また、この商法改正案の経済界の反応としまして、経済団体等は、かなり大ものの監査役を配置したいという申し合わせをしたところもあるようです。そういう趣旨からして、今後の監査役の報酬はかなり引き上げられることになるのではないか、このように期待をしておる次第です。

○佐々木静子君　監査役が大ものになるということは、私も非常に狭い範囲ですけれども、いろいろな企業の方に伺ってみますと、今度は商法が変われば、大ものの監査役を迎えなければならないということで一面戦々恐々としている企業家もいることは、事実のように思うわけですけれども、そういう意味ではほんとうにりっぱな監査役を得るために報酬の確立をぜひこの法案で、ぶていさいと言われましたが、別に規定を設けていただくべきではなかったか、監査役の独立ということから考えると、もう少し報酬について別個の規定を設けていただいたほうがよかったのではないかと、懸念するわけなんです。

次の問題に移りますが、いままでの監査報告書は業務監査がございませんでしたから、適法かつ妥当であるということで監査役の報告書がされておったと思うわけなんですけれども、今度業務監査が行われるとなると、監査報告書は非常に中身が違ってくるのじゃないかと思われるわけですが、これは商法でも改正法に若干規定があるようですが、この監査報告書の中身について、どういう監査報告書を期待しておられるのか、御説明いただきたいと思います。

○政府委員(川島一郎君)　監査報告書の内容は、改正案の商法二百八十一条ノ三の第二項に規定してございます。従来の監査報告書とは、大体が簡単でして、適正と認めるか、異常を認めないという程度のものが多かったわけですが、そういうことではたして十分な監査を行ったのかどうかもはっきりしませんので、今回の改正案におきましては、報告書の記載事項を法定しまして、その一々について監査の結果を記載する形にしておるわけでして、この内容はこの各号に記載してあるとおりです。

○佐々木静子君　監査役の監査報告書と並び、会計監査人に対する監査調書についてもお伺いしたいと思うんですが、いままでは公認会計士の監査は証取法の監査に基づくものでしたので、証券取引法から見ての監査と、今度の商法上の監査とで非常に監査の角度が違ってくるんじゃないかと思うわけですが、その場合に監査調書はどのような形式になるのか、伺いたいと思います。

○説明員(田中啓二郎君)　会計監査人が監査報告書を出しますときには、特例法案の十三条の二項にございますように、「商法第二百八十一条ノ三第二項第一号から第四号まで、第六号及び第九号に掲げる事項を記載しなければならない。」、こういうことになっておりまして、したがいまして、会計監査人が出さない監査報告には、第五号の、たとえば「営業報告書ノ内示ガ真実ナルヤ否ヤ」とか、あるいは七号、「準備金及利益又ハ利息ノ配当ニ関スル議案ガ会社ノ財産ノ状況其ノ他ノ事情ニ照シ著シク不当ナルトキハ其ノ旨」とか、八号の「取締役ノ職務遂行ニ関シ不正ノ行為又ハ法令若ハ定款ニ違反スル重大ナル事実アリタルトキハ其ノ事実」ということに関しては、当然会計監査人の監査報告書は出ないわけです。

そこで、どのような商法監査で要求された監査をするかは、現在証券取引法に基づく監査では、監査に関する省令がございまして、それによって行っているわけです。そうして、社会的な信頼にこたえ、かつ公正にして信頼される公認会計士の監査証明でなければならないので、きわめて厳格に種々要求しているわけでして、今回商法による事前監査が行われるようになったからといって、大幅にこれを見直して改正する必要はないのではないかと考えております。

○佐々木静子君　これは証取監査の対象になり、かつ五億円以上で商法の監査の対象になるところがかなり多いんじゃないかと思うわけですが、そうなると監査調書は二つつくるわけですね、商法上の監査と証取法上の監査。そこのところがよくわからないんですが、かりにそうだとすると、角度が若干違うんじゃないかと思うんですが、その点はいかがなんですか。

○説明員（小幡俊介君）　証券取引法上の監査報告書は、財務諸表の監査証明省令という省令がございまして、そこで監査報告書にどういう内容を書くかがきめられておるわけです。ところで、特例法に基づきます会計監査人の監査報告書が特例法の体系の中で詳細きめられておるわけですが、監査証明省令のほう、証取法上の監査報告書は監査証明省令に基づきその記載内容を定めるわけですが、この内容は若干の手直しが必要になってこようかと思っておりますけれども、その具体的な内容は、まだ十分な検討はしておりませんが、今後できるだけ早い時期に、調整をしてまいりたいと思っております。

○佐々木静子君　会計監査人についてお伺いしたいのですが、会計監査人の任免が取締役会で選任、解任されると改正法ではなっておりますが、このことで会計監査人の地位、独立性が害されるのではないかという議論がかなり出ているわけです。少なくとも株主総会の承認を要するという規定を設けるべきではないかという意見もあるようですが、法務省としてはどのようにお考えですか。

○政府委員（川島一郎君）　会計監査人の選任を取締役にやらせるか、あるいは株主総会にやらせるかは、相当重要な問題であろうと思います。この案では、実務上の便宜と申しますか、株主総会を開きますのは大体決算期に開くのが普通ですので、年に一回あるいは二回しかない株主総会で選任するよりも、取締役会で選任さしたほうが便宜であろうと考えて取締役会に選任権を与えたわけです。ただ、選任した場合、その次の株主総会において報告を義務づけており、そういう意味で、株主総会から見ても妥当な者を選任することを保証しようとしているわけです。御指摘のように、会計監査人となる者は、公認会計士あるいは監査法人に限られておりまして、業務の性質から当然公正に職務を行うことが保証されておりますので、その点も勘案してこういう制度にしたわけです。

○佐々木静子君　この選任あるいは解任について監査役の同意を条件としておりますけれども、会計監査人の地位から考えると適当でないという議論も出ておりますが、そのあたりはいかがお考えですか。

○政府委員（川島一郎君）　監査役の同意を要件とすることは、むしろ公正な選任を保証するのに役立つのではないかと、考えておるわけです。そもそも監査役とは会社の業務執行が適正に行われるための監査を行う機関である、したがいまして、そういう機関が同意をしたということになれば、会計監査人の選任はさらに公正さを増すであろうと、考えるわけです。

○佐々木静子君　会計監査人の任免が、株主に周知させる必要があることから、株主総会で取締役が報告しなければならないと思いますが、解任の報告ですけれども、だれが解任されたというだけではなしに、解任理由も報告義務を課せられておると思うわけですが、この法律が要求している報告義務の程度について、御説明をいただきたいと思います。

○政府委員（川島一郎君）　解任理由はいろいろあるわけでして、たとえば病気になって仕事ができなくなったとか、あるいは不正な行為をした、そのために信頼のある調査がしてもらえないのではないかと考えたとか、いろいろな理由があるわけでして、その理由がわかる程度のものであれば、どのような程度であっても差しつかえないと思います。

○佐々木静子君　会計監査が独立している、き然とした態度で企業に対して正当な監査ができるのだというふうに、私ども聞かされておりますけれども、現実の問題として、企業の気に入らない会計監査をした場合に、解任の問題が起こるのではないか、その点を懸念するわけなんです。参議院の法務委員会でも、参考人の意見を聴取したときに、公認会計士協会側から、正当な理由がなく本人の意思に反して解任された場合の監査人の交代は、監査人の独立性擁護のため何かの措置を検討したいという御答弁があったわけですが、そういう点について大蔵省としては、何か特別の行政指導とかお考えはございますか。

○**説明員（田中啓二郎君）**　その点は、商法改正法による条項ですので、私どもの行政として、行政指導とか、あるいは云々と申しましても、所管している法律による差異という限界は、どうしてもあるかと考えます。

○**佐々木静子君**　これは一般の国民がたいへんに心配しているわけですが、会計監査人が被監査会社から報酬をもらって監査をするわけですので、その点諸外国の例なども承ってはおりますけれども、ほんとうに公正な監査ができるかどうかがたいへんに心配されるわけなんです。そして、それにつきましては、公正な監査をしたばかりにその身分を失うことが起こるとすれば、これは神ならぬ身の会計監査人に対して神わざをしいることにもなりかねないわけですので、これは公正な監査を期待する以上は、制度的にも会計監査人の身分を、しっかりと保障しなければならない。そういう点でこの商法の改正も、もう少し会計監査人の地位の保障、独立についての御配慮をいただきたいと思いますのと、また大蔵省の行政指導として、そうした点の御配慮を、もっと考えていただかなくちゃいけないのじゃないかと思うんですけれども、この点に対して法務省と大蔵省の御意見を伺いたいと思います。

○**政府委員（川島一郎君）**　現在証券取引法で会計監査人が上場会社の決算書類の監査をやっておるわけですが、その場合に限定意見と申しますか、多少会社の気に入らない結論を出したものも少なくないと聞いております。そういった場合に会社として解任してほかの人を入れかえることをやっているとすれば問題ですけれども、おそらくそういう例はあまりないのではなかろうか。その辺は会社といえども良識を持ってもらわなければなりませんし、そう希望しておるわけでして、たとえば、大蔵省では最近監査法人を強化して、そして会計監査人の地位の強化をはかるとお考えになっておられるように聞いておりますし、そうしたいろいろな配慮が加えられてくるとすれば、この規定は、会計監査人の地位はある程度保障されることになるんではなかろうかと思うわけです。しかし、仰せのような心配が実際に出てくることになりますれば、これは何らかの手配をしなければならないと考えます。現在のところ、こういう規定がありますれば、会計監査人の地位は保障されるというのが私どもの考え方です。

○**説明員（田中啓二郎君）**　ただいまの点に関しまして大蔵省としては、たとえば、解任された場合には当然不服等があれば公認会計士協会に話がございましょうし、また私どもにも個別的に話があれば当然事情を聴取したいと、そしてその理由をつまびらかにして、そのような間接的な意味での指導をしたいということはもちろんですが、他方、今回の事前監査ということで会計監査人が決算の確定に直接参与するようになりましたので、当然独立性を発揮して公正な社会的責任を公認会計士は果たさなければなりませんから、そのようにして社会的な信頼なり信用がついてくれば、自然に会社でもみだりに不当な理由ないしは好ましくない理由によって公認会計士を解任することもなくなるのではないか、このような意味におきまして、私どもとしては厳正な監査の確保、公認会計士の社会的責任の十全な実現というほうに行政指導をもって一生懸命やっていきたい、かように思います。

○**佐々木静子君**　証取監査の中で公認会計士が必ずしも企業に対して追随しておらない、企業に対して批判的な監査報告書も出ておるという御答弁ございましたが、大体これは何％ぐらいなのか、おわかりでしょうか。

○**政府委員（川島一郎君）**　数字の上では存じておりません。

○**佐々木静子君**　大蔵省も何か資料ございますか。

○**説明員（小幡俊介君）**　四十七年の本省、財務局を通じて監査をした結果ですが、件数として三千五百七十件の監査のうち、いわゆる無限定適正と出ておりますのが七〇・七％、残りが限定がついておるという結果になっております。

○**佐々木静子君**　限定の理由などの統計はございますか。

○**説明員（小幡俊介君）**　統計的に掌握しておりますのはただいま申し上げた数字ですが、この中身の統計的な掌握はしておりません。

○**佐々木静子君**　次の質問に移りますが、監査役の第三者に対する責任について改正商法の二百六十六条ノ三、一項、あるいは会計監査人も同じような問題が特例法の十条あたりに出ているんじゃないかと思うのですが、これが、会計監査に伴う責任ということで、取締役の違法行為の禁止を怠った場合に監査役がかなりな範囲に責任を負わなければならないというケースがこれから先出てくるのではないかと思うのですが、具体的にどのような程度の責任になるか、取締役の責任とのバランスなどを考えますと、どの程度の責任になるのか、主として民事上の責任について法務省がどのように考えていられるか、また会計監査人の責任と監査役の責任とのバランス、そういうふうな点について御答弁いただきたいと思います。

○政府委員(川島一郎君)　監査役の第三者に対する責任としては、商法の二百八十条が準用しております二百六十六条ノ三の規定によって監査役が第三者に対して責任を負う、こういう場合が出てくるわけです。ただ、現在では、監査役は会計監査しか行っておりませんので、比較的その責任を問われる機会が少なかったわけです。たとえば判例にあらわれた上で申し上げますと、取締役が会社の財産を横領したとかあるいは不渡り手形を発行した場合に、取締役と並んで監査役が個人責任を追及されたという場合、取締役はその責任があるけれども、監査役は業務監査を行えないのだから監査役には責任がないということで否定された例がございます。こういった場合も、今度は監査役の職務が業務監査まで広がりましたので、そういう場合の責任を負わされることになるだろうと思うわけです。

それから監査役の責任と会計監査人の責任の違いですが、会計監査人には特例法の十条に規定がございまして、重要な事項について監査報告書に虚偽の記載をしたことが要件になっております。それだけ会計監査人の責任を生ずる原因が狭くなっておるわけですが、他面、過失につきましては、立証責任が転換されております。こういう意味では会計監査人の責任のほうが重くなっているとも見られるわけです。しかしながら、商法二百六十六条ノ三の規定の実際の適用例から見ますと、必ずしも挙証責任の点があまり大きな問題とはなっておりませんので、適用上に大きな差が生じてくるとは思いません。まあ結論としては、監査役は業務監査を一半行いますために今後は相当責任を負わされる場合が多いであろう、それから会計監査人は監査報告書に虚偽の記載をした場合には相当の責任を覚悟しなければならないとなるわけです。

○佐々木静子君　いま御説明ございました特例法の第十条のただし書きで、「ただし、その職務を行なうについて注意を怠らなかつたことを証明したときは、この限りでない。」として挙証責任の転換が行われておりますけれども、これが証券取引法の二十一条あるいは二十四条の四でやはり同じく挙証責任の転換がはかられているので、会計監査人の責任がこの商法の規定によって加重されたものではないと伺っているわけですけれども、この証券取引法の二十一条の規定によって無過失の証明ができた場合、すなわち挙証責任が転換されて責任がかからなくなった場合はいままでどのくらいあるわけなんですか。

○説明員(小幡俊介君)　ただいまの第二十一条一項ないし二十二条一項あるいは二十四条の四、これらの規定は四十六年の証取法の改正で入った規定ですが、今日までのところ、まだこれらの規定の適用された事案はございません。

○佐々木静子君　そうすると、ほとんどそういう問題は現実に例がないということは、あまりそういうケースが起こっておらぬということですか。

○説明員(小幡俊介君)　そのとおりです。

○佐々木静子君　次に、監査役の業務監査と各企業で内部の監査部門を設けておるところが非常に多いのじゃないかと思いますが、この企業内の監査部門の業務監査に対する差異について御説明いただきたいと思います。

○政府委員(川島一郎君)　企業の中の監査部門ですが、これは業務を執行するにあたって間違いなくやろうという立場から行うものでして、結局、業務の執行と結びついたものです。したがって、それは取締役を頂点とする業務執行機関の内部の問題であって、これに対しまして監査役は、その取締役の下に立つのではなくして、横にあって別の立場から監査を行うわけでして、まあ監査という意味では同じような重複した調査が行われることになると思いますけれども、その行う立場といいますか、意味といいますか、それが違ってくるわけです。

○佐々木静子君　先ほどから、監査役の陣容、スタッフをどうすればいいかが若干出ておったわけですけれども、商法の趣旨から考えますと、どう考えたらいいのかを伺いたい。企業内部の監査部門に監査役は協力関係を持つようにすべきなのか、あるいは監査役の地位の独立ということから考えて、これは全く別のスタッフをそろえるべきだとお考えなのか、伺いたいと思います。

○政府委員(川島一郎君)　純粋に考えますと、取締役と監査役は別個の機関ですから、監査役が監査を行うためにはその独自の下部機構があるのが一番いいわけです。しかしながら、監査役が監査を行う方法として、取締役をはじめ会社の従業員に対して業務の説明を求める、報告を求めることはあるわけでして、したがって業務部門の中に監査を行う職務を持っておる者がおれば、そういう者に対しておまえの監査した結果はどうなんだ、それからこういう点についてはどういう監査をしたかを調べることも、監査役としてできるわけでして、そういうものを利用して監査を行うことも監査役の職務の一つであると考えております。

○佐々木静子君　監査役の監査は、業務監査ではあるけれども主として適法性とかあるいは著しく不当であるとかということにしぼられるし、あるいはそれに対して企業内部の監査は業務監査といっても、そういうものもむろん含みますけれども、能率監査にも相当多く広がるんじゃないか。そういう意味で監査の姿勢が非常に違ってくると思うんですけれども、そういうあたり、この協力関係を持ってやることが監査役の独立と矛盾しないかどうか、伺いたいわけです。

○政府委員(川島一郎君) 先ほども申し上げましたように、監査役としては、業務部門の者であれば監査を行っている者でも、それから直接業務を担当している者でも、だれでも、おまえはどういうことをやっておるかと質問し報告を求める、そうして調査をする権限があるわけでして、監査役が自分の立場をき然として維持する限り、そういう形での監査を行うことも一向差しつかえないし、監査役の立場と相いれないものではないと考えます。

○佐々木静子君 会計監査に関連して、公認会計士協会と税理士会との間で相当職域的な問題として論ぜられているところですけれども、衆議院の附帯決議の第五項にある監査法人の監査業務の規制について、日本税理士連合会からも強い御要望が出されておるわけでして、そのあたりの点についてどのようなお考えをお持ちなのか、お述べいただきたいと思うわけです。

○説明員(田中啓二郎君) この点は、従来の法体系に比べまして、このたび特例法案におきまして四条二項で会計監査人の資格がはっきりしたことと、それから、もう一つは、この整理法の中で公認会計士法の二十四条及び三十四条の十一の改正が行われましたこと、衆議院段階のことですが、それから、もう一つは、衆議院において四党共同提案による附帯決議の結果、この点では五号が加わったわけです。したがいまして、ただいままでの体系としては、監査証明省令に特別の利害関係を非常にうたい込んでおりましたが、今回は以上のような点を勘案いたしまして、公認会計士政令の一部改正案を準備しなければならないと考えております。

○佐々木静子君 政令をお考えになっていらっしゃるということですけれども、それはいつごろお出しになるのか、もう少し具体的に御説明いただけませんでしょうか。

○説明員(田中啓二郎君) 行政府としましては、当然、衆参両院を通過した法律に基づいて、政令に任されている事項を政令規定するわけですから、当然、両院を通過したあと正式な政令が出るということです。

○佐々木静子君 これは両院を通過することがあれば、そのときは政令を間違いなく直ちにお出しになることは、間違いのないことなんですね。

○説明員(田中啓二郎君) ただいままで監査証明省令で多くを規定しておりました点は、今回の公認会計士法の改正で政令に委任されておりますから、当然そちらに移らなければなりませんので、これは政令の改正をいたします。

参議院　法務委員会会議録第四号

昭和四十九年二月十四日(木曜日)

出席者は左のとおり。

委員長　原田　立君

理　事　後藤　義隆君　棚辺　四郎君　佐々木静子君

委　員　中村　登美君　山本茂一郎君　吉武　恵市君　中村　英男君　藤田　進君　春日　正一君

国務大臣
法務大臣　中村　梅吉君

政府委員
法務省民事局長　川島　一郎君

説明員
大蔵大臣官房審議官　田中啓二郎君
大蔵省主税局総務課長　渡辺　喜一君
大蔵省主税局税制第一課長　伊豫田敏雄君
大蔵省証券局企業財務課長　小幡　俊介君
大蔵省銀行局銀行課長　清水　汪君

(ほか略)

本日の会議に付した案件

○商法の一部を改正する法律案(第七十一回国会内閣提出、衆議院送付)(継続案件)

○株式会社の監査等に関する商法の特例に関する法律案(第七十一回国会内閣提出、衆議院送付)(継

続案件）

○商法の一部を改正する法律等の施行に伴う関係法律の整理等に関する法律案（第七十一回国会内閣提出、衆議院送付）（継続案件）

○委員長（原田立君）　ただいまから法務委員会を開会いたします。

○委員長（原田立君）　商法の一部を改正する法律案、株式会社の監査等に関する商法の特例に関する法律案及び商法の一部を改正する法律等の施行に伴う関係法律の整理等に関する法律案を便宜一括して議題といたします。

前回に引き続きこれより質疑に入ります。

質疑のある方は順次御発言願います。

○佐々木静子君　今回の改正によって株式会社の会計監査を会計監査人が行うことによって商法監査と証券取引法監査の一元化が行われることになっておるわけですが、この計算書類規則と、それから財務諸表規則の調整が必要となって、企業会計原則の問題の修正が生まれてきているわけですが、先日も、この商法が非常に反動的な改悪の法案であるという反対運動の方々から、企業会計原則の修正が利益を隠して便乗値上げをするものであるということで、見のがすことのできない問題をたくさん含んでいるという御指摘を受けているわけです。そういうわけで、企業会計原則の修正に関連して若干お尋ねいたしたいと思うわけです。

まず、企業会計原則の修正案が、商法の改正ができた場合に、これは案ではなくて企業会計原則が修正されるのか、案がそのまま修正されたことになるのかどうか、それをまずお伺いしたいと思います。

○説明員（田中啓二郎君）　商法が成立しました暁には、現在企業会計原則修正案として企業会計審議会の四十四年の十二月報告のあるものについて所要の見直しをした上に修正案として確定してまいることになります。

○佐々木静子君　企業会計原則の修正という問題に関しまして、継続性の原則が、今度の商法改正でそのまま企業会計原則が導入されるとすれば継続性の原則は否定されるのではないかという考え方がかなりございまして、それが結局大資本の逆粉飾、場合によると粉飾に合法的に利用されるおそれがあるということが国民の間で警戒されているわけですが、継続性の原則が肯定されるのか否定されるのか、どのようにお考えですか。

○政府委員（川島一郎君）　商法には計算に関する規定を若干置いておりますが、特に継続性の原則の規定は設けておりません。ただ、会計処理の基準として継続性の原則が一般に認められておることから考えますと、商法に直接規定はございませんけれども、それによって会計処理を行うことは適当なことである、このように考えております。

○佐々木静子君　継続性の原則は肯定されたという考え方と否定されたという考え方があるわけなのですが、そうすると、民事局長の御答弁では、継続性の原則はなお肯定されているんだと承っていいわけですか。

○政府委員（川島一郎君）　商法の立場でお答えを申し上げておるわけですが、商法自体には継続性の原則を規定した条文はないわけです。ただ、会計の処理は、一般の会計の実務によるわけでして、特に今回の商法改正では、第三十二条に「商業帳簿ノ作成ニ関スル規定ノ解釈ニ付テハ公正ナル会計慣行ヲ斟酌スベシ」という規定を設けることにしておりま す。で、この「公正ナル会計慣行」という中に継続性の原則があると思われますので、それに従って会計の処理が行われることは商法上も望ましいことであると、考えておるわけです。

○佐々木静子君　大蔵省に伺いたいんですけれども、企業会計原則の修正案において継続性の原則は保証されているのかどうか伺いたいんですが。

○説明員（田中啓二郎君）　継続性の原則に対する態度は変わっておりません。ここで、従来の企業会計原則にも「企業会計は、その処理の原則及び手続を毎期継続して適用し、みだりにこれを変更してはならない。」と書いてございまして、修正案においても同じことが書いてございます。ただ、従来「正当な理由によつて、会計処理の原則又は手続に重要な変更を加えたときは、これを財務諸表に注記しなければならない。」という字句がございますのが、今度はそれがないことに伴って種々の御疑問を抱かれている向きが多いようですが、商法は強行法規でして、しかも、今回商法三十二条二項でしんしゃく規定が入りまして、企業会計原則がしんしゃく規定の具体的な内容となるわけです。そうしますと、場合によっては企業会計原則違反について違法性の問題が生じてくるわけです。その場合に、企業会計で正当であるとか正当でないとかは、いたずらに論争を招くおそれがございますので、商法が強行法規であるという面からこの字句を削ったのでして、私どもとしましては、継続性の原則は、当然のことながら堅持するという所存です。

○佐々木静子君　いまの御説明伺いまして、若干わかったようなわからないような感じですけれども、おっしゃるとおり企業会計原則修正案の五で、この

「企業会計は、その処理の原則及び手続を毎期継続して適用し、みだりにこれを変更してはならない。」という本則だけが規定されて、いまおっしゃったような「正当な理由によって、会計処理の原則又は手続に重要な変更を加えたときは、これを財務諸表に注記しなければならない。」という規定がなくなっているというのが、非常な問題を呼ぶ原因になっていると思うわけなんですけれども、法務省に伺うと、これは大蔵省の御要望のように聞いておったんですが、大蔵省に伺うと、法務省の御要望のように伺って、何だか私のほうでは「正当な理由」を削除した意味がもう一つはっきりしないわけですけれども、これほど、この「正当な理由」がなくなったことで、一般の国民に企業会計原則の継続性が後退するんじゃないかと心配を抱かせている、この正当な理由についての規定を、もとどおりされるお考えはございませんか。

○説明員(田中啓二郎君)　従来会計士の側からは、「正当」云々は、会計士として種々の原則上妥当ないし適正と考えられていたものをさすように表現してきたわけで、しかし商法ができますと、「正当」ということばは、違法であるか違法でないかという内容を持ちますので、それは会計士の従来的適正ないし妥当の判断とは違いますので、そういう意味で、その字句は削られておりますが、しかし会計士としては、従来的な適正ないし妥当の判断に立ちまして事務を処理していくわけです。そうして修正案の注釈にも、「いったん採用した会計処理の原則又は手続について重要な変更が行なわれた場合には、変更が行なわれた旨及びその変更が財務諸表に与えている影響額を当該財務諸表に注記しなければならない。」と書いてございます。したがいまして、主要な変更ですれば、それが従来的に妥当と思われるものでも、妥当でないと思われるものでも、当然意見としてその事項を示して表明するのが適当ではないかと、かように考えております。

○佐々木静子君　「正当な理由」を加えるお考えがあるかないかということを伺っているわけですが、何か御答弁がずれているように思います。

○説明員(田中啓二郎君)　その点は、先ほども申し上げましたように、企業会計原則がしんしゃく規定の具体的な内容になりますし、違法性の問題が起こりますので、その面でこの字句はやはり削除したままにせざるを得ないと考えます。

○佐々木静子君　法務省はいかがでしょうか。これは法務省の民事局の上田参事官がお書きになっている本に、「この継続性の原則に関し、なお、敷衍すると、経理操作を行なう目的で評価の方法を変更しても、好ましいことではないが、商法上は、違法とはならないと思う。その動機が違法であったとしても、評価の方法の変更等自体を違法ならしめるものではない」という御表現で、否定説の立場をとっておられる御見解が出ているわけですけれども、ここを拝見していますと、継続性の原則が非常にあやふやな、これじゃ困るのではないか。企業会計原則の修正を導入することによって、企業会計原則が修正されることによって、これが商法に取り入れられるとすれば、これはいろいろあぶない問題が起こってくるのではないかと懸念されるのが根拠のないことでないというおそれも感ずるわけですが、民事局長としての御見解をお聞かせいただきたいわけです。

○政府委員(川島一郎君)　継続性の原則とは非常に重要な原則であることを承知したわけです。そして、先ほど申し上げましたように、従来の商法には継続性の原則は書いてございません。したがって、商法の分野から見ますと、継続性云云は問題にならなかったという見方もできようかと思いますけれども、しかしながら、今回の改正案には、先ほども申し上げましたように、三十二条に「公正ナル会計慣行ヲ斟酌」せよという趣旨の規定が設けられたわけです。

ところで、企業会計原則ですが、これはもともと昭和二十四年に、当時は経済安定本部の中に設けられております企業会計基準審議会が作成したもので、その前文には、「企業会計の実務の中に慣習として発達したもののなかから、一般に公正妥当と認められたところを要約したもの」であることがうたってございます。企業会計原則が、公正妥当と認められる会計の慣行を具体化したものであるとなりますと、商法でいっております「公正ナル会計慣行」と一致するものがその内容になっておると言えようかと思います。もちろん会計慣行は変化するものですし、企業会計原則自体も逐次修正されておると伺っておりますが、現在の企業会計原則は大蔵省で御所管になっておられます企業会計審議会がきめられるものでして、そのきめられ方は所管外のことですので、私から申し上げられませんけれども、しかし、その内容がやはり「公正ナル会計慣行」を反映しているとしますと、企業会計原則で継続性の原則を守らなければならないことがはっきりしております以上、商法の解釈としても、三十二条のしんしゃく規定を通じまして、継続性の原則を守らなければならないということが出てまいると思います。ことに、継続性の原則を守らないために不当な経理が行われるということになりますと、これは商法上も非常に問題がございますので、継続性の原則は守らなければならないということが今回の商法の改正によってさらにはっきりするのではないかと、考えておるわけです。

○佐々木静子君　証取監査についての分だと思いますけれども、監査意見の内容、四十七年三月期決算の大蔵省所管会社六百四十七社の、限定意見のついたものについて、限定意見がついたのが二百九十一件という資料をいただいておるのですけれども、二百九十一件のうち継続性の変更の問題で限定意見がついたのが実に百二十七件と大蔵省の統計で拝見しているわけでして、この統計から見ましても、継続性の原則がたいへんに問題の多いことになるのじゃないかと懸念するわけです。

それから民事局長は、企業会計原則は大蔵省の所管だとおっしゃいますけれども、この証取監査の段階においては大蔵省の所管かもしれませんけれども、今度は財務諸表規則とそれから商法上の規則とを調整して一致させようというのが大きなねらいですから、大蔵省の所管だとばかりはとても言い得ないのじゃないか、むしろ半分以上は法務省の所管じゃないかと思うわけです。そうしますと、商法の三十二条の二項で「公正ナル会計慣行」という規定があって、これが企業会計原則と非常に密接な関係にあることはよくわかるわけですが、企業会計原則も流動的で、しかも法律ではない、企業会計審議会でそれがつくられていくことになれば、外ワクは商法という法律でできても、中身の一番大事な部分が企業会計審議会できめられた事柄がそのまま入ってくるのじゃないか。そうなってくると、国民の目の届かないところで企業会計原則が用いられ、しかもそれが商法上の公正なる会計慣行という非常にあいまいなことばで伸縮自在に使われる。そうなってくると、たいへんに問題が多いんじゃないか。いま民事局長は、継続性の原則は肯定しているんだと、はっきりおっしゃいましたが、肯定していらっしゃるとすれば、商法上の規定のどこかでその点を明らかにするとかあるいは特別法で継続性の原則をはっきりとうたうことがなければ、商法は国会審議を経て国民の監視の後に、改正したとしても、肝心の中身が私どもから全然目の届かない、しかも大蔵省の所管である企業会計審議会でつくり変えられていくということはたいへんに危険なことではないかと思わざるを得ないわけです。そこら辺のお考えはいかがでしょうか。

○政府委員（川島一郎君）　私、先ほど企業会計原則と「公正ナル会計慣行」との関連について申し上げましたけれども、これはあくまで企業会計原則が公正な会計慣行と一致しておることを前提としての議論でして、かりに企業会計原則が継続性の原則が必要であるにもかかわらずこれを認めないことにした場合に、企業会計原則の内容が変わったから直ちに公正な会計慣行が変わったということにはならないわけでして、公正な会計慣行として継続性の原則が必要である以上、企業会計原則の内容にかかわらずやはり継続性の原則は商法の規定を通じて守らなければならないことになっていると思うわけです。継続性の原則について商法に規定を置いたほうがいいではないかとおっしゃいます。そういう考え方もあろうと思いますが、今回の改正では、法制審議会でそこまでのこまかいこの点の御審議をいただいたわけでございませんので、今回の改正案にはそこまで言ってないわけですけれども、趣旨は、公正な会計慣行が現実にある、それをしんしゃくする、それを取り入れて判断しなければならない、こういう趣旨を規定したつもりでして、法文上明確にするかどうかは別として、継続性の原則が必要であるという点は、商法の考えははっきりしておる、こう考えておるわけです。

○佐々木静子君　民事局長の御答弁のように明快ではっきりしているならば、これを法文上に明らかにすることをお考えになっていただいたらどうか。というのは、次に質問しようと思う引き当て金の問題その他は、商法上に規定があるわけです。この引き当て金については、国民から見ると非常に不満を持っているわけなんです。結局肝心の継続性の原則を否定したらいいと考えている者は、否定することによってぼろもうけをしようと、あるいは粉飾決算をしようと思っている人はともかくとして、まともな人間はみんな継続性の原則を確立してほしいとだれもが思っているわけですからね。そのようにみんなが思っていること、しかも提案者も、ぜひとも確立するんだとおっしゃっている以上、国民の疑惑をなくすためにも、何らかの形でそれをおうたいになるおつもりはありませんか。そうしていただくと、商法について非常に心配していらっしゃる多くの方々が、継続性の原則はここではっきりしているんだと安心なさるんじゃないか。形だけ見ると、皆さんの御心配は全く杞憂にすぎないと片づけてしまえる問題じゃないと思うんです。いままであった「正当な理由」も排除され、継続性の原則が形の上では後退しているのは明らかですので、そうでないというのであれば、そのことを何かのかっこうで残していただかないと国民が疑惑を持つのは無理がないと思うわけです。そこら辺についてもう一度御所信を伺いたいんですけれども。

○政府委員（川島一郎君）　御説まことにごもっとも

だと思います。従来の商法の考え方は、会計とは特殊専門的な技術である。したがって、これを商法の中に規定することは適当でないという考え方でできておると思うわけです。そういう意味で会計の規定もきわめてわずかでして、三十七年に一部改正が行われましたけれども、これとても必要最小限度の修正にとどまっておるわけです。したがいまして、今後仰せのように商法の中に会計の重要な事項を織り込んでいくことは、これからの推移を見ながら十分検討しなければならない問題であると存じます。ただいまの御趣旨は今後十分法制審議会等にも報告をしまして、さらに商法に改正を加えることの可否につきまして法制審議会のほうでも審議をしていただきたい、このように考えております。

○佐々木静子君 商法の改正の持っている反動的な性格について非常に心配しておられる一部の国民の方々から、商法三十二条二項の「公正ナル会計慣行ヲ斟酌スベシ」という規定にのっとって今度企業会計原則が修正されて、これが商法の規定の中に導入されると、その結果大企業が利益を隠す、合法的に利益を隠しやすくなるんじゃないか、その結果便乗値上げその他が行われて国民生活が破壊される。企業会計原則のうち一番国民が心配しておる継続性の原則を否定するつもりは毛頭ないので、継続性の原則というものはあくまで確立したいというお話でして、継続性の原則は確立されていると、大企業が利益を隠す、あるいは利益が少ないときに利益が多かったように会計操作をすることがかなり避けられるんじゃないかということで、もし継続性の原則が確立されているとすれば国民も安心できると思うわけですが、これが商法の規定の中にうたわれておらないわけですから、形の上で継続性の原則は後退したということでたいへん心配されているわけです。そういうふうな事柄について大蔵省と法務省から御答弁伺っておりますと、後退しているどころじゃなくて、きっちり確立しているんだとおっしゃっているわけですが、法文上の根拠がないわけです。そこらあたりについて国民が関心を持っている事柄ですので、法文上の根拠をつくる必要があるんじゃないかと思うわけで、そういうことについて大臣とすると前向きに今後取り組んでいただけるかどうか、御所信を伺いたいと思うわけです。

○国務大臣(中村梅吉君) いま両方の事務当局が御質疑に対してお答えをしておりますとおり、われわれとしても前向きに、経理の隠しとかあるいは繰り延べとかという操作ができるだけできないようにすることが経理会計関係を明朗にする基本だと思いますから、十分留意してまいりたいと思います。

○佐々木静子君 立法上の措置についても今後大臣は前向きの姿勢でお取り組みいただけるでしょうか。

○国務大臣(中村梅吉君) 法務省では法制審議会という制度がありまして、いろいろな立法をする場合にはいつもそこに諮問をしまして専門家の人たちに十分議を練っていただいてそれから成案を得るたてまえになっておるものですから、当局だけでかってにするというわけにまいりませんが、法制審議会とも十分今後協議をして万全を期してまいりたいと思っております。

○佐々木静子君 ぜひ実現していただきたいと思います。

次に、企業会計原則の修正に関連して、引き当て金の問題について伺いたいと思います。

その前に、銀行局の方お越しですか。この問題そのものではないかもわからないんですけれども、銀行が大企業でありながら証取監査の適用も受けておらない、特別の扱いを受けておるわけですが、今度商法が改正されると、これは当然会計監査の適用を受ける対象になると思うわけですが、この銀行の引き当て金が非常に納得のいかないところがたくさんあるわけで、できましたら四十七年度上期でも下期でもけっこうですが、全国の都市銀行からの貸し出し額の総額がおわかりですか。

○説明員(清水汪君) お尋ねの都市銀行の貸し出し額は、昨年の九月決算期の、九月末の貸し出しは三十九兆八千五百四十五億円という数字です。

○佐々木静子君 都市銀行の貸し出しが三十九兆八千五百四十五億円で、そして銀行の貸し倒れ引き当て金が、いまの税法ではどのようになっているか、御説明いただきたいわけです。

○説明員(清水汪君) 現在、法人税の規定におきましては、金融機関の貸し倒れ引き当て金の繰り入れ限度率は、期末貸し出し金残高の千分の十二と規定されております。しかしながら、金融機関には統一経理基準を銀行局長通達により定めてございます。金融機関の場合には、実際にはその統一経理基準によりまして、現在で申しますれば千分の十五を積み立て限度額に定めてございます。

○佐々木静子君 そうすると、三十九兆八千五百四十五億円のうちの千分の十五という金額、幾らになりますか。

○説明員(清水汪君) ちょっと補足的に御説明を申し上げたいと思いますが、ただいま申し上げました法人税の規定の千分の十二という積み立て限度率は、一昨年の三月期までは千分の十五でした。約二年前にそれが千分の十二に引き下げられたわけですが、当時の経理基準による積み立て限度率は千分の十八でした。したがいまして、私どもとしては、銀行局長通達を改正して、一昨年の三月期から以降三年六期の間に千分の十五に向かって段階的に調整をしていく措置を講じておりまして、現在約二年たったところでして、ことしの三月期及び九月期とまだ二期その過渡期間があるわけでして、現在はおおむね千分の十六ぐらいの段階まで積み立て限度率が下がってきておる、こういうふうに申し上げられると思います。昨年の九月期で貸し倒れ引き当て金として積み立てておりますものは、都市銀行の場合には七千八十七億円という数字です。

○佐々木静子君　いまの話ですと、七千八十七億円が引き当て金として積み立てられているということは、結局利益の中からそれが除かれて、経理上は利益には出てこないで損金として勘定されているわけなんですね。

○説明員（清水汪君）　結論として申しますれば、貸し倒れ引き当て金は洗いがえ方式ですが、経理の上では毎期洗いがえした上で、繰り入れる場合には経理上の損金科目で損益計算をしておるわけですが、その基本は法人税法の貸し倒れ引き当て金の考え方に基づいているということは申し上げられるかと思います。

○佐々木静子君　法人税法の根拠があるとかないとかの問題じゃなくって、現実に私、銀行業務のこと詳しくございませんけれども、銀行でお金を貸す場合には必ず担保を取っておる、そういうことから、千分の十五とか十六とかいう貸し倒れ引き当て金自体がすでに現実離れしているんじゃないか。現実に銀行も担保を取っておっても、貸し倒れになることも多少あるとは思いますけれども、たくさんの中には。現実に起こっておる貸し倒れはどのぐらいになるんですか、都市銀行の総額は。

○説明員（清水汪君）　貸し倒れの償却と申しますか、要するに貸し金の償却額の推移をみますと、金融情勢とかあるいはその基礎になります経済一般の情勢の推移に応じまして、かなりのフレが出ているというのが実態であろうかと思いますが、最近の数字はそこにございますように、やや多い年で七十九億円という償却額がございます。四十七年度はわずか二十億円程度の数字で、いままでにない非常に低い数字ですが、ごく最近のところでその原因を考えてみますと、一つは非常な金融緩和の情勢が過去二年ほど続いております。そういう中で貸し倒れの償却がきわめて少なくないということが言えるかと思いますが、ただいまお話しのきわめて現実離れではないかという点ですが、一つの御指摘としてはそういうふうに見ることもできようかと思います。しかしながら、かなりの経済変動が短期ではなくて長期的にもあり得るという事態に備えて、一般の国民から広く預金を集めて営業しているという金融機関の特殊な性格に照らしてみて、これはいかなる事態に対しても万全の備えをしておくことが望ましいと従来考えられてきたわけでして、そういう観点から貸し倒れ引き当て金の問題も、処理をしていくということは申し上げられるかと思います。

○佐々木静子君　いまはからずもおっしゃったように、昭和四十七年の都市銀行の貸し出し金の償却額がわずか二十億円である。これ、少ないからといって文句を言うわけではないですけれども、ところが、その四十八年度の貸し倒れ引き当て金がこれの何倍になりますか、三百倍ですね。三百倍が引き当て金として実際はもうかっているものの中から損金として経理上は利益が隠されている。結局それだけ銀行がもうかっているのに、実際に要る貸し倒れ金の何と三百倍というお金を、合法的に税法という隠れみのの中に入って利益を隠している。まあいろいろと理屈はおつけになりますけれども、私ども、だれが見ても三百倍もの利益を隠すことは、けしからぬじゃないかというのが、国民はだれもそう思いますよ。いろいろと理由をつけて、経済変動のときには預金者の保護とかなんとかおっしゃるけれども、これは全く銀行がもうけを隠しているの一語に尽きるんじゃないかと思いますけれども、しかも証取監査すら受けておらない。そこら辺のところは、監査を受けたところで、税法上の規定があるんであればこれは合法化されて、監査上も全部オーケーで通るんだとおっしゃるだろうと思いますけれども、これは企業会計原則の問題というよりも、いまの法人税法の問題だと思いますけれども、これはあまりにも大企業擁護、企業のもうけを隠すことにいまの税法がいかに加担しているかをはっきりと物語っていると思うんですが、大臣はその点どうお思いになりますか。二十億の貸し倒れ金が四十七年度、それに対して、その翌年の四十八年度の貸し倒れ引き当て金が、三百倍の七千八十七億円が引き当て金として利益が損金に回されて利益が隠されている。これたいへんな問題だと思うんですけれども、その問題について率直な御意見を、端的におっしゃっていただきたいと思います。

○国務大臣（中村梅吉君）　私も銀行のことがよくわかりませんけれども、銀行は預金者保護が第一に考えられなければならない。どんな世の中に経済変動が来ても、預金者だけは完全に保護されるということでなければ大衆の擁護はできないと思うんですが、そういう意味からおそらく制度ができておると思います。まあ、従来も一七%であったのが一五%になり、一二%になっておるようですが、これは将来長い目で見ていって経済変動が常にありますから、いろいろ経済変更に基づいて銀行がしょわなきゃならないものも出てくると思うんですが、もっと下げてもよろしいというめどがつけば、大蔵当局としてはまた考え直して率を引き下げていくことが可能だと思いますが、現段階ではそれが適当か適当でないか、明言いたしかねるわけです。

（中略）

○佐々木静子君　いまの例でいきますと、二十億の貸し倒れ金の償却額しかないのに、それの三百倍の引き当て金が計上されている。これは銀行に対する銀行局長の通達からいうと、その範囲内であるから合法かもわからないんですが、これに対して今後商法上の会計監査が行われた場合に、これは不当な引き当て金ではないかと会計監査上指摘することができるのかどうか伺いたいわけです。

○説明員（田中啓二郎君）　ある業種に属します会社の財務諸表の作成方法等は、現在財務諸表規則により当該官庁が定める法令等によることとされており、公認会計士監査もこれに準拠して実施されます。御指摘の金融機関に対する監査は、その具体的な取り扱いは今後所要の検討の上、定めていくことになりますが、ある業種、たとえば銀行につきまして、その主務所管官庁がその業種の状況に即応した経理基準を定めている場合、その内容が合理的であると考えられます場合には、会計監査におきましてもそれが基準となっていることは合理性があると解釈するのではないかと考えます。

○佐々木静子君　もし税法なりその他の規定に会計監査が拘束されるとすれば、これは全然意味がないとは言わないですけれども、企業会計原則を導入して会計監査を行うことになったところで、公認会計士なり監査法人が良識に従って監査をすることができないんじゃないか、私はそう思うわけです。この法律の範囲内であっても、これはいかにも不当だと思う場合はチェックできなければ、何にも意味ないんじゃないか、どうお考えですか。

○政府委員（川島一郎君）　理論的に申し上げますと、商法と税法それぞれ別個のたてまえがあるわけです。したがいまして、商法上妥当であるかいなかは、税法にかかわりなく商法の目的に照らして判断すべきものであると思います。したがいまして、税法上の先ほどの例に出されました限度が参考になる場合はあろうかと思いますけれども、判断はあくまで独立したものがあると思うわけです。

なお、御参考までに申し上げますと、商法の引き当て金は、目的に沿う範囲内で認められる。しかも、個々の企業が決算を行うときに、具体的な状況に応じて判断するわけですし、それから商法の場合には、引き当て金は、これを設けてもよし、設けなくてもよい任意なものです。したがって、監査の関係におきましては合理的かどうかが問題になるわけですが、これを株主総会に提出して、決算の承認を求める場合、株主総会は、引き当て金を計上しないで利益のほうにあげろということもできるわけでして、あくまで株主総会で決定をするというたてまえになっておるわけです。

○佐々木静子君　いまの局長のお話伺っておりまして、会計監査がかなり意義を持ってきていることが確認されまして、安心したわけなんですけれども、重ねて伺いますと、引き当て金に限らず準備金など、これが不当だと思うときには、公認会計士あるいは監査法人がこれに対して限定意見をつけることもできる、これは商法上は当然に株主保護が一番の基本になるんじゃないかと思いますので、その観点から見ると、利益が一〇〇あるのに、これを税法のぎりぎりの範囲内まで全部落として利益がないようにすること自身が商法の精神に反していると思うんですけれども、そういう点は商法の精神にのっとって専門的な会計監査をする人が監査意見を出すということが可能なわけですね。そうすると非常に会計監査が社会的な意義を持ってくると思うわけなんです。いかがでございますか。

○政府委員（川島一郎君）　監査があくまで商法の立場においてなされなければならない点は仰せのとおりです。

それから株主の利益を第一に考えるという点ですが、商法は株主利益と、もう一つ債権者の立場を考えなければならないわけでして、極端なタコ配等を禁止しておるのも債権者を考えているわけです。そういう意味におきまして、適切な運用とは、引き当て金についても考えられるわけでして、会社の経営者が妥当と認める引き当て金を計上することは、商法の立場から申しまして、株主の利益配当が若干それによって少なくなる場合がありましても経営としてはやむを得ない、こういう場合もあり得ると思います。

○佐々木静子君　そういう御意見を伺いますと、たいへん会計監査が意義あると思うわけですけれども、いま問題になっております特別引き当て金のうちで、準備金制度がたいへんに問題になっておると思うんですが、この企業経理の健全化とか明瞭化が現在たいへん問題になっておるわけですが、準備金の経理方式として利益処分方式によるように配慮されるお考えがあるのかないのか。私どもはこのような準備金がいま損金経理方式と利益処分方式と両方が認められている。これが企業が損金に回したほうが便利なときには損金になり、利益に回したほうがぐあいのいいときには利益に回す、これが粉飾決算あるいは逆粉飾決算に悪用されているわけですが、これらは利益処分方式によるようにすべきではないか、どのようにお考えですか。

○**説明員（田中啓二郎君）**　ただいまの御質問は、商法改正の暁において、企業会計原則修正案が特定引き当て金に関してどのように取り扱われるかということかと考えますが、商法二百八十七条ノ二の要件に適合する限りは、会計計算上特定引き当て金を計上しても違法でないことは当然です。しかし特定引き当て金は、評価性引き当て金でも負債性引き当て金でもないものと観念されるわけでして、修正案の考え方は、それを損益計算書の上で営業損益計算なり、経常損益計算なり、純損益計算の区分で表示せずに、当期の営業成績とは区分して、未処分損益計算という区分を立てまして、損益計算書で表示すると、そして一方貸借対照表の表示は、商法二百八十七条ノ二で「特定ノ支出又ハ損失ニ備フル為ニ引当金ヲ貸借対照表ノ負債ノ部ニ計上スルトキハ其ノ目的ヲ貸借対照表ニ於テ明カニスルコトヲ要ス」と規定されておりますので、特定引き当て金は負債の部に記載せざるを得ませんが、本来の負債との区分を明らかにするために、負債の部に特に特定引き当て金の部を設けて記載すると統一したわけです。したがいまして、私どもは商法上認められておりまするものは、企業開示においては一まとめにまとめて表示すると、そうして損益計算書においては純益とは別に未処分損益計算の部に計上し、そして貸借対照表の部では、流動負債、固定負債と、またもう一つ負債の部に特定引き当て金の部を設けることで明瞭性をはっきりさせようということで対処しているわけです。

○**佐々木静子君**　結局そうすると、利益処分方式によるように措置をするという方向には進んでおるわけですか、おらないわけですか。

○**説明員（田中啓二郎君）**　この特定引き当て金は任意引き当て金ですから、企業がそちらの任意引き当て金として特定引き当て金をなにする場合にはさっき御説明したとおりで、しかし、企業が利益処分方式によるという場合には、それは当然貸借対照表の資本の部に任意積み立て金として記載されることになるわけです。

○**佐々木静子君**　中間配当について伺いたいと思います。監査制度を改めて、監査期間を延ばすようになった関係から、株主名簿の閉鎖期間や基準日と株主総会の間の期限が二カ月から三カ月に延びたこともあって、今後、会社によっては一年決算へ移行する会社がかなり多いのではないかと考えられておりますけれども、その場合、どういう特典、長所があるか、また、どういう短所が出てくるか、これを簡単に法務省から述べていただきたいと思います。

○**政府委員（川島一郎君）**　半年決算を一年決算に改めた場合にどういう短所、長所が生ずるかですが、まず長所としては、決算が年一回で済むわけですから、会計の締めくくりの決算書類の作成、あるいはそれに伴う株主総会の開催、こういった事務が一回減るわけです。それに伴いまして、会社の事務に関する労力、費用が少なくて済むことがあろうと思います。それからもう一つ大事なことは、年二回の決算ですと、季節によって売り上げが違う業種がございます。このような業種では、上期には利益が少ないけれども下期には多いことになり、決算が期ごとに非常に違ってくると、企業の安定を害しますので、なるべく利益の平準化をはかりたいという考えのもとに、多少粉飾めいた決算を行う可能性が出てくるわけです。そういった弊害を防止することにも役立つのではないかと思うわけです。

それから弊害としては、株主としては現在年二回配当を期待しておる、しかしながら決算が一回になりますと、年に一回しか配当をもらえないという点が一つ問題になろうかと思います。

○**佐々木静子君**　二回決算の会社と一回決算の会社はどのぐらいの数になっているのか、御指摘いただきたいわけです。

○**説明員（小幡俊介君）**　年一回決算と年二回決算の会社ですが、四十七年十二月末現在におきます有価証券報告書提出会社二千六百二十九社の内訳ですが、年一回決算の会社が千二百六十、全体の四七・九％、年二回決算の会社が千三百六十九、全体の五二・一％になっております。

○**佐々木静子君**　今度の中間配当の改正によりますと、年二回の配当が考慮されるわけですけれども、この制度はいまの監査制度の改正という精神に逆行するような不健全な要因も含んでいるのではないかが懸念されるんですが、その点をどのようにお考えですか。

○**政府委員（川島一郎君）**　中間配当は今回の改正案の二百九十三条ノ五によって認めようとしておるものでして、営業年度を一年とする会社が、その一営業年度の中間におきまして一回に限って取締役会の決議によって金銭の分配をするという制度です。したがいまして、この中間の配当は株主総会の決議もないし、そのための特別の監査もないわけでして、そういう意味で御懸念はもっともであろうと思います。しかしながら、この法律案は、中間配当を行う場合に厳格な制限を加えており、この制限の範囲内で行うのであれば心配はないのではなかろうかと思うわけです。どういう制限かと申しますと、中間の配当において分配すべき金銭は、前期において会社があげました利益金、それの残額を限度として行うという金額上の制限がございます。それからまた、当期の営業成績があまり好ましくなくて、当期の営業年度の終わりにおいて、たとえば赤字が出るという場合には、中間配当を行ってはならないといった制限もございます。まあ、そういう制限のもとに中間配当が行われるわけですので、この条件のもとに行われている限りは、会社の経理がこれによって不当になることはあり得ないと考えておるわけです。

○佐々木静子君　結局、現行の規定と比べて、株主にとってディスクロージャーの機会が減って、不利益を与えることがないよう、十分御配慮いただきたいと思うわけなのです。

　それから、中間配当について、金銭の分配ということばをお使いになりましたけれども、金銭の分配の性格ですね、これは利益の配当じゃなくて金銭の分配と法務省はお考えになっていらっしゃるとすれば、これは前期までの内部留保をあと払いするものなのか、あるいは当期の利益を前払いするものなのか、そこら辺、金銭の分配の解釈を伺いたいと思うわけです。

○政府委員(川島一郎君)　前期の利益で留保していた分を分配するものであると考えております。

○佐々木静子君　この規定の中に「営業年度中ノ一定ノ日」という表示がされてございます。一定の日の到来によって、その日における株主が具体的請求権を持つようになると解釈されると思うのですけれども、この一定の日の株主を特定する方法はどういう方法をおとりになるわけですか。

○政府委員(川島一郎君)　これは、その日現在における株主名簿によって特定するわけです。無記名の株式ですと、株主名簿に記載がございませんので、これは別の規定があるわけですが、会社が公告をして届けさせるという措置をとることにしております。

○佐々木静子君　公告と株主名簿の記載と両方ですか。そうしますと、株主名簿を閉鎖することも普通考えられると思うのですけれども、そこまで法務省は考えておられるのか。また、株主名簿を閉鎖するとすれば、中間配当のことですから、たいへん問題になると思うので、長期間閉鎖することになると、株主保護という点から問題じゃないかと思うのですが、その点について、どうお考えですか。

○政府委員(川島一郎君)　実務のことは詳しくわかりませんので、株主名簿を閉鎖する必要が事務上生ずるかどうかは、あまり自信を持ってお答えするわけではございませんが、中間配当の場合には、必ずしも株主名簿を閉鎖しなくてもできるんではないかと思っております。ただ、実務の関係で何か必要が生じて閉鎖を行うこともあろうかと思いますが、これはそれほど長い期間である必要はないと考えております。

○佐々木静子君　一年決算に移行する会社が非常に多いと私は聞いているわけですが、法務省では、どのように探知しておられるか。公布されるとすぐに施行される法律になっておったと思うのですけれども、六カ月決算から一年決算に移行する会社が、たちどころにたいへんに多くなるんじゃないか。そういうことについて、大体どのような見当をおつけになっていらっしゃるのか、おわかりですか。

○政府委員(川島一郎君)　その点は調査してございませんので、正確な数字でお答えすることができません。

○佐々木静子君　私の聞いているところでは、かなり一年決算に移行する会社が多いということですが、銀行法などの規定で、銀行は三月、九月決算にきめられておりますが、銀行法の改正などによって銀行なども一年決算に持っていこうというお考えもあるのかないのか、伺いたいと思います。

○説明員(清水汪君)　御指摘のとおり、銀行法の規定によりまして、現在は三月、九月が決算ですが、御審議の改正が実施に移されました段階におきまして、銀行のほうが一年決算を選ぶ可能性が多くなれば、そういうことは可能であるような手当ては必要であろうかと思っております。

○佐々木静子君　いま証取監査の対象に銀行がなっておらないわけですけれども、銀行も証取監査の対象に含めるのかないのか、伺いたいわけでございます。

○説明員(清水汪君)　その点は、私どもがきめるというよりも、この問題を主管しております部局でおきめいただくべき問題かと思いますが、私どもはその決定に従うと考えておるわけです。

○説明員(田中啓二郎君)　少なくとも今回金融機関について商法上会計監査人の監査が実施されることに伴いまして、その会計監査が行われる銀行は、証取法監査も監査を行う予定にしております。

○佐々木静子君　一年決算の問題に関連して、決算期が、ほとんどの会社が三月三十一日を決算期にしているようですが、今度の商法改正により、公認会計士あるいは監査法人などの会計監査がきめられるとしますと、三月決算の五月総会が大多数になってくると、その時期に監査の仕事が集中するんじゃないか。事前監査ですから。そういうことに、どういう措置を考えておられるのか。

○説明員(田中啓二郎君)　一年決算に移行する会社の数がふえた場合、ある時期に集中すると思われますが、今回の商法監査は決算確定の事前監査の導入ですから、従来よりも会計監査人が前広に参与して監査を行っていくという面はあると思います。

○佐々木静子君　そうすると、同じ時期に集中しても処理できるとお考えなわけですね。

○説明員(田中啓二郎君)　どのぐらい一年決算に移行するかわかりませんが、それで対処できると考えております。

○佐々木静子君　中間配当は金銭の分配だという民事局長の御説明いただきましたので、若干疑問点伺いたいんですが、中間配当によって受け取る金額に配当控除の適用があるのかないのか、伺いたいと思います。

○説明員(伊豫田敏雄君)　中間配当をかつての利益積み立て金的なものの分配と見るか、あるいは配当と見るか、これは商法の立場とはまた別に租税政策上の問題としてどのようにみなしていくかがございます。したがいまして、他とのバランスを失しないようにかつ租税政策上の目的に合致するように、今後十分検討して方針を決定したいと考えております。

○佐々木静子君　主税局としたら態度をおきめになっていらっしゃらないわけですか。たとえば配当控除の適用を受けるかどうか、あるいは金銭の分配を支払う法人に対して源泉徴収の義務を課すのかどうかとか、そういういろいろ税法上の問題が起こってくると思うんですが、そこら辺について、まだ全然御検討になってないわけですか。

○説明員(伊豫田敏雄君)　もちろん検討は続けておりますけれども、結論を得るに至っておりませんが、いずれにせよ法律改正を要する問題と考えておりますので、慎重に検討さして御審議をまた得たいと考えております。

○佐々木静子君　累積投票の問題に移りたいと思います。

今回の改正で取締役の選任の累積投票制度を採用したわけですけれども、このことによって少数株主の既得権が排除される結果になって、少数株主の保護に欠けるのではないかという意見もございまして、現に商法改正反対国民会議の御意見にも少数株主の権利が消されることが心配されると強調されておるわけですが、この制度を採用しようとされた理由について伺いたいと思います。

○政府委員(川島一郎君)　今回の累積投票に関する改正は、累積投票制度を定款で排除した場合にはこれを完全に排除できるようにしようというのがねらいです。むしろ累積投票制度を制限することを認めようとするものです。累積投票の制度は、昭和二十五年の改正で、アメリカのある州の立法例にならって規定されたものですが、わが国では、ほとんど利用されてはいないのが実情です。したがいまして、今回の改正はやや観念的な面があるわけですが、累積投票の制度を認めますと、少数株主が自分たちの利益代表としての役員を選任するのに都合がいいということがいわれております。まあ実際にどの程度効果があるかはなかなかむずかしい問題のようですが、そういうのが立法趣旨になっております。そういう点から申しますと、この制度を存置しておくことはそれなりの理由があるわけですが、会社としてこの制度を株主に認めるかどうかを自主的に決定してその運用にまかせるという考え方も、別の立場から是認されるものと思います。アメリカも、実際に累積投票を認めている州と、認めていない州がございまして、わが国におきましてはこれを認めておりますけれども、今回の改正によって、制限するならばこれを完全に排除できるという中間の態度をとることにしたわけでして、現在の実情から申しまして実際への影響は非常に少ないと思われるわけです。ただ、なぜこういう改正が行われたかと申しますと、現在わが国の株主が累積投票の請求をすることはまれですけれども、今後外資の導入が行われまして、外国の資本が入ってきた場合に累積投票が利用され、それによって企業の経営が多少影響を受けるのではないかと懸念するところも一部にあるわけです。まあそういうところからは、この制度についてはもう少し制限を強化してもらいたいという要望がございます。一方、外資を導入することは現在の経済情勢から見まして必要なことですので、そういう点に不安があって外資導入がおくれると、あるいはちゅうちょされることになりましては、別の面で好ましくない結果を生ずると考えまして、その辺は企業の自由にまかせるという趣旨の改正をすることにしたわけです。

○佐々木静子君　外資によって会社が乗っ取られることを防止することが一つの立法的な理由であると思うんですけれども、これは累積投票以外で、外資を阻止する方法はあるわけですか。

○政府委員(川島一郎君)　商法は株式の譲渡が自由ですから、特に商法上の問題としてはこれを制限することはないわけですが、ただ、株式の譲渡を制限する制度がございまして、その利用によって外資の乗っ取り防止をはかることも考えられないわけではありません。しかし、株式の譲渡制限をする会社は、実際問題としては考えられないというふうに思っております。

○佐々木静子君　累積投票の排除を望んでいる向きもかなりあるように聞いておるわけですが、むしろ国内的に、会社にゆさぶりをかけるために、自己あるいは自己の息のかかった人の名義で株を持って、業務執行を妨害する問題を阻止、配慮からこういう問題が起こっている、こういう改正が考えられているとした場合、少数株主の経営参加のための権利とのバランスをどのようにお考えでしょうか。

○政府委員(川島一郎君)　少数株主の権利は、二十五年の改正によりまして、いろいろな面で認められているわけです。たとえば違法行為の差しとめ請求もございますし、いろいろあるわけです。そういうものを通じて行うことが一つ。それから累積投票は定款で禁止しない限りは認められるわけでして、その限度では少数株主の立場が考慮されることになると思います。

○佐々木静子君　非常に答えにくい問題だと思うんです。それで、いまおっしゃったように今度改正になると、もう一度定款を変更して、いままで定款にきめられて累積投票を排除している会社も二五％以上の株式を持っている者が累積投票の請求をした場合には応じなければならないというのが現行法ですから、さらに定款をもう一度変更しなければならないことになるのかどうか、伺いたいと思います。

○政府委員(川島一郎君)　その点は、さらに定款を変更しなければ完全な排除はできないと考えております。

○佐々木静子君　そうしますと、現在の定款変更は、商法の三百四十三条で「発行済株式ノ総数ノ過半数ニ当ル株式ヲ有スル株主出席シ其ノ議決権ノ三分ノ二以上」の賛成を得なければできないとなっておるわけですけれども、三分の一をこえる株式を持っている場合、その人が欲したならば定款の変更が実際上むずかしいと思うわけですが、改正法では、三分の一以上の株を持っている株主が累積投票に反対したならば、定款の変更ができないのかどうか、その点を伺いたいと思うんです。

○政府委員(川島一郎君)　いまの定款変更は一般の定款変更の手続によらなければなりませんから、三分の一の株主が反対しておって、株主総会で反対をすることになりますと、累積投票を全面排除するという定款変更はできないことになるわけです。

○佐々木静子君　準備金の資本組み入れによる抱き合わせ増資について伺いたいと思いますが、まずこの改正の趣旨を承りたいと思います。

○政府委員(川島一郎君)　準備金の資本組み入れによる有償、無償の抱き合わせ増資を認める趣旨ですが、現在の商法は、準備金を資本に組み入れまして、新株を発行して株主に無償でこれを交付する制度があるわけです。しかしながら、有償、無償の抱き合わせという制度を認めておりません。ところが、戦後に制定されました株式会社の再評価積立金の資本組入に関する法律によりますと、再評価積み立て金を資本に組み入れて、そして新株を発行する場合、有償、無償の抱き合わせ増資を認めておったわけです。ところが、この組み入れ法が昭和四十八年三月三十一日をもって効力を失いましたので、抱き合わせ増資ができなくなった。それに伴い、こういった制度を商法に認めてもらいたいという実際界の要望もございまして、今回の改正案にこれを取り入れることにしたわけです。

○佐々木静子君　抱き合わせ増資に関する一連の規定が公布の日から施行されるわけですし、時価発行増資による資本準備金が最近たいへん増加の傾向ですので、早急にこれの利用をはかろうとする会社もたくさん出るんじゃないかと思うのですけれども、端株の売却について、いわゆる有償、無償の抱き合わせ増資の新株発行の場合に、端株について例外として再募集しないで「取締役会ノ決議ヲ以テ株主ガ新株ノ引受権ヲ有スルモノト看做シテ之ヲ売却」できるという規定がございますが、「株主ガ新株ノ引受権ヲ有スルモノト看做シテ之ヲ売却スル」とは、実際にはどういう方法で売却するのか、ちょっと御説明いただきたいと思います。

○政府委員(川島一郎君)　普通上場されておる会社の株式ですと、市場で取引が行われておりますので、そこで売ることになるわけです。

○佐々木静子君　これ新株ですから普通の株の取引のようにいくわけですか。むしろ株主が新株引き受け権の証書を持っておって、それによって行うことになるわけですか。

○政府委員(川島一郎君)　これは新株発行後に売るわけですから、新株を発行しますと、上場会社の新株は当然取引市場に出てまいりまして、その当時の時価によって取引が行われることになるわけです。

○佐々木静子君　転換社債について伺いますが、わが国における転換社債の発行の総額がどのぐらいであって、事業債発行総額の占める比率が年々ふえておりますけれども、大体いまどのくらいのパーセンテージを占めているか。

○政府委員(川島一郎君)　時価転換社債の公募による発行ですが、これは昭和四十一年ころに始まりまして、昭和四十四年度は発行会社が四社、百二十五億円、それから四十五年度は二十二社、一千百四十五億円、それから四十六年度は十八社、八百五十億円、四十七年度は六十五社、二千八百八十億円、それから四十八年は百五社、五千二百六十億円と、相当増加の傾向にございます。

○佐々木静子君　転換社債の発行手続を新株の発行並みに今度は緩和されるわけですが、そのような改正を行われる御趣旨を承りたいと思います。

○政府委員(川島一郎君)　一つは均衡論です。一般の普通社債も、新株も、取締役会の決定で発行できるようになっておる。ところが、転換社債は転換の条件などを定めなければならない関係上、株主総会の決議が要る。こういう差がございますので、転換社債も、新株あるいは普通の社債と同じように、取締役会の決議だけで発行できるようにしようというわけです。それから転換社債は、この制度ができましてからしばらくの間はあまり利用がなかったわけですが、昭和四十年代になりましてから非常に多く利用されるようになってきた。したがって、その発行手続を簡易化する必要が生じてきた。ことに転換社債を発行するのは資金を調達する場合ですが、資金調達に機動性を与えるためには、株主総会を開く時期まで待っておったんでは時期を失する場合もございますので、このように改正して、資金調達の便宜をはかろうということです。

○佐々木静子君　それで、この中に、第三者に対して特に有利な転換条件による転換社債の発行といわれておりますが、特に有利な転換の条件とはどのように解釈すればよろしいですか。

○政府委員(川島一郎君)　新株発行の場合に特に有利なということばがございますが、それと同じように、一般の時価と比較して、それを下回ることが有利な条件になるわけでして、その「特ニ」とは、有利性がきわめて軽微である場合にはこれに該当しない、しかし、ある程度の開きがあるという場合、特に有利だと認定されることになろうと思います。

○佐々木静子君　商法の三百四十一条ノ二ノ二に、転換社債を発行するときは一定の時期を公告しなければならないという規定がございますが、その時期、内容、及び転換価格は確定額をもって明示しなければならないのかどうか、承りたいと思います。

○政府委員(川島一郎君)　この三百四十一条ノ二ノ二に規定されております事項は、具体的にその内容を公告し、通知しなければならないと考えております。

○佐々木静子君　では、確定額を明示するということですか、転換価格。

○政府委員(川島一郎君)　転換価格とおっしゃるのは、転換の条件のことですね。

それは確定できるような条件を明示しなければならないということです。

○佐々木静子君　それでは商業帳簿について伺いたいと思いますが、この改正商法の三十二条の第二項の「公正ナル会計慣行」、先ほど来、企業会計原則と商法との調整でも問題になったわけですが、これは企業会計審議会で商法と証券取引法における会計基準が一致して同一の会計基準に従って監査が行われることを明確にするための規定を商法に置くというところからこの三十二条の二項が生まれたと思うわけですが、「公正ナル会計慣行」と企業会計原則は同じものであると考えていいのかどうか、その概念について伺っておきたいと思います。

○政府委員(川島一郎君)　「公正ナル会計慣行」とは、会計上ならわしとして行われているものであってしかも公正なもの、この「公正」とは、商業帳簿を作成をさせる商法の目的から見て公正妥当と認められるものをいうわけでして、そういった一種の抽象的な基準を設定したつもりです。したがって「公正ナル会計慣行」即企業会計原則とは考えておりません。ただ、企業会計原則は公正な会計慣行を具体化したものであるといわれておりますので、そのとおりであるといたしますならば、内容的に、企業会計原則の内容は「公正ナル会計慣行」と一致するであろうと、考えるわけです。

○佐々木静子君　この三十二条の第一項に、「商人ハ営業上ノ財産及損益ノ状況ヲ明カニスル為会計帳簿、貸借対照表及損益計算書ヲ作ルコトヲ要ス」と今度の規定できめられているわけですが、まず、改正前の三十三条の財産目録を削除した理由はいかがでしょうか。

○政府委員(川島一郎君)　現行法では、仰せのとおり財産目録を作成しなければならないことになっております。しかしながら、現在の会計実務におきましては、むしろ会計帳簿が整備しておれば、それによって貸借対照表をつくるということでこと足りると考えられておるそうでして、特に財産目録の作成を義務づける形で存置する必要がないと考えたわけです。要するに、財産目録を特につくるだけの必要性が現在の会計実務から見ては乏しくなっておるということがあるようです。

それからもう一つの理由は、会計帳簿を整備しておきますれば、それによって必要がある場合には財産状態がどうであるかということはわかるわけであるから、特にそれと別なものをつくってまで整備する必要はない、こういう考えに基づくもののようです。

○佐々木静子君　この総則規定の三十二条、これは小商人にまで適用すると思うのですが、「会計帳簿、貸借対照表及損益計算書ヲ作ルコトヲ要ス」とされている点が零細企業に対して無理じいをするものであり、商法のこの改正が零細企業を圧迫するものであることの論拠の一つにされているわけです。それじゃ会計帳簿だけでいいんじゃないんでしょうか。

○政府委員（川島一郎君）　最近における会計の考え方は、いわゆる損益法の考え方がかなり広がってきておりまして、実際にどれだけの費用を使ってどれだけの利益をあげたかをきちっとしておくことが大切であると、いわれております。そういう考え方に基づきまして損益計算書の作成を義務づけることにしたわけでして、特別な意味はそれ以外にはないわけです。

　いま小商人とおっしゃいましたが、小商人は作成義務がないわけでして、それ以外の零細な個人商人あるいは小さな会社も、損益計算書の作成を義務づけられることによって会計的にかなり苦労をしいられるのではないか、こういう御意見がありますことは私も十分承知しております。しかしながら、商法が要求しております損益計算書というのは、企業により、その規模により、種類によりそれぞれ異なるものがあって差しつかえないわけでして、どういう様式のものでなければならないということは株式会社以外は特に法定しないつもりです。したがって、ごく零細な商人の場合、どれだけの費用があってどれだけの売り上げがあって、その結果収入がどれだけであるという程度の簡単なものでも損益計算書として認めて差しつかえない、このように考えておるわけでして、それほどごめんどうをおかけすることにはならないんではないかと考えたわけです。

○佐々木静子君　商人といっても、屋台をかついでいるラーメン屋さんも商人であれば、くつみがきをしていられる方も商人であるし、規模からいうと非常に小さい、ごく小さい規模でやっていらっしゃるわけですが、現実の問題として、自分は商人だけれども、これぐらいのことはやってのけられるという零細企業の方はおそらくだれもおらないんじゃないかと思うんですけれども、このあたり大臣はどのようにお考えですか。

○国務大臣（中村梅吉君）　経理関係の帳簿は、いろいろそういうふうに何種類かの帳簿を整備することによって正確を期することができるんで、大福帳のように一本の帳簿だけですと記帳の誤りもあったり、あるいは不整備の点があったり、ごまかしがあったりということが起こりやすいので、会計帳簿は、ここに定めてあるような帳簿を整備することが正確を期する上で適当であろうと、かように考えております。

○佐々木静子君　正確を期する上に適当だという理論と、実際にやれるかどうかですね。おそらく百人のうち九十九人まではできないと思うんですよ。それが今度の商法が悪法案である、零細企業を苦しめるものであると反対されている理由の大きな要点になっているわけですが、何らかの措置をお考えになっておられるのかどうか、その点お聞かせいただきたい。

○政府委員（川島一郎君）　商法は、ごく小規模な商人には商業帳簿の作成義務を免除しておるわけです。そのごく小規模な商人が資本の額が二千円以下といった非常に時代離れした規定になっております。この点は今後の問題として早急に検討しなければならないと思います。

　それから、一般の商人に対して商業帳簿の作成義務を課すということは日本だけでなく世界各国の商法が同じ立場をとっておるわけでして、基本は、商人として当然なすべき義務であり、かつ、債権者との間で問題が起こった場合にそのあと始末をきちんとできるようにしておく意味で必要であろうと思うわけです。ただ、各国ともそうですが、これを記載しなかった場合にどうなるかは、商法ではいわゆる不完全規定と呼ばれておりますように、記載しなかったから過料を課せられるとか、罰則がかかるとか、そういうことにはなっておりません。ただ、商売のことに関して訴訟が起こったとか、あるいは破産が宣告された、こういう場合に商業帳簿がつくってないと不利益が生ずるとか、あるいは破産の場合には罰則の規定まであるわけでして、そういう異常事態のために平素から明確にしておくことはある限度では必要なことであろうと思うわけです。

○佐々木静子君　いま民事局長、不完全規定だから特に商法上強制する方法はないんだというお話しですけれども、これ現実の問題として、いろんなことを私は税金の関係でおっしゃるだろうと思うし、もし帳面をつけてないと言えば商法の三十二条にこういう規定があるじゃないかと、主税局は徴税の上でおっしゃると思うんですが、この規定を税金を徴税なさる上で悪用されることが起こり得るのかどうか。万一そういうことになると、零細商人に対する圧迫になりますから、三十二条を悪用しないとおっしゃるのであれば、この場で全く考えておらぬということをはっきりしていただきたいと思うわけです。

○説明員（伊豫田敏雄君）　国税庁の執行の問題でして、主税局としては法令上必要な範囲において帳簿を法定しておりますので、税法面ではそういうものは直接には関係ございませんけれども、質問調査権の関係で、もし質問あるいは調査の際に必要な場合にはそれをお見せいただくことも場合によっては当然生ずることかと考えます。もちろん悪用することは断じて考えておりません。

○佐々木静子君　悪用と言うことばが悪いけれども、こちらはとても書く能力がないから書いてないんだと言ったときに、ないことによる不利益を徴税上受けるんじゃないか。これを非常に懸念して、この規定は零細商人を苦しめるものだ、税金上いじめられるんじゃないかとたいへん心配しているわけです。

○説明員（伊豫田敏雄君）　失礼いたしました。その趣旨ならば、それがないからいかぬじゃないかということは税の立場からは申し上げません。

○佐々木静子君　これがないからいかぬのではないかという不利益を受けないということさえはっきりしておれば、それでけっこうです。

それから、帳簿の記載義務が強化されることは、付加価値税の問題につながっていくんだということから、商人の帳簿記載義務に対して非常に警戒の声が強いわけですが、そういうことが全くの杞憂にすぎないのか、これもはっきりと明言していただきたいと思うんです。

○説明員（伊豫田敏雄君）　付加価値税の問題は将来の問題としてなお検討されている段階でして、これが直ちに、あるいはごく近々のうちに実現するものではないと考えております。したがいまして、ただいまのようなお話と、直接つながるものとは毛頭考えておりません。

○佐々木静子君　商人の帳簿記載義務が付加価値税の問題とは全くつながりないと考えていいということですね。

○説明員（伊豫田敏雄君）　ただいまの段階では全くつながりがないと考えております。

○佐々木静子君　ただいまの段階が気に入らないんですけれども、ただいま以後もつながりないというお約束できますか。

○説明員（伊豫田敏雄君）　私がただいま判断した限りにおいては直接つながることはないと考えております。

○佐々木静子君　商法改正に反対の意見の一つとして、「生きているのに棺桶へ」ということで、この規定がけしからぬという御意見も出ておるわけですが、現実に、この改正商法で考えておられる休眠会社がいま日本にどのくらいあるのかまずお答えいただきたい。

○政府委員（川島一郎君）　推定ですが、二十万社ぐらいあるのではないかと思われます。

○佐々木静子君　そうすると、全体の会社の何％に当たるのかと、この改正が「生きているのに棺桶へ」ということになるのかならないのか、御説明いただきたいと思うわけです。

○政府委員（川島一郎君）　株式会社が、百万ですから、二十万と申しますと二〇％になるわけです。

それから休眠会社の整理の趣旨ですが、これはわが国には約百万の株式会社があるわけですが、その中にはもう営業を廃止している、実体のない会社がかなりあるわけです。しかしながら、解散したという登記もしてありませんので、登記簿上は現在も存在して営業をやっている外観を持っておるわけです。そこで、そういう会社があります場合に、今度はほかの会社が同じ商号をもって設立登記をしようとする、あるいは移転登記をしようとすると、その商号権を侵害するという問題が起きまして、その名前を使っての会社の新設あるいは移転ができないという不都合が生じます。事務的にも実際に実体のない会社がたくさん登記所の倉庫に納められている点で事務処理に複雑さを加えておる面もあるわけでして、それを整理しようという趣旨です。

実際に生きている会社まで解散に追い込むことがないかという点ですが、この今度の改正案の商法四百六条の三ですが、何の登記もしないで五年経過しておることが一つ。そして法務大臣が官報で、そういう会社は届け出てもらいたいという公告をすることが第二。それから登記所は、個々の会社に対して、法務大臣の公告があった、したがって営業を廃止していないのであれば届け出てもらいたい、こういう通知をするわけです。それだけの手続を経まして、なおかつ届け出がない場合に初めて解散とみなすわけですので、実際に活動している会社であれば、少なくとも登記をしないにしても届け出はされることになると思いますので、そういう会社まで解散に巻き込むおそれはないと考えておるわけです。

○佐々木静子君　若干この条文以外で補足的に伺っておきたいと思いますことは、会計監査が今度設けられることによって、公認会計士の発言が非常に大きくなってくるのではないかと思うわけですが、今後どのようにして公認会計士の方がその地位を独立して十分に会計監査が行うことができるような保障を確立していくかが問題じゃないか。公認会計士に関する監督について、今後どのように考えておられますか、行政指導の面について伺いたいわけです。

○**説明員（田中啓二郎君）**　現在も公認会計士業務の適正な運営を担保するために公認会計士法で懲戒処分をするとか、業務停止とか、あるいは証取法による問題あるいは民事責任を課している問題とか、あるいは商法特例法で罰則が規定してあるというぐあいに、法令上公認会計士の適正な業務運営を担保する規定がございますので、行政当局としてそのような法令を厳正に執行すると同時に、公認会計士に対してはより厳正なビヘービアをとっていただくという指導を繰り返し繰り返しやっていきたいと考えております。

○**佐々木静子君**　外国の公認会計士がいま日本でもかなり会計業務に従事しているようですけれども、日本の公認会計士の権益を守るために、外国の公認会計士の活動について何かお考えですか。

○**説明員（田中啓二郎君）**　外国公認会計士制度は、公認会計士制度を新たに導入した際、欧米のすぐれた公認会計士を活動させることがわが国の公認会計士にとっても刺激にもなるし、そういう趣旨から設けられたものですが、これはあくまでもわが国の公認会計士法に基づくものでして、日本人の公認会計士と外国の公認会計士とは当然同等の扱いをすることになるわけです。

○**佐々木静子君**　公認会計士の方々よりなる監査法人をおつくりになった理由、それから監査法人が合名会社法の適用を受けているのかも伺いたいわけなんです。

○**説明員（田中啓二郎君）**　前段の、監査法人制度を設けました趣旨は、組織的な監査の推進及び監査人の独立性保持に資するためのものです。企業の経営規模の拡大に伴って監査証明業務の事務が増大かつ複雑化しておりますので、一人でやるよりは監査法人によって行わしめたほうがより適正な監査を期し得るのではないかという観点から監査法人制度を設けたわけです。

後段の御質問は、これはそうは申し上げましても、特定の少数精鋭による監査法人が相互信頼の確立にも資する観点から合名会社のたてまえということにしたと理解しております。

○**佐々木静子君**　公認会計士の方々のことを申し上げましたが、税理士の方々にも非常に御関心をお持ちいただいたわけですけれども、税理士の方々のいま一番の御関心は税理士法改正にあると思うわけなんです。税理士法の改正で特に一番重点的に考えなければならないのは、税理士の方の自主権をもっと確立しなければいけないんじゃないか。そういう点について税理士法の改正問題及び税理士さんの自主権の確立の問題について、どの程度前向きで取り組んでいただけるのか、その点について伺いたい。

○**説明員（渡辺喜一君）**　税理士法の改正は、かなり古くからいろいろ議論がございます。いずれにいたしましても、税理士法の改正は税制、特に執行面その他に微妙な影響を持っており、基本的な改正になる問題でもございますので、当面、やや長期的な観点で慎重に検討を続けるべき問題であると考えておるわけです。

○**佐々木静子君**　ぜひとも、税理士法の改正によって税理士の方々の自主権の確立を、大蔵省も前向きになって積極的にお取り組みいただきたいということを特にお願い申し上げるわけでございます。

株主総会についての改正及び取締役に関する規定の改正、それから監査制度の改正が三つの柱になっておって、今次出されました改正案は監査制度についての改正ということに重点がしぼられておるわけですが、現実の問題とすると、株主総会が全く名前だけになって、非常に問題の多い企業でも、五分とか十分以内に、わっという間に行われておる実情でもあり、企業の横暴が非常に叫ばれておりますけれども、今後取締役の行き過ぎを規制する立法が大事ではないかと思っておるわけですが、法務省も積極的に改正作業を進めていらっしゃると承っておりますけれども、その点について法務大臣の御所信を最後に承っておきたいと思います。

○**国務大臣（中村梅吉君）**　株主総会の問題は、確かに問題点がいろいろありまして、今回は会計制度の問題のみ商法改正を取り上げましたが、御指摘の点は、法制審議会等にもはかりまして十分慎重に検討してまいりたい、かように思っております。

○**佐々木静子君**　それでは、次は株主総会についての改正なのか取締役についての改正なのか、どちらの作業を先にお進めですか。

○**国務大臣（中村梅吉君）**　株主総会の問題と取締役会の問題は取り上げれば同時に取り上げていくのが適当であろうと、考えております。

○**佐々木静子君**　それの改正は、何年ぐらいをめどに作業を進めていられますか。

○**政府委員（川島一郎君）**　株主総会あるいは取締役会を改正することになりますと、抜本的な改正を加えることになるわけです。まあ従来、法制審議会の商法部会はかなり能率のいい部会でして、相当大きな問題でも三年か四年の間には要綱をまとめ上げておりますが、問題になっております株主総会あるいは取締役の問題を取り上げますと、場合によりましては大会社と小会社によって規制を異にしなくてはならないという問題が出てまいりまして、いろいろ波及するところの大きい問題だけに、相当取り扱う範囲が広くなりまして、どれくらいで審議が終わるかは予測がつかないわけですが、こういう社会の情勢の変化の激しい時期ですので、なるべく早急にやらなければならないことは十分承知しておりますので、商法部会もその点は十分御留意をいただきながら審議していただけるものと考えております。

（中略）

○春日正一君　商法は私企業の行為を全体として規制する一つの基本的な規範になるものだと思いますが、今度の場合は何を動機にしておやりになっているのか、そこらを聞かしてほしいんですが。

○政府委員（川島一郎君）　商法の改正は、法務省に法制審議会という法務大臣の諮問機関がございまして、商法の改正を必要とする事項があれば要綱を示すようにと大臣からの諮問がされております。今回の商法改正案は、この法制審議会で示されました要綱に基づいてつくったものです。さらに、商法部会で今回の改正案を考えましたその動機、経過を申し上げますと、昭和三十九年、四十年ころ、山陽特殊製鋼の粉飾決算、その他有力な会社の粉飾決算がかなり明るみに出てまいったわけです。そこで、商法にはいろいろ改正すべき点がございますが、特に監査制度について取り上げることが急務であろうということで、監査制度の問題をまっ先に審議することにしたというのが、動機といえば動機です。今回の改正案が監査制度の改善強化を一つの大きな主眼にしておりますのも、そのような経過に基づくものです。

○春日正一君　監査制度の改善強化で、直接のきっかけになったのが山陽特殊製鋼の粉飾決算だというお話ですけれども、しかし、提案理由説明では、「現下の社会経済情勢にかんがみ、株式会社の運営の適正及び安定をはかり」ということになっているんですね。だから、それは決して粉飾決算をどうする、そのための監査を強めるということではなくて、株式会社の運営の適正及び安定をはかることが目的だと、はっきりうたわれておるわけです。そこで、現下の社会情勢がどういうものか、資本主義の発展の現段階がどういうものかが一つ大事な問題になる、こういうことになるんじゃないか。

明治のころとか、大正の初期は、零細な企業、中くらいな企業がたくさんあって、自由に競争してやってきた。この自由競争というものは国民にとっても必要なものだし、企業の発展にとっても必要な刺激だったと思う。ところが、現在では、ごく少数の大企業が一つの産業を支配する状況が一般的になってしまった。また、そういう企業が横に今度は結びついて、三井グループとか三菱グループとかという形で、日本経済の中に幾つかのブロックが大きな経済的な支配力を張りめぐらして、しばしば相談をしては価格の操作をやっておる。それだけでなくて、企業が行政としっかり癒着してしまって、官民一体、財界と行政と一体での株式会社をつくって、それが大開発をやっているわけでしょう。

そこまで資本主義が発展してきたんだから、過去の商法で間に合わぬから直せというなら、大企業の経理を国民的に監査もし、内容を明らかにして、不正や横暴のできないようにしていく、そういうものを規制していく立場でこそ、商法の改正はやられるべきじゃないのか。そうして、大企業の犠牲になっておる一般国民や中小企業、零細企業を保護していく立場でこそやるのが現時点における商法改正の立場じゃないのか。法務省は一体どの立場でこの改正をやろうとしておいでになるのか、その立場をはっきりしてほしい。

○政府委員（川島一郎君）　非常にまあ大所からの御意見だと思うわけですが、私考えますのに、現在の企業のあり方、その他いろいろ問題が起こっておりますそれに対しまして、企業に対して外部的に規制を加えていく――現在企業が大きくなりましていろいろな問題を起こしておる、それに対しまして、集中とか寡占とか、そのほかいろんな企業間の協定とかに対して規制を加えるとか、企業のいろいろな個々的な外部に対する問題を解決するためにいわば行政的な立場から規制を考えていくという方向と、それから、それと異なりまして、商法のような、比較的行政的な配慮よりも、むしろ純粋に法人制度がどういうふうにあるべきかという点から考えていく、つまり企業内部の機構を整備していく、足らない点があればそこを補なっていく、それによって企業の行動が適切に行われるようにすると、そういう二つの分け方があろうかと思います。そういう意味で、商法は私法ですので、むしろ政治的な観点を抜きにして、企業がみずからその行動をコントロールすることができるような、そういう組織を考えていくという意味で、今度の監査制度の改正が考えられておるわけです。したがいまして、いろいろ行政的に企業のあり方に対する配慮がされておりますけれども、それと今回の改正とは矛盾するものではなくて、むしろ結びつくことによって全体が適正に運営されるようになることを期待しておると、こういう考え方です。

○春日正一君　大企業の横暴を規制するという、国民あるいは中小企業、そういう立場に立つのか、それとも、大企業がさらに自由にふるまえるように法を変えていく立場に立つのか、どっちの立場なのかとお聞きしたわけですよ。大臣は一体どうあるべきか、どっちの立場に立つべきか、その点をお聞きしたいと思います。

○国務大臣（中村梅吉君） 企業がだんだん大型化してきておることは現実の実情です。そこで問題は、まるで雇い人のような監査役が、通り一ぺんの監査をして、株主総会で監査の結果異常ありませんでしたと言うだけで素通りさせていいのかという問題があろうと思うのです。

そこで、今回の改正では、監査役は会計の監査のほか、業務も監査をして、違法や不適当な業務に対しては業務の訂正も命ぜられるし、それからまた、株主総会を招集する場合には監査役の監査結果をまず先に出して、その書類を株主総会招集の書類に添付して、監査役の意見を一般株主に報告をする。さらに会計監査人の監査結果も、株主総会招集のときには監査書類を同封して一般株主に前もって送らなければいかぬという制度をつけておりますので、できるだけ監査役の監査及び会計監査人の監査を通して企業モラルをもっと徹底したいというのがわれわれの腹の底にある考え方です。この制度ができますれば、現状よりは必ず私はよくなると思うのです。

また、これは立案段階で、商工会議所あるいは経団連、学者、各方面に配付しまして御意見を求めておるわけでして、経団連のそれに対する回答の書類では、できれば何とかこの制度を適用する法人は上場会社だけにしてくれという注文であったようです。しかし、上場会社でなくても大規模のものがあるわけですから、上場会社はもちろん、上場会社でなくても規模の大きいものは適用することにし、それからまた、さりとてこのめんどうな会計監査人の制度をすべての会社に適用したら、中小会社は非常に繁雑で困るだろうということから、結局は、衆議院で審議の結果、資本金五億以上の上場会社になりましたわけで、まあ大規模、中規模の会社には適用をされるわけですから、いろいろ見方はあるかもしれませんけれども、私どもとしては、この改正によって、企業モラルも向上し、社会的にも貢献ができる、いままでの弊害も相当程度除去できると考えております。

○春日正一君 監査制度の問題ですけれども、政府は、監査役に業務監査権が復活してくる、また取締役の違法行為差しとめ請求権が与えられたことで監査が強化され、これでよくなるだろうと言われているんですけれども、この点に関しては衆参両院の法務委員会での審議でかなり質問が集中されておりますので、私はできるだけ重複しないようにして、ただ監査報告に関する規定についてお聞きしたいと思います。

まず、監査役は監査報告書をどこに提出することになっていますか。

○政府委員（川島一郎君） 監査役は、取締役の作成しました計算書類を監査しまして監査報告書を作成し、これを取締役に提出することになっておりります。

○春日正一君 そうすると、取締役会に提出する。そこで、監査役が株主総会に報告しなければならないというのはどういう場合ですか。

○政府委員（川島一郎君） 監査報告書の関係で、監査役が作成いたしました監査報告書は取締役に提出いたしますが、その決算の結果は株主総会に報告されます。そこで、株主総会の招集通知を株主にいたします際に、計算書類とともに監査役の監査報告書を株主に送付することになるわけです。そうして、株主総会が開かれますと、その席で監査役はそれについての意見を述べることになっております。

○春日正一君 監査役は監査報告を取締役会に出すということで、それを得て株主総会にそれが出されるわけですけれども、そのほかに、監査役が直接株主総会に意見を報告する場合はどういう場合かを聞いているんです。

○政府委員（川島一郎君） 監査役は株主総会において、会計に関する書類を調査してその意見を報告することを要することに従来からなっておるわけですが、今回の改正におきましてはその規定をやや詳しくして、改正案の二百七十五条の規定ですが、「監査役ハ取締役ガ株主総会ニ提出セントスル議案及書類ヲ調査シ法令若ハ定款ニ違反シ又ハ著シク不当ナル事項アリト認ムルトキハ株主総会ニ其ノ意見ヲ報告スルコトヲ要ス」、こういうことになっております。

○春日正一君 まるでこう本末転倒といいますか、大体、一つの団体というか、機関の民主主義的な運営の原則からいえば、監査役は株主総会で選ばれるわけですから、監査役の報告は直接株主総会にしなけりゃならぬ。自分を選んだ母体に対して報告することが、当然の義務になっているはずです。だから、そういう意味でいえば、ほんとうに民主的に会社の運営をやらせようとするなら、監査役は株主総会で選ばれたわけですから、監査役の業務である監査報告書は株主総会にそのまま報告すべきだ。そうして、取締役会に対しては、特に必要な場合、必要な事項ないし要望事項を報告するのが本来考えられる姿だと思うんです。せっかく監査の機能を今度の改正でふやしたと言っていますけれども、それがまともに遂行のできない形になっているんじゃないかということですね。その理由を説明していただきたい。

○政府委員（川島一郎君）　監査役が取締役に監査報告書を提出する、そこで取締役がさらにチェックするということをおっしゃったように伺ったわけですが、商法で考えておりますのは、監査役の監査報告書はそのままの形で株主総会に報告され、株主総会の招集通知にも添付されるということでして、別に、取締役に提出したからといって、その内容が変わることにはならないわけです。取締役に提出しますのは、監査役が監査結果をまず取締役に知らせまして、取締役に反省の機会を与えることが一つ。それからもう一つは、株主総会の招集通知書に添付いたします。株主総会を招集するという手続は、取締役のほうでとり行うという職務分担になっておりますす。そういう関係もございまして、監査役の監査報告書を取締役に提出することにしておるわけです。

○春日正一君　私らが見れば、取締役に返して反省の機会を与えるというものは、反省の機会は総会にじかに報告したっていいわけなんで、法律の上で、取締役会にそれを提出して、それを取締役会が総会に出すというような手続には問題があると思います。だから、取締役の不正とか、あるいは業務監査とかいう問題が出されて、そういうものが、チェックしちゃならぬと言われておるけれども、内部機構の問題としていろいろ問題になることは、これは当然予想もされるので、その問題について防いでいくような仕組みにしていく必要があるだろう。

十二日に佐々木委員が、参事官室の試案に比べてこの改正法案は大きく変わっているという点を質問して、民事局長から、参事官室試案が削減された理由についていろいろ答弁がありました。私は別の角度からお聞きしたいのです。いまここに私、参事官室試案に対する経団連から出された意見書を持っておりますけれども、この意見書によると、まさに監査役の独立性を保障するためのいろいろな措置が、すべて削除あるいは限定されるという状態になっておるわけですね。これを読み上げてみますと、

第1　商法改正に関する法務省民事局参事官室試案について

1　監査役の業務監査

①　監査役が取締役の職務執行の監査（いわゆる業務監査）を行なう場合につき、業務監査の責任範囲を明確に法定し、原則として会社の業務執行が適法か否かにつき監査を行うものとすること。

②　監査役に対して、三か月ごとに営業の経過の概要報告をするよう取締役に義務づけているが、この項目を削除すること。

③　監査役は取締役の解任を裁判所に請求できることになっているが、この項目を削除し、解任については株主総会の判断に委ねるものとすること。

④　会社の整理開始の申立、特別清算開始の申立については、監査役はまず取締役又は清算人に申立を促すものとし、取締役又は清算人が申立をしない場合に限って、監査役も申立できるものとすること。

2　監査役の任期

監査役の任期は取締役と同一の任期にすること。

3　監査役の選任

監査役候補者の選定に当たり、取締役は監査役の意見を聴取しなければならない旨を規定するにとどめるものとし、監査役に次期の監査役候補者の指定権を与える旨の項目は、これを削除すること。

4　監査役の解任

監査役は自己の解任の議案について、株主総会で意見を述べることができる旨を規定するにとどめること。

5　監査役の報酬

監査役の報酬は、現行法通り、取締役と同一枠を以って定款の規定又は総会の承認事項とすること。

なお、監査役の報酬につき、取締役と別枠にして定款に定め、又は株主総会で承認するものとした場合には、報酬枠については、これを限度額にするものとすること。

6　監査費用

監査費用については、監査役は必要な額を請求できる旨を規定することにとどめること。

大体こういうように監査役の機能を、まあ手も足も縛ってしまうような、そういう意見書が経団連から出されておるわけですけれども、法務省でもこういうものが出たことは十分承知だと思うんですけれども、こういうものは出たんでしょう。

○政府委員（川島一郎君）　ただいまお読み上げになりましたのは、昭和四十三年に経団連が商法改正について要望した書面の一部であると考えます。お読み上げになりました点は、そのようなものです。

○春日正一君　そこで、今度の商法改正案の中で

は、この経団連の意見がほぼ全面的に受け入れられているのか、それとも、受け入れられない部分があるというなら、どこが受け入れられなかったか、そこのところを説明してほしいんですが。

○政府委員（川島一郎君）　まず最初に、この意見書がどういう段階で出たかを申し上げたいと存じますが、民事局参事官室の試案は、法制審議会の商法部会におきまして商法の改正案を検討中ごく初期の段階におきましてまとまった意見を民事局参事官室の試案という形で公表して、各界の意見を求めたものです。それに対して経団連から提出のありました意見の一部がただいまお読み上げになりましたような次第でして、こういった各界からの意見書を参考にしましてその後の審議が続けられた。したがいまして、これは経団連の意見書に限りませんが、各界からの意見はかなり慎重に考慮に入れながら要綱案がつくられた、こういう経過になっております。

今回の改正案との関係で申しますと、どこが違うかというと、非常にこまかい問題になってまいりますが、まず第一の、監査役が業務執行を行う場合に原則として適法かいなかの監査を行うものとすることは、いわば監査の性質上当然であろうということで、大体その趣旨で今回の法案もつくられていると思います。それから、三カ月ごとに営業の経過報告をするという点は、要望どおり今日の法案には削られております。それから、監査役が取締役の解任を裁判所に請求できる点も、今日の案には載っておりません。こういった点は、実情を考えながら、今回の監査制度の改善、強化の目的を達成するために、削除をしても障害にならないという限度で要望をいれることを考えたわけです。それから、整理の申し立て、特別清算開始の申し立てについて、事前に取締役または清算人に申し立てを促すという点の意見は、要望を採用しておりません。それから、任期は、この要望、意見と同一です。それから、選任は、若干法案のほうが広く規定されております。それから、解任も、自己の解任だけではなくて、監査役の選任、解任一般について意見が述べられるように法案ではなっております。それから、報酬は要望は現行どおり据え置くということですが、規定の上ではそのとおりにしております。ただし、この点は、別途、計算書類に関する法務省令を出すことにしておりまして、そこで監査役の報酬と取締役の報酬を区別して記載させる、このような取り扱いにしたいと考えております。監査費用は、この要望では「必要な額を請求できる旨を規定することにとどめる」と書いてございますが、今回の改正案では特に何も触れておりません。

○春日正一君　監査役の業務監査を行う場合について、責任の範囲を明確に法定して、原則として会社の業務執行が適法かいなかについて監査を行うものとすること、これはそのとおりなんですね。それから、三カ月ごとの営業経過の報告は、これは削れといって、そのとおり削っている。それから「取締役の解任を裁判所に請求できることになっているが、この項目を削除し」云々と書いてある。これもそのとおり削っておる。それから、そのとおりいれなかったのは、「会社の整理開始の申立、特別清算開始の申立について」が受け入れてない。しかし、任期も、三年を二年にしておる。あるいは選任も、ほぼこの意見がいれられておる。それから報酬の問題もそうです。特に監査費用の問題について、監査される取締役会に費用を出してくれと請求することになるわけですから、そこに矛盾があるわけですけれども、それすら削ってしまったということになると、大会社を、金持たんで何の監査ができるかという疑いが出てくるわけですね。

私の聞いておったところでは、経団連の意見が九〇%までは入っておる。経団連といえば、大企業の集まりでしょう。その大企業の頭部である経団連の意見が、商法改正の一番大事なところに九〇%までいれられてしまったという状況のもとで、どうして監査役が独立して、複雑な企業を監査し、反社会的な行動をチェックすることができるのか。私はこれでは、結局実効はあがらないだろうと、疑問に思います。

そして、衆議院での委員会の参考人の北野氏は、監査役の独立性の保障、身分の保障が、監査役が与えられた任務を果たす上で絶対必要な条件だと言われて、「監査役の身分保障につきましては、改正案はほとんど配慮をしていないのであります。わずかに、監査役というのは、株主総会において選任及び解任について意見を述べることができるんだということであるとか、あるいは監査役の選任決議につきましては、株主総会に出席を要する株主の有すべき株式の数は、発行済み株式の総数の三分の一未満に下すことはできない、こういった規定があるにとどまるのであります。十分な身分保障のない者にいかに権限を付与いたしましてもあまり意味はないと考えるのであります。改正案は、はたして粉飾決算等の防止をまじめに考えておるのか、私には疑問に思われるのであります。」こういうふうに言って、「いかに権限を与えましても、身分保障のない人に対して、そのような権限は絵にかいたもちになる危険性があるのであります。特に監査役の解任につきましては、私は少なくとも裁判所の関与するところにすべきであると考えるのでありまして、すなわち、監査役の身分保障をはかるために、裁判所の承認がなければ監査役の解任はできないというところまで徹底すべきではないか、このように考えるのであります。そして、取締役会に対抗し得るだけの監査役会を設けまして、そのもとに会計専門家を含む監査の事務機構を常設いたしまして、そのことを法においてコントロールする、こういうことが必要なのではないかと考えるのであります。大企業の監査というものは、そのような常設の監査事務機構によって常時行なわれなければならないだけの社会的な、公的な理由があると考えるのでありまして、そういった観点に立って考えますと、今回の改正案に対しては多くの不満を感ずるのであります。」こういうふうに言っております。

　そこで、北野氏の、監査役の独立、身分保障に抜本的な改革を提案して、現在の大企業の横暴はますますエスカレートの一途をたどっているのですから、これを統制するにはいろいろな措置があるけれども、少なくとも大企業内の監査機構の問題としては、北野氏が言われる仕組みにするだけの社会的理由があると思います。私は非常に傾聴すべき意見だと思いますけれども、こういう意見に対して、どういうふうに受けとめておいでになるのか、その点を聞かしていただきたい。

○**政府委員（川島一郎君）**　ただいま、北野参考人の言われたことをお読み上げになったわけでして、そういう考え方も十分傾聴に値するものがあろうと思います。ただ、今回の改正は、現実にある株式会社を踏まえて一歩一歩改善をはかっていく。急激に改善をはかりますと、混乱を生ずるおそれもございますので、そういった点も配慮しながら、新しくつくるのではなくして、現在あるものを改善していくことになりますと、いきなり一つの理想案をもって臨むわけにはなかなかまいらないわけでして、そういう意味で、今回の改正は漸進的と、まだ十分でない点があることは認めざるを得ないかもしれませんけれども、しかしながら、これは監査制度だけを改正する場合にはどうしても限度のあることでして、現在株式会社は非常にたくさんございまして、その株式会社のいろいろな態様に応じて、運営のしかたも違ってきております。そういった実情を考えながら、しかも、ほかにあります取締役会とか株主総会とか、そういう機関との関係を考えながら改正していかないと、運用がうまくいかなくなるという面もございますので、そういったいろいろの角度から考えますと、今回の改正案は現状としてはかなり進歩的なものを持っておる、相当な充実強化になると言えようかと思います。

　先ほど経団連の意見を九〇%聞いているではないかというお話がございましたが、この経団連の意見の中には、当然そうあるべきものだという点もございます。たとえば、適法かいなかについて監査を行うということは、監査の性質から申しまして当然のことでして、いわば言わずもがなのことであろうと思うわけです。

　それから三カ月ごとに営業の経過の概要報告をすることを取締役に義務づける規定を削除したのはどうかという御意見ですが、もともと監査役は何どきでも取締役に対して業務報告を求めることができるわけですので、三カ月ごとの定期報告義務を規定しなくても、実際の運用には全然差しつかえないと言えるわけです。法的に申し上げますとそういう理由もあるわけでして、われわれとしては、今回の改正案は、現在の実情を踏まえてかなり大きな改善効果を期待できると判断をしておる次第です。

○**春日正一君**　一番最初に私聞いたときに、今度の商法改正の一番の根本というか、一番の目玉は、監査制度を強化して、そして会社の不正がないようにするんだと強調されたわけでしょう。私一番先の質問で、国民の立場に立つのか、大企業の立場に立って法を合わせるのか、国民を保護するために法を改正するのか、どっちの立場に立つかと出したけれども、これがここでもはっきり出ているわけでしょう。いまあなたは、いまあるがままの会社の状態を前提にしてやらなきゃならぬから、急激なことはできぬと言われた。しかし問題は、一握りの大企業の悪徳行為ですわ。この問題が起こったのは昭和三十九年ですから、だからもう十年の経過の中で、最初に提起された粉飾決算問題を越えて、もっと大きな社会的な問題に大企業のマナーがなっているわけですわ。それをどうするかということで、当時の意見として参事官室でおつくりになったものさえずたずたに切りさかれてしまって、経団連の言いなりになったとすれば、大企業のための改正だと言われても、一言の弁解もないと思いますよ。あなたはあくまでこれでいいんだ、やりますと言うのかどうか。

○**政府委員（川島一郎君）**　今回の改正の主眼が監査制度の改善強化にある、その骨子となりますのは二つあるわけです。

　一つは、現在、監査役が会計監査しか行っていない、これを業務監査を行えるようにしようというのが一つです。それからもう一つは、資本金五億以上の大会社は、専門の会計監査人に会社の決算の検査をさせる制度を導入することです。

　そこで、そのまず第一の、監査役の監査範囲を広げるという点ですが、これは、会社の業務全般に及ぶわけでして、その意味で、会社がその行動を正す上において非常に効果があると考えております。その改正にあたり、監査役の地位を強化する問題が当然起こってまいります。ところが、現在の実情から申しますと、監査役と取締役と比べてみますと、監査役のほうが一般に地位が低い、取締役よりは一段下だというふうに世間でも見られておりますし、実際の人事の運用も、そのようにされておる場合が多いと思います。そこで、制度の面におきまして、少なくとも監査役は取締役と同等の地位に立たなければならないということを考えたわけでして、その点は、今回の法案にも貫いているつもりです。取締役と同等の立場に立って業務監査を行うことによって所期の目的を達成しようとしているわけです。

それから、大企業の言い分を聞いて案がだんだん変わってきたのではないかというお話ですが、これは、審議過程におきまして案がいろいろと変わってくることは、やむを得ないことです。その場合に、大企業の言い分だけを聞いたんではないかという御疑問があろうかと思いますが、そうではございませんで、今回提出しました法案は、当初とかなり考え方を修正した点がございます。その大きな点は、一つは、中小企業に関する問題でして、中小企業の場合には、監査役の権限を拡大しますと中小企業の運営に支障を生ずることから、監査役の監査権限はそのままにしておいてほしいという要望がありました。これは立案の段階においてそのとおりにしたわけです。

それからもう一つの、専門家の監査を受けさせるという点ですが、会計監査人の問題です。この点は、大企業としてはかなり負担になる問題でして、経団連としてもかなり困惑したのが実情であろうと思います。当然そうあるべきだという御意見もありましたけれども、自分の会社はそういうことをされてしまっては困るという意見もかなりあったわけでして、経団連が法務省に提出いたしました要望書の中にも、会計監査人の監査を受ける会社の範囲をもっと限定してくれという意見がかなり強く出されておったわけですが、この点は、今回の改正の趣旨から絶対に譲ることができないということで取り上げなかったわけです。そのように、立案の過程におきましていろいろな意見を参考としまして、そして所期の目的が十分達成できるように、しかも現状との摩擦が起きないように検討した上で今回の法律案になったという事情ですので、御了解をいただきたいと思います。

○春日正一君 もちろん日本には株式会社という名前になっているけれども、実際は家族会社みたいな、非常に零細な会社もあるし、中規模な会社もあるし、超大型の会社もあるという状態ですから、同じ会計監査のやり方にしても、あるいはそこに置くべき役員なり監査人なりの問題にしても、一律にこれを全部やれというわけにはいかぬのはあたりまえだし、それを区別することは必要なことだと思いますよ。しかし、特に大企業に対して、特別法では、五億円以上のものには監査人を置けとなっている。それと同じように、特別な大企業に対して監査役の地位を強化する。監査役が業務監査できるというけれども、適法か違法かだけを監査することでは、買い占めやったって、値上がりしそうだ、高くなったら売ってもうけるのが、商人の道じゃないかと言わればそれまでですからね。だから、そういう意味では、適法かどうかを見るだけでは事足りないし、業務全体について監査もし、反社会的なものがあるなら、これを株主総会に出し、世間にも出して、矯正していく任務が果たされなければ監査役にならない。ところが、その監査役が、任命にしても、株主総会で同意を得て選ぶとなっているし、やめさせるにしても過半数の監査役の同意を得て取締役がやめさせることになっているし、身分は非常に不安定、しかも監査に要する資金の保証は法的には何にもないわけですね。ただ、取締役会との話し合いの中で、幾らくらい出そうかということになってしまう。ほんとうに監査させようとすれば、北野氏の意見のように、取締役会と対等に監査役会を設けて、それに必要なスタッフを置いて監査をさせる仕組みにしなければ、マンモスみたいなものは、十分な監査もし、取り締まることもできないんじゃないかと言っておる。そのことを私はどうなんだと言っておるんですが、ところがあなたのほうは、急に変えちゃまずいと言っているけれども、これだけ弊害が出ておるんだから、せめてそこぐらいは内部機構として装置しておきませんと、反社会的行為が暴走することをとどめ得ないんじゃないかと、そこまできておる現状であなたはどう考えるのか。

○政府委員(川島一郎君) 御質問、お話の御趣旨はよくわかります。

そこでちょっと、いまお話しになりました点に関連して申し上げたいと思いますが、企業が反社会的な行為をしたと、これ、監査できるかという問題ですが……

○春日正一君 チェックできるかということ、そこへ走るのを。

○政府委員(川島一郎君) チェックできるかという問題です。ある会社が、反社会的な行為をすることによって利益を得る場合もございましょう。形式的には、それは商人の行為として当然だとおっしゃいましたけれども、実質的には、社会的な非難を生ずる場合、そういう行為をはたして取締役がやっていいものかどうかという問題が出てまいります。取締役は会社から委任を受けて会社の事務を処理するわけですから、会社に対して、商法に規定がございますように、忠実義務を負っておるわけでして、会社の名声を落とすような反社会的な行為をすることは、取締役がその会社に対する忠実義務を完全に履行していないことになるわけでして、これは監査役として当然監査しなければならない事柄である、したがって、それを事前に察知した場合、不法行為の差しとめ請求権もございますし、取締役会においてそれを事前にやめさせることもできるわけです。まあそういうことも今回の改正案においては予定しておるのでして、そういう点について無力であろうとは必ずしもならないと考えております。

それから監査役が監査を行うに費用が要るだろうと、それは仰せのとおりです。現在でも、監査役にある程度の費用を与える、あるいは下部の機構をつけることをしております。しかしながら、今度監査役の権限が拡大しまして仕事がふえると、当然いままで以上の事務の費用も必要ですし、それから下部の機構も必要となってくると考えております。それは法律で幾らの金をやれということは書いてございませんけれども、監査役がその事務を処理するために必要な費用は、民法の規定によって会社に前払いを請求して、その支払いを受けることができることになっておりますので、道は開いてあるわけです。

問題は、監査役がその職務を十分に果たし得るりっぱな人材が得られるかどうかにもかかってくるわけでして、こういった点は、今後経済界におきましてこの法律の趣旨を体した運用をしていただきたいと、このように考えておるわけです。

○**春日正一君**　あなたは、企業が反社会的な行為をすれば指弾を受けるから一時の利益は受けても損害になるし、そういうことは監査役が告発することもできるようになっているんだと言われますけれども、しかし、実際に去年の十月からことしの一月へかけてのあの買い占め売り惜しみは、至るところでみんなやっている。それじゃあれ、取締役会で重役が監査役から指弾されたという話、私ちっとも聞かぬ。ああいうことがやられる。ああいうものをチェックできる内部機構を企業体の中にきちっと置いておかなければ、この間のゼネラル石油みたいに、国会で摘発されて社会的な指弾を受けて、社長は辞任しなきゃならぬ事態も起こりますけれども、そんなことはよほどの例外だということです。だから、内部的な仕組みとしての監査役をなにする必要があるだろうと。

それから、人の問題だと言われますけれども、これは金子参考人も、人が得られるかどうかが問題なんですと言っていましたけれども、監査役はいままで大体冷やめし扱いになっておった。それを、ほんとうに取締役会を相手にして会社の運命をになう立場に高めようとすれば、待遇も、権限も、あるいは権限を執行するための資金も、制度的にちゃんと保障してあげなければ、監査役になってくれと言ってみたって何にもできないから、結局腕のある人はそこへいかないで、どうでもいいのがそこへ置かれることになっているわけですから、その現状を人の問題ですと言って自然に人が出てくるわけじゃないし、日本の資本主義の今日までの発展の中で人が育たなかったわけじゃない。監査役というポストに人が育たぬのは、育つ土壌になっていないから育たないんだから、その育てる条件はどうなんだということで、北野氏の意見なんかも引用しながら、こういう点はどうなんだと。それも一理あるけれども法案に固執されている。そこらは考えてもらわなきゃ困ると思うんです。どうですか。

○**政府委員(川島一郎君)**　監査役が取締役の行動を制約しようとした事例を聞かないと仰せられましたが、私も聞いておりません。しかしながら、現在の監査役は会計監査しか行っていないわけでして、業務監査を行う権限がない以上、会社のいろいろな取引内容その他の行動に口を差しはさむ余地がないわけです。ですから、そういうことができるようにしようというのが今回の改正の一つの眼目ですから、この改正がされまして適正な運用がされれば、そういう事例が必ず出てくるものと考えております。

○**後藤義隆君**　経団連の意見書が出たということで、私は、それを見ておらないから詳細なことはわからないけれども、その意見をそのまま今度の改正法案の中に取り入れてあるというわけではないのじゃないか、こう考えるわけです。そこで、今度の経団連の意見の中には、多少違うと思いますことは、今度の改正案の二百七十五条は経団連の意見と必ずしも一致しておらないのじゃないか、改正案のほうが強化しておるのではないか、こういうふうに考える。

それから二百七十五条ノ二も経団連の意見とはまた非常に違って、それよりももっともっと強化しているのではないか、このように考えるが、その点は経団連の意見そのままか、あるいはそうでなしに、こういう点が強化しているのだというふうにあるのか、その点を伺いたい。

それからもう一つは、取締役にもし不適当な行為があったときに、株主総会に報告せずに、直ちに裁判所に解任の請求をすべきではないかという意見を持っておる人もあると思うんです。しかしながら、私はやはり裁判所という官僚に直ちに取締役を解任しようという意見を監査役から出すことは適当ではなくて、株主総会にそれを報告して、株主総会で、取締役がそのまま存続かあるいは解任すべきかは決定すべきであって、裁判所がそういうものを決定すべきではないという意見を持っておるが、それに対して法務省のほうではどういう考えを持っておりますか。

○政府委員（川島一郎君） 最初の御質問ですが、二百七十五条あるいは二百七十五条ノ二についての経団連の意見は、ちょっと長文でして、ざっと見ましたところ見当たらないわけですので、よくあとで調べてみたいと思いますが、ちょっと正確にお答えをいたしかねます。

それから解任の件ですが、株式会社という一つの団体ですので、当然株主総会の意向を尊重するのが第一でなければいけないと存じます。裁判所に解任を求めるというのは、非常に特殊な場合、たとえば解散になった後の清算人に適当でない行為があるとかいう場合には考えられると思いますけれども、正常に運営がされている限りは、株主総会で決定するのが妥当であろう、このように考えます。

○委員長（原田立君） 本案に対する質疑は、本日はこの程度といたします。

本日はこれにて散会いたします。

参議院　法務委員会会議録第五号

昭和四十九年二月十九日（火曜日）

出席者は左のとおり。

委員長		原田　立君
理　事		後藤　義隆君
		棚辺　四郎君
		佐々木静子君
委　員		鬼丸　勝之君
		木村　睦男君
		佐藤　隆君
		鍋島　直紹君
		藤田　正明君
		柳田桃太郎君
		山本茂一郎君
		古武　恵市君
		中村　波男君
		中村　英男君
		藤田　進君
		春日　正一君
国務大臣	法務大臣	中村　梅吉君
政府委員	法務省民事局長	川島　一郎君
説明員	大蔵大臣官房審議官	田中啓二郎君
	大蔵省主税局税制第一課長	伊豫田敏雄君
	国税庁直税部長	田辺　昇君

（ほか略）

本日の会議に付した案件

○商法の一部を改正する法律案（第七十一回国会内閣提出、衆議院送付）（継続案件）

○株式会社の監査等に関する商法の特例に関する法律案（第七十一回国会内閣提出、衆議院送付）（継続案件）

○商法の一部を改正する法律等の施行に伴う関係法律の整理等に関する法律案（第七十一回国会内閣提出、衆議院送付）（継続案件）

○委員長（原田立君） ただいまから法務委員会を開会いたします。

○理事（佐々木静子君） それでは、商法の一部を改正する法律案、株式会社の監査等に関する商法の特例に関する法律案及び商法の一部を改正する法律等の施行に伴う関係法律の整理等に関する法律案を便宜一括して議題といたします。

前回に引き続きこれより質疑に入ります。

質疑のある方は順次御発言を願います。

○原田立君 四十五年三月の法制審議会の要綱では、「取締役の職務遂行に関し不正の行為又は法令若しくは定款に違反する重大な事実があることを発見したときは、その取締役の解任のため」の株主総会招集権、また「代表取締役の職務遂行に関し法令又は定款に違反する事実があることを発見したときは、」取締役会招集権が監査役に認められておったわけですね。これが今回提案されておる改正案では削除されて、取締役会出席発言権と違法行為差しとめ請求権しか残されていない。どういう事情があって削除に至ったのか、このしさいを御報告願いたい。

○政府委員(川島一郎君)　四十五年三月に法制審議会で決定した改正要綱には、株主総会招集権あるいは取締役会招集権を監査役の権限として認めることになっておったわけです。それが今回の法案には落とされている。その理由ですが、四十五年の要綱が決定してから今回の法案が提出されますまで三年間の空白があったわけです。その間に法務省としては、各界から寄せられました意見を慎重に検討しまして、その各種の御要望のうちとるべきであると思われたものは採用し、とるべからざるものであると考えられたものは採用しないということで若干の修正を加えてまいったわけです。その結果、四十五年の要綱と今回の法案を比べますと、いろいろな点において相違しておるところがございます。御指摘の株主総会招集権ですが、これは要綱には、取締役に違法行為がありました場合、取締役の解任を目的として監査役が株主総会を招集する、こういう権限であったわけです。この点は主として実際界から、こういう規定を設けました場合に、こういう権限を監査役に与えることによって、かえって勢力争いに利用されるという心配がある。その結果、会社の円滑な業務運営が阻害されるのではないか、こういう指摘があったわけです。そこで、私どもは、残すべきであるか削るべきであるか慎重に考慮したわけですが、今回の改正には監査役の職務権限を相当拡大しまして、特に業務監査を行うという見地から、ただいまお述べになりました違法行為差しとめ請求権とかあるいは取締役会に出席する権利であるとか、いろいろ認めたわけですので、とりあえずこの程度の改正を行って、株主総会招集権は、今回は保留しておくほうが実際的ではないかと、このような考えから法案では削除することにしたわけです。

取締役会招集権ですが、これも代表取締役に違法があった場合にその処置を取締役会でとってもらうために監査役が取締役会を招集する、監査役は取締役会でみずから議決をすることはできないわけでして、事実上ほかの取締役に相談をして、そしてほかの取締役から取締役会を招集してもらうと、こういうこともできるわけですので、株主総会招集権を削りましたと同じ趣旨におきまして取締役会招集権も落とすことにしたわけです。しかしながら、これらの点はほかの修正部分と合わせまして法制審議会に後ほど御報告いたしまして、その了承をいただいたような次第です。

なお付言しますと、監査役の業務監査権が今回の改正の眼目ですが、監査役が業務監査を行うために必要な限度の権限は、今回の法案におきましても盛り込んでおるという意味におきまして株主総会招集権あるいは取締役会招集権を落としましても監査役の業務監査自体には支障がないであろうと判断いたしたわけです。

○原田立君　要綱にあったが法案のときに削ったと、削るおもな理由は、これがあると会社内が混乱するんじゃないか、そういう心配で削ったんだと、こういう説明ですけれども、監査役は借りてきたネコみたいに、ちんちくりんでとまっているような人じゃなくて、多少タカ派でも、にらみのきく人がやっていくのが監査役の役目じゃないかと思うんですけれども。それから実際問題、こういう権限が認められた、あの監査役にはぼやぼやしたんじゃやられるおそれがあると、また監査役のほうも抜くぞ抜くぞと言って抜かないでいて、それで会社がうまくいけばぼくはいいと思うんですけれども、借りてきたネコでいいのか、タカ派でいいのか、権限は与えておいて抜くぞと言って抜かない、抜かないけれども、その社会情勢よくする、そんな方向にしていったほうがいいのじゃないかと。これは私の意見だけれども、どうですか。

○国務大臣(中村梅吉君)　法務当局としては慎重に検討した結果であろうと思います。確かに取締役は業務執行が責任でありますし、監査役はその会社の経理及び業務を監督する立場ですから、監督する立場のものが株主総会を招集してしまったり、あるいは取締役会を招集してしまうよりはもっと円滑な行き方はあるんではないかということから、この点は最初の答申にありましたのを削除することになったものと思います。

ただ、しかしながら、監査役の権限が強化されまして、経理の監査だけでなしに今度は業務監査もできる、これはたいへんな改革でして、監査役の地位なりあるいは権能は強化されるわけですから、これからはこの制度で監査役の地位も向上させなければなりませんし、また実際上向上すると思います。そして監査役としての法定された権能を発揮して、十分ににらみをきかしてもらいたいと、考えておるわけです。

○原田立君　監査役が真にその任務を全うするためには形成的な議決機関である取締役会に出席するだけでは不十分ですよ。大体取締役会は形式的ですからね。その前に重役会あるいは役員会できまってきたことをすうっと一瀉千里に流れていってしまうんですからね。そのときに監査役の人が発言を求めてうまくいくかどうか。ところが役員会あるいは常務会には監査役は出られないんですからね。取締役会の出席権と発言権だけなんですから。むしろもっと権限を強化させるんだというんだったら、監査役を取締役と同等に引き上げていって、やったほうが不正はなくすことができる。監査の役目を十分に果たせるんじゃないかと思うんですが、常務会または役員会等に出席して、経営方針その他業務執行に関する重要な意思決定のプロセス及びその執行状況を把握するという監査役でなければならないんじゃないか、こう思うんですが、どうですか。

○政府委員（川島一郎君） 監査役の地位を引き上げなければならないということは仰せのとおりです。今回の改正にも、その点は配慮をしておるつもりです。たとえば今回の改正によりますと、監査役の任期は一年から二年に引き上げられます。取締役の任期は現在二年ですから、監査役と同じ任期になるわけです。株式会社のいままでの歴史におきまして、取締役の任期が三年であったことがございます。その当時は監査役の任期は一年でした。昭和二十五年の改正により、取締役の任期は二年、監査役の任期は一年と、それぞれ一年ずつ引き下げられたわけですが、今回の改正により、初めて監査役が取締役と同じ任期を持つことになるわけでして、監査役を取締役と対等の地位に引き上げることをねらいとしておるわけです。選任方法など従来差がございましたのを、今回は取締役も監査役も同じ定足数を必要とすると選任の要件を改めております。こういう趣旨から監査役は取締役と同じ立場に立って監査を行うというのが今回の改正の大きなねらいになっておるわけです。

それから常務会についてですが、現在大きな会社は常務会をつくっており、取締役のうちで社長、副社長、専務、常務といったおもな役員だけが集まって会社内部の問題を相談するということをしております。その常務会に監査役が出席することも必要であると思いますが、ただ常務会と申しますのは、商法上の制度ではなくて、事実上の任意的な機関です。したがって、法律で規定をしようとしても、常務会の組織が商法にございませんので、監査役がそれに出席する規定を置くこともできないわけです。のみならず、常務会は商法上の機関でございませんので、法律的に特別の権限を持った会議体でもないわけです。たとえば新株を発行する、代表取締役を選任することはすべて取締役会できめることになっておりまして、常務会できめるわけではございません。そういう意味で取締役会という法律上の制度は、監査役の出席権、意見陳述権を認めたわけですが、常務会は特に規定ができなかったわけです。ただ実際の運用として、常務会を開いておる、そしてそこに監査役の出席を認めている会社も若干あるようです。今度、監査役が会計監査から業務監査に権限を広げました場合には、一そう、常務会にも監査役が出席することが望ましいと思いますので、この点は大いにそういった慣行が確立されることが好ましいと考えております。

○原田立君 局長はいまたいへん大事なことを発言しているわけだけど、監査役が重役会等にごく少数ではあるけれども出ていると、それを慣行化していきたいと、そんな方向で指導したいと言っておるけれども、これは非常に重大な問題だと思う。それを本気になってやっぱりやるべきだと思うのですね。監査役の権限を強化するというのだったら、そのぐらいのことはやらなければだめだと思うのです。監査役も重役会あるいは役員会、商法上にきめられたものじゃないけれども、それに監査役が出ていって、きちっと経理監査あるいは業務監査等も正常に運営していく方向に向いていくことを強く要望すると、局長は言われたと理解してよろしいですね。

○政府委員（川島一郎君） そのとおりです。

○原田立君 ところでこの改正案では、監査役の職務権限が強化されたと言っているんだが、またどういう人を得るか、人を得るのが問題だろうと思う。それでこの点で改正案ではまだ不十分に思うんです。

まず、監査役たる者についての資格要件の定めがない。改正案では重要な任務をになう監査役の資格は野放しである。わずかにその会社及び子会社の取締役、支配人その他の使用人であってはならないとの欠格事由があるのみです。こうした条件もさることながら、会社の業務内容が専門化、複雑になるにつれて、ますます会計監査ないしは経営実務についての知識経験を必要とするなどの積極的な資格要件を定める必要があるんじゃないか、監査役については。そうしないではたして適任者を得られるかどうか。監査制度自体をどれほどいじってみても、監査役の選任自体を誤れば監査業務が効果を発揮することは全く期待できないと思うんですが、どういうふうにお考えになっているか。要するに監査役の今度は質的向上ですね。取締役等がきまって、あぶれちゃった者が、監査役に回るというあぶれ監査が世の中にはたいへん多くいるんだということを聞いております。そんなのではほんとうにいま考えられている監査を十分強力にしていくことには全然通じないじゃないか、これを心配するわけです。監査役になるべき資格要件をもつときちんとしたものにすべきではないのか、その点どう考えているか。

○政府委員(川島一郎君)　監査役に人を得なければならないという点は仰せのとおりです。どんな制度をつくりましても、それを運用する人が適当な人でなければその制度が十分な効用を発揮できない。御指摘の点は十分企業としては考慮しなければならないと思います。ただ、これを法律上の手当てとしまして、監査役の資格要件をきめること、確かに一つの考え方であろうと存じますけれども、これはなかなか資格のきめ方がむずかしいという問題がございます。ただいま仰せになりましたあぶれ監査役という事例も少なくないようです。しかしながら、実際に一番多いのは、親会社の役員とか使用人が子会社の監査役にくるとか、あるいは大きな会社ですと、取引先の銀行とか、取引先の有力な会社から監査役が派遣されてくるという例も相当あるようです。弁護士とか公認会計士あるいは税理士が監査役になっておられる例は若干ございますけれども、全体的には非常に少ないと聞いております。こういった実情は、今後ある程度変えていかなければならないと思います。取引先の銀行の使用人が監査役に入ってくるという場合、経理の面は非常に詳しく見ると思いますけれども、しかし、今回業務監査に範囲を広げました場合、はたしてそれが適当であるかどうか、一考を要する問題が出てくるのではないかと思うわけです。ただ、現在の実情から考えまして、監査役の資格要件をきめることはなかなかむずかしい問題である。したがって、今後の運用を見ませんと、実際に妥当するような資格要件をきめられるかという問題がございます。監査役は数が少のうございます。大きな会社でも二人とか三人がせいぜいでして、小さな会社になりますと監査役が一人しかいない。こういった人数の制限もございますので、それに資格をきめますと、実際の運用が非常に困難になるという問題もあろうかと思います。したがいまして、監査役には適当な人を得るように努力してもらいたいと思いますけれども、現状から見まして、資格をきめることは非常にきめ方がむずかしいし、まだ現段階では実現しにくいのではないか、このように考えております。

○原田立君　そうしますと、いつまでたっても、政府が法案をつくって監査役の地位を向上せしめようなんていったって、かけ声だけでいつまでたってもよくならないんじゃないですかね。見通しはどうなんですか。

○政府委員(川島一郎君)　私の申し上げておりますのは、監査役に適切な人を迎えることは必要である。ただ、法律であまり厳密な資格要件をきめることは、少なくとも現在の段階においては問題があると申し上げておるわけです。

しからばどういう人を持ってくることになるかという点ですが、この商法改正が国会に提案されましてから経済界は、商法改正に応じて会社としても人事の面その他を考えなければならない、こういう議論が起こってきております。たとえば経団連の経済法規委員会は、商法が改正された場合の企業の経営あるいは人事のあり方を検討しようとなっておりますし、現にその検討を行っているのではないかと思います。それから経済同友会も新聞などの報道によりますと、商法改正後の会社の運営あるいは人事について今後各会社がお互いに意見を出し合って、改正の趣旨を生かした運用を申し合わせていきたい、こういう機運にあると聞いております。したがいまして、商法改正が行われました後は、実際界がこの趣旨を十分に理解して、それに即応した体制をとってくれるものと期待しておる次第です。

○原田立君　監査役は現在は個人監査ですね。ところが取締役は取締役会という合議機関があってやっている。それからまた取締役のほうは数が多い。監査役は少ないこと等も含めて、これからの監査はそういう個人監査ではもうだめなんじゃないですか。大きな会社を監査をするには個人監査なんていったって、なかなかできるものじゃありません。となると、そこに事務局を設けるとか、あるいは監査役も大会社になれば一人じゃないはずですから、商法で取締役会が認められていると同じように、監査役会も特に大きな会社等には設ける必要があるんじゃないかと思うのですけれども、どうですか。

○政府委員(川島一郎君)　監査役をもっと人数をふやして、そして監査役会みたいな機関をつくるべきではないか、また必要な事務局、補助者を設けるべきではないかという御意見、非常に重大な問題を提起しておられると思います。ことに監査役会という組織をつくるかどうかは、商法の株式会社の機構全般をどうするかということとの関連において考えなければならない問題であろうと思います。御提案と同じ立場に立っておるのは西ドイツの株式会社法であろうと思いますが、今回の改正は監査役に業務監査権を与えたという意味においてそれに若干近づいたということですが、まだ会社によってその監査役の人数を何人置けという制度はつくっておりませんし、合議体を規定してその権限を定めるまでには至っておりません。はたしてドイツのような株式会社が今後日本の株式会社のとるべき道なのかどうかは、個人的な意見ですけれども、今後法制審議会などにおいて十分検討していただきたいと思っておる次第です。

ただ、今回の改正におきましてはそこまでできなかった。というのは、その基本になりますところの監査役の員数です。現在、十億、百億という会社でありましても、監査役が二人か三人しかいない。これでは監査役会をつくっても強力な権限を認めるのにふさわしくないという実情ですので、今後監査役をもっと強力なものにしていく必要があるというのであれば、仰せのようにたとえば資本金によって監査役の員数を法定し、そして監査役会という組織をつくらなければならないと思います。したがって、その点は今後の研究課題となるわけですが、現状は、一応改正案としては監査役は個別の監査機関、二人おりましても三人おりましても一人一人が監査機関として独立してその仕事を行うというたてまえをとっております。もちろんこの監査役が共同して監査を行うこと、あるいは手分けをして分業して行うことは差しつかえないわけですけれども、別々に行動することができることになっているわけです。監査役が共同して行動しなければならないということにしますと、ある面では個々の監査役の行動が制約されるということが出てくるわけです。たとえば違法行為の差しとめの措置をとるとか、あるいは総会に対して会社運営の不当な点の報告をする場合に、現在のような制度でありますと一人だけで自分の思うことを自由に指摘できるわけですけれども、合議体でまとまった意見でないと行動に移せないことになりますと、その面の制約が出てくるわけでして、そこを会の権限と個人の権限を振り分けなければならない、こういう問題が出てまいります。

そこで、監査役会を設けるとしますと、会社の規模によって組織を変える、それから監査役会の権限と個々の監査役の権限をふるい分けるといった非常に大きな問題に発展してくるわけでして、ひいては取締役会、株主総会との権限調整の問題、こういったものにまで影響してくると思うわけでして、これは今後株式会社の根本的な、全面的な改革に取り組んでいかなければならないと思われますので、その際に十分検討さしていただきたい、このように思うわけです。

それから補助者ですが、事務局とおっしゃいましたが、現在でも監査役が監査を行うために補助者を設けている場合がございます。しかし、これは人数はごくわずかでして、一人とか二人とか、その程度のものが多いようです。今度業務監査を担当することになりました以上は、もっとこの補助機構を大きくしていく必要があると、これは仰せのとおりです。

○原田立君　今回の特例法案では大規模の会社を資本額五億円以上の会社とし、小規模の会社を資本額一億円以下の会社としておるのですが、その結果、監査などは五億円以上の会社すなわち大会社、一億円をこえ五億円に至らない会社すなわち中会社、一億円以下の会社すなわち小会社の三段階に分けられることになると思うのですが、従来から資本の大きさによって商法の適用対象を分けるべく商法の抜本改正をすべきだといわれており、今回監査のみに限定してですけれども、三段階に分けたわけですが、将来、商法上の問題として、監査のみならず、もう少し幅を広げて大、中、小としていく考えのもとに今回監査のことをやったのかどうか。

○政府委員（川島一郎君）　株式会社は現在百万以上あるわけでして、その中には資本金二、三十万円の小さな会社から百億、千億という大会社まで無数にあるわけです。しかも、規模の非常に違う会社を一律に同一の制度で律しようとするのはどうしても無理がありますし、実情に合わない点を生じてまいります。したがいまして、今回の改正は監査制度についてですけれども、仰せのように三つに区分して監査制度を規定しておる、こういうことになるわけでして、将来の方向として、はたして三つに区分するのがいいのか、二つに区分すれば足りるのかという問題はあろうと思いますが、会社の規模に応じて、それぞれその規模にふさわしい制度をつくっていく必要がある、このように考えております。

ごく大まかなことを申し上げますと、小規模の株式会社は、思い切って機構を簡素化する必要がある。たとえば株主総会は、現在小規模の会社でも株主総会を開かなければならないことになっております。しかし、小規模の会社で株主が特定の範囲に限られておる場合、株主全員の同意を得れば株主総会を開かなくてもいいと、こういうことにすることも考えられるわけです。それから、こまかい問題ですが、貸借対照表を株式会社は新聞あるいは官報に公告しなければならないことになっております。小さな規模の株式会社はそういうことを実際にはしていない。商法違反になりますが、貸借対照表の公告をしていない。こういったことも公告を要しないようにするとか、いろいろ簡素化をはかる必要があると思うわけです。

他方大規模の会社は、複雑にはなりますけれども、業務の適正を確保するためにいろいろこまかい規定を設ける必要があると思います。たとえば先ほど問題に出ましたように、会社の資本金によって取締役あるいは監査役の員数の最低限を引き上げることもございますし、それに伴って取締役会あるいは監査役の権限をもう少しこまかく再検討してみることも必要であろうかと考えるわけです。

○原田立君　会計監査人により外部監査の精度と信頼度を一〇〇%のものにするには、改正案による措置では不十分じゃないのかと心配するんですけれども、たとえば公認会計士の皆さん方が被監査会社と個別に契約するのではなくて、公的な機関が公認会計士または監査人と契約した上、被監査会社へそれらの公認会計士を随時派遣して監査に当たらせる、こんな仕組みにすることも、外部監査の精度あるいは信頼度を一〇〇%にするための一つの方法であろうと思うんですが、その点はどうか。報酬がその会社から出るとなると、やっぱり人情で多少その会社に縛られて言うべきことも言えなくなるのじゃないかと、要するに会計監査人の地位が情に流される心配はないのか、こう思うんですけれどもどうですか。

○説明員(田中啓二郎君)　先生のおっしゃるお考えも一つのお考えだとは思いますが、私どもの一つの法律の体系としては、監査人の精神的な独立性と社会的な信任が一番大事と考えておりまして、企業が会計監査人の監査によって、その財務内容がだいじょうぶだと社会的な信頼を博するからには、当然報酬は企業から会計監査人に払ってしかるべきものではないかと。それならば国が厳正な試験をして資格を定めている公認会計士に対して社会的責任の負託にこたえるような方法を講じているかいないかに関しましては公認会計士業務の適正な運営を担保するために、この特例法におきましても、公認会計士法におきましても、あるいは証取法におきましてもいろいろなことを講じています。たとえば商法特例法では、「会計監査人がその職務に関し不正の請託を受け、賄賂を収受し、又はこれを要求し、若しくは約束した」ときは法二十八条で罰則がありますし、その他虚偽報告ないし虚偽記載をした場合の罰則等、それから会計監査人の損害賠償責任が規定してございます。また公認会計士法でも、財務書類について虚偽または不当な監査証明を行った公認会計士及び監査法人の関与社員は懲戒処分に付される、また信用失墜行為等に関しても、一般の懲戒処分に付されることがございますし、また事件に必要な調査をするため、大蔵大臣は公認会計士に対して出頭を命じたり、審問及び報告を徴する権限もございますし、かつ事務所の立ち入りとか物件検査、提出命令という権限も持っております。その他信用失墜行為に対する懲戒処分法云々がございまして、さらに証取法そのものにおきましても、公認会計士の民事責任も非常に強く規定しております。以上のようなことで、公認会計士が被監査会社から直接監査報酬を受け取っております反面、公認会計士業務の適正な運営担保の手段を法律的にきびしく規定している点がございますので、国とか特殊法人が企業から報酬を受領して、そして関与公認会計士に支払うことまでしないでいいのではないかと考えております。

○国務大臣(中村梅吉君)　いま大蔵当局からも御説明がございましたが、公認会計士の制度が、大体先生のおっしゃる精神を生かそうということでできておると思うのです。先生のおっしゃるお話は一つの理想ですが、まだどうも理想の境地には到達しかねるので、公認会計士という厳重な制度をつくりまして、公認会計士に監査をやらせることがこの段階では適当ではないかということであろうと思います。

○原田立君　大蔵のほうでそういう罰則が規定されているから心配要らないのだと言ったって、そうはいかないんじゃないですか。多分に心配をするのですよ。過去に幾つもありますよ。それだって、好きこのんで起こしたわけではないでしょう。だけれども、きめるところがきめられないものだから、ずるずるずるずるといってあんな結果になったのだろうとぼくは思うのですよ。罰則規定きめてあるから心配要らないのですよとあなたは言うけれども、それはぼくうそだと思うのですよ。やっぱり精神論じゃなくて、実際のものを何らか手をつける、考えるべきじゃないでしょうかね。これでも罰則規定がきちんとあるから、心配要りませんよと断言できますか。

○説明員(田中啓二郎君)　その点は先生仰せのとおり、人間のやることですから、罰則があるから安心だとは思っておりませんが、しかし、報酬という金銭の問題がございますので、公認会計士の仕事をする上での抑止力、最後に罰則があるということで、要は公認会計士の精神的な独立及び自分の監査によって当該被監査会社の社会的な信用を世間に対してはっきりさせるという点の意識ではないかと思います。

○原田立君　証券取引法の規定による監査についての特別利害関係の範囲には、財務諸表の監査証明に関する大蔵省令第二条に詳細に規定されているわけですが、株式会社監査制度改正に関する民事局参事官室試案ですか、その中にこれと同じものが定められておったのが、要綱案あるいは法律の段階で三項目に削られて、会計監査人の欠格事由が整理され簡単化されているが、それは一体どういうわけなのか。それから確かに会計監査人の欠格事由として商法に規定される場合と、公認会計士法二十四条の業務制限に規定されている場合とではその法的効果が異なる、商法では、計算書類、提出書類を出した場合でも総会決議は無効になる。公認会計士法のほうは、会計監査人の懲戒処分だけである。全然その効果が違うわけですよね。会計監査の公正を確保するという観点からは非常に疑問を感ずるんですけれども、その点はどう考えておられるか。

○政府委員（川島一郎君） いま仰せになりましたのは四十三年の民事局参事官室試案のことですか。――これの「第十一 大会社の特例」の中の項目の一つに御指摘の条項があるわけですが、四十三年の民事局参事官室試案とは、法制審議会の審議過程でつくられた一つの案でして、その後、法制審議会でさらに審議を続けました結果、こういったこまかい規定は商法に規定しないで、公認会計士関係の法令で規定すると、その結果、欠格事由ではなくして懲戒事由に変更されたというわけです。欠格事由にするのがいいのか、懲戒事由にするのがいいのかという問題は、仰せのように一つの問題点であろうと思います。ただ、商法の立場から申しますと、あまり業法めいた規定を商法に置くことはいかがであろうかと考えられますことが一つ。それからかりにこのようなものを欠格事由とした場合に、欠格事由のある公認会計士が監査をした結果、その決算が成立して配当が行われたという場合、欠格事由があったために決算が正しく行われなかったことになる、配当もやり直しだということになりますとこれはゆゆしい問題になります。一応どちらの制度がいいのかを考える場合にはそういった問題があろうかと思いますが、最終的な法制審議会の要綱としては、いまの点は商法には規定しないで公認会計士関係の法令で規定することになったわけでして、いずれがすぐれているかはあまり深く研究したわけでもございませんのでお答えできないわけですが、懲戒事由にしても、結果的には利害関係は排除されることになりますので、このような案でもよろしいのではないか、そう考える次第です。

○原田立君 会計監査人の選任方法についてですが、その選任は監査役の過半数の同意を得て取締役会決議によって行われると、特例法案第三条第一項できめられているわけですが、会計監査人を選任したときは取締役がその旨を株主総会に報告しなければならないわけですが、取締役会決議によって会計監査人がきまるのではなくて、株主総会の選任にすべきではないか、かように考えるんですけれども、その点どうですか。

○政府委員（川島一郎君） 公認会計士による監査という制度は外国にもございまして、外国の立法例を見ますと、株主総会で選任するものもあるようです。確かに一つの考え方であろうと思うわけです。ただこの商法改正案の考え方は、株主総会を開いて選任しなければならないということにしますと、一たん選任した会計監査人が途中で死亡したとかあるいは欠格事由が生じたとかでその資格を失ってさらに後任の者を補充しなければならない場合に、また株主総会を開くのはたいへんではなかろうか、こういった考え方も一部にあったのではないかと思うわけでして、そういった不都合を考えますと、取締役会で選任できるとしておいたほうが実際的だと言えようかと思います。御承知のように、この案は取締役会が選任するが、それには監査役の同意が必要であることになっておりまして、その限度で会計監査人の地位もある程度保障されていると考えるわけでして、取締役会で選任するということにきめたのです。

○原田立君 それが会計監査人の独立性をそこなうんじゃないかと、こう言っているんですよ。確かに変更するときにはまた株主総会を招集しなければいけない。そのぐらいの手間はしようがないのじゃないんですか。それを簡単に取締役会だけで自分の都合のいいようにやっちゃおうという姿勢は、監査制度をもっと充実するというその精神の面からいっても、問題になるんじゃないでしょうか。会計監査人の独立性を確保するという面からいけば、ただ単に監査役の同意では簡単化するだけのものであり、むしろ監査人の地位を軽きにせしめるおそれがあると思うのです。総会の選任とすることがそれを重きとすることになり、また株主の利益保護にも適する、こういうふうにぼくは思うのですが、その点の見解はいかがですか。

○政府委員（川島一郎君） 仰せのように、独立性、地位の保障、どちらが強いかになりますと、株主総会で選任したほうがすぐれていることは問題のないところです。ただ、今回の案も、その点は十分注意を払いまして、監査役の同意、株主総会に対する事後の報告を規定しておりますし、また、会計監査人を解任する場合、理由なく行えば、解任の有効、無効という問題、損害賠償の問題、取締役が理由なく解任をしたことによって責任の問題を生ずる場合もあるわけですし、そういったもろもろの保障がございますので、実際問題としては、それほど大きな不都合は起きないんではなかろうかと考えております。

○原田立君 不都合が起きないって、さっきから何度も言っているように、ただ公認会計士の人たちにこういう罰則規定があるから、悪いことはしないのだと。何も会計士の人が悪いことをするという意味で言うんじゃないですよ。情にほだされた場合に、厳正なことができないのじゃないのかという心配があるわけです。それをなくすためにも、その位置の確保と、生活の基盤の確保は、当然やるべきではないか。会計監査人を非常に重く見るならば。もちろん監査役の同意も必要だろうけれども、やっぱり総会できめるべきとすべきではないでしょうか。そうしたほうが会計監査人制度を導入するにおいて、りっぱな名目が立つとぼくは思うのです。監査役の選任でさえも、総会の議決事項になっているのですから、会計監査人をきめるについても総会の議決にすべきじゃないですか。ぼくはそう思うのですがね。

○政府委員(川島一郎君)　その辺はいろいろな考え方があろうと思いますが、原案の考え方は、独立性、地位の保障はこの法案の制度であっても実際上不都合は生じない。また、会計監査人の業務の公正な執行は、先ほど来大蔵当局から説明がありましたいろいろな保障によってこの点も不安がなかろうということです。

監査役と選任の方法が違うのは均衡を失するではないかという点ですが、監査役はその会社の内部の役員である、会計監査人は外部の者であって会社との契約によって仕事をする者である、こういう差異があるわけですので、選任方法が違いましても、これはやむを得ないと考えております。

○原田立君　内部と外部だから選任方法は違ってもかまわないのだということですね。けれども、やる仕事は会計監査。監査役はそれにプラス業務監査が入るわけですけれども、監査という仕事はぼくは同じだろうと思うんです。より厳正にするためにやるわけですから、会計監査人の位置も重からしめることが必要なんじゃないですか。それを、ただ単に監査役の同意を得てと、簡単に、どなたでもできますよ、Aさんとやっていたけれども、Aさんは気に食わないからBさんにしましょう、Bさんもだめだから Cさんにしましょうなんと簡単にきめられたのでは、大きな会社の場合に社会的にも影響が非常に大きい。それでスムーズにいっているなら別に問題はありませんよ。何か一たび事故が起きた場合、そこら辺の手だての粗雑さを指摘されて、すみませんでしただけでは済まないと思うんですよ。そういう心配をぼくは持つわけです。そんな心配はないようにきちんとしたものにすべきではないかと言っているわけです。

○政府委員(川島一郎君)　会計の監査は、見ようによりましては、会社の痛いところを探られるともとれるわけですが、ほんとうの意味は、会社の業務の運営を正しくする、決算を正しく行うために必要であるわけですので、適正な監査の行われることが望ましいわけです。したがいまして、企業としては、最も適当と思われる監査人を選任して、その監査人に十分腕を発揮してもらう、こういう姿勢に徹すべきであろうと思いますし、実際にそのような形で運営が行われれば、このような制度を設けた意義が十分発揮されると、このように考えるわけです。

○原田立君　改正案によると、中間配当は前期の決算で留保した利益のワク内で行うよう制限を加えられているわけですが、これは会社の堅実性ということから取締役会が任意に配当金を支出することを防止しようとのねらいによるものであろうと思うのですが、反面、株主にとっては、中間配当は本来なら前期に受けるはずの配当金を保留してあと払いになるわけです。現在の経済社会に定着している年二回の決算制度を改めて年一回に減らそうとするのではないかと、たいへん心配しているわけです。なぜこの心配するのかといえば、まず第一に、監査制度改正の糸口となった粉飾決算を防ぐには、むしろ企業の決算回数をふやし、財務諸表を公表する機会を多くつくることによって粉飾決算等を防ぐことになりゃしないのか、これを逆に減らすことは粉飾決算防遏の趣旨に反するものと考えざるを得ない。この点どうですか。

○政府委員(川島一郎君)　中間配当は利益のあと払いではないかという最初の御指摘ですが、これはまさにそのとおりです。しかし、企業としては、利益があがったのですぐそれを分配してしまうのは、必ずしも健全経営という点から考えますと、妥当でない場合が少なくないわけでして、一部は配当しながら、他の一部はもう少しそのまま持っておって、今後の経営の成績をにらみながら処分をきめていくことが必要であろうかと思います。

中間配当によって決算回数を減らす結果にならないかと、その点は御指摘のとおりです。しかしながら、今度中間配当の制度をとりますと、これは年一回決算の会社に限られるわけでして、少なくとも年一回の決算は保証されるわけでして、その年一回の決算には、先ほど来議論になっておりますように、監査役あるいは会計監査人の監査が行われるわけですので、相当しっかりした決算が行われることになります。そういうことを考えますと、年一回確実な決算が確保できるならば、必ずしも決算回数の多い少ないには関係なく、会社の健全性は維持されるんではないかと思うわけです。

なお、今回の監査制度の改正によりまして決算の手続を厳重にいたしました。その結果、決算期が参りましてから決算に関する株主総会が開かれるまでの期間に、相当な期間を要します。そのために株主名簿の閉鎖期間を従来の二カ月から三カ月に変更したわけです。その間に決算が行われることになります。年二回決算を行うことにいたしますと、この三カ月の株主名簿の閉鎖期間が二回必要になってまいりますので、一年のうち六カ月は株主の名義書きかえができない結果になりまして、株式の流通に大きな障害を与えることになります。したがいまして、そういう面から考えましても、決算を厳重にするかわりに、決算は年一回でよろしいという制度をとる必要があるわけでして、そういう意味で、今度の改正では中間配当を決算期外に認めたわけです。

○原田立君　かりに中間配当を行うならば、中間の営業報告あるいは業務報告を株主に対して行う必要があると思うがどうか。

今回の改正案ではこの点について直接何もきめられていないようですけれども、どういうふうにするつもりでいるか。

○政府委員（川島一郎君）　証券取引法におきましては、中間の業務報告書を提出する制度がございます。これは投資家に対する関係ですが、商法におきましてはこういう制度は特に採用しておりません。したがいまして、株主に対する決算期の中間における業務報告と営業報告は必要ないことになっておるわけです。もちろんやって悪いというものではございません。今回の改正案の考え方は、要するに年一回確実な報告をすると、それによってすべてをまかなうと、こういう考え方です。

○原田立君　会社の運営及びその方針は取締役会においてきめられるものですが、それは厳正に行われるかどうかは、社会的にも国家的にもその影響は大きいし、監査役の位置をなお重からしめる必要があると思うんです。そういう面で、取締役会に対する、監査役会も盛ったらどうなのかと言ったわけです。ところが、そういうものは考えてないという答弁だったけれども、片一方は取締役会という機関でやることだし、それに対して真の力を発揮して監査を充実していくには、監査という機関を設けていく必要があるんじゃないか。要するに、個人の監査という位置に置いておくことは、もう政府がどんなに強弁したとしても、その位置は取締役会に対して非常に弱い。口と実際とは全然違う。企業の側に立つんじゃなくて国民の側に立って株主擁護あるいは社会的影響性の甚大なるによって会社の公正なる運用を期するためにも、監査役会なるものを考えてしかるべきではないかとあらためて御質問いたします。

○政府委員（川島一郎君）　その点は午前中もお答えしたように、非常に重大な問題であると考えております。確かに、監査役は個々的にその業務を行うというのでは取締役会に対して力が弱いことは否定できないところです。まあ、今回の改正案は、取締役会に監査役が出席して、取締役と一緒になって会社の適正な運営を考えていく立場に立っておるわけでして、取締役会と対立する別の機関としての監査役会を設けることにしますと、現在の制度に対して、組織的にも権限の上でも相当大きな変革を加えなければならないことになりますので、この点は、今後、商法の株式会社制度の全面的な改革、そこで取締役と監査役との間の権限の調整をどう割り仕切っていくかと関連させながら検討していくべき課題であろうかと思うわけでして、今回の監査役だけを切り離しての改正になりますと、ちょっとその点まで踏み込んでいくことには問題がございますので、今回はその点に触れなかったわけですが、今後株式会社の全面的な改革を考えます際には、そういった点も十分検討するようにしたいと、考える次第です。

○原田立君　今回の改正案第三十二条ノ二項に、「商業帳簿ノ作成ニ関スル規定ノ解釈ニ付テハ公正ナル会計慣行ヲ斟酌スベシ」とある。一体どういうのが「公正ナル会計慣行」なのか。また、「公正ナル会計慣行」の範囲はいかがですか。

○国務大臣（中村梅吉君）　会計監査、ことに会計監査人の監査ですが、これは要するに、会社の経理内容を、あらゆる秘匿なしに、明確に、利益のあがったものはあがったもの、損失のあったものは損失を隠蔽することなしに、要するに決算が明確であることが前提でして、その上に立ちまして、税務当局なり、大蔵当局なりが、その結果に対しては適切な徴税なりその他の方法を講ずべきでして、経理そのものが明確になることが会計監査としては必要であろうと思います。

それから、先ほど来監査役の問題、確かに、お説のように、日本の会社はほんとうに零細なものから、巨大なものからあります。ですから、この膨大な一部のものに対しては、お話のような制度を将来検討をして、監査役が取締役に押されない体制づくりを検討する必要があろうかと思いますが、現段階では、とりあえず、監査役の権限を強化し、それからまた会計監査の監査人制度をつくりまして、監査の適正を期するということで一応の改正をしたいというのが今回の改正の趣旨ですので、御理解いただきたいと思います。

○原田立君　「公正ナル会計慣行」、具体的に中身は何なんですか。

○政府委員（川島一郎君）　私、会計の専門家でございませんので、あまり十分なお答えはいたしかねます。ただ、この法文で用いております「公正ナル会計慣行」という用語の意味は、会計の慣行、つまり、ならわしとして行われているものであって、しかも

現行

第三　貸借対照表

修正案

製品保証引当金、売上割戻引当金、景品費引当金、返品調整引当金、賞与引当金、退職給与引当金等

これらに対して、渋谷健一という企業会計審議会委員の話では、「この負債性引当金については、冒頭に申し上げましたように、将来の費用のほかに損失を含めて引当てでもよろしいという新しい解釈が決定したのでございます。」こういう言い方をしている。この「新しい解釈が決定した」と言っているこれは一体どういうことですか。

また、番場嘉一郎氏、この方は企業会計審議会第一部会長、一橋大学の教授の先生ですが、「そのかわり、まともな引当金というその引当金の解釈を少し拡大解釈しましょう、そういう話をとりつけました。負債性引当金を厳密に解釈すると、これもだめ、あれもだめとなるが、修正案では、これもいい、あれもいいというふうに、まともな引当金の概念を拡大することによって、そこのところを吸収しましょうということで目をつぶっていただいたのです。」こういう記載がある。だれが目をつぶったんですか。

○**説明員（田中啓二郎君）**　企業会計原則修正案が、大蔵大臣として最終的に公正妥当な会計原則であるぞという通達は、まだ出ておりません。これは案でして、商法が成立した暁には、いま一度レビューをしなければならないものと考えております。

そこで、経団連での番場先生と居林氏のおっしゃった点は、あの当時の審議において、負債性引き当て金の概念を拡大して、あれもこれもいいという了解は、少なくとも公の場でされているものでは

企業会計原則、監査基準、原価計算基準などが企業会計審議会の意見として出されております。そのほか個別意見も出されており、必要に応じて公正妥当と認めるという通達を出しているわけです。今回の場合には、商法におきまして「公正ナル会計慣行ヲ斟酌スベシ」という、しんしゃく規定が入りまして、企業会計原則がしんしゃくの内容になる。そこで適法、違法という判断も加えられることで、商法とのかかわり合いを考えながら一応修正案がつくられていると了解しております。

そこで、公正妥当な会計慣行とは、法律なりあるいは一つの規範のように全く不変のものかと申しますと、それは一般の慣行の中から最大公約数的に定まっていくものですので、法律で、これはいい、これは悪いと書けない性質のものではないか。そこで三十二条があるのではないかと思います。

特定引き当て金等が隠れ場所になるのではないかという点に関しましては、今回は特定引き当て金を特に貸借対照表の負債の部に特掲しまして、そこではっきりさせる。そして特定引き当て金関係で損益計算書にかかわるものは未処分計算できちんと明示するという明瞭性の原則にのっとった措置をしているわけです。

○**原田立君**　四十四年十二月大蔵省の企業会計審議会できめられた修正案。また、その前に、四十四年三月に経団連が解説を出しておる。ちょっと図書館へ行って調べてきたら、たまたま出てきたんでコピーしたんですけれども、この中にいろいろと重大な点が書かれている。それで心配して、「公正ナル会計慣行ヲ斟酌スベシ」というところとの関連で聞いているわけです。

例示による拡大

公正なもの——公正とは、会社の財産状態、あるいは営業成績をはっきりさせる目的から見て公正妥当であると認められるならわしをしんしゃくして商業帳簿を作成せよということです。まあ商法では、会計の経理を行う上の基準を若干規定の中に掲げておりますけれども、これだけではなお不十分ですので、こまかい点になりますと規定では書き切れませんので、会計の公正な慣行をしんしゃくして経理を行えという趣旨でして、規定の趣旨はそういうことです。

○**原田立君**　「公正ナル会計慣行」を明文化すると、この範囲内のことは監査の対象の範疇からはずれるようになりますよと、こういう意味になるでしょう。要するに、ぼくが言いたいのは、いろいろな企業には、引き当て金、準備金、積み立て金がある。現に、日本国内じゃなくて、外国にもうけをごっそり残して置くことは、もうインチキもはなはだしいわけです。脱税行為でもあるわけですが、そういうことまでもいわゆる「公正ナル会計慣行」という中に入ってしまったんじゃ、これは重大問題なんですよ。だから、その中身は何だと聞いているわけです。また明文化することは、引き当て金等の制度を利用して、不当なもうけの隠し場所にもなるおそれがある。大蔵省はどうなんですか、そこのところは。

○**説明員（田中啓二郎君）**　証取法で、財務諸表を提出する際、一般に公正妥当と認められる企業会計の基準に従うことになっておりまして、一般に公正妥当と認められる企業会計の基準の策定は、大蔵省に企業会計審議会という付属機関がございまして、そこで御審議いただき、諮問に対して答申をいただくなり、あるいは報告をいただくなりしております。それを大蔵大臣が御自分でそしゃくされて、これは公正妥当と認めるぞとなさるわけで、たとえば従来、

ございません。

さらに、御例示になりましたもろもろの負債性引き当て金、これは一般的な例示ですが、「注解」には負債性引き当て金の定義をしっかりきめておりますので、これに該当しない限りは負債性引き当て金として認めることはできないわけで、その意味でも、あれもこれもオーケーとはならない性質のものです。

○原田立君　要するに、「公正ナル会計慣行ヲ斟酌」する云々とは、先ほど局長にも言ったけれども、これが結局隠れみのになって、現在のいろいろな引き当て金等が入り込んできて、もうけの隠れみのにはならない、その点だいじょうぶですね。

○説明員(田中啓二郎君)　隠れみのになってはならないということは、先生のおっしゃるとおりです。

○原田立君　それから「商人ハ営業上ノ」云々とありますけれども、「商人」の定義ですけれども、これは一体どんなふうなことなんですか。

○政府委員(川島一郎君)　商法の第四条に規定がございまして、「本法ニ於テ商人トハ自己ノ名ヲ以テ商行為ヲ為スヲ業トスル者ヲ謂フ」、すなわち、商人とは自分の名前でもって商行為を業として行う者です。

○原田立君　商人とは会社じゃないんですね。それから資本額は幾らぐらいになるのですか、限度は。

○政府委員(川島一郎君)　資本の金額は関係ございません。したがって、自分の名前で商行為を業としている者は、資本が非常に少ないものであっても、また大きな資本を使っておるものであっても商人です。それから、会社はすべて商人です。

○原田立君　商法第八条において、小商人には適用せず、こういうふうになっている一項があるけれども、この小商人と、三十二条の商人の関係はどうなるのか。商法中改正法律施行法、この法律は昭和十三年四月五日施行ですけれども、この第三条、資本金二千円に満たざる商人である者、会社にあらざる者、これは小商人になっているんですな。資本金二千円に満たざる商人であるのが小商人の定義であるけれども、その小商人、また、いわゆる普通の商人、これはこの三種類のものをそろえなさい、こういう意味ですか。

○政府委員(川島一郎君)　先ほど申し上げましたように、商人とは相当広い概念です。そして、その商人について商法の適用があるわけですが、その商法の規定のうち一部の規定は小商人には適用がないわけです。それが商法の八条です。そこで、その小商人とはどういうものかというと、商法中改正法律施行法の第三条にあります資本金二千円に満たない個人である商人、これが小商人になるわけです。現在、資本金二千円未満の商人と申しますと、ほとんど考えられないわけですが、この法律は昭和十三年にできまして、その当時の価値を基準にしてつくりましたために、このような規定になっているわけでして、現在では非常に実情に合わない規定となっているわけです。

○原田立君　実情に合わないから改正する考えがあるんですか。昭和十三年ごろの二千円はたいへんな金額だろうと思うんですね。だけれども、それも小商人と規定をしているわけです。そうすると、今日貨幣の価値が変わっていますから、倍率にするとたいへんな金額になると思うけれども、資本金二千円はあまりにもばかげた話であって、改正すべきだと思う。その点どういうふうに今後取り扱いなさるんですか。

○政府委員(川島一郎君)　仰せのとおり、改正すべきです。早急に検討さしていただきたい、このように考えます。

○原田立君　三十二条で問題になっているのは、ラーメン屋さん、八百屋さんに至るまで複式簿記にしなければいけないのかどうかです。商人または小商人の扱いはどうなるのか。商人並びに小商人等の定義について、きめるべきものをはっきりきめないと、法律三十二条の基本がくずれるのじゃないですか。だから逆な提案であって、まずもとをきめてから三十二条を手をつけるべきではなかったのかと指摘したい。いかがですか。

○政府委員(川島一郎君)　確かに御指摘のような面はあろうと思います。三十二条の改正、特に損益計算書を商人に作成することを義務づける点は、非常に小規模の商人に困難をしいることになるのではないか、そういう御批判はごもっともと思います。そういう意味におきまして、小商人の範囲を実際に合うように修正することは私どもとしても早急に考えなければならない問題である、このように存じます。

○原田立君　一億円以上の会社の監査役には、会計監査と業務監査とやらせるようにしましたね。ところが、一億円に満たない会社は従来どおり会計監査のみで、業務監査はないということですね。実際一億円未満の会社は約百万社ぐらいあると聞いているのですけれども、一億円未満の会社でも業務監査があったほうがいいと思うが、その点についての見解はどうですか。

○説明員(田中啓二郎君)　証取監査で申しますと、有価証券報告書は、一度増資等で有価証券届出書を出しますと、それ以後続いて出すことになっておりまして、一億円未満の会社でも有価証券報告書を出している会社が若干ございます。その数は四十七年末で五十六です。今回の商法によりまして一億円未満は何も会計監査人の監査を必要としない点は、法務省にお答えいただくのがけっこうかと思います。

○政府委員（川島一郎君）　法制審議会で四十五年に決定した商法改正要綱には、すべての株式会社の監査役に業務監査を行わせるということになっておったのです。しかし、その後昭和四十八年、法律が立案されるまでの間に実際界からの御要望がございました。ことに中小企業の団体などから、比較的中小規模に属する会社に業務監査を行わせることになりますと、監査のためによけいな費用もかかることであるし、中小企業の経営からいってもあまり好ましいことではない。また、中小規模の会社の場合、大規模の会社のような特殊な問題は起こらないのではないか、こういう御意見がございました。そういった点を参考にして、法制審議会の商法部会にもはかりました結果、一億円以下の会社は監査役の権限は従来どおり会計監査のみにとどめることでよかろうという御了承をいただきましたので、そのようにした次第です。

○原田立君　法制審議会の了解がとられたから、よかろうと言われたからやったなんて、そんなんじゃなしに、監査制度の充実が強く言われているんだから、それで、一億円未満の会社といっても数がたくさんあって——それは事故も小さいかもしれない。それは、そういう大小の面からいけばそんなものなくたっていいでしょう。大会社のほうだけしておけばという議論もあるかもしれないけれども、会計監査を厳正にする、きちっとした業務監査も与えてやらしたほうが、むしろ不正を除去することができるのじゃないでしょうか。もっとはっきりとした考えを聞きたい。

○政府委員（川島一郎君）　私が申し上げましたのは、法制審議会はつけたりでして、むしろ実際界からの御要望なり御意見がございまして、それをしんしゃくしたということです。株式会社は、その規模に応じて適当な制度を考えていくべきだろうと思います。そういう点で、中小規模の会社はなるべく簡略化することも一つの大事な事柄でして、一億円以下の会社は業務監査という複雑なものは持ち込まない、それでもこと足りるのではなかろうか、こう判断したわけです。

○原田立君　二百七十四条に、「監査役ハ取締役ノ職務ノ執行ヲ監査ス」、「監査役ハ何時ニテモ取締役ニ対シ営業ノ報告ヲ求メ又ハ会社ノ業務及財産ノ状況ヲ調査スルコトヲ得」となっておりますけれども、おそらく、いわゆる業務監査の根拠は二百七十四条であろうと思うのですが、二百七十四条には、いわゆる業務監査ということばは一つもないですね、明文化されていない。そんなところで、はたして政府が考えているようなきちっとした姿勢でやっているのか私は疑いたくなるのです。

具体的に業務監査をする場合、一体どういうことをするのか、また、できるのか、また、その内容は一体何なんだ、監査方法は一体どうするのだ。簡単でけっこうですから、お答え願いたい。

○政府委員（川島一郎君）　業務監査の根拠は、仰せになりましたように、二百七十四条、特にその第一項で、「監査役ハ取締役ノ職務ノ執行ヲ監査ス」と、これが基本になるわけです。

その具体的な方法ですが、これは取締役の職務執行の全般についてですから、監査の方法としてはいろいろあり得るわけです。取締役会に出席していろいろな決定が行われる、その決定が適法かつ適式に行われたかどうかを監視するのもその役目ですし、また、会社の帳簿とか株主名簿などを検査いたしまして、自己株をよけいに持っておるとか、そういった点について違法がないかどうかを調べるのも監査役の職務です。あるいはまた、その会社が工場を持っております場合、その工場に行きまして、公害の防止のための十分な措置が講じてあるかどうかを検査するのも監査役の職務です。このように、監査役が調査すべき事柄は非常にたくさんあるわけでして、それを監査役がどのような方法で調査するかは、その監査役の手腕なり技量によると考えるわけです。

○原田立君　二百七十四条ノ二に、「取締役ハ会社ニ著シキ損害ヲ及ボス虞アル事実ヲ発見シタルトキハ直ニ監査役ニ之ヲ報告スルコトヲ要ス」と、要するに取締役にきちんと報告しなさいよということですね。お互いに部内で知り合うことは意味はあろうと思うんですけれども、法律として、簡単なたったそれだけのことを一項設けてやるだけのことがはたしてあるのかどうなのか、また報告を受けた監査役が一体どういうことができるのか、その点の解釈はいかがですか。

○政府委員（川島一郎君）　御指摘の報告義務は、監査役がその監査の職務を行うために必要であると考えられますので規定されたものです。「会社ニ著シキ損害ヲ及ボス虞アル事実」と申しましても、その原因はいろいろあるわけでして、たとえばある取締役が違法な行為をして、そうして会社に損害を与えるという場合もございます。そのほか、使用人の行為が適当でないとか、いろいろ原因はあるわけですが、たとえばそれが取締役の違法行為によるものである場合、二百七十五条ノ二で差しとめ請求の問題が起こってまいります。それから、場合によっては、監査役が監査報告書にそういった事項を記載するとか、株主総会に報告をするとか、そういった必要の生じてくる場合もあるわけでして、実際にそういう事実が生じておるのに監査役がこれを知らないでいることは、監査役の職務遂行の上に支障を生ずることになりますので、取締役がそういう事実を知った以上は、直ちにこれを監査役に報告せよと、そうして監査役として何らかの処置をとるべき場合には、その処置をとる機会を与えると、このように配慮してあるわけです。

○原田立君　二百七十五条ノ二、「取締役ガ会社ノ目的ノ範囲内ニ在ラザル行為其ノ他法令又ハ定款ニ違反スル行為ヲ為シ之ニ因リ会社ニ著シキ損害ヲ生ズル虞アル場合ニ於テハ監査役ハ取締役ニ対シ其ノ行為ヲ止ムベキコトヲ請求スルコトヲ得」と、いわゆる差しとめ請求権ですけれども、定款違反行為を行った場合の監査は、一体どのようにするのか。ある商社が、これが定款に書いていない株の売買等をやっちゃった。けれども、株の売買をやればもうかるとして猛然と株の買い占めを金融機関から借金をしてやった場合、法律違反に当然なるだろうと思うんですけれども、これは一体どう処置するのか。また監査役が、そんなことは定款違反行為だからおやめなさいとしきりに言った、取締役会にも建言した。だが、取締役会はこの監査役の声を聞こうともしないで断固として実行した場合、ここでは差しとめ——「行為ヲ止ムベキコトヲ請求スルコトヲ得」なんですね。だけれども、それは明らかに定款違反行為なんだから、これは罰しなければいけない。だけど、罰するその法的根拠は一体どこにきめられてあるんですか。取締役の会社に対する責任はどのように追及されるんですか。また、定款にきめられていない株の売買行為についての責任は一体どのようにとられるんですか。それらについてお答え願いたい。

○政府委員（川島一郎君）　株の売買は、定款に目的がなくてもできる場合がございます。

○原田立君　株の売買って、定款にきまってないものの一つの例です。やみ米の話もあるんですよ。

○政府委員（川島一郎君）　もうすでにされてしまった場合は、その違法行為を差しとめることは困難です。それによって会社が損害をこうむった場合、これは二百六十六条の規定により、そういう行為を行った取締役が会社に対して損害賠償の責に任ずることになりますけれども、損害が生じなかった場合は、この規定は働かないことになります。しかも、その行為がすでになされておることになりますと、差しとめの請求もできないことになりますので、事後にそれに対する措置をとることはできなくなるわけです。ただ、監査役としては、取締役がそのような行為をしたことを監査報告書に記載するとか、株主総会に報告するという権限はあるわけでして、そういう方法によって取締役の姿勢を正す、あるいは株主総会における取締役選任の参考に供することができることになろうと思います。

○原田立君　たとえば株の売買だとか、やみ米を買っただとか、定款に載っていないでしょう。そんなものをやっていいとは書いてないのですよ。商社だから何をやってもいいというわけにいかぬでしょう。だから、明らかに反社会的行為であって、悪徳行為だ。それをやりつつあるのを監査役が発見した、これは業務監査できるのかどうか。それで強く言うた、ところが取締役会は言うことを聞かないでやりつつある。そういうときに、監査役の差しとめ請求権だけでは効果は全然ゼロにひとしいのじゃないかと心配するのですよ。その点どうですか。

○政府委員（川島一郎君）　第一には、取締役会においてそういうことをやってはいかぬと意見を述べることができます。第二に、違法な計画、行為を履行されようとしておる場合に、そういう契約の履行を仮処分によって差しとめることも可能である場合があろうと思います。

○原田立君　いまあなた仮処分と言ったけれども、最終的には裁判所を利用して仮処分でということになるんだろうと思うけれども、そういう仕組みの業務監査はおかしいんじゃないですか。もっと業務監査権をはっきり与えると言って、監査役の力を強固にするのだというんだったら、裁判所まで一々お伺いして、いかがでしょうかなんてやるもっと手前で何とかすべきじゃないでしょうか。また人情論からいって、同じ会社で取締役、監査役がいつも角突き合わせて、事と場合によっちゃあ裁判所で仮処分だぞということでは、これもまたおかしな話だし、そんなことより裁判所に行く手前で監査役の権限をもっと強化して、不正行為等、ぴしっととめるようにすべきじゃないでしょうか。

○政府委員（川島一郎君）　仰せのとおりだと思います。違法行為差しとめ請求権を行使して裁判上の手段に訴えることは、これは取締役と監査役とのいわば対立状態を生ずることになるわけでして、会社の業務の運営を円滑に行なう上から申しますと、はなはだ好ましくない事態です。この法律は、最後の手段としてそういった違法行為差しとめ請求権を認めておりますけれども、実際の運用は、そういうものをバックにして、監査役の言うことを十分取締役が尊重する。そうして、お互いに話し合いをした上で適正な業務が行われることを期待しておるわけでして、法律はそのぎりぎりの線まで書きませんと、最後の保証がないと申しますか、十分な手当てをしたことになりませんので、こういう規定が設けられておるわけですけれども、もちろん監査役と取締役がお互いに話し合って、違法な行為をしないように平素からつとめていくという運用が最も望ましいと考えておるわけです。

○原田立君　二百五十九条ノ二に、「取締役会ヲ招集スルニハ会日ヨリ一週間前ニ各取締役及各監査役ニ対シテ其ノ通知ヲ発スルコトヲ要ス但シ其ノ期間ハ定款ヲ以テ之ヲ短縮スルコトヲ妨ゲズ」とあるわけですが、二百五十九条ノ二は、取締役会の開会通知が監査役に出されておらず――いいですか――逆に、出すことになっているわけだけど、それが出されておらず、また監査役もこれを受け取っていない。そんな段階で取締役会が開会され、違反行為、株の売買であるとか、やみ米の売買等をやった。この取締役会の議決は効力が発揮されるのかどうか。

○政府委員(川島一郎君)　監査役に対して適法な通知をしないで取締役会が開かれた場合の、取締役会決議の効力ですが、これは原則として無効であると考えております。原則としてと申しましたのは、たとえば監査役が通知を受けなかったにかかわらずその取締役会に出席した場合、招集通知を怠ったという瑕疵がその点で治癒されたと見る余地がございますので、その場合には、必ずしもその取締役会決議を無効とする必要はないわけですが、そういった例外的な場合を除きまして、取締役会の決議は無効となる、このように考えるわけです。ただ、一般の取引ですと、取締役会で決議しなくても代表取締役ができる場合がございますので、そういう場合には、取締役会で決議をした、しないにかかわらず、その取引が対外的には有効になる場合もございます。

○原田立君　二百五十四条で、取締役の任命は株主総会で行われるということになっており、今度は二百五十七条で免ずる場合の取りきめが規定できておる。で、今回の二百八十条で、監査役の任免の権限もこの二百五十四条、二百五十七条、取締役の任免と同じに準ずると、こういうふうに条文ではなっておりますが、では一体この原案はだれがつくり、そうして取締役会にだれが提案するのか。要するに、監査役の任免についてだれがつくりだれが提案するのか、明らかにしてもらいたい。

○政府委員(川島一郎君)　原案は取締役がつくるわけです。ただ、監査役の選任、解任は、二百七十五条ノ三に、「監査役ハ株主総会ニ於テ監査役ノ選任又ハ解任ニ付意見ヲ述ブルコトヲ得」となっております。

○原田立君　このことは、監査役の生殺与奪の権限は取締役会が持っていることになりますね。ですから取締役会のあまり気に食わないようなのは提案もされないことになる。また、提案になったとしても、取締役会にあんまりよく思われない人だったら、首切られるかもしれないですね。要するに、会社に対して手きびしく、きびきびと言ってくれる監査役の任命は、とうてい望めないのじゃないのかと心配するんですけれども、こんなようなことでも、監査役に人を得て、きちっとした公正な業務監査、会計監査ができるのかどうか、いかがですか。

○政府委員(川島一郎君)　いい監査役を得ることはその会社にとって利益なはずです。したがいまして、取締役が誠実に職務を執行しますならば、監査役にはいい人材を選ぶのが当然であると思います。なるほど、原案は取締役でつくるわけですが、二百七十五条ノ三という改正案の規定によりますと、「監査役ハ株主総会ニ於テ監査役ノ選任又ハ解任ニ付意見ヲ述ブルコトヲ得」となっており、監査役は自分の立場も、あるいはほかの監査役を選任する場合に、その監査役の当否も、株主総会で意見を言うことができるわけでして、そういった意見を参考にして株主総会で選任が行われることになるわけですので、これらの規定が正常に働きますれば、監査役にも人材を得られることになろうと考えるわけです。

○原田立君　株主総会が新聞報道される。この前はチッソの株主総会、総会屋が入ってどうのこうのという話が新聞に出ておりましたけれども、たった五分ぐらいで終わっちゃった。大体株主総会は、短くやるのがその会社の総務部長の腕の見せどころなんだという話を漏れ聞いているんですけれども、株主総会の姿勢も、もっと改めなきゃいけないんじゃないでしょうか。五分か十分でぱっぱっと、賛成、賛成できまっちゃうようなんじゃなくて、じっくり時間かけてやる株主総会であってしかるべきなんじゃないだろうか。そうならば、いま局長が言っているように、この二百七十五条ノ三「監査役ハ株主総会ニ於テ監査役ノ選任又ハ解任ニ付意見ヲ述ブルコトヲ得」が生きてくると思うのです。五分か十分ぐらいで、賛成賛成、以上終わりなんていう株主総会では、空文にひとしいんじゃないか。そこら辺、どんなものでしょう。

○政府委員(川島一郎君)　まず株主総会のあり方ですが、現在の実情は株主総会必ずしも理想的に運営されておりません。時間の短いこともさることながら、総会屋が入り込みまして、株主総会の議事の運営を一定の筋書きどおりに運んでしまう。こういうことは、商法のたてまえから申しますと、株主総会を形骸化してしまうものであり、株式会社の制度の運用の中で最も悪い点であろうと思うわけです。したがいまして、そういった点は今後企業も十分に反省をして改めてもらいたい。総会屋の排除は、警察などでも力を入れているようですけれども、企業自身が積極的な姿勢を打ち出さない限り、とうてい根絶できるものではございません。そういう意味において、現状ははなはだ残念であると申し上げたいと思います。

株主総会の現状をそのように考えますと、確かにこの規定の効用は影が薄くなってくると思われます。しかしながら、株主総会の現状がいつまでもいまのものであってはいけないのでありまして、それが直されることを前提にしてこの規定が設けられておるわけですので、おいおいと株主総会が改善されるに従いまして、この規定も十分意味を持つようになるであろうと、期待しておる次第です。

○原田立君　二百六十条ノ三に「監査役ハ取締役会ニ出席シ意見ヲ述ブルコトヲ得」とあるわけですが、いわゆる生殺与奪の権を握っている取締役会の中にあって、定款にない違反行為をやろうと大勢がなっているのに、いやとんでもない、そんなことをやっちゃいけませんよなんていうことがはたして言えるかどうか。また、たとえそういうことを言ったとしても、その監査役の地位保全がはっきりしていればそれは何でも言えるだろうと思うんだけれども、へたすれば首切られちゃうという立場に立っているならば、これまた言おうとしても言えない。結局、この二百六十条ノ三も中身のほとんどない、空文化したものじゃないのかと心配するわけです。もしそれがそうでないというならば、そうでないふうに監査役をきちっと守ってやらぬと、意見なんか言えないと思うんですよ。形ばかりできて、結局悪徳行為がなお一そう広がることになりはせぬかと心配するのです。その点どうでしょう。

○政府委員（川島一郎君）　監査役が取締役会に出席して、自分の立場から見て必要な意見は述べることが監査役の職務です。そういうことが述べられない監査役はすでに監査役としての資格がないわけでして、そういう人間が監査役になったのでは、どんなりっぱな制度をつくっても役に立たない。監査役は堂々と出席して意見を述べてもらいたい、このように考えております。

○原田立君　大臣の趣旨説明で、「次に、株式会社の監査等に関する商法の特例に関する法律案は、」云々とこう言って、まず「第一に、大規模の株式会社にあっては、」云々と、それから「第二に、中小規模の株式会社については、その実情から見て、ある程度監査に関する負担を軽減する必要があると思われます」――監査に関する負担を軽減する必要があるんですか。「資本金一億円以下の株式会社においては、監査役は会計監査のみを行なうものとし、」とあるけれども、業務監査もやらせるべきじゃないでしょうか。この発想自身がもとから少しピントが合わないんじゃないでしょうか。要するに、大規模の会社は当然必要ですよ。中小規模の株式会社も、資本金一億円以下の株式会社も、監査役は会計監査並びに業務監査等も必要であるはずだと思うんです。いまここでは、そういう中小規模の会社に対しては省いたと説明をされているわけですが、意味がよくわからないので、いま一度説明をしてもらいたい。

○政府委員（川島一郎君）　会社が業務を執行するにあたって違法な行為あるいは不当な行為をしてはならないことは、当然です。したがって、取締役といえども、単に利益が上がることだけを目標にして行動すべきではなくして、それが適法で正しい行為である場合にのみそういう行為が許されるわけです。問題は、その会社の機構が非常に大きくなりました場合に、そういった会社の行為が不正にわたりますとそれだけ影響が大きくなります。したがって、特にその点の監査を厳重にする意味において、監査役に業務監査まで行わせようということになるわけですが、中小会社ももちろん業務監査の必要がないとは言えませんけれども、何と申しましても組織も規模も小さな会社ですから、まあ取締役みずからが違法、不正な点にわたらないように注意をすることによって、その点の間違いを起こさないようにはかってもらいたい。監査役は業務監査までやればなおいいのですけれども、まあ中小規模の会社ですと、一方はあまりよけいなことに負担をかけないほうが経営の面では望ましいこともございますので、その辺のかね合いの問題ですけれども、まあ一億円を限度として一方は会計監査、他方は業務監査こういう仕訳をしたわけです。

○原田立君　第三十二条「公正ナル会計慣行ヲ斟酌スベシ」というこの一項ですけれども、いろいろと説明を聞いてみてもどうも私は不安です。公正なる会計慣行をしんしゃくすることによって、監査役の監査する範囲がずっと狭められるんではないか。また現在のいろいろ諸法律によってきめられている何々控除金とか、何々引き当て金とかによって、不当に利益が隠されるおそれがあるんじゃないのか。もちろん字のとおりに公正な会計慣行が確立されれば一番それがいいわけですけれども、一体その中身の公正な会計慣行とは何なんだろうというのが、さっきから説明を聞いていても私は納得がいかない。

○説明員(田中啓二郎君)　商法において適法か違法かという業務並びに会計上の監査を監査役がなさると同時に、財務諸表に関しては、たとえば企業会計原則その他先ほど申した審議を経て、大蔵大臣が公正妥当と認められるものを尺度にして監査を行わなければならないということは、むしろ恣意的にやるのではなく、あるいは狭められるのではなく、非常に厳正、的確に、かつ監査の領域も広げてやれるのではないかと思います。

それから、大企業の利益の隠し場所になってはならないということは全くおっしゃるとおりでして、それなるがために念には念を入れて何が公正な会計慣行であるか、そしてそれに沿ってはたして会社の財務諸表ができているかを公認会計士がしっかりと監査証明をすることになっておるのでして、そういう意味では私どもは今後商法的な面から見た適法、違法並びに会計監査人の、会計的に見た妥当性、両面相まってそのような隠し場所を提供することがないように、企業の財務並びに経営の成績を明瞭かつ真実をもって表示する体制をますます強化していきたいというのが、今回の商法特例法におきまして、会計監査人も事前に監査して決算確定に参与することにした真意ですので、まさに先生のおっしゃるとおりと考えております。

○春日正一君　監査役の地位、権限について質問したのですけれども、それに続いて会計監査人の問題ですけれども、監査役は株主総会で選任されますけれども、会計監査人の選任はどこでどうなっていますか。

○政府委員(川島一郎君)　会計監査人の選任は、株式会社の監査等に関する商法の特例に関する法律案の第三条に規定してございます。すなわち「会計監査人は、監査役の過半数の同意を得て、取締役会の決議をもつて選任する。」、こういうことになっております。なお二項におきまして、「会計監査人を選任したときは、取締役は、その旨を株主総会に報告しなければならない。」、こういうふうに規定されております。

○春日正一君　そこで、監査役は解任については直接に株主総会で意見を述べることができるわけですけれども、会計監査人の場合はどうなりますか。

○政府委員(川島一郎君)　解任は同じ法律案の第六条に規定がございまして、選任とほぼ同様です。「会計監査人は、監査役の過半数の同意を得て、取締役会の決議をもつて解任することができる。」、なお、「会計監査人を解任したときは、取締役は、その旨及び解任の理由を株主総会に報告しなければならない。」ことになっております。それからこの六条の第三項に「解任された会計監査人が前項の」、すなわち解任の理由を報告する「株主総会の会日の三日前までに会社に対して書面で解任についての意見を通知したときは、取締役は、その意見の要旨を株主総会に報告しなければならない。」と規定されておるわけです。

○春日正一君　そうすると、会計監査人は自分の解任に関する意見を文書をもって会社に通知し、取締役を通じて間接的に株主総会に訴えることにとどまっておるわけですけれども、これでは取締役の会計監査人に対する不当な解任をチェックして会計監査人の独立性を保つという上ではきわめて不十分じゃないかという気がするんですけれども、その点どうですか。

○政府委員(川島一郎君)　会計監査人は株式会社の会計の監査を行うものですから、その地位を保障する必要があると考えまして、以上申し上げましたような規定を設けたわけです。この規定によって、相当程度会計監査人の地位は保護されることになろうと思います。

○春日正一君　監査役の地位が弱いんじゃないかという話の中で、たとえば特例法で五億円以上の会社は会計監査人という制度を設けて、外部からも監査するんだからだいじょうぶなんだという説明があったんですけれども、そういう役割りをするものとしては地位が十分保障されてないということを私はお聞きしたわけです。

そこで、次に伺いますが、監査役が会計監査人の監査方法または結果を相当であると認めたときには、特例法十四条の二項の一で、その会計監査はフリーパスになってしまうということですか。

○政府委員(川島一郎君)　そのとおりです。

ただ、監査の方法または結果が相当であるかどうかは、監査役みずからも監査を行うわけでして、その結果に照らしてみて、会計監査人の監査の方法や結果が相当であるのであればそれはフリーパスになろうと思います。

○春日正一君　そうすると、フリーパスにならない場合はどういうことになりますか。会計監査人が監査して出したものが、監査役で見てこれはやり方が間違っているということになれば訂正させるというわけですか。

○政府委員(川島一郎君)　その場合には、監査役はみずから適当と認める方法によって監査をいたしまして、その結果を監査報告書に記載するということになります。
○春日正一君　そうすると、その場合は監査人の出した報告書は没になるわけですか。
○政府委員（川島一郎君）　没にはなりません。それはそのまま残されまして、その後、株主総会の招集通知にも添付されますし、株主総会でもその点の問題があれば議論が行われるわけです。
○春日正一君　監査役は会計監査人の監査報告書についていま言ったように説明を求めることができると、特例法十三条ではそうなっているんですね。ところが、会計監査人のほうから監査役の監査報告書について説明を求めることはできるように規定されてますか。
○政府委員（川島一郎君）　その点はございません。
○春日正一君　そういう規定はないわけですね。
　それから、会計監査人が定時の株主総会に出席して意見を述べることができるのはどういう場合ですか。
○政府委員（川島一郎君）　特例法の十八条に規定がございまして、計算書類が法令または定款に適合するかどうかについて会計監査人の意見と監査役の意見とが違う場合には、「会計監査人は、定時総会に出席して意見を述べることができる。」となっております。
　なお、そういう意見がない場合も、総会で会計監査人の出席を求めるという決議がありますと、その場合も会計監査人は、定時総会に出席して意見を述べることになるわけです。
○春日正一君　そうすると、会計監査人の監査報告書は監査役に提出されるから、結局、監査報告書は監査役のものも会計監査人の報告書も、すべて取締役会に一応出されるわけですね。そうしますと、結局、監査役と会計監査人との間では、監査役は会計監査人に監査報告書について説明を求めることができるけれども、会計監査人から監査役に説明を求めることはできない。それは保障されていないわけですね。そうしてまた監査役を通じて取締役に提出される監査報告書について、取締役も当然出しっ切りで一方通行になっていくという意味では、いわば会計監査人の立場は、監査役と取締役に二重に従属しているという印象を受けるわけですけれども、これでは公正な会計監査が行われる十分な保障にはならないのじゃないかと考えるのですけれども、その点どうですか。
○政府委員（川島一郎君）　監査の順序としまして、最初に会計監査人が監査を行うわけです。したがいまして、その段階では、会計監査人は自分がみずから最初の監査を行うわけですから独自の判断でやるほかはない。ところが、そのあとで監査役が監査を行うわけですが、監査役がどうも自分の考えと会計監査人の考えと意見が違うという場合、その慎重を期する意味でもう一度会計監査人に意見を聞いてみることができるようにしておるわけでして、これは監査の順序がそうなっておりますので、監査役からは意見を聞くことができるけれども会計監査人のほうから監査役に意見を聞くことは必要ないわけです。これはそういった関係からの規定でして、特に一方通行であるとか、会計監査人の監査が十分に行えないという性質のものではないと考えております。取締役は最終的に監査報告書を受け取るわけですが、これは自分がその監査報告書に手を加えるわけでも何でもございませんで、ただ監査報告書を今度は株主に見せまして、株主総会で決算の承認を求める、こういう手続をとらなければなりませんので、最終的には取締役のところに監査報告書がいくというだけでして、それが監査のやり方に影響を与える性質のものではないと考えております。
○説明員（田中啓二郎君）　補足さしていただきます。
　商法における問題は、ただいま御説明のあったとおりですが、今後は商法監査と同時に、証券取引法に基づく証取監査も依然あるわけです。そして証取法の監査におきましては、公認会計士が不適正の意見を付しますと、たとえば虚偽記載があり、その影響が重大であると証券取引所が認めるときは、上場廃止になるわけです。さらに、不適正の意見をつけなくても、かなり限定意見を多々つける場合には、ある場合には任意に訂正報告書の提出を求めますし、場合によっては訂正命令を出すこともあるわけですから、先生御心配の一方通行云々の点は、あとに証取監査が控えておりまして、上場廃止というおそろしさがあることを知っておれば、監査役あるいは取締役が会計監査人の意見を軽々に排除して株主総会に対処することはできないのではないかと考えております。
○春日正一君　それで会計監査人のいわゆる位置と権限についてどういうものかという点でお聞きしてみたんですけれども、この問題では、公認会計士と企業との関係で、監査人が企業から報酬を受け取って、その企業との間で自由契約の形で取りきめられていると、だからこの点では衆議院の委員会などでも、参考人から、言ってみれば税理士は弁護士のようなもので、納税者の利益を全面的に擁護する立場に立つんだから、納税者から報酬もらって、そのために努力を尽くすことは合理的だけれども、しかし公認会計士が、会社の経理を監査することになれば、弁護士の役割りではなくて、裁判官あるいは検察官の役割りを持つわけだから、そういう対象になる人から報酬をもらうことでは、制度として適正に十分なことが行われる保障がないじゃないかと、この意見を出されておると思うんです。私は、そういう職業やっておられる方々みんな良識を持っておいでになると思うけれども、しかし制度の問題として保障しなければ、人間の心は動くものですから、ただ良心にたよるんだったら、別に制度的な保障をする必要がなくなる。だから今度の監査の問題でも、取締役会で企業の業績なり何なりまとめて株主総会へ報告すればいいんだけれども、それが間違っちゃいかぬから監査役を置くわけだし、それでもなお社会的影響の大きいものは外部から監査人をして監査させるわけですから、そういうことになると、これは取締役が全部悪者だという前提ではなくて、善人であることを前提にした上で、なおかつ制度的に公正を保障するということで、いま言った制度が考えられてきたと思うんですよ。そうだとすれば、公認会計士が監査人としてその企業から報酬をもらって企業監査するということでは、制度としては欠陥は免れないと思うんですわ。制度とすれば、企業と独立したものをつくって、影響受けないで十分な監査ができるという保障をつくらなければ筋が通らぬ。良心でできるんなら、何で監査役を必要とするのかと、どういうふうにお考えですか。

○政府委員(川島一郎君)　監査をする対象の会社から報酬をもらうことは、監査の公正をゆがめることになるんではないかという御意見は、この国会の審議を通じまして何回もあったわけです。確かに人間ですから、そういう面がないとは、言えないと思います。しかし、監査は何のためにやるのかと申しますと、その会社の経営、決算が適正に行われるためにやるわけでして、利益を受けるのはその会社である。したがって会社が当然報酬を払ってしかるべきものである。病気にかからなくても、ドックに入って、どっか悪いところがないかを見てもらうと同じ考えに立つわけでして、必ずしも完全なものとは言えないと思いますけれども、諸外国の例を見ましても、同じような構成がとられております。これよりいい制度を考えられればそれにこしたことはないわけですが、現在の社会のもとで、これよりいい制度が、つくりにくいわけです。たとえば一つの機関があって、そこから会計監査人を派遣することを考えてみますと、報酬はその会社がその機関に払い込むとしても、今度は逆に派遣するもとの機関が会計監査の一種の独占企業的な働きをすることになるわけでして、そうなってしまったんでは、別の意味の弊害が起こってくる可能性があるわけです。たとえば裁判所に選任してもらったらどうかという御意見もあったわけですが、裁判所は会計監査の実務には詳しくありませんので、たとえば後見人を選任する場合と同じように、選任してくれと頼んでくるところの意見を聞いて、その者がはたして適当かどうかを見た上で選任する形になります。そうなりますと、そういった制度がはたしてどれだけの効果を発揮できるかという疑問も出てくるわけです。いろいろ考えてみますとなかなかむずかしい問題でして、この案の制度は、御指摘のような心配が全くないとは言えませんけれども、制度的に公正を保障する面とそれからこの特例法の選任、解任についての特則を設けまして、その地位の保障と、それから監査業務の公正を保障しようとしているわけでして、この案でいくほかなかろうかと考えておる次第です。

○春日正一君　たとえば会計と監査の専門家としての公認会計士の知識、経験が真に尊重されて、現在失われておる仕事に対する喜びと情熱が感じられる制度にする必要があるとか、公認会計士の仕事を国民的基盤に立脚した、より公共的、社会的なものとするようにしていく、企業に対する経済的な依存、従属関係をなくすようにしていくという意見が述べられておるし、道理としてはそれが妥当だと思うんですよ。いま実際問題としていろいろむずかしいと言われましたけれども、論理としてはやはりそれが筋だと思いますよ。そして具体的な構想として、公認会計士と企業との契約に裁判所が関与するという意見も出されていますし、監査人の保障として、労働者の代表とか、消費者の代表等、外部の者を入れて、監査を公開するというシステムをつくることも言われておるし、あるいは特殊法人である会計監査機関をつくって、公認会計士は自由職業としてではなくて準公務員的なものとして監査に当たってもらうとか、いろいろ言われておりますけれども、それぞれ一応積極的な意味は持っておると思うんです。だから、法務省として、企業の監査を、企業の中にあって、企業から制度的にも経済的にも独立して行えるような監査機構をつくることを、真剣に検討する必要があるんじゃないかと思うんです。その点どうですか。

○国務大臣(中村梅吉君)　御指摘の点は全くむずかしい問題であろうと思います。確かに理想としては、そういう点に御着眼なさるのはごもっともだと思いますが、ただ会計監査人に国が報酬を払うわけにもまいりませんし、企業の健全化のためにも、会計にあやまちがあったり、ごまかしがあったりしてはならないんで、そういうことのないように監査人が監査をするわけですから、その報酬は法人から受け取るわけですから、その程度のことは目下のところいたしかたないのではないか。今後社会が発展していけば、いろいろ考え方があるかもしれませんが、目下の段階ではまだそこまでは到達いたしかねると思っております。

○春日正一君　それで、監査役と会計監査人について、その権限の強化を監査制度の強化のように言われているけれども、監査役の権限の強化といっても、いまの経済情勢が必要としておる点から見れば、これはきわめて不十分だと思う。監査役、会計監査人の独立性、身分保障が何ら考慮されていないと私感じるので、今回の若干の監査の権限強化では、ほとんど役に立たないのじゃないかと懸念します。結局、今回の監査制度の改正によっても、大企業はいままでの状態と何ら変わることなしに、かえって、監査役の権限が強化したこと、会計監査人という形で、公認会計士の会計監査人が商法に導入されたことを強調することで、大企業に対する国民的ないろいろな批判のほこ先をかわすための道具に使われることになりかねないという懸念を表明しておきたいと思います。

今度の商法改正で一番のポイントになるところだと思うのですけれども、継続性の原則の問題ですね。企業会計原則でなぜ継続性の原則が一般原則に入るほど重要なものとして扱われておるのか、その意味から聞かせていただきたいと思います。

○説明員（田中啓二郎君）　継続性の原則は、とにかく会計的に正しい処理と思われるものがやり方として二つ以上ある場合に、あるときにはA、そして次の期にはB、またAに戻ることになりますと、企業の営業状況並びに財政状況を適正に表現できなくなる、特にそれがみだりに行われた場合には弊害が多く生ずる観点から、企業会計原則では大きな柱として継続性の原則を打ち出しているものと思います。

○春日正一君　そこで、現行の企業会計原則では「企業会計は、その処理の原則及び手続を毎期継続して適用し、みだりにこれを変更してはならない。正当な理由によって、会計処理の原則又は手続に重要な変更を加えたときは、これを財務諸表に注記しなければならない。」、こういうふうに書いてあるのですけれども、この場合の「正当な理由」とはどういうことですか。

○説明員（田中啓二郎君）　これは現行の企業会計原則は、公認会計士が適当ないし妥当と考えているもの、それを「正当な理由」ということばで表現しているものと思います。今回これを削除したのは、前回もお答え申し上げましたとおり、商法におきまして、一般に「公正ナル会計慣行ヲ斟酌スベシ」という三十二条が入りまして、そのしんしゃくする事柄の内容に企業会計原則自身がなるわけでして、そこで、法律的に強行法規としての商法が、何が正当であり何が正当でないかとなりますと違法性の問題が起きてくるわけでして、強行法規としての商法にかかわりのある限りにおいて、このことばは削りましたけれども、公認会計士の会計処理上の心持ちと申しますか、妥当性、適当性という観点からの判断は同じであると考えまして、従来の討議、答弁でも、「みだりにこれを変更してはならない。」という従来の方針に変わりないことを重ね重ね申し上げている次第です。

○春日正一君　「正当な理由によって、会計処理の原則」云々と、こうなっている。そこで、「正当な理由」とは一体何かとお聞きしたわけです。いまあなたは、それは公認会計士が判断して正当な理由のものかどうかはきめるのだと、こうおっしゃった。そこで、私はもう一歩突っ込んで、それでは公認会計士が、これは正当である、あるいはこれは正当でないという判断をする場合、何が基準になるのですか。

○説明員（田中啓二郎君）　みだりでない変更はおそらく正当ないし妥当な理由と考えるのではないか、逆に、みだりな変更は正当でなく、妥当ではないということではないかと思います。

○春日正一君　みだりに変更してはならぬと書いてあるから、みだりでなければ正当だと言うんだけれども、これがみだりでないというのはどういう場合にみだりでないのか、その基準を聞いているわけですよ。

○説明員（田中啓二郎君）　これは法律の規定のように一がいに何が正当な理由の構成要件であるかという話ではございませんで、各企業のそのとき、そのときの状況及びそれを変えた場合にはその後は新しい会計原則上認められた処理法を続けることがおそらく正当な理由と観念されるのだと思いますが。

○春日正一君　具体的な問題で、去年の六月二十六日の衆議院で、新日本製鉄の償却法の変更について質問しております。新日鉄の君津製鉄所では四十五年九月期以前は償却は定額法でやっていた、それが四十五年九月に定率法に変えられた、しかもわずか一カ年余りして四十七年の三月にはまた定額法に切りかえた。しかも、その間における新日鉄君津製鉄所の償却を見ますと、四十五年九月期には特別償却で百十三億円もこれ償却している。それから四十七年三月期には定率法から定額法にまた戻って、そのときは今度は三十億円を特別償却から取りくずして利益に計上しているのですね。そこで、この変更の理由が正当かどうかを質問したのに対して、白鳥証券局企業財務課長が「君津製鉄所の償却方法を、前に一度定額法から定率法に改めていて、また定額法に変更した、こういう事情があるのではないかというお話でございますが、そういう事実はございます。これは四十五年三月に新日本製鉄として、八幡製鉄、富士製鉄が合併いたしましたが、それまで君津製鉄所については、八幡製鉄では定額法を採用しておりました。ところが合併いたしましたので経理方式を統一するためにここで定率法に変更したわけでございます。これは正当な理由による変更だと存じます。ところが四十七年三月期に君津の第三号高炉が完成いたしましたので、この完成に伴って君津製鉄所の高炉が非常に金がかかっているということで、企業の負担が非常に大きくなるということで定額法に変更したということでございますが、これにつきましては監査報告上限定されております。」、こう答弁されているのですね。それで、昭和四十五年三月合併によって定額法から定率法へ変更したことについて白鳥課長は正当な理由による変更だと認めておいでになる。そこで、それがなぜ正当なのか、その理由を説明してほしいわけです。

○**説明員(田中啓二郎君)**　ただいま先生お読みになりましたとおり、昭和四十五年九月期は合併直後の決算期ですが、合併後の経理方式統一のため、すべての有形固定資産の償却方法を定率法に変更したわけです。そこで、この当時の有価証券報告書によりますと、変更した場合はどういう理由かを書かせることになっておりますが、それには「当期より合併による経理方式の統一のため、有形固定資産のうち君津製鉄所分について減価償却方法を定率法に変更した」と書いてございます。以上がその理由の説明です。

○**春日正一君**　そこでいま出ました四十七年三月期になって今度は定率法から再び定額法に変更したのに対して、監査報告書に限定意見がついた。その内容はどうなっていますか。そうして、それはなぜ限定意見がつけられたのか、この点ひとつ説明してほしいと思います。

○**説明員(田中啓二郎君)**　四十七年三月の場合には、君津の第三号高炉ができまして、これが従来の能力の八割にも相当しまして、かつ、付帯資本投下額も巨額に達する。したがいまして、その大勢を占めるものに他を合わせるほうが適正ではないかと、そしてまた新設工場における減価償却費の負担配分の適正化をはかるのも一つの理由になっております。そして限定意見ですが、監査証明省令がございまして、ここに「次に掲げる事項を示して表明するものとする。」とございまして、限定と申しますと、何か悪いといいますか、バッドマークを言っているように聞こえますけれども、これは内容についていささか詳細に意見を表明するということばでして、そこに一号表明、二号表明事項、三号表明事項がありまして、それぞれの号において意見表明をしなければならないことになっておりまして、そしてこの減価償却と継続性に関係するものは二号において意見表明をすることになっております。さらに財務諸表規則がございまして、企業が財務諸表を作成する場合には、「当該会社が採用する会計処理の原則及び手続について、変更が行なわれた場合には、その旨、変更の理由及び当該変更が財務諸表に与えている影響の内容を当該財務諸表に注記しなければならない。」と、二つの省令においてこのことが要求されているということです。

○**春日正一君**　新日鉄の君津工場についての白鳥説明員の答弁と関連して、最初の定額から定率へ四十五年に変えたことについて正当な理由による変更だと言っておる、その理由と根拠を説明してもらいたい。そこで今度は、四十七年三月の定率から定額に変更したのに対しては限定意見がつけられた。そこでその内容はどういうものか、また、それはなぜ限定意見がつけられたのか、正当ではないのかというところの見解を聞きたいんです。

○**説明員(田中啓二郎君)**　その限定意見は、先ほど参照しましたところについております。そしてそれは、意見としては正当な理由によるものということです。

○**春日正一君**　どこについていますか、いま先ほど言ったところについていますというのは。「これにつきましては監査報告上限定されております。」となっているのですね。

○**説明員(田中啓二郎君)**　それは四十七年三月期の監査報告書の中に、「君津製鉄所の有形固定資産の減価償却方法を変更したほかは前事業年度と同一の基準に従って継続して適用されており」と書いてありまして、そこで、ここでは変更があったぞとは書いてございますが、財務諸表規則による表示の注記には、さっき申し上げました理由が書いてあるわけで、したがいまして、限定意見があること即正当でないということではありませんで、したがって、限定とは悪いということではなくて、変わったぞということをディスクローズする話でして、特に正当でないと書いてない限りは、正当な処置と公認会計士が監査したという、それが事実です。

○**春日正一君**　そうすると、結局、限定はつけられたのだけれども、四十五年の変更も正当、四十七年の変更も正当ということなんですね。そうすると、結局、具体的な事例でいえば、これは正当だというその理由について別に基準がなくて、公認会計士がそのときの判断でと言われたけれども、この例を見れば、この場合は正当、この場合も正当というその具体的な事実があるわけですから、それを正当とする基準があるはずだし、基準がなければたくさんいる公認会計士がそれぞれの主観に従って正当であるか正当でないかをきめるようになったらそれこそ大きな混乱が起こってくるだろうと、思うのですが、どうなんですか。

○説明員（田中啓二郎君）　抽象的、一般的には何が公正な理由だというものはございません。ケース・バイ・ケースに判断されることですし、企業内容開示の基本から申しますと、みだりに変更すると期間比較を困難ならしめるという事情がございますから、そこでみだりにはするなとはっきりうたわれているわけでして、そのほかに、みだりであってもみだりでなくとも、変更したときにはきちんとディスクローズして、それを意見として書きなさいよということをしているわけです。

○春日正一君　話がだいぶ違う。いままでの委員会で正当な理由が云々は、削ったけれどもみだりにというのが残っておるから、「正当な理由」を取っても変わりはないのだと言ってこられた。そうすると、みだりであるかないかの基準がなければ、どれがみだりであったかないか、判断できようがない。その人によって、これはみだりでないことにしましょうと、これはみだりにしましょうというようなことになったら、混乱起こりますよ。もしそういう基準なしで、新日鉄の例で言っても、定額を定率に変えた、そうして今度はぐあいが悪くなったら定率を定額に変えて、いままで積んでおいた積み立て金を取りくずして今度は利益に入れてという操作がそれこそみだりですよ、一年か一年半の間にどんどんできることになれば。企業会計原則があっても、結局大企業の経理操作といいますか、利益隠しといいますか、そういうことは防ぎ得ないと感じるんですけれども、どうなんですか。

○説明員（田中啓二郎君）　その点は、今度の修正案の注のところにも、やはり継続性を厳正に適用していかなければならないという趣旨がうたってございます。たとえば、「企業が選択した会計処理の原則及び手続を毎期継続して適用しないときは、同一の会計事実について異なる利益額が算出されることになり、財務諸表の期間比較を困難ならしめ、この結果、企業の財務内容に関する利害関係者の判断を誤らしめることになる。したがって、いったん採用した会計処理の原則又は手続について重要な変更が行なわれた場合には、変更が行なわれた旨及びその変更が財務諸表に与えている影響額を当該財務諸表に注記しなければならない。」と書いてございますので、重要性の原則を加味しまして、変更があった場合には必ずまるごとディスクローズすることはしっかり守るわけです。

○春日正一君　企業会計原則修正案で、なぜ「正当な理由」をお削りになったのか、説明してほしいんですが。

○説明員（田中啓二郎君）　これは商法の問題だと思いますが、結局三十二条で「公正ナル会計慣行ヲ斟酌スベシ」という斟酌規定が入りまして、それを法務省において公正な会計慣行であるぞとおっしゃれば、この原則がそういった中身になるわけでして、そこで「正当」ということばがございますと、正当ならば違法性は阻却する、正当でなければ違法性に該当するという法律論になりますし、これはむしろ法律論よりは会計原則の会計の妥当性という観点で処置すべき問題ですので、従来の「正当な理由」云々が削られたと聞いております。

○春日正一君　いま聞いていますと、企業会計やっていく上で、今度の三十二条との関係で、これから出てくる新しい慣行が、法務省が認めれば、これは正当なものにどんどん取り入れられていくようになる。だから「正当な」ということばを置いときますと、こうやっていく上で、これが正当であるかないかという違法、適法のような議論が起こるから、これを取り払ったと理解したんですが、その理解でいいんですか。

○説明員（田中啓二郎君）　法律論からいきますと、結局いま先生がおっしゃった御理解になる問題だと思います。

○春日正一君　ここが一番大事な問題だと思うんですね、新しい慣行をどんどん生かしていくために正当を取ったと、こういうわけですね。

　この商法改正案が成立したときには、三十二条の包括規定の導入によって、会計監査人たる公認会計士は、商法上の会計監査人として商法上適法であるかどうかを監査する、同時に証券取引法上の会計監査をやると、この二つのことを同時にやるようになるわけですか。

○説明員（田中啓二郎君）　当然、商法監査と証取監査を同時にやることになると思います。

　それから、先ほど新しい慣行がどんどんできてくれば、それが何でもオーケーになってしまうというお話がございましたが、そういうことではございまぜんで、継続性の原則に関しては、新しい慣行ではなくて、あくまで継続を原則としているわけで、みだりにこれを変更してはならないという限定はきちっとはまっているわけです。

○春日正一君　そういうことになると、「正当な理由」が削除されても、先ほどの白鳥課長が説明したように、「みだりにこれを変更してはならない。」という規定が本文に残っているから実質的には変わらないのだという御説明ですけれども、ということなら、公認会計士は証券取引法上の監査の場合、新日鉄のようなときに、やはり限定意見をつけなければならないと思うのですけれども、その点はどうなんですか。それから商法上の監査としてはそれで適法なのか違法なのか、その点はどうなんですか。

○説明員（田中啓二郎君）　重要な事項についての変更があれば必ずこれを書けとなっておりますし、かつ、会計監査人は意見表明として、先ほど申しました二号にのっとって意見表明をするということは続くわけでして、その点では、冒頭におっしゃった前白鳥課長の申し上げたことはそのまま今後も引き続くと御了解いただいてけっこうかと思います。

○春日正一君　もう一つ。そうすると、そういうやり方が商法上の監査として適法なのかどうかですね。

○説明員（田中啓二郎君）　私は適当でないと思います。

○政府委員（川島一郎君）　商法の上では特に継続性の原則はうたっておりません。商法上の監査は今度の改正案の商法二百八十一条ノ三という規定がありまして、そこに監査報告書にはこういった事項を記載せよと規定してあります。そうして、それが特例法に準用になっております。そういった法律に定められた事項を記載することが要件でして、継続性の原則は直接には出てまいりません。で、問題は先ほど最初にちょっとお話のありました三十二条ですが、その二項の「公正ナル会計慣行ヲ斟酌スベシ」という規定との関係でどうかとなってくるわけですが、「公正ナル会計慣行」という中に継続性の原則がどの程度入ってくるのかは、この規定の解釈上いろいろな考え方があり得るわけでして、ことに、その「斟酌スベシ」というのは、それに従えとまでいっているわけでもございません。したがって、経理のやり方として継続性の原則を用いなかったことが直ちに商法違反の問題を生ずるかとなりますと、その点はこの規定の上から申しますとはっきりしないことになろうかと思います。ただ、継続性の原則が現在の会計慣行の上で非常に尊重されるべきものであると、そしてこれをみだりに変更してはならないということが公正なる会計慣行になっているとしますと、当然それをしんしゃくして決算書類を作成しなければならないということになろうと思います。その辺、非常に間接的ですので、商法上どういう場合に違法か適法かは、会計の専門家に判断していただくほかないと考えております。

○春日正一君　経団連のパンフレットのナンバー一〇五では、企業会計審議会の第一部会長の番場さんが「企業会計原則修正案について」という文章を書いているんですけれども、この企業会計原則修正案の一般原則の五、継続性の原則の中で、「正当な理由によって、」以下を削除した理由について「こういう条文は判断を異にする可能性が強い。それを商法もまた同じように正当か正当でないかということに引っかけていくというのでは、会社が困ることになりはしないかと心配しました。」と、「変更がいちいち適法か違法かというふうなことを常に問題とするのでは、実務上やり切れないわけです。」「商法としては、そういうことを問題にしないでいきたいという主張が、商法学者あるいは法務当局の間で強く主張されたわけであります。」中略「結局違法、適法という問題が起こらないようにいたしました。この考え方が、継続性の原則に関する企業会計原則の第二項の文章を削除するに至った原因、理由であります。」、こういうふうに言っているのですね。そして「注記があれば継続性の原則については、今後、限定意見の対象にしないということになったのです。」と、こういうふうに言っているのですけれども、これはこのとおりですか。

○説明員（田中啓二郎君）　その中で、企業が困るとかいうことではございませんで、商法との関係で適法、違法の問題で非常な混乱を起こすのではないかという配慮があったという点はそのとおりだと考えますが、企業の都合とかということでは全然ございません。

○春日正一君　番場氏の書いたものの中には、企業が困るとかなんとかいうことばがあるけれども、そういう意味ではないけれども、結局この「正当な理由」があることによって正当か正当でないかという議論になるし、一々この会計のやり方はさっきの新日鉄の場合みたいに適法か違法かということを言っておったんでは、実際上の問題として、企業が困るという、企業の側から見ればそういうことで、そのために「正当な理由によって、」を取ってしまって、今後はそういう変更も限定意見の対象にしないとなったんですと言っている。これは限定意見の対象にならぬわけですね。

○説明員（田中啓二郎君）　これは重要な事項に関し

て継続性の変更がありますれば原則として意見表明が付されることは変わりないと思います。したがいまして、このような継続性の変更で公正な理由が抜けたから限定意見はそこで抜けてしまうということではございません。

○春日正一君　そうすると、番場氏の言っている「今後、限定意見の対象にしないということになったのです。」はうそですか。

○説明員（田中啓二郎君）　それはその限定意見を、悪さといいますか、みだりに変更した場合ととられるのか、あるいは、たとえみだりであってもみだりでなくても、重要事項について変更をすれば意見表明をすることを限定を言ったのか、その点さだかでございませんけれども、とにかく重要な事項について継続性の変更があれば意見は表明されるものと思います。

○春日正一君　そうすると、結局いろいろ条件はつけたんですけれども、「注記があれば継続性の原則については、今後、限定意見の対象にしない」ということではないとおっしゃるんですね。

○説明員（田中啓二郎君）　そうです。そしてその御意見は、経団連という場において番場先生が、おっしゃったことですから、個人の御意見で、私どもの考えておりますのはただいまお答え申し上げたことです。

○春日正一君　そういうことですとこれは大問題だと思うのですよ。経団連が名もない団体ならどうということはないけれども、大企業の総元締めで、日本の経済を支配している会社が集まっておる、その経団連がこういうパンフレットを出して、いま言った意見を公表し、当然経団連傘下、あるいは直接入ってなくても下のほうの企業まで、これは商法改正がなったらこうなるんだという一つの指導的な意見として、下へずうっと通っていっているわけですね。そうすると、あなたがここで、経団連は私的な団体なんだ、役所の意見としてはこうなんだと言われても、あなたの声のほうが私は弱いと思う。やはり経団連がこのパンフレットを出して、こういうもので講習会やり何やり、改正になればこうなるんだと、だから違法も適法もそういうことは商法上はなくなったんだということでこれをやっていけば、そういうものが続出してくるおそれは非常に大きいと思うのですね。だから、「正当な理由」を削ったほんとうのねらいは、私がさっきから言っているように、適法、違法という議論が起こらぬようにしてしまって、新たにできてくる慣行を次から次に入れていって、いわゆる経理の継続性を変更していく正当性をつくり出すための改正だろうと思うんですけれども、もしそうでないというなら、新日鉄の例のように会計処理の変更がやられたんじゃまずいということで、商法上も証券取引法上も、かってにやっていいという指導を打ち消すだけの役所としての手だてを講じてもらわなければならないんじゃないか、その点どうですか。

○説明員（田中啓二郎君）　パンフレットですが、これは経団連で番場氏が講演なさった講演記録でして、経団連の名において傘下に経団連はこういう解釈であるぞと伝えているものではないと思います。しかし、衆議院並びに参議院におきましてこの点いろいろ御意見を承りましたし、企業会計原則修正案も商法が通りますれば一応レビューをしなければなりませんので、そこに書いてあること、その中には、負債性引き当て金なども従来だめだめだといっているものが何でもいいよいいよになるんですというとんでもないことも書いてございますので、修正案をレビューする暁には、委員の先生方にいま一度、意見をあやまって伝えることのないようにということを含めましてお話をし合いたいと考えております。

○春日正一君　これは経団連が編集したと言いますけれどもね、こういうパンフレットで「経団連事務局編」と、「一九七〇・三社団法人経済団体連合会」と出しているんですね。だから、これは経団連が当然、加盟企業に対してこの問題について解明し広めていく、そういう立場からできたもんですわ。広めて困ることなら、経団連自分で金出してこんなものつくりゃせぬわけですから。そうすると、この中に出ておる意見は、委員の番場氏だとかあるいはその他の人たちが講演をした記録にしろ、経団連はそれを肯定的に受け取ってこれをつくって流したと見るのが至当でしょう。だから、単なる委員個人が適当に講義をしたというだけのもんじゃないと思うんですよ。経団連の名前で編集されて外へ売り出されて下へ流されているとなれば、経団連がこれを肯定的に受け取ってやっておるということなんですから、これを単に、法律が通ってから洗い直すときに委員に注意するなんということじゃ済まぬと思う。経団連パンフレットにこう書いてあることは間違いだと天下に発表もしてもらわなきゃならぬし、同時に、役所として通達みたいな形で、あれは間違いだと関係方面に知らせてもらうくらいのことはしてもらわなければ済まぬ問題じゃないかと思うんですがね。

○説明員（田中啓二郎君）　修正案は確定したものではございませんし、いずれレビューをするわけですが、ここで申し上げたいことは、商法改正の暁には私どもの監査証明省令等において今後の監査報告の記載内容をどう定めていくかをきめていかなければなりませんが、私どもとしては、従来の運用をゆるめるつもりはないとはっきり申し上げられると思います。したがいまして、その講演の速記録に対するお答えは、われわれがどのような省令を出すかではっきりすると思います。

○春日正一君　いまの話聞いておっても、たとえば企業会計原則修正案はまだ確定したもんじゃないと言われるんですね。ところが、衆議院での六月五日の正森議員の質問に対して、「公正ナル会計慣行ヲ斟酌」するというこの三十二条の二項が、この改正案が通れば企業会計原則修正案が企業会計原則として確定すると、白鳥説明員はそういう答弁をしておいでになるのですね。そうすると、いまあなたは、まだ企業会計原則修正案はきまったもんじゃないから洗い直すんだと言われるけれども、そんないいかげんなものを出してこられて、法律を審議してくれ、通してくれということができるのか。ここではっきり、この法律が通って三十二条の二項がきまれば自動的にこの修正案が企業会計原則として確定しますという答弁をしているんです。

○説明員（田中啓二郎君）　前白鳥説明員が、修正案は四十四年に出ておりますが、これは所要の手続を経て企業会計原則として確定する予定になっていると答弁をしたと思いますが、そこで商法との関係では、三十二条が確定すれば、その法律論という観点からは「正直な理由」というのはなかなか起きがたいとは思いますけれども、その他の点で大修正はまた行われることはないと思いますが、しかし衆参両院での御審議の過程もありますから、ゼネラルなレビューはやはりすべきものと考えております。それが前説明員の「所要の手続」にも該当するのではないかと考えます。

○春日正一君　私らがここで一生懸命議論していることを取り入れて修正するという意味で言われておるのか。私らは大体政府は、出してきたものを幾ら言っても聞かずに押し通すものだと思いがちですから、こういう答弁を受けておりますと、いま出されておるこの企業会計原則修正案が生きてきた場合にどうなるのかと質問もするし、意見も述べることになっておるわけですね。ところが、これは洗い直すものでありますからという形で逃げられたのでは、議論の根拠がぐらついちゃってどうにもならない。それ以上審議進められません。そのところ委員長どうですか。

○説明員（田中啓二郎君）　申し上げましたとおり、洗い直すということではございませんで、商法が通れば一応目を通し直すということでレビューをするということかと思いますが、少なくとも公認会計士が商法監査をする場合の商法と従来の企業会計原則とのドッキングは、この修正案においてはほぼ確定しているものと、そのようにお考えいただいてけっこうかと思いますが、ただ先ほどの番場先生の意見その他誤解を生ずるところがあれば、そういう点は明瞭に直さなきゃいかぬという点の見直しです。

○春日正一君　引き当て金の問題ですね。いま企業会計では期間損益計算のかなめとも言うべき継続性の原則の緩和、企業の恣意的な会計操作を許す継続性原則の後退について、質問したんですけれども、もう一つ重要なのは引き当て金の問題だと思います。これと深いかかわりあるんですけれども、特に利益留保性引き当て金がいかに利益操作に使われているかは、昭和四十七年の証券局年報で利益剰余金性引き当て金に関する限定意見が昭和四十六年三月現在で百二十三件で全体の限定意見の八〇・四％を占めていることを見ても、これは明らかだと思います。

たとえば読売新聞の二月十三日を見ますと、見出しに「「増収減益」決算ふえる」と書いている。「内部留保を厚く」「三月期、大和証券見通し――社会的批判に配慮」というふうで、三月期の決算では、収入はうんとふえたけれども、決算の面では減益という形の決算がふえるだろうという見通しを書いております。そうして特に具体的なケースとして「特別損失金を大幅積み増し」といって、「東亜燃料工業は十二日の決算取締役会で、前十二月期（昨年七―十二月）決算案を決めたが、これによると、売上高（対前期比二七・八％増）、経常利益（同三四・八％増）とも大幅に伸びている反面、税引き後の当期利益は対前期比一八・六％減の増収減益となっている。」というように、売り上げ高は千百四十七億二千五百万円、同社として初めて一千億円を記録、経常利益も七十三億七百万円となって、前期より大幅に伸びている。しかし、税引き後の当期利益は三十一億六千四百万円にとどまり、対前期比一八・六％減、つまり前期よりも税引き後の利益は減っておるということで、配当は一〇％据え置きといわれているんですね。その中身を見ますと、このような増収減益となったのは、前期六百万円しか計上していなかった価格変動準備金を三億六千九百万円にふやしたのをはじめ、前期ゼロ計上の貸し倒れ引き当て金を二億四千万円、同じくゼロの特別償却準備金を千二百万円それぞれ積み増し、また海外投資損失準備金三億円、前期は三千万円、公害防止準備金三億二千九百万円、同じく二億五千四百万円を大幅に計上するなど内部留保につとめ、その一方十二月期に発生した二十一億四千七百万円の為替差損は営業外損益に含めるなど、見かけ上、利益を低く抑えることにしたためである、こう書いてあります。

だから、こういう形で利益を隠すことが、大和証券の見通しによると、各業界についてこうなるだろうというものが出ておりますけれども、それからさらに松下電器の九月期の決算を見ると、価格変動準備金六十六億九千七百万円が会計監査において利益剰余金であるとみなされて、除外事項になっている。これは三月期においては税法限度額の二四一%、六月期に至っては二五一%と手厚く引き当てておる。退職給与引き当て金は、三月期は期末要支給額の一〇〇%、さらに翌期の昇給による増額の五〇%を加算して、九月期では要支給額の一〇〇%を引き当てている。それは九月期では引き当て額五十億六千百万円増、こういうようなふうにですね、引き当て金を利用して百億円にのぼる大幅な利益隠しを行っているんですね。で、松下の九月期の純利益は二百三十七億一千万円、引き当て金合計では一千億五千九百万円になっている。現状でもこういう状態になるわけですけれども、企業会計原則の修正案ではこれがさらに拡大されていく、そういうことになるんではないかと思われる節があるわけですね。

そこで、まず企業会計原則修正案の負債性引き当て金について質問しますけれども、現行の企業会計原則と比較すると、負債性引き当て金の例示の中で修繕引き当て金と特別修繕引き当て金が削除されています。削除されるのは一体どういうわけですか。それから、今後修繕引き当て金、特別修繕引き当て金は負債性引き当て金として認めるのか認めないのか。企業会計審議会第一部会長の番場氏は、「この特別修繕引当金は、われわれ会計学の観念では、負債性引当金の中に当然入れてしかるべきものであり、また経理の実行面においては、その修繕引当金をぜひともたてて決算をすべきものであるというふうに考えています。例示から引っ込めましたのは、修繕引当金は負債性引当金の方に入らない、という商法筋の主張に歩み寄ったためであります。」「けれども、実際面においては修繕引当金は、負債性引当金として計上するのだということです。」というふうに言っているんですが、先ほどのこのパンフレットで。そういう了解があるのかどうか。以上三点についてお答え願いたいんですが。

○説明員（田中啓二郎君） ただいま御指摘の東亜燃料の件は十二月決算でして、おそらく新聞等に出ましたのは一月末一応取締役会に報告したものを取引所の兜倶楽部等で発表したものかと思いますが、営業報告書が株主総会で確定いたしますのは二月末、それから私どものほうに有価証券報告書として公認会計士の監査意見を添えて提出されてまいりますのが三月末ですので、その内容はただいま確認するすべもございませんので差し控えさしていただきますが、当然のことながら、公認会計士がこれに監査します場合に、意見をつけるものがあれば意見をつけるし、適正に処理されていれば意見をつけないことになると思いますが、このような時代の動きですから公認会計士としては特に現在以上に厳正な態度をもってこれが監査に臨むことを私どもは期待している次第です。

次に修繕引き当て金ですが、負債性引き当て金が法律的に期限づきの債務ではないという意味におきましては確定した負債ではないわけですが、しかし必ずしも確定した負債を負債性引き当て金の要件としておりませんので、例示からは除きましたが、しかし私どもとしてはそれが負債性引き当て金の中に入り得るものではないかと考えております。

○春日正一君 それから番場氏が「この特別修繕引当金は、われわれ会計学の観念では、負債性引当金の中に当然入れてしかるべきものであり、また経理の実行面においては、その修繕引当金をぜひともたてて決算をすべきものであるというふうに考えています。例示から引っ込めましたのは、修繕引当金は負債性引当金の方に入らない、という商法筋の主張に歩み寄ったためであります。」「けれども、実際面においては修繕引当金は、負債性引当金として計上するのだということです。」と言っているわけですけれども、確かにあなたの答弁では必ずその年度に出さなきゃならぬというきまったもんじゃないという意味でこの負債性引き当て金という例示を削ったんだけれども、しかし負債性引き当て金としてこれは計上されるんだという意味と、番場氏の言っていることと同じ意味に受け取れるんですけれども、大体そういう了解でこれはできているということですか。

○説明員（田中啓二郎君） この点は会計学者、商法学者かなり意見の相違がございまして、会計学者の中には負債性引き当て金に入ってしかるべきではないかという番場先生のような意見が多いようです。ただ、会計的にはそうでしょうが、この間修正案の例示として出しましたときにこれを除いておりますのは、やはり完全に意見の一致を見ないで未調整として残っているということでして、先ほど私はこれは負債性引き当て金に入るべきものだともし申したといたしますれば、その点は訂正させていただきます。

○春日正一君 とにかく負債性引き当て金として計

上はされるんですね、例示は取ったけれども。例示は、現行の企業会計原則第三貸借対照表原則四の㈠のA、この中で納税引き当て金とか修繕引き当て金等、こうなっている。同じくB、退職給与引き当て金、特別修繕引き当て金等となっている。これが修正案では、この修繕引き当て金と特別修繕引き当て金は削除されて、製品保証引き当て金とか売り上げ割り戻し引き当て金云々がずっと出ていますね。だから、なぜ削除したのかに対するあなたの御答弁の中で必ずその年度内に修繕があって払わなければならぬものじゃないから、厳密には負債性引き当て金とはならぬけれども、しかし削ったけれども、実際には計上されるだろうと私聞いたんですが、これ聞き違いかどうか。

○説明員（田中啓二郎君）　例示しておりますものは負債そのものという性格ですが、御指摘の修繕引き当て金は、会計的には負債性引き当て金であるという意見が多いのに対しまして、今回は商法と会計のいわばドッキングになりますもので、商法の観点からまだ疑義があったことで確定しなかった、したがって未調整に終わっているのが実情です。

○春日正一君　そうすると、そういう点ではまだ問題を残しているということですね。

それから次に、損失性引き当て金はどのように処理されるのか、つまり特定引き当て金であるのか、それとも負債性引き当て金になるのか、どうです。

○説明員（田中啓二郎君）　負債性引き当て金は、修正案の注におきまして、どのようなものかがはっきり書いてあるわけですが、特定引き当て金の系統は商法の二百八十七条ノ二の問題でして、これはまさに商法の観点からどこまでをこれでお読みになるのかという点は私どもというよりむしろ法務省のお考えだと存じます。

○政府委員（川島一郎君）　商法は引き当て金につきまして二百八十七条ノ二に規定しておりまして、そこにいう引き当て金とは、特定の支出または損失に備えるために、いわば見越しの費用または損失として貸借対照表の負債の部に計上されるものです。ところで、お尋ねの損失性引き当て金ということばを、どういうふうに理解していいのかよくわからないのでありますが、この商法二百八十七条ノ二の損失に備えるための費用として計上するという性質のものであれば、まさにこの商法の引き当て金、特定引き当て金に当たるわけです。すでに損失が生じておる、それに対してというものであれば、別の考え方があるのかどうか、その辺よくわかりませんが、要するに、損失に備えるためにその引き当てとして計上する性質のものであれば、特定引き当て金に該当すると考えます。

○春日正一君　それで、四十五年度版の証券局の年報では、「商法と企業会計原則との調整」、これの項で、次のように書かれてます。負債性引き当て金の項の中で、損失性引き当て金について、「商法第二百八十七条ノ二の引当金の規定の整備と関連して、債務に該当しない負債性引当金の計上を強制するよう商法改正を要望することも検討されたが」と、「債務に該当しない負債性引当金の計上を強制するよう商法改正を要望することも検討されたが、そのような引当金の数も少ないことから商法改正の実現可能性は見込まれなかった。このような引当金の取扱いについては、商法上は計上が強制されない商法第二百八十七条ノ二の引当金であるが、これが計上された場合の表示上の取扱いは、負債性引当金として取り扱うという解釈で了解されている。」となっているんですね。ここで書かれておる「債務に該当しない負債性引当金」とは一体どういうものなのか。このような引き当て金の取り扱いは、負債性引き当て金として取り扱うという解釈で了解されたと書かれているけれども、だれが了解したのか、この点聞かしてほしいと思います。

○説明員（田中啓二郎君）　その本をただいま手元に持っておりませんので、後日調べて御返事さしていただきます。

○春日正一君　企業会計審議会のメンバーである渋谷健一という人は、「この負債性引当金については、」「将来の費用のほかに損失を含めて引当ててもよろしいという新しい解釈が決定したのでございます。」こう言っているんですね。さっきの経団連のパンフレットの六ページです。また同じく企業会計審議会のメンバーの居林さん、この方は、「今回の修正案では、負債性引当金に損失性引当金を含む旨の諒解がなされた。損失性引当金としては、出血受注引当金、特許損害賠償引当金、」これは「（一審敗訴後の）」と注が入っていますね。それから「資産除却損引当金、原木単価調整引当金、価格変動準備金（現実に価格下落が生じている分の）、鉱業賠償引当金等々が考えられる。」と言っております。だから一体この企業会計審議会での了解とは、どういう意見とどういう意見が対立しておって、結局、負債性引き当て金の中に損失性引き当て金も含むことになったのか、その経過と内容を聞かしてほしいんです。どうも大事な企業会計原則をきめるこの審議会の人たちが、先ほどあなたが否定されたようなことをいろいろ言われているんですね。だから、どういういきさつでこういうことになったのか、これ国民の前にはっきりさせる必要あると思うんですよ。

○説明員（田中啓二郎君）　私聞いた限りにおきましては、いま渋谷氏がおっしゃったような負債性引き当て金の概念を拡大するという了解は、少なくとも公の場においてなされていないようです。やはり公害引き当て金とか出血受注引き当て金などのように負債性引き当て金に該当しないと考えられるもので、しかし商法二百八十七条ノ二に該当するいわゆる特定引き当て金であれば、これは特定引き当て金として貸借対照表の負債の部に特掲するという処理になると思います。

○春日正一君　了解されたことはないと言われるんですがね、先ほどのパンフレットの中の、番場氏の「企業会計原則修正案の解説」では、この点非常に詳しく書いているんですよ。これ全部読むとたいへんですから、要約したのを読んでみますと、経団連は負債性引き当て金と特定引き当て金とを明確に区別すること、また損益計算書、第四区分未処分損益の部を設けることに反対し、いままでどおり特別損益の部で処理することを主張した。公認会計士協会はいままでと同じで、両方を明確に区別しない場合はどうしても限定意見の問題が出てくるし、これを押しつけてしまった場合、監査のよりどころとしてこれでよいかと問題になる。だから貸借対照表でも区別すると同時に、損益計算書においても第四区分を設けて区分を異にしてくれなければ修正案に全面的に反対すると迫られた。そこで渋谷、居林氏にお願いして、何とかがまんしてもらい、公認会計士協会の主張をいれた。そのかわり経団連に対しては負債性引き当て金を拡大解釈しましょうという話を取りつけた。こう言って、「まともな費用というよりも、損失的なものの引当金計上ということもなるべく認めるようにしようという了解があったわけです。具体的にどんなものをすくいあげるか、この点は各会社に公認会計士がタッチするわけです。公認会計士の方で具体的な問題をとり上げまして、公認会計士協会において会社の方にご都合のよいような線で結論が出るように検討をしてもらう。だから、具体的な引当金について、これはまともな引当金に入るか、あるいは負債性以外の引当金か、この点の具体的な決定というものは今後に残されているというふうにご了解いただいて結構です。」と、そうして経団連はいままでどおりを主張、公認会計士が何としても明確に分けてくれと主張して、結局、公認会計士の主張を取り入れたかわりに、公認会計士協会も合意の上で損失性引き当て金も負債性引き当て金に取り入れようと審議会の中で取引が行われ、その結果として出てきた問題だということをこのパンフレットの中で詳しく述べておるわけです。

そうすると、企業会計原則修正案の権威は、かなり動揺するんですけれども、全く信用ができない、裏に何があるかわからぬと言われてもしようがないものになってくると思うんですね。企業会計原則とは、一般に公正妥当と認められる会計処理を要約したものといわれているけれども、財界の意向に沿う恣意的な会計基準と言われてもしようがないと思うんです。そういう妥協だの了解だのは、国民のわからぬところにあって、法律の文句とは違ったものが含みとして盛り込まれておることになったら、これはもう全く信用できないと言われてもしようがないと思うんですね。こういう問題についてどう処理されようと思いますか。

○国務大臣（中村梅吉君）　商法改正が成立いたしました暁には、企業会計原則について大蔵当局とも十分に相談をしてなおよく検討して遺憾なきように期していきたい、かように思っております。

○春日正一君　その答弁にはさっきから不満なんです。つまり企業会計原則修正案があって、この商法改正案が成立すればこれが認知されることになって出てきておるのに、問題突っ込んでいくと、いや成立してしまってからあとで検討いたしますということになると、審議の土台がぐらつくんですわ。お出しになって通そうというのなら、確固たる確信を持って、こういうものだと、それはこうだと、はっきりお言いになったらよろしい。特に先ほどのような審議会の中での了解みたいな変なものは、これは基本の法律ですから、そういうぐあいに疑いがあるなら国民の前に明らかにしていささかの疑義も残さぬようにしなければならない。ところが、そういうものが、経団連が出しているパンフレットの中で、しかも企業会計原則の審議会の委員がこもごもそれを言っておる。企業会計原則修正案の注十四、経団連パンフの一一五ページ、これでは、「負債性引当金以外の引当金を計上することが法令によって認められているときは、当該引当金の繰入額又は取崩額は未処分損益計算の区分に記載する。なお、これらの引当金の残高については、貸借対照表の負債の部に特定引当金の部を設けて記載する。」と書かれております。そうしますと、商法二百八十七条ノ二の特定引き当て金は、負債性引き当て金以外の引き当て金になったわけですから、従来よりも広義に解釈できるようになったと考えていいのか、また従来より引き当て金を手厚く計上できるようになったと考えていいのか。その辺はどうなんですか。

○政府委員（川島一郎君）　商法の引き当て金は普通、特定引き当て金という名前で呼ばれておりますが、この規定は今回も改正しておりません。したがって、その内容は特に変更されることはないわけです。

なお、この引き当て金とは商法が特に二百八十七条ノ二でもって負債の部に計上することができることを規定しておるわけでして、おっしゃるように負債そのものである場合には引き当て金にならないわけです。負債以外のものであって、しかも「特定ノ支出又ハ損失ニ備フル」と、こういう要件が整った場合に初めて負債の部に計上できるわけでして、この範囲は商法学者、会計学者の間で議論があるところですけれども、私どもはこの引き当て金を商法が認めた趣旨から申しまして、これは相当厳密に解釈すべきものであると考えております。

○春日正一君　従来は公認会計士が現行の企業会計原則に基づいて、利益性の引き当て金であるといって限定意見をつけてきたのですけれども、改正後は、これらの引き当て金を損益計算書では未処分損益の部に、貸借対照表では引き当て金の部に計上されておれば、公認会計士の限定意見はつけられることはなくなるのかどうか、つまり、それで適法かどうかということですね。

○政府委員（川島一郎君）　申し上げるまでもないことですが、商法の要件に合致しておるものであればよろしいけれども、合致していないものを引き当て金として計上した場合には、限定意見と申しますか商法の監査においてはその点が正しくないものとして指摘されることになる、このように考えます。

○春日正一君　そうすると、私のお聞きした損益計算書では未処分損益の部に、それから貸借対照表では引き当て金の部に計上されておれば公認会計士の限定意見は付されることにならない、あるいはそれで適法なんだと一がいに言ってしまえないということですか。それとも適法なんだと、限定意見はつかないというんですか。そこのところ、どうなんですか。

○政府委員（川島一郎君）　商法は、貸借対照表と、それから目的外使用の場合の理由を損益計算書に記載せよとだけを規定しておるわけでして、その点だけが商法に適合するかどうかの判断の対象になるわけです。

なお、株式会社の貸借対照表あるいは損益計算書の記載の様式等は、別に法務省令で定めるという規定がございまして、その規定で様式などはきめることになります。損益計算書のどこの部に記載するかは、その省令の中で掲げることになるわけです。

○春日正一君　そうすると、利益性の引き当て金であるということで、新日鉄の場合、定率法に変えて非常に多くのあれを積み上げて、今度はまた定額法に変えて、積み立てたのを取りくずしてきたというのについて限定意見がついたというような、そういうことをやってきたんだけれども、しかし、改正されてからそういうものは同じように限定意見をつけられ、あるいはそういうことをやってはいけないんだというものになるかならぬかは、商法改正ができてから省令できめて、それから判断の基準ができてくるというわけですか。

○政府委員（川島一郎君）　引き当て金になるかならないかは、商法自体の解釈できまってくる問題ですから、省令の関知するところではございません。

○春日正一君　そうすると、私が聞いたものに対して、現状では、先ほどの新日鉄の場合みたいに限定意見をつけられるけれども、改正されたあとでは、この利益性の引き当て金というものでも損益計算書では未処分損益の部、貸借対照表では引き当て金の部というところにきちっと書いてあればそれで適法だということになるのかどうか、つまり中身と形式の問題ですね、ここへこう書けといっていると。それに膨大な利益を書き込んでおいても、形式が整っておればそれでいいのか。

○政府委員（川島一郎君）　膨大な利益を書き込むことがいいか悪いかは、商法の特定引き当て金の範囲を逸脱していないかどうかという問題ですが、その点では実質判断が行われるわけです。それから場所の問題は省令に指定してありますので、その場所に記載すればよろしいということです。

○春日正一君　心配するのは、こういうことが場所にきちんと書かれておればそれでいいということになれば、逆粉飾決算の合法化になっていく。引き当て金を手厚く計上できるのは、結局大企業ですから、実質的には監査制度の後退になっていく。だから、そこのところをはっきりさしてほしいということで聞いているわけです。もし、そうでないというなら、昭和四十五年度版の、証券局年版、「商法と企業会計原則との調整」の項の中で、「すなわち、損益計算書上では、これらの引当金の繰入額および取崩額を当期純利益の次に記載して当期未処分損益の増減項目として取り扱うこととし、期間損益に影響することのないようにした。貸借対照表上では、負債の部の中に特に特定引当金の部を設けてこれを記載し、本来の引当金と明瞭に区別せしめることとした。表示の問題として解決を図ったわけであるが、公認会計士の監査意見においても、「特定ノ支出又ハ損失ニ備フル為ニ」という商法の要件を満たしている限り、限定意見は付せられない趣旨である。」と、書いてあるんですね。そうすると、私が心配したことになるんじゃないかと思うんですけれども、ここのところはどうなんですか。

○説明員（田中啓二郎君）　それは間違っておりません。そこで特定引き当て金、要するに評価性でも負債性でもない引き当て金を計上することが法令によって認められているときは、いまお読みになった繰り入れなり取りくずしは未処分損益計算の区分に記載するし、その残高は貸借対照表の負債の部に特定引き当て金の部を設けて記載することになりまして、特定引き当て金として法令によって認められているかどうかが確かに公認会計士の監査意見を付する場合に大きな問題になると思います。それで、おそらく公認会計士としては商法の二百八十七条ノ二の指導原理を監督官庁から示していただければたいへんありがたいと考えているんじゃないかと憶測しますが、それは法務省の御関係になるわけです。

○春日正一君　企業会計審議会委員の、経団連経理懇談会の委員長渋谷健一さんは「特定引当金につきましては、これまで逆粉飾に利用されるということで、引当金の中で利益性の引当金の疑いのあるものについては、この限定の対象になることが多く、常に公認会計士との間における紛議のもとになっていたわけでございます。今回の改正におきましては、これを負債性引当金と区別することによりまして、将来の特定の目的のために引当てられる特定引当金については、幅広く計上ができることになりました。」と、幅広く計上ができることになったというふうに、「そこで、この点につきましては、すべて公認会計士は限定をしないということになったわけでございます。」と、言っていますけれども、これは間違いないですか。

○説明員（田中啓二郎君）　幅広くということは私はないと思います。と申しますのは、二百八十七条ノ二は今度できた規定じゃございませんし、しかし、二百八十七条ノ二をどこまで認めるかが私は重要なポイントではないかと考えております。

○春日正一君　今回の商法改正が、監査の強化が実は見せかけで、内容は、企業会計原則を修正して、商法三十二条によって、この修正企業会計原則を商法の中にすべり込ませてくることで企業の利益隠しを商法上拡大、制度化するものだと思います。そして、こういう改正のない現在においても、売り惜しみや買い占めや、あるいは便乗値上げによってぼろもうけをした大企業が、その利益隠しにやっきになっておると、申しましたけれども、あなたが会社の決算、それに伴う文書が出なけりゃ意見が言えないと言われましたけれども、しかし実際にはこういう傾向が出ておるし、毎日新聞なんかでも「危機ぶとり、まざまざと……」という見出しで、「利益、なんと約三倍」「三菱油化配当自粛し据置き」と三倍ももうけたのを隠しているということが出ておる。だから、そういうことをやっておる。国民が、これに対しては超過利得に対して課税をかけろと問題になって、いま衆議院でその法律をどうするかで各党話し合っている状況にあるわけです。

　そこで私どもは、大企業の超過利得の吸収等に関する臨時措置法案の要綱を提起していますけれども、その中で、租税回避行為の防止のために、新たな特別償却の損金算入を中止させる、引き当て金、準備金の過大な計上を抑制する、減価償却方法等を規制するということの三点をあげて、税金のがれのための逆粉飾をやらせないようにすることをこの要綱案の中で述べておるんですけれども、世間でも非常に大きな反響を呼んで、税金のがれの利益隠しの穴をふさがなければ、ほんとうに超過利潤を吸収することができないだろうという声は非常に高くなっております。国民世論がこういう方向に向かっているときに、これと全く逆行するような、大企業の意向を受けてそのまま立法化した法案を提出することは、もう時期に合わなくなっておるという感じが強いわけですけれども、法務省としてはその点どういうふうに考えておいでなのか、その点を聞かしてほしいと思います。

○政府委員（川島一郎君）　お話を承っておりますと、引き当て金の範囲が拡大することになるようですし、何かそれを前提として御議論が進んでいるように思うわけですが、先ほどから申し上げておりますように、商法二百八十七条ノ二の規定は改正しておりません。この「特定ノ支出又ハ損失」ということばが変更が加えられない限り、引き当て金の範囲が拡大するはずはないわけです。したがいまして、従来より楽になるとか、引き当て金の過大計上が許されることは、全くナンセンスな議論と言うほかないわけです。したがいまして私どもは、先生のお話しになっている前提が、そもそもどこから出てきておるのか、どういう根拠があるのか、全然理解できないわけでして、御心配のようなことは全くないと、断言しても差しつかえないと存じます。

○春日正一君　どこから、何を根拠にと言うけれども、私はさっきから根拠を示して、「企業会計原則修正案の解説」――経団連のパンフレットだとか、しかもこれ、述べている人たちは、企業会計原則の審議会に入っている人たちでしょう。それを認めますか、あなたは。

○政府委員（川島一郎君）　企業会計審議会というのは商法の解釈をきめるところではございません。引き当て金がどの範囲まで商法に認められるかは、終局的にはこの条文に基づいて裁判所が判断を下すべき問題です。したがいまして私は、その判例も示されていないのに、どうしてその変更が行われるのか、理解に苦しむわけでして、御心配のような点はないものと考えております。

○春日正一君　とんでもない。この本の一部だけ読みますけれども、三十九ページ、経団連の「企業会計原則修正案の解説」という中で、番場嘉一郎さんという人が、「今度は公認会計士の方からはっぱがかけられたわけです。もう右すれば何とか、左すれば何とかということで進退ここにきわまるというような場面もありまして、この点だけは何とか渋谷さん、居林さんにお願いし、がまんしてくださいといった結果がこんなふうになってきたわけです。そのかわり、まともな引当金というその引当金の解釈を少し拡大解釈をしましょうという、そういう話をとりつけました。」と言ってるんです。「負債性引当金というものを厳密に解釈すると、これもだめ、あれもだめということになるが、修正案では、これもいい、あれもいいというふうに、まともな引当金の概念というものを拡大することによって、そこのところを吸収しましょうということで目をつぶっていただいたのです。そこで、まともな費用というよりも、損失的なものの引当金計上ということもなるべく認めるようにしようという了解があったわけです。」、了解があったわけですと言っているんです。「具体的にどんなものをすくいあげるか、この点は各会社に公認会計士がタッチするわけです。公認会計士の方で具体的な問題をとり上げまして、公認会計士協会において会社の方にご都合のよいような線で結論が出るように検討をしてもらう。だから、具体的な引当金について、これはまともな引当金に入るか、あるいは負債性以外の引当金か、この点の具体的な決定というものは今後に残されているというふうに御了解いただいて結構です。」と、はっきりこう言ってるんですね。しかも、これは経団連が出している。当の商法改正の一番の推進者の経団連が関係者の話として編集して、これを天下に流しているわけでしょう。経団連が商法改正の推進者だったんだから、それを根拠がない、何を根拠に言ってるんだと言ったら、これを根拠だと言って私は一から十まで読みましょう。

○政府委員（川島一郎君）　私は、引き当て金に関する商法の規定は、現在もそれからこの改正案によっても変更されないわけでして、その引き当て金がどういうものが認められるかはこの規定で判断されるべきである、したがって、この規定が改正されない以上は今後においても変わるものではない、まあ判例が変われば別でございますけれども、そういうことを申し上げておるわけです。

○春日正一君　政府の答弁と、さっきの番場氏とか、渋谷氏のような企業会計審議会の委員の言っていることとまるっきり違って、政府のほうはそういうことは知りませんと言っている。ところが、この審議会に入って、この修正原則その他を審議した人たちが、こういう点で話はついている、了解ついていると言って、公然と天下に言って文書にして出してるんですね。それを、いやそれは関係ありませんと言ったんでは、それは世間通りませんよ。先ほども言ったように、いろいろ不明朗なんですね。了解というか、取引みたいなことがやられておることになっておると、これは政府が幾ら説明してくれてもどうもはっきりしないし、天下の経団連ともあろうものが、全くでたらめを公表するとは私は思いませんよ。経団連がでたらめ言っているんなら、経団連に対して厳重に政府として抗議を申し入れて、経団連パンフレット一〇五号に書かれていることは政府の見解と違うと訂正させるなり撤回させるなり、そういう措置をとるべきだと思いますよ。それおやりになりますか。

○国務大臣（中村梅吉君）　ただいま民事局長申し上げておりますとおりに、いままでの企業会計に関する基本的な法規はいささかも改正しておらないわけです。ただ問題は、企業会計審議会は大蔵省の所管でつくっておる審議会ですが、これはまだ法律もできないうちに審議しておっても、最終的な結論ではありませんので、この法律改正ができまして大ぜいの公認会計士さんに企業会計監査を担当してもらうことになりますれば、もちろんさらに一そう、従来の方針ややり方と違って、公認会計士の方々が皆さんが一致してその会計監査業務ができるように企業会計原則を確立しなければならないと思っております。したがって、その段階で企業会計審議会がどういう結論を出すかの問題はありますが、もし御指摘のように御満足がいかない、またわれわれとしても納得がいかないということであれば、政府全体としても企業会計審議会のメンバーをかえるなり、新しいメンバーで国民全体が納得のできるような企業会計原則を打ち立てなければならない、かように考えております。

○春日正一君　商法改正案の三十二条二項「公正ナル会計慣行」、それから法人税法第二十二条四項の「一般に公正妥当と認められる会計処理の基準」は同じものか、それとも違うものか聞かしてほしいのですが。

○説明員（田中啓二郎君）　商法の公正な会計慣行をしんしゃくすべしとは、おそらく証券取引法の体系においていままで公正な慣行として確立されてきたものとほぼ一致するのではないかと考えておりますが、法人税法二十二条のそれは国税庁から御返事があると思います。

○説明員（田辺昇君）　法人税法二十二条の規定は、基本的には企業の経理は、一般的な公正妥当と認められる会計処理の基準が、具体的にはお話の対象になっております企業会計原則その他の基準に従っているかどうかで判断されると思います。

○春日正一君　そうすると、ほぼ同じものだと理解していいんですか。

○説明員（田辺昇君）　基本的には同じですが、税法は課税所得の計算を導くためにいろいろこまかい規定を設けてございます。したがいまして、税法独自の立場からこれを損金に算入し、これを益金に算入するもろもろの規定が存在いたします。

○春日正一君　少しこまかくなりますけれども、商業帳簿の問題です。現行商法では三十二条で「商人ハ帳簿ヲ備ヘ之ニ日日ノ取引其ノ他財産ニ影響ヲ及ボスベキ一切ノ事項ヲ整然且明瞭ニ記載スルコトヲ要ス」と規定しているんですけれども、ここで書かれておる帳簿とは、どういうふうに受け取ったらいいんですか。

○政府委員（川島一郎君）　これは普通、日記帳と言っておりますが、ここに記載しておりますように、日々の取引等についてその財産関係を明らかにする事柄を記載する帳簿です。

○春日正一君　そうすると、改正案の三十二条一項では「商人ハ営業上ノ財産及損益ノ状況ヲ明カニスル為会計帳簿、貸借対照表及損益計算書ヲ作ルコトヲ要ス」と規定しているんですけれども、この会計帳簿とはどういう帳簿ですか。

○政府委員（川島一郎君）　改正案の三十三条に記載してございますが、この一号及び二号に掲げてある事項を記載する帳簿です。

○春日正一君　現行法の帳簿と改正案でいう会計帳簿との違いはありますか。

○政府委員（川島一郎君）　実質的には同じものをいっているつもりです。ただ、現行法の三十二条は多少書き方がばく然としておりまして、「其ノ他財産ニ影響ヲ及ボスベキ一切ノ事項」という表現になっておりますのを、ここで詳細に規定したわけです。

○春日正一君　そうすると、第三十三条二項、三項に「会計帳簿ニ基キ」と書いてありますけれども、これは複式簿記のことですか。

○政府委員（川島一郎君）　通常、複式簿記と考えていいと思います。会計帳簿は、最近は複式簿記を用いておるのが普通ですので、この場合も複式簿記を大体念頭に置いて書いていると言えようかと思います。

○春日正一君　そうするとあれですか、資本金二千円という小さな商店でも全部複式簿記をつけろということですか。

○政府委員（川島一郎君）　複式簿記と申し上げましたが、商法の規定では複式帳簿を強制しているわけではございませんので、単式の帳簿でありましても、これに必要な事項を全部書いておけばそれでも商法の要件は満たすわけです。

○春日正一君　そうしますと、こういう矛盾は出てきませんかね。貸借対照表、損益計算書をつくれと書いてありますね。そうすると、複式簿記によらないで大福帳みたいなものから貸借対照表とかをつくり出そうということはたいへん骨の折れることだと聞いているんですが、そうすると、帳簿に基づいてとなると、どうしてもそういうものをつくるには複式簿記をやらざるを得なくなる。しかも実際上はできない状態の商店とか零細な企業はたくさんある。そこら辺の扱いはどうなるんですか。

○政府委員（川島一郎君）　営業の種類にもよるわけですが、ある程度複雑な出入りの多い職業になりますと複式簿記を用いたほうがよいし、また複式簿記を用いないとなかなか計算がしにくいかと思いますが、きわめて単純な、金銭の出し入れが比較的複雑でない業種は単式簿記あるいは大福帳式の、家計簿に毛のはえたものであってもできないことはないということです。

　それから複式簿記、私も非常にむずかしいものかと思っておりましたが、聞くところによりますと、最近は商人の方は非常に勉強しておられまして、かなり複式簿記の知識が普及しておるとも伺っております。そういうことですので、そういういろいろな業種による違いはあろうかと思いますが、それぞれその業種に応じて適当にやっていただければというつもりでこの規定ができておるわけです。

○春日正一君　もし、零細な商人とかが会計帳簿をつくらなかったら法律上どういう不利益を受けますか。

○政府委員（川島一郎君）　この商業帳簿の規定は不完全規定といわれておりまして、会社等は商業帳簿を備えつけないとか作成しないということに対する罰則がございますが、一般の商人には特につけなかったことによる不利益あるいは罰則はございません。ただ、この商人が商売のことで訴訟を起こされることになりますと、裁判所から提出命令が出ることになっておりまして、商法に規定がございますが、その提出ができない場合には一定の範囲で不利益をこうむることがある。それからまた、その商人が破産をした場合に帳簿がつけてありませんと、刑罰が科せられることになっております。

○春日正一君　そうすると、今度の商法改正案が成立したら、国税庁のほうでは記帳を指導する考えがありますか。

○説明員(田辺昇君)　今度の商法改正により、具体的には三十二条の商人の記帳義務が、その内容が充実することは、われわれ税務当局にとりましてもたいへん歓迎すべき事柄であると考えております。ただ税務の執行は税法に従って行いますものでして、特に今回の商法改正によってさらに税務執行のやり方が変わるようには考えておりません。

○春日正一君　記帳義務と関係ないけれども、いま言った商法とそれから税法との関係でお聞きしたいんですが、国税徴収法の第一条に「この法律は、国税の滞納処分その他の徴収に関する手続の執行について必要な事項を定め、私法秩序との調整を図りつつ、国民の納税義務の適正な実現を通じて国税収入を確保することを目的とする。」と書いてあるわけですね。そこで、ひっかかるのは、「私法秩序との調整を図りつつ、」というところで、何か今度の商法改正との関係で新しいものが出てくりゃせぬだろうかと気になるんですがね。

○説明員(田辺昇君)　現在の税法は具体的に所得税法なり法人税法の規定に従いまして執行されております。ただいま御審議いただいております商法の改正案とかりに関係ありとしますならば、現行税法に規定のございます青色申告制度ではないかと思います。ただ、この青色申告制度は納税者の御自身の選択が前提になっておりまして、商法の記帳義務の内容が充実されたからといって、その納税者の選択の基準は変わらないわけです。

なお、ただいまお触れになりました国税徴収法の第一条の規定は、主として租税の徴収面のことを規定した内容でして、具体的に、国の租税債権と私債権の調整の原則とか、差し押え財産の選択にあたり第三者の権利を尊重する、いわば一般民法、商法との調整とはかった規定でして、特に商人の記帳義務とは関係がないのではないかと理解しております。

○春日正一君　その点、私も安心したんですが、ただ、もう一つ念のためですが、いま話に出ました青色申告との関係で商法の会計帳簿の規定が新しく加わったことで、税務署がいままでの白色申告をやっている人たちに商法改正法案のこの三十二条を理由として記帳義務を勧奨したり、あるいは青色申告者と同じような記帳を勧奨することはないでしょうね。

○説明員(田辺昇君)　商法の記帳義務の内容の充実の改正は、先ほど申し述べましたように、基本的には、税務といたしましてもたいへんけっこうな事柄ではないかと理解しているわけです。現在の税法がたてまえとしております自主的な申告納税制度を背景としてささえるもの、納税者自身の具体的な申告内容を裏づける記帳ではないかと思います。したがいまして、従来から一般的には、われわれは、できるだけ納税者の方が青色申告を申請されまして、その税法上の特典を享受されることをおすすめしてきたわけですが、今度の改正によりまして、具体的に、従来のそういう事柄を特に変更することはただいま考えておりません。

○春日正一君　そうすると、この改正を理由にしていままでの白色申告をやっている人に青色申告をやれとか、記帳をもっとどうせよとかというやり方は少なくとも商法のこれとの関係ではなさらないということですね。

○説明員(田辺昇君)　そのようなことです。

○春日正一君　ここのところ、間々、あなた方の意に反して、税務署あたりで、いままででも指導の行き過ぎがあったことを私たくさん聞いていますけれども、だから、そういうことのないためには、いまのような趣旨で、この改正そのことによってこの記帳義務を強めるとかなんとか、そういうことはしないんだという趣旨を、下のほうに徹底させることは、もし、これが通った場合にはやってもらえますか。

○説明員(田辺昇君)　われわれとしましては、具体的な税法の執行なり、特に青色申告制度をささえる環境が望ましい方向にいくものとして歓迎しているわけでして、この改正がございましたから特に従来の方針に変更を加えることはございませんので、格別、アクションをとることは現在考えておりません。

○春日正一君　これはかなりデリケートな問題ですが、私くどく言いますけれども、商法三十二条の記帳義務は私法上の問題であって、国と納税者の関係を規定するものではないんだから、商法三十二条の改正があったとしても、昭和三十七年の国税通則法改正で原案から削除された記帳義務を復活するとか、現在、所得税・法人税法に規定している青色、白色の区別をなくして、一般に記帳義務を課す税法改正はすべきではないと思うんですけれども、その点は、そう受け取っておいていいですか。

○説明員(田辺昇君)　お話しのとおり、この改正によって税法上特に記帳義務が課せられたものになるわけではございません。したがいまして、ただいまのお話はそのとおりではないかと私は理解しております。

○春日正一君　商法改正法案三十二条二項の「公正ナル会計慣行」という規定と、法人税法第二十二条四項の「一般に公正妥当と認められる会計処理の基準」とは同じ意味なのか、それとも違うのか。

○説明員（伊豫田敏雄君）　商法の規定と法人税法第二十二条の四項の「一般に公正妥当と認められる会計処理の基準に従って計算される」という内容は、基本的には方向として同じことを考えているものと考えております。ただ、税法には税法として、租税として特有の政策目的を持っておりますので、その段階において必要な別段の定めは税法でさせていただいておりますので、その点は、なお基本的には同じであっても、実際の適用上の問題として、特別規定を書くこと等はあり得べしと考えております。

○春日正一君　それで具体的にお聞きしますが、この商法改正法案が成立すれば、現在の企業会計原則修正案注十八に例示してあるような負債性引き当て金のうち、税法で別段の定めのない引き当て金は法人税法第二十二条四項によって損金と認めることになりますか。

○説明員（伊豫田敏雄君）　現在二十二条では、引き当て金は別段の定めを必要とすることになっております、現在の書き方で。したがいまして、商法が通り、企業会計原則の修正案が実際に動き出すとしても、そこにはなお別段の定めをしない限り、それが自動的に税法の規定として認められる性格のものではないと考えております。

○春日正一君　それはどこに書いてあるんですか、法人税法の。

○説明員（伊豫田敏雄君）　第二十二条三項に「内国法人の各事業年度の所得の金額の計算上当該事業年度の損金の額に算入すべき金額は、」「次に掲げる額とする。」ということで、二号に損金に算入すべきものの種類が書いてございますが、その他の費用の中でカッコで、償却費以外の費用で当該事業年度終了の日までに債務の確定しないものを除くと書いてございますので、債務の確定していないと考えられる引き当て金は、特別の規定がない限り第二十二条の三項の規定では損金の額に算入されないという法制になると考えております。

○春日正一君　経団連では別なことを言っているんですね。経団連事務局編の経団連パンフレットの「企業会計原則修正案の解説」によると、企業会計審議会幹事で経団連理財部の居林次雄氏という人の「税法と企業会計原則の引当金の調整問題」というテーマのところで、「主税局では、税法が会計慣行よりも先走って負債性引当金を広く損金にするように改めることは、行き過ぎであるという態度をとっている。」と言っています。そうして「工事補償引当金のごとく、多くの会社で計上する慣行が完熟してきたものから、逐一、税法上の損金算入するようにしたいとの意向である。」と述べておるんですけれども、これが大蔵省主税局の方針ですか。

○説明員（伊豫田敏雄君）　引き当て金をどこまで認めていくかは、昔からなかなかむずかしい問題でして、そこにはおのずから租税政策上の目的の一つとして、ある程度恣意的な判断を除外して、ある程度は画一的に取り扱っていかないと、特に内部引き当てのような問題には問題が多いわけでして、そういう点を考慮いたしまして、従来引き当て金は法定という考え方をとっておりまして、完全に未払い金として考えられるもの以外は法定というたてまえをとっております。したがって、どの程度まで社会で完熟していくか、その場合においてそれをどこまで認めるとして税法に取り込むべきかという政策判断の問題だと考えますが、現段階では、現在法律上規定されている引き当て金に限って認めるというたてまえをとっておりまして、今後もそういうことになるかと考えております。

○春日正一君　そこで問題なんですね。これに出ておる「公正ナル会計慣行」ということばがありますけれども、慣行ということばの概念は、この法律の中ではどう規定されているのですか。たとえば先ほど私読み上げたように、ある会社が有税引き当て金みたいな形で引き当てをやって、一回やったのではこれは慣行にならぬけれども、世間の多くの会社がそれをやりだして何回もこれが続くと、結局これは慣行だからということで今度は法定する条件ができてくるというおそれ。つまり慣行と書いてあるけれども、慣行というのは繰り返しやっていれば慣行になるわけですから、悪いことでも繰り返しやって慣行だということで認めさしていくということになりはせぬかと。

○政府委員（川島一郎君）　慣行とは相当の時間繰り返されて行なわれておることが必要であろうと思います。一回ではとうてい慣行にならないと思いますし、もっと一般的に広く行なわれることも必要であろうと思います。それから、そういう慣行でも、公正なる慣行でなければ三十二条には該当しないわけでして、悪い慣行が幾ら行なわれましても、これはここにいう商業帳簿作成のしんしゃく規定には関係がないわけです。

それから引き当て金の問題ですが、これは先ほどの規定がございますので、それに入るもの以外は引き当て金としては商法は認めないという立場です。

○春日正一君　居林という人は、「工事補償引当金のごとく、多くの会社で計上する慣行が完熟してきたものから、逐一、税法上も損金算入するようにしたいとの意向である。」と。私はここにひっかかるのです。そういう一例をあげて、そういうふうに逐次慣行成熟したものからしていこうということになると、まだ次もあるしその次も予定されておるように考えられる。さらにこの人は、「そこで、会社としては、……この際、有税で以てでも会計原則が例示した負債性引当金を広く計上して、税法としてもこれを認めざるを得ないようにすることが必要である」と述べているわけですね。そうすると、この人の見解について主税局はどうお考えになっているか、その点聞かしてほしいです。

○説明員（伊豫田敏雄君）　慣行が熟した、あるいは有税で企業はどんどん積んでいる、その事実だけでわれわれは決して判断をするつもりはございませんので、その点はまさに所得計算上必要なものに限り引き当て金を認めていくという本旨にのっとりまして、なお会計慣行の習熟を待って処理していくという考え方を持っております。

○春日正一君　最後がひっかかるのですが、会計慣行の習熟を持ってという答弁が。東亜燃料は、大きな増益をしながらいろいろな名目で引き当て金を積み立てて、税金を払ってでも計上しているんですね。こういうものについて大蔵省としては一体どういうふうに見て、どういうふうにこれを扱われるのか。

○説明員（伊豫田敏雄君）　私の申し上げ方が悪かったのかもしれませんけれども、私が申し上げる趣旨は、有税で大きな企業がたくさん積んでいるという事実だけをもって決して判断はいたしませんということです。

○春日正一君　大蔵省がそういう立場なら、法人税法の第二十二条四項は削ったらどうかと思うのですがね。この条文は「第二項に規定する当該事業年度の収益の額及び前項各号に掲げる額は、一般に公正妥当と認められる会計処理の基準に従って計算されるものとする。」というところですが、昭和四十二年に追加されたときにも租税法定主義の大原則をそこなうおそれがあるという議論もあったし、その後の運用も、たとえば昭和四十六年、円切り上げに伴う為替差損金の会計処理について、衆議院、参議院の大蔵委員会、予算委員会でも問題になった条文なんですね。したがって、法人税法第二十二条四項を削除して、そうしてこの経団連のパンフにある居林氏のようなねらいが入ってくる余地をなくしたほうがすっきりすると思うんですけれども、その点はどうですか。

○説明員（伊豫田敏雄君）　先ほどの居林さんの御意見は、それは別段の定めのある部分でして、ある意味では、引き当て金については法定のもの以外損金に算入しないという規定がございます。したがって、この四項に書いてございます「一般に公正妥当と認められる会計処理の基準に従って計算される」とは、税法でずいぶんこまかくいろいろのことを規定しておりますが、なおその他の点について規定し切れない部分について一般的な解釈基準を示したものと考えておりますので、ただいまこれを削除することは考えておりません。

○春日正一君　この問題は非常に不十分で、たとえば私が一番ひっかかるのは、何回言ってもひっかかるのは、慣行が完熟したらということをあなたも言われる。この居林氏も、どんどん、どんどん実績つくって完熟さしていけと言っておる。それと一致するんですね、だから、私は気にかかって先に進みかねるんだけれども、しかし、これからあと最後に子会社の調査についてお伺いしたいと思います。

商法改正法案の中の二百七十四条ノ三で、新しく子会社という概念を設けている。親会社の監査役は子会社に報告を求め、さらに立ち入り調査権を認めるとなっておるんですけれども、これは子会社の独立性を侵して一〇〇％の支配を法制上認めたことになるんじゃないかと思うんですけれども、その点どうですか。

○政府委員（川島一郎君）　この子会社調査権とは、親会社の監査役が、親会社の業務を監査するにあたりまして、子会社と関連する事項について子会社を調査しようというものです。よく例に引かれますように、親会社が不良債権を子会社に譲渡してしまうとか、あるいは余っている商品を子会社に買い取らせる、親会社としての立場を利用いたしまして子会社に不利益を押しつけて、自分のほうの経理を健全に見せようとする、そういうようなことがしばしば行われることがあると聞いております。そういう場合に、その事情を調べるためには親会社だけを調べたのでは出てこない場合がございますので、子会社にも調査をするということでして、子会社の人格、法人格を侵害するとか、そういう趣旨のものではございません。

○春日正一君　子会社とは、法律上からいうと独立した法人格ですか、半分の法人格ですか。

○政府委員（川島一郎君）　法律上は独立した完全な人格です。ただ、親会社が資本金を過半以上占めておりますので、実際にはその支配力が業務の面で出てまいりまして、それだけに親会社が子会社を利用するおそれがあるわけです。

○春日正一君　そういう悪い面もありますわね。親会社が子会社利用してもうけるという面もある。だから、いま言われたような、親会社の経理あるいは営業内容を見ただけでは全貌がわからぬと、これは私事実だと思うんです。というのは、ここに公取の報告書を持ってるんですけれども、これで見ますと、まあこれ全部読むとまた長くなりますから、新聞で要約したものを使いますけれども、大手六大商社について公取が調査報告をまとめた。それによると、三菱、三井、丸紅、伊藤忠、住友、日商岩井の大手六商社は「四十七年度の売上額が四十三年度の二倍、合計二十一兆円」、「上場卸売業八十八社の中で約七○％のシェアを占める」、「六社の売掛金や前渡し金など、実質的な融資額が七兆四千億円にのぼるほか、国内上場会社の半数以上にあたる九百二十四社の株式を所有している」、「このため、商社としての活動と資金力を利用して、経済界で自由な競争を損う恐れがあり、特に独占禁止法で金融機関の持ち株規制をしているにもかかわらず、商社が実質的に金融機関化している現状では何らかの規制が必要である」という趣旨の報告書を出しているんですね。一々詳しく読みませんけれども、しかし、子会社という関係でいえば、株式の所有状況からいって国内の上場会社約千七百社のうち六大商社は九百二十四社の株を持っておる。それから、この六社が筆頭株主になっておる企業は非上場分も含めて千五十七社、その資本金総額四千四百億円、六社の資本金総額の約三倍に当たり、売り上げ額は六社の三○％を占めるんですね。こういう形で非常に広く、いわゆる子会社あるいは株式支配という形で系列化をやって、非常に広い範囲を支配しておる状況になってますし、特に商社の場合は外国に支店を設けたり、外国の商社の株を取得したりして、そこらとの関係で大きな脱税をやったことも今度の国会で問題になってます。だからそういう意味でいえば、ある大きな会社なり大きなメーカーなりの全貌を知ろうとするならば、その会社の経理だけでなくて、当然持ち株関係、子会社からそういうものまでずっと全部調べて、その内容まで見なければ、一つの会社の実態はわからぬことは事実です。

そこでこういう現状に対して法律は一体どうしようとしておるのか。そういうふうになっておるから、だからまあ特にこの場合は五○％以上の株式を持っておるものというふうに限定していますから、この数ずっと減りますけれども、それでも一つの法人格としてできている個々の会社を別な会社が業務内容まで監査できることになれば、これは子会社とか系列会社に対する大企業の支配を商法の上で公然と確認して、そうしてこういうピラミッドの支配を認めてしまうことになるでしょう。しかし理屈では、子会社にしたって親会社と取引していく上で親会社の資産を調査する必要があるという理屈もついてきます。しかし子会社は親会社を調べるあるいは経理についての報告を求める権利も何もなくて、親会社は子会社に対して報告を求める、報告がなければ立ち入り調査もできる形で大企業の他の企業に対する支配を公然と商法という基本法の中で認めてしまうということはどういうものだろうか。しかも子会社といえども、独立した法人格でしょう、一個の。親会社といえども独立した法人格だ。そういう意味でいえば対等、平等でなければならぬはずだ。そのものが子会社だから従属しているのだという形の体系を商法の中に持ち込んだとなれば、いまの大企業の産業に対する支配を商法がそのまま認めて大企業の専横を一そう強める方向に向けさしていくことになるんじゃないのか。いま必要なことは、公取も言っているように、独禁法を使って、そうして商社のいろいろな会社に対する金融とかあるいはこの支配を押える必要があるということを言っているのですね。そしてまた、それが、いまのように企業が大規模化して支配が強まっておる時期に、そういうものに専横な行いをさせないようにするためにむしろ必要な方向なんじゃないか。だから国民的な立場からいえば、むしろ子会社は親会社を認めるのじゃなくて、こういうものとの関係を、支配、被支配の関係を薄める方向で、持ち株の制限をする方向で商法の基本、企業のあり方をきめていくべきじゃないだろうか。

だから矛盾があるんですよ。同じ独立平等の法人格が子会社だからといって、業務を監査することはそれ自体一つ矛盾しておるし、経済の実態からいっても、いまの弊害をさらに大きくするものになる。これは非常に大事な政治論議ですけれども、しかし、今後の経済にとって、国民生活にとってきわめて私は重要な問題だろうと思うんですよ。だから最初に、企業のいままで発展してきた実態に合わせて商法を変えるのか、それともこの現状でのいろいろな矛盾を、国民的な立場から見て少なくしていくような方向で商法を変えるのか、どっちにするんだという問題を出しましたけれども、ここでもその問題が出てきておる。いまのこの改正案では、明らかに大企業の産業支配を法として確定しようとしておいでになる。これは非常に大きな間違いだ。日本の現状及び将来にとってよくないと思う。日本の企業の状態をどうしようとしておいでになるのか、そこをはっきり聞かしてほしいと思うんです。

○国務大臣（中村梅吉君）　これは今回の改正におき

ましても、子会社は、もうすでに支配力を十分親会社が持っておる。要するに過半数の株式を親会社が持っておる場合だけをきめておりまして、したがって、今度の制度がなくても、もう実質上子会社の支配権を持っちゃっておるんですから、その子会社を利用して余っておる商品を子会社に抱かせるとか、あるいは借金をしょわせるとか、あるいはまた、それと反対に、親会社の利潤を隠蔽するために子会社のほうに自分のところの手持ちの原材料を隠すとか、渡すとか、いろいろ手があるわけですから、そこで、親会社の経理を健全に、完全にやっていこうとするのには、やっぱり子会社まで調査をしないとわからない面が出てまいりますので、親会社の会計監査をする段階で子会社にまで調査の手を伸ばそうというのが今度の改正です。したがって、別段、親会社の系列支配を一そう合理化というんではなくて、現に事実上そうなってしまっておるんですから、そういう弊害の起こらないようにしようという趣旨ですから……。しかし、これも、さりとて無益に、その必要もないのにむやみに子会社の調査をする必要もありませんし、しないことだと思うんです。やはり関連上、経理監査をしておる間に及ばざるを得ないものが出てきたときに及び得るようにしておくことが親会社の経理を健全なものにする、あるいは不健全なものがあればそれを摘発するとか、あるいは剰余金が多過ぎれば税で吸い上げるとか、いろいろな処置を講ずることができますので、そういうような趣旨で、今回の改正は、十分の支配力を持っていないところにまで支配させようというんではなくて、現に支配してしまっているところだからいたしかたないと、こういうような観点に立っておりますので、どうぞ御理解いただきたいと思います。

参議院　法務委員会会議録第八号

昭和四十九年二月二十一日（木曜日）

出席者は左のとおり。

委員長　原田　立君

理　事
後藤　義隆君
棚辺　四郎君
佐々木静子君
矢追　秀彦君

委　員
木島　義夫君
嶋崎　均君
鈴木　省吾君
高橋　邦雄君
浜田　幸雄君
平井　卓志君
柳田桃太郎君
吉武　恵市君
中村　英男君
藤田　進君
春日　正一君

国務大臣
法務大臣　中村　梅吉君

政府委員
法務省民事局長　川島　一郎君

説明員
大蔵大臣官房審議官　田中啓二郎君

（ほか略）

本日の会議に付した案件

○商法の一部を改正する法律案（第七十一回国会内閣提出、衆議院送付）（継続案件）

○株式会社の監査等に関する商法の特例に関する法律案（第七十一回国会内閣提出、衆議院送付）（継続案件）

○商法の一部を改正する法律等の施行に伴う関係法律の整理等に関する法律案（第七十一回国会内閣提出、衆議院送付）（継続案件）

○**委員長（原田立君）**　ただいまから法務委員会を開会いたします。

○**委員長（原田立君）**　商法の一部を改正する法律案、株式会社の監査等に関する商法の特例に関する法律案及び商法の一部を改正する法律等の施行に伴う関係法律の整理等に関する法律案を便宜一括して議題といたします。

前回に引き続き、これより質疑に入ります。

質疑のある方は順次御発言を願います。

○**佐々木静子君**　それでは、この商法が前国会から引き続きまして、今国会の当初より当委員会において審議を続けてまいったわけですが、最終的に、いままでの質問のうち答弁をいただいてない部分について補足的に若干質問をさしていただきます。

まず、大臣に伺いたいと思うんですが、昨日の次席検事の会合で大臣が訓話をされた旨、新聞で報道されておりますが、その訓話の内容、特に、悪徳商点であるというお話でしたが、国民がなかなか納得しない、非常にこれがあぶない改正であると言っている点は、何といっても企業会計原則の導入だと思うわけです。この点について、前回、私質問さしていただいたときに、この企業会計原則の導入によって不当な引き当て金の問題などが、引き当て金についての緩和の問題によって、会社のもうけ過ぎが隠されるんじゃないかという事柄に対して、これは商法上の立場で、会計監査においてどんどんチェックすることができるという御答弁をいただいてはいるんですが、その点について、大臣は今後、商法上の監査についてどのような御所信を持っておられるかどうか、お述べいただきたい。

○国務大臣(中村梅吉君)　企業会計原則は別段法律で定めておるわけでもありませんので、この法案審議に際しまして、当委員会で各委員の方々から非常に適切な御意見を私ども承りました。おそらく大蔵当局は、企業会計原則は大蔵当局の一つの内部機構といいますか、内部的なことですから、大蔵当局は反省をされ、今後企業会計原則をさらに改善をしていく上にたいへん参考になったんじゃないかと思っております。私どもは、企業会計原則が一般社会から指弾されることのないように、適切な基本を打ち立てていくことにわれわれ政府部内としても大いに努力をしてまいりたいと思っております。

○佐々木静子君　企業会計原則が法律できめられたものでないだけに、われわれ国民の目の前にじかに触れる状態できめられるものでないだけに、非常に心配するわけですので、企業会計原則自身がわれわれの納得するようなかっこうになってくれることが非常に望ましいわけですが、むしろ、かりにそれが必ずしもそういうふうにいかない場合でも、商法上臣はどのようにお考えになるか、御所信をお述べいただきたい。

○国務大臣(中村梅吉君)　今度の商法改正は、目的とするところは、第一には会社の経理、監査も堅実にする、そして損失があれば損失を、粉飾決算なんかをすることのないようにさせなければならないと同時に、利潤がたくさんあればそれははっきり表に出て、税の対象になるようにしなければならない。また、法人の企業活動も、違法、不適当な点があれば、監査役として、会社運営の内容にまでタッチして監査ができるように制度を改正しまして、違法や不適当なことの起こらないように、会社の経営を健全化していこうというのが目的でして、たとえば、ほかの部分は、買い占め売り惜しみのような法律その他、規制された諸法律に該当するような事案が起これば、これはまた別途の制度がありますから、それらの制度によって規制をしていく以外には方法はないと思います。それから積み立て金等も、別段この制度は従来と何ら変わっておりませんので、これを改めて甘くするとか、辛くするとか、特別の改正をしておるわけではございません。問題は、これらの運用は徴税当局が税の措置をどうするかという問題でして、会社として、そういうような経理をされましても、税務当局がそれは否認をするという問題もあれば、認める問題も起こりましょうし、従来とその点は、何ら変わっておりませんので、問題は、大衆の利益のために、常に、損をした実情、利益のあった実情ができるだけ表に明らかになることが望ましいのでして、それを求めているのが今回の商法改正であると考えております。

○佐々木静子君　いま大臣の御答弁になった会社の経理の真実公正な明白化がこの商法改正の一番の焦法をきびしく取り締まるという趣旨の御発言があったように承っておるわけですが、要点を御説明いただきたいと思うわけです。

○国務大臣(中村梅吉君)　要するに、検察当局としては、すべてものごとは厳正、公平に、適切な処理をすることが望ましいのですが、特に、最近の社会情勢から見ますと、経済的な諸問題があるように考えます。そこで、それらの事案が検察の手にかかるようになりました暁においては、検察当局としては、あらゆる角度から、あくまで厳正、公平に、適切な処理をしなければならないという観点のことを申したわけです。検察当局としては、あくまでそういうたてまえで臨むことが本来であり、特にこういうような社会情勢のもとにおいては、国民の納得を得るためにも、正しい捜査をすることが必要であるということを力説した次第でございます。

○佐々木静子君　この検察当局に対する御訓話と、現在出されておりまする商法の改正という問題とは必ずしも一致しないとは思うわけです。商法という、国の非常に基本的な法律で、しかも恒久的な立法におきまして、必ずしも、いま、現実の社会で起こっていることだけに焦点を合わすことは、若干ピントの合わない点も出てくるのではないかと思うわけですが、いま、これだけ企業の行き過ぎ、もうけ過ぎが国民の犠牲の上においてなされておることに対して国民がきびしく、いま企業の社会的な責任のあり方を追及している時期に、この法案の審議を終えるわけですので、特に商法との関連において、商法が企業の行き過ぎを是正するんじゃなしに、企業のもうけを容易にする、利潤を隠すのにこの商法改正が非常に役立っておるという意味から、猛烈な反対運動が起こっておるわけです。その事柄に対して、大の監査でこれは会計監査をびしびしとやっていただけるのかをたいへんに心配しているわけなんです。その点はいかがですか。

○**国務大臣（中村梅吉君）**　この点は、この企業会計原則とは大蔵省がかってにきめるわけでもないようで、各界の人たちにお集まり願って、その人たちの意見を聞いて大体の目安をきめておるようです。これに対して、一部の委員の意見等伺いましたが、私ども聞いておっても適当でない感じもいたしました。ですから、そういう人選も、今後大蔵当局として反省をして、十分に注意をして、世間から非難をされることにならないように、また、そういう結論が出ないように努力をする必要があると思うんです。

また同時に、これは別の問題ですが、本来からいえば、これだけ株式会社組織が国全体の支配力が大きくなってきておりますす以上は、あるいは企業会計原則を、内部的な機構としてやらないで、立法化して、制度をきちんと確立した上でやるのがよろしいのかもしれません。こういう点は、将来とも政府全体として検討をしてまいりたいと考えております。

○**佐々木静子君**　これは商法改正案の三十二条で企業会計原則の導入がうたわれます限り、法務当局の御責任においても、十分に国民の信頼にこたえられる会計原則の確立をぜひとも御努力いただきたい。そうでなければ、この商法改正は、千載に悔いを残すたいへんな問題になると思うわけです。大臣に企業会計についての取り組みをお願い申し上げておきたいと思います。この点について、民事局長から何か補足的な御答弁ありませんか。

○**政府委員（川島一郎君）**　今回の商法関係の法案審議を通じまして、企業会計原則の問題がいろいろ論議されたわけでして、私ども商法の立場におきましては、あくまで商法の理念に従いまして会計を律していかなければならないと、企業会計原則は、仰せのように、改正案の三十二条の公正な会計慣行を通じて、その中身が商法上の会計監査の基準として用いられる場合があるわけですけれども、しかし、商法の考えております公正な会計慣行とは、あくまで文字どおり公正でなければならないわけでして、かりに企業会計原則が公正でない内容であれば、それは商法は採用できない原則であると言わざるを得ないわけです。したがいまして、企業会計原則が商法の公正な原則と一致するように、私どもも御協力を申し上げておるわけでして、今後の運用につきまして、大臣も申されましたように、十分に留意をしてまいりたい、このように考えております。

○**佐々木静子君**　監査役の、取締役の業務監査に対する差しとめ請求権の行使について、裁判上の差しとめ請求をする場合、仮処分を申請する場合のその費用、特に予納すべき保証金の出どころですね、あるいはそれを会社に請求する手続等について、御見解を伺いたいと思います。

○**政府委員（川島一郎君）**　取締役の違法行為差しとめの仮処分の保証金の問題は、この点はさらに検討を加える必要があるということで研究をしてみたわけです。この問題は、まず裁判所が仮処分を命じます場合に、保証金を条件とするかどうかが、一つ最初の問題に出てくるわけです。この点につきまして、裁判を現実に担当しておられる方、その他その方面の専門の方の御意見を伺ったわけですが、大体二つの考え方がございまして、第一は、裁判所は保証金を条件としないで仮処分をすることができるのではないか、こういう考え方です。もちろん、制度的には、保証金を条件とするしないは裁判所の任意ですが、実際には保証金を積ませるのが一般の例です。ところで、この違法行為差しとめの仮処分の場合にどうかという問題ですが、そもそも保証金を積ませるということは、損害賠償を担保させるという意味があるわけでして、この場合の損害賠償とは、違法行為を差しとめられた会社の損害を担保するということになりますので、その保証金を会社に対して積ませるということは、自分の損害を賠償するために自分の金を保証金として積ませると、こういう結果になるので無意味ではないかという御意見です。それからもう一つは、監査役は会社の職務の執行のために仮処分を出すのであって、自分個人の利益のために出すのではないということになりますと、一般の保証金の趣旨から申しまして、こういう場合には、むしろ保証金なしで仮処分を命ずることを本則とすべきではないか、こういう御意見があったわけです。これに対しまして、必ずしもそうではない、損害をこうむるのは会社だけではなく、取締役も損害をこうむる場合がある、その取締役個人に対する損害の賠償を担保するために保証金を積ませるべきであるという意見もあったわけです。この場合には、一般の仮処分の保証金に比べますと、額は若干少なくなることが言えようかと思います。

そこで、こういった考え方を前提にしまして対策を考えてみますと、二つの方法が考えられるわけです。一つは、この仮処分にあたっては保証を条件としないという裁判慣行を確立することが一つです。これはこの法案の趣旨を十分に御理解いただきまして、それを裁判所の実務の上に反映していただくということですが、まあ裁判所は独自の御意見によって決定をなさいますので、必ずしも保証はないわけですが、しかし、考え方としては相当有力な御意見があるわけですので、期待できないわけではなかろうと考えるわけです。それから第二の方法は、その点を立法で明確にするということです。まあ商法には、たとえば「決議取消の訴」というのがございまして、これを取締役が提起する場合には保証金は要らないといった趣旨の規定もございます。それと同じように、この違法行為の差しとめの仮処分は、監査役が請求する場合に限って保証金が要らないということを明文をもって規定する、これが第二の方法です。このいずれかの方法によって仮処分に保証金が要らないという処置がとれますならば、前回の御質問に対するお答えとして申し上げることができるのではないか、このように考えておる次第です。

○**佐々木静子君**　それから、商法の改正は一般の国民が非常に大きな関心を持たれたわけですけれども、特に税理士の方々あるいは公認会計士の方々が、たいへんに仕事の関係からも御関心をお持ちになったわけです。この点に関しまして、特に監査法人の業務と、いわゆる税務代理、税務書類の作成及び税務相談などの問題との関連について、どのような行政指導を今後なさっていらっしゃるおつもりなのか、御見解を聞かしていただきたいと思います。

○**説明員(田中啓二郎君)**　この点は、商法が両院を通過しまして、その内容並びに附帯決議の精神にのっとりまして、行政当局としては誠心誠意その趣旨に沿うように努力したいと思います。

○**佐々木静子君**　政令をその趣旨に沿ってお出しになることは間違いございませんね。

○**説明員(田中啓二郎君)**　今回の整理法によりまして公認会計士法の一部改正がございまして、政令に委譲したものがございますから、これは当然政令に盛り込んでいくということです。

○**佐々木静子君**　商法改正が、今回の監査役、監査制度の強化よりも、むしろ一番の問題は、株主総会の改正ではないか。そして、その点について、昨年末の報道によりましても、すでに法制審議会で審議が始められているということですが、株主総会の今後の改正あるいは取締役会の改正、小規模の会社あるいは大規模の会社についての別の制度を設けようという動き、そういうものがどういう構想で進められているのか、また大体どのような時期をめどにその構想を実現されるようにいま法務当局が進めておられるのか、具体的にお述べいただきたい。

○**政府委員(川島一郎君)**　商法改正は、法務省におきましては、法制審議会の中に設けられております商法部会で検討し、これを総会で最終的に御承認いただく形で作業をしておるわけです。したがいまして、いま仰せになりました株主総会等の改正は、商法部会でどのようにお考えになるかはこれからの問題ですので、私から具体的には申し上げかねるわけですが、ただ、方向として申し上げますならば、現在、比較的小規模な株式会社から非常に大規模の株式会社までございます。これを同じ法制のもとで規律していくことは実情に合いませんし、とうてい無理ですので、これを分けまして、小規模の会社には小規模にふさわしい組織を、そして大規模の会社には大規模にふさわしい組織を考えていかなければならないと思います。その場合、小規模の会社は、なるべく事務の簡素合理化を実行できるような組織に改めていくことが必要であろう。それから大規模な会社は、非常に複雑になりましても十分に会社が社会的な責任を果たしていけるような組織を考えることが必要であろうと思います。今回の監査制度によって会社がその姿勢を正していくことを期待しているわけですが、さらにそれを徹底させる意味におきまして、今後株主総会あるいは取締役の組織と権限につきましても徹底的に検討をしていきたい、このように考えております。

（中略）

○**原田立君**　今回の商法改正の根本目的は、監査役の権限を強化して粉飾決算を防止する、あるいはまた、大企業に公認会計士による会計監査を義務化する、あるいは業務監査を行い、不公正な企業活動を差しとめるところで法案ができたわけですが、条文を少しずつやっていると、あっちこっちに穴があいていて、はたしてこの大きい大義名分がととのえられるのかどうか、たいへん心配するわけです。昭和四十五年三月三十日に法制審議会の第一次答申「商法の一部を改正する法律案要綱」が出ているわけだけれども、法案中ではだいぶんはずしてあるわけです。答申を尊重するにあたって、この要綱に盛られている内容を今後も極力早目に採用していくというふうなお約束ができるかどうか。

○**国務大臣(中村梅吉君)**　法制審議会の御審議をいただきまして、その出た答申はまことにとうといものですが、事務当局としては、諸般の情勢を考慮して今日の成案を得たものであると私は思います。問題は、人間社会のことですから、今回の改正で万事万全ですとは言い切れないと思いますけれども、しかし、監査役が経理監査のほかに業務も監査ができることと、それから一番大事な点は、いままでは会社内部だけでやっておったことを、今度はいわば外部の人である公認会計士あるいは監査法人の方々に詳細目を通していただいて経理の適正化をはかることは、私は相当の進歩、改善であろうと思っております。まだこれで万全でなければ将来改正をさらに要するかもしれませんが、監査役の発言権を強くし、また同時に、外部の方の適正な監査を受ける。これによって相当会社経理は、粉飾決算をしたり、あるいは過剰の利益を隠したりすることはできなくなってくる。また、そうして税の適正な課税もできると思いますので、かなりの進歩、改善であると考えておる次第です。

○原田立君　大臣、法制審議会の答申、要綱をもっと尊重して、おっこっている部分を取り上げるように早くしたらどうですか、めどはどうですかと聞いているわけです。肝心なところが抜けているのです。

○国務大臣（中村梅吉君）　法制審議会もほんとうに熱心に審議をした結果取り上げた諸問題ですから、今回の改正に取り入れることができなかった点も、最も重要な資料として法務省としては十分検討をし、できるだけ早い機会に取り上げることのできるものは採用をしてまいるようにしたいと考えております。

○原田立君　企業会計審議会の答申の企業会計原則修正案は、本法成立施行と同時に修正企業会計原則としてスタートすることになっているようですが、それによると、貸借対照表の負債及び資本の部の中で、負債、固定資産、特別引き当て金、資本となり、そのうちの特別引き当て金の内訳が価格変動準備金、特別償却準備金、それから創業まる周年記念資金あるいは事業引き当て金があるようですけれども、とりわけ事業引き当て金の中身は何ですか。また、企業それ自身が自分の意思で任意につくることができるんであって、これなどは不当なもうけを隠す隠れみのの最たるもんではないかと思うんですが、その点はどうか。

また、修正企業会計原則では、不当な負債性引き当て金をなくし、毎期信頼される利益計算ができるように、継続性の原則をとってきたのを緩和して、利益操作をやりやすくなっているが、改正案では、「公正ナル会計慣行」として企業会計原則を取り入れることを法制化しようとしている。それで、「公正ナル会計慣行」、いわゆる「公正」とは一体どういうことを意味するのか。「公正」とは反対に、大企業の利益操作のために自由に引き当て金や準備金を計上できることを法律で規定することになり、全くの不当利益の隠れみのになるのではないか、こんなふうに思うし、心配もするわけです。「公正」の判断をどのように考えているか。

○政府委員（川島一郎君）　「公正」の意味ですが、これは商法で言っておりますのは、商法が商業帳簿を整備しておくように規定しておりますが、そういう制度を設けた目的から見て、公正なということでして、商法がそういった経理を明確にすることは、一つには債権者のため、それから会社などにありましては株主の関係、従業員の関係等があるわけでして、そういうものに対する関係で、会社の経理が真実に、そして利用されるに適する形で整理されることが望ましい、こういう見地から公正ということばを使っているわけです。

企業会計原則との関係ですが、これは企業会計原則は公正な会計慣行を具体化したものであるといわれておりますが、しかし、企業会計審議会によって決定されるものです。したがって、それが商法の立場から見て、公正であるかどうかは、また別の判断が入ってくるわけでして、企業会計原則の内容が、かりに商法の立場から見て公正でないものがありま す場合には、それは商法の公正な会計慣行には当たらないわけです。

○説明員（田中啓二郎君）　ただいま御指摘の特定引き当て金の問題は、これは企業会計原則以前の商法の問題でして、二百八十七条ノ二に、どういうものをこれで引き当て得るかは、商法の問題。したがいまして、先般もこの点について公認会計士等は一つの指導原理、解釈を法務省からやっていただければしあわせではないかと申し上げました。

次の負債性引き当て金及び継続性の原則ですが、これは確かに企業会計原則の内容をなしておりまして、この修正案はまだ確定したものではございませんが、その中でどういうものが負債性引き当て金に該当するかは注解に書いてございます。それから継続性の原則も、みだりに変更してはならないということになっておりまして、この点は従来のやり方をいささかも緩和、甘くするものではないことは、この委員会でも何回も申し上げているところです。

なお最後に、このような企業会計原則が修正案として出てきました場合に、従来も企業会計審議会で公正妥当と認められるものとして、いろいろの会計準則が出ておりますが、それを場合によって大蔵大臣が通達として、公正妥当なるものと認めるとか、あるいは、その解釈をふえんするとかということもございますので、将来必要によりましては、この修正案の注をもう少しはっきり書くとか、あるいは必要に応じて通達をさらに出すこともあり得ることでして、その点も今後の検討の対象にしていきたいと考えております。

○原田立君　決算のとき、著しく不当な事項があった場合、監査役または会計監査人は、株主総会でそういう事実を報告することができるのかどうか。また、そういう不当な事項をどの段階でチェックできるのか、今回の法でできるのかどうか。結局大企業の任意な利益操作が法律で公正な慣行として容認され、保障されることになってしまい、企業の不正を取り締まることができないではないかと、心配するのですが、所見をお伺いしたい。

○政府委員（川島一郎君） 会社の経理に著しい不当があった場合、通常は決算の際の監査報告書にそれが載るわけです。この監査報告書とは、監査役が監査をした上で作成するものもございますし、会計監査人が監査をした上で作成するものもございます。そのいずれにも記載されることになります。そうして監査報告書は決算に関する株主総会の招集通知に添付されますので、全株主に周知されるわけです。それから、株主総会では、監査役はそれについて報告をすることができます。また会計監査人は、特に規定はございませんけれども、監査役と会計監査人とが監査について意見を異にする場合、定時株主総会に出席して意見を述べることができる、このように相なっております。

○春日正一君 昭和四十五年版の大蔵省証券局年報の「第五章　企業財務公開制度の展開」という章の「第二節　商法と企業会計原則との調整」の中で、負債性引き当て金について企業会計審議会の審議内容が要約されているようですけれども、この点について当局のほうから説明をしてほしいと思います。

○説明員（田中啓二郎君） まず、負債性引き当て金は、修正案注解十八にありますとおり、次の三つの要件に該当するものを考えております。すなわち、一つは、「将来において特定の費用（又は収益の控除）たる支出が確実に起ると予想され」、二つに「当該支出の原因となる事実が当期においてすでに存在しており」、三つに「当該支出の金額を合理的に見積もることができる」ものです。修正案注解十八に例示してございます製品保証引き当て金以下の引き当て金は、いずれも上述の三要件に該当するとともに、法律上の債務でもございまして、これらの引き当て金は会計上も商法上も計上を強制されるものであり、ここに例示することにつきまして何らの問題はなかったので例示されたものです。ところで、修繕引き当て金は前に申しました負債性引き当て金の三つの要件を充足するものでして、会計上は当期の費用として引き当てなければならない性格のものですが、一方、法律的な立場から見ますと、これは債務とは言えないので、引き当て金として計上を強制することについて法律的には要求できないとありましたので、修正案では「等」ということばで表現したままとなっているのです。とは申しましても、修繕引き当て金は、会計の立場からはこれを引き当てなければ妥当な会計処理とは認められないものですので、実際問題としてこれを計上させる必要があり、これの表示場所は、負債性引き当て金の三つの要件を充足しているものですので、会計の立場からはこれを負債性引き当て金として表示する以外には考えられないのです。具体的には、今後、法務省令である計算書類規則と大蔵省令である財務諸表規則をそれぞれ改正しますので、その際にこの取り扱いも確定されることとなりますが、現段階ではただいま申し上げましたようなことで処理されることになるものと考えております。

○春日正一君 結局、この書いたのをそのまま読んでもいいのですが、修繕引き当て金は、企業会計原則上は負債性引き当て金だけれども、商法上では債務ではないので計上を強制できない、そこに矛盾があるわけですね。それを解決する方法として、商法上債務ではないけれども、企業会計原則上は負債性引当て金である修繕引き当て金を、商法上、計上を強制するよう商法を改正したらどうかという意見があった。けれども、この意見は実現を見られなかった。結局、この最終的な取り扱いは、商法上は計上が強制されない特定引き当て金として、計上の場合の表示のしかたは、負債性引き当て金として取り扱うにきまったと、ここにそう書いてあるわけですね。そこで、ここに書かれている「債務に該当しない負債性引当金」とは、修繕引き当て金のほかにどういうものが考えられておりますか。

○説明員（田中啓二郎君） 現在は、それだけでございます。

○春日正一君 それではお聞きしますが、ここに「このような引当金の取扱いについては、」「負債性引当金として取り扱うという解釈で了解され」たと書かれているわけですね。これはだれとだれの間で了解されたんですか。

○説明員（田中啓二郎君） 会計上の問題と商法という法律上の問題がからんでいる話ですので、了解には当然、会計上の立場を所掌している私どもと法律上の立場を代表しておられる法務省と、それから企業会計審議会の委員の方の間でそういう話があり、了解があったと聞いております。

○春日正一君 企業会計審議会には経団連の代表、公認会計士の代表、商法学者、政府でも法務省、大蔵省証券局などが入っておるわけですね。そこで、この中でおもにだれとだれとの間で了解ができたのか、それから経団連は一体その際どういう態度をとったのか、その辺お聞かせ願いたいんですが。

○説明員（田中啓二郎君） 計算書類規則と私どもの財務諸表規則の調整が今後行なわれるわけでござい

ますから、会計の立場と商法の立場をそれぞれ所掌する、主として大蔵省と法務省の委員の間で話が行われ、了解されたということで、委員の中の経団連から出ておられる方は、ほとんど法律問題でもございますので関係はなかったと考えます。

○春日正一君　経団連パンフレットの一〇五号の四六ページから七ページのところに、「税法と企業会計原則上の引当金の調整問題」という点で、委員である経団連関係の居林という人が「今回の修正案では、負債性引当金を注解においていくつか例示した。製品保証引当金、売上割戻引当金、景品費引当金、工事補償引当金等々は、未だ税法上で損金算入が認められていないものである。これらの新しい負債性引当金は、会計原則上、当然の負債と考えられているものであるから、税法としても損金算入を拒むことがあってはならない。」と言い、「経団連としては、かねてより負債性引当金をすべて税法上で損金算入を認めるように主張してきたが、今春の税制改正では建設業の工事補償引当金についてのみ、新しく税法上でも損金算入を認めることにまとまった。」として、「主税当局では、税法が会計慣行よりも先走って負債性引当金を広く損金にするように改めることは、行き過ぎであるという態度をとっている。工事補償引当金のごとく、多くの会社で計上する慣行が完熟してきたものから、逐一、税法上も損金算入するようにしたいとの意向である」、さらに、「経団連では、会社が負債性引当金を計上しても、税法が否認するようでは、健全な会計慣行の育成を妨げるのみならず、納税意欲にも悪影響があるので、税法が負債性引当金を広く損金に算入するよう改める必要があると考えている。」と言って、しかし、「税法が先か、会計慣行が先かという鶏と卵の循環論法をくり返していても」解決しないので、「会社としてはいろいろ言い分はあると思うが、この際、有税で以てでも会計原則が例示した負債性引当金を広く計上して、税法としてもこれを認めざるを得ないようにすることが必要であると思われる。したがって、この三月決算以降において、各社が有税ででも引当てるという決心をしていただきたい。この場合、負債性引当金の計上額は、各社、各業界における過去の実績値を参考として、今後の見通しを加えた額にすることになる。とくに長期延払いのものとか、長期の保証契約をしているようなものについては、手厚く引当金を計上することが必要であると思われる」、経団連を代表した居林という人は、こういう態度で臨んでおるし、きまったあと、こういう形で報告をしておるわけですね。

だから、法務当局と大蔵当局が了解されたと言われたけれども、どういうふうに了解しようとしても、やっぱり実際損金でないものを負債性引き当て金という形で書かせることになる、そこからくる矛盾はその了解では解決できない。結局、修繕引き当て金のような引き当て金が商法上債務ではなく、商法第二百八十七条ノ二の特定引き当て金であるなら、貸借対照表の特定引き当て金の部、損益計算書の未処分損益の部に表示すべきであって、なぜ負債性引き当て金として表示するのかという疑問が出てくるわけです。そこへもって負債性引き当て金の中へ入れるということで、経団連の居林氏の言っているように、ますます手厚く引き当て金をつくり、しかもその引き当て金の項目も拡大して、多くの会社が三年、五年とこれをやれば、正当な慣行と認められる方向へ持っていこうとしておる。それに乗ぜられるような了解を大蔵省と法務省がしたとなると、これは国民に対する責任を果たしていないんじゃないか、そう思うんですけれども、その点どうですか。

○説明員（田中啓二郎君）　まず、居林氏は企業会計審議会の委員ではございませんで、一幹事にすぎません。そこで、そういう方が講演をしたかもしれませんが、先ほどのように負債性引き当て金に当てたものを税法の課税所得の損金算入上拒むことがあってはならないとか、そういうことばを使うこと自身がたいへん間違った、とんでもない行為ではないかと思います。そうして負債性引き当て金に引き当てたからといって、主税局は主税局としての租税政策上の観点から何を損金算入を認め、何を認めないかは法令によってきちんとやっているわけですから、一企業会計審議会の幹事の言うことによって、租税当局並びにわれわれが影響なり左右されることは絶対にございません。

○春日正一君　あなたの強がりは世間に通用しませんよ。経団連がどれほどの力を持っているかは国民みんな知っているんですから。

修繕引き当て金のような引き当て金を、なぜ商法第二百八十七条ノ二の特定引き当て金ということで貸借対照表の特定引き当て金の部、損益計算書の未処分損益の部に表示しないで、負債性引き当て金として表示するようにしたのか、その理由を聞かしてほしい。

○説明員（田中啓二郎君）　会計の立場からはこれは負債性引き当て金に該当するわけですから、負債性引き当て金に引き当てる以外、場所がないわけです。

○春日正一君　結局、会計の原則と商法の原則との食い違いを、了解というような形で処理することで、違法か適法かがたな上げされて、企業にとっては有利になるし、あなたはそれは承知しないと言われたけれども、腹黒い意図を持った企業が、将来にわたって不正を働くための一つのよりどころを与えることになるんじゃないだろうかと思うんですが、その点どうなんですか。

○説明員（田中啓二郎君）　これは居林氏の講演記録でして、ただ、この本が経団連事務局編となっている点を先生は問題にしていらっしゃるわけですが、このような講演に対する答えは、最終的にどういう修正案がおさまるか、そしてさらに法務省令である計算書類規則とか、大蔵省令である財務諸表規則がどのようになるか、あるいは場合によっては、必要とあれば検討するべき通達の内容、これで明確に答えとしてわれわれの立場が表明されるわけですから、あまりにまだ確定していないものを、経団連の場でスピーチした内容に重点をおかけ過ぎになる必要もないのではないかと思います。

○春日正一君　いまの了解とは、企業会計原則のどっかできちっと明確にされるわけですか。

○説明員（田中啓二郎君）　計算書類規則と財務諸表規則の間で調整されて明確にされるものです。

○春日正一君　企業会計審議会の運営について、こういうものを読んでおって疑問を感じるんですけれども、企業会計審議会は、昭和四十四年二月から商法と企業会計原則との調整について審議を重ねて、四十四年十二月十六日商法に対する改正要望事項、企業会計原則の修正案をまとめて大蔵大臣に報告し、一般に公表したと聞いております。この審議は企業会計審議会の第一部会が行い、この審議のため研究会が三十四回、小委員会が十四回、部会が七回開かれたようですけれども、この研究会には大蔵省、法務省も参加して行われていると聞いているんですけれども、その点間違いないですか。

○説明員（田中啓二郎君）　この審議会の委員には、法務省、大蔵省主税局、国税庁、大蔵省証券局からそれぞれ委員が出ております。

○春日正一君　第一部会の審議では、重要な審議が部会長だけ知っておって、他の委員、幹事には知らされないということはないんですか。

○説明員（田中啓二郎君）　それは審議会の運営の問題ですが、当然これだけの重要な問題については知らされていたと存じます。

○春日正一君　経団連パンフレット、ナンバー一〇五の中の番場嘉一郎氏のことばを引用して、企業会計審議会の中で経団連代表と公認会計士協会代表との話し合いで妥協したといういわば取引の問題を取り上げて、結局公認会計士協会の主張を取り入れて、そのかわりに経団連のほうには損失性引き当て金も負債性引き当て金の中に取り入れることになったということを番場氏はこの中で言っているんですね。そのことについて、これは事実かどうかと質問したところが、われわれは関知していないという答弁があったと思うんですけれども、この点ほんとうに関知してなかったんですか。

○説明員（田中啓二郎君）　委員の中で経団連の委員とやりとり云々ということは、もちろん私どもは何ら関知しておりません。

○春日正一君　そういうことはおかしいと思うんですよ。番場氏は経団連の代表者ではなくて、また公認会計士協会の代表者でもない、第一部会の部会長です。なぜ部会長だけがこういう重要な話し合いがあったことを知っておって、大蔵省や法務省の委員や幹事が知らなかったのか。それほど運営が非民主的にこそこそ経団連と公認会計士協会の人たちが話をして、それで部会長だけがそのことを了解して、大蔵省や法務省その他からも委員が出ておるんだけれども、その方々はそういう内容にわたる問題を知らずに運営されておったのかどうか。もしそうだとしたら、ここに出されている法案の基礎そのものが非常に不明朗な形でやられたということになるわけじゃないですか。

○説明員（田中啓二郎君）　ただいまの運営の問題ですが、公の場で発言されたことはこの委員会におきましても議事録なりそれの抜粋をとっておりますから、その限りにおいては、番場氏なり居林氏がその中で言っている事実はない、公の場でそのような発言なり確認はないとはっきり申し上げます。ただ、公の場以外でどういう話が行なわれているかは、審議会の民主的運営云々とは関係のない、私どもも関知しない問題ではないかと思います。

　公の場での発言と、しからざる場での事柄は、今後講演などの場合にも十分気をつけるよう私どもから申し伝えたいと思います。

○委員長（原田立君）　他に御発言もなければ、質疑は終局したものと認めて御異議ございませんか。

〔「異議なし」と呼ぶ者あり〕

○委員長（原田立君）　御異議ないと認めます。

　後藤君から委員長の手元に修正案が提出されております。修正案の内容はお手元に配付のとおりでございます。

　この際、本修正案を議題といたします。

　後藤君から修正案の趣旨説明を願います。

○後藤義隆君　私は、自由民主党を代表して、商法の一部を改正する法律案外二法案に対する修正案の内容等について御説明をいたします。

　第一、商法の一部を改正する法律案に対する修正の内容等は、次のとおりです。

第一点は、小規模の商人の負担軽減等のため、商人は、損益計算書を作成することを要しないものとすることです。これは第三十二条、第三十三条、第百五十三条関係です。

第二点は、子会社に対する調査権の乱用防止のため、子会社は、正当な理由があるときは、親会社の監査役の調査等を拒むことができるものとすることです。これは第二百七十四条ノ三関係です。

第三点は、取締役の違法行為の差しとめ請求権を実効あらしめんがため、取締役の違法行為の差しとめの仮処分には、保証を立てることを要しないものとすることです。これは第二百七十五条ノ二関係です。

第四点は、施行期日並びに休眠会社の特例に関し所要の改正を行なうことです。これは附則第一条、第十三条関係です。

第二、株式会社の監査等に関する商法の特例に関する法律案に対する修正の内容等は、次のとおりです。

第一点は、監査役の子会社調査権に関する規定の修正と同様の理由で、子会社は、正当の理由があるときは、親会社の会計監査人の調査等を拒むことができるものとすることです。これは第七条関係です。

第二点は、資本金一億円以下の株式会社について商法の適用除外を定めた第二十五条の表現をわかりやすくするため修正しようとするものです。

第三点は、施行期日等に関し所要の改正を行なうことです。これは附則第一項、第四項関係です。

第三、商法の一部を改正する法律等の施行に伴う関係法律の整理等に関する法律案に対する修正の内容は、施行期日等に関し所要の改正を行なうことです。

以上が修正案の趣旨及びその内容です。

○委員長（原田立君）　それでは、ただいまの修正案に対し質疑のある方は順次御発言願います。――別に御発言もないようですから、これより三法律案並びに修正案について便宜一括して討論に入ります。

御意見のある方は賛否を明らかにしてお述べ願います。

○佐々木静子君　私は、日本社会党を代表いたしまして、商法の一部を改正する法律案、株式会社の監査等に関する商法の特例に関する法律案及び商法の一部を改正する法律等の施行に伴う関係法律の整理等に関する法律案、並びにただいま提案されました修正案に対しまして、一括して、いずれも反対する立場から討論をしたいと思います。

まず、この改正案の骨子となっているところの監査制度の強化が、はたしてその意図する点にこたえ得るものであるかという点です。取締役の業務の行き過ぎを是正し、企業の横暴をチェックすること自体は、現在国民が最も強く求めている事柄ですが、はたして本改正によって名実ともに国民の要請にこたえ得るところの監査制度の強化が実現されるかを考えてみますと、きわめて心もとない改正にすぎないと断ぜざるを得ないのです。昭和四十五年、法制審議会決定の改正要綱では、監査役の業務監査権限を確保するため、監査役の取締役会招集権、株主総会招集請求権及び三カ月ごとの営業経過概要報告を受ける等の権利などが本法案によって削られている。また、監査役の任期が三年から二年に短縮されたこと、監査役の報酬及び監査費用に関する規定が設けられておらないことなどを考えてみても、真実、監査制度の強化を実現し得るものとはとうてい言い得ないと考えるのです。

また、公認会計士あるいは監査法人の会計監査も、その責任の重さに比し、会計監査人が完全に企業に対する独立性を堅持して監査を行ない得るだけの制度的な身分の保障がされておらないことも、これまたきわめて片手落ちな実効を期しがたいものと言わざるを得ないと思うのです。

特に、最も本改正案で問題と考えられるのは、商法改正案第三十二条の「商業帳簿ノ作成ニ関スル規定ノ解釈ニ付テハ公正ナル会計慣行ヲ斟酌スベシ」の規定であり、これにより企業会計原則の修正案を導入しようとしている点です。私どもはこの三十二条全文の削除を強く主張したわけですが、企業会計原則の修正について最も懸念されていた継続性の原則も、本委員会の審議における政府答弁によって一応継続性の原則が肯定されてはおりますものの、企業会計原則修正案の五における「正当な理由によって、会計処理の原則又は手続に重要な変更を加えたときは、これを財務諸表に注記しなければならない。」との条項が削除されたことの納得のいく理由がいまだ説明されておらないわけです。また、継続性の原則について何ら明文を設けられておらぬことより見ても、大企業がその利益を隠匿するために、企業がこれを正当な理由なく変更するおそれがはなはだ多いという危険を感ぜざるを得ない。すなわち、逆粉飾あるいは粉飾決算につながるおそれを私どもはとうてい無視することができないのです。

特に、大企業のもうけ過ぎを隠蔽するための絶好の隠れみのになっている引き当て金の問題です。本委員会において論議された真実必要とされる額の何十倍あるいは何百倍という多額の引き当て金を、租税特別措置法等によって合法的なものと是認し、負債性引き当て金を広く計上することによって大企業、大会社の利益隠匿に加担するおそれのある企業会計原則が修正された上、導入されることは、これを安閑と手をこまねいて是認することはとうていできないのです。もちろん、商法上の監査の趣旨から考えても、商法上適当でない度を越した引き当て金は、たとえ税法で是認されているパーセンテージ以内であっても会計監査によってチェックできる旨の政府答弁はございましたが、会計監査人の身分保障にきわめて乏しい本法案において、現実には絵にかいたもちにすぎないおそれが十分にあることは、あまりにも明白です。

監査制度の強化に逆行する危険の多い中間配当制度をはじめ、零細商人に無理をしいる商業帳簿の作成義務も、いずれも反対する次第です。

商法改正案の第三十二条の商人の作成すべき帳簿から損益計算書を削除して、その簡略を幾ぶんでもはかっている点、あるいはその他これに関連する一連の修正及び改正商法案の第二百七十四条ノ三、子会社に対する親会社の調査権中、子会社の側からこれを拒否することのできる一項目を追加した修正案が出されたこと、あるいは監査役の差しとめ請求権の行使を容易にするため、仮処分申請事件については保証を立てずになし得る点などの修正案も提出されておることなど、その部分においてはやや監査制度の強化に幾ぶんともプラスする修正案であろうとは思いますけれども、これのみでは、とうていわが党が期待しているところの監査制度の強化実現にはほど遠いと断ぜざるを得ないと考えるのです。

したがって、本三法案及び修正案は、いずれも反対の意思を表明いたしまして、私の討論を終わりたいと思います。

○棚辺四郎君　私は、自由民主党を代表して、商法の一部を改正する法律案、株式会社の監査等に関する商法の特例に関する法律案及び商法の一部を改正する法律等の施行に伴う関係法律の整理等に関する法律案に対する修正案、並びに修正部分を除く原案について賛成の意見を申し述べたいと存じます。

わが国の株式会社の監査の実情を見ます場合、監査役の地位、権限が弱体なため、本来の監査機能を十分果たしていないのが実情でして、近時における企業の粉飾決算続出の例を見ても十分うかがえるところです。

今回の改正案は、このような実情に対処するため、監査役の権限を強化し、会計監査のほか業務監査をも行うものとし、このために必要な取締役会出席権、取締役の違法行為差しとめ請求権等の権限を監査役に与え、その地位の安定、その他監査機能の強化のための措置を講じ、会社の内部から不正を事前に防止しようとするものです。

また、新たに五億円以上の大規模会社について公認会計士や監査法人による事前監査を義務づけ、外部からの監査もきびしくしており、内部、外部双方からの監査により企業の不正を防止しようとするものであり、資本金一億円以下の小会社は、その監査役は会計監査のみを行うなど実情に即した措置を講じておるものです。

さらに、今回の改正には、定款による累積投票の排除、中間配当制度の新設、取締役会の決議による転換社債の発行、準備金の資本組み入れによる無償抱き合わせ新株の発行、休眠会社の整理等、会社運営の安定、株主の利益や企業活動の円滑化をねらった改正点が多いのでありまして、今回の改正は、株式会社の実情に照らし時宜に即した措置であると考えます。

また、修正案は、小規模商人の負担軽減等のため商人は損益計算書の作成を要しないものとし、監査役、会計監査人の子会社に対する調査権の乱用を防止する措置及び取締役の違法行為差しとめ請求権の実効性の確保の道を講ずるものでして、いずれも妥当な措置であると思われます。

これらの改正は、企業の運営の適正と安定に寄与し、今日の社会経済情勢に適合するものです。

よって、私は、以上三法律案及び修正案に対し、賛成の意を表するものです。

○矢追秀彦君　私は、公明党を代表して、商法の一部を改正する法律案、株式会社の監査等に関する商法の特例に関する法律案、商法の一部を改正する法律等の施行に伴う関係法律の整理等に関する法律案及び修正案に対して、一括して反対の討論を行いたいと思います。

本法案は、昭和四十年三月の山陽特殊鋼の粉飾決算に端を発しているのです。しかるに、今回の法案が施行、実施されたからといって決して粉飾決算防止にはならないのです。このことは長時間にわたる委員会での審議を見ても、何一つ問題の解決を見ていないことでも明らかなとおりです。

また、本法原案作成の段階と現在とでは、その社会的、経済的情勢等の変化は著しく異なっております。特に、買い占め、売り惜しみ、さらには値上げの先取り、便乗値上げなどに見る大企業の横暴、独善的行為は目に余り、その上不当なる利益の隠蔽、脱税行為に至っては国民を愚弄する行為以外の何ものでもありません。

このような情勢下では、本法案は当初の目的である粉飾決算の防止はおろか逆粉飾決算の増加すら招きかねないのです。このような諸点にかんがみ、私は次の三点について特に強く指摘し、反対を主張するものです。

まず第一点として、第三十二条二項の「商業帳簿ノ作成ニ関スル規定ノ解釈ニ付テハ公正ナル会計慣行ヲ斟酌スベシ」と定めておる点です。

これは昭和四十四年十二月企業会計審議会が発表した企業会計原則及び同注解の修正案の導入につながり、継続性の原則を大企業の都合のよいようにかってに変更して解釈できることになるものです。

また、継続性の原則と並行して引き当て金制度を悪用し、利益を不当に操作することができ、逆粉飾を招くおそれが多分にあるばかりでなく、大企業の利益を擁護することになりかねないのです。

第二点は、本法案の主目的である監査制度の強化についてです。

これは法制審議会が昭和四十一年十一月以来、約五年の歳月を費やし、昭和四十五年三月三十日に決定し、法務大臣に答申された改正案要綱から大きく後退し、監査役の株主総会招集請求権、取締役会招集権、取締役の定期報告の義務等を削除しているものです。このような重要な事項を削除したことは、本法案の目的に反した骨抜き法案と言う以外の何ものでもありません。

また、監査役の業務監査を実効あるものとするのには、個人監査に固執することよりも取締役会に対応でき得る監査役会なるものを設けるべきではなかったのか。

第三点は、中間配当です。

本法案では中間配当、すなわち金銭の分配を株主総会を通さず直接取締役会の決議だけで実施できることとしております。これは人為操作によって見込み配当につながり、その失敗によって赤字配当、すなわちタコ配当の危険性が十分にあるのです。その結果、取締役はつじつまを合わせるために粉飾決算をせざるを得ない立場になり、また株主の権利すら奪うことになります。

その他、親会社の子会社に対する不当な立ち入り調査権、零細商人に対する複式簿記の記帳義務等多々ありますが、本法案が粉飾決算防止、監査制度の強化等に対して期待でき得ないことはもちろんのこと、国民世論のきびしい批判の的になっている大企業の飽くなき利潤追求の実態、社会とともにあるべき企業の社会責任の欠除、企業のモラルの低下から見ても、本法案には賛成できないことを重ねて強く主張し、私の反対討論を終わります。

○春日正一君　私は、日本共産党を代表して、商法の一部を改正する法律案、株式会社の監査等に関する商法の特例に関する法律案、商法の一部を改正する法律等の施行に伴う関係法律の整理等に関する法律案及び自由民主党提出の修正案に対し反対するものです。

反対理由の第一は、この商法改正案は、今日ごく少数の大企業が産業あるいは零細企業を大きく独占的に支配して、そうして不当な暴利をむさぼっておる、そういうものを国民の立場から規制するために企業の基本をきめる商法を改正するのか、それとも大企業の横暴に合わせてそれを正当化し、合法化する立場からこの商法を変えるのか、二つの立場のどちらかという問題を私は投げかけたわけですけれども、この改正が、この委員会での質疑を通じて明らかなように、明らかに大企業の専横、それを助長し、荒かせぎや利益かせぎという反社会的な行為を正当化する内容を含んだものである、この点が一番基本的な反対理由です。

具体的に申しますと、商法改正案三十二条に「商業帳簿ノ作成ニ関スル規定ノ解釈ニ付テハ公正ナル会計慣行ヲ斟酌スベシ」という規定を導入することによって企業会計原則修正案を基本的に導入し、継続性の原則を正当な理由なく企業が自分の都合によって変更できるようにしようとしているからです。また、企業会計原則修正案は利益性引き当て金をも特定引き当て金として公認し、企業会計理論上とうてい容認できない処理を公的に承認するものであり、これは大企業の逆粉飾を合法化し、会計監査基準そのものを後退させることになるからです。

第二に、企業の社会的責任を要請する世論に押されて監査制度を若干強化しておりますけれども、改正法案のような監査役、会計監査人の身分保障では、多少権限を強化しても絵にかいたもちになる危険性が強く、むしろ企業に対する社会の批判をそらせるためのいわばイチジクの葉に使われてもしかたがない程度のものであるからです。かかる改正は、世論がいま要求しておる大企業の実態を明確にし、その反社会的な行為を規制せよという改正への要望からはるかに隔たっており、実効性の薄いものと言わなければならないからです。

第三、商法改正案に親会社、子会社の概念を導入し、三井、三菱グループその他のような大企業集団による系列支配の現状を合法化し、さらにそれを促進させるものであるからです。この企業集団による系列支配こそが親会社、子会社を含めた逆粉飾の根源であり、これを一方で強化しておいて、他方で支配会社の監査役等の子会社に対する立ち入り調査権を規定しても、それは実効性の薄いものとならざるを得ないことは明らかです。この項に対する政府の説明では、親会社が子会社に対して不良な債務を転嫁したり、あるいは売れない品物を無理に売りつけ、自分の会社の弱点を隠すことのないようにするものだと説明をされておりますけれども、しかし、そういう理論は、言ってみれば、どろぼうに被害者を保護せよと義務づけるようなものであって、とうてい世間に通用するものではないのです。

第四に、商法改正案三十二条、三十三条で零細小売り商に対してまで記帳義務を強制し複式簿記をしいるのは、事実上零細小売り商に無理をしいるものです。

そのほか、粉飾決算を助長させる中間配当の規定、税理業務と監査業務の関係の明確化、職域の配分など、まだ十分な配慮がされていないなど、たくさん未解決の問題を残しております。

企業の社会的責任が大きな世論となり、売り惜しみ買い占めなどの反社会的行為の規制が大きく叫ばれているとき、このような商法改正ではなく商法の抜本的改正、大企業を国民の立場から規制していくように抜本的な改正が必要であることは疑う余地のないところです。この法案は、国民の要望に背を向け、むしろ逆行するものであって、とうてい容認することのできないものです。

なお、修正案について言えば、この委員会で論議された零細商人の記帳の問題とか、その他について若干の修正はされておりますけれども、これらはきわめて枝葉の問題であって、いま私が指摘した商法改正の一番根本の悪い点は一つも手を触れていない、そういう程度の修正ですから、私どもとうてい賛成するわけにはいかないわけです。

以上、わが党の反対の理由を明らかにして、討論を終わります。

○**委員長（原田立君）**　他に御意見もなければ、討論は終局したものと認めて御異議ございませんか。

〔「異議なし」と呼ぶ者あり〕

○**委員長（原田立君）**　御異議ないと認めます。

それでは、これより採決に入ります。

商法の一部を改正する法律案及び同案に対する修正案について採決いたします。

まず、後藤君提出の修正案を問題に供します。後藤君提出の修正案に賛成の方の挙手を願います。

〔賛成者挙手〕

○**委員長（原田立君）**　多数と認めます。よって、後藤君提出の修正案は可決されました。

次に、ただいま可決されました修正部分を除いた原案全部を問題に供します。修正部分を除いた原案に賛成の方の挙手を願います。

〔賛成者挙手〕

○**委員長（原田立君）**　多数と認めます。よって、修正部分を除いた原案は可決されました。

以上の結果、本案は多数をもって修正議決すべきものと決定いたしました。

次に、株式会社の監査等に関する商法の特例に関する法律案及び同案に対する修正案について採決いたします。

まず、後藤君提出の修正案を問題に供します。後藤君提出の修正案に賛成の方の挙手を願います。

〔賛成者挙手〕

○**委員長（原田立君）**　多数と認めます。よって、後藤君提出の修正案は可決されました。

次に、ただいま可決されました修正部分を除いた原案全部を問題に供します。修正部分を除いた原案に賛成の方の挙手を願います。

〔賛成者挙手〕

○**委員長（原田立君）**　多数と認めます。よって、修正部分を除いた原案は可決されました。

以上の結果、本案は多数をもって修正議決すべきものと決定いたしました。

次に、商法の一部を改正する法律等の施行に伴う関係法律の整理等に関する法律案及び同案に対する修正案について採決いたします。

まず、後藤君提出の修正案を問題に供します。後藤君提出の修正案に賛成の方の挙手を願います。

〔賛成者挙手〕

○**委員長（原田立君）**　多数と認めます。よって、後藤君提出の修正案は可決されました。

次に、ただいま可決されました修正部分を除いた原案全部を問題に供します。修正部分を除いた原案に賛成の方の挙手を願います。

〔賛成者挙手〕

○**委員長（原田立君）**　多数と認めます。よって、修正部分を除いた原案は可決されました。

以上の結果、本案は多数をもって修正議決すべきものと決定いたしました。

佐々木君から発言を求められておりますので、これを許します。

○**佐々木静子君**　私は、ただいま修正議決されました商法の一部を改正する法律案、株式会社の監査等に関する商法の特例に関する法律案及び商法の一部を改正する法律等の施行に伴う関係法律の整理等に関する法律案に対し、自由民主党、日本社会党、公明党共同提案にかかる附帯決議案を提出いたします。

案文を朗読いたします。

附帯決議（案）

一　現下の株式会社の実態にかんがみ、小規模の株式会社については、別個の制度を新設してその業務運営の簡素合理化を図り、大規模の株式会社については、その業務運営を厳正公正ならしめ、株主、従業員及び債権者の一層の保護を図り、併せて企業の社会的責任を全うすることができるよう、株主総会及び取締役会制度等の改革を行なうため、政府は、すみやかに所要の法律案を準備して国会に提出すること。

二　監査法人は、その社員が税務代理、税務書類の作成及び税務相談を行なっている会社について、本法の監査業務を行なわないよう規制すること。

三　企業会計原則は、企業の財政状態及び経営成績について真実公正な財務諸表を作成公示するための基準であるから、修正については、その目的に反することのないよう配慮すること。

右決議する。

以上です。

○**委員長（原田立君）**　ただいま佐々木君から提出されました附帯決議案を議題とし、採決を行います。本附帯決議案に賛成の方の挙手を願います。

〔賛成者挙手〕

○**委員長（原田立君）**　全会一致と認めます。よって、佐々木君提出の附帯決議案は全会一致をもって本委員会の決議とすることに決定しました。

ただいまの決議に対し、中村法務大臣から発言を求められておりますので、この際、これを許します。

○**国務大臣（中村梅吉君）**　ただいま附帯決議を拝聴いたしておりまして、附帯決議の御趣意に沿いまするように最善を尽くしたいと思います。

○**委員長（原田立君）**　なお、三法案についての審査報告書の作成は、これを委員長に御一任願いたいと存じますが、御異議ございませんか。

〔「異議なし」と呼ぶ者あり〕

○**委員長（原田立君）**　御異議ないと認め、さよう決定いたします。

〔参照〕

商法の一部を改正する法律案に対する修正案

商法の一部を改正する法律案の一部を次のように修正する。

第三十二条から第三十四条までの改正規定のうち、第三十二条第一項中「、貸借対照表及損益計算書」を「及貸借対照表」に改め、第三十三条第四項及び第五項中「及損益計算書」を削り、同条第三項を削る。

第百五十三条第一項の改正規定を次のように改める。

第百五十三条第一項中「財産目録及」を削る。

第二百七十四条の次に二条を加える改正規定中第二百七十四条ノ三に次の一項を加える。

子会社ハ正当ノ理由アルトキハ第一項ノ規定ニ依ル報告又ハ前項ノ規定ニ依ル調査ヲ拒ムコトヲ得

第二百七十五条の次に三条を加える改正規定中第二百七十五条ノ二に次の一項を加える。

裁判所ハ仮処分ヲ以テ取締役ニ対シ其ノ行為ヲ止ムベキコトヲ命ズルニハ保証ヲ立テシムコトヲ要セズ

附則第一条中「昭和四十九年一月一日」を「公布の日から起算して六月をこえない範囲内において政令で定める日」に改める。

附則第十三条中「昭和四十八年十一月一日」を「昭和四十九年十月一日」に改める。

株式会社の監査等に関する商法の特例に関する法律案に対する修正案

株式会社の監査等に関する商法の特例に関する法律案の一部を次のように修正する。

第七条第四項中「第三項」の下に「及び第四項」を加える。

第二十五条を次のように改める。

（商法の適用除外）

第二十五条　会社については、商法第二百四十七条第一項、第二百四十九条第一項ただし書、第二百五十二条、第二百五十三条第二項、第二百五十九条ノ二、第二百五十九条ノ三、第二百六十条ノ三、第二百六十条ノ四第二項、第二百七十四条、第二百七十四条ノ二、第二百七十五条、第二百七十五条ノ二、第二百七十五条ノ四、第二百八十条ノ十五第二項、第二百八十条ノ十六、第二百八十一条ノ二、第二百八十一条ノ三、第二百八十三条第二項、第三百八十条第二項及び第三項、第三百八十一条第一項、第四百十五条、第四百二十八条第二項、第四百三十条第二項（第二百三十八条、第二百七十六条、第二百七十八条及び第二百八十四条の規定を準用する部分を除く。）、第四百三十一条第一項、第四百三十二条（第四百三十一条第一項に係る部分に限る。）並びに第四百五十二条第一項の規定中株式会社の監査役に関する規定は、適用しない。

附則第一項中「昭和四十九年一月一日」を「公布の日から起算して六月をこえない範囲内において政令で定める日」に改める。

附則第四項中「昭和四十八年」を「昭和四十九年」に改める。

商法の一部を改正する法律等の施行に伴う関係法律の整理等に関する法律案に対する修正

案

商法の一部を改正する法律等の施行に伴う関係法律の整理等に関する法律案の一部を次のように修正する。

第八条、第十条、第十四条、第十七条、第二十一条、第二十五条、第二十七条、第二十八条、第二十九条、第三十四条、第三十五条及び第三十七条中「昭和四十八年」を「昭和四十九年」に改める。

附則中「昭和四十九年一月一日」を「公布の日から起算して六月をこえない範囲内において政令で定める日」に改める。

参議院会議録第十一号

昭和四十九年二月二十二日（金曜日）

○議事日程　第十一号

第二　商法の一部を改正する法律案（第七十一回国会内閣提出衆議院送付）

第三　株式会社の監査等に関する商法の特例に関する法律案（第七十一回国会内閣提出衆議院送付）

第四　商法の一部を改正する法律等の施行に伴う関係法律の整理等に関する法律案（第七十一回国会内閣提出衆議院送付）

（中略）

○議長（河野謙三君）　日程第二　商法の一部を改正する法律案

日程第三　株式会社の監査等に関する商法の特例に関する法律案

日程第四　商法の一部を改正する法律等の施行に伴う関係法律の整理等に関する法律案

（いずれも第七十一回国会内閣提出衆議院送付）

以上三案を一括して議題といたします。

まず、委員長の報告を求めます。法務委員長原田立君。

審査報告書

商法の一部を改正する法律案

右は多数をもつて別紙の通り修正すべきものと議決した。よつて要領書を添えて報告する。

昭和四十九年二月二十一日

法務委員長　原田　立

参議院議長　河野　謙三殿

……………………………………

第三十二条から第三十四条までの改正規定のうち、第三十二条第一項中「、貸借対照表及損益計算書」を「及貸借対照表」に改め、第三十三条第四項及び第五項中「及損益計算書」を削り、同条第三項を削る。

第百五十三条第一項の改正規定を次のように改める。

第百五十三条第一項中「財産目録及」を削る。

第二百七十四条の次に二条を加える改正規定中第二百七十四条ノ三に次の一項を加える。

子会社ハ正当ノ理由アルトキハ第一項ノ規定ニ依ル報告又ハ前項ノ規定ニ依ル調査ヲ拒ムコトヲ得

第二百七十五条の次に三条を加える改正規定中第二百七十五条ノ二に次の一項を加える。

裁判所ハ仮処分ヲ以テ取締役ニ対シ其ノ行為ヲ止ムベキコトヲ命ズルニハ保証ヲ立テシムルコトヲ要セズ

附則第一条中「昭和四十九年一月一日」を「公布の日から起算して六月をこえない範囲内において政令で定める日」に改める。

附則第十三条中「昭和四十八年十一月一日」を「昭和四十九年十月一日」に改める。

……………………………………

要領書

一、委員会の決定の理由

本法律案は、株式会社の運営の適正と安定を図り、資金の調達を容易にするとともに株主の利益を保護する等のため、監査役が会社の会計以外の業務をも監査することにより株式会社の監査制度を充実し、累積投票の制度は定款をもつて排除できることとし、転換社債について、その発行は原則として取締役会の決議によることとし、準備金の資本組入れの際発行価額の一部払込みによる株式の発行ができることとし、営業年度を一年とする会社に中間配当のみちを開くほか、取引の安全を図るためいわゆる休眠会社を整理する方途を講じ、商業帳簿の制度を合理化する等所要の措置を講じようとするものであつて、おおむね妥当な措置と認めるが、損益計算書の作成、親会社の監査役の子会社に対する調査権、取締役の違法行為の差止めの仮処分および施行期日等に関し、別紙のとおり修正を行なつた。

なお、別紙の附帯決議を行なつた。

一、費用

本法施行のため、別に費用を要しない。

……………………………………

附帯決議

一　現下の株式会社の実態にかんがみ、小規模の株式会社については、別個の制度を新設してその業務運営の簡素合理化を図り、大規模の株式会社については、その業務運営を厳正公正ならしめ、株主、従業員及び債権者の一層の保護を図り、併せて企業の社会的責任を全うすることができるよう、株主総会及び取締役会制度等の改革を行なうため、政府は、すみやかに所要の法律案を準備して国会に提出すること。

二　監査法人は、その社員が税務代理、税務書類の作成及び税務相談を行なつている会社について、本法の監査業務を行なわないよう規制すること。

三　企業会計原則は、企業の財務状態及び経営成績について真実公正な財務諸表を作成公示するための基準であるから、修正については、その目的に反することのないよう配慮すること。

右決議する。

審査報告書

株式会社の監査等に関する商法の特例に関する法律案

右は多数をもつて別紙の通り修正すべきものと議決した。よつて要領書を添えて報告する。

昭和四十九年二月二十一日

法務委員長　原田　　立

参議院議長　河野　謙三殿

……………………

第七条第四項中「第三項」の下に「及び第四項」を加える。

第二十五条を次のように改める。

（商法の適用除外）

第二十五条　会社については、商法第二百四十七条第一項、第二百四十九条第一項ただし書、第二百五十二条、第二百五十三条第二項、第二百五十九条ノ二、第二百五十九条ノ三、第二百六十条ノ三、第二百六十条ノ四第二項、第二百七十四条、第二百七十四条ノ二、第二百七十五条、第二百七十五条ノ二、第二百七十五条ノ四、第二百八十条ノ十五第二項、第二百八十条ノ十六、第二百八十一条ノ二、第二百八十一条ノ三、第二百八十三条第二項、第三百八十条第二項及び第三項、第三百八十一条第一項、第四百十五条、第四百二十八条第二項、第四百三十条第二項（第二百三十八条、第二百七十六条、第二百七十八条及び第二百八十四条の規定を準用する部分を除く。）、第四百三十一条第一項、第四百三十二条（第四百三十一条第一項に係る部分に限る。）並びに第四百五十二条第一項の規定中株式会社の監査役に関する規定は、適用しない。

附則第一項中「昭和四十九年一月一日」を「公布の日から起算して六月をこえない範囲内において政令で定める日」に改める。

附則第四項中「昭和四十八年」を「昭和四十九年」に改める。

……………………

要領書

一、委員会の決定の理由

本法律案は、株式会社の実情にかんがみ、資本金五億円以上の株式会社については、計算書類について、定時株主総会前に会計監査人の監査を受けることによつて会計監査の充実を図り、資本金一億円以下の株式会社においては、監査役は会計監査のみを行なうものとする等の所要の措置を講じようとするものであり、また、衆議院において、会計監査人の欠格事由および会計監査人に関する規定の施行日等に関し、修正が行なわれ、おおむね妥当な措置と認められるが、親会社の会計監査人の子会社に対する調査権、資本金一億円以下の会社の商法適用除外規定および施行期日等に関し、別紙のとおり修正を行なつた。

なお、別紙の附帯決議を行なつた。

一、費用

本法施行のため、別に費用を要しない。

……………………

附帯決議

一　現下の株式会社の実態にかんがみ、小規模の株式会社については、別個の制度を新設してその業務運営の簡素合理化を図り、大規模の株式会社については、その業務運営を厳正公正ならしめ、株主、従業員及び債権者の一層の保護を図り、併せて企業の社会的責任を全うすることができるよう、株主総会及び取締役会制度等の改革を行なうため、政府は、すみやかに所要の法律案を準備して国会に提出すること。

二　監査法人は、その社員が税務代理、税務書類の作成及び税務相談を行なつている会社について、本法の監査業務を行なわないよう規制すること。

三　企業会計原則は、企業の財政状態及び経営成績について真実公正な財務諸表を作成公示するための基準であるから、修正については、その目的に反することのないよう配慮すること。

右決議する。

審査報告書

商法の一部を改正する法律案の施行に伴う関係

法律の整理等に関する法律案

右は多数をもつて別紙の通り修正すべきものと議決した。

よつて要領書を添えて報告する。

昭和四十九年二月二十一日

法務委員長　原田　立

参議院議長　河野　謙三殿

……………………………

第八条、第十条、第十四条、第十七条、第二十一条、第二十五条、第二十七条、第二十八条、第二十九条、第三十四条、第三十五条及び第三十七条中「昭和四十八年」を「昭和四十九年」に改める。

附則中「昭和四十九年一月一日」を「公布の日から起算して六月をこえない範囲内において政令で定める日」に改める。

……………………………

要領書

一、委員会の決定の理由

本法律案は、商法の一部を改正する法律等の施行に伴い、非訟事件手続法ほか三十二の関連する諸法律について、改正を要するものの整理等を一括して行なおうとするもので、おおむね妥当な措置と認めるが、施行期日等に関し、別紙のとおり修正を行なつた。

なお、別紙の附帯決議を行なつた。

一、費用

本法施行のため、別に費用を要しない。

……………………………

附帯決議

一　現下の株式会社の実態にかんがみ、小規模の株式会社については、別個の制度を新設してその業務運営の簡素合理化を図り、大規模の株式会社については、その業務運営を厳正公正ならしめ、株主、従業員及び債権者の一層の保護を図り、併せて企業の社会的責任を全うすることができるよう、株主総会及び取締役会制度等の改革を行なうため、政府は、すみやかに所要の法律案を準備して国会に提出すること。

二　監査法人は、その社員が税務代理、税務書類の作成及び税務相談を行なつている会社について、本法の監査業務を行なわないよう規制すること。

三　企業会計原則は、企業の財政状態及び経営成績について真実公正な財務諸表を作成公示するための基準であるから、修正については、その目的に反することのないよう配慮すること。

右決議する。

○原田立君　ただいま議題となりました三法案につきまして、法務委員会における審査の経過と結果を御報告いたします。

まず、商法の一部を改正する法律案は、現下の社会経済情勢にかんがみ、株式会社の運営の適正と安定をはかり、資金の調達を容易にするとともに株主の利益を保護する等のため、監査役は、会計監査のほか業務監査をも行うものとし、このために監査役に取締役会出席権、取締役の違法行為の差しとめ請求権等を与えること等により、株式会社の監査制度の充実をはかり、その他、累積投票制度、転換社債の発行及びいわゆる有償無償抱き合わせ増資に関する改正を行い、また、中間配当制度の新設、いわゆる休眠会社の整理及び商業帳簿の制度を合理化する等の措置を講じようとするものです。

次に、株式会社の監査等に関する商法の特例に関する法律案は、資本金五億円以上の株式会社には、その計算書類について定時株主総会前に会計監査人の監査を受けることとし、資本金一億円以下の株式会社には、その実情にかんがみ、監査役は会計監査のみを行なうものとし、監査報告書の記載事項を定めない等、それぞれ改正後の商法の特例を設けようとするものです。

また、衆議院において、会計監査人の欠格事由及び適用日等について修正が行われました。

次に、商法の一部を改正する法律等の施行に伴う関係法律の整理等に関する法律案は、商法の一部を改正する法律等の施行に伴い、三十三の関連する諸法律について、改正を要するものの整理等を一括して行おうとするものです。

以上三法案は、昨年の第七十一回国会に提案され、審査が重ねられましたが、議了するに至らず、本院において継続審査となっていたものです。

先国会より当委員会は、監査役の組織化と権限強化の徹底、監査役の任免及び適材登用の方法、会計監査人の地位の独立、中間配当制度、累積投票制度並びに転換社債の新規発行方法の利害得失、商業帳簿作成の目的と必要性、公正なる会計慣行のしんしゃくの意義等、広範多岐にわたる質疑が重ねられたほか、参考人の意見を聴取する等、慎重に審査を行ないましたが、それらの詳細は会議録によって御承知願います。

質疑を終了した後、三法案に対し、後藤委員より、小規模商人は損益計算書を作成することを要しないものとすること、子会社は正当な理由があるときは親会社の監査役等の調査を拒むことができること、取締役の違法行為の差しとめの仮処分には保証を立てることを要しないこと等を内容とする修正案が提

送付）

商法の一部を改正する法律等の施行に伴う関係法律の整理等に関する法律案（第七十一回国会閣法第一〇四号）（参議院送付）

○小平委員長　これより会議を開きます。

内閣提出、参議院送付、商法の一部を改正する法律案、株式会社の監査等に関する商法の特例に関する法律案及び商法の一部を改正する法律等の施行に伴う関係法律の整理等に関する法律案の三法律案を一括議題といたします。

（中略）

三法案は、いずれも前国会に提出され、本院において、株式会社の監査等に関する商法の特例に関する法律案は修正、他の二法案は原案のとおり議決の上参議院に送付いたしましたものを、参議院におきまして継続審査に付し、今国会、三法案とも修正議決の上、去る二月二十二日本院に送付してまいったものです。

したがいまして、これら三法案の趣旨は、すでに十分御承知のことと存じますので、先般来の理事の協議に基づき、趣旨の説明を省略することとし、参議院における修正部分につきまして、参議院法務委員会における修正案の提出者、参議院法務委員会理事後藤義隆君から、三法案の修正の趣旨について説明を聴取いたしたいと存じますが、これに御異議ありませんか。

〔「異議なし」と呼ぶ者あり〕

○小平委員長　御異議なしと認めます。よって、さよう決しました。

○後藤参議院議員　商法の一部を改正する法律案外二法案中参議院の修正にかかる部分について、御説

衆議院　法務委員会議録第十一号

昭和四十九年三月一日（金曜日）

出席委員

委員長　小平　久雄君

理事　大竹　太郎君　理事　小島　徹三君

理事　田中伊三次君　理事　羽田野忠文君

理事　横山　利秋君　理事　青柳　盛雄君

愛野興一郎君　井出一太郎君

塩川正十郎君　竹中　修一君

萩原　幸雄君　早稲田柳右エ門君

日野　吉夫君　正森　成二君

沖本　泰幸君

出席国務大臣

法務大臣　中村　梅吉君

出席政府委員

公正取引委員会事務局長　吉田　文剛君

法務省民事局長　川島　一郎君

委員外の出席者

参議院議員　後藤　義隆君

法務委員会調査室長　松本　卓矣君

本日の会議に付した案件

商法の一部を改正する法律案（第七十一回国会閣法第一〇二号）（参議院送付）

株式会社の監査等に関する商法の特例に関する法律案（第七十一回国会閣法第一〇三号）（参議院

案されました。

次いで、三法案並びに修正案について討論に入りましたところ、日本社会党を代表して佐々木委員、公明党を代表して矢追委員、日本共産党を代表して春日委員よりそれぞれ反対、自由民主党を代表して棚辺委員より賛成の意見が表明されました。

討論を終局し、三法案について順次採決の結果、これら三法案の修正案及び修正部分を除く原案はいずれも多数をもって可決され、三法案はいずれも多数をもって修正議決すべきものと決しました。

なお、三法案は、政府は、株主総会及び取締役会制度をすみやかに改正すること、監査法人と被監査会社との特別利害関係について適正な規制を加えること及び企業会計原則の修正はその目的に反しないよう配慮することを内容とする自民、社会、公明の三党共同提案にかかる附帯決議案が佐々木委員より提出され、全会一致をもって本委員会の決議とすることに決定いたしました。

以上御報告いたします

○議長（河野謙三君）　これより三案を一括して採決いたします。

三案の委員長報告はいずれも修正議決報告でございます。

三案を委員長報告のとおり修正議決することに賛成の諸君の起立を求めます。

〔賛成者起立〕

○議長（河野謙三君）　過半数と認めます。よって、三案は委員長報告のとおり修正議決されました。

（以下略）

明申し上げます。

第一に、商法の一部を改正する法律案について申し上げます。

第一点は、商人は、損益計算書を作成することを要しないものとする修正です。

原案は、第三十二条、第三十三条及び第百五十三条において、商人は、損益計算書を作成しなければならないものとされていますが、これを義務づけることは、小規模の商人にとって負担となるなどの問題があるため、損益計算書を作成することを要しないものとするものです。

第二点は、子会社は、正当な理由があるときは、親会社の監査役の調査等を拒むことができるものとする修正です。

原案は、第二百七十四条ノ三において、親会社の監査役に子会社に対する調査権が与えられておりますが、子会社に対する調査が乱用されないよう、子会社は、正当な理由があるときは、親会社の監査役の調査等を拒むことができることを明らかにするものです。

第三点は、取締役の違法行為の差しとめの仮処分には、保証を立てることを要しないものとする修正です。

原案は、第二百七十五条ノ二において、監査役に取締役の違法行為の差止請求権が与えられておりますが、取締役の違法行為の差しとめの仮処分につき保証を立てることを要するものとすると、差止請求権を与えた実効性が失われるおそれがありますので、保証を立てることを要しないものとするものです。

第四点は、施行期日等に関する修正です。

原案の附則第一条において、法律の施行期日が昭和四十九年一月一日とされているのを公布の日から起算して六月をこえない範囲内において政令で定める日に改めるものです。

次に、原案の附則第十三条において、休眠会社に関する特例規定を設けていますが、その規定中昭和四十八年十一月一日とあるのを昭和四十九年十月一日に改めるものです。

第二に、株式会社の監査等に関する商法の特例に関する法律案について申し上げます。

第一点は、子会社は、正当な理由があるときは、親会社の会計監査人の調査等を拒むことができるものとする修正です。

原案は、第七条において、親会社の会計監査人に子会社に対する調査権を与えておりますが、監査役の子会社調査権に関する修正と同様の理由により、子会社は、正当な理由があるときは、親会社の会計監査人の調査等を拒むことができることを明らかにするものです。

第二点は、第二十五条の規定の表現を改めるという修正です。

原案第二十五条の規定は、資本金一億円以下の株式会社について商法の適用除外規定を定めたものでありますが、表現をわかりやすくするための修正です。

第三点は、施行期日等に関する修正です。

原案の附則第一項は、施行期日を昭和四十九年一月一日としているのですが、これを公布の日から起算して六月をこえない範囲内において政令で定める日に改めるものです。

また、附則第四項の修正は、法律が昭和四十八年中に成立しなかったことによる整理です。

第三に、商法の一部を改正する法律等の施行に伴う関係法律の整理等に関する法律案について申し上げます。

原案附則において、施行期日が昭和四十九年一月一日とされているのを公布の日から起算して六月をこえない範囲内において政令で定める日に改めるものです。

また、原案第八条外十一カ条の修正は、法律が昭和四十八年中に成立しなかったことによる整理です。

以上が参議院における修正の趣旨及びその内容です。

○小平委員長　質疑の申し出がありますので、これを許します。

○羽田野委員　まず第一の、商人は損益計算書を作成することを要しないと修正した点ですが、常識的に考えますと、やはり商人は修正前の三十二条のように、会計帳簿だとか貸借対照表、損益計算書をつくることのほうが適当であり、望ましいと思われるわけですが、このうち損益計算書を作成することを要しないと修正されたのはどういういきさつなのか、簡単に御説明願いたいと思います。

○川島(一)政府委員　今回の政府の提案いたしました改正案は、商人に損益計算書の作成義務を課することにしておりました。これに対して参議院の御審議におきまして、その作成を義務づける点を削除するという修正がされたわけです。この問題は、昨年当衆議院の法務委員会においてもいろいろ御指摘があったわけですが、損益計算書とは従来株式会社などがつくっておったものであって、これを一般商人にまで義務づけることは、やや技術的に困難をしいることになるのではないか。ことに一般の商人の中には個人商人が含まれておりますし、個人商人の中には相当規模の小さなものも入ってくるわけでして、そういう商人一般に対しまして損益計算書を作成せよという規定を設けることは、現在の商人の営業のやり方、実情などから見てやや困難をしいるのではないか、そういう御指摘があったわけです。私どもとしては、一般商人の作成する損益計算書は必ずしもそういうややこしいものでなくてもよろしい、きわめて簡単なものでもいいのだと、商法の改正が通りました暁にはその点をよくＰＲするつもりでおったわけですが、この点は一部になお疑念を抱かれる向きがございまして、参議院の御審議におきましても同様の懸念が表明されました。その結果、御指摘のような修正が行われたと思います。

○羽田野委員　そういう理由ならば、これは商法で完全に解決されておる。いわゆる商法第八条に「本法中商業登記、商号及商業帳簿ニ関スル規定ハ小商人ニハ之ヲ適用セズ」小規模の商人には適用しないという商法の明文があるのです。これで完全に解決されておると思うのですが、なおかつ修正のような必要はどこにあるのですか。

○川島(一)政府委員　仰せのとおり、商法の八条には商業帳簿に関する規定は小商人に適用しないという規定がございます。そこで小商人の範囲が問題になるわけですが、現行法によりますと、商法中改正法律施行法の第三条におきまして、資本金二千円未満の商人で会社でない者が小商人であると規定されております。この規定は現在の実情にはなはだしく合わないわけですが、こういう規定の形になっておりますので、これに該当する者が実際にはほとんどいない、こういう実情です。そういう点もございまして、先ほどの商業帳簿の規定がほとんど全部の小商人に適用になる必要があるわけです。

○羽田野委員　理由はわかりましたが、たいへんな間違いをおかしておるのじゃないかと思います。というのは、商法中改正法律施行法は昭和十三年に公布された法律ですが、十三年に資本金額二千円は相当規模のものです。現在でいいますと、二千円未満の者が小商人ということになると、それに該当する者はほとんどない。したがって、商法八条の除外の適用を受ける者はない。だから今回の修正で、そういう者を救済するために損益計算書をつくらないでいいように修正をしたということですが、これはよく考えなければいけない。商法の八条は商法本文の中にある。それからその適用除外をしておる小商人の定義を施行法で定めておる。これにむしろ枝です。いまの御説明であるならば、この小商人の範囲を資本金二千円未満という、いまの社会情勢に適合しないままにしておくことがむしろ矛盾しておる。これを現在の貨幣単位あるいは社会情勢に適合するように改正するほうがほんとうである。枝を改正するべきものを枝を改正しないで、もとのほうを改正するとは、たいへんな誤謬をおかしておると思います。しかしこの施行法が改正されてない現在では、今回参議院の修正をなさらないと、実際に小商人の負担の軽減ができないからやむを得なかったことであると思いますけれども、将来の方向としては、枝を改正しないでもとを改正するということをしないように、施行法のほうを改正して、本来商人がつくるべきものはきちっとつくることにすることのほうが望ましいと思います。それについて御見解を承りたいと思います。

○川島(一)政府委員　まことにごもっともな御指摘でして、先生の御意見に全く同感です。本来商業帳簿の規定を改正する提案をいたします際に、同時に小商人の範囲に関する配慮を加えて、商法中改正法律施行法の三条を改めることが正しい順序であったと思うわけです。そういった意味におきましてこの小商人の範囲を早急に検討する必要があると考えます。

なお御参考までに申し上げますと、小商人の範囲が現在資本金二千円未満の個人商人になっておりますが、その以前資本金五百円未満となっておったわけです。資本金五百円未満の商人に加えまして、さらに資本金の額にかかわらず、行商人あるいは露店商人はやはり小商人としての範囲に含ましめておったということでございまして、この小商人の範囲のきめ方は学者の間にもいろいろ議論があるようです。そういった点も含めまして今後早急に検討するようにいたしたい、このように考えております。

○羽田野委員　次に、修正された第二点の問題ですが、今回親会社の監査役は子会社について報告を求めたり、あるいはそれに基づいて調査をしたりすることができるように定められた。これは親会社が子会社を利用して粉飾決算をする事例があったので、こういうものを防止するために子会社にも報告を求める権利あるいは調査権を今回認めたというふうに承知をいたしておりますが、今回の修正では、子会社は正当な理由があるときには親会社の監査役の調査等を拒むことができる、こういうふうに修正をされておりますが、これはどういう理由から修正をされたのか、その点をちょっとお聞きしたいと思います。

○川島(一)政府委員　子会社調査権の規定は、先生仰せのような趣旨で修正案に盛り込まれたわけですが、この規定は一部の御批判がございました。それはどういうことかと申し上げますと、子会社も親会社とは独立の人格を有する会社である。したがって、親会社の監査役が子会社に対して調査をすることができるとなりますと、子会社が秘密にしておきたい事項、特に営業上の機密が会社にはあるわけですが、そういったものを子会社調査権によって報告を求められる、あるいは調査をされることによって子会社が困る場合が出てくるのではないか。そういう点の配慮が十分にされておるかという御批判があったわけです。

そこで、子会社調査権は、親会社の横暴を防ぐ趣旨のものです。子会社にとってはむしろ利益になるものであって、不利益に働くものであってはならないと考えておったわけでして、それが逆に子会社の不利益にこの調査権が用いられるという懸念があるとしますならば、その点を明確にしておくこともむだではあるまい、このように考えたわけですが、衆議院それから参議院の御審議を通じましてその点の御疑問が一部にあってなかなか解けませんでしたので、その結果このような修正案となってあらわれたのではないかと考えております。

○羽田野委員　正当な理由の範囲が非常にあいまいなんですが、いま参議院の提案者の御説明によると、調査が乱用されないようにこういう規定を設けるのだというのですが、親会社の監査役の調査権があったとしても、それが権利を乱用して、いわゆる調査する必要のないものまで調査をするものを拒み得ることは、明らかなんです。違法または不当な調査はこの規定がなくても拒み得ると思うのです。

そこでこの正当な理由とは、その当然拒み得るものを文章ではっきりさせるためにこういうものを置いたのか。それとも、その当然拒み得るものよりももっと外の、ほんとうは親会社の監査役が報告を求めたり調査をすることができる正当な権限の範囲内のものであるけれども、このものは子会社の企業秘密に属する特別な理由があるからその理由を言って拒んでもよろしいという、権限乱用じゃなくして、正当なものだから特別な理由がある、その場合は拒んでもよろしいのだという範囲を広げたのか、どういうふうに御解釈になっておりますか。

○川島（一）政府委員　子会社調査権の乱用の場合、これは子会社調査権の正当な行使とはいえないわけですから、規定の有無にかかわらず拒み得ることになろうと思います。こういう規定が設けられました趣旨は、乱用の場合以外に、一応調査権は行使し得る、しかしながら子会社としてはその調査に応じがたいという客観的に正当な理由がある、子会社の営業上の秘密であるとかを調査するにつき、親会社の監査役は調査の必要がある、しかしながら子会社としては調査に応ずることは困る、こういう場合にこの規定が適用になる、そういう解釈になろうかと考えております。

○羽田野委員　これは非常にいい規定だと思いますが、ただこの運用はよほど注意をしませんと、せっかく親会社に子会社の調査権を認めても、調査されるとぐあいが悪い場合、子会社がむしろつうつうで、当然調査すべきことも、これは企業秘密だから申し上げることはできません、調査に応ずることはできませんということによって、せっかくの改正の趣旨が実効をあげないことになるという非常なマイナスの面も加味したこの修正だと思います。そういうことのないように、粉飾決算に子会社が利用されて盲点をつくらないように指導していただくことが必要だと思います。

次に、第三点「取締役の違法行為の差しとめの仮処分には、保証を立てることを要しないものとする」という修正がされておりますが、本来、裁判所が仮処分命令を出す場合には、その必要性の疎明があった場合でも保証を立てさせてもよろしいし立てさせなくてもよろしい、疎明がない場合には必ず保証を立てさせなければならない、こういうたてまえになっていると承知しているのです。だから、保証を立てさせなくてもいいという道が開かれておるのに、なおかつこの修正で保証を立てることを要しないと断定して規定をする必要性はどこにあったか。

○川島（一）政府委員　裁判所が仮処分を命じます場合には、保証を立てさせてもよい、立てさせなくてもよいということになっておりまして、立てさせるかどうかは裁判所の裁量によるわけです。その点は民事訴訟法の七百五十六条が準用しております七百四十一条の規定によって明らかです。そこで、今回の修正にかかわる監査役の違法行為差しとめの仮処分ですが、これも同じような考えのもとに裁判所の運用がされるとしますと、違法行為差しとめの仮処分を監査役が申請した場合にも、裁判所が保証を立てることを条件にこれを認めるという場合が考えられるわけでございます。その場合に、監査役は会社の職務の執行として行うわけですから、裁判所に納付すべき保証金は会社の金で払うことになるわけですが、その会社の金を握っておりますのは取締役でして、取締役に、保証を立てるからその費用を出してくださいと請求しても、取締役は違法行為を差しとめられる側ですので、簡単に応じてくれるかどうかわからない、こういう懸念があるわけです。他方、このように会社の機関対機関の問題ですし、監査役は個人の利益のためにやるのではなくして、会社のための職務執行として、その地位に基づいて違法行為差止めの仮処分を申請するわけですので、こういう場合には保証を立てさせることは本来必要がないのではなかろうか、こういう考え方が出てくるわけです。そういった運用上の問題、制度上の問題、両面から考察いたしまして、監査役の請求による仮処分は保証を立てさせないほうがよかろう、こういうことに相なったわけです。

○羽田野委員　これは私はむしろもう少し裁判所を信頼すべきであったのではないかという気がします。というのは、監査役が取締役の違法行為の差しとめ請求をする場合、これは機関対機関の問題であって、監査役も機関としてこれを行うわけですから、会社そのもの自体から見れば、損害賠償の担保という問題がほとんどない事案です。そういう事案の場合に、裁判所が仮処分命令を出す場合に、保証を立てさせることのほうがむしろ異例に属する。立てさせないのがほんとうだと思う。裁判所がそういう妥当な判断をすることが保証できないから法律で断定したということは、はなはだ望ましくない。私はよくないことだと思います。

　それと同時に、もう一つは、この規定ができたことによって仮処分がむずかしくなった面があると思うのです。というのは、仮処分の場合には、疎明をしなかった場合でも、保証金を立てさせて仮処分命令を出すことができるという民訴の七百四十一条二項の規定がございますね。ところが、今度は保証を立てさせないのですから、疎明がない場合には仮処分命令は出せないことになってくる。そうしますと、違法行為の差しとめの仮処分などは相当急速を要するものが多い。それに、その理由を疎明しなければ仮処分命令が出せないことになると、その命令をとることが非常にむずかしくなってくる。時期を失して実効性をあげ得ないという問題が起こってくることは、せっかくの改正の効果を半減させたんじゃないかと思いますが、いかがですか。

○川島(一)政府委員　まず第一に、裁判所の運用にまかしておけば適当な結果が得られるのではないかという点ですが、法律の規定が、保証を立てさせてもよい、立てさせなくてもよい、裁判所の裁量にまかせるというたてまえになっておりますと、裁判所が独立の立場で御決意をなさるものですから、制度的な保障がないといえばないことになるのではなかろうか。ことに保証を立てしめるべきものでないといたしますならば、そのことをはっきり宣言する意味で規定を設けることも、一つの考え方ではなかろうかと思うわけです。そういう趣旨でこういう規定の修正が加えられたのではないかと考えております。

　それからこういう規定を設けることによってかえって疎明が必要になって、やりにくくなりはしないかという問題ですが、そもそもこの違法行為による差しとめの仮処分は、全然疎明なしに仮処分を許すべきものではない、事柄の性質上そう考えられるわけでして、何らかの形の疎明、疎明というのは比較的簡単なものでよろしいわけですし、書面がありません場合にも当事者のいろいろな申述書みたいなものを使うこともできるわけでして、そういった形の何らかの疎明を必要とする、そういう運用がされるべきであると考えますので、先生御指摘のような御懸念全くないとはいえないかもしれませんが、実際上はそれほど制約されることにはならない、このように考えております。

○羽田野委員　よくわかりました。監査役の権限強化により、会社の活動が行き過ぎない、目的の範囲を越えたりあるいは法令、定款に反するような行為がないようにという方策を講ぜられたことは、私はきわめて適切なことだと思います。ただ、残っている問題は、監査役がその選任あるいは二年の任期を終えたときに再任されるかどうかという問題、途中の解任を含めてその身分が取締役会に握られておること、それから報酬の決定が取締役会に把握されておるという点で、職務上の独立性を持っていない監査役は十分その効果を発揮し得ない面が実際問題としては出てくると思うわけです。そういう場合に、最近のように営利会社がその範囲を逸脱した営業行為をやっている場合に、これを阻止する方法が要求されております。

　商法はそれ自体にそういうものを規制する五十八条という規定を持っておりまして、その第一項によると、会社の業務を執行する社員または取締役が法務大臣より書面による警告を受けたるにかかわらず法令もしくは定款に定むる会社の権限を踰越し、もしくは乱用する行為または刑罰法令に違反する行為を継続または反復したときは裁判所に申し立ててこの会社の解散を命ずることができるという規定がございます。これなどは会社の業務執行の公正さを担保する一番適切な、しかも商法が深く考えた規定だと私は思うのですが、いままでに法務大臣が書面による警告をした例あるいはその後継続または反復することによって解散命令を申請した例があるかどうか。

○川島(一)政府委員　商法五十八条の規定に基づきまして法務大臣が会社に対して警告を発したあるいは解散命令の申請をした事件は現在までにその例がございません。これは、この五十八条の規定にもございますように、会社の取締役などが会社の権限を踰越したり乱用する行為あるいは刑罰法令に違反する行為を行うことが一つの要件になっておるわけですが、それと同時に、公益を維持するために会社の存立を許すべからざるものと認むるという要件がもう一つ加わるわけでして、かなり特殊な場合に限られるということになるわけですし、会社の側にしますと、解散といういわば法人格を否定されるような重大な結果を招くことになりますので、そういう意味において、これに該当する例は実際問題としてもあまり多くないと思うわけです。

それからもう一つ、手続的には法務大臣がその権限を行使することになるわけですが、法務大臣としては直接会社の行動を監視する体制を持っていないわけですし、この手続は非訟事件手続法に規定がございまして、非訟事件手続法の百三十四条ノ四の規定ですが、官庁とかあるいは公務員が職務上この商法五十八条の請求または警告をなすべき事由というものを知った場合にはこれを法務大臣に通知すべしとなっております。そうしてこの通知がございますと、法務大臣としてはそれを調査、検討しまして、必要があればその手続をとれ、こういう形になっておるわけです。ところが、現在までにこの通知もされた例がございません。そういう次第で、現在までお尋ねの事例が一件もないわけです。

○羽田野委員　最近の営利会社の営業姿勢は、営業倫理を逸脱しているものがある程度出てまいっております。これは、営利会社といえども何でもかんでも会社が利益をあげればいいということではなくして、大きくは営業倫理を守る。その具体的なものとしては、法令あるいは定款その他のいろいろな取り締まり規定とか、こういうものをよく守って社会通念上妥当な営業をして、その上で利益をあげていく努力をすることが望ましい。ところが最近の実情を見ますと、ややもするとこの倫理を逸脱して利益をあげることのみにきゅうきゅうとしておるのではないかという現象が出ております。最近問題になりましたものでも、独占禁止法に違反をするやみカルテル行為で何回も勧告を受けた会社も出てきております。あるいは税法違反で、脱税で重加算税をとられた会社も出てきておる。こういうことはいまの国民感情としては許されない。国内問題だけでなくして、国外まで行って安くたたいて買いまくるとか、あるいは相手方の立場を無視して売り込むことでいろいろな批判を受けている。やはり私は営利会社といえども会社の営業倫理が特に重要視される時期だと思います。

そこで、いまお聞きしました五十八条一項三号の適用ですが、これは非訟事件手続法により、関係官庁がそういう警告をすべきあるいは解散請求をすべき事由を知ったときには法務大臣に通知することになっておるけれども、その通知がされていない。したがって、法務大臣としてはそういう請求をいまだしたことがないと承りましたが、私は、通知すべき事前の段階でこの法の適正な運用がされていないのではないかと痛感します。

そこで、連帯責任を負っておられる国務大臣として法務大臣、関係官庁に、会社に対して警告をしあるいは解散請求をするような行為を知った場合には、この法律のとおりにきちっと通知をしろと徹底していただく必要があるのではないか、それと同時に、法務大臣も、会社の解散は非常に重大なことだと思います。自然人ならば死刑にして命を断つと同じことです。これを行うかどうかについてはよほど慎重な配慮を払ってやらなければなりませんが、あまりにも反社会的行為を行う者に対しては、今後これを継続しまたは反復した場合には解散命令の申請をするぞという書面による警告は、私は非常に効果のあることであるし、いまの情勢下においてはある程度やらなければならない、商法自体がきめておる会社の倫理を守るための方法として行うべきではないかと思っております。そしてなおかつやめない者は、解散請求も法務大臣はお考えになるべきではないかと思います。この点についての大臣の御見解をお聞きして、最後にしたいと思います。

○中村国務大臣　お話の点は私も全く同感な気がいたします。いままで五十八条は、ありましてもあまり運用されたことがないようです。しかし企業の倫理性は最も大事なことでして、最近どうもそういう倫理性が乱れておるように感じます。したがいまして、乱用することはもちろん慎むべきですが、慎重に考慮をして、お話しのような線に今後努力すべきではないか、私もさように考えます。

○羽田野委員　終わります。

衆議院　法務委員会議録第十二号

昭和四十九年三月五日(火曜日)

出席委員

委員長　小平　久雄君

理事　大竹　太郎君　理事　小島　徹三君

理事　田中伊三次君　理事　谷川　和穗君

理事　羽田野忠文君　理事　稲葉　誠一君

理事　横山　利秋君　理事　青柳　盛雄君

井出一太郎君　野呂　恭一君
早稲田柳右エ門君　日野　吉夫君
八百板　正君　正森　成二君
沖本　泰幸君

出席国務大臣
法　務　大　臣　中村　梅吉君

出席政府委員
法務省民事局長　川島　一郎君

委員外の出席者
大蔵大臣官房審議官　田中啓二郎君
大蔵省主税局総務課長　渡辺　喜一君
（ほか略）

本日の会議に付した案件

商法の一部を改正する法律案（第七十一回国会閣法第一〇二号）（参議院送付）
株式会社の監査等に関する商法の特例に関する法律案（第七十一回国会閣法第一〇三号）（参議院送付）
商法の一部を改正する法律等の施行に伴う関係法律の整理等に関する法律案（第七十一回国会閣法第一〇四号）（参議院送付）

○小平委員長　これより会議を開きます。

内閣提出、参議院送付、商法の一部を改正する法律案、株式会社の監査等に関する商法の特例に関する法律案及び商法の一部を改正する法律等の施行に伴う関係法律の整理等に関する法律案の三案を一括議題といたします。

質疑の申し出がありますので、順次これを許します。

（中略）

○横山委員　商法の審査をしております過程で、弁護士と公認会計士とそれから税理士の職務の分野につきまして、端的にいえば、税理士と弁護士は、それぞれ法律のワク内において、依頼者の権利、利益を擁護し、それによって報酬をもらうと思います。公認会計士は必ずしもそうではない。公認会計士は、財務諸表の公正な作成を会社をしてなさしめる。極端にいうならば、会社に対して検事の役割りをする度合いが非常に強い。弁護士と税理士は、会社に対して、依頼者に対して、文字どおり弁護士的な役割りをすると思うのです。

ただ、職域の目的から矛盾が生じますのは、公認会計士は会社に対して検事的な役割りをするのであるが、その会社から金をもらってその役割りをするところに矛盾があります。税理士は、会社から報酬をもらって法律のワク内において、その納税者の権利を擁護するわけです。

この解釈がおおむね国民的に納得のできることだと思うのですが、税理士の場合は法律において中正の立場が税理士法に強調されています。中正とは一体何であるか、私はかつて内閣総理大臣に質問主意書を出しました。国民的に納税者として納得のできることは、税法というワク内においてその納税者の権利なり利益なりを守ることであろうと思う。この点について税理士法が現状に即し得るようにこの中正の立場を削除して、私がいま言ったような趣旨に基づいて、あるべき姿に税理士法を改正すべきではないかと考えているわけでありますが、主税局としてはどうでしょうか。

○渡辺説明員　一定の業務範囲を限定しまして、ある特定の資格を持った方々に独占的にその業務を遂行させる権利を与えると同時に、反面公共性に応ずる義務を付与しておるという点は、税理士も弁護士も公認会計士も共通していると思います。ただ、税理士の場合は、他の弁護士とか公認会計士とやや違ったニュアンスを持っておる。それが端的にあらわれておりますのは、税理士の場合は報酬をもらわなくとも、無報酬でその仕事をやることについてもやはり排他的な法律構成をとっておるわけです。他の業種は無報酬の場合までも排除していない。これはやはり、税理士の業務には他と違った公共性があるからではないかと考えるわけです。結局、税金はある特定の納税者だけの問題に尽きない。特定の納税者の納税が適正に実現されないということは、結局他の納税者の犠牲においてそうなるという関係もございます。また、国家財政に対する影響も当然考慮に入れなければならない問題です。そういうふうな関係で、税理士は、たとえ無報酬であっても、税理士以外の者がやってはいかぬのだ、それだけ税理士の仕事には公共性とが強く要請されておると感ずるわけです。

○横山委員　税理士がただでやってもいいからほかの人にやらしてはならぬ、そんなことは弁護士だって、公認会計士だって一緒なのです。私が言っているのは、今日税理士を国民がどう理解しているか、自分の税務代理行為をしてもらう、そのお礼を報酬として出す、そして、まあ脱税の教唆をしてはいかぬけれども、節税のために努力をしてもらいたい、そういうことが税理士に対する国民的認識であることは間違いない。なぜ中正の立場というのか、中正とは何か。重ねて答弁をいただきたい。

○渡辺説明員　税理士の職務とは、究極すれば税法にきめられた納税義務を適正に実現することに尽きると思うのです。

納税義務は税法できめられておりますが、これはきわめて抽象的なものです。しかし理論的には客観的な事実が存在すべきはずですが、それを税、会計の専門家たる税理士が、知識のない納税者を手助けして、適正に実現するのが本来の税理士職務であると考えるわけです。

その実現とは、百であるべき税金が百十になることはもちろんいけないことでありまして、そういうことにならないよう納税者を擁護することは、当然税理士の最も重要な職務です。しかしまた逆に、百であるべきものが八十になることもいけないのでして、そういうものは税理士が一段高い立場から納税者を指導いたしまして、百を適正に実現することが税理士の職務であろうかと思うわけです。

したがいまして、税理士の職務とは、納税者の委嘱を受けて仕事を行うわけではございますが、完全に納税者の立場そのものではございませんで、一段高い専門知識を持った立場から納税者を指導し、税法に定められた納税義務を適正に実現していくというところにあるわけでして、そういうことを表現するために法律は中正の立場ということばを使っておるというふうに考えております。

○**横山委員**　あなたのたとえはたいへん悪いのです。百と初めからきまっておるという論理、前提に立っておる。そうではないのです。一つの個人あるいは会社がその税について税法上五十から百までの中で争う。税法上五十の解釈もあり得る、百の解釈もあり得る、国は百の立場に立ち税理士は五十の立場に立つ、そこから出発するのが普通なのです。納税者が三十と言っておったら、それはいかぬ、それは五十だというのが税理士としては当然であろう、その点は認める。けれども、出発点はあなたのたとえのように初めから百にきまっているのではない。五十から百までが税法で許される。その五十から百までの間に対してどういう話し合いが行われるか。税理士は五十だと言う、税務署は百だと言う。そして話が始まるのがきわめて普遍的な条理なのです。その五十の立場に一生懸命立って、そうして百の立場の税務署と話をする意味において、納税者の権利を代表し、納税者から報酬をもらって、税法上のワク内においてその努力をするのがあたりまえの解釈なのです。あなたの言うのは初めから百があるような顔をしておる。神様でもあるまいし、だれが一番最初に百だと言いますか。あり得ない論理を持っては困る。

もう一つ、今度商法が改正になる。そして監査法人は監査と税務が両立しないことになる。そうすると、新日鉄とか三菱という大きな会社を担当をする公認会計士は、おそらく監査法人だと思う。監査法人が数人あるいは場合によって数十人の補助者も使って、新日鉄の監査をします。一方税務と監査と両立しないから、税理士は新日鉄なりあるいは三菱の税務を一人でやる、いまのたてまえはそうなっていますね。きわめてこれも論理的に矛盾があるではありませんか。八幡の監査は数十人でやる、八幡の税務は一人の税理士がやることは非常に矛盾を感ずるわけです。もしも監査が、と同様に税務も国家的な大きな問題であるならば、マンモス会社の税務が一人の税理士が一体できるだろうか。税理士は脱税を調査するわけにはいかぬ。しかし脱税があるとしたならば、それを適切に税法上の軌道に乗せるようにしなければいかぬ。一人の税理士がそんなことができるだろうか。そうなりますと、監査法人が必要であるならば税務法人もまた必要になってきたのではないか、そういうことを考えるのでありますが、どうです。

○**渡辺説明員**　現在、公認会計士についてだけ監査法人という制度があるわけですが、弁護士とか税理士にはそういう法人制度がまだ導入されておりません。しかし経済の規模がだんだん大きくなりますし、複雑化してまいりますので、おっしゃるような方向での検討は私どもも必要かと考えております。

（中略）

○**横山委員**　日本アイ・ビー・エムは先般財務内容を公開をいたしました。今日まで日本アイ・ビー・エムは財務内容を公開しませんでした。この点について、商法二百八十三条におまえのところは違反しておる、罰金をとるという責任のあるところはどこですか。

○**川島（一）政府委員**　御指摘のとおり、過料に該当する行為です。これは利害関係人が裁判所に申し出るのが通常の手続です。

○**横山委員**　そうすると、商法二百八十三条に該当をしておっても法務省は申告がなければ知らぬ顔である、こういうことをおっしゃりたいのですか。

○**川島（一）政府委員**　貸借対照表をどの会社がサボっておるか、貸借対照表の公告をどの会社がやらずにおるかは、一々調べておりません。また、調べ切れるものではございません。これは何のためにするかと申しますと、株主とか債権者とか、そういった利害関係人に知らせるためです。したがいまして、その公告がされなかったことによる不利益をこうむった利害関係人が裁判所に対して申し出るのが商法の期待している手続です。

○横山委員　二百八十三条違反の罰金を取るお役所はどこですか。
○川島（一）政府委員　罰金ではございませんで、過料です。これは裁判所が徴収いたします。
○横山委員　そういう行政事務をつかさどっているところはどこですか。
○川島（一）政府委員　一般の私人間の関係ですから、直接これに関与する役所はないように承知しております。
○横山委員　今日、財務内容の公開が、広くたくさんの利害関係者、広範な社会的責任において感じられなければならないことであろうと私は思う。民事局長のお話によれば、商法二百八十三条の運用は私の所管ではない、法務省は関係ない、狭義の利害関係者が裁判所に訴え出るだけの話だ。そういう解釈が今日の経済からいって適当だと思われますか。
○中村国務大臣　お話しのように、商法の運用全体からいいますと、いままで世の中が安泰過ぎて不勉強な点なりあるいは怠慢な点が多々あったと思うのです。しかし世の中が最近のような激動期に入ってまいりますと、法律の運用についてもっともっと勉強し、あるいは足らざる点を補って万全を期する努力をする必要がある、かように私は痛切に感じております。
○横山委員　次に、企業会計原則について伺います。
　衆参両院を通じて、商法それ自身ではないけれども、企業会計原則が密接不可分な問題としてずいぶん議論されました。この議論は両院の附帯決議にもあらわれておる。衆参両院の附帯決議及び膨大な質疑を率直に考えて、この際、企業会計原則修正案は企業会計審議会であらためて再検討すべきではないかと思うのです。

　衆参両院の審議の模様を端的にいいますれば、継続性の原則、それから引き当て金の問題の二つに尽きると思います。正当な理由なくしてということばを削除した。議論としては、正当な理由とは、神さまでもあるまいし、何が正当かわからぬから、書いておいても書いておかなくても同じこっちゃ、変更したときには理由を付記すればそれでよろしい、こういう論理です。しかし、衆参両院を通じての質疑と附帯決議の精神を踏まえてみますと、企業会計審議会はあらためてこの審議内容も十分審査をして、修正案について再検討をすべきである、こう考えますが、政府の考えを伺いたい。
○田中説明員　ただいまおっしゃいましたとおり、企業会計原則修正案に関しては、確定前にいま一度見直しをしようと考えております。
○横山委員　企業会計原則は、将来を考えてみますと、国際的な共通点を見出していく必要性も将来は起こると思うのです。ですから、衆参両院の審議を踏まえて、主として継続性の原則と引き当て金を中心にして、再検討をされるということですから、それを了承して次の質問に移りたいと思います。
　外国の公認会計士と日本の公認会計士との関係です。いま日本に五十人ばかり外国の公認会計士が、日本の公認会計士試験に受かって存在をしておる。昔、いまのように公認会計士制度が日本において発展をしていないときならいざ知らず、今日、日本の公認会計士の諸君がいろいろと努力をされておる状況から考えますと、外国人が日本の公認会計士試験の受験できる必要性はないのではないか。現に各国は公認会計士試験に外国人をどのくらい受験資格として認めておるか。私が調べたところ、米国では二、三州しか受験資格がない。各国を調べてみますと、日本のようにやれるところはほとんどないという話です。最近そういう世論がありまして外国人の試験をやっていないようですが、私が常識的に考えましても、外国でりっぱな公認会計士といえども、日本語ができるわけではなし、日本の法律に通暁しているわけではなし、そう考えますと、この際外国人の日本公認会計士受験資格を削除してもいい時期ではないか、いかがです。
○田中説明員　この制度は、公認会計士制度ができました際、その十六条の二として設けられたものですが、四十六年四月以降一回もこの資格試験は行われておりません。当初は外国公認会計士によって国内に刺激を与え、適正な監査に役立たせるという趣旨もございました。また、三十七年には公認会計士審査会の論議で、これはあってもいいじゃないかという結論だったのですが、十年以上経過しておりますし、最近四年一つも行っていないことにかんがみまして、公認会計士審査会にどうしたものかという付議をしてみてもいいのではないかと考えております。
○横山委員　ぜひひとつその線で検討願いたい。
　それから三つ目は、ADR監査ですが、外国に本社を持つ会社が日本において上場する。このときに外国に本社を持つ外国企業は本国の公認会計士が監査をする。しかし、日本の商法監査なり証取法監査からいうならば、日本で資格をとった公認会計士でなければ受け付けられない。そのために外国の公認会計士のパートナーとして日本の公認会計士が名義だけやっている。本国で外国人がやった監査結果を、英語を日本語に翻訳をして、多少の念査をして、届け出る。つまり名義貸しが行われておる。私はそれが適当でないと思う。逆の場合はどうか。たとえばソニーのような会社が外国で上場をする。その場合に日本の公認会計士がソニーに行った監査結果が逆に外国でそのまま尊重されておるかということ、あらためて全部外国の公認会計士が外国からやってきて、その外国の法律に基づいてソニーを監査する。日本に本社があるものは二重監査をされる、外国に本社があるものは形式的、名義的な監査を行う、私はそれが実態ではないかと思う。公認会計士の職務の外国と日本との関係について相互主義をとったらどうか。そのためには国際会計監査条約のようなものを提起してみる必要がありはしないか、いかがですか。

○田中説明員　外国の企業が東京の証券取引所に上場するような場合どのような基準によるかは、外国の法令、慣行等、外国の基準によることが日本の投資家保護上適当であると認められるときはそれによってもいいことになっております。ただし監査は、法律のたてまえがありますので、あくまで日本の公認会計士が最終責任を負わなければならない。ただし、外国に行って監査証明資料に目を通す場合には、外国の信頼があり、経験もあり、かつ当該会社と利害関係のない外国の会計監査人から資料を出してもらって、その日本の公認会計士の心証形成に役立たせる。しかし最終的な責任、特に虚偽記載云々は、民事責任がかぶせられておりますので、それは日本の公認会計士が負わなければならないことになっております。ただ、まだ経験も浅うございますから、形式的だとか名義貸しだとかいうそしりを免れない点もあるとすれば、この点は質的に充実して、そのようなそしりを受けないようにしていきたいと考えます。

　第二点の、条約によってこれを徹底させたらどうかという点ですが、日本の開示制度ないし監査証明制度は、世界の中でアメリカと並んできびしいものの〔で〕す。ヨーロッパ等は非常に基準が低いもので、その面ではいささかちんばになるおそれがございます。そういうことから、むしろ日本の監査能力を高めて、形式的名義貸しに堕さないようになって、それぞれの国の公認会計士が責任を持ってやるほうが、全体から見て公正妥当を期し得られるのではないか、かように考えます。

○横山委員　私の提起した問題が理想形態としては望ましいことだと思っています。しかも、多国籍企業が非常に多くなっておる今日、それから将来また企業会計原則も、国際的に共通点を見出さなければならないという問題が生じてくると思われる今日、いろいろな問題がありましょうとも、当面いたします第一点としては、名義貸しの問題がある。私は日本の公認会計士が外国へ行って本社の監査をすることがどの程度できるかについて疑問なしとしないけれども、同時に外国人が、日本の公認会計士を信用しないで、日本へわざわざやってきて二重監査をすることの問題、それからもう一つは、外国人がやったものを日本の公認会計士がやる場合に、法的にはその個人の責任になる。監査法人でやっても個人でやっても個人の責任になる。その責任はどういうふうにきちんとしておるのか。パートナーである公認会計士と外国の公認会計士との実質的雇用契約なのか、本社である企業との雇用契約なのか、一体正当な報酬を受けておるのか。将来の問題として私が示唆した問題について御検討を願いたいと思います。

　それから、商法監査におけるディスクロージャー制度なんです。これは証取法については貸借対照表、損益計算書、利益処分の方法、営業報告書等の公表制度がある。そしてまた、縦覧制度、開示方法がある。商法監査は、利害関係者なり国民が、一体どこで見れるのか。

○川島(一)政府委員　株式会社の場合、取締役会が作成いたしました計算書類、それから会計監査人が作成いたしました監査報告書は株主に事前に送りますが、会社に備えつけておきまして株主、債権者がこれを閲覧できるようにしております。これは商法に規定がございます。

○横山委員　会社に行かなくても、財務局へ行けば証取法の監査は自由に見られる。財務局へ行けばだれでも見れるようになっているが、法務省はやりませんというつもりですかと聞いているのです。またしてもあなたは、狭義の意味の利害関係人に仕事を限定しようとしておるけれども、広義の意味の会社の社会的責任、商法改正はそういう意味で行われておると思うのですよ。財務局で縦覧ができるなら、登記所で縦覧ができるようにしたらどうです。財務局へ頼んで一緒に商法監査の結果も縦覧できるようにさしてくれと言ったらどうですか。商法監査の公示制度がより広く国民の中で徹底する措置をなぜ講じないのですか。私は、ここにも商法の運用について、法律さえ改正すればその所管じゃないという気持ちがたいへんにじみ出ていると思う。財務内容の公開をしろ、そして社会に対して責任を負え、その会社の財務内容が、証取法なり商法の監査が行われたならば、だれでも見れるようにすることが大事じゃありませんか。証取法だけ縦覧制度があるけれども、商法監査では縦覧制度はありません。見たければ会社に行ってちょうだい。そういうことについていかがなものでしょうかね。

○川島(一)政府委員　会社は株式会社だけでも百万

から存在しておるわけでして、一々書類を登記所に出させて、これを閲覧することは非常に事務の複雑化を来たしますし、またそれだけの実益があるかどうかという問題もあります。おそらく御趣旨は大きな会社についてだけではないかと思いますが、そういう点は今後の問題として検討する余地はあろうかと思いますけれども、私が先ほど申し上げましたのは、現在の制度がこうなっておると申し上げたわけです。

○横山委員　商法監査をする必要があるときめたその趣旨、今日の経済情勢からいうて、証取法は大蔵省がやっておるのに、商法監査は事務が複雑だでは済まされぬ。少なくともこれくらい以上の会社には監査目的が十分徹底するように措置をなさったらどうですか。

参議院で修正された子会社に対する拒否権の問題について伺います。

正当な理由があれば子会社は拒否できる、親会社の利益調節機能に子会社がなっている。それから拒否権がどういう場合に発動されるか。親会社の社長や取締役が子会社に電話をして、拒否権を発動しろ、おれの命令だ、こういう場合も考えられる。子会社とは必ずしも中小企業ばかりではない。多国籍企業の場合もあり得る。参議院の修正されました正当な理由の解釈を、今後どういうふうに政府としては運用なさいますか。

○川島（一）政府委員　正当な理由の中身ですが、これは判定の非常にむずかしいところかと思います。要するに、子会社の独立の会社としての立場から見まして、他のものに知られることは今後の経営に差しつかえる。一つの例としては、営業上の秘密、ノーハウについてその内容を調査されるような場合は、親会社といえども別会社であるから知られては困る場合があるわけでして、子会社の営業を行っていく上において、どうしても部外に出しては差しつかえがある事項について調査を拒絶する場合が正当な理由があると考えておるわけでして、あまりこれを広く解釈することはできない、このように思います。

○横山委員　私は狭く解釈してくれと言っているのでは必ずしもありません。私が例示した四つですね。この弊害は注意をしてもらいたい。参議院で修正した趣旨は、子会社の独自性、独立性、それが完全な独自性、独立性でないにしても、親会社の支配がますますそれによって強まることのないように、配慮してもらいたいということが参議院の修正だと私は思います。その点について、これが悪用をされて、親会社の社長や取締役が、公認会計士が、監査役が子会社へ調査に行くそうだ、あんなものを拒否してしまえと命令を出す可能性がある。それだけの支配能力を持っておる状況下にあると考えますと、正当な理由を申し立てた場合に、念査をしていただかなければならない、こう考えますから、運用は善処をお願いをいたしたいと思います。

次に、公認会計士協会及び公認会計士のあるべき姿について若干の質問をいたします。

この間公認会計士協会宮坂会長が「現状下における監査に対する要望」として、会員各位に書面を出されたようです。前文は省略しますが、要点だけ申しますと、「各企業が近く到来する決算期において、利益を過大もしくは過小に表示するため、みだりに引当金を操作し、または減価償却費の計算方法ないしはたな卸資産の評価方法をみだりに変更し、あるいは関係会社取引を通じての利益調節を行なうことはないと信じるが、万一そのようなことがあったとしたならば、企業に対する国民の信頼感が失なわれるところ顕著なるものがあると考える。会員各位におかれては、これらのことに留意し、財務諸表の粉飾については利益を過大に表示すると過小に表示するとを問わず、厳正なる監査の姿勢をもって臨むと同時に、単にそれにとどまることなく、これらを未然に防止するため、企業に対してあらかじめ指導的役割を十分に果たすことをここに要望する。」、私はしごくもっともな要望だと思う。今日の大企業の独善、横暴、法律違反についてだれが一番念査機能を持っておるか、それは、公認会計士の諸君が一番はだに接して密接な関係を持っておる。しかし、公認会計士の権限に限界があることは言うまでもない。限界があることは言うまでもないけれども、一番実態を知悉していなければならないのは公認会計士ではないか、そう思うのです。そういう意味合いにおいて「これらを未然に防止するため、企業に対してあらかじめ指導的役割を十分に果たすことをここに要望する。」ということは適切であり、こういうことが単に会員各位ばかりでなくて、社会的に、公認会計士協会なり公認会計士の皆さんがこの役割りを積極的に果たすことを私は要望をいたしたいと思うのですが、さて、その要望に一体今日こたえ切っているかどうかをただしたいと思うのです。

まず第一には、今回商法改正によって、監査対象会社が大体五百社ふえますね。で、公認会計士はいま三十幾つの監査法人がある。そしてまた個人公認会計士がある。私どもは、先般本委員会において商法が通過するにあたって附帯決議を付しました。その附帯決議は、公認会計士の諸君が、この商法改正の運用にあたってそれぞれの能力を十分発揮し得るようにと要望したにほかならないのです。

その附帯決議の四項「監査法人の育成・強化を図る反面、個人たる公認会計士の業務分野についても行政上適正な措置をすることとし、もって活動分野の調整をはかるものとすること。」非常に抽象的ですが、今日公認会計士の皆さんの中で本来の公認会計士の仕事を全然しない、ほとんど税務をやっていらっしゃる人がある。それからまた、狭い門をくぐって公認会計士になったけれども、公認会計士協会で社員にあらざる従業員としてつとめておられる若い公認会計士の諸君がある。これからの公認会計士の監査の状況を展望いたしますと、どんどん巨大な監査法人ができている。仕事はそこへ集中される。なるほど一人の公認会計士が巨大資本に対して監査は不適当であることはよくわかるが、これだけたくさんの公認会計士がおって、そして実務をやっておる人がきわめて少ないという点について、適正な措置が必要ではなかろうか。また、若い公認会計士諸君の将来に対する希望、意欲が発揮できるようにしなければならぬのではないか。これは公認会計士協会独自の問題ですけれども、大蔵省の行政指導としてはどうあるべきか伺いたいと思う。

○田中説明員 大規模法人の監査は組織的な監査が必要ですので、監査法人が多くの公認会計士をこれに当たるのが適当ではないか、そして一人の手で負えるところには個人の公認会計士でいいのではないかと思います。

ただ、監査法人を設立するにあたりましては、その要件が法律にもございますし、かつ通達でもそれをふえんしておりますので、それは順守していかなければならない。また調整の問題のほかに、公認会計士、それが個人であろうと監査法人であろうと、私どもとしましては社会的な信頼を彼らが得ることができるように、証取法あるいは公認会計士法あるいは今回の商法によって彼らの公正な業務を担保する手段ないし戒告の規定その他がございますので、公認会計士が信頼をより多く得られるよう今後も指導してまいりたい、かように考えております。

○横山委員 要するにこの附帯決議の趣旨というものを十分くみ上げて考えてもらいたい。

監査法人が三十幾つあるわけですが、監査法人の認可基準が大蔵省にあるようです。その認可基準は現在公認会計士として監査をしておるものを持って集まって、それが一定数に達しなければ監査法人としての認可をしないということですね。そういたしますと、一つの被監査会社を獲得をするのはどんなにむずかしいことかは容易に想像できるわけですが、新しく出ていく公認会計士なり、いままで〔被監査会社の〕なかった者は、未来永劫監査法人を自分たちで組織することができない。どんなに優秀でも、被監査会社をお互いに持って集まらなければ認可はできないという点について、私は疑問を持っておるわけですが、この点について監査法人の設置基準を少しゆるめる必要があるのではないか。

もう一つは、今回の衆議院の附帯決議をもって「監査法人は、その社員が税務書類の作成などの税務業務を行なっている会社について、本法の監査業務を行なわないよう規制すること。」としました。これは、当時政府が十分これを尊重するといってお話承りましたから、そのとおりになると思うのですが、もう一歩突っ込んでお伺いいたしますると、「その社員が」ということに附帯決議はなっておるわけです。しかしその精神は、税務と監査は両立しませんよ、簡単に言えばそういうことです。その意味から演繹してお伺いしますと、社員でない公認会計士が被監査会社を監査するときに、社員の補助者として監査を行うときに、その補助者である公認会計士が監査会社の税務をやってよろしいかどうか。いかがでございましょうか。

○田中説明員 御質問の補助者ですが、実際の監査に従事する補助者は、御指摘のように税理業務に従事しておればその者は監査に従事できないことは、おっしゃるとおりです。

○横山委員 監査法人の認可基準の緩和の問題はどうですか。

○田中説明員 その点は、現実に被監査法人を持っていなければ監査法人を結成できない点ですが、法文を読んだ限りではそのような条件はないように考えられるのですが……。

○横山委員 大蔵省の認可基準の指導方針として、実績を持ってこい、そう理解しておるわけです。もしそうでなければ、一回ひとつあとで調べて御報告を願いたいと思います。

それから、この商法で今度監査役に内部告発の権限を与えたと思う。取締役の違反行為、忠実義務違反、会社の信用を傷つけるという場合、株主もまた内部告発の機能を持っておることが言えると思うのです。それならば一体、従業員は内部告発をしてどうなんだろうということです。私はこの間、大阪の鐘紡の社長が従業員全員千二百人を集めまして、会社の従業員が秘密に内部告発をした、書類が漏れたことについて、そういうことはこれからやめてくれ、上役に言ってくれ、労働組合に言ってもらってもよろしい、けれどもりを越えずにしてもらいたいと訓示をしたと聞きました。今日、企業が社会的責任を持ちながら不法な行為をしておるときに、一番それをよく知っておる従業員が内部告発をしたからといって、その従業員に対して不当な扱いをしてよろしいのであろうか。どうお考えになりますか。

○川島（一）政府委員　ある企業が公害を出しておる、それを会社としては秘匿したいけれども内部に従事している従業員がそれを告発する、その場合に会社はその社員に対して何らかの措置をとり得るか、こういう問題があったわけです。私どもは、公害という反社会的な行為が行われておる、これを警察なりしかるべきところに告発をすることは、社員であろうとなかろうと正しい行為であるので、その行為について会社が責任をとらせることはできない問題である、このように考えたわけです。御指摘の告発の問題、根本の精神としては、ただいま公害について申し上げたのと同じことが言えると思います。

○横山委員　附帯決議で今後の商法改正の方向として「会社の社会的責任、大小会社の区別、株主総会のあり方」これは総会屋も含んでいますが、次に「取締役会の構成及び一株の額面金額等について所要の改正を行なうこと。」に院議はきまっております。それに一つ、二つ追加をしたいと思うのですが、監査役は今日職務執行上、個別にみずからの意思、みずからの方法ということになっておると思うのです。監査役の個別監査、個別性をそのままでいいのであろうか。少なくとも監査役が切りくずしにあわないためにも、監査役会というものが今後の改正方向として考えられるべきではないか。もちろん私は監査役会が新設をされたところで、その監査役会が、多数によってすべてが律せられることを希望しているわけではありません。この監査役会を設置することによって、最高裁判所の判決のようなああいう運営があって、監査役が効果をもたらしめるやり方を考える、あるいは監査役の選任方法、公認会計士の選任方法についてもう一歩考える。検事としての公認会計士が被監査会社から直接報酬をもらうことにどうしても割り切れない問題を残している。銭をもらってその会社の恥部を探すことが本質的にあり得るか。少なくともこれはまん中へ第三者機関が一つ置かれて、公認会計士の指名あるいは報酬の収受が別の角度で行わるべきだと考えておるわけですが、監査役会の新設や監査役、会計士の選任方法についてもう一度考える必要が今後の商法改正の中にあるのではないか、いかがですか。

○川島（一）政府委員　いろいろ問題の御指摘があったわけでして、今後の商法改正の作業にも、問題を含めまして検討を続けていきたい、このように考えております。

最後に御指摘のありました会計監査人の選任方法、御疑問はごもっともな面もあるわけでして、私どももいろいろ考えたわけですが、現在の外国の制度などを見ましてもやはり同じような形になっておりまして、それにかわるべき制度がなかなかむずかしいというところに大きな原因があるように思われます。

それから監査役会の問題、これも将来検討すべき一つの課題であろうと思うわけですので、附帯決議に盛られておりますいろいろな問題に加えまして、そういった問題も十分考慮をしてみたい、このように考えております。

（中略）

○沖本委員　今回の商法改正は、株式会社の粉飾決算事件に端を発して、株式会社の業務及び経理の健全な運営を確保しなければならない政治的、社会的要請に基づくものであるという趣旨になっており、当委員会におきましても、前国会で相当長時間にわたって商法改正については質疑が行われたわけです。

新聞の発表によりますと、「株式会社制度改正も大、小企業で別個に　取締役会の行き過ぎチェック」こういう内容を見ますと、以前の御答弁のときの問題点とお考えになっている点に、きびしい引き締まった内容のものが検討されていっている、こう考えられるわけですけれども、そういう点から見ますと、この法律が、現状のままではたしてその法律の目的とする役割りを果たすか果たさないかという点に非常な疑問が出てくるわけです。

そこでまず三十二条の二項の規定ですけれども、商業帳簿の作成について公正なる会計慣行のしんしゃくを規定しておる。ところが、その中身は商法に規定するところではなくて、財界主導のもとにでき上がったと言って過言でない。企業会計原則修正が原則としてしんしゃくの前面に出てくることになる。ところが、この企業会計原則修正案自体が実は逆粉飾決算の可能性の素地をはらんでいる。一般原則の六の規定をして注釈の4における「過度に保守的な会計処理を行なうことにより、企業の財政状態及び経営成績の真実な報告をゆがめてはならない。」という文言があるわけです。一般原則の六ですと「企業の財政に不利な影響を及ぼす可能性がある場合には、これに備えて適当に健全な会計処理を」しろというが、これはちょっとまずいのじゃないか。注釈の4では、あまり目立つような保守主義はとらないではほどほどにしたらいいのじゃないか、こういうふうに言っている。はたして今回のこの改正の根本目的、健全な株式会社の業務、会計運営が確保されるか疑問があるわけです。会社経営の実態を如実に示す商業帳簿の作成に関する基本基準は、少なくとも株式会社は財界サイド、大蔵省サイドに実質的にまかせ切りにせず、むしろ商法の土台、縁の下のささえをするものとして、この商法自身の中に将来規定を設けるようにすべきではないか。その点はいかがですか。

〇川島（一）政府委員　商法改正の基盤となる社会情勢が、最近いろいろ指摘されております問題を起こしてきておるという点にかんがみまして、十分に今後とも商法の改正は検討を続けていかなければならないという点は仰せのとおりであろうと思います。

いま御指摘になりました商業帳簿作成の基準となる会計のやり方の問題ですが、商法は御承知のように法律でして、あまり会計的、専門的な事柄については規定しないのが従来の態度であったわけです。ただ基本的な事項は商法の中にも若干規定を置いておりまして、これらの規定が現状ではたして十分であるかどうかは、私どもも今後もさらに検討を続けてまいりたい、このように思っております。会計の重要な原則は、現在規定がございませんけれども、これにのっとって商業帳簿を作成するということが必要であることは、現在の商法のもとでも変わりはないわけですが、この点をさらに一そう明確にする必要があるとすれば、その点も十分考えていきたい、このように考えておる次第です。

〇沖本委員　会社の健全な会計方向、いまおっしゃっている規定を設け、基準を設けていくというもの、今度この国会でも一番問題になり、マスコミも非常に注目をしており、国民も企業の内容的なもので注目しておるのは引き当て金になってくるわけです。こういう内容が結局は悪循環をして、売り惜しみ、買いだめ、便乗値上げで国民の生活を苦しめている。引き当て金は、従来会計学上の通説は、債務性引当金のみが引き当て金としての性格と考えられておった。ところが企業会計原則修正案では、ここへ利益性引当金が強引に割り込んできて、商法の二百八十七条ノ二の規定の本来の立法趣旨に疑問すら感じるものを生ぜしめておるといえるわけです。そのために真実でない財政状態及び経営成績が報告されることを防止するためにも、将来はこの商法を改正して、財界サイドでなく、法務省サイドの株式会社健全経営のための詳細な会計規定を設ける必要があると考えるわけですけれども、その点はいかがなんですか。

〇川島（一）政府委員　引き当て金の問題ですが、商法は二百八十七条ノ二に「引当金」の規定を置いております。この規定は、今回は特に改正を加える予定にはなっておりません。

いま、負債性引当金が御質問にあったわけですが、負債性引当金ということばの意味がいろいろに使われておって、そこで一つ混同を来たしておる面があろうかと思います。と申しますのは、商法が規定しております引き当て金は、負債でないものを特に負債の部に計上することができる、そういう意味におきましてあの規定ができておるわけでして、商法が以前から規定しておりました引き当て金は、債務ではないのですね。債務ではないけれども債務と同じように負債の部に載せることができる、そういう意味で、もともと商法は債務でない引き当て金を認めておるわけです。

最近使われております負債性引当金は、負債であるものを引き当て金の名前で載せる、これを負債性引当金と言っておる場合がございます。

それから、負債ではないけれども負債に準ずるものとしてこれを引き当て金としてあげるものもございます。この後の場合が商法のいわゆる引き当て金に該当するのではないかと思います。ただ商法は、特定の支出または損失に備えるという表現でして、特に負債性という意味をあらわしておりません。したがいまして、その解釈が問題になるわけですが、その点は商法の改正は今回はしておりませんので、従来の解釈がそのまま引き続き使われるわけでして、今回の商法の改正によって引き当て金の範囲が増大するとか縮まるとか、そういう問題は本来は出てこないわけです。

いまの引き当て金の商法の規定が十分にわかりやすいかどうかは、問題が必ずしもないとは申せませんので、いろいろ商法の計算関係の規定について検討を加える必要があるんではないかという点は、十分われわれとしても考えなければならない問題である、このように思っておるわけです。

〇沖本委員　これはただ、引き当て金というだけの問題に終わらないわけなんです。これは大蔵省の関係も出てくると思います。税法なり会計の問題なり商法の問題なり、こういうものが一つになって初めて有機的な機能を発揮していくわけです。たとえて言いますと、租税特別措置法では、海外市場開拓準備金だとかあるいは価格変動準備金だとか、まだほかにも例があるわけですけれども、こういうものを大蔵省ではきめている。こういうものに振り当てていって、同じ内容のものがいろいろ名目が変わってくずれ去っていってしまう。ですから、法務省だけが歯どめをつくってみても大蔵省のほうで歯どめが抜けている、また、大蔵省のほうで何かを考えてもこっちの法制は整っていないという関係性が十分出てくるわけです。こういうものが、大蔵省でいえば主税局なり証券局、それと法務省とが完全に一つになって機能を発揮する内容の検討が行われて一つのものをつくり上げていかなければ、十分な歯どめはできてこないということに現実にはなっているわけです。そういう点について、そういうものはないんだ、十分検討はできているんだとか、大蔵省のほうはどういうふうにお考えですか。

○**田中説明員**　商法二百八十七条ノ二という規定が前からございまして、今回もそれは何ら修正されていない。その前提に立ちますときに、特定の支出または損失に備えるために引き当て金を設けたときは負債の部に計上すると商法にございます。私どものほうは、会計の立場から、そういった特定引当金はあまりみだりにすべきものではないし、おのずから合理的な範囲内にとどめるべきだと考えておりましたし、従来も指導をしてきたわけです。ただし、今回商法監査と証取法監査がいわばドッキングをいたすのに伴いまして、企業会計原則修正案をつくりまして、そのときに、商法において認められているならば、私どもとしては、引き当て金は、任意に引き当てられれば違法ではない。そうであるならば、従来、方々に散らかって特定引当金的なものが計上されていたのを一カ所にまとめて、特定引当金として貸借対照表の負債の部に計上させる。しかし、損益計算の部では、純益、純損益に関係せしめないで一たんそこで切りまして、その下に未処分利益計算というところで処理すると、非常に明瞭化を行ったわけです。

ただ問題は、特定引当金は、評価性引当金でもなければ負債性引当金でもないわけです。そこで、厳然として商法がどういうものを任意に引き当てていいかは、おそらく今後、公認会計士がその業務を行うにあたりまして、これはいいんだろうか、悪いんだろうか、合理的範囲にとどまるんだろうかどうかを、場合によっては法務省のほうに照会することも起こるかもしれない、かように考えております。したがいまして、私どものほうは、商法という厳然たる規定がある。それと平仄を合わせながら証取監査のほうもドッキングを行った。そこにおのずからなる限定があったと考えております。

なお、税の関係は、税は税独自の税理論なり租税政策というものがございますので、また別の観点からの問題かと考えております。

○**沖本委員**　いま公認会計士が引き当て金についての振り分けなり何なりは任意に考えてやっていくという問題が出てきたんですが、公認会計士が、一番責任を負わされるんじゃないかと心配しているわけなんですけれども、まだ引き当て金の問題がありますし、減価償却なり準備金なりいろいろな名目でもうけが隠されている問題があるわけなんですね。それがこの国会でやかましく言われているということになるわけです。

（中略）

証券取引法上における公認会計士の監査報告についてですけれども、もしそれが間違った報告であった場合に、この虚偽の証明はどういうふうな交通整理が行なわれるのですか。

○**田中説明員**　監査報告の内容の重要な事項について虚偽記載があった場合には、ただいま証取法の話ですが、証取法におきまして損害を与えた関係者に賠償責任を負うというきびしい規定もございますし、そこに至らない場合、公認会計士に対して大蔵大臣による種々の懲戒処分がございます。

○**沖本委員**　この商法改正によって刑事責任を問われるということになります面もあるし、その会計監査人の責任はどの範囲内になるのでしょうか。

○**川島（一）政府委員**　会計監査人の責任は今回の特例法に規定しておりまして、第九条ですが、「任務を怠ったことにより会社に損害を生じさせたときは、その会計監査人は、会社に対し連帯して損害賠償の責めに任ずる。」、それから「監査報告書に虚偽の記載をしたことにより第三者に損害を生じさせたときは、その会計監査人は、その第三者に対し連帯して損害賠償の責めに任ずる。」、こういうことになっております。

○**沖本委員**　そうしますと、個人の公認会計士と、それからいわゆる連帯責任を持った監査法人の責任はどういう形に変わっていくわけですか。

○**川島（一）政府委員**　監査法人の場合には、その監査法人がその責任を負うわけです。

○**沖本委員**　連帯責任ということになりますと、監査法人は第一義責任者が全部責任を負うわけですね。仕事をやって、そこで責任を生じた場合、責任の分担は主たる監査法人にかかってくるということになるんじゃありませんですか。特定の人だけに限られるわけですか。

○**川島（一）政府委員**　監査法人が責任を負います場合には、その法人として責任を負うわけです。そのほかに、個人が故意または過失によって、その結果に因果関係のある行為を行っているということがあれば、その個人も同時に責任を負うことになろうと思います。

○**沖本委員**　いわゆる間違った監査報告をして賠償責任が生じた場合、アメリカでは日本円にして十億円以上の損害賠償責任が課せられたものもあるわけです。そういうことになってきて、監査法人が責任をとって賠償責任を負わなければならないことになると、はたして個人なりその監査法人が、実際にそれを果たせるだけの担保なり何なりがあるのかどうか。一応現在の保険制度からいろいろなことを考えると、限度一億円までになっているわけですけれども、こんなにだんだん膨大になっていきますと、一億や二億やそこらで済まない問題が出てくることになってきます。そうなった場合、もっと額の大きいものにもっていかないとむずかしくなるんじゃありませんか。

〇田中説明員　確かに現在公認会計士職業賠償責任保険という制度がございます。付保の限度もおおむね先生のおっしゃったところでして、かなりの者が付保している状況です。ただ、これの限度をふやすべきかどうかは、これは付保する側と保険をやっております銀行局の双方の話かと思いますので、私所管が違いますので、ちょっとお答えしかねます。

〇沖本委員　それで、結局刑事、民事の契約不履行という場合には、故意だとか過失だとかいう立場から責任を問われることになってくるわけですけれども、行政上の責任について問題が起きた場合の罰則はどういうことになりますか。

〇田中説明員　先ほど申し上げました懲戒処分の種類は大体三つに分けることができます。一つが戒告、一つが一年以内の業務の停止、もう一つが登録の抹消、以上でございます。

〇沖本委員　いまの罰則は、監査法人なり公認会計士なりに対する罰則ですね。そうすると、会社側の役員に対する責任は生じてこないわけですか。こういう人たちに対する罰則なり、同じ責任が課せられなければならないと思う、そういう規定はないわけですか。それがなかったら、会社側のほうは何をやってもいいということになるわけです。

〇川島(一)政府委員　会社側のほうに責めるべき点があって第三者に損害をかけたという場合、会社が損害を賠償する責任を負う場合もございますし、また、その行為を行いました取締役なりあるいは監査役が責任を負う、こういう場合も出てくるわけです。

〇田中説明員　証取法も百九十七条におきまして、重要な事項について虚偽の記載を提出した者については三年以下の懲役並びに罰金という規定がございまして、その法人に対しても両罰規定がございます。

〇沖本委員　法人の両罰規定は、いわゆる監査役なり会計監査人が間違った場合、それが会社側のいろいろな内容によるものによった場合は同じような責任を問われるわけですか。それとも、会社側の両罰規定は全然関係なしに両罰規定があるということになるわけですか。

〇田中説明員　それぞれ別の罰則体系によりまして、ただいまの会社の場合には、提出した者及び法人そのものにも罰則規定の適用がございます。

〇沖本委員　いわゆる逆粉飾なり、もうけ隠しなり、いろいろなことを会社が意図してやっていく、それを監査してみる、それでその監査報告が間違っておるなり、監査法人がいろいろ会社側のやったことに基因して間違いを犯した、それに対して両罰規定があるのに、今度は会社側は別の両罰規定で規定されておる。同じ内容のものに対して同じ責任をとらされるということになればうなずけますけれども、そうでない場合はこれはうなずけないと思うのですがね。その辺いかがですか。

〇田中説明員　両罰規定は各本条の罰金刑を科することになっておりますから、罰金に関する限り各本条の罰金と同様な罰金が科せられるということです。

〇沖本委員　おとといの新聞で金属加工機械メーカー津上が総会屋に乗っ取られた、これで商法四百九十四条で、嶋崎というのと会社側の常務が贈収賄で書類送検というかっこうになってきているわけですけれども、この問題に、法務省としてはどういう御方針でいらっしゃるのか。今後類似したものがあると思うのです。それと同時に、結局株主総会における総会屋は、新聞の社説にもいろいろ出ておりますけれども、このまま野放しにしておったらいかぬといわれております。公認会計士がいろいろな形で総会屋に振り回されて、それに対する挙証責任を公認会計士が持たなければならないという立場に追い込まれて、振り回されるということは考えられるわけです。そういう点についてはどうなんですか。

〇田中説明員　現行法下における証取法の公認会計士による監査は事後監査ですので、株主総会によって確定した決算を事後に監査するということですから、総会で確定したものを自由な立場で、公正な監査意見を付するということがたてまえになっております。

〇沖本委員　この辺はもう少し検討していただいて、今後問題が起きないように十分考えていただかなければ、公認会計士がどろをかぶってしまうことになりかねないわけですから、その点はもっと研究していただきたいと思うのですね。

(中略)

前国会での質疑は総会屋の云々についてのことが多く時間をとった面もないことはないわけです。しかし、心配されたものがだんだんと出てきていることであり、その逆に総会屋を利用してみたり、あるいは総会屋から恐喝されていろいろな内容になっていったりということですね。利益を隠すために総会屋を入れて形式的な総会に終わっているという質問はたくさんな方からあったんです。そういう点があるわけで、そういうことになっていくと、結局国会で本会議のもとに委員会があるように、株主総会という本会議のもとに委員会を設けて、それでその株式会社の運営の健全性確保のために健全な議論なり質疑をさせるべきである、そう持っていくべきである、これはほかの学者の方もそういう議論をおっしゃっておられます。ですから、簡単な形式的な株主総会制度を廃して、国会が死んでしまえば、本会議が死んだり委員会が死んでしまえば国も死んでしまうわけです。ですから、株主総会が死んでしまえば会社自体も死んでしまう。健全な株式会社経営とはいえない。こういう観点からきちっとした総会運営形式に持っていくべきと、考えるわけですけれども、その点についていかがですか。

○**川島（一）政府委員**　株式会社の株主総会の運営についていろいろ問題があることは御指摘のとおりでして、われわれも今後十分検討してまいりたい、かように考えております。どういうふうに運営したらいいか、もう少し実情もよく研究いたしまして、その結果を見ながら考えさしていただきたい、このように思います。

○**沖本委員**　そこで、こういう総会屋の弊害が社会に及ぼしている影響は重大であることは新聞の社説でも取り上げられております。一取締役の背任行為が、商法では四百八十六条で「七年以下ノ懲役又ハ五十万円以下ノ罰金」となっておるのに、総会屋に関する処罰は、金を出す会社側も含めて四百九十四条で「一年以下の懲役又ハ五万円以下ノ罰金」しかないわけです。これでは防げるわけはないと思うのですね。ですから、取締役の背任行為を取り締まるように、七年以下の懲役または五十万円以下の罰金に改正すべきである、こう考えるわけです。だんだん会社の規模が大きくなっているわけですから、社会的な影響もまた大きいと言えるわけですから、この四百九十四条の法定刑を少なくとも取締役の背任罪を規定する四百八十六条の法定刑と同じものにしていただいたほうが妥当ではないか。大臣、いかがですか。

○**中村国務大臣**　時勢の変化に伴いまして、御説の点は全くごもっともだと考えております。

○**沖本委員**　監査役を少なくとも五年間は監査役としておれるようにやるべきだ。いわゆる法制審議会では四年、こういうことが出ておったわけですね。三年ですか。少なくとも五年ぐらいにしていただいて地位が安定してくれば、当然しっかりした監査ができていくということになるわけです。そういう点をあやふやにしておくと、どんなものを上へ乗せてみたところでできない。

同じように、公認会計士も五億円以上の会社からすべて報酬相当額を国庫へ納めていただいて、プール制にしていただいて、会計監査人は国のほうから報酬を受けてやっていく。これも前に出た意見だと思います。そうしなければ公正は期せられないとなってくる。これはもう間違いないと思うのです。こういうところをはずしておいてこの法律の目的を達成しようと思っても、その辺から抜けてしまっていることになるわけですから、そこのところをお考えになっていただきたいのですけれども、この法律が目的としたところと現在いろいろ国会で明らかになったところとは全然趣を異にしているわけですね。そういう内容を考えて、この法律が社会的な責任を果たすという観点から考えていくと、当然このことはやってもらわなければならないと考えるわけですけれども、この点いかがですか。

○**川島（一）政府委員**　御指摘の点、われわれも十分考えさせていただきたいと思います。また、この国会でいろいろ御指摘いただきました点は、今後法制審議会の商法部会で審議される場合にもその点を御報告して参考にしていただくようにいたしたい、このように考えております。

○**沖本委員**　「経理情報」ナンバー一七という中の抜粋なんですけれども、「会計原則の国際的統一には前向きに」ということで国際基督教大学教授の中島省吾さんの書いた論文の中にも、日本の公認会計士が世界であまり知られていない、日本の高度な経済成長なり何なり、総生産力なり何なりというのは世界でいろいろな形で出てきて、いま世界経済の中で日本経済が云々されておるときに、日本経済の公認会計士なり何なりというものは世界であまり知られていないということが書かれているわけです。アメリカの公認会計士は日本の会社に対してちゃんと資格をとっておやりになっているのに、日本人の場合は、日本の公認会計士がアメリカで公認会計士の資格をとろうとすれば州で三つぐらいしか認めているところはないし、それもちゃんと向こうに従ったことでやっていかなければならないというものがあるわけです。ところが、日本でアメリカ人がとっている公認会計士は通訳つきで試験を受けて、やさしい試験で資格をとっておる。こんなアンバランスなことはないと思うのです。

今度の国会でも日本の企業が海外進出している、それで向こうの現地企業なり何なりを使った利益の脱税なり何なりが非常に大きく問題にされてきたわけです。そういう点をチェックしなければならないのが大きな問題なんですけれども、この辺について何ら歯どめ的なものが全然日本はできない、現地法人まかせ、そういうところにこれは抜け穴があるんじゃないですか。海外に出ている企業のこういう内容についてチェックできないところに問題があると思うのです。この点いかがです。

○**田中説明員** 外国では容易に公認会計士の資格を得させないから、それが障害になっているではないかというお話ですが、資格は、アメリカで申しますればSECに届け出をする場合、その監査証明という法律行為はアメリカの資格のある公認会計士でなければならないという意味の資格ですので、こちらの会計士が行きましても、帳簿も見る、しかしそれは日本の証取法の効力発生にかかわらせるという意味においては、法律問題は日本で発生いたしますので、そのような事実行為が完全に排除されているわけではないと考えます。

ちなみに、現在の証取法におきまして商社等の海外子会社はどうなっているかと申しますと、重要な関連会社は添付書類を付することになっておりまして、どのような添付書類を付するかは省令できめております。したがいまして、本社と子会社との関係は、本社の帳簿を見てわかりますが、子会社が外国において非居住者といろいろな取引をしているという関係はその添付書類によって大体の状況を把握する、投資家の判断資料に供するというたてまえになっております。

○**沖本委員** 日本公認会計士協会が、これへの参加によって、海外八カ国の会計団体に直接に責任を負うことになっておるけれども、同協会だけの問題ではないんだ、日本の学界も、関係官庁もそして産業界もこの問題については、少なくとも道義的には、対外的に連帯的な責任を負うことになるわけです。ですから、それは問題点はないんだ、ちゃんとチェックできるようになっていますということになりますけれども、アメリカの会計士は日本の会計士の資格をとっているのです。では、なぜ日本の会計士がアメリカの資格はとれないのですか。

○**田中説明員** ただいまの点は、昭和二十四年に公認会計士制度ができましたときには、まだできたてのこともあり、従来そういった業務に習熟した外国人を日本で公認会計士業務をやらせるほうが日本の公認会計士制度の円滑な発展上けっこうではないかということでこれができたわけですが、最近では、四十六年以降このような特別な試験は行っておりません。そして現在登録されている外国人公認会計士の数は三十一でございます。

なお、公認会計士審査会がございまして、三十七年に外国人公認会計士のことを議題に供しましたときには、日本は国際化もまだ進んでいないし、そういうことも考えると、まだこの制度もあっていいのではないかという意見だったわけですが、すでに十年以上経過しておりますし、最近はずっと新しい外国人公認会計士の登録もございませんので、新たに公認会計士審査会にこのような問題を呈示して審議をお願いしてもけっこうではないか、かように考えております。

(以下略)

衆議院　法務委員会議録第十四号

昭和四十九年三月八日(金曜日)

出席委員

委員長 小平 久雄君

理事 大竹 太郎君　理事 小島 徹三君

理事 田中伊三次君　理事 谷川 和穂君

理事 羽田野忠文君　理事 稲葉 誠一君

理事 青柳 盛雄君

井出 一太郎君　登坂 重次郎君

野呂 恭一君　早稲田柳右エ門君

日野 吉夫君　正森 成二君

沖本 泰幸君

出席政府委員

法務省民事局長 川島 一郎君

委員外の出席者

大蔵大臣官房審議官 田中啓二郎君

大蔵省主税局総務課長 渡辺 喜一君

大蔵省主税局税制第一課長 伊豫田敏雄君

大蔵省証券局企業財務課長 小幡 俊介君

国税庁調査査察部調査課長 甲斐 秀雄君

(ほか略)

本日の会議に付した案件

商法の一部を改正する法律案(第七十一回国会閣法第一〇二号)(参議院送付)

株式会社の監査等に関する商法の特例に関する法律案(第七十一回国会閣法第一〇三号)(参議院送付)

商法の一部を改正する法律等の施行に伴う関係法

律の整理等に関する法律案（第七十一回国会閣法第一〇四号）（参議院送付）

○小平委員長　これより会議を開きます。

内閣提出、参議院送付、商法の一部を改正する法律案、株式会社の監査等に関する商法の特例に関する法律案及び商法の一部を改正する法律等の施行に伴う関係法律の整理等に関する法律案の三案を一括議題といたします。

質疑の申し出がありますので、順次これを許します。

（中略）

○稲葉（誠）委員　株主総会、取締役会、監査役が株式会社その他における大きな機関だと思うわけですが、今度の場合は監査役の問題を中心としての改正になってくるわけですね。とはいいながら、今度の場合に取締役会の権限を従来の法律よりも強化をしておる点が現実にはあるわけでしょう。そこら辺はどういうわけで取締役会の権限を強化したわけですか。

○川島（一）政府委員　今回の法律で取締役会の権限を強化したのは、たとえば従来転換社債は株主総会の決議を要した。しかし今度の案では、定款に一定の定めがある場合には取締役会だけで発行できることにする点であろうかと思いますが、これはむしろ取締役会の制度、権限を強化することよりも、転換社債の発行を合理化するという見地から検討されたものでして、取締役会自体の権限をどうするという問題は、直接それを意図しての検討はされていないわけです。

○稲葉（誠）委員　そうすると、今度の場合は監査役だけの権限を強化することが中心ですね。将来の問題として取締役会あるいは株主総会は今後の商法改正に待つんだ、こういうふうにいままでお聞きしたわけですが、それは間違いないでしょう。そうすると、現実に取締役会あるいは株主総会についてどういう改正をしようとするのか聞くと、それは法制審議会に諮問をしてその結論を待たないとわかりませんと、こういう答えでしょう。それではどういう点が問題になっているのか。

○川島（一）政府委員　お尋ねの問題はまだわれわれも十分検討したわけでございませんので、的確なお答えがいたしかねるわけですが、たとえば株主総会は、最近アメリカの州の中では株主総会を省略することができる規定をつくっているのが幾つかございます。これは中小株式会社あるいは閉鎖的な株式会社、非公開の株式会社を対象とした改正であろうと思いますけれども、そういった考え方もあり得るわけです。それから公開会社の株主総会は、日本の株式会社の規定と外国のを比べてみますと、株主総会における株主の提案権とかあるいは動議権についての規定が日本の商法にはないわけですけれども、そういった点をもう少し明確にする必要があるのではないかとも考えられるわけです。さらに実際界の要望としては、単位株制度を採用してほしいという要望がございます。これは株主総会に出席する者を制限しようという考え方に立っておるわけですが、そういった問題ですとか、それから株主総会の権限はいまのままでいいのかどうか、もう少し限定するとかあるいは広げるとかを検討する必要があるのじゃないかといわれておるわけです。取締役会も、外国の制度と比べまして、ことに監査役との関係などで、その権限の調整をどういうふうに考えていったらいいかといった問題はまだ残っておるように思います。

○稲葉（誠）委員　いまお話を聞いて受ける感触としてお聞き取り願いたいのは、株主総会の権限をだんだん縮小していって、取締役会の権限をふやしていこう、こういう方向に進んでいきたい、これは経済界の要望であるかもしれないですね。株主総会なんてやかましくてしようがないから、権限をうんと縮小していく、取締役会でどんどんやれるようにしたい、どうもそういう線に沿って考えておるのではないか。逆ではないんでしょうか。株主総会は、一種の議会みたいなものだし、現実にどれだけの効果を発揮しているかは別として、株主総会の権限が、確かに一部に悪用されている点があるかもわかりませんけれども、十分にその役割りを果たしていない。こういうことを考えると、株主総会の権限をむしろ広げていく、正常な形で株主総会が十分議を尽くして行われるようにしていくのが筋であって、取締役会の権限を株主総会によって規制する形が当然考えられていいのではないかと思うのですが、そこはどうなんでしょうか。

○川島（一）政府委員　従来いわれておりますのは、所有と経営の分離ということで、株主は主としてオーナーである。それから取締役は経営者である。経営は専門家である取締役にまかせる。株主はその最終の利益の配当にあずかる形で進んできたと思います。昭和二十五年の商法改正によって株主総会の権限がかなり制限されたという経過をたどっておりますし、外国の法制を見ましてもそういう傾向にあるわけです。しかしながら株主総会が株式会社における最高機関であることは、否定できない問題でありまして、少なくとも役員の選任、解任の権利、これは株主総会が持たなければならない。それから定款の変更とかあるいは決算の承認は株主総会が権限を持つべきであるし、また持つ以上は、それを適正に十分に行使できるような形で運営されることが望ましいわけでして、少なくとも株主総会が、そういう本質的な権利はあくまで持っておって、それを適正に行使する。それ以上あまりこまかい問題を、これも株主総会だ、あれも株主総会だと集めますと、かえって会社の運営がしにくくなる面もあろう。

　したがいまして、一番大事なのは役員の選任、解任と、それから定款変更、決算の承認、この三つの権限を完全に行使するという形に持っていくのが望ましいのであって、それ以外の点は、実情をある程度考慮しながらきめていっていいのではないか、こう考えるわけです。

　しかし、これは私もただ現在感じておりますことを申し上げただけでして、商法部会における御審議においては、さらにいろいろな御意見があろうと思います。したがってその程度のものとしてお聞き取りいただければ幸いです。

（中略）

○**稲葉（誠）委員**　参議院で三つの点が修正されましたね。これはどういうポイントからこういう修正が出たんでしょうか。

○**川島（一）政府委員**　修正の三点のうちの第一は、商人が損益計算書を作成するという改正案の部分を削るということです。これは、一般商人に損益計算書の作成義務を課すことは、それだけ負担を与えることになるのではないかという点が、この法案審議の上で再三問題にされたわけでして、その結果、一般商人についてはあまり困難をしいるようなことは避けよう、こういう趣旨で修正が加えられたと承知しております。

　それから修正の第二点は、子会社調査権の行使にあたって、子会社のほうで正当な理由があるときは親会社の監査役あるいは会計監査人の調査を拒むことができる、こういう規定を入れることにした点です。これは、子会社も独立の人格を持った会社ですから、子会社調査権によって、子会社として正当に守らなければならない営業上の秘密などがあります場合に、これをその調査権によって親会社のほうに知られたくない、まあ知らせることは子会社に酷である場合もあろうということで修正が加えられました。

　それから三番目は、取締役の違法行為の差しとめの仮処分に保証を立てさせることを要しないことにした点です。これは、この違法行為の差しとめの仮処分に保証を立てさせることにいたしますと、監査役の業務の執行が阻害される場合がある、そういう心配をなくそうとこういう修正が加えられたわけです。

○**稲葉（誠）委員**　それじゃ、いま言った三点の修正、初めから原案をそういうふうにして出せばよかったのじゃないですか。

　じゃもう一つの聞き方は、参議院の修正は、あなたにとっては不本意なの。これはどうなんですか。

○**川島（一）政府委員**　損益計算書の関係は、政府側としては、一般商人の作成する損益計算書は簡単なものであってよろしいし、また営業の規模が比較的小さい場合には簡単な損益計算書で済むはずである、こういう考えであったわけですが、現在損益計算書は比較的大規模な会社などでつくっておりまして、相当詳細なものがつくられております。それと同じものをつくらなければならないことになっては困るということでこういう修正が加えられたわけでして、この点はそういう御意見もあり得るであろうし、まあそういう見地から修正が行われたとすればこれはやむを得ないことであろうと考えております。

○**稲葉（誠）委員**　そうすると、帳簿の問題で、商法の二百八十何条でしたか、貸借対照表の公開規定があるでしょう。たとえば、ＩＢＭは、こんなのは守らなくてもいいんだということを言っているとか言っていないとかいう話がありますね。この規定が日本ＩＢＭその他に適用になるかならないかということが一つ。

　それから、ここでは貸借対照表だけですね。損益計算書は入ってなかったのじゃないですか。

○**川島（一）政府委員**　貸借対照表の問題ですが、商法の二百八十三条で公開、公告をすることになっております。これは守らなくてはならない規定でございまして、ＩＢＭがやっていなかったとすれば、それは商法の規定に反しておったということが言えると思います。いま問題の修正規定は、これは損益計算書に関するものですので、ちょっと御質問の関連がわかりかねます。

○**稲葉（誠）委員**　公開は貸借対照表だけで、損益計算書は公開に入ってないわけですか。とすれば、その理由はどうなんでしょうかと聞いているわけですよ。

○**川島（一）政府委員**　お説のように、現在公告を義務づけられておりますのは、財産目録と貸借対照表です。これによって、会社の財産状況が少なくともわかるわけですから、その程度で足りることにしたのではないかと思います。損益計算書まで公告することにしますと、これは膨大なものになる場合がございますので、損益計算書は公告の義務を課さなかったということであろうかと考えております。

○稲葉(誠)委員　そうすると、公告の義務と帳簿の必要とは必ずしも一致しないとは思うのですが、結局損益計算書を作成することを必要としないということになってくると、現在の商法と同じになるのですか。

○川島(一)政府委員　その前に、私さっき財産目録も公告するように申し上げましたが、これは間違いでして、貸借対照表だけです。

○稲葉(誠)委員　二百八十三条の二項で貸借対照表だけでしょう。

○川島(一)政府委員　そうです。

それで、一般商人は、財産目録を削りましたので、今後は会計帳簿のほかは貸借対照表だけをつくればいいことになります。会社は、損益計算書は別の規定によって作成を義務づけられておりますので、変わりがないわけです。

○稲葉(誠)委員　いま、何か一般商人は財産目録をしなくていいと言われたのだけれども、損益計算書をしなくていいことになったという意味じゃないのですか。

○川島(一)政府委員　現行の商法の規定によりますと、一般商人は、商法の三十二条及び三十三条により、会計帳簿と財産目録と貸借対照表をつくらなければならないことになっております。今回の改正案の原案は、会計帳簿と貸借対照表と損益計算書の作成を義務づけて、財産目録ははずしたわけです。今回の修正により、さらに損益計算書が削られましたので、結局残りましたのは、会計帳簿と貸借対照表の二つになるわけです。

○稲葉(誠)委員　そこで、その保存期間が条文にありますね。これは十年間でしょう。十年間とは、どうして十年間も保存しておかなければいけないのですか。

○川島(一)政府委員　法制審議会では、特に議論が出なかったようです。どうして十年かは、私も推測いたしますのに、時効との関係ではないかと思います。

○稲葉(誠)委員　時効なら、一般債権は十年だって、商事債権は五年じゃないですか。商人の規定なんだから、五年でいいんじゃないの。どうなんですか。

○川島(一)政府委員　商事債権は確かに五年ですが、会社が行う場合であってもすべて商行為とは限っていないわけですから、十年の場合もあり得るだろうと思います。しかし、この十年は長過ぎるのではないかという点は、確かにそういう問題もあろうと思います。そういった点、今後商法部会の開かれます際に、また意見を伺ってみてはどうか、このように考えております。

○稲葉(誠)委員　十年間保存しなければならないことになりますね。そうすると、書類が山のようになっちゃうわけですよね。たとえばマイクロフィルムその他でこれを商業帳簿とすることは現在の時点ではどうなんでしょうか、また将来はどうなるんでしょうか。

○川島(一)政府委員　商業帳簿をコンピューターあるいはマイクロフィルムを利用してつくることは、法務省としても前に検討したことがございますし、これからも検討を続けていく必要があるように考えております。

どういう問題があるかですが、たとえばコンピューターの場合を考えますと、商業帳簿は、一体何が商業帳簿になるのかという問題があるわけでして、商業帳簿をコンピューターに入れました場合には、たとえば磁気テープとか磁気ディスクといった記憶装置だけをいうのか、あるいはそれを含めた機械全体をいうのか、そういった問題が出てくるわけです。それについて保存期間とかあるいはこれを損壊した場合の刑法上の責任が違ってくるわけです。たとえば文書ですと文書毀棄罪になりますが、器物となりますと器物損壊罪ということで、適用条文や罰則も変わってまいります。そういった問題が一つ。

それから裁判所が商業帳簿の提出命令を出す場合がございますが、その場合に出すことはできないのではないか、それについて何らか特別な規定を置くべきではないか、こういった問題がございます。それから、商業帳簿の閲覧の場合にどういう形で閲覧の効果をあげるのかがございます。コンピューターの場合とマイクロフィルムの場合で若干問題は違うと思いますけれども、そういう問題が幾つか提起されておる実情です。

○稲葉(誠)委員　三番の仮処分の問題ですね。取締役の違法行為差しとめでしょう。仮処分に保証を立てるかどうかは、原案では裁判所の裁量でしょう。ところが立てないことになった。これは司法権に対する介入ではないのですか。そこまで立法できめていいのですか。

○川島(一)政府委員　たとえば現在の商法の二百四十九条という規定は決議取り消しの訴えを提起した場合の担保提供の規定ですが、株主が訴えを提起した場合には会社の請求によって担保を供すべきことを裁判所が命ずる。しかしながら、取締役が同時に株主である場合もあり得るわけですが、取締役がこの訴えを提起した場合には担保を供すべきことは命ずることができないことになっておるわけでして、これと同じように、違法行為差しとめの仮処分を監査役が起こすという場合には、監査役は会社の機関として、その職務として行っておるのですから、制度的に担保は必要がないということを規定しましても、それは必ずしもおかしなことではない、むしろ一種の機関対機関の関係の問題ですから、こういう事柄については、担保を条件とすることにしないほうが適当であると考えます。

○稲葉(誠)委員　この仮処分は相手方はだれになるのですか。

それから、これに違反をした場合の効力はどうなんですか。取締役が違法に取引したときに、第三者に対してどういう影響があるのですか。第三者の利益を守らなければならないでしょう。

○川島(一)政府委員　まず相手方ですが、これは違法な行為を行おうとしている取締役が相手方になるわけです。

それから、その効力ですが、仮処分によってその取締役は当該行為をする権限を失う、制限されることになるわけでして、これに違反した場合、ちょうど権限のない者が行ったのと同じような形になるわけです。しかし、その仮処分に違反した行為の効力は、一般的にいろいろな問題があるわけでして、法的などういう行為の差しとめが行われたかによって結果が違う場合がございますし、また学説上も問題が出てくる場合がございます。一がいに言えないと思いますが、しかし、たとえば取締役が違法に新株を発行しようとして、これを差しとめる場合、少なくとも取締役は有効な株券が発行できなくなることになろうかと思います。

○稲葉(誠)委員　そうすると、相手方は会社と取締役になるの。第三者は入らないのですか。では別の取締役がやったらどうなんですか。Aという取締役がだめだったら、今度はBという取締役が取引したら、これはどうなんですか。善意の第三者をどうやって保護されるのですか。これは、実際にはあんまり効力ないのじゃないですか。

○川島(一)政府委員　相手方は取締役だけです。会社とか第三者が入ることはありません。

取締役が何人かおる場合に、必要があれば代表権を持つ取締役全員を相手方とした仮処分が必要になる、このように考えております。

○稲葉(誠)委員　第三者はどうやって保護されるの。

○川島(一)政府委員　第三者には通知もしませんので、わからない場合があり得るわけです。したがいまして、仮処分に違反した行為の効力につき、学説上問題の出てくる場合があると申し上げたわけです。

○青柳委員　商法の二百八十七条の二という規定がございます。これは商法の一部改正としてごく最近に制定された規定のようですが、この「特定ノ支出又ハ損失ニ備フル為ニ引当金ヲ貸借対照表ノ負債ノ部ニ計上スルトキハ其ノ目的ヲ貸借対照表ニ於テ明カニスルコトヲ要ス」という第一項の規定、「特定ノ支出」ということが法文上あるので、これを一般に特定引当金などということばを使っているようです。これと企業会計原則との関連をお尋ねしたいと思うのですが、もっぱらこれは商法の規定にだけあって、その他証取法あるいは法人税法などにはない感じがするのですが、特定引当金とは企業会計上どういう性格のものであるのか、これを御説明をしていただきたいと思います。

○小幡説明員　特定引当金は商法二百八十七条の二に根拠をもちまして法令上引き当て金として経理することが認められている性格のものです。

企業会計の立場から申しますと、当期の費用としてそれが企業会計上当然に処理されなければいけないもの、これは負債性引当金として掲げられておるわけでして、これは修正案の注解の18で、負債性引当金につきましてその概念並びに例示をしております。特定引当金の説明をするためには負債性引当金の話をいたしませんとつながりがいきませんので、負債性引当金のことを申し上げますが、負債性引当金は将来において特定の費用たる支出が確実に起こると予想され、当該支出の原因となる事実が当期にすでに存在し、それから当該支出の金額を合理的に見積もることができる、こういう三つの要件を満たす場合、その年度の収益の負担に属する金額を負債性引当金として計上する、つまりこういうものは当期の費用、収益を計算する場合に、当然に費用として考えられるべきものである、これは引き当て金として計上しなければいけない、こうなっておるわけです。会計上はこういう負債性以外の引き当て金で、しかも法令で認められているもの、これを注解修正案では注解14に書いてございますが、そういうものは、会計上は当期の費用として認めることにつきいろいろ問題があるということで従来会計学者からいろいろ議論がされておるわけですが、法令によりましてその引き当てとすることが認められておる、こういう現実があるわけですので、その会計上の表示方法は一定の方式に従いまして表示、処理をすべきものと修正案でなっている、こういう性格のものです。

○青柳委員　法令によって引き当て金があるんだから、会計上計上しなければならぬのだ、しかしその中身は当期の損益と直接的な関連がない。ですから企業会計からいうと、当期の損益を明確にすることによってその企業の成績が明確になるわけですが、同時にまた税制上もそれが好ましいことだと思うのです。ところが特定引当金は法令にあるから別な記載で出すのだ、公認会計士さんなどから見ると、これを貸借対照表の上で表示することが正しいかどうかで議論があるようで、限定意見が出されるという話を聞いております。

昭和三十七年にわざわざ法律で二百八十七条ノ二を制定したのは一体どういう目的があってされたのか。説明していただきたいと思います。

○**川島（一）政府委員**　二百八十七条ノ二という規定は三十七年の改正の際に加わった規定ですが、その当時の審議の議事録を見ますと、この点に関する質疑はほとんどないようです。

○**青柳委員**　学者の間などでは、そんな引き当て金はおかしいという議論がされていると理解できるのです。たとえばある会社が何十周年記念をやる。そのときに、いろいろ関係方面に招待をし、にぎにぎしく会社が隆盛をきわめていることを誇示することをやらなければならない。その用意に利益をどんどん特定引当金で蓄積しておく。こういうものがこの規定で認められているらしいのですね。これは企業が利潤を蓄積する一つの手段ではないかと理解するのですよ。つまり当期に相当利益をあげたから配当もしなければならぬし、また税金も納めなければならぬ。しかしそれはもったいないから、特定引当金をつくっておく。そしてそれを、第二項によりますと、目的外に使用するときはその理由を損益計算書に記載することを要するだけで目的以外に利用しようということで何億円の引き当て金を使うことで肥え太っていくための規定ではなかろうかという感じがするのですが、全く的はずれのことであるのかどうかですね。

○**川島（一）政府委員**　商法の引き当て金ですが、特定の支出または損失に備えるための見越しの費用または損失として貸借対照表の負債の部に計上できるものです。したがって先ほど大蔵省からも御説明がありましたように、負債である引き当て金とは別個のものです。その意味におきましては利益留保性のものであるともいえようかと思います。しかしながら利益が出た、それを引き当て金に充てるのだということが明示されるわけで、この引き当て金がそういう性格のものであることを知った上で貸借対照表を見ますと、その辺の関係が間違いなく看取できるようになっておるわけです。それから貸借対照表あるいは損益計算書は取締役会が一応つくりますけれども、決算の株主総会に提出するわけでして、株主総会で引き当て金に計上することが適当でない、あるいはこれを利益配当のほうへ回せということであれば、そちらへ回すこともできるわけでして、そもそも引き当て金を計上するかどうかが任意になっておるわけでして、引き当て金を計上しなければならないという性質のものではないわけです。

それから先ほど、創立何周年記念事業を出されたわけですが、われわれが考えておりますのは、この「特定ノ支出又ハ損失」とは、近い将来においてそういう支出または損失が生ずることが相当の確実性を持っておることが必要になるわけでして、たとえば十年ぐらい先の記念式典の費用をいまから計上しておくことは適当でない。しかしながら、もうあと二、三年に迫っておる場合にそれに相当な費用として毎年幾らかずつ計上しておくことは、この引き当て金として運用ができると考えておるわけです。その辺に多少はっきりしない部分があるんではないかと仰せられればそのとおりですけれども、商法の立場としては、その辺は規定の趣旨から考えて合理的な限度でこの引き当て金の計上を認めていこう、こういう立場をとっておるわけです。

○**青柳委員**　これがいわゆる今度改正されようとしている商法三十二条の「公正ナル会計慣行」になっていくかどうかが問題だと思うのですね。もう相当の長い間、企業会計原則が続いてきたわけでして、それが今度修正されるということでだいぶ論議をかもしているわけですが、修正されたものがまた長く続いていけばそれが公正なものだとなるわけでしょうけれども、私は、企業会計原則ではいままでなかったものが、つまり負債性引当金は当然のこととして企業会計原則の中に定着をしてきたわけですけれども、三十七年になって商法改正を先にやって、そしてこれを企業会計原則のほうへ押しつけていく、それでこれも公正なものだということにしようという計画ではなかったかと思うのですが、最近石油危機などが叫ばれており、これも予見できるものであれば、石油危機引当金を設けても不合理ではないという気もいたしますけれども、何か企業の利潤を確保するためにやる、しかもそれがはたしてどの程度の確率性を持った事柄についてそれを予見して用意しておくといえるのかどうか、ちょっと疑問な場合だってあるんじゃないか。だから特定引当金の中でも、公正な会計慣行の中に入れてもいいものとそうでないものとがあり得るんじゃないかと思うのですが、そのけじめがあるかどうか。特定引当金でも公平な会計慣行になるかどうか、標準的なものが何かないでしょうか。

○**小幡説明員**　ただいま特定引当金の問題ですが、

特定引当金は二百八十七条ノ二の文言に「特定ノ支出又ハ損失ニ備フル為」と書いてあるわけです。したがいまして、特定引当金という商法の規定があるからといって、どのような利益留保的なものであれ、それが商法二百八十七条ノ二によって合法的に認められるふうなものではないと考えるわけです。で、この点は商法の解釈の問題ですので、民事局長からもお答えがございましたように、特定引当金についての何でもいいということではないんだという趣旨のお話もあったように伺ったわけですが、私どもの立場としても、公認会計士が実際に商法の監査をしていく、同時にまた証取法の監査をしていく場合に、どういうものが商法二百八十七条ノ二にいう特定引当金であるのか、どういうものは商法二百八十七条ノ二にいう引当金には当たらないのか、所管の当局から何らかの指針が示されますと、公認会計士におきましても非常にそれが役に立つことになろうかと思いますし、また私どもとしても、特定引当金は未処分損益というところで計算をするんだ、それから貸借対照表では特定引当金という部を設けてそこにはっきりと書かせるんだということで、明確に区分をさせるふうにしてはおるわけですが、どんなものでもそこに入ってきていいというものでは問題があるんではないかと考えますので、その一つの合理的な範囲につきまして所管の当局で何らかの指針が示されれば公認会計士の監査も進んでいくのではないか、かように思うわけです。

○**青柳委員** 所管の官庁で指針をというお話がありましたが、たとえば法務省で指針を出して、公認会計士さんが監査をする場合の参考というか基準になると聞こえたのですがね。はたしてどこで適当な指針を、どのような形で出すのか。これがないと公認会計士さんが監査をする場合に、これはいかぬ、これはいいというようなことがきめられなくて困るのじゃないかと思うのです。

○**川島（一）政府委員** 合理的な経営者であればこの程度のリザーブをしておくだろうと予想しての引き当て金の規定です。したがいまして、企業により、そのときの社会情勢により、合理的な範囲は必ずしも画一的なものではないという面がございますので、これを一般的な基準で示すことになりますと、なかなかむずかしいわけです。ただ、抽象的にもう少し内容を詰めることは考えられるかと思いますけれども、これは法律の解釈の問題ですから、終局的には裁判所が判断される問題ですし、かといって実際の会社の監査の場合に、どういう基準に従ったらいいかという問題が出てくる場合がないとも限りません。そういう意味で、合理的な範囲は、私どもも大蔵省などともよく御相談をしまして、なるべく明確にするような努力をしていきたいとは思いますけれども、商法改正と同時に一定の基準をつくってどうこうすることはむずかしいのではないかということを御理解いただきたいと存じます。

○**青柳委員** とにかく特定ということばは、特定なんですから、特定の支出、特定の損失、これは特定をしなければいけないわけですね。だから、損失として見越されることが相当程度合理性のあるものでなければ、企業ですから、もうかるときもあるし、損するときもあるのはあたりまえの話なんですけれども、それは特定じゃなくて一般的な損失になりますから、よほど厳格に、予想される特定の損失——特定の支出などは、損失などは、きょうもうかってもあしたは損することがある。だからもう一般的なものなんですよ。その中に特定される損失があるのかないのか。天災地変みたいなものでたいへんな損をするなどはとても特定できるものじゃありません。三十年後に災害が来るのか、一世紀後に来るのかもわからない損害なんか、特定とはとてもいえません。ですから、これはよほど研究して明確な基準を与えていただきたいと思います。

企業会計原則の修正は今度の商法改正にあたってたいへん論議をされ続けてまいりました。そのために今度参議院で附帯決議までつけられたようです。参議院の附帯決議の第三項を見ますと、「企業会計原則は、企業の財政状態及び経営成績について真実公正な財務諸表を作成公示するための基準であるから、修正については、その目的に反することのないよう配慮すること。」こういう附帯決議がされたようです。これは先ほども申しましたように、七十一国会の衆議院の審議の中でも相当追及された問題でして、修正案は、商法が改正され、実施される段階で案がなくなって、そのものずばりになるのだというお話でした。たとえば継続性の原則について正当な理由をなくして、ただみだりにだけで間に合わせようとするのはおかしいのじゃないかという議論もありましたし、そのほかいろいろあったと思います。そこで、参議院でもそれからまた今度の衆議院での審議の中で、政府ではいよいよ商法が改正されて実施される段階には再検討される、そしていまある案は変更されるのではないかという見通しをわれわれは持ったわけなんですが、ただ見直しをいたします、再検討をいたしますという抽象的なお話だけで終わってしまっているので、はたしてどういうところをどういうふうに直すのか、またその手続はどうかはまだ詰まっておりません。白紙委任をしたままでその言明を受け取って商法を改正してしまうことはわれわれとしてはちょっと無責任じゃないかという気がしますので、いま再修正する部分がどんなものであるか、明確にしていただきたいと思います。

○小幡説明員　企業会計原則の修正案は、本委員会にかかりまして以来、衆議院並びに参議院、また衆議院におきましていろいろ御審議をいただいておるわけです。衆議院も修正案の附帯決議をいただいておりますし、また参議院も修正案の附帯決議をいただいておるわけです。私どもは、企業会計原則は企業会計審議会におきまして慎重審議の上に決定されるものですので、商法改正法案が成立した暁には企業会計審議会を開きまして、いままでいろいろ御議論をいただきました点も審議会の各委員に披露しまして、見直しをした上で決定したいと考えておる次第です。

○青柳委員　企業会計原則の修正は、財界からの要求があって、大部分は取り入れられてあるといわれております。そういうことは十分世間の批判にたえるように再検討されなければならないと思います。

七十一国会の衆議院の附帯決議の五項には「監査法人は、その社員が税務書類の作成などの税務業務を行なっている会社について、本法の監査業務を行なわないよう規制すること。」それから参議院の附帯決議の第二項にも「監査法人は、その社員」及び使用人が「税務代理、税務書類の作成及び税務相談を行なっている会社について、本法の監査業務を行なわないよう規制すること。」大体同趣旨です。ただ、文章上違う点は、衆議院のほうは「その社員」とあるのに対して参議院のほうは「その社員」及び使用人という文字が入っているようです。確かに監査法人でその使用人とは、単に事務をやる人の意味ではなくて、使用人たる公認会計士さん、つまり公認会計士として独自に会計の監査をする資格を持っておられる方が、監査法人の社員ではなくて従業員になって活動しておられる面があるようです。だからこの社員及び公認会計士たる使用人が税務に関して関与している会社は、本法の監査業務は行わない、行うことができないと明確にすることが求められているんだと思います、この決議は。

そこで、私は、どういう形で法令上明確化されるのか、また公認会計士協会では、アメリカやその他ではもう税務と監査とは何ら矛盾をしない形で、そういう制限なんかないんだ、日本ではそれを配慮してか、社員の半数以上が税務相談にタッチしているときはいかぬということなんで、その程度にしておいてくれ、こういう希望があるようですが、この衆参両院の附帯決議の趣旨は、半分以上はおろか一人も関与してはいけないんだという厳格なものに理解するのですが、その点明確にすることができますか。

○小幡説明員　衆議院並びに参議院におきまして示されました附帯決議に書かれている内容は、そのとおりに実行してまいると考えております。

なお、参議院の附帯決議の内容ですが、参議院におきます附帯決議の内容は、「監査法人は、その社員が」云々云々となっておりまして、その社員及び使用人にはなっておりません。私どもは改正されます今度の公認会計士法に基きます政令の中にその内容を織り込むというふうに考えております。

○青柳委員　社員だけで従業員たる公認会計士さんは除かれているようですが、決議が不徹底ではなかったかと思うのです。私がたまたま見たのは附帯決議案で、その案の中に書き込みで及び使用人という字があったもんですから。これは通ったのじゃないかと思っておりました。監査法人が大蔵省から奨励されてたくさんでき上がっているようですけれども、その中に社員と社員でない人がいるということは、私どもから見ると全く驚きなんですね。堂々と対等の資格を持っておられる方々が一方は社員で、そして一方は単なる使用人だという関係は、弁護士事務所にも相当の数の人はおりますが、使用人たる弁護士は一人もおりません。いそうろう弁護士は給料はもらっておりますけれども、そうだからといって使用人という形ではない。

もう一ぺん念を押しますけれども、証取のほうの関係で半分以上というのもありますが、それは改正されるわけですか。

○小幡説明員　従来は証券取引法に基づきます監査証明省令がございまして、その監査証明省令の二条に詳しく利害関係のことが書いてございました。今後は証取法監査と商法監査が同時に行われる。通常の場合には、おそらく同一の公認会計士または同一の監査法人の方が同じ会社に監査をされることになろうかと思います。

ところで、商法監査の特例法は、特に利害関係に関する規定はないわけでして、商法監査と証取監査を通じましてどこに利害関係を規定したらいいかとなりますと、公認会計士法でそれを規制をしたらいいではないかということから、今回関連法案の中に公認会計士法の改正法案が織り込まれておりまして、公認会計士法改正法案の中に、利害関係はその政令に織り込む規定になっておるわけです。従来、証取法の監査は、監査法人の中に税理士業務を行いまして継続的に報酬を受けている人が二分の一以上ある監査法人は、利害関係があるということでその会社の監査をできないということになっておったわけです。この点は、諸外国の実情等から見ますると、われわれとしてはその程度でいいのではないかと当初考えておったわけですが、衆議院並びに参議院の御審議及びその附帯決議におきまして示されました御意見がございますので、監査法人はその社員のうち一人でも税理士業務によりまして継続的報酬を受けている人がいれば、その監査法人は当該会社の監査はできない、こう政令に盛り込みたいと思っているわけです。

○青柳委員　商法の一部改正、この問題が起こりましてから非常な関心を持たれたのは、公認会計士さんと税理士さんであったことは事実です。税理士会ではしばしば会合を持ちまして、これに対して全面的に反対の意思表示をされました。私も途中からそういう集会に招待されて参りごあいさつもしたわけですけれども、これは単に野党だけが招待されたのではなくて、非常に多くの与党の衆参両院の議員さんが出席をされ激励をされているわけですね。だから税理士さんにしてみれば、こんな法律が上程され通過することはなかろうと当初は思っておられたのじゃないかと思うのです。また私も昨年突如としてこれが閣議決定になって上程され、あれよあれよと修正されて衆議院は通過し、参議院では継続になった。そして再びこちらに戻ってきているわけですが、私は、これは単に税理士さんだけの問題ではなくて、税理士さんたちがいろいろと相談の相手になっている中小企業の方々の問題であろうかと思うのです。ですから、日本の経済が少数の大企業の企業活動によって発展をしているという中に、むしろ隠れた形でその下働きをさせられている中小企業が非常な広範なものとして存在している、それで生計を営んでいる業者及び労働者が縁の下の力持ちのような形で日本の経済をささえていると思うのですが、そういう人たちが商法の改正に反対の意を示している。もちろん非常に技術的な法律ですから、説明を聞かないと自分たちの生活にどんなかかわり合いを持つものかはよくわかっていない面はいまだにあると思います。しかし、そういう人たちの相談相手になっておられる税理士さんたちがこぞって反対をする。もっとも、途中から妥協的な人たちも出てきたし、また、あくまでも反対をしなければいかぬのだと初志を貫いておられる人もあって、必ずしも一様ではございませんけれども、妥協した方々も、こんなものはつくってもらいたくない、本心は反対をしておられるだろうと私は思います。これは非常に大事なことだと思うのですね。私は、税理士さんが反対している面の一つとして、職域を締め出されるのじゃないかという点は、先ほどの附帯決議を完全に実行してもらう点である程度変わるとは思いますけれども、しかし、税理士制度とそれから公認会計士制度の間の矛盾、公認会計士さんが税理士として登録する資格を持っておられ、しかも現実は税理士業務を行うことによってその活動の大部分を占めておられるのが実情のようです。したがって、税理士としての資格をお持ちになっている公認会計士さんの活動が、税理士会の中で何か特権的な位置を占める。弁護士も通知して税務ができるという制度がありますので、別に税理士会に登録するという人はそんなにたくさんはないと思いますけれども、公認会計士さんは二重な加入をやって、税理士業務がおもであるという実情ですから、私は、この商法の改正が通ったことによって、公認会計士さんが普通の税理士さんよりも上位のものであると誤解されないようにする必要があると思うわけです。

税理士さんの社会的地位が非常に重要であるにもかかわらず、大蔵省の従属物、下働きをさせられるものに理解される法制になっている。むしろ税理士さんたちは、長い間税理士制度の改正とその自主性、独立性を要求して運動しておられるようです。そういう形に改正していく気持ちがあるかどうかお尋ねいたします。

○渡辺説明員　税理士なり税理士会が大蔵省の従属機関であるとは全く考えておりませんし、また現実、決してそういうことにはなっていないわけです。法律でも明らかに「中正な立場」になっておるわけでして、徴税官庁の立場に立つものではないし、かといって委嘱者である納税者と全く同一人であるという行動をとるものでもない。まさに特定の税務業務に独占的な権利を与えられる反面、公共性に見合う義務を負っておる非常に崇高な職務であるわけです。形式的に税理士法の所管官庁たる大蔵省の監督を受けることは、法制上これまた当然のことでして、同様な職業専門家すべてにそういうたてまえになっておるわけです。

弁護士だけは行政官庁の監督を受けないシステムになっておりますが、これは弁護士職務の特殊性からくる非常に例外的なケースであると考えておるわけです。弁護士の場合は裁判手続、司法手続にまで関与するということですから、行政権の監督下にあっては、その職務が十全に執行できないのではなかろうかと思うわけです。

税理士法の改正は、これまた非常に長い間の懸案です。いろいろな問題が存在することも事実ですし、私どもの立場としても積極的に直したいという面も多々あるわけです。すべての制度は、社会経済の情勢の推移に即応していかなければならないことはまことに当然でして、私どもの所管する諸法律の見直しの一環として、税理士法改正も私どもにとっては重要な課題の一つであるわけです。

ただ、税理士法は職業法でして、これ自体だけの立場から改正することはなかなか困難な面が多い。公認会計士あるいは弁護士、その他もろもろの職域との関係が微妙にからまっておるわけでして、税理士法改正を具体的に取り上げる大前提として、そういうもろもろの利害関係の調整にある程度の目鼻がつくことがどうしても必要ではないかと考えておるわけです。したがって、まずそういう面から議論を詰めていく必要がある。これがこれからなすべき第一の仕事ではないかと考える次第です。

○正森委員　私は昨年の六月の質問の場合も、商法三十二条と企業会計原則との関係について伺ったわけですが、商法三十二条の改正案では、「商業帳簿ノ作成ニ関スル規定ノ解釈ニ付テハ公正ナル会計慣行ヲ斟酌スベシ」となっております。そして公正なる会計慣行とは、企業会計原則を含むものである。そして商法が変われば企業会計審議会の審議を経た上で、修正企業会計原則案が、実際に施行されるんだという趣旨の答弁があったと思います。間違いございませんか。

○田中説明員　そのとおりです。

衆参両院において、附帯決議で、企業会計原則修正案のことにも触れておられますので、必要な見直しを経た上で確定したい、かように考えております。

○正森委員　現在ある企業会計原則の修正案をさらに見直すという趣旨ですか。

○田中説明員　大体従来、継続性の原則とか特定引当金を中心に議論があったわけです。しかし、そのほかの点も、これだけいろいろ審議がございましたので、一わたり見渡すことはしなければならないと考えております。

○正森委員　そうすると継続性の原則と特定引当金は、もうこれだけ議論があったのだから見直す必要はないと理解できるわけですが、そう解釈してよろしいか。

○田中説明員　そういう意味ではございませんで、継続性の原則、特定引当金の部分が書き直されるかどうかは再び審議会の議を経なければわかりませんが、少なくともただいままでの審議において、経団連のパンフレットその他誤解を招くこともございましたので、そのような了解は特にないことを確認するとか、その他とにもかくにも確定に至るまで再び審議をお願いするという意味でして、必ずしも反対解釈を申したつもりではございません。

○正森委員　そこでいまの御答弁を伺っておりますと、継続性の原則や特定引当金について経団連などでいろいろ言われている。だからそういう了解がないということについて、企業会計審議会で論議すると受け取れるのですね。そうすると現在出ている企業会計原則の修正案には手をつけないが、それの解釈などをめぐって経団連がいろいろ言っておるが、それはかってな解釈であることだけを明らかにする、どうもこう聞こえるわけですね。そういうことですか。

○田中説明員　審議におきまして、特に継続性の原則ないし特定引当金に関しまして、公認会計士からも指針のようなものがほしいという気持ちもあると思いますし、特定引当金も、これは商法の問題そのものですから、その点も何が合理的な特定引当金であるかを法務省も指針を与えていただきたいという議論も出るかと思います。そして最終的に字句が変わるかどうかはわかりませんが、その字句で十分明瞭でないところを固めることも含めての一応の見直しという意味も考えている次第です。

○正森委員　いまの答弁だと、字句が変わり得ることもあり得る。字句が変わらない場合でも、それについていろいろ解釈のある場合、それをもう少し固める作業をしたいといわれます。しかし、商法三十二条の「商業帳簿ノ作成ニ関スル規定ノ解釈ニ付テハ公正ナル会計慣行ヲ斟酌スベシ」という文言は、企業会計原則がどう変わるかに大きくかかっております。つまり、それが中身です。その解釈が固まっていないからそれを企業会計審議会で論議するならば、本国会に中身の固まらないものを法案として提出しておる。結局白地立法を強要するのと同じであるといわなければなりません。ですから、そういうものなら、企業会計審議会でもっと固めてから国会に提出するのが当然ではありませんか。そうでなければ、われわれは何を対象として審議を進めたらいいかわからない。したがって、もう一度企業会計審議会を開いて、字句を直す点があれば直して、商法三十二条との関係で出すのが当然じゃないですか。そうでなければ審議できないでしょう。事実上国会の審議権を無視するものじゃありませんか。

○田中説明員　私の答弁に足らない点があったと存じますが、字句について変わる可能性があるかどうかは、非常に詰めたものでございますし、さだかにどうと申し上げられませんが、要するにそれだけでは十分と思われないものは、行政的に補足して万全を期したいという意味です。

○正森委員　行政的に補足と言われましたが、それでは行政的な補足とは何ぞや、あらためて最後に問題にしたいと思います。

法人税法の二十二条の四項があります。ここには

「第二項に規定する当該事業年度の収益の額及び前項各号に掲げる額は、一般に公正妥当と認められる会計処理の基準に従って計算されるものとする。」、こう定めてあります。これは私が承知しておるところでは、昭和四十二年ですか、四十年に法人税法の全般的な見直しがありまして、その後四十二年に改正されたと思いますが、この改正された経緯及び企業会計原則との関係、商法の今度の条文とほとんど同じ文言の「一般に公正妥当と認められる会計処理の基準」とありますから、その二点について伺いたいと思います。

○伊豫田説明員　第一点ですけれども、改正は、私の記憶でもたしか昭和四十二年と記憶しております。そのときには、二十二条四項を新たに加えました趣旨は、法人税法解釈上の基準という基本的な考え方と申しますか、方向を示したものと考えております。ただ、法人税法上は「別段の定めがあるものを除き」ということでして、事実上は課税所得の計算は相当こまかいところまで法律、政令、省令をもって定められております。したがいまして、特に「別段の定め」のない点は、こういう基本的な考え方をもって解釈を行っていくという趣旨で、その方向をあらわした改正と考えております。

それから第二点で、企業会計原則との関係はどうだという御質問は、この法人税法第二十二条四項にいっております「一般に公正妥当と認められる会計処理の基準」とは、いわば客観的に公正妥当なものとして一般に認められあるいは法的機関にまで高められた会計処理の基準を頭に置いております。したがいましてこれが直ちに企業会計原則をさすものではないと考えておりますが、実際問題は、別段の定めのあるところを除きまして、企業会計の一般に公正妥当な基準と申しますか、そういう抽象的なものですが、そういうものにゆだねる部分は少なく、実際上の問題としては企業会計原則に一致する部分がきわめて多い、このように考えております。

○正森委員　結局は法人税法二十二条にいう「一般に公正妥当と認められる会計処理の基準」も、そして商法三十二条で申しております「商業帳簿ノ作成ニ関スル規定ノ解釈ニ付テハ公正ナル会計慣行ヲ斟酌スベシ」も、これはほぼ同意義である、それは企業会計原則だけではないけれども、企業会計原則及びそれにない部分について一般的に客観的に公正妥当と認められる会計基準ありとせばそれに従うという、同様の解釈にならざるを得ない、こう思いますが、それでよろしいか。

○伊豫田説明員　商法のほうの解釈は、きわめて同じようなものではないかと考えておりますが、これは担当でございませんのでよろしくお願いいたします。

○川島(一)政府委員　結果的には大体仰せのようなことになろうかと思います。商法は商法の立場で公正かどうかを判断することになるわけでして、商法の立場とは、商業帳簿を作成させる目的は主として株主とか債権者とか、そういうものが会社の実情を十分に知ることができるようにという配慮があるわけでして、そういう点から見て公正だと認められるという意味です。税法と目的が若干違う点はあろうかと思いますが、内容的にはほぼ一致する点が多い、このように考えます。

○正森委員　内容的にはほぼ一致するあるいは一致するという御見解がありました。そこでなぜ法人税法の二十二条四項ができたか経緯を伺いたいと思うのですが、これは商法の解釈と非常に関係がある。たしか昭和四十一年の十二月に、「税制簡素化についての第一次答申」というのが税制調査会から出ております。さらにそれを受けまして昭和四十二年の二月に、「税制簡素化の具体的措置について」が税簡七の一で出ておりますが、これらを受けて法人税法二十二条四項が挿入されたということではありませんか。

○伊豫田説明員　簡素化に関する審議会をたしか二度やりまして、その後にもう一ぺんやっておるかちょっと記憶にございませんけれども、その二度目の答申に基づいて改正が行われたものと記憶しております。

○正森委員　そうすると「税制簡素化の具体的措置について」というのを受けて法人税法二十二条四項が挿入されたというように伺ってもいいわけですね。

○伊豫田説明員　ただいまその二度目の答申が手元にございませんから、確認して正確なお答えを申し上げたいと考えております。

○正森委員　つまり法人税法二十二条四項とは税制簡素化の一環としてされたことは明らかですね。「税制簡素化の具体的措置について」に基づいてつくられておるわけですから。そこで、税簡七―一の(2)を見ますと、こう書いてある。「課税所得の計算の弾力化――商法・企業の会計慣行等の開差の縮小」が大きなねらいである、こういうておるわけですね。そして前の昭和四十一年十二月の第一次答申を見ますと「課税所得は、納税者たる企業が継続して適用する健全な会計慣行によって計算する旨の基本規定を設けるとともに、」云々とあります。ですからまさにそういう趣旨で法人税法の二十二条四項が設けられた、こういうぐあいに解釈せざるを得ないと思うのですね。つまりこの規定は商法と企業の会計慣行、つまり企業会計原則の差を縮めていく、そして企業は継続して適用する健全な会計慣行をなるべく尊重するという趣旨だと思うのですね。そういうぐあいに解釈してよろしいか。

○**伊豫田説明員**　簡素化の問題は税制の問題はもちろんのこととして、実際の執行の問題も含めまして税務全体としての簡素化を念頭に置いて議論が行われているものと考えます。したがいまして、その趣旨を含めて考えますと、企業会計との開差を縮め――必ずしも企業会計に右へならえをすることではございません。別段の定めを必要なところは租税政策上必要な規定を設けておりますが、その他の点につきまして一般に公正妥当と認められる企業会計の基準に従って措置することが税務の執行上も、また税制の考え方としてもそこに簡素化の意味があり、あるいは省力化の意味があり、あるいはさらに税務の執行を正しくやる上に一番必要だという意味から、そういうところは弾力化がそこに使ってあるものと、必要な限り弾力化を考えることが考えられているものと考えております。

○**正森委員**　たとえば税経通信の四十二年の七月の臨時増刊号、「改正税法を企業はどう見るか」という中で、大蔵省税制一課の課長補佐久保田一信氏という人が、法人税法の二十二条四項についてこう言っておる。「一般に公正妥当と認めるというのは、一体だれが認めるのかという点でございますけれども……これは第一次的には会社の経理担当の方方、あるいはその背後にございます会社の経理規程というようなものになると思います。その次に……税務の側ではないだろうかと思います。」こう言っておる。そうすると、あなた方は法人税法の二十二条四項をつくり、そしてそれは商法三十二条とほぼ同一内容だと言うが、それをだれが一般に公正妥当と認めるかといえば、第一次的には会社の経理担当の方、あるいはその背後にございます会社の経理規程、ことばをかえていえば会社重役、こう言っておる。事実上企業の自主的経理の尊重という名前のもとにそれを法によって認めることにほかならないことになるのではありませんか。

○**伊豫田説明員**　久保田一信と申します者はおりましたけれども、すでに退職しております。

それから、税経通信の記事の考え方ですが、非常に正直な話を申し上げておるのですが、こういうふうな抽象的な書き方を二十二条四項にされて会社の経理担当者は一体何にのっていいのか困るという、おそらく座談会ですからお話があったんではないかと考えます。その場合に実際上別段の定めが相当ございまして、通達にゆだねる部分は現在でも非常に少ないのですけれども、おそらく久保田君は、第一次的にはまず皆さんが判断をして一番正しい申告だと思うやり方で税務申告はやってください、そういうことを申した趣旨だと考えておりまして、決して第一次的なものが最終的なものでもないし、そういう判断でやってほしいという趣旨を申したものと考えております。

○**正森委員**　しかしその他の資料を考えてみますと、あなたのおっしゃる答弁は楽観的に過ぎるんじゃないかと思わざるを得ない点があります。

法人税法二十二条四項を変える前に、たしか「税法と企業会計との調整意見」が出たと思いますが、それを御存じですか。

○**伊豫田説明員**　出たことは存じております。

○**正森委員**　そのほかに、昭和四十年一月二十一日に経団連経理懇談会から「税法整備に関する意見」が出ましたし、それに前後して「税務改善に関する意見について」が出ておりますが、それは御存じですか。

○**伊豫田説明員**　記憶しておりませんが、たぶんあるんではないかと思っております。

○**正森委員**　法人税法の二十二条四項を変える上で一定の影響があったことも事実であろうと思います。そこで、居林次雄氏、企業会計審議会の幹事で、経団連の理財部におられる方が、「法人税法の二十二条の四項をどう解釈するか、少なくとも経団連はどう見ておったかを知る上で非常に重要であり、そしてその解釈が昭和四十二年以来、現在着々と進行しておることを一方の面から論証づけることになる」こう思うのです。

まず第一に、「企業会計」の一九六六年の十一月号に「税法と企業会計との調整意見に寄せて」を居林氏が書いております。それを見ると、「企業会計審議会が税法と商法・企業会計原則との調整について、意見を取り纏めるべく検討を開始して以来、短期日のうちに成案を得たことは喜ばしいことである。かねてよりわれわれは、税法が企業会計に口ばしを入れすぎるために企業の経理が複雑化し、適正な処理を妨げていること等の種々の障害のある点を指摘して、早急に税法の改正を行なうように要望していた。先に経団連より「税法整備に関する意見」、「税務改善に関する意見」を政府に提出して、税法が企業会計を乱すことのないように要望していたが、これがかなり取り入れられていることを、極めて嬉しく思っている。」これが全般的な評価であります。つまり経団連の意見が「かなり取り入れられていることを、極めて嬉しく思っている。」こう評価をしておる。さらに進んで「本意見書は極めて高く評価されてしかるべきであると思う。その理由の第一は、税法と商法・企業会計原則との間で板ばさみになっている企業の苦悩をよく捉えて、その調整に腐心していることである。」「今回の意見書では税法の改むべき点と、「企業会計原則」の方で改むべき点とを並列して両者の調整を可能な方法で行なおうとしている」中略「意見書がタイムリーに出された」、「税制調査会が九月中旬に税制の簡素化の中間答申を行ない、それにより現在、簡素化の立法作業が進められている折でもあり、簡素化の具体案につき、理論的裏づけをするために何らかの拠り処を必要としているのであるが、企業会計審議会の調整意見がまさにこの役割を果たす面が多い。理論のみを追求して議論していると数年間の月日が経過してしまい、やっと結論が出たころにはどこからも顧りみられない状態になることも多いのであるが、簡素化の税制調査会の答申を横目でにらみながらほど良くタイムリーに纏め上げたのは、番場委員長の人柄に負うところが大きい。」と、かの有名な番場委員長さんを、人柄がはなはだいいということで、居林氏と番場さんがお互いにほめ合う内容になっております。

　経団連は「税法整備に関する意見」や「税務改善に関する意見」でいろいろ要望した、それが税法と企業会計との調整意見に非常に取り入れられてうれしい、そしてそれらを参考にして法人税法の二十二条四項にあいう一般規定が入れられておる、こういうことになるんですね。それは結局税法と商法、企業会計原則の調整を行ったものである、つまり一体化を行おうとしておるものである、こういう評価なんですね。あなた方は、こういうように評価されたことについて、結局そういうことでいいのかどうか。具体的には内容は同じであると言われたけれども、そうすると経団連が言っていることになりますけれども、そこからはいろいろな問題点が起こってまいります。商法の今度の改正はそういう方向に一歩大きく歩み寄るものです、商法がおくれておったわけだから。それが商法の三十二条で、今度は、「規定ノ解釈ニ付テハ公正ナル会計慣行ヲ斟酌スベシ」と入ってくるわけですから、結局、税法と企業会計原則と商法の一体化がこれで行われるということになります。そう解釈してよろしいわけですね。

○川島(一)政府委員　税法のことは知りませんが、商法の立場は、「公正ナル会計慣行ヲ斟酌スベシ」ということでして、商法的な公正の立場とは、これは本来、規定がない場合においてもそうであったと思いますけれども、今回の改正は、そのことを一そう明確にしたと御理解いただきたいと思います。

　それから商法三十二条の二項の規定は「斟酌スベシ」となっております。これは公正な会計慣行をその法律の中身として取り入れるということではなく、それを実際の運用にあたってしんしゃくせよということでして、法律の中身として取り入れるという意味ではないわけです。

○伊豫田説明員　居林さんがその際、いろいろの本の上でいっていらっしゃる件は、一部は私どもも同意する点もございますし、一部は同意いたしかねる点もございますが、二十二条四項を入れたこと自体は、経団連がそれをいいと言っているとか悪いと言っているとかそういう問題でなく、企業会計審議会の税法と企業会計との調整に関する意見書も参考にさしていただき、あるいは税制調査会における審議等も十分参考にさしていただき、またわれわれも勉強をし、一番いいと思う道を選んだものと考えております。

○正森委員　まず川島局長が、「斟酌スベシ」ということであるから内容ではないと言われましたが、そうではないと思うんですね。法律のように、この条文はこの条文と同じであるとはしておりませんけれども、私が昨年六月五日に川島局長及び田辺参事官に伺ったところでも、「斟酌スベシ」とは一般に公正妥当な会計慣行は企業会計原則で尽きるわけではない、会計学は日進月歩するのだから、企業会計原則にあることも新しい会計原理によって進歩していく、そうすればその進歩した、一般的に公正妥当と認められるものは入ってくるという意味で「斟酌スベシ」というているんだ、こういう見解ですね。ですから企業会計原則、今度変わりますけれども、それを全く別に横に置いておくんだという解釈ではないのです。企業会計原則を含み、しかも日進月歩する公正妥当と思われる会計慣行をどんどんしんしゃくしていく、こういう意味なんですから、内容なんです、企業会計原則は。内容であって、しかもそれは流動的な、企業によってつくられていくものである、こういうことでしょうが。そうすると、内容では全くありませんという答弁は、正確ではない。内容でないなら、一体公正妥当な会計慣行とは何なんだ、何にもないのか、こういうことにならざるを得ません。そうではなしに、固定的ではないが一定の内容のものがある、その大きな部分は企業会計原則であるということは当然じゃありませんか。また大蔵省はいま答弁の中で、税法と企業会計との調整意見も参考にするし、あるいは経団連の意見も参考にするし、正しいと思うのもあるけれども、それが全部ではないということを言われた。しかし、いみじくも税法と企業会計との調整意見は大蔵省所管の企業会計審議会が出したものです。そしてそれを大いに参考にしてつくったものが、審議会の幹事や経団連の人々から、調整意見とはけっこうなものだ、これはわれわれの意見をいれておるんだという評価があるとすれば、だれが何と言おうと、客観的に経団連はそう評価しておるにほかならないじゃないですか。

さらに居林氏が「企業会計」の一九六六年十一月号に、「今回の税法と企業会計との調整意見の内容に立ち入ってみると、根本は企業経理の自主性を尊重することとし、税法はこの自主的な企業会計の上に、そのまま乗っかって課税することとすべきであるといい切っている点に注目しなければならない。」こういい切っているのですね。これが居林氏の見解です。そして「今回の意見書において、このような税法の干渉を退けて、」「このような」とは、その前に「俗にいわれる如く税法は商法の死神的存在となっている。」ということばを受けるわけです。税法は死神的存在といわれておるのです。「今回の意見書において、このような税法の干渉を退けて、」つまり死神的存在とならぬようにして、「企業の自主的経理を基本として税法がこれを原則的に鵜呑みにするという根本理念を打ち出したことは画期的なことで誠に喜ばしい。企業の自主的経理を認めるというからには、税法として余計な規定や取扱通達を定めている点につき早急に改めることとし、企業会計慣行に委ねて貰わねばならない。」これはどうです。実にずうずうしい。こういうことを堂々といっております。

そしてそのほかにいろいろなことをいっておるけれども、こういう背景があって法人税法の二十二条四項ができており、それと実質上内容が同じものとして商法三十二条がいま改正されようとしておる。ここに大きな問題点がある。それは現在の企業の会計操作が行われようとしておるときに、国民の租税回避行為を許さないという見地から見ても断じて黙過することのできない論点だと私は思う。大蔵省はどう思いますか。「税法はこの自主的な企業会計の上に、そのまま乗っかって課税することとすべきであるといい切っている点に注目しなければならない。」この意見書が大幅に採用されたといっているのですよ。

○伊豫田説明員　そのまま乗って課税すると言い切っているところに注目しなければならないと居林さんはいっておられるようですが、その点は、別段の定めのある場合を除きということになっておりますので、事実が違っているのではないかと考えております。

○正森委員　あなたは別段の定めがあるときとおっしゃいましたが、その別段の定めはどんどんやめろといっているんじゃないですか。

○伊豫田説明員　それは居林さんがいっておられるので、私としては個人の意見に対してこれ以上申し上げたくないと考えておりますが、全面的に賛成ではございません。

○正森委員　それでは居林さんが少し出過ぎましたから、今度は大蔵省の役人がどういうことをいっておられるかを聞いていきたいと思います。

あなた方のところに塩崎潤という方はおられますか。それからまた国税庁の審理課の課長であった大塚俊二という人はおられますか。

○伊豫田説明員　かつておられました。

○正森委員　現在の役職は……。

○伊豫田説明員　塩崎潤先生は現在、衆議院議員、それから大塚俊二さんは、正確なところを確かめまして御返答申し上げたいと考えております。

○正森委員　その塩崎潤、現在衆議院議員、元主税局長が「企業会計」の一九六七年の十一月号、「税制簡素化の意味」という論文を書いておられます。これを見ると、当時の大蔵省、特に主税局の責任者の考え方が非常によくわかる。「税制簡素化の意味と狙い」という項でこういっておる。

「第一の背景と原因は、」つまり、税制調査会の簡素化の第一次答申ですね。それが出た背景についていっておられるわけです。「第一の背景と原因は、わが国税制ないし税務行政に特徴的な強い画一主義の傾向である。」こういうことをいいまして「進歩的な近代税制は、経済社会の発展に応じて、個々の納税者が自分に適合する合理的な会計処理の方法を選択した時にこれを幅広く認容するのがその特徴である。」中略しております。「第二の背景と原因は、租税法律主義の過剰な適用である。」中略「この租税法律主義の意味するところは、税法以前の社会的事実である所得や企業利益、あるいは財産の定義や計算原理をこまかく規定するところにあるのではなく、課税標準が何か、税率はどの程度かという租税プロパーのことを法律で規定することにある。」こういうことをいいまして、結局、よその国ではそれほどしゃくし定規のことはいっておらないのだということで、企業の自主的経理をもう少し認めなきゃならないという意味のことをずっといっておられるわけです。そして「税制簡素化の一つの基本的方向」という部分で「この画一主義のできる限りの排除と相まって租税法律主義の過剰な適用をやめると、法令に拘束されないで実情に即した会計処理の下で自の気楽さか何か知らないけれども、談論風発しておられるのを読んでみると、やはり同じことを言っておられる。たとえば番場さんが、「法人税法第二十二条に加えた「一般に公正妥当と認められる会計処理の基準に従って計算……」という条文を受けての通達は別につくらないということですか。」こう質問をしたのに対して、大塚国税庁審理課長は、「第二十二条第四項に規定する「公正妥当な会計処理の基準」とは何であるかということを、これはどうも私どもの能力ではきめられそうもありません。ただ、そういった通達はしないにしても、さきほど申し上げましたように、会計方法を一つに限るというようなことではなしに、妥当なものであれば広く認めていくという方法、それぞれ個別の取扱事項をきめるところでそういった趣旨の表現にしていくということになりましょうし、」云々。そして、「もう一つは事前確認制度といいますか、納税者と税務当局の間で、経理方法を確認しあって、それを継続していく限りは税務署の所得計算もそれによっていくという事前確認制度というものを大いに今後活用していくという方向は考えられていいと思うのです。」こう言って、やはり妥当なものであれば広く認めていく、そして具体的には企業と相談をして事前確認制度でできるだけ認めていくと言っておるのですね。この事前確認制度とは、本法案の改正で行われる公認会計士の事前監査の問題とからんで、税務処理上も重要な問題になると思うのですが、それはあとで言います。

座談会をもう少し読んでいきますと、大塚「資本的支出か、修繕費かの区分の問題も、むしろ先ほど触れました事前確認制にのせて、会社のほうが一定の判断基準を設けて、それを税務当局と会社の間で、会計学上も、また税務上もなかなか問題の多いところですが、これも、いわゆる到着主義、あるいは発送したときに計算する、あるいは検収ベースで事を考えていくといういろいろの方法がございます。確かに、厳密に申しますれば、それは何日かずれる場合がございます、そのいずれの日をとるかによって。しかしそれが継続性を前提とする限り、そこに課税上の弊害なし、そこまで税法で詳しく書いていく必要はないのじゃないかということは、われわれもそのとおりだと考えておりまして、たとえば、そのような点は、画一的な問題にも問題があると言われる点も、あるいは租税法律主義を非常に厳密に最後まで書いていくところにも問題がある。社会的事実としてそれをとらえなければいけないというふうな御所論も、もちろん全体の税務の運営に弊害があってはなりませんが、弊害のない限り、一つの所論かと考えております。

○正森委員　局長の論文自体の「法令に拘束されないで実情に即した会計処理の下で自主的に申告ができて、法文にとらわれた調査範囲も縮少して否認は少なくなる。」そう言われたほんとうの趣旨、つまり、居林さんがいみじくも喝破されている、企業の会計原則の上に税法がそのまま乗っていけばいいという方向とは、両者の間におそろしいほどの符合一致があるといわなければならない。しかもこれは大蔵省の一局長の考えだけではない、勇将のもとに弱卒なしというわけで、大塚俊二という国税庁審理課の課長がいる。これは外局ですから、直接主税局長の部下ではありませんけれども、この人が一九六七年八月号、税務弘報で簡素化通達の動向という座談会に出ておられるが、ここに出ておられる方が、やはり番場嘉一郎とか、居林次雄という方々と、内輪同士主的に申告ができて、法文にとらわれた調査範囲も縮小して否認は少なくなる。むずかしい法文の字句せんさく的研究に費す時間は減少して、納税者も税務官吏も税理士も会計検査官吏ももう少し生産性の高い部面や健全なレクリエイションに時間を回すことができる。」こういっております。

つまり、あなた方の一番の責任者であった塩崎主税局長は、まず第一に租税法律主義という憲法のいうておる最も根本原則の過剰な適用をやめろ、そして「法令に拘束されないで実情に即した会計処理の下で自主的に申告ができて、法文にとらわれた調査範囲も縮小して否認は少なくなる。」こうやるべきである、これが基本方向であるといっているんです。居林さんとよく似ているじゃないですか。そうするとその局長がこういうようにいうておる。私個人は意見が違いますと言うが、それじゃ局長の意見はどうなんです。当時の局長だ。

○伊豫田説明員　当時の塩崎局長が書かれたものの中に、画一的取り扱いに問題がある、それから、そのすべてを法律で最後まで書いていってしまおうという、租税法律主義を非常に強く解するところにまた問題があると言っておられるのは、考え方としては確かにそのとおりだと考えておりますが、ただすべてはバランスの問題でして、税は、執行の限界もございますし、適正な税務の運営は、税制のあり方と同時に、それにバランスのとれた税の執行の力を伴わなければならない、このように考えておりますので、いかにしたらば正しく税務が運営できるか、そういう意味から、全く画一的なしゃくし定規と申しますか、すべてはこれ一つでなければいけないという考え方ですべてを律してまいりますと、たとえば収益をどう計上するか、収益計上の時期の問題は確認をしてやっていくというような方法がだんだんできてくれば、そういう面の否認のケースは少なくなっていくのではないかと思いますね。」居林「その事前確認制度というのは今度の通達にお触れになりますか。」大塚「具体的にどこでそういうものを入れるかどうかはまだ検討していませんが、私自身国税局におりました当時、一応そういうことで、会社側がある基準をつくって、それで修繕費と資本的支出を区分するという申出があり、原則としてけっこうですと言った事例はございます。」居林「そうしますと、」ここが大事ですよ。「今度第二十二条なんかが入ったから、公正妥当な会計慣行だということで、そういうことを、通達があろうとなかろうと実際にやってもかまわんわけですね。」大塚「問題は会社の基準が妥当かどうかということでしょうね。実際執行の面でも、大きい会社になりますと一々修繕費の中味を洗って、これは資本的支出か、どうかを判断していくのはとてもたいへんですね。ですから、会社のほうで公正妥当な基準をつくっていただいて、それを事前に了解しあって処理していくということになれば、非常に進歩だと思うのです。税務行政としても。」こう言っておる。どうです、居林さんは「第二十二条なんかが入ったから、公正妥当な会計慣行だということで、そういうことを、通達があろうとなかろうと実際にやってもかまわんわけですね。」こう言って、そして勇将のもとに弱卒なしで、審理課の課長ともあろうものが、おれのところの通達を尊重してもらわねばいかぬということは一言も言わないで、事前に相談し合って、了解し合ってやっていくことになるでしょうねと、居林さんのことばを事実上肯定しているじゃありませんか。つまり下は課長から、上は局長まで、全部経団連の一連の要望あるいは意見書に沿った発言をし、行政をしているのではありませんか。そしてそれが今度税法と商法と企業会計原則で一体になる、これが商法三十二条の一番問題点ではないかと思いますが、あなたの役所の方の発言について、いやいやそうではないという弁護がありましたら、答弁してください。

○伊豫田説明員　ただいま読まれましたものを伺っておりますと、居林さんの所見に対して答えられている大塚さんのお答えは、公正妥当な会計慣行であればということを言っておられまして、何が何でも企業の判断でやったものをそのまま認めるという趣旨では全くなく、かりに通達に書いてなくとも、それが公正妥当な会計慣行、会計基準、会計処理基準であればという趣旨でお話になっているものと考えております。

○正森委員　そういうように弁護なさいますが、「会社のほうで公正妥当な基準をつくっていただいて、それを事前に了解しあって処理していくということになれば、非常に進歩だと思うのです。」こう言っているのです。だから、公正妥当なものは会社がつくってください、ただ、それは事前にちょっとお見せいただけば事前確認ということで私どもも都合がよろしゅうございます、こういっておるにすぎないのでしょう。経団連はよけいな干渉をするな、よけいな通達で企業の自主的経理を乱すな、こういっているんです。こういう一連の流れを見ると、法人税法の二十二条四項とは、そういう意図のもとに改正され、それと事実上、内容的にはほぼ変わらないものが商法三十二条の中に入ってくると私は思うのですね。

そうなると、現在の社会情勢のもとでどこに問題が起こるのだろうかを私は少し申し上げたいと思うのです。いままでも答弁のことばの中にも出ておりましたし、また私が手元に持っております「税制簡素化についての第一次答申」でも必ず留保がついているのですね。「課税所得は、納税者たる企業が継続して適用する健全な会計慣行によって計算する旨の基本規定を設けるとともに、」こういうことで、それならば尊重するとなっているんですね。あなたの答弁でも継続してということばがどこかの段階で、入っていると思うのですね。ところが今度の商法の改正ではどうなります。商法にはもともと厳密な意味での継続性の原則はございませんでしたけれども、企業会計原則では継続性の原則があった。今度の改正の中では継続性の原則が非常にゆるめられて、「正当な理由」がなくても「みだりに」でなければいい、こういうことになったのは周知のとおりです。そうすると、継続して適用されることを条件として、まあまあ企業がきめたことはこうして通すとなっていたのが、継続して適用されることについて大きく歯どめをとめてしまうということになれば、これは非常な問題であり、減価償却の方法にしろ何にしろ変えていって、ある場合には利益を出し、出さないということが行われることになると思うのです。これは私が昨年の六月五日にも簡単に指摘しましたし、他の議員も言われたと思うのですが、それについて現下の情勢から見て、こういう企業会計原則の修正がプラスになるのかならないのかを御答弁願いたいと思います。

○田中説明員　その点は、商法との関係で「正当な理由」が適法か違法かの問題に発展する関係もあってそのことばは落ちた。しかし、私どもの従来から考えている継続性の原則の適用に関する態度はいさささかも後退しないつもりだという点は何度も申し上げているところですが、この点につきまして、たとえば従来の評価によっていては適正な評価ができない場合とか、あるいはかなり相当期間ある方針を継続してやっていたとか、あるいはこれからも新しい基準によって相当期間継続するとか、あるいは一つ一つについては理由、理屈はあるけれども、全体として見るときには、利益の平準化等、財務諸表に著しい影響を与えることを目的とすることが明らかである場合は、やはり好ましくないといっておられる会計学者もおりまして、そういう意見も傾聴に値しますので、これからそういう点を踏まえまして、現実に公認会計士協会等において公認会計士に対してそういった指導基準を出すかどうかが検討されていくのではないかというようなことが期待されると考えます。

○正森委員　いま現在法案を審議しているのに、期待されるということでは困るんですね。期待されるなら期待されて、できたものをこの法務委員会に出していただいて、私たちがこれならけっこうだというようにしていただかなければ、期待だけはされておっても、現在はないわけですから。

「正当な理由」が省略されましたが、それならば、原則としてこれを変更してはならないという文言でも入れられなかったのですか。

○田中説明員　この点は、当時私おりませんで、その辺の経緯がどうであったかさだかでございませんが、私が聞きました限りでは、三十二条の「公正ナル会計慣行ヲ斟酌スベシ」の内容になっていくという意味で、「正当な理由」は誤解を防ぐために取られたと承知しております。したがいまして、原則として云々で切ったかどうかは、その間の事情をつまびらかにいたしません。

○正森委員　それではその間の事情を番場嘉一郎氏に語ってもらいたいと思います。「企業会計原則修正案の解説」という経団連パンフレット、ナンバー一〇五の中の記事で、なぜこういうことになったかを番場嘉一郎氏がいうておる。どういうようにいうておるかというと、継続性の原則を「変更をしても、どういうわけで変更したかということを調べるようなことを、商法としてはするわけではない。変更があれば、これをいちいち当局が、この変更は困る、だから取り消せ、というようなことを商法としてはいうわけではないのであります。会計原則および注解では、こういう線を出したつもりであります。」こういいまして、「みだりに」という文字が残っておるがこれはなぜかということに少しお触れになって「「みだりに」ということばのかわりにほかのことばを当てはめましても、どうもうまくない。この点はどうもうまく直せないから、このまま置こうということになりました。また「みだりに変更するなといえば、何となくわかるではないか。やたらに毎期毎期継続性の変更をすることは、商法としても許せない。だから、みだりにというぐらいのことはあっても差しつかえない」というような商法学者の発言があったりして、この点が残ったわけです。「みだりに」のかわりに「原則としてこれを変更してはならない」とする案もありましたが、これはかえって厳しくなるという心配もありまして、結局、「みだりに変更しない」というように記述することになりました。」こういっている。これは企業会計審議会の一員でもあり、有力者ですから、正しいと思うんです。つまり、「正当な理由」を削ったことは、変更してもどういうわけで変更したんだ、企業はこれがぐあいが悪いから、当局が取り消せということをいえないようにしたんだ、「原則としてこれを変更してはならない」とするとかえってきびしくなっちゃう、だからわけのわからない「みだりに」ということばで、ことし変え、来年変え、去年もまた変えたということでなければよろしいんだということにしたんだ、こういっているのでしょう。

これは現下の情勢から見て非常に問題があるということを、あなた方はお認めになっているでしょう。

○田中説明員　もし番場委員のそこでいっておられることが、個人の意見にとどまらず、ほかの委員も何となくそういう雰囲気であったということであれば、次に招集しますときにはその点も十分注意を申し上げたいと思います。そして継続性の原則に関しましては、会計学者の意見なども踏まえまして、私ども期待されると先ほど申しましたが、ある程度指導もしていきたい。ただ、現在は非常に、大企業の利益隠しとかあるいは隠れみのとかいう観点からいわれておりますが、経済には好景気のときも不況のときもございますし、不況の際に株式会社は大中小を問わず商法に従うし、今度の企業会計原則を十分しんしゃくされるわけですから、その点に関する配慮もございますので、さっき申し上げました会計学者の意見なども踏まえ、かつ、ただいま申し上げた点も踏まえまして、十分な指導をやっていきたいと率直に考えている次第です。

○正森委員　田中さんは非常に率直に、企業会計審議会を開いて注意したいと言われます。そうおっしゃる誠意は私は認めますけれども、国会議員の立場とすれば、法案が通ってしまってからまた企業会計審議会を開いて注意申したりして、場合によっては字句を直したり、あるいは了解事項はないんだと言われても、現在はわからないのですから、どういうぐあいになるかは。だから、三十二条の中身がよくわからないまま法案を通過させることに結局はならざるを得ない。しかも答弁を聞いていると、居林さんや番場さんの解釈がまかり通るとなれば問題だと、そしてその解釈を許す文言自体にも問題があると受け取れる答弁だとなれば、われわれとしては、そんなあやふやなものを国会で通すわけにはいかないのですね。三月三日の読売新聞を持ってきましたけれども、「大蔵省、税制・証券行政面から　減価償却変更認めない　たな卸し評価替えも」こういう大きな見出しですね。それを読んでみますと「石油危機に便乗した値上げで超過利得を得た数多くの大企業はいま合法的な〝利益隠し〟に躍起となっているが、大蔵省は二日、税制と証券行政の両面からこうした利益操作を厳しく監視し、封じ込める方針を決めた。具体的には①税制面では国税庁が今週早々、全国の税務署長あて「上申制度の強化」について通達、これまで税務署長の権限で審査、承認してきた減価償却方法と、たな卸し資産の再評価の変更は原則として認めない②証券行政面では、公認会計士協会や証券会社を通じて企業会計原則に合っていても社会常識を逸脱した決算をしないよう指導し、黒字を少なく見せる〝逆粉飾〟が明らかになれば上場停止という強い措置もとる」というもの」こう書いているんですね。こういう措置をとったのかどうか伺いましょう。

○田中説明員　私どもの証券局に関する限りは、そこにある措置はまだとっておりません。

○甲斐説明員　たなおろし資産の評価方法や有価証券の評価方法及び減価償却資産の償却方法の変更の承認という件は、法令の定めるところに従いまして厳正に処理してまいってきておりますが、現下の情勢では好ましくない経理操作が行われるおそれもありまして、より一そうその取り扱いを厳格かつ慎重にする必要があると考えますので、現在、これに関する通達を近々発遣する見込みです。

○正森委員　そうすると、国税庁はこの新聞の記事を、時間の前後はあるにしろほぼ認められたと解釈していいと思うのです。そうすると、私は委員長にもお聞き願いたいんですが、もともと現在の企業会計原則では「企業会計は、その処理の原則及び手続を毎期継続して適用し、みだりにこれを変更してはならない。正当な理由によって、会計処理の原則又は手続に重要な変更を加えたときは、これを財務諸表に注記しなければならない。」こうなっておって、ものごとの当然からいって、正当な理由がなきゃ変えたらいかぬ、変えたときでもこういう措置をとれとなっておるんですね。そういう現行の企業会計原則のもとでもなおかつ利益隠しが行われたらいかないから今期は変えちゃいかないと、評価方法とか減価償却のやり方が、こうなっておるのに、もし商法が通り、企業会計審議会で修正企業会計原則が出ている案のままで制定されるとすれば、今度は「企業会計は、その処理の原則及び手続を毎期継続して適用し、みだりにこれを変更してはならない。」となって、正当な理由がなくても変えてよいことになり、そして番場さんによれば、変えたからといって、それはなぜ変えたんだ、取り消せといえなくなるんだとなる。そうすれば、まさに現在商法が変えようとしている方向は、大蔵省が庶民を納得させるためにとろうとしている方向と、まっこうから反することをこの国会で通過させようとしていることになるじゃありませんか。それなら、こんな商法改正はやらないほうがよろしい。やるなら、大蔵省のこういう行政措置をとらなくても、法自体の中にそれの歯どめがある状況に変えるべきであるのが理の当然ではありませんか。いまからでもおそくない、早いことあやまちを改めて、商法の審議をやめるようにしたらどうですか。

○田中説明員　先ほどの三月三日の新聞に先立ちまして、実は二月十八日に公認会計士協会の会長から「現状下における監査に対する要望」というものを会員各位に送りまして、その中で「各企業が近く到来する決算期において、利益を過大もしくは過小に表示するため、みだりに引当金を操作し、または減価償却費の計算方法ないしはたな卸資産の評価方法をみだりに変更し、あるいは関係会社取引を通じての利益調節を行うことはないと信じるが、万一あったならば、企業に対する国民の信頼感が失われるところ顕著なるものがあると考える。会員各位におかれては、このことに留意し、財務諸表の粉飾は利益を過大に表示すると過小に表示するとを問わず、厳正なる監査の姿勢をもって臨むと同時に、これらを未然に防止するため、企業に対してあらかじめ指導的役割を十分に果たすことをここに要望する。」というのが出されております。

○正森委員　いまの答弁は、審議官としてはやむを得ないのかもしれませんけれども、私の質問に対して何ら正面からお答えになっていない。つまり現在の厳格な継続性の原則でも、こういうことをやるから、減価償却の変更は認めないようにしようというのが国税庁の考えです。ところが、まさにそのときに、継続性の原則をゆるめるような、変更をなぜしたかは問題にしないでよろしい、それを行政官庁が取り消せと言われないでよろしいという方向に変えよう、これは大きな矛盾ではないか。もし商法改正がほんとうにいいものなら、大蔵省の行政指導はやらないで、商法改正はけっこうだから、これが通ればもっともっとよくなるのだというPRをしてもよさそうなものだ。全く逆なことをやっているじゃないですか。ということは、現在の商法改正が庶民の感情から見ても、経済情勢からいっても全く時宜に合わないものであり、大企業の利益隠しを促進する役割りしか果たさないことを明らかに示しており、それを大蔵省も認めているということではありませんか。あなたの意見をもう一度率直に伺いたい。

○田中説明員　「正当な理由」云々が削られましたのは、商法との関連においての法律論によるものと聞いております。公認会計士の判断として、従来、妥当ないし適切と判断していたものはそのとおりで、その判断の方法が後退することは絶対にあってはならないので、正当な理由の有無にかかわらず、従来同様ないしそれ以上に厳格な指導原理を出したいと希望を持っておりまして、第一次的には、公認会計士協会長からの通達が出ております。そしてやがて国税庁から通達が出されますれば、私どもとしても公認会計士協会長を通じて、どのような通達を出すか、十分相談にあずかりつつ善処していきたいと考えております。

○正森委員　正面からのお答えがない。行政指導をお取り消しになる御意思もなく、逆に強化されるような御意向と承りましたが、そのことは間接的に現在の商法改正がいかに社会情勢に合致しないかを裏から認められたものであり、これ以上追及しませんが、しかし二度までお答え願ったけれども、あなたの答弁を聞いておりますと、今度の商法改正は、大蔵省のこういう行政指導から見ても明らかに反するし、時代に逆行するものであると思わざるを得ないんです。

商法の二百八十七条ノ二には特定引当金がありますが、元来、特定引当金は商法にあるものであって、本来企業会計原則にはないものではなかったのですか。

○川島(一)政府委員　商法には三十七年の改正で加えられたという経過になっておりますが、企業会計原則がどうなっておりましたか、私、承知しておりませんのでお答えいたしかねます。

○正森委員　負債性引当金はございますよ。しかし、今度の商法改正は、学者やら公認会計士がしばしば言っておるように、一番の問題点は、商法には継続性の原則はかちっとしたものはない、企業会計原則にはちゃんとある、これをどう調整するか。商法二百八十七条ノ二には、特定引当金という株主総会が認めればどうでもなるようなものがある。ところが企業会計原則の立場からいえば、負債性引当金、それは限度がありますが、それは別として、商法のいうような――これは学説で狭義の解釈と広義の解釈があるようですが、広義の解釈が通っておりますから、広義の解釈における商法の特定引当金は企業会計原則から認められない、その矛盾をどういうぐあいに調整するかで非常にもめたんでしょうが。そんなことを民事局長ともあろう方が御存じないはずはないですよ。

○川島(一)政府委員　現行の企業原則で参りますと、ただ引き当て金があるわけですが、特定引当金というような区別は特にないわけです。

○正森委員　ないのでしょう、企業会計原則には。

○川島(一)政府委員　ですから現在の企業会計原則で参りますと、この引き当て金の中に、特定引当金とおそらくそれ以外の負債性引当金もあわせて規定されておったということになるのではないかと思います。

○正森委員　そんな解釈でいいんですか、大蔵省。これは珍説じゃないですか。

○田中説明員　従来の原則は、「引当金について」というところに、「引当金には評価勘定に属するものと負債的性質をもつものとの区別があるが、後者については、流動負債に属するものと固定負債に属するものとを区別する必要がある。」と書いてございまして、特定引当金をそのまま直接引用した文言はございません。

○正森委員　そうですね。そこで今度の修正企業会計原則では、「注14」と「注18」ではっきりと「負債性引当金以外の引当金について」と「負債性引当金について」に区別して記載されて、そして負債性引当金以外の引き当て金は、別のところに「未処分損益計算の区分に記載する。」となったと思うのですね。そこで川島局長、どうもそういうことですから、あなたの答弁と合ってたのか違ってたのか知りませんけれども、しかしあなたの答弁では少なくとも不正確だったと思うのです。

今度の修正企業会計原則によると、負債性引当金もいろいろ例示されまして、言うたら非常に幅広く認められることになったのではないでしょうか。

○田中説明員　負債性引当金は、今回は従来よりも定義をはっきりいたしまして、「将来において特定の費用たる支出が確実に起ると予想され、当該支出の原因となる事実が当期においてすでに存在しており、当該支出の金額を合理的に見積もることができる場合には、その年度の収益の負担に属する金額を負債性引当金として計上し、特定の引当金と区別しなければならない。」と限定しまして例証をここに掲げているわけです。したがいまして、これは負債そのものであるものがこれに該当しているわけです。

○正森委員　あなたはそうおっしゃいますけれども、番場さんや居林さんの御所見を承りますと、少なくとも経団連は理解していませんね。そして特に「負債性引当金以外の引当金について」などでは非常に広く解釈しようとしておると言えると思うのです。

「負債性引当金以外の引当金を計上することが法令によつて認められているときは、」という法令とはどういうものを言うのですか。

○川島（一）政府委員　商法二百八十七条の二の規定による「引当金」はまさにここに言う法令によって認められているものだと言えると思います。

○正森委員　そうだとすると、今度の注14によって商法の二百八十七条の二がそのまままもろに入ってくることになると思います。そうだとすると、こういう「負債性引当金以外の引当金」とは、いままではそれを引き当て金で負債の部だとかあるいは第四区分か何か知りませんけれども、そういうところへ入れておけば公認会計士が当然これに対して限定意見を書くようになっていたと思うのですが、今度の企業会計原則が修正されると、当然公認会計士は限定意見を付さないことになると思いますが、そうですか。

○田中説明員　法令の認める特定引当金であれば、いまのような特掲をすれば限定意見は付さないことになっております。

○正森委員　その中には現在の企業会計原則なら限定意見を付されるものも当然あるわけですね。

○田中説明員　おっしゃいますとおり現在は会計の観点から利益剰余金と考えるべきものがあるということで、そういうものは限定意見を付しておりましたので、その意味においては先生のおっしゃるとおりです。

○正森委員　番場氏の御所見をもう一度引用したいと思いますが、同じ経団連パンフレットの一〇五で、三五ページの部分と三九ページを若干引用しますが、「バランスシートの貸方を、負債の部と引当金の部と資本の部の三つに分けて、特定引当金は引当金の部に書くことも考えました。特定引当金は負債にもあらず、資本にもあらず、まあ第三国的な存在であるという案を練っていたのですが、負債でもない、資本でもないという性質のものがあることは困る、という商法筋のご意見がありまして、最後に引当金の部を負債の部の中に属させることになりました。」云々と書いてありまして、長いですから途中から読みますが、「監査という点からいいますと、本来のまともな意味の引当金、いま決算整理のときに費用をたてなくては過大な利益の計上になるので、費用をたてなければいけないのだというときに引当てて、この貸方は○○引当金とします。こういう引当金と価格変動準備金や海外市場開拓準備金のごときものの繰入額というものとは、はっきり区別してもらうということでないと監査がやりにくくてしようがないわけです。これが監査意見で、常に限定がつくということを避けるためには、損益計算書においても区分を異にする第四区分に特定引当金を書くことにし、またバランスシートにおいても、本来の引当金の残高と特定引当金の残高とは区別してはっきり書く、こういうことでなくては監査上とても困る。それがもしも実現できないとしたら、今度の修正案には全面的に反対するということで、今度は公認会計士の方からはっぱがかけられたわけです。もう右すれば何とか、左すれば何とかというこ とで進退ここにきわまるというような場面もありまして、この点だけは何とか渋谷さん、」渋谷さんは御承知の方も多いと思いますが、経団連の経理懇談会の委員長です。「渋谷さん、居林さんにお願いし、がまんしてくださいといった結果がこんなふうになってきたわけです。そのかわり、まともな引当金というその引当金の解釈を」というのは負債性引当金のことだと思いますが、「少し拡大解釈をしましょうという、そういう話をとりつけました。負債性引当金というものを厳密に解釈すると、これもだめ、あれもだめということになるが、修正案では、これもいい、あれもいいというふうに、まともな引当金の概念というものを拡大することによって、そこのところを吸収しましょうということで目をつぶっていただいたのです。そこで、まともな費用というよりも、損失的なものの引当金計上ということもなるべく認めるようにしようという了解があったわけです。具体的にどんなものをすくいあげるか、この点は各会社に公認会計士がタッチするわけです。公認会計士の方で具体的な問題をとり上げまして、公認会計士協会において会社の方にご都合のよいような線で結論が出るように検討をしてもらう。だから、具体的な引当金について、これはまともな引当金に入るかあるいは負債性以外の引当金か、この点の具体的な決定というものは、今後に残されているというふうに御了解いただいて結構です。」と言っております。

で、つづめて言いますと、まともな引き当て金についてこれを拡大解釈する。それ以外の引き当て金も今度は入れたことで、公認会計士が会社のほうに御都合のいい線で結論が出るように検討してもらうことになった、こう言っているのですね。これは非常にゆゆしい問題ではないかと思うのです。それでなくてさえ、巷間いわれているところでは、負債性引当金のほかに特定引当金という項目を設けて、しかもそれを負債の部に入れることになれば、利益が多ければ多いほど負債も多い、そういう現象もこれは商業帳簿上出てくるんだといわれておるときに、こういうことをおっしゃると、これは世間の誤解を招くだけでなしに、商法改正が現実にはどういう作用を果たすかについて、重大な疑いを持たざるを得ないと思うのです。それについてどう思われますか。これを、企業会計審議会を開いてただすべきはただすと思われますか、その点を伺いたいと思います。

○田中説明員 商法に二百八十七条の二の特定引当金が厳然としてございます。そこで、従来に比して、評価性引当金あるいは負債性引当金は非常にきちりとしぼりまして、負債性がきわめて強いものだけを負債性引当金とする。特定引当金は、あの条文にも、特定の支出、または損失に備うるためとありますので、どうしても広い概念だと思います。したがいまして、これは評価性引当金ないし負債性引当金以外のものと考えられるわけです。ただ、今回商法に企業会計原則がいわばドッキングする過程におきまして、法令で認められているものは適法なのであるから、認めざるを得ない。ただ、その場合に、当期損益勘定にかかわらしめないで、純損益を出したあとに、第四区分として未処分損益計算というところにはっきり明示するというやり方をしたわけです。そうして、バランスシートには、負債の部に特定引当金を設けるということになりました。さてそこで、公認会計士等は、今回この特定引当金を認めるかどうかが、違法適法の問題にかかわりますので、参議院並びにこちらの委員会におきまして、公認会計士は商法二百八十七条の二の解釈、指導原理について法務省の御指示を仰ぎたいと思うのではないかと申し上げたのですが、特定引当金も、何でもかんでもいいのではなくて、合理的な範囲にとどめられるべきは当然です。そこで、もし法務省におかれまして、そのようなことをしていただきますれば、その範囲のものは適法であると同時に、会計処理上も何ら限定意見を付する必要がない。それはだめだよというものであれば、商法では違法になりますし、会計処理の面ではこれは不適正となりまして、きわめてすっきりするわけですが、その点は、私ども公認会計士がどのような希望を持って、どう対処するか、文書照会などで法務省にお伺いを出すのかどうか、はっきりしませんが、法務省も、どのような御態度をお持ちかは、今後よく御相談したいと思っております。

○正森委員 私は田中さんが御危惧されるのは当然だし、そして法務省は厳然とした態度をとりませんと、税法上も非常な問題になる、こう思うのですね。たとえば、経団連パンフレットナンバー一〇五で、居林氏が一問一答を行っております、疑問に答えるという形で。その中でどういうことを言っているか。「[問] 商法二百八十七条の二の引当金を広義に解して、引当金を手厚く計上しても新しい制度の下では公認会計士が限定意見を付することはないか。」こういう問いに対して、「[答] 修正案では、商法二百八十七条の二の引当金を広義に解しても差支えないという立場を取っており、このために、注解14で「負債性引当金以外の引当金」という表現をした。会社が負債性引当金以外の引当金よりも広い引当金を計上するときは、損益計算書では「未処分損益の部」に、貸借対照表では「引当金の部」に記載してあれば、公認会計士はこれにつき「負債性引当金に該当しないので利益が過少に表示されている」と限定意見ないし不適正意見を付する必要がない。これが今回の修正案の現実版と言われるゆえんである。ただし、広義に解するからと言っても、商法二百八十七条の二に該当しないような違法なものを計上することは許されない。」これはあたりまえの話です。前段の部分を読んでごらんなさい、こういうことを言っているのですね。だから、これを見ると、特定引当金という意図が経団連ではどういうものであったかはきわめて明らかですね。これに対して何らの歯どめがないということになれば、商法改正は現下の経済情勢から見るとてんでもないことになると思います。

そこでもともと商法と企業会計原則を、田中さんの表現によれば、ドッキングさせる場合に、継続性の原則が違う、どうするか、特定引当金が一方ではあり、一方ではない。それをどうするかが大きな問題だったのです。そのいずれも企業会計原則が商法のほうに譲って、非常にゆるやかにしてしまった。それに経団連がつけ込んでいるわけですね。そこで、そういうことを許さないために、法務省としては厳然たる態度をとる必要があるのではないか、現下の情勢から見て商法二百八十七条の二をあのまま置いておくことが問題だ、これは削除、あるいは限定的に修正するかによって、商法が企業会計原則なり庶民感情に合うように近寄る必要があると思うのです。そういう点についてどうお考えになりますか。

○川島(一)政府委員 いろいろ御指摘があったわけ

ですが、商法と企業会計原則をドッキングさせるについて、企業会計原則の修正案が従来の監査基準をゆるめることになるのではないか、こういう御疑問が中心になるわけですが、私の理解を申し上げますと、私はそのようには考えておらないわけです。先ほどの継続性の原則も、なるほど「正当な理由」ということばがなくなっております。しかしながら、みだりに変更してはならないということは、これは依然として継続性の原則は認めておる。そして従来よりもそれをゆるめる意図はないと伺っておりますし、私もゆるめることがあってはならないと思っております。

また、特定引当金の問題ですが、これも従来の会計慣行で引き当て金ということばをいろいろ広く使っておりまして、その辺に非常に複雑した問題が出てきておるわけですが、本来商法が認めておりますのは、これは負債ではない引き当て金、しかも特定の支出または損失に備えることでして、そこには合理的な範囲があるわけです。したがって、その範囲とは、今回商法の改正でその規定をいじっておりませんし、今回商法が改正されましてもその範囲が広がることはあり得ないことですし、またあってはならないことであると考えております。その点、法務省としましては、こういう点も指導をするのは方法その他の関係でむずかしい面がございますけれども、法改正の趣旨は十分徹底さしたいと思いますし、また大蔵省ともよく御相談申し上げまして遺憾のないように厳正な運営をはかっていきたい、このように考えております。

○正森委員　最後のことばだけ厳正と強く言われましたが、前段伺っておると、ちっとも厳正じゃない。法務省と大蔵省の答弁を聞いておって、大蔵省のほうがまだよっぽどましだ。問題がわかっておる。ところが法務省の民事局長の答弁を聞いておると、一時間半余り費やして一生懸命やったことが、一体何を聞いておられたのか、全然反省がないというか、こんなことで商法を改正されたのじゃ国民はたまらぬ、企業は大喜びだと思わざるを得ない。大蔵省は役所の立場からずいぶん遠慮はしておるけれども、問題はあるんだ、企業会計原則はずいぶんゆるやかになったのだ、これでいいかなと思っているんだというのが、ひしひしとこちらに響いてくるものがある。ところが川島さんの場合には全然それがない。あなた、いまの答弁は法案を通すために一生懸命そういうことを言っておられるのか、腹の底からそう思っておられるのか、そこのところを知りたい。いいですか。「みだりに」が入っているから継続性の原則はゆるめられていないといったって、大蔵省が言外に認めておるように「正当な理由」は消えちゃって、番場さんや居林さんがこういうことをぬけぬけと言っておって、新しく大蔵省が三月三日にこういう行政指導をしなければならないという状況において、みな心配しておるのですよ。それを「みだりに」があるからちっとも変わらないと、あなた去年の六月五日からちっとも進歩していないじゃないですか。このきびしい経済情勢の中で、企業会計審議会でもう少しそこが何とかならないかとか、そういうことばでもあればともかく、そういうことをしゃあしゃあとおっしゃるようでは、民事局長はわれわれが心配しているこの問題をほんとうに理解しておられるのかどうかを疑いたいと思う。

また、私は、今回の改正によって特定引当金がゆるめられることがないことを言っておるのじゃなしに、もともと企業会計原則には商法的な意味での特定引当金はなかったのです。ところが、商法の特定引当金を改正しないで企業会計原則とドッキングさせようとするから、特定引当金という項目を企業会計原則の中に何とか入れなければならない。だから「負債性引当金以外の引当金」と注解14で無理をしておるということを言っておるのであって、それはど商法二百八十七条ノ二が企業会計原則に御迷惑をかけているのに、あなたはしゃあしゃあと商法二百八十七条ノ二がこれによって悪く変えられることはないなんてもってのほかですよ。たとえば悪いけれども、まあ言えば、商法二百八十七条ノ二は劣等生なんです。企業会計原則はもうちょっと質がよかった。それを一緒にしなければいかぬからどこで手を打つかということを心配しているのに、あなたは、劣等生がこれ以上悪くなることはないというへたな答弁をしておられる。むしろ私は現在の二百八十七条ノ二にもっと厳格な歯どめをかけるものを考えられるのが現在の社会情勢からいって至当ではないか、こう聞いているのです。その点について、川島民事局長、現在の予算委員会の総括、一般などで聞かれた論議をほんとうに御承知の上でなおかつそういう御答弁をしておられるのか、それを伺いたい。

○川島（一）政府委員　現行法の引き当て金の規定がしばしば乱用されておることは問題になっておるようではございます。それも、商法の規定が不備ではないかという御指摘ですが、そもそもこの引き当て金が非常に不明確なものであると私も認めます。しかしこれは実際に合理的な経営を考えました場合に、何らか特定の支出とか費用として利益を留保せざるを得ない、こういう場合が出てくるわけでして、そのために引き当て金を認めなければならないという実際的必要のあることも事実であろうと思います。したがって問題は、いかなる要件のもとにこれを認めるかでして、もっと歯どめが必要であろうという御意見は、十分私も傾聴に値するものと思いますが、少なくともそれが改正されない現段階では、その解釈の面において、こういうものを負債の部に計上することを認めるという法律規定の趣旨からいたしまして、厳密な制限のもとにこれを認める運用をしていく、そういう解釈をしていくことが必要であろうと思うわけです。まあ私は、そういう厳重な解釈、運用のもとに商法が運営されていくよう留意をしたい、こういうことを申し上げたわけです。

○正森委員 今度の石油危機の中で便乗値上げをやりました企業が、どれくらい利益を出して、それを隠すのにどんなに苦労をしているのかは各議員が言われたと思うのです。私は最近の新聞等から申し上げたいと思うのですが、たとえば三菱油化が決算をしましたが、それを見ますと売り上げあるいは収益が非常な伸びを示しまして、経常利益は二・一倍、また実際上は償却しないでもいいものを継続性の原則を変更してみたり、いろいろなことを変えておるので、実際の利益は前期の三倍だといわれておるのです。新聞のその部分を読みますと、「決算案によると、同社の十二月期の売り上げは八百四十二億五千八百万で、前期に比べて三〇・三%増、経常利益は六十二億八千四百万円で同二・一倍、税引き利益は三十四億二千四百万円、同五三・二%増と大幅な増収増益となった。企業の本来の活動で生まれる営業収益は、前期より百九十五億八千万円ふえたが、このうち約九十九億円は販売数量の増加、約九十七億円は価格の引き上げによるものという。また、ここからですが、「営業外の費用として前期より減価償却費を九億二千九百万円、退職給与引当金を六億六千万円、試験研究費を六億五千七百万円それぞれふやした。このうち減価償却費は、この六月にスクラップにする工場設備のもので、本来なら今年六月期に計上するのを繰り上げた。このほか、投資有価証券が前期より二十三億二千二百万円ふえている。このように、決算案の経常利益の数字に入ってはいないが実質利益とみなされるものが約三十億円にのぼることは会社側も認めており、これを含めれば、実質上の利益が前期比三倍という好業績をあげたわけである。」こういうているのですね。

ですから、企業はものすごくもうけているのにまだスクラップにもなっていない工場を全部償却してしまうとかいろいろな形で利益を小さくすることをやっております。これはもうみんなが知っていることです。

あるいは住友化学も、売り上げ高は千七百九十四億円で一四・五%増収、利益は前期に比べて少し伸びた程度に終わったようですが、それがなぜかといえば、昨年の八月十二日に大分製造所で火災事故を起こして、倉庫や貯蔵製品が焼失し、三カ月の操業停止を行ったので九億九千万円の損失を計上した。だから少なくなっているのだ。「このほか、法定外の賞与引当金、販売リベートなどを有税で確保したため、法人税引当額が前期の百五十億円から二百八十億円へと大幅増、増収率の割には増益率が低く抑えられる結果になった。」こう書いてあるわけですね。つまり、操作によってどうでもできることをこれらの新聞記事は示していると思うのです。

そこで問題は、今回の商法改正が、こういうことをやりよくするものであるのか、あるいはやりにくくするものであるのか、そしてそういうことをやった場合に、いままで限定意見がついていたものは今回も限定意見がつくのか、それとも、従前なら限定意見がついていたものがつかないように、つまり適正であるということでまかり通るのかが問題なんですね。ところが、私がいままで明らかにしてきたところによれば、今回の商法改正は、公認会計士の監査を受けるということで、しかもその会計監査の基準は修正企業会計原則で変えられるわけですから、限定意見もつかないし、いろいろな利益操作がやりやすくなるように変えられるということは、これは議論の余地がないと思うのですね。これは現在の情勢から見て非常に重大なことであると思うのですけれども、それはどう思いますか。

○川島（一）政府委員 商法が、決算をする規定をいろいろ設けておりますが、その目的は会社の財産状態を明らかにして、それによって利益を投資者である株主に配当すべき金がどれくらいあるかを示す、これが一つです。それからもう一つは、会社の財産状況を公開しまして、広く債権者その他の者に知らしめるという取引上の関係があろうと思います。そういった意味におきまして会社の経理を明らかにするわけですので、この引き当て金ですが、引き当て金が、本来負債であるものを含んだいわゆる負債性引当金も引き当て金としてごっちゃになっておりますと、会社の経理がはっきり正確に示されないことになります。そこで、商法のいわゆる特定引当金、これは負債ではございませんので、むしろ利益の留保であることをはっきり明示しておるわけですから、その意味では、利益隠しとは厳密な意味では当たらないと思います。ただ、それならば引き当て金を幾ら計上してもいいのかと申しますと、これは商法にありますように、合理的な限度で計上しなければならないことになりますので、そのルールに従う限りは、会社の経理は一応正しく、商法の意図しております目的どおりに示されることになると思うわけです。

それから、償却の問題も、商法は「相当ノ償却」といっております。この相当なの意味も問題になるわけですけれども、会計の公正な慣行に従ってやるという限度におきまして、会社の経理内容を正しく示すことになろうと思うわけです。ただ、いろいろいまお示しになりました会社の例ですが、その会社の実情を詳しく具体的には存じませんので、それが直ちに不当であるかわかりませんけれども、そこは専門である監査役とか、今度商法が改正できますれば会計監査人が、それぞれの立場から公正な判断をしていただくことによって正しく経理が行われることになるんではなかろうか、こう期待をいたしておる次第です。今度の商法改正によって悪くなるのではないかという御懸念ですけれども、もっぱら問題になっております企業会計原則の修正が、正しい形で行われることになりますれば、先ほど申し上げましたように、会社の経理が正されることになるので、御心配の経理が、かえっていろいろ不正な操作が行われることはないと信じておるし、またそれを希望しておる次第です。

○正森委員　信じ、希望しておることは非常にけっこうなことですが、旧日本軍も必勝を信じ、勝つことを期待しておりましたが、しかし結果はごらんのとおりですね。現実にこの商法改正はそうならないんじゃないか。たとえば、松下電器産業株式会社の有価証券報告書があります。その一五ページを見ますと、柳田栄次さんという方の監査報告書が載っておりますが、「監査の意見」を見ますと「監査の結果、会社の採用する会計処理の原則及び手続は、価格変動準備金が税法の限度を超えているので、その全額六十六億九千七百万円は利益剰余金とみ、それだけ当期未処分利益剰余金が少なく表示されていることになることを除き、一般に公正妥当と認められる企業会計の基準に準拠し、かつ、前事業年度と同一の基準に従って継続して適用されており、また財務諸表の表示方法は、法令の定めるところに準拠しているものと認めた。」云々と、こう書いてあるんですね。そこで、こういう場合の、この「表示されていることになることを除き」とは、これは限定意見だと思うのですが、今度商法が変わり、企業会計原則が変わりますと、こういう点はどうなりますか。

○田中説明員　その点が継続性の原則にかかわるものですれば、それは、みだりにであれば当然意見がつきますし、みだりでない場合でも、その理由なり影響額は一々書くことになっております。それがたとえば特定引当金に関するもので、商法によって認められたものであれば、これは限定意見はつかない。認められないものであればはっきり限定意見がつくことになると思います。

○正森委員　認められるものであれば限定意見はつかずというのはあたりまえの話じゃないですか。私はその前に大蔵省の方にもこれを実際に見せて伺いましたけれども、これを読んで、そういう場合には今度の商法改正になれば、限定意見はつかないことになるという趣旨のことをおっしゃいました。おそらくそうなるのでしょう。結局こういうように経済情勢が非常に庶民の憤激を買っておるときに、実際上は限定意見を公認会計士がつけなくてもいいようにいいようにと今度の商法改正ではなるわけです。そしてそれが税法の上でも必ずや反映するに違いないことを経団連は言っているんですね。

あなた方は商法の改正案を提出をされる前に商法についての「民事局参事官室試案」を昭和四十三年九月三日につくられました。その中で、第八の「監査役の報告書の記載事項」があります。それを見ますと、(5)のところに「商法第二百八十七条ノ二の引当金が設定されているときは、その設定が必要か否か。」という項目が監査役の監査しなければならない項目の中に入っておりました。ところが、このたびの改正案を見ますと、こういう明確な文言では入っていないようです。そこで、それが除外された理由は一体何なのか、除外されたとしたらこういう問題については一体どうなるのか、その二つについて伺いたい。

○川島(一)政府委員　お示しの点ですが、参事局室の試案の第八の(5)の引当金の設定が必要かいなか、これを報告書に記載することが削除されておりますが、これは改正案におきましては、二百八十一条ノ三の二項に監査報告書の記載事項がございます。このうちの第三号「貸借対照表及損益計算書ガ法令及定款ニ従ヒ会社ノ財産及損益ノ状況ヲ正シク示シタルモノナルトキハ其ノ旨」、この中に含まれるということで特に独立した項目を設けなかったわけです。

○正森委員　商法二百八十一条ノ三の第二項の三号だ、こういうことのようですが、しかし、「商法二百八十七条ノ二の引当金が設定されているときは、その設定が必要か否か。」と書いてありますと、その必要性も判断できることが非常にはっきりするんですね、民事局参事官の案では。ところが、今度提案されたものは三号では、「貸借対照表及損益計算書ガ法令及定款ニ従ヒ会社ノ財産及損益ノ状況ヲ正シク示シタルモノナルトキハ其ノ旨」と、必要性ははっきりあらわれていないように思うんですね。それは、必要性まで判断さしたのではぐあいが悪いというので削ったのじゃないですか。

○川島（一）政府委員　これは、最終的にはその後、商法部会で要綱を作成したときに、その要綱が現行法の形に改められたわけでして、必要かいなかが実質的な判断を含むので、現在よりも少し判断の余地が広いのではないか、そういう感じはしないことはございませんが、法制審議会の審議の結果、そこにひとつまとめておけばいいのではないかということになった経過はよくわかりませんが、大体それで足りるという考えで落としたのではなかろうかと推測する次第です。

○正森委員　私がなぜそういう点を伺うかといいますと、民事局参事官の、必要性の有無も判断するとは非常に重要な点でして、それがわざわざ削られておるのは、経団連も言っていることですが、せっかく特定引当金でフリーパスになっておるのに、その必要性の有無まで意見を書かれたらかなわないということで、あまり露骨に出さないほうがよろしいとわざわざ削除されたといわれておるんですね。しかも前の民事局参事官の試案では、監査役は必要性の有無について監査できるけれども、公認会計士は、五号はわざわざ除かれておるんですね。だから諸論文では、公認会計士とは特定引当金の必要性の有無については解釈できないんだ、そこから除外しておるんだといわれておるんですね。そうだとしますと、そういう議論があったにもかかわらず、わざわざこういうのを落とされたのはあいまいもことして、公認会計士の権限を狭める。しかし狭めたとははっきり表現しないほうがいいというかね合いがあってそういう条文になったのではないか。それなら公認会計士の実際上の権限とはきわめて技術的なものに限定されざるを得ないと思うのですが、そういうのは単なる危惧ですか。

○川島（一）政府委員　仰せのような経過をたどっておるようですが、どういう理由でそういう変更が行われたかは、私、承知しておりません。ただ、現在の改正案の法令に適合しているかどうかとの審査を行う場合に、引き当て金の必要性はむしろ含めて考えるべき問題ではなかろうかと思うわけです。商法が、特定の支出または損失に備えるといっておりますす、これはきわめて合理的なものでなければならないという見地から考えますと、その合理性を越える場合には法令に適合しないものである、法令に反することがいえるのであろうと思うわけでして、その辺は別に書いてあったほうが一そうはっきりすることはあろうかと思いますけれども、改正案でも同じような運用が可能であろうと思います。

○正森委員　今度の商法を見ますと、一年決算で中間的に金銭配分をしてもいいことになっておりますね。この金銭配分の性格ですが、これは配当ですか。

○川島（一）政府委員　配当ということばを用いておりませんが、配当的なものです。株主総会の議によって配ることでございませんので、配当ということばを使っていない。しかし実質は配当と同じ性格のものである、このように考えております。

○正森委員　そうすると、この金銭配分も、たとえば税法上の配当軽課は適用になるのですか。

○伊豫田説明員　中間配当は、現在普通の配当に認められております配当軽課措置あるいは個人が配当を受け取る段階において認められております配当控除制度に中間配当をどのように取り扱うかは、中間配当の性格をさらに税務の面から十分検討いたしましてしかるべく措置したいと考えております。

○正森委員　いまいみじくも中間配当ということばを使われましたが、商法では配当ということばは使っていないので、中間における金銭の配分ですね。そうしますと、私たちは税法上も非常に問題になると思うのですね。これをはたして配当と見て軽課措置その他をとるかとらないかによって税収の面もずいぶん違います。しかも株主総会の議決を経ていない、明白に配当でないもの、正常な決算において措置されなければならないものがもう事前に配当と同じものとして扱われてしまうように扱うかどうかは、これまた税法上の一つの問題点だと思うのです。ところがその問題点がまだ解決されていないのに、とにもかくにも法案だけは先に上げてしまうことは、非常に問題じゃないかということで、法務省並びに大蔵省に問題点を提示しておきたいと思うのです。

　それから金銭配分をやる場合には、中間的な配当ということばを使いますけれども、おそらく一年決算の場合は仮決算をやると思うのです。新聞の報道によりますと、新商法で一年決算に移る会社がおそらく続々とふえるであろう。「経団連が昨年秋に調べたところでは、調査した五百三十社のうち、二百九十九社は一年決算への移行を明らかにしており、現在一年決算である百三十二社を加えて、約八〇％が一年決算になるわけである。」こう書いてあるのです。

　そこで大蔵省に伺いたいのですが、いままでは、半期決算の場合は、税金を取るのも都合がよかったけれども、一年決算の場合は中間に取らなければならない。それを取る場合には、前期の二分の一ということで取るかあるいは仮決算をしてもらって取るか以外にはないと思うのですが、こういうことですか。

○伊豫田説明員　一年決算法人の中間における納税の問題は、現在の状況はそのとおりになっておりまして、なお十分検討はさしていただきますが、おそらくその方向で課税上の弊害がない限り進んでいくことと考えております。

○正森委員　私がもし経団連の幹部ならこう考えると思うのです。今度中間的な金銭処分も認められる、商法がそういうぐあいに変わることになりますと、税金を納める場合に、今期が非常によくもうかっている場合には、前期の二分の一で税金を納めておく、今期が非常に悪い場合には仮決算をやって少ないほうの税額でいく、こういうことになって、企業としては中間に税金を納めなければならない額を、恣意的な操作によって納めないで留保しておく。その金利だけでもばかにならない。そのばかにならない金利を操作する余地を残すものではないかと思いますが、それに対する歯どめがありますか。

○伊豫田説明員　一年決算法人は、現在でもおっしゃるとおりすでに認められております制度で、すでに内在している問題です。しかしながら仮決算を強要して、すべての会社にそれを要求することの国民経済的な問題、ロスの問題も考えなくてはなりませんし、また税務の執行あるいは調査件数の増大その他の点も考えなくてはなりませんので、そこら辺のバランスを見て考えるべき問題であると考えております。

○正森委員　現在すでに内在していることが、経団連の一年決算への移行のパーセンテージを考えましても、さらに拡大する可能性がある。そういう場合にこれは金利相当分の留保という点を考えましても、それだけはもうまるまる利益になるわけですし、納めるべき税金が残っておりますと、それは内部でいろいろ使えるわけですからね。そういう点について大企業が不当にもうけにならないように税務署としては留意して対策を考える必要があると思うのです。特に今度商法が大幅に中間の金銭配分を認めるわけですから。

今度商法は親会社、子会社という概念を認めております。修正で子会社が親会社の会計監査人の監査、調査がありました場合に、正当な理由がある場合にはこれを拒否できるようになっておりますが、非常に親会社の子会社に対する支配が行われて、いろいろ心配すべき点があるのではないかと思いますが、私はこの親会社、子会社という概念あるいは支配会社、従属会社と初めは言っておられたのですが、そういうものをわざわざ商法に導入された根本に、監査の充実以外の問題があるんじゃないか。たとえば連結財務諸表を将来とるのではないか、あるいは連結納税申告制度をとるのではないかが、学者の中でも言われておりますし、そういう方向に進む傾向があるように思うのですが、その点はいかがでしょう。

○川島（一）政府委員　法務省としては、そこまで考えてはおりません。実際に連結財務諸表を作成するのがいいのか悪いのか、そういった点はむしろ御専門は大蔵省ですので、われわれとしてはそこまで考えて子会社調査権という規定を設けたわけではございません。

○田中説明員　連結財務諸表制度は、四十年三月に大蔵大臣から企業会計審議会に対し諮問が行なわれ、四十二年五月に答申がされました。ただこれは連結財務諸表についての啓蒙的性格を有するものでした。その後昭和四十五年の証券取引審議会の答申及び四十六年の証券取引法改正の際の附帯決議におきまして、連結財務諸表を早急に制度化すべきであるという意見が示されたこともありまして、四十六年六月大蔵大臣から企業会計審議会に対しその制度化について諮問が行われ、現在企業会計審議会において鋭意検討中です。したがいまして、私どもはできるだけ早く実施に移したい、かように考えております。

○正森委員　大蔵省ではそういう意見です。そこで、またまた居林氏が出てくるわけですが、実務会計の六七年六月号、それから財経詳報の五月二十二日号に、「連結財務諸表に関する意見書について」を書いておる。連結納税申告制度の導入をめぐる諸問題の検討を、国税庁直税部審理課総務係長井上久弥という人が、企業会計の六七年六月号に書いておる。これも大体、大なり小なり、居林さんとは表現が違いますけれども、大体の方向を書いておられるのですね。居林さんは「連結財務諸表に関する意見書が企業会計審議会で取り纏められ答申されるに至った。企業側では連結財務諸表作成について冷淡な態度をとっているものが多く、今回の答申を歓迎する向きは余り多くない。それというのも連結財務諸表作成のための手間と費用を要する割合に比べ、企業自体にとって大してメリットがない上に、日本社会一般の空気としてそれほどに連結財務諸表を切望している状態ではないと企業が判断しているためである。」こうおっしゃっている。それではやらなくてもいいのかというと、そうではないのですね。そうではなくて、それはやってもいいのだと言いまして、「日本として国際的に恥かしくない連結の会計慣行ができ上がっていくかどうかは、企業の大規模化、集中化が米国の如く今後推進されるかどうかにかかっているというのが、企業側の見解である。現時点で親子会社の財務諸表を連結しなければ、企業集団の財務的情報の信頼性と価値が失なわれるほどに集中化が行なわれていると考えられるケースは余りないという意識が財界筋には濃厚である。連結によって親子会社間の相互取引が、本支店間取引と類似のものであると目され、その間の未実現損益が連結財務計算上で消去されると、一般的には連結利益はかなり減少する。そこで連結利益に法人税を課することになれば、相当な減税になる例も多いと思われる。仮に連結の意識が企業サイドに低いとしても、年間数千万円なり数億円なりの減税になるという状況になった場合、経営者としては多少の面倒はあっても、連結財務諸表を作成してみようという意識を持つようになると思われる。かように税法の面からでも連結財務諸表作成の動機が生ずることも予想し、審議会の答申において「連結納税申告制度を採用する方向において」制度の具体的内容を検討するよう前文の終りに注文が置かれたのである。」こう言っているのですね。つまり、連結財務諸表が企業の状態を正確に反映するかどうかという回りくどいことではなしに、連結すれば未実現利益は、利益にあげないでいいのだ、そうすれば年間何億円かもうかるだろう、そういうメリットがあればやってもいいのだという意見ですね。つまり連結財務諸表とは、連結納税申告制度があって、しかもそれによって税金をあまり納めないでいいということがあって、初めて企業にとって意味があるのだという考え方をとっておられるわけです。そうしますと、親会社、子会社を導入された法務省はわりとのんきにしておられますが、大蔵省はさすが連結財務諸表意見書も御存じですから、将来の方向についても一定の見通しを持っておられます。そういたしますと、住友化学の長谷川社長を物価問題の集中審議のときにお呼びいたしまして、私が直接質問をいたしました。住友千葉化学というのがあります。これはエチレン等だけをつくっておるところでして、ここは非常にもうけておる。操業上のいろいろな負担をやっと償却して、この一年間にものすごくもうけて、いままでの赤字を全部なくして、そしてやっともうかる状況になったから、近く企業に合併すると談話でも言っておられますね。企業がぼろもうけをした段階で、むしろいままで赤字だった住友千葉化学を一緒にして連結財務諸表にすれば、未実現利益のことは除外して、一方の住友化学はもうかっておる、一〇〇%子会社の住友千葉化学はもうかっておらない、そうすればもうけが隠せることになるのです。これがいま大企業が連結財務諸表及び連結納税申告制度によって一番ねらっておることだ。その導入部門になる親会社、子会社という概念が、今度公認会計士の子会社に対する監査という名前で導入されておる。これが今度の商法で非常に大事だと思うのです。居林さんは、そのための環境整備が必要だ、こう言われておるのですけれども、まさに居林さんの言う環境整備の一つが今度の商法改正であると言わなければならないんじゃないかと思います。企業が、できの悪い子会社をどんどんかかえ込んで、収益を減らして、そして本体たる会社はぼろもうけしておっても税金を納めないことを行く行くは合理化する重大なワンステップに、今度の商法はなるんじゃないかという危惧を禁じ得ないのです。こういう問題を庶民は心配しているのです。法務省や大蔵省はどう考えられますか。何か歯どめがありますか。断わっておきますが、私は連結財務諸表が全部悪いと言っているのではないのですよ。

○伊豫田説明員　連結財務諸表の制度の問題と、それから税の面に連結納税申告制度を導入するという問題とは、私のほうでは一応別にして考えております。税の制度も一応の社会的実態の上に乗りませんとなかなかできないものですので、少なくとも連結財務諸表の制度化が第一前提とは考えますが、その時点において、あるいはこれから連結財務諸表制度がいろいろ検討される段階において、われわれもただいま御指摘のような問題もあわせまして、十分検討させていただきたいと考えております。

なお、営利会社を会員とする団体の立場から、居林さんがそのような考え方を述べられているのは、別の問題として、われわれとしてはその会社の税金が少なくなるとか、そういうことでなく、要するに企業の法人所得として把握すべきものの実態が連結財務諸表制度によったほうがいいか、悪いか、こういう観点から十分検討さしていただきたいと考えております。

○正森委員　名古屋の国税局管内では税理士会と国税局とでチェックリストをつくって、税理士会が雑収入の計上漏れがないかとかを調べて、税法上の適法性を税理士がチェックしてサインして出せば、これは監査を省略するということが、中小法人、零細企業に行われておるのですか。

○甲斐説明員　私の所掌するところではございませんけれども、名古屋の国税局でそういうことをやっていることは知っております。ただし、それをそのまま認めることではありませんで、必要があれば調査をやることは当然です。

○正森委員　先ほど引用した「税法整備に関する意見」という昭和四十年一月二十一日の経団連経理懇

談会のものがございます。これは経団連月報の一九六五年の二月号に載っておるものですが、居林さんが経団連月報の一九六六年四月号に解説を書いておられます。ここでどういうことをいっておられるかといいますと、それの第五で「公認会計士の監査結果を税務上尊重すること。近年税務の取扱いが複雑になり、大規模な企業においては、税務経理のために莫大な人員・施設・費用および時間を費やしている。一方、一定企業に対しては、証券取引法にもとづき、公認会計士による権威ある監査が行なわれているので公認会計士の監査証明のある場合には、税務上これを是認することとして、税務取扱上の簡素合理化をはかる必要がある。」こういっているんですね。そして居林さんはこの解説の中で「公認会計士の監査結果の尊重については、国税庁としても前向きの姿勢でのぞみ、まずテスト・ケースとして適正な税務申告をしている会社を選び、国税庁の望む監査手続を済ましている限り公認会計士にすべて委ねることとし、国税庁当局は、三年ないし五年間その会社について税務調査を一切省略する方法を考えているようである。税務上要求する監査手続の細部については、今後、国税庁・公認会計士協会と当会」――経団連ですね。「当会の三者で話し合いを進める予定である。」こういうぐあいになっております。こういうことであるとすると、商法を改正して三十二条で企業会計原則を持ってくるが、その企業会計原則は従来のものではなしに、修正されたきわめてゆるやかな企業会計原則である。そしてこれは法人税法二十二条四項で二つのものが内容的にはほぼ一体のものとしてドッキングされる。そして公認会計士は証取のように事後監査ではなしに、今度は事前に、決算の前に監査をして、それを株主総会が決定する。

そうすれば、このようにして行われた公認会計士の監査を受けた大企業にあっては、今度の商法改正では十億円以上ですけれども、経団連の意向ではそれは税務上尊重することとなって、結局のところ大企業が行う自主的な経理の尊重あるいは別のところで重要性の原則を持ち出して、中小企業では百万円は重要かもしらぬけれども、大企業では百万円が右向こうが左向こうが、そんなことはたいしたことはないんだと、居林さんはいっております。重要性の原則を持ち出し、自主的経理の尊重の考えを持ち出して、法人税法の二十二条四項と商法三十二条と修正された企業会計原則で、企業は結局公認会計士が決算前に監査をすれば、その証明で適法だとなれば、税務署を素通りにしろということが経団連の要求ではないか。今度の商法改正は結局その方向にきわめて沿うものではないか、こう私は思います。それについてあなた方の見解を承りたい。

○伊豫田説明員　ただいまの法人税法の二十二条と商法の同様の規定と、ゆるめられた企業会計原則、こういうお話ですが、税の立場としては別段の定めが相当ございまして、今度の企業会計原則あるいは商法改正によって従来の扱いが変わるところはないと考えております。

○甲斐説明員　法人税の調査は、法人税法に基づき適正な課税標準を把握するために行うものでして、公認会計士の監査とはその目的を異にしております。従来の監査対象となりました法人の調査事績等にもかんがみまして、監査対象となった法人について税務調査を省略することはとうてい困難であると考えております。

○正森委員　経団連の考え方、居林氏の意見を順次総合いたしますと、今度の商法改正は、経団連の意図はそういうものに沿うものであると考えているとも考えざるを得ない。しかもあなた方の塩崎主税局長とか、あるいは若干の係官の言明も、それを全く否定しているとは考えられないことを考えますと、今度の商法で、大企業にとっては公認会計士の監査を受けることによって税務調査を簡略化する、一方中小企業には税理士にチェックをさせることで、二つに分けて、一方はできるだけゆるやかに、そして庶民のほうには経済的、効率的に、五万人しか定員がない税務署員をフルに動員することをねらっておるし、実際上はそういうぐあいになるのではないかというのが、庶民の抱いている大きな疑問点です。私は全審議の過程でそれが払拭されたとはとうてい考えることができません。

（以下略）

衆議院　法務委員会議録第十五号

昭和四十九年三月十二日（火曜日）

出席委員

委員長　小平　久雄君

理事　大竹　太郎君　理事　小島　徹三君

理事　谷川　和穗君　理事　羽田野忠文君

理事　稲葉　誠一君　理事　横山　利秋君

理事　青柳　盛雄君

井出一太郎君　河本　敏夫君

塩谷　一夫君　中垣　国男君

中村　弘海君　中山　正暉君

野呂　恭一君　羽田　　孜君

保岡　興治君　早稲田柳右エ門君

日野　吉夫君　　安井　吉典君
山本　幸一君　　正森　成二君
沖本　泰幸君　　玉置　一徳君

出席国務大臣
法務大臣　中村　梅吉君

出席政府委員
法務省民事局長　川島　一郎君

委員外の出席者
大蔵大臣官房審議官　田中啓二郎君

（ほか略）

本日の会議に付した案件

商法の一部を改正する法律案（第七十一回国会閣法第一〇二号）（参議院送付）

株式会社の監査等に関する商法の特例に関する法律案（第七十一回国会閣法第一〇三号）（参議院送付）

商法の一部を改正する法律等の施行に伴う関係法律の整理等に関する法律案（第七十一回国会閣法第一〇四号）（参議院送付）

○小平委員長　これより会議を開きます。

内閣提出、参議院送付、商法の一部を改正する法律案、株式会社の監査等に関する商法の特例に関する法律案及び商法の一部を改正する法律等の施行に伴う関係法律の整理等に関する法律案の三案を一括議題といたします。

質疑の申し出がありますので、これを許します。

○稲葉（誠）委員　具体的にどういう事案に対して監査役から取締役について差しとめの仮処分が出るのか、具体的な事案を設定して御説明を願いたい。特にその中で仮処分の主文がどうなるのかも含めて御説明を願いたい。

○川島（一）政府委員　違法行為差しとめの仮処分につきまして、まずどういう行為が差しとめの対象になるかですが、この点は相当いろいろな場合が考えられるわけでして、すべての場合を網羅するわけにまいらないと思いますけれども、たとえば会社が公害を起こすような事業を行っている。その場合に、その公害の差しとめができるかという問題がございます。これにつきましては、取締役に対して、公害を出すような事業を差しとめよ、こういう請求をするわけでして、仮処分でとめることも可能であろう、こういうふうにいわれております。それから会社側が放漫な経営をしまして、たとえば不渡り手形を乱発するという場合、その手形の発行を差しとめることも考えられるであろう。それから違法な相場操縦を行う場合も差しとめが可能である、このようにいわれております。それから買い占めとか売り惜しみとか、会社としての信用を傷つける行為をした場合はその認定がなかなかむずかしいわけでして、実際にどのような場合にできるかという具体的な判定はかなり問題がある場合が多いと思われますが、理論的には可能である、このように考えられます。一応思いつきましたのはその程度でして、なお御参考までに申し上げますと、現在株主の差しとめ請求権という規定がございます。この規定によって差しとめが行われた例を見ますと、違法な新株発行を差しとめる場合がほとんどです。

次に、その仮処分の命令の主文ですが、これこれの行為をしてはならない、こういう形になるわけです。

○稲葉（誠）委員　そうすると、いま言った仮処分の被保全権利といいますか、そういうものは何になるわけですか。

○川島（一）政府委員　これは結局会社の利益のために行うものですから、会社の利益が侵害されないための仮処分でして、結局その行為によって損害を受けるべき会社の利益が被保全利益になる、このように考えます。

○稲葉（誠）委員　会社の利益が損害されない、あるいはその利益を守るための権利というけれども、法律的にいうとどういう権利なんでしょうか。

○川島（一）政府委員　種類によっていろいろ変わってくるわけでして、たとえば会社の財産が違法に処分される場合にはその財産ということになりましょうし、また取締役の不作為義務が被保全権利と見られる場合もあろうと思います。

○稲葉（誠）委員　そうすると、仮処分の効力の問題になりますけれども、任意の履行を期待するだけですか。

○川島（一）政府委員　差しとめられた限度において取締役がその権限を制限ないし剥奪される関係になりますので、取締役の行為としてはその効力を持たないことになるわけです。ただ、問題となるその行為の態様によりましては、第三者保護のためにその行為の効力が認められる場合も出てまいりますので、一がいには申せませんけれども、しかし仮処分の効力自体は、取締役のそういう行為を行う権限が制限され、剥奪されるわけです。

○稲葉（誠）委員　その取締役は、代表取締役になるんですか。共同代表の場合もありますね。そういう場合はどうなるんですか。

○川島（一）政府委員　数人が代表権を持っている場合、その代表権を持っている取締役全員を相手にして差しとめを行うことになろうと思います。

○稲葉(誠)委員　今度は親会社、子会社の関係の立ち入り調査の権限を認めたということなんですが、立ち入り調査権とは具体的にはどういうものですか。いわゆる公務員が立ち入り調査の権限を持っている場合は、税務署とかいろいろあるでしょうが、私人というか、こういうふうなものが立ち入り調査権を持つということはほかにはあるんですか。

○川島(一)政府委員　子会社調査権の規定は、商法の今度の案の二百七十四条ノ三でして、最初はまず報告を求めるわけです。報告を求めたにかかわらず報告をしてこないとか、あるいはその報告の真否を確かめるために必要がある場合、今度はみずから調査を行うわけでして、これはその現場におもむいてみずから必要なものを実地に当たって調査することになるわけです。この調査を拒んだ場合には、商法の規定により過料が課せられることになっておるわけです。

　それから、このような調査権が私人に認められている例があるかという点ですが、たとえば管財人とかに例があるわけです。

○稲葉(誠)委員　管財人は私人といったって半ば公な性格を持つものだと思うのですが、それはそれとして、そうすると、正当な理由があれば拒むことができるという意味ですね。あなたは、自分のほうで条文をつくったわけじゃないからと言われるかもわからぬですが、これはどういう意味を持っているわけですか。ただ立証責任が転換されるということだけですか。あるいは立証責任とは関係ないんですか。

○川島(一)政府委員　私が理解しておるところによりますと、これは立証責任とは関係がない。そして、どういう場合かと申しますと、子会社の営業上の秘密を守る必要がある場合に拒むことができると解釈しておる次第です。

○稲葉(誠)委員　それは正当な理由とかがあってもなくても同じじゃないの。違うんですか。

○川島(一)政府委員　かりにないとした場合も、拒むことが正当と認められる場合にはそういう解釈の出てくる余地はあろうと思います。

○稲葉(誠)委員　この三十二条に「商業帳簿ノ作成ニ関スル規定ノ解釈ニ付テハ公正ナル会計慣行ヲ斟酌スベシ」こういう規定が設けられているわけですね。この「斟酌スベシ」というのをしんしゃく規定だとどなたか答弁されておったわけですが、このしんしゃく規定とは一体何なのか。たとえば強行規定と任意規定という分け方がありますね。それからまた、別な角度から取り締まり規定とか効力規定という分け方もあるわけですね。そうすると、このしんしゃく規定とは一体どういう法律的な効力を持っているのか。

○川島(一)政府委員　このしんしゃくということば自体の意味は、ある事柄を組み入れて考えることです。そこで、法律的な効果はどうかというお尋ねですので、具体的にお答えしたいと思います。

　この「斟酌スベシ」とは、たとえば従うべしというのとは意味が違うわけでして、従うべしと書きました場合、公正なる会計慣行に常に従った解釈を行わなければならないことになるわけです。ところが「斟酌スベシ」という場合、その規定の解釈にあたってそれを組み入れて考慮に入れろということで、結論までは言っていないわけです。そこで、これは説明の便宜上ですが、かりに公正なる会計慣行以外に会計の処理の方法として考えられる幾つかのものがあるとします。その場合に、公正なる会計慣行に従うべしという場合にはほかの考えられる方法をとることはできないことになりますが、この「斟酌スベシ」という場合は、ほかの方法をとることもできる。ただ慣行を無視してはいけないので、選択するにあたってはどういう理由でこっちを選んだかも一応判断した上で、どの方法によって会計の処理を行うかをきめなければならないことになろうかと思うわけです。その点が違うと考えております。

○稲葉(誠)委員　しんしゃくしなかったらどうなのかと聞いているんですよ。しんしゃくしなかったら一体その効力はどうなのか。効力には関係ないということかな。しんしゃくする、しないは、自由なんですか。そこどうなんですか。「斟酌スベシ」とあるんだから自由ではない、一種の法規的な裁量なんだけれども、別にそれに違反したところでどうということはないということなんでしょうか。そこら辺、よくわからないのですよね。ぼくはどうもそれに違反したときどうなるかということばかり頭に入れて質問するのですが、どうなのでしょうか。

○川島(一)政府委員　結果的には、公正なる会計慣行に従った場合、従わなかった場合、いずれも商法に違反しない場合がございます。しかしながらこの規定自体は、商業帳簿の作成に関する規定の解釈はこれをしんしゃくせよといっておりますので、選択にあたってはそれをしんしゃくに入れなければならない、こういうことになるわけでして、それが結果的にはしんしゃくしたかどうかがはっきりしない場合もあろうかと思いますけれども、規定の趣旨は、その結論を出す過程において公正な会計慣行を考慮に入れろ、こういう趣旨です。

○稲葉(誠)委員　趣旨は前からわかっているんですが、しんしゃくしなかったらどうなのかと聞いているんですよ。ぴしっとした答えが出てこないものだから。

〇川島（一）政府委員　要するに、最終的な結論が公正なる会計慣行をしんしゃくしてもなおかつこのような会計処理が妥当であろうと認められる場合、この規定に違反したことにはならないと思います。しかしながら、公正なる会計慣行をしんしゃくすればそういう処理はとれなかったであろう、こういう場合にはこの規定に反することになろうかと思います。

〇稲葉（誠）委員　規定に反するのはわかったのだよ。規定に反したときに効力はどうなるのかを聞いているんですよ。

〇川島（一）政府委員　いま申し上げたことと同じですが、その解釈の結論を出す過程においてはしんしゃくしなければならない、これに違反できないわけです。ただ、そのしんしゃくをして、出された結果が公正なる会計慣行と違うものである場合はこの規定に違反したことにならない場合がある。要するに公正なる会計慣行によるか、あるいは別な合理的な会計処理の方法によるかという二つの道がありまする場合に、そのいずれを選択するかは、公正なる会計慣行をしんしゃくした上できめなければならない、こういうことです。それをしんしゃくしないできめることはこの規定に違反することになる、こういうことです。

それで、その結果その処理が違法であったかどうかですが、これは出てきた結果からさかのぼって考えざるを得ないんだろうと思います。公正なる会計慣行以外の合理的な方法によった場合、はたしてその結果を導き出すにあたって、公正な会計慣行を考慮してもなおかつそれ以外の方法が認められる場合であればこの規定に違反したことにはならない。しかし公正なる会計慣行を考慮すれば別の方法をとるべきではなかった場合にはこの規定に違反したことになる、こういう結論になろうと思います。

〇稲葉（誠）委員　だから違反したときに会計上の処理が一体どういう効力を持つのか。結局訓示規定じゃないかと聞いているわけですよ。

〇川島（一）政府委員　決算の結果が最終的に違法と認定されるかどうかですが、それはあり得るわけです。たとえばこの規定に先ほど申し上げた意味での違反が行われて決算が行われる、そうしてそれが株主総会で承認された場合、株主などの一部がその決議は違法であるということで決議無効の訴えを起こした場合に、裁判所でそれが違法かどうかの対象として審理されることは十分考えられると思います。

〇稲葉（誠）委員　これは去年の六月十二日に衆議院の法務委員会の会議録第三十一号、阿部助哉さんが質問をしているのですが、そのときに田辺さん、当時の参事官ですがこう答えています。斟酌規定ですけれども、法制審議会の審議過程では、「依拠すべし、準拠すべしという案が出されました。」こう言っておるんですが、これは、依拠すべし、準拠すべしという案が出されたのだ、それは間違いないのですか。それと「斟酌スベシ」とは、さっきの説明を聞きますと、「公正ナル会計慣行」との関連において緩和をされておると理解できるわけですが、この点はそういう理解でよろしいのでしょうか。

〇川島（一）政府委員　そのとおりです。先ほど私が従うべしという例を引いて申し上げましたが、その場合には依拠すべしというのと結果的に同じような意味になろうかと思います。

〇稲葉（誠）委員　そこで問題は、それではなぜこの条文、三十二条が緩和をされたかということですね。ここに一つの問題のポイントがあると理解するんですがね。田辺氏が同じ日にこう答えているのですよ。「しかしこの案に」この案とは斟酌規定ですね。「この案に決定いたしました経緯は、商法が一応の計算規定を用意いたしております、特に商業帳簿を作成するに関しての規定を持っておるわけでございますが、局長が申しましたようにこれに漏れるものについて商法は実際の企業会計の実務、登記の実務、こういうものを予想してこれを補足するといっておるわけであります。その場合にそれらのならわしに当然依拠せよ、あるいは準拠せよということになりますと、法律的な性格を持たないならわし、慣行あるいは後に議論に出てまいります企業会計原則というものもございます、これらのものが法律化されないで商法の準拠規定としてあらわれることを阻止しよう、そういう考え方に基づくものでございます。」こういっておるのですよね。企業会計原則が法律化されないで商法の準拠規定としてあらわれることを阻止しよう、こういう考えに基づくのだといっております。これは具体的にどういうことなんですか。

〇川島（一）政府委員　いまお読み上げになりました個所ですが、すなわちこの改正案の三十二条の二項「公正ナル会計慣行ヲ斟酌スベシ」という規定を、かりに準拠すべし、あるいは依拠すべしとした場合、会計慣行が、つまり法律で強制されたものになることは会計慣行が法律と同じ効力を持つことになる、こういう意味です。

そこで企業会計原則が、これは公正な会計慣行を具体化したものだといわれておりますが、そうだといたしますと、企業会計原則が、つまり商法の準拠すべしという、その準拠すべき内容として出てくることになります。そうしますと、企業会計原則は法律でございません。ございませんけれども、この商法が依拠すべし、準拠すべしという形に直りました場合は、それがすなわち法律の内容であるという意味を持ってくるのではないか。そのことをさして法律化されることになったのではぐあいが悪いので、そこで依拠すべしとか準拠すべしということばを避けて、商法としては「斟酌スベシ」という緩和された形に改めた、という趣旨であろうと思います。

○稲葉(誠)委員　だからこの条文ができた経過を法務省としてもう少しはっきりフランクに説明をされたほうがいいのじゃないかと思うのですが、田辺氏の言っていることは、商法の準拠規定としてあらわれることを阻止しよう、こういう考え方に基づくのだと言っているのですね。阻止しようというのは相当強い表現ですね。ことばじりをとらえるわけではありませんけれども、企業会計原則が法律の準拠規定というか商法の準拠規定となることを食いとめようということでしょう。ということは、具体的にはどういうことを意味しているのですか。企業会計原則を修正する、あるいはこの商法が通ったら、また見合ったように直すというのでしょう。それは立法事項としてではなくて行政のジャンルでやっていきたい、大蔵省側の要望があってこういう形になり、そして法律化されないで、商法の準拠規定としてあらわれることを食いとめよう、こういう法務省の立案者の答弁になってあらわれてきたのじゃないのですか。

○川島(一)政府委員　仰せのとおり、阻止ということばは非常に強くて、あるいは誤解を招く点があろうかと思います。ただ趣旨はこういうことだと思います。企業会計原則は、仰せのとおり法令ではございません。法律でないばかりでなく、政令でも命令でもございません。したがって法律的な意味におきましては強制力がないわけです。そこでそれに強制力を持たせることは問題であるというのがこの商法の立場であったと思うわけです。ここに三十二条の二項の規定は、会計処理にあたっては慣行を何らかの形で尊重しながらやることが必要であるということまでは異論がなかったわけですが、さらに進んで会計慣行に一つの強制力を与えるところまで進めという意見が一部にあって、それが最初に御指摘になりましたように依拠すべし、準拠すべしという意見となってあらわれてきたわけです。それに対して、そういう会計慣行なり企業会計原則を法律の内容として強制する、それに強制力を与えるまでいくのは行き過ぎであろうというのが、この「斟酌スベシ」という考え方であったわけでして、そういう意味で阻止するということばが出てきたと思うわけです。

○稲葉(誠)委員　そうすると、依拠すべし、準拠すべしという考え方を持っておられた方は、どういう団体というか階層の方か、それを法律化しないというか食いとめようという考え方に立った団体というか何とかはどういう方々であったわけでしょうか。

○川島(一)政府委員　私、その審議の過程、詳しく存じておりませんので、どういう方の御意見であったかまではお答えする用意がございません。

○稲葉(誠)委員　どういう方とは、個人名をあげろというのじゃないのですけれども、この「公正ナル会計慣行」「慣行」ということばは法律用語ではあまりないように思うわけですがね。どうして「慣行」ということばを使ったわけですか。

○川島(一)政府委員　なぜ使ったかまでは存じませんが、「慣行」ということばは、慣習と同じような意味でして、慣習として行われている事柄、その行われているというものを主としてさすために「慣行」とは、慣習の中で行われているものをさした、そういう感じでして、なぜ慣習といわずに「慣行」といったかは、ちょっと私も経過は存じません。

○稲葉(誠)委員　いまのこの三十二条ができてきた経過ですね。その間の経過は、どういうものでしょうか。そこら辺のところをお聞かせを願いたい、こういうふうに思います。

○田中説明員　その当時参画した者の話によりますと、会計学者の中には、従来一つの会計の体系もありましたし、それをまじめに順守して、さらにいいものにしようという考えがございました。そこで、できれば、こういった会計原則を高めて、商法もこれに依拠するとか、準拠してもらいたいという高い望みはあったようです。しかしながら、先ほど民事局長からのお話もありましたように、これは行政機関の策定するものでありまして、商法というジャンルから見ますと、最終的には裁判所の判断すべきものが、行政機関の決定に依拠なり準拠することは、越権といいますか、好ましくないのではないかという経緯によって、準拠論は立ち消えとなって、商法を頂点とする一つの体系として三十二条の二項で「斟酌スベシ」ということになったように聞いております。

○稲葉(誠)委員　昭和四十四年の十二月十六日に、大蔵省企業会計審議会報告で、「商法と企業会計原則との調整について」、こういうのがありますね。この三ですね、「企業会計原則は、本来、関係法令の将来の改廃に際して提言するための根拠となるべきものであるが、今回の調整に当っては、商法が強行法規たることにかんがみ、企業会計原則の指導原理としての性格を維持しながら、注解等において商法に歩みよることとした。これにより両者の間に残されている相違点は一掃されることとなったが、下記の諸点については、商法において所要の措置がとられることを考慮して企業会計原則修正案をとりまとめた。今後、関係方面においてこの修正案の趣旨を尊重し、格別の配慮がなされることを期待したい。」、こういうことをいっておるわけですね。おそらくこれを受けて、田中審議官は、参議院法務委員会で、佐々木静子さんの質問に対して、お答えになっているのじゃないかと思うわけです。これによりますと、「私どもといたしましては、継続性の原則に対する態度は変わっておりません。ここで、従来の企業会計原則におきましても「企業会計は、その処理の原則及び手続を毎期継続して適用し、みだりにこれを変更してはならない。」と書いてございまして、修正案においても同じことが書いてございます。ただ、従来「正当な理由によって、会計処理の原則又は手続に重要な変更を加えたときは、これを財務諸表に注記しなければならない。」という字句がございますのが、今度はそれがないことに伴って種々の御疑問を抱かれている向きが多いようでございますが、これは、商法は強行法規でございまして、しかも、今回商法三十二条二項でしんしゃく規定が入りまして、したがって、この企業会計原則がしんしゃく規定の具体的な内容となるわけでございます。そういたしますと、場合によっては企業会計原則違反について違法性の問題が生じてくるわけでございます。その場合に、企業会計で正当であるとか正当でないとかいうことは、いたずらに論争を招くおそれがございますので、そのような商法が強行法規であるという面からこの字句を削ったのでありまして、私どもといたしましては、継続性の原則は依然、当然のことながら堅持すると、みだりにこれを変更してはならないというたてまえは続けていく所存でございます。」、こういう答弁をしておられるわけですね。これは何か舌足らずな感じを受けて、わかりにくいところがあるわけですね。たとえば「商法は強行法規でございまして、」というのはちょっと意味がよくわかりません。これはいま企業会計原則についての審議会報告の中にそういうことばがあると思うのですが、どうも「商法は強行法規でございまして、」という意味がよくわかりませんが、そうすると、結局この「正当な理由によって、」云々を削って、注記に加えたわけですね。そのことを現行の企業会計原則では「第一 一般原則」の五ですね、五のほうの「正当な理由によって、」以下を削っているわけですね。注3で、そのことが文章を変えて出ているわけですね。現実にこの「正当な理由」云々が本文から削除されたことによって、具体的にどこがどういうふうに違ってきたのか、違うとすればどういう点が実際に違うのか、そこら辺を説明をしていただきたいというふうに思います。

○田中説明員　先ほどからお話がありますように、企業会計原則は、法律ではございませんし、強制力もない。「正当な理由」ということばは、法律上の用語だと思います。そこで、法律的に突き詰められますと、会計の側から何が正当で何が正当でないかはなかなか明瞭に答えにくい。この点は、田辺前参事官が国会におきましても、監査をする側からそれは正当とは思えないぞと言われた場合に、それに立ち向かって、それは正当な理由だという論理を提出することはなかなかむずかしいと言われておりますが、そこで私どもはしんしゃくすべしということを非常にまじめにとりまして、正当でない場合、これは要するに内容が直ちに違法なりあるいは決算そのものが無効になるという場合もあるのではないか。そういう意味では、混乱を避けるために、「正当な理由」を除いて、みだりに変更してはならないという一本にしぼっていった。従来は、みだりに変更すればいけない、そうでないものは大体正当な理由と厳格に考えてきておりました。そしてみだりでない場合に正当な理由とそれ以外のものがあるかのような誤解を与えてもいけませんので、今回は、したがって、みだりにはやっちゃいけない。そして何がみだりであるかは、会計的にも協会等を通じてある程度の指導原理を立てていくことができるのではないかという気持ちを持っているわけです。

要するに商法という一つの法体系に行政的な会計なり会計原則が沿っていくわけですから、あまりにこちらが法律の分野で使うことばを使って混乱を起こすのもいかがかということで、最終的にこのことばは削られたというのが、私が従来聞いているところです。

○稲葉(誠)委員　この会計原則の注3の「継続性の原則について」というのがありますね。この中では、「いったん採用した会計処理の原則又は手続について重要な変更が行なわれた場合には、変更が行なわれた旨及びその変更が財務諸表に与えている影響額を当該財務諸表に注記しなければならない。」こうなっておるわけですが、これが注のほうに入って、本文からはずれたわけですね。正当な理由によって云々がなくなった。そうすると、正当な理由がなければ重要な変更をしてはいけないということなんですか。どうもそこら辺がよくわかりません。これはどうなんですか。いままでの場合公認会計士が監査する場合に、現行法では正当な理由によって云々ということがありますからね。今度の場合は正当な理由によって変えたかどうかは判断しなくていいことになるわけですか。

〇田中説明員　従来私どものほうに財務諸表の監査証明に関する省令がありまして、その中の第四条第三項で、「次に掲げる事項を示して表明するものとする。」というのがありまして、その二号に、財務諸表の項目が要するに同一の基準によって処理されているかどうか、これは継続性の原則に関係する点です。「財務諸表の重要な項目が同一の基準により処理されていないと認められる場合において、その基準の変更が正当な理由に基づいていると認められるときは、当該変更があった旨、その基準の変更が正当な理由に基づいていないと認められるときは、その旨、当該変更が正当な理由に基づいていないと認められる理由及び当該変更が当該財務諸表に与えている影響」こういうものを意見表明しろ。この意見表明というのが一般的には限定意見といわれておりますが、従来も継続性の原則が変更のありました場合は、あらゆる場合にその旨をきちんと明らかにすることになっております。今回も変更があれば、注におきましてすべて明らかに注記しろと、いま先生がお読みになりました注のほうにございますから、その点では「正当な理由」があった場合とそれを削った場合と変化はないと考えます。

〇稲葉(誠)委員　「商法と企業会計原則との調整について」の三に「商法が強行法規たることにかんがみ、企業会計原則の指導原理としての性格を維持しながら、注解等において商法に歩みよることとした。」こう書いてありますね。この「商法に歩みよることとした。」というのは、どういうことですか。

〇田中説明員　従来、証取法に基づく監査は事後監査でした。それが今回、商法監査も行うので事前監査にもなる。そして同一の公認会計士なり監査法人が両方の監査を取りしきる。そこで商法の基準はこっちだ、証取法監査の基準はあちらだと分裂するのはよろしくございませんし、そこでドッキングが行われたわけです。そしてその場合に商法という法律体系の中にこちらも入っていくわけですから、その法律的な限界ないし解釈に歩み寄らざるを得ないという意味で歩み寄りということばが使われているのじゃないかと思います。

〇稲葉(誠)委員　同じ資料の中に「記」と書いた中での三ですね、「企業会計原則修正案の趣旨にそい、法務省令「株式会社の貸借対照表及び損益計算書に関する規則」及び大蔵省令「財務諸表等の用語、様式及び作成方法に関する規則」を修正し、両者の一致を図ること。」とありますね。この点は法務省なり大蔵省両方にお尋ねするのですが、「両者の一致を図る」とは、具体的にどういうことであって、もうすでに済んでいるのですか。これからやろうということなのですか。

〇川島(一)政府委員　これからやろうとするわけです。この法務省令、株式会社の貸借対照表及び損益計算書に関する規則とは、商法中改正法律施行法の四十九条に基づきまして、株式会社の貸借対照表とか損益計算書の記載方法その他の様式を定めるものです。それと大蔵省令のいわゆる財務諸表に関する規則等用語その他いろいろまちまちな点がございますので、これを統一しようというものです。

〇稲葉(誠)委員　大蔵省も同じですか。

〇田中説明員　同じです。要するに証取法の監査も依然あるわけですから、それによって出される内容と商法監査によって株主総会に提出される内容とがそごを来たさないように両者の統一をはかりたい、それを商法が国会を通りまして企業会計原則等が確定したら作業に取りかかると考えております。

〇稲葉(誠)委員　そうすると、二つの監査を事実上一ぺんだけで済ませたいということなんですか。

〇田中説明員　結局同じ人がやるわけでして、商法監査のほうは事前監査ですから、相当前広に企業の財務内容にタッチしていける、そして一回でやると申しましてもおそらく当該営業年度全部を通じて非常に綿密に注意を払いながらやるということだと思いますが、いずれにしても監査証明として提出する内容はそごを来たさないようにしませんと、非常にぎくしゃくすると思います。

〇稲葉(誠)委員　それはそのとおりなんですけれども、私の聞くのは商法による監査と証取法による監査と実際は性質が違うわけでしょう。違うのだけれども、両方を一緒にやっちゃうということなのですかと聞いているのですよ。

〇田中説明員　事実上一緒にやりまして、私どものほうには営業年度が終わって三カ月たったら、やはり証取法の監査証明をつけて出してくる、そして商法の株主総会にも今度の特例法によって監査対象とされているものに対して証明をつけて出すという、先生の仰せのとおりです。

〇稲葉(誠)委員　そこでことしの二月十四日に田中さんが「商法が成立しました暁には、現在企業会計原則修正案として企業会計審議会の四十四年の十二月報告のあるものについて所要の見直しをした上に修正案として確定してまいるということになります。」こう答えておるわけですね。

そこで、これは立法府の関与すべきことでないという議論もあるかもしれませんし、これは行政の問題だということかもしれませんが、商法との関連で問題になってくることですから、これはお尋ねをするわけなんですが、十二月報告のあるものについて所要の見直しをするということですね、あなたの答弁は。そうすると、企業会計原則の修正案のどこを直さなければならないと考えられるのか、ということになってくるのか。

○田中説明員　その見直しをしていただく場合に、こちらがこう修正してほしいという原案を出すことではございませんで、衆参両院の審議を通じていろいろ貴重な御意見が示されまして、かつ附帯決議にも、前回衆議院におきましては企業会計「原則の修正に当っては、より真実の財務内容の公開という目的に合致するよう留意すること。」参議院の附帯決議におきましては、「企業会計原則は、企業の財政状態及び経営成績について真実公正な財務諸表を作成公示するための基準であるから、修正については、その目的に反することのないよう配慮すること。」が決議されまして、私どもその御趣旨を尊重しなければならないわけです。

かつ、社会経済情勢も企業会計原則修正案が公表された昭和四十四年当時とは異なってきておりますし、また修正案の内容について誤解を与える意見が公表されていたり、了解のないことをあたかも了解があったという書きものなどもございました。そういう点をあわせ修正案は謙虚に見直しを行う、そうして十分審議会でも見直すべきものは見直していただいて、その上で最終的に確定する必要があると考えております。

○稲葉(誠)委員　抽象的な御意見としてはそのとおりなんですが、私の聞きたいのは、たとえば附帯決議がある。この修正案の中のどこをどう変えるかを聞くのじゃなくて、どこが問題なのかを聞くわけですね。だから、見直しをするとすれば、修正案の中のたとえば一般原則の中のこういう点だとか、あるいは第二の損益計算書の原則だとかいろいろありますね。この中のどこら辺が問題となってくるのか。そういう点は答えられるのではないかと思って聞いておるわけです。

○田中説明員　御審議において、特に三十二条の二との関係、継続性の原則、特定引当金が中心になったと思いますので、どういう御審議があったかを審議会の議題にのせまして十分審議し、見直すべきものは見直していただくということです。したがいまして、具体的には最も意見の多かったただいまの三点は十分議を尽くしていただこうと思います。

○稲葉(誠)委員　三点について議を尽くすのはいいのですよ。そのとおりだと思うのですが、その三点について議を尽くすのに基本的なプリンシプルがなければいけないわけですね。その基本的なプリンシプルをどこに置いて議を尽くしてもらいたいのか。たとえば継続性の原則はどんなことがあっても確保するとか、それから引き当て金はあまり乱用しないようにするとか、いろいろあると思うのですが、そのプリンシプルがどこにあるのか、これを説明してもらって、これだけのものはしっかり守っていくのだ、そしてその上で三点について見直しを考えられるのだということでしょう。そこら辺のところが出てこないとどうもよく理解しにくい、こう思うわけです。

○田中説明員　三十二条の点は商法解釈の問題ですので、私どもとしてやれますれば継続性の原則、特定引当金はこれまた二百八十七条ノ二で商法の問題です。そして特定引当金は、公認会計士として、どういうものが商法上認められているのか、重要なことですから、これから法務省に御相談申し上げて、指導原理を通達なり何らかの形で出していただいたほうがいいのではないかと申し上げました。

継続性に関しまして私どもがやれますことは、みだりに変更してはならない、そうすると、みだりに変更するとはどういう指導原理になるべきか、さらに、一つ一つについてはみだりではないけれども、全体として見た場合には利益の平準化のみを目的としておる、こういうものもみだりな変更になると思います。そこで、そういうものを含めて、公認会計士協会としても傘下の公認会計士に通達で指導原理を示さなければならないということは、現下の時代の要請にもなっていると思います。そういった動きに対しましては、私どもも相談にあずかりながら善処していきたい、かように考えております。

○稲葉(誠)委員　「引当金」二百八十七条ノ二の新設について、三十七年の三月六日に民事局長平賀健太さんが提案説明しているのです。それを読んでみますと「次は、引当金に関する第二百八十七条ノ二の新設であります。現行法では、いわゆる負債性引当金について規定を設けておりません。負債性引当金というのは、将来における特定の支出に対する準備額であって、その負担が当該事業年度に属し、その金額を見積もることができるものというように説明されておりますが、その内容は必ずしも明確ではありません。また、法律上債務でない見越費用を負債とすることにつきましては、理論上疑義がないわけではありません。しかし、会計の理論及び実際の面から負債性引当金を認めるべきであるという要望が強いのであります。そこで、この法律案におきましては、この要望をいれ、特定の支出または損失に備えて引当金を貸借対照表上の負債として計上することができる道を開いたのであります。しかし、この引当金は、その範囲が広く、また、経理操作に利用されやすい項目でもありますので、株主総会で計算書類の承認をする際に、引当金の目的を明らかにしておく必要上、その目的を貸借対照表において明らかにしなければならないこととし、また、この引当金を目的外に使用するときは、損益計算書においてその理由を明らかにしなければならないことにいたしました。この引当金の項目は、株主の利益に関することでありますから、この項目の内容を株主に知らせることによって株主の保護をはかるという趣旨であります。」これが提案理由であるように思うんですね。ここで民事局長が問題にしているのは、負債性引当金ですね。二百八十七条ノ二は、負債性引当金について民事局長が盛んに言っているわけでしょう。ところが企業会計原則では、その点は違ってくるのじゃないですか。企業会計原則の現行は注の16ですか、それから修正案は注の18ですね。現行を見ますと、「引当金には評価勘定に属するものと負債的性質をもつものとの区別があるが、後者については、流動負債に属するものと固定負債に属するものとを区別する必要がある。」(1)は「納税引当金、修繕引当金のように将来における特定の支出に対する引当額が比較的短期間に使用される見込のものは、流動負債に属するものとする。」(2)は「退職給与引当金、船舶等の特別修繕引当金のように相当の長期間を経て実際に支出が行なわれることが予定されているものは、固定負債に属するものとする。」こう書いてあります。修正案を見ますと、「将来において特定の費用(又は収益の控除)たる支出が確実に起ると予想され、当該支出の原因となる事実が当期においてすでに存在しており、当該支出の金額を合理的に見積もることができる場合には、その年度の収益の負担に属する金額を負債性引当金として計上し、特定引当金と区別しなければならない。」こう書いてあります。「製品保証引当金、売上割戻引当金、景品費引当金、返品調整引当金、賞与引当金、工事補償引当金、退職給与引当金等がこれに該当する。負債性引当金は、金額は未確定であるが、その支出は確実に起ると予想されるものであるから、偶発損失についてこれを計上することはできない。」こう書いてありまして、負債性引当金と特定引当金を区別しているのじゃないですか。企業会計原則では。この提案説明では、負債性引当金の規定がないからそれを設けるのだというように思うのです。これは食い違いがあるのですか、ないのですか。

○**川島(一)政府委員**　表面的には確かに食い違いがあるように思います。その食い違いの原因は何かと申しますと、一つは負債性引当金ということばの意味が違って解釈されているのではないかと思います。企業会計原則のほうで申します負債性引当金とは、債務たる性質を持っているものでして、それに対して提案理由で平賀局長が述べておられます負債性引当金とは、債務ではないけれどもこれに準ずるような性格を持ったものという意味であろうと思います。企業会計原則ができました当時には、まだ商法の三十七年改正が行なわれておりませんでしたので、企業会計原則には特定引当金に関する規定がなかったわけです。その後、商法が改正になりまして、負債でない負債性引当金、つまり特定引当金ですが、これが法律上認められることになったわけですので、それに伴って企業会計原則を修正しておけばその間の不一致は生じなかったわけですが、その手当てがされないまま今日に至っているところに両者の不一致の原因があるんではなかろうか、このように考えております。

○**田中説明員**　従来の経緯はともかくとして、現在、特定引当金は評価性引当金並びに負債性引当金以外のものではないか、修正案もそのような分け方になっていると思います。そうして、従来負債たる性質を持っているものと負債ではないが負債性である、はっきりしない面もありましたのを、今回は負債性引当金とは何だと定義ではっきりしまして、例示をさっき先生お読みになったように並べているわけです。これはいわば条件つき負債そのものですから、二百八十七条ノ二に依拠しなくても、商法の他の負債は全部貸借対照表に出せという観点からしますと、負債性引当金は二百八十七条ノ二によるものではない。そうすると、二百八十七条ノ二によるものは何かといいますと、評価性でも負債性でもない引き当て金ではないか。現在の会計的な面ではそのように了解ができております。

○**稲葉(誠)委員**　商法の条文を見ると、特定引当金のようにとれるのですね。ところが説明を見ると、どうも説明が何か違っているというか、これは解釈というか、内容の広い狭いによって違うのかもわかりませんけれども、違ってきているわけですよ。そこで平賀さんの言っておる中で、いわゆるいまの準則でいう特定引当金、これは法務省が提案説明しているわけですが、この法務省が提案説明した「引当金」に関する二百八十七条ノ二の中で、いわゆる企業会計原則でいう特定引当金はどれなんですか。

○**川島(一)政府委員**　当時の法務省の説明で負債性引当金といっておりますのが、現在の特定引当金と一致するのではなかろうかと思います。と申しますのは、現在の引き当て金は負債の部に計上いたします。その実質は債務ではございません。利益留保性のものです。そういうものを「引当金」として二百八十七条ノ二で認めたわけでして、そういうものを認めてほしいという要望があってつくったんだと平賀局長が説明の中で言っておるわけでして、それがすなわち特定引当金の説明であろうと思うのです。

○稲葉(誠)委員 そうすると、法務省が言っておる「将来における特定の支出に対する準備額であって、その負担が当該事業年度に属し、その金額を見積もることができるもの」、これは特定引当金ですか。

○川島(一)政府委員 この少し前、先ほど先生お読み上げになりましたところですが、「現行法では、いわゆる負債性引当金について規定を設けておりません。」と言っておりまして、そうして「負債性引当金というのは、将来における特定の支出に対する準備額であって」云々と説明しておるわけです。そうしますと、この負債性引当金とは、現行法では規定を設けていないものであることになるわけでして、それについて今度二百八十七条ノ二を新設するわけですので、ここで申しておりますいわゆる負債性引当金は特定引当金をさすと考えられるわけです。

○稲葉(誠)委員 文脈の上からはそういう見方ができるかもわかりませんが、私の言うのは、「将来における特定の支出に対する準備額であって、その負担が当該事業年度に属し、その金額を見積もることができるもの」、これはいまの企業会計原則でいうと一体どれになるのですか。

○田中説明員 現在の負債性引当金は、「将来において特定の費用たる支出が確実に起ると予想され、当該支出の原因となる事実が当期においてすでに存在しており、当該支出の金額を合理的に見積もることができる」ものです。この法務省の政府委員がお答え申し上げた「将来における特定の支出に対する準備額であって、その負担が当該事業年度に属し、その金額を見積もることができるもの」というと、現在私どもが定義した負債性引当金ではないかと思います。

○川島(一)政府委員 どうも違うのではないかと思います。と申しますのは、企業会計原則修正案の注18でいっております負債性引当金の定義と、それから先ほどの政府委員の説明とは、内容はほとんど同じことをいっておりますけれども、修正案のほうはむしろ条件つき債務のようなものを考えており、政府委員の説明は、条件つき債務とはいえないものをいっておるのではないかと思うわけです。そうしませんと、どうも意味がつながりませんので、おそらくこの表現が、いずれを見ましても必ずしもはっきりしないわけですが、条件つき債務である場合とそうでない場合と、一方は条件つき債務である場合をいい、それから政府委員の提案説明は条件つき債務でない場合をいっている、こういうことに解釈されるわけです。

○玉置委員 そこで、まず参議院から送付されました附帯決議ですが、参議院の附帯決議の二番ですが、「監査法人は、その社員が税務代理、税務書類の作成及び税務相談を行っている会社について、本法の監査業務を行わないよう規制すること。」こうなっております。一部、監査法人の従業員がそれに従事する場合を危惧する向きもありますが、どのようにこれを阻止されようと思われるか、御質問申し上げておきたいと思います。

○田中説明員 監査に補助者として従事する者が被監査会社の税理士業務を行っている場合には、当該監査法人は当該会社の監査を行うことができません。これを監査に従事しない従業員にまで広げることは、利害関係の範囲の広げ過ぎといいますか、適当でないと考えられます。現実にもそのような御懸念はないのではないかと思います。

○玉置委員 その三に、「企業会計原則は、企業の財政状態及び経営成績について真実公正な財務諸表を作成公示するための基準であるから、修正については、その目的に反することのないよう配慮すること。」こうなっておりますが、この附帯決議の三番目は、どのような趣旨でこういう附帯決議がつき、それを当局はどのように措置されようとしておるか、お答えをいただきたいと思います。

○田中説明員 その附帯決議はおそらく今度の商法の三十二条の二項の斟酌規定とか、あるいは継続性の原則とか、特定引当金をめぐっての御審議の結果出た附帯決議ではないかと思いますので、私どもその御趣旨を尊重しまして、ここでどういう審議があったか、そして、修正案は四年前のことですし、その間社会経済情勢の変化もある。そしてその間いろいろな誤解を招くような発言その他が雑誌等に報じられておりましたから、そういうことを企業会計審議会に報告しまして、審議会において、そういったすべてを踏まえて見直すべきことは見直すことをやっていただいた上、これを確定したいということです。

○玉置委員 それでは、附帯決議の一番に戻ります。

現在の会社は、御案内のとおり、一つの株式会社で非常に数多くの株主を擁しておるわけです。たとえば新日鉄で申しますと四十九万四千五百六十九名、それから丸紅でも一万二千百二十九名、三菱商事で三万一千百五十名ですか、三井物産で五万六千七百八十名、東京電力で三十万、東レで十五万、こういうふうに株主が非常にばく大な数字にのぼっております。こうなりますと、株主の利益擁護というよりは、株主はただ投資の対象としておる部面が非常に多くなるのではないか。大口の株主にいたしますれば、企業の行動に非常に大きな関心を持っておりますけれども、そこまでの関心を持たない数多くの層が存在すると見なければいかない、こう思うのです。そこで、今度の商法改正にあたりましても、そういう意味で監査役が、会計だけでなしに業務一般についても監査をし得る改正になっておりますけれども、実際問題として、この数多い株主を株主総会で一堂に集めることも、物理的に無理じゃないだろうか。と同時に、お集まりになっておる、ほんの四百名、五百名の御人数であると見ましても、五十万人に四百名ですので、こういった改正がどんなに考えてみても、的確に株主に短時間の間にその会社の業務形態の実態を把握することは非常に困難じゃないだろうか、こういう感じがします。したがって、今後株主総会並びに会社の業務監査等のやり方につき、すみやかに商法を改正してもらいたいという附帯決議がついておるわけですが、この実態にかんがみて、一体どのような方向でこれを持っていこうとお考えになっておるか、御答弁をいただきたい。

○中村国務大臣　私どもも考えまして、附帯決議第一項は、まことにごもっともに思います。非常に大規模な企業、小規模のもの、これは一本の商法で運営しようということ自体に無理がありますので、おのずから企業の社会的責任もありますし、そういうすべてを入れて再検討をする必要があろうかと思っております。したがいまして、この附帯決議の趣旨に沿いまして、法務省としましてもさらに検討を続けていく考えでおります。

○玉置委員　この大きなばく大な数にのぼる株主、この方々が一堂に会することは物理的にできない。一時間よりももっと時間の少ないところでほとんど終わっておる実態にかんがみまして、株主総会は一体どのように運営さすようにするか、あるいは会社は、実態的にはどんな位置づけがほんとうなんでしょうかね。

○川島（一）政府委員　たいへんむずかしい問題です。会社は企業でして、株主はその出資者の立場に立つわけですので、その会社の基本方針は株主がきめる形をとらざるを得ない、そういう組織であると思います。したがいまして、株主総会に最も重要な権限、たとえば定款を改正するとか取締役を選任するとか、そういった権限は株主総会以外に持つものがないわけですので、その限りにおきましては、最も重要な機関としてこれをなるべく合理的に運用ができるような形に考えていかなければならないと思います。先生御指摘のように、大きな会社になりますと株主が非常にたくさんおります。これを一堂に会することは確かに不可能です。実際の運用も、委任状をとる形で運営されておるわけですが、委任状をとる方式にしても、現在のように白紙委任を求める形でなしに、何かの限定を付した株主の意見を反映させる形で委任状をとることも考えられますし、いろいろ技術的な問題が考えられると思いますので、そういった点も含めまして、株主総会の機能がどうしたら十全に発揮できるかをさらに検討していきたい、附帯決議の御趣旨をそういう方面においても生かすように努力していきたい、このように考えておる次第です。

○玉置委員　労働組合その他で行われております代議員制度にするのも、これまたむずかしい問題もあると思います。しかしながらいま局長のお話しのような、これが一番重要なことを規定するものであることだけは事実ですけれども、そういう意思表示をどう持っていくかはほんとうに至難中の至難じゃないか、こう思います。だからこれは学識経験者及び実務者等々の意見を、審議会を設けるかもしくは大臣諮問の懇談会にされるか、直ちに発足をし出さないと、お互いに衆知を集めないとなかなかむずかしい問題じゃないかと思いますが、どのようにお考えになりますか。

○川島（一）政府委員　商法改正は、従来から法務大臣の諮問機関として設けられております法制審議会において御審議をいただいているわけでして、学者それから学識経験者のほかに、実際の実業界に携わる方などもおられますしあるいは官庁の関係の方もおられますが、審議会におきましてこれまでも審議を続けてきたわけです。今回商法改正案を国会に提出いたしまして、いろいろな貴重な御意見をいただきましたので、そういう点も審議会に報告をしましてさらに審議を続けてまいりたい、このように考えております。

○玉置委員　そこで、先ほども申しましたように、いまの株主の大多数の方々、大株主を除きましては、一般庶民の多くは投資の対象にしておいでになるという感じが実態じゃないだろうか、こう思わざるを得ないと思うのです。そういう意味では株主総会のときだけに財務諸表を見せまして意見を徴するということは実際はなかなか困難ではないだろうか、そういう方々のために常時監査をする機関を設けざるを得ないのじゃないだろうか、こう思いますが、常時監査をしておいでになる方々、たとえば公認会計士なら公認会計士、監査法人なら監査法人で常時株主のかわりにそういうことを行っておいでになる方、その制度をつくることによって株主で意見があるものはいつでも聞きに行けることにしなければいかぬのじゃないだろうかと思いますが、どういうようにお思いになりますか。

○川島（一）政府委員　常時監査をするようにしたらどうかという御提案ですが、私も全くその御趣旨に賛成です。

今回の改正案は、大きな、資本金五億円以上の株式会社は、決算の際に会計の専門家である公認会計士あるいは監査法人を会計監査人として決算の検査に当たらせることにしております。これは決算期がきてから監査を行うということが法律上の要件になっておりますが、しかしながら大きな会社になりますと、決算期がきたときに何週間か監査をするだけでは十分ではございません。それで見切れるものではございません。それからまた仰せのように、平素からいろいろ問題が起こった場合に、どうしたらこれが正しく処理されたのか専門の方の御意見を伺うという必要も少なくないと思います。そういう意味におきまして、会計監査人も、決算期がきてからあわてて選任するのではなく、もっと前から選任しておいて、平素から会計上の疑義を見ていただくことをしまして、仰せのような常時監査の実質を備えた形で運営していくことが望ましいと思います。

○玉置委員　先ほど申しましたように、実態は投資的対象になっておる株主が非常に多くなっておる。そういう意味からは、どうしても平素から株主の意見なりいろいろなことが表現できるような、あるいは聞きに行けるような制度、したがってそれは株主総会の場で選任された会計監査人もしくは監査法人を事実上運営できるような機構が私は必要じゃないだろうかと思う。その意味ではなるべく近い将来の商法改正にそういうこともひとつうたっていただきたいし、原理的にそういう運営を行うように慫慂していただくことが望ましいのじゃないか。と申しますのは、株主だけの問題じゃなしに、現在の大きな会社はこれはもう国民的な視野から、また国民に対して責任を負うておる形になっておるのじゃないだろうか。たとえばいま国会で問題になっております総合商社は、六社でもって輸入の五割、輸出の四割をとり行なっておるぐらいに国民経済に非常に密接な関係を持っておるわけです。したがって、会社の中の監査役が会計だけじゃなしに業務上のことまで監査できることになっておりますけれども、どうしてもいままでの伝統から申しまして会社の取締役会から任命されたものが、形といい実態といいそうなっておるような感じがいたします。したがって一つには株主の立場からと、もう一つは国家、国民的な視野から監査が常時でき得ることが望ましいのじゃないだろうか。むしろいまではそのことが絶対必要だという要件にまでなりつつあるような感じがするのですが、どうですか。

それから、いま申しましたように将来の商法改正に、あるいはまた商法改正以外でも、行政指導としてそういう運営が望ましい。でないといまのような問題が起こってきて国民のひんしゅくを買うことも行い得るわけです。そういう意味のチェックも、株主にかわりあるいは国民にかわって意見を申し述べられる制度をわれわれは醸成していかなければならないのじゃないだろうか、このように思いますが、お答えをいただきたいと思います。

○川島（一）政府委員　仰せになりましたことは全くそのとおりであろうと思います。株主の立場、それからさらにはもっと大きな国民的立場から会社の運営が適正にされるように、仕組みも考えていかなければならないし、実際の運用面においてもそういう点を配慮する必要があると思います。行政指導と申しますといろいろなニュアンスがございまして、場合によってはあまり適当でないこともあろうかと思いますけれども、しかしながら会社の運営としてこういうことが望ましいということは、われわれとしてもできるだけあらゆる機会を通じてその趣旨を徹底するようにさせてまいりたいと思います。国民的な立場と、それから株主の立場が必ずしも一致するものではないと思います。したがって今後商法改正をする場合も、そういった問題を考えるにつきましてはいろいろ複雑な問題が出てこようかと思いますが、しかし仰せのように現在の社会情勢を考えますとき、特に大きな株式会社が社会的にりっぱな存在として成長するように考えていくことはわれわれのつとめでもあると思います。

○玉置委員　そういう観点からすれば、私が先ほど申しましたような会計監査人は取締役会で選任されるよりも、むしろ株主総会で選任することが望ましいんじゃないだろうか、同時にその費用も株主総会で決定された費用、国会が立法府で行政府をチェックする機関でありながら、大蔵省からもちろん金は来ておりますけれども、その予算措置はすべて一応国会にまいるわけですが、そのような形をとることが望ましい、こう思いますが、どうですか。

○中村国務大臣　この点はごもっともな向きもありますが、ただ今回の改正にあたりましては、法制審議会が会計監査人は取締役会で選任するようにという答申でしたのでそういう案になっておりますが、お説の点は将来とも最も重要な検討題目として検討を続けていかなければならない、かように思っております。

〇**玉置委員**　ですから答申のあったときとこのごろのあれでずいぶん様相も変わりつつあると思いますので、そのことをひとつお考えいただきまして、全般として次の商法改正には臨んでいただきたい、こう思います。

そこでこういった制度ですが、商法改正は監督は法務省でおやりいただいております。こういう会計監査人あるいは監査役等々、株式の利益保護並びに国家国民の利益の擁護のために、監視役と申しますかあるいは指標を与えていくようなサゼスチョンをする方々のために独立機関、たとえばいま公取委員会がございますが、それよりもむしろもっと大きく会社の運営そのものが適正に行われていく角度から総合的に見て、いま大蔵省に証券局がございますが、ああいうものを独任機関にすることによって、こういった諸制度全般をバックアップすることまで包括することも一つの考え方じゃないだろうかという感じがするわけです。日本の商行為そのものが、ほとんど株式会社の制度で行われることが大多数です。しかも、それが個々に、ただいま申しましたように大きなやつはほとんど投資的対象であって、その中のところまで関心のない株主が非常にふえつつあるという現状にかんがみまして、その行為そのものを全般としてバックアップする行政機関をつくっていくことも、検討すべき時期じゃないかという感じがするわけです。こういうことについて法務当局並びに大蔵当局の御見解を聞きたいと思います。

〇**中村国務大臣**　御説の点はまことにごもっともな感じもいたしますが、すべての会社ということは非常な困難であろうと思います。ただ、社会性の大きな会社には、お考えとしては一つの考えだと私は思いますが、ただ行政がそこまでタッチすることがいいのか悪いのか。この点は非常に問題だと思います。

そこで、今回の改正としては会計監査人という制度を設けまして、第三者の独立した会計監査人の適正な監査によって粉飾決算や逆粉飾決算のないように、会社経理が適切に行われるように考えておるわけですが、これは今後の運営いかんを見まして、御指摘の点は考慮せらるべきである、かように考えております。

〇**田中説明員**　行政委員会となりますれば行政組織法の問題であり、行政管理庁の問題でもございますことで、事務の私として特に意見がましいことを毛頭申し上げることはできないことをお含みいただきたいと思います。

〇**玉置委員**　この件は、にわかに御答弁をいただくことは無理だと思います。しかしながら、昨今の情勢を見ましても、企業に制肘を加えることはあまり好ましくないと思いますけれども、国家、国民的視野に基づきまして、その方向が国民経済の健全な発展という方向からはみ出るようなものだけは、大きな視野のあれだけは要るのじゃないか。それを自主監査させるという形、会社で自主監査ではだめだから、株主から選任された監査法人、会計監査人等がこれをやる。しかも、その方々の適切な選任ができ得ることだけは、すればどうだろう。この問題は、将来とも、私も勉強をしていきたいと思いますので、当局の御研究もお願い申し上げたい。

そこで、いま申しましたような関係から申しますと、公認会計士あるいは監査法人等々が、今後、国民の要請と申しますか多くの不特定多数の株主の要請に基づいて、いわば国家的な立場からの監査もやっていかなければいけない時期に来ておるし、商法改正もそのことを意図されたんだ、こう思います。それならば、公認会計士が税理士の税理業務と交錯するところがいま一番問題になっております。ところが、三分の二の公認会計士の方々が税理業務を現におやりになっておることも現実であります。

したがって、そういう関係から申しますと、いつかはこれがある程度確実に分離された時代が来なければならないのではないだろうか。それまでの経過措置、過渡的な措置は幾多手を打たなければいかぬ問題がございますが、現に弁護士が税理業務をやれるようになっておるわけですが、事実上なさっておいでにならないということは、やらなくても弁護士のほうで十分な報酬があり得るからだと思います。また仕事もそれで手一ぱいだと思うのですが、そういう関係で、将来これの常時監査等々の制度が慫慂されてまいりますと、勢い報酬もそれに見合うべき報酬に高まっていくと思います。そういう意味で、隔絶するまでの間の問題点が非常に多いと思いますけれども、そこに附帯決議がついたり問題になっておるわけですが、これをどのように経過期間を措置していくことが好ましいと思われるか。

これとともに、それにふさわしい資質の向上が要ると思います。衆議院の最後の段階で御質問申し上げましたとおり、二十四、五で公認会計士の資格を取得される。それから三年間の、したがって二十七、八ぐらいで公認会計士の実務につき得るわけですが、はたしてそれだけでいいのかどうかという問題がございます。したがってあのときには、監査法人という組織、運営を十分に御指導いただくほうが好ましいのではないかということにも議論が多かったと思います。そしていよいよある程度の年配とある程度の社会に対する教養を高められて、独任的におやりになるほうが好ましい、こういう議論が多かったと思うのですが、それをどのように扱っておいきになるつもりですか。

〇川島（一）政府委員　公認会計士の関係は大蔵省のほうで所管されておられますので、私直接の所管でございませんのでお答えしにくい点があるわけですが、私なりに理解しておりまする限りで申し上げますと、日本の公認会計士制度は戦後できたわけですが、今日まで相当の期間を経過しております。しかしながら、外国の制度に比べますとまだ歴史が浅い事情もあるようでして、御指摘の問題がないとはいえないと思います。大蔵省では以前から上場会社に対する監査は証券取引法に基づいてやっているわけですが、この証券取引法監査に当たられる公認会計士なり監査法人の御経験もある程度積まれてきております段階ですので、今回の商法監査の実施も、ある程度その御経験が利用されるのではないかと思います。しかし、まだまだ仰せのように現在の公認会計士は必ずしも会計検査の仕事のみに十分完熟しているともいえない面もあるように伺っておりまして、大蔵省でも監査法人の育成をかなり熱心にやっておられるように伺っておりますので、われわれも側面からこれに御協力を申し上げまして、将来商法監査がますます充実したものとなりますように努力していきたい、このように考えております。

〇玉置委員　そこで、附帯決議の一に戻りまして、「現下の株式会社の実態にかんがみ、小規模の株式会社については、別個の制度を新設してその業務運営の簡素合理化を図り、大規模の株式会社については、その業務運営を厳正公正ならしめ、株主、従業員及び債権者の一層の保護を図り、併せて企業の社会的責任を全うすることができるよう、株主総会及び取締役会制度等の改革を行うため、政府は、すみやかに所要の法律案を準備して国会に提出すること。」、ここで、先ほど株主総会につきまして御質問を申し上げたわけですが、取締役会制度の改革につきまして、附帯決議の趣旨はどのような趣旨だとお考えになるか、どのように措置しようとお考えになっておるか、御答弁をいただきたいと思います。

〇川島（一）政府委員　大規模の株式会社についての問題ですが、御審議の過程で私なりに理解したところでは、現在の株式会社の運営は、社長が中心となって、場合によりましてはその社長の一存でされておる、あるいは中心となる二、三の取締役の一存でされておる運営が多いように聞いております。そこで、商法上の制度としては、取締役会が中心の機関になるべきですし、実際の運営がそのようにされていない面があるとすれば、それは制度的にも何らかの手当てをする必要があるであろう。そうして、衆知を集めて、ここに書いてありますように会社の企業としての社会的責任を全うすることができるような、そういう分野をはかる仕組みをつくっていく、そういう方向で制度の改革を検討せよ、こういう御趣旨であろうと理解しております。

〇玉置委員　ついでですが、この間衆議院の予算委員会で大会社、ことに商社、銀行等の代表者を参考人として来ていただきまして、いろいろな質疑を繰り返したわけです。なるほどあれだけでっかくなってしまいますと、内容のわからないこともあり得るのもむしろ当然じゃないだろうかと思われる節もございます。そういう形で取締役会が運営されておる。だから、株主の利益擁護だけではなくして、大きな機構になり過ぎておる総合商社等に、商法改正をどうお考えになるか、この際ひとつ御意見を承っておきたいと思います。

〇川島（一）政府委員　先ほど申し上げました法制審議会にはかりまして、委員の方々の御意見を十分に承り、委員会において十分の御審議をいただきたいと思っておるわけでして、私一個の考えを申し上げるにははなはだまだ未熟に思いますので、できますればその点は今後の検討課題とさせていただきたい、このように存じます。

〇玉置委員　先ほど附帯決議の中で、被監査会社の税務業務につき、監査法人の会員が一人でも従事しておる場合はいかんと、こうなっておりますが、このことはこのようにやっていただかなければならないわけですけれども、これで従来の、たとえば監査法人は実態としてはお互いにある交友関係のある者がお集まりになっているのじゃないか、そうしてお互いにもちろん知友であると同時に、ある程度のことを何を話してもいいというお仲間が集まっておいでになるのじゃないだろうか。そのうち、いままで法律的にそういうものがなかった場合に、その中には多数の税務上の仕事に従事しておいでになった方々もあるのじゃないか。それを二、三年前のそういう仕事に従事しておいでになった方々の作成されたものが、これから一切法律的にだめだとなると、実態として非常に不ぐあいな問題が生じるのじゃないだろうかという感じがいたします。

それから、会計監査人、公認会計士、それから監査法人、それから税理士の方々、この職域を若干の日数をたちながらうまくそれが相互に侵犯しないように、共存できるような、お互いの分野においてりっばにそれぞれの分野の責任を果たしていただくように持っていかなければならないわけですが、経過的な期間は、公認会計士のうちで三分の二が現に税理業務を行っておいでになるという実態から考えまして、法律並びに附帯決議等はあるべき姿を想定してものを言っておる節もあります。これを措置していくときの経過的なあんばいに十分な配慮を願いまして、双方が御満足のいけるような形で、そしてあるべき姿に早く持っていくことがこれから法務省の非常にむずかしいところだと思います。これにつきましてどのようにこの附帯決議を措置していこうとお思いになるかお答えをいただいておきたいと思います。

○川島(一)政府委員　主として公認会計士の問題になるわけでして、先ほど申し上げましたように大蔵省で所管しておられる問題で、附帯決議の関係も公認会計士関係の法令で措置されることに相なっております。そういう関係で私直接にお答えを申し上げにくいわけですが、商法自体としては、この法律が施行されましてから会計監査に移行するまでに若干期間を置いております。具体的には、この法律が施行になりましてから最初の決算期は従前どおり、その次の決算期から始まることにしておりまして、しかもその実施は段階的に幾つかに分けてございまして、最初は現在証取法の適用を受けている、つまり証取法の監査を行っている会社について商法の監査も行う、その次の年度に入りまして特に大きな会社について行うといった三段階、四段階に分けておりまして配慮もいたしておりますので、その間に数年かかって完全実施になるわけですので、その間混乱のないように大蔵省にもよく御相談申し上げて考えてまいりたい、このように思っております。

(中略)

○稲葉(誠)委員　三十七年のときに、さっきは私は提案説明と言ったようですが、民事局長の補足説明のようですね。そういうふうに訂正をさせていただきますが、この中で「また、法律上債務でない見越費用を負債とすることにつきましては、理論上疑義がないわけではありません。しかし、会計の理論及び実際の面から負債性引当金を認めるべきであるという要望が強いのであります。」こういうふうにいっておるわけですが、法律上債務でない見越し費用を負債とすることについては理論上疑義がないわけじゃないけれども何とか、こういっていますね。これはどういうことですか。これは負債性引当金とは違うのじゃないんですか。

○川島(一)政府委員　私もこの文章そのものがどういう趣旨かは理解しておりませんが、ただこの当時においては、負債性引当金ということばをかなり広い範囲で認めておった。現在では負債であるものを負債性引当金と呼んでおりますが、負債に準ずるものも含めて負債性引当金と呼んでいたのではないかと思います。

○稲葉(誠)委員　「法律上債務でない見越費用を負債とすること」とは何をいっているわけですか。会計原則では何に当たるわけですか。

○田中説明員　おそらく修繕引当金ではないかと思うのですが……。

○稲葉(誠)委員　これは修繕引当金だけですか。「法律上債務でない見越費用」とはそのことだけですか。ほかのいろいろなものを含んでいるのじゃないの。

会計の理論及び実際の面から負債性引当金を、この負債性引当金の意味は別として、認めるべきであるという要望が強いのだ、こういっていますね。それでこの法律案においては要望をいれたのだ、こういっているのでしょう。しかも、この引き当て金はその範囲が広くて、また経理操作に利用されやすい項目である、こういっていますね。どこから要望があってこれはできたのですかね。これが逆粉飾の一番ポイントでしょう。

○川島(一)政府委員　その当時のことを若干調べてもらったのですが、どこからの要望かという具体的な点ははっきりいたしません。ただ、私が聞きましたところでは、当時すでに実際界におきましては引き当て金を若干広い範囲で認めておったという事実があったようでして、その事実に基づいてこういう必要があるのだからこういうものを認めてほしい、商法の上にも規定してほしい、こういう要望があったと聞いております。

たとえばですが、先ほどの負債性引当金の意味にも関係いたしますが、退職給与引当金がございます。これは商法上は、負債と考えておるわけです。将来退職が生じた場合に、退職の給与を払わなければならない。これが雇用契約なり、あるいは労働協約できまっております場合には、法律上の債務になるわけです。したがって、これは負債である。ところがそういう雇用契約あるいは労働協約に規定がない、つまり会社が退職金を払わなければならないという義務のない場合がございます。そういう場合も、退職給与の引き当て金として計上することがあるのだそうです。その場合、それは負債でございませんから、商法的には、負債でない引き当て金になるわけです。そこで、そういう債務か債務でないかをはっきりさせずに、いずれも引き当て金という形で運用しておる。そのほかにも、修繕引当金とか、いろいろなものが考えられるわけですが、その内容を、法証取監査が、ドッキングしますことに伴いまして、私どものほうとしては、修正案では、評価性引当金と負債性引当金は、概念的にもはっきりさせた。あと残るのは、特定引当金をどう解釈するか。これは商法の問題ですから、この解釈は、法務省の御指導を得なければならない。法務省から御協議いただきまして、その辺はっきりさせたほうがいいのではないかという気持ちは持っておりますが、とにかく商法の規定ですから、私どもがその解釈を自分でどうこうと言うことはできないことは、御了承いただきたいと存じます。

○稲葉(誠)委員　いまの解釈は法務省としては、広く解釈する立場と狭く解釈する立場がある。広く解釈した場合には、どういうプラスあるいは弊害があるのか。その点は、どういうふうにお考えになるのでしょうか。

○川島(一)政府委員　お答えする前に、先ほどの「特定ノ」の意味ですが、私は「特定ノ」ということばをどういうふうに理解するかということでお答えしたわけでして、特定引当金をどういう場合に認められるかは必ずしも「特定ノ」ということばだけにこだわらなくてもいいんじゃないか、規定全体の趣旨から考えるべきであると思っておるわけで、必ずしも広く解釈せよという趣旨ではございません。

それから、どういう意味があるかというお尋ねですが、特定引当金は、商法上は負債でないものを負債の部に記載することになりますので、利益をそこに留保する形になります。したがって、たとえば株主に配当すべき利益のほうへは回ってこないわけですから、その分だけ配当が減ることになりますから、少なくとも配当し得る配当可能利益が減ることになります。したがって、株主としては一体どこに利益

そこで、一体この「特定ノ支出又ハ損失」というこの「特定」という意味を法務省としては、どういうふうに解釈をするのか。当時の座談会のあれなんか見てみますと、味村氏が制限的に列挙しようと思ったのだけれども、それがなかなかむずかしくて、できなかったということを言ってはおるのですが、現在の時点で、この「特定」をどういうふうに解釈するか。広く解釈するのか、狭く、厳格に解釈するのか。解釈のしかたによってどういうふうに違うのか、法務省としてはどういう立場をとっておるのかということをお聞きしたいわけです。

○川島(一)政府委員　「特定」の意味ですけれども、これはその支出または損失の生ずる原因と、それから損失をこうむる対象物が特定していることが必要であろうと考えております。

○稲葉(誠)委員　それは相当広い解釈でしょう。それよりもっと狭く解釈すると、「特定」とは、支出または損失の発生が確実である、それから支出または損失発生の確率や確実性が大であって、その発生を確実に予測し得るものにのみ引き当て金の設定が限定されると解釈すると、いまあなたの言われた範囲のものであっても、非常に広くて、その中で厳格に解釈すると入らないものができてくる、こうなるんではないでしょうか。これは大蔵省としては、どういうふうに解釈しておるのですか。

○田中説明員　従来は、引き当て金は、評価性と負債性、特に条件づきの負債は、これは負債性引当金としてむしろ記載しなければならないという感じで、それ以外のものは、会計的には、従来は、これは利益、剰余の処分のものがかなりあるのではないかという感じで、その点は、場合によっては意見表明が行われてきたわけでして、しかし今回、商法と律的にはっきりこれは債務であるとか、あるいはこれは債務でないということを区別しないで、引き当て金という形で運用しておった。そういう事実がありまして、それをこまかく見ますと、それは債務でないから、負債の部に入れることはできないのではないかといったことがございまして、それでは実際に必要があって計上しているのだから、こういうものも負債の部に計上することを認めてもらいたいということが出てきた。その結果、要望があって、引き当て金の制度が商法にも規定された、こういう経過になっておるようです。

○稲葉(誠)委員　そこで、会計原則の修正案の注の14「負債性引当金以外の引当金について」という中に「負債性引当金以外の引当金を計上することが法令によって認められているときは、当該引当金の繰入額又は取崩額は未処分損益計算の区分に記載する。」と書いてあります。この特に「法令によって認められているとき」とは、どういうときを言っているのですか。

○田中説明員　これは商法二百八十七条ノ二によるものと考えております。

○稲葉(誠)委員　いまの条文は、ただ条文が書いてあるだけの話であって、具体的なものは何も書いていないわけでしょう。だから「特定ノ支出又ハ損失」という場合の「特定」について、広く解釈する場合と狭く解釈する場合とがあるわけでしょう。広く解釈すれば、いろいろなものが、将来のものもどんどん入ってくる、見越しの計上も入ってきますね。たとえば創立何十周年記念をいつやるのかという将来のことまでみんな入ってくる。そこで費用が計上できることになれば、利益が減ってくる形になる、配当が減るわけでしょう。

がどれだけ留保してあるのか、こういう留保があるならばそれは配当へ回したらどうかということも言えなければならない。そういう意味で、あまり多く引き当て金のほうへ回しますとこれは株主の不利益になるし、株主総会で問題にする余地が出てくるであろう、こう考えるわけです。債権者にしますと、これはそれだけ会社の内部留保がふえるわけですから、会社の担保財産と申しますか一般担保財産はふえてくるんで、別に債権者から文句が出ることはないんではないかと思うわけです。それから具体的な例でどうかという点ですが、先ほど先生がお触れになりました創立何周年記念事業の引き当て金というものがございます。これを何年前から引き当てるかという問題がございまして、たとえば五年も十年も前から引き当てることは、これは目的は特定しておりますけれども、しかし引き当て金の趣旨からいって許されないんではないか。実際に二、三年前になりまして計画が立つわけです。そしてその計画をいまから準備していこうという場合、こういうことは許されると思うわけです。

○稲葉(誠)委員　いま言われましたように、これは範囲を広く解釈すればそういう弊害が非常にあるわけですね。現実にいろいろな引き当て金という名称をやって損金経理をしているけれども、厳格にいえばこれに該当しないものが相当あるんではないか、こう考えられるわけですね。営業外費用ということで自由化対策費を設けてある。それから自由化引当金といった形で負債の部に載っけてある。製品改善引当金だとか、設備改善引当金、これはみんな利益留保ですね。だからこの引き当て金を大きく認めてしまえば、そこで逆粉飾が非常に大きく行われやすい。そのことは、この条文自身がきわめて簡単であるんだけれども、補足説明自身を見てもどうもはっきりしない、混乱しているということから出てくるんじゃないんですか。いわゆる利益留保性引当金で設定しているのやいろいろな形であるんですね。販売促進引当金だとか、みんなそこへ持っていってしまうのですね。そうすると、みんな利益が減ってしまう。大蔵省としては、それはどういう程度のどういう引き当て金ならば、この条文にいうところの法令に入るか入らないか。それは法務省にみんなまかせてあるのですか。ぼくがいま言った自由化対策引当金、製品改善引当金、設備改善引当金あるいは特別開発準備金とか販売促進引当金とかはたして、認められるべきものなんですか。

○田中説明員　現在の商法の営業報告書で、特定引当金の部に計上されているもので税法上損金算入を認められないものがかなりあることは、おっしゃるとおりです。そこで私どもは、現在そういうものは、税法上認められているものは特に限定意見と申しますか特別の意見を付することを必要とさせませんが、それ以外のものは必ず意見表明として限定的にこういうものはこうだと表示してもらっております。そうして、もしそれが利益処分としてやるべきものであれば、そのような処理を公認会計士もしているというのが実情です。ただ、今回は商法監査と証取監査と一緒にしますので、そうしますと商法で認められている特定引当金であればそれは負債の部に計上できますので、会計の側からそれは利益処分でなければいかぬぞとは言えませんので、何が法令で認められるかはやはりはっきりする必要があるのではないかと先ほど申し上げたわけです。

○稲葉(誠)委員　いまの大蔵省の答弁を聞いておられて、法務省としてはどういうふうに理解をされるのでしょうか。どうするのですか。やはり限定してある程度はっきりしていかなければいけないのじゃないのですか。何でこの条文をつくったのですかね。法務省として通達を出すとか言っていましたね。どの程度のことをいま考えておられるのか、そこはどうなんですか。

○川島(一)政府委員　引き当て金がどういう場合に認められるかは、確かに現在の規定がやや大まかでして、そのためにいろいろな解釈、あるいは自分に都合のいい解釈まで出てきておるという状況であろうと思います。したがいまして、これは解釈上かなり厳格にはっきりしたものを一応基準としてきめることは必要なことだろうと思います。その点は、十分御専門の方や何かの御意見を伺わないと私は自信のあるお答えはできませんけれども、しかし少なくとも商法が引き当て金を認めております趣旨は、合理的な経営者であれば、この会社の営業にはこの程度の損失なり支出の準備をしておくことが必要であると認められる範囲で引き当て金を設けるべきだ、こういうことになろうと思うわけです。ただ、その基準でしからば具体的にどうなるのかとなりますと非常にむずかしいわけです。たとえば貸し倒れ準備金にしても、貸し付け額の何%までが合理的で、それをこえるとどうかと一がいにはいいにくいわけでして、そのときの経済情勢にもよります。それから会社の貸し出している貸し金の担保がついているかいないかとか、そういったいろいろな条件にもよるわけでして、一がいにはきめにくいわけです。それだけに、形式的にきめることは非常にむずかしいと思いますが、抽象的な、具体的に適用し得るある程度の基準は、大蔵省とも御相談してみたいと思っておるわけです。

○稲葉（誠）委員　実は河井信太郎氏の「会計上の粉飾と法律上の責任」という本があるわけですよ。これを見てみますと、この引き当て金の問題で、三十七年にこれを改正したでしょう。したものですから、第二章の「粉飾の態様とその責任」というところの「三　引当金の計上と損益操作による粉飾」というところで、「現行商法の解釈上引当金の計上を会社の自由とする以上、この勘定を利用した損益操作による粉飾が自由活発に行なわれることは必然である。」と、こういっているわけです。そして会社の計算書類を検討して、株主や債権者がいろいろ株主総会で発言できたりするのだからいいだろうというのは、これは本末転倒だといって、「引当金の本質が当期の費用として収益から控除されなくてはならないものであるならば、取締役は右の任務遂行はこれを控除した計算書を作成する義務を負担すると解すべきではなかろうか。そして昭和三七年の改正法は、明文をもってその義務づけを解除したものであるといわざるを得ないであろう。」と、こういっている。ちょっとぼくもわかりにくいところがあります。それからもう一つは、「二　引当金の本質」、これは六八ページ、前のところが七〇ページ。「会計学上は、かなり明確な概念のように理解されて来た引当金の本質が、昭和三七年の改正によって不明確になったと思われる。」と、こういっているのですね。だから、昭和三十七年の改正がきわめて不明確になり、しかも会社の自由に粉飾できる余地を残したのだと河井氏の著書で盛んにいっているわけですね。これはもちろん全部を言いあらわしているのじゃないかもわかりませんけれども、これは二百八十七条ノ二が税金対策あるいはいろいろな労務対策などに悪用されない形に法務省としては当然留意する必要があると思うのですね。

引き当て金で利益からそこへ回して操作をする。その操作は、株主に対してある時期において配当がうんと出た。その次のときにもある程度の配当が出ないと株主としては困る。でないと、この前はうんと配当があってよかったけれども、今度は配当が少ないというので、取締役としては腕がないというか、会社経営の責任を追及されるために、引き当て金を法定外にか何かつくっておいて、そしてそれを取りくずして配当の平均化をはかる。それによって会社の運営上、取締役の責任を免れよう、いずれにしても株主や何かに対する取締役の責任を全うしようというところにこの問題のポイントがあるのじゃないですか。

○田中説明員　要するに、特定引当金として繰り入れられますればそれは損金になりますし、それを事後に取りくずせば益金になるので、繰り入れる場合には当期の未処分利益がそれだけ小さくなることは確かです。そこで今回の修正案は、そうではあるけれども、特定引当金は商法に厳然とある。したがって、それは貸借対照表上負債の部に設けざるを得ない。しかし、損益計算書には営業利益なり経常利益なりを出しまして、そして純利益を出して、それを当期の純利益として、そこに関係せしめないで、その下に、要するに未処分利益計算というので、繰り入れたものは三角を立てるし、取りくずしたやつはプラスにして、最後に当期未処分利益剰余金を出す。したがって、特定引当金は繰り入れても、当期の純損益にはかかわらしめない。そうしますと、残るのは結局どこまで二百八十七条ノ二が認められるかであると思います。

○稲葉（誠）委員　いまの中で二つ問題があるのじゃないですか。これは経団連でも言っているように、しろうとの人は当期の損益ばかり見ていて、いまあなたの言われるようなところはよく見ないから、これはぼくもよくわからないところですが……。

もう一つ、商法は厳然としてあるというけれども、それは厳然としてあることはあるでしょう、六法全書にあるのだから。六法全書にあることは間違いないのだけれども、河井氏の言っているように、「引当金の計上を会社の自由とする以上、この勘定を利用した損益操作による粉飾が自由活発に行なわれることは必然である。」。だから問題は、この引き当て金の計上を会社の自由としないような立法あるいは何らかの行政措置がなければ、粉飾は自由自在に行われるのじゃないですか。それとも引き当て金の計上を会社の自由としないような方法は何かないのですか。商法が厳然としてあるといったって、抽象的な条文がただあるだけの話だ。立法なりあるいは行政措置なり何なりによって、引き当て金の計上が会社の自由にならない形にできないの。

○田中説明員　その点、特定引当金の引き当ては任意です。したがいまして、合理的な範囲内で特定引当金として引き当てさすべきでないと考えられるものは、できれば、利益処分のほうで処理することも企業は任意にやれるわけですから、指導によってはそっちのほうに持っていけることもできるわけです。そこで、その特定引当金の合理的な範囲が問題になりまして、それを越えるものは、たとえ任意であっても、先生おっしゃるように自由にはやれない。越えないものは、任意ですからそっちにやってもいいし、場合によっては利益処分として処理することをやってもいいという二つになるのではないかと思います。

○稲葉（誠）委員　それはそのとおりだと思うのですがね。いま言った特定引当金の合理的な範囲が一体どうやって――それはなるほど業界の慣行だとか会計学の原則とかいろいろあると思うのですけれども、それをある程度法的な形でぴしっとしていかないと、そこから拡大が行われ、逆粉飾が行われるのじゃないか。だから、その合理的な範囲を法務省なら法務省は一体どうやって確定するのか。もちろん経済は流動的だし、発展するものだから、ただここからここまでだとぴしっとするわけにはいかないかもわかりませんけれども、おおよそのある程度のものはぴしっとしたものをつくって、大蔵省とも相談をして、業界なり何なりを指導するとかなんとかしなければ、収拾つかなくなって、粉飾は自由に行われる。それを結局黙認せざるを得ない状況に追い込まれるのではないか。最終的にまとめてお答えを願いたいと思います。

○田中説明員　私のほうからは、法務省にお願いして何らか協議をさせていただけないものかということで、何回も申し上げておるわけです。

○稲葉（誠）委員　そうすると、お願いされた法務省は今後具体的にどうするのですか。これは商法の今度の改正の中に入っていないものだけれども、監査役の監査対象としても非常に重要な問題になってきますしね。粉飾をなくすのが今度の商法改正の主眼でしょう。そうならば、この点が非常に大きな問題になってくるので、大蔵省は法務省にお願いをする、法務省はお願いを受けた。まとめた答えを聞いて、別の質問に移ります。

○川島（一）政府委員　事は商法の解釈の問題です。法律の解釈は最終的には裁判所がするものですけれども、しかし、その前に運用があるわけですので、その運用の際に基準となる解釈をきめておくことは必要であろうと思います。これまでも大蔵省では証取監査がございまして、会社の計算書類を公認会計士の方々が監査されて、それをチェックしておられたわけですが、今度商法監査が商法改正によって入ってくると、勢い私のほうもそれに無関心でいるわけにはいかない。そういう意味で、実際公認会計士なり監査法人の方々が監査されるにあたって、その基準となるものを、大蔵省とも御相談して何らかの形で示すことができるようにしたい、こう考えております。

○稲葉（誠）委員　二百五十六条ノ三と四、累積投票制度の排除の問題がありますね。これは、資本の自由化が一つの至上命令――至上命令かどうかは別として、それを防ぐためにこれをやるんだとはなかなか言いづらいかもわからないけれども、一体何のためにこういう制度が行われるようになったんですかね。一つは、外資のためのいろいろなあれがあるでしょう。同時に、これはやり方によっては、いわゆる少数株主が取締役か何かを選任する権限が奪われていく結果が現実として出てくるのじゃないか。

　そこで、抽象的な話を聞いてもこれは同じことですから、具体的に、たとえば取締役が何人いる、それで株主が何人いる、そういう場合にどういう投票をしたときにどうなんだ、だから、たとえば五一％持っていれば全部が当選しちゃう場合もあるし、四九％ならば全部が落っこちゃう場合もあるし、これはこの法案の改正の前の段階ですよ。改正ができたならばそれが今度どうなるのかとか、違いがあるのかという点を、いろいろな数字の例をあげて説明願わないと、抽象論ばかりやっていても始まりませんから、具体的な例をあげて説明をしていただきたいと思うわけです。

○川島（一）政府委員　累積投票の請求をした場合にどうなるか、この資料でお答えしたいと思います。

　これは「商事法務研究」という雑誌に載った「累積投票のメカニック」という論文がございます。これによりますと、結論を申し上げますと、たとえば選任すべき取締役の数が二人の場合に、その半数を選任するに必要な持ち株比率というのは三三％である。三三％持っておれば、二人のうち一人は選任できる。それから四人の場合には四〇％が必要である。六人の場合には四一％が必要である。つまり六人選任する場合には、四一％株を持っておれば三人までは選任できる。そういったことをいろいろ分析してございますが、結論的にやや少数株主に有利な結果が期待できることになるわけです。

○稲葉（誠）委員　いまの結論に至る経過がどういう計算経過かによって違うわけでしょう。かりに五人の取締役を選任するとする場合に、五一％を持っておる株主たちのグループがある、それから四九％の株主のグループがある、こういう形でいくと、たとえば五一％の株主のグループは五票かける五十一だから二百五十五票、四九のほうは五票かける四十九だから二百四十五票、こういうふうな形に常識的になってきますね。そうすると、その二つのグループが最も合理的な形で投票すると、Aのほうが二百五十五ですからこれを三で割ると八十五票ですね。二百四十五のほうのBが三で割ると八十一と、二余るわけですけれども、それを計算していくと、いままでの段階ならばAグループが三人、Bグループは二人という取締役が出せる。これは一つの数字ですよ。ところが、累積投票制度を排除しますと、やり方によるかもわかりませんけれども、今度は五一％持っている人が全部当選しちゃう、四九の人は全部落っこっちゃうことも理論上は考えられるのじゃないか、結論としては、これは極端な例かもわかりませんよ。累積投票制度の排除は、結局は大株主に非常に有利になってくるのではないか。少ない株主は不利ではないか。

それから外資との関係でどうなんですか。この制度は外資の乗っ取り防止ということで、役に立つとか役に立たないとか言っているのですけれども、その点をもう少し具体的に説明をしていただきたい。

○川島(一)政府委員　お答えする前に、先ほど私が少数株主に有利な結果になることを申し上げたわけですが、これは現在の累積投票制度が必ず実施された場合という前提で申し上げておったわけです。ですから、累積投票制度が排除されるとこれは明らかに不利になってくるわけです。

それから外資との関係ですが、資本の自由化によって外資が入ってきます。そうしますと、外国の株式は、外国で公募される、外国で取引されることになりますが、形式的には株式の保管会社ができましてそれが一括して株式を保管しておる、そして現実に株を買った人には預かり証を出す例が多いわけです。そういう場合に議決権の行使はその保管会社に一括して委任されることになりまして、その結果保管会社が累積投票権を行使する場合を懸念しておる会社があると聞いております。そういうことから資本の自由化をちゅうちょする会社が出てくるという点で、そういった心配を除く意味で、今回のような改正によって、定款で累積投票を排除できることを考えたらどうかというのが一つの改正理由になっております。

○稲葉(誠)委員　私は累積投票制度が排除された場合にどうなるかを聞いたつもりだったのですけれども、いまの「商事法務」のやつはどうも変だと思ったのですが、それは現在の累積投票制度がある場合のことでしょう。そうでしょう。

○川島(一)政府委員　そうです。

○稲葉(誠)委員　だから排除された場合は、少数株主は非常に不利になってくることは事実なんでしょう。その点どうなんですか。少数株主に不利になるようなことをなぜ認めたのか。

○川島(一)政府委員　そうです。あれは累積投票が行われた場合のことを言ったわけです。ですから私が勘違いして逆の場合についてお答えしたのだと思います。

それから累積投票制度の排除を認めた理由ですが、これは、累積投票の制度がそもそも認められたのが昭和二十五年で、当時アメリカの例にならったわけですが、アメリカでもこの制度は一部の州にしか行われていなかった、それで日本に持ってくるについても多少異論があったけれども、当時は司令部がございましてああいう改正が行われたという経緯であったように聞いております。その後の実績を見ましても、あまり累積投票の請求が行われたという例はございませんで、ごくまれにしか行われていないのが今日までの実情です。そして、先ほどお話に出ました資本の自由化との関係もございまして、実際界では累積投票の制度はやめにしてくれという要求もかなりあったわけです。しかしながら、完全にその制度をやめてしまうのはどうであろうかということで、会社の定款によって排除をした場合には完全排除を認めるといういわば中間的な形で改正を行うということにしたわけです。

○稲葉(誠)委員　非常に不十分だと思うし、それから累積投票制度を排除した趣旨が、私はどうも少数株主というか、むしろ一株一株の運動がありますが、それらを企業側としては避けたい、防止したい、こういう考え方からこういう制度をとってきたのではないかと思うわけですね。企業側の要請は、株主総会の権限をできるだけ弱めていきたい、そして監査役の権限も、今度の商法では強めるかっこうになっておるけれども、要綱にあるものの中で二つ、三つ法案に出ていないものもある。取締役会も権限を強めていきたい、これが企業側のねらいであると考えますと、どうも一株運動は、非常に企業側から見れば困った、排除をしたいということがこの法案の中にあらわれているのではないか、こういうふうに思うのですが、この点はあなた方のほうでは、どういうふうに考えておられるわけですか。

○川島(一)政府委員　一株運動の対策とは、全然考えていないわけでして、この案が審議されましたのは、最終的にでき上がりましたのが四十六年でございますが、現行の制度によりましても、累積投票の請求をできるものは、二五％以上の株主。これはその定款に禁止があっても、累積投票の請求ができることになっておりますが、二五％の株となりますと、これは相当大きな資本参加になりますので、現在いわれております一株運動は、今回の改正を行うについては全然念頭に置いてなかったわけです。

○稲葉(誠)委員　衆参両院の委員会の附帯決議を、あなた方は、その関係部分をどう受け取って、それを今後どのようなスケジュールで実現の方向に進もうとされておるのかを伺って、それから個々の問題について二、三お尋ねをしたい、こういうふうに考えます。

○川島(一)政府委員　衆議院の法務委員会における

附帯決議の第一項と参議院の法務委員会における附帯決議の第一項は、いずれも株式会社法の改正に関する問題です。この点は、法制審議会の商法部会を開きまして、さっそく検討に取りかかりたい、このように考えております。

それから衆議院における附帯決議の第三項「商法の運用については、政府各行政機関において連絡を密にしその適正を期すること。」これは先ほども引き当て金についてお話がございましたが、そのほかの面も、十分努力をいたしたいと考えております。

あと、衆議院の附帯決議第六項それから第八項がございますが、この六項はPRを十分行いたいと思っておりますし、八項は早急に検討したいと考えております。

それから十項は、参議院の修正で問題は一応解決したように考えております。

○田中説明員　衆議院の附帯決議で大蔵省に関係いたすものは第四号ですが、これは横山先生の御意見などもございまして、十分検討していきたいと思います。

五号は参議院でさらに追加されましたが、この点は政令に盛り込みます。

それから七は、企業会計原則の確定に先立って見直しを行います。

九は、学校法人で国または地方公共団体の補助金になるようなものは、現在においても公認会計士の監査対象となっておりますが、それ以外のもので公益的な性格の法人についてどうするかという点は、関係方面とも十分相談してまいりたいと存じます。

次に、参議院の附帯決議のうち、大蔵省に関係いたしますものは二号と三号ですが、二号は政令に盛り込みます。三号は見直しをいたします。

○稲葉(誠)委員　この衆議院の附帯決議の二の、「会計監査人の独立性を確保するため、その選任方法等について適切な方途を講ずること。」これはどうするの。

○川島(一)政府委員　これは、制度の問題としてさらに検討する点は、会社法の改正の審議に合わせてもう一度御意見を伺ってみたい、このように考えております。

運用の問題は、法務省は行政指導というわけにまいりませんので、なるべく改正法の趣旨を周知徹底させるようにしたいと考えております。

○稲葉(誠)委員　衆議院の附帯決議では五ですね、「監査法人は、その社員が税務書類の作成などの税務業務を行なっている会社について、本法の監査業務を行なわないよう規制すること。」これが参議院のほうではちょっと詳しくなったんですか。「監査法人は、その社員が税務代理、税務書類の作成及び税務相談を行なっている会社について、本法の監査業務を行なわないよう規制すること。」監査法人と被監査会社との特別利害関係は公認会計士法に基づく政令で定めることが予定されておりますが、衆議院における附帯決議第五号と同趣旨の決議をしようとするものです。こういうふうになっておりますね。この衆議院の附帯決議と参議院の附帯決議、これは受け取り方が違うんですか。ことにその両方にありまする文章の「監査法人は、その社員が」とありますね、その社員とはどういうふうな意味に理解をしておるわけですか。

○田中説明員　社員は、監査法人は多く合名会社でして、その社員が無限責任を負っております。そういった社員のことです。

それから先生の前段の御質問の衆議院の五号は、「税務書類の作成などの税務業務」とございますのに対し、参議院の附帯決議では、「税務代理、税務書類の作成及び税務相談」と、いわゆる税務業務の三つを全部並べてございますので、拡大された参議院の附帯決議をそのまま政令に盛り込むということです。

○稲葉(誠)委員　そうすると、政令は二本あるのですか、一本になるのですか。公認会計士法に基づく政令できめることが予定されているということが書いてありますね。それで「本法の監査業務を行わないよう規制する」というのでしょう。その政令は二つ出るのですか、一本になって出てくるのですか。

○田中説明員　私どもは、今回の整理法におきまして、公認会計士法の二十四条なり三十四条の十一の改正をしまして、そこで政令に委任しておりますので、ただいまおっしゃった附帯決議は、公認会計士法の政令に手当てをしていきたいと考えております。

○稲葉(誠)委員　そうすると、監査法人は合名会社だから無限責任だ、それはそのとおりですが、その社員とは、きわめて人数は少ないわけですね。

そこで、この社員を、全部公認会計士とは限らないんだ、こう思うのですが、その社員というものの拡大というか、拡大でもないかもわかりませんけれども、そこら辺のところはどう理解していらっしゃるのか。これはいろいろな形で税理士か何かが心配して要望してきているところだと思うのですが、そこはどうでしょうか。

○田中説明員　監査法人に関する今回の整理法の三十四条の十一では「監査法人又はその社員が会社その他の者との間にその者の営業、経理その他に関して有する関係で、」云々「業務の制限をすることが必要かつ適当であるとして政令で定める」ものをいうというふうにございますので、政令におきましては、社員、これは監査法人では五名以上、それで、大きな監査法人では五十名の公認会計士を持っているのがございますが、この社員はすべて公認会計士です。そういう社員のうち、一人でも被監査会社の税理士業務を行っていたならば、その監査法人は、当該被監査会社の監査はできないよと附帯決議で入れられたわけです。かつ、実際にその監査に従事する補助者がやはり税理士業務に従事していれば、その監査法人は当該会社の監査ができないよともなっております。したがいまして、先生のおっしゃいますように、使用人なり補助者でじっとその監査法人の事務所にいる者が一人でもあったら、監査法人が監査できないというのは、利害関係の範囲をあまりに広げるもので適当ではございませんし、先ほど読みました三十四条の十一では、社員の関係と法律で書いてございますので、それはできないことではないか、かように思います。

○稲葉(誠)委員　一つは引き当て金に関する第二百八十七条ノ二の関係で、これは範囲を広く解釈しますと、粉飾の可能性が非常に出てまいりますし、これが問題になる可能性非常に強いものですから、この範囲をできるだけ特定し、限定をして、そして通達等で粉飾が行われないようにしなければならないと思うのですが、大臣としては大蔵省その他と協議の上通達等によって万遺憾なきを期する覚悟かどうかをお尋ねをいたしたい。

もう一つは、衆議院、参議院において附帯決議が行われましたね。今後どういうふうにこれを処理し、実現をしていくのか大臣の決意をお聞かせを願って、私の質問を終わりにしたい、こういうふうに考えるわけです。

○中村国務大臣　第一点の特定引当金の問題は、御審議の過程におきましていろいろ問題が指摘されておりますので、よく大蔵省とも協議をいたしまして、その解釈を明らかにし、遺憾のないように十分努力をしてまいりたいと思います。

第二点の附帯決議の点は、私ども附帯決議の御趣意はまことにごもっともな点で、われわれのほうで気のつかなかった点も御指摘をいただきまして、十分に附帯決議の趣旨に沿うて運用いたしたい、かように存じております。

○正森委員　たとえば企業会計審議会の委員でもあり、経団連の関係者である居林次雄氏あるいは番場嘉一郎氏が企業会計原則その他について論文、著書等で意見を発表しておられる。その解釈は、それがもし公権的解釈の中に入りますと非常にゆゆしい問題であることを私は指摘いたしました。その中で、特定引当金の問題もまた私は継続性の原則もそう考えるわけですが、今度の商法の解釈について通達を出されると伺いましたので、重ねてその御意思があるかどうか、あるいは出されるとすれば、できるだけ早く出されるのかをお伺いしたいと思います。

○中村国務大臣　私もいろいろと御議論を承っておりまして、いわゆる企業会計原則は今後適正な改善を要するのではないか、かように感じております。したがいまして、近いうちに企業会計審議会に、あるいはその人選等もありましょうけれども、十分に企業会計原則については御期待に沿うような再検討が必要である、かように思っております。

なお、この法律が成立いたしました暁においては、この御審議を通しまして法律の精神がよく徹底するように十分努力をしてまいりたい、かように思っております。

○小平委員長　これより三法案について討論に入ります。

討論の申し出がありますので、順次これを許します。

○稲葉(誠)委員　商法の一部を改正する法律案等三法案に対しまして、日本社会党を代表して反対の意思を表明し、反対の討論を簡潔に行ないたいと思います。

一つは、いま一番大きな問題は商社のいわゆる規制が叫ばれておるわけですが、そのことが商法の中に欠如しておる。技術的な商法ですから、そのことを条文で書きにくいかもわかりませんけれども、少なくとも商社を規制する精神、そういうものがあらわれていなければいけないと思うのですが、それが欠如しておることは基本的な一つの欠陥だと思います。

第二には、今回の改正がきわめて部分的な一部の改正にすぎないので、重要な改正が見送られておる。言うまでもなく株主総会、取締役会、監査役、この三つが会社における機関ですが、その中で監査役の問題だけが取り上げられ、しかも山陽特殊鋼事件はずいぶん前の事件ですが、いまごろになって商法の改正が日の目を見るとは非常に残念です。しかもそれがきわめて部分的だ。監査役の権限だけを強化をすれば問題が解決するというものではないと私は思う。むしろ取締役会の権限を規制をする、それで株主総会の権限を拡大をすることが必要であろうと思うのに対して、そういうことは抜きにされて監査役の業務を拡大しましたけれども、取締役との関連は要綱の中にあったものが削除をされている面もある。このことを考えますと、改正がきわめて部分的であって、びほう的である。このことが反対の第二の理由となるわけです。

第三は、これは将来の問題になると思うのですが、どうも株主総会なり取締役会の今後の商法改正の中で底流として流れておりますことが、株主総会の権限を弱め、少数株主の権限を低くしていく、逆に取締役の権限を強めていこう、こういうことが、答弁の中で今後の改正の底流になっておるのではないか。このことを考えますと、なおさら本法案との関連において不十分であり、反対をしなければならないと考えるのです。

その次は、質問の中で明らかになってまいりましたように、商法と企業会計原則との関係がきわめて不明確であり、同時に企業会計原則の適用をゆるめる方向に進んでおるのではないか。このことを考えてみますと、どうもこういう点について十分ではないし、また問題となりました特定引当金の問題は、十年前の商法改正をいまさらここで持ち出すのは、私どももいろいろ考えるのですが、特定引当金の問題一つ取り上げましても粉飾の拡大に役立つ。しかし、粉飾の拡大に役立つのに現実に利用されておるのに、それに対して何ら手を打たないでおる。このことはきわめて遺憾です。今後のこの点の改善があるとは思いますが、そういうことが全然含まれておらないことを遺憾に思い、反対をする一つの理由にしたいと思います。

また、いま問題となりました累積投票の問題等もいろいろな理屈はあるかもしれませんが、現実には少数株主の権利を奪うことになる。このことを考えてみますと、私は、やはり株式会社なりその他の会社が少数株主を保護しなければならないというたてまえとしておることから考えて、この問題はどうも問題としておかしいと考えざるを得ないのです。

以上が、ちょっとラフですが、大要の反対とするところです。

最後に、いま大臣も言われましたように、この附帯決議の問題は、これは衆参両院の附帯決議については早急に誠意をもって履行する方向で善処をしていただきたいことを希望として申し上げまして、本法案に反対をする要点だけを簡略に申し上げまして、日本社会党を代表しての私の討論を終わらせていただきたい、かように存じます。

○正森委員　私は日本共産党・革新共同を代表して、商法の一部を改正する法律案等三法律案に反対する立場から討論を行ないます。

第一に、この改正案は商法三十二条二項に「商業帳簿ノ作成ニ関スル規定ノ解釈ニ付テハ公正ナル会計慣行ヲ斟酌スベシ」との規定を新設することによって企業会計原則の修正案を導入するものであることは明らかです。従来、商法と企業会計原則との差異の中心は、商法には継続性の原則はないが、企業会計原則にはある、特定引当金制度が商法二百八十七条ノ二にはあるが、企業会計原則にはないという点でした。ところが質疑の中で、この二つはいずれも企業会計原則を商法に近づける方向で修正していることが明らかになりました。これは現在石油危機、便乗値上げによって大企業がぼろもうけし、この利益隠しに狂奔しているときに、大企業に自由に償却制度を変え、引き当て金を増大して利潤隠蔽をはかる絶好の口実を与えることになります。だからこそ大蔵省も三月二日、減価償却方法やたなおろし資産の再評価の変更は原則として認めないという行政指導を行うことを明らかにしたのです。今回の改正は、このような政府の行政方向にすらまっこうから反するものではありませんか。

第二に、さきに法人税法二十二条四項が改正され、商法三十二条二項とほぼ同じ規定がすでにできていますが、この規定は経団連によって税法と商法、企業会計原則との間で板ばさみになっている企業の苦悩を解決、調整するものと評価され、税法は自主的な企業会計の上にそのまま乗っかって課税すべきであるとさえいわしめているものです。今回行われる商法等、企業会計原則の改正と修正は、経団連の要望に沿い、公認会計士が決算前に監査することによって税務監査を省略し、企業の経理を税法でもそのまま認めることを容易にするに違いありません。現に経団連は、公認会計士の監査結果を税務上尊重することを税法整備に関する意見で打ち出し、公認会計士の監査証明のある場合には、税法上これを是認することとして、税務取り扱い上の簡素合理化をはかる必要を公然と主張しております。

このように今回の商法改正は、税法と商法、企業会計原則を事実上一体化することによって、監査の強化を表向きの理由にかえて、企業の利益隠し、税金のがれを合理化する方向に大きく踏み出すことは疑いありません。

右のほか、商法改正による親会社、子会社の概念の導入も、経団連は連結財務諸表からさらに連結納税申告制度の採用、これによる親会社の利益隠しと税の軽減の一手段と見ていることも質疑の中で明らかになりました。事実、結果的にはそうなるでしょう。

したがって、以上いずれの観点からも今回の商法改正は現在の社会情勢にも庶民の要求にも合致せず、ただ大企業を喜ばせる役割りしか果たさないことは明らかです。修正もこの根本問題を解決しておりません。

以上の理由から、日本共産党・革新共同は今回の商法等の改正に対し断固として反対することを表明して、私の討論を終わります。

○沖本委員 私は、公明党を代表して、商法の一部を改正する法律案、株式会社の監査等に関する商法の特例に関する法律案、商法の一部を改正する法律等の施行に伴う関係法律の整理等に関する法律案及び修正に対して、一括して反対の討論をいたします。

この法律案に関しては、昨年わが法務委員会で長時間にわたって審議されたにもかかわらず、多くの問題点を解決しないままに、同年の七月に衆議院を通過し、そして参議院で継続審議されておりましたが、今国会に修正されて再び衆議院に送付されてきたのです。

本法案は、昭和四十年三月の山陽特殊鋼の粉飾決算に端を発したものであるが、現在はすでに社会的、経済的に諸条件が異なってきております。最近、特に問題になっている大資本、大手商社のエゴによる買い占め、売り惜しみ、さらにやみカルテルや便乗値上げ等による不当利益や隠蔽は、法律のワクを越え、刑事犯罪ともとれる反社会的行為は、国民を愚弄するものです。

このような社会状況下において、本法案の重要性を考えるならば、この法律の目的をより強化するための責任を感じるのです。しかし、法案の本質に光を当ててみると、すでに法制審議会の過程において腐食していたともいえる疑いが非常に強いのであります。

たとえばこの審議過程において経団連意見が非常に強く、いろいろの点について注文がありました。ここはこうせよ、あそこはああせよと経団連の要望が非常に多かったわけで、ほとんど経団連意見を取り入れて、途中において修正し、再修正をすることもあり、経団連意見はほとんど九〇%まで通っていると思いますと経団連パンフレットの中に明記されております。これでは粉飾決算等の防止どころではなく、逆粉飾の隠れみのにもなりかねないのです。

私は、反対理由として次の諸点も指摘したいと思います。

まず第一に、本法案の第一の目的である監査制度の強化についてです。

本法案が審議される過程において何回も指摘されたのですが、株主総会招集請求権、取締役会招集権、取締役の定期報告義務等の削除です。これらの削除によって、粉飾決算や逆粉飾決算の違法行為に対して差しとめ請求権という法的効力が後退したことは、本法案の目的を骨抜きにしたものです。

第二に、第三十二条二項の「商業帳簿ノ作成ニ関スル規定ノ解釈ニ付テハ公正ナル会計慣行ヲ斟酌スベシ」と定められている条項です。この意味するところは、商法に規定するところではなく、財界主導のもとにでき上がった企業会計原則修正案が原則として大企業の都合のよい「斟酌」として解釈される可能性が強いため、継続性の原則を並行して引き当て金制度を乱用し、逆粉飾の危険性も十分に考えられます。また、利益の過小表示を広範に認めることによって利益配当請求権を不当に阻害するおそれがあります。

第三に中間配当です。

本法案の中間配当は、営業年度中に利益を得たものを、株主総会を通さずに直接取締役会の決議だけで、中間においてその利益を分配することができるということです。年に二回の分割配当になります。

ここで心配することは、人為操作による見込み配当の失敗によって、赤字配当、すなわちタコ配の危険性が十分考えられるからです。またその結果、粉飾決算をせざるを得なくなり、利益者に迷惑をかけることになります。

以上が反対理由ですが、しょせん企業がみずからの姿勢を根本的に変革しない限り、どんなにりっぱな法律をつくったとしても、本法案の目的である粉飾決算や逆粉飾の防止は期待できないと思います。

さらに三月三日の新聞発表によりますと、今国会終了後法制審議会の商法部会で株式会社制度の大幅な抜本改正に取り組み、その内容はすでに当委員会で問題点として指摘されたところです。この時点から考えると、本法案は廃案とし、早急にきめのこまかい具体的な改正をはかって次期国会にかけるべきであると考えるわけです。

以上、簡単に意見を述べて反対討論といたします。

○小平委員長 これにて討論は終了いたしました。

これより採決いたします。

まず、商法の一部を改正する法律案について採決いたします。

本案に賛成の諸君の起立を求めます。

〔賛成者起立〕

○小平委員長 起立多数。よって、本案は原案のとおり可決すべきものと決しました。

次に、株式会社の監査等に関する商法の特例に関する法律案について採決いたします。

本案に賛成の諸君の起立を求めます。

〔賛成者起立〕

○小平委員長 起立多数。よって、本案は原案のとおり可決すべきものと決しました。

次に、商法の一部を改正する法律等の施行に伴う関係法律の整理等に関する法律案について採決いたします。

本案に賛成の諸君の起立を求めます。

〔賛成者起立〕

○小平委員長　起立多数。よって、本案は原案のとおり可決すべきものと決しました。

衆議院会議録第十八号

昭和四十九年三月十九日（火曜日）

議事日程　第十七号

第七　商法の一部を改正する法律案（第七十一回国会、内閣提出）（参議院送付）

第八　株式会社の監査等に関する商法の特例に関する法律案（第七十一回国会、内閣提出）（参議院送付）

第九　商法の一部を改正する法律等の施行に伴う関係法律の整理等に関する法律案（第七十一回国会、内閣提出）（参議院送付）

○議長（前尾繁三郎君）　これより会議を開きます。

（中略）

日程第七　商法の一部を改正する法律案（第七十一回国会、内閣提出）（参議院送付）

日程第八　株式会社の監査等に関する商法の特例に関する法律案（第七十一回国会、内閣提出）（参議院送付）

日程第九　商法の一部を改正する法律等の施行に伴う関係法律の整理等に関する法律案（第七十一回国会、内閣提出）（参議院送付）

○議長（前尾繁三郎君）　日程第七、商法の一部を改正する法律案、日程第八、株式会社の監査等に関する商法の特例に関する法律案、日程第九、商法の一部を改正する法律等の施行に伴う関係法律の整理等に関する法律案、右三案を一括して議題といたします。

○議長（前尾繁三郎君）　委員長の報告を求めます。

〔報告書は本号末尾に掲載〕

○小平久雄君　ただいま議題となりました三法案について、法務委員会における審査の経過並びに結果を御報告申し上げます。

三法案は、第七十一回国会において政府より提出され、本院において商法の特例法案は修正、他の二法案は原案のとおり可決の上、参議院に送付、同院において継続審査となっておりましたが、本国会に至り、参議院において三法案とも修正議決の上、去る二月二十二日本院に送付され、同日本委員会に付託されたものです。

三法案の改正の要点は、商法の一部改正案は、株式会社の運営の適正及び安定等をはかるため、監査役に業務監査をもあわせ行わせる等、監査役の権限等について必要な措置を講ずるほか、累積投票、転換社債の発行等の規定を改正することを内容とし、特例法案は、大規模及び中小規模の株式会社の監査制度に特例を設けることとし、整理法案は、商法改正に伴う関係諸法律の整理等を一括して行なおうとするものです。

参議院の修正の内容は、

第一に、商人には損益計算書の作成を要しないこととする。

第二に、親会社の監査役等の子会社に対する調査等の権限濫用を防止する等のため、子会社は正当の理由があればこれを拒めることとする。

第三に、監査役の取締役に対する違法行為差しとめの仮処分の実効性を保つため、保証を立てることを要しないこととするのほか、施行期日をそれぞれ改めたものです。

本委員会においては、三月一日参議院の修正部分の説明を聴取した後、審査に入り、去る十二日質疑を終了し、討論に付したところ、日本社会党、日本共産党・革新共同及び公明党の各代表委員からそれぞれ反対の意見が述べられ、採決の結果、三法案はいずれも多数をもって参議院送付案のとおり可決すべきものと決しました。

以上、御報告申し上げます。

○議長（前尾繁三郎君）　三案を一括して採決いたします。

三案の委員長の報告はいずれも可決であります。三案を委員長報告のとおり決するに賛成の諸君の起立を求めます。

〔賛成者起立〕

○議長（前尾繁三郎君）　起立多数。よって、三案とも委員長報告のとおり可決いたしました。

商法の一部を改正する法律

商法（明治三十二年法律第四十八号）の一部を次のように改正する。

第三十二条から第三十四条までを次のように改める。

第三十二条　商人ハ営業上ノ財産及損益ノ状況ヲ明カニスル為会計帳簿、（及）貸借対照表及損益計算書ヲ作ルコトヲ要ス

商業帳簿ノ作成ニ関スル規定ノ解釈ニ付テハ公正ナル会計慣行ヲ斟酌スベシ

第三十三条　会計帳簿ニハ左ノ事項ヲ整然且明瞭ニ記載スルコトヲ要ス

一　開業ノ時及毎年一回一定ノ時期ニ於ケル営業上ノ財産及其ノ価額、会社ニ在リテハ成立ノ時及毎決算期ニ於ケル営業上ノ財産及其ノ価額

二　取引其ノ他営業上ノ財産ニ影響ヲ及ボスベキ事項

貸借対照表ハ開業ノ時及毎年一回一定ノ時期、会社ニ在リテハ成立ノ時及毎決算期ニ於テ会計帳簿ニ基キ之ヲ作ルコトヲ要ス

損益計算書ハ毎年一回一定ノ時期、会社ニ在リテハ毎決算期ニ於テ会計帳簿ニ基キ之ヲ作ルコトヲ要ス

貸借対照表及損益計算書ハ之ヲ編綴シ又ハ特ニ設ケタル帳簿ニ之ヲ記載スルコトヲ要ス

貸借対照表及損益計算書ニハ作成者之ニ署名スルコトヲ要ス

第三十四条　会計帳簿ニ記載スベキ財産ノ価額ニ付テハ左ノ規定ニ従フ

一　流動資産ニ付テハ其ノ取得価額、製作価額又ハ時価ヲ附スルコトヲ要ス但シ時価ガ取得価額又ハ製作価額ヨリ著シク低キトキハ其ノ価格ガ取得価額又ハ製作価額迄回復スルト認メラルル場合ヲ除クノ外時価ヲ附スルコトヲ要ス

二　固定資産ニ付テハ其ノ取得価額又ハ製作価額ヲ附シ毎年一回一定ノ時期、会社ニ在リテハ毎決算期ニ相当ノ償却ヲ為シ予測スルコト能ハザル減損ガ生ジタルトキハ相当ノ減額ヲ為スコトヲ要ス

三　金銭債権ニ付テハ其ノ債権金額ヨリ取立ツルコト能ハザル見込額ヲ控除シタル額ヲ超ユルコトヲ得ズ

第百五十三条第一項中（「財産目録及」を削る。）「財産目録及貸借対照表」を「貸借対照表及損益計算書」に改める。

第二百九条第一項中「前条ノ金銭」の下に「若ハ第二百九十三条ノ二第三項ノ代金」を加える。

第二百二十四条ノ三第二項中「二月」を「三月」に改め、同条第三項中「二月内」を「三月内」に改める。

第二百四十条第二項中「前条第五項」を「第二百三十九条第五項」に改める。

第二百四十七条第一項中「又ハ取締役」を「、取締役又ハ監査役」に改める。

第二百四十九条第一項ただし書中「取締役」の下に「又ハ監査役」を加える。

第二百五十六条ノ三第一項中「会社ニ対シ会日ヨリ五日前ニ書面ヲ以テ」を「定款ニ別段ノ定アル場合ヲ除クノ外会社ニ対シ」に改め、同条第二項中「前項」を「第一項」に改め、同条第五項中「第一項」を「第二項」に改め、同条第一項の次に次の一項を加える。

前項ノ請求ハ会日ヨリ五日前ニ書面ヲ以テ之ヲ為スコトヲ要ス

第二百五十六条ノ四を削る。

第二百五十九条ノ二中「各取締役」の下に「及各監査役」を加える。

第二百五十九条ノ三中「取締役全員」を「取締役及監査役ノ全員」に改める。

第二百六十条ノ三第二項中「取締役」の下に「及監査役」を加え、同条を第二百六十条ノ四とし、第二百六十条ノ二の次に次の一条を加える。

第二百六十条ノ三　監査役ハ取締役会ニ出席シ意見ヲ述ブルコトヲ得

第二百六十一条ノ二を削る。

第二百六十六条第一項中「配当セラレタル額」を「配当又ハ分配ノ為サレタル額」に改め、同項第一号中「提出シタルトキ」を「提出シ又ハ第二百九十三条ノ五第三項ノ規定ニ違反スル金銭ノ分配ヲ為シタルトキ」に改める。

第二百六十六条ノ三第一項中「、第二百八十一条ニ掲グル書類若ハ第二百九十三条ノ五ノ附属明細書」を「若ハ第二百八十一条第一項ノ書類」に改める。

第二百七十三条及び第二百七十四条を次のように改める。

第二百七十三条　監査役ノ任期ハ就任後二年内ノ最終ノ決算期ニ関スル定時総会ノ終結ノ時迄トス

最初ノ監査役ノ任期ハ前項ノ規定ニ拘ラズ就任後一年内ノ最終ノ決算期ニ関スル定時総会ノ終結ノ時迄トス

前二項ノ規定ハ定款ヲ以テ任期ノ満了前ニ退任シタル監査役ノ補欠トシテ選任セラレタル監査役ノ任期ヲ退任シタル監査役ノ任期ノ満了スベキ時迄ト為スコトヲ妨ゲズ

第二百七十四条　監査役ハ取締役ノ職務ノ執行ヲ監査ス

監査役ハ何時ニテモ取締役ニ対シ営業ノ報告ヲ求メ又ハ会社ノ業務及財産ノ状況ヲ調査スルコトヲ得

第二百七十四条の次に次の二条を加える。

第二百七十四条ノ二　取締役ハ会社ニ著シキ損害ヲ及ボス虞アル事実ヲ発見シタルトキハ直ニ監査役ニ之ヲ報告スルコトヲ要ス

第二百七十四条ノ三　他ノ株式会社ノ発行済株式ノ総数ノ過半数ニ当ル株式又ハ他ノ有限会社ノ資本ノ過半ニ当ル出資口数ヲ有スル会社（以下親会社ト称ス）ノ監査役ハ其ノ職務ヲ行フ為必要アルトキハ其ノ株式会社又ハ有限会社（以下子会社ト称ス）ニ対シ営業ノ報告ヲ求ムルコトヲ得

他ノ株式会社ノ発行済株式ノ総数ノ過半数ニ当ル株式ヲ親会社及子会社又ハ子会社ガ有スルトキハ其ノ株式会社モ亦其ノ親会社ノ子会社ト看做ス他ノ有限会社ノ資本ノ過半ニ当ル出資口数ヲ親会社及子会社又ハ子会社ガ有スルトキ亦同ジ

親会社ノ監査役ハ第一項ノ規定ニ依リ報告ヲ求メタル場合ニ於テ子会社ガ遅滞ナク報告ヲ為サザルトキ又ハ其ノ報告ノ真否ヲ確ムル為必要アルトキハ報告ヲ求メタル事項ニ関シ子会社ノ業務及財産ノ状況ヲ調査スルコトヲ得

子会社ハ正当ノ理由アルトキハ第一項ノ規定ニ依ル報告又ハ前項ノ規定ニ依ル調査ヲ拒ムルコトヲ得

第二百七十五条中「会計ニ関スル書類ヲ調査シ」を「議案及書類ヲ調査シ法令若ハ定款ニ違反シ又ハ著シク不当ナル事項アリト認ムルトキハ」に改め、同条の次に次の三条を加える。

第二百七十五条ノ二　取締役ガ会社ノ目的ノ範囲内ニ在ラザル行為其ノ他法令又ハ定款ニ違反スル行為ヲ為シ之ニ因リ会社ニ著シキ損害ヲ生ズル虞アル場合ニ於テハ監査役ハ取締役ニ対シ其ノ行為ヲ止ムベキコトヲ請求スルコトヲ得

裁判所ハ仮処分ヲ以テ取締役ニ対シ其ノ行為ヲ止ムベキコトヲ命ズルニハ保証ヲ立テシムルコトヲ要セズ

第二百七十五条ノ三　監査役ハ株主総会ニ於テ監査役ノ選任又ハ解任ニ付意見ヲ述ブルコトヲ得

第二百七十五条ノ四　会社ガ取締役ニ対シ又ハ取締役ガ会社ニ対シ訴ヲ提起スル場合ニ於テハ其ノ訴ニ付テハ監査役会社ヲ代表ス会社ガ第二百六十七条第一項ノ請求ヲ受クルニ付亦同ジ

第二百七十六条中「監査役ハ」の下に「会社又ハ子会社ノ」を加える。

第二百八十条中「第二百五十六条第三項」を「第二百五十六条ノ二」に改める。

第二百八十条ノ二第一項に次の一号を加える。

九　第二百八十条ノ九ノ二第一項ノ規定ニ依リ新株ノ発行価額ノ一部ノ払込ヲ要セザルモノトナス旨及発行価額中払込ヲ為サシムル金額

第二百八十条ノ六第三号中「第四号」の下に「及第九号」を加える。

第二百八十条ノ七中「発行価額」の下に「又ハ第二百八十条ノ二第一項第九号ノ金額」を加える。

第二百八十条ノ九の次に次の一条を加える。

第二百八十条ノ九ノ二　第二百九十三条ノ三第一項ノ規定ニ依リ準備金ヲ資本ニ組入レタル会社ガ券面額ヲ発行価額トシテ額面株式ヲ発行スル場合ニ於テ株主ニ新株ノ引受権ヲ与ヘ且其ノ引受権ヲ譲渡スコトヲ得ベキモノト定ムルトキハ資本ニ組入レタル準備金ノ額ヲ新株ノ数ヲ以テ除シタル額ヲ超エザル範囲内ニ於テ発行価額ノ一部ノ払込ヲ要セザルモノト為スコトヲ得

前項ノ規定ニ依リ発行価額ノ一部ノ払込ヲ要セザル株式ヲ発行シタル場合ニ於テ第二百八十条ノ三ノ三第二項ノ株式アルトキハ会社ハ其ノ株式ニ付株主ヲ募集スルコトヲ要ス

第二百八十条ノ四第一項但書ノ端数ノ合計数ニ相当スル株式ニ付テハ前項ノ規定ニ拘ラズ株主ヲ募集セズ取締役会ノ決議ヲ以テ株主ガ新株ノ引受権ヲ有スルモノト看做シテ之ヲ売却スルコトヲ得

第二項ノ株式ノ発行価額ニ付テハ第二百二条第三項ノ規定ハ之ヲ適用セズ但シ其ノ発行価額ハ第二百八十条ノ二第一項第九号ノ金額ヲ下ルコトヲ得ズ

会社ハ第二項ノ株式ノ発行価額ト第二百八十条ノ二第一項第九号ノ金額トノ差額及第三項ノ売却ノ代金ノ合計額ヲ第二百八十条ノ四第一項但書ノ端数ニ相当スル株式ヲ有スル株主及第二百八十条ノ五第四項ノ規定ニ依リ新株ノ引受権ヲ失ヒタル者ニ夫々其ノ端数及新株ノ数ニ応ジテ交付スルコトヲ要ス

第二百八十条ノ十五第二項中「又ハ取締役」を「、取締役又ハ監査役」に改める。

第二百八十一条を次のように改める。

第二百八十一条　取締役ハ毎決算期ニ左ノ書類及其ノ附属明細書ヲ作ルコトヲ要ス

一　貸借対照表

二　損益計算書

三　営業報告書

四　準備金及利益又ハ利息ノ配当ニ関スル議案

前項ノ書類ハ監査役ノ監査ヲ受クルコトヲ要ス

第二百八十一条の次に次の三条を加える。

第二百八十一条ノ二　取締役ハ定時総会ノ会日ヨリ七週間前ニ前条第一項各号ニ掲グル書類ヲ監査役ニ提出スルコトヲ要ス

第二百八十一条ノ三　監査役ハ前条ノ書類ヲ受領シタル日ヨリ四週間内ニ監査報告書ヲ取締役ニ提出

スルコトヲ要ス
前項ノ監査報告書ニハ左ノ事項ヲ記載スルコトヲ要ス
一　監査ノ方法ノ概要
二　会計帳簿ニ記載スベキ事項ノ記載ナク若ハ不実ノ記載アルトキ又ハ貸借対照表若ハ損益計算書ノ記載ガ会計帳簿ノ記載ト合致セザルトキハ其ノ旨
三　貸借対照表及損益計算書ガ法令及定款ニ従ヒ会社ノ財産及損益ノ状況ヲ正シク示シタルモノナルトキハ其ノ旨
四　貸借対照表又ハ損益計算書ガ法令又ハ定款ニ違反シ会社ノ財産及損益ノ状況ヲ正シク示サザルモノナルトキハ其ノ旨及事由
五　営業報告書ノ内容ガ真実ナルヤ否ヤ
六　準備金及利益又ハ利息ノ配当ニ関スル議案ガ法令及定款ニ適合スルヤ否ヤ
七　準備金及利益又ハ利息ノ配当ニ関スル議案ガ会社財産ノ状況其ノ他ノ事情ニ照シ著シク不当ナルトキハ其ノ旨
八　取締役ノ職務遂行ニ関シ不正ノ行為又ハ法令若ハ定款ニ違反スル重大ナル事実アリタルトキハ其ノ事実
九　監査ノ為必要ナル調査ヲ為スコト能ハザリシトキハ其ノ旨及理由
第二百八十一条ノ四　取締役ハ定時総会ノ会日ヨリ三週間前ニ第二百八十一条第一項ノ附属明細書ヲ監査役ニ提出スルコトヲ要ス
監査役ハ前項ノ書類ヲ受領シタル日ヨリ二週間内ニ同項ノ書類ニ関スル監査報告書ヲ取締役ニ提出スルコトヲ要ス
第二百八十二条第一項中「前条ニ掲グル書類及監査役ノ報告書」を「第二百八十一条第一項ノ書類及監査報告書」に改める。
第二百八十三条第一項中「第二号乃至第五号」を「第一項各号」に改め、同条第二項中「前項」を「第一項」に改め、同条第一項の次に次の一項を加える。
定時総会ノ招集ノ通知ニハ前項ノ書類及第二百八十一条ノ三第一項ノ監査報告書ノ謄本ヲ添附スルコトヲ要ス
第二百八十五条中「貸借対照表及財産目録」を「会計帳簿ニ記載スベキ財産ノ価額」に、「第二百八十五条ノ二」を「第三十四条第二号ノ外第二百八十五条ノ二及第二百八十五条ノ四」に改める。
第二百八十五条ノ三を次のように改める。
第二百八十五条ノ三　削除
第二百八十五条ノ六第二項中「及第二項」を削り、「株式ニ」の下に「、同条第二項ノ規定ハ取引所ノ相場アル株式ニシテ子会社ノ株式以外ノモノニ」を加える。
第二百八十八条中「十分ノ一以上ヲ」の下に「、第二百九十三条ノ五第一項ノ金銭ノ分配ヲ為ス毎ニ其ノ分配額ノ十分ノ一ヲ」を加える。
第二百八十八条ノ二第二項中「前項」を「第一項」に改め、同条第一項の次に次の一項を加える。
第二百八十条ノ九ノ二第二項ノ規定ニ依リ株主ヲ募集シタル株式ニ付テハ前項第一号ノ額ハ之ヲ資本準備金ト為スコトヲ要セズ
第二百九十三条ノ二第三項中「ニ付テハ第一項ノ規定ヲ適用セズ」を「ニ付新ニ発行シタル株式ヲ競売シ且其ノ端数ニ応ジテ其ノ代金ヲ株主ニ交付スルコトヲ要ス但シ取引所ノ相場アルモノハ其ノ相場ヲ以テ之ヲ売却シ取引所ノ相場ナキモノハ裁判所ノ許可ヲ得テ競売以外ノ方法ニ依リ之ヲ売却スルコトヲ妨ゲズ」に改め、同条第六項に次のただし書を加える。
但シ第三項ノ株式ニ付テハ其ノ通知ヲ為スコトヲ要セズ
第二百九十三条ノ三第三項中「前条第六項」を「前条第三項ノ規定ハ前項ノ規定ニ依ル新株ノ発行ニ付一株ニ満タザル端数ヲ生ズル場合ニ、同条第六項」に改める。
第二百九十三条ノ四第二項中「場合ニ」の下に「、同条第一項及第二項ノ規定ハ分割ニ適セザル数ノ株式アル場合ニ」を加える。
第二百九十三条ノ五を次のように改める。
第二百九十三条ノ五　営業年度ヲ一年トスル会社ハ定款ヲ以テ一営業年度ニ付一回ニ限リ営業年度中ノ一定ノ日ヲ定メ其ノ日ニ於ケル株主ニ対シ取締役会ノ決議ニ依リ金銭ノ分配ヲ為スコトヲ得ル旨ヲ定ムルコトヲ得
前項ノ決議ハ同項ノ一定ノ日ヨリ三月内ニ之ヲ為スコトヲ要ス
第一項ノ金銭ノ分配ハ最終ノ貸借対照表上ノ純資産額ヨリ左ノ金額ヲ控除シタル額ヲ限度トシテ之ヲ為スコトヲ得
一　最終ノ決算期ニ於ケル資本及準備金ノ合計額
二　最終ノ決算期ニ関スル定時総会ニ於テ積立テタル利益準備金及金銭ノ分配ノ時ニ積立ツルコトヲ要スル利益準備金ノ合計額
三　最終ノ決算期ニ於テ第二百八十六条ノ二及第二百八十六条ノ三ノ規定ニ依リ貸借対照表ノ資産ノ部ニ計上シタル金額ノ合計額ガ前二号ノ準備金ノ合計額ヲ超ユルトキハ其ノ超過額
四　最終ノ決算期ニ関スル定時総会ニ於テ利益ヨリ配当シ又ハ支払フモノト定メタル額

取締役ハ其ノ営業年度ノ終ニ於テ貸借対照表上ノ純資産額ガ第二百九十条第一項各号ノ金額ノ合計額ヲ下ル虞アルトキハ第一項ノ金銭ノ分配ヲ為スコトヲ得ズ

営業年度ノ終ニ於テ前項ノ純資産額ガ同項ノ合計額ヲ下リタル場合ニ於テハ第一項ノ金銭ノ分配ヲ為シタル取締役ハ会社ニ対シ連帯シテ其ノ差額、若シ分配シタル金銭ノ額ガ其ノ差額ヨリ少ナキトキハ分配シタル金銭ノ額ニ付賠償ノ責ニ任ズ但シ取締役ガ前項ノ虞ナキモノト認ムルニ付注意ヲ怠ラザリシコトヲ証明シタルトキハ此ノ限ニ在ラズ

第一項ノ金銭ノ分配ハ第二百九条第一項、第二百二十二条第一項、第二百二十二条ノ六但書、第二百四十二条第一項、第二百九十一条第四項及第二百九十三条ノ規定ノ適用ニ付テハ利益ノ配当ト看做シ、第一項ノ一定ノ日ハ第二百二十二条ノ六但書ノ規定ノ適用ニ付テハ営業年度ノ終ト看做ス

第二百六十六条第二項乃至第四項ノ規定ハ第五項ノ取締役ノ責任ニ、第二百九十条第二項ノ規定ハ第三項ノ規定ニ違反シテ金銭ノ分配ヲ為シタル場合ニ之ヲ準用ス

第三百四十一条ノ二第二項及び第三項を次のように改める。

前項ノ場合ニ於テハ左ノ事項ニシテ定款ニ定ナキモノハ取締役会之ヲ定ム但シ定款ヲ以テ株主総会ガ之ヲ決スル旨ヲ定メタルトキハ此ノ限ニ在ラズ

一　転換社債ノ総額

二　転換ノ条件

三　転換ニ因リテ発行スベキ株式ノ内容

四　転換ヲ請求シ得ベキ期間

五　転換ニ因リテ発行スベキ無額面株式ノ発行価額中資本ニ組入レザル額

六　株主ニ転換社債ノ引受権ヲ与フル旨及引受権ノ目的タル転換社債ノ額

七　株主以外ノ者ニシテ之ニ対シ特ニ有利ナル転換ノ条件ヲ附シタル転換社債ヲ発行スベキモノ及之ニ対シ発行スル転換社債ノ額

株主以外ノ者ニ対シ特ニ有利ナル転換ノ条件ヲ附シタル転換社債ヲ発行スルニハ定款ニ之ニ関スル定アルトキト雖モ其ノ者ニ対シ発行スルコトヲ得ベキ転換社債ノ額、発行価額、転換ノ条件、転換ニ因リテ発行スベキ株式ノ内容及転換ヲ請求シ得ベキ期間ニ付第三百四十三条ニ定ムル決議アルコトヲ要ス

第三百四十一条ノ二に次の二項を加える。

前項ノ決議ハ決議後最初ニ発行スル転換社債ニシテ其ノ日ヨリ六月内ニ発行スベキモノニ付テノミ其ノ効力ヲ有ス

第二百八十条ノ二第二項後段及第三項ノ規定ハ第三項ノ場合ニ之ヲ準用ス

第三百四十一条ノ二の次に次の四条を加える。

第三百四十一条ノ二ノ二　会社ハ転換社債ヲ発行スルトキハ転換社債ノ総額、発行価額、転換ノ条件、転換ニ因リテ発行スベキ株式ノ内容、転換ヲ請求シ得ベキ期間及募集ノ方法ヲ公告シ又ハ株主ニ通知スルコトヲ要ス

会社ハ前項ノ公告又ハ通知ノ日ヨリ二週間ヲ経過シタル後ニ非ザレバ転換社債ノ割当ヲ為スコトヲ得ズ

第三百四十一条ノ二ノ三　前条ノ規定ハ第三百四十一条ノ二第二項第六号ノ引受権ノ目的タル転換社債、同条第三項ノ決議アリタル転換社債、第三百四十一条ノ二ノ四第一項但書ノ端数ノ合計数ニ相当スル転換社債及転換社債ノ引受権ヲ有スル者ガ第三百四十一条ノ二ノ五第二項ノ規定ニ依リ其ノ権利ヲ失ヒタル転換社債ニ付テハ之ヲ適用セズ

第三百四十一条ノ二ノ四　転換社債ノ引受権ヲ有スル株主ハ其ノ有スル株式ノ数ニ応ジテ転換社債ノ割当ヲ受クル権利ヲ有ス但シ各転換社債ノ金額中最低額ニ満タザル端数ニ付テハ此ノ限ニ在ラズ

第二百八十条ノ四第二項ノ規定ハ株主ガ転換社債ノ引受権ヲ有スベキ場合ニ之ヲ準用ス

第三百四十一条ノ二ノ五　株主ガ転換社債ノ引受権ヲ有スル場合ニ於テハ各株主ニ対シ其ノ者ガ引受権ヲ有スル転換社債ノ額、発行価額、転換ノ条件、転換ニ因リテ発行スベキ株式ノ内容、転換ヲ請求シ得ベキ期間及一定ノ期日迄ニ転換社債ノ申込ヲ為サザルトキハ其ノ権利ヲ失フベキ旨ヲ通知スルコトヲ要ス

第二百八十条ノ五第二項乃至第四項ノ規定ハ前項ノ場合ニ之ヲ準用ス

第三百四十一条ノ七に第一項として次のように加える。

第二百二十二条ノ二第二項、第二百八十条ノ十及第二百八十条ノ十一ノ規定ハ転換社債ノ発行ノ場合ニ之ヲ準用ス

第三百七十九条第一項ただし書中「競売ニ代ヘ」を「取引所ノ相場アルモノハ其ノ相場ヲ以テ之ヲ売却シ取引所ノ相場ナキモノハ」に、「他ノ方法」を「競売以外ノ方法」に改める。

第三百八十条第二項及び第三百八十一条第一項中「取締役」の下に「、監査役」を加える。

第四百六条ノ二の次に次の一条を加える。

第四百六条ノ三　最後ノ登記後五年ヲ経過シタル会社ハ本店ノ所在地ヲ管轄スル登記所ニ未ダ営業ヲ廃止セザル旨ノ届出ヲ為スベキ旨ヲ法務大臣ガ官

報ヲ以テ公告シタル場合ニ於テ其ノ公告ノ日ニ既ニ最後ノ登記後五年ヲ経過シタル会社ガ同日ヨリ二月内ニ命令ヲ以テ定ムル所ニ依リ其ノ届出ヲ為サザルトキハ其ノ会社ハ其ノ期間満了ノ時ニ解散シタルモノト看做ス但シ其ノ期間内ニ登記ヲ為シタル会社ニ付テハ此ノ限ニ在ラズ

前項ノ公告アリタルトキハ登記所ハ同項ノ会社ニ対シ其ノ公告アリタル旨ノ通知ヲ発スルコトヲ要ス

第一項ノ規定ニ依リ解散シタルモノト看做サレタル会社ハ其ノ後三年内ニ限リ第三百四十三条ニ定ムル決議ニ依リテ会社ヲ継続スルコトヲ得

第四百十五条中「取締役」の下に「、監査役」を加える。

第四百二十条を次のように改める。

第四百二十条　清算人ハ定時総会ノ会日ヨリ五週間前ニ貸借対照表及事務報告書ヲ、三週間前ニ其ノ附属明細書ヲ監査役ニ提出スルコトヲ要ス

監査役ハ定時総会ノ会日ヨリ一週間前ニ前項ノ書類ニ関スル監査報告書ヲ清算人ニ提出スルコトヲ要ス

清算人ハ定時総会ノ会日ノ一週間前ヨリ第一項ノ書類及前項ノ監査報告書ヲ本店ニ備置クコトヲ要ス

第二百八十二条第二項ノ規定ハ前項ノ書類ニ之ヲ準用ス

清算人ハ貸借対照表及事務報告書ヲ定時総会ニ提出シテ其ノ承認ヲ求ムルコトヲ要ス

第四百二十八条第二項中「又ハ取締役」を「、取締役又ハ監査役」に改める。

第四百三十条第二項中「第二百六十一条ノ二」を「第二百六十一条」に、「乃至第二百七十六条、第二百七十八条、第二百八十二条乃至第二百八十四条及第二百九十三条ノ五乃至」を「、第二百七十四条ノ二、第二百七十五条、第二百七十五条ノ二、第二百七十五条ノ四、第二百七十六条、第二百七十八条、第二百八十三条第三項、第二百八十四条、第二百九十三条ノ六及」に改める。

第四百三十一条第一項及び第四百五十二条第一項中「清算人」の下に「、監査役」を加える。

第四百八十九条第三号中「利益又ハ利息ノ配当」を「利益若ハ利息ノ配当又ハ第二百九十三条ノ五第一項ノ金銭ノ分配」に改める。

第四百九十八条第一項第十九号中「第三十二条第一項ノ帳簿、第二百九十三条ノ五第一項ノ附属明細書」を「会計帳簿、第二百八十一条第一項若ハ第四百二十条第一項ノ附属明細書若ハ監査報告書」に改め、同項第二十号中「、第二百九十三条ノ五第一項」を削り、「第四百八条ノ二第一項」の下に「、第四百二十条第三項」を加え、同条第二項中「又ハ」を「若ハ」に改め、「譲渡シタルトキ」の下に「又ハ有限会社法第七十七条第一項若ハ第二項ニ掲グル者ガ本編ニ定ムル調査ヲ妨ゲタルトキ」を加える。

第四百九十八条ノ二中「登録税額」を「登録免許税額」に改める。

附　則

（施行期日）

第一条　この法律は、~~昭和四十九年一月一日~~（公布の日から起算して六月をこえない範囲内において政令で定める日）から施行する。ただし、商法第二百九条第一項、第二百四十条第二項、第二百五十六条ノ三、第二百八十条ノ二第一項、第二百八十条ノ六第三号、第二百八十条ノ七、第二百八十八条ノ二、第二百九十三条ノ二、第二百九十三条ノ三第三項、第二百九十三条ノ四第二項、第三百四十一条ノ七、第三百七十九条第一項及び第四百九十八条ノ二の各改正規定、同法第二百五十六条ノ四を削る改正規定、同法第二百八十条ノ九の次に一条を加える改正規定、同法第三百四十一条ノ二の次に四条を加える改正規定、同法第四百六条ノ二の次に一条を加える改正規定並びに次条、附則第五条及び第十条から第十三条までの規定は、公布の日から施行する。

（経過措置の原則）

第二条　この法律による改正後の商法の規定は、特別の定めがある場合を除いては、当該改正規定の施行前に生じた事項にも適用する。ただし、改正前の商法の規定によつて生じた効力を妨げない。

（商業帳簿等に関する経過措置）

第三条　この法律の施行の際現に商人である者がこの法律の施行後最初に到来する改正後の商法第三十三条の一定の時期（会社にあつては、決算期をいう。以下この条及び次条において同じ。）以前において作成すべき商業帳簿及びその附属明細書並びに当該一定の時期以前においてする計算及び当該一定の時期に関する計算に関しては、この法律の施行後も、なお従前の例による。

（流動資産及び固定資産の評価に関する経過措置）

第四条　改正後の商法第三十四条第一号及び第二号の規定の適用については、この法律の施行の際現に株式会社以外の商人である者がこの法律の施行後最初に到来する改正後の商法第三十三条の一定の時期以前に取得し、又は製作した資産は、当該一定の時期において附することができる最高価額（その額の範囲内で別に附した価額があるときは、その価額）をもつて、当該一定の時期の翌日に取得し、又は製作したものとみなす。

（累積投票に関する経過措置）

第五条　商法第二百五十六条ノ三の改正規定及び同法第二百五十六条ノ四を削る改正規定の施行の際現に取締役の選任について累積投票によらないことを定めた定款には、発行済株式の総数の四分の一以上に当たる株式を有する株主が累積投票によるべきことを求めることができる旨の定めがあるものとみなす。ただし、発行済株式の総数の四分の一以下の割合以上に当たる株式を有する株主がその請求をすることができる旨の定めがある場合は、この限りでない。

（会社と取締役又は清算人との間の訴えについての会社代表に関する経過措置）

第六条　この法律の施行の際現に存する株式会社が取締役若しくは清算人に対し、又は取締役若しくは清算人がその会社に対して提起する訴えについて会社を代表すべき者に関しては、この法律の施行後最初に到来する決算期に関する定時総会の終結前は、この法律の施行後も、なお従前の例による。

（監査役に関する経過措置）

第七条　この法律の施行の際現に存する株式会社の監査役で、この法律の施行後最初に到来する決算期に関する定時総会の終結前に在任するものに関しては、この法律の施行後も、なお従前の例による。

2　前項の定時総会の終結の際現に在任する監査役は、同項の定時総会の終結と同時に退任する。

（定時総会の招集の通知に添附すべき書類に関する経過措置）

第八条　改正後の商法第二百八十三条第二項の規定は、この法律の施行後最初に到来する決算期以前の決算期に関する定時総会については、適用しない。

（子会社の株式の評価に関する経過措置）

第九条　この法律の施行の際現に存する株式会社がこの法律の施行後最初に到来する決算期において附則第三条の規定によりなおその例によるものとされる改正前の商法第二百八十五条ノ六第二項において準用する同法第二百八十五条ノ二第二項の規定により子会社の株式に時価を附した場合においては、改正後の商法第二百八十五条ノ六第一項及び同条第二項において準用する同法第二百八十五条ノ二第一項ただし書の規定の適用については、その附した時価を取得価額とみなす。

（株式による配当に関する経過措置）

第十条　商法第二百九十三条ノ二の改正規定の施行前に株主総会の招集に関する取締役会の決議があつた場合において、その株主総会の決議をもつて利益の配当の全部又は一部を新たに発行する株式をもつてするときは、その改正規定の施行後も、なお従前の例による。

（転換社債の発行に関する経過措置）

第十一条　転換社債に関する改正規定の施行前に転換社債の発行の決議があつたときは、その転換社債の発行に関しては、その改正規定の施行後も、なお従前の例による。

（資本の減少に関する経過措置）

第十二条　商法第三百七十九条第一項の改正規定の施行前に資本の減少の決議があつたときは、その資本の減少に関しては、その改正規定の施行後も、なお従前の例による。

（休眠会社に関する特例）

第十三条　昭和四十八[九]年十一[十]月一日において、最後の登記をした後十年を経過している株式会社は、その日に解散したものとみなす。

2　改正後の商法第四百六条ノ三第三項の規定は、前項の場合について準用する。

3　商業登記法（昭和三十八年法律第百二十五号）第九十一条の二の規定は、第一項の規定による解散の登記について準用する。

（罰則の適用に関する経過措置）

第十四条　この法律の施行前にした行為及びこの法律附則の規定により従前の例によることとされる事項に係るこの法律の施行後にした行為に対する罰則の適用については、なお従前の例による。

株式会社の監査等に関する商法の特例に関する法律案（第七十一回国会内閣提出衆議院送付）

本院において継続審査をした右の案は本院において修正議決した。

よつて国会法第八十三条の四により送付する。

昭和四十九年二月二十二日

参議院議長　河野　謙三

衆議院議長　前尾繁三郎殿

（小字及び——は修正）

株式会社の監査等に関する商法の特例に関する法律

目次

第四章　罰則（第二十八条―第三十条）

附則

第一章　総則

（趣旨）

第一条　この法律は、資本の額が五億円以上の株式会社及び資本の額が一億円以下の株式会社における監査等に関し商法（明治三十二年法律第四十八号）の特例を定めるものとする。

第二章　資本の額が五億円以上の株式会社に関する特例

（会計監査人の監査）

第二条　資本の額が五億円以上の株式会社（以下この章において「会社」という。）は、商法第二百八十一条第一項第一号、第二号及び第四号に掲げる書類並びにその附属明細書について、監査役の監査のほか、会計監査人の監査を受けなければならない。

（会計監査人の選任）

第三条　会計監査人は、監査役の過半数の同意を得て、取締役会の決議をもつて選任する。

2　会計監査人を選任したときは、取締役は、その旨を株主総会に報告しなければならない。

（会計監査人の資格）

第四条　会計監査人は、公認会計士（外国公認会計士を含む。）又は監査法人でなければならない。

2　次に掲げる者は、会計監査人となることができない。

一　会社又はその親会社若しくは子会社（商法第二百七十四条ノ三に規定する親会社又は子会社をいう。以下同じ。）の取締役、監査役又は使用人

二　業務の停止の処分を受け、その停止の期間を経過しない者

三　監査法人でその社員のうちに第一号又は前号に掲げる者があるもの

（会計監査人の職務を行なうべき社員の指名）

第五条　会計監査人に選任された監査法人は、その職務を行なうべき社員を指名し、これを会社に通知しなければならない。

（会計監査人の解任）

第六条　会計監査人は、監査役の過半数の同意を得て、取締役会の決議をもつて解任することができる。

2　会計監査人を解任したときは、取締役は、その旨及び解任の理由を株主総会に報告しなければならない。

3　解任された会計監査人が前項の株主総会の会日の三日前までに会社に対して書面で解任についての意見を通知したときは、取締役は、その意見の要旨を株主総会に報告しなければならない。

（会計監査人の権限等）

第七条　会計監査人は、何時でも、会社の会計の帳簿及び書類の閲覧若しくは謄写をし、又は取締役に対して会計に関する報告を求めることができる。

2　会計監査人は、その職務を行なうため必要があるときは、会社の業務及び財産の状況を調査することができる。

3　会計監査人は、その職務を行なうため必要があるときは、子会社に対して会計に関する報告を求めることができる。

4　商法第二百七十四条ノ三第二項○及び第四項の規定は、前項の場合について準用する。

5　会計監査人は、その職務を行なうにあたつて第四条第二項第一号又は第二号に掲げる者を使用してはならない。

（取締役の不正行為等を発見した場合の会計監査人の報告義務）

第八条　会計監査人がその職務を行なうに際して取締役の職務遂行に関し不正の行為又は法令若しくは定款に違反する重大な事実があることを発見したときは、その会計監査人は、これを監査役に報告しなければならない。

（会計監査人の損害賠償責任）

第九条　会計監査人がその任務を怠つたことにより会社に損害を生じさせたときは、その会計監査人は、会社に対し連帯して損害賠償の責めに任ずる。

第十条　会計監査人が重要な事項について第十三条第一項の監査報告書又は第十五条第二項の監査報告書に虚偽の記載をしたことにより第三者に損害を生じさせたときは、その会計監査人は、その第三者に対し連帯して損害賠償の責めに任ずる。ただし、その職務を行なうについて注意を怠らなかつたことを証明したときは、この限りでない。

（会計監査人、取締役及び監査役の連帯責任）

第十一条　会計監査人が会社又は第三者に対して損害賠償の責めに任ずべき場合において、取締役又は監査役もその責めに任ずべきときは、その会計監査人、取締役及び監査役は、連帯債務者とする。

（計算書類等の提出期限）

第十二条　取締役は、定時総会の会日の八週間前までに、商法第二百八十一条第一項各号に掲げる書類を監査役及び会計監査人に提出しなければならない。

（会計監査人の監査報告書）

第十三条　会計監査人は、前条の書類を受領した日

から四週間以内に、監査報告書を監査役及び取締役に提出しなければならない。

2　前項の監査報告書には、商法第二百八十一条ノ三第二項第一号から第四号まで、第六号及び第九号に掲げる事項を記載しなければならない。

3　監査役は、会計監査人に対して、第一項の監査報告書につき説明を求めることができる。

（監査役の監査報告書）

第十四条　監査役は、前条第一項の監査報告書を受領した日から一週間以内に、監査報告書を取締役に提出し、かつ、その謄本を会計監査人に送付しなければならない。

2　前項の監査報告書には、次に掲げる事項を記載しなければならない。

一　会計監査人の監査の方法又は結果を相当でないと認めたときは、その旨及び理由並びに自己の監査の方法の概要又は結果

二　会計以外の業務の監査の方法の概要

三　商法第二百八十一条ノ三第二項第五号及び第七号から第九号までに掲げる事項

（計算書類等の附属明細書の監査）

第十五条　取締役は、定時総会の会日の四週間前までに、商法第二百八十一条第一項の附属明細書を監査役及び会計監査人に提出しなければならない。

2　会計監査人は、前項の書類を受領した日から二週間以内に、これに関する監査報告書を監査役及び取締役に提出しなければならない。

3　監査役は、前項の監査報告書を受領した日から一週間以内に、第一項の書類に関する監査報告書を取締役に提出しなければならない。この場合において、会計監査人の報告を相当と認めたときは、監査役の監査報告書には、その旨を記載すれば足りる。

（監査報告書の備置き等）

第十六条　商法第二百八十二条の規定は、会計監査人の監査報告書について準用する。

（定時総会の招集通知への監査報告書謄本の添附）

第十七条　定時総会の招集の通知には、第十三条第一項の監査報告書の謄本及び第十四条第一項の監査報告書の謄本を添附しなければならない。

（定時総会における会計監査人の意見陳述）

第十八条　第二条の書類が法令又は定款に適合するかどうかについて会計監査人が監査役と意見を異にするときは、会計監査人（会計監査人が監査法人であるときは、その職務を行なうべき社員。次項において同じ。）は、定時総会に出席して意見を述べることができる。

2　定時総会において会計監査人の出席を求める決議があつたときは、会計監査人は、定時総会に出席して意見を述べなければならない。

（商法の適用除外）

第十九条　会社については、商法第二百八十一条ノ二から第二百八十一条ノ四までの規定は、適用しない。

（資本の額が増減した場合の経過措置）

第二十条　会社の資本の額が五億円未満となつた場合においては、その後最初に到来する決算期に関する定時総会の終結の時までは、第二条から前条までの規定を適用する。

第二十一条　会社以外の株式会社の資本の額が五億円以上となつた場合においては、その後最初に到来する決算期に関する定時総会の終結の時までは、第二条から第十九条までの規定にかかわらず、なお従前の例による。

第三章　資本の額が一億円以下の株式会社に関する特例

（監査役の職務及び権限）

第二十二条　資本の額が一億円以下の株式会社（以下この章において「会社」という。）の監査役は、取締役が株主総会に提出しようとする会計に関する書類を調査し、株主総会にその意見を報告しなければならない。

2　監査役は、何時でも、会計の帳簿及び書類の閲覧若しくは謄写をし、又は取締役に対して会計に関する報告を求めることができる。

3　監査役は、その職務を行なうため必要があるときは、会社の業務及び財産の状況を調査することができる。

4　前三項の規定は、会社の清算の場合について準用する。

（計算書類及び監査報告書の提出期限）

第二十三条　取締役は、定時総会の会日の五週間前までに、商法第二百八十一条第一項各号に掲げる書類を監査役に提出しなければならない。

2　監査役は、前項の書類を受領した日から四週間以内に、監査報告書を取締役に提出しなければならない。

（会社と取締役との間の訴えについての会社代表）

第二十四条　会社が取締役に対し、又は取締役が会社に対して訴えを提起する場合には、その訴えについては、取締役会が定める者が会社を代表する。

2　株主総会は、前項の規定にかかわらず、会社を代表すべき者を定めることができる。

3　前二項の規定は、会社の清算人について準用する。

（商法の適用除外）

第二十五条　会社については、商法第二編第四章第三節、第四節及び第六節ノ二から第九節までの規定中株式会社の監査役に関する規定は、同法第二百三十八条、第二百七十三条、第二百七十四条ノ三、第二百七十五条ノ三、第二百七十六条から第二百七十八条まで、第二百八十条、第二百八十一条第二項、第二百八十一条ノ四、第二百八十二条、第二百八十四条、第二百九十四条第三項、第三百八十六条、第三百八十七条、第三百八十八条第二項、第三百八十九条、第三百九十条第一項、第三百九十四条第一項、第三百九十七条第三項、第三百九十八条第三項、第四百条、第四百十三条第三項、第四百十四条第一項、第四百二十条第一項から第四項まで、第四百三十条第二項において準用する第二百三十八条、第二百七十六条、第二百七十八条及び第二百八十四条、第四百三十二条（第四百五十四条第一項第六号に係る部分に限る。）、第四百三十七条、第四百四十四条第四項及び第四百五十二条第二項において準用する第三百九十条第一項、第四百五十三条、第四百五十四条並びに第四百五十六条第一項において準用する第四百条の規定を除き、適用しない。

第二百四十七条第一項、第二百四十九条第一項ただし書、第二百五十二条、第二百五十三条第二項、第二百五十九条ノ二、第二百五十九条ノ三、第二百六十条ノ三、第二百六十条ノ四第二項、第二百七十四条、第二百七十四条ノ二、第二百七十五条、第二百七十五条ノ二、第二百七十五条ノ四、第二百八十条ノ十五第二項、第二百八十条ノ十六、第二百八十一条ノ二、第二百八十一条ノ三、第二百八十三条第二項、第三百八十条第二項及び第三項、第三百八十一条第一項、第四百十五条、第四百二十八条第二項、第四百三十条第二項（第二百三十八条、第二百七十六条、第二百七十八条及び第二百八十四条の規定を準用する部分を除く。）、第四百三十一条第一項、第四百三十二条（第四百三十一条第一項に係る部分に限る。）並びに第四百五十二条第一項の規定中株式会社の監査役に関する規定は、適用しない。

（資本の額が増減した場合の経過措置）

第二十六条　会社の資本の額が一億円をこえることとなつた場合においては、その後最初に到来する決算期に関する定時総会の終結の時までは、第二十二条から前条までの規定を適用する。

2　前項の場合においては、監査役は、同項の定時総会の終結の時に退任する。

第二十七条　会社以外の株式会社の資本の額が一億円以下となつた場合においては、その後最初に到来する決算期に関する定時総会の終結の時までは、第二十二条から第二十五条までの規定にかかわらず、なお従前の例による。

第四章　罰則

第二十八条　会計監査人がその職務に関し不正の請託を受け、賄賂を収受し、又はこれを要求し、若しくは約束したときは、三年以下の懲役又は三十万円以下の罰金に処する。

2　会計監査人が監査法人である場合においては、会計監査人の職務を行なう社員がその職務に関し不正の請託を受け、賄賂を収受し、又はこれを要求し、若しくは約束したときは、三年以下の懲役又は三十万円以下の罰金に処する。会計監査人が監査法人である場合において、その社員が会計監査人の職務に関し不正の請託を受け、会計監査人に賄賂を収受させ、又はその供与を要求し、若しくは約束したときも、同様とする。

3　前二項の場合において、収受した賄賂は、没収する。その全部又は一部を没収することができないときは、その価額を追徴する。

第二十九条　前条第一項又は第二項に規定する賄賂を供与し、又はその申込み若しくは約束をした者は、三年以下の懲役又は三十万円以下の罰金に処する。

2　前項の罪を犯した者が自首したときは、その刑を減軽又は免除することができる。

第三十条　商法第四百九十八条第一項に掲げる者又は会計監査人若しくはその職務を行なうべき社員が次の各号の一に該当するときは、三十万円以下の過料に処する。ただし、その行為について刑を科すべきときは、この限りでない。

一　定時総会の会日の八週間前までに会計監査人の選任手続をしなかつたとき。

二　第六条第二項又は第三項の規定により株主総会に報告するにあたり、虚偽の陳述をし、又は事実を隠したとき。

三　正当の理由がなく、第七条第一項又は第二十二条第二項の規定による帳簿又は書類の閲覧又は謄写を拒んだとき。

四　第七条第二項、同条第四項において準用する商法第二百七十四条ノ三第三項又は第二十二条第三項の規定による調査を妨げたとき。

五　この法律の規定による監査報告書に記載すべき事項を記載せず、又は虚偽の記載をしたとき。

六　第十六条において準用する商法第二百八十二条第一項の規定に違反して、監査報告書を備え置かなかつたとき。

七　正当の理由がなく、第十六条において準用する商法第二百八十二条第二項の規定による書類の閲覧又はその謄本若しくは抄本の交付を拒んだとき。

八　第十七条の規定に違反して、定時総会の招集通知に監査報告書の謄本を添附しなかつたとき。

九　第十八条第一項又は第二項の規定により定時総会において意見を述べるにあたり、虚偽の陳述をし、又は事実を隠したとき。

2　有限会社法（昭和十三年法律第七十四号）第七十七条第一項又は第二項に規定する者が、第七条第四項において準用する商法第二百七十四条ノ三第三項の規定による調査を妨げたときも、前項と同様とする。

附　則

（施行期日）

1　この法律は、昭和四十九年一月一日（公布の日から起算して六月をこえない範囲内において政令で定める日）から施行する。

（経過措置）

2　第二章の規定は、証券取引法（昭和二十三年法律第二十五号）第百九十三条の二第一項の規定の適用を受ける株式会社（以下「証券取引法適用会社」という。）については、この法律の施行後最初に到来する決算期に関する定時総会の終結の時まで、証券取引法適用会社でない株式会社のうち、銀行、信託会社、保険会社又は公共工事の前払金保証事業に関する法律（昭和二十七年法律第百八十四号）第二条第四項に規定する保証事業会社（以下「銀行等」と総称する。）以外のもので資本の額が十億円以上のものについては、昭和五十年一月一日前及び同日以後最初に到来する決算期に関する定時総会の終結の時まで、銀行等で資本の額が十億円以上のものについては、昭和五十一年一月一日前及び同日以後最初に到来する決算期に関する定時総会の終結の時まで、証券取引法適用会社でない株式会社で資本の額が十億円未満のものについては、別に法律で定める日前及び同日以後最初に到来する決算期に関する定時総会の終結の時までは、それぞれ適用しない。

3　前項の規定により第二章の規定の適用を受けない株式会社がその適用を受けることとなつた場合においても、その後最初に到来する決算期に関する定時総会の終結の時までは、なお同章の規定を適用しない。

4　第三章中監査役に関する規定は、商法の一部を改正する法律（昭和四十八（九）年法律第　　号）附則第七条第一項の規定が適用される監査役については、適用しない。

商法の一部を改正する法律等の施行に伴う関係法律の整理等に関する法律案（第七十一回国会内閣提出衆議院送付）

本院において継続審査をした右の案は本院において修正議決した。

よつて国会法第八十三条の四により送付する。

昭和四十九年二月二十二日

参議院議長　河野　謙三

衆議院議長　前尾繁三郎殿

（小字及び——は修正）

商法の一部を改正する法律等の施行に伴う関係法律の整理等に関する法律

（非訟事件手続法の一部改正）

第一条　非訟事件手続法（明治三十一年法律第十四号）の一部を次のように改正する。

第百二十六条第一項中「及ビ第三百七十九条第一項」を「、第二百九十三条ノ二第三項但書及ビ第三百七十九条第一項但書」に改める。

第百三十二条ノ三中「第三百七十九条第一項但書（同法第四百十六条第三項ニ於テ準用スル場合ヲ含ム）」を「第二百九十三条ノ二第三項但書（同法第二百九十三条ノ三第三項ニ於テ準用スル場合ヲ含ム）又ハ同法第三百七十九条第一項但書（同法第二百九十三条ノ四第二項及ビ第四百十六条第三項ニ於テ準用スル場合ヲ含ム）」に改める。

第百三十五条ノ六十一中「第三項」を削る。

（信託業法の一部改正）

第二条　信託業法（大正十一年法律第六十五号）の一部を次のように改正する。

第十三条ノ二中「第二百九十三条ノ五第一項」を「第二百八十一条第一項」に改める。

（銀行法の一部改正）

第三条　銀行法（昭和二年法律第二十一号）の一部を次のように改正する。

第十二条ノ二中「第二百九十三条ノ五第一項」を「第二百八十一条第一項」に、「所属明細書」を「附属明細書」に改める。

（無尽業法の一部改正）

第四条　無尽業法（昭和六年法律第四十二号）の一部を次のように改正する。

第十八条ノ二中「第二百九十三条ノ五第一項」を「第二百八十一条第一項」に改める。

（国債の価額計算に関する法律の一部改正）

第五条　国債の価額計算に関する法律（昭和七年法律第十六号）の一部を次のように改正する。

第一項中「財産目録」を「会計帳簿又ハ財産目録」に、「第三十四条第一項」を「第三十四条」に改める。

（商法中改正法律施行法の一部改正）

第六条　商法中改正法律施行法（昭和十三年法律第七十三号）の一部を次のように改正する。

第五条第二項中「東京市、京都市、大阪市、横浜市、神戸市、名古屋市及北九州市」を「東京都ノ特別区ノ存スル区域及地方自治法（昭和二十二年法律第六十七号）第二百五十二条の十九第一項ノ指定都市」に改め、同条第一項を削る。

第四十九条中「財産目録、貸借対照表及損益計

第一項ノ附属明細書又ハ監査報告書」に改め、同項第十一号中「監査役ノ報告書又ハ第四十六条第一項ニ於テ準用スル商法第二百九十三条ノ五第一項ノ附属明細書」を「監査報告書、第四十三条第一項ノ附属明細書又ハ第七十五条第一項ニ於テ準用スル商法第四百二十条第一項ノ附属明細書」に改め、同項第十三号中「第二百八十八条ノ二」を「第二百八十八条ノ二第一項第三項」に改める。

（有限会社法の一部改正に伴う経過措置）

第八条　前条の規定による有限会社法の一部改正に伴う経過措置については、商法の一部を改正する法律（昭和四十八年法律第　　号）附則第二条、第三条及び第七条第一項の規定の例による。

（保険業法の一部改正）

第九条　保険業法（昭和十四年法律第四十一号）の一部を次のように改正する。

第十五条ノ二第一項中「九十日」を「四月」に改め、同条第二項中「九十日ヲ超エザル日以内」を「四月ヲ超エザル期間内」に改める。

第十六条第一項中「利益ノ配当」の下に「又ハ商法第二百九十三条ノ五第一項ノ金銭ノ分配」を加える。

第六十二条中「、第二百五十六条第三項」を削り、同条ただし書中「社員」の下に「トシ同法第二百七十五条ノ四中第二百六十七条第一項トアルハ之ヲ保険業法第五十七条第一項」を加える。

第六十七条第一項中「第二百八十五条」の下に「、第二百八十五条ノ二、第二百八十五条ノ四」を加え、「、第二百九十三条ノ五第一項第三項」を削り、「第二百九十五条」の下に「並ニ株式会社の監査等に関する商法の特例に関する法律第二章」を加え、同項に次のただし書を加える。

五週間前ニ前項各号ニ掲グル書類ヲ、三週間前ニ其ノ附属明細書ヲ監査役ニ提出スルコトヲ要ス

監査役ハ前項ノ書類ヲ受領シタル日ヨリ四週間内ニ監査報告書ヲ取締役ニ提出スルコトヲ要ス

第四十四条ノ二第二項後段を次のように改める。

此ノ場合ニ於テハ第四十三条第一項ノ規定ニ拘ラズ附属明細書ハ之ヲ作ルコトヲ要セズ

第四十六条第一項中「第二百八十五条」の下に「、第二百八十五条ノ二、第二百八十五条ノ四」を加え、「乃至第二百八十八条ノ二」を「、第二百八十八条、第二百八十八条ノ二第一項第三項」に改め「、第二百九十三条ノ五」を削る。

第五十八条に次のただし書を加える。

但シ同法第三百八十条第二項ノ規定中監査役ニ関スル部分ハ此ノ限ニ在ラズ

第六十三条に次のただし書を加える。

但シ同法第四百十五条ノ規定中監査役ニ関スル部分ハ此ノ限ニ在ラズ

第七十五条第一項に次のただし書を加える。

但シ同法第四百二十八条第二項ノ規定中監査役ニ関スル部分ハ此ノ限ニ在ラズ

第七十五条第二項中「第三十一条ノ二」の下に「、第三十三条ノ二」を加え、「第二百七十四条乃至」、「、第二百八十二条、第二百八十三条第一項」及び「、第二百九十三条ノ五」を削る。

第八十五条第一項第十号中「商法第三十二条第一項ノ帳簿又ハ第四十六条第一項ニ於テ準用スル商法第二百九十三条ノ五第一項ノ附属明細書」を「会計帳簿、第四十三条第一項ノ附属明細書、第七十五条第一項ニ於テ準用スル商法第四百二十条算書」を「貸借対照表、損益計算書及附属明細書」に改める。

（有限会社法の一部改正）

第七条　有限会社法（昭和十三年法律第七十四号）の一部を次のように改正する。

第三十条ノ三第一項中「若ハ第四十六条第一項ニ於テ準用スル商法第二百九十三条ノ五ノ附属明細書」を削る。

第三十三条の次に次の一条を加える。

第三十三条ノ二　監査役ハ取締役ガ社員総会ニ提出セントスル会計ニ関スル書類ヲ調査シ社員総会ニ其ノ意見ヲ報告スルコトヲ要ス

監査役ハ何時ニテモ会計ノ帳簿及書類ノ閲覧若ハ謄写ヲ為シ又ハ取締役ニ対シ会計ニ関スル報告ヲ求ムルコトヲ得

監査役ハ其ノ職務ヲ行フ為必要アルトキハ会社ノ業務及財産ノ状況ヲ調査スルコトヲ得

第三十四条中「第二百七十四条」を「第二百七十六条」に改める。

第四十一条に次のただし書を加える。

但シ同法第二百四十七条第一項及第二百四十九条第一項但書（同法第二百五十二条及第二百五十三条第二項ニ於テ準用スル場合ヲ含ム）ノ規定中監査役ニ関スル部分ハ此ノ限ニ在ラズ

第四十三条を次のように改める。

第四十三条　取締役ハ毎決算期ニ左ノ書類及其ノ附属明細書ヲ作ルコトヲ要ス

一　貸借対照表

二　損益計算書

三　営業報告書

四　準備金及利益ノ配当ニ関スル議案

監査役アルトキハ取締役ハ定時総会ノ会日ヨリ

但シ株式会社の監査等に関する商法の特例に関する法律第二条、第二十条及第二十一条中資本ノ額トアルハ之ヲ基金ノ総額トス

第六十七条第二項中「第二百九十三条ノ五第一項」を「第二百八十一条第一項」に改める。

第七十七条中「第二百六十一条ノ二」を「第二百六十一条」に、「乃至第二百七十六条、第二百七十八条、第二百八十二条乃至第二百八十四条、第二百九十三条ノ五第一項第三項」を「、第二百七十四条ノ二、第二百七十五条、第二百七十五条ノ二、第二百七十五条ノ四、第二百七十六条、第二百七十八条、第二百八十三条第三項、第二百八十四条」に改める。

第八十二条中「財産目録、」を削る。

第八十八条第二項中「第三十三条第四項」を「第三十三条第五項」に改める。

第百四十四条第一項中「検査役」の下に「、会計監査人」を加える。

第百五十二条中「検査役」の下に「、会計監査人若ハ其ノ職務ヲ行フベキ社員」を加え、同条第十三号中「帳簿、第六十七条若ハ第七十七条ニ於テ準用スル商法第二百九十三条ノ五第一項ノ附属明細書」を「会計帳簿、第六十七条第一項ニ於テ準用スル商法第二百八十一条第一項若ハ第七十七条ニ於テ準用スル商法第四百二十条第一項ノ附属明細書若ハ監査報告書」に改め、同条第十四号中「第六十七条及第七十七条」を「第六十七条第一項」に、「若ハ第二百九十三条ノ五第一項若ハ第七十三条第一項」を「、第七十三条第一項」に改め、「第四百八条ノ二」の下に「若ハ第七十七条ニ於テ準用スル商法第四百二十条第三項」を加える。

(保険業法の一部改正に伴う経過措置)

第十条　前条の規定による保険業法の一部改正に伴う経過措置については、商法の一部を改正する法律附則第二条、第三条及び第六条から第九条までの規定並びに株式会社の監査等に関する商法の特例に関する法律（昭和四十八年法律第　　号）附則第二項中同項の銀行等に関する規定の例による。

（私的独占の禁止及び公正取引の確保に関する法律の一部改正）

第十一条　私的独占の禁止及び公正取引の確保に関する法律（昭和二十二年法律第五十四号）の一部を次のように改正する。

第十条第二項中「二箇月以内」を「三箇月以内」に改める。

（会社の配当する利益又は利息の支払に関する法律の一部改正）

第十二条　会社の配当する利益又は利息の支払に関する法律（昭和二十三年法律第六十四号）の一部を次のように改正する。

本則に次の一項を加える。

4　前三項の規定の適用については、商法第二百九十三条ノ五第一項の規定により分配する金銭は、会社がその株主に配当する利益とみなす。

（公認会計士法の一部改正）

第十三条　公認会計士法（昭和二十三年法律第百三号）の一部を次のように改正する。

第二十四条第一項中「左の」を「次の」に、「行つて」を「行なつて」に改め、同項第一号中「その他の団体」を「その他の者」に改め、同項第二号中「その他公認会計士が著しい利害関係を有し、又は過去一年以内に著しい利害関係を有した会社その他の者」を削り、同項に次の一号を加える。

三　前二号に定めるもののほか、公認会計士が著しい利害関係を有する会社その他の者の財務書類

第二十四条第二項を同条第三項とし、同条第一項の次に次の一項を加える。

2　前項第三号の著しい利害関係とは、公認会計士又はその配偶者が会社その他の者との間にその者の営業、経理その他に関して有する関係で、公認会計士の行なう第二条第一項の業務の公正を確保するため業務の制限をすることが必要かつ適当であるとして政令で定めるものをいう。

第三十四条の十一第一項第二号中「又はその社員が著しい利害関係を有し、又は過去一年以内に著しい利害関係を有した」を「が著しい利害関係を有する」に改め、同条第二項中「大蔵大臣が」を削り、「必要かつ適当と認めて大蔵省令で定める」を「業務の制限をすることが必要かつ適当であるとして政令で定める」に改め、同条第三項中「第二十四条」を「第二十四条第一項又は第三項」に改める。

（中小企業等協同組合法の一部改正）

第十四条　中小企業等協同組合法（昭和二十四年法律第百八十一号）の一部を次のように改正する。

第二十七条第六項中「の規定」の下に「（これらの規定中監査役に係る部分を除く。）」を加える。

第三十二条中「第四百二十八条」の下に「（監査役に係る部分を除く。）」を加える。

第四十二条中「並びに商法」を「、商法」に、「第二百六十一条から第二百六十二条まで」を「第二百六十一条、第二百六十二条」に改め、「第二百七十二条（株主の差止請求権）」の下に「並びに株式会社の監査等に関する商法の特例に関する法

律（昭和四十八年法律第　　号）第二十四条第一項及び第二項（会社と取締役との間の訴えについての会社代表）」を加え、「第二百七十四条（報告を求め調査をなす権限）及び」を削り、「第二百七十八条（取締役と監査役との連帯責任）」の下に「株式会社の監査等に関する商法の特例に関する法律第二十二条第二項及び第三項（報告を求め調査をする権限）」を、「第二百五十九条ノ三まで」の下に「（第二百五十九条ノ二及び第二百五十九条ノ三中監査役に係る部分を除く。）」を加え、「第二百六十条ノ三（取締役会の議事録）」を「第二百六十条ノ四（監査役に係る部分を除く。）（取締役会の議事録）」に改める。

第五十四条中「規定」の下に「（これらの規定中監査役に係る部分を除く。）」を加える。

第五十七条第三項中「第三百八十条」の下に「（監査役に係る部分を除く。）」を加える。

第六十九条中「第四百十八条」の下に「、第四百十九条、第四百二十一条」を加え、「及び第四百二十七条」を「並びに第四百二十七条」に、「及び第百三十八条ノ三」を「並びに第百三十八条ノ三」に、「並びに商法」を「、商法」に改め、「第二百五十九条ノ三まで」の下に「（第二百五十九条ノ二及び第二百五十九条ノ三中監査役に係る部分を除く。）」を加え、「第二百六十条ノ三から第二百六十一条ノ二まで（取締役会の議事録及び会社代表）」を「第二百六十条ノ四（監査役に係る部分を除く。）（取締役会の議事録）、第二百六十一条（代表取締役）」に改め、「第二百八十四条（取締役及び監査役の責任の解除）」の下に「並びに株式会社の監査等に関する商法の特例に関する法律第二十四条第一項及び第二項（会社と取締役との間の訴えについての会社代表）」を、「この場合において」の下に「、第四十条第一項中「事業報告書、財産目録、貸借対照表、損益計算書及び剰余金処分案又は損失処理案」とあるのは「事務報告書、財産目録及び貸借対照表」と」を加える。

第百十五条第五号中「第二百六十条ノ三」を「第二百六十条ノ四」に改め、同条第八号の二中「商法第二百七十四条第一項」を「株式会社の監査等に関する商法の特例に関する法律第二十二条第二項」に改め、同条第九号中「商法第二百七十四条第二項」を「株式会社の監査等に関する商法の特例に関する法律第二十二条第三項」に改める。

（資産再評価法の一部改正）

第十五条　資産再評価法（昭和二十五年法律第百十号）の一部を次のように改正する。

第九十八条第一項中「財産目録」を「会計帳簿又は財産目録」に改め、「、第二百八十五条ノ三」を削り、同条第二項中「第三十四条第二項」を「第三十四条」に改め、「、第二百八十五条ノ三」を削る。

（外資に関する法律の一部改正）

第十六条　外資に関する法律（昭和二十五年法律第百六十三号）の一部を次のように改正する。

第三条第一項第六号中「配当金」の下に「及び商法（明治三十二年法律第四十八号）第二百九十三条ノ五第一項の規定により分配する金銭」を加え、同項第七号中「（明治三十二年法律第四十八号）」を削る。

第八条第二項第四号ハ中「第三百七十九条第一項」を「第二百八十条ノ九ノ二第五項の規定により株主に交付される金銭、同法第二百九十三条ノ二第三項（同法第二百九十三条ノ三第三項において準用する場合を含む。）若しくは同法第三百七十九条第一項」に、「第三百七十九条第三項」を「第二百九十三条ノ四第二項、第三百七十九条第三項」に改める。

（船主相互保険組合法の一部改正）

第十七条　船主相互保険組合法（昭和二十五年法律第百七十七号）の一部を次のように改正する。

第十五条第七項及び第三十四条中「規定」の下に「（これらの規定中監査役に係る部分を除く。）」を加える。

第四十条中「第二百七十四条及び第二百七十五条（監査役の監査限権等）並びに」を削り、「第二百七十八条（監査役の責任）」の下に「並びに株式会社の監査等に関する商法の特例に関する法律（昭和四十八年法律第　　号）第二十二条第一項から第三項まで（監査役の職務及び権限）」を加え、「同法第三十八条第一項」を「商法第三十八条第一項」に改める。

第四十四条第一項前段を次のように改める。

商法第三十四条第二号（固定資産の評価）、第二百八十一条（計算書類の作成）、第二百八十二条（計算書類の公示）、第二百八十三条第一項及び第三項（計算書類の承認及び公告）、第二百八十四条（取締役及び監査役の責任の解除）、第二百八十五条ノ二及び第二百八十五条ノ四から第二百八十五条ノ六まで（財産評価に関する特則）、第二百九十三条ノ六及び第二百九十三条ノ七（株主の帳簿閲覧権）並びに株式会社の監査等に関する商法の特例に関する法律第二十三条（計算書類及び監査報告書の提出期限）の規定は、組合の計算に準用する。

第四十四条第一項後段中「第二百八十一条第五

号」を「第二百八十一条第一項第一号中「貸借対照表」とあるのは「財産目録及び貸借対照表」と、同項第四号」に改める。

第四十八条第一項中「「船主相互保険組合法第四十五条第一項第四号」と」の下に「、同法第四百二十条第一項及び第五項中「貸借対照表及事務報告書」とあるのは「財産目録、貸借対照表及び事務報告書」と」を加え、同条第二項中「、第二百七十四条及び第二百七十五条（監査役の監査権限等）」を削り、「第二百八十二条から第二百八十四条まで（計算書類の作成等）並びに第二百九十三条ノ五から第二百九十三条ノ七まで（計算書類附属明細書の備置、公示等）」を「第二百八十三条第三項（計算書類の公告）、第二百八十四条（取締役及び監査役の責任の解除）、第二百九十三条ノ六及び第二百九十三条ノ七（株主の帳簿閲覧権）並びに株式会社の監査等に関する商法の特例に関する法律第二十二条第一項から第三項まで（監査役の職務及び権限）」に改める。

第六十条第十号中「又は第四十八条第二項」を削り、「若しくは第二百九十三条ノ五第一項」を「又は第四十八条第一項において準用する商法第四百二十条第三項」に改め、同条第十二号中「商法第二百七十四条第一項又は」を「株式会社の監査等に関する商法の特例に関する法律第二十二条第二項」に改め、「若しくは第四十八条第二項」及び「、第二百九十三条ノ五第三項」を削り、「第二百九十三条ノ六第一項」の下に「、第四十八条第一項において準用する商法第四百二十条第四項又は第四十八条第二項において準用する商法第二百九十三条ノ六第一項」を加え、同条第十三号中「若しくは第四十八条第二項において準用する商法第二百九十三条ノ五第二項の規定に違反して、」を「において準用する商法第二百八十一条第一項又は第四十八条第一項において準用する商法第四百二十条第一項の」に改める。

（船主相互保険組合法の一部改正に伴う経過措置）

第十八条　前条の規定による船主相互保険組合法の一部改正に伴う経過措置については、商法の一部を改正する法律附則第三条の規定の例による。

（商品取引所法の一部改正）

第十九条　商品取引所法（昭和二十五年法律第二百三十九号）の一部を次のように改正する。

第五十六条の二第四項を削る。

第七十六条前段を次のように改める。

商法第三十四条第二号、第二百八十二条、第二百八十三条第一項及び第三項、第二百八十四条、第二百八十五条ノ二、第二百八十五条ノ四から第二百八十五条ノ六まで並びに第二百八十七条ノ二（会社の計算）の規定は、取引所の計算について準用する。

第七十六条後段中「前条ニ掲グル書類」を「第二百八十一条第一項ノ書類」に、「第二号乃至第五号」を「第一項各号」に改める。

第百一条第一項中「第四百十八条」の下に「、第四百十九条、第四百二十一条」を加え、「及び第百三十八条ノ三」を「並びに第百三十八条ノ三」に改め、同条第二項中「及び第七十五条」を「並びに第七十五条」に、「及び第二百八十二条から第二百八十四条まで」を「、第二百八十二条、第二百八十三条第一項及び第三項並びに第二百八十四条」に改め、「この場合において」の下に「、第七十五条中「財産目録、貸借対照表、損益計算書、業務報告書及び剰余金処分案又は損失処理案」とあるのは「財産目録、貸借対照表及び事務報告書」と」を加え、「前条ニ掲グル書類」を「第二百八十一条第一項ノ書類」に、「第二号乃至第五号」を「第一項各号」に改める。

第百五十九条第四号中「頒布するを目的」を「頒布する目的」に改める。

（旧株式会社の再評価積立金の資本組入に関する法律の一部改正）

第二十条　旧株式会社の再評価積立金の資本組入に関する法律（昭和二十六年法律第百四十三号）の一部を次のように改正する。

附則第三項中「資本準備金とみなして、同条第二項及び第三項の規定を適用する」を「資本準備金とみなす」に改める。

（信用金庫法の一部改正）

第二十一条　信用金庫法（昭和二十六年法律第二百三十八号）の一部を次のように改正する。

第二十四条第六項中「規定」の下に「（これらの規定中監査役に係る部分を除く。）」を加える。

第二十八条中「第四百二十八条」の下に「（監査役に係る部分を除く。）」を加える。

第三十九条中「並びに商法」を「、商法」に、「第二百六十一条から第二百六十二条まで」を「第二百六十一条、第二百六十二条」に改め、「第二百七十二条（株主の差止請求権）」の下に「並びに株式会社の監査等に関する商法の特例に関する法律（昭和四十八年法律第　　号）第二十四条第一項及び第二項（会社と取締役との間の訴えについての会社代表）」を加え、「第二百七十四条（報告を求め調査をする権限）及び」を削り、「第二百七十八条（取締役と監査役との連帯責任）」の下に「並びに株式会社の監査等に関する商法の特

第二十二条中「又ハ取締役」、「、理事又ハ監事」及び「、取締役」とあるのは「理事又ハ監事」と」を削る。

第三十三条中「第二百五十九条ノ三まで」の下に「（第二百五十九条ノ二及び第二百五十九条ノ三中監査役に係る部分を除く。）」を加え、「第二百六十条ノ三」を「第二百六十条ノ四（監査役に係る部分を除く。）」に、「とあるのは、」を「とあるのは」に改める。

第三十九条中「「又ハ取締役」とあるのは、「、理事又ハ監事」と、」を削る。

第五十七条第一項中「「又ハ取締役」とあるのは「、理事又ハ監事」と、」及び「、同法第二百四十九条第一項但書中「取締役」とあるのは「理事又ハ監事」と」を削る。

第五十八条第一項中「第四百十七条から」の下に「第四百十九条まで、第四百二十一条から」を加え、「及び第四百二十九条」を「並びに第四百二十九条」に、「及び第四十一条並びに」を「並びに第四十一条、」に改め、「第二百五十九条ノ三まで」の下に「（第二百五十九条ノ二及び第二百五十九条ノ三中監査役に係る部分を除く。）」を加え、「第二百六十条ノ三」を「第二百六十条ノ四（監査役に係る部分を除く。）」に改め、「、同法第四百二十条中「貸借対照表」とあるのは「収支計算書」と」を削り、同条第二項後段を削る。

第百一条第六号中「第二百六十条ノ三」を「第二百六十条ノ四」に改める。

（塩業組合法の一部改正）

第二十五条　塩業組合法（昭和二十八年法律第百七号）の一部を次のように改正する。

第二十五条第七項中「規定」の下に「（これら

第九十一条第五号中「第二百六十条ノ三」を「第二百六十条ノ四」に改め、同条第九号中「商法第二百七十四条第一項」を「株式会社の監査等に関する商法の特例に関する法律第二十二条第一項」に改め、同条第十号中「商法第二百七十四条第二項」を「株式会社の監査等に関する商法の特例に関する法律第二十二条第三項」に改める。

（森林法の一部改正）

第二十二条　森林法（昭和二十六年法律第二百四十九号）の一部を次のように改正する。

第百二十二条中「規定」の下に「（これらの規定中監査役に関する部分を除く。）」を加える。

第百二十五条第三項中「第二百八十条」の下に「（監査役に関する部分を除く。）」を加える。

第百三十八条第七項中「規定」の下に「（これらの規定中監査役に関する部分を除く。）」を加える。

（会社更生法の一部改正）

第二十三条　会社更生法（昭和二十七年法律第百七十二号）の一部を次のように改正する。

第五十二条第一項中「又は利益若しくは利息の配当」を「、利益若しくは利息の配当又は商法第二百九十三条ノ五第一項の金銭の分配」に改める。

第百七十八条第一項及び第百八十二条第一項中「第二百八十五条ノ二」を「第三十四条第二号、第二百八十五条ノ二及び第二百八十五条ノ四」に改める。

（酒税の保全及び酒類業組合等に関する法律の一部改正）

第二十四条　酒税の保全及び酒類業組合等に関する法律（昭和二十八年法律第七号）の一部を次のように改正する。

例に関する法律第二十二条第一項及び第三項（報告を求め調査をする権限）」を加え、「第二百六十条ノ三まで（取締役会）」を「第二百六十条ノ二まで（第二百五十九条ノ二及び第二百五十九条ノ三中監査役に係る部分を除く。）（取締役会）及び第二百六十条ノ四（監査役に係る部分を除く。）（取締役会の議事録）」に改める。

第四十九条中「規定」の下に「（これらの規定中監査役に係る部分を除く。）」を加える。

第五十二条第三項中「第二百八十条」の下に「（監査役に係る部分を除く。）」を加える。

第六十四条中「第四百十七条から」の下に「第四百十九条まで、第四百二十一条から」を加え、「及び第四百二十七条」を「並びに第四百二十七条」に、「、第四十二条」を「及び第四十二条」に、「並びに商法」を「、商法」に、「第二百六十一条ノ二まで（取締役会並びに取締役の業務の執行及び会社代表）」を「第二百六十条ノ二まで（第二百五十九条ノ二及び第二百五十九条ノ三中監査役に係る部分を除く。）（取締役会）、第二百六十条ノ四（監査役に係る部分を除く。）（取締役会の議事録）、第二百六十一条（代表取締役）」に改め、「第二百八十四条（取締役及び監査役の責任の解除）」の下に「並びに株式会社の監査等に関する商法の特例に関する法律第二十四条第一項及び第二項（会社と取締役との間の訴えについての会社代表）」を、「この場合において」の下に「、第三十七条第一項中「業務報告書、財産目録、貸借対照表、損益計算書及び剰余金処分案又は損失処理案」とあるのは「事務報告書、財産目録及び貸借対照表」と」を加え、「第六十四条において準用する」を「第六十四条ニ於テ準用スル」に改める。

の規定中監査役に係る部分を除く。）」を加える。

第三十一条中「第四百二十八条」の下に「（監査役に係る部分を除く。）」を加える。

第四十五条中「並びに商法第二百五十四条ノ二」を「、商法第二百五十四条ノ二」に、「第二百六十一条から第二百六十二条まで」を「第二百六十一条、第二百六十二条」に改め、「第二百七十二条（株主の差止請求権）」の下に「並びに株式会社の監査等に関する商法の特例に関する法律（昭和四十八年法律第　号）第二十四条第一項及び第二項（会社と取締役との間の訴えについての会社代表）」を加え、「並びに商法第二百七十四条（報告を求め調査をなす権限）及び」を「、商法」に改め、「第二百七十八条（取締役と監査役との連帯責任）」の下に「並びに株式会社の監査等に関する商法の特例に関する法律第二十二条第二項及び第三項（報告を求め調査をする権限）」を、「第二百五十九条ノ三まで」の下に「（第二百五十九条ノ二及び第二百五十九条ノ三中監査役に係る部分を除く。）」を加え、「第二百六十条ノ三（取締役会の議事録）」を「第二百六十条ノ四（監査役に係る部分を除く。）（取締役会の議事録）」に改める。

第五十七条中「規定」の下に「（これらの規定中監査役に係る部分を除く。）」を加える。

第五十九条第三項中「第三百八十条」の下に「（監査役に係る部分を除く。）」を加える。

第七十条中「第四百十八条」の下に「、第四百十九条、第四百二十一条」を加え、「並びに商法」を「、商法」に改め、「第二百五十九条ノ三まで」の下に「（第二百五十九条ノ二及び第二百五十九条ノ三中監査役に係る部分を除く。）」を加え、「第二百六十条ノ三から第二百六十一条ノ二まで（取締役会の議事録及び会社代表）」を「第二百六十条ノ四（監査役に係る部分を除く。）（取締役会の議事録）、第二百六十一条（代表取締役）」に改め、「、第二百七十四条第一項（報告を求める権限）」を削り、「第二百八十四条（取締役及び監査役の責任の解除）」の下に「並びに株式会社の監査等に関する商法の特例に関する法律第二十二条第二項（報告を求める権限）並びに第二十四条第一項及び第二項（会社と取締役との間の訴えについての会社代表）」を、「この場合において」の下に「、第四十二条第一項中「事業報告書、財産目録、貸借対照表、損益計算書及び剰余金処分案又は損失処理案」とあるのは「事務報告書、財産目録及び貸借対照表」と」を加える。

第八十条第六号中「第二百六十条ノ三」を「第二百六十条ノ四」に改め、同条第十一号中「商法第二百七十四条第一項」を「株式会社の監査等に関する商法の特例に関する法律第二十二条第二項」に改め、同条第十二号中「商法第二百七十四条第二項」を「株式会社の監査等に関する商法の特例に関する法律第二十二条第三項」に改める。

（商工会議所法の一部改正）

第二十六条　商工会議所法（昭和二十八年法律第百四十三号）の一部を次のように改正する。

第二十四条第八項中「規定」の下に「（これらの規定中監査役に係る部分を除く。）」を加える。

第三十一条中「第四百二十八条」の下に「（監査役に係る部分を除く。）」を加える。

第五十条、第五十三条、第六十七条第三項、第七十三条第五項、第七十四条第五項及び第七十六条第四項中「規定」の下に「（これらの規定中監査役に係る部分を除く。）」を加える。

（労働金庫法の一部改正）

第二十七条　労働金庫法（昭和二十八年法律第二百二十七号）の一部を次のように改正する。

第二十四条第七項中「第二百四十七条」及び第二十八条中「第四百二十八条」の下に「（監査役に係る部分を除く。）」を加える。

第四十二条中「並びに商法」を「、商法」に、「第二百六十一条から第二百六十二条まで」を「第二百六十一条、第二百六十二条」に改め、「第二百七十二条（株主の差止請求権）」の下に「並びに株式会社の監査等に関する商法の特例に関する法律（昭和四十八年法律第　号）第二十四条第一項及び第二項（会社と取締役との間の訴えについての会社代表）」を加え、「第二百七十四条（報告を求め調査をする権限）及び」を削り、「第二百七十八条（取締役と監査役との連帯責任）」の下に「並びに株式会社の監査等に関する商法の特例に関する法律第二十二条第二項及び第三項（報告を求め調査をする権限）」を加え、「第二百六十条ノ二まで」を「第二百六十条ノ二まで（第二百五十九条ノ二及び第二百五十九条ノ三中監査役に係る部分を除く。）及び第二百六十条ノ四（監査役に係る部分を除く。）」に改める。

第五十四条中「第二百四十七条」の下に「（監査役に係る部分を除く。）」を加える。

第五十七条第三項中「第二百四十九条」を「監査役に係る部分及び第二百四十九条」に改める。

第六十八条中「第四百十七条から」の下に「第四百十九条まで、第四百二十一条から」を加え、「第四百二十七条」を「並びに第四百二十七条」に、「、第四百二十六条」を「及び第四百二十六条」に、「並び例に関する法律第二十二条第二項及び第三項（報告を求め調査をする権限）」を加え、「第二百六十条ノ三まで（取締役会）」を「第二百六十条ノ二まで（第二百五十九条ノ二及び第二百五十九条ノ三中監査役に係る部分を除く。）（取締役会）及び第二百六十条ノ四（監査役に係る部分を除く。）（取締役会の議事録）」に改める。

第四十九条中「規定」の下に「（これらの規定中監査役に係る部分を除く。）」を加える。

第五十二条第三項中「第三百八十条」の下に「（監査役に係る部分を除く。）」を加える。

第六十四条中「第四百十七条から」の下に「第四百十九条まで、第四百二十一条から」を加え、「及び第四百二十七条」を「並びに第四百二十七条」に、「、第四十二条」を「及び第四十二条」に、「並びに商法」を「、商法」に、「第二百六十一条ノ二まで（取締役会並びに取締役の業務の執行及び会社代表）」を「第二百六十条ノ二まで（第二百五十九条ノ二及び第二百五十九条ノ三中監査役に係る部分を除く。）（取締役会）、第二百六十条ノ四（監査役に係る部分を除く。）（取締役会の議事録）、第二百六十一条（代表取締役）」に改め、「第二百八十四条（取締役及び監査役の責任の解除）」の下に「並びに株式会社の監査等に関する商法の特例に関する法律第二十四条第一項及び第二項（会社と取締役との間の訴えについての会社代表）」を、「この場合において」の下に「、第三十七条第一項中「業務報告書、財産目録、貸借対照表、損益計算書及び剰余金処分案又は損失処理案」とあるのは「事務報告書、財産目録及び貸借対照表」と」を加え、「第六十四条において準用する」を「第六十四条ニ於テ準用スル」に改める。

第九十一条第五号中「第二百六十条ノ三」を「第二百六十条ノ四」に改め、同条第九号中「商法第二百七十四条第一項」を「株式会社の監査等に関する商法の特例に関する法律第二十二条第一項」に改め、同条第十号中「商法第二百七十四条第二項」を「株式会社の監査等に関する商法の特例に関する法律第二十二条第三項」に改める。

（森林法の一部改正）

第二十二条　森林法（昭和二十六年法律第二百四十九号）の一部を次のように改正する。

第百二十二条中「規定」の下に「（これらの規定中監査役に関する部分を除く。）」を加える。

第百二十五条第三項中「第三百八十条」の下に「（監査役に関する部分を除く。）」を加える。

第百三十八条第七項中「規定」の下に「（これらの規定中監査役に関する部分を除く。）」を加える。

（会社更生法の一部改正）

第二十三条　会社更生法（昭和二十七年法律第百七十二号）の一部を次のように改正する。

第五十二条第一項中「又は利益若しくは利息の配当」を「、利益若しくは利息の配当又は商法第二百九十三条ノ五第一項の金銭の分配」に改める。

第百七十八条第二項及び第百八十二条第一項中「第二百八十五条ノ二」を「第三十四条第二号、第二百八十五条ノ二及び第二百八十五条ノ四」に改める。

（酒税の保全及び酒類業組合等に関する法律の一部改正）

第二十四条　酒税の保全及び酒類業組合等に関する法律（昭和二十八年法律第七号）の一部を次のように改正する。

第二十二条中「又ハ取締役」、「、理事又ハ監事」及び「、「取締役」とあるのは「理事又ハ監事」と」を削る。

第三十三条中「第二百五十九条ノ三まで」の下に「（第二百五十九条ノ二及び第二百五十九条ノ三中監査役に係る部分を除く。）」を加え、「第二百六十条ノ三」を「第二百六十条ノ四（監査役に係る部分を除く。）」に、「とあるのは、」を「とあるのは」に改める。

第三十九条中「「又ハ取締役」とあるのは、「、理事又ハ監事」と、」を削る。

第五十七条第一項中「「又ハ取締役」とあるのは「、理事又ハ監事」と、」及び「、同法第二百四十九条第一項但書中「取締役」とあるのは「理事又ハ監事」と」を削る。

第五十八条第一項中「第四百十七条から」の下に「第四百十九条まで、第四百二十一条から」を加え、「及び第四百二十九条」を「並びに第四百二十九条」に、「及び第四十一条並びに」を「並びに第四十一条、」に改め、「第二百五十九条ノ三まで」の下に「（第二百五十九条ノ二及び第二百五十九条ノ三中監査役に係る部分を除く。）」を加え、「第二百六十条ノ三」を「第二百六十条ノ四（監査役に係る部分を除く。）」に改め、「、同法第四百二十条中「貸借対照表」とあるのは「収支計算書」と」を削り、同条第二項後段を削る。

第百一条第六号中「第二百六十条ノ三」を「第二百六十条ノ四」に改める。

（塩業組合法の一部改正）

第二十五条　塩業組合法（昭和二十八年法律第百七号）の一部を次のように改正する。

第二十五条第七項中「規定」の下に「（これら

の規定中監査役に係る部分を除く。)」を加える。

第三十一条中「第四百二十八条」の下に「(監査役に係る部分を除く。)」を加える。

第四十五条中「並びに商法第二百五十四条ノ二」を「、商法第二百五十四条ノ二」に、「第二百六十一条から第二百六十二条まで」を「第二百六十一条、第二百六十二条」に改め、「第二百七十二条(株主の差止請求権)」の下に「並びに株式会社の監査等に関する商法の特例に関する法律(昭和四十八年法律第　　号)第二十四条第一項及び第二項(会社と取締役との間の訴えについての会社代表)」を加え、「並びに商法第二百七十四条(報告を求め調査をなす権限)及び」を「、商法」に改め、「第二百七十八条(取締役と監査役との連帯責任)」の下に「並びに株式会社の監査等に関する商法の特例に関する法律第二十二条第二項及び第三項(報告を求め調査をする権限)」を、「第二百五十九条ノ三まで」の下に「(第二百五十九条ノ二及び第二百五十九条ノ三中監査役に係る部分を除く。)」を加え、「第二百六十条ノ三(取締役会の議事録)」を「第二百六十条ノ四(監査役に係る部分を除く。)(取締役会の議事録)」に改める。

第五十七条中「規定」の下に「(これらの規定中監査役に係る部分を除く。)」を加える。

第五十九条第三項中「第三百八十条」の下に「(監査役に係る部分を除く。)」を加える。

第七十条中「第四百十八条」の下に「、第四百十九条、第四百二十一条」を加え、「並びに商法」を「、商法」に改め、「第二百五十九条ノ三まで」の下に「(第二百五十九条ノ二及び第二百五十九条ノ三中監査役に係る部分を除く。)」を加え、「第二百六十条ノ三から第二百六十一条ノ二まで(取締役会の議事録及び会社代表)」を「第二百六十条ノ四(監査役に係る部分を除く。)(取締役会の議事録)、第二百六十一条(代表取締役)」に改め、「、第二百七十四条第一項(報告を求める権限)」を削り、「第二百八十四条(取締役及び監査役の責任の解除)」の下に「並びに株式会社の監査等に関する商法の特例に関する法律第二十二条第二項(報告を求める権限)並びに第二十四条第一項及び第二項(会社と取締役との間の訴えについての会社代表)」を、「この場合において」の下に「、第四十二条第一項中「事業報告書、財産目録、貸借対照表、損益計算書及び剰余金処分案又は損失処理案」とあるのは「事務報告書、財産目録及び貸借対照表」と」を加える。

第八十条第六号中「第二百六十条ノ三」を「第二百六十条ノ四」に改め、同条第十一号中「商法第二百七十四条第一項」を「株式会社の監査等に関する商法の特例に関する法律第二十二条第二項」に改め、同条第十二号中「商法第二百七十四条第二項」を「株式会社の監査等に関する商法の特例に関する法律第二十二条第三項」に改める。

(商工会議所法の一部改正)

第二十六条　商工会議所法(昭和二十八年法律第百四十三号)の一部を次のように改正する。

第二十四条第八項中「規定」の下に「(これらの規定中監査役に係る部分を除く。)」を加える。

第三十一条中「第四百二十八条」の下に「(監査役に係る部分を除く。)」を加える。

第五十条、第五十三条、第六十七条第三項、第七十三条第五項、第七十四条第五項及び第七十六条第四項中「規定」の下に「(これらの規定中監査役に係る部分を除く。)」を加える。

(労働金庫法の一部改正)

第二十七条　労働金庫法(昭和二十八年法律第二百二十七号)の一部を次のように改正する。

第二十四条第七項中「第二百四十七条」及び第二十八条中「第四百二十八条」の下に「(監査役に係る部分を除く。)」を加える。

第四十二条中「並びに商法」を「、商法」に、「第二百六十一条から第二百六十二条まで」を「第二百六十一条、第二百六十二条」に改め、「第二百七十二条(株主の差止請求権)」の下に「並びに株式会社の監査等に関する商法の特例に関する法律(昭和四十八年法律第　　号)第二十四条第一項及び第二項(会社と取締役との間の訴えについての会社代表)」を加え、「第二百七十四条(報告を求め調査をする権限)及び」を削り、「第二百七十八条(取締役と監査役との連帯責任)」の下に「並びに株式会社の監査等に関する商法の特例に関する法律第二十二条第二項及び第三項(報告を求め調査をする権限)」を加え、「第二百六十条ノ三まで」を「第二百六十条ノ二まで(第二百五十九条ノ二及び第二百五十九条ノ三中監査役に係る部分を除く。)及び第二百六十条ノ四(監査役に係る部分を除く。)」に改める。

第五十四条中「第二百四十七条」の下に「(監査役に係る部分を除く。)」を加える。

第五十七条第三項中「第二百四十九条」を「監査役に係る部分及び第二百四十九条」に改める。

第六十八条中「第四百十七条から」の下に「第四百十九条まで、第四百二十一条から」を加え、「及び第四百二十七条」を「並びに第四百二十七条」に、「、第四十六条」を「及び第四十六条」に、「並び二号中「商法第二百七十四条第一項」を「株式会社の監査等に関する商法の特例に関する法律第二十二条第二項」に改め、同条第十三号中「商法第二百七十四条第二項」を「株式会社の監査等に関する商法の特例に関する法律第二十二条第三項」に改める。

（環境衛生関係営業の運営の適正化に関する法律の一部改正）

第二十九条　環境衛生関係営業の運営の適正化に関する法律（昭和三十二年法律第百六十四号）の一部を次のように改正する。

第二十三条第六項中「の規定」の下に「（これらの規定中監査役に係る部分を除く。）」を加える。

第二十七条中「第四百二十八条」の下に「（監査役に係る部分を除く。）」を加える。

第三十九条中「並びに商法第二百五十四条ノ二」を「、商法第二百五十四条ノ二」に、「第二百六十一条から第二百六十二条まで」を「第二百六十一条、第二百六十二条」に改め、「第二百七十二条（株主の差止請求権）」の下に「並びに株式会社の監査等に関する商法の特例に関する法律（昭和四十八年法律第　　号）第二十四条第一項及び第二項（会社と取締役との間の訴えについての会社代表）」を加え、「並びに商法第二百七十四条（報告を求め調査をする権限）及び」を「、商法」に改め、「第二百七十八条（監査役と取締役との連帯責任）」の下に「並びに株式会社の監査等に関する商法の特例に関する法律第二十二条第二項及び第三項（報告を求め調査をする権限）」を加え、「同法第二百三十九条第五項」を「商法第二百三十九条第五項」に改め、「第二百五十九条ノ三まで」の下に「（第二百五十九条ノ二及び第二百五十九

七十二条」の下に「並びに株式会社の監査等に関する商法の特例に関する法律（昭和四十八年法律第　　号）第二十四条第一項及び第二項」を加え、「第二百七十四条及び」を削り、「第二百七十八条」の下に「並びに株式会社の監査等に関する商法の特例に関する法律第二十二条第二項及び第三項」を加え、「及び第二百六十条ノ三」を「（第二百五十九条ノ二及び第二百五十九条ノ三中監査役に係る部分を除く。）及び第二百六十条ノ四（監査役に係る部分を除く。）」に改める。

第五十条中「規定」の下に「（これらの規定中監査役に係る部分を除く。）」を加える。

第五十五条中「第四百十七条から」の下に「第四百十九条まで、第四百二十一条から」を加え、「及び第四百二十七条」を「並びに第四百二十七条」に、「及び第百三十八条ノ三」を「並びに第百三十八条ノ三」に、「第三十四条」を「、第三十四条」に、「並びに商法」を「、商法」に、「、第二百六十条ノ三から第二百六十一条ノ二まで」を「（第二百五十九条ノ二及び第二百五十九条ノ三中監査役に係る部分を除く。）、第二百六十条ノ四（監査役に係る部分を除く。）、第二百六十一条」に改め、「及び第二百八十四条」の下に「並びに株式会社の監査等に関する商法の特例に関する法律第二十四条第一項及び第二項」を、「この場合には」の下に「、第三十八条第一項中「事業報告書、財産目録、貸借対照表、収支決算書及び剰余金処分案又は損失処理案」とあるのは「事務報告書、財産目録及び貸借対照表」と」を加え、「と、商法」を「と、同法」に改める。

第七十四条第七号中「第二百六十条ノ三」を「第二百六十条ノ四」に改め、同条第十一号及び第十

に商法」を「、商法」に、「第二百六十一条ノ二まで（取締役会並びに取締役の業務の執行及び会社代表）」を「第二百六十条ノ二まで（第二百五十九条ノ二及び第二百五十九条ノ三中監査役に係る部分を除く。）（取締役会）、第二百六十条ノ四（監査役に係る部分を除く。）（取締役会の議事録）、第二百六十一条（代表取締役）」に改め、「第二百八十四条（取締役及び監査役の責任の解除）」の下に「並びに株式会社の監査等に関する商法の特例に関する法律第二十四条第一項及び第二項（会社と取締役との間の訴えについての会社代表）」を、「この場合において」の下に「、第三十九条第一項中「業務報告書、貸借対照表、損益計算書及び剰余金処分案又は損失処理案」とあるのは「事務報告書及び貸借対照表」と」を加える。

第百一条第五号中「第二百六十条ノ三」を「第二百六十条ノ四」に改め、同条第十号中「商法第二百七十四条第一項」を「株式会社の監査等に関する商法の特例に関する法律第二十二条第二項」に改め、同条第十一号中「商法第二百七十四条第二項」を「株式会社の監査等に関する商法の特例に関する法律第二十二条第三項」に改める。

（内航海運組合法の一部改正）

第二十八条　内航海運組合法（昭和三十二年法律第百六十二号）の一部を次のように改正する。

第三十条中「、商法（明治三十二年法律第四十八号）」を「並びに商法（明治三十二年法律第四十八号）」に改め、「の規定」の下に「（これらの規定中監査役に係る部分を除く。）」を加える。

第四十一条中「並びに商法」を「、商法」に、「第二百六十一条から第二百六十二条まで」を「第二百六十一条、第二百六十二条」に改め、「第二百

第三十四条　漁業生産調整組合法（昭和三十六年法律第百二十八号）の一部を次のように改正する。

第三十一条第六項中「の規定」の下に「（これらの規定中監査役に係る部分を除く。）」を加える。

第三十六条中「第四百二十八条」の下に「（監査役に係る部分を除く。）」を加える。

第五十一条中「並びに商法第二百五十四条ノ二」を「、商法第二百五十四条ノ二」に、「第二百六十一条から第二百六十二条まで」を「第二百六十一条、第二百六十二条」に改め、「第二百七十二条（株主の差止請求権）」の下に「並びに株式会社の監査等に関する商法の特例に関する法律（昭和四十八年法律第　　号）第二十四条第一項及び第二項（会社と取締役との間の訴えについての会社代表）」を加え、「並びに商法第二百七十四条（報告を求め調査をする権限）及び」を「、商法」に改め、「第二百七十八条（取締役と監査役との連帯責任）」の下に「並びに株式会社の監査等に関する商法の特例に関する法律第二十二条第二項及び第三項（報告を求め調査をする権限）」を加え、「同法第二百三十九条第五項」を「商法第二百三十九条第五項」に改め、「第二百五十九条ノ三まで」の下に「（第二百五十九条ノ二及び第二百五十九条ノ三中監査役に係る部分を除く。）」を加え、「第二百六十条ノ三」を「第二百六十条ノ四（監査役に係る部分を除く。）」に改める。

第六十条中「規定」の下に「（これらの規定中監査役に係る部分を除く。）」を加える。

第六十四条中「第四百十八条」の下に「、第四百十九条、第四百二十一条」を加え、「及び第四百二十七条」を「並びに第四百二十七条」に、「及び第百三十八条ノ三」を「並びに第百三十八条ノ

項」を「株式会社の監査等に関する商法の特例に関する法律第二十二条第三項」に改める。

（中小企業団体の組織に関する法律の一部改正）

第三十条　中小企業団体の組織に関する法律（昭和三十二年法律第百八十五号）の一部を次のように改正する。

第五条の二十三第三項中「第二百五十六条の三、第二百五十六条の四」を「第二百五十六条ノ三」に改める。

（中小企業団体の組織に関する法律の一部改正に伴う経過措置）

第三十一条　前条の規定による中小企業団体の組織に関する法律の一部改正に伴う経過措置については、商法の一部を改正する法律附則第五条の規定の例による。

（商工会の組織等に関する法律の一部改正）

第三十二条　商工会の組織等に関する法律（昭和三十五年法律第八十九号）の一部を次のように改正する。

第二十二条第六項中「の規定」の下に「（これらの規定中監査役に係るものを除く。）」を加える。

第二十七条中「第四百二十八条」の下に「（監査役に係るものを除く。）」を加える。

第四十七条中「規定」の下に「（これらの規定中監査役に係るものを除く。）」を加える。

（旧防災建築街区造成法の一部改正）

第三十三条　旧防災建築街区造成法（昭和三十六年法律第百十号）の一部を次のように改正する。

第十八条第六項及び第四十三条中「の規定」の下に「（これらの規定中監査役に係る部分を除く。）」を加える。

（漁業生産調整組合法の一部改正）

条ノ三中監査役に係る部分を除く。）」を加え、「第二百六十条ノ三」を「第二百六十条ノ四（監査役に係る部分を除く。）」に改める。

第四十八条中「規定」の下に「（これらの規定中監査役に係る部分を除く。）」を加える。

第四十九条の三第三項中「第三百八十条」の下に「（監査役に係る部分を除く。）」を加える。

第五十二条中「第四百十八条」の下に「、第四百十九条、第四百二十一条」を加え、「及び第四百二十七条」を「並びに第四百二十七条」に、「及び第百三十八条ノ三」を「並びに第百三十八条ノ三」に、「並びに商法」を「、商法」に改め、「第二百五十九条ノ三まで」の下に「（第二百五十九条ノ二及び第二百五十九条ノ三中監査役に係る部分を除く。）」を加え、「第二百六十条ノ三から第二百六十一条ノ二まで（取締役会の議事録及び会社代表）」を「第二百六十条ノ四（監査役に係る部分を除く。）（取締役会の議事録）、第二百六十一条（代表取締役）」に改め、「第二百八十四条（取締役及び監査役の責任の解除）」の下に「並びに株式会社の監査等に関する商法の特例に関する法律第二十四条第一項及び第二項（会社と取締役との間の訴えについての会社代表）」を、「この場合において」の下に「、第三十六条第一項中「事業報告書、財産目録、貸借対照表及び収支決算書」とあるのは「事務報告書、財産目録及び貸借対照表」と」を加える。

第七十条第五号中「第二百六十条ノ三」を「第二百六十条ノ四」に改め、同条第九号中「商法第二百七十四条第一項」を「株式会社の監査等に関する商法の特例に関する法律第二十二条第二項」に改め、同条第十号中「商法第二百七十四条第二

三」に、「並びに商法」を「、商法」に改め、「第二百五十九条ノ三まで」の下に「（第二百五十九条ノ二及び第二百五十九条ノ三中監査役に係る部分を除く。）」を加え、「第二百六十条ノ三から第二百六十一条ノ二まで（取締役会の議事録及び会社代表）」を「第二百六十条ノ四（監査役に係る部分を除く。）（取締役会の議事録）、第二百六十一条（代表取締役）」に改め、「第二百八十四条（取締役及び監査役の責任の解除）」の下に「並びに株式会社の監査等に関する商法の特例に関する法律第二十四条第一項及び第二項（会社と取締役との間の訴えについての会社代表）」を加え、「同法第二百五十八条第二項」を「第四十八条第一項中「事業報告書、財産目録、貸借対照表、損益計算書及び剰余金処分案又は損失処理案」とあるのは「事務報告書、財産目録及び貸借対照表」と、商法第二百五十八条第二項」に改める。

第九十六条第五号中「第二百六十条ノ三」を「第二百六十条ノ四」に改め、同条第十号中「商法第二百七十四条第一項」を「株式会社の監査等に関する商法の特例に関する法律第二十二条第二項」に、同条第十一号中「商法第二百七十四条第二項」を「株式会社の監査等に関する商法の特例に関する法律第二十二条第三項」に改める。

（商店街振興組合法の一部改正）

第三十五条　商店街振興組合法（昭和三十七年法律第百四十一号）の一部を次のように改正する。

第三十五条第六項中「の規定」の下に「（これらの規定中監査役に係る部分を除く。）」を加える。

第四十一条中「第四百二十八条」の下に「（監査役に係る部分を除く。）」を加える。

第五十六条中「並びに商法第二百五十四条ノ二」を「、商法第二百五十四条ノ二」に、「第二百六十一条から第二百六十二条まで」を「第二百六十一条、第二百六十二条」に改め、「第二百七十二条（株主の差止請求権）」の下に「並びに株式会社の監査等に関する商法の特例に関する法律（昭和四十八年法律第　　号）第二十四条第一項及び第二項（会社と取締役との間の訴えについての会社代表）」を加え、「並びに商法第二百七十四条（報告を求め調査をなす権限）及び」を「、商法」に改め、「第二百七十八条（取締役と監査役との連帯責任）」の下に「並びに株式会社の監査等に関する商法の特例に関する法律第二十二条第二項及び第三項（報告を求め調査をする権限）」を、「第二百五十九条ノ三まで」の下に「（第二百五十九条ノ二及び第二百五十九条ノ三中監査役に係る部分を除く。）」を加え、「第二百六十条ノ三（取締役会の議事録）」を「第二百六十条ノ四（監査役に係る部分を除く。）（取締役会の議事録）」に改める。

第六十五条中「規定」の下に「（これらの規定中監査役に係る部分を除く。）」を加える。

第六十七条第三項中「第三百八十条」の下に「（監査役に係る部分を除く。）」を加える。

第七十八条中「第四百十八条」の下に「、第四百十九条、第四百二十一条」を加え、「及び第四百二十七条」を「並びに第四百二十七条」に、「及び第百三十八条ノ三」を「並びに第百三十八条ノ三」に、「並びに商法」を「、商法」に改め、「第二百五十九条ノ三まで」の下に「（第二百五十九条ノ二及び第二百五十九条ノ三中監査役に係る部分を除く。）」を加え、「第二百六十条ノ三から第二百六十一条ノ二まで（取締役会の議事録及び会社代表）」を「第二百六十条ノ四（監査役に係る部分を除く。）（取締役会の議事録）、第二百六十一条（代表取締役）」に改め、「第二百八十四条（取締役及び監査役の責任の解除）」の下に「並びに株式会社の監査等に関する商法の特例に関する法律第二十四条第一項及び第二項（会社と取締役との間の訴えについての会社代表）」を、「この場合において」の下に「、第五十三条第一項中「事業報告書、財産目録、貸借対照表、損益計算書及び剰余金処分案又は損失処理案」とあるのは「事務報告書、財産目録及び貸借対照表」と」を加える。

第九十三条第六号中「第二百六十条ノ三」を「第二百六十条ノ四」に改め、同条第十一号中「商法第二百七十四条第一項」を「株式会社の監査等に関する商法の特例に関する法律第二十二条第二項」に改め、同条第十二号中「商法第二百七十四条第二項」を「株式会社の監査等に関する商法の特例に関する法律第二十二条第三項」に改める。

（商業登記法の一部改正）

第三十六条　商業登記法（昭和三十八年法律第百二十五号）の一部を次のように改正する。

第八十六条中「次条第二号」を「第八十七条第二号」に改める。

第九十一条の次に次の一条を加える。

（職権による解散の登記）

第九十一条の二　商法第四百六条ノ三第一項の規定による解散の登記は、登記官が、職権でしなければならない。

2　登記官は、前項の登記をしたときは、遅滞なく、その旨を支店の所在地の登記所に通知しなければならない。

3　前項の通知を受けたときは、登記官は、遅滞なく、解散の登記をしなければならない。

（真珠養殖等調整暫定措置法の一部改正）

第三十七条　真珠養殖等調整暫定措置法（昭和四十四年法律第九十六号）の一部を次のように改正する。

第三十四条第六項中「の規定」の下に「（これらの規定中監査役に係る部分を除く。）」を加える。

第五十五条中「並びに商法第二百五十四条ノ二」を「、商法第二百五十四条ノ二」に、「第二百六十一条から第二百六十二条まで」を「第二百六十一条、第二百六十三条」に改め、「第二百七十二条（株主の差止請求権）」の下に「並びに株式会社の監査等に関する商法の特例に関する法律（昭和四十八年法律第　　号）第二十四条第一項及び第二項（会社と取締役との間の訴えについての会社代表）」を加え、「並びに商法第二百七十四条（報告を求め調査をする権限）及び」を「、商法」に改め、「第二百七十八条（取締役と監査役との連帯責任）」の下に「並びに株式会社の監査等に関する商法の特例に関する法律第二十二条第二項及び第三項（報告を求め調査をする権限）」を加え、「同法第二百三十九条第五項」を「商法第二百三十九条第五項」に改め、「第二百五十九条ノ三まで」の下に「（第二百五十九条ノ二及び第二百五十九条ノ三中監査役に係る部分を除く。）」を加え、「第二百六十条ノ三」を「第二百六十条ノ四（監査役に係る部分を除く。）」に改める。

第六十四条中「規定」の下に「（これらの規定中監査役に係る部分を除く。）」を加える。

第七十三条中「第四百十八条」の下に「、第四百十九条、第四百二十一条」を加え、「及び第四百二十七条」を「並びに第四百二十七条」に、「及び第百三十八条ノ三」を「並びに第百三十八条ノ三」に、「並びに商法」を「、商法」に改め、「第二百五十九条ノ三まで」の下に「（第二百五十九条ノ二及び第二百五十九条ノ三中監査役に係る部分を除く。）」を加え、「第二百六十条ノ三から第二百六十一条ノ二まで（取締役会の議事録及び会社代表）」を「第二百六十条ノ四（監査役に係る部分を除く。）（取締役会の議事録）、第二百六十一条（会社代表）」に改め、「第二百八十四条（取締役及び監査役の責任の解除）」の下に「並びに株式会社の監査等に関する商法の特例に関する法律第二十四条第一項及び第二項（会社と取締役との間の訴えについての会社代表）」を加え、「同法第二百五十八条第二項」を「第五十二条第一項中「事業報告書、財産目録、貸借対照表、損益計算書及び剰余金処分案又は損失処理案」とあるのは「事務報告書、財産目録及び貸借対照表」と、商法第二百五十八条第二項」に改める。

第百十六条第五号中「第二百六十条ノ三」を「第二百六十条ノ四」に改め、同条第十号中「商法第二百七十四条第一項」を「株式会社の監査等に関する商法の特例に関する法律第二十二条第二項」に改め、同条第十一号中「商法第二百七十四条第二項」を「株式会社の監査等に関する商法の特例に関する法律第二十二条第三項」に改める。

（罰則の適用に関する経過措置）

第三十八条　この法律の施行前にした行為及び商法の一部を改正する法律附則の規定の例により従前の例によることとされる事項に係るこの法律の施行後にした行為に対する罰則の適用については、なお従前の例による。

附　則

この法律は、昭和四十九年一月一日（公布の日から起算して六月をこえない範囲内において政令で定める日）から施行する。ただし、第一条、第六条中商法中改正法律施行法第五条の改正規定、第十六条中外資に関する法律第八条第二項第四号ハの改正規定、第三十条、第三十一条及び第三十六条の規定は、公布の日から施行する。

金融に関する件

衆議院　大蔵委員会議録第四号

昭和四十九年二月一日(金曜日)

出席委員
委員長　安倍晋太郎君
理事　浜田　幸一君　理事　松本　十郎君
理事　村山　達雄君　理事　森　美秀君
理事　山本　幸雄君　理事　阿部　助哉君
理事　山田　耻目君　理事　増本　一彦君
伊藤宗一郎君　大西　正男君
金子　一平君　鴨田　宗一君
小泉純一郎君　三枝　三郎君
塩谷　一夫君　地崎宇三郎君
野田　毅君　坊　秀男君
毛利　松平君　佐藤　観樹君
塚田　庄平君　広瀬　秀吉君
松浦　利尚君　武藤　山治君
村山　喜一君　山中　吾郎君
荒木　宏君　小林　政子君
田中　昭二君　竹本　孫一君

出席国務大臣
大蔵大臣　福田　赳夫君

出席政府委員
大蔵省主税局長　高木　文雄君
大蔵省銀行局長　吉田太郎一君
(ほか略)

本日の会議に付した案件

国の会計、税制及び金融に関する件（財政金融の基本施策）

（中略）

○安倍委員長　国の会計、税制及び金融に関する件について調査を進めます。

この際、福田大蔵大臣より、財政金融の基本施策について所信の説明を求めます。

○福田国務大臣　現下の経済情勢に対処する財政金融政策のあり方につきましては、さきの財政演説でその基本的な考え方を明らかにしたところでありますが、関係法律案の御審議をお願いするにあたりまして、少しダブるところもありますが、本委員会で重ねて所信の一端を申し述べたいと存じます。

金融政策の運営が、財政政策と同様の方針のもとに行われるべきはもちろんです。

このような観点から、累次にわたる引き締め措置に加えて、先般公定歩合の大幅引き上げ等の措置が講じられ、その効果も、量的にはかなり浸透しつつあるのでありますが、その質的側面も、特段の意を用いてまいる所存です。資本市場も、長期資金の調達について、産業界、証券界等の節度ある態度を期待しております。

なお、中小企業金融は、その健全な発展をそこなうことのないよう十分配慮してまいります。

貯蓄を奨励し、国民の堅実な消費生活の実現をはかることは、健全な経済発展を確保していくための重要な要件であると考えます。

このため、政府は、預貯金金利の引き上げ等各般の貯蓄増強策を講じてまいりましたが、さらに、割増金付貯蓄の制度の導入、勤労者財産形成制度の拡充をはかることといたしております。

○安倍委員長　これより質疑に入ります。

質疑の通告がありますので、順次これを許します。

（中略）

○武藤(山)委員　池田内閣成立以来、高度経済成長政策がとられ、ほぼ一貫して積極財政が続けられてきたことは、だれしも承知しているところです。その間、いわゆる四十年不況のときが一つの財政の転機だったと思います。そのときまであなたは、安定成長論者です。この四十年不況克服のときに登場した福田蔵相は、初めて公債不発行主義をやめて、国債発行の財政政策に踏み切りました。当時、われわれは反対しました。これが将来、日本の財政上たいへんな禍根を残し、インフレを加速させ、日本の経済にたいへんな汚点を残すに違いないという質問をしているはずです。

そして公債を発行する財政に切りかえて、財政新時代の幕をあけて、高度成長を安定に持っていくのかと思ったら、また高度経済成長路線を突っ走る福田蔵相になってしまった。

そこで、日本経済のピンチを切り抜けるために、新蔵相は、いま行っている程度の財政運営方針、財政構造の手直し、総需要抑制の金融の姿勢等々で今日の危機を突破できると思っているのか。この点聞かしていただきたい。

○福田国務大臣　私がえらく考え方を七、八年前の佐藤内閣の発足以来変えたような御指摘ですが、私は考え方は変わっておりません。安定成長論者です。（武藤（山）委員「論者であっても、現実がないじゃないか」と呼ぶ）つまり現実もよく見てもらいたいわけですよ。私は、安定成長とは物価と国際収支、最近においては資源という問題をつけ加えております。また環境、つまり公害問題もつけ加えなければならぬ、こういうふうに思っておりますが、まあそれまでの段階、当時におきましては、物価情勢を阻害してはならない、また国際収支をいためてはならない、この範囲内において成長は高いほうがいい、こういうふうに考え、そう申し上げてきたはずです。

そこで、私の大蔵大臣在任期間は五年余りになります。その間自民党の幹事長を一年やっておりますが、私が大蔵大臣をやっておるこの五年間、消費者物価が五%ないし六%上がっている。それはそのとおりです。それから卸売物価は大体横ばいです。それから公債はどうしたかといえば、私は公債を発行しましたが、公債政策の運営は厳に慎しみ、公債漸減方針をとり、当大蔵委員会におきましては、公債をゼロにするのかという質問まであって、火種だけは残しておくんだということを申し上げたことも覚えております。

○武藤（山）委員　たとえば国債発行だって、あなたが大蔵大臣のとき、二千億円まず国債の発行に踏み切った。翌年は三倍以上にふえた。今日は国債の残が五兆八千百八十六億円、利息だけだって一年間に四千五百六十五億円払うんですよ。いかに財政新時代といって財政をふくらませるために公債発行に踏み切ったことがガンを残したかは、この数字を見て明らかだ。私はそれを言っているのです。ほんとうの福田さんの腹の中は、成長が目的じゃないんだ、国民のゆとりある生活、人間味あふれる公正で連帯の実現する社会を福田さんはイデーにしていると思うのです。その自分の事志と違った方向に高度財政成長をはかっていったことは間違いない。

（中略）

たとえば、具体的に言うならば、社会の公正を実現するために、一番いま非難を受けている大法人。法人が配当を何億円もらおうが、その配当は利益でない。益金不算入だ。企業間の配当なんというのは全部課税すべきです。なぜやらぬのですか。

第二に配当軽課措置、どうですか。最初の三〇%にしようというのも、だんだん財界からの圧力で煙のみになっちゃって、わずか二%しか改善しない。配当軽課措置は、もっと思い切って公正な世の中をつくるためには改善しなければいかぬ、私はそう思う。

資産所得の優遇措置は一切この際やめるべきです。そういう不労所得に対する課税の重課の方針も全く出ていない。われわれは、特に不労所得あるいは社会のこういう情勢に便乗して金もうけをする連中に対しては、高額所得への臨時的付加税をぶつけるべきだと思います。

なぜ、四十九年度財政で野党の政審会長と懇談までしながら、これらの問題が実現しなかったのですか。率直にあなたの見解を聞かしてください。

○福田国務大臣　いまいろいろ配当の問題、いろいろありましたけれども、これはそれぞれむずかしい問題もあるのですよ。そういう立場もまた逐次聞いていただきたいと思いますが、とにかく、私も大蔵大臣に就任した翌日から予算編成、そんなそう急に、何もかもどこから見ても問題はないことにまで至らなかった点はあるかもしれません。しかし、ベストは尽くしておる。

○武藤（山）委員　いまの最後の答弁は率直で、まことに同感です。

そこで、主税局長、不労所得を優遇する措置、こういう社会が不平等になり格差がついておるときに、何で配当所得の申告不要限度額を五万円から十万円に引き上げて不労所得を優遇するのですか。これは大臣の命令ですか。それとも税制調査会の号令ですか。主税局長の感覚でやったのですか。どこからこういう指示が出たのですか。

○高木（文）政府委員　今年の税制の中で一つの大きな流れは、貯蓄の奨励です。かなり思い切った措置として、銀行預金その他のいわゆるマル優を百五十万円から三百万円まで引き上げる。郵便貯金も同様に引き上げる。また、財形貯蓄も、非課税限度額を引き上げますと同時に新しい措置が講ぜられるということであり、生命保険、損害保険等にも、一種の貯蓄奨励という趣旨で限度額が引き上げられました。

これと歩調を合わせまして、株式投資による貯蓄も、これは金融資産のどの金融資産についての貯蓄だけがよろしいという色合いを持つことはできません。平均的に引き上げるほうがよろしいのではないかという見地から、私どもの考え方として、大体はかのものと同じように、倍に上げることをしたわけです。

○武藤（山）委員　それからもう一つ、銀行の預金は何年積んでおいても、定期預金につく利息は、その限度額の範囲内ならば非課税ですね。

○高木（文）政府委員　はい。

○武藤（山）委員　そこで、債券類の場合ですね。債券類の場合には、現在新規に発行するものだけが非課税になって、既発債は非課税にならない。なぜそういう差をつけるのですか。

○高木(文)政府委員　これは、実は非常に長い問議論があるわけですが、そのことは戦前からございます国民貯蓄組合の時代にも、社債とか国債とか、資本市場で流通しておりますものは、新発債だけ優遇となっております。その理由その他はいまここでは申し上げませんが、普通の預金のようなものと、社債のように転々流通しますものとの関係上、そこにどうしても差が出てきておるわけです。

資本市場育成の見地からしても、新発債でないものにも何か優遇措置を同様にしてはどうかという意見は、前々から資本市場のほうの要請としては出ておりますけれども、税のほうではそれは新しい貯蓄奨励にはなりにくいのではないかということから、長い間反対をしてきて今日に至っておるものです。最近また、古い国債等、あるいは社債等の市場価格の低下もございまして、関係方面、省内からもそういう要請が参っておりますが、いまその点は議論中です。

○武藤(山)委員　これは法律事項じゃないのですね。政令ですから、直す気なら簡単に直せるわけですね。大臣、この預金と債券類との格差、差別、これについて改善する意思はありますか。

○高木(文)政府委員　大臣にまだよく御説明してございませんので……。

私も、つい最近のこういう金融の状態から、国債、社債の消化の問題に関連して、非常に強く要請を、いま話を聞いておるところです。いずれ御判断を求めることにいたしたいと思っております。

○武藤(山)委員　大臣、常識で考えても、やはり同じ制度の恩恵を受ける場合には、預金も債券を買うのも貯蓄手段としては同じことなんですから、それは公正にすべきじゃないですか。

○福田国務大臣　ほんとに私もまだ聞いておりませんので、聞いてみまして考えた上、また御返答申し上げます。

（中略）

○増本委員　四十八年には日銀の国債買い上げが二兆九百八十六億円の買い超になっているのですね。これは御存じだと思うのです。こういう問題については、こういう時期だけに、日銀の長期国債の買い受けを停止する措置もとる必要があるんじゃないでしょうか。

○吉田(太)政府委員　確かに日本銀行の貸し出しという問題が一方には行われておるわけです。ただ日本銀行の操作、貸し出しあるいはオペレーションは、季節的な金融の繁閑を調整していくことが主体で行われていくわけです。その結果、必要な通貨量をどれだけ供給していくかの兼ね合わせの結果どれだけの通貨供給が行われたか、それがマネーサプライなりの形となってあらわれてくるわけです。準備率を一方で上げておきながら、一方で貸し出しをしておるのはおかしいではないかということは、確かに両建てになっておる、本来、伝統的な準備率操作からすると、非常におかしな姿だろうと思います。しかし、これは日本の金融構造、あるいは産業構造とどうしても切り離せない過程の上での現象でして、これをもって金融引き締めがしり抜けになっておるというようには必ずしも考えておりません。

（以下略）

編集後記

第二巻は昭和四二年から四十九年の国会審議録を収録した。この時期の日本の証券市場は、解題にもあるように、戦後の統制事項が少しずつ自由化され、市場メカニズムの働く市場へと改革が始まった時期であり、それに伴って、投資家保護やディスクロージャーの充実が課題に上った。

さて、第二巻では大きく六つの事項を取り上げた。①昭和四十年に発行が始まった国債の償還財源の確保（一般会計から特別会計への定率組入れの復活）を目的とした国債整理基金特別会計の改正。②資産再評価法（再評価積立金の資本繰入れの強制とそのための抱き合わせ増資の容認）の一部改正と適用期限延長、③証券恐慌を引き起こした一因となった投資信託に対する投資家保護や、自主規制強化。さらに、④投資家保護、企業の長期資金調達の円滑化、さらにはディスクロージャーの改善、外国証券会社の対日進出（国内支店設置の認可、元引受契約への参加）といった証取法改正と外国証券会社法の立法化。⑤監査役の業務範囲（業務監査権限の追加）、独立性強化（任期延長や兼業規制の導入）、大会社への特例法監査の追加が商法改正などで行われ、⑥証券税制の見直し（租税特別措置の改正）が行われた。

ここから明らかになることは、昭和四十年の証券恐慌や大型倒産の反省に立って、ディスクロージャーの拡充と監査制度の充実、一般株主との利益相反の縮小、回避、投資家保護の拡充がこの時期の法改正における一つの特徴と言えよう。ただ、その議論の中では、目的に対して本質的な解決に向けた規制としては不十分との議論も百出していた。一例を挙げれば、投信法改正では販売会社と運用会社間の役員交流の禁止や投信間の所有証券のコロガシに対する規制はどうするのか。そして、証取法改正では時価発行増資の導入に関して、中間発行をどのように考えるか。さらに、商法改正でも監査役の任期延長のみならず、地位と権限が必要ではないか、などの質問が出されていた。運用会社が販売会社と系列関係にあることは今でも問題視されており、また、監査役や取締役の独立性など、現在でも議論が続いている問題もある。こうした現在に続く議論の一端を第二巻では取り上げた。

最後に、昭和続編第二巻の刊行に当たり、日々の編集業務にご協力くださった古村美恵さんには心から感謝したい。そして戦後編から長く印刷をお願いしている奥村印刷株式会社にも心よりお礼申し上げたい。

証券史資料編纂室

二上　季代司

深見　泰　孝（記）

鈴木　伸　治

（二〇一九年三月現在）

日本証券史資料　昭和続編　第二巻

証券関係国会審議録(二)

定価（本体一〇、〇〇〇円＋税）

平成三十一年三月十五日　発行

編集・発行　公益財団法人　日本証券経済研究所
東京都中央区日本橋二丁目十一番二号
太陽生命日本橋ビル十二階〇三(六二二五)二三二六(代)

印刷　奥村印刷株式会社
東京都北区栄町一丁目一番地

ISBN 978-4-89032-281-7 C3333 ¥10000E

日本証券史資料　戦前編（全十巻）

第一巻　証券関係元老院・帝国議会審議録　㈠
株式取引条例・株式取引所条例・取引所条例・取引所法・取引所税法

第二巻　証券関係帝国議会審議録　㈡
担保附社債信託法・有価証券割賦販売業法・外貨債特別税法・有価証券移転税法・有価証券業取締法・有価証券引受業法・商法改正法、商法中改正法律施行法・社債等登録法・日本証券取引所法・外貨債処理法

第三巻　株式取引所の歴史　㈠
明治・大正期、初期の創立出願、証券関係法令施行令・規則・通牒等、農商務省報告他、大正11年法改正以後の株式取引所定款・業務規程・受託契約準則等

第四巻　株式取引所の歴史　㈡
昭和戦前期、証券関係法令施行令・規則・通牒等、取引所制度改善論、株式取引所定款・業務規定・受託契約準則等、取引所一覧、全国取引所同盟連合会報告等、日本証券取引所

第五巻　証券業者及びその団体
証券業者業務の変遷、全国株式取引員組合連合大会議事録、証券業者一覧、外地・海外日系取引所

第六巻　上場会社（一）
商法（会社法）他の関連法令、上場に関する規定・記述等、上場銘柄一覧、解散・廃散・中止控え、増減資等事務書類、株券写真

第七巻　上場会社（二）・株式市場の歴史
『株式会社年鑑』（明治45年）、上場会社提出書類（昭和20年）、『株界五十年史』、『日本買占史』、株価指数、市場関係機関・株価維持機関他、市場混乱時の解合い事例他

第八巻　公社債・投資信託・税制
公社債関係法令、『本邦社債略史』、債券発行取引関係資料、外貨債など、投資信託の誕生、藤本有価証券投資組合、戦時投資信託、満州投資証券株式会社、流通税、直接税、配当課税、清算取引差益課税

第九巻　相場道文献・格言及び用語・判例 他
『徳川時代　経済秘録全集』、相場格言集・用語集（明治末期から昭和８年までに発行のもの）、戦前期取引所・証券関係の判例集、『司法研究報告書集』（抜粋）、『世態調査資料』（抜粋）

第十巻　戦前期取引所文献目録・東株『調査彙報』等目次・『証券財閥読本』他
取引所文献目録大成、東株「調査彙報」、日証「調査月報」、日証「経済新誌」、『証券財閥読本』、『企業経営研究 証券会社の一考察』

（以上　全巻既刊）

日本証券史資料　戦後編（全十巻、別巻二）

第一巻　証券関係帝国議会・国会審議録㈠昭和20年—27年
第89回帝国議会から第92回帝国議会まで及び第１回国会から第13回国会までを収録。金融緊急措置令、企業再建整備法案、有価証券の処分の調整等に関する法律案、証券取引法案(全改正を採録)、商法の一部を改正する法律案、証券民主化運動に関する決議、株式の名義書換に関する法律案、証券投資信託法案、長期信用銀行法案、国民貯蓄債券法案、各種税法改正案ほか

第二巻　証券関係国会審議録㈡昭和27年—36年
第15回国会から第39回国会までを収録。証券取引法及び証券投資信託法の全改正法案、有価証券取引税法案、特別減税国債法案、企業資本充実のための資産再評価等の特別措置法案、企業担保法案、各種税法改正案、証券取引・証券政策に関する件ほか

第三巻　証券関係国会審議録㈢昭和37年—40年
第40回国会から第49回国会までを収録。中小企業投資育成株式会社法案、外貨公債の発行に関する法律案、大蔵省設置法の一部を改正する法律案、証券取引法の一部を改正する法律案、各種税法改正案、証券取引・証券政策に関する件ほか

第四巻　証券史談㈠
証券界の指導的地位にあった人その他歴史的事件の関係者から昭和20年代、30年代の出来事を中心に聞取りをした生きた歴史の証言。故人となられた方方の既存のものも収録

第五巻　証券市場の改革・再編
終戦から証券取引所再開まで、集団取引、経済改革と証券民主化、証券戦後処理と企業再建整備、証券取引法制定と証券行政の展開、証券業界の再編成

第六巻　証券市場の復興と整備
取引所再開後の証券市場、証券民主化の進行、証券市場の新しい制度と環境、清算取引復活運動、証券法と証券行政、再編後の証券業界

第七巻　証券市場の成長と拡大期㈠
昭和30年代初頭の証券市場、公社債市場再開へ、証券金融と証券投資信託、証券貯蓄・保有、ディスクロージャーと証券行政、証券業界の発展

第八巻　証券市場の成長と拡大期㈡
昭和30年代中葉の証券市場、公社債市場の育成、証券金融と証券投資信託、証券貯蓄・保有、証券行政の積極化、証券業界の発展

第九巻　証券恐慌
不況の深化、証券恐慌へ、公社債市場、証券投資・保有、証券行政の積極化、証券業者免許制へ

第十巻　証券史談㈡・補遺他
証券史談㈡、経済白書(抄)、独占禁止白書(抄)、証券保有統計・輿論、補遺

別　巻㈠証券関係文献目録（明治・大正・昭和）

別　巻㈡証券年表（明治・大正・昭和）

（以上　全巻既刊）